심 고 문

하늘 보좌에서
인간으로 오시어
우주일가의 후천선경을 열어 주신
개벽장 하느님이시며, 미륵존불이시며,
삼계대권을 주재하옵신 증산 상제님이시여,
억조창생의 생명의 어머니이신
태모 고수부님이시여.

제가 의롭고 진실한 참도인이 될 수 있도록
전생과 이생에서 범한 모든 죄와 허물을 사하여 주옵시고
모든 척신과 복마의 발동으로부터 끌러 주옵시고
저의 조상을 해원시켜 주시어
선령과 후손을 새 운수의 길로
인도하여 주시옵소서.

난법 해원시대가 끝나고
곧 닥칠 대환란으로부터 부모형제를 구원하고,
반석 같은 믿음 위에 굳건히 서서
정성과 공경을 다하여,
원시반본하여 군사부일체하는
거룩하신 상제님의 상생의 대도를
일심으로 잘 닦아
괴로움에 신음하는 억조창생을 널리 건져
후천 오만 년 선경세계로 나아갈 수 있도록
성령의 은광으로 보살펴 주옵소서.

甑山道

道典

太乙呪

吽哆　吽哆

吽哆

太乙天上元君 吽哩哆哪都來 吽哩喊哩娑婆訶

태을주는 우주 율려(律呂)니라. (道典 2:140:10)

이 세상의 모든 약 기운을 태을주에 붙여 놓았나니 만병통치 태을주니라. (道典 3:313:8)

태을주는 천지 어머니 젖줄이니 천지 젖줄을 놓지 말아라. (道典 7:73:7)

천하생명을 태을주(太乙呪)로 살린다. 태을주로 천명(天命)을 이루느니라. (道典 8:101:6)

증산 상제님 어진

태모 고수부님 진영

甑山道 道典

_____ 님께

道紀   　　년　　월　　일

_____ 드림

甑山道

道典

성명 _____

입도일 道紀   년   월   일

한민족사의 국통(國統)

(환인)
환국 —— (환웅)
배달 —— (단군)
조선 ——
서기전 7199~3898　　서기전 3898~2333　　서기전 2333~238

(3301년)　　　(1565년)　　　(2096년)

열국시대

북부여
서기전 239~58

남삼한
마한·변한·진한
서기전 194~서기 8

최씨낙랑국
서기전 195경~서기 37

동옥저·동예
?~서기 56 · ?~서기 313

- -

세계사

2348
노아홍수

2300경
9년 홍수(동방)

1950
아브라함의
가나안 이주

221
진시황의
중국 통일

서기전 7000경
팔레스티나의
대취락 발전.
예리고에서
북이라크의
야르모 유적

4000경
황하유역에
채도계의
앙소문화 발전

2900~2300
이집트 고왕조

1027
석가 탄생

| 서기전 8000 | 7000 | | 4000 | 3000 | | 2000 | 1000 | 서기전 1 |

서기전 8000경
북이라크에
최초의
농경·목축 단계
(카림·샤힐 유적)

4004
아담 탄생

1830~1530
바빌론 제1왕조

551
공자 탄생
(~479)

3500~1950
수메르문명
(도시국가 성립)

2000경
아리아인,
인도 침입

5800경
서아시아
구릉지대에서
농경문화 확대 정착

2500경
인더스문명
황하문명 성립

2205
하(夏)왕조 성립
(~1766)

토기전 신석기시대 (서기전 8000~5000)	토기 신석기시대 (서기전 5000~4300)	동·석기시대 (서기전 4300~3300)	청동기시대 (서기전 3300~1200)	철 기 시 대 (서기전 1200~)

고구려
서기전 58~
서기 668

백제
서기전 18~
서기 660

신라
서기전 57~
서기 668

가야
서기 42~532

남북국시대

대진국(발해)
668~926

—고려— 조선 —
918~1392   1392~1910
요(遼), 금(金), 원(元), 청(淸)

통일신라(후신라)
668~935

대한민국임시정부
1919~1945

남북분단시대

대한민국
1948~

조선 민주주의
인민공화국
1948~

1871
증산 상제님 탄강

1453
동로마제국
멸망

1894
동학혁명

392
로마 그리스도교
국교화

960~1279
송(宋)

1096
제1회
십자군 시작
(~1099)

1552
마테오 리치
신부 탄생
(~1610)

서기전 4
예수 탄생

610
이슬람교
성립

1914
제1차 세계대전
(~1918)

서기전 50   서기 500   1000   1500   1900 1950

서기전 27
로마 제정
시작

618~
907
당(唐)

1368~
1644
명(明)

1861
최수운,
동학 창도

1939
제2차 세계대전
(~1945)

서기 25
후한 성립
(~220)

962
신성로마제국
성립
(~1806)

1492
콜럼부스,
신대륙 발견

1776
미국 독립 선언

476
서로마제국
멸망

증산도 교리 체계(八觀法)

우주의 주재자
대우주 통치자 하나님

증산 상제님

선천 종교의 결론
상제님의 강세

가을 추수 진리 출현
통일 문명권 시대

동방 문화의 종주 조선에 강세

제1법
상 제 관
개벽장 하나님

인간으로 오신 하나님

[모사재천]
天地父母 　體

삼 계 대 권
무궁한 조화권

상제님의 신권(神權)과 도권(道權)
우주와 우주 통치자의 관계 : 道와 帝

제2법
우 주 관

조화정부 결성
우주 통치 사령탑

제3법
인 간 관	실천이념 · 통치원리
원시반본과 보은, 해원 · 상생	
천지부모(상제와 수부), 조화사상, 인존시대, 신인합일	
정음정양, 중록(重祿)사상, 태을천(太乙天)과 선매숭자	
군사부 일체, 천지일심, 의통과 진법사상	
개벽문화: 자연개벽 · 문명개벽 · 인간개벽	

지운(地運)통일 공사
천상명부 정리 공사

제5법
천 지 공 사
천지인 개조 공사

제7법
종통관
수부 도수: 여자 하나님
태모 고수부님: 10년 천지공사
사부 도수: 건곤감리 4체 도맥

도운 · 세운공사
(道運)　(世運)

제4법
신관과 수행
우주의 조직세계와 태을천(太乙天)

종통전수 · 세계질서

[성사재인]
日月父母 　用

9년 천지공사의 총 결론

칠성 도수

후천 대개벽 상황

제6법
구 원 관	의통구호대

세벌 개벽(3년)
시두와 상씨름, 병겁, 지축정립

3년 의통성업 집행

제8법
일꾼관
대두목, 용봉(龍鳳) 도수
태을주, 육임도꾼(道軍)
일심의 삼요체 : 誠 · 敬 · 信

광구천하, 통일천하

가을 신천지 우주의 후천 조화선경 (우주일가의 지심대도술 조화문명)
(군사부 일체, 신인합일, 지심세계, 만사지 문화, 도술문명, 무궁복록, 장수 문화, 정음정양, 언어통일)

도운과 세운

세운(世運)	서기 道紀			道紀 서기	도운(道運)
		대한제국	증산상제님	1 1871	증산 상제님 탄강(辛未年)
동학혁명	1894 24			10 1880	태모 고수부님 탄강(庚辰年)
러일전쟁	1904 34			31 1901	증산 상제님께서 성도(成道)하시고 천지공사 집행을 시작
				39 1909	천지공사를 마치시고 어천(御天)하심
일제강점	1910 40	일제치하	태모 고수부님	41 1911	증산도 최초의 교단 창립
					− 증산 상제님께서 도통을 전하신 증산도의 종통 연원인
기미 3·1운동	1919 49				태모 고수부(太母 高首婦)님이 상제님의 성도를 모아 교단
임시정부수립					을 창립. 이후 700만 신도의 대부흥시대로 발전함
				59 1929	초기 경전인 『대순전경』 발간
만주사변	1931 61			65 1935	태모 고수부님 선화(仙化)
중일전쟁	1937 67			66 1936	일제의 민족문화 탄압에 의해 교단 해체
8·15해방	1945 75	대한민국	안운산 종도사님	75 1945	증산도 제2 부흥시대 개척
대한민국 정부수립	1948 78				− 해방 후 안운산(安雲山) 종도사(宗道師)님이 개척 시작
6·25 남북전쟁	1950 80				6·25남북전쟁과 더불어 침체됨
4·19, 제2공화국	1960 90			84 1954	안운산 종도사님, 20년 대휴계기(大休契期) 설정 후
5·16, 제3공화국	1961 91				은둔하심
제4공화국	1972 102				
세계여성의 해 선포	1975 105	대한민국	안운산 종도사님·안경전 종정님	105 1975	증산도 제3 부흥시대 개척 시작
					− 태전에 본부도장을 설치하고 새롭게 포교활동 전개
핵 감축 논의 시작	1980 110			110 1980	교전(教典) 『증산도의 진리』 발간
제5공화국	1981 111			111 1981	대학생 포교회 발족
제6공화국	1988 118			113 1983	『이것이 개벽이다(상·하)』 발간
서울올림픽				114 1984	증산도 연호 '대순(大巡)'에서 '도기(道紀)'로 바로잡음
동구권 붕괴와	1991 121				증산도대학교 출범
소련해체				118 1988	서울올림픽 문화행사 참여.
Green Round:	1992 122				제1차 증산도 대학생 개벽대성회 개최(국토횡단 대장정)
세계환경문제				119 1989	배달민족 문화 진흥회 창립. 미래학회 창립
정상회담					증산도 실업인단 결성
Expo '93	1993 123			120 1990	증산도 대학생 제3차 개벽대회(매년 출범)
핵확산금지조약	1995 125			121 1991	증산도대학교 4년제로 출범, 제1회 증산도 개벽
무기한 연장					대성회(태전 충무체육관), 증산도 신앙대중화 선언
자유무역 WTO체제 출범				122 1992	『甑山道 道典』 발간. 제2회 증산도 개벽 대치성
일본 신호(고베) 대지진					(태전 충무체육관), 낙태 반대 100만인 서명 운동
OECD 가입	1996 126				태전 지명 찾기 서명 운동
외환위기 발생	1997 127			123 1993	증산도 번역위원회 출범
(IMF 관리체제 돌입)				124 1994	숙구지 도운 원년 선포, 증산도 전산망 '신천지' 오픈
정주영 회장	1998 128			125 1995	영문판 『甑山道 道典』 발간, 증산도 세계화 원년 선포
소떼몰이 방북(6.16)					뉴욕 국제 포교센터 설립, 제3회 증산도
6.15 남북공동선언	2000 130				개벽 대치성(태전 한밭체육관)
전세계 광우병,구제역 창궐	2001 131			126 1996	인터넷서비스(WWW) 오픈
인간 게놈지도 완성				128 1998	증산도사상연구소 개소(9.1)
9.11 세계무역센터 테러				129 1999	의통구호대 육임군 도수 인사화(6월)
용담댐 완공(10월)					집현재 출범(10월)
안면도 국제 꽃 박람회	2002 132			130 2000	논문집 『증산도 사상』 창간호 발간(3.22)
한일 월드컵				131 2001	『이것이 개벽이다』 100만 권 돌파기념 개벽 대강연회
북한, 핵확산금지조약	2003 133			132 2002	『이것이 개벽이다』 개정 신판 발간(4.12)
(NPT) 탈퇴 선언(1.10)					복록소·수명소 도수 인사화(복록소 위원 출범)
북핵 6자회담 개최					상제님의 집·증산도 교육문화회관 준공(12.14)
(8.27~8.29)					도전 6개 국어(영.프.일.중.스.독) 번역 발간
					도전 개정 신판 발간(12.22)

증산도 도전(原典)

JEUNGSANDO DOJEON

Copyright ⓒ 1992, 1996, 2003 증산도 도전편찬위원회

道紀 122年(檀紀 4325年, 1992년) 11月 25日 初版 發行
道紀 133年(檀紀 4336年, 2003년) 12月 22日 改訂新版 發行

증산도 도전편찬위원회 편찬

대원출판사 발행
ISBN 89-7261-100-X

간행사

들어가는 말

■ 지금 이 세상은

지금 세상의 모든 것이 꽉 찼다. 이 세계의 참모습을 보는 성숙한 사람들은 이 구동성으로 온 천하가 누렇게 익었다고 외친다. 춘하의 생장기가 종결되고 가을의 신천지 개벽의 문턱에 걸려 있는 것이다.

하늘과 땅 사이에는 신명과 인간이 가득 찼는데, 인간이 품고 있는 위대한 새 희망의 소식과 더불어 온갖 비극적 사건과 참상이 이 세상을 채움으로써 우리는 희비가 교차하는 거대한 변혁의 물결에 휩쓸려 가고 있다. '가을 천지의 대개벽' 이란 진리의 명제로, 아직껏 한 번도 경험해 보지 못한 인류사적 대변혁이 인간 역사의 중심으로 몰려오고 있는 것이다.

우리가 살고 있는 천지는 원대한 꿈과 이상이 있다. 그것을 이루는 필연적인 과정이 앞으로 오는, 인간 농사짓는 우주일년에서 인류가 맞이해야 할 가을의 추살(秋殺) 개벽이다.

■ 희망의 소식을 전하는 『道典』

하늘과 땅의 계절이 바뀌는 환절기, 자연과 문명, 천상 신도와 지상 인간 역사의 틀이 근원적으로 뒤바뀌는 하추교역의 가을 대개벽기를 맞아, 대우주의 통치자 하느님이신 증산 상제님께서 인류가 꿈을 이루고 살 수 있는 새 문화, 인류가 지금까지 체험해 보지 못한 신천지의 새 문명을 열어 주시기 위해 133년 전 동방의 이 땅에 강세하셨다. 그리고 삼계대권의 무궁한 조화권을 자유자재로 쓰시며, 지난날 선천 문화의 동서 성자들이 보여준 진리의 한계를 쾌연히 뛰어넘어, 가을철의 대 통일 운수를 열어 주시기 위해, 무극대도의 새 진리를 열어 주셨다.

일찍이 상제님께서 "내 법은 전무지후무지법(前無知後無知法)이니라. 판안 법으로는 알 수 없을 것이요 판밖의 나의 법이라야 알 수 있느니라."고 하셨다. 이것이 상제님이 개벽하신 후천 오만년 지상선경 낙원에 대한 새 소식이다. 이 희망의 소식은 지구 저편이 아닌, 우리가 몸담고 있는 이 동방 땅에서 처음 선포되었다. 『道典』은 바로 인류의 모든 희망과 꿈이 담긴, 이 새 소식을 전하고 있는 것이다.

■ 증산 상제님께서 열어 주신 궁극의 대도세계

상제님은 지금까지 풀리지 않았던 진리의 구성 틀(신도와 이법과 인사의 상호 관계)을 완전히 드러내 주셨다. 곧 진리란 무엇이며, 진정한 진리 체험과 인류의 새 세계 건설이 어떻게 가능한 것인가에 대해 궁극의 해답, 무극대도(無極大道)를 내려 주셨다.

그리하여 우리가 살고 있는 전변무상(轉變無常)한 현실 인간 역사와 대우주의 신비에 대해 진리의 눈을 활짝 뜰 수 있는 궁극의 깨달음을 열어 주셨다.

따라서 증산도는 지난 인류 문화를 문 닫고 인간의 새 역사를 여는 성숙한 진리라고 말할 수 있다. 우리는 당신님께서 이 땅에서 보여 주신 가을철의 새 문화, 새 역사를 여는 대개벽 공사를 통해, 동서고금 어느 누구도 감히 생각할 수조차 없는 너무도 파격적인 궁극의 대도 세계를 만나게 되었다.

상제님은 인간이 몸을 받아 태어난 지난날 선천 봄여름철의 천리(자연이법)를 억음존양의 상극 세상으로 규정하셨다.

"선천은 상극(相克)의 운(運)이라. 상극의 이치가 인간과 만물을 맡아 하늘과 땅에 전란(戰亂)이 그칠 새 없었나니 그리하여 천하를 원한으로 가득 채우므로 이제 이 상극의 운을 끝맺으려 하매 큰 화액(禍厄)이 함께 일어나서 인간 세상이 멸망당하게 되었느니라. 상극의 원한이 폭발하면 우주가 무너져 내리느니라."(道典 2:17:1~5)

상제님께서는 인간 역사가 개벽된 이래 가장 강렬한 소망을 품음과 동시에, 그 무엇으로도 극복하기 어려운 대위기의 벼랑 끝에 서 있는 인류에게 선천 문화와는 본질적으로 성격이 다른 새 법방으로 살길을 열어 주셨다.

■ 신명 조화정부를 조직하심

삼계 우주의 통치자 하느님이신 증산 상제님은, 신천지 후천 새 세상을 열기 위해서는 먼저 선천의 상극 속에서 누적된 모든 인간과 신명의 뿌리깊은 원한의 불길을 해소해야 한다고 말씀하셨다.

태모님께서도 선후천의 천리와 역사의 대세에 대해 이렇게 간결하게 정리해 주신 바 있다.

"구천지 상극 대원대한(舊天地 相剋 大冤大恨) 신천지 상생 대자대비(新天地 相生 大慈大悲)"(道典 11:345:2)

상제님은 먼저 선천 세상을 크게 정리하시기 위해 우주 안의 모든 신명을 해원과 상생의 도로 조화·통일하여, 새 우주를 개벽하고 통치하는 사령탑인 조화정부(造化政府)를 여셨다.

상제님께서는, 지혜의 눈으로 인간의 어둠을 밝혀 이 세계를 문명한 세상으로 변혁시킨 문명신(文明神), 동서 각 지역 문화의 시원 조상과 주신(主神)으로 작용하는 지방신(地方神), 선천 상극의 물결 속에서 천고의 원과 한을 맺고 죽어간 무수한 원신(冤神)과 역신(逆神), 또 각 성씨의 직계 선령신이 함께 참여한 조화정부의 심의와 공론을 거쳐 역사 질서를 최종 심판하심으로써 새 역사의 운로를 정해 놓으신 것이다.

■ 단주의 해원 도수, 오선위기

그러면 인간 역사에서 원한의 뿌리는 누구인가?

상제님은 4,300년 전 동방사의 요·순과 당시 문화의 종주였던 고조선 초기 조정의 갈등 속에서 탄생한 비극의 주인공인 요임금의 아들 단주의 원한을, 인간 역사 질서를 흔들어 놓은 가장 큰 원한의 뿌리라고 밝혀 주셨다.

그리하여 바둑의 시조인 단주의 해원을 위해 선천 역사의 마무리를 순창 회문산 오선위기(五仙圍碁)의 기령에 붙이시어, 한반도를 중심으로 4대 강국이 바둑 두는 형국으로 나아가도록, 역사 질서를 심판해 놓으셨다.

상제님께서 개벽기에 인류를 구원하는 핵심 주제로, 세상의 모든 병을 다스리기 위해 개설하신 구릿골 약방의 약장 중앙에 '단주수명(丹朱受命)'과 '태을주(太乙呪)'를 쓰신 것도, 또 태모님께서 '단주수명(丹朱受命) 우주수명(宇宙壽命)'이라 하신 것도 모두 단주의 해원을 말씀하신 것이다.

■ 가을개벽의 핵심 상황

상제님은 당시 서양 제국주의를 몰아내기 위해 동양의 유일한 제국인 일본을 내세워 애기판, 총각판의 세계 대전쟁을 종결지으셨다. 그리고 국권을 회복한 조선이 후천 신세계의 질서가 태동되어 바둑판의 주인 노릇을 하기 시작하는 남북 상씨름을 통해, 선천 세상에서 일어나는 모든 시비를 송두리째 종식하는 마무리 도수를 보셨다. 이것이 앞으로 지리적, 문화적으로 개벽 역사의 중심인 동방의 한반도에서 시작되는 남북 상씨름 대전(大戰)의 실상이다.

그것은 구체적으로 상제님께서 대우주 신명들의 공의(公議)를 들으시고 당신님이 의도하시는 대로 짜 놓으신, 세계 통일의 천지 도수로 이루어졌다. 그것이 곧 오선위기 도수가 종결되고 가을 천지의 숙살 기운이 몰아쳐 현실 인간 역사에 나타나는 3년 대병겁의 시작이다. 이것이 지난 봄여름의 선천 세상을 끝막고 인간 역사를 총체적으로 심판하여 인종 씨알을 추리는 가을개벽의 핵심 상황이다.

상제님은 이 때는 오직 당신님이 전수하신 의통으로써만 살아날 수 있으며, 의통을 구성하는 태을주를 읽음으로써만 살아남을 수 있다고 하셨다.

『道典』은 바로 이 가을철 신천지의 새 역사를 열어 주시기 위해 인간 세상에 오신 참 하나님에 의한 인간과 신명의 역사에 대한 천지 공판 문서라 할 수 있다.

개정 신판은 초판과 무엇이 다른가?

인류의 새 문화를 여는 새 진리 교과서인 『道典』 초판 발간 이후 11년의 세월이 흘렀다. 그동안 현장 답사하는 과정에서, 이 조선 땅에 아직도 증산 상제님의 천지공사의 숨결을, 100년 전 공사 현장에 직접 참여하여 눈으로 보는 것처럼 그렇게 생생하게 증언하는 건강한 노년의 구도자들이 적지 않다는 데 큰 감동을 받았다. 그들을 만날 때마다 내 마음은 더욱 경건해지고 『道典』 작업에 임하는 내 가슴은 강렬한 사명감으로 불타올랐다. 상제님 대도의 동반자들을 만나는 과정에서 통정이 되고 신뢰가 쌓이면서 그들은 나에게 속내를 털어놓고 가슴 깊은 곳에 품고 있던 상제님과 태모님의 생명의 말씀을 증언해 주었다. 그것은 마치 거대한 산의 광맥 속에서 눈부신 보석을 하나하나 채취해 내는 작업과도 같았다.

■ 성편 과정과 성언 작업의 원칙

먼저 초판의 전거를 철저하게 재검토하였다.

개정 신판 작업은 초기 기록들*을 더욱 면밀히 검토하면서, 성도들의 후손과

---

*초기 기록들 : 상제님의 말씀과 행적이 기록된 초기 기록에는 대순전경(이상호, 1929년), 천지개벽경(이중성, 1946년), 성화진경(구릿골 김씨 후손들, 1961년), 용화전경(김락원, 1972년) 등이 있고, 또 태모님의 행적이 기록된 초기 기록에는 고부인신정기(이정립, 1963년), 고후불전(김경도, 1964년부터 집필), 고사모신정기(이용기, 1968년), 선정원경(고민환, 1960년 집필, 1970년에 필사본 발견) 등이 있다.

제자들을 직접 만나 수십, 수백 회의 증언을 듣고, 철저한 현장 답사를 통해 초판에 실린 말씀과 성적을 최대한 바로잡았다.

또한 최근 5년여 동안, 초판 발간 이후 채록한 증언을 다시 수차례의 확인 절차를 거쳐 성구화하였다. 그 과정에서 첫째, 초기 기록 가운데 그 내용이 상호 보완의 성격을 갖는 성구들은 하나로 통합하였다.

둘째, 같은 공사 내용에 대한 유사 성구는 직접 그 공사에 참여한 성도들에게서 나온 증언 가운데 상제님의 언어, 도수 정신에 부합되는 기록을 취하였다.

셋째, 초기 기록 중 성도들의 직접 증언이 아닌 제3자의 간접 증언인 경우와 기록자가 의도적으로 말씀을 왜곡, 삭제, 변형한 경우 그리고 전체 9년 천지공사의 연대, 장소, 인명에 대해서는 성도들의 가족과 후손, 직계 제자들의 증언을 바탕으로 최대한 바로잡았다.

이러한 원칙은 초판에서도 동일했으나, 김호연 성도의 증언을 채록, 편집하는 마무리 과정의 어려움 때문에 철저하게 검토되지 못하였다.

이렇듯 『道典』 초판으로부터 초기 기록의 주요 내용을 전부 포용하면서 제3변 도운이 시작된 이래 30년 동안 현장에서 보고 들은 증언 내용을 최대한 성구화하였다. 그리하여 상제님 편의 경우, 개정 신판에서는 답사를 통해 채록한 성구가 『道典』 전체의 50%를 넘어선다. 새로 들어간 주요 성구 내용을 간추리면 다음과 같다.

■ 증보 개정된 내용

첫째, 주요 성도들의 입문 과정과 주요 도수 내용

1) 입문 과정 채록

먼저 초기 기록에 전혀 실리지 않았던, 상제님의 주요 성도들이 상제님을 처음 뵐 때의 상황, 곧 입문 과정이 구체적으로 채록되었다.

태을주 전수의 중요한 사명을 받은 안내성 성도의 입문 과정이, 어린 시절부터 부친 안내성에게서 실감나게 말씀을 들으며 자란 그 아들(정남)에 의하여 최초로 명쾌하게 밝혀졌다. 안내성 성도는 그의 제자들과 도문의 많은 이들이 믿고 있듯이 제3변 추수도운을 마무리짓는 인사의 지도자를 상징한다.

그리고 또 다른 추수 도수의 주인공, 즉 진주(眞主) 도수의 문공신 성도가 상제님을 만나는 극적인 과정과 최창조, 신원일, 김광찬 성도의 입문 과정이 처음으로 밝혀졌다. 최창조 성도는 김경학 성도의 인도로 천금의 성금을 내고 도문에 들어와, 천금도통 도수와 삼신(三神) 도수 등 여러 주요 도수를 천명으로 받은 지극 정성의 구도자였다.

2) 주요 도수 사명

이와 동시에 천지공사에 수종 든 성도들의 가을개벽의 도수 사명이 거의 다 드러나, 후천 오만년 조화선경 건설의 천지공사 틀을 전체적으로 볼 수 있게 되었다.

김형렬 성도의 선불(仙佛) 도수(5:186), 애기부처 도수와 신선 도수, 안내성 성도의 태을주 울려 도수와 무당 도수, 상제님의 도의 아내 도수, 막둥이 도수, 9년 천지역사 도수, 최창조 성도의 삼신 도수, 화둔(火遁) 공사, 또 은두장미(隱頭藏尾) 도수라 하여 그동안 제대로 드러나지 않아 전혀 알 수 없었던, 문공신 성도가 천명으로 받은 가장 중요한 도수인 오선위기 진주 도수와 상제님 어천 후에 행하라 명하신 남은 7년 공사의 실체가 모두 드러나, 그가 행한 파방 도수, 살막이 도수, 안면도 북 도수, 도술약국 도수 등이 새로이 밝혀지게 된 것이다.

또 상제님의 일등 비서 역할을 수행했음에도 좀체로 그 면모를 알 수 없었던 김갑칠 성도의 품성과 실체가 보다 구체적으로 드러났다. 그에게 붙이신 추수일꾼 도수, 우사장 공사, 막내아들 갑자꼬리 도수 내용이 증언되었다. 그리고 김자현 성도의 의원 도수, 박공우 성도의 태전 콩밭 추수 공사, 상제님과 태모님을 위시해서 김형렬, 차경석, 박공우, 안내성 등 주요 성도들이 모두 자리를 함께 한 서울 대한문 대공사와 태전 공사가 새롭게 증언되었다.

아울러 김천수의 증언에 의해, 고수부님께서 서울과 태전의 모든 주요 공사에 참여하신 후천개벽 역사의 진실이 처음으로 밝혀졌다.

3) 김호연 성도의 증언 검토

초판 작업 때 김호연 성도의 증언을 성구화하는 과정에서 지나치게 삭제, 압축함으로써 공사의 정경을 제한하는 내용은 증언을 검토하여 복원하였고, 말투도 최대한 현장 언어로 살렸다. 또한 여러 가지 여건 때문에 초판에 싣지 않은 공사 증언 내용을 거의 다 성구화하였다.

4) 안필성에 대한 증언

안필성에게 붙이신 새로운 도수 내용이 그 가족들에 의해 상세하게 증언되어 성구화되었다. "안필성은 상제님이 천상에서 데리고 온 유일한 인간 세상의 친구

다.” 하는 증언 그대로, 상제님은 안필성을 누구보다도 가깝게 대하셨고, 어느 성도 못지 않게 자주 만나시어 그에게 주요 도수를 맡기셨다. 초기 기록에서는 오직 상제님의 성도가 아니라는 이유로, 동학전란 때 상제님을 만나는 내용만 일부 실었다. 그리하여 그에게 붙이신 초립동이 도수 등 제3변 마무리 도운에 대한 천지공사 도수 내용들이 일방적으로 무시되었다.

만일 성도들이 천명으로 받은 이러한 주요 도수들이 증언되지 않은 채 역사에 묻혀 버렸다면, 인간과 신명 그 누구도 상제님 천지공사의 매듭이 어떻게 이뤄질 것인지 도저히 가늠할 수 없으리라.

둘째, 상제님 9년 천지공사 내용이 연대별로 균형 있게 채록됨

이것은 상제님이 도운 공사 보실 때 미리 계획해 놓으신 것으로, 당시 공사에 참여한 성도들의 가족과 성도의 제자들을 통해, 지난 10여 년의 세월 동안 지속적으로 증언됨으로써 마침내 그 열매를 맺었다.

1) 상제님 말씀의 증언자들

상제님의 말씀을 전한 주요 증언자들을 보면, 먼저 김형렬 성도 집안에서는 그의 아내인 김호연 성도가 상제님의 전 생애를 증언하였고, 또 상제님을 직접 모신 형렬의 큰며느리 이정숙이 그 아들 김현식(1918~)에게 전함으로써 증언되었다. 김자현 성도에 관한 증언은 그 아들(김태진, 김태준)과 손자 김택식(1914~)을 통해 전해졌으며, 안내성 성도와 관련된 증언은 그의 무릎에 앉아 신도들과 함께 이야기를 들으며 자란 그 아들 안정남(1929~)에 의해 전해졌다. 그리고 백복남 성도에 대한 내용이 평생을 안내성 성도의 교단에서 신앙한 윤창주의 아들 윤기택(1927~)에 의해 처음으로 밝혀지게 되었다. 또 문공신 성도에 대한 증언은 그 아들 문복환(1919~)을 통해 밝혀졌고, 상제님 친구 도수를 맡은 안필성에 대해서는 손자 안일완(1940~)으로부터 직접 들었다.

박공우 성도에 관한 내용은 3대 제자 가운데 이동술, 전이진의 아들 이판규(1930~2004), 전수재(1917~)와 이양휴(1914~2002)에 의해 전해졌다. 또한 일찍이 등창으로 죽음 직전에 가족들이 길거리에 내놓았는데 기적적으로 박공우 성도에게서 고침을 받고 평생 박공우 성도를 아버지처럼 모시고 다녔다는 김일화(1886~1958)는 박공우 성도에게서 들은 상제님의 공사 행적을 자신의 아들 김천수(1927~)에게 15년 동안(18세~33세) 증언해 주었다.

그 가운데 가장 특기할 만한 일은 각 성도들이 전한 주요 공사 내용을 집대성하여 잘 알고 있던 구릿골 출신의 이종선(1884~1964)의 증언이 그의 제자인 전주의 나승렬(1923~)을 통해 밝혀진 것이다.

이종선은 김형렬, 김갑칠, 김자현, 김준상, 박공우, 김광찬, 김송환, 김경학, 최창조 성도 등 상제님 천지공사에 수종 든 12성도들과 교분을 맺으면서 성도들에게서 숱한 말씀을 들었다. 그리고 그가 들은 주요 개벽공사 이야기를 자식처럼 아끼던 도제 나승렬에게 전하였다.

나승렬은 김형렬 성도의 친족으로 일찍이 18세 때 상제님의 도에 일생을 바치기로 결심하고, 부친의 허락을 받고 학업을 중단한 채 도를 구하였다. 그리고 그가 평생 들어 온 공사 내용을 실감나게 증언해 주었다. 그리하여 초판에 누락된 주요한 도수 내용이 새롭게 보완되었다. 나승렬은 초판 이후 근 10여 년에 걸쳐 답사한 인물들 가운데 우주원리에 대한 학식이 가장 깊을 뿐 아니라, 누구보다도 겸허하고 온화한 품성을 지닌 증언자였다.

2) 왜 주요 공사 내용이 누락되었을까

초판을 보면 김형렬, 김자현, 김갑칠, 박공우, 문공신, 최창조, 안내성, 안필성에게 붙이신 주요 공사 내용이 많이 누락되었다. 도성덕립과 연관된 주요 도수들이 초기 기록에서부터 거의 실리지 않았다.

그것은 초기 기록자와 성도들 사이의 인간 관계가 원만하지 못했기 때문이었다. 지난 30년, 제3변 도운의 세월 속에서 초기 시대의 원로 신앙인과 증언자들을 꾸준히 만나면서 나의 책임감을 통감했다.

김자현 성도의 손자 김택식에 의하면 "조부님은 이상호에게 증언을 해 주지 않았다."고 한다. 뿐만 아니라 김자현 성도는 김형렬 성도, 김갑칠 성도에게도 당시 보천교에서 출교된 뒤 태운장의 미륵불교 신도로 들어온 이상호에 대해 "한 판 차려 보려는 다른 뜻을 품고 있으니 전해 주지 마시오." 하고 강력하게 요구했다 한다.

이상호에 대한 이런 비판적인 의식은 당시 주요 성도들에게 널리 파급되어 있었다.

백운동의 안내성 성도는 몇 차례 찾아와 증언을 구하는 이상호에게 단 한 마디도 응대해 주지 않고, 멀리 구성산만 바라보며 눈길조차 주지 않았다고, 소년 시절에 곁에서 이를 지켜본 아들 안정남이 증언한다. 또 안필성은 이상호와 같은 동네에 살면서도, '도인이 일찍 봉사가 되었다.'고 그에 대한 불신이 깊었다. 그래서 주요 성도들 못지 않게 상제님과 삶을 함께 하고 상제님에게서 큰 도수를 부여받았음에도, 그 내용을 깊이 있게 증언해 주지 않았다.

　　그 밖에 초기 기록의 또 다른 본질적 한계 때문에, 결국 주요 공사 내용은 상제님의 제3변 도성덕립 도수가 열리는 마무리 추수도운의 시간대에서 새롭게 기록될 수밖에 없었다.

셋째, 제3변 도운에 대한 공사 내용 채록

　　상제님의 천지대업은 "내 일은 삼변성도(三變成道)니라."(道典 5:356:4) 하신 상제님 말씀대로, 제1변과 제2변의 개척사를 거쳐 제3변 추수도운을 맞이하여 도성덕립이 된다.

　　그런데 초기 기록자들이 자기들 중심의 종통 의식으로, 추수도운을 상제님 도운의 전개 과정인 파종–이종–추수 과정에서 파종, 이종 도수의 시간대로 한정시켰다.

　　그리하여 상제님의 후천 오만년 천지사업을 매듭짓는 실질적인 총 결론 도수라 할 수 있는 제3변 도운에 대한 마무리 공사 내용의 핵심이 누락되거나 의도적으로 왜곡, 변색되고 삭제되었다.

　　지금 생존해 있는 수십 명의 증언자들이 다 알고 있는 바와 같이, 제3변 도운의 추수지 공사, 도운 통일의 천지 역사에 대해 명백하게 초기 기록자들도 부분적으로는 알고 있었다. 그런데 기록자들은 고의적으로, 또는 당시의 시대적 환경 때문에 그 내용을 제대로 싣지 않았다(태전 공사 등).

　　그로 인한 폐해 가운데 가장 심각한 것은 상제님께서 천지공사로 선포하신 도통맥의 전수 과정이 완전히 조작, 왜곡되었다는 점이다. 그것은 결국 건곤감리(乾坤坎離)의 천지 이법으로 전수하신 도맥의 전체 틀을 파괴함으로써 하늘에는 천사만마(千邪萬魔)가, 지상에는 온갖 난법자들이 날뛸 수 있는 여지와 근거를 제공하였다. 그리하여 지난 100년의 세월 동안 그 누구도 증산 상제님의 도권이 어떻게 전수되어 왔는가를 진리의 눈으로 일목요연하게 확연히 알 수 없었다.

　　이것은 도운의 전 역사 과정에서 가장 중대한 오류이며 인간 세상에 내려오신 대우주 절대자 하나님의 도맥의 틀을 파괴한 가장 파렴치한 범죄 행위*로 규정짓지 않을 수 없다.

---

*범죄 행위 : 상제님께서 어천하실 때 "사람 둘이 없어서 나서지 못하노라." 하신 말씀을 『대순전경』 2판에는 사실 그대로 기록하였으나 6판부터는 '사람 둘'을 '사람들'로 고쳐 놓음으로써 상제님 대업을 마무리짓는 인사 대권자 출세에 대한 너무도 중요한 도수 내용을 왜곡하였다.

상제님의 종통 맥은 어떻게 계승되는가?

(1) 음양합덕의 천리를 바탕으로

지난 선천 세상은 억음존양의 상극 질서 속에서 하늘의 신명도 땅위의 인간도 아버지 중심의 문화로 살아왔다.

그러나 이제 후천 음도(陰道) 운을 맞이하여, 이 우주의 통치자 하느님이시며, 바로 아버지 되시는 상제님께서 인간 세상에 강세하시어 "후천 오만년 곤도 운을 열기 위해 너희들의 어머니, 나의 수부에게 천지대권을 전한다."고 선언하셨다. 그리고 당신의 아내 고수부님에게 "너와 나의 합덕으로 삼계 개조니라. 내가 너 되고 네가 나 되는 일이니라." 하시면서 모든 것을 함께하셨다. 상제님은 음양합덕, 음양동덕의 가을 천지의 천리를 바탕으로 천지와 인간과 신명세계를 바로잡으셨다.

(2) 총체적 구원의 진리 명제, 서신사명 수부사명

상제님은 여름철 끝의 시간대에서, 가을 천지의 큰 운수의 시작으로 들어서는 추수 개벽기에 인류를 총체적으로 구원하는 진리의 명제를 서신사명(西神司命), 수부사명(首婦司命)이라고 하셨다.

서신사명은, 가을철에 직접 인간 세상에 법신을 드러내시는 조화옹 하느님의 가을우주 창조의 시명(時命)을 말한다.

여기에서 중요한 것은 선천 말에 인간으로 오시는 하나님께서, 새로워지는 가을의 자연 질서를 인간의 생명과 역사의 혼에 이식하기 위해, 정음정양(正陰正陽)의 도로써 천상에 함께 계시던 신들의 어머니, 수부(首婦)를 동반하고 오셔서 가을의 음도 문화(陰道文化)를 열어 주셨다는 점이다.

바로 이 수부사명의 도수 속에 인간으로 오신 참 하나님(人尊天主)께서 당시 수십 명의 성도들을 제쳐 두고 누구에게 종통대권을 전수하셨는가에 대한 정도(正道)의 해답이 들어 있다. 따라서 수부사명을 부정하는 자는 상제님의 진리의 근원, 가을 천지를 열어 주신 상제님의 새 우주 경영의 근본을 송두리째 부정하는 난법자들이다. 만물이 생장 분열하는 봄여름의 건도(乾道)와는 달리 가을은 하늘의 어머니가 아버지를 모시고 함께 강세하시어, 정음정양의 새 판으로 곤도(坤道) 문화의 새 역사를 열어 주시는 시운인 것이다.

(3) 수부님은 여자 하나님

따라서 수부(首婦)는 여자 하나님이다. 문자 그대로 만유 생명의 머리가 되는 지어미요, 인간과 신명의 어머니 되시는 분이다.

또한 수부는 아버지 상제님과 합덕하시어 신천지 조화선경을 열어 주신 뭇 생명의 거룩하고 크신 어머니이다. 그리하여 우리는 수부님을 태모(太母)님으로 모시고 공경한다.

(4) 어머니로서 10년 천지공사를 행하심

태모님의 성도들과 가족들과 그 교단에 몸담고 있던 신도들의 증언을 들어보면, 일관되게 주장하는 말이 있다. "우리 어머니도 천지공사를 보셨어."라는 것이다.

이는 지난날 '천지공사는 오직 상제님을 중심으로, 상제님에 의해서만 이루어졌다.' 하는 고정관념을 철저히 파괴하는 충격적인 소식이 아닐 수 없었다.

태모님께서는 "나는 너희 아버지보다 한 도수가 더 있다." 하시고 10년 동안 상제님과 같은 천지대권과 신권을 쓰시면서 천지공사를 행하셨다.

이제 개정 신판에서 그 구체적인 공사 내용과 태모님의 행적에 대한 이용기 성도의 기록과 여러 증언자들의 말씀이 더욱 새롭게 성구화되어 태모님편 성구가 총 250장에서 425장으로 늘어났다.

(5) 태모님 말씀의 증언자

태모님 말씀과 행적을 전한 주요 증언자들을 정리해 본다.

먼저 태모님께서 공식적으로 공사의 증언자로 선언하신 유일한 성도인 비범한 기억력의 소유자 수제(首濟) 전선필(1892~1973) 성도를 직접 만나, 태모님의 성언과 행적을 총체적으로 들은 의기(義氣)의 이우인(1930~) 씨가 있다. 수제는 "내가 우인이 자네를 만나려고 어머님께서 나한테 말씀을 일러 주셨네. 내가 이 말씀을 모두 자네에게 전해 주는 것이니 자네, 잘 듣소."(道典 11:411) 하면서 그에게 태모님의 성적을 전해 주었다. 그렇게 해서 이우인은 지난 10년에 걸쳐 태모님의 공사 말씀을 상세히 증언해 주었다.

또한 태모님을 주야로 곁에서 모신 박귀녀(1891~?) 성도로부터 열세 살 때 도를 받고 평생 어머니로 모신 전주의 김정녀(1925~) 할머니, 태모님이 아들로 삼으신 이용기(1899~1980) 성도의 수제자로서 20여 년간을 이용기 성도와 함께 여러 지역을 다니며 치병 활동을 한 동반자 삼례의 임예환(1926~) 할머니, 그리고 이용기 성도의 또 다른 제자 이교승(1923~2001), 어린 시절 태모님께 찾아가 세배를 올리자 태모님께서 머리를 쓰다듬어 주셨던 강용(1917~) 씨가 있다. 강용 씨는 당시 천지공사장 주변의 정경과, 강씨들과 고민환 성도의 인간 관계, 그리고 인마 도수 등에 대해 자세히 증언해 주었다.

그리고 태모님의 수석 성도인 고민환 성도의 큰며느리인 김순자(1920~1996) 등이 있다.

(6) 태모님 칠성 공사의 역사적 의미

상제님께서 김형렬 성도의 집에 주인을 정하시고 "9년 천지공사의 시종을 여기서 하리라." 하신 것처럼 태모님께서는 성포(聖圃) 고민환 성도를 중심으로 도정을 집행하시며 공사를 보셨다.

성포의 기록에 의하면 도기 56년, 병인(1926)년에 행하신 칠성용정(七星用政) 공사가 태모님 10년 천지공사의 시발점이다(道典 11:98).

칠성 공사는 상제님 9년 천지공사의 모든 도수를 관통하는 가장 중추적인 공사다.

일찍이 태모님은 "칠성 공사는 후천 인간을 내는 공사요, 낳아서 키우는 공사니라."(道典 11:99)고 하셨다. 따라서 칠성 도수는 선천을 문 닫고 신천지를 개벽하는 후천 도수의 시작으로서 매우 중요한 의미를 갖는다. 곧 상제님 태모님의 천지공사의 결론이 칠성 공사다. 앞으로 오는 지구촌 인종 씨 추리는 가을 대개벽기의 육임 구호대의 의통성업이 이 칠성 도수로써 마무리되는 것이다.

넷째, 천지공사를 마무리짓는 세운과 도운의 구체적인 매듭 과정, 통일 과정

이번 개정 신판에는 세운의 세계 질서인 오선위기가 종결되는 남북 상씨름 도수의 실제 상황과 그와 더불어 전개되는 인류 역사의 총체적인 새 판 짜기인 가을 신천지 개벽 상황이, 상제님과 태모님의 육성 언어 그대로 실감나게 증언되었다.

그리하여 가을 개벽의 전개 과정이 체계적, 종합적으로 정리되어 세상에 드러남으로써, 상제님의 도꾼들이 앞으로 오는 대개벽을 어떻게 준비해야 하는지, 천지 추살 도수의 인종 심판 개벽 상황을 어떻게 극복할 것인지에 대해 실로 경건한 마음으로 강력한 확신을 갖고 대처할 수 있게 되었다.

■ 초판 김호연 성도의 증언

증언의 계기

지난 『道典』 초판 작업 과정에서 가장 극적인 사건은, 무진(1988)년 여름에 약 40일 동안 상제님이 공사 보신 주요 성지를 집중 답사하면서 많은 증언자들을 만난 직후, 초가을에 있었다.

　김형렬 성도의 손자 김현식 씨와 함께 전주에서 저녁 식사를 하고 구릿골로 돌아가는 자동차 안에서, 그가 "전주에 우리 할머니가 살고 계신데, 그분이 상제님을 오랫동안 따라다녀서 많이 아니 꼭 만나 보라."고 간곡히 당부를 한다. 차창 밖으로 밤이 깊어 가는 청도원 고개를 바라보고 있는 나에게 그가 해 준 이 한마디가, 상제님의 후천선경의 선맥을 열어주는 선(仙)의 어머니, 호연을 만나 증언을 듣는 결정적 계기가 되었다(총 39회, 근 100시간, 오디오 테이프 96개와 120분 비디오 테이프 32개).

　혹자는 호연이 90이 넘은 할머니라 하여 그 증언의 신빙성에 대해 운운하기도 하나, 그 증언 말씀을 들어보면, 말소리가 쩌렁쩌렁하여 도기(道氣)가 강렬하게 스며 있음이 느껴진다.

혹독한 수련을 통해 신안이 열린 호연

　상제님은 어린이 문화를 바꾸는 것으로부터 인류 문화의 틀을 근원적으로 새롭게 여셨다. 상제님께서는 친히 전주 흑석골에 움막을 지어 주시고, 호연이 아홉 살 때인 을사(1905)년 음력 9월 9일부터 열 살 되는 정월 보름까지 혹독한 수련을 통해 인간으로서는 가장 밝은 경지의 신안을 열어 주셨다. 그리하여 호연은 천지신명이 말하고 오고 가는 것을 환히 듣고 보고, 초목과 새들의 말소리까지 다 알아들을 수 있는 밝은 지혜를 얻었다.

　어린 시절에 영안이 열려서 보고 들은 것은, 아무리 나이가 들어도 의식의 순수 속에서 영원히 잊혀지지 않는다. 수행을 해 본 사람은 누구나 그걸 안다.

김호연 성도에 대한 차봉수 할머니의 증언

　상제님께서 호연이를 네댓 살 때부터 업고 다니시며 손수 길러서 천지공사의 지순한 증언자로 세우셨다는 것은, 최근에도 차씨 집안의 종가(차경석 성도의 큰집)에서 증언을 한다.

　올해 늦가을, 부안에 홀로 살고 있는 차봉수 할머니를 다시 찾아갔다. 가족들이 전부 상제님과 고수부님을 모시는 그 집 마당에 자리를 깔고 앉아서 여러 일꾼들과 함께 이에 대한 증언을 들었다(부록 사진 참고).

　"호연이를 상제님이 키웠다고 하대요. 상제님이 바지 속에다 넣고 댕기고 똥 싸면 냇가에 가서 털고 빨고 그랬다고 하대요, 우리 어머니가."

　"원평장에 가서 떡 사다 먹였다고 하대요. 호연이가 배고프다고 하면, 아무것도 안 줬다고 하면, 상제님이 사다 줬어요, 원평장에 가서."

이 내용이 『道典』에 실린 호연의 증언과 똑같지 않은가.

차 할머니는 기억력이 놀라웠다. 그녀가 어렸을 때, 차경석 성도가 그 비상한 기억력에 감탄하여 머리를 쓰다듬며 크게 칭찬을 한 적이 있다는데, 그녀는 그 옛날 이야기를 바로 어제 일인 듯 호연에 대해 실감나게 증언해 주었다. 가을녘의 찬바람을 맞으며 상기된 차 할머니의 목소리를 듣는 우리는 모두 상제님의 크신 사랑과 노고에 깊은 감동을 받았다.

■ 개정 신판 작업 과정에서 거둔 소중한 도운사의 열매

그동안 누구도 알 수 없었던 태을주의 주인공

이번 개정 신판 작업 과정에서 거둔 소중하고 뜻깊은 열매가 있다. 먼저 100년 도운사에서 그 누구도 정확하게 알지 못했던 태을주의 주인공 김경수 대성사의 베일이 벗겨지게 되었다.

그동안 상제님께서 태을주를 받아 내린 주인공으로 밝혀 주신 인물에 대한 기록을 보면, 김○○(『공사기』), 김경소(金京訴, 『대순전경』 초판), 김경은(『대순전경』 2판), 김경흔(金京訢, 『대순전경』 3, 4판), 김경수〈金京訴-김락원의 제자 노진구가 한문으로는 흔(訢)으로 적었다 한다(손자 김상용 증언). 『용화전경』〉 등으로 이름조차 불분명하게 전해졌다. 그리고 선조 때 서천 비인에 살던 사람이라고만 알려져 있었다.

그 기록을 토대로 수차례 현장 답사를 해 보았다. 그러나 그 지역에 사는 김씨 각 종파의 족보를 다 뒤져 보아도 그런 인물의 흔적을 찾을 수가 없었다.

답사를 마치고 돌아오던 그 날 밤, 자정이 다 되어 서해 바다의 모래사장을 오가며 이에 대해 곰곰이 생각해 보았다.

'왜 가을대개벽기, 전 인류가 죽고 사는 때에, 생명을 구원하는 거룩한 신의 약인 태을주를 받아 내린 주인공이 이처럼 드러나지 않는 것일까?'

상제님의 진리에 맞추어, 원시반본하여 처음부터 다시 차근차근 생각했다.

'태을주를 인류에게 선포하게 한 안내성 성도 쪽에서조차도, 그리고 가을개벽의 지구촌 인종 씨 추리는 개벽대장 박공우 성도 쪽에서도 과연 전혀 알 수 없는 것일까? 두 분은 앞으로 오는 개벽기에 태을주를 쓰고 개벽 역사를 집행하는 주인공들이신데.'

그런데 바로 그 실마리를 푸는 서광이 드디어 비쳐 오기 시작했다.

태을주 주인공이 밝혀진 계기

일찍이 도욕(道慾)이 넘쳐서 상제님의 천상 옥좌를 넘보다가 비극적인 죽음을 맞이한 태을주의 주인공인 김경수 대성사! 그 내막을 알고 있는 사람은 이 조선 땅에서 오직 한 사람, 안내성 성도의 도문에 들어가 평생 신앙을 한 오동정의 김락원(金洛元, 1890~1973)이었다.

그는 김경수 대성사의 집안 후손으로, 세상을 떠나기 이틀 전인 1973년 동짓달 28일에, 신앙을 거부하는 자신의 손자 김상용(1941~)에게, 그 역사의 비밀을 모두 털어놓았다. 오전 열 시부터 오후 세 시까지, 세 번씩이나 굵은 눈물방울을 흘리며 집안 신앙의 비극의 역사를 하나하나 전하였다. 그리고 상제님 신앙을 잘할 것을 이렇게 간절히 당부했다.

"개벽할 때 자손줄이 다 떨어지는데, 내가 죽어서 천상에 올라가 선관이 된들 뭣하겠냐? 네가 꼭 상제님의 도를 받들어야 한다. 나는 좋은 일을 생전에 못 보고 간다만 너는 앞으로 좋은 세상을 볼 것이다. 네가 진실로 잘 믿으면 함평에 가서 태을주의 뿌리를 알게 될 것이다. 함평이 태을주의 못자리다."

바야흐로 역사의 어둠 속으로 영원히 사라질 뻔한 한 구도자의 족적이 확연히 드러나면서, 임박한 가을철의 대개벽기에 병겁으로부터 인류를 살리는 유일한 불사의 약인 태을주의 역사를 제대로 알 수 있게 된 것이다.

■ 개정 신판에서 가장 극적인 사건

아울러 초판 발간 이후 11년의 세월에서 가장 극적인 사건은, 개정 신판 최종 교정에서 인쇄에 들어가기 직전, 소녀 호연과 천지공사의 음양 짝으로, 호연과 함께 상제님을 따라다니며 공사에 수종 든 소년 복남의 실체가 드러난 것이다.

초판에 실린 백복남 성도

초판에 실린 호연의 증언을 보면, 호연이 서울에서 처음으로 복남이라는 소년을 만났고, 복남이 호연에게 매양 "오빠라고 해라." 하니 호연이 "내가 맥없이 뭣 하러 오빠라고 해?" 하면서 심통 부리는 장면이 나온다.

또 상제님께서 약방을 여신 이후 명절 때가 되어도 집에 가지 않고 복남이 항상 상제님의 시중을 들었다는 이야기, 상제님께서 칠성 공사 보시러 전주 옥거리 사정에 가실 때 복남에게 화살통을 지우시고 형렬과 각각 말을 타고 가게 하셨다는 이야기, 상제님이 형렬과 더불어 호연, 복남이를 데리고 다니시는데, 복남이는 항상 옷 보따리를 지고 따라다녔다는 이야기 등, 공사에 수종 든 기록이 몇 차례 나온다.

호연의 증언을 살펴보면, 복남은 십대 소년으로 상제님께서 9년 천지공사를 보실 때 늘 수종 들면서 밤이면 성도들과 더불어, 또는 홀로 마루에서 잠을 잤다고 한다. 또 상제님이 어천하시고 나서도 계속 구릿골에 남아 있었다는 증언도 있다.

이 초판의 복남이 바로 백복남(백운기) 성도이다.

새로 밝혀진 증언은 무엇이며 왜 지금까지 그에 대해 제대로 알 수 없었는가?

백복남 성도의 어린 시절

복남은 동서고금의 인간 역사상 가장 신령한 영기를 받아 태어난 인간이다. 그는 천지의 광명한 성신(聖神)을 받아 이 세상에 왔다. 여덟 달 만에 영이 열리기 시작해서 세 살 때는 완전히 열려 만물의 속을 다 들여다볼 수 있는 혜안을 얻었다. 세상 사람에게는 믿어지기 어려운 이야기지만, 그는 아들(백복식, 1945~)에게 직접 자신이 어린 시절부터 상제님을 모시게 된 삶의 역정을 들려주었다. 복남은 세 살 때부터 종종 집을 나갔다. 그 아버지가 놀라서 간신히 찾아 데려다 놓으면 불과 며칠도 못 가서 또 나간다. 그 연유를 물으니까 "나는 찾아야 될 사람이 있어요."라고 대답한다. 그러던 중 여섯 살 때 천지에서 밝은 영이 복남에게 상제님을 보여주며 "저분이 너의 아버지이니 꼭 가서 뵈어라." 하고 알려 준다. 그렇게 해서 고부 객망리까지 찾아가 상제님을 만나지만, 상제님은 집으로 돌아가라고 호통을 치신다. 그래도 복남이 굽히지 않고 따라 다녔더니 받아 주셨다는 것이다.

상제님은 복남을 후천선경 마무리 도수의 한 주인공의 상징으로 세우셨다. 복남은 그 스스로도 자신을 숨기려 하였고 상제님께서도 그의 정체를 아무에게도 드러나지 않게 하시려고, 필요에 따라 이름을 바꾸어 부르며 데리고 다니셨다. 그래서 인수, 운기 등 이름이 열두 가지였다는 것이다.

이 때 상제님께서는 어린 복남을 남달리 아끼시어 "선생님, 다리가 아파요." 하면 업어 주시고, 손목을 잡고 데리고 다니셨다. 하루는 "선생님이라 부르지 말고 나를 아버지라고 불러라." 하셨다 하며, 그 뒤 "너는 귀먹고 벙어리가 돼야 산다." 하시고 복남의 밝은 기운을 거두셨다.

평생 천지역사를 행함

복남은 상제님께서 천지대신문을 여신 신축년 가을, 열네 살 때 고향에 가 혼인을 하고 돌아와 어천하실 때까지 천지공사에 꾸준히 수종을 들었다.

상제님께서는 어천하시기 3년 전에 "이제 때가 되어 너는 모든 영을 보아야 한다." 하시며 복남의 기운을 다시 열어 주시고, "나중에 경만장(안내성)에게 가서 수종 들고 천지역사를 해라." 하고 명하셨다.

이에 복남은 환갑이 되어 백운동에 들어간 안내성 성도(1867~1949)를 모시고, 9년 천지역사(1929~1937)에 참여했다. 이 때 "앞으로 너의 이름은 운기(雲起)로 바꾸라."는 상제님의 명을 받는다. 그리고 직접 상제님께 성령으로 명을 받으며 경만장을 도와 모악산 등지를 다니면서 세상을 떠날 때까지 천지에 진지 올리고, 상제님 추수도운의 도성덕립과 창생을 위해 기도하였다.

그리고 마지막에는 지금의 아내가 살고 있는 유각에서 생애를 마친다.

그동안 백복남 성도의 실체를 알 수 없었던 이유

그동안 복남의 정체를 제대로 알 수 없었던 이유는, 우선 초판 호연의 증언이 채록되는 과정에서 '박복남'으로 기록되었기 때문이다. 복남의 초기 삶을 알지 못했던 호연의 부분적인 증언에만 의존하였기 때문에, '복남이는 상제님이 데려다 기르신 시골 출신의 착한 고아 소년'으로만 인식이 굳어졌었다.

그리하여 문공신 성도의 아들 복환 씨가 자리에 앉기만 하면 대화의 서두에 "우리 아버지(문공신 성도)가 동학란 때 황토현 전투에 나타난 오세동이 때문에 큰 충격을 받고 '나도 도를 닦겠다.'는 굳은 마음을 먹게 되었으며, 마침내 어렵게 그 집을 찾아갔다."고 한, 그 이야기의 주인공 오세동이 바로 복남이라는 사실을 전혀 알 수 없게 되었다.

게다가 복남과 동일 인물인 후일의 백운기 성도는 '안내성 성도의 백운동 교단을 배반하고 나가서 한 판 차린 일종의 난법자'로 왜곡되어 알려져 있었기에 등하불명의 인물로 가려지고 말았다 .

■ 백복남 성도의 실체가 드러나게 된 배경

상제님 도수에 대한 깊은 의혹

사실 제3변 도운 초기부터 늘 궁금한 것은 '상제님께서 지천태(地天泰)를 말씀하셨는데, 왜 초기 기록에 여자 성도에 대한 언급이 일체 없는가.' 하는 것이었다. 그런 의혹에 싸여 있다가 초판 마무리 작업 과정에서 극적으로 소녀 호연이를 만나게 되었고, 그로부터 일 년에 걸쳐 호연의 증언을 들었다.

그런데 이번에는 또 '천지 이치가 간소남(艮少男) 태소녀(兌少女) 합덕인데 왜 소녀만 있는가? 왜 어린 호연이만 있고 남자 어린이에 대한 도수는 이토록 빈곤한가?' 이것이 의문으로 남아 늘 궁금하였다.

윤기택 옹의 증언이 불씨가 됨

금년 9월 25일, 개정 신판 작업의 마무리 과정, 즉 교정이 거의 다 끝나 가는 과정에서, 한평생 백운동 안내성 성도 교단에서 몸담고 신앙해 온 윤기택 옹의 증언에 의해 복남의 정체가 차츰 드러나기 시작했다.

'평생 경만장을 모시고 상제님의 명령을 직접 받아내린 백운기가 상제님이 어릴 때부터 손목 잡고 다니고, 업고 다니면서 기르신 인물' 이라는 것이다.

거기서 내가 직감적으로 '상제님이 기르신 어린 소년이 있구나! 바로 그것이다!' 하고 마음속으로 외쳤다.

상제님께서 손목 잡고 데리고 다니면서 기르셨다! 호연과 만난 적도 있으며 아홉 살 차이가 난다! 혹시 복남이와 동일 인물 아닌가.

게다가 윤기택 씨는 줄곧 '백운기는 난법자가 아닌 가장 영이 밝은 큰 도인' 이라고 주장했다. 또한 그는 9년 천지역사 과정에 대해서도 그 기본 틀을 상세히 증언하였다.

그 후 백운기 성도의 아내인 강야모(1915~) 할머니(89세)를 만났다.

백운기 성도는 왜 난법자로 알려져 있는가

일찍이 안내성 성도는 9년 천지역사를 마치고 그 제자들에게 "앞으로 백운동은 쑥대밭이 된다. 뒷일을 할 분은 후에 나온다. 우리 일은 뒤에 다른 분이 오시어 이루게 된다."고 했다. 또한 그를 도와 한평생 상제님의 명령을 직접 받아내려 9년 천지역사의 신탁(神託)의 전언자 노릇을 한 백운기에 대해 "그는 대허령이라서 다 안다."고 선포했다. 이것은 백운기가 스스로 "나는 대허령이다."라고 소문을 내 달라고 한 것이다.

그런데 이것이 왜곡되어 사람들로 하여금 부정적인 생각을 갖게 하였다. 일부에서는 허령의 참뜻조차 모르고 도적 차원에서 그를 배반하고 손가락질하였다.

복남의 존재 의미

왜 사람들은 그런 내막을 전혀 모른 채, 신령스런 큰 지혜를 가진 백운기를 아직도 오인하고 있는가? 그것은 소년 복남의 원 생애와 그가 받은 천지 도수 세계를 전혀 모르기 때문이다.

백운기 성도는 안내성 성도와 함께 9년 천지역사를 할 때, 천지에 제를 지내고 어린 윤기택을 동자로 삼았다. 후일에 증언자로 내세우려고 그런 것처럼 보인다.

그리고 그가 가장 관심을 기울여 기른 둘째 아들 복식을 데리고 다니며 주요 내용을 다 기억하도록 훈련시키면서 자신의 생애에서 중요한 사건을 전했다. 그러고는 때가 될 때까지 절대 입을 봉하라고 명했다.

또 그 아내에게도 입을 봉하라고 하면서 "때가 되면 도인들이 책을 들고서 전국 방방곡곡에 있는 상제님 믿던 사람들을 찾아다니며, 거기에 써진 말들이 진짜인가 가짜인가 조사하러 다닌다."고 했다. 그의 아내는 몇 번 대화하는 도중에 갑자기 목소리를 높여 여러 번 이 얘기를 반복했다. 자기 남편이 그런 얘기를 했는데 "이제 딱 들어맞았어! 딱 들어맞았다고!" 하고 말이다.

최후의 증언자를 만나는 『道典』 개정 신판의 끝마무리 도수 또한 백운기 성도의 사명이다.

그래서인지 백운기 성도는 철저하게 자신을 감추었다. 그 아내의 말에 의하면 죽기 전에 그는 자신에 관한 사진과 자료를 티끌 하나 안 남기고 다 불살라 버렸다고 한다.

제3변 도운 마무리의 맨 마지막 시간대에 그의 아들과 아내를 통해 증언이 된 것은, 도성덕립을 눈앞에 두고 드러나도록, 그렇게 천지도수가 짜진 것이라는 천명에 대한 섭리적인 믿음이 가슴에 솟구칠 뿐이다.

■ 호연과 복남은 누구인가?

호연과 복남의 도수 사명

그러면 호연이와 복남이는 과연 누구인가?

복남과 호연은 상제님이 말씀하신 소위 초립동이 도수(막둥이 도수, 말수 도수, 말복 도수)를 구성하는 주인공이다. 상제님이 직접 손을 잡고, 업고 다니시면서 신안을 열어 주신 두 어린이!

그 가운데 복남이는 태어나면서부터 영이 밝았으며 어려서 대광명통을 했다.

호연이가 수행해서 열린 것과는 또 다른 경지의 신통이다.

호연과 복남!

두 어린이는 가을 천지의 간태 합덕(艮兌合德) 도수의 인사화의 두 주인공이다. 태소녀 호연과 간소남 복남의 천지공사 수행의 증언 도수 사명은, 상제님 9년 천지공사의 기틀을 구성하는 추수도운의 결론과 후천 오만년 선경 문화를 여는 핵심 문제를 안고 있다.

호연이 있는 곳에는 반드시 복남이 있다.

복남의 둘째 아들의 증언을 들어보면, 상제님께서 말을 타고 공사 보러 가실 때면 종종 말 세 필을 준비하게 하시어, 한 필에는 상제님이 타시고, 또 한 필에는 김형렬 성도가, 그리고 나머지 한 필에 호연과 복남이 함께 타고 가게 하셨다 한다. 간혹 둘이 다투고 안 타려고 하면 "그럼 안 데려간다." 하시며, 호연으로 하여금 복남의 등 뒤쪽에 타고서 복남의 허리를 안고 가게 하셨다는 것이다.

이 전주 옥거리 공사에 대한 복남의 중요한 증언은 개정 신판 인쇄 몇 시간 전에 그의 아들과 손자를 통해 전해졌다.

호연과 복남의 천지공사 참여의 의미

그러면 복남과 호연의 후천 개벽 도수 천지공판장 참여의 의미는 무엇인가?

『道典』을 보면, 7, 80대의 노인으로부터 4, 5, 60대의 중장년, 20대의 청년, 10대 전후의 어린이 성도에 이르기까지, 각 계층의 연령을 상징하는 성도들이 골고루 참여하고 있다. 『道典』은 그들이 주인공이 되어 천상 조화정부의 신명들과 신천지 새 역사를 건설하는 감동스런 새로운 신화로 가득 차 있다.

그 가운데 가장 특기할 만한 것이, 선천 종교문화에는 전혀 없는 어린이 개벽 문화가 있다는 점이다. 상제님은 복남과 호연을 통해, 어린이 문화가 바뀜으로써만 선천의 인간 개조와 인류의 새 세계, 후천선경이 가능하다는 것을 보여 주신 것이다. 천지의 어린이 문화를 바로잡음으로써 인류의 새 문화를 여는 모든 기초 토대가 닦인다! 후천 개벽 세상을 여는 가장 강력한 상제님의 뜻이 여기에 있다.

김호연 성도는 인간 몸 개벽(선매승자 도수) 공사의 주인공이다. 그 공사는 어린이의 첫 월경 피로써 행해졌다(道典 10:105~106). 마음과 몸을 개벽하지 않고서는 앞으로 대개벽을 넘어 후천선경을 못 건너간다. 다시 말하면 후천 오만년의 인간 문명개벽은 바로 여자의 몸 개벽으로부터 비롯된단 말이다. 지상선경의 호연은 후천 오만년 대 신선의 어머니(大仙母)이다.

　호연에 비하면 복남은 직관(直觀)으로, 하나님의 말씀을 그대로 들을 수 있는 지고지순한 영능력을 가진 어린이다. 복남은 9년 역사를 할 때, 무릎 꿇고 앉아서, 누워서, 또는 서서 상제님의 명을 직접 듣고 그대로 집행했다. 복남이는 대우주 조화옹 하느님의 성령의 입 역할을 한 주인공이다.

■ 왜 제3변 도운의 『道典』 성편시에 증언이 되는가

　내가 그동안 증언자 수백 명을 만나보고 느낀 소감은, 주요 핵심 증언자들 대부분이 성도들의 가족이나 제자들로서 젊은 시절부터 2, 3대째 신앙하는 이들이며, 한결같이 아직껏 세상에 밝히지 않았던 그들 의식의 심층부에 각인된 내용을 수개월 또는 수년에 걸쳐 증언해 주었다는 점이다.

　이것이 바로 상제님 공사다. 상제님은 천지공사에서 마지막 매듭짓는 주요 도수들을 전부 제3변 도운의 『道典』 성편 과정에서 채록되도록 각 성도들에게 "구중곤륜산(口重崑崙山)하고 심심황하수(心深黃河水)하라."는 엄명을 내리시고 공사를 보셨다. 『道典』에 이 공사 말씀이 있잖은가.

　『道典』 개정 신판의 탄생 과정은 마치 신천지의 새 우주 개벽, 후천 지상선경을 찾아가는 거대한 보물 지도를 만드는 과정과도 같았다.

■ 『道典』 개정 신판 발간의 역사적 의의

　이제 선매승자 도수의 주인공 호연과 짝이 되는 남자 어린이, 상제님을 아버지라고 부른 유일한 성도인 복남의 실체가 드러나면서, 실제 『道典』 개정 신판 작업이 마무리되었다.

　이 『道典』 개정 신판 발간은, 상제님 천지공사의 무량한 조화 정신으로 새 우주를 개벽해서 대광명의 후천선경 세계를 여는, 인간 개조 도수의 주인공인 호연과 복남의 어린이 도수 문화가 드러나는 첫 출발점이다. 이 두 어린이 도수를 통해 인류가 새로 태어나고 인류의 문명이 본질적으로 대혁신되리라.

　종도사님의 말씀과 같이 『道典』은 인류의 희망과 꿈을 담고 있는 천지의 혼이요, 후천 오만년 전 인류의 진리 교과서이다. 또한 이 세상 둥글어 가는 조화주 하느님의 비결서이기도 하다. 상제님께서 "개명장(道典 교과서)이 나는 날에 일꾼들이 일제히 개심한다."고 노래하셨다.

　『道典』 개정 신판 발간을 계기로, 지구촌의 일꾼들 모두 신앙의 대혁명을 통해 가을 천지 대개벽을 앞두고 절대 신앙의 명제를 사무치게 깨쳐서, 후천 조화선경의 신문명을 건설하는 성숙한 천지 사역자가 될 것을 굳게 믿는다.

인간의 삶과 대도의 길

■ 인간 삶의 목적과 시간론

인간 삶의 목적이 무엇인가? 인간은 무엇 때문에 태어나며 무엇을 위해 사는가?

인간은 궁극적으로 참마음과 영의 눈이 열릴 때, 비로소 천국의 문으로 오를 수 있다. 따라서 한마디로 인간은 천지의 가을철에 들어서서 성숙한 삶을 맞이하기 위해 산다. 하늘땅에 살고 있는 인간과 신명 모두가 이 한 가지 우주의 참 목적을 실현하기 위해 살고 있다.

그러면 이 우주는 왜 태어났으며, 왜 한순간도 멈춤 없이 변화해 가고 있는가?

결론적으로 인생을 낳고 길러서, 이 우주가 본래부터 품고 있는 한 가지 꿈을 성취하기 위해 존재한다.

진리의 모든 근원적 의혹은 시간의 수수께끼를 바르게 앎으로써만 풀 수 있다. 진리의 핵심이 우주론이며, 그 결론은 시간론이기 때문이다. 시간론은 진리의 문으로 들어가는 깨달음의 첫 관문이다.

바로 이 진리의 첫 문을 온 인류가 통과할 수 있도록 활짝 열어 주신 분이 증산 상제님이시다. 상제님께서 '우주의 모든 변화에 대한 깨침은 대자연의 시간의 구성 틀을 아는 데 있다.' 하시고, 그것을 간결하게 네 글자로 묶어서 정리해 주셨다. 그것이 곧 생장염장·춘하추동의 원리이며, 구체적으로는 우주가 인간을 낳아서 기르고 거두는, 인간농사 짓는 사계절의 시간 문제다.

상제님은 당신께서 선천 세상을 문 닫고 가을철의 새 우주 역사를 여시는 선후천 우주일년 개벽의 시간 틀을 밝혀낸 소강절의 공덕을 칭찬하시고, "이것이 곧 내 비결이라." 하며 인정해 주셨다. 따라서 진리의 눈, 시간론의 열쇠는 오직 상제관의 깨침에 달려 있는 것이다.

■ 상제님은 왜 오셨는가?

증산 상제님은 우주의 과거 현재 미래를 관통하는 시간의 전 역사를 주재하고 계시는 대우주의 조화옹 하느님이시다. 하늘과 땅과 인간과 신명의 전 우주 생명계를 다스리시는 삼계대권의 주재자이시다.

그러면 상제님께서 왜 이 땅에 오셨는가?

상제님은 서른한 살 되시던 해(道紀 31, 1901)에, 선천 성자들이 이루지 못한 궁극의 도통문, 이 세계를 한마음 되게 할 수 있는 중통인의의 문을 활짝 여셨다. 그리고 가을 문화 시대의 인간의 새 역사를 선언하셨다.

상제님은 이 인류 역사의 새 판 짜기의 거룩한 성업을 지상에 이루시기 위해 동방의 이 땅에 오셨다. 그 새 판 짜기가 바로 9년 동안 이루신 새 우주 창조의 9년 대 역사, 천지공사이다.

■ 천지공사의 근본정신, 원시반본

그러면 상제님의 9년 천지공사 정신의 근본은 무엇인가? 원시반본(原始返本)이다. 가을은 만유 생명이 진리의 근원, 생명의 뿌리로 돌아가는 때다.

상제님은 인간의 생명이 성숙하느냐, 소멸하느냐 하는 역사상 가장 큰 대변혁기인 가을개벽을 앞두고 인간이 저지르는 큰 죄는, 자신의 뿌리인 선령신을 부정, 망각하고 업신여기는 것이라 하시며 배은망덕을 가장 불의한 죄로 경계하셨다. "배은망덕만사신(背恩忘德萬死身)"이라는 말씀이 바로 그것이다.

지난날 인간의 전 역사를 불의와 배은망덕으로 타락하게 한 모든 문제를 바로잡는 생명의 길, 구원의 길이 원시반본의 도다. 원시반본은 인간의 근원과 역사의 뿌리를 찾는 생명의 진리다.

■ 증산도는 인류의 시원 문화 신교의 완성

상제님은 유불선 서교 이전의 본래 시원문화를 신교(神敎)라고 하셨다. 신교문화의 원형 정신은 이 우주를 낳고 살아 있게 하는 우주 속의 대 생명의 근원인 삼신(三神)을 드러내어 삼신의 가르침과 그 손길을 따라 세상을 다스리는 것이다.

인간 문화의 시원태요 뿌리인 신교로부터 줄기인 유불선 서교 문화가 탄생했다. 상제님은 이를 창도한 동서 성자들에 대해 "공자, 석가, 예수는 내가 쓰기 위해 내려보냈노라."(道典 2:40:6)고 하셨다.

이제 가을철의 대통일과 성숙의 문화권으로 들어서는 신천지의 개벽기, 전 우주사에서 가장 급박한 절체절명의 위기의 순간에 상제님이 몸소 인간으로 강세하시어 제3의 가을철 문화를 열어 주셨다. "신축년부터는 내가 친히 인간과 신명 세계를 다스린다."고 하신 말씀이 바로 그것이다.

가을개벽기에 인간이 열매를 맺느냐, 낙엽이 되어 영원한 죽음을 맞느냐 하는 것은 선령신의 음덕과 나의 구도 의지에 달려 있다. 원시로 반본하는 가을 천지의 이법은 뿌리를 부정하는 환부역조의 대죄를 결코 용서치 않는다.

또한 한민족은 동방 문화의 뿌리, 신교의 혼을 일군 주인공이다. 한국인은 동방 군사부 문화의 주인이었다. 이제 원시반본의 원리로 상제님이 신교 문화의 옛 고향 땅에 강세하심으로써, 온 인류가 문화의 원 뿌리인 신교의 뿌리 신앙, 근원 신앙인 삼신 상제의 도를 만날 수 있게 된 것이다.

■ 삶의 길, 보은과 해원 · 상생

오늘날 인류가 사는 유일한 길은 상제님이 내려 주신 가을의 새 문화 새 진리를 만나, 천하대세의 근본을 볼 수 있는 성숙한 지혜를 얻는 데 있다.

이것을 위해 생활 속에서 행하는 실천덕목이 보은(報恩)과 해원(解寃) · 상생(相生)의 삶이다.

이 세계 속에 있는 일체의 상극 요소가 가을의 천지로 갱생되어 무너져 내릴 때, 이 세계와 내가 새 생명의 질서인 상생의 세계로 거듭 태어나게 된다.

그것이 후천의 조화선경 세계이다.

9년 동안 이 땅에서 이루신 조화주 하느님이신 상제님의 우주적 계획이 바로 후천 오만년 지상선경 낙원의 역사 이정표이다. 그것이 상제님께서 "내가 물샐 틈없이 도수를 굳게 짜 놓았다."(道典 5:414:3)고 하신 바, 천지도수(天地度數)의 세계다.

따라서 당신님이 여신 무상의 도통세계와 조화주 하느님으로서 쓰신 무궁한 조화권을 바르게 들여다볼 줄 알아야, 상제님이 우주의 대신명들을 거느리고 행하신 새 우주 창조의 가을개벽 이야기, 대도 진리의 궁극 문제를 바르게 인식하고 체험할 수 있다.

■ 상제님의 무궁한 천지 조화권

그러면 상제님께서 임의용지(任意用之) 하시는 조화권은 대체 어디서 오는 것일까?

상제님의 조화권은 도권(道權)과 신권(神權)으로부터 나온다. 도권은 상제님의 도통 경계에서 부리시는 조화권이고, 신권은 대우주 신명계의 주재자로서 자유자재로 신명을 부리시는 권능이다. 상제님은 당신의 삼계 대권을 이 도권과 신권의 결합 속에서 집행하시는 것이다.

이 상제님의 신도적 위격과 도통의 경계를 진정으로 이해하고 체험하지 못하면, 당신님의 무궁한 조화 세계의 참된 경지와 실상을 결코 헤아릴 수 없다. 하늘 보좌에 계신 천주가 아닌, 인간의 역사 속에 인간이 되신 하나님! 인간의 역사 속에 직접 개입하시는 통치자 하느님이신 상제님께서, 추운(秋運)을 맞이하여 동방 땅에 오시어 천하의 큰 운수를 정하셨다.

그 정천하(定天下)의 조화 세계를 인사로 성사재인하는 오늘의 상제님 일꾼들의 지고한 사명은, 바로 인류가 학수고대해 온 후천 오만년 조화선경 낙원을 건설하는 것이다.

■ 상제님을 모시는 자세

그러면 우리는 어떻게 상제님을 모셔야 하는가?

상제님은 당신의 조화권으로 물샐틈없이 굳게 짜 놓으신 오만년 운수를 오직 일심 가진 자에게만 기운을 붙여 쓰신다고 하셨다.

상제님은 일심 가진 자만 기운을 붙여 쓰신다!

상제님은 또 "내가 오만년의 천하 운수를 정하였으니, 너희는 오직 간절하게 기도하고 정심(正心)으로 잘 닦아서 그 운수를 잘 받아 누리라."고 하셨다. 따라서 사는 길은 오직 천지일심이다.

상제님 모시는 정법을 『道典』을 통해서 잘 깨쳐 보라.

가을 문화를 열어 주시기 위해 이 세상에 오신 증산 상제님의 도를 받들기 위해서는, 생사를 넘어선 참마음과 진리 중심의 삶이 아니면 결단코 참 열매를 맺을 수 없다!

우리 인생의 근본 목적이 무엇인가? 참 진리를 만나 내 영혼이 성숙되는 데 있다. 인간의 삶의 목적은 오직 가을철의 대개벽기에 인간으로 오시어 인종씨를 추수하시는 상제님의 대도 진리를 만나는 데 있다.

■ 증언자들의 회한과 잊을 수 없는 추억들

상제님의 천지공사 이래 지난 100년 도운사의 산 증언자들을 만나면서, 그들과 정분이 깊어감에 따라 또 다른 감회에 젖게 되었다.

그들 대부분이 노년의 인생에서 오는 고독감과 함께 대자연과 하나 되어 사는 평화로운 마음을 갖고 있었다.

그 가운데 상제님의 어린 시절, 상제님의 훈장으로 왔다 그냥 돌아간 황 훈장의 후손 황공규는 장수군의 깊은 산골에 머물고 있었다. 그를 보니 그 영혼이 점점 천상으로 멀어져 가는 것 같다는 느낌이 들었다. 그 날 시골집에서 그가 들려준 정다운 도담을 잊을 수 없다.

또 가장 증언을 듣기 어려웠던 문공신 성도의 드러나지 않은 공사 내용과 그의 삶에 대해, 누구보다도 정확한 증언을 정겹게 들려준 노인 김일빈! 장수군 연평리 신기 마을에서 홀로 외롭게 투병 생활을 하던 그와 밤 늦게까지 도담을 나누다가, 시골집 마당에서 헤어질 때 본 회한에 찬 그의 얼굴과 눈빛을 잊을 수가 없다.

그리고 상제님의 명으로 3년 동안 앉은 자리를 지키며 밤낮 수행에 생사를 걸었던 경만장 안내성 성도의 생애에 대해, 어린 시절부터 아버지 무릎에서 자라며 말씀을 들어온 안정남 옹도 서해바다 격포항에서 여러 번 만났다.

하루는 새벽 한 시가 넘도록, 장장 일곱 시간에 걸쳐 도담을 나누었다. 그와 작별을 하고 해변 모래사장으로 나오는데, 갑자기 하늘에서 해맑게 웃는 아기의 눈동자 같은 서설이 쏟아져 내린다. 마치 하늘에서 기쁨의 춤을 추면서 위로와 축복을 해주는 것 같았다. 바닷가에 차를 세우고 자동차 불빛을 비추며, 깊은 어둠에 싸인 겨울바다를 바라보았다.

그 때 상제님께서 노심초사하시면서 『道典』 작업을 지켜보고 계시다는 것을 다시 한 번 절감하였다. 천명에 대해 새롭게 결의한 그 날 밤의 감회를 지금도 잊을 수 없다.

■ 『道典』은 천지의 혼

『道典』은 천지의 혼이요 인류의 대망의 꿈을 담고 있는 진리의 보물단지이다.

따라서 『道典』을 읽을 땐 첫째, 있는 그대로를 보라. 둘째, 취해서, 집중해서 밤을 새워 읽으라. 셋째, 각 편의 내용을 연결해서 종합적으로 보라. 넷째, 상제님의 성도, 공사 장소, 인명, 지명에 대한 정명(正名) 의식과 연대기적인 시간 의식을 갖고 읽으라. 다섯째, 상제님 진리의 핵심 도수 명제를 잘 파악하면서 보라. 무엇보다 생동감 있는 현장 육성 도훈을 자주 들으며 많이 읽고, 혼이 되어 읽어서 바짝 다가선 대개벽에 눈을 떠야 한다. 『道典』속에서 인류 생명의 참 구원자이신 상제님 태모님의 숨결을 느껴야 한다.

■ 태을주를 많이 읽어야

지금 인류의 마음속에는 언제 어떤 일이 일어날지 불안감이 더해가고, 이 세계는 점점 혼란의 늪으로 빠져 들고 있다.

앞으로 진실로 상상할 수 없는 대환란이 닥친다. 그것은 우주일년에서 가을 천지의 섭리로 오는 것이다. 때문에 누구도 막을 수 없고 피할 수도 없다. 일찍이 '공자, 석가, 예수를 내가 보냈다.'고 하신 증산 상제님께서 이 땅에 오시어, 태모 고수부님과 함께 병든 천지를 뜯어고치시고, 가을 천지의 숙살 기운으로 오는 괴병에서 전 인류가 살아날 법방을 전해 주심은 물론 새로운 삶의 길을 열어 주셨다.

'남북 상씨름 대전과 괴병'이 지구를 흔들기 전에 '가을개벽의 전령자'로 시두가 다시 대발한다. 이 개벽의 병란(兵亂)과 병란(病亂)을 극복하는 태을주는 신도(神道)의 성약(聖藥)을 받아 내리는 구고천존(救苦天尊)의 대신주문(大神呪文)이다. 상제님과 태모님은 태을주에 무궁한 새 생명의 복록과 수명이 들어 있다고 하셨다. 오직 태을주를 읽음으로써만 가을 추살 개벽의 '의통목'을 넘길 수 있음을 명심해야 한다.

이제 증산도 『道典』개정 신판 발간을 계기로, 참 진리를 갈구하는 지구촌의 인연 있는 창생들 모두가 크게 깨져서, 참 하나님이신 증산 상제님과 태모 고수부님께서 열어 주신 새 우주의 진법 문화를 직접 체험하고, 상생의 개벽 문화를 지구촌 만방에 선포하며, 나아가 후천선경을 건설하는 진정한 개벽도꾼이 되기를 두 손 모아 기도한다.

개명장을 여는 계미(癸未, 道紀 133, 2003)년
冬至 致誠節을 맞이하여
음력 11월 17일 새벽

甑山道 宗正 安 耕 田

초판 간행사

증산도는 종교가 아니다. 이것은 증산도를 보는 모든 명제의 대전제이다. 증산도를 선천 종교의 한 범주로 인식하는 잘못된 시각에서부터 증산도를 보는 모든 왜곡이 시작된다. 증산 상제님의 대도 세계를 참되게 이해하지 못하는 근본 문제가 바로 여기에 있는 것이다. 증산도는 선천 종교문화의 모든 한계를 극복한 초종교다. 종교문화의 범주를 넘어서서 인류문화를 총체적으로 개벽한 인간의 생활문화의 대도이다.

동방의 한국 땅에 우주의 통치자 하나님께서 다녀가셨다. 122년 전에 이 땅에 오신 증산 상제님! 상제님께서 열어 놓으신 개벽세계는 선천의 모든 종교*문화와 본질적으로 그 성격을 달리한다. 증산도는 우주의 주재자께서 강세하시어 인류 구원의 새 세계를 열어 주신 개벽진리이다. 천지만물의 생명을 성숙의 세계로 인도하는 추수진리이다. 증산도는 인류의 새 세계 건설의 대도이며 보편적인 삶의 큰 길(大道)일 뿐이다. 증산도를 종교의 안목에서 보는 한 증산도의 도법세계를 올바르게 이해할 수 없다. 증산 상제님이 우주의 통치자로서 집행하신 천지공사의 원시반본과 보은, 해원과 상생의 구원정신은 신천지 세계를 개벽해 주신, 인류의 보편적인 삶의 새 질서이다.

이제 종교는 이 세계를 구원할 수 없다. 종교는 인류문화의 모든 분야에서 문명 창조의 어머니 역할을 해 왔으나, 오늘의 인류가 안고 있는 모든 상황은 종교가 해결할 수 있는 한계를 이미 오래 전에 넘어서 버렸다. 그것은 오늘의 세계가 근원적인 해결을 요구하는 숱한 난제들을 너무도 많이 안고 있기 때문이다. 인류가 고뇌하고 있는

---

* 종교(religion) : 현재 '종교'라는 말은 불교·기독교·유교 등의 개별 종교들을 총칭하는 유(類)개념으로 사용되고 있다. 이 말은 19세기 말 일본 메이지(明治)시대에 서양의 'religion'의 번역어로 쓰이게 되면서 일반화된 것이다. 그러나 원래 종교는 '부처의 근본이 되는 가르침'을 의미하는 불교용어다. 서기 600년경 중국의 천태산지자(天台山智者)의 저서 『법화현의(法華玄儀)』에 나오는데, 여기에서 종(宗)은 부처가 직접 설법해 놓은 것이고, 교(敎)는 이것을 알기 쉽게 강해한 것을 의미한다. 그런데 서양의 'religion'을 번역할 때 동양에는 이에 해당하는 용어가 없었다. 그래서 일본 학자들이 '릴리전'을 불가에서 쓴 '종교'라는 엉뚱한 말로 처음 번역하였던 것이다. 본래 '릴리전(religion)'의 어원은 라틴어의 'religio'로 '재결합'이라는 뜻이다. 즉 죄를 지은 인간이 쫓겨났다가 다시 돌아와 신과 하나가 된다는 뜻이다. 이런 의미의 릴리전이 본래 앞에서와 같은 뜻을 가진 불교의 종교로 번역된 것이다.

이 문제는 단순히 문명사의 차원이 아니다. 모든 생명의 모태 되는 하늘과 땅이 깊이 병들어 있다는 데 그 심각성이 있는 것이다. 이미 증산 상제님께서 오시기 전에 천상계에서부터 "하늘의 모든 신성(神聖)과 부처와 보살들이 비겁의 말세 운세에 빠진 천지의 큰 겁액을 구천에 있는 나에게 하소연해 오므로 내가 이 땅에 내려오게 되었다."(2편 27:3)는 한계상황이 모든 것을 말해 준다. 우주 질서의 가을개벽기 시간대를 맞이한 바로 이 사실에 이 시대 문제 해결의 본질적인 한계가 있는 것이다.

이제 지구촌의 만백성에게는 깊이 병들어 있는 하늘 땅의 생명과 그 환경으로부터 '새로운 생명 질서'를 열어 주신 증산 상제님의 후천 대개벽 세계의 진리만이 살길이다. 우주 주재자 하나님으로서 증산 상제님께서 열어 주신 증산도는 인류가 겪고 있는 오늘의 난국의 총체적 상황을 근본부터 바로잡는 우주 통치자의 도법(道法)이다.

증산도는 더 이상 한국의 민족종교가 아니다. 새로운 세계를 건설하는 인류 보편의 대도이며 인간 생활문화의 그 모든 것에 대해 무궁한 창조성과 새 생명을 열어 주는 무극대도이다. 우주 통치자가 인류문화 통일세계를 열어 주신 대도이다. 이것이 증산도에 대한 올바른 정의다.

뒤돌아보건대, 증산 상제님의 진리는 그동안 유·불·선·기독교 등 선천문화권의 안목으로 해석되어 너무도 왜곡되어 왔다. 기껏해야 인류의 새 시대를 열고자 하는 새로운 보편사상이나, 민족종교 또는 한국의 신흥종교 정도로 증산도가 이해되어 온 것이다. 물론 여기에는 그럴 수밖에 없는 시대적 정황과 구조적인 문제들이 한데 얽혀 있었다. 우선 무엇보다도 증산 상제님의 행적을 기록한 기존의 모든 경전들을 수백, 수천 번 읽는다 할지라도 상제님의 대도세계를 깊이 체험하기 어렵다는 것이다.

그 이유는 첫째, 상제님께서 말씀하신 언어가 왜곡되어 있다는 점이다. 지금까지 기록된 상제님의 언어는 어지심과 자비 쪽으로만 편중되어 그려져 있고, 상제님이 종종 쓰신 육두문자식의 말씀이 기록자들에 의해 생략되고 조작되었다. 그리하여 생동하는 상제님의 숨결과 그 말씀의 참 경계를 느끼기 어려웠던 것이다. 상제님은 평소에 육두문자를 잘 쓰셨다. 이것은 인간의 타락한 심령과 묵은 기운을 후려쳐서 잠자는 영혼에 새 생명의 불꽃을 터뜨리는, 준엄히 경계하시는 방편으로 자연스레 쓰신 상제님의 일상 언어의 한 부분이었다. 그리하여 "육두문자가 내 비결이라."(4편 75:4)고도 하셨다.

둘째는, 상제님 말씀과 후천 개벽공사의 핵심 내용이 많이 누락되어 증산 상제님의 도권(道權)과 신권(神權)의 조화 경계를 생동감 있게 체험하기 어려웠다. 상제님은 이 땅에 인간으로 오시어 병든 하늘과 땅의 질서를 바로잡아 인류의 나아갈 길을 열어 주신 천지공사를 집행하셨다. 31세 되시던 신축(辛丑 : 道紀 31, 1901)년부터 평범한 인간이 도저히 이해할 수 없는 자유자재하신 대권능의 화권(化權)을 강유(剛柔)를 겸비하여 쓰셨다. 증산 상제님은 천지 개혁의 대개벽공사로 우주촌의 통일 낙원을 지상에 건설하신 것이다. 그러나 기존의 기록으로는 우주의 통치자로서 도(道)의 궁극적 경계의 조화세계에서 보여 주신 무궁한 조화권능의 경계를 헤아리기 어려웠다.

또한 증산 상제님에 관한 기존의 대부분 기록은 단순한 사실(fact) 기록자의 입장에서 상제님의 생애와 9년 천지공사의 개벽공사 내용과 행적을 기술함으로써 더더욱 상제님의 숨결을 깊이 느끼기 어렵게 되어 있다. 모든 역사의 기록은 기록자가 어떠한 역사 인식의 경계에서 쓰느냐에 따라 그 기록내용의 생명력과 정확성이 판도를 달리한다. 증산 상제님의 말씀과 행적의 기록은 상제님 대도의 경계를 올바르게 체험하여 진리의 핵심을 깨 주는 기록자의 깊은 도적(道的) 체험과 말씀을 보는 안목이 무엇보다 중요한 것이다.

증산 상제님은 선천 세상의 성자들이 전한, 하늘 보좌에 계신 과거의 하나님이 아니다. 더 이상 미래의 새 진리를 여는 예언된 새 부처님도 아니다. 이미 122년 전에 이 땅에 역사 속의 한 인간으로 내려오시어 인간의 온갖 피나는 고난을 체험하시고 인간의 한계를 극복하여 새 천지의 개벽 세계를 열어 주신 새 하나님이다. 후천 5만년 선경낙원을 건설하시고 하늘 보좌로 돌아가신 인존시대의 하나님이시다. 증산 상제님은 하추교역의 가을개벽기, 인류문화 추수기를 맞아 인간으로 강세하여 지구촌 대통일의 새 문명세계를 열어 주셨다.

상제님은 대우주의 통치자 하나님으로서 창조주 하나님을 부정하셨다. 이 우주에는 개벽장 하나님이 계실 뿐이다. 하나님은 시간대의 변화에 따라 새 질서를 열어 주시는 우주 질서의 통치자이시기 때문이다. 이 통치자 하나님을 '상제(上帝)님' 이라 부른다.

상제님의 말씀이 왜곡되어 진리의 큰 기틀을 보기 어려웠던 가장 큰 또 하나의 이유는, 지난날 유교문화의 병폐에 의해 선천시대 남성 중심의 사고를 벗어나지 못한 데에 있다. 증산 상제님은 천지의 가을 추수시대인 후천 5만년 곤도수(坤度數)의 음개벽 시대를 열어 주셨다. 그럼에도 불구하고 '상제님께서는 정말로 성도들 가운데 여자 성도를 한 사람도 두시지 않았을까' 하는 것은 늘 도무지 이해가 되지 않는 큰 의문 가운데 하나였다. 공사에 수종든 주요 여성들이 이름조차 기록되지 않았다. 상제님의 도법에는 상제님이 친히 내세워 종통을 전수하시고, 후천문화권의 창업의 씨를 뿌리는 수부 도수가 있다. 또한 진리의 핵심 맥을 전하게 하기 위해 상제님이 내세우신 여성에게 붙인 도수가 있었음에도 단순히 여자라는 이유 때문에 관심 밖에 소외돼 있었다.

그런데 증산 상제님은 광구천하의 마무리 과정에 진법도수를 붙여 놓으셨다. 그것은 김형렬 성도 이상으로 말씀 증언의 중요한 사명을 받고 때를 기다리게 한 인물을 최후의 증언자로서 만나게 하신 것이다. 증산 상제님께서 후천 곤도수의 천지 제물로 바쳐 9년 천지공사 동안 처음부터 어천하시던 날까지 참여케 하신 유일한 여성인 김호연 성도의 말씀 증언이 『道典』에 처음으로 기록된 것이다. 사람의 신명(神明) 기운을 볼 줄 아는 그녀는 증산 상제님이 붙여 놓으신 맥 전수의 사명에 따라 천지공사 공판의 마지막 증언대에 서서 상제님 조화권능의 경계와 대공사의 행적을 생동하는 상제님의 언어로 꾸밈없이 생생히 전해 주었다.

이 『道典』이 나오기까지는 철저한 현장 답사와 자료 수집, 이제까지 문자화된 모든 성구말씀의 분석에 약 20년의 세월이 걸렸다. 증산 상제님의 친족과 후손, 김형렬 성도 가족을 비롯하여 그 외 모든 성도들을 추적하고 공사를 보신 대부분 지역을 현장 답사하여 잘못 기록된 성도들의 존함과 지명, 상제님의 말씀이 아닌, 왜곡 조작 부언되어 있는 성구 내용을 최대한 바로잡았다. 이것은 나 자신의 3대에 걸친 일관된 신앙력의 열매이며, 증산도 백년 도사(道史)의 결실로서 가장 큰 영광스런 대업이라 하겠다.

『道典』 출간의 역사적 의의는 선천 인류문화의 진액을 거두신 증산 상제님의 대도 진법시대를 열 수 있는 기틀을 마련하고, 후천 선경 세계로 가는 '인류의 교과서가 출간되었다'는 데 더욱 보람된 뜻이 있다. 『道典』은 후천 5만 년 세계 인류의 교과서이다. 『道典』은 편협한 선천 문화의 낡고 묵은 기운을 모두 거두고 인류의 보편문화 시대를 여는 새 생명의 교과서다.

『道典』은 증산 상제님의 대도 세계에 한 생애에 걸친 희생과 봉사로 수종들고 세상을 떠나신 태운장 김형렬, 김호연 성도 두 내외분과 모든 상제님의 성도분들, 그리고 일천만 명의 구도의 숨결과 희생의 도과(道果)로서 세상에 나온 것이다. 이 『道典』을 바른 마음으로 깨어져 읽은 사람은 반드시 일어나 상제님께 경배하리라.

그동안 증산도를 널리 알리기 위해서 60여만 권의 많은 책을 무료로 전해 주었다.

여기서 얻은 최종 결론은 책을 거저 주면 고귀한 줄을 모르고, 문제의식이 없어 기운이 철저히 들어가지 않는다는 것이었다. 책은 반드시 제 돈 주고 사서 정성껏 읽어야 정신이 깨지고 '책값을 한다'는 교훈을 새삼 깨달았다. 이것은 생명을 얻는 가장 중요한 문제의 하나로 본다. 물론 『道典』은 앞으로 세계 주요 언어로 번역되어 지구촌 방방곡곡에 수백만 수천만 권이 널리 퍼져 동방의 한국 땅에 인간으로 다녀가신 우주의 통치자 하나님이신 증산 상제님의 대도를 지구촌 형제들에게 전할 것이다.

이제까지 현장 답사가 전혀 이루어지지 않고 성도들과 제삼자들로부터 듣기만 하고 기록한 지난날의 모든 왜곡된 내용과 문제점들을 『道典』에서 최대한 바로잡고자 하였다. 또한 상제님의 본연의 대도세계를 깊이 체험할 수 있도록 최선을 다했으나 아직도 미비한 점이 있다. 미처 싣지 못한 말씀과 문제 내용은 판을 거듭하며 가다듬고 바로잡기로 한다. 본래 각주 작업까지 방대한 계획을 세워 1만 권 이상의 자료를 수집하였다. 그러나 시간에 쫓겨 작업 도중 다음 기회로 미루게 되었고, 우선 본문의 상제님 말씀이나마 세상에 내는 것이 절박하여 아쉬움을 무릅쓰고 성편하게 되었다.

마무리 작업 과정에서 그 지난함을 수차 절감했고, 한없는 좌절의 벼랑에 서 있을 때 증산 상제님의 성령을 세 번 친견하게 되었다. 특히 작년(辛未 : 道紀 121, 1991) 초가을에 소련을 거쳐 핀란드에 갔을 때 상제님의 성령을 뵙고 은혜를 받은 것은 일체의 환상을 깨뜨리는 일생 일대의 가장 강렬한 체험이 되었고, 지친 몸에 작업을 포기해야 하는 절박한 상황에 이르렀을 때 태모님이 성령으로 오시어 온몸을 어루만져 주시며 큰 용기를 주셨다.

지금은 세계 인류의 생사를 판단하는 가을 개벽의 시간대에 들어서고 있다. 이러한 절체절명의 시간대에 동방땅에 다녀가신 상제님의 대도를 잘 닦아 개벽기에 처해 넘어가는 억조 창생을 널리 건져 지구촌 통일의 선경낙원을 건설할 수 있는 참 일꾼이 되기를 축원한다.

임신(壬申 : 道紀 122, 1992)년 음력 9월 19일
증산 상제님 성탄절 122주년을 맞이하여

甑山道 宗正 安 耕 田

차 례

한민족사의 극통
증산도 교리 체계
도운과 세운
간행사

부 록
- 증산 상제님께서 동방의 조선에 강세하신 지리(地理)의 현묘한 기틀
- 선천의 이십팔수 천문도(天文圖)
- 기존 기록의 한계와 문제점
- 증언 현장
- 개벽공사의 비밀을 밝힌 증언자들
- 진본이 아닌 것으로 밝혀진 병풍서(屏風書)
- 색인
- 연도 대조표
- 화보로 보는 성지(聖地)

본문과 측주의 구성

편 제목 →

천하사(天下事) 일꾼

중 제목 →

일꾼의 대도

장 제목 →
장 번호 →
절 번호 →

광구천하의 대업을 실현하는 자

**1:1 일꾼. 가을
개벽기에 상제님
태모님의 진리를
선포하여 많은
사람을 살리고
후천선경의 천지
도업을 완성하는**

본문 내용 →

1 일꾼은 천명(天命)을 받아 천지사업에 종신하여 광구천하의 대업을 실현
하는 자니라.

2 모사재천(謀事在天)하고 성사재인(成事在人)하는 후천 인존(人尊)시대
를 맞이하여

3 천지부모이신 증산 상제님과 태모 고수부님께서 인간과 신명이 하
나되어 나아갈 새 역사를 천지에 질정(質定)하시고

4 일월(日月)의 대사부(大師父)께서 천지도수에 맞추어 이를 인사(人
事)로 집행하시니

5 일꾼은 천지일월(天地日月) 사체(四體)의 도맥과 정신을 이어받아 천지대
업을 개척하여 후천 선경세계를 건설하는 자이니라.

중간 제목 →

선경 건설의 천지 녹지사

견출 표시 →

**일
꾼**

**자, 즉 자연과 인
간 역사의 최종
결론을 내는 천
지의 위대한 사
역자를 말한다.
따라서 일꾼은
유형과 무형을 다
바쳐 생사를 초월
하는 정신으로
반드시 천하사를
이루어 내야 한
다.**

6 상제님께서 말씀하시기를 "모사재천은 내가 하리니 성사재인은 너
희들이 하라. 치천하 50년(五十年) 공부니라." 하시니라.

7 하루는 성도들에게 말씀하시기를 "시속에 전명숙(全明淑)의 결(訣)
이라 하여 '전주 고부 녹두새'라 이르나 이는 '전주 고부 녹지사
(祿持士)'라는 말이니

8 장차 천지 녹지사가 모여들어 선경(仙境)을 건설하게 되리라." 하시니라.

**측주의 장
절과 제목** →

**1:8 천지 녹지사.
천지의 녹을 쥐
고 다니는 일꾼
이다. 녹이란 의
식주를 해결할
수 있는 유형적
인 화폐뿐만 아
니라 천지로부터**

측주 내용 →

**타고 나오는 녹
창출의 잠재능력
까지도 포괄한
다. 곧 유형적인
것뿐 아니라 안**

꽃 중에 제일 좋은 꽃

2 상제님께서는 사람이 많이 있을수록 좋아하시니라.

2 임인(壬寅 : 道紀 32, 1902)년에 하루는 상제님께서 아랫목에 앉으
시어 윗목에 모인 성도들을 바라보시며 "너희들, 심심하면 심심풀
이 좀 해 봐라." 하시거늘

일러두기

증산도 도전(道典) 지난 道紀 122년(1992)에, 증산 상제님과 태모 고수부님의 성적을 새로이 발굴하여 증산도 종단 최초의 통일 경전인 『道典』 초판을 발간하였다. 그후 10년에 걸쳐 상제님 태모님의 가족과 후손들, 그리고 성도들과 그 가족들을 지속적으로 만나고 현지를 답사하면서 증언을 수집하여 방대한 내용을 새로이 증보하였으며, 기존의 기록을 철저하게 검토하여 잘못된 내용을 최대한 바로잡았다.

본문 편집 본문 내용을 편, 장, 절로 구성하고, 누구나 이해하기 쉽도록 가급적 쉬운 용어를 사용하였다. 각 편과 장에 제목을 붙이고, 필요한 경우 장의 중간에 소제목을 넣었다. 특히 진리에 대한 이해를 돕기 위하여 각종 도표와 사진을 넣었으며, 입체적으로 그린 성지 지도를 다수 삽입하였다. 지도에는 오늘날의 행정구역 명을 표기하였으며, 마을 이름과 위치는 당시의 기록에 의거하여 표기하였다.

주석(측주와 후주) 본문의 의미를 정확하게 전달하기 위해 측주와 후주를 달았다. 특별히 설명이 필요한 단어와 구절, 인명과 지명에 해설을 곁들였다. 상제님의 심오한 대도의 의미를 함축한 단어나 어구, 역사적 사건에 대해서는 증산도 안경전(安耕田) 종정(宗正)님께서 친히 강해하신 말씀을 중심으로 주석을 붙였다.

  초판에 없던 새로운 성구나 초판에 비해 내용이 크게 달라진 경우에는 증언자를 밝히고 필요에 따라 증언 내용도 실었다. 그리고 성도들과 증언자들의 사진을 수록하였다. 증언자에 대한 존칭은 번거로움을 피하기 위해 생략하는 것을 원칙으로 하였다.

부호 용례 한자의 병기나 해설, 증언자 표시와 출전 표기에 ( )와 〈 〉를 적절히 사용하였다. ～는 대화에서 '말늘임'을 표시할 때와 연대를 표기할 때 사용하였으며, 주석에는 :을 넣어 장과 절을 구분하는 부호로 사용하였다.

부록 참고가 되는 도표 자료 등을 실었고, 특히 초판 이래로 개정 신판을 성편할 수 있도록 도와 준 사람들, 곧 상제님과 태모님의 말씀과 성적을 증언함으로써 조화옹 하나님이신 상제님의 무극대도를 전 인류에게 알리는 데 기여한 분들의 사진을 수록하였다. 주요 단어와 어절을 쉽게 찾아볼 수 있도록 풍부한 색인을 첨부하였으며 성지(聖地) 사진을 실었다.

제1편

증산 상제님의 탄강(誕降)

증산 상제님의 탄강(誕降)

동방 한민족의 신교와 삼신상제님

1 태시(太始)에 하늘과 땅이 '문득' 열리니라.

2 홀연히 열린 우주의 대광명 가운데 삼신이 계시니, 삼신(三神)은 곧 일신(一神)이요 우주의 조화성신(造化聖神)이니라.

3 삼신께서 천지만물을 낳으시니라.

4 이 삼신과 하나 되어 천상의 호천금궐(昊天金闕)에서 온 우주를 다스리시는 하느님을 동방의 땅에 살아온 조선의 백성들은 아득한 예로부터 삼신상제(三神上帝), 삼신하느님, 상제님이라 불러 왔나니

5 상제는 온 우주의 주재요 통치자 하느님이니라.

6 동방의 조선은 본래 신교(神敎)의 종주국으로 상제님과 천지신명을 함께 받들어 온, 인류 제사 문화의 본고향이니라.

7 한민족은 환국─배달─조선의 삼성조시대가 지난 후 열국시대 이래 중국 한족(漢族)과 일본에 의한 상고(上古) 역사의 왜곡으로 민족사의 뿌리가 단절되어 그 상처가 심히 깊더니

8 상제님께서 원시반본(原始返本)의 도(道)로써 인류 역사의 뿌리를 바로잡고 병든 천지를 개벽(開闢)하여 인간과 신명을 구원하시기 위해 이 땅에 인간으로 강세하시니라.

9 상제님께서 세상에 내보내신 석가, 예수, 공자를 비롯한 성자와 철인들이 상제님의 강세를 미리 알렸으니 이러하니라.

도솔천의 천주, 미륵불의 강세

2 석가모니는 도솔천(兜率天)의 호명보살(護明菩薩)로서 구도에 정진하다가 인간으로 내려와 부처가 되었나니

2 석가 부처는 말법의 큰 겁액기에 도솔천의 천주(天主)로 계신 미륵불(彌勒佛)이 인간으로 내려와 삼회설법(三會說法)으로 천하창생을 건져 용화낙원(龍華樂園)의 새 세계를 연다 하니라.

3 예로부터 미륵이 머무시는 도솔천의 궁전을 여의전(如意殿)이라 불러

1:1 태시. 최초의 우주는 빈 상태이다. 무극이 태극으로 변화하면서 하늘과 땅이 생겼다. 태시란 무극이 태극으로 바뀌는 시점, 즉 하늘과 땅이 처음 열린 시점을 말한다.

1:2 조화성신. 동양의 신관에는 우주의 근원으로 작용하는 원신(元神)과, 그 신성을 다스리는 통치자로서의 인격신 하느님이 있다. 조화성신은 곧 원신을 말한다. 조화신으로서 원신을 주재하여 실제로 천지와 인간 만물을 다스리는 생명과 구원의 하느님이 바로 이 땅에 오신 상제님이다.

1:4 삼신상제. '상제'는 동방 민중 신앙의 장구한 역사 속에서 체험적으로

왔나니

4 미래의 부처 미륵불은 희망의 부처요 구원의 부처이니라.

5 석가 부처가 말하기를 "도솔천의 천주를 미륵이라 부르나니 너는 마땅히 귀의하라." 하니라.

6 또 불경(佛經)에 "석가불의 말법시대에 들어서면 태양도 달도 그 빛을 볼 수 없게 되고 별들의 위치도 바뀌리라. 고약한 병들이 잇달아 번지리라." 이르고

7 말법의 이 때에 "그 통일의 하늘에 계시는 미륵불이 바다에 둘러싸인 동방의 나라에 강세하리라." 하였나니

8 이는 "부모와 친척과 여러 사람들을 거두어 성숙케 하시려는 것이라." 하니라.

9 또 "이곳은 병든 세계를 고치는 위대한 대왕(大醫王)이 머무시는 곳이니라." 하고

10 말법시대가 되면 '샹커라 하는 법왕(法王)이 출세하여 정법(正法)으로 다스려 칠보(七寶)를 성취하니 무기를 쓰지 않고도 자연히 전 영토에서 항복을 받게 된다.' 하더라.

11 그 때는 기후가 고르고 사시(四時)가 조화되며 여러 가지 병환이 없어지고 인심이 골라서 다 한뜻이 되는 울단월(鬱單越)의 세계가 온다 하니

12 이는 곧 우주 질서가 개벽되는 말법의 시대에 이루어질 미륵불의 출세 소식이로다.

아버지 하나님의 지상 강세

3 일찍이 예수 그리스도는 하늘나라에 온 인류의 아버지가 계심을 십자가에 매달려 피 흘리며 부르짖었나니

2 그가 제자들에게 이르기를 "내가 스스로 온 것이 아니로다. 나를 보내신 이는 참이시니 너희는 그를 알지 못하나 나는 아노니 이는 내가 그에게서 났고 그가 나를 보내셨음이니라." 하고

3 또 말하기를 "나는 내 아버지의 이름으로 왔으매 너희가 영접지 아니하나, 만일 다른 사람이 자기 이름으로 오면 영접하리라." 하니라.

4 또 아버지의 성령이 인도하신 대로 계시록을 쓴 사도 요한이 백보좌 하느님과 그 보좌 앞의 일곱 성령의 소식을 전하니

5 요한이 말하기를 "내가 새 하늘과 새 땅을 보니 처음 하늘과 처음 땅이 없어졌고 바다도 다시 있지 않더라.

형성된 언어이며, 인간 세상뿐만 아니라 우주만물을 다스리는 지존의 주재자를 일컫는 말이다. 신교에서는 특히 '삼신상제님'이라 부르는데, 이는 우주의 일신(一神)이 드러날 때는 세 가지의 신성, 즉 조화(造化:父), 교화(教化:師), 치화(治化:君)의 삼신으로 작용(用)한다는 사상에 근거한다. 3편 16장 7절 측주 참조.

1:6 신교. 후주 '동서 인류의 뿌리문화, 신교' 참조.

2:1 도솔천. 미륵님이 계시는 천상의 정토(淨土). 투시타(Tushita)의 음사로 지족천(知足天)이라 의역한다.

2:1 호명보살. 『불본행집경(佛本行集經)』 5권 「상탁도솔품(上託兜率品)」

2:3 여의전. 도솔천의 천주인 미륵불이 살고 있는 천상 궁전. 미륵불은 무한한 조화를 가진 여의주(cintāmani)를 지니고 있는

탄강

2:5 『미륵상생경
(彌勒上生經)』

2:6 말법시대. 불
가에서는 석가불
사후 불법이 행
해지는 시기를
정법(正法), 상법
(像法), 말법(末
法) 시대로 나눈
다. 말법시대는
석가불이 세상을
떠난 후 불법이
쇠퇴하여 인류
구원을 위한 새
로운 법(진리)을
필요로 하는 대
전환기를 말한
다.

2:8~9 『화엄경
(華嚴經)』「입법
계품(立法界品)」
제28, 30.

2:11 울단월.
Uttara-kuru의
음사. 고대 인도
의 세계관을 나
타내는 말로, 수
미산을 중심으로
한 사대주(四大
洲) 중 북쪽에 있
는 대륙을 말한
다. 사대주 가운
데 가장 크고 즐
거움이 많은 곳
이어서 이곳 사
람들은 천 년의
수명을 누리며
죽어서는 좋은
곳에 태어난다고
한다.

3:2~3 「요한복
음」

데 이는 곧 미륵
불이 조화옹임을
상징한다.

6 또 내가 크고 흰 보좌와 그 위에 앉으신 자를 보니 땅과 하늘이 그 앞
　에서 피하여 간데 없더라.

7 보좌에 앉으신 이가 가라사대 '보라 내가 만물을 새롭게 하노라.' 하
　시고…."

8 "또 보매 다른 천사가 살아계신 하나님의 인(印)을 가지고 해 돋는 데
　로부터 올라와서 땅과 바다를 해롭게 할 권세를 얻은 네 천사를 향
　하여 큰 소리로 외쳐 가로되

9 우리가 우리 하나님의 종들의 이마에 인(印)치기까지 땅이나 바다나
　나무나 해하지 말라 하더라." 하니라.

10 백보좌 하느님께서 요한에게 계시하여 말씀하시기를 "나는 알파요
　오메가라. 이제도 있고 전에도 있었고, 장차 올 자요 전능한 자." 하
　시니라.

11 이는 곧 지상에 아버지가 몸소 강세하심으로써 예전의 하늘과 땅을
　문 닫고 새 하늘, 새 땅을 건설하시는 '땅 위의 천국' 소식이로다.

도(道)의 주재자 상제님

4 동방에서는 우주 삼계(天·地·人)의 생명의 근원과 그 변화의 길
　을 일러 도(道)라 하고, 이 도의 '주재자 하느님'을 제(帝) 또는 상제
　(上帝)라 불러 오니라.

2 옛사람들이 노래하기를
　"위대하신 상제(上帝)님이 아래 세상을 환히 비추어 보시사
　천하사방(天下四方)을 두루 살피시어
　만백성이 안정하기를 구하시도다." 하니라.

3 일찍이 노자(老子)가 말하기를 "도는 텅 빔으로 가득하니
　아무리 써도 마르지 않는도다. …
　나는 그가 누구의 아들인지 모르노라.
　상제님보다도 앞서는 것 같도다!" 하여 상제님이 실재하심을 전하
　였고

4 또한 장자(莊子)는 "진짜로 우주의 주재자(眞宰)는 계신 모양 같지만
　그분의 모습을 보기는 워낙 어렵구나!
　그분의 행하심을 내가 예전부터 믿어 온 바이지만 상제님의 형모
　는 뵐 수 없더라.
　만물과 통정하시며 형상을 감추시는 것일까?" 하니라.

5 도교에서는 이 우주를 주재하시는 상제님을 최고의 신으로 받들고

기도하였나니, 우리 한민족은 고래(古來)로 상제님께 제사를 드려오니라.

상제님 강세의 땅, 동북 간방

5 공자(孔子)는 우주의 통치자 상제님께서 강세하시어 간방(艮方)에서 모든 말씀의 꿈을 이루실 것을 전하였나니

2 "동북 간방은 만물의 끝남과 새로운 시작이 이루어지는 곳이라. 고로 말씀이 간방에서 이루어지느니라." 하니라.

3 또 주자(朱子)가 말하기를 "몸가짐과 의관을 바르게 하고 공경스런 마음으로 성령의 조화세계를 바라보라. 마음을 고요히 하여 일심(一心) 경계에 머물면 상제님을 뵈올 수 있느니라."

4 "통치자 하느님 제(帝)는 우주의 창조원리인 리(理)를 맡아 다스리시는 분이라. … 이 주재 자리가 세상에서 이르는 옥황대제(玉皇大帝)와 같나니 … 배우는 자 모두 능히 답할 수 없도다." 하니라.

유불선 삼교의 연원, 신교

6 본래 유(儒)·불(佛)·선(仙)·기독교(西仙)는 모두 신교에 연원을 두고 각기 지역과 문명에 따라 그 갈래가 나뉘었더니

2 이제 성숙과 통일의 가을시대를 맞아 상제님께서 간방 땅 조선에 강세하시매

3 이로써 일찍이 이들 성자들이 전한 천주 강세의 복음이 이루어지니라.

미륵불의 동방 조선 강세의 길을 연 진표 대성사

7 동방 조선 땅의 도솔천 천주님 신앙은 **진표율사(眞表律師)**로부터 영글어 민중 신앙으로 자리 잡은 것이라.

2 진표는 12세 때 부모의 출가 허락을 받고 김제(金堤) 금산사(金山寺)의 숭제법사(崇濟法師)로부터 사미계(沙彌戒)를 받으니라.

3 법사가 진표에게 가르쳐 말하기를 "너는 이 계법을 가지고 미륵님 앞으로 가서 간절히 법을 구하고 참회하여 친히 미륵님의 계법을 받아 세상에 널리 전하라." 하매

4 이로부터 진표가 미륵님에게 직접 법을 구하여 대도를 펴려라는 큰 뜻을 품고 전국의 명산을 찾아다니며 도를 닦더니

5 27세 되는 경자(庚子, 760)년 신라 경덕왕 19년에 전북 부안 변산

3:5~10 「요한계시록」

3:6 흰 보좌와 그 위에 앉으신 자. 성숙 시대인 가을 천지를 여시는 통치자, 우주 통일의 하느님을 말한다. 흰 보좌의 백색은 가을 시간대의 생명의 통일정신을 상징한다.

4:1 후주 '상제문화' 참조.

4:2 "皇矣上帝, 臨下有赫, 監觀四方, 求民之莫." 『시경(詩經)』「대아(大雅)」 '황의(皇矣)'

4:3 『도덕경(道德經)』 4장.

4:4 『장자(莊子)』「제물론(齊物論)」

5:1 간방. 역에서 간괘(艮卦)는 동북방을 상징한다. '간'은 작지만 모든 이치를 담고 있는 핵, 씨, 열매를 의미하며 글자를 뒤집어 보면 아기가 잉태되어 있는 모습이다.

5:2 "艮, 東北之卦也. 萬物之所成終而所成始也. 故曰, 成言乎艮." 〈『주역(周

易)」「설괘전(說卦傳)」》

5:3 『주자문집(朱子文集)』 권85.

5:4 『주자어류(朱子語類)』 권79.

7:1 진표(眞表, 734~?). 진표 대성사는 통일신라 시대의 고승으로 김제군 도나산촌(都那山村) 대정리(大井里), 지금의 김제시 만경에서 태어났다. 속성은 정씨(井氏). 미륵불로부터 직접 천명을 받은 이후 점찰법회와

에 있는 부사의방장(不思議方丈)에 들어가 미륵불상 앞에서 일심으로 계법을 구하니라.

6 그러나 3년의 세월이 흘러도 수기(授記)를 얻지 못하자 죽을 결심으로 바위 아래로 몸을 던지니

7 그 순간 번갯빛처럼 나타난 푸른 옷을 입은 동자가 살며시 손으로 받들어 바위 위에 놓고 사라지더라.

8 이에 큰 용기를 얻어 서원을 세우고 21일을 기약하여 생사를 걸고 더욱 분발하니

9 **망신참법(亡身懺法)**으로 온몸을 돌로 두들기며 간절히 참회하매 3일 만에 손과 팔이 부러져 떨어지고 온몸이 피투성이가 되거늘

10 7일째 되던 날 밤 지장보살이 손에 금장(金杖)을 흔들며 와서 진표를 가호하니 곧 회복되니라.

잘하는구나, 대장부여!

11 21일 공부를 마치던 날 천안(天眼)이 열리어 **미륵불**께서 수많은 도솔천의 백성들을 거느리고 대광명 속에서 오시는 모습을 보니라.

12 미륵불께서 진표의 이마를 어루만지며 말씀하시기를 "잘하는구나,

금산사 조사전에 모신 **진표 대성사** 영정과 부사의방장. 부사의방장은 변산에서 가장 높은 의상봉(509m) 동편의 백 척이 넘는 절벽(마천대) 중간에 있는 4평쯤 되는 반석굴이다. 암자를 매달았던 쇠말뚝이 지금도 절벽에 박혀 있다.

대장부여! 이처럼 계(戒)를 구하다니. 신명(身命)을 아끼지 않고 간절히 구해 참회하는구나. 내가 한 손가락을 튕겨 수미산(須彌山)을 무너뜨릴 수 있으나 네 마음은 불퇴전(不退轉)이로다." 하고 찬탄하시니라.

13 이 때 미륵불께서 점찰경(占察經) 두 권과 증과간자(證果簡子) 189개를 진표에게 내려 주시며 말씀하시기를

14 "너는 이것으로써 법을 세상에 전하여 남을 구제하는 뗏목으로 삼으라. 이 뒤에 너는 이 몸을 버리고 대국왕(大國王)의 몸을 받아 도솔천에 태어나리라." 하시고 하늘로 사라지시니라.

15 원각(圓覺) 대도통을 한 뒤, 닥쳐올 천지 대개벽의 환란을 내다본 진표 대성사(大聖師)는

16 온 우주의 구원의 부처이신 미륵천주께서 동방의 이 땅에 강세해 주실 것을 지극정성으로 기원하니

17 이로부터 '밑 없는 시루를 걸어 놓고 그 위에 불상을 세우라.' 는 계시를 받고 4년에 걸쳐 금산사에 미륵전을 완공하니라.

18 이 뒤에 진표는 미륵불의 삼회설법의 구원 정신을 받들어 모악산 금산사를 제1도장, 금강산 발연사를 제2도장, 속리산 길상사를 제3도장으로 정하고 용화도장을 열어

19 미륵존불의 용화세계에 태어나기 위해 십선업(十善業)을 행하라는 미륵신앙의 기틀을 다지고 천상 도솔천으로 올라가니라.

상제님의 천명을 받은 최수운 대신사

8 신교(神敎)는 본래 뭇 종교의 뿌리로 동방 한민족의 유구한 역사 속에 그 도맥(道脈)이 면면히 이어져 왔나니

2 일찍이 최치원(崔致遠)이 말하기를 "나라에 현묘(玄妙)한 도(道)가 있으니 풍류(風流)라 한다. … 실로 삼교를 포함하여(包含三敎) 접하는 모든 생명을 감화시키는 것(接化群生)이라." 하니라.

3 그러나 조선을 비롯한 동양 각국이 서양 제국주의 열강의 폭압에 침몰당해 갈 무렵, 신교 또한 권위를 잃고 그 명맥이 희미해지거늘

4 하늘에서 동방의 이 땅에 이름 없는 한 구도자를 불러 세워 신교의 도맥을 계승하게 하고 후천개벽(後天開闢)으로 새 세상이 열릴 것을 선언토록 하셨나니

5 그가 곧 동학(東學)의 교조 수운(水雲) 최제우(崔濟愚) 대신사(大神師)니라.

금산사 중창을 통하여 미륵신앙 대중화의 기틀을 마련하였으며 영심(永深), 석충(釋忠) 등의 제자가 이를 계승하여 널리 교화하였다.

7:6 수기. 부처가 발심한 중생에게 장차 부처가 된다고 알리는 일.

7:9 망신참법. 몸을 돌보지 않고 죄과를 참회하는 구도 방법. 중국 선사들도 금했을 정도로 혹독하고 위험한 참회법이다.

7:13 점찰경. 『점찰선악업보경(占察善惡業報經)』의 약칭.

7:13 증과간자. 수행으로 얻은 도과(道果)와 미륵불의 수계(授戒)를 의미하는 증표.

7:17 미륵전. 신라 경덕왕 21년(762)에 진표 대성사가 창건하여 미륵신앙의 근본 도량으로 삼았다. 현재 건물은 인조 13년(1635)에 수문대사(守文大師)가 재건한 목조 건물이며 국내 유일의 3층 법당이다.

탄강

7:18 길상사. 현재의 법주사. 신라 진흥왕 14년(553)에 의신조사가 창건하였다. 이후 혜공왕 12년(766)에 진표가 제자 영심 등으로 하여금 중창케 하여 미륵신앙의 도량으로 삼았다.

8:2 「난랑비서문(鸞郞碑序文)」

수운 최제우 대신사
(1824~1864)

8:5 최제우(崔濟愚, 1824~1864). 본관 경주(慶州). 호는 수운. 현 경북 경주시 현곡면(見谷面) 가정리(柯亭里)에서 출생. 고운(孤雲) 최치원(崔致遠)의 후예이다.

8:11 입춘시. '도기를 항상 보존하면 삿된 기운이 침입하지 못하니 세간의 중인들과 함께 돌아가지 않으

6 수운은 몰락한 양반의 서자로 태어나 일찍이 구도에 뜻을 두고 세상을 두루 체험하며 한울님의 뜻을 깨닫고자 공부에 전념하더니

7 이 때 도학자 연담(蓮潭) 이운규(李雲奎)가 수운에게 말하기를 "그대는 선도(仙道)를 계승할 자라." 하니라.

8 을묘(乙卯 : 道紀前 16, 1855)년에 하루는 금강산 유점사의 한 중이 수운이 머물고 있는 울산(蔚山) 유곡(裕谷)에 찾아와 책 한 권을 전하매 3일 만에 그 뜻을 해득하니, 신교와 기도의 요체를 적은 책이더라.

9 이로부터 뜻을 더욱 굳건히 하여 양산 천성산(千聖山)에서 49일을 기약하고 천주강령(天主降靈)의 기도를 드렸으나 뜻을 이루지 못하매 참담한 심경으로 지내다가

10 기미(己未 : 道紀前 12, 1859)년 10월에 다시 발심하여 용담정(龍潭亭)으로 들어가며 '천주를 친견하기 전에는 세상에 나서지 않겠다.'는 다짐으로 기도에 정진하니라.

상제님의 성령 친견과 도통

11 이듬해 그의 나이 37세 되는 경신(庚申 : 道紀前 11, 1860)년에 '도기장존사불입(道氣長存邪不入) 세간중인부동귀(世間衆人不同歸)'라는 입춘시를 써 붙이고 매일 세 번씩 청수를 올리며 기도에 더욱 정진하더니

12 드디어 4월 초닷샛날, 전율오한의 묘경 속에서 홀연 공중으로부터 들려오는 '선어(仙語)'에 천지가 진동하는 듯하거늘 정신이 아득하여 쉬이 수습하지 못하니라.

13 천주님의 성령이 그에게 임하여 말씀하시기를 "두려워 말고 겁내지 말라. 세상 사람들이 나를 상제(上帝)라 이르거늘 너는 상제를 알지 못하느냐!" 하시고

14 "너에게 무궁무궁한 도법을 주노니 닦고 다듬어 수련하여 글을 지어서 사람들을 가르치고 법을 정하여 덕을 펴면 너로 하여금 장생케 하여 천하에 빛나게 하리라." 하시니라.

15 이로써 수운이 인류의 새 세계를 알리라는 **상제님의 천명과 신교**를 받고 도통을 하였나니, 이것이 곧 우주사의 새 장을 열어 놓은 천주님과의 천상문답 사건이라.

16 이 때 상제님으로부터 "주문(呪文)을 받으라." 하는 말씀을 듣고 본주문 열석 자와 강령주문 여덟 자를 지으니 그 내용은 이러하니라.

17　侍天主 造化定 永世不忘萬事知
　　시천주 조화정 영세불망만사지

　　至氣今至 願爲大降
　　지기금지 원위대강

18 수운이 천명과 신교를 받들어 동학을 창도하니 얼마 지나지 않아 경상도 일대에 동학이 널리 퍼지거늘

19 그 급속한 전파에 불안을 느낀 조정에서는 동학을 사도난정(邪道亂正)으로 규정하여 수운을 체포하니라.

20 갑자(甲子 : 道紀前 7, 1864)년 2월에 대구장대(大邱將臺)에서 처형당할 때, 수운이 청수를 모시고 상제님께 기도를 올린 후 목이 베이니 그의 나이 41세더라.

천주님의 동방 땅 강세 선포

21 수운이 아버지께 가는 생명의 길을 동방의 땅에 닦아 놓고 '인간으로 강세하시는 천주님'을 모시는 시천주(侍天主) 시대를 선언하였나니

22 이는 온 인류에게 후천 개벽세계를 여시는 아버지의 대도, 곧 무극대도(無極大道)가 조선 땅에서 나올 것을 선포함이니라.

23 그가 비록 상제님의 천명은 다 이루지 못하였으나 5년 동안 천주님의 동방 땅 조선 강세와 후천개벽으로 열리는 새 생명세계를 천하에 알렸나니 그 장엄한 인류구원의 외침은 바로 이러하니라.

24 "한울님이 내 몸 내서 아국운수 보전하네."

25 "호천금궐 상제님을 네가 어찌 알까 보냐."

26 "만고 없는 무극대도 이 세상에 날 것이니
　　너는 또한 연천(年淺)해서 억조창생 많은 사람
　　태평곡 격양가(擊壤歌)를 불구에 볼 것이니
　　이 세상 무극대도 전지무궁 아닐런가."

27 "어화 세상 사람들아
　　무극지운(無極之運) 닥친 줄을 너희 어찌 알까 보냐."

28 "열석 자 지극하면 만권시서 무엇하며…".

29 "무극대도 닦아 내니 오만년지 운수로다."

30 "십이제국 괴질운수 다시 개벽 아닐런가."

상제님 강세를 예고한 김일부 대성사

9 우주의 변화 이치를 밝히는 역도(易道)의 맥은 동방의 성철(聖哲)들이 대대로 이어오더니

리라.'는 뜻.

8:13 "曰 勿懼勿恐하라. 世人이 謂我上帝어늘 汝不知上帝耶아."《동경대전(東經大全)』「포덕문(布德文)」》

8:14 『동경대전』「논학문(論學文)」

8:20 장대. 군수(軍帥)가 올라서서 지휘하도록 높은 곳에 쌓은 대. 당시에는 대구 아미산 아래 관덕당(觀德堂) 앞에 있었으나, 지금은 시가지가 들어섰다.

8:20 목이 베이니. 이 때 형졸이 여러 번 칼을 내리쳤으나 목에 칼자국조차 나지 않자 수운이 형졸에게 "네 청수 일기(一器)를 내 앞에 놓으라." 하여 청수 앞에 마지막 묵도(默禱)를 한 뒤 마침내 순도하였다.《『천도교백년약사』》

8:21 수운의 이러한 시천주(侍天主) 사상은 이후 사인여천(事人如天), 양천주(養天主), 인내천(人乃天) 등으로 다양하게 해석되다가 마침내 범

천론(汎天論)으로 크게 왜곡되었다.

8:24~30 『용담유사(龍潭遺詞)』

8:30 개벽. 『용담유사』에 나오는 '개벽'은 상제님께서 말씀하시는 선·후천의 개벽과는 본질적으로 그 의미를 달리한다. '후천개벽'은 증산 상제님께서 처음으로 쓰신 용어이다.

김일부 대성사
(1826~1898)

9:2 김일부(金一夫, 1826~1898). 본관은 광산(光山), 이름은 항(恒), 일부는 호. 지금의 충남 논산시 양촌면 남산리 당골에서 출생하여 상제님을 뵌 다음해에 73세로 작고하였다.

9:3 이운규(蓮潭 李雲奎, ?~?). 조선 후기의 대학자

---

2 조선 말의 대철인 **김일부**(金一夫)가 선후천(先後天)이 바뀌는 우주 대변혁의 원리와 간(艮) 동방에 상제님이 오시는 이치를 처음으로 밝히니라.

3 일부는 충청도 연산(連山) 사람으로 어려서부터 배우기를 즐겨하여 성리(性理)를 깊이 연구하더니, 36세에 연담 이운규의 가르침을 받으니라.

4 하루는 연담이 '영동천심월(影動天心月)'이란 글을 전하며 이르기를 "그대는 쇠잔해 가는 공자의 도를 이어 장차 크게 천시(天時)를 받들 것이라." 하매

5 이에 분발하여 서전(書傳)과 주역(周易)을 많이 읽고 영가무도(詠歌舞蹈)의 법으로 공부하면서

6 아침저녁으로 반야산 기슭에 있는 관촉사를 찾아가 은진(恩津)미륵을 우러러 간절히 기도하니라.

정역을 완성함

7 54세 되는 기묘(己卯 : 道紀 9, 1879)년에 이르러, 눈을 뜨나 감으나 앞이 환하여지고 알 수 없는 괘획(卦劃)이 끊임없이 눈앞에 나타나기 시작하더니

8 3년을 두고 차츰 선명해지고 커져 마침내 온 천지가 괘획으로 가득 찰 지경에 이르렀으나 그 뜻을 알지 못하니라.

9 그 후 어느 날 주역(周易) 설괘전(說卦傳)의 '신야자(神也者) 묘만물이위언자야(妙萬物而爲言者也)'라는 구절을 읽다가 문득 모든 것이 공자의 예시임을 확연히 깨닫고

10 이에 새로이 정역팔괘(正易八卦)를 그리니, 이는 억음존양(抑陰尊陽)의 선천 복희팔괘(伏羲八卦)와 문왕팔괘(文王八卦)에 이은 **정음정양**(正陰正陽)의 후천 팔괘도라.

11 괘를 다 그린 순간 홀연히 공자가 현신하여 "내가 일찍이 하고자 하였으나 이루지 못한 것을 그대가 이루었으니 참으로 장하도다." 하고 크게 칭찬하며 그를 '일부(一夫)'라 칭하니라.

12 을유(乙酉 : 道紀 15, 1885)년에 이르러 드디어 **정역**(正易)을 완성하니, 그 동안 눈앞에 선명하게 보이던 괘상이 비로소 사라지니라.

우주본체론, 삼극설(三極說) 완성

13 이로써 일부는 천지일월과 인간의 변화를 이끄는 세 가지 천지조화의 힘과 동력의 본체를 밝혔나니, 이는 곧 무극(無極)과 태극(太極)과 황극(皇極)의 삼극 이치라.

14 무극은 십미토(十未土)로서 가을의 통일을 주장(主掌)하고 그 조화와 통일의 열매인 술오공(戌五空)은 만물의 생명의 근원인 물이 화생(化生)되는 태극이요

15 태극이 동하여 열리는 황극은 만물 생장의 조화를 이루어 성숙을 실현하매 무극과 태극을 매개하여 십일성도(十一成道)하는 생장 운동의 본체 자리니라.

16 일부가 정역의 이치로써, 기울어진 천지가 정립되어 천지간의 온갖 그릇된 변화 질서가 바로잡히는 후천개벽 소식과

17 또 그 개벽기에 미륵천주이신 상제님께서 강세하시어 인류의 이상을 성취하심을 노래하니 이러하니라.

18 "그 누가 용화낙원의 세월을 이제야 보냈는가."

19 "우주의 조화세계를 고요히 바라보니
하늘의 조화공덕이 사람으로 오시는 상제님을 기다려 이루어짐을 그 누가 알았으리."

20 "천지의 맑고 밝음이여, 일월의 새 생명 빛나도다.
일월의 새 생명 빛남이여, 낙원세계 되는구나!
개벽세계여, 새 세계여!
상제님께서 성령의 빛을 뿌리며 친히 강세하시도다."

명나라 주장춘이 전한 상제님 강세 소식

10 주장춘(朱長春)은 중국 명(明)나라 때 사람이라.

2 그가 진인도통연계(眞人道通聯系)를 후세에 전하여 선천 유교, 불교의 도맥이 이루어진 원리를 밝히고, 인류를 구원하여 선천문화를 통일하시는 우주의 메시아 강세 소식을 지도(地道)의 원리로 전하니라.

3 이는 곧 공자와 석가모니의 출세 소식과 인류사의 대전환시대에 오시는, 천상 지존(至尊)의 보좌에 임어(臨御)해 계신 상제님의 강세에 대해 천지의 현기(玄機)를 뚫어지게 보고 전한 실로 놀라운 소식이니

4 주장춘이 말하기를 "산의 근원은 곤륜산(崑崙山)이니 곤륜산의 본래 이름은 수미산(須彌山)이라.

5 곤륜산의 제1맥이 동해 쪽으로 뻗어 나가 유발산(儒拔山)을 일으키고 유발산이 니구산(尼丘山)을 낳아 72봉을 맺으니라. 공자가 니구산 정기를 타고 태어나 72봉의 기운으로 그의 제자 72현(賢)이 배출되니라.

이서구(李書九)의 학맥을 계승하여 최제우 · 김광화(金光華) · 김일부에게 가르침을 베풀었다.

9:5 영가무도. 김일부가 창시한 수행법으로, '음아어이우' 의 오음을 율려 음률에 맞추어 부르면서 춤을 추며 행한다.

9:9 신야자…. '신이라는 것은 만물을 신묘하게 하는 것을 말한다.' 라는 뜻.

9:12 정역. 천지와 인간이 정도(正道)로 변화하는 후천개벽 세계를 밝힌 제3의 역. 지구 자전축이 정남북으로 정립됨에 따라 공전궤도가 타원에서 정원으로 바뀌고, 지구 1년이 360일이 되며, 천지 음양이 합덕(合德)하여 음 · 양력이 일체로 조화되는 가을개벽의 원리와, 그 실현은 천지질서의 주재자이신 통치자 하느님 곧 상제님의 강세로 성취된다는 것이 그 핵심 내용이다. 정역 사상의 형성 배경과 연담 선생.

최수운 대신사, 김일부 대성사에 대해서는 이정호 『정역 연구』 참조.

10:1 주장춘(朱長春, ?~?). 명나라 절강성 오흥현(吳興縣)의 오정(烏程) 사람. 자(字)는 대복(大復). 신종 재위 시(1573~1620) 진사(進士)에 올라 형부주사(刑部主事)에 이르렀다. 저서로 『관자각(管子閣)』이 있다.

10:8 증산. 증(甑), 곧 '시루'에는 설익고 미완성된 선천의 모든 문명을 총체적으로 익히고 성숙시켜 만사지(萬事知) 문화를 연다는 도적 비의(秘意)가 담겨 있다.

11:3 도기(道紀). 후천 5만년 무극대도의 기원. 증산 상제님께서 인존 천주로 내려오신 해(서기 1871)가 원년이 된다.

11:3 자시. 상제님께서 자시(子時)에 강세하심은 천개어자(天開於子) 도수 원리에 맞추신 것이다.

6 곤륜산의 제2맥이 불수산(佛秀山)을 낳고 불수산이 석정산(釋定山)을 일으켜 이곳에 499봉이 솟으니라. 석가모니가 석정산의 영기(靈氣)를 타고 왔나니 그의 도통제자 499명이 나오니라." 하니라.

천지의 가을세계를 여는 추수진리가 나온다

7 그가 또 말하기를 "곤륜산의 제3맥이 동방으로 쭉 뻗어 백두산(白頭山)에 맺히고 그 맥이 다시 남으로 뻗어 금강산을 수놓아 일만 이천 봉이 솟았느니라.

8 그리하여 이 기운을 타고 **증산(甑山)**께서 오시어 천지의 문호인 모악산(母岳山) 아래에서 결실의 추수진리(熬道)를 열어 주시나니

9 그 도(道)는 '모든 진리를 완성' 시키는 열매가 되리라.

10 후에 그분의 도문에서 금강산의 정기에 응해 일만 이천 명의 **도통군자**(道通君子)가 출세하리라." 하니라.

상제님의 강세

11 상제님께서 하늘의 모든 신성(神聖)과 불타와 보살들의 간곡한 기도와 하소연을 들으시고

2 새 우주를 열어 도탄에 빠진 인간과 신명을 건지시기 위해 새 역사의 태양이 떠오르는 동방 땅에 강세하시니

3 환기(桓紀) 9070년, 배달국 신시개천(神市開天) 5769년, 단군 기원 4204년, 조선 고종 8년 신미(辛未 : 道紀 1, 1871)년 음력 9월 19일 (양력 11월 1일) 자시(子時)에

4 전라도 고부군 우덕면 객망리(古阜郡 優德面 客望里)에서 탄강하시니라.

성휘와 도호

5 상제님의 존성(尊姓)은 강(姜)씨요, 성휘(聖諱)는 일(一) 자 순(淳) 자요, 아명(兒名)은 학(鶴) 자 봉(鳳) 자요, 자(字)는 사(士) 자 옥(玉) 자요, 도호(道號)는 증산(甑山)이시니

6 천지공사를 행하시어 우주의 무극대운(無極大運)을 여신 **무극상제**(無極上帝)시니라.

강(姜)씨는 인류의 시원 성(姓)

12 증산 상제님께서 동방 땅의 진주 강문(晉州姜門)을 택해 오심은 인류 구원의 깊은 뜻을 나타내심이라.

2 강씨는 인류의 시원 성(姓)이니 상고시대 동방 배달의 신농씨(神農氏)로부터 시작하니라.

3 신농의 아버지 소전씨(少典氏)가 군병 감독의 명을 받고 강수(姜水)에 살았으니 신농이 그곳에서 태어나 성장하여 성을 강(姜)씨로 하니라.

4 신농의 후손 강태공(姜太公)은 동방 신교의 일맥(一脈)을 한족(漢族)에 전수하고, 병법(兵法)과 정치(政治)로써 천하 만세에 은혜를 베푸니라.

5 진주 강씨의 도시조(都始祖)는 고구려의 병마도원수(兵馬都元帥) 이식(以式)으로 용맹이 출중하고 지략이 뛰어난 희세의 명장이라.

6 수(隋)나라 문제(文帝)의 30만 대군을 격파하고, 그 아들 양제(煬帝)의 침입에 맞서 을지문덕을 휘하로 하여 수의 백만 대군을 물리쳐 나라를 구하였나니

7 문중 대대로 기골이 장대하고 기상이 의로워 많은 무관(武官)을 내었으며

8 조상 제사 전에는 이레 동안 술 담배를 금하고 목욕재계하여 지극한 정성으로 선령(先靈)을 모시는 소문난 효자 집안이라.

9 부친께서 그 백부(伯父) 두중(斗重)에게 출계(出系)하심으로써 상제님은 13대조 좌랑공 부(溥)의 종손이 되시니라.

증산 상제님의 부모님

13 상제님의 아버지는 병오(丙午 : 道紀前 25, 1846)생으로 존휘(尊諱)는 문(文) 자 회(會) 자요, 자(字)는 흥(興) 자 주(周) 자시라.

2 얼굴이 호상(虎相)이고 음성은 우렁차고 양팔이 무릎 밑까지 내려오며, 기골이 장대하고 힘이 세어 씨름판에서 소를 많이 따신 천하의 장사이시니라.

3 어머니는 경술(庚戌 : 道紀前 21, 1850)생으로 성은 안동 권씨(安東權氏)요 존휘는 양(良) 자 덕(德) 자시라.

4 용모가 단아하고 성품이 조용하며 천성이 선하여 붕어를 잡아오면 그 배를 가르기 어려워할 정도였으며, 한평생 남의 말을 하지 않는 분이시니라.

성부, 성모라 추존함

5 우주 만유의 주재자이신 증산 상제님의 부친을 성부(聖父)로, 모친을 성모(聖母)로 추존(推尊)하니라.

11:4 객망리. 전북 정읍시 덕천면 신월리(新月里)에 있는 마을. 어천하신 뒤로는 신월리 신기(新基) 마을, 곧 새터로 고쳐 불렀고 지금은 위쪽 송산 마을과 합쳐 신송(新松)이라 부른다.

12:2 신농씨(神農氏, ?~서기전 3078). 삼황오제의 한 분으로 경농과 의학의 시조이며 태호 복희씨와 더불어 인류 문화의 개조(開祖)이다. 동이족인 소전(少典)씨가 8세 환웅 안부련(安夫連) 천황의 명으로 중국 섬서성의 강수(姜水)로 전출갔을 때 그를 낳고 길러서 성을 강(姜)씨라 했다.

신농씨
(?~서기전 3078)

13:4 "그 어머니는 어찌나 연해 빠졌는지 남이 뺨을 때리면 그

증산 상제님 진주강문(晉州姜門) 탄생 계보(1)

강수(姜水)에서 | 소전씨(少典氏) ─ 공손씨(公孫氏) ─ 헌원(軒轅) ─ 요(堯)·순(舜)·우(禹)·탕(湯)·문왕(文王)·무왕(武王)

강씨시조 | 신농씨(神農氏) | 제애(帝哀 : 7세) ─ 절경(節莖) ─ 희(戲) ─ 기(器)

축용(祝庸) ─ 구효(求斅) ─ 구룡(九龍) ─ 수(垂) ─ 백이(伯夷)

태공(太公)

도시조 | 이식(以式) ─ 운기(雲紀) ─ 수손(秀孫) ─ 박(玉卜) ─ 극용(克庸) ─ 택인(擇仁) ─ 진(縉)

사진(思進) ─ 기장(起章) ─ 구만(九萬) ─ 사미(士美) ─ 홍(洪) ─ 호덕(好德) ─ 진보(晉寶)

홍명(鴻冥) ─ 철영(哲永) ─ 도(度) ─ 희경(希經) ─ 복민(福民) ─ 창서(彰瑞)

		2세	3세	4세	5세	6세
1세	계용(啓庸) ─	인문(引文) ─	사첨(師瞻) ─	창귀(昌貴) ─	군보(君寶) ─	시(蓍)

		8세
7세	회중(淮仲) ─	안복(安福)

9세 | 이온(利溫) 진천군(晉川君)

10세 | 부(溥) 좌랑공(佐郎公)

11세 | 세의(世義 : 생부 淑) 충순위 선략장군(忠順衛 宣略將軍)

12세 | 우(雨 : 생부 世仁) 사용(司勇)

13세 | 윤상(允常) 사용(司勇)

14세 | 영(穎) 사용(司勇)

15세 | 후진(後振) 고부에서 농사(이하 같음)

16세 | 익주(翊周)

17세 | 진창(晉昌)　　　　　우창(遇昌)　　　　　응창(應昌)

18세 | 세복(世卜 : 생부 遇昌)　내복(乃卜)　세복(世卜)　　이복(以卜)

19세 | 위거(渭擧)　　　　　　　　　　　　　　위언(渭彦)

20세 | 석장(錫章)　　　　　　　　　　　　　　석주(錫柱)

21세 | 두중(斗重)　　　한중(漢重)　　　　　기중(淇重)

22세 | 문회(文會) (생부 漢重) ◄┄ 문회(文會)　계회(啓會)　　성회(聖會) 연회(然會) 기회(驥會)

23세 | 일순(一淳) 상제님　　　　　　　　　　영술(永述) 영호(永鎬) 영탁(永鐸)

경형(炅馨)

증산 상제님의 탄생 계보(2)

신농씨 아버지	**소전씨(少典氏)** : 강수에서 군병 감독. 유웅국의 임금(有熊國君)	(반고)

―――――(소전씨의 別派)――――――

강씨 창시조	**신농씨(神農氏)** : 경농과 의학의 시조 (5,300년 전)	**공손씨(公孫氏)**
	강궤(姜軌, 일명 石年)	

헌원(軒轅):중국 한족(漢族)의 역사 시조

강태공(姜太公) : 동방 신교를 漢族에 전수 (3,100년 전)

요(堯)·순(舜)
우(禹 : 夏나라 시조)
탕(湯) 殷나라 시조)
문왕(周나라 시조)·무왕

도시조	**강이식(姜以式)** : 병마원수 (고구려 26대 영양제)
22대조	**계용(啓庸)** : 국자박사, 진산부원군(고려 24대 원종)
16대조	**회중(淮仲)** : 병판(兵判) 불응(조선 태조)
14대조	**이온(利溫)** : 도승지, 진천군 봉작(조선 성종)
13대조	**부(溥)** : 좌랑공
12대조	**세의(世義:생부 淑)** : 충순위 선략장군, 고부에 낙향
11대조	**우(雨:생부 世仁)** : 사용(司勇)
10대조	**윤상(允常)** : 사용
9대조	**영(穎)** : 사용
8대조	**후진(後振)**
7대조	**익주(翊周)**
6대조	**진창(晉昌)**
5대조	**세복(世卜)**
고조부	**위거(渭擧)**
증조부	**석장(錫章)**
조부	**두중(斗重)**　　　**한중(漢重)**
부(1대)	**문회(文會** : 양자) 문회(文會) 계회(啓會)

증산 상제님

소전씨가 강수에서 군병 감독 → 강수에서 신농씨 탄생 → 열산 이주 → 복희씨 왕조를 이어 임금이 됨. 진(陳)에 도읍.

신시(神市)
황제 헌원
탁록 북경
산동반도
제(齊)
강태공
염제 신농
태산
유웅(有熊) 곡부
진(陳)
태호 복희
신농씨의 이주
열산(烈山)

인류 시원성씨의 발원지 강수(姜水)와 염제 신농씨의 이동 경로

『진주강씨진천군파보(晉州姜氏晉川君派譜)』 참고.

상제님께서 오신 마을

14 상제님께서 탄강하신 객망리는 일명 손바래기라 하고 탄강하시기 전에는 선망리(仙望里)라 하였나니

2 이는 '하늘의 주(主)를 기다리는 마을' 이란 뜻이라.

3 동방의 종주산인 백두산에서 비롯한 백두대간(白頭大幹)이 남쪽으로 쭉 뻗어 내리다 태백산에 이르러 서쪽으로 굽이돌고

4 영취산(靈鷲山)에 와서 서북으로 분기한 금남호남정맥(錦南湖南正脈)이 마이산(馬耳山) 위의 주화산(珠華山)에 이르러 북으로는 계룡산으로 이어지는 금남정맥으로 뻗고, 서남으로는 호남정맥으로 뻗어 내장산을 지나 방장산(方丈山)을 이루니

5 방장산 상제봉(上帝峰)에서 호남평야를 감싸며 한 줄기는 서북으로 이어져 변산(邊山)에 이르고, 한 줄기는 동북으로 뻗어 올라가 두승산(斗升山)을 만드니라.

6 방장산과 두승산(영주산), 변산(봉래산)은 예로부터 전해오는 호남의 삼신산(三神山)이라.

7 두승산 기슭에는 오학지지(五鶴之地)로 이름난 상학(上鶴), 중학(中鶴), 하학(下鶴), 학전(鶴田), 학림(鶴林) 마을이 드넓은 분지로 펼쳐지고

14:1 손바래기. 선인독서혈(仙人讀書穴)이 있다 하여 '선바래기(仙望里)' 라

객망리 시루산 전경. 왼쪽이 큰시루봉이고 오른쪽이 작은시루봉이다.

8 그 맥이 다시 동죽산(東竹山)으로 솟구쳐 그 줄기가 망제봉(望帝峰)을 이루고, 이어 시루산(甑山)을 이루니

9 시루산을 중심으로 서쪽의 두승산과 변산, 남서쪽의 방장산 입암산 망제봉, 동북쪽의 상두산(象頭山) 모악산 등이 모두 시루산에 배례하는 형국이라.

10 상제님께서 자라신 시루산 아래 손바래기는 드넓은 호남평야의 영기를 품에 안은 산자수명(山紫水明)한 마을이더라.

시루산에서 기도하신 성부·성모님

11 성부께서 집안에 손이 귀하여 성모 권씨와 함께 시루산에 올라 득남(得男)과 다손(多孫)을 하늘에 기원하며 치성을 드리시니라.

상제님의 성령이 잉태되신 곳

15 상제님의 외가는 객망리 본댁에서 북쪽으로 십여 리 떨어진 고부군 답내면 서산리(畓內面 書山里)이니 가난하고 손이 끊어진 집안이더라.

2 상제님의 외족은 성이 본래 김씨였으나 고려 개국에 공을 세워 태조 왕건에게서 권씨(權氏) 성을 하사 받으니 그 시조는 권행(權幸)이라.

3 마을 이름 서산리는 조선에서 손꼽히는 단가(丹家) 청하(靑霞) 권극중(權克中)이 낙향하여 공부할 때, 마을 사람들이 '책을 쌓아 놓음이 산과 같다(積書如山).'고 이른 데서 유래하니라.

4 지세를 보면 시루산의 맥이 북방으로 뻗어 용곡(龍谷) 용두리(龍頭里)가 자리 잡고, 그 위에 산줄기가 마을을 겹으로 휘감아 태극 형국으로 서산리를 이루니

5 이 마을에서 성모 권씨께서 상제님의 성령을 잉태하시니라.

성부께서 꾸신 태몽

16 경오(庚午 : 道紀前 1, 1870)년 9월에 성모께서 근친(覲親)하러 홀로 서산리에 가 계실 때

2 하루는 성부께서 본댁에서 곤히 주무시는데 하늘에서 불덩이가 떨어져 품으로 들어오거늘

3 깜짝 놀라 일어나 '옳다. 이것은 필시 하늘에서 큰 자식을 내려 주시는 꿈이로다.' 하고 그 길로 서산리에 계신 성모를 찾아가 동침하시니라.

하였는데, 이것이 변해서 손바래기(客望里)가 되었다. '손'에는 신(神), 선(仙)의 의미가 있다.

14:6 삼신산. 삼신산이란 신교(神敎)에서 삼신(三神)께 제사지내던 성지로, '천왕이 내려오신 장소'를 '봉래(蓬萊)', '소도(蘇塗)가 있는 곳'을 방장(方丈), '천지(天池)가 나오는 곳'을 영주(瀛洲)라 부른다. 원래 삼신산은 각각 세 개의 산을 말하는 것이 아니지만, 중국 방사들에게 신교의 삼신산이 잘못 전해져 세 개의 산을 합쳐 부르는 것처럼 전해 왔다.

14:11 차경석 성도 집안의 대종가 후손으로서 평생을 일심 신앙한 차봉수(1930~) 증언.

15:1 서산. 기존의 모든 경전에는 서신(西神)으로 유추하여 서산(西山)이라 기록해 놓았다. 그러나 서산리 서산사터의 비석

에는 '서산사유
허비(書山祠遺
墟碑)'란 글귀
가 크게 새겨져
있다.

서산사 유허비

15:3 권극중(權克
中, 1585~1659).
본관 안동(安
東). 도학(道學)
이 높고 단학(丹
學)으로 유명하
여 '동방단가문
자(東方丹家文
字)의 개산조(開
山祖)'로 불렸
다.

16:1~3 객망리
에 거주하던 유
봉애 증언.

16:8 황극수. 우
주 운동의 본체
인 황극이 음양
변화를 일으키
는 작용수. 구체
적으로 64괘의
총 효수인 384
수를 말한다.
[64(괘)×6(효)
=384(효)] 경오
년 9월 19일부
터 신미년 9월
19일까지는 윤
달이 포함돼 있
어 384일이다.

성모께서 꾸신 태몽

4 그 무렵 성모께서 하루는 밭에 나가셨다가 오한을 느껴 집으로 돌아와 소나기가 내린 뒤 깊이 잠드셨는데

5 꿈에 홀연히 검은 구름이 가득한 가운데 뇌성이 진동하고 하늘이 남북으로 갈라지며 큰 불덩이가 성모의 앞으로 내려오거늘

6 유심히 보니 마치 호박(琥珀)과 같은 것이 황금색의 신비한 광채를 발하는지라 성모께서 품에 안으시매 순간 온 세상이 광명하여지더라.

열석 달 만에 태어나심

7 이로부터 성령을 잉태하여 열석 달 만에 상제님을 낳으시니, 이 때 성모 권씨의 존령(尊齡) 22세이시더라.

8 상제님께서 열석 달 만에 탄생하심은 황극수(皇極數)인 384수에 맞추어 인간으로 오심이니, 우주의 조화주로서 천지 변화의 조화 기틀을 품고 강세하심이라.

천상의 두 선녀가 내려와 간호함

17 태어나실 무렵 성부께서 깊이 잠드셨는데, 문득 신안(神眼)이 열려서 보니 두 선녀가 하늘로부터 내려와 산모를 보살피더라.

2 상제님께서 태어나시니 울음소리가 마치 큰 종소리와 같이 우렁차시니라.

3 이로부터 그윽한 향기가 집 안에 가득하고 상서로운 기운이 온 집을 밝게 둘러싸면서 하늘에 통하여 이레 동안 끊이지 않거늘

4 이 때 집이 심히 가난하여 지붕을 이지 못해 하늘이 마주보일 정도이고, 불을 때지 못해 방안이 냉랭하였으나

5 태어나신 후로는 훈훈한 기운이 온 집 안에 감돌더라.

6 상제님께서 탄생하시매 양친은 물론 애타게 손(孫)을 바라시던 조부모께서 크게 기뻐하시고, 온 문중과 동네에서 더없이 경사스러워하니라.

호생의 덕이 많으심

18 상제님께서 태어나신 후 집안이 너무 가난하여 외가와 진외가(陳外家)로 자주 옮겨 사시니라.

2 객망리 집은 사립문도 없이 작은방 하나에 부엌 하나인데, 부엌은 볏짚으로 두르고 문은 대나무를 엮어 만들었더라.

3 점차 자라시매 얼굴이 원만하시고 성품이 관후(寬厚)하시며 지덕 (知德)을 겸비하시어 총명과 혜식(慧識)이 출중하시므로

4 부모님과 마을 사람들이 어린 학봉을 '영아(靈兒)'라 부르며 경애 하니라.

5 어리실 때부터 호생(好生)의 덕이 많아 마당 구석에 화초를 심어 아 담하게 가꾸시고 밭둑에 나가 나무를 즐겨 심으시며

6 또 자라나는 초목을 꺾지 않으시고 미물 곤충이라도 해치지 않으 시며 위기에 빠진 생명을 보면 힘써 구하시니라.

훈장을 돌려보내심

19 여섯 살 되시는 병자(丙子 : 道紀 6, 1876)년에 풍물굿을 보시고 문득 혜각(慧覺)이 열려 장성한 뒤에도 다른 굿은 구경치 않으시 나 풍물굿은 자주 구경하시니라.

2 이 해에 성부께서 가세가 어려움에도 불구하고 아들 학봉에게 천 자문을 가르치려고 태인 장군리(泰仁 將軍里) 황씨 집성촌에서 황 준재(黃俊哉)라는 이름 있는 훈장을 구하여 들이시거늘

3 훈장이 어린 학봉께 "도령, 공부해야지?" 하고 하대하니 학봉께서 물끄러미 훈장을 쳐다보시다가

4 스스로 천자문을 펼치시어 '하늘 천(天)' 자와 '땅 지(地)' 자를 집 안이 울리도록 큰 소리로 읽으시고는 책을 덮고 아무 말 없이 밖으 로 나가시니라.

5 훈장은 그 신이하신 기운에 눌려 어린 학봉이 노시는 모습만 바라 볼 뿐이더니

6 그렇게 며칠이 지나자 더 이상 공밥을 얻어먹기도 민망하여 다시 학봉께 "도령, 공부하셔야지요?" 하고 조심스레 여쭈거늘

7 "하늘 천 자에 하늘 이치를 알았고, 땅 지 자에 땅 이치를 알았으면 되었 지 더 배울 것이 어디 있습니까? 노시다가 시간이 되면 가시지요." 하시는지라

8 성부께서 부득이 그 훈장을 돌려보내시매 이로부터 스스로 밖으로 다니시며 글을 깨치시니라.

9 여러 서당으로 다니실 때 한 번 들으신 것은 곧 깨달으시고 한 번 읽으신 것은 두 번 다시 보지 않으시니

10 글을 읽거나 시를 읽으실 때 모르시는 것이 없더라.

19:2 황준재(黃俊哉, 1842~1906). 본관 장수. 본명 승모(昇模), 준재 는 자(字), 호는 성현(省軒). 이때 35세였다. 정읍 시 신태인읍 장 군리에서 부인 천안 전씨와 살 다가 65세로 작 고했다.

19:2~7 오동정 교단에서 2대에 걸쳐 일심으로 상제님을 신앙한 황공규(1916~ 2001) 증언. 황 준재 훈장의 후 손으로 『용화전 경』의 편집위원 이었다. 그는 "아이들과 노실 때는 보면 꼭 대 장노릇을 하시더 라."고 생생하게 증언하였다.

19:7 대도 세계

탄강

에 들어서기 위해서는 생명의 부모인 하늘과 땅에 대한 본질적인 깨달음이 있어야 한다. 이것이 상제님께서 주관하시는 가을 우주의 창조, 곧 후천 신천지 개벽의 모든 문제를 바르게 볼 수 있는 관건이다.

하늘땅을 흔드는 기개와 영성

20 일곱 살 때 어느 글방에 가시어 훈장으로부터 '놀랄 경(驚)' 자 운(韻)을 받고 글을 지으시니 이러하니라.

2　　遠步恐地坼이요 大呼恐天驚이라
　　　원 보 공 지 탁　　대 호 공 천 경
　　　멀리 뛰려 하니 땅이 꺼질까 두렵고
　　　크게 소리치려 하니 하늘이 놀랄까 두렵구나.

3 학봉께서 서동(書童)들과 더불어 시를 지으실 때 "글도 배운 바 없는데 무슨 시를 짓겠느냐." 하고 겸양하시되 항상 장원을 하시니라.

4 하루는 훈장이 주위의 미움을 받을까 하여 이번에는 문장이 다음가는 다른 아이에게 장원을 주리라 마음먹고 그 아이의 글씨를 눈여겨보아 두었으나 또 학봉에게로 장원이 돌아가거늘

5 이는 훈장의 그런 뜻을 미리 아시고 문체와 글씨를 평소와 다르게 하여 분별치 못하게 하신 까닭이라.

6 이렇듯 어린 시절부터 영기(靈氣)가 넘치고 혜명하시니 보는 이마다 '신동(神童)'이라 부르며 경탄하더라.

본댁 마당에다 샘을 파심

21장 차봉수가, 열세 살 때부터 평생을 지극 정성으로 상제님을 모신 그녀의 어머니 손승례와, 상제님의 종도였던 이숙 김신규로부터 직접 듣고 증언한 내용.

21:3 복찌깨. 주발뚜껑.

21 이 해에 하루는 손바래기에서 동무들과 놀이를 하시다가 갑자기 고사리 손으로 마당 한쪽 구석을 파시거늘

2 같이 놀던 아이들이 영문을 몰라 이유를 물으니 학봉께서 쳐다보지도 않으시며 그저 "샘을 판다." 하시니라.

3 학봉께서 처음에는 맨손으로 긁으시다가 이내 복찌깨로 땅을 파시며 연신 "어서 물 나라, 물 나라." 하시니

4 물이 날 만한 자리도 아니고 그리 깊이 파지도 않았는데 잠시 후에 정말로 샘물이 솟아나거늘

5 이를 본 아이들이 모두 신기해하며 손뼉을 치니라.

6 후에 그 샘물은 동네 우물로 쓰이니라.

나는 순이다

22 학봉께서 이곳저곳으로 두루 다니시며 친히 세상을 배우실 때

2 그 신이하고 혜명하심이 입에서 입으로 전해져 가시는 곳마다 경애를 받으시되 시험코자 하는 사람도 많더라.

3 한번은 고향에서 멀리 떨어진 흥덕 부안면(興德 富安面) 하오산(下

鰲山) 앞의 알미장(卵山場)에 이르시니 어떤 사람이 지필묵을 내어 놓고 글을 청하거늘

4 어린 학봉께서 조그만 손으로 붓을 꽉 잡고 먹을 듬뿍 묻히신 뒤

5 종이 위에 굵게 '한 일(一)' 자 한 획을 힘껏 그으시며 큰 소리로 "나는 순이다!" 하고 외치시니 순간 한 일 자가 마치 누에처럼 **꿈틀꿈틀 기어가거늘**

6 구경하던 장터 사람들이 탄성을 지르며 더 자세히 보려고 서로 몸을 밀치고 당기고 하여 한바탕 소동이 일어나니라.

7 이 때 학봉께서 말씀하시기를 "조선 땅은 한 일 자 누에와 같다." 하시니라.

사색과 명상을 즐기심

23 아홉 살 되시는 기묘(己卯 : 道紀 9, 1879)년에 부친께 청하여 집 뒤쪽에 초막을 짓고 홀로 거처하시니라.

2 이 때 외인의 출입을 금하시고 하루건너 암꿩 한 마리와 비단 두 자 다섯 치씩 구하여 들이시더니

3 두 달 후에 홀연히 어디로 나가시거늘 방안에는 아무것도 남아 있지 않더라.

4 어려서부터 집에 계시기보다는 즐겨 이곳저곳을 돌아다니시니

5 종종 시루산에서 매봉과 망제봉, 동죽산을 타고 두승산에 올라 고산준령을 향해 크게 외치시고

6 또 밤이면 큰시루산에서 작은시루산으로 뛰어다니며 산하정기를 호흡하시고, 산 속의 고요에 젖어 깊은 **명상**에 드시니라.

7 집에 돌아오시면 초막에 드시어 조용히 사색에 잠기시니라.

부친의 빚을 갚아 드린 지혜

24 이 해에 성부께서 정읍 읍내 박 부호에게 수백 냥 빚을 졌더니 빚 독촉이 심하므로 늘 근심 가운데 지내시거늘

2 하루는 학봉께서 부친께 50냥을 청하니, 부친께서 이상히 여기면서도 아들의 비범함을 익히 보아온 터라 어렵게 돈을 변통하여 주시니라.

3 이에 박 부호에게 가서 돈을 주고 그 집 사숙(私塾)에 드시니 훈장이 운을 불러 학동들로 하여금 시를 짓게 하고 있는지라

4 학봉께서도 함께 운을 달아 시를 지으시니 웅장한 서필(書筆)에 시격(詩格)이 절묘하거늘 훈장이 매우 놀라고 박 부호도 크게 경탄하

22:3~7 박공우 성도를 평생 아버지처럼 모신 수제자 김일화의 아들 김천수 증언.

22:5 누에. 누에는 몸 전체가 열세 마디로 이루어진 절충(節蟲)으로 넉(四) 잠을 잔 뒤 자기 몸의 일만 이천 배의 실을 뽑는다. 누에는 평소에 '一' 자 형태로 움직이다가 잘 때에는 '乙' 자 모양을 취하는데 바로 여기서 '乙' 자가 유래하고, 뒤에 이것이 '己', '륵', '巳', '曲' 자로 발전한다. 〈김대성, 『금문의 비밀』〉

니라.

5 이에 박 부호가 자기 집에 머물며 그 자질(子姪)들과 함께 글 읽기를 청하거늘

6 학봉께서 못 이기는 척 며칠 동안 머무르시다가 하루는 부친의 빚을 걱정하시니

7 박 부호가 모든 일에 크게 감복하여 드디어 채권을 포기하고 증서를 불사르니라.

아들의 행동을 간섭하지 않으심

25장 강 석 환 (1920~1993)과 안내성 성도의 4 남 안정남(1929 ~)의 증언.

25 어리실 때부터 이토록 영명(英明)하고 비범하시므로 **성부께서도 함부로 대하기 어려워하시니라.**

2 하루는 아버지로서 위엄을 갖추고자 짐짓 엄중하게 대하시거늘

3 학봉께서 예를 갖추어 말씀하시기를 "제가 아들이라고 함부로 대하시거나 제 말씀을 가벼이 여기시면 아니 됩니다." 하시니

4 이후로 성부께서 한평생 아들의 행동을 간섭하지 않으시니라.

친구 같은 부자지간

5 부자간에 정이 애틋하시되 이렇듯 서로 예로써 대하시니 사람들은 이를 보고 '친구 같은 부자지간' 이라 일컬으니라.

비범하신 예지

26 이 해 겨울에 부모님을 따라 서산리 외가로 옮겨 사시다가 이듬해 다시 손바래기로 돌아오시니라.

2 하루는 학봉께서 서당 벽에

明朝有客是何人고　必是西來柳瑞九라
명 조 유 객 시 하 인　　필 시 서 래 류 서 구
내일 아침 손님이 있으리니 그는 누구인가
틀림없이 서쪽에서 오는 류서구이리라.

라고 써 붙이셨거늘

3 훈장이 이를 보고 "이 글을 누가 썼느냐?" 하매 다른 아이들이 학봉이 썼다고 대답하더니

4 과연 다음날 아침에 류서구가 찾아온지라 이후로 훈장이 학봉 앞에서는 언사를 조심하니라.

5 여러 서당으로 드나드실 때 이처럼 지혜가 밝으시므로 어느 훈장도 학봉을 함부로 대하지 못하더라.

6 또 학문이 비범하시므로 혹 누가 글 쓸 일을 부탁해 오면, 반드시 글 줄마다 끝에 한두 자 쓸 만한 자리를 비워 두고 써 주시니라.

부친께 경계하심

27 하루는 성부께서 벼를 말리실 때 새와 닭의 무리를 심히 쫓으시 니 이를 만류하며 말씀하시기를

2 "새 짐승이 한 알씩 쪼아먹는 것을 그렇게 못 보시니 어찌 사람을 먹일 수 있겠습니까?" 하시되 성부께서 듣지 않고 굳이 쫓으시거늘

3 별안간 한낮에 천둥이 치고 큰비가 쏟아져서 말리던 벼가 다 떠내 려가매 한 알도 건지지 못하게 되니라.

효심이 돈독하심

28 해마다 부친과 함께 서산리에 자주 가시어 농사일을 돕고 이엉 을 엮기도 하시니 이는 손(孫)이 없는 외가의 일손을 도우시기 위 함이라.

2 열 살이 넘어 가족이 다시 서산리 외가에 가서 얼마 동안 사실 때

3 성부께서 객망리 앞에 작은집을 얻어 주막을 경영하시니 학봉께서 홀로 계신 모친을 위하여 송산(松山) 도득골에 가시어 솔가지와 낙 엽을 긁어다가 불을 때기도 하시니라.

4 학봉께서는 효심이 돈독하시고 부지런하시며 매사에 범절이 뚜렷하시 니 마을 사람들의 칭송을 한 몸에 받으시니라.

성모께서 감동하신 지혜

29 열세 살 되시는 계미(癸未 : 道紀 13, 1883)년에 학봉께서 모친이 친히 짜신 모시베 예순 자를 받아, 부친과 형제처럼 지내는 마을 사람 유덕안(兪德安)에게 들리시어 정읍장에 팔러 가시니라.

2 이 때 덕안은 일이 있어 다른 곳에 가고, 학봉께서 모시베를 포목 전 곁에 놓고 앉아 잠깐 생각에 잠기셨더니 그 사이에 모시베가 없 어져 버린지라

3 덕안이 돌아와 이 말을 듣고 이내 찾으려 했으나, 많은 사람들 중 에 찾을 길이 없어 집으로 돌아가시기를 청하거늘

4 듣지 아니하시고 "내일 돌아가겠습니다." 하고 즉시 어디론가 떠나 시니 덕안이 어쩔 수 없이 혼자서 돌아가니라.

5 이튿날 학봉께서 돌아와 모시베 값을 모친께 올리시니 온 집안이

28:3 강석환 증언.

29:1 유덕안(兪德安, 1860~1930). 본관 기계(杞溪). 부 길환(吉煥)과 모 최씨(崔氏)의 장남. 부인 유안 덕(劉安德)과의 사이에 칠룡(七龍) 등 1남 1녀를 두었다. 성부와 형제처럼 지낸 사이로 볼이 갈 쭉하고 얼굴이 둥글둥글했다. 듬직하고 점잖은 성품이었다.

이상히 여겨 영문을 묻거늘

6 말씀하시기를 "어머니께서 무한한 노력과 수고를 들여 짜신 베를 잃어 얼마나 애석히 여기실까 하여

7 오늘이 고창장이므로 반드시 장에 나올 듯 싶어 바로 고창으로 가서 다행히 찾아 팔아 왔습니다." 하시니라.

8 이는 모시베를 팔러 가시기 전날 베에 먹물을 찍어 표를 해 두셨더니 그것을 증거로 해서 찾아오심이더라.

김형렬을 처음 만나신 날

30 학봉께서 갑신(甲申 : 道紀 14, 1884)년에 금구 환평(金溝 環坪) 사람 김형렬(金亨烈)을 처음 만나시니라.

2 형렬은 부잣집 외아들로 태어나 일찍부터 도(道)에 뜻을 품고 동무를 구하던 차에 '고부에 강가(姜哥)로서 신동이 있다.'는 소문을 전해 들으니라.

3 하루는 형렬이 '내가 한번 그 사람을 만나 보리라.' 결심하고 고부로 향하는데

4 날이 저물어 우연히 태인 매당(梅堂) 불출암(佛出庵)으로 발길이 이끌려 들어가니라.

5 형렬이 암자에 이르매 갑자기 부엉이가 요란하게 울어대거늘 중에게 "부엉이가 어찌 저렇게 우는가요?" 하고 물으니

6 그 중이 대답하기를 "당신은 예사 사람이 아닌가 보오." 하니라.

7 이에 형렬이 "예사 사람이 아니면 내가 허신(虛神)이라도 된다는 말이오?" 하니 중이 "어디를 가시는 길에 여기까지 오시었소?" 하고 묻거늘

8 형렬이 "내가 찾을 곳이 있어 길을 가다 나도 모르게 이끌려 들어왔는데, 오자마자 저렇게 부엉이가 울어대는 게 참 이상하오." 하니라.

이 도령이 바로 그 도령이오

9 이 때 학봉께서 들어서시더니 별 모양의 누런 별전(別錢) 여섯 닢과 바둑알 같은 검은 돌을 가지고 돈치기놀이를 하시는데

10 가운데 있는 것을 맞추려 하시되 자꾸 다른 것이 맞으니 "이것도 소용없다." 하시며 형렬이 있는 쪽을 바라보시니라.

11 형렬이 "어디 사시오?" 하며 말을 건네니 "나 어디 사는 것을 왜 묻소?" 하시거늘

12 형렬이 "내가 이제 강가를 찾으러 고부에 가는 중이오." 하니라.

30장 초기 기록 『대순전경』은 김형렬을 동학혁명 때 청주에서 처음 만나신 것으로 기록하고 있으나, 김형렬 성도의 아내 김호연 성도의 증언에 따라 왜곡된 역사를 바로잡는다. 이는 김형렬 성도의 집에서 오랫동안 사음을 지낸 김덕찬 성도가 김호연 성도의 착한 마음씨에 감동하여 들려준 내용이다.

30:1 김형렬(金亨烈, 1862~1932). 본관 안동. 호는 태운(太雲). 임인(道紀 32, 1902)년 4월부터 기유(道紀 39, 1909)년 6월 그의 집에서 어천하시기까지 상제님을 수종한 천지공사 성문(聖門)의 수석 성도.

13 이에 학봉께서 "무슨 일로 찾으려고 하오?" 하고 물으시니

14 형렬이 말하기를 "될성부른 나무는 떡잎부터 안다는 말이 있지 않소. 큰사람이 될지 작은 사람이 될지 본 연후에 내가 외돌토리라 동무 삼으려고 그러오." 하니라.

15 이 때 마침 학봉과 한 고을에 사는 은양덕(殷陽德)이 다가와 "이 도령이 바로 그 도령이오." 하고 일러 주거늘

16 형렬이 크게 놀라 "아, 그러하오?" 하며 얼른 몸을 추슬러 기꺼이 재배를 하는지라

17 학봉께서 "한 번 하면 되었지, 내가 죽었는가, 재배를 하게." 하고 하대하시거늘

18 형렬이 "내가 세 살만 더 먹었어도 존장(尊長)이 되려 했는데, 내 나이 몇이라고 그리 않겠소?" 하며 다시 일어나 절을 하니

19 학봉께서 말씀하시기를 "네가 법줄은 아는구나." 하시니라.

20 이 때 학봉께서는 성수(聖壽) 열넷이요, 형렬의 나이는 스물셋이더라.

나는 공중에 뜬 사람이다

21 은양덕이 형렬에게 이르기를 "나이는 적지만 무슨 일이든지 다 아는 지혜가 있어 이사를 가려 해도 고을에서 못 가게 한다오." 하니

22 학봉께서 "우리 부모님 영혼이 금방 뜨시게 생겨서 내가 지키느라고 안 가지, 못 가게 한다고 내가 못 갈 사람이오?" 하시고

23 형렬을 바라보시며 "내가 땅위에 서 있다고 아무리 땅을 파 보아라. 나는 공중에 뜬 사람이다. 한번 떠 봐라!" 하고 목침 위에 올라서시니라.

24 형렬이 자못 의심스러워하며 허리를 숙여 두 손으로 학봉의 발을 받쳐드니 몸이 공중에 붕 뜨시거늘

25 크게 놀라 손을 더 올리니 더 높이 뜨시고, 그렇게 손을 들면 드는 대로 위로 떠오르시더라.

26 이로부터 학봉께서 형렬과 친면으로 지내시니라.

머슴살이와 산판꾼 생활

31 학봉께서 집이 워낙 가난하여 열다섯 살 무렵에 글읽기를 중단 하시고 짚신을 삼아 팔기도 하시며 사방으로 유랑하시니

2 정읍 남면 거슬막에서 머슴으로 일하며 보리를 거두기도 하시고

3 정읍 내장산 아래 부여곡(夫余谷)에서 산판꾼이 되어 나무를 베기도 하시니라.

30:1 금구 환평. 현재 전북 김제시 금산면 금산리 팥정이 남쪽에 있는 마을로 앞산이 고리 모양을 하고 있다.

30:4 불출암. 현재 전북 정읍시 옹동면 산성리 삼리 마을에 있는 사찰. 미륵불이 땅에서 솟았다 하여 불출암이라 하였으나 현재는 화엄사(華嚴寺)로 개명하였다.

불출암(위)과 미륵불상

30:14 외돌토리. 김형렬 성도의 여러 형제들은 어려서 병으로 죽고 이 때 누이 한 사람만 살아 있었다.

30:15 은양덕(殷陽德, 1852~1904). 본관 행주(幸州). 족보명 규섭(奎燮). 양덕(陽德)

탄강

현감을 지내 은 양덕으로 불렸 다. 부인 송씨와 의 사이에 성우 등 6남 7녀를 두 었다.

31:3 부여곡. 현 재 정읍시 내장 동(內藏洞) 부여 실.

31:4 고부 궁동 면. 현재는 정읍 시 이평면이다.

31:4 종문. 집안 사람이 도천리 [지금의 청량리 (靑良里) 도천 마 을]에 살고 있었 고 집이 부유한 관계로 책이 많 았다고 한다.〈강 씨 종문 강춘회 (1903~1992)와 그의 조카 강도 형(1927~2004) 증언〉

4 이 때 틈틈이 고부 궁동면 도천리(宮洞面 道川里) 종문(宗門)에 가시 어 여러 서적을 읽으시니라.

5 열여섯 살 되시는 해에 하루는 금산사 심원암(深源庵)에 이르시어 깊이 사색에 잠기시니라.

구릿골에서 은양덕, 형렬과 함께 금을 캐심

6 이 해에 은양덕이 구릿골 금광에서 금을 캐기 위해 환평에 사는 형 렬의 집에 거처를 정하니

7 학봉께서 동행하시어 함께 머무시며 금을 캐시니라.

8 하루는 학봉께서 양덕, 형렬과 함께 금광에 가시어 초롱을 만들어 ○○속에 넣으시고 머리에 쓰시니 캄캄한 굴 속이 환해지더라.

천지신명이 늘 음호함

32 학봉께서 성년기를 맞아 자(字)를 사(士) 자 옥(玉) 자라 쓰시니라.

2 사옥께서 열일곱 살 되시는 정해(丁亥 : 道紀 17, 1887)년 어느 날 외가에 가시는 길에 어떤 술주정꾼이 무고히 패욕을 가하거늘

3 이 때 아무 대응도 아니하셨는데 하늘에서 요란하게 천둥이 치며 회오리바람이 불더니, 난데없이 어디서 큰 돌절구통이 날아와 주 정꾼의 머리를 덮어씌우는지라

4 그 사람이 절구통에 갇혀 벗어나지 못하매 사옥께서 아무 일 없으 신 듯 그 자리를 떠나시니라.

심원암. 금산사 동쪽 모악산 기슭에 있는 암자. 상제님이 16세 되시던 해 이곳 심원암에 들르시어 깊은 사색에 잠기셨다.

5 이는 천지신명들이 한시도 경계를 늦추지 않고 사옥을 음호함이라.

6 이 해에 부모님을 따라 진외가인 두승산 기슭 장문리(長文里)에 가서 잠시 사시니 집은 뗏장을 떠서 따북따북 지은 뗏집이더라.

7 그 집에 워낙 쥐가 많거늘 하루는 사옥께서 크게 한 번 소리를 지르시니 그 뒤로는 쥐가 온데간데없더라.

청수암에서 만나신 수월

33 사옥께서 이곳저곳으로 유랑하시다가 열아홉 살 되시는 기축(己丑 : 道紀 19, 1889)년 가을에 내장산에 가시니라.

2 저녁 노을에 물결치는 단풍을 바라보며 산에 오르시어 부모님이 계신 곳을 향해 눈시울을 적시다가 바위에 앉아 깊은 명상에 잠기시니라.

3 날은 저물고 사위(四圍)가 고요한데 어디서 목탁 소리가 들려오거늘 소리를 따라 청수암(淸水庵)에 이르시니 한 젊은 여인이 홀로 불공을 드리고 있는지라

4 사옥께서 그 여인에게 물으시기를 "어인 일로 이 적적한 암자에 혼자 계시오?" 하시니

5 그 여인이 아뢰기를 "저는 본래 고향이 전주인데 발을 잘못 들여 수월(水月)이라는 이름의 기생이 되었사옵니다.

6 지금은 정읍 부호 박인상의 첩으로 들어가 있사온데 두 해가 되도록 아직 혈육이 없사와 두 달째 정성을 들이고 있습니다." 하니라.

조상신이 참으로 있습니까

7 사옥께서 말씀하시기를 "선령신(先靈神)을 잘 받들고 정성을 지극히 하면 소원성취할 것이오." 하시니

8 수월이 "조상신이 참으로 있사옵니까?" 하고 여쭈거늘 말씀하시기를 "허허, 무슨 말씀을. 있고말고!" 하시니라.

9 이윽고 밤이 깊으매 사옥께서 밖에서 밤을 지샐 수 없어 불 때지 않은 빈방에 드시니라.

10 한밤중에 수월이 사옥께서 계신 방으로 들어와 자신을 거두어 주십사 애원하거늘

11 "그런 생각을 마시오. 부인에게는 주인이 따로 있으니 집에 가 있으면 좋은 배필을 만나리다." 하며 타일러 돌려보내시고 이른 새벽에 암자를 떠나시니라.

32:6 두승산. 전북 정읍시 고부면, 흑암동에 걸쳐 있는 산 (444m). 예로부터 신선이 난다는 전설을 간직한 이 산은 백제 때에는 고사산(古沙山), 고려 때에는 영주산(瀛州山)으로 불렸다. 그 후 산정상에 석두(石斗)와 석승(石升)이 있어 두승산으로 불리게 되었으며, 현재 산정상에는 신라 때 세워진 유선사(遊仙寺)가 있다.

도호를 증산(甑山)이라 하심

34 객망리로 돌아와 계실 때 시루산에서 큰 소리로 진법주(眞法呪)를 읽으며 공부하시니라.

2 시루산에는 큰 소나무가 우거지고 학이 수두룩이 날아드는데 그곳에서 공부하시며 스스로 호(號)를 증산(甑山)이라 하시니라.

3 증산께서 수년 동안 객망리에서 진독골(盡讀谷)로 돌아 샘이너머를 거쳐 시루산 상봉을 주야로 오르내리시는데

4 이 때 근동 십여 리 산천이 울리도록 크게 소리를 지르시니 마을 사람들이 남녀노소를 막론하고 밤에는 집 밖으로 나가기를 두려워하니라.

청수 올리고 천지에 기도하심

5 증산께서 하루는 성모께서 길어오신 물을 동이에 붓고, 마당 가운데 짚으로 삼발 모양의 받침을 만들어 그 위에 동이를 놓으신 뒤

6 많은 백지에 글을 써서 그 앞에 놓으시고 저녁내 소리내어 천지에 기도하시니라.

7 기도를 마치시매 글 쓴 종이를 청수 위에서 불사르시어 그 청수를 동이째 다 들이켜시니라.

8 또 증산께서 종종 꽹과리를 치며 마을을 돌아다니시니 한번은 허리끈을 풀어서 휙 던지시매 순간 허리끈이 구렁이로 변하여 기어가더라.

9 스물한 살 때 가족이 잠시 중학리(中鶴里)로 이사하여 사시거늘 이 마을에 사는 열일곱 살 난 김홍락(金興洛)이 증산을 따르니라.

청년 시절

35 객망리에 계실 때 하루는 갓 쪄서 미처 자르지 않은 시루떡을 그냥 손으로 뜯어 잡수시고 술을 드시려 하거늘

2 강연회(姜然會)가 잔에 담아 드리려 하니 "잔은 필요 없다." 하시고 동이째 들이켜시는지라 연회가 심히 놀라 넋을 놓고 바라보더라.

3 증산께서는 무해(無害)한 장난을 좋아하시고 또 기력이 강장하시어 힘겨루기를 즐기시거늘

4 이따금 아저씨뻘 되는 강기회(姜驥會)와 힘자랑을 하시니 그는 기골이 장대한 천하의 장사라.

5 가을 나락걷이가 끝나고 객망리 기회의 집 지붕을 갈 때, 기회와 함께 지붕날개를 마당에서 지붕 위로 던져 올리는 내기를 하시니

6 기회는 점점 지쳐 이엉 마름을 들고 사다리로 올리는데 증산께서
　는 끝까지 마당에서 던져 올리시니라.

7 또 어느 때에는 맷돌 밑짝의 중쇠를 이로 물어 올리시고, 마당에
　서서 발로 처마끝을 차시며

8 한 팔을 뒤로 하여 땅을 짚고 발꿈치를 땅에 붙이신 채 장정 십여
　명을 시켜 허리를 힘껏 누르게 하시되 전혀 요동하지 않으시니라.

9 한번은 김광문(金光文)이 보니 여러 사람들과 힘겨루기를 하시는데
　돌절구를 머리에 쓰고 상모 돌리듯 하시더라.

10 증산께서 장성하시매 얼굴은 금산 미륵불과 흡사하시고, 눈은 일월
　의 밝음과 같으시고, 음성은 맑은 천둥소리 같으시고, 몸가짐은 정
　대(正大)하시고, 도량(度量)은 관대하시고, 동정(動靜)이 정중(鄭重)
　하시고, 언론(言論)이 활달하시고, 지감(知鑑)이 신령하시고, 기상
　(氣像)이 웅장하시니라.

도형(1927~2004)
증언.

도술 공부한 어린 시절 친구를 만나심

36 하루는 증산께서 마산(馬山)에 가셨다가 소싯적 동무인 강우를
　만나시니라.

2 강우의 손을 잡고 반갑게 말씀하시기를 "우리 세 살 적에 만났는데,
　여든이 된들 잊어버릴쏘냐?

3 이왕 나선 김에 다른 동무나 찾아보자." 하시며 함께 함열(咸悅)에
　사는 병용의 집을 찾아가시니라.

4 증산께서 "세 살에 만난 친구 오늘 다 만났구나." 하시고 오랜만에 만
　난 두 친구와 서로 얼싸안고 기뻐 춤을 추며 회포를 푸시는데

5 강우가 말하기를 "자네는 어려서부터 우리 서이 놀아도 똑 자기 뀜
　만 하지 함께 놀지를 않았네.

6 산에를 가도 상수리 갖고 공기 받기를 하고, 논다는 것이 어디 마
　음먹고 나무고 무엇이고 그것만 맞추려고 하고.

7 또 왕돈을 실에 매달아 놓고는 그 구멍으로 살이 들어가게 하는 재
　주를 배우고, 우리와는 다르더구만." 하며 옛일을 회상하니

8 병용이 맞장구를 치며 "자네는 어찌 논다는 것이 아주 어려서부터
　도 그러더니, 질래 꼭 그렇게만 놀더구만.

9 거미를 잡아서도 그놈을 가지고 '이 줄이 평양으로 갈라냐, 한양으
　로 갈라냐?' 그러면서 줄을 치게 하고, 연을 날려도 우리는 그냥
　가오리연을 날리는데 자넨 삼각수(三角鬚)처럼 만들어 삼각수연을

36:3 함열. 당시
는 함열군이었으
나 현재는 익산
시 함열읍이다.

36:8 질래. 길래.
오래도록 길게.

날리고 그렇게 유독 뛰어났었지.

10 그렇게 요상스럽게 크니 우리는 그 속을 모른다네." 하거늘

11 증산께서 말씀하시기를 "사람이 무엇을 배우려면 한 가지를 뚫어지게 배워야지, 할 동 말 동 이것 배우다 저것 배우다 하면 못쓰는 것이네." 하시니라.

12 이에 강우와 병용이 "그럼 자네는 무엇을 배웠나?" 하고 물으니

13 증산께서 "나는 천지 이치를 배운다네." 하시고 강우에게 "자넨 무엇을 배우는가?" 하고 물으시거늘

14 강우가 답하기를 "나는 바람에 날려 다닌다네." 하매 다시 병용을 바라보시며 "자넨 무슨 공부를 하나?" 하고 물으시는지라

36:15 병용. '독바우'라는 별칭으로도 불렸다고 한다.

15 병용이 "나는 씨름을 배운다네. 밤낮 골마리만 치켜들고 땅에서만 도니 천지일을 모른다네. 그러니 내 어찌 자네들을 따라갈 수 있겠는가? 나를 좀 도와주게." 하니라.

16 증산께서 두 친구와 즐겁게 담소를 나누신 뒤에 후일을 기약하고 돌아오시니

17 이 때 강우가 먼저 바람을 타고 집으로 돌아가고, 증산께서도 구름을 타고 순식간에 날아서 오시니라.

증산 상제님의 성혼(聖婚)

37 혼기에 이르시매 부모님께서 매파를 두어 여러 차례 간선(揀選)을 하시는데

37장 강석환은 14세 때 성혼하셨다고 증언하여 『도전』초판에 채택하였으나, 그 후 여러 증언과 자료를 확인한 결과 21세로 판단되어 바로잡는다.

2 증산께서 매파가 주선한 규수 집 이야기를 들으시고 그 집 선대의 가계와 친족의 인품과 악습, 악성(惡性) 등을 물건 보듯이 낱낱이 말씀하시니 쉽사리 혼인이 이루어지지 않으니라.

3 마음에 드는 며느릿감을 구하지 못한 채 몇 년을 보내니 마침내 혼삿길이 막히게 되지라

4 성부께서 간선을 너무 까다롭게 하셨음을 깨달으시고, 자부(子婦)의 덕성은 운명에 맡기기로 하고 그 뒤로 어디서든지 청혼이 들어오면 즉시 허혼하리라 마음을 정하시니라.

37:5 꼬시래기. '전광명화' 또는 '전씨 부인' '전씨 보살'로 불리며, 잔뫼산 암자에서 일생을 보냈다. 1900년경

5 이 때 '꼬시래기'라 불리는 잔뫼절의 화주 전광명화(全光明華)가 잔뫼산 일대를 두루 다니면서 포교하고 시주도 하여 주변 고을의 사정에 환하더니

6 증산께서 스물한 살 되시는 신묘(辛卯 : 道紀 21, 1891)년 늦가을에 마침 하동 정씨(河東鄭氏) 문중의 규수를 중신하거늘

7 성부께서 즉시 허혼하고 자부로 맞이하시니 이름은 치순(治順)이요 나이는 열여덟인데, 몸이 정상이 아니요 성정(性情)이 원만하지 못하더라.

8 그 해 겨울 함박눈이 쏟아지는 날, 증산께서 부모님의 뜻에 순종하여 금구 내주평(內注坪)의 정씨 가문에 장가드시거늘

9 처가에서 첫날밤을 보내시고 이른 아침에 조용히 신방을 나와 세수하신 뒤 그 집 서당에 가 계시니 하인들이 아침밥을 해서 올리니라.

10 이후 그 집 서당에서 학동들을 가르치시니 사도(師道)가 비범하여 주위 사람들의 경애를 받으시니라.

부친의 친구가 올 것을 예견하심

38 류서구가 부친과 교분이 깊어 자주 내왕하는데 증산께서 항상 그의 내방을 미리 아시고 주안상을 준비하게 하시니라.

2 성부께서 이 사실을 서구에게 말하되 그가 믿지 않더니

3 증산께서 스물두 살 되시는 임진(壬辰 : 道紀 22, 1892)년 정월 초이렛날 서구가 또 찾아왔거늘

4 손수 주안상을 차려 내시고 말씀하시기를 "설 쇠기 전에는 공사가 있어 영접하지 못하였으니 부집(父執)에 대한 예가 아니었습니다." 하시고

5 웃으시며 아우 영학을 불러 "안방에 가서 역서(曆書) 틈에 끼워 둔 종이를 가져오라." 하시어 펴 보이시니

6 人日人來寅艮方하리니　逢場必是柳瑞九리라
　　인 일 인 래 인 간 방　　봉 장 필 시 류 서 구

인일(人日)에 인간방(寅艮方)에서 사람이 찾아오리니 만나 보면 반드시 류서구이리라.

7 라고 쓰여 있는지라 서구가 보고 크게 탄복하니라.

8 이 때 조모님 묘를 시루산 정상에 개장(改葬)하시니 서구가 수종 드니라.

온 동네가 환해진다

39 증산께서 한때 고부 마동(馬洞)에 글방을 차리고 동네 아이들에게 글을 가르치시니 그 성예(聲譽)가 높아 인근 마을 사람들이 모두 존경하니라.

2 이 때 마을 밖에 나가셨다가 한다리(漢橋)를 건너 마동으로 들어오시면 동네 사람들이 서로 말하기를 "선생님이 들어오시면 온 동네

에 잔뫼절을 중창하였고, 1920년경에는 정읍 정토사에 칠성각을 세우기도 했다. "머리가 꼬실꼬실 한게 '꼬시래기' 라고. (중략) 우리 동상도 그 사람이 중신해 가지고, 처갓집에 재행 가서 미친개 물려 죽었어." (김호연 성도 증언) "머리가 꼬실꼬실 하고, 눈이 쌍꺼풀지고, 아주 얼굴이 예쁜 얼굴이에요. 그리고 키도 후리후리하니 크고, 말을 잘해요. (중략) 시주를 해서 절을 지을 정도니, 옛날로 봐서는 활발한 여자지. 늘 한복, 비단옷을 입고 곱게 챙기고…. 귀부인 스타일이야." (잣뫼산 산주 은길동 증언)

37:5 잔뫼산. 배산(杯山), 정읍시 신태인읍 백산리에 있는 산. 모양이 술잔을 엎어놓은 형상과 같아서 붙여진 이름. 지금은 '잣뫼산' 또는 '백산(柏山)' 으로 불린다.

37:5 잔뫼절. 잔뫼산 중턱에 있

는 암자. '소이
암(笑而庵)'으로
도 불렀다. 지금
은 절터와 그 아
래에 이갑룡 처
사가 쌓은 돌탑
(적석탑)만 남아
있다.

37:7 정치순(鄭治
順, 1874.1.30~
1928.8.15). 본
관 하동(河東).
전북 김제시 봉
남면 내광리(鳳
南面 內光里) 내
주평에서 출생.

37:7 성정이 원만
하지 못하더라.
얼굴에는 숯이
있고 얽었으며
사팔눈에 다리를
절고 성질이 온
순치 못하여 시
부모와 불화가
잦으며 상제님과
인간적인 대화가
되지 않았다고
한다. 처음 3일
간 내주평 처가
에 머무실 때 상
제님은 불평 어
린 표정을 짓지
않으셨으나, 부
모님은 자부가
불구임을 아시고
낙담과 충격이
크셨다고 한다.
김호연 성도 증
언에 따르면 시
집올 때 관대(冠
帶)벗김을 해 오
지 않았다고 한
다.

37:8 그 해 겨울.
음력 12월 10일
이라는 증언도

가 환해진다." 하니라.

복을 받으려면

3 하루는 청도원고개에서 명리(命理)를 판단하시니 그 신통하심에 사
람들이 크게 감탄하니라.

4 어떤 사람이 운명을 여쭈매 증산께서 "복채를 내놓으라." 하시니
그 사람이 돈이 있으면서도 없다고 속이거늘

5 말씀하시기를 "그대가 돈을 아끼는 거나 내가 재조를 아끼는 거나
마찬가지니라.

6 사람이 복을 받으려면 먼저 바른 말을 하고 바르게 살아야 하느니라."
하시니라.

신동으로 이름난 아이 백인수

40 백인수(白仁秀)는 무자(戊子 : 道紀 18, 1888)생으로 손이 귀한 집
안의 삼대독자로 태어나니라.

2 인수는 날 때부터 영이 그지없이 밝아 8개월 때부터 신안이 열리기
시작하더니 세 살에 이르러서는 만물의 속을 환히 들여다볼 수 있
게 되니라.

3 이토록 영이 맑고 그 언어동지(言語動止)가 남달라 인근 동리에 신동
으로 이름이 높거늘

4 기운이 완전히 열리고 혼자서 걸을 수 있게 된 세 살 이후로는 틈만
나면 밖으로 나가 사라지기 일쑤이더라.

5 그 때마다 그 부모가 크게 놀라 겨우 찾아서 데려다 놓으면 "꼭 찾
을 분이 있어요." 하며 몰래 집을 나가는데

6 아버지가 행여 찾아낼까 싶어 가명까지 쓰며 숨어 다니니 나중에
는 부모도 지쳐서 찾기를 포기하니라.

7 이 때 인수는 한번 나가면 열흘도 있다가 돌아오고 닷새도 있다가
돌아오니라.

증산을 따르기 시작한 인수

41 인수가 사방을 돌아다닐 때 나무 열매를 따먹기도 하고 동냥을
얻기도 하며 허기를 달래거늘

2 사람들이 그런 인수를 가엽게 여겨 혀를 끌끌 차기도 하고 때로 얼
굴에 흐르는 총기를 보고 데려다 기르려 하는 사람도 많더라.

3 그러던 중 하루는 천지에서 밝은 영이 내리며 어떤 분의 모습이 보

이는 가운데 선어(仙語)가 들리기를 "저 분이 너의 아버지이니 가서 뵈어라." 하니라.

4 인수가 여섯 살 되던 계사(癸巳 : 道紀 23, 1893)년에 천지 기운이 인도하는대로 고부까지 가게 되거늘

5 마침내 그곳에서 증산을 뵈니 순간 천지가 광명으로 가득 차 눈을 뜨고 마주 대할 수가 없는지라

6 기쁨에 겨워 인사를 올리려 하는데 증산께서 본 체도 하지 않으시고 걸음을 옮기시니라.

7 이에 종종걸음으로 증산을 따르니 증산께서는 그저 "집에 가라, 이 놈아!" 하며 호통치실 뿐이거늘

8 인수가 아랑곳하지 않고 증산의 뒤를 따르매 한두 달 후 복남이라는 이름을 지어 주시고 따를 것을 허락하시니라.

정심정도로 믿어라

42 증산께서 하루는 복남에게 말씀하시기를 "어설피 믿다 뒈지려거든 아예 믿지를 말아라.

2 천지에 서약을 했으면 정심정도(正心正道)로 믿어 나가야지, 믿는다고 말만 하고 허영 떨고 훔쳐 먹고 그러면 천지에서 벌을 더 준다." 하시고

3 이어 말씀하시기를 "이 세상을 살면서는 죄를 지어도 남 모르게만 하면 그만인 줄 알아도 죄진 사람은 천상에 가면 모든 게 다 드러난다.

4 죽으면 편할 줄 알고 '죽어, 죽어.' 하지만 천상에 가면 모든 것이 다 무섭다. 믿으면서 지은 죄는 사하지도 못하느니라." 하시니라.

전명숙이 고부에서 혁명을 일으킴

43 갑오(甲午 : 道紀 24, 1894)년에 태인 동골 사람 전명숙(全明淑)이 보국안민(輔國安民)이라는 기치를 내걸고 동학 신도들을 모아 고부에서 난을 일으키니 온 세상이 들끓으니라.

2 일찍이 전명숙은 신묘(辛卯 : 道紀 21, 1891)년부터 3년간 서울을 오르내리며 흥선대원군을 만난 일이 있더니

3 대원군이 명숙의 뜻을 물은즉 "제 흉중(胸中)에 품은 뜻은 나라와 백성을 위하여 한 번 죽고자 하는 마음뿐이오." 하고 대답하니라.

거사를 만류하심

4 증산께서 명숙과 나이 차이는 많이 나나 일찍부터 교분이 있으시 더니

있다.

38:6 인일. 정월 초이렛날. 이날은 특히 바깥에서 자지 않으며 손님을 집에 들이지 않는 풍속이 있다.

38:8 『증산천사공사기』에는 조모님의 묘를 면례(緬禮)하신 연대를 3년 유력을 끝내시고 귀향하신 후인 30세로 기록하고 있으나, 가족들은 22세로 주장하므로 바로잡는다.

38:8 조모님. 상제님의 조모님은 의성 김씨(義城金氏)라고만 알려져 있다.

39:1~2 강석환 증언.

40~41장 백복남 성도의 아들인 백복식 증언. 백복남 성도는 자신을 감추기 위해 노력하면서도 삼변의 마무리 일꾼들에게 중요 말씀이 전해지도록 아들인 백복식을 귀애하며 많은 이야기를 해 주었다.

42장 백복남 성도의 부인인 강야모 증언. 강야모는 평생토록

단강

남편을 도와 지극정성으로 천지 역사에 동참하였다.

43:2 전명숙은 기병하기 3년 전부터 흥선대원군 문하에 출입했다. 그 때 끝까지 구하는 바가 없으므로 대원군이 이상히 생각하여 그 연유를 물으니, 그는 다만 "벼슬에 뜻이 없노라." 하며 돌아갔다. 전명숙이 3년간 서울에 머문 것은 서울의 군사적 형편과 정치적 허실을 조사하기 위함이었으니, 이미 오래 전부터 혁명의 뜻을 세웠음을 알 수 있다. 〈『천도교 창건사』〉

43:4 안내성 성도의 아들 안정남, 안필성의 손자 안일완(1940~), 이직부 성도의 아들 이석찬(1915~2004), 고수부님의 성도인 이용기로부터 성언을 전해 들은 조정수가 이구동성으로 증언한 내용. 전명숙이 장내리 조소 마을에서 훈장으로 있을 당시 신동으로 소문이 자자했던 증산을

5 갑오년에 하루는 명숙이 찾아와 말하기를 "내가 민생을 위해서 한 번 거사를 하려 하니 그대가 나를 도와주시오." 하거늘

6 증산께서 그 전도가 이롭지 못함을 미리 아시고 "때가 아니니 나서지 말라." 하시며

7 "성사도 안 되고 애매한 백성만 많이 죽을 것이라." 하고 경계하시니라.

8 이에 명숙이 대하여 말하기를 "그대가 안 된다면 나 혼자라도 하겠소." 하고 물러가니라.

혁명의 대세를 지켜보심

9 혁명이란 깊은 한(恨)을 안고 일어나는 역사의 대지진인즉, 동방 조선 민중의 만고의 원한이 불거져 터져 나온 **동학혁명**으로부터 천하의 대란이 동하게 되니라.

10 증산께서 후천개벽을 알리는 이 큰 난의 대세를 지켜보고 계셨으니, 이 때 증산은 성수 스물넷이요 명숙은 마흔 살의 백의한사(白衣寒士)더라.

11 개벽의 새 시대를 알린 이 혁명은 갑오년 정월과 3월, 9월 세 차례에 걸쳐 일어나니라.

동학혁명의 발발

44 갑오년 정월에 고부 군수 조병갑(趙秉甲)의 악정과 토색질에 분개한 농민들이 전명숙을 두령으로 하여 배들평의 말목장터에서 봉기하니

2 고부 관아를 점령한 농민군은 억울하게 옥에 갇힌 사람들을 모두 풀어 주고 원성의 근원인 만석보(萬石洑)를 헐어 버리니라.

3 이에 조정에서는 쫓겨난 조병갑의 후임으로 박원명(朴源明)을 새로이 고부 군수로 임명하거늘

4 박원명이 진심으로 선치(善治)를 베푸니 어느 정도 원성이 누그러진 백산(白山)의 농민군이 모두 해산하니라.

동학 교도 대검거령

5 한편 이른바 '고부민란'의 진상을 밝히고 민심을 수습하기 위해 안핵사(按覈使)로 파견된 이용태(李容泰)는 동학 교도를 민란의 주모자로 몰아 동학 교도 대검거령을 내리니

6 고부 전역에서 군졸들이 죄없는 농민들을 구타하고 부녀자를 강음(强淫)하며 재산을 강탈하고 가옥을 불지르며

7 또 동학 교도를 조기 꿰미 엮듯 포승줄로 묶어 닥치는 대로 잡아들

이고 그 처자들까지 살상하니라.

8 이에 전 군민의 통분이 뼈에 사무쳐 민심은 순식간에 다시 험악해지고 장차 큰 난리가 터질 것이라는 불안감이 고부 전역을 휩쓸더라.

오래도록 집을 떠났다가 돌아오심

45 이 때 증산께서 본댁을 떠나 계신 지 오랜지라

2 성모께서 흉흉한 시국에 아들의 안부를 알 길이 없어 노심초사하시니 유덕안이 성부의 당부로 증산을 찾아 나서니라.

3 당시는 동학군으로 의심되면 가릴 것 없이 마구 잡아죽이는 때인지라 의관을 갖추고 출발하였으나

4 고부 강신리(江新里)에 이르렀을 때 동학군들을 잡아가던 관군이 덕안을 보자 "이놈도 동학군이다." 하며 포박하여 전주 용머리고개 임시 형장으로 끌고 가니라.

5 이 때 마침 저수지를 지나는데 끌려가던 한 사람이 "어차피 죽을 목숨 아예 여기 빠져 죽자." 하며 물로 뛰어들거늘

6 여럿이 같이 묶여 있어 깊이 빠지지는 않는지라 나머지 사람들이 건져 내어 다시 형장으로 향하니라.

7 어느 주막에 이르러 잠시 쉬어가게 되자 덕안이 참담한 심정으로 주인에게 말하기를 "내가 만일 죽지 않으면 찾아가리니 좀 맡아 주시오." 하고 도포를 건네니 주인이 허락하니라.

덕안을 구해 주심

8 전주 형장에 이르러 다른 사람들이 모두 참형되고 마침내 덕안의 차례가 되었거늘

9 목이 막 베일 찰나, 갑자기 하늘이 캄캄하여지고 사방에서 번개가 번쩍이며 천둥이 치고 회오리바람이 불며 불칼이 들어오매 정신이 아득해지더라.

10 한참 후에 덕안이 정신을 차려 보니 밤은 깊어 사방이 캄캄한데 비바람은 그치지 않고 짙은 어둠 속에 시체들만 널브러져 있더라.

11 덕안이 손을 묶인 채 피비린내와 송장 썩는 냄새가 진동하는 어두운 형장을 헤매며 시체에 걸려 넘어지기를 수차례 하다가

12 문득 먼 곳에서 비치는 불빛을 따라 지친 몸을 이끌고 가다 보니 어느새 날이 새기 시작하는지라 주위를 살펴보니 불빛은 온데간데없고 적막한 산중이더라.

13 정신을 수습하여 도포를 맡긴 주막에 찾아가니, 그곳에 있던 여러

만났을 것으로 추정된다.

43:9 동학혁명. 동학의 바탕에는 종교적인 요소와 농민전쟁의 요소가 동시에 깔려 있어서, 논자에 따라 달리 평가되기도 한다. 그러나 경신년에 최수운 대신사가 상제님께 천명과 신교를 받아 선포한 동학의 본래 주제는, '侍天主造化定'에서 알 수 있듯이, 그 궁극적 실현이 상제님 강세와 상제님 무극대도의 출현으로 이루어진다. 혁명이란 원래 이전의 체제를 뒤집는 변혁을 뜻한다. 동학은 그 주제가 선천에서 후천으로 시명(時命)을 바꾸는 것이며, 선천 인류사의 생장 과정을 마치고 성숙과 통일의 후천 가을 대개벽기를 맞아, 천지에서 인간과 신명의 씨종자를 추리는 서신사명의 명(命)을 집행한다는 의미에서 '천도(天道)혁명의 출발점'이라 규정할 수 할 수 있다.

45장 유덕안의

손자 유탁준(俞卓濬, 1923~1994)의 증언

사람들이 덕안의 행색을 보고는 "이런 놈은 잡아 넘겨야 한다." 하며 죽인다고 달려드는데

14 주막 주인이 나서서 "이 사람은 천운을 타고난 사람이니 손대지 마시오." 하며 말리는지라

15 이에 덕안이 그의 도움으로 간신히 포승을 풀고 도포를 찾아 재생(再生)의 기쁨을 안고 집에 돌아오니라.

16 이 때 덕안은 호랑이가 불빛을 비춰 주어 살아난 것으로 믿고 있더니

17 그 후 어느 날 증산께서 객망리에 돌아오시어 덕안에게 말씀하시기를 "험한 시절에 위급한 일을 당하여 고생이 많았습니다. 나를 찾을 필요 없습니다." 하고 위로하시거늘

18 그제야 비로소 자신이 살아난 것이 증산의 음호 덕분임을 깨달으니라.

3월 무장 기포

46 3월 20일에 무장(茂長)에서 기포(起包)한 동학 농민군은 백산으로 본진을 옮기고 전명숙을 동도대장(東徒大將)으로 추대한 뒤 호남창의대장소(湖南倡義大將所)의 깃발을 올리니라.

2 이에 전라도 감영의 관군이 동학군 본진을 향해 진군하매 황토현(黃土峴)에서 양 진영이 맞닥뜨려 대치하니

3 이 때 태인 강삼리(江三里)에 사는 열여섯 살 소년 문남용(文湳瀧)과 정읍 대흥리에 사는 열다섯 살 소년 차경석(車京石)이, 각기 접주인 중형(仲兄) 문선명(文善明)과 아버지 차치구(車致九)를 따라 이 전투에 참가하니라.

문남용과 전설의 인물 '오세동'의 운명적 만남

47 문남용이 황토현 전투에 참여한 날 해가 뉘엿뉘엿 넘어갈 무렵 어디선가 "생불(生佛)이 들어온다!" 하고 외치는 소리가 들리거늘

2 남용이 보니 키가 큰 장정 하나가 어린아이를 업고 들어와 자리에 내려놓더니 무릎을 꿇고 고개를 숙인 채 미동도 하지 않으니라.

3 이 때 여기저기서 수군거리기를 "신인(神人)이라, 오세동(五歲童)이라." 하는데 남용이 그 체구를 보니 일곱 살 정도이더라.

4 동학 간부들이 오세동 앞에 과자를 놓고 "드십시오." 하며 예를 다하여 모시되 오세동은 아무 말이 없거늘

5 누군가 비웃으며 말하기를 "산부처라더니 벙어리를 데려왔나 보

45:4 강신리. 당시는 고부군 벌미면(伐未面) 강신리였으나, 현재는 정읍시 태인면 궁사리(弓四里)이다.

45:4 용머리고개. 전북 전주시 서완산동에서 김제시 금구면 방향으로 넘어가는 고개. 산의 모양이 용의 머리와 같다 하여 붙여진 이름이다.

46:3 강삼리. 현재 정읍시 태인면 궁사리(弓四里) 강삼 마을.

46:3 문남용과 차경석. 두 사람은 집안의 영향으로 동학을 신앙하여 이후에 각각 동학 지역 회장과 전북총대 등 최고 간부를 역임하게 되며 정미(道紀 37, 1907)년에 상제님 도문에 들어와 핵심 성도가 된다. 남용의 도명(道名)은 공신(公信).

다.” 하니라.

6 얼마 후 오세동이 자신을 업고 온 장정에게 묻기를 “진중에 총 든 군사가 몇이냐?” 하니 그 사람이 대장에게 물어 오세동에게 그대로 전하거늘

7 오세동이 좌중을 향해 호령하기를 “총 든 군사는 모두 모이라!” 하고 “지필을 들이라.” 하더니 남용을 가리켜 먹을 갈게 하니라.

8 이에 오세동이 총 든 군사의 숫자대로 손바닥만 한 종이에 ‘푸를 청(靑)’ 자 비슷한 글을 써서 그 군사들에게 각기 나누어 주며 말하기를

9 “이것을 잃어버리면 너는 죽는다.” 하더니 얼마 후 다시 말하기를 “하나는 할 수 없이 죽겠구나.” 하니라.

10 이어 오세동이 이것저것을 일일이 지시하니 동학군이 그 명에 따라 산을 둘러가며 잔솔가지에 이불보와 치마를 뜯어 중간 중간에 쳐 놓고

11 밤새 간간이 관군을 향해 총을 쏘며 신경전을 벌이매 관군이 이불보를 동학군으로 오인하여 총을 쏘아대거늘

12 그 틈에 동학군이 관군 진영을 기습하여 동이 틀 무렵에 대승을 거두니라.

13 이후 남용이 노인들에게 이야기를 들으니 ‘진격하는 동학군의 머리 위로 백로(白鷺) 한 마리가 유유히 날고 있더라.’ 하니라.

때는 언제입니까

48 전투가 끝나자 오세동이 자신을 업고 왔던 장정에게 말하기를 “십 세가 안 된 아이가 전쟁은 불가하다.” 하고는 자리에서 벌떡 일어나 “가자!” 하니라.

2 이 때 동학군들이 무릎을 퍽 꿇고 오세동을 붙잡으며 “때는 언제입니까?” 하고 묻거늘

3 오세동이 한시 두 구절을 써 주는데 남용이 앞 구절만을 기억하니 이러하니라.

花老太童禾處子
화 로 태 동 화 처 자

4 남용이 글을 보고 대강의 뜻을 짐작하여 ‘동학군도 아직 때가 아니다.’ 하며 동학군의 대열에서 벗어나 고향으로 돌아오거늘

5 신이한 오세동의 지혜와 기상에 크게 충격을 받은 남용은 이로부터 ‘나도 도를 닦아야겠다.’ 는 구도의 의지가 가슴 속에 요동치니라.

47장 당시 양호초토사였던 홍계훈이 동학군의 귀화를 회유하도록 각 읍에 보낸 공문에 다음과 같은 내용이 있다. “부적을 붙이고 있으면 칼날이 들어오지 못한다고도 하였으며 아무것도 모르는 시골 아이를 신인(神人)이라 부르며 모든 폐단을 제거해 준다고 꾸며서 악독한 무리가 함부로 날뛰게 하여 시끄럽게 만들었다.”

47~48장 문공신 성도의 아들인 문복환 증언. 문공신 성도는 여러 차례 동학전쟁 때 오세동을 만난 이야기를 증언하면서, 그 일로 ‘도를 닦아야겠다.’ 고 마음먹었다 한다.

48:3 ‘이제 꽃은 지려 하나 아직 콩과 벼가 다 여물지 못했다.’ 는 뜻.

객망리를 범치 못함

49 동학군이 황토현에서 멀지 않은 도마다리 야산(道橋山)에 진을 치니, 인근 객망리 사람들이 동학군과 관군의 격돌로 인한 폐해를 염려하나

2 성부께서 워낙 힘이 센 장사로 알려져 있는 데다 증산의 신이하심을 두려워하여 관군과 동학군 모두 황토마루 너머 객망리 부근은 근접치 못하더라.

청국과 일본의 개입

3 4월 7일 새벽에 동학 농민군이 황토현에서 대승을 거두고 그 기세를 몰아 정읍·흥덕·고창·무장·영광·함평을 차례로 점령해 나아가니 그 사기가 하늘을 찌를 듯하더라.

4 이어 23일에 동학군이 장성 황룡촌(長城 黃龍村) 전투에서 초토사(招討使) 홍계훈(洪啓薰)이 이끄는 관군을 대파하고 북으로 전주를 향해 진격하니

5 홍계훈이 관군만으로는 동학군을 진압하기 어렵다고 판단하고 청국군 차병(借兵)을 조정에 요청하니라.

6 이 때 청국과 일본은 조선에서 일어나고 있는 이 사태를 예의 주시하고 있었으니 당시 일본의 총리대신은 **이등박문(伊藤博文)**이라.

7 동학군이 27일에 전주를 점령하니 이에 놀란 조정에서는 마침내 청(淸)에 차병을 요청하거늘

8 5월 초순에 청국군 3천여 명이 아산(牙山)으로 들어오니

9 때를 엿보던 일본군 또한 곧이어 4천여 병력을 이끌고 인천에 상륙하매 **삼천리 강토**에 짙은 전운(戰雲)이 감돌더라.

10 동학군이 전주성을 점령한 이후 대치하던 관군과 동학군은 잇단 외세의 개입을 경계하여 화약(和約)을 맺으니 이로써 동학군이 일단 해산하니라.

11 이에 조정에서는 양국에 동시 철병을 요청하고 청 또한 일본에 동시 철군을 제의하였으나, 일본은 난이 아직 끝나지 않았음과 조선의 내정개혁을 구실로 이를 거부하니라.

광구천하의 큰 뜻을 품으심

50 증산께서 천하가 날로 그릇되어 감을 깊이 근심하시고 이 해에 의연히 **광구창생(匡救蒼生)**의 큰 뜻을 품으시니라.

2 이 해 5월 어느 날 밤 꿈에 한 노인이 찾아와 **천지 현기(玄機)**와 세계

49:6 이등박문
(伊藤博文, 1841
~1909). 이토
히로부미. 1905
년에 설치된 조
선 통감부 초대
통감. 한국 병탄
(倂呑)의 기초 공
작을 수행했다.

50:2 천지 현기.
천지조화의 현묘
한 기틀.

대세를 비밀히 논하니라.

동학군의 패망을 예고하심

51 그 해 7월 어느 날 밤에 불을 밝히지 않고 홀로 앉으시어 깊은 명상에 잠기시니라.

2 이 때 조화로 충만한 천지의 원신(元神)을 열고 삼매에 드시어 동학군의 운명을 예시하는 옛 시 한 수를 읽으시니 이러하니라.

3 　月黑雁飛高하니 單于夜遁逃라
　월 흑 안 비 고　　선 우 야 둔 도
　欲將輕騎逐할새 大雪滿弓刀라
　욕 장 경 기 축　　대 설 만 궁 도
　어두운 달밤에 기러기 높이 나니
　선우가 밤을 타서 도망하는구나.
　경기병 이끌고 뒤쫓으려 할 적에
　큰 눈 내려 활과 칼에 가득하도다.

4 이 글로써 사람들에게 동학군이 겨울에 이르러 패망할 것을 일러 주시며 "동학에 들지 말라."고 권유하시더니

5 과연 겨울에 동학군이 관군에게 패멸되매 이 말씀을 순종한 사람은 무사히 화를 면했으나 듣지 않고 종군한 자는 모두 죽음을 당하니라.

6 증산의 말씀을 그대로 믿었던 사람들이 모두 증산을 일컬어 말하기를 "신인(神人)이라." 하고 "공부 않고 날 때부터 아는 사람이라." 하니라.

동학군의 9월 재기포

52 전주화약(全州和約) 이후 동학군의 요구대로 폐정개혁안이 시행되고 호남 전역에 집강소(執綱所)가 설치되어 동학군이 치안과 민정을 맡아 잠시 안정되는가 하였으나

2 일본군의 대궐 침범과 패륜적인 내정 간섭으로 조선은 다시 걷잡을 수 없는 망국의 혼란 속으로 빠져들고

3 기회만 노리던 일본군이 드디어 아산만 풍도(楓島) 앞바다에서 전단(戰端)을 열고 청군에 포격을 개시하니 이로써 청일전쟁이 불을 뿜기 시작하니라.

4 이후 청일전쟁에서 연전연승하던 일본은 평양 전투의 승리를 계기로 조선의 내정에 더욱 깊이 개입하며 본격적으로 동학군 토벌에

51:3 당대(唐代) 노륜(盧綸, 748~800)의 '화장복야새하곡(和張僕射塞下曲)' 여섯 수 중 셋째 수.

52:1 집강소. 동학군이 설치한 민정기관으로 총 53군에 두어 지방의 치안과 재정을 맡아보았다. 지방자치의 효시.

52:3 풍도. 조선시대 말까지 '단풍나무 풍(楓)'자를 써서 풍도(楓島)로 표기했

으나, 섬에 농토가 없고 근해 어장에 어획물이 부족하여 1906년 이후 '풍년 풍(豊)' 자로 바꾸어 풍도(豊島)가 됨.

52:3 청일전쟁 (1894~1895). 동학혁명 때 청국이 출병하자 천진조약(1885)을 빌미로 출병한 일본이 1894년 7월 23일 아산의 풍도 앞바다에서 전단을 열고 8월 1일에 선전포고를 하였다. 천하의 난을 동하게 한 첫걸음이라 볼 수 있다.

53:1 태인 동골. 현재 정읍시 산외면 동곡리(東谷里) 동골 마을.

53:1 박윤거(朴允擧, 1851~1896). 태인 동골이 동학의 발상지란 이유로 일본 헌병 주재소가 상주하며 동학 관련자들을 감시하였는데, 박윤거도 헌병의 추적을 받아 희생되었다.

53:2 모악산 계룡리. 현재 전북 김제시 금산면 금산리 계룡 마을. 금산사 주차장과 상가를 조

나서거늘

5 이에 외세에 기울어 가는 국운을 통탄한 동학군의 수뇌들이 9월에 전주 삼례에서 회동하여 화전(和戰) 양론의 대립 끝에 다시 기병을 결정하니

6 마침내 동학군은 전명숙을 대장으로 하여 손화중(孫華仲)은 무장에서, 김개남(金開南)은 남원에서, 김덕명(金德明)은 금구 원평에서, 차치구와 손여옥은 정읍에서, 최경선은 태인에서, 정일서는 고부에서, 류한필은 함열에서, 오동호는 순창에서, 기우선은 장성에서, 손천민과 이용구(李容九)는 청주에서 일어나 삼남의 강산과 전국을 뒤흔드니라.

동학군에게 비극의 운명을 경계하심

53 증산께서 이 해 10월 태인 동골에 가시어 동학 접주(接主) 박윤거(朴允擧)를 방문하시니

2 마침 모악산 계룡리(鷄龍里)에 사는 안필성(安弼成)이 같은 마을의 동학 신도 최두현(崔斗鉉)과 함께 윤거의 도담(道談)을 듣고 있더라.

3 본래 증산과 필성은 흉허물없이 지내는 친구 사이라 필성이 반갑게 맞으며 "아니 이보게 증산, 자네가 여긴 어쩐 일인가?" 하고 인사를 하니

4 증산께서 필성과 가볍게 수인사를 나누시고 마루에 걸터앉아 윤거와 성명을 통하신 뒤에

5 말씀하시기를 "내가 여기에 온 것은 장래의 대세를 전하고자 함이라.

6 지난 4월에는 동학군이 황토재에서 대승을 거두었으나, 이번에는 겨울에 이르러 전패할지라. 그대가 접주라 하니 더 이상 무고한 생민들을 전화(戰禍)에 끌어들이지 않기를 바라노라." 하시고

7 다시 필성을 향해 정색을 하시며 "필성아, 거기는 네가 갈 자리가 아니다. 가면 죽음을 면치 못하리니 부디 가지 말아라." 하고 간곡히 충고하시되 필성이 끝내 마음을 돌이키지 않으니라.

8 윤거는 증산의 말씀을 듣고 깨닫는 바가 있어 접주를 사면하고 전란에 참가하지 않았으나 두현은 믿지 않고 윤거의 뒤를 이어 접주가 되어 부하를 인솔하고 출전하니라.

친구 안필성을 만나 동행하심

54 동학군이 삼례를 떠나 공주(公州)를 공략하기 위해 은진과 논산 쪽으로 서서히 진군하니

2 삼례를 떠난 동학군이 머지않아 한성(漢城)으로 진격한다는 소문이 순식간에 온 나라 안에 퍼져 나가니라.

3 이 때 필성은 두현에게서 도를 받은 뒤에 '남원으로 가서 종군하라.' 는 군령(軍令)을 받고 보름날 계룡리를 떠나 남원으로 향하더니

4 전주 구이면 정자리(九耳面 亭子里)를 지나다가 그곳 노상에서 뜻밖에 증산을 뵙게 되니라.

5 필성이 반가워 인사를 하니 증산께서 말씀하시기를 "음, 네가 올 줄 알고 기다리고 있었다. 나와 함께 가자." 하시고

6 필성과 더불어 두어 마장을 더 걸어 임실 마근대미(任實 馬近潭) 주막으로 들어가시니 온통 동학군의 소문과 일본의 대궐침범 이야기로 시끄럽더라.

7 증산께서 술 한 상을 시켜 목을 축이시고 말씀하시기를 "날도 차고하니 이곳에서 쉬며 기다려라. 남원에서 네가 만나려는 사람은 여기서 만날 것이다." 하시거늘

8 필성이 "노자가 다 떨어져 여기서 만일 그 사람을 못 만나면 참으로 곤란하네." 하니

9 이르시기를 "허허, 내 말을 믿고 밥 굶을 걱정은 말아라." 하시니라.

10 두 시간쯤 지나니 문득 길 건너에서 천지를 뒤흔드는 함성이 울리며 인마(人馬) 소리가 가까이 들려오거늘

11 필성이 밖으로 나가 보니 동학군 수천 명이 '보국안민(輔國安民)', '척양척왜(斥洋斥倭)' 라 쓴 오색기를 흔들며 혹은 어깨에 총을 메고 혹은 손에 창을 들고 행군해 가는데 동학군의 긴 행렬로 계곡은 온통 사람의 물결로 뒤덮이니라.

12 이 때 진군하는 복잡한 행렬 속에서 접주 최두현이 필성을 보고 다가와 "남원으로 가지 말고 전주로 집결하라는 군령이 떨어졌으니 그리 알라." 하고 대열 속으로 사라지니라.

13 당시 동학군의 대본영은 논산에 있고 관군은 충주와 괴산에서 동학군을 토벌한 후 남하하는데

14 남원에서 기병한 김개남 장군의 일만여 동학군은 관군의 남하를 막기 위해 청주성을 공략하려고 전주에 집결하는 중이더니

15 바로 이 때에 최두현을 다시 만난 것이라.

성하기 전에 있던 마을로 지금은 매표소 부근에 당시 마을의 끝자락이 남아 있다. 『대순전경』에는 안필성이 '태인 닭뱀이'에 살고 있는 것으로 기록되어 있다. 이는 안필성이 동학혁명 실패 후 동학에 참가한 사실을 숨기기 위해 한동안 닭배미로 이주하여 산 것이 잘못 기록된 것이므로 바로잡는다.

안필성
(1870~1961)

53:2 안필성(安弼成, 1870~1961). 본관 순흥(順興). 상제님께서 천상에서부터 데리고 오신 인간 세상의 유일한 친구이다. 3편 53장 참조.

53:2 최두현(崔斗鉉, 1856~1917). 초기 기록의 두연(斗淵)은 오기이다. 증손 최태순(1946~ , 환평

거주)의 증언에 따르면 최두현은 안필성과 고향이 같다. 동학 접주로서 군사를 먹이느라 많은 재산을 탕진하고, 일본 헌병의 박해를 피해 태인 산속에 있는 천주교 공소인 닭배미에 안필성과 함께 이주하여 천주교인 행세를 했다.

53:7 용화동에 거주하는 안일완 증언. 안필성의 손자로 어릴 때부터 할아버지에게 상제님과의 일화를 많이 들어 그 때의 일들을 상세하게 전하고 있다.

54:16 수통목. 전북 완주군 구이면 원기리의 구이 저수지에 수몰된 마을. 당시에는 십여 가구가 살았고, 제지 공장이 있었으며 '수통백이'라고도 불렸다.

16 증산께서 필성을 데리고 멀리서 군마의 뒤를 따라가시다가 전주 수통목(水桶木)에 이르러 말씀하시기를

17 "오늘은 전주에서 살상이 있을 터이니 이곳에서 자고 내일 천주로 가도록 해라." 하시거늘

18 필성은 장렬한 동학군의 행군에 마음이 더욱 조급해지니라.

거리에 나가면 볼 것이 있으리라

55 이튿날 필성을 데리고 전주에 이르시어 조용한 곳에 머물 곳을 정하시니라.

2 저녁에 필성에게 일러 말씀하시기를 "거리에 나가면 볼 것이 있으리라." 하시고

3 함께 나가시어 한 곳에 이르니 싸늘한 가을 바람이 부는 길 위에 잘려진 머리 셋이 나뒹굴고 있거늘

4 증산께서 크게 놀라는 필성에게 그 광경을 가리키시며 엄숙한 목소리로 말씀하시기를 "저것을 보아라!

5 이렇게 위험한 때에 어찌 경솔하게 몸을 움직이리오. 부디 몸조심하라." 하시니라.

6 그러나 필성은 동학의 가르침으로 새 세상을 개벽하리라는 기대와 외세 침략으로부터 나라를 건진다는 대의(大義)에 불타 증산께서 깨우쳐 주시는 어떤 말씀도 들리지 않더라.

7 증산께서 필성과 그곳에서 작별하시니라.

전명숙 장군을 찾아가심

56 한편 전명숙 장군의 주력 부대는 10월 말경에 공주를 공략하기 위해 비장한 공세를 펼치니라.

2 증산께서 몰살의 큰 위기에 처한 동학군의 운명을 내다보시고 곧장 공주에 있는 전 장군의 진영을 찾아가시어

3 "무고한 백성들만 죽이고 절대 성공을 못 하니 당장 전쟁을 그만두시오." 하고 강권하시나

4 명숙은 외세를 몰아내고 탐관오리를 물리쳐 도탄에 빠진 백성을 구하고자 하는 일념뿐인지라 증산께서 일러 주시는 어떠한 말씀도 새겨듣지 아니하니라.

여산에서 안필성을 다시 만나심

57 필성이 종군한 김개남 부대는 전주를 떠나 청주를 향하여 북상하는 길에 **여산(礪山)**에서 잠시 머물러 쉬거늘

2 이 때 필성이, 길 한쪽에 서서 바라보고 계시는 증산을 다시 만나니라.

3 증산께서 물으시기를 "이제 종군하는가?" 하시니 필성이 "그러하네." 하고 대답하거늘

4 말씀하시기를 "이 길이 크게 불리할 것이니 극히 조심하라." 하시니라.

나는 대세를 살피러 온 것이다

5 김개남 부대는 행군을 계속하여 진잠(鎭岑)을 지나 **태전(太田)** 유성 장터에서 하루를 쉬니, 이는 다음날부터 청주성을 공략하기 위함이라.

6 이튿날 새벽 청주성을 약 30리 남겨 놓은 곳 길가에서 필성이 또다시 증산을 만나니라.

7 증산께서 "너희들 진중에 중(僧)이 하나 있느냐?" 하고 물으시니 필성이 "그러하네." 하거늘

8 말씀하시기를 "너희들이 그 요승(妖僧)의 말을 좇다가는 필경 멸망할 것이다. 필성아, 너는 이 길을 따르지 말고 이제는 내 말을 믿어라." 하시니

9 필성이 버럭 화를 내며 "이렇게 목숨을 바쳐 나라를 구하려는 마당에 어찌 남의 일처럼 구경만 하면서 그런 불길한 말들만 하는가? 도대체 자네는 무얼 하려는 건가?" 하고 따지니라.

10 증산께서 말씀하시기를 "너는 도대체 내 말을 믿지 않는구나. 내가 그들이 미워서 그러겠느냐? 머지 않아 닥칠 너희들의 장래가 지극히 불리하므로 화를 면케 하려 할 뿐이다.

11 그래도 필성이 너는 내 말을 알아들을 만하니 이렇게 일러 주는 게 아니냐.

12 필성아, 저곳은 네가 갈 자리가 아니니 돌아가자. 그렇지 않으면 죽을 테니 나하고 돌아가야 한다." 하시거늘

13 필성이 묻기를 "그러면 자네는 왜 이곳까지 계속 쫓아왔는가?" 하니

14 말씀하시기를 "**나는 종군하러 온 것이 아니라 대세를 살펴보러 온 것이다.**" 하시니라.

57:5 진잠. 김개남 군의 진잠 진격은 11월 10일의 일이다.

57:5 태전. 현 대전광역시. 본래 이곳은 한밭, 또는 콩밭이라 했다. 한밭의 한은 '크다, 밝다, 동쪽, 하나, 처음' 등의 여러 뜻이 있는데 콩밭과 더불어 그러한 의미를 함축하는 태전(太田)으로 불렸다. 그러나 1909년 1월 13일 (양력) 순종의 남순(南巡) 시 수행한 이등박문이 태전역에 들렀을 때, 뛰어난 산수 풍광에 놀라 대전(大田)으로 지명을 바꿔 버렸다. 따라서 이제 원시반본의 정신에 따라 원래의 지명인 태전으로 바로잡는다.

57:8 요승. 김개남 군에는 승려, 관노 등이 중간

증산 상제님의 생애

상제님의 탄강

**환기 9070년 신시개천 5769년
단군기원 4204(서기 1871) 신미(辛未)년 음력 9월 19일
전라도 고부군 우덕면 객망리에서 탄강하심 1:11:3~4**

풍물굿을 보시고 문득 혜각이 열리심 1:19:1

훈장 앞에서 천자문을 스스로 펴시고
하늘 천, 땅 지 자를 읽으시고 덮으심 1:19:2~8

우주의 통치자이신 상제로서
그 마음의 경계와 기개를 시로 지어
당신의 뜻을 선포하심 1:20:2

마테오 리치 대성사와
신성·부처·보살들이
상제님의 지상 강세를
간절히 하소연함
1:11:1~2, 2:30

김형렬을 처음 만나심 1:30

머슴·산판꾼 일을 하시며
주유하심 1:31:1~3

최수운에게 천명과
신교를 내리심
1:8:1~30

부모님의 명을 받들어
정치순과 혼인하심 1:37:1~9

도기전 11년	도기 1년	도기 6년	도기 7년	도기 14년	도기 17년	도기 21년
	1세	6세	7세	14세	17세	21세
1860 庚申	1871 辛未	1876 丙子	1877 丁丑	1884 甲申	1887 丁亥	1891 辛卯

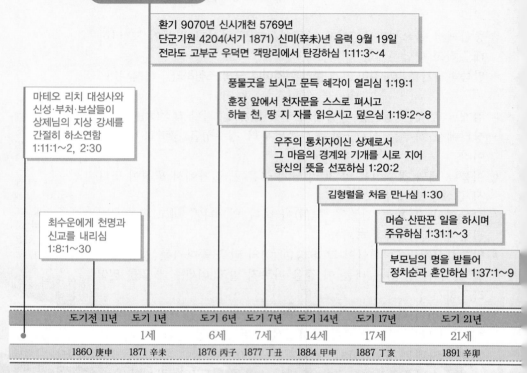

한국사

태평천국 붕괴

최제우,
동학 창도

병인양요

신미양요

한·일 수호조약 체결

태극기 제작
사용

임오군란

갑신정변

1840	1842	1854	1860	1861	1864	1866	1868	1871	1876	1877	1882	1883	1884	1887

남경조약

북경조약

명치유신
(일본)

청·프전쟁
(~1885)

아편전쟁

일본개항

남북전쟁(미)
(~1865)

독일제국 성립

영국령
인도제국 성립

독·오·이
삼국동맹

프랑스령
인도차이나 연맹 성립

세계사

광구천하의 큰 뜻을 선포하심

백복남을
처음 만나심
1:41

전봉준이 동학혁명을 일으킴 1:43
동학군이 겨울에 패망할 것을 예고하심 1:51
동학군을 따르시며 대세를 살펴보시고
전봉준을 만나심 1:56

환기(桓紀) 9108년
신시개천(神市開天) 5807년
단군기원(檀君紀元) 4242년
조선 순종(純宗) 융희(隆熙) 3년
기유(己酉 : 道紀 39, 1909)년
6월 24일(양력 8월 9일)

유·불·선, 음양참위를 비롯한
모든 글을 읽으심 1:67:3
천하유력의 길을 떠나심 1:67:5~7

3년간 천하의 민심과 풍속을 살피시고
명산대천의 지운과 기령을 관찰하신 후
고향에 돌아오심 1:73

9년 동안 천지공사를
집행하심

도기 23년	도기 24년	도기 27년	도기 30년	도기 31년	도기 39년
23세	24세	27세	30세	31세	39세
893 癸未	1894 甲午	1897 丁酉	1900 庚子	1901 辛丑	1909 己酉

갑오경장
동학혁명

을미사변

독립협회 설립
아관파천

대한제국 성립

한일의정서 체결 일제 식민지시대 시작

을사조약

조선 멸망

1894	1895	1896	1897	1898	1899	1900	1904	1905	1910

청·일전쟁
(~1895)

제1회 근대올림픽
(아테네)

미·스페인 전쟁
청, 무술개혁
영·프, 파쇼다 사건

청, 의화단 사건
(~1901)

서구 열강,
세계 분할 점령 끝마침

러·일 전쟁
(~1905)

멕시코 혁명

급 지도자로 활약한 사실이 확인되고, 또 재인 (才人)과 같은 천민도 조직에 다수 포함되어 있었다.

58:1 김형렬 성도와 안필성은 한마을에서 자란 사이로 서로 형님 동생 하는 지기(知己)였다.

전쟁터에서 김형렬을 다시 만나심

58 이 때 금구에 사는 **김형렬**이 증산께서 필성과 말씀을 나누시는 것을 보고 다가와 인사를 청하거늘

2 형렬은 일찍이 증산과 친면이 있던 터라 서로 반갑게 인사를 나누니 증산께서 "그대도 종군하지 말라." 하고 권하시니라.

3 필성과 형렬은 종군하지 말라는 증산의 간곡한 당부를 저버리고 계속 종군하여 앞서가는데

4 청주 병영 앞 산골에 이르자 갑자기 좌우에서 복병이 나타나 포화를 퍼부으매 많은 동학군이 쓰러지는지라

5 필성과 형렬이 황급히 소나무 숲 속으로 몸을 피하니 증산께서 그곳에서 기다리기라도 하신 듯 서 계시다가 두 사람을 부르시며 "잘 피해 왔네. 이곳은 괜찮으니 안심하게." 하시거늘

6 형렬은 증산께서 신감(神鑑)이 비상하심에 새삼 감복하고 마음을 놓으니라.

7 이 때 증산께서 필성에게 "필성아, 가지 마라. 가면 너는 이번에 죽는다. 성공 못 하니 나 따라 가자." 하며 거듭 타이르시니

8 필성이 문득 깨달아지는 바가 있어 그제야 마음을 돌리거늘

9 이 날 동학군 네댓 명도 증산의 신이하신 말씀을 듣고 함께 발길을 돌리니라.

10 필성과 형렬이 종일 먹지 못해 주림을 이기지 못하거늘 증산께서 돈을 내어 주시며 "저곳에 가면 떡집이 있으리니 주인이 없을지라도 떡값을 수효대로 그릇 안에 두고 떡을 가져와라." 하시매

11 필성이 명하신 대로 떡을 가져오니 증산께서 두 사람에게 나누어 먹이시니라.

이곳에서 또 많이 죽으리라

59 증산께서 일러 말씀하시기를 "동학군이 오래지 않아 쫓겨 오리니 우리가 먼저 떠남이 옳을 것이라." 하시고 두 사람을 데리고 돌아오실 때

2 진잠에 이르러 문득 "동학군이 이곳에서 또 많이 죽으리라." 하시니 두 사람이 심히 불쾌히 여기거늘

3 이에 말씀하시기를 "내가 저들을 미워함이 아니요 사태가 진전될 기미를 말할 뿐이니 아무리 듣기 싫을지라도 불쾌히 생각하지 말라." 하시니라.

4 이어 산속의 한 은벽한 곳에서 쉬시는데 잠시 후에 총소리가 어지럽게 일어나더니 격전 끝에 많은 동학군이 전사하니라.

5 동학군의 운명의 대세가 기울어 가고 있는 이 때, 증산께서 형렬과 필성을 데리고 관군의 화를 피하여 진잠 산길을 따라 걸어가시니라.

갑사에서 하루 머무르심

60 산길을 가시는 중에 어디서 목탁 소리가 들려오거늘 따라가니 곧 계룡산 갑사(甲寺)더라.

2 증산께서 경내에 들어서시며 "더 가다가는 해를 입으리니 이곳에서 자고 가세." 하시고 방으로 드시거늘

3 조금 뒤에 한 중이 와서 아뢰기를 "동학군이 노성(魯城)에 진을 치고 머무르며 도망하는 군사를 붙든다고 합니다." 하니 필성과 형렬이 크게 근심하는지라

4 증산께서 말씀하시기를 "이곳에서 쉬자 한 것은 바로 이러한 화를 피하려 함이라. 내일 아침에 떠나면 아무 일 없으리니 염려하지 말게." 하시니라.

5 이튿날 갑사를 떠나 다시 산길을 따라 한참 걸으시다가 두 사람에게 작별을 고하며 말씀하시기를 "이로부터는 그대들에게 큰 화가 미치지 않으리니 각자 따로 가도록 하게." 하시거늘

6 두 사람이 두려움과 불안으로 좀더 동행하여 주시기를 간청하니 증산께서 웃으시며 허락하시니라.

7 논산을 지나 여산 땅에 들어서며 말씀하시기를 "만일 읍내를 지나면 옷을 빼앗기리라." 하시고 샛길로 들어서서 양량소면(陽良所面) 인내(仁川)장터로 향하시니라.

8 이 때 여산 읍내를 지나던 동학군은 모두 읍내 사람들에게 옷을 빼앗기고 벗은 몸으로 흩어져 가니, 이는 지난번에 동학군들이 북상할 때 그 사람들의 옷을 빼앗은 데 대한 보복이더라.

형렬과 필성의 목숨을 구해 주심

61 동학군은 공주 우금치 전투와 청주 전투에서 패배를 당하고 이를 고비로 후퇴를 거듭하면서도 다시 전열을 가다듬어 전세를 만회하려 하였으나

2 일본군과 관군과 민보군(民保軍)이 후퇴하는 동학군을 추격하고 색출하여 닥치는 대로 학살하니 곳곳에서 피비린내 나는 살풍경이

60:1 갑사. 충청도 계룡산 연천봉 북쪽 골짜기에 있는 절. 갑사 서북쪽 흥룡골(興龍)에는 마화위룡형(馬化爲龍形)의 대지가 있다.

60:7 인내장터. 현재의 논산시 양촌면 인천리. 『대순전경』에는 고산 인내장터로 기록되어 있으나 1894년 당시 인내장터는 전주군 양량소면에 속해 있었다.

탄강

61:3~4, 7 안필
성의 손자 안일
완이 할아버지에
게서 직접 듣고
전한 내용.

벌어지니라.

3 증산께서는 동학군의 퇴로를 피하여 한적한 샛길을 택해 전주부 경계를 크게 우회하시니 갑사로부터 금산, 무주, 진안, 임실을 거치는 험한 산길이더라.

4 이어 순창에서 하룻밤을 주무시고 다음날 배를 타고 섬진강을 거슬러 올라 산내(山內)를 지나 태인에 도착하시니라.

5 증산께서 필성과 형렬을 집으로 돌려보내실 때 두 사람이 증산께 여비로 드릴 돈이 없음을 송구스러워 하거늘

6 증산께서 말씀하시기를 "나는 있으니 염려하지 말고 돌아들 가게." 하시니라.

7 이에 증산께 작별을 고하고 각기 집으로 돌아가니 이는 청주를 떠난 지 꼭 이레 만이더라.

8 함께 종군하였던 이웃 사람들은 모두 생사조차 알 수 없거늘 오직 두 사람만이 기적적으로 생환하니

9 이는 증산께서 형렬과 필성을 죽음에서 구하여 주심이더라.

동학군의 패망

62 그 뒤에 동학군은 11월 25일 원평 접전과 27일 태인 접전에서 연패하여 전군이 모두 흩어지니

62:2 "새야 새야
파랑새야 녹두밭
에 앉지 마라.
(이 노래를) 못
부르게 했어요.
(중략) 조부님이
동학군에 참여하
신 기록이 있기
때문에 행여나
탄로 날까 봐
서…." (안일완
증언)

62:4 김개남은
1894년 12월 3
일(양력)에 전주
에서 참수되어
효수되었고 전봉
준, 손화중, 최경
선, 김덕명, 성두
환은 1895년 3월

2 이로부터 동학군이 전국에서 닥치는 대로 피살, 포살되니라.

3 증산께서 조선의 민중들에게 큰 시련과 좌절을 안겨 준 슬픈 겨울을 보내고 스물다섯 살의 봄을 맞으시니라.

4 그러나 따뜻한 봄날에 차가운 비극의 소식을 들으시니, 체포당한 김개남, 김덕명, 전명숙, 손화중, 최경선 등 동학의 거두들이 삼사십 대의 젊은 나이에 비참한 최후를 맞이했다 하니라.

한 노인이 책 한 권을 전함

63 을미(乙未 : 道紀 25, 1895)년 봄에 고부 유생들이 난이 평정되었음을 축하하는 뜻으로 두승산에 모여 시회(詩會)를 열 때 증산께서도 참여하시니

2 한 노인이 증산을 조용한 곳으로 청하여 작은 책 한 권을 전하거늘 증산께서 그 책을 통독하시니라.

송광사 중들을 꾸짖으심

64 증산께서 전주 종남산(終南山)에 있는 송광사(松廣寺)에 가시어 며칠 동안 지내실 때, 하루는 어떤 중이 무례하게 굴거늘

2 증산께서 노하시어 큰 소리로 꾸짖으시기를 "요망한 무리들이 산속에 모여 불법(佛法)을 빙자하고 백악을 감행하여 세간에 해독을 끼치니 이 소굴을 뜯어 버리리라." 하시고

3 대웅전의 커다란 기둥 하나를 손으로 잡아당기시니 기둥이 한 자나 벗어나는지라

4 온 절이 크게 놀라 중들이 몰려와 절하며 사죄하거늘 이에 노여움을 거두시니라.

5 그 후로 법당을 여러 번 수리하여도 그 기둥이 원상대로 회복되지 아니하더라.

백남신 아우 소실의 친가에 머무르심

6 그 뒤에 전주에 가시어 전주 부호 백남신(白南信)의 아우 소실인 기생 춘월의 친정집에 거처를 정하시고 오랫동안 머무르시는데

7 춘월이 친정에 다니러 와서 머물다가 증산의 우아하신 풍모를 탐내어 하루는 밤을 타서 거처하시는 방으로 들어오거늘

29일에 교수형을 당하였다.

63:2 책 한 권. 후천개벽의 천지 대세를 논한 비서(秘書)라고 전한다.

송광사 대웅전. 상제님께서 기둥을 잡아당기신 후로 몇 차례 보수 공사를 거쳤으나 건물이 바로잡히지 않아 최근 대대적으로 보수하였다. 사진을 보면 기둥이 주춧돌 중심에서 크게 벗어나 있음을 알 수 있다.

8 증산께서 "나는 이미 아내가 있는 사람이라." 하고 타일러 보내시니라.

9 그 뒤로도 다시 몇 번 들어오거늘 그 때마다 잘 타일러 돌려보내시니라.

불안과 두려움이 온 나라에 가득함

65 동학혁명 이후로 국정(國政)은 더욱 부패하여 벼슬아치는 오직 포학(暴虐)과 토색을 일삼고

2 모든 학(學)과 교(敎)가 참된 덕을 잃어 온갖 폐단을 낳아

3 선비는 허례만 숭상하며, 불교는 혹세무민에만 힘쓰고, 동학은 혁명 실패 후 기세를 펴지 못하여 거의 자취를 감추고, 서교(西敎)는 세력을 신장하기에만 급급하니라.

4 이에 세상 인심이 날로 악화되고 백성들은 고난과 궁핍에 빠져 안도할 길을 얻지 못하여 곳곳마다 불안과 두려움이 가득하더라.

백복남과 송기숙을 인사 시키심

66 백복남이 황토현에서 돌아온 이듬해에 하루는 증산께서 복남을 데리고 계룡산에 가시어 송기숙과 인사를 시키시니라.

2 기숙은 경상도 남해(南海) 태생으로 안제암을 모시던 아이거늘

3 증산께서 두 동자소년에게 말씀하시기를 "너희들은 후에 안가(安哥)를 찾아가서 천지역사를 해라." 하시니라.

천하유력의 길을 떠나심

67 27세 되시는 정유(丁酉 : 道紀 27, 1897)년에 이르러 다시 처남 정남기(鄭湳綺)의 집에 글방을 차리시고

2 아우 영학과 형렬의 아들 찬문(贊文)과 그 마을 학동들을 가르치시니라.

3 이 때 증산께서 개연히 광구천하의 큰 뜻을 이루시기 위해 먼저 유·불·선, 음양 참위(讖緯)를 비롯한 모든 글을 읽으시고 "이것이 천하를 광구하는 데 일조(一助)하리라." 하시니라.

4 또 말씀하시기를 "천하사(天下事)를 하는 자는 불고가사(不顧家事)가 공도(公道)니라." 하시고

5 다시 세태와 인정을 체험하시기 위해 이 해 가을에 드디어 천하유력(天下遊歷)의 길을 떠나시니라.

65장 동학은 천지와 인간과 문명의 틀을 완전히 새롭게 바꾸시는, 온 우주의 통치자요 참 하느님이신 상제님의 강세를 선포하였다. 그리고 상제님께서 이 땅에 오시어 행하신 9년 천지공사에 의해, 가을 개벽의 천도혁명인 동학혁명의 과제는 '해원시대'를 거쳐 지금 이 순간에도 지속적으로 실현되고 있다. 이 동학혁명의 꿈은, 앞으로 닥칠 3년 개벽상황을 통해 상제님의 종통맥을 계승한 육임 도꾼에 의해 성취된다. 인간으로 강세하신 상제님은 '내 도가 참동학이다(2편 94장 9절)'고 선언하셨다. 다시 말하면 동학의 모든 문제가 다시 참동학에 의해 이루어지는 것이다.

66장 안내성 성도 교단에서 북

6 이 때 목천포(木川浦)를 건너 익산을 거쳐 강경까지 안필성이 수행하고

7 그곳에서부터는 홀로 세상을 둘러보시니라.

김일부를 만나 천지대세를 논하심

68 충청도 강경을 지나 연산(連山)에 이르러 향적산(香積山) 국사봉(國師峯)에 있는 김일부를 찾으시니라.

2 지난밤 일부의 꿈에 하늘로부터 천사가 내려와 '옥경(玉京)에 올라오라.'는 명을 전하거늘

3 일부가 천사를 따라 올라가 '요운전(曜雲殿)'이라는 편액이 걸린 장려한 금궐에 들어가 상제님을 뵙고 내려왔는데

4 이제 맞이한 증산을 뵈니 간밤 꿈에 뵌 상제님과 그 형모가 같은지라

5 그 일을 아뢴 뒤에 '요운(曜雲)'이란 도호를 드리며 심히 경대하되 증산께서는 그 호를 받지 않으시니라.

6 증산께서 그곳에 머무르시며 영가무도의 교법을 관찰하시고 일부와 후천개벽의 천지대세에 대해 말씀을 나누시니라.

각지를 두루 유력하심

69 연산에서 수일을 머무신 후, 행자(行資)가 떨어져 맨발로 걸어 공주 대통교(大通橋)에 이르시니라.

2 한 글방에 머무르시며 명리를 판단하시니 그 명성이 공주부에 널리 퍼져 운명을 묻는 사람들이 많이 모여들거늘 그 영묘(靈妙)하신 비판에 모두 경탄하더라.

3 이 때 추석절을 맞이하여 사람들이 소를 잡아 공양하니라.

4 공주에서 나오시어 태전(太田)에서 한 달 동안 머무르시고

5 그 길로 경기, 황해, 강원, 평안, 함경, 경상 각지를 두루 유력하시니라.

창생을 생각하시는 지극한 심정

70 증산께서 천하를 주유하실 때, 하루는 어느 개울가를 지나시는데 한 아비와 딸이 드러누워 있거늘

2 잠시 후 딸이 일어나 물새우를 잡아 아비의 입에 넣어 주니 아비가 도로 꺼내어 딸의 입에 넣어 주는지라

3 증산께서 그 광경을 애처로이 바라보시다가 말씀하시기를 "내가

방방주를 맡아 일심으로 신앙한 윤창주(1885~1966)의 아들 윤기택(1927~)이 송기숙에게 직접 듣고 증언한 내용.

천하유력을 떠나신 첫길.

66:1 송기숙(宋基淑, 1879~1953). 족보명 화희(華熙). 경남 남해군 삼동면에서 출생. 16세 되던 1894년에 안제암이 송기숙을 찾아왔다.

66:3 안가. 상제님 어천 후 백복남과 송기숙은 안내성 성도 교단에서 9년간의 천지역사를 하게 된다. 10편 121장 참조.

67:1 정남기(鄭南綺, 1871~?). 본관 하동(河東). 족보명 한표(漢表), 남기는 자(字). 상제님의 손위 처남이다.

67:2 김찬문(金贊

文, 1885~1924). 김형렬 성도의 장남으로 부인 한산 이씨와 함께 상제님께서 어천하실 때까지 정성껏 수종 들었다. 이 때 나이 18세였다.

68:1 김일부를 만나신 장소. 상제님께서 논산시 부적면 부황리 다오개 마을에 사는 그의 생질 최종열의 집에서 만나셨다는 주장도 있다.

69:1 대통교. 공주시 반죽동에 있는 공주교의 옛 이름. 백제 성왕 7년(529)에 창건된 대통사(大通寺)라는 절 앞에 있어 대통교라 불렸다.

71장 문공신 성도의 아들인 문복환 증언.

71:3 회곡리. 경남 밀양시 산내면 가인리(佳仁里) 회곡 마을. 현재 대여섯 가구가 살고 있다.

어서 베풀어서 저렇게 배고픈 사람들을 살려야 할 텐데….

4 세상에, 오죽하면 저 어린것이 애비 입에다 넣어 주니 애비는 도로 자식 입에 넣어 주고 할꼬.

5 내가 어서 가서 저렇게 헐벗고 굶주린 사람들을 널리 구하리라.” 하시니라.

오세동을 찾아나선 남용의 구도 열정

71 문남용이 갑오년에 중형을 좇아 황토현 전투에 참가하였다가 아직 때가 아니라는 오세동의 암시에 동학군에서 이탈하여 사지(死地)를 벗어나더니

2 ‘도를 닦으리라.’는 열정에 사로잡혀 하루도 그 소년을 잊지 못하고 만나고 싶어 하나 혼란한 시국에 이름도 고향도 몰라 찾지를 못하니라.

3 그 후 백방으로 소년의 행방을 찾다가 무술(戊戌 : 道紀 28, 1898)년에 이르러 우연히 소식을 접하고 소년의 집이 있는 밀양군 산내면 회곡리(山內面 回谷里)를 찾아가니

4 그곳은 건지봉과 곤지봉에 둘러싸인 시골 마을이거늘 오세동은 없고 홀어머니만이 집을 지키고 있더라.

5 남용이 오세동의 행방을 물으매 재인(才人)인 그 어머니가 대답하기를 “안 그래도 우리 아들이 아침에 나가면서 오늘 귀한 손님이 오실 테니 대접 잘해서 보내라고 합디다.” 하거늘

6 남용이 다시 “그럼 아드님은 언제나 돌아옵니까?” 하고 물으니

7 모친이 대답하기를 “나가면 한 달이 되어서도 돌아오고 두 달이 되어서도 들어오니 언제 들어올지 모릅니다.” 하니라.

8 이에 남용이 ‘날 안 만나 주려고 자리를 피했구나.’ 하고 허탈한 마음에 떠나려 하다가 미련이 생겨 아들의 방을 보여 달라 하여 들어가 보니

9 방 안에 네 기둥을 세우고 종이로 삼면을 발라 한쪽으로만 출입할 수 있도록 하여, 혼자 눕기에 딱 알맞을 정도로 따로 방을 만들어 놓았더라.

10 남용이 그 방에서 아들이 무엇을 하는지 물으니 대답하기를 “거기에 들어가서 주문도 읽고 공부합니다.” 하니라.

11 이후 구도에 대한 남용의 갈급증이 더욱 심해져 항상 ‘언제나 참 선생님을 만날꼬?’ 하니라.

복남의 영기를 눌러 주심

72 이 때 백복남이 증산을 모시면서 가끔 집을 오가거늘 하루는 증산께서 앞날을 걱정하시어 복남의 영(靈) 기운을 눌러 주시니라.

2 이후로 복남이 세상을 보니 마치 안개가 낀 것처럼 신도(神道)가 보일 듯 말 듯하거늘 답답하여 눈물을 흘리며 증산께 하소연하니

3 증산께서 "너는 귀먹고 벙어리여야 산다." 하시고 또 말씀하시기를 "남이 욕하고 뭣 해도 너는 착하게 살아야 한다." 하시니라.

아버지라 부르게 하심

4 증산께서 천하를 유력하실 때 어린 복남이 자주 봇짐을 지고 따르거늘 복남이 힘들다 하면 업어 주시더니

5 하루는 복남이 "다리가 아파요, 선생님." 하거늘 증산께서 복남의 머리를 쓰다듬으시며 "너 앞으로는 선생님이라 하지 말고 나를 아버지라고 불러라." 하시니라.

그것도 못 들고 다니냐

6 증산께서 복남이를 데리고 어디를 가실 때면 복남이 보따리 하나를 들고 따라다니니

7 복남이 종종 심통을 부리느라 보따리를 집어 던지며 "무거워서 못 들어." 하면

8 증산께서 웃으시며 "아, 그것도 못 들고 다니냐?" 하시고 대신 들어 주시니라.

만고를 체험하고 만상을 둘러보심

73 천하를 주유하실 때 맨발로 먼길을 가시고, 산과 들에서 노숙하시고, 인가에서 걸식도 하시고, 굶는 때도 많으시니라.

2 농부를 만나면 대신 밭을 갈아 주시고, 곡식도 거두어 주시고, 시장에 가면 상인들을 도와주시고, 장인(匠人)과 함께 일도 하시니라.

3 또 누대에 올라 풍물을 들으시고, 노인을 만나 옛일을 말씀하시고, 관리를 만나 정치를 들으시는 등 만고(萬苦)를 체험하시고 만상(萬相)을 친히 둘러보시니

4 박학(博學)과 광람(廣覽)을 따라 혜식이 더욱 명철해지시므로 이르시는 곳마다 '신인' 이라 하며 높이 칭송하니라.

삼년 유력을 끝내고 돌아오심

5 이렇게 수년 동안 유력하시며 민심과 풍속을 살피시고 명산대천의 지운(地運)과 기령(氣靈)을 관찰하신 뒤에

6 서른 살 되시는 경자(庚子 : 道紀 30, 1900)년에 고향에 돌아오시니라.

7 하루는 전주에 들르시니 어떤 사람이 증산께서 신이하다는 소문을 듣고 기생 금희와 향춘을 자기의 딸이라고 속이며 시험하거늘

8 증산께서 웃으며 말씀하시기를 "이들은 기생이거늘 왜 나를 속이려 하느냐. 그대가 이러한 딸을 두었으니 천한 사람이로다." 하시니 그 사람이 탄복하니라.

정씨 부인의 하소연

74 증산께서 늘 천하창생의 운명을 깊이 걱정하시느라 가사를 돌보지 못하시거늘

2 정씨 부인이 이를 이해하지 못하고 종종 불화를 일으키니

3 증산께서 때로 심히 우울해하시며 행장(行裝)을 챙겨 집을 떠나시니라.

4 하루는 정씨 부인이 간곡히 말씀드리기를 "이제는 그만 돌아다니시고 남들처럼 집에서 재미있게 살림이나 하사이다." 하니

5 증산께서 말씀하시기를 "그렇게 작은 말이 어디 있느냐! 천지조화를 부리는 사람이 어찌 내 집안을 알며 자식을 아느냐." 하시고

6 이후로는 더욱 집을 가까이 하지 않으시니라.

사람은 오직 하나뿐이더라

75장 평생을 백복남 성도의 천지역사에 지극정성으로 수종든 부인 강야모 증언.

75 하루는 증산께서 복남을 데리고 어디를 가시는데 손가락 두 마디만 한 머리카락 한 올을 복남에게 주시고

2 수백 명이 모인 번잡한 곳을 가리키며 말씀하시기를 "저기 사람이 많으니 이것으로 비춰 봐라." 하시니라.

3 이에 복남이 말씀을 좇아 눈에 머리카락을 갖다 대고 사람들을 비춰 보니

4 그 많은 사람들이 모두 개, 돼지를 비롯한 온갖 짐승으로 보이고 그 중에 사람은 오직 한 명뿐이더라.

5 이윽고 증산께서 "다 봤냐?" 하시더니 머리카락을 도로 뺏으시어 불태우시니라.

복남을 고향으로 보내심

6 신축(辛丑 : 道紀 31, 1901)년에 이르러 증산께서 복남에게 "집에 얼마 동안 다녀오라." 하시거늘

7 복남이 집으로 돌아가 홀어머니의 뜻에 따라 열네 살에 장가들었으
　나 신부가 한 해를 넘기지 못하고 죽으니라.

8 복남이 고향에 머물면서도 행여나 증산께서 말없이 길을 떠나시기
　라도 할까 염려하여 예닐곱 달 만에 객망리로 돌아오니라.

이치안 집안의 혼삿길을 열어 주심

76 전주 이동면 전용리(伊東面 田龍里) 이치안(李致安)의 서녀(庶女)
　　가 익산 우북면 장암(紆北面 場岩)에 사는 진천 송씨(鎭川宋氏)와
　혼담이 있더니

2 내방한다던 중신아비가 오지 않는지라 이튿날 치안이 이른 아침을
　먹고 서둘러 길을 나서거늘

3 장암 인근에 있는 금마장(金馬場)을 지나는데 폐의파립(敝衣破笠)을
　하신 증산께서 팔뚝을 툭 치고 가시니라.

4 치안은 본래 기골이 장대하고 기운이 장사라, 이를 불쾌히 여겨
　"여보, 길을 가려면 옳게 가야지 왜 사람을 치고 가시오?" 하고 따
　지니

5 증산께서 돌아서며 말씀하시기를 "아, 미안하오. 헌데 중매쟁이가
　안 오니 만나려고 가는구만?" 하시니라.

6 이에 치안이 깜짝 놀라 '내 누구에게도 얘기하지 않고 나왔건만,
　중신아비를 만나려고 작정하고 가는 길을 전혀 낯모르는 사람이
　어찌 알까?' 하며 의아해하는데

7 증산께서 다시 말씀하시기를 "당신이 만나려는 사람이 지금 당신
　집으로 가고 있으니 당장 돌아가지 않으면 헛걸음이 될 것이오.

8 만일 이 기회를 놓치면 혼삿길이 열리기 어려우니 빨리 돌아가시
　오." 하시거늘

9 비록 차림은 남루하나 풍모가 비범하고 언어동지(言語動止)가 예사롭
　지 않으므로 치안이 청하여 통성명을 하니라.

10 평소에 증산의 성예를 들어온 터라 치안이 더욱 흥미로워하며 "그
　러면 나하고 내기해 보겠소?" 하고 여쭈니

11 증산께서 "좋소이다." 하고 응대하시거늘 치안이 "그러면 우리 집
　에 같이 가 봅시다." 하며 증산을 모시고 집으로 돌아오는데

12 해거름에 집에 당도하니 만나고자 한 중신아비가 이미 와서 상마
　루에 걸터앉아 기다리고 있더라.

76:1 전용리. 지금의 전주시 서신동.

76:1 서녀(庶女). 이직부 성도의 아들 이석찬의 증언과 족보를 확인한 결과 초판에 기록된 이치안 '막내 아들'을 '서녀'로 바로잡았다.

이석찬
(1915~2004)

76:1 이치안(李致安, 1847~1920). 본명 병택(炳宅). 부인 한산(韓山) 이씨와의 사이에 직부(直夫) 등 3남을 두었다.

76:1 우북면 장암. 현재 전북 익산시 왕궁면 광암리(光岩里) 장암 마을.

탄강

77:1 김한근(金瀚根, ?~1916). 본관 김해(金海). 부인 정씨와의 사이에 아들 준희(1879~1934)를 두었다.

77:3 이대규(李大奎, 1883~1936). 본관 전의(全義). 부인 이종옥과의 사이에 4남 5녀를 두었다.

77:6 이직부(李直夫, 1880~1925). 본명 시형(時衡). 이치안의 맏아들.

76~77장 이치안 성도의 손자이며 이직부 성도의 아들인 이석찬 증언. 그는 이 때의 일을 생생히 전하였는데, 기존의 귀너머로 듣고 쓴 기록과는 큰 차이가 있다.

78:1 호남서신사명. '서(西)'는 '서방, 가을'의 뜻. 가을은 성숙과 통일의 광명 시대이다. 곧 서신은 가을의 신, 가을에 오시는 신을 말한다. 이는 우주의 주재자께서 천지의 여름과 가을이 교역하는 극적인 대변혁의 시간대에, 호남땅에 인

호구수로 시험하매 곧바로 답하심

77 증산께서 김제 반월리(半月里) 김한근(金瀚根)의 집에 머무시다가 다시 이치안의 집으로 가시니

2 이는 치안이 증산의 신이하심을 흠모하여 자기 집으로 모셔 옴이더라.

3 바로 옆집에 사는 치안의 당질 대규(大奎)는 그 마을 이장이라, 마침 관에서 호구 조사가 나왔거늘

4 진안에서 온 치안의 집안사람 이 훈장이 증산께 말하기를 "듣자니 당신이 아는 체를 잘한다는데, 이 동네 호구(戶口)가 몇인가 좀 봐 주시오. 남자는 몇이고 여자는 몇이오?" 하니라.

5 이에 증산께서 호수(戶數)와 남녀의 수를 자세히 일러 주시거늘

6 대규와 치안의 아들 직부(直夫)가 믿지 아니하고 이튿날 새벽에 일어나 온 동네를 돌며 호구수를 낱낱이 조사하여 보니

7 증산께서 말씀하신 여자 수는 맞으나 남자 수는 하나가 모자라는지라 직부가 "한 명이 모자랍니다." 하고 여쭈니라.

8 이에 증산께서 "금방 세상 떠날 사람을 수효에 넣은들 무엇하리오." 하시니 말씀이 떨어지자마자 동네에서 초상이 나거늘

9 직부를 비롯한 모든 사람들이 증산의 신성하심에 감복하니라.

시루산에서 구천에 사무치는 통곡을 하심

78 증산께서 본댁에 돌아오신 뒤에 하루는 말씀하시기를 "시루산은 호남서신사명(湖南西神司命)을 관장하는 주인산(主人山)이라." 하시니라.

2 이후로 항상 시루산 상봉에서 머리를 풀고 공부하시는데 이따금 산밑에 있는 샘이너머에서 산천이 흔들리도록 크게 우시니

3 한번은 성부께서 밥을 가지고 시루산에 오르시다가 그 광경을 보시니라.

4 어느 날 증산께서 시루산 정상의 바위에 호둔(虎遁)하고 앉아 계시니 마침 나무꾼들이 지나가다 그 광경을 보고 기겁하여 성부께 아뢰거늘

5 성부께서 크게 놀라 시루산에 올라가 보시니 범은 보이지 않고 증산께서 태연히 앉아 수도하고 계시더라.

도통줄 나온다!

6 시루산에서 공부하실 때 목에 붉은 수건을 거신 채 '구천하감지위(九

天下鑑之位’와 ‘옥황상제하감지위(玉皇上帝下鑑之位)’를 찾으시며 "도통줄 나온다! 도통줄 나온다!" 하고 큰 소리로 외치시니라.

7 공부하시다가 밤이 되면 이따금 유덕안의 집에 내려오시어 쥐눈이 콩 한 줌을 얻어 냉수와 함께 잡수시거늘

8 이 때 덕안의 아들 칠룡(七龍)을 바라보며 말씀하시기를 "네가 '나를 살려 달라.'고 애걸하는구나." 하시니라.

9 어느 날 시루산에서 **진법주**를 외우시고 **오방신장**(五方神將)과 **48장**(四十八將), **28장**(二十八將)을 들여세워 도수를 보시고는

10 쌍정리(雙丁里) 김기진(金基鎭)의 집에 가시어 그날 보신 도수에 대해 말씀하시니라.

순검들을 안개로 따돌리심

79 증산께서 공부하신다는 소문이 나돌자 고부 관아에서는 '요술공부를 한다.' 하며 혈안이 되어 증산을 잡으려 하거늘

2 하루는 순검이 오는 것을 미리 아시고 삿갓을 쓰고 길가에 앉아서 안개를 지으시니 순검들이 몰라보고 지나가니라.

3 또 증산께서 삿갓을 쓰고 주막에 앉아 술을 드시는데, 순검들이 바로 옆 상에서 요기를 하면서도 못 보고 가는 일이 여러 번이더라.

김평창의 소실을 타일러 보내심

4 하루는 정읍 김평창(金平昌)의 집에 가시니 평창은 한평생 거문고 소리 속에서 사는 사람이라. 사람들이 이르기를 '살려면 김평창처럼 살아야 하리라.' 하더라.

5 증산께서 평창의 집에 머무르실 때 밤중에 그의 소실이 증산의 우아하신 모습을 탐하여 방으로 들어오거늘 잘 타일러 내보내시니라.

함평 도인 김경수를 만나심

80 전라도 함평(咸平) 사람 김경수가 천지에 서원(誓願)하기를 "내가 50년의 공부로 반드시 뜻을 이루리라." 하고 공부에 전념하더니

2 49년 만에 신령한 기운이 열리는 가운데 태을주(太乙呪)를 얻고 미륵불의 용화낙원 세계가 도래할 것을 깨달으니라.

3 이에 미륵불의 강세와 광구창생을 기원하며 미륵신앙의 본원인 금산사를 자주 찾던 중

4 금산사에서 우연히 증산을 뵙고 인사를 올린 뒤 말씀을 나누니라.

간으로 오시어 천지일년 인간 농사 추수 시간대의 시명(時命)을 집행하신다는 말씀이다.

78:7 쥐눈이콩. 서목태(鼠目太). 쥐눈이콩은 1만 종류가 넘는 콩 가운데 해독력과 약성이 가장 뛰어나다고 알려져 있다.

78:9 오방신장. 동서남북과 중앙의 다섯 방위를 지키는 신. 중앙태토신장(中央太土神將), 동방태목신장(東方太木神將), 서방태금신장(西方太金將), 남방태화신장(南方太火神將), 북방태수신장(北方太水神將).

78:10 김기진(金基鎭) 본관 안동(安東). 을유(乙酉:道紀 15년, 1885)년 8월 9일 전북 정읍시 덕천면 우덕리(全北 井邑市 德川面 優德里)에서 출생. 정미(丁未:道紀 91년, 1967)년 7월 13일 93세로 작고.

79:4 김평창. 본관 광산(光山). 본명 김상태. 강원도 평창에서 벼슬을 했고, 전

탄강

주화약(金州和約) 때 관군의 운량관(運糧官)이 었다. 지금도 그 후손이 옛집에 살고 있다.

80장 3년간 정씨 부인을 모신 김락원이 정씨 부인에게서 직접 전해 들은 내용. 김락원은 김경수 대성사 집안의 후손으로 풍랑의 위기에서 도인인 당숙 김태수에 의해 구원받은 후 태을주에 얽힌 집안의 도의 내력을 전해 듣고, 안내성 성도 교단에 들어가 신앙했다.

김락원
(1890~1973)

81:2 천황. 곧 옥황(玉皇)을 말한다. 하늘의 지극한 조화정신을 상징하여 인격화시켜 부르는 말이며 문자 그대로 최상의 황제, 우주의 모든 신을 거느리는 제왕으로 상제님의 또 다른 호칭이다.

김경수에게서 태을주를 받으심

5 이 뒤에 하루는 증산께서 경수를 부르시니 경수가 그 날로 객망리에 찾아오니라.

6 이에 증산께서 정씨 부인의 시봉으로 경수와 함께 저녁진지를 드시며 경수와 도담을 나누시거늘

7 이 때 경수가 태을주를 읽어 증산께 전해 올리니라.

8 증산께서 경수와 더불어 주무시고 이튿날 아침에 집으로 돌려보내시니

9 경수는 마음 속으로 '젊은 증산이 내 제자가 되겠구나.' 라는 생각을 품게 되니라.

천지 대동길을 찾아야

81 증산께서 하루는 해남(海南) 바닷가에 가시어 망망대해를 바라보며 탄식하시기를

2 "부모에게서 빈손 쥐고 이 조선 땅에 나와 왜 천황(天皇)으로 천지 주름을 삼는가…." 하시니

3 옆에서 낚시질을 하던 한 선관이 이르기를 "꽃 같으면 이제 막 씨를 뿌린 것인데, 어찌 피우지도 못하여 처량한 마음을 먹으시는가?" 하니라.

4 이에 증산께서 말씀하시기를 "처량하다니…, 내 어찌 처량한 마음을 먹으리오!" 하시니

5 선관이 "그대가 천지일월을 아니 천황으로서 도는 것 아니오?" 하거늘

6 증산께서 답하시기를 "인간에서 인간을 찾으니 물도 내려가다 막히는 곳이 있듯이 마음이 소란스러워진다오." 하시고

7 또 말씀하시기를 "선천에는 소릿길만을 찾아 왔으나, 이제 천지 대동길을 찾아야 하는데…." 하시니라.

8 이에 선관이 이르기를 "천지 대동길은 평평한 천지의 한길이라오. 하늘이 어디 두 조각 난 곳을 보시었소?

9 깊고 얕음이 있을 뿐 똑같은 하늘이 끝없이 이어진 것이지요." 하고 홀연히 사라지니라.

동서 인류의 뿌리문화, 신교(神敎)

신교의 의의

신교는 고조선 이전의 상고시대 때부터 우리 민족이 국교로 받들어 온 생활문화이며, 유교·불교·도교·기독교 등 기성 종교의 근원이자 인류사의 뿌리 문화다.

『주역』에서는 "고대 성군(聖君)들은 신도로써 교화를 베풀었다(大觀在上, 順而巽, 中正以觀天下…觀天之神道而四時不忒, 聖人以神道設教 而天下服矣.「觀卦·象傳」)."라고 했다.

『규원사화(揆園史話)』에는 '이신설교(以神設教)'라고 하였다. 곧 '신의 가르침을 베푼다.', '매사를 신도(神道)로 가르친다.', '신으로써 모든 인간 교화의 중심을 삼는다.'는 뜻이다.

신교문화의 핵심, 삼신

신교의 세계관과 가르침은 무엇인가?

신교문화의 핵심은 한마디로 '삼신(三神)신앙'이라 할 수 있다. 삼신이란 본래 우주의 일신(一神)이 현실세계에서 세 가지 신성으로 작용한다는 뜻이다. 곧 만물을 창조해 내는 아버지(父)인 조화신(造化神)과 삼라만상을 가르치는 스승(師)인 교화신(敎化神), 그리고 만물이 각자 제자리를 잡을 수 있도록 다스리는 군장(君)인 치화신(治化神)의 역할을 한다는 것이다.

『태백일사(太白逸史)』에서는 이에 대해 "천상의 세계로부터 '문득' 삼신이 계시니 삼신은 곧 한 분의 상제님이시다. 창조의 주체는 한 분의 신으로, 각기 다른 세 분의 신이 있다는 말이 아니다. 만물 창조와 변화의 작용을 '세 가지의 변화원리인 삼신(三神) 정신'으로 행하심이라(自上界, 却有三神, 卽一上帝. 主體則爲一神, 非各有神也, 作用則三神也)." 하였으며, 또 "도의 근원은 삼신으로부터 나온다(道之大原, 出於三神也)." 하였다.

삼신의 의미

이처럼 삼신은 생명의 근원이며, 만물을 생성·변화시키는 우주의 조화정신을 가리킨다.

우리 민족은 예로부터 천지 이치를 주재하여 우주를 통치하시는 조화옹을 '삼신 상제님' 또는 '상제님'으로 불러 왔다. 그러나 후세에 와서는 상제님의 삼화(三化)의 기능을 지상에서 대행한 환국의 환인천제, 배달국의 환웅천황, 고조선의 단군성조의 삼성조(三聖祖)를 삼신이라 일컫기도 하며, 우주의 조화 삼신을 대행하여 생명을 태워 주는 조상신을 삼신이라고 하기도 한다.

신교문화의 역사

신교문화는 한민족 고대문화 사상의 총 결정체로서 고조선의 정치, 종교, 경제, 풍속, 지리와 당시 동북아의 국제관계를 이해하는 관건이다.

고조선 시대는 한민족이 동방 문명권을 통일하여 '황하·양자강 유역, 만주, 한반도'에 이르기까지 동아시아의 대부분을 통치한 민족사 최대의 전성기였다. 단군성조는 고조선의 전 영토를 삼한(三韓: 진한, 번한, 마한)으로 나누어, 진한(만주)은 직접 통치하고, 마한(한반도)과 번한(요서, 북경 일대)은 부단군격인 왕을 두어 다스렸다. 당시 요임금과 그를 계승한 순임금은 고조선 관경(管境)의 일개 제후였다.

고조선 왕조는 총 47세의 단군 열조가

2,096년 동안 다스렸는데, 이 때가 유·불·선·기독교 문화의 뿌리인 신교문화의 융성기라 할 수 있다.

신교의 신관

신교의 신관은 **일원적 다신관이다.** 우리 선조들은 대대로 인간과 천상의 조상이 삼신 상제와 수평적인 관계에 있다는 사고에서 조상과 하느님을 똑같이 받들어 왔다. 이처럼 신교의 신앙정신은 우주의 최고 주재자이신 상제님을 중심으로 하는 절대자(유일신) 신앙과 천지간에 가득 찬 신명들을 함께 섬기는 다신 숭배사상이 한데 어우러져 있다.

삼신 상제를 받드는 제천의식

이 신교 신앙의 삼대 경전인 『천부경(天符經)』·『삼일신고(三一神誥)』·『참전계경(參佺戒經)』과 신교의 우주관에서 나온 태극(太極), 음양(陰陽), 오행(五行), 팔괘(八卦), 하도(河圖), 십간십이지(十干十二支) 등은 인류의 철학, 사상의 모태가 되었다. 또한 삼신 상제에 대한 제천의식(祭天儀式)은 모든 예술의 기원이 되었으며, 당시 우리 민족을 단합시키는 원천적인 힘이 되기도 했다.

이 의식은 특정 장소(소도: 蘇塗)를 정하여 처음에는 3월 16일과 10월 3일에 행하다가, 후에는 5월(씨뿌리고 난 뒤)과 10월(추수한 뒤)에 행하였다. 이것은 곧 고구려의 동맹(東盟), 부여의 영고(迎鼓), 동예의 무천(舞天), 중삼한(中三韓)의 상달제로 계승되었는데, 천제를 올리며 노래와 놀이, 무술대회 등 축제를 즐겼다.

초대 단군 때 운사 배달신을 보내어 마리산에 참성단을 쌓고 천제를 올렸다. 이 참성단이 우리나라에 남아 있는 최고(最古)의 제천단이다.

신교의 가르침

신교는 삼신의 조화원리를 통해 인간의 생성과 수행의 원리를 제시한다.

고려 공민왕 때, 행촌 이암이 쓴 「단군세기서(檀君世紀序)」에 "대저 삼신일체의 도는 '무한히 크고 원융무애한 조화로운 통일(大圓一) 정신'에 있으니, 조화신이 내려 나의 본성(性)이 되고, 교화신이 내려 나의 명(命)으로 화하며, 치화신이 내려 나의 정기(精)가 된다(曰, 夫三神一體之道, 在大圓一之義. 造化之神, 降爲我性, 教化之神, 降爲我命, 治化之神, 降爲我精)."하였다. 곧 우리 몸 속에는 우주 삼신의 조화성, 교화성, 치화성이 깃들어 본성(性)과 명(命)과 정기(精)의 삼보(三寶)가 있으며, 우리 본연의 성품과 목숨과 정기를 닦아 우주조화 생명의 근본인 삼신의 **생명력을 회복하는** 것이 영원한 삶의 길로 가는 **생명의 제1법칙이라는** 것이다. 또한 『삼일신고』에는 "사람과 만물이 세 가지의 참된 것(三眞: 性命精)을 부여받았으나, 오직 사람은 지상의 삶이 시작하는 때로부터 삼망(三妄: 心氣身)에 뿌리를 내리고, 삼진과 이 삼망이 서로 작용하여 삼도(三途: 感息觸)의 변화작용을 짓게 되느니라(人物, 同受三眞, 惟衆迷地, 三妄着根, 眞妄對作三途)."고 하였다.

이 삼신의 원리는 **통성(通性), 지명(知命), 보정(保精)의** 방법과 **지감(止感), 조식(調息), 금촉(禁觸)의** 수행법을 제시하여 인간 완성(德, 慧, 力)의 길을 밝혀 주었으며, 이는 우리 **민족 고유한 삼신 문화의 심신 수련법의 맥으로** 전해 오고 있다.

상제 문화(上帝文化)

증산도를 알려면, 무엇보다 증산도의 도조(道祖)이신 상제님에 대해 철저하게 깨쳐야 한다. 무엇보다 통시적 시각에서 상제문화의 뿌리와 맥을 바르게 볼 수 있는 안목이 필요하다.

상제관은 동서 인류 문화의 역사 · 종교 · 철학에서 다루어온 진리의 제1 근본 명제이다.

상제문화의 종주국, 대한민국

상제문화의 원형은 유 · 불 · 선의 뿌리이며 우리 민족의 고유문화인 신교(神敎)에 있다. 고대 삼성조(환국 · 배달 · 단군조선) 시대의 천자문화는 상제문화를 전제로 한 태고시대의 제왕문화이다. 하늘에는 상제가 있고, 땅에는 상제님의 아들(天帝之子, 약칭해서 天子)이 있다고 하였다.

『단군세기』에 보면, 역대 단군들이 강화도 마리산(摩利山)에서 상제님께 천제를 지냈다는 기록이 나온다. 또한 고구려의 시조인 고주몽(高朱蒙)이 "나는 천제의 아들이다(我是天帝子)."라고 자신을 '천자'로 선언한 기록이 『삼국사기』와 『삼국유사』에도 보인다.

이렇듯 이 땅은 상제문화의 본적지요 고향이다. 그러나 단군조선이 누렸던 천자국의 위세는 조선에서 북부여에 이르기까지, 중국의 춘추전국시대에 걸쳐 연(燕)나라의 지속적인 침략을 받으면서 서서히 쇠락하기 시작하였다. 또한 서방의 중국 한족(漢族)은 신교의 상제 문화를 전수해 준 동방의 천자국 단군조선의 역사를 왜곡하고 조작하여 자신들을 천자국으로 둔갑시켜 버렸다.

그 후 우리 민족은 외래 종교인 불교나 유교를 국교로 받아들였고, 근대에 와서는 서양 기독교가 들어오면서 우리 민족 고유의 하느님 신앙인 상제문화를 뿌리째 상실해 버렸다. 상제님께서는 역사의 뿌리를 되찾아 동방문화의 도통줄을 바로잡기 위해 상제문화의 종주국인 조선 땅에 강세하신 것이다.

중국문화의 상제관

상제(上帝)라는 말은 우리가 흔히 쓰는 하느님(하나님)이라는 말보다 훨씬 더 인격적인 속성과 천(天)의 주재자로서 통치성이 강조된 말이다.

중국 도교의 경전 『옥황경』을 보면, 옥황상제는 옥제(玉帝)로 불리거나 대제(大帝) 또는 상제(上帝)라고 불리었는데, 제(帝)는 곧 (옥황)상제를 뜻하는 글자로 '천상에 있는 하느님'이라는 의미이다.

중국의 고대사를 보면 하은주 시대를 거쳐 하늘에 제사드리는 국가 제례사(祭禮史)가 정립되는 과정에서, 하늘의 제를 주신으로 정하는 논쟁이 계속되었다.

그런데 중국의 당송대로 내려오면서, 옥황과 상제가 통합되어, 옥황상제는 천상 신명계뿐만 아니라 우주의 최상위에 있는 유일한 지존의 존재를 일컫는 말로 굳어졌다.

그리고 공자(孔子) 이후 유교의 제2인자라고 불리는 주자(朱子)에 의해, 상제는 우주의 주재자, 절대자로 자리매김을 하게 되었다.

원신(元神)과 주신(主神)

동서 신관의 총 결론, 동양의 주신(主神)과 서양의 원신(元神)

동양과 서양문화의 근원적인 차이점은 '신을 어떻게 인식하고 있는가' 하는 신관에 있다. 서양에서 말하는 신은 천지만물과 우주질서까지도 창조한 창조주 하나님이며, 현실의 우주를 초월해 있는 강력한 초월자 하나님이다. 이처럼 기독교에서 말하는 성부 하나님은 초월적 인격신으로서, 현실의 인간세계에 결코 몸을 가지고 올 수 없는 대우주의 근원적인 실재로서의 법신(法身)적 하나님, 즉 원신(元神, Primordial God)을 의미한다.

동양문화에서는 서양의 창조주(Creator) 하나님을 부정한다. 그것은 동양문화의 우주론이 서양 기독교 문화의 본 무대였던 중동의 사막문화와는 전혀 다른 환경에서 형성되었기 때문이다. 즉 동양문화는 지난 수천 년 동안 농경생활을 바탕으로 이루어져 왔다. 따라서 자연의 순환 변화에 대한 인식을 구체적으로 할 수 없었던 사막문화와는 달리, 동양에서는 사시(四時)변화를 통해, 자연의 순환성을 인식했다. 그리고 이러한 순환 질서를 주재하여 천지만물과 인간과 신도세계를 통치하시는

최고의 주재자신(主神, Governing God)으로 상제님을 인식해 왔다. 따라서 신도(神道)의 두 얼굴(the two faces of God)인 서양의 원신과 동양의 주신을 입체적으로 이해할 때, 동서 보편 신관에 대한 최종 결론을 알게 되고, 신에 얽혀 있는 본질적인 의문이 해소된다. 천지와 일월성신, 무한한 은하계와 신명들은 이 원신과 주신의 조화의 두 축 속에서 돌아가고 있기 때문이다.

그런데 기독교 「요한계시록」의 천상궁궐에 계신 아버지, 백보좌 하느님(God at the White Throne)은 명백하게 우주의 주재자이신 상제님을 가리킨다. 따라서 동서양 신관에서는 신을 궁극적으로는 호천금궐의 백보좌에 앉아 새 우주를 개벽하고 천지를 새롭게 하시는 하나님, 즉 개벽장 하느님(Renewing God)으로 인식하고 있다고 할 수 있다.

결론적으로, 천지의 주재신이신 상제님은 모든 신명과 우주의 바탕자리인 원신의 조화권과 신권을 당신의 생각과 뜻대로 자유자재로 쓰시기 때문에, 진정한 우주의 조화옹 하느님, 절대자 하느님이시다.

雄 勁
絶 俗

증산 상제님의 필적

己亥 少年 姜甑山

증산 상제님께서 29세 되시던 기해(己亥 : 道紀 29, 1899)년에 쓰신 필적

제2편

중통인의(中通人義)와
무극대도(無極大道)

중통인의(中通人義)와 무극대도(無極大道)

조화권능을 쓰지 않고는

1 증산께서 여러 해 동안 각지를 유력하시며 친히 만상(萬相)을 둘러보신 후에

2 신축(辛丑 : 道紀 31, 1901)년에 이르러 '이제 천하의 대세가 종전의 알며 행한 모든 법술로는 세상을 건질 수 없다.' 생각하시고

3 모든 일을 자유자재로 할 조화권능(造化權能)이 아니고서는 광구천하의 뜻을 이루지 못할 줄을 깨달으시고 수도(修道)에 더욱 정진하시니라.

1:3 수도. 상제님은 삼계대권을 주재하여 우주 통치자로서의 위격을 갖추고 계시지만, 내재되어 있는 절대자의 권능을 인간의 현실 삶 속에 구체적으로 드러나게 하는 과정이 수도이다.

2:2 남방. 천지의 광명방(光明方)을 말한다.

정씨 부인의 시봉으로 시루산에서 공부하심

2 증산께서 신축년 6월 초에 시루산(甑山)에서 14일 동안 수도하시니 정씨 부인이 수종 드니라.

2 이 때 항상 남방에 자리를 잡으시고 청수상(淸水床)은 정(淨)한 자리에 놓으시며 하루에 세 번 천지인(天地人) 삼위(三位)로 메 세 그릇씩 올려놓고 공부하시니라.

3 부인이 그 때마다 메를 새로 지어 올리는데 매번 목욕재계하고 옷을 갈아입고 시봉하거늘

4 이 때 가세가 심히 어려워 옷이 한 벌뿐인지라 단벌 의복을 하루에 세 번씩 갈아입자니 홑치마를 입고 옷을 빨아 입는데 비 오는 날은 화로에 말려 입으니라.

5 하루는 메를 지어 공부막으로 떠날 무렵, 뇌성이 치고 큰비가 내려 촌보(寸步)를 옮길 수 없거늘

6 주저하다가 때를 어기지 않으려고 처마끝을 나서는데, 눈을 꽉 감고 한 발을 내디디니 순간 "눈을 뜨라." 하시는 증산의 말씀이 들리는지라

7 눈을 뜨고 주위를 살피니 이미 공부하시는 자리에 당도하여 있더라.

8 증산께서 "고생하네." 하며 위로하시거늘, 부인이 메를 올리면서 보니 그릇이 조금도 비에 젖지 않았더라.

9 증산께서 메를 상에 올려놓으신 후 "즉시 돌아가소." 하시매 부인이 문밖에 나서니 어느덧 댁에 이르러 있더라.

10 정씨 부인의 시봉으로 공부를 마치시고 그 날로 대원사(大願寺)에 가시니라.

대원사 칠성각에서 수도하심

3 6월 16일에 객망리 댁을 떠나 전주 모악산(母岳山) 대원사에 이르시어 칠성각(七星閣)에서 도를 닦으시니라.

2 이 때 겹겹이 싸인 깊은 숙연(宿緣)을 닦으시고 미래의 세상을 살피시어 장차 온 천하가 대개벽기의 운세에 닥쳐 멸망당할 것을 걱정하시며

3 무궁한 조화의 법을 통하시어 움직이지 않고 고요히 앉아 수일을 지내기도 하시고, 천지의 풍운변화의 조화법을 시험하기도 하시니라.

동서양 제왕신과 24장(將)이 옹위하리니

4 증산께서 대원사로 가실 때에 공중에서 **동서양 각국 제왕신(帝王神)** 과 24장(將)이 "강 천자(姜天子)!" 하고 외쳤으나 듣지 못하신 듯 가시더니

5 공부를 마치시고 도문(道門)을 여신 뒤에 각국 제왕신과 24장을 부르시어 충북 청주군 청천면(淸州郡 靑川面) 만동묘(萬東廟)에 응집시켜 놓으시고

6 성도들에게 말씀하시기를 "금후 이 자리가 쑥대밭이 되면, 이 제왕신과 24장이 모두 금산사(金山寺)에 와서 옹위하리니 이 신명들을 잘 대접하라." 하시니라.

수종 든 주지 박금곡

4 대원사에서 공부하실 때, 정남기(鄭湳綺)의 아들 영태(榮珆)가 쌀을 져다 드리고, 주지 박금곡(朴錦谷)이 시봉하니라.

2 금곡은 원래 금강산 건봉사(乾鳳寺)에 있었는데 산불로 절이 소실되자 함수산(咸水山)과 함께 삼남 지방을 유력하다가

3 서른네 살 되던 정해(丁亥 : 道紀 17, 1887)년에 퇴락한 대원사에 이르러 발심하여 절을 중수(重修)하고, 신축년에 증산을 시봉하니 이 때 나이 마흔여덟이라.

수들. 당태종이 그들의 초상화를 능연각(凌煙閣)에 걸어놓았다. 4편 '이십사장' 후주 참조.

3:5 청주군 청천면. 1914년 충북 괴산군에 편입됨.

3:6 쑥대밭. 신사(道紀 71, 1941)년 음력 4월, 일본인에 의해 불태워져 그 자리가 폐허가 되었다.

4:1 박금곡(朴錦谷, 1854~1946). 속명은 인오(仁旿), 금곡은 법명. 경남 하동 출생으로 쌍계사에서 출가하였다. 키가 크고, 대원사를 중창할 당시 대들보를 15리 밖에서 혼자 지고 올 정도로 천하장사였다고 한다.

4:2 함수산. 이름은 덕조(德祚), 수산은 법호.

4:2~3 금곡이 입적하기 전 3년 동안 시봉했던 승려 강덕운 증언.

5:2 진묵대사(震默大師, 1562~1633). 본명 일옥(一玉). 전라도 만경현 불거촌(佛居村, 현재 만경읍 화포리)에

4 금곡이 말하기를 "이 세상에 천신(天神)이 강림하셨다." 하고 공부하시는 뒤를 일일이 수종 들며

5 그 절에 있는 여러 중들 가운데 함수산, 자신의 조카 박영춘과 함께 증산을 천신으로 대접하고 공경하니라.

공부하실 때의 이적

5 사람들의 근접을 일절 금하고 공부하시던 어느 날 밤, 비바람이 대작하고 불칼이 내리치는 가운데 크게 호령하시는 소리가 들리거늘

2 금곡이 이튿날 아침에 나가 보고 증산께 아뢰기를 "칠성각에 봉안(奉安)된 진묵대사(震默大師)의 영정(影幀)이 마당에 떨어져 있고 칠성각의 방향이 옆으로 틀어져 있습니다." 하니

3 증산께서 "그러냐." 하고 답하시는 순간 당우(堂宇)의 방향이 원래대로 돌아오니라.

수도하실 때

6 증산께서 공부하시는 중에 담(痰)을 많이 토하시는데, 하루는 두루마기와 바지저고리에 담이 가득 묻었는지라

2 그 옷을 벗으시고 알몸으로 앉아 공부하시다가 금곡에게 "옷을 빨아 오라." 하시거늘

대원사 칠성각. 신축(1901)년 7월 7일에 상제님께서 천지대신문을 여시고 중통인의의 대도통을 하신 곳.

3 금곡이 그 옷을 본즉 손을 대지 못할 정도이므로 막대기로 끌어내어 냇물에 담가 놓고 돌아와 무심하게 있다 보니 어느덧 해가 저무니라.

4 한밤중에 곤히 잠을 자는데 갑자기 폭우가 쏟아져 돌이 구르며 물 내려가는 소리가 요란하므로 금곡이 놀라 일어나 황급히 나가 보니

5 그 옷이 깨끗하게 빨린 채 넓은 바위 위에 놓여 있거늘 금곡이 크게 감탄하니라.

6 이 때 증산께서 토하시는 담을 감당할 수 없어 방짱을 떼어 내고 그 자리에 담을 토하며 공부하시니라.

산천을 뛰어넘으며 공부하심

7 증산께서 수도에 일심하실 때, 때로는 한밤중에 뜰로 나오시어 천둥 같은 음성으로 소리를 지르시고 다섯 길이 넘는 감나무를 훌쩍 뛰어넘기도 하시며

2 또 절벽을 올라 산골짜기를 뛰어넘어 다니시고 수왕암(水王庵)에 가시어 목욕을 하기도 하시니라.

3 하루는 금곡이 칠성각 안을 슬며시 들여다보니 방안에 연기가 자욱한데

4 증산께서 종이에다 무슨 글을 써서 계속 불사르고 계시더라.

여승 화공에게 주신 말씀

8 하루는 수왕암에서 수도하는 여승 화공(花空)이 증산을 흠모하여 유혹하거늘

2 증산께서 타일러 말씀하시기를 "나는 아내가 있는 몸이라." 하시고

3 "사람이란 살아서 옳은 일을 하고 복을 누려야 옳거늘, 죽어서 극락세계로 간다는 불가(佛家)의 그릇된 가르침을 믿고 일생을 홀로 사는 것은 천리를 거스르는 일이니라.

4 속히 이곳을 떠나 고향으로 돌아가라. 내년 가을에는 혼삿길이 열릴 것이니라." 하시니라.

금곡이 술 심부름할 때

9 증산께서 공부하실 때 매양 10전씩 금곡에게 주시며 "술을 사 오라." 하시거늘

2 금곡이 5리가 넘는 길을 하루에도 수삼차씩 왕래하다 보니 마음속

서 출생. 법력이 출중하여 석가불의 화현(化現)으로 인식될 정도였으며 유학에도 조예가 깊었다.

진묵대사
(1562~1633)

7:2 수왕암. 신라 문무왕 때 보덕화상이 창건하고, 고려 때에는 원명대사, 정유재란 후에는 진묵대사가 중창하였다. 이곳 물이 워낙 좋아 '물의 왕'이라는 뜻에서 '물왕이절' 또는 '무량이절'이라 부른다.

8:1 화공. 안순덕(安順德, 1884~?). 화공은 법명. 아홉 살에 출가하였으며 당시 18세였다.

으로 불만을 품게 되니라.

3 그런 중에 하루는 40전을 주시며 술을 사 오라 하시거늘

4 내심 기쁘게 생각하며 그 돈으로 전부 술을 사 가지고 오다가 대원사 부근에 이르러 술병을 다 깨뜨려 버린지라

5 금곡이 할 수 없이 죄송한 마음으로 그 사정을 아뢰니 다시 10전씩만 주시니라.

6 그 후로는 금곡이 매일 여러 번 술 심부름을 하여도 아무 불평을 하지 않으니라.

금곡의 참는 공부

7 하루는 아침 일찍 금곡을 불러 명하시기를 "지금 객망리에 가서 무엇을 가지고 오되 도중에 떼어 보지 말고 당일로 돌아오라." 하시거늘

8 금곡이 여비를 한 푼도 받지 못한 채 식전에 출발하게 되니 또한 마음속에 불만을 품고 떠나니라.

9 십 리쯤 가서 황소(凰巢) 마을에 이르니 뜻밖에도 김대연(金大連)이 반갑게 맞이하며 집으로 인도하는지라

10 그를 따라 들어가니 '어제 친기(親忌)를 모셨다.'고 하면서 술과 밥을 갖추어 내오거늘

11 그곳에서 든든하게 먹고 객망리에 가서 정씨 부인으로부터 봉해진 문서를 받아다 올리니라.

9:9 황소 마을.
현재 전주시 중
인동에 있는 마
을. 마을 서북쪽
에 봉황이 깃드
는 형국의 봉황
산(鳳凰山)이 있
어 '봉황의 둥
지'란 뜻으로 황
소라 했다.

주지 박금곡의 소원

10 하루는 금곡이 아뢰기를 "제가 평생 이 절에 주지로 있게 해 주옵소서." 하고 청하니 증산께서 이를 허락하시니라.

2 금곡이 다시 아뢰기를 "저의 일을 말씀해 주사이다." 하니

3 말씀하시기를 "그대는 전생이 월광대사(月光大師)인 바 그 후신(後身)으로 대원사에 오게 되었느니라. 그대가 할 일은 이 절을 중수하는 것이니라." 하시니라.

4 금곡이 다시 간절히 여쭈기를 "구십 세까지만 살게 해 주옵소서." 하거늘

5 이도 허락하시며 "네가 죽을 때에는 본병이 도져서 죽으리라." 하시니라.

6 금곡이 또 아뢰기를 "대원사에 감나무가 많으나 감이 하나도 열지 않으니 감이 잘 열도록 해 주옵소서." 하니

7 "이는 진묵이 원한을 품은 연고라. 명년부터는 감이 잘 열리리라." 하시거늘 과연 그 후로 감이 풍성하게 열리니라.

8 그 후 금곡은 한평생 대원사 주지로 있다가 93세가 되매 다친 허리가 재발하여 죽으니라.

천지대신문을 열고 삼계대권을 주재하심

11 증산께서 대원사에 가신 지 보름 만인 7월 초하루부터 식음을 전폐하시고, 한번 앉으신 자리를 잠시도 떠나지 않으신 채 이레 동안 수도에만 일심하시니라.

2 대원사 칠성각에서 공부하신 지 스무하루 만인 신축년 7월 7일에 천둥과 지진이 크게 일어나고 상서로운 큰비가 쏟아지는 가운데

3 무상의 대도로 천지대신문(天地大神門)을 여시니

4 이로부터 삼계대권(三界大權)을 주재(主宰)하시고 우주의 조화권능을 뜻대로 행하시니라.

신천지 도통문을 여실 때

5 도통하시기 전날 깊은 밤에 증산께서 금곡에게 명하여 "산 너머 금산사에 가서 미륵전(彌勒殿)을 지키라." 하시거늘

6 금곡이 대원사를 떠날 때 보니 찬란한 불기둥이 하늘로부터 칠성각 지붕으로 내리뻗쳐 있더라.

7 미륵전을 지키고 있을 때, 갑자기 천지가 진동하여 미륵불과 미륵전이 무너질 듯 크게 흔들리니

8 금곡이 두려워 정신을 차릴 수 없고 몸조차 가눌 수 없어 미륵전 기둥을 잡고 견디는데 오히려 기분은 황홀하여지더라.

9 날이 밝자 금곡이 대원사로 돌아와 간밤의 일을 아뢴즉 그 때가 바로 증산께서 도를 통하신 시각이더라.

나는 옥황상제니라

10 상제님께서 금곡에게 "미음 한 그릇을 가지고 오라." 하시니 금곡이 올리매 다 드시고 나서

11 "금곡아! 이 천지가 뉘 천지인고?" 하시거늘 금곡이 답할 바를 몰라 머뭇거리니

12 상제님께서 천둥 같은 음성으로 "내 천지로다! 나는 옥황상제(玉皇上帝)니라." 하시고 크게 웃으시니라.

13 이 때 금곡이 보니 방안이 대낮처럼 환하고 상제님의 용안(龍顏)이 해와 같이 빛나시는지라 저도 모르게 합장 부복하니라.

10:7 진묵의 원한. 진묵이 수왕암에서 공부할 때 대원사에 내려와 밥을 얻어 먹었는데, 진묵이 공밥 먹는 것을 싫어한 중들의 괄시가 심했던 탓에 그 후 300년 동안 대원사에는 진묵의 식한(食恨)이 붙었다고 한다.

10:8 93세. 道紀 76년(1946) 2월 3일 93세로 입적. 입적하기 전날 대원사를 일일이 살펴보았다고 한다.(강덕운 증언)

11:2 신축년 7월 7일. 이 날은 경오(庚午)일로서 경오는 하추교역, 즉 금화교역(庚은 9·金, 午는 7·火)을 상징한다. 정씨 부인의 증언이 담긴 『용화전경』과 김형렬 성도의 후손이 기록한 『성화진경』은 모두 7월 7일로 기록하고 있으나 『대순전경』만은 '음력 7월 5일로 기록하고 있다.

11:3 천지대신문을 여시니. 가을 천지의 신도(神道)의 큰 문을 여신다는 뜻. 가을의 천지 기운은 신(神)

이다. 상제님께서
는 천지 자연질서
의 주재 위격의
자리에서 가을 천
지를 열기 위해
우주에 벌여져 있
는 모든 신명세계
를 통일하고 그
동안 선천 상극의
시간대를 달려온
천지의 변화질서
를 상생의 대도로
조화시켜 신도를
인사로 전환하는
천지공사를 행하
셨다.

11:4 삼계대권.
천도와 지리와 인
사를 뜻대로 집행
할 수 있는 우주
주재자의 대권능.
삼계란 하늘(天),
땅(地), 인간(人)
세계로서 삼재(三
才)라고도 하며
하늘은 천지조화
의 주재위격인 신
명세계를 포함한
다.

11:5~9 정읍 정
사모파 함승국
(1917~) 증언.

11:11~12 상제
님의 성도 김형
렬, 김갑칠, 김자
현, 김준상, 박공
우, 김송환, 김광
찬 등 12명으로
부터 증언을 들
은 이종선의 제
자 나승ील(1923
~) 증언.

11:12 옥황상제.
우주 질서의 주재
자 하느님. '배

새 옷으로 갈아입으시고

12 상제님께서 공부를 마치시고 대원사를 나서려 하시매 금곡이 보니 입고 계신 옷이 너무 남루한지라

2 사람을 시켜 고부 본댁에 가서 새 옷을 가져오게 하니

3 정씨 부인이 상제님께서 집안일을 돌보지 않으심에 불만을 품고 있다가 옷을 가지러 온 사람에게 불평하며 새 옷을 내주거늘

4 금곡이 옷을 올리매 상제님께서 불쾌한 표정을 지으시며 "이 옷을 가져다 버리라. 계집의 방정이 붙어 있느니라." 하시고 입지 않으시니라.

5 이에 금곡이 다시 사람을 보내어 정씨 부인에게 그 사유를 전하니 비로소 부인이 뉘우치고 다시 새 옷을 올리니라.

하산하시는 길에

6 상제님께서 새 옷으로 갈아입고 대원사를 나서시니

7 갑자기 골짜기의 온갖 새와 짐승들이 모여들어 반기면서 무엇을 애원하는 듯하거늘

8 이들을 바라보며 말씀하시기를 "너희들도 후천 해원을 구하느냐?" 하시니 금수들이 알아들은 듯이 머리를 숙이는지라

9 상제님께서 말씀하시기를 "알았으니 물러들 가라." 하시매 수많은 금수들이 그 말씀을 좇더라.

10 그 길로 전주 풍남문(豊南門)에 오르시어 천지가 떠나갈 듯이 큰 소리로 "남문을 열고 파루(罷漏)를 치니 계명산천(鷄鳴山川)이 밝아온다!" 하며 노래하시니라.

천지만물이 나로부터 다시 새롭게 된다

13 증산 상제님께서 객망리로 돌아오신 후, 집안 대대로 전하여 오던 진천군 교지(敎旨)와 공명첩(空名帖), 족보, 문집 등 일체의 문서와 서책을 가져다 불사르시며

2 "내 세상에는 천하의 모든 성씨(姓氏)의 족보를 다시 시작하리라." 하시니 부모님과 수십 호 문중의 노소가 모여들어 만류하는지라

3 상제님께서 "앞세상에는 이런 것에 의지해서는 아니 됩니다." 하시고

4 "유도(儒道)의 구습을 없애고 새 세상을 열어야 할진대 유도에서는 범절(凡節)밖에 취할 것이 없도다." 하시니라.

5 또 말씀하시기를 "모든 것이 나로부터 다시 새롭게 된다." 하시니라.

신축년 이후의 연사는 내가 친히 다스린다

6 상제님께서 말씀하시기를 "내가 세상에 내려오면서 하늘과 땅의 정사(政事)를 천상의 조정(天朝)에 명하여 다스리도록 하였으나

7 신축년 이후로는 내가 친히 다스리느니라." 하시니라.

태양처럼 빛나는 상제님의 법신

14 하루는 밤에 모악산 비장골의 냇가 바위에 앉아 쉬시니 16세 된 금산사 중 오금해(吳錦海)가 시중을 드니라.

2 상제님께서 금해에게 "물 한 그릇 떠 오라." 하시므로 금해가 명을 받고 물을 뜨러 가다가 문득 뒤를 돌아보니

3 바위 위에 앉아 계신 상제님께서 태양과 같이 찬연한 불덩이로 빛나시거늘

4 그 광명이 얼마나 밝은지 기어가는 개미까지도 보일 정도더라.

5 금해가 하도 눈이 부시어 감히 바로 보지 못하고 고개를 돌리니라.

이제 주인을 심방함이니라

15 상제님께서 임인(壬寅 : 道紀 32, 1902)년 4월 13일에 전주 우림면 하운동(全州 雨林面 夏雲洞) 제비창골 김형렬의 집에 이르시니라.

2 이 때 오랫동안 만나지 못했던 심회를 푸시고 형렬에게 일러 말씀하시기를

3 "이제 말세의 개벽 세상을 당하여 앞으로 무극대운(無極大運)이 열리나니

4 모든 일에 조심하여 남에게 척(隻)을 짓지 말고 죄를 멀리하여 순결한 마음으로 정심 수도하여 천지공정(天地公庭)에 참여하라.

5 나는 조화로써 천지운로를 개조(改造)하여 불로장생의 선경(仙境)을 열고 고해에 빠진 중생을 널리 건지려 하노라." 하시고

6 또 말씀하시기를 "나는 본래 서양 대법국(大法國) 천개탑(天蓋塔)에 내려와 천하를 두루 살피고

7 동양 조선국 금산사 미륵전에 임하여 30년 동안 머물다가

8 고부 객망리 강씨 문중에 내려왔나니, 이제 주인을 심방함이니라." 하시고

9 "시속에 '아무 때 먹어도 김가가 먹을 밥' 이라는 말이 있나니

10 대저 무체(無體)면 무용(無用)이라. 서(西)는 금(金)인 고로 김(金)씨에게 주인을 정하였노라." 하시니라.

11 이로부터 형렬의 집에다 식주인(食主人)을 정하고 머무르시면서 도

달-(고)조선'의 신교 문화권에서 우주의 통치자 하느님을 지칭하던 유래 깊은 호칭이다. '삼신상제', '상제' 라고도 하였다.

12:10 남문을 열고 파루를 치니. 나승렬 증언. 남방 삼리화(三離火)의 정신을 상징적으로 보여주는 글귀로 정역계 등 남학 계열에서 의식을 행할 때 부르는 가사이다. 상제님께서 도통하시고 이같이 첫 행보를 하신 것은, 상제님께서 오시기를 염원하며 새시대의 여명을 알린 기존 문명을 끌어 쓰신 예식으로 보인다.

14장 해방 후 병술(1946)년에 오금해가 강석환을 만나 상제님을 뵌 체험을 전하면서 한 말. 도통문을 여시기 전의 일인지 후의 일인지는 명확치 않다.

15:1 하운동. 전북 김제시 금산면 청도리 모악산의 서쪽 기슭에 있는 마을로 검은 구름 속에 용이 숨어 있는 형국(雲中盤龍

形)이다.

15:3 무극대운.
우주일년의 시간
질서 가운데 가
을 천지의 운수를
무극대운이라 하
며, 우주의 가을
철에 인간으로
오신 상제님께서
그 운수를 주재
하시어 인간의
삶 속에 열어 주
신 새 문화, 성숙
된 문화를 무극
대도라 한다.

대
도

문(道門)을 열어 천지공사를 행하실 때

12 형렬에게 신안(神眼)을 열어 주시어 신명(神明)이 모이고 흩어지는 것과 어명(御命)을 받드는 모습을 참관케 하시니라.

13 형렬이 모시면서 보니 밤이면 상제님께서 기거하시는 방에서 '웅 웅웅' 하고 벌이 나는 듯한 소리가 나더라.

천하가 큰 병이 들었나니

16 이제 온 천하가 큰 병(大病)이 들었나니

2 내가 삼계대권을 주재하여 조화(造化)로써 천지를 개벽하고 불로장생(不老長生)의 선경(仙境)을 건설하려 하노라.

3 나는 옥황상제(玉皇上帝)니라.

대법국 천개탑

① 이탈리아 로마의 성 베드로 성당. 베드로의 무덤 위에 지어졌다.

② 성당 내부. 중앙에 천개(canopy)가 서 있다.

③ 성당 중심부. 천개 아래에는 교황이 미사를 집전하는 제단이 있다.

선천은 상극(相克)의 운

17 선천은 상극(相克)의 운(運)이라

2 상극의 이치가 인간과 만물을 맡아 하늘과 땅에 전란(戰亂)이 그칠 새 없었나니

3 그리하여 천하를 원한으로 가득 채우므로

4 이제 이 상극의 운을 끝맺으려 하매 큰 화액(禍厄)이 함께 일어나서 인간 세상이 멸망당하게 되었느니라.

5 상극의 원한이 폭발하면 우주가 무너져 내리느니라.

6 이에 천지신명이 이를 근심하고 불쌍히 여겨 구원해 주고자 하였으되 아무 방책이 없으므로

7 구천(九天)에 있는 나에게 호소하여 오매 내가 이를 차마 물리치지 못하고 이 세상에 내려오게 되었느니라.

8 그러므로 이제 내가 큰 화를 작은 화로써 막아 다스리고 조화선경(造化仙境)을 열려 하노라.

나의 도는 상생의 대도

18 나의 도는 상생(相生)의 대도이니라.

2 선천에는 위무(威武)로써 승부를 삼아 부귀와 영화를 이 길에서 구하였나니, 이것이 곧 상극의 유전이라.

3 내가 이제 후천을 개벽하고 상생의 운을 열어 선(善)으로 살아가는 세상을 만들리라.

4 만국이 상생하고 남녀가 상생하며 윗사람과 아랫사람이 서로 화합하고 분수에 따라 자기의 도리에 충실하여

5 모든 덕이 근원으로 돌아가리니 대인대의(大仁大義)의 세상이니라.

선(善)으로 사는 후천 성인시대

6 선천 영웅시대에는 죄로 먹고살았으나 후천 성인시대에는 선으로 먹고살리니

7 죄로 먹고사는 것이 장구하랴, 선으로 먹고사는 것이 장구하랴.

8 이제 후천 중생으로 하여금 선으로 먹고살 도수(度數)를 짜 놓았노라.

9 선천은 위엄으로 살았으나 후천세상에는 웃음으로 살게 하리라.

죄악 없는 조화선경

19 내 세상은 조화선경이니, 조화로써 다스려 말없이 가르치고 함이 없이 교화되며

2 내 도는 곧 상생이니, 서로 극(尅)하는 이치와 죄악이 없는 세상이니라.

15:4 천지공정. 천지공사를 집행하여 세계의 새 질서를 심리하기 위해 천지신명과 인간이 참여하는, 주역자들이 함께 모여 가을의 대개벽세계를 여는 새 역사 창조의 무대.

15:6 대법국 천개탑. 대법국은 로마의 바티칸 시국(市國), 천개탑은 교황청의 중심 건물인 베드로 성당을 말한다. 기독교 문명을 서양으로 전파한 베드로의 무덤 위에 세워진 성당이므로 천개탑이라 한다.

15:10 무체면 무용. 천지의 모든 변화는 그 근원이 없으면 작용할 수 없다는 뜻으로, 변화의 본체와 본체의 구체적인 작용과의 일체적 상관관계를 말씀하신 것이다.

15:10 서는 금인 고로. 상제님께서는 가을 기운인 금(金)기운을 취하시어 김형렬 성도를 식주인으로 정하시고 금산(金山), 김제(金堤), 동곡(銅

대
도

谷) 등을 천지공
사의 주무대로
삼으셨다. 또한
김형렬 성도를 4
월 4일 원평 장
터에서 만나시고
충청도에 들러 9
일간 공사 보신
후 4월 13일에
다시 그의 집을
찾 으 신 것 도
'4·9金' 원리에
따른 것이다.

17:1 상극. 상극
은 만물 대립의
구조적 원인이
지만, 생명의 창조
원리로 볼 때는
천지만물의 생성
변화를 일으키는
근원적인 힘이
다.

17:8 조화선경.
가을개벽 후 신
명과 인간이 하
나 되어 건설하
는 후천 문명 세
계.

18:1 상생. 변화
의 순환 기틀을
이루어 가는 근
본 원리. 상생은
'생명을 살리고
서로를 잘되게 한
다.'는 실천 이념
으로 오늘의 인
류가 안고 있는
환경 파괴, 민족
문제, 최후의 이
념 대결 등 모든
갈등 구조를 끌
러낼 수 있는 유
일한 우주 생명
의 대도 사상이
다.

세계를 한집안으로 통일

3 앞세상은 하늘과 땅이 합덕(天地合德)하는 세상이니라.

4 이제 천하를 한집안으로 통일하나니 온 인류가 한가족이 되어 화기(和氣)가 무르녹고

5 생명을 살리는 것을 덕으로 삼느니라.

6 장차 천하만방의 언어와 문자를 통일하고 인종의 차별을 없애리라.

7 후천은 온갖 변화가 통일로 돌아가느니라.

신인합일(神人合一)의 지상 선경

8 후천은 사람과 신명이 하나가 되는 세상이니라.

9 모든 사람이 불로장생하며 자신의 삼생(三生)을 훤히 꿰뚫어 보고 제 분수를 스스로 지키게 되느니라.

우주 변화의 근본정신, 생장염장

20 나는 생장염장(生長斂藏) 사의(四義)를 쓰나니 이것이 곧 무위이화(無爲以化)니라.

2 해와 달이 나의 명(命)을 받들어 운행하나니

3 하늘이 이치(理致)를 벗어나면 아무것도 있을 수 없느니라.

천지개벽의 이치, 역(易)

4 천지개벽(天地開闢)도 음양이 사시(四時)로 순환하는 이치를 따라 이루어지는 것이니

5 천지의 모든 이치가 역(易)에 들어 있느니라.

모든 법을 합하여 써야

21 남아가 출세하려면 천하를 능히 흔들어야 조화가 생기는 법이라.

2 이 세상은 신명조화(神明造化)가 아니고서는 고쳐 낼 도리가 없느니라.

3 옛적에는 판이 작고 일이 간단하여 한 가지 신통한 재주만 있으면 능히 난국을 바로잡을 수 있었거니와

4 이제는 판이 워낙 크고 복잡한 시대를 당하여 신통변화와 천지조화가 아니고서는 능히 난국을 바로잡지 못하느니라.

5 이제 병든 하늘과 땅을 바로잡으려면 모든 법을 합하여 써야 하느니라.

우주사의 인존시대를 선언하심

22 천존(天尊)과 지존(地尊)보다 인존(人尊)이 크니 이제는 인존시대(人尊時代)니라.

2 이제 인존시대를 당하여 사람이 천지대세를 바로잡느니라.

우주의 변화 원리

대도

18:3 상생의 운을 열어. 상제님께서 하늘땅을 뜯어고치는 조화권능으로 선천 상극의 운수를 후천 상생의 운수로 돌려 놓으셨다. 진정한 상생은 반드시 후천개벽이 전제되고 해원(解冤)이 함께 실현될 때 이루어진다.

19:1 조화. 증산 상제님의 도의 정체, 도통 세계는 한마디로 조화(造化)사상이다. 이는 선불유, 선천 어느 종교에도 없는 것이다. 조화란 '변화를 짓는다, 변화를 일으킨다, 변화를 창조한다.'는 뜻이다. 상제님 도의 언어로는 '시천주조화정'의 조화이다. 증산도가 지향하는 세계가 바로 조화선경이다. 우리 일꾼은 우주 조화옹이신 상제님을 모시고 상제님의 조화권으로 후천 개벽 문명을 새롭게 여는 것이다.

20:1 생장염장 사의. 천지 만물 창조의 유일한 법칙은 '낳고(生)-기르고(長)-성숙(斂)-휴식(藏)'하

중통인의의 도통 세계를 여심

3 예로부터 상통천문(上通天文)과 하찰지리(下察地理)는 있었으나 중통인의(中通人義)는 없었나니

4 내가 비로소 인의(人義)를 통하였노라.

5 위징(魏徵)은 밤이면 상제를 섬기고, 낮이면 당태종을 도왔다 하나

6 나는 사람의 마음을 빼었다 찔렀다 하노라.

천지에서 사람 쓰는 이 때에

23 하루는 형렬에게 일러 말씀하시니 이러하니라.

2 形於天地하여 生人하나니
　형 어 천 지　　　생 인
萬物之中에 唯人이 最貴也니라
만 물 지 중　유 인　최 귀 야
하늘과 땅을 형상하여 사람이 생겨났나니
만물 가운데 오직 사람이 가장 존귀하니라.

3 天地生人하여 用人하나니
　천 지 생 인　　　용 인
不參於天地用人之時면 何可曰人生乎아
불 참 어 천 지 용 인 지 시　하 가 왈 인 생 호
천지가 사람을 낳아 사람을 쓰나니
천지에서 사람을 쓰는 이 때에 참예하지 못하면
어찌 그것을 인생이라 할 수 있겠느냐!

4 하루는 말씀하시기를 "선천 인간 중에 천지의 홍은(鴻恩)을 갚은 사람이 없느니라." 하시니라.

이 때는 해원시대

24 이 때는 해원시대(解冤時代)라. 이제 앞으로 모든 참혹한 일이 생겨나느니라.

2 그러므로 내가 신명을 조화(調和)하여 만고의 원을 끄르고

3 상생의 도로써 조화도장(造化道場)을 열어 만고에 없는 선경세계를 세우고자 하노라.

인류의 원한의 뿌리, 요임금의 아들 단주

4 이제 원한의 역사의 뿌리인 당요(唐堯)의 아들 단주(丹朱)가 품은 깊은 원(冤)을 끄르면

5 그로부터 수천 년 동안 쌓여 내려온 모든 원한의 마디와 고가 풀릴지라.

6 대저 당요가 그 아들 단주를 불초(不肖)하다 하여 천하를 맡기지 않고 그의 두 딸과 천하를 순(舜)에게 전하여 주니

7 단주의 깊은 원을 그 누가 만분의 하나라도 풀어 주리오.

8 마침내 순이 창오(蒼梧)에서 죽고 두 왕비는 소상강(瀟湘江)에 빠져 죽었느니라.

9 그러므로 단주 해원을 첫머리로 하여 천지대세를 해원의 노정으로 나아가게 하노라.

10 이제 사람도 이름 없는 사람이 기세(氣勢)를 얻고, 땅도 이름 없는 땅에 길운(吉運)이 돌아오느니라.

복을 받으려면

25 나는 해마(解魔)를 위주로 하나니, 이는 먼저 어지럽게 하고 뒤에 바로잡는 천지의 이치 때문이니라.

2 그러므로 나를 따르는 자에게는 모든 마(魔)가 먼저 발동하나니 능히 시련을 받고 나야 복(福)이 이르느니라.

3 선천에 안락을 누리는 자는 후천에 복을 받기 어려우리니 고생을 복으로 알고 잘 받으라.

4 만일 당하는 고생을 이기지 못하여 애통히 여기는 자는 오는 복을 물리치는 것이니라.

내 세상은 복록이 먼저

5 선천에는 수명(壽命) 복록(福祿)이라 하여 수명을 앞세우고 복록을 뒤로하였으나 복록이 없이 수명만 있으면 산송장이나 마찬가지니라.

6 나는 복록을 먼저 하고 수명은 다음이니 그러므로 후천에는 걸인이 없느니라.

7 이제는 복록을 먼저 하라. 녹(祿) 떨어지면 죽느니라.

이 때는 원시반본시대

26 상제님께서 말씀하시기를 "이 때는 원시반본(原始返本)하는 시대라.

2 혈통줄이 바로잡히는 때니 환부역조(換父易祖)하는 자와 환골(換骨)하는 자는 다 죽으리라." 하시고

3 이어 말씀하시기를 "나도 단군의 자손이니라." 하시니라.

부모를 하늘땅같이 섬기라

4 하루는 말씀하시기를 "부모를 경애하지 않으면 천지를 섬기기 어려우니라.

는 순환 과정이다. 인류문명사는 지금 만물의 분열과 성장 시간대에서 대통일의 성숙 시간대로 들어서는 제3의 가을 대개벽기를 맞이하고 있다.

20:4 생명은 개벽운동으로 열려서 '스스로 그러한(自然)' 하늘과 땅의 생성작용 속에서 태어난다. 그러한 만물 창조와 생성의 근본 원리가 바로 천지의 주재자이신 상제님께서 밝혀 주신 우주일년이다.

22:1 인존시대. 인간이 우주에서 가장 존엄하다는, 우주의 새 개벽천지를 여는 하느님의 선언이다. 곧 역사의 주체는 오직 인간이며 우주 내의 모든 문제는 '인간이 주인이 되어 극복해야 한다.'는 말씀으로, 다가오는 후천세계는 인사(人事)가 주체가 되고 인사와 신도가 일체되어 전 우주를 주관하게 된다.

22:3 중통인의. 모든 인간이 마땅히 가야 할 올

바른 생명의 길에 대한 궁극적인 깨달음. 천문과 지리를 통하고 천지의 열매인 인간의 도리에 통하여 인류 구원을 성취할 수 있는 가을철의 성숙한 도통을 말한다. 이 중통인의 의 도통을 통해서 상제님은 우주의 신명계를 통일하여 조화정부를 여시고, 원과 한으로 점철된 인류사를 개벽하는 천지공사를 집행하셨다.

24:4 당요(堯, 서기전 2357~ 서기전 2258). 예로부터 태평성대를 이뤄 낸 가장 이상적인 천자상(天子像)으로 알려져 왔으나 이는 후세 유학자들의 성통사(聖統史) 왜곡으로 미화된 것이다.

24:6 순(舜, ?~ 서기전 2208). 고대 중국 오제(五帝)의 한 사람으로 요(堯)와 함께 성인으로 일컬어진다. 그러나 효행과 치적에 대한 부분은 후인들의 견강부회가 심해 성천자(聖天子)라 하기에는 의심의 여지가 있다.

5 천지는 억조창생의 부모요, 부모는 자녀의 천지니라.

6 자손이 선령(先靈)을 박대하면 선령도 자손을 박대하느니라.

7 예수는 선령신들이 반대하므로 천지공정에 참여치 못하리라.

8 이제 인종 씨를 추리는 후천 가을운수를 맞아 선령신을 박대하는 자들은 모두 살아남기 어려우리라." 하시고

9 또 말씀하시기를 "조상은 아니 위하고 나를 위한다 함은 부당하나니 조상의 제사를 극진히 받들라.

10 사람이 조상에게서 몸을 받은 은혜로 조상 제사를 지내는 것은 천지의 덕에 합하느니라." 하시니라.

군사부일체의 후천 문화

27 상제님께서 말씀하시기를 "선천의 도정(道政)이 문왕(文王)과 무왕(武王)에서 그쳤느니라.

2 옛적에는 신성(神聖)이 하늘의 뜻을 이어 바탕을 세움(繼天立極)에 성웅이 겸비하여 정치와 교화를 통제관장(統制管掌)하였으나

3 중고(中古) 이래로 성(聖)과 웅(雄)이 바탕을 달리하여 정치와 교화가 갈렸으므로 마침내 여러 가지로 분파되어 진법(眞法)을 보지 못하였나니

4 이제 원시반본이 되어 군사위(君師位)가 한 갈래로 되리라.

5 앞세상은 만수일본(萬殊一本)의 시대니라." 하시니라.

배사율의 통치 원리

6 또 말씀하시기를 "선천에는 도수가 그르게 되어서 제자로서 스승을 해하는 자가 있었으나

7 이 뒤로는 그런 불의를 감행하는 자는 배사율(背師律)을 받으리라." 하시니라.

사강육륜의 도륜을 내심

8 하루는 상제님께서 말씀하시기를 "유가에서 군사부일체를 주장하나 삼강오륜(三綱五倫) 어디에도 스승과 제자의 도리는 없지 않으냐.

9 이에 삼강오륜을 보전(補塡)하니 앞으로는 사강육륜(四綱六倫)의 도륜(道倫)이 나오리라." 하시며 일러 주시니 이와 같으니라.

10
夫爲婦綱 父爲子綱 師爲弟綱 君爲臣綱
부위부강 부위자강 사위제강 군위신강

夫婦有別 父子有親 師弟有禮 君臣有義 長幼有序 朋友有信
부부유별 부자유친 사제유례 군신유의 장유유서 붕우유신

반 그릇 밥의 은혜라도 반드시 갚으라

28 우리 공부는 물 한 그릇이라도 연고 없이 남의 힘을 빌리지 못하는 공부니 비록 부자 형제간이라도 헛된 의뢰를 하지 말라.

2 밥을 한 그릇만 먹어도 잊지 말고 반 그릇만 먹어도 잊지 말라.

3 '일반지덕(一飯之德)을 필보(必報)하라.'는 말이 있으나 나는 '반반지은(半飯之恩)도 필보하라.'하노라.

4 '배은망덕만사신(背恩忘德萬死身)'이니라.

우리 일은 남 잘되게 하는 공부

29 우리 일은 남 잘되게 하는 공부니 남이 잘되고 남은 것만 차지하여도 우리 일은 되느니라.

2 전명숙(全明淑)이 거사할 때에 상놈을 양반 만들어 주려는 마음을 두었으므로 죽어서 잘되어 조선 명부대왕(冥府大王)이 되었느니라.

동방 신교문화의 두 성인, 신농씨와 태공의 은혜

3 신농씨(神農氏)가 농사짓는 법과 의술로 천하 만세를 윤택하게 하였고

4 태공(太公)이 병법과 정치로써 천하 만세에 은혜를 주었나니

5 이제 하늘과 땅이 성공하는 가을철을 당하여 천지의 모든 신명들이 그들을 높이 받드느니라.

마테오 리치 대성사의 큰 공덕

30 이마두(利瑪竇)는 세계에 많은 공덕을 끼친 사람이라. 현 해원시대에 신명계의 주벽(主壁)이 되나니 이를 아는 자는 마땅히 경홀치 말지어다.

2 그러나 그 공덕을 은미(隱微) 중에 끼쳤으므로 세계는 이를 알지 못하느니라.

3 서양 사람 이마두가 동양에 와서 천국을 건설하려고 여러 가지 계획을 내었으나 쉽게 모든 적폐(積弊)를 고쳐 이상을 실현하기 어려우므로 마침내 뜻을 이루지 못하고

4 다만 동양과 서양의 경계를 틔워 예로부터 각기 지경(地境)을 지켜 서로 넘나들지 못하던 신명들로 하여금 거침없이 넘나들게 하고

5 그가 죽은 뒤에는 동양의 문명신(文明神)을 거느리고 서양으로 돌아가서 다시 천국을 건설하려 하였나니

6 이로부터 지하신(地下神)이 천상에 올라가 모든 기묘한 법을 받아 내려 사람에게 '알음귀'를 열어 주어

24:8 창오. 현재 중국 광서장족(廣西壯族) 자치구의 창오현(縣). 호남성 영원현 구의산(九嶷山, 일명 창오산)에는 순의 묘가 있다.

24:8 소상강. 호남성 동정호(洞庭湖)에 합류해 들어가는 소수(瀟水)와 상강(湘江)의 병칭.

25:5 수명 복록. 녹(祿)과 명(命)은 인간 생존의 근본 명제다. 상제님은 이를 수명소와 복록소 공사로 이화하셨다.

26:1 원시반본. 문자적으로는 '시원의 근본(뿌리) 자리로 돌아간다.'는 뜻으로 가을의 통일(수렴) 운동의 정신을 의미한다. 결실·추수하는 우주 가을의 때를 맞이하여 가을의 변화 정신에 따라 '천지만물은 생명의 근원 자리로 돌아가야 한다.'는 상제님 도의 근본 가르침이다. 이 때 반본(返本)의 방향인 시원(始原), 뿌리(本)는 곧 조상, 민족의 주신이며 경우에 따라서는 하나의

7 세상의 모든 학술과 정교한 기계를 발명케 하여 천국의 모형을 본떴나니 이것이 바로 현대의 문명이라.

8 서양의 문명이기(文明利器)는 천상 문명을 본받은 것이니라.

하늘의 모든 신성과 부처와 보살이 하소연하므로

9 그러나 이 문명은 다만 물질과 사리(事理)에만 정통하였을 뿐이요, 도리어 인류의 교만과 잔포(殘暴)를 길러 내어 천지를 흔들며 자연을 정복하려는 기세로 모든 죄악을 꺼림 없이 범행하니

10 신도(神道)의 권위가 떨어지고 삼계(三界)가 혼란하여 천도와 인사가 도수를 어기는지라

11 이마두가 원시의 모든 신성(神聖)과 불타와 보살들과 더불어 인류와 신명계의 큰 겁액(劫厄)을 구천(九天)에 있는 나에게 하소연하므로

12 내가 서양 대법국 천개탑에 내려와 이마두를 데리고 삼계를 둘러보며 천하를 대순(大巡)하다가 이 동토(東土)에 그쳐

13 중 진표(眞表)가 석가모니의 당래불(當來佛) 찬탄설게(讚歎說偈)에 의거하여 당래의 소식을 깨닫고 지심기원(至心祈願)하여 오던 모악산 금산사 미륵금상에 임하여 30년을 지내면서

14 최수운(崔水雲)에게 천명(天命)과 신교(神敎)를 내려 대도를 세우게 하였더니

15 수운이 능히 유교의 테 밖에 벗어나 진법을 들춰내어 신도(神道)와 인문(人文)의 푯대를 지으며 대도의 참빛을 열지 못하므로

16 드디어 갑자(甲子 : 道紀前 7, 1864)년에 천명과 신교를 거두고 신미(辛未 : 道紀 1, 1871)년에 스스로 이 세상에 내려왔나니

17 동경대전(東經大全)과 수운가사(水雲歌詞)에서 말하는 '상제'는 곧 나를 이름이니라.

나는 정세를 맡았노라

31 황제(黃帝)가 난(亂)을 지으므로 치우(蚩尤)가 큰 안개를 지어 이를 평정하였나니

2 난을 지은 사람이 있어야 다스리는 사람이 있느니라.

3 최수운은 동세(動世)를 맡았고 나는 정세(靖世)를 맡았나니

4 전명숙의 동(動)은 곧 천하의 난을 동케 하였느니라.

5 최수운은 내 세상이 올 것을 알렸고, 김일부는 내 세상이 오는 이치를 밝혔으며, 전명숙은 내 세상의 앞길을 열었느니라.

6 수운가사는 수운이 노래한 것이나, 나의 일을 노래한 것이니라.

7 일부가 내 일 한 가지는 하였느니라.

모두 내 비결이니라

32 하루는 상제님께서 말씀하시기를 "수운가사에 새 기운이 갊아 있으니 말은 소장(蘇張)의 구변이 있고, 글은 이두(李杜)의 문장이 있고, 알음은 강절(康節)의 지식이 있나니

2 다 내 비결이니라." 하시니라.

3 또 성도들로부터 '금산사의 미륵불이 조만간에 출세하면 천하가 한집안같이 되어 무량한 신선의 세계가 된다.'는 말을 들으신 후에 흔쾌히 웃으며 말씀하시기를

4 "세간에는 혹 내 일을 아는 자가 있어 사람들이 모르는 앞세상의 운수를 왕왕 그와 같이 말하는 수가 있느니라." 하시니라.

천하대세를 세상이 가르치리라

33 현세에는 아는 자가 없나니 상(相)도 보이지 말고 점(占)도 치지 말지어다.

2 천지의 일은 때가 이르지 아니하면 사람이 감히 알 수 없느니라.

3 그러므로 때가 아직 이르지 않았는데 내 일을 미리 알고자 하면 하늘이 그를 벌하느니라.

4 이제 보라! 천하대세를 세상이 가르치리라.

5 사람이 가르치는 것이 아니요, 이 세상이 갈수록 달라지나니 저절로 아느니라.

허수아비 세상

6 이언(俚言)에 '짚으로 만든 계룡(鷄龍)'이라 하나니 세상이 막 일러주는 것을 모르느니라.

공부 않고 아는 법은 없다

34 예로부터 생이지지(生而知之)를 말하나 이는 그릇된 말이라.

2 천지의 조화로도 풍우(風雨)를 지으려면 무한한 공부를 들이나니, 공부 않고 아는 법은 없느니라.

3 정북창(鄭北窓) 같은 재주로도 '입산 3일에 시지천하사(始知天下事)'라 하였느니라.

이마두 대성사
(1552~1610)

며 '동서양 문화를 통합하여 세상을 이롭게 한다.'는 뜻을 담고 있다.

30:5 문명신. 문명 발전에 사역한 종교가, 과학자, 철인, 학자 등의 신명.

30:7 현대의 문명. 일반적으로 근대 문명은 르네상스와 산업혁명으로부터 시작된다고 보는데, 산업혁명을 신명계에서 주도한 분이 이마두 대성사와 진묵대사이다.

30:9 물질과 사리에만. 근대 이후 서양의 과학기술 문명은 인류의 편익과 복리증진에 지대한 기여를 하였다. 그러나 이 문명은 정신과 물질의 이분법적 사고, 인간중심주

의, 물질주의, 그리고 '도구적 이성'에 근거함으로써 천지만물에 깃들어 있는 신성을 제거해 버리고 자본주의 및 제국주의와 결합하여 오늘날 인간과 자연을 파괴로 치닫게 하는 대재앙을 초래하고 있다.

30:11 신성. 인류 문명사에 큰 덕을 베푼 실존 인물들과 그들의 영신(靈神).

30:12 서양 대법국 천개탑에 내려와. 상제님께서는 서양 근대문명을 연 이마두 대성사의 공덕을 인정하시어 서양 문명과 기독교 문화의 뿌리인 로마에 먼저 들르신 것이다.

32:1 소장. 소진 (蘇秦, ?~서기전 317)과 장의 (張儀, ?~서기전 309). 전국 시대의 달변가이다.

32:1 이두. 이백 (李白, 701~762)과 두보(杜甫, 712 ~770). 성당(盛唐) 시기의 대시인으로 각기 시선(詩仙), 시성 (詩聖)으로 추앙받는다.

옛 성자의 기국과 도통 경계

35 나의 공부는 삼등(三等)이 있으니

2 상등은 도술(道術)이 겸전(兼全)하여 만사를 뜻대로 행하게 되고

3 중등은 용사(用事)에 제한이 있고

4 하등은 알기만 하고 용사는 못 하느니라.

5 옛사람은 알기만 하고 용사치 못하였으므로 모든 일을 뜻대로 행하지 못하였으나

6 이 뒤로는 백성들도 제 앞일은 제가 다 알아서 하게 하리라.

신명 대접을 가장 잘하는 조선 민족

36 상제님께서 말씀하시기를 "세계 대운이 조선으로 몰아 들어오니 만의 하나라도 때를 놓치지 말라.

2 이 세상에 조선과 같이 신명(神明) 대접을 잘하는 곳이 없으므로

3 신명들이 그 은혜를 갚기 위하여 각기 소원을 따라 꺼릴 것 없이 받들어 대접하리니

4 도인(道人)들은 아무 거리낌없이 천하사(天下事)만 생각하게 되리라." 하시니라.

5 하루는 상제님께서 말씀하시기를 "신명들이 조선 땅에 삼대 들어서듯 가득 차 있어 사람이 지나가면 신명들이 길을 비켜 주느니라.

6 그러니 침을 뱉어도 고개를 숙이고 발부리에 뱉어라." 하시니라.

내가 있는 곳이 천하의 대중화

7 하루는 한 성도가 청(淸)나라를 중국(中國)이라 부르거늘 상제님께서 크게 꾸짖으시고 말씀하시기를

8 "청나라는 청나라요 중국이 아니니라. 내 세상에는 내가 있는 곳이 천하의 대중화(大中華)요

9 금강산이 천하만국의 공청(公廳)이 되느니라." 하시니라.

인류의 뿌리 성씨로 강세하심

37 세상에 성(姓)으로 풍(風)가가 먼저 났으나 전하여 오지 못하고

2 다만 사람의 몸에 들어 체상(體相)의 칭호로 쓰이게 되어 풍신, 풍채, 풍골 등으로 일컫게 되었을 뿐이요

3 그 다음에 강(姜)가가 났나니 강가가 곧 성의 원시라.

4 그러므로 이제 개벽시대를 당하여 원시로 반본하는 고로 강가가 일을 맡게 되었느니라.

인류의 성의 시원인 신농씨와
중국 한족문화의 역사 시조 황제헌원의 계보

고시씨(高矢氏) : 배달의 시조 환웅천황의 신하

소전씨(少典氏) : 배달의 8세 안부련 환웅천황의 신하(군병 감독관)이자 유웅국의 임금(有熊國君)

소전씨의 별파(別派)

염제신농씨(炎帝神農氏)

공손씨(公孫氏)

제임괴(帝臨魁)

황제헌원(黃帝軒轅): 중국 한족 역사의 시조

제승(帝承)

제명(帝明)

소호금천(현효(玄囂))

창의(昌意)

제직(帝直)

교극(蟜極)

전욱고양(顓頊高陽)

제리(帝厘)

제곡고신(帝嚳高辛)

궁선(窮蟬)

곤(鯀)

제애(帝哀)

경강(敬康)

(元妃 강원) (次妃 간적) (次妃 경도) (次妃 상의)

구망(句望)

제유망(帝楡罔)

기(棄) 설(契) 요(堯)임금 지(摯)

교우(橋牛)

고수(高叟)

탕(湯):
상(商:殷)나라 시조
설의 14세손

제순중화(帝舜重華)

우(禹)
하(夏)나라 시조
전욱의 손자

문왕(文王) : 주(周)나라 시조. 기의 15세손

도정(道政) 시대의
막을 내림

무왕(武王)

※ 중국사서 『사기』·『제왕세기』 기준

32:1 소강절(邵康節, 1011~1077). 중국 송대의 유학자로 이름은 옹(雍). 상수(象數) 학설에 기초한 우주관과 자연철학에 독보적인 인물이다. 우주 시간대의 1년 개벽수(129,600년)를 처음으로 밝혔다.

34:3 정북창(鄭北窓, 1506~1549). 이름은 렴(磏), 북창은 호. 조선 단학(丹學)의 비조(鼻祖). 충남 아산 설화산(雪華山)에 들어가 도를 통한 이후 유불선에 정통하였다. 복서(卜筮), 한어(漢語), 산수화에도 능했다 한다.

37:1 풍가. 삼황의 한 분인 태호복희(太昊伏羲, ?~서기전 3413)씨의 성(姓). 인류 역사 최초의 성씨이나 절손되어 전하지 않는다.

37:3 강가. 염제신농(炎帝神農, ?~서기전 3078)씨의 성으로 현전하는 최고(最古)의 성씨.

39:6 위징(魏徵, 580~643). 자는 현성(玄成).

대도

천하에서 제일 큰 그릇은 시루(甑)

38 하루는 성도들에게 물으시기를 "너희들, 시루떡이 익는 이치를 아느냐?" 하시니 아무도 대답을 하지 못하거늘

2 상제님께서 가르쳐 말씀하시기를 "시루떡을 찔 때에 김이 시루(甑) 가장자리부터 오르나니, 그 떡이 가에서 익어 들어가 가운데는 마지막에 익는 법이니라.

3 가운데만 다 익으면 시루의 떡 익히는 일이 모두 끝나느니라." 하시고

4 이어 말씀하시기를 "세상에 시루만큼 큰 그릇이 없나니, 황하수의 물을 길어다가 부어 보아라. 아무리 부어도 시루에 물을 못 채울 것이로다.

5 시루는 황하수를 다 먹어도 오히려 차지 않으니 천하의 그릇 중에 제일 큰 것은 시루니라." 하시니라.

형렬을 옥경에 데려가심

39 상제님께서 성도들에게 하늘의 일을 말씀하시니 형렬이 항상 마음속으로 '한울님 뵙기를 원하옵니다.' 하고 소원하는지라

2 하루는 형렬에게 안경을 주시며 "이것을 쓰고 나를 따라오라." 하시매

3 형렬이 따라가니 화려한 삼층 누각이 나타나거늘 자세히 보니 세상에서 이르는 천상의 옥경대(玉京臺)러라.

4 상제님께서 형렬에게 "아래층에 있으라." 하시고 상층으로 올라가시니

5 선관선녀(仙官仙女)들과 만조백관(滿朝百官)이 좌우에서 옹위하니라.

우리 선생님이 하느님이다

6 상제님께서 좌정하신 후에 백관에게 명하시기를 "위징(魏徵)을 데려오라." 하시고

7 대령한 위징을 꾸짖어 말씀하시기를 "너는 무슨 일로 두 마음을 품고 낮에는 당태종을 섬기고 밤에는 옥황상제를 섬겼느냐?" 하시니 위징이 크게 사죄하는지라

8 형렬이 이 광경을 본 뒤로 성도들에게 말하기를 "우리 선생님이 바로 한울님이시라." 하니라.

9 이후로 성도들은, 상제님께서 공사시에 늘 뇌성벽력과 풍운조화를 뜻대로 쓰시는 것을 보고, 증산께서 곧 하느님이심을 깨닫게 되니

10 '인간으로 오신 인존천주(人尊天主)님이 틀림없다.' 고 생각하느니라.

공자 석가 예수를 내려 보내심

40 예수를 믿는 사람은 예수의 재림을 기다리고

2 불교도는 미륵의 출세를 기다리고

3 동학 신도는 최수운의 갱생을 기다리나니

4 '누구든지 한 사람만 오면 각기 저의 스승이라.' 하여 따르리라.

5 '예수가 재림한다.' 하나 곧 나를 두고 한 말이니라.

6 공자, 석가, 예수는 내가 쓰기 위해 내려 보냈느니라.

인류사의 새 세상을 여는 대도

41 선경세계는 내가 처음 건설하나니, 나는 옛 성인의 도나 옛 가르침으로 하지 않느니라.

2 그러므로 너희는 낡은 삶을 버리고 새 삶을 도모하라.

3 묵은 습성이 하나라도 남아 있으면 그 몸이 따라서 망하느니라.

나의 도는 선천문화와 견줄 수 없다

4 나의 도는 古不聞今不聞이요 古不比今不比니라.
　　　고 불 문 금 불 문　　　고 불 비 금 불 비

옛적에도 듣지 못했고 이제 또한 들을 수 없으며

옛적의 그 어떤 도(道)와도 견줄 수 없고

이제도 또한 견줄 만한 것이 없느니라.

오직 내가 처음 짓는 일

42 이제 온 천하가 대개벽기를 맞이하였느니라.

2 내가 혼란키 짝이 없는 말대(末代)의 천지를 뜯어고쳐 새 세상을 열고

3 비겁(否劫)에 빠진 인간과 신명을 널리 건져 각기 안정을 누리게 하리니

4 이것이 곧 천지개벽(天地開闢)이라.

5 옛일을 이음도 아니요, 세운(世運)에 매여 있는 일도 아니요, 오직 내가 처음 짓는 일이니라.

6 부모가 모은 재산이라도 항상 얻어 쓰려면 쓸 때마다 얼굴이 쳐다보임과 같이

7 쓰러져 가는 집에 그대로 살려면 무너질 염려가 있음과 같이

8 남이 지은 것과 낡은 것을 그대로 쓰려면 불안과 위구(危懼)가 따르드나니

9 그러므로 새 배포를 꾸미는 것이 옳으니라.

당(唐)나라 초의 정치가. 산동 출신으로 24장(將)의 한 사람. 그가 죽자 당태종이 '나는 거울 하나를 잃었다.' 고도 했을 정도로 충직하고 절개가 굳었다. 도관에서 도사가 되어 도를 닦았으므로 이 때 옥황상제를 섬긴 것이다.

위징
(580~643)

41:4 최수운 대신사가 상제님으로부터 받은 무극대도를 찬탄하며 한 말인데 상제님께서 이를 인정하시고 말씀해 주셨다.

42:4 천지개벽. 여기에서는 총체적인 의미로 봐야 한다. 곧 천지 변화 질서의 주재자이신 상제님께서 신도의 조화권능으로 천지 안에 깃들어 있는 일체의 생명력을 상생의 대

도로 조화시켜 가장 이상적인 삶의 길, 새 역사의 질서를 열어 주시는 근원적인 대개혁의 역사(役事)를 의미한다.

대도

42:10 애체없이. '아낌없이'란 뜻의 방언.

43:4 이 때는 천지성공 시대. 가을 개벽기에는 서신이 명(命)을 맡아 천지에서 기른 인간의 씨종자를 추린다. 곧 하늘과 땅과 인간이 그 뜻을 이루고 열매를 맺는 것이 바로 후천 오만년 조화선경 건설이다. 이것이 천지와 더불어 영원히 변치 않는 진정한 성공인 것이다.

새 배포를 꾸미라

10 하루는 형렬에게 일러 말씀하시기를 "망하는 세간살이는 애체없이 버리고 새 배포를 꾸미라.

11 만일 아깝다고 붙들고 있으면 몸까지 따라서 망하느니라." 하시니라.

이 때는 천지성공 시대

43 지금은 온 천하가 가을 운수의 시작으로 들어서고 있느니라.

2 내가 하늘과 땅을 뜯어고쳐 후천을 개벽하고 천하의 선악(善惡)을 심판하여 후천선경의 무량대운(無量大運)을 열려 하나니

3 너희들은 오직 정의(正義)와 일심(一心)에 힘써 만세의 큰복을 구하라.

4 이 때는 천지성공 시대(天地成功時代)니라.

5 천지신명이 나의 명을 받들어 가을 운의 대의(大義)로써 불의를 숙청하고 의로운 사람을 은밀히 도와주나니

6 악한 자는 가을에 지는 낙엽같이 떨어져 멸망할 것이요, 참된 자는 온갖 과실이 가을에 결실함과 같으리라.

7 그러므로 이제 만물의 생명이 다 새로워지고 만복(萬福)이 다시 시작되느니라.

이 때는 생사판단의 가을개벽기

44 상제님께서 하루는 세간에 전해 오는 '백조일손(百祖一孫)'이라는 말에 대하여 말씀하시기를

2 "가을바람이 불면 낙엽이 지면서 열매를 맺는 법이니라.

3 그러므로 이 때는 생사판단(生死判斷)을 하는 때니라." 하시니라.

다가오는 세상 난리는

4 한 성도가 여쭈기를 "'다가오는 세상 난리는 신명의 조화임을 알지 못한다.'는 말이 있사온데 과연 그러합니까?" 하니

5 상제님께서 말씀하시기를 "천지개벽을 해도 신명 없이는 안 되나니, 신명이 들어야 무슨 일이든지 되느니라.

6 내 세상은 조화의 세계요, 신명과 인간이 하나 되는 세계니라." 하시니라.

7 또 말씀하시기를 "내 일은 인신합덕(人神合德)으로 되느니라." 하시니라.

천하창생이 진멸지경에 이르렀는데

45 대저 사람이 아무것도 모르는 것이 편할지라. 오는 일을 아는 자
는 창생의 일을 생각할 때에 비통을 이기지 못하리로다.

2 이제 천하창생이 진멸(盡滅)의 경계에 박도하였는데 조금도 깨닫지
못하고 이(利)끗에만 몰두하니 어찌 애석치 아니하리오.

때가 되어 괴병이 온 천하를 휩쓸면

3 장차 십 리 길에 사람 하나 볼 듯 말 듯한 때가 오느니라.

4 지기(至氣)가 돌 때에는 세상 사람들이 콩나물처럼 쓰러지리니

5 때가 되어 괴병(怪病)이 온 천하를 휩쓸면 가만히 앉아 있다가도 눈만
스르르 감고 넘어가느니라.

6 그 때가 되면 시렁 위에 있는 약 내려 먹을 틈도 없느니라.

이제 천하의 종기를 파하였노라

46 형렬의 집이 가난하여 보리밥으로 상제님을 공양하더니, 추석
명절을 당하여 할 수 없이 밥솥을 팔아 상제님을 공양하려고 솥
을 떼어 내거늘

2 상제님께서 말씀하시기를 "솥이 들썩이는 것을 보니 미륵불이 출세함
이로다." 하시고 형렬에게 "쇠꼬리 한 개를 구하여 오라." 하시니라.

3 이에 형렬이 금구 용암리(金溝 龍岩里)에 가서 쇠꼬리를 구하여 오
고 또 술을 사 오거늘

4 마당 한 쪽에 풀을 쌓게 하여 불을 피우시고 쇠꼬리를 두어 번 둘
러 내신 뒤에 "해를 바라보라." 하시므로 형렬이 우러러보니 햇무
리가 둘리어 있는지라

5 그대로 아뢰니 말씀하시기를 "천하대세가 큰 종기를 앓음과 같으니,
내가 이제 그 종기를 파(破)하였노라." 하시고 술을 드시니라.

화공에게 새 운수를 열어 주심

47 상제님께서 임인년 가을에 부안(扶安) 대초말 앞 주막에서 이갑
수(李甲洙)를 만나시니라.

2 상제님께서 그에게 일러 말씀하시기를 "그대가 고윤동의 둘째 딸
과 그대 아들의 혼사를 정하러 왔으나 그 규수는 인연이 아니니라.

3 내가 좋은 혼처를 정해 주리라." 하시고 백련동(白蓮洞)에 사는 화
공의 오빠 안광희(安光熙)를 소개하시니라.

4 이에 갑수가 자신의 속사정을 낱낱이 아시는 상제님의 신이하심에

45:6 전수재(1917
~)가 부친 전
이진과 함께 박
공우 성도로부터
직접 듣고 전한
내용. 전이진과
함께 박공우 성
도의 3대 제자
중 한 명인 이동
술의 아들 이판
규(1930~2004)
도 같은 증언을
하였다.

46:3 용암리. 전
북 김제시 금산
면 쌍용리(雙龍
里) 용암 마을.
금평제 앞에 있
다.

47:1 대초말. 현
재 전북 부안군
행안면 대초리
(幸安面 大草里).

47:3 백련동. 마
을 지형이 연꽃
처럼 생겼다고
한다.

47장 이는 비구니 한 사람을 시집 보내신 것이 아니라 후천 정음정양 질서에 의해 불자들이 가정을 이루도록 하신 공사로 이해해야 한다.

놀라 백련동에 가서 화공을 보니 마음에 흡족하거늘 그 자리에서 바로 정혼하니라.

5 전날 밤 화공과 그 어머니의 꿈에 한 선관이 구름을 타고 내려와 "내일 구혼하러 오는 사람이 있을 것이니 때를 놓치지 말라." 하고 다시 하늘로 올라가거늘

6 그 어머니는 이를 매우 기이하게 여기나 화공은 그 선관이 곧 상제님이심을 아니라.

천하의 병을 다스리리라

48:1 화정리. 현재 전주시 중인동(中仁洞) 화정마을.

48 임인년에 상제님께서 병 고치는 법을 전주 화정리(花亭里) 이경오(李京五)에게 처음으로 베푸시니라.

2 이 때 경오가 중병을 앓다가 병세가 더욱 위독해지거늘 평소에 친분이 있던 대원사 주지 박금곡에게 의원을 구하여 주기를 청하니

3 금곡이 상제님의 신성하심을 익히 아는지라 그 일을 아뢰며 신방(神方)을 베풀어 주십사 하소연하니라.

4 이에 상제님께서 금곡과 더불어 경오를 찾아가 그 증세를 보시니

5 왼발 넷째 발가락이 쑤시고 아프며 오후부터 새벽까지는 다리 전체가 큰 기둥과 같이 부어 올랐다가 아침이 되면 부기가 내리기 시작하여 정오에는 원상으로 회복되는데

6 이렇게 3, 4년 동안을 앓으매 한 발짝도 옮기지 못하고 앉은뱅이가 되었더라.

7 상제님께서 말씀하시기를 "이 병이 진실로 괴이하도다. 모든 일이 작은 것으로부터 큰 것을 헤아리게 되나니

8 그러므로 내가 이 병으로써 본을 삼아 천하의 병을 다스리리라." 하시고 손으로 만져 내리신 뒤에

9 "처마 끝에서 떨어지는 빗물을 받아 씻으라." 하시매 금곡이 경오의 다리를 씻어 주니 곧 나으니라.

천지의 대덕과 성인의 대업

49 하루는 성도들에게 가르쳐 말씀하시니 이러하니라.

2 欲知廣大면　　觀乎天地하고
　욕 지 광 대　　　관 호 천 지
欲知變通이면　觀乎四時하라
　욕 지 변 통　　　관 호 사 시
광대함을 알고자 하면 천지를 살펴보고

대도

변통의 이치를 알고자 하면 사시를 관찰하라.

3 欲知陰陽之理면　　觀乎日月하고
　　욕 지 음 양 지 리　　관 호 일 월
　　欲知功德之業이면　觀乎聖人하라
　　욕 지 공 덕 지 업　　관 호 성 인

음양의 이치를 알고자 하면 일월을 살펴보고
공덕의 업적을 알고자 하면 성인을 볼지어다.

4 生物無窮은 天地之大業이요
　　생 물 무 궁　 천 지 지 대 업
　　運行不息은 天地之大德이라
　　운 행 불 식　 천 지 지 대 덕

끝없이 만물을 생성함은 천지의 대업이요
쉬지 않고 운행함은 천지의 대덕이라.

5 功及萬世는 聖人之大業이요
　　공 급 만 세　 성 인 지 대 업
　　終始日新은 聖人之大德이니라
　　종 시 일 신　 성 인 지 대 덕

공덕을 만세에 미침은 성인의 대업이요
처음부터 끝까지 날로 새롭게 함은 성인의 대덕이니라.

난세와 치세의 두 마음

50　禹治九年洪水할새 三過其門而不入은
　　　　우 치 구 년 홍 수　　　삼 과 기 문 이 불 입
　　　　以一身之苦로 而安天下之民이니라
　　　　이 일 신 지 고　 이 안 천 하 지 민

우(禹)가 구년홍수를 다스릴 적에
세 차례나 자기 집 문 앞을 지나면서도 들르지 않았음은
제 한 몸의 고달픔으로
천하의 백성을 평안케 하고자 함이었느니라.

2 是故로
　　시 고
　　治世之人은 餓其體하고 勞其筋하여 以活民生하고
　　치 세 지 인　 아 기 체　　노 기 근　　 이 활 민 생
　　亂世之人은 淫其心하고 貪其財하여 以傷民生하나니
　　난 세 지 인　 음 기 심　　탐 기 재　　 이 상 민 생
　　若天理所在면 功歸於修하고 禍歸於作하리라
　　약 천 리 소 재　 공 귀 어 수　　 화 귀 어 작

그러므로 세상을 다스리는 사람은
제 몸을 주리고 수고스럽게 하여 백성을 살리고
세상을 어지럽히는 사람은
마음을 방종히 하고 재물을 탐하여 백성의 삶을 상하게 하나니

50:1 우치구년홍
수. 우는 9년 홍
수를 잘 다스려
인망을 얻고 하
(夏)왕조를 세웠
다. 13년 동안 치
수 사업을 하면
서 한 번도 집에
들어가지 않았다
고 한다.

천리가 있다면 공(功)은 닦은 데로 돌아가고
화(禍)는 지은 데로 돌아갈 것이니라.

하늘과 땅을 일체로 받드는 개벽시대

51 선천은 천지비(天地否)요, 후천은 지천태(地天泰)니라.

2 선천에는 하늘만 높이고 땅은 높이지 않았으니 이는 지덕(地德)이 큰 것을 모름이라.

3 이 뒤에는 하늘과 땅을 일체로 받드는 것이 옳으니라.

천지에 가득 찬 여자의 한(恨)

52 선천은 억음존양(抑陰尊陽)의 세상이라.

2 여자의 원한이 천지에 가득 차서 천지운로를 가로막고 그 화액이 장차 터져 나와 마침내 인간 세상을 멸망하게 하느니라.

3 그러므로 이 원한을 풀어 주지 않으면 비록 성신(聖神)과 문무(文武)의 덕을 함께 갖춘 위인이 나온다 하더라도 세상을 구할 수가 없느니라.

인간 세상의 음양 질서를 개벽하심

4 예전에는 억음존양이 되면서도 항언에 '음양(陰陽)'이라 하여 양보다 음을 먼저 이르니 어찌 기이한 일이 아니리오.

5 이 뒤로는 '음양' 그대로 사실을 바로 꾸미리라.

남녀동권 시대를 열어 주심

53 여자가 천하사를 하려고 염주를 딱딱거리는 소리가 구천에 사무 쳤나니 이는 장차 여자의 천지를 만들려 함이로다.

2 그러나 그렇게까지는 되지 못할 것이요, 남녀동권 시대가 되게 하리라.

3 사람을 쓸 때에는 남녀 구별 없이 쓰리라.

4 앞세상에는 남녀가 모두 대장부(大丈夫)요, 대장부(大丈婦)이니라.

여자도 각기 닦은 바에 따라

5 자고로 여자를 높이 받들고 추앙하는 일이 적었으나

6 이 뒤로는 여자도 각기 닦은 바를 따라 공덕이 서고 금패(金牌)와 금상(金像)으로 존신(尊信)의 표를 세우게 되리라.

7 내 세상에는 여자의 치마폭 아래에서 도통이 나올 것이니라.

51:1 천지비(☰☷).
64괘의 하나. 양이 위, 음이 아래에 위치하여 음양이 불통하고 조화되지 않는 상으로, 곧 선천시대의 음양의 부조화와 상극 관계를 상징하는 괘.

51:1 지천태(☷☰).
음이 위에, 양이 아래에 위치하여 그 기운이 자유로이 교류함으로써 음양이 조화를 이루는 후천 가을의 변화성을 상징하는 괘.

52:1 억음존양.
선천은 천지의 축이 기울어져서 양(陽) 기운이 음(陰) 기운보다 강하다. 때문에 자연적으로는 극한 혹서가 생기고, 문명적으로는 양의 가치인 하늘·남자 등이 중심이 되어 전쟁과 정복의 역사가 계속되었다. 상제님께서는 이처럼 음이 억압되면서 생긴 원한이 세상을 진멸케 하는 원인임을 처음으로 밝혀 주셨다.

부인 수도는 내 도의 근간

54 부인은 한 집안의 주인이니라.

2 음식 만들어 바라지하고, 자식 낳아 대(代) 이어 주고, 손님 오면 접대하고, 조상 받들어 제사 모시니

3 가정 만사 부인의 손길이 미치지 않는 곳이 없느니라.

4 만고의 음덕(陰德)이 부인에게 있나니 부인을 잘 대접하라. 나 또한 경홀치 않느니라.

5 부인 수도(婦人修道)는 내 도의 근간(根幹)이요 대본(大本)이니

6 이후에 부인들 가운데서 도통자가 많이 나리라.

나를 생각하는 사람이 내 사람

55 하루는 김갑칠(金甲七)이 여쭈기를 "저와 같이 용렬하고 천하기 그지없는 자도 다가오는 선경세계의 복을 누릴 수 있습니까?" 하니

2 상제님께서 문득 안색을 바꾸시어 큰 소리로 말씀하시기를 "갑칠아, 그게 무슨 말이냐. 이 때는 해원시대니라.

3 이제 해원시대를 맞아 도(道)를 전하는 것을 빈천한 사람으로부터 시작하느니라." 하시고

4 또 말씀하시기를 "부귀한 자는 자만자족하여 그 명리(名利)를 증대하기에 몰두하여 딴 생각이 나지 않으리니 어느 겨를에 나에게 생각이 미치리오.

5 오직 빈궁한 자라야 제 신세를 제가 생각하여 도성덕립(道成德立)을 하루바삐 기다리며 운수 조일 때마다 나를 생각하리니 그들이 곧 내 사람이니라." 하시니라.

적서와 반상의 차별을 없애노라

56 하루는 상제님께서 '최수운이 서자(庶子)로 태어난 것이 한이 되어 한평생 서자와 상놈의 차별을 없애고자 하였다.'는 말을 들으시고

2 말씀하시기를 "묵은하늘이 그릇 지어 서자와 상놈의 원한이 세상을 병들게 하였느니라.

3 이제 내가 적서(嫡庶)의 차별을 없이하였노라." 하시니라.

4 또 말씀하시기를 "양반을 찾는 것은 그 선령의 뼈를 오려 내는 것과 같아서 망하는 기운이 따르나니

53:5~7 상제님께서 선천의 그릇된 음양 구조를 정음정양으로 바로잡으신 인사의 바탕이 바로 수부(首婦) 도수이다. 이제 일체의 불평등과 억압의 구조로부터 해방되어 음과 양의 완전한 조화 속에서 살아가는 이상적인 꿈의 낙원세계가 열린다.

55:1 김갑칠(金甲七, 1881~1942). 본관 안동. 갑칠은 도명, 호는 우사장(雨師丈). 부기윤과 모 황씨 사이의 차남. 김형렬 성도의 종제(4촌)이며 김준상 성도의 동생이다. 키는 그리 크지 않고 수염도 얼마 나지 않은 용모였다.

56:2 묵은하늘. 좁은 의미로는 선천의 하늘을, 넓게는 그 하늘 아래에서 사는 인간이 만들어 낸 낡은 관념과

대도

묵은 정신을 뜻한다. 선천의 특징을 한 단어로 압축한 말씀으로 무궁무진한 뜻이 내포되어 있다.

5 양반의 행습을 버리고 천한 사람을 우대하여야 속히 좋은 시대가 이르리라.

6 발 개고 앉아서 고개만 끄덕이는 시대는 다 갔으니 그런 행습을 버리라.

7 내 세상은 상놈의 운수니라." 하시니라.

상제님 세상 후천선경이 오면

57 하루는 성도들에게 글을 써 주시니 이러하니라.

57:2 호천. 하늘(天)의 범칭으로서 만물을 생성하는 하늘의 원기(元氣)가 광대하다는 뜻이다. 고대로부터 호천상제는 우주 최고신의 위격으로 모셔졌고 후한 광무제 이래 국가 차원의 제사가 역조(歷朝)에 걸쳐 계승됐다. 북송(北宋) 때는 '호천옥황상제'에게 제사를 지냈다.

57:2 오좌. 문명의 광명을 드러내는 방위이다. 현실적으로는 상제님을 대행하여 문명을 드러내는 황극 자리를 말한다.

57:2 서민자래. '오(午)'와 '자(子)', '신(申)'과 '인(寅)'이 대구이다. 『시경(詩經)』과 『맹자』에도 '庶民子來'란 표현이 보이는데 이는 개벽 이

2 昊天金闕에 上帝午坐하시고
　　호 천 금 궐　　상 제 오 좌
大地土階에 庶民子來라
　　대 지 토 계　　서 민 자 래
호천금궐의 상제님은 남방(午)에 앉아 계시고
대지의 흙계단에 만백성이 자식처럼 몰려오네.

3 一氣貫通하니 萬里昭明하고
　　일 기 관 통　　만 리 소 명
三才俱得하니 兆民悅服이라
　　삼 재 구 득　　조 민 열 복
천지의 한 조화기운 관통하니 온 천하가 밝아지고
삼재(三才)를 모두 득도하니 억조창생 기뻐 감복하는구나.

4 神明世界에 和風蕩蕩하고
　　신 명 세 계　　화 풍 탕 탕
眞正乾坤에 皓月朗朗이라
　　진 정 건 곤　　호 월 낭 랑
신명의 조화세계 되니 화평한 신바람이 넘쳐나고
건곤이 바로 서니 밝은 달이 더욱 환하구나.

5 天長地久에 申命無窮하고
　　천 장 지 구　　신 명 무 궁
日去月來에 寅賓有方이라
　　일 거 월 래　　인 빈 유 방
천지는 장구하니 가을 명운 무궁하고
일월이 왕래하니 새 세상을 맞는도다.

조선의 대신명을 서양으로 보내심

58 계묘(癸卯 : 道紀 33, 1903)년 3월에 상제님께서 대공사를 행하시며 말씀하시기를

2 "이제는 병든 천지를 바로잡아야 하느니라.

3 조선의 대신명(大神明)을 서양으로 보내 큰 난리를 일으켜

4 선천의 악폐(惡弊)와 상극의 기세를 속히 거두어서 선경세계를 건설하리니

5 장차 동서양을 비빔밥 비비듯 하리라." 하시니라.

성과 웅이 하나가 되어야

6 하루는 상제님께서 말씀하시기를 "마음은 성인의 바탕으로 닦고 일은 영웅의 도략을 취하라.

7 개벽의 운수는 크게 개혁하고 크게 건설하는 것이니 성과 웅이 하나가 되어야 하느니라." 하시니라.

사람이 사랑스러운 세상이 온다

59 이제 음도(陰道)를 보내고 양도(陽道)를 오게 하느니라.

2 앞으로 세상이 거꾸로 되어 바람 부는 대로 살리니 무를 거꾸로 먹는 이치니라.

3 두고 보라! 아침에 본 것, 저녁에 본 것이 다르고 날마다 해마다 달라지리니, 이제 세상이 다 가르치느니라.

4 구름도 가고 바람도 그치는 때가 돌아오면 사람 보는 것이 즐겁고 누구나 기룹고 사랑스러운 세상이 되느니라.

5 내가 이렇게 다니는 것도 세상 돌아가는 도수를 따라서 다니는 것이니라.

6 밥도 다 되었는지 뚜껑을 열어 보지 않느냐? 세상 사람들은 알지 못하나 내가 그냥 다니는 줄 알아도 세상일을 엎었다 뒤집었다 하느니라.

7 내가 세상을 뒤집는 것은 손바닥 안팎 뒤집는 것과 같으니라.

8 이 세상일이 내 걸음걸이 하나하나에 따라 모두 그렇게 되느니라.

대인의 말은 구천에 사무치나니

60 대인의 말은 구천에 사무치나니 나의 말은 한 마디도 땅에 떨어지지 아니하느니라.

2 아무리 큰 일이라도 도수에 맞지 않으면 허사가 될 것이요, 경미하게 보이는 일이라도 도수에만 맞으면 마침내 크게 이루어지느니라.

없는 말로 조작하는 난법자들의 종말

3 참된 말은 하늘도 부수지 못하나 없는 말을 거짓으로 꾸며대면 부서질 때는 여지가 없나니

4 내 도(道)에 없는 법으로 제멋대로 행동하고 난법난도(亂法亂道)하는

후에 구원 받은 사람들이 새 생명을 내려 주신 상제님께 자식처럼 참배하러 오는 모습을 그리고 있다.

57:5 신명, 인빈. '申'은 서방·가을이고 '寅'은 동방·봄을 상징한다. '申命'이란 말은 『주역』 '손괘(巽卦)'에 보이는데, 위에서 도에 합당하게 명을 내니 명이 순차로 이어져 아래에서도 순종함을 의미한다. '寅賓'은 『서경』에서 '예를 갖춰 공경히 맞아들인다.'는 뜻으로 쓰였다. 이 말씀에는 '일월이 왕래하니 공경히 따르는 백성들의 모습이 예에 맞고 올바르다.'는 속뜻이 있다.

58:6 성인의 바탕과 영웅의 도략. 선천 세계의 모든 성자, 석가·공자·예수 등은 성(聖)의 길을 걸었다. 그러나 인류 역사의 기틀을 바로잡고 묵은 천지기운을 개혁할 수 있는, 곧 인간의 생사여탈권을 자유자재로 집행할 수 있는 대웅(大雄)

을 겸비한 성은 아니었다. 이제는 하늘과 땅이 크게 병든 우주 개벽기를 맞이하여 성과 웅을 겸비한 개벽장으로서의 큰 인격이 나와야 하는 때다. 성이 아닌 웅은 진정한 웅이 아니고, 웅을 겸비하지 못한 성은 참된 성이 아니다.

59:1 양도를 오게 하느니라. 세계 문화가 한국에 들어와 지구촌 문화 시대를 열어 가는 과정을 말씀하신 것이다. 선천 상극의 원한 서린 어두운 세상(陰道)을 보내고 대광명의 새 세상(陽道)을 오게 하신다는 뜻.

62:1 신명시대. 선천은 인간이 주체가 되고, 후천은 신명이 주체가 된다. 천지이법으로 보면 선천은 양천(陽天)이고, 다가오는 후천은 음천(陰天)이기 때문에 우주의 가을로 들어설 때는 천지신명들이 천지와 자신의 뜻을 인간을 통해서 이룬다. 현실적으로는 인간이

자는 이후에 날 볼 낮이 없으리라.

남을 음해하려는 자

5 과거에는 도통이 나지 않았으므로 도가(道家)에서 음해(陰害)를 이기지 못하여 성사되는 일이 적었으나

6 이 뒤에는 도통이 나므로 음해하려는 자가 도리어 해를 입으리라.

사람이 죽고 사는 것도 신명조화

61 하루는 호연이 "참말로 신명이 있나요?" 하고 여쭈니 말씀하시기를 "신명이사 없다고 못 하지.

2 사람이 죽고 사는 것도 모두 신명의 조화로 되는 것이다." 하시고

3 또 말씀하시기를 "지금도 네 양쪽 어깨에 신명이 없으면 기운 없어서 말도 못 혀.

4 눈에 동자가 있어야 보이듯이 살아 있어도 신명 없이는 못 댕기고, 신명이 안 가르치면 말도 나오지 않는 것이여.

5 신명이 있으니 이 모든 지킴이 있는 것이다." 하시니라.

6 하루는 복남에게 말씀하시기를 "귀신하고 사람하고 시방 같이 댕겨." 하시니라.

이 때는 신명시대

62 이 때는 신명시대(神明時代)라.

2 이제 신명으로 하여금 사람 몸 속에 출입하게 하여 그 체질과 성품을 고쳐 쓰리니

3 이는 비록 말뚝이라도 기운만 붙이면 쓰임이 되는 연고라.

4 오직 어리석고 가난하고 천하고 약한 것을 편히 하여 부디 마음을 잘 고쳐 죄를 짓지 말라.

마음을 진정 한 가지로 먹어라

63 상제님께서 하루는 형렬의 종 으렁이에게 말씀하시기를

2 "하늘 끝간데가 있더냐? 만리타국을 다녀도 하늘은 그 하늘이요 끝간데가 없느니라.

3 그렇듯이 천지에 내 새끼 네 새끼 없이 다같이 화목하게 살자고, 내가 천지를 뒤집으려고 지금 이러느니라.

4 너도 머슴 산다고 서러워 말고 꼭 진심으로만 마음먹으면 이제 괜찮아지느니라." 하시니

5 으렁이가 "선생님 말씀을 듣고 저도 마음을 고치겠습니다." 하거늘 "오냐! 그렇게 해라." 하시며 용기를 북돋워 주시니라.

6 이에 으렁이가 물가에 앉아 '마음을 고치려면 어찌해야 할꼬.' 하며 날이 저물도록 생각해 보아도 마땅히 답이 나오지 않거늘

7 상제님께 찾아가 "선생님! 저물도록 물을 들여다봐야 제 화상만 보이지 마음이 안 닦아집니다." 하고 여쭈니

8 말씀하시기를 "허허, 물을 들여다본들 네 마음이 닦이겠느냐? 네 그리도 멍청하니 머슴밖에 더 살겠느냐!

9 마음을 진정 한 가지로 먹어라.

10 마음이 이랬다저랬다 하루에도 천백번 뒤집어지는 것은 세상이 그렇게 뒤집었다 엎었다 하는 것이니, 한길로 나가야 쉽단 말이다.

11 네가 멍청하니 이렇게 말해 주는 것이지, 그렇지 않으면 네 뺨이 벌써 서쪽으로 달아났다!" 하시니라.

한 여인의 원한이 하늘에 사무쳐

64 하루는 상제님께서 구릿골에서 천지공사를 보시는 중에 한 여인이 찾아왔거늘

2 성도들이 "무슨 일로 왔소?" 하고 물으니 그 여인이 말하기를

3 "제 아들이 3대 독자인데 지금 병이 들어 선생님이 아니면 살릴 사람이 없으므로 자식 하나 살려 달라고 호소하러 왔습니다." 하니라.

4 이 때 상제님께서 공사를 보느라 바쁘시므로 성도들이 거절하여 돌려보내니

5 그 여인이 깊이 원(怨)을 품고 돌아가매 원기가 하늘까지 미쳐 공사가 제대로 돌아가지 않는지라

6 상제님께서 그 이야기를 들으시고 "그 집에 가자." 하시며 일어나시니라.

7 상제님께서 그 집에 이르시어 사경에 이른 아이에게 "네 이놈, 애비가 와도 안 일어나!" 하시니 아이가 놀라서 벌떡 일어나거늘

8 성도들이 여쭈기를 "아이의 아비가 저기 있는데 '애비가 와도 안 일어난다.' 하시니 이는 무슨 까닭입니까?" 하니

9 말씀하시기를 "가서 알아보아라. 그놈을 얻으려고 금산사 미륵전에다 3년 동안 공을 들여서 낳았느니라." 하시니라.

10 이에 성도들이 아이의 부모에게 물어 보니 과연 그렇게 공을 들여 낳았다 하니라.

인사로써 천지의 일을 마무리하는 것이지만, 그 이면에서는 신명이 선행하여 기운을 내려주고 미래 역사의 방향을 제시하는 것이다.

63:1 으렁이. 김형렬 성도의 종. 턱이 뾰족하여 원숭이 상으로 생겼다. 죽을 때까지 김형렬 성도의 집에서 미혼으로 살았고, 늙어서는 '으렁이 영감'으로 불렸다.(김형렬 성도의 손자 김현식 증언)

64:1 구릿골. 현재 김제시 금산면 청도리 동곡(銅谷) 마을. 하운동 서남쪽에 있으며 1495년경 안동 김씨가 터를 잡고 살면서 마을이 형성되었다 한다. 당시는 바깥구릿골과 안구릿골이 있었는데 바깥구릿골은 1961년 금평제를 만들 때 수몰되고 현재 안구릿골만 남았다.

묵은하늘과 새하늘의 삶

65 상제님께서 새 천지를 개벽하는 대공사를 행하시며 말씀하시기를 "이제 상놈 도수를 짜노라." 하시고

2 "나는 타고난 모습대로 소탈하게 살 것을 주장하나 묵은하늘은 겉으로 꾸미기를 좋아하고

3 나는 의례(儀禮)가 간소하기를 주장하나 묵은하늘은 예절이 번잡하고

4 나는 웃고 기쁘게 대하기를 주장하나 묵은하늘은 위엄을 주장하느니라.

5 나는 다정하기를 주장하나 묵은하늘은 정숙하고 점잖은 것을 높이고

6 나는 진실하기를 주장하나 묵은하늘은 허장성세(虛張聲勢)를 세우고

7 나는 화락(和樂)하기를 주장하나 묵은하늘은 싸워 이기기를 주장하느니라.

8 앞세상에는 신분과 직업의 귀천이 없어 천하는 대동세계가 되고, 모든 일에 신명이 수종 들어 이루어지며

9 따뜻한 정과 의로움이 충만하고 자비와 사랑이 넘치리라.

10 묵은하늘은 이것을 일러 상놈의 세상이라 하였느니라." 하시니라.

우주의 삼신이 천지와 인간 생명의 기틀

66 하루는 상제님께서 글을 쓰시니 이러하니라.

天皇地皇人皇後에 天下之大金山寺라
천 황 지 황 인 황 후   천 하 지 대 금 산 사

진표와의 큰 인연

2 한 성도가 여쭈기를 "전해 오는 비결(秘訣)에 '모악산 아래에 있는 금부처가 능히 말을 한다.'는 구절이 있는데 세간에 금부처의 말을 기다리는 사람들이 많사옵니다." 하니

3 상제님께서 말씀하시기를 "진표는 나와 큰 인연(大緣)이 있느니라.

4 '육장금불(六丈金佛)이 화위전녀(化爲全女)라.' 하였나니 나의 일을 이름이라.

5 내가 미륵이니라.

6 금산사 삼층전 미륵은 손바닥에 불(火)을 받았으나 나는 입에다 물었노라.

7 옛날에 주대명(朱大明)이 금산사 미륵에게 기도하고 소원을 이루었으되

66:1 천황 지황 인황. 천지인이 인격화되어 문명을 연 주인공들. 삼황(三皇)이라고도 한다.

66:7 주대명(朱大明, 1328~1398). 명나라를 창업한

8 민중전(閔中殿)은 각처의 사찰에 빠짐없이 기도하였으나 오직 금산 사에는 들지 못하였느니라." 하시니라.

미륵불의 이치를 모르는 자는

67 상제님께서 하루는 성도들에게 물어 말씀하시기를 "미륵불이 어찌 모악산에 있을까?

2 또 어찌 금산사 삼층전에 있고 솥 위에 서 있으며, 용(龍)이 없는데도 어찌 여의주(如意珠)를 손에 받고 있을까? 잘 생각해 보라." 하시고

3 이어 말씀하시기를 "이 이치를 알면 용화세계를 아는 사람이 될 것이다." 하시니라.

4 하루는 성도들에게 이르시기를 "금산사 미륵불이 솥 위에 서 있으니, 솥이라 하는 것은 항시 새것을 취하는 법이니라." 하시니라.

천지를 뒤흔드는 뱃속 살인의 원한

68 한 사람의 원한(冤恨)이 능히 천지기운을 막느니라.

2 뱃속 살인은 천인공노할 죄악이니라.

3 그 원한이 워낙 크므로 천지가 흔들리느니라.

4 예로부터 처녀나 과부의 사생아와 그 밖의 모든 불의아의 압사신(壓死神)과 질사신(窒死神)이 철천의 원을 맺어

5 탄환과 폭약으로 화하여 세상을 진멸케 하느니라.

매 맞고 사는 여자를 구해 주심

69 금구 용화동(龍華洞)에 사는 부안댁이 연일 계속되는 남편의 매질로 괴로워하다가

2 하루는 상제님께 찾아와 "선생님, 제가 살아야 옳을까요, 죽어야 옳을까요?

3 어찌하면 남편이 그리 안 하겠습니까? 제가 집을 나가야 할까요?" 하며 눈물로 하소연하니 그 모습이 참으로 애절하더라.

4 상제님께서 말씀하시기를 "에이, 별 시원찮은 것을 가지고 그러는구나. 그것도 네 복이다.

5 네가 전생에 손찌검을 많이 해서 그런 것이니 다 방법이 있느니라." 하시고

6 이어 말씀하시기를 "집에 돌아가면 방안에 있는 것을 싹 치워 버리

홍무제(洪武帝) 주원장(朱元璋). 경남 진해에 있는 천자봉(502m)에는 주원장이 우리 민족의 혈통이라는 전설이 전해 온다. 〈진해 웅천 향토문화 연구회, 『진해 땅이름 이야기』〉

68:2~3 『용화전경』의 저자인 김락원의 손자 김상용(1941~)과 황준재 훈장의 후손이며 오동정 교단에서 2대에 걸쳐 일심으로 상제님을 신앙한 황공규(1914~2001)의 증언.

68:4 압사신. 낳은 후에 출생의 불의를 숨기기 위해 눌러 죽인 아이의 신.

68:4 질사신. 숨막혀 죽은 신.

고 왕골자리 하나만 도르르 말아서 세워 놓아라.

7 네 남편이 부아가 나서 그놈으로 너를 두서너 번 때리면 막음이 될 것이다.

8 자리의 날수가 오죽이나 많으냐? 그 수만큼 화를 막아서 평생 맞을 것을 다 때워 나가니, 이제 네 생전에는 안 맞을 것이니라." 하시니라.

9 부안댁이 이 말씀을 굳게 믿고 돌아가 방안을 비우고 자리 하나만 말아둔 채 남편을 기다리거늘

10 저녁이 되어 돌아온 남편이 "살림을 다 어디다 뒀느냐?" 하며 세워 져 있는 자리로 두 번을 때리고 밖으로 나가더니

11 과연 그 날 이후로 다시는 손을 대지 아니하더라.

사람 때리는 것은 살인죄와 같으니

12 이에 부안댁이 상제님께 찾아와 지성으로 그 은혜에 감사드리니

13 상제님께서 내막을 깨우쳐 주시며 "소 잡던 놈이나 개 잡던 놈 신명이 씌어서, 짐승 잡는 심리로 그러는 것이니라." 하시고

14 또 말씀하시기를 "사람 때리는 것은 살인죄와도 같으니라." 하시니라.

내가 하늘보다 더 큰 사람이거늘

70 하루는 상제님께서 호연을 데리고 산에 가셨다가 호연만 혼자 앉혀 놓고 금세 어디론가 가시어 보이지 않으시는지라

2 호연이 두려워 막 울고 있는데, 멀리서 "나 여기 있다." 하고 외치시는 소리가 들리거늘

3 호연이 사방을 둘러보아도 보이지 않으매 "여기라니, 어디 있어요? 저 강아지가!" 하며 골을 부리니

4 상제님께서 돌아오시어 노기를 띤 음성으로 "저놈의 강아지! 네가 강아지다. 내가 강아지냐, 이 녀석아?

5 내가 **하늘보다도** 큰 사람이거늘 네가 감히 나를 쪼그만 강아지라고 해?" 하고 나무라시니라.

6 이에 호연이 "강 생원!" 하고 부르니 상제님께서 "어이!" 하고 대답하시거늘 호연이 "강 생원이니까 강아지지." 하며 입을 삐죽거리는지라

7 상제님께서 "그러지 마라." 하시고 호연을 타이르시며 "○○을 보라." 하시는데 호연이 제대로 보지는 않고 계속 딴소리를 하니

8 "보라는 것은 똑똑히 안 보고 어만 소리만 한다." 하시며 호연의 왼쪽 눈을 쿡 찌르시거늘

70:5 하늘보다도 큰 사람이거늘. 대우주를 마음속에 집어넣으시고 호령하시는 상제님의 심법 세계를 크게 느낄 수 있는 엄청난 말씀이다.

70:8 어만. '애먼'의 방언. 엉뚱하게 딴.

9 이는 나이가 어릴지라도 천지신명들이 그 불경스러움을 용서치 않
으므로 신벌로부터 호연을 지켜 주시기 위함이더라.

다치지도 않고 아프지도 않더라

10 또 어느 때는 호연이 불경스러운 소리를 하면 잡아서 훌쩍 던지기
도 하시니

11 호연이 저만치 가서 툭 하고 떨어져도 전혀 다치지 않고 아프지도
아니하더라.

12 또 때로는 물에 집어 던지시는데 상제님께서 나오라고 하시지 않
으면 언제까지나 그대로 있어야 움직일 수가 없더라.

13 상제님께서 한참을 그대로 두시다가 꺼내 주시어 항상 깨끗이 씻
겨서 보듬어 안고 가시니라.

상제님께 불경스런 말을 하면

14 누가 간혹 상제님께 불경스러운 말을 하면 그 자리에서 입이 열십
자로 찢어지곤 하니

15 동네 사람들이 '강증산 어른에게 욕하면 입이 찢어진다.' 하여 함
부로 말을 하지 못하더라.

산 귀신이 더 무섭다

71 동짓날이 되니 집집마다 팥죽을 끓여 광이나 샘 등에 떠다 놓거늘

2 상제님께서 팥죽이 놓인 곳마다 다니시며 새알심을 찍어 드시고
"너도 먹을래?" 하며 호연에게도 주시니라.

3 또 그 많은 팥죽을 하나도 빼놓지 않고 일일이 마셔 보시거늘

4 호연이 "아이구, 두 그릇만 먹어도 팥죽 냄새가 나고 체하는데 뭣
하러 그렇게 많이 먹어요!" 하니

5 말씀하시기를 "장을 두어 숟가락 먹고 팥죽을 먹으면 얼마라도 먹
을 수 있어." 하시니라.

6 호연이 "귀신 먹으라고 모두들 해 놓은 것을 왜 마셔?" 하고 여쭈니

7 "산 귀신이 무섭지, 죽은 귀신은 안 무서워." 하시거늘

8 다시 "죽은 귀신이 무섭지 어떻게 산 귀신이 무서워요? 산 귀신은
먹고 배부르면 자빠지지만, 죽은 귀신은 처먹어도 자빠지지도 안
해요." 하니라.

9 상제님께서 이에는 대답하지 않으시고 "얻어먹는 귀신 다르고, 귀
신도 다 출처가 있는 것이여." 하시니

10 호연이 애교를 떨며 "그것 좀 가르쳐 주지." 하거늘 "가르쳐 줄 것

71:10 귀신을 다
가르쳐 달래. 신

도세계는 스스로 체험하지 않고는 알 수 없다는 말씀이다.

대도

72:1 신원일(辛元一, 1867~1916). 본관 영월(寧越). 족보명 정석(丁錫), 원일은 자(字). 부인 태안 박씨 사이에 2남 2녀를 두었다.

이 따로 있지, 귀신을 다 가르쳐 달래?" 하며 웃으시니라.

천명과 신도가 인사로 귀결

72 을사(乙巳 : 道紀 35, 1905)년에 부안 사람 신원일(辛元一)이 모시기를 원하매

2 상제님께서 말씀하시기를 "천하의 모든 사물은 하늘의 명(命)이 있으므로 신도(神道)에서 신명이 먼저 짓나니

3 그 기운을 받아 사람이 비로소 행하게 되느니라." 하시니라.

72:2 하늘의 명. 곧 이치(理). 천명(天命)은 하늘이 가진 자기 의지의 표현(天意)인데 강조하는 측면에 따라 '천(天)·명(命)·리(理)·심(心)·성(性)·정(情)' 등의 다른 이름이 된다. 이러한 천지이법을 하나의 질서로 틀 잡아 주면서, 시간을 초월하여 현실 사건에 하나하나 개입·매개하는 것이 바로 신(神)이다. 인간은 신으로부터 기운을 받아 기의 세계인 현실에서 천지일월의 이치를 구체적으로 실현하는 것이다.

천지대도에 머물러야 산다

73 때가 다하여 대세가 처넘어갈 때는 뇌성벽력이 대작하여 정신차리기 어려울 것이요

2 동서남북이 눈 깜짝할 사이에 바뀔 때는 며칠 동안 세상이 캄캄하리니

3 그 때는 불기운을 거둬 버려 성냥을 켜려 해도 켜지지 않을 것이요, 자동차나 기차도 움직이지 못하리라.

4 천지이치로 때가 되어 닥치는 개벽의 운수는 어찌할 도리가 없나니

5 천동지동(天動地動) 일어날 때 누구를 믿고 살 것이냐!

6 울부짖는 소리가 천지에 사무치리라.

7 천지대도에 머물지 않고서는 살 운수를 받기 어려우니라.

73장 김상용, 황공규 공동 증언.

73:2 며칠 동안. 증언자에 따라 몇 분, 하루, 일주일 등 일수에 차이를 보이고

인사는 기회가 있고 천리는 도수가 있다

74 상제님께서 천지공사를 행하실 때 항상 성도들에게 이르시기를

2 "내가 삼계대권을 맡아 선천의 도수를 뜯어고치고 후천을 개벽하여 선경을 건설하리니

3 너희들은 오직 마음을 잘 닦아 앞으로 오는 좋은 세상을 맞으라." 하시므로

4 성도들이 하루바삐 그 세상이 이르기를 바라더니 하루는 신원일(辛元一)이 간절히 청하기를

5 "선생님께서 '천지를 개벽하여 새 세상을 건설한다.' 하신 지가 이미 오래이며 공사를 행하시기도 여러 번이로되

6 시대의 현상은 조금도 변함이 없으니 제자의 의혹이 자심하나이다.

7 선생님이시여, 하루빨리 이 세상을 뒤집어서 선경을 건설하시어 남의 조소를 받지 않게 하시고, 애타게 기다리는 저희에게 영화를 주옵소서." 하거늘

8 상제님께서 이르시기를 "인사(人事)는 기회(機會)가 있고 천리(天理)는 도수(度數)가 있나니, 그 기회를 지으며 도수를 짜 내는 것이 공사의 규범이라.

9 이제 그 규범을 버리고 억지로 일을 꾸미면 이는 천하에 재앙을 끼침이요, 억조의 생명을 빼앗는 것이므로 차마 할 일이 아니니라." 하시니라.

10 이에 원일이 듣지 않고 굳이 청하여 말하기를 "지금 천하가 혼란무도하여 선악을 구별하기 어려우니 속히 진멸하고 새 운수를 여심이 옳으나이다." 하니 상제님께서 심히 괴롭게 여기시니라.

개벽이란 이렇게 쉬운 것이라

75 을사년 7월에 상제님께서 원일과 두어 성도를 데리고 변산 개암사(開巖寺)에 가시어 원일에게 쇠머리 한 개와 술 한 병을 준비하라고 명하신 뒤

2 청수 한 그릇을 방 한편에 놓으시고 쇠머리를 삶아 청수 앞에 진설하신 뒤에 그 앞에 원일을 꿇어앉히시고 양황 세 개비를 청수에 넣으시니 갑자기 비바람이 크게 일어나니라.

3 상제님께서 원일에게 이르시기를 "이제 청수 한 동이에 양황 한 갑을 넣으면 천지가 물바다가 될지라.

변산 개암사. 상제님께서 큰비를 내리게 하시어 신원일 성도의 개벽타령을 경계하신 곳이다.

있다.

73:2~3 화둔의 극치 상황이다. 선천 우주가 이러한 화둔공사의 궁극의 전환점(turning point)을 거쳐 신천지 우주로 다시 태어나는 것이다. 천지에서 불기운을 거두기 때문에 신천지로 갱생할 때 상상도 할 수 없는 일이 벌어진다.

74:2 도수. 문자적으로는 변화의 진전 정도(度)의 수(數)란 뜻이다. 상수(象數) 원리에 근거하여 일정한 시간의 마디를 가지면서 전개되는 천지와 인사의 변화 질서를 뜻한다. 또한 상제님께서 쓰시는 '도수', '천지도수', '천지도수를 뜯어고친다.' 는 말씀은 그 변화 질서의 정신까지를 내포한다.

75:2 양황(洋黃). 서양에서 만든 성냥.

75:5 석교. 전북 부안군 보안면 상림리 석교(石橋) 마을.

4 개벽이란 이렇게 쉬운 것이니 그리 알지어다. 만일 이것을 때에 이르기 전에 쓰면 재앙만 끼칠 뿐이니라." 하시고

5 손가락으로 물을 찍어 부안 석교(石橋)를 향해 뿌리시니 갑자기 그쪽으로 구름이 모여들어 큰비가 쏟아지는데 개암사 부근은 청명하더라.

후천개벽의 상생 정신을 깨 주심

6 상제님께서 원일에게 명하시어 "속히 집에 갔다 오라." 하시거늘 원일이 명을 받고 집에 가 보니 아우의 집이 방금 내린 비에 무너져서 그 권속이 원일의 집에 모여 있는지라

7 원일이 슬픔을 이기지 못하여 곧 돌아와 그대로 아뢰니 상제님께서 말씀하시기를

8 "개벽이란 이렇게 쉬운 것이라. 천하를 물로 덮어 모든 것을 멸망케 하고 우리만 살아 있으면 무슨 복이 되리오." 하시고

75:9 제생의세. 억조의 생명을 건지고 병든 세상을 고쳐 구원해 내는 일.

9 또 말씀하시기를 "대저 제생의세(濟生醫世)는 성인의 도(道)요, 재민혁세(災民革世)는 웅패(雄覇)의 술(術)이라.

10 이제 천하가 웅패에게 괴롭힘을 당한 지 오랜지라 내가 상생(相生)의 도로써 만민을 교화하여 세상을 평안케 하려 하나니

11 새 세상을 보기가 어려운 것이 아니요. 마음 고치기가 어려운 것이라. 이제부터 마음을 잘 고치라.

75:9 재민혁세. 백성에게 재앙을 던지면서 세상을 고친다는 명분으로 나라의 왕조를 바꾸거나 대권을 잡는 일.

12 대인(大人)을 공부하는 자는 항상 남 살리기를 생각하여야 하나니, 어찌 억조를 멸망케 하고 홀로 잘되기를 도모함이 옳으리오." 하시거늘

13 원일이 두려워하여 무례한 말로 상제님을 괴롭게 한 일을 뉘우치니라.

14 또 원일의 아우는 형이 상제님을 추종하면서 집을 돌보지 않음을 싫어하여 항상 상제님을 욕하더니

15 형에게 이 이야기를 듣고 생각하기를 '증산 어른을 욕한 죄로 집이 무너진 것이 아닌가.' 하여 이로부터 마음을 고치니라.

어만 사람이 벼락 맞는다

76 하루는 상제님께서 "옛적에는 벼락을 맞는 놈이 많았나니 번갯불이 길어서 사람을 잘 감았느니라." 하시고

76:2 짧게 부러뜨리며. 대우주 통치자 하느님이신 증산 상제님

2 번개칼을 잡아 짧게 부러뜨리며 말씀하시기를 "죄가 있어서만 벼락을 맞는 것이 아니라, 천상깨비가 하느님을 욕하고 다니니 천상깨비 미워서 때려죽인다고 벼락을 때리느니라." 하시니라.

3 이에 호연이 "아이구, 맥없는 사람 죽기가 쉽겠네." 하니 말씀하시기를 "어만 사람이 벼락 맞는다는 소리도 이치가 있는 소리니

4 천상깨비가 사람이나 나무에 붙으면 벼락을 맞는 것으로, 운수 사나운 사람은 그것이 드느니라." 하시니라.

비를 내려 모내기를 하게 해 주심

77 상제님께서 손바래기에 계실 때, 날이 가물어 모내기를 못 하게 되매 동네 사람들이 모두 깊은 시름에 잠겨 있거늘

2 하루는 상제님께서 "내가 모심게 해 줄까?" 하시니 하늘만 쳐다보던 동네 사람들이 기다렸다는 듯이 "고소원입니다." 하니라.

3 이에 상제님께서 "물 한 그릇 떠 오라." 하시어 손에 물을 찍어 논을 향해 튕기시고 못자리의 모를 뽑아 논으로 던지시니

4 그 순간 맑은 하늘에 먹구름이 모여들고 소나기가 쏟아져 물이 풍족해지매 무사히 모내기를 마치니라.

믿음은 선령신의 음덕으로

78 선령신이 짱짱해야 나를 따르게 되나니 선령신을 잘 모시고 잘 대접하라.

2 선령신이 약하면 척신(隻神)을 벗어나지 못하여 도를 닦지 못하느니라.

3 선령의 음덕(蔭德)으로 나를 믿게 되나니

4 음덕이 있는 자는 들어왔다가 나가려 하면 신명들이 등을 쳐 들며 '이곳을 벗어나면 죽으리라.' 이르고

5 음덕이 없는 자는 설혹 들어왔을지라도 이마를 쳐 내치며 '이곳은 네가 못 있을 곳이라.' 이르느니라.

삼생의 인연이 있어야

6 하루는 한 성도가 여쭈기를 "석가불이 그의 제자들에게 가르치기를 '널리 공덕(功德)을 쌓아서 앞으로 오는 용화세계에서 살아가라.' 하였다 하온데

7 그 때의 사람들이 다가오는 선경의 낙원세계에 참여할 수가 있겠습니까?" 하니

8 말씀하시기를 "삼생(三生)의 인연이 있어야 나를 따르리라." 하시니라.

의 도권(道權)과 신권(神權)을 헤아릴 수 있는 중요한 말씀 가운데 하나이다. 이는 김형렬 성도와 김호연 성도가 곁에서 직접 본 공사이다. 김호연 성도는 이 때 번개칼을 부러뜨리신 이후로 실제 번갯불이 짧아졌다고 증언한다.

76:2 천상깨비. 천도깨비. 속담에 '죄는 천도깨비가 짓고 벼락은 고목이 맞는다.'는 말이 있다.

77장 객망리에 거주하던 김귀녀, 유봉애 증언.

78:6 용화세계. 용화(龍華)는 영원한 생명의 표상으로 불사(不死)를 상징한다. 통일신라 때 신교의 맥인 화랑도에서 화랑을 용화낭도(龍華郎徒)라 하였는데, 용은 미시(未尸)

라 하여 불사를
뜻한다. 곧 용화
세계란 도솔천의
천주인 미륵존불
께서 지상에 강
세하시어 인류를
구원하고 새롭게
여시는 불로장생
의 새 생명 세계
인 후천 선경 낙
원을 의미하는
것이다.

79:1 원평. 모악
산 대원사의 사
전답(寺田畓)이
라는 뜻인 대원
평(大院坪)에서
유래하였다. 불
교를 숭상한 고
려 때에는 절 아
래의 들이 대부
분 사전답이었
다.

79:1 대풍창. 문
둥병.

79:14 새사람으
로. 천하창생을

문둥병자를 새사람으로 만드심

79 하루는 상제님께서 원평(院坪)을 지나시는데 길가에 한 병자가
있거늘, 온몸이 대풍창(大風瘡)으로 뒤덮여 그 흉한 형상이 차마
보기 어려운 지경이라.

2 그 병자가 상제님의 행차를 보고 달려와서 크게 울며 하소연하기
를 "제가 이생에 죄를 지은 바가 없는데 이 같은 형벌을 받음은 전
생의 죄 때문이옵니까?

3 바라옵건대 전생에 지은 중죄(重罪)를 용서하옵소서. 만일에 죄가
너무 무거워서 용서하실 수 없다면 차라리 죽음을 내려 주옵소서."
하고 통곡하며 뒤를 따르니

4 보는 사람들 가운데 눈물을 흘리지 않는 이가 없더라.

5 상제님께서 잠시 애처롭게 바라보시더니 병자를 부르시어 "내가
너를 고쳐 주리니 여기 앉으라." 하시고

6 성도들로 하여금 "길 위에 둥글게 병자를 둘러싸고 앉으라." 하신
후에

7 일러 말씀하시기를 "'대학지도(大學之道)는 재신민(在新民)이라.' 이
구절을 계속하여 외우라." 하시니라.

8 이에 성도들이 명을 받들어 외우는데 얼마 지나지 않아 "이제 되었
으니 그만 읽고 눈을 뜨라." 하시거늘

9 모두 눈을 떠 보니 병자가 완전히 새사람이 되어 앉아 있는지라 모
두가 크게 놀라니라.

하느님, 하느님이시여!

10 새사람이 된 병자가 기뻐 뛰고 춤추면서 "하느님, 하느님이시여! 저
의 큰 죄를 용서하시어 저에게 새로운 인생을 열어 주셨습니다." 하
고 울부짖거늘

11 이 광경을 바라보던 사람들이 모두 "만일 하느님의 권능이 아니라면
어찌 이렇게 할 수 있으리오." 하고 탄복하니라.

12 상제님께서 병자에게 "너는 북쪽으로 십 리를 가라. 거기에 가면
네가 살길이 있으리라." 하시고 그를 보내시니

13 한 성도가 상제님께 여쭈기를 "문둥병은 천형(天刑)이라 하여 세상
에서는 치료할 방도가 없는 것인데 글을 읽게 하여 그 자리에서 고
치게 하시니 어떤 연고입니까?" 하매

14 말씀하시기를 "나의 도(道)는 천하의 대학(大學)이니 장차 천하창생을
새사람으로 만들 것이니라." 하시니라.

옷을 내던져 비를 그치게 하심

80 구릿골에 계실 때 하루는 갑자기 비가 내리니 일을 나간 사람들이 밖에서 비를 피하느라 집으로 돌아오지 못하거늘

2 상제님께서 방으로 들어오시어 깨끗이 빨아서 걸어둔 당신의 옷 하나를 마당으로 휙 내던지시니라.

3 호연이 옆에서 이를 지켜보다가 "아, 비 오는데 왜 내버려요?" 하고 여쭈니

4 상제님께서 "비가 오니 내버렸다." 하시는 순간에 비가 뚝 그치거늘

5 그 사이 사람들이 모두 집으로 돌아오는데 밖으로 던지셨던 옷은 어느새 방에 걸려 있더라.

치도령을 내리심

81 상제님께서 밖에 다니실 때는 신명에게 **치도령**(治道令)을 써서 불 사르시어

2 여름에는 바람을 불게 하여 길에 이슬을 떨어뜨리시고, 겨울에는 진 길을 얼어붙게 하여 마른 신발로 다니시니라.

3 을사년 12월에 하루는 함열(咸悅)에서 구릿골로 가실 때 길이 매우 질어서 걸음을 옮기기 어려운지라

4 상제님께서 "치도령을 놓아야겠다." 하시고

5 　勅令治道神將이라
　　칙 령 치 도 신 장
　御在咸羅山下인대
　　어 재 함 라 산 하
　移御于全州銅谷하노라
　　이 어 우 전 주 동 곡
　치도신장에게 내리는 칙령이라.
　내가 함라산 아래에서
　전주 동곡으로 가려 하노라.

6 라고 써서 불사르시니 즉시 찬바람이 일어나고 날씨가 차지며 진 길이 얼어붙어 굳어지거늘 이에 마른 신발로 떠나시니라.

약은 오행 기운에 응한다

82 병오(丙午 : 道紀 36, 1906)년에 형렬이 다리가 아파서 오한 두통에 음식을 전폐하고 크게 앓거늘

새사람으로 만드는 주체는 바로 후천 새 문명의 주역인 상제님 일꾼들이다.

81:1 치도령. 길을 닦으라는 명령. 이 말씀을 통해 천기(天氣)의 변화에는 단순히 자연의 변화 작용만이 아니라, 신도 세계에서 자연의 변화를 통제하는 신명들이 관계하고 있음을 알 수 있다. 즉 우주의 변화 원리와 만물생성 원리인 리(理)에는 이를 주재하는 위격으로 신(神)의 도(道)가 있음을 철저히 깨달아야 한다.

81:5 어(御). '어(御)'는 임금에 관한 사물이나 행위에 붙이는 경칭으로 여기서는 어가(御駕)의 준말로 보아야 한다.

2 상제님께서 "64괘(卦)를 암송하라." 하고 명하시니라.

3 형렬이 그대로 하매 곧 오한이 풀리며 두통이 그치고 다리도 낫거늘 매우 이상히 여겨 그 까닭을 여쭈니

82:4 팔괘.
건(乾, ☰)
태(兌, ☱)
리(離, ☲)
진(震, ☳)
손(巽, ☴)
감(坎, ☵)
간(艮, ☶)
곤(坤, ☷)

4 말씀하시기를 "8괘 가운데 오행(五行)의 이치가 있고 약(藥)은 오행 기운에 응한 연고니라." 하시니라.

5 이어 성도들에게 "64괘 괘명은 알아 두는 것이 좋으리라." 하시므로 성도들이 서로 외우다가 복서(卜筮)에 쓰는 비복신문자(飛伏神文字)를 읽으려 하매

6 상제님께서 갑자기 "왜 복서술(卜筮術)을 배우려 하느냐?" 하시며 꾸짖어 금지하시고

7 이후로 복서술을 행하며 아는 체하는 자를 경계하시니라.

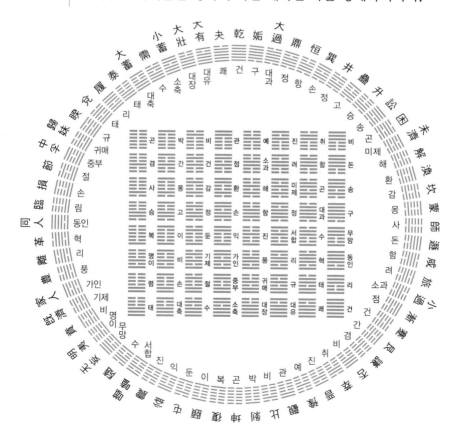

『성리대전』권7「황극경세서」64괘 방원도

천지공사에 여자를 참여케 하심

83 상제님께서 공사를 보실 때면 간혹 성도들에게 여자를 데려오게 하시고, 때로는 형렬로 하여금 옷과 머리 모양을 여자처럼 꾸미고 참여하게 하시니라.

2 하루는 한 성도가 여쭈기를 "선천에는 모든 공사(公事)에 여자를 멀리하였거늘

3 선생님께서는 천지공사를 행하실 때에 간혹 '여자를 구하여 오라.'고 명하시어 곁에 두고 여러 시간 동안 공사에 참여하게 하시고

4 공사가 끝나면 재물을 내리시어 돌려보내시니 어떤 연고입니까?" 하니

5 상제님께서 말씀하시기를 "독음독양(獨陰獨陽)이면 화육(化育)이 행해지지 않나니 후천은 곤도(坤道)의 세상으로 음양동덕(陰陽同德)의 운(運)이니라." 하시니라.

이봉현을 살려 주심

84 5월에 상제님께서 김광찬(金光贊)을 데리고 임피(臨陂) 읍내에 사는 이봉현(李鳳鉉)에게 가시니라.

2 이 때에 봉현은 다리에 큰 부스럼이 생겨 걸어다니지 못하더니, 광찬이 전에 없이 동저고리 바람으로 보퉁이를 걸머지고 다른 동저고리 차림을 한 사람과 동행하여 오는지라

3 반가이 맞아들여 술을 내어 대접하면서 생각하기를 '평소에는 말을 타고 점잖게 다니던 사람이 이같이 차리고 온 것도 이상하거니와

4 또 함께 온 사람이 저보다 연하인 듯함에도 불구하고 예의로 존경하니 참으로 이상하구나.' 하며 의아해하니라.

5 이 때 상제님께서 봉현에게 술을 권하시니 봉현이 병을 빙자하여 받지 않으려 하거늘

6 상제님께서 말씀하시기를 "그 병을 낫게 하여 주리니 염려 말고 받으라." 하시고

7 광찬 또한 "병은 염려 말고 받으라." 하며 자꾸 권하므로 봉현이 할 수 없이 대작하니라.

8 술을 다 마신 뒤에 상제님께서 봉현에게 명하시어 "다리를 냉수에 씻으라." 하시므로 봉현이 명하신 대로 하매 곧 나으니라.

82:4 오행. 우주의 운동 원질(運動原質)로 목(木), 화(火), 토(土), 금(金), 수(水)의 다섯 가지.

82:5 비복신문자. 한대(漢代)에 인간의 운명과 미래를 예측하기 위해 개발된 복서법의 하나.

84:1 이봉현(李鳳鉉, 1877~1939). 본관 경주. 부 덕표(德杓)와 모 조씨의 4남.

84:2 동저고리 바람. 동저고리는 남자가 입는 저고리로 그 위에 두루마기를 입는 것이 상례이다.

85 봉현의 집에서 머무르실 때 그 이웃 사람 강화운(康華運)이 창증(脹症)으로 사경에 이르러 죽기만 기다리고 있더니

2 그의 늙은 아버지가 상제님의 신성하심을 듣고 찾아와 문 앞에 엎드려 살려 주시기를 애걸하니라.

3 상제님께서 불쌍히 여기시어 화운에게 가 보시니, 몸이 크게 부어 다리는 기둥 같고 배는 산과 같이 불러 있거늘

4 말씀하시기를 "참 부골(富骨)로 생겼다." 하시고 손가락으로 부은 배를 짚어 누르시니 한 자 깊이나 들어가는지라

5 사물탕(四物湯) 네 첩을 지으시어 두 첩은 시렁 위에 얹고 두 첩은 문밖에 뿌리신 뒤에 글을 써서 불사르시고 봉현의 집으로 돌아오시니라.

6 이튿날 화운의 부친이 와서 기뻐하며 말하기를 "병이 크게 차도가 있으니 한 번 더 보아 주옵소서." 하거늘 상제님께서 다시 가 보시니 부기가 거의 가라앉았더라.

7 이에 "미역국에 쌀밥을 말아 먹이라." 하시고 돌아오셨다가 이튿날 다시 가시어 시렁 위에 얹어 둔 사물탕 두 첩을 마저 문밖에 뿌리시고 한 냥중의 돌가루를 방 가운데 뿌리시며

8 말씀하시기를 "이렇게 앉아서만 지낼 것이 아니라 걸어 보아야 하리라." 하시고 억지로 걷게 하시니 곧 완쾌되니라.

9 봉현의 집에서 이레를 더 머무르시고 임피 군둔리(臨陂 軍屯里)로 떠나실 때, 화운이 보퉁이를 걸머지고 따라와 사례금으로 30냥을 올리거늘

10 상제님께서 받지 않으시니 굳이 받으시기를 청하는지라 하는 수 없이 그 돈을 받으시어 지나가는 사람들을 불러 술을 사 주시니라.

걱정하지 말라

86 하루는 상제님께서 팥정이 주막에서 술을 드시는데 안필성(安弼成)이 주막을 지나다가 상제님을 보고는 "아이고, 큰일 났네! 어찌하면 좋은가?" 하며 죽는소리를 하거늘

2 상제님께서 "어허, 왜 그러냐? 이리 와서 술이나 한 잔 해라." 하시니 필성이 한숨을 쉬며 "술 마실 짬도 없네." 하는지라

3 상제님께서 연유를 물으시니 필성이 "날이 가물어서 나락이 다 말라 죽는당게." 하고 힘없이 대답하니라.

85:1 강화운(康華運, 1873~1931). 본관 신천(信川). 본명 언석(彦錫), 상제님을 만난 당시(1906년) 34세였다.

85:1 창증. 배가 부어 올라 가라앉지 않는 병.

85:2 아버지. 강경문(康敬文, 1842~1911). 당시 64세, 화운은 둘째 아들.

4 상제님께서 웃으시며 "허허, 그걸 가지고 걱정을 했냐? 걱정 말고
  술이나 한 잔 먹어라." 하시며 "내일 아침에 논에 한번 가 봐라."
  하시거늘

5 다음날 아침 일찍 필성이 논으로 가 보니 다른 논은 여전히 바싹
  타들어 가는데 자기 논은 물이 가득 차서 출렁거리고 있더라.

소나기를 내려 주심

6 이 해 여름에 상제님께서 필성의 집에 이르시어 술을 드실 때 필성
  이 연신 부채질을 해대며 '덥다, 덥다.' 하니

7 말씀하시기를 "날도 가무니 비가 오게 해 주마." 하시거늘

8 필성이 반색하며 "그렇게 할 수 있다면 오죽 좋겠나." 하고 대답하
  니라.

9 이에 상제님께서 웃으시며 "그럼 냉수 한 그릇 떠 와라." 하시매 필
  성이 물을 떠다 올리거늘

10 상제님께서 손가락에 물을 찍어 주문을 외우시며 정남방에 있는
   용반(龍蟠)골을 향해 세 번 튕기시니

11 돌연 쨍쨍하던 하늘에 순식간에 먹구름이 덮이면서 소나기가 마치
   작살 꽂히듯 쏟아지는데

12 한식경이 지나자 빗물이 마당에 가득 차서 미처 빠져나가지 못할
   정도이고 멀리서는 냇물 소리가 요란하게 들리더라.

13 이 해에 용반 골짜기 주변은 대풍이 드니라.

쌍무지개를 뜨게 하심

14 또 한번은 상제님께서 필성에게 "물을 떠 오라." 하시어 극락산 쪽
   으로 물을 튀기신 뒤 두 손을 벌리며 어떤 모양을 취하시니

15 잠시 후에 극락산으로부터 용반 골짜기에 걸쳐 쌍무지개가 황홀하
   게 떠오르더라.

앉은뱅이를 고쳐 주심

87 상제님께서 머무시는 곳이면 어디나 병자들이 그 신이한 소식을
   듣고 몰려와 병 고쳐 주시기를 애원하니라.

2 하루는 누가 앉은뱅이를 업고 오거늘 상제님께서 "뭣 하러 이런 놈
  을 다 업고 다니냐." 하시며 손가락을 튕기시니 병자와 그를 업고
  온 사람이 함께 넘어지는지라

3 상제님께서 병자를 향하여 "아, 이놈 봐라! 거짓으로 앉은뱅이가
  되어서 나으려 하는구나! 너 여기 왜 왔냐, 나를 의원으로 아냐?

안일완(1940~)

86:6~15 안필
성의 무릎에서
상제님에 대한
이야기를 들으며
성장한 손자 안
일완의 증언으
로, 초기 기록의
오류를 바로잡았
다.

86:13 용반 골짜
기. 모악산 금산
사 앞 상가가 끝
나는 부분에 용
반교(龍蟠橋)가
있고, 그 뒤로 용
반 골짜기가 있
다. 극락산은 골
짜기 오른쪽에
있다.

4 네 눈구녕으로 보니 내가 의원이냐? 내가 뭘 가지고 너를 일어나게 하냐?" 하시며 말씀마다 그를 내치시는데

5 병자는 오로지 고쳐 주실 것으로 믿고 그 자리에서 꼼짝 않고 기다리니라.

6 이에 상제님께서 병자의 다리에 손가락으로 무어라 쓰시고 "물을 떠 오라." 하시며 방으로 들어가시니

7 한 성도가 물을 떠다 올리매 한 모금을 드신 후에 손가락에 물을 묻혀 방바닥에 글씨를 쓰시는데

8 상제님께서 무엇을 하시는지 아무도 알지 못하니라.

일어서라

9 잠시 후 상제님께서 다시 마당에 나오시어 방 한쪽을 가리키시며 병자에게 "야 이놈, 저 윗목에 가서 저것 좀 가져오너라." 하고 명하시니

10 앉은뱅이가 '성한 놈 두고 아픈 놈보고 가져오라 한다.'며 투덜거리거늘

11 상제님께서 "이놈아, 벌떡 못 일어나!" 하시며 병자의 뺨을 때리시매 뒤로 벌러덩 넘어가니라.

12 병자가 그래도 못 일어나겠다 하니 상제님께서 노기를 띠시며 "저 일어나는 것 보려고 가져오라는데, 그렇게 몰라서 싫다고 앙알앙알하냐!" 하시며 한 대를 더 때리시거늘

13 그래도 여전히 일어나지 않으매 크게 호통치시기를 "이놈이! 제가 아파서 왔구마는, 내가 의원이라고 왔냐, 침쟁이라고 왔냐, 이놈아!

14 어디 침 좀 맞아 봐라." 하시며 손가락으로 쿡쿡 찌르시니라.

15 이에 병자가 죽는다고 소리를 지르는데 상제님께서 다시 "일어서라!" 명하시거늘 하는 수 없이 일어서니 성한 사람과 꼭 같더라.

바다같이 넓은 마음이시라

16 상제님께서 이르시기를 "야, 이놈아. 술값이나 내놓고 어서 달음박질해 가거라. 네까짓 놈하고 말할 기운 없다." 하시니 그 사람이 기뻐서 뛰며 있는 대로 사례비를 내놓거늘

17 말씀하시기를 "없는 놈이 제 병 나으려고 요걸 갖고 와서 주고 간다고….

18 일어나지도 못하는 놈을 일으켜 세워 주었으니, 이제 제 자식 대에라도 '그 양반이 나를 낫게 해 줬다.'고 말을 이을 것이거늘

대
도

19 내가 있어서 저를 도와주지는 못하나마 이걸 받아서야 쓰겠느냐?"
하시며 오히려 돈을 더 보태어 주시니라.

20 이에 형렬이 감탄하여 말하기를 "바다같이 넓은 마음이시라.

21 물이 많으면 아무리 퍼내어도 준 자리가 없다고, 바다같이 넓은 양
반은 마를 것이 없구나.

22 깊은 물과 얕은 물은 역시 다르구나." 하더라.

큰 공부를 못 이루는 선천의 학교 교육

88 하루는 성도들에게 이르시기를 "이 세상에 학교를 널리 세워 사
람을 가르침은 장차 천하를 크게 문명케 하여 천지의 역사(役事)를
시키려 함인데

2 현하의 학교 교육이 학인(學人)으로 하여금 비열한 공리(功利)에 빠지
게 하므로 판밖에서 성도(成道)하게 되었노라." 하시니라.

나는 살릴 공부를 하리라

89 상제님께서 불가지(佛可止) 김성국(金成國)의 집에 계실 때 성국
이 덕찬과 함께 새터에서 홀치를 놓아 꿩을 잡으려고 하는데

2 꿩떼가 날아 내려와 홀치 가까이 와서 미끼를 먹으므로 서로 기뻐
하며 말하기를 "오늘은 꿩을 많이 잡겠다." 하더니

3 어쩐 일인지 꿩떼가 미끼만 먹고 날아가 버려 한 마리도 잡히지 않
거늘 성국과 덕찬이 심히 이상스럽게 여기니라.

4 상제님께서 말씀하시기를 "너희들은 잡는 공부를 하라. 나는 살릴
공부를 하리라." 하시니

5 성국과 덕찬이 크게 놀랍고 두려워 꿩 잡기를 포기하고 홀치를 거
두니라.

지는 것이 오히려 이기는 것

6 상제님께서 매양 가르쳐 말씀하시기를 "천지대기 무재호생(天地大氣
務在好生)이니 나를 좇는 자는 항상 마음속으로 호생지덕(好生之德)을
가져야 하느니라.

7 지는 것이 오히려 크게 이기는 것이니라." 하시니라.

하늘은 곧 이치(理)

90 하루는 상제님께서 글을 쓰시니 이러하니라.

89:1 불가지. 전
북 완주군 이서
면 이성리(伊西
面 伊成里) 불가
절. 고려 시대에
불가사(佛可寺)
라는 절이 있었
다고 한다. 두세
가구가 살았는데
지금은 마을이
없어졌다.

2 天者는 理也라
천 자　리 야

昭昭之天이 合人心之天하니
소 소 지 천　　합 인 심 지 천

理는 原於天하여 具於人心하니라
리　원 어 천　　　구 어 인 심

하늘은 이치(理)이니라.

밝고 밝은 하늘이 사람 마음속 하늘과 부합하니

이치(理)는 하늘에 근원을 두고 사람의 마음에 갖춰져 있느니라.

3 若逆理면 則自欺此心之天이니
약 역 리　　즉 자 기 차 심 지 천

此는 欺在天之天이니라
차　　기 재 천 지 천

禍非自外而來요 罪及其身也니라
화 비 자 외 이 래　　죄 급 기 신 야

이치(理)를 거스름은 곧 스스로 마음속 하늘을 속이는 것이니

이는 하늘에 있는 하늘을 속이는 것이니라.

화(禍)는 밖에서 오는 것이 아니요

죄가 제 몸에 미친 것이니라.

천지와 내가 한마음

4 천지는 나와 한마음이니 사람이 천지의 마음을 얻어 제 마음 삼느니라.

일심이 없으면 우주도 없다

91 하루는 상제님께서 공사를 보시며 글을 쓰시니 이러하니라.

91:2 일심. 거짓 없이 진실된 진심(眞心), 잘 검속(檢束)되어 천리가 보존된 정심(正心), 송죽같이 곧은 직심(直心), 천지이법에 깨쳐서 한결같이 천지와 한마음이 되는 천심(天心), 성과 웅이 하나 되어 안 될 일을 되게 하는 개척자의 마음을 말한다. 8편 51장 4절 측주 참조.

2 天地萬物이 始於一心하고 終於一心하니라
천 지 만 물　　시 어 일 심　　　종 어 일 심

천지만물이 일심에서 비롯하고

일심에서 마치느니라.

오직 일심을 가지라

3 일심이 없으면 우주도 없느니라.

4 일심으로 믿는 자라야 새 생명을 얻으리라.

5 너희들은 오직 일심을 가지라.

6 일심으로 정성을 다하면 오만년의 운수를 받으리라.

마음을 놓지 말라

92 세밑을 당하여 형렬의 옆집에서 나무 떡판에다 메로 떡을 치는데 눈 깜짝할 사이에 떡이 없어져 버린지라

2 떡을 치던 사람이 놀랍고 의아스러워 "떡이 어디로 갔을꼬? 아무
도 없는데 이게 어쩐 일이여?" 하고 중얼거리는데

3 이 때 형렬의 집에서는 상제님께서 떡을 잡숫고 계시더라.

4 잠시 후 상제님께서 떡을 드시며 그 집에 가시어 "아까 떡 치더니
만 어쨌냐? 떡 좀 가져오너라." 하시거늘

5 "아이고, 헛첨지가 가져가고 없습니다." 하니 말씀하기를 "야이,
빌어먹을 놈아! 금방 메 들고 떡 치던 놈이 떡을 잃어버려?

6 이놈이 사람이 아니라 허신(虛神)이로구나." 하시니라.

7 상제님께서 다시 이르시기를 "떡이 메에 들러붙어 울 너머로 도망
했으니 가서 찾아봐라." 하시거늘

8 그 사람이 울 너머에 가 떡을 찾아 와서는 '반도 못 된다.'고 불평
을 하니

9 상제님께서 "아, 그놈이라도 찾았으니 다행 아니냐? 어서 갖고 가
거라." 하시니라.

10 이에 그 사람이 "대체 무슨 재주로 저희를 이렇게 애를 먹이십니
까?" 하고 하소연하니

11 상제님께서 웃으시며 "이놈아, 암말 말고 그냥 있거라. 메 들고 떡
치다가 떡 잃어버리는 놈이 어디 있느냐. 정신을 그렇게 잃느냐!" 하고
나무라시니라.

상제님 말씀은 생명의 약

93 정미(丁未 : 道紀 37, 1907)년 정월에 상제님께서 김형렬에게 일
러 말씀하시기를

2 "나의 말은 약이라. 말로써 사람의 마음을 위안도 하며 말로써 병든
자를 일으키기도 하며 말로써 죄에 걸린 자를 끄르기도 하나니

3 이는 나의 말이 곧 약인 까닭이니라.

4 '良藥은 苦口나 利於病이요
　　양 약　　고 구　　이 어 병

　　忠言은 逆耳나 利於行이라
　　충 언　　역 이　　이 어 행

　　좋은 약은 입에는 쓰나 병에는 이롭고
　　충언은 귀에는 거슬리나 행함에는 이롭다.' 하나니

5 나의 말을 잘 믿을지어다.

6 나의 말은 구천(九天)에 사무쳐 잠시도 땅에 떨어지지 아니하나니 부절
(符節)과 같이 합하느니라." 하시니라.

천지조화를 말씀으로 다스리심

7 하루는 성도들에게 말씀하시니 이러하니라.

8 　天地化權도 一由舌門이라
　　천 지 화 권　　일 유 설 문
　　천지화권도 한결같이 혀로 말미암느니라.

93:8 보천교에 전해 내려오는 상제님 말씀.

대도

천조(天朝)를 맡기고 강세하심

94 나의 일은 비록 부모, 형제, 처자라도 알 수가 없나니 나는 서양 대법국 천개탑 천하대순이로다.

2 동학 주문에 '시천주 조화정(侍天主造化定)'이라 하였나니

3 천지간의 모든 신명들이 인류와 신명계의 겁액을 나에게 탄원하므로

4 내가 천조(天朝)의 대신(大臣)들에게 '하늘의 정사(政事)를 섭리하라.'고 맡기고

5 서양 천개탑에 내려와 천하를 둘러보며 만방의 억조창생의 편안함과 근심 걱정을 살피다가

6 너의 동토(東土)에 인연이 있는 고로 이 동방에 와서 30년 동안 금산사 미륵전에 머무르면서 최제우에게 천명(天命)과 신교(神教)를 내려 주었더니

7 조선 조정이 제우를 죽였으므로 내가 팔괘 갑자(八卦甲子)에 응하여 신미(辛未 : 道紀 1, 1871)년에 이 세상에 내려왔노라.

8 궁을가(弓乙歌)에 '조선 강산 명산이라 도통군자 다시 난다.'는 말은 이를 두고 이른 말이니라.

9 최제우는 유가(儒家)의 낡은 틀을 벗어나지 못하였나니 나의 가르침이 참동학이니라.

10 동학교도가 모두 수운(水雲)의 갱생(更生)을 기다리나 죽은 자는 다시 살아나지 못하느니라.

11 내가 수운을 대신해 왔나니 내가 곧 대선생이니라.

94:7 팔괘 갑자. 최수운에게 내린 천명과 신교를 거두신 해, 갑자(甲子, 1864)년 으로부터 8년 후를 뜻한다.

94:8 궁을가. 북창 정렴이 인류 구원의 법방에 대해 적은 비결. 전 인류의 생명 줄을 주관하는 절대적 존재가 천지일월의 사체(四體, 弓弓乙乙)로 우리나라에 출세하는 이치를 담고 있다. 동학 신도들이 많이 불렀다.

근본을 모르는 종교 지도자들의 종말

95 세상 사람이 다 하고 싶어도 법(法)을 몰라서 못 하느니라.

2 이제 각 교 두목들이 저의 가족 살릴 방법도 없으면서 '살고 잘된다.'는 말을 하며 남을 속이니 어찌 잘되기를 바라리오.

3 공자가 알고 하였으나 원망자가 있고, 석가가 알고 하였으나 원억(冤抑)의 고를 풀지 못하였거늘

4 하물며 저도 모르는 놈이 세간에 사람을 모으는 것은 '저 죽을 땅을 제가 파는 일'이니라.

5 수운가사에 '기둥 없이 지은 집이 어이하여 장구하리. 성군취당(成群聚黨) 극성(極盛) 중에 허송세월 다 보낸다.' 하였느니라.

6 속언에 '죄는 지은 데로 가고 공은 닦은 데로 간다.'는 말이 참으로 성담(聖談)이니 잘 기억하라.

천하에 무서운 죄

96 항우가 25세에 출세하였으면 성공하였을 것인데, 24세에 출세하였으므로 성공을 보지 못하였느니라.

2 대장부 출세하는 법이 대세를 모르면 봉사가 지팡이 잃은 것과 같으니 일찍 작파하여야지, 대세도 모르는 놈이 출세한다고 나서면 낮에 난 도깨비 같고

3 제가 알고 남을 가르쳐야지 저도 모르는 놈이 남을 속이고 사람을 모으다가는 제가 먼저 죽으리라.

4 천하에 무서운 죄는 저도 모르는 놈이 남을 모아 수하(手下) 중에 넣는 것이니 그 죄가 제일 크니라.

천하에 개벽세계를 아는 자 없다

97 하루는 상제님께서 이도삼(李道三)에게 "글 석 자를 부르라." 하시니

2 도삼이 천(天), 지(地), 인(人) 석 자를 부르거늘 상제님께서 글을 지어 말씀하시니 이러하니라.

3
$$天上無知天하고 地下無知地하고$$
천 상 무 지 천　　　　지 하 무 지 지

$$人中無知人하니 知人何處歸리오$$
인 중 무 지 인　　　　지 인 하 처 귀

천상에서는 하늘 일을 알지 못하고
지하에서는 땅 일을 알지 못하고
사람들은 사람 일을 알지 못하나니
삼계의 일을 아는 자는 어디로 돌아가리.

내 마음을 어떻게 알까

98 하루는 형렬을 불러 앞들을 가리키시며 "저것은 누구 논이고, 저 산은 누구 산이며, 저 밭은 누구 밭이냐?" 하고 물으시니

94:9 참동학. 우주의 통치자 하느님이신 증산 상제님께서 9년 천지공사를 집행하시어, 당신의 무극대도 시대를 선포한 '후천개벽, 천주님 강세, 무극대도 출세'라는 동학의 이상을 실현하신다는 것을 뜻한다. 이를 위해서 상제님께서 스스로 하늘 보좌에서 내려오셨다.

96:1 항우(項羽, 서기전 232~서기전 202). 중국 초(楚)의 왕. 서기전 209년 진(秦)을 멸망시키고 서초의 패왕(霸王)으로 군림하다가 한(漢)의 유방(劉邦)에게 패하여 오강(烏江)에서 자결함.

97:1 이도삼(李道三, 1865~1943). 본관 전주. 그의 이름 기운을 취하시어 도운(道運), 삼변(三變) 등과 관련된 공사에 주로 참여케 하셨다.

대
도

2 형렬이 어름어름하며 얼른 대답을 하지 못하거늘

3 상제님께서 큰 소리로 꾸짖으시며 "앞에 있는 전답(田畓)도 모르는 놈이 삼계 우주(三界宇宙)를 다 집어삼킬 내심(內心)을 어떻게 알까.

4 내가 없으면 속담처럼 '남의 다리에 행전(行纏) 칠 놈' 아닌가." 하시고 슬픈 표정을 지으시더니

5 탄식하며 이르시기를 "그렇지. 사람마다 저러하니 누구를 믿고 따르겠느냐.

6 수운가사에 '많고 많은 저 사람들 어떤 사람 이러하고 어떤 사람 저러하니 알고 가기 난감이라.

7 찾을 길이 없어 헛동산에 헛집 지으니 기둥 없이 짓는 집이 어이하여 장구하리.

8 천산조비(千山鳥飛) 끊어지고 만경인종(萬逕人蹤) 멸(滅)해진 뒤 밤된 줄은 알건마는 팔도강산 무주객(無主客)이 뉘 집 찾아 밤을 샐까.' 라 하였느니라." 하시니라.

상말에 강가를 개라 하나니

99 하루는 태인 백암리(泰仁 白岩里)에 사는 김경학(金京學)이 와 뵙거늘 상제님께서 명하시어 김자선(金子善)의 집에 유숙케 하시니라.

2 이튿날 상제님께서 자선의 집에 이르시어 경학에게 "간밤에 꿈에서 본 것을 말하라." 하시니

3 경학이 아뢰기를 "꿈에 개 한 마리가 우물에 빠지는 것을 보고 죽을까 염려하여 달려가 보니, 그 개가 다시 우물에서 뛰어나와 다른 곳으로 가더이다." 하거늘

4 상제님께서 말씀하시기를 "상말에 강가를 개라 하나니 네가 꿈을 옳게 꾸었다." 하시니라.

난산 중인 산모와 아이를 살려 주심

100 하루는 어떤 집에서 산모가 아이를 낳는데 역산(逆産)이 되어 발 하나가 먼저 나오거늘

2 집안사람들이 크게 놀라 산모를 업고 의원을 찾아가는데

3 산모가 죽는다고 소리치며 비 오듯 땀을 흘리고, 산모를 업은 이도 힘에 부쳐 애를 쓰는 중에 전주 좁은목에 이르러 상제님을 만나니라.

4 상제님께서 "너 어째 그러고 가느냐?" 하고 물으시니 "의원에게 가

99:1 백암리. 현재 정읍시 칠보면 백암리. 마을 곳곳에 흰바위가 많이 있어 붙은 이름이다. 삼태, 칠성 바위가 있다.

99:1 김자선(金子善, 1858~?). 본관 안동(安東). 족보명 창회(昌會), 자선은 자(字). 구릿골에서 출생. 부인 최씨와의 사이에 2남을 두었다.

100:3 좁은목. 전북 전주시 동서학동 좁은목 약수터 일대.

는 길입니다." 하거늘

5 말씀하시기를 "의원에게 가는 동안 죽겠으니 내려놓아라." 하시고
"누구 바늘이 있느냐?" 하고 물으시니

6 마침 옆에 있던 동네 사람이 부랴부랴 자기 집으로 달려가 바늘을
가지고 오니라.

7 상제님께서 그 바늘로 아이 발의 장심을 찌르시니 덜렁거리던 발
이 쏙 들어가는지라

8 산모가 하도 기가 막히고 우스워 배꼽을 잡고 웃으니 자연 힘이 써
져 아이를 쑥 낳거늘

9 상제님께서 입고 계신 겹저고리를 벗어 안팎을 뜯어내어 닦으시고
싸 주시며 "어서 가서 잘 키워라." 하시니라.

10 후에 산모가 만나는 사람들에게 이르기를 "살아서 그 어른 한 번만
더 봤으면 좋겠다." 하더라.

나의 모든 행적을 전하라

101 하루는 형렬이 상제님께 하소연하기를 "구름이 끼었다가도 개
어서 해가 나면 청명하고 좋은데, 어찌 세상 사람들은 그렇게
늘 어둡습니까?" 하니

2 상제님께서 말씀하시기를 "천지를 보아라. 하늘은 하나인 성싶어
도 몇천 덩어리이거늘, 하늘은 모두 하늘이요 끝간데가 없느니라.

3 숙맥들은 비만 안 와도 하늘을 욕하고, 공부한다는 놈들은 하늘을
팔아먹고 살아도 정작 하늘이 무엇인지는 모르느니라." 하시고

4 또 형렬과 호연에게 말씀하시기를 "나는 천지일을 보니 그런 사소한
일에 마음 쓸 겨를이 없느니라.

5 용이 물을 끌어올려 천하에 비를 주듯이 너희들이 나의 모든 행적을 잘
봐 두었다가 뒤에 전하여 천하를 밝히지 않는다면 내 어찌 천지 주름을
삼을 수 있겠느냐!" 하시니라.

바위에 난 상제님 발자국

102 하루는 상제님께서 호연과 함께 섭다리골을 지나시는데 평평
하고 넓은 바위가 나오거늘

2 상제님께서 그 위를 걸어가시니 발을 디디실 때마다 바위가 움푹
움푹 들어가며 발자국이 생기더라.

3 이후 마을 사람들이 그 자취를 일러 '장수 발자국' 이라 칭하니라.

101:5 용이 물을
끌어올려 천하에
비를 주듯이. 상
제님께서는 정음
정양 도수에 따
라 김형렬 성도
와 김호연 성도
를 당신의 말씀
과 행적의 전모
를 밝히는 증언
자로 내세우셨
다. 김형렬 성도
는 상제님의 선
언적인 언어 세

계와 역사적 주요 공사들을 이성적으로 증언하여 우주 절대자 하느님의 위엄과 권위를 드러내고, 김호연 성도는 여성의 의식에서 상제님의 숨결과 체취를 느낄 수 있는 소탈한 언어 세계와 상제님의 신도(神道) 차원의 대공사들을 감성적 언어로 생생하게 증언하여 인간 하느님의 천지조화권을 드러내 줌으로써 『도전(道典)』 성편을 가능하게 했다.

102:3 발자국이 생기더라. "아, 독(돌)도 디디면 푹푹 들어가. 발짜구(발자욱)가 있고, 돌에."(김호연 성도 증언) 구릿골에 거주하는 김현식 옹도 발자욱의 위치까지 확인해주며 같은 증언을 하였다.

상제님께서 바위에 남기신 발자국

무척 잘사는 길

103 상말에 '무척 잘산다.' 이르나니 '척(隻)이 없어야 잘산다.'는 말이니라.

2 남에게 원억(冤抑)을 짓지 말라. 척이 되어 갚느니라.

3 또 남을 미워하지 말라. 그의 신명(神明)이 먼저 알고 척이 되어 갚느니라.

4 앞세상에는 서로의 마음속을 드나들어 그 속내를 알게 되나니, 남을 속이지 말고 척이 있으면 풀어 버리라.

5 부하고 귀하고 강권을 가진 자는 모두 척에 걸려 콩나물 뽑히듯 하리라.

척을 짓지 말라

104 대군(大軍)을 거느리고 적진을 쳐부수는 일이 영화롭고 장쾌하다 할지라도 인명을 잔멸케 하는 일이므로 악척(惡隻)이 되어 앞을 가로막느니라.

2 다른 사람이 만일 나를 칠지라도 그의 손을 어루만져 위로할지어다.

3 남이 힘들여 말할 때에는 설혹 그릇된 점이 있을지라도 일에 낭패만 없으면 반박하지 말라. 그도 또한 척이 되느니라.

4 이웃 사람이 정 붙여 주는 음식이 비록 맛이 없거나 먹고 병들지라도 사색(辭色)을 내지 말라. 오는 정이 꺾이어 이 또한 척이 되느니라.

5 어떤 사람을 대하든지 마음으로 반기어 잘 대우하면 그 사람은 모를지라도 신명은 알아서, 어디를 가든지 대우를 잘 받게 되느니라.

나의 일은 추호도 사정(私情)이 없으니

105 상제님께서는 부친으로 하여금 일상생활에 항상 자력을 쓰도록 하시고

2 "평소에 허물 지은 것을 생각하여 허물 닦기에 힘쓰소서." 하시니라.

3 또 성도들이 부친께 물품이나 금품을 드리는 것을 엄금하시니라.

4 하루는 어떤 성도가 집이 너무 좁고 초라함을 민망히 여겨 그보다 큰 집을 사 드린 일이 있더니

5 상제님께서 꾸짖으시며 "네가 어찌 나의 부친을 도적으로 만들려 하느냐." 하시고

6 다시 이르시기를 "속 모르는 사람은 나에게 불효라 할지나 나는 부친의 앞길을 닦아 드리려 함이로다.

7 내가 항상 가늠을 놓고 보는데 만일 그 가늠에 어그러지면 허사가 되나니

8 너희들이 부친의 빈궁하심을 민망히 여겨 도와드리고 싶거든 먼저 나에게 말하라. 그 가늠을 변경하리라." 하시니라.

9 하루는 태인으로부터 손바래기에 이르시어 부친께 여쭈기를 "나의 일은 추호도 사정(私情)이 없으니 부디 죄를 짓지 마소서." 하시니라.

가장 큰 죄는

106 지은 죄상은 만인경(萬人鏡)에 비추어 보면 제 죄를 제가 알게 되니 한탄한들 무엇하리.

2 죄는 남의 천륜(天倫)을 끊는 죄가 가장 크니라.

3 유부녀를 범한 죄는 워낙 큰 죄이므로 내가 관계하지 아니하노라.

죄지은 놈은 큰길 번듯한 데를 못 가나니

107 하루는 상제님께서 성도들과 함께 길을 가시다가 문득 "대로로 갈까, 소릿길(小路)로 갈까, 모로 갈까?" 하고 물으시거늘

2 호연이 "아, 뭐라고 해요?" 하니 "죄지은 놈은 큰길 번듯한 데를 못 간다." 하시니라.

3 호연이 다시 "어떻게 해서 못 가? 두 다리로 걸어가지." 하니 일러 말씀하시기를 "죄지은 놈은 옆눈질 하느라고 못 가.

4 큰길을 가도 옆살걸음을 하고 옆눈질을 하면서 가장자리로 가지 당당하게 못 가나니 벌써 제 중심이 반듯하지 못해서 그런다.

5 사람이 그냥 가는 성싶어도 옆으로 보며 가는 놈이 있어." 하시고

6 "눈꽃을 보면 심보가 되어 먹었는지, 안 되어 먹었는지를 안다. 눈짓이 다르니라." 하시니 성도들이 서로 눈을 쳐다보고 야단이더라.

빛나는 데로 가자

108 정미년에 하루는 상제님께서 성도들과 함께 앉아 계시다가 "빛이 나는 데로 가자. 빛나는 데로 가자!" 하시거늘

2 호연이 "빛나는 데가 어디예요?" 하고 여쭈니 형렬은 이미 말씀을 알아듣고 "변산으로 가신단다." 하고 일러 주니라.

3 호연이 다시 "뭣 하러 간대요?" 하니 "밥 먹을 것이 없으니 고기 잡으러 가신다." 하거늘 상제님께서 호연에게 소금을 챙기게 하시니라.

103:1 척. '척(隻)'은 원래 조선 시대에 민사와 관련된 소송이 벌어질 때 피고를 이르는 말이었다. 그래서 다른 사람을 고소하여 피고로 만드는 것을 '척 지다.' 라고 하는데, 소송을 걸어 싸우면 결국 서로 원망하는 사이가 되므로 '척 지다.' 라는 말이 '다른 사람과 원수지간이 되다.' 라는 의미로 발전한 것이다.

105:1 부친. 성부 강흥주(姜興周, 1846~1916). 道紀 46년 71세로 작고. 말년에 평소 형제처럼 지내던 유덕안의 협실에 살면서 짚신을 삼아 생계를 이으셨다. 〈서산리에 거주하던 성모 권씨 일가 권영채(1910~2003)〉 증언)

107:2 죄지은 놈은. 죄의 음기를 극복하고 광명의 길로 나아가기 위해서는 끊임없이 참회하여 스스로를 닦아야 한다.

4 호연이 '고기를 맨손으로 어떻게 잡을까?' 하며 궁리하는 중에

5 상제님께서 문득 "여기가 변산이다." 하시므로 밖을 보니 어느새 방이 변산 꼭대기로 옮겨져 있더라.

네 마음이 진짜 마음이라

6 성도들이 소스라치게 놀라 웅성거리는데 상제님께서 덕주와 찬문과 소 서방에게 명하시기를

7 "너희들 나가서 각기 별을 세어 오너라. 하늘에선 그게 자갈이다." 하시거늘

8 하늘을 보니 수없이 많은 별들이 총총히 빛나고 있더라.

9 잠시 후에 이들이 별을 헤아리고 돌아와 아뢰기를 두 명은 "몇 개입니다." 하고, 나머지 한 명은 "세지도 못하겠습니다." 하거늘

10 상제님께서 말씀하시기를 "너희 둘은 거짓말하였고, 네 말이 참말이다." 하시고

11 그 사람에게 "네 마음이 진짜 마음이라." 하고 칭찬해 주시니라.

고기를 잡아 함께 드심

12 상제님께서 저고리를 벗어 소매를 묶으시더니 밖에 나가시어 어느새 잉어며 병어 등을 그 속에 가득 잡아 오시고

13 금방 고추장을 나오게 하시어 미리 준비해 온 소금을 꺼내 성도들과 함께 드시는데

14 상제님께서는 생선을 가시 하나 남기지 않고 뼈까지 다 씹어 드시니라.

밤하늘의 천문을 가르쳐 주심

15 하루는 상제님께서 호연과 함께 밤하늘을 쳐다보시며 '저 별은 무엇이고 무엇 하는 별이다.' 하고 칠성(七星)과 여러 별들을 일일이 일러 주시나 호연은 그 뜻을 잘 깨우치지 못하니라.

상제님의 성령의 조화

109 상제님께서 산이나 먼 곳에 가셔서 공사 보실 적에 때로는 신명이나 종도를 불러 '아무것을 해 오라.' 고 명하시는 일이 있는데

2 그 사람이 아무리 멀리 떨어져 있을지라도 그 곳을 향해 상제님께서 숨을 한번 들이쉬시면 바람에 날려 순식간에 상제님 앞으로 오고

3 도로 숨을 내쉬시면 있던 곳으로 돌아가곤 하니라.

4 또 함께 앉아 계시다가 문득 "여기가 구례다, 여기가 강원도다,

109:2~3 "안으로 마시면 바람이 안으로 들어오고, 사람이 널려서 들어와. 괴기(고기) 물 따라

여기가 어디다." 하시면 어느새 그곳으로 옮겨져 있곤 하니

5 아무도 상제님께서 앉아 계신 곳을 가늠할 수가 없더라.

들어오듯 사람이 들어와."(김호연 성도 증언)

상제님의 조화 경계

110 하루는 호연에게 말씀하시기를 "나는 천지의 일을 보는 사람이라 이렇게 돌아다니기를 좋아하고 눈으로 봐야 하느니라." 하시니라.

2 호연이 상제님을 따라다니다 보면 하루에도 몇천 군데를 가는데, 참으로 무서운 곳도 많고 우스운 곳도 많더라.

3 하루는 상제님께서 호연을 데리고 환하게 타오르는 불 속으로 들어가시니

4 호연이 무서워 "옷이랑 다 타면 어쩌려고 그래요?" 하거늘

5 말씀하시기를 "내가 붙게 하간디?" 하시니라.

110:2 하루에도 몇천 군데를. 증산 상제님께서는 천지조화의 궁극 경계에 계심을 알 수 있다.

나는 유불(遊佛)이 되리라

111 상제님께서 형렬에게 옛글을 들려주시며 "잘 기억하라." 하시니 이러하니라.

2 明月千江心共照요 長風八隅氣同驅라
　　명 월 천 강 심 공 조　　　장 풍 팔 우 기 동 구

강마다 밝은 달은 내 마음을 함께 비추고
온 천지에 큰 바람은 내 기운을 함께 모는구나.

3 또 구릿골 한공숙(韓公淑)의 집에 계실 때 형렬에게 말씀하시기를 "너는 좌불(坐佛)이 되어 처소를 잘 지키라. 나는 유불(遊佛)이 되리라." 하시니라.

111:2 송시열의 문집인 『송자대전(宋子大全)』 권4에 있는 '자경음시아손(自警吟示兒孫)'이란 시의 일부이다. 여기서의 심(心)과 기(氣)는 상제님의 마음과 기운으로 보아야 한다.

네 말이 곧 내 말이니라

112 하루는 박공우(朴公又)를 데리고 정읍으로 가실 때, 상제님께서 "공우야, 마음속으로 '풍운조화(風雲造化)'를 외워라." 하시니라.

2 공우가 명하신 대로 지성으로 '풍운조화'를 외우며 걸어가는데 상제님께서 문득 "공우야, 네가 잘못 읽고 있구나." 하시거늘

3 공우가 깜짝 놀라 돌이켜 보니 '풍운조화'를 '천문지리(天文地理)'라고 그릇 외우고 있는지라 곧바로 "풍운조화 풍운조화" 하고 고쳐 외우면서 대흥리(大興里)에 도착하니라.

4 이날 밤에 눈과 비가 번갈아 내리매 상제님께서 말씀하시기를 "네

112:1 박공우(朴公又, 1876~1940). 본관 밀양. 호 인암(仁菴). 전주시 교동에서 부 순문과 모 오묘전 사이에서 장남으로 태어났다. 성품이 소탈하고 꽃을 좋아해서 직접 집에 꽃밭

을 만들기도 했다고 한다. 32세 때인 정미(1907)년에 친구 차경석의 인도로 입문하였다.

112:9 문선왕. 당나라 현종(玄宗)이 공자(孔子)에게 내린 시호.

113장 안내성 성도의 4남 안정남(1929~)의 증언. 그는 어려서부터 아버지에게 들은 많은 말씀을 지금도 생생히 기억하고 있다.

가 잘못 읽어서 지금 천기(天氣)가 한결같지 못하도다.” 하시거늘

5 한 성도가 여쭈기를 “한 사람이 글을 외우는 것이 능히 천기를 좌우하니 무슨 까닭입니까?” 하니

6 상제님께서 말씀하시기를 “내가 너에게 명하여 천지공사를 대행(代行)하게 하면 네 말이 곧 내 말이니라.” 하시니라.

너희들은 하늘을 이고 행세하느니라

7 한 성도가 다시 여쭈기를 “저희들이 공사를 대행하면 천지조화도 쓰지 못함이 없으니

8 모두 자신만만하여 세상일이 가볍게 보이고 아무 두려운 것이 없어 공후백작(公侯伯爵)이 손바닥 안의 물건처럼 여겨지나이다.” 하거늘

9 상제님께서 기뻐하며 말씀하시기를 “옛말에 ‘문선왕(文宣王) 끼고 송사(訟事)한다.’는 말이 있지 않으냐. 너희들은 하늘을 이고 행세하느니라.

10 너희들이 지금은 한 마을의 일도 감당하지 못하나 때가 오면 천하의 준걸(俊傑)들이 너희들에게 와서 선생으로 받들게 될 것이니라.” 하시니라.

제 자식 좀 살려 주옵소서

113 구릿골에 계실 때, 어느 추운 겨울날 상제님께서 성도들을 방에 모아 놓고 공사를 보시는데

2 윗마을에 사는 젊은 여인이 숨이 넘어가는 아기를 치마보에 싸안고 와서 “애 좀 살려 주세요. 외동아들인데 다 죽어 갑니다.” 하고 애원하거늘

3 이 때 상제님께서 한창 공사를 보시느라 분망하므로, 성도들이 여인을 그냥 돌려보내려 하매 실랑이가 벌어져 밖이 몹시 소란해지니라.

4 뜻밖의 일로 공사가 중단되매 상제님께서 성도들에게 “너희들은 눈감고 하던 공부를 계속하라.” 하시고 문을 열고 밖으로 나오시니

5 여인이 필사적으로 상제님께 매달리며 “자식이라곤 이 애 하나밖에 없습니다. 선생님, 제 자식 좀 살려 주옵소서. 선생님이 한울님이시라면서요.” 하며 애걸하거늘

6 상제님께서 들은 체도 않으시고 다만 “어이, 그냥 가소.” 하시고는 도로 방으로 들어가시는지라

7 그 여인이 "그냥 가라니요, 살려 주셔야지요!" 하며 땅바닥에 주저앉아 상제님을 원망하면서 울부짖으니라.

8 안내성(安乃成)이 보다 못해 "울지만 말고 아기를 잘 살펴보소." 하거늘

9 그 여인이 반신반의하며 치마보를 열어 보니 병색은 간 곳 없고 아기의 얼굴에 생기가 도는지라

10 여인이 기뻐 어쩔 줄 모르며, 상제님을 원망한 것이 죄송스러워 연신 절을 하고는 아기를 꼭 안고 돌아가니라.

선천 성자들의 종교를 비방 말라

114 무신(戊申 : 道紀 38, 1908)년에 하루는 상제님께서 류찬명(柳贊明)에게 말씀하시니 이러하니라.

2 毀東道者는 無東去之路하고
　 훼 동 도 자　　 무 동 거 지 로

　 毀西道者는 無西去之路니라
　 훼 서 도 자　　 무 서 거 지 로

　 동도(東道)를 헐뜯는 자는
　 동으로 갈 길이 없고
　 서도(西道)를 헐뜯는 자는
　 서로 갈 길이 없느니라.

형렬의 딸을 구해 주심

115 무신년 봄에 하루는 형렬의 딸이 병들어 앓는다는 말을 들으시고

2 문밖에 나가 휘파람을 세 번 부신 뒤에 '만수(萬修)'를 세 번 부르시니

3 맑은 하늘에 난데없이 기미 같은 것이 잔뜩 끼어 지척을 분별하기 어려운지라

4 상제님께서 말씀하시기를 "이런 것이 있어서 사람을 많이 병들게 한다." 하시고 공중을 향하여 입으로 한 번 부시거늘

5 기미같이 어려 있던 것이 입바람에 몰려 푸른 하늘로 뻗쳤다가 갑자기 바람이 일어나 사방으로 헤쳐지면서 하늘이 다시 맑아지더라.

6 이후로 형렬의 딸이 곧 나으니라.

114:1 류찬명(柳贊明, 1866∼1931). 본관 전주(全州). 족보명 찬근(贊根). 금산면 청도리에 거주하였다. 당시 구릿골에서 금구로 가려면 모악산 서쪽 줄기의 싸리재를 지나서 갔는데 그 길목에 찬명의 집이 위치하여 공사시에 자주 들르셨다고 한다.

115:2 만수(萬修, ?∼26). 후한의 광무제를 보필한 28장 중의 한 사람으로, 상제님의 보호신장이다.

사람마다 기국이 다르니라

116 하루는 호연이 '선생님을 따라다니기가 고생스럽다.'고 불평을 하니

2 상제님께서 이르시기를 "나무 잎사귀를 보아라. 나무 잎사귀도 엎어진 놈, 뒤집어진 놈, 바람에 흔들리는 놈이 있느니라.

3 너는 아직 철을 모르니 아무것도 모르고 그런다만, 네가 조금 커서 철을 알면 '하아, 그렇구나. 내 이름이 있구나!' 하느니라.

4 마늘도 뒤안마늘 왕마늘이 있고, 대도 왕대 중대 시누대가 있는데, 사람이라고 어찌 굵은 사람이 없겠느냐?

5 그런데 너는 아무 것도 모르고 앉아서 '뭣, 뭣' 그러고 있느냐?" 하시며 호연을 쥐어박으시니라.

덕으로만 처사하기는 어려우니

117 상제님께서 항상 성도들에게 참는 공부를 가르치며 말씀하시기를

2 "남에게 분한 일을 당할지라도 대항하지 말고 자기의 과실을 잘 생각하여 끄르라." 하시므로 성도들이 항상 그와 같이 닦으니라.

3 그 뒤에 하루는 차경석(車京石)의 집에 계실 때 경석의 종형(從兄)이 술에 취하여 와서는 경석에게 무수히 패설을 퍼붓되

4 경석이 상제님의 가르침을 지키기 위하여 한마디도 대답하지 않고 탄하지도 아니하니

5 더욱 기세를 부리며 거침없이 주정을 하다가 한참 뒤에 스스로 지쳐서 돌아가거늘

6 상제님께서 경석에게 이르시기를 "네 기운이 너무 빠졌으니 좀 회복하라. 덕으로만 처사하기는 어려우니 성(聖)과 웅(雄)을 합하여야 하느니라." 하시니라.

사람이 죽음의 질서에 들어가면

118 김송환(金松煥)이 사후(死後)의 일을 여쭈니 말씀하시기를

2 "사람에게는 혼(魂)과 넋(魄)이 있어

3 혼은 하늘에 올라가 신(神)이 되어 제사를 받다가 4대가 지나면 영(靈)도 되고 혹 선(仙)도 되며

4 넋은 땅으로 돌아가 4대가 지나면 귀(鬼)가 되느니라." 하시니라.

삼신과 서신

5 상제님께서 말씀하시기를 "자손을 둔 신은 황천신(黃泉神)이니 삼신 (三神)이 되어 하늘로부터 자손을 타 내리고

6 자손을 두지 못한 신은 중천신(中天神)이니 곧 서신(西神)이 되느니라." 하시니라.

60년 공덕을 들이는 천상 선령신

119 하늘이 사람을 낼 때에 무한한 공부를 들이나니

2 그러므로 모든 선령신(先靈神)들이 쓸 자손 하나씩 타내려고 60년 동안 공을 들여도 못 타내는 자도 많으니라.

3 이렇듯 어렵게 받아 난 몸으로 꿈결같이 쉬운 일생을 어찌 헛되이 보낼 수 있으랴.

4 너희는 선령신의 음덕을 중히 여기라.

5 선령신이 정성 들여 쓸 자손 하나 잘 타내면 좋아서 춤을 추느니라.

6 너희들이 나를 잘 믿으면 너희 선령을 찾아 주리라.

태을주는 선령 해원 주문

7 태을주를 많이 읽으라. 태을주는 선령 해원 주문이니라.

서양이 곧 명부

120 하루는 성도들에게 말씀하시기를 "서양이 곧 명부(冥府)라.

2 사람의 본성이 원래 어두운 곳을 등지고 밝은 곳을 향하나니 이것이 곧 배서향동(背西向東)이라.

3 만일 서양을 믿는 자는 이롭지 못하리라." 하시니라.

이 일을 바로잡으려는 자가 없나니

4 하루는 한 술객이 이르거늘 상제님께서 허령부(虛靈符)를 그려 보이며 말씀하시기를

5 "이제 동양이 서양으로 떠 넘어가는데 공부하는 자들 중에 이 일을 바로잡으려는 자가 없으니 어찌 한심치 않으리오.

6 그대는 부질없이 떠돌지 말고 나와 함께 이 일을 공부함이 어떠하냐?" 하시니

7 그 술객이 놀라 말하기를 "저는 그런 능력이 없나이다." 하거늘

8 상제님께서 그 무능함을 꾸짖어 쫓으시니라.

118:1 김송환(金松煥, 1889~1931). 본관 김해(金海). 충남 서천군 종천면 홍림리에서 부 순열과 모 전주 최씨 사이에서 7대 독자로 태어났다. 공사 시에는 청도원 귀신사 옆에 살고 있었다.

118:2 혼과 넋. 혼백이란 우리 몸 속에 있는 영체(靈體)의 음양적인 두 요소이다. 만물은 하늘 기운과 땅기운의 교합으로 태어난다. 사람도 하늘 기운을 받아 혼(魂)이 생겨나고 땅기운을 받아 넋(魄)이 생성된다. 때문에 사람이 죽으면 혼과 넋이 각기 본처로 돌아가 신(神)과 귀(鬼)가 되는 것이다.

119:5~6 김상용, 황공규 공동 증언.

해를 멈추게 하신 조화권능

121 구릿골 약방에 계실 때, 하루는 아침 일찍 해가 앞 제비산 봉우리에 반쯤 떠오르거늘

2 상제님께서 여러 성도들에게 말씀하시기를 "이러한 난국에 처하여 정세(靖世)의 뜻을 품은 자는 능히 가는 해를 멈추게 할 만한 권능을 가지지 못하면 불가할지니

3 내 이제 시험하여 보리라." 하시니라.

4 이어 축인 담배 세 대를 갈아 피우시니 해가 산꼭대기에서 솟아오르지 못하다가

5 상제님께서 담뱃대를 떼어 땅에 터시니 눈 깜짝할 사이에 수장(數丈)을 솟아오르더라.

대추나무에 매달린 김형렬의 큰며느리

122 상제님께서 임인년 이래로 여러 성도들과 함께 형렬의 집에서 자주 공사를 행하시니

2 형렬의 큰며느리가 잘 곳이 없어 다른 집에서 자는 경우가 많고, 방안에 성도들이 있으면 방문 앞을 제대로 지나다니지도 못하며

3 오랫동안 상제님 의복을 빨아 드리고 끼니마다 수종을 드니 그 노고가 크더라.

122:2 형렬의 큰며느리. 이정숙(李貞淑, 1888~1968). 본관 한산. 고산 화정리

금평제에서 바라본 제비산. 상제님께서 봉우리에 떠오르는 해를 멈추게 하셨고, 무신(1908)년에는 큰비가 올 때 산에 오르시어 낚싯대로 천지백성을 건져 내는 공사를 보셨다.

4 무신년 겨울에 하루는 상제님께서 형렬의 집으로 들어서시는데

5 형렬의 큰며느리가 상제님을 오래 대하다 보니 무서운 줄을 모르고 "저 미친놈 또 온다." 하고 불평하거늘

6 이 소리가 떨어지자마자 며느리가 난데없는 바람에 날려 마당 끝 대추나무 가지에 코가 꿰여서 걸리는지라

7 이를 본 이들이 나뭇가지가 부러질 것도 같고, 며느리가 너무 불쌍하기도 하여 내려 주려고 다가가니

8 가는 이마다 발바닥이 땅에 달라붙어 내려 주기는커녕 도리어 그 자리에서 한 발짝도 움직이지 못하게 되니라.

9 이에 한 사람이 나서며 "아이고, 저 사람을 한 번 보고 다시는 안 보려 하십니까! 세상에, 저렇게 코피가 나도록 두십니까." 하며 간청을 하는데

10 상제님께서는 "어디 코피가 나냐, 이 눈구멍 빠진 놈아!" 하시며 오히려 그를 나무라시니라.

벙어리로 만드심

11 고산(高山)에 사는 친정 부모와 형제들이 이 소식을 전해 듣고 놀라서 단숨에 달려오거늘

12 친정어머니가 "언제까지 이렇게 둘 것이오?" 하며 딸을 내려 주려 하매 손을 쳐든 채로 서 있게 만드시고

13 친정아버지와 형제들도 발이 땅에 붙어 꼼짝 못하도록 만드시니라.

14 이에 며느리와 발이 붙은 이들이 더욱 소리치며 울고불고 난리이거늘 상제님께서 "시끄럽다." 하시며 모두 벙어리로 만드시고

15 그래도 여전히 "음, 음!" 하고 소리치며 울어대니 "그 소리도 듣기 싫다." 하시며 아예 아무 소리도 내지 못하게 만드시니라.

16 또 고샅에서 구경하던 마을 사람들도 누구든지 한마디만 하면 그 자리에 붙여 놓으시니 모두 입을 봉하고 아무 말도 못 하니라.

버릇을 고쳐야 하느니라

123 땅에 발이 붙은 사람들이 '땅을 파면 행여 떨어질까.' 하여 땅을 아무리 파 보아도 떨어지지 않거늘

2 상제님께서 이들에게 3일 동안 먹을 것을 주지 못하게 하시고, 진지를 드실 때는 마당이 훤히 보이는 토방에서 드시며 다른 사람들에게는 '이것 먹어라, 저것 먹어라.' 하고 권하시니

3 마당에 있는 사람들이 더욱 배가 고파 심히 고통스러워하더라.

에서 시집와 찬문과의 사이에 영식, 준식, 현식, 정식 4형제를 두었다. 이 때 찬문은 24세, 정숙은 21세였다.

122장 이는 단순히 한때의 단편적인 사건 때문이 아니라 수년간 거듭된 큰며느리의 악성(惡性)을 근원적으로 개벽시키시기 위한 것이다. 이 사건 뒤로 큰며느리의 코끝이 조금 늘어졌다고 한다.(김호연 성도 증언)

122:11 고산. 현재 전북 완주군 고산면.

4 이를 보다 못한 호연이 "저 냇물에서 누가 '증산 어른, 증산 어른.' 그래요." 하니 "어떤 놈이 나를 불러?" 하시거늘

5 호연이 "몰라, 뭣 하려고 그러는가. 저 매달린 사람 살려 주라고 그런가 봐요." 하니라.

6 이에 상제님께서 "예끼 이놈! 그건 네 말이다." 하고 머리를 한 대 쥐어박으시니

7 호연이 "이제 그만 내려 주세요." 하며 간곡하게 사정하거늘 "저거, 버릇을 고쳐야 한다." 하시고 그냥 두시니라.

내려오라고 해 보라

8 저녁이 되자 상제님께서 형렬을 불러 물으시기를 "끌러 주어야 옳을까, 내버려 두어야 옳을까. 어떻게 하랴?" 하시니

9 형렬이 끌러 주시라고 하면 더 달아 놓으실 것을 알고 "아, 마음대로 하십시오. 죽일 테면 죽이시고, 살릴 테면 살리시고

10 저 보기에도 어줍잖으니 아깝지도 않습니다." 하고 아뢰거늘

11 상제님께서 "저런 독한 것 보라." 하시고 앞집의 수만 어미를 불러 명하시기를 "저기 올라가 있는 사람, 가서 내려오라고 해 보라." 하시니라.

12 이에 수만 어미가 "내려 주셔야 내려오지, 제가 내려오란다고 내려 오나요?" 하고 말대꾸를 하니

13 상제님께서 "요놈의 여편네를 봐라, 어른이 시키면 시키는 대로 안 하고!" 하며 꾸짖으시거늘

14 수만 어미가 혼잣말로 중얼거리기를 "장가도 안 가 놓고는 어른이라고 하네." 하는데

15 상제님께서 이를 아시고 "네 눈에는 내가 장가를 안 간 것 같으냐!" 하고 호통치시며 문 앞에 세워 놓으시니라.

16 잠시 후에 그 남편이 찾아와 "아이고, 이 동네 떠나야지 못살겠네. 세상에 이럴 수가 있나!" 하며 큰 소리로 떠들거늘

17 상제님께서 "그래, 어서 가거라. 어서 다른 데로 가라!" 하고 호통치시니

18 별안간 그 집 농 속의 옷과 모든 살림이 너울너울 허공을 날아 울타리 밖과 내 건너로 떨어지는지라

19 이를 보던 동네 사람들이 혹여 화가 미칠까 하는 두려움에 멀찌감치 떨어져서 "아이고, 어쩌면 좋아, 어떻게 살꼬?" 하며 고개를 내두르더라.

그 버릇을 누구에게다 하느냐

124 형렬이 보기가 안쓰러워 차마 더는 두지 못하고 상제님께 용서를 구하며 아뢰기를 "철모르고 그런 것이니 용서해 주십시오!

2 저희들에게 항상 '마음을 널리 먹고 널리 쓰라.' 하셨고, '소인배가 소인배 짓을 한다.' 하셨듯이 너그러이 용서해 주십시오.

3 선생님은 마음이 대천 한바다이시면서 어째 그 하찮은 것을 가리십니까?" 하니 그제야 내려 주시니라.

4 이에 모두 형렬을 따라 무릎을 꿇고 용서를 비는데, 비록 옆에서 구경하는 사람일지라도 그냥 서 있으면

5 "너는 뭣이냐, 이놈? 너는 뻣뻣한 작대기냐?" 하고 호통치시며 손가락으로 살짝 건드리기만 하여도 콩나물 쓰러지듯 하더라.

6 3일이 지난 끝에 겨우 풀려난 형렬의 큰며느리가 비로소 "잘못했으니 죽여 주십시오!" 하며 깊이 사죄하거늘

7 상제님께서 말씀하시기를 "네 시아버지에게 하던 버릇을 내게다 하려고 하느냐?

8 서방에게 하던 버릇, 시에미에게 하던 버르장머리를 누구에게다 하느냐?" 하고 호되게 꾸짖으시니

9 이 뒤로는 형렬의 큰며느리가 상제님을 공경하고 두려워하여 더욱 정성스럽게 모시니라.

김형렬 성도 집. 김형렬 성도는 계묘년 3월 29일 하운동에서 이거하여 천지공사가 끝날 때까지 이곳에서 상제님을 모셨다. 상제님께서 약방을 여시기 전에는 우측 사랑채의 오른쪽 방에서 지내셨으며, 뒤쪽에 약방으로 통하는 쪽문이 있었다.

10 이날 살림살이가 날려 갔던 수만네가 옷과 살림살이를 찾으러 가 보니 아무것도 없거늘

11 누가 집어 간 줄로 알고 발을 구르며 애석해하다가 집으로 돌아오니 옷이며 살림살이가 이미 제자리에 돌아와 있더라.

억조창생의 소원

125 기유(己酉 : 道紀 39, 1909)년 정월에 상제님께서 좌서(左書)로 글을 쓰시니 이러하니라.

2 曰有道하고
　왈 유 도

道有德하고
도 유 덕

德有化하고
덕 유 화

化有育하고
화 유 육

育有蒼生하고
육 유 창 생

蒼生有億兆하고
창 생 유 억 조

億兆有願戴하고
억 조 유 원 대

願戴有唐堯니라
원 대 유 당 요

예로부터 말해 옴에는
만물의 생명의 길인 도(道)가 있고
도에는 덕(德)이 있고
덕에는 교화(教化)가 있고
교화에는 기름(育)이 있고
기름에는 창생이 있고
창생은 억조가 있고
억조창생에게는 받들어 모시고 싶은 님(君師)이 있으며
받들어 모시고 싶은 님에는
당요(唐堯)와 같은 성군이 있느니라.

내 창자라도 먹이고 싶구나

126 상제님께서는 헐벗고 굶주린 사람들을 보면 지성으로 도와 주시고 살길을 열어 주시니

2 동냥아치들의 얼굴과 머리를 씻겨 주기도 하시고, 가지고 계신 돈

을 탈탈 털어 주기도 하시니라.

3 하루는 배고파 쓰러져 있는 사람을 보시고 혀를 끌끌 차시며 "내
창자라도 내어 먹이고 싶구나!" 하고 애처로이 바라보시다가

4 "가엾구나! 내가 너희를 살리려고 이제 내 생을 거둔다.

5 내가 너희들 다 같이 배부르게 줘 내려서 같이 살게 하려고 내 신
명(身命) 자취를 감추려 하느니라.

6 어서어서 세상을 똑같이 살자! 이 세상을 똑같이 빈틈없이 살자고 작
정하는데 이렇다!" 하시며 안쓰러워하시니라.

자주 굶으시는 상제님

127 상제님께서는 신축년 이후로 공사를 행하시며 몸소 많은 고생
을 하시고 굶으실 때도 많으시니라.

2 호연을 데리고 다니실 때 상제님께서 산에 가시면 갖은 나무 열매
를 따서 드시며 허기를 면하시는데

3 호연은 이를 먹지 않으니 봄이면 삘기를 뽑아서 까 주시니라.

4 또 끼니때가 되어 밥이 나오면 손을 씻으시고 밥을 뿔끈뿔끈 쥐어
주먹밥을 만들어 두셨다가

5 호연이 배가 고프다고 하면 한 덩이씩 꺼내 주곤 하시니라.

추위와 굶주림을 대속하심

128 겨울에 이르러 하루는 "천하창생이 가난으로 인하여 추위에
고생할 것이니

2 내가 그 추위를 대속하여 한가(寒家)에서 지내리라." 하시고

3 그 해 삼동간(三冬間)을 방에 불을 때지 않으시고 짚을 깔고 지내시
니라.

4 또 밥티 하나라도 땅에 떨어진 것을 보시면 반드시 주우며 말씀하
시기를

5 "장차 밥 찾는 소리가 구천(九天)에 사무치리니 어찌 경홀히 하리오.
쌀 한 톨이라도 하늘이 아니니라." 하시니라.

희생되는 창생을 줄이고자

129 하루는 한 성도가 상제님께 여쭈기를 "며칠씩 굶으시고 엄동
설한에 홑옷을 입고 지내심이 여러 번이니 무슨 까닭입니까?"
하니

127장 천지를 주
름잡고 대우주를
호령하시는 증산
상제님의 39년
생애는 선천 성
자와는 판을 달
리하는 고난의
역정이었다. 상
제님께서는 병든
천지질서를 바로
잡기 위해 숱한
곳을 다니시며
많은 날들을 주
리시고 추위에
고생하셨다. 새
생명의 우주를
개벽하시는 증산
상제님의 거룩하
신 정신에 도통
해야 한다.

127:3 호연은 이
를 먹지 않으니.
"산으로들 가면
그분들은 모두
열매들을 따먹기
가 일인데. 맹감
따먹고 다래 있
을 적에는 다래
먹고, 머루 먹고,
모두 그러고 댕
기는디, 나는 그
런 것도 못 먹고
맹감 껍데기 벗

겨서 속만 갖고 앉았으면서 '꺼 끄러워 어찌 그 런 걸 먹는다요?' 하면 '이런 것은 다 명관이 먹는 것이다. 너는 못 먹어야.', '나 다 르고 시방 강아 지 달러?', '내 가 강아지냐, 이 년!' 또 찔어." (김호연 성도 증 언)

128:3 삼동간. 겨울의 석 달.

130:5 덕석자래. 지라가 부어서 겉으로 만져 보 면 자라 모양 같 고, 열이 올랐다 내렸다 하면서 몹시 아픈 어린 아이의 병.

130:8 최창조(崔昌 祚, 1865~1935). 본관 경주(慶州). 감찰관을 지냈으 며 김경학 성도 의 인도로 도문 에 들어왔다.

2 말씀하시기를 "장차 큰 겁액이 밀어닥치면 천하의 불쌍한 백성들이 얼어 죽고 굶어 죽는 자가 부지기수가 되리니

3 천지의 개벽 운(運)은 피할 수 없는 것이니라.

4 그러나 내가 하루를 굶주리고 하루를 추위에 떨면 수많은 백성을 구 하게 되나니 그 때에 희생되는 창생을 줄이고자 함이니라." 하시니라.

제 자식은 놓친 자식입니다

130 하루는 여러 성도와 더불어 태인 읍내를 지나실 때 한 여인이 아홉 살 된 아이를 업고 가다 길가에 내려놓고 서럽게 울거늘

2 상제님께서 그 옆을 지나시다가 물으시기를 "저 아이는 어떻게 된 것이며 그대는 어찌 그리 슬피 우는고?" 하시니

3 그 여인이 울음을 멈추고 아뢰기를 "이 애는 저의 자식인데 다섯 살 들면서 병이 난 것이 아홉 살까지 낫지 않아

4 하도 애가 타서 의원에게 갔더니 '벌레가 간을 범해서 못 고치니 데리고 가라.' 하여 도로 업고 오는 길입니다.

5 사람들이 제각기 '나울이 들었다.'고도 하고 '덕석자래'라고도 하 며 갖가지 말을 하는데

6 뭐라 해도 제 자식은 놓친 자식입니다. 그런데 얼른 죽지도 않고 이 렇습니다." 하고 다시 슬피 우니라.

우리 선생님은 하늘님이오

7 상제님께서 "그리 슬피 울지 말라." 하시며 그 여인을 위로하시고

8 돌아서시어 최창조(崔昌祚)에게 "부인에게 그 집 뒷산에 조그마한 암자가 있는지 물어 보라." 하시거늘

9 창조가 물어보매 과연 있다 하기로 그대로 아뢰니 말씀하시기를

10 "아침 일찍 절간에 올라가서 절간 종을 세 번씩 사흘만 치면 나을 것이 라고 해라." 하시니라.

11 창조가 여인에게 말씀을 전하면서 "우리 선생님은 하늘님이오. 시답 잖게 듣지 말고 꼭 하시오." 하니

12 그 여인이 "그것이 무슨 말씀입니까? 당장 가서 하겠습니다." 하고 연신 절하며 주소를 묻거늘

13 상제님께서 다만 "전주 동곡약방이라 가르쳐 주라." 하시니라.

선생님, 저의 자식이 살았습니다

131 며칠 후에, 태인 길거리에서 울던 그 여인이 남편과 함께 구릿

골 약방으로 찾아오니라.

2 여인은 아이를 업고 남편은 장닭을 안고 와서는 "선생님, 저의 자식이 살았습니다." 하며 상제님께 절을 올리는데, 남자는 엎드려 연신 머리를 조아리며 일어날 줄을 모르더라.

3 상제님께서 웃으시며 "아이가 나았다니 그런 좋은 일이 어디 있느냐. 그런데 없는 사람이 어찌 닭을 가져왔느냐." 하고 나무라신 후에

4 "짚을 빼 오라." 하신 다음 손수 신을 삼으시어 닭을 보고 정색을 하시며 "이 신 값이 두 돈이니 사서 신으라." 하시고

5 장닭 발에 짚신을 신기려 하시니 닭이 발을 털며 신지 아니하거늘 상제님께서 손을 들어 닭의 뺨을 치시니라.

6 이에 닭이 놀라 '꼬끼오' 하고 우니 상제님께서 "오냐, 네가 사겠다고 하니 고맙다. 진작 산다고 했으면 뺨을 맞지 않았지야." 하시고

7 그 내외를 보고 일러 말씀하시기를 "빨리 가라. 없는 사람이 놀면 못쓰니, 병 나은 자식 귀하게 여기고 부지런히 일을 하여 남과 같이 살도록 하라." 하시니 그 내외가 백배사례하고 떠나니라.

내가 낸 법이 진법

132 성도들이 아뢰기를 "원평서 자래 들어 죽게 된 아이를 고칠 때는 문어, 곶감, 대추로 살리시므로 '우리도 배웠다.'고 하였는데

2 이번에 자래 든 아이는 '절의 종을 사흘 아침 세 번씩 치라.' 하여 병을 낫게 하시니

3 모두 '당신님의 법은 참으로 배울 수 없다.'고 합니다." 하거늘

4 상제님께서 말씀하시기를 "너희들은 본래 너희들이며 나는 본래 나니라.

5 그러므로 본래의 이치를 깨달은 자를 성인이라 하느니라.

6 만법이 머무는 법이 없거늘 내가 낸 이 법이 진법(眞法)이라는 말이니라. 알아듣겠느냐?

7 그러므로 '성인의 말은 한마디도 땅에 떨어지지 아니한다.' 하느니라." 하시니라.

이 덕이 뉘 덕인고! 하늘님 덕이라

8 며칠 후에 다시 그 내외가 이바지를 장만하여 짊어지고 아이를 데리고 상제님을 찾아와 뵙거늘

9 상제님께서 물으시기를 "이 음식은 무슨 음식인고?" 하시니

10 남편이 꿇어앉아 말하기를 "살림이 없어 짚신 장사를 해 왔는데 그

132:6 진법. 선천 문화는 운수가 다하여 더 이상 그 생명력을 기대할 수 없다. 상제님의 도는 우주 가을 대개벽기에 모든 선천 종교의 진액을 뽑아 모아 성숙시켜 열매를 맺는 무극대도이며 통일의 참법이다.

동안은 아무리 잘 삼아도 한 켤레에 돈 반밖에 못 받아서 근근히 연명하였더니

11 지난번에 하늘님께서 우리 닭에 두 돈짜리 신을 파신 후로는 꼭꼭 두 돈씩 받으니 이제는 살기도 넉넉해졌습니다.

12 저희 내외가 '이 덕이 뉘 덕인고! 하늘님 덕이라.' 하여 음식을 장만 해 오면서 병 나은 자식도 같이 왔습니다." 하고 사례하니

13 상제님께서 웃으시며 그 음식을 성도들로 하여금 나누어 먹게 하시니라.

14 그 후로 성도들은 더욱더 상제님을 하느님이라고 믿고 따르니라.

폭 잡기 어려워야 할지니

133 어떤 이가 말하기를 '증산 선생은 진실로 폭(幅) 잡기가 어렵다.' 하거늘

2 상제님께서 전해 들으시고 말씀하시기를 "사람이 마땅히 폭 잡기 어려워야 할지니 만일 폭을 잡히면 범속(凡俗)에 지나지 못하느니라.

3 너희들도 폭 잡히지 말라.

4 폭을 잡히면 일을 못 하느니라." 하시니라.

판밖의 남모르는 법

134 내가 하는 일은 도통한 사람도 모르게 하느니라.

2 나의 일은 판밖에 있느니라.

3 무릇 판안에 드는 법으로 일을 꾸미려면 세상에 들켜서 저해를 받나니

4 그러므로 판밖에 남 모르는 법으로 일을 꾸미는 것이 완전하니라.

그릇된 도덕 관념이 현실을 마비시킬 때

135 기유년에 하루는 어느 지방에서 '젊은 부인이 남편 상(喪)을 당한 뒤에 순절(殉節)하였다.' 하거늘

2 상제님께서 들으시고 말씀하시기를 "악독한 귀신이 무고히 인명을 살해한다." 하시고 글을 써서 불사르시니 이러하니라.

3
忠孝烈은 國之大綱이라
충 효 열　　국 지 대 강

然이나 國亡於忠하고 家亡於孝하고 身亡於烈하니라
연　　국 망 어 충　　가 망 어 효　　신 망 어 열

135:3 열(烈)에 는 열녀, 열사의 뜻이 있는데 상 제님의 이 말씀 에서는 열녀의

충효열은 나라의 큰 기강이니라.
그러나 나라는 충(忠) 때문에 망하고
집안은 효(孝) 때문에 망하며
몸은 정렬(貞烈) 때문에 망하느니라.

정렬로 보아야
한다.

여자에게 먼저 양보하라

136 하루는 상제님께서 태인을 가시는데 한 여자가 앞에서 오거늘
길을 비키어 다른 곳을 보고 서 계시다가 그 여자가 지나간 후
에 길을 가시니라.

2 성도들이 여쭈기를 "선천은 여자들이 남자에게 길을 비켜 주었는
데, 후천은 남자들이 여자에게 길을 양보합니까?" 하니

3 말씀하시기를 "이 때는 해원시대라. 남녀의 분별을 틔워 각기 하고 싶
은 대로 하도록 풀어 놓았으나

4 이 뒤에는 건곤(乾坤)의 위차(位次)를 바로잡아 예법을 다시 세우리라."
하시고

5 "이제 내가 길을 양보하였으니 이후에 너희들도 또한 여자에게 길
을 양보하라." 하시니라.

천지의 중앙은 마음

137 하루는 상제님께서 공사를 보시며 글을 쓰시니 이러하니라.

2 　天地之中央은 心也라
　　천 지 지 중 앙　 심 야
　故로 東西南北과 身이 依於心하니라
　고　 동 서 남 북　 신　 의 어 심
　천지의 중앙은 마음이니라
　그러므로 천지의 동서남북과 사람의 몸이 마음에 의존하느니라.

천하대세를 알아야 산다

3 　知天下之勢者는 有天下之生氣하고
　　지 천 하 지 세 자　 유 천 하 지 생 기
　暗天下之勢者는 有天下之死氣니라
　　암 천 하 지 세 자　 유 천 하 지 사 기
　천하대세를 아는 자에게는
　천하의 살 기운(生氣)이 붙어 있고
　천하대세에 어두운 자에게는
　천하의 죽을 기운(死氣)밖에 없느니라.

24절후문, 때의 정신

138 하루는 상제님께서 말씀하시기를 "24절후문(節候文)이 좋은 글인 줄을 세상 사람이 모르느니라.

2 시속에 절후를 철이라 하고 어린아이의 무지몰각한 것을 철부지라 하여

3 소년으로도 지각을 차린 자에게는 '철을 안다.' 하고, 노인도 몰지각하면 '철부지한 아이와 같다.' 하느니라." 하시니라.

4 　　　　　절후주(節候呪)

冬至 동지	小寒 소한	大寒 대한	立春 입춘	雨水 우수	驚蟄 경칩
春分 춘분	淸明 청명	穀雨 곡우	立夏 입하	小滿 소만	芒種 망종
夏至 하지	小暑 소서	大暑 대서	立秋 입추	處暑 처서	白露 백로
秋分 추분	寒露 한로	霜降 상강	立冬 입동	小雪 소설	大雪 대설

5 어느 해 동짓날 상제님께서 말씀하시기를 "동지가 후천 설이니라." 하시니라.

철의 질서는 천지의 근본 정신

6 하루는 공우가 여쭈기를 "수운가사에 '청송녹죽(靑松綠竹)은 도통지연원(道通之淵源)'이라 하였습니다." 하니

7 말씀하시기를 "만물이 다 철(節)을 찾는데 오직 청송녹죽은 겨울이나 여름이나 항상 푸르게 서 있으니 이는 철 못 찾는 물건이니라." 하시니라.

다가오는 가을 대개벽의 총체적 상황

139 장차 서양은 큰 방죽이 되리라.

2 **일본은 불로 치고 서양은 물로 치리라.**

3 세상을 불로 칠 때는 산도 붉어지고 들도 붉어져 자식이 지중하지만 손목 잡아 끌어낼 겨를이 없으리라.

4 **앞으로 세계전쟁이 일어난다.**

5 그 때에는 인력으로 말리지 못하고 오직 **병이라야** 말리느니라.

6 동서양의 전쟁은 병으로 판을 고르리라.

7 난은 병란(病亂)이 크니라.

8 앞으로 좋은 세상이 오려면 병으로 병을 씻어 내야 한다.

139:2 일본은 불로 치고. 일본은 80여 개의 활화산이 열도의 척추 부위에 늘어서 있다. 동경대 다찌바나 교수는 후지산이 폭발하면, 막대한 용암과 지하수의 분출로 인근 화산의 마그마를 식

9 병겁이라야 천하통일을 하느니라.

천하 인종을 병으로 솎는다

140 장차 세상을 병으로 쓸어 버리리라.

2 마음 불량한 놈은 다 죽으리니 천하 인종을 병으로 솎으리라.

태을주로 천하사람을 살린다

3 태을주(太乙呪)로 천하 사람을 살리느니라.

4 병은 태을주라야 막아내느니라 .

5 태을주는 만병을 물리치는 구축병마(驅逐病魔)의 조화주라.

6 만병통치(萬病通治) 태을주요, 태을주는 여의주니라.

7 광제창생(廣濟蒼生), 포덕천하(布德天下)하니 태을주를 많이 읽으라.

8 태을주는 수기(水氣) 저장 주문이니라.

9 태을주는 천지 어머니 젖줄이니 태을주를 읽지 않으면 다 죽으리라.

10 태을주는 우주 율려(律呂)니라.

닦은 바에 따라 도통을 주리니

141 공자는 다만 72명만 도통시켰으므로 얻지 못한 자는 모두 원한을 품었느니라.

2 나는 누구나 그 닦은 바에 따라서 도통(道通)을 주리니

3 도통씨를 뿌리는 날에는 상재(上才)는 7일이요, 중재(中才)는 14일이요, 하재(下才)는 21일 만이면 각기 도통하게 되느니라.

공부하려면 체부터 잡으라

142 불지형체(佛之形體)니 도를 닦으려면 체(體)부터 잡아야 하느니라.

2 器虛則受物이요 心虛則受道니라
    기 허 즉 수 물   심 허 즉 수 도
  그릇을 비우면 물건을 담을 수 있고
  마음을 비우면 도를 받을 수 있느니라.

3 도를 이루는 것은 너희들 하기에 달렸느니라.

4 공부하다가 일심을 잃으면 죽느니라.

하도(河圖) 낙서(洛書)와 가을개벽의 운수

143 상제님께서 십이지지(十二地支) 물형부(物形符)를 가르쳐 말씀하시기를

히는 지하수가 빠져나가는 라디에이터 효과로 인해 연쇄적 화산 폭발이 일어나고 일본열도가 침몰할 것이라 하였다. 이외에도 세계의 많은 영능력자들이 일본열도의 침몰을 경고한 바 있다.

142:1 불지형체. '형체'란 형신의 체, 즉 심법을 말한다. 그러나 형체의 뜻에는 보다 더 깊은 인간 생명의 근원적 실재의 의미가 내재해 있다. 체(佛性)는 형(身)을 전제로 하므로, 불교는 형과 체를 동시에 강조하여 나의 형 속에서 본래의

체를 잡고 사물의 실상을 깨닫게 한다.

143:2 태고시대의 도술. 신라의 십성(十聖) 가운데 한 사람인 안함로(安含老)가 쓴『삼성기(三聖紀)』를 보면 '서방 한족의 조상인 반고가 십간과 십이지의 신장을 거느리고 삼위산 납림동굴에 이르러 임금이 되었다.'는 내용이 나온다. 이때는 한민족사가 시원 개벽 하는 때, 곧 환웅천황이 환인천제의 명을 받고 내려올 때와 일치한다. 이 기록으로

2 "이는 태고(太古)시대의 도술(道術)이니 선경세계를 건설할 때에 크게 쓸 것이니라. 익히 공부하여 두라." 하시니라.

3 하루는 공사를 보시며 글을 쓰시니 이러하니라.

4
龜馬一圖今山河여　　幾千年間幾萬里로다
귀 마 일 도 금 산 하　　기 천 년 간 기 만 리

胞運胎運養世界하니　　帶道日月旺聖靈이로다
포 운 태 운 양 세 계　　대 도 일 월 왕 성 령

하도와 낙서의 판도로 벌어진 오늘의 산하

수천 년 동안 수만 리에 펼쳐져 있구나.

가을개벽의 운수 포태하여 세계를 길러 왔나니

변화의 도(道)를 그려 가는 일월이 성령을 왕성케 하는구나.

세계 민족이 매여 있다

144 하루는 상제님께서 "세계 민족이 자축인묘진사오미신유술해(子丑寅卯辰巳午未申酉戌亥)에 매여 있으니 십이물형(十二物形)을 그리라." 하시고

2 '수신제가치국평천하(修身齊家治國平天下)'를 쓰시고 그 글자 위에 점을 찍으시며

3 "이것은 비복신법(飛伏神法)이라. 점(點) 한점 한점에 죽고 사는 것이 들어 있으니 각별히 조심하라." 하시니라.

하도(河圖)

복희씨(伏羲氏) 때 황하(黃河)에서 나온 용마(龍馬)가 등에 지고 있던 그림(圖). 복희씨가 이를 보고 최초로 팔괘(八卦)를 그렸다.

낙서(洛書)

우임금의 치수 때 낙수(洛水)에서 나온 신귀(神龜)의 등에 있던 글(文). 이로써 우임금이 홍범구주(洪範九疇)를 만들었다.

4 하루는 상제님께서 말씀하시기를 "후천은 축(丑)판이니라." 하시니라.

개벽 이치는 낙서에서 보라

145 하루는 공사를 보시며 글을 쓰시니 이러하니라.

2 厥有四象抱一極이고　九州運祖洛書中이라
　궐 유 사 상 포 일 극　　　구 주 운 조 낙 서 중

　道理不慕禽獸日이요　方位起萌草木風이라
　도 리 불 모 금 수 일　　　방 위 기 맹 초 목 풍

　대자연에는 **사상(四象)**이 있어
　중앙의 한 지극한 조화기운을 품고 있고
　온 세상 운수의 근원은 낙서(洛書) 속에 들어 있네.
　도리를 우러르지 않으니 금수 시대요
　사방에서 싹을 틔우니 초목에 바람이 이네.

3 開闢精神黑雲月이요　遍滿物華白雪松이라
　개 벽 정 신 흑 운 월　　　편 만 물 화 백 설 송

　男兒孰人善三才오　河山不讓萬古鍾이라
　남 아 숙 인 선 삼 재　　　하 산 불 양 만 고 종

　개벽의 정신은 먹구름 속 빛나는 달이요
　세상에 가득한 만물의 정화는 흰 눈 속 소나무로다.
　남아로서 그 누가 삼재(三才)에 뛰어나더냐.
　강과 산은 만고의 종(萬古鍾)을 사양치 않노라.

천지 변화의 도수는 일월이 그린다

146 하루는 성도들에게 가르쳐 말씀하시니 이러하니라.

2 元亨利貞道日月이니　照人臟腑通明明이라
　원 형 이 정 도 일 월　　　조 인 장 부 통 명 명

　원형이정은 일월의 운행으로 이루어지니

2:144:4 축(丑)판

선천에서 후천으로의 대전환은, 자오묘유(子午卯酉)로 사정위(四正位) 운동을 해 온 선천의 동서남북이 그 정 동서남북의 위(사정위)를 진술축미(辰戌丑未)로 이동하는 기하학적인 변혁이 그 핵심이다.

이렇듯 축(丑)이 정북방에서 정음정양의 조화세계를 주재하는 우주론적 시스템에 대해 『정역』은 한마디로 '오호(嗚呼)라 축궁(丑宮)이 득왕(得旺)하니 자궁(子宮)이 퇴위(退位)로다.'(「십오일언」)라고 찬탄하였다.

여기서 축판이란, 천지이법에 따라 상제님 도업을 매듭짓는 인사의 지도자가 축(丑)의 기운으로 오는 것(丑未合德)을 상징한다. 5편 308장 참조.

보아도 동방 태고시대 문화의 근본은 십간 십이지의 도술문화임을 알 수 있다.

143:4 하도와 낙서. 천지의 성령이 성인에게 천지만물의 생성 변화하는 순환 원리를 신교(神敎)로 내려준 것으로 음양오행 원리의 기본이 된다. 하도와 낙서는 천지의 음양 생성의 원리로서 서로 체용(體用) 관계에 있다. 도서(圖書)라는 말도 하도, 낙서에서 유래했다.

145:2 도리불모금수일. 『대순전경』 5판까지는 '모(暮)'였으나 6판부터 '모(慕)'로 고쳐졌다.

146:2 여기서의 도(道)는 곧 유(由)와 같다. 원형이정의 질서는 일월이 인도하고 만들어 낸다는 말씀. 명명(明明)에서 뒤의 명(明)은 명덕(明德)의 줄임말로 볼 수 있다.

147:2 김병선(金炳善, 1881~1939). 본관 김해. 남원 고을의 아전으로 있다가 숙부 김광찬의 인도로 상제님을 따랐고, 삼각수염에 용모가 수려하였다. 부인 양숙영과의 사이에 3녀와 의자 현술(顯述)을 두었다.

147:2 도리원서. 원제는 '춘야연종제도리원서(春夜宴從弟桃李園序)'로 이백이 봄날 밤에 친척 형제들과 복숭아 꽃, 오얏꽃이 만발한 화원에서 춘정을 즐기며 지은 시편의 서문이다.

148장 시천주주는 최수운 대신사가 상제님의 성령을 친견하고 받은 주문이다. 앞의 '시천주조화정영세불망만사지'는 본주(本呪)이고 뒤의 '지기금지원위대강'은 강령주문(降靈呪文)이다. 이 본주와 강령주문에 동서고금의 모든 진리 주제가 다 들어 있다. 천주 사상, 조화 사상, 지기 사상, 만사지 사상을 제대로 이해할 때 후천 선경 세계에

일월이 사람의 장부까지 비추어
밝은 덕을 밝게 통하게 하는구나.

모름지기 많이 외울지어다

147 하루는 형렬에게 명하시기를 "광찬과 갑칠에게는 '태을주를 많이 읽으라.' 하고

2 김병선(金炳善)에게는 '도리원서(桃李園序)를 일천 번 읽으라.' 하고

3 경석과 내성에게는 '시천주주(侍天主呪)를 혀와 입술을 움직이지 말고 많이 묵송(默誦)하라.'고 해라." 하시니

4 형렬이 그 명을 좇아 일일이 지도하니라.

5 상제님께서 '도리원서'에 대하여 일러 말씀하시기를

6 "이는 만고의 문장(文章)을 해원하는 것이니 너희는 모름지기 많이 외울지어다." 하시니라.

인간으로 오신 상제님을 모시는 공부 : 시천주의 참뜻

148 시천주주(侍天主呪)는 천지 바탕 주문이니라.

2 시천주주에 큰 기운이 깃들어 있나니 이 주문을 많이 읽으면 소원하여 이루지 못하는 일이 없느니라.

3

시천 주주(侍天主呪)

侍天主造化定永世不忘萬事知　　至氣今至願爲大降
시 천 주 조 화 정 영 세 불 망 만 사 지　　지 기 금 지 원 위 대 강

4 어떤 사람이 대도에 뜻을 두고 일심으로 도를 행하다가 갖은 고초를 당하고 원통히 죽을지라도

5 천지의 신명들이 치하하고 부러워하나니 천상의 영화가 말로 할 수 없노라.

때가 오면 나에게 절하게 되리라

149 하루는 형렬이 여쭈기를 "세상 사람들이 선생님을 광인(狂人)으로 여기나이다." 하니 크게 웃으며 말씀하시기를

2 "신축년 이전에 민생을 가련히 여겨 광구천하하려고 사방으로 주유(周遊)할 때 인정과 풍속을 살피려고 많은 사람들을 만났느니라.

3 그 때에는 상(相)을 평하고 사주와 점을 보아 주면, 신인으로 공대하여 어떤 이는 소까지 잡아 대접하였거늘, 그것은 내가 허언(虛言)

으로 행세한 것이요

4 신축년 이후에는 천지의 말로 행세하는데 도리어 광인으로 여기는도다.

5 광인은 입경(立經)도 못 하고 건사(建事)도 못 하나니

6 때가 오면 나를 헐뜯는 자들의 눈에 먼저 눈물이 흐르고, 나를 헐뜯는 자들이 먼저 나에게 절하리라.” 하시니라.

7 하루는 형렬에게 말씀하시기를 “세상이 너무도 악하구나. 이 시대를 지내려면 남에게 폭을 잡히지 않아야 하느니라. 너는 광(狂)이 되지 못하니 농판으로 행세하라.

8 나는 광인으로 행세하리라.” 하시니라.

가을문명, 유불선 통일의 관왕 도수

150 하루는 상제님께서 공사를 보시며 글을 쓰시니 이러하니라.

2 佛之形體요 仙之造化요 儒之凡節이니라
　불 지 형 체　　선 지 조 화　　유 지 범 절
　불도는 형체를 주장하고
　선도는 조화를 주장하고
　유도는 범절을 주장하느니라.

3 受天地之虛無하여 仙之胞胎하고
　수 천 지 지 허 무　　선 지 포 태
　受天地之寂滅하여 佛之養生하고
　수 천 지 지 적 멸　　불 지 양 생
　受天地之以詔하여 儒之浴帶하니
　수 천 지 지 이 조　　유 지 욕 대
　冠旺은 兜率 虛無寂滅以詔니라
　관 왕　　도 솔　허 무 적 멸 이 조
　천지의 허무(無極)한 기운을 받아 선도가 포태하고
　천지의 적멸(太極의 空)한 기운을 받아 불도가 양생 하고
　천지의 이조(皇極)하는 기운을 받아 유도가 욕대 하니
　이제 (인류사가 맞이한) 성숙의 관왕(冠旺) 도수는
　도솔천의 천주가 허무(仙) 적멸(佛) 이조(儒)를 모두 통솔하느니라.

4 상제님께서 말씀하시기를 “모든 술수(術數)는 내가 쓰기 위하여 내놓은 것이니라.” 하시니라.

대한 대도의 안목을 가질 수 있다.

149:5 입경. 성인이 사물을 판단하는 기준을 세우는 것.

150:3 이조. ‘통솔하여 가르친다.’는 의미. ‘이(以)’는 통솔하다, ‘조(詔)’는 상명(上命)과 가르친다는 뜻이다. 선천의 선불유(仙佛儒) 가운데 인간을 가르치는 교화 체계가 가장 방대한 것이 유교이다.

150:3 욕대. 목욕재계하여 심신을 정화하고 근본을 받들며, 서차(序次)와 명분을 밝히는 띠를 둘러 예를 갖춤.

150:3 관왕. 천지가 만물을 생성·변화해 가는 12포태의 과정 중 성숙의 단계를 말한다. 이제 가을개벽을 맞이하여 선불유가 추구하는 궁극의 이상이 통합된 성숙의 도가 열린다. 전 인류가 상제님의 도로써 성숙한 가을 인간으로 거듭 태어나는 것이다.

춘야연 도리원서 (春夜宴桃李園序)

이 백 (李白)

夫天地者는　萬物之逆旅요
부 천 지 자　　만 물 지 역 려

光陰者는　百代之過客이라
광 음 자　　백 대 지 과 객

而浮生若夢하니　爲歡幾何오
이 부 생 약 몽　　위 환 기 하

古人秉燭夜遊는　良有以也로다
고 인 병 촉 야 유　　양 유 이 야

천지는 만물이 쉬어가는 숙소요
시간은 영원한 나그네라.
인생이란 한바탕 꿈처럼 덧없으니
이 세상에서 기쁨을 누린들 얼마나 계속되리.
옛사람들이 촛불을 밝히고 밤에도 노닌 것은
참으로 그 까닭이 있음이로다.

況陽春召我以煙景하고
황 양 춘 소 아 이 연 경

大塊假我以文章이라
대 괴 가 아 이 문 장

會桃李之芳園하여　序天倫之樂事하니
회 도 리 지 방 원　　서 천 륜 지 락 사

群季俊秀는　皆爲惠連이어늘
군 계 준 수　　개 위 혜 련

吾人詠歌는　獨慙康樂이로다
오 인 영 가　　독 참 강 락

하물며 화창한 봄날이
아지랑이 황홀한 경치로 우릴 부르고

대자연은 아름다운 문장을
우리에게 빌려주었음에랴.
복사꽃과 오얏꽃 핀 아름다운 동산에 모여
천륜의 즐거운 일을 글로 적으니
준수한 여러 아우들은
모두 혜련처럼 문장이 뛰어나거늘
내가 읊은 노래는
홀로 강락에 부끄럽구나.

幽賞未已에　高談轉淸이라
유 상 미 이　　고 담 전 청

開瓊筵以坐花하여　飛羽觴而醉月하니
개 경 연 이 좌 화　　비 우 상 이 취 월

不有佳作이면　何伸雅懷리오
불 유 가 작　　하 신 아 회

如詩不成인댄　罰依金谷酒數하리라
여 시 불 성　　벌 의 금 곡 주 수

그윽한 감상은 그치지 않고
고고한 얘기는 갈수록 맑아지네.
화려한 연회를 열고 꽃 사이에 앉아
새 깃 모양 술잔을 날리며 달빛에 취하니
아름다운 문장이 있지 않다면
어찌 고상한 회포를 펴겠는가.
만일 시를 짓지 못할진댄
벌주는 금곡의 술잔 수를 따르리라.

대괴가아이문장(大塊假我以文章)： 대괴(大塊)는 천지·자연을 뜻하며, 여기서의 문장(文章)은 봄철
　　　　　의 각종 꽃과 잎새 등 아름다운 경치를 말한다.

혜련(惠連)： 사혜련(謝惠連, 397~433). 강락(康樂)의 족제(族弟)로 10세 때부터 강락과 함께 시를
　　　　잘 지었다는 시재(詩才)이다.

강락(康樂)： 사령운(謝靈運, 385~433). 남조 송(宋)의 산수 시인으로 강락후(康樂侯)로 봉해져 강락
　　　　으로 불린다. 명문장가로 이백이 그의 시풍을 흠모했다.

금곡주수(金谷酒數)： 진(晉)의 부호 석숭(石崇, 249~300)이 금곡원(金谷園)에 손님들을 초대하여 주
　　　　　연(酒宴)을 베풀고, 시를 짓지 못하는 사람에게는 벌주(罰酒)로 술 서 말을 마시
　　　　　게 했다는 고사(故事).

치우(蚩尤)와 황제(黃帝)

사마천(司馬遷)의 역사 조작 우리의 고대사는 역사를 조작한 사마천의 『사기(史記)』에서부터 크게 뒤집어졌다.

중국 사서의 고전(古典)으로 불리는 『사기』가 편찬된 때는 동방 조선족과 서방 한족의 투쟁이 격화되던 한무제(漢武帝, 서기전 159~서기전 87) 연간이었다. 당시 한나라는 많은 군사를 조선으로 보냈으나 조선족에게 처참하게 패배를 당하고 있었다. 결국 그들은 뇌물로 이간질하는 비열한 수법을 써서 우거조선을 멸한 뒤 그 땅에 군현을 설치하려 했다. 그러나 그 계획도 조선족의 줄기찬 항쟁으로 수포로 돌아갔다.

이에 한족들은 분풀이로 동방 조선의 역사를 조작하여 한중간의 관계를 뒤집었다. 이것을 구체화한 인물이 무제의 사관인 사마천이다. 사마천은 **동방 역사의 뿌리부터 왜곡**해 들어갔는데, 이것이 『사기』의 첫머리인 「오제본기(五帝本紀)」이다. 「오제본기」는 한족의 시조인 헌원과 동방 배달국의 천자인 치우(蚩尤)천황의 전쟁으로부터 시작된다.

치우천황 치우(蚩尤)는 세속에서 부르는 별칭이다 (古天子之號也. 『史記集解』, 『三聖紀』下). 중국 고대사 관련 기록에는 간단히 '동방(九黎: 九夷, 東夷)의 임금(君)'이라고 전하고 있으나, 이분이 바로 배달의 14세 **자오지(慈烏支)** 환웅천황이다.

황제헌원 황제헌원(黃帝軒轅, 서기전 2692~서기전 2593)은 중국 한족이 그들 역사의 시조로 받들고 있는 인물이다. 성은 공손(公孫), 이름은 헌원(軒轅). 희수(姬水)에서 성장하여 성을 희(姬)로 고쳤다. 헌원은 신농씨의 아버지 소전(少典)에서 갈려 나간 별파(別派)인 공손씨(公孫氏)의 후손이다. 일설에는 소전의 두 아들〈장남 신농씨와 차남 욱(勗)〉가운데 욱의 10세손이라고도 한다.

치우천황의 서방 정벌 신농씨 나라의 마지막(8대) 임금이 염제 유망이었다. 그 나라가 쇠퇴함에 치우천황은 웅도(雄圖)를 품고 서방으로 출정하여 모든 제후들을 차례로 정벌한 뒤 마침내 유망의 수도인 공상(空桑 : 하남성 진류)을 함락하였다. 이에 대패한 유망이 탁록(涿鹿 : 하북성 탁록)으로 달아나자 치우천황이 또다시 진격하여 일거에 정벌하였다.

황제작란 이 때 천자인 치우천황의 공상 입성 소식을 듣고 치우의 일개 제후인 헌원이 독자적인 천자의 뜻을 나타내며 대군을 일으켜 대항해 왔다. 그리하여 동방 고대사에 유명한 탁록의 대결전이 전개된다.

사마천의 『사기』에서는 당시의 상황을 "치우작란(蚩尤作亂)", 즉 치우가 헌원에게 복종하지 않고 난을 일으켰다고 하여, 사실을 거꾸로 뒤집어 버렸다.

그러나 사실은 유망의 제후인 헌원이 '천자가 되겠다.'는 야망을 품고 군사를 일으켜 치우천황에게 도전해 온 것이다. 따라서 "황제작란"이라고 함이 역사의 진실이다.

탁록 전투 치우천황은 일찍이 갈노산·옹호산에서 쇠를 캐어 투구, 갑옷, 칼, 창 등을 만들었으며(『管子』「地數」), 머리에 최초로 철두갑을 만들어 써서 '동두철액(銅頭鐵額 : 구리 머리에 무쇠 이마)'이라는 별명으로 불리었다(『史記』, 『雲笈』「軒轅記」, 『揆園史話』, 『太白逸史』).

이 때 10년 동안 73회의 전투가 벌어졌는데, 치우천황은 도술로 큰 안개를 지어 헌원군을 혼란에 빠뜨림으로써 대승을 거두었고, 이에 헌원은 치우천황을 본받아 병기와 갑옷을 만들고 지남차(指南車)를 만들어 대항하였다.

치우천황의 승리를 은폐, 조작한 중국의 고대사
치우천황은 대격전 끝에 승리하고 헌원을 사로잡아 신하로 삼았다.

그런데 이 전투 중에 치우천황의 장수 치우비

대도

(蚩尤飛)가 헌원군에게 성급히 공격을 시도하다가 진중이 몰살당해 죽었다. 사마천은 이것을 『사기』에서 "금살치우(擒殺蚩尤)", 즉 '헌원이 치우천황을 사로잡아 살해했다.'고 기록해 놓았다. 그럼으로써 동방의 고대 역사상 최대의 사건을 은폐, 조작한 것이다.

치우천황을 숭배, 추앙하는 동방 민족 그러나 옛 천자, 배달의 치우천황은 수천 년 동안 동방의 조선족은 물론 한고조 유방과 진(秦), 한(漢) 시대의 중국 백성들의 숭배와 추앙의 대상이 되어 왔다.

동방의 천자 치우천황의 위용은 배달 조선족과 한(漢)족 백성들 가슴속에 살아 남아, 배달 조선족과 중국 진(秦), 한(漢) 때의 백성들은 해마다 10월이 되면 산동성 동평군에 있는 높이 7장(丈)의 치우릉(陵)에 제사를 지냈다. 이 때 항상 붉은 기운(赤氣)이 뻗치므로 이를 '치우기(蚩尤旗)'라고 불렀다.(『史記』, 『漢書』)

또한 한고조 유방은 자기 고향의 풍속에 따라 동방 무신(武神)의 원조인 치우천황에게 제사를 지낸 뒤 군사를 일으켰다. 그리고 5년간 항우와 싸우다가 최후의 한판으로 승리하고 제위에 오른 그는, 장안에 치우천황의 사당을 짓고 더욱 돈독하게 공경하였다.(『史記』「封禪書」)

신교의 대도를 전수 받은 헌원 한편 치우천황의 신하가 된 헌원은 동방 배달의 청구(靑邱 : 치우천황 때의 수도. 후대에 동방 조선의 별칭)에 이르러 풍산(風山)을 지나다가 치우천황의 국사(國師)인 자부(紫府)선사를 만나 가르침을 받고 『음부경(陰符經)』이라 불리는 『삼황내문』을 전수 받았다(昔有黄帝, 東到青邱, 過風山, 見紫府先生, 受三皇内文.『抱朴子』「地眞」).

이렇게 신교의 대도를 전수 받음으로써 헌원은 황로학(黃老學)이라 불리는 도교의 시조가 된 것이다. 그 당시 헌원뿐 아니라 공공(共工), 창힐(蒼頡), 대요(大撓) 등이 모두 동방 배달에 와서 자부선사로부터 가르침을 받았는데 거의 모든 중국 사서들은 이것을 철저하게 날조하여 헌원의 공적으로 돌리고 있다.

치우천황의 위업 한마디로 동방 배달의 치우천황은, 역사상 처음으로 동방을 대통일하고 서방 한족을 통합하여 신교문화권으로 통치한 종주국의 천자이다. 탁록은 치우와 헌원의 대 결전지로서, 지금도 그곳에 가보면 당시의 자취를 곳곳에서 느낄 수 있다.

탁록. 동방 배달의 일개 제후였던 헌원이 독자적인 '천자'의 뜻을 내세우며 대항했다가 마침내 항복한 역사적 대결전이 벌어졌던 곳이다.

치우북채. 치우천황과 헌원이 10년 동안 전쟁을 벌인 협곡에 치우채(蚩尤寨)의 비가 있다. 치우채는 남채, 북채, 중채가 있다.

구릿골 약방 남쪽 기둥에 써 붙이신 증산 상제님의 필적

제3편

도문(道門)과 성도(聖徒)

도문(道門)과 성도(聖徒)

신축(辛丑 : 道紀 31, 1901)년

만유 생명의 아버지요 큰스승이신 상제님

1:1 인존천주. 인간의 몸으로 오신 조화옹 하느님. 우주의 창조 원리로 천지에서 인간농사 짓는 일년 사계절 가운데 가을은 천지의 이상을 인간이 실현하는 때이다. 따라서 이 가을의 시간대를 인존시대라 하며, 우주의 통치자 하느님이 인간으로 오심으로써 그 꿈이 실현된다.

1 증산 상제님은 인간으로 강세하신 인존천주(人尊天主)이시니 후천선경을 개벽하신 새 하늘의 하느님이시니라.

2 상제님께서 신축(辛丑 : 道紀 31, 1901)년 7월 7일 모악산 대원사에서 천지대신문을 여시고

3 삼계대권을 주재하여 후천을 개벽하시니 호천금궐(昊天金闕)의 조화주시요 백보좌(白寶座) 하느님이시니라.

4 상제님은 만유 생명의 아버지(父)요 큰스승(師)이시며 천지와 만물, 인간과 신도의 통치자(君)이시니라.

무극대도의 도문과 성도

2 증산 상제님께서 삼계대권을 주재하여 무극대도(無極大道)의 도문(道門)을 열고 9년 동안 천지개조의 대공사를 행하셨나니

2 임인(壬寅 : 道紀 32, 1902)년 4월에 전주군 우림면 하운동(雨林面 夏雲洞)에 거주하는 김형렬(金亨烈)이 수종함을 시발로 하여 수십 명의 문도(門徒)들이 참여하니라.

3 이들이 각기 상제님께서 어천(御天)하시는 그 날까지 후천 천지대개벽 공사에 지대한 공덕을 쌓았나니

4 그 노고를 높이 받들고 그 뜻을 천추만대에 기리기 위해 천지공사에 수종한 종도(從徒)를 성도(聖徒)라 추존(推尊)하니라.

김형렬
(1862~1932)

2:2 김형렬(金亨烈, 1862~1932). 본관 안동(安東).

참 하느님을 찾아온 복남

3 백인수는 무자생으로 태어난 지 여덟 달 만에 신안이 뜨이기 시작하여 세 살이 되던 해에는 영이 완전히 열려 만물의 내면을 환히 꿰뚫더니

2 이로부터 자신의 천명을 확연히 깨닫고 이 땅에 오신 구원의 부처, 참 하느님을 찾아 헤매다가

3 여섯 살 되는 해에 객망리로 찾아와 증산 상제님을 뵙고 인사를 올리매 상제님께서 복남이라 이름지어 주시니라.

4 이로써 그가 도솔천으로부터 품고 내려온 '미륵불을 모시고 인간을 구원하리라.'는 서원(誓願)을 이루게 되나라.

친아들같이 복남을 사랑하심

5 상제님께서는 항상 복남을 데리고 다니시는데 복남이 어리광을 부리며 무엇을 사 달라고 하면 잘 사 주시고

6 평소 성도들에게는 엄하게 하시나 어린 복남에게는 아버지라 부르게 하시며 친아들과 같이 사랑하시어 업어 주시고 가르쳐 주시니라.

7 하루는 상제님께서 성도들에게 복남을 가리키시며 이르시기를 "애는 내가 데리고 나온 아들이다." 하시니라.

전주 최상문의 집에서 정숙을 처음 만나심

4 상제님께서 전주 남문 안에 살고 있는 **최상문**(崔祥文)의 집에 자주 왕래하실 때

2 한 동네에 사는 **김택룡**(金澤龍), 신봉기, 박이동 등 여러 사람이 찾아와 상제님을 뵈나라.

3 택룡은 남문 밖으로 흐르는 전주천(全州川) 건너 반석리(半石里)에 살았는데 본시 상문과 절친한 친구로 상제님을 여러 번 뵙고 친면으로 지내나라.

4 기해(己亥 : 道紀 29, 1899)년에 하루는 상제님께서 택룡과 함께 상문의 집에 계실 때 택룡의 세 살 된 딸이 남천교(南川橋)를 건너 "아부지! 아부지!" 하며 상문의 집으로 들어오거늘

5 그 모습을 보니 오악이 뚜렷하고 실로 영악하게 생겼더라.

6 이 아이의 이름은 정숙(貞淑)이요, 외할머니의 바느질 솜씨가 좋아 항상 아래위 구색을 맞춰 옷을 기가 막히게 잘 입혀 놓으니 동네에서는 이 아이를 '꽃순이'라 부르더라.

7 또 택룡의 집안은 전라감사를 지냈으며 딸이 귀한지라 정숙은 어려서부터 곱게 자라나라.

8 상제님께서 아장아장 걸어 들어오는 정숙을 보시고 "이리 오나, 이리 오나." 하여 무릎에 앉히시고는 도리질을 가르쳐 주시고 노래도 가르쳐 주시니

호는 태운(太雲), 족보명 원회(元會). 9년 천지공사 시 공사장의 식주인이며 그의 온 집안 식솔이 상제님을 수종 들었다. 구릿골 일가는 물론 이환구, 정춘심 등 친인척들을 많이 천거하였다.

2:2 수십 명. 총 60여 명의 성도들이 참여하였는데, 직접 공사에 붙여 쓰신 성도는 24명 정도이다.

2:4 성도. 우주의 주재자이신 상제님을 모시고 천지 공도에 수종든 사람은 선천 종교의 '제자'와는 다르다. 우주 사령부의 운영에 참여하여 후천 문명을 여는 실질적인 사역자이기 때문이다.

3장 백복남 성도의 부인 강야모(1915~)와 아들 백복식(1945~) 증언.

4:1 최상문(崔祥文, 1866~1941). 본관 탐진(耽津). 최 참봉이라 불렸다. 부인 최씨와의 사이에 2남 4녀를 두었다.

4:2 김택룡(金澤龍,

1864~1903). 본
관 김해(金海).
부인 전주 최씨
와의 사이에 2남
2녀를 두었다.

4:5 오악. 사람
의 얼굴에서 이
마, 코, 턱과 좌
우의 관골.

4:6 김정숙(金貞
淑, 1897~1992).
정유(丁酉)년 11
월 14일 전주부
반석리(半石里,
현 전주시 완산
구 동서학동 전
주교대 일대)에
서 부 택룡과 모
최씨 사이에 장
녀로 태어났다.
반석리는 마을에
바위가 반절, 흙

9 이로부터 정숙이 상제님께 노래 배우는 것을 좋아하여 상문의 집에 자주 드나들며 "아자씨! 아자씨!" 하고 쫓아와 상제님의 무릎에만 앉거늘

10 정숙이 오지 않는 날은 상제님께서 친히 택룡의 집을 찾으시어 재롱을 받으시니라.

빨리 커라, 어서 커라

11 하루는 상제님께서 정숙을 무릎에 앉히시고 "어디, 도리질해 보아라. 도리도리!" 하시며 정숙의 머리를 흔들며 노래를 부르시니 정숙이 상제님의 두 귀를 잡거늘

12 상제님께서도 정숙의 귀를 마주 잡으시고 함께 도리질을 하며 노래부르시니라.

13 정숙이 상제님께서 춤을 추라 하시면 춤을 추고, 노래를 부르라 하시면 노래를 하며 갖은 재롱을 부리니

14 딸이 없던 상문은 정숙이 오면 "친구 딸이 내 딸이다." 하며 정숙을 먼저 차지하려고 야단이더라.

15 상제님께서도 "빨리 커라. 어서 커라. 엿 같으면 늘이자." 하시며 정숙을 유달리 예뻐하시고 귀히 여기시니라.

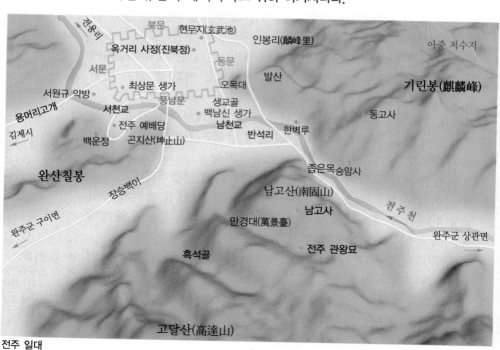

전주 일대

호연이라 부르시니라

5 차차 낯이 익어가매 상제님께서 정숙을 부르실 때에 '예쁜이', '양림이', '양덕이', '큰애기', '애기씨', '호연이' 등 여러 이름으로 부르시니라.

2 이에 정숙이 "이름을 한 가지로 하지, 왜 그래요?" 하고 여쭈니 말씀하시기를 "잡으러 오니 그려." 하시거늘

3 정숙이 "누가 잡어? 내가 탁 때려 주지." 하니 "네가 때리기는…." 하시고 더 이상 말씀을 아니하시니라.

4 정숙이 점차 자람에 따라 주로 '호연' 이라 부르시니라.

김정숙
(1897~1992)

그대의 딸을 천지사업에 바치라

6 신축년에 도통문을 여신 후에 상제님께서 다시 상문의 집을 찾으시니 택룡이 품에 다섯 살 된 호연을 안고 있는지라

2 상제님께서 택룡에게 말씀하시기를 "내가 하늘과 땅을 뜯어고쳐 무궁한 선경을 열어 하나니 그대의 딸을 천지사업에 바치라.

3 이 아이가 이제 천하의 선녀가 되어 할아버지 같은 사람들도 와서 무릎을 꿇게 되리라. 참으로 크게 될 아이니 나에게 맡기라." 하시거늘

4 택룡이 '좋은 세상을 본다.' 는 말씀에 흔쾌히 승낙하니라.

5 상제님께서 이로부터 순진무구한 소녀 호연을 새 생명을 개벽하는 선매숭자 도수에 붙여 9년 천지공사에 천지의 제물로 삼으시고, 태운 김형렬과 함께 공사의 증언자로 세우시니라.

임인(壬寅 : 道紀 32, 1902)년

도문의 식주인 태운 김형렬

7 김형렬(金亨烈)의 호(號)는 태운(太雲)이라.

2 동곡(銅谷)에서 생장(生長)한 후 환평(環坪)에 옮겨 살다가 금구 내주평(金溝 內注坪)으로 이사할 때는 부자였으나

3 갑오년 동학혁명에 참가하여 청주 전투에서 죽을 목숨을 상제님의 은혜로 구원 받아 귀향한 뒤로 동학과 연줄을 끊고 가업에만 종사하다가

4 가운이 기울어 가난하게 되매 잠시 용화동(龍華洞)으로 이사하여 사니라.

이 반절이라 해서 붙여진 이름이다.

4:7 전라감사. "우리 할아버지가 전에 전라감사로 와 있었어. 충청도 연산서. 긍게 전주서 퍼졌지." (김호연 성도 증언)

5:2 잡으러 오니 그려. 상제님의 일을 매듭짓는 제3변 도운의 인사대권자가 진리를 정립하여 세계와 대우주에 공포때 상제님의 말씀과 성적을 증언하도록, 상제님께서 근 백년의 역사 속에 숨겨 놓으신 증언자가 김호연 성도이다.

6:5 선매숭자 도수. 10편 105장 측주 참조.

7:2 내주평. 현재 김제시 봉남면

5 형렬이 빈곤을 이기지 못하여 내주평을 내왕하면서 농사나 경영할까 하던 중

6 정유(丁酉 : 道紀 27, 1897)년에 그 마을 정남기(鄭湳綺) 집의 서숙에 가 보니 초립을 쓰신 상제님께서 글을 가르치고 계시거늘

7 학동들이 부르기를 '강 서방'이라 하므로 형렬이 물으니 '정씨 집의 취객(娶客)이라.' 하더라.

8 서당의 학동들에게 글을 가르쳐 주시고 마을 사람들의 사주(四柱)도 보아 주시니 동네에서는 신인(神人)으로 불리시더라.

9 그 후 형렬이 사정이 있어 내주평에 가지 못하고 상제님께서도 천하유력을 떠나시어 서로 만나지 못하더니

10 형렬은 가운이 더욱 기울어 하운동 제비창골에 있는 선산 재실(齋室)인 영사재(永思齋)로 이사하니라.

죽어서라도 선생님 뒤를 따르겠습니다

8 형렬이 상제님과의 친면(親面)을 잊지 못하고 항시 상제님의 거동이 마음 가운데 은은하던 중에

2 수년이 지난 뒤 '대원사에서 도를 통하셨다.'는 풍문을 들은 후로는 만나 뵙고 싶은 마음이 더욱 간절해지니라.

3 그러던 차에 임인년 4월 4일 원평 장날에 양식이 떨어져 돈 한 냥을 주선하여 시장에 갔다가 그곳에서 마침 꿈에 그리던 상제님을 상봉한지라

4 형렬이 반가운 마음을 이기지 못하여 쌀을 팔아서 가족들을 살릴 마음은 간데없고

5 문득 생각하기를 '이 돈을 노자로 드린다면 가솔(家率)들이 굶을 것이요, 만일 드리지 아니하면 서로 친한 사이에 의리가 아니라.' 하고 돈 한 냥을 상제님께 노자 하시라고 드리니

6 상제님께서 웃으며 말씀하시기를 "나는 노자가 있으니 걱정 말고 배고파하는 가족에게 어서 쌀을 팔아 돌아가게." 하시니라.

7 이에 형렬이 더욱 간곡히 돈을 올리며 "만일 선생님께서 이 돈을 받지 않으시면 저는 이대로 집이고 뭐고 죽어서라도 선생님 뒤를 따르겠습니다." 하고 굳게 맹세하니라.

8 그제야 상제님께서 웃으시며 "자네가 가족을 남겨 두고 죽겠으니 불가불 받겠네. 그러나 쌀 팔아 오기를 기다리는 자네 가족들은 어쩌겠는가?" 하시니

9 형렬이 대답하여 아뢰기를 "예, 선생님이 돈 한 냥을 받으시면 제 마음이 좋아 생기가 나서 열 냥이 당장에 생기겠습니다." 하거늘

10 상제님께서 "허허, 그렇다면 받겠네. 그러나 참으로 어려운 돈인데…." 하고 받으시니라.

충청도로 떠나신 상제님

11 형렬이 돈을 올리고는 "저의 집이 누추하나마 멀지 않은 곳에 있으니 하룻밤 모시고자 하나이다." 하니

12 상제님께서 웃으시며 말씀하시기를 "돈 주고 밥조차 주려는가. 참 고마운 일이로고.

13 내가 지금은 **충청도**에 볼일이 있어 가니 갔다 돌아오는 길에 들를 참이네. 안심하고 어서 쌀 팔 꾀나 내게." 하시거늘

14 형렬이 반가이 여쭈기를 "꼭 오시기를 기다리겠습니다." 하니 상제님께서 "그리 하게." 하시고 길을 떠나시니라.

빈 지게 걸머지고 돌아온 김형렬

9 형렬이 쌀 팔 돈을 상제님께 드리고는 장도 보지 못하고 점심도 굶은 채 빈 지게를 걸머지고 집에 돌아오니 그 아내가 '쌀 팔아 오느냐.'며 반가이 쫓아 나오거늘

2 형렬이 그 모습을 보니 안쓰러운 마음이 드는 데다 더욱이 그 돈은 빚을 낸 돈이라 할말이 없는지라 "허허." 웃으면서 말하기를 "돈을 잃어버려 쌀을 못 팔아 왔소." 하니

3 아내가 탄식하며 말하기를 "아침도 죽을 먹인 자식들을 점심도 못 먹였는데 저녁까지 굶기면 어쩔까요. 어른이야 괜찮지만." 하고 기운 없이 들어가니라.

4 형렬이 한편으로는 다행스러우나 한편으로는 안되었는지라 벗었던 지게를 다시 짊어지고 청도원(淸道院)으로 가니 평소에 그리 친하지도 않은 사람이 일을 마치고 집으로 들어가는 길이더라.

5 형렬이 그 사람에게 헛말 삼아 말하기를 "집에 양식이 떨어져서 외상 양식을 얻으려고 장에 갔다가 얻지 못하고 집에 돌아오니 저녁을 하지 못하였기로 차마 볼 수 없어 나오는 길이네.

6 해는 이미 저물어서 뉘 집으로 갈 수도 없고 딱한 형편에 자네를 만났으니 나에게 쌀 두 되만 빌려 주면 돌아오는 장에 갚아 주겠네." 하니라.

9:1 아내. 장수 황씨(1858~1927). 완주군 용진면 용암리에서 부의(椅)와 모 이씨 사이에 1남 1녀 중 장녀로 출생. 김형렬 성도와의 사이에 3남 3녀를 두었다.

9:4 청도원. 김제시 금산면 청도리 구릿골 동북쪽에 위치한 마을.

도
문

언제나 또 만날꼬

7 이에 그 사람이 길을 멈추어 서면서 "좋은 일이 있네. 내 사위가 쌀 한 섬을 장리쌀로 놓았다가 금년에 또 놓아 달라 하기로 한 섬을 놓았고 다섯 말이 남았으니, 갖다 먹고 가을에 일곱 말 닷 되를 주오." 하니

8 형렬이 어찌나 반가운지 혹 잘못되면 어찌할까 염려되더라.

9 그 사람이 또 하는 말이 "집에 양식이 떨어지면 재수도 없나니 먹어서 버소." 하거늘

10 형렬이 "그래 보세!" 하고 쌀 닷 말을 짊어지고 생각하기를 '이것이 웬일인가. 선생님 덕이로다!' 하고 하도 반가워서 어두운 밤에 노래를 부르며 배고픈 것도 잊어버리고 단숨에 집으로 달려가니라.

11 이 때 밥을 못하고 앉아 있던 아내가 지고 온 쌀을 보고 깜짝 놀라 "웬일이오?" 하고 묻는 말에 형렬이 "이곡(利穀) 닷 말 얻어 왔소." 하니

12 아내가 웃음이 가득하여 말하기를 "그 쌀, 내가 베를 낳아 갚으리다. 참으로 닷 말이오? 참으로 우리 집이 잘되려나 보오. 여보, 돈 잃어버린 것이 복이 되었소." 하며 기뻐 어쩔 줄 모르더라.

13 그러나 형렬은 '우리 선생님이 오늘 저녁에 어디서 주무시는가? 언제나 또 만나 뵐꼬.' 하는 생각뿐이더니

14 이후 날마다 마음속 깊이 상제님을 사모하니라.

김형렬 집에 찾아오심

10 그 후 4월 13일에 형렬이 제비창골 집에 있는데 산 너머 금산사(金山寺) 쪽에서 "형렬아, 형렬아!" 하고 부르는 소리가 또렷이 들리거늘

2 형렬이 '어디서 들리는가?' 하고 소리나는 곳을 따라 서전재(西殿峙)를 넘어가 보니

3 상제님께서 금산사 돌무지개문(虹霓門) 위에 앉아서 부르고 계시더라.

4 형렬이 크게 반가워하며 상제님을 모시고 용화동으로 돌아 집 앞에 이르러 "선생님, 안으로 들어가십시다." 하니

5 말씀하시기를 "자네 집에 산기(産氣)가 있네그려." 하시거늘

6 형렬이 놀라 여쭈기를 "어떻게 아셨습니까?" 하니 말씀하시기를 "삼신(三神)이 말을 몰고 자네 집으로 들어가므로 알았노라." 하시니라.

10:2 서전재. 하운동 제비창골에서 금산사 서전(西殿)으로 넘어가는 산길의 통칭.

10:3 부르고 계시더라. 『대순전경』과 『성화진경』 등에는 4월 13일에 하운동으로 찾아오신 것

7 또 말씀하시기를 "여기가 제비창골(帝妃創谷)이라지?" 하시매 형렬이 "예, 그렇습니다. 어디서 들으셨습니까?" 하고 대답하니

8 말씀하시기를 "응, 촉나라 길이 험하다 하여도 한신(韓信)이가 알더라고, 천하사(天下事)를 하러 다니는 사람이 제비창골을 모르겠나. 감나무 아래로 가세." 하시어 그 아래에 마주앉으시니라.

세 번 다짐을 받으시고서야

11 상제님께서 말씀하시기를 "그대는 나와 더불어 천지공사를 꾀함이 어떠하냐." 하시거늘

2 형렬이 대답하여 여쭈기를 "천지공사라니요. 그게 무슨 말씀이신지요?" 하니

3 "현하의 천지대세가 선천은 운(運)을 다하고 후천의 운이 닥쳐오므로 내가 새 하늘을 개벽하고 인물을 개조하여 선경세계를 이루리니 이때는 모름지기 새판이 열리는 시대니라.

4 이제 천지의 가을운수를 맞아 생명의 문을 다시 짓고 천지의 기틀을 근원으로 되돌려 만방(萬方)에 새기운을 돌리리니 이것이 바로 천지공사니라." 하시니라.

5 형렬이 이내 알아듣고 여쭙기를 "새판을 짠다는 것은 어떻게 하신다

1920년대 금산사 돌무지개문

만 기록되어 있으나 김형렬 성도의 후손들은 이를 강력하게 부인한다. 김현식은 무진(道紀 118, 1988)년 답사 때, 하운동의 집터에서 할아버지(김형렬)와 아버지(찬문), 어머니로부터 들었다고 금산사 돌무지개문 쪽을 가리키며 증언했다.

10:4 상제님을 모시고. 김형렬 성도가 금산사 돌무지개문에서 상제님을 모시고 집으로 간 이 사건은, 그가 온 인류를 대표해서 인간으로 오신 미륵부처님을 한 속가로 모시고 간다는 의미가 있다. '온 인류가 도솔천의 천주님을 모시는(侍天主)' 역사의 첫 발자국을 떼 놓은 순간을 상징하는 대단히 중요한 의식인 것이다.

10:4 용화동. 하운동 남쪽에 있는 마을로 원래 이름은 용와동(龍臥洞)이었다고 한다.

11:1~7 김자현 성도의 사위 장

보만(張保萬, 1900~1964)이 기록한 필사본 내용.

는 말씀입니까?" 하니

6 말씀하시기를 "이 때는 천지의 비극적 시운(時運)으로 이름 없는 악질(惡疾)이 창궐하리니

7 만약 선의(仙醫)가 아니면 만조(萬祖)에 일손(一孫)이라도 건지기 어려우리라." 하시며 시운(時運)에 대하여 장시간 언급하신 후에

8 "두 집이 망하고 한 집이 성공하는 공부를 하려는가?" 하시거늘

11:8 한 집. 여기서는 우주일가의 온 천하를 말씀하신 것이다.

9 형렬이 대답하기를 "열 집이 망해도 하겠습니다. 열 집이 망하고라도 한 집만 성공하면 열 집이 다 성공될 것 아닙니까?" 하매

10 말씀하시기를 "그렇지, 자네 말이 옳도다. 그러나 모두 자네 같은가? 어려운 일일세." 하시고 세 번 다짐을 받으시고서야 방에 들어가 앉으시니라.

형렬의 집을 주인으로 정하심

12 이 때에 형렬의 아내가 셋째 아들을 낳았는데 잠시 후에 안에서 아들 낳은 소식을 알리거늘

2 상제님께서 '천리마' 라 이름을 지어 주시니 아이의 젖이 네 개더라.

12:2 김천리마 (金千里馬, 1902~1957). 족보명 태규(泰圭), 자(字)는 상용(祥用). 김형렬 성도와 황씨 부인의 막내.

3 본래 형렬의 아내는 아이를 낳으면 반드시 산후복통이 나서 한 달 동안 앓는 증상이 있었는데 이번에도 또 재발하여 죽는다고 소리치니 형렬이 크게 근심하는지라

4 상제님께서 위로하며 말씀하시기를 "인생의 고초가 저렇도다. 이 뒤로는 모든 일에 나를 믿고 근심을 놓으라." 하시고 처방을 일러 주시며 "약 두 첩을 지어 오라." 하시거늘

5 형렬이 명하심을 좇아 약을 달여 먹이니 과연 아내의 복통이 그치고 그 밖에 천촉(喘促)과 해소(咳嗽) 같은 별증(別症)들도 다 나으니라.

6 산모가 크게 기뻐하며 상제님을 뵙고 집에 오래 계시기를 간청하니

7 웃으며 말씀하시기를 "세상 사람은 자기가 먼저 좋아야 남을 생각하는 법이라." 하시고 흔연히 허락하시니라.

김천리마
(1902~1957)

8 이 때 상제님의 성수(聖壽)는 32세이시고 형렬의 나이는 41세라.

9 노소는 다를망정 가까이 모셔 보니 감히 앞으로 다니기가 황송할 지경이더라.

10 이후로 상제님께서 형렬의 집을 주인으로 정하시고 천지공사를 행하시니

11 형렬에게 공사에 수종 들 수 있도록 심령(心靈)을 열어 주시기 위해 4월 15일부터 수련을 시키시니라.

신천지 개벽공사의 시종을 김형렬 집에서

13 하루는 형렬에게 "쇠머리 한 개를 사 오고 떡을 찌라." 하시고 "제비창골 일을 해야 한다." 하시더니

2 감나무 밑에 음식을 차리게 하시고 감나무를 잡고 '만수(萬修)'를 부르시며 성주풀이를 하시니 이러하니라.

3 　경상도 안동 땅 제비원(帝妃院) 솔씨 받아
　　소평(小坪) 대평(大坪) 던지더니

4 　밤이면 이슬 맞고 낮에는 볕뉘 쐬어
　　그 솔이 점점 자라 청장목(靑壯木)이 되었구나.
　　황장목(黃腸木)이 되었구나.
　　낙락장송이 쩍 벌어졌구나.

5 　태평전(太平殿) 대들보가 되어
　　어라 만수(萬修) 어라 대신(大神)이야.

6 　대활연(大豁然)으로 이 땅으로 설설이 내립소사.
　　시(始)도 여기서 일어나고 종(終)도 여기서 마치리라.

7 이렇게 노래부르신 후에 금산사를 넘어다보시고 "여기를 큰집으로 할까, 작은집으로 할까. 제비 새끼 치는 날에 제비창골이 가득 차리라." 하시고 쇠머리를 땅에 묻으시니라.

8 형렬의 집에 계실 때 하루는 상제님께서 "여기가 어찌 제비창고(帝妃創庫)일까?" 하시더니

9 말씀하시기를 "옛집을 다시 찾는다는 말이니라. 이곳은 제비창골이 아니요 제업창골(帝業創谷)이니라." 하시니라.

10 하루는 하운동에 사는 박성태(朴成台)에게 말씀하시기를 "앞으로 제비창골에 날마다 백 명씩은 왕래하리라." 하시고

11 "그러나 여지가 좋지 못하다." 하시니라.

때를 놓치지 말라

14 하루는 상제님께서 말씀하시기를 "세계대운이 조선으로 몰아 들어오니 만에 하나라도 때를 놓치지 말라. 이 때는 사람이 가름하는 시대니라.

2 남아가 출세하려면 천하를 능히 흔들어야 조화가 생기는 법이라. 이 세상은 신명조화가 아니고는 고쳐 낼 도리가 없느니라." 하시니라.

형렬에게 신안을 열어 주심

3 형렬이 그와 같은 말씀을 조금 의심하던 차에 하루는 상제님께서

13:2 성주풀이. 조선시대의 잡가로 성조가(成造歌)라고도 한다. 집 터를 지키고 보호한다는 성주신(成造神: 成造는 단군 성조 때 궁실 건축을 담당한 실존 인물)과 성주 부인에게 제를 지낼 때 부른다.

13:3 안동 땅 제비원. 성주풀이의 본향(本鄕)으로 우리나라에서 두 번째로 큰 미륵불이 있으며, 이 불상에 비바람을 가릴 전각을 지어 주려 한 '연(燕)'이라는 여인의 전설이 내려온다. 여기서는 천지공사의 주인을 안동 김씨로 정하시는 굿풀이를 뜻한다.

13:4 황장목. 오래 되어 심(心)이 붉게 된 품이 좋은 소나무를 말하며 임금의 관재(棺材)나 대궐의 기둥으로 쓰였다.

저녁에 형렬을 불러 이르시기를

4 "오늘은 천하신명을 제비창골로 몰아들일 참이니 놀라지 말라. 제비창골이 아니고는 나의 일을 할 수 없다." 하시고

5 날이 어두워지자 촛불을 들고 "만수야! 만수야!" 하고 부르시더니

6 잠시 후에 형렬에게 "놀라지 말고 문밖을 내다보라." 하시기에 형렬이 나서서 보려 하매

7 말씀하시기를 "눈을 떴다가는 간담(肝膽)이 떨어질 참이니 눈을 감고 보라." 하시니라.

8 이에 형렬이 눈을 감고 바라보니 구름과 안개가 자욱한 가운데 수많은 깃발과 창검이 햇빛처럼 눈부시고

9 기기괴괴한 신장(神將)들이 말을 달려 동구로 몰아 제비창골로 달려드는 통에 어찌나 놀랐던지 "그만 보사이다." 하고 눈을 뜨니

10 상제님께서 웃으며 말씀하시기를 "무서우냐? 거짓말 같을지라." 하시니라.

11 이후부터 형렬은 상제님께서 신병(神兵) 소리만 하시면 더욱 열렬히 복종하니라.

김자현의 입문

15 김자현(金自賢)은 구릿골 사람으로 김형렬의 친족이라.

2 자현이 우연히 다리에 습종(濕腫)이 돋아 고생한 지 3년이 지났으나 백약이 무효하여 다리를 영영 베일 지경에 이른지라

3 이 때 형렬이 자현을 찾아가 상제님께서 아내의 산후통을 고쳐 주신 신효(神效)한 내력을 말하며

4 "그 동안 종기로 얼마나 고생하는가? 우리 집에 강증산이란 분이 와 계신데 의관(衣冠)을 하여 찾아뵙고 여쭈어 봄이 어떠한가?" 하니

5 자현이 말하기를 "제 다리는 못 고칩니다. 이미 단념한 지 오래입니다." 하고 오지 않겠다고 굳이 사양하거늘

6 형렬이 "아, 이런 병이 뭐 대수인가. 병은 천지병(天地病)이 큰 병이지 이런 병은 병도 아니네. 그분은 천지병을 고치시는 분이라네.

7 천의(天醫)가 오셨으니 생각해 보아서 꼭 오게나." 하고 재차 이르거늘 그제야 자현이 "그럼 내일 찾아뵙겠습니다." 하고 대답하니라.

15:1 김자현(金自賢, 1875~1927). 본관 안동. 족보명 언회(彦會), 자현(自賢)은 자(字). 부 원장(元長)과 모 임씨의 장남. 안동 김씨의 종손으로 김형렬 성도와는 10촌간이며 호리호리하고 키가 컸다고 한다.

15:2 습종. 부종의 하나. 습사(濕邪)로 인하여 허리 아래가 무겁고 다리는 팽팽하게 부으며 누르면 자국이 남는다.

선생님, 살려 주소서

16 다음날 상제님께서 코로 냄새를 맡으시며 "어찌 이런 흉악한 냄새가 나는가?" 하시매

2 형렬이 깜짝 놀라 방을 쓸고 닦는데 또 냄새를 맡으시며 "썩는 냄새가 이리 나는가?" 하시므로

3 형렬이 송구스러워 밖으로 나가서 변소를 덮고 하며 부산을 떠는 중에 구릿골에 사는 종제(從弟) 김갑칠(金甲七)이 다리 아픈 자현을 지고 오더라.

4 갑칠이 자현을 땅에 내려놓으니 자현이 뜰 밑에서 "선생님, 사람 살려 주소서." 하고 다리를 내보이매

5 상제님께서 보시고 "응, 저 다리가 오니 그런 냄새가 났도다. 나는 못 속이지." 하시고 "내가 하늘님이던가." 하시니라.

6 이에 자현이 "아이고 선생님, 살려 주소서." 하고 애원하거늘

7 말씀하시기를 "음, 내가 삼신님인가. 점잖은 손님이 오면 떡시루가 오는 법인데 나 같은 손님이 오니 썩은 다리가 들어왔네.

8 내가 무슨 의원이라고 나 같은 사람의 말을 듣고 약을 쓰려 하시오?" 하시니라.

엿 한 가래가 다리에 붙었구나

9 자현이 다시 여쭈기를 "무슨 약이라도 가르쳐만 주시면 쓰겠습니다." 하니

10 말씀하시기를 "뒷산에 가서 창출(蒼朮) 한 되 캐서 그 달인 물로 상처난 곳을 씻고, 원평장에 가서 엿 다섯 가래를 사다가 찧어서 붙이라." 하시거늘

11 자현이 당장 가서 창출을 캐고 엿 다섯 가래를 사다 놓으니 한 가래를 그 아들 태준(泰俊)이 먹은지라

12 할 수 없이 네 가래를 찧어 붙이니 3년이나 고생하던 다리가 불과 보름 만에 씻은 듯이 나으니라.

13 자현이 기뻐하며 이바지를 준비하여 상제님을 배알하고 그 은공에 사례하거늘

14 상제님께서 반기시며 환부를 보시니 대님 매는 자리에 엿 한 가래 만치 흉터가 나 있는지라

15 웃으며 말씀하시기를 "엿을 네 가래만 찧어 붙였으니 엿 한 가래가 다리에 붙었구나." 하시니라.

16 이에 자현이 더욱 탄복하여 그 날로 상제님을 따르겠다고 나서니

15:7 천의. 상제님은 만유생명의 기틀인 천지의 큰 병을 고치시는 분이다. 『화엄경』「입법계품」에는 말법시대에 출세해 세계를 건지는 미륵존불을 '대의왕(大醫王)'으로 표현한 구절이 나온다.

16:7 삼신. ①생명을 창조하는 우주의 조화성신. ②천상의 궁궐에서 사람 모습을 하고 우주 역사를 통치·주재하시는 인격신. 우주원리적인 표현으로 삼신상제님이라 한다. 우주의 삼신 정신을 주재하여 천지인 삼계를 다스리는 실제적인 하느님이 삼신상제님이다. ③한민족사의 뿌리시대를 열어 주신 국조 삼신으로 '환인(환국)-환웅(배달)-단군(조선)'의 삼성조. ④자손줄을 태워 주는 신. 보통 조상신이 그 역할을 한다.

16:10 창출. 삽주의 엉기지 않은 뿌리. 한방에서 소화 불량, 설사, 수종(水腫) 따위에 약으로 쓴다.

16:11 김태준(金泰俊, 1897~1967). 족보명 태준(泰俊), 자(字) 태봉(泰鳳). 『도전』 초판에는 자현의 '딸아이'라고 되어 있으나 족보 확인 결과 둘째 아들 김태준으로 밝혀졌다. 이 때 여섯 살이었다.

16:17 죽어도 따르겠느냐. 상제님께서 도문에 받아들이실 때는 누구에게나 평생토록 변치 않을 믿음을 다짐 받으셨다. 천지대업을 집행하는 상제님의 성도는 대의에 충직한

17 상제님께서 "죽어도 따르겠느냐." 하시매 자현이 "죽어도 따르겠습니다." 하고 대답하거늘

18 이와 같이 세 번을 다짐 받으신 뒤에 형렬을 불러 다시 "세 집이 망하고 천하가 흥하는 공부를 해 보자." 하시고 자현이 천지사업에 동참하는 것을 허락하시니라.

김갑칠의 입문

17 김갑칠은 본래 이름이 판식(判植)으로 형렬과 사촌간이라.

2 상제님께서 자현의 고질병을 고쳐 주심을 보고 그 신이하신 권능에 감복하여 상제님을 따르니 이 때 나이 22세라.

3 이후 상제님께서 이름을 갑칠(甲七)로 고쳐 주시니

4 상제님께서 외처로 출행하실 때 담뱃대 등 행장을 들고 따르면서 일등 비서 역할을 수행하며 많은 공사에 수종 드니라.

한공숙, 김보경의 입문

5 임인년 4월에 상제님께서 형렬의 집에 머무르시며 천지공사를 행하시니

6 구릿골 사람 한공숙(韓公淑), 함열(咸悅) 사람 김보경(金甫京) 등이 이

금산사 및 구릿골 일대

내력을 전해 듣고 감동하여 차례로 따르니라.

상제님을 알면 반도통은 한 것

18 하루는 성도들에게 물으시기를 "너희들 내가 누구인 줄 아느냐?" 하시니 아무도 감히 대답하는 사람이 없거늘

2 말씀하시기를 "너희들이 내가 누구인지를 알기만 하여도 반도통은 되었느니라." 하시니라.

3 또 말씀하시기를 "나는 동정어묵(動靜語默) 하나라도 천지공사가 아님이 없고 잠시도 한가한 겨를이 없이 바쁜 줄을 세상 사람들은 모르느니라." 하시니라.

형렬에게 법신을 드러내 주심

19 하루는 형렬이 '금산사로 오라.' 는 상제님의 기별을 받고 금산사로 가니

2 절 앞 다릿목에 이르렀을 때 홀연히 미륵불상이 금빛을 발하면서 걸어 나오는지라

3 형렬이 놀라 땅에 엎드려 몸을 떨고 있는데 잠시 후 "그만 일어나거라." 하는 소리가 들리거늘

4 겨우 정신을 차리고 일어나 보니 상제님께서 웃음을 띠고 서 계시더라.

5 이로부터 형렬이 깍듯이 존댓말을 쓰니 다른 성도들도 따르니라.

이것이 곧 절사니라

20 형렬이 어느 절일(節日)에 조상들에게 절사(節祀)를 지내고자 하니

2 상제님께서 형렬에게 준비한 제수(祭需)를 가져오게 하시어 여러 성도들과 더불어 잡수시며 "이것이 곧 절사니라." 하시거늘

3 그 후로 형렬이 절사와 기제(忌祭)를 당하면 항상 상제님께 제를 올리니라.

적서와 반상의 구별을 없애 주심

21 상제님께서는 비록 미천한 사람을 대할지라도 반드시 공대하시는데

2 형렬의 종인 지남식과 으렁이에게도 항상 그러하시므로 형렬이 민망하여 "이 사람은 저의 종이오니 공대치 마소서." 하고 아뢰니

일꾼이어야 한다.

16:18 김자현 성도 손자 김택식 (1914~) 증언.

17:1 김갑칠(金甲七, 1881~1942). 본관 안동. 족보명 용회(龍會), 갑칠(甲七)은 자(字). 상제님의 곁에서 천지공사 시 일등 비서 역할을 하였다. 어천시에도 행장을 챙겼으며, 어천 후 교단 생활은 하지 않고 개인 신앙을 했다. 아들인 태일(泰一)도 죽을 때까지 상제님을 지극하게 믿었다.

17:6 한공숙(韓公淑, 1849~1921). 본관 청주(淸州). 부 내경(乃敬)과 모 이씨의 장남.

17:6 김보경(金甫京, 1861~1934). 본관 안동. 족보명 영준(榮駿), 자(字) 주팔(周八), 호는 농호(聾湖). 함열 회선동에서 출생. 학문을 좋아하여 14세에 사서삼경을 다 읽었으며 서당에서 훈장을 하기도 하였다. 함라 지역의 유지로 문중 일을 도맡아서 하였다. 키는 190cm

정도로 기골이
장대하였다.

20:1 절사. 절기
나 명절을 따라
지내는 제사.

21:2 지남식(池南
植, 1879~1944).
본관 충주(忠州).
본명은 찬문이
다. 청도리에서
출생하여 부인
주씨와의 사이에
1남을 두었다.
현재 원평 수리
조합 밑에 그 후
손들이 살고 있
다.

3 말씀하시기를 "이 사람은 그대의 종이니 내게는 아무 관계도 없느
니라." 하시고

4 또 이르시기를 "하루 속히 천인(賤人)에게 후대하라. 이 마을에서는
어려서부터 숙습(熟習)이 되어 쉬이 말을 고치기 어려울지나 다른
곳에 가면 어떤 사람을 대하든지 다 존경하라.

5 이 뒤로는 적서(嫡庶)의 명분과 반상(班常)의 구별이 없어지나니 양반을
찾는 자는 선령의 뼈를 갈아 먹음과 같으니라." 하시니라.

채소를 잘 자라게 해 주심

22 하운동에서 여름을 지내실 때 형렬의 집이 가난하여 음식이 보
잘것없고 더욱이 밭이 메말라서 채소가 다 죽을 지경이 되니 형
렬이 크게 근심하니라.

2 이에 상제님께서 위로하며 말씀하시기를 "산중에는 별미가 없나니
채소나 잘되게 하여 주리라." 하시더니

3 다음날 형렬이 채소밭에 나가 보니 밭에만 비가 내려 채소가 다시
살아나고

22:4 악마디. 작
고 빈약한 마디.

4 이로부터 약간 심어 두었던 악마디 채소가 잘 자라나 가꾸지 않아
도 저절로 살지게 되어 반찬거리가 넉넉해지니라.

항상 깨끗한 신발로 다니심

5 원래 하운동은 산중에 있어 길이 매우 좁고 험하며 나무들이 우거
지고 얽혀서 이슬이 많을 뿐 아니라

6 장마가 지면 길에까지 물이 흘러내려 시내를 이루는데 이곳을 왕
래하시는 상제님의 신발은 항상 깨끗하므로 마을 사람들이 모두
이상히 여기니라.

천지신명이 옹위하는 모습

7 출행하실 때는 어느 때를 막론하고 낮에는 햇무리가 지고 밤에는
달무리가 지며 또 동구 양편에 구름기둥이 깃대와 같이 높이 솟아
팔자형을 이루므로

8 성도들이 그 이유를 여쭈니 말씀하시기를 "햇무리와 달무리는 신명
이 나에게 준비가 되었음을 알리는 것이요, 팔자 모양의 기운은 장
문(將門)이니라.

9 언제 어디서나 내 몸에는 항상 신장(神將)들이 따르느니라." 하시니
라.

처남 정남기의 사욕을 거두심

23 임인년 가을에 하루는 상제님께서 형렬을 데리고 금구 내주평 정남기의 집에 가시어 남기에게 일러 말씀하시기를

2 "자네 집에서 수련을 하리니 그리 알라." 하시니 남기가 아뢰기를 "그러면 저도 함께 수련을 하겠습니다." 하거늘

3 상제님께서 "그대 생각대로 하라." 하시매 남기가 수련에 참석하니라.

4 잠시 후에 천지대신명들의 호위 속에 수련을 하는데 뜻밖에 어떤 늙은 중(僧) 신명이 들어오더니 모든 신명을 지휘하여 남기를 호위케 하는지라

5 상제님께서 이 광경을 지켜보시는 중에 다시 한 노령의 대성신(大聖神)이 나타나 "어찌하여 천지운도(天地運度)를 어기느냐!" 하고 엄숙히 꾸짖으니

6 그 중 신명이 문밖으로 도망하고 모든 신명이 상제님 쪽으로 모이니라.

7 상제님께서 '이는 남기가 신술(神術)에 통하여 이치 밖의 생각으로 대대적 모반을 꾀하려 함이라.' 하시고 형렬에게 허령신명을 붙이시니

8 형렬이 갑자기 광증(狂症)이 일어나 심히 망령된 소리로 욕설과 패담을 퍼부으며 남기를 무수히 핍박하는지라

9 남기가 이르기를 "이 공부를 하면 광증도 제거한다 하더니 오히려 멀쩡한 사람이 미쳐 버렸다." 하며 밖으로 나가니라.

10 상제님께서 말씀하시기를 "광증이라도 믿음만 가지면 공주자사(公州刺史)는 하련만 그도 마다하는구나." 하시고

11 수련을 마치신 후에 형렬에게 명하시기를 "대파침(大破鍼) 한 개를 구하여 오라." 하시어 남기가 출입하는 문 위 벽 속에 몰래 꽂아 두시니라.

김형렬의 수련 공부

24 상제님께서 형렬에게 4월 15일부터 9월 19일까지 수련을 시키시고 이르시기를

2 "그만 그칠지어다. 다른 묘법은 쓸 때에 열어 주리라." 하시니라.

3 수련을 시작한 이후로 모든 천지공사를 행하실 때 형렬에게 신명이 모이고 흩어짐과 어명을 받드는 모습을 참관케 하시며 풍우를

23:10 자사. 주를 다스리는 지방관.

23:11 대파침. 바소. 한의(韓醫)에서 곪은 데를 째는 침. 양쪽 끝에 날이 있음.

짓게도 하시고

4 참관한 공사의 조항을 일일이 물으시어 그 보고 느낀 바가 맞는지를 자세히 시험하기도 하시니라.

호연에게 붙이신 후천선경 진법맥 도수

25 하루는 상제님께서 형렬에게 말씀하시기를 "선매숭자가 있어야 사느니라. 호연에게 선맥을 전하리라." 하시고

2 호연을 천지에 제(祭) 지내시며 "천지 천황에 천제(天祭) 지낸다. 맥을 전해 주자! 선맥을 전해 주자!" 하시고 여러 가지 글을 쓰시니라.

3 다시 '혈맥관통(血脈貫通)'이라 써서 불사르시고, 호연의 코를 쥐신 채 큰 음성으로 "혈맥관통이다!" 하고 소리치시거늘

4 그 소리에 응하듯 사방에서 천둥과 우레가 일더니 이내 폭우가 쏟아지니라.

5 상제님께서 제를 마치시고 호연에게 이르시기를 "너에게 선맥을 전해 줬으니 너를 찾을 사람이 있다. 죽어도 증인이 있어야 한다." 하시고

6 "천지에서 너를 부르는 날이 있다. 죽지 말고 살아라." 하시니라.

강증산 어른은 모르시는 게 없다

26 가을 어느 날에 상제님께서 호연을 업고 형렬과 함께 전주에 있는 한 예배당에 가시니라.

2 이 때 그 예배당에 다니는 박주완의 아들이 집을 나가 여러 달이 되도록 돌아오지 않거늘

3 목사는 '아들이 죽었다.'고 하나 주완은 이를 믿지 않고 집으로 무당을 불러 굿을 하고 있더라.

4 상제님께서 구경꾼들 뒤에 서서 그 광경을 지켜보시는데, 주완이 누군가로부터 '강증산 어른은 모르시는 게 없다.'는 귀띔을 받고 상제님께 다가와 아들의 생사를 여쭙는지라

5 상제님께서 주완에게 "목사는 뭐라고 하더냐?" 하고 물으시니 주완이 "삼월 며칟날 죽었다고 합니다." 하거늘

6 "그러면 오늘 저녁에 죽었는가 살았는가 확인해 볼까?" 하시고 계속 굿을 지켜보시니라.

7 저녁이 되어 굿이 끝머리에 이르자 무당이 '죽은 아들의 혼을 병에 잡아넣는다.'며 소란을 떨거늘

25:1 선맥을 전하리라. 가을개벽을 맞이하여 인류가 새 생명으로 거듭 태어나도록 김호연 성도에게 붙이신 공사가 선매숭자 도수이다. 호연으로 하여금 선천문명에서 후천 선(仙) 문명으로 매개하여 인류가 영원한 생명을 얻을 수 있도록 진법 도맥을 열어 주신다는 말씀이다.

25:6 "천지에서 부르는 날이 있다고 한게 몰라, 어디서 그럴랑고. 나 시방 부르기만 기다려." (김호연 성도 증언)

26:1 전주에 있는 한 예배당. 1902년 당시 전주에 있었던 교회로는 서문교회가 유일했으며, 그 때는 현재의 위치가 아닌 은송리(현재 동완산동)에 있었다.

8 가족들은 '아들이 죽었다.' 는 무당의 말에 울고불고 생난리인데

9 이를 바라보시던 상제님께서 "흥!" 하고 웃으시니라.

속이려면 고이 속여먹지

10 잠시 후 상제님께서 "담배 한 대 태워 오너라." 하시니 누가 잎담배를 길게 말아서 물려 드리거늘

11 담배를 절반쯤 태우시고 주완에게 "요만큼 타서 네 자식을 보려느냐?" 하고 물으시니 주완이 머뭇거리며 대답을 올리지 못하니라.

12 이에 담배를 더 태우시다가 다시 절반쯤 남으니 "요만치 타서 볼래?" 하고 재차 물으시거늘 이 말씀이 떨어지자마자 "흠, 흠!" 하며 집을 나갔던 아들이 들어오는지라

13 상제님께서 주완에게 "저게 네 자식인가 봐라." 하시고 다시 그 아들에게 "너 죽었다고 지금 네 혼을 잡아넣는단다." 하시거늘

14 주완의 아들이 무당에게 "속이려면 고이 속여먹지, 멀쩡히 살아 있는 사람을 죽었다고 하느냐!" 하고 따지니 무당이 어리둥절하여 아무 말도 못하니라.

15 아들이 다시 아버지를 돌아보며 "아버지는 예배당에 다니시면서 무당을 대셨습니까?" 하고 책망하더니 문득 상제님께 와서 절을 하는지라

16 상제님께서 "네가 어찌 나한테 절을 하느냐?" 하고 물으시니 "선생님께서 부르셔서 오지 않았습니까? 저는 올 날이 아직 멀었습니다." 하니라.

17 이에 상제님께서 이르시기를 "너는 하는 일이 시급하니 어서 가거라. 산모가 아이를 낳으려 해도 열 달을 채워야 하듯이 다 제 시간이 있느니라.

18 무슨 일이든지 그러하니 너는 어서 가서 하던 일을 마치고 돌아와 편한 마음으로 네 부모를 만나라." 하고 돌려보내시거늘

19 굿을 구경하던 마을 사람들과 무당과 목사까지도 상제님의 신성하심에 감복하여 모두 절을 하니라.

저의 머리를 보존케 해 주옵소서

27 하루는 전주 두현리(斗峴里)에 사는 이병하(李炳夏)가 찾아와 상제님께 아뢰기를

2 "요사이 제가 사는 곳은 관부에서 머리를 자르려고 하므로 피하여 왔사오니 청컨대 저의 머리를 보전케 해 주옵소서." 하거늘

27:1 두현리. 현재 완주군 구이면 두현리 두현마을.

27:1 이병하(李炳

夏, 1872~1953). 본관 연안(延安). 부 성우(聖友)와 모 강릉 유씨의 2남.

27:2 관부에서 머리를 자르려고 하므로. 광무개혁으로 1902년 8월에 군부, 경무청에 소속된 군인, 경찰, 관원들에게 단발을 명하고, 10월에는 불응하면 강제로 집행한다는 강력한 방침을 천명하였다.

28:1 덕재산. 전북 정읍시 정우면(淨雨面) 장순리, 회룡리, 화천리에 걸쳐 있는 산(143m).

28:1 송배. 현재 정읍시 정우면 우산리(牛山里) 송배 마을.

28장 물맹이에 거주하는 박동근의 손녀 박점순(1926~) 증언.

박점순(1926~)

28:3 물맹이. 현재 정읍시 덕천면 달천리 야리 마을. 들 복판에

3 상제님께서 웃으며 말씀하시기를 "머리를 보전하여 주기를 청하는 사람은 네가 처음이라. 며칠 동안 이곳에 머물도록 하라." 하시니라.

4 병하가 명하신 대로 십여 일을 머무르매 상제님께서 불러 말씀하시기를 "이제는 머리 자르는 폐단이 그쳤으니 돌아가라." 하시거늘

5 매우 허망하게 알고 돌아가더니 과연 그 폐단이 없어졌더라.

박동근의 허리를 고쳐 주심

28 상제님께서 본댁에 출입하실 때 덕재산(德載山) 너머 송배(松培)에 있는 고씨(高氏) 집에서 가끔 주무시는데

2 하루는 돌아오시는 길에 날이 저물어 그 집에 드시니

3 고씨가 아뢰기를 "물맹이에 사는 박동근(朴東根)이 허리를 다쳐 꼼짝도 못하고 집에 드러누워 있는데 뱀을 많이 달여 먹여도 좀체 낫질 않습니다." 하며 고쳐 주시기를 간곡히 청하거늘

4 다음날 아침 상제님께서 물맹이 동근의 집에 가시어 말씀하시기를 "뱀을 먹지 말라." 하시며 허리에 금침(金鍼)을 놓아 낫게 해 주시니라.

5 이후로 동근은 아무리 고된 일을 해도 허리가 아프지 않고 죽을 때까지 온몸이 쌩쌩하더라.

우리가 반드시 서로 만나리라

29 상제님께서 하운동에 오랫동안 머무르시면서 종종 본댁을 왕래하시므로 형렬도 또한 상제님의 본댁에 자주 왕래하니

2 그 길 중간에 있는 솟튼(鼎魚院) 주점 사람들이 그 빈번한 왕래를 괴이하게 여기더라.

3 11월에 하루는 상제님께서 본댁에 계시므로 형렬이 가 뵈려 할 때

4 사람들이 기이하게 여김을 꺼려 그 길을 피하여 샛길로 가던 중 솟튼재 밑 송월(松月)에 이르러 뜻밖에도 상제님을 만나니 마침 하운동으로 오시는 길이라.

5 형렬이 크게 기뻐하여 샛길로 든 이유를 아뢰며 말씀드리기를 "만일 이 길로 가지 않았으면 서로 엇갈려 만나지 못하였겠습니다." 하니

6 상제님께서 말씀하시기를 "우리가 비록 동서로 멀리 떨어져 있을지라도 반드시 서로 만나리라.

7 네가 나를 좇음은 다만 마음을 취함이요, 금전이나 권세를 취함이

아닌 연고라.

8 시속에 '망량(魍魎)을 사귀면 좋다.' 함은 그 좋아하는 물건을 항상 구하여 주기 때문이라.

9 네가 만일 망량을 사귀려면 진(眞)망량을 사귈진저." 하시니라.

상제님 옷자락에 똥 싼 호연

30 상제님께서 호연을 데리고 다니실 때는 보듬어 안거나 업고 가시는데

2 호연이 간혹 상제님의 옷자락에 오줌을 싸기도 하니라.

3 하루는 호연이 상제님 품에서 오줌을 싸매 상제님께서 "너 내 골마리에다 오줌 쌌구나, 잉?" 하시거늘

4 호연이 "오줌 마렵다면 얼른 내려놓지 누가 그냥 안고 있으래요?" 하고 대꾸하니라.

5 이에 상제님께서 "오줌 쌀 줄 알았냐?" 하시니 부끄러워 상제님을 마구 때리거늘

6 상제님께서 '재미있다.' 고 크게 웃으시니라.

7 또 어느 겨울날 상제님께서 "우리 호연이가 추워한다." 하시며 저고리로 호연을 보듬어 싸안고 다리를 골마리 안에 넣고 가시는데 호연이 그만 똥을 싸거늘

8 상제님께서 "아이고, 이놈의 것이 똥 쌌네." 하시며 나뭇가지로 똥을 긁어내신 뒤에 앞자락을 걷어잡고 도랑에 가시어 옷을 빠시니라.

계묘(癸卯 : 道紀 33, 1903)년

서원규와 김병욱의 입문

31 전주 사람 서원규(徐元奎)가 나이 사십 줄에 이르러, 일생에 크게 죄지은 바가 있어 천지에 사죄할 길을 찾다가

2 그 부모가 다니던 대원사가 퇴락(頹落)한 것을 보고 박금곡 주지와 상의하여 쌀 백 석 거리로 대원사를 개수하고 꾸준히 왕래하며 죄업을 속죄하던 중에

3 금곡으로부터 증산 상제님께서 신축년에 대원사에서 대도통을 하시고 장차 새 세상을 여시리라는 소식을 들으니라.

있어서 수해가 심함으로 '물로 망한다.' 고 하여 물망리라 했다.

29:4 솟튼재. 정읍시 감곡면 통사동에서 옹동면 용호리로 넘어가는 고개. 천애산(天涯山) 능선에 있으며 솥을 엎어놓은 복부혈(覆釜穴)의 형국이다.

29:4 송월. 정읍시 옹동면 용호리(龍虎里) 송월마을. 솟튼 마을이라고도 한다. 마을 위에 있는 솟튼재를 넘어 김제나 전주 등지로 많이 다녔다. 조선시대에는 관리들의 숙박시설인 정어원(鼎魚院)을 비롯해 많은 주막이 있었다.

29:8 망량. 천지의 중앙 토(土) 자리를 주재하며 천지의 음양을 다스리는 조화신. 깨비신이라고도 하며 천상깨비와 땅깨비(도깨비)가 있다. 도통을 열어 주는 신으로 개고기를 좋아한다.

30장 오로지 추수도인을 만나 진법맥을 전하도록 상제님께서

4 이에 원규가 상제님 모시기를 소원하여 계묘(癸卯 : 道紀 33, 1903)년 정월에 서천교(西川橋) 사거리에 있는 자신의 약방에 상제님을 모시니

5 전주에 사는 김병욱(金秉旭)과 김윤찬(金允贊), 그 밖에 여러 사람이 따르니라.

6 상제님께서 이 해에 전주와 하운동을 왕래하시며 여러 사람의 병을 고쳐 주시는데

7 약재를 쓰지 않고도 곧 쾌차케 하시니 모든 사람이 그 신묘하심에 감복하니라.

8 하루는 김병욱에게 일러 말씀하시기를 "남은 어떻게 생각하든지 너는 전명숙(全明淑)의 이름을 해하지 말라.

9 너의 영귀(榮貴)에는 전명숙의 힘이 크니라." 하시니라.

여기를 칠산바다로 만들면 되지

32 계묘년 이른 봄에 상제님께서 성도들을 데리고 동령리(東嶺里)의 어느 약방에 가시어 한동안 지내실 때

2 사곡면 유수리(師谷面 儒秀里)에 사는 열일곱 살 난 오경관(吳敬寬)이 그 모친의 몸이 아파 신이한 의원이 있다는 소문을 듣고 찾아오니라.

3 경관이 보니 약방 안에 용모가 늠름한 한 젊은이가 망건도 쓰지 않고 풀상투를 한 채, 갓망건한 사람 일여덟 명과 함께 앉아 있는데

4 나이 많은 사람들이 그 젊은이에게 존대를 하거늘 경관이 인사를 여쭈니 그분이 바로 상제님이시라.

5 이 때 경관이 모친의 증세를 아뢰기도 전에 상제님께서 약 세 첩을 지어 주시므로 문득 의아한 생각이 들며 호기심이 생기는지라 그 자리에 가만히 서 있는데

6 상제님께서 성도들에게 물으시기를 "어이, 자네들 칠산(七山) 안 갈란가?" 하시거늘 한 성도가 "칠산엔 뭣 하러 갑니까요?" 하고 여쭈니

7 말씀하시기를 "아, 이 사람아! 봄 당했으니께 조기 먹으러 가야지." 하시니라.

8 이에 성도들이 아뢰기를 "거기가 부안(扶安) 앞바다인데, 여기서 언제 거기까지 갑니까요?" 하거늘

9 상제님께서 "여기를 칠산바다로 만들면 되지." 하시고 집주인에게 소

반에다 청수(淸水) 한 그릇을 떠 오라 하시어

10 청수를 놓고 방 한쪽 구석에 돌아앉아 부(符)를 써서 방 가운데로 휙 던지시니 문득 약방이 시퍼런 칠산바다 위에 떠 있더라.

11 이 때 갑자기 바람이 심하게 불며 비가 쏟아지니 약방이 기우뚱기우뚱 심히 흔들리는지라

12 성도들이 넘어지지 않으려고 방 안의 횃대도 잡고 시렁가래도 잡으며 애를 쓰되 이리 엎어지고 저리 자빠지면서 정신을 차리지 못하는데

13 상제님께서 명하시기를 "아, 이 사람들아! 저기 가서 조기 좀 잡아 와." 하시거늘

14 누군가 소리쳐 아뢰기를 "아이구, 선생님. 조기 안 먹을랍니다. 조기 안 먹을랍니다." 하니라.

15 이에 경관도 이리저리 뒹굴며 멀미가 나서 정신을 못 차리는데

16 상제님께서 성도들에게 이르시기를 "참 자네들 못난 사람들이네. 아, 실컷 먹자고 그러더니 이걸 못 이겨서 조기를 안 먹어? 주는 것도 못 먹으면서 무슨 천지공사여." 하시거늘

17 성도들이 그래도 "아이고, 안 먹을랍니다." 하니

18 상제님께서 "안 먹겠다고?" 하시는 순간 바다는 온데간데없고 약방이 제자리로 돌아와 있더라.

주는 것도 못 먹으니 모두 병신이네

33 이에 경관이 더욱 마음이 이끌려 한쪽에 앉아 있으려니 상제님께서 "자네들은 육지고기나 먹지 바다고기는 못 먹겠네. 육지고기나 먹게." 하시고

2 "그러면 지리산(智異山)으로 산짐승 사냥이나 갈까?" 하시매 모두들 큰 소리로 "예, 좋습니다." 하고 대답하거늘

3 상제님께서 이르시기를 "그러면 지리산으로 사냥이나 나가 보자!" 하시고 다시 뭐라고 하시니 약방이 지리산 깊은 산골짜기에 와 있더라.

4 밖을 보니 골짜기에 토끼, 노루, 꿩, 멧돼지 등 산짐승들이 가득하거늘 상제님께서 "자! 가서 눈에 보이는 대로 다 잡아 오라." 하시니

5 모두들 우르르 몰려나가 산짐승을 쫓는데, 짐승들이 높이 경사진 곳으로 빠르게 달아나는지라

6 성도들이 돌부리와 나무등걸에 걸려 넘어져서 결국 한 마리도 못

본래 약령시장이 섰던 곳으로 번화가였다.

31:5 김병욱(金秉旭, 1874~1938). 본관 김해. 족보명 희근(熙根). 부 연수와 모 남평 문씨 사이에 장남으로 태어나 백부 학수의 양자가 되었다. 집안에 손이 귀해 혼인한 후로 관운장을 모시고 철마다 치성을 드렸다. 집안 대대로 무관을 지냈으며, 입문 당시에 전주 육군진위대 참위(지금의 소위)였고 정미(道紀 37, 1907)년 군대 해산시 부위(중위)로 전역하였다.

김병욱
(1874~1938)

32~35장 한국전쟁 당시 김택식이 화호리로 피난을 갔을 때, 그의 큰딸이 아파서 오경관에게 약을 지으러 갔

는데, 그 때 오
경관과 통성명한
것이 계기가 되
어 그에게서 직
접 듣고 전한 내
용이다.

김택식(1914~)

32:1 동령리. 현
재 김제시 봉남
면 행촌리 동령
마을.

32:2 사곡면 유
수리. 현재 정읍
시 감곡면 유정
리(儒丁里) 유수
마을.

32:2 오경관(吳敬
寬, 1887~1952).
본관 해주(海州).
부 인화(仁化)와
모 김복수(金卜
守)의 장남. 증언
당시 태인 화호
리(숙구지)에서
의원을 운영하였
다.

32:9 칠산바다.
원래 영광 법성
포 앞에 칠산도
(七山島)가 있어
칠산바다라고 하
였으나 후에 군
산 비안도에서
영광 안마도까지
를 그렇게 불렀

잡고 제 풀에 지쳐 돌아오니라.

7 이에 상제님께서 놀리며 말씀하시기를 "배멀미한다고 자빠지니 바다고기도 못 먹지, 산멀미한다고 쓰러지니 육지고기도 못 먹지. 천상 집안돼지나 먹을 수밖에." 하시니 약방이 다시 제자리에 와 있더라.

8 상제님께서 책망하여 말씀하시기를 "자네들은 주는 것도 못 먹으니 모두 병신이네." 하시고 "그럼 태인(泰仁)이나 가자." 하시며 약방을 나서시니 모두 따라 나가니라.

저 돼지 통으로 잡으라

34 이 때 경관이 함께 따라 나서니 한 성도가 말하기를 "약 지었으니 넌 돌아가거라." 하거늘

2 돌아가는 체하며 태인 돌창이 주막까지 따라와 숨어서 지켜보니라.

3 상제님께서 평소 태인 돌창이 주막에 자주 가시는데, 이 날은 주막 싸리문을 들어가시면서 문득 "어허! 이거 큰일났구만." 하시거늘

4 성도들이 "왜 그러십니까?" 하고 여쭈어도 대답을 않으시니라.

5 주막 주인이 상제님께서 즐겨 드시는 노란 찹쌀 막걸리를 동이째 내오고 돼지 다리 한 짝에 칼을 꽂아 가져오거늘

6 상제님께서 말씀하시기를 "이 사람아. 사람은 여럿인데 돼지 다리 하나 가지고 먹겠는가? 돼지 저놈 잡게." 하시며 주막에서 키우는 큰 돼지를 가리키시니

7 주막 주인이 "아이구! 그렇지 않아도 선생님 오실 줄 알고 또 준비했습니다요." 하매

8 상제님께서 "오늘은 저 돼지 통놈을 먹어야 하리라. 그까짓 다리 하나 먹어서 쓰겠는가? 빨리 잡게나, 이 사람아." 하시니라.

9 그래도 주인이 듣지 않고 다시 돼지 다리 두 개에 칼을 꽂고 김치를 썰어 소반에 받쳐 내오거늘

10 상제님께서 거듭 "이거 소용없으니 저 돼지 통으로 잡으라." 하고 말씀하시는데

11 주인은 "아, 선생님! 언제 돼지 잡아서 술을 드실라고요. 우선 잡숫고 계시면 곧 잡겠습니다." 하고는 끝내 잡지 않는지라

12 상제님께서 "그럼 그냥 가세." 하고 일어서시니 성도들이 먹지도 못한 채 아쉬워하며 상제님을 따라나서니라.

아들을 살려 주옵소서

35 상제님 일행이 주막에서 나와 돌창이고개를 막 넘으려는데 뒤에서 주막 주인 내외가 "사람 살려요! 사람 살려!" 하며 뛰어오거늘

2 상제님께서 돌아보지도 않으시며 "아, 그냥 가세." 하시므로 모두들 어쩌지 못하고 그냥 가니라.

3 때마침 비가 내려 길이 질편한데 내외가 달려와 길바닥에 무릎을 꿇고 앉아 자식을 살려 달라고 애원하거늘

4 형렬이 보기에 딱하여 "아니, 자네 자식이 어떻길래 그러는가?" 하고 물으니

5 주인이 말하기를 "시름시름 앓고 있었는데 선생님이 가시고 나서 바로 기절하더니만 지금 사경을 헤매고 있습니다요." 하며 재삼 상제님께 살려 주시기를 간청하니라.

6 상제님께서 이 말을 들으시고 "허허, 내가 염라대왕인가? 자네 자식을 살리고 죽이고 하게. 죽을 사람을 어떻게 살리란 말인가. 나는 못 살리네." 하시니

7 내외가 더욱 상제님께 매달리며 "그래도 살려 주십시오. 살려만 주옵소서." 하고 애원하거늘

8 상제님께서 "내가 돼지를 대신 보내려고 돼지 잡으라고 하지 않았는가?" 하시니 내외가 희망을 얻은 듯 "예! 돼지가 아니라 소라도 잡지요." 하는데

9 상제님께서 냉정히 말씀하시기를 "이제는 안 되느니라. 말할 적에 들을 일이지, 이제는 한 마리를 더 잡아 내놓아도 안 되니 그리 알라." 하시니라.

10 이에 주막 주인이 안절부절못하며 형렬을 붙들고 "술과 고기는 얼마든지 드리겠습니다. 제발 아들만 살려 주옵소서." 하니

11 형렬이 주인을 대신하여 상제님께 간곡히 청을 올리매 비로소 "자네 알아서 하소." 하고 허락하시니라.

12 이에 형렬이 주인을 앞세우고 급히 주막에 들어가니 곡성이 진동하거늘

13 주인은 돼지 잡을 경황이 없는지라 형렬이 돼지 목을 찔러 피를 빼니라.

14 이어 상제님께서 친히 아이의 코와 입에 바람을 불어 넣으시고 미음을 떠 먹이시니 곧 아이가 깨어나거늘

15 주인이 아들을 다시 얻은 기쁨에 연신 절을 올리고는 그 돼지를 삶

다. 조기잡이로 유명하다.

34:2 돌창이 주막. 전북 정읍시 태인면 태흥리(泰興里) 삼리 마을 동북쪽에서 독양으로 넘어가는 돌창이고개에 있었던 주막.

35장 증산 상제님의 모든 말씀은 신도(神道) 차원에서 보아야 한다. 상제님의 개벽 세계관, 곧 새 생명의 질서를 여는 증산도의 세계관은 신도를 그 중추로 하기 때문이다.

아 술과 함께 상제님과 일행을 후히 대접하니라.

16 이를 지켜본 경관이 상제님의 신이하심에 경탄하며 깊은 **믿음으로** 모친께 약을 달여 드리니 즉시 쾌차하니라.

호연 아버지의 죽음

36 임인년에 설대집 진 감찰의 손자가 김택룡을 찾아와 도장 하나만 찍어 달라고 간곡히 청하므로

2 택룡이 빚 보증서인 줄도 모르고 도장을 찍어 준 일이 있더니

3 진 감찰 손자가 빚을 갚지 않고 도망가매 택룡은 재판을 받아 집과 재산을 모두 압류당하고 감옥에 잡혀 들어가 그 안에서 화병으로 죽으니라.

죄에 걸리면 제가 끌러야지

37 택룡이 감옥에 간 이후에 하루는 상제님께서 호연에게 느닷없이 "너 큰일났다." 하시거늘 호연이 놀라서 "왜?" 하고 여쭈니

2 말씀하시기를 "네 아버지가 죽어서 저 구름 타고 오는 것 좀 봐." 하시는지라

3 호연이 그 뜻을 몰라 "어디 구름이 있는데, 구름이 사람을 떠메고 다녀?" 하매 상제님께서 "아, 너희 집에 가 봐!" 하시니라.

4 이에 호연이 상제님과 함께 집으로 가니 마당에 들어서자마자 어떤 사람이 아버지를 떠메고 들어오거늘

5 호연이 "어디가 구름 탔어? 구름 타고 오면 신선이라고 그러던데." 하며 볼멘소리를 하니

6 "아, 구름 타면 신선인가?" 하시고는 아무 말씀 없이 토방으로 가시니라.

7 상제님께서 호연을 한참 동안 바라보시다가 "죄에 한 번 걸리면 홀 맺혀진 놈이 저절로 끌러진다더냐? 제가 끌러야지.

8 없는 놈이 뭣 하러 도장을 찍어 주고, 생목숨 죽기를 원해? 너희 집 팔자는 죄다 죽으라는…, 그쯤이여." 하고 나무라듯 말씀하시니라.

아부지, 아부지

9 이 때 호연은 어려서 아무 것도 모르고 그저 아버지가 '다시 살아나리라.' 고 생각하니라.

10 호연이 누워 있는 아버지의 볼에 대고 **뺨**을 비비며 "아부지, 아부지!" 하고 부르니 아버지의 볼살이 뚝 떨어져 호연에게 붙거늘

36:1 설대. 담뱃대, 화살대를 만드는 작은 대나무.

37:8 죄다 죽으라는…. 김호연 성도의 형제 모두 절손되었다. "우리 외삼촌이 아들딸 하나도 못 낳아 가지고, 저 임실 상원리 신흥사 절에 주지로 있다가, 인

11 호연이 크게 놀라 정신이 아득해지며 무서운 생각이 들어 어쩔 줄을 모르더라.

12 택룡이 죽은 이후 호연의 가족은 끼닛거리도 없이 살림을 다 내놓은 데다 망자의 위패를 모시고는 남의 집 곁방으로 갈 수도 없는 처지인지라

13 상제님께서 마흔 냥을 주고 흑석골에 오두막집을 하나 사 주시니라.

14 이에 호연의 가족이 그리로 옮겨 가니 이 때 호연의 나이 일곱이요, 만물이 시생하는 봄이더라.

김월주(1927~)

호연을 남장시켜 여자인 줄 모르게 하심

15 이후로 호연이 상제님을 아주 따라나서니 상제님께서 이 때부터 호연에게 항상 사내아이 옷을 입혀 데리고 다니시거늘

16 형렬의 가족과 몇몇 사람들만 이를 알 뿐이요, 성도들조차 호연이 남자인 줄로 아니라.

호연을 데리러 전주로 오실 때

38 호연이 아버지가 돌아가시기 전에는 전주 집에 머물며 상제님을 따라다니니 상제님께서 호연을 데리러 자주 오시거늘

2 상제님께서 오실 때면 벌써 동네 어귀에서부터 "호연아~! 호연아~!" 하고 부르며 오시니라.

3 이 때 호연이 대답하는 대신에 한 손을 높이 쳐들면 "네가 일본놈 종자냐? 일본놈이나 그러는 것이다." 하며 나무라시니라.

호연을 숨겨 두는 가족들

4 또 상제님께서 오시지 않고 형렬이나 다른 성도를 시켜서 데려오게도 하시는데

5 시간이 갈수록 호연이 집에서 머무는 날이 드물어지니 호연의 가족들이 이를 달갑지 않게 여겨

6 호연을 대청마루 밑이나 벽장 속에 숨겨두기도 하고, 잠시 다른 곳으로 피해 있게도 하니 호연을 찾지 못하고 그냥 돌아가는 때도 많더라.

7 하루는 형렬이 상제님의 명을 받고 호연을 데리러 전주 집으로 오거늘

8 가족들이 '절대 나오지 말라.'고 단단히 이르며 호연을 마루 밑에 밀어 넣은지라

9 형렬이 몸을 숙여 호연을 잡으려고 손을 뻗어보아도 손이 닿지 않

으므로 간짓대를 넣어 이리저리 더듬어 보는데

10 갑자기 호연이 간짓대를 꽉 잡더니 놓지 않는지라 형렬이 어찌해 볼 방도가 없어 그저 시간만 지연하니라.

11 그렇게 한참 실랑이를 벌이는데 문득 상제님께서 들어서시거늘

12 난데없이 무엇이 둘둘 몰아내는 듯하여 호연이 하는 수 없이 밖으로 나오니

13 상제님께서 호연을 번쩍 들어서 품에 안고 성큼성큼 나가시니라.

38:13 "그냥 호랭이놈 개 채어 가듯 나를 보듬고 나가고. (중략) 이제 안 온게 쫓아와서 데리고 갔지."(김호연 성도 증언)

전주에 머무르실 때

39 상제님께서 전주에 가시면 상문의 아내가 상제님을 정성껏 모시니 상문의 집을 자주 찾으시고, 음식이나 물품도 잘 가져다 주시니라.

2 또 한번 가시면 그곳에서 오래 머무시고 주사(主事) 신봉기와 박 참판의 집에도 자주 가시니

3 이 때 상제님을 뵙고자 구릿골을 찾은 사람들이 소식을 듣고 계신 곳을 좇아 전주로 향하면

4 그들이 당도할 즈음 상제님께서는 다시 구릿골로 가시니라.

전주 부호 백남신의 입문

40 계묘년 3월에 형렬에게 일러 말씀하시기를 "이제 조선 신명을 서양으로 건너 보내 역사(役事)케 하려 하노니 재주(財主)를 얻어서 길을 틔워야 할지라.

40:2 여산. 당시는 여산군이었으나 현재는 익산시 여산면.

2 신명에게 노자를 줄 터이니 여산(礪山)의 윤공삼(尹公三)에게 가서 돈을 얻어 오라." 하시거늘

3 마침 이 때 김병욱이 전주 부호 백남신(白南信)을 천거하니라.

40:3 백남신(白南信, 1858~1920). 본관 수원(水原). 족보명은 낙신(樂信). 완주군 관두면 관철리에서 태어나 생부의 종제인 백현수의 양자로 들어갔다. 고종의 칙명으로 동학란을 평정하는 임

4 이에 옆에 있던 김보경이 함열의 한 부자를 천거하매 상제님께서 "그 부자의 재물이 얼마나 되느냐?" 하고 물으시거늘

5 보경이 "만석꾼이라 이르나이다." 하니 상제님께서 "불가하니라." 하시니라.

6 그 후에 하루는 상제님께서 짐짓 크게 취하여 벗은 발에 대삿갓을 쓰시고 병욱의 집에 가시어 누워 일어나지 않고 계시는데 이 때에 남신이 이른지라

7 병욱이 남신이 왔음을 아뢰니 일어나 앉으시며 처음 대하는 예를 베풀지 아니하시고 문득 말씀하시기를 "그대가 내 상을 평하라."

하시거늘

8 남신이 "상리(相理)를 알지 못합니다." 하니 "상리는 참되지 못하나니 속평을 하라." 하시니라.

9 이에 남신이 대답하기를 "속평에 '얼굴이 방정하고 풍후하면 부하리라.' 하고, '눈썹 사이 인당(印堂)에 불표(佛表)가 있으면 귀하리라.' 하니 이로 보아 부귀를 겸전하시었나이다." 하니

10 상제님께서 웃으며 말씀하시기를 "그대의 상을 평하면 입가로 침이 부억부억 나오니 이는 소가 아구 삭이는 격이라 가히 부호가 되리로다." 하시니라.

11 이 때에 김형렬, 김병욱, 장흥해(張興海)가 참석하니라.

일본은 품삯도 못 받고 가는 일꾼이니

12 하루는 상제님께서 말씀하시기를 "일본 사람이 천지의 일꾼이 되어 조선에 와서 남의 집을 사는데

13 부지런히 일을 하고는 필경 품삯도 받지 못하고 빈주먹으로 돌아가리라.

14 조선이 이제 캄캄하고 우닥닥우닥닥하면 정신을 못 차릴 것이니라." 하시니라.

장효순의 딸을 살려 주심

41 이 달에 전주에 머무르실 때 장효순(張孝淳)의 시집간 딸이 어려서부터 횟배를 앓아 해마다 서너 번을 달포씩 고생하더니

2 이 해에는 계속하여 두어 달을 앓으매 생명이 위태롭게 된지라

3 효순이 그 일을 아뢰며 고쳐 주시기를 청하니 상제님께서 그 사위를 부르시어 "부부끼리 벽을 끼고 서로 등을 맞추어 서라." 하시거늘

4 내외가 명하신 대로 하매 딸의 병은 나았으나 이번에는 사위가 병을 앓는지라 상제님께서 곧 손으로 만져서 낫게 하시니라.

아침마다 시천주주를 일곱 번씩 읽으라

42 김병욱의 일족 김윤근(金允根)이 여러 해 동안 치질을 앓아 왔는데 이 해에는 더욱 심하여 기동을 못하고 누웠거늘

2 상제님께서 불쌍히 여기시어 "아침마다 시천주주(侍天主呪)를 일곱 번씩 외우라." 하시니 윤근이 그대로 하여 며칠 만에 나으니라.

이도삼의 간질을 고쳐 주심

3 고부(古阜) 이도삼(李道三)이 간질이 있어 상제님께 와 뵙고 고쳐 주시기를 청하거늘

무를 맡았으며, 동학란이 진정된 후에 고종이 '삼남(三南)을 믿고 맡길 신하'라 하여 '남신'이란 이름을 하사하였다. 조선의 이름난 갑부로 상제님 천지공사시에 재정적으로 가장 큰 공을 세웠다.

백남신
(1858~1920)

40:14 조선이 이제 캄캄하고. '일제시대 - 해방 - 남북분단과 전쟁'으로 이어지는 세운의 대세를 읽어 주신 것이다.

4 상제님께서 "나를 따르라." 하시고 누워서 자지 못하게 하시니 매번 밥 먹은 뒤에는 배가 아프고 대변에 담이 섞여 나오다가 열나흘 만에 나으니라.

동곡으로 이거하심

5 3월 그믐날 형렬이 하운동에서 동곡으로 이사하니 상제님께서도 함께 거하시니라.

함열에 가심

43:1 통영. 경남 통영시. 선조 26년(1593) 임진왜란 때 충청, 전라, 경상의 3도 통제사영을 설치하면서 통영이라 불렀다.

43 계묘년 봄에 상제님께서 호연을 데리고 함열에 가시며 형렬은 경상도 통영(統營)으로 보내시고, 몇몇 성도들은 각기 다른 곳으로 보내시니라.

2 함열에서 한 달 가량 머무르시며 통영에 있는 형렬과 편지로 소식을 주고받으시고 다른 곳에 있는 성도들은 형렬을 통해 통지하게 하시니라.

3 상제님께서 함열에 이르시어 어느 집 문 앞에 서시더니 "이리 오너라." 하고 부르시거늘 그 집 여인이 "아무도 안 계신다고 여쭈어라." 하매

4 "저런 못된 것, 제 서방만 알았지 천박하게 '여쭈어라'가 뭣고." 하시고

하운동 안동 김씨 재실(永思齋). 상제님께서 임인년 4월에 하운동 제비창골(帝妃創谷)에 살고 있던 김형렬을 찾아오시어 식주인을 정하시고 천지공사의 시종(始終)을 선포하신 이래 계묘년 3월 말까지 머무셨다.

5 다시 그 여인에게 "언제 들어오느냐고 여쭈어라." 하시니 이번에는
　모르겠다고만 대답하니라.

6 이에 상제님께서 호연을 내려놓고 대문 앞에 앉으시어 "뉘 집에 갔
　느냐고 여쭈어라." 하고 집이 흔들리도록 고함을 치시니 여인이 나
　와서 상제님을 위아래로 훑어보거늘

7 상제님께서 "흘겨보기는, 사람을 왜 흘겨보느냐?" 하시니 여인이
　돌아서며 생각하기를

8 '정녕 저분이 높은 어른이니 저렇게 말씀하실 테지.' 하고 사람을
　보내어 남편을 불러오게 하니라.

네가 생전에 무슨 죄를 지었느냐

44 잠시 후 남편이 돌아와 상제님을 반가이 맞으며 방 하나를 내어
　　드리니

2 이는 그 집 며느리가 아이를 낳지 못하여 온 집안이 근심하던 차에
　집주인이 상제님의 신이하심을 듣고 그 연유를 여쭙고자 상제님을
　청한 것이더라.

3 상제님께서 물으시기를 "네가 생전에 무슨 죄를 지었느냐?" 하시니
　"저는 죄지은 일이 없습니다." 하거늘

4 "네가 네 죄를 모르는 것이라." 하시니 "전생은 몰라도 이생에는
　죄를 짓지 않은 것 같습니다." 하니라.

5 이에 상제님께서 "네가 스물두 해 전에 논에 다녀오다가 큰 짐승을
　두 도막 내지 않았느냐?" 하시매 그제야 무릎을 치며 "그런 일이
　있었습니다." 하거늘

6 다시 "그 달부터 태기가 있지 않았더냐?" 하시니 "예, 있었습니다.
　그 때 낳은 아이가 제 아들입니다." 하고 대답하니라.

7 이에 상제님께서 "네 며느리를 데려오라." 하시어 며느리의 얼굴을
　보니 코가 잘 생겼거늘

8 며느리에게 "어떻게 하여 네 남편을 살렸는지 말해 보아라." 하시
　니 며느리의 대답이 이러하니라.

9 첫날밤에 신랑이 족두리도 벗겨 주지 않고 소변을 보러 나가서는
　아무리 기다려도 오지 않거늘

10 각시가 나가 보니 대밭에서 큰 구렁이가 신랑의 목을 감아 죽이려
　는 위급한 상황인지라

11 묘안을 내어 '신랑의 목숨을 앗아가려거든 먹고살 것을 달라.' 하니

44:12 관자. 망건에 달아 당줄을 꿰는 작은 단추 모양의 고리. 신분에 따라 금, 옥, 호박, 뿔, 뼈 등의 재료를 사용하였다.

12 구렁이가 무엇이든 이루게 해주는 관자(貫子) 하나를 주매 그것으로 구렁이를 죽이고 신랑을 구하였더라.

연전에 그 주인의 꿈에 나타나시어

13 상제님께서 들으시고 며느리에게 "그만 나가거라." 이르시고 주인에게 말씀하시기를

14 "이는 예전에 네가 죽인 구렁이의 원혼이니라. 네가 그런 며느리를 이상하게 보느냐?

15 하늘에서 명을 정했으니 그런 며느리를 얻은 것이니라.

16 내가 연전에 동쪽에서 혼처가 나서거든 그 규수를 며느리로 정해야 네 자식이 산다 하지 않았느냐?" 하시니

17 그 주인이 놀라서 벌떡 일어나 절을 하며 그런 일이 있었음을 아뢰니라.

44:18 꿈에 한 선관이 나타나. 증산 상제님은 삼신상제님이시다. 상제님이 우주의 삼신성령을 주재하여 축복을 내리실 때는 반드시 몽시(夢示)를 주시는데 신원일, 김경학, 안내성 성도의 입도 과정에서 이를 엿볼 수 있다.

18 대저 수년 전 어느 날 꿈에 한 선관이 나타나 "자식을 살리려면 동쪽에서 며느리를 얻으라." 하므로 명을 좇아 동쪽에서 며느리를 얻었는데

19 이제 말씀을 듣고 그 선관이 바로 상제님이심을 깨달으니라.

20 이에 크게 감복한 주인이 며느리의 친정에도 알려 양가에서 사례금을 올리니 돈 꾸러미가 네 뭉치나 되거늘

21 상제님께서 형렬에게 "사람을 보내 오라." 하고 기별하시어 통영으로 보내신 뒤에 통영에서 다시 전주로 보내게 하시는데

22 통영에서는 돈을 가만히 놓아두어도 저절로 집까지 옮겨졌다 하더라.

23 함열에 계실 때 하루는 어떤 사람이 장어회를 상추와 함께 가져다 드리니 잘 드시니라.

제주도에 가심

45 상제님께서 함열을 떠나 영광에 들르셨다가 배를 타고 제주도에 가시니 때는 초여름이라.

45:1 제주도. "제주도서 많이 왔어, 옛날에. 김기보, 한총식, 또 김성수 그 아버지가 뭐냐? 하여간 많이 댕겼어, 암튼. 제주도서 옛날에 미역이고, 전복이고 가져오는 것 보면 그냥 몇 짐씩 가져와. 통영이고 어디고 많이 왔

2 이 때 형렬은 통영에서 상제님의 통지를 받고 제주도로 가서 상제님과 만나니라.

3 상제님께서 김기보의 집에 이르시니 마당 가득히 보리가 쌓여 있거늘

4 상제님께서 무슨 주문을 읽으시니 방목하는 말들이 모여들어 보리를 밟고 지나다니매 저절로 타작이 되니라.

공사를 행하시고 나서

5 상제님께서 제주도에서 대공사를 행하신 후에 하루는 마을 사람들

이 상제님께 개를 잡아 올리거늘

6 개 한 마리와 함께 술 한 동이를 다 들이켜시니 용안이 불그레해지 신지라

7 호연이 걱정이 되어 "배 터지겠네. 배 터지면 어째요?" 하니 상제 님께서 "나 배 터지도록이나 살아라." 하시니라.

8 그 길로 기보의 집으로 돌아오실 때 문득 호랑이가 나타나거늘 호 연이 "아이고, 저기 호랑이 와요, 호랑이!" 하고 소리치니 "너 내 품안에 들어라." 하시는지라

9 호연이 상제님 품속에 바짝 안겨서 지켜보는데 호랑이가 상제님께 다가와 코로 "흠! 흠!" 하고 냄새를 맡거늘

10 상제님께서 호랑이의 콧잔등에 대고 "후!" 하고 술내를 풍기시니

11 호랑이가 어디론가 갔다가 꼬리에 물을 적셔 와서는 상제님의 용 안을 탁탁 치며 물을 묻혀 주더라.

12 이 때 상제님께서 호랑이와 장난을 치시며 무슨 글을 읽어 주시는 데 호연은 무슨 글인지 전혀 알지 못하니라.

13 상제님께서 제주도에서 보름 정도를 머무시고 전주로 오실 때에 무엇을 타고 쏜살같이 나오시니

14 호연이 무서워 상제님의 무릎에 엎드렸다가 고개를 들어 보매 이 미 전주에 당도하여 있더라.

혼자 먹지 마라잉

46 상제님께서 이곳저곳을 다니실 때 호연이 따라가면 어느 곳에서 는 가다가 먹으라고 누룽지를 싸 주는데

2 하루는 호연이 누룽지를 혼자서만 먹으니 상제님께서 "혼자 먹지 마라잉. 혼자 먹지 마라." 하시거늘

3 호연이 "그럴 때도 있지." 하매 말씀하시기를 "그려. 내가 오죽하 면 너보고 사정을 할꺼나." 하시니라.

저것을 어떻게 할꼬

4 하루는 상제님께서 호연에게 먹을 것을 주시며 "이놈 가지고 가서 할머니 갖다 드려라." 하시니 호연이 "나 먹을라는데요." 하거늘

5 상제님께서 "이놈! 할매가 주거든 먹어야 옳지!" 하고 꾸중하시며

6 형렬에게 "저것을 우리가 데리고만 댕겨놔서 저러니, 저것을 어떻 게 하면 좋을꼬." 하고 걱정하시니라.

지. 통영 김 생원 이라고 댕겼지." (동곡에 거주하 는 김현식 증언)

45:1~2 당시 제 주도에는 김기보 가, 통영에는 김 세환이 살고 있 었다.

46:2 혼자 먹지 마라. 더불어 함 께 살아야 한다 는 상생의 정신을 깨우쳐 주신 말 씀이다. 상생이 란 먼저 남을 살 려서 잘되게 해 줄 때만 내가 잘 되고 구원 받을 수 있다는 실천 이념이다.

배를 타고 가시며

47 하루는 상제님께서 형렬, 호연과 함께 배를 타고 어디를 가시는
데 호연이 바다를 바라보다가 "아이고, 무서워. 물에 빠지면 어
쩐대?" 하거늘

2 상제님께서 호연의 목을 잡아 물에 빠뜨리는 시늉을 하시며 "여기
로 풍당 넣어라! 물에다 풍당 넣어라!" 하고 장난을 치시니

3 호연이 "아이고, 나 함께 안 가." 하며 형렬에게로 가는지라

4 상제님께서 "그려. 좋아하는 사람들끼리 같이 가라." 하시니라.

5 이에 호연이 "그러지 마요. 변덕부리면 못써." 하니

6 상제님께서 "너나 그러지 마라. 언제는 나 좋다고 해 놓고 그리로
가?" 하며 웃으시니라.

7 호연이 "내 얼굴에 똥 발랐간디 웃어, 어째 사람을 보고 웃어? 왜
둘이만 서로 귀짜고 그래요?" 하니 상제님께서 "어디에 귀가 있어
서 귀짜냐?" 하시거늘

8 호연이 "아, 이게 귀 아니에요?" 하고 상제님의 귀를 마구 잡아당
기매

9 상제님께서 "아이, 귀 늘어진다. 놔라, 놔라!" 하며 웃으시니라.

말 타고 공사 보실 때

48 상제님께서 종종 내주평에 가시어 말타기와 활쏘기를 하시니라.

2 하루는 상제님께서 말을 타시고 호연을 앞에 앉히시니 무섭다고
막 고함을 지르거늘

3 도로 내려놓으시며 다른 사람에게 "업어 주어라." 하시매 호연이
이도 싫다 하니라.

4 이에 상제님께서 목말을 태우시며 "목도리처럼 꽉 잡아라." 하시니
그도 싫어 안 간다고 하거늘

5 상제님께서 "가면 성가시게 하는데 잘되었다." 하시고 "먹고싶은
것 사 먹어라." 하시며 돈을 주고 가시니라.

6 호연이 그 돈으로 달처럼 둥근 떡과 납작한 사탕을 사서 절반은 먹
고 나머지는 남겨 놓았다가

7 상제님께서 돌아오시니 "내가 요것은 선생님 먹으라고 남기고 요
것은 태운장 먹으라고 남겨 놨어요." 하며 건네거늘

8 상제님께서 "네가 먹고 남으니 나더러 먹으라고?" 하며 도로 주시
니라.

9 이어 "오늘 뭣 먹고 놀았냐?" 하고 물으시니 "아, 밥 먹고 놀았지." 하니라.

호연에게 떡을 사 주심

10 한번은 상제님께서 활을 쏘고 돌아오시니 호연이 배가 고프다고 하는지라

11 "너 밥 안 먹었냐? 밥 안 주대?" 하고 물으시거늘 호연이 "밥 안 줘." 하고 대답하니라.

12 이에 "누가 안 줘?" 하고 재차 물으시매 호연이 "찬문이 각시가 안 줘." 하니

13 말씀하시기를 "고약한 놈 같으니라고, 그럼 가자! 너 무엇 먹을래?

14 밥 먹을래, 죽 먹을래, 무엇 먹을래?" 하시며 구릿골에서 5리가 넘는 원평장에 가서 떡을 사 주시니라.

15 어린 호연이 먹기에는 떡이 너무 크거늘 상제님께서 먹기 좋게 뜯어 놓아 주시고

16 "옷에 떡고물이 묻는다." 하시며 가지고 계신 수건을 호연의 목에 둘러매어 주시고는

17 호연이 다 먹도록 옆에 앉아 지켜보시다가 데리고 오시니라.

네 흉으로 너를 찾는다

49 하루는 상제님께서 호연을 목말 태우시니 상제님의 상투를 꼭 잡거늘

2 잠시 후 땅에 내려놓으시는데 호연이 끝까지 상투를 놓지 못하고 몸을 의지하니

3 상제님께서 심히 노하시어 "상투 잡고 돌랭이질을 치는구나. 모가지를 잡아 튼다!" 하시며 목덜미를 잡아 내려놓으시니라.

4 이후 호연의 오른쪽 목덜미에 상제님의 엄지손가락 자국이 생겨 없어지지 아니하거늘

5 상제님께서 이르시기를 "네 몸의 흉으로 내가 너를 찾는다." 하시니라.

호연을 미워한 형렬의 큰며느리

50 호연이 상제님을 따라 형렬의 집을 자주 오가며 오랫동안 머물기도 수 차례이니

2 형렬의 큰며느리가 '집안 형편도 어려운데 어디서 선생님이라고

48:11 밥 안 줘. 김형렬 성도 가족과 호연의 인간적 관계를 엿볼 수 있는 대목이다. "호연이가 배고프다고 하면, 아무것도 안 줬다고 하면, 상제님이 떡 사다 줬어요. 원평장에 가서. 그거 다 상제님한테 일렀어요, 호연이가." (차순옥 성도의 딸 차봉수 증언)

49:5 네 몸의 흉으로. 김호연 성도가 당시 답사자에게 몸에 난 흉터를 보여 주었는데 눈 밑, 우측 새끼손가락과 엄지, 좌측 팔뚝, 목덜미, 양발가락 등에 흉터가 남아 있었다.

불러들여 수발들게 하더니 그것도 모자라 어린 아이의 수발까지 들게 한다.' 며 몹시 못마땅해하니라.

3 하루는 호연이 형렬의 집 한쪽 구석에 우두커니 앉아 있거늘

4 상제님께서 다가오시어 "심심하냐, 심심해? 재미지게 놀게 뭐 불러들일까?" 하시니

5 호연이 "그래도 싫고, 저래도 싫어. 저 태운장 큰며느리가 나보고 욕 해." 하니라.

6 이에 상제님께서 짐짓 놀라신 듯 "뭐라고 욕을 해?" 하고 물으시니

7 호연이 "너는 뭣이라고 따라 댕기면서 돈 없애고 그러냐고 하대. 내가 돈 없애?" 하거늘

8 상제님께서 "고거 암기 있는가 보다, 잉? 너는 그런 것들하고 맨날 말해 봐야 소용없어.

9 너는 천지 ○○○를 물고나서 천지조화로 이제 좋게 돼." 하시며 호연을 달래 주시니라.

안필성과 상제님

51 안필성(安弼成)은 본래 술을 잘 먹지 못하는데 동학군에 종군한 뒤로 예수교를 신봉하면서부터는 전혀 마시지 않으니라.

2 하루는 상제님께서 술을 권하시매 필성이 사양하고 먹지 않으려 하니 양손을 모아 잡고 강제로 먹이시거늘

3 필성이 손을 빼내려 하였으나 어찌나 힘이 세신지 꼼짝도 할 수 없더라.

4 이로부터 필성이 술을 마시게 되고 나중에는 비상(砒霜)처럼 여기던 개고기도 먹게 되니라.

5 상제님께서는 주로 주막에서 술을 드시는데 동잇술을 잡숫거나 독한 꽃소주를 아무리 많이 드셔도 취하지 않으시고

6 개고기를 드셔도 한자리에서 큰 개 한 마리를 다 드시니 사람이 먹는 것이 아니라 신(神)이 먹는 듯하더라.

안필성
(1870~1961)

비오는 날 안필성이 상제님을 뵈면

52 폭우가 쏟아지는 어느 여름날, 뜻밖에 상제님께서 비를 맞으며 필성의 집 마당으로 들어오시거늘

2 마치 물에 빠졌다 나온 것 같이 옥체가 흠뻑 젖으신지라 필성이 놀라며 맞이하는데

3 방에 드시어 도포를 벗으실 때 보니 빗물이 줄줄 흐르던 도포자락이 전혀 비 맞은 흔적이 없이 말짱하더라.

4 또 어느 날 필성이 상제님을 모시고 태인으로 가는 도중에 비를 만나 걱정하니 상제님께서 삿갓을 벗어 허공을 향해 세 번 두르시매 비가 곧 그치니라.

5 하루는 억수같이 퍼붓는 장대비 속에서 필성이 상제님을 따라 산외(山外)에 사는 민 진사를 찾아가는데

6 '내 발자국만 딛으라.'는 상제님의 말씀을 좇으매 전혀 비를 맞지 않더니

7 토방에 오르다가 발이 삐끗하여 엉뚱한 곳을 밟는 바람에 낙숫물이 쏟아져 흠뻑 젖으니라.

8 이런 신이하심을 자주 목격한 성도들이 여쭈기를 "어째서 선생님의 몸에는 비가 범접하지 못하옵니까?" 하니

9 상제님께서 말씀하시기를 "아, 비 사이로 다니면 되지 않느냐." 하시며 크게 웃으시니라.

10 그 후로 필성이 상제님을 모시고 길을 갈 때면 한여름에도 더위를 느끼지 않고 추운 날이라도 추위를 타지 않으며

11 비가 내려도 비에 젖지 않고 아무리 먼길을 걸어도 다리 아픈 줄 모르니라.

12 또 아무리 땅이 질어도 상제님 신발은 흙 하나 묻지 않고 깨끗하더라.

필성에게 친구 도수를 붙이심

53 하루는 필성이 상제님과 대화를 하는 중에 상제님의 도권(道權)에 눌려 자기도 모르게 "예, 그렇습니다." 하며 존대를 하니라.

2 순간 상제님께서 냅다 뺨을 한 대 올려붙이시고 크게 소리치시기를 "야, 이 미친놈아. 친구는 영원히 친구지 어디다 '허쇼' 하냐? 친구한테 무슨 존댓말이냐!" 하시거늘

3 필성이 스스로 생각하여도 어이가 없는지라 그저 허허 웃고 서 있자니

4 상제님께서 말씀하시기를 "너하고 나하고는 영원한 친구! 살아서도 친구요 죽어서도 친구가 되어야 한다." 하시니라.

5 이 뒤에 필성의 손(孫)과 이웃사람들이 필성을 가리켜 '상제님께서 천상에서 데리고 내려온 인간 세상의 하나뿐인 친구'라 하더라.

게 신앙하여 용화동의 금산교회를 세우는 데 기여했다. 『대순전경』의 저자 이상호는 안필성이 성도가 아니라는 이유로 동학과 관련된 일화를 제외하고는 증언한 내용을 아예 싣지 않았다.

52:5 산외. 현재 정읍시 산내면과 산외면.

52:9 안내성 성도의 무릎 위에서 상제님에 관한 말씀을 들으며 성장한 4남 안정남(1929~)도 이와 똑같은 증언을 하였다.

52~53장 안필성의 손자 안일완 증언.

안일완(1940~)

53:4 너하고 나하고는. 안필성과 상제님은 서로 욕까지 할 정도로 스스럼없는 사이였다. 상제

님께서는 그에게 **친구도수**를 붙이시고 당신의 천지대업을 실현할 인사의 주역을 내는 공사를 보셨다. 안필성의 족보상 자(字)는 '필성(弼性)'이라 되어 있으나, 본인은 평상시 '필성(弼成)'으로 썼다고 한다.

54장 상제님의 도를 제대로 이해하기 위해서는 먼저 조화권에 눈떠야 한다. 세속적 사고나 과학적 논리, 선천 종교 문화권의 성자인 예수, 석가 등의 권능 수준에서는 증산 상제님의 조화대권의 핵심을 절대로 바로 볼 수 없다.

54:5 거미나 메뚜기, 매미. "큰일 치르는 데 가면은 나를 진동개(진드기) 같이로, 방에 누런 뭣이라고 하지? 방에 강구라고 있지? 누런 강구로 만들어 가지고는 사람 눈에다가 막 더덕이를 만들어, 못 보게. 아이고, 어쩌면 그렇게 하는지…." (김호연 성도 증언)

가다 보면 어느새 공중에

54 상제님께서 호연을 데리고 자주 산제를 지내러 다니시니

2 어느 때는 호연을 옆구리에 끼고 넓은 강을 훌쩍 날아 건너기도 하시고, 번쩍 하고 산 하나를 순식간에 넘기도 하시니라.

3 하루는 호연이 상제님 품에 안겨서 길을 가는데 문득 "내려다봐라." 하시므로 보니 어느새 공중을 날고 있거늘

4 산과 들이 다 내려다보이고 지나가는 사람들이 모두 개미만 하게 보이더라.

5 상제님께서 때로는 호연을 거미나 메뚜기, 매미 등으로 만들어 목과 어깨에 붙이고 다니시는데

6 한번은 호연을 매미로 만들어 붙이고 가시니 아이들이 '매미가 붙었다.' 며 잡거늘

7 상제님께서 "이리 내라. 그 매미는 너희들이 가질 매미가 아니니라." 하시고 옷자락 속에 넣고 가시다가

8 호연에게 "누구 오니 얼른 나와서 옷 입어라." 하시므로 호연이 옷자락에서 빠져 나오니 본래의 모습으로 돌아오니라.

9 또 거미로 만드신 때에는 거미줄을 치게도 하시고, 여러 마리의 누런 벌레로 만드시어 사람들의 눈을 가려 공사의 내용을 못 보게도 하시니라.

호연의 버릇을 고치기 위해

55 어린 호연이 한번 울음을 터뜨리면 주변에서 아무리 달래어도 잘 그치지 않으니

2 하루는 상제님께서 호연의 버릇을 고쳐 주시기 위해 마치 벼락이 치는 것처럼 화약을 터뜨리시고

3 "하늘에서 말 안 듣고 걸핏하면 우는 놈 불러들이라고 한다. 가자!" 하며 울고 있는 호연의 손을 잡아끄시거늘

4 호연이 정말 벼락이 치는 줄 알고 "싫어!" 하고 마구 발버둥치며 더욱 크게 우니라.

5 이에 상제님께서 "또 울라고? 또 울라고?" 하시며 성도들에게 호연을 잡아두게 하시고

6 호연이 안 보이는 곳에서 다시 화약을 터뜨리시고는 "저거 봐라, 얼른 오라고 한다!" 하며 더욱 겁을 주시니 호연이 울음을 뚝 그치니라.

동네 사람들이 도미회를 청하니

56 계묘년에 하루는 전주 이동면 전용리(伊東面 田龍里) 이직부(李直夫)의 집에 이르시니 사람들이 '신인이 오신다.'는 소문을 듣고 직부의 집 사랑방에 가득 모여 있더라.

2 이 때 한 사람이 청하기를 "저희들이 선생님께 술을 올리려 하오나 마땅한 안주가 없사옵니다.

3 듣자니 안주로는 도미회를 제일로 알아준다 하오니 오늘밤 도미회를 먹어 보았으면 평생 원이 없겠나이다." 하니라.

4 이에 사람들이 한결같이 청하니 상제님께서 말씀하시기를 "모두들 한뜻으로 소원하니 들어주리라. 그러나 두 번 다시 이런 청은 하지 말라." 하시니라.

5 잠시 후에 "문을 열어 보라." 하시매 방문을 열고 보니 큼직한 도미가 마루에서 펄떡거리고 있는지라

6 말씀하시기를 "도미를 잘 드는 칼로 껍질을 벗기고 **뼈**가 상하지 않게 살짝 회를 떠낸 후 껍질을 그대로 덮어 밖에 내놓으라." 하시거늘

7 사람들이 명하신 대로 행한 뒤 밤이 깊도록 도미회를 안주 삼아 술을 마시고 각기 집으로 돌아가려고 문을 나서면서 보니 문밖에 두었던 도미의 서덜이 사라지고 없더라.

8 이 때 상제님께서는 도미회를 잡숫지 않으시니라.

갈라진 논에 물 주심

57 하루는 상제님께서 논길을 지나시다가 날이 가물어 금이 쩍쩍 간 논을 보시고

2 논바닥의 네 귀퉁이마다 다니시며 손가락으로 찍으시니 그 구멍에서 샘이 터진 것처럼 물이 솟아나와 논물이 풍족해지거늘

3 논 주인이 '다른 논은 다 금이 갔는데 어이하여 내 논에는 물이 그득 있는가!' 하여 좋아서 춤을 추니라.

4 이렇듯 상제님께서 마른 논을 지나실 때면 논 주인의 마음보를 보시어 물을 주기도 하시고, 그냥 가기도 하시니라.

신축년 이후 연사는 내가 맡았다

58 7월에 쌀값이 오를 뿐더러 농작물에 충재(蟲災)가 심하여 벼가 썩어 문드러져서 인심이 불안하거늘

Side notes:

56:1 전용리. 현재 전주시 서신동(西新洞). 서쪽에 용 모양의 작은 밭이 많았다고 한다.

도문

56:7 서덜. 생선의 살을 발라내고 남은 뼈, 대가리, 껍질 따위.

58:2 신축년 이후로는 연사를 내가 맡았으니. 상제님께서 인간의 몸으로 지상에 강세하시면서 하늘과 땅의 정사(政事)를 천상의 조정에서 맡아 다스리도록 하셨으나, 신축(道紀 31, 1901)년부터는 상제님께서 직접 삼계대권을 주재하심으로써 우주 친정 시대를 여셨다는 말씀이다. 그 이전에는 4대 성자를 내려 보내시어 그들이 개창한 유·불·선·기독교 등의 지역 문화가 발전하며 서로 융섭하였으나 이제는 상제님의 추수 시대를 맞이한 것이다.

도문

2 상제님께서 성도들에게 이르시기를 "신축년 이후로는 연사(年事)를 내가 맡았으니

3 금년 농사를 잘되게 하여 백성의 생활을 넉넉하게 하리라." 하시고 우레와 번개를 크게 일으키시니

4 수일이 지나지 않아 충재가 그치고 이 해에 농사가 크게 풍등(豊登)하여 온 들에서 풍년을 노래하더라.

도술 통하기를 소원하는 아우 영학

59 아우 영학(永學)이 항상 도술 통하기를 발원하더니

2 구릿골에 계실 때 하루는 객망리(客望里) 본댁에서 영학이 찾아와 상제님께 문후를 드리니라.

3 상제님께서 집안의 안부를 물으시니 영학이 무고함을 아뢴 뒤에 말하기를

4 "저도 공부를 하여 도통을 얻고자 하니 형님께서 가르쳐 주십시오." 하므로 상제님께서 이를 허락하시니라.

5 이 때 상제님께서 부채에 학(鶴) 한 쌍을 그려 영학에게 주시며 말씀하시기를

6 "집에 돌아가 이 부채를 부치면서 칠성경(七星經)을 무곡파군(武曲破軍)까지 읽고 이어서 대학(大學)을 읽으라. 그러면 도술을 통하리라." 하시거늘

7 영학이 부채를 가지고 집으로 돌아가다가 정남기의 집에 들르니라.

8 이 때 남기의 아들 영태(榮玲)가 영학의 허리춤에 있는 부채를 보고 쭉 뽑아들어 펼치니 부채가 유달리 세련되고 기품이 있는지라 영태가 갖고 싶은 욕심이 생겨 돌려주지 않거늘

9 영학이 부득이 그 사유를 말하고 돌려주기를 간청하니 영태가 더욱 탐내어 부채를 들고 마을로 달아나니라.

10 할 수 없이 부채를 빼앗긴 영학이 그 길로 집에 돌아와 여러 가지 술서(術書)를 읽으니라.

처남 정남기 부자의 불의를 응징하심

11 마침 그 때 영태는 서당에서 대학을 공부하던 중이라 우연히 그 부채를 부치면서 대학을 읽다가 무심결에 "뜨라." 하고 외치니

12 갑자기 몸이 공중으로 부웅 떠오르며 신력(神力)을 통하게 되어 능히 신명을 부리고, 또 입으로 물을 뿜어 비를 오게도 하는지라

13 남기가 기뻐하며 상제님의 도력을 빼앗으라고 아들을 부추겨 함께

하운동을 찾아가니

14 마침 상제님께서 우묵실에 계시다가 하운동으로 오시는 길이라.

15 영태가 상제님이 오신다는 소리를 듣고 두려워 도망하려 하거늘 남기가 붙들어 앉히고 상제님께 보이니

16 상제님께서 이미 그 일을 아시고 남기의 의롭지 못함을 꾸짖으시며 대파침(大破鍼)을 머리에 꽂아 돌려보내시고

17 영태는 그곳에 머물게 하여 신력을 다 거두시며 말씀하시기를 “남기의 집이 대파(大破)하리라.” 하시더니

18 갑자기 남기의 제수가 미쳐서 날마다 담장 안을 빙빙 돌아다니며 ‘항성서’ 라는 이상한 소리를 하고, 이후 남기의 아들 영태는 사람 구실을 못하게 되니라.

59:18 남기의 제수. 전주 이씨. 남기의 아우 정윤기(鄭允期)의 아내.

율무 구해 공사 보시러 구례에 가심

60 계묘년 가을에 상제님께서 전주 최상문의 집에 머무르실 때 하루는 “구례(求禮)에 율무가 많다.” 하시며 형렬과 호연을 데리고 구례로 가시니라.

2 상제님께서 사흘을 머무르시는 동안 마을 사람들이 추수한 율무를 모두 가져다 올리니 약 서너 섬이 되거늘

3 서로 쪄다 드리겠다고 이르나 이를 마다하시며 한켠에 가지런히 쌓아 두시고 “내가 사람을 보내어 가져갈 테니 그냥 두어라.” 하시며 길을 나서시는데

4 구릿골에 이르시니 율무 가마니가 먼저 당도하여 있더라.

5 상제님께서 다른 사람들은 일체 율무를 만지지 못하게 하시고

6 형렬에게 명하시어 “저 율무를 다 세어서 꿰어라.” 하시니 “한 섬도 아니고 몇 섬을 어찌 다 세겠습니까?” 하거늘

7 말씀하시기를 “너 사는 갯수를 세어 보아라. 그 갯수가 떨어지면서 세상이 되느니라. 갯수가 맞아야 한다.” 하고 형렬에게만 그 뜻을 일러 주시니라.

8 이로부터 수일 동안 형렬이 바깥 사랑에서 바리때를 큰 것과 작은 것 두 가지로 놓고 율무의 수를 센 다음

9 그것을 일일이 다듬어 염주처럼 꿰니 여섯 가마니가 되고도 아직 세지 않은 율무가 많이 남았더라.

10 상제님께서 여섯 가마니를 포개어 놓고 제를 지내신 뒤에 남은 율무에 무어라 쓴 종이를 붙이시고 다시 세도록 하시니라.

60:8 바깥 사랑. 김형렬 성도의 집 사랑채에는 방이 두 칸 있었는데, 안채에서 가까운 방을 안 사랑, 더 먼 방을 바깥 사랑이라고

불렀다. 상제님께서 머무셨던 곳은 바깥 사랑이다.

60:12 잊지 마라. 상제님께 드린 모든 정성은 그것이 지극하면 신도에 기록되어 인사로 은혜를 받고 자손에게 이어진다.

61:2 물속에 잠기게 되니라. 2001년에 완공된 용담댐 공사로 볼 수 있다.

62:1 용담. 전북 진안군 용담면. 경주 용담과 구별하여 전라권에서는 '무주용담'이라 한다.

62:1 무공산. 김호연 성도의 증언을 그대로 채록한 것이지만 어느 산인지는 확인되지 않는다. 상제님께서 공사 보시며 의도적으로 이름을 바꾸어 부르셨을 가능성도 있다.

11 상제님께서 형렬에게 명하시기를 "그것을 가져온 동네를 적고, 협력해서 갖다 준 사람들 이름도 적으라." 하시고

12 또 이르시기를 "잊지 마라, 그 사람들을 잊지 마라! 그 사람들의 동네를 잊지 마라!" 하고 당부하시거늘

13 형렬이 율무를 마치 신주 모시듯이 소중하게 여기니라.

무주에 가시어 조화를 부리심

61 그 후 상제님께서 무주(茂朱)에 가시어 공사를 행하시며 방에 물 한 그릇을 떠다 놓으시니

2 이내 그 물이 강이 되어 방안에 있는 사람들이 출렁거리는 물속에 잠기게 되니라.

3 또 호연의 눈이 갑자기 논배미만 하게 크게 보이매 모두 무서워하니라.

산과 신명과 인간

62 상제님께서 무주에서 공사를 마치시고 용담(龍潭)으로 가시어 용담 신명과 계룡산 신명, 무공산 신명을 불러 술을 권하시며 "술 한잔 마시고 놀아 봐라." 하시거늘

2 신명들이 "어떻게 놀아야 하는지 모르겠습니다." 하니 "○○을 해라." 하고 일러 주시니라.

3 호연이 옆에서 지켜보다가 "어째 사람이 저렇게 생겼대요? 빨간하니 사람도 안 같아요." 하거늘

4 상제님께서 "이 다음의 장수라 그런다." 하시니

5 호연이 "그런데 절반은 사람이고 절반은 짐승 같아요." 하며 미간을 찌푸리니라.

6 이에 상제님께서 "죽은 사람이 깨어나기가 그렇게 쉽냐?

7 몇 번을 둔갑해서 다시 생기는 것이니 그러지, 한번 떨어져서 썩은 사람이 그냥 일어나는 것인 줄 아냐, 이 소견아!" 하며 나무라시고

8 신명들에게 "너희 가운데 누가 제일 힘이 딸리냐? 기운을 돋워야 하지 않겠느냐?" 하시거늘

9 한 신명이 나서며 "차차 돋우지요." 하니 말씀하시기를 "그렇지가 않느니라.

10 먹어서 금방 기운이 나는 것이 아니라 자꾸 활동을 하고 내가 개발을 해야 나는 것이니

11 어찌 가만히 먹고 앉아서 기운이 돋기를 바라리오! 어디 너희들끼리 들어 보아라.” 하시니라.

12 이에 신명들이 서로를 한 번씩 들어 보는데 용담 신명이 가장 기운이 세거늘

13 말씀하시기를 “높은 데서 뚝 떨어지더라도 우뚝 서야지 자빠지면 못쓰고, 전쟁을 하다가 말에서 떨어져도 못쓰나니 어쩌든지 기운을 돋우어야 한다.” 하시니라.

평양에서 공주로 가심

63 용담에서 평양(平壤)으로 가실 때 상제님께서는 걸어가시는 것 같아도 공중에 떠서 날아가는 것처럼 금방금방 가시니라.

2 평양에 오랫동안 머무르시며 문명이기(文明利器) 공사를 행하시니 많은 사람들이 공사에 참관하며 수종들고 서로 모시기를 원하니라.

3 상제님께서 그 중 한 사람의 집에서 며칠을 머무르실 때 하루는 그의 아내가 저녁 준비를 하며 불평 섞인 말을 하니

4 순간 몸이 공중으로 떠올라 아무리 발버둥쳐도 내려가지 않는지라 크게 놀라 살려 달라고 소리치거늘

5 이내 남편이 달려와 갖은 애를 써 보았으나 아무런 방도가 없더라.

6 상제님께서 그 여인에게 호령하시기를 “네 죄를 모르느냐?” 하시니 여인이 미처 깨닫지 못하여 “제가 무슨 죄를….” 하며 머뭇거리거늘

7 형렬이 아뢰기를 “이제껏 밥해 준 은덕이 있으니 내려 주시지요.” 하고 간청하니라.

8 이에 상제님께서 “내려 줄까?” 하시며 옷고름을 매만지시니 여인이 흙마루에 내려서는데

9 여전히 영문을 몰라 멀뚱멀뚱 바라보기만 하니 상제님께서 그 남편에게 이르시기를 “네 계집이 끙짜놓은 밥 안 먹고 그냥 가련다.” 하시니라.

10 이에 남편이 고개를 저으며 “불평은 무슨 불평입니까? 절대 그렇지 않습니다.” 하거늘

11 상제님께서 “그럼 왜 공중에 떴지?” 하시니 그제야 부부가 깨닫고 절을 하며 사죄하니라.

12 상제님께서 “거짓말하면 혓바닥이 닳고, 남에게 무엇을 주고 싫은 소리 하면 그렇게 떠서 가랑잎이 되느니라.” 하시고 길을 나서시니

도문

63:1 공중에 떠서 날아가는 것처럼. 상제님께서 시공을 초월하여 다니신 행적은 숱하게 전해 온다. 이를 가장 실감나게 체험한 인물이 다섯 살 때부터 상제님 품에 안겨 다닌 김호연 성도이다.

63:9 끙짜놓은. 불쾌하게 생각한, 즐겨듣지 아니한.

63:13 공주. 천지공사를 매듭짓는 인사의 대권자와 관련 있는 곳이다.

13 그 남편이 "아이고, 제가 버릇을 고쳐 놓을 터이니 제발 가지 마십시오." 하며 간곡히 만류하나 더 머물지 않으시고 공주(公州)를 향해 떠나시니라.

공주에서 하루를 머무심

64 상제님께서 공주로 가실 때 호연을 보듬어 안고 가시다가 도중에 호연이 잠이 드니 허리띠를 끌러 업고 가시니라.

2 밤이 늦어서야 공주에 이르러 저녁진지도 드시지 못한 채 어느 집으로 들어가시니 마침 그 집에 쌀이 떨어져 밥을 짓지 못하거늘

3 집주인이 수수를 끊어다가 방에서 다듬잇돌에 떨어 수수망세기를 만들어 올리니라.

4 호연이 이를 먹다 말고 나중에 먹으려고 수건으로 싸 두니

64:5 뭘 그렇게 싸느냐. 태운 김형렬은 개벽을 갈망하면서도 당시 양반의 관습을 벗지 못해 형식이나 체면을 중요시했다. 상제님께서는 김형렬 성도의 그런 성품을 보시고 "태운장은 뭐 그런 걸로 고생을 헌다냐." 하고 경책하셨다 한다.(김호연 성도 증언)

5 형렬이 "다 먹었으면 그냥 거기다 놓지, 뭘 그렇게 싸느냐?" 하고 핀잔을 주거늘

6 상제님께서는 아무 말씀도 없이 오히려 더 놓아주시니라.

어디라고 내 몸에 손을 대느냐

7 다음날 아침에 호연이 "쌀이 없어서 밥 못 하는가 봐요. 다른 데로 가요." 하니

8 상제님께서 세수를 하시고 마당 한가운데 서서 허공을 향해 무어라 말씀하시거늘 잠시 후에 어떤 사람이 쌀 한 가마니를 지고 들어오니라.

9 상제님께서 주인에게 이르시기를 "어젯밤에 네가 밭에 가서 수수를 끊어다가 수수망세기 해 준 정성으로 내가 그냥 갈 수 없어 쌀 한 가마니를 주는 것이니 그런 줄 알아라." 하시니

10 주인이 "그러면 진지를 드시고 가셔야지 이른 아침에 그냥 가십니까?" 하고 상제님을 붙들거늘

11 "네가 어디라고 내 몸에 손을 대느냐!" 하고 호통치시매 그 사람이 깜짝 놀라 손을 떼니라.

12 상제님께서 집을 나서시며 빙그레 웃으시니 형렬도 따라 웃으니라.

공주의 한 주막에서 아침진지를 드심

65 상제님께서 형렬과 호연을 데리고 나오시어 한 주막에 들러 아침진지를 드시니

2 막걸리 한 사발을 콩나물국 두 그릇에 나누어 부으신 뒤에 고추를

뚝뚝 끊어 넣고 밥 한 공기를 말아 드시다가

3 밥을 조금 남기시어 고추를 가려내고 호연에게 주시니라.

공주에서 나오시어 태전으로 가심

4 이곳에서 다시 태전(太田)으로 향하시니 점심때가 되어 당도하시거늘

5 상제님께서 "점심을 먹고 가자." 하시므로 한 주막에 들어가 밥을 먹으려는데 주막집 어린애가 밥상 주변을 맴도는지라

6 상제님께서 그 아이의 입 주변에 밥알을 붙이시고 밥을 꾹꾹 눌러 서너 술 만에 다 드신 뒤에

7 주모를 부르시어 "밥을 몇 숟가락이나 담았는지, 어찌 밥을 그렇게 푸는가? 언제부터 밥장사했는가?" 하시니

8 대답하기를 "○○살 먹어서 시집을 와 보니 하도 가난하여 그 때부터 밥장사를 했습니다." 하니라.

9 상제님께서 다시 물으시기를 "돈 주고 사 먹을 때에는 양이 차야 하지 않겠느냐?" 하시니

10 주모가 "아이고, 저 애 얼굴을 보니 밥 잡수신 것이 시원찮아 그러시는군요." 하거늘

11 상제님께서 웃으시며 "자네 자식이 다 먹었네." 하시니라.

12 이에 주모가 밥 한 그릇을 더 올리니 형렬과 호연에게 조금씩 덜어 주시고 남은 밥을 다시 몇 수저에 드시고는 "한 그릇 더 가져오라." 하시거늘

13 주모가 한 그릇을 더 가져왔으나 숟가락으로 꼭꼭 누르시니 이번에는 한 숟가락밖에 안 되는지라

14 "이따위로 장사를 해먹고 네가 무엇이 되겠느냐?" 하고 호통치시니라.

네가 내 덕을 봐야지

15 이에 주모가 한 그릇을 더 올리거늘 상제님께서 다시 꼭꼭 누르시니 아직도 반 그릇이 되지 못하는지라

16 크게 노하시어 "열 번을 가져와도 요따위구나! 네가 살려면 요 버릇을 빼놓아라.

17 밥을 주려면 한 그릇을 주어야지, 돈은 한 그릇 값을 받고 두 그릇을 부어도 요렇게 생겼구나!" 하고 꾸중하시니라.

18 이에 다시 한 그릇을 가져와 부으니 그제야 그릇이 다 차거늘

19 말씀하시기를 "세 그릇을 부으니 이제야 한 그릇이 되는구나! 너 때문에 시장기 지나서 그만 먹으련다. 내가거라." 하시는지라

65:22 대평리. 현재 충남 연기군 금남면(錦南面) 대평리. 원래 늪지대로 '넓은 들' 또는 '너들' 이라 했는데, 일본 사람들이 들어와 마을을 형성했다.

66:1 안암동. 서울 성북구 안암동. 20여 명이 앉아서 편히 쉴 만한 큰 바위가 있어 이를 '앞일 바위' 라 부르고 한자로 '안암(安岩)' 이라 한 데에서 유래하였다. 제3변 도운 초기의 서울 지역 포교와 관련 있는 곳이다.

20 주모가 황망해하며 "그러면 돈은 안 받으렵니다." 하니

21 상제님께서 이르시기를 "받아라. 네가 내 덕을 봐야지, 내가 네 덕을 봐서야 쓰겠느냐!

22 이후로는 누구든지 밥을 꾹꾹 눌러 수북하게 주어라." 하시며 돈을 치르고 나오시어 대평리(大坪里)를 거쳐 서울로 향하시니라.

서울 안암동에서 오랫동안 머무르심

66 상제님께서 서울 안암동(安岩洞)으로 가시니 어떤 사람이 좋은 집 한 채와 음식 등 필요한 모든 것을 내어드리며 모시기를 원하거늘

2 그 집에서 오랫동안 머무르시며 공사를 행하시니라.

호연과 복남의 첫 만남

3 하루는 복남이 호연에게 다가와 "잘 있었더냐?" 하고 반갑게 인사하거늘

4 호연이 "네가 누구길래 나를 잘 있었냐고 하냐?" 하니 복남이 대꾸하기를 "햐, 얘가 대번에 사람을 하시네." 하니라.

5 이에 호연이 "내가 사람을 어쩌? 너를 때려?" 하며 따지고 드니 복남이 웃기만 할 뿐 아무 대꾸도 않거늘

6 호연이 "이 애가 누구예요?" 하고 상제님께 여쭈매 그저 "오빠라고 해라." 하시는지라

7 호연이 못마땅하여 "생금맹금 지나가는 놈보고 다 그래요?" 하니

8 말씀하시기를 "그게 우리 집에 사는 애다. 이 애가 들어온 지 벌써 얼만데 그렇게 팔시를 하느냐?" 하시며 역성을 드시니라.

9 이에 호연이 "내가 팔시를 왜 해요? 나는 체면강산이여!" 하고 토라지니 상제님께서 "아이고~, 요녀러것아~!" 하고 나무라시거늘

10 호연이 다시 "내가 요녀러것이면 이 애는 무엇이길래 나보고 요녀러것이래?" 하고 말대꾸를 하매

11 "아이고, 이것이 저 애만큼 먹으면 별것이 될 터이니, 요것을 어찌해야 옳을까?" 하며 걱정하시니라.

상제님을 모신 동남동녀 복남과 호연

67 이 날 복남은 상제님께서 서울에 오랫동안 머무르시매 형렬의 집에 양식이 떨어져 구릿골에서부터 심부름으로 상제님을 찾아온 것이더니

2 평소 호연에 대한 이야기는 종종 들었으되 직접 대면한 것은 이번

이 처음이라.

3 상제님께서 한쪽 켠에서 복남과 작은 소리로 말씀을 주고받으시니 호연이 궁금하여 "뭐라고 해요?" 하고 여쭈거늘

4 상제님께서 "배고프단다." 하시니 호연이 "그럼 돈이 있어야지." 하고 아는 체를 하니라.

5 이에 상제님께서 "돈은 내게 있지." 하시니 호연이 "어디에 돈이 있어요?" 하며 상제님의 몸을 뒤지거늘

6 상제님께서 "애가 몸을 그냥 수색하네~!" 하며 웃으시니라.

7 호연이 "돈이 있다니 좀 보게요~! 저기 가서 모찌 하나 사 오게 돈 좀 내갈까요?

8 일본놈들 떡 치던데 나도 좀 사 먹게." 하니 상제님께서 돈을 내어 주시거늘

9 호연이 가서 손바닥만 한 찹쌀떡 하나를 사 오니라.

10 상제님께서 떡을 네 조각으로 나누어 형렬과 복남, 호연에게 주시니 호연이 "나는 쬐꼼이고만." 하고 투정을 부리거늘

11 상제님께서 입 안에 넣은 것을 내주시니 "더러워서 안 먹어!" 하며 토라지니라.

12 이에 상제님께서 "내가 가서 사 오마." 하시니 호연이 통명스럽게 "어서 저 애나 전주로 보내요." 하니라.

부를 그리시어 쌀 들어오게 하심

13 상제님께서 종이에 닭을 그리신 후에 그 옆에 열십자를 그려 복남에게 주시며 "이것을 고부 은 진사 집에 갖다 주어라." 하시거늘

14 복남이 명을 받들고 가서 전하매 은 진사가 쌀 네 짝을 소달구지에 실어 구릿골로 보내니라.

15 또 상제님께서 말을 그리시고 석 삼(三) 자를 써서 어디로 보내시니 이번에는 구릿골로 쌀 다섯 짝이 들어오거늘 같은 방법으로 이 해에 쌀이 서른 짝이나 들어오니라.

16 상제님께서 이렇게 부(符)를 그려서 보내시면 서로 통래를 하여 그 뜻을 알고 곡식을 보내는데

17 이후 상제님께서 먼 곳에 가 계시는 중에 마침 양식이 떨어지매 호연이 상제님께서 하신 대로 부를 그려서 보내니 과연 쌀이 들어오더라.

18 상제님께서 서울에서 가을을 지내시고 초겨울에 구릿골로 돌아오시니라.

은성우
(1877~1934)

67:13 은 진사.
은성우(殷成雨,
1877~1934). 은
양덕의 아들로,
18세에 성균관의
생원이 된 재원
이었다. "고부에
은씨들이 많이

사는데 원래 부자들이여. 은 진사는 고부 읍내에 살았는데 고부에서 일등 가는 부자였어. 내가 다른 부자들은 다녀 봐서 잘 아는데 그 집은 워낙 부자여서 한 번밖에 못 가 봤어. 그래서 한 번 만나 봤어." 〈강씨 종문 강춘회(1903~1992) 증언〉

68:1 공문. 당시 백남신은 진위대 육군일등군사(陸軍一等軍司)라는 무관 신분으로 전라북도 시찰사를 겸하였는데 독세(督稅) 업무를 가혹하게 보았다는 이유로 소환되었다.

68:5~16 어천 후 상제님 성도 12명을 만나 성언을 수집했던 이종선에게 사사한 나승렬(1923~)과, 안내성 성도의 제자 배학범의 딸 배은실(1935~) 증언.

백남신의 관액을 끌러 주심

68 11월 말에 서울로부터 백남신을 불러 올리라는 공문이 전주부(全州府)에 이르니 남신이 어찌할 바를 몰라 몸을 숨기고 있는데

2 김병욱이 남신에게 말하기를 "지난번에 저의 화란(禍亂)을 선생님께서 끌러 주셨습니다." 하니 남신이 병욱을 통하여 상제님께 풀어 주시기를 간청하거늘

3 상제님께서 말씀하시기를 "부자는 돈을 써야 하나니 10만 냥의 증서를 가져오라." 하시니라.

4 이에 남신이 곧 10만 냥의 증서를 올리니 상제님께서 그 증서를 불사르시거늘 그 뒤로 남신의 관액이 풀리니라.

5 남신이 이 일을 겪고 난 뒤 은혜에 보답하기 위해 교자상(交子床)에다 음식을 성대히 차려 상제님을 모시니

6 상제님께서 "남신아, 음식은 많다만 이것보다 더 걸게 장만은 못하겠느냐?" 하시는지라

7 남신이 아뢰기를 "일등 요리사들을 모두 불러 한껏 장만하였습니다." 하거늘

8 "그렇긴 하겠다만 후천 농민 음식보다 못하구나." 하시니라.

9 상제님께서 젓가락을 들어 음식을 드시려다 그만두기를 세 번 거듭하시더니 일어나 남신의 집을 나오시매 성도들은 영문을 몰라 아쉬워하며 뒤따르니라.

상 밑에 척신들이 가득 차 있거늘

10 상제님께서 성도들을 데리고 어느 허름한 주막집에 드시어 주인에게 밥을 해 오라고 명하시니

11 주인이 아뢰기를 "당장 해 드릴 양식이 없고 단지 안 찧은 겉보리만 있습니다." 하거늘

12 상제님께서 "그놈 찧어서 어서 밥을 해 오라." 하고 재촉하시니라.

13 이에 성도들까지 나서서 겉보리를 찧어 서둘러 밥을 지어 올리니 상제님께서 "그 밥맛 참 좋다." 하시며 맛있게 드시니라.

14 이에 옆에 있던 한 성도가 "왜 진수성찬을 두고 겉보리밥을 드십니까?" 하고 여쭈니

15 상제님께서 말씀하시기를 "상 밑에 척신들이 가득 차서 내가 젓가락을 드니 척신들이 벌벌 떨며 '그걸 드시면 저희들은 어찌 됩니까?' 하고 하소연하므로

16 내가 남신의 성의를 보아 젓가락만 세 번 들었다 놓았느니라.”하
시니라.

17 남신은 관액이 풀린 뒤 갑진년 7월에 육군 전주 진위대(鎭衛隊) 대
장이 되고, 이어 10월에는 전북(全北)의 징세 독쇄관(督刷官)이 되
어 큰돈을 모으니라.

갑진(甲辰 : 道紀 34, 1904)년

장효순의 난

69 갑진(甲辰 : 道紀 34, 1904)년 정월 보름에 상제님께서 술을 드시
고 혼몽히 주무실 때

2 장흥해의 유아가 급병이 발하여 사경에 이른지라 흥해의 아버지 효
순이 급히 와서 고쳐 주시기를 청하거늘

3 상제님께서 누우신 채 “냉수나 먹이라.” 하고 말씀하시니 효순이
그대로 하매 아이가 곧 죽으니라.

4 효순은 본래 성질이 사나워 마을 사람들에게 ‘천동(擅動)’이라 불
리는 사람으로 손자의 죽음을 보고 크게 노하여 상제님을 원망하
며

5 “이는 고의로 약을 잘못 일러 주어 죽인 것이라. 손으로 만져서 죽
은 사람을 일으키고 말 한마디로 사경에 이른 병을 고치는 것을 내
가 직접 보았으니

6 만일 고의가 아니라면 물은 고사하고 흙을 먹였을지라도 그 신이
한 도술로써 능히 낫게 하였을 것이라.” 하고

7 상제님을 결박하여 장방청(長房廳)으로 끌고 가다가 별안간 뉘우친
듯이 결박을 끄르며 말하기를

8 “이것이 다 제 잘못입니다. 어린아이가 급증으로 죽었거늘 어찌 선
생님을 원망하겠습니까?” 하고 전날의 교분을 회복하기를 청하며
자기 집에 같이 가시기를 원하나

9 상제님께서 듣지 않으시고 서원규의 집으로 가시어 하루를 머무르
신 후 이튿날 전용리 이직부의 집으로 가시니라.

10 이 때 효순이 상제님을 풀어드린 것은 상제님께 백남신에게서 받
은 돈 20만 냥의 증서가 있는 줄로 알고 돈을 요구하려 함이었는데

11 다음 날 효순이 원규의 집에 가 보니 상제님께서 계시지 않거늘 크

68:17 진위대.
갑오개혁의 일환
으로, 1895년(고
종 32) 9월 지방
의 질서 유지와
변경 수비를 목
적으로 설치한
근대적 지방 군
대.

68:17 독쇄관.
세금을 독촉하여
받아들이는 관
리. 전라북도에
2명이 있었다.
백남신이 독쇄관
에 임명된 것은
갑진(道紀 34,
1904)년 10월 29
일이다.

69:4 천동. 천둥
벌거숭이. 두려
운 줄 모르고 함
부로 날뛰기만
하는 사람. 장효
순에 대해서는
정확히 밝혀진
바가 없으나 전
주 고을 아전으
로 거드름 피우
며 공짜 술을 얻
어먹고 다녔다는
증언이 있다.

69:7 장방청. 관
아에서 서리(胥
吏)들이 있던 방.

게 노하여 "살인범이 도피하였다." 하고 소리치며 사방으로 수색하니라.

상제님 가족들의 수난

70 이 때 상제님의 가족은 전주군 우림면 화정리(雨林面 花亭里) 이경오(李京五)의 집 협실로 옮겨 거처하는데 효순의 가족이 화정리에까지 와서 행패를 부리니라.

2 이보다 먼저 상제님께서 전주에 가시어 부친의 소실인 천원 장씨(川原張氏)에게 "술을 빚으라." 이르시고 "누구든지 술을 먼저 맛보지 말라." 하고 거듭 당부하셨거늘

3 어느 날 부친께서 오시자 장씨가 상제님의 말씀을 잊고 웃술을 먼저 떠서 드린지라

4 얼마 후에 상제님께서 돌아오시어 술에 먼저 손댄 것을 아시고 "누가 술을 마시라고 했느냐?" 하고 추궁하시니

5 장씨가 말하기를 "어머니가 손대었네." 하고 거짓말을 하매 "큰일 났으니 빨리 피하라." 하시고 나가시니라.

6 잠시 후에 효순의 가족들이 달려와 권씨 성모(聖母)를 무릎 꿇리고 난타하여 피가 흥건하게 되거늘

7 이 때 어디선가 백발노인 한 분이 나타나서 말하기를 "그 어머니가 무슨 죄가 있느냐.

8 자식의 잘못으로 부모를 폭행하는 것이 사람으로서 할 짓이냐." 하고 꾸짖자 그제야 흥해 부자가 물러가니라.

9 그 뒤에 상제님께서 어머니에게 들러 전후 사정을 들으시고 "생지황(生地黃)을 찧어 상처에 바르소서." 하시니 모친께서 그대로 행하시매 그 날로 몸이 회복되시니라.

10 이 때 상제님의 가족은 효순 가족의 행패를 피하여 다시 태인 굴치(屈峙)로 옮겨 가니라.

형렬과 원규의 피난

71 한편 형렬은 효순의 일을 알지 못한 채 상제님의 소식을 듣고자 화정리에 찾아오니

2 효순의 집안사람들이 형렬을 결박하여 원규의 집으로 끌고 가 상제님의 행방을 묻거늘

3 형렬이 가르쳐 주지 않으니 그들이 더욱 화를 내며 형렬과 원규를

70:1 우림면 화정리. 현재 전북 전주시 중인동 화정리.

70장 장효순의 난. 『대순전경』에는 장효순이 상제님을 몽둥이로 때려 피가 옷을 적셨다고 기록되어 있으나 이는 완전히 왜곡된 내용이다. 이 사건은 가족들이 받은 고난이었기에 성모 권씨를 통해 후손들에게 생생히 전해 오고 있다.

70:9 생지황. 현삼과의 여러해살이풀. 혈증(피에 관계되는 온갖 병의 총칭)을 다스리는 데에 쓰임.

70:10 굴치. 전북 정읍시 칠보면 수청리에 있었던 마을. 굴 같은 고개(굴재) 아래에 10여 가구가 살았는데, 1980년대 수청 저수지 공사로

무수히 구타하는지라

4 형렬은 원규의 집에서 밤을 틈타 도피하고 원규는 연일 계속되는 행패를 견디지 못하여 결국 약국 문을 닫고 가족들과 함께 익산(益山)으로 화를 피해 가니라.

5 그 후에 형렬은 상제님과 그 가족이 어디 있는지 몰라 각처로 찾아 다니다가

6 고부에서 갑칠을 만나 상제님 계신 곳을 알고 두승산(斗升山) 아래에 있는 한 촌가에서 상제님을 뵙고 후일 만날 약속을 정하고 돌아 가니라.

밤에 모악산을 꾸짖으시며 공사 보심

72 상제님께서 이치안(李致安)의 집 사랑에서 머무르실 때 하루는 자시(子時) 경에 안마당으로 나오시어

2 모악산에 대고 꾸짖기도 하시고 달래기도 하시며 한참을 호령하시니라.

3 그렇게 모악산과 수차례 묻고 답하시다가 주문을 읽으시기를 여러 날 동안 행하시는데

4 상제님께서 말씀하시면 하늘이 우시렁우시렁하여 동네가 울리고 모악산이 대답하면 또 하늘이 우시렁대니

5 이 광경을 자주 목격한 치안의 며느리가 그 때마다 무서워서 방 안으로 들어가 벌벌 떠니라.

이직부를 살려 주심

73 상제님께서 이치안의 집에 머무르시다가 떠나려 하시매 치안이 아뢰기를

2 "이렇게 갑자기 가신다니 섭섭합니다. 가시기 전에 무슨 정표라도 하나 해 주고 가십시오." 하니

3 상제님께서 청수 한 동이를 떠놓으시고 짚으로 십 자(十字)를 만든 후 백지 한 장에 글을 써서 불사르시고

4 다시 글을 써서 밀봉하여 주시며 "앞으로 급한 일이 있을 때 떼어 보라." 하시거늘 치안이 장롱 깊이 간직하여 두니라.

5 얼마 후 그 며느리가 난산(難産)으로 위급한 지경에 이르매 치안이 '이 일을 가리키심인가.' 하여 봉서(封書)를 열어 보려 하니

6 마침 아기 울음소리가 요란히 울리며 안에서 '순산하였다.' 고 전하므로 다시 간직하여 두니라.

수몰되었다. 굴치를 넘으면 순창 농바우가 나온다.

도문

72장 이치안, 이직부, 이석찬의 3대에 걸쳐 전해 온 말씀이다. 『증산천사공사기』에는 상제님께서 장효순의 난을 피해 직부의 집에 한 달 정도 머무르셨다고 기록되어 있다.

이석찬
(1915~2004)

73장 이치안 성도의 손자이자 이직부 성도의 아들인 이석찬 (1915~2004) 증언. 생전에 그는

상제님께 은혜 받은 이야기를 생생하게 기억하고 있었다.

73:8 소시호탕 삼첩. 시호(柴胡), 황금(黃芩) 따위를 넣어 달인 탕약. 더웠다 추웠다 하면서 식욕이 없는 증세에 쓴다. 『대순전경』에는 두 첩으로 되어 있으나, 집안에 내려오는 이야기로는 세 첩이라 쓰여져 있었다 한다.

74:1 밤재. 전북 순창군 쌍치면 양신리(揚新里)에서 구림면(龜林面) 단풍정으로 넘어가는 고개. 여기서는 고개 밑에 있는 마을을 말한다.

74:2 황주죽루기, 엄자릉묘기. 『황주죽루기』는 중국 송(宋)나라 때 왕원지(王元之)가 황주(黃州) 태수로 있을 때 황주의 명물인 큰 대나무를 지붕에 기와 대신 얹은 누각을 짓고 지은 글이다. 『엄자릉묘기』는 범희문(范希文)이 엄주의 태수로 있을 때 엄광(嚴光)의 사당을 짓고 지은 제문이다.

7 그 후 세말(歲末)에 치안의 아들 직부가 장질부사에 걸려 생명이 위태로운 지경에 이른지라

8 치안이 즉시 봉서를 떼어 보니 '소시호탕 삼첩(小柴胡湯 三貼)'이라 쓰여져 있거늘 이에 두 첩째 달여 먹이니 곧 쾌차하니라.

머지 않아 영학은 죽으리라

74 2월에 밤재에 계실 때 아우 영학에게 "대학(大學)을 읽으라." 하시고 "내 뜻을 따르라." 하고 타이르시나

2 영학이 듣지 아니하고 황주죽루기(黃州竹樓記)와 엄자릉묘기(嚴子陵廟記)에만 재미를 붙이는지라

3 상제님께서 탄식하시며 "죽(竹)은 죽을 때 바꾸어 가는 발이요, 묘기(廟記)는 제문이라. 머지 않아 영학은 죽으리라." 하시고

4 이도삼을 보내시어

骨暴沙場纏有草요　魂返故國吊無親이라
골 폭 사 장 전 유 초　　혼 반 고 국 조 무 친
뼈는 모래사장에 헤쳐져 풀뿌리만 무성히 얽혀 있고
혼이 고향에 돌아온들 슬퍼할 친족 하나 없겠구나.

5 하는 글귀를 전하여 영학으로 하여금 살펴 깨닫게 하셨으나 끝내 깨닫지 못하니라.

진실로 아끼신 아우의 죽음

75 그 뒤에 영학이 병들어 위독하다는 소식을 들으시고 갑칠을 데리고 밤재에 가실 때

2 중도에서 한 주막에 드시니 한 사람이 허리가 굽어 엎드려 기어다니거늘 그 연유를 물으시매

3 "십여 년 전부터 곱사가 되어서 이제까지 고치지 못하였습니다." 하는지라

4 상제님께서 손으로 그 허리를 만져 펴 주시고 "사례금 열닷 냥을 가져오라." 하시니라.

5 그 사람이 기뻐 뛰며 여쭈기를 "선생님은 실로 재생의 은인이시니 그 은혜를 갚으려 할진대 태산이 오히려 가벼울 것이나 지금 몸에 지닌 돈이 없으니 무엇으로 갚사오리까?" 하거늘

6 상제님께서 "물품도 가하니라." 하시니 그 사람이 여쭈기를 "제가 널 장사를 하오니 널로 드림이 어떠합니까? 널 한 벌 값이 열닷 냥

입니다." 하는지라 상제님께서 "그도 좋으니라." 하시고

7 직접 널을 둘러메시고 전용리 치안의 집으로 가시니라.

8 이에 직부가 깜짝 놀라 "아니, 선생님. 널은 어이하여 짊어지고 오십니까?" 하고 여쭈니

9 말씀하시기를 "내일이면 내 아우가 신명으로 가. 내일은 내가 아우 장례를 지내러 밤재에 다녀와야겠네." 하시니라.

10 이튿날 상제님께서 다시 널을 메고 밤재로 떠나려 하시거늘 치안이 머슴에게 명하기를

11 "너 이것 짊어지고 선생님 댁까지 모셔다 드려라." 하고

12 "무슨 일인지 가서 동정을 살피고 오너라." 하며 당부하여 보내니라.

동생을 장사지내심

13 상제님께서 갑칠과 함께 밤재에 당도하시니 영학이 사경에 이른지라

14 상제님께서 영학의 입에 손가락을 대고 말씀하시기를 "이 손가락을 떼면 네가 죽을지니 뜻 있는 대로 유언하라." 하시매

15 영학이 부모에게 할 말을 마치자 상제님께서 손가락을 떼시니 곧 죽거늘

16 이 때 머슴이 보매 상제님께서 밖으로 나오시며 코피를 주르르 쏟으시더라.

17 상제님께서 몸소 영학의 시신을 염하시고 가져오신 널로 장사지내 주시니라.

어느 순검의 생명을 건져 주려고 맞으심

76 김갑칠을 데리고 부안, 고부 등지를 두루 다니시다가 2월 보름날 저녁에 고부 검은바위 주막에 들르시니라.

2 이 때에 화적(火賊)떼가 많이 일어나 대낮에도 횡행하므로 마침 순검 한 사람이 야순(夜巡)하려고 미복(微服)으로 주막에 들어오거늘

3 상제님께서 주모에게 이르시기를 "저 사람에게 술과 밥을 주지 말라. 만일 술과 밥을 먹였다가 값을 받지 못하면 넉넉지 못한 영업에 손해가 아니냐?" 하시니라.

4 순검이 이 말씀을 듣고 크게 성내어 상제님을 구타하며 '무례한 말을 한다'고 욕을 하거늘

5 상제님께서 태연히 웃으시며 "저 사람은 죽는 땅에 다다른 사람이니 다 죽은 송장에게 맞아서 무엇이 아프랴." 하시고 밖으로 나가시니라.

6 주모가 순검에게 이르기를 "저 양반의 말씀이 이상하니 반드시 무

도
문

전했다 한다.
(이치안의 손자
이석찬 증언)

76:1 고부 검은
바위. 현재 정읍
시 흑암동. 두승
산 자락에 있다.

슨 까닭이 있을 거요. 나가서 사죄하고 그 연고를 물어 보시오." 하
거늘

7 순검이 곧 상제님의 뒤를 따라가 사죄한 뒤에 그 연고를 여쭈니 말
씀하시기를 "오늘밤에는 사무를 폐하고 다른 곳으로 몸을 피하라."
하시니라.

8 이에 순검이 명하신 대로 몸을 피하였더니 이윽고 밤이 깊으매 화
적들이 몰려와 주모를 구타하며 순검이 간 곳을 묻거늘

9 이는 여러 화적들이 그 순검을 죽이기로 미리 약속했기 때문이더
라.

10 이튿날 그 순검이 상제님께서 계신 곳을 찾아와 살려 주신 은혜에
사례하니라.

어린 호연을 귀애하심

77 상제님께서는 어린 호연을 무척 귀애하시니 매양 "입에서 냄새
날까 무섭다." 하시며 소금으로 호연의 이를 닦아 주시고, 소금
이 없으면 가는 모래로 닦아 주시며

2 손톱과 발톱을 친히 이빨로 끊어 주시고, 개울에 데리고 가시어 씻
겨 주시고 머리도 빗겨 주시니라.

3 또 출타하실 때는 제일 먼저 호연이부터 대소변을 누이고 씻기신
뒤에 옷을 입혀 채비를 마치시고, 나가시면 주로 호연을 안거나 업
고 다니시는데

4 호연이 업혀 갈 때면 등에서 종종 잠이 드니 항상 수건을 두세 장
씩 가지고 다니시며 잠든 호연을 씻겨서 깨우시니라.

77:5 뒷간으로
가면. "똥 누는
데까지 똥싸면
밑 닦아주고, 벌
써 뒷간에 가면
짚새기 챙기는
걸. 인제 가면,
지푸라기도 싹
싹 비벼서 부드
럽게 혀서 (중
략) 그렇게 어린
양도 퍽 하고 그
랬어."(김호연
성도 증언)

5 호연이 똥을 누러 뒷간으로 가면 상제님께서 짚을 돌멩이로 찧고
손으로 비벼서 보드랍게 만들어 밑을 닦아 주시고 물로도 씻어 주
시며

6 호연을 두고 출타하실 때는 "똥 마렵거든 빼어서 써라." 하시고 보
드랍게 만든 짚을 뒷간 문틈 사이에 끼워 두시니라.

7 간혹 호연이 '눈이 아프다.' 고 투정을 하면 상제님께서 혀로 핥아
주시는데 그러면 금세 시원해지며 아픈 것이 나으니라.

구릿골에 돌아오신 후 지리산으로 가심

78 갑진년 봄에 상제님께서 형렬과 함께 호연, 복남을 데리고 지리
산 밑에 있는 운봉(雲峰)에 가시니라.

2 이 때 상제님께서 지리산 꼭대기에 있는 산제당(山祭堂)에 가시어 제를 자주 지내시는데

3 종이로 바가지를 만들어 쓰시고, 솥단지도 만드시어 솥 둘레에 흙을 발라서 걸어 놓고 밥을 하시니라.

4 제를 지내실 때는 생조기를 종이 위에 놓고 지내시는데, 절은 하지 않으시고 형렬과 함께 막대기로 물을 찍어서 뭔가를 쓰시거늘

5 하루는 무언가를 쓰시다 말고 형렬과 막대기를 서로 던지며 웃으시니라.

6 또 지초(芝草) 뿌리를 캐다가 무처럼 깨물어 드시기도 하고, 간조기를 사다가 밥에 쪄서 드시기도 하니라.

반찬을 들고 오시는 상제님

7 상제님께서는 밖에 나가시기만 하면 쌀이며 반찬 등을 가지고 들어오시는데

8 하루는 양손에 김치와 장아찌 담아 놓은 것을 단지째 드시고 허리를 잔뜩 구부려서 호연을 등에 업고 돌아오시니라.

살려고 바둥거리는 천하창생의 운명

79 운봉에 계실 때 한 집에 드시니 그 집 부인이 방을 치워 드리니라.

2 부인이 방을 다 치우고 나가려 하매 상제님께서 "왜 나가느냐?" 하고 물으시므로 "남녀가 유별하니 나가려 합니다." 하니

3 말씀하시기를 "거기에 있어도 우리는 상관없는 사람이니라. 나를 잘 모셔야 한다." 하시거늘 부인이 어찌할 바를 몰라 쩔쩔매더라.

4 이 집에 머무르실 때 동네 여러 집에서 남새를 가져다 올리니

5 이를 드시고 그들을 바라보시며 "너희가 나를 생각해서 이렇게 마음을 먹고 남새라도 해다 주니 고맙다마는…, 인생이 불쌍하지." 하시거늘

6 호연이 "왜 먹고는 그런 소리를 해요?" 하매 말씀하시기를 "야야, 살겠다고 저렇게 바둥거리다 다 죽을 테니 불쌍해서 그러지." 하시니라.

과부 될 여인을 구해 주심

80 하루는 운봉에서 지장골로 가시니 어느 집에서 여인이 머리를 빗고 있더라.

2 상제님께서 "물 한 그릇 가져오라." 하시니 그 여인이 "하필 머리

78:3 "거기 가서 종이로 살림을 만들어, 살림을. 종이로 박적(바가지)도 만들고 솥단지도 만들고. 이런 사람은 불 때면 타버리지, 그이는 안 타." (김호연 성도 증언)

78:6 지초. 대나무, 소나무 등과 더불어 십장생(十長生)의 하나. 불로초라고도 불리는 영초다.

80:1 지장골. 경남 함양군 거망산(擧網山)의 지장골. 산의 능선

을 따라 10여 리를 가면 황석산(黃石山)이 나오는데, 후일 이곳에서 차경석 성도가 교명 선포와 교주 취임을 목적으로 대규모 천제를 올린다. 이로 미루어 볼 때, 아직 밝혀지지 않은 황석산 공사가 있을 것으로 보인다.

를 빚는데 그러십니까?" 하거늘

3 상제님께서 "네가 곧 상부(喪夫)하게 생겼다." 하시니 "멀쩡한 밥 먹고 별소리가 다 많네." 하며 믿지 않더라.

4 이에 상제님께서 "얼른 마당에 가서 '아이고!' 하고 큰 소리를 질러라!" 하고 재촉하시는데

5 여인이 여전히 믿지 못하여 "어디서 미친놈이 들어와 날더러 상부하겠다고 '아이고' 하라네." 하며 계속 머리만 빗는지라

6 상제님께서 작대기를 들고 "가만있으면 쳐죽일 테니, 안 죽으려거든 얼른 마당에 가서 소리를 질러라." 하고 호통을 치시니라.

7 여인이 하는 수 없이 마당으로 나가 "아이고, 아이고~!" 하고 소리를 지르더니 "이랬으니 어쩔라우?" 하며 빈정대거늘

8 상제님께서 개의치 않으시며 "네가 하마터면 상부할 터인데 그 소리 때문에 면했느니라." 하고 이르시니라.

9 잠시 후 남편이 다급하게 집으로 뛰어들어 오며 "왜 그러오?" 하고 연유를 묻거늘

10 부인이 "이 양반이 곧 상부한다고 막 울라고 하기에 그랬소." 하니

11 남편이 상제님께 다가와 "그리하지 않았더라면 제가 죽었을 터인데, 이렇게 살았습니다." 하며 지성으로 절을 올리니라.

12 남편의 이야기를 들어본즉, 나무를 하러 산에 간 남편이 지게를 벗고 막 나무를 하려던 차에

13 갑자기 "아이고, 아이고!" 하는 아내의 통곡 소리가 생생히 들리므로

14 '금방 밥을 먹고 왔는데 어찌 소리치며 우는고? 무슨 일이 생겼는가?' 하여 집 쪽으로 몇 걸음을 떼니 갑자기 자기가 섰던 곳으로 산이 무너져 내렸다 하더라.

15 그 내외가 은혜에 보답하려고 술과 음식을 대접하고자 하나

16 상제님께서 이를 마다하시고 "목숨 하나 건져 주고 간다." 하시며 떠나시니라.

대구에서 호랑이를 구해 주심

81장 김호연 성도 딸들의 증언을 들어 보면, 어천하신 후에도 호연이 한밤중에 어두운 산길을

81 상제님께서 지장골을 떠나 대구에 이르시니 이미 해가 기울어 어둑하거늘

2 어디선가 큰 황우만 한 호랑이가 나타나 상제님 곁으로 다가오더니 입을 떡 벌린 채 고개를 내두르는지라

3 상제님께서 호랑이의 목에 깊숙이 손을 넣어 **뼈를 빼내어** 주시매

4 호랑이가 마치 절하는 것처럼 앞발을 흔들며 좋아하더라.

5 이후 상제님께서 가시는 대로 호랑이가 졸졸 따라오며 은혜를 갚고자 하거늘

6 상제님께서 몇 가지 **심부름을** 시키시고 "그걸로 내 공은 다 갚은 것이다." 하시며 "인제, 너 갈 데로 가라." 하고 돌려보내시니라.

고통하는 산모, 너희 재주로만 낳냐

82 그 후 한 집에 가시어 여러 날을 머무시는데 하루는 저녁이 되어 그 집 산모가 "아이고, 아이고!" 하며 산통으로 괴로워하거늘

2 상제님께서 "거, 누가 아이고지고 하나? 누가 죽냐?" 하시니 산모가 "제가 정녕 해산을 하려는가 못 견뎌서 그러만요." 하니라.

3 이에 상제님께서 "언제는 좋다고 만들어 놓고, 그걸 내놓을 줄은 모르냐?" 하시니 산모가 "어떻게요?" 하거늘

4 "흥, 너희들 재주로만 낳느냐? 저기 삼신(三神)이 있지 않으냐? 가서 물 한 그릇 떠 오너라." 하시니라.

5 산모의 남편이 즉시 물을 떠다 올리니 산실 쪽을 향하여 세 번 뿌리시매 금세 산모의 고함소리가 들리지 않거늘

6 상제님께서 "가 보라." 하시므로 사람들이 가 보니 막 아이를 낳았더라.

7 산모의 남편이 "어찌 그런 것인지 저도 좀 가르쳐 주십시오." 하고 청하니

8 말씀하시기를 "만들기는 어떻게 만들어 놓고, 그런 것을 날더러 물어 달래냐?" 하시거늘

9 호연이 이를 듣고 "어디 물어 달래요?" 하고 나서니라.

10 이에 상제님께서 웃으시며 "물어 달란다고 꽉 무는 것이 아녀. 그렇게 들리더냐?

11 제 애비가 만들었으니 제 애비 자식이지, 삼신이 따로 있간디?" 하시거늘

12 호연이 "제 애비가 어떻게 만든대요?" 하니 "너더러 그런 소리 안 하는 것이다. 이제 너도 크면 다 안다." 하시며 가르쳐 주지 않으시니라.

가 있다. 천지의
조화삼신이 있기
때문이다.

82:4 물 한 그릇.
봉청수(奉淸水)
는 신교문화의
오랜 전통이다.
물은 생명 창조
의 원동력으로서
청수는 기도 올
릴 때 신명과 교
류하는 매개물로
작용한다.

도전

으레 몇 사람씩 데리고 다니심

83 상제님께서 평소 길을 떠나실 때는 홀로 다니시는 일이 적고, 보통 두세 사람을 데리고 다니시며 으레 한 명은 데리고 다니시는데 때로는 열댓 명씩 데려가기도 하시니라.

2 대개 상제님께서는 호연을 데려가시고, 형렬에게는 복남을 데려가게 하시며

3 때로는 호연과 복남을 함께 데려가시고, 간혹 복남이만 데려가기도 하시니라.

4 복남은 항상 일행의 보따리를 지고 따르는데 잠잘 때는 어른들 곁에서 자기도 하고 혼자 마루에서 자기도 하니라.

복남과 축지를 해서 가심

5 하루는 상제님께서 복남을 데리고 어디를 가시는데 상제님께서 순식간에 저 멀리까지 한걸음으로 넘어 가신지라

6 복남이 놀라 소리치기를 "아버지, 그렇게 큰 발로 팍 뛰어 버리면 나는 어떻게 따라가요?" 하니

7 상제님께서 말씀하시기를 "너도 이놈아 뛰면 된다. 뛰어라!" 하시니라.

8 이에 복남이 눈을 질끈 감고 풀쩍 뛰니 몸이 공중으로 붕 떠서 상제님 옆으로 내려지거늘

9 상제님께서 복남을 데리고 이런 식으로 이쪽 산에서 저쪽 산으로 뛰어다니시니라.

미륵불은 혁신불

84 상제님께서 금산사를 집처럼 자주 가시는데 상제님께서 가시면 금산사 중들이 "미륵존불, 미륵존불." 하고 불공을 드리니라.

2 4월에 하루는 금산사로 가시는 길에 계룡봉(鷄龍峯) 옆을 지나시며 말씀하시기를

3 "태전(太田)은 현룡재전(見龍在田)이요 여기는 비룡재천(飛龍在天)이니라." 하시고

4 금산사에 이르시어 공사를 행하시며 말씀하시기를 "미륵불은 혁신불(革新佛)이니라." 하시니라.

5 또 "여기가 배코같이 된다." 하시고 천왕문(天王門), 시왕전(十王殿), 삼성각(三聖閣), 나한전(羅漢殿)으로 다니며 제를 지내시니라.

너희들은 절할 곳이 없느니라

84:2 계룡봉. 모
악산 계룡 마을
에 있는 계룡산
의 봉우리. 딱지
봉, 닭계봉이라
부르기도 한다.

84:2~4 김형렬
성도가 세운 미
륵불교에서 신앙
한 최선애(1922
~) 증언.

84:3 현룡재전.
『주역』'건괘(乾

6 하루는 어느 절에 가시어 성도들과 함께 지장각(地藏閣)의 여러 보

3편 도문과 성도 263

살을 둘러보신 후에 말씀하시기를 "너희들은 절할 곳이 없느니라." 하시니라.

불평하는 신 주사의 아내

85 갑진년 어느 여름날 달이 뜬 밤중에 상제님께서 형렬과 호연을 데리고 전주 신 주사의 집에 가시니

2 그 아내가 '한밤중에 온다.'고 불평하는 소리를 하거늘 신 주사가 얼른 아내의 입을 막는지라

3 상제님께서 이를 아시고 "그냥 내버려둘까?" 하시니 형렬이 그냥 눈감아 주시기를 원하거늘 "그려." 하고 답하시니라.

4 상제님께서 방 안에 드시니 신 주사가 "진지를 드셔야 할 텐데 어떻게 할까요?" 하고 아뢰거늘

5 말씀하시기를 "먹었네, 먹었어. 그 지랄하는 꼴 보겠는가? 내버려두게." 하시매 아무 대답도 하지 않는지라

6 상제님께서 "왜, 욕하니까 싫으냐? 그런 것 속에서 자식 낳으면 꼭 그따위로 되느니라. 나는 그러니 안 만든다." 하시니라.

7 이에 신 주사가 "저기 참말로 좋은 큰애기가 있는데 그리로 장가드시지요." 하매

8 상제님께서 "너마냥 되니 안 갈란다. 네 계집 애꾸쟁이다." 하시니 "애꾸는 아닙니다." 하거늘

9 "이놈이 이제까지 제 계집 데리고 살면서 애꾸인지도 모르네. 가서 자세히 봐라." 하시므로

10 신 주사가 잘 살펴보니 과연 말씀하신 대로 애꾸가 되어 있더라.

11 상제님께서 다시 그 아내를 꼬챙이로 만들어 한 켠에 꽂아 놓으시고 "네 계집이 어디에 있는가 찾아 봐라." 하시거늘

12 신 주사가 "아까 방에 있었는데 어디로 가고 없습니다." 하며 찾지 못하더라.

최상문 아내의 정성

13 상제님께서 저녁을 굶으신 채 신 주사의 집에서 하룻밤을 지내시고 아침이 되어 최상문의 집으로 가시니

14 상문이 "밤중에 오셨다더니 왜 이제야 들어오십니까?" 하며 반갑게 맞이하거늘

15 말씀하시기를 "아, 신가네 집에 들어갔더니 계집이 이러고저러고 하더라." 하시니라.

卦)' 두 번째 효의 효사(爻辭). 원문은 '見龍在田 利見大人(드러난 용이 밭에 있으니 대인을 만나봄이 이롭다.)'이다. 앞으로 인종씨를 추리는 대개벽기를 맞아 생사판단을 하는 인사의 절대자가 출세하는 이치를 예고한 글귀이다.

84:3 비룡재천. '건괘'의 다섯 번째 효의 효사. 원문은 '飛龍在天 利見大人(나는 용이 하늘에 있으니 대인을 만나봄이 이롭다.)'이다. 여기서 비룡은 상제님이며 당신의 조화권능으로 앞 세상의 이정표를 질정하신다는 것을 밝히고 있다.

84:4 혁신불. 미륵부처님은 천지분열 운동의 극기(선천 말기)에 출세하여 '새로운 삶의 길'을 열어 인류를 가을 우주로 인도해 주시는 구원의 메시아다.

84:5 배코. 상투를 앉히려고 머리털을 깎아 낸 자리.

16 이에 상문이 "밤에 들어가시니 그랬나 봅니다." 하니 "아무리 밤에 들어갔기로 제년보고 뭐 하라느냐? 서방하고 둘이 자다가 부르니 싫어서 그러지." 하시니라.

17 이 때 상문의 아내가 하인을 불러 "어서 진지를 지으라." 하고 재촉하거늘

18 상제님께서 "저기 밥 있는데 그러는가?" 하시니 그 아내가 "먹던 밥을 어른 드릴 수 있나요?" 하니라.

19 상제님께서 마음을 좀더 떠보시기 위해 "허허, 네 맘은 그렇지만 쇠스랑은 셋이라도 입은 한가지니라.

20 더러운 것도 내 눈으로 안 보면 깨끗한 것이고, 눈으로 봐야 더러운 것이니 그냥 차려라." 하시거늘

21 "그래도 그럴 수가 있나요?" 하며 새 밥을 지어 올리니라.

22 상제님께서 상문의 집에서 여러 날을 지내시고 경상도 통영으로 가시니라.

너의 환부를 마시리라

86 상제님께서 하루는 금구 수류면 구미란(水流面 龜尾卵)에 사는 김윤명(金允明)의 집 사랑에서 주무시다가 한밤중에 일어나시어

2 갑자기 큰 소리로 "네 이놈! 네 이놈!" 하고 호령하시며 문을 박차고 뛰어나가시니 집안 사람들이 모두 의아해하니라.

3 또 하루는 윤명의 아들 현규(玄奎)가 급작스런 복통으로 고통스러워하거늘 약을 써 봐도 차도가 없어 절망하고 있는데

4 마침 상제님께서 당도하시어 그 연유를 들으시고 현규를 바라보시며 "내가 너의 병을 없애 주리라." 하시고

5 "술 한 동이 받아 오라." 하시어 종이에 주문을 써서 불사르신 뒤에

6 그 재를 술동이에 넣어 저으시며 "내가 너의 환부를 마시리라." 하시고 한숨에 술 한 동이를 다 드시니 현규의 복통이 거짓말처럼 나으니라.

내가 너를 살려 주었노라

7 어느 날 윤명의 장남 상규(祥奎)가 상제님을 모시고 전주를 가던 중 청도원에 이르니 소나기가 퍼붓는지라

8 주막으로 들어가 술을 드시더니 문득 상규를 향해 "나가라." 하고 소리치시거늘

9 상규가 어쩔 줄 몰라 서서 머뭇거리며 여쭈기를 "비가 억수같이 오

는데 밖으로 나가라는 말씀입니까?" 하니

10 대답은 아니 하시고 더욱 화를 내시며 "빨리 나가라." 하시매 상규가 놀라 얼떨결에 주막을 나와 비를 맞으니라.

11 비가 갠 후에 다시 출발하여 전주에 도착하니 상제님의 짚신은 빗물과 흙탕물 속에서도 젖지 아니하였더라.

12 후에 상제님께서 말씀하시기를 "내가 너를 살려 주었노라." 하시니라.

장효순의 죽음

87 6월에 형렬의 집에 가시어 형렬에게 이르시기를 "전주에 가서 김병욱을 만나 후일 만날 약속을 정하고 돌아오라." 하시거늘

2 형렬이 명을 받고 전주에 가서 병욱을 만나 다음날 밤으로 약속을 정하고 돌아오는 길에 '장효순이 죽었다.'는 소문을 들으니라.

3 형렬이 돌아와서 상제님께 병욱과 약속한 일을 아뢰고 효순이 죽었음을 말씀드리며

4 "이 사람은 우리 손에 죽어야 할 것인데 저절로 병사(病死)하였으니 그저 한스러운 일입니다. 천도(天道)가 어찌 공정하다 하겠습니까?" 하니

5 상제님께서 말씀하시기를 "그 무슨 말이냐. 죽은 자는 불쌍하니라." 하시고

6 "사람의 화복과 우열장단이 모두 마음 쓰기에 달렸느니라." 하시니라.

7 이튿날 상제님께서 병욱을 만나지 아니하시고 형렬과 함께 고부로 떠나시거늘

8 형렬이 병욱과의 약속을 어기심이 이상하여 여쭈어 보니 그저 웃으시며 대답하지 않으시니라.

도중(道中) 분란을 대속하심

88 하루는 성도들이 여쭈기를 "선생님의 무소불능하신 권능으로 어찌 장효순의 난을 당하셨습니까?" 하니

2 말씀하시기를 "도중(道中)에나 집안에 분쟁이 일어나면 신정(神政)이 문란하여지나니

3 그대로 두면 세상에 큰 재앙을 불러일으키므로 내 스스로 그 기운을 받아서 해소한 것이로다.

4 너희들에게 '항상 평화를 주장하라.' 함도 또한 그러한 연고이니라."

의 사이에 4남 4녀를 두었다. 김윤명은 이경오의 처남이다.

88장 상제님의 가정에서 분란이 일어나면 그 여파가 신도(神道)와 인사에 미쳐 서로 갈려 싸우므로 상제님께서 이를 대속하시기 위해 장효순의 난을 당하셨다.

88:2 도중. 『대순전경』에는 '교중(教中)'이라고 기록되어 있으나 상제님께서 말씀하신 '교(教)'는 제3변 성숙 도운이 나오기 전까지의 난법시대를 상징한 것으로 이 때는 명백히 '교'라는 말을 쓰지 않으셨다.

89:1 섭다리골. 이 계곡의 물은 청도원에서 지소마을을 거쳐 구릿골 약방 앞을 지나 금평제로 흘러 들어간다. 예전엔 전주를 왕래할 때 이곳으로 많이 다녔다.

89:6 북두칠성이 내 별이니라. 칠성은 천상 별자리에서 황극 역할을 한다. 황극은 우주를 살아 움직이게 하는 운동의 본체다. 이는 우주원리를 바탕으로 한 도통의 진법맥이 인사로 현실화될 것을 말씀하신 것이다.

90:1 와룡리. 현재 정읍시 정우면 회룡리 와룡마을로 10여 가구가 살고 있다.

90:1 황응종(黃應鐘, 1841~1927).

하시니라.

5 대저 이는 장효순의 난 바로 전에 고부 본댁에 분란이 있었음을 말씀하심이더라.

상제님 등의 북두칠성

89 상제님께서 섭다리골에서 성도들과 목욕을 하실 때 성도들의 가운데를 보시며 "도둑놈 다리 같구나." 하시고

2 웃으시며 "이놈들아, 저 아래 내려가서 목욕해라." 하시거늘 듣는 사람들 모두 아무 꺼림 없이 아래로 내려가니라.

3 하루는 필성이 상제님과 목욕을 하는데 상제님께서 "필성아, 내 등 좀 밀어라." 하시는지라

4 필성이 등을 밀려고 보니 붉은 점으로 북두칠성(北斗七星)이 선명하게 박혀 있거늘

5 "자네 이게 뭔가?" 하고 물으니 상제님께서 손을 어깨 너머로 짚으시며 "간밤에 모기가 물어서 그랬다." 하시니라.

칠성이 내 별이니라

6 하루는 상제님께서 말씀하시기를 "북두칠성이 내 별이니라." 하시니라.

초취와는 인연을 끊었노라

90 갑진년에 구릿골에 계실 때 하루는 고부 와룡리(臥龍里) 사람 황응종(黃應鐘)이 상제님께 와 뵙고 '정씨 부인과 인연을 끊으라.'는 부친의 명을 전하니

2 이는 고부 본댁에서 정씨 부인이 시부모에게 불효하여 집안이 화평하지 못하므로 부친께서 응종을 보내어 이 사실을 말씀드리게 함이라.

3 응종이 상제님을 뵙고 여러 사람이 있는 가운데 그 사실을 아뢰니 상제님께서 우울해하시며 응종에게 명하시어 "형렬의 집에서 자고 내일 돌아가라." 하시고

4 다시 이르시기를 "그런 것 살려 둘 필요가 없다. 벼락을 좀 써야겠다." 하시더니

5 잠시 후에 "가만있자." 하시며 한참을 머뭇거리시다가 "하마터면 어만 여자 하나 죽일 뻔했다.

6 내가 천하의 며느리와 시어머니를 불러 기운을 보니 며느리 치고 시어머니한테 욕 안 하는 여자가 없구나." 하시고

3편 도문과 성도 267

7 거듭 말씀하시기를 "공연히 어만 여자만 죽일 뻔했다." 하시니라.

8 이어서 형렬, 자현, 보경, 공숙 등 여러 성도들에게 이르시기를 "가 정사는 친명(親命)대로 처리하노니 너희들이 증인을 설지니라." 하시고

9 형렬에게 명하시기를 "내가 초취(初娶)와는 아주 인연을 끊었노라. 고 부 본가에 가서 박처(薄妻)함을 성명(聲明)하고 돌아오라." 하시거 늘 형렬이 대답하고 가지 아니하니라.

10 그 후에 하루는 정씨 부인이 구릿골에 찾아오거늘 상제님께서 아 무 말씀이 없으시더라.

하늘로 올라간다

91 하루는 상제님께서 호연과 앉아 계시다가 문득 "야야, 너 어디로 시집갈래?" 하시거늘

2 호연이 "어디로 시집을 간다야?" 하니 "저 각시들 크면 가마 타고 '어허' 하고 안 가대? 크면 그려. 어디로 갈래?" 하고 물으시니라.

3 이에 호연이 "내가 어디로 갈지 어떻게 알아? 우리 아부지가 그러 던데, 내가 서울도 가고 하늘도 올라가고 그런다면서?" 하거늘

4 상제님께서 "내게 붙어라. 내게 딱 붙으면 하늘로 올라간다." 하시니

5 호연이 "어디로? 앞에 가 붙어, 뒤에 가 붙어?" 하며 등뒤로 돌아 가 상투를 잡고 목말을 타는지라

6 상제님께서 "얘가 건방지게 내 상태기를 잡네." 하고 꾸중하시는데 호연이 개의치 않고 "어서 올라가요, 어서~!" 하며 상투를 흔드니라.

7 이에 상제님께서 천천히 일어나시며 "올라간다, 올라간다." 하시니 호연이 진짜로 올라가는 줄 알고 좋아라 하거늘

8 잠시 후 상제님께서 "내가 인제 하늘이 되어서 너 데려갈 적에 그 때 올라가지, 내가 지금 올라가면 너도 못 봐." 하시며 호연을 도로 내 려놓으시니라.

수부를 선정하라

92 하루는 형렬을 불러 머리 모양과 옷차림을 여자처럼 꾸미시더니 공사를 보신 뒤에 이르시기를

2 "수부(首婦)가 없어 임시로 공사를 치렀으니 수부를 선정하라." 하시니라.

3 그 후에 하루는 형렬에게 재촉하여 말씀하시기를 "세상 운수가 박 도(迫到)하였는데 아직 마치지 못한 후천선경 공사가 산적하여 있느 니라.

본관 창원(昌原). 슬하에 네 아들 을 두었으며 키 가 크고 성품이 괄괄하였다. 상 제님의 천지공사 도문에 참여한 것은 정미(道紀 37, 1907)년이지 만 상제님의 부 친을 잘 알았던 까닭에 이 때 심 부름을 온 것이 다. 그의 딸이 객 망리 강씨 문중 으로 시집을 간 연고가 있다.

90:4~7 전주에 거주하는 나승렬 증언.

92:2 수부. 하늘 과 땅의 모든 여 자의 머리가 되 는 분. 곧 개벽천 지의 정음정양 도수를 인사로

4 수부를 선정하여야 모든 공사가 차례대로 종결될 터인데 수부를 아직 정하지 못하여 공사가 지체되고 있으니 속히 수부를 선정하라." 하고 명하시며

5 "수부의 책임 공사가 수년 남아 있느니라." 하시니라.

6 이에 형렬이 "저의 딸이 과년(瓜年)하오니 처분하여 쓰시옵소서." 하고 몇 번 아뢰거늘

7 상제님께서는 다만 "그리하면 될까." 하시니라.

8 이에 형렬이 그의 셋째 딸 말순(末順)으로 하여금 천지공사에 수종들게 하니

9 상제님께서 공사를 행하시며 말순을 방으로 부르시거늘 형렬의 아내가 딸을 만류하며 못 들어가게 하는지라

10 말순이 말하기를 "아버지가 하시는 일을 거역하는 것은 자식된 도리가 아니오니, 어머니 너무 걱정하지 마세요." 하고 방으로 들어가니라.

천하창생을 다 맡겠느냐

93 상제님께서 묵묵히 앉아 계시다가 자시(子時)가 지나자 **"천하창생을 다 맡겠느냐?"** 하고 물으시거늘

2 말순이 아뢰기를 "십오 세 소녀로서 어찌 감당하리오마는 천지공사가 그러하다면 맡겠나이다." 하고 대답하니라.

3 이에 상제님께서 피를 토해 머금고 받아 먹으라고 손짓하시니 말순이 달려들어 입으로 받아 삼키니라.

4 이후로 상제님께서 형렬을 장인으로 대하시고 공사석에서 평좌를 허락하시니라.

5 하루는 형렬에게 글을 써서 보여 주시니 이러하니라.

無量大福 金亨烈이요 府院君 金亨烈이니라
무 량 대 복 김 형 렬　　　부 원 군 김 형 렬

6 이어 말씀하시기를 **"형렬의 복을 정하는 것이 가장 어려운 일이니라."** 하시니라.

양반이 집안 망친다

94 그 후 형렬의 아내가 홀로 생각하되 '나이도 맞지 않을 뿐 아니라 양반의 처지에 그럴 수 없다.' 하고

2 은밀히 다른 곳으로 혼처를 구하여 선폐금(先幣金)으로 50냥을 받아 부엌 땔나무 속에 몰래 감추어 두니라.

3 하루는 상제님께서 밤늦게 도착하시어 "시장하니 밥을 가져오게." 하시거늘

4 형렬이 민망해하며 "마침 식량이 떨어져서 오늘 저녁에는 솥에 불을 지피지 못하였습니다." 하고 아뢰니

5 상제님께서 말씀하시기를 "돈 두고 굶는 건 먹는 셈이라." 하시니라.

6 형렬이 대하여 아뢰기를 "돈 두고 그럴 리 있겠습니까?" 하니 말씀하시기를 "부엌 땔나무 속에 쉰 냥이 있네." 하시는지라

7 형렬이 가 보니 과연 그러하거늘 즉시 쌀을 사다가 밥을 지어 올리매

8 상제님께서 드시며 "그 밥 참 맛있다." 하고 여러 번 말씀하시고

9 "양반이 집안 망친다 하더니 참말이로구나." 하시니라.

시집가면 죽으리라

10 하루는 상제님께서 형렬의 셋째 딸 말순을 불러 말씀하시기를 "너는 시집가지 말라. 나하고 인연을 맺었으니 네가 시집가면 말라서 죽느니라." 하시니라.

영재 교육의 대도

95 하루는 형렬이 아뢰기를 "고대의 명인은 지나가는 말로 사람을 가르치고, 확실하게 지적해서 일러 준 일은 없었습니다." 하니 상제님께서 "실례를 들어 보아라." 하시니라.

2 형렬이 여쭈기를 "율곡(栗谷)이 이순신(李舜臣)에게는 '두보(杜甫)의 시를 천 번 읽으라.'고 권하여

3 '독룡(毒龍)이 숨어 있는 곳에 물이 곧 맑네.'라는 구절을 스스로 깨닫게 하였을 뿐이요, 임란(壬亂)에 쓸 일인 것을 일러 주지 아니하였고

4 백사(白沙) 이항복(李恒福)에게는 '섧지 않은 울음에는 고춧가루 싼 주머니가 좋다.'고 말하여

5 직접 지시함이 없이 임진왜란 때 청병(請兵)에 대처하도록 하였습니다." 하니

6 상제님께서 들으시고 말씀하시기를 "나도 그들과 같은 **영재(英才)**가 있으면 역시 그와 같이 가르칠 것이니라." 하시니라.

히 중요한 사건이다. 기존에는 정씨 부인을 수부로 인정하는 예가 많았으나, 실제로는 이 말씀이 개벽 공사에 수부를 내세우시는 수부 공사의 시작을 뜻한다. 이는 김형렬 성도가 상제님의 장인 노릇을 하는 계기가 되었다.

92:10 김형렬 성도 후손들의 증언에 의하면 형렬의 딸은 상제님을 좋아하여 순종했다고 한다.

94:9 양반이 집안 망친다. 상제님과 약속한 것은 천지와 언약한 것과 같다. 상제님은 김형렬 성도가 약속을 지키지 못함으로써 끝내 수부 공사가 열매맺지 못할 것을 아시고 탄식하신 것이다.

94:10 말라서 죽느니라. 상제님의 경고에도 불구하고 김형렬 성도는 어천 후에 셋째 딸을 금구의 최씨에게 시집보냈다. 김 수부는 배가 아파 첫날밤도 못 치루고 친정으로

돌아와 신해(1911)년에 22세의 나이로 비극적 죽음을 맞이했다. "다른 곳으로 시집을 보냈다가 첫날밤에 신랑이 죽고, 다시 돌아와서 말라죽어 버렸어. 명태같이…."(김자현 성도 손자 김택식 증언)

95:3 독룡이 숨어 있는 곳에. 원문은 '독룡잠처수변청(毒龍潛處水便淸)'. 충무공이 이 구절에서 영감을 얻어 울돌목의 명량해전(鳴梁海戰)을 대첩으로 이끌었다 한다.

95:4 이항복(李恒福, 1556~1618). 조선 선조 때의 문신. 벼슬이 영의정에 이르렀고 오성부원군에 봉해짐.

95:4 고춧가루 싼 주머니. 훗날 이항복이 병판이 되어 명나라 장수 이여송(李如松)의 4만 원군을 맞이할 때 눈에 고춧가루를 넣고 눈물을 흘림으로써 크게 싸울 의사가 없던 명군을 감동시켰다고 한다.

96:1 김덕찬(金德

오늘 장사는 못 지내리니

96 갑진년 7월에 김덕찬(金德燦)이 모친상을 당하여 장례 준비차 전주에 갔다가 돌아오는 길에 용머리고개 주막에서 상제님을 뵈니

2 상제님께서 말씀하시기를 "오늘 장사는 못 지내리니 파의(罷蟻)하리라." 하시니라.

3 덕찬이 그 말씀을 믿지 않고 집으로 돌아가 장사를 지내려고 정하여 둔 땅을 파니 큰 개미굴이 나타나므로 다시 다른 곳을 파 보매 그곳 또한 그러하거늘 부득이 토롱(土壟)을 하니라.

갑칠을 꾸짖지 않으신 상제님

97 김갑칠이 늘 상제님께 응석과 고집을 부리되 상제님께서는 잘 달래어 일깨우실 뿐 한 번도 꾸짖지 않으시니 갑칠이 더욱 심해지는지라

2 하루는 형렬이 몹시 화가 나서 "저런 못된 놈이 어디 있느냐." 하며 꾸짖거늘

3 상제님께서 이르시기를 "네가 아직 언행이 덜 풀려서 말에 독기(毒氣)가 있도다." 하시고 말씀하시기를

4 "惡將除去無非草요 好取看來總是花니라.
오 장 제 거 무 비 초 　 호 취 간 래 총 시 화
싫다고 베어 버리면 풀 아닌 게 없고
좋다고 취하려 들면 모두가 꽃이니라." 하시니라.

5 이어 말씀하시기를 "말은 마음의 소리요, 행동은 마음의 자취라.

6 말을 좋게 하면 복이 되어 점점 큰 복을 이루어 내 몸에 이르고, 말을 나쁘게 하면 화가 되어 점점 큰 재앙을 이루어 내 몸에 이르느니라." 하시니라.

갑칠은 무식똑똑이라

7 갑칠이 비록 배우지는 못했으나 말을 잘하고 경위가 발라 불의한 일을 보면 참지 못하고

8 평소 상제님을 수종 들 때 눈치 빠르게 일 처리를 잘 하거늘

9 하루는 상제님께서 웃으며 말씀하시기를 "그놈 참 똠발똠발 하니 무식똑똑이로구나." 하시니라.

10 갑칠이 목소리가 우렁우렁하고 수틀리면 해 붙이는 불같은 성미인지라 마을 사람들은 갑칠을 '와가리'라 부르며 두려워하니라.

진보회가 일어남

98 동학 신도들이 갑오(甲午 : 道紀 24, 1894)년에 참패를 당한 뒤로 감히 나타나지 못하고 잠잠히 지내더니

2 일본에 망명해 있던 동학 3세 교주 손병희(孫秉熙)가 '일본과 동맹국의 입장에 서는 것이 조선의 근대 개혁과 국제적 지위 획득에 유리하다.' 생각하고

3 갑진년에 이용구(李容九)를 조선에 보내어 동학 교도를 수습하여 민회(民會)를 조직하게 하니

4 이에 응하여 사방에서 동학 신도들이 다시 일어나 그 세력이 날로 커지매 백성들은 갑오년에 본 그들의 난폭한 행동을 떠올리고 두려운 마음을 품더라.

5 하루는 형렬이 상제님 계신 곳을 찾아갈 때 마침 동학 신도들이 원평에 모여있는지라

6 상제님을 뵙고 그 일을 고하니 상제님께서 "속히 원평에 가서 그 모임의 취지와 동향을 조사하여 오라." 하시므로

7 형렬이 명을 좇아 탐사하여 보니 그 모임의 명칭은 **진보회(進步會)**요, 목적은 **보국안민(輔國安民)**이요, 대회 장소는 충남 강경(江景)이라.

8 곧 돌아와서 아뢰니 말씀하시기를 "저들의 이번 운동에는 각기 제 재산을 쓰게 할 것이요, 갑오년과 같이 백성에게 폐를 끼치지 못하게 하리니

9 나부터 먼저 망하여 모범을 보이리라." 하시니라.

본댁 살림을 파하심

99 그 길로 객망리 본댁에 가시어 가옥과 고추밭 일곱 뙈기를 파시고 "이사를 하리라." 하시니 온 동리가 술렁이니라.

2 상제님께서 동리 사람들을 불러 말씀하시기를 "내가 이사를 가야 하니 이삿짐 좀 져다 주어야겠네." 하시매 이삿날 사람들이 모여들어 짐을 꾸리는데

3 상제님께서 "각기 마음대로 져 보라." 하시니 성심을 다하는 사람은 쌀섬, 가마솥, 장독 등 무겁고 중요한 것을 짊어지고

4 체면치레만 하는 사람은 가볍고 값없는 빗자루, 멍석 따위만 들고 나서니라.

5 일행이 말등굴이재에 이르자 상제님께서 "여기서 쉬도록 하세. 저쪽에서 마중 나올 테니." 하시되

燦, 1861~1938). 본관 경주(慶州). 당시 전주 용머리고개 부근에 거주하였다. 부인 이순례(李順禮)와의 사이에 2남 2녀를 두었다.

96:2 파의(罷蟻). 개미 때문에 일을 중지한다는 뜻.

96:3 토롱. 임시로 흙을 쌓아서 만든 무덤.

97:1 김갑칠(金甲七, 1881~1942). 형렬의 숙부 기범의 아들이자 준상의 동생. 당시 24세로 김형렬 성도와는 19년의 나이 차가 난다. 입문 이후 형렬과 함께 많은 공사에 수종을 들었다. 첫째 부인을 일찍 상처하고 하운동의 둘째 부인을 얻었다.

97:10 "짜가사리 수염 조금 났어. 보통 때는 그리 안 하고 누구 얘기하고 뭣하고 나쁜 일 보고 어찌고 할 때는 그냥 꼿꼿이 선다고."(김택식 증언)

98:2 손병희(孫秉熙, 1861~1922). 5편 233장 2절

98:3 이용구(李容九, 1868~1912). 구한말 친일파의 거두로 최시형(崔時亨)의 고제자이다. 손병희의 지시로 1904년 진보회를 조직하고 후일 일진회 회장을 지냈으나 친일 노선으로 일관하여 손병희에 의해 제명되었다.
  1905년에 손병희가 천도교(天道教)를 세우자 독립하여 시천교(侍天教) 교주가 되었다.

99:5 말등굴이재. 전북 정읍시 이평면 마항리(馬項里)에 있는 고개. 마항리는 지형이 말의 목처럼 생겨서 말 목장터라 한다.

100:2 저희들이 검은 옷을 입으니. 갑진년 7월 20일, 전국 360여 곳 18만 동학 교도가 일제히 상투를 자르고 검은 옷을 입고(斷髮黑衣) 정부 개혁과 국정 쇄신을 부르짖는 갑진개화운동을 일으켰다.

100:4 강중구(姜仲九, 1866~1930). 본관 진주. 김제

6 점심을 먹고 한참을 기다려도 마중 나오는 사람이 없거늘

7 상제님께서 말씀하시기를 "내 이사는 이러고 말 모양이니 각자 지고 온 짐을 가지고 집으로 돌아가라." 하시는지라

8 힘들여 짐을 지고 온 사람들은 좋은 것을 차지하고 꾀를 부린 사람들은 아무 값어치 없는 물건만 가져가게 되니라.

9 이 때 가옥과 전답을 판 돈은 전주에 가시어 걸인들에게 모두 나누어 주시고

10 또 문중에서 걷어 놓은 쌀 백 가마니마저 다 써 버리시니 문중의 원성이 높았으나 상제님 앞에서는 감히 말을 못 하니라.

11 이후에 상제님의 가족은 남의 집 협실에서 궁핍하게 지내시니라.

나를 본받음이라

100 이후로 과연 그 회원들이 제 재산을 탕진하매 상제님께서 말씀하시기를 "저희들이 나를 본받아 제 재물을 쓰고 있나니 살려 줌이 옳으니라." 하시니라.

2 상제님께서 일진회(一進會)가 일어난 후로부터 갓을 벗고 삿갓을 쓰시며 옷은 안이 검고 밖이 희게 하시어 "저희들이 검은 옷을 입으니 나도 검은 옷을 입노라." 하시고

3 하늘을 가리키며 말씀하시기를 "신명들이 내가 하는 일을 듣고 있도다. 저 구름이 속은 검고 겉은 희니 곧 **나를 본받음이니라.**" 하시니라.

얼마 아니 되어 해산하리라

4 용화동에 사는 강중구(姜仲九)가 일진회에 가입하였다가 그 행동의 불의함을 보고 탈회하더니 그 후로 그 세가 크게 일어나거늘

5 중구가 원평에서 상제님을 뵙고 탈회한 사유를 고하며 아뢰기를 "일후에 일진회가 득의(得意)케 되면 여러 사람들이 그 해를 면치 못할까 하나이다." 하니

6 상제님께서 말씀하시기를 "근심하지 말지어다. 얼마 아니 되어 해산하리라." 하시니라.

강경 강가에서 공사 보심

101 갑진년 어느 날 상제님께서 형렬과 호연을 데리고 강경에 가시니라.

2 이 때 호연을 저고리에 싸서 업고 가시다가 강변에 뉘어 놓고 어디

론가 가셨는데

3 문득 어디선가 큰 황소만 한 호랑이가 나타나 강둑을 돌아다니거늘

4 호연이 이를 보고 형렬에게 "저게 무엇이길래 소같이 저렇게 댕겨요?" 하니 형렬이 "그게 호랭이다, 호랭이!" 하는지라

5 호연이 놀라서 "호랭이가 우릴 잡아먹으면 어째요?" 하니 "우리는 안 잡아먹어." 하니라.

6 잠시 후 호랑이는 금세 어디로 가고, 강물 가운데에 큰 불덩이가 동이처럼 솟아 강물이 마치 밥이 끓어 넘치는 것처럼 버글버글 끓으니

7 물고기들이 뛰쳐나와 강둑에 턱턱 걸치거늘 동네 사람들이 앞다투어 주워가니라.

8 이윽고 불덩이가 사라지고 상제님께서 오시더니 "호연이 놀랐냐?" 하시거늘

9 호연이 "아까 불이 들어와서 데어 죽을까 봐 혼났지." 하니 "거 봐라, 그러니 나보고 욕 마라, 잉?" 하시는지라

10 호연이 "그러면 선생님이 그랬어요?" 하고 여쭈니 "아니." 하시거늘 호연이 다시 "그러면 왜 그런 말을 해요?" 하매

11 상제님께서 "내가 그런 조화를 부린다고 하면 죽이려 할 테니 누가 물어도 그런 소리 말아라, 잉?" 하시니라.

호연의 설사병을 고쳐 주심

102 갑진년 초가을에 호연이 설사병이 나서 며칠을 앓거늘

2 마루에서부터 찔끔찔끔 똥을 싸기 시작하여 채 뒷간까지 가지도 못하고 간신히 마당에서 일을 보고

3 심할 때는 방 안에서 문턱도 넘지 못하고 싸는 일도 많으니 호연이 몹시 수척해진지라

4 상제님께서 금산에서 지초 한 뿌리와 인삼 한 뿌리를 가지고 오시어

5 "누구보고 달여 달라고 하겠냐, 내가 깎아서 줄 테니 그냥 주워 먹어라." 하시며 잘게 썰어 주시거늘 호연이 그것을 먹고 금방 나으니라.

6 호연이 그 때 상제님께서 주신 것을 먹은 후로는 한평생 설사 한 번 하지 않고 뒤보는 일이 편안하더라.

기침하는 호연에게 호랑이고기를 사다 주심

7 또 한번은 호연이 백일해(百日咳)에 걸려 여러 날을 심하게 앓거늘

8 상제님께서 군산에 가시어 호랑이고기를 사다 주시니 그것을 먹고

시 금산면 금산리에서 부 순경과 모 박씨의 장남으로 출생.

100:6 해산하리라. 일진회는 을사조약 지지를 선언하고 고종의 양위를 강요하는 등 적극적인 친일 행위를 일삼았다. 통감부 시절에는 일진회 간부가 군수, 관찰사로 임명되는 등 그 기세가 등등하였으나 한일합방 후 1910년 양력 9월 일제에 의해 강제로 해산되었다.

102:4 금산. 현재 충남 금산군.

102:7~8 "그이도 욕 봤어. 그렇게 이 나이 먹도

기침이 멎으니라.

황사성 부자의 빚 탕감

103 8월 27일 상제님께서 익산 만중리(萬中里) 황사성(黃仕成)의 집에 이르시니

2 마침 어떤 사람이 노기를 띠고 문을 세게 닫는 바람에 벽이 무너져서 그 마을 정춘심(鄭春深)의 집으로 옮겨 가시니라.

3 본래 사성의 부친 숙경(叔卿)이 전주 용진면(龍進面) 용바위에 사는 황 참봉에게 빚이 있었는데

4 황 참봉이 죽은 뒤에 그 아들이 사람을 보내어 빚을 재촉하며 "만일 갚지 않으면 경무서(警務署)에 고소하여 옥중에다 썩히면서 받겠다." 하고 위협하거늘

5 이 날 밤에 사성 부자가 춘심의 집에 와서 상제님께 이 일을 아뢰며 무사히 끌러 주시기를 간청하니라.

6 이에 상제님께서 말씀하시기를 "그대의 집 벽이 무너졌으니 그 일은 끌러지리라." 하시고

7 숙경으로 하여금 갓 한 닢과 무명베 한 필을 사 오게 하시어 옷 한 벌을 지어 입으시고

8 숙경에게 이르시기를 "일이 잘 풀리리니 근심을 놓으라. 무명베 한 필은 채권과 채무 사이에 길을 닦는 것이니라." 하시니라.

9 그 뒤에 순검이 와서 숙경을 잡아가려 하거늘 숙경이 순검과 함께 채권자의 집에 가서 갚을 기한을 연기해 달라고 청해도 채권자가 듣지 않고 고집하는지라

10 그 모친이 아들을 불러 꾸짖으며 "저 어른은 네 부친의 친구인데 이제 옥에 가두려 하니 네가 금수의 행위를 하려 하느냐." 하고 그 증서를 빼앗아 불살라 버리매

11 채권자가 할 수 없이 숙경에게 사과한 뒤에 고소를 취하하고 빚을 탕감하여 주니라.

먹을 것 싸 들고 다니는 호연이

104 상제님께서는 먹을 것이 생기면 무엇이든 늘 호연에게 맡겨 놓으시니 호연이 보자기에 싸서 들고 다니다가 함께 나누어 먹곤 하니라.

2 호연이 음식 꾸러미를 들고 가다가 "나 다리 아퍼 못 가!" 하고 상

제님께 기대면

3 상제님께서 '이것 먹어라, 저것 먹어라. 저만치 가면 내가 업고 가지. 저만치 가면 보듬고 가지.' 하며 달래어 데리고 가시는데

4 호연이 그만큼 가서 다시 업어 달라고 하면 또 앞서시며 "이만치 오면 업고 가지." 하시어 그제야 업어 주시니라.

5 호연이 업혀 갈 때 보자기 든 손을 앞으로 하니 꾸러미가 흔들려 상제님의 눈앞을 가리거늘

6 상제님께서 "아, 그놈의 것 내버려라." 하시니 "안 내버려. 가서 먹어야지." 하며 더욱 꼭 쥐고 가니라.

크게 깨닫지 못하고 마음씀이 옹졸하거늘

105 상제님께서 전주 백운정(白雲亭)에 잠시 머무르실 때 마침 그 마을 총각이 장가를 들었는데 첫날밤도 치르지 않고 되돌아온지라

2 그 연유를 들어본즉, 신랑이 신방 밖으로 나오니 중이 송낙을 쓰고 담 밖에 서서 울안을 엿보고 있거늘

3 다짜고짜 신부에게 "중놈과 정을 통하다가 시집을 오니 망을 보고 있는 것 아니냐?" 하며 소박을 놓고 돌아온 것이더라.

4 상제님께서 이를 들으시고 "신부의 포한을 누가 풀어 주겠느냐?" 하시고

5 신랑을 불러 이르시기를 "쥐가 하는 소리를 알아듣는 사람도 있거늘 그리 멍청해서 무엇 하겠느냐? 오늘밤에 신부의 집 뒤안으로 가 보아라." 하시거늘

6 신랑이 가서 보매 담 위에 탐스러운 박이 열렸는데, 떨어질세라 작대기를 받쳐둔 박 위에 잎사귀가 씌워져 있는 모습이 달빛에 비쳐 영락없이 송낙을 쓴 중 같더라.

7 이에 그 부부가 정성스럽게 옷 한 벌을 해 드리며 좀더 머무르시기를 간청하나 신랑의 행동을 보니 마음씀이 옹졸하거늘

8 말씀하시기를 "왕대 밭에 왕대 나고 시누대 밭에 시누대 나느니라.

9 네놈 근본이 잘아서 굵게 못 쓰니 크게 먹지는 못하겠구나!" 하시고 길을 떠나시니라.

위독한 김보경을 건져 주심

106 상제님께서 9월 10일에 함열 회선동(會仙洞) 김보경의 집에 가

105:1 백운정. 전주시 완산칠봉 자락에 있던 정자. 현감 백치언(白致彦)이 세웠으나 허물어져 그의 증손인 백남신이 중건하였다. 그 후 다시 없어져 터만 남았다가 지금은 절이 들어서 있다.

105:2 송낙. 소나무의 겨우살이를 엮어 만든 여승의 모자. 송라립(松蘿笠).

106:1 함열 회선

시니 삽살개 한 마리가 심히 짖으며 나오더라.

2 이 때에 보경이 병들어 크게 위독하므로 상제님께 고쳐 주시기를 청하거늘

3 웃으며 말씀하시기를 "그대의 병은 이미 저 개에게 옮겼으니 근심을 말라." 하시니 과연 보경은 곧 낫고 그 개는 병이 들어 사흘 만에 죽으니라.

4 이 때 보경의 집 근처에 화적떼가 출몰하여 동네를 다 쓸고 다니거늘

5 조만간 보경의 집에도 들이닥치리라는 풍문에 집안사람들이 걱정과 두려움으로 안절부절못하는지라

6 보경이 상제님께 여쭈기를 "제 집이 비록 넉넉지 못하나 밖에서는 부자인 줄 알고 있으니 두려워 마음을 놓지 못하겠습니다. 청컨대 도난을 면케 하여 주옵소서." 하니

7 말씀하시기를 "도적들이 남의 재물을 탐내어 공연히 사람을 해치고 필경 저희들도 죽음을 당하게 되리니 내가 이제 저들로 하여금 농사에 힘써 복을 지어 먹고살도록 하리라." 하시고

8 그 집 문 앞에 침을 몇 번 뱉으시고 말씀하시기를 "이만하면 그치리니 이 뒤로는 마음을 놓으라. 도적이 저절로 멀리 가리라." 하시니라.

9 마침 그 때 머슴이 마당을 쓸면서 그 침을 쓸어내려 하거늘 상제님께서 쓸지 못하게 하시고

10 다음 날 보경의 집을 나서시며 말씀하시기를 "침을 좀 더 뱉으면 좋겠으나 그만하여도 되리라." 하시니 과연 그 뒤로는 도적의 자취가 없어지니라.

부유(腐儒)를 미워하심

11 이 달에 보경의 집에 계실 때 보경에게 명하시어 "유(儒) 불(佛) 선(仙) 석 자를 쓰라." 하신 뒤에

12 성도들에게 "뜻 가는 대로 한 자씩 짚으라." 하시니 보경은 불(佛) 자를 짚고 또 한 사람은 유(儒) 자를 짚거늘

13 말씀하시기를 "유(儒)는 부유(腐儒)니라." 하시니라.

나는 백구름, 너는 홍구름

107 갑진년 9월에 상제님께서 형렬에게 이르시기를 "이 다음에 온 천하가 싸움을 하거든 천지에서 이치가 되어 다투는 줄 알아라.

2 나는 백구름이요, 너는 홍구름이니라." 하시니라.

별놈의 병이 다 돈다

3 또 말씀하시기를 "이제 느닷없이 전에 없던 **별놈의 병이 다 생기고**, 세상을 불로도 치고 물로도 치리라." 하시거늘

4 형렬이 재차 그 뜻을 여쭈니 말씀하시기를 "일이 먼저 앞서야지 말이 앞서면 안 되느니라.

5 나중에 가르쳐 주리니 그렇게 알라." 하시니라.

너의 논을 바치겠느냐

108 상제님께서 하루는 청도원에 사는 류찬명(柳贊明)에게 물으시기를 "너의 논 일곱 마지기를 공사에 바치겠느냐?" 하시니

2 찬명이 흔쾌히 대답하고 부자 김한식에게 논을 팔아 상제님께 바치거늘

3 한식이 그 논을 다시 찬명에게 소작해 달라 하므로 전과 같이 농사를 지을 수 있게 되니라.

너는 지리를 통하라

4 하루는 찬명에게 명하시기를 "너는 **지리(地理)를 통해라**." 하시니 이로부터 찬명이 지리를 통하여 이름을 날리니라.

담뱃대로 홍어를 낚아 함께 드심

109 찬명의 지주(地主) 김한식은 그 아들이 정신병자인지라

2 하루는 찬명에게 '선생님께 아뢰어 아들의 병을 고쳐 달라.'고 간청하거늘 찬명이 상제님께 여쭈니 허락하시니라.

3 이에 한식이 주안상을 마련하고 상제님과 동네 유지 몇 사람을 한자리에 청하여 술대접을 하는데

4 한 사람이 상제님께 여쭈기를 "선생님께서는 신인이란 소문이 있는데 그것이 사실이라면 그 증거를 보여 주십시오." 하거늘

5 상제님께서 웃으시며 "그러하리라." 하시고 담뱃대를 마치 고기 잡는 낚싯대처럼 허공을 향해 드시고 한참을 계시니라.

6 이윽고 담뱃대를 앞으로 채어 당기시니 문득 큰 홍어 한 마리가 앞자리에 뒹구는지라

7 좌석에 모인 사람들이 크게 놀라며 고기를 만져 보니 살아 있는 진짜 물고기이거늘 그 홍어로 회를 쳐서 함께 먹으니라.

병자의 정신이 회복되니라

8 술상을 물리신 뒤에 상제님께서 한식에게 "그대의 아들을 데려오

천 판안의 지식인과 세속의 지도자들을 꾸짖으신 것.

107:2 백구름, 홍구름. 백구름은 무극의 정신을 표상하며 홍구름은 태극의 정신을 상징한다.

108:1 류찬명(柳贊明, 1866~1931). 본관 전주. 김제시 금산면 청도리 출생. 손자 류호진(1923~) 씨의 증언에 의하면 글을 읽는 선비였으며 키는 약간 크고 구레나룻을 길렀다고 한다. 큰아들 재옥(在玉, 1893~1956)과 함께 상제님을 따랐다.

류호진(1923~)

108:1 논 일곱 마지기. 우여곡절 끝에 류찬명 성도의 손자인 류호진 씨(청도원 거주)가 다시 사들여 경영하고 있다.(류호진 증언)

라." 하시니

9 마침 그 아들이 실성한 사람의 걸음걸이로 집 안에서 나오거늘 상제님께서 "그곳에 섰거라." 하시니 그 아들이 그 자리에 서서 움직이지 못하니라.

10 이에 상제님께서 종이에 **소멸음해부**(消滅陰害符)라 쓰시고 부(符)를 그려 한식에게 주시며

11 말씀하시기를 "이 부적을 병자의 베개 속에 넣어 두라. 그러면 병이 차차 나으리라." 하시니

12 그 후로 병자의 정신이 차차 회복되니라.

상제님을 시험한 류재원

110 상제님께서 류찬명의 집에 머무르실 때 찬명의 자질(子姪)들이 술 심부름을 자주 하는데

2 상제님께서는 술을 드려도 청주(淸酒)를 처음 뜬 것만 드시며 다른 사람이 먼저 먹으면 입 댄 것이라 하여 드시지 않으니라.

3 하루는 찬명의 조카 재원에게 구릿골로 술 심부름을 시키시니

4 재원이 구릿골에서 옹기병에 술을 한 병 받아오다가 상제님을 시험하고자 조금 따라 마시고 그만큼 물을 넣어 상제님께 바치거늘

5 상제님께서 노하여 꾸짖으시기를 "너 이놈, 어디서 술을 처먹고 물로 나를 속이느냐 !" 하시니라.

6 그 후 재원이 눈병이 나서 심하게 앓으니 찬명이 고쳐 주시기를 간청하거늘

7 상제님께서 불쌍히 여기시어 재원의 눈에 손을 대시매 곧 씻은 듯이 나으니라.

8 이후로는 구릿골 입구에 사는 김명환이 상제님의 술병을 짊어지고 따라다니니라.

9 상제님께서는 술을 약주(藥酒)라 하면 안 잡숫고, 청주나 막걸리라 하면 잡수시니라.

처남 정남기의 불의와 패가망신

111 상제님께서 형렬을 데리고 원평 김성보(金成甫)의 집에 머무르실 때

2 정남기가 일진회 회원이 되어 상제님께 강제로 가입하기를 권하며 회원 십여 명과 함께 상제님의 두발을 가위로 자르려 하나 베이지

않는지라

3 상제님께서 머리 한 줌을 친히 잘라 내시며 말씀하시기를 "내 이것으로써 여러 사람의 뜻을 풀어 주노라." 하시고

4 웃으며 남기에게 이르시기를 "나는 너의 보좌(補佐)가 되리라." 하신 뒤에

5 다시 남기에게 탈퇴하기를 권하시며 "네가 내 말을 듣지 않으면 뒷날 크게 후회하리라." 하시니라.

6 과연 그 후에 남기는 패가망신하고 그 유족(遺族)은 이리저리 떠돌며 사니라.

일진회의 소요를 진압하심

112 11월에 상제님께서 전주에 이르시니 마침 일진회 회원들이 전주지회 개설 문제로 이를 강제 진압하려는 관찰사에 대항하여 큰 소동을 일으키매 민심이 크게 동요하는지라

2 보경에게 이르시기를 "김병욱이 국가의 중진에 있으니 동요된 민심을 잘 진압하여 그 직책을 다하여야 할지라. 그 방책을 어떻게 정하였는지 물어 오라." 하시니라.

3 보경이 병욱을 찾아 명하신 바를 전하니 병욱이 와 뵙고 말씀드리기를 "무능한 저로서는 물 끓듯 하는 민요(民擾)를 진압할 수 없으니 오직 선생님의 힘만 믿습니다." 하거늘

4 상제님께서 "내가 가늠하여 진압하리라." 하시고 즉시 신명들에게 명하시어 이 날 저녁부터 비와 눈을 크게 내리시며 기후를 혹독히 춥게 만드시니

5 방한설비 없이 노상에 모인 일진회 회원 수천 명이 해산하여 집으로 돌아가니라.

6 이렇게 사흘 동안을 계속하여 비와 눈을 내리시니 사람들이 다시 모이지 못하게 되매 난이 저절로 평정되니라.

어사 박제빈 면직 공사

113 11월에 원평에 계실 때 어사(御史) 박제빈(朴齊斌)이 정읍, 부안, 태인, 김제 등 전라북도 몇몇 고을 군수를 파면하고 장차 전주에 출두하려 하니 군수 권직상(權直相)의 지위도 위태롭게 된지라

2 김병욱은 전주 육군 장교로서 권직상과 친분이 있을 뿐 아니라 그

화와의 사이에서 3남 4녀를 낳았다.

112:1 큰 소동. 일진회는 전주에 사무소를 설치하고 남원 등 각 군으로 세력을 확장하려 하였으나 관청에서 모임을 강제로 해산시키려 하자 소요가 일어났다. 이 때 차경석이 전북 일진회 임시총대를 맡았다(일본 영사관의 기록 참조). 후일 도문에 들어온 동학 신도들은 모두 이 때 참여한 일진회원이었다.

112:2 중진. 당시 진압을 담당한 인물은 김병욱이 아니라 그의 상관인 전주 진위대 대장 백남신이다. 3절의 내용은 정황상 백남신의 말로 추정되나 구체적인 기록은 없다.

112:6 저절로 평

정되니라. 일본 영사관 자료에 의하면 11월 25일에 불과 219명만 남기고 모두 해산하였다.

113:1 박제빈(朴齊斌, 1858~1921). 조선 말기의 친일 관료. 서울 출신으로 갑진(1904)년 8월(양력) 전라북도 순찰사가 되었으나 그 해 12월 27일 어명으로 파면된다.

114장 "시애비가 나를 첩으로 얻은 줄 알어. 나를 제칠라고 심사를 부려싸코.", "(선생님이) '그런 암기는 들었고만.' 그러면서 참원이(찬문이) 각시를 미워했어."(김호연 성도 증언)

114:4 바늘을 열십자로 찔러. 일종의 방자 행위. 방자란 남이 재앙을 받도록 귀신에게 빌거나 방술을 쓰는 것을 말한다.

가 파면되면 자기도 또한 낭패될 일이 많으므로 그 일이 걱정되어 상제님께 대책을 여쭈거늘

3 말씀하시기를 "그 일은 무사하도록 끌러 주리니 근심치 말라.

4 조선이 오래도록 여러 악폐를 쌓았거니와 이제 운마저 다하여 망할 순간이 눈앞에 닥쳤거늘 한갓 민폐만을 더하고 있구나." 하시고 즉시 신명에게 명을 내리시니라.

5 그 뒤에 박 어사가 권직상을 파면하려고 전주에 들어오자 때마침 박 어사를 소환한다는 훈령(訓令)이 전라북도 관찰사에게 이르니라.

6 이에 병욱이 상제님께 와서 크게 감사를 드리니 말씀하시기를 "내가 신명에게 명하는데 어느 신명이 감히 나의 명을 어기리오." 하시니라.

미움 받은 호연이

114 상제님께서 호연을 형렬의 배필로 정해 주신 뒤로 형렬의 큰며느리가 '늙어빠진 시아버지가 어린 첩을 얻었다.' 며 호연을 더욱 미워하고 시기하거늘

2 상제님께서 형렬의 집에 호연을 두고 출타하실 때면 큰며느리가 호연을 굶기기도 하고 심사를 부리는 일이 많더라.

3 갑진년 섣달에 상제님께서 왕골로 호연의 신을 삼아 오색물을 들여 주셨는데

4 큰며느리가 그 신을 몰래 가져다가 호연의 이름을 쓰고 바늘을 열십자로 찔러서 시궁창에 버리거늘

5 상제님께서 이를 아시고 한 성도에게 "저기 정자나무 밑 또랑에 가서 신을 빼 오너라." 하시니

6 그 성도가 의아해하며 "거기에 무슨 신이 있어서 빼 와요?" 하고 여쭈는지라

7 상제님께서 "호연의 신이 거기에 있으니 어서 빼 오너라." 하고 명하시니라.

한바탕 소동이 일어나니라

8 그 성도가 상제님께서 이르신 곳에 가서 호연의 신을 찾아오니

9 호연이 울먹이며 "내가 부모가 없어, 우리 집에 먹고살 것이 없어? 어째 날 데려다 놓고 이 모양으로 해요?" 하며 상제님께 따져 묻거늘

10 형렬이 이를 보고 크게 노하여 절굿공이를 들고 닥치는 대로 살림살이를 때려 부수고 장독까지 모두 깨니 한바탕 소동이 일어나니라.

천기를 풀어 주심

115 상제님께서 성도들을 데리고 모악산 용안대(龍眼臺)에 가시어 여러 날 머무르실 때

2 마침 눈이 크게 내려 길이 끊어지매 양식이 두 끼 지을 것밖에 없는지라 성도들이 서로 걱정하거늘

3 상제님께서 들으시고 "그 남은 양식으로 식혜를 지으라." 하시니라.

4 성도들이 남은 양식을 털어 식혜를 지으면 아예 굶게 될 것이라 걱정하며 식혜를 지어 올리니

5 상제님께서 이를 성도들과 나누어 잡수시매 곧 눈이 그치고 날씨가 화창해져서 한 길이나 쌓인 눈이 금시에 다 녹고 도로가 통하게 되거늘 곧 돌아오시니라.

115:1 용안대. 모악산 심원암의 옆쪽 눌연 계곡 중턱에 있다.

을사(乙巳 : 道紀 35, 1905)년

신원일의 입문

116 을사(乙巳 : 道紀 35, 1905)년 정월 그믐날 상제님께서 형렬과 더불어 부안 변산(邊山)에 가시어 공사를 보시고

2 인근 상동면 신기리(上東面 新基里) 이환구(李桓九)의 집으로 가시는데 갑자기 비가 오는지라

3 상제님께서 지필(紙筆)을 꺼내어 글을 써서 던지시니 빗줄기가 길 양쪽으로 갈라져 내리거늘 비를 맞지 않고 마른 행장으로 당도하시니라.

4 상제님께서 환구의 집에 여러 날 머무르실 때 개 한 마리를 잡고 제수를 마련하여 크게 치성을 지내시거늘

5 이 때 여러 성도들을 마당에다 벌여 앉히고 공부를 시키시는데 상제님께서 앉으신 채 공중으로 떠올라 둥둥 떠다니시니라.

6 공부를 마치고 형렬이 환구의 아내에게 물을 떠오게 하여 성도들이 다 함께 마시니라.

7 이 때 환구가 부안 사람 신원일(辛元一)을 자주 천거하거늘 상제님께서 원일을 부르시매 원일이 와 뵙고 상제님을 집으로 모셔 가니

8 원일의 부친과 아우는 상제님을 믿지 아니하여 오래 머무르심을 싫어하더라.

116:2 신기리. 현재 전북 부안군 동진면 하장리의 성근리(成根里) 마을. 구구지(九狗地) 중 진구지(眞狗地)의 옆이다.

이환구 (1879~1952)

116:2 이환구(李桓九, 1879~1952). 본관 전주. 본명 환구(桓求), 자(字)는 익겸(益謙). 부안군 동진면 하장리에서 태어나 그곳에서 일생을 마쳤다. 김형렬 성도의 누이동생과 혼인하여 3남 4녀를 두었다.

116:7 신원일(辛元一, 1867~1916). 본관 영월(寧越). 족보명 정석(丁錫), 원일(元一)은 자(字). 이름이 후천 가을(辛)개벽에 하나로 통일(元一)된다는 뜻을 담고 있어, 상제님께서 그 기운을 취해 주요 공사에 많이 참여시키셨다.

117장 대개벽기를 맞이한 이 때, 단순한 깨달음을 추구하는 이기적인 수행자들을 경계하기 위해 역사적 교훈을 남기신 것이다.

117:1 이옥포(李玉圃, ?~?). 부안 지역에 살았던 것으로 보이며 석봉(石峰)도인, 옥포진인(玉圃眞人)이라고도 한다.

117:1 영보국 정

천하창생 건지는 공부를 해야지

117 신원일은 본래 이옥포(李玉圃)의 문하생으로 **영보국 정정지법(靈寶局定靜之法)**으로 열심히 수도하던 사람이라.

2 상제님을 따르기 전에 부안 어느 산 굴 속에 들어가 10년을 기약하고 수도를 한 적이 있더니

3 그 즈음 상제님께서 공사를 행하시며 부안 신명을 부르시는데 신명이 대령하지 않는지라

4 상제님께서 "네 이놈! 어찌하여 내가 부르는데도 오지 않느냐!" 하고 호통치시니

5 그제야 그 신명이 와서 사죄하며 아뢰기를 "부안 사람 신원일이 굴에 들어와 공부를 하고 있어 잡신이 범접치 못하게 지키는 중이었습니다." 하니라.

6 이에 상제님께서 노하여 말씀하시기를 "거기서 헛공부하고 앉았으니 그만 나오라 해라! 도통 안 준다고 해라!" 하시거늘

7 부안 신명이 원일에게 가서 '굴에서 나오라.' 는 말씀을 전하니

8 원일이 "내가 굳은 결심으로 '반드시 도통하고 나가리라.' 하고 천지에 서약했거늘 누가 감히 나오라 마라 하느냐!" 하며 거역하는지라

9 부안 신명이 그대로 아뢰니 상제님께서 들으시고 다만 "그러냐." 하시고 "그만 가 보아라." 하시니라.

10 그 후 원일이 칠흑같이 어두운 굴에서 공부하고 있는데, 갑자기 태양 같은 밝은 빛이 쏟아져 들어와 눈이 부셔 정신을 차릴 수가 없더니

11 문득 허공에서 "대장부가 천하창생 건지는 공부를 해야지, 어찌 저 혼자 도통하려 한단 말이냐. 헛공부니라!" 하고 우레 같은 소리가 들리며 천지가 진동하거늘

12 원일이 깜짝 놀라 뒤돌아볼 경황도 없이 밖으로 뛰쳐나오니라.

원일의 소원을 들어주심

118 하루는 원일이 상제님께 청하기를 "가친이 본래 어업을 경영해 왔는데

2 지난해에는 폭풍으로 인하여 큰 손해를 보았으니 금년에는 풍재(風災)를 없게 하시어 고기잡이가 잘되게 해 주시면 가친을 위하여 다행한 일이겠습니다." 하고 여러 날을 지성으로 발원하니라.

3 상제님께서 말씀하시기를 "너의 아비를 위한 정을 물리치지 못하

겠도다.

4 그 일은 어렵지 않으니 많은 이익을 얻은 뒤에 천 냥을 바칠 것을 천지신명들과 약속하면 이를 허락하리라. 장차 쓸데가 있노라.” 하시거늘

5 원일 부자가 기뻐하며 굳게 다짐하매 이 해에 과연 풍재가 없어지고 칠산바다에서 원일 부친의 고기잡이가 가장 잘되어 큰돈을 버니라.

원일 부친의 불의를 응징하심

6 이에 상제님께서 원일의 부친에게 사람을 보내어 “약속한 돈 천 냥을 보내라.” 하시거늘 원일 부친이 전일의 언약을 어기고 보내오지 않는지라

7 상제님께서 원일에게 이르시기를 “이는 대인(大人)을 속임이라. 내 일은 모든 것을 신명과 더불어 작정하는 것이므로 한 가지도 사사로이 못하나니

8 신명의 노여움을 사고서 무슨 일을 계속할 수 있겠느냐. 이 뒤로는 네 아비의 고기잡이가 철폐되리라.” 하시더니

9 과연 그 뒤로는 고기가 한 마리도 잡히지 아니하매 마침내 고기잡이를 폐지하니라.

일진회와 전주 아전의 대란을 끌러 주심

119 2월에 상제님께서 전주 용머리고개 주막에 계실 때 일진회 회원과 전주 아전이 서로 다투어

2 전주 경무서 총순(總巡)을 지낸 정창권(鄭昌權)이 부중(府中) 백성을 모아 사대문을 잠그고, 차경석(車京石) 등이 이끄는 일진회 회원의 입성을 막는 한편 사방으로 통문(通文)을 돌려서 민병(民兵)을 모집하여 일진회를 초멸하려 하거늘

3 한 성도가 아뢰기를 “일진회의 무리들이 일본이 승리한 기세를 타고 동토(東土)를 뒤흔들고 있는데 조정에서도 어찌하지 못하고 수수방관하고 있습니다.

4 지금 일진회원들이 큰 기세로 성을 둘러싸고 성문 열 것을 강요하고 있는데 부중의 아전들이 백성을 모아 막고는 있으나 장차 큰 살상의 참화가 있을 것 같습니다.” 하니라.

5 상제님께서 말씀하시기를 “어렵게 살아난 것이 또 죽겠으니 구원하리라.” 하시고

6 화정리 이경오에게 가서 돈 일흔 냥을 청구하시니 경오가 돈이 없

정지법. 영보국(靈寶局)은 ‘우주의 신령스런 보배가 가득 차 있다.’는 뜻으로 소천지인 인간을 일컫는 별칭이다. 산란한 마음을 한 곳에 집중하여 마음의 공적(空寂)한 본체에 들어가는 것을 ‘정정(定靜)’이라 하는데, 이 경계에 들어서서 생명의 원시반본(原始返本)을 성취하는 수행법이 영보국정정법이다.

117:2 10년을 기약하고. 이 때 신원일은 9년째 수행 중이었다고 전한다.

117:2~12 나승렬 증언.

119:1 서로 다투어. 이 사건은 일진회원 한 사람이 이속(吏屬) 한 명을 일진회 사무소에서 폭행하자, 이속들이 단결하면서 시작되었다. 이 때 정창권은 ‘일진회원 배척 창의회’를 조직하여 대치하였다.

119:3 조정. 이 사건은 을사년 2월 11일에 발생했다. 고종은 2월 17일 관찰사

이승우를 전북선무사(全北宣撫使)로 임명하였다. 〈『일성록(日省錄)』〉

7 다른 곳에서 일곱 냥을 주선해 오시어 말씀하시기를 "이 **일곱 냥**이 능히 **일흔 냥**을 대신하리라." 하시니라.

8 상제님께서 형렬을 데리고 다시 용머리고개 주막에 이르시어 행인을 많이 불러 모아 술을 권하시고 종이에 글을 써서 그 집 문 돌쩌귀와 문고리를 연결하시니

9 이 날 저녁에 일진회와 아전 사이의 협상으로 서로간의 충돌을 간신히 피하여 아전들은 일단 해산하고 일진회원들은 모두 강경으로 물러나거늘 이 날 쓰신 돈은 모두 여섯 냥이더라.

10 상제님께서 형렬에게 이르시기를 "옛사람은 산(算)가지 하나로 십만 대병을 물리쳤다 하거늘 이제 나는 돈 여섯 냥으로 일진회와 아전의 싸움을 끌렀으니 내가 **옛사람만 같지 못하다**." 하시니라.

적신이 범한 돈을 쓰려 하였더니

11 그 후에 상제님께서 이경오에게 이르시기를 "내가 그대에게 돈 일흔 냥이 있음을 알고 청구한 것인데 왜 **그렇게 속였느냐**?" 하시니

12 경오가 정색하여 말하기를 "진짜 없었습니다." 하거늘 이 날 밤 경오의 집에 도적이 들어 돈 일흔 냥을 **빼앗아가니라**.

13 상제님께서 그 소식을 들으시고 말씀하시기를 "그 돈을 적신(賊神)이 범하였기에 내가 사람 살리는 일에나 쓰려고 청구하였더니 경오가 없다고 거절하였다." 하시니라.

일진회의 단속을 풀어 주심

120 그 후 그 주점에 계실 때 연일 순검이 마을에 있는 일진회 회원을 조사하고 밤마다 순찰하며 삼엄한 경계를 펴는데

2 하루는 일진회원 한 사람이 순검에게 쫓겨 상제님이 계시는 주막으로 숨어들거늘

3 상제님께서 이르시기를 "그대들이 이 같은 고난을 당하고도 면할 줄을 모르고 무슨 일을 하겠느냐? 내가 그대들을 위하여 관부의 취조를 없게 하여 주리라." 하시더니

4 과연 이로부터 엄중한 단속이 풀어지니라.

오동팔의 불의

121 이 뒤로 두어 달 동안 손바래기 앞 주막에서 공사를 행하실 때 성도들의 내왕이 빈번하여 주막 주인 **오동팔**(吳東八)이 돈을 많

119:9 강경으로 물러나거늘. 기존 기록들은 이 날 양측이 화해하여 일진회가 전주에 입성한 것으로 되어 있으나, 사실은 한 달 동안 팽팽한 긴장 상태가 계속되었다 한다. 당시 일진회원은 모두 삭발하고 검은 옷을 입었으며 자기 돈을 쓰면서 활동하였다.

119:10 산가지 하나로. 한 고조(漢高祖)가 항우(項羽)와 싸울 때 책사인 장량(張良)이 조정에 앉아서 숫대를 가지고 승리할 것을 수놓아(決勝千里之外) 보았다는 일화가 있다.

이 모으더니

2 그 뒤에 경비가 부족함을 보고 심히 냉대하거늘 성도들이 그 의롭지 못함에 성을 내니

3 상제님께서 일러 말씀하시기를 "어리석은 자가 의리를 알리오. 우리가 만일 그 무의(無義)함을 성내면 그가 반드시 큰 화를 받으리니

4 나의 지나는 길에 덕을 흘리지 못하고 도리어 화를 끼치면 어찌 온당하리오." 하시니라.

천지대신명들이 불의를 응징함

5 그 후 태인 읍내에 이르시어 밤중에 성도들을 데리고 **성황산(城隍山)**에 올라 공사를 행하실 때

6 하늘로부터 수많은 대군(大軍)이 행진하는 소리와 수많은 말들의 방울 소리가 크게 들리니라.

7 상제님께서 오랫동안 신명에게 칙명을 내리신 뒤에 말씀하시기를 "이제 대신명(大神明)들이 모였으니 그 해산 끝에는 참혹한 응징이 있으리라." 하시니

8 이 말씀을 마치시자마자 갑자기 태인 읍내에서 군중의 고함소리가 들리는지라

9 성도들이 상제님을 모시고 산에서 내려와 그 이유를 알아보니 김기년(金基年)의 주막이 군중에게 습격을 받아 세간과 술독이 모두 부서졌다 하더라.

10 원래 기년이 술장사를 하면서 읍내 청년들의 동정을 얻어 많은 돈을 벌었는데

11 그 뒤에 청년들이 궁핍하여지자 이들을 심히 냉대하매 청년들이

121:5 성황산. 전북 정읍시 태인면에 있는 산. 성황신을 모신 성황당이 있었는데 동학란 때 소실되었다. 산 중턱에는 치마바위가 있다.

121:9 김기년(金基年, 1855~?). 본관 김해. 부 중복과 모 임중의 장남. 양자로 재곤(在昆)을 두었다.

태인 성황산. 태인의 주산으로 산 오른쪽에 돌창이고개가 있다.

그 불의함에 화가 나서 행패를 부린 것이라.

12 이튿날 상제님께서 기년의 집에 가시니 기년 부부가 울며 다른 곳으로 거처를 옮기려 하거늘

13 상제님께서 기년의 아내에게 "술을 가져오라." 하시니 대답하기를 "술독이 모두 부서졌는데 무슨 술이 있겠습니까?" 하니라.

14 상제님께서 말씀하시기를 "저 궤 속에 감춰 둔 소주가 있지 않느냐?" 하시니

15 기년의 아내가 감탄하여 말하기를 "어른 앞에서는 조금도 숨길 수가 없습니다." 하고 작은 병에 담긴 소주를 따라 올리니라.

16 이에 상제님께서 기년 부부에게 이르시기를 "본래 이해득실이 모두 제 몸에 있고 위치에 있지 않나니 이 뒤로는 삼가 모든 사람에게 온정을 베풀라. 그러면 앞길이 펴지고 영업이 흥왕하리라." 하시니라.

17 기년 부부가 이 말씀대로 이사를 중지하고 허물을 고쳐 술장사를 계속하니 얼마 안 되어 영업이 다시 번창하니라.

오동팔의 집을 지어 주심

122 한편 태인 성황산 위에서 공사를 보신 날 밤에 느닷없이 우레와 같은 소리가 나며 손바래기 앞 오동팔의 주막집이 저절로 날려 뜰 밖으로 엎어지거늘 사람과 세간은 상한 바 없더라.

2 이에 동팔이 재목을 수습하여 다시 집을 짓는데 거듭 두 번이나 전과 같이 엎어지므로 할 수 없이 공사를 중지하고 임시로 만든 거처에서 지내거늘

3 하루는 어떤 사람이 지나다가 그 광경을 보고 불쌍히 여겨 자진하여 불과 서너 시간 만에 집을 지어 주고는 품삯도 받지 않고 가니라.

4 무릇 그 집을 지으려면 목수 십여 일 품이 드는 일이므로 이웃 사람들은 매우 이상히 여기나

5 성도들은 태인 산 위에서 하신 상제님 말씀을 생각하여 '그 집이 엎어진 것은 신명들이 해산할 때에 응징한 것이요

6 다시 그 신이한 구조를 받은 것은 상제님께서 신장(神將)을 보내어 도와주신 것이라.'고 믿으니라.

악기 공사를 보시며 노래 부르심

123 하루는 호연이 "심심하니 책 좀 봐요." 하거늘 상제님께서 "무슨 책을 볼거나, 무슨 소리를 할거나?" 하시니 "아무것이라

도.” 하는지라

2 상제님께서 박적에 구멍을 뚫고 실을 매어 새끼손가락으로 퉁기시니 ‘똥땅똥땅’ 소리가 나거늘

3 그것을 둘러메고 마당으로 나가 호연을 쳐다보시며 “야아~ 호연아, 내가 이것을 칠 테니 너 노래 하나 해라.” 하시니라.

4 이에 호연이 “무슨 노래요?” 하니 “꽃노래 불러라, 꽃노래!” 하시거늘

5 호연이 다시 “꽃아 꽃아, 그래요?” 하니 “그렇게 하는 것 아니다.” 하시며

6 곡조를 메기시어 다정스레 꽃노래를 가르쳐 주시고, 노들가도 가르쳐 주시니라.

7 또 소를 잡으면 하얀 힘줄을 쳇바퀴에 팽팽하게 둘러매어 ‘땅그랑 땅그랑’ 치기도 하시고 북이며 장구 같은 것도 잘 만드시니라.

신교 음악의 풍물굿 대공사

124 상제님께서는 **풍물굿**을 좋아하시어 굿을 즐겨 구경하시니 호연이 “안 보여.” 하면 어깨에 태우고 보시는데

2 구경하다 흥이 나시면 풍물패에 직접 뛰어들어 장구도 치시고 꽹과리도 치시니라.

3 한번은 술을 동이째로 흠뻑 드시고, 홀로 뱅뱅 도시면서 풍물을 가랑이 사이로 넣었다 뺐다 하며 치시니 그 모습이 가히 일품이더라.

4 상제님께서 한바탕 흥겹게 노시다가 “열두 가지 재주 있는 놈이 빌어 먹는다더라.” 하시며 그만두시니라.

바위를 눌러 물이 나게 하심

125 하루는 상제님의 말을 몰고 따르던 김성연(金成淵)이 중도에서 목이 말라 샘을 찾거늘

2 상제님께서 아시고 말에서 내려 손바닥으로 길가의 바위를 누르시니

3 바위가 움푹 패여 들어가고 그 자리에 맑은 물이 고이므로 성연에게 그 물을 마시게 하시니라.

4 어느 해 오뉴월에 하루는 상제님께서 “네가 용한지 내가 용한지 보자.” 하고 어떤 사람과 내기를 하시어 시렁 밑에 고드름을 얼리시니라.

124:1 풍물굿. ‘풍물’은 원래 신을 부르는 악기라는 뜻으로 쇠, 징, 장구, 북, 소고 등을 말한다. 풍물굿은 춤과 놀이를 통해 맺힌 것을 풀어내고 신명을 내는 신교문화의 제의(祭儀)에서 시작되었으나 이후 마을굿(축원), 걸립굿(유희), 두레굿(결속)의 성격으로 바뀌었다. ‘농악’이란 표현은 일제가 식민지 정책의 일환으로 만들어낸 조어(造語)이다.

125:1 김성연(金成淵, 1870~1955). 본관 의성(義城).

이희재(1920~)

부부 싸움을 말린 물그릇

126 상제님께서 부안 신기리 이환구의 집에 자주 가시는데, 한번은 환구 내외가 사소한 말다툼 끝에 부부 싸움에 이른지라

2 마침 상제님께서 형렬을 데리고 당도하시니 내외간에 불편한 기색이 완연하되 상제님 앞에서 내색을 못 하다가

3 자리를 피하여 다른 방으로 가서 말다툼을 계속하더니 문득 환구의 아내가 생각하기를 '어르신 모셔 놓고 할 일이 아니라.' 하고 민망한 마음에 부엌으로 들어가 버리니라.

4 이에 화가 덜 풀린 환구가 방 안에 있던 물사발을 부엌으로 집어던지니 소리만 요란할 뿐 물 한 방울 쏟아지지 않고 멀쩡하거늘

5 환구 내외가 놀라며 '하느님의 조화가 아니고는 이런 일이 있을 수 없다.' 하고 황송스럽고 창피하여 이내 잘못을 뉘우치니라.

6 환구가 송구스런 마음으로 상제님 계신 방에 가 뵈니 상제님께서 다만 빙긋이 웃으시거늘

7 형렬도 빙긋이 웃으니 이내 환구도 따라 웃으며 아내를 도와 상제님께 정성껏 진지를 지어 올리니라.

8 이후로 환구 내외는 항시 상제님의 감화를 마음에 새겨 얼굴을 붉히는 일이 생기지 않도록 서로 조심하니라.

필성에게 기운을 붙이심

127 안필성은 키가 크고 통뼈라 힘이 천하장사인데도 팔씨름이나 씨름 같은 힘겨루기는 물론 장기나 바둑으로도 상제님을 한 번도 이겨 본 일이 없거늘 마음속에는 늘 불만이 있더라.

2 상제님께서 필성에게 "힘겨루기를 하자." 하시면 필성이 질 것이 뻔하여 피하고자 하나 억지로 팔을 끌어서라도 겨루시거늘

3 필성이 약이 올라 죽을힘을 다해 보아도 도저히 상제님을 이길 수가 없더라.

4 또 필성이 상제님을 모시고 나란히 걸어갈 때면 자신의 키가 훨씬 큼에도 불구하고 항상 올려다봐야 하고 그 그림자를 보아도 상제님의 그림자가 더 크거늘

5 필성이 하도 신기하여 다른 사람에게 물어보면 상제님의 키는 자신의 어깨 어름이라 하더라.

필성이 모시고 길을 갈 때

6 하루는 필성이 상제님과 함께 함열에 사는 채 참봉을 만나러 가는

데, 걸어서 하루 종일 걸리는 거리를 한나절이 채 안 되어 도착한
지라

7 필성이 '어떻게 이리 빨리 왔나?' 하여 온 길을 되새겨보니

8 만경강(萬頃江)을 건너느라 나룻배 탄 것도 기억나는 것으로 보아
본래 함열 가는 길로 온 것이 틀림없으므로 의아히 여기니라.

9 이후로도 상제님께서는 어디를 가시든지 한 식경을 넘기지 않으시
니라.

안필성
(1870~1961)

필성과 함께 술을 드실 때

128 필성이 술을 담가 놓으면 상제님께서 오시어 독째로 잡수시는데

2 안주가 없을 때는 필성이 "도술로 붕어라도 만들어라. 안주 없이
먹을 수 있냐?" 하매

3 상제님께서 "그려. 그럼 안주 해다가 먹자." 하시고 종이에 무어라
써서 마루에 놓으시면 잠시 후에 붕어나 잉어가 놓여 있거늘 회를
쳐서 안주 삼아 드시니라.

4 한번은 상제님께서 원평 주막에서 필성과 술을 드시며 말씀하시기
를 "심심하니 싸움 구경이나 하자." 하시며 물을 튀기시니

5 문득 기골이 장대한 항우장사 두 사람이 이상한 옷을 입고 나타나
'이놈 저놈' 하며 한참을 치고 받고 격렬하게 싸우거늘

6 동네 사람들까지 모여들어 함께 구경을 하는데

7 이윽고 상제님께서 손을 내저으시매 싸움하던 장사가 이내 사라지
니라.

127:8 만경강.
전북 완주군 동
상면 사봉리 남
쪽 계곡에서 발
원. 강의 본래 이
름은 신창진(新
倉津)이며 만경
은 '만 이랑'으
로 넓은 들을 뜻
한다.

상제님의 옷차림

129 상제님께서는 평소에 두루마기를 입지 않으시고 바지와 저고
리만 입으시며

2 머리는 망건도 쓰지 않으신 채 칭칭 감아 솔상투로 하시고 주로 삿
갓을 쓰고 다니시니라.

3 또 "누가 내 발을 해 주냐." 하시며 버선 대신 무명베를 찢어 발감
개를 하시니 자연 대님도 매지 않으시고

4 밖에 나가실 때도 평소 옷차림 그대로 나가셨다가 며칠 만에 들어
오셔도 꼭 그 차림으로 들어오시는데

5 간혹 의관을 정제하실 때는 여느 사람과 같이 두루마기를 입으시
고, 버선을 신고 대님을 매시며 갓망건도 갖추어 쓰시니라.

6 하루는 성도들이 대님을 매지 않으시는 연고를 여쭈니 "대님 매고 앉아서 언제 억조창생 살리는 천지공사를 보겠느냐!" 하며 나무라시고

7 때로 누가 버선을 지어다 올리면 "너나 신어라." 하며 돌려보내시니라.

출행하실 때

8 상제님께서 어디로 출행하실 때는 주로 갑칠이 모시는데

9 어디를 가시든지 허리에 짚신 한 켤레를 차시고 삿갓 하나는 꼭 챙겨 떠나시니라.

10 또 밖에 나가실 때 담배를 가지고 다니지 않으시며 나가셔서는 좀처럼 담배를 피우지 아니하시니라.

자네 어떻게 하려는가

130 형렬이 자신의 셋째 딸을 수부로 내세워 상제님을 시봉케 한 뒤에

2 어느 날 상제님께서 형렬을 불러 물으시기를 "자네 어떻게 하려는가?" 하시매

3 형렬이 아뢰기를 "수부는 저희 딸로 들여세우겠사오니 염려 마시고 하루 속히 천하사나 추진하사이다." 하니라.

4 이에 상제님께서 태연히 "그럼 머리를 올리게 하소." 하시거늘

5 형렬이 "그 일이 어렵습니까. 지금 저의 처지가 옹색하오니 조금 형편이 나아지면 하시지요." 하고 대답하니라.

130:5 형편이 나아지면. 김형렬 성도는 다른 사람의 이목과 체면 때문에 끝내 명을 따르지 않았다.

김형렬 며느리의 불평과 쌀 걱정

131 상제님께서 형렬의 집에 자주 머무르시며 공사를 행하시니 성도들의 음식 비용만도 적지 않은지라

2 하루는 형렬이 상제님의 명을 받고 집에 들어가 며느리에게 "점심을 지으라." 이르니

3 며느리가 속으로 생각하기를 '시아버지가 요술쟁이에게 미쳐 자식들을 고생시키고 집안을 망친다.' 하여 "쌀이 어디에 있어서 밥을 해 먹습니까?" 하거늘

4 형렬이 상제님께 그대로 아뢰니 말씀하시기를 "부엌 숯무더기 앞에 있는 단지 속에 쌀이 두어 말 있으니, 가서 절굿대로 깬다고 하여라." 하시니라.

131:3 '논 다 바치고 재산도 다 없어지고. 우선 오는 손님 먹여야지. 그렇게 빚이 자꾸 더 져. 그렇게 태운장도 하는 말이 '내 속

5 이에 형렬이 부엌에 가서 보니 과연 말씀하신 대로 쌀이 단지에 가득한지라

6 형렬이 절굿공이를 들고 "이놈의 쌀독을 깨 버린다." 하니 며느리가 시아버지의 손목을 잡고 말리며 독에 든 쌀을 전부 쏟아 밥을 지어 올리거늘 사람이 워낙 많아 그래도 밥이 모자라더라.

7 상제님께서 진지를 드시며 자꾸 웃으시니 형렬이 그 이유를 여쭈거늘

8 말씀하시기를 "요놈을 먹고 저녁에 다시 오면 또 없다고 이맛살을 내 천(川) 자로 쓸 테니 그 꼴을 또 어떻게 본다더냐?" 하시니라.

9 이에 형렬이 아뢰기를 "그러면 쌀 좀 들어오게 하십시오." 하니 상제님께서 "오늘 저녁에 보광(普光) 너머에서 쌀이 들어오리라." 하시거늘 저녁때 과연 쌀 한 짝이 들어오더라.

10 이 뒤로도 상제님께서 "내일은 쌀 몇 가마니가 들어온다." 하시면 말씀하신 대로 쌀이 들어오니 그 쌀로 성도들의 밥을 짓는데

11 하루에 쌀이 한 섬도 없어지고 한 가마니도 없어지며, 제를 지내는 날에는 몇 가마니씩 소비되기도 하거늘

12 밥을 워낙 많이 지을 때는 이웃집에 쌀을 주어 함께 짓기도 하니라.

구릿골 앞 도랑에서 세수하심

132 상제님께서는 친히 구릿골 냇가에 나가시어 세수를 하시고, 섭다리골에 가 몸을 씻으시니 가끔 호연이가 등을 씻어 드리니라.

2 또 각지를 다니며 공사 보실 때는 논물에 얼굴과 발을 씻으시고 호연이도 씻겨 주시는데

3 호연이 자고 있으면 손수건을 빨아서 닦아 주시니라.

상제님 옷 빨아서 드리면

4 상제님께서 때로는 옷을 한번 입으시면 옷이 시커멓게 되도록 오래 입으시니

5 성도들이 뒤를 따라다니며 '갈아입으시라.' 고 여러 번 말씀드려도 벗지 않으시니라.

6 하루는 한 성도가 여쭈기를 "어찌 옷을 안 갈아입으십니까?" 하거늘

7 말씀하시기를 "왜 남을 괴롭게 하느냐? 내가 빨아 입으련다." 하시니라.

8 이에 호연이 "아이구, 남자가 빨아 봐야 내나 더러워요." 하며 거드니

9 상제님께서 마지못해 벗으시며 "남자가 여편네보다 나아야." 하시

의 포한을 누가 알랴냐.' 고 그랬어. 헝게 선생님이 '내가 알지 누가 알아야. 네 재산 없어지는 것도 내가 알고, 너 속타는 것도 내가 알고. 느이(네) 자식이 너 미워서 쌀을 두고도 밥을 안 한다.'"(김호연 성도 증언)

131:9 보광. 보광재. 전북 완주군 구이면 평촌리(坪村里)에서 전주시로 넘어가는 고개.

132:1 구릿골 냇가. "그 때는 다리도 없어. 독(돌)으로 놓았어, 노두를. 노두 놓을 줄 모르고, 저 가마니에다 섬을 엮어서 거기다 자갈 넣어서 놓았어." (김호연 성도 증언)

132:1 "지금처럼 목욕탕이 있어 한번 했으면 어찌나 좋을까? 아이구 시상에 (중략) 목욕을 그렇게 선생님은 냇가에서만 했으니. 집이라도 내

집이었으면 큰 소래(욕조) 같은 데다 물을 떠서 하는디 (중략) 어디 가시다가 어느 산이나 냇가에 가서 씻으시지. 나는 이런 좋은 꼴을 보는디 선생님께서는 …."(김호연 성도 증언)

132:10 송은주. 김호연 성도의 증언에 의하면, 전주에서 바느질을 하며 살았는데 최 참봉, 김택룡의 집에 자주 드나들다 상제님을 뵌 후 바느질과 빨래 수발을 들며 어린 호연을 돌보았다. 후에 김호연 성도와 김형렬 성도가 결혼하여 전주 새청금머리에 집을 마련하면서 김호연 성도가 살던 흑석골 오두막에 들어가 살았다고 한다.

133:5 게렁지를 뜨거늘. '바늘로 문신을 뜨고 결의형제를 하는 일'을 뜻하는 전라도 방언. 답사 당시까지도 김호연 성도 왼팔에 그 자국이 남아 있었다.

니라.

10 평소에 상제님과 형렬, 호연의 옷은 송은주가 빨아 드리거늘 옷을 깨끗이 빨아서 방망이를 사용하지 않고 밟아서 다듬기만 하여도 옷이 항상 미끈하고 말쑥하더라.

11 평상시에는 은주가 새 옷을 지어 가져온 것을 성도들이 방 한구석에 놓아 두면 상제님께서 갈아입으시는데

12 하루는 새 옷을 가져다 올리니 '바지를 입히라.'는 듯 다리를 쭉 펴고 앉아 계시거늘

13 두 사람이 양쪽에서 상제님의 다리를 각기 한 쪽씩 끼워 드리고 일으켜 세우니 상제님께서 "야, 이놈들아. 아프다." 하시는지라

14 성도들이 웃으니 "이놈들아, 웃기는 왜 웃느냐? 내 고추를 보고 웃는가 보구나! 너희들은 안 달렸냐?" 하시며 함께 웃으시니라.

은주를 잘 따른 호연

133 은주가 구릿골에 들어온 이후로 호연을 "애기씨, 애기씨!" 하고 부르며 잘 보살피니 호연도 은주를 잘 따르니라.

2 하루는 호연이 "언니, 언니!" 하고 달려가 은주에게 업히니 상제님께서 "언니가 뭣이여?" 하시거늘

3 호연이 "아, 큰게 그러지. 나는 쪼그맣고." 하니 말씀하시기를 "인제 네가 그 사람보다 위여." 하시니라.

네가 이렇게 높은 사람이여

4 또 호연이 자라매 서로 말벗을 하며 친구처럼 지내는데

5 하루는 은주와 호연이 '변치 말자.'며 실에 먹을 묻혀 서로의 팔뚝에 게렁지를 뜨거늘

6 상제님께서 "아예 성(兄)을 내려고?" 하시니 호연이 "성을 내면 어쩌? 나는 어리고…." 하는지라

7 상제님께서 "인제 네가 그 사람보다 요렇게 솟아. 이렇게 높은 사람이여." 하시거늘

8 호연이 "어떻게 알아? 나도 저렇게 큰단 말이여?" 하니 "저 사람은 요만해도 너는 이제 이려. 이렇게 돼야." 하시니라.

9 이에 호연이 놀라며 "내가 그렇게 넓어?" 하니 상제님께서 "아이고, 이게 그려. 이것 데리고 말 안 혀." 하고 더 이상 대꾸하지 않으시니라.

신원일 부친의 빚을 탕감해 주심

134 원일의 부친이 서울 사람에게 수만 냥 빚을 얻어 고기잡이를 하다가 실패하매

2 채권자가 내려와 원일의 집에 머무르며 성화같이 빚 독촉을 하는지라

3 마침 상제님께서 원일의 집에 이르시어 그 딱한 형편을 보시고 가엾게 여기시며

4 채권자에게 이르시기를 "오늘 비가 오고 아니 올 것으로써 채무 탕감 내기를 함이 어떠하냐?" 하시니라.

5 이에 채권자가 동의하니 말씀하시기를 "그대가 비가 오리라 하면 나는 아니 온다 할 것이요, 그대가 아니 오리라 하면 나는 온다 하리니 잘 생각하여 말하라." 하시니

6 채권자는 구름 한 점 없는 좋은 일기를 보고 "비가 오지 않겠습니다." 하거늘

7 상제님께서 "반드시 비가 오리라." 하시고 곧 비를 크게 내리게 하시니 채권자가 할 수 없이 그 빚을 탕감하여 주니라.

8 이 뒤에 부안으로부터 고부 선돌리 **박창국(朴昌國)**의 집에 가시어 머무르시니 이 때 누이의 수종다릿병을 대속하시어 며칠 동안 고통을 겪으시니라.

김광찬 · 소진섭 · 김성화의 입문

135 8월 2일에 김형렬이 선돌리에 와서 상제님을 뵈니 수종다릿병이 다소 회복되신지라

2 이에 상제님을 모시고 하루 이삼십 리씩 걸어서 함열 회선동 김보경의 집으로 가니라.

3 상제님께서 보경의 집에 여러 날 머무르실 때 함열 사람 **김광찬(金光贊)**이 보경의 인도로 상제님을 따르니라.

4 광찬이 상제님을 처음 찾아뵐 때 호박풍잠(琥珀風簪)에 큰 갓을 쓰고 풍채 좋게 도포를 차려입고는

5 종을 앞세워 말을 타고 와서 인사를 하는데 그 품새가 거만하기 그지없거늘

6 상제님께서 아무 말씀 없이 담뱃대를 무신 채 거들떠보지 않으시니라.

7 이에 광찬이 방약무인(傍若無人)으로 거드름을 피우며 맞담배를 피

134:8 고부 선돌리. 현재 정읍시 고부면 입석리. 마을 입구에 선돌(立石) 당산이 있다.

134:8 박창국(朴昌國, ?~?). 본관 밀양(密陽). 자(字)는 영진(永鎭), 창국은 족보명. 상제님의 누이동생과 혼인하였다. 5편 105장 참조.

134:8 수종다릿병. 다리가 퉁퉁 붓는 병.

135:2 이삼십 리씩 걸어서. 수종다릿병이 다 낫지 않아 다리를 자유롭게 움직이

135:3 김광찬(金光贊, 1869~1917). 본관 김해. 본명은 준남(俊湳). 현재의 남원시 남원면 하정리에서 출생하였으며 16세에 익산시 함라면 먼 친척 집안에 양자로 들어갔다. 기억력이 비상했으나 성격이 거칠어 남과 싸우기를 잘하였다. 아전, 참봉을 거쳐 황등면장을 지냈으나 상제님 어천 후 정읍으로 가서 교단 일을 맡아 하였다.

135:4 풍잠. 갓 모자가 넘어가지 않도록 망건당 앞쪽에 꾸미는 반달 모양의 장식.

135:4~12 나승렬 증언.

나승렬(1923~)

135:13 임피 군둔리. 군산시 나포면 장상리(將相里) 군둔 마을.

지 못하셨다.

우고 제 자랑을 하매

8 상제님께서 담뱃대로 광찬의 인중(人中) 주위를 한 바퀴 두르시고 다시 담뱃대를 무시니

9 이내 방 안으로 시커먼 구름이 몰려들어 갑자기 뇌성벽력이 일면서 광찬의 앞으로 번갯불이 번쩍번쩍 들이치거늘

10 광찬이 소스라치게 놀라 마당으로 도망하는데 먹구름이 광찬을 따라다니며 번갯불을 쳐대니라.

11 이에 광찬이 두려움에 떨며 무릎을 꿇고 상제님의 다리를 덥석 끌어안은 채 "죽을죄를 졌으니 살려 주십시오." 하며 울부짖거늘

12 상제님께서 "죄가 없는데 무엇이 두려운고?" 하시며 한참 동안 혼쭐을 내신 뒤에야 번개를 거두시니라.

13 이후로 소진섭(蘇鎭燮)과 임피 군둔리(臨陂 軍屯里) 김성화(金聖化)가 차례로 따르니라.

14 이 때 형렬은 집으로 돌아가고 상제님께서는 한동안 함열과 임피 사이를 왕래하시며 공사를 행하시니라.

김성화의 집에 머무르실 때

136 8월에 임피 군둔리 김성화의 집에 머무르실 때 소나기가 내리는 어느 날 명주 두루마기를 가져오라 하시어 입으시고

2 "동네를 둘러보자." 하시며 집을 나서시니 김성화가 수행하니라.

3 상제님께서 마을 가운데에 있는 감나무를 지나실 때 갑자기 천둥번개가 요란하게 내리치거늘

4 마을 사람들이 모두 놀라 쳐다보니 상제님의 두루마기 옷고름이 팔랑거리는 것이 옷이 전혀 비에 젖지 않은지라

5 동네 사람들이 그 후로 상제님을 더욱 경외하여 '신인' 이라 칭하며 따르니라.

불평 품은 성화의 아내

6 하루는 성화의 아내가 진지를 지어 올리매 상제님께서 쳐다보지도 않으시고 상을 물리시거늘

7 성화가 당황하여 그 연유를 여쭈니 "그 음식에는 네 안식구의 불평 줄이 담겨 있느니라." 하시는지라

8 성화가 깜짝 놀라 부엌으로 달려가 아내를 추궁하니 상제님께서 여러 날 머무르심에 불평을 품고 있었더라.

9 말씀을 전해 들은 성화의 아내가 놀라 달려와 백배사죄하고 다시

정성껏 진지를 지어 올리니 그제야 상제님께서 맛있게 잡수시니라.

앉은뱅이를 일으켜 세우심

137 상제님께서 군둔리에 머무르실 때 하루는 인근 마을에 사는 앉은뱅이 총각이 어떤 사람의 등에 업혀 와 고쳐 주시기를 애원하거늘

2 그는 어려서 앉은뱅이가 되어 다리가 굳어 꼼짝 못 하는 신세로 장가도 들지 못한 사람이라

3 김성화의 집에 신인이 와 계신다는 소문을 듣고 찾아온 것이더라.

4 상제님께서 병자를 마당에 앉히시고 허공을 향해 입술만 움직이시며 염송(念誦)을 하시니 굳은 다리가 금세 펴지는지라

5 총각이 크게 기뻐하며 자리에서 벌떡 일어나 사례하고 돌아가니라.

부자는 악척이 많나니

138 하루는 한 성도가 여쭈기를 "조금 전에 거부(巨富) 세 사람이 선생님 모시기를 원하여 찾아왔는데

2 그들이 오기 전에 형개(荊芥)를 묶어 놓으시고 도착한 뒤에는 글을 쓰시며

3 뵙기를 청하매 큰 소리로 꾸짖으시고, 도문에 들어오고자 원하니 목록을 보이시며 '그 목록에 적힌 대로 헌성하라.' 하시어

4 '그 물목에 적힌 액수가 세 사람의 재산을 모두 다 바쳐도 모자란다.' 하여 스스로 포기하고 돌아가게 하심은 무슨 까닭입니까?" 하니

5 상제님께서 말씀하시기를 "형개를 묶은 것은 형가(荊軻)를 묶은 것이요 물목(物目)을 보인 것은 스스로 물러가게 함이니라.

6 무릇 부자들은 척(隻)이 많으니 그들을 다 구해 주려 하다가는 어느 겨를에 천지공사를 행하겠느냐.

7 부잣집 마루와 방과 곳간에는 살기와 재앙이 가득히 채워져 있느니라.

8 이놈들아, 부자 좋아하지들 말아라! 붓대 하나 까딱하면 다 죽는다." 하시니라.

상제님께서 조상 제사를 지내실 때

139 설날이나 추석 때가 되면 상제님께서 "자기 조상신이 남의 집에는 안 들어오느니라." 하시고 형렬의 집 마루에서 차례를 지내

말이 서 있는 모양의 입마산(立馬山)을 비롯해 사방의 지형이 군대가 막을 치고 있는 형국이며 장군대좌혈(將軍對坐穴)이 있다. 김해 김씨 집성촌이다.

135:13 김성화(金聖化, 1858~1931). 본관 김해. 부인 전주 이씨와의 사이에 3남을 두었다. 키는 165cm 정도이며 호리호리하고 강직하게 생겼다고 한다. 한학을 하였고 한의학에도 조예가 있었다.

136장 김성화 성도의 손자 김영곤(1924~)과 그의 사종(四從) 아우 김옥곤(1929~) 증언. 이들은 군둔리에서 평생을 살면서 동네의 친인척들로부터 상제님 재세시의 이적을 자주 들었다고 한다.

김영곤(1924~)

138:2 형개. 약초의 일종. 두통을 다스리고 피를 깨끗하게 하는, 산후 약재의 하나.

138:5 형가(荊軻,
? ~서기전 227). 중국 전국시대의 협객. 위나라 사람으로 연나라 태자 단(丹)의 부탁을 받고 진시황을 암살하려 했으나 실패하여 죽음을 당했다.

139:1 차례를 지내시니라. 우주의 절대자께서 당신의 조상에게 차례를 지내신 것은 한민족의 제사문화 전통의 위대한 가치를 대각하게 한다. 상제님은 당신이 장손이시기 때문에 정월 차례와 8월 보름(중추절)에는 차례상을 차리고 조상님께 몸소 절을 하셨다.

140:1 나누어 주기를 좋아하니. "내가 넘 주기를 잘 했어. 시방도 내가 없는 사람 있으면 벗어 주고 싶어."(김호연 성도 증언)

140:4 장군. 물, 술, 간장 따위를 담아서 옮길 때에 쓰는 큰 오지그릇.

시니라.

2 공사를 보시며 제를 지내실 때는 대개 제물로 소머리, 개머리, 돼지머리, 술, 청수를 쓰시는데

3 명절 때는 과일이며 음식을 다 차려 놓고 여느 사람 차례 지내듯 하시니라.

4 또 정월 초사흗날이며, 칠월 칠석이며, 섣달 그믐 같은 날에는 마당에서 천지제(天地祭)를 지내시니

5 그 때는 으레 "소를 잡으라." 하시는데 그러면 성도들에게 돈이 없다가도 뜻밖에 어디서 생기므로 그 돈으로 소를 잡아서 올리곤 하니라.

남에게 나눠 주기 좋아하는 호연

140 호연은 평소 성도들이 가져온 음식이 있으면 가난하고 배고픈 사람들에게 나누어 주기를 좋아하니

2 상제님께서 호연의 그런 품성을 매양 칭찬하시니라.

3 하루는 형렬의 집에서 소 한 마리를 잡으니 어린 호연이 나서서 김씨 일가는 물론 동네의 굶주린 사람들에게까지 골고루 나누어 주거늘

4 상제님께서 이를 흐뭇하게 바라보시며 말씀하시기를 "너는 귓문이 좋아서, 장군에다 곡식을 넣어 아래위로 가는 사람 퍼 주라는 팔자다. 한번 타고나면 어쩔 수가 없구나!" 하시니라.

5 하루는 호연이 상제님과 함께 흑석골 집에 갔다가 광에 있는 쌀가마니에 칼로 구멍을 내어 앞자락에 쌀을 담아다가 불쌍한 사람에게 나누어 주거늘

6 호연의 어머니가 가뜩이나 없는 살림에 남 준 것이 속상하여 호연을 때리며 "너는 어째 그렇게 남 주기를 좋아하냐?" 하고 나무라니

7 상제님께서 못마땅하신 표정으로 "어린것은 정 있어서 다 같이 먹으려고 주었는데 그것을 때리느냐?" 하고 호통치시며 호연을 들쳐업고 나오시니라.

없는 집 제삿밥이 맛나구나

141 하루는 호연이 "아무개가 제사 지낸다고 그러는데 어쩔까요?" 하고 여쭈니

2 상제님께서 "네 맘에 드는 대로 다 갖다 주어라." 하고 흔쾌히 승낙하시거늘

3 호연이 명태와 굴비 등을 골고루 가져다 주니라.

4 밤이 깊어 상제님께서 호연에게 "야아, 호연아! 너 준 것 있지, 잉? 가서 제삿밥 좀 가지고 오니라." 하시거늘

5 호연이 가기 싫어 미적거리는데 어느 결에 상이 저절로 들어와 있는지라

6 잘 차려진 상을 보며 "세상에! 그 집 먹을 것도 없이 다 가지고 왔으면 어쩐대?" 하니

7 상제님께서 말씀하시기를 "우리 먹응게 좋지! 야, 지지고 볶고 없는 집 제삿밥이 맛나다, 잉?

8 그러니 잘 지낸 제삿밥은 싱거운 법이니라." 하시며 김치며 나물 등을 한데에 다 부으시고 "비벼서 먹어라." 하시매 모두들 비벼서 맛있게 먹으니라.

9 또 때로는 제사를 지낸 집에서 직접 제삿상을 가져와 함께 드시는데

10 하루는 형렬이 혼잣말로 이르기를 "저런 재주 절반만 가졌어도 걱정이 없겠다." 하며 입맛을 다시더라.

어린 호연에게 열매를 따다 주심

142 상제님께서 호연을 데리고 산에 가시면 "이것이 아그배다.", "이것이 다래다." 하시며 열매들을 일러 주시고

2 밖에 다녀오실 때는 종종 대추며 감이며 아그배 등 별의별 것을 다 가져오시어 호연에게 주시니라.

3 한번은 산에 가시어 다래를 덜 익은 것, 익은 것 가리지 않고 훑어서 저고리 소매를 묶어 그 안에 넣어 오시거늘

4 호연이 "그거 뭐하려고 그래요?" 하니 "아, 시나브로 익어 몰랑몰랑하면 너 먹으라고." 하시는지라

5 호연이 "나 이가 이렇게 있는데 이 없을까 봐?" 하니 말씀하시기를 "너나 되니까 내가 생각해 주지." 하시니라.

6 또 한번은 맹감 익은 것을 싹싹 비벼서 가져오시어 "이건 시고도 떫어. 빨가니 앵두같이 좋아서, 너 같아서 내가 가지고 왔어." 하시니

7 호연이 "참, 별것을 다 가지고 왔네." 하거늘 상제님께서 "아이구, 우습다! 이런 것 다 따먹고 다니니 좋다, 잉?" 하고 웃으시니라.

8 상제님께서 말씀하시기를 "호연아, 이게 내 선배다." 하시니 호연이 "아, 더 알면 아는 것 조금 가르쳐 주세요." 하거늘

9 상제님께서 그저 빙긋이 웃고 마시니라.

140장 "군산 이 모가 조기를 짝으로 가져와도 여기저기 다 주고 나면 우리 먹을 건 하나도 안 남어. 외삼촌이 오죽하면 동네 까마귀도 불러서 먹일 것이라고 했당게. 동네 장사꾼이란 장사꾼은 우리집에서 다 재우고, 엄마는 윗목에서 쭈그리고 앉아 있어. 우리 어머니라는 양반은 넘 배고픈 꼴도 못 보고, 옷 없는 꼴도 못 보고. 당신이 굶어도 넘이 배고프면 그 사람 밥 주고 앉아 계신 양반이여. 넘이 옷이 없으면 엄마 옷을 다 뜯어서 그 사람 옷을 해 입히는 양반이고. 우리 어머니는 그렇게 사셨어요."(김호연 성도의 막내딸 옥순 씨 증언)

142:2 "자두도 잘 따다 주고, 추자, 은행, 잣 그렇게 잘 따다 주고."(김호연 성도 증언)

매실을 따 오심

10 하루는 상제님께서 산에 가셨다가 매실 세 개를 따 오시어 물에 씻으시며 "요놈 두었다 익으면 호연이 너 줄게." 하시니 호연이 "시어서 안 먹어." 하거늘

11 상제님께서 "너 신 것이 무엇인 줄 알어?" 하시매 "초가 시지 뭐." 하니라.

12 이에 상제님께서 "이게 골이여, 골!" 하시고 "신 것은 무엇이고, 떫은 것은 무엇이다." 하시며 맛의 이치에 대해 조목조목 알려 주시니라.

13 상제님께서는 신 것을 좋아하시어 평소 석류나 매실, 모과 등을 잘 드시니라.

142:12 이게 골이여. 신맛은 수렴 작용이 강하여 몸 안의 진액을 만들고 정수(精髓)를 형성하는 데 도움이 된다. 매실 외에도 몸의 수렴 작용을 정순하게 하는 것으로는 모과, 산수유 등이 있다.

내가 저것이라야 말벗이라도 한다

143 상제님께서는 나이 어린 호연에게 항상 임의롭게 대하시니라.

2 하루는 호연이 빨간 바리때에 밥을 비벼서 "아이고, 맛나라. 이것 잡숴 볼래요?" 하니

3 "네가 비볐으니 한번 먹어 볼까? 한 술 떠 넣어라." 하시거늘

4 호연이 "손 뒀다 뭐 하려고 떠 넣으래?" 하는지라 "저 녀석, 내가 저것이라야 말벗이나 한다니까." 하며 웃으시니라.

5 상제님께서는 좀처럼 웃지 않으시나 형렬, 호연과 함께 계실 때는 항상 정겹게 말씀을 나누시며 스스럼없이 잘 웃으시니라.

6 그러나 성도들 앞에서는 웃으실 때도 수건으로 입을 가리시니

7 성도들이 서로 이르기를 "조그만 아이를 데리고는 저렇게 재밌게 말씀하시며 웃음으로 날을 보내시는데

8 우리들하고는 아무 말씀도 안 하시고 왜 호랑이가 되시냐?" 하며 불평을 하니라.

호연이 함부로 말하는 것을 경계하심

9 상제님께서 형렬과 호연을 자주 데리고 다니며 공사를 행하시니

10 구릿골에 돌아오면 성도들이 살며시 호연을 불러내어 "선생님께서 나가서 뭐라 하시더냐? 어찌하셨냐?" 하고 자꾸 물어대거늘

11 호연이 밖에 나가려 하면 "나가지 말고 여기 앉아 있거라." 하시며 도로 앉히시니라.

성도들을 공부시키실 때

144 상제님께서 공부를 시키실 때면 항상 성도들을 둘러앉혀 몸을 움직이지 못하게 하시며 "잡념을 떼고 정심(正心)하라." 하시고 밤이면 닭이 운 뒤에 자게 하시니라.

2 또 이따금 성도들을 태좌법(胎坐法)으로 늘어앉히시고 "조금도 움직이지 말라." 하고 명하시며

3 만일 움직이는 자가 있으면 비록 벽을 향하여 누워 주무실 때에도 갑자기 꾸짖으시니

4 그 밝으심이 자고 깨심과 보고 안 보심과 멀고 가까움이 없으시니라.

성도들이 모여 있을 때

5 겨울에는 번번이 문을 열어 놓고 마루에 앉아 계시되 방 안에 있는 사람은 추위를 느끼지 않는데

6 혹 춥다고 말하는 자가 있으면 즉시 따뜻해지고

7 여름에는 모기가 머리 위에서만 소리를 내고 물지 않으며

8 상제님께서 빈대 있는 방에서 하룻저녁만 주무시면 빈대가 없어지고 혹 덥다고 말하는 자가 있으면 즉시 서늘한 기운이 도니라.

9 또 길 가실 때에 덥다고 말하는 자가 있으면 상제님께서 부채나 삿갓으로 한 번만 두르셔도 곧 구름이 해를 덮고 바람이 서늘하게 일어나니라.

호연에게 선매승자 수도를 시키심

145 을사년 9월 9일에 상제님께서 "무명 두 필을 끊어 오라." 하시어

2 흑석골 호연의 집 앞마당에 두어 사람 들어갈 수 있는 크기로 움막을 짓게 하시고 "이제 너 내외한다." 하시니라.

3 호연이 내외한다는 뜻을 몰라 불속에다 넣는 줄로 알고 "아이고, 뜨거우면 어찌해야 옳을까?" 하고 울거늘

4 상제님께서 어깨를 감싸안으시며 "아녀, 뜨겁지는 안 혀. 나오지를 못해서 그려." 하고 달래 주시매

5 호연이 "안 나오고 어떻게 살아?" 하니 "그래도 살 수가 있어." 하시니라.

천지를 받는 청수

6 상제님께서 "잘못 파면 사람이 죽는다." 하시며 움막 안 동쪽으로 샘을 둥그스름히 파게 하신 후에

7 몸소 들어가 보시고 "이것이 석 자인가 넉 자인가 재어 보라!" 하시

144:2 태좌법으로 늘어앉히시고. 성도들이 『대순전경』의 기록과 같이 언제나 태좌법으로 앉은 것은 아니고, 상제님의 품안에서 지켜본 김호연 성도의 증언에 의하면 '그 누구든 반드시 먼저 무릎을 꿇었다.'고 한다. 인간 몸의 생리 구조상 무릎을 계속 꿇을 수 없으므로 이따금 공사 시에 태좌법으로 앉게 하셨다고 본다.

145:2 흑석골. 전주시 서서학동과 평화동에 걸쳐 있는 골짜기로 바위가 검은빛을 띠고 있어 붙여진 이름이다.

145:2 내외. 외간 남녀 사이에 얼굴을 마주 대하지 아니하는 일. 여기서는 수도에 들어가서 사람들과의 접촉을 일절 끊는다는 말씀.

도문

145:6 샘. 현재 오두막집 자리에 아파트가 들어서서 집의 형태는 찾아볼 수 없지만, 이 샘물은 수질이 워낙 좋아 그 소문이 널리 퍼져 지금도 메우지 않고 아파트 한쪽으로 관을 대어 끌어쓰고 있다. "앞마당에 샴(샘) 있는 집은 우리 집 뿐이었어. 아무리 가물어도 그 물은 나와요. 원청 가물면 학봉리서도 그 물을 갖다 먹었어요. (중략) 그 물 약수로 쓰는 통에, 그건 아주 그냥 최고 좋다고, 와서 수질검사 해갖고 그랬으니까. 오전 한 때, 오후 한 때, 두 차례밖에는 물 안 줘요." (아파트를 짓기 전까지 오두막집에 살았던 이건용 증언)

므로

8 형렬이 왕골을 끊어다가 찔러보니 왕골의 꽃이 샘 입구에 와 닿거늘 재어 보매 넉 자가 조금 못 되더라.

9 상제님께서 "물이 많다." 하시고 샘의 둘레를 돌로 쌓아 그 위에 덮개를 만들게 하신 뒤에 샘 안에 대접을 띄우고 호연에게 "샘을 들여다봐라." 하시니

10 호연이 샘 안을 보고는 "아무 것도 없구만, 대접만 동동동동….." 하고 볼멘소리를 하거늘

11 상제님께서 막대기로 물을 동서남북 사방으로 한 번씩 저으시더니 그릇에 물을 떠서 그 위에 막대기를 열십자로 올려놓으신 다음

12 그 가운데를 눌러 잡으시고 한쪽을 가리키시며 호연에게 말씀하시기를 "마셔라. 이놈은 네 차지다.

13 천지를 받는 청수니, 네가 처음으로 먹어야 내가 먹느니라." 하시고 이어 형렬에게 "형렬은 이쪽으로 마셔라." 하시니라.

14 이에 상제님께서 명하신 대로 각기 그릇 위에 걸친 막대기를 양손으로 잡고 호연이 한쪽으로 세 모금을 마시고 형렬이 다른 쪽으로 세 모금을 마시니

15 상제님께서 "내가 마지막 먹는다." 하시며 또 다른 쪽으로 나머지를 다 드시니라.

공부 움막을 방처럼 만들어 주심

146 상제님께서 말씀하시기를 "너는 인제 오늘 저녁부터 여기서 잔다." 하시니 호연이 "무서워, 나 혼자 못 자." 하거늘

2 "이 샘이 너를 이렇게 안아 줄 테니 여기 가만히 있어." 하시고 움막 안에 함박같이 동그랗게 짚을 깔아 주시니라.

3 상제님께서 그 위에 앉아 보시고 호연에게 "들어가 앉아 봐라." 하시거늘 호연이 앉으니 따뜻하더라.

4 또 그 앞에 이불을 가져다 놓게 하시어 호연이 고개를 기대고 앉아 쉴 수 있도록 하시고

5 호연에게 이르시기를 "인제 여기서 자고, 똥오줌도 이 안에서 누어라." 하시며 다른 곳에 일절 가지 못하게 하시니

6 송은주가 끼니때마다 밥을 해서 가져다 주고, 호연이 앉은 채로 앞쪽에 놓인 이불에 엎드려 자다가 인시(寅時)가 되어 일어나면 세숫대야를 가지고 공부막으로 가서 호연을 목욕시키고 닦아 주며

146:5 "똥 눌 때도 밖에 나가서 누면 바람도 쐬고 안 좋아? 똥도 거기서 싸라고 혀. 거기서 종이 갖다가 딱 깔

7 호연이 움막 안에 종이를 깔고 대변을 보면 그 때마다 치우고 물로 씻어 주니라.

공부하는 내내 무릎을 꿇게 하심

147 상제님께서 호연에게 칠성경(七星經)과 개벽주(開闢呪)를 읽게 하시고 종이에 닭, 뱀, 말을 그리게 하시는데

2 '오늘은 무엇을 하라.' 고 공부 시간을 따로 정해 주지 않으시니, 호연이 하고 싶은 대로 주문도 읽고 그림도 그리고 하니라.

3 또 공부하는 동안 내내 무릎을 꿇게 하시니 호연이 다리가 저리고 아파 투정을 하면 오히려 더 오그려 놓으시고

4 낮에 어디에 가고 안 계실 때에도 "내가 천리에 가 있어도 뒤꼭지에 눈이 있어 다 안다." 하시므로 다리를 펴지 못하니라.

자고 싶으냐

5 상제님께서 한밤중에도 종종 호연이 공부하는 움막에 오시어 작은 소리로 "호연아, 호연아." 하고 부르시거늘

6 호연이 "응." 하고 대답하면 "안 자냐? 먹을 것 갖다 주랴?" 하시고

7 호연이 "싫어." 하고 대답하면 "자고 싶으냐?" 하고 물으시니라.

8 하루는 상제님께서 오시어 물으시는데 호연이 대답지 않으니 "너 말 안 하면 내가 벙어리 만들어 놓는다." 하고 도로 가시니라.

9 때로는 상제님께서 콩나물국에 막걸리를 타서 밥을 말아다 주시므로 그것을 먹으니라.

호연이 공부하는 것을 지켜 주심

148 호연이 주문 공부를 할 때 개벽주를 읽으면 간혹 몸이 들썩들썩하며 허령(虛靈)이 드는 경우가 있으므로

2 상제님께서 항상 성도들로 하여금 호연이 공부하는 움막을 지키게 하시니라.

마차, 마차, 마차

3 또 상제님께서 호연이 공부하는 것을 지켜보시다가 몸을 들썩거리며 요동하면 "마차, 마차!" 하고 크게 부르시는데

4 호연이 "어디 말 나왔간디, 마차 마차 혀?" 하니 "어허!" 하고 호령하시니라.

5 하루는 호연의 주문 소리가 들리지 않아 상제님께서 안으로 들어가

고는 거기서 싸면, 인제 종이로 싹 싸 가지고 내어가고 씻으라고 하고, 밑씻개도 안 줘. 물로 씻으라고." (김호연 성도 증언)

148:3 마차, 마차. 이 말씀에서 우주 변화의 중심축인 무극, 태극, 황극의 삼극 원리가 인사로 현실화되는 상제

님 도운 공사의 틀을 볼 수 있다. 상제님은 무극제이시고, 김형렬 성도는 임술생으로 태극제(대두목)를 상징한다. 황극은 중보로서 그 역할을 김호연 성도가 하는 것이다. 마차는 말과 음양으로 일체가 되어야 조화를 일으킨다. 바로 황극의 인사대권자와 김호연 성도가 만나 후천의 선(仙) 문명을 실현하는 것이다.

149:1 역둔토. 역의 경비를 충당하는 역토와, 역에 주둔하는 군대가 경작하는 둔전을 아울러 이르는 말. 신원일은 궁중의 가마, 말, 목장에 관한 일을 맡아 관아의 경비를 조달하는 사복둔의 사음이었다.

149:1 수십 석. 신원일은 경자(1900)년 당시 세금을 5년 동안 미납하였는데 이는 부안군에서 가장 큰 액수임을 정부기록문서에서 알 수 있다.

149:8 잡세혁파. 초기 기록에는 '궁토제도의 혁파' 라 기술하였

보시니 호연이 쓰러져 있는지라

6 상제님께서 호연의 등을 대나무로 두드리시며 "마차, 마차, 마차!" 하시니

7 호연이 깨어나며 "내가 말이간디?" 하고 일어나거늘

8 상제님께서 "이것이 이런당게. 하하! 요거 죽었다고 내가 그 걱정을 했다." 하시며 대나무로 한 대를 더 때리시니라.

한 사람의 소리가 곧 대중의 소리

149 을사년 12월 21일에 신원일이 와서 여쭈기를 "제가 일찍이 역둔토(驛屯土)의 사음(舍音)이 되어 도조(賭租) 수십 석을 사사로이 써 버렸더니

2 이제 궁내부(宮內府)에서 부안군수에게 위탁하여 독촉이 심할 뿐 아니라 장차 가산을 몰수하려 하므로 할 수 없이 피하여 왔습니다." 하니

3 상제님께서 말씀하시기를 "그 일을 끄르기는 어렵지 않으니 이곳에 머물러 있으라." 하시니라.

4 이에 원일이 "이 일을 끄르려면 조정(朝廷)을 변혁시키거나 법제(法制)를 고치는 두 가지 도리밖에 없는데

5 한 사람의 액을 끄르기 위해 이렇듯 중대한 일을 이룬다는 것은 어려운 일이 아닙니까?" 하고 여쭈니

6 "한 사람의 소리가 곧 대중(大衆)의 소리니라." 하시니라.

7 원일이 달포를 머문 뒤에 상제님을 모시고 서울을 다녀와서 집에 돌아가니

8 잡세혁파(雜稅革罷)의 조칙(詔勅)이 발표되고 이에 여러 사음의 범포(犯逋)도 모두 면제되거늘

9 원일이 여러 사람들에게 말하기를 "나로 인하여 까다로운 궁폐(宮弊)가 없어지고 여러 마름들이 모두 살길을 얻었다." 하더라.

병오(丙午 : 道紀 36, 1906)년

호연이 신안이 열리어

150 호연이 수도 공부를 하매 신안(神眼)이 열려서 보니 다른 집의 방 안 광경이 빠르게 지나가는데

2 제사 지내는 모습, 청소하는 모습, 내외가 서로 이야기하는 모습 등이 마치 곁에서 보는 듯 세세하게 보이더라.

3 또 구릿골에 사람이 오면 주머니에 돈이 얼마 든 것, '내놓을까 말까.' 하며 아까워서 벌벌 떠는 것이 다 보이고

4 까치, 까마귀 등 새가 날아와 '내일 어디서 누가 오는데 이러저러 하다.'고 일러 주는 것을 다 알아들으니 모르는 것이 없더라.

5 하루는 아침나절에 상제님께서 물으시기를 "아까 까치가 오더니 뭐라고 하고 가더냐?" 하시니

6 호연이 "오늘 저기 여수에서 뭐 가지고 온다네." 하거늘 다시 "무엇을 갖고 온다냐?" 하시매

7 호연이 "해물 갖고 온대요. 그리고 돈은 조금 갖고 오는데 내놓으려니 여비가 없고 해서 줄까말까 한대. 그런 돈은 받지 마요.

8 또 내일 아무개가 새를 잡으면 그 어미 새가 애타니까 못 잡게 해요." 하니라.

9 이에 상제님께서 "어디 네가 맞추는가 보자." 하시며 엉덩이를 두드려 주고 나가시더니

10 낮이 되매 영락없이 여수에서 아무개가 미역 한 동을 가지고 오더라.

포장 끌러라

11 또 이튿날 새울음 소리에 밖이 소란하거늘 상제님께서 호연에게 "저 새가 뭐라고 하냐?" 하시니

12 호연이 "어미새가 새끼를 내달라고 그러는구만." 하고 대답하니라.

13 이 때 동네 아이가 움막 앞을 지나는데 보니 주머니에 새끼 새가 들어 있거늘

14 호연이 "왜 새끼는 잡아서 주머니에다 넣었대요? 어미는 새끼를 내달라고 울고, 새끼는 죽을까 싶어 깔딱숨을 쉬는구만!" 하니라.

15 이에 상제님께서 새를 날려 주게 하시고 밖에 나가셨다가 저녁때가 되어 술을 드시고 돌아오시어 호연에게 "냄새나는가 봐라!" 하시거늘

16 호연이 "왜막실에서 누룩을 사다가 술을 해서 냄새나는 줄도 모르겠네." 하니

17 상제님께서 무릎을 치시며 "포장 끌러라!" 하시고 호연에게 "야아! 이제 내가 너를 보고 선생이라고 할 테니 그리해라!" 하시니라.

18 호연이 공부를 마친 이후로 총명하기 그지없어 '동네 아무개가 죽는다.' 하면 죽고, '누가 들어온다.' 하면 역시 그러하더라.

으나 이는 사실과 다르다. 병오(1906)년 2월 17일 고종이 조칙으로 발표한 '잡세혁파'가 맞다.

149:8 범포. 국고에 바칠 돈이나 곡식을 끌어써 버림.

도문

150:16 왜막실. 현재 전주시 우아동(牛牙洞) 아중 마을. 임진왜란 때 왜군들이 주둔했던 곳으로 통칭 '왜막실'로 불렸다. 종전 후에도 왜군들이

이곳에 남아 스스로를 왜막실 김씨 또는 전주 김씨라 자처하며 살았다.

151:2 발가락이 얼어서 오그라져. "아, 추워. 발톱이 깰딱하면 빙신이 돼야. 늙어서 거시기해도 발톱이 빙신이 되야어."(김호연 성도 증언) 당시 답사자에게 버선을 벗어 왼쪽 발을 보여 주었는데, 새끼발가락이 눈에 띄게 오그라 붙었고 발톱이 다 죽어 있었다.

151:5 실래끼. 실오라기, 한 가닥의 실.

151:8 돌보는 사람. 증산 상제님의 대도 경계를 있는 그대로 전하는 사명을 김호연 성도에게 붙이시어, 후에 큰 일꾼을 만나면 그것을 참되게 드러내어 전 인류가 그 공덕을 받들어 주게 할 것임을 말씀하신 것이다.

151:9 천자부해상 공사. 앞으로 다가올 후천개벽의 실제 상황과 남북 상씨름을 매

수도 공부를 마치게 하심

151 상제님께서 호연에게 을사년 9월 9일에 수도 공부를 시작하여 병오(丙午 : 道紀 36, 1906)년 정월 보름에 공부를 마치게 하시니 움막에 들어간 지 꼭 125일 만이더라.

널 돌보는 사람이 생긴다

2 호연이 공부 기간 내내 무릎을 꿇은 자세로 있었으므로 종아리살과 허벅지살이 하나로 붙고 발가락이 얼어서 오그라져 버린지라

3 상제님께서 다리를 펴 주시고 주물러 주시니 괜찮아지거늘 "욕봤다." 하시며 깨끗이 씻겨서 앉혀 놓으시고

4 "비록 내가 죽어서 너를 내버려도 네가 한탄 말고 살면은 개미가 살려도 살리느니라.

5 네가 죽어서 실래끼가 되어 내버려져도 개미라도 달라들어서 일으켜 세운다." 하시니라.

6 이에 호연이 "어느 개미가 나를 살려?" 하니 "이제 봐라. 내 말이 씨가 되는가 안 되는가.

7 왕개미, 흰개미가 달라들어서라도 역사(役事)를 해서 너를 살린다.

8 천지에 이치가 있으니 자연히 널 돌보는 사람이 생겨. 내가 죽으면 영죽는 것이 아니니 널 돌보마." 하시니라.

천자부해상 공사를 위해 모인 성도들

9 정월 그믐날 천자부해상(天子浮海上) 공사를 위해 여러 성도들이 구릿골에 모이니

10 모인 성도는 김광찬, 김갑칠, 신원일, 정남기, 정성백(鄭成伯), 김선경(金善京), 김보경, 김봉규(金鳳圭), 김병선(金炳善) 등이더라.

나를 보면 그렇게 좋으냐

152 성도들이 모이면 서로 상제님 곁에 가까이 앉고자 하니 상제님께서 "패 사냐, 이놈들아? 무슨 나래비 서냐?" 하고 웃으시니라.

2 또 상제님께서 진지를 드시다가 밥을 남기시면 서로 먹으려 하고, 간혹 의관을 정제하실 때는 서로 옷을 입혀 드리고 싶어 야단이더라.

3 성도들은 상제님께 꾸중을 들으나 안 들으나 그저 상제님만 계시면 좋아하는데

4 하루는 한 성도가 막대기로 콩단을 두드리니 성도들이 기분이 좋

아서 춤을 추거늘

5 상제님께서 "저놈들 왜 저러냐?" 하고 물으시매 호연이 "선생님이 계시니 좋아서 그러지요." 하니라.

6 이에 상제님께서 "허어! 나를 보면 그렇게 좋으냐?" 하시니

7 호연이 말하기를 "아, 그렇지 않겠어요? 동구 밖이 훤한데 날이 새지 않겠어요?" 하거늘

8 상제님께서 "네가 해석을 해 줘라." 하시니 "선생님이 시켰다고 하니 안 해 줘." 하는지라

9 상제님께서 웃으시며 "저것이 여시인가 무엇인가 모르겠다!" 하시니라.

성도들이 상제님을 찾아뵐 때

153 상제님께서 방에 계실 때 누가 상제님을 찾아오면 형렬을 통하여 상제님께 여쭙고 말씀을 듣지 상제님께 직접 아뢰지는 못하니라.

2 또 호연이 자라매 간혹 호연을 통해 여쭈기도 하고, 상제님께서 호연을 데리고 밖에 나가셨을 때는 형렬이 상제님을 대행하여 '이리 해라, 저리 해라.' 하고 이르니라.

3 성도들이 상제님을 뵈러 오면 먼저 토방 아래에서 **무릎을 꿇고 절을** 하는데

4 혹 인사를 잘 안 하는 사람을 보시면 "저놈, 쇠말뚝같이 인사도 할 줄 모른다." 하시고

5 서서 인사를 하는 사람이 있으면 "뻣뻣이 서서 인사를 하면 '그놈 버릇이 없다.', '후레아들놈이다.' 하는 소리를 듣는 것이니 왜 부모 욕을 먹이냐?" 하시며

6 "교군꾼이나 그렇게 절하는 것이다." 하고 나무라시니라.

7 또 좋은 옷을 입고 와서 옷을 아낀다고 무릎을 꿇지 않은 채 앞자락을 떠들고 절을 하면 "옷이 제일이냐, 이놈아!" 하시며 **뺨을 때리**시니라.

무릎을 꿇고 앉게 하심

154 상제님 앞에서 다른 성도들은 모두 단정히 **무릎을 꿇고 앉으나** 형렬만은 평좌로 앉으니라.

2 성도들이 무릎을 꿇고 있다가 다리가 아파 뻗고 앉으면 "작대기 받

틀짓는 공사이다.
5편 121~134장 참조.

151:10 정성백(鄭成伯, 1881~1916). 본관 나주. 본명은 우명(遇明). 전북 익산시 오산면 영만리에서 정춘심 성도의 장남으로 태어났다. 김형렬 성도의 큰사위로 글을 많이 읽어 유식하였다.

153:3 "아, 그냥 이렇게 들어와서는 무르팍 탁 꿇고 토방 아래에서 인사를 허드만. 안에 계시거나 안 계시거나 토방 아래로 서서 무르팍 탁탁 꿇고 절 혀."(김호연 성도 증언)

153:6 교군꾼. 가마꾼.

153:7 뺨을 때리시니라. 이는 그 불경함에 노하여 천지대신명들이 신벌 내릴 것을 상제님께서 미리 꾸짖으시어 그 기운을 제하신 것이다.

154장 9년 동안 상제님의 품에서 지켜본 김호연 성도의 증언.

154:1 평좌. 갑진 (道紀 34, 1904) 년 김형렬 성도의 셋째 딸 말순 (末順)이 상제님을 수종 든 이후로 상제님께서는 김형렬 성도를 장인으로서 예우하셨다.

쳐서 못 앉았느냐?

3 작대기를 제 몸에 지니고 다니는 놈이 작대기 못 이겨서 두 다리 쭉 뻗고 앉았느냐?" 하며 호통을 치시고

4 두 다리를 다 개고 앉으면 무릎을 때리시며 "야, 이놈! 네가 나를 뭘로 봤기에 그렇게 앉았느냐?" 하시고 때로는 "똥구녕 빠졌냐?" 하시며 무릎에 벼락을 내리시니라.

5 이에 성도들이 한쪽 무릎은 꿇고, 한쪽 무릎은 세우고 글을 읽으니 이는 아무 말씀도 하지 않으시거늘

6 성도들이 다리가 아파서 힘들어 하는 모습을 보며 호연이 여쭈기를 "뻗지도 말라 하고, 오그리지도 말라 하고, 어느 장단에 춤을 춰요?" 하매

7 상제님께서 "너, 춤 못 추냐?" 하시고 나무 잎사귀 하나를 끊어 오시어 너울너울 춤을 추시니라.

성도들을 대하실 때

154:8 평어. "그이는 평상 '해라.' 밖에 안 혀. 늙고 젊고, 누가 됐든지 '해라.' 그려."(김호연 성도 증언)

8 상제님께서 성도들에게 앉을 자리를 정해 앉게 하시고 평소에는 '해라.', '하소.' 하는 평어를 쓰시나

9 남들이 있을 때는 혹 경어를 쓰시는 경우도 있더라.

10 또 누구를 대하든지 다정하게 하시고 일어(一語), 일묵(一默), 일동(一動), 일정(一靜), 일희(一喜), 일노(一怒)를 법도 있게 하시는데 때로는 폭 잡기 어렵게 행세하시니라.

친구는 삼색 구색으로 두어라

155 성도들이 간혹 아무 생각 없이 정신을 놓고 앉아 있을 때면 비록 눈을 뜨고 있을지라도

2 상제님께서 "이놈, 자냐?" 하고 갑자기 물벼락을 치시며 천진한 아이마냥 장난스럽게 웃으시니

3 성도들이 너나없이 상제님과 함께 뒹굴며 장난을 하니라.

4 평소 상제님께서는 성도들에게 격식을 갖추어 대하시나 먹는 것과 노는 것에는 상하없이 대하시니

5 하루는 말씀하시기를 "노는 데에는 상하가 없느니라. 그러니 친구를 삼색 구색으로 다 두어라.

6 잘난 사람일수록 못난 놈, 잘난 놈을 다 사귀어 놓으면 써먹을 때가 있느니라.

7 내가 높다고 뻣뻣하면 못쓰는 것이니, 내가 높을수록 낮추어야 하고

8 인사를 해도 허리를 굽히고, 나이 많은 사람에게는 손을 자붓이 해야 하느니라." 하시니라.

용이 물을 써 올려야 비가 내리느니라

156 한번은 심한 가뭄 끝에 비가 내렸는데 다른 논에는 물이 고여 있으나 오직 한 논만은 그대로 말라 있거늘 논 주인이 이를 보더니 하늘에 대고 욕을 하며 가더라.

2 호연이 이를 보고 "물을 골고루 줘야 고루 먹고살지 어째 물이 거기는 있고 여기는 없대요? 그런 재주 있걸랑 여기도 다 같이 물을 주게 하세요!" 하거늘

3 상제님께서 "네가 용이냐?" 하시니 호연이 "아! 용이 물을 주는 거구나." 하는지라

4 상제님께서 "그럼 용이 물을 주지, 사람이 물을 주겠냐? 용이 물을 써 올려야 비가 내리는 것이여." 하시니라.

5 이에 호연이 "모르겠네, 나 참말로. 선비 데리고 사는 사람은 고생해도 생도(生道)꾼 데리고 사는 사람은 편한 밥 먹는다더니, 이런 양반 참말로 무섭네." 하매

6 상제님께서 웃으시며 "내가 입맛 한번 다시면 내 품안으로 다 들어온다." 하시거늘

7 호연이 다시 "각시간디, 품안으로 들어오게?" 하니

8 "내가 구름을 한번 불러모으면 천지사람이 깜깜해서 길도 못 찾어. 너 밥그릇도 못 찾어." 하시니라.

9 또 말씀하시기를 "천하의 농정(農政)이 모두 나에게 달렸느니라.

10 용(龍)이 한 잔의 물만 얻으면 능히 천하의 비를 짓는다고 하지 않느냐." 하시니라.

내 발자국만 보고 따라오너라

157 하루는 상제님께서 갑칠을 데리고 서울을 가시는데 걸어서 싸리재를 넘어 금구 둔산(屯山)쯤에 이르니 갑자기 먹구름이 몰려와 소나기가 쏟아지거늘

2 금세 두월천(斗月川) 물이 불어 사람들이 건너지 못하고 발만 동동 구르고 있더라.

3 상제님께서 갑칠에게 "너 여기 건너가겠냐, 못 건너가겠냐?" 하시거늘

157장 김갑칠 성도의 아우 김정회(金正會, 1893~?)의 아들인 김태규(1924~1999) 증언.

157:1 금구 둔산. 현재 김제시 금구면 산동리(山

東里) 둔산 마을.

157:2 두월천.
김제시 금구면
오봉리(五鳳里)
매봉산(249m)의
북서쪽 사면에서
발원하여 신월동
에서 원평천과
합류하는 하천.

4 갑칠이 "물살이 빠른 데다가 물이 한 길이 넘는데 어떻게 건너가겠습니까? 저 혼자서는 도저히 못 건너겠습니다." 하니

5 "너는 내 허리춤을 잡고 꼭 내 발자국만 딛고 따라 와라잉. 한눈팔았다간 빠져 죽는다." 하시며 성큼성큼 냇물로 들어가시니라.

6 이에 갑칠이 말씀을 따르니 마치 얕은 물을 건널 때와 같이 종아리까지만 물이 차는지라 삐적삐적 땀을 흘리며 뒤를 따르니라.

7 내를 건너고 보니 상제님의 미투리는 바닥께만 젖고 자신은 무릎까지 젖어 있더라.

8 그렇게 하여 하루 만에 서울을 가시어 도성(都城)에 들어가 볼일을 보시고 다음날 금방 구릿골로 돌아오시니라.

내 눈에는 그렇게 보인다

158 상제님께서 용산에 있는 일본군 주둔지 앞을 지나실 때 말 탄 기병들이 연병장에서 총을 들고 훈련하는 모습을 보시고 말씀하시기를

2 "저 미친놈들, 저 허수아비들이 작대기 들고 지랄들 하고 있구나." 하시니라.

158:1 일본군 주
둔 지 . 일 제 는
1904년 8월 15
일(양력) 용산지
역 일대를 군용
지로 강제 수용
하여 위수(衛成)
지역으로 선포하
고 군사시설을
갖추기 시작하였
으며 합방되기
전에 이미 주둔
시설을 완비하였
다.

3 이에 갑칠이 정색하여 말하기를 "아이고, 선생님. 일본 군대가 얼마나 무서운데 그런 말씀을 하십니까? 행여 저놈들이 들으면 경을 칩니다." 하거늘

4 상제님께서 다시 "지금 허수아비들이 나무 작대기 들고 야단들 치고 있지 않으냐. 내 눈에는 그렇게 보인다. 네 눈에는 그렇지 않으냐?" 하시니

5 갑칠이 손사래를 치며 "제발 아무 말씀도 마십시오." 하며 주위를 살피더니 "얼른 이곳을 벗어나십시다." 하고 재촉하니라.

6 이에 상제님께서 "어디 한번 보아라." 하시며 담배 한 대를 말아 피우시니

7 그 순간 연병장의 말들이 땅에 달라붙어 꼼짝도 못하고 총도 쏘아지지 않으매

8 병사들이 총을 분해했다가 결합하여 다시 쏘아보며 소란을 떨거늘

9 상제님께서 "저 봐라. 저기 저 허수아비들이 나무 막대기 들고 지랄들 하고 있지 않느냐. 그래도 못 믿겠느냐?" 하시고 담뱃재를 탁 터시니 그제야 말이 움직이고 총이 발사되니라.

남고산 치성에서 죽었다 살아난 여인

159 상제님께서 남고산(南固山)에 가시어 치성을 자주 올리시니라.

2 하루는 형렬과 호연을 데리고 남고산 관왕묘(關王廟)에 가시어 공사를 행하시는데

3 어떤 여자가 공사에 쓰일 떡쌀을 조금 덜어내고 떡을 찌다가 앉은 채로 죽었거늘

4 사람들이 영문을 몰라 크게 소란한데 호연이 생각하니 이는 상제님께서 행하신 일이라.

5 이에 호연이 사람들에게 말하기를 "천하의 약도 소용없고, 의원도 소용없고, 다른 데 빌어 봤자 소용없으니 증산 어른만 붙들고 살려 달라고 비세요." 하니

6 형렬이 "왜 건방지게 입을 놀리느냐!" 하고 호통을 치니라.

7 호연이 다시 말하기를 "사람이 저렇게 죽어서 앉아 있는데, 왜 남의 애를 태워? 애타게 하면 그것도 죄야.

8 왜 천하의 일을 한다는 분이 남의 간을 저렇게 녹여요?

9 내가 입을 놀렸으니 살려 주세요. 그 사람이 뭔 죄예요?" 하니

10 상제님께서 "마음을 못쓰게 먹으면 어릴 때 버릇이 커도 그러하니라. 그런 버릇은 고쳐야 한다. 어디서 못된 것을 배워 가지고…." 하시니라.

159:1 남고산(南固山). 전주시 서서학동과 동서학동에 걸쳐 있는 산(273m). 관왕묘와 남고산성이 있다.

159:2 관왕묘. 1895년, 당시 관찰사인 김성근과 남고별장 이신문의 발기로 전주 유지들의 지원을 받아 세웠다. 입지가 좋고 짜임새가 있으며 외삼문 양쪽으로 말을 탄 수문장의 소상(塑像)이 있다. 안에는 채용신이 그린 「삼국지연의도(三國志演義圖)」가 있었다.

전주 관왕묘 내부. 관운장을 '협천대제(協天大帝)'로 모셨다.

11 이에 호연이 상제님께 "아무리 그래도 세상에 그럴 수가 있어요? 우리가 가면 저 사람 영 죽잖아." 하거늘

12 상제님께서 "그럼 죽었지, 살았어?" 하시며 그냥 길을 떠나시는데

13 잠시 후에 호연에게 귓속말로 "살았는지 가 봐라." 하시므로 호연이 뽀르르 달려가 보니 그 여인이 엉덩이를 툭툭 털며 일어나니라.

14 사람들이 어찌 된 영문인지 물으니 여인이 대답하기를 "떡시루를 찌는데 갑자기 불속으로 들어갔다가 살아왔소." 하거늘

15 다시 어떻게 살아왔는지를 물으니 "글쎄 어느 분이…." 하며 문득 상제님 쪽을 쳐다보더라.

지게를 대신 져 주심

160 가을 추수기가 되어 한창 곡식을 거둬들이는데, 하루는 어떤 사람이 지게에 나락을 한가득 싣고 힘겨워하며 오는지라

2 상제님께서 손가락을 한번 튕기시니 그 사람이 지게를 진 채로 벌러덩 넘어지거늘

3 상제님께서 나락을 대신 져다가 그 사람의 집에 쌓아 주시니라.

너는 내 속 몰라

4 하루는 밤에 어디를 가셨다가 아침이 되어서야 돌아오시니 호연이 그 이유를 여쭈거늘

5 말씀하시기를 "밤새 나락을 싹 베어서 깔아 놓고 왔다." 하시니라.

6 이에 호연이 "왜 남의 일을 그렇게 해 줘요?" 하니 "머슴이 안타깝고 불쌍해서." 하시거늘

7 호연이 대수롭지 않게 "그런 쓸데없는 것은 뭣하러 해요?" 하니

8 말씀하시기를 "너는 나 몰라. 내 속 몰라. 내가 천지를 주름잡고 다니는 사람인데…." 하시니라.

김낙범 아들의 폐병을 고쳐 주심

161 김낙범(金洛範)의 아들 석(碩)이 폐병으로 사경에 이르거늘

2 상제님께서 덕찬을 데리고 낙범의 집에 가시어 석을 사랑으로 업어다가 엎드리게 하시고

3 발로 석의 허리를 밟으시며 "어디가 아프냐?" 하고 물으신 뒤에

4 손을 잡아 일으켜 걷게 하여 들여보내시며 "닭 한 마리를 삶아 먹으라." 하시고 다시 눕지 못하게 하시매 이로부터 완쾌하니라.

160:8 너는 내 속 몰라. 이 대우주 지존의 하늘 보좌에서 인간으로 내려오시어 추위와 굶주림을 견디며 머슴과 산판꾼 생활까지 하신 상제님! 온갖 고난을 겪으신 상제님의 창생에 대한 지극한 사랑을 절감하게 하는 말씀이다. 깊은 고난 속에 진리의 별은 반짝인다.

상제님의 치병

162 상제님께서는 병자가 찾아오면 대문에 이르기도 전에 어떤 사람이 무슨 병으로 오는지 다 아시고

2 때에 따라서 손가락을 당기기도 하고 펴기도 하시는데

3 집게손가락을 가볍게 밖으로 튕겨내시면 그 자리에서 병이 낫고, 집게손가락의 손톱을 엄지로 지그시 누르고 계시면 병이 더디 낫더라.

4 상제님께서는 보통 병자를 직접 대하지 않고 따로 앉아서 맥을 보시는데

5 그 사람의 성명을 물어보신 뒤에 주문을 읽어 주기도 하시니라.

병자들의 절규

6 또 때에 따라 상제님께서 친히 병자의 환부를 한 번 핥아 주시거나 핥는 시늉만 하셔도 병이 깨끗이 낫고

7 마마나 홍역으로 많은 사람들이 죽어갈 때에도 그 집 마루에 올라서시어 발로 쾅 하고 한 번 내딛으시면 병자가 금세 살아나며

8 아무리 심한 병일지라도 한 번만 다녀가시면 곧 괜찮아지므로

9 모두들 집안에 병자가 생기면 '그저 한 번만 들어왔다 가십시오.' 하고 아우성치며 상제님 모시기를 간절히 염원하니라.

천기(天氣)를 부조해 주심

163 10월에 신원일이 건재약국을 차리고 약을 사러 공주령(公州令)에 갈 때

2 김보경의 집에 들러 상제님을 뵙고 아뢰기를 "지금 길이 질어서 걷기가 매우 어려우니 청컨대 여러 사람들의 교통이 편리하도록 길을 얼어붙게 하여 주옵소서." 하는지라

3 상제님께서 말씀하시기를 "뭇 백성들이 괴로워하니 내가 일조(一助)하리라." 하시고

4 "술을 가져오라." 하시어 드시니 그 날 밤부터 길이 얼어붙어 연말까지 녹지 아니하니라.

5 그 후에 원일이 여쭈기를 "초겨울에 길이 질다고 말씀드렸더니 선생님께서 일조하시겠다고 허락하신 후에

6 겨우내 진 길이 굳게 얼어붙어 상인들과 서민들 모두 왕래함에 편의를 얻고 사람마다 하늘의 덕을 기리고 있습니다." 하니

7 상제님께서 말씀하시기를 "백성들이 모두 편하다고 하니 무척 다행이

161:1 김낙범(金洛範, 1855~1927). 본관 경주. 용머리고개 부근에 거주하였다. 부인 김해 김씨 사이에 1남(英祚) 2녀를 두었다.

161:1 아들 석(金碩, 1892~1943). 본명 영조(英祚), 자(字) 석(碩). 일본 동경에서 폐병으로 사망. 부인 김씨와의 사이에 1남 2녀, 재취 백완기(白完基) 사이에 3남 4녀를 두었다.

김석
(1892~1943)

163:1 공주령. 공주약령. 조선시대 약령시장은 청주, 대전, 공주, 대구, 전주, 원주 등지에서 약재의 채취와 출하 시기에 맞춰 봄가을로 두 차례 열렸다. 그 중에서 대구, 전주, 원주의 약령시가 3대 시장으로 꼽혔다.

로다.” 하시니라.

가장 두려운 것은 가족 전쟁

164 이 달에 전주에 사는 문태윤(文泰潤)이 와 뵙거늘 상제님께서 그가 가지고 온 보따리를 보시고 말씀하시기를

2 “이 방은 한적한 공부방이라 속 모르는 사람을 그대로 들이지 않나니 그 보따리를 끌러 보이라. 그 속에 반드시 전쟁의 장본(張本)이 있으리라.” 하시니라.

3 이에 태윤이 난처한 표정을 짓고 머뭇거리거늘 “어째서 내게 보이지 못하느냐?” 하시니

4 태윤이 부끄러운 빛으로 보따리를 끄르매 그 안에 숙질간(叔姪間)에 재산 관계로 송사하는 문서가 들어 있더라.

5 상제님께서 그 사연을 물으시니 태윤이 여쭈기를 “이런 좋지 못한 일이 있으므로 선생님께 해결책을 여쭈려고 왔으나 부끄러운 마음으로 차마 아뢰지 못하였습니다.” 하거늘

6 말씀하시기를 “전쟁은 가족 전쟁이 큰 것이니 한 집안의 난리가 온 천하의 난리를 끌어내느니라.” 하시고

7 글을 써서 봉하여 주시며 “이 봉서를 그대 조카의 집 문 앞에 가서 불사르라.” 하시니라.

8 이에 태윤이 그대로 하니 그 뒤에 과연 화해되니라.

도문에 사람들이 찾아올 때

165 누가 먼 곳에서 찾아와 동네 어귀에 이르면 상제님께서 이를 아시고 옆에 앉아 있는 호연을 순식간에 그 사람에게 보내어 마중하게 하시니라.

2 또 구릿골에 누가 오면 상제님께서 집안에 계시다가도 어디로 숨곤 하시니

3 찾아뵈러 온 사람들이 하릴없이 돌아가는 경우도 종종 있더라.

4 이 때 제비산과 뒷산으로 다니시며 집을 내려다보시는데

5 어떤 사람이 오는지, 주머니에 돈이 얼마 들어 있는지, 그 사람의 마음이 어떤지를 다 아시니라.

6 마음씨 옳은 사람이 돈을 다 내놓고 돌아가면 “저놈, 저 죽을 줄도 모르고 다 내놓는다.

7 가다가 굶고 가리니 당장 돈 주어서 보내라.” 하시며 돈을 더 보태

주게 하시고, 이미 떠났을지라도 사람을 시켜 쫓아가서 주도록 하시는데

8 주머니에 돈을 두고도 아까운 마음에 만지작거리며 '이놈을 줄까나 말까나?' 하는 사람은 돌아가는 여비마저 없애 버리시니라.

9 또 상제님을 찾아온 사람들이 머물렀던 집에는 그 동안 먹은 것을 꼭 갚아 주게 하시고

10 돌아가는 사람의 노자가 적으면 몸소 쓰시던 수건을 빨아 당신께서 드실 진지와 다른 사람들의 밥까지 모두 싸서 허리띠에 채워 주시며

11 "집에 가면서 먹어라. 집에 가면 좋은 소리도 못 듣고, 도(道)에 빠져서 처자식 굶기면서도 그런 데 간다고 밥도 못 얻어먹는다." 하며 안쓰러워하시니라.

12 이 때 황공하여 이를 마다하면 "요놈이, 어른이 하라면 하라는 대로 하지, 뺨이나 한 번 맞고 갈래?" 하시니 더는 사양하지 못하고 받으니라.

네 얼굴 구멍이 몇 구멍이냐

166 상제님께서 성도들이 오면 종종 "야, 이놈아! 네 얼굴에 구멍이 몇 구멍이냐?" 하고 갑작스레 물으시는데

2 성도들이 어리둥절하여 아무 말도 못 하면 "네 간판의 구멍도 모르는 놈이 뭣 한다고 댕기냐, 이놈아!" 하고 꾸중하시니라.

3 하루는 상제님께서 한 성도에게 "네 몸의 구멍은 몇 구멍이냐?" 하고 물으시니

4 그 성도가 "코 둘, 눈 넷, 귀 여섯…, 모두 일곱 구멍인데요?" 하고 대답하거늘

5 상제님께서 말씀하시기를 "똥은 어디로 싸고 오줌은 어드메로 싸냐, 이놈!

6 네 몸의 구멍도 모르고 그렇게 댕기냐?" 하시며 꾸짖으시니라.

마음보가 불량한 자를 대하실 때

167 상제님께서는 마음이 바른 사람이 오면 손등을 위로 하여 가만히 앉아 계시고

2 그렇지 않은 사람이 오면 "저놈, 마음씨가 불량하다." 하시며 손바닥을 뒤집으신 채 눈을 뚫어져라 바라보시니

3 이를 아는 사람들은 누가 마당에 들어서면 벌써 상제님의 손부터

처다보니라.

4 상제님께서 손바닥을 뒤집고 계시면 이상하게도 그 사람이 사지를 벌벌 떠는데

5 상제님께서 "왜 그려? 아, 왜 그려?" 하시며 손가락으로 한 번 퉁 기시면 그 사람이 저만치 나가떨어지니라.

6 한번은 어떤 사람이 불경하게 대하므로 상제님께서 손바닥을 뒤집 으시니 갑자기 그 사람이 이를 뿌득뿌득 갈거늘

7 상제님께서 "너는 뭣이길래 이를 가냐? 메뚜기냐? 뭣을 갈았으면 간 것 좀 내놔라." 하시며 손가락으로 쿡쿡 찌르시니

8 그 사람이 죽겠다고 소리를 지르며 슬금슬금 밖으로 나가더라.

9 이렇게 한두 번 겪은 사람들은 상제님을 두려워하며 더욱 정성껏 모시니라.

어른을 보면 고개를 숙여야지

168 하루는 호연이 "선생님 보겠다고 먼 데서 애 잦게 오면은 어른 의 낯꽃이 좋아야 기운이 나지 어쩌면 그래요?

2 죽겠다고 찾아오면 '어서들 오너라~.' 그러고 좋게 해야지, 눈이 빤닥빤닥하니 유리창 같다고, 눈만 봐도 무섭다고 모두 고개를 수 그리니 쓰겠어요?" 하거늘

3 상제님께서 "어른을 보면 고개를 숙여야지 그럼 멀뚱멀뚱 쳐다보느 냐? 눈구녕을 박을 듯이 빤히 쳐다보니 내 눈꽃이 안 좋지." 하시 니라.

4 이에 호연이 "처음 오는 사람이 무엇을 알아요?" 하고 톡 쏘아붙이 듯 말하니 "너 통변(通辯)하라고 안 혀. 저리 가." 하시거늘

5 호연이 "통변이 또 뭐래? 누가 오줌 싼대?" 하며 능청을 떠니

6 상제님께서 "저리 가라 했지 누가 오줌 싼다고 하냐? 어린것이 여 기서 통변하지 말라 그 말이여." 하시며 나무라시니라.

168:4 통변. 통 역(通譯).

곧이듣지 않는 김정빈

169 구릿골에 사는 형렬의 일족 김정빈(金正彬)이 평소에 상제님의 말씀을 곧이듣지 않고 공사에 수종드는 성도들을 비웃는지라

2 동지섣달에 하루는 상제님께서 정빈에게 이르시기를 "용머리고개 에 꼭 다녀와야 할 집이 있으니 심부름 좀 갔다 오라." 하시니

3 정빈이 여쭈기를 "참말입니까? 또 무슨 거짓말 하려고 그러시는

169:1 김정빈(金 正彬, 1865~?). 본관 안동. 족보 명 재량(在亮), 정빈(正彬)은 자 (字). 김형렬 성 도의 재종숙(7

것 아닙니까?" 하거늘

4 말씀하시기를 "참말이니 그러지, 추운데 뭐 하러 그러겠느냐. 꼭 가야 하는 일이니라." 하시니라.

5 이에 정빈이 "그러면 할 수 없이 갔다 오겠습니다." 하고 용머리고 개 마루에 이르니 큰 물체가 앞을 가로막고 꿈틀거리거늘 자세히 보니 집채만 한 구렁이라.

6 정빈이 기겁을 하고 도망쳐 오니 상제님께서 웃으시며 "잘 갔다 왔냐?" 하시니라.

싸움 한 김광찬의 목덜미를 번쩍 들고 오심

170 하루는 김광찬이 밖에 나갔다가 예수교인과 싸움이 붙어 불러도 오지 않으니 상제님께서 직접 가시어 목덜미를 번쩍 들고 오시니라.

2 상제님께서는 주로 광찬에게 머리 다듬는 일을 맡기시는데

3 하루는 광찬이 상제님의 머리를 빗겨 드리니 말씀하시기를 "가위를 가지고 와서 내 머리카락을 자르라." 하시매

4 광찬이 아무리 하여도 잘라지지 않거늘 "그것도 못 베냐." 하시고 친히 가위로 자르시니라.

다시는 그리 마소 응

5 상제님께서는 언제나 강유(剛柔)를 겸비하시어 그 누구라도 사리에 벗어나는 일을 행할 때는

6 추상같이 꾸짖기도 하시고 타이르기도 하시고, 혹독한 벌을 주시거나 벼락을 내리기도 하시니라.

7 성도들 중에 허물 지은 자가 있으면 크게 꾸짖으신 뒤에 이내 다정한 음성으로 "다시는 그리 마소 응." 하시어 춘풍화기(春風和氣)와 같이 마음을 풀어 주시니라.

죽어도 석 잔, 살아도 석 잔이라

171 오동촌(梧洞村)에 사는 한 사람이 폐병이 말기에 이르러 걷지도 못하고 겨우 기어서 다니거늘

2 동네 사람들이 병자에게 이르기를 "강증산 어른께서 병을 잘 고쳐 주시는데 장날이면 때로 저 뒷길로 해서 내주평에 가신다고 하니

3 가서 기다리다가 오시면 무조건 무릎을 꿇고 살려 달라고 빌게나." 하는지라

촌)으로 구릿골에 거주하였다.

170:5 강유를 겸비하시어. 천지의 근본정신은 춘생추살(春生秋殺)이다. "나는 천하의 선함과 독함을 다 가졌노라."(8편 68장) 하시며 일동일정을 천지 법도에 맞게 행하신 상제님은 전 인류가 본받아야 할 인간의 표상이다.

171:1 오동촌. 현재 김제시 봉남면 행촌리 오동촌. 원평 서쪽에 있는 마을로 근처에 오동반월

316 도전

(梧桐半月)의 명
당이 있다.

171:5 내주평.
"우리 조부님하
고 만나서서 맨
날 내주평을 다
니시는데 저기
행촌 뒷길로 다
니셨대."(김형렬
성도 손자 김현
식 증언)

4 이에 병자가 장날 아침에 엉금엉금 기어서 상제님께서 지나가실 길목 주점에서 기다리니라.

5 이 날 아침에 상제님께서 진지를 드시고 형렬과 함께 내주평에 가시면서 오동촌 뒷길을 지나시매

6 그 병자가 상제님 앞에 엎어져서 다리를 붙들고 살려 달라고 슬피 울며 애원하거늘

7 상제님께서 보시고 "허! 내가 어떻게 살려? 못 살린다." 하시니 그 사람이 더욱 애원하며 주막으로 모시고 들어가 술 석 잔을 대접하니라.

8 상제님께서 술을 드시고 병자에게 말씀하시기를 "그럼 원평으로 나를 따라오라." 하시거늘

9 병자가 탄식하며 "아이고, 제가 집에서도 기어서 나왔는데 어떻게 원평까지 따라갑니까? 약만 가르쳐 주옵소서." 하니

10 상제님께서 말씀하시기를 "따라오라면 따라오지 무슨 잔소리냐." 하시므로

11 그 사람이 할 수 없이 따라가다 보니 뜻밖에도 멀쩡하게 걸어서 가지더라.

12 원평장에 이르러 상제님께서 주막에 드시어 "너같이 아파서 돈도 못 버는 놈한테 내가 술 석 잔을 얻어먹었으니 너도 내 술 한 잔 받

원평장터. 천지공사 보실 당시에는 썩은 청어 두름도 반나절이면 다 팔렸다는 말이 전해 올 정도로 많은 사람이 붐비던 곳이다. 지금도 옛 자취가 남아 있다.

아라." 하시고

13 대뜸 술을 한 대접 따라 주시니 병자가 "제가 병이 깊어 술을 먹으면 죽습니다." 하고 사양하매

14 상제님께서 웃으시며 "죽어도 석 잔, 살아도 석 잔이니 석 잔은 마셔야 하리라!" 하시거늘 병자가 마지못해 술을 마시니 거푸 두 대접을 더 따라 주시니라.

15 잠시 후에 병자에게 이르시기를 "썩은 청어 한 두름을 사서 몸뚱이는 다른 식구들이 지져 먹고 너는 대가리만 폭 삶아 먹으라." 하시니

16 병자가 명하신 대로 원평장에서 썩어가는 청어 한 두름을 사서

17 올 때와 마찬가지로 멀쩡하게 오동촌까지 걸어가 머리만 달여 먹으매 금세 회복되어 성한 사람이 되니라.

정미(丁未 : 道紀 37, 1907)년

천한 노릇 대속 공사를 보심

172 정미(丁未 : 道紀 37, 1907)년에 하루는 상제님께서 어디를 가셨다가 얼굴에 검정물과 빨강물을 잔뜩 바르고 방으로 들어오시니 마치 광대처럼 보이거늘

2 호연이 "아이구, 왜 저런대? 왜 그리 광대질을 했어요?" 하니 "광대는 무슨….." 하고 별 말씀을 않으시니라.

3 호연이 다시 "왜 그렇게 시꺼머니, 뻘그러니 해 가지고 그래요?" 하니

4 말씀하시기를 "누가 시집을 가길래 내가 대신해서 '우리 누님 시집간다.' 고 소리치며 천한 노릇 하고 왔다." 하시거늘

5 호연이 "어쩌면 천한 노릇을 한다고 얼굴에다가 꺼멍을 바르고 빨강물을 친대요?" 하니

6 상제님께서 말씀하시기를 "호강스런 큰애기가 시집을 가면 제 오라비가 그렇게 장난꾸러기로 그런단다.

7 그래서 내가 대신 오라비 노릇 하려고 그러고 갔다." 하시니라.

8 이에 호연이 "누구네 집이에요?" 하니 "뉘 집인지 몰라." 하시거늘

9 다시 "그러면 시집가는 데 가서 광대 치르고 왔으면서, 나 먹을 것도 안 갖다 줘?" 하는지라

10 상제님께서 "그럼 지금 갈거나?" 하시니 호연이 "그려, 가!" 하니라.

171:14 죽어도 석 잔, 살아도 석 잔. 이 말씀을 들을 때 가슴 속에서 천둥이 치고 벼락불이 튀어야 한다. 생사에 대해 도통하는 말씀이기 때문이다. 이 말씀은 답사하는 날 황혼이 짙어 가는 저녁 물결을 타고 김형렬 성도 가족과 함께 현지에 찾아가서 들은 말씀이라 가슴속에 깊은 감동이 용솟음치고 증산 상제님의 숨결을 더욱 생동감 있게 느끼게 해 준다. 증산 상제님의 숨결은 이 조선 땅에 너무도 생생히 살아 있다. 그러나 증산 상제님의 참모습은 온갖 종교 협잡꾼들에 의해 너무도 심하게 왜곡되었다.

11 이에 상제님께서 "그럼 내 골마리 속으로 들어가라." 하시니 "내가 골마리 속으로 들어가면 걷지도 못할 텐데?" 하거늘

12 상제님께서 "들어가라 하면 들어갈래?" 하시니 호연이 "그럼!" 하는지라

13 상제님께서 먼 데를 보고 웃으시며 "요것이 나를 잘 놀려먹으려 한다니까.

14 들어가라고 하니 들어간다고 하는 것 봐! 들어가서 또 누구를 죽이려고, 네가?" 하시니라.

15 이에 호연이 "어쩌긴 뭘 어째, 잘못하면 고추를 배배 틀지." 하니

16 상제님께서 "뭔 고추가 거기에 가 달렸간디?" 하시거늘 "그 속에 고추 있다니까 그러네." 하는지라

17 상제님께서 크게 웃으시며 "언제는 강아지라고 하더니 이젠 고추라고 하네." 하시고

18 "호연아, 야야! 너하고 태운장하고 앉았으면 웃음이 절로 난다." 하시니라.

천륜을 버린 여자에게 벼락을 내리심

173 상제님께서 이치안의 집에 계실 때 수차 구릿골을 왕래하시는데 하루는 치안과 그의 아들 직부를 데리고 구릿골로 떠나시니라.

2 이른 새벽에 일행이 금구에 이르러 숙호재 주막을 지날 때 한 젊은 여자가 머리를 푼 채 보따리를 안고 주위를 살피며 황급히 걸어가거늘

3 문득 상제님께서 노기를 띠시며 **"저런 괘씸한 년이 있나!"** 하고 소리치시니라.

4 직부가 놀라 여쭈기를 "어이하여 그렇게 역정을 내십니까?" 하니

5 말씀하시기를 "저년이 젖먹이 어린것을 떼 놓고 샛서방을 보아야 반도주한다. 저런 것은 내 용서할 수 없다." 하시고

6 주막의 주모를 불러 "벼루하고 종이 좀 가지고 오라." 하시어 부를 그려 불사르시니 곧이어 천둥과 번개가 일어나더라.

7 얼마 후 산에서 나무꾼들이 서로 부축하여 내려오는지라 직부가 연유를 물어보니 방금 내려친 벼락에 나무꾼들이 허리와 다리를 다쳤다고 하거늘

8 상제님께서 "너희들 참 안됐구나. 이리 오너라." 하시어 환부를 만져 주시고 친히 '후' 하고 불어 주시니 금세 나으니라.

173장 이직부 성도의 아들 이석찬 증언. 『대순전경』을 비롯한 초기 기록은 신원일 성도가 신경원의 집에 가서 나무장수로부터 들은 이야기를 전한 것으로 되어 있으나, 답사 결과 이치안 성도 부자가 상제님을 모시고 숙호재를 넘을 때 직접 목도한 사건임이 밝혀졌다. 상제님께서 나무꾼을 고쳐 주시는 장면 등 정황이 매우 생생하다.

173:2 숙호재.

9 이에 나무꾼들이 감사드리며 여쭈기를 "오다가 놀라운 일을 보았습니다. 방금 고개에서 여자 하나가 벼락에 맞아 타 죽었습니다." 하는데

10 그 때 한 노파가 쫓아와 묻기를 "여기 계신 양반들, 젊은 여자 하나가 보따리 안고 가는 것 못 보셨소?

11 제 며느리가 아들을 낳은 지 이레가 못 되어 어젯밤에 남편이 죽었는데 초상도 치르기 전에 갓난애를 버리고 집을 나갔다오." 하니

12 상제님께서 말씀하시기를 "요 고개 위에 불에 탄 시체가 있을 테니 가져다 양지 밭에 묻어나 주게." 하시니라.

인정상 차마 못할 일

13 잠시 후 성도들에게 말씀하시기를 "이 일은 실로 인도상 용서치 못할 죄악이니라.

14 더구나 그 작배(作配)는 저희들끼리 스스로 지은 것이라 하니 대저 부모가 지어 준 것은 인연(人緣)이요, 스스로 지은 것은 천연(天緣)이라.

15 인연은 오히려 고칠 수 있으되 천연은 고치지 못하는 것이거늘 이제 인도에 거스르고 천연의 의를 저버리니 어찌 천벌이 없으리오.

16 남편이 죽어 하루 만에 장사도 치르지 않고 젖먹이를 버리고 다른 데로 감은 천하의 대패륜이요, 인정상 차마 못할 일이라 내가 벼락을 써서 죽였느니라." 하시니라.

동학 신앙 때 천상보좌의 상제님을 알현한 김경학

174 김경학(金京學)은 태인 사람으로 대부호의 넷째 아들로 태어나 부유한 환경에서 성장하며 학문에 열중하더니

2 동학 접주였던 셋째 형 경은(景愳)을 따라 동학을 신앙하니라.

3 그 후 칠보산 줄기인 태자봉 아래 백암리(白岩里)로 이거하여 훈장을 하다가 47세에 상제님을 뵙고 따르게 되니라.

4 일찍이 경학이 석 달 동안 시천주(侍天主呪) 수련을 하던 중 꿈에 천상에 올라가 옥황상제(玉皇上帝)를 뵈온 일이 있었는데

5 하루는 상제님께서 이르시어 "네 평생에 제일 좋은 꿈을 꾼 것을 기억하느냐?" 하고 물으시거늘

6 경학이 일찍이 상제님을 뵙던 꿈을 아뢰며 "선생님의 형모가 곧 그 때 뵌 상제님의 형모이신 것을 깨달았습니다." 하고 아뢰니

7 증산 상제님께서 여러 성도들에게 말씀하시기를 "내가 바로 옥황상제니라." 하시니라.

쑥고개. 전북 완주군 이서면, 전주시 완산구, 김제시 금구면의 경계에 있는 고개. 당시 많은 사람들이 이 고개로 김제와 전주를 다녔으며 이곳엔 숙호(宿虎)의 명당이 있다 한다.

173:11 그 남편이 문둥병자였고 아직 숨도 떨어지기 전이라는 증언도 있다.(안내성 교단이 있는 백운동 거주 배은실(1935~) 증언)

174:1 김경학(金京學, 1862~1947). 본관 김해. 족보명 연상(演相), 자(字) 경학(景學), 호는 시은(市隱). 경학(京學)은 도명(道名)이다. 부 형태(瀅兌)와 모 김씨의 넷째 아들로 태어나 부인 은(殷)씨와의 사이에 용주(龍胄) 등 3남 1녀를 두었다. 13대째 원백암 마을에서 살며 어릴 때 김경학 성도를 직접

본 박기만(1927
~)의 증언에 의
하면, 키가 크고
풍채가 좋으며
얼굴 혈색이 좋
고 하얀 수염이
길게 난 멋쟁이
노인이었다고 한
다.

174:1 대부호. 김
경학 성도의 맏
형은 태인 칠천
석 중 이천 석을
경영하였으며 집
도 2,700평으로
태인에서 가장
컸다.(김경학 성
도 둘째 형의 손
자 김완수(1933
~) 증언)

174:3 칠보산.
정읍시 칠보면,
북면, 상동에 걸
친 산(472m). 일
곱 봉우리로 이
루어져 있으며
칠보임학(七寶林
壑)이라 하여 산
세가 수려하고
골이 깊다.

175:2 해인사. 경
남 합천군 가야
산(伽倻山) 자락
에 있는 절. '해
인사'라는 이름
은 『대방광불화
엄경(大方廣佛華
嚴經)』의 '해인
삼매(海印三昧)'
에서 비롯되었
다.

175:3 명당. 백
암리는 태자봉
장군대좌혈을 비
롯해 그 일대가

8 경학은 상제님을 만난 후로 오직 상제님께 절을 올릴 뿐 다른 곳에
가서는 절을 하지 않으니라.

그 날로 상제님을 따르니라

175 상제님께서 백암리 김경학의 집에 계실 때 하루는 사랑에서
"물 한 그릇 떠 오너라." 하시어

2 그 물을 문밖에 뿜으시며 "해인사에서 큰불이 날 것을 껐느니라."
하시니라.

3 또 어느 날 아침에 문득 문을 열고 산을 쳐다보시더니 "아, 여기도
명당 하나가 있구나." 하시거늘

4 경학이 "명당을 가르쳐 주시면 그곳에다 묘를 쓰겠습니다." 하니

5 상제님께서 말씀하시기를 "묘를 쓴들 무슨 소용이 있으리오." 하시
니라.

6 하루는 경학을 조용히 방 안으로 부르시어 사뭇 진지한 표정으로
물으시기를 "경학아, 네 재산이 얼마나 되느냐?" 하시니

7 경학이 "한 삼백 석 거리는 됩니다." 하고 대답하거늘

8 말씀하시기를 "돈이 많으면 돈에 정신이 팔려 나의 도를 믿지 않게 되
나니 나를 좇으려면 먼저 망하고 들어서야 하느니라." 하시니라.

9 이에 경학이 작심하여 삼백 석지기 논을 팔아 성금으로 바치고, 그
날로 아예 걷어붙이고 상제님을 따르니라.

새울 사는 최창조의 입문

176 태인 새울에 사는 최창조(崔昌祚)는 대농(大農)에 금광을 운영하
여 살림이 유족한 부자라.

2 하루는 창조가 이웃 마을에 사는 김경학이 전심(專心)하여 상제님
을 따르는 것을 보고 경학에게 묻기를 "무엇 때문에 그 양반을 그리
따라다니는가?" 하니

3 경학이 대답하기를 "그분 말씀을 들어보면 앞으로 좋은 세상이 온다
는데, 도술이 어찌나 높은지 귀신도 마음대로 부린다네. 그분 조화가
말도 못하네.

4 그분은 참으로 하느님이신 게 틀림이 없네." 하며 상제님의 신성하심을
침이 마르도록 말하니

5 창조가 귀가 솔깃하여 경학에게 청하기를 "나도 그분을 따를 수 있
는지 한 번 여쭤 봐 주게나." 하니라.

천금도통 최창조

6 상제님께서는 누가 따르고자 하면 대개 "나를 따르는 거야 제 마음이지, 내가 따르라 마라 하겠느냐." 하시며 자연스럽게 받아들이시는데

7 경학이 상제님께 나아가 "저기 새울 사는 최창조가 선생님을 따르고자 하니 받아 주시지요." 하고 여쭈니

8 상제님께서 이미 아시고 "창조는 부자가 아니냐? 고폐금(告幣金)을 많이 바치라고 해라." 하시는지라

9 경학이 여쭈기를 "얼마나 바치라고 할까요?" 하니 말씀하시기를 "일신천금(一身千金)이니 고폐금 천 냥을 바치라고 해라." 하시니라.

10 상제님께서 다시 이르시기를 "꼭 그렇게 전해라잉. 저 돈 아끼는 거나 내가 도(道) 아끼는 거나 매일반이라고 그래라잉." 하시거늘

11 경학이 창조에게 상제님의 말씀을 전하니 그 말이 떨어지기가 무섭게 창조가 이르기를 "일신천금인데 그것도 못 하겠는가?

12 내 천 냥을 바치고 당장 입도하고말고." 하며 기꺼이 상제님을 따르겠다고 다짐하니라.

13 이에 곧바로 인부 열 사람에게 각기 백 냥씩 천 냥을 지우고 경학과 함께 상제님을 찾아뵙고 따르기를 청하니

14 상제님께서 그 정성에 감탄하시고 무릎을 치시며 "천금도통 최창조(千金道通 崔昌祚)로다!" 하시니라.

15 이로부터 상제님께서 백암리와 새울을 오가시며 공사를 행하시니라.

상제님을 찾아간 덕두리 최덕겸

177 태인 덕두리(德斗里)에 사는 **최덕겸(崔德兼)**의 부친이 학슬풍(鶴膝風)으로 앓아 누웠거늘

2 덕겸이 상제님의 신이하심을 듣고 마침 새울 최창조의 집에 머물고 계신 상제님께 약을 구하러 찾아오니라.

3 그러나 덕겸이 아무리 기다려도 약을 지어 주시지 않으므로 포기하고 돌아가려 하니

4 그제야 상제님께서 물으시기를 "네가 약을 지어 주지 않는다고 그러느냐? 그럼 내가 병을 낫게 해 주면 쌀 열 섬을 내겠느냐?" 하시거늘

5 너무도 반가운 말씀이라 덕겸이 "예! 쌀 열 섬을 사람 목숨에 대겠습니까? 병만 낫게 해 주신다면 기꺼이 드리겠습니다." 하고 대답하니라.

6 이에 다짐을 받으시고 부적을 써서 청수에 적셔 불사르시며 말씀

군대가 주둔해 있는 형국이며 근처엔 비화부벽혈(飛花附壁穴)이 있다고 한다.

176장 나승렬 증언.

176:1 새울. 현재 정읍시 칠보면 백암리에 있는 상일, 중일, 흥이, 흥삼의 네 마을을 가리킨다. '새'는 봉황(鳳凰), '울'은 둥지를 의미하며, 봉황이 둥지를 틀고 앉아 알을 품은 형국으로 제3변 결실도운의 큰 기운을 간직하고 있다.

176:1 최창조(崔昌祚, 1865~1935). 본관 경주. 정읍시 옹동면 매정리에서 부 주한과 모 김씨의 외아들로 태어났다. 자주 이사를 다녔는데 상제님을 추종하던 시기(43세 입문)에는 새울에서 살았다. 2명의 아내가 있었는데 장창엽과의 사이에서 아들 상열을, 최씨와는 3남 3녀를 두었다.

176:9 일신천금. 옛날에 관리들이 천 냥을 횡령하면 사형을 당한

데서 유래한 말.
'천 냥은 사람의
생명을 좌우하는
목숨 값'이라는
뜻이다.

177장 최덕겸 성
도의 손자 최우
범 증언.

177:1 덕두리. 지
금도 최덕겸 성
도의 후손을 비
롯한 최씨들이
많이 살고 있다.

177:1 최덕겸(崔德
兼, 1883~1951).
본관 삭녕(朔寧).
본명은 병한(炳
瀚). 정읍시 태인
면 덕두리에서

하시기를 "너의 집에 가 보면 알 것 아니냐." 하시거늘

7 덕겸이 집에 돌아와 보니 부친이 생기를 얻어 일어나 있는지라

8 너무 반갑고 놀라워 부친께 회복된 시각을 물으니 바로 상제님께서 부적을 쓰신 시각이더라.

9 이에 덕겸이 기쁜 마음으로 약조한 쌀 열 섬을 올리니라.

10 이로부터 덕겸이 상제님을 따르거늘 상제님을 수행하면서 뵈면 늘 삿갓을 쓰고 다니시는데

11 해를 향해 동그라미를 치시면 햇무리가 서고, 달을 향해 동그라미를 치시면 달무리가 서더라.

하느님께 대접한다

12 이 때에 상제님의 신성하심이 널리 알려지니 태인 신방죽(神濛) 사람들이 검은 소를 잡아 상제님을 공양하거늘

13 그들이 "하느님께 음식을 대접한다." 하여 흰 종이로 입을 봉하고 손을 백지로 감고 정성껏 음식을 장만하니라.

백암리, 새울, 덕두리 일대. 주요 지형이 잘 보이도록 덕두리 쪽에서 조감하였다.

이후로 내가 정읍에서 지내리라

14 며칠 뒤 상제님께서 구릿골에 가시어 김자현에게 이르시기를 "이 후로는 내가 정읍에서 지내리라." 하시거늘

15 자현이 여쭈기를 "누구의 집에 머무르려 하십니까?" 하니 말씀하시기를 "차차 알게 되느니라." 하시니라.

복남의 영기를 다시 열어 주심

178 정미년에 이르러 하루는 상제님께서 복남에게 말씀하시기를 "이제 네가 모든 영을 보아야 한다." 하시더니

2 열한 살 되던 해에 막아 두시었던 영기(靈氣)를 다시 열어 주시니라.

3 복남이 신령한 영기로 세상을 새로 보매 만물이 이미 이전의 그 모습이 아니요 마치 장님이 눈을 떠 대광명을 찾은 듯하거늘

4 "내가 그 동안 어두운 세상을 살았다!" 하며 기뻐하니라.

5 이 때 상제님께서 다른 사람들이 눈치채지 못하도록 '어떻게 어떻게 하라.'고 앞으로 할 일을 일러 주시니라.

몰려오는 비를 향해 담뱃대를 한 번 두르시니

179 정미년 5월 초닷샛날 동네 사람들이 상제님께 와 뵙고 아뢰기를 "오늘은 단오절이오니 학선암(鶴仙庵)으로 소풍이나 가사이다." 하매

2 상제님께서 허락하시고 성도들과 마을 사람들을 데리고 학선암으로 가시는데 문득 소나기가 크게 몰려오거늘 모두들 비를 맞지 않으려고 바삐 뛰어가는지라

3 상제님께서 김자현을 불러 "천천히 가자." 하시고 길가에 앉으시어 담배에 불을 붙이신 후 몰려오는 비를 향하여 담뱃대를 한 번 두르시니

4 곧 비가 다른 곳으로 몰려가다가 상제님께서 학선암에 이르신 뒤에야 다시 몰려오더라.

차경석을 만나심

180 5월 17일에 상제님께서 형렬의 집을 떠나시며 말씀하시기를 "이 길이 길행(吉行)이라. 한 사람을 만나려 함이니 장차 네게 알리리라." 하시고

2 용암리(龍岩里) 물방앗간에 머무르시다가 그 앞 주막에서 정읍 사람 차경석(車京石)을 만나시니 당년 28세로 구척장신에 용모가 준

태어났다. 슬하에 1남을 두었다. 손자 최우범에 의하면, 주로 태을주와 시천주 주를 많이 읽었으며 자신이 죽는 날짜까지 알았다고 한다.

177:1 학슬풍. 무릎이 붓고 아프며 다리 살이 여위어 마치 학의 다리처럼 된 병.

177:12 신방죽. 현재 정읍시 감곡면 통석리(通石里) 순촌(순방죽) 마을. 상제님께서 뒷날 이곳에서 일본의 강렬한 지기를 뽑는 공사를 보신다. 5편 295장 참조.

179:1 학선암. 김제시 금산면 구성산(九城山)의 남쪽 중턱에 있는 암자.

180:2 물방앗간. 현재의 금평제 앞에 있었고, 오

래 전에 논으로 변했다.

180:2 차경석(車京石, 1880~1936). 본관 연안(延安). 자(字) 윤홍(輪洪), 호는 월곡(月谷). 동학 접주였던 차치구의 장남으로 슬하에 3남 5녀를 두었다. 고부 입석리에서 상제님을 처음 만났다는 증언도 있다.

차경석
(1880~1936)

180:2 구척장신. 16세 때부터 신앙한 보천교 십이임 중의 한 사람으로, 차경석 성도를 직접 본 장두방(1905~?) 증언.

180:5 용암리 주막. 보천교 자료에는 거야주점(巨野酒店)에서 만났다고 기록돼 있다.

180:5 풀대님. 바지의 대님을 매지 않고 그대로 터 놓는 일.

수한 젊은이라.

3 원래 경석은 동학 신도로서 일찍이 일진회 전북 총대(總代)를 지낸 일이 있더니

4 이 날은 재산 문제로 송사하러 정읍에서 전주로 가는 길이더라.

5 경석이 용암리 주막에서 점심을 먹고 떠나려 할 즈음 상제님께서 대삿갓에 풀대님 차림으로 김자현 등 두어 사람을 데리고 들어오시거늘

6 경석이 상제님을 뵈니 의표(儀表)는 소탈한 가운데 씩씩한 기운을 띠시고

7 언어동지(言語動止)는 순진하고 꾸밈이 없으시며 안광(眼光)이 사람을 쏘는 듯하여 감히 똑바로 볼 수가 없더라.

8 사람을 대하여 정겹게 말씀을 나누시면 마치 봄바람이 온 들에 가득 찬 듯하고

9 일의 사리를 밝히심에는 대하(大河)가 물결치듯 풀어 놓으시고

10 말씀의 운치는 너그럽고 크시어 천둥이 구르는 듯하며 모든 행동하심이 호호탕탕하여 폭 잡을 수가 없는지라.

11 경석이 절로 마음이 끌리고 상제님의 기품에 취해 말씀을 청하니

12 상제님께서 온화하게 대답하시고 술을 드시다가 닭국 한 그릇을 경석에게 권하시니라.

13 경석이 받으매 어디선가 벌 한 마리가 날아와 국에 빠지거늘 경석이 수저를 멈추고 혹 상서롭지 못한 일이 아닌가 하고 생각하니

14 상제님께서 말씀하시기를 "벌은 규모 있는 벌레니라." 하시니라.

사람 기르기가 누에 기르기와 같다

15 경석이 여쭈기를 "무슨 업을 하십니까?" 하니 웃으며 말씀하시기를 "의원 노릇을 하노라." 하시고

16 경석이 다시 "어느 곳에 머무르십니까?" 하고 여쭈니 말씀하시기를 "나는 동역객(東亦客) 서역객(西亦客) 천지무가객(天地無家客)이로다." 하시니라.

17 대저 경석이 상제님의 거주지를 여쭌 것은 뒷날 찾아뵈려 한 것인데 이렇게 말씀하시니 다시 찾기가 어렵겠으므로 떠나지 않기로 결심하고

18 이왕에 상제님의 지식을 시험하고자 하여 다시 "어떻게 하면 인권(人權)을 많이 얻을 수 있습니까?" 하고 여쭈니

19 대답하여 말씀하시기를 "폐일언(蔽一言)하고 욕속부달(欲速不達)이니

라." 하시니라.

20 이에 경석이 아뢰기를 "자세한 뜻을 알지 못하겠습니다." 하니

21 상제님께서 일러 말씀하시기를 "사람 기르기가 누에 기르기와 같아서 일찍 내이나 늦게 내이나 먹이만 도수에 맞게 하면 올릴 때에는 다 같이 오르게 되나니

22 이르고 늦음이 사람의 공력에 있느니라." 하시니라.

남아가 반드시 활인지기를 띨 것

181 경석의 이번 전주 길은 세무관과 송사할 일이 있어 서류를 가지고 가는 길이더니 경석이 서류를 내어 보이며 여쭈기를

2 "'세 사람이 모이면 관장(官長)의 공사를 처결한다.' 하오니 청컨대 이 일이 어떻게 될지 판단하여 주십시오." 하거늘

3 상제님께서 그 서류를 소리내어 읽으신 뒤에 말씀하시기를 "이 송사는 그대에게 유리하리라. 그러나 이 송사로 인하여 피고(被告)의 열한 식구는 살길을 잃게 되리니

4 일의 곡직(曲直)을 불문하고 대인으로서는 차마 할 일이 아니니라.

5 남아가 반드시 활인지기(活人之氣)를 띨 것이요, 살기(殺氣)를 띰은 옳지 못하니라." 하시니라.

6 이에 경석이 크게 감복하여 말하기를 "선생님의 말씀이 지당하오니 이 길을 작파하겠습니다." 하고 즉시 그 서류를 불사르니라.

7 이 때 경석은 동학 신도로서 손병희를 따르다가 그 처사에 불만을 품고 다시 길을 바꾸려던 참이라.

8 이 날 상제님을 뵙고 모든 거동이 범속과 다름을 이상히 여겨 떠나지 않고 날이 저물기를 기다려 상제님의 뒤를 따라가니 곧 용암리 물방앗간이라.

9 경석이 상제님의 말씀을 들을수록 마음이 끌리어 그 자리에서 상제님을 모시겠다고 간청하되 상제님께서 허락하지 아니하시니라.

네가 나를 따르려면

182 상제님께서 숙소를 김치경(金致京)의 용암리 물방앗간에 정하시니 음식이며 잠자리며 모든 것이 누추하기 이를 데 없어 여느 사람도 견디기 어려워하는데

2 경석이 이러한 고초를 겪으면서도 떠나지 아니하고 상제님을 '정읍의 자기 집으로 모시겠다.' 하거늘

3 상제님께서 진노하시어 큰 소리로 꾸짖으시기를 "나는 너와는 아무런 인연이 없노라. 어서 내 앞에서 썩 물러가라, 이놈아!" 하시니라.

4 상제님께서 경석이 떠나지 않음을 괴로워하시며 수차 물러가기를 재촉하시되

5 경석이 듣지 않고 계속 자기 집으로 함께 가시기를 간청하니 그 때마다 혹 성을 내시고 욕을 하시며 쫓아내기도 하시는데

6 경석이 보기에는 그러한 모든 일이 더욱 범상치 않을 뿐 아니라

182:7 『용담유사』「교훈가」

7 수운가사(水雲歌詞)에 있는 '여광여취(如狂如醉) 저 양반을 간 곳마다 따라가서 지질한 그 고생을 뉘로 대해 그 말하며' 하는 구절이 생각나매

8 떠나지 않고 열흘 동안을 머물면서 제자가 되기를 굳이 청하니라.

9 이에 상제님께서 이르시기를 "네가 나를 따르려면 모든 일을 전폐하고 오직 내가 가르치는 바에만 일심(一心)하여야 할지니

10 이제 돌아가서 모든 일을 정리하고 6월 초하룻날 다시 이곳으로 찾아오라." 하시니라.

182:11~12 차윤경의 아내 주판례(1890~?) 증언.

11 경석이 비로소 하직하고 집에 돌아와 아우들을 모아 놓고 상제님을 만난 일과 전주 송사를 작파한 일을 말하며

12 "너희들, 사람 생명이 크냐, 돈이 크냐? 나는 사람을 죽일 수가 없어 그냥 돌아왔노라. 이제 나는 선생님을 따라 사람 살리는 공부를 하려 하노라." 하고 아우들을 설득하더니

13 드디어 모든 일을 정리하고 6월 초하룻날에 다시 용암리에 와서 상제님을 뵙고 정읍으로 가시기를 간청하니라.

네가 나를 길물로 끌어들이는구나

14 이 날 밤에 상제님께서 풀밭에서 주무시다가 닭이 운 뒤에 일어나시어 말씀하시기를 "잘못 풀밭에 누웠구나. 왜 일찍 깨우지 않았느냐." 하시니라.

15 상제님께서 돌 위에서 주무시기도 하고 들판의 농부들과 한가로이 말씀을 나누기도 하시니 경석이 뒤따르며 지성으로 모시니라.

182:16 이 때 신명계에서 이언적(李彦迪, 1491~1553)이 백성의 일을 걱정하여 이의를 제기했다는 기록도 있다.

16 상제님께서 계속 경석의 추종을 불허하시다가 사흘 동안을 지내신 뒤에야 비로소 허락하시며 말씀하시기를

17 "내가 일찍이 목물 속에서 허우적거리며 고생하다가 겨우 헤어나 발목물에 서 있는데

18 네가 다시 나를 깊은 길물로 끌어들이는구나." 하시니라.

성인 다섯을 낳는 길

183 상제님께서 일진회가 일어난 뒤로 삿갓을 쓰시다가 이 날부터 의관을 갖추시고 경석을 데리고 물방앗간을 떠나 정읍으로 가시니라.

2 이 때 원평에 이르시어 군중을 향해 말씀하시기를 "이 길은 **남조선**(南朝鮮) 뱃길이니 짐을 채워야 떠나리라." 하시고

3 한 주점에 들어가시어 모든 행인을 불러 술을 나누어 주시며 말씀하시기를

4 "이 길은 성인(聖人) 다섯을 낳는 길이로다." 하시니 사람들은 그 뜻을 알지 못하더라.

기도 중이던 박공우를 만나심

5 다시 길을 떠나시며 말씀하시기를 "대진(大陣)은 하루에 30리씩 가느니라." 하시니

6 경석이 명을 받들고 일정을 헤아려 고부 솔안(松內) 최씨 재실에 사는 친구 박공우(朴公又)에게로 상제님을 모시거늘

7 공우 또한 동학 신도로서 마침 49일 동안 기도하는 중이더라.

인암(仁庵) 박공우의 입문

184 박공우는 기골이 장대하고 웬만한 나무도 **뿌리째 뽑아버리는** 장사로 의협심이 충만한 인물이라.

2 일찍이 정읍, 고창(高敞), 흥덕(興德) 등 다섯 고을의 장치기꾼을 하면서 한창 때는 당할 자가 없는 씨름장사로 이름을 날리니라.

3 이후 예수교의 전도사로 수십 명을 포교하기도 하고 다시 동학을 신봉하여 혼인도 하지 않고 열렬히 구도에 정진하다가

4 경석의 인도로 찾아오신 상제님을 뵈니 이 때 공우의 나이 32세더라.

인간으로 내려오신 천주님

5 이 날 밤 공우가 밤새 향을 피워 모기를 쫓다가 상제님께 아뢰기를

6 "제가 지금 49일 기도 중에 있는데 이렇게 선생님을 뵙게 된 것이 기적이 아닌가 합니다." 하거늘

7 상제님께서 경석과 공우에게 이르시기를 "이제 만날 사람 만났으니 **통정신**(通情神)이 나오니라.

8 나의 일은 비록 부모 형제 처자라도 모르는 일이니 나는 서양 대법국 천개탑 천하대순이라.

183:2 남조선 뱃길. 남조선 도수에 대한 올바른 역사 인식은 지구촌 인류의 생사를 판단하고 새 우주문명을 건설하는 관건이다. 남조선배 도수는 동방 한민족사의 발전 과정에서 우리 민족이 도달해야 할 궁극의 목적지, 역사의 최종 결론인 것이다.

183:2 짐을 채워야. 남조선 도덕선을 끌고 갈 주인, 일꾼을 실어야 한다는 말씀이다.

183:5 대진. 상제님의 천하사는 인류사를 마무리 짓는 대개벽 사업으로서 조직의 형태와 성격, 근본정신이 군대와 같다. '대진'은 천하사 군대가 행군해 나아가는 것을 말씀하신 것이다.

183:6 최씨 재실. 숙사재(肅事齋). 현재 정읍시 정우면 장순리 송내 마을 소나무밭 깊숙한 곳에 있다.

183:6 박공우(朴公又, 1876~1940). 본관 밀양(密陽). 호 인암(仁庵). 세 명의 부인과 혼인하여 5남 5녀를 두었다. 키가 180cm 가 넘었으며 풍채가 당당하였고, 음성은 사방에 울릴 정도로 웅장하였다. 배포가 크고 뚝심이 좋았으며, 상제님께서는 특히 그의 의로움을 높이 평가하셨다. 원평에서 65세로 작고.

184:2 장치기꾼. 장날에 장이 잘 설 수 있도록 뒤를 봐주는 사람. 보통 고을에서 힘이 가장 센 사

9 동학 주문에 '시천주조화정(侍天主造化定)'이라 하였으니 나의 일을 이름이라.

10 내가 천지를 개벽하고 조화정부를 열어 인간과 하늘의 혼란을 바로잡으려고 삼계를 둘러 살피다가

11 너의 동토에 그친 것은 잔피(孱疲)에 빠진 민중을 먼저 건져 만고에 쌓인 원한을 풀어 주려 함이라.

12 나를 믿는 자는 무궁한 행복을 얻어 선경의 낙을 누리리니 이것이 참동학이니라.

13 궁을가(弓乙歌)에 '조선강산 명산이라 도통군자 다시 난다.' 하였으니 그 또한 나의 일을 이름이라.

14 동학 신도간에 '대선생(大先生)이 갱생하리라.'고 전하나 죽은 자가 다시 살아오지는 못할 것이요

15 이는 '대선생이 다시 나리라.'는 말이니 내가 곧 대선생이로다." 하시고

16 또 말씀하시기를 "예로부터 계룡산(鷄龍山) 정씨(鄭氏) 왕국과 가야산(伽耶山)의 조씨(趙氏) 왕국과 칠산(七山)의 범씨(范氏) 왕국을 일러 오나

17 이 뒤로는 모든 말이 그림자를 나타내지 못하리라. 그러므로 정씨를 찾아 운수를 구하려 하지 말지어다." 하시니라.

솔안 최씨 재실. 정미년 6월 4일 상제님께서 차경석 성도의 인도로, 이곳에서 49일간 시천주주를 공부하던 박공우를 만나셨다.

내가 이르는 곳을 천지에 알려야

185 이튿날 상제님께서 솔안을 떠나 정읍 대흥리(大興里)로 가실 때 공우를 돌아보시며 말씀하시기를 "만날 사람 만났을 적에…." 하시니

2 공우가 문득 동학가사에 있는 '만나기만 만나 보면 너의 집안 운수로다.' 라는 구절이 깨달아져 그 즉시 상제님을 따라나서니라.

3 이 날 대흥리 경석의 집에 이르시어 말씀하시기를 "내가 이르는 곳을 천지에 알려야 하리라." 하시고

4 글을 써서 서쪽 벽에 붙이시니 갑자기 우레가 크게 일어나거늘 "빠르기도 하다." 하시고 그 글을 떼어 무릎 밑에 넣으시니 우레가 곧 그치는지라

5 공우는 크게 놀라 감복하고, 마을 사람들은 대낮에 난데없이 우렛소리가 크게 일어나므로 이상히 여기니라.

마음을 돌렸음을 고백하라

6 우레를 거두시고 경석에게 물으시기를 "지난 갑오년 겨울에 이 집에서 세 사람이 동맹한 일이 있었느냐?" 하시니 경석이 "그렇습니다." 하고 대답하거늘

7 다시 "그 일로 인하여 모해자의 밀고로 너의 부친이 해를 입었느냐?" 하고 물으시니 경석이 울먹이며 "그러하였습니다." 하고 대답하니라.

8 상제님께서 또 물어 말씀하시기를 "너의 형제들이 그 모해자에게 큰 원한을 품어 복수하기를 도모하느냐?" 하시니

9 경석이 아뢰기를 "자식의 도리로 어찌 복수할 마음을 갖지 아니하겠습니까?" 하거늘

10 이에 상제님께서 일러 말씀하시기를 "너희들이 복수할 마음을 품고 있음을 너의 부친이 크게 걱정하여 나에게 고하니 너희들은 마음을 돌리라.

11 이제는 악을 선으로 갚아야 할 때니라. 만일 악을 악으로 갚으면 되풀이 되풀이로 후천에 악의 씨를 뿌리는 것이 되느니라.

12 너희들이 나를 따르려면 먼저 그 마음을 버려야 할지니 잘 생각하라." 하시고

13 "너희들은 선을 행하고 공을 세우라." 하시니라.

14 이에 경석이 세 아우를 데리고 별실에 들어가 서로 위로하며 그 원한을 풀기로 언약하고 그대로 아뢰니

람이 맡는다. 나중에는 '각종 이권에 개입하여 이익을 내는 사람' 으로 개념이 바뀌었다.

184:7 통정신. 뜻과 마음을 통하는 신. 사람의 마음과 마음을 뚫어주는 신이다.

184:15 대선생. '대선생(大先生) 갱생' 은 본래 최수운의 갱생을 가리키는데 상제님께서는 '대(大)' 자를 '대(代)' 자로 풀이해 주셨다.

185:1 대흥리. 현재 정읍시 입암면 접지리 대흥 마을. '크게 흥한다.' 는 지명의 뜻을 취해 상제님께서 도운의 시발처로 쓰셨다.

15 말씀하시기를 "그러면 뜰 밑에 짚을 펴고 청수 한 동이를 모셔 놓고, 그 청수를 향하여 너의 부친을 대한 듯이 마음을 돌렸음을 고백하라." 하시니라.

185:16 경석의 사형제. 윤홍, 윤경, 윤칠과 윤덕의 순이다. 윤경은 이복 동생이며, 윤홍 다음으로 막내 윤덕의 인물이 수려했다 한다.

16 이에 경석이 명하신 대로 행하니 사형제가 설움이 북받쳐서 청수 동이 앞에서 크게 울거늘

17 상제님께서 이르시기를 "너의 부친이 너무 슬피 우는 것을 오히려 불쾌히 여기니 그만 그치라." 하시니라.

18 상제님께서 이로부터 한동안 대흥리 차경석의 집에 머무르시며 공사를 행하시니라.

천지신명들이 알현할 때

19 상제님께서 공사를 행하시는 동안 경석과 공우가 신안(神眼)이 열리어 보니

185:20 반천무지. 하늘을 받들고 땅을 어루만지는 자세를 취하는 절법으로, 하느님을 받드는 최상의 예법이다. 한민족이 천제를 올리기 시작한 상고시대부터 행해졌다. 하늘과 땅과 사람이 합덕하는 이치가 담겨 있다.

20 천지신명들이 상제님께 배알할 때는 반드시 반천무지(攀天撫地)식으로 사배(四拜)를 올리고 상제님께서는 읍(揖)으로 대하시니라.

집안을 아주 망치려 한다

186 경석의 집안은 아버지 차치구(車致九)가 일찍이 동학을 믿어 갑오년에 동학군을 거느리고 혁명에 참가하였다가

2 불의에 패망하여 죽음을 당한 이후로 가세가 기울어 형편이 빈한하더니

185:20 사배. '생장염장' 하는 우주 변화의 근본 정신에 따라, 천지 조화기운을 받아 내리고 천지 이법과 하나 되기 위해 사배를 드리는 것이다.

3 상제님을 모실 무렵에는 끼니조차 잇기 어려워 경석의 제수가 한동네에 잘사는 신(申)씨네에서 밥품을 파니라.

4 경석의 아우 윤칠(輪七)은 근동(近洞)에서 주먹대장으로 유명한데 어려운 형편에 상제님까지 모시게 됨을 싫어하여

5 "동학한다고 집안이 망했는데 또 이상한 사람을 끌어들여 집안을 아주 망치려 한다." 하고 불평을 하며 돌아다니거늘

186:1 차치구(車致九, 1851~1894). 갑오년 동학혁명 당시 정읍에서 오천여 명을 거느리고 기포한 동학군의 지도

6 경석이 생각하되 자기가 청하여 모신 마당에 공궤(供饋)가 조악함도 민망하거니와 아우의 무례로 인하여 상제님을 뵙기가 더욱 송구스럽더라.

경석아, 집을 크게 짓지는 말아라

187 상제님께서 대흥리에 머무르실 때 경석을 데리고 네 차례 비룡산(飛龍山)에 오르시어 공사를 행하시니라.

2 그 뒤에 경석의 집 벽에

千古春秋阿房宮이요 萬方日月銅雀臺라
천 고 춘 추 아 방 궁　　만 방 일 월 동 작 대

3 라고 써 붙이시며 경석으로 하여금 마음에 간직하여 잊지 않게 하
시고

4 또 경계하여 말씀하시기를 "경석아, 집을 크게 짓지는 말아라. 그러면
네가 죽게 되느니라." 하시니라.

5 하루는 상제님께서 형렬에게 말씀하시기를 "정읍이 대창(大昌)하되
잠농지운(蠶農之運)이라. 누에는 집만 지으면 죽나니 집만 끝이 나면
죽으리라." 하시니라.

박공우가 체험한 척의 보복

188 상제님께서 6월부터 두어 달 동안 정읍 대흥리 경석의 집에 계
시니라.

2 공우가 상제님을 종유(從遊)하기 달포 전에 천원장(川原場)에서 예
수교인과 다투다가 가슴에 큰돌을 맞아 가슴뼈가 상하여 한참 기
절하였다가 일어난 적이 있는데

3 이 때 수십 일 동안 치료를 받고 간신히 다니기는 하나 아직 가슴에 손
을 대지 못할 만큼 크게 고통스러우므로 이를 상제님께 아뢰니

4 말씀하시기를 "네가 이전에 어느 길가에서 남의 가슴을 쳐서 사경
에 이르게 한 일이 있으니 그 일을 잘 생각하여 뉘우치라.

5 또 네가 몸이 나은 뒤에는 가해자를 찾아서 죽이려고 생각하나, 너
때문에 죽을 뻔하였던 자의 척(隻)이 그 예수교인에게 붙어서 갚은
것이니 오히려 그만하기가 다행이라.

자. 전봉준이 태
인 전투를 끝으
로 부하 십여 명
을 데리고 순창
피노리에 가서
몸을 숨길 때 동
행하였다.

186:2 죽음. 차
치구는 피노리에
서 정읍 입암면
국사봉으로 피신
했으나 관군이
친구 부인을 통
해 피신처를 알
아내자 스스로
붙잡혀 당시 흥
덕 군수 윤석진
에 의해 죽음을
당하였다. 이후
차경석도 윤석진
의 시기로 죽음
에 직면했으나
어느 참의(參議)
의 도움을 받아
극적으로 목숨을
건졌다.〈차경석
성도의 아들 차
용남(1922∼
2003) 증언〉

비룡산. 정읍시 입암면 마석리에 있는 산. 절 중턱에 순흥 안씨 재실인 추원재(追遠齋)가 있고, 산 왼쪽 아래에는 태
모님께서 2년 7개월 동안 머무르신 왕심리가 있다.

186:3 제수. 윤경의 아내 주판례.

186:3 대흥리에는 세 마을이 있었다. 정읍 쪽 신평 마을에는 김씨들이 주로 살았고, 유단(柳壇)을 중심으로 한 진목 마을에는 차씨들이, 갈재 쪽 100m 전방의 중흥 마을에는 신씨들이 살았다.

186:3 신씨네. 평산 신씨들은 차씨들보다 더 오래된 토박이이며 고수부님께서 이 마을 신씨와 혼인하셨다.

186:4 차윤칠(車輪七, 1884~1920). 족보명 병국(炳國). 부인 김해 김씨 사이에 1남 용민(鏞民)을 두었다.

187:2 이를 두고 차경석 성도는 상제님께서 자신에게 종통을 전했다고 믿었다. 그러나 이 말씀은 상제님께서 차경석의 야심을 아시고, 뜻을 이루지 못하고 죽을 그의 운명을 암시하신 것이다.

6 네 마음을 잘 풀어 가해자를 은인과 같이 생각하라. 그러면 곧 낫게 되리라." 하시니라.

7 공우가 이 말씀에 크게 감복하여 가해자를 미워하는 마음을 풀고 '훗날 만나면 반드시 잘 대접하리라.' 는 생각을 두니라.

8 수일 후에 천원 예수교회에 '열두 고을 목사가 모여서 대전도회를 연다.' 는 말이 들리거늘

9 상제님께서 공우에게 말씀하시기를 "네 상처를 낫게 하기 위하여 열두 고을 목사가 움직였노라." 하시더니 그 뒤 사흘 만에 공우의 상처가 완전히 나으니라.

10 상제님께서 말씀하시기를 "세상의 모든 참사가 척신(隻神)이 행하는 바이니라.

입암산 및 대흥리 일대

11 삼가 척을 짓지 말라. 만일 척을 지은 것이 있으면 낱낱이 풀고 화해를 구하라." 하시니라.

경만(敬萬) 안내성의 입문

189 안내성(安乃成)은 본래 이름이 내선(乃善)으로 경남 함안(咸安) 사람이라.

2 내성이 대여섯 살이 되어 부친이 글을 가르치려 하는데 공부는 아니하고 밖으로 다니며 씨름이나 주먹질만 일삼거늘

3 내성의 조부가 이르기를 "저 아이는 글을 가르칠 아이가 아니니 내버려 두라." 하니

4 내성의 부친이 감히 거역하지는 못하나 심중이 심히 편치 못하여 어느 날 집을 나가 행방불명이 된지라

5 내성이 여덟 살 되던 해에 조부가 돌아가시매 아홉 살에 부친을 찾아 집을 떠나 황해도(黃海道), 평안도(平安道) 할 것 없이 전국 방방곡곡을 걸어서 돌아다니니라.

천하를 건질 분은 조선에서 나오니

6 그러다가 금강산(金剛山) 어느 절에 들어가 3년 동안 불목하니 노릇을 하며 중들에게 불경을 얻어듣고 하던 차에

7 하루는 '미륵존불이 출세해야 세상이 밝아진다.'는 말을 듣고 귀가 번쩍 뜨여 아버지도 찾고 스승도 찾을 겸 다시 길을 떠나

8 미륵존불을 간절히 염원하며 마음으로 불경을 외우면서 이 소문 저 풍문을 좇아 장돌뱅이로 전국을 안 가본 데 없이 돌아다니더니

9 나중에는 멀리 청국(淸國) 산천까지 밟으며 십팔기(十八技)를 익히기도 하니라.

10 이렇게 미륵님을 찾아 천지를 헤매 다니는 중에 한번은 북경(北京)에 이진사(李進士)라는 도통군자가 있다는 소문을 듣고 천리를 멀다 않고 찾아갔거늘

11 그 사람이 북경에 있지 않고 남경(南京)에 갔다 하므로 남경까지 찾아가니

12 이번에는 그곳에서 도로 북경으로 돌아갔다 하매 내성이 다시 북경으로 가서 마침내 그 사람을 만나니라.

13 이에 이진사가 말하기를 "천하를 건질 천 선생(天先生)은 조선에서 나오니 공연히 여기서 헤매지 말고 당신 나라로 돌아가라." 하거늘

14 내성이 순간 '천하를 건질 천 선생님이라면 출세하신 미륵님이 틀림없

187:5 잠농지운. 누에치기의 운. 누에의 한살이로 비유하신 이 말씀에 차경석 성도의 신앙의 전 과정이 함축되어 있다.

189:1 안내성(安乃成, 1867~1949). 본관 순흥(順興). 족보명 원주(元周), 자(字)는 원여(元汝). 내성(乃成)은 도명(道名)이다. 경남 함안군 가야면 도음실에서 부 성유(成有)와 모 남씨 사이의 장남으로 태어났다. 태을주 전수, 천지 일등을 내는 공사 등 상제님 천하사 대업을 매듭짓는 핵심 공사의 사명을 맡았다.

안내성
(1867~1949)

189:2 부친. 안성유(安成有, 1841~?), 자(字)는 자문(子文). 부 여명(汝明, 1803~1874)과 모 안동 권씨의 2남. 부

인 선녕(宣寧) 남
씨와의 사이에
내성과 중선을
두었다.

189:6 불목하니.
절에서 밥 짓고
물 긷는 일을 하
는 사람.

190:2 촉석루.
경남 진주시 본
성동에 있는 영
남 제일의 누각.
임진왜란 때 의
기 논개가 낙화
(落花)하여 순국
한 곳으로 유명
하다.

다.' 확신하고 뜻밖의 반가운 소식에 기뻐하며 서둘러 조선으로 돌
아오니라.

진주 촉석루에서 임천가를 들으니

190 이후로 내성이 불경을 염송(念誦)하며 반드시 '천 선생님'을
찾고야 말겠노라는 일념으로 전국을 떠돌며 지내더니

2 하루는 진주(晉州) 촉석루(矗石樓)에 이르러 설핏 낮잠이 드니라.

3 이 때 홀연 정신이 황홀한 가운데 하늘에서 한 선관의 음성이 들리며

4 "내선(乃善)아, 네가 이곳에 있을 줄 알았노라. 노래를 받아라." 하
고 낭랑하고 유려한 음률로 임천가(林泉歌)를 들려주는데 일찍이 들
어 보지 못한 아름다운 선율이더라.

5 이윽고 노래가 그치매 다시 선관이 "석가모니는 지나간 부처니 염불
은 그만하고 이제부터 너는 천 선생을 찾아 모시도록 하라." 하는 말을
남기고 아득히 하늘로 사라지니라.

6 내성이 문득 깨어 보니 꿈인지라 크게 용기를 얻어 '지성이면 감천
이다. 내가 틀림없이 천 선생님을 만나겠다.' 생각하고 내처 길을 떠나
오매불망 아버지와 천 선생님을 찾아 돌아다니다가

7 정미년 여름에 이르러 미륵신앙의 본원지인 금산사 미륵전(彌勒殿)
에 들어가 며칠 동안 머물면서

8 꿈에도 그리운 아버지와 현신출세 미륵불이신 천 선생님을 만나게
해 주시기를 미륵불께 지성으로 발원하니라.

정읍 새재에서 상제님을 처음 뵌 날

191 6월 22일에 내성이 금산사에서 기도를 마치고 돌아오는 길에
드디어 꿈에 그리던 '천 선생님'이신 상제님을 만나니라.

2 내성이 정해(井海)를 지나 정읍 새재를 넘으려는데 그 날 따라 유난
히도 날이 푹푹 쪄서 온몸이 땀으로 흠뻑 젖었거늘

3 '새재 입구 주막에 들어 목이나 좀 축이고 갈까.' 하다가 '기왕이
면 올라가서 쉬자.' 하고

4 옷소매로 땀을 닦고 칡잎을 훨훨 부쳐 가며 허위허위 고갯마루에
올라 나무 그늘을 찾으니 서늘한 돌 위에 패랭이를 쓰신 상제님께
서 앉아 계시더라.

5 내성이 그 곁에 앉아 땀을 들이고 있는데 문득 지난 시절이 떠올라
회한이 밀려오거늘

191장 안내성 성
도의 품에서 자
라며 직접 이야
기를 들어온 4남
정남의 증언. 기
존의 모든 기록
과 여타 증언자
들의 잘못된 주
장을 일소시킨
다.

191:2 정해. 현
재 정읍시 신정
동(新亭洞) 정해
마을. 일명 '새
암바다'라 부르

임천가(林泉歌)

임천(林泉)은 초당(草堂) 삼고
만고일월(萬古日月)을 곁에 두고
금주(金主)야 술 부어라
거문고 비파(琵琶) 양금에
새 줄을 골라
남풍가(南風歌)로 화답(和答)할 때
만고강산(萬古江山)이 모두 지상선(地上仙)이로구나.

임 잃고 임 생각할 제
밤마다 꿈 몽(夢) 자요
생각 념(念) 자 탄식 탄(嘆) 자 하니
어깨 너머 눈물 루(淚) 자
우리도 언제나 정든 님 만나서
웃음 소(笑) 자 즐거울 락(樂) 자로
세월을 보낼거나.

바람 불고 비 오실 줄 알면
학창의(鶴氅衣) 지어 줄에다 걸까
임이 정녕 오실 줄 알면 문을 걸고 잠을 잘까
차후로 임 오신다는 소식이 풍월에 일러 들리거든
유문장등(留門長燈) 하고 자리 보존하고
저 달이 떴다 지도록 기다리소.

는데 마을에 우물 정(井)자 형의 큰 샘이 있다.

191:2 정읍 새재. 정읍시 입암면 신정리 어구에서 전남 장성군 북하면으로 넘어가는 고개.

도문

6 '내가 아버지와 천 선생님을 찾아 천지 사방을 헤매 다녔건만 여태 소식 한 장 못 듣고, 그리자니 꿈속의 임이로구나. 이번 길에도 못 찾으면 다시 청국에나 가야겠다.' 하는 생각을 품으니

7 문득 옆에 계신 상제님께서 담배를 재어 한 모금 빠시고 먼 데를 바라보시며 뜬금없이 "참, 별 미친놈을 다 보겠네." 하시니라.

8 내성이 본래 진주, 사천(泗川) 바닥에서 '안바람'으로 통하는 이름난 장치기꾼인 데다 일찍이 어디 가서도 싸움에 져 본 적이 없거늘

9 듣자 하니 손아래인 듯한 젊은이가 시비를 거는 투라 슬슬 심사가 나는데 방금 미륵전에 다녀오는 길인지라 마음을 다스려 점잖게 말하기를 "누구보고 그런 말씀을 하시는 게요?" 하니

10 상제님께서 대뜸 고개를 돌리시며 "야, 이놈아! 여기에 너밖에 더 있냐! 너 들으라고 하는 소리다, 이 미친놈아!" 하고 불벼락을 치시매

11 눈이 마주치는 순간 뭐라 형언할 수 없이 목이 메고 사람을 꿰뚫어 보는 듯한 눈빛과 뻗치는 서기에 그만 기가 꺾여 자신도 모르게 무릎을 꿇으니라.

12 이어 숨 돌릴 겨를도 없이 "나도 미친놈이다만 네놈도 단단히 미친놈이로구나. 네 이놈! 너 아버지 찾으러 다니지? 네 아버지 삼월 초열흘 날 ○○에서 죽었어. 그 날 제사나 잘 지내라, 이놈아!

13 그래, 청나라로 가면 네가 큰일을 한번 하겠다. 아주 청나라로 가거라, 이 미친놈아!" 하고 불같이 호통을 치시니 혼이 쑥 빠질 지경이더라.

저놈, 미친놈! 강도놈! 도둑놈!

192 이 느닷없는 호통에 내성이 기분이 나쁘기는커녕 오히려 속이 뻥 뚫리는 듯하고, 처음 보는 사람이 자신의 속내를 마치 손금 보듯 속속들이 꿰고 있음에 놀랍기도 하여

2 '혹시 이분이 천 선생님이 아닐까!' 하는 생각이 한 줄기 섬광처럼 스치는지라 다짜고짜 "선생님! 뵙겠습니다." 하고 머리를 조아리니

3 상제님께서 "저놈, 저 미친놈! 내가 어째서 네 선생이냐, 이 강도놈아!" 하시고는 자리를 털고 일어나시거늘

4 내성이 지금 당장 붙잡지 않으면 다시는 못 뵐 것 같은 생각이 들어 정읍 쪽으로 내려가시는 상제님을 쫓아가매

5 상제님께서 "이 도둑놈, 청국에나 가라!" 하고 버럭 화를 내시며 길가의 호박돌을 집어 던지시니라.

192장 안내성 성도의 입문 과정이 그 동안 베일에 가려져 있었던 까닭을 그의 아들 정남은 이렇게 증언했다. "우리 아버님 생전에 이상호 씨가 와서 뭔가를 알려고, 뿌리를 캘려고 했는데 안 가르쳐 줬어. 그 이유가 있어. 이상호가 가고

내성을 혹독하고 박절하게 대하심

6 내성이 이미 미륵전에서 서원을 세운 바가 있어 '죽어도 따르리라.' 마음먹고 그 큰 돌을 피하지 않고 그대로 머리에 맞으니

7 순간 눈에서 번쩍 하고 번개가 튀는가 싶은데 상처는커녕 오히려 머리가 맑아지고 몸이 가뿐해지므로 더욱 상제님께 매달리니라.

8 이에 상제님께서 "이놈의 자식, 따라오지 말라는데 뭣 하러 자꾸 성가시게 따라오는지 모르겠다." 하시며 내처 더 큰 돌을 던지시거늘

9 내성이 피하지 않고 머리, 어깨, 가슴, 팔다리 할 것 없이 무수히 맞으며 대흥리까지 따라가니

10 경석의 집에 이르시어 손에 잡히는 대로 다 집어 던지시고 심지어 베시던 목침까지 던지며 문전박대를 하시니라.

11 이리하여 내성은 그토록 애타게 찾아 헤매던 상제님을 만나니 이때 내성의 나이 41세라.

12 이로부터 내성이 상제님을 추종하거늘 상제님께서는 항상 매정하고 박절하게 대하시니라.

아침도 주지 말고 당장 내쫓아라

193 내성이 상제님을 만난 첫날 밤을 경석의 집 헛간에서 자고 이른 아침에 인사를 여쭈러 찾아뵈니

2 보시기가 무섭게 역정을 내시며 "저런 못된 놈은 아침도 주지 말고 당장에 내쫓아라." 하고 구박하시거늘 모두들 보기에 딱하긴 하나 어찌하지 못하니라.

3 이에 경석의 아내가 상제님의 눈을 피해 몰래 먹을 것을 갖다주다가 그만 들켜 버린지라

4 상제님께서 당장에 밥그릇이고 국그릇이고 다 내던지시며 "너는 여기서 한 밥 먹지 말고 네 어미가 빌어다 준 밥만 먹고 살아라." 하시니 이후로는 무엇을 갖다 줄 엄두조차 내지 못하더라.

5 밥을 두세 끼 굶어도 밥 먹으란 말씀도 안 하시니 굶기가 다반사요, 바깥날이 아무리 추워도 방에 들어오라는 말씀 한 번 없으시매 헛간이나 부엌에서 새우잠을 자는데

6 상제님의 눈에 띄기만 하면 "저놈 미친놈이라." 하며 미워하시고 매몰차게 대하시며 따라다니지도 못하게 하시거늘

7 다른 성도들도 상제님께서 그리 대하시는 것을 예사로 여겨 날이

안정남(1929~)

나면 아버님이 '저놈이 역천을 해도 보통 역천을 하는 놈이 아니다. 책을 쓴다고, 우리 대선생님을 빙자해서 종교 장사를 한다. 그런 놈한테 내가 뭣 하러 알려 주냐.' 그러고 '저놈이 얼마 안 가서 천벌을 맞는다.' 했거든. 결국 이상호는 눈도 못 보고 살다가 운명을 했다고 하더만."

193:3 경석의 아내. 이정숙(李貞淑, 1887~1955). 본관 전주. 부 용길(龍吉)과 모 이씨의 2녀. 담양 출생. 집안사람이 동학 관계로 알게 된 경석의 중매하여 15세(1901)에 경석과 혼인하였다.

갈수록 내성을 천덕스럽게 여기니라.

내 방에 와서 자라

194 그러던 어느 날 공사를 행하실 때 상제님께서 내성에게 명하시기를 "너 오늘 어디 가서 돼지 한 마리 구해 오너라." 하시거늘

2 내성이 돈도 없고 아는 사람도 없으나 상제님께서 처음으로 내리시는 명인 데다가 비로소 자신을 불러 써 주심에 황감하여

3 '무슨 수를 써서라도 말씀을 받들리라.' 마음먹고 여러 집을 다니며 사정해 보았으나 아무도 내성의 부탁을 들어주지 않는지라

4 '명을 받들지 못할 바엔 차라리 죽겠다.' 는 각오로 어느 집에 가서 이백 근이 넘는 큰 돼지를 둘러메고 와 상제님께 올리니라.

5 상제님께서 그 돼지를 삶아 공사를 보신 후에 성도들로 하여금 고기를 나누어 먹게 하시는데 정작 내성은 맛도 못 보게 하시거늘

6 내성이 너무 배가 고픈 나머지 밤중에 가만히 부엌에 들어가 돼지 삶은 국물을 솥바닥이 훤하도록 마구 퍼먹으매 배탈이 나서 밤새 뒷간을 들락날락하니라.

7 이튿날 상제님께서 솥을 열어 보시고는 "아따, 그놈 국량 하나 크다!" 하시고 이어 "저놈 배 터져 죽는다. 돼지고기 삶은 물 먹고 저놈 뒈진다." 하고 소리를 지르시니

8 내성이 뱃속에 든 것을 남김없이 쏟아 버리거늘 몸이 축나기는커녕 오히려 거뜬하더라.

9 이 공사를 행하신 뒤에 하루는 상제님께서 "저놈 불쌍하니까 내 방에 와서 자라고 해라." 하시더니 이후로는 내성을 부드럽게 대하시니라.

너 알아서 하거라

10 하루는 내성에게 일러 말씀하시기를 "내성아! 네가 하늘을 섬기면 하느님이 있는 것이고, 하늘을 배신하고 믿지 않으면 하느님도 없는 것이니 너 알아서 하거라." 하시니라.

네가 촉석루는 어이 갔던고

195 상제님께서 좌석에 앉으시면 성도들의 자리가 정해지는데 내성은 항상 구석을 차지하더니

2 하루는 음식을 많이 장만한 자리에 내성도 들어오게 하시고 성도들에게 이르시기를 "앉은 순서대로 시조(時調)를 부르라." 하시니라.

194:8 남김없이 쏟아 버리거늘. 이는 안내성 성도가 세상을 떠돌면서 행한 갖가지 죄업의 겁기를 모두 토해 내게 하신 죄사함의 의식이다.

3 상제님께서 "시조 한 장씩은 부를 줄 알아야 하느니라." 하시고 "시조를 못 하면 아무 소리라도 하라." 하시거늘

4 김형렬과 차경석 두 사람이 각기 평조(平調) 한 장씩 하고 내성이 자기 차례가 되어 시조를 읊으니 이러하니라.

5 만학천봉(萬壑千峰) 운심처(雲深處)에
두어 두둑 밭을 갈아
삼신산(三神山) 불사약(不死藥)을
여기저기 심었더니
문전(門前)에 학(鶴) 타신
선관(仙官)이 오락가락

6 이에 상제님께서 "그와 같은 자진가락으로 한 장 더하라." 하시매 내성이 촉석루에서 들은 임천가를 하거늘

7 상제님께서 임천가를 들으시고 말씀하시기를 "네가 진주 촉석루는 어이 갔던고?" 하시니

8 깜짝 놀란 내성이 비로소 상제님이 바로 한평생 찾아 온 천 선생님이요 하느님이심을 깨달으니라.

화기(和氣)를 사랑하시는 상제님

9 이 때 공우가 여러 성도들이 시조를 잘 못하는 것을 보고 속으로 웃으며 차례를 기다리더니

10 자기 차례가 돌아왔는데 상제님께서 곧 중단시키시거늘 허탄해하며 그 연유를 여쭈니

11 말씀하시기를 "모든 것이 평등한 것이 좋으니 만일 음조에 능한 사람으로 끝을 마치면 좌중에 화기(和氣)가 식을까 하여 그리 한 것이로다." 하시니라.

모두 내성을 경만장이라 부르라

196 하루는 상제님께서 성도들에게 이르시기를 "너희들 각자 호가 있느냐?" 하시매 모두 자기의 호를 아뢰니 "그러하냐?" 하시고

2 종이에 글자 두 자를 쓰시어 손으로 가리시고 내성에게 이르시기를 "눈을 감고 보라. 이 글자가 무슨 자냐?" 하시니라.

3 내성이 본시 글을 모르는 데다 눈까지 감으라 명하시니 알 길이 없어 주저하는데 상제님께서 "얼른 말하라!" 하고 호통을 치시거늘

4 순간 내성이 자신도 모르게 "공경 경(敬), 일만 만(萬) 두 글자가 있습니다." 하고 대답하는지라

195:4 평조. 국악에서 쓰는 속악 음계의 하나. 깊고 화평한 느낌을 주는 낮은 음조로 서양음악의 장조에 가깝다.

배은실(1935~)
196장 안내성 교단에서 일심 신앙한 배학범의 딸 배은실 증언.

196:5 경만. '경만'에는 후천 오만년 영생불멸의 선맥을 전수한 공덕으로 후세 사람들로부터 성인으로 높이 추앙될 것이라는 뜻이 담겨 있다. 안내성 성도는 상제님 도의 핵심인 태을주를 전수하여 전 우주에 선포한 큰 공덕을 쌓았다.

5 상제님께서 "그러면 그렇지. 아따 저놈 '무식영웅'이라!" 하시고 손을 떼시니 과연 '경만(敬萬)'이란 글자가 쓰여 있더라.

6 이어 상제님께서 이르시기를 "운암강수(雲岩江水)가 만경래(萬頃來)라. 김만경(金萬頃) 뜰을 가지고 천하사 세 번 못하겠느냐." 하시고

7 "너희들 내성이한테 '경만장, 경만장' 하면서 세 번씩 외우라." 하시니 성도들이 모두 명하신 대로 하니라.

8 상제님께서 다시 내성에게 말씀하시기를 "앞으로 세상 사람들이 너를 우러러 존경할 것이다." 하시니라.

용이 물을 구할 때는

197 6월 이래로 상제님께서 대흥리에 머무르시며 공사를 행하시니 김광찬은 구릿골에 있으면서 차경석의 종유함을 싫어하여 불평하여 말하기를

2 "경석은 본래 동학 여당으로 일진회에 참가하여 의롭지 못한 일을 많이 행하였거늘 이제 도문에 들이는 것은 선생님께서 정대치 못하심이라.

3 우리가 힘써 마음을 닦아 온 것이 다 쓸데없게 되었다." 하고 날마다 상제님을 원망하니라.

4 이에 형렬이 위로하며 "나와 같이 선생님께 가 뵙고 이 일을 여쭈어 보자." 하고 광찬과 함께 정읍에 와서 상제님을 뵈었으나

5 두 사람 모두 오후 늦도록 말씀을 아뢰지 못하고 그냥 돌아가려 하니

6 그 때 상제님께서 광찬에게 이르시기를 "주인은 형렬이 좋으니 구릿골에 가 있으라." 하시고

7 형렬을 따로 조용히 부르시어 "데리고 돌아가서 잘 달래라." 하고 당부하시니라.

197:8 최군숙(崔君淑, 1878~?). 김제시 금구면 신흥리에서 부친 사항과 모친 이씨 사이에서 장남으로 출생.

8 이 뒤로 몇 달 동안 경석을 데리고 공사를 행하실 때 금구 둔산리 최군숙(崔君淑)의 집에서 머무르시다가 구릿골에 들르지 않고 바로 태인으로 가시거늘

9 광찬이 더욱 불평하며 "우리는 다 무용지물이라." 하고 갖은 패담(悖談)을 내뱉으며 상제님을 크게 원망하는지라

197:10 하마거리. 현재 정읍시 태인면 태성리에

10 형렬이 민망하여 태인 하마거리로 상제님을 찾아뵙고 광찬이 불평함을 아뢰며 "어찌 이런 성질 가진 자를 문하에 두셨습니까?" 하고 여쭈니

11 상제님께서 말씀하시기를 "용이 물을 구할 때에는 비록 가시덤불이 길을 막을지라도 회피하지 않느니라. 돌아가서 잘 무마하라." 하시니라.

12 형렬이 곧 돌아와서 광찬을 타이르며 말하기를 "옛사람이 '교절(交絶)에 불출악성(不出惡聲)이라.' 하였으니 이후로는 불평을 잘 풀어 버리라." 하니라.

대인의 공부를 닦는 자는

198 이 때 경석이 모든 행동에 위엄을 내어 양반의 기습(氣習)을 본뜨거늘

2 상제님께서 말씀하시기를 "대인의 공부를 닦는 자는 항상 공근(恭謹)하고 온화한 기운을 기를지니 이 뒤로는 그런 기습을 빼어 버리라. 망하는 기운이 따라 드느니라." 하시니라.

3 경석이 어려서부터 유가 서적을 탐독하였으나 유독 주역(周易)만은 이해하기 어려운지라

4 이에 상제님께 여쭈기를 "천지만물 공사는 다 보시면서 어찌 주역 공사는 안 보십니까?" 하니

5 말씀하시기를 "주역 공사는 이미 일부(一夫) 시켜서 봐 놓았노라." 하시니라.

내성의 세속 놀이 기운을 거두심

199 내성이 공부를 하는 중에 지난날 속되게 놀던 가락이 마음속에서 울컥울컥 일어나 그 기운을 참기 어려운 지경에 이르거늘

2 하루는 상제님 몰래 진주 촉석루로 가서 북을 치며 기운이 다 빠질 때까지 신명나게 노니라.

3 내성이 한참을 그리하매 더 이상 놀고 싶은 마음이 없어져 집으로 돌아오니

4 상제님께서 "놀고 싶은 대로 더 놀고 오지 그랬냐?" 하시니라.

5 이에 내성이 "한참 그러고 나니 선생님이 보고 싶어 왔습니다." 하고 대답하거늘

6 그 뒤로는 그런 기운이 다시 일어나지 않으니라.

'하느님이 강림하셨다'고 믿은 박공우

200 하루는 신원일과 박공우, 그 외 서너 사람을 데리고 고부 살포정이에 이르시어 주막에 들어 쉬시는데

서 신태인읍, 정읍시내, 김제 방면으로 갈리는 네거리. 당시 이곳은 삼거리였으며 말에서 내려서 가라는 하마비(下馬碑)가 있었다. '하마청거리'라고도 한다.

197:12 교절에 불출악성. 『사기』「악의열전(樂毅列傳)」에 있는 말. '군자는 교제를 끊더라도 나쁜 말을 내지 않는다.'는 의미.

198:3 탐독. 차경석 성도는 구학, 신학을 두루 섭렵한 지식인이었다. 특히 유학(儒學)과 역학(易學)에 일가견이 있었다. 보천교에서 출교당한 이상호, 이성영이 쓴 초기 기록은 개인 감정이 다분히 섞여 있다. 특히 『증산교사』에서 차경석 성도를 노골적으로 비하했다.

200:1 살포정이. 정읍시 정우면 우산리 사포(沙

浦) 마을. 예전엔 이곳까지 바닷물이 올라와 배를 매었다고 한다.

2 갑자기 우레가 일어나고 번개가 번쩍이며 집을 내리치려 하는지라

3 방 안에 있는 사람들이 두려움으로 허둥지둥하고 그 광경을 보는 사람들 모두 겁에 질려 어쩔 줄 모르거늘

4 상제님께서 공중을 향하여 "이놈아, 즉시 어지러운 번개를 거두어라!" 하고 큰 소리로 꾸짖으시니 번개가 바로 그치니라.

5 공우가 상제님께서 대흥리에서는 글을 써서 벽에 붙여 우레를 크게 일으키시더니 또 이번에는 우레와 번개를 꾸짖어 그치게 하심을 보고

6 비로소 상제님께서 천지조화를 마음대로 쓰시는 분인 줄 알고 이로부터 더욱 경외하니라.

이제 만날 사람 만났으니

7 하루는 상제님께서 공우에게 이르시기를 "네가 오랫동안 식고(食告)를 잘하였으나 이제 만날 사람 만났으니 식고는 내게로 돌릴지어다." 하시니

8 공우가 매우 기뻐하며 평생 소원을 이루었음을 깨닫고 "곧 그리하겠습니다." 하고 대답하니라.

9 원래 공우는 동학 신도의 통례와 같이 '대신사응감(大神師應感)'이라는 식고를 하지 않고, 항상 "하느님 뵈어지이다." 하고 발원하였는데

10 이제 상제님께서 말씀하신 바를 들으니 마음으로 생각하는 것을 통찰하실 뿐 아니라

11 천지조화를 뜻대로 쓰시는 것을 볼진대 '분명 하느님께서 강림하셨음이 틀림없다.'고 생각하니라.

공우의 대를 잇게 하여 주심

201 상제님께서 공우에게 늘 "혼자 사는 여자는 불쌍하니 잘 도와주라." 하시더니

2 가을에 하루는 상제님께서 "공우야, 너 정읍 동면 내장리(東面 內藏里) 좀 갔다 오너라." 하시거늘

3 다만 다녀오라는 말씀뿐 딱히 시키시는 바가 없는지라 공우가 "예." 하고 대답을 하고도 자못 궁금한 기색을 띠며 머뭇거리니

4 상제님께서 "가면 뭔 일이 생길 것이니 그리만 알고 갔다 오라." 하시니라.

5 이후 공우가 몇 차례 그 동네를 왕래하다가 혼자 사는 교동댁을 만

200:7 식고. 음식을 먹기 전에, 새로운 생명으로 거듭 태어나게 하시는 상제님과 태모님, 그리고 천지신명께 감사의 기도를 올리는 예식. 11편 405장 참조.

200장 이후 박공우 성도의 교단에서는 동쪽에 청수를 모시고 '전무후무하신 대성인 강증산 상제님 인신합덕 출세 만창생 인신만물 소원성취시켜 주기 바랍니다. 오만년 대동세계 개벽선경을 돌아오게 해주시옵소서.'라고 기도한다.

201:2 내장리. 현재 전북 정읍시 내장동.

나 그 아름다운 용모에 반하니

6 교동댁 또한 풍채 늠름한 공우를 보고 날로 연모(戀慕)의 정을 품거늘

7 서로 끌리는 마음을 어쩌지 못하고 한두 번 통래하는 사이에 정이 깊이 드니라.

8 이에 동짓달에 이르러 교동댁이 그 해 추수한 살림으로 운산리(雲山里) 신경수(申京守)의 집 사랑채를 얻어 동네 인척들의 눈을 피해 몰래 살림방을 차렸으나

9 자신이 나이가 많아 아이가 들어서지 않자 이후에 다시 젊은 과수댁을 들여와 공우의 대를 잇게 하니라.

문공신의 구도 과정

202 문공신(文公信)은 태인 강삼리(江三里)에서 태어나 장가들고 나서는 고부 와룡리(臥龍里)로 이거한 사람이라.

2 공신의 집은 와룡리 일대의 땅을 모두 가진 부호인지라 가사에 근심 없이 일찍부터 도(道)를 구하니라.

3 공신은 참봉(參奉)으로 어려서부터 태인 무성서원(武城書院)에서 사서삼경을 공부하고

4 16세 되는 갑오동학혁명 때는 중형(仲兄) 선명(善明)을 따라 황토현(黃土峴) 전투에 참가하여 다섯 살짜리 아이(五歲童)의 영험을 목격하고 더욱 도를 갈구하던 중

5 동학혁명이 실패로 끝나자 조용히 칩거하다가 한때 천주교에 입교하여 수릿골에서 세례를 받기도 하니라.

6 그 후 다시 동학을 열렬히 신봉하여 동학도들이 갑진년에 '얼싸 좋다, 갑진(甲辰) 을사(乙巳)'를 노래하며 강경에서 큰 집회를 열 때 논 열세 마지기를 성금으로 내놓을 정도로 신심이 도탑더니

7 일진회의 위세가 등등하여 고을 원(員)이 일진회 지회장에게 당하배(堂下拜)를 하던 시절에 흥덕, 부안 두 고을의 일진회 회장을 지내니라.

8 그러나 갑진, 을사년이 지나도록 아무런 이변이 없자 이에 실망하여 동학 운동에 회의를 품고 지내다가

9 하루는 생각하기를 '이것이 모두 내가 찾는 길이 아닌 듯하니 어디를 가야 참된 길을 찾나?' 하고 간절한 마음으로 참 선생을 찾아다니다가 무주에 큰 선생이 있다 하여 찾아가니라.

201:8 운산리. 정읍시 정우면 회룡리에 있었던 마을. 와룡리 위쪽 마을로 신경수 성도 집을 포함하여 집이 세 채가 있었으나 지금은 밭이 되었다.

201:8 신경수(申京守, 1838~1923). 본관 평산(平山). 정읍 회룡리에서 부 일권과 모 전씨의 장남으로 태어났다. 동학을 신봉하다 정미(道紀 37, 1907)년 10월, 일흔의 나이에 문공신 성도의 인도로 입문하였다.

문공신
(1879~1954)

202:1 문공신(文公信, 1879~1954). 본관 남평(南平).

아명 학동(鶴童), 자(字) 남용(湳瀧), 호 영산(瀛山). 공신은 도명(道名)이다. 부 희규(喜奎), 모 최씨의 3형제 중 3남으로 부인 한 정선과의 사이에 3남 2녀를 두었다. 제3변 추수 도운의 지도자와 관련된 주요 공사의 주인공이다.

김성섭(1910~)

202:9~15 문공신 성도의 제자인 박인규(1912~2001)를 사사한 김성섭(1910~) 증언.

문복환(1919~)

202~204장 문복환은 부친의 입문 계기에 대해 수년 동안 일관된 증언을 했다. 또 문공신 성

10 이 때 공신의 눈으로는 그가 참선생인지 아닌지 구별할 수가 없거늘

11 문득 꾀를 내어 생각하기를 '오늘 내가 집안 여기저기에 방문(榜文)을 붙여 놓으려니, 만일 저분이 참 선생이라면 누구의 소행인지 알리라.' 하고 방문을 붙여 놓으니

12 다음날 아침 그 선생이 방문을 보고 "어떤 놈 짓이냐?" 하며 꾸중할 뿐 알아보지 못하므로 실망하고 그곳을 떠나니라.

계시 받은 문공신, 향남방하라

13 공신이 돌아오는 길에 친구와 함께 태인 관왕묘에 가서 '참 선생님을 만나게 해 주십시오.' 하고 지성으로 기도를 올리거늘

14 닷새째 되는 날까지는 머리가 둘 달리고 셋 달린 잡귀들이 나타나 마구 몰아붙이매 공신이 무서워 벌벌 떨더니

15 엿새째에 이르러 비로소 잡귀가 사라지고 관운장(關雲長)이 나타나 "향남방(向南方)하라." 하고 사라지니라.

귀가 번쩍 뜨여 순창 농바우를 찾아감

203 공신이 집에 돌아와 곰곰 생각해 보아도 '향남방하라.'는 말의 요령을 얻지 못하고 며칠을 보내더니

2 이 때는 나락을 거두고 보리갈이하는 가을철인지라 하루는 일꾼들을 데리고 나가 보리를 갈게 하고 공신은 거름을 펴다가

태인 관왕묘. 정읍군 태인면 태흥리에 있었으나 1988년 이후 크게 파손되었다가 지금은 없어졌다.

3 잠시 바람을 쐬려고 마을 뽕나무밭 옆길을 걷고 있는데 문득 관성묘의 일이 신비하게 여겨지며 정신이 아득해지니라.

4 이 때 갑자기 체구가 장군처럼 건장한 사람이 불쑥 나서서 "당신이 문공신이오?" 하고 묻거늘 공신이 감짝 놀라 "그렇소." 하고 대답하니

5 그 사람이 대뜸 말하기를 "순창 농바우에 인자(仁者)가 났다 합디다." 하고는 물어볼 틈도 주지 않고 칠보산 쪽으로 황급히 가 버리더라.

6 공신이 선생님이 계시다는 말에 귀가 번쩍 뜨여 농기구도 다 팽개치고 집으로 돌아가 옷을 갈아입고 곧장 농바우로 가니라.

엎드려 재차 간청하매

204 공신이 농바우 주막에 당도하니 상제님께서 성도 네댓 명과 함께 주막 앞 모정에서 쉬고 계시거늘

2 이 때 상제님께서는 공사를 행하시며 이곳에서 사흘을 머물고 계신 중이더라.

3 공신이 모정에 들어가 "실례합니다. 잠시 쉬었다 가겠습니다." 하니

4 상제님께서 "아, 쉬려면 올라와서 쉬지, 그럼." 하시며 주모를 불러 "여기 술 한 상 차려 오라." 하시는데

5 공신이 상제님을 뵈니 둥그런 용안에 환한 기운이 가득하여 단번에 선생님인 줄을 알겠더라.

6 이 때 상제님께서 한쪽에 앉아 계시고 성도들이 옆에 앉아 술을 마시는데 그 주고받는 얘기를 들어 보니

7 나이 든 성도들이 젊은 상제님께 존대를 하고 상제님은 그들에게 하대를 하시는지라

8 공신이 속으로 '저렇게 나잇살이나 먹은 노인들이 존대를 하고 저 양반은 반말하는 걸 보니 틀림없구나.' 생각하고

9 대뜸 상제님 앞으로 가서 넙죽 엎드리며 "원(願)이 제자 하겠습니다." 하고 인사를 하니라.

10 이에 상제님께서 반가워하시기는커녕 오히려 크게 호령하시기를 "이놈, 고얀 놈! 이런 고얀 놈 봤나. 이놈이 순전히 동학꾼이로구나." 하시거늘

11 공신이 엎드린 채 거듭 제자가 되기를 간청하나 아무 말씀도 없으시니라.

도의 생시 제자인 오채문(1913~2000), 박인규 등도 이를 뒷받침하는 증언을 하였다.

203:5 순창 농바우. 전북 순창군 쌍치면 종암리에 있는 농짝처럼 생긴 바위. 이곳에는 농바우 외에도 가마바위, 각시바위, 말바위, 요강바위, 소반바위 등 십여 개의 바위가 신비스럽게 널려 있다.

204:9 원(願)이 제자 하겠습니다. 본래 동학군이 전명숙 장군을 처음 만나 인사할 때 하는 말로 동학 신도들 사이에 두루 쓰였고, 구도자의 관행이 되었다. 공

신이 이를 답습하자 상제님께서 그 정신을 꾸짖어 경계하신 것이다.

12 한참 후에 상제님께서 다시 술상을 보라 하시어 먼저 한 잔을 드신 다음 주모를 시켜 공신에게 술을 따라 주게 하시거늘

13 공신이 여쭈기를 "아이고, 제가 대접을 해야지 어떻게 선생님 술을 받을 수가 있습니까?" 하니

14 말씀하시기를 "어, 이놈 보소. 한 잔 먹고 네가 나를 두 잔 받아 주면 쓸 것 아니냐." 하시니라.

15 공신이 생각하니 옳은 말씀인지라 그 술을 받아 마시고 주모를 불러 술을 사려 하는데 상제님께서 행장을 챙기시고 "이제 그만 가자." 하며 일어서시니라.

16 이로부터 공신이 상제님을 따르니 공신의 나이는 29세더라.

17 이 때 심부름 다니러 온 복남이 공신을 물끄러미 바라보거늘 공신은 장성한 복남을 알아보지 못하니라.

공신이 뵌 상제님의 면모

204:18 박장근(朴壯根, 1856~?). 본관 고령(高靈). 동학을 신봉하다가 상제님의 성예를 듣고 추종. 순창에서 손꼽히는 부자였다.

18 공신이 상제님 일행에 끼어 박장근(朴壯根)의 주막에서 함께 지내는데

19 모시면서 보니 항상 상제님의 머리 위로 청광(淸光)이 나와 공중으로 큰 기둥처럼 뻗쳐 있고

20 방에 드시면 청광이 지붕을 뚫고 올라 비가 오거나 구름 낀 날에도 운무(雲霧)가 그 기운을 가리지 못하거늘

21 공신이 이를 신이하게 여겨 다른 성도들에게 물어 보니 "늘 보아 오던 바라." 하더라.

공사 주인을 누구에게 정해야겠느냐

205:1 진주(眞主). 선천 우주 시대를 마감하고 새 우주 창조의 문턱으로 인류를 인도하는 상제님 진리의 참 주인을 말한다. 5편 196~223장 참조.

205 며칠 후 밤에 저녁진지를 드신 뒤 상제님께서 성도 약 20여 명을 방안에 앉히시고 오선위기 진주(眞主) 공사를 보시니 공신도 이 자리에 참석하니라.

2 이 때 상제님께서 말씀하시기를 "이제 공사를 보는데 돈 천 냥이 필요하니 누가 돈 천 냥을 대겠느냐?" 하시니

3 공신이 누가 먼저 낼세라 얼른 "제가 대겠습니다." 하고 대답하니라.

4 공신이 잠시라도 상제님 곁을 떠나지 않으려고 인편으로 서신을 보내어 추수한 쌀을 팔고 모시도 팔아 천 냥을 마련케 하고

5 인부 열 사람으로 하여금 나누어 지고 오게 하여 상제님께 올리니 상제님께서 이 돈을 경비로 사용하여 열흘 동안 공사를 행하시니라.

6 상제님께서 공사를 보신 뒤에 물으시기를 "공사 주인을 누구에게 정

해야겠느냐?" 하시니

7 성도들이 모두 아뢰기를 "돈 낸 사람에게다 정하여야겠습니다." 하거늘

8 말씀하시기를 "그렇지, 너희들 말이 진실로 옳도다." 하시니라.

평소에 먹는 대로 차려 오라

206 상제님께서 처음 공신의 집에 가셨을 때 공신의 아내가 상제님을 큰손님으로 여겨 온갖 정성을 다해 진짓상을 차려 올리거늘

2 상제님께서 추상같이 호령하시기를 "이게 무슨 짓이냐? 내가 여기서 한 끼만 먹을 게 아니지 않으냐?

3 이것이 사람을 쫓는 상이지 먹으라는 상이냐?" 하시니 공신의 아내가 어쩔 줄 몰라 멍하니 서 있으매

4 상제님께서 부드러운 음성으로 "다시는 그리 마소." 하시며 "자네들 평소에 먹는 대로 차려 오라." 하시니라.

5 이에 공신의 아내가 평소대로 정갈하게 상을 차려 올리니 상제님께서 공신과 겸상하여 맛있게 드시거늘

6 그 뒤로 상제님께서 공신의 집을 찾으시면 공신의 아내는 특별히 갖추어 차리지 않고 평소에 먹는 대로 상을 차려 올리니라.

변산 와우는 네가 잘 썼느니라

7 하루는 상제님께서 공신에게 "변산 와우(臥牛)가 크다." 하시므로

8 공신이 여쭙기를 "저희 조상묘를 변산 와우혈에 썼는데 잘 썼는지 모르겠습니다." 하니

9 상제님께서 "어디 한번 보자." 하시고 줄을 가져오라 하시어 문턱에 줄 끝을 대시고 공신으로 하여금 한쪽 끝을 잡은 채 방을 가로질러 마당으로 나가게 하신 뒤에

10 방안에 앉으시어 줄을 바라보며 말씀하시기를 "변산 와우는 네가 잘 썼느니라." 하시니라.

경석에게 농바우 장군 도수를 붙이심

207 10월에 하루는 경석에게 돈 30냥을 마련케 하시고 말씀하시기를

2 "경석아, 이것은 너를 위한 일이니라. 내가 오늘은 너와 함께 순창에 가려 하노라." 하시며 어떤 법을 베푸시고

3
溪分洙泗派하고 峯秀武夷山이라
계 분 수 사 파   봉 수 무 이 산

活計經千卷이요 行藏屋數間이라
활 계 경 천 권   행 장 옥 수 간

206:1~6 문공신 성도 제자 박인규 증언.

박인규
(1912~2001)

206:7~10 문공신 성도의 제자 김일빈(1926~2001) 증언. 문공신 성도의 아들 문복환 옹은 문공신 성도의 증조부 묘를 변산 와우혈에 썼고, 조부 묘는 거북이 꼬리를 물에 담갔다 뺐다 하는 혈자리인 영천구미혈(泳川龜尾穴)에 썼다 한다.

김일빈
(1926~2001)

207:3 이 시는 율곡이 23세 때 (1558), 노환으로 와병중인 퇴계를 찾아가 대학자의 풍모를 찬탄한 '쇄언(灑言)'이란 시이다.

207:3 수사. 중국 산동성 곡부현 수수(洙水)와 사수(泗水). 공자가 이곳에서 제자를 길렀다. 곧 수사는 공자의 사상과 학통을 뜻한다.

207:3 무이산. 중국 복건성 숭안현 남쪽에 있는 산. 주자가 이곳에 무이정사(武夷精舍)를 지어 강학했다. 여기서의 무이산은 곧 주자를 상징한다.

207:3 행장. 두어 칸의 집을 중심으로 하는 기거동작 전부를 포함하는 말.

207:6 회문산. 전북 순창군 구림면과 임실군 덕치면에 걸친 산(830m). 다섯 선인이 바둑판을 에워싼 오선위기의 형국이며, 24혈(穴)이 있다.

도문

이곳 시내는 수사(洙泗)의 흐름을 갈라 받았고
봉우리는 무이산보다 빼어나구나.
살림이라곤 경서가 천 권이요
몸 둘 집은 몇 칸 뿐이로다.

4 　襟懷開霽月하고 談笑止狂瀾이라
　　금 회 개 제 월　　 담 소 지 광 란

　　小子求聞道하니 非偸半日閒이라
　　소 자 구 문 도　　 비 투 반 일 한

가슴에 품은 뜻은 환히 갠 달 같고
담소는 미친 물결을 그치게 하네.
제가 찾아온 것은 도를 듣고자 함이요
한나절의 한가로움을 뺏으려 함이 아니외다.

5 하고 고시를 외워 주신 후에 경석을 데리고 순창 농바우 박장근의 집에 이르러 말씀하시기를

6 "이제 천하대세를 회문산 오선위기형(五仙圍碁形)의 형세에 붙여 돌리나니 네게 한 기운을 붙이노라." 하시니라.

7 이어 장근에게 이르시기를 "너의 머슴을 불러 어젯밤 무엇을 본 일이 있는지 물어 보라." 하시거늘

8 장근이 머슴을 불러 물으니 머슴이 대답하기를 "어젯밤 꿈에 한 백발 신선이 하늘에서 내려와 농바우를 열고 큰칼과 투구와 갑옷을 꺼내는데

9 장검은 서릿발이 돋은 듯하고 갑옷과 투구는 빛이 나서 눈이 부셨습니다.

10 신선이 칼과 투구와 갑옷을 저에게 주면서 '한 장군이 명(命)을 받들고 여기에 올 것이니 이것을 그 장군에게 주라.' 하므로 제가 그것을 받아서 두었사온데

11 그 자리가 바로 저 자리입니다." 하며 경석이 앉은 쪽을 가리키는지라

12 상제님께서 들으시고 "네가 꿈을 옳게 꾸었도다. 농바우의 전설이 허망한 말이 아니로다." 하시고

13 다시 장근에게 말씀하시기를 "너는 이 공사의 증인이니라." 하시니라.

14 대저 그 지방에는 농바우 속에 갑옷과 투구와 긴 칼이 들어 있는데 '장군이 나면 내어가리라.'는 말이 전하여 오니라.

3편 도문과 성도 349

황응종과 신경수가 농바우로 찾아 옴

208 상제님께서 차경석과 함께 농바우에 계실 때 하루는 황응종과 신경수가 와 뵙고 말씀드리기를

2 "길에 눈이 많이 쌓여 행인들이 큰 불편을 겪나이다." 하거늘

3 박장근으로 하여금 단술을 만들게 하시어 여러 사람과 함께 잡수시니

4 별안간 날씨가 풀리기 시작하여 한나절이 못 되어 눈이 녹아 골짜기에 물이 넘쳐흐르고 도로가 트이니라.

치도신장에게 칙령을 내리심

5 농바우를 떠나려 할 즈음에 경석이 "지금 길이 너무 질어서 한 발짝도 옮길 수가 없습니다." 하고 아뢰거늘

6 상제님께서 양지에

勅令治道神將이라
칙 령 치 도 신 장

御在淳昌籠巖인대
어 재 순 창 농 암

移御于井邑大興里라
이 어 우 정 읍 대 흥 리

치도신장에게 내리는 칙령이라.
내가 순창 농바우에서
정읍 대흥리로 가려 하노라.

7 라고 쓰시어 물에 담갔다가 짜신 뒤에 화로에 넣어 불사르시니 갑

순창 농바우. 원래는 장롱처럼 아래위 한 짝이었으나, 상제님께서 공사 보신 후부터 지금과 같이 벌어지게 되었다.

자기 큰비가 오다가 그치고 남풍이 불더니

8 다음날 길바닥이 굳게 얼어붙어 깨끗한 버선과 마른 신발로 편히
길을 떠나시니라.

경석의 운명을 예시하심

9 이 때 경석에게 글 한 수를 읽어 주시니 이러하니라.

208:10 이 시는
보통 차경석 성
도의 만장으로
해석한다.

10 　　經之營之不意衰하니　大斛事老結大病이라
　　　경 지 영 지 불 의 쇠　　대 곡 사 로 결 대 병

　　　天地眷佑境至死하니　漫使兒孫餘福葬이라
　　　천 지 권 우 경 지 사　　만 사 아 손 여 복 장

　　천하사를 평생 경영하다 뜻밖에 쇠패하니
　　배포가 아무리 커도 일이 쇠해져 큰 병을 얻으리라.
　　천지가 도와주어도 마침내 죽음에 이르니
　　헛되이 자손을 부려 남은 복마저 장사지내는구나.

내 일은 수부가 들어야 되는 일

209 농바우에서 대흥리로 돌아오시는 길에 깔바위에 가시어 제를
지내신 후에 성도들과 단란하게 노시다가 다시 태인 행단(杏壇)
에 이르시어 경석에게 말씀하시기를

209:1 깔바위.
농바우 동쪽 기
슭에 대룡골이
있고 그 남쪽 계
곡에 깔바위가
있다.

2 "공자가 행단에서 도를 가르쳤다 하나니 여기서 네게 한 글을 전하
리라." 하시고 삼략의 머릿장(三略首章)을 외워 주시니라.

209:1 태인 행
단. 현재 정읍시
칠보면 시산리
행단 마을. 은행

3 이어 말씀하시기를 "천지공사에 수부(首婦)가 있어야 일이 순서대로
될 터인데 수부를 정하지 못한 연고로 도중에 지체되는 일이 허다하
도다.

순창 일대

4 지금 수부 책임하의 중대한 공사가 산적해 있느니라.

5 내 일은 수부가 들어야 되는 일이니 네가 참으로 내 일을 하려거든 수부를 들여세우라.” 하시니라.

6 이에 경석이 상제님을 모시고 돌아와서 이종누님 고부인(高夫人)을 천거하매

7 11월 초사흗날 상제님께서 고부인을 맞아 수부 도수를 정하여 예식을 올리시니라.

나무와 살구나무가 많았다.

209:7 수부 도수. 6편 37~38장 참조.

임상옥의 안질을 고쳐 주심

210 하루는 김제 수각(水閣)에 사는 임상옥(林相玉)이 안질이 나서 수개월 고생하다가 상제님을 찾아와 고쳐 주시기를 간청하니

2 상제님께서 “쥐를 잡아 그 피를 눈에 바르면 나으리라.” 하시는데 상옥이 눈이 너무 아파 쥐를 잡지 못하는지라

3 상제님께서 “쥐의 입이나 닭 입이나 같으니라.” 하시고 닭을 잡게 하시어 닭 피를 손에 발라 주시며 “눈을 문지르라.” 하시매 시키신 대로 하니 금세 씻은 듯이 나으니라.

4 그 후 상옥이 눈병이 재발하여 다시 상제님을 찾아뵈니 상옥의 눈을 보시며 “그 눈이 이상하다.” 하시고

5 “그릇점에 가서 사기그릇을 사다가 농사일 할 때 그 그릇으로 일꾼을 대접한 뒤에 개장국에 씻어서 김제장에 팔고 나면 네 눈이 나으리라.” 하시거늘

6 상옥이 돌아가 시키신 대로 하니 이후로 안질이 깨끗이 나아 재발하지 않으니라.

210:1 김제 수각. 현재 김제시 하동 수각 마을. 예전에는 마을에 연못이 있고, 그 가운데 정각이 있었다.

경석에게 머리를 기르고 갓을 쓰게 하심

211 차경석이 일진회에 몸담은 이후로 계속하여 단발을 하였는데 하루는 상제님께서 “망건을 준비하고 머리를 기르라.” 하고 명하시니라.

2 그 뒤에 경석이 망건을 쓰겠다고 누차 말씀드려도 허락지 아니하시며

3 “망건을 처음 쓸 때에 별 의미 없이 쓰면 포기하기 쉬우니 마음에 꼭 망건을 쓰겠다는 생각이 나야 다시는 머리를 깎지 않느니라.” 하시더니

4 11월에 이르러 하루는 경석에게 다시는 단발을 하지 않겠다는 다짐

을 받으시고

211:5 이는 차경석 성도에게 큰 사명을 내려 주시려는 뜻으로 하신 말씀이다. 단순히 '너희들은 상투 틀고 망건을 쓰라.'는 말씀이 아니다.

5 친히 경석의 상투를 올려 주시며 망건서(網巾序)와 시 한 수를 지어 주신 후에 망건 쓰는 것을 허락하시니라.

6 이 날 상제님께서 경석을 부르시어 이르시기를 "경석아, 너는 오늘부터 갓을 쓰라. 네가 갓을 쓰면 수많은 천하 사람들이 갓을 쓸 것이니라." 하시거늘

7 한 성도가 여쭈기를 "경석이 머리를 기르고 갓을 쓰는 것은 시세(時世)에 역행하는 것이 아닙니까?" 하매

8 상제님께서 말씀하시기를 "남들이 버리는 것을 나는 취해 쓰노라." 하시니라.

경석의 출세글을 내려 주심 : 망건서와 망건시

9 이 때 지어 주신 망건서는 이러하니라.

211:10 너의 지극한 한 가지 꿈. '파종-이종-추수' 도수로 이어지는 도운의 종통맥에서 이종 도수를 전개시킨 공덕으로, 도성덕립된 후에 지도자 일꾼의 추존으로 그 꿈이 성사될 것을 공사 보신 것이다.

10
網巾序
망 건 서

如無有一身現心이니
여 무 유 일 신 현 심

無則事萬皇而必無一極하고
무 즉 사 만 황 이 필 무 일 극

有則夢一皇而其極必達하리라
유 즉 몽 일 황 이 기 극 필 달

망건을 쓰고 안 씀은 내 몸에 마음을 드러냄과 같으니
안 쓰면 어떤 임금(萬皇)을 섬길지라도
너의 그 지극한 한 가지 꿈을 이루지 못할 것이요,
쓰면 천자를 꿈꾸어 온 너의 지극한 꿈이
꼭 이뤄질 것이니라.

11
無則順이요 有則逆이니
무 즉 순   유 즉 역

先聖이 不同禽獸之道하여 定有一作이라
선 성   부 동 금 수 지 도   정 유 일 작

故로 予從逆하노라
고   여 종 역

망건을 안 쓰면 머리가 그대로 내려오니 순(順)이요
망건을 쓰면 머리를 빗어 치켜올리니 역(逆)이라.
선성(先聖)이 금수의 도리와 같지 않게 법도를 정하였으므로
나도 머리 빗고 망건을 써서 인간의 길을 좇느니라.

금세의 복희

12 또 이 때 지어 주신 시는 이러하니라.

13

網巾詩
망 건 시

河圖義氣馬人同하니 故拔一毛爲天下라
하 도 의 기 마 인 동　　고 발 일 모 위 천 하

博覽博識誰伏羲오 天皇公庭表日暈이라
박 람 박 식 수 복 희　　천 황 공 정 표 일 훈

하도의 의기(義氣)는 말과 사람이 그 덕을 함께 하니
말총 하나를 뽑아서 천하를 이롭게 하였도다.
누가 박람박식(博覽博識)한 복희런가!
망건과 갓을 쓰니 이마에 햇무리를 두른 것 같구나.

두 마음을 품는 자는

212 박공우가 예전에 일진회의 한 두목으로 있었더니 도문에 든
이후에 하루는 일이 있어 비밀리에 일진회 사무소에 들르고 오
거늘

2 상제님께서 아시고 공우에게 이르시기를 "한 몸으로 두 마음을 품는
자는 그 몸이 찢어지고, 한 어깨에 두 짐을 지면 더수기가 찢어지나
니 주의하라." 하시니라.

3 공우가 사뭇 놀라 다시는 비밀히 일을 하지 않고 일진회와의 관계
도 아주 끊으니라.

오직 마음을 볼 뿐

4 공우가 상제님을 따르면서 보니 다른 성도들은 모두 머리를 길렀
는데 혼자만 단발인지라

5 성도들과 한 물에 싸이지 못함을 불안하게 생각하여 다시 머리를
길러 여러 달 후에는 솔잎상투에 갓망건을 쓰고 다니는데

6 하루는 금구를 지나다가 과거의 일진회 동지 십여 명을 만나매 그들
이 공우의 머리를 보고 조롱하며 달려들어 강제로 잘라 버리니라.

7 이에 공우가 집에 돌아와 두어 달 동안 출입을 폐하고 머리를 기르
는 중에 뜻밖에 상제님께서 이르시어 그동안 나오지 않은 이유를
물으시니

8 공우가 강제로 머리 잘린 사실을 아뢰며 "삭발한 모습으로 선생님
을 뵙기가 황송하여 집에 있으면서 머리를 다시 길러 관건(冠巾)을
차린 뒤에 찾아뵈려 하였습니다." 하고 여쭈니라.

9 이에 상제님께서 말씀하시기를 "나는 오직 마음을 볼 뿐이니 머리의
길고 짧음이 무슨 관계가 있으리오." 하시고 공우를 데리고 구릿골
로 오시니라.

212:2 더수기.
'뒷덜미'의 옛
말.

잘되게 하여 주리니 울음을 그치라

213 공우가 대흥리에서 상제님을 모시고 구릿골로 갈 때 정읍 과
교리(科橋里)를 지나는데

2 불현듯 울음이 나오며 동학으로 여러 해 고생했던 일들이 생각나
더욱 서럽게 우는지라

3 상제님께서 돌아보며 물으시기를 "무슨 일로 그다지 우느냐?" 하
시니

4 공우가 목메인 소리로 대답하되 "어쩐 일인지 부지중에 울음이 나
오고 전날 고생했던 일들이 낱낱이 생각되어 능히 그치지 못하겠
습니다." 하거늘

5 상제님께서 말씀하시기를 "앞으로 잘되게 하여 주리니 그만 그치
라." 하시매 울음을 곧 그치니라.

공우에게 장군천의 기운을 붙여 보심

6 하루는 상제님께서 어디를 가시다가 과교리를 지나실 때에

7 공우가 아뢰기를 "저 앞산에 샘이 있는데 그 이름이 장군천(將軍泉)
이라 합니다." 하니

8 상제님께서 "샘물을 떠 오라." 하고 명하시거늘 공우가 샘물을 한
그릇 떠 오니라.

9 이에 "마시라." 하시매 명을 받들어 마시는 순간 힘이 솟아나 태산
을 져도 오히려 가벼울 것 같은지라

10 공우가 깜짝 놀라 "감당하지 못할 큰 힘이 자꾸 솟구칩니다." 하니

11 상제님께서 들으시고 "거두어 가라." 하시거늘 곧 힘이 사라져 평
상시와 같이 되니라.

12 이에 한 성도가 여쭈기를 "장군천이 지금까지 유명무실하여 그 동
안 수많은 사람이 시험해 봤어도 한 차례 효험이 없었는데 지금 이
렇게 힘이 솟아나니 어인 연고입니까?" 하니

13 "주고 빼앗는 것이 이와 같이 쉬우니라." 하시니라.

박공우의 믿음

214 공우의 아내가 겨울에 물을 긷다가 빙판에 엎어져서 허리와
다리를 심하게 다쳐 기동(起動)하지 못하고 누웠거늘

2 공우가 크게 걱정하여 멀리 상제님 계신 곳을 향해 청수를 떠 놓고
아내의 상처를 낫게 해 주시기를 지성으로 빌었더니 그 아내가 곧 나
아 일어나니라.

3 그 뒤에 공우가 상제님께 와 뵈니 웃으며 말씀하시기를 "내환으로 얼마나 염려하였느냐." 하시니라.

내가 이미 알았으니

4 성도들이 언제든지 근심되는 일이 있을 때에는 그 사유를 상제님께 아뢰면 부지중에 자연히 풀리는데

5 만일 아뢴 뒤에도 근심을 놓지 않으면 문득 위로하여 말씀하시기를 "내가 이미 알았으니 근심하지 말라." 하시니라.

군자 차마 보지 못할 일

215 상제님께서 겨울에 안내성과 김익찬(金益贊)을 데리고 독배고개를 넘어 황소리 부근을 지나실 때

2 일본인 포수가 떼지어 앉아 있는 비둘기와 꿩을 향해 총을 겨누어 쏘려 하거늘

3 상제님께서 "저런 죽일 놈, 저놈이 대낮에 살생을 하려 하는구나!" 하시고

4 "이는 군자(君子) 차마 보지 못할 일이라. 너 이놈, 어디 한번 쏴 봐라." 하시며 왼발로 땅을 한 번 구르시니 총이 쏘아지지 않으니라.

5 이에 사냥꾼이 이유를 알지 못하고 총을 검사하며 지체하는 사이에 새떼가 다 날아가 버리거늘

6 상제님께서 발을 옮기시니 그제야 총이 발사되니라.

충성아, 어찌 사람을 해하느냐

216 하루는 정읍 수통점(水桶店)에서 유숙하실 때 공우가 모시고 있더니

2 이도삼이 찾아와 "이웃 버들리(朋來)에서 스무 살쯤 된 여자가 호랑이 밥이 되어 인근이 놀라고 있습니다." 하고 아뢰는지라

3 상제님께서 마침 대청에 누워 계시다가 급히 일어나 공우에게 "하늘에 충성(蟲星)이 보이는가 보라." 하시거늘

4 공우가 나가서 살펴보고 나타나 있음을 아뢰니 상제님께서 목침으로 마루를 치시며 "충성아, 어찌 사람을 해하느냐!" 하시고

5 잠시 후에 말씀하시기를 "생명은 상하지 아니하였노라." 하시니라.

6 이튿날 그 여자가 살아 돌아왔는데 의복은 찢어졌으나 몸은 크게 다친 곳이 없더라.

215:1 독배고개. 전주시 중인동에서 김제시 청도리로 넘어가는 고개. 고개를 넘기 전에 성터가 있고 고개를 넘으면 조조다리와 협곡이 있어 조조가 도망친 화용도와 비슷한 지형이다.

216:1 수통점. 현재 정읍시 부전동 수통목에 있었던 주막.

216:2 버들리. 현재 정읍시 금봉동 봉래(朋來) 마을.

216:3 충성. 28수 중의 하나. 묘성(昴星), 좀생이별.

말 탄 순사의 불경을 벌하심

217 상제님께서 황응종과 김갑칠을 데리고 원평 다리를 지나실 때 문득 왼발로 땅을 한 번 구르시고 다리 한쪽 끝에 서 계시니

2 잠시 후 다리 저편에서 일본 순사 세 명이 말을 타고 오다가 다릿목에 이르러 돌연 말의 발굽이 땅에 붙은 듯 꼼짝도 하지 않거늘

3 순사가 아무리 말 엉덩이를 때려도 말이 움직이지 않으매 건너편을 쳐다보니 상제님께서 서 계시는지라

4 모두 말에서 내려 고삐를 놓고 다리를 건너와 상제님께 절하고 비켜서시기를 간청하니라.

5 이에 상제님께서 "내가 뭘 어쩌길래 그러느냐?" 하시고 웃으며 발을 떼고 돌아서시니 그제야 비로소 말이 움직이니라.

신명들이 나를 알고 경의를 표하는 것

218 하루는 원평을 지나시는 길에 상제님께서 물으시기를 "앞길에 일병(日兵)이 많이 오니 여기서 기다렸다가 천천히 가는 것이 옳겠느냐, 기다리지 않고 그대로 가는 것이 옳겠느냐?" 하시니

2 성도들이 여쭈기를 "저들이 온다고 하여 어찌 가던 길을 멈추겠습니까?" 하니라.

3 이에 상제님께서 말씀하시기를 "내가 오늘은 너희들의 말을 좋으리라. 너희들은 내 뒤를 따라오라." 하시더니

4 5리도 채 가지 못하였는데 일본군들이 말을 타기도 하고 혹은 걸어서 땅을 가득 덮으며 오는지라

5 상제님께서 느린 걸음으로 그들 앞에 당도하시니 일본군 대열이 두 갈래로 나뉘어 길가에 줄지어 서서 움직이지 아니하니라.

6 상제님께서 성도들과 한가로이 말씀을 나누시며 천천히 걸어가시는데 그 모습과 말소리가 일병들에게는 보이지도 않고 들리지도 않는 듯하거늘

7 상제님 일행이 다 지나간 뒤에야 일병들이 다시 대열을 합하여 행군하니라.

8 한 성도가 여쭈기를 "오늘 행차에 일병들이 열을 지어 길을 양보하니 무슨 까닭입니까?" 하니

9 말씀하시기를 "사람은 비록 모를지라도 신명들은 나를 알고 경의를 표하는 것이니라." 하시니라.

사람으로서는 미치지 못할 바라

219 하루는 상제님께서 성도들을 거느리고 고부 살포정이를 지나시는데 들 가운데에서 큰 소 두 마리가 어우러져 싸우고 있거늘

2 상제님께서 두 소의 뿔을 하나씩 잡고 소들의 귀에 대고 무어라 말씀하신 다음 뿔을 놓으시니 두 소가 싸움을 그치고 서로 다른 쪽을 향해 가니라.

3 이에 공신이 감복하여 '사람이야 말로 훈계하면 듣는다지만 알아듣지 못하는 짐승까지 가르치시니 이는 사람으로서는 미치지 못할 바라.

4 선생님은 참으로 하늘에서 내려오신 하느님이심에 틀림없다.'고 생각하니라.

내가 천지일월과 같거늘

5 공신이 평소에 상제님과 함께 사진을 찍어 간직하고 싶어하다가 하루는 기회를 보아 사진 찍으시기를 여쭈니

6 상제님께서 마다하시며 말씀하시기를 "내가 천지일월(天地日月)과 같거늘 무슨 사진이 필요하더냐." 하시고

7 또 말씀하시기를 "나를 보고 싶거든 금산사 삼층전 미륵불을 보소." 하시니라.

8 하루는 말씀하시기를 "사진을 많이 찍지 마라. 정기가 모손되느니라." 하시니라.

정토산에서 바라본 고부 회룡리. 문공신, 황응종, 신경수, 손병욱 성도가 살던 마을이다. 마을 앞에 덕재산이 보인다.

다 쓸 자리가 있느니라

220 광찬이 늘 불평을 많이 하고 자주 말썽을 일으켜 성도들 간에 원성이 높거늘

2 한번은 공신이 상제님께 "어찌 저런 사람을 문하에 두셨습니까?" 하고 여쭈니

3 말씀하시기를 "집을 지으려면 재목마다 다 쓸 자리가 있느니라." 하시매 공신이 다시는 불평을 아니하니라.

천지의 진액주

221 겨울에 성도 20여 명을 와룡리 문공신의 집에 모아 놓고 며칠 동안 진액주(津液呪)를 수련케 하신 후에

2 성도들에게 요(堯)의

曆像日月星辰敬授人時
역 상 일 월 성 신 경 수 인 시

를 해설하시며

3 말씀하시기를 "당요(唐堯)가 비로소 일월이 운행하는 법을 알아내어 백성들로 하여금 모든 일에 때를 알게 하였나니 천지의 큰 공덕이 이로부터 열렸느니라." 하시니라.

4 또 진액주를 가르쳐 주실 때에 말씀하시기를 "이 글은 천지의 진액이니라. 내가 이 주문을 지어 읽으니 천지만신이 춤을 추는구나." 하시고

5 이어 말씀하시기를 "진액주 하나만 가지고도 천하를 세 번 뒤집고도 남는다." 하시니라.

6
天地津液呪
천 지 진 액 주

新天地家家長世 日月日月萬事知
신 천 지 가 가 장 세 일 월 일 월 만 사 지

侍天主造化定 永世不忘萬事知
시 천 주 조 화 정 영 세 불 망 만 사 지

福祿誠敬信 壽命誠敬信 至氣今至願爲大降
복 록 성 경 신 수 명 성 경 신 지 기 금 지 원 위 대 강

明德 觀音 八陰八陽 至氣今至願爲大降
명 덕 관 음 팔 음 팔 양 지 기 금 지 원 위 대 강

三界解魔大帝神位 願趁天尊關聖帝君
삼 계 해 마 대 제 신 위 원 진 천 존 관 성 제 군

상제님의 성령의(聖靈衣)

222 12월에 고부 운산리 신경수의 집에서 공사를 보실 때 하루는 신원일에게 이르시기를

2 "네가 일찍이 **동쪽** 하늘을 향하여, 붉은 옷을 입고 구름을 타고 앉은 사람에게 사배(四拜)한 일이 있을지니, 이제 다시 그와 같이 절하라. 내가 곧 그 사람이로다." 하시니라.

3 이에 원일이 일어나 상제님께 사배를 올리거늘 성도들이 모두 의아해하며 원일에게 그 연고를 묻는지라

4 원일이 대답하기를 "연전(年前)에 우연히 병이 들어 죽게 되었는데 별안간 정신이 황홀해지더니 어떤 큰 사람이 사인교(四人轎)를 타고 와서 내게 말하기를

5 '새 옷을 입고 문밖에 나가서 동쪽 하늘에 붉은 옷을 입고 구름을 타고 앉은 어른께 사배하라. 그러면 네 병이 나으리라.' 하므로

6 그 말대로 새 옷을 입고 문밖에 나가 동쪽 하늘을 바라보니 과연 그와 같은 어른이 계시므로 사배를 올렸더니 그로부터 병이 곧 나았는데

7 누워 앓던 사람이 갑자기 새 옷으로 갈아입고 밖으로 나가 허공에 대고 절을 하니 집안 사람들이 모두 해괴하게 여기더라." 하니라.

무신(戊申 : 道紀 38, 1908)년

60간지를 읽어 병을 고쳐 주심

223 무신(戊申 : 道紀 38, 1908)년에 경석의 소실이 손가락 끝을 바늘에 찔린 것이 독이 올라 점점 팔이 저리더니 마침내 반신불수(半身不隨)가 되었거늘

2 상제님께서 60간지(干支)를 쓰시어 "한 간지씩 읽을 때마다 상한 손가락 끝으로 힘껏 짚으라." 하시고

3 다시 술잔을 들고 거닐게 하시니 이로부터 혈기(血氣)가 돌아 곧 나으니라.

죽은 아들을 살려 주옵소서

224 무신년에 최창조의 열네 살 된 아들 상열(相烈)이 급병이 들어 백방으로 치료하였으나 별다른 차도를 못 보고 그대로 절명(絶命)한지라

하늘의 오행

십간(天干)

땅의 오행

십이지(地支)

223:2 60간지. 십간(天干)과 십이지(地支)를 결합한 60개의 간지. 육갑이라고도 한다.

224:1 최상열(崔相烈, 1894~?). 최창조 성도는 장창엽(張昌燁)과의 사이에 아들 상열을 두었고, 최씨와의 사이에 3남 3녀를 두었다.

도문

2 창조 내외가 정신이 나간 채 어찌할 바를 모르다가 '증산께서는 천의(天醫)로서 죽은 사람도 살려낸다.'는 말을 생각하고 비로소 정신이 번쩍 드니라.

3 이에 창조가 상제님을 찾으러 이리저리 다니다가 엿새가 지나도록 만나지 못하고 집으로 돌아오니 마침 그 날 저녁에 상제님께서 창조의 집에 오신지라

4 창조 내외가 마치 미친 사람처럼 상제님 앞에 엎드려 "죽은 아들을 살려 주옵소서!" 하고 울면서 애걸하거늘

5 상제님께서 "죽은 사람을 어떻게 하겠느냐." 하시더니 잠시 후 "어디 한번 보자." 하시며 시체를 보시니 이미 눈알이 썩었더라.

6 이 때 황응종이 상제님을 뵈려고 창조의 집에 이르매 마침 곡성이 들리거늘 응종이 들어가지 않고 창조를 불러내어 자신이 왔음을 여쭈게 하니

7 창조가 들어가 상제님께 아뢴 뒤에 나와서 말하기를 "선생님이 지금 보시는 일이 있으니 좀 기다리라." 하는지라

8 응종이 그 앞 주막에 나가 기다리려 하는데 곧 상제님께서 부르시므로 들어가 상제님을 뵈니라.

9 상제님께서 손으로 아이의 배를 어루만지시고 "여물지 않은 보리를 잘라 오라." 하시어 보리의 즙을 내어 죽은 아이의 입안에 몇 방울 흘려 넣으신 뒤에

10 모두 방 밖으로 나오게 하시며 "두어 시간 후에 들어가 보라." 하시니라.

이 아이가 머나먼 천 리 길을 갔다 왔으니

11 얼마 후 창조의 아내가 방에 들어가 보니 아이가 숨을 크게 몰아쉬며 왼다리를 움직이거늘

12 상제님께서 들어가시어 꾸짖어 말씀하시기를 "네가 어찌 어른 앞에 누워 있느냐." 하시니 죽은 아이가 문득 눈을 뜨고 깨어나니라.

13 상제님께서 모든 사람에게 사담(私談)을 금하시며 말씀하시기를 "이 아이가 머나먼 천 리 길을 갔다 왔으니 고요히 있어야 할지라. 안방으로 옮겨 눕히고 미음을 쑤어 먹이라." 하시거늘

14 이에 명하신 대로 하니 아이가 항문으로 추깃물을 쏟아 내며 정신을 차리니라.

15 이튿날 그 아이가 사랑에 나오니 입에 참기름을 발라 주시고 밥을 먹이시니라.

약방을 차리심

225 무신년 4월에 상제님께서 백남신으로부터 돈 천 냥을 가져오시어 김갑칠의 형 준상(俊相)의 집 방 한 칸을 수리하여 약방을 차리시니라.

2 이 때 준상에게 말씀하시기를 "집은 평생 너의 집이고 방만 하나 내가 차지하련다. 나는 잠깐 쉬었다 가는 사람이니라." 하시고

3 "네가 나보다 나은 사람이로구나. 너를 찾아야 나를 알게 될 참이니 나보다 낫다는 말이니라." 하시니라.

본처를 사랑하여 저버리지 말라

226 김보경이 곰개(熊浦)에 소실을 두고 본가를 돌보지 않거늘

2 상제님께서 보경에게 글을 써 주시며 말씀하시기를 "네 소실과 마주한 자리에서 불사르라. 그러면 좋은 일이 있으리라." 하시니라.

3 이에 보경이 그대로 하니 뜻밖에 임질(淋疾)을 얻어 본가로 돌아가 한 달 남짓 머무르게 되매 그 사이에 소실이 다른 곳으로 가 버리니라.

4 상제님께서 보경을 부르시어 타일러 말씀하시기를 "이제는 집안이 편안하여야 좋은 운수가 열리리니 본처를 사랑하여 저버리지 말라." 하시고 임질을 낫게 하여 주시니라.

나는 예언자가 아니로다

227 하루는 여러 성도들과 함께 태인 금상리(琴上里)를 지나시면서 보니 오랜 가뭄으로 사람들이 모심기를 못하고 있더라.

2 이 때 동학 신도 류한필(柳漢弼)이 전날 구름이 낀 것을 보고 비가 오리라 생각하고 마른 논에 호미로 모를 심었으나 이내 비가 오지 않아 모가 마르거늘

3 한필이 애가 타서 "가뭄이 이렇게 심하여 비 올 뜻이 없으니 모 심었던 것을 치우고 콩이나 심을 수밖에 없도다." 하며 탄식하니라.

4 마침 상제님께서 들으시고 말씀하시기를 "모 심은 것을 갈아 치우고 다른 곡식을 심는 것은 변괴가 아니냐." 하시며

5 한필을 앞세우고 그곳에 가서 참혹한 광경을 보시고는 서쪽 하늘을 향하여 만수(萬修)를 부르시니 갑자기 검은 구름이 피어오르며 소나기가 내리거늘

6 한필은 무슨 까닭인지 알지 못하고 다만 미리 아는 법이 있는가 하

225:1 김준상(金俊相, 1878~1966). 본관 안동. 족보명 기회(錤會), 준상(俊相)은 자(字). 김제시 금산면 청도리에서 부친 기윤과 모친 황씨 사이에 장남으로 태어났다. 김갑칠 성도의 형이며 김형렬 성도와는 사촌간이다.

김준상
(1878~1966)

225:1 준상의 집. 환평에서 잘 살던 김준상 성도의 선대의 집을 뜯어다가 김준상 성도의 집과 김성천의 집을 지었다고 한다.(김형렬 성도의 손자 김현식 증언)

226:1 곰개. 현재 익산시 웅포면 웅포리로 금강가에 있다. 금강은 곰과 나무꾼의 전설이 있어 '곰강'이라고도 불렸다.

227:1 금상리.
현재 전북 정읍
시 옹동면 오성
리(五成里) 금상
동. 마을 뒤쪽에
거문고혈이 있으
며 그 옆으로 까
치집 혈이 있는
작소 마을이 있
다.

227:7 보천교에
전해 오는 상제
님 말씀.

여 이상히 여기니라.

7 이 때 따르던 성도들에게 이르시기를 "나는 예언자(豫言者)가 아니로
다. 나의 일은 세상 운수를 미리 말함이 아니요, 오직 천지공사의 도
수로 정하여 내가 처음 짓는 일이니라." 하시니라.

8 하루는 상제님께서 창조에게 "소주 세 동이를 받아 오라." 하시어
태인 작소리(鵲巢里) 앞에서 굿 치고 노는 농부들을 불러 나누어 주
시니라.

백남신의 친산 도적을 잡아 주심

228 6월에 김병욱이 상제님께 사람을 보내어 '백남신의 친산(親山)
에 도둑이 들어 무덤을 파헤치고 두골을 훔쳐 갔다.'는 사실을
아뢰니

2 상제님께서 마치 상가(喪家)처럼 등불을 밝혀 사흘 밤을 지새우신
뒤에 남신에게 말씀을 전하시기를

3 "두골을 찾으려 힘쓰지 말고 조용한 곳에서 거처하며 외인과의 교
제를 끊으라. 처서절(處暑節)에는 도적이 스스로 두골을 가져오게
하리라." 하시니라.

4 이 때에 사흘 밤 철야하심을 성도들이 못마땅하게 생각하여 아뢰
기를 "이같이 힘을 들여도 당사자는 모르니 저들이 무슨 공로를 알
겠습니까?" 하니

5 말씀하시기를 "두골만 찾게 할 뿐이요, 그가 알고 모름은 관계할
바 아니니라." 하시니라.

6 남신은 상제님께서 명하신 대로 유벽(幽僻)한 백운정에 가서 거처
하는데

7 7월에 그 묘 아랫마을 동장(洞長)이 자발적으로 동회(洞會)를 열고
의논하기를

8 "우리가 이 묘 아랫마을에 살면서 모른 척하고 지낼 수는 없으니,
온 동리가 나서서 이 근처를 수색하여 만일 두골을 찾는 사람이 있
으면 묘주(墓主)에게 말하여 상을 주게 함이 옳지 않겠느냐?" 하고
온 마을 사람을 동원하여 근처 산기슭을 수색하니라.

9 이 때에 두골을 훔친 도적이 생각하기를 '묘주가 돈을 들여 두골을
찾으려 하지 않으니, 차라리 이 기회에 두골을 가져가면 도적이란
이름도 면하고 상도 받을 수 있으리라.' 하고

10 두골을 가지고 동장에게 가서 말하기를 "내가 여러 곳을 수색하여

다행히 찾았노라.” 하거늘

11 동장이 그 사람을 데리고 백운정으로 오니 이 날이 곧 처서절이더라.

공사와 사사를 함께 끌러 주심

12 이튿날 아침에 상제님께서 용머리고개에 있는 주막에 가시니 병욱이 와서 두골 찾은 일을 아뢰거늘

13 “묘 도적은 어떻게 하였느냐?” 하고 물으시니 “경찰서로 보냈습니다.” 하고 대답하는지라

14 말씀하시기를 “잘 타일러 돌려보냄이 옳거늘 어찌 그리하였느냐?” 하시고

15 검은 옷 한 벌을 지어 오게 하시어 불사르며 말씀하시기를 “징역(懲役)에나 처하게 하리라.” 하시니 과연 그 사람이 징역에 처해지니라.

16 성도들이 정확히 처서절에 찾게 된 까닭을 여쭈니 말씀하시기를

17 “비록 사사로운 일일지라도 천지공사의 도수에 붙여 두기만 하면 그 도수에 이르러 공사(公事)와 사사(私事)가 다 함께 끌러지느니라.” 하시니라.

어찌 남장군만 있으리오

229 백남신의 일가 사람 백용안(白容安)이 술도가(都家) 면허를 얻고 전주부중에 있는 수백 곳 술집에 통고하여 술 빚는 일을 금하는지라

2 이 때 상제님께서는 용머리고개 김주보(金周甫)의 주막에 계시는데

3 주보의 아내가 가슴을 치며 말하기를 “다른 벌이는 없고 다만 술장사로 식구들의 생계를 유지해 왔는데 이제 술을 빚지 못하면 나 같은 사람은 어떻게 살아가리오.

4 죽는 길밖에 없구나.” 하고 실신할 듯이 슬피 우니 보는 사람마다 불쌍히 여기더라.

5 상제님께서 그 소리를 들으시고 성도들에게 말씀하시기를 “도가가 나오면 이런 여인이 한둘이 아닐지라.” 하시고

6 주보의 아내를 불러 위로하시며 “내가 너의 어려움을 풀어 주리니 슬피 울지 말라. 세상에 어찌 남장군(男將軍)만 있으리오.” 하시니라.

7 잠시 후 종이에 ‘여장군(女將軍)’이라 쓰신 뒤에 뜰로 들고 나오시어 하늘을 향해 오른손을 높이 들어 원을 그리며 흔드시고는 이내 그 종이를 불태우시며 신명에게 명을 내리시니

8 주보의 아내가 갑자기 기운이 솟고 신기(神氣)를 얻어 하늘로 세 번

228:15 검은 옷 한 벌. 적신 기운을 제거하기 위한 것이다.

229:1 술도가. 술을 만들어 도매하는 집.

솟구치더니

9 곧장 전주부로 들어가 수백 명의 주모를 모아 거느리고 용안의 집을 습격하거늘

10 형세가 위급하게 되매 용안이 크게 놀라 군중에게 사과하고 술도가를 곧 중지하니라.

불경한 김덕찬을 경계하심

230 김덕찬이 상제님께 항상 거만하더니 하루는 상제님께서 여러 성도들을 데리고 공사를 행하시며 우레와 번개를 크게 쓰시니 덕찬이 두려워하며 자리를 옮기거늘

2 말씀하시기를 "네가 죄지은 바가 없거늘 어찌 두려워하느냐?" 하시매 덕찬이 더욱 겁내며 어찌할 바를 모르더니 그 후로는 극진히 상제님을 공경하니라.

3 혹 누가 잘못하여 상제님께서 **뺨**을 때리시면 손이 닿기만 해도 입이 휙 돌아갔다가 손을 떼시면 도로 제자리로 돌아오더라.

김준찬의 추종

231:1 김준찬(金俊贊, 1870~1943). 본관 경주. 부 석귀(碩貴)와 모 김씨의 5남. 상제님 어천 후 지금의 전북 완주군 이서면 금평리 어전 마을에서 작고했다.

231:2 준찬과 덕찬(1861~1938). 사촌 형제로 두 성도 모두 학식이 있었다고 한다. 상제님 어천 후 김형렬 성도에게 다니며 구릿골에서 구도생활을 하였다. 덕찬은 키가 작고 얼굴이 가무잡잡하며 몸이 마른

231 김준찬(金俊贊)의 모친이 여러 해 동안 견비통(肩臂痛)을 앓아 팔을 움직이지 못하는데

2 하루는 준찬의 종형 덕찬이 상제님을 모시고 이르거늘 준찬이 소실의 침실을 치우고 상제님을 모시니라.

3 상제님께서 준찬에게 물으시기를 "네 모친이 견비통으로 고통하느냐?" 하시니 준찬이 "예, 그러합니다." 하고 대답하거늘

4 이 때 상제님께서 혼잣말로 말씀하시기를 "바깥 인심은 좋으나 안 인심은 좋지 못하구나." 하시니라.

5 준찬이 이상히 여겨 안에 들어가 살피니 소실이 제 침실 치운 것을 불쾌히 생각하여 노기를 띠고 있는지라

6 이에 잘 달래어 어루만지니 이튿날부터 모친의 견비통이 저절로 나아 굴신(屈伸)을 마음대로 하거늘

7 준찬이 크게 감복하여 이로부터 상제님을 따르니라.

김낙범 부자의 병을 고쳐 주심

232 전주에 사는 김낙범의 아들 석이 안질(眼疾)로 핏발이 눈을 덮어 앞을 보지 못하거늘

2 상제님께서 이윽히 그 눈을 보시고 대신 병을 옮겨 앓으시다가 한 나절이 지나 나으시니라.

3 상제님께서 김덕찬, 준찬 형제를 데리고 용머리고개 주막에 계실 때 낙범이 천포창(天疱瘡)을 앓으면서도 상제님을 지성으로 모시더니

4 하루는 상제님께서 문득 진노하시어 꾸짖으시기를 "네가 어찌 어른 앞에서 그렇게 태만하냐." 하시매

5 낙범이 머리를 숙이며 한편으로는 황송하고 한편으로는 이상하여 한마디도 대답지 않고 일어나 떠나려 하니라.

6 이에 상제님께서 더욱 큰 소리로 꾸중하시기를 "네가 어른이 꾸짖는데 어디로 가려 하느냐." 하시거늘

7 낙범이 그 위엄에 눌려 다시 자리에 앉아서 머리를 숙인 채 연신 땀만 흘리니라.

8 낙범이 뜻밖의 꾸지람을 듣고 집으로 돌아와 허물을 생각하되 깨닫지 못하고 황송히 지내더니

9 그 뒤로 천포창이 낫거늘 비로소 상제님의 진노하심과 꾸짖으심이 곧 약이었음을 깨달으니라.

구릿골 저수지 공사 : 이곳까지 물이 차리라

233 하루는 구릿골 앞 큰 버드나무 아래에서 소풍하실 때 자리에 한참 누워 계시다가 말씀하시기를 "내가 지금 물속에 누워 있노라." 하시거늘

2 성도들이 그 연고를 여쭈니 말씀하시기를 "앞으로 너희들은 이곳에서 배 타고 고기를 잡으리라." 하시고

3 다시 구릿골 앞길 어디쯤에 가 서시어 모과나무 단장을 땅에 꽂으시며 "장차 이곳까지 물이 차리라." 하시니라.

4 또 하루는 구릿골 앞에서 다리 사이에 단장을 끼시고 원평에 사는 한 사람에게 뒤에 앉으라 하시어

5 "배를 타고 가자. 꼭 잡으라." 하시니 문득 원평에 당도하여 있더라.

6 어느 날은 상제님께서 구릿골 앞을 가리키시며 "여기에서 낚시질하여 반찬을 하리라." 하시고

7 갑칠에게 "낚싯대에 굵은 노끈을 달라." 하시어 못을 매달아 드시고 "우리 고기 잡으러 가자." 하시니라.

8 이어 구릿골 앞들로 나가시어 논둑에 앉아 논바닥에 낚싯대를 드리우시고

반면, 준찬은 키가 크고 풍채가 좋고 얼굴이 희었다. 두 성도 모두 하관이 빠르고 늘 갓을 쓰고 다녔다.

232:3 천포창. 피부에 큰 물집이 생기는 병을 통틀어 이르는 말. 김낙범 성도의 손자 김용부(1942~ , 인천 거주)는 고모로부터 할아버지의 얼굴에 마마자국이 있다는 말을 들었다고 한다.

233장 안필성의 손자 안일완 증언.

233:3 물이 차리라. 1961년 4월 30일 완공된 금평 저수지 공사로 실현되었다.

9 "어이쿠, 물렸구나." 하시며 낚싯대를 젖히시니 그때마다 붕어가 낚이므로 갑칠이 이를 받아 꿰미에 꿰니라.

10 이와 같이 연신 붕어를 낚아 올리시며 말씀하시기를 "거참 물도 좋다." 하시니라.

233:11 상나무쟁이. 구릿골과 용화동 사이에 윗상나무쟁이와 아랫상나무쟁이가 있었는데 이곳은 아랫상나무쟁이이며 금평제 공사 때 수몰되었다. 지금의 구릿골 입구 다리 아래에 있었다.

11 또 어느 여름날에는 상나무쟁이 주막에서 필성과 술을 잡수시고 주막 아래 바위에 누워 엄지발가락을 움직이시며

12 "내가 지금 물위에 누워 있노라. 필성아, 앞으로 여기 발끝에까지 물이 찬다. 여기까지 배 들어온다." 하시고

13 손을 들어 수양산을 가리키시며 "저 산 중턱으로 길도 나고 차도 다니리라." 하시며 취흥에 겨워 뱃노래를 부르시니라.

거지에게 베풀어 주심

234 동네에 동냥아치나 문둥이들이 오면 아무 집에나 들어가 옷과 신발을 가져가고 심지어는 벽을 허물어 쌀가마니를 가져가기도 하는데

2 상제님께서 병을 고쳐 주기도 하시고 상을 차려 배불리 먹이시며 옷을 벗어 주시고

3 때로는 남의 집 빨래까지 걷어다 주시니 형렬의 집은 전혀 손대지 아니하더라.

제비산 중턱에서 내려다본 금평 저수지. 본래 개울이 흐르고 바깥구릿골 마을과 논이 있었으나 상제님 공사에 따라 1961년에 저수지가 되었다.

4 하루는 상제님께서 동냥아치들에게 옷과 음식을 주시며 "다시는 이 마을에 발을 들이지 말라." 하시니 그 뒤로는 오지 아니하거늘

5 마을 사람 모두 "이는 증산 어른의 덕이라." 하고 이르니라.

갑칠에게 배필을 구해 주심

6 하루는 상제님께서 갑칠에게 "오늘은 네 배필을 구해 주리라." 하시며 데리고 나가시더니

7 동네 어귀에서 구걸하는 한 여인을 보시고 문득 "야, 네 배필이 저기 있구나." 하시며

8 그 여인을 불러오게 하시어 갑칠과 연(緣)을 맺어 주시니라.

이를 빼시어 공사 보심

235 하루는 상제님께서 호연을 데리고 어디를 가시는데 어느 집 담 안에 떡살구가 누렇고 탐스럽게 익었거늘

2 호연이 "저 살구 봐! 살구 좀 따 먹었으면 좋겠네." 하고 탐을 내니

3 상제님께서 말씀하시기를 "흥, 백정놈이 양반 행세한다고 체면 차리고 가다가 길가의 버들을 보고는 '그놈, 좋다!' 하며 상놈 노릇을 한다더니

4 가면 그냥 가는 것이 아니라 살구 먹고 싶어서 또 '저 살구 좋다.' 그러느냐? 백정놈과 한가지로구나." 하시니라.

5 호연이 심통이 나서 "다른 재주는 잘 부리더니 살구 하나를 못 따 주면서 그렇게 잔소리만 해? 내가 이를 싹 빼 버렸으면 좋겠네." 하니

6 "네가 돌을 쪼개 봐라. 내 이를 빼는가." 하시고는 손바닥에 이를 모두 뱉어내시며 "내 이 다 빠졌다! 봐라, 이!" 하시거늘

7 호연이 "아이구, 무서워!" 하며 상제님의 등뒤로 돌아가는지라

8 이에 상제님께서 "무섭다고 도망을 하면서도 내 등뒤로 돌아와? 끝내 나를 안고 죽으려고 하는구나!" 하시며 크게 웃으시니라.

진실로 만민을 살리시는 하느님

236 하루는 김병욱의 차인(差人) 김윤근이 구릿골로 와 뵙고 아뢰기를

2 "요사이 날이 가물어 농작물이 다 말라 가고 있사오니 선생님께서 단비를 주시어 만민의 초조한 마음을 풀어 주십시오." 하거늘

3 상제님께서 덕찬에게 명하시어 "네 집에서 기르는 돼지 한 마리를

234:8 김갑칠 성도는 이 부인과의 사이에서 아들 태일(泰一)을 낳았으나 일찍 사별하고 후에 하운동에 사는 전주 이씨를 들여 아들을 키웠다. 뒷날 태일이 아들 다섯, 딸 셋을 두어 자손이 번성했다.

236:1 김윤근(金允根, ?~?). 김병욱 성도의 집안 사람으로 1906년 11월 26일 전주의 유지 김병욱, 이강원,

박윤상 등이 만든 '수형'이라는 금융조합에서 일했다.

236:1 차인. 남의 장사하는 일에 시중드는 사람 또는 임시 심부름꾼으로 쓰는 하인.

237장 김형렬 성도의 손자 김현식이 어머니 (이정숙)로부터 들은 이야기다.

237:4 공동 우물. 지금도 구릿골에 남아 있으나 황폐화되었다.

238:2 김영학(金永學, 1876~1945). 본관 광산(光山). 족보명 기선(箕善), 초명 영선(永善). 피노리의 아랫마을 먹살리에 살았다. 조선 독립을 위한 의병 활동에 참여했으며 일제의 감시를 피하기 위해 창일이라는 이름을 사용하기도 했다.

삶아 보내라." 하시니라.

4 이에 덕찬이 명을 좇아 돼지를 삶아 올리니 상제님께서 성도들과 더불어 잡수시는데 미처 상을 물리기도 전에 우레가 일어나며 비가 많이 내리거늘

5 윤근이 기뻐하며 말하기를 "선생님은 진실로 만민을 살리시는 하느님이시로다." 하니라.

소나기에 젖지 않으심

237 상제님께서 약방을 차리신 후로는 주로 약방에 계시는데 진지는 꼭 형렬의 집에서 드시니라.

2 형렬의 큰며느리가 오랫동안 상제님을 모시면서 보니 상제님께서는 새벽에 풀밭을 갔다 오셔도 이슬 한 방울 묻지 않으시고

3 소나기가 내릴 때에도 비에 젖지 않으시더라.

4 또 날이 가물 때 성도들에게 명하시어 구릿골 공동 우물 옆에 "한 사람이 들어앉으면 안 보일 만한 구덩이를 파라." 하시고

5 그 안에 들어가 부(符)를 그려 불사르시며 두 팔로 구름을 모으는 모양을 하시니

6 어느새 하늘에 새카만 먹구름이 몰려와 큰비가 쏟아져서 가뭄이 해갈(解渴)되니라.

척신 붙은 김영학의 입문

238 6월에 백암리에 계실 때 박공우와 신원일이 모시는데

2 24일에 김영학(金永學)이 경학의 인도로 와 뵙거늘 이레가 지나도록 아무 말씀도 아니하시니 영학이 크게 분해하는지라

3 이에 공우와 원일이 이르기를 "성의를 다해 사사(師事)하기를 청하면 밝게 가르치실 것이라." 하거늘

4 영학이 그 말을 좇아 상제님께 사사하기를 청하매 상제님께서 허락하시더니

5 갑자기 "이놈을 참수할복(斬首割腹)하리라." 하시며 크게 꾸짖으시니라.

6 영학이 상제님의 우레와 같은 목소리에 한편으로는 두렵기도 하고 다른 한편으로는 분하기도 하여 문밖으로 나가거늘

7 상제님께서 영학을 불러 "나에게 사배를 하라." 하시고 절을 받으신 뒤에 말씀하시기를

8 "너를 꾸짖은 것은 네 몸에 있는 두 척신을 물리치려 한 것이니 너는 불평히 생각지 말라." 하시니라.

9 이에 영학이 "무슨 척신인지 깨닫지 못하겠습니다." 하고 여쭈니

10 말씀하시기를 "네가 열여덟에 사람을 죽이고 금년에도 사람을 죽였나니 잘 생각하여 보라." 하시니라.

11 영학이 생각해 보니 18세에 남원에서 전주 아전 김 모와 대화하다가 그의 무례한 말에 노하여 화로를 던져 머리를 다치게 하였더니 그로 인해 시름시름 앓다가 다음해 2월에 그가 죽었고

12 금년 봄에는 장성 맥동(長城 麥洞)에 사는 외숙 김요선(金堯善)이 의병에게 약탈을 당한 고로

13 영학이 장성 백양사(白羊寺)에 있는 의병 대장 김영백(金永伯)을 찾아가 그 비행을 꾸짖었더니 영백이 사과하고 범인을 검거하여 포살한 일이 있는지라

14 비로소 황연히 깨닫고 아뢰니 상제님께서 말씀하시기를 "정히 그러하다." 하시거늘

15 영학이 마침내 전날의 과실을 뉘우치고 상제님의 크신 은혜에 감읍(感泣)하니라.

238:12 장성 맥동. 전남 장성군 황룡면(黃龍面) 맥호리(麥湖里) 맥동. 맥동은 울산 김씨 집성촌이다.

238:13 김영백(金永伯, 1880~1910). 본관 안동(安東). 전남 장성군 북이면 달성리 출신의 농민. 군대 해산 후 의병 약 1천 명을 모집하고

내가 명을 내리거늘

239 영학이 아뢰기를 "일찍이 제가 최면암(崔勉庵)과 더불어 의병

백암리. 칠보산 끝자락에 위치하고 있으며 산 곳곳에 흰 바위가 있어 백암리라 부른다. 이 마을에 살고있던 김경학 성도에게 대학교 도수를 붙이시고 많은 공사를 보셨다.

239:1 최면암(崔勉庵, 1833~1906). 본명 익현(益鉉). 이항로의 문인으로 조선 말기의 거유(巨儒)이다. 1905년 을사조약이 체결되자 전라도 태인에서 의병을 일으켰으며, 순창에서 의병을 이끌고 관군·일본군과 싸워 패전, 체포되어 대마도에서 생을 마쳤다.

스스로 의병장이 되어 정읍 등 전라 지역에서 일본군을 공격하여 많은 전공을 세웠다.

으로 행세하였더니

2 이제 일본군들이 저를 의병의 거두로 여겨 날로 수사가 심하오니 제 한 목숨을 구하여 주십시오.” 하는지라

3 상제님께서 말씀하시기를 “영학아, 네가 나를 만나지 않았으면 네 성명(性命)을 보전키 어려웠으리라. 너는 지금부터 의병을 모의(謀議)하는 일에 인연을 끊도록 하여라.

4 내가 이제 너를 잡으려는 일본군 부대장에게 칙서(勅書)를 내리리니 너는 스스로 일본군 부대를 찾아가라.” 하시거늘

5 영학이 “지금의 형세로는 저들에게 잡히면 반드시 죽을 것이오니 스스로 찾아감이 불가합니다.” 하고 아뢰니라.

6 이에 상제님께서 일러 말씀하시기를 “내가 명을 내리거늘 저들이 어찌 감히 그런 짓을 하겠느냐.” 하시니

7 영학이 칙서를 청하매 상제님께서 칙서를 써서 보여 주시며 말씀하시기를 “일본군 장교가 이 글을 보면 감히 너를 해하지 못하고 다시 화해하게 되리라.” 하시고

8 칙서를 불사르며 말씀하시기를 “칙서가 그에게 먼저 도착하였으니 너는 염려 말고 다녀오라.

9 일군이 지금 순창에 머물고 있으니 너는 먼저 군수를 만난 후에 일본군 대장과 통하라.” 하시니라.

명을 어긴 신명과 인간의 죄를 다스리심

10 이에 영학이 의구심을 품고 순창에 가서 명하신 대로 행하니

11 일본군 장교가 영학이 있는 곳을 알고 크게 위세를 펴며 수백 명의 군사로 포위하고 영학을 붙잡아 신문한 뒤에 구류간에 가두거늘

12 영학이 ‘갇히지 않을 것이라.’ 하신 상제님 말씀을 생각하고 용기를 내어 큰 소리로 저항하매 마침내 여러 장교들이 의병을 그만두겠다는 서약을 받고 석방하니라.

13 영학이 그 길로 상제님을 뵈러 백암리로 와서 막 뜰 앞에 들어서는데 상제님께서 먼저 위로하시며 말씀하시기를

14 “네가 이번 길에 매우 놀랐겠구나. 일본군 대장이 어떻게 감히 너를 가둔단 말이냐. 나의 명을 어긴 죄를 다스리리라.” 하시더니

15 얼마 후 그 일본군 대장이 순창에서 갑자기 죽으니라.

239:12 서약. 무신년 6월 28일 전북관찰사 이두황과 헌병대 전주 수비대장 나까노(中野) 대위가 순창에 도착하여 7월 2일까지 머물면서 면장 이하 백성들을 훈시하고 정읍으로 이동하였다. 이 때 폭도로 지목 받은 사람들에게 면죄문서

나도 어려서 배고팠느니라

240 하루는 호연과 함께 길을 가시다가 끼니때가 되어 상제님께서

"호연아! 오늘은 또 어떻게 해야 배때기를 채울거나." 하시니

2 호연이 상제님의 용안만 빤히 쳐다보며 "나는 선생님만 바라고 가요." 하거늘 "나도 너만 바라고 간다." 하며 웃으시니라.

3 상제님께서 잠시 아무 말씀도 없으시더니 말씀하시기를 "나도 어려서 무척 배고팠느니라.

4 그렇게 고생을 하고 애를 써야 제가 잘되는 것이지, 호의호식으로 잘 먹고 그냥 잘되는 놈이 어디 있다더냐? 그러니 너도 배고프다 마라." 하시니라.

'어서 오라' 하며 반겨 주시는 상제님

241 상제님께서는 누가 동구 밖에 보일 듯 말 듯하게 오기만 해도 벌써 아시고 "아무개라는 놈 온다." 하시니라.

2 또 성도들이 오면 "어서 오라." 하시며 손을 잡아 반겨 주시는데

3 그냥 악수하듯 잡기도 하시고, 두 손바닥으로 마주잡기도 하시고

4 악수를 하신 채 손가락으로 손등과 엄지손가락을 만져 주시며 또 손등에 '임금 왕(王)' 자를 쓰기도 하시니

5 사람마다 손을 잡아 주시는 것에도 다 이치가 있더라.

6 호연이 이를 보며 손톱에 무엇이 붙어서 그런 줄로 알고 "뭐 붙었어요?" 하니

7 "그런 것까지 알아서 뭣 할래, 어린것이?" 하며 가르쳐 주지 않으시므로 그 이치는 알지 못하니라.

경석이 구릿골에 이르니

8 하루는 경석이 구릿골에 이르매 상제님께서 미리 아시고 수건으로 얼굴을 가리고 계시다가 살짝 내리시거늘

9 경석이 상제님을 뚫어져라 쳐다보니 "너, 왜 내 꼴을 바라보냐? 왜 눈을 꼬나서 보냐?" 하시는지라

10 호연이 이를 지켜보다가 "어떻게 보는 게 꼬나보는 것이여?" 하니 "이렇게 하는 것이다." 하시며 눈시늉으로 가르쳐 주시고

11 다시 경석을 바라보시며 "저놈은 굴뚝 속에 들어갔다 나왔는가, 어두운 밤중에 뭐하고 자빠졌는가 모르겠다." 하시니라.

12 이에 호연이 차돌과 단지 안에 넣어둔 쑥을 경석에게 건네주며 "선생님이 굴뚝 속에 있는 굴뚝새라고 안 해요?

13 그러니 불이 반짝 나오는지 부싯돌이나 한번 쳐 보세요." 하거늘

14 경석이 부시를 치니 어떤 것은 한 번에 불이 붙고, 어떤 것은 몇 번

를 수여한 기록이 남아 있다.

240:1 배때기를 채울거나. 상제님께서 쓰신 육두문자 그대로이다. 이 한 말씀으로 인간으로서의 상제님 생애를 그릴 수 있다. "굶기도 퍽 굶었네. 집도 절도 없는 데에 가면, 참으로 한데에서도 많이 자고."(김호연 성도 증언)

241:14 부시. 부싯돌을 쳐서 불

이 일어나게 하
는 쇳조각. 지금
의 라이터처럼
소지하고 다녔
다.

242:1 말씀. 상
제님의 말씀은
인물개벽의 씨앗
이며 생명의 근
원이다. 즉 인간
의 타고난 성품
마저도 개벽시키
는 생명의 로고
스(Logos)다.

242:4 기강을 파
괴하면. 상제님
천지공사의 결론
은, 인사를 마무
리짓고 후천 오
만년 신천지 선
경문화를 열어
갈 일꾼을 양육
하는 육임군 조직
에 있다. 육임군
은 상제님의 천
군 조직으로, 추
살의 대개벽 시
운을 맞아 천하
창생을 건지는
막중한 사명을
부여받았다. 군
대 조직의 생명
은 조직 기강이
다. 봉명 정신이
얼마나 투철한가
에 따라 상제님
천지대업의 성패
가 좌우된다.

을 쳐도 불이 붙지 아니하더라.

도를 전하는 조직기강 공사

242 상제님께서 성도들에게 가르침을 전하실 때는 글로 기록하시
는 일이 적고 **주로 말씀으로** 하시니라.

2 성도들이 약방 마당에 동그스름한 멍석을 펴고 겹쳐 앉아 글을 배
우는데

3 사람마다 일일이 가르치지 않으시고, 몇 사람에게 먼저 가르치시
면 그 사람이 다른 사람들을 가르치고, 또 가르치고 하도록 하시니
라.

4 혹 누가 상제님께 직접 가르쳐 달라고 떼를 쓰며 기강을 파괴하면

5 "이놈의 새끼가 뭔 놈의 새끼냐!" 하시며 뺨을 때리시는데 마치 가
시로 긁은 듯 싹 긁혀지나 어느새 상처는 사라지더라.

6 성도들이 책을 놓고 글을 읽는 동안 상제님께서는 성도들의 뒤를
빙빙 돌아다니시는데 그렇게 한 번만 돌아보셔도 누가 잘하고 못
하는지 다 아시니

7 글을 잘 아는 사람으로 하여금 잘 이해하지 못하는 사람을 가르치
도록 하시니라.

8 또 글을 잘 못하는 사람에게는 언제나 세 번까지 기회를 주시는데

9 만일 네 번째에도 틀리면 나무 꼭대기에 앉혀 놓기도 하시고 나무
에 매달아 놓기도 하시니

10 모두 이를 두려워하여 글공부에 더욱 정진하니라.

요런 놈이 무슨 글을 배우느냐

243 하루는 어떤 사람이 글을 잘 이해하지 못하니 옆에 앉은 사람
이 일러 주며 말하기를

2 "야, 선생님은 저리 다니셔도 다 아시니, 보시기 전에 후딱 배워
라." 하고 재촉하거늘

3 "모르는 것을 어떻게 후딱 배워요? 무슨 자인가, 이게…." 하며 조
급해하는데

4 이 때 저쪽 편에서 "하늘 천은 무엇이고, 따 지는 무엇이냐?" 하고
상제님께서 물으시는 소리가 들리는지라

5 그 성도가 대답하기를 "하늘 천은 하늘이고, 따 지는 땅이지요." 하
니라.

6 이번에는 옆 사람을 가리키시며 "너는? 일천 천 자는?" 하고 물으시니 그 사람이 대답하지 못하고 머뭇거리거늘

7 상제님께서 "아, 요런 놈이 무슨 글을 배우냐?" 하고 불호령을 치시며 그의 허리를 나무 끝에 매달아 놓으시니라.

나무에 사람이 열렸다

8 이에 나무가 휘청거릴 때마다 몸이 기우뚱거리니 죽는다고 소리를 치며 우는지라

9 상제님께서 "시끄럽다." 하시며 장대로 나무를 한 번 두드리시니 나무가 금방이라도 툭 부러질 것 같거늘

10 그 사람이 더욱 크게 소리지르며 울어대니 그 앞에 가시어 "머리가 무겁냐, 다리가 무겁냐?" 하며 약을 올리시니라.

11 상제님께서 다시 한 성도를 지목하시며 그 글자의 뜻을 말하라 하시는데 그 사람도 대답하지 못하매 또한 나뭇가지에 매달아 놓으시거늘

12 마을 사람들이 이를 보고 '나무에 열매가 연 것이 아니라 사람이 열렸다.'고 이르더라.

각자 청수 모시고 수도하게 하심

244 상제님께서 성도들을 공부시키실 때 각기 청수를 모시고 글을 읽게 하시니

2 성도들이 사발이며 바가지 등 청수그릇을 보듬고 와서는 깨끗한 물을 떠다가 제각기 앞에 두고 글을 읽는데

3 이 때 턱은 앞으로 살짝 당기고, 겉눈은 감고 속눈을 뜬 채로 청수그릇을 응시하며 읽으니라.

4 또 처음 공부하는 사람은 조그만 옹동이에 청수를 모시고 공부하게 하시니라.

5 공부할 때는 반드시 무릎 꿇은 자세로 앉게 하시고, 먼저 칠성경을 읽고 후에 개벽주를 읽게 하시는데

6 성도들을 직접 가르치지 않으시고 항상 형렬을 먼저 가르치시어 형렬로 하여금 다른 사람을 가르치게 하시니라.

7 약방이 좁아서 안으로 들어가지 못한 성도들은 약방 마루며 마당, 고샅, 밭 등 어디에라도 구석구석 앉아 공부를 하니

8 공부가 잘 되는 사람은 청수에 미꾸라지도 보이고, 잉어도 보이고 하더라.

꿩에 살기가 박혀 있었느니라

245 구릿골에 계실 때 하루는 한 성도가 꿩 한 마리를 드리거늘 받아 두시고 사흘을 지내니 꿩이 썩게 된지라

2 성도들이 아뢰니 삶아 먹게 하시고 상제님께서는 조금도 맛보지 아니하시거늘

3 그 이유를 여쭈니 말씀하시기를 "그 아내가 주기 싫어하였으므로 그 꿩에 살기가 박혀 있었느니라." 하시니라.

4 이에 성도들이 다시 여쭈기를 "그러면 어찌 저희들에게 살(煞) 박힌 것을 먹게 하셨습니까?" 하니 "이제 그 살기는 다 제거하였노라." 하시니라.

245:5 구천하감주. 우주의 통치자이신 상제님께 올리는 감주라는 말씀이다.

5 하루는 부안 사람이 상제님께 감주(甘酒)를 올리니 물리치며 말씀하시기를 "이것은 곧 **구천하감주(九天下鑑酒)**이거늘 네가 어찌 도적 음식을 들이느냐?" 하시거늘

6 성도들이 그 사람에게 연고를 물으니 대답하기를 "아내가 듣지 않으므로 부득이 몰래 가져왔다." 하더라.

아내의 마음을 돌리지 못할 때

7 상제님께서 말씀하시기를 "부부가 합심하지 못하면 천하사는 이루기 어려우니라.

8 대인의 도를 닦으려는 자는 먼저 아내의 뜻을 돌려 모든 일에 순종케 하여야 하나니

9 만일 아무리 하여도 그 마음을 돌리지 못할 때에는 분란을 이루지 말고 더욱 굽혀 예를 갖추어 경배하기를 날마다 일과로 행하라.

10 그러면 마침내 그 성의에 감동하여 순종하게 되나니 이것이 옛사람의 법이니라." 하시니라.

물위를 한 걸음에 건너심

246 구미란에 사는 김창오가 평소에 상제님을 존경하여 상제님께서 오시면 술대접을 많이 하더니

2 여름에 하루는 전주에 가려고 청도원고개를 넘으려는데 갑자기 소나기를 만나매 물이 불어 내를 건너지 못하거늘

3 상제님께서 청도원 주막에 계시다가 창오를 보시고 "내가 건네주랴?" 하시며 불은 냇물을 한 걸음에 건너오시어 창오를 옆구리에 끼시고 다시 단숨에 건너편에다 건네주시니라.

물속에서도 젖지 않으심

4 상제님께서는 비가 많이 와도 젖지 않으시고, 깊은 물에 들어가셔도 물이 양쪽으로 갈라지니 옷에 물 한 방울 묻지 않으시니라.

5 또 물위를 육지처럼 걸어다니시니 이 때 다른 사람들도 상제님의 뒤를 바짝 따르면 함께 물위로 걸어갈 수 있으나 방심하여 떨어져서 따르면 그대로 물에 빠지더라.

6 하루는 성도들과 함께 비가 와서 물이 불은 개울을 건너시는데 느닷없이 "잡아라, 잡아라!" 하시매

7 성도들이 '무얼 보고 그러시는가.' 하여 두리번거리니 한 성도가 물에 빠져 둥둥 떠내려가면서 그 와중에도 웃으며 상제님을 부르거늘

8 상제님께서 "아이고, 저놈이 죽으면서도 쩍 한다." 하시니 언제 그랬냐는 듯이 물에서 솟아 나오더라.

신이한 상제님의 손

247 상제님께서는 칼로 손을 그어도 피 한 방울 나지 않으시니라.

2 한번은 상제님께서 허락하시매 호연이 "어디 정말!" 하며 상제님의 손을 칼로 베니

3 평소에는 무척 부드러운 상제님의 손이 갑자기 나무막대기와 같이 딱딱하게 변하여

4 아무리 하여도 베어지지 아니하고 깎으려고 해도 깎아지지 아니하더라.

5 또 상제님께서는 기운이 세시어 손으로 쇠를 만지면 물렁물렁하게 변하고

6 아름드리 기둥을 살짝 밀기만 해도 기우뚱 기울어지니 집이 헐어질까 하여 도로 세워 두시는데

7 때로는 기둥을 뽑아 키를 재 보기도 하시니라.

청수 한 그릇 올려라

248 김갑칠의 누이가 구이면 계실(九耳面 鷄室)로 출가한 뒤 이름 모를 병을 얻어 좋다는 약을 다 써 보아도 도무지 낫지 않거늘

2 갑칠의 누이는 상제님의 신성하심을 익히 아는 터라 남편을 구릿골로 보내며 "선생님을 찾아뵈면 어떻게든 살 방법이 있을 것이오." 하니

247장 "참말로 요상혀. 사람도 아녀."(김호연 성도 증언)

247:6 "그래도 아주 안 헐고, 그냥 헐어질까 봐 거울러지면 도로 이렇게 세워 놓고."(김호연 성도 증언)

248:1 구이면 계실. 현재 전북 완주군 구이면 계곡리(桂谷里) 계실 마을. 뒷산이 닭의 형국이다.

도문

3 그 남편이 곧장 길을 떠나 재를 넘어 해거름에야 구릿골에 당도하여 먼저 갑칠에게 들러 사정을 이야기하고 함께 약방으로 가니라.

4 상제님께서 두 사람이 들어오는 것을 보시고 "그래, 어찌 왔느냐?" 하시니 갑칠이 누이의 병을 여쭈며 "그대로 두면 죽게 생겼습니다." 하거늘

5 상제님께서 혼잣말씀으로 "허어, 참." 하시고 이내 갑칠에게 "청수 한 그릇 올려라." 하시는지라

6 갑칠이 명하신 대로 청수를 올리니 이번에는 "너, 이 요강 좀 깨끗이 씻어 오너라." 하시니라.

7 이에 요강을 씻어 올리니 상제님께서 부(符)를 써서 상에 올려놓고 주문을 읽으시다가 갑자기 요강 가득히 피를 쏟아내시고는 "이것 치우고 다시 가져오너라." 하시매

8 갑칠이 다시 씻어 올리니 이번에는 요강에 반쯤 차게 피를 쏟으시고는 "이것 싹 갖다 치워라." 하시고 부를 불사르시니라.

9 이어 병자의 남편을 불러 이르시기를 "어둠살이 내리는데 가려면 가고, 자고 가려면 자고 가 알아서 해라. 이제 죽기는 면하였으니 팔십까지는 살 것이다." 하시거늘

10 병자의 남편이 이 말씀을 듣고 한편 마음이 놓이면서도 아내의 병세에 조바심이 나서 이내 집으로 돌아가려고 마음먹고는

11 상제님께 인사를 올린 후 땅거미가 지는 길을 막 나서니 순식간에 집 앞에 당도하거늘

12 떠날 때 다 죽게 생겼던 아내가 언제 그랬냐는 듯이 집 앞에 나와 기다리고 섰더라.

13 그 뒤로 갑칠의 누이는 감기 한번 걸리지 않고 82세까지 사니라.

스스로 허물을 뉘우치라

249 하루는 형렬이 밖에 나갔다가 술 취한 예수교인 강중구에게 큰 패욕을 당하고 돌아와서 상제님께 그 일을 아뢰니

2 말씀하시기를 "청수를 떠놓고 스스로 허물을 살펴 뉘우치라." 하시니라.

3 형렬이 명하신 대로 하매 그 뒤에 '강중구가 병들어서 사경에 이르렀다가 어렵게 살아났다.' 하거늘

4 형렬이 듣고 아뢰니 상제님께서 말씀하시기를 "이 뒤로는 그런 일을 당하거든 조금도 그를 원망치 말고 스스로 몸을 살피라.

5 만일 허물이 네게 있을 때에는 그 허물이 다 풀릴 것이요, 허물이 네게 없을 때에는 그 독기가 본처로 돌아가느니라." 하시니라.

담배에 시비가 붙어 있나니

250 하루는 성도들에게 일러 말씀하시기를 "담배에 시비가 붙어 있나니 이 뒤로는 상하귀천의 구별 없이 피우게 하리라." 하시고 맞담배 공사를 보시니라.

2 성도들을 방 안으로 다 불러들이신 뒤에 문을 닫고 친히 성도들의 담뱃대에 담배를 넣어 주시며 "담배 연기를 나한테 **뿜으라**." 하시거늘

3 성도들이 감히 상제님 앞에서 담배를 태울 수 없어 머뭇거리며 서로 눈치만 살피니라.

4 이에 상제님께서 담뱃대에 불까지 붙여 주시며 피우라 하시니 성도들이 마지못해 담배를 피우거늘

5 상제님께서도 마주앉아 피우시니 얼마 후 방 안에 담배 연기가 가득차 숨을 못 쉴 정도가 되니라.

6 이에 상제님께서 문을 열게 하시고 "이젠 후련하다. 이젠 되었다." 하시며 말씀하시기를

7 "선천 양반은 장죽을 물고 교만을 부리나니 너희들은 담뱃대를 세 **뼘**을 넘게 하지 말라. 댓바람에 죽는다." 하시니라.

8 잠시 후 다시 명하시기를 "방 안에서 가장 짧은 담뱃대를 찾아 오라." 하시어 그 대에다 담배를 넣어 돌려가며 피우게 하시니라.

9 하루는 상제님께서 담배를 피우시다가 대통으로 무릎을 탁탁 치시고 위로 흔드시며 말씀하시기를 "담뱃대 하나로도 능히 세상을 개벽할 수 있느니라." 하시니라.

이 때는 해원시대라

251 하루는 공우를 데리고 태인 돌창이 주막에 들르시어 경어로써 술을 청해 잡수시고

2 공우에게 "술을 청해 먹으라." 하시거늘 공우는 습관대로 낮은말로 술을 청해 먹으니

3 상제님께서 이르시기를 "이 때는 해원(解寃)시대라.

4 상놈의 운수니 반상(班常)의 구별과 직업의 귀천(貴賤)을 가리지 아니하여야 속히 좋은 세상이 되리니 이 뒤로는 그런 언습(言習)을 버

250:9 박공우 성도의 수제자인 김일화의 아들 김천수 증언.

김천수(1927~)

릴지어다." 하시니라.

이놈아, 육갑인데 너는 어찌 칠갑이냐

252 하루는 갑칠이 들어오니 상제님께서 "네가 갑칠이냐?" 하고 물으시매 갑칠이 "예, 갑칠입니다." 하고 대답하거늘

2 "이놈아, 육갑(六甲)인데 너는 어찌 칠갑이냐? 옳지, 너를 합치니 칠갑이로구나. 그 문서 매우 어렵구나. 그래도 칠 자(七字)가 팔 자(八字)보다 나으리라." 하시니라.

한탄 말고 나를 기다리라

3 이어 내성을 돌아보며 말씀하시기를 "너는 쇠상오를 지녀서 농사로 집안을 일으키겠다. 농사를 얼마나 짓느냐?" 하고 물으시니

4 내성이 "농양(農糧)은 합니다." 하고 대답하거늘

5 상제님께서 이르시기를 "내성아, 부지런히 농사짓고 내가 어디 가더라도 한탄 말고 나를 기다리라." 하시니라.

'강미치광이'라 하니 분해서 못살겠다

253 이 때 최창조가 이르러 상제님께 문안을 올린 후에 한쪽에 가서 분함을 이기지 못하여

2 성난 소리로 이를 갈며 말하기를 "이럴 것이 아니라 우리 몇 사람

돌창이 주막 터. 정읍, 김제, 전주, 태인으로 가는 길목이어서 주막의 규모가 매우 컸고 사람도 붐볐다. 상제님께서 계묘년에 주인에게 돼지를 잡게 하시고 아이를 살려 주셨다. 멀리 성황산이 보인다.

이 결사대를 만들어 저 건너 주점에 가서 한 놈을 죽이든지 해야지 그저 있어서는 못살겠다." 하거늘

3 박공우가 이르기를 "무슨 일로 그러오?" 하니 창조가 말하기를 "이런 분한 일은 내 생전에 처음이라, 차라리 죽지 못살겠다." 하니라.

4 본래 공우는 우직한 사람인지라 창조의 말을 듣고 바짝 다가서며 "무슨 일인지 자세히 말해 보라. 결사대는 말고라도 내 혼자 하고 혼자 당해야지 공모되면 죄가 크다. 어서 무엇인지 말을 하라." 하니

5 창조가 소매를 걷어붙이며 "여러 놈이 나서서 덤비는 통에 나는 혼자라 어찌할 도리가 없어서 왔으나 생각할수록 분해 못살겠네." 하고

6 공우의 귀에 대고 "그놈들이 선생님을 미쳤다 하며…." 하고 말을 하다가

7 분한 김에 상제님도 들으시게 하려고 "그놈들이 글쎄, '강탈망인지 강삿갓인지 그 강미치광이 따라다니지 말고 우리를 따라다니면서 술이나 받아 주면 고맙다는 소리나 듣지.' 하고

8 우리를 모두 '병신 뒷다리 같은 놈들' 이라 하며 '참말로 미친놈들이 저놈들이라.' 하니 어디 분해서 살겠소?" 하거늘

9 공우가 이 이야기를 듣고 코를 한 번 풀더니 나뭇짐에 가서 몽둥이 한 개를 번쩍 들고 "내 그까짓 것들…." 하고 나가니라.

이놈들아, 강미치광이 오죽이나 좋으냐

10 이 때 상제님께서 보시고 급히 부르시니 공우가 발을 멈추고 서서 들어오지 아니하는지라

11 상제님께서 크게 호령하여 말씀하시기를 "공우야, 너는 금일로써 남이 되려느냐." 하시니

12 공우가 이 소리에 깜짝 놀라 "예?" 하고 들어와 꿇어 엎드리거늘 일으켜 앉히신 후에 말씀하시기를

13 "조금 전에 내가 들었노라. 이놈들아, 강미치광이 오죽이나 좋으냐! 그 사람들 참으로 우리 일꾼 중 상등 일꾼이다.

14 강미치광이를 누가 따르겠느냐. 참으로 그 소리를 했다면 우리가 그 사람들에게 무엇으로 공을 갚을까.

15 옥과 돌을 그 사람들이 가려 주느니라. 사방으로 외대면서 이 말을 못하면 유감인데 너희들은 그 사람들이 그리 하니 원수로구나.

16 수운가사에 이르기를 '여광여취 저 양반을 따르기만 따를진대 만단설화(萬端說話) 한 연후에 소원성취 하련마는 못 만나서 한탄일세.' 라 하였나니

253:17 천신. '차지'의 전라도 방언.

17 내가 미쳤다 하기에 너희가 나를 원 없이 따르게 되지, 만일 세상에서 나를 성인이라 하면 너희들이 천신할까.

18 모르는 가운데 정성이 깊지, 알고 난 뒤의 정성이야 누군들 못하겠냐. 깊이깊이 생각해 보라." 하시니라.

19 이에 공우가 백배사죄 드리며 "참으로 공우가 금일에야 사람인가 합니다." 하니 좌우가 모두 기쁘게 웃으며 상제님께 사죄하더라.

명당을 주옵소서

254 하루는 어디를 가시다가 어느 산을 가리키시며 크게 칭찬하시기를 "이곳이 명당이니라." 하시니

2 공우가 "저에게 주옵소서." 하거늘 묵묵히 계실 뿐 허락지 아니하시니라.

3 그 후에 다시 그곳을 지나시며 역시 "큰 명당이로다!" 하고 칭찬하시거늘

4 공우가 거듭 "저에게 주시어 자손만대의 영화를 구하게 하옵소서." 하고 아뢰었으나 역시 허락하지 않으시니라.

공우에게 명당을 내려 주심

254:5 명당을 주리라. 박공우 성도에게 태인 호승예불의 혈자리를 주셨다. 4편 108장 참조.

254:6 면례. 무덤을 옮겨서 장사를 다시 지냄.

5 며칠 후에 다시 공우를 데리고 그 산을 지나시며 이르시기를 "오늘 너에게 이 명당을 주리라.

6 아무 날에 너의 친산을 면례(緬禮)하리니 다른 준비는 모두 내가 담당하리라. 너는 술과 음식을 깨끗이 준비하여 기다리라." 하시므로

7 공우가 말할 수 없이 기뻐하며 명하신 대로 준비하고 기다리니 정한 날에 상제님께서 이르시어 "이제 면례를 행하리니 술과 음식을 가져오라." 하시니라.

8 이어 준비한 술과 음식을 드시고 공우와 주위 사람들에게도 배불리 먹고 마시며 즐게 하신 뒤에

9 말씀하시기를 "오늘 면례를 잘하였도다." 하시니라.

10 공우가 상제님의 명으로 하늘을 우러러보니 한 줄기 정기(精氣)가 북에서 남으로 뻗쳤는데 장지(葬地)에 이르러서 보이지 아니하더라.

11 공우가 마음속으로 허전하여 "선경세계의 장례법이 이러합니까?" 하고 여쭈니

12 말씀하시기를 "내 세상에는 백골(白骨)을 묻지 않고 장사 지내나니 앞으로의 장례는 초혼장(招魂葬)이니라.

13 또 내가 명을 내리면 그 신명이 길한 땅을 지키고 그 자손이 복록
을 누리느니라 .” 하시니라.

재산 수효대로 살기가 붙어 있나니

255 상제님께서 부호를 싫어하시어 혹 부호를 천거하는 자가 있으면

2 언제나 그 부호가 오는 길가 주막에 가시어 짐짓 폭 잡을 수 없이
횡설수설하여 그들로 하여금 싫어서 스스로 물러가게 하시는지라

3 성도들이 그 까닭을 여쭈니 말씀하시기를 “부호들에게는 그 가진
재산 수효대로 살기(殺氣)가 붙어 있나니

4 만일 그들의 추종을 허락하려면 먼저 그 살기를 제거하여 앞길을
맑혀 주어야 할지니 그렇게 되면 허다한 시간을 낭비하여 공사에
지장이 있게 될지라.

5 그러므로 차라리 그들로 하여금 스스로 물러가게 하려 함이니

6 그 중에도 혹 혜두(慧竇)가 열려서 나를 알아보고 굳이 따르려 하는
자가 있으면 허락할 뿐이로다.” 하시니라.

255:6 혜두. 슬
기가 우러나오는
구멍.

너희들 선생은 뒤에 나오느니라

256 최덕겸을 비롯한 성도들이 상제님을 선생님이라 부르니 말씀하
시기를 “너희들이 나한테 배운 것이 무엇이 있느냐?

2 내가 너희들한테 무얼 가르쳐 준다고 나더러 선생이라 하느냐?”
하시거늘

3 한 성도가 “그러면 어떻게 부를까요?” 하니 “당신이라 불러라. 너희
를 가르칠 선생은 뒤에 나오느니라.” 하시매

4 이후로는 성도들이 상제님을 종종 ‘당신님’ 이라 부르니라.

나는 너희 선생이 아니로다

5 구릿골 약방에 계실 때 하루는 양지에 글을 쓰시는데 전간재(田艮
齋)의 문도 대여섯 명이 큰 삿갓에 행장을 갖추고 와서 “선생님 뵈
러 왔습니다.” 하고 절을 올리거늘

6 상제님께서 돌아보시며 말씀하시기를 “나는 너희 선생이 아니로다.”
하시며 절을 받지 않으시니 그 사람들이 우두커니 섰다가 물러가
니라.

256:3 당신. 나
승렬은 ‘당신’ 이
라는 말에 ‘죄를
끊고 나한테 빌
라. 부(符)를 줄
테니 나한테 고
하라(斷罪奏 給
符告).’ 는 뜻이
들어 있다고 해
석한다.

256:5 전간재(田
艮齋, 1841~
1922). 본관 담양
(潭陽). 본명은
우(愚), 간재는
호. 한말의 성리
학자. 기호학파
의 학통을 계승

노는 자는 오지 못하리라

257 구릿골에 계실 때 하루는 신경수가 이르거늘 어느 성도가 “무슨

일로 왔느냐?" 하고 물으니 "놀러 왔다." 하고 대답하는지라

2 상제님께서 좌우를 명하여 경수를 쫓아내시며 말씀하시기를

3 "여기는 노는 곳이 아니니 노는 자는 오지 못하리라." 하시니라.

보고 들은 대로 바르게 일러 주라

4 하루는 형렬을 비롯한 여러 성도들에게 말씀하시기를 "너희들은 뒷날 찾아와서 묻는 자가 있거든 보고 들은 대로 일러 주어라.

5 행하느냐 행하지 않느냐는 그 사람에게 달린 일이니라." 하시니라.

만사동정이 각기 때가 있나니

258 어떤 사람이 무고히 남의 오해를 받아서 구설이 일어남을 분히 여기거늘

2 상제님께서 이르시기를 "바람도 불다가 그치나니 남의 시비를 잘 이기라.

3 만사동정(萬事動靜)이 각기 때가 있나니 걷힐 때에는 흔적도 없이 걷히느니라." 하시니라.

4 어느 날 안내성이 일본 사람과 싸워서 몸에 상해를 입고 와 뵈니 말씀하시기를

5 "이로부터 너는 내 문하에서 물러가라. 내가 이제 너의 죽고 사는 일에는 간여치 않겠노라." 하시니라.

6 내성이 이유를 모른 채 엎드려 대죄하니 말씀하시기를 "시속에 길성소조(吉星所照)를 말하나 길성이 비치는 곳이 따로 있는 것이 아니라 일본 사람을 잘 대접하는 곳에 길성이 비치나니

7 네가 지금 일본 사람과 싸우는 것은 스스로 멸망을 취함이라. 내가 어찌 너를 가까이하리오." 하시니라.

항상 좋게 붙여서 말하라

259 공우가 상제님의 명을 받들어 각처를 순회할 때 하루는 어디서 상제님을 믿지 않는 언동을 보고 돌아와서 아뢰려 하거늘

2 상제님께서 미리 아시고 얼굴을 한쪽으로 돌리시매 공우가 이내 깨닫고 말을 멈추니

3 말씀하시기를 "어디서 무슨 부족한 일을 볼지라도 큰 일에 낭패될 일만 아니면 항상 좋게 붙여서 말하라." 하시니라.

나를 모르기 때문

4 상제님께서 심히 불경하며 당신을 능욕하는 사람에게는 더욱 예로

써 대하시므로 성도들 중에 혹 이를 마땅치 않게 생각하는 사람이
있으면 곧 일깨워 주시며 말씀하시기를

5 "저들이 나에게 불경함은 나를 모르기 때문이니라. 만일 나를 잘 안
다면 너희들과 조금도 다름이 없으리라.

6 저희들이 나를 알지 못하여 불경하며 능욕함을 내가 어찌 개의하
리오." 하시니라.

너는 대인 공부를 하는 사람

260 어떤 사람이 경석에게 말하기를 "그대의 장인이 그대가 '요술
쟁이에게 요술을 배우려 한다.' 하며 '바람맞은 사람'이라고
말하는 것을 들었노라." 하니

2 경석이 말하기를 "내가 어찌 바람맞았으리오. 그러는 장인 양반이
오히려 바람맞은 사람이로다." 하거늘

3 그 사람이 나간 뒤에 상제님께서 경석을 불러 꾸짖으시며 "너는 대
인 공부를 하는 사람이라.

4 알지 못하는 사람이 제 노릇 하려고 하는 말을 네가 탄하여 똑같이
하면 너도 그와 같은 사람이 될지니 무엇으로 대인을 이루겠느냐."
하시니라.

어찌 천하의 백성들을 기르겠느냐

5 하루는 논가를 지나시는데 경석이 큰 소리로 새떼를 쫓거늘

6 말씀하시기를 "경석아, 네가 한 떼 새의 배 채움을 용납지 못하니
어찌 천하의 백성들을 기르겠느냐.

7 장차 백성들을 크게 상하게 하겠구나." 하시니라.

악담을 못 하게 하심

261 공우가 사소한 일로 형렬의 일가 사람과 쟁론하다가 "구릿골
김씨를 도륙하리라." 하거늘 상제님께서 꾸짖어 말리셨더니

2 그 뒤에 공우가 형렬의 집에 다시 이르매 우연히 김씨 일족이 다
모이니라.

3 이에 상제님께서 공우에게 이르시기를 "네가 못 올 데를 왔나니 이
곳이 너의 사지(死地)니라." 하시니

4 공우가 대하여 아뢰기를 "김씨 일족이 비록 많으나 제가 어찌 두려
워하겠습니까?" 하매

5 김씨들이 듣고 웃거늘 공우 또한 따라 웃으니 이로써 화해되니라.

261:2 구릿골 김
씨 일족. 구릿골
은 김형렬, 김자
현, 김갑칠, 김준
상 성도를 비롯
하여 김자선, 김
공진, 김갑진, 김
정빈, 김성천, 김
향철 등이 살았
던 안동 김씨 집
성촌이다.

6 대저 상제님께서 성도들로 하여금 악담을 못 하게 하심은 척(隻)이 되어 보복당함을 막으시기 위함이더라.

나의 술을 먼저 마시라

262 8월 어느 날에 덕찬이 여쭈기를 "오늘 제 누이동생 집에 잔치가 있으니 소풍을 겸하여 나가사이다." 하니

2 상제님께서 말씀하시기를 "나의 술을 먼저 마시라." 하시는지라

3 덕찬이 "무슨 술입니까?" 하고 여쭈거늘 "좀 기다려 보면 알게 되리라." 하시더니

4 이윽고 공우가 술과 찐닭을 가져와 상제님께 올리니라.

불만 품고 찾아온 차윤칠

263 8월에 구릿골에 계실 때, 차경석이 상제님을 종사(從事)함으로부터 살림을 돌보지 않아 가세가 날로 기우는지라

2 아우 윤칠이 불평하며 생각하되 '선생님을 따르면 복을 받는다 하더니 오히려 복은 멀어지고 빈궁이 따라드니 이는 한갓 속임에 지나지 못함이라. 내가 선생님께 가서 따지리라.' 하고

3 구릿골로 오다가 길에서 비를 만나 진흙에 엎어져서 옷을 버린 채 들어오거늘

4 상제님께서 놀란 빛으로 이르시기를 "이 근처에 의병이 출몰하므로 일병이 사방으로 정탐하며 다니니

5 만일 네가 비 맞고 길 걷는 모양을 보면 의병으로 오인하여 큰 욕을 줄 것이니 조용한 곳에 숨어서 내가 부를 때까지 기다리라." 하시고 형렬의 집에 숨어 있게 하시니라.

6 이튿날 상제님께서 윤칠을 부르시어 돈 3원을 주시며 이르시기를 "내가 수일 후에 정읍으로 가리니 돌아가 기다리라." 하시니

7 윤칠은 무렴에 싸였을 뿐 아니라 수일 후에 정읍으로 오시겠다는 말씀을 듣고 마음이 좀 풀리어 따지려던 것을 뒷날로 미루고 돌아가니라.

263:7 무렴. 염치가 없음을 느껴 마음에 거북한 것.

네 매씨를 잘 공양하라

264 이 때 윤칠을 다시 불러 당부하시기를 "천하 사람의 기쁨과 슬픔이 다 네 매씨(妹氏)에게 달려 있나니 네 매씨를 잘 공양하라." 하시니라.

2 수일 후에 고부 와룡리에 가시어 경석에게 기별하시기를 "나를 보려거든 학동(鶴洞)으로 오라." 하시거늘

3 이튿날 경석이 학동으로 와서 뵈니 상제님께서 돈 15원을 주시며 "너를 부른 것은 이 돈을 주려 함이라. 내가 윤칠이 두려워 네 집에 가지 못하노라." 하시니라.

4 경석이 돈을 받으며 황송하여 여쭈기를 "무슨 일로 그러십니까?" 하니

5 말씀하시기를 "일전에 윤칠이 살기를 띠고 구릿골에 왔는데 돈이 아니면 풀기 어렵겠기에 돈 3원을 주어서 돌려보냈노라." 하시는 지라

6 경석이 황망히 돌아가서 윤칠을 불러 물으니 과연 그 사실을 자백하더라.

경석에게 한 짐 지워 놓으니

7 이튿날 학동을 떠나실 때 공우에게 이르시기를 "나의 이번 길은 한 사람의 절을 받기 위함이니 이번에 받는 절이 천하에 널리 미치리라." 하시고

8 또 말씀하시기를 "경석에게 한 짐을 잔뜩 지워 놓으니 이기지 못하고 비척거린다." 하시니라.

뛰는 놈 위에 나는 놈이 있느니라

265 공우가 상제님을 모시고 가다가 한 주막에 당도하니 마침 건달들이 많이 모여 있거늘

2 상제님께서 놋양푼에다 술을 받아 단숨에 들이켜시고 "여기 사람이 이렇게 많은데 나하고 씨름할 사람 하나 나서 봐라." 하고 소리치시니 모두들 그 우렁찬 음성에 기가 눌려 감히 나서는 사람이 없더라.

3 이 때 어디선가 키 작은 중 한 사람이 나타나 바랑을 벗어 놓으며 "어디, 할 사람 없으면 나하고 한번 해 봅시다." 하고 나서는데

4 공우가 보니 키는 쪼그맣고 배만 뚱뚱하여 영락없는 땅딸보라 언뜻 보기에도 참으로 가소롭더라.

5 본래 공우는 한 손으로 다듬잇돌의 한 쪽 끝을 잡고도 거뜬히 들어 올리는 천하장사라

6 내심 '어디서 굴러 온 땡추인지 생긴 몰골을 보아하니 내 한 손가락잽이도 안 되는 것이 술김에 저러는 모양이로다.

7 체면이 있지, 어찌 저런 놈이 선생님께 맞서도록 보고 있을 수 있

264:2 학동. 전북 정읍시 정우면 장학리 학동. 지형이 학처럼 생겼다.

도문

나. 내가 저놈 버릇을 고쳐 놔야겠다.' 생각하고

8 얼른 한 발짝 앞으로 나서며 "해 볼 테면 나하고 한번 해 보자." 하고는

9 장죽(長竹)을 입에 문 채 잔뜩 호기를 부리며, 그 중에게 다가가 냅다 공중에다 집어 던질 요량으로 뒷덜미를 잡으려는 순간 도리어 공우의 몸이 공중으로 까맣게 떠오르거늘

10 공우가 깜짝 놀라 당황한 와중에도 '행여 떨어질 때 넘어지기라도 하면 그 창피를 어찌 당할까.' 하여 아등바등하다가

11 이내 땅에 떨어지면서 입에 물고 있던 담뱃대를 떨어뜨리니 담뱃대가 다리 사이에 끼어 뚝 하고 부러져 버리니라.

12 공우가 상제님께서 일부러 지게 만드신 줄 알면서도 부끄러운 마음에 얼른 자리로 돌아와서는 하소연할 데도 없어 들입다 술만 들이켜고 앉았는데

13 상제님께서 말씀하시기를 "공우야, 힘세다고 힘자랑 하지 마라. 뛰는 놈 위에 나는 놈이 있느니라." 하시니라.

공우의 성질이 온순하게 되어

266 대흥리에 계실 때 공우에게 물으시기를 "네가 남과 싸움을 많이 하였느냐?" 하시니 "그러합니다." 하고 대답하거늘

2 말씀하시기를 "표단(豹丹)이 들어서 싸움을 즐기는 것이니 이제 표단을 빼내고 인단(人丹)을 넣으리라." 하시더니

3 이 뒤로는 공우의 성질이 온순하게 되어 싸움을 즐기지 않고, 혹 싸우려는 사람이 있으면 두려운 마음이 생겨 멀리 피하니라.

주무시는 부근에는 항상 서기가 비침

267 출행하실 때 내성이 종종 상제님을 모시는데 봄, 여름, 가을, 겨울 할 것 없이 한데서 많이 주무시니라.

2 또 전주에 다녀오시다가 늦은 밤에 독배고개에 이르면 종종 풀밭에서 주무시니

3 그 때마다 내성이 마음이 놓이지 않아 자주 주위를 살피거늘

4 상제님께서 누워 계신 곳에는 항상 서기(瑞氣)가 비쳐 온 동네가 훤하더라.

군말만 해도 음식을 안 드시는 상제님

5 어디를 가시다가 시장하시면 주막에 들르시는데 주막 없는 한적한

267장 안정남의 증언에 의하면 그 후로 안내성 성도는 독배고개를 지날 때마다 상제님께 심고를 드렸다 하며 지금의 자손들 역시 이곳을 지날 때 경배를 올린다고 한다.

267:4 온 동네가

곳에서는 아무 집에나 들어가 끼니를 청하시거늘

6 혹여 그 집에서 귀찮아하거나 싫은 소리를 하면 비록 상을 차려 오더라도 잡숫지 아니하시니라.

7 내성이 상제님을 따라 다니면서 아무데서나 자고, 굶기도 자주 하였는데 어떤 때는 하루 종일 굶어도 배가 고프지 않고 마치 먹은 것처럼 든든하더라.

비구름을 물리치심

268 상제님께서는 종종 구릿골 뒷산 학선암에 가시고 **안양동**(安養洞)에도 자주 왕래하시니라.

2 하루는 내성이 상제님을 모시고 하운동 근처를 지나는데 갑자기 먹구름이 몰려오거늘

3 "아, 이놈들이 나를 싸고 비를 내리려 하네." 하시며 담뱃대를 휙 내저으시니 비구름이 걷히면서 날이 다시 청명해지더라.

4 또 하루는 공신이 상제님을 모시는 중에 갑자기 비를 만나니 상제님께서 부채를 흔드시며 "저리, 저리." 하시거늘

5 순간 가르마를 탄 듯이 비가 양쪽으로 갈라져 상제님께서 걸어가시는 길 위로는 떨어지지 않더라.

야 이놈 필성아, 마당만 뱅뱅 도냐

269 하루는 안필성이 논물을 보고 구릿골 약방에 들러 상제님과 장기를 두는데 필성이 연거푸 지기만 하는지라

2 공연히 부아가 나서 일어서며 말하기를 "나 집에 할 일이 많아 그만 가야겠네." 하니라.

3 이에 상제님께서 필성을 붙잡으시며 "오늘은 어찌 그리 쉬 돌아가려느냐. 나하고 점심 먹고 장기나 더 두자." 하시는데

4 필성이 이를 뿌리치며 "아, 이 사람아. 집에 할 일이 많네." 하고 어깃장을 놓으매 상제님께서 "그럼 잘 가거라." 하고 보내시거늘

5 약방에서 필성의 집까지는 한 마장도 안 되는 거리라.

6 필성이 약방을 나와서 분명 상나무쟁이를 지나고 팥정이도 지났으나 아무리 걸어도 자기 집이 나오지 아니하거늘

7 한참을 그렇게 걷다 보니 해는 이미 서산으로 기울어 다리도 아프고 배도 고파 앉아서 담배를 피우며 땀을 식히고 있으려니

8 문득 "야 이놈, 필성아! 집에 간다는 놈이 집에는 안 가고 마당만 뱅

원하더라. 천지신도세계에서 제일의 성신은 우주의 주재자, 통치자이신 성부 하나님, 곧 증산 상제님의 성령이다. 우리는 상제님을 추종하던 성도들의 증언을 통해 상제님의 크나큰 신성을 확인할 수 있다.

268장 안필성의 손자 안일완 증언.

268:1 안양동. 모악산 계룡 동쪽에 있는 마을. 안양(安養)은 극락정토의 다른 이름이다.

뱅 도냐?" 하시는 상제님의 음성이 들리는지라

9 깜짝 놀라 뒤를 돌아다보니 상제님께서 측간에서 나오고 계시더라.

10 그 순간 필성이 여태 제자리걸음만 하였음을 깨닫고 '아차! 또 증산한테 속았구나!' 하는 생각이 들며 귀신에게 홀린 듯 마음이 허탈하거늘

11 하는 수 없이 상제님과 저녁 늦도록 장기를 두고 집으로 돌아가니라.

호연아! 할애비 같은 놈도 네게 무릎 꿇는다

270 무신년 가을에 형렬이 집 마름이던 김덕찬, 백일남 등과 함께 나락을 거두러 논으로 나가며 무어라 쑤군거리거늘

2 호연이 무슨 얘기를 하는지 사뭇 궁금하여 상제님께 다가가 "태운장 어른이 덕찬이 아저씨하고 뭐라고 얘기를 한대요? 어디, 우리 선생님은 그리 안 할 테지요?" 하고 여쭈니

3 상제님께서 "야야, 너보고 그러는데, 내가 너를 속였단다." 하시니라.

4 이에 호연이 "뭣을 속여요?" 하니 상제님께서 호연의 두 손을 꼭 잡으시며 "그것은 상관 말아라.

5 우리 공부속으로 너를 그렇게 했지, 그이 벗하라고 가는 것이 아니여.

6 형렬은 나이가 많고 너는 어린데, 무슨 마누라라고 하는 것이 아니라 우리 도속으로 하는 일이여.

7 그 사람은 그 사람이고 우리는 우리니까 걱정 말아라. 네가 어리다고 해도 앞으로 할애비 같은 놈들도 다 너에게 무릎 꿇고 그려." 하시니라.

8 하루는 형렬이 아뢰기를 "지금 제 아내가 병이 많고 살림살이를 감당하기가 어려우니

9 허락하여 주신다면 다시 한 사람을 얻어 처로 삼고자 합니다." 하니 상제님께서 허락하시니라.

백미 스무 말을 약방에 들여놓으심

271 10월에 상제님께서 김낙범에게 명하시어 "백미 스무 말을 찧어 약방에 들여놓으라." 하시니라.

2 이 때 마침 약방에 양식이 떨어지거늘 형렬이 갑칠로 하여금 그 쌀에서 반 말을 갈라내어 밥을 짓게 하였더니

3 상제님께서 아시고 형렬과 갑칠을 크게 꾸짖으시니라.

270:8 형렬의 아내. 장수 황씨(長水黃氏, 1858~1927). 용진면 용암리에서 시집을 와 용진댁이라 불렸으며 형렬과의 사이에 3남 3녀를 두었다. 무오생으로 김형렬 성도보다 네 살이 많다.

성도들을 평하심

272 10월에 약방에 계실 때 하루는 모든 성도들에게 "각기 소원을 써 오라." 하시어 낱낱이 살피시니 대개 '출장입상(出將入相)'이 많은지라

2 상제님께서 웃으며 말씀하시기를 "너희들이 나를 만나서 해원하지 못하면 한이 되리라." 하시니라.

3 하루는 상제님께서 여러 성도를 평하시어 양지에

河圖洛書知人之鑑 金亨烈
하 도 낙 서 지 인 지 감   김 형 렬

萬人大賊 車京石
만 인 대 적   차 경 석

出將入相 金光贊
출 장 입 상   김 광 찬

旣然未然 崔乃敬
기 연 미 연   최 내 경

美羅風覽 安乃成
미 라 풍 람   안 내 성

平生不變心 安○○
평 생 불 변 심   안 ○ ○

萬事不成 金松煥
만 사 불 성   김 송 환

口腹大賊 金亨烈
구 복 대 적   김 형 렬

4 이라 써서 불사르시고 날이 저물어 오매 일전에 낙범을 시켜 약방에 들여놓은 백미 스무 말을 열 말씩 나누어 덕찬과 형렬의 집으로 보내시니라.

너는 파망 장사나 해먹어라

273 하루는 상제님께서 성도들을 좋게 평하시며 내성에게는 "자네는 파망(破網) 장사나 해 먹소." 하시거늘 내성이 은근히 기분이 상하는지라

2 상제님을 따른 이후 처음으로 말대꾸를 하며 "선생님은 어째 다른 사람은 다 좋은 이름을 지어 주시면서 저보고는 하필이면 파망 장사를 해먹으라고 하십니까?" 하고 따지듯이 여쭈거늘

3 상제님께서 말씀하시기를 "다 떨어진 헌 망건, 새로 앞가리개 싹 해 놓으면 새 망건이 되니 그것처럼 좋은 것이 어디 있느냐." 하시니라.

4 내성이 그제야 마음이 풀리어 공연스레 심사 부린 것을 부끄러워 하니라.

272:3 이외에 김형렬 성도의 손자 김현식은 '원형이정(元亨利貞) 김형렬, 천하대적(天下大賊) 차경석, 만인적덕(萬人積德) 안내성' 등을 증언했다.

272:3 평생불변심 안○○. 『대순전경』에는 '평생불변심 안내성'이라 하였으나 이중성은 『천지개벽경』에 '안○○'으로 기록하였다. 이것은 이상호가 상제님께서 성씨만 쓰신 것을 이해하지 못하여 안내성 성도로 유추해서 써넣은 것이다. 또한 안정남, 윤기택은 '천상천하불변심 안○○(天上天下不變心 安○○)'을 새롭게 증언했다.

273:1 파망 장사. 해어지거나 찢어진 망건을 고쳐 주고 돈을 받는 일.

273장 "그래 갖

고 당신이 깨달은 것은 헌 사람 마음이라고, 헌 사람을 고쳐서 새 망건같이 그렇게 하시라는 이걸로 받아들이셨다고 그러시더래요."(안내성 성도 교단이 해체된 이후에도 백운동에 머물며 일심으로 신앙한 배학범이 안내성 성도에게 직접 듣고 딸 배은실에게 전한 내용)

274장 김송환 성도의 아들 김용운(1922~2003) 증언.

김용운
(1922~2003)

274:2 송환의 아내. 이송희(李宋熙,1895~1989). 경남 진주 출신으로 어려서 부모를 여의고 만경의 친척집에서 자랐다. 김송환 성도가 7대 독자인 관계로 비교적 어린 나이에 청도리 김송환 성도에게 시집왔다. 상제님의 진

사람답게 살아야

274 상제님께서 청도원 김송환(金松煥)의 집에 가시면 온 식구가 나서서 수발을 들거늘 진지를 드시고 나서는 항상 음식 솜씨를 칭찬하시니라.

2 하루는 송환의 아내가 먹은 것이 체하여 굴신을 못 하매 상제님께서 "어디, 내가 좀 보세." 하시고 방에 눕게 하여 체한 곳을 손으로 쓸어내려 주시니

3 언제 그랬냐는 듯 속이 시원해지면서 금세 낫는지라 그 뒤로 더욱 지성으로 모시니라.

4 또 하루는 송환의 아내에게 이르시기를 "사람은 한 번 났다가 한 번 죽는 것인데, 사람답게 살다가 죽어야지 사람답지 못하면 차라리 개돼지만도 못한 것이라." 하시니라.

대접이 소홀한 신랑집 사람을 혼내심

275 상제님께서는 간혹 어떤 사람이 불경하고 무례하게 대하면 그 버릇을 고쳐 주시기 위해 손가락을 한 번 튕기시는데

2 아무리 힘이 세고 덩치가 큰 사람일지라도 저 멀리 나가 떨어지니라.

3 한번은 마을 처녀가 다른 동네로 시집을 가니 태껸을 배운 청년 대여섯이 꽃가마를 메고 들러리로 따라가거늘

4 상제님께서 호연을 데리고 함께 가시니라.

5 신랑집에 이르시어 일행과 함께 후당으로 드시니 상객 상을 차려오는데 고작 막걸리 몇 사발에 농군 대접하듯 소홀하게 차려오거늘

6 이는 신부측이 없이 산다고 얕보고 하시는 처사이더라.

7 상제님께서 "요까짓 것이 사돈 대접이라고 차려 왔냐, 상객 대접이라고 차려 왔냐?" 하고 호통을 치시니

8 기운 좋게 생긴 신랑집 청년 하나가 눈을 부라리며 "손님으로 왔으면 손님이지, 뭐라고 거기서 따따부따하냐?" 하고 대들거늘

9 상제님께서 손가락으로 한 번 튕기시매 그 사람이 방 안에서 마루 끝으로 나동그라지니라.

10 이를 본 신랑집 청년들이 서로 '가만둬서는 못쓰겠다.' 고 두런거리며 들러리로 간 사병을 토방에 내동댕이치거늘

11 상제님께서 "태껸을 배운 놈이 왜 그러고 자빠지냐? 이놈아, 너 뭣 배웠냐?" 하시며 사병의 뺨을 한 대 때리시고

12 사병을 넘어뜨린 신랑집 청년에게 "너 이리 좀 와 봐라. 상객을 요

까짓 걸로 대접해?" 하시며 엄지손가락으로 목을 감아 휙 던지시니 저 건너에 가서 툭 떨어지더라.

13 이에 그 청년이 화가 나서 씩씩거리며 "요것 봐라, 세상에 엄지손 가락으로 나를 여기다 떨어뜨렸네! 가만 안 두겠다!" 하며 웃통을 벗고 달려드는지라

14 상제님께서 다리 거는 시늉을 하시니 그 청년이 달려오다가 넘어 져 도로 그 자리에 가서 떨어지고, 또 그렇게 하시면 다시 그 자리 에 가 떨어지거늘

15 그 청년은 그것이 상제님의 조화인 줄은 모르고 연신 "내가 어지러 워 이런가, 술을 안 먹었는데 어찌 이럴까?" 하며 중얼거리니라.

제일 미운 것은

16 이 때 상제님께서 사람들이 가득 모인 방 한가운데 서시어 수건을 왼쪽으로 내두르시니 사람들이 어디론가 날려가서 싹 없어지고, 오른쪽으로 내두르시니 다시 방 안으로 들어오거늘

17 사람들이 모두 놀라고 두려워 사죄를 하니 "어서 다 일어나라. 이 까짓 더러운 것 안 먹는다." 하시고 "큰애기 앞세워라." 하시니라.

18 이에 각시가 다시 옷을 차려입고 나오는데 발이 땅에 닿지 않은 채 공중에 떠서 오는지라 사람들이 더욱 놀라 용서를 청하거늘

19 상제님께서 "모두 무릎을 꿇고 엎드리라!" 하시고

20 말씀하시기를 "사람 괄시하는 것이 제일 밉고, 음식 하시하는 것이 제 일 못쓰느니라." 하시니라.

내 종자는 삼천 년 전부터 뿌려 놓았다

276 하루는 상제님께서 내성에게 이르시기를 "내 종자는 삼천 년 전 부터 내가 뿌려 놓았느니라." 하시고

2 "앞으로는 음(陰) 도수가 높으니 양(陽)만으로는 절대 큰일을 못 하 는 것이다." 하시니라.

안내성에게 태을주 율려 도수를 붙이심

3 또 말씀하시기를 "내성아, 너는 태을주(太乙呪)를 많이 읽어라." 하시고

4 "너는 내 도(道)의 어머니가 되라." 하시며 내성에게 무당 도수를 붙이 시니라.

5 상제님께서 경석에게 천맥(阡陌) 도수를 붙이시고, 내성에게 율려(律 呂) 도수, 경학에게 대학교(大學校) 도수, 창조에게 삼신(三神) 도수를 붙이시니라.

지 수발을 자주 들었다.

이송희
(1895~1989)

275:5 상객(上 客). 신랑이 초행 할 때 함께 가는 손님. 신랑의 조 부나 아버지 혹 은 백부가 가는 것이 상례이다.

276장 안내성 성도의 제자 윤 창주의 아들 윤 기택 증언.

윤기택(1927~)

276:4 무당 도수. 무당 도수는 곧

성도들에게 내려 주신 주요 사명

성 명	생존 연대	본명	호	거주지	사명과 도수
김형렬 (金亨烈)	道紀前 9 ~ 道紀 62 (1862~1932)		태운 (太雲)	하운동 제비창골 ↓ 구릿골	천지공사장의 식주인(수석 성도, 큰아들), 대두목 도수(도통맥 전수 공사), 선불 도수(신선 도수), 말씀 증언자 도수, 애기부처 도수, 하도낙서 지인지감(원형이정), 좌불
김호연 	道紀 27 ~ 122 (1897~1992)	정숙 (貞淑)		반석리(흑석골) ↓ 구릿골	후천 선(仙) 생명 개벽의 선매숭자 도수 진법맥(眞法脈) 전수 도수(말씀의 증언자 도수) 칠성 기운의 말과 마차 도수, 셋 도수 태소녀(兌少女) 도수, 일본 내모는 공사
백복남	道紀 18 ~ 85 (1888~1955)	인수 (仁秀)	운기 (雲起)	밀양 산내면 회곡리 ↓ 구릿골	간소남(艮少男) 도수, 아들 도수 9년 천지역사에 천지영사 받아 전하는 사명
김갑칠 (金甲七)	道紀 11 ~ 72 (1881~1942)	판식 (判植)	우사장 (雨師丈)	구릿골(銅谷)	수석 비서 역할, 추수일꾼 도수(막내아들, 갑오갑자꼬리) 남조선배 도수의 주인, 천자부해상 공사의 주인 49일 종이등 공사, 금강산 부처 기운 거두는 공사 자치기 공사, 우사장 공사, 갱생주 전수
김경학 (金京學)	道紀前 9 ~ 道紀 77 (1862~1947)	경학 (景學)	시은 (市隱)	태인 백암리 (白岩里)	후천대학교 도수, 이부(吏部) 도수(동헌집장) 육임조직 공사, 정씨 기운 꺾는 공사
김병선 (金炳善)	道紀 11 ~ 67 (1881~1937)		노암 (鷺巖)	남원	천자부해상 공사의 재주(財主) 마이산 연(鳶) 공사, 도리원서 천독
김병욱 (金秉旭)	道紀 4 ~ 68 (1874~1938)	희근 (熙根)		전주	49일 동남풍 공사(일러전쟁 발주 공사)
김성화 (金聖化)	道紀前 13 ~ 道紀 61 (1858~1931)			임피 군둔리 (軍屯里)	육임군(제세핵랑군) 도수
김자현 (金自賢)	道紀 5 ~ 57 (1875~1927)			구릿골	의원 도수, 10만 명 포교 도수 도운개창 음 도수, 의통집행 공사
류찬명 (柳贊明)	道紀前 5 ~ 道紀 61 (1866~1931)			청도리 (淸道里)	10만 명 포교 도수, 28수 공사 지리를 통하게 하심, 의통집행 공사
문공신 (文公信)	道紀 9 ~ 84 (1879~1954)	남용 (湳瀧)	영산 (瀛山)	고부 와룡리 (臥龍里)	진주천자 도수, 독조사 도수, 문왕 도수, 이윤 도수 오선위기 진주 도수, 세계일가 통일정권 공사 정음정양 도수, 선기옥형의 저울끈 도수 천지대팔문 도수, 숙구지 도수, 비인 복종 도수 7년 공사, 계룡산 살막이 도수, 상제님 성체 맡기는 공사
박공우 (朴公又)	道紀 6 ~ 70 (1876~1940)		인암 (仁庵)	고창군 흥덕 ↓ 고부 운산리	가을 대개벽기의 만국대장(신대장) 만국의원 도수, 육임 도수, 난법 거두는 공사 자치기 공사, 태전 콩밭 공사

성 명	생존 연대	본명	호	거주지	사명과 도수
백남신 (白南信)	道紀前 13 ~ 道紀 50 (1858~1920)	낙신 (樂信)	운보 (雲甫)	전주	세계전쟁 공사의 재주 약방 공사의 재주
신경수 (申京守)	道紀前 33 ~ 道紀 53 (1838~1923)	경수 (敬守)		고부 운산리 (雲山里)	수명소 도수 선기옥형의 저울갈고리 도수 일월대어명 도수
신경원 (辛京元)	道紀前 8 ~ 道紀 54 (1863~1924)	경언 (敬彦)		태인	복록소 도수 두문동 성수 공사
신원일 (辛元一)	道紀前 4 ~ 道紀 46 (1867~1916)			부안	도운공사의 추수지 공사 오선위기 진주 공사
안내성 (安乃成)	道紀前 4 ~ 道紀 79 (1867~1949)	내선 (乃善)	경만 (敬萬)	경남 함안 ↓ 정읍 대흥리 (大興里)	무당 도수(태을주 전수 도수, 태을주 율려 도수) 팔선녀 도수, 상제님 도의 아내 도수 막둥이 도수, 천지수기 돌리는 공사 천지의 일등 일꾼 출세 공사, 현무경 전수 도수 9년 천지역사 도수, 미라풍람, 만인적덕
이도삼 (李道三)	道紀前 6 ~ 道紀 73 (1865~1943)			태인 하중산리 (下甑山里)	천지의 농사에 농비 붙이는 공사(만물대선록) 금강산 부처 기운 거두는 공사 인간에게 해롭게 하는 것 없애는 공사 오선위기 진주 공사
이치복 (李致福)	道紀前 11 ~ 道紀 74 (1860~1944)	영노 (榮魯)	석성 (石城)	부안 청호리 (晴湖里)	추수도운 지도자(일꾼) 도수 천지동과혈에 수기 돌리는 공사, 부안 공사 사명당 발음 공사, 난법도운 헛도수 공사 서전서문 만독, 영보국 정정지법 전수
차경석 (車京石)	道紀 10 ~ 66 (1880~1936)	윤홍 (輪洪)	월곡 (月谷)	정읍 입암면 대흥리	동학 역신 해원 도수, 초패왕 도수, 자옥 도수 포정소 도수, 천맥 도수, 접주 도수, 이종 도수 어사 도수, 장군 도수
최덕겸 (崔德兼)	道紀 13 ~ 81 (1883~1951)	병한 (炳瀚)		태인 덕두리 (德斗里)	남북 상씨름 49일 의통 공사, 청국심판 공사, 시두대발 공사, 서양으로 넘어가는 동양 끌어당기는 공사
최창조 (崔昌祚)	道紀前 6 ~ 道紀 65 (1865~1935)			태인 백암리 새울	새울 도수의 주인, 삼신 도수 화둔 도수, 사명당 발음 공사, 천금도통
한공숙 (韓公淑)	道紀前 22 ~ 道紀 51 (1849~1921)			구릿골	천하 호구수 성책 공사 의통집행 공사
황응종 (黃應鍾)	道紀前 30 ~ 道紀 57 (1841~1927)	응조 (應祚)		고부 와룡리	선기옥형의 추 도수, 산하대운 거두는 공사 선진주 기운 거두는 공사, 황건역사 숫대 공사, 북 도수

태을주 율려 도수로 천지조화신을 받는 것이다. 이는 생명의 젖 태을주의 무궁한 조화 기운을 만 백성의 영 속에 넣어 주고 이를 생활화하여 후천 가을의 열매 맺는 인간으로 거듭나게 하는 영인(靈人)이 되는 것을 말한다.

276:5 천맥 도수. 6편 48장 참조.

276:5 율려 도수. 7편 75장 3절 측주 참조.

276:5 삼신 도수. 5편 167장 참조.

277:3 진신발. 기름에 결은 가죽으로 만들어 진날이나 진땅에 신는 신.

277:6 내가 명만 내리면. 천지일월의 운행은 단순한 물리적 현상의 차원을 넘어선다. 그 이면에는 속우주의 신도(神道) 섭리가 내재되어 있다. 상제님은 신권을 발동하여 천지일월의 운행까지도 뜻대로 통제하신다. 이 성구를 통해 상제님께서는 말씀(Logos)으로 천지만물을 조화

해와 달도 명만 내리면 운행을 멈추니라

277 이 해 겨울 어느 날 아침에 대흥리를 떠나 태인 새울 최창조의 집으로 가실 때

2 공우가 해가 뜨면 길이 질어질 듯하여 진신발을 준비하였더니

3 상제님께서 보시고 "진신발을 하였느냐?" 하시며 손으로 동쪽 고개에 떠오르는 해를 향하여 세 번 누르시거늘

4 이내 해가 더 이상 떠오르지 못하다가 살포정이 주막에 들어 쉬시니 그제야 높이 솟아오르더라.

5 공우가 여쭈기를 "이곳에서 대흥리까지는 이삼십 리 길인데 오시는 동안에 아침해가 조금도 움직이지 아니하니 어찌 된 까닭입니까?" 하니

6 상제님께서 말씀하시기를 "해와 달의 운행이라도 내가 명만 내리면 운행을 멈추느니라." 하시니라.

7 창조의 집에 이르시어 **벽력표**(霹靂表)를 묻으시니 즉시 우레가 크게 일어나며 천지가 진동하거늘 곧 거두시고 이튿날 구릿골 약방으로 가시니라.

북두칠성을 가두심

8 약방에 이르시니 신원일이 여쭈기를 "진묵대사가 칠성을 이레 동안 가두었다 하니 사실입니까?" 하거늘

9 "이제 시험하여 보리라." 하시고 이 날부터 석 달 동안 칠성을 가두시고 말씀하시기를

10 "이 세상에 천문학자가 많다 하나 칠성이 나타나지 않은 일을 발표한 자가 없도다." 하시니라.

공우의 얼굴이 상제님의 얼굴처럼 변함

278 공우가 창조의 집에서 상제님을 모시고 잘 때

2 꿈에 상제님께서 옷을 벗으시고 큰 바다 한가운데 서시매 바다 한쪽이 터지므로 공우가 막았는데

3 다음날 아침에 상제님께서 꿈꾼 것을 물으시거늘 그 꿈을 말씀드리니

4 상제님께서 세수하시고 양치하신 물에 공우로 하여금 세수하고 양치하게 하시고 "정읍에 다녀오라." 하시니라.

5 이에 공우가 명을 받들어 정읍을 순회하니 가는 곳마다 '공우의 얼굴이 상제님과 같다.'고 이르더라.

공우의 성질을 고쳐 주심

279 창조의 집에 계실 때 공우에게 물으시기를 "네가 눈을 많이 흘겨보느냐?" 하시니 공우가 "그러합니다." 하고 대답하는지라

2 이에 상제님께서 "집으로 돌아가라." 하고 명하시거늘 공우가 집으로 돌아갈 때부터 눈이 가렵고 붓기 시작하더니

3 집에 당도하매 안질이 크게 나서 달포를 앓으니라.

4 그 후에 밤을 지내고 일어나니 안질이 씻은 듯이 나았거늘 공우가 상제님께 가 뵈니 "안질로 고생하였느냐?" 하며 웃으시니라.

5 원래 공우는 성질이 사나워서 싸움을 즐기고 눈짓이 곱지 못하더니 이로부터 성질이 부드러워지고 눈짓도 고와지니라.

윷이야, 살이야

6 그 후 공우가 고부 운산리 신경수의 집에서 상제님을 모시거늘 공우와 그 외 세 사람에게 명하시어 "윷을 놀자." 하시며 "'윷이야, 살이야.' 하고 부르라." 하시더니

7 이윽고 윷판을 거두시며 말씀하시기를 "다른 것은 무엇이든지 '한다.'고 이르나 오직 윷은 '논다.'고 이르나니 가르치고 놀라." 하시니라.

공우의 술버릇을 고쳐 주심

280 공우가 평소에 술이 과하여 주실(酒失)이 많더니

2 하루는 상제님께서 "네가 술을 즐기니 나와 술내기를 해 보자." 하시고 공우와 술잔을 주거니 받거니 하며 계속하여 술을 드시는데

3 한참 후에 공우가 크게 취하여 "이제 더는 못 마시겠습니다." 하고 아뢰거늘

4 상제님께서 "한 잔 술밖에 못 된다." 하시매 이 뒤로는 한두 잔만 마셔도 곧 취하여 견디지 못하게 되니라.

5 또 공우가 큰돌을 들다가 허리를 다쳐 매우 고통스러워 하면서도 상제님께 아뢰지 못하더니

6 하루는 상제님을 모시고 길을 갈 때 갑자기 진노하시며 "너의 허리를 베리라." 하시는지라

7 공우가 놀라며 이상하게 여기는데 그 뒤로 곧 허리의 통증이 사라지니라.

날씨로나 부조하리라

281 덕찬이 아들의 혼사를 치르려 하매 여러 사람이 물품과 돈으로

(造化)하고 바로 잡으심을 알 수 있다.

277:7 벽력표. 벽력신장에게 벽락을 내리도록 명령하는 부호.

도문

부조(扶助)하거늘

2 상제님께서 말씀하시기를 "나는 부조할 것이 없으니 날씨로나 부조하리라." 하시니

3 이 즈음 연일 날씨가 험악하여 매우 염려하였는데 혼인날에 이르러서는 뜻밖에 온화하여지니라.

김준상 아내의 흉복통을 고쳐 주심

282 김준상의 아내가 흉복통(胸腹痛)이 있어 해마다 두서너 번씩 앓으니

2 형용이 초췌할 뿐 아니라 살림을 돌보지 못하여 항상 집안이 어지럽거늘 준상이 상제님께 아뢰며 고쳐 주시기를 간청하니라.

3 이에 상제님께서 불쌍히 여기시어 사성음(四聖飮) 한 첩을 지어 주시며 "장롱 속에 깊이 간직해 두라." 하시니

4 준상이 명하신 대로 하매 그 뒤로는 병이 재발하지 아니하더라.

282:1 김준상의 아내. 김성녀(金姓女, 1882~1941). 본관 청풍(淸風).

282:3 사성음. 원지, 석창포, 오매, 모과를 섞어 만든 약.

김광찬의 개벽타령

283 동짓달에 광찬이 상제님께서 개벽을 속히 붙이지 않으심을 조급히 생각하여 불평을 품고 항상 좌석을 시끄럽게 하며 말하기를

2 "내가 집안일을 돌보지 않고 여러 해 동안 당신님을 따르는 것은 하루바삐 새 세상을 보자는 일이거늘

3 이렇게 시일만 천연(遷延)하매 집에 돌아가서 처자권속을 대할 낯이 없으니 차라리 스스로 생명을 끊음만 같지 못하다." 하니

4 상제님께서 일깨워 말씀하시기를 "개벽이란 것은 때와 기회가 있나니 마음을 눅여 어린 짓을 버리라.

5 事之從容도 自我由之하고
　사 지 종 용　　자 아 유 지
事之紛亂도 自我由之니라
　사 지 분 란　　자 아 유 지
일이 조용하게 되는 것도 나로 말미암고
일이 시끄럽게 되는 것도 나로 말미암느니라.

6 자방(子房)의 종용(從容)과 공명(孔明)의 정대(正大)를 본받으라." 하시니라.

7 상제님께서 광찬이 불평 품은 것을 심히 괴롭게 여기시며 형렬에게 일러 말씀하시기를

8 "광찬이 자살하려 함은 제가 죽으려는 것이 아니라 곧 나를 죽이려

283:3 상제님을 신앙하며 살림을 돌보지 않자 아버지가 집에 들지 못하게 하여, 어머니와 아내를 보기 위해 울타리 사이로 숨어 들어가 부인이 장독대 뒤로 몰래 가져온 밥을 먹고 어머니를 뵈었다 한다.

283:6 자방의 종용. '조용하다'의 우리말 어원이 종용이며 넉넉하고 여유롭다는 뜻이 있다. 장

는 것이니라.

9 너희는 죽는 일을 장차 나에게서 보게 되리라.” 하시니라.

마마 앓는 자현의 딸을 구해 주심

284 무신년 겨울에 자현의 두 살배기 딸 필순(必順)이 마마를 앓아 밤새도록 몸을 긁으며 죽을 듯이 울어대거늘 양손을 묶고 기(旗)를 세워 놓아도 차도가 보이지 않는지라

2 자현이 상제님께 찾아와 “제 딸아이가 지금 손님을 하는데 죽으려는지 울어대기만 하고 먹지도 않습니다.” 하고 아뢰니라.

3 이에 상제님께서 “가 보자. 다른 사람은 모르지만 자네 딸은 내가 건져야지.” 하시고

4 작대기 하나를 질질 끌고 자현의 집에 이르시어 꽂아 놓은 깃대를 뚝 끊어 마당에 던지시며 말씀하시기를

5 “어찌 조선 땅에 발을 붙이느냐! 서양으로 썩 물러가라!” 하시고 작대기로 마룻바닥을 쾅쾅 두들기시니라.

6 필순의 모친과 그 가족들이 모두 놀라 “아이고 손님에게 저러면 어째.” 하며 입을 다물지 못하고 벌벌 떠는데

7 상제님께서 필순에게 “울기는 왜 우느냐.” 하시며 뺨을 때리시고 “물 한 바가지 떠오너라.” 하시어 손수 아이에게 부으시매 필순이 울음을 뚝 그치거늘

8 이내 온몸에서 딱지가 우수수 떨어지며 마마가 곧 나으니 콧등만 약간 얽었을 뿐이요 다른 곳은 흔적도 없이 말끔하더라.

9 상제님께서 필순의 손님을 물리치신 후에 말씀하시기를 “이후로는 시두손님을 내가 맡아 보노라.” 하시고

10 “시두손님을 전부 서양으로 몰아 보낸다.” 하시더니

11 이후로 구릿골에 마마 앓는 아이가 없어지고, 조선 땅에서 시두손님이 점차로 사라지니라.

12 이 날 상제님께서 자현의 집을 나서시며 말씀하시기를 “앞으로 시두가 대발하면 내 세상이 온 줄 알아라.” 하시니라.

죽을병에 걸린 신원일을 구해 주심

285 하루는 원일의 집에 이르시어 원일에게 말씀하시기를 “네가 내종(內腫)으로 죽게 되었으므로 살리러 왔노라.” 하시니

2 원일이 놀라 아뢰기를 “아무 병도 없습니다.” 하니라.

량(장자방)은 스승으로부터 도를 구할 때 세 차례나 거절을 당하면서도 스스로 순종하는 마음을 지키고 공경하여 천하를 경략할 비책을 얻었다. 또 한 고조를 보필하여 천하를 통일하는 데 큰 공을 세우고도 겸양했다.

283:6 공명의 정대. 제갈공명이 천하를 경영할 수 있었던 것은 그 조직을 누구에게 편중됨이 없이 하나되게 운영함에 있었다. 상제님께서 ‘일을 도모할 때는 먼저 대세를 살펴보고, 정대하게 대도를 집행해야 한다.’는 뜻으로 하신 말씀이다.

284:1 김필순(金必順, 1907~1997). 김자현의 막내딸로 전남 순천 장기동(1868~1952)의 아들 장보만과 혼인. 김형렬 성도와 김자현 성도는 사종(四從: 10촌)간이고, 장기동의 딸은 김형렬 성도의 며느리이므로, 김형렬 성도와 장기동은 겹사돈이다.〈김형렬 성도의 손자

김충식(1923~)
의 증언)

김필순
(1907~1997)

3 상제님께서 말씀하시기를 "그렇지 않으니 국수를 사서 잘 말아 오라." 하시거늘

4 원일이 명하신 대로 국수를 말아 오니 한 그릇을 먹이신 후에 "속이 어떠하냐?" 하고 물으시니라.

5 원일이 "별다른 일이 없습니다." 하고 아뢰니 다시 한 그릇을 먹이시고 또 물으시거늘 이번에는 "속이 쓰립니다." 하고 대답하니라.

6 이에 말씀하시기를 "대변을 보고 살펴보라." 하시매 원일이 나가서 대변을 보니 전부 고름이더라.

이도삼의 죽은 딸을 살려 주심

286 이도삼의 딸이 병들어 죽거늘 그 모친이 울며 말하기를 "선생님이 계시면 이 아이를 살릴 터인데 지금 어디 계신지 알 수 없으니 이 일을 어찌하리오." 하더니

2 날이 저물어 상제님께서 이르시어 말씀하시기를 "이 아이가 죽지 않았으니 울지 말라. 울면 살리지 못하리로다." 하시고

3 도삼에게 명하시어 "달 속에 무엇이 있는가 보라." 하시거늘

4 도삼이 달을 바라보고 대답하기를 "달 가운데 어린아이가 있습니다." 하니

5 말씀하시기를 "네 딸이 살았으니 이름을 월례(月禮)라 하라." 하시매 과연 그 딸이 다시 살아나니라.

정읍으로 가리니 이 길이 길행이라

287 동짓달에 형렬에게 일러 말씀하시기를 "내가 정읍으로 가리니 이 길이 길행이라. 이 뒤에 일을 네게 알리리라." 하시니라.

2 이 때 정읍 고수부님께서 안질로 고생하시고 차경석의 장남 희남(熙南)이 와병 중에 있으므로

3 차윤경(車輪京)이 민망히 여기어 상제님께 그 사실을 말씀드리려고 구릿골로 가니

4 마침 김자선(金子善), 김광찬 등 십여 명이 동네 앞에서 기다리다가 윤경이 오는 것을 보고 "무슨 일로 오느냐?" 하고 묻는지라

5 윤경이 찾아온 이유를 말하니 그들이 이르기를 "오늘 아침에 당신님께서 말씀하시기를 '오늘은 대흥리로부터 차윤경이 오리라.' 하시므로 이같이 나와서 기다리던 참이라." 하더라.

6 윤경이 곧바로 김자선의 집에 가서 상제님을 뵙고 고수부님께서

284:1 마마를 앓아. "궁계 우리 외삼촌(김태진)이 어머니 두 살 때 열여섯 살 먹어서 장가가서 초상집에 다녀왔는데 그 동네 손님(마마)이 따라온 거야. 그래 가지고 제일차로 우리 어머니가 걸린 거야."(김필순의 아들 장영주(1930~) 증언)

284:1 기. 손님 깃대. 역귀를 물리치는 기양법(祈禳法)의 하나. 집안에 시두 환자가 발생하면 마마신을 크게 받들어 달래는 의미로 문 앞에 깃대를 세우는 풍습이 있었다.

286:1 이도삼의 딸. 이판례(李判禮, 1908~?). 부 이도삼과 모 김광산(金光山) 사이의 장녀.

안질로 고생함을 아뢰니

7 말씀하시기를 "지금 돌아갔다가 내일 고부 살포정이에서 나를 기다리라." 하시니라.

8 이에 윤경이 곧 말씀대로 돌아갔다가 이튿날 살포정이로 가니 상제님께서 아직 오시지 않았거늘

9 곧 솟튼 주막에 가니 주막 주인이 말하기를 "선생님이 새울 최창조의 집으로 가시면서 '윤경이 와서 묻거든 그곳으로 보내라.' 하셨다." 하므로

10 윤경이 새울로 가는데 중도에서 일본 군사 수백 명이 진을 치고 주소와 가는 곳과 출행 이유를 묻는지라

11 윤경이 주소를 대고 "집에 환자가 있어 의원을 맞으러 간다." 하니 순순히 보내 주니라.

12 이윽고 날이 저물어 새울에 이르니 상제님께서 물으시기를 "오늘은 병세가 어떠하더냐?" 하시거늘

13 윤경이 "집에서 일찍 떠나왔으므로 자세히 알지 못하겠습니다." 하고 대답하니

14 상제님께서 꾸짖어 말씀하시기를 "네가 무엇 하러 왔느냐." 하시매 윤경이 사죄하니라.

15 이 날 밤 윤경에게 명하시기를 "밤새도록 자지 말고 밖에서 돌아다니라." 하시니 윤경이 자지 않고 밤새도록 밖을 도니라.

16 이윽고 닭울음 소리가 난 뒤에 상제님께서 물으시기를 "네가 졸지

286:5 다시 살아나니라. 이 도삼 성도는 이런 기막힌 체험을 여러 차례 하였던 터라 믿음이 굳건하고 심법 역시 크게 열린 성도였다.

287:2 차희남(車熙南, 1906~1926). 부인 최옥엽과의 사이에 1남을 두었다.

287:3 차윤경(車輪京, 1882~1957). 차경석의 4형제 중 둘째.

287:4 김자선(金子善, 1858~?). 본관 안동. 족보명 창회(昌會). 동곡에서 출생. 구릿골 약방 앞에 살았고 그 옆집이 박순여의 집이다. 부인 최씨와

새울 전경. 봉황새가 둥지를 틀어 알을 품고 있는 형국으로 3변 결실도운의 기운을 간직한 곳이다.

의 사이에 공진 (共辰)과 갑진(甲辰)을 두었다.

17 않았느냐?" 하시매 윤경이 대답하기를 "졸지 않았습니다." 하니 말씀하시기를 "나와 함께 백암리로 가자." 하시고 곧 윤경과 자선을 데리고 백암리로 떠나시니라.

어찌 대인의 앞길에 쫓아오리오

288 백암리 김경학의 집에 이르시어 아침진지를 드시고 다시 정읍으로 가실 때

2 혹 앞서기도 하시고 뒤서기도 하시며 몇 걸음을 걸으신 뒤에 말씀하시기를 "이 길에는 일본 사람을 보는 것이 불가하니라." 하시니라.

288:3 노송정. 정읍시 북면 복흥리(伏興里) 노송 마을에 있었으나 지금은 없어짐. 노승염불혈(老僧念佛穴)이 있어 노승동이라고도 불렀다.

3 정읍 노송정(老松亭)에 이르시어 말씀하시기를 "좀 쉬었다 감이 옳으니라." 하시고

4 반 식경을 지내신 뒤에 다시 떠나시어 그 모퉁이에 있는 큰 못가에 이르니 기병이 많이 오다가 되돌아간 흔적이 있더라.

5 상제님께서 그 자취를 보시고 말씀하시기를 "저희들이 어찌 대인의 앞길에 쫓아오리오." 하시거늘

288:4 식경. 한 차례 식사를 할 수 있는 시간.

6 윤경이 그 근처 사람에게 물어 보니 과연 '기병 수십 명이 달려오다가 그곳에서 되돌아갔다.' 하더라.

고수부님의 안질을 대신 앓으심

7 거기서 대흥리로 가는 길이 두 갈래로 나뉘거늘 한 길은 정읍 읍내를 지나가는 큰길이요, 한 길은 샛길이라.

8 윤경이 어느 길로 가실지를 여쭈니 말씀하시기를 "군자가 어찌 샛길로 다니리오." 하시고

288:9 일본 사람의 상점. 주로 정읍시 수성동에 밀집되어 있었다.

9 큰길로 접어들어 정읍 읍내를 지나시니 양옆에 즐비한 일본 사람의 상점에서 한 사람도 밖으로 나서는 자가 없더라.

10 이 날 저녁에 대흥리에 이르시어 희남의 병을 손으로 어루만져 낫게 해 주시고

11 수부님을 팔에 안아 재우시며 상제님께서 친히 하룻밤 동안 대신하여 안질을 앓으신 뒤에

288:12 무신납월 공사. 5편 332~344장 참조.

12 이어서 무신납월(戊申臘月) 공사를 행하시니라.

차윤경에게 한 일(一) 자를 써 주심

289 하루는 상제님께서 윤경을 시켜 "옹기에 담겨 있는 소주를 가져오라." 하시어 큰 대접에다 가득 부어 연거푸 잡수시니라.

2 윤경도 술을 좋아하는지라 속으로 '저 어른이 한 그릇이야 남겨 주
시겠지.' 하고 있는데

3 상제님께서 혼자 다 드시매 윤경이 내심 섭섭하여 입맛을 다시거
늘

4 상제님께서 "내가 너에게 줄 것이 있으니 종이와 붓을 가져오너
라." 하시므로

5 윤경이 가져다 올리매 '한 일(一)' 자를 쓰시어 윤경에게 주시니라.

6 상제님께서 대흥리에 계실 때 주로 윤경의 아내 주판례(朱判禮)가
진지를 지어 드리거늘

7 닭을 쪄서 올릴 때는 머리까지 통째로 올리게 하시는데

8 상제님께서 먼저 어느 한 부분을 떼어 잡수시고 머리를 드신 다음
나머지를 성도들에게 나누어 주시니라.

289:6 주판례(朱判禮, 1890~?). 본관 능주(陵州).

주판례(1890~?)

각기 천지기운을 받느니라

290 하루는 글을 써서 경석에게 주시며 "이 뒤에 음양에 제한이 없
게 하여 달라고 심고하라." 하시고 불사르신 뒤에

2 또 글을 써서 불사르시니 이러하니라.

3 人生世間何滋味오 曰衣曰食이요 衣食然後에 曰色也라
　 인생세간하자미　 왈의왈식　　 의식연후　 왈색야
사람이 세상사는 재미는 무엇인가.
입고 먹는 것이요 의식 연후에는 음양의 낙이니라.

4 故로 至於衣食色之道하여는 各受天地之氣也니
　 고　 지어의식색지도　　 각수천지지기야
그러므로 의식색의 도에 이르러서는
각기 천지기운을 받나니

5 惑世誣民者와 欺人取物者도 亦受天地之氣也니라
　 혹세무민자　 기인취물자　 역수천지지기야
혹세무민하는 자와 남을 속여 재물을 갈취하는 자도
역시 천지기운을 받느니라

천지음양을 인간이 모르는 고로

6 하루는 상제님께서 경석에게 글을 써 보이시니 이러하니라.

7 天之陰陽을 人不識이라 故로 人之陰陽을 天不言이라
　 천지음양　 인불식　 고　 인지음양　 천불언
천지의 음양을 사람이 모르는 고로
사람의 음양을 천지가 말하지 않느니라.

기유(己酉 : 道紀 39, 1909)년

경석은 만인지장의 대재 격

291 기유(己酉 : 道紀 39, 1909)년 정월에 상제님께서 정읍에 계실 때 상제님을 의병(義兵)으로 오인하여 헌병 수십 명이 문전에 이르매

2 상제님께서 경석을 불러 "네가 저 사람들을 보내겠느냐." 하시니 경석이 명을 받들고 나가서 무사히 헌병들을 돌려보내고 들어오거늘

3 상제님께서 말씀하시기를 "경석은 대재(大才)요 만인지장(萬人之長)이 될 만하다. 너한테 일극(一極)을 주노라." 하시니라.

4 이후에 상제님께서 '왕자포덕 도수(王者布德度數)를 정읍에 둔다.' 하시더니 뒷날 경석이 교도 수백만을 두니라.

공신을 따로 불러 공부법을 전하심

292 상제님께서 공신의 집에 성도들을 모아놓고 공부를 시키시다가 아무런 말씀도 없이 나가시어 며칠이 지나도록 돌아오지 않으시매

2 성도들이 하나둘 집으로 돌아가고 공신만 남으니라.

3 이 때 형렬이 공신에게 찾아와 "선생님께서 찾으신다." 하며 상제님께서 계신 곳을 알려주므로

4 공신이 형렬이 일러준 대로 한참을 걸어서 밤중에야 어느 허름한 오두막집에 당도하니라.

5 이에 상제님께서 계신 윗방에 들어 인사를 드리고 앉으니 때는 동지섣달인데도 불을 때지 않아 바닥이 냉랭한데 멍석이 깔려 있고

6 상제님의 의복은 남루하기 짝이 없어 버선바닥이 새카맣고 복숭아뼈 있는 곳은 다 해져서 구멍이 나 있더라.

7 공신이 밤길을 오느라 몸이 언 데다가 추운 방에 앉아 있자니 더욱 한기가 느껴져 몸을 떨거늘

8 상제님께서 옹기병에 담긴 청주를 공신에게 한 사발 가득 따라 주시며 "이놈 한 잔 해 보소. 훈기가 좀 돌 것이네." 하시고 상제님도 한 잔을 따라 드시니라.

9 이 때 어떤 사람이 문을 열고 들어와 인사도 없이 상제님께 몇 마디 말씀을 여쭙고 곧바로 문을 닫고 나가거늘

291:4 왕자포덕 도수. 차경석 성도가 맡은 초패왕 도수를 말한다. 후에 6백만을 헤아리는 신도가 운집했다.

292장 문공신 성도의 아들 문복환과 제자 오채문, 박인규, 김성섭의 공동 증언.

오채문
(1913~2000)

10 상제님께서 "중국 사람 초산이라." 하시더라.

11 이 때에 상제님께서 공신에게 공부법을 알려 주시니라.

석성(石城) 이치복의 입문

293 이치화(李致和)는 부안 청호리(晴湖里) 사람으로 일찍이 도학에 관심이 깊어 신원일, 김형국(金炯國)과 함께 이옥포의 문하에 들어 공부하니라.

2 이옥포가 말하기를 "나는 그대들에게 길을 일러 주는 사람일 뿐이요, 참으로 그대들이 스승으로 받들 분은 이 뒤에 나오실 강성인(姜聖人)이시라." 하고

3 또 영보국 정정편(靈寶局定靜篇)을 전수하며 "대개 신인합덕(神人合德)하는 연성(鍊性) 공부는 예나 지금이나 다름이 없으나 그 길 잡아드는 문호가 많으므로

4 이 책으로써 영보국(靈寶局)을 연성하는 첩경을 드러내어 그대들에게 전하나니 그대들은 이 책을 가지고 성심으로 수도하다가 뒷날 강성인을 받들어 성도하라." 하는지라

5 원일과 치화가 영보국 정정편으로 법을 삼아 공부하다가 을사년에 원일이 이환구의 천거로 상제님을 추종하더니

6 기유년 정월 보름에 치화를 상제님께 인도하매 치화가 18세 된 아들 중학(重學)과 함께 백암리로 상제님을 찾아뵈니라.

오랜만에 큰 일꾼 하나 들어오는구나

294 이 때 상제님께서 방 안에서 내다보시며 "오랜만에 큰 일꾼 하나 들어오는구나." 하시고

2 치화가 인사를 여쭙자 마루로 올라오게 하신 뒤에 "이럴 때는 나이 적은 사람이 나이 많은 사람에게 인사를 받느니라. 사배를 하라." 하시니라.

3 치화가 공손히 사배를 올리니 이번에는 치화를 앉혀 놓고 친히 단배(單拜)로 답하시고 거주성명을 물으시거늘

4 치화가 아뢰기를 "시생은 부안 사람으로 성은 이가(李哥)요, 이름은 영로(榮魯), 자(字)는 치화(致和)입니다." 하니

5 상제님께서 "화(和)는 화(禍)와 같은 음이라. 사람은 복이 있어야 하나니 치화(致和)를 치복(致福)으로 하라." 하시며 친히 이름을 고쳐 주시니라.

293~294:9 이치복 성도를 만나 직접 들은 허완(1908~1999) 증언.

293:1 이치화(李致和, 1860~1944). 본관 전주. 치화는 자(字), 도명(道名)은 치복(致福). 전북 부안군 하서면 언독리에서 부 석기(碩磯)와 모 임씨 사이에서 셋째 아들로 태어났다. 어천 후 원평에 제화교(濟化敎) 교단을 열었다.

293:1 청호리. 전북 부안군 하서면 청호리 청호 마을.

293:1 김형국(金炯國, ?~?). 호 월암(月巖). 족보명 요석(堯碩). 전남 장성군 황룡면 월평리 출생. 상제님 어천 이후에도 태모님의 교단에서 꾸준히 신앙을 하였다.

293:3 영보국 정정편. 이옥포가 저술한 수행서. 증산도 안운산 종도사님께서

소장하고 있는 필사본은 이치복 성도에 의해 전해진 것이다. 『생화정경』의 부록인 이 수행서는 이옥포의 문하생인 이치복 성도와 김형국에 의해 전수되었다. 상제님 생가에서 이 책이 발견된 것으로 보아 상제님께서 그 가치를 인정하셨음을 짐작할 수 있다.

293:6 아들 중학. 이중학(李重學, 1892~1978). 이치복 성도는 부인이 넷이었는데 그중 둘째 부인 봉산 이씨 소생이다.

293:6 백암리. 이치복 성도의 입문장소는 구릿골이라는 증언도 있다.

294:1 큰 일꾼. 뒷날 차경석 성도로 인해 상제님 성도들이 태모님 곁을 떠날 때 가장 늦게 (1916년) 나온 사람이 이치복 성도이다. 이후 제화교를 만들어 1918년경에 충청도 지역에서 포교 활동을 하였는데, 이 때 안면도에서 안운산 종도사님의 부친

6 이어 곁에 서 있던 치복의 아들 중학이 상제님께 인사를 올리려 하니

7 느닷없이 "이런 불효막심한 놈 같으니라고! 당장에 이놈을 잡아 내려라." 하고 소리를 지르시는지라

8 주위 사람들 모두 영문을 몰라 가만히 서 있는데 상제님께서 다시 큰 소리로 꾸짖으시기를

9 "냉큼 이놈을 잡아내려 작두로 목을 끊어 버려라. 애비를 모르는 놈은 죽어야 하느니라." 하시고는 그 후에 다시 어떻게 하라는 말씀이 없으시니라.

10 이 때 새울 사는 이공삼(李公三)이 상제님을 찾아와 따르니라.

치복의 돈으로 공사 보심

11 이 날 상제님께서 치복에게 명하시어 "빨리 돌아가라." 하시되 치복이 종일토록 가지 아니하거늘

12 다시 기일을 정하여 주시며 "속히 돌아가서 돈 일흔 냥을 가지고 기일 내에 돌아오라." 하시니라.

13 이에 치복이 돌아갔다가 기일 내에 돈 일흔 냥을 허리에 차고 와서 상제님께 올리매

14 성도들에게 명하시어 그 돈을 방 안에 두었다가, 문 밖에 두었다가, 다시 사립문 밖에 두어 밤낮을 지내게 한 뒤에 들여다가 간직해 두시더니

15 그 후 공삼을 시켜 그 돈을 차경석에게 보내시니라.

백 순검의 욕심을 채워 주심

295 하루는 공우와 응종을 데리고 태인 읍내 주막에 이르시어 신경원(辛京元)에게 명하시기를 "오늘은 백 순검을 만나야겠으니 그를 데려오라." 하시니라.

2 이 말씀을 마치자마자 백 순검이 그 주막 앞으로 지나거늘 경원이 나가서 상제님 계신 곳을 알리니 그가 곧 뛰어들어와 상제님을 결박하는지라

3 상제님께서 공우에게 명하시기를 "네게 있는 돈 백 냥을 내게 주고 창조의 집에 다녀오라." 하시니 공우가 대답하고 가니라.

4 이어 응종과 경원을 각기 다른 곳으로 보내시고 백 순검에게 돈 백 냥을 주시며 다시 말씀하시기를

5 "그대를 만나려고 이곳에서 기다린 지 오래되었노라. 이것을 적다 말고 필요한 곳에 보태어 쓰라." 하시니라.

6 이에 백 순검이 치사(致謝)한 뒤에 결박을 풀어 주고 물러가니
7 이는 그가 상제님을 붙잡아 돈을 빼앗으려 함을 미리 아시고 그 욕심을 채워 주시기 위함이더라.

서로 죽이려는 아버지와 아들

296 기유년에 하루는 상제님께서 호연을 데리고 가시는데 어떤 집 들창에서 이상한 소리가 들리므로 안을 들여다보니
2 아버지가 칼을 들고 아들의 배에 올라타서 "죽어야지?" 하면 아들이 "죽어야지요." 하고
3 다시 아들이 아버지의 배에 올라타고 "죽어야지요?" 하면 아버지가 "죽어야지." 하며 서로 죽이려 하고 있더라.
4 상제님께서 집으로 들어가시어 "어쩐 일로 그런 소리를 하는가?" 하고 물으시니
5 그 아버지가 대답하기를 "제 며느리가 달짝같이 예쁘니 어떤 양반이 날까지 정하여 데려가려 하는데 그 날이 바로 내일입니다.
6 어찌 며느리가 가는 것을 두고 보겠습니까? 그러니 차라리 함께 죽으려 합니다." 하거늘
7 상제님께서 며느리에게 저녁상을 차려오게 하시어 보니 과연 천하일색이더라.

햇서방이 웬 말이냐

8 상제님께서 그 아들에게 이르시기를 "너 당장에 내 편지 하나 전하려느냐?" 하시니 "가라시면 가지요." 하거늘
9 다시 "네가 밤새 갈 수 있겠느냐?" 하시니 "죽도록 해 보지요." 하니라.
10 이에 상제님께서 편지를 써서 형렬에게 보내시니
11 형렬이 전갈을 받고 급히 성도 네 사람을 모아 벙거지를 씌우고, 사령(使令)의 옷 같은 푸른 두루마기를 입혀서 그 집으로 데리고 와서
12 동서남북 사방에 한 명씩 그 집 담 밖에서 기다리게 하니라.
13 얼마 후 양반집 사람들이 며느리를 데려가기 위해 집 안으로 들거늘
14 사방에 있던 성도들이 담을 훌쩍 뛰어넘어 마당으로 들어와 "여기 묵은 서방이 있는데 햇서방이 웬 말이냐!" 하고
15 그들을 모두 포박하여 며느리도 빼앗아가지 못하게 하고, 이후로는 그 가난한 집 살림도 양반집에서 돌보게 하시니라.

이신 안병욱(安炳彧) 선생을 만나 도를 전함으로써 증산도 출현의 도맥이 싹트게 된다. 상제님께서 이를 내다보시고 '큰 일꾼'이라 하신 것이다.

294:6~9 후일 중학이 부친의 뜻을 저버리고 친일파 노릇 할 것을 아시고 경계하신 것이다.

294:10 이공삼(李公三, 1864~1931). 본관 전주. 백암리 아랫새울에 거주하였다. 부인 류금련(柳金連)과의 사이에 1남 2녀를 두었다. 입문 당시 46세.

295:1 신경원(辛京元, 1863~1924). 본관 영월(寧越). 본명은 규석(奎錫), 자(字) 경언(敬彦). 태인 관왕묘의 제원(祭員)을 지냈으며, 관운장 삼각수의 징표를 보고 45세에 상제님을 따르게 되었다. 상제님께서 태인에 오시면 항상 물심양면으로 수종을 들었다.

295:1 백 순검. 백낙두(白樂斗, 1889~1969). 정

미년 고부 진주 천자 도수 때에 상제님 일행을 체포한 순검 중 한 사람이다.

296:11 사령. 조선시대 관아에서 심부름 등 천한 일을 맡던 사람.

297:7 나 서울 간다. 이 때 서울 통감부에 가시어 이등박문(이토 히로부미)을 만나셨다. 5편 365장 참조.

등걸을 캐 주심

297 상제님께서는 마당에 돌부리가 있으면 호연이 걸려 넘어진다 하여 모두 파내어 버리시니라.

2 하루는 호연이 산에 올라 나물을 캐는데 먼발치에서 "호연아! 호연아~!" 하고 상제님께서 부르시는 소리가 들리거늘

3 호연이 서둘러 뛰어 내려오다가 나무등걸에 걸려 넘어지매

4 상제님께서 쫓아 오르시어 호연을 넘어지게 한 등걸을 캐내려 하시는지라

5 호연이 "아이고, 밤낮 댕기는 것도 아닌데 뭐하러 캐요?" 하니

6 "아무리 등걸이라고 어린것이 오는데 걸어서 넘어지게 만드느냐?" 하고 꾸짖으시니라.

우리 애기 좀 잘 보살펴라

7 상제님께서 등걸을 뿌리 하나 남기지 않고 다 캐내신 뒤에 호연에게 "나 서울 간다." 하시거늘

8 호연이 "그러면 나도 가야지." 하매 "오지 마. 형렬이하고 둘이 갔다 올게." 하시니라.

9 이에 호연이 "그려. 그런데 뭣하러 가요?" 하고 여쭈니 상제님께서 "내가…, 누구 좀 보러 간다.

10 여러 날 될 것 같으면 데리고 가지만 곧 올 테니 그냥 간다. 내일 오마." 하시니라.

11 상제님께서 호연의 손을 잡고 산을 내려오시어 약방에 있는 성도들에게 이르시기를

12 "너희들 우리 애기 좀 잘 보살펴라. 내가 천 리에 있어도 다 아니 애기에다가 함부로 했다가는 혼쭐난다!

13 아직 철을 모르니 늬들에게 함부로 하더라도 너희가 용서해라." 하고 당부하신 후에 형렬을 데리고 서울로 떠나시니라.

충청도 연산에서 보신 도성덕립 공사

298:1 포선. 길이 한 자 남짓한 천에 양쪽으로 자루를 단 부채. 주로 신랑 얼굴을 가리는 데 쓴다.

298 봄에 충청도 연산(連山)에 가시어 머무르실 때 하루는 상제님께서 도복을 입으시고 홍포선(紅布扇)을 드신 채 일산을 받치게 하시어 백마를 타고 나서시니 그 모양이 마치 새신랑 같더라.

2 호연이 반짝반짝 윤이 나는 상제님의 눈썹을 보고 "선생님 눈썹에 엿 발랐어요?" 하니 상제님께서 "엿 발랐으면 너 핥아먹어라." 하시니라.

3 호연이 "왜 그러고 나선대? 어디로 장가가요?" 하니 상제님께서 "저러리!" 하시며 일러 주지 않으시니라.

4 이에 호연이 "저리 어디로 가요? 가서 떡도 얻어먹고, 국수도 얻어 먹게 가르쳐 줘야지." 하니

5 말씀하시기를 "너 따라오면 내가 망신을 당하니 오지 말아야 혀." 하시는지라

6 호연이 다시 "어디로 가길래 망신을 당해요?" 하고 묻는데 대답지 않고 떠나시거늘

7 형렬에게 "어디로 간대요?" 하니 이르기를 "네 눈으로만 그러지 지금 여기에 앉아 계신다." 하니라.

8 호연이 "아까 말 타고 요리 갔는데?" 하니 "네가 잠깐 봉사되었어. 네 뒤에 계신다." 하거늘

9 호연이 빙글빙글 돌며 "어디에 있어요? 어디에 있어요?" 하고 찾으매 형렬이 "저쪽." 하고 가리키니 그쪽에서 "하하하!" 하며 웃으시는 소리가 나더라.

10 호연이 "아까 말 타고 갔는데, 떡 얻어먹으러 갈까 봐 그냥 왔네!" 하니 "어린 저것 데리고 무엇을 할 것이냐?" 하시는 상제님의 음성만 들릴 뿐 모습은 여전히 보이지 아니하거늘

11 호연이 더욱 애가 타서 "어디에 가 있어요? 선생님! 나 쪼께 뵈 줘요." 하고 애원하니라.

12 이에 상제님께서 "너 숨바꼭질하냐? 내가 네게 뵈 줘? 안 보여 주지!" 하시니 호연이 "그럼 어쩔라구? 나 여기다 내버리고 가려고?" 하거늘

13 상제님께서 "네 쌈자리 왔어." 하시니라.

14 호연이 "내 쌈자리는 전주고, 여기는 우리 부모님 고향이지." 하니

15 상제님께서 "저것이 제법 영리하다니까!" 하시며 그제야 모습을 드러내시니라.

호연이 상제님을 부를 때

299 호연이 다른 성도들과 함께 있을 때는 상제님을 대개 '선생님' 이라 부르고, 간혹 '아저씨', '아버지'로 부르기도 하는데

2 "선생님!" 하고 부르면 흔쾌히 대답하시고, "아저씨!" 하면 "어째 그러신가?" 하고 웃으시며, "아버지!" 하면 대답하지 않으시니라.

3 또 호연이 상제님과 단둘이 있거나 심통이 났을 때는 '강아지',

'강생원' 으로 부르기도 하니

4 그러면 "어디 강아지 왔냐?" 하며 장난을 치기도 하시고 때로는 "또 뭣 할라고?" 하며 무섭게 바라보시는데

5 이 때 한마디라도 토를 달면 '초랭이 떨고 다닌다.' 며 꾸중하시니라.

서양으로 넘어가는 동양을 끌어당기심

300 하루는 상제님께서 독한 소주 한 동이를 일주야(一晝夜)에 다 드시고 최덕겸과 여러 성도들을 데리고 길을 나서시는데

2 문을 나서자마자 대님을 풀러 옷을 걷어올리시고 갑자기 길 옆 미나리꽝으로 뛰어드시니라.

3 상제님께서 질펀하게 주저앉아 미나리꽝 둑에 등을 기대시고 발을 바닥에 단단히 지탱하신 채 무엇을 힘껏 잡아 당기는 몸짓을 하시며

4 "너희들 이것 봐라. 동양이 서양으로 넘어간다. 아이고~ 아이고~ 목구녕까지 다 넘어갔다. 저 목구녕에 다 넘어가!" 하고 몸부림을 하시더니

5 급하게 둑을 지지대 삼아 밭 쪽으로 발을 쭉 뻗고 손으로 허공을 끌어당겨 탁 채시니라.

6 잠시 후 미나리꽝에서 나오시며 말씀하시기를 "목까지 넘어갔는데 내가 끄집어냈다.

7 나 아니었으면 꼼짝없이 넘어가 서양에 먹힐 뻔했다." 하시니라.

계란도 술도 무사하더라

301 상제님께서는 으레 술을 한 병 받아서 약방에 보내 놓으시고 밤에 들어오시면 그 술을 잡숫고 주무시니라.

2 자현의 아들 태준이 열세 살 때에 종종 상제님의 술 심부름을 하였는데

3 하루는 태준이 밤늦도록 주막에서 아버지 자현과 상제님께서 오시기를 기다리니

4 밤이 이슥하여 상제님께서 형렬과 자현을 데리고 주막에 드시니라.

5 이에 상제님께서 술 한 병을 받아 태준에게 주시며 "약방에 갖다 놓아라." 하시고

6 그 자리에서 술을 청하시니 주모가 안주가 없다고 강술상을 내오거늘

7 상제님께서 술만 놓고 드시다가 이내 다 토하시고는 "안주 없이 강 술만 먹으니 술이 도로 넘어오는구나." 하며 괴로워하시니라.

8 이어 주모에게 이르시기를 "안주 좀 구해 오게." 하시매 주모가 "안 동네 가서 계란이나 구해 오겠습니다. 술도 떨어졌는데 더 사 올까 요?" 하고 여쭈니

9 상제님께서 칭찬하시며 "그것 참 좋지. 어서 수고 좀 해 주게." 하 시니라.

10 한편 태준은 어린 마음에 어두운 밤길을 혼자 가기가 무서워 술병 을 안고 처마 밑에 앉았는데

11 상제님께서 밖으로 나오시어 "태준아, 너 어찌 안 가고 여태 게 있 느냐. 무섭지 않을 테니 빨리 가거라." 하시거늘

12 태준이 어쩔 수 없이 주막을 떠나 '걸음아 날 살려라.' 하고 동리로 달려가니 어찌 된 영문인지 대낮보다 더 밝더라.

13 태준이 그래도 무서워 고개를 숙이고 땅만 보며 뛰다가 마침 계란 을 사 오던 주모와 맞부딪쳐 순간 정신을 잃거늘

14 주모는 "계란!" 하고 소리지르고 태준은 "술병!" 하고 외치며 정신 을 차려 보니

15 술병은 큰 돌 틈에 거꾸로 박혀 있고 계란도 땅바닥에 굴렀으나 용 케 깨지지 않았더라.

16 상제님께서 주모가 가져온 계란을 안주 삼아 술을 드시고 약방에 가시어 태준이 갖다 놓은 술도 마저 잡숫고 주무시니라.

석 되짜리 술병

17 상제님께서는 늘 석 되짜리 술병을 가지고 다니시는데 그 술병은 주로 태준에게 들리시니라.

18 이 때 태준이 보니 상제님께서 한 자리에서 공사를 보시고 다른 곳 으로 자리를 옮기실 때는

19 떠나시기 전에 한 되들이 그릇으로 세 번 만에 술 한 병을 다 드시고

20 다른 데로 옮기시면 또 석 되짜리 한 병을 한 되씩 세 번에 걸쳐 드 신 다음 공사를 마치시니라.

어디를 가든지 잘 읽으라

302 상제님께서 하루는 김윤명의 아들 대규(大奎)에게 "앉아서 장 천리를 보고 서서 구만리를 보는 좋은 시대가 오더라도 사는 법방(法方)이 따로 있느니라." 하시고

302:1 김대규(金大奎, 1888~1970). 부 윤명과 모 인 동 장씨의 2남.

302:2 운장주. 삿된 기운을 제어하고 복마와 척신 발동을 막는 대차력주이다. 운장주를 읽으면 의로움으로 충만하여 모든 상극적인 힘을 이길 수 있다.

2 운장주(雲長呪)를 일러 주시며 "어디를 가든지 잘 읽으라." 하시거늘

3 이에 대규가 평생 상제님의 말씀을 받들어 운장주를 잘 읽으니 83세까지 사는 동안 집안에 사고 한 번 없었다 하니라.

쟁단이 일어나면 내가 죽을 것이니

303 기유년 3월에 광찬과 갑칠이 서로 다투어 사이가 멀어졌거늘 형렬이 그 일을 아뢰니 상제님께서 먼저 알고 계시더라.

2 이튿날 상제님께서 형렬을 데리고 전주로 가실 때 형렬에게 경계하여 이르시기를

3 "모임 중에 만일 쟁단(爭端)이 일어나면 내가 죽을 것이니 잘 무마하라." 하시고

4 형렬에게 다시 명하시기를 "광찬과 갑칠에게 태을주를 많이 읽으라 하라." 하시니라.

화룡 천 년에 진룡이 강림이라

304 기유년 3월에 김자현의 조모가 별세하매 상제님께서 가시어 담뱃대에 담배를 넣어 자현에게 주시며 말씀하시기를

2 "자네 계부(季父)도 자식이요, 자네도 자식이니 상심 말고 담배나 피우소." 하시고

3 주머니에서 돈 3원을 꺼내어 '초상 치를 것이라.' 하시며 주시므로 자현이 그 돈을 아들 태진(泰振)에게 주어 초상에 쓰니 한 푼도 남거나 모자람이 없더라.

4 이 때 자현이 상제님께 여쭈기를 "세상 사람들이 광인을 따라다니느라 살림도 못산다고 야단이니 금일 산처(山處)에 가시어 명당을 잡아 당신님의 누를 씻을까 합니다." 하니

5 상제님께서 구릿골 앞의 가시덤불 무성한 금광터를 가리키시며 "이곳에다 장사하라." 하시니라.

6 이에 자현이 "제 선산(先山)이 있는데 어떻게 그런 자갈밭에다 묻겠습니까?" 하며 듣지 않거늘

7 상제님께서 말씀하시기를 "화룡(畵龍) 천 년에 진룡(眞龍)이 강림(降臨)이라. 나중에 청룡, 황룡이 들끓어 올라 인성(人城)을 쌓는 이로운 자리니라." 하시고

8 "집 안 새(鳥)가 봉(鳳)이 될 줄을 누가 알까. 참된 줄을 알면 네 차례가 오겠느냐." 하시니라.

304:1 김자현의 조모. 남양 홍씨(南陽洪氏, 1829 ~1909). 3월 21일에 동곡(銅谷)에서 81세로 작고.

304:3 김태진(金泰振, 1894~ 1975). 본관 안동. 족보명 태진(泰振), 자(字) 선호(先浩). 김자현 성도의 장남. 김태진의 장남이 김택식(1914~)이다.

천리는 털끝만큼의 사욕도 없느니라

305 하루는 형렬이 아뢰기를 "저의 증조 때 정(鄭)집신이라는 사람이 제 집에 오래 있었는데

2 그는 지식이 신이한 사람으로 동리 사람들이 보릿고개로 생활이 크게 곤란함을 보고 금광을 발견하여 면케 하였고

3 영삼(靈蔘)을 많이 얻어 병자를 구제하였으며, 또 지난 임술년에 경상도에서 일어난 민란을 미리 말하였는데

4 저의 증조는 그의 지식을 빌어 명당 하나라도 얻어 쓴 바가 없고 조상으로서 복을 후세에 끼친 것이 없으니 참으로 한스럽습니다." 하니

5 상제님께서 말씀하시기를 "그러한 지식을 가진 사람이 어찌 남의 밥을 헛되이 먹으리오.

6 천리는 지공무사하여 털끝만큼의 사욕도 없느니라." 하시니라.

언제나 동(東)으로 힘써라

306 하루는 상제님께서 호연에게 "오색 구름이 이리 가고 저리 가고 길을 찾아다니면 그 모습이 싸움하는 것 같을 것이다. 구름끼리 싸움하면 너는 무엇 할래?" 하시거늘

2 호연이 "'저놈의 구름도 싸움을 다하네.' 그러지." 하니 "흥, 네가 땅에 앉아서 하늘보고 욕을 해?" 하시는지라

3 호연이 "그럼! 다들 욕하지. 비가 안 오면 안 온다고 욕하고, 많이 오면 많이 온다고 욕하고 그러대." 하니

4 "입이 싼 사람이나 그러지. 그런 본은 뜨지 마라. 오직 네 마음 하나만 닦아라." 하시고 잠시 후에 "내가 어디 들어간다." 하시니라.

5 이에 호연이 의아해하며 "어디 들어가요?" 하니 이르시기를 "내가…. 너 살려거든 청수 한 동이 떠다가 마당 한가운데 놓고 그것만 쳐다봐라." 하시거늘

6 호연이 "동이 밑구멍 못 봤간디 그것만 쳐다봐? 물 그림자밖에 더 봐? 나밖에 더 봐?" 하고 퉁명스럽게 대답하니

7 상제님께서 "목소리 죽여라. 여자는 마음을 안손하게 해야 하는데 머슴애마냥 떠들어서 저 집까지 다 알겠다.

8 색경을 보는 것같이 그 의미가 거기에 있으니 너는 물만 들여다보면 살어. 들여다보면 세상 돌아가는 이치가 다 보인다.

9 **언제든지 동쪽에서 먼저 일어나니 동으로 힘써라. 너 혼자만 알고 있어**

305:1 증조. 김윤삼(金潤三, 1803~?). 족보명 학구(學矩).

305:3 민란. 임술민란. 1862년에 경상도의 달성, 진주, 함양, 성주 등을 비롯하여 전국적으로 농민봉기가 발생하였다. 금구현에서도 악정의 시정을 요구하는 민란이 일어났다.

306:9 동으로 힘써라. 동방은

만물을 살아 움직이게 하는 황극이 활동하는 방위이다. 선매숭자 도수의 주인공인 김호연 성도가, 황극 기운을 가지고 오시는 인사의 지도자를 만나 당신의 성언과 성적을 있는 그대로 전해야 함을 상징적으로 말씀하신 것이다.

307:4 시성리. 현재 김제시 금산면 금성리(錦城里).

라." 하시니라.

거짓으로 대하는 덕찬의 심법을 징벌하심

307 4월에 전주 불가지 김성국(金成國)의 집에 계실 때 덕찬이 상제님을 모시면서 속으로 생각하기를

2 '의관도 제대로 갖추지 않으실 뿐더러 말씀과 행동하심이 마치 실성한 사람 같다.' 고 하던 차에

3 하루는 상제님의 무슨 말씀을 듣고 내심 '또 무슨 미친 짓을 하는고.' 하며 거짓 대답을 하니

4 상제님께서 글 한 장을 써 주시며 재촉하시기를 "지금 당장 길을 떠나 시성리(柿城里) 김의관(金義官)에게 가서 이 글을 전하고 하룻밤 자고 오라." 하시니라.

5 덕찬이 보니 이미 해가 서산에 걸렸는지라 길 떠나기가 망설여지는데

6 명을 어길 수 없어 서찰을 지니고 길을 떠나 어느 고개에 다다르니 큰 구렁이가 길을 가로막고 있는지라

7 돌아서자니 명이 지엄하고 지나가자니 구렁이가 무서워 차마 발을 떼지 못하다가

8 죽기살기로 두 눈을 딱 감고 구렁이를 뛰어넘어 저만치 가서 뒤를 돌아보니

9 구렁이는 온데간데없고 그 자리에 새끼줄이 길을 가로질러 놓여 있더라.

10 다시 한참을 걸어 시성리에 도착하여 곧장 의관의 집을 찾아가니 마침 집 안에 아무도 없는지라

11 마루에 걸터앉아 의관을 기다리며 무심코 서산을 바라보니 아직도 해가 지지 않았거늘

12 '불가지에서 여기까지 오십릿 길인데 해가 떠날 때와 다름이 없으니 신기한 일이라.' 하며 무엇에 홀린 듯 앉아 있는데

13 어떤 차림새가 남루한 사람이 사립문을 열어제치며 대뜸 "어디서 굴러온 놈이 남의 집에 와서 감히 주인 행세를 하느냐!" 하고 들어오더니

14 갑자기 덕찬의 멱살을 붙잡고 갓을 빼앗아 밟아 버리고 도포 자락을 찢어 버리니라.

15 덕찬이 당황하여 처음에는 맥없이 당하고만 있다가 이내 분을 이

기지 못하여 함께 들러붙어 이리 뒹굴고 저리 뒹굴며 한참을 싸우는데

16 그 사람이 문득 싸우기를 멈추고 무어라 중얼거리며 훌쩍 나가 버리니라.

어찌 마음을 속이느냐

308 덕찬이 알지도 못하는 사람에게 행패를 당하고 어이가 없어 마루에 멍하니 앉아 있는데

2 그제야 의관이 들어와 덕찬의 후줄근한 행색을 보고 "어이, 자네 웬일인가? 자네 그 꼴이 대체 뭔가?" 하고 묻거늘

3 덕찬이 전후 사정을 말하니 의관이 박장대소를 하며 "자네 오늘 운수 사납게 걸렸네. 그게 이 동네 미친놈인데 발작을 하면 누구한테나 그런다네.

4 자네가 오늘 재수가 없어서 당한 일이라 생각하고 이제 그만 마음을 푸소." 하며 옷 한 벌을 내어 주니라.

5 덕찬이 상제님께 받아온 서찰을 건네주고는 분한 마음에 하룻밤을 자지 않고 그냥 돌아오거늘

6 상제님께서 문밖에 나와 서 계시다가 웃으시며 "왜 자지 않고 그냥 돌아오느냐?" 하시더니

7 "너 거기 가서 미친놈 보았느냐? 그게 바로 미친놈이다, 이놈아. 왜 멀쩡한 나보고 미쳤다고 하느냐, 으응?" 하시고

8 안으로 들어와 친히 술을 따라 주시며 말씀하시기를 "사람을 사귐에 마음을 참되게 할 것이거늘 어찌 마음을 스스로 속이느냐." 하시니라.

9 이에 덕찬이 비로소 상제님의 말씀을 실없이 여기어 거짓 대답한 일을 뉘우치고 이후로는 비록 사소한 일일지라도 극히 삼가니라.

10 이후 4, 5월 두 달은 상제님께서 주로 시성리 시목동(柿木洞)에 계시며 공사를 행하시니라.

경학의 집을 화재로부터 구해 주심

309 5월에 태인 백암리에 계실 때 글을 써서 경학에게 주시며 "물동이에 넣고 외로 돌려서 적신 뒤에 불사르라." 하시더니

2 그 뒤에 경학의 형 경은(景恩)의 집에 불이 나서 사나운 남풍에 기세를 얻어 이웃집 아홉 채를 모두 태워 버렸으나 경학의 집은 무사하니라.

308:9 상제님 어천 후 김덕찬 성도는 사람들에게 "그러니 내가 어떻게 그 양반을 믿지 않겠나? 나는 죽더라도 믿어야겠네." 하였다고 한다.(나승렬 증언)

309:2 김경은(金景恩, 1859~?). 경학의 셋째 형. 이 때 나이 51세였다.

휘파람을 불어 충재를 없애심

310 하루는 상제님께서 모시 농사를 많이 짓는 정읍 동면(東面) 붕래(朋來)를 지나시는데

2 어찌된 일인지 농부들이 모시밭 가에 힘없이 앉아 있고 밭에는 이파리 하나 없는 모시대만 서 있더라.

3 그 이유를 농부들에게 물으시니 밭 임자가 나서서 처연한 빛을 띠며 대답하기를 "전례에 없는 큰 충재(蟲災)로 이렇게 되었습니다.

4 저는 이것으로 농(農)을 삼아 많은 식솔이 생활하는데 이런 일을 당하여 어찌할 바를 모르겠습니다." 하니

5 상제님께서 불쌍히 여기시며 말씀하시기를 "내가 충재를 제거하여 주리니 근심하지 말라." 하시고

6 북쪽을 향하여 휘파람을 세 번 부시니 갑자기 참새 수천 마리가 모여들어 그 해충을 쪼아 먹으니라.

7 그 뒤로 모시잎이 다시 피어나고 예년보다 더 무성하여 모시 농사가 잘 되니라.

이제 별놈의 병이 다 생긴다

311 이 달에 상제님께서 형렬과 김기보와 호연에게 말씀하시기를 "이제 전에 없던 별놈의 병이 느닷없이 생기느니라.

2 이름 모르는 놈의 병이 생기면 약도 없으리라." 하시니라.

3 또 말씀하시기를 "내가 저기서 지기(至氣)를 돌리면 여기 사람들은 콩나물처럼 쓰러지느니라.

4 먹어서 망하고 어디 가서 빠져 죽는 것이 아니라, 그냥 가만히 앉아서 눈만 스르르 감고 쓰러지느니라." 하시니라.

가을 대개벽기 구원 : 열 사람에 한 사람 산다

5 하루는 호연에게 말씀하시기를 "장차 열 사람 가운데 한 명 살기가 어려우리니 내 자식이라도 어찌 될지 모르느니라.

6 그 때에 내가 높이 앉으면 너는 눈이 무거워서 쳐다보지도 못하느니라." 하시니라.

백성의 근심이 내 근심이니라

312 상제님께서 구릿골에 계실 때 하루는 경학이 와 뵙고 백성들이 오랜 가뭄으로 모를 내지 못하여 불안해함을 아뢰거늘

2 상제님께서 "만민의 근심이 곧 내 근심이니라." 하시며 갑칠에게 "청

311:3 지기를 돌리면. 천지의 조화 기운을 다스리시는 주재자 하느님의 자리에서 지구촌의 인종씨를 추리는 가을 대개벽이 전개되는 이치를 깨 주신 것이다.

311:5 열 사람 가운데 한 명. 가을개벽 때 구원받는 자의 대세에 대한 실제 공사 내용은 어린 호연에게 전하신 이 말씀보다 훨씬 더 심각한 차원이다.

수 한 동이를 길어 오라." 하시고

3 미리 양지 두루마리에 글을 가득히 써 두신 것을 경학에게 내어 주
시며 말씀하시기를 "청수에 적셔 가루가 되도록 비비라." 하시니라.

4 이에 경학이 명하신 대로 하여도 비가 오지 않거늘 상제님께서 갑
칠에게 이르시기를

5 "네게 장령(將令)을 붙여 서양으로부터 우사(雨師)를 불러와 만민의
갈증을 풀어 주려 하였더니

6 네가 어제 저녁에 나의 명을 어기고 잠을 잤으므로 비가 오지 않으니
옷을 벗고 청수 앞에 합장하고 서서 사죄하라." 하시니라.

잘 닦으면 마음대로 되리라

7 갑칠이 명하신 대로 하니 갑자기 서쪽 하늘로부터 검은 구름이 일
어나며 큰비가 쏟아져서 삽시간에 앞내가 넘쳐흐르거늘

8 경학이 "이만하면 넉넉하겠습니다." 하고 아뢰니 상제님께서 부채
를 들어 한 번 흔드시매 비가 곧 그치니라.

9 상제님께서 다시 갑칠에게 명하시어 "청수를 쏟아 버리고 옷을 입
으라." 하신 뒤에

10 모든 성도들에게 이르시기를 "너희들도 잘 수련하면 모든 일이 마음
대로 되리라." 하시니라.

태운장의 신선 도수와 김자현의 의원 도수

313 상제님께서 형렬에게는 신선(神仙) 도수를 붙이시고, 자현에게
는 의원(醫員) 도수를 붙이시니라.

2 형렬에게 당부하여 말씀하시기를 "애기부처를 조성하고 금산사를
잘 지켜라.

3 금산사를 지키다 곧 죽어서 귀신이 되더라도 원한 없이 지킬 사람
이 어디 있겠느냐. 네가 금산사를 굳게 지켜라." 하시니라.

4 또 자현에게 의원 도수를 붙이실 때 말씀하시기를 "너는 천하명의
(天下名醫) 말을 듣겠느냐, 조선명의(朝鮮名醫) 말을 듣겠느냐? 응
당 천하명의 말을 들을 테지.

5 부디 살리는 것으로 뜻을 세워 돈은 받지 말고 좋은 일만 하면서 포교하
라." 하시니라.

6 상제님께서 어천하신 후에 형렬은 금산사를 지키면서 포교를 하고
또 자현은 전국을 돌아다니면서 무료로 치병을 베풀어 많은 사람
들을 살리니라.

312:5 우사. 천
상에서 강우(降
雨)를 담당한 신
명. 우리 동방 배
달과 조선의 고
대 농경문화 시
대에, 삼신사상
에 근거한 관직
이름(三師의 하
나)이기도 하다.

312:10 마음대로
되리라. 이 한마
디는 선천 성자
에 매달려서 오
로지 믿어야만
구원 받는다고
믿는 중생들의
무지와 신앙의
허구를 부수어
버리는 말씀이
다. 앞으로 인류
는 후천개벽을
거쳐 상제님 도
에 의해 누구라
도 석가·예수
이상의 성인이
될 수 있는 무극
대도의 문명을
맞이하게 된다.
이로써 진정한
인간 성숙의 길
이 활짝 열린 것
이다.

313:2 애기부처.
크기가 약 60cm

정도의 동자승 모습이다. 주석으로 만들었으며 현존하지는 않는다. 한때 김택식이 모셨다.

313:2 애기부처를 조성하고. 이 도수는 가을의 성숙운으로 들어서는 천지대운을 맞아 간태(艮兌)합덕의 원리로, 상제님 당대에서부터 제3변 도운에 이르기까지 젊은이를 주축으로 새 역사를 개척하는 초립동이 도수와도 연관이 있다.

313:6 치병으로 포교. 상제님 어천 후 김자현 성도는 김형렬 성도와 미륵불교에 종사하였다. 일경의 감시 때문에 이름을 김자연(金自然)으로 바꾸고 상제님의 명을 좇아 병자에게서 돈 한 푼 받지 않고 주로 태을주와 강령주(至氣今至願爲大降)를 읽혀 병을 고쳐 주었다. 포교를 위해 사방으로 주유하다가, 독립운동 하러 다닌다는 오해를 받아 형을 살기도 했다. 몹시 가난하여 지붕에 풀이 무성하였다 한다.

세상의 모든 약 기운을 태을주에

7 하루는 상제님께서 말씀하시기를 "태을주는 구축병마주(驅逐病魔呪)니라.

8 내가 이 세상의 모든 약 기운을 태을주에 붙여 놓았나니 만병통치 태을주니라." 하시니라.

안필성에게 수명을 떼어 주심

314 3월에 필성이 씨나락 파종을 하러 갈 때 상제님께서 말씀하시기를

2 "너는 오래 살아서 내 제사를 받아먹을 것이니라. 그러니 나하고 같이 가서 술 한잔 하자." 하신 일이 있더니

3 6월에 필성에게 오시어 재삼 당부하시기를 "네가 나를 따르지 않으면 참혹함이 겹쳐 네 눈에서 피눈물이 나리니 잘 생각하라.

4 나의 남은 수명을 너에게 붙이니 너는 구십을 넘게 살며 내 제사를 받아먹으리라.

5 이제 오십 년 후에나 다시 만나리라." 하시니라.

친구 필성에게 주신 경계의 시

6 하루는 상제님께서 후일의 일을 경계하시어 필성에게 시 한 수를 써 주시니 이러하니라.

7 　勸君凡事莫怨天하라
　　권 군 범 사 막 원 천

　　너에게 권하노니 범사에 하늘을 원망하지 말라.

내가 찾아야만 만나리라

315 하루는 응종에게 이르시기를 "내가 없을 때에 네가 나를 보지 못하여 애통해하며 이곳에 내왕하는 거동이 내 눈에 선연하게 보이나니

2 내가 네 등뒤에 있어도 너는 보지 못할 것이요, 내가 찾아야만 서로 만나리라." 하시니라.

3 하루는 상제님께서 말씀하시기를 "중천에 흰 구름이 떠 있으면 내가 있는 줄 알아라." 하시고

4 또 말씀하시기를 "너희들은 아무리 죽고자 하여도 못 죽을 것이요, 내가 놓아주어야 죽으리라." 하시니라.

광찬을 대흥리로 보내심

316 광찬은 본래 술을 즐기지 않더니 하루는 뜻밖에 술에 몹시 취한지라

2 이정삼(李正三)의 집에 가서 그의 젊은 며느리를 욕보이고자 하매 정삼 부자가 크게 분개하여 죽이려 하거늘

3 상제님께서 갑칠에게 명하시어 광찬을 정읍으로 가게 하시니

4 여러 사람이 광찬의 패악을 증오하는데 경석은 그 성질을 익히 아는지라 잘 타이른 뒤에 머물게 하니라.

심지가 평순치 못하여

5 어천하실 무렵 상제님께서 광찬의 일로 염려하시매 형렬이 공우를 대흥리로 보내어, 경석에게 광찬을 데리고 구릿골로 올 것을 통지하나

6 경석은 광찬이 모든 사람의 미움을 사고 있음을 꺼려하여 광찬을 대흥리에 남겨 두고 공우와 함께 구릿골로 오니라.

7 경석이 상제님을 뵙고 저간의 사정을 아뢰니 상제님께서 탄식하며 이르시기를 "여러 사람 가운데 환심을 얻지 못한 자는 광찬이로다.

8 광찬은 재질은 좋으나 심지(心志)가 평순치 못하여 어떤 지경에 이를지 모르리라." 하시고

9 "만일 마음을 고치지 아니하면 참혹히 죽으리라." 하시니라.

할머니 생각이 나서 그러느니라

317 하루는 누가 상제님께 복숭아를 올려 드리니 한참 동안 우두커니 바라만 보시거늘

2 형렬이 이상히 여겨 용안을 살피니 상제님께서 눈물을 흘리고 계시는지라

3 형렬이 조심스럽게 "어째서 그러십니까?" 하고 여쭈니 잠시 아무 말씀 없으시다가 이내 말씀하시기를 "할머니 생각이 나서 그런다.

4 할머니가 어린 나를 키우실 때 무엇이든 '우리 손주 준다.'고 아껴 두었다가 주곤 하셨는데

5 할머니가 돌아가시니 나 섬기는 사람이 없구나!" 하시며 쓸쓸한 표정을 지으시니라.

6 훗날 형렬이 이르기를 "복숭아를 보면 언제나 상제님 생각이 간절히 난다." 하더라.

314장 안필성의 손자 안일완 증언.

314:4 구십을 넘게 살며. 안필성은 1961년 정월 초닷샛날 92세를 일기로 생을 마감하였다.

314:7 『명심보감』「성심(省心)」편에 나오는 구절.

315:3 증산 상제님 집안에 내려오는 말씀이며 김형렬 성도 가족들의 증언과 일치한다.

316:9 참혹히 죽으리라. 김광찬 성도는 수시로 상제님께 칼을 들고 협박하다가 맞아 죽었다는 초기 기록과 함께 벼락을 맞아 죽었다는 풍설이 동시에 전해 온다. 또 조카인 김병선 성도와 더불어 포교 활동을 하다가 일제의 탄압으로 순교했다는 설도 있다. 사실여부를 떠나 그의 말로는 비참하여 답사 과정에서 무덤도 찾을 수가 없었다.

척신과 병고를 맑혀 주심

318 상제님께서 처음으로 추종하는 자에게는 반드시 "평생에 지은 허물을 낱낱이 생각하여 마음으로 사하여 주기를 빌라." 하시되

2 만일 잊고 생각지 못한 일이 있으면 낱낱이 개두(開頭)하여 깨닫게 하시고

3 반드시 그 몸을 위하여 척신과 모든 병고(病故)를 맑혀 주시니라.

일을 명하실 때는

319:1 반드시 기한을 정하여 주시며. 상제님께서는 모든 일을 천지도수에 맞추어 인사로써 명을 내리시기 때문에 그 명은 곧 천명(天命)이요, 그 명을 어기는 것은 천지도수를 어기는 것이다. 상제님의 천지대업을 인사로 매듭짓는 상제님 일꾼들은 성성히 깨어진 정신으로 상제님 태모님의 천명을 봉명함에 한 치의 소홀함도 없어야 할 것이다.

319 상제님께서 성도들에게 일을 명하실 때는 반드시 기한을 정하여 주시며 어기지 않도록 하시는데

2 만일 명을 받은 자가 혹 그 기한에 일기가 좋지 못하여 어김이 있을까 염려하면 상제님께서 일깨워 주시며 말씀하시기를

3 "내가 너희에게 어찌 좋지 못한 날을 일러 주겠느냐." 하시니 무릇 상제님께서 정하여 주신 날은 하루도 궂은 날이 없더라.

4 공사를 행하실 때 이따금씩 성도들을 어느 곳에 보내시는데 매양 그 연유는 말씀치 아니하시고 다만 '어디를 다녀오라.'고만 하시거늘

5 성도들은 항상 겪는 일인지라 굳이 다시 여쭙지 않고 명하신 대로 가 보면 반드시 무슨 일이 있더라.

6 상제님께서는 항상 돈 일이 원을 품속에 간직하여 두시니라.

조화옹 증산 상제님의 어용(御容)

320 증산 상제님께서는 어용(御容)이 금산 미륵불(金山彌勒佛)과 흡사하시어

2 용안(龍顔)이 백옥처럼 희고 두루 원만하시며 양미간에 불표(佛表)의 큰 점이 있고 천안(天眼)은 샛별과 같이 반짝이시니라.

3 또 목소리는 인경처럼 맑고 크시며 왼손바닥에 '북방 임(壬)' 자와 오른손바닥에 '별 무(戊)' 자 무늬가 있고

4 등에는 붉은 점으로 뚜렷하게 북두칠성이 새겨져 있으며 발바닥에는 열세 개의 점이 선명하니라.

5 머리카락은 유난히 검고 윤이 나며 턱과 양 귀밑에 용수(龍鬚)가 고아하게 나 있는데 평소에는 말려 있어 잘 보이지 않으나 세수하실 때면 양 귀밑으로 흘러 펼쳐지니라.

6 용안과 의표는 상하좌우가 두루 원만(圓滿)하시어 전후가 반듯하게

균형을 이루시고

7 머리부터 허리까지 마치 기둥을 세운 듯 반듯하시고 목은 절대 굽는 법이 없으시니 그 기상이 의연하시며, 걸어가시는 모습은 더할 수 없이 우아하시니라.

8 또 아랫입술 안에 바둑돌만 한 붉은 점이 있는데 하루는 성도들에게 보여 주시며 말씀하시기를

9 "금산 미륵은 붉은 여의주(如意珠)를 손에 들었으나 나는 입에 물었노라." 하시니라.

폭 잡기 어려운 상제님

321 상제님께서는 평소 점잖으시나 때로 광인 같으시어 폭을 잡기 어려우니

2 버선 짝을 바꿔 신으시고 위가 터진 삿갓을 쓰고 다니시며 새 삿갓을 사셔도 일부러 헌 삿갓으로 만들어 쓰시고

3 용태(容態)를 잘 바꾸시니 때로는 홀연히 사라지셨다가 문둥이 같은 모습으로 들어오시고, 광대처럼 빨갛게 칠하고 오기도 하시니라.

4 또 웃으실 때는 싱긋싱긋 눈부터 웃으시는데 공사를 보실 때는 이따금 동네가 떠나갈 정도로 크게 웃으시니라.

상제님께서 계시면 어디든지 환해짐

5 또 어디를 가시든지 상제님께서 계시면 주변이 환해지니

6 길을 가시면 그 길이 환해지고 집에 들어가시면 그 집이 환해지며 마을에 들어가시면 그 마을이 환해지거늘

7 이를 본 사람들은 상제님을 한 번이라도 더 뵙고 싶어하고, 더 가까이서 모시고 싶어하니라.

성도들이 느낀 상제님

8 상제님께서는 위엄이 씩씩하시고 화기(和氣)가 무르녹아 누구든지 살에 붙여 가까이하고 싶어하는데

9 각기 저의 '아버지와 비교하면 너무 엄하고, 사랑하여 주는 형님과 비교하면 같으시다.' 하니라.

10 후천대개벽기를 맞아 인간으로 오시어 인존시대를 열어 주신 증산 상제님께서는

11 정대하시고, 자애가 충만하시고, 호탕하시고, 과감하시고, 소탈하시고, 웅장하시며 항상 격에 구애받지 않고 진실하시니라.

320:6~7 "우리는 목이 이렇게 다 휘었지. 상제님께서는 등허리하고 두상하고가 목이 안 굽고 요기(등허리)까지 반듯하셨다. 우리 어머님이 '상제님이 참 잘생기신 양반이다. 목이 다들 이렇게 휘는데, 판자 붙이신 것같이 반듯하셨다.' 고. 우리 어머니가 오죽이나 잘 보셨어."(김형렬 성도의 손자 김현식 증언) "뒤나 앞이나 반듯하드래. 뒤에서 쳐다보나, 앞에서 쳐다보나 모습이 반듯하대 그냥."(김충식 증언)

김충식(1923~)

도문

구릿골 중심의 안동 김씨(安東金氏) 가계도

〈김형렬 성도를 중심으로 한 인척 관계〉

김호연 성도 연보

연도(道紀, 서기)	나이 (김형렬 성도 나이)	주요 행적
道紀 27(丁酉)년 1897. 11. 11	1세 (36세)	전주부 부남 반석리에서 부 김택룡(金澤龍)과 모 최씨(崔氏)의 장녀로 출생.
道紀 29(己亥)년 1899	3세 (38세)	아버지를 찾아 최상문의 집에 갔다가 상제님을 처음 뵘. 이후로 상제님께서 종종 찾아오시어 귀애해 주심.
道紀 31(辛丑)년 1901	5세 (40세)	선매승자 도수와 간소남 태소녀 도수의 사명을 띠고 9년 천지공사에 동행하기 시작함.
道紀 33(癸卯)년 1903	7세 (42세)	아버지(40세)가 운명한 뒤, 상제님께서 사 주신 흑석골 오두막으로 이사. 이후로 남장을 하고 상제님을 본격적으로 따름. 서울 안암동 대공사 시 복남을 처음 만남.
道紀 35(乙巳)년 1905	9세 (44세)	상제님의 명으로 9월 9일부터 이듬해 1월 15일까지 125일 동안 수도 공부를 하고, 신안이 열려 모든 공사를 신도 차원에서 이해함.
道紀 39(己酉)년 1909	13세 (48세)	상제님께서 어천하시자 섣달까지 구릿골에 머물며 일본 내모는 공사를 이행하고, 이듬해 설날 직전에 흑석골 오두막으로 돌아감.
道紀 42(壬子)년 1912	16세 (51세)	연초, 첫 경도를 하자 김형렬 성도와 선매승자 공사를 봄. 이후 김형렬 성도와 혼인하여 인봉리로 이사하여 첫아들을 낳음.
道紀 43(癸丑)년 1913	17세 (52세)	김형렬 성도가 새청금머리에 큰 집을 사서 이사함. 상제님께서 호연의 기운을 거두심.
道紀 47(丁巳)년 1917	21세 (56세)	첫아들을 데리고 구릿골로 들어감.
道紀 51(辛酉)년 1921	25세 (60세)	장녀(소지)를 낳은 지 3일 만인 3월 3일에 조철제가 상제님 성골을 도굴해 갈 때, 벼락이 방안으로 들어오면서 호통치시는 상제님 음성을 들음.
道紀 62(壬申)년 1932. 11. 28	36세 (71세)	남편 김형렬 성도 별세.
道紀 64(甲戌)년 1934	38세	살던 구릿골 집을 **빼앗**기고 용화동으로 이사.
道紀 70(庚辰)년 1940	44세	오빠가 주지로 있는 신흥사로 이사.
道紀 121(辛未)년 1991. 12. 1	95세	전주 색장리에 사는 둘째 딸 집에서 상제님의 말씀과 성적을 증언하기 시작함.
道紀 122(壬申) 1992	96세	전주 색장리의 둘째 딸 집에서 39차 증언까지 모두 마침.
道紀 122(壬申) 1992. 10. 1	96세	음력 9월 6일 새벽 6시, 전주 덕진동 막내딸 옥순 집에서 별세.

증산 상제님을 모신 성도들의 입문

안필성(1870~1961)

상제님께서 천상에서 데리고 오신 유일한 친구.

김형렬 성도(1862~1932)

상제님 9년 천지공사 성문(聖門)의 수석 성도.
천지공사장(天地公事場)의 식(食)주인이자
말씀의 핵심 증인으로서 불멸의 공덕을 남겼다.

김호연 성도(1897~1992)

상제님께서 9년 천지공사 현장에 많이 데리고 다니셨고,
제3변 추수 도운의 지도자에게 말씀을 전하는 사명을 맡기셨다.

문광옥 성도(1902~1983)
문공신 성도의 장남으로
통사동 재실에서
상제님의 옥골을
되찾아온 인물.

문공신 성도(1879~1954)
진주 도수를 맡았으며
상제님 어천 후에
7년 공사를 보았다

안내성 성도(1867~1949)
상제님으로부터 태을주를 받
아 3년간 일심으로 수행했으
며 어천 후에 9년 천지 대역
사를 행했다.

은성우 (1877~1934)
고부 은진사(은양덕의 아들).

김병욱 성도
(1874~1938)
육군 전주진위대
장교였다.

억 성도 (1880~1936)

제1변 도운 때
이종 도수에 따라
00만 신도를 이끌어
도세를 크게 떨쳤다.

백남신 성도 (1858~1920)
조선 최고의 부호로
제1, 2차 세계대전 공사에
재주(財主)로서 무량한 공덕을 쌓았다.

김천리마
(1902~1957)

김준상 성도
(1878~1966)

상제님께서 그의 집
방 한 칸을 개조하여
약방을 여셨다.

서중옥 성도
(1881~1953)

이갑룡 처사
(1860~1957)

상제님의 마
공사에 참여
으며 한평생
낙원 도래와
구제를 기도하

김영선 성도(1871~1956)

서울 황교에 살았으며 천자부
해상 공사에 수종들었다.

김광찬 성도(1869~1917)

아전 출신으로 많은 공사에
참여하였다.

환구 성도(1879~1952)

형렬 성도의 매부이며 상제님께서 부안에
시면 그의 집에 자주 머무셨다.

김성녀 성도(1882~1937)

이환구 성도의 부인으로 김형렬 성도의 여동생이다.
내주평댁이라 불렸다.

이정숙 성도
(김찬문 처, 1888~1968)

이송희
(김송환 성도 아내, 1895~1989)

김영조(김석) 성도
(김낙범 성도의 아들, 1892~1943)

김윤명 성도
(1854~1926)

김필순
(김자현 성도의 딸, 1907~1997)

김태진 성도
(김자현 성도의 장남, 1894~1975)

제4편
신도(神道)와 조화정부(造化政府)

신도(神道)와 조화정부(造化政府)

대우주 통치자 하느님

1 증산 상제님은 후천개벽 시대를 맞아 인간으로 강세하시어 인존(人尊)시대를 열어 주신 통치자 하느님이시니라.

2 상제님께서 신축(辛丑 : 道紀 31, 1901)년 음력 7월 7일에 성도(成道)하시고

3 조화주 하느님으로서 대우주일가(一家)의 지상선경(仙境)을 여시기 위해 신명조화정부(神明造化政府)를 세우시니

4 선천 상극 세상의 일체 그릇됨을 개혁하시어 후천 오만년 선경세계를 건설하시고

1:5 지각문. 사물의 이치나 도리를 알아서 깨닫는 능력.

5 억조창생의 지각문(知覺門)을 열어 주시어 불로장생의 지상낙원에서 영생케 하시니라.

6 이에 기유(己酉 : 道紀 39, 1909)년까지 9년 동안 천도(天道)와 지도(地道)와 인도(人道)와 신명계(神明界)의 대개벽 공사를 행하시니라.

천지대신문을 열고 천지공사를 행하심

2 상제님께서 대원사에서 새 우주 개벽의 대도통문을 여신 후 객망리 본댁에 돌아오시어 천지대신문(天地大神門)을 열고 천지공사를 행하시니라.

2 이 때 집으로부터 하늘로 서기(瑞氣)가 뻗쳐 있고 하늘에서는 천군만마(千軍萬馬)의 함성과 말발굽 소리가 요란하게 들리거늘

3 낮에는 아무 말씀 없이 방에 단정히 앉아 계시고, 밤이면 천지신명들을 부르시어 '이놈, 저놈!' 하며 크게 호령하시니

4 그 지엄한 기운에 눌려 식솔과 이웃 사람들이 두려워 밖으로 나오지 못하더라.

개벽장 하느님으로 오심

3 임인(壬寅 : 道紀 32, 1902)년 4월에 상제님께서 김형렬의 집에 머무르실 때 형렬에게 이르시기를

2 "시속에 어린아이에게 '깨복쟁이'라고 희롱하나니 이는 개벽장(開闢長)이 날 것을 이름이라.

삼계 우주 통일의 조화정부를 여심

3 내가 삼계대권(三界大權)을 주재(主宰)하여 천지를 개벽하여 무궁한 선경의 운수를 정하고

4 조화정부를 열어 재겁(災劫)에 싸인 신명과 민중을 건지려 하나니

5 너는 마음을 순결히 하여 천지공정(天地公庭)에 수종하라.

6 내가 세상에 내려오면서 하늘과 땅의 정사(政事)를 천상의 조정(天朝)에 명하여 다스리도록 하였으나

7 신축년 이후로는 내가 친히 다스리느니라." 하시니라.

명부의 정리 공사장을 임명하심

4 이 달에 형렬의 집에서 여러 날 동안 명부 공사(冥府公事)를 행하시며 말씀하시기를

2 "명부 공사의 심리(審理)를 따라서 세상의 모든 일이 결정되나니, 명부의 혼란으로 말미암아 세계도 또한 혼란하게 되느니라.

3 그러므로 이제 명부를 정리(整理)하여 세상을 바로잡느니라." 하시고

4 "전명숙은 조선 명부, 김일부는 청국 명부, 최수운은 일본 명부, 이마두는 서양 명부를 각기 주장케 하여 명부의 정리 공사장(整理公事長)으로 내리라." 하시며 날마다 밤낮을 쉬지 않고 글을 써서 불사르시니라.

모든 일을 신도로 다스리심

5 크고 작은 일을 물론하고 신도(神道)로써 다스리면 현묘불측(玄妙不測)한 공을 거두나니 이것이 무위이화(無爲以化)니라.

2 내가 이제 신도를 조화(調和)하여 조화정부(造化政府)를 열고 모든 일을 도의(道義)에 맞추어 무궁한 선경의 운수를 정하리니

3 제 도수에 돌아 닿는 대로 새 기틀이 열리리라.

이제는 성사재인의 시대

4 선천에는 모사(謀事)는 재인(在人)이요 성사(成事)는 재천(在天)이라 하였으나

5 이제는 모사는 재천이요 성사는 재인이니라.

성과 웅을 합해 천하를 다스리는 때

6 이전에는 판이 좁아서 성(聖)으로만 천하를 다스리기도 하고 웅(雄)

3:2 깨복쟁이. 발가벗고 다니는 건강한 어린아이를 통칭하는 전북 지역의 사투리. '빨개둥이'라고도 함.

3:5 천지공정. 세계의 새 질서를 심리하기 위해 천지신명과 인간이 함께 참여하여 개벽세계를 여는 새 역사 창조의 공판(公判) 무대, 곧 천지공사장을 말한다. 천지신문(天地神門), 대신문(大神門), 천지대신문이라고도 하셨다.

4:1 명부. 죽음의 질서를 다스리는 천상의 부서. 인간과 신명의 생사를 다스리는 곳으로 공덕과 죄업을 따져 심판한다. 명부 질서를 바로잡는 것이 천지 생명계의 생사 질서를 바로잡는 근본 동력이다.

4:4 서양 명부. 『용화전경』의 저자 김락원이 생전에 상제님 말씀을 구술한 것으로 그의 손자 김상용(1941~)이 증언하였다. 태모님을 직접 모신 전선필, 김수열 성도로부터

많은 내용을 들은 이우인(1930~)도 같은 증언을 하였다.

5:1 무위이화. 애써 힘들이지 않은 듯하여도 조화가 작용하여 꼭 그대로 이루어지는 것을 뜻한다. 이는 상제님께서 다스리시는 우주세계의 통치원리와 방법론에 대한 대국적인 근본 성격을 말씀하신 것이다. 상제님께서는 신도의 조화로 천지와 인간세계를 다스리시므로 인간의 이성과 세속적 지혜로는 그 변화세계의 실상을 도저히 헤아리기 어렵다.

5:2 조화정부. 천지의 변화정신과 무궁한 신도의 조화로 역사의 변화 질서를 바로잡아 다스리는 천상 신명세계의 통일정부. 하늘과 땅과 사람을 통치하는 우주 문명개벽의 사령탑이다.

7:1 최 풍헌. 7편 85장 참조.

7:3 송구봉(宋龜峯, 1534~1599). 본관은 여산(礪山). 본명은 익필(翼

으로만 다스리기도 하였으나

7 이제는 판이 넓어서 성과 웅을 합하여 쓰지 않으면 능히 천하를 다스리지 못하느니라.

신도 개방과 각 민족의 주신 지방신을 통일하심

6 선천은 삼계가 닫혀 있는 시대니라.

2 그러므로 각국 지방신(地方神)들이 서로 교류와 출입이 없고 다만 제 지역만 수호하여 그 판국이 작았으나

3 이제는 세계 통일 시대를 맞아 신도(神道)를 개방하여 각국 신명들을 서로 넘나들게 하여 각기 문화를 교류케 하노라.

모든 일은 나로 말미암는다

4
天下紛亂之事도 自我由之하고
천 하 분 란 지 사   자 아 유 지
天下從容之事도 自我由之니라
천 하 종 용 지 사   자 아 유 지
천하의 어지러운 일도 나로 말미암고
천하의 조용한 일도 나로 말미암느니라.

모든 법을 합하여 쓰심

7 지난 임진왜란에 정란(靖亂)의 책임을 '최 풍헌(崔風憲)이 맡았으면 사흘 일에 지나지 못하고

2 진묵(震默)이 맡았으면 석 달을 넘기지 않고

3 송구봉(宋龜峯)이 맡았으면 여덟 달 만에 끌렀으리라.' 하니

4 이는 선도와 불도와 유도의 법술(法術)이 서로 다름을 이름이라.

5 옛적에는 판이 작고 일이 간단하여 한 가지만 따로 쓸지라도 능히 난국을 바로잡을 수 있었으나

6 이제는 판이 넓고 일이 복잡하므로 모든 법을 합하여 쓰지 않고는 능히 혼란을 바로잡지 못하느니라.

선천 종교의 종장을 교체하시고 종교문화를 통일하심

8 선도와 불도와 유도와 서도는 세계 각 족속의 문화의 근원이 되었나니

2 이제 최수운은 선도의 종장(宗長)이 되고

3 진묵은 불도의 종장이 되고

4 주회암은 유도의 종장이 되고

5 이마두는 서도의 종장이 되어 각기 그 진액을 거두고

6 모든 도통신(道統神)과 문명신(文明神)을 거느려 각 족속들 사이에 나타난 여러 갈래 문화의 정수(精髓)를 뽑아 모아 통일케 하느니라.

7 이제 불지형체(佛之形體) 선지조화(仙之造化) 유지범절(儒之凡節)의 삼도(三道)를 통일하느니라.

8 나의 도(道)는 사불비불(似佛非佛)이요, 사선비선(似仙非仙)이요, 사유비유(似儒非儒)니라.

9 내가 유불선 기운을 쏙 뽑아서 선(仙)에 붙여 놓았느니라.

각 신명의 자리가 잡히는 때

9 하루는 여러 성도들을 앉혀 놓고 말씀하시기를 "최수운이 성경신이 지극하기에 내가 천강서(天降書)를 내려 대도를 열게 하였더니

2 수운이 능히 대도의 참빛을 열지 못하므로 그 기운을 거두고 신미년에 직접 강세하였노라." 하시고

3 또 말씀하시기를 "지금은 천지도수가 정리되어 각 신명의 자리가 잡히는 때라." 하시며 천지공사를 행하시니라.

천지조화로 다스리시는 상제님

10 나는 기운을 주기도 하고 빼앗기도 하노라.

2 천지의 이치가 난리를 짓는 자도 조화요 난리를 평정하는 자도 조화니라.

3 최수운은 천하의 난리를 지었으나 나는 천하의 난리를 평정하노라.

4 天이 以技藝로 與西人하여 以服聖人之役하고
　천　이 기 예　여 서 인　이 복 성 인 지 역
　天이 以造化로 與吾道하여 以制西人之惡하니라
　천　이 조 화　여 오 도　이 제 서 인 지 악
　하늘이 기예를 서양 사람에게 주어
　성인의 역사(役事)를 행하고
　하늘이 조화를 나의 도에 주어
　서양 사람의 악행을 제어하느니라.

만고명장 전명숙의 공덕

11 전명숙(全明淑)이 도탄에 빠진 백성을 건지고 상민(常民)들의 천한 신분을 풀어 주고자 하여 모든 신명들이 이를 가상히 여겼느니라.

弼), 호는 구봉, 현승(玄繩). 자는 운장(雲長). 학식이 뛰어나 율곡(栗谷), 우계(牛溪) 등과 교유하였고 사계(沙溪), 신독재(愼獨齋) 등의 걸출한 학자들을 길러냈으며 당대 8문장가의 하나로 꼽혔다. 그러나 서얼 출신이었으므로 역사의 뒤안길에 묻혀 버렸다.

8:4 주회암(朱晦庵, 1130~1200). 주자(朱子). 남송시대 대유학자로서 북송 오현(五賢)의 학설을 계승, 종합하고 동시대의 불교, 도교 이론까지 섭렵하여 방대한 사상 체계를 정립하였다.

8:6 도통신. 각 종교를 창도한 교조 신명과 후대에 중흥을 일으켜 교맥(敎脈)을 이은 중시조 신명.

8:9 선. 선천의 선(仙)을 넘어, 가을 천지의 관왕 도수를 맞이하여 상제님의 조화권으로 선천의 유불선과 생명과학 등이 합덕되어 열리는 후천의 선이다.

10:4 천(天). 이 때의 하늘은 천리(天理), 곧 우주의 자연 정신을 말한다.

2 전명숙은 만고(萬古)의 명장(名將)이니라.

3 벼슬 없는 가난한 선비로 일어나 천하의 난을 동(動)케 한 자는 만고에 오직 전명숙 한 사람뿐이니라.

4 세상 사람이 전명숙의 힘을 많이 입었나니 1결(結) 80냥 하는 세금을 30냥으로 감하게 한 자가 전명숙이로다.

5 언론이라도 그의 이름을 해하지 말라.

천지신명이 받드는 마테오 리치 대성사

12 이마두의 공덕을 세상 사람들이 알지 못하나 천지신명들은 그를 떠받드나니

2 이마두는 신명계(神明界)의 주벽(主壁)이니라.

3 항상 내 곁에서 나를 보좌하여 모든 것을 맡아보고 있나니 너희는 마땅히 공경할지라.

4 이마두가 24절(節)의 역(曆)을 개정하여 때(時)를 밝히매 백성들이 그 덕(德)을 입어 왔으나

5 이 뒤로는 분각(分刻)이 나리니 분각은 우리가 쓰리라.

6 이마두는 보민신(保民神)이니라.

12:2 주벽. 천상 신명계에서 실무진의 우두머리 되는 신명.

12:4 24절의 역을 개정하여. 이러한 이마두 대성사의 노력의 결실로 청나라 순치(順治) 2년(1645)부터 시헌력(時憲曆)이 반포

전명숙(全明淑) 장군
역신(逆神) 주벽(主壁), 조선 명부대왕.

마테오 리치(利瑪竇) 대성사
서도 종장(西道 宗長), 서양 명부대왕.

동서양의 벽을 허문 우주 역사의 큰 공덕

13 이마두가 천국을 건설하려고 동양에 왔으나 정교(政敎)에 폐단이 많이 쌓여 어찌할 수 없음을 깨닫고

2 죽은 뒤에 동양의 문명신(文明神)을 거느리고 서양으로 건너갔느니라.

3 이마두의 공덕이 천지에 가득하니 신명계의 영역을 개방하여 동서양의 신명들을 서로 자유롭게 넘나들게 한 자가 이마두니라.

4 선천에는 천지간의 신명들이 각기 제 경역(境域)을 굳게 지켜 서로 왕래하지 못하였으나

5 이마두가 이를 개방한 뒤부터 지하신(地下神)이 천상에 올라가서 천국의 문명을 본떠 사람들의 지혜를 열어 주었나니

6 이것이 오늘의 서양 문명이니라.

후천개벽 후 이마두 대성사의 신도 위격

7 이마두는 구천상제(九天上帝)이니라.

신농씨와 태공의 큰 은혜

14 신농씨(神農氏)가 농사짓는 법과 의술로 천하 만세를 윤택하게 하였고 태공(太公)이 병법과 정치로써 천하 만세에 은혜를 주었나니

2 이제 하늘과 땅이 성공하는 가을철을 맞아 천지간의 모든 신들이 그들을 높이 받들어 모시느니라.

시행된다. 시헌력은 태음력에 태양력의 원리를 적용하여 24절기의 시각과 하루의 시각을 정밀하게 계산하여 만들었다. 우리나라에는 1653년(효종 4)부터 1910년 한일합방 전까지 쓰였다.

13:7 상제님께서 가을의 새 우주를 여시고 십천상제의 보좌에 오르시기 때문에, 선천 세상에서 가장 큰 공덕을 세운 이마두에게 구천상제의 보좌를 물려주실 것을 말씀하신 것이다.

최수운(崔水雲) 대신사
선도(仙道) 종장, 일본 명부대왕.

진묵(震默) 대사
불도(佛道) 종장, 태모님 보필.

주자를 칭찬하심

3 유가(儒家)의 인물들이 흠이 많으나 주회암(朱晦庵)은 흠잡을 데가 없느니라.

진묵대사를 선경 건설에 역사케 하심

4 진묵이 천상에 올라가 온갖 묘법(妙法)을 배워 내려 좋은 세상을 꾸미려 하다가

5 김봉곡에게 참혹히 죽은 뒤에 원을 품고 동양의 도통신을 거느리고 서양에 건너가서 문명 개발에 역사(役事)하였나니

6 이제 그를 해원시켜 고국으로 돌아와 선경 건설에 역사하게 하리라.

신도의 병마대권자 관성제군

15 관운장(關雲長)은 병마대권(兵馬大權)을 맡아 성제군(聖帝君)의 열(列)에 서게 되었나니

2 운장이 오늘과 같이 된 것은 재주와 지략 때문이 아니요 오직 의리 때문이니라.

천지에서 으뜸가는 보배, 의로움

3 천지간에 의로움보다 더 크고 중한 것은 없느니라.

4 하늘이 하지 못할 바가 없지마는 오직 의로운 사람에게만은 못 하는 바가 있느니라.

신도

15:1 관운장(關雲長, ?~219). 관우(關羽). 촉의 장수로 자는 운장(雲長). 송대 이후에 관제묘(關帝廟)가 세워져 무신(武神), 군신(軍神), 복록장수신(福祿 長壽神)으로 모셔

주회암(朱晦庵) 대성사
유도(儒道) 종장.

김일부(金一夫) 대성사
역도(易道) 종장, 청국 명부대왕.

5 사람이 의로운 말을 하고 의로운 행동을 하면 천지도 감동하느니라.

6 그러므로 나는 천지의 모든 보배를 가지지 않은 것이 없으나 의로움을 가장 으뜸가는 보배로 삼느니라.

7 나는 추상 같은 절개와 태양같이 뜨거운 충의(忠義)를 사랑하노라.

영원한 화평의 바탕, 해원

16 이제 예로부터 쌓여 온 원(冤)을 풀어 그로부터 생긴 모든 불상사를 소멸하여야 영원한 화평을 이루리로다.

2 선천에는 상극의 이치가 인간 사물을 맡았으므로 모든 인사가 도의(道義)에 어그러져서

3 원한이 맺히고 쌓여 삼계에 넘치매 마침내 살기(殺氣)가 터져 나와 세상에 모든 참혹한 재앙을 일으키나니

4 그러므로 이제 천지도수(天地度數)를 뜯어고치고

5 신도(神道)를 바로잡아 만고의 원을 풀며

6 상생의 도(道)로써 선경의 운수를 열고

7 조화정부를 세워 함이 없는 다스림과 말 없는 가르침으로 백성을 교화하여 세상을 고치리라.

지는 등 민중 신앙의 대상이 되었다. 만력 42년(1614) 제호(帝號)를 받으며 삼계복마대제신위원진천존관성제군(三界伏魔大帝神威遠鎭天尊關聖帝君)에 봉해졌다. 세속에서는 '관성제군', '관제(關帝)'라 불린다.

신도

관성제군(關聖帝君)
천상의 병마대권자, 태모님 보필.

천상 조화 정부의 칠성령(七聖靈)

백의한사로서 천하를 움직인 전명숙(全明淑) 장군, 하나님의 천국을 이 세상에 세우려 했고 천상에서도 인간 문명 개발에 역사한 마테오 리치(利瑪竇) 대성사, 상제님의 천명을 받고 동학을 창도한 최수운(崔水雲) 대신사, 조선시대의 도승 진묵대사(震默大師), 제2의 공자로 불리는 주회암(朱晦庵) 대성사, 후천 세상이 오는 이치를 밝힌 김일부(金一夫) 대성사, 대인대의한 심법과 정의로움의 표상이 되는 관성제군(關聖帝君). 상제님께서 이 일곱 신성(七聖靈)이 선천 문화권에서 쌓은 공덕을 인정하시고, 이들을 후천 새 문화를 여는 조화정부의 주역으로 임명하셨다.

뿌리 깊은 단주의 원한

17 무릇 머리를 들면 조리(條理)가 펴짐과 같이 천륜을 해(害)한 기록의 시초이자 원(冤)의 역사의 처음인 당요(唐堯)의 아들 단주(丹朱)의 깊은 원을 풀면

2 그 뒤로 수천 년 동안 쌓여 내려온 모든 원의 마디와 고가 풀리게 될지라.

3 대저 당요가 단주를 불초히 여겨 두 딸을 우순(虞舜)에게 보내고 천하를 전하니 단주가 깊은 원을 품은지라

4 마침내 그 분울(憤鬱)한 기운의 충동으로 우순이 창오(蒼梧)에서 죽고 두 왕비가 소상강(瀟湘江)에 빠져 죽는 참혹한 일이 일어났나니

5 이로 말미암아 원의 뿌리가 깊이 박히게 되고 시대가 지남에 따라 모든 원이 덧붙어서 드디어 천지에 가득 차 세상을 폭파하기에 이르렀느니라.

선경 건설의 첫걸음, 해원 공사

6 그러므로 이제 단주 해원을 첫머리로 하고

7 또 천하를 건지려는 큰 뜻을 품었으나 시세(時勢)가 이롭지 못하여 구족(九族)이 멸하는 참화를 당해 철천의 한(恨)을 머금고 의탁할 곳 없이 천고(千古)에 떠도는 모든 만고역신(萬古逆神)을 그 다음으로 하여

8 각기 원통함과 억울함을 풀고, 혹은 행위를 바로 살펴 곡해를 바로잡으며, 혹은 의탁할 곳을 붙여 영원히 안정을 얻게 함이 곧 선경을 건설하는 첫걸음이니라.

지방신과 지운을 통일하심

18 대개 예로부터 각 지방에 나뉘어 살고 있는 모든 족속들의 분란쟁투는 각 지방신(地方神)과 지운(地運)이 서로 통일되지 못한 까닭이라.

2 그러므로 이제 각 지방신과 지운을 통일케 함이 인류 화평의 원동력이 되느니라.

모든 문화의 진액을 뽑아 모으심

3 또 모든 족속들이 각각 색다른 생활 경험으로 유전된 특수한 사상으로 각기 문화를 지어내어 그 마주치는 기회에 이르러서는 마침내 큰 시비를 이루나니

4 그러므로 각 족속의 모든 문화의 진액을 뽑아 모아 후천문명의 기초를 정하느니라.

17:1 천륜을 해한. 과거 『대순전경』에서는 '인륜 기록의 시초'라고 하였으나, 이는 유가의 역사 인식 수준을 넘지 못하여 본뜻을 왜곡시킨 것이다. 단주의 원한은 천륜이 파괴된 원한으로서 역사의 방향을 바꾸어 놓았다는 의미에서 가장 큰 원한이다.

17:3 천하를 전하니. 요순 선양(禪讓)을 논한 최고(最古)의 문헌은 『상서(尙書)』이며 이후 맹자나 사마천 등이 이를 근거로 요순 선양설을 발전시켰다. 그러나 순자(荀子)는 「정론(正論)」편에서 '세속에서 만들어낸 말'이라 비판하였고, 한비자(韓非子) 역시 요순 선양 고사의 존재 자체를 부인하였다.

17:7 만고역신. 선천 인류사에 쌓여 온 역신을 통칭하는 말.

18:1 지방신. 각 지방의 주재신. 지방신의 범위와 위격은 다양한데, 작은 지방에

선경을 세우려면

19 천지를 개벽하여 선경을 세우려면 먼저 천지도수를 조정(調整)하고

2 해원으로써 만고신명(萬古神明)을 조화하며

3 대지강산(大地江山)의 정기(精氣)를 통일해야 하느니라.

지운 통일은 부모산으로부터

4 전주 모악산(母岳山)은 순창 회문산(回文山)과 서로 마주서서 부모산이 되었나니

5 부모가 한 집안의 가장으로서 모든 가족을 양육 통솔하는 것과 같이 지운(地運)을 통일하려면 부모산으로부터 비롯해야 할지라.

6 그러므로 이제 모악산으로 주장을 삼고 회문산을 응기(應氣)시켜 산하의 기령(氣靈)을 통일할 것이니라.

서부터 한 나라 전체 및 민족의 시조나 민족 통합의 개창자까지 포함한다. 이런 의미에서 보면 여호와도 유대족의 지방신일 뿐이다.

18:4 모든 문화의 진액을 뽑아 모아. 이 한 구절의 말씀에서 증산 상제님께서 여신 무극대도의 새 문화 성격을

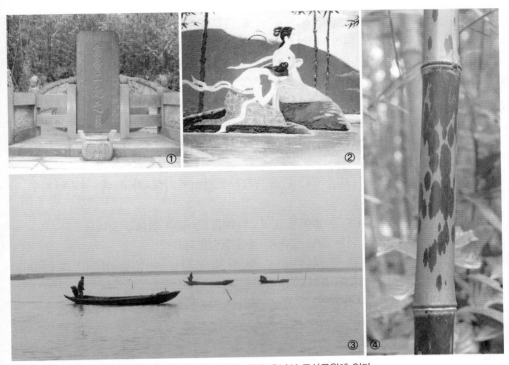

① 순임금의 두 왕비, 아황(娥皇)과 여영(女英)의 무덤. 중국 호남성 군산공원에 있다.
② 두 왕비를 모신 사당 안에 있는 그림. 소상강에서 자결하기 직전의 모습.
③ 동정호(洞庭湖). 섬이 많은 호수로, 그 중 군산이라는 섬에 아황과 여영의 묘와 사당이 있으며, 부근에 악양루, 소상팔경 등의 명승지가 있다.
④ 소상반죽(瀟湘斑竹). 소상강 부근에서만 볼 수 있는 검은 반점 문양이 선명한 대나무. 아황과 여영이 흘린 피눈물이 대나무에 얼룩져 검은 반점이 생겼다고 전해진다.

이해할 수 있다.

후천 선경시대를 여는 사명당 발음 공사

7 또 수운의 글에 '산하대운(山河大運)이 진귀차도(盡歸此道)라.' 하고
8 궁을가에 '사명당(四明堂)이 갱생(更生)하니 승평시대(昇平時代) 불원(不遠)이라.' 하였음과 같이
9 사명당을 응기시켜 오선위기(五仙圍碁)로 천하의 시비를 끄르며
10 호승예불(胡僧禮佛)로 천하의 앉은판을 짓고
11 군신봉조(群臣奉朝)로 천하의 인금(人金)을 내며
12 선녀직금(仙女織錦)으로 천하 창생에게 비단옷을 입히리니
13 이로써 밑자리를 정하여 산하대운을 돌려 발음(發蔭)케 하리라.

단주해원 도수는 오선위기로부터

20 상제님께서 말씀하시기를 "회문산에 오선위기가 있나니 바둑은 당요가 창시하여 단주에게 전수하였느니라.
2 그러므로 단주의 해원은 오선위기로부터 비롯되나니 천하의 대운이 이로부터 열리느니라." 하시고
3 다시 말씀하시기를 "이로써 또한 조선의 시비를 푸느니라." 하시니라.

백보좌 하느님의 서신사명, 가을 대개벽의 심판과 구원

21 이 때는 천지성공 시대라.
2 서신(西神)이 명(命)을 맡아 만유를 지배하여 뭇 이치를 모아 크게 이루나니 이른바 개벽이라.
3 만물이 가을바람에 혹 말라서 떨어지기도 하고 혹 성숙하기도 함과 같이
4 참된 자는 큰 열매를 맺어 그 수(壽)가 길이 창성할 것이요
5 거짓된 자는 말라 떨어져 길이 멸망할지라.
6 그러므로 혹 신위(神威)를 떨쳐 불의를 숙청(肅淸)하고 혹 인애(仁愛)를 베풀어 의로운 사람을 돕나니
7 삶을 구하는 자와 복을 구하는 자는 크게 힘쓸지어다.

상제님께서 행차하실 때

22 한 성도가 여쭈기를 "선생님께서 비가 온 뒤에 행차하시면 진 땅이 즉시 굳고, 산간의 풀길을 가셔도 이슬에 젖지 아니하시고
2 뜨거운 여름날에 행차하실 때에는 구름이 양산처럼 해를 가려 서늘하게 만들어 주니 무슨 까닭입니까?" 하거늘

3 말씀하시기를 "모든 신명들이 나에게 삼가는 것이 이와 같으니라." 하시니라.

4 상제님께서 새벽에 가끔씩 학선암(鶴仙庵)에 다녀오시는데 옷에는 이슬 하나 묻지 않으시니라.

천지공사에 신명을 부르시는 부호

23 상제님께서 계묘(癸卯 : 道紀 33, 1903)년 정월에 날마다 양지 두세 장에 글을 쓰시거나 물형(物形)을 그리시어

2 손이나 무에 먹물을 묻혀 찍고 불사르시니 성도들이 그 글과 물형의 의미를 여쭈거늘

3 말씀하시기를 "이는 천지공사에 신명을 부르는 부호(符號)니라." 하시니라.

호연을 데리고 어느 섬에 가시어 공사 보심

24 이 해 어느 날 상제님께서 호연을 데리고 형렬과 함께 어느 섬에 가시어 공사를 보시니

2 산에 오르시어 먼저 손으로 땅을 깊이 파신 뒤에 바닥에 종이 한 장을 까시고 조그만 단지를 올려놓으시니라.

3 또 그 옆에 세 군데를 실로 동여맨 명태를 놓으시고 이어 단지 안에 두부 세 조각과 손바닥 반만 한 크기로 썬 돼지고기와 쇠고기를 각 석 점씩 넣으신 다음

4 술을 한 되 조금 못 되게 부으시고 '月(달 월)' 자와 또 한 글자를 쓴 종이로 덮으시어 다시 그 위를 흙으로 덮으시니라.

5 상제님께서 단지 묻은 옆에 앉아 동쪽을 바라보시며 한참을 무어라 말씀하시는데

6 호연이 이를 알아듣기 어려워 "나 좀 듣게 하지." 하거늘

7 상제님께서 "아직 너는 가르쳐 줘도 몰라. 커야 알지." 하시며 가르쳐 주지 않으시니라.

8 또 호연을 무릎에 앉히시고 "동쪽 하늘을 쳐다보라." 하시매

9 호연이 보니, 고래 같기도 하고 염소 같기도 한 여러 모양의 구름이 떠 있거늘

10 상제님께서 구름을 가리키시며 "저 흰 구름은 나다. 붉은 구름은 형렬이고, 청구름은 ○○다.

11 동으로 청구름, 백구름, 홍구름이 서로 다투거든 쳐다봐라." 하시니라.

19:11 군신봉조. 신하들이 왕명을 받드는 형국.

19:12 선녀직금. 선녀가 비단을 짜는 형국.

21:2 서신이 명을 맡아. '서(西)'는 성숙과 통일의 때인 가을을 의미한다. 즉 서신은 천지의 여름과 가을이 교역하는 극적인 대변혁의 시간대에 오시는 우주의 주재자를 말한다. 서신사명은 상제님 위에 누가 또 있어 사명을 내리는 것이 아니다. 우주의 통치자 하느님이 우주 정신의 결실기에 인간으로 강세하시어 대개벽의 통일 세계를 열어 다스리시는 것을 말한다.

12 이에 호연이 시간 가는 줄도 모르고 계속 하늘을 쳐다보고 있는데

13 상제님께서 느닷없이 "아, 우리가 그쪽에서 안 했냐?" 하시므로 주위를 둘러보니 어느새 다른 산으로 와 있는지라

14 호연이 놀라 "요것이 아까 그 산 아니여?" 하고 여쭈니

15 상제님께서 "어디 거기에 있냐? 저기를 쳐다봐라, 저기!" 하시므로 보매 분명 다른 산이더라.

16 상제님께서 저쪽 산에서 하신 것과 같이 땅에 단지를 묻으신 후 "그냥 두면 짐승이 빼먹는다." 하시며 넓적한 돌로 단지를 눌러놓으시고

17 그 위에 작은 돌멩이로 글씨 모양을 취해 놓으시거늘 호연이 보니 한 자는 달 월 자요 한 자는 잘 모르겠더라.

18 이에 호연이 "이게 무슨 자여?" 하니 말씀하시기를 "너는 가르쳐 줘도 몰라. 그리고 지금 너한테 가르쳐 주면 입에 익어서 나중에 못 알아.

19 그러니 내가 나중에 가르쳐 줄게, 암말도 말고 따라댕겨라." 하시니라.

이제 이런 데서 사람이 나온다

25 상제님께서 명산을 두루 돌아다니시며 이 같은 공사를 행하실 때 항상 고기 썬 것과 단지 등을 가지고 다니시거늘

2 호연이 이를 보며 "이런 걸 뭐 하려고 귀찮게 들고 다니는가 몰라." 하니

3 상제님께서 말씀하시기를 "우리가 이런 것 하려고 다니지 뭣 하러 댕기냐." 하시니라.

4 이에 호연이 "여기다 이런 걸 묻으면 뭣 한다요?" 하고 여쭈니

5 말씀하시기를 "이제 이런 데서 다 사람이 나온다. 이것이 그 표적이다." 하시니라.

너를 천하에서 부를 때가 있다

26 하루는 호연이 "뭣 하러 나를 데리고 다녀요?" 하고 여쭈니

2 상제님께서 "조그마한 동자인 너를 앞세워 다니는 것은 쓸데가 있어서 그려." 하시거늘

3 다시 "어디다가 써?" 하니 "너는 몰라도 나는 쓸데가 있어서 너를 데리고 댕겨. 귀찮은데 내가 뭣 하러 너를 데리고 다니겠냐?" 하시니라.

26장 상제님께서 어린 호연을 5세 때부터 무릎에 앉혀 천지공사에 참여시키시고, 공사보시는 곳마다 안고 업고 다니시며 공

4 이에 호연이 "어디다가 써, 어디다가 써? 헝겊이라서 무엇을 써? 어디다가 무엇을 하려고 그래?" 하고 보채니

5 상제님께서 "아, 그것 몹시 성가시게 하네. 인제 너를 천하에서 부르도록 내가 가르쳐 줄게." 하시니라.

용이 중간에서 비를 주듯이 네가 그런다

6 호연이 "무엇을 가르쳐 줘? 가르쳐 줄 것을 말해야지!" 하니 "인제 너를 천하에서 부를 때가 있어." 하시거늘

7 다시 "천하에서 나를 뭐 하려고 불러? 어떻게 불러? 아, 어떻게 불러~?" 하며 매달리니

8 "요녀석아! 저 하늘이면 하늘에서 비 오는 줄 아냐? 중간에서 오는 것이다." 하시니라.

9 이에 호연이 "중간에서 또 어떻게 와?" 하며 계속 조르니 말씀하시기를

10 "뱀이 용이 되어 하늘 중간에서 바닷물을 써 올려서 비를 내리지, 어디 하늘에서 내리는 줄 아냐?

11 그처럼 앞으로 네가 그런다는 것이다, 이 멍청아!" 하시거늘

12 호연이 뾰로통해져서는 "내가 어떻게 알아?" 하고 퉁명스럽게 답하니라.

13 상제님께서 "네가 그렇게 멍청해서 어쩔거나?" 하시며 호연을 한 대 쥐어박으시고는 "아프냐, 안 아프냐?" 하고 물으시니

14 호연이 "그러면 때리는데 안 아퍼? 내가 한번 때릴게 아픈가 안 아픈가 봐!" 하고 대들거늘

15 상제님께서 웃으시며 "나는 때려도 너는 때리지 못혀." 하시니라.

16 호연이 약이 올라 커다란 막대기를 주워 와서는 "나도 때릴 테여!" 하고 씩씩거리거늘

17 상제님께서 "내가 그걸로 때렸냐, 너를?" 하고 웃으시니 호연이 "안 아픈게 날 때린 것 아녀?" 하며 달려드는지라

18 상제님께서 호연을 보듬으시며 "아프라고 때리지, 그럼 안 아프라고 때리간디? 아퍼야 다시는 그리 안 하고 말을 듣지." 하며 달래주시니라.

조화대권을 쥐고 계신 상제님

27 하루는 상제님께서 밖에 나가고 안 계실 때 죽어 가는 병자가 찾아오니

사 현장을 직접 목격하게 하심에는 새 하늘 새 땅을 여는 진실로 중요한 여러 섭리가 깃들어 있다. 그 가운데 무엇보다 중요한 것은, 당돌하고 순진무구한 소녀 호연으로 하여금 상제님 대도의 진법을 여는 제3변 추수도운의 지도자에게 어린 이의 순수의식에서 보고들은 대로 일체의 조작 없이 9년 천지공사를 증언토록 함으로써, 전 인류에게 상제님의 체취와 조화옹 하느님의 참면모를 선포하는 진리의 증언자 사명을 붙이신 것이다.

27:2 사람 살린 일. 7편 10장 참조.

2 호연이 공주(公州)에서 상제님의 명에 따라 손가락에 경면주사(鏡面朱砂)를 묻혀 인당과 명치를 찍어 사람 살린 일이 생각나서 그대로 행하매 병자가 다시 살아나거늘

3 돌아오신 상제님께 자랑을 하니 말씀하시기를 "이것이 벌써 기적을 받는다." 하시며 크게 웃으시니라.

4 이후로 사람들이 '누가 아프다.'고 하여 여러 번 호연을 찾거늘

27:5 "딱 거두어 버리고 안 돼, 말을. 벙어리가 돼 버려. 내둥 말하다가도 벙어리가 돼 버려 못 해. 참말로 요상해." (김호연 성도 증언)

5 상제님께서 이를 아시고 그 때마다 기운을 거두시니 말을 잘 하다가도 갑자기 벙어리가 되어 하지 못하게 되니라.

6 이와 같이 무슨 조화라도 상제님께서 허락하셔야 하지, 못 하게 하시면 아니 되더라.

신도

모든 역신을 별자리로 붙여 보내심

28 이 때는 해원시대라. 사람도 이름나지 않은 사람이 기세를 얻고 땅도 이름 없는 땅이 기운을 얻느니라.

2 나는 동서양의 만고역신(萬古逆神)을 거느리느니라.

3 원래 역신은 시대와 기회가 지은 바라. 역신이 경천위지(經天緯地)의 재능으로 천하를 바로잡아 건지려는 큰 뜻을 품었으나

4 시세가 이롭지 못하므로 그 회포(懷抱)를 이루지 못하고 멸족의 화(禍)를 당하여 천추에 원귀가 되어 떠돌거늘

5 세상 사람들은 사리(事理)를 잘 알지 못하고 그들을 미워하여 '역적놈'이라 평하며 일상용어에 모든 죄악의 머리로 일컬으니 어찌 원통치 않겠느냐.

6 그러므로 이제 모든 역신을 만물 가운데 시비(是非)가 없는 별자리(星宿)로 붙여 보내느니라.

7 하늘도 명천(明天)과 노천(老天)의 시비가 있고, 땅도 후박(厚薄)의 시비가 있고, 날도 수한(水旱)의 시비가 있고, 때도 한서(寒暑)의 시비가 있으나

8 오직 성수(星宿)에는 그런 시비가 없느니라.

우주일가 문명의 큰 기틀

29 인륜(人倫)보다 천륜(天倫)이 크니 천륜으로 우주일가(宇宙一家)니라.

2 인사는 기회(機會)가 있고 천리는 도수(度數)가 있느니라.

3 아무리 큰 일이라도 도수에 맞지 않으면 허사가 될 것이요

4 경미하게 보이는 일이라도 도수에만 맞으면 마침내 크게 이루어지느니라.

모든 일을 있는 말로 지으면

5 모든 일을 있는 말로 지으면 천지가 부수려 하여도 못 부술 것이요, 없는 말로 꾸미면 부서질 때에 여지가 없느니라.

6 나는 선천에 이름이라도 있는 것을 쓰느니라.

요순에 얽힌 역사의 진실

30 세상에서 우순(虞舜)을 대효(大孝)라 일러 오나 순은 천하의 대불효니라.

2 그 부친 고수(高叟)의 악명이 반만년 동안이나 사람들의 입에 오르내리게 하였으니 어찌 한스럽지 않으리오.

3 세상에서 요순지치(堯舜之治)를 일러 왔으나 9년 홍수는 곧 창생의 눈물로 일어났나니

4 요(堯)는 천하를 무력으로 쳐서 얻었고, 형벌(刑罰)은 순(舜)으로부터 나왔느니라.

대동세계를 만들고자 한 단주의 진실 왜곡사

5 하루는 상제님께서 말씀하시기를 "'요(堯)의 아들 단주가 불초(不肖)하였다.' 는 말이 반만년이나 전해 내려오니 만고의 원한 가운데 단주의 원한이 가장 크니라.

6 정말로 단주가 불초하였다면 조정의 신하들이 단주를 계명(啓明)하다고 천거하였겠느냐.

7 만족(蠻族)과 이족(夷族)의 오랑캐 칭호를 폐하자는 주장이 어찌 말이 많고 남과 다투기를 좋아하는 것이겠느냐?

8 온 천하를 대동세계(大同世界)로 만들자는 주장이 곧 '시끄럽고 싸우기 좋아한다.' 는 말이니라." 하시니라.

9 한 성도가 상제님께 여쭈기를 "우(禹)가 단주의 허물을 들어 말하기를 '밤낮 쉬지 않고 강마다 배를 띄우고, 벗들과 떼를 지어 집 안에서 마시며 세상을 없애려 하였다.' 하였습니다." 하니

10 말씀하시기를 "단주가 밤낮없이 쉬지 않았다는 것은 쉬지 않고 무엇인가를 하며 부지런하였다는 것이요

11 강마다 배를 띄웠다는 것은 대동세계를 만들자는 것이며

12 벗들과 떼지어 집 안에서 마셨다 함은 사람들과 더불어 즐거움을 함께 하였다는 말이요

30:2 고수(高叟, ?~?). 단군조선의 중신(지금의 농림부장관 격) 고시(高矢)의 친형이다. 『서경(書經)』등 고대 중국 문헌에는 '瞽叟(눈먼 자란 뜻)' 라 폄하하여 기록했다. 동방 동이족 출신으로 그 아들 순이 단조(檀朝)에서 벼슬하지 않고 이웃 당요조(唐堯朝)에서 벼슬을 함으로써, 부자(父子)의 의견이 서로 달라 마침내 화목하지 못하게 되었다.

30:4 형벌. 최초의 감옥은 순(舜)임금 때 법무장관 격인 고요(皐陶)가 지었다 한다. 〈『사기』「오제본기」〉

30:5 단주의 원한. 삶의 진실이 왜곡되는 것이

원한의 가장 큰 뿌리가 된다는 말씀이다. 역사 왜곡을 바로잡는 문제의 중요성이 바로 여기에 있다.

30:6 계명. 심지가 열려 있고 성품과 식견이 밝음.

31:2 요복과 황복. 중국 고대에 왕기(王畿: 왕이 있는 수도 주변의 땅)를 중심으로 다섯 구역으로 나누어 오복(五服)이라 했는데, 차례로 전복(甸服), 후복(侯服), 수복(綏服), 요복(要服), 황복(荒服)이다. 요복은 이(夷)족과 만(蠻)족이 살던 지역이고, 황복은 융(戎)족과 적(狄)족이 살던 지역이다.

31:6 자미원. 동양에서는 북쪽 하늘을 중심으로 눈에 보이지 않는 우주의 벽을 세 개의 경계로 나누어 자미원(紫微垣), 태미원(太微垣), 천시원(天市垣)으로 구분하였다. 자미원은 옥황상제가 거하시는 자미성(북극성)과 그 궁궐인 자미궁을 지키는 장군과

13 세상을 없애려 하였다 하는 것은 서로 주장하는 도(道)가 같지 아니하였다는 말이니라." 하시니라.

만고원신 해원 공사

31 상제님께서 이어 말씀하시기를 "요순시대에 단주가 세상을 다스렸다면 시골 구석구석까지 바른 다스림과 교화가 두루 미치고

2 요복(要服)과 황복(荒服)의 구별이 없고 오랑캐의 이름도 없어지며, 만리가 지척같이 되어 천하가 한집안이 되었을 것이니 요와 순의 도는 오히려 좁은 것이니라.

3 단주가 뜻을 이루지 못하고 깊은 한을 품어 순이 창오에서 죽고 두 왕비가 소상강에 빠져 죽는 참상이 일어났나니

4 이로부터 천하의 크고 작은 모든 원한이 쌓여서 마침내 큰 화를 빚어내어 세상을 진멸할 지경에 이르렀느니라.

5 그러므로 먼저 단주의 깊은 원한을 풀어 주어야 그 뒤로 쌓여 내려온 만고의 원한이 다 매듭 풀리듯 하느니라.

6 이제 단주를 자미원(紫微垣)에 위(位)케 하여 다가오는 선경세계에서 세운(世運)을 통할(統轄)하게 하느니라." 하시니라.

난법을 지은 후에 진법을 내는 통치 정신

32 원래 인간 세상에서 하고 싶은 일을 하지 못하면 분통이 터져서 큰 병을 이루나니

2 그러므로 이제 모든 일을 풀어놓아 각기 자유 행동에 맡기어 먼저 난법을 지은 뒤에 진법을 내리니

3 오직 모든 일에 마음을 바르게 하라.

4 거짓은 모든 죄의 근본이요 진실은 만복의 근원이니라.

운수는 좋건마는 목 넘기기 어렵다

5 이제 신명으로 하여금 사람에게 임감(臨監)하여 마음에 먹줄을 잡아 사정(邪正)을 감정케 하여 번갯불에 달리리니

6 마음을 바르게 못 하고 거짓을 행하는 자는 기운이 돌 때에 심장과 쓸개가 터지고 뼈마디가 튀어나리라.

7 운수는 좋건마는 목 넘기기가 어려우리라.

천상 옥경에 다녀온 김형렬

33 하루는 상제님께서 형렬에게 말씀하시기를 "형렬아, 평소에 너

의 지극한 소원이 천상에 올라가서 **천조(天朝)**를 보고자 하는 것이니 오늘은 이를 허락하리라." 하시고

2 "내 뒤를 따르라." 하시니 홀연 **천문(天門)**이 널따랗게 열리거늘

3 형렬이 날개가 돋쳐 신선이 된 듯 가볍게 하늘을 날아올라 상제님을 모시고 따르니라.

4 천상에 다다르니 문무백관이 상제님의 영(令)을 받들기 위해 모여서 기다리고 있는데

5 하나같이 환한 관복으로 성장(盛裝)하였고 그 선명한 옷차림이 오색으로 조화되어 인간 세상의 법식과 다르니

6 나아가고 물러남과 온갖 언행의 규범이 정연하고 눈부시며

7 **동정어묵(動靜語默)**이 우아하고 화락(和樂)하며 환하고 밝아서 마치 어린아이 같더라.

8 굽이굽이 난간에는 **봉황**이 간간이 울고, 파랗고 노란 지붕에는 상서로운 용이 때때로 돌며

9 뜰 앞에는 온갖 꽃나무들이 아름답게 꽃을 피워 그 향기가 참으로 그윽하니

10 그 갖가지 화초는 인간 세상에서 보지 못한 기이한 것들이더라.

11 또 진기한 새들과 이상한 짐승들이 그 사이에서 혹은 날고 혹은 뛰면서 노래하며 울어대고

12 청아한 선악(仙樂) 소리가 유량한 가운데 선녀들이 아름다이 춤을 추니 그 고운 자태가 황홀하도록 그윽하더라.

13 또 화려하게 채색한 층층의 누대에는 나는 듯한 용마루가 하늘 높이 솟았는데

14 단청 빛깔 또한 지극히 곱고 먼지 하나 없이 맑고 투명하여 그 영롱한 광채가 완연히 유리세계(琉璃世界)더라.

천상의 보좌에 앉으신 상제님

15 어느 **대전(大殿)**에 이르니 안에는 용상(龍床)이 있는데

16 황금과 백옥으로 용이며 봉황이며 거북과 기린, 그리고 온갖 아름다운 짐승들을 새겼거늘 휘황찬란하여 똑바로 쳐다볼 수가 없더라.

17 상제님께서 용상에 앉으시니 만조백관이 모두 절을 드리니라.

18 잠시 후에 한 **선관(仙官)**이 들어와서 상제님 곁에 있는 책상 앞에 앉거늘

19 백금 조각으로 비늘을 한 관을 쓰고 옷을 입었는데 그 의관이 햇빛에 반사되어 온갖 빛깔로 황홀하게 반짝이더라.

신하 별들로 이루어져 있다. 자미원 아래로 하늘나라 정부종합청사 격인 태미원이 있고 그 옆에 일반 백성이 사는 하늘나라의 도시, 혹은 시장 격인 천시원이 있다.

32:2 난법. 난법에는 크게 두 가지 뜻이 있다. 첫째, 증산 상제님의 진리를 오도하고 왜곡시키는 그릇된 가르침과 구도 행위, 둘째, 상제님의 대도로 광구천하를 실현해 나가는 과도기 과정에서 진법이 드러나기까지 나타나는 도법의 성격을 총체적으로 규정하는 말이다. 난법은 진법이 나오기 위한 고통스러운 성장과정인 것이다.

32:2 진법. 참법이며 정법이다. 곧 가을개벽의 문턱에서 일어나는 인류 문명개벽의 참된 도리를 말한다. 삼변성도(三變成道)의 원리에 의해 도운도 3변이 되어야 난법이 종결되고, 일꾼들이 상제님과 태모님을 올바로 모시

고 개벽을 참되
게 인식하는 진
법이 열리게 된
다. 그리고 이 진
법문화를 통해
개벽상황을 극복
하고 후천선경을
건설하는 것이
다.

32:5 달리리니.
'달구리니', 또
는 '달게 하리
니'의 옛말.

33장 천상 신도
세계의 수도로서
우주의 통치자이
신 상제님께서
계시는 곳이 옥
경(玉京)이다. 도
교에서는 최고의
하늘을 대라천
(大羅天)이라 부
르며, 최고신인
원시천존이 중앙
에 있는 옥경에
서 일체의 교화
를 행한다고 한
다.

34:1 부친과 조
부. 부친 김석필
(金錫弼, 1842~?),
조부 김숙명(金淑
明, 1821~?).

20 길고 고운 손은 분가루보다 희고, 그윽하고 서기 어린 얼굴은 흰 눈보다 더 맑으며 붓놀림 또한 놀랍도록 유려하니라.

21 이 때 죄수 한 명이 대전(大殿) 아래에 불려 와 고통으로 절규하며 상제님께 살려 달라고 호소하거늘

22 신장(神將)이 아랑곳 않고 여러 차례 죄를 물으니 그 모습이 지극히 엄중하더라.

형렬이 천상에서 만난 부친과 조부

34 조회가 끝나자 상제님께서 형렬을 돌아보시며 말씀하시기를 "네 가 여기까지 왔으니 네 부친과 조부를 만나 보지 않겠느냐?" 하시므로

2 형렬이 "자손 된 도리로 진실로 그 이상의 소원이 있겠습니까?" 하고 대답하니

3 잠시 후에 몇 계단 아래 조금 떨어진 곳에 있는 문 하나가 저절로 열리며

4 형렬의 부친과 조부가 청수를 올리고 향을 사른 후에 정성스럽게 주문을 읽는 모습이 보이거늘

5 줄곧 얼굴에 매우 기쁜 빛을 띠고 있을 뿐이요 형렬에게는 아무 말도 하지 않더라.

석가불의 신도 위격과 신계의 주벽 동방칠성

35 형렬이 다시 세상에 내려와서는 그 기쁨을 말로 다할 수 없더니

2 하루는 상제님께 여쭈기를 "천상에서 선생님 앞에 앉아 흰옷을 입고 글씨 쓰던 선관은 누구입니까?" 하니 말씀하시기를 "석가불이니라." 하시니라.

3 형렬이 다시 여쭈기를 "석가불이 천조에서 무슨 직책을 맡고 있사옵니까?" 하니

4 말씀하시기를 "대제군(大帝君)의 높은 자리이며 서방칠성(西方七星) 이니, 항상 내 곁에서 나를 보좌하느니라." 하시거늘

5 형렬이 "그러면 동방칠성(東方七星)은 누구입니까?" 하고 여쭈니

6 말씀하시기를 "동방칠성은 신계(神界)의 주벽이니라. 장차 너희와 한 가족이 되리라." 하시니라.

7 또 여쭈기를 "천상에서 저의 아버지와 할아버지가 아무 말이 없었는데 무슨 연고입니까?" 하니

8 말씀하시기를 "내가 가까이에 있으니 삼간 것이며 혹시 말을 했다가 망령되이 천기를 누설하면 죄가 되기 때문이니라." 하시니라.

나라를 그르친 큰 죄인, 안록산

9 형렬이 다시 "대전에 끌려온 죄수는 무슨 큰 죄를 지었기에 그와 같이 엄하게 다스리는 것입니까?" 하고 여쭈니

10 상제님께서 말씀하시기를 "그 죄인은 안록산(安祿山)이니라." 하시거늘

11 형렬이 여쭈기를 "안록산이 배은망덕한 죄를 지은 것이 이미 천여 년 전의 일인데 지금까지도 미결수로 남아 있다는 말씀이옵니까?" 하매

12 상제님께서 답하여 말씀하시기를 "나라를 그르친 큰 죄인은 그 죄가 워낙 크기 때문에 백 년에 한 번씩도 신문(訊問)하게 되느니라." 하시니라.

13 또 말씀하시기를 "천상의 칠성당(七星堂) 앞에 남새밭이 있으니, 내 마음이 소박하고 담백함을 좋아함이 이와 같노라." 하시니라.

태백산에서 형렬을 살려 주심

36 상제님께서 여러 산을 다니시며 많은 공사를 행하시니, 크고 높은 산일수록 더 찾으시고 그 산의 폭포 밑을 가기도 하시니라.

2 갑진(甲辰 : 道紀 34, 1904)년 초봄에 상제님께서 형렬과 호연을 데리고 각처를 돌아다니시다가 하루는 태백산에 오르시니 산에 눈이 살짝 덮여 있더라.

3 상제님께서 공사를 보시던 중에 갑자기 형렬을 향하여 이쪽으로 오라는 듯 손짓을 하시는데 형렬이 어리둥절하여 그대로 서 있거늘

4 호연이 "바로 서래요!" 하고 소리치매 그제야 알아듣고 상제님 쪽으로 한 발을 옮겨 놓으니

5 그 순간 큰 바위가 형렬의 뒤로 벼락같이 굴러 떨어지니라.

나무 위에서 보신 공사

37 상제님께서는 나무를 잘 타시니, 하루는 큰 나무 꼭대기에 오르시어 금방 까마귀로 변하시고 다시 까치로 변하시니라.

2 또 나무 사이를 자유롭게 날아다니시며 새소리를 내시거늘 호연이 "떨어지면 어쩌려고 그래요?" 하니 "너는 떨어져도 나는 안 떨어진다." 하시며 계속 날아다니시니라.

35:10 안록산(安祿山, 705~757). 돌궐족 출신의 당나라 장수. 안록산과 사사명이 일으킨 '안사의 난'은 당나라 쇠망의 원인이 되었다.

35:13 칠성당. 칠원성군, 즉 칠성신을 모셔 놓은 신당. 칠성은 곧 북두칠성이며 이를 다스리는 인격신인 북두칠원성군(北斗七元聖君)을 함께 이르는 것으로 인간의 복록과 무병장수를 주관한다.

3 이에 호연이 "그러면 나 보듬고 다녀요!" 하고 조르니 "데리고 다니다가 너 빠지면 죽어." 하고 타이르신 뒤에

4 더 높은 가지로 올라가시어 "너 거기 있냐? 거기 있냐?" 하고 부르시거늘 호연이 골이 나서 대답을 하지 않는지라

5 상제님께서 "대답 안 하면 못쓰지. 그러면 너 맛난 것 안 사 준다." 하시니 호연이 마지못해 대답하니라.

6 또 상제님께서 나뭇잎을 뜯어 피리를 부시니 형렬이 나무 아래에서 그 소리를 받아 상제님의 옥단소를 부니라.

산마다 두드리시면 큰 악기 소리가 나더라

38 하루는 상제님께서 대공사를 보시며 "칠보산에서는 봉황새가 나오고, 백두산에서는 학이 나오고, 또 ○○산에서는 ○○새가 나온다." 하시니라.

2 또 오르시는 산마다 손으로 '똑똑똑' 하고 두드려 보시는데, 그러면 산 속에서 '팽팽' 소리가 나기도 하고, 장구소리, 양금소리, 북소리 등 악기 소리가 나기도 하더라.

3 상제님께서 호연에게 말씀하시기를 "이제 천지개벽을 당하였을 때 장수들이 나오는가, 그 귀추(歸趨)를 보느라고 그런다." 하시며 그 뜻을 일러 주시고

38:2 산마다 손으로. "산이 높을수록 그이가 거기서 산에 한번 요렇게 '똑똑똑' 뚜드려 봐. 아 이런 사람은 손이 깨지지 소리가

칠보산 전경. 칠보산은 용봉 도수의 큰 기운을 간직한 성산으로 멀리 회문산, 고당산과 연결되고 백암리, 새울에 와서 그 결실 기운이 맺혀진다.

4 이 밖에도 종종 "내가 무엇 하러 왔다, 무엇을 하러 왔다." 하시며 공사 내용을 말씀해 주시니라.

너는 이 다음에 뜰 사람

5 호연이 조금 전 소리가 났던 자리에 가서 뚜드려 보며 흉내를 내니 상제님께서 "너, 거문고는 잘 뜯것다." 하시거늘

6 호연이 "나 거문고 하나 사 줘!" 하며 떼를 쓰는지라

7 상제님께서 "못쓰지, 내가 생각이 있으니 너를 안 사 주는 것이다." 하고 타이르시니라.

8 이에 호연이 "그건 또 무슨 소리예요?" 하고 여쭈니 대답하시기를 "그것을 잘해서 명창이 되면, 네가 양반의 노리개가 되어서 불려 댕겨.

9 네가 천하의 ○○으로 앉을 판인데 그래서야 쓰겠냐? 지금은 천해서 이러지, 천지에 제(祭)를 지냈으니 너는 이 다음에 뜰 사람이여.

10 네가 아는 체하는 통에 어느 귀신이 잡아갈지 모르니, 그런 것 가르쳐서는 안 되게 생겨서 네 글도 싹 씻어 가지고 간다." 하시니라.

천지신명들이 다 손을 잡느니라

39 상제님께서 말씀하시기를 "개벽이 될 때에는 온 천지에 있는 신명들이 한꺼번에 손을 잡고 나의 명을 따르게 되느니라." 하시고

2 또 말씀하시기를 "병겁이 밀려오면 온 천하에서 너희들에게 '살려 달라' 고 울부짖는 소리가 진동하고

3 송장 썩는 냄새가 천지에 진동하여 아무리 비위(脾胃)가 강한 사람이라도 밥 한 술 뜨기가 어려우리라." 하시니라.

네 몸에 천지공사를 띠고 가는 연고

40 5월에 상제님께서 밤재에 계실 때 김갑칠이 구릿골에서 와 뵙거늘

2 상제님께서 물으시기를 "요즘 농사짓는 형편이 어떠하더냐?" 하시니

3 갑칠이 대답하여 아뢰기를 "가뭄이 심하여 이종(移種)을 못하므로 민심이 소란합니다." 하니라.

4 상제님께서 말씀하시기를 "네가 비를 빌러 왔도다. 네게 우사(雨師)를 붙이나니 곧 돌아가되 길에서 비를 맞을지라도 피하지 말라.

5 이는 네 몸에 천지공사를 띠고 가는 연고니라." 하시니라.

나?" (김호연 성도 증언)

신도

40:4 우사. 자연 (천지)의 모든 변화는 신도(神道)의 조화정부에서

신도

다스린다. 하늘에서 비 내리고 벼락 치는 것이 단순한 자연의 현상만이 아님을 깨달아야 한다.

6 갑칠이 발병이 있어 주저하며 돌아가려 하지 않거늘

7 상제님께서 재촉하며 말씀하시기를 "사람을 구제함에 어찌 일각을 지체하랴." 하시니

8 갑칠이 명을 받들어 돌아가는데 청도원에 이르러 비가 내리기 시작하여 삽시간에 냇물이 넘치는지라

9 이로부터 물이 풍족하게 되어 며칠 동안에 모심기를 마치니라.

우사장 김갑칠

10 상제님께서 이후로도 종종 갑칠에게 우사 신명을 붙여 비를 부리시니 어천하신 후에 사람들이 그를 우사장(雨師丈)이라 부르니라.

화기를 옮겨 불길을 거두심

41 6월에 형렬을 데리고 태인 신배(新培)에 있는 김 모의 집에 가실 때

2 그 마을의 어떤 집에 불이 났는데 모진 바람을 타고 기세가 크게 일어나거늘

3 상제님께서 불쌍히 여기시며 "저 불을 그대로 두면 이 바람에 온 마을이 재가 되리니 맞불을 놓아 끄리라." 하시고

4 형렬에게 명하시어 섶으로 불을 피우게 하시니 곧 바람이 자고 불기가 쇠하여지니라.

5 이에 형렬이 여쭈기를 "이곳에 섶을 쌓아 놓고 불을 붙였는데 저 집의 불이 꺼지는 까닭이 무엇입니까?" 하니

6 상제님께서 말씀하시기를 "화기(火氣)를 옮겼기 때문이니라." 하시니라.

산운(山運)을 옮기심

42 하루는 공사를 행하실 때 "백두산의 기운을 뽑아 제주 한라산(漢拏山)에 옮기고, 덕유산에 뭉쳐 있는 기운을 뽑아서 광주 무등산(無等山)으로 옮기고, 금강산의 기운을 뽑아 영암 월출산(月出山)으로 옮긴다." 하시니

2 한 성도가 그 이유를 여쭈거늘 상제님께서 말씀하시기를 "백두산에 천지(天池)가 있고 한라산에도 못이 있으며, 금강산이 일만 이천 봉이요 월출산도 일만 이천의 기운이 있음이로다." 하시니라.

백두산의 수기를 돌리심

3 하루는 상제님께서 말씀하시기를 "조선이 동과(冬瓜)의 형체인데

41:1 신배. 전북 정읍시 산외면 오공리(五公里)에 있는 마을. 산을 넘으면 태인 배례밭 군신봉조혈(群臣奉朝穴)이 있어 예전에는 신배(臣拜)라 했다.

42:1 영암 월출산. 전남 영암군 영암읍과 강진군 성전면의 경계에 있는 산. 기암괴봉이 많아 남국의 소금강(小金剛)이라 불린다. 창해역사(蒼海力士), 왕인(王仁)박사, 도선대사(道詵大師) 등 많

뿌리에 수기(水氣)가 고갈되어 이제 죽을 지경에 이르렀다." 하시고

4 또 말씀하시기를 "백두산이 근본처이므로 그곳에 가서 수기를 돌리고 오리라." 하시니라.

백두산에 가시어 공사 보심

43 상제님께서 형렬과 호연을 데리고 어느 산에 이르시어 "여기가 백두산이다." 하시거늘

2 호연이 보니 산은 높은데 꼭대기 부분이 벗겨져 있어 마치 머리가 허옇게 센 것 같더라.

3 상제님께서 호연을 업고 산에 오르실 때 호연이 보기에는 흥얼흥얼하며 그냥 걸어가시는 것 같은데 어느새 커다란 호수가 있는 꼭대기에 다다르거늘

4 봉우리에 서서 내려다보니 천지만물이 훤하게 다 보이더라.

5 상제님께서 천지(天池)를 둘러싼 여러 봉우리 가운데 한 봉우리에 앉으시고

6 형렬과 호연을 각기 다른 봉우리에 앉도록 하시니, 멀리 떨어져 있는데도 바로 곁에 계신 것처럼 보이더라.

7 상제님께서 차례로 세 봉우리를 향하여 이름을 부르시니 첫 봉우리에서는 눈처럼 희고 커다란 학이 나오고

8 두 번째 봉우리에서는 알롱달롱 황금빛이 감도는 **붉은 새**가 나오고, 세 번째 봉우리에서는 **파란색의 새**가 나와 각 봉우리에 앉거늘

9 상제님께서 말씀하시기를 "이제 세상이 뒤집어지면 이 산, 저 산이 자던 사람처럼 다 만난다.

10 어디서는 옷을 가져오고, 어디서는 기치창검을 가져오고, 장수들이 다 가지고 오느니라." 하시며 장수들의 이름을 모두 부르시니라.

백두산의 모든 나무와 풀이 너울너울 춤을 추고

44 상제님께서 새들을 향하여 "너희들 만나서 춤을 한번 춰 봐라." 하시고 노래를 부르시거늘

2 학이 먼저 오른쪽 날개를 쭉 펴니 다른 새들도 따라서 날개를 펼치고 상제님의 노래 장단에 맞춰 날개를 접었다 폈다 하며 **날개춤을** 추더라.

3 호연이 이를 보고 "이런 데서 동무도 없이 노래를 부르네." 하니 상제님께서 "그러면 네가 한번 받아 봐라." 하시거늘

42:3 동과. 일명 동아. 박과의 한해살이 덩굴성 식물로 호박과 비슷한 열매를 맺는다.

신도

43:2 머리가 허옇게 센 것 같더라. 김호연 성도의 표현을 그대로 기록하였다. 백두는 광명을 뜻하며 본래 이름은 흰머리산, 삼신산, 증산(甑山)이다. 동방의 종주산으로 신교 삼신문화의 근원이 되는 성산(聖山)이다.

43:4~8 김호연 성도가 상제님의 기운에 동화되어 신안이 열려서 성령의 차원에서 본 것이다.

44:1~2 "(선생님이) 처음에 백두산이라고 부르면서 노래를 불러. 노래를 부르

니 학이 날개를 이렇게 쭉, 한 쪽을 쭉 뻗치니 또 저짝 놈이 쭉 뻗치지. 또 저짝 치가 쭉 뻗쳐. 날개들을 갖고 이렇게 이렇게 춤을 춰."(김호연 성도 증언)

44:10~11 "나무도 너울너울 추고, 풀잎도 떨고 그냥… 나무도 춤을 춰. 문) 이렇게 큰 나무가요? 답) 암. 그냥 손 흔들듯 이러고, 선생님은 좋아서 막 이러고 참말로 재미스럽제."(김호연 성도 증언)

4 호연이 "아이고, 내가 노래 부를 줄 알면 뭐 하러 따라댕겨?" 하니라.

5 이에 상제님께서 형렬에게 "받아 불러라." 하시니 형렬이 부르지 아니하거늘

6 말씀하시기를 "노는 데서는 상하가 없이 하자." 하시니라.

7 상제님께서 형렬과 노래를 주고받으시며 한바탕 흐드러지게 노시는 중에 춤을 추듯 손장단을 하며 흥을 돋우시니

8 새들이 천지의 수면 위로 날아 올라 날개를 펄럭이며 춤을 추다가

9 수면으로 내려가 날갯짓으로 점벙점벙 물을 치며 다시 공중으로 솟구쳐 오르더니 양 날개를 쭉 펼친 채 서로 빙빙 돌거늘

10 온 산의 나무들도 손을 흔들 듯 너울너울 춤을 추고, 풀잎도 바르르 떨며 춤을 추는지라

11 상제님께서 "나를 따라서 모두가 춤을 추는구나." 하시며 흥겹게 웃으시니라.

12 이 뒤에 백두산에서 돌아오시어 말씀하시기를 "이제 수기를 돌려 회생케 하였노라." 하시니라.

천지공사를 행하실 때 온갖 조화권능을 보이심

45 상제님께서 말씀하시기를 "선가(仙家)의 도술이 산(算)가지 하나로 백만 대군을 물리치나니

2 내 평천하의 도는 방안에 앉아 지필(紙筆)로써 천하를 다스리느니라." 하시니라.

3 상제님께서 공사를 보실 때는 붓으로 글이나 부(符)를 쓰시고 점을 찍으시어 천 가지 만 가지 조화를 부리시니

4 때로는 멀쩡한 사람을 광대 모양으로 만드시고, 곁에 있는 사람의 혼을 빼시어 허수아비처럼 멍하니 앉아 있게 하시고

5 난데없이 먹을 것을 나오게 하시어 성도들과 함께 드시기도 하니라.

6 또 붓에 먹물을 묻혀 상모를 돌리듯이 한번 내두르시면 순식간에 무지개가 생기더라.

공자와 맹자의 기운을 거두심

46 상제님께서 하루는 큰 소리로 공자를 불러 말씀하시기를 "공자야, 네가 천추(千秋)에 대접을 받았으니 내 세상에는 그 녹(祿)을

끊으리라." 하시더니

2 다시 말씀하시기를 "그러나 네가 간절히 비는 고로 물밥은 내려 주리
라." 하시니라.

3 이어서 성도들에게 말씀하시기를 "이제 천하에 공자 신명이 머물 만
한 땅이 없게 되었느니라." 하시고

4 다시 큰 소리로 맹자를 부르시어 "맹자야, 이 역적놈아!" 하고 꾸짖
으시니라.

5 이에 한 성도가 여쭈기를 "맹자를 역적이라고 꾸짖으시니 무슨 까
닭입니까?" 하니

6 말씀하시기를 "마음속에 임금과 신하의 의리가 있다면 임금을 임금 같
지 않게 볼 수가 있겠느냐.

7 신하가 임금을 원수같이 보았으니 내쳐도 무방하니라." 하시니라.

석가는 삼천 년 도수

47 하루는 상제님께서 금곡과 함께 계실 때 문득 큰 소리로 말씀하
시기를 "이놈아, 너는 누구를 믿을 것이냐?

2 석가는 삼천 년 도수밖에 안 되느니라. 너는 오만년 운수를 안 받을 테
냐?" 하시고

3 "앞으로는 미륵존불의 세상이니라. 내가 곧 미륵이니 나중에 우리가
다시 만나야 하지 않겠느냐." 하시니라.

4 이에 금곡이 아뢰기를 "저는 석가 부처를 믿지 않고 증산 당신님만
믿겠습니다." 하니 상제님께서 크게 웃으시며 "믿어 보소." 하시니
라.

5 상제님께서는 금곡에게 '석가가 삼천 년 도수인데 삼천 년이 곧 물러
간다.' 는 말씀을 자주 하시니라.

천지개벽도 신명이 들어야

48 천지개벽을 해도 신명 없이는 안 되나니 신명이 들어야 무슨 일이든지
되느니라.

2 그때 그때 신명이 나와야 새로운 기운이 나오느니라.

경위는 천하가 같다

3 경위(經緯)는 천하가 같으니라.

4 파리 죽은 귀신이라도 원망이 붙으면 천지공사가 아니니라.

46:7 원수같이. 맹자는 신하가 군주를 시해함이 가능하냐는 질문에 '인의(仁義)를 해친 자는 적잔(賊殘)한 일부(一夫)일 뿐으로, 이미 민심이 떠난 왕은 군주로 여길 수 없다.' 하여 주(紂)왕의 시해를 정당화하였다.

48:1 신명 없이는 안 되나니. 선천은 우주법도가 삼양이음(三陽二陰)이므로 사람이 일의 주체가 되지만, 후천은 삼음이양(三陰二陽)인 음 세상이

되므로 신명이 주체가 된다.

48:5 서교는 신명을 박대하므로. 서교, 즉 가톨릭과 개신교 교리의 핵심은 '유일신 신앙'이기 때문에 그들의 신 이외의 모든 신을 부정한다. 여기서 선천의 전쟁 역사가 시작되었고 아직도 그 갈등은 풀리지 않고 있다.

48:6 서양에서 신이 떠난 연고. 서양은 근대에 이르러 합리적 이성을 너무 강조한 나머지 자연을 단순한 물질로 보는 기계론적 유물론이 가치관으로 자리잡게 되었다. 이는 결과적으로 인간과 자연 속에 내재되어 있는 신성(神性)을 부정하여, 자연과 동양 문명을 일방적으로 착취하고 정복하게 되었다.

48:7 구천. 천상계의 신도문명(神道文明)은 종적(차별계)으로는 9천, 횡적(평등계)으로는 33천이 벌여진 입체적 구조이다.

신명을 박대하는 서교의 운명

5 서교(西敎)는 신명을 박대하므로 성공치 못하리라.

6 이는 서양에서 신이 떠난 연고니라.

7 구천에 사무치는 '시~' 소리에 서양이 덜덜 떠느니라.

신도가 대발하는 개벽의 운

49 하루는 어떤 사람이 신도(神道)를 가벼이 말하거늘

2 상제님께서 문득 "이놈을 참수할복(斬首割腹)하라. 혀를 뽑고 눈을 파내어 버려라." 하고 큰 소리로 꾸짖으시니 그 목소리가 천둥소리 같더라.

3 그 사람이 크게 두려워하여 엎드려 죄를 빌거늘 상제님께서 타일러 말씀하시기를 "신명들이 내 말을 듣고 그대를 용서하리니 다시는 그리 마소, 응." 하시는데

4 그 온화한 음성이 봄바람과 같이 화기(和氣)가 가득하여 듣는 사람이 만감(萬感)이 새로워지더라.

5 이 때 한 성도가 여쭈기를 "어찌하여 그렇게 엄하게 꾸짖으셨습니까?" 하니

6 상제님께서 말씀하시기를 "신명의 세상에 만신(萬神)을 분노하게 하였으니 이 자는 반드시 죽을 목숨이라.

7 그러므로 내가 신명들을 위로하여 이 사람을 구한 것이니라.

8 신도가 대발(大發)하는 개벽의 운을 당하여 신명을 능멸하고서 어찌 살기를 바랄 수 있겠느냐!" 하시니라.

비구름의 운행도 신명의 명을 따르는 것

50 한 성도가 여쭈기를 "선생님께서 길을 가실 때면 혹 비구름이 몰려오다가도 계신 곳 가까이 와서는 갑자기 좌우로 갈라져서 한 방울의 비도 뿌리지 아니하다가

2 가시고자 하는 곳에 도착하시면 다시 모여 장대비가 내리니 어떠한 까닭입니까?" 하니

3 상제님께서 말씀하시기를 "비구름의 운행도 또한 그것을 맡은 신명의 명(命)을 따르는 것이니라." 하시고

4 "단비에 우산을 들지 말라. 하늘을 공경하고 백성을 사랑하는 정이 이에 있느니라." 하시니라.

막걸리를 즐겨 드신 상제님

51 상제님께서 평소에 막걸리를 즐겨 드시니 하루는 한 성도가 여쭈기를 "막걸리는 술 가운데 가장 하품(下品)이온데 항상 이를 즐겨 드시니 그 이유가 무엇입니까?" 하거늘

2 말씀하시기를 "천하의 농민이 마시므로 내가 그 술을 즐기느니라." 하시니라.

양껏 마시라

3 상제님께서는 이따금 들에 나가시어 농부들이 모인 자리에서 환담하시며 함께 즐거워하시니

4 하루는 들에서 여러 농부들이 나누는 한담(閑談)을 기쁘게 들으시고 말씀하시기를

5 "세상 인심이 종잇장처럼 각박하거늘 농부들에게는 덕스런 말이 많도다." 하시니라.

6 이 때에 농부들이 무더운 날씨에 술을 구하지 못해 목말라하거늘

7 상제님께서 가엾게 여기시고 "빈 동이에 물을 길어 오라." 하시어 "양껏 마시라." 하시니라.

8 잠시 후에 상제님께서 "술맛이 어떠하냐?" 하고 물으시니

9 농부들이 매우 기뻐하며 "선주(仙酒)요 선미(仙味)입니다! 맛 좋은 술을 이렇게 구할 수만 있다면 어찌 술이 없다고 근심하겠습니까?" 하고 대답하거늘 상제님께서 들으시고 심히 즐거워하시니라.

남사당패와 노시며 공사 보심

52 매년 여름이면 구릿골 동구 모시밭 터에 남사당패가 들어와 굿을 치고 노는데

2 굿을 시작하면 보통 밤이 새도록 하므로 동네에서 한 집씩 돌아가며 밥을 해 주더니

3 이 해에는 형렬의 집 차례가 되었으나 마침 쌀이 떨어져 형렬과 며느리가 큰 걱정을 하니라.

4 이에 상제님께서 상투를 끌러 머리를 땋으시고 그 끝에 짚신을 매달아 상모처럼 돌리시며 그들과 어울려 신명나게 노시는데

5 아무리 키가 큰 사람이 꼿꼿이 서 있을지라도 그 머리 위를 훌쩍훌쩍 넘으시거늘

6 남사당패가 모두 놀라 "대체 이게 누구냐." 하며 잡으려 하면 더 높이 뛰어오르시어 구름을 안으시니

7 모두들 넋을 잃고 구경하느라 저녁 먹는 것도 잊고 밤늦도록 흥겹게 노니라.

8 이튿날 아침이 밝으니 상제님께서 문득 남사당패에게 "여기가 너희들 노는 데냐? 여기가 어디라고 들어오느냐?" 하시며 호통을 치시거늘

9 "여기서 우리가 나쁘다고 말했다가는 가지도 못하고 벙어리가 될 터이니 아무 소리도 말고 가자." 하며 서둘러 이웃 마을로 떠나니라.

정신 차리라

53 상제님께서 익산(益山)에 가셔서 한 달 남짓 계시다가 다시 함열 회선동(咸悅 會仙洞)에 이르시니 김보경의 모친이 병들어 위독하거늘

2 상제님께서 사랑으로 보경을 불러 말씀하시기를 "오늘밤에 명부사자(冥府使者)가 병실에 침입하여 나의 사자(使者)의 틈을 엿보아 병인(病人)을 해할지니

3 병실을 떠나지 말고 한 사람씩 서로 번갈아 밤을 새우라." 하시매 보경이 명을 좇아 집안사람들을 단속하여 한 사람씩 교대로 밤을 새우니라.

4 이렇게 여러 날을 계속하매 집안사람들 모두 몹시 지쳐 피곤해지

53:1 김보경의 모친. 부안 서씨(扶安徐氏). 기해(1839)년 출생. 남편 기원(基源)과의 사이에 1남 4녀를 둠.

53:2 명부사자. 명부시왕으로부터 명을 받아 인간의 혼령을 죽음의 질서로 인도하는 사자이다. 무속, 불교, 도교에서 한결같이 그 주재신들을 시왕(十王)으로 이야기하고 있으나 맡은 임무는 각기 다르다. 9편 212장 3절 측주 참조.

함열 회선동 김보경 성도 생가. 상제님께서 대들보에 큰북을 매달게 하시고 '병자 정축'을 외우시며 밤새 노래 부르셨다.

거늘 보경이 병실을 지키다가 깜빡 잠이 들었더니

5 그 순간 사랑에서 다급히 소리쳐 부르시는 상제님의 음성이 들리는지라 보경이 놀라 깨어 보니 벌써 모친이 숨을 거두었더라.

6 보경이 사랑으로 달려가 슬피 울며 상제님께 이 사실을 아뢰니

7 위로하며 말씀하시기를 "사람이 죽으면 그 방 네 구석에 글을 써 붙이는 풍속이 있느니라." 하시고

8 종이 네 조각에 각기 '사람 인(人)' 자를 쓰시고 그 아래에 '김보경(金甫京)'이라 써 주시며 "병실 네 구석에 붙이라." 하시니라.

9 보경이 명하신 대로 종이 조각을 병실 구석에 붙이고 나오니 상제님께서 다시 부르시거늘

10 사랑에 이르자 상제님께서 갑자기 집이 쩌렁쩌렁 울리도록 큰 소리로 "정신 차리라!" 하시는지라

11 보경이 어찌할 줄 모르고 서 있는데 상제님께서 다시 "병실에 다녀오라." 하시므로 병실에 들어가 보니 그 모친이 회생하였더라.

12 대저 상제님께서 말씀하신 '나의 사자'라 함은 '시병인(侍病人)'을 가리키심이니라.

사람 몸속에 다 신이 있느니라

54 섣달 그믐 경에 호연이 "선생님, 오늘 저녁은 마당밟이하게 재인(才人) 좀 부르세요!" 하니 "무엇 하려고 불러?" 하시거늘

54:1 마당밟이.
지신밟기.

2 "심심하니 굿하고 노는 것 좀 보게요. 다른 사람들은 무얼 하러 가는지 자기들끼리 수군거리는데, 나는 동무가 있어야 놀지.

3 그러니 굿이나 좀 보게 백정놈 좀 불러야겠어요." 하니라.

4 상제님께서 "백정놈을 불러? 무당을 부르지!" 하시니 호연이 "응, 무당. 무당 불러요! 선생님 때문에 무서워서 못 오니 좀 오라고 해요." 하고 조르니라.

5 이에 상제님께서 "오라고 해서 되겠냐? 저기 가서 부지깽이 하나 가져와라." 하시어 땅바닥에 열십자를 그으시고 그 가운데 동그라미를 그리시니 곧 무당이 오는지라

6 호연이 신기해하며 "여기서 그었는데 어떻게 무당이 알고 온대요?" 하니

7 말씀하시기를 "아, 내가 하니 내 신바람으로 데리고 오는 것이지." 하시거늘

8 호연이 다시 "내 눈에는 뵈지도 않네." 하매 "너도 있고 다른 사람

도 있고 사람마다 몸속에 신이 있단다. 사람마다 그것이 없으면 죽는 것이여.” 하시니라.

9 이에 호연이 자꾸 몸을 두드려 보며 “없네, 어디가 있어?” 하니

10 말씀하시기를 “너 도둑질하면 어깨에서 내려다보고 있다가 나에게 다 이른다.” 하시거늘

11 호연이 제 어깨를 툭툭 치며 “여기에가 신이 있어? 에이, 이놈의 것! 신이 어디에 있어?” 하니 “흥, 너는 몰라도 다 있어.” 하시니라.

12 호연이 이 말씀을 들은 이후로 방에 돈이 통으로 수북하게 있어도 한 닢도 손을 대지 못하니라.

장구와 북을 치며 흥겹게 노심

신도
54:13 바라. 자바라의 준말. 놋쇠로 만든, 배가 불룩하고 둥글넓적한 것으로 두 짝을 마주쳐서 소리를 냄.

13 이 때 무당이 광문을 열어 쌀 한 가마니를 내어다가 토방에 쏟아 놓고 깃대를 찌른 후에 바라를 두 손에 들고 춤을 추는데

14 먼저 부엌에 가서 ‘조왕굿’을 하고, 다음에는 광으로 가서 ‘광대감’을 부르며 굿을 하고, 마지막에는 마당에서 밤새도록 굿을 하니라.

15 상제님께서 이를 지켜보시다가 “제법이구나! 무당도 저런 재주는 있어야 부려 먹지. 아이구야, 자빠질라. 내가 받아 줄거나!” 하시며 무당과 함께 즐겁게 노시거늘

16 잠자는 아이들을 깨워 손바닥에 올려놓고 마치 공기 다루듯 하시고, 쌀 한 가마니를 한 손으로 들어 제치기도 하시고

17 또 장구와 북을 빼앗아 치시며 외다리로 디디고 서서 좌우로 몸을 흔들며 흥을 내시고, 발로도 장구를 자근자근하게 잘 치시니라.

18 굿을 마치고 상제님께서 호연에게 “한 달 먹을 놈을 없애버리니 시원하냐?” 하시거늘

19 호연이 “아이구! 같이 실컷 놀아 놓고 나보고 그려.” 하며 볼멘소리를 하니라.

대세몰이 도운의 산운 발음 대공사

55:1 두리봉. 전주시 덕진구 우아동과 완주군 소양면에 걸쳐 있는 산. 지명의 유래는 산의 형세가 두리두리해서 붙여진 것이라 하며, 북두칠

55 을사(乙巳 : 道紀 35, 1905)년에 하루는 형렬과 호연을 데리고 전주 두리봉(斗里峯)에 가시니라.

2 호연이 묻기를 “놀려면 평지도 많은데 어찌 산으로만 댕겨요?” 하니

3 상제님께서 “응, 이 속에 좌우로 장수 신명이 들어 있어서 ‘들으라.’고 그런다. 너는 안 들리지만 나는 들으니 이렇게 둘러보는 것이여.” 하시니라.

4 상제님께서 정상에 오르시어 두리봉, 오봉, 칠봉, 육봉을 부르시니

4편 신도와 조화정부 463

각 신명들이 나와 무릎을 꿇거늘

5 말씀하시기를 "기(旗)를 만들어라. 앞으로 천상에서 부를 적에는 오봉이부터 불러서 '기를 들라.'고 이를 것이다.

6 오봉이가 기를 갖고 나서면 두리봉에서도 나서고, 칠봉, 육봉에서도 나서라. 그러면 오봉이가 기를 갖고 춤을 추어라.

7 그런 후에 모든 산들이 기를 갖고 쑥쑥 나서서 춤을 추면 이제 우리가 손을 잡는다." 하시고

8 각기 만들 깃발의 색을 정해 주시니 신명들이 "누가 먼저 기를 만드나 내기해 보자!" 하며 물러가니라.

기가 발동을 해야 한다

9 상제님께서 종이에 붉은 달과 검은 달을 그리시며 계속 기를 만드시니

10 호연이 "무엇이라고 그것을 만들어대요?" 하고 여쭈거늘 말씀하시기를 "기(氣)가 발동을 해야 한다." 하시니라.

11 호연이 어린 마음에 "그것이 발이 달려서 날아가요?" 하니 말씀하시기를 "이것이 종이라 널려 댕겨도 다 쓰는 기품이니라. 앞으로 쓰일 날이 있다." 하시니라.

12 상제님께서 종이가 들어오는 대로 붉은 기, 푸른 기, 검은 기 등을 수없이 만들어 책처럼 쌓아 두시니라.

각 사람에게 산운을 붙이심

56 이후 상제님께서 여러 성도들을 데리고 다시 두리봉에 오르시어 성도들을 두 줄로 길게 세우신 뒤에

2 일일이 한 사람씩 가리키시며 "너는 두리봉이다.", "너는 육봉이다.", "너는 무엇이다." 하시며 각 봉우리의 이름을 맡기시니라.

3 하루는 말씀하시기를 "인제 각 명산마다 장수가 나온다." 하시고

4 다시 "두리봉에서 장수가 나온다. 두리봉, 칠봉, ○○봉에서 기(旗)가 솟으리라." 하시니라.

기지신에게 치성을 올려야

57 하루는 성도들에게 말씀하시기를 "대인이나 소인을 막론하고 공사간(公私間)에 일을 이루려면 터를 정하여야 하나니

2 그러므로 기지신(基址神)에게 치성을 올리는 것이 옳으니라." 하시니라.

성의 두(斗) 자를 딴 것이라고도 한다. 또 산 정상에는 항상 붉은 깃발이 꽂혀 있었으므로 '깃대봉'이라 부르며, 산의 형세가 연꽃 봉우리 같다 하여 홍련봉(紅蓮峯), 소양면에서 바라보면 매봉은 남자, 두리봉은 여자 같다 하여 선녀봉이라고도 부른다. 왜막실에 사는 사람들은 "예로부터 두리봉은 상제가 춤추는 형국이라 한다."라고 증언해 주었다.

55:5 오봉이. 운동의 본체인 5황극 수의 정신이다.

55:9 붉은 달과 검은 달. 수(水)·화(火) 기운, 곧 태극을 말한다.

57:2 기지신에게 치성. 도장의 성전에는 우주의

주재자이신 상제
님을 중심으로
그 지역의 지방
신(地方神)과 주
산(主山)의 신
(神)까지 모시라
는 것이 상제님
의 가르침이다.

산도 신명이 들어 있어서

3 하루는 호연에게 말씀하시기를 "산도 신명이 들어 있어서 비가 억수같이 많이 오면 산사태 날 것을 두려워한 신명들이 자기 앉을 자리를 찾아 산을 옮기는데

4 그 모습이 마치 구름이 둥둥 떠서 걸어가는 것 같으니라.

5 아낙들이 이를 보고 '아이, 산도 걸어가네. 바위도 걸어가네.' 하며 입방정을 떨면 산이 '요망스럽다.' 하여 주저앉고 가지 못하느니라." 하시니라.

우주 통치의 근본원리

58 대저 천하사를 함에 때가 이르지 않아서 세상 사람들이 알게 되면 그 음해가 적지 않나니 그러므로 나는 판밖에서 일을 꾸미노라.

2 나의 일은 무위이화(無爲以化)니라.

3 신도(神道)는 지공무사(至公無私)하니라. 신도로써 만사와 만물을 다 스리면 신묘(神妙)한 공을 이루나니 이것이 곧 무위이화니라.

4 내가 천지를 주재하여 다스리되 생장염장(生長斂藏)의 이치를 쓰나니 이 것을 일러 무위이화라 하느니라.

58:4 생장염장.
사계절의 시간대
정신인 생장염장
(탄생-성장-성
숙-휴식)은 우주
변화 질서의 근본
이다. 진정한 생
명의 수수께끼는
현상 우주 세계
에서 전개되고
있는, 생명을 낳
아 기르는 천지
시간의 순환 정
신이며, 이것이
우주의 만물 창
조의 핵심 문제
이다.

정음정양의 남녀동권 세계를 개벽하심

59 상제님께서 말씀하시기를 "이 때는 해원시대라.

2 몇천 년 동안 깊이깊이 갇혀 남자의 완롱(玩弄)거리와 사역(使役)거리에 지나지 못하던 여자의 원(寃)을 풀어 정음정양(正陰正陽)으로 건곤(乾坤)을 짓게 하려니와

3 이 뒤로는 예법을 다시 꾸며 여자의 말을 듣지 않고는 함부로 남자의 권리를 행치 못하게 하리라." 하시니라.

4 하루는 상제님께서 공사를 보신 후에 '대장부(大丈夫) 대장부(大丈婦)'라 써서 불사르시니라.

5 또 하루는 성도들에게 말씀하시기를 "부인들이 천하사를 하려고 공을 들이니, 그로 인하여 후천이 부녀자의 세상이 되려 하네." 하시고

6 한참 계시다가 무릎을 탁 치시며 "그러면 그렇지, 큰일이야 남자가 해야지." 하시니라.

59:7 판대. 상복
과 패랭이를 걸
친 대나무. 이 씨

7 또 말씀하시기를 "판대까지야 여자에게 주겠느냐. 판대야 남자가 쥐지." 하시니라.

주무실 때 성령은 천상으로 올라가심

60 하루는 한 성도가 여쭈기를 "선생님께서 주무실 때는 아무리 급한 일이라도 고하지 못하도록 하시니 무슨 까닭입니까?" 하니

2 상제님께서 말씀하시기를 "내가 비록 잠들어 있을 때라도 신도(神道)에 어명을 내리고 있으니 나는 인간세계에 있지 아니하노라." 하시니라.

3 하루는 상제님께서 말씀하시기를 "하늘이 큰 눈을 내리거든 천상에 대공사(大公事)가 있는 줄로 알라." 하시니라.

상제님께서 주무실 때

61 상제님께서는 가만히 주무시다가도 갑작스레 '오늘은 이러저러하다. 누가 오면 어찌해라.' 하고 잘 일러 주시니라.

2 이 때 상제님께서 그저 주무시는 것으로 생각하여 곁에 앉아 함부로 속닥거리면 큰일이 나는데

3 이는 비록 잠드셨을지라도 깨어 계실 때와 같이 마음속까지 읽고 계시기 때문이더라.

4 하루는 상제님께서 코를 골며 주무시니 누가 호연에게 "오늘 내가 어디 가려 하니 그렇게 알고, 선생님이 찾으시면 호연 아씨가 말을 잘해 주소." 하고 나가려 하거늘

5 상제님께서 벌떡 일어나시며 "네 이놈, 어디 가냐?" 하고 호통치시고

6 호연에게도 "제가 본체라고 대답을 하고 앉았어, 또?" 하시며 꾸중하시니라.

7 하루는 상제님께서 숨소리를 크게 내며 주무시는데

8 호연이 "안 자네? 자는 줄 알고 뭐라 얘기하면 왜 음흉하게 다 듣고 그래요?" 하고 톡 쏘듯 말하니 상제님께서 빙그레 웃으시며 일어나시니라.

신도(神道)와 인도(人道)의 일체 관계

62 하루는 성도들에게 말씀하시기를 "너희들이 신명 보기를 원하니 내일은 신명을 많이 불러 너희들에게 보여 주리라." 하시거늘 성도들이 기뻐하니라.

2 상제님께서 이튿날 성도들을 데리고 높은 곳에 오르시어, 전에 없이 광부들이 무수히 모여들어 사방에 널리 흩어져 있는 원평 앞들을 가리키시며 말씀하시기를

름판대를 들고 마을을 돌아다니면서 씨름하는 것을 알린 후, 씨름판을 벌일 곳에 꽂고 풍물을 쳐서 마을 사람들을 모이게 한다.

신도

62장 후주 '신도(神道) 세계', '이(理)—신(神)—사(事)' 참조.

62:3 신도가 인
간의 마음속에
감응함으로써 인
사로 전개되는
역사 정신, 그 바
탕을 말씀하신
것.

3 "저들이 곧 신명이니, 신명을 부르면 사람이 이르느니라." 하시니라.

우주의 실상을 보는 도통의 관건

4 상제님께서 말씀하시기를 "천지간에 가득 찬 것이 신(神)이니

5 풀잎 하나라도 신이 떠나면 마르고 흙 바른 벽이라도 신이 떠나면 무너지고, 손톱 밑에 가시 하나 드는 것도 신이 들어서 되느니라.

6 신이 없는 곳이 없고, 신이 하지 않는 일이 없느니라." 하시니라.

재생의 은혜를 내려 주옵소서

63 하루는 상제님께서 구릿골에 계실 때, 전주 용머리고개에 사는 앉은뱅이 김 모가 들것에 실려 와서 상제님께 애원하기를

2 "제가 전생에 죄가 많아 나면서부터 앉은뱅이가 되었사오나 이렇게 구차한 몸으로 더 살자니 세월은 슬픔뿐이요, 죽자니 인생이 너무 비참하옵니다.

3 이와 같이 폐인(廢人)의 지경이 된 형편을 하늘만이 아시고 사람들은 알지 못하오니 저에게 새 생명을 열어 주시어 재생의 은혜를 내려 주옵소서." 하고 비 오듯이 눈물을 흘리며 슬픈 사연을 아뢰더라.

하느님이 강림하지 않고서야

4 상제님께서 그 하소연을 들으시고 불쌍히 여기시어 그 사람을 앞에 앉히고 담뱃대를 들어 올리며 말씀하시기를

5 "이 담뱃대를 따라서 차차 일어서라." 하시니 그 사람이 담뱃대를 따라 무릎과 다리를 조금씩 펴며 천천히 일어서거늘

63:6 도로주(道
路呪), 지신주(地
神呪)이다. 예고
주(曳鼓呪), 예고
신주(曳鼓神呪)
라 부름.

6 형렬에게 명하시어

曳鼓神 曳彭神 石蘭神
예 고 신 예 팽 신 석 란 신

東西南北 中央神將 造化造化云 吾命令 吽
동 서 남 북 중 앙 신 장 조 화 조 화 운 오 명 령 훔

이라 큰 소리로 외우게 하신 뒤에

7 그 사람으로 하여금 마당에서 걸어 보게 하시고 잠시 후에는 광찬에게 명하시어 회초리로 다리를 때려 빨리 걷게 하시니 마치 성한 사람 같은지라

8 그 사람이 기뻐 미친 듯이 뛰고 마당을 돌아다니며 외치기를

9 "하느님께서 이 세상에 강림하지 아니하셨다면 어찌 이럴 수 있으리오!" 하고 눈물을 삼키며 어떻게 보답해야 할지 모르더라.

10 상제님께서 그 사람에게 이르시기를 "들것을 버리고 걸어서 돌아가라." 하시고

11 사례금으로 받으신 서른 냥으로 큰길가 주막에 나가시어 오가는 행인들을 불러 술을 사 주시며 말씀하시기를 "다리를 펴 주니 고맙도다." 하시니라.

말을 못 하게 해야 하리라

64 상제님께서 을사년 9월 9일부터 호연에게 수도 공부를 시키시더니 병오(丙午 : 道紀 36, 1906)년 정월 보름에 이르러 공부를 마치게 하시니라.

2 호연이 이로부터 신명의 소리와 짐승의 말소리까지 다 알아듣고 누구에게나 보고 들은 대로 말을 옮기니

3 상제님께서 성도들과 무슨 말씀을 나누시다가도 호연이만 들어오면 "요것 듣는 데서는 말을 마라." 하시니라.

4 하루는 형렬의 며느리가 상제님의 자리끼로 숭늉을 자배기에 담아 뒷문 밖에 두었는데

5 난데없이 숭늉이 엎질러지니 사람들이 그걸 닦는다고 소란하거늘 호연이 이를 보며 웃음을 터뜨리는지라

6 상제님께서 "왜 웃냐?" 하시니 호연이 연신 웃어 대며 "쥐란 놈들이 와서 새끼가 '물이 많아서 못 먹겠다.'고 하니 어미쥐가 '발로 그릇을 눌러라. 엎질러서 땅으로 내려지거든 주워 먹어라.' 하잖아요.

7 그런데 새끼라서 못 엎지르니 어미가 대신 해 주었는데 갑자기 물이 엎질러지니 쥐들은 들킬까 봐 도망가 버리고 밖에 있는 사람들은 그걸 닦아 낸다고 저 야단인데 안 우스워요?" 하니라.

8 상제님께서 이야기를 들으시고 나서 걱정하시며 형렬에게 말씀하시기를 "그냥 두면 크게 일을 낼 것이니 벙어리를 만들까, 저걸 어쩔까?

9 우리가 죽고 없을 때에도 저렇게 쏙쏙 나서고 하면은 저것을 죽이지 살릴 것이냐?

10 제 어미, 아비에게는 복을 주겠다고 해서 딸을 데려왔는데 저것을 죽이면 우리가 한 말이 헛말이 되니 못쓰고

11 저것을 가만 두면은 나발나발해 갖고 우리 일을 망치고 제 생명도 없어질 것이니 못쓰고

12 어디를 병신 만들어 놓을까? 에이, 말을 못 하게 하자!" 하시니

13 이후로는 호연이 듣고 본 것을 말하려고 하면 가슴이 답답하고 입

64:2 짐승의 말소리까지 다 알아듣고. 짐승의 소리를 알아듣는 것을 '지음(知音)'이라 하는데, 지음으로 가장 유명한 사람은 바로 용호대사 정북창이다.

64:4 자리끼. 밤에 잠자리에서 마시려고 머리맡에 준비해 두는 물.

이 안 벌어져 말을 못 하게 되나라.

천상에서 내려온 흰 노인과 도용이

65:1 "하얀 종이 같이 사람이 생겼어. 색깔이 요런 백지 같에. 그래 갖고는 인제 내려와. (중략) 처음 부를 적은 바깥에서 허여니 똑 눈같이 생긴 이가 떡 와서 앞에 가 서면서 '도용아~!' 그려. (중략) 아, 늙었당게. 늙어 가지고 수염도 허옇고 모두 백설여, 백설. 얼굴도 그렇고 머리고 뭣이고 옷이고 다 그렇게 생겼어." (김호연 성도 증언)

65 하루는 호연이 상제님과 함께 방에 있는데 하늘에서 눈같이 흰 사람이 내려와 문밖에 서더니 "도용아~!" 하고 부르는지라

2 호연이 "도용이가 누구예요?" 하고 여쭈니 상제님께서 호연의 입을 꽉 틀어막으시며 "암말도 마라." 하시고 노인을 향해 뭐라 대답하시니라.

3 눈같이 흰 노인이 '○○꽃을 보았냐.'고 물으니 상제님께서 호연 대신 거기를 아직 못 당했다고 하시거늘

4 다시 '속히 보라.' 당부를 하고는 어디로 흔적도 없이 사라지는데

5 호연이 보니 그 모습이 환하고, 얼굴과 수염, 머리와 옷이 온통 백설같이 희더라.

6 이후로 상제님께서 호연을 부르실 때 간혹 '도용이'라는 이름으로 부르시니라.

내가 참하늘이니라

66 상제님께서 하루는 하늘을 가리키시며 말씀하시기를 "사람들은 여기서 보이는 하늘이 전부인 줄 알아도 그것은 중간하늘일 뿐이니라.

2 내가 참하늘이니라.

3 사람들이 허리띠를 가운데 띠고 위에 목도리를 하고 밑에 꽃대님을 하듯이, 천상사람이 있고 땅속에도 사는 사람이 또 있느니라." 하시니라.

이 천지에 명관 따로, 큰 선관 따로 있다

4 하루는 상제님께서 말씀하시기를 "명관 따로 있고, 선관이 따로 있느니라.

5 그런 명관들과 함께 입을 섞어서 말하는 사람이 좀체로 없구나." 하시니라.

천지공사를 신명과 더불어 판단하심

67:1 귀신은 천리의 지극함이니. 후주 '이(理)-신(神)-사(事)' 참조.

67 5월에 하루는 성도들에게 일러 말씀하시기를 "귀신(鬼神)은 천리(天理)의 지극함이니, 공사를 행할 때에는 반드시 귀신과 더불어 판단하노라." 하시고

2 글을 써서 형렬의 집 방 벽에 붙이시니 이러하니라.

侍 天 主 造 化 定 永 世 不 忘 萬 事 知
시 천 주 조 화 정 영 세 불 망 만 사 지

至
至 氣
今
師 至 願 爲 法
爲
大
降

全 慶
州 州
銅 龍
谷 潭
解 報
冤 恩
神 神
전주동곡해원신 경주용담보은신

年 月 日
년 월 일

부(符)는 귀신의 길

3 상제님께서 밤에 혼자 계실 때도 자주 문명을 써서 불사르시며 공사를 행하시는데 아침이 되면 그 재를 형렬에게 치우도록 하시니라.

4 하루는 한 성도가 여쭈기를 "글이나 부적을 쓰시어 공사를 행하신 후에는 모두 불살라 버리시니 그 까닭이 무엇입니까?" 하니

5 상제님께서 말씀하시기를 "사람은 나타남(現)으로 알고 귀신은 불사름(燒)으로 아느니라.

6 내가 옥황상제로서 천지공사를 행하는 고로 반드시 불살라야 하느니라.

7 부(符)는 귀신의 길이니라." 하시니라.

대신명들이 들어설 때

8 상제님께서 부를 그리실 때 형렬이 신안(神眼)이 열리어 보니 천신(天神)들이 정연하게 자리 잡고 봉명(奉命)을 준비하고 있더라.

9 상제님께서 대신명(大神明)이 들어설 때마다 손을 들어 머리 위로

올려 예(禮)를 표하시니라.

10 또 점을 찍으시며 칙령을 내리실 때는 "아무개 이 점 찍는 대로 살려 줘라." 하시며 항상 '~해라' 하고 명하시지 '~해 주시오', '~허소' 하시는 경우는 없으시니라.

11 호연이 보니 상제님께서 점을 찍으시는 것도 다 요령이 있어서 고축하시는 내용에 따라 점의 수(數)가 다 다르더라.

공사를 행하실 때는

12 공사를 행하실 때에는 반드시 술과 고기를 장만하여 여러 사람들과 함께 잡수시며, 때로는 식혜(食醯)를 만들어 성도들과 더불어 잡수시니라.

종도들을 '후' 하고 한번 부시면

68 상제님께서 간혹 먼 길로 심부름을 시키실 때 심부름하는 사람을 앞에 세우시고

2 등 뒤에서 **'후' 하고 한번 부시면** 그 사람이 원앙새, 학, 기러기, 황새 등이 되어 날아가니

3 이렇게 새가 되어 심부름을 많이 한 사람은 진수, 성수, 남수 세 사람과 임○○ 라는 사람이더라.

4 한번은 전주 송광사(松廣寺)에 가 머무르실 때 이와 같이 세 사람에게 심부름을 시키시니

5 상제님께서 이들을 보내시면서 "너희는 각기 어느 나라, 어디어디에 가서 누구누구를 만나고 아무 날 돌아오라." 하시니라.

6 세 사람이 명을 받고 날아서 갔다가 올 때도 역시 날아서 오는데

7 닷새 후에 한 사람은 아침에 오고, 한 사람은 조금 후에, 또 한 사람은 한낮이 되어서 돌아와 각기 상황을 아뢰니라.

8 송광사에서 이 공사를 보시고 돌아오실 때 논에 가서 왕골을 뽑아 말을 만드시고, 삼대를 뽑아 교군(轎軍)을 만들어 타고 오시니라.

신흥사에서 보신 신명 공사

69 상제님께서 송광사에서 여러 날을 지내시고 임실(任實) 사자산(獅子山) 신흥사(新興寺)에 가시어 머무르실 때

2 밤낮으로 신명들을 불러들여 공사를 보시니 어떤 때는 호랑이며 말, 소 등 짐승이 되어 오고

68:2 한번 부시면. 상제님은 조화주 하느님이심을 늘 명심해야 한다. 지금도 상상을 초월하는 새우주 창조의 대공사 내용이 생생하게 증언되고 있다.

68:4 송광사에가 머무르실 때. 상제님께서 성도하시기 이전부터 전주 종남산 송광사에 가끔 가셨는데 상제님께서 가시면 송광사 중들이 대접이고 뭐고 하기에 앞서 벌벌 떨었다고 한다.

68:7 심부름 갔다 와서 아뢴 내용. 이 부분에 대해서는 김호연 성도의 기억이

3 잘 차린 사람 모습으로 오기도 하고, 농사꾼 차림으로 오기도 하더라.

4 상제님께서 방이나 마루에 앉아 계시면 신명들이 채 마루나 토방까지도 오지 못하고 양옆으로 서 있는데

5 하루는 호연이 "저 사람은 뭔 사람이고, 저 사람은 뭔 사람이에요?" 하고 여쭈니

6 말씀하시기를 "그것도 죽은 사람, 그것도 죽은 사람." 하시니라.

7 이에 호연이 "죽은 사람이 어찌 저렇게 눈을 멀뚱거리며 들어와요?" 하니

8 "눈을 떠야 짐승이라도 들어오지, 눈 안 뜨고 어떻게 들어오냐? 말 시키지 말고 가만 앉았거라." 하시고 신명들에게 "저만치 물러나라!" 하고 명하시거늘

9 한 신명이 나서며 바닥에 선을 그으니 모두 선 밖으로 물러나 정렬하더라.

10 상제님께서 박 크기만 한 쇳덩이를 주시며 "들어 보라." 하시거늘 어떤 신명은 들고 어떤 신명은 힘이 부쳐서 들지 못하니

11 말씀하시기를 "산해박 뿌리를 캐서 칡뿌리와 ○○ 뿌리와 함께 먹어라. 칡뿌리는 기운을 돋우는 것이니라.

12 그리고 ○○에 가서 동삼(童蔘)을 먹고, 칡뿌리와 산해박 뿌리와 ○

분명하지 못하다. 이 때 한 종도가 "○나라에 갔더니 주인이 자기 딸이 아파 안에 들어가서 지체되었다."고 아뢰었다는 증언이 비교적 분명하다.

69:1 신흥사. 전북 임실군 관촌면 상월리(上月里) 사자산(獅子山) 남쪽 기슭에 있는 절. 백제 성왕 7년(529)에 신라의 진감국사(眞鑑國師)가 창건했는데, 창건 당시에는 400여 평의 가람에 승려 300여 명이 머무르는 대찰(大刹)이었다. 김호연 성도의 오빠가 오랫동안 주지로 있었다.

69:11 산해박. 박주가리과의 여러해살이풀. 뿌리는 해열, 이뇨, 강장제로 씀.

신흥사. 상제님께서 이 절에서 온갖 짐승과 신명을 불러 공사 보셨다. 백제 성왕 때 지은 것으로, 규모가 컸으나 지금은 대웅전과 산신각만 남아 있다.

○ 뿌리를 함께 넣어 술을 해 놓아라. 그래야 장수들이 목을 축이느니라." 하시니라.

13 또 쇳덩이 몇 개를 주시며 "이놈을 들어 보면서 먹어라. 기운을 돋우라는 것이다." 하시고

14 이어 "행여 네가 뒤떨어져서 죽더라도 한을 말아라." 하시며 돌려보내시니라.

계룡산 정씨 왕국 기운을 거두심

70 성도들이 계룡산(鷄龍山) 정씨 왕국에 대해 여쭈니 말씀하시기를

2 "일본 사람이 모든 섬과 산을 샅샅이 뒤지고 물밑까지 더듬어 보았나니

3 정씨가 몸 붙여 일 벌일 곳이 어디 있으리오. 그런 생각은 다 버릴지어다." 하시고

4 "속담에 '정가를 방문하면 방정(訪鄭)맞다.' 하고, 또 사리가 밝으면 '내정(來鄭)이 있다.' 하나니

5 내가 그 기운을 뽑아 내정(內鄭)으로 정하여 하동 정씨(河東鄭氏) 가문에 취객(娶客)이 되었노라." 하시니라.

6 또 말씀하시기를 "계룡산은 수계룡이요 모악산은 암계룡이라. 나는 암계룡을 택하였노라." 하시니라.

죽었던 말이 눈을 뜨며

71 하루는 호연을 데리고 계룡산에 오르시어 서 계시는데

2 어디선가 백마 한 필이 훌쩍 뛰어올라 저 하늘 끝까지 날아오르더니 갑자기 뚝 떨어져 상제님의 목덜미에 목도리처럼 앉는지라

3 상제님께서 웃으시며 "이제 그만 떨어져야지." 하시니 말이 땅으로 내려앉거늘

4 다시 "어느 앞이라고 꼿꼿할꼬?" 하시매 말이 고개를 수그리니라.

5 상제님께서 말을 향해 "너, 하늘 ○○ 나라에 가서 ○○을 잡아오겠느냐?" 하시니 말이 고개를 끄덕이고 하늘로 올라가거늘

6 상제님께서 옥단소를 꺼내시어 열십자로 한 번 그으시니 말이 떨어져 죽으니라.

7 호연이 "아이고, 무슨 심사로 그런대요? 살려 주세요!" 하고 애원하니

8 상제님께서 "그 말이 네 어미냐 아비냐, 왜 살려 달라고 네가 빌어? 제 어미가 있는데." 하시거늘 "제 어미가 어디에 있어요?" 하

고 대구하니라.

9 이에 상제님께서 "그럼 네가 잘 해 줘라." 하시니 호연이 뾰로통하게 "어떻게 해? 가르쳐 주어야지." 하거늘

10 "달 월(月) 자, 날 일(日) 자를 써라." 하고 일러 주시니라.

11 호연이 "내가 쓸 줄 알간디?" 하니 상제님께서 직접 호연의 손을 잡고 글을 써 주시거늘

12 죽었던 말이 곧바로 눈을 뜨며 고개를 드는지라

13 호연이 "아주 일어나게 해 주지." 하매 상제님께서 다리 하나를 일으켜 세워 주시니 말이 벌떡 일어서고

14 다시 "아주 걸어 댕겨서 저 갈 데로 가게 해 주세요." 하고 조르니

15 상제님께서 고개를 저으시며 "아이고, 내가 요것 데리고 못 댕겨. 네 소원대로 하자." 하시고는 말의 엉덩이를 한 번 들어 주시니 말이 제 갈 길로 가더라.

16 호연이 여쭈기를 "왜 시켜 놓고 그래요?" 하니 말씀하시기를 "나의 명을 받고 간다고는 했으나 정작 가서 하지 못하게 생겼으니 내가 그랬다." 하시니라.

개벽천지의 지운(地運) 발음의 섭리

72 하루는 김갑칠이 친산(親山)의 면례(緬禮)를 하려고 장례에 소용되는 장비와 제수를 지극한 정성으로 준비하였더니

2 상제님께서 이르러 말씀하시기를 "갑칠아, 내가 너를 대신하여 산소를 옮겨 장사 지내 주리라." 하시므로 갑칠이 기쁨을 이기지 못하니라.

3 상제님께서 명하시기를 "장례에 쓸 물건을 모두 태우라." 하시고 마을 사람들에게 술과 음식을 나누어 주시며

4 말씀하시기를 "오늘 면례를 잘 하였도다." 하시고 갑칠에게 "그 재를 앞내에 버리고 하늘을 살펴보라." 하시니라.

5 갑칠이 명을 좇아 하늘을 우러러 살피니 맑은 기운 한 줄기가 북에서 남으로 가로질러 뻗쳐 있더라.

6 이에 갑칠이 상제님께 "저 기운이 왜 하필 북에서 남으로 뻗쳐 있습니까?" 하고 여쭈니

7 상제님께서 말씀하시기를 "수화(水火)가 먼저 그 북쪽을 따르고 차례로 그 남쪽을 따르기 때문이니라." 하시니라.

72:6~7 김자현 성도의 아들인 김태진 씨가 쓴 「김태진 필사본」에 있는 내용.

명당 장사하는 자들의 대죄악

8 한 성도가 여쭈기를 "방금 치르신 면례법이 예로부터 행해 온 방법과는 너무 달라서 갑칠이 아쉬워하지 않을까 합니다." 하니

9 상제님께서 말씀하시기를 "선천에는 사람이 땅을 가려서 **뼈**를 묻은 다음에야 신명이 응기하였기 때문에 그것을 차지하기 위하여 여러 악이 함께 일어났느니라.

10 그러나 내 세상에는 먼저 신명에게 명하여 지운(地運)을 받게 하므로 백골을 묻지 아니하나니

11 공덕에 따라서 복지(福地)도 크고 작게 내리는 것이니라." 하시니라.

12 이에 다시 여쭈기를 "그러면 그 때는 명당을 구하여 백골을 그 혈(穴)에 장사하면 어떻습니까?" 하니

13 말씀하시기를 "혈을 얻었어도 복이 발할 수 없느니라." 하시니라.

하늘이 손을 다 잡았다 할 때는

73 상제님께서 명산마다 다니시며 단지에 술과 명태, 두부와 돼지고기, 쇠고기를 넣어 땅에 묻으시니

2 하루는 호연이 이를 보고 "그게 뭐예요? 이렇게 해 놓으면 누가 먹어요?" 하고 여쭈거늘

3 말씀하시기를 "누가 먹는 것이 아니라, 우리가 가면 각 신명들이 먹느니라.

4 우리가 일을 해도 신명이 안 들고는 못 하고, 일을 하다가도 갑옷 얻고 투구 얻고 칼을 얻는 것은 천상에서 다 하는 것이니라." 하시니라.

5 이에 호연이 "어디로 싸움하러 가요?" 하니 "그런 것이 아니라 그들이 죽어서 우리를 보살펴 주는 법이 있나니

6 오다가 중도에서 만나기도 하고, 선몽(現夢)을 대기도 하느니라. 그러니 귀신도 스스로는 발복을 하지 못하느니라." 하시니라.

7 또 말씀하시기를 "우리 조선에서 하나가 되어서 일을 하면 천지신명이 일어나느니라.

8 전쟁에서 싸우다 죽은 장수 신명들의 원을 풀어 주려고 내가 제를 지내는 것이니 일이 되고 보면 모든 대장수 신명들이 일어나느니라.

9 일이 되어서 하늘이 손을 다 잡았다 할 때에는 만방에서 나와 나를 따르느니라.

10 신명이 같이 해야지, 천상에서도 신명이 없으면 일을 하지 못하느니라." 하시니라.

73:9 하늘이 손을 다 잡았다 할 때. 천상 각국 신명계의 장벽이 우주의 차원에서 총체적으로 허물

폭우 올 때의 상제님 행차

74 하루는 한 성도가 여쭈기를 "지난날 불가지(佛可止)에서 전주로 가실 때 홀연히 폭우가 몰려와 들에 있던 사람들이 급히 비를 피하느라 어지러이 소란스러웠으나

2 선생님께서 행차하시는 데에 이르러서는 빗줄기가 두 갈래로 나뉘고, 가운데 하늘이 맑게 개어 긴 거울을 걸어 놓은 듯하고

3 한 방울의 비도 떨어지지 아니하여 보는 사람들이 모두 이상히 여겼사오니 어찌 된 연고입니까?" 하니

4 상제님께서 말씀하시기를 "우사(雨師)가 내가 가는 것을 알고 그리하였느니라." 하시니라.

비 내리고 그치는 것을 마음대로

5 상제님께서 길을 가실 때에 간혹 비가 쏟아지는 일이 있는데

6 동쪽을 바라보시며 허공에 대고 손가락으로 무어라 쓰시면 곧바로 비가 그치니 가던 길을 그대로 가시니라.

천둥소리도 나를 안다

7 하루는 길을 가시는데 비가 오려는 듯 '우르릉우르릉' 하고 천둥이 울어대거늘

8 상제님께서 손짓을 하시매 곧바로 천둥이 그치는지라 호연이 신기

어지는 가을 대개벽의 시간대에 들어서는 상황을 말씀하신 것. 옥추문 심판 사건이 결정적 계기가 될 것이다. 4편 39장, 5편 369, 375장 참조.

불가지촌. 가활만인의 큰 기운을 간직한 길지로 그 기운을 취하여 상제님께서 이곳에서 여러 공사를 보셨다. 김성국 성도가 이곳에 살았다.

해하며 그 연유를 여쭈니

9 말씀하시기를 "천둥소리, 어찌 나를 몰라야!" 하시니라.

상제님 앞을 그냥 지나가면

75 하루는 일본 헌병이 말을 탄 채로 상제님 앞을 그냥 지나다가 말이 벌러덩 넘어져 길바닥에 곤두박질치거늘

2 성도들이 그 연유를 여쭈니 말씀하시기를 "내 앞을 지나는 것을 도로신장(道路神將)들이 불경히 여겨 꾸짖은 것이니라." 하시니라.

3 길에서 상제님을 뵈면 평소 상제님을 아는 사람들은 저만치서 얼른 허리를 굽히는데

4 혹 그리하지 않으면 "저놈이 아는 사람을 보고도 모른 체하고 간다." 하며 꾸중하시니

5 이는 상제님을 옹위하는 대신장들의 신벌을 면케 해 주시기 위함이더라.

천지조화로도 어려운 법을 행하심

76 병오년 10월에 청도원(淸道院)에서 공사를 행하시고 구릿골로 돌아오시어 말씀하시기를

2 "풍운우로상설뇌전(風雲雨露霜雪雷電)을 일으키기는 쉬우나 오직 눈 온 뒤에 곧 비 내리고, 비 온 뒤에 곧 서리 치게 하기는 천지조화로도 오히려 어려운 법이라.

3 내가 오늘 저녁에 이와 같은 일을 행하리라." 하시고 글을 써서 불사르시니

4 과연 눈이 내린 뒤에 곧 비가 오고, 비가 개자 곧 서리가 치니라.

모과 신명을 불러내심

77 상제님께서 종종 섭다리골에 있는 모과나무에서 모과를 따 오시니라.

2 하루는 모과를 품에 한아름 안고 오시는데 호연이 "모과는 뭐 하러 따 와요?" 하거늘

3 상제님께서 "거 시고도 개미가 있다잉. 그런데 모과가 망신을 시킨단다." 하시는지라

4 호연이 "망신시킬 것을 따 갖고 와요?" 하니 "이런 것도 있어야 잘난 놈이 있지, 다 잘나 놓으면 못난 놈은 어떻게 되겠냐?" 하시며

77:3 개미. 남도에서만 쓰는 말로, 보통 맛과는 다른 특별한 맛.

모과를 한 줄로 쌓으시니라.

5 이에 호연이 "사람 키만큼 뭐 하러 그렇게 세워요? 자빠지라고." 하니

6 상제님께서 "여기 가까이 오지만 마라." 하시고 모과 앞으로 가까이 다가서시어 작은 소리로 "모과야! 모과야! 왜 아무 말도 않느냐? 배고파서 대답 못 하겠느냐?" 하시거늘

7 성도들이 모두 궁금히 여겨 상제님 등 뒤에 바짝 붙어 귀를 기울이니라.

8 상제님께서 "모과야! 아, 모과라고 하니 삐졌냐? 목 첨지라고 할꺼나?" 하시니 역시 아무 기척이 없거늘

9 다시 "그러면 뭐라고 할거나…, 모 생원?" 하시매 그제야 모과가 끄덕이며 "예." 하고 대답하더라.

10 이에 상제님께서 웃으시며 "그려. 모 생원!" 하고 부르시니 가장 위에 놓여 있던 모과 하나가 앞으로 툭 떨어지며 "증산!" 하고

11 그 밑에 있던 모과가 뒤따라 떨어지며 또 무어라 말하거늘

12 상제님께서 그 모과에게 "너는 뭐라고 했냐?" 하시매 "앞에서 '증산' 하길래 저는 '강가' 그랬어요." 하는지라

13 상제님께서 "내가 강증산이냐, 이놈아?" 하시며 서 있는 모과의 밑동을 발로 툭 차시니 모과 하나가 뒤로 튕겨 나가니라.

14 호연이 이를 보고 "아이들마냥 그것 갖고 장난을 하네. 모과가 말을 다 해요?" 하며 다가서니 상제님께서 "네가 한번 말 시켜 봐라!" 하시거늘

15 호연이 "모과야! 모과야!" 하고 말을 거니 모과들이 춤을 추듯 달랑달랑 움직이더라.

16 상제님께서 "네가 말하니 대답도 안 하고 막 까불기만 한다. 아이라고 장난하느라고 그러니 너도 한번 때려 봐라." 하시거늘

17 호연이 "이까짓 것 그럼 못 때려요?" 하며 발로 툭 차니, 순간 한 줄로 서 있던 모과가 휘청거리며 호연의 목을 탁 때리는지라

18 호연이 원망스러운 눈빛으로 상제님을 쳐다보며 "맥없이 이런 것 주워 와서 사람을…." 하며 울먹이니

19 상제님께서 말씀하시기를 "모과라고 헤프게 알고 때리니까 그런다." 하시며 호연을 달래어 방으로 데려가시니라.

20 성도들이 하도 신기하여 떨어진 모과를 주워 들고 "요것이 때려? 어디 나도 한번 때려 봐라." 하며 모과를 툭툭 치니

21 모과들이 사방으로 날아다니며 성도들을 사정없이 때리거늘

22 상제님께서 뒤에서 이를 바라보시며 "저놈들 봐라. 모과한테 맞고 우는 꼴들 좀 봐라!" 하시고 크게 웃으시니라.

도깨비를 불러 공사 보심

78 상제님께서 메밀죽을 자배기에 퍼서 담 밑에 놓으시고 "죽을 끓여다 담 밑에 놓았으니 와서 먹으라." 하고 도깨비를 부르시면

2 잠시 후 죽을 먹는 소리가 '쭉쭉쭉' 나는데 호연이 보니 그 생김새와 옷차림이 보통 사람과 꼭 같더라.

3 하루는 도깨비들이 줄을 서서 죽을 먹고 있거늘 상제님께서 오른발을 들어 왼쪽으로 원을 그리며 한 바퀴 빙 돌리시니

4 도깨비들이 모두 사라지고 부지깽이와 빗자루만 남았더라.

조화주 하느님의 상징 : 증가(甑哥)

5 또 하루는 몇몇 도깨비들을 잡아 "내일 이놈들을 단단히 봐야겠다." 하시며 허리띠를 끌러 나무에 묶어 두셨는데 아침에 보니 막대기와 빗자루만 묶여 있거늘

6 호연이 놀랍기도 하고 신기하기도 하여 "이것이 어떻게 된 일이에요?" 하고 여쭈니

7 말씀하시기를 "거기에 신이 붙어서 그러지, 이런 막대기가 뭔 일을 하겠느냐!" 하시니라.

8 이에 호연이 "빗자루로 쓸고 다니죠." 하니 상제님께서 "증가(甑哥)가 도깨비 성(姓)이니 내가 증가다." 하시거늘

9 호연이 "증산은 무슨, 도깨비지." 하매 "그래. 도깨비다, 도깨비." 하며 맞장구를 치시니라.

10 이 때 호연이 평소 상제님께서 도깨비를 친구라고 하신 말씀이 생각나 "도깨비보고 '막대기가 무슨 일을 하겠냐.' 면서 그게 친구예요?" 하니 그저 웃기만 하시니라.

제사 음식을 가져다 잡수시는 공사

79 날이 궂을 때에는 상제님께서 종종 도깨비를 부르시어 없는 물건을 가져오라 명하시는데

2 이 때 도깨비라 부르지 아니하시고 다른 여러 이름으로 부르시더라.

3 병오년 동짓달 초이튿날에 상제님께서 바닥에 막대기로 금을 그으시니

4 호연이 "무엇 하려고 금을 긋고 보세요?" 하거늘 "잔나비 오라고 그런다." 하시니라.

5 호연이 다시 "잔나비는 무엇 하게요?" 하고 여쭈니 "심심하니 여기 없는 것 가지고 오라고 해 보련다." 하시거늘

6 김덕찬이 옆에서 듣고 있다가 신이 나서 말하기를 "선생님 덕분에 목 좀 축여야겠습니다." 하니라.

7 이에 상제님께서 "그래라. 실컷 먹고 나중에 배가 터지거든 저 말 총으로 꿰매라." 하시는데

8 그 찰나에 도깨비들이 나타나며 "바로 왔습니다." 하고 절을 하는지라

9 상제님께서 도깨비들에게 "왔느냐. 너희들 대장이 어디 있는고?" 하시니 그중 몸집이 큰 도깨비가 앞으로 나서거늘

10 상제님께서 "네가 장수냐?" 하시니 "예." 하고 대답하니라.

11 상제님께서 다시 "대루(對壘)장수가 누구냐?" 하고 물으시니 여기저기서 몇몇이 나서거늘

12 상제님께서 그들을 향하여 "너희들 내가 시키는 대로 하겠느냐?" 하시니 모두 "예!" 하고 큰 소리로 다짐하니라.

13 상제님께서 명하시기를 "좁은목 오목대가 너희들 구역이지? 오늘 그 밑에 있는 생교골에서 제를 지내니 음식을 다 가져오너라. 내가 먹어야겠다." 하시니

14 대장 도깨비가 나서며 "드신다면 그렇게 하지요. 보자기 하나만 주십시오." 하니라.

15 이에 큰 이불보를 하나 주시니 과연 차려 놓은 음식을 모두 싸 오거늘

16 음식을 나누어 드신 후에 오른발을 들어 왼쪽으로 원을 그리며 한 바퀴 빙 돌리시니 도깨비들이 모두 사라지더라.

부정한 자는 출입할 수 없는 대공사장

80 정미(丁未 : 道紀 37, 1907)년에 하루는 구릿골 이장이 추렴을 하러 마당으로 들어서며 "으렁아!" 하고 부르거늘

2 으렁이가 "당신 부르라는 으렁이오? 내 주인이 나를 으렁이라 대지 당신이 왜 내 이름을 부르시오?" 하며 퉁명스럽게 대꾸하니 서로 다툼이 일어나니라.

3 상제님께서 이를 아시고 이장에게 "네 이놈, 어디라고 발을 댈꼬?"

는 우주의 조화 옹이심을 의미한다.

79:11 대루장수. 보루(保壘)를 구축하고 적군과 상대하는 장수.

79:13 오목대(梧木臺). 전북 전주시 교동 소재. 조선 시대의 왕족인 전주 이씨의 발상지로서 고려 우왕 6년에 이성계가 남원 운봉에서 왜구 아지발도(阿只拔都)의 무리를 무찌르고 개선 잔치를 열었던 곳이다.

79:13 생교골. '향교가 있는 골'이라는 뜻으로 전주시 교동의 옛 이름이다.

80:1 추렴. 모임, 놀이 등의 비용으로 여럿이 돈이나 물건 등

신
도

을 나누어 내는 일.

80장 인류의 운명을 설계하는 신성한 대공사장에 부정한 몸과 의식, 목적으로 근접하는 자가 있으면 천지신명들이 그 불경함을 용서치 않으므로, 상제님께서 꾸짖음으로써 목숨을 구제해 주신 생생한 예화이다. 천하사 일꾼은 천지에서 항상 '십목소시 (十目所視) 십수소지(十手所指)' 한다는 것을 각성하여 매순간 언행을 삼가며 신독(愼獨)의 정신으로 구도에 정진해야 함을 명심해야 한다.

하며 호령하시니 이장이 '추렴을 하러 왔다.' 고 아뢰거늘

4 "달라고 하려면 저 바깥에서 찾을 일이지, 왜 안에다가 발모가지를 들이느냐!" 하시며 크게 호통치시니 순간 이장의 발목이 비틀어져 버리는지라

5 이장이 이 뒤로는 형렬의 집에 추렴할 것이 있어도 문 앞에 서서 들어오지를 못하니 받아가지 못하고

6 멀쩡하게 길을 걷다가도 발목이 홱홱 돌아가 넘어지니 이장 노릇조차 제대로 하지 못하니라.

7 이후로는 다른 이들도 모두 상제님을 경외하여 출입할 때마다 상제님께서 계신지 안 계신지를 먼저 살피며 함부로 드나드는 것을 삼가니라.

일월의 정음정양 대개벽 공사

81 하루는 호연이 "해가 물에 빠지면 물이 부글부글 끓는다던데, 나 그것 좀 구경시켜 줘요." 하니

2 상제님께서 "네 눈에는 그렇다 해도 산 기구가 있어서 그놈이 돌아가면 밤이고 낮이고 한다." 하시니라.

3 한번은 호연과 동네 아이를 앉혀 놓으시고 "달이 너희 눈으로는 얼마나 크냐?" 하고 물으시니

4 먼저 동네 아이가 "아이구, 우리 엽전 크기만 하지요, 뭐. 좀 더 클까, 이 맷방석만 할까요?" 하거늘

5 상제님께서 호연을 바라보시며 "너는?" 하고 물으시니 답하기를 "달이 정녕 조선만 하니까 비출 테지, 쪼그마하면 이 천하를 다 비추간디? 그러니 맷방석보다는 더 크지." 하니라.

6 상제님께서 웃으시며 "역시 호연이는 호연이다! 호연아, 네 마음에는 어째 달이 그렇게 커 보이냐?" 하시니

7 호연이 "크니까 천하에 다 보이지, 쪼그마하면 보이겠냐구요." 하고 대답하니라.

81:8 이는 '옥황상제님과 소녀 호연'의 단순한 대화 내용이 아니다. 상제님께서 선천 문왕팔괘(八卦)의 남북에 자리한 이남

8 상제님께서 말씀하시기를 "그려, 이를테면 해는 머슴애고 달은 계집애인데 내가 바꿔 놨다. 그러니 달이 남자고 해가 여자란다." 하시니

9 호연이 "어째서 계집애인데요?" 하고 여쭈거늘 "달이 계집애라서 밤이면 혼자 무섭다고 해서 바꿨단다.

10 해를 보면 계집애라 하도 이뻐서 눈이 안 시리냐, 달을 보면 맹랑하고 밝기만 하지! 그게 서로 바뀌어서 그런 것이다." 하시니라.

11 이에 호연이 "그렇게 바꾸는 수도 있어요? 고추를 떼다가 바꿨겠네?" 하니

12 상제님께서 "그런 것까지? 아이구, 난 저것하고 같이 말 못 한다니까, 멍청해서." 하며 웃으시니라.

신도(神道)에서 정성을 가늠한다

82 용암리 물방앗집 김치경(金致京)의 곁방에 사는 정태문(鄭泰文)이 상제님을 모시고 여러 날 동안 한 방에서 지낼 때

2 토질(土疾)로 몹시 고생하여 고쳐 주시기를 청하니 상제님께서 허락만 하시고 고쳐 주지 않으시다가

3 하루는 태문에게 "네가 병을 고치려 하느냐?" 하시거늘 태문이 대답하기를 "진실로 그러하옵니다." 하니라.

4 이에 상제님께서 말씀하시기를 "내가 모레 정읍으로 갈 것이니 지금 치료하여 주리라." 하시고

5 글을 써 주시며 말씀하시기를 "이 글을 네가 자는 방 베개 위에 두고 자라. 내일 아침에 일어나 방문을 열면 개가 방문을 향해 앞발을 모으고 피를 토하리니

6 이는 곧 네 병을 개에게 옮겨서 낫게 함이라. 그러나 그 개도 죽지는 않으리라." 하시니라.

7 이에 태문이 명하신 대로 하니 과연 말씀하신 바와 같은지라 상제님을 모시고 주막에 가서 술을 올리는데

8 상제님께서 말씀하시기를 "만일 술을 먹고 술값을 늦게 갚으면 먹지 않음만 못하니 잘 생각하여 하라." 하시거늘

9 태문이 말하기를 "내일 틀림없이 갚으려 하나이다." 하고 일곱 냥어치를 먹으니라.

10 이튿날 상제님께서 정읍으로 떠나신 뒤에 태문이 술값을 '천천히 주리라.'고 생각하였더니 갑자기 복통이 나서 고통스럽거늘

11 '술값을 천천히 갚으려 한 까닭인가?' 하여 '나으면 곧 갚으리라.' 결심하니 복통이 곧 그치매 즉시 술값을 갚으니라.

그 기운이 빠르다

83 대흥리에서 몇 달 동안 머무르실 때 하루는 차문경(車文敬)이 가물치를 낚아 회를 쳐서 상제님께 올리매

2 잡수신 뒤에 문밖을 거니시다가 하늘을 바라보고 웃으시며 "그 기

감북(坎南坎北)을 바로잡아 정역팔괘의 곤남건북(坤南乾北)이 되도록, 천지일월이 가을의 시간 도수인 1년 360일 정원궤도를 달리도록 신도(神道) 차원의 일월개벽 공사를 행하신 것이다.

82:2 토질. 어떤 지방의 수질과 토질이 맞지 아니하여 생기는 병, 토질병. '폐흡충'을 한방에서 이르는 말.

83:1 차문경(車文敬, 1878~1944). 부 치화(致華)와 모 밀양 박씨(密

陽朴氏)의 장남. 차경석 성도의 종형으로 그 옆집에 거주했다. 『대순전경』에는 문경(文京), 제적부에는 문경(文畏), 족보에는 문경(文敬)으로 나온다.

운이 빠르다." 하시거늘

3 성도들이 하늘을 올려다보니 구름과 같은 이상한 기운이 가물치 모양을 이루어 동쪽을 향하여 떠가더라.

나는 모든 일을 함부로 하기 어려우니라

4 하루는 성도들이 금사(琴師)를 불러 가야금을 타게 하고 유쾌히 놀거늘

5 상제님께서 이를 금하시며 말씀하시기를 "저 허공을 보라. 나는 모든 일을 함부로 하기 어려우니라. 가야금 소리를 듣는 것조차 하늘이 그 모습을 드러내는도다." 하시니라.

6 이에 성도들이 모두 올려다보니 구름과 같은 이상한 기운이 가야금 타는 형상과 대여섯 사람이 벌여 앉은 모양을 이루어 허공에 떠 있더라.

7 하루는 상제님께서 말씀하시기를 "내가 하늘의 보좌(寶座)에 있을 때에는 담배 연기를 천지 분향(焚香)으로 삼느니라." 하시니라.

천지만사가 이치 없이는 못 하는 것

84 정미년에 하루는 호연이 "사진이나 박을 줄 알면 내 사진이라도 박을 텐데, 왜 그런 재주는 없어요?" 하고 투덜거리니

2 말씀하시기를 "앞으로 세상에 그런 일이 흔하게 퍼져. 그렇지만 나는 그런 기구가 없어." 하시니라.

3 호연이 다시 "왜 다른 것은 다 하면서 그런 것은 못 해요?" 하니

4 말씀하시기를 "그것도 다 이치가 있어야 하지, 모든 일이 이치 없이는 못 하는 것이다." 하시니라.

하느님이 있응게 하느님이지

84:5~6 "앞으면 걱정을 하네, '저것 때문에 어찌해야 할거냐.'고. 그런 거로 맞기도 잘 맞고 사방에 흉이여. 똑똑한 체한다고." (김호연 성도 증언)

5 평소 호연이 아는 체하며 쏙쏙 나서기를 잘하니 상제님께서 그 때마다 쥐어박으시며 '똑똑한 체한다.'고 꾸중하시고 늘 염려하시니라.

6 하루는 상제님께서 호연을 걱정하시며 형렬에게 말씀하시기를 "저것을 어찌하면 좋겠냐?" 하시니

7 형렬도 한숨을 지으며 "우리가 일을 그르치면 저것으로 인해 죄가 되지 않을까요?" 하며 호연을 바라보거늘

8 이를 듣고 있던 호연이 "맥없이 남의 어린애 데려다 놓고는 이것, 저것…." 하고 퉁명스럽게 말하니라.

9 이에 상제님께서 "이것, 저것이 무엇이여?" 하시니 호연이 "내가

이 세상에 나와 고생하는데 그런 걸 선생님한테 돌리는가

10 젖 먹던 어린 내가 왜 여기에 와서 이런 공폐를 당한대?" 하거늘

11 상제님께서 빙긋이 웃으시며 "전생에 네가 그랬으니 하느님이 알고 너를 데리고 가." 하시니라.

12 호연이 "하느님이 어디 있어요?" 하니 "하느님이 있응게 하느님이지, 저 하늘 없냐?" 하시거늘

13 호연이 하늘을 보니 막대기로 찌르면 닿을 것만 같아 "간짓대로 푹 쑤셔 볼까요?" 하매

14 상제님께서 크게 웃으시며 "만날 쑤셔 봐라. 가까운 성싶어도 몇천 리여." 하시니라.

하늘의 신들을 꾸짖으시는 인존상제님의 권능

85 이 해 6월 중복날 상제님께서 대흥리 부근의 접지리(接芝里) 주점에 가시어

2 경석을 비롯한 여러 성도들에게 이르시기를 "오늘 번개가 일어나지 않으면 충재(蟲災)가 생겨서 농작물이 큰 해를 입으리니 잘 살피라." 하시거늘

3 모두 주의하여 날이 저물도록 살피되 번개가 나지 아니하는지라

4 상제님께서 하늘을 향하여 꾸짖으시기를 "천지가 어찌 생민의 재앙을 이렇듯 돌아보지 아니하느냐! 내가 이제 민록(民祿)을 내리리라." 하시고

5 마른 짚 한 낱을 무명지 길이로 끊어서 화로에 꽂아 불사르시니 별안간 북방에서 번개가 일어나니라.

6 상제님께서 말씀하시기를 "북방 사람만 살고 다른 지방 사람은 다 죽어야 옳겠느냐!" 하시며 다시 하늘을 향하여 꾸짖으시니 사방에서 번개가 번쩍이거늘

7 한 식경(食頃)쯤 지나 "그치라!" 명하시니 사방의 번개가 곧 그치니라.

8 이에 말씀하시기를 "이제 충해는 없이하였으니 금년 농사는 풍년이 들어 만백성이 즐겁게 살리라." 하시니라.

보리씨에 생기를 붙여 주심

86 상제님께서 손바래기나 와룡리로 가실 때는 대개 수금면 월성리(水金面 月城里) 김중범의 집 앞을 지나다니시니라.

리 월성 마을. 지형이 반달처럼 생겼다.

2 상제님께서 가끔 중범의 집에 들르시는데 이 때 중범의 집이 가난하여 어쩔 수 없이 보리밥으로 공양하거늘

3 말씀하시기를 "내 밥은 수북이 담아야 한다." 하시니라.

4 한번은 보리갈이 하는 철에 상제님께서 중범의 집에 들르시어 "보리 가나?" 하고 물으시매 "예, 보리 갑니다." 하고 대답하니

5 말씀하시기를 "못 먹을 텐데, 저 보리." 하시며 "좋은 수가 있다. 그 보리씨 이리 가져오너라." 하시고는 밭둑에 앉아 지필묵을 꺼내 부(符)를 그려 불사르시고

6 보리씨에다 그 재를 섞어 중범과 함께 밭에다 뿌리시며 "먹을 때나 좋은 줄 알지 어느 미친놈이 했는지 누가 알어!" 하시니라.

7 이듬해 3월에 큰비가 내려 다른 사람들의 보리는 다 썩었으나 중범의 보리만은 아무런 해를 입지 않고 잘 자라 풍작을 이루니

8 중범이 그 보리를 수확하여 상제님께서 들르실 때면 정성스레 밥을 지어 대접하니라.

깊은 산속에 들어가시면

87 상제님께서 깊은 골짜기에 들어가시어 "산이 높으면 골도 깊더라고, 다독아!" 하고 부르시니 말소리만 "예~." 하고 들리거늘

2 다시 상제님께서 "다독이 나오너라." 하시니, 또 "예~." 하는 소리가 들리며

3 산이 떨리면서 막히고 우거지고 엉클어졌던 것이 벌어져 보지도 못하던 한길이 나더라.

4 길을 떠나며 호연이 "다독이가 누구예요?" 하고 여쭈니 말씀하시기를 "다독거리고 댕긴다고 다독이라고 있어." 하시니라.

5 한참을 가시다가 상제님께서 "어빅이 나오너라. 이리 나와 인도를 해야지." 하시니 "예~." 하며 주걱같이 생긴 막대기가 우뚝 나서거늘

6 상제님께서 "요놈의 자식이 누구를 놀리려고." 하시면서 왼쪽 뺨을 탁 때리시매 사람의 모습이 되어 눈을 멀뚱거리며 무릎을 꿇고 절을 올리더라.

7 이에 상제님께서 "너 다독이 못 봤냐?" 하고 물으시니 "봤습니다." 하고 대답하거늘

8 다시 "그래, 몇이라고 하더냐?" 하시니 "예. 네 분이라고 하던데 어찌 두 분뿐이신가요?" 하는지라

87:1, 5, 11 다독이, 어빅이, 뭉실이. 증산 상제님께서 신명을 애칭으로 불러 주신 것인데, 이 때 김호연 성도가 들은 대로 기록한 것이다. 상제님의 실제 발음과는 다소 차이가 있을 수 있다.

9 말씀하시기를 "네 눈이 둘이지, 한번 세어 봐라. 죽으나 사나 사람을 똑똑하게 잘 보고 심부름 혀! 어찌 그래 가지고 사람을 하늘로 인도할꼬!" 하시니라.

산신을 불러 하명하심

10 또 어느 산에 오르시어 상제님께서 왼쪽 발을 구르시니 산이 뭉개져 내리며 산사태가 나거늘

11 상제님께서 "뭉실 뭉실 뭉실아! 내 품안으로 들어라." 하시니 "두리뭉실 두리뭉실 둥글이, 여기 있습니다." 하며 신명이 나타나거늘 상제님께서 그 신명에게 하명하시니라.

박공우에게 용호대사의 기운을 붙여 보심

88 정미년 11월에 상제님께서 구릿골에 머무르실 때 박공우가 상제님을 뵈려고 오는 길에

2 저도 모르게 흥이 나서 "모시러 가자. 모시러 가자. 부처님 모시고 우리 집으로 돌아오자." 하고 연이어 노래를 부르니라.

3 구릿골에 이르러 상제님께 예를 올리니 빙긋이 웃으시며 "내가 네 집에 함께 가기를 원하느냐?" 하시거늘

4 공우가 기뻐하며 "지성소원입니다." 하고 대답하매 상제님께서 흔쾌히 허락하시니라.

5 이에 공우가 상제님을 모시고 집으로 돌아오다가 용암리 물방앗간에 들어가 잠시 쉬는데

6 상제님께서 문을 열고 남쪽 하늘을 바라보시며 **"높도다, 높도다."** 하시거늘

7 공우가 바라보니 온 하늘에 구름이 가득 덮이고 바람이 소슬히 불며 눈이 내리는데 다만 한쪽에 방석 넓이만큼 푸른 하늘이 보이더라.

8 상제님께서 문득 공우에게 말씀하시기를 **"공우야, 나와 친구로 지내자."** 하시므로 공우가 그 말씀에 황공해하며 한편으로 이상히 여기거늘

9 또 말씀하시기를 "기운이 적다." 하시매 공우가 부지중에 "바람이 좀더 불리이다." 하니 과연 바람이 크게 부니라.

10 이어 상제님께서 다시 "나와 친구로 지내자." 하시고 또 "기운이 적다." 하시거늘

11 공우가 또 아뢰기를 "바람이 더 높아지리이다." 하니 바람이 크게 일어나서 모래와 돌이 날리더라.

88:2 부처님 모시고. 성정에 취해 자신이 모신 상제님이 미륵부처님인 것을 노래한 것이다.

88:12 용호대사
(龍虎大師, 1506
~1549). 본관은
온양(溫陽). 본명
은 정렴(鄭磏),
자는 사결(士潔),
호는 북창(北窓).
용호대사는 별
호. 조선시대의
대표적인 단가
(丹家)로 유불도
에 모두 정통하
였으며 음악, 천
문, 의술에도 조
예가 깊었다.

12 이윽고 상제님께서 말씀하시기를 "용호대사(龍虎大師)의 기운을 공
우에게 붙여 보았더니 그 기운이 적도다." 하시니라.

마음자리에 응기하여 신명이 드나든다

89 공우가 여쭈기를 "신명이 응기(應氣)하면 사람이 신력(神力)을 얻게
되는 것입니까?" 하니

2 상제님께서 말씀하시기를 "성현의 신이 응기하면 어진 마음이 일
어나고

3 영웅의 신이 응기하면 패기(覇氣)가 일어나고

4 장사(壯士)의 신이 응기하면 큰 힘이 생겨나고

5 도적의 신이 응기하면 적심(賊心)이 생기나니

6 그러므로 나는 목석이라도 기운을 붙여 쓸 수 있느니라." 하시니라.

7 또 말씀하시기를 "마음이란 귀신이 왕래하는 길이니

8 마음속에 성현을 생각하면 성현의 신이 와서 응하고

9 마음속에 영웅을 생각하고 있으면 영웅의 신이 와서 응하며

10 마음속에 장사를 생각하고 있으면 장사의 신이 와서 응하고

11 마음속에 도적을 생각하고 있으면 도적의 신이 찾아와 응하느니라.

12 그러므로 천하의 모든 일의 길흉화복(吉凶禍福)이 스스로의 정성과 구
하는 바에 따라서 얻어지는 것이니라." 하시니라.

호연에게 천상 구경을 시켜 주심

90 하루는 상제님께서 호연을 데리고 하늘로 오르시어 천상 구경을
시켜 주시니라.

2 호연이 비 내리는 것을 보니 하늘에서 내리는 것이 아니라, 용이 하
루에 두 번씩 바닷물과 강물을 써 올려서 내려 주는 것이더라.

3 상제님께서 말씀하시기를 "하늘 어디에 물이 있어서 천지에 뿌리
겠느냐?

90:4 책력에서
는 '일룡치수(一
龍治水)'라 함.

4 중간하늘에서 용이 물을 주는 것이니 용도 한 마리라야 제때에 물을
주지 두 마리가 되면 서로 미뤄서 가물게 되느니라." 하시고

5 또 말씀하시기를 "구름이 중간하늘에 있듯이 천지신명도 중간에서
오고 가는 것을 세상 사람들은 모르느니라.

6 그러니 사람은 마땅히 신도(神道)에 따라 신명을 공경하며 살아야 하
느니라." 하시니라.

죽은 처녀를 살리심

91 하루는 상제님께서 안내성(安乃成)을 데리고 길을 가시는데 문득 어느 집에서 울음소리가 크게 들리거늘

2 내성이 안으로 들어가 그 까닭을 물으니 집주인의 외동딸이 조금 전에 죽었다고 하더라.

3 이 때 죽은 처녀의 부모가 슬픔을 이기지 못하여 죽은 딸을 끌어안고 울부짖는데

4 상제님께서 집 주위를 둘러보시더니 "못된 놈들이 와서 데려갔구나." 하시고는

5 갑자기 "야, 이놈아! 일어나라. 내가 왔다." 하고 크게 소리치시니 순간 죽었던 처녀가 벌떡 일어나며 멀쩡히 살아나니라.

6 이에 그 부모가 감격하여 눈물을 흘리며 미친 듯이 상제님께 절을 올리거늘

7 상제님께서 말씀하시기를 "조금만 늦었어도 큰일날 뻔했느니라." 하시니라.

91장 안내성 성도의 아들 안정남(1929~)이 아버지에게 직접 듣고 증언한 내용.

신도

순식간에 부고를 전해 주심

92 하루는 상제님께서 고부(古阜)를 지나시다 어떤 집 앞에 이르시니 사람들이 눈보라치는 동지 날씨에 방문을 열어 놓고 밖을 내다보며 걱정하는 말들을 하고 있는지라

2 상제님께서 그 연유를 물으시니 한 사람이 대답하기를 "이 집 작은 아들이 장성 북일(長城 北一)에 살아 거기에 모친의 부고를 보내야 하는데

3 이런 눈바람 속에 갈재 너머로 사람을 보낼 수가 없어 걱정만 하고 있습니다." 하거늘

4 상제님께서 "그럼 내가 기별해 주마." 하시고 방문을 닫으시니라.

5 장성은 초상집에서 30리 길인 데다가 이런 눈보라 속에서는 도저히 그 날로 기별할 수 없는 상황인지라 가족들 모두 상제님의 말씀을 믿지 않더니

6 저녁이 되어 장성 사는 작은아들이 눈물을 흘리며 집으로 들어서거늘

7 모두 놀랍기도 하고 궁금하기도 하여 "어떻게 해서 네가 왔냐?" 하고 물으니 "기별이 왔더이다." 하고 대답하므로

8 기별 받은 시각을 물어본즉 그 때가 상제님께서 방문을 닫으신 바

92장 문공신 성도의 수제자인 박인규와 9년간 함께 입산 수행했던 김성섭 증언.

김성섭(1910~)

로 그 시각이더라.

상제님 계신 곳에 자미성이 비침

93 상제님께서 고부에 계실 때 청국의 천문학자 두 사람이 조선에 자미성(紫微星)이 비치는 것을 보고 고부까지 찾아오니라.

2 두 사람이 곳곳을 수소문하며 자미성의 주인을 찾으러 다니다가 마침 고부에 머물고 있던 신원일(辛元一)의 처소에 이르거늘

3 뜻밖에 청나라 사람들을 맞아 원일이 수일 동안 필담(筆談)으로 문답을 주고받으며 친분을 쌓으매

4 두 사람 다 천문과 지리를 통달하여 모르는 것이 없는지라 크게 놀라 찾아온 사연을 물으니

5 "자미성이 조선을 비추기에 천자를 찾아 전라도 고부 땅까지 왔습니다." 하니라.

6 이에 원일이 "내가 모시는 선생님 한 분이 계신데 그분을 한번 만나 보시오." 하고서 먼저 상제님을 찾아뵙고 사유를 아뢰니

7 말씀하시기를 "그 사람들이 천문을 잘못 봤다. 오늘 저녁에 천문을 다시 보라고 해라." 하시거늘

8 원일이 상제님의 말씀을 그들에게 전하매 "그럴 리 없다." 하며 믿지 않다가

9 그 날 밤 천문을 다시 보니 전날까지만 해도 찬란하게 빛나던 자미성이 흔적도 없이 사라졌더라.

10 이에 두 사람이 심히 허망하여 다음날 하릴없이 청국으로 돌아가니라.

천지신명과 함께하시는 상제님

94 공우가 도문에 들어온 직후부터 자주 상제님을 모시고 다니거늘

2 상제님께서 머무시던 곳에서 다른 곳으로 떠나려 하실 때는, 밤이면 달무리가 나타나고 낮이면 햇무리가 나타나는 것을 여러 차례 경험하니라.

3 이에 언제든지 달무리(月暈)나 햇무리(日暈)가 나타나면 출행하실 줄을 알고 미리 신발과 행장을 준비하여 명(命)을 기다리는데

4 그 때마다 어김없이 공우를 부르시어 "어디로 가자." 하시며 출발하시니

5 대저 상제님께서는 어디를 가시든지 미리 말씀하지 않으시니라.

농담 한마디도 천지의 도수

95 무신(戊申 : 道紀 38, 1908)년 2월에 성도들을 데리고 어디를 가실 때 보리밭 가를 지나시는데

2 성도들이 서로 말하기를 "이 세상에 빈부의 차별로 인하여 곡식 중에 오직 먹기 어려운 보리가 빈민의 양식이 되어 먹을 때에 항상 괴로움을 느끼니, 보리를 없애 버려야 먹는 데 차별이 없이 일치하리라." 하거늘

3 상제님께서 들으시고 말씀하시기를 "너희들의 말이 유리(有理)하니 보리를 없애 버리자." 하시고 부(符)를 그려 불사르시더니

4 4월에 크게 가물어 보리가 다 말라 죽으매 농민들이 크게 소동하니라.

5 이에 성도들이 이 일을 아뢰며 "이제 만일 보리 흉년이 들면 굶어 죽는 자가 많을 것입니다." 하거늘

6 상제님께서 꾸짖어 말씀하시기를 "전에는 너희들이 '보리를 없애 버림이 옳다.' 하고는 이제 다시 보리 흉년을 호소하느냐!

7 나의 일은 비록 농담 한마디라도 도수에 박혀 천지에 울려 나가나니 이 뒤로는 모든 일에 실없는 말을 삼가라." 하시니라.

8 이어 전주 용머리고개에 가시어 김낙범(金洛範)에게 "거친 보리밥 한 그릇과 된장국 한 사발을 가져오라." 하시고

9 "궁민의 음식이 이러하리라." 하시며 된장국에 밥을 말아서 다 드시니

10 문득 검은 구름이 일며 비가 내리거늘 보리가 다시 생기를 얻어 풍작을 이루니라.

천지의 마음을 나의 심법으로 삼고

11 상제님께서 말씀하시기를 "대인을 배우는 자는 천지의 마음을 나의 심법으로 삼고 음양이 사시(四時)로 순환하는 이치를 체득하여 천지의 화육(化育)에 나아가나니

12 그런고로 천하의 이치를 잘 살펴서 일어일묵(一語一默)이 정중하게 도에 합한 연후에 덕이 이루어지는 것이니라.

13 만일 사람이 사사로운 욕심에 사로잡혀 자기 좋은 대로 언동하고 가볍고 조급하며 천박하게 처세하면 큰 덕을 이루지 못하느니라." 하시니라.

신장과 신병이 참여해야 일이 된다

96 무신년 3월 초이튿날, 군인 옷을 입고 기치창검을 한 신장(神將)

들이 형렬의 집 마당에 우뚝우뚝 서 있거늘

2 호연이 무서워서 "누구 죽이려고 저렇게 칼을 가지고 저런대요?" 하니

3 상제님께서 말씀하시기를 "아니여, 저희 노릇 한다고 그려. 저놈들 무당 집에 가서 처먹고 왔으니 무엇을 주어도 마다할 것이다." 하시니라.

4 이 때 신명들이 상제님 계신 방안의 동정을 살피며 조심스레 지나가거늘

5 상제님께서 "○○야, ○○야!" 하고 부르시니 순식간에 모든 신명들이 두 줄로 서니라.

6 이어 한 신장이 거수경례하듯 인사를 올리니 상제님께서 "이리 오너라!" 하시거늘

7 그 신명이 "예!" 하고 다가와 머리를 숙이니 "너 어디어디를 좀 다녀오너라." 하고 명하시니라.

8 이에 호연이 "뭐 하게 그 사람을 갔다 오라고 해요?" 하고 여쭈니

9 말씀하시기를 "산 사람이 일을 한다고 해도 신명이 들어야 쉽게 되느니라.

10 천하의 장수가 앙심을 품고 죽어서 우리가 높이 쳐들어 줘야 저희들이 기를 날리며 일을 할 것이니, 죽었다고 아주 죽은 것이 아니니라.

11 이 세상 되는 것도 군인이 끼어야 하느니라. 언제 또 벼락이 나서 아까운 목숨이 많이도 죽을 것이다." 하시니라.

그대로 하니 곧 나으니라

97 대흥리 아래 거슬막에 사는 장성원(張成遠)의 어린아이가 병이 들어 낮이면 나았다가 밤이면 다시 신열(身熱)과 기침으로 잠을 자지 못하며 두어 달 동안 고통이 심하거늘

2 성원이 아이를 안고 와서 고쳐 주시기를 애원하니 말씀하시기를 "이 병은 멀리 서양으로부터 온 비별(飛鼈)로 인함이라.

3 낮이면 나가서 놀고 밤이면 돌아와 자나니 불가불 다른 곳으로 옮겨야 나을지라.

4 산으로 옮기자니 금수도 또한 생명이요, 바다로 옮기자니 어별(魚鼈)도 또한 생명이라. 전선에 붙여서 사방으로 흩어 가게 하리라." 하시고

5 성원에게 명하시어 "철사 두어 자를 구하여 아이의 머리맡에 두었

97:1 장성원(張成遠, 1884~?). 본관 인동(仁同). 정읍시 입암면 접지리에서 부학규와 모 이씨의 장남으로 태어났다. 부인 김씨와의 사이에 3남 3녀를 두었다.

다가 전봇대 밑에 버리라." 하시므로 성원이 그대로 하니 곧 나으니라.

김준찬의 아들을 살려 주심

98 전주에 사는 김준찬(金俊贊)의 아들이 병들어 사경에 이르매 준찬이 황급히 구릿골에 와서 상제님께 아뢰니 아무런 말씀도 아니하시는지라

2 준찬이 초조하여 곧 돌아갈 것을 고하니 상제님께서 만류하시며 "오늘은 늦었으니 밤을 지내고 내일 가라." 하시니라.

3 이에 명을 어기지 못하여 아들 걱정에 뜬눈으로 밤을 지새우고

4 이튿날 이른 아침에 구릿골을 떠나 집으로 돌아오니 병든 아들이 나아서 쾌활하게 뛰어 놀고 있는지라

5 준찬이 그 병세가 쾌차된 때를 물으니 상제님께 병세를 아뢴 시각과 일치하더라.

나는 일동일정을 사사로이 못하노라

99 상제님께서 하루는 여러 성도들을 데리고 익산 목천포(木川浦)에 이르시니 사공은 없고 빈 배만 떠 있거늘

2 몸소 노를 저어 건너신 후에 하늘을 바라보고 웃으시며 "나는 무슨 일이든지 행하기 어렵도다." 하시니라.

3 이에 성도들이 모두 하늘을 우러러보니 구름이 노를 저어 배가 떠가는 형상을 본뜨거늘

4 상제님께서 다시 말씀하시기를 "나는 일동일정(一動一靜)을 사사로이 못하노라." 하시니라.

도통문을 여는 심법 닦는 대도를 내려 주심

100 무신년 6월 어느 날, 태인에 사는 신경원(辛京元)이 급히 사람을 보내어 상제님께 아뢰기를 "경관의 조사가 심하여 날마다 제 집에 와서 선생님의 주소를 묻습니다." 하니

2 상제님께서 심부름 온 사람에게 물어 말씀하시기를 "급한 일로 오면서 도중에 지체하게 된 이유가 무엇이냐?" 하시거늘

3 그 사람이 대답하여 아뢰기를 "길에서 주역(周易)으로 운명을 보는 자가 있어 구경하다 늦었사오니 용서하옵소서!" 하니라.

4 이에 상제님께서 글을 써 주시며 말씀하시기를 "이 글을 경원에게

전하여 한 번 읽고 곧 불사르게 하라." 하시니 그 글은 이러하니라.

100:5~7 과거 신앙인들은 관재(官災)가 있을 때 이 글을 많이 읽었다. 특히 한국 전쟁 때는 청수를 떠놓고 주문처럼 많이 읽었다.

100:7 신이 혹유선…「도전」초판에는 '신(神)'자를 넣지 않았으나 이 글자가 있어야 심법과 신도(神道)의 상관관계를 잘 이해할 수 있으므로 전거 그대로 싣는다. 여기서 신은 일반적인 인격신명들로서 선과 악의 무수한 차별적 실상을 보이는 현실 존재들이다.

100:7 마음. 사람은 천지의 기(氣)를 얻어 육신을 삼고 천지의 리(理)를 얻어 본성을 삼는다. 이때 '기의 정상(精爽)'으로서 본성을 갖추고 일신(一身)을 주재하는 것이 마음(心)이다. 마음은 형체는 없으나 지극히 영명하여 모든 사물을 꿰뚫어 보고 이치를 깨달을 수 있다(虛靈知覺). 그러나 기가 동함

5
天用雨露之薄則 必有萬方之怨하고
천 용 우 로 지 박 즉　필 유 만 방 지 원
地用水土之薄則 必有萬物之怨하고
지 용 수 토 지 박 즉　필 유 만 물 지 원
人用德化之薄則 必有萬事之怨하니라
인 용 덕 화 지 박 즉　필 유 만 사 지 원

하늘이 비와 이슬을 적게 내리면
반드시 만방에서 원망이 일고
땅이 만물을 기르는데 물과 흙을 박하게 쓰면
반드시 만물이 원성을 발하며
사람이 덕화(德化)가 부족하면
반드시 만사에 원망이 붙느니라.

6
天用地用人用이 統在於心하니
천 용 지 용 인 용　통 재 어 심
心也者는 鬼神之樞機也요 門戶也요 道路也라
심 야 자　귀 신 지 추 기 야　문 호 야　도 로 야

하늘이 비와 이슬을 내리고
땅이 물과 흙을 쓰고
사람이 덕화에 힘씀은
모두 마음자리에 달려 있으니
마음이란 귀신(鬼神)의 문지도리요
드나드는 문호요 오고가는 도로이라.

7
開閉樞機하고 出入門戶하고 往來道路에
개 폐 추 기　출 입 문 호　왕 래 도 로
神이 或有善하고 或有惡하니
신　혹 유 선　혹 유 악
善者師之하고 惡者改之하면
선 자 사 지　악 자 개 지
吾心之樞機門戶道路는 大於天地니라
오 심 지 추 기 문 호 도 로　대 어 천 지

그 문지도리를 여닫고 문호에 드나들고
도로를 왕래하는 신이
혹 선하기도 하고 악하기도 하니
선한 것을 본받고 악한 것을 잘 고치면
내 마음의 문지도리와 문호와 도로는
천지보다 더 큰 조화의 근원이니라.

8 경원이 이 글을 받아 읽은 후에 곧 불사르니 그 뒤로 경관의 조사가 그치니라.

비 좀 주셔야겠습니다

101 덕두리 최덕겸이 모내기를 하려는데 오랜 가뭄 끝에 논바닥이 타들어 가매 하늘만 바라보며 속을 태우니라.

2 이에 덕겸이 비를 기다리다 못해 하루는 상제님께서 계시는 구릿골로 단숨에 달려가니

3 "덕겸이가 어쩐 일이냐?" 하며 맞으시거늘 덕겸이 절을 올리고는 머뭇거리며 서 있으니

4 상제님께서 까닭을 재촉하시는 듯 쳐다보시므로 용기를 내어 "비 좀 주셔야겠습니다." 하고 아뢰니라.

5 이에 상제님께서 말씀하시기를 "우사(雨師)들을 다른 일로 멀리 보내 놓았으니 돌아가 편안한 마음으로 며칠 기다리라." 하시거늘

6 덕겸이 집에 돌아가 기다리는데 며칠이 지나도록 비가 내리지 않는지라

7 내심 상제님을 원망하는 차에 곧 시원스레 빗줄기가 쏟아지니

8 덕겸이 상제님을 원망한 얕은 소행이 민망하여 크게 뉘우치니라.

너무 애타게 기다리지 말라

9 하루는 상제님께서 만경을 지나시는데 농부들이 날이 가물어 애타게 비 오기만을 기다리며 일손을 놓고 앉았거늘

10 "며칠날에는 비가 올 터이니 너무 애타게 기다리지 말라." 하시니라.

11 상제님께서 말씀하신 날이 되자 과연 비가 풍족히 내리거늘 만경의 농부들이 기뻐하며 모내기를 하니라.

12 상제님께서 어디에 계시든지 성도들이 가뭄으로 인한 민생의 고초를 아뢰기만 하면 "며칠날에 비가 올 테니 우의를 준비해서 오너라." 하시는데

13 말씀하신 그 날이 되면 어김없이 필요한 만큼 비가 오더라.

마음을 속이면 하늘을 속이는 것

102 상제님께서 공사를 행하시며 원평장터 김경집(金京執)의 주막에 단골을 정하시고 오랫동안 머무르시니

2 누구든지 '상제님의 허락이 있었다.' 하고 술과 밥을 청하면 주막 주인은 돈이 있고 없음을 묻지 않고 기꺼이 내주거늘

3 하루는 태인 청석골(靑石谷)에 사는 강팔문(姜八文)이 술과 밥을 많이 먹은 뒤에

4 돈 가진 것을 주인에게 들키고도 상제님의 말씀이 있었다고 거짓

에 따라 마음도 항상 동하므로 마음을 바루려면 의지(意志)를 성실히 하는 끊임없는 노력이 필요하다. 어떤 신이 내 마음에 감응하느냐 하는 것은 바로 자신의 의지를 어떻게 다스리느냐에 달린 것이다.

빙자하여 돈을 지불하지 않고 가니

5 팔문이 이로부터 먹은 것이 체하여 창증(脹症)이 생기니라.

6 그 뒤에 하루는 상제님께서 불가지에서 공사를 보시고 팔문과 더불어 구릿골로 오시는데

7 낙수동(洛水洞)에 이르자 철기신장(鐵騎神將)들이 술과 고기를 간청하거늘

8 상제님께서 팔문에게 "돈 석냥 칠전 오푼이 있느냐?" 하고 물으시니 팔문이 돈을 두고도 없다고 대답하니라.

9 상제님께서 그에게 돈이 있음을 아시고 말씀하시기를 "기심(欺心)이면 기천(欺天)이네." 하시고

10 달리 돈을 주선하시어 개똥이 주점에서 술과 고기를 사서 신명들에게 먹이시고 구릿골로 오시니라.

11 이날부터 팔문이 창증이 악화되어 사경에 이르거늘 신경수(申京守)가 그 사실을 상제님께 아뢰니 아무 말씀도 않으시다가

12 며칠 후에 경수가 다시 와서 팔문의 목숨이 경각에 달렸음을 아뢰니

13 말씀하시기를 "몹쓸 일을 행하여 신명에게 죄를 짓고 그릇 죽음을 당하게 되었으니 할 수 없다." 하시니라.

14 그 다음날 김갑칠의 아우가 원평에 다녀와서 '강팔문이가 죽었더라.'고 전하거늘

15 상제님께서 말씀하시기를 "이는 마음을 속인 연고니 너희들은 마음을 속이지 말라." 하시니라.

조왕신에게 받은 신벌

103 하루는 상제님께서 고부 벌미면 괴동(伐未面 槐洞) 손병욱(孫秉旭)의 집에 가시니 성도들이 많이 모였거늘

2 병욱이 아내를 시켜 점심을 짓게 하니 날이 매우 더우므로 병욱의 아내가 괴로워하며 혼자 불평을 하매 갑자기 와사증(喎斜症)이 일어나는지라

3 황응종이 이를 보고 깜짝 놀라 상제님께 아뢰니 말씀하시기를 "이는 불평하는 말을 하다가 조왕(竈王)에게 벌을 받은 것이니라." 하시고

4 글을 써 주시며 병욱의 아내로 하여금 부엌에서 불사르며 사죄하게 하시니 곧 나으니라.

황천신과 중천신

104 하루는 성도들에게 일러 말씀하시기를 "중천신(中天神)은 후사(後嗣)를 두지 못한 신명이요, 황천신(黃泉神)은 후사를 둔 신명이라.

2 중천신은 의탁할 곳이 없어 황천신에게 붙어서 물밥을 얻어먹어 왔으므로 원한을 품었다가 이제 나에게 하소연을 하니

3 이후로는 중천신에게 복을 맡기어 사(私)가 없이 고루 나누게 하노라." 하시니라.

모악산의 상(相)을 평해 주심

105 하루는 형렬을 불러 모악산을 가리키시며 "사람 같으면 눈이 어디쯤 되겠느냐?" 하고 물으시니

2 형렬이 대하여 아뢰기를 "금산사가 눈이 될까요?" 하는지라

3 상제님께서 웃으시며 "눈이 입에 가서 붙었더냐? 사람의 낯바닥 상도 보기가 어렵거늘 모악산 상(相)을 보겠느냐?" 하시니라.

4 상제님께서 다시 물으시기를 "그러면 젖은 어디만큼 되겠느냐?" 하시니 형렬이 "구릿골쯤 될까 합니다." 하고 대답하거늘

5 말씀하시기를 "그렇지, 그것은 네가 잘 보았다. 그러나 젖은 양쪽에 있는데 물이 양쪽에 있느냐?" 하시니 "청도원 골짜기에 물이 많습니다." 하고 아뢰니라.

6 이에 말씀하시기를 "그래, 그것은 네가 잘 본 듯싶다. 양쪽 젖을 한 사람이 먹으니, 구릿골 앞에 둠벙이 있느냐?" 하시므로

7 형렬이 여쭈기를 "예, 깊은 소(沼)가 있습니다." 하매 "그래야지." 하시고 친히 가서 보시더니

8 말씀하시기를 "좀 컸으면 좋겠다." 하시고 또 "여기가 젖 같으면 구릿골 약방이 잘되었구나." 하시니라.

9 하루는 원평에 계실 때 말씀하시기를 "이곳에 삼십만 철기신장을 명하여 진을 치고 때를 기다리게 하느니라." 하시고

10 "원평에 배가 다니게 되면 세상일이 가까우리라." 하시니라.

금산 쪽이 앞이니라

106 하루는 상제님께서 공우를 데리고 전주 세내(三川)를 지나실 때

2 모악산을 가리키며 물으시기를 "금산 쪽이 앞이 되겠느냐, 세내 쪽이 앞이 되겠느냐?" 하시니

氏)의 장남. 부인 김화인 사이에 2남을 두었다. 보통 키에 머리가 벗어지고 몸이 뚱뚱한 편이었다. 문공신, 황응종 성도와 이웃하여 살았다.

105:1 모악산. 전북 완주군 구이면, 김제시 금산면, 전주시 중인동에 걸쳐 있는 산(794m). 호남정맥 서쪽 끝에 있으며, 호남평야와 전라북도 동부 산간지대의 경계이다. 예로부터 이곳은 미륵신앙의 본거지가 되어 왔다.

106:1 세내. 삼천. 전북 완주군 구이면과 임실군 운암면의 경계에

있는 오봉산에서 발원하여 전주시 서신동에서 전주천과 만나는 하천.

3 공우는 세내 쪽이 훤히 트인 것을 좋게 생각하여 장차 앞이 될 듯 싶어 막 대답하려는데

4 상제님께서 먼저 "금산 쪽이 앞이니라." 하시니라.

이곳은 방한간 모퉁이라

107 하루는 상제님께서 성도들을 데리고 구릿골에서 원평으로 내려가실 때 물방앗간 모퉁이에 이르시어 오른편 소리개봉을 가리키며 말씀하시기를

2 "이 봉우리를 '소리개봉'이라 이르나 소리개봉이 아니요 수류개봉(水流開封)이니라." 하시고

3 또 이르시기를 "이곳을 '방앗간 모퉁이'라 이르나 방앗간 모퉁이가 아니요 방한간(防旱間) 모퉁이니라." 하시니라.

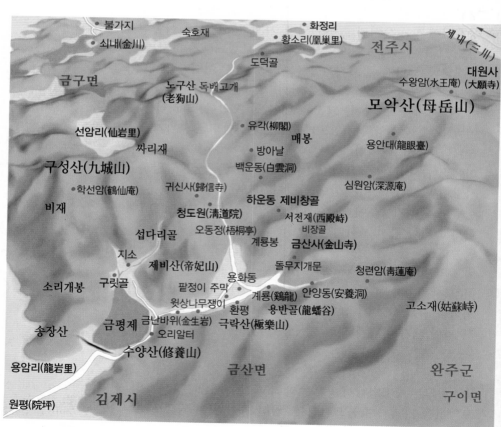

모악산 금산사 · 구릿골 일대

4 상제님께서 종종 내장산(內藏山)에 가시거늘 하루는 성도들이 그 이유를 여쭈니 말씀하시기를 "내장 단속하러 간다." 하시니라.

바른 이름(正名)의 중요성

108 상제님께서 공우를 데리고 태인 남촌이변면 장재동(南村二邊面 壯才洞)을 지나실 때 길가에 있는 박씨 묘를 보시고 말씀하시기를

2 "이 혈(穴)이 와우형(臥牛形)인데 금혈형(琴穴形)이라고 혈명을 잘못 지어 발음(發蔭)이 잘 못 되었느니라.

3 어디든지 혈명을 모르거든 용미(龍尾) 없이 조분(造墳)하였다가 명사(名師)에게 혈명을 지은 뒤에 용미를 달면 발음이 되느니라." 하시니라.

천지에 수기가 돌 때에는

4 또 하루는 공우에게 말씀하시기를 "고부 살포정이 뒤의 호승예불(胡僧禮佛)을 써 주리니 일꾼을 먹일 만큼 술을 많이 빚어 넣으라." 하시므로 공우가 명하신 대로 하였더니

5 그 뒤에 상제님께서 "장사 지내 주리라." 하시며 성도들과 함께 그 술을 잡수시고 글을 써서 불사르시니라.

6 이윽고 말씀하시기를 "지금은 천지에 수기(水氣)가 돌지 않으므로 묘를 써도 발음이 되지 않느니라.

7 이 뒤에 수기가 돌 때에는 와지끈 소리가 나리니 그 뒤에라야 땅 기운이 발하리라." 하시니라.

회문산은 산군 도수, 변산은 해왕 도수

109 하루는 종이에 글을 써서 불사르시니 이러하니라.

2
天下自己神은 古阜運回하고
천하자기신　고부운회

天下陰陽神은 全州運回하고
천하음양신　전주운회

天下通情神은 井邑運回하고
천하통정신　정읍운회

天下上下神은 泰仁運回하고
천하상하신　태인운회

天下是非神은 淳昌運回하니라
천하시비신　순창운회

천하의 자기신은 고부로 운이 돌아오고
천하의 음양신은 전주로 운이 돌아오고

108:3 혈명을 지은 뒤에. 이 말씀에서 천지 만물의 정명(正名)이 얼마나 중요한가를 알 수 있다.

109:2 자기신 고부운회. 상제님 당신이 가을개벽의 추수운을 맞아 조선 고부에 강세하신 것을 말한다.

109:2 음양신 전주운회. 음양질서를 바로잡는 정음정양의 도수는 전주 건지산,

곤지산의 발음으로 실현하신다는 뜻이다.

109:2 통정신 정읍운회. 통정신은 뜻과 마음을 통하는 신이다. 정읍에서 수부님과 그 이종동생 차경석(개벽대장 박공우 성도 포함)을 만나실 것을 말한다.

109:2 상하신 태인운회. 태인 군신봉조의 혈(穴)을 발음시켜 지도자를 내신다는 뜻이다.

109:2 시비신 순창운회. 순창 회문산 오선위기로 선천 인류사의 상극 시비를 끌러 내어 개벽 세계의 통일 질서를 여는 데 쓰신다는 뜻이다.

110:6 육두문자. 육담(肉談)적인 말. 도판에서 스승이 육두문자를 쓰는 것은 자극을 주어 도의 근본 세계를 깰 수 있게 하는 한 방편이다.

천하의 통정신은 정읍으로 운이 돌아오고
천하의 상하신은 태인으로 운이 돌아오고
천하의 시비신은 순창으로 운이 돌아오느니라.

3 상제님께서 말씀하시기를 "사람의 몸에 24추(椎)가 있듯 회문산과 변산에도 24혈(穴)이 있어 큰 기운을 간직하였나니

4 이제 회문산은 산군(山君) 도수, 변산은 해왕(海王) 도수를 정하여 천지 공사에 그 기운을 쓰노라." 하시니라.

각국 말과 천상 말로 지상천국 공사를 집행하심

110 하루는 부(符)를 그려 불태우시며 신명을 부르시는데 호명하신 신명이 올 때마다 "○○ 신명이 온다." 하시니라.

2 각국의 신명들을 부르시어 각기 그 나라말로 공사를 보시더니

3 얼마 뒤에는 천상신명(天上神明)을 부르시어 천상 말로 공사를 보시니라.

4 이 때 천상 말로 무어라 명하시어 다짐을 받으시고 천상 글로 무엇인가를 써서 불사르시며 말씀하시기를

5 "천상 말을 모르고 지상천국 도수를 어이 보며 천상 글을 모르고 천상 공사를 어찌 집행하겠느냐?" 하시고

6 또 말씀하시기를 "육두문자(肉頭文字)가 나의 비결이니라. 육두문자를 잘 살피라. 아무 것도 모르는 놈이 아는 체하느니라." 하시니라.

해와 달도 명만 내리면 운행을 멈추느니라

111 하루는 상제님께서 구릿골에 계시는데 한 성도가 아뢰기를

2 "옛날에 진시황(秦始皇)이 만리장성을 쌓을 때에 돌을 채찍질하여 스스로 가게 하고, 밤의 잔치에는 흘러가는 시간을 아까워하여 지는 달을 꾸짖어 머물게 하였다 하옵니다.

3 이것은 시황의 위세가 높고 커서 돌을 채찍질하고 달을 꾸짖는 권능을 가진 것 같았다는 것이니 후세에 지어낸 말이 아닙니까?" 하거늘

4 상제님께서 말씀하시기를 "그러하냐. 이제는 판이 크고 일이 복잡하여 가는 해와 달을 멈추게 하는 권능이 아니면 능히 바로잡을 수 없느니라." 하시니라.

5 이 때 아침 해가 제비산 봉우리에 솟아오르거늘 상제님께서 해를 향하여 손으로 세 번 누르시며 "가지 말라!" 하시고

6 담뱃대에 담배를 세 번 갈아 천천히 빨아들이시니 문득 해가 멈추어 더 이상 솟아오르지 못하더라.

7 한참 후에 성도들이 아뢰기를 "사람들이 모여들어 '아침 해가 가다 말고 멈춘 것은 천고에 듣지 못한 일이라.' 하며 각양각설로 길조인가 흉조인가 하여 매우 소란합니다." 하니

8 상제님께서 말씀하시기를 "세론(世論)이 소동할까 염려되니 오래 하지는 못하리라." 하시고 담뱃재를 떠시며 "가라!" 하고 명하시거늘

9 이 명이 떨어지자마자 해가 문득 몇 길을 솟아오르매 사람들이 모두 놀라 이상히 여기니라.

나는 천지일월이니라

10 이에 한 성도가 여쭈기를 "해가 선생님의 명을 받고 멈췄다가 또 명을 기다려서 가니 어찌 된 영문입니까?" 하니

11 상제님께서 말씀하시기를 "이를 보고 너희들의 신심(信心)을 돈독히 하라. 해와 달이 나의 명에 의하여 운행하느니라." 하시니라.

12 한 성도가 다시 여쭈기를 "해와 달이 차고 기우는 것은 자연의 이치가 아닙니까?" 하니

13 "이치가 곧 하늘이요 하늘이 곧 이치이니, 그러므로 나는 사(私)를 쓰지 못하노라." 하시니라.

14 또 말씀하시기를 "나는 천지일월(天地日月)이니라." 하시고

15 "나는 천지(天地)로 몸을 삼고 일월(日月)로 눈을 삼느니라." 하시니라.

용주의 폐병을 고쳐 주심

112 김경학의 스물한 살 된 아들 용주(龍冑)가 여러 해 동안 폐병으로 고생하는지라

2 경학이 상제님께 아뢰면 곧 나았다가 오래되면 재발하므로 온 집안이 걱정으로 지내더니

3 하루는 밤중에 상제님께서 이르시어 용주의 침실로 향하시니 이때 용주는 사경에 이르러 혼수상태이더라.

4 상제님께서 문밖에서 큰 소리로 "아비가 오는데도 일어나 맞지 아니하니 그런 도리가 어디 있느냐. 빨리 일어나라!" 하고 꾸짖으시니 용주가 문득 정신을 차리거늘

5 경학이 붙들어 일으키려 하매 상제님께서 이를 말리시며 스스로 일어나기를 명하시니라.

111:14 천지일월. 천지는 곧 뭇 생명의 부모이신 상제님과 태모님이시고, 일월은 그 천지를 대행하여 실제 생명을 기르는 인사의 대두목이시다. 성진(星辰)은 행성과 항성으로 일꾼들을 말한다.

112:1 김용주(金龍冑, 1888~1915). 족보명은 선곤(善坤), 용주는 자(字)이다. 김경학 성도의 차남. 혼인은 했으나

6 용주가 억지로 몸을 떨며 일어나거늘 문밖으로 내보내어 한참 동안 달음질을 시키시고

7 "밥을 가져다 먹이라." 하시매 용주의 모친이 밥 짓고 있는 중임을 아뢰니 말씀하시기를

8 "이제야 짓는 밥을 기다릴 수 없으니 용주의 저녁밥 담아 둔 것을 가져오라." 하시니라.

9 이에 경학이 그 밥이 식어서 사늘하여졌음을 아뢰니 "관계없으니 가져오라." 하시어 용주에게 먹으라 하시매 용주가 그 밥의 삼분지 이를 먹는지라

10 말씀하시기를 "달음질도 하고 밥도 많이 먹으니 아픈 사람이 아니로다." 하시고 이튿날 정읍으로 가시니 이로부터 용주의 병이 완쾌되니라.

11 경학이 '아비'라 하신 말씀을 괴이하게 여겨 생각해 보니 일찍이 시속을 따라 금산사 미륵불에게 이 아이를 판 일이 있거늘 상제님은 곧 미륵불의 화신(化身)인 까닭이더라.

경학의 병을 고쳐 주심

12 이 뒤에 경학이 병들어 위독하거늘 상제님께서 아시고 경학에게 명하시기를 "사물탕(四物湯) 한 첩을 달여서 땅에 붓고 달빛을 우러러보라." 하시니 경학이 그대로 하여 반 시간 만에 나으니라.

13 경학이 내환으로 독삼탕(獨蔘湯)을 많이 쓰다가 상제님께 그 가부를 여쭈니

14 말씀하시기를 "인삼은 내가 모르는 약이로다." 하시니라.

살아서 잘되려 하나이다

113 하루는 상제님께서 공우에게 "죽어서 잘될 줄 알면 죽겠느냐?" 하고 물으시거늘

2 공우가 생각해 보니 상제님께 아뢴 말씀은 항상 씨가 되어 그대로 이루어지므로 죽을까 두려워하여

3 "살아서 잘되려 하나이다." 하고 대답하니라.

가을개벽 인종 대심판의 만국대장, 박공우

114 무신년 여름에 상제님께서 경석의 집 서쪽 벽에 '28장(將)'과 '24장(將)'을 써 붙이시니 이러하니라.

2
二十八將
이십팔장

鄧禹	馬成	吳漢	王梁	賈復	陳俊	耿弇
등우	마성	오한	왕량	가복	진준	경감
杜茂	寇恂	傅俊	岑彭	堅鐔	馮異	王霸
두무	구순	부준	잠팽	견담	풍이	왕패
朱祐	任光	祭遵	李忠	景丹	萬修	蓋延
주우	임광	채준	이충	경단	만수	갑연
邳彤	銚期	劉植	耿純	臧宮	馬武	劉隆
비동	요기	유식	경순	장궁	마무	유융

3
二十四將
이십사장

長孫無忌	李孝恭	杜如晦	魏徵	房玄齡	高士廉
장손무기	이효공	두여회	위징	방현령	고사렴
尉遲敬德	李靖	蕭瑀	段志玄	劉弘基	屈突通
울지경덕	이정	소우	단지현	유홍기	굴돌통
殷開山	柴紹	長孫順德	張亮	侯君集	張公謹
은개산	시소	장손순덕	장량	후군집	장공근
程知節	虞世南	劉政會	唐儉	李勣	秦叔寶
정지절	우세남	유정회	당검	이적	진숙보

4 이어 공우의 왼팔을 잡으시고 소리를 높여 "만국대장(萬國大將) 박공우!" 하고 외치시거늘

5 이후로 공우가 어디에 가든지 문밖에 나서면 어디선가 방포성(放砲聲)이 나더라.

대장 노릇을 하려면

6 하루는 상제님께서 공우를 부르시어 "대장 노릇을 하려면 비는 안 맞고 다녀야 하지 않겠느냐." 하시고 주문을 일러 주시니

7 공우가 이후로 비를 맞지 않고 다니게 되니라.

귀신을 뜻대로 부리는 조화

115 무신년 여름에 대흥리에서 공사를 보실 때 종이에 글을 써서 불사르시니 이러하니라.

2
姜太公이 用七十二候하여　使鬼神如奴之하고
강태공　　용칠십이후　　사귀신여노지

張子房이 用三十六計하여　使鬼神如友之하고
장자방　　용삼십육계　　사귀신여우지

諸葛亮은 用八陣圖하여　　使鬼神如師之하나니라
제갈량　　용팔진도　　　사귀신여사지

강태공은 칠십이후를 써서 귀신을 종처럼 부렸고
장자방은 삼십육계를 써서 귀신을 친구처럼 부렸으며

에 큰 공을 세운 28명의 장수. 영평 3년(서기 60년) 광무제의 아들 명제(明帝)가 이들을 추모하여 그 화상을 28수(宿)에 맞추어 남궁(南宮)의 운대(雲臺)에 그려 붙이게 하였다. 후주 '이십팔장' 참조.

114:1 24장. 수 당 교체기에 당 태종을 보필하여 중국 통일과 당나라의 기초를 다지는 데 기여한 스물네 명의 장수. 당 태종이 그들의 초상화를 능연각(凌煙閣)에 걸어놓은 데서 유래하였다. 후주 '이십사장' 참조.

114:1 28장과 24장. 상제님께서 숙구지 공사를 보실 때 전세계를 52개 구역으로 나누시고 28장과 24장을 부르시어 개벽기에 각 구역의 인종씨를 추리는 실무 책임자로 임명하셨다.

114:5 방포성이 나더라. 후에 박공우 성도가 휘파람을 불면 가뭄 중에 장대비가 내리고, 비가 많이 오다가도

맑아졌다는 이적이 전해 온다.(박공우 성도의 딸과 추종 신도들의 증언)

114:7 "일정 때 봉남면 화봉리에서 치성을 모시는데 비가 왔더래요. 비가 왔는데 밖에 나갔는데 (박공우 성도가) 비에 안 젖었어요. '아 선생님, (어떻게) 비가 안 젖었습니까?' 하니까 상제님이 일러줬다고 그러더래요." 〈박공우 성도의 제자 이동술의 아들 이판규(1930~2004) 증언〉

115:2 칠십이후. 5일이 1후가 되니 1절기는 3후가 되고, 1년은 24절기이므로 72후가 된다. 이 72후에 동물, 식물 또는 기타 자연현상 변화의 징후에 근거하여 절기의 변화를 설명하는 이름을 붙여 농사에 이용하였다.

115:2 팔진도. 삼국시대 촉한(蜀漢)의 제갈량이 창안한 여덟 가지 진형(陣形) 그림. '팔진(八陣)' 또는 '팔진법(八

제갈량은 팔진도를 써서 귀신을 군사처럼 부렸느니라.

사람이 귀신의 법을 쥔다

3 하루는 성도들에게 일러 말씀하시기를 "지금은 귀신이 사람의 법을 쥐고 있으나 앞세상에는 사람이 귀신의 법을 쥐게 되느니라.

4 그러니 어서 부지런히 닦으라." 하시니라.

장수 해원 공사

116 하루는 무주에서 전주로 오실 때 진안 봉촌(鎭安 鳳村)에 있는 어느 산의 한 무덤 앞에서 호연을 안고 앉으시어 주문을 읽으시니 갑자기 무덤이 들썩들썩하거늘

2 호연이 "아이고, 저기서 무엇 나오네." 하고 계속 지켜보니 관운장과 같이 생긴 장수가 흙을 떨며 나오더라.

3 잠시 후 장수가 자리에 앉으니 상제님께서 "괜찮으니 누워 있거라.

4 이 다음에 때가 되어 우리가 일을 할 때는 죽었다 말고 혼이라도 애를 써라. 그리하면 네 원을 풀어 주마." 하시니라.

5 이에 장수가 아무 말 없이 고개를 드니 다시 말씀하시기를 "아무리 죽었다 해도 넌들 몸뚱이에 쓸개가 없을 것이냐?

6 네 부하들이 다 죽은 것을 애석하게 여겨 한을 품지 말아라." 하시니 장수가 도로 벌떡 드러눕거늘 땅을 다시 다독거려서 덮어 주시니라.

7 하루는 호연에게 말씀하시기를 "일이 되면 너도나도, 죽었던 송장도 다 일어난다.

8 장수들이 나오는데 그 가운데에 인자가 있느니라." 하시니라.

천상 신도세계의 구조

117 하루는 김송환(金松煥)이 상제님께 여쭈기를 "한 가지 알고 싶은 게 있습니다." 하거늘 상제님께서 "무엇이 알고 싶으냐?" 하시니라.

2 이에 송환이 "하늘 위에 무엇이 있는지 그것만 알면 죽어도 소원이 없겠습니다." 하니 상제님께서 "하늘이 있느니라." 하시니라.

3 송환이 다시 여쭈기를 "하늘 위에 또 하늘이 있습니까?" 하니 말씀하시기를 "있느니라." 하시매

4 또 여쭈기를 "그 위에 또 있습니까?" 하니 말씀하시기를 "또 있느니라." 하시고

5 이와 같이 아홉 번을 대답하신 뒤에 "그만 알아 두라. 그 뒤는 나도 모르느니라." 하시니라.

6 이어 송환에게 물으시기를 "죽어도 그것만 알면 원 없다 했으니 죽을 테냐?" 하시거늘

7 송환이 잔뜩 겁을 먹고 "죽기 싫습니다." 하니

8 상제님께서 송환을 꾸짖으며 말씀하시기를 "죽어도 원이 없다고 하더니 이제 와서 죽기 싫다 하느냐?" 하시고

9 그 뒤에 송환을 '만사불성(萬事不成)' 이라 평하시니라.

문턱 밖이 곧 저승길

10 또 말씀하시기를 "사람의 죽음길이 먼 것이 아니라 문턱 밖이 곧 저승이니

11 나는 죽고 살기를 뜻대로 하노라." 하시니라.

12 하루는 상제님께서 말씀하시니 이러하니라.

13 生由於死하고 死由於生하니라
　　생 유 어 사　　　사 유 어 생
삶은 죽음으로부터 말미암고
죽음은 삶으로부터 말미암느니라.

눈 깜짝할 새에 사라지시는 상제님

118 상제님께서는 필성과 단둘이 계시다가도 필성이 잠깐 한눈을 파는 사이에 자주 사라지시니

2 함께 술을 마시다가도 온데간데없이 사라지기도 하시고

3 만났다가 헤어질 때도 서로 '자네 먼저 가게.', '아니, 너 가는 거 보고 갈란다.' 하는 중에 홀쩍 사라지기도 하시니라.

4 한번은 필성이 상제님과 함께 길을 가는데 방금 전까지만 해도 바로 옆에 계시던 상제님께서 눈 깜짝할 사이에 또 사라지신지라

5 필성이 '물속으로 들어갔나? 땅으로 꺼졌나?' 하고 사방을 두리번거리면서 금난바위에 이르니

6 상제님께서 벌써 바위에 올라앉아 필성을 기다리고 계시더라.

7 이에 필성이 "아, 벌써 여기 와 있구만. 나는 그걸 모르고 찾았네 그려." 하니

8 상제님께서 웃으시는가 싶더니 금방 또 사라져 버리시니라.

온갖 조화를 자유자재로 행하시니

119 상제님께서는 함께 앉아 계시다가도 종종 몸을 두고 성령만 빠

陣法)' 이라고도 한다.

116:1 진안 봉촌. 현재 전북 진안군 성수면 좌포리(佐浦里) 봉촌마을. 상제님께서 자주 가셔서 공사 보신 마이산과 신흥사의 중간에 위치한다. 봉촌을 감싸고 있는 봉황산과 알미산은 봉황이 알을 품는 형국이고, 주변에 풍혈냉천(風穴冷泉)으로 유명한 대두산(大頭山)이 있다.

116:7 송장도 다 일어난다. 신명이 인간으로 태어나거나, 신명으로서 신도(神道)에서 가을개벽의 천명을 받아 분주히 서두르는 것을 말씀하신 것이다. 죽은 송장이 갑자기 다시 살아난다는 부활론식 해석은 사리 부당한 난법자들의 해석이다.

117:5 아홉 번. 선천은 건 도수(乾度數) 시대로 구천(九天)이다. 그러나 후천개벽과 더불어 곤 도수(坤度數)가 열려 음도(陰道)에 의해 만물 생성

져 나가시어 어떤 일을 하고 돌아오시는데

2 이 때 곁에 있는 성도들은 물론 호연조차 그 사실을 눈치채지 못하니라.

3 하루는 상제님께서 호연과 함께 앉아 말씀을 나누시다가 갑자기 뺨을 딱 때리시므로

4 호연이 "왜 맥없이 때려요?" 하며 상제님을 툭 건드리니 앉아 계시던 형상대로 옷만 남아 있고 상제님은 안 계시더라.

5 호연이 이상히 여겨 "옷 벗고 어디 갔대? 벌거벗고 옷만 여기 있네." 하며 갸웃거리니

6 상제님께서 허허 웃으시며 "옷 안 입고 가긴 어떻게 가냐?" 하고 몸을 드러내시니라.

7 이에 호연이 "때릴 때는 옷만 있더니 언제 이 속으로 들어갔어요? 아이구, 나 좀 가르쳐 주세요. 나 동무들하고 숨바꼭질하게 좀 가르쳐 줘!" 하고 조르니

8 상제님께서 "이따가 가르쳐 줄게, 잉?" 하며 부드러운 목소리로 달래시거늘

9 호연이 그 말씀을 믿고 기다리나 끝내 가르쳐 주지 않으시니라.

호연의 영혼을 빼서 보신 개벽 공사

120 하루는 상제님께서 호연을 약방에 앉혀 놓으신 채로 영혼만 빼서 데리고 나가시니라.

2 이 때 다른 사람들 눈에는 호연이 그냥 앉아 있는 것으로 보이나 아무리 불러도 대답을 하지 않거늘

3 이를 이상히 여겨 한 사람이 방으로 들어와 "호연이 어디 갔냐?" 하며 손을 대니 호연의 몸이 스르르 넘어지더라.

4 공사를 마치고 돌아오신 상제님께서 호연의 몸에 손을 댄 사람에게 "왜 호연이 만졌냐?" 하고 꾸짖으시며 손목을 꺾으시니 어깨까지 비틀어지고

5 다른 한 손으로 뺨을 치시니 그 사람의 머리가 마당에 떨어져 뒹구니라.

6 상제님께서 그 머리통을 발로 툭툭 차며 공놀이를 하듯 하시니 호연이 이를 지켜보다가 걱정이 되어

7 '아이고, 어쩔거나! 저렇게 함부로 해서 눈이랑 입에 뭐 들어가면 어쩔려고….

8 내가 가서 덮어 주고 못하게 해야겠다.' 하고 상제님의 곁으로 다
   가가 손을 꽉 잡으니 별안간 몸이 전혀 움직여지지 않더라.

9 이 때 어떤 이가 호연을 부르며 약방 마당으로 들어서거늘 상제님
   께서 그 사람 또한 말뚝처럼 멀뚱하게 서 있게 만드시고

10 집 안에서 밥을 먹던 사람들도 모두 숟가락을 든 채로 꼼짝 못하게
    만드시니 그 누구도 간섭하지 못하니라.

안일완(1940~)
공동 증언)

콧구멍으로 드나드는 사람의 혼기(魂氣)

121 하루는 비가 내리니 한 성도가 약방 사랑에서 비를 구경하다
         잠이 들거늘

2 상제님께서 호연에게 가만히 오라는 손짓을 하시므로 호연이 다가
   가니 "가만 앉아 봐라. 저거 봐라, 저거! 저 사람 콧구멍에서 나오는 것
   좀 봐라." 하고 속삭이시니라.

3 호연이 신안이 열려서 보매 꼭 생쥐같이 생긴 것이 콧구멍에서 토방
   까지 나오더니

4 빗물에 잘박잘박하며 발을 대 보다가 다시 콧구멍으로 들어가고,
   또 나왔다가 들어가고, 그러기를 계속하는지라

5 상제님께서 말씀하시기를 "저것이 사람의 혼이여. 저것이 하나라야
   내 본심이고, 둘이면 도둑놈이다.

6 쥐가 둘이어서 양쪽 콧구멍으로 들어가는 사람은 마음보가 커서
   담장을 넘어 도둑질을 하니

7 그중 하나를 때려 죽여야지 그냥 놔두면 커서 일을 저지른다." 하시니
   라.

8 또 말씀하시기를 "저놈이 다시 콧구멍으로 안 들어가면 사람이 죽
   어 버리니 들어가야 산다. 저놈을 다시 들여보낼까, 말까?" 하시거
   늘

9 호연이 놀라며 "아이고, 내버려둬요. 이 집에서 송장 치우려고 그
   래요?" 하니

10 상제님께서 손가락을 조용히 입에 대시며 "아무 말도 마라." 하시고

11 이어 말씀하시기를 "자는 사람을 억지로 깨우면 농판이 들거나 죽
    거나 할 테니

12 쥐가 나갔다가 안 들어올까 싶어 혼구멍도 못 준다." 하시며 깨우지
    않고 스스로 일어날 때까지 기다리시니라.

13 한참 후에야 그 사람이 깨어나니 "요놈이 제 마음대로 자빠져 잔

121:1 약방 사랑. 약방 바로 옆 김 갑칠 성도의 집을 사랑채처럼 사용했다.

121:5 혼과 본심. 혼(魂)은 신(神)을 따라 왕래하는데 입과 코의 호흡을 통해 출입·왕래한다. 그리고 심(心)은 전신적인 음양의 영위(榮衛)와 오장을 통일하는 원신(元神)의 부(府)로써, 신이 기능을 발휘하며 머무는 장소이다. 때문에 마음이 작용할 때 둘로 분열되면 신명도 둘로 작용하기에 신을 따라 출입하는 혼 자체도 둘로 분열되어 코로 출입하게 된다. 따라서 마음의 본

신
도

체(虛靈)와 작용(知覺)과 조화(神明)는 정신과 혼백이 둘이 아닌 한마음(一心)으로 작용할 때 비로소 본래의 마음자리(光明)를 얻어 일을 이루게 되는 것이다. 그러므로 산심(散心)과 잡념을 거두고 취정(聚精)하여, 일상에서 천지일심의 수행 생활을 체질화함이 얼마나 중요한지를 깨달아야 한다.

123:2 초혼. 유가의 전통 상례 의식으로 사람의 숨이 끊어지면 즉시 망자의 옷을 들고 지붕에 올라가 북쪽을 향해 '아무개 복(復)'이라고 세 번 부른다. 이는 빠져나간 혼(魂)을 불러 다시 백(魄)으로 돌아오게 한다는 의미이다.

124:1 김성옥(金成玉, ?~?). 김성옥은 그 후 환갑이 넘도록 살았는데 본부인에게서 아들이 없자 작은 부인을 얻어 용덕을 낳았다. 용덕은 현재 대전에 살고 있다.

다." 하시며 불호령을 내리시니라.

자손 싸움이 선령신 싸움으로

122 사람들끼리 싸우면 천상에서 선령신들 사이에 싸움이 일어나나니

2 천상 싸움이 끝난 뒤에 인간 싸움이 귀정(歸正)되느니라.

3 전쟁사(戰爭史)를 읽지 말라.

4 전쟁에서 승리한 자의 신명은 춤을 추되 패한 자의 신명은 이를 가나니

5 도가(道家)에서 글 읽는 소리에 신명이 응하는 까닭이니라.

죽음의 세계로 들어갈 때

123 상제님께서 말씀하시기를 "사람이 살다가 죽게 되면 삼신(三神)도 따라 떠나느니라.

2 그러므로 밥을 해 놓고 적삼을 흔들어 초혼(招魂)하는 것은 다 부당한 일이니

3 삼신에게 고함이 옳으니라." 하시니라.

4 어떤 사람이 여쭈기를 "제사 때 우는 것이 옳습니까, 울지 않는 것이 옳습니까?" 하니

5 말씀하시기를 "원통히 죽은 신에게는 우는 것이 옳으나, 원통함이 없이 죽은 신에게는 울지 않는 것이 옳으니라." 하시니라.

죽은 아이를 살려 주심

124 구릿골에서 술장사하는 김사명(金士明)의 아들 성옥(成玉)이 어느 날 급증에 걸려서 나흘 만에 죽거늘

2 한나절이 넘도록 살리려고 백방으로 주선하여도 회생할 여망(餘望)이 없는지라

3 할 수 없이 그 어머니가 숨이 끊어진 아이를 안고 구릿골 약방으로 찾아오니

4 상제님께서 미리 아시고 문득 말씀하시기를 "약방이 안 되려니 송장을 안고 오는 자가 있도다." 하시니라.

5 성옥의 어머니가 죽은 아들을 상제님 앞에 눕혀 놓고 애처로이 울면서 살려 주시기를 애걸하니

6 상제님께서 말씀하시기를 "죽은 자는 다시 살아나지 못하는 법인데 나라고 어찌 살리겠는가?" 하시거늘

7 아이의 어머니가 더욱 슬피 울부짖으며 "이 아이는 외아들입니다. 아이가 살아날 수 없다면 저도 아들을 따라 죽어 버리렵니다.

8 가련한 이 모자의 형편을 불쌍히 여기시옵소서." 하고 애원하니 그 애절한 울음소리가 하늘에 닿을 듯하더라.

미수야, 우암을 잡아 오너라

9 상제님께서 차마 보지 못하시고 죽은 아이를 무릎 위에 눕혀 배를 만져 내리시며

10 허공을 향하여 큰 소리로 "미수(眉叟)야, 우암(尤庵)을 잡아 오너라." 하고 외치신 뒤에

11 모과를 씹어 그 즙과 함께 침을 흘려서 죽은 아이의 입에 넣으시니 아이가 문득 항문으로 추깃물을 쏟거늘

12 상제님께서 "나가서 회초리 하나 끊어 오라." 하시어 회초리로 아이의 종아리를 탁탁 때리시매 죽었던 아이가 크게 소리를 지르며 홀연히 살아나더라.

13 이에 아이의 어머니가 기쁨에 넘쳐 눈물을 흘리며 미친 듯 술 취한 듯이 말하기를

14 "하느님이시여! 하느님이시여! 죽은 자식을 살려 주시니 이 큰 은혜 호천망극(昊天罔極)하옵니다." 하니라.

15 상제님께서 아이에게 미음을 쑤어 먹이게 하신 후 그 어머니에게 이르시기를 "요 모퉁이에 가면 걸인이 하나 죽어 있으리니 옷 입혀서 양지바른 곳에 잘 묻어 주라." 하시고

16 또 말씀하시기를 "죽은 아이가 다행히 살아났으니 잘 가르쳐서 어진 사람을 만들라." 하시며 아이를 걸려서 돌아가게 하시니라.

네가 천하에 맥을 전하니

125 무신년에 하루는 호연에게 말씀하시기를 "사람이란 낳기는 제 어미가 낳았어도 맥이 떨어지면 죽는 것인데

2 네가 천하에 맥(脈)을 전해 주니 할애비 같은 사람도 너를 보고 굴복할 것이다. 걱정을 말아라.

3 너는 천하에서 돌보는 사람이 있느니라." 하시며 마음을 달래 주시니라.

먹장난하다 한 맺고 죽은 신명을 위로하심

126 하루는 경석에게 "검은 두루마기를 가져오라." 하여 입으시고, 또 속옷을 벗으시고 긴 수건으로 허리를 매신 뒤에

124:10 미수(眉叟), 우암(尤庵). 허목(許穆, 1595~1682)과 송시열(宋時烈, 1607~1689). 주자를 통해서만 유학이 이해되던 시대에, 우암은 주자를 절대적으로 존숭한 반면, 미수는 성인에 뜻을 두고 선진 유학으로 직접 뛰어들어가 공부했다. 둘의 2차에 걸친 예송논쟁으로 인해, 결국 우암의 서인 정권은 축출되고 미수의 남인 정권이 정계를 장악하게 되었다. 우암이 북벌론을 주장하는 등 이상주의적인 의리론을 폈다면, 미수는 북벌론을 반대하고 농민부흥 정책을 도모하는 등의 현실적인 의리론을 펴 나갔다.

125:2 맥. 첫째, 후천선경의 새 생명으로 태어나는 조화 선(仙)문명 개벽 공사의

2 여러 성도들에게 물으시기를 "이리하면 일본 사람과 같으냐?" 하시니 모두 대답하기를 "같습니다." 하니라.

3 이에 다시 벗으시고 말씀하시기를 "내가 어려서 서당에 다닐 때에 한 아이와 더불어 먹장난을 하였는데, 그 아이가 지고 울며 돌아가서는 다시 오지 않고 다른 서당에 다니다가 그 후에 병들어 죽었거늘

4 그 신명이 그 일로 원한을 품었다가 이제 나에게 와서 해원시켜 주기를 원하므로 '어떻게 하면 해원이 되겠느냐?' 물으니

5 그 신명이 내가 일본옷을 싫어하는 줄 알고 '일본옷을 입으라.' 하므로 내가 이제 그 신명을 위로함이로다." 하시니라.

상제님의 표정에 따라서 날씨가 변함

127 상제님께서 웃으시면 구름이나 안개가 잔뜩 끼었다가도 금세 운무가 걷히며 해가 반짝 나고

2 화를 내거나 얼굴을 찡그리시면 맑은 하늘에 갑자기 구름이 끼어 캄캄해지고 안개가 자욱해지며 비가 오니라.

3 이렇듯 상제님의 표정에 따라 비가 오다가도 그치고 해가 떴다가도 날이 흐려지니

4 호연이 "아이구, 변덕도 그렇게 부리는 수가 없어. 변덕을 사다 넣어~!" 하고 놀려대거늘

5 상제님께서 웃으시며 "변덕이 어쩌면 변덕이냐? 대답을 해 봐라, 잉!" 하시며 와락 달려드시니라.

6 이처럼 상제님의 일노일소(一怒一笑)에 따라 날씨가 변함은 천지의 주재자이신 상제님의 마음에 천기가 응하는 까닭이니라.

천지 일에 괴로운 소리를 내지 말라

128 성도들이 상제님을 모시고 출행할 때 풍우한서(風雨寒暑)에 괴로운 말을 하면 그 때마다 천기(天氣)를 돌리시어 편의를 봐주시더니

2 하루는 말씀하시기를 "너희들은 이 뒤로 추워도 춥다 하지 말고, 더워도 덥다 하지 말고, 비나 눈이 와도 괴로운 말을 내지 말라.

3 천지에서 쓸데가 있어서 하는 일에 항상 말썽을 부리면 역천(逆天)이 되느니라." 하시니라.

4 하루는 한 성도가 비를 맞고 들어오며 비가 온다고 투덜대니 말씀하시기를 "이놈아, 좋은 날일수록 비가 오느니라." 하시니라.

나의 말은 온 우주에 사무치느니라

129 상제님께서 말씀하시기를 "대인의 말은 구천에 사무치나니 나의
말도 그와 같아서 늘지도 줄지도 않고 부절(符節)과 같이 합하
느니라." 하시니라.

2 하루는 공사를 보시며 글을 쓰시니 이러하니라.

3 　閑談叙話로 可起風塵이요
　　　한 담 서 화　　가 기 풍 진
　　閑談叙話로 能掃風塵이라
　　　한 담 서 화　　능 소 풍 진
　　한가롭게 주고받는 말로
　　천하의 난리를 일으킬 수 있고
　　한가롭게 주고받는 말로
　　천하의 난리를 쓸어낼 수도 있느니라.

하루면 마음이 천 가지로 들어간다

4 또 말씀하시기를 "내가 이렇게 앉아 있어도 내 혼은 돌아다니면서 일
을 하느니라.

5 하루면 마음이 천 가지로 들어간다." 하시니라.

개고기를 즐겨 잡수신 까닭

130 상제님께서 항상 개고기를 즐기시더니 하루는 "개 한 마리를
잡아 오라." 하시거늘 개를 잡아 구탕(狗湯)을 지어 올리니

2 말씀하시기를 "이 고기는 상등 사람의 음식이니라." 하시니라.

3 이에 성도들이 그 이유를 여쭈니 말씀하시기를 "이 고기를 농민들
이 즐기나니 이 세상에 상등 사람은 곧 농민인 까닭이라." 하시고

4 이어 말씀하시기를 "이 고기는 또한 천지망량(天地魍魎)이 즐기나
니, 선천에는 도가(道家)에서 이 고기를 기피하였으므로 망량신명
이 응하지 아니하였느니라." 하시니라.

천상 벼락사자들이 알현함

131 하루는 박공우가 상제님을 모시고 신경수(申京守)의 집에서 잠
을 자는데

2 꿈에 불빛 같은 사람 수십 명이 하늘로부터 내려와 상제님이 계신
문밖 뜰에서 절하고 뵙거늘 공우가 두려워하여 상제님의 등 뒤로
숨으니라.

3 다음날 상제님께서 "꿈에 무엇을 본 일이 있느냐?" 하고 물으시므

로 공우가 그 일을 아뢰니

4 말씀하시기를 "그들이 곧 **천상 벼락사자**니라." 하시니라.

신장들이 상제님 앞에 서서 아뢸 때

132:1 "신명들이 안 보이지, 다른 사람은. 나는 그 때 그이 재주로 그랬는가, 어쨌는가. (중략) 내 눈엔 같이 보였지. 나 귀신을 잘 봐, 그렇게. (중략) 긍게 그 사람들도 토방 올라 설 사람 있고, 내려설 사람 있고 그려."(김호연 성도 증언)

132 상제님께서 신명을 불러 공사를 보실 때면 성도들은 그저 혼잣말씀을 하시는 것으로 여기나 호연의 눈에는 신명이 보이더라.

2 하루는 신명들이 약방으로 들어오지 못하고 대문 앞에서 서로 고개만 기웃거리며 방안의 동정을 살피더니

3 한 신명이 뽈뽈 기어서 마당으로 들어와 상제님께 절을 하고 엎드리거늘

4 상제님께서 "이제 일어나거라. 아직 우리가 나설 때가 못 되었으니 가서 **준비**를 하고 내가 부를 때까지 안존(安存)하라." 하시니 모두 대답하고 물러가더라.

5 **신명들이 올 때**는 매양 고살에서 벌이 웅웅거리는 듯한 소리가 나며 불빛이 반짝반짝하거나 그보다 더 흰하게 비치기도 하는데

6 상제님께서 막대기로 마당에 금을 그으시며 "**와라!**" 하시면 그제야 마당으로 들어와 절을 올리니라.

7 그중에 높은 신명은 토방 밑까지 오고, 더러는 토방에 올라서서 인사를 드리거늘

8 이들이 먼저 상제님을 향하여 손을 들면 상제님께서도 손을 들어 답하시니라.

9 또 신명마다 입고 있는 옷이 다르니, 토방까지 올라오는 신명들은 붉은빛이 도는 누르스름한 빛깔의 군복 같은 옷을 입고 허리에 띠를 둘렀더라.

네 생명을 천지에 제(祭) 지내서

133 기유(己酉 : 道紀 39, 1909)년 봄에 상제님께서 호연을 깨끗이 목욕시키신 후 천지에 제를 지내시니

2 종도들이 약방 마당에서부터 고살까지 꽉 들어차니라.

3 이 때 덕석을 깐 위에 자리를 펴고, 돼지와 개를 통째로 올려 칼을 꽂아두고, 술도 동이째 놓게 하신 뒤에

4 상제님께서 호연을 곁에 세우시고 제를 지내시니 성도들도 모두 상제님의 동정(動靜)에 따라 의식을 행하니라.

5 제를 마치고 호연에게 이르시기를 "네가 하느님에게다 **목숨을 바쳤으**

4편 신도와 조화정부 511

니 안 죽느니라." 하시고

6 또 말씀하시기를 "고목에서 움이 돋아나면 추수할 도인이 생긴다. 네 목숨을 살려 낼 사람이 다시 생기느니라.

7 좇던 사람은 고목인데 거기서 움이 나면 너의 생활이 있을 것이다. 네 목숨을 살려 낼 사람이 그렇게 생기느니라." 하시니라.

8 이어 형렬에게 당부하시기를 "선매숭자를 얻어 맥을 이으려고 어려서 부터 호연이를 데려다 길렀느니라.

9 호연이 죽으면 증인이 없어지니 큰일나느니라. 그러니 호연이를 잘 보 살펴야 하리라." 하시니라.

호연이 다섯 살부터 상제님 어천하실 때까지

134 상제님께서 일찍이 호연을 남장시키시어 다섯 살 때부터 당신 께서 어천하신 열세 살 때까지

2 9년 천지공사에 동행하게 하시어 앞세상의 증인으로 삼으시니라.

3 상제님께서 호연을 데리고 다니실 때 사랑에서 주무시면 같이 사 랑에 재우시고, 안에서 주무시면 안에서 재우시며

4 호연을 귀여워하시어 늘 팔베개를 해 주시니라.

5 또 세수하실 때는 낯을 씻어 주시고, 항상 먹을 것을 챙겨 주시니라.

불경한 자를 다스리실 때

135 상제님께서 태인 읍내 이속(吏屬)의 집에 간혹 왕래하시는데 그 읍리(邑吏)가 재산이 풍요하므로 항상 거만하고 상제님께도 언행이 불손한지라

2 어느 날 상제님께서 그에게 일러 말씀하시기를 "어른에게 언행을 잘 못하면 벼락 맞는 법이니라." 하시니

3 즉시 맑은 하늘에 뇌성(雷聲)이 진동하며 벼락불이 그 읍리의 몸을 범할 듯이 주위를 둘러 끊이지 않으니라.

4 이에 읍리가 크게 놀라 사색이 되어 상제님의 등 뒤로 와서 살려 달라고 애걸하거늘

5 상제님께서 물리치시며 말씀하시기를 "모진 놈 곁에 있다가 애매 한 사람 벼락 맞겠다." 하시니

6 천둥과 번개가 더욱 심하여지매 읍리는 거의 죽을 지경이 되니라.

7 그제야 상제님께서 손을 드시며 "그만 하라." 하시니 천둥과 번개 가 바로 멈추니라.

133:5 안 죽느니 라. 이 말씀은 김 호연 성도가 한 평생을 기다려 천명을 완수할 때까지 장수하게 됨을 뜻한다. 상 제님께서 호연을 마지막 열매 도 운의 이 때에 직 접 진리의 증언 자로 내세우시기 위한 최대의 명 제는 '오래 살아 야 한다.'는 것 이다. 그런 이유 로, 다섯 살 난 어린 호연을 데 려다가 부모와 같은 정성으로 씻기고, 먹이고, 품에 안고 재우 시며 천지공사에 참여시키시고, 아울러 그를 선 (仙) 체질로 몸개 벽을 시켜서 장 수하도록 하신 것이다.

133:6 추수할 도 인. 증산 상제님 의 대행자로서 상제님 대도 사 업을 인사적으로 추수하는 대사 부.

불경한 말에는 반드시 벌을 주나니

136 하루는 한 성도가 상제님께 친족들을 자주 찾지 않으시는 까닭을 여쭈니

2 말씀하시기를 "내가 고부 고향에 가면 일가 중에 항렬(行列) 높은 이를 대할 때에 반드시 항렬을 따라서 말하게 되나니

3 이것은 윤리상 전통이라 무슨 관계가 있으리오마는 신명들은 그 불경한 말을 괘씸하게 여겨 반드시 벌을 주느니라.

4 그러므로 나는 이 일이 어려워서 친족과 상종을 적게 하노라." 하시고

5 또 말씀하시기를 "내가 천하를 돌리는 사람이거늘 어느 겨를에 집안을 생각하겠느냐?

6 나는 집안도 친척도 하나 없느니라. 나는 하늘에서 떨어졌느니라." 하시니라.

아무리 항렬이 높아도

137 어느 해에 하루는 상제님께서 오랜만에 고향에 가시니 마침 당고모의 혼례일이라 집안의 남녀노소가 많이 모였는데

2 상제님께서 들어서시자 친척들이 모두 반가이 맞으며 말하기를

3 "어이 일순이, 너 본 지 오래구나. 듣자니 너는 비상한 조화를 부린다던데 우리는 전혀 보지 못했으니, 오늘 너 잘 만났다. 어디 그 술법 구경 좀 하자꾸나!" 하거늘

4 상제님께서 웃으며 말씀하시기를 "술만 많이 있으면 보여 드리리다." 하시니라.

5 이에 집안 어른들이 "술은 얼마든지 있으니 어디 한번 맘껏 해 봐라." 하고 술상을 내오게 하거늘

6 상제님께서 보시고 "이것으로는 안 되니 술을 더 가져오시오." 하시므로 술을 더 내오니 모두 한 동이 한 양푼이나 되더라.

7 상제님께서 동이의 술을 양푼에다 부으시매 술이 넘쳐흐르지 아니하고 양푼 둘레대로 위로 차차 쌓여 올라가더니

8 이윽고 사람 앉은키보다 술 기둥이 더 높아지는지라 이를 본 종친들이 모두 그 신기한 조화에 황홀해하니라.

9 이어 상제님께서 젓가락으로 그 술 기둥을 위아래로 반을 가르시니 마치 묵을 칼로 자른 듯이 두 쪽이 되었으나 역시 흐르거나 넘어지지 않거늘

10 반으로 갈라진 술을 젓가락으로 꿰어서 잡수시는데 남은 반은 그
대로 서 있으니 사람들이 모두 경탄을 금치 못하더라.

11 이 신비로운 광경을 지켜본 사람들이 다시 말하기를 "너는 하늘의
벼락도 마음대로 쓴다 하니 오늘 우리에게 그 구경도 좀 하게 해
다오." 하는지라

12 상제님께서 흔쾌히 승낙하시며 '성냥을 가져오라.' 하여 불을 켜시니

13 순간 벽력이 치고 뇌성이 일며 온 집안이 푸른 불에 휩싸여 무섭게
번쩍거리거늘

14 사람들이 혼비백산하여 "아이구, 제발 그만 거두게!" 하며 바닥에
엎드려 고개를 들지 못하니라.

15 이에 상제님께서 벼락을 거두시니 그 후로는 항렬이 아무리 높은
종친일지라도 함부로 '너', '해라' 하고 말을 낮추지 못하더라.

진묵대사의 참혹한 죽음과 서양문명 개척

138 전주 서방산(西方山) 봉서사(鳳棲寺) 아래에 계실 때 하루는 성
도들에게 말씀하시기를

2 "김봉곡(金鳳谷)이 시기심이 많더니 하루는 진묵(震默)이 봉곡에게
서 성리대전(性理大全)을 빌려 가면서

3 봉곡이 곧 후회하여 찾아올 줄 알고 걸어가면서 한 권씩 보고는 길
가에 버려 봉서사 산문(山門) 어귀에 이르기까지 다 보고 버렸느니
라.

4 봉곡이 책을 빌려 준 뒤에 곧 뉘우쳐 생각하기를 '진묵은 불법을
통한 자인데 만일 유도(儒道)까지 정통하면 대적하지 못하게 될 것
이요, 또 불법이 크게 흥왕하여지고 유교는 쇠퇴하여지리라.' 하고

5 급히 사람을 보내어 그 책을 도로 찾아오게 하니, 그 사람이 뒤쫓
아가면서 길가에 이따금 한 권씩 버려진 책을 거두어 왔느니라.

6 그 뒤에 진묵이 봉곡에게 가니 봉곡이 빌려 간 책을 돌려달라고 하
거늘

7 진묵이 '그 책은 쓸데없는 것이므로 다 버렸노라.' 하니 봉곡이 크
게 노하는지라

8 진묵이 말하기를 '내가 외우리니 기록하라.' 하고 외우는데 한 글
자도 틀리지 아니하였느니라.

천하를 크게 문명케 하고자 하였더니

9 봉곡이 이로부터 더욱 시기하더니, 그 뒤에 진묵이 상좌(上佐)에게

138:1 봉서사. 전
북 완주군 용진
면 간중리 종남
산(終南山)과 서
방산(西方山)의
계곡에 위치한
절. 서방산이 봉
(鳳)의 형상을 하
고 깃을 드린다
하여 봉서사라
하였다. 진묵대
사가 출가한 곳
으로 유명하다.

138:2 김봉곡(金鳳
谷, 1575~1661).
이름은 동준(東
準). 자는 이식(而
式), 봉곡은 호.
조선 선조 때의
유학자. 사계 김
장생(沙溪 金長
生)에게 수학하였
고, 병자호란 때
화의(和議)가 이
루어지자 비분강
개하여 숨어 살면
서 『계몽도설(啓

蒙圖說)」,『심성서언(心性緖言)』등을 저술했다.

138:2 성리대전. 명나라 영락제(永樂帝)의 명을 받아 호광(胡廣) 등 42명의 학자가 사상적 통일을 도모하기 위해 성리설에 관한 이론을 집대성한 책.

138:9 상좌. 사승(師僧)의 대를 이을 여러 제자 가운데 높은 사람을 뜻하나 여기서는 행자(行者)를 말한다.

138장 진묵에 관한 기록은 조선 후기에 초의(草衣) 스님이 지은 『진묵대사유적고』와 『한국구비문학대계』(한국정신문화연구원, 1979~1987)가 대표적인데, 진묵대사의 죽음에 대한 기록이 판이하게 다르다. 본문 내용은 『한국구비문학대계』에 실린 것과 같다. 상제님께서 구전되어 오는 내용을 사실로 인정해 주신 것이다.

단단히 이르기를 '내가 8일을 기한으로 하여 시해(尸解)로 천상에 다녀올 것이니 절대로 방문을 열지 말라.' 하고 떠나거늘

10 하루는 봉곡이 봉서사로부터 서기가 하늘로 뻗친 것을 보고 '내가 저 기운을 받으면 진묵을 능가할 수 있으리라.' 하며 즉시 봉서사로 올라갔느니라.

11 봉곡이 서기가 뻗치는 법당 앞에 당도하여 진묵을 찾으매 상좌가 나와서 '대사님이 출타하신 지 얼마 안 됩니다.' 하니

12 봉곡이 '옳거니, 법당의 서기를 이 참에 받아야겠다.' 하고 '법당 문을 열라.' 하매 상좌가 '대사님께서 자물쇠를 가지고 가셨습니다.' 하거늘

13 봉곡이 큰 소리로 호령하며 기어이 문을 부수고 들어가니 뜻밖에 진묵이 앉아 있고 그의 몸에서 서기가 뻗치더라.

14 봉곡이 잠시 당황하다가 문득 진묵이 시해로 어디론가 갔음을 알아차리고 '서기를 못 받을 바에는 차라리 돌아오지 못하게 해야겠다.' 고 마음먹고

15 상좌에게 '어찌 시체를 방에 숨겨 두고 혹세무민하느냐! 중은 죽으면 화장을 해야 하느니라.' 하며

16 마침내 마당에 나무를 쌓고 진묵의 시신을 화장하니 어린 상좌가 울면서 말리거늘 봉곡은 도리어 화를 내며 상좌를 내쳤느니라.

봉서사 진묵전. 효행이 지극했던 진묵대사를 기려 그 어머니를 함께 봉안하였다.

4편 신도와 조화정부 515

17 이 때 마침 진묵이 돌아와 공중에서 외쳐 말하기를 '너와 내가 아무 원수진 일이 없는데 어찌 이러느냐!' 하니 상좌가 진묵의 소리를 듣고 통곡하거늘

18 봉곡이 '저것은 요귀(妖鬼)의 소리니라. 듣지 말고 손가락뼈 한 마디, 수염 한 올도 남김없이 잘 태워야 하느니라.' 하며 일일이 다 태워 버리니

19 진묵이 다급한 음성으로 상좌에게 '손톱이라도 찾아 보라.' 하는데 봉곡이 상좌를 꼼짝도 못하게 하며 '손톱도 까마귀가 물고 날아갔다.' 하는지라

20 진묵이 소리쳐 말하기를 '내가 각 지방 문화의 정수를 거두어 모아 천하를 크게 문명케 하고자 하였으나

21 이제 봉곡의 질투로 인하여 대사(大事)를 그르치게 되었으니 어찌 한스럽지 않으리오.

22 나는 이제 이 땅을 떠나려니와 봉곡의 자손은 대대로 호미질을 면치 못하리라.' 하고

23 동양의 도통신(道通神)을 거느리고 서양으로 건너갔느니라." 하시니라.

천지대권을 사용하실 때는

139 상제님께서는 천지대권을 뜻대로 사용하시되 일정한 법이 없고 때와 장소에 따라 달리 행하시니

2 큰비를 그치게 하실 때는 말씀으로도 하시고, 담뱃대나 술잔을 두르기도 하시며, 혹 성도들에게 명하여 화로의 불덩이를 문밖에 던지게도 하시니라.

3 날이 가물 때는 청수동이에 오줌을 조금 타면 곧 비가 내리어 모든 곡물이 풍성해지고

4 또 충재가 있을 때는 청수동이에 고춧가루를 풀어 넣으면 충재가 걷히더라.

5 상제님께서 혹 성도들로 하여금 공사를 대신 행하게 하실 때는 그 대행하는 성도로 하여금 능히 화권(化權)을 행하게 하시니라.

출입과 공사 시에 운사(雲師)를 부리심

6 또 밤길을 가실 때 구름이 달을 가리면 달을 향하여 손을 오른쪽으로 둘러 구름을 둥그렇게 열어젖혀 달빛이 내비치게 하시고

7 가시는 곳에 이르신 뒤에 달을 향하여 손을 들어 왼쪽으로 두르시면 구름이 다시 원상태로 합하여지더라.

138:22 봉곡의 자손은 대대로 호미질을 면치 못하리라. 이 구절은 진묵대사의 천하를 크게 문명코자 한 대의를 꺾어 버린 봉곡에 대한 천지신명의 응징이다. 봉곡이 살던 완주군 용진면 간중리 봉서골은 1924년에 저수지가 되었는데, 이는 상제님께서 진묵을 해원시키기 위해 봉곡이 살던 마을을 물에 잠기게 하신 것이다.

8 천문을 보실 때는 구름으로 온 하늘을 덮으신 후 별을 하나씩 나타 나게 하여 성도들로 하여금 살피게 하시니라.

날마다 둥근달이 환하게 떠 있더라

140 기유년 3월 그믐날 상제님께서 형렬과 자현, 자현의 아들 태준 을 데리고 대원사로 가시는 도중에

2 금산사 돌무지개문에 이르시어 "무지개문의 내력을 아느냐?" 하시 고

3 무지개문 안에 서시어 위쪽을 가리키시며 "한 일(一) 자 돌 네 개로 우물 정(井) 자가 된 그 가운데를 쳐다보라." 하시므로

4 세 사람이 바라보니 주먹만큼 허물어진 틈으로 푸른 하늘이 보이 더라.

5 잠시 후에 태준이 무지개문의 내력을 여쭈거늘 상제님께서 별 말 씀 없이 그냥 금산사 경내로 들어가시니라.

6 이 때 대원사에 가시어 십여 일을 머무시는데, 밤에 성도들이 소변 을 보러 나가면 날마다 둥근달이 환하게 떠 있더라.

140:2 금산사. 백제 법왕 원년 (599)에 지명법 사(智明法師)가 창건, 신라 경덕 왕 21년(762)에 진표율사(眞表律 師)가 미륵전을 세움으로써 미륵 신앙의 근본 도 량이 되었다. 이 후 임진왜란으로 절의 대부분이 소실되자 선조

대원사 전경. 중앙이 대웅전이며 좌우로 명부전과 칠성각이 있다.

천지가 역으로 가니 역(逆) 도수를 보노라

141 하루는 상제님께서 "천지가 역(逆)으로 가니 역 도수를 볼 수밖에 없노라." 하시고 공사를 보시며 글을 쓰시니 이러하니라.

2　左旋　四三八 天地는 魍魎이 主張하고
　　좌선　사삼팔 천지　망량　주장

　　　　九五一 日月은 竈王이 主張하고
　　　　구오일 일월　조왕　주장

　　　　二七六 星辰은 七星이 主張이라
　　　　이칠륙 성신　칠성　주장

　좌선이라. 사삼팔, 천지는 망량이 주장하고
　　구오일, 일월은 조왕이 주장하고
　　이칠륙, 성신은 칠성이 주장하느니라.

천주를 영세토록 잘 모시라

3　運이 至氣今至願爲大降이니
　　운　지기금지원위대강

　無男女老少兒童咏而歌之라
　무 남녀 노소 아동 영 이 가 지

　是故로 永世不忘萬事知니
　시고　영세 불망 만사 지

　侍天主 造化定 永世不忘萬事知니라
　시 천주 조화정 영세 불망 만사 지

　이제 천지의 대운이
　성숙의 가을 천지 기운 크게 내려 주시기를
　간절히 원하고 비는 때이니
　남녀노소 어린아이 할 것 없이 모두 이를 노래하느니라.
　그러므로 (너희가) 만사에 도통하는 큰 은혜
　영원히 잊지 못할지니
　'인간 세상에 오신 천주를 모시고
　무궁한 새 세계의 조화를 정하나니
　천지만사를 도통하는 큰 은혜
　영세토록 잊지 못합니다.' 라고 기도하느니라.

신미생 양띠로 오신 상제님

142 증산 상제님은 새 천지를 열어 주신 개벽장 하느님이시니, 9년 동안 천지공사를 행하실 때 항상 종이에 글이나 물형을 써서 불사르시니라.

2 하루는 어떤 사람이 상제님을 헐뜯어 말하기를 "종이만 보면 사족을 못 쓴다." 하거늘

3 상제님께서 들으시고 일러 말씀하시기를 "내가 신미생(辛未生)이라.

34년(1601) 수문대사(守文大師)가 34년에 걸쳐 복원하였다. 현재 미륵전을 비롯해 대적광전, 대장전, 석연대, 육각다층석탑 등이 있다.

141:2 이 구절은 낙서(洛書)의 상수(象數)에 맞추어 하신 말씀이다.

141:2 조왕. 살림살이를 맡아보는 신. 부엌을 관장하는 화신(火神)으로 조왕대신(竈王大神), 부뚜막신이라고도 한다.

142:3 신미생.

신(辛)은 곧 가을, 서방 금(金)이고 미(未)는 하추교역시 화극금(火克金)의 상극을 조화시켜 대통일하는 음토(陰土: 十土)이다. 즉 '신미'는 수렴과 통일의 큰 조화 정신을 상징한다.

통속에 미(未)를 양(羊)이라 하나니 양은 종이를 잘 먹느니라." 하시니라.

4 일찍이 '어린양'으로 불리운 성자 예수가 십자가에 매달려 피 흘리며 아버지의 천국 복음을 전하였나니

5 '아버지 하나님'이신 상제님께서 예수를 해원시켜 이 땅 위에 천국을 열어 주시기 위해 신미생 양띠로 오시니라.

사람 만들기 좋아하시는 상제님

6 상제님께서는 흙으로 그릇은 물론 어떤 것이든 잘 만드시는데 특히 사람을 잘 빚으시니라.

7 하루는 말씀하시기를 "내 재주가 천 가지 만 가지 재주니라." 하시니라.

칠성을 밟아 성령의 세계로

143 하루는 공사를 보시며 글을 쓰시니 이러하니라.

143:2 태청. 도교에서 '하늘'을 일컫는 말이며 조화의 우주 세계를 상징한다. 삼청은 도교의 삼신, 곧 옥청원시천존(玉淸元始天尊), 상청영보도군(上淸靈寶道君), 태청태상로군(太淸太上老君), 또는 신선이 사는 옥청(玉淸), 상청(上淸), 태청(太淸)의 삼부(三府)이다. 이는 동방 조선의 신교 삼신사상에 그 연원을 두고 있다.

2 我得長生飛太淸하니 衆星要我斬妖精이라
　아 득 장 생 비 태 청　　중 성 요 아 참 요 정
　惡逆催折邪魔驚하고 躡罡履斗躋光靈이라
　악 역 최 절 사 마 경　　섭 강 이 두 제 광 령

내가 장생을 얻어 태청을 날으니
뭇 별이 나에게 요사스런 정기를 베어 달라 호소하네.
패악과 무도한 기운 꺾으니 사악한 마들이 놀라고
칠성을 밟아 빛나는 성령의 세계로 올라가노라.

3 天回地轉步七星하고 禹步相催登陽明하니
　천 회 지 전 보 칠 성　　우 보 상 최 등 양 명
　一氣混沌看我形하고 唵唵急急如律令이라
　일 기 혼 돈 간 아 형　　엄 엄 급 급 여 율 령

하늘을 돌고 땅을 굴러 칠성을 밟고
우보(禹步)를 재촉하여 밝은 세계에 오르니
천지에 가득한 한 기운은 혼돈 속에서 나의 모습을 보고
율령을 집행하듯 신속하게 처리하라.

장차 진법이 나오리라

144 상제님께서 세상에 전하여 온 갖가지 예식을 두루 살피시고 크게 꺼려하시며 말씀하시기를

143:3 우보. '우보(禹步)'란 칠성의 형태로 보법을 밟아 가는 걸음인데 천문지리를 다스리고 만사를 형통하게 한다고 한다. 이

2 "이는 묵은하늘이 그르게 꾸민 것이니 장차 진법(眞法)이 나오리라." 하시니라.

3 또 제례진설법(祭禮陳設法)을 보시고 말씀하시기를 "이 또한 묵은하늘이 그릇 정한 것이니

신도

4 찬수는 깨끗하고 맛있는 것이 좋은 것이요, 그 놓여 있는 위치로 인하여 귀중하게 되는 것은 아니니라.

5 신(神)은 사람 먹는 데 따라서 흠향(歆饗)하느니라." 하시니라.

상복의 기원

6 하루는 한 상인(喪人)이 상복 입은 모습을 보시고 미워하여 말씀하시기를 "상복(喪服)은 거지 죽은 귀신이 만든 것이니라." 하시니

7 한 성도가 여쭈기를 "유가(儒家)에서 정한 것이 이와 같지 않습니까?" 하거늘

8 말씀하시기를 "추하고 험악하니 앞세상에는 이 옷을 없애리라." 하시니라.

죽은 부모를 묶지 말라

9 또 말씀하시기를 "부모의 시신을 묶어서 묻는 것은 부모를 원수로 여기는 것이라.

10 묶지 말고 그대로 입관하여 흙으로 덮어 두는 것이 옳으니라." 하시니라.

천지신명이 신농씨와 태공의 은혜에 보답한다

145 신농씨가 온갖 풀을 맛보아 의약을 짓고 농사짓는 법과 백곡을 정함으로써 천하가 그 은택(恩澤)을 입어 왔으나

2 그 공덕을 앙모하여 보답하지 않고 간혹 의원가에 '신농유업(神農遺業)'이라 써 붙일 뿐이며

3 강태공이 제잔금폭(除殘禁暴)의 묘략과 부국강병(富國强兵)의 술법을 전수함으로부터 천하가 그 덕으로 대업을 이루었으되

4 그 은덕을 보답지 않고 다만 디딜방아에 동티막이로 '경신년 모월 모일 강태공 조작(姜太公造作)'이라 써 붙일 뿐이니 어찌 도의(道義)에 합당하리오.

5 또한 강태공이 십 년 경영으로 삼천육백 개의 낚시를 벌였음이 어찌 한갓 주(周)나라를 일으켜 봉작(封爵)을 얻기 위함이었으랴.

6 이를 널리 후세에 전하려 하였음이니라.

7 이제 해원시대를 당하여 모든 신명이 신농씨와 태공의 은혜에 보답하게 되리라.

나는 삼리화(三離火)로다

146 하루는 상제님께서 말씀하시기를 "봉서사의 진묵은 3둔(遁)을

글은 원래 우보를 밟으면서 읽던 주문이었다. 한 걸음에 한 절씩 읽어 가는데, 상제님께서는 이 주문의 순서를 거꾸로 고쳐 외워 주셨다. 5편 250장 7절 측주 참조.

143장 『도전』 초판은 『대순전경』 초판과 『천지개벽경』을 참조하였으나, 개정판에서는 『대순전경』 6판 이후와 『기문둔갑(奇門遁甲)』을 참조하여 몇 글자의 오기를 바로잡았다.

145:3 강태공(姜太公, 서기전 1122~서기전 1249). 이름은 상(尙). 신농의 후손으로 주(周)나라 문왕(文王)을 보필하여 천하를 통일하고 제(齊)나라를 봉작 받았으며, 신교(神敎)문화를 중국 문화에 뿌리내리는 데 일조하였다.

145:3 제잔금폭(除殘禁暴). 악을 제거하고 포악함을 금지함.

145:4 경신년 모
월 모일. 강태공
이 태어났다고
하는 연월일시.
예로부터 잡신을
물리친다는 제살
(除煞)의 한 풍속
으로 디딜방아에
이 글을 붙였는
데 이는 금극목
(金克木)의 원리
로, 강한 금기(金
氣)를 지닌 경금
(庚金)과 신금(申
金)으로써 목기
(木氣)에 의한 동
티를 막으려는
것이었다.

146:3 삼리화. 가
을(서방金, 白)을
맞기 위해서는
여름철(남방火,
赤) 말기 변혁의
시간대를 건너가
야 하는데 선천
말대까지의 모든
죄와 원억을 대
속하고 풀어서
인류를 구원하시
어 후천으로 인
도하시는 분이
바로 하추교역기
(중앙土, 黃)에
인간으로 오시는
우주의 주재자이
신 조화옹 하느
님이시다. 여기
서 여름을 상징
하는 남방을 팔
괘로 삼리화(三
離火)라 하며 그
속뜻은 여름 말
의 상제님의 대문
명을 말한다.

148:2 청짐관운
형. 푸른 짐새가

하였고 주나라의 강태공은 52둔을 하였으나

2 나는 이제 72둔(遁)을 다 써서 화둔(火遁)을 트리라." 하시니라.

3 항상 성도들에게 일러 말씀하시기를 "나는 곧 남방 삼리화(三離火)로
다." 하시고

4 "사람으로서는 알기 어려운 일이니라." 하시니라.

오는 대개벽기에 약은 태을주

147 신농씨가 백초(百草)를 맛보아 약을 만들어 구제창생(救濟蒼生)
에 공헌하였거늘

2 우리는 입으로 글을 읽어서 천하창생을 구제하느니라.

3 태을주(太乙呪)는 수기 저장 주문이니 병이 범치 못하느니라.

4 내가 이 세상 모든 약기운을 태을주에 붙여 놓았느니라. 약은 곧 태을주
니라.

모악산의 살기로 세계가 물 끓듯 하리라

148 상제님께서 하루는 성도들에게 말씀하시기를 "모악산 치맛바
람을 아느냐? 모악산 치맛바람이 장차 천하를 진동케 하리라.

2 모악산은 청짐관운형(靑鴆貫雲形)인데 그 살기(殺氣)를 피워 내는
바람에 세계가 물 끓듯 하리라." 하시니라.

말씀에 따라 천지기운이 응함

3 하루는 어디를 가시다가 한 곳을 가리키시며 "이곳은 주사형(走蛇
形)이니라." 하시자 뱀 한 마리가 나타나 기어가거늘

4 말씀하시기를 "나는 말도 쉽게 할 수 없노라. 천지가 확증하노라." 하
시니라.

5 또 하루는 어디를 가시다가 어느 밭을 가리키시며 "이곳은 금계포
란형(金鷄抱卵形)이니라." 하시니

6 별안간 사방이 둘러싸인 산중에 암탉 한 마리가 나타나 밭 가운데
를 걸어다니는지라

7 말씀하시기를 "나는 말도 쉽게 하지 못함이 대개 이와 같으니라."
하시니라.

천하의 법은 대중화에서

149 하루는 한 성도가 "매양 공사를 보신 후에는 공우에게 각지에
순회하여 저희들에게 공사 내용을 알게 하시고

2 '이것은 천하의 대순이라.' 하시니 무슨 뜻입니까?" 하고 여쭈거늘

3 상제님께서 말씀하시기를 "천하의 법이 대중화(大中華)에서 나와 만국(萬國)에 미치는 것이니라." 하시니라.

상제님을 뵙는 의전 절차

150 성도들은 상제님을 보통 '선생님' 이라 부르나 마음속으로는 '인간으로 오신 참 하느님' 이라 믿으니라.

2 또 상제님을 뵙기 위해 찾아오는 사람들은 대개 '증산 어른' 이라 호칭하나 면전에서는 부르지 못하고

3 무엇을 여쭈고자 할 때는 먼저 서기에게 "선생님께서 엊저녁에 무어라고 명하셨소?" 하고 물으면

4 서기가 형렬에게 말하고, 형렬이 상제님께 가서 "그것을 어떻게 하시렵니까?" 하고 말씀을 올리지 직접 여쭙지는 못하니라.

감히 상제님 앞에서는

151 상제님께서 팔을 앞뒤로 활개치고 걸어가시면 팔의 움직임에 따라 큰바람이 일어, 앞벽도 무너지고 뒷벽도 무너지고 언덕도 무너지며

2 저 멀리 있는 사람이 이쪽으로 끌려오고, 여기 있는 사람이 저쪽 물에 빠져서 허우적거리기도 하니

3 사람들이 비록 죄 지은 것이 없을지라도 상제님과 마주치게 될까 심히 두려워하니라.

천지대세의 바탕을 돌려 놓으심

152 공부하는 자들이 '방위가 바뀐다.' 고 이르나니 내가 천지를 돌려놓았음을 세상이 어찌 알리오.

2 나는 서신사명(西神司命)이니라.

하늘 아래에 상극하는 이치가 없느니라

3 水火金木이 待時以成하나니 水生於火라
　　水火金木　　待時以成　　　　水生於火
故로 天下에 無相克之理니라
　고　　天下　　無相克之理
수화금목(四象)이 때를 기다려 생성되나니
물(水)이 불(火)에서 생성되는 까닭에
천하에 서로 극(克)하는 이치가 없느니라.

구름을 꿰뚫은 형국. 짐새는 중국 남방 광동(廣東)에서 나는 독조(毒鳥)로, 독사를 잡아먹기 때문에 온몸에 몹시 강한 독기가 있다고 한다.

151:3 "그이만 만나면 못써 그렇게. 상여 나가다가도 그이를 만나면 거기 놓아야 혀. (중략) 그렇지 않으면 엎었다 뒤집었다, 그냥 바람에 날렸다가 보듬었다 한게 무서워. 귀신은 떡이나 쪄 놓으면 되지만 그이는 참말로 무서워."(김호연 성도 증언)

4 내가 이제 천지를 개벽하여 물샐틈없이 도수를 정하였느니라.

성도들이 공사에 참견하다가

153 하루는 마을 사람들이 상제님께 소와 개를 잡아서 올리거늘

2 상제님께서 "신명이 같이 해야지, 신명 없이는 일을 하지 못하느니라." 하시며 제를 지내 신명 대접을 하신 뒤에 나누어 먹게 하시고

3 호연에게 말씀하시기를 "형렬과 나는 열매나 먹지, 그런 건 입에 안 넣는다." 하시니라.

4 이에 호연이 "아무 것도 아니고만 그런 것을 먹어?" 하니

5 상제님께서 "흥!" 하며 노려보시는데 시커멓고 긴 눈썹이 꼿꼿하게 선 모습이 매우 무섭더라.

6 이렇듯 상제님께서 공사를 보실 때, 호연이 버릇없이 굴거나 성도들이 나서서 참견을 하면 노려보곤 하시는데

7 이 때 용안을 빤히 쳐다보면 "무엇이 잘났다고 쳐다보느냐?" 하시며 탁 때리시니 그제야 놀라 고개를 숙이니라.

사람마다 신명이 호위하여 있다

154 하루는 상제님께서 말씀하시기를 "사람마다 그 닦은 바와 기국(器局)에 따라서 그 임무를 감당할 만한 신명이 호위하여 있나니

2 만일 남의 자격과 공부만 추앙하고 부러워하여 제 일에 게으른 마음을 품으면 신명들이 그에게로 옮겨 가느니라.

3 못났다고 자포자기하지 말라. 보호신도 떠나느니라." 하시니라.

4 또 말씀하시기를 "일심으로 하라. 일심하지 않으면 막대기에 기운 붙여 쓸란다." 하시니라.

어찌할 수 없이 맡게 되었노라

155 하루는 상제님께서 말씀하시기를 "내가 이 공사를 맡고자 함이 아니로되 천지신명(天地神明)이 모여들어

2 '상제님이 아니면 천지를 바로잡을 수 없다.' 하므로 괴롭기는 한량없으나 어찌할 수 없이 맡게 되었노라." 하시니라.

치천하는 너희들이 하라

3 하루는 성도들에게 일러 말씀하시기를 "평천하(平天下)는 내가 하리니 치천하(治天下)는 너희들이 하라." 하시니라.

155:2 상제님. 기존 기록에는 '법사(法師)', '천사(天師)', '대법천사(大法天師)'라는 술어를 사용했으나 이는 지극히 망령된 말이다.

신도(神道) 세계

신도세계의 음양 구조

천지인 삼계의 주재자이신 증산 상제님께서는 인류 문명사에서 처음으로 신의 세계에 대한 근원적이고 종합적인 가르침을 열어 주셨다. 그 핵심은 바로 신도세계가 원신(元神)과 주신(主神)의 음양 구조로 존재한다는 것이다.

원신과 주신

원신(元神)은 천지만물의 바탕에 내재된 근원적인 실재이며 존재 근거로서 자연신(自然神)을 말한다. 이 자연 속의 순수 조화신인 원신을 동양의 신교문화에서는 삼신(三神)으로 불러왔다. 한편 주신(主神)은 인간이 죽어서 천상에 새롭게 태어나는 신명(神明)과 각각의 사물의 변화를 주재하는 모든 인격신(人格神)을 말한다. 이 우주의 자연 질서와 인간 역사를 다스리는 주재신(主宰神)이다.

원신은 구체적이고 개별적인 형상을 가지지 않지만 순수 인격을 가지고 있기 때문에 인격 신명계와 소통하며 음양 일체로 작용한다. 모든 사물에는 그 사물의 본성이나 실상으로서의 원신과 그 사물을 지키는 인격신인 주신이 동시에 존재하는 것이다.

원신은 우주 만유에 보편적으로 존재하는 자연적 신성(神性)이기 때문에 일자(一者)이다. 그러나 주신은 모든 만물에 각기 다른 위격을 갖고 존재하기 때문에 다자(多者)이다.

상제님은 누구신가

증산 상제님은 자연 원신계(一者)와 인격 신명계(多者)를 모두 주재하시는 최고의 주신(一者)이다. 또한 상제님은 각각의 사물에 내재된 자연적 원신을 구체적인 인격신으로 형상화시킬 수 있는 권능을 가지신 조화옹 하느님이시다.

증산도의 신관

증산도의 신관은 일신(一神)과 다신(多神)이 조화되고 통합되어 있는 인류문화의 궁극의 신관이다. 신도의 음양 세계인 자연 원신과 인격신인 주신을 동시에 볼 수 있을 때, 비로소 신도 세계의 실상을 온전히 말할 수 있다. 서양의 근대 신학자나 철학자들은 우주 만물의 존재의 근거인 원신만을 생각하다가 무신론으로 빠지는 오류를 범하고 말았다.

신은 어디에 존재하는가

증산 상제님은 "천지간에 가득찬 것이 신이다."라고 말씀하셨다. 이 우주 만유 모든 것에 신이 있다는 말씀이다. 그러면 구체적으로 신은 어디에 있는 것일까?

유형이든 무형이든 모든 사물은 기(氣)로 구성되어 있다. 신은 이러한 기(氣) 속에 존재한다(神在氣中. 『桓檀古記』「太白逸史」). 자연계의 산과 바다도 단순히 유형인 물질로만 구성되어 있는 것이 아니라, 산신(山神)과 수신(水神)으로 이루어진 신도 세계이다. 인간이 생각하고 체험하는 무형의 변화 현상 또한 신이 들어 이루어진다.

귀신이란

천지, 즉 하늘과 땅도 신적 존재이다. 하늘은 신(神)이고 땅은 귀(鬼)다. 상제님은 이를 '귀신(鬼神)'이라고 하셨다. 따라서 귀신은 신의 본래 호칭, 신의 전칭(全稱)이다.

이(理)-신(神)-사(事)

이(理)는 천리(天理)

천지만물에는 생성·변화의 원리인 이(理)가 내재되어 있다. 이것을 상제님께서는 '천리(天理)' 또는 '이치(理致)'라고 말씀해 주셨다.

이(理)와 신(神)의 관계

이(理)는 모든 사물의 존재 근거이며 바탕을 형성하는 객관적 요소로서 영원히 존재하는 것이다. 그러나 이(理)는 그것 자체로는 현실세계에 실현되지 않은 이상적인 가능성(potentiality)에 불과하다. 이러한 이(理)를 다스리고 조화시켜 현실세계에 실현하는 존재가 바로 신(神)이다.

이법과 인사와 신도

거시적인 수준의 인류 역사(歷史)에서부터 미시적인 수준에서 일어나는 매 순간의 사건(事件)에 이르기까지 현실세계에 일어나는 모든 일(事)은 신(神)의 매개를 떠나서는 이루어질 수 없다. 천지 이법이 신도의 개입을 통해 인사로 매듭지어지는 것이다. 따라서 이법과 인사의 주재처가 바로 신이다.

신도 세계를 인식하려면

신은 우주의 창조 이법을 온전히 가지고 있는 현실적이고 구체적인 존재다. 이에 대해 증산 상제님은 '귀신은 천리의 지극함이다.' 라고 하셨다. 천지변화의 이법을 완전히 깨칠 때 비로소 인식할 수 있는 세계가 신도 세계인 것이다.

상제님의 위격

상제님은 바로 이러한 우주 이법과 신도 세계를 다스리시는 최고 주재자, 조화옹 하느님이시다.

증산도 진리의 특성

증산도는 천리(天理)와 신도(神道)와 인사(人事)가 하나로 통합되어 있는 진리이다. 또한 천지의 이치인 우주원리가 인사화 인격화되어 있는 진리이다. 그렇기 때문에 증산도에는 기성 종교, 철학, 과학에서는 찾을 수 없는 모든 진리의 해답이 들어있다. 증산도의 진리체계인 '이신사의 원리'를 종합적인 안목에서 볼 때, 증산 상제님의 무궁한 도법세계를 참되게 이해할 수 있다.

화이트헤드의 신관

인류 역사상 이신사(理神事)의 문제를 가장 체계적으로 그리고 심오한 통찰력을 갖고 해석한 사람이 영국의 경험주의 철학자 화이트헤드(Alfred North Whitehead, 1861~1947)이다. 화이트헤드는 그의 주저인 『과정과 실재(Process and Reality)』(1929)에서 새로움과 질서의 원천으로서, 그리고 인간을 비롯한 현실세계에 항상 새로운 질서를 부여하고, 그 질서가 실현되도록 매개하는 실제적 작인(作因)으로서 신(God)을 말하고 있다.

즉, 신은 자연 속에 가능성으로 존재하는 이법적인 요소들(eternal objects)을 하나하나 파악해서 창조와 변화의 구체적인 질서로 구성하는 '원초적 본성(The primordial nature)'과 현실세계의 인간과 만유의 전 역사에 직접 참여하여, 그가 구성한 질서를 모든 사물과 사건의 존재 근거로 현실세계에 제시하는 '결과적 본성(The consequent nature)'을 바탕으로 우리의 삶에 직접적으로 개입한다는 것이다.

신도

이십팔장(二十八將)

28수		이름	출신지	벼슬
동방 창룡(東方 蒼龍) 7수	각(角)	등우(鄧禹, 2~58)	남양 신야(南陽 新野)	태부(太傅) 고밀후(高密侯)
	항(亢)	마성(馬成, ?~56)	남양 극양(南陽 棘陽)	중산태수(中山太守) 전초후(全椒侯)
	저(氐)	오한(吳漢, ?~44)	남양 원(南陽 宛)	대사마(大司馬) 광평후(廣平侯)
	방(房)	왕량(王梁, ?~38)	어양 요양(漁陽 要陽)	하남윤(河南尹) 부성후(阜成侯)
	심(心)	가복(賈復, ?~55)	남양 관군(南陽 冠軍)	좌장군(左將軍) 교동후(膠東侯)
	미(尾)	진준(陳俊, ?~47)	남양 서악(南陽 西鄂)	낭야태수(琅邪太守) 축아후(祝阿侯)
	기(箕)	경감(耿弇, 3~58)	부풍 무릉(扶風 茂陵)	건위대장군(建威大將軍) 호치후(好時侯)
북방 현무(北方 玄武) 7수	두(斗)	두무(杜茂, ?~43)	남양 관군(南陽 冠軍)	표기대장군(驃騎大將軍) 참거후(參蘧侯)
	우(牛)	구순(寇恂, ?~36)	상곡 창평(上谷 昌平)	집금오(執金吾) 옹노후(雍奴侯)
	여(女)	부준(傅俊, ?~31)	영천 양성(潁川 襄城)	적노장군(積弩將軍) 곤양후(昆陽侯)
	허(虛)	잠팽(岑彭, ?~35)	남양 극양(南陽 棘陽)	정남대장군(征南大將軍) 무음후(舞陰侯)
	위(危)	견담(堅鐔, ?~50)	영천 양성(潁川 襄城)	좌조(左曹) 합비후(合肥侯)
	실(室)	풍이(馮異, ?~34)	영천 부성(潁川 父城)	정서대장군(征西大將軍) 양하후(陽夏侯)
	벽(壁)	왕패(王霸, ?~59)	영천 영양(潁川 潁陽)	상곡태수(上谷太守) 회릉후(淮陵侯)
서방 백호(西方 白虎) 7수	규(奎)	주우(朱祐, ?~48)	남양 원(南陽 宛)	건의대장군(建義大將軍) 격후(鬲侯)
	루(婁)	임광(任光, ?~29)	남양 원(南陽 宛)	신도태수(信都太守) 아릉후(阿陵侯)
	위(胃)	채준(祭遵, ?~33)	영천 영양(潁川 潁陽)	정로장군(征虜將軍) 영양후(潁陽侯)
	묘(昴)	이충(李忠, ?~43)	동래 황(東萊 黃)	예장태수(豫章太守) 중수후(中水侯)
	필(畢)	경단(景丹, ?~26)	풍익 역양(馮翊 陽)	표기대장군(驃騎大將軍) 역양후(櫟陽侯)
	자(觜)	만수(萬修, ?~26)	부풍 무릉(扶風 茂陵)	우장군(右將軍) 괴리후(槐里侯)
	삼(參)	갑연(蓋延, ?~39)	어양 요양(漁陽 要陽)	호아대장군(虎牙大將軍) 안평후(安平侯)
남방 주작(南方 朱雀) 7수	정(井)	비동(邳彤, ?~?)	신도(信都)	태상(太常) 영수후(靈壽侯)
	귀(鬼)	요기(銚期, ?~34)	영천 겹(潁川 郟)	위위(衛尉) 안성후(安成侯)
	유(柳)	유식(劉植, ?~26)	거록 창성(鉅鹿 昌城)	효기장군(驍騎將軍) 창성후(昌城侯)
	성(星)	경순(耿純, ?~37)	거록 송자(鉅鹿 宋子)	동군태수(東郡太守) 동광후(東光侯)
	장(張)	장궁(臧宮, ?~58)	영천 겹(潁川 郟)	성문교위(城門校尉) 낭릉후(朗陵侯)
	익(翼)	마무(馬武, ?~61)	남양 호양(南陽 湖陽)	포로장군(捕虜將軍) 양허후(楊虛侯)
	진(軫)	유륭(劉隆, ?~57)	남양(南陽)	표기장군(驃騎將軍) 신후(愼侯)

신도

이십사장(二十四將)

24절기	이 름	출신지	봉 호
동지	장손무기(長孫無忌, ?~659)	하남 낙양(河南 洛陽)	조공(趙公)
소한	이효공(李孝恭, 591~640)	?	하간왕(河間王)
대한	두여회(杜如晦, 585~630)	경조 두릉(京兆 杜陵)	내성공(菜成公)
입춘	위징(魏徵, 580~643)	위군 내황(魏郡 內黃)	정문정공(鄭文貞公)
우수	방현령(房玄齡, 579~648)	제주 임치(齊州 臨淄)	양공(梁公)
경칩	고사렴(高士廉, 575~647)	발해 수(渤海 蓨)	신공(申公)
춘분	울지경덕(尉遲敬德, 585~658)	삭주 선양(朔州 善陽)	악공(鄂公)
청명	이정(李靖, 571~649)	옹주 삼원(雍州 三原)	위공(衛公)
곡우	소우(蕭瑀, 574~647)	남난릉(南蘭陵)	송공(宋公)
입하	단지현(段志玄, 598~642)	제주 임치(齊州 臨淄)	포충장공(褒忠壯公)
소만	유홍기(劉弘基, 582~650)	옹주 지양(雍州 池陽)	기공(夔公)
망종	굴돌통(屈突通, 557~628)	옹주 장안(雍州 長安)	장충공(蔣忠公)
하지	은개산(殷開山, ?~ 622)	옹주 호(雍州 鄠)	운절공(鄖節公)
소서	시소(柴紹, ?~638)	임분(臨汾)	초양공(譙襄公)
대서	장손순덕(長孫順德, ?~?)	하남 낙양(河南 洛陽)	설양공(薛襄公)
입추	장량(張亮, ?~646)	정주 형양(鄭州 滎陽)	운공(鄖公)
처서	후군집(侯君集, ?~643)	빈주 삼수(豳州 三水)	진공(陳公)
백로	장공근(張公謹, ?~?)	위주 번수(魏州 繁水)	추양공(鄒襄公)
추분	정지절(程知節, ?~665)	제남 동아(濟南 東阿)	노공(盧公)
한로	우세남(虞世南, 558~638)	월주 여요(越州 餘姚)	영흥문의공(永興文懿公)
상강	유정회(劉政會, ?~635)	활주 조(滑州 胙)	유양공(逾襄公)
입동	당검(唐儉, 579~656)	병주 진양(并州 晉陽)	거공(莒公)
소설	이적(李勣, 584~669)	조주 이호(曹州 離狐)	영공(英公)
대설	진숙보(秦叔寶, ?~638)	제주 역성(齊州 歷城)	호장공(胡壯公)

제5편

천지공사(天地公事)

천지공사(天地公事)

우주일가의 조화 선경 낙원을 여는
신천지의 새판을 짜심

천지공사의 대의(大義)

1 증산 상제님께서 선천개벽 이래로 상극의 운에 갇혀 살아온 뭇 생명의 원(冤)과 한(恨)을 풀어 주시고

2 후천 오만년 지상 선경세계를 세워 온 인류를 생명의 길로 인도하시니

3 이것이 곧 인존상제님으로서 9년 동안 동방의 조선땅에서 집행하신 천지공사(天地公事)라.

4 이로써 하늘 땅의 질서를 바로잡아 그 속에서 일어나는 신도(神道)와 인사(人事)를 조화(調和)시켜

5 원시반본(原始返本)과 보은(報恩)·해원(解冤)·상생(相生)의 정신으로

6 지나간 선천상극(先天相克)의 운(運)을 끝막고 후천 새 천지의 상생의 운수를 여시니라.

7 이에 상제님께서 만고원신(萬古冤神)과 만고역신(萬古逆神), 세계문명신(世界文明神)과 세계지방신(世界地方神), 만성선령신(萬姓先靈神) 등을 불러모아

8 신명정부(神明政府)를 건설하시고 앞세상의 역사가 나아갈 이정표를 세우심으로써

9 상제님의 대이상이 도운(道運)과 세운(世運)으로 전개되어 우주촌의 선경낙원(仙境樂園)이 건설되도록 물샐틈없이 판을 짜 놓으시니라.

본댁에서 천지공사를 행하심

2 신축(辛丑 : 道紀 31, 1901)년 겨울에 본댁에서 천지대신문(天地大神門)을 여시고 천지공사를 행하실 때

2 식음을 전폐하시고, 불을 때지 않은 방에서 창문에 종이를 바르지

않으신 채 홑옷 차림으로 아흐레를 지내시며 신명들에게 칙령(勅令)을 내리시니

3 새가 벼 말리는 뜰에 내리지 않으며 집안 식구도 방문 가까이 가기를 두려워하고 이웃 사람들은 문 앞을 지나가기조차 어려워하더라.

임인(壬寅 : 道紀 32, 1902)년

순결한 마음으로 천지공정에 참여하라

3 임인(壬寅 : 道紀 32, 1902)년 4월에 상제님께서 전주 하운동 김형렬(金亨烈)의 집에 계시며 천지대신문을 열고 천지공사를 행하시니라.

2 이 때 상제님께서 말씀하시기를 "내가 이제 천지를 개벽하여 하늘과 땅을 뜯어고치고

3 무극대도(無極大道)를 세워 선천 상극의 운을 닫고

4 조화선경(造化仙境)을 열어 고해에 빠진 억조창생을 건지려 하노라.

5 이제 온 천하를 한집안이 되게 하리니 너는 오직 순결한 마음으로 천지공정(天地公庭)에 참여하라." 하시니라.

새로 만들어야 하느니라

6 하루는 형렬에게 이르시기를 "나의 일은 천지를 개벽함이니 곧 천지공사니라.

7 네가 나를 믿어 힘을 쓸진대 무릇 남이 만들어 놓은 것을 인습(因襲)할 것이 아니요, 새로 만들어야 하느니라." 하시고

8 또 말씀하시기를 "나의 일은 귀신도 모르나니 오직 나 혼자 아는 일이니라." 하시니라.

서양으로 넘어가는 동양을 붙들어 주심

4 상제님께서 말씀하시기를 "동학(東學) 신도들이 안심가(安心歌)를 잘못 해석하여 난을 지었느니라.

2 일본 사람이 3백 년 동안 돈 모으는 공부와 총 쏘는 공부와 모든 부강지술(富强之術)을 배워 왔나니 너희들은 무엇을 배웠느냐.

3 일심(一心)으로 석 달을 못 배웠고 삼 년을 못 배웠나니 무엇으로 그들을 대항하리오.

4 그들 하나를 죽이면 너희들은 백이나 죽으리니 그런 생각은 하지 말라.

1:5 원시반본, 보은, 해원, 상생 사상은 상제님 대도의 종지(宗旨)다. 특히 생명의 근원에 보답하는 보은은 가을개벽의 정신인 원시반본의 가장 근간이 되는 실천 이념이다.

1:9 도운과 세운. 도운은 상제님의 도가 인간 역사에 뿌리내려 제자리 잡는 과정이다. 상제님께서 일꾼을 내려보내시어 개벽기에 인류를 건지고 지구촌 문화를 통일하여 후천선경을 건설하는 성사재인의 천지도수다. 또한 세운은 세계 질서를 재편하여 지구촌 인류 역사의 운명을 도수로 짜 놓으신 것이다. 결국, 상제님 도법에 의해 지구촌 인류 역사가 둥글어 가기 때문에 도운을 중심으로 세운을 해석해야 한다.

2:1 본댁에서 천지대신문을. 천지대신문을 여신 신축년에는 천지공사를 집행하시기 위한 기본 틀을 짜시고, 본격적으로 공사를 행하신 것은 임

인년부터이다. 즉 9년(體) 천지 공사 기간 가운데 실제 공사 보신 것은 8년(用)으로, 이는 우주의 구궁팔풍(九宮八風) 운행 도수를 취하신 것이다.

4:1 안심가를 잘못 해석하여. 「안심가」는 최수운이 지은 9편의 가사 가운데 하나다. 동학 신도들은 「안심가」의 "개 같은 왜적놈을 한울님께 조화 받아 일야 간에 소멸하고"라는 구절을 잘못 해석하여 그들의 손으로 일본을 물리친다고 생각했다.

5 이제 최수운(崔水雲)을 일본 명부, 전명숙(全明淑)을 조선 명부, 김일부(金一夫)를 청국 명부, 이마두(利瑪竇)를 서양 명부로 정하여 각기 일을 맡겨 일령지하(一令之下)에 하룻저녁으로 대세를 돌려 잡으리라.

6 이제 동양의 형세가 누란(累卵)과 같이 위급하므로 내가 붙지 않으면 영원히 서양으로 넘어가게 되리라." 하시니라.

네가 등창이 나서 죽으리라

5 하루는 상제님께서 김경수를 불러 경계하여 말씀하시기를

2 "그대가 오십 년 공부로 태을주를 전하더니 도욕이 넘쳐 '증산이 내 제자다.' 하며 천상 옥경의 옥좌를 넘보는구려.

3 허나 당신은 결국 분을 못 이겨 등창이 나서 죽으리라." 하시니

4 말씀이 떨어지기 무섭게 경수의 등줄기에 주먹만 한 종기가 생기니라.

5 이로부터 경수가 사경을 헤매다 숨이 떨어질 지경이 되자 그 후손을 불러 이르기를

6 "내가 이제껏 이 땅에 조화주 하느님이 오신 걸 몰랐구나.

7 나는 그분이 이 세상의 많은 생명을 살리실 하나님이신 줄 몰라보고 이렇게 죽게 되었으니

8 너는 오직 성심으로 참 하나님을 잘 섬겨라." 하니라.

지구촌 세계 신질서의 큰 기틀을 짜심

6 상제님께서 말씀하시기를 "내가 이제 천지의 판을 짜러 회문산(回文山)에 들어가노라.

2 현하대세를 오선위기(五仙圍碁)의 기령(氣靈)으로 돌리나니

3 두 신선은 판을 대하고 두 신선은 각기 훈수하고 한 신선은 주인이라.

4 주인은 어느 편도 훈수할 수 없어 수수방관하고 다만 손님 대접만 맡았나니

5 연사(年事)에 큰 흠이 없어 손님 받는 예(禮)만 빠지지 아니하면 주인의 책임은 다한 것이니라.

6 바둑을 마치고 판이 헤치면 판과 바둑은 주인에게 돌아가리니

7 옛날 한 고조(漢高祖)는 마상(馬上)에서 득천하(得天下)하였으나 우리는 좌상(坐上)에서 득천하하리라." 하시니라.

김상용(1941~)

5장 오동정 교단 김락원의 손자 김상용 증언.

6:2 오선위기의 기령으로. 우주의 통치자요 주재자이신 상제님께서는 조선을

공사

상씨름으로 판을 마치리라

7 하루는 상제님께서 말씀하시기를 "현하대세가 씨름판과 같으니 애기판과 총각판이 지난 뒤에 **상씨름**으로 판을 마치리라." 하시고

2 종이에 태극 형상의 선을 그리시며 "이것이 삼팔선이니라." 하시니라.

3 또 말씀하시기를 "씨름판대는 조선의 삼팔선에 두고 세계 상씨름판을 붙이리라.

4 만국재판소를 조선에 두노니 씨름판에 소가 나가면 판을 걷게 되리라.

5 세속에 가구(假九)라는 노름판이 있어서 열다섯 수(數)가 차면 판몰이를 하는 것이 곧 후천에 이루어질 비밀을 세간에 누설(漏泄)한 것이니

6 내가 천지공사에 이것을 취하여 쓰노라." 하시니라.

선령신을 박대하는 예수교의 기운을 거두심

8 하운동 입구 오동정(梧桐亭)에 세 아름씩 되는 큰 둥구나무 세 그루가 서 있거늘 상제님께서 제비창골을 오가실 때 그 나무 아래 바위에서 자주 쉬시니라.

2 하루는 바위에서 주무시다가 갑자기 일어나시어 그 앞에서 주막을 경영하는 예수교인 김경안을 부르시더니

3 말씀하시기를 "네가 믿는 예수교서를 가져오라." 하시매 경안이 영문을 모른 채 신약전서를 가져다 올리거늘 상제님께서 불살라 버리시니라.

4 이에 경안이 깜짝 놀라 "왜 책을 사르십니까?" 하며 소리치니

5 상제님께서 꾸짖어 말씀하시기를 "이놈아! 이것 믿어 가지고 뭐할 것이냐!

6 이 책은 죽은 뒤에야 천당으로 간다는 조건이 붙은 책이니 살아서 잘되고 행복하지 못하면 무슨 소용이 있겠느냐.

7 앞으로 이 교가 수많은 중생을 죽게 할 것이요, 선령신을 박대하는 길이니 태우는 것이다." 하시매

8 경안이 분을 이기지 못하여 상제님의 멱살을 잡고 흔들며 "당신이 뭘 안다고 그러느냐!" 하고 고함치거늘 온 동네가 소란하니라.

9 그 후에 형렬이 상제님을 모시고 오동정 차윤필(車允必)의 집에 가니 경안이 와서 예수교서 불태운 것을 말하며 또 행패를 부리거늘

10 상제님께서 "곧 돌려주리라." 하시는데 이 때 마침 한 붓장수가 지나가는지라

중심으로 4대 강국이 바둑 두는 형국으로 돌아가도록 세운의 틀을 짜놓으셨다. 상제님께서는 오선위기의 전개 과정을 씨름판인 난장판에 비유하셨다. 난장판은 본래 '애기판-총각판-상씨름판'으로 전개된다.

7:1 애기판. 조선을 두고 일러전쟁을 붙여 (영국·프랑스가 훈수) 러시아의 세력을 몰아내신 공사이다. 이 공사에 의해 조화정부의 제1차 발현인 국제연맹이 1920년에 창설되었다.

7:1 총각판. 일본과 중국이 주역이 되고, 독일과 소련이 훈수한 중일전쟁(1937)으로 총각판의 서막이 올랐다. 이후 제2차 세계대전(1939~1945)이 발발하고 국제연합(1945)이 발족되었다.

7:1 상씨름. 남조선 도수에 의해 전개되는 남북한 대결 구도를 말한다. 남북한의 상씨름은 인류사의 상극의 모든 문제를 가름하는

최후·최상의 대결구도라는 의미와 역사성을 갖는다. 인류사의 총체적인 문제가 남조선 도수에 얽혀 있다.

7:4 소가 나가면. 1998년 6월 16일부터 세 차례에 걸쳐 1,501마리의 소가 판문점을 넘어 북한으로 갔다. 세계 상씨름의 무대인 삼팔선에 소가 나간 것은 상씨름판을 걷게 될 최후의 대결전이 임박했음을 알리는 개벽의 신호탄이다.

7:5 열다섯 수가 차면. 우주일년을 지속적으로 돌아가게 하는 천지조화의 본원은 중앙 '5·10土'이다. 음양 '5·10土'의 5수와 10수가 변화를 일으킬 가장 큰 수는 50(5와 10의 곱)이다. 즉, 열다섯 수가 찬다는 것은 그 도수가 일으킬 수 있는 변화의 가장 큰 수인 50이 되면 판몰이 곧, 도세를 만회한다는 뜻이다.

8장 김상용(1941 ~) 증언.

8:2 김경안. 천

11 상제님께서 그를 불러들여 술을 권하시고 붓상자를 가리키며 말씀하시기를 "그 상자 속에 든 예수교서 좀 보자." 하시니라.

12 이에 붓장수가 내심 놀라며 "이 속에 예수교서 있는 것을 어떻게 아셨습니까?" 하고 여쭈니

13 말씀하시기를 "아, 저 붓 밑에 들었구만 뭘 그려. 그대는 예수를 믿지 아니하니 그 책을 나에게 전함이 어떠하냐?" 하시매

14 붓장수가 대답하기를 "술도 많이 주시어 고마운데 그냥 드리겠습니다." 하거늘 상제님께서 그 책을 받아 경안에게 주시니라.

15 그 후로 경안의 집은 패가하여 아들이 간질병으로 죽고, 딸도 소박 맞고 돌아와 떠돌다 죽으니라.

물막이 공사

9 상제님께서 손바래기 본댁에서 태인, 원평, 전주 등을 왕래하실 때면 항상 물맹이를 거쳐 가시거늘

2 그 마을에서는 상제님께서 다만 삿갓을 쓰고 다니신다 하여 상제님을 '삿갓어른'이라 부르니라.

3 예로부터 물맹이는 장마철만 되면 마을 전체가 물에 잠겨 그 피해가 막심하더니

4 하루는 박동근과 동네 사람들을 냇가로 데리고 나가시어 말씀하시기를

5 "이곳은 큰비만 오면 물바다가 되어 고생이 막심한지라 이제 물길

물맹이. 당시에는 수심이 깊고 바닷물이 들어와 조기를 비롯한 바닷고기와 조개류가 많이 잡혔다 한다.

을 막아 제방을 쌓으리니 이곳을 물막이라 하라." 하시니라.

도로와 교량 공사를 보심

10 객망리에서 정읍을 오가려면 정읍천을 건너야 하거늘 홍수로 다리가 쓸려가고 없을 때면 사람들이 멀리 두승산(斗升山) 쪽으로 돌아서 다니니라.

2 장마철에 하루는 상제님께서 정읍장에 가셨다가 뒷집에 사는 류연회(柳然澮)를 만나 함께 손바래기로 오시는데 물이 불어 다리가 잠긴지라

3 연회가 두승산 쪽으로 돌아서 가려 하자 "아니, 반듯한 길을 두고 뭣하러 돌아가느냐?

4 나하고 그냥 반듯한 길로 가자." 하시고 진펄이며 논이며 가리지 않으시고 곧장 질러가시니라.

5 이에 연회가 뒤따르며 여쭈기를 "어찌하여 길을 두고 진흙 속으로 걸어가며 옷을 다 버리십니까?" 하니

6 "나는 일하느라고 바쁘건만…." 하시며 뒤도 돌아보지 않고 내처 냇물을 걸어서 건너시거늘

7 연회가 깜짝 놀라 상제님께 바짝 따라 붙으매 순식간에 객망리에 당도하니라.

8 어천하신 후에 연회가 보니 예전에 상제님께서 반듯이 질러가신 자취를 따라 논과 뻘에 신작로가 나고, 걸어서 건너신 냇물 위로 다리가 놓이는지라

9 크게 감탄하며 말하기를 "그 때는 내가 어리석어 신인(神人)의 세계를 알지 못하였도다!" 하니라.

이 방죽은 없어져야 하리라

10 하루는 성도들을 거느리고 고부 거무실 방죽을 지나며 말씀하시기를 "이곳을 거무실이라 이르므로 이 방죽은 없어져야 하리라." 하시더니

11 이후로 점차 물이 줄어들어 밭과 논으로 변하매 방죽이 흔적도 없이 사라지니라.

쉽고 간단한 문자로 통용되도록 하심

11 하루는 상제님께서 옥편(玉篇)을 불사르며 말씀하시기를

2 "내가 아는 문자만으로도 능히 모든 사물을 기록할지니 앞으로는

8:3 신약전서. 구약은 유대족의 역사서이기 때문에 신약만 불사르신 것이다. 또 구약의 여호와 신약의 아버지 하느님은 전혀 다르기 때문에, 구약과 신약의 고리를 끊어 주신 것이다.

8:9 차윤필(車允必, 1874~?). 본관 연안. 김제시 금산면 금산리에서 부 화성과 모 박씨와의 사이에 4남으로 출생.

9:1 물맹이. 이 공사로 인해 일제 강점기에 제방이 축조되어 수해가 사라지게 되었다.

9:2 삿갓어른. "이 동네도 잘 댕겼대요. 우리 할머니는 아무것도 모르고 삿갓 쓰고 댕긴다고 삿갓어른이라고만 하고, (중략) 그 양반이 성이 뭔지 그런 것 몰라요." 〈물맹이 박점순(1926~) 증언〉

10:2 류연회(柳然澮, 1875~?). 본관 흥양(興陽). 부 돈상(燉相)과 모 김씨의 장남. 부인 김자옥(金子玉)과의 사이에 1남 1녀. 상제님께서 어천하신 후에 류연회는 측량기사가 되어 이 공사 내용을 직접 확인하였다.

10:8 신작로. 현재 덕천 사거리에서 정읍 시내로 나가는 길을 말한다.

10:10 거무실 방죽. 정읍시 덕천면 하학리 가정마을 동쪽에 있었으며 지금은 논과 밭이 되었다. 지세가 거미의 형국이다.

11:4 강절관매법. 소강절이 주역에 기초하여 매화로 점친 데서 유래. 상제님께서 불사르신 이 책은 「관매전서(觀梅全書)」로 추정된다.

12:2 환구의 아내. 김성녀(金姓女, 1882~1937). 김형렬 성도의 여동생이다. 내주평 살 때 16세에 부안에 사는 이환구에게 시집가 내주평댁이라

쉽고 간단한 문자로 천하에 통용되도록 하리라." 하시고

3 "장차 우리나라 말과 글을 세계 사람이 배워 가리라." 하시니라.

장차 우리나라 문명을 세계에서 배워 가리라

4 하루는 상제님께서 성도들과 더불어 공사를 행하실 때 불가서(佛家書) 천수경(千手經), 사요(史要), 해동명신록(海東名臣錄), 강절관매법(康節觀梅法), 대학(大學) 등 주요 한문 서적과 형렬의 채권부(債權簿), 약방문 등을 불사르시며 말씀하시기를

5 "장차 신문명이 나타나리라." 하시고

6 또 말씀하시기를 "우리나라 문명을 세계에서 배워 가리라." 하시니라.

49일 정성 공사

12 하루는 상제님께서 하운동 이환구(李桓九)의 집에서 공사를 행하실 때

2 환구에게 이르시기를 "네 아내가 49일 동안 정성을 들일 수 있는지 잘 상의하여 보라." 하시므로 환구가 아내에게 그 뜻을 물으니

3 그의 아내는 형렬의 누이동생으로 상제님의 신성하심을 익히 들은 터라 굳게 결심하고 대답하거늘

4 상제님께서 다시 다짐을 받게 하시고 날마다 목욕재계한 후에 떡 한 시루씩 찌게 하시니라.

5 여러 날이 지나매 그 아내가 괴로워하며 불평을 품으니 이 날은 나무 한 짐을 다 때어도 떡이 익지 않는지라

6 환구의 아내가 크게 당황하여 어찌할 바를 몰라 하니 상제님께서 환구에게 이르시기를

7 "떡이 익지 않는 것은 성심(誠心)이 풀린 까닭이라. 네 아내가 심히 걱정하는 듯하니 내 앞에 와서 사죄하게 하라.

8 나는 비록 용서하고자 하나 신명들이 듣지 않느니라." 하시니라.

9 환구가 아내에게 말씀을 전하니 아내가 깜짝 놀라 사랑에 와서 상제님께 사죄하고 다시 부엌에 들어가 시루를 열어 보니 떡이 잘 익었더라.

너의 정성이 하늘을 움직였다

10 이로부터 일심으로 정성을 들여 49일을 마치니 상제님께서 친히 부엌에 들어가시어 그 정성을 치하하시니라.

11 이에 그 아내가 한결같이 정성을 들이지 못하였음을 송구스러워하거늘

12 상제님께서 위로하시며 "너의 정성이 하늘을 움직이고 신명을 감동시켜 이제 신명들이 너의 공덕을 기리고 있느니라. 믿지 못하겠거든 저 달을 보라." 하시매

13 하늘을 쳐다보니 오색채운(五色彩雲)이 달무리를 이루고 있더라.

나 커서도 이러면 흉볼거야

13 초가을 어느 날 상제님께서 형렬과 호연을 데리고 공주에 가실 때

2 상제님께서 호연을 업고 가시다가 "오줌 눌래?" 하고 물으시니 호연이 "안 내리고 여기다 그냥 쌀 참이야." 하니라.

3 이에 상제님께서 "그럼 나 척척해서 어쩌라고 내게다 싸려고 그래?" 하시니

4 호연이 등에 더 바싹 붙으며 "싫어, 나 그냥 여기에 싸." 하거늘

5 상제님께서 웃으시며 "아이고, 거머리가 생겼다~! 에이, 너 그럴래?

6 그럼 물속에 처넣는다?" 하시며 몸을 마구 흔드시는지라

7 호연이 재미있다고 깔깔대고 웃으며 "어디 들어가 봐요.

8 아무리 물속으로 들어간들 내가 떨어지간디? 나를 뿌리쳐야 내가 빠지지." 하며 더욱 꼭 붙드니

9 상제님께서 "아이, 요것 봐라~." 하시며 마냥 웃으시니라.

10 잠시 후 끼니 때가 되어 주막에서 진지를 드시는데 상제님께서 반찬을 입으로 빨아 호연의 밥 위에 놓아 주시니 먹지 않는지라

11 상제님께서 "안 먹을라냐?" 하시니 뽀로통한 얼굴로 "안 먹을래. 나 커서도 이러면 어디 가서 흉볼거야." 하거늘

12 상제님께서 주막집이 흔들리도록 박장대소하시매 사랑에서 밥을 먹던 사람들이 깜짝 놀라 밖으로 뛰어나오니라.

내가 자르면 이제 다 자르리라

14 하루는 상제님께서 상툿고를 동곳 아래까지 잘라 손에 쥐고 들어오시어 "마개 하나 주웠다~!" 하시니

2 호연이 진짜 마개인 줄로 알고 "뭔 마개요?" 하거늘 상제님께서 "너를 데리고 뭘…. 우습기야 하겠냐, 내 상투다!" 하시니라.

3 이에 호연이 "아이고, 어디 봐. 싹둑 잘랐네. 왜 이렇게 생겼대요?" 하며 이리저리 살피거늘

4 "마개가 없어서 마개 하느라고 그랬다." 하시니 "뭔 마개? 작아서

불렸다. 이 때 그녀는 21세, 이환구 성도는 24세였다.

김성녀
(1882~1937)

12:4 "49일 동안 떡을 찌실 때 옆에서 누가 들어 주는 것같이 몸이 공중에 뜨는 느낌이 드셨다고 해. 그래서 공부하는 중에 사람이 구름을 타고 하늘을 날 수도 있겠구나 하고 생각하셨다."(이환구 성도의 아들 이희재 증언)

12:5 제사 문화에 익숙한 조선의 어머니들은 불을 아무리 때도 떡이 익지 않는 체험을 종종 말한다. 부정을 타거나 신명이 기운을 막으면 그런 현상이 일어난다.

14:1 동곳. 상투가 풀어지지 않게 꽂는 물건. 상제님께서는 본래 상투에다 두 개

를 지르셨는데, 앞에다 대를 깎아 대맛을 하시고 동곳을 지르셨다.

5 상제님께서 "야야, 이것이 작아?" 하시며 상투 자른 것을 눈앞으로 밀어 보이시니

6 호연이 "아이구, 참말로 요상하게 상투를 왜 그렇게 끊었어요?" 하며 얼굴을 찌푸리니라.

7 이에 말씀하시기를 "이제 세상이 머리카락이라고 생긴 것은 그냥 다 끊어야." 하시거늘

8 호연이 주위를 둘러보며 "저이들은 다 저러고 있구만!" 하며 고개를 갸웃거리니

9 말씀하시기를 "내가 끊으면 시나브로 다 끊어야." 하시니라.

14:9 내가 끊으면. 1895년 11월 김홍집 내각은 대대적인 근대화 운동의 일환으로 단발령을 선포했으나 당시의 고지식한 유교적 윤리관에 부딪혀 제대로 시행되지 못하였다. 단발령 이후 수년이 지나도 머리를 깎지 않은 사람들이 이 공사 이후 다 깎게 되었다.

머리 깎는 개화 공사

15 임인년 9월에 상제님께서 한쪽 머리를 깎고 들어오시니

2 호연이 "싹 깎아 놓으니 외뚝이마냥 보기도 싫네." 하며 상제님 주위를 한바퀴 돌더니 "어떻게 한쪽만 깎았어요?" 하거늘

3 상제님께서 "너는 이름도 잘 짓는다. 외뚝이가 뭐냐?" 하며 껄껄 웃으시니라.

4 며칠 후 상제님께서 밖에 나가시더니 남은 한쪽마저 깎고 들어오시어 "인제 죄다 깎어. 형렬이도 깎아야 한다. 다~ 깎어!" 하시거늘

5 호연이 "왜 못 깎게 안 해요?" 하고 여쭈니 이르시기를 "바람 부는 대로, 물결치는 대로 살아야지.

6 우선은 이 땅에 있으니 하라는 대로 할밖에 더 있나?" 하시니라.

상투 잡고 우는 김형렬

16 하루는 밖에 나가셨다가 밀화(蜜花) 동곳 네 개를 가지고 들어오시어 "예 있다!" 하시며 형렬에게 두 개를 건네주시거늘

2 호연이 "이거 어디서 났어요?" 하니 "아이고, 내가 산으로 다니며 이것 장만하느라 죽을 뻔했다." 하시니라.

3 이에 형렬이 "이걸로 무얼 하라는 것입니까?" 하니 이르시기를

4 "아예 끊어 버려라. 그놈들이 달려들어 끊기 전에 우리 손으로 끊어야 수치를 면하리라.

5 이제 너나없이 다 끊을 것이니 애석하게 여기지 말고 끊어라." 하시거늘

6 형렬이 "아이구, 상투가 어른인데 상투를…. 세상에 나올 적에 머

리밖에 가져온 것이 없고, 부모 문전에 지켜가는 것도 머리밖에 없는데

7 세상이 어떻게 돌아간다고 머리를 끊습니까?" 하며 상투를 잡고 울먹이는지라

8 상제님께서 "어련하면 상투를 잡고 울겠냐만 천하 사람들이 다 깎는다고 하는데 뭐가 그렇게 서운하냐!" 하시니

9 "선생님께서 먼저 끊으셨으니 저도 끊어야지요." 하니라.

10 상제님께서 "내가 베어 주마." 하시니 형렬이 "제가 베겠습니다." 하거늘

11 상제님께서 "네 머리를 네 어찌 친다더냐? 누가 쳐 줘야 하리니 다른 사람이 치느니 내가 베어 주마!" 하시니라.

12 이에 형렬이 "아이고, 머리를 베어서 내버리자니 소인 한심하기 이를 데 없습니다. 머리 베기가 제일로 원통하옵니다~!

13 아이고 어머님~, 머리를 베겠습니다~!" 하며 상투를 부여잡고 서럽게 울거늘

14 상제님께서도 "아이고, 나도 그렇소. 나도 그려~!" 하시며 함께 목 놓아 우시니

15 세상 백성들이 상투를 자를 때 이와 같이 울며 깎으니라.

금산의 한 예배당에 가심

17 가을에 하루는 상제님께서 "호연아! 나하고 무주 금산에 삼(蔘)도 줍고, 상수리도 주우러 가자!" 하시며 형렬과 호연을 데리고 금산(錦山)으로 가시니라.

2 이 때 날이 어두워져 호연이 자꾸만 넘어지거늘 상제님께서 호연에게 넘어지는 이치를 설명하며 꾸중하시니

3 호연이 "어린것이 자빠지면 안쓰럽지도 않은가, 계속 나무라고 지청구만 하네!" 하며 투정하니라.

4 늦은 밤에야 금산에 도착하시어 한 예배당으로 가시니 많은 사람들이 한 사람의 설교를 듣고 있거늘

5 그가 이르기를 "하느님이 이 세상을 이토록 사랑하사 독생자 예수님을 주셨으니 누구든지 맘 변치 말고 믿으면 영생을 얻으리라 하셨습니다.

6 자, 우리 서로 서로 손잡고 함께 믿읍시다." 하며 열변을 토하더라.

17장. 이 성구는 이후 연도일 가능성도 있다.

17:1 금산. 현재 충남 금산군. 당시 김제 금산(金山)과 구별하기 위하여 전라권에서는 금산(錦山)을 '무주 금산'이라 불렀다.

어찌 중생을 속이느냐!

18 이 때 상제님께서 앞으로 나가시며 큰 음성으로 꾸짖어 말씀하시기를 "그렇게 가르쳐서는 안 되느니라!

2 천지만사의 이치란 천지에 모여 사는 사람들 속에 있는 것이거늘 네 어찌 중생을 속이느냐!

3 가르치려거든 한길을 내듯 똑바로 가르쳐라.

4 길이 한 번 나면 그 길이 힘줄과 같이 천지 밖으로 벌어지나니 올바른 길이 아니면 가르치지 말라." 하시니라.

환부역조의 큰 죄를 꾸짖으심

5 또 말씀하시기를 "중생들을 그릇 인도하면 천지의 원 주인도 자리를 잡지 못하느니라!" 하시며 환부역조(換父易祖)의 큰 죄를 호되게 꾸짖으시니 사람들이 술렁이며 수군거리거늘

6 상제님께서 "벼락신장은 어디 있느냐. 속히 벼락을 치라!" 하고 건물이 흔들리도록 큰 음성으로 칙령을 내리시니라.

7 순간 창창하던 밤하늘이 칠흑같이 어두워지더니 잠시 후 해처럼 밝은 불덩이가 나타나 번쩍번쩍 세상을 환히 비추고

8 뇌성벽력과 함께 비가 억수로 쏟아지며 난데없이 하늘로부터 미꾸라지, 메기, 쏘가리, 뿌럭지 들이 수없이 떨어지니라.

9 이에 모두 두려움과 공포에 질려 바닥에 고개를 박은 채 벌벌 떨기만 하는데

10 몇몇 사람이 고기를 줍는다고 뛰쳐나가니 빛나던 불덩이가 순식간에 사라지며 사방이 다시 칠흑같이 어두워져 한 치 앞을 분별할 수 없거늘

11 고기를 잡기는 고사하고 쏘가리에 쏘여 아프다고 소리치며 흩어지매 실로 아수라장을 이루니라.

12 이 때 호연이 보니 고기들이 꼬리를 치며 다시 하늘로 올라가 순식간에 없어지더라.

진산으로 가심

19 상제님께서 금산에 머무시며 한 뼘 정도의 막대기를 깎아 대롱 안에 가득 채우시고 그것으로 계속 수(數)를 놓으며 기록하시니라.

2 이후 어디서 인삼을 구해 오신 뒤 진산으로 향하시는데 상수리가 많이 떨어져 있거늘

3 상제님께서 토시 안에 상수리를 주워 담으시니 호연도 신이 나서

18:6 속히 벼락을 치라. 이 때 불벼락을 내리신 것은, 단순히 한 목사의 설교를 꾸짖으신 것이 아니다. 동서양의 숱한 인간들이 '창조와 피조'라는 이원론적 구조의 낡은 창조 신화를 받들며 유대족의 신 여호와에 미쳐서 제 민족의 뿌리와 조상신을 몰아낸 환부역조의 대죄악을 천지의 불칼로 응징하신 것이다.

18:11 실로 아수라장을 이루니라. 그동안 입으로만 전해져 온 상제님의 예배당 행차와 벼락 사건을 현장에서 직접 목격한 사람은 오직 한 사람, 김호연 성도 뿐

저고리 소매를 묶고 그 안에 한가득 주워 담으니라.

호연이 길을 잃거늘

4 진산에서 공사를 행하실 때 날이 저물어 호연이 상제님과 떨어져 길을 잃거늘

5 호연이 홀로 점방 앞에 주저앉아 "어디로 갔을꼬? 나는 어쩌라고." 하며 밤이 깊도록 애타게 우니라.

6 이 때 길 저편에서부터 어떤 사람이 트림을 하며 걸어오거늘

7 호연이 지나는 취객인 줄로 알고 숨죽인 채 앉아 있는데

8 잠시 후 그 사람이 가까이 다가와서 "흠, 흠!" 하고 인기척을 내므로 바라보니 상제님이시더라.

9 상제님께서 빙긋이 웃으시며 "놀랬냐?" 하고 물으시니 "놀래기는 무얼 놀래? 내가 우리 아버지보고 일러~!" 하며 심통을 부리거늘

10 "네 아버지가 무서운 줄 아냐?" 하시니 "나는 무서운데…. 흥, 그렇다고 혼자 가, 나를 떼어 놓고?" 하며 따지니라.

11 이에 상제님께서 "네가 어디로 빠졌으니 그러지 내가 내버렸간디?" 하시니 "그럼 찾아보지!" 하며 여전히 통통거리거늘

12 "안 가? 안 가고 여기 있을 참이여?" 하시니 뾰로통한 얼굴로 앉아서 꿈쩍도 않는지라

13 상제님께서 "배고프지?" 하시며 호연을 보듬어 일으켜 가까운 주막으로 데려가시니라.

안 먹어서 그랬지

14 상제님께서 주모에게 "콩나물국에다 밥 조금 넣어서 우리 애기 주시오~!" 하시니 주모가 국밥을 말아 오거늘

15 호연이 아직도 분이 풀리지 않은 듯 쳐다보기만 할 뿐 먹지 않으니

16 "산 것인데 왜 안 먹어? 내가 안 먹어서 그러냐?" 하시며 겨우 두 숟가락만 남기고 다 드시니라.

17 이에 호연이 "다 먹고 이것 조금 줘?" 하며 더욱 약이 올라 울거늘

18 상제님께서 웃으시며 "안 먹어서 그랬지~. 그럼 또 사 줘?" 하고 다정하게 물으시니 호연이 토라져서는 "안 먹어!" 하며 투정을 부리니라.

추운 겨울에 호연을 안고 다니시니

20 상제님께서 추운 겨울에 호연을 데리고 다니실 때면 저고리로 호연을 감싸 안으시고 다리를 골마리 속에 넣고 다니시니라.

이다. 이 날 호연 성도는 진산에서 길을 잃었으므로, 여느 때보다 더욱 생생하게 기억하고 있었다. "거기서도 내동 날이 창창하니 있다가도 고닥에 어물어지면서 무섭게 혀. 빈 해가 뜨면서 번쩍번쩍 번쩍번쩍하면서 (중략) 예배당에 사람 하나도 없이…. 모두들 번개가 치고 막 불칼이 내려오고 헌게, 다들 집으로만 가느라고 야단들이지."

19:2 진산. 당시는 전북 진산군이었으나 1914년 충남 금산군에 편입되어 진산, 복수, 추부의 3개 면이 됨.

2 하루는 외출하셨다가 전주로 돌아오시는 길에 호연이 상제님의 골마리 속을 보고 깜짝 놀라며 "아이고, 이것 봐! 이게 뭐여? 강아지를 갖고 댕기네." 하거늘

3 상제님께서 웃으시며 "강아지가 꽉 물라, 가만있거라." 하고 겁을 주시니 "아이고나~!" 하며 입을 꼭 다물고 꼼짝도 하지 않더라.

4 이윽고 호연이 집에 도착하자 상제님의 품에서 얼른 내려 엄마에게 뽀르르 달려가서는

5 "엄마, 엄마! 저 선생님, 속에다가 시키먼 강아지를 넣고 댕겨. 근데 나보고 말 안 들으면 꽉 문다고 그려." 하니 온통 웃음바다가 되니라.

계묘(癸卯 : 道紀 33, 1903)년

후천선경의 설날 공사

21 계묘(癸卯 : 道紀 33, 1903)년 설날에 한 성도가 상제님께 떡국을 끓여 올리니 한 수저도 들지 않으시고 그냥 물리시니라.

2 그 후 2월 초하룻날에 상제님께서 "떡국을 지어 올리라." 하시거늘 다시 끓여 올리니

3 다 잡수시고 말씀하시기를 "새해의 떡국 맛이 좋구나. 설 잘 쉈다. 이건 내 설이다." 하시니라.

4 또 말씀하시기를 "내 세상에는 묘월(卯月)로 세수(歲首)를 삼으리라." 하시고

5 "내가 천지간에 뜯어고치지 않은 것이 없으나 오직 역(曆)만은 이미 한 사람이 밝혀 놓았으니 그 역을 쓰리라." 하시니라.

6 "선천에는 음(陰)을 체(體)로 하고 양(陽)을 용(用)으로 삼았으나 후천에는 양을 체로 하고 음을 용으로 삼느니라." 하시니라.

제국주의 일본의 역할

22 하루는 한 성도가 여쭈기를 "올 농사에 어떤 종자를 심는 것이 좋겠습니까?" 하니

2 말씀하시기를 "일본 사람이 녹(祿)줄을 띠고 왔나니 일본 종자를 심으라." 하시고

3 "생계(生計)의 모든 일에 그들을 본받으라. 녹줄이 따라오느니라."

21:4 묘월세수. 천체의 정립으로 현재의 윤도수가 떨어지면 묘월(卯月)을 정월로 삼는 새 상용력(常用曆)이 시작된다. 이는 선천의 우주가 가면을 벗어 던지고 새로운 얼굴을 사실 그대로 드러내는 우주사적 대사건이다.

21:5 역. 천지일월이 순환하는 주기 도수(週期

하시니라.

4 하루는 한 성도가 일본 사람을 '왜놈' 이라 부르니 상제님께서 들으시고 말씀하시기를

5 "일해 주러 온 사람들을 그렇게 험하게 말하면 어떻게 일을 제대로 하리오.

6 일 보는 사람이니 왜놈이라 부르지 말고 '일본 사람' 이라 부르라. 일인(日人)은 일꾼이라. 나의 일을 하나니 큰 머슴이 될 것이니라.

7 그러나 일꾼이 주인의 집을 빼앗으려 하므로 마침내는 크게 패망할 것이니 일본 사람은 나한테 품삯도 못 받는 일꾼이니라." 하시니라.

8 하루는 상제님께서 말씀하시기를 "일본은 깔담살이 머슴이요, 미국은 중머슴이요, 중국은 상머슴이니라.

9 깔담살이가 들어가면 중머슴이 나와서 일하고, 중머슴이 들어가면 상머슴이 나오리라." 하시니라.

조선 신명을 서양으로 보내 대역사를 시키심

23 계묘년 3월에 상제님께서 형렬과 여러 성도들에게 이르시기를 "옛적에는 동서양 교통이 없었으므로 신명들이 서로 넘나들지 못하였으나

2 이제 기차와 윤선으로 수출입하는 화물의 물표를 따라 서로 통하게 되었나니

3 조선 신명을 서양으로 보내어 역사(役事)케 하리라." 하시니라.

4 이에 한 성도가 "조선 신명에게 서양을 맡기심은 무슨 까닭입니까?" 하고 여쭈니

5 말씀하시기를 "조선 신명을 서양으로 보내어 천지에 **전쟁을 붙이는 일꾼**으로 쓰려 하노라." 하시고

6 이어서 "이제 재주(財主)를 얻어 길을 틔워야 할지니 재주를 천거하라." 하시거늘

7 이 때 마침 김병욱(金秉旭)이 전주 부호 백남신(白南信)을 천거하니라.

세계 대전쟁 공사의 녹줄을 끄르심

8 그 후에 상제님께서 남신을 대하여 물으시기를 "가진 재산이 얼마나 되느냐?" 하시니 남신이 "삼십만 냥은 됩니다." 하고 대답하거늘

9 말씀하시기를 "이십만 냥으로 그대의 생활이 넉넉하겠느냐?" 하시매 남신이 "그러합니다." 하고 아뢰니라.

10 상제님께서 다시 말씀하시기를 "이제 쓸 곳이 있으니 돈 십만 냥을

度數), 즉 달력의 구성 근거.

21:5 한 사람. 정역(正易)의 창시자 김일부 대성사.

21:6 이중성이 쓴 『천지개벽경』에는 음과 양이 서로 바뀌어 있으나 이는 선후천의 체용 관계를 잘못 인식하고 기록한 것이다.

22:8 깔담살이 머슴. 꼴머슴. 땔나무나 꼴을 베어 오며 집안의 잔일을 거드는 나이 어린 머슴. 안내성 성도의 제자 배학범의 딸 배은실(1935 ~) 증언.

23:5 신도차원에서 지구촌의 역사 질서를 개편하는 주역은 증산 상제님의 천명을 받고 움직이는 조선의 대신명들이다. 이를 이해하기 위해서는 신도의 역사를 현상의 인류사에 합일시켜 보는 안목이 필요하다.

김병욱(청년 시절)

23:7 김병욱(金秉旭, 1874~1938). 본관 김해. 서원규와 친하여 계묘년에 서원규의 약방에 가 있던 중 상제님을 뵙고 따르게 되었다. 이후 자신의 상관이었던 백남신 성도의 친가 막내동생에게 자신의 딸을 출가시켰다.

23:7 백남신(白南信, 1858~1920). 본관 수원. 갑진 7월에 육군 참령으로 전주진위대 대장에 임명되어 육군 부령(副領, 지금의 중령)까지 진급하였고 종2품 가의(嘉義)에 올랐으며 정미년 군대 해산 때 해직되었다. 해마다 부채 3만 자루(당시 5만 냥에 상당)를 수십 마리의 말에 실어 왕궁에 상납하던 전주 토호로서 한말의 한지 대왕(韓紙大王)이었다.

들이겠느냐?" 하시니

11 남신이 한참 생각하다가 여쭈기를 "칠만 냥을 드리면 어떠하겠습니까?" 하거늘

12 말씀하시기를 "불가하니라. 반드시 십만 냥이 있어야 하느니라." 하시니라.

13 이에 남신이 아뢰기를 "십만 냥을 채우려면 서울 집까지 팔아야 하겠습니다. 현재는 가진 돈이 없사오니 곧 정리하여 올리겠습니다." 하거늘

14 상제님께서 말씀하시기를 "이제 열흘 내로 들이게 하라. 어음으로 하여도 무방하리라." 하시니

15 남신이 열흘 내에 어음 십만 냥을 상제님께 바치겠다는 증서를 써서 올리니라.

16 상제님께서 그 증서를 받아 병욱에게 맡기시니 병욱이 "두 분 다 희세의 대량(大量)이로다!" 하고 탄복하더라.

당분간 세계 경제의 녹줄은 서양에 두심

24 이어 부안(扶安) 바닷가에 가시어 많은 글을 써서 공사를 행하시고 병욱에게 맡겼던 증서와 함께 불사르시며

2 "지금 조선 신명을 서양으로 보내면 나중에 배에 실려 오는 화물표를 따라 다시 돌아오게 되리라." 하시니라.

3 그 후 기한이 이르매 남신이 어음 열두 장으로 십만 냥을 드리니 이를 받아 무릎에 놓으시고 말씀하시기를

4 "재주(財主) 기운을 서양에다 두노니 후일에 서양으로부터 재물을 보급 받으리라." 하시고

5 어음을 도로 돌려주시며 말씀하시기를 "그대의 돈은 이미 요긴하게 썼느니라." 하시니라.

6 이에 남신이 현금으로 쓰지 않으심을 죄송히 여겨 여쭈기를 "현물 시세를 보아 무역하여 이익을 냄이 어떠하옵니까?" 하니

7 말씀하시기를 "그것은 모리배나 하는 짓이니 옳지 않으니라." 하시고

8 탄식하며 말씀하시기를 "남신의 일이 용두사미(龍頭蛇尾)와 같도다." 하시니라.

조선은 주인 없는 빈집

25 이 때 상제님께서 여러 성도들에게 말씀하시기를 "이 지방을 지

키는 모든 신명을 서양으로 보내어 큰 전란(戰亂)을 일으키게 하였
나니
2 이 뒤로는 외국 사람들이 주인 없는 빈집 드나들 듯하리라.
3 그러나 그 신명들이 일을 다 마치고 돌아오면 제 집 일은 제가 다
시 주장하게 되리라.” 하시니라.

영광 법성으로 돈 실으러 가세

26 계묘년 초여름 함열(咸悅)에 계실 때 하루는 상제님께서 아침진
지를 드시다가 문득 “가자!” 하시거늘
2 호연이 “어디를 가자고?” 하니 “돈 실으러 가세, 돈 실으러 가. 영
광 법성(靈光 法聖)으로 돈 실으러 가세~!” 하며 노래를 부르시니라.
3 이에 호연이 정말 돈을 실으러 가는 줄 알고 “나는 주머니도 없는
데 어디에 돈을 담아서 갖고 와?” 하니
4 상제님께서 “돈은 내가 가져올 테니 그거 지고 올 생각 말고 가다
가 업히지나 말아라.” 하시니라.
5 영광에 도착하니 그곳에 거주하는 문도들이 기뻐하며 음식을 장만
하여 대접하고 옷도 지어 올리거늘
6 진지를 다 드시고 나서 호연에게 “일본에 가고 싶으냐, 제주에 가
고 싶으냐?” 하시매
7 호연이 “일본놈한테 죽으려고 일본에 가?” 하니 “그러면 제주나 가
자.” 하시며 배를 타고 제주로 향하시니라.

제주도 바다 개벽 대공사

27 제주에 당도하니 문도들이 ‘어른이 오셨다.’며 매달아 두었던 쌀
을 내어 서숙과 함께 밥을 하고 생선으로 찬을 올리거늘
2 호연이 “비린내 나서 못 먹어.” 하고 투정을 부리매 형렬과 함께 한
림 바닷가로 데리고 나가시니라.
3 바다에서는 해녀들이 허리에 정게호미를 차고 뒤웅박을 띄워 놓은
채 물속을 분주히 드나들며 해물을 따는데
4 상제님께서 바닷가 둑 위에 올라서시어 오른팔을 왼쪽 어깨까지
굽혔다가 바닷물을 밀어내듯 팔을 펴시면서 무어라 말씀하시니
5 갑자기 ‘획’ 소리가 나며 바닷물이 순식간에 없어져 벌판이 되거늘
6 물속에서 해물을 따던 해녀들은 영문을 몰라 두리번거리며 서로
얼굴만 쳐다보고

26:2 이 노래는 영광에서 조기잡이할 때 부르는 뱃노래의 한 대목이다. 법성포는 일제 시대까지 전라도 제일의 포구로서 황금 어장인 칠산 바다가 있는데다 포구가 깊고 넓어서 돈이 넘쳐나는 곳이었다.

27장 상제님께서 공사 보신 이 놀라운 사건이 지금도 제주 토박이와 해녀들 사이에 생생히 구전되어 온다.

27:1 제주에 당도하니. 당시 제주도의 관문은 조천포였다. 이곳은 배가 출항하는 데 아주 편리한 지형을 갖

추고 있어서 진상 물품을 실은 배가 대부분 이곳에서 출항하고, 들어오는 선박도 정박하였다. 또, 제주성과 가장 가까워 지방 관리나 도민들이 왕래하는 관문이었다. 조천(朝天)은 '천자를 배알한다.'는 뜻이다. 상제님께서 이곳을 통해 제주도에 가신 것으로 보인다.

27:11 바닷물을 없애시니라. 후천 대개벽의 상황을 천지공사로 집행하여 기운을 돌려놓으신 것이다. 이 공사를 통해 대개벽 후 제주도의 형상을 상상해 볼 수 있다.

28장 "강증산 천사가 제주도 왕이네(와서) 축지법으로 바당(바다)이고 땅이고 어디고 헐거어시(할것없이) 막 왔다갔다 허고, 바당 위도 거렁댕기고(걸어다니고) 바당물도 어서지게(없어지게) 만들었다. 뭐, 이디(여기) 어음이서 서귀포까지 몇 분 만에 갔다왔다 했다.

7 사방에서 사람들이 바구니를 들고 몰려와 고기와 미역 등을 주워 담느라 야단이더라.

8 상제님께서 한동안 이 광경을 바라보시더니 이번에는 바닷물을 왈칵 들어오게 하시거늘

9 호연은 사람들이 물살에 휘말려 아우성치는 모습을 구경하느라 배고픈 것도 잊으니라.

10 상제님께서 말씀하시기를 "이것이 바로 천지조화니라." 하시고

11 이로부터 열흘 동안 한수리, 수원리, 귀덕리 일대에서 아침저녁으로 하루에 두 번씩 바닷물을 없애시니라.

제주도에서 공사 보실 때

28 이로부터 십여 일 동안 제주도에 머무시며 공사를 행하실 때 늘 소매가 넓은 푸른 도포(靑袍)를 입으시고 순식간에 어음(於音)에서 서귀포(西歸浦)까지 다녀오시며

2 땅이고 바다고 제주도 곳곳에서 홀연 나타나셨다가 홀연 사라지시니

3 온 섬 안에 '푸른 청포를 입은 신인이 도포 자락을 펄럭이며 동서로 날아다니신다.'는 소문이 퍼져 상제님께서 이르시는 곳마다 많은 사람들이 몰려드니라.

4 상제님께서 공사를 마치신 뒤에 그곳에서 나오실 때면 마치 바람에 날려 가듯 도포 자락을 흩날리며 유유히 사라지시니 마을 사람들이 그 모습을 넋을 놓고 지켜보더라.

제주도

바닷물 위로 걸어 다니며 공사 보심

29 하루는 바닷가로 나가시니 해녀들이 물질을 하러 오거늘

2 상제님께서 한 사람에게 다가가시어 "어깨에 두른 것은 무엇이고, 배에 차는 것은 어째서 차는가?" 하고 물으시니

3 "배에 차는 놈은 물에 가라앉으라고 차는 것이고, 어깨에 맨 놈은 제가 어디에 있다고 사람들한테 알리는 것입니다." 하니라.

4 상제님께서 "나는 그런 것 안 하고 저 물속에 그냥 들어간다, 봐라!" 하시며 마치 땅 위를 걷듯이 바닷물 위를 활개치며 다니시니

5 모두 크게 놀라며 "아, 우리는 죽을까 봐 등에 두름박을 차고 들어가는데 저 어른은 어찌 버선발로 들어가도 안 젖을까?

6 대체 저 어른이 귀신인지 사람인지 모르겠네." 하며 수군거리니라.

7 이 때 한 사람이 그 신이하심에 경탄하며 "아이고, 저희들 고기 좀 잡게 해 주십시오." 하고 청하는지라

8 상제님께서 "내가 너희들 심부름하러 왔냐? 너희들이 나를 사람으로 보느냐?" 하고 꾸짖으시니

9 그 사람이 "그러면 무엇이래요? 귀신이래요?" 하고 다시 여쭈거늘

10 상제님께서 큰 소리로 "내가 귀신이다!" 하고 외치시매 모두 소스라치게 놀라 물속에서 뛰쳐나오고 무서워 울고 야단이더라.

담배 끊으신 공사

30 하루는 상제님께서 새파란 맹감잎을 따서 담배를 말아 피우시며 "호연아, 이리 와! 나 뻐끔 먹는다이." 하시거늘

2 호연이 "아이, 냄새나." 하니 말씀하시기를 "이 빌어먹을 것 때문에 성가시럽다. 성냥 챙겨야지, 종이 있어야지, 담배 썰어야지, 또 말아야지. 에이 내버리자!" 하시고

3 수건에 싸 두었던 담배를 탈탈 털어 성냥과 함께 바닷물에 내던지시니라.

4 이어 가는 모래로 양치질을 하신 뒤에 "냄새나는가 봐라, 하아~!" 하시거늘

5 호연이 "그래도 냄새나네." 하니 말씀하시기를 "이제 여러 날 되면 안 날 테지, 그럼." 하시고

6 이후로는 전과 같이 담배를 피우지 않으시니라.

(중략) 강증산 천사가 제주도에 왔다는 이야기는 다 알아."〈김규형(1933~) 증언〉

28:3 제주도에서 한평생을 산 고성춘(1912~2003) 증언.

29:5 두름박. 두레박의 사투리. 해녀가 헤엄칠 때 가슴에 받쳐 몸을 뜨게 하는 바가지. 테왁.

27~29장 상제님께서 보여주신 이와 같은 생생한 기행이적들은, 후일 제주도 도민의 70퍼센트 가량이 보천교를 신앙하게 만드는 직·간접적인 원인이 되었다.

30:6 이것은 인류의 담배 문화를 새롭게 개벽하신 공사다. 이

때 상제님께서 담배를 끊으신 것은 이후로 담배를 전혀 안 피우셨다는 것이 아니다. 이는 인류의 담배 끊는 공사 예식인 것이다. 담배를 남녀노소 구별 없이 피우게 하신 공사와 끊게 하신 공사 정신의 대의를 깨쳐야 한다.

31장 제주도. 대한민국 정부는 2002년 4월 1일 특별법을 공포하여 제주도를 관광, 휴양, 첨단 지식산업, 물류, 금융 등을 결합시킨 복합형의 국제 자유 도시로 만든다는 계획을 내놓았다.

32:1 쇠코잠방이. 농부가 여름에 입는 무릎까지 오는 짧은 잠방이. 김호연 성도의 증언을 들어 보면 당시에는 찾아볼 수도 없는, 삼각 팬티같이 아주 짧은 옷을 입으시고 공사를 보셨다.

32장 이 성구를 통해 의식주 등 일상생활의 모든 것이 상제님 공사로 예식화의 과정을 거쳐 인

제주도 세계 관광지화 공사

31 하루는 상제님께서 단장을 흔들고 다니시며 지나가는 여인들에게 "헬로우, 헬로우." 하시거늘

2 호연이 "작대기는 뭐하러 들고 다녀요? 늙은이나 들고 다니는 지팡이를." 하니

3 말씀하시기를 "앞으로 이러고 다니는 사람들이 모여드느니라." 하시니라.

남녀 속옷 공사

32 계묘년 여름에 하루는 상제님께서 농부들이 모심을 때 입는 하얀 쇠코잠방이를 입으신 채 형렬의 집 마당에서 재주를 넘으시거늘

2 호연이 이상하고 신기하여 "아니, 무엇을 입었어요? 참말로 미쳤는가 봐. 왜 저런디야?" 하니

3 말씀하시기를 "지금 도둑놈 하나 가두는 중이여." 하시니라.

4 호연이 다시 "어디서 났어요?" 하니 "쌨더라. 이제 이런 것이 생겨. 앞으로 이렇게 입는다." 하시니라.

양말 공사

5 또 하루는 상제님께서 발감개를 하시고 그 이쪽 저쪽에 검정, 빨강, 노랑물을 들이시거늘

6 호연이 "그 물감 어디서 났어? 저고리 물들이게 나 좀 줘요." 하니 "쌨다." 하시니라.

7 이에 호연이 "어디에 쌨어?" 하고 여쭈니 말씀하시기를 "이제 천지에 이런 것이 퍼져야!" 하시니라.

신발 공사

8 하루는 상제님께서 짚을 여러 가지 색으로 곱게 물들이시어 신을 삼아 호연에게 신겨 주시며 "앞으로 요런 색 꽃신이 생긴다.

9 이런 것도 아니요, 나막신보다도 더 좋은 것들이 생길 것이니 이제 좋은 신 신는다." 하시거늘

10 호연이 "어디서 좋은 놈이 생겨?" 하니 말씀하시기를 "하늘에서 뚝 떨어지면 신어라." 하시니라.

청소 공사

33 상제님께서 형렬의 집에 머무르실 때 부엌과 온 집안을 날마다 깨끗이 청소하시며 물으시기를

2 "일본 사람이 보아도 깨끗하다고 하겠느냐?" 하시니 이 때는 아직 청결법(淸潔法)이 시행되기 전이더라.

3 하루는 상제님께서 말씀하시기를 "앞 세상은 고샅을 넓히고, 지붕에 오색가지 물을 들이느니라." 하시니라.

방 안 화장실 공사

34 하루는 상제님께서 계시는 방문 틈으로 긴 대롱이 나왔는데 그 끝에서 물이 떨어지거늘

2 호연이 이상히 여겨 "선생님, 문구멍에서 물이 나와요!" 하고 소리치며 문을 여니

3 누워 계시던 상제님께서 태연히 "누가 어쩐다고 그러냐?" 하고 물으시니라.

4 이에 호연이 "이상하네. 여기는 물이 없고만 밖으로는 물이 나오네." 하니

5 상제님께서 짐짓 모른 체하시며 "어디서 생수(生水) 솟는가 봐라!" 하시거늘

6 호연이 "생수가 어디서 솟을까…." 하고 가만히 대롱을 따라가다가 무엇을 발견한 듯 "물이 여기서 나오는데?" 하며 상제님의 고의를 가리키니라.

7 상제님께서 "어디, 물이 있는지 떠들어 봐라. 참말로 철모르는 것이로고. 밖에서 나오는데 방에서 무슨 상관이여?" 하시거늘

8 호연이 "아이구나, 어디 봐. 어디서 나오는지." 하며 바지춤을 들추니

9 호연의 손을 떠미시며 "어리다고 그러는 것 아녀!" 하시니라.

10 이에 호연이 "아이고, 별꼴이야. 그럼 어쩐 일인고?" 하며 밖으로 뛰어가 대롱을 잡아당기니 "가만둬야지!" 하고 엄포를 놓으시거늘

11 호연이 손을 멈추고 그저 앉아서 대롱 끝만 물끄러미 지켜보더니 "인제 물 안 나오네~! 아니, 쪼끔씩 나와, 쪼끔씩!" 하고 소리치니라.

12 이에 상제님께서 웃으시며 "이리 와~, 내가 물을 머금었다가 그리 품었어." 하시거늘

13 호연이 상제님 곁으로 다가가 "에이, 그런 것 아녀. 이 바지 속에서 나와." 하니 시치미를 떼시며 "속 어디에서 나와?" 하고 물으시니라.

14 호연이 "모르지. 그러니 옷을 벗겨 봐야 알지." 하며 상제님의 고의를 벗기려 하니 "아이고, 요것이 나를 놀리네." 하며 웃으시거늘

사(人事)로 실현되는 것임을 새삼 깨닫게 된다.

33:2 이 공사 후 1904년에 청결법이 시행되었다.

33:3 김천리마의 딸 김옥희(1929~)증언.

김옥희(1929~)

공사

15 호연이 고의를 들추다가 깜짝 놀라 "여기 강아지 들었네. 강아지가 물고 있었던 거야?" 하는지라

16 상제님께서 재미있다고 크게 웃으시며 "거기에 무슨 강아지가 있냐." 하시는데 호연은 "참말로 강아지가 그랬어." 하고 믿지 아니하더라.

17 호연은 이 후 열 살이 넘도록 상제님께서 강아지를 품고 다니시는 줄로 아니라.

토지 측량 공사

35 하루는 상제님께서 손으로 거리를 가늠하여 보시며 지붕으로 산으로 훌쩍 뛰어올랐다가 다시 훌쩍 뛰어내리고 하시니라.

2 또 산에 오르시어 나뭇가지에 줄을 묶고, 산을 내려오시어 말뚝을 박아 줄 끝을 고정시키신 뒤에

3 다시 산에 오르시어 아래로 훌쩍 뛰시니 말뚝을 박아 놓은 곳보다 더 멀리 이르시니라.

4 상제님께서 이번에는 말뚝 위에 올라서시어 양팔을 앞뒤로 휘저으시다가 산을 향해 훌쩍 뛰어 공중으로 솟구쳐 오르시더니

5 나뭇가지에 줄을 매어둔 곳보다 훨씬 더 먼 곳까지 뛰시더라.

6 하루는 상제님께서 짧은 막대기로 땅을 재시며 말씀하시기를 "내 세상에는 지면(地面)을 자세히 측량하여 온 천하의 땅을 눈앞에 보듯 환히 알 수 있게 하리라." 하시니라.

헌 병 사시오

36 계묘년 여름에 전주에 계실 때 하루는 성도들에게 "오늘은 동문(東門)으로 가자." 하시며 앞서 가시니 성도들이 뒤를 따르니라.

2 동문 밖에 최 서방네 주막이 있는데, 술맛이 좋고 인심이 후하여 두 푼에 큰 투가리로 하나 가득 술을 주니 그 주막은 늘 부중 술꾼들로 붐비더라.

3 이 날 상제님께서 최 서방네 주막에 이르시어 술을 동이째 잡수시고 성도들도 양껏 먹게 하신 후에

4 주막 모퉁이에 가시어 볏짚 한 줌을 가져다 왼새끼를 꼬아 두시고

5 다시 울타리 밑에 버려 둔 헌 옹기 술병을 주워다가 그 새끼줄로 병목을 묶어 왼쪽 어깨에 둘러메시더니

6 그 길로 주막을 나와 큰길로 걸어가시며 "헌 병 사시오! 헌 병 사시

36:4 왼새끼. 보통 새끼와 반대 방향으로 꼰 새끼를 말한다. 부정을 막는 금줄로 쓰인다.

오!" 하고 큰 소리로 외치시니라.

여름 우박에 황소 머리 깨진다

7 상제님께서 곧바로 원평 주막으로 가시어 술을 잡수시며 성도들에게 물으시기를 "'여름 우박에 황소 머리 깨진다.' 는 말이 있으니 참으로 그러하냐?" 하시니

8 성도들이 "예로부터 그런 말은 전해 오나 보지는 못했나이다." 하거늘 "그러하리라." 하시고

9 밖에 나가 군중을 향하여 큰 소리로 외치시기를 "이제 곧 커다란 우박이 쏟아질 것이니 장독 덮개를 방석과 이엉으로 덮고 새끼로 얽어 놓으라. 그렇지 않으면 조각조각 부서지게 되리라." 하시니라.

10 이에 다른 사람들은 무심히 들어 넘기는데 오직 최명옥(崔明玉)만이 그 말씀을 따르니

11 과연 두어 시간 후에 큰 우박이 쏟아져 여러 집의 장독이 모두 깨어졌으나 명옥의 집은 무사하더라.

군산 바닷가에서 보신 공사

37 계묘년 늦여름 꽃이 질 무렵에 상제님께서 형렬과 호연을 데리고 군산에 가시어 공사 보실 때

2 군산항이 바로 내려다보이는 산에 오르시어 항구에 드나드는 배를 한참 동안 구경하시니라.

3 이 때 큰 윤선이 짐을 가득 싣고 떠나니 상제님께서 "이 뱃놈들! 배 한번 타게 게 섰거라!" 하고 크게 호령하시거늘

4 윤선에서 한 사람이 "어떤 놈이 그러냐? 이리 와 봐라!" 하고 고함을 지르는지라

5 상제님께서 "오냐, 어떤 놈인가 봐라!" 하시며 단숨에 배까지 훌쩍 건너 뛰시니라.

6 이에 뱃마루에 있던 사람들이 모두 놀라며 "아이구 세상에! 물 위를 날아오다니…." 하며 말을 잇지 못하는데

7 방금 전 상제님께 소리쳤던 사람은 "당신이 사람이오, 무엇이오?" 하며 여전히 호기를 부리거늘

8 상제님께서 "내가 무엇이냐, 이놈아? 어디 무엇 좀 찾아내 봐라." 하시며 뺨을 때리시니 그가 배 밖으로 떨어져 물에 머리를 박은 채 거꾸로 서더라.

9 상제님께서 "나보고 이리 오라더니 이놈이 어찌 아무 말도 안 하

36:10 최명옥(崔明玉, 1885~?). 본관 경주. 김제시 금산면 금산리에서 부 익서와 모 김씨의 장남으로 출생. 주로 원평에 거주하였다.

37:2 산. 당시 대사산(大師山)이라고 불렸으나 현재는 이름이 잊혀지고 없다. 현 월명공원의 전망대가 이 산에 있다.

나?" 하시고

10 "요런 놈은 본때를 보여 줘야 한다." 하시며 그 사람의 발바닥에 올라 발을 팡팡 구르며 노래를 부르시거늘

11 호연이 이 광경을 바라보다가 "아이구, 코에 물 들어가면 어쩌나. 저 사람 죽겠네." 하니

12 형렬이 이르기를 "그렇지 않어. 우리 눈에만 그렇지 선생님은 공중에 떠 계시니 안 무거워. 벌써 물은 안 들어가게 하셨다." 하니라.

윤선을 기울이심

38 이 때 상제님께서 다시 배 위로 올라가 왼쪽발을 힘껏 내딛으시니 윤선이 기우뚱기우뚱하다가 이내 기울어지거늘

2 모두 기겁하며 배가 솟은 쪽으로 몰려가는데 상제님께서 왼발을 드시면 배가 그만큼 바로 서고, 힘껏 누르시면 점점 더 기울어져서 뒤집힐 듯하더라.

3 겁에 질린 사람들이 울부짖으며 "아이구, 용왕님! 살려 주십시오. 이 배가 파선되면 우리 모가지는 날아갑니다." 하고 애원하니

4 상제님께서 "내가 용왕님이냐, 이놈들아?" 하고 호통치시거늘

5 다시 "아이구, 천지에서 살려 주십시오~!" 하니 "내가 천지냐, 이 놈들아?" 하며 용서치 않으시니라.

6 이를 지켜보던 부둣가의 사람들도 모두 무릎 꿇고 비손하며 용서를 구하고, 한쪽에서는 무당을 불러 굿을 준비하느라 분주하거늘

7 상제님께서 이를 보시고 빙긋 웃으시며 "장만해 놓으면 이제 내 차지다. 어서 해라. 다 내게로 들어온다." 하시니라.

입 벌려라, 고기 들어간다

8 잠시 후 무당이 굿을 하러 나룻배를 타고 윤선으로 오는데 상제님께서 물 위를 성큼성큼 걸어 순식간에 나룻배까지 가시거늘

9 무당이 넋을 잃고 바라보며 '사람이 어찌 물을 신발 삼아 올 것이며, 그러고도 버선 하나 안 젖을 것인가.' 하며 아무 말도 못 하니라.

10 이어 상제님께서 "다들 눈 감아라." 하시고 장만한 음식을 조화로써 윤선으로 옮기시니

11 윤선 안의 사람들이 음식을 정성스럽게 차려서 올리거늘

12 상제님께서 양껏 드신 뒤에 "호연이 갖다 줘야겠다." 하시며 남은 음식을 손수건에 싸서 주머니에 넣으시니라.

13 상제님께서 다시 거꾸로 서 있는 사람의 한쪽 발을 눌러 일으켜 세

공사

38장 김구의 『백범일지』를 보면 "어디서는 이인(異人)이 나서 바다에 떠다니는 화륜선(火輪船)을 못 가게 딱 붙여 놓고 세금을 내어야 놓아 보낸다."는 구절이 있다. 이를 보면 당시의 사건이 조선팔도에서 회자(膾炙)될 만큼 놀랄 만한 일이었음을 알 수 있다.

38:6 비손. 두 손을 비비면서 신에게 병을 낫게 해 달라거나 소원을 이루게 해 달라고 비는 일.

우시어 "너 물을 얼마나 켰냐?" 하고 물으시니

14 그 사람이 "아이구, 얼마나 켰는지 귀로도 나오고, 코로도 나와요." 하고 하소연하는지라

15 상제님께서 "요런, 거짓말 봐라. 이놈! 내가 물을 못 들어가게 막았는데 뭣이 어째?" 하시고

16 그 사람의 뺨을 이쪽 저쪽으로 때리시며 "고기 들어가니 입 벌려라. 고기 들어간다!" 하시거늘

17 그 사람이 발을 동동 구르며 "아이구, 살려 주십시오!" 하고 애원하니라.

18 상제님께서 "그러니 가만히 입 벌려라." 하시며 입 안으로 물고기를 쑥쑥 들어가게 하시니

19 "제가 천하를 모르고 그랬으니 살려 주십시오." 하며 비대발괄하거늘

20 "돈 천 냥을 가져다 놓아라. 그렇지 않으면 너를 거꾸로 매달고 갈 터이다." 하시니라.

21 이에 뱃사람들이 서둘러 돈을 구하여 올리니 이르시기를 "가지고 가거라.

22 네 놈 말버르장머리가 미워서 그랬지 내가 네놈들 돈을 먹으면 무엇이 되겠느냐?" 하시고

23 "이제 떠나자!" 하시며 형렬과 호연을 데리고 장항(獐項)으로 가시니라.

만백성이 힘을 얻을 것이로다

39 7월에 상제님께서 구릿골에 계실 때 하루는 한 성도가 여쭈기를 "올해는 여름 농사를 망치고 가을 농사마저 천재(天災)로 거둘 것이 없게 되어

2 가련한 창생들이 그저 빈 솥단지만 끌어안게 될 것 같습니다.

3 부디 이를 불쌍히 여기시어 하느님의 큰 은덕을 내려 주옵소서." 하거늘

4 상제님께서 "네 말이 옳도다. 내가 이 땅에 있는데 어찌 이러한 민생의 고통을 차마 볼 수 있으리오." 하시고

5 바로 우사(雨師)에게 명하시니 갑자기 검은 구름이 사방에서 일어나니라.

6 이에 상제님께서 "비를 내려라!" 명하시니 곧 비가 내리거늘

7 "이놈아, 이따위 새 눈물 같은 비로 먼지나 적시겠느냐. 큰비를 내려라!" 하고 큰 소리로 꾸짖으시니 즉시 장대 같은 소나기가 쏟아

38:19 비대발괄. 딱한 사정을 하소연하며 간절히 청하여 빎.

38:23 장항. 지금의 서천군 서천읍의 오석리, 구암리, 신송리 지역. 당시에는 서천군 장항면(獐項面)이었으나 1914년에 면이 폐지되었다. 현재의 장항(長項)은 1914년 장암(長岩)과 항리(項里)가 합해져 장항리(長項里)가 되었다가 후에 장항읍으로 승격된 곳이다.

지니라.

8 상제님께서 다시 뇌신(雷神)을 부르시어 "번개를 쳐라!" 명하시니 곧 번개와 천둥이 일어나거늘

9 상제님께서 큰 소리로 꾸짖어 말씀하시기를 "이놈아, 눈 어두운 놈은 보지도 못하고, 귀 어두운 놈은 듣지도 못하겠다. 크게 쳐라!" 하시니 사방에서 천둥소리가 크게 나며 천지가 진동하니라.

10 이렇게 한동안 뇌성벽력이 일어나며 비가 크게 내리다가 상제님께서 "이제 그만 그치라." 명하시니 일시에 그치거늘

11 상제님께서 사방을 둘러보며 말씀하시기를 "이제 가을 농사는 풍년이 들 것이니 만백성이 힘을 얻을 것이로다." 하시니라.

물에 빠진 호연을 건져 주고 보신 공사

40 하루는 상제님께서 호연을 업고 전주 옥거리 사정 옆에 있는 현무지(玄武池)에서 수건을 빠시는데 호연이 그만 거꾸로 흘러내려 물에 빠지거늘

2 상제님께서 순식간에 호연을 건져 방죽 저편에 앉혀 놓으시고

3 "우리 호연이가 방죽에 빠져서 물귀신 됐다!" 하고 소리치시니 진북정(鎭北亭)에 있던 성도들과 사람들이 몰려와 주위를 빙 둘러싸니라.

4 상제님께서 "아이고, 호연이 죽었겄다, 죽었겄다. 벌써 물 켜서 죽었겄다." 하시며 애타게 발을 구르시니

5 사람들이 갖가지 그릇을 가져와 물을 품어 내고, 그릇이 없는 사람은 신을 벗어서라도 퍼내는데 그 가운데 몇 사람이 호연을 찾으려고 물로 뛰어들거늘

6 상제님께서 "너희들 들어가야 소용없다. 다 비켜서라." 하시니라.

7 호연이 이를 지켜보기가 민망하여 '나 여기 있다.'고 소리치려 하니

8 상제님께서 발을 쿵 내딛으시며 그러지 말라는 눈짓을 보내시므로 나서지 못하니라.

한강 다리 축조 공사

41 상제님께서 구례(求禮)에 계실 때 하루는 형렬과 함께 누워 계시다가

2 문득 "서울을 보려느냐? 한강에 다리 하나로는 시원찮으니 필경 둘이 더 생길 것이다.

3 여러 사람이 죽으리라. 그러니 더 놓아야 하리라." 하시며 교량 건설 공

40:1 옥거리 사정. 진북정. 당시 전주부성 내에 있던 유일한 사정(射亭). 753쪽 '전주부성도(全州府城圖)' 참조.

40:1 현무지. 전주의 기맥이 빠져나가는 것을 막기 위해 진북정의 북쪽 백보 되는 곳에 둘레 338척의 연못을 파고, 북방수호신의 이름을 따서 '현무지'라 하였다. 현재 도청 2청사 내 주차장 북쪽 지역.

40장 이 공사는 인사의 주재자에게 호연의 기운을 붙이신 추수 도운 공사의 하나로 이해하여야 한다.

사를 행하시니라.

앞아서 우주촌을 보는 영상문화 공사

4 상제님께서 다시 "내일은 한강으로 굿 구경 갈거나?" 하시니

5 호연이 "여기 앉아 있는 사람이 거기까지 어떻게 구경을 가요?" 하니라.

6 이에 상제님께서 "무당들이 춤추는 것 보러 가자! 지금 삼청동에서 굿한다." 하시거늘 호연이 "아이고, 나는? 나도 따라가야지." 하니

7 말씀하시기를 "나 가는데 너 안 가리라고. 우리, 가고 말고 할 것 없이 여기 앉아서 보자꾸나!" 하시매

8 눈앞에 골목과 점방들이 쏜살같이 지나가더니 어느새 무당이 다리 밑에서 굿하고 있는 장면이 보이더라.

9 호연이 어리둥절하여 "여기가 어디야?" 하니 "네가 구경시켜 달라 하지 않았느냐. 여기가 서울 삼청동이다.

10 양반집이라 집에서 굿을 할 수 없으니 여기서 하는 것이란다." 하시거늘

11 많은 사람들이 둘러서서 무당이 머리에 시루를 얹고 춤추는 광경을 구경하고 있더라.

12 한참 후에 구경하던 이들 가운데 몇몇이 돈을 내어 무당에게 주니 이번에는 돈을 탁배기에 묻혀 얼굴에 붙이고 춤을 추거늘

13 상제님께서 크게 웃으시며 "돈 둘 데가 그리도 없어서 낯판대기에 돈을 붙이느냐?" 하시매 문득 아무것도 보이지 않더라.

14 이에 호연이 "나 심심하면 보게, 어떡하면 보이는지 그것 좀 가르쳐 줘요!" 하니 "이제 크면." 하고 그저 웃으시니라.

평양에서 집행하신 문명이기 공사

42 상제님께서 평양에 오랫동안 머무르시며 종이를 비비고 찢어서 별의별 것을 다 만들어 문명이기(文明利器) 공사를 보시니

2 비행기를 만들어 날려 보내시고 배도 만들어 물에 띄우시고, 온갖 짐승도 만드시니라.

3 한번은 심지를 비벼서 자전거를 만드시어 저만큼 타고 가시거늘

4 형렬이 따라해 보나 발로 밟기만 하면 즉시 구겨져 바닥에 붙어 버리더라.

5 상제님께서 이렇게 만드신 것들은 먼저 물을 떠다 놓게 하시고 모두 태우시어 그 재를 물에 풀어 넣으시니라.

41:2 다리 하나. 서울 용산구 이촌동과 동작구 노량진동을 잇는 제1한강철교(1900년 준공). 1912년에 제2철교, 1944년에 제3철교가 추가로 가설되었다.

41:2 둘. 한국전쟁 전까지 사람이 다닐 수 있는 인도교는 한강대교(1917년 완공)와 광진교(1936년 완공) 둘뿐이었다.

41:3 여러 사람이 죽으리라. 한국전쟁 발발 후 3일 만에 북한군이 서울에 진입하자, 정부는 북한군의 진격을 늦추기 위해 아무런 예고도 없이 교량을 폭파하였다. 이 과정에서 피난민 4,000여 명 가운데 500에서 800명이 희생된 것으로 추정된다.

41:8 "여기 앉아 있어도 서울을 볼려면 서울을 보고, 대구를 볼려면 대구를 보고, 이러고 앉아 있어도 이렇게 방으로 방으로 해서 다 보여. 남 제사지내는 것도 보고, 남 청소하는 것도 보고, 남

자는 것도 보고, 점방(가게)이 주룩주룩 있고 별군데가 다 보여. 참말로 요지가지로 잘 보여. 도통을 할려면 그렇게 봐야 혀."(김호연 성도 증언)

41:12 돈. 지폐. 1902년부터 일본 다이이치 은행(第一銀行)이 조선내에서 일 원, 삼 원, 오 원권을 발행하였다. 한국은행권은 1910년 12월 21일에 일 원권이 처음으로 발행되었다.

43:2 김호연(金貞淑, 1897~1992). 상제님께서 4세부터 13세까지 데리고 다니셨고, 남장시켜서 본격적으로 데리고 나서신 것은 부친이 세상을 떠난 7세 봄부터이다. 6세 이후로는 상제님께서 기운을 붙여 지각문을 열어 주셨으므로 비록 어린 나이에 본 것일지라도 공사 내용을 전반적으로 뚜렷이 기억하며, 특히 9세에 125일 동안 수행하여 신안이 열린 뒤로는 모든 공사를 신도 차원에서

6 하루는 사람들을 데리고 물가에 가시어 만드신 것들을 띄우시며 물 위에 넙죽 엎드리시니 금방 어디로 가고 안 계시거늘

7 사람들이 모두 떠내려가신 줄 알고 놀라서 눈이 휘둥그레지는데

8 한참 만에 저쪽 물속에서 "얘들아!" 하고 손짓하며 나오시니 성도들은 무슨 뜻인지 도무지 알 수 없더라.

9 하루는 상제님께서 말씀하시기를 "장차 하늘에 쇳덩어리가 둥둥 떠다니리라." 하시니라.

공주에서 태전으로 가시며 공사 보심

43 공주의 한 주막에서 아침진지를 드시고 태전(太田)으로 향하실 때 어느 곳에 이르시니 하얀 차돌만 사방에 널려 있거늘

2 차돌을 주워 주머니에 가득 넣으시고는 "아이고, 우리 호연이는 어디다 넣어 갈까? 주머니에는 돌을 넣었는데…." 하시며 형렬의 주머니에 돌을 옮겨 담으시니라.

3 이어 차돌 두 개를 꺼내어 서로 부딪히시니 불이 번쩍번쩍하거늘

4 형렬에게도 '해 보라.' 하시므로 형렬이 그대로 하니 역시 불이 번쩍이더라.

5 상제님께서 말씀하시기를 "부시치는 것 이름을 부르라." 하시니 형렬이 "부싯돌입니다." 하거늘

6 다시 돌을 가리키시며 "이것은 무엇인가?" 하시매 "차돌입니다." 하고 대답하니라.

7 이에 상제님께서 "그렇게밖에 안 되느냐?" 하시니 "그렇게밖에는 안 됩니다." 하거늘

8 "우리가 배우는 것이 무엇이냐? 차돌은 ○○이고, 번쩍거리는 것은 ○○이고, 불은 ○○이고…." 하시며 많은 것을 가르쳐 주시는데 호연은 그 말씀의 뜻을 잘 알지 못하니라.

서울 안암동에서 대공사를 보심

44 상제님께서 형렬과 호연을 데리고 서울 안암동(安岩洞)에서 오랫동안 머무르시며 대공사를 행하시니라.

2 하루는 밖에 나가시어 일시에 동네를 다 없애시고 텅 빈 들을 여기저기 천천히 돌아다니시거늘

3 호연이 "뭣 하러 이러고 어정어정 댕겨요?" 하고 여쭈니

4 상제님께서 "가만있거라. 너도 먹고살 구슬 하나 주워라. 돌아댕겨라,

돌아댕겨." 하시니라.

5 이에 호연이 여기저기 돌아다녀 보아도 구슬을 찾지 못하거늘

6 상제님께서 "나는 뭣 주웠는가 봐라." 하시므로 호연이 "뭣 주웠어요?" 하며 돌아 보니 돌과 막대기 하나를 손에 드셨더라.

7 상제님께서 "너는 보물 하나 주웠냐?" 하고 물으시거늘 호연이 "보물이 뭣이래요?" 하니

8 상제님께서 "아이고나! 내가 저런 멍청이를 데리고 댕겨!" 하시니라.

9 이에 형렬이 "그러니 데리고 다니지요. 무엇을 다 알면 우리가 데리고 다닐 수가 있습니까." 하니

10 상제님께서 "그려, 그것은 그려. 네가 아는 체라도 했다가는 더 못 써야.

11 그러니 아주 모른 듯이 해라. 그래야 한 가지라도 배우는 것이 있지." 하시니라.

내 재주를 봐라

45 점심때가 되어 상제님께서 "밥 먹자!" 하시니 호연이 "밥도 없이 밥 먹으라 하네." 하거늘

2 상제님께서 "내가 거짓말하는 줄 아느냐? 돌아다봐라!" 하시니라.

3 이에 호연이 뒤를 돌아보니 어느새 밥상이 차려져 있거늘 신기하고 좋아서 "아까 막대기가 밥이 되었네. 돌은 반찬이 되었나?" 하니

4 상제님께서 "돌이 반찬이 될 리가 있냐?" 하며 놀리시니라.

5 이에 호연이 "그러면 어떻게 이렇게 되어? 금방 웬 집이 이렇게 되었다, 또?" 하고 출랑거리는지라

6 상제님께서 "얼른 먹고 일어나거라." 하시며 호연의 입에 밥을 자꾸 넣어 주시거늘

7 호연이 목이 메어 "안 넘어가는데 자꾸 퍼 넣으면 어째, 숨막혀 죽으라고?" 하며 투덜대니

8 상제님께서 숟가락으로 물을 한 모금 떠 넣어 주시며 "갑갑하냐?" 하고 등을 토닥여 주시니라.

9 호연이 여전히 궁금한 마음에 "금방 내 이 숟가락은 어디서 나고 밥그릇은 어디서 났어요?" 하고 여쭈거늘

10 상제님께서 "그러니 내 재주를 봐라." 하실 뿐 일러 주지 않으시더니

11 호연이 밥을 배불리 먹고 나매 상제님께서 그릇을 포개 놓으시며 "저리 옮겨 앉아라." 하시니라.

이해하여 천지공사의 신비로운 이면을 있는 그대로 증언하였다. 이로써 조화옹 상제님의 경계를 보다 근원적으로 이해 할 수 있게 되었다.

공사

12 이에 호연이 자리를 옮기려고 비척거리는데 상제님께서 목덜미를 잡아 순식간에 한쪽으로 옮겨 놓으시거늘

13 호연이 앉았던 자리를 돌아보매 그릇이 하나도 없는지라 "어, 그릇이 없네?" 하며 놀라서 상제님을 쳐다보니 "임자가 가져갔구나!" 하고 웃으시니라.

14 어떤 때는 음식을 다 드시고도 반찬이 남으면 "이것을 내버리기도 아깝고 어디 두었다가 나중에 먹으면 하겠는데 들고 다닐 수가 없으니 못쓰겠다, 도로 주어야지." 하며 돌려보내시고

15 때로는 "갖고 가자!" 하시며 호연에게 "네가 보관해라." 하시는데

16 그럴 때면 호연이 "아이고, 난 싫어요. 나는 내 몸뚱이도 귀찮스러워." 하며 마다하니라.

삼청동에서 호연을 씻겨 주심

45:17 삼청동. 서울 종로구 북악산 남동쪽에 있으며 골이 깊고 산수가 아름답다. 삼청은 이곳에 도교의 일월성신인 옥청(玉淸)·상청(上淸)·태청(太淸)의 삼위(三位)를 모신 삼청전(三淸殿)이 있어 붙여진 이름이다.

17 하루는 형렬에게 "삼청동(三淸洞)에 가서 호연이를 씻기고 오라." 하시니 형렬이 머뭇거리며 가지 않거늘

18 상제님께서 몸소 호연을 삼청동에 데리고 가시어 맑은 물로 깨끗이 씻겨 주시니라.

내가 저울이지

19 하루는 상제님께서 밖에 나가셨다가 남색 꽃신을 사 오시어 호연에게 흔들어 보이시며 "네 선물 사 왔다!" 하고 흐뭇하게 말씀하시니

20 호연이 내심 좋으면서도 "어디…. 발에 딱 맞으면 내 마음에 들고, 그렇지 않으면 싫어." 하며 신을 신어 보매 맞추기라도 한 듯 발에 딱 맞거늘

21 상제님께서 "내가 저울이지." 하며 웃으시니라.

김병욱의 화(禍)

46 계묘년 4월부터 김병욱이 관찰사의 명을 받아 남원에 가서 오랫동안 머무르며 세금을 감독하여 받으니라.

46:2 박영효(朴泳孝, 1861~1939). 조선 말기의 정치가. 김옥균 등과 개화당(開化黨)을 조직하고 일본 세력을 이용하여 청나라의 간섭과 러시아의 침투를 억제하고

2 이 때 조선 조정에서는 러시아와 결탁하여 일본을 견제하려고 일본에 망명한 박영효(朴泳孝)를 친일파로 지목하여 그 일파를 찾아 죽이니 병욱 또한 이에 연루된지라

3 10월에 서울로부터 수많은 순검들이 전주에 이르러 병욱을 찾다가

4 전주군수 권직상에게서 병욱이 남원에 있다는 말을 듣고 그 길로 남원으로 향하니라.

김병욱을 구해 주심

47 이 때 상제님께서 남원으로 병욱의 거처를 찾아가시어 "빨리 나오라." 하시니 병욱이 문밖으로 나오거늘

2 받은 세금을 주인에게 맡기게 하시고 병욱을 데리고 서둘러 남원성 밖으로 나가시니 병욱은 그 까닭을 모르더라.

3 이어 상제님께서 병욱에게 명하시어 가죽신을 짚신으로 바꾸어 신게 하시고

4 큰길을 피해 밭두렁과 언덕, 골짜기로만 걸어 한 주점에 들어가 점심을 잡수신 뒤에

5 다시 10여 리를 걸어 병욱의 선산 밑에 이르시어 "선조의 묘가 있는 곳이 어디냐?" 하고 물으시니

6 병욱이 "이곳입니다." 하고 대답하거늘 이윽고 묘소에 이르니 날이 이미 저물었더라.

7 상제님께서 물으시기를 "혈명(穴名)이 무엇이냐?" 하시니 병욱이 "와우형(臥牛形)이라 합니다." 하고 대답하거늘

8 말씀하시기를 "그러면 소 울음소리를 들어야 참이 되리라." 하시고 앉아 기다리시는데 얼마 후 산 아래에서 소 울음소리가 들리는지라

9 병욱이 "소 울음소리가 들립니다." 하니 "먼 데서 들리는 것은 소용없느니라." 하시니라.

10 잠시 후에 한 사람이 소를 끌고 묘 앞을 지나가니 소가 크게 울거늘

11 말씀하시기를 "혈음(穴蔭)이 이미 동하였도다." 하시니라.

12 그 길로 병욱의 선산 재실(齋室)에 들어가 하루를 쉬시고 다음 날 산지기에게 명하여 "남원에 가서 형편을 살펴 오라." 하시니

13 산지기가 곧 남원에 다녀와 아뢰기를 "서울에서 수많은 순검들이 내려와 병욱을 찾습니다." 하매 병욱이 비로소 크게 두려워하더라.

진실로 하느님이시로다

48 이튿날 가마를 준비하여 여자가 탄 것처럼 꾸미게 하신 뒤에 병욱을 태우고 전주 상관(上關)에 이르시어 병욱에게 일러 말씀하시기를

2 "네가 먼저 서원규(徐元奎)의 집에 가서 자세히 살피라. 내 곧 뒤따라가리라." 하시니라.

3 병욱이 원규의 약방으로 들어가니 원규가 크게 놀라며 말하기를 "자네 어떻게 사지(死地)를 벗어났으며 이토록 위험한 땅에 들어왔

자 하였다. 갑신정변(1884)과 고종 폐위 음모 사건으로 인하여 두 차례 일본에 망명하였다.

공사

48:1 상관. 현재 전북 완주군 상관면.

48:2 서원규(徐元奎, 1855~1935). 3편 31장 1절 측주 참조.

48:3 서원규의

는가?

4 자네 집안에서는 너무 급작스럽게 일어난 일이라 통지할 겨를이 없어 어찌할 줄 모르고 다만 근심으로 지낼 따름이라네." 하거늘

5 병욱이 그 자세한 경과를 들으니 순검대가 전주를 떠나 남원에 이른 때와 자신이 상제님을 따라서 남원을 벗어난 때가 겨우 한두 시간 차이인지라

6 크게 감복하여 말하기를 "선생님은 진실로 하느님이시라!

7 만일 선생님께서 구하지 않으셨다면 내 어찌 사지를 벗어났으리오." 하니라.

나를 믿고 근심을 풀어 버리라

49 순검대가 남원에서 병욱을 찾지 못하매 다시 전주로 돌아와 크게 수색하거늘

2 병욱이 심히 두려워하며 원규의 약방이 서천교(西川橋) 사거리에 있어 안전하지 못할 것을 근심하니

3 상제님께서 이르시기를 "모든 일에 나를 믿고 근심을 풀어 버리라. 내가 장차 너의 환란을 끌러 주리라." 하시니라.

4 이로부터 병욱이 원규의 약방에서 오랫동안 머무는데 아는 사람의 출입이 없고

5 매양 저녁 무렵이면 상제님께서 병욱을 데리고 거리에 나다니며 소풍하시고 주막을 임의로 왕래하며 술을 드시되 한 번도 아는 사람의 눈에 띄지 않으니라.

6 또 어떤 때는 거리에서 병욱의 이름을 크게 부르시니 병욱이 당황하여 모골이 송연한 때도 많으니라.

7 그 후 병욱을 장흥해의 집으로 옮겨 거처하게 하시니라.

일본을 서양 세력을 몰아내는 큰 일꾼으로 세우심

50 이 때 상제님께서 병욱에게 물으시기를 "일본과 러시아가 조선의 허약함을 틈타 서로 세력 다툼을 하는데

2 조정에서는 당파가 나뉘어 누구는 일본과 친선하려 하고 누구는 러시아와 결탁하려 하니 너의 생각은 어떠하냐?" 하시니

3 병욱이 대답하기를 "인종의 차별과 동서양의 구별이 있으니 일본과 친선하고 러시아를 멀리함이 옳겠습니다." 하거늘

4 말씀하시기를 "네 말이 옳으니라. 이제 만일 서양 사람의 세력을 물리

치지 않으면 동양은 영원히 서양에 짓밟히게 되리라.

5 그러므로 서양 세력을 물리치고 동양을 붙잡음이 옳으니 이제 일본 사람을 천지의 큰 일꾼으로 내세우리라." 하시니라.

6 또 말씀하시기를 "내가 너의 화액을 끄르기 위하여 일러전쟁을 붙여 일본을 도와 러시아를 물리치려 하노라." 하시니

7 성도들이 그 말씀을 믿지 않고 서로 이르기를 "한 사람의 액을 끄르기 위해 두 나라 사이에 전쟁을 붙인다 함도 그렇거니와

8 약소한 일본을 도와 천하에 막강한 러시아를 물리친다 하심은 더욱 터무니없는 말씀이라." 하더라.

주의의 본질을 지적하신 말씀이다. 이는 16세기에 시작된 흑인 노예 무역을 통해 확인할 수 있다.

명치는 나의 양장이니라

51 상제님께서 하루는 "조선 국운을 일본에게 맡기려면 명치(明治)를 불러와야 하리니 이제 명치의 혼을 부르리라." 하시고

2 명치를 불러 물으시기를 "네가 조선 일을 보겠느냐?" 하시니

3 명치가 아뢰기를 "아무 보답도 없이 인명만 상할 터인데 어찌 남의 일에 쉬이 나서겠나이까?" 하며 완곡하게 사양하고 물러가니라.

4 이튿날 상제님께서 명치를 다시 불러서 혼을 내신 뒤에 물으시매 역시 사양하므로 돌려보내시더니

5 사흘째 밤에는 크게 화를 내시며 "이놈! 이놈!" 하고 밤새도록 불호령을 내리시니라.

6 이에 명치가 마지못해 굴복하여 "조선 일을 보겠습니다." 하고 대답하거늘

7 상제님께서 명치와 더불어 여러 공사를 보시고 돌려보내시니라.

8 상제님께서 말씀하시기를 "명치 그놈, 참 잘난 놈이다. 명치만큼 똑똑한 놈이 없다. 똑똑하고 무서운 놈이니 장차 서양 세력을 물리치리라." 하시고

9 또 말씀하시기를 "항우(項羽)는 한 고조(漢高祖)의 양장(良將)이요, 명치는 나의 양장이니라." 하시니라.

51:1 명치. 메이지. 일본의 제122대 왕(재위 1867~1912). 메이지 유신에 성공하여 최고 통치권자로서 천황 친정(天皇親政)의 왕정복고를 실현하고 메이지 신정부를 수립, 혁신적인 근대화를 추진하였다.

조선에 들어와 사역하는 일본 신명들

52 상제님께서 말씀하시기를 "이제 일본 사람으로 하여금 조선에 와서 천고역신(千古逆神)을 거느려 역사케 하느니라.

2 조선 개국 후로 벼슬하는 자들이 모두 정씨(鄭氏)를 사모하였나니 이는 곧 두 마음이라.

52:1 천고역신. 역사상 실존했던 혁명가의 신명들. 일본은 7세기(670년)에 비로

소 나라를 세웠으므로 1,300년의 역사다. 따라서 만고역신이 아닌 천고역신이다.

3 남의 신하로서 두 마음을 두면 이는 곧 적신(賊臣)이니, 그러므로 모든 역신(逆神)들이 그들에게 이르되

4 '너희들도 두 마음을 품었으면서 어찌 역신을 그다지 학대하느냐.' 하니

5 이로 인하여 저들이 일본 사람을 대하면 죄지은 자와 같이 두려워서 벌벌 떠느니라." 하시니라.

조선 사람이 들어서 죽고 산다

6 또 말씀하시기를 "일본 사람이 뭐 한다고 해도 조선 사람 가운데 조조 간신이 있어서 그놈들이 좌지우지하지, 일본 사람이 이 조선에 대해 무엇을 아느냐?

7 조선놈이 다 시켜서 그러는 것이다. 조선 사람이 들어서 죽고 산다." 하시니라.

49일 동남풍 공사

53 상제님께서 전주에 계실 때 천지대신문을 열고 날마다 공사를 행하시며 성도들에게 말씀하시기를

2 "제갈량의 전무후무한 재주라 함은 남병산(南屏山)에서 칠일칠야(七日七夜) 동안 동남풍을 빌어 적벽화전(赤壁火戰)에 성공함을 말함이 아니더냐.

3 이제 49일 동안 동남풍을 빌어 와야 하리라. 이 동남풍으로 밀려드는 서양의 기세를 물리쳐야 동양을 구할 수 있으리라." 하시고

4 성도 서너 명을 거느리고 남고산성(南固山城)으로 가시어 만경대(萬景臺)에서 49일 동남풍 공사를 행하시니라.

5 이 때 장대에 종이를 달아 세우시고 글을 써서 읽으신 뒤에 성도들로 하여금 그 자리에 서 있게 하시고

6 말씀하시기를 "제갈량이 제단을 쌓고 7일 동안 밤낮으로 공을 들여 동남풍을 불렀다 하니 이는 우스운 일이니라. 공들이는 동안에 일이 그릇되면 어찌하겠느냐." 하시니라.

7 이어 상제님께서 "너희들은 바람이 불거든 오라." 하시고 남고사(南固寺)로 들어가시매

8 과연 조금 후에 동남풍이 크게 부는지라 성도들이 들어가 아뢰니

9 상제님께서 말씀하시기를 "차길피흉(此吉彼凶)이로다." 하시고 산성을 내려오시니라.

53:4 49일 동남풍 공사. 당시 해전의 주역이었던 일본군 아끼야마(秋山) 중장은 세 번이나 꿈에서 발틱 함대가 대한해협을 통과하는 모습을 보았다고 하며, 해전 당일에는 상제님 공사대로 동남풍이 불어서 전략을 유리하게 전개하였다 한다. 상제님 공사 내용을 모르는 일본인들은 이 바

한 여인이 한을 품고 돌아가니

10 그 후 상제님께서 49일을 한 도수로 계속하여 동남풍을 불리실 때

11 미처 기한이 다 차기도 전에 먼 곳에서 한 여인이 찾아와 자식의 병을 고쳐 주십사 애걸하거늘

12 상제님께서 공사에 전심하고 계시므로 병욱이 상제님께 아뢰지 못하고 돌려보내니

13 그 여인이 한을 품고 돌아가매 갑자기 동남풍이 그치는지라

14 상제님께서 이 사실을 아시고 급히 그 여인에게 사람을 보내어 공사에 전심하심으로 인해 미처 대답지 못한 사실을 말하여 안심하게 하시고

15 곧 자식의 병을 고쳐 주시니 즉시 바람이 다시 일어나거늘

16 "한 사람의 원한이 능히 천지 기운을 막는다." 하시니라.

17 그 뒤로 과연 일러전쟁이 일어나더니 일본 군사가 승세를 타고 해륙전에서 연속하여 러시아를 물리치니라.

람을 자기들의 민족신이 도와준 것으로 알고 가미가제(神風)라 부른다.

53:7 남고사. 남고산성 내에 있으며 신라 문무왕 8년(668)에 보덕대사의 상수제자인 명덕화상이 창건하였다. 전주 사고사찰(四固寺刹 ; 동고사, 서고사, 남고사, 북고사)의 하나다.

남고산 만경대 터. 상제님께서 전주 시내가 한눈에 내려다 보이는 이곳에서 49일 동남풍 공사를 보셨다.

갑진(甲辰 : 道紀 34, 1904)년

눈길 뚫는 공사

54 갑진(甲辰 : 道紀 34, 1904)년 정월 초에 상제님께서 새끼로 동아줄을 굵게 꼬아 동네의 큰 나무와 형렬의 집 토방 기둥을 연결해 묶으시니라.

2 이로부터 얼마 후 큰 눈이 내려 마을이 온통 눈으로 뒤덮이니 천지를 분간하기 어려워 물도 길어다 먹지 못하고, 서로 오가지도 못하는 지경이 되거늘

3 상제님께서 미리 매어 둔 동아줄을 휘휘 돌리며 내두르시매 눈더미에 구멍이 뚫리니라.

4 이에 사람들이 나와서 넉가래와 나무로 눈을 치우고 길을 내니 모두 무고하게 지내는데

5 옆 마을은 눈을 치우지 못해 오두막이 허물어지고, 길이 보이지 않아 마을 사람들이 도랑과 샘에 빠져서 인명이 많이 상하니라.

대구에서 갑자기 사라지시어 공사 보고 나타나신 상제님

55 상제님께서 대구에 머무르실 때 하루는 아주 큰 골짜기에 가시니 양옆으로 아름드리 정자나무가 두 그루씩 서 있거늘

2 상제님께서 한쪽 정자나무에서 골짜기를 가로질러 맞은편 정자나무로 날아가셨다가 다시 날아오시고

3 다시 맞은편으로 날아가셨다 오시고, 이렇게 수차를 왕복하시더니 홀연 사라져 보이지 않으시니라.

4 이에 형렬과 호연이 길가에 쭈그리고 앉아 상제님을 기다리는데 어찌된 일인지 해가 져도 돌아오지 않으시거늘

5 형렬이 하는 수 없이 "둘이 가자." 하니 호연이 "캄캄한데 자빠지니까 안 걸어갈래." 하는지라

6 형렬이 발감개를 풀어서 호연을 업는데 호연이 "발 추울 텐데 어쩌려고 그래요?" 하고 걱정하매

7 형렬이 "안 추우니까 괜찮아." 하며 호연을 업고 일어서려는 찰나 갑자기 등 뒤에서 누가 확 떠밀므로 둘이 함께 앞으로 고꾸라지니라.

8 이에 형렬과 호연이 뒤를 돌아다보니 상제님께서 껄껄 웃으시며 "내려놓아라. 내가 업고 간다." 하시거늘

9 호연이 "또 어디로 갈 참이에요?" 하고 여쭈니 "아무데라도 가자."

하시니라.

태전 근교 산에서 공사 보심

56 갑진년 봄에 형렬과 함께 호연, 복남을 데리고 대구를 거쳐 태전의
계룡산에 오르시니 진달래가 흐드러지게 피어 있거늘

2 상제님께서 꽃을 꺾어 호연의 머리와 옷에 꽂아 주시니라.

3 산에 오르시는 내내 막대기로 땅에 동그라미와 점을 그리며 공사
보시고 형렬에게만 무엇을 말씀하시므로 호연이 가까이 가서 들으
려 하매 그만 중단해 버리시거늘

4 호연이 심통이 나서 "왜 내가 오면 그래요?" 하니 말씀하시기를
"아는 체를 하면 네가 없어진다." 하시니라.

5 이 때 공사를 행하신 뒤에 상제님께서 손으로 무엇을 지휘하시니
어디선가 여인들이 밥상을 가져오고, 다 드시고 나니 도로 가져가
거늘

6 호연이 '선녀인가?' 하고 보매 보통 여자와 같은 모습이더라.

말에 태워 보신 간태합덕 도수

57 상제님께서 종종 형렬, 복남, 호연과 함께 말을 타고 공사를 보러
가시는데 그 때마다 말은 항상 세 필을 준비하게 하시어

2 한 필은 상제님께서 타시고 한 필은 형렬이 타게 하시며, 나머지 한
필은 복남과 호연이 함께 타게 하시니라.

3 때로는 복남과 호연이 서로 다투고 타려 하지 않으면 상제님께서
"아예 데려가지 않으련다." 하시며 크게 꾸중하시니

4 어쩔 수 없이 함께 말에 올라 호연이 복남의 허리를 끌어안고 가니라.

초립동이 상씨름 공사

58 하루는 상제님께서 복남을 데리고 어디를 가시다가 물으시기를
"네가 나하고 씨름을 해서 이기겠느냐?" 하시니

2 복남이 정색을 하며 "아버지, 무슨 말씀을 그렇게 하세요?" 하니라.

3 이에 상제님께서 "나하고 씨름 한 판 하자." 하시거늘 복남이 황송하
여 머뭇거리매 재차 명하시는지라

4 복남이 하는 수 없이 상제님의 골마리를 잡고 씨름을 하다가 어찌
하다 보니 상제님을 이겨 버리니라.

5 상제님께서 "한 판 더 하자!" 하시매 다시 허리춤을 잡고 씨름을 하

56:1 "계룡산이
고 어디고 이름
난 데, 잘난 데는
다 갔구만. 대전
계룡산에도 가기
는 갔는디, 거기
서 선생님이 어
쩐지는 잘 모르
겠어." (김호연
성도 증언)

공사

57~58장 백복
식 증언. 백복남
성도는 비밀에
붙여왔던, 자신
과 관련된 중요
한 내용들을 아
들 복식이 여섯
살 되는 해부터
직간접적으로 듣
게하여 후일 제3
변도운의 추수일
꾼들에게 전하게
하였다.

백복식(1945~)

니 이번에도 복남이 이기거늘

6 상제님께서 또 "다시 한 판 하자!" 하시는지라 복남이 내심 '아버지 체면도 있고 하니 이번에는 져 드려야겠다.' 하고 다시 붙으니라.

7 복남이 처음에는 힘을 쓰지 않다가 막상 아슬아슬한 상황이 닥치자

8 문득 '에라 모르겠다. 이번에도 내가 이겨야지.' 하는 생각이 드는지라

9 순간 기를 쓰고 상제님을 바닥에 눕혀 버리니라.

누구 있는데 하면 못써

59 하루는 호연이 "돈 실으러 가자, 돈 실으러 가. 영광 법성으로 돈 실으러 가~." 하며 노래를 부르니

2 상제님께서 "너, 그것 어디서 배웠냐?" 하시거늘 호연이 능청스럽게 웃으며 "몰라. 강가가 가르쳤는가?" 하니라.

3 이에 상제님께서 "요것 봐라! 강가가 누군데?" 하시니 "몰라, 증산이라고 하던가?" 하며 또 시치미를 떼거늘

4 상제님께서 웃으시며 "어째서 증산일꼬? 무슨 증산이여?" 하시고

5 타이르시기를 "그런 소리 안 하는 것이여. 누구 있는데 하면 못써. 또 그러면 이빨을 다 뺀다!" 하시니라.

59:5 이빨을 다 뺀다. "내가 욕을 잘 헝게, '저놈의 이빨들을 다 뺀다.' 더니 대체 이가 하나도 없지."(김호연 성도 증언)

전국 명산에 제 지내심

60 하루는 상제님께서 말씀하시기를 "내가 명산을 두루 다니며 공을 들여 놓았나니 먹고 그냥 말 수는 없느니라.

2 물도 소금 먹은 놈이 켜지 않느냐? 그렇듯이 이제 일을 할 때면 갑옷 갖고 오는 놈, 투구 갖고 오는 놈, 연장 갖고 오는 놈, 별놈이 다 있고

3 접전 중에 쓰러지면 장수들이 모두 일어나 제 소원을 풀어 달라고 전쟁을 하느니라." 하시니라.

4 상제님께서 어디에 가시어 치성을 드리실 때는 주로 쌀과 물만 놓고 지내시니라.

중들을 꾸짖으며 월급 공사를 보심

61 갑진년 사월 초파일에 상제님께서 성도들을 데리고 금산사에 가시니라.

2 이 때 주지가 상제님께서 지난 삼월 삼진날에 갖다 놓으신 궤에서

공사

돈을 빼내어 쓰고 거짓으로 아뢰거늘

3 상제님께서 이미 아시고 크게 꾸짖어 말씀하시기를 "시왕전(十王殿)에서 생긴 놈은 너 먹고, 조왕에서 생긴 놈은 공양주 먹고.

4 절에서 생긴 것이니 중이 차지한다 해도 정도가 있는 것 아니냐!" 하시니 "정도는 무슨 정도요?" 하고 버티는지라

5 상제님께서 "야, 이놈! 책임 없는 중놈이 어디 있더냐." 하시니 그래도 깨닫지 못하고 말대답을 하거늘

6 상제님께서 "그래. 그러면 이 터전은 네가 다 아름앗이 하느냐?" 하시매 "사람을 두고⋯." 하며 말끝을 흐리니라.

7 상제님께서 "사람을 두면 그 사람들에게 얼마씩 주었느냐?" 하시니

8 "절에서 얻어먹으려면 와서 청소하고 치우라 했지, 돈은 안 줬습니다." 하거늘

9 "이놈, 그러면서 중 노릇을 해? 마음을 반듯하게 먹어야 중 노릇을 하지, 네가 그러고도 큰중 노릇을 한단 말이냐?" 하며 크게 꾸짖으신 뒤에

10 칡덩굴을 주지의 양쪽 귓구멍에서 입으로 꿰어 대웅전 문 앞에 걸어 놓으시니라.

11 상제님께서 "네 이놈, 네 죄를 다 말해라." 하시며 이제껏 주지 않은 새경을 모두 나누어 주게 하시고, 앞으로도 계속 줄 것을 다짐 받으신 뒤에

12 말씀하시기를 "이 미륵전에 자물쇠 채워 놓은 궤짝은 네 마음대로 못 연다.

13 내가 와서 돈을 꺼내 가겠느냐마는 사람을 시켜서라도 너에게 월급을 주마." 하시며 세상 월급 주는 공사를 행하시니라.

14 그 후 금산사에서는 돈이 들어오는 대로 모두 궤에 넣어 두거늘

15 상제님께서 한 달에 한 번씩 가시어 서기로 하여금 직접 나누어 주게 하시고 상제님은 앉아서 바라보시니라.

돌무지개문 안의 도끼가 녹으면

62 하루는 상제님께서 금산사 입구의 돌무지개문을 지나실 때 호연에게 말씀하시기를

2 "이 석문에는 도끼가 들었는데 그놈이 녹으면 세상이 다 된 줄 알아라.

3 무쇠라더니 참말로 안 녹는구나!" 하시니라.

61:3 시왕전. 명부(冥府)에서 사자(死者)에 대한 죄의 경중을 다루는 열 명의 왕을 모신 법당.

공사

61:11 증산 상제님의 한 생애와 모든 공사의 내용에 굽이쳐 흐르는 근본정신은 생명을 살리고 함께 잘 살자는 상생이다. 이를 위해서 가장 경계하신 것이 불의와 사욕(邪慾)이다. 상제님께서 거짓과 불의를 징벌하실 때, 벼락과 번갯불로 정신을 불지짐하시어 정신을 깨주신 경우가 허다하다.

봉황산 문수사에 가심

63 갑진년 초여름에 상제님께서 형렬과 최상문, 신 주사, 호연을 데리고 봉황산(鳳凰山) 문수사(文殊寺)에 가시니

2 샘 옆에 보통 사람 여러 명이 함께 들어야 들릴 만한 커다란 쇠 수조(水槽)를 놓고 물을 퍼 쓰고 있는지라

3 상제님께서 "이것 때문에 맑은 샘으로 구정물이 들어간다." 하시고 한 손으로 휙 집어 던지시니 그 수조가 어디로 갔는지 찾을 수가 없더라.

고사리 같은 손

4 산에서 내려오시는 길에 호연이 고사리를 꺾어다가 "고사리 봐라, 고사리~!" 하고 자랑하거늘

5 상제님께서 흐뭇하게 바라보시며 "아이구, 우리 애기 손하고 같구나. 고사리하고 똑~같다." 하시매

6 호연이 "내 손이 어찌 고사리야? 그럼 고사리 먹어, 자요!" 하며 손을 내미니 상제님께서 크게 웃으시니라.

문수보살 도수를 보심

64 초여름에 상제님께서 손바래기 본댁에 가시어 유덕안(俞德安)에게 이르시기를 "백미 서 말과 백지 세 권을 사 오라." 하시고 그 쌀로 밥을 짓게 하시니라.

2 그 날 밤 마당에 덕석을 깔고 청수 한 동이를 떠 놓으신 뒤에 다른 가족들은 밖을 내다보지 못하게 하시더니

3 성모 권씨께 장삼(長衫)을 입혀 청수 앞에 앉히시며 **"문수보살(文殊菩薩) 도수를 본다."** 하시고

4 지어 놓은 밥을 손에 쥐어 사방에 던지시며 주문을 읽으시니라.

5 이튿날 아침에 가족들이 마당에 나가 아무리 찾아보아도 밥알 하나 보이지 않거늘 모두 신기하게 여기니라.

6 상제님께서 사흘을 더 머무르시고 "회문산을 거쳐 모악산으로 가노라." 하시며 집을 떠나시니라.

불경한 자에게 벌을 내리심

65 이 해 5월 찌는 듯하게 더운 날, 하루는 상제님께서 순창 회문산에서 공사를 행하시니 백암리에 사는 박동화(朴東華)가 함께 참여하니라.

2 상제님께서 한참 공사를 행하시다가 문득 동화에게 명하시기를 "먹을 갈고 붓에 먹물을 묻혀 너희 집 쪽으로 튕기라." 하시거늘 동화가 명하신 대로 하니

3 상제님께서 다시 이르시기를 "너희 집에 난리가 났으니 빨리 다녀와라." 하시는지라

4 동화가 영문을 모른 채 급히 백암리 집으로 향하니라.

5 한편 동화의 아내 김명화(金明嬅)는 불볕더위에 혼자서 보리를 베어 마당에 들여놓고 타작을 하다 보니 너무도 힘이 드는지라

6 남편 동화를 원망하며 "도에 미쳐서 집안을 돌보지 않는다." 하고 푸념하다가

7 급기야 '강증산이는 믿으려면 혼자 믿지, 살림하는 사람을 데려가서 집안도 돌보지 못하게 한다.' 고 상제님께 욕을 하니라.

8 그 순간 맑은 하늘에 갑자기 먹구름이 일어나 소나기가 쏟아지기 시작하거늘

9 금세 물이 불어 베어 놓은 보리가 몽땅 쓸려 내려가니

10 너무도 순식간의 일인지라 보리를 하나도 건지지 못하고 망연자실하니라.

11 이 때 마침 남편 동화가 집으로 들어서서 어찌 된 영문인지 물으니

12 명화가 눈물을 흘리며 그 연유를 말하거늘 동화가 허망한 심정으로 회문산으로 돌아가니라.

13 상제님께서 동화에게 "왜 자고 오지 그냥 왔느냐?" 하시거늘 동화가 한숨을 쉬며 "거기 있으면 뭐합니까." 하니

14 상제님께서 이미 다 아시고 "집에 보리가 다 떠내려갔지?" 하고 웃으시니라.

15 상제님께서 동화에게 물으시기를 "내가 너에게 먹물을 묻혀 튕기라 한 이유를 아느냐?" 하시니 동화가 "모르겠습니다." 하고 대답하거늘

16 말씀하시기를 "너의 안식구가 불경스러운 말을 하여 내가 벌을 준 것이니라." 하시니라.

17 이에 동화가 돌이켜 보니 집 쪽으로 먹물을 튀긴 시각이 소나기가 쏟아진 바로 그 시각이거늘

18 그제야 깨닫고 상제님께 사죄한 뒤에 백암리 집으로 가서 아내에게 자초지종을 말하니

19 명화가 크게 놀라 그 뒤로는 상제님을 조금도 원망하지 않고 남편

하나로 나와 있다. 문수보살은 구도자들의 지혜의 좌표이다.

65장 박동화의 부인 김명화가 한국전쟁이 끝나고 발동기를 구입하여 보리타작을 할 때 옛 생각이 나서 증손자인 박인순(1937~ ,태인 백암리 거주)에게 들려준 이야기이다.

65:1 박동화(朴東華, 1862~?) 본관 밀양. 자(字) 명언(明彦). 부 익래(翊來)와 모 김해 김씨의 2남으로 태인 백암리에서 출생. 후손이 없어서 형 병윤(炳潤)의 2남 대규(大圭)를 양자로 들임.

65:5 김명화(金明嬅, 1868~?) 본관 의성. 부 인숙(仁淑)과 모 이씨의 장녀.

을 따라 죽을 때까지 청수 모시고 주문을 읽으며 신앙하니라.

통영에 자주 가심

66 상제님께서 통영(統營)에 자주 가시는데, 한번 가시면 오래 머무르시니라.

2 통영은 남쪽에 미륵도(彌勒島)가 있고, 섬 중앙에 미륵산(彌勒山)이 우뚝 솟아 있거늘

3 예로부터 미륵하생(彌勒下生)의 염원을 깊이 간직해 온 곳이라.

바닷속 어족을 불러 대개벽 때 성을 쌓게 하심

4 하루는 상제님께서 민물과 바닷물이 만나는 통영의 한 포구에 가시어 공사를 행하시니라.

5 상제님께서 거북이의 배에 무어라 글을 써 붙이시거늘 그 거북이가 굴에 들어가더니

6 잠시 후에 다른 거북이 한 마리가 굴에서 나와 "부르셨습니까?" 하고 아뢰니라.

7 이에 명하시기를 "데려와라." 하시매 거북이가 물러갔다가 토끼 몇 마리를 몰고 오는지라

8 상제님께서 토끼에게 "그래, 가지고 왔냐?" 하시니 그 가운데 한 마리가 "살려 주십시오." 하며 두 발을 모아 빌더라.

9 상제님께서 다시 거북이에게 이르시기를 "거북아, 너 빨리 가서 잉어를 몰고 오너라." 하시니 거북이가 명을 받고 사라지더니 잠시 후에 잉어가 와서 대령하거늘

10 상제님께서 잉어에게 꾸짖어 말씀하시기를 "너는 강에서 처먹기만 하고 무엇을 하는고? 한번 재주를 부려 봐라." 하시니라.

11 상제님께서 다시 "작두를 빼 오너라." 하시어 강변에 앉아 작두를 휘두르시니

12 잉어, 상어, 물개 등 물에 사는 온갖 어족(魚族)들이 사람처럼 똑바로 서서 떼 지어 몰려나와 상제님 앞에 열을 지어 서거늘

13 상제님께서 큰 소리로 이르시기를 "너희들 죽겠느냐, 아니면 용궁에 가서 무엇을 가지고 오겠느냐?" 하시고

14 또 말씀하시기를 "이 다음에 때가 되면 너희들이 노두를 놓아 성을 쌓아라." 하시니

15 어족들이 일제히 대답하기를 "그러겠습니다." 하고 앞다투어 물속으로 뛰어들어 가니라.

신천지 음양개벽의 혈맥관통 공사

67 갑진년에 하루는 형렬의 셋째 딸이 첫 몸을 하매 상제님께서 "오늘은 혈맥관통(血脈貫通) 공사로 전 세계 생사(生死)를 판단하리라." 하시고

2 미리 마련해 놓으신 양지 책에 글을 쓰시고 부(符)를 그리시며 형렬에게 첫 몸을 받아오게 하시더니

3 그 피를 묻혀 각 장마다 도장을 찍으시니라.

4 이어 말씀하시기를 "천지의 이치를 여기에 판명하여 놓았나니 천지조화가 전부 이 안에 들어 있느니라." 하시니라.

백두산의 바위

68 하루는 상제님께서 형렬과 호연을 데리고 백두산에 가시니 거대한 바위가 있거늘

2 호연에게 이르시기를 "사람은 살다가 죽으면 그만이지만 저 바위는 네 생전에도 있고, 네 자식 대에도 있고, 언제라도 있는 것 아니냐?

3 그러니 저 바위한테 가서 빌어라." 하시고 바위를 향해 "바우야~!" 하고 부르시니라.

무공산 산삼

4 상제님께서 백두산에서 내려와 무공산으로 가시니 바위 그늘에 지초가 있거늘 캐어 보매 그 크기가 무만 한지라

5 형렬이 좋아하며 "먹으면 어떨까요?" 하고 재촉하니 "지초는 동삼(童蔘)이나 한가지니 이놈이 쌀 만 섬보다도 귀한 것이다." 하시거늘

6 형렬이 더욱 입맛을 다시며 "동삼이니 더 먹어야지요." 하니라.

7 이에 상제님께서 지초를 건네시며 "껍데기도 내버리지 않는 것이니 이놈을 싹싹 닦아라." 하시거늘

8 형렬이 흙을 털고 옷으로 잘 닦아서 상제님께 드리니 반으로 쪼개어 형렬에게 주시니라.

9 이 때 호연이 "나 좀 줘~!" 하니 상제님께서 "너는 먹으면 못쓰는 것이니 안 줘." 하시며 그냥 다 드시니라.

무공산을 내려와 어느 낯선 곳으로

69 상제님께서 무공산을 내려오시며 형렬에게 이르시기를 "나는 수중(水中)으로 가리니 너는 뭍으로 가라." 하시거늘

2 형렬이 불만스럽게 생각하여 아뢰기를 "어찌 저는 뭍으로 가라 하십니까?" 하니

3 말씀하시기를 "물로 천 리, 땅으로 천 리인데 내가 너를 생각하여 뭍으로 가라 했거늘 어찌 그러느냐?" 하시니라.

4 이에 형렬이 아뢰기를 "선생님은 조화를 쓰시지만 저는 재주도 못 부리니 못 걸어갑니다." 하거늘

5 상제님께서 "그럼 함께 가자!" 하시니 갑자기 산중에서 낙타가 나타나매 형렬을 낙타에 태워 보내시니라.

69:5 산중에서 낙타가 나타나매. 이러한 기적들은 상제님의 전 생애에 걸쳐 가득 차 있다. 이에 대한 김호연 성도의 육성을 들어 보면 이러하다. "나 그때 낙타 봤어. 궁둥이만 있고 모가지만 있는데 등에는 애기 업은 것같이 낙타라고 하대. 사람 타고 다닌댜. 근데 그것이 어디서 갑자기 나와…."(김호연 성도 증언)

바다 속 용궁에 들어가심

70 상제님께서 형렬을 보내신 뒤에 호연을 옆구리에 끼고 어느 굴 속으로 들어가시니라.

2 호연이 보매 분명 굴속이었으나 상제님께서 "내 팔뚝을 못 놀리니 앞으로 더 들어와라. 요쪽으로, 요쪽!" 하며 잡아당기시거늘

3 말씀하시는 대로 몸을 옮기느라 한눈을 파는 사이에 어느새 바다 한가운데에 떠 있더라.

4 상제님께서 "이제 용궁(龍宮)으로 들어간다." 하시니 호연이 "거기에 집이 있대요?" 하고 여쭈거늘

5 말씀하시기를 "응, 그려. 거기 가서는 아무 소리도 말아라.

6 나 하는 것만 보고 내가 앉혀 놓으면 앉혀 놓은 대로 가만히 있지, 나를 부르지도 말아라, 잉?" 하시고 바다 속으로 들어가시니라.

7 잠시 후 용궁에 이르니 문 앞에 거대한 물방아가 있거늘

8 상제님께서 그 위에 올라서시어 방아타령을 하며 쩔거덩쩔거덩 방아를 찧으시니

9 여기저기서 사람들이 나와 좋긋좋긋하며 구경하다가 이윽고 한 사람이 다가와 "어째 빈 방아를 찧소?" 하고 말을 건네니라.

10 상제님께서 아무 대꾸없이 계속 방아만 찧으시니 이번에는 호연에게 "얘, 저 사람이 누구냐?" 하고 묻거늘

11 호연 역시 아무 말 하지 않으니 "아니, 이것도 아무 말 않네. 벙어리인가?" 하며 호연을 떠미니라.

12 호연이 애써 참으며 상제님을 바라보니 상제님께서 눈을 딱 감으시거늘

13 호연도 따라서 눈을 감으니 그들이 더욱 약이 올라 "이게 사람인가 뭔가 모르겠다." 하며 호연을 이리 둥글리고 저리 둥글리고 하더라.

70:4 용궁. 용궁은 과연 실재하는 것일까? 있다면 그것은 어떤 차원일까? 인류 문명사에 나오는 바다 속 수궁(水宮) 세계는 모두 인간 의식이 영 차원까지 확대된 신도의 경계에서 전한 것이다. 따라서 일렁이는 바다 물결을 단순히 비구름이 떨어져 모인 물 덩어리로만 본다면 결코 용궁 세계를 이해할 수

14 호연이 이리저리 구르면서도 '말이 곧 나오게 생겼어도 하지 말라.' 하신 말씀을 떠올리며 한참을 당하는데

15 이내 상제님께서 방아에서 내려오시어 "네 이놈들! 어찌 그 어린것을 그렇게 자빠뜨리느냐?" 하며 뺨을 힘껏 치시고 발로 한번 차시니 모두 뚝뚝 나가떨어지더라.

야이~ 늙은 놈아!

71 이 때 한 늙은이가 나와서 "어떤 놈이기에 여기 와서 이렇게 장을 치냐?" 하고 소리치니

2 상제님께서 "야이~ 늙은 놈아, 나는 육지에서 왔거늘 너는 용궁에서 무엇 처먹고 사는 놈이냐?" 하시며 가운뎃손가락으로 톡 튕기시매 저 멀리 가서 떨어지거늘

3 그제야 호연이 의기양양하게 나서며 "거봐라 이놈들~. 나보고 어리다고 요리 둥글리고 저리 둥글리고 그랬지? 너도 한번 둥글려 보자!" 하니라.

4 이에 상제님께서 "가 둥글려라." 하고 역성을 들어주시니 호연이 "내가 어떻게….." 하며 머뭇거리거늘

5 상제님께서 눈짓을 하시매 알아차리고 "야이~!" 하고 차는 시늉을 하니 그 사람이 벌떡 뒤집히더라.

6 호연이 멀리서 살짝 차기만 해도 뒤집히는 것이 재미있어서 다시 한 사람을 차니 또 뒤집히거늘

7 뒤집힌 사람이 기가 막힌 듯 "얼레, 요것 봐라잉!" 하며 대드니

8 호연이 "요것 보라고 했으니 너 당해 봐라." 하며 그 사람의 머리를 차매 이번에는 빳빳하게 서더라.

9 호연이 분풀이하듯 이 사람 저 사람을 계속해서 차고 다니니

10 상제님께서 마냥 웃으며 바라보시다가 "너하고 나하고 우리 그리고 다니자, 응!" 하시거늘 호연도 따라 웃으며 "그래요." 하고 좋아하니라.

옥황상제가 여기 계신다

72 물방아를 지나 용궁으로 들어가려 하니 큰 문 양쪽으로 머리에 뿔이 돋친 문지기가 서 있다가 방망이를 들어 가로막거늘

2 상제님께서 문을 세게 걷어차시며 안으로 들어가시니라.

3 용궁에 들어가니 집들이 수없이 많고 그 한가운데 몇 층인지 셀 수도

없이 규모가 어마어마한 기와집이 있거늘

4 상제님께서 그 집에 올라서시어 "옥황상제가 여기 계시다!" 하고 크게 호령하시매 바닷속이 쩌렁쩌렁 울리니

5 갑옷을 입고 기치창검으로 무장한 사람이 뚜벅뚜벅 나와 절을 한 후에 상제님을 모시고 첩첩이 나 있는 문을 지나 안으로 들어가니라.

6 상제님께서 그의 손을 잡고 물으시기를 "오색에서 하나만 빠져도 내 일은 성사가 안 되느니라. 그렇지?" 하시니

7 "예, 그렇습니다. 일만 어서 되면…. 땅이 뒤집힐 때는 전들 살겠습니까? 뜻대로 하옵소서." 하고 대답하니라.

8 상제님께서 말씀하시기를 "그럴 적에는 바다를 말려라. 그래야 창생들이 허공에 안 빠지고 다 살아날 것 아니냐!

9 한 번 죽지 두 번 죽는 것 아니니 조금도 변치 말고 다 나서라.

10 다른 곳도 네가 통치해서 일이 함께 되도록 하고, 모든 용궁에서 다 나서라." 하시니 "어찌 변할 수가 있겠습니까." 하고 다짐하더라.

용궁의 쌍다리

73 상제님께서 공사를 마치시고 다시 여러 개의 문을 지나니 쌍다리가 나타나거늘

2 한쪽은 산 사람들이 통래하는 다리요, 다른 한쪽은 신명들이 왕래하는 다리더라.

3 상제님께서 호연을 데리고 다리 위를 걸어가시니 눈 깜짝할 사이에 바다 한가운데로 나와 있거늘

4 육지를 걷듯이 물위를 걸어나와 뭍에 앉아서 바라보매 잔잔하던 바다에 바람이 일어 출렁출렁 물결을 이루더라.

5 이에 호연이 신기한 듯 "우리가 저 속에 들어갔다가 나왔네~!" 하니 "그랬다." 하시며 살며시 웃어 보이시니라.

호연이 속을 썩이니

74 어린 호연이 하도 영악스러운 짓을 많이 하여 속을 썩이니

2 하루는 상제님께서 "아이구~ 이녀석! 똥싸면 똥 닦아 주고 밑구녕 다 씻겨 주고 그랬는데 네가 나에게 그러느냐?" 하시거늘

3 호연이 "나도 그랬어, 나도!" 하매 상제님께서 "내가 언제 뭐했기에 네가 그랬냐?" 하시니라.

4 호연이 딱히 할 말이 없자 "강아지 품고 댕긴다고 내가 다 일러!

72:6 하나만 빠져도. 이번 후천 대개벽이 인간 세상에만 해당되는 것이 아니고 전 우주적인 규모라는 말씀이다.

72:8 바다를 말려라. 이 한마디 말씀이 용궁 공사의 모든 대의(大義)를 깰 수 있게 하는 핵심 성언이다.

73장 "물속에 있어도 물속에 있는지 몰라. 속에는 물이 없어. 똑같이, 인제 앉았어도 이렇게 고기는 지나가대. 물은 안 보여. 근데 인제 나올 적에는 물속에서 나와." (김호연 성도 증언)

5 미운 놈 물리려고 품고 댕겨? 뭣 하려고 골마리 속에 강아지를 품
  고 댕겨?" 하니 상제님께서 배를 움켜잡고 크게 웃으시니라.

6 이 때 호연이 난데없이 "그 강아지가 사람이 돼요?" 하고 엉뚱한
  질문을 하는지라

7 상제님께서 "강아지가 됐다, 사람이 됐다 그려." 하시니 "그럼 밥
  안 먹어도 살아?" 하거늘

8 말씀하시기를 "저런 물건 좀 봐! 내가 먹으면 그것도 먹어." 하시고
  또 한참을 웃으시니라.

호연과 복남

75 복남은 본시 성품이 착하여 항시 상제님의 말씀에 순종하며 상제
  님을 성심껏 모시니 평소 꾸중을 듣지 않으니라.

2 하루는 호연에게 "나를 오빠라고 해라." 하니 "네가 뭐라고 맥없이 오
  빠라고 해?" 하고 따지거늘

3 복남이 "그럼 너는 뭐라고 내가 동생이라고 하냐?" 하며 다툼이 나
  니라.

4 상제님께서 이를 들으시고 "너희들 무엇을 가지고 그렇게 다투느
  냐?" 하시니

5 호연이 쪼르르 달려가 "나보고 오빠라고 안 한다고 때려~!" 하거늘

6 상제님께서 복남을 바라보시며 "나이 먹은 놈이 어린것을 가려서
  탄을 하고 싸우느냐?" 하고 꾸중하시니라.

7 이에 호연이 기세등등하니 복남이 "밤낮 편만 들어주니까 요것
  이~!" 하며 머리를 쥐어박거늘

8 호연이 "애가 또 때려~!" 하며 울음을 터뜨리니라.

9 상제님께서 호연을 달래어 방으로 데려가시는데 복남이 작은 소리
  로 "너 나오면 내가 또 때릴 것이여." 하니

10 호연이 "밖에 나오면 쟤가 또 때린대요!" 하며 일러바치거늘

11 상제님께서 "저리 가지 말아라." 하고 달래 주시니라.

정(鄭)씨로 왕이 될 만한 사람이 없다

76 상제님께서 여러 성도들에게 '조선 말에 정씨가 왕이 된다.'는
  말을 경계하여 말씀하시기를

2 "정씨로 왕이 될 만한 사람이 없느니라.

3 조선 사람은 정씨만 찾나니 아무것도 배운 것 없이 정씨만 찾아서

75장 호연과 복
남. 복남과 호연
은 간소남(艮少
男)과 태소녀(兌
少女), 즉 후천
신천지 지상 선
경 세계 건설의
젊은 동량인 초
립동이의 음양기
운을 상징한다.

무엇하리오. 한낱 분잡케만 될 뿐이라.

4 그러므로 정(鄭)씨와 조(趙)씨와 범(范)씨를 다 없이하였노라.

5 시속에 그른 일 하는 자를 '방정(訪鄭)맞다.' 이르고, 옳은 일 하는 자를 '내정(來鄭)이 있다.' 이르느니라.

6 내 일이 이루어지면 천자 꿈을 꾸는 정가(鄭哥)는 바다에 뜨느니라." 하시니라.

여름철에 공사 보실 때

77 상제님께서 여름철에 공사를 보실 때면 몇몇 성도들로 하여금 날벌레를 쫓게 하시니라.

2 또 밤에는 제피나무를 캐어다가 마당에 불을 지피게 하시는데 그리하면 향내가 진동하여 파리, 모기, 깔따구 등이 근접하지 못하니

3 종종 길에다 불을 지펴 날벌레가 동네로 들어오지 못하게 하시니라.

77:2 제피나무. 운향과에 딸린 낙엽활엽관목. 잎과 열매에 독특한 향과 매운 맛이 있어 향신료로 쓰임.

급수 공사

78 하루는 상제님께서 ○○강가에 가시어 강물을 바라보시며 "저 강물을 다 써야만 할 텐데…." 하시니

2 호연이 놀라며 "저 강물을 어떻게 다 써요?" 하고 여쭈거늘

3 말씀하시기를 "네가 보기에는 다 못 쓸 성싶으냐? 그놈을 먹고도 몇 바퀴를 더 먹어." 하시니라.

4 이에 호연이 더욱 놀라며 "아이구, 배가 소 배때기만 한가 봐! 어떻게 저걸 다 먹어?" 하니

5 "흐흥, 한꺼번에 먹는 것이 아니여. 이 산채(山菜)를 누가 다 먹냐? 천하 사람의 입으로 다 들어간다." 하시니라.

78:3 쓸 성싶으냐. '쓰다'는 용(用)·서(書)·관(冠)의 뜻 외에 '켜다'의 방언으로서 '물을 켜다, 들이켜다, 퍼올리다.'라는 뜻으로도 쓰인다.

배가 고프다

79 상제님께서 급수(給水) 공사를 행하고 돌아오시는 길에 "배가 고프구나." 하시니

2 호연이 "그러면 내가 저 집에 가서 밥 좀 얻어올까요?" 하거늘

3 말씀하시기를 "추접스러우니 너는 여기 앉아서 내가 갖다 주는 놈이나 먹어라.

4 네가 그렇게 얻어다 주는 밥 나는 안 먹어." 하시니라.

5 이에 호연이 "그럼, 그려." 하고 도랑물에 손을 씻는데 상제님께서 "물을 이렇게 제치고 떠먹어라!" 하시거늘

6 호연이 물을 헤치고 양손으로 한가득 떠서 마시려고 보니 물속에 고기가 들어 있는지라

7 호연이 신기해하며 "와, 여기 물고기가 들었네. 입 벌리세요, 입 벌리세요~!" 하고 호들갑을 떠니

8 상제님께서 "흐흥, 너 먹으라고 생겼는데…." 하시거늘

9 호연이 먹으려고 다시 보니 어느새 물고기가 사라지고 없더라.

우리 어머니 해원했네

80 하루는 상제님께서 불현듯 "우리 집에 큰일났네! 우리 집에 큰일났네!" 하시더니

2 객망리 본댁에 가시어 성모 권씨께 "새로 산 고추밭 파시지요." 하시니라.

3 이에 성모님께서 정색을 하시며 "고추밭이 어디 있는가? 없네, 아무것도 없네!" 하시거늘

4 상제님께서 "어머니, 팔아야 하겠습니다. 밭문서를 저에게 주시지요." 하시니라.

5 성모님께서 계속 "없네, 없어. 어디 있으면 찾아가시게." 하시거늘

6 상제님께서 안방에 들어가시어 주저 없이 대롱 속에 감추어 둔 밭문서를 꺼내 오시니라.

7 상제님께서 고추밭을 팔아 동네에서 없이 사는 사람들에게 돈으로 나누어 주시고, 술을 받아 주시기도 하여 다 써 버리시고

8 너울너울 춤을 추며 들어오시어 "우리 어머니 해원했네. 우리 어머니 앞길 열어 드렸네!" 하고 기뻐하시니라.

9 그 후로 성모님께서 없어진 밭을 아까워하시며 길쌈으로 어렵게 생계를 꾸려 나가시니라.

80:6 대롱. 배은실 증언. 대롱은 통(筒)으로 된 가는 대의 도막.

강경에서 보신 깃발 공사

81 가을 어느 날 강경(江景)에 가셨을 때 느닷없이 상제님 머리에 죽순이 돋듯 여러 개의 뿔이 돋아나더니 뿔 끝에서 온갖 깃발이 나오거늘

2 바람이 불어와 기가 날리면 상제님께서 "구름도 날린다! 바람도 날린다!" 하고 노래 부르시며

3 바람을 타고 하늘로 오르셨다가 금세 뚝 떨어지곤 하시니라.

머리 벗겨 놓고 보신 공사

82 하루는 상제님께서 이마에서부터 머리 뒤까지 살갗을 벗기시니 마치 무를 깎아 놓은 것처럼 활딱 벗겨지거늘

2 호연이 놀라며 "아이구, 어째서 머리가 없어졌어요?" 하니

3 "어떤 놈이 와서 내 머리를 이렇게 싹 베어 갔다. 아이구 어쩔까?" 하시며 남바위처럼 이렇게도 써 보시고 저렇게도 써 보시니라.

4 호연이 "아이구, 별일이야. 아무리 한다고 어쩌면 저래?" 하며 깔깔대고 웃다가 "그것 나 좀 써 봐요!" 하니 호연에게도 씌워 주시거늘

5 호연이 고개를 흔들어 보고 만져 보기도 하며 "나 색경 하나만 사다 줘요. 어쩌면 이런가 좀 보게." 하니라.

6 상제님께서 웃으시며 "옛놈이 색경을 사다 주니 그 안에 있는 사람을 자꾸 나오라고 하더란다. 너도 그럴라구 그러냐?" 하시니

7 호연이 "아, 그러거나 안 그러거나 하나 사다 줘요." 하고 조르거늘

8 상제님께서 "그려, 그려. 내가 장에 가면 좋은 놈 하나 사다 줄게." 하시니라.

82:3 남바위 추울 때 머리에 쓰는 방한구.

조화로 물도 되고 불도 되어 공사 보심

83 상제님께서는 그 조화가 무궁하시어 불도 되고 물도 되어 공사를 보시니라.

2 하루는 상제님께서 물이 되시니 마당이 온통 시퍼런 강으로 변하며 그 가운데에서 물이 솟아나 사방으로 쏟아지거늘

3 순식간에 멀쩡한 육단이 새파란 포장이 되어 마당 양쪽에 병풍처럼 쳐지더라.

4 또 하루는 상제님께서 불로 변하시어 번득번득 빛을 내며 방에 앉아 계시거늘

5 어떤 이가 방문을 열어 보고는 안 계시는 줄 알고 그냥 돌아가니라.

6 이 때 상제님의 조화임을 알고 불을 향해 공손히 절을 하면 상제님께서 빙긋이 웃으시며 불을 양쪽으로 가르고 성체를 드러내 주시니라.

네 말 한마디가 온 천지에 널린다

7 하루는 상제님께서 새파란 불덩이가 되어 앉아 계시니 호연이 "나도 사람들 오면 불이 돼서 앉아 있게 그것 하나 가르쳐 줘요." 하거늘

8 상제님께서 말씀하시기를 "네 주둥이가 천지에 널려. 네가 방에 앉아서 하는 말 한마디가 온 천지에 널리니 조심혀. 그러니 안 가르쳐 준다." 하시니라.

83:1 조화가 무궁하시어. 상제님은 천지조화 극치의 경계에 계시는 분으로, 천지조화 자체가 되기도 하시고 그 조화를 통제하고 바꾸기도 하시는 조화옹·개벽장 하느님이시다.

내가 또 네게 가 붙었다

84 갑진년 동짓달 어느 날 상제님께서 호연에게 작은 거울 하나를 사다 주시거늘

2 호연이 좋아라 하고 거울을 들여다보며 "어, 여자가 있네?" 하니라.

3 이번에는 상제님께서 거울을 가져다 비춰 보시며 "남자이고만 그러네." 하시니

4 호연이 다시 거울을 빼앗아 보며 "나는 여자이고만 그러네." 하거늘

5 상제님께서 용안을 호연의 얼굴에 갖다 대시며 "저 사람 모가지가 둘 붙었네? 아이고! 모가지가 왜 둘이 되었대?

6 내 모가지가 왜 거기 가 붙었다냐?" 하시매 호연이 재미있다고 배꼽을 쥐고 크게 웃으니라.

7 호연이 하도 웃으니 배가 아파서 간신히 웃음을 참고 있는데

8 상제님께서 다시 호연의 얼굴에 용안을 바짝 붙이시며 "내가 또 네게 가 붙었다잉?" 하고 호연을 보듬으시니

9 호연이 웃음을 참지 못하고 박장대소하며 한때를 즐거이 보내니라.

우리 호연이 요지경 들었다

85 하루는 호연이 "나 똥쌀 적에 밑 닦아 주면서 요지경 봤지?" 하니 상제님께서 "뭘 봐? 그것이 요지경이다냐?" 하시거늘

2 호연이 "그것 생각해 봐요. 요지경이지." 하매 상제님께서 "그려? 야, 반가운 소리 한번 듣는다. 너 요지경 들었냐?" 하시는지라

3 호연이 "그럼 뭐라고 할꼬?" 하니 상제님께서 "나는 고추고 너는 뭣이냐?" 하고 물으시니라.

4 이에 호연이 "나는 요지경이라고 아는데 그럼 무엇이랴? 그게 요지가지로 쓰는 거래요." 하매

5 상제님께서 손뼉을 치며 크게 웃으시다가 성도들에게 "야, 우리 호연이는 요지경이 들었단다! 너희는 무엇이 들었냐?" 하시거늘

6 한 성도가 "그게 무엇입니까? 아무것도 모르겠습니다. 호연 아씨, 요지경이 무엇이래요?" 하고 물으니

7 상제님께서 "이놈아, 호연이 크면 내가 요지가지로 써먹는단 말이다. 호연이 말이 딱 맞았다! 그러니 요지경이다." 하시니라.

네가 나보다 높이 됐다

86 하루는 호연에게 말씀하시기를 "인제 네가 나보다 높이 됐다잉."

84:8 내가 또 네게 가 붙었다잉. 상제님의 신권과 조화 권능의 경계를 있는 그대로 증언하여 후천 선경 문화를 여는 기초가 소녀 호연에게 있음을 뜻하는 말씀이다.

85:2 요지경. 상자의 앞면에 확대경을 달고 그 안에 여러 그림을 넣어 들여다보게 한 장치. 요지(瑤池)는 원래 신선이 사는 연못을 말한다. 이는 호연을, 상제님의 뜻을 성취하는 인사의 지도자에게 선매승자, 혈맥관통 등의 진법 맥을 직접 전하여, 후천 선경의 실상을 요지경같이 환하게 보여 주는 인

물로 쓰신다는 말씀이다.

하시니

2 호연이 눈이 휘둥그레져서 "왜 내가 더 높이 되었어? 어째 높아?" 하고 여쭈거늘

3 상제님께서 "이제 그렇게 되어." 하실 뿐 자세히 일러 주지 않으시니라.

4 이에 다시 "어째서 내가 높고 선생님이 내 아래로 떨어졌다고 그래요? 어째 선생님보다 높아요?" 하니

5 상제님께서 "내가…. 에이, 싫다. 말 안 할란다!" 하시거늘

6 호연이 더욱 궁금하여 "아이, 어째서 그런가 가르쳐 줘~!" 하며 애교를 떠니

7 "태운장 딸을 얻었으니 네가 장모뻘이 아니냐?" 하시고 더 이상 말씀하지 않으시니라.

86:7 네가 장모뻘이 아니냐. 결국 태운장의 우유부단 때문에 딸의 수부책봉이 성사되지 못하고, 상제님께서 정미(道紀 37, 1907)년 동짓달에 고수부님에게 천지대권을 전하신다.

조선글을 잡아야지

87 하루는 호연이 방에 들어가 몰래 울고 나오는데 상제님께서 이를 아시고 "허어~, 우리 요지경 나온다. 얘들아, 요지경 나온다! 호연씨~!" 하고 외치시거늘

2 호연이 눈물자국을 감추며 "왜 그려?" 하니 상제님께서 "왜글은 집어내 버리고 조선글을 잡아야지." 하시며 호연의 등을 다독여 주시는지라

3 호연이 살며시 웃음을 보이며 "그려." 하고 대답하니라.

을사(乙巳 : 道紀 35, 1905)년

대장수 신명을 불러 보신 대두목 수호신 공사

88장 이 공사도 성령의 경계인 신도(神道) 차원에서 집행하신 것이다.

88:1 삼월 삼짇날. 음력 3월 3일. 3월의 첫 뱀날(巳日)이라 하여 삼사일(三巳日)이라고도 한다. 뱀이 동면에

88 을사(乙巳 : 道紀 35, 1905)년 삼월 삼짇날 상제님께서 큰 장수신명을 부르시어 "가서 너의 대장을 불러오너라." 명하시고

2 종이를 한 자 가량 쌓아 두신 채 계속 종이에 용(龍)을 그려 점을 찍으시며 고축(告祝)하신 뒤에

3 "물을 떠 오라." 하시어 그 종이를 불살라 재를 물에 풀어 넣으시니라.

4 한참 후에 밖에서 말이 코투레질하는 소리가 들리거늘 상제님께서 문을 여시고 "왔냐." 하시며 재를 풀어 넣은 물을 밖으로 뿌리시니라.

5 이어 형렬에게 명하시어 먼저 밖으로 나가 의자에 앉아서 신명들의 절을 받게 하시고 잠시 후에 나오시어 의자에 앉으시거늘

6 신명들이 상제님께 절을 올리고 토방 밑으로 가서 모두 고개를 숙이니라.

7 상제님께서 커다란 종이에 용을 그려 마당에 놓으시니 신명 둘이 나와서 상제님께서 보실 수 있도록 종이를 반듯이 세워 양쪽으로 붙들고 서거늘

8 성도들의 눈에는 신명은 보이지 않고 허공에 떠 있는 종이만 보이는데

9 먹으로 그리신 용이 붉은 빛깔을 띠었다가 다시 푸른빛으로 변하더라.

10 상제님께서 다시 그 종이를 살라 재를 채반에 받으시어 잘게 갈아 물에 타서 모든 성도에게 한 모금씩 마시게 하시니라.

음양합덕의 지리가 갊아 있는 마이산

89 호남의 명산 마이산(馬耳山)은 용이 서해로 날아 뛰어드는 형국으로 음양합덕(陰陽合德)의 지리(地理)가 갊아 있는 부부산이라.

2 마이산 암봉의 물길은 섬진강(蟾津江)의 발원지요 수봉은 금강(錦江)의 수원지로서 그 물길이 태전(太田)과 계룡산을 돌아 서해로 흘러 수(水)태극을 이루고

서 깨어나고 강남에 간 제비가 돌아오며 만물이 소생하는 봄을 알리는 명절이다.

88:5 형렬은 임술생으로 대두목의 상징이다.

공사

89:1 마이산. 신라시대에는 서다산(西多山), 고려시대에는 용출산(湧出山)이라 하였으며 조선 초에는 이씨가 목성(木星)에 해당되어 금(金)과는 상극이므로 세상의 '금' 기운을 묶어 주라는 뜻에서 속금산(束金山)이라고도 했다. 마이산은 조선 태종이 산 모양을 보고 마치 말의 귀처럼 생겼다 해서 붙인 이름이다. 또 계절마다 이름을 달리하는데 봄에는 돛대봉, 여름에는 용각봉(龍角峰), 가을에는 마이봉(馬耳峰), 겨울에는 문필봉

마이산과 태전 일대. 산태극, 수태극 형상을 이루고 있다.

(文筆峰)이라 부른다.

3 백두대간이 뻗어내려 마이산으로 해서 대둔산(大屯山), 계룡산(鷄龍山)으로 이어지는 맥은 산(山)태극의 형세를 이루니라.

정성 기도 중에 마이산을 계시 받은 이갑룡

89:4 이갑룡(李甲龍, 1860~1957). 본관 전주. 본명 경의(敬儀), 갑룡은 도명. 효령대군의 16세 손.

이갑룡
(1860~1957)

4 임실 사람 이갑룡(李甲龍)은 경신생(庚申生)으로 본명은 경의(敬義)요, 호는 석정(石亭)이라.

5 열여섯 살에 부친을 여의고 3년 시묘살이를 하다가 산의 영기(靈氣)에 크게 감응되어

6 시묘살이 후 백두에서 한라까지 전국의 명산을 두루 찾아다니며 3·7일 기도를 올리니라.

7 이 때 갑룡이 '나는 세상 사람들의 죄를 대속하러 나온 사람이라.'고 굳게 믿고 기도에 정진하더니

8 하루는 강원도 원주 치악산(雉岳山)에 들어가 기도 드릴 때 혼몽 중에 두 봉우리가 선연하게 보이니라.

9 그 후 마이산에 가 보니 그 기이한 산세가 꿈에 보았던 바로 그곳이거늘

10 갑룡이 마이산에 자리잡고 공부를 시작하니 그의 나이 스물다섯이더라.

89:6 이갑룡 처사는 주로 3·7일 기도를 드리고 때때로 100일 기도로 용맹정진을 했다. 그의 제자들은 삼일 기도와 칠일 기도를 주로 했다고 한다.

미륵님께 구제창생의 기도를 올림

90 갑룡은 마이산에 자리잡은 뒤 전국의 명산을 돌며 기도하니 돌아올 때는 돌을 주워 가져오니라.

2 이로부터 갑룡이 천지일월(天地日月)과 음양오행 이치와 팔진도법에 맞춰 천지탑(天地塔), 일월탑(日月塔), 월궁탑(月宮塔) 등 석탑 쌓는 고행을 하니라.

3 이어 갑룡은 유교와 도교, 불교를 습합(褶合)한 뒤 미륵부처님을 직접 조상하여 법당에 모시고

4 비가 오나 눈이 오나 하루도 거르지 않고 억조창생의 죄업을 대속하여 매일 밤 자시(子時)에 용궁단에 엎드려 암축(暗祝)하며

5 일어나 앉아 천고문(天告文)을 읽으면서 용화낙원의 도래와 창생구제를 미륵부처님께 한평생 일념으로 기도하니

6 한겨울이면 머리에 눈이 하얗게 쌓이고 수염에 고드름이 매달리더라.

7 이후 상제님께서 해마다 성도들과 함께 마이산을 찾으시어 치성을 지내고 공사를 보시니라.

백마 타고 오르시어 마이산에서 공사 보심

91 상제님께서 마이산을 오르실 때면 온 마을 사람들이 큰 잔치로 알고 따라 올라가 함께 치성을 드리니라.

2 하루는 상제님께서 백마를 타고 오시어 길도 없는 가파른 암마이봉을 오르시니 갑룡과 마을 사람들 모두 상제님의 신이하심에 탄복하니라.

3 이 때 갑룡과 성도들이 제수(祭需)를 가지고 마을 사람들과 함께 뒤따라 걸어 올라가니

4 상제님께서 산 정상에서 크게 천제를 지내시고 마을사람들과 함께 음복하시니라.

말이 암수마이봉을 향해 포효함

5 하루는 상제님께서 말을 타고 오시어 천황문(天皇門)에 말을 매어 놓고 제를 지내시는데

6 갑자기 말이 몸을 일으키더니 암마이봉과 숫마이봉을 향해 번갈아 앞발을 휘저으며 크게 포효(咆哮)하거늘 성도들과 마을 사람들이 모두 크게 놀라니라.

91장 암마이봉 서쪽에 봉황의 머리 모양을 한 바위산인 봉두봉(鳳頭峰, 540m)이 있고 그 서쪽에 비룡대(飛龍臺)가 있다. 봉두봉에는 이갑룡 처사가 스스로 잡은 묘가 있고 후손에게 석물을 쓰지 말라 하였다고 한다.

마이산 탑사. 석탑을 쌓은 이갑룡 처사는 미륵부처님을 조상하고 한평생 창생구제를 기원하는 기도를 올렸다.

마이산 천제의 유래

91:7 1988년 까지는 천제를 상봉에서 올리다가 이후로는 천지탑에서 올린다고 한다.

7 상제님께서 천제를 지내신 뒤로 지금까지 마이산에서는 매년 3월 9일과 10월 9일에 천제를 올리니라.

마이산에 계실 때

92 상제님께서 마이산에 가시면 7일 정도 머무르시며 많은 공사를 보시는데 때로는 마이산신을 불러 공사를 행하시니라.

2 이 때 갑룡이 진지를 대접하고자 하나 자신도 산초장에 참기름을 넣어 먹고사는 형편이라 곤궁하여 진지 올리기를 송구스러워하니 "그냥 내어 오라." 하시어 함께 드시니라.

3 상제님께서 갑룡을 항상 다정하게 대하시더니 하루는 비가 내리는 그믐날 밤에 '어디 가서 무엇을 가져오라.' 명하시거늘

4 갑룡이 한 치 앞도 보이지 않는 어둠을 뚫고 먼 길을 다녀와 가져다 올리매 상제님께서 그 재주를 칭찬하시니라.

5 상제님께서 갑룡과 더불어 내기를 자주 하시니

6 한번은 힘 겨루기를 하시면서 갑룡이 도저히 엄두도 못 내는 큰 바위를 자유자재로 들어 옮기시고

7 또 한번은 서로 마주 대하여 한 시간이 넘도록 눈싸움을 하시니 옆에서 구경하는 사람들이 다리가 저릴 정도이더라.

갑룡과 함께 공사 보심

8 갑룡이 상제님을 모시고 어두운 밤길을 갈 때면 상제님께서 계신 곳으로부터 빛이 나와 험한 산길도 어려움 없이 가게 되니 상제님과 함께 있으면 마음이 편안하더라.

9 일찍이 상제님께서 갑룡을 데리고 명산을 두루 다니시며 "저 산 너머에는 무슨 혈(穴)이 있느냐?" 하시고 또 "저 산은 무슨 형국으로 보이냐?" 하고 물으시며 공사를 보시니

10 영암 월출산(月出山)과 원주 치악산(雉岳山)에 가실 때는 상제님께서 빨리 가기 내기를 하시거늘

11 갑룡이 아무리 빨리 걸어도 도저히 따라잡을 수 없어 상제님보다 이삼 일 늦게 당도하니라.

번개 칼 끊으신 공사

93 하루는 맑은 하늘에 갑자기 번개가 치며 상제님께서 계신 방으로 벼락이 들어오거늘

2 상제님께서 한 손으로 벼락을 잡아 부러뜨리시니 반 토막이 땅에 떨어지는지라

3 말씀하시기를 "내가 여기 있는데 감히 누구 앞에 칼을 함부로 내두르느냐?" 하고 크게 호통을 치시니라.

4 이 때 형렬과 서중옥(徐仲玉)과 호연이 참관하니라.

양복 넥타이 공사

94 하루는 상제님께서 저고리의 동정과 옷고름을 뜯어내시고 옷깃을 배배 꼬아 입으시고는 호연에게 "좋으냐? 좋으냐?" 하고 물으시니라.

2 또 목에 댕기를 묶으시고 "호연아! 모가지에 댕기드린다, 목댕기!" 하시니

3 호연이 눈살을 찌푸리며 "아이구, 왜 그렇게 허섭이 노릇을 한대?" 하거늘

4 상제님께서 "너는 이름도 잘 짓는다. 앞으로는 목에도 댕기를 두르고, 여기에는 단추 낀 옷을 입어." 하시고

5 또 말씀하시기를 "옷이 개화되어 조선옷이 다 들어간다. 일본놈들 옷이 번듯번듯하니 그게 부러워 모두 그런 걸 입어." 하시니라.

조선의 한복이 가장 좋은 옷이다

6 하루는 말씀하시기를 "이 뒤로는 저고리에 고름이 없어져 안아팎이 동그라미가 되고, 남녀의 구별 없이 옷을 입게 되느니라." 하시고

7 또 말씀하시기를 "해동 조선국의 한복이 가장 좋은 옷이니라." 하시니라.

8 하루는 상제님께서 말씀하시기를 "앞으로 화단(花緞)이 나오고 문단(紋緞)이 나오리라." 하시니라.

9 상제님께서는 평소 검정색 옷을 싫어하시니라.

비 오는 날 보신 생활용품 공사

95 상제님께서는 비록 한가하실 때라도 가만히 앉아 계시지 않으니

2 혹 비 오는 날에 성도들이 방에 앉아 있으면 "야, 이놈! 짚 추려라." 하시어 짚신과 미투리를 삼으시고 소쿠리와 재삼태기, 멍석을 짜기도 하시니라.

3 또 호연이 주워 모은 머리카락을 내어 드리면 짚과 섞어 맷방석이나 멍석, 소쿠리를 만드시고 어느 때는 종이를 말아 미투리를 삼기

서중옥
(1881~1953)

93:4 서중옥(徐仲玉, 1881~1953). 본관 달성(達城). 동곡에 거주하였으며 부인 김해 김씨와의 사이에 2남 2녀를 두었다.

94:6 안아팎. 안팎. 전라도 방언.

94:9 안내성 교단과 순천도에는 상제님께서 조끼도 못 입게 하셨다는 말씀도 전해 온다.

공사

도 하시는데

4 상제님께서는 댕댕이덩굴이나 아무 풀을 가지고도 자리와 석짝, 둥구미 등을 잘 만드시니라.

얼굴 화장 공사

5 하루는 상제님께서 붉은 꽃잎을 따서 용안에 문지르시니 연지를 바른 것처럼 뺨이 붉게 물들거늘

6 물에 그 모습을 비춰 보시며 "호연아, 호연아! 나 이쁜가 봐라." 하고 물으시니 호연이 "응, 이뻐." 하고 대답하니라.

7 또 하루는 동글동글 동전같이 말려 있던 용수와 수염을 모두 없애신 뒤에 눈두덩이와 용안 윤곽을 따라 빨강물을 들이고 나서시거늘

8 호연이 "아, 왜 그래요?" 하고 여쭈니 말씀하시기를 "인제 요 모양이 되야, 요 모양이." 하시니라.

광대 해원 공사

96 하루는 상제님께서 거울을 들여다보시며 난데없이 웃다가, 화난 얼굴을 하였다가, 입술을 내미시는 등 온갖 표정을 다 지어 보시더니

2 숯을 가져오시어 용안에 수염도 그려 보시고 볼에도 발라 보시니라.

3 또 물에 분을 타서 허옇게 바르신 뒤에 광대처럼 빨간 물감을 칠하고 나오시거늘

4 호연이 "아이고 무서워~!" 하고 고함을 지르니 "인제 이런 속에서 살아야. 이런 속에서…." 하시며 빙긋이 웃으시니라.

치아 개벽 공사

5 하루는 상제님께서 모래를 싼 헝겊으로 이를 닦으시니 호연이 "아이고 참말로, 소금을 두고 왜 그래요?" 하며 참견하거늘

6 상제님께서 "나 하는 대로 내버려 둬라." 하시며 이번에는 잇몸을 통째로 빼어 이를 닦으시니라.

머리 모양 공사

97 상제님께서는 종종 호연의 머리를 이리저리 가리마를 타서 땋았다 풀었다 하시고

2 형렬의 머리도 여러 가지 모양으로 만들어 보시니라.

3 하루는 상제님께서 머리카락을 세우고 들어오시매 호연이 "머리를 왜 그렇게 세워 와요?" 하니

4 말씀하시기를 "이 다음에 모두 이렇게 세우라고." 하시니라.

5 또 하루는 상제님께서 등을 돌리신 채 거울을 들여다보며 무엇을 하느라 분주하시거늘

6 호연이 이상히 여겨 유심히 바라보니 머리를 끌어올려 밑동만 묶으셨다가 단발머리를 만드셨다가, 다시 솔잎 같은 모양으로 만드시더니

7 가리마를 이쪽저쪽으로 타서 머리를 넘기셨다가 머릿기름을 발라 머리카락을 꺾어 세우시고 도로 썩썩 비벼 헝클어 버리고 하시더라.

8 이에 호연이 "왜 머리에 길을 낸대요? 그리 걸어가라고?" 하니

9 말씀하시기를 "이제 어리나 크나, 여자나 남자나 다 이렇게 할 것이니 내가 한번 해 봤다." 하시니라.

섭다리골 구렁이 공사

98 섭다리골은 전주를 오가는 사람들의 왕래가 잦은 곳이라.

2 하루는 상제님께서 섭다리골 길목에 구렁이를 꼿꼿이 세워 놓고 멀리서서 지켜보시니

3 어떤 이는 구렁이를 발견하고 소스라치게 놀라 다른 길로 돌아가고

4 징그러워서 길 한쪽으로 조심스레 피해 가며 구렁이에게 넙죽 인사를 하고 가는 이도 있는데

5 그 중에는 구렁이를 미처 보지 못하고 지나치는 이들도 많더라.

6 이 때 한 사람이 구렁이를 보고도 그냥 지나가니 상제님께서 구렁이를 그 사람 위로 툭 넘어뜨리시거늘

7 그가 기겁을 하며 도망가매 구렁이가 쫓아가 목을 칭칭 감고 얼굴 가까이에 입을 가져다 대는지라

8 그 사람이 놀라 까무러치니 구렁이가 또아리를 풀어 주고 되돌아오거늘

9 상제님께서 다가가시어 혼절한 사람의 이름을 두 번 불러 주시매 그제야 정신을 차리니라.

10 잠시 후 그 사람이 일어나서 주변을 빙빙 돌며 구렁이를 찾거늘

11 상제님께서 "그걸 뭐하려고 찾느냐?" 하고 물으시니 "이놈의 구렁이를 가만둬요?" 하며 씩씩거리는지라

12 상제님께서 웃으시며 "가만두지 어쩌냐? 그럼 가서 구렁이하고 인사나 해라." 하시고

13 구렁이와 그 사람을 각기 제 갈 길로 가게 하시니라.

98:1 섭다리골. 청도원에서 지소천을 거쳐 구릿골로 이어지는 계곡. 총 길이가 십 리에 이르며 이 계곡 옆으로 길이 나 있다.

신명들을 대접하심

99 하루는 상제님께서 꽃대님을 끌러 이리저리 젖히다가 휙 집어 던지시니

2 꽃대님은 간데없고 어디서 다리가 휘어질 정도로 잘 차려진 상이 들어오거늘

3 호연이 걱정스런 얼굴로 "이거 또 우리가 다 못 먹으면 어째요?" 하니라.

4 이에 상제님께서 "신명을 불러야지." 하시고 붓으로 ○○을 그려 회초리에 돌돌 말았다가 홱 풀어놓으시니

5 무수히 많은 신명들이 시루 속의 콩나물처럼 무리지어 몰려오거늘

6 호연이 깜짝 놀라 "아이고~, 웬 사람들이 저렇게 떼거지로 몰려오지? 일본놈인가, 헌병인가? 선생님 잡으러 오는가 봐요, 얼른 숨어요!" 하니

7 상제님께서 웃으시며 "왜 잡으러 온다냐?" 하고 물으시니라.

8 이에 호연이 다급한 목소리로 "꽃대님으로 조화 부려서 음식 가져온다고 그러나 봐요. 얼른 요리 숨어요!" 하고 재촉하는데

9 상제님께서는 "왜 숨어? 어디 잡아가는가 봐라!" 하시며 여전히 웃고만 계시거늘

10 신명들이 오는가 싶더니 금세 음식이 온데간데없이 사라지니라.

11 호연이 의아해하며 "아까 음식 많더만 다 어디로 갔지?" 하니 "그 신명들이 다 주워 먹고 갔다." 하시거늘

12 호연이 다시 "내 눈에는 안 보이던데?" 하니 말씀하시기를 "네가 그런 것까지 알면 여기에 살 땅이 없어. 그래서 너를 안 가르친다." 하시니라.

태극 술생으로 오시는 대두목 공사

100 하루는 상제님께서 개의 머리에 박적을 씌우시니 그 개가 마치 사람처럼 두 다리로 서서 머리를 이쪽저쪽으로 내두르며 온 동네를 돌아다니거늘

2 동네 사람들이 모두 문을 열고 나와 구경하니라.

3 하루는 상제님께서 말씀하시기를 "강아지가 크면 개가 되고, 개가 되면 개국을 끓이고, 개국을 하면 개벽이 되느니라." 하시니라.

의관을 정제하시고 공사 보심

101 상제님께서는 평소 소탈한 옷차림을 좋아하시는데 하루는 한 종도가 지어 올린 옥색 저고리와 흰 바지를 내어 의관을 정제하시고 위엄있게 앉아 계시거늘

2 호연이 "어찌 이리 좋게 입었대요, 장가가요? 늘 이렇게 입으면 얼마나 좋을까!" 하며 신기한 듯 이리저리 살피니라.

3 이 때 상제님께서 누구를 기다리시는 듯 그저 먼 곳을 바라보며 아무 대꾸도 하지 않으시더니

4 이내 누가 왔는지 호연에게 "저놈이 저기 오는구나. 너는 암말도 마라잉?" 하시니라.

5 이에 호연이 "그 사람 왔다고 왜 벙어리가 되어 앉아 있어? 말하면 대꾸를 해야지." 하니

6 "어허, 그러면 못써. 어른을 그러면 못쓴다." 하시거늘

7 호연이 능청을 떨며 "얼음? 어디에 얼음이 있간디 또 얼음을 찾네?" 하는지라

8 상제님께서 웃으시며 "아, 이놈. 이제 재담까지 하네, 참말로!" 하시고

9 소매 안에서 밤 하나를 꺼내 주시며 "너 이놈이나 깨물어라. 저기 가니 밤이 있길래 너 주려고 하나 넣어 놨다.

10 그러니 내가 하라는 대로 가만있지 당최 말 마라잉?" 하시니라.

내 손만 바라보고 있어라

11 이에 호연이 "그럼 오면 뭐라고 할까? 점심때 됐으니 밥 먹으라고 할까?" 하니

12 "아니, 그런 소리도 말고 내 손만 보고 앉아 있거라." 하시거늘

13 호연이 마지못해 "응, 그려." 하고 대답한 뒤에 상제님의 손만 뚫어져라 쳐다보는데

14 상제님께서 손을 이리저리 자꾸 움직이시니 호연의 얼굴이 손길을 쫓아 이쪽저쪽으로 흔들리거늘

15 상제님께서 이를 바라보며 살며시 미소지으시니라.

16 호연이 이 틈을 타서 "손을 보라고 하더니 웃네." 하니 "참, 어린것 데리고 무슨 말할까 무섭다." 하시거늘

17 "저 사람이 뭐 갖고 오는데요?" 하고 말을 돌리매 "돈 일 원을 가지고 오는데 저 사람에게는 큰돈이다." 하시니라.

18 이 때 그 사람이 대문으로 막 들어서는데 호연이 "에이~, 다른 건

아무것도 안 갖고 오네." 하거늘

19 상제님께서 호연의 입을 막기 위해 손을 뻗치시니 호연이 "어! 손 보라고 하더니 때리려고 하네?" 하는지라

20 상제님께서 "아이고, 내가 이것…." 하시며 한 대 쥐어박으시고 마당에 갓 들어선 사람에게 "이것 데리고 저~리 가거라!" 하시니라.

21 이에 그 사람이 영문을 몰라 호연만 바라보며 머뭇거리니 호연이 깔깔대며 재빠르게 뛰쳐나가거늘

22 상제님께서 그 사람의 얼굴을 보며 웃으시매 그 사람도 따라서 웃으니라.

호연이와 허물없이 지내시는 상제님

102 하루는 호연이 밖에 나갔다가 "강아지~, 강아지~!" 하며 들어오거늘

2 상제님께서 "그 강아지 소리 빼라 잉, 너 안 맞을려면!" 하고 겁을 주시니

3 호연이 "누가 그러는데 강증산은 강아지라던대?" 하며 까르르 웃으니라.

4 호연이 다시 "강아지!" 하고 부르니 상제님께서 "아, 요것이 강아지라고 말래도 자꾸 강아지, 강아지 하네." 하시거늘

5 이번에는 "강생이!" 하니 "강생이라고도 부르지 마라잉!" 하시고

6 타이르시기를 "누구 있을 때는 공대를 하고, 너하고 나하고 있을 때는 허물없이 지내고 그렇게 하자, 잉?" 하시니라.

7 상제님께서는 어린이를 만나면 항상 어린이와 친구가 되시니라.

네가 나중에 나를 못 쳐다본다

103 상제님께서는 아무 음식이나 가리지 않고 잘 드시니

2 하루는 호연이 "나는 선생님이 못 먹는 음식 하나도 못 봤네. 개 똥구멍도 베어다 주면 먹을랑가 몰라!" 하거늘

3 상제님께서 말씀하시기를 "너는 나보다 더 그렇게 먹어야 해." 하시니라.

4 이에 호연이 "내가 어떻게 그렇게 먹어?" 하니 말씀하시기를 "나는 갈수록 좋은 것을 차려 주지만 너는 갈수록 찌끄래기만 먹어." 하시거늘

5 호연이 뾰로통해서 "보기도 싫어요." 하니 "흥, 네가 인제 나를 보려면 눈뚜껑이 무거워서 못 쳐다봐!

102:3 강아지. '강가'를 비유한 말. 상제님께서 강세하시는 나라는 간방(艮方)의 조선인데, 『주역』에 보면 '간(艮)은 구야(狗也)라.' 하였다. 흔히 쓰이는 육두문자인 '개새끼'에는 전 인류가 가을개벽기에 인간으로 오신 증산 상제님의 새끼들이란 비의(秘意)가 들어 있다. 또한 영어의 God(하느님)을 거꾸로 하면 Dog(강아지)가 된다.

103:4 너는 갈수록 찌끄래기만 먹어. 호연의 말할 수 없는 고난의

6 시방이나 맘대로 해라. 맘대로 혀!" 하시니라.

7 이에 호연이 "그 때는 선생님이 늙고 나는 젊으니까 더 잘 보지! 나는 크면 젊어가고 선생님은 늙어지니 내 주먹도 셀려면 세요." 하니

8 상제님께서 "흥, 만날 그런다고 한다마는 내가 어떻게 생각하면 너를…, 그렇다." 하시며 말씀을 하려다 그만두시니라.

9 호연이 손가락질하며 "똑부러지게 말해야지 왜 그렇게 말해?" 하는지라

10 상제님께서 "어허, 손짓하면 못쓰지." 하고 나무라시니 호연이 "히히히, 내 똥꼬를 다 닦아 줘서 내가 똥구멍이랑 내 자지랑 다 보였는데 뭐 부끄러워?" 하거늘

11 상제님께서 "아이고~!" 하시며 수건으로 입을 가리고 웃으시니라.

12 호연이 "웃는 것 안 보이려고 가리고 웃는고만요." 하니

13 말씀하시기를 "이제 철 알면 나를 부끄러워서도 못 봐." 하시거늘

14 호연이 "철 안다고 못 봐? 이렇게 알았는데 뭘 못 봐?" 하고 여쭈니라.

15 이에 상제님께서 "아직은 모르니 그러지 이제 한 살, 두 살 더 먹으면 부끄러운 줄 알고 그려." 하시니 호연이 "그런가." 하며 멋쩍게 웃거늘

16 상제님께서도 웃으시며 "내가 너 코 닦아 준 수건 다 모아 놓으련다. 너 크면 몇 자나 되는지 보라고!" 하시니라.

눈으로 보는 건 다 달라고 하느냐

104 호연이 어릴 적에 상제님께서 김에 밥을 싸서 입에 꼭꼭 넣어 주시면 얼른 먹고 나서 "또! 또!" 하며 보채니 "나는 안 먹고 너만 줘?" 하며 웃곤 하시니라.

2 하루는 호연이 저잣거리를 지나다가 음식을 보고 "아이고, 나 저것 조금 먹었으면 좋겠네!" 하니

3 상제님께서 "요 쪼끄만 것이 먹고 싶은 것은 썼다네. 배고프면 밥을 달라고 해야지 아무것 아무것, 눈으로 보는 건 다 달라고 하느냐?

4 쪼끄만 것이 애기 서는 사람마냥 먹을 탐만 하는구나!" 하시며 꾸중하시니라.

5 또 호연이 "아이구, 배고파. 아이구, 배고파." 하며 잠을 못 이룰 때면

6 상제님께서 "이놈아, 나는 먹을 걸 옆구리에 차고 다니냐?" 하시며 이불을 덮어 주고 다독거려 주신 뒤에

7 어디론가 가시어 먹을 것을 구해다 주시니라.

누이동생에 대한 상제님의 사랑

105 7월 말에 고부 선돌 마을(立石里) 박창국(朴昌國)의 집에 이르시니 창국의 아내는 상제님의 누이동생이라.

2 마침 벗은 발로 밖에 다니는 것을 보고 민망히 여기시며 "이 근처에 독사가 있으니 벗은 발을 물면 어찌하리오." 하시고 길게 휘파람을 부시거늘

3 느닷없이 큰 독사 한 마리가 담장 밖 풀밭에서 기어 나와 뜰 밑에 이르러 머리를 들고 가만히 엎드리니라.

4 이 때 창국은 상중(喪中)인지라 상장(喪杖)을 짚고 밖에서 들어오다가 때마침 이 광경을 보고 깜짝 놀라서 상장으로 독사를 때려 죽이니

5 상제님께서 한숨을 지으며 말씀하시기를 "독사를 상자(喪者)가 보면 상장으로 쳐죽이고, 도승(道僧)이 보면 선장(禪杖)으로 쳐죽이건만 누이에게는 아무것도 제어할 것이 없도다." 하시고

6 땅에 얼룩져 있는 독사의 피를 보며 말씀하시기를 "이 피를 벗은 발로 밟으면 해를 입으리라." 하시고 친히 그 피를 밟아 독기(毒氣)를 제거하시니라.

105:1 상제님의 누이동생. 선돌리(立石里)에 살았기 때문에 선돌부인이라 불렸다. 성모께서 선돌부인을 낳을 적에 벙거지 쓴 사람들이 방안에 가득 있었다 하는데, 나중에 조철제가 선돌부인을 데려다가 사기질 치는 것을 보고 성모께서 "벙거지 교파에 들어가서 그럴려고 갸가 그랬던 모양이다."라 하셨다 한다.
공사

입석리. 고부 두승산 아래에 있는 마을로 상제님의 누이동생이 시집와서 살았다.

7 이 뒤로 박창국의 집에 계실 때 며칠 동안 수종다릿병을 대속하여 앓으시거늘 성도들이 그 이유를 여쭈어도 아무 말씀을 하지 않으시니라.

우꾼하게 웃을 일을 꾸며 보리라

106 을사년 8월에 상제님께서 함열과 임피(臨陂) 사이를 왕래하시며 대공사를 행하시니라.

2 하루는 공사를 보시며 말씀하시기를 "심심하니 세상이 한번 우꾼하게 웃을 일을 꾸며 보리라.

3 너희들은 앉아서 웃어 보아라. 많이 미칠 것이라." 하시니라.

배사율 심판 공사

107 상제님께서 충청도 노성(魯城)에 있는 어느 부잣집 사랑에서 며칠 동안 머무실 때 그 마을 유생들이 윤증(尹拯)의 사당을 짓기 위해 희사금을 받으러 다니더니

2 하루는 상제님께 와서 말하기를 "손님도 마침 이 마을에 왔으니 이런 좋은 일에 희사금을 좀 내시지요." 하며 붓과 장부를 내미니라.

3 상제님께서 "어이, 그러지." 하시며 장부를 받으시어

> 忘其師之尹拯乎아
> 망 기 사 지 윤 증 호
> 스승을 저버린 윤증이 아니던가.

라고 글을 써 주시니

4 유생들이 그 글을 보는 순간 아무 말도 못하고 돌아가거늘 그 뒤로 희사금이 들어오지 않아 사당 짓기를 포기하니라.

말이 들어야 성사되느니라

108 호연이 수도 공부를 시작하매 상제님께서 손바닥 두 개 너비의 하얀 종이를 책처럼 묶어다 주시며 닭과 말, 그리고 뱀 모양의 것을 그리게 하시는데

2 종이 하나에 한 마리씩 그리게 하시고, 그림을 다 그리고 나서 그것에 점을 찍게 하시니라.

3 호연이 명하신 대로 밤낮으로 먹을 갈아 그림을 그려 두면 상제님께서 그것을 모아 불사르시는데 호연은 특히 말을 많이 그리니라.

4 하루는 호연이 지루하고 싫증이 나서 "아이고, 하기 싫어!" 하고 투

107:1 윤증(尹拯, 1629~1714). 호는 명재(明齋). 송시열의 문인. 윤증의 부친 윤선거는 송시열과 개인적인 감정이 좋지 못했는데, 윤증이 송시열에게 아버지의 묘갈명을 부탁하자 폄하하여 적어 보냈다. 이를 계기로 둘의 사제 관계는 끊어지고 노·소론 분당으로 이어졌다. 또한 윤증은 스승 유계가 유언으로 부탁한 『가례원류(家禮源流)』를 고의로 간행하지 않아 배사론의 비난을 받았다.

108:5 닭이 울어야 날이 샌다. 정유(丁酉)생 호연이 상제님께서 천지공사 보신 행적을 낱낱이 증언함으로써 명실상부한 상제님의 통일 경전인 「도전」 성편이 가능하였다. 이로써 상제님 도 세계의 전체 틀을 볼 수 있는 기틀이 열려 도통판이 나오고 진법 도운의 매듭 단계로 들어가게 되었다. 붉은 닭이 소리침으로써 난법의 어두운 밤이 걷히고 진법의 새벽이 열리는 것이다.

108:7 용마. 태호 복희 때 황하에서 팔괘를 등에 싣고 나왔다는 준마. 매우 준수하고 훌륭한 말.

정을 부리니

5 타일러 말씀하시기를 "닭이 울어야 날이 샌다. 암탉이 울면 죽기가 쉽고, 장닭이 울어야 날이 새느니라." 하시니라.

6 이에 호연이 "말은 어째서 그려요?" 하고 여쭈니 말씀하시기를 "난리 치나 안 치나 말이 들어야 성사하느니라. 말에게 이기고 지는 것이 있다." 하시거늘

7 다시 "그럼 뱀은 뭐예요?" 하니 "그것은 뱀이 아니라 용마(龍馬)니라. 큰 자로 들어간다." 하시니라.

호연을 뒷바라지한 은주

109 이 때 송은주가 수도 공부하는 호연의 뒷바라지를 도맡아 하니

2 매일 새벽이면 와서 씻겨 주고 움막을 청소하고 빨래도 해 주며, 매 끼니마다 밥을 해다 주고, 간혹 호연과 함께 밥을 먹기도 하니라.

3 하루는 호연을 씻겨 주다 말고 "아이고, 어린것이…, 무슨 꼴을 본다고 이러냐." 하며 눈물을 보이더라.

4 또 하루는 상제님께서 출타하고 안 계실 때 누룽지를 몰래 움막 안에 넣어 주거늘

5 상제님께서 돌아오시어 "다시는 그러지 말라." 하고 엄하게 꾸짖으시니라.

겉눈은 감고 속눈은 떠라

110 상제님께서 호연에게 칠성경(七星經)과 개벽주(開闢呪)를 읽히며 수도 공부를 시키실 때 "겉눈은 감고, 속눈은 뜨고 보라." 하시거늘

2 호연이 "어떤 게 속눈이고, 어떤 게 겉눈인지 알 수가 있어야지. 아, 어떻게? 난 속눈 몰라, 어떡하면 속눈인지." 하고 투덜대니

3 "아이고, 이것 데리고 뭔 일을 할 거라고. 실금이 떠!" 하고 면박을 주시니라.

4 이에 "실금이 떠!" 하고 본뗘 말하며 장난을 치니 상제님께서 "흉내내지 말아라, 눈구녕을 잡아 뺄란다. 실직이 감아 봐, 실직이!" 하시거늘

5 호연이 눈을 살며시 감으며 실눈을 뜨니 "그게 속눈을 뜬 것이다." 하시고

6 다시 "꽉 감아 봐!" 하시므로 눈을 꼭 감으니 "그게 겉눈을 감은 것

이다." 하고 자세히 일러 주시니라.

7 호연이 공부하다가 눈을 조금 떠 보니 자배기에 잉어며 메기며 가물치가 떠서 벌떡벌떡 물을 마시는 것이 보이는데

8 공부가 깊어짐에 따라 눈을 조금씩 더 떠도 보이고 나중에는 눈을 완전히 떠도 보이더라.

마차, 마차, 마차

9 이 때 자배기에 잉어가 뜨면 하늘에서 선녀들이 내려오고

10 가물치가 뜨면 투명한 선관(仙冠)을 쓴 일곱칠성이 내려오는데 호연의 눈에는 선녀처럼 보이나 남자이더라.

11 하루는 메기가 뜨매 기치창검으로 무장한 말 탄 장수신장들이 마치 어느 골짜기에서 몰려나오는 듯 마당으로 달려들어와 하나 가득 모이더니

12 모두 두 줄로 서서 호연이 공부하는 움막을 쳐다보며 호위하거늘 호연이 놀라 까무러치니라.

13 이에 상제님께서 "호연이 깨어나지 못하면 죽으리니 살려야 된다." 하시고

14 대나무로 호연의 등을 두드리시며 "마차, 마차, 마차!" 하시니

15 호연이 깨어나며 "마차는 무슨 마차? 내가 말이간디?" 하거늘

16 상제님께서 "그러는 것이라 그런다." 하시며 청수를 마시게 하시니라.

너의 증언이 온 천하에 퍼진다

111 호연이 청수를 마시고 이내 정신을 차리니 상제님께서 말씀하시기를 "마음을 단단히 먹어야 한다.

2 이 천하신명 속에서 살려면 맘을 독하게 송죽같이 먹어. 굳은 맘 송죽같아야 혀." 하시고

3 또 말씀하시기를 "네가 조선에서 한 사람에게 말을 하면 그 사람이 다른 사람에게 말을 하고

4 그 사람이 또 다른 사람에게 말을 하고 해서 온 천하에 퍼지느니라." 하시니라.

총기가 있어야 한다

5 하루는 상제님께서 호연에게 말씀하시기를 "어려도 총기(聰氣)가 있어야 한다. 총기가 없으면 못쓴다." 하시고

6 또 이르시기를 "너, 총기가 있어야 다 듣고 옮긴다." 하시니라.

110:7 자배기에 잉어며 메기며. 김호연 성도는 공부할 때 본 것을 이렇게 이야기한다. "거기 그렇게 기도할 적에 쳐다보면 이런 너럭지에 가물치가 그냥 주둥이 뻘건 놈이 물을 먹느라고 벌떡벌떡혀. 그놈이 꼬리를 치면 물이 사방으로 흩어지는디…. 잉어가 그냥 꼭 이런 놈이 자배기 바깥으로 절반이나 벌떡벌떡 물을 먹는디. 처음에 공부하는 사람들이 그 재미에 미쳐."

110:10 가물치. 양 볼 뒤의 7개의 반점이 북두(北斗) 형상을 나타내며, 밤이면 머리를 들어 북극성을 향하므로 '禮'자를 따라 '예어(鱧魚)'라고 한다. 〈『난호어목지(蘭湖漁牧志)』, 『본초강목(本草綱目)』〉

110:14~15 말은 용마이며 천리마로 일꾼 말이고, 마차는 김호연 성도다. 마차와 말이 결합하여 상제님의 후천문명을 드러내

는 역할을 한다.

111:4 상제님의 제3변 도운을 매듭짓는 인사대권자에게 전하는 말씀의 중보(仲保) 사명을 말씀하신 것이다.

112:1 을사년 10월. 『도전』 초판에서는 『대순전경』 4판까지의 기록을 취해 병오년 2월에 배치하였으나, 상제님께서 서울에 가셔서 천자부해상 공사를 보신 때가 병오년 2월로 밝혀짐에 따라 그 이전에 보신 이 공사의 시간대를 『증산천사공사기』에 의거하여 을사년 10월로 바로잡는다.

112:6 상제님의 남조선 도수에서 20세기 후반 역사의 대세를 살펴볼 수 있다. 남조선 도수는 8·15 해방을 기점으로 태동하여 남북분단을 고착화시킨 한국 전쟁(6·25)을 계기로 현실화되었다. 이는 배달·조선 이래 한민족 6천 년 역사의 운명을 매듭짓는 도수이며 남북분단 시대의

공사

남조선배 도수 공사

112 을사년 10월에 하루는 상제님께서 성도들을 데리고 익산 배산 (舟山) 부근에 있는 만중리(萬中里) 정춘심(鄭春深)의 집에 가시어 대공사를 행하시니라.

2 이 때 성도 여덟 명을 뽑아 동서남북 사방으로 각기 두 사람씩 보내시며 명하시기를 "술을 사서 지나가는 사람들에게 대접하라." 하시니

3 동은 익산(益山), 서는 만경 입석(萬頃 立石), 남은 김제(金堤), 북은 함열(咸悅)이더라.

4 이에 중웃(僧服) 한 벌을 지어오게 하시어 벽에 걸어 두시고

5 7일 동안 불을 때지 않은 냉방에서 사명당(四明堂)을 외우시며

6 "산하대운(山河大運)을 돌려 남조선배 도수를 돌리리라." 하시니라.

살아 있는 것은 하나도 없더라

7 이어 춘심에게 명하시어 선제(船祭)에 쓸 소머리 한 개를 푹 삶아 문 앞에 놓게 하신 뒤에 "배질을 하여 보리라." 하시더니

8 정성백(鄭成伯)에게 명하시기를 "마르지 않은 나무 한 짐을 가져다 부엌에서 중웃을 불사르되 그 연기가 기선 연통처럼 피어오르게 하라." 하시니라.

9 성백이 그대로 행하매 문득 큰 소리로 "닻을 올렸으니 이제 배를 띄우리라!" 하고 외치시거늘

배산. 전북 익산시 모현동에 있는 산. 예전에는 바닷물이 산 밑에까지 들어와 배를 매었다고 한다.

10 갑자기 번개가 치고 뇌성이 뱃고동 소리와 같이 크게 울리며 석탄 연기가 코를 찌르고

11 가옥 전체가 크게 진동하여 흡사 큰 풍랑에 흔들리는 배와 같은지라

12 마당에 덕석이 날아다니고 닭들이 날다 떨어지며 개가 짖다가 나동그라져 죽고

13 집 안에 있는 모든 사람이 거꾸러지고 토하며 정신을 잃고 나뒹구니 온 집 안에 살아 있는 것은 하나도 없더라.

14 이 때 참석한 사람은 김형렬, 김자현(金自賢), 김갑칠(金甲七), 김광찬(金光贊), 소진섭(蘇鎭燮), 김보경(金甫京)과 그의 아들 김덕유(金德有), 정춘심과 그 아들 정성백과 가족들로

15 그 중 덕유는 하사(下瀉)까지 하며 문밖에서 쓰러지고, 춘심의 권솔들은 집 안 여기저기에서 혼도하니라.

이 일이 우리들의 기초

113 한편 갑칠은 인사불성이 되어 숨을 쉬지 못하고 쓰러져 있거늘

2 상제님께서 갑칠의 입에 청수를 흘려 넣으신 후 귀에다 대고 작은 음성으로 "갑칠아~." 하고 길게 부르시니

3 갑칠도 역시 작은 음성으로 "예~." 하고 길게 대답하매 즉시 회복되니라.

4 상제님께서 차례로 청수를 얼굴에 뿌리기도 하시고 혹 먹이기도 하시니 모두 정신을 차리거늘

5 "역사(役事)하느라고 애들 썼으니 밥이나 제때에 먹어야 하리라." 하시고 글을 써서 갑칠에게 주시며 "부엌에서 사르라." 하시니라.

6 이에 갑칠이 부엌에 들어가니 성백의 아내가 기절하여 부엌 바닥에 쓰러져 있는지라

7 갑칠이 급히 글을 사르니 곧 회생하여 밥을 지어 올리니라.

8 상제님께서 큰 그릇에 밥을 많이 비벼 여럿이 함께 먹게 하시며 말씀하시기를 "이것이 곧 불사약이니라." 하시거늘

9 모든 사람이 그 밥을 먹은 뒤에 정신이 맑아지고 기운을 완전히 회복하니 덕유는 말기에 이르렀던 폐병까지 완쾌되니라.

10 상제님께서 말씀하시기를 "남조선배가 떠나오니 어떠하냐? 이 일이 우리들의 기초니라." 하시거늘

11 모두 일어나 절하며 아뢰기를 "참 무섭습니다. 선생님이 아니면 다 죽

인류가 안고 있는 모든 문제를 총체적으로 풀어내는 가을개벽의 대통일 문제의 심장으로 작용한다.

112:7~13 실로 험난한 남조선배 도수(국운)의 기운을 가늠질해 보신 것이다.

112:14 김덕유(金德有, 1888~?). 당시 18세였다.

112:15 하사. 대소변을 쏟아냄.

113:6 성백의 아내. 김성녀(1881~1914). 김형렬 성도의 장녀.

113:12 육정육
갑. 둔갑술을 쓸
때 부르는 신장
(神將)의 이름.

113:12 살아날
놈이 없으리라.
이 공사에 직접
참여한 성도들과
인척 관계인 구
릿골 김씨들이
증언한 『성화진
경』의 기록이다.
상제님의 육두문
자 그대로인 이
말씀을 기존의
기록들에서는 너
무 과격하다 하
여 순화시켜 표
현함으로써 본래
전하고자 하신
뜻을 크게 훼손
하였다.

겠습니다." 하니

12 말씀하시기를 "이렇게 허약한 무리들이 어찌 일을 재촉하느냐. 육정육
갑(六丁六甲) 쓸어들이고 갑을청룡이 내달릴 때는 살아날 놈이 없으리
라.

13 이처럼 급할 때 나를 부르라." 하시니라.

14 이로부터 한동안 상제님께서 만중리 주막에 머무르시니 이 때 김
성화(金聖化)와 그의 아들 윤칠(允七), 김광찬과 그의 조카 김병선,
김보경 부자가 함께 모시고, 그 경비는 정춘심이 부담하니라.

민영환 순절 명부공사

114 을사년 늦가을에 김자현의 집에 계시면서 자현에게 이르시기
를

2 "이 방은 이후에 반드시 약방이 되리라." 하시며 글을 쓰시니 이러
하니라.

3   大人輔國正知身이요   磨洗塵天運氣新이라
     대 인 보 국 정 지 신   마 세 진 천 운 기 신
     遺恨警深終聖意요   一刀分在萬方心이라
     유 한 경 심 종 성 의   일 도 분 재 만 방 심

     대인이 나라 위해 일함에 정히 자신을 알고
     티끌세상 갈고 씻어내니 운수가 새롭구나.
     남긴 원한을 깊이 경계하여 성상(聖上)의 뜻을 다하고
     한 칼로 몸을 가름에 천하 사람의 마음이 있노라.

4 이 글을 자현에게 주시며 말씀하시기를 "이것은 민영환(閔泳煥)의
만장(輓章)이니라. 이 글을 암송하면 후일에 반드시 쓰일 곳이 있으
리라." 하시고

5 또 말씀하시기를 "시세(時勢)를 짐작해 보건대, 일도분재만방심(一
刀分在萬方心)으로 세상일을 알리라." 하시니라.

곽종석의 기운을 거두심

115 곽종석(郭鍾錫)이 세상에 나오매 천하가 모두 촉망하거늘 상제
님께서 하루는 구릿골에서 공사를 보시고 말씀하시기를

2 "곽면우(郭俛宇)의 이름이 세상에 들리니 무엇으로 그리 인망을 끄
느냐? 다만 헛된 이름에 지나지 않으니 그 기운을 누르리라." 하시고

3 우물에 손을 넣어 저으시더니 댓가지 하나를 건져내시니라.

민영환
(1861~1905)

114:4 민영환(閔泳
煥, 1861~1905).
조선 말기의 문
신. 명성황후의
조카. 을사조약
이 강제로 체결
되자 조약의 폐
기를 상소하였으
나 뜻을 이루지
못하고 1905년

물로 술을 빚으심

116 하루는 상제님께서 안필성(安弼成)과 함께 팥정이 박봉민(朴奉敏)의 주막에 가시어 술을 드시는데

2 새로 올려 드리기 바쁘게 술병을 비우시니 주막의 술이 이내 동이 나니라.

3 상제님께서 주모에게 "술을 더 가져오라." 하시니 주모가 송구스러워하며 아뢰기를 "이제 술이 다 떨어지고 없습니다." 하거늘

4 상제님께서는 전혀 개의치 않으시고 다시 명하시기를 "술이 있으니 더 가져오라." 하시니라.

5 이에 주모가 어찌할 바를 몰라 주저하다가 하는 수 없이 술동이 앞으로 가 보니

6 분명히 아까 옆으로 기울여 다 비운 술동이에 술이 가득 차서 찰랑찰랑하더라.

7 또 한번은 빈 술독을 가져오게 하시어 그 독에 물을 채우시더니

8 상제님께서 손으로 저으신 뒤에 먼저 잡수시고 성도들에게 나누어 주시거늘

9 성도들이 그 맛을 보매 본래 술맛과 똑같더라.

병오(丙午 : 道紀 36, 1906)년

호소신 공사

117 상제님께서 병오(丙午 : 道紀 36, 1906)년 정월 초사흗날 구릿골에 계실 때

2 김형렬, 김광찬, 김병선, 정성백, 김성화 부자, 김보경 부자에게 만하루 동안 말을 못 하게 하시고 담배를 금하시니라.

3 초닷샛날 모든 성도들에게 이르시기를 "오늘은 **호소신(好笑神)**이 올 것이니 너희들은 **웃음을 조심**하라.

4 만일 웃는 자가 있으면 이 신명이 공사를 보지 않고 그냥 돌아가리니 한번 가면 언제 다시 올지 모르리라." 하시거늘

5 여러 사람이 특별히 조심하는데 뜻밖에 정성백이 웃으므로 모든 사람이 다 함께 따라 웃으니라.

6 이 날 오후에 성백이 갑자기 오한이 나고 크게 아프더니 사흘 동안 몸져누워 일어나지 못하거늘

11월 4일 새벽, 국민과 각국 공사에게 보내는 유서를 남기고 단도로 자결하였다. 뒤에 충정(忠正)이라는 시호와 함께 영의정에 추증되었다.

115:1 곽종석(郭鍾錫, 1846~1919). 본관 현풍(玄風). 호는 면우(俛宇). 한말의 성리학자. 을사조약이 체결되자 조약의 폐기와 매국노의 처형을 상소하였고, 3·1운동 때는 전국 유림의 궐기를 호소하고 파리 만국평화회의에 독립호소문을 보내기도 하였다.

116:1 팥정이. 용화동 서쪽에 있는 마을. 들판에 팥처럼 생긴 정자가 있어 붙인 이름이며 두정(豆亭)이라고도 한다.

116:1 박봉민(朴奉敏, 1879~?). 본관 밀양. 청도리에서 출생. 술도가를 하며 주막을 겸업하였다. 부인 권씨와의 사이에 4남 4녀를 두었다.

7 상제님께서 배를 어루만져 주시니 곧 나으니라.

8 이 때 상제님께서 날마다 양지(洋紙)에 물형약도(物形略圖)를 그려 불사르시니라.

조선은 일본의 선생국이었나니

118 하루는 상제님께서 말씀하시기를 "조선은 원래 일본을 지도하던 선생국이었나니 배은망덕(背恩忘德)은 신도(神道)에서 허락하지 않으므로

2 저희들에게 일시의 영유(領有)는 될지언정 영원히 영유하지는 못하리라." 하시니라.

대국의 호칭을 조선이 쓴다

3 또 말씀하시기를 "시속에 중국을 대국(大國)이라 이르나 조선이 오랫동안 중국을 섬긴 것이 은혜가 되어

4 소중화(小中華)가 장차 대중화(大中華)로 바뀌어 대국의 칭호가 조선으로 옮겨 오게 되리니 그런 언습(言習)을 버릴지어다." 하시니라.

일본은 배사율로 망한다

119 상제님께서 말씀하시기를 "서양 사람에게서 재주를 배워 다시 그들에게 대항하는 것은 배은망덕줄에 걸리나니

2 이제 판밖에서 남에게 의뢰함이 없이 남모르는 법으로 일을 꾸미노라." 하시고

3 "일본 사람이 미국과 싸우는 것은 배사율(背師律)을 범하는 것이므로 장광(長廣) 팔십 리가 불바다가 되어 참혹히 망하리라." 하시니라.

해복혈 기운을 일본 국운에 붙이심

120 병오년에 하루는 공사를 보시며 성도들에게 말씀하시기를 "충청도 대흥(大興)에 해복혈(蟹伏穴)이 있으니 그 기운을 걷어 일본 국운에 붙이리라." 하시고

2 또 말씀하시기를 "게(蟹)들이 구멍 밖으로 나와 각기 이리저리 헤매며 돌아다니다가는 사람에게 짓밟히거나 잡혀 죽기 쉽고

3 게가 나온 빈 구멍을 막으면 게는 하릴없이 돌아들지 못하고 길이 막혀 오도가도 못하게 되나니 게의 집은 헛구멍이 되느니라." 하시며 계속하여 공사를 행하시니라.

4 상제님께서 매양 말씀하시기를 "일본은 내 일을 해 주는 일꾼이나

118:3 일본과 중국, 한국의 역사는 원점으로 돌아가 전부 새로 써야 한다. 일본·중국과 한국의 관계도 개벽 후에 역사 심판이 이루어져, 배사율의 차원에서 다시 정립될 것이다.

118:4 대중화. 상제님께서 말씀하신 '대중화'는 '인류 구원의 중심 나라, 세계 개벽의 사령탑'이라는 뜻이다.

119:3 장광은 나가사끼(長崎)와 히로시마(廣島)를 말한다. 윤명구(1918~) 증언.

119장 일본은 국가를 형성하는 과정에서부터 절대적으로 의존해 온 선생국인 조선을 수시로 침

물러갈 때는 떨어진 신발만 양손에 들고 돌아가게 되리라." 하시니라.

천자부해상(天子浮海上) 공사

조선 국운 수습과 천하대운을 정하심

121 하루는 상제님께서 구릿골에 머무르시며 갑칠에게 명하시어 "남원 김병선(金炳善)에게 가서 돈 사백 냥을 가져오라." 하시니라.

2 2월에 대공사를 행하시려고 서울로 떠나시며 말씀하시기를 "전함을 순창(淳昌)으로 돌려 대리니 형렬은 지방을 잘 지켜 모든 일에 소홀히 임하지 말라." 하시고

3 또 여러 성도들에게 명하시기를 "이 일은 천하의 대운(大運)을 정하는 일이니 깨끗한 종이에 각기 소원을 기록하라." 하시어 그 종이로 안경을 싸 넣으시니라.

4 이어 상제님께서는 정남기, 정성백, 김갑칠, 김광찬, 김병선 등을 데리고 군산으로 가서 배를 타기로 하시고

5 신원일과 김선경, 김보경, 김봉규와 그 외 한 사람에게 "태전(太田)으로 가서 기차를 타라." 하고 명하시며

6 말씀하시기를 "내가 이제 조선의 국운을 바로잡으려 하나니 이는 수륙병진(水陸并進)이니라." 하시니라.

7 다시 원일에게 명하시기를 "너는 먼저 서울에 들어가 '천자부해상(天子浮海上)'이라 써서 남대문에 붙이라." 하시니

8 원일이 명을 받아 일행을 거느리고 태전으로 떠나니라.

군산에서 배를 타고 서울로 가심

122 상제님께서 일행을 거느리고 군산으로 떠나실 때 김병선에게 명하시어 글 한 수를 외우게 하시니 이러하니라.

2 　永世花長乾坤位요　大方日明艮兌宮이라
　영 세 화 장 건 곤 위　　대 방 일 명 간 태 궁
　영원한 평화의 꽃은 건곤위에서 길이 만발하고
　대지 위의 태양은 간태궁을 밝히리라.

3 군산에 이르시어 성도들에게 물으시기를 "속행이 가할까, 완행이

략하였을 뿐 아니라, 메이지유신 이후 미국으로부터 근대 문명을 받아들여 근대국가로 발돋움하였음에도 불구하고 미국 진주만을 침략하였다. 또 근대화 과정에서 많은 도움을 받은 영국과도 인도차이나 전선에서 전쟁을 했다. 때문에 일본은 배사율에 걸려 참혹히 망하게 되는 것이다.

공사

120:3 1945년 일본군은 대부분 본토에서 빠져나와, 만주와 남태평양 등 여러 전선에 분산 배치되어 있었다. 그것이 마치 욱일기(旭日旗)와 흡사하여, 게가 자기 집에서 나와 사방으로 뻗어 있는 형상이었다. 이 성구는 일본이 패망하는 상황을 공사로 처결하신 내용이다.

121:4 군산. 군산항은 1899년 5월 1일에 개항.

122:2 건곤이 바로잡히니 영원한 평화의 꽃 만발하고 간태궁이 자리잡히니 대지

에는 광명이 충
만하다는 말씀.
간태궁은 후천세
계의 문화를 창
조하고 조화를
이끌어갈 정역
변화의 동서궁
(東西宮)이다.

122:4 오매. 껍
질을 벗기고 짚
불 연기에 그슬
러 말린 매화나
무의 열매.

122:5~7 김형
렬 성도의 후손
이 소장하고 있
는 자료에 나오
는 내용이다. 기
존의 기록들에
비해 좀더 사실
적으로 묘사되어
있다.

공사

가할까?" 하시니

4 모두가 대답하기를 "속행하여이다." 하거늘 갑칠에게 "일인당 오매
(烏梅) 한 개씩 준비하게 하라." 하시고 윤선에 오르시니라.

일후에는 어찌할까

5 이어 상제님께서 부(符)를 써서 불사르시매 바람이 크게 일어나고
천지가 진동하거늘

6 배 안의 사람들이 모두 혼비백산하여 쓰러지며 "선생님 살려 주십
시오." 하고 소리치니

7 "아직 큰 줄을 놓지도 아니했는데 야단치느냐. 일후에는 어찌할까."
하시며 오매를 입에 물게 하시어 안정시키시니라.

북방은 살아남을 자가 없으리라

123 이 날 밤, 종이에 싼 안경을 꺼내시어 종이 심지로 코를 찔러
피를 낸 다음 그 피를 안경알에 발라 다시 종이로 싸신 뒤에

2 갑칠에게 주시며 명하시기를 "이것을 북쪽을 향하여 바다에 던지라."
하시니라.

3 이에 갑칠이 뱃머리에 올라가 보니 밤이라 천지가 혼돈하여 남북
을 분별할 수 없으매 한참을 머뭇거리거늘

4 다시 불러들여 물으시기를 "왜 빨리 던지지 않느냐?" 하시니

5 "먹구름이 가득 덮여 방향을 분별치 못하겠습니다." 하고 대답하는
지라

6 말씀하시기를 "번개 치는 곳으로 던지라." 하시니라.

7 갑칠이 다시 갑판 위에 올라가 살피니 별안간 번개가 치거늘 그 방
향으로 던져 놓고 들어오니

8 일시에 풍파와 벽력이 그치고 바다가 잔잔해지니라.

9 이에 상제님께서 말씀하시기를 "일후에 북방에는 살아남을 자 없으리
라." 하시니라.

10 이튿날 인천에 당도하여 보니 배에 '연(蓮)' 이라 써 붙이셨더라.

11 곧 기차로 바꾸어 타고 서울에 이르시어 "각기 담배를 끊으라." 하시고

12 광찬의 인도로 황교(黃橋)에 사는 그의 종제 영선(永善)의 집에 드시
니 원일 일행이 먼저 당도하여 있더라.

123:12 황교. 서
울시 종로구 원남
동에 있었던 다
리. 황 참의(參議)
가 사재를 들여서
놓았다 하여 황참
의 다리, 또는 황

온 장안 인심이 들끓는지라

124 상제님 일행이 서울에 도착하여 보니 원일이 아직 글을 붙이지

교라 했다.

123:12 김영선(金永
善, 1871~1956).
본관 김해. 남원
에서 출생, 어려
서 아우 창선(昌
善)과 가출하여
서울로 올라가
내무부에서 근무
하였다. 1938년
까지 서울 황교
에서 유족하게
살았으며 이후
남원으로 내려가
세도가로 이름을
날렸다. 김병욱
성도를 잡으러
남원으로 내려간
무관이 바로 그
아우 창선이다.

못한지라

2 상제님께서 "즉시 가서 붙이라." 하고 추상같이 명하시니 모두 크게 놀라거늘

3 원일이 곧 써서 붙이니 갑자기 명랑하던 날씨가 변하여 가랑비가 내리니라.

4 상제님께서 이를 바라보시고 "하늘이 응기(應氣) 아니 할 수 있나." 하시니

5 즉시 온 장안이 소란하여지고 인심이 들끓거늘 관헌들이 집집마다 조사하며 이상한 분위기를 은밀히 탐지하니라.

6 이 때 관헌들이 여관에 와서 상제님과 성도들을 심문하거늘

7 상제님께서 성도들을 가리키며 말씀하시기를 "저 사람들과 동행하여 서울 구경하러 왔노라." 하시고

8 술을 불러 관헌들을 대접하시며 "그대도 조선인 나도 조선인, 무슨 관계가 있으리오." 하시니 더 의심치 않고 돌아가니라.

조선 국운을 거두심

125 그 뒤에 서울 황교에 머무르시며 천지대신문을 열고 대공사를 행하시니 성도들은 명에 따라 담배를 금하니라.

2 이 때 상제님께서 여러 날 동안 신명들에게 칙령을 내리며 말씀하

김영선
(1871~1956)

1900년대 남대문 전경

시기를 "내가 이제 조선의 국운을 거두어 잠시 일본에 맡기려 하노니 최수운이 보증을 서리라." 하시거늘

3 한 성도가 여쭈기를 "지금 조선의 운을 거두시니 그 까닭이 무엇입니까?" 하니

4 말씀하시기를 "하늘의 정사(天政)가 동방에 있건만 수운이 죽음을 당하고 국운은 다하여 백성이 하늘에 호소하기 때문이니라." 하시니라.

5 이에 그 성도가 다시 "최수운의 죽음이 어찌하여 그렇게 큰일이 되옵니까?" 하고 여쭈니

6 말씀하시기를 "선천의 모든 일이 그대로 인간 세상에 재앙을 일으키면 천하를 건지기 어려우므로 천지신명들이 구천(九天)에 있는 나에게 호소하매

7 내가 차마 물리치지 못하고 어찌할 수 없이 세상에 내려오면서

8 수운으로 하여금 내가 장차 세상에 내려옴을 알리게 하였더니 조선 조정이 그를 죽였으므로 천지의 모든 신명들이 분노하였느니라." 하시니라.

125:8 최수운 대성사는 상제님께 직접 천명과 신교를 받은 뒤, 상제님께서 이 땅에 오셔서 무극대도를 열고 천지를 개벽하시어 새 세상을 열어 주신다는 것을 선언하였다. 선천의 석가, 예수 이상의 천명을 받은 것이다. 그러나 2천 년 열국 분열 시대 이후 수립된 외래 사상에 찌들어 있던 조선의 묵은 정신이 그를 죽였다.

125:10 백중. 백종(百種), 망혼일(亡魂日), 중원(中元)이라고도 함. 이 날 머슴을 둔 집에서는 하루를 쉬게 하고, 그 해에 농사를 잘 지은 머슴을

백 가지 일에 적중하리라

9 또 말씀하시기를 "일본은 나의 일을 해 주고 품삯도 받지 못하고 가는 일꾼이니라." 하시고

10 "세간에서 칠월 보름을 백중(百中)이라 하나니

11 백중백중(百中百中)이라 일백 가지 일이 모두 적중하리라." 하시니라.

원일을 경계하심

126 상제님께서 황교에 계실 때 하루는 신원일에게 뜰 아래 서서 명을 기다리게 하시고

2 말씀하시기를 "원일아, 정가(鄭哥)를 따르는 자는 삼족(三族)이 멸할 것이니라." 하시거늘

3 한 성도가 여쭈기를 "선생님을 따르는 자들이 많사온데 하필 원일이 그런 경계를 받사옵니까?" 하니

4 말씀하시기를 "공연히 하는 말이 아니니라." 하시니라.

진고개 극장에 가시어

127 서울에 계실 때 하루는 진고개(泥峴) 극장에 가시어 여러 가지 마술을 구경하시던 중에

2 한 술사가 입으로 불덩이를 먹고 또 양지를 오린 긴 종이를 한없이

뽑아 내는 것을 보시고

3 성도들에게 "왼손을 골마리 속에 넣고 있으라." 하시므로 그대로 하니

4 갑자기 그 술사가 기절하여 극장 안이 크게 소란스러워지니라.

5 이에 헌병까지 출동하였으나 쉽게 진정되지 않거늘

6 상제님께서 다른 곳으로 자리를 옮기시며 냉수를 입에 머금어 뿜으시니 곧 큰비가 쏟아져 군중이 스스로 흩어지니라.

때가 아니면 모르는 일

128 황교에 계실 때 하루는 성도들에게 많은 봉물(封物)을 들리고 뒤따르게 하시어 산에 오르시더니

2 산마루에 이르러 동쪽으로 한 봉물을 던지시거늘 즉시 동쪽에서 번개가 치고, 서쪽으로 던지시니 곧 서쪽에서 번개가 일어나니라.

3 이렇게 동서남북으로 하나씩 던지신 다음 사방으로 한꺼번에 던지시니 동서남북에서 일시에 번개가 번쩍이더라.

4 돌아오시는 길에 다시 또 한 걸음 옮길 때마다 봉물 하나씩을 던지시니 집 문 앞에 이르매 봉물의 수도 다한지라

5 한 성도가 상제님께 공사의 뜻을 여쭈니 말씀하시기를 "때가 이르지 않으면 모르는 일이니라." 하시니라.

오의관의 병을 고쳐 주심

129 이 때 상제님께서는 김영선의 집에 계시고 성도들은 여관에 머물러 있는데

2 객지에 여러 날 있다 보니 가지고 온 여비가 떨어져 여관 부채가 적지 않게 밀린지라 성도들이 내심 걱정을 하니

3 상제님께서 이를 아시고 성도들을 불러 말씀하시기를 "너희들이 여비 때문에 걱정이냐? 내가 시키는 대로 하면 좋은 방책이 되리라." 하시고

4 "이곳에서 서문(西門)거리로 가면 오의관(吳議官)이란 문패가 있을 것이니 그 집에 들어가서 주인과 인사를 하면 주인의 안색에 근심이 있을지라.

5 그 연고를 물어 보면 주인이 사실을 설명하고 '천 냥을 준다고 해도 고쳐 주는 의원이 없다.' 할지니

6 그 때 너희들이 '우리 선생님의 의술이 신묘하니 선생님을 모셔다가

소나 가마에 태워 위로하기도 했다. 상제님께서 세간에 행해지는 백중날 풍습을 도수로 취하신 것이다.

126장 신원일 성도의 비극적 생애를 경계하신 성구이다. 10편 34장 참조.

127:1 진고개. 서울특별시 중구 충무로 2가에 있는 고개. 배수불량으로 땅이 몹시 질어서 붙여진 이름이다. 일본사람이 많이 살았다.

1900년대 진고개

128:1 봉물. 시골에서 서울의 벼슬아치에게 선사하여 보내는 물건.

128:2 번개. 2월 24일 낮의 일로 추정된다.《『제실제도국일기(帝室制度局日記)』》

진찰해 보라.' 하면 즉시 나를 찾아올 것이니라.

7 그 병을 낫게만 해 주면 천 냥이 생길지니 근심들 말고 속히 가 보라.” 하시니라.

8 성도들이 가 본즉 과연 오의관이 3년 전부터 폐병과 불면증에 걸려 이미 위기에 이르렀거늘

9 상제님께서 명하신 대로 하니 의관이 함께 와서 상제님을 뵙고 집으로 모셔가니라.

129:10 가미사물탕. 치료하기 어려운 만성화된 하지(下肢)의 통증에 사용한다. 사물탕(당귀, 천궁, 작약, 지황)에 몇 가지 약재를 넣어 쓴다.

공사

10 상제님께서 의관을 진찰하시고 가미사물탕(加味四物湯) 세 첩을 지어 손수 부채로 부치며 달이신 뒤에

11 의관에게 “흰 소금을 네 뜻대로 가져오라.” 하시어 밥상에 청수 한 그릇과 흰 소금과 약을 놓으시고

12 의관을 상 앞에 앉히시어 약을 먹이시고 “그 흰 소금과 청수를 다 먹어야 병이 낫는다.” 하시며 다 먹게 하시니라.

13 이어 사랑채로 나오시어 나머지 약 두 첩은 본인이 잘 달여 먹게 하시며 말씀하시기를 “흰 소금과 청수도 먼저와 같이 하라.

14 그리하면 내일 이른 아침에는 쾌차하리라.” 하시거늘 명하신 대로 하니 과연 이튿날 아침에 완쾌하니라.

오의관 아내의 눈을 뜨게 하심

130 또 오의관의 아내가 젊어서부터 청맹과니가 되어 앞을 보지 못하더니

2 남편의 병이 나은 것을 보고 상제님께 찾아와 그 고통을 슬피 하소연하며 자신도 눈을 뜨게 해 주시기를 지성으로 발원하거늘 이 광경을 보는 사람들 모두 눈물을 흘리니라.

3 상제님께서 말씀하시기를 “너도 일월의 광명을 보게 될 것이니라.” 하시고

4 병자의 방문 앞에 가시어 병자를 동쪽을 향해 세우시고 양산대로 땅을 그어 돌리신 뒤에

5 소금을 조금 먹이시고 햇빛이 내리쬐는 곳에서 사성음(四聖飮) 한 첩을 달여 땅을 파고 부으시니

6 문득 그 눈이 환히 밝아져 만물이 또렷이 보이거늘 기쁨에 넘쳐 “이것이 꿈이냐, 생시냐!” 하고 소리치니라.

7 이 소문이 널리 퍼져 사람들이 인성(人城)을 이루매 모두 칭송하며 말하기를 “천주님께서 강세하셨으니 장차 새 세상이 될 것이라.” 하니라.

8 이에 의관이 약속한 사례금 일천 냥을 올리며 주안을 성대히 차려
일행을 대접하니

9 상제님께서 그 돈으로 여관 부채를 청산하게 하시니라.

앉은뱅이 여자를 걷게 하심

131 이 때 광찬이 어느 곳에 부탁하여 상제님의 의복 한 벌을 지어
오거늘 상제님께서 그 정교한 바느질 솜씨를 칭찬하시니

2 광찬이 여쭈기를 "이 옷을 지은 여자가 범절은 매우 훌륭하나 앉은
뱅이라 참으로 불쌍합니다." 하니라.

3 이에 말씀하시기를 "내가 한번 가 보리라." 하시고 광찬과 함께 그
여인의 집을 두어 번 찾으시니

4 별다른 치료법을 베풀지 아니하셨는데도 저절로 굳은 다리가 펴지
고 힘을 얻어 자유로이 걷게 되니라.

경복궁 앞에 벽력표를 묻으시고

132 서울에서 10여 일을 머무르시며 여러 가지 공사를 행하시고 경
복궁 앞에 **벽력표**(霹靂表)를 묻으신 뒤에

2 성도들에게 이르시기를 "모두 흩어져 돌아가라. 10년 뒤에 다시 만
나리라. 10년도 10년이요, 20년도 10년이요, 30년도 10년이니라."
하시거늘

3 한 성도가 "40년은 10년이 아닙니까?" 하고 여쭈니 말씀하시기를
"40년도 10년이야 되지만 넘지는 아니하리라." 하시니라.

4 이어 광찬을 만경으로 보내시며 "통지가 있을 때까지 기다리라." 하
시고 나머지 성도들은 다 돌려보내시며 오직 갑칠만 남게 하시니라.

5 한편 형렬은 집에 있으면서 아무리 생각해 보아도 '전함을 순창으
로 돌려 댄다.' 하신 상제님의 말씀을 이해할 수 없더라.

갑칠의 병을 낫게 하심

133 갑칠이 서울에 머무를 때 설사로 괴로워하다가 상제님께 고쳐
주시기를 청하매

2 상제님께서 웃으며 말씀하시기를 "이제부터 설사가 막히고 구미가
돌아나리라." 하시니 과연 그 날부터 설사가 그치고 입맛이 돌아오
니라.

3 그러자 이번에는 며칠 동안 뒤를 보지 못하여 다시 고민하니

132:1 벽력표. 신교의 예식으로 보신 남조선 국운 회복 공사의 하나로 볼 수 있다. 남조선의 국운이 대개벽 운수와 함께 흘러감을 말해 준다.

공사

4 상제님께서 "너의 대변은 터져도 걱정이요, 막혀도 걱정이로다." 하시고 냉면집에 가서 냉면 다섯 그릇을 먹이시니라.

5 이 때 갑칠이 상제님께, 영선의 아우가 순검으로 있을 때 김병욱을 잡으러 간 일을 아뢰니

6 상제님께서 물으시기를 "군도(軍刀)는 어디 있느냐?" 하시매 "집에 있습니다." 하거늘

7 이에 곧 그 군도를 가져오라 하시어 영선의 침실 벽에 붙여 세우시며 갑칠로 하여금 "홀로 자라." 하시고

8 "오늘 저녁에는 담배 한 갑을 다 피우라. 내일 새벽에는 대변을 통하게 되리라." 하시니라.

9 갑칠이 숙소에 돌아와 담배 네 개비를 피우고 홀로 잠이 들더니 새벽에 갑자기 벽에 세워 둔 군도가 저절로 넘어지며 소리를 내거늘

10 갑칠이 잠결에 심히 놀라 깨어나매 곧 대변이 통하니라.

종로에서 보신 상씨름 매듭 대공사

134 황교에 계실 때 하루는 상제님께서 의관을 단정히 갖추시고 "오늘은 종로(鐘路)를 구경하리라." 하시니라.

2 갑칠이 명을 받들어 상제님을 모시고 따르는데 마침 조정의 군부대신(軍部大臣)이 말을 타고 지나가거늘

3 그 행차가 매우 호방하여 양쪽 길가에 구경하는 사람이 많더라.

4 이에 상제님께서 소매를 걷어 올리시며 큰 걸음으로 말 앞에 다가가시어 양손을 벌려 말을 멈추시고

5 큰 소리로 꾸짖어 말씀하시기를 "네가 개화(開化)를 원하면 네 머리나 깎을 일이지 말의 갈기는 어찌하여 잘랐느냐!" 하시니

6 상제님의 천둥 같은 목소리에 혼이 달아나 마부는 감히 한마디도 못하고 고개를 떨어뜨린 채 뻣뻣이 굳어 버리고

7 말 위에 앉은 대신은 두렵기도 하고 분하기도 하여 안색이 붉으락푸르락하며 상제님의 옷차림과 언행을 살피나 의혹만 일어나니라.

8 이에 구경하는 사람들도 겁에 질려 하더니 잠시 후에 그 대신이 말에서 내려 통성명을 청하거늘

9 상제님께서 말씀하시기를 "나는 고부 사람 강증산(姜甑山)이니라." 하시고 대신의 손을 힘있게 잡아끄시며 말씀하시기를

10 "내가 그대와 더불어 조용히 술을 마시며 할 말이 있노라." 하시고 손을 잡은 채 구경꾼들 사이로 길을 열며 걸어가시니

134:2 군부대신. 이근택(李根澤, 1865~1919). 1905년 을사조약 체결에 찬성한 오적신의 한 사람이다. 이토 히로부미의 의자(義子)였던 그는 머리를 깎고 양복을 입었으며 일본 신발을 신고 일본 수레에 앉아 일본군의 호위를 받으며 출입하였다.

이근택
(1865~1919)

11 대신이 망연자실하여 말을 버리고 따라가매 수많은 구경꾼들이 이 상스럽게 생각하여 뒤를 따르니라.

12 이에 상제님께서 길가 주점에 들어가 정좌하시고 "내가 먼저 잔을 들지 않을 수 없노라." 하시며 술을 드신 뒤에 대신에게 술을 따라 주시거늘

13 이렇게 여러 번 잔을 주고받으시더니 상제님께서 부드럽고 온화한 목소리로 말씀하시기를

14 "나와 그대가 서로 잘 사귀면 천하가 태평하리라." 하시매 군부대신 이 어찌할 바를 모르다가

15 공무(公務)가 시급함을 간절히 고하며 다시 만날 것을 약속하고 물러 가니라.

대개벽기 49일 대공사

135 상제님께서 오의관에게 받은 돈 가운데 오백 냥을 갑칠에게 주시며 말씀하시기를

2 "이백 냥은 만경(萬頃)의 김광찬에게 전하고, 남은 것으로 구릿골에 가서 형렬, 성백과 더불어 49일 동안 날마다 종이등(燈) 한 개씩을 만들고 각기 짚신 한 켤레씩을 삼아 두라.

3 그 신으로 천하 사람을 신게 할 것이요, 그 등으로 천하 사람의 어두운 길을 밝히리라." 하시니라.

4 갑칠이 구릿골로 돌아와 명하신 대로 행하매 그 뒤에 상제님께서 돌아오시어 짚신은 원평장에다 팔게 하시고

5 종이등에는 각기 '음양(陰陽)' 두 글자를 쓰신 뒤에 다 불사르시고 갑칠에게 "은행 두 개를 구하여 오라." 하시니라.

6 갑칠이 사방으로 구하여도 은행을 얻지 못하다가 그의 종형에게 두 개가 있음을 알고 가져다 올리니

7 종이등을 사른 재 속에 은행을 넣으시고 다시 갑칠에게 명하시어 "그 재를 모아 앞 내에 가서 한줌씩 물에 띄워 보내며 하늘을 보라." 하시니라.

8 이에 갑칠이 명하신 대로 하며 하늘을 우러러보니, 재가 물에 떨어져 흩어지는 것처럼 구름이 무디무디 피어나더라.

9 공사가 끝난 뒤에 은행은 갑칠이 간직하여 두니라.

135:4 구릿골. 상제님께서 형렬과 갑칠을 만경으로 부르시어 정성백의 집에서 이 공사를 행하도록 명하셨다는 기록도 있다. 〈『증산천사공사기』, 『대순전경』 5판〉

135:5 은행. 은행나무는 자웅이수(雌雄異樹)로 음양을 상징하는 나무이다.

후천선경 건설의 푯대를 태전에 꽂으심

136 하루는 상제님께서 말씀하시기를 "일꾼이 콩밭(太田)에서 낮잠을 자며 때를 넘보고 있느니라." 하시고

2 "내가 후천선경 건설의 푯대를 태전(太田)에 꽂았느니라." 하시니라.

작은 서울이 큰 서울 되리니

3 하루는 말씀하시기를 "새 세상이 오면 서울이 바뀌게 되느니라. 큰 서울이 작은 서울 되고, 작은 서울이 큰 서울이 되리니 서울은 서운해 지느니라.

4 허미수(許眉叟)는 하루 만에 강선루(降仙樓)를 지었다 하나 나는 하루 만에 36만 칸 옥경대(玉京臺)를 짓느니라.

5 금강산 구룡폭포의 금(金)이 서해바다에 와 묻혔나니 장차 36만 칸 옥경대의 상량이 되리라." 하시니라.

최익현의 의병 기운을 거두심

137 병오년 윤4월에 상제님께서 형렬과 성도들을 데리고 만경으로 가시니라.

2 이 때 최익현(崔益鉉)이 태인에서 의병을 일으키거늘

3 때마침 날까지 가물어 인심이 흉흉하여 의병에 가입하는 자가 날로 늘어나매 그 군세를 크게 떨치니라.

4 이에 상제님께서 수일 동안 만경에 머무르며 말씀하시기를 "최익현이 고종 부자의 천륜을 끊어 그 대죄(大罪)가 그의 몸에 붙어 있노라.

5 장차 백성들이 어육지경이 되리니 이는 한갓 민생을 해칠 따름이니라." 하시니라.

6 이 말씀이 떨어지자마자 검은 구름이 사방에서 일어나고 큰비가 쏟아져 여러 날 계속되니 의병의 기세가 크게 약해지니라.

그 재질이 대사를 감당치 못하므로

138 상제님께서 최익현이 잡혔다는 소식을 들으시고 만경을 떠나 익산 만중리(益山 萬中里)로 가시며 말씀하시기를

2 "이번에 최익현의 동함으로 인하여 천지신명이 크게 동(動)하였나니 이는 그 혈성에 감동된 까닭이니라.

3 그러나 그 재질이 부족하여 대사(大事)를 감당치 못할 것이요

4 일찍 진정시키지 않으면 온 나라가 참화를 입어 무고한 창생만 사멸에 빠뜨릴 따름이라.

136:2 해방 전부터 신앙한 서울의 박점분이, 『대순전경』을 증보하고 교정 작업을 한 이성영으로부터 직접 듣고 여러 차례 대중 앞에서 전한 내용.

136:3 박공우 교단의 모택자 증언.

136:4 강선루. 평안남도 성천군 성천읍 비류강 기슭에 있던 고려시대의 누각. 성천 객사의 부속 건물이었다. 관서팔경의 하나로 꼽혔으나 한국전쟁 때 소실되었다.

137:4 고종 부자의 천륜을 끊어. 최익현의 '계유상소(癸酉上疏)'를 계기로 대원군이 실각하고, 고종의 친정이 시작되어 고종 부자가 10년 동안 상면하지 못한 일을 말씀하신 것이다.

137:6 큰비. 이 비로 최익현의 의병대가 무너졌다. "윤 4월 20

5 더욱이 이번 한해(旱害)를 물리치지 않아 기근까지 겹치면 생민을 구제할 방책이 전무하여 실로 양전(兩全)치 못하리니 내 어찌 차마 볼 수 있으리오.

6 그러므로 내가 공사로써 진압하였노라." 하시니라.

최익현의 명줄을 거두심

139 이 때 한 성도가 여쭈기를 "최익현이 국난으로 죽고자 하였으니 충의로운 사람이 아닙니까?" 하니

2 말씀하시기를 "익현은 벼슬이 참판(參判)에 이르러 국은(國恩)을 많이 입었으니 이제 국난을 당하여 마땅히 죽음으로써 갚는 것이 의리상 옳으니라.

3 익현이 또한 이러한 뜻을 가져 나라를 위해 한 목숨 바치고자 하니 나는 그 뜻을 가상하게 여기노라.

4 그러나 그 뜻을 행동으로 옮김이 천운(天運)을 거스르고 천하대세를 역행하는 일이라.

5 일본에 항거하는 격문을 날렸으니 이는 자기 한 몸의 죽음으로써 만백성의 목숨을 해치려는 것이로다.

6 그러므로 나는 익현으로 하여금 신하의 절개를 지켜 죽게 하고 그 세력을 거두려 하노라." 하시고

7 "이는 최익현의 만장(輓章)이니라." 하시며 글을 써 주시니 이러하니라.

8 　　讀書崔益鉉이 義氣束劍戟이라
　　　독 서 최 익 현　　의 기 속 검 극

　　十月對馬島에 曳曳山河檋라
　　　시 월 대 마 도　　예 예 산 하 교

　　글을 읽던 최익현이 의기로써 창검을 잡았도다.

　　시월이면 대마도에서 고국 산하로

　　썰매 자국 길게 뻗치리라.

9 이어 말씀하시기를 "이는 최익현이 죽은 뒤에 옳은 귀신(鬼神)이 되게 함이라." 하시고

10 최익현으로 하여금 대마도로 끌려가 절사하게 하시니라.

11 하루는 말씀하시기를 "최익현이 굶어죽었다 하나 뒷골방에 죽 그릇이 웬 말이냐!" 하시니라.

일 해질 무렵 청천하늘에 홀연히 바람이 거세지고 갑자기 비가 오고 번개와 함께 큰 우레가 쳤다. 이에 진위대가 경악하여 모두 총을 버리고 땅에 엎드리는 바람에 비로소 포성이 멎었다." 〈임병찬,『돈헌문집(遯軒文集)』〉

138:2 상제님의 일꾼이 혁명가들로부터 배워야 할 것은 일심이다. 천지신명을 크게 동(動)하게 하는 혈심은 우주일년의 시간대에 오직 한 번뿐인 증산 상제님의 천하사를 성사케 하는 열쇠이기 때문이다.

139:2 참판. 호조참판. 이조 때 육조(六曹)의 종2품 벼슬.

139:8 썰매 자국. 대마도에서 일본 기선으로 운구되어 온 최익현의 관이 고국에 하륙하기 위해 대한제국의 배로 옮겨지자, 청명하던 하늘에서 갑자기 비가 내리더니, 운구되는 곳까지 쌍무지개가 떴다 한다. 〈임병찬(林

민영환의 충의에 혈죽을 내리심

140 하루는 한 성도가 여쭈기를 "민영환이 나라를 위하여 자결하
였는데

2 벽혈(碧血)이 나오고 그 자리에서 청죽(靑竹)이 생겨났다 하니 이는
어떤 연고입니까?" 하거늘

3 상제님께서 말씀하시기를 "민영환이 나라를 위하여 의롭게 죽었으
므로 내가 혈죽을 내려 그의 충의(忠義)를 표창하였느니라." 하시니라.

난법 거두시는 대공사

141 하루는 한 성도가 여쭈기를 "일전에 전주 청도원(淸道院)에 계
실 때에 '장검(長劍)을 주조하여 오라.' 하시고

2 이를 '구성산(九城山)에 묻으라.' 하셨사온데 그 까닭이 무엇입니
까?" 하니

3 상제님께서 말씀하시기를 "때가 되어 그 장검이 나오면 세상에 영
웅이라 칭할 사람이 없으리라." 하시니라.

아들을 만나러 오신 성부님

142 7월 초에 하루는 성부께서 구릿골에 찾아오시어 형렬에게 상
제님 계신 곳을 물으시거늘

2 형렬이 성부님을 모시고 임피 군둔리 김성화의 집에 찾아가매 상
제님께서 며칠 전에 군항(群港)으로 떠나신지라

3 형렬이 다시 성부님을 모시고 군항으로 찾아가니 상제님께서 말씀
하시기를 "군항은 오래 머물 곳이 못 되니 속히 돌아가소서." 하시
므로 이튿날 집으로 돌아가시니라.

4 상제님께서는 군항에서 한 달여를 더 머무르신 후 익산 만중리 정
춘심의 집으로 가시니라.

군창은 천하의 큰 곳간이 된다

143 군산에 가시어 공사를 행하시고 글을 써서 불사르시니 이러하
니라.

2
地有群倉地하니 使不天下虛라
지 유 군 창 지　　使 불 천 하 허

倭萬里 淸萬里에 洋九萬里나
왜 만 리　청 만 리　　양 구 만 리

彼天地는 虛하고 此天地는 盈하리라
피 천 지　허　　　　차 천 지　영

군창이란 땅이 있으니 천하를 비지 않게 하리라.
왜국 만 리 청국 만 리에 서양은 구만 리나
저 천지는 텅 비고 이 천지는 가득 차리라.

3 이에 한 성도가 여쭈기를 "천지의 운이 동(東)은 가득 차고 서(西)는 텅 빈다 하시니 어인 연고입니까?" 하니

4 말씀하시기를 "천지대운이 그러하니라. 내 세상에는 군창이 천하의 큰 곳간이 될 것이니라." 하시니라.

금강 하구둑 공사

144 병오년 여름 군창에 머무르실 때 하루는 금강 하구에 가시어 서천 쪽을 향해 물 위로 걸어가시니 갑칠이 상제님 옷자락을 잡고 따르니라.

2 이 때 갑칠이 보따리 때문에 좀 방심하여 옷자락을 느슨히 잡으면 목까지 물속으로 빠지고, 꼭 잡으면 다시 물 밖으로 나오더라.

3 군산에 계실 때 상제님께서 홍어회와 장어회를 즐겨 드시니라.

호연을 데리고 다니실 때

145 상제님께서는 아침나절에 서울에 계시다가도 잠시 후 대구에 계시고, 또 저녁에는 다른 나라에 가 계시니 그 행보를 도무지 종잡을 수가 없더라.

2 상제님께서 호연을 데려가기 곤란한 곳이나 사람이 많은 곳에 가실 때는

3 호연을 거미로 만들어 "꽉 붙어 있어라." 하시며 겨드랑이 밑이나, 턱밑, 귓속, 옷 속 등에 딱 붙이고 다니시는데

4 이 때 상제님께서 공사 보시며 하시는 말씀과 다른 사람들의 말소리는 들리지 않고

5 다만 상제님께서 호연에게 하시는 말씀과 곁에서 성도들이 "거미야, 거미야, 왕거미야!" 하고 부르는 소리만 들리더라.

6 상제님께서 거미가 된 호연에게 붓으로 눈과 입을 그려 주시면 눈이 떠지고 입이 벌어져서 말도 하고 음식도 먹을 수 있는데

7 호연이 길을 가다가 뒤가 마렵다고 하면 옆구리로 똥이 나오게 하시고 나온 똥과 오줌은 저절로 없어지게 하시니라.

8 또 때에 따라 호연을 강아지로 만들어 안고 다니시고, 방아깨비로도 만들어 붙이고 다니시며

청죽

비스러웠다." 하였다.

141:2 구성산. 김제시 금산면과 금구면 선암리 경계에 있는 산(487.6m). 본래 이름은 굴선산(掘禪山)이며 구성서원(九城書院)이 있었다.

141장 용천검으로 불의를 숙청하는 일꾼이 나오면 난법이 거두어진다. 구성산의 9수는 '2·7화(火)'의 기운을 상징한다.

143:2 군창. 현재의 군산. 쌀의 집산지였으며 군사, 상인들의 숙박지로서 군산창 또는 군창으로 불렸다. 금강 하구에 위치한 지리적 이점 때문에 일찍부터 호남평야와 논산평야를 배후지로 조운(漕運)의 중심지 역할을 해왔다.

144:1 물위로 걸어가시니. 이 때 상제님께서 건너신 길을 따라 1990년 10월 금강 하구둑이 건설되었다.

145:8 호연을 강아지로. "나를 강아지마냥으로 만들어. 저 강아지 새끼마냥으로 뽈뽈 기어가면 (중략) 다른 사람 눈으로는 내가 거미로도 뵈고, 강아지로도 보이고, 다른 짐승을 만들었으니 길로 다녀도 누가 시비도 안 하고."(김호연 성도 증언)

145:9 동물 나라. "그렇게 내가 꽹이(고양이) 나라도 알고, 쥐 나라도 알고 그려. 그이가 짐승으로 만들기 때문에 그런 것을 안단 말이지."(김호연 성도 증언)

146:2 두룡포. 통영시 정량동 한전 일대. 현재는 매립되어 옛 모습을 찾을 수 없으나, 당시는 장대천(將臺川)과 동호만의 바닷물이 만나는 큰 포구였다. 아직도 이곳엔 그 이름을 딴 '두룡초등학교'가 있

9 이 외에도 여러 가지 동물로 만들어 온갖 동물 나라에 데려가시니라.

10 하루는 호연이 "재주가 이렇게 많은데 무엇 때문에 자주 굶고 다녀요?" 하고 여쭈거늘

11 "열두 가지 재주 있는 놈이 하루아침에 굶는다." 하며 웃으시니라.

후천선경의 어획 공사

146 병오년 여름에 상제님께서 경상도 통영으로 가시니라.

2 이 때 두룡포(頭龍浦)에 가시어 천지제를 지내시니 온 고을에 '전라도에서 온 어떤 선비가 천지굿을 한다.'는 소문이 퍼져 무수히 많은 사람들이 모여드니라.

3 이 때 바닷가에 나가시어 "고기잡이한다." 하시며 막대기로 바다 저 먼 곳을 향해 천천히 반원을 그리시니

4 선을 경계로 그 안의 고기들이 모두 상제님 앞으로 모여드니라.

5 이에 상제님을 따라온 마을 사람들이 고기를 잡으려고 모두 자루를 벌리고 기다리니 고기들이 자루 안으로 한가득 들어오거늘

6 자루를 묶어서 집으로 가져가 쏟아 보니 잡을 때는 분명 작은 고기였으나 어찌된 영문인지 모두 팔뚝만 한 대어가 되어 있더라.

7 상제님께서 이렇듯 조화를 자유자재로 쓰시니 이르시는 곳마다 '선생님'이라 칭하며 많은 사람들이 따르는데

8 혹 무서워서 벌벌 떨며 곁에 오지 못하는 이들도 있더라.

통영에서 여수로 가심

147 상제님께서 이후 여수(麗水)에 가시어 대하, 전복 등을 잡아 통째로 드시고 홍어를 잡아 주머니칼로 회를 쳐서 드시기도 하니라.

2 하루는 상제님께서 팔을 크게 휘저으시니 문어들이 서서 걸어오거늘

3 입을 뻐끔거리며 오는 모습이 마치 삿갓을 쓴 사람 같더라.

4 상제님께서 통영에서 보신 공사와 같이 어획 공사를 행하시는데 동네 사람들이 넋을 잃고 구경만 할 뿐 자루에 주워 담지 않거늘

5 상제님께서 크게 노하시어 사람들을 개, 돼지, 송아지, 당나귀 등 별의별 짐승으로 만드시니라.

6 상제님께서 싸리비를 가지고 짐승이 된 사람들을 한 줄로 늘여 세

우신 뒤에

7 바닥에 앉으시어 '춤 한번 추어라. 노래 한번 불러라. 너 시조 한번 해라.' 하고 명하시는데

8 혹 누가 '못 한다.'고 아뢰면 상제님께서 뺨을 때리시며 "너 이놈, 밥만 먹고 인제까지 뭣했냐?" 하고 나무라시니라.

어째서 너는 못 가져오느냐

9 또 상제님께서 각 사람마다 "너 아무 산에 가서 동삼을 파 와라, 무엇을 파 와라." 하고 명하시거늘

10 어떤 이는 명하신 것을 구해오는데 어떤 이는 포기한 채 그냥 돌아오니

11 상제님께서 빈손으로 돌아온 사람들의 뺨을 때리시며 "이 사람은 가지고 오는데, 어째서 너는 못 가져오느냐?" 하고 꾸중하시니라.

12 잠시 후 상제님께서 "가서 낯들 씻고 오너라." 하고 명하시므로 모두 달려가 얼굴을 씻으니 그 즉시 허물이 벗겨지며 사람으로 돌아오더라.

하늘로 솟구쳐 올라 빙빙 도심

148 이 때 상제님께서 호연에게 "눈을 가려라." 하시더니 돌연 하늘로 솟구쳐 오르시어 공중에서 빙빙 도시거늘

2 점차로 바람이 거세어져서 흙과 모래가 날리고 이내 사람까지 날려 동네 사람들이 마구 내동댕이쳐지는지라

3 호연이 재미있다고 실눈을 뜨고 지켜보는데 여기저기서 흙모래가 사람들을 마구 때리거늘

4 사람들이 아프다고 비명을 지르며 도망하매 실로 아수라장이더라.

5 이 뒤로 마을 사람들이 상제님을 뵈면 두려워서 모두 벌벌 떨며 서로 이르기를 "저 어른만 만나면 무서워서 풀잎도 떤다." 하더라.

6 이후 상제님께서 대구와 평택에서도 공중으로 솟구쳐 올라 바람을 일으키시니 이르시는 곳마다 상제님을 더욱 경외하고 칭송하더라.

조화로 고기를 잡아서 나누어 주심

7 하루는 상제님께서 방에 앉으시어 "아무개야!" 하고 각 물고기의 이름을 부르시니 고기들이 상제님 계신 집의 앞마당까지 쫑긋쫑긋하며 걸어 들어오거늘

8 대구와 명태, 문어, 가오리 등 종류도 다양하고 그 수효 또한 헤아릴 수가 없더라.

다. 지금도 이 마을에는 20세기 초에 있었던 천지굿 이야기가 전설처럼 전해 내려온다.

146:3~4 조업법(操業法) 공사이다. 현재 쌍끌이, 외끌이 선박들이 이 방법으로 조업을 하고 있다.

148:3~4 "이 흙이 죄다 사람을 막 때려. 흙이 막 때리고 사람이 날려가고, 흙이 막 패 가지고는, 막 사람을 때리니 아파서도 못 살지." (김호연 성도 증언)

146~148장 상제님의 대경대법한 조화권을 체험한 종도들이 여수, 순천, 통영, 제주 등지에는 아주 많았다

한다. "경상도
가면 오래 있다.
저기 여산, 돌산,
제주, 저 통영···.
막 사람들이 고
자리 같았어. 궁
게 돌아가셨어도
(구릿골에) 그렇
게 많이 왔어."
(김호연 성도 증
언)

9 상제님께서 이렇게 조화로 잡으신 고기를 채반에 말리시어 동네 사
　람들에게도 나누어 주시고

10 여수에서 내주평을 거쳐 구릿골로 돌아오시는 길에 내내 드시며
　굶주린 사람들에게도 나누어 주시니라.

길 가다 배고프시니

149 가을 어느 날 상제님께서 호연을 데리고 마산으로 가시는 길에

2 주린 배를 채우시기 위해 빈 주막에 들러 독에 담가 둔 술을 통째
　로 들고 벌컥벌컥 들이켜시거늘

3 호연도 배가 고파서 밀대를 꽂고 **빨**아먹는데 어찌나 달고 맛있던
　지 한참을 먹고 나니 땅이 벌떡 뒤집어지는 것 같더라.

4 이에 호연이 "나 못 가." 하며 길가에 드러누우니 상제님께서 "그
　렇게 못 가누는 것을 뭐 하러 먹었냐, 가눌 만해야 먹지." 하시거늘

5 호연이 "아휴~! 두 독을 먹고도 암시랑 않아요?" 하니

6 빙긋이 웃으시며 "음, 난 지금도 얼마든지 먹겠다." 하시니라.

해남에서 호연을 시켜 말 그려 주게 하심

150 하루는 상제님께서 호연을 데리고 해남(海南) 두륜산(頭崙山)
　　　에 가시는데 시원한 나무 그늘 아래 여러 사람이 모여 바둑과
　장기를 두고 있거늘

2 상제님께서 이르시기를 "길을 가다가 경계 좋고 물 좋은 데가 있으
　면 신인도 돌아다 보랬다." 하시고 그 자리에 합석하시니

3 그 사람들이 오래 전부터 면식이 있는 듯 상제님을 반갑게 맞이하
　니라.

4 상제님께서 그들에게 물으시기를 "얼마쯤이나 시험 봤느냐?" 하시니

5 그들이 제각기 그린 것을 내보이며 상제님께 가르침을 여쭈거늘

6 호연이 보매 동그라미를 그린 사람도 있고, 열십자를 그린 사람도
　있고, 까치를 그린 사람도 있더라.

7 상제님께서 그림을 죽 보시더니 "호연아, 네가 한 장 그려 줘라." 하
　고 명하시거늘

8 호연이 고개를 가로저으며 "싫어요." 하매 "싫어도 그냥 너 하는
　것마냥으로 해라." 하고 타이르시니라.

9 이에 호연이 종이에 말 한 마리를 그려 주니 상제님께서 그들을 바
　라보시며 "얘만도 못하냐?" 하시거늘

150:1 두륜산.
중국 곤륜산(崑
崙山) 줄기가 한
반도로 흘러 백
두대간을 이루
고, 남쪽 땅 끝까
지 계속 뻗어 내
려와 마지막으로
몸을 부린 산이
라 하여 백두의
두(頭), 곤륜의
륜(崙)을 따서 두
륜산이라 하였
다. 훗날 일제에
의해 두륜산(頭
輪山)으로 바뀌
었으나 1993년
에 다시 이름을
바로잡았다.

10 이번에는 그 사람들이 직접 말을 그려 보는데 곱사등으로도 그리고 배를 잘록하게도 그리며 말의 생김새를 제대로 그리지 못하는지라

11 상제님께서 "아무것도 모르고 작대기로만 쭉 그어서 점만 집어넣으니 그게 말이 되냐?" 하고 나무라시며 "우리 호연이한테 물어봐라." 하시니라.

12 이에 호연이 "안 해. 나 데리고 다니면서 이럴라고?" 하며 버티다가 상제님께서 연신 눈짓을 하시므로 하는 수 없이 말 몇 마리를 더 그려 주니라.

13 이후 해남에서 나오시어 호연을 데리고 진산(珍山)으로 가시니라.

네가 배고프다고 하니

151 하루는 상제님께서 호연을 데리고 길을 가시는데 호연이 "아이고, 배고파! 배고프지 않아요?" 하니

2 상제님께서 "배고파? 그럼 거기 앉아 있어라." 하시며 수건을 내어 바닥에 깔아 주시고

3 허공에 대고 무어라 글씨를 쓰시거늘 잠시 후에 어떤 여인들이 상을 차려 오는지라

4 호연이 신기하여 "아까 내가 보니 기역 자를 그리더만 또 가져오는가 나도 한번 써 볼까?" 하며 기역 자를 써 보나 아무리 기다려도 음식을 가져오지 않더라.

5 이에 상제님께서 말씀하시기를 "흥, 네가 그런 재주 지녔으면 어쩌라고. 네가 배고프다고 하기에 가져오라 한 것이지." 하시니

6 호연이 "그럼 알지도 못하는데 가져오라고 했어요?" 하고 여쭈거늘

7 말씀하시기를 "아, 내가 글씨 안 쓰더냐?" 하시니라.

선매승자 도운의 개척 정신

152 상제님께서는 종종 호연을 거미로 만들어 거미줄을 치게 하시는데 그 때마다 거미줄의 모양과 크기가 다 다르니

2 호연이 거미가 되어 줄을 칠 때면 상제님께서 계속 지켜보시며 줄 치는 방향과 줄의 수를 일러 주시니라.

3 하루는 호연이 나뭇가지 위에서 분주하게 거미줄을 치는데 상제님께서 연신 손가락으로 가리키시며 "덜 쳤다, 덜 쳤어. 요리 쳐라. 저리 쳐라. 올~!" 하고 명하시거늘

152장 이 때 호연의 심정.
문) "사람도 엄청 커 보이고 그래요?"
답) "그럼. 참말로 무섭게 보여. 그래갖고는 대체나 시키는 대로 했어. 아이고, 답

답한 건 이루 말할 수가 없지."
(김호연 성도 증언)

152:3 욜. "요리 허라고 하는 말이 '욜' 그려."
(김호연 성도 증언)

152:5 팽졌냐. 힘이 다했냐.

4 호연이 가슴이 너무 답답하고 힘이 드는지라 옆 가지로 옮겨 가서 꼼짝도 하지 않으니

5 상제님께서 "너 팽졌냐?" 하시며 밑으로 내려오게 하시니라.

6 이에 호연이 나무 밑쪽으로 내려오자 순식간에 다시 사람으로 변하더라.

호연을 거미로 만들어 공사 보심

7 평소 상제님께서 호연을 여러 가지 동물로 만들어 공사 보시는 것을 형렬만 알 뿐 다른 사람들은 전혀 알지 못하니

8 혹 주변에 다른 사람들이 있으면 상제님께서 호연만 알아들을 수 있는 소리로 말씀하시니라.

9 하루는 거미로 변한 호연에게 상제님께서 나뭇잎 피리를 불어 말씀하시거늘

10 사람들에게는 그저 '삑, 삐이익, 삑~!' 하는 피리 소리로 들리나 호연에게는 "남서쪽, 북쪽, 어느쪽." 하고 명하시는 말씀으로 들리더라.

11 호연이 거미줄을 다 치고 나니 상제님께서 "얼른 내려와라." 하시며 손바닥을 펼치시거늘

12 호연의 몸이 순식간에 상제님 손바닥 위에 올려져 있더라.

마이산 연 공사

153 하루는 성도들을 거느리고 진안 마이산에 가시어 종이로 큰 연(鳶)을 만드신 뒤에

2 김병선에게 명하시어 "연 위에 올라 앉으라." 하시거늘

3 병선이 연 위에 올라앉으니 잠시 후에 말씀하시기를 "그만하면 되었느니라." 하시고 연을 들어 불사르시니라.

성탄절 · 어천절 치성 공사

154장 상제님의 9월 성탄절, 6월 어천절에 대한 공사는 상제님이 인간으로 오고 가심이 천지의 도수에 맞추어 천상계에서부터 계획된 것임을

154 상제님께서 매년 9월 19일과 6월 24일에 천지제(天地祭)를 지내시니 그 규모가 다른 어느 치성보다도 성대하거늘

2 성도들이 치성의 뜻을 궁금히 여겨 상제님께 여러 번 여쭈어도 일러 주지 않으시니라.

3 이 해에도 9월 19일이 되어 치성 준비를 하느라 분주하거늘 호연이 "아, 도대체 어째서 그래요?" 하고 형렬에게 물으니

4 "선생님 생신날이란다. 아버지가 나신 날이니 그 날을 잊지 말라고 그

러시는 것이다." 하니라.

5 호연이 "또? 또 다른 날은 어째 그래요?" 하고 묻거늘 이는 형렬도 미처 알지 못하더니

6 후에 보니 그 날이 바로 상제님께서 어천하시는 날이더라.

가을 대개벽의 여명의 천지 북소리

155 9월에 상제님께서 형렬을 데리고 함열 회선동(會仙洞) 김보경(金甫京)의 집에 가시어 보경으로 하여금 큰 북을 구해 오게 하시니

2 보경이 가져다 올리매 그 북을 새끼로 묶어 대들보에 매달고 '병자(丙子) 정축(丁丑)'을 계속하여 외우시면서 북을 치며 흥을 내어 노래하시니 이러하니라.

3 丙子丁丑 丙子丁丑 丙子開路아
　　병자 정축　병자 정축　병자 개 로
　병자정축 병자정축 병자(丙子)에 길을 여는구나.

4 子兮子兮天開하고 丑兮丑兮地闢이라.
　자 혜 자 혜 천 개　　　축 혜 축 혜 지 벽
　자(子)여 자여 하늘이 열리고
　축(丑)이여 축이여 땅이 열리도다.

5 寅兮寅兮人起하니 卯兮卯兮奇妙로다.
　인 혜 인 혜 인 기　　　묘 혜 묘 혜 기 묘
　인(寅)이여 인이여 사람이 일어나고
　묘(卯)여 묘여 기묘하도다.

6 辰兮辰兮雲起하니 九節竹杖高氣하여 六丈金佛宛然이라.
　진 혜 진 혜 운 기　　　구 절 죽 장 고 기　　　육 장 금 불 완 연
　진(辰)이여 진이여 동방의 구름이 일어나니
　아홉 마디 대지팡이 드높은 기운에
　여섯 길 금부처(가을부처) 완연하구나.

우리의 득의지추 아닐런가

7 밤이 깊어가매 더욱 흥을 내어 북을 치시며 시 한 수를 읊어 주시니 이러하니라.

8 時節花明三月雨요 風流酒洗百年塵이라
　시 절 화 명 삼 월 우　풍 류 주 세 백 년 진
　철 꽃은 내 도덕의 삼월 비에 밝게 피고
　온 세상의 백년 티끌 내 무극대도의 풍류주로 씻어 내니

9 우리의 득의지추(得意之秋) 아닐런가.

10 이어 말씀하시기를 "좋구나, 좋구나! 이 북소리가 멀리 서양까지 울려

의미한다. 이 양치성절은 인류 역사를 뒤바꾸어 놓은 성일(聖日)이라는 인류사적인 큰 의미를 갖는다.

154:1 "그 때를 제일로 크게 지냈어. 그러드니 시방까지도 그 날로만 찾드만, 시방까지도. 한 번 그 어른이 찾아서 그런가, 시방까지도 고렇게 두 번은 큰 제사로 알어."(김호연 성도 증언)

155:1 김보경(金甫京, 1861~1934). 본관 안동. 임인(1902)년 김형렬 성도의 집에서 상제님을 만났다. 집안 대대로 진사 이상의 벼슬을 했고 당시 백 석 농사를 짓는 부자였다.

155장 『대순전경』은 이 공사를 전쟁공사로 인식하였다. 그러나 상제님께서는 '만인이 다 함께 기뻐하는, 신선이 모여 노는 땅'이라는 이름 기운을 취해 이곳에서 후천 오만 년 선경문화를 여는 개벽공사를 행하셨다. 곧 이 북소리는 후천을

여는 가을 대개벽
의 여명의 북소리
인 것이다.

들리리라.

11 이 북소리에 천하가 한번 우꾼하리라." 하시되 보경은 그 뜻을 알지 못하더라.

목신을 불러 공사 보심

156~157장 우
주 안에 존재하
는 모든 것이 살
아 있는 신이다.
우주에 깃들어
있는 이 신의 세
계를 알지 못하
면 우주의 실상
을 바르게 알 수
없다. 마음의 문
이 열려 천지의
신도세계를 깊이
있게 체험해야
한다.

156 병오년 10월에 상제님께서 형렬과 호연을 데리고 독배고개를 넘어가시는 길에

2 상제님께서 나무 지팡이 하나를 형렬에게 주시며 짚고 올라가라 하시니 호연이 "나는? 나는 업고 갈 거지요?" 하거늘

3 상제님께서 "걸어가지 뭘 업고 가니?" 하시는지라

4 형렬이 지팡이 끝을 호연에게 주며 잡고 올라오라고 하니

5 말씀하시기를 "장래에 짝이 될 테니 사정 두느만." 하시니라.

6 재를 넘어가는 도중에 갑자기 상제님께서 손을 휘두르시니 박달나무, 개암나무, 아그배나무 들이 칼로 쪼개어 놓은 것처럼 한 토막씩 잘려 나와

156:7 목신. 신
도세계는 자연신
(비인격신)과 인
격신의 이중 구
조로 돼 있다. 상
제님은 우주의
원신인 자연신을
포함한 모든 신
을 다스리시는
삼계대권의 주재
자시다.

7 상제님께서 목신(木神) 이름을 부르시는 대로 쫑긋쫑긋 줄을 지어 서거늘

8 "저리 가라." 하시면 가고 "이리 오라." 하시면 오며

9 "공중에서 놀아라." 하시면 나무토막들이 동서남북으로 서로 어우러져 돌다가 다시 상제님 앞에 와서 절을 하더라.

10 상제님께서 공사를 끝내고 일어나 길을 떠나시니 나무토막들이 원래대로 다시 붙여지니라.

산에 도로 내는 대공사

157 한참을 더 가시니 가운데 산봉우리는 낮고 양쪽 봉우리가 높은 산이 나타나거늘

2 상제님께서 큰 소리로 무어라 외치시니 산신령이 대령하니라.

3 산신에게 물으시기를 "여기는 무엇이 들고, 또 여기는 무엇이 들었느냐?" 하시니 "아무것도 없습니다." 하고 대답하거늘

157:4 동자가 나
오더라. 이 공사
말씀은 지기(地
氣)와 신도(神道)
의 일체 경계에
서 인사의 대세를
돌리시는 상제님

4 상제님께서 말씀하시기를 "그럼 내가 한번 뒤집어 볼 테니 보아라." 하시고 산을 뒤집어 엎으시니 그 속에서 동자가 나오더라.

5 이에 산신에게 말씀하시기를 "네가 알아보겠느냐?" 하시니 산신이 "모르겠습니다." 하거늘

6 상제님께서 "신명이니라." 하시매 산신이 묻기를 "그 신명이 어찌 이렇게 젊은가요?" 하는지라

7 상제님께서 문득 호령하시며 "그런 망설이 어디 있는고! 신명도 젊어야 일을 하느니라." 하시고

8 또 말씀하시기를 "지금은 이것이 산이라도 앞으로 큰길이 나느니라." 하시니라.

과일 개량 공사

158 하루는 상제님께서 너러기에 담겨 있는 배를 쳐다보시며 "배 생원~! 쫄쫄이를 모르는가?" 하시니

2 배 하나가 상제님 쪽으로 걸어나오며 "언제는 배 생원이라 하고, 언제는 쫄쫄이라 하고!" 하며 투덜대거늘

3 상제님께서 "허허, 제가 된 체하고 지랄하네." 하시며 배를 발로 툭 차시니 반으로 쫙 쪼개지는지라

4 상제님께서 "씨도둑을 못 하냐. 덩치만 컸지 씨값도 못 하는구나." 하시고

5 "말을 못 하도록 다 싼다." 하시며 나머지 배들을 종이로 싸 두시니라.

인존시대 길 닦는 도로 공사

159 하루는 상제님께서 가는 대를 둥그렇게 휘어 장대 끝에 고정시키시고, 둥근 부분에 거미줄을 감아 세워 놓으시거늘

2 호연이 "그래서 무엇하게요?" 하니 말씀하시기를 "거미가 줄을 치면 매미도 잡고 잠자리도 잡고 오만 놈의 깔따구를 다 잡아.

3 거미줄 치는 이치가 길 내는 이치와 같으니 새끼가 줄을 치면 길이 가늘고, 큰놈이 줄을 치면 대로가 번듯하듯이 인제 그와 같이 길이 나.

4 산이 평지가 될지 어찌 아냐? 산이 높기는 해도 다 길을 낸다." 하시니라.

서교(西敎) 의전을 참관하심

160 병오년 10월에 한 예수교 교당에 가시어 모든 의식과 교의(敎義)를 직접 보고 들으신 뒤에

2 성도들에게 이르시기를 "족히 취할 것이 없다." 하시고

3 또 말씀하시기를 "내가 예수의 기운을 다 거두었노라." 하시니라.

이다. 김현식을 만났을 때 오동정 김경안(5편 8장)의 집을 지나며 이 말씀을 여러 번 강조하였다. 상제님께서는 선천의 상극 천지를 개방시킨 마테오 리치 신부를 인류 역사의 일등 공덕자로 인정해 주시고서도 종장으로 임명하셨다.

161장 안내성 성도에게 말씀하신 곤륜산의 천 년 묵은 여우를 제어하시는 공사일 수도 있다. 10편 116장 참조.

162:6~7 김호연 성도 증언.

여우 잡았다

161 하루는 상제님께서 깨소금 밥을 뒤웅박에 넣어 산에 가져다 놓으시니

2 호연이 "무엇 하려고 박적을 그래요?" 하고 여쭈거늘

3 "가만있거라. 암말 말고 저리로 가라." 하시며 멀찌감치 데리고 가 함께 지켜보시니라.

4 그렇게 한참을 기다리니 여우 한 마리가 깨소금 냄새를 맡고 와서 뒤웅박 안으로 머리를 들이밀더니

5 잠시 후에 머리를 빼내려고 해도 빠지지 않으매 머리를 이리저리 내두르며 땅에 부딪혀 보고 제 힘껏 당겨 보기도 하는데 좀처럼 빠지지 않더라.

6 이 때 상제님께서 "여우 잡았다!" 하시며 잡아서 내다 팔게 하시니라.

언제나 정심하라

162 천지공사를 행하실 때나 어느 곳에 자리를 정하여 머무르실 때는 반드시 성도들에게 "정심(正心)하라." 명하시고

2 혹 방심하는 자가 있으면 마음속을 보시는 듯 일깨워 주시며

3 주무실 때도 마음을 환히 들여다보시고 "마음을 거두라." 명하시니라.

4 상제님께서 이르시기를 "나무도 바람에 흔들리면 잎이 떨어지지 않느냐. 사람도 그와 같아서 몸을 흔들면 혼신이 흩어지나니 몸을 진중히 하여 경솔히 동요치 말라." 하시고

5 "이는 유교가 낳은 부습(腐習)이니라." 하시니라.

예수꾼들이 청지기를 맡았느니라

6 하루는 상제님께서 말씀하시기를 "예배당 귀신들은 옷을 다른 신명과 같이 입고 있지만 힘을 못 쓰느니라.

7 예수꾼들이 청지기를 맡았느니라." 하시니라.

남조선 배말뚝 공사

163 상제님께서 섣달 그믐날 해질녘에 임피 김보현의 집에 가시어

2 닭 한 마리를 안주 삼아 술을 잡수신 뒤에 "잠시 다녀올 테니 술이나 많이 걸러 놓으라." 하시거늘

3 보현이 걱정하며 말하기를 "날이 어두워져 지척을 분간하기 어려우니 달빛이 있으면 오죽이나 좋겠나이까?" 하니

4 상제님께서 "달을 보고 싶으면 따라 오라." 하시며 취성산(鷲城山)

에 올라가시니라.

5 이어 말씀하시기를 "동쪽을 보라." 하시매 바라보니 큰 수레바퀴 같은 달이 밝게 빛나고 있거늘

6 상제님께서 "달 보았느냐?" 하시니 보현이 "예, 보았나이다. 항상 이와 같이 밝으면 좋겠습니다." 하고 대답하니라.

7 상제님께서 산을 내려오시어 이르시기를 "나는 오성산(五聖山)에 다녀올 터이니 너는 집으로 돌아가라." 하시거늘

8 보현이 달빛으로 환한 길을 따라 집 앞에 당도하니 금세 달이 지고 캄캄해지더라.

9 한참 뒤에 상제님께서 오성산에 배말뚝을 박고 보현의 집에 돌아오시어 술을 드시며 말씀하시기를 "남조선배가 잘 도착하였노라." 하시니라.

10 상제님께서 이 공사를 세 차례 행하시니 이 날 마지막 말뚝을 박으시니라.

정미(丁未 : 道紀 37, 1907)년

조선이 서양에 넘어가면 다시 올 날 없다

164 정미(丁未 : 道紀 37, 1907)년에 하루는 전주 용머리고개에서 공사를 행하시며 말씀하시기를

2 "조선 강토가 서양으로 둥둥 떠 넘어가는구나." 하시고 성도들에게 물으시기를 "어찌하면 좋겠느냐?" 하시니

3 김공선(金公先)이 아뢰기를 "운세(運勢)가 부득이하면 일본에 의탁하는 것이 좋은 방편일 듯하옵니다." 하거늘

4 말씀하시기를 "네 말이 옳도다." 하시고 "지역별로 동양에 붙여 두면 다시 올 날이 있으리라.

5 그러나 만약 서양으로 가면 다시 올 날이 없으리라." 하시니라.

대전쟁 도수 : 천하대세를 잘 살피라

165 하루는 원평 김명보(金明甫)의 주점에 이르러 미리 준비된 황구(黃狗) 한 마리로 개장국을 끓여 술과 함께 잡수시고 성도들에게 "구미산(龜尾山)에 오르라." 하신 후에

2 상제님께서는 유문거리를 돌아서 구미산에 올라 물으시기를 "지금

163:4 취성산. 전북 군산시 임피면, 나포면, 서수면의 경계에 있는 산(205m). 금계포란형(金鷄抱卵形)의 혈이 있다.

163:7 오성산. 군산시 성산면 성덕리(聖德里)와 나포면 서포리(西浦里) 경계에 있는 산(227m)으로 오성인(五聖人)의 전설이 내려온다. 6편 20장, 11편 364장 참조.

165:1 구미산. 김제시 금산면 용호리 구미 마을의 뒷산.

어느 때나 되었느냐?" 하시니

3 한 성도가 "정오시쯤 되었을 듯합니다." 하고 아뢰니라.

4 이 때 김자현(金自賢)이 문득 시장 쪽을 바라보며 아뢰기를 "장꾼들이 대가리놀음을 합니다." 하거늘

5 성도들이 모두 장터를 바라보니 장꾼들이 남녀 할 것 없이 서로 멱살을 잡고 머리를 부딪치고 상대가 없으면 아무 기둥이나 벽에다 자기 머리를 들이받기도 하니라.

6 이를 본 성도 하나가 상제님께 여쭈기를 "이것은 무슨 도수입니까?" 하니

7 말씀하시기를 "전쟁 도수니라. 내가 한날 한시에 전 세계 사람들을 저와 같이 싸움을 붙일 수 있노라.

8 부디 조심하라. 나의 도수는 밖에서 안으로 욱여드는 도수이니 천하대세를 잘 살피도록 하라." 하시니라.

9 이 때 한 성도가 여쭈기를 "오시(午時)에 공사를 보셨으니 오시에 전쟁이 나겠습니까?" 하거늘

10 상제님께서 "그것은 너희들이 잘 생각해 보아라." 하시니라.

11 공사를 마치신 뒤에 원평장의 아낙들이 밥을 하려고 보니 솥뚜껑이 모두 솥 안으로 들어가 있거늘

12 사람들이 이구동성으로 이르기를 "신의 조화로다." 하니라.

165:8 밖에서 안으로 욱여드는 도수. 선천(봄·여름)은 양도(陽道)·건도(乾道)로서 분열·생장하는 때이다. 따라서 성장과 발전의 방향이 아래에서 위로, 중심에서 바깥으로 향해 간다. 그러나 후천(가을·겨울)은 음도(陰道)·곤도(坤道)이므로 밖에서 중심으로, 위에서 아래로 만물을 수렴해 간다. 때문에 상제님께서는 모악산과 회문산을 부모산으로 하여 지구의 기령을 통일하는 공사를 보셨고, 현실 역사에서도 세상의 모든 문제가 상씨름판인 남조선의 삼팔선에서 매듭짓게 된다.

관운장에게 세계 대전쟁의 천명을 내리심

166 4월에 신원일을 데리고 태인 관왕묘 제원(關王廟 祭員) 신경원(辛京元)의 집에 머무르실 때

2 하루는 원일, 경원과 함께 관왕묘에 가시어 관운장(關雲長)에게 천명을 내리시며 공사를 행하시니라.

3 이 때 상제님께서 말씀하시기를 "이제 동양에서 서양 세력을 몰아내고 누란(累卵)의 위기에 처한 약소국을 건지려면 서양 열강 사이에 싸움을 일으켜야 하리라.

4 관운장이 조선에 와서 극진한 공대를 받았으니 그 보답으로 당연히 공사에 진력 협조함이 옳으리라." 하시고

5 양지에 글을 써서 불사르시며 관운장을 초혼하시니 경원은 처음 보는 일이므로 이상히 생각하니라.

6 이 때 자못 엄숙한 가운데 상제님께서 세계대세의 위급함을 설하시고 서양에 가서 대전쟁을 일으키라는 천명을 내리시거늘

7 관운장이 감히 거역할 수는 없으나 선뜻 마음이 내키지 않아 머뭇거리는지라

8 상제님께서 노기를 띠시며 "때가 때이니만큼 네가 나서야 하나니 속히 나의 명을 받들라. 네가 언제까지 옥경삼문(玉京三門)의 수문장 노릇이나 하려느냐!" 하고 엄중히 꾸짖으시니라.

9 관운장이 그래도 대답을 아니하매 상제님께서 관운장의 수염을 휙 잡아당기시고 옷을 찢어 버리시니

10 이 때 조상(彫像)에서 삼각수(三角鬚) 한 갈래가 바닥에 떨어지니라.

11 이렇게 하룻밤을 지새시며 '이놈, 저놈' 하고 불호령을 내리시거늘 관운장이 마침내 굴복하고 상제님의 명을 받들어 서양으로 가니라.

12 이후에 김경학(金京學), 최창조(崔昌祚), 최내경(崔乃敬), 최덕겸(崔德兼) 등 태인 사람들이 상제님의 면모를 숭배하여 상제님을 따르니라.

여기서 무슨 제사를 지내느냐

13 그 뒤에 하루는 상제님께서 김성연(金成淵)과 함께 말을 타고 관왕묘에 이르시어 말씀하시기를

14 "내가 관운장을 서양으로 보냈는데 여기서 무슨 제사를 지내느냐." 하시고

15 성냥을 그어 관왕묘에 불을 지르려 하시다가 성연의 간곡한 만류로 그만두시니라.

태인 관왕묘 내부. 문공신 성도가 상제님을 뵙기 전에 참 선생님 만나기를 지성으로 기원했던 곳이다.

166:1 태인 관왕묘. 정읍시 태인면 태흥리 항가산에 있었으나 현재는 터만 남아 있다. 1891년에 전(前) 참봉 송석진의 꿈에 백마를 탄 관운장이 며칠 동안 나타나, 그가 살고 있는 집을 가리키며 "이 자리에 있고 싶다." 하여 창건하게 되었다고 한다. 공자묘를 문묘(文廟)라 하는 데 비해 관성제군의 묘는 무묘(武廟)라 한다.

166:4 관운장은 의리와 용맹의 표상으로 그의 대인대의(大仁大義)를 기려 역대 왕조에서 거룩할 성(聖), 임금 제(帝), 임금 군(君) 자(字)를 놓아 성제군(聖帝君)으로 추앙해 왔다. 우리 민족이 관운장을 경애하여 잘 받들어 주어 관운장이 삼보조선(三保朝鮮)한다는 말이 전해 온다.

최창조에게 삼신 도수를 붙이심

167:1 삼신 도수. 생명의 탄생이라 는 지극한 하늘 의 복을 내려주 는 주인공에 대 한 도수다.

167 새울 최창조의 집에 계실 때 하루는 상제님께서 "오늘은 삼신 (三神) 도수를 보리라." 하시며 성도들을 방 안에 둘러 앉히시 고 공사를 행하시니라.

2 이 때 창조는 '또 무엇을 하시려는고.' 하며 한쪽 구석에 웅크리고 앉아 있는데

3 상제님께서 "오색실을 가져오라." 하시어 그 실을 손으로 비벼 돌돌 뭉쳐서 창조 앞으로 휙 던지시매 실이 확 풀어지니라.

4 이에 말씀하시기를 "어이, 이래서는 안 된다. 안 되고 말고." 하시 고 다시 주워 던지시니 또 풀어지거늘

5 이번에는 실을 단단하게 감아 창조 앞으로 던지시매 실꾸리가 대 굴대굴 구르며 풀어지지 않는지라

6 상제님께서 무릎을 탁 치시며 "그러면 그렇지! 하마터면 도통 날 뻔 했다." 하시고

167:7 저 못난 것. 어천 후 한 사람이 최창조 성도가 얼마나 못났는지 직접 찾아가 만나보니 생각과는 달리 잘생겼을 뿐 아 니라, 옹동면장 을 지낼 정도로 인품도 훌륭했다 한다.

7 창조를 바라보시며 "저 못난 것한테 삼신 도수를 붙였더니 저렇게 쭈그리고 앉았다." 하시니라.

너는 말밥을 먹을 것이다

8 하루는 창조에게 말씀하시기를 "너는 말밥을 먹을 것이다." 하시거늘

9 창조가 생각하기를 '참 별일이다. 내가 늙어서 밥 한 그릇도 잘 못 먹고 그렇다고 장사도 아닌데 어떻게 말(斗)밥을 먹겠는가?' 하고 대수롭지 않게 여기더라.

정 도령의 기운을 없애심

167:9 최창조 성 도는 상제님 어 천 후 살림에 정 신이 팔려 4남 3 녀 중 아들 넷을 분가시키지 못하 였는데 점차 손 자들이 생기고 머슴도 대여섯 명이 되매 한끼 에 한 말의 양식 이 소비되었다.

168 상제님께서 전주 장승백이 물방앗간에 계실 때 성도들에게 말 씀하시기를 "이 앞길에 나가면 봇짐장수가 지나가리니 데리고 오라." 하시매

2 성도들이 나가 보니 과연 봇짐장수가 지나가거늘 상제님께 데리고 오니라.

3 상제님께서 물으시기를 "무기가 있지 않으냐?" 하시니 봇짐장수가 대답을 못 하고 살려 주시기를 애원하거늘

168:1 장승백이. 전주시 서서학동

4 상제님께서 이르시기를 "살려 줄 테니 돌아가서 정 도령에게 다시 는 이런 짓을 말라고 전하라." 하시고 돌려보내시니라.

5 성도들이 그 사람에 대해 여쭈니 말씀하시기를 "정 도령이 나를 죽 이려고 보낸 자객이라." 하시니라.

6 또 상제님께서 태인 백암리(白岩里)에 계실 때 하루는 방 안에 들어가시어 성도들의 출입을 금하시더니

7 하루 밤낮으로 방 안에서 속닥이는 소리가 들리므로 성도들이 엿보니 한 더벅머리 총각과 말씀을 나누고 계시더라.

8 다음 날 아침 그 총각을 돌려보내실 때 한 성도에게 철인(鐵印)을 주시며 말씀하시기를

9 "하직 인사를 할 때 총각의 이마에 인을 쳐라." 하시거늘 명대로 행하니 총각이 통곡하고 돌아가니라.

10 그 뒤에 성도들에게 말씀하시기를 "전일에 나를 죽이려고 자객을 보낸 정 도령이니라." 하시니라.

에 있으며 전에 장승이 서 있었다.

구례에서 서○○로 가심

169 정미년 여름에 상제님께서 구례에 가셨다가 길을 나서시며 호연에게 "우리, 저기로 가자!" 하시니 "어디로 가?" 하고 여쭈거늘

2 상제님께서 "서○○로 가자. 거기 가면 구경거리도 많고, 너 먹을 것도 쌨고. 이제 가자!" 하시는지라

3 호연이 "태운장보고 말도 안 하고?" 하매 "알고 올 테지. 내버려 두고 그냥 가자." 하시니라.

4 호연이 한껏 들떠서 "그러면 뭣 갖고 와?" 하니 상제님께서 "너 더우니 부채 하나 맹글어 줄게." 하시고 달부채를 만들어 주시므로 그것을 부치면서 가니라.

5 이윽고 서○○ 바닷가에 당도하니 석화(石花)가 지천으로 널려 있고 다른 먹거리들도 많이 있거늘

6 호연이 상제님과 함께 앉아 저녁을 먹고 있으려니 그제야 형렬이 도착한지라

7 호연이 형렬과 함께 석화와 해물을 잔뜩 주워서 구릿골로 돌아올 때 가지고 오니라.

계룡산 꼭대기에서 공사를 보심

170 무더운 여름날 하루는 여러 성도들을 데리고 태전 계룡산 꼭대기에 오르시어 공사를 행하시니라.

2 상제님께서 성도들로 하여금 쪼그리고 앉아 '꼬꼬꼬' 하고 닭울음 소리를 내며 걷게 하시니

3 모두 비오듯 땀을 흘리는데 몇몇 성도는 숨이 차서 불평을 하는지라

4 상제님께서 "너희들 더우냐?" 하시매 그 말씀이 떨어지자마자 문
득 먼 하늘에서 큰 구름 한 장이 떠와 해를 가리거늘 금세 땀이 마
르고 시원해지더라.

5 이에 계속하여 공사를 행하시다가 한참 후에 마치시니라.

태전 봉황산으로 응기된 지기

171:1 사선대 전
북 임실군 관촌
면 덕천리 소재.
옛날에 네 신선
이 놀았다는 전
설이 있다.

171 상제님께서 하루는 성도들과 함께 임실 관촌(任實 舘村) 사선
대(四仙臺)에 가시니

2 마침 엄청나게 큰 지네가 암꿩을 물고 폭포 아래 넓은 바위 위로
올라오고 있더라.

3 상제님께서 공우에게 "저게 무엇 같으냐?" 하고 물으시니 공우가
"기차 같습니다." 하고 대답하거늘

4 상제님께서 말씀하시기를 "만리장성 구룡을 타고 백두산으로 해서
노령산으로 해서 경상도 지리산으로 해서 전라도 모악산으로 해서
충청도 계룡산으로 해서 태전 봉황산(鳳凰山)이니라." 하시니라.

선천 술법 기운을 거두심

172:1 새술막. 대
흥리와 삼산교
사이에 있었던
주막으로 지금은
논으로 변했다.

172 상제님께서 대흥리 위에 있는 새술막에서 성도들과 술을 잡숫
고 계실 때 40세 전후의 두 사람이 이르니 한 사람은 상복(喪
服)을 입었더라.

2 술을 다 드시고 나서 성도들과 차경석의 집으로 돌아오시는데 두
사람이 뒤를 따라오거늘

3 성도들에게 말씀하시기를 "저 자들은 큰 술객으로 나를 시험하고
자 찾아왔느니라." 하시니라.

4 상제님께서 집에 이르러 마루에 앉아 계시다가 술객들이 오매 앞
에 앉히시고 한참 동안 아무 말씀도 하지 않으시는데

5 문득 두 사람이 어깨로부터 발끝까지 움직이기 시작하더니 마침내
일어서서 춤을 추더라.

6 이에 상제님께서 크게 호령하시기를 "상주(喪主)의 몸으로 어찌 춤
을 추는고!" 하시니

7 두 술객이 황급히 춤을 멈추고 민망함을 금치 못하며 사죄하고 돌
아가거늘

8 말씀하시기를 "이로써 선천의 술법 기운을 걷어 버리노라." 하시니라.

9 만경에 계실 때 하루는 한 무당이 마을 사람들을 속이며 굿을 하고

있는지라

10 상제님께서 그 무당을 크게 꾸짖으시고 다시는 무당노릇을 하지 못하게 하시니라.

칠산바다 위를 날아다니며 공사 보심

173 상제님께서 안내성(安乃成)을 데리고 변산(邊山) 칠산바다에 자주 가시니라.

2 정미년 초가을에 하루는 경학과 내성을 데리고 칠산바다 어느 섬에 가시어

3 바다 위를 걸어다니기도 하시고 훌쩍훌쩍 날아다니기도 하시며

4 사라졌다가 다시 나타나시기를 여러 차례 행하시되 공사의 뜻은 말씀하지 않으시니라.

5 이 때 경학이 보니 상제님께서 나막신을 신고 바다를 건너시는데 그 모습이 평지를 걸으실 때와 똑같더라.

목사 이자익을 건네주심

174 하루는 팥정이에 사는 장로교 조사(助事) 이자익(李自益)이 상나무쟁이에서 큰비로 불어난 내를 건너려고 옷을 벗으려 하는데

2 상제님께서 다가가 물으시기를 "이 목사, 내가 건네주랴?" 하시거늘

3 자익이 황공하여 "선생님 부탁드립니다." 하고 벗던 옷을 다시 입으니

4 상제님께서 자익을 한 손으로 옆구리에 끼시고 폭이 수십 보가 되는 내를 한 걸음으로 뛰어넘으시니라.

오선위기(五仙圍碁) 진주(眞主) 공사

순창에 큰 기운이 묻혀 있으니

175 정미년 가을에 순창 피노리에 계실 때 농바우 박장근(朴壯根)의 집에 이르시어 성도들에게 말씀하시기를

2 "이곳에 큰 기운이 묻혀 있으니 이제 풀어 쓰리라.

3 전명숙과 최익현은 그 사람이 아니므로 도리어 해를 받았느니라." 하시니라.

4 이어 공사를 행하실 때 마침 황응종(黃應鐘)이 이르거늘 말씀하시기

174:1 조사. 장로교에서 목사를 도와 전도하는 교직, 또는 그 사람.

174:1 이자익(李自益, 1879~1958). 경남 남해군 이동면 산동리 출생. 조실부모하고 7세 때 집을 떠나 전주까지 오게 되었다. 교회의 조사였으나 설교를 하기 때문에 보통 목사라 불리었다. 무신(道紀 38, 1908)년 4월 이후 평양신학교에 입학하여 훗날 3회에 걸쳐 장로교 총회장을 역임하였다.

를 "고부 사람이 오니 바둑판을 가히 운전하리라." 하시고 글을 외우시니 이러하니라.

5 英雄消日大中華요
　　영 웅 소 일 대 중 화
　　四海蒼生如落子리라
　　사 해 창 생 여 락 자
　　영웅은 대한(大韓)의 땅에서 바둑으로 소일하고
　　사해 창생은 모두 바둑돌이로구나.

6 또 상제님께서 양지로 고깔을 만들어 '마장군(馬將軍)'이라 써서 문지방 위에 걸어 놓으시고

7 짚으로 두 아름쯤 되는 인경(人磬)을 만들어 방 가운데 달아매시고 백지로 돌려 바르신 뒤에

8 24방위 글자를 돌려 쓰시고 간간이 다른 글자도 쓰시어 그 위에 양지를 비늘같이 오려 붙이시니

9 그 모양이 쇠비늘을 잇대어 붙인 갑옷과 같더라.

10 이 날 참석한 사람은 형렬, 공신, 광찬, 원일, 도삼, 응종, 갑칠, 장근 등이더라.

조선 국운 심판 공사

176 이어 상제님께서 장근에게 명하시어 "식혜 한 동이를 빚으라." 하시고

2 이 날 밤 초경에 식혜를 너러기에 담아 인경 밑에 놓으시며 말씀하시기를

3 "회문산(回文山)에 오선위기혈(五仙圍碁穴)이 있으니 이제 바둑의 원조인 단주의 해원 도수(解冤度數)를 이곳에 붙여 조선 국운을 돌리려 하노라." 하시니라.

4 이어 말씀하시기를 "다섯 신선 중에 한 신선은 주인이라 수수방관만 할 따름이요

5 네 신선이 판을 대하여 서로 패를 들쳐서 따먹으려 하므로 시일만 끌고 승부가 속히 나지 않느니라.

6 이제 최수운을 불러 증인으로 세우고 승부를 결판 내려 하나니 이 식혜는 곧 최수운을 대접하려는 것이로다.

7 너희들 중에 그의 문집에 있는 글귀를 아는 자가 있느냐?" 하시니 몇 사람이 대답하기를 "기억하는 구절이 있나이다." 하거늘

8 상제님께서 양지에 '걸군굿 초라니패 남사당 여사당 삼대치'라 쓰

시며 말씀하시기를

9 "이 글이 주문이라. 외울 때 웃는 자가 있으면 죽으리니 조심하라." 하시니라.

10 또 말씀하시기를 "이 글에 고저청탁(高低淸濁)의 곡조가 있나니 외울 때 곡조에 맞지 아니하면 신선들이 웃으리니 곡조를 잘 맞추라." 하시고

11 상제님께서 친히 곡조에 맞춰 읽으시며 모두 따라 읽게 하시니 이윽고 찬 기운이 사람들을 엄습하니라.

12 상제님께서 읽기를 멈추시고 말씀하시기를 "최수운이 왔으니 조용히 들어 보라." 하시니

13 문득 인경 위에서 "가장이 엄숙하면 그런 빛이 왜 있으리. 이 내 수치 씻어 주면 그 아니 성덕인가." 하고 외치는 소리가 들리거늘

14 상제님께서 물으시기를 "이 말이 어디 있느냐?" 하시니 한 사람이 말하기를 "수운가사에 있습니다." 하니라.

조선을 잠시 일본에 넘겨주어야

177 상제님께서 인경 위를 향하여 여러 말씀을 하시는데 성도들이 들으니 그 말씀의 뜻을 알 수 없고 조선말이 아닌 것 같더라.

2 상제님께서 말씀하시기를 "조선을 잠시 다른 나라에 넘겨주고 천운(天運)을 기다리게 할 것이니라." 하시고

3 "조선을 서양으로 넘기면 인종이 다르므로 차별과 학대가 심하여 살아날 수 없을 것이요

4 청국으로 넘기면 그 민중이 우둔하여 뒷감당을 못할 것이요

5 일본은 임진란 후로 도술신명(道術神明)들 사이에 척이 맺혀 있으니 그들에게 넘겨주어야 척이 풀릴지라.

6 그러므로 내가 이제 일본을 도와 잠시 천하통일(天下統一)의 기운과 일월대명(日月大明)의 기운을 붙여 주어 천하에 역사를 하게 하리라.

7 그러나 그들에게 한 가지 못 줄 것이 있으니 곧 어질 인(仁) 자라.

8 만일 어질 인 자까지 붙여 주면 천하는 다 저희들의 소유가 되지 않겠느냐.

9 그러므로 어질 인 자는 너희들에게 붙여 주리니 다른 것은 다 빼앗겨도 어질 인 자는 뺏기지 말라.

10 너희들은 편한 사람이요 저희들은 곧 너희들의 일꾼이니라.

11 모든 일을 분명하게 잘하여 주고 갈 때는 품삯도 못 받고 빈손으로

176:13 『용담유사』「도수사(道修詞)」의 한 구절.

177:5 조선과 일본의 갈등은 신도(神道) 차원에서 이루어진 것이다. 서구열강 제국주의의 밥이 되려 하는 19세기 말 20세기 초의 급박한 위기 상황에서 또 한 번의 난리를 치러야 하는 조선과 동양 민족의 운명을 읽어 주신 것이다.

177:6 오늘의 세계를 움직이는 일본의 국력은 근면한 국민성에도 그 원인이 있으나 상제님께서 내려 주신 천지 기운이 바탕이 된 것이다.

178:1 이화춘(李化春, 1870~1908). 본관 전주. 전북 순창군 쌍치면 금성리에서 출생. 고부 도수 때 상제님께 불경한 패설을 하여, 신벌을 받아 의병의 총에 맞아 죽었다.

178:5 전명숙이

고 대가 긴 깃발을 가지고 떼를 지어 다니며 노는 무리.

돌아가리니 말대접이나 후하게 하라.” 하시니라.

12 이어서 양지에

　　天下是非神淳昌運回
　　천 하 시 비 신 순 창 운 회

13 라 쓰시며 말씀하시기를 “이 공사의 결정으로 인하여 천하의 모든 약소민족도 조선과 같이 제 나라 일은 제가 주장하게 되리라.” 하시니라.

전봉준 해원 공사

178 이튿날 농바우를 떠나 피노리 이화춘(李化春)의 집에 이르시어 성도들로 하여금 누렁개 한 마리를 잡고 술 한 동이를 받아 오게 하신 뒤에

2 “뒷산 솔밭에서 가장 큰 소나무 한 그루를 베어 오라.” 하시고 “남방(南方) 황토(黃土)를 파 오라.” 하시니라.

3 또 백지 석 장을 청(靑), 홍(紅), 황(黃) 삼색으로 물들여 그 가장자리를 서로 이어 붙인 다음 베어 온 소나무 윗가지에 달아매시고

4 다른 백지 석 장에 각기 시천주주(侍天主呪)를 쓰시어 황토를 조금씩 싸서 소나무에 함께 내려 다신 뒤에 집 앞에 세우시니 마치 깃대와 같은지라

5 성도들에게 말씀하시기를 “전명숙이 이곳에서 잡혔는데 사명기(司命旗)가 없어 한을 품었나니 이제 기를 세워 해원시키려 하노라.

6 또 개장국은 세상에서 먹는 음식인데 도가에서는 먹지 않았으므로 이 또한 한이 붙어 있나니

7 이제 이 국을 먹는 것은 해원 겸 개정(改政)하려 함이로다.” 하시고 성도들과 나누어 잡수신 뒤에

8 화춘에게 명하시어 돈 서른석 냥을 준비하게 하시고 모든 물품을 둔 곳에 같이 두게 하시니라.

9 공사를 마치신 후 성도들을 모두 돌려보내시고 오직 공신만 머물게 하시니라.

이게 도둑놈 다리다

179 농바우에 계실 때 하루는 상제님께서 문공신(文公信)과 차경석(車京石)을 데리고 노루목을 지나 두주막거리 주막에 이르시어 밥과 술을 드신 뒤에 장검산(長劍山) 아래 이화동(梨花洞)으로 가시니라.

2 이 때 상제님께서 "경석아, 나하고 목욕하자." 하시며 개울에 들어 가시거늘

3 경석이 '쌀쌀한 날씨에 저러시는 데는 필시 연유가 있다.' 생각하 고 상제님을 따라 물속으로 들어가니라.

4 이에 공신도 따라 들어가려 하니 상제님께서 들어오지 못하게 하 시매 밖에서 구경을 하는데

5 문득 상제님께서 경석의 다리를 잡고 외치시기를 "이게 도둑놈 다리 다!" 하시니라.

6 이후 회문산 각처에서 여러 공사를 행하시고 사실재를 넘어 돌아 오시니라.

장덕리에서 공사 보심

7 상제님께서 회문산에 가실 때 종종 장덕리(長德里)를 들르시니라.

8 하루는 피노리에서 용전리(龍田里)를 지나 밤재 너머 장덕산 아래 장덕리에 가시어

9 회문산을 바라보시며 말씀하시기를 "산꼭대기에 올라갈 필요는 없 다." 하시고 한참 동안 공사를 보시니라.

초패왕 도수를 붙이심

180 하루는 형렬과 경석을 데리고 순창 장군암(將軍岩)에 가시어 공 사를 행하실 때

2 경석을 장군바위에 앉히시고 상제님께서는 형렬과 함께 바위 아래 에 서시어 말씀하시기를

3 "오늘 너에게 **초패왕**(楚覇王) 도수를 붙이노라. 모든 일에 선으로써 행사하라." 하시고

4 형렬에게 말씀하시기를 "너는 이 공사의 증인이니라." 하시고 돌아 오시니라.

스물한 명은 할 수 없다

181 이 뒤에 문공신으로 하여금 돈 서른석 냥을 지니게 하시고 피 노리를 떠나 태인 행단(杏壇) 앞 주막에 드시니라.

2 상제님께서 주모를 불러 "술을 내오라." 하시니 주모가 술이 없다 고 하거늘

3 상제님께서 "이런 주막에 어찌 술이 없으리오." 하시매

4 주모가 대답하기를 "물을 붓지 않은 새 독 술은 있습니다." 하니라.

이곳에서 잡혔는 데. 태인에서 입 암산성을 거쳐 12월 2일 순창 쌍치면 피노리까 지 와 숨어 있던 전봉준은 부하 김경천의 밀고로 체포되었다.

178:5 사명기가 없어. 사명기는 임금이 각 영의 대장에게 내리는 지휘기다. 백의 한사인 전명숙에 게 사명기가 있 을 리 만무하다. 인간 삶의 무대 인 역사 현실에 뛰어드신 인존천 주님께서 직접 사명기를 내려 주시는 이 의식 은, 기존의 동학 과 전명숙에 대 한 일체의 편견 과 오해를 불식 케 한다.

179장 강석환과 순창 회문산을 답 사할 당시 인근에 살고 있던 박산판 의 증언.

179:1 두주막거 리. 정읍시 산내 면 장금리(長錦 里)에 있으며, 예 전에 주막 두 곳이 있었다고 한다.

179:1 장검산. 장 금리와 종성리에 걸쳐 있는 산 (366m). 모양이 장검(長劍)같이 생겼다.

179:1 이화동. 현재 정읍시 산내면 종성리 이화동.

179:6 사실재. 3편 209장 지도 참조.

180장 이 공사로 차경석 성도는 상제님 도운(道運)의 이종 역을 맡아 교세를 크게 확장하였다. 차경석 성도는 1921년에 경남 함양군에 있는 황석산에서 대규모 천제를 지내고, 국호를 시국(時國)이라 정하였으며 교명을 보화교(普化敎)로 선포하고 차천자라 불리었다.

181:1 행단. 정읍시 칠보면 시산리 삼리 마을 동쪽에 있는 마을로 살구나무와 은행나무가 많았다.

5 이에 말씀하시기를 "술은 새 독 술이 좋으니라. 안주가 있어야 하리니 돼지 한 마리를 잡으라." 하시고

6 글을 써서 주모에게 주시며 돼지막 앞에서 불사르게 하시니 돼지가 곧 죽는지라

7 상제님께서 주모에게 이르시기를 "돼지를 삶을 때 누구든지 먼저 고기를 맛보면 죽으리니 주의하라." 하시니라.

8 이어 삶은 돼지를 그릇에 담아 뜰 가운데 놓고 술은 독째로 걸러서 마루 위에 놓게 하신 뒤에 글을 써서 주인에게 주시며 뜰 가운데서 불사르게 하시고

9 참관한 마을 사람들과 행인들을 불러 술과 고기를 나누어 잡수시더니

10 문득 큰 소리로 외쳐 말씀하시기를 "무엇을 더 요구하느냐! 이 일은 하늘도 뜻대로 못 하리니 글자 수효대로만 가져가라." 하시며

11 "스물한 명은 할 수 없다." 하시니라.

글자 한 자에 하나씩밖에 죽지 않게 하였으니

182 밤을 지내시고 아침에 공신이 지닌 서른석 냥을 술과 고기 값으로 주신 뒤에 행단을 떠나 솔밭 속을 지나시다가

2 갑자기 길옆의 동자석을 보시고 "고얀 놈이 안 가고 여기 자빠져 있구나. 예끼놈, 빨리 달아나라!" 하고 호통치시니 공신이 무슨 말씀인지 몰라 어리둥절해하더라.

일진회원 21명이 의병으로 오인되어 포살당한 주막 터(비석 있는 곳).

3 원평으로 가시며 공신에게 말씀하시기를 "뒷날 보라. 그곳에 일본 군사가 매복하여 있다가 수많은 사람을 상하게 할 것이라.

4 그러나 글자 한 자에 하나씩밖에 죽지 않게 하였으니 저희들이 이를 알면 나를 은인으로 여기련만 누가 능히 알리오." 하시더니

5 무신(戊申 : 道紀 38, 1908)년 8월 16일 비가 내리는 날 일진회 회원 서른세 명이 행단 주막에서 유숙하는데 일본 군사가 의병으로 오인하여 발포하매 스물한 명이 죽으니라.

신경수의 집에 들어가시어

183 하루는 공신을 데리고 고부로 가실 때 물으시기를 "가는 길에 아는 벗이 있느냐?" 하시니

2 공신이 "운산리(雲山里)에 신경수(申京守)가 있습니다." 하고 아뢰거늘

3 상제님께서 경수의 집으로 들어가 마루에 앉으시어 글을 써서 불사르시고 공신에게 "집에 다녀오라." 하시니라.

4 공신이 집에 가 보니 일진회 두목 송대화(宋大和)가 와 있거늘 잘 대접하여 보내고 다시 운산으로 오니

5 상제님께서 물으시기를 "손님이 있었더냐?" 하시매 대답하기를 "손이 있어서 보내고 왔나이다." 하고 상제님을 모시고 집으로 가니라.

6 이 때 공신의 모친이 요통을 앓으므로 상제님께 아뢰거늘

7 "매실 한 냥쭝을 가져오라." 하시어 종이에 싸서 들보에 걸어 놓고 글을 써서 불사르시니 곧 나으니라.

금강산 부처 기운을 거두심

184 상제님께서 순창 농바우에 계실 때 조선 국운 심판 공사를 마치시고 형렬에게 이르시기를

2 "허미수가 중수한 성천(成川) 강선루의 일만 이천 고물에는 녹(祿)줄이 붙어 있고

3 금강산 일만 이천 봉에는 겁살(劫煞)이 끼어 있나니 이제 그 겁살을 벗겨야 하리라." 하시고

4 "너는 광찬과 원일을 데리고 구릿골로 돌아가 열흘 동안 아침저녁으로 청수 한 동이씩을 길어서 스물네 그릇에 나누어 놓고

5 밤에는 칠성경을 스물한 번씩 읽으며 백지를 사방 한 치씩 오려 그

182:4 글자 한 자에 하나씩. "순창에 거주하는 시천교도 33명이 1908년 음력 8월 16일 행단 앞 주점에 이르러 주막 주인으로 하여금 근처 일본 병참에 여행 사실을 통지케 하였는데 주인은 돌아오지 않고 일본군 기병대가 갑자기 들이닥쳐 총을 쏘고 칼을 휘둘러 21명이 사망하였다."〈「대한매일신보」, 1908년 10월 9일자〉

182:5 당시 의병으로 오인되어 죽은 사람의 손자, 임일선(林日善)과 당시 7세였던 백영술의 증언.

183:1 가는 길. 신경수 성도의 집은 문공신 성도의 집에서 약 1km 거리였다.

183:2 신경수(申京守, 1838~1923). 본관 평산. 이 때 70세의 나이에 상제님을 만나 따르게 되었다. 문공신, 황응종, 손병욱 성도와 한 동네에 살았다. 슬하에 딸 문

화(文化)를 두었
으나 현재는 절
손되었다.

183:4 송대화(宋大
和, 1856~1919).
키가 9척에 힘이
장사였다. 동학
혁명 때 부친 송
두호와 함께 사
발통문에 서명하
였으며 전봉준을
도와 직접 전투
에 참가하는 등
적극적으로 활약
했다.

183:7 한 냥쭝.
한 냥의 무게.

184:2 고물. 우
물마루의 귀틀
두 개 사이의 구
역. 우물마루는
짧은 널은 세로
로, 긴 널은 가로
로 놓아 '우물
정(井)' 자 모양
이다.

184:5 모실 시.
모실 시(侍) 자는
절(寺) 사람(人),
곧 부처를 말한
다. 이 공사는 도
운과 세운의 도
수가 동시에 얽
혀 있는 대표적
인 공사로, 남조
선 도수가 전개되
면서 금강산 부
처 기운이 걷히
고, 그 일만 이천
봉의 정기에 응
하여 후천 새 시
대 일만 이천 도
통군자가 나오는
개벽공사이다.

종이에 한 사람이 모실 시(侍) 자 사백 자씩 써서 네 벽에 돌려 붙이
고 나를 기다리라." 하시고

6 엄히 경계하시기를 "붙일 때는 종이가 포개져서도 안 되고 요만치
틈이 있어도 안 되나니 끝이 딱 맞아야 하느니라." 하시니라.

7 원일이 형렬로부터 이 말씀을 전해 듣고 싫은 기색을 띠거늘 형렬
이 상제님께 아뢰니 상제님께서 "이도삼(李道三)을 데려가 행하라."
하시매

8 형렬이 도삼, 광찬과 함께 구릿골로 돌아가 명하신 대로 행하여 열
흘에 마치니 글자의 총수 일만 이천 자요, 종이도 틈 하나 없이 정확
하게 붙었더라.

사기는 김제로 옮겨야 하리라

185 상제님께서 구릿골에 이르시어 갑칠에게 염소 한 마리를 사 오
라 하시거늘

2 갑칠이 염소를 사서 지고 오매 말씀하시기를 "너 소 한 마리 메고
오느라고 욕봤다." 하시고

3 염소를 잡아 그 피를 손가락으로 찍어 벽에 돌려 붙인 일만 이천 모
실 시 자 위에 일일이 점을 치신 뒤에

4 성도들에게 물으시기를 "이 형상이 무엇과 같으냐?" 하시니 갑칠
이 아뢰기를 "아라사 병정 같습니다." 하거늘

5 상제님께서 말씀하시기를 "아라사 병사가 내 병사니라." 하시고 "모
든 일을 잘 알아서 하라." 하시니라.

6 상제님께서 다시 말씀하시기를 "사기(邪氣)는 김제(金堤)로 옮겨야
하리라." 하시더니 마침 김제 수각(水閣)에 사는 임상옥(林相玉)이
이르거늘

7 청수 담던 사기그릇을 개장국에 씻어 주시며 말씀하시기를 "인부(人
夫)를 많이 부릴 때 쓰라." 하시고

8 "다 쓴 뒤에는 김제장에 가서 매각하라." 하시니라.

금강산의 정경을 읊어 주심

9 하루는 상제님께서 옛시 한 수를 외워 주시니 이러하니라.

10 步拾金剛景하니　　青山皆骨餘라
　　보 습 금 강 경　　　청 산 개 골 여
　　其後騎驢客이　　無興但躊躇라
　　기 후 기 려 객　　　무 흥 단 주 저
　　걸어서 금강산의 정경을 둘러보니

푸른 산이 모두 뼈만 남아 있구나.
저 뒤의 나귀 탄 나그네
흥이 없어 주저만 하는구나.

마음이 첫째이니

186 상제님께서 금강산 공사를 보시고 형렬에게 말씀하시기를

2 "내가 장차 머리를 깎으리니 너도 또한 머리를 깎으라." 하시니 형렬이 내키지 않아 마지못해 대답하거늘

3 갑칠을 불러 말씀하시기를 "내가 머리를 깎으리니 내일 모악산 대원사에 가서 금곡을 불러오라." 하시매 형렬이 크게 근심하니라.

4 이에 상제님께서 말씀하시기를 "중이 상투가 있더냐? 마음이 첫째이니 머리는 아무 상관이 없느니라." 하시더니 다음 날 다시 말씀치 않으시니라.

미륵의 도는 신선이 된 부처(仙佛合德)

5 하루는 상제님께서 형렬에게 "애기부처를 조성하라." 하시며 말씀하시기를

6 "너는 삭발하고 중이 되라. 불지양생(佛之養生)이니 불(佛)로써 깨치라." 하시고

7 "너는 좌불(坐佛)이 되어 집을 지켜라. 나는 선불(仙佛)이 되어 왕래를 임의로 하리라." 하시니라.

평사낙안(平沙落雁) 기운을 원평으로 옮기심

187 하루는 성도들에게 말씀하시기를 "세상 사람들이 정읍 산외 평사리(山外 平沙里)를 평사낙안(平沙落雁)이라 하여 피난처로 알고 있으니 그 기운을 빼리라." 하시니라.

2 상제님께서 성도들을 거느리고 원평 김명보(金明甫)의 주점에 가시어 명하시기를 "개장을 만들어 술과 함께 가져오라." 하여 성도들과 나누어 잡수신 뒤에

3 솟튼재에 올라 한 발은 태인 쪽을, 한 발은 원평 쪽을 밟고 서시어

4 양쪽을 번갈아 바라보면서 발을 구르시며 개벽주(開闢呪)를 읽으시니 지면(地面)과 초목이 크게 진동하니라.

5 이와 같이 한참을 행하시더니 말씀하시기를 "평사낙안 기운을 원평으로 돌렸노라." 하시고

6 "이제 운암(雲岩)은 물방죽이 되리라." 하시니라.

184:6 상제님의 공사 정신은 한 마디로 정확성과 명료함이다. 상제님께서 천지도수를 인사로 정하실 때는 작은 것 하나하나를 엄격하게 감독하시어 한 치의 오차도 허용하지 않으신다. 도업에 임하는 일꾼들은 이러한 도수 정신에 철저히 깨어 있어야 한다.

184:7 이도삼(李道三, 1865~1943). 본관 전주. 비교적 학식이 있는 성도로 주로 천문과 관련된 공사에 참여하였다. 상제님께서 자신의 죽은 딸을 살려주시는 등 강렬한 체험을 함으로써 상제님에 대한 믿음이 굳건하였다.

185:2 소 한 마리. 선천의 부처 기운을 거두시는 이 공사에서, 상제님의 도권을 상징하는 '염소'를 '소'라고 말씀하신 것은, 우주원리로 축미(丑未 ; 무극의 축)가 음양 일체로 작용하기 때문이다. 이는 또한 상제님께서

'나는 소체' (5편 308장 10절)라고 하신 바, 상제님과 지도자가 합덕하는 것을 뜻한다.

185:6 사기는 김제로 옮겨라. 이 상호는 『증산천사공사기(1926)』에 김형렬 성도의 증언을 바탕으로 '사기(邪氣)'로 기록하였으나, 김제가 자신이 살던 곳이므로 『대순전경(1929)』에는 '사기(沙器)'로 고쳐 썼다.

187:1 평사낙안. 평평한 모래펄에 기러기가 내려앉는 형국.

187:6 물방죽. 1928년 12월 운암제가 완공되었고, 1965년 섬진강댐이 만들어져서 운암호가 되었다.

188:3 군령교 마을. 정읍시 입암면 등천리(登川里)에 있으며 조선시대에 군량미를 비축해 두던 곳이다. 상제님 공사에 의해 노령 제1터널과 2터널이 뚫리게 되었으며 1914년 1월 11일(양력)에는 '대전-목포' 간 호남선이 개

철로 공사를 보심

188 하루는 상제님께서 태인에서 정읍 갈재로 가시며 공사를 행하시니라.

2 이 때 길을 가시면서 지팡이로 땅을 탁탁 짚으시며 "전봇대 꼽자, 전봇대 꼽자." 하시고

3 이따금 지팡이를 땅바닥에 탁 꽂으시고는 "여기가 역전이다." 하시며 갈재 아래 군령교(軍令橋) 마을까지 가시거늘

4 성도들이 이상히 여겨 "그게 무슨 공사입니까?" 하고 여쭈니라.

5 이에 상제님께서 말씀하시기를 "야, 이놈아. 얼마 안 있어 여기도 기차가 다닌다. 기찻길 옆에는 전봇대가 서는 것이다." 하시더니

6 얼마 후에 과연 상제님이 걸어가신 길을 따라 철로가 놓이고 지팡이로 짚으신 곳에 전봇대가 세워지며, 역전이라 하신 곳에는 정거장이 생기니라.

장차 삼국대전을 하여야 터지리라

189 하루는 대흥리에서 성도들에게 말씀하시기를 "차는 고동을 틀어야 가느니라.

2 이곳은 양 병방(丙方)이 막혀 있으니 이를 터놓아야 크게 유리하리라." 하시고

3 군령교에 가시어 지팡이로 산에다 구멍을 뚫으시며 "이곳은 장차 삼국대전(三國大戰)을 하여야 터지리라." 하시니라.

도로 내는 공사

190 하루는 대흥리에서 공사를 마치고 구릿골로 돌아오실 때 길을 버려 두고 논과 밭을 가리지 않으시며

2 물을 만나도 아랑곳하지 않으시고 그대로 걸어서 앞서 가시니 수행하는 성도들이 따르지 못하더라.

3 사람들이 이 광경을 보고 말하기를 "논둑 밭둑으로 헤매는 꼴이 우습다." 하니

4 상제님께서 그 말을 들으시고 "나는 바삐 일하는데 흉보고 비웃는 것은 한가한 자나 할 일이로다." 하시니라.

5 그 후에 새로 도로가 나니 상제님께서 걸어가신 대로 길이 크게 터져서 오늘날 그 길로 사람들이 왕래하니라.

참으로 장하다

191 모악산 청련암 앞에 큰 은행나무 한 그루가 서 있는데

2 상제님께서 청련암에 왕래하실 때면 항상 "참으로 장하다." 하시며 어루만지시고 안아 주시니라.

3 그 후 청련암 주지가 그 나무를 어느 목수에게 팔았는데

4 하루는 목수가 은행나무를 베려고 톱을 대자 갑자기 맑은 하늘에 천둥이 치고 번개가 크게 일어나 나무 주위를 빙빙 돌거늘

5 목수가 대경실색하여 나무 베는 것을 포기하고 돌아가니라.

천지의 일이 그렇게 쉽게 되겠느냐

192 상제님께서 평소에는 "일이 금방 된다. 이제 다 되었다." 하시더니

2 하루는 하늘을 올려다보시며 "한쪽에서 틀어 버리니 화목이 안 되는구나.

3 서로 다 되어 가는데 아직도 앙칼 있는 놈이 있다.

4 한쪽에서 시끄러워지니 애석하고 불쌍한 꼴을 또 보겠구나." 하며 혼잣말씀을 하시니라.

5 이에 호연이 "얼른 돼 버리면 괜찮은데 또 왜 그래요?" 하고 아는 체를 하니

6 한숨을 내쉬며 "너희들은 대수롭지 않은 일로도 서로 화목이 안 되는데

7 작은 일도 아니요 천지의 일일진대 그리 쉽게 되겠느냐, 이 멍청아!

8 아무리 어린것이라도 소견이 그렇게 좁아서 어쩌냐?" 하고 나무라시니라.

박공우를 시험하심

193 박공우가 상제님을 모시고 처음 구릿골로 올 때, 갑옷과 투구를 갖춘 한 대장이 큰 칼을 짚고 제비산 중턱에 서서 아래를 내려다보고 있거늘

2 공우가 슬금슬금 곁눈질하면서 그 앞을 지나 김준상(金俊相)의 집으로 들어가니라.

3 이 날 밤 어떤 사람이 준상의 집에 찾아와 아뢰기를 "헌병이 선생님을 잡으려고 오늘 밤 구릿골로 온다는 말을 들었습니다." 하거늘

4 상제님께서 들으시고 태연히 계시다가 여러 성도들을 준상의 집에 머무르게 하시고 형렬의 집으로 가시니라.

191:1 은행나무. 홋날 이 은행나무와 금산사 경내의 은행나무를 기초로 하여 토불(土佛)로 육장 반, 39척 높이의 금산사 미륵불을 조성하게 된다. 11편 375장 참조.

192:1 이제 다 되었다. 상제님의 말씀은 언제나 하늘과 땅과 인간 역사를 신도로 다스리시는 우주 통치자의 심법 경계에서 봐야 한다. 천지 대세를 틀어 놓으시는 상제님의 안목에서는 이미 세상이 누렇게 익을 대로 익어 있는 것이다.

193:6 정문. 김
형렬 성도의 선
조 김춘(金椿)의
효정문(孝旌門).
본래 금평제에
수몰된 바깥구릿
골 입구에 있었
으나 저수지 공
사 때 지금은 안
구릿골 입구에
옮겨 놓았다.

5 이 때 다른 성도들은 깊이 잠들었으나 공우는 헌병이 올까 두려워
뒷산에 올라가 망을 보는데

6 한밤에 원평 쪽으로부터 대여섯 명이 등불을 들고 구릿골을 향해
오더니 그들이 정문(旌門)에 이르자 불이 꺼지는지라

7 공우가 크게 두려워하여 준상의 방에 들어가 성도들을 깨워 함께
도피하려 하였으나 모두 깊이 잠들어 쉽게 깨어나지 않으매 안절
부절못하더니

8 한 식경이 지나도 밖으로부터 아무 기척이 없으므로 안심하고 잠
을 자니라.

9 다음 날 상제님께서 공우에게 이르시기를 "대장은 도적을 잘 지켜야
하느니라." 하시니라.

도통문을 잠그심

194:1 쇠내. 김
제시 금구면 대
화리(大化里) 쇠
내(金川) 마을.

194 이 뒤에 상제님께서 공우를 데리고 전주로 가시다가 쇠내(金
川)에 이르러 점심때가 되니

2 공우가 상제님을 모시고 고송암(高松庵)을 추종하는 친구의 집에
찾아가 점심밥을 부탁하니라.

3 상제님께서 진짓상을 받으시다가 문득 말씀하시기를 "서양 기운을
몰아내어도 다시 몰려드는 기미가 있음을 이상히 여겼더니 딴전 보는 자
가 있는 것을 몰랐도다." 하시고

194:4 살강. 여
기서는 '살강(殺
姜)'의 의미로
쓰셨다.

4 젓가락으로 상을 탁 치시며 "뒷골방에 살강이 있는지 몰랐도다."
하시니라.

5 이어 공우에게 명하시어 "고송암에게 가서 문상(問喪)하고 오라."
하시고

194:5 이 말씀을
하신 순간 고송
암이 죽었다. 고
송암은 임종할
때 제자들에게
"이 세상에 강증
산이 하느님으로
오신 것을 몰랐
는데 너희들은
그분을 찾아서
소원을 이루라."
하고 참회하였다
한다.

6 칠성경(七星經)의 문곡(文曲)의 위차를 바꾸어 도통문을 잠그시니라.

후천 오만년 첫 공사

195 하루는 공우에게 이르시기를 "후천 오만년 첫 공사를 행하려 하
노니 너는 잘 생각하여 가장 중대한 것을 들어 말하라." 하시니

2 공우가 "지식이 없어 아뢸 바를 모르겠습니다." 하며 사양하다가
이윽고 여쭈기를

3 "선천에는 청춘소부(青春少婦)가 수절한다 하여 공방을 지켜 적막
히 늙어 버리는 것이 옳지 않사오니

194장 상제님께

4 후천에는 이 폐단을 없애시어 젊은 과부는 젊은 홀아비를, 늙은 과

부는 늙은 홀아비를 각기 가려서

5 일가와 친구를 모두 청하여 잔치를 베풀고, 예를 갖추어 개가하게 하는 것이 옳을 줄 아옵니다.” 하매

6 상제님께서 무릎을 치며 칭찬하시기를 “네가 아니면 이 공사를 보지 못하겠으므로 네게 맡겼더니 잘 처결하였도다.

7 이제 결정한 이 공사가 오만 년을 내려가리라.” 하시니라.

8 공우가 다시 아뢰기를 “바라옵건대 다가오는 선경낙원에서는 수모와 천대를 받는 농사꾼을 해원시켜 주옵소서.” 하니

9 상제님께서 “좋구나! 공우가 참으로 대공사를 잘 행하였도다.

10 후천에는 농민을 상등 사람으로 만들 것이니라.” 하고 크게 칭찬하시니라.

후천선경 건설의 진주천자(眞主天子) 도수 : 문공신

칠성용정(七星用政)의 선기옥형 도수

196 정미년 12월에 정토칠봉(淨土七峰) 아래 와룡리(臥龍里) 문공신(文公信)의 집에 계시며 대공사를 행하시니라.

2 며칠 동안 진액주(津液呪)를 수련케 하시고 당요(唐堯)의 ‘역상일월성신경수인시(曆像日月星辰敬授人時)’를 해설하시며

3 “천지가 일월이 아니면 빈 껍데기요, 일월은 지인(至人)이 아니면 빈 그림자라.

4 당요가 일월이 운행하는 법을 알아내어 온 누리의 백성들이 그 은덕을 입게 되었느니라.” 하시고

5 日月無私治萬物하고 江山有道受百行이라
  일 월 무 사 치 만 물   강 산 유 도 수 백 행

  일월은 사사로움 없이 만물을 다스리고

  강산은 큰 도가 있어 온갖 작용을 수용하느니라.

  하시며 선기옥형(璿璣玉衡) 도수를 보실 때

6 天地大八門이요 日月大御命이라
  천 지 대 팔 문   일 월 대 어 명

7 禽獸大道術이요 人間大積善이라
  금 수 대 도 술   인 간 대 적 선

8 時乎時乎鬼神世界니라
  시 호 시 호 귀 신 세 계

  라 쓰시어 경수의 집 벽에 붙이시고

서 도통문을 여실 때 전주 고송암, 경상도 안제암, 함열 함석태, 하동 문화재, 두 봉사 등이 함께 도통 기운을 받은 것으로 알려져 있다. 그러나 천지대세와 역사를 꿰뚫어 보는 안목이 없는 단순한 선천식의 도통은 우주의 가을 세상을 여는 데 오히려 방해가 될 뿐이다. 도통에 앞서 천지 이법이 바뀐다는 가을개벽의 대명제를 철저히 깨쳐야 한다.

195:1 후천 오만 년 첫 공사. 이 공사는 가을 우주의 정음정양 도수를 여시는 첫 공사로 인류의 음양 질서를 바로잡는 중요한 예식이다.

196장 진주천자 도수. 『대순전경』에서는 ‘백의 군왕 백의장상 도수’로 명명하였지만 이는 이상호가 자작한 것이다. 이 공사는 상제님의 대업을 집행하는 천지 일꾼들의 도성덕립 도수이며 구체적으로는 이를 인사화하는 상제님 대행자의

선기옥형(璿璣玉衡)

9 경수의 집에 저울갈고리 도수를 정하시니라.

10 이어 응종의 집에 추 도수, 공신의 집에 끈 도수를 정하신 뒤에

11 다시 경수의 집에 일월대어명(日月大御命) 도수와

12 공신의 집에 천지대팔문(天地大八門) 도수를 정하시고

13 여러 날 동안 주야로 세 집을 번갈아 왕래하시며 공사를 행하시니라.

후천개벽 추 도수를 보실 때

197 와룡리 황응종의 집에서 추 도수를 보실 때 상제님께서 응종의 딸에게 이르시기를 "앞마당에 볏짚을 깔고 청수 한 동이를 모시라." 하시니라.

2 이에 응종의 딸이 명을 받들어 청수 동이를 볏짚 위에 올려놓는 순간 맑은 하늘에 갑자기 뇌성벽력이 크게 일고 폭우가 쏟아지거늘

3 볏집 깐 자리에는 비가 한 방울도 떨어지지 않으니라.

4 얼마 후 담뱃대로 해를 향해 원을 그리시니 구름이 걷히며 곧 비가 그치니라.

능히 하늘을 겨루리라

198 상제님께서 다시 성도들로 하여금 공신의 집에서 수일 동안 진액주를 수련하게 하시고

2 운산리 신경수의 집에 가시어 공사를 행하시며 성도들에게 물으시기를

운산리, 와룡리, 괴동 일대

3 "일곱 고을 곡식이면 양식이 넉넉하겠느냐?" 하시니 대답하기를 "쓰기에 달렸습니다." 하거늘

4 다시 말씀하시기를 "그렇기야 하지만 찻독이 찼다 비었다 하면 못 쓸 것이요, 아무리 써도 마르지 않아야 하리니 어떻게 하여야 하겠느냐?" 하시매

5 성도들이 대답하기를 "그것은 알지 못하겠습니다." 하니라.

6 이에 상제님께서 양지에 무수한 선을 그리시니 성도들이 "신작로 같은 것을 왜 그리십니까?" 하고 여쭈거늘

7 "이게 신작로로 보이냐? 물 나가는 물똘이니라." 하시고 저수지와 물똘의 도면을 그리시어 불사르며 말씀하시기를

8 "이곳이 운산(雲山)이 아니냐. 운암(雲岩) 물줄기를 금만경(金萬頃)으로 돌리더라도 하류에서 원망은 없을 것이니 이 물줄기가 대한불갈(大旱不竭)이라. 능히 하늘을 겨루리라." 하시니라.

9 또 말씀하시기를 "강태공은 제(齊)나라 한 고을의 흉년을 없게 하였다 하나 나는 전북 일곱 고을의 큰 흉년을 없게 하리니 운암은 장차 만인간의 젖줄이 되리라." 하시니라.

10 또 행단 앞산을 가리키시며 "저 산에 콧구멍이 둘이 있으니 후일에 저 콧구멍으로 물이 나와 불을 쓰리라." 하시더니

11 훗날 과연 상제님께서 도면을 그리신 대로 댐과 저수지가 생기고 행단 앞산에는 수력 발전소가 생기니라.

수는 천인합일하는 진법 도운의 도정(道政)과 군사부 일체의 새 시대를 여는 인사 문제와 깊은 관련이 있다.

197:1~3 황응종 성도의 딸은 상제님의 집안에 시집와 교동댁이라 불리었다. 이 공사는 강석환이 조모(황응종 성도의 딸)에게서 직접 들은 내용이다.

198:4 찻독. 쌀을 담는 뒤주의 전라도 방언.

198:8 대한불갈. 큰 가뭄에도 물이 마르지 아니함.

칠보발전소. 상제님께서 운암호 물을 김제 만경으로 돌려 전북 일곱 군의 흉년을 면하게 하신 공사에 의해 세워졌다. 유역변경식 발전소로서 발전 용수는 정읍군 산내면 능교2리에서 취입되며 발전 후 동진강에 방류된다.

계화도 공사

12 상제님께서 말씀하시기를 "운암강(雲岩江)이 흘러 두치강이 되었으나 장차 계화도(界火島)로 나가게 되리라." 하시더니

13 하루는 계화도에 가시어 바다에 떠 있는 배를 가리키시며 "저 배가 물속에 가라앉아 있으니 내가 육지로 건져 놓으리라." 하시니라.

최익현과 박영효 해원 공사

199 하루는 성도들에게 이르시기를 "최익현은 나라의 운수를 돌려 잡으려다 실패하였고, 박영효는 평민의 권리를 신장하려다가 실패하였나니 두 사람의 고충은 한가지라.

2 이제 최익현과 박영효의 원을 풀어 주리라." 하시고 글을 써서 불사르시니 이와 같으니라.

3   千歲千歲 千千歲 萬歲萬歲 萬萬歲 日月의 崔益鉉
      천세천세 천천세 만세만세 만만세 일 월   최익현

4   千胞千胞 千千胞 萬胞萬胞 萬萬胞 蒼生의 朴泳孝
      천포천포 천천포 만포만포 만만포 창 생   박영효

지구촌 만민의 새 생활법 공사

200 상제님께서 공신의 집에 계실 때 밤중에 여러 성도들로 하여금 서로 번갈아 가며 물독의 물을 반 바가지씩 퍼내어 우물에 쏟아 붓고

2 다시 우물의 물을 반 바가지씩 길어 독에 붓게 하시니라.

3 이어서 또 다른 사람들로 하여금 여러 우물의 물과 독의 물을 전과 같이 갈아 붓게 하시며 말씀하시기를

4 "이것은 천하만국이 물화(物貨)를 통상하는 공사이니 만국 인민의 새 생활법이니라." 하시니라.

지금은 천지의 가을 추수기

5 또 말씀하시기를 "이 세상에 허다한 주의(主義)로 허다한 단체가 모임은 가을에 오곡을 거두어 결속(結束)하는 것과 같으니라." 하시니라.

진주천자 도수를 준비하심

201 12월에 상제님께서 와룡리 문공신의 집과 운산리 신경수의 집을 왕래하시며 공사를 행하실 때

2 "이곳에 천자피금혈(天子被擒穴)이 있으니 이제 그 기운을 풀어 쓰리

198:10 물이 나와 불을 쓰리라. 우주의 본체는 물이다. 물은 체(體)로, 불은 용(用)으로 작용하여 우주 운동을 잡아 돌린다. 이 말씀은 칠보발전소를 두고 하신 것이지만, 종통맥 전수의 천지 이법을 드러내 주신 말씀이기도 하다. 칠보발전소를 화경폭포(火鏡瀑布)라고도 한다.

198:12 두치강. 섬진강. 전북 진안군 백운면 팔공산에서 발원하여 남해의 광양만으로 흘러든다.

198:12 계화도. 전북 부안군에 있던 섬. 변산반도의 북단에서 4km 정도 떨어져 있었는데, 1963년~1968년 계화도와 동진면을 연결하는 방조제가 축조되면서 육지가 되었다.

198:12 이 공사로 인하여 섬진강의 물이 운암호에 저수되어 칠보발전소에서 전력을 생산하고 동진강과 합류하여 만경 평야를

라." 하시며 여러 가지 의식을 행하시니라.

3 이 일을 행하시기 한 달 전에 상제님께서 공신의 집에 이르시어 말씀하시기를

4 "쓸데가 있으니 돈 천 냥을 준비해 놓으라." 하시매 공신이 돈을 준비하여 궤짝에 넣어 두니라.

하루 종일 슬피 우심

5 하루는 응종의 아들 내자와 공신의 큰아들 광옥(光玉)이 공신의 집 마당에서 놀면서 보니

6 상제님께서 사랑에 홀로 계시어 궤짝을 끼고 옆으로 누우신 채 궤짝을 두드리시며 하루 종일 대성통곡을 하시거늘

7 이 때 궤를 두드리시는 소리가 마치 북소리와 같더라.

8 20일에 형렬을 불러 이르시기를 "집에 돌아가서 의복을 지어 입고 자현과 함께 오라." 하시는지라

9 형렬이 명을 좇아 구릿골에 갔다가 23일에 자현과 함께 신경수의 집에 와서 상제님을 뵈니라.

10 이 때 광찬의 양모(養母)가 운명하거늘 광찬이 부음을 듣고도 집으로 돌아가지 않으니 상제님께서 여러 번 집으로 돌아가기를 권하시되 듣지 아니하니라.

11 이에 상제님께서 노하여 말씀하시기를 "저놈이 내 자식 같았으면 때려 죽였다." 하시니라.

상씨름 종결 세계 대전쟁 공사

202 12월 24일 공신의 집에 계실 때 성도들에게 물으시기를 "이후에 전쟁이 있겠느냐, 없겠느냐?" 하시니

2 있으리라는 사람도 있고 없으리라는 사람도 있거늘

3 상제님께서 말씀하시기를 "천지개벽 시대에 어찌 전쟁이 없으리오. 앞으로 천지전쟁이 있느니라." 하시니라.

4 이어 "전쟁 기구를 챙긴다." 하시며 방에 있는 담뱃대 20여 개를 거두어 거꾸로 모아 세우시고

5 공우와 여러 성도들로 하여금 갓을 벗고 테머리 수건으로 이마를 동인 채 수건으로 다리를 동여매어 각반처럼 하게 하시니라.

6 또 백지에 시천주(侍天主) 주문을 써서 심을 만들고 그 심지에 불을 붙여 문창에 구멍을 뚫게 하신 뒤에

7 담뱃대를 거꾸로 메게 하시고 성도들을 줄지어 세우시며 말씀하시기

적시면서 서해 계화도로 빠져나가게 되었다.

201:5 이 때 광옥은 6세, 내자는 7세였다.

201:10 양모. 임천(林川) 조씨. 이 해 12월 21일 72세로 작고. 김광찬 성도는 이후 3년 동안 집에 들어가지 않았다고 한다.

202:1 공신의 집. 문공신 성도는 세운과 도운의 인간 역사를 최종 마무리짓는 진주 도수의 주인공이다. 때문에 상제님께서 선천 역사를 끝막는 상씨름 대전쟁 공사를 그의 집에서 보신 것이다.

를 "줄이 흐트러지면 군사가 상하리라." 하시니라.

8 이어 성도들로 하여금 뒷문으로 나가서 부엌으로 돌아 들어와 물부리를 창구멍에 대고 입으로 **총소리**를 내게 하시고

9 다시 측간으로 돌아 들어와 창구멍에 대고 총소리를 내게 하시며

10 또 헛청으로 돌아들어 그와 같이 하되 **궁을형**(弓乙形)을 지어 빨리 달리게 하시니 늙은 사람은 힘에 부쳐 헐떡거리더라.

11 이 때 상제님께서 말씀하시기를 "뒷날 대전쟁이 일어나면 각기 재주를 자랑하여 재주가 일등 되는 나라가 상등국이 되어 전쟁은 장차 끝을 막으리라." 하시니라.

행군하는 북 도수

203 이어서 응종의 집에 가시어 응종으로 하여금 태인 신경원(辛京元)의 집에서 새 수저 한 개를 가져오게 하시고

2 일전에 빚으라 하신 식혜 아홉 사발을 가져오라 하시어 단지 한 개에 쏟아 부으니 단지에 꼭 차더라.

3 이에 양지와 백지와 장지(壯紙)를 각각 여러 권씩 준비하여 놓고 말씀하시기를

4 "비인(庇仁) 복종(覆鍾)이 크다 하므로 이에 행군하는 북 도수를 보노라.

5 북은 채가 있어야 하나니 이 수저가 북채가 되리라.

6 행군할 때에 이 수저로 북채를 하여야 녹(祿)이 진진(津津)하여 떨어지지 아니하리라." 하시고

7 양지와 백지와 장지를 모두 조각조각 떼어 그 조각마다 글을 써서 수저로 단지에 말아 넣으시니

8 종이가 단지에 가득 찼으나 식혜는 넘치지 않더라.

9 이에 단지 입을 잘 봉하여 공신의 집 앞에 있는 언덕 깨끗한 곳에 묻으시니 이 때 사방에서 **천고성**(天鼓聲)이 울리니라.

10 이 뒤에 공신의 집에 30여 명을 모아 놓고 **진액주**를 외우게 하시니라.

후천 음양 도수

204 25일 새벽이 되매 성도들을 정좌케 하시고 각기 종이 한 조각씩을 나누어 주시며 말씀하시기를

2 "후천 음양 도수를 보려 하니 각자 마음에 있는 대로 점 하나에 아내 하나씩 표하여 점쳐 들이라." 하시고

202:11 전쟁은 장차 끝을 막으리라. 남북 상씨름은 선천 문명의 상극 정신과 인류 역사의 모든 전쟁을 완전히 종식하는 인류 최후의 개벽 전쟁이다. 즉 상제님 일꾼들이 그 중심에 들어가 전쟁 상황을 끝막게 된다.

203:1 신경원(辛京元, 1861~1947). 상제님께서 그의 집에 복록소를 정하셨다.

203:3 장지. 조선 종이의 한 가지. 두껍고 질기며 질이 썩 좋다.

203:4 복종. 종을 엎어 놓은 형국으로 예로부터 유명한 혈이다. 도선국사의 결(訣)에 '우리나라의 제일 갑지(第一甲地)는 금강산 천황봉(天皇峰)의 상제봉조형(上帝奉朝形)이요, 둘째는 서천 문수산하(紋秀山下) 복종

3 점 찍은 표를 함에 넣게 하시어 상제님께서 손으로 휘저어 한 장씩 뽑으시니

4 경석은 열두 점이요, 응종은 두 점이요, 경수는 석 점이요, 내성은 여덟 점이요, 공신은 한 점이라.

5 상제님께서 말씀하시기를 "아홉 점은 없으니 일남구녀란 말을 알 수 없도다." 하시고

6 경석에게 물으시기를 "너는 웬 아내를 열둘이나 원하느냐?" 하시니

7 경석이 대답하기를 "십이제국에 한 명씩 두고 달마다 한 나라씩 순 유하면 남아 행락(行樂)의 극치일까 하옵니다." 하거늘

8 상제님께서 말씀하시기를 "네 말이 그럴 듯하도다." 하시니라.

9 경수와 응종에게 물으시기를 "칠십 노옹이 한 사람도 어렵겠거늘 아내 둘, 셋을 어떻게 감당하려느냐?" 하시니

10 응종이 대답하기를 "후천에는 노인이 다시 젊어진다 하오며 자고로 좌처우첩(左妻右妾)이란 말이 있사오니 둘을 원합니다." 하고

11 경수가 아뢰기를 "천지인(天地人) 삼재(三才)로 셋을 원합니다." 하니라.

12 상제님께서 말씀하시기를 "너희 말도 그럴 듯하도다." 하시고

13 내성에게 말씀하시기를 "육관대사(六觀大師)의 제자 성진(性眞)이 팔선녀를 데리고 희롱한다 하였으니 네가 선관이 되려고 여덟 점을 쳤구나." 하시니라.

오직 건곤뿐

14 이어 공신에게 물으시기를 "칠십 노옹도 둘, 셋을 원하거늘 너는 청년으로서 어찌 한 사람에 만족하느냐? 근력이 부족해서 하나밖에 못 하냐?" 하시거늘

15 공신이 대답하기를 "하늘도 하나고 땅도 하나입니다." 하매

16 상제님께서 무릎을 치며 말씀하시기를 "그려, 그렇지! 네 말이 옳도다. 오직 건곤뿐이니 이로써 공사를 마치노라." 하시고

17 무릎을 잘라 무엇을 새기신 뒤에 먹물을 묻혀 모든 종이 조각에 도장 찍듯이 찍으시니라.

18 이어 말씀하시기를 "오늘 공사를 잘 보았으니 점심과 술안주를 특 별히 성대하게 준비하여 손님 대접을 잘하여 돌려보내라." 하시니라.

19 이 때 광찬과 공우는 정읍 차경석의 집으로 보내시고 원일은 태인 신경원의 집으로 보내시니

돌이 생겨 추후 답사를 통해 밝혀 내야 할 과제로 남긴다.

204:13 성진. 김만중의 소설 『구운몽』의 주인공.

204:13 팔선녀. 상제님은 우주의 율려인 태을주 선맥을 안내성 성도에게 전하셨다. 천지 질서와 생명의 근원인 율려는 현상적으로는 팔음팔양의 틀로 대우주의 시공간을 구성한다. 따라서 팔선녀 도수는 팔음팔양 도수로 신천지의 틀을 짜는 것이지 단순히 세속의 여자 여덟을 데리고 살라는 공사가 아니다. 상제님 어천 후 안내성 성도 교단에서는 이 팔선녀 도수를 의식한 제자들이 경쟁적으로 딸을 바치려고 했다 한다.

205:9 삼태육경. 삼정승과 육조판서.

205:10 왜 상제님께서는 동학 신명을 차경석 성도에게 붙여 해원케 하셨는가? 시천주조화정(侍天主造化定)을 노래하며

20 이는 공우가 여러 번 관재로 곤욕을 당했음을 아시고 곧 닥칠 화액을 면케 하려 하심이요

21 광찬과 원일은 그 성품이 너무 과격하여 불참케 하심이더라.

동학 역신 해원 공사

205 공신이 여러 성도들을 돌려보낸 뒤에 상제님께서 공신, 경수, 응종에게 일러 말씀하시기를

2 "경석이 성경신(誠敬信)이 지극하므로 달리 써 볼까 하였으나 제가 스스로 청하니 어찌할 수 없는 일이로다.

3 지난 갑오년에 동학 신도들이 여러 만 명 학살되어 모두 지극히 원통한 원귀(冤鬼)가 되어 우주간에 나붓거리는지라

4 원래 동학은 보국안민(輔國安民)을 주창하였으나 때가 때인 만큼 안으로는 불량하고 겉으로만 꾸며대는 일이 되고 말았나니

5 다만 후천 일을 부르짖었음에 지나지 못함이라.

6 마음으로 각기 왕후장상(王侯將相)을 바라다가 뜻을 이루지 못하고 그릇 죽은 자가 수만 명이니

7 그 신명들을 해원시켜 주지 않으면 후천에 역도(逆度)에 걸려 반역과 화란이 자주 일어나 정사(政事)를 못 하게 되리라.

8 그러므로 이제 그 신명들을 해원시키려고 원혼을 통솔할 자를 정하려는 중인데 경석이 십이제국을 말하니 이는 스스로 청함이라.

9 이제 경석에게 동학 역신 해원의 **삼태육경(三台六卿)** 도수를 붙이리라." 하시고

10 "그 부친이 동학 접주로 그릇 죽었고 경석도 또한 동학 총대(總代)였으니 오늘부터는 동학 때 한 맺힌 신명들을 전부 경석에게 붙여 보내어 이 자리에서 왕후장상의 해원이 되게 하리라." 하시니라.

11 또 말씀하시기를 "춘치자명(春稚自鳴)의 설화(說話)를 들어 보라.

12 배짱이 그만하면 능히 그 책임을 감당하리니 뒷날 두고 보라.

13 경석이 금전도 무수히 소비할 것이요, 사람을 모으는 것도 갑오년보다 훨씬 많게 될 것이니라.

14 경석에게 밥주걱을 맡겼나니 경석은 제왕(帝王)만큼 먹고 지내리라.

15 이렇게 풀어놓아야 후천에 아무 일도 없으리라." 하시고

16 두루마리에 글을 써서 대공사를 처결하시며 외인의 출입을 금하시니라.

내가 이 세상에 온 것은

206 이 공사를 시작하실 때 성도들에게 "각기 새 옷을 지어 입으라." 하시더니

2 이 날 성도들로 하여금 모두 새 옷으로 갈아입게 하시고

3 상제님께서는 좋은 통량갓에 새로 지은 일광단(日光緞) 두루마기와 무문모초(無紋毛綃) 바지저고리로 의관을 정제하시어 의식을 집행하시니

4 마치 천자가 묘당(廟堂)에 임어한 모습처럼 장엄하더라.

5 이 때 상제님께서 말씀하시기를 "내가 천자피금(天子被擒) 도수에 걸렸으니 만약 나의 권능으로 이를 물리치면 만세토록 억조창생에게 헤아릴 수 없는 영향을 미치리라.

6 내가 세상에 온 것은 나를 위한 것이 아니요, 천하의 백성들을 위함이니 내가 이제 스스로 그 운수를 받으리라." 하시니라.

정음정양 도수와 문왕 도수

207 상제님께서 공신에게 일러 말씀하시기를 "너에게 정음정양 도수를 붙이나니 네가 온전히 잘 이기어 받겠느냐.

2 정심으로 잘 수련하라.

3 또 문왕(文王) 도수가 있으니 그 도수를 맡으려면 극히 어려우리라.

4 미물곤충이라도 원망이 붙으면 천지공사가 아니니라." 하시니라.

천하사 일꾼의 심법

208 이어 천지대신문을 여시고 사람 수효를 삼십삼천 수(三十三天數)로 채우신 뒤에 성도들에게 말씀하시기를

2 "이제 만일 일을 당하여 순검이나 병정이 들어오는 것을 보고 겁을 내어 도망할 마음이 있는 자는 다 돌아가라.

3 열 사람이 있다가 한 사람만 도망하여도 아홉 사람은 그 해를 입어 죽게 되리니

4 도망할 마음을 두는 자는 미리 돌아가고, 마음을 지켜 도망하지 않을 자는 굳은 다짐을 해 두라.

5 천하사(天下事)를 하는 자는 위태로움에 들어서서 편안함을 얻고, 죽음에 들어서서 삶을 얻는 것이니

6 일을 하는 자는 화지진(火地晉)도 해야 하느니라." 하시니라.

7 이에 성도들이 "삼가 마음을 굳게 지켜 변함이 없겠나이다." 하고 다

후천개벽을 학수고대한 동학혁명의 종군자들이 바로 상제님의 무극대운을 부르짖은 일꾼들이기 때문이다. 이에 상제님께서 몸소 그들의 원한을 초기 증산도 도운 개척의 운로에 붙여 해소시키셨다.

205:11 춘치자명. 봄꿩이 제 스스로 운다는 뜻으로, 시키거나 요구하지도 않는데 제가 스스로 나서서 손해를 보거나 죽음을 당한다는 말이다.

206:5 천자피금 도수. 증산 상제님의 천하사 성사 도수로 후천 선경 건설의 지도자와 일꾼 내시는 공사를 집행하신 것이다.

208:1 삼십삼천 수. 이 공사에는 33천으로 벌어져 있는 우주촌을 통일한다는 깊은 의미가 담겨 있다.

짐하니 남은 사람은 모두 스물한 명이더라.

8 이 때 성도들은 상제님의 조화권능을 익히 알고 있으므로 혹은 '선생님이 계신데 무엇이 무서우리오.' 생각하고

9 혹은 '무슨 화란이 있으리오. 이는 필시 우리들을 시험하는 말씀일 것이라.'고 생각하니라.

천자가 여기 계신데

209 상제님께서 성도들에게 "경칩절(驚蟄節)이 언제냐?" 하고 물으시니

2 성도들이 "2월 초나흗날입니다." 하고 아뢰거늘 "경칩절에 일을 알게 되리라." 하시니라.

3 이 때 상제님께서 미처 말씀을 마치지 아니하셨는데 면장 양 모(梁某)와 이장이 세금을 받으러 오거늘

4 상제님께서 그들을 향하여 큰 소리로 꾸짖으시기를 "천자(天子)가 여기 계신데 누가 감히 세금을 받으러 오느냐!" 하시고

5 "내가 천지공사를 행하여 천하를 바로잡으려 하나니 너는 어찌 그런 음모에 참여하느냐." 하시니

6 두 사람이 깜짝 놀라 돌아가서 '와룡리에 십수 명이 모여 대사(大事)를 경영한다.'고 고부경찰서에 고발하매 순사 네 명이 나와서 비밀리에 조사하니라.

7 이에 상제님께서 김형렬, 김자현, 문공신, 박장근, 이화춘 등 스물한 명을 모아 놓으시고

8 형렬에게 이르시기를 "너는 자현과 함께 공신의 집에 있으라. 나는 신경수의 집에 가 있을 것이니라." 하시고

9 구르멧산(雲山) 너머 운산리 경수의 집으로 옮기시며 다시 형렬에게 말씀하시기를

10 "순검들이 와서 나의 거처를 묻거든 숨기지 말고 사실대로 바르게 고하라." 하시니 모두 이상하게 생각하니라.

11 이날 밤 상제님께서 경수의 집에 가시어 멀리 칠보 쪽을 쳐다보시며 "건너올 텐데 안 온다. 올 텐데 안 온다." 하시고 한참 동안 누군가를 기다리시는 듯하더라.

209:6 12월 26일 고부경찰서 기록에 의하면 '25일 회룡리에 폭도로 간주되는 자 십수 명이 집합하여 대사를 경영한다고 성언(聲言)하고 있는 것을 탐문하였다.'고 되어 있다.

새벽에 무장 순검들이 들이닥침

210장 순검들이

210 이 날 저녁에 신경수의 집에서는 상제님의 명(命)에 따라 공신

과 여러 사람들이 초저녁부터 윗방에서 불을 끄고 자고, 상제님께
서는 아랫방에서 주무시니라.

2 26일 새벽이 되자 백낙두(白樂斗)를 비롯하여 무장한 순검 수십 명
이 공신의 집을 에워싸고 형렬과 자현 등 여러 사람을 결박한 뒤에
상제님의 처소를 묻거늘

3 성도들이 비로소 상제님의 말씀을 깨닫고 신경수의 집에 계심을
바른대로 고하니라.

4 이에 순검들이 상제님 계신 곳으로 들이닥치더니 총대로 문을 푹
쑤시며 "이놈들 나오라!" 하고 소리치거늘

5 상제님께서 들어온 총대를 마주잡으시고 **"총 놓으라."** 하시니 순검
이 순간 기세에 눌려 "그대가 놓으시오." 하는지라

6 상제님께서 큰 소리로 말씀하시기를 "이놈이 말귀도 못 알아듣는
다. 어서 **총을 놓으라!**" 하시니라.

7 이렇게 한참 실랑이를 하는데 한 순검이 공신을 찾거늘 공신이 대
답하고 나서니 곧 포박하고, 이어서 상제님과 여러 사람들을 의병
혐의로 모두 포박하니라.

8 이 때 순검들이 윗목에 놓여 있는 돈을 보고 도둑질을 했다 하여
무명 몇 필과 함께 압수하니라.

9 날이 밝자 순검들이 상제님 일행을 고부경찰서로 끌고 가거늘 상제
님께서 자현에게 말씀하시기를

10 "이 소식이 집에 들어가면 금번 서울서 과거 급제했다는 소식만큼
이나 즐거워할까. 가족들은 하여튼지 자네는 그 소식으로 알고 있
으라." 하시니라.

꼭 바른말만 하라

211 이 날 상제님과 성도들이 체포되니 그 소문이 원근에 자자하여
놀라지 않는 사람이 없거늘

2 여러 성도의 가족들이 통곡하며 '이번 화액으로 반드시 죽으리라.'
는 패설(悖說)을 뱉기도 하고 화액에 걸린 성도들도 상제님을 원망
하니라.

3 이 때 상제님께서 여러 사람에게 이르시기를 "이 시대는 거짓말하
는 자를 없이하는 시대니 꼭 바른말만 하라." 하시고

4 순검들에게 이르시기를 "그대들은 상관의 명령을 받고 왔으니 거
짓말 말고 본 대로 말하라." 하시니라.

잡으러 왔을 때
상제님께서 들보
에 앉아 계셨다
는 증언도 있다.

210:5 총 놓으라.
"… 쏘아라 그 말
이여. 순경은 인
자 '잡은 총을 놔
라.', 증산 어른
은 '총 쏘라.' 그
말을 놔라 마라
그러고, 순경은
인자 총 잡은 손
놔라놔라…."〈문
공신 성도의 제
자 박인규(1912
~2001) 증언〉

**210:8 압수하니
라.** 당시 압수당
한 물건의 목록
은 다액의 한전
(韓錢), 일본제
여행 가죽 가방,
다량의 서류, 목
면(木棉), 금건
(金巾, 옥양목)
등이다.〈「폭도에
관한 편책」, 전
라남북도 경무국
편〉

천지가 다 내 것이다

212장 상제님 일행 22명은 포박당한 상태로 운산리에서 고부경찰서까지 약 40여 리(16Km)를 걸어서 이동하였다. 진창길인 데다가 눈 덮인 산길과 논둑길로 다 함께 묶여 갔음을 감안하면, 평소보다 3, 4배 이상 시간이 소요되었을 것이다. 와룡리 문공신 성도의 집에서 서쪽으로 보면 바로 두승산과 하늘재(天峙)가 보인다.

212:1 칠성바위. 운산리에서 와룡

212 운산리를 떠난 일행이 칠성(七星)바위를 지나 수금(水金)을 거쳐 다내(月乃)에 이르니 상제님께서 순검 대장을 불러

2 "그대들도 배고프고 우리도 배가 고프니 여기서 요기나 하고 가지 않으려느냐?

3 우리는 이왕 잡혀가는 몸, 그 돈은 다 내 돈이니 내가 그대보고 사란 말 않고 내가 사겠노라." 하시거늘

4 순검들도 저녁내 잠을 못 자고 아침 또한 못 먹었는지라 대장이 이를 허락하고 포승줄을 풀어 주니라.

5 이에 주막 주인을 불러 큰 통돼지 두 마리와 술 몇 동이를 준비시켜 모두 배불리 먹이시고 다시 길을 떠나실 때

6 상제님께서 갑자기 벌떡 일어서시더니 하늘을 향해 양손을 크게 벌리시며 "천지가 다 내 것이다!" 하고 큰 소리로 외치시니라.

7 일행이 황토현(黃土峴)을 지나 두승산 하늘재(天峙)를 넘어 고부 장터에 이르니

8 옷을 번듯하게 입고 끌려가는 상제님의 행렬을 보고 장꾼들이 서로 말하기를

9 "고부는 장차 쏘가 되리라. 저런 큰 인물들이 잡혀갔으니 어찌 무사

진주천자 도수 보실 때 이동하신 경로

하기를 바라리오." 하며 불안히 여기거늘

10 대저 이 때는 각처에서 의병이 일어나므로 인심이 소동하여 실로 공포 시대를 이루었더라.

천하사에 뜻하는 자 어찌 별로히 있으리오

213 경찰서에 이르니 수사관이 성도들에게 "병기를 가졌느냐?" 하고 묻거늘

2 모두 없다고 대답하니 즉시 여러 사람을 구류간(拘留間)에 가두고 공신은 모든 것을 볼 수 있도록 임시 막간 문턱에 앉혀 놓으니라.

3 이어 순검들이 상제님의 상투를 풀어 대들보에 매달고 옷을 다 벗긴 뒤에 십여 명이 사방에 늘어서서 죽검으로 사정없이 옥체를 후려치며 묻기를

4 "네가 대장이냐? 관리는 몇 명이나 죽였으며, 일본 사람은 몇 명이나 죽였느냐?" 하매

5 상제님께서 말씀하시기를 "우리를 의병으로 알고 묻는 말이냐?" 하시니 순검이 "그러하다." 하니라.

6 이에 말씀하시기를 "의병을 일으키려면 깊숙한 산중에 모일 것이거늘 어찌 태인 읍내에서 오 리 안에 들 하나 떨어져 사람들이 날마다 왕래하는 번잡한 곳에서 의병을 일으키리오." 하시고

7 물으시기를 "그대들이 묻는 의병이란 것은 무엇을 이름이냐?" 하시니

8 순검이 말하기를 "이씨 왕가를 위하여 일본에 저항하는 것을 이름이라." 하는지라

9 말씀하시기를 "그러면 그대들이 그릇 알았도다. 우리는 그런 일을 아니하노라." 하시니라.

10 순검이 다시 묻기를 "그러면 무슨 일로 모였느냐?" 하거늘

11 상제님께서 말씀하시기를 "이제 혼란복멸(覆滅)에 처한 천지를 뜯어고쳐 새 세상을 열고

12 대비겁(大否劫)에 싸인 사람과 신명을 널리 건져 각기 안락을 누리게 하려는 모임이로다." 하시니라.

13 이에 통역순검 문형로(文亨魯)가 놀라 말하기를 "어찌 감히 그런 대담한 말을 하느냐!" 하거늘

14 말씀하시기를 "사람마다 지혜가 부족하고 도략(韜略)이 없으므로 천하사를 도모치 못하나니 천하사에 뜻하는 자 어찌 별로히 있으리오.

리로 넘어가는 언덕 위의 밭에 있으며 일곱 개의 바위가 북두칠성 모양으로 놓여 있다.

212:1 수금. 전북 정읍시 정우면 수금리.

212:1 다내. 정읍시 덕천면 달천리 다내 마을. 용두, 구정, 신우 마을을 합쳐 다내라 불렀다. 용두 마을은 용의 머리 형국을 하고 있으며 용뿔을 상징하는 두 개의 바위가 있다.

212:9 쏘. '쑥대밭'이나 '늪'을 뜻하는 전라 방언.

212장 이 날 상제님께서 고초를 겪으시며 한 끼 밤에 드시지 못했다 하여 지금도 문공신 성도 교단에서는 12월 26일을 '일종식(一終食)' 날로 정하고 오후 세시에 상제님께 치성을 올린 후 한 끼만 먹는다.

213:1 경찰서. 당시 고부경찰서는 지금의 고부 초등학교 우측 언덕에 있었던 고부 관아의 건

물을 사용하였다.

15 그대가 만일 도략과 자비가 있다면 어찌 가만히 앉아서 볼 때리오.” 하시니라.

나는 천하를 갖고 흔든다

16 이에 순검들이 계속하여 심문하며 “네가 누군데 감히 그런 말을 하느냐?” 하니 상제님께서 큰 소리로 “나는 강 천자(姜天子)다!” 하시매

17 “어찌 강 천자냐?” 하니 “너희가 나를 강 천자라 하니 강 천자이니라. 나는 천하를 갖고 흔든다.” 하시거늘

18 형렬과 자현은 이 말씀을 듣고 혼비백산하여 “이제 우리는 다 죽었다.” 하고

19 성도들 가운데 누군가는 “저, 죽일 놈 보게.” 하며 욕을 하니라.

천지역군에게 닥칠 큰 화액을 대속하심

214 이 때 순검들이 상제님의 옥체를 죽검으로 사정없이 후려치며 갖은 욕을 보이는데

214:1 이 때 상제님 옥체는 머리가 매달린 채로 공중에 떠 계신 상태였다. 문 공신 성도의 아들 문복환의 증언에 의하면, 일본 순검들이 상제님을 대들보에 매달고 고문을 할 때 ‘마치 명태를 매달아 놓고 돌려치듯’ 때렸다고 한다.

2 공신이 보니 상제님의 가슴이 갑자기 20세 처녀의 젖가슴처럼 부풀거늘 순검들도 놀라 매질을 멈추니라.

3 잠시 후 다시 혹독한 매질이 계속되매 상제님께서 온 몸이 피투성이가 되고 안구가 튀어나온 채 혀를 물고 혼절하시거늘

4 순검들이 비로소 상제님을 대들보에서 내려 구류간으로 옮기니라.

5 이어서 순검이 “집주인이 누구냐?” 하매 공신이 “내가 주인이다.” 하고 나서자 박 권임(權任)이 공신에게 다가와 “이놈도 같은 놈이다.” 하며 구둣발로 앞가슴을 걷어차거늘

6 공신이 마음 속으로 ‘나도 저렇게 맞으면 죽으리라.’ 생각하고 일부러 난간으로 떨어져 짐짓 기절한 체하니

문복환(1919~)

7 문 총순(總巡)이 박 권임을 꾸짖으며 말하기를 “죄의 유무를 결정하지도 못하였는데 어찌 그다지 혹독히 다루느냐.” 하고 공신에게 고채를 채워서 구류간에 넣어 여러 사람과 함께 가두니라.

8 이어 다른 사람도 낱낱이 신문하거늘 대답이 한결같지 못하여 혹은 ‘도를 배우기 위하여 따랐다.’ 하고 혹은 ‘속임을 당하여 따랐다.’ 하니 신문을 마친 뒤에 모두 옥에 가두니라.

214:7 총순과 권임. 조선 후기의 경찰 직명.

214:7 고채. 차

일본 공주를 해원시키려 함이라

9 이 때 상제님의 옥체는 피가 낭자하게 흐르고 만신창이가 되시어 차마 눈뜨고 볼 수 없는 지경이라.

10 상제님께서 옷도 입지 못하시고 겨우 몸만 가리신 채 밤을 새우시

거늘

11 이튿날 성도들이 상제님의 옥체를 살피니 거짓말처럼 상처가 깨끗이 나아 있고, 용안은 화기(和氣)가 충만하여 평소와 같으시더라.

12 이 뒤에 상제님께서 공신에게 이르시기를 "이는 일본 공주를 해원시키려 함이니라." 하시고

13 "지난 임진난리에 사명당이 일본에 가서 인피 삼백 장을 받아 오려 하였나니 그 때 일본 공주가 '나 먼저 벗기라.' 하고 자결하였느니라.

14 그 죽은 혼령이 원귀가 되어 내가 죽은 뒤에 너희를 죽이려고 헌병을 이끌고 왔나니 내가 해원시켜 그 도수를 때웠노라." 하시니라.

너희가 혈심을 갖지 못해 장상신이 응하지 않노라

215 일전에 상제님께서 이번 화액에 쓰기 위하여 약간의 돈을 준비하신 뒤에 갑칠에게 명하시어 '경석에게 전하라.' 하시더니

2 갑칠의 심부름 맡은 사람이 화란을 틈타 그 돈을 훔쳐 도망하는 것을 갑칠이 쫓아가서 되찾아 경석에게 전하매

3 경석이 그 돈으로 옷과 침구와 음식 등을 준비하여 옥중으로 들여보내니라.

4 그믐날 저녁에 우레와 번개가 크게 일어나거늘 상제님께서 말씀하시기를 "이는 서양에서 천자신(天子神)이 넘어옴이니라." 하시고

5 또 말씀하시기를 "이제 천자신은 넘어왔으나 너희들이 혈심을 가지지 못하였으므로 장상신(將相神)이 응하지 아니하노라." 하시니라.

무신(戊申 : 道紀 38, 1908)년

대공사를 처결함이니라

216 무신(戊申 : 道紀 38, 1908)년 설날 모질게 추운 날씨에 눈비가 많이 내리며 우레와 번개가 크게 일어나거늘

2 상제님께서 말씀하시기를 "이는 대공사(大公事)를 처결함이니라." 하시니라.

공신이 죽으면 우리가 다 죽을 것이니

217 이 때 공신은 구둣발에 채인 곳이 크게 결리며 열이 심하게 나

꼬. 긴 나무토막으로 두 발목을 고정시켜 중죄인을 가둘 때 쓰는 형구.

214:13 자결하였느니라. 사명당이 1604년에 일본에 사신으로 건너가서 왜왕과 담판하여, 전란 때 잡혀간 3천여 명의 동포를 데리고 귀국했다는 기록이 있다. 이와 관련하여 왜왕의 항복을 받고 매년 인피(人皮) 300장과 불알 서 말씩을 조공하도록 했다는 이야기도 전해 온다.

고 몸이 으슬으슬 떨려 매우 위독하거늘

217:3 곽(槨). 널을 담으려고 따로 짜맞춘 큰 널로 덧널, 외관이라고도 한다. 인곽은 사람들이 곽처럼 둘러싸는 것.

2 간수가 들어와 고채를 끌러 주고 상제님의 고채도 끌러 드리니라.

3 상제님께서 여러 사람에게 일러 말씀하시기를 "이제 만일 공신이 죽으면 우리가 다 죽을 것이니 인곽(人槨)을 써서 낫게 해야 하리라." 하시더니

4 마침 아침밥이 들어오거늘 상제님께서 "음식에 독이 있으니 먹지 말라." 하시고 밥그릇마다 그 위 공중에 무슨 글자를 쓰신 뒤에 다 드시고는

5 그릇을 물리며 말씀하시기를 "인곽을 써야 하리니 모두 일어서라." 하시고

6 좌우로 일곱 사람씩, 위로 두 사람 아래로 한 사람을 서게 하시어 널과 같이 만드신 뒤에 공신을 그 가운데에 눕히시니라.

그래야 네가 사느니라

218 이 때 구류간에 바람을 통하게 하는 작은 구멍이 있어 그 구멍에 종가리 한 개를 두고 오줌을 받아내는데

2 마침 그 종가리에 오줌과 오줌 찌꺼기가 반쯤 괴어 있는지라

3 상제님께서 종가리를 손에 들고 인곽 안에 누워 있는 공신을 일으켜 세우시고

4 얼굴빛 하나 변하지 않으시며 친히 종가리에 있는 오줌 찌꺼기를 손으로 훑어 세 모금을 드시더니

5 그 나머지를 공신에게 주시며 명하시기를 "공신아, 이것을 마시라." 하시니라.

6 공신이 순간 크게 감동하여 생각하기를 '선생님은 나를 살리기 위해 이 더러운 것을 얼굴빛 하나 변치 않고 잡수셨는데

7 내가 어찌 마시지 못하리오.' 하고 받아 마시매 오장이 뒤집히는 듯하거늘

218:8 네가 사느니라. 문복환 옹이 어릴 때부터 아버지 문공신 성도에게서 자주 들은 말씀이다.

8 억지로 참으니 말씀하시기를 "참지 말고 올라오는 대로 다 토하라. 그래야 네가 사느니라." 하시는지라

9 공신이 비로소 깨닫고 토하니 그 뒤로 땀이 많이 나며 열이 내리고 결리던 곳이 나으니라.

점점 더 원망하는 종도들

219 여러 날이 지날수록 인심이 동요하며 상제님을 원망하는 사람이

늘어나거늘

2 상제님께서 일러 말씀하시기를 "대저 인생이 일사(一死)면 도무사(都無事)라 하나니 죽어도 원망은 말라." 하시고

3 또 공신에게 이르시기를 "일을 하려다가 이루지 못하고 죽을지라도 원통히 여기지는 말라.

4 죽을지라도 곱게 죽는 것이 좋으니라. 너는 자식이라도 있으니 한이 없으리라." 하시니라.

5 이에 상제님께서 천지를 개벽하여 선경을 열어 각기 영화를 누리게 해 주실 것으로 믿었던 성도들은 더욱 두려워하여

6 그 중 몇 사람은 "저런 말을 하는 것은 이런 화액에 능히 대처할 권능이 없음을 스스로 드러냄이라.

7 우리가 믿었던 그의 권능은 한낱 무용의 믿음이요, 다만 혹세무민(惑世誣民)의 삿된 일로 우리를 사지(死地)에 몰아넣은 것에 지나지 못함이라." 하고 크게 원망을 하니라.

219:2 일사면 도무사라. '한 번 죽으면 모든 것이 끝난다.' 는 뜻.

비록 십만 대중이 이러한 화액에 걸려도

220 운곡(雲谷)에 사는 노씨(盧氏)는 평소에 형렬과 자현을 잘 아는 사이로 고부경찰서 총순(總巡)과 이종간이라.

2 이 때 노씨가 편지를 써서 김태옥(金太玉)을 고부로 보내니 태옥이 고부에 가서 죽마고우인 옥사장 김검암(金劒岩)에게 그 편지를 보여 주며 말하기를

3 "형렬과 자현은 나의 친족이니 면회도 시켜 주고 이왕이면 두 사람을 좋은 방으로 옮겨 주오." 하고 청하거늘

4 검암이 두 사람의 방을 옮겨 주려 하매 형렬이 그 간수에게 청하여 상제님도 옮겨 드리게 하니라.

5 상제님께서 형렬과 자현을 보시고 "속언에 세 사람이 모이면 관장(官長)의 공사를 처결한다 하니

6 우리 세 사람이 모였으니 천하사를 도모하자." 하시매 두 사람이 아무런 대답을 못 하거늘

7 상제님께서 "왜 복이 무거워서 대답을 못 하느냐?" 하시고 "금일 천지공사를 세 사람이 결정한다." 하시니라.

8 또 자현에게 조용히 이르시기를 "비록 십만 대중이 이러한 화액에 걸려도 털끝 하나 상함이 없이 다 끌러 내리니 안심하라." 하시니라.

220장 김자현 성도의 후손이 소장하고 있는 자료에서 채록한 성구로 이는 김형렬, 김자현 성도가 아니면 알 수 없는 소중한 내용이다.

성도들의 석방

221 이 뒤로 경관이 아무리 조사하여도 의병의 증거가 나오지 않고

2 또한 사람들이 '선생님은 신의(神醫)로서, 부모나 처자의 병을 낫게 해 주신 은혜를 잊지 못하여 설날을 맞아 세찬(歲饌)을 드리러 왔다.' 하며 혹은 '공신의 친척으로서 인사차 왔을 따름이라.' 하므로

3 마침내 정월 10일에 사람들을 석방하며 이르기를 "지금은 비상시라 단체로 모일 때가 아니니 이 뒤로는 특히 주의하라." 하니라.

공신에게 어천 후 성체를 부탁하심

222 이 때 다른 사람은 모두 석방하고 상제님과 공신만 남겨 두니 공신은 구둣발에 채인 곳이 덜 나은 까닭이라.

2 상제님과 공신이 함께 고채에 채워져 있는데 하루는 상제님께서 문득 눈물을 흘리시며

3 "공신아, 너는 자식이라도 있지 않으냐. 나는 죽어서 뼈가 일본으로 갈지, 만주로 갈지…. 나는 자식이 없으니 누가 찾을 것이냐.

4 내 몸이 조선을 떠나면 안 되느니라. 내가 죽은 뒤에 백골이라도 전라도에 묻혀야 할 것 아니냐." 하시니라.

5 이에 공신이 "아들 없는 게 무슨 걱정입니까. 제가 있지 않습니까?" 하니

6 상제님께서 "그럴런가나." 하시고 더 말씀치 않으시니라.

222:3 문공신 성도의 제자들과 아들의 일관된 증언이다.

222:4 내 몸이 조선을 떠나면. 후에 일어날 조철제의 성골 도굴 사건을 미리 내다보시고 그 때의 일을 조처하도록 당부하신 말씀이다.

천자를 도모하는 자는 다 죽으리라

223 며칠 후에 공신은 석방하였으나 상제님의 말씀은 한낱 '광인의 미친 소리'라 하여 상제님을 구류간에 홀로 감금해 두더니

2 38일 만인 무신년 2월 4일 만물이 싹트는 경칩절(驚蟄節)에 석방하니라.

3 이 때 차경석과 안내성이 돈 120냥을 가지고 와서 새 옷을 지어 드리려 하거늘 그만두게 하시고는

4 압수당한 돈과 무명을 찾아 순검과 빈궁한 사람들에게 나누어 주시고 술을 사 주시기도 하니라.

5 고부에서 사흘을 머무르신 뒤에 와룡리 황응종의 집으로 가시니 차경석이 따르거늘

6 이 때 상제님께서 말씀하시기를 "천자를 도모하는 자는 다 죽으리

라.” 하시고

7 “꿈만 꾸는 자도 죽으리라.” 하시니라.

8 또 말씀하시기를 “내가 이곳에서 죽으면 땅에서 떨어지지 아니하리라.” 하시고

9 이후 경석을 데리고 손바래기 본댁으로 가셨다가 김성연의 주막에서 술을 잡수시고 대흥리로 가시니라.

화액에 참여한 사람들

224 이 화액에 참여한 사람은 김형렬, 김자현, 문공신, 공신의 형 학철(學哲), 당질 수암(首岩), 매부 허성희(許聖喜)와

2 김광수(金光洙), 김공빈(金工彬), 김 참봉(金參奉), 이화춘(李化春), 박장근(朴壯根) 등이요, 그 외 열 명은 성명이 밝혀지지 않으니라.

224:1∼2 당시의 경찰서 자료에도 상제님을 제외한 21명으로 기록되어 있다.

3 그 가운데 허성희는 수금되었을 때 불평하는 사람들을 잘 효유하여 진정시키기에 많은 노력을 하였다 하거늘

4 이 화액을 겪은 뒤로 형렬과 자현 등은 여전히 상제님을 받들고

5 나머지 사람은 모두 흩어져 “선경(仙境)세계를 열어 평생 영화와 복락을 누리게 해 준다고 하더니 그 말에 속아 자칫 죽을 뻔했다.” 하며 상제님을 심히 원망하더라.

이화춘, 박장근의 배신과 최후

6 경찰서에 수금되었을 때 박장근, 이화춘 등은 상제님을 심히 원망하며 불경한 말을 하더니

7 2월 초에 상제님께서 대흥리 차경석의 집에 계실 때 이화춘이 오거늘

8 상제님께서 이르시기를 “사람이 비록 불길 속으로 들어갈지라도 더욱 마음을 굳게 하여 본심을 지키고 의리를 존중하여야 하거늘 너는 어찌 그렇듯 무례하게 불의를 감행하느냐.

9 이 뒤로는 깊이 참회하여 모든 일에 의리를 지켜 나의 가르치는 바를 잘 따르라. 그렇지 않으면 신명을 그르치리라.” 하시니라.

10 또 일러 말씀하시기를 “네가 지금 돌아가거든 방문을 굳게 닫고 출입을 폐하되 문구멍을 뚫어 밥을 들여 먹고 대소변도 받아내며 보름을 지낼지어다.

11 만일 그렇게 하지 않으면 큰 화를 당하리니 부디 명심하여 잊지 말라.” 하며 여러 번 이르시거늘 화춘이 명을 받고 물러가는데

12 내성에게 명하시어 화춘을 다시 불러 이르시기를 “네가 만일 나의 말을 믿지 아니하여 비록 죽는 일을 당할지라도 나를 원망치 말라.”

하시니 화춘이 대답하고 물러가니라.

귀신으로나 좋은 곳에 가게 하리라

225 다음 날 상제님께서 세수하시다가 문득 말씀하시기를 "시체 썩는 냄새가 코를 찌른다." 하시더니

225:2 『대순전경』에는 3월로 기록되었으나 족보에는 기일이 2월 7일이다. 이로 보면 상제님께서 출감하시어 사흘 동안 고부에 계시다가 와룡리 황응종 성도의 집에 들러 대흥리 차경석 성도의 집에 가셨으며 이 때 이화춘 성도가 상제님을 뵙고 바로 다음 날 사망했음을 알 수 있다. 상제님께 불경한 인간에게 신도가 얼마나 속히 감응하는지를 잘 알게 해 주는 내용이다.

2 이윽고 화춘의 집 사람이 급히 와서 화춘이 밖에 나갔다가 의병에게 총살당함을 아뢰거늘

3 한숨을 쉬며 "귀신으로나 좋은 곳에 가게 하리라." 하시고 글을 써서 불사르신 뒤

4 심부름꾼에게 이르시기를 "시체는 단단히 묶지 말고 널에 넣되 널 덮개도 단단히 잠그지 말고 양지쪽에 외빈하여 비바람이나 가리게 하라." 하시니라.

귀한 것이 인망이니라

5 이어 탄식하며 말씀하시기를 "박장근도 또한 죽으리라. 그 성질을 고치기 어려우니 어찌할 수 없노라." 하시거늘

6 경석과 내성이 함께 여쭈기를 "그 위인이 성질은 몹시 사납고 포악하나 여러 달 동안 닦아 온 정성을 살피시어 그 죽음을 면케 하여 주옵소서." 하니라.

7 이에 말씀하시기를 "귀한 것이 인망(人望)이니라. 인망이 그러하니 다른 도리를 생각하여 보리라." 하시고 다시 "생명은 보전케 하리라." 하시니라.

8 그 뒤에 장근이 의병에게 맞아서 다리가 부러지니라.

신천지의 참주인 진주노름의 독조사 도수

226 공신이 출옥한 뒤에 하루는 고부 주막 주인이 공신의 집에 와서 느닷없이 공신 앞으로 달아 둔 밥값을 내놓으라며 살림살이를 차압해 가거늘

226장 독조사 도수의 주인인 문공신 성도는 400석지기의 재산과 살던 집까지 다 바치고 10년 동안 두 번에 걸쳐 옥살이를 하는 등 지난한 신앙 과정을 거쳤다. 또 말년에는 초가 오두막에서 자리를 짜며 살다가 76세

2 상제님께서 출옥하시면 압수당한 돈과 무명을 찾아 외상을 갚아 주실 줄 믿었던 공신은

3 큰 돈을 내고도 다시 수저 하나 남김없이 **살림살이를 차압당하매** 크게 불평을 품고 있더니

4 얼마 후 상제님께서 집에 찾아오시매 지난 일을 낱낱이 헤어 아뢰며 불쾌한 어조로 폭담을 하니라.

5 이 때 상제님께서 고개를 숙인 채 듣고 계시다가 공신에게 "이제

말 다했느냐?" 하시니 공신이 분이 풀리지 않은 얼굴로 "다 했지요." 하거늘

6 말씀하시기를 "네 말을 들으니 그렇겠도다. 내가 순창 농바우에서 사흘 동안 머물며 너를 처음 만난 뒤로 네가 여러 가지 큰 공사에 참관하여 너에게 이윤(伊尹) 도수를 붙인 바 있고

7 고부 도수를 보려 하나 가히 감당해 낼 만한 사람이 없으므로 네게 주인을 정하여 독조사 도수를 붙였노라.

8 진주(眞主)노름에 독조사라는 것이 있어 남의 돈은 따 보지 못하고 제 돈만 잃어 바닥이 난 뒤에 개평을 뜯어 새벽녘에 회복하는 수가 있으니 같은 끗수에 말수가 먹느니라.

9 네가 고부에서도 밥값을 말한 일이 있었으나 그 돈을 쓰면 독조사가 아니니라.

10 만일 네가 꼭 돈이 있어야 되겠으면 내가 주마. 그러나 그리하면 그 도수는 다른 사람에게 옮겨야 하느니라." 하시니

11 공신이 '어차피 돈은 쓴 것인데 도수까지 남한테 뺏긴다니 말도 안 되는 소리'라 생각하여 여쭈기를 "일이 그와 같을진대 그만두시옵소서." 하니라.

화둔(火遁) 공사를 준비하심

227 그 후 대흥리로부터 태인 신경원(辛京元)의 집에 이르시어 한 달 동안 머무르실 때 신경원, 최창조, 김경학, 최내경이 상제님을 모시니라.

2 상제님께서 백암리 김경학의 집과 최창조의 집 양가를 왕래하시며 광찬의 양모(養母) 성복제(成服祭)를 창조의 집에서 거행케 하시니라.

3 하루는 상제님께서 신경원의 집에 계실 때 성도들에게 말씀하시기를

4 "천지에 변산처럼 커다란 불덩이가 있으니 그 불덩이가 나타나 구르면 너희들이 어떻게 살겠느냐." 하시며

5 　　誰識南方埋火家
　　수 식 남 방 매 화 가

라 글을 쓰신 뒤에 창조에게 명하시기를

6 "돼지 한 마리를 잡아 계란으로 저냐를 부쳐서 대그릇에 담아 깨끗한 곳에 두라." 하시고

7 이어 "내 옷 한 벌을 지어 두라. 장차 쓸 곳이 있노라." 하시니 창조

로 생을 마쳤다. 이처럼 험난한 문공신 성도의 인생 역정은 제3변 도운의 대두목에게 그대로 투영된다.

226:6 이윤(伊尹, ?~?). 이윤은 재주와 지혜가 뛰어났으며 탕을 도와 하나라를 무너뜨리고 상나라를 세운 개국공신이다. 이름은 지(摯). 관직명 아형(阿衡). 모친이 이수(伊水)에서 살았으므로 이윤이라 했다. 윤(尹)은 바로잡는다는 뜻이니, 탕임금이 그로 하여금 천하를 바로잡게 했다는 뜻이다. 《사기(史記)』「은본기(殷本紀)』》

226:6 이윤 도수. 천하사 일꾼의 자기개혁과 지도자 보필 도수이다. 상제님께서 공신에게 이윤의 도수를 붙이신 공사 시간대는 알려져 있지 않다. 다만 공신이 상제님께 따지던 이 때 처음 밝혀 주셨다고 한다. 《문공신 교단에서 평생을 일심 신앙한 김성섭(1910~) 증언》

226:8 진주노름

에 독조사. 진주는 상제님의 참 일꾼 추수자(대두목)로서, 증산 상제님의 광구창생의 대업을 실현하는 '참 주인'이다. '독조사'란 오직 제 것으로 사람을 살리고 상제님의 도판을 개척해서 인재를 기르는 지도자의 길을 말씀하신 것이다. 반드시 자자손손 자신의 청춘, 재산, 정성을 전부 다 바쳐서 무에서 유를 개척하여 창업을 실현하는 것이 진주의 사명이요 독조사의 사명이다.

226:8 새벽녘에 회복하는 수. 이는 증산 상제님 어천 이후 크게 세 차례에 걸친 증산도 도운 대부흥의 도수 과정에서, 제2변을 직접 개척한 지도자가 모든 것을 정리하고 다시 제3변 부흥시대를 열어 도세(道勢)를 만회함으로써 대개벽기 광구천하의 의통성업을 완수하는 것을 말한다.

227:2 성복제. 초상나고서 처음으로 상복 입을 때 지내는 제사.

가 대답하고 돌아가서 명하신 대로 행하니라.

8 그 뒤에 상제님께서 구릿골로 가시니라.

죽어서야 쓰겠느냐

228 얼마 후 공신이 발에 채인 곳이 재발하여 마당 출입도 못하게 되거늘

2 응종을 구릿골로 보내어 상제님께 아뢰니 "그리 내비둬라, 죽게 냅둬." 하시는지라

3 돌아와 그대로 전하매 공신이 다시 심사가 나서 아무 약도 쓰지 않고 있더니

4 병세가 점점 위중해져서 몸을 전혀 움직이지 못하게 되니라.

5 응종이 민망히 여겨 다시 상제님을 찾아가 뵈니 "공신의 병세가 어떠하더냐?" 하시거늘

6 응종이 대답하기를 "드러누워 움직이지 못하옵니다." 하니라.

7 이에 상제님께서 말씀하시기를 "죽어서야 쓰겠느냐. 찹쌀밥 아홉 때를 지어 먹으라 하라." 하시니

8 응종이 돌아가 명하신 대로 전하매 그대로 하여 곧 완쾌하니라.

천지의 화액 불 기운을 묻는 화둔 공사

229 무신년 3월에 구릿골에 머무르실 때 창조가 사람을 보내어 아뢰기를

2 "돼지고기로 전을 부쳐 둔 것이 다 썩었사오니 어찌합니까?" 하거늘

3 상제님께서 "좀 기다리라." 하시더니 그 후에 형렬에게 명하시기를

4 "태인에 가서 신경원과 최내경을 데리고 새울 창조의 집에 가서 이르되

5 '일찍이 준비하여 둔 옷 한 벌을 세 사람이 한 가지씩 나누어 입고 돼지 한 마리를 잡아서 삶은 다음

6 오늘 저녁에 인적이 그치기를 기다려 한 사람은 그 집 정문 밖에 사람 하나 엎드릴 만한 작은 구덩이를 파고

7 그 앞에 청수 한 그릇과 화로를 놓은 다음 깨끗한 그릇에 호주(胡酒)와 문어와 삶은 돼지고기를 담고 그 위를 두부로 덮어서 구덩이 속에 넣은 뒤에

8 또 한 사람은 돼지고기 전을 한 점씩 들어 청수와 화로 위로 계속하여 넘기되 남은 한 사람이 그것을 받아서 구덩이 속에 다 넣은 다

음 흙으로 덮으라.'고 자세히 일러 주고 빨리 돌아오라." 하시니라.

9 이에 형렬이 명을 받들어 태인에 가서 일일이 지휘한 뒤에 서둘러 집으로 돌아오니

10 맑은 밤하늘에 갑자기 검은 구름이 몰려와 지척을 분간할 수 없이 캄캄해지며 큰비가 쏟아지고 천둥과 번개가 크게 일어나니라.

11 상제님께서 형렬에게 물으시기를 "이 때쯤 일을 행하겠느냐?" 하시니 대답하기를 "행할 때가 꼭 되었습니다." 하거늘

12 말씀하시기를 "만일 변산 같은 불덩이를 그냥 두면 전 세계가 재가 될 것이니라.

13 그러므로 내가 이제 그 불을 묻었노라." 하시니라.

부처와 보살 음양 공사

230 하루는 장성 백양사(白羊寺)에 가시어 밤새도록 공사를 행하시니라.

2 그 절의 중들이 상제님의 명을 받들어 법당 문을 모두 열어 놓으니

3 상제님께서 담뱃대로 부처의 머리를 세 번 치시고 여러 보살들에게도 똑같이 하신 뒤에

4 말씀하시기를 "사람들 사는 세상에서 아내 얻어 자식 낳고 즐겁게 살지어다." 하시니라.

술객 기운을 거두는 공사

231 상제님께서 백양사에서 돌아오시는데 한 사람이 앞에서 마주 걸어오거늘 그는 주위에서 '정(鄭) 선생'으로 받드는 술객(術客)이더라.

2 그 사람이 가까이 이르매 상제님께서 말씀하시기를 "나에게 바치거라." 하시니

3 그 사람이 쩔쩔매며 땅바닥에 엎드려 명을 기다리니라.

4 잠시 후에 상제님께서 다시 명하시기를 "나에게 바치라." 하시니

5 그가 더욱 두려워서 바짝 엎드리거늘 아무 말씀도 하지 않으시고 가던 길을 가시니라.

6 그 뒤에 상제님 일행 가운데 한 사람이 이상히 여겨 정 선생이란 사람을 찾아가니 이미 폐인이 되었거늘

7 그 까닭을 물으니 말하기를 "하느님이 아니라면 어찌 그럴 수 있으리오.

8 처음에 그분이 명하시니 하늘에서 큰 천둥소리가 들리며 정신이 혼미

보통 나흘 만에 입는다. 김광찬 성도는 손 없는 집에 양자로 들어갔음에도 양모의 장례에 참석하지 않았다.

228:2 황응종 성도의 나이가 훨씬 많음에도 불구하고 문공신 성도가 '하소' 했고, 황응종 성도는 문공신 성도에게 존대를 했다고 전한다.

229:12 변산. 전북 부안군 서북쪽에 위치한 산으로 예로부터 고창의 방장산, 정읍 영주산과 더불어 삼신산으로 불린다.

229장 화둔. 695쪽에 있는 주석 '화둔' 참조.

230:1 백양사. 전남 장성군 북하면 백암산(白巖山)에 있는 사찰. 석가모니의 진신사리가 안치되어 있는 9층탑이 있다.

해지고, 다시 명하시니 하늘에서 번개가 치면서 혼이 달아나 버려
9 가지고 있는 재주가 모두 없어지고 폐인이 되었소이다.
10 그분이 누구신지 성명도 모르지만 하느님이 강세하시지 않고서야 어찌 그럴 수 있겠소." 하니라.

문공신의 불의를 경계하심

232 여름에 문공신이 구릿골에 와서 상제님을 뵙거늘 꾸짖어 경계하시기를

2 "네가 만일 허물을 뉘우쳐 전습(前習)을 고치지 아니하면 장차 어떠한 난경을 당할지 모르리라.
3 내가 만세의 억조창생을 위하여 그 운수를 순리로 받았으나 천지간의 모든 신명들은 혹 내 몸이 다칠까 걱정하고
4 혹 내가 마음 상할까 두려워하여 그림자처럼 나를 따르며 잠시도 곁을 떠나지 않나니
5 너는 어찌 감히 나의 덕(德)을 해하느냐.
6 내가 너를 버리면 너는 성명(性命)을 보전키 어려우리라.
7 공신아! 천지에 사죄하고 나에게 돌아와서 영화를 구하라.
8 나는 너를 버려 내 덕을 상하려 하지 않노라." 하시고
9 자현을 불러 말씀하시기를 "네가 공신의 집에 가서 여러 날 숙식하였으니 공신을 네 집에 데려다가 잘 대접하라." 하시니라.
10 이후 자현이 그 분부를 잊어버리고 지냈더니 하루는 상제님께서 말씀하시기를 "네가 잘못했도다.
11 이 뒤로는 대접하려 해도 만날 기회가 없으리라." 하시거늘 과연 그 뒤로는 서로 만나지 못하니라.

손병희의 기운을 거두심

233:1 구성바위.
현재 김제시 금산면 성계리(星溪里) 신암 마을에 널려 있는 여러 개의 바위이며 칠성바위라고도 한다. 예전엔 이곳에서 당산제를 지냈다.

233 하루는 상제님께서 원평을 지나 구성(九星)바위가 있는 성계리(星溪里) 신암(新岩) 주막에 이르시어 말씀하시기를

2 "내 들으니 손병희(孫秉熙)가 전주에 왔는데 서울에 교당 짓는 것을 빙자하여
3 그 부하들의 어린아이 옷고름에 채운 돈까지 떼어다가 큰집과 작은집을 거느리고 행락하며 온 부하들을 망친다 하니 그 무능함을 가히 알 만도다.
4 만일 재능이 있다면 천하의 집이 모두 저의 집이 될 터인데 집은

지어 무엇하리오.

5 이제 호남 각지를 돌고 나면 그 부하들은 다 망하게 될 것이라.

6 누구든지 몽둥이를 들어 그 머리를 치며 '네 재능이 무엇이건대 사설(邪說)로써 민중을 속이며 부하들을 그다지 망치느냐!'고 꾸짖으면 대답하지 못하고 돌아갈 것이니라." 하시니라.

인내천이 아니니라

7 이에 한 성도가 "손병희가 어떤 사설을 퍼뜨려 행세한다는 말씀이옵니까?" 하고 여쭈니

8 말씀하시기를 "천(天)은 천이요 인(人)은 인이니 인내천(人乃天)이 아니니라.

9 또 손병희가 '아이를 때리는 것(打兒)'을 '하늘을 때리는 것(打天)'이라고 이르나 아이를 때리는 것은 아이를 때리는 것이요, 감히 하늘을 때린다고 할 수 없느니라.

10 하물며 사람의 생사와 화복이 하늘에 달려 있거늘 어찌 하늘을 때린다 하리오.

11 하늘은 억조창생의 임금(君)이요 억조창생의 아버지(父) 되나니

12 옛 성현들이 하늘을 모시는 도가 지극히 엄숙하고 지극히 공경스러워 통통속속(洞洞屬屬)하고

13 수운의 하늘을 모시는 가르침이 지극히 밝고 정성스러웠느니라.

233:2 손병희(孫秉熙, 1861~1922). 본관 밀양. 호 의암(義菴). 동학 2세 교주 최시형의 수제자. 동학혁명 때 북접의 동학군을 이끌고 남접의 전봉준 장군과 합세하여 관군과 싸웠다. 1905년에 동학을 천도교로 개칭하였다.

233:8 천은 천이요 인은 인. 동학의 본래 가르침인 시천주(侍天主)는 최시형을 거치면서 천주의 인격성이 떨어져 나간 '사인여천(事人如天)'으로 변질되고, 손병희에 이르러서는 '인내천'으로 왜곡된다. 하지만 모든 인간의 근원인 하늘을 두고 '인간이 하늘이다.'라고 할 수는 없다. 이는 체(體)와 용(用)의 관계를 모르고 하는 무지막지한 말이다. 서학의 삼위일체 신관과 마찬가지로 근본을 왜곡하고 있다.

구성바위. 성계리 신암에 있는 구성바위 중 하나. 지금은 칠성바위라고 부른다.

14 큰 근본(大本)이 어지러워지면 만덕(萬德)이 모두 그르게 되느니라.” 하시니라.

15 또 말씀하시기를 “저희들은 다 구암(久庵)이요, 이곳은 신암(新庵)이니 곧 도안(都安)의 집이니라.” 하시니라.

진실로 쾌남자로다

16 공우에게 말씀하시기를 “공우야, 손병희의 피폐가 극도에 이르렀으니 너는 내일 전주에 가서 손병희를 쫓아 보내고 오라.” 하시니

17 옆에서 듣고 있던 응종이 몽둥이를 들며 여쭈기를 “제가 쫓아가서 그리하겠나이다.” 하거늘

18 말씀하시기를 “네가 진실로 쾌남자로다.” 하시니라.

19 공우가 명을 받고 이튿날 출발하려다가 다시 말씀치 아니하시매 이상히 여겨 그만두었더니

20 이 때 손병희가 호남 지방을 순회하려다가 갑자기 일정을 바꾸어 서울로 돌아가니라.

천하사를 하는 자는 화지진도 해야

234 무신년 여름에 구릿골에 계실 때 여러 날 동안 양지에 글을 쓰시어 크게 두루마리를 만드신 뒤에

2 하루는 형렬, 갑칠, 경학, 광찬, 윤근, 원일 등에게 명하시기를

3 “방 안에서 문을 닫고 이 두루마리를 화로에 불사르되 연기가 방 안에 가득 차게 하고 다 사른 뒤에 문을 열라.

4 일을 하려면 화지진(火地晉)도 해야 하느니라.” 하시니라.

5 여러 사람이 명하신 대로 하매 연기가 방 안에 가득 차서 숨을 쉬기가 어렵거늘

6 윤근과 원일은 밖으로 나가고 남은 사람은 다 타기를 기다려 문을 여니라.

필성이 너는 그러지 말라

235 하루는 상제님께서 구릿골 어귀의 금난바위(金生巖)에 앉아 계실 때

2 안필성이 일을 나가다가 상제님 일행을 보고 바위에 올라 앉으며 “증산이, 무엇하고 있나?” 하고 물으니

3 대답하시기를 “보는 바와 같이 천지공사 중이네.” 하시니라.

4 이에 필성이 비웃으며 말하기를 “자네가 무슨 하늘일을 한다고. 항

상 실없는 말로 천지공사를 한다 하나 별일 아닌 것 같네.

5 세상 사람들은 바삐 일하는데 제자들을 데리고 하늘일만 하다가 세월 다 가겠네그려.” 하니

6 말씀하시기를 “천하 사람들이 다 그래도 필성이 너는 그러지 말라.” 하시니라.

7 그러나 이후로도 필성은 “증산은 맥없이 천지공사 한다고 맨 무식한 놈들 데리고 다니면서 도술이나 부리고 눈속임이나 한다.”라는 말을 자주 하니라.

황건역사의 숫대 공사

236 상제님께서 구릿골에 계실 때 하루는 황응종이 이르니 말씀하시기를

2 “황천신(黃泉神)이 이르니 황건역사(黃巾力士)의 숫(數)대를 불사르리라.” 하시고

3 갑칠에게 짚 한 뭇을 물에 축여 숫대를 만들게 하시어 화로에 불사르시니라.

무뢰한들이 음모를 꾸미거늘

237 태인 반곡리(盤谷里) 김경현(金京玄)의 집에 여러 날 머무르실 때

2 하루는 읍내 무뢰한들이 “강 모가 요술로 사람을 속이니 마을을 떠날 때 길가에 매복하였다가 혼을 내 주자.” 하고 음모를 꾸미거늘

3 상제님께서 미리 아시고 다른 길로 가시니라.

산하대운을 거두어들이는 공사

238 무신년 여름에 새울 최창조의 집에 계실 때 창조로 하여금 포대를 만들어 벼 서 말과 짚재를 섞어 넣게 하시고

2 응종에게 포대를 주시며 이르시기를 “네 집에 가서 항아리에 물을 부은 후 이 포대를 그 속에 담가 두고

3 날마다 한 번씩 둘러 저으며 식혜 일곱 사발을 빚어 놓아라. 내가 사흘 후에 네 집에 가리라.” 하시니라.

4 응종이 명을 받고 돌아가 그대로 행하니 물이 잿빛이 되고 하늘 또한 잿빛이 되어 사흘 동안 해가 나지 않으니라.

5 사흘 뒤에 응종의 집에 이르시어 말씀하시기를 “이제 산하대운(山河

236:2 황건역사. 후천선경 건설의 초석이 되는 개벽 일꾼들을 상징한다.

236:2 숫대. 산가지, 수효를 셈치는 막대기.

237:1 반곡리. 현재 정읍시 칠보면 반곡리.

237:1 김경현(金京玄, 1888~?). 본관 광산(光山). 부인 박씨와의 사이에 1남 3녀를 두었다.

238:3 식혜. 소금 일곱 사발이라는 기록도 있다.

238장 상제님은 병든 하늘과 땅

을 바로잡으시기 위해 이 땅에 강세하신 의원 하느님이시다. 이 공사는 어떤 학문이나 지식으로 이해될 수 있는 내용이 전혀 아니다. 오직 천지대세를 신도(神道)의 경계에서 볼 수 있는 명(明)이 열려야 이 공사 내용을 제대로 깨칠 수 있다.

공사

大運)을 거두어들이리라." 하시고

6 이날 밤에 백지로 고깔을 만들어 응종의 머리에 씌우고 포대에 넣었던 벼를 꺼내어 집 주변 사방에 뿌리게 하시니라.

종이고깔 회색 도수를 보심

7 또 백지 백이십 장과 양지 넉 장에 글을 쓰시어 식혜에 버무려 주시며 "깊은 밤중에 인적이 없는 틈을 타서 시궁 흙에 파묻고 고깔 쓴 채로 세수하라." 하시니

8 응종이 명하신 대로 하매 갑자기 양미간에 콩알만 한 큰 사마귀가 생겨나서 손에 걸리더라.

9 상제님께서 말씀하시기를 "일후에 나의 제자는 중이 되지 않고는 나의 일을 옳게 하지 못하겠으므로 종이고깔 회색 도수를 보았노라." 하시니라.

10 이튿날 아침에 벼 뿌린 곳을 두루 살피니 하나도 남아 있는 것이 없더라.

그놈을 입어야 선녀가 된다

11 하루는 상제님께서 호연에게 이르시기를 "때가 되어 뇌성벽력이 일고 불칼이 들어오거든 팔대장삼을 입고 고깔을 쓰고 나서라.

12 그놈을 입어야 선녀(仙女)가 된다." 하시니라.

정씨 기운을 꺾는 공사

239 5월에 고부 와룡리 문공신의 집에 계실 때 경학이 와 뵈니

2 상제님께서 이르시기를 "내일 일찍 살포정이에서 만나자." 하시니라.

3 경학이 집으로 돌아갔다가 이튿날 아침을 먹은 후 살포정이 주막에 이르니

4 행객 두 사람이 싸우고 있고 상제님께서는 큰길가 높은 둔덕에 돌아앉아 계시거늘

5 경학이 올라가 인사를 드리니 상제님께서 대답만 하실 뿐 여전히 돌아앉으시어 노기를 띠고 계시더라.

6 이에 경학이 무슨 일인지 알지 못하여 황공한 마음으로 모시고 섰을 따름이더니

7 이윽고 상제님께서 싸우는 자들을 향하여 "그만두라." 하시거늘 그 사람들이 곧 싸움을 그치고 다른 곳으로 가니

8 경학이 "어떠한 사람들이 싸웠습니까?" 하고 여쭈니

9 말씀하시기를 "우리 국운(國運)을 위하여 정(鄭)씨를 없이하였음에도

불구하고 세상에서 정씨의 노래가 끊이지 않으니 혹 이(李)씨가 정씨의 화(禍)를 받을 염려가 있겠으므로

10 이제 그 살(煞)을 풀기 위하여 이씨 기운을 돋우고 정씨 기운을 꺾는 공사를 보았노라." 하시니라.

조선과 일본의 국운 공사

240 하루는 상제님께서 경학의 말을 타고 고부 살포정이 주막에 이르시니라.

2 이 때 경학의 마부 총각이 다른 총각 두 사람을 상대하여 서로 머리채를 잡고 발길로 차며 싸우니 상제님께서 문밖에서 노기를 띠고 계시는지라

3 경학이 뒤쫓아와 싸움을 말려 마부와 한 총각은 떼어 보냈으나 다른 한 총각은 가지 않고 폭언을 계속하거늘 상제님께서 술 한 잔을 주어 보내시니라.

4 그 뒤에 공우가 그 사유를 여쭈니 말씀하시기를 **"이씨와 일본 왕과의 싸움을 붙였더니 이씨가 패하였다."** 하시니라.

세상일이 가까워 올 때

5 하루는 상제님께서 원평을 지나실 때 말씀하시기를 **"시속에 오비이락(烏飛梨落)이라 이르나니**

6 이 앞들에 큰 윤선(輪船)이 떴다가 길 위로 올라오지는 못하고 까마귀 날며 배는 떨어진다는 말이니라."** 하시니라.

7 또 하루는 용암리 앞을 지나시며 말씀하시기를 **"지금은 이곳에서 원평이 건너다 보이나 뒷날 보이지 않을 때가 있을 것이요

8 후에 다시 건너다 보일 때가 있으리니 그 때가 되면 세상일이 가까이 온 줄 알지어다."** 하시니라.

28수(宿) 공사

241 하루는 **류찬명(柳贊明)**으로 하여금 두루마리에 28수(宿)를 왼쪽으로부터 가로로 쓰게 하시니 이러하니라.

2 　角亢氏房心尾箕　斗牛女虛危室壁
　　각 항 저 방 심 미 기　두 우 녀 허 위 실 벽

　　奎婁胃昴畢觜參　井鬼柳星張翼軫
　　규 루 위 묘 필 자 삼　정 귀 류 성 장 익 진

3 이에 그 종이를 끊어서 자로 재니 한 자가 되거늘 이를 불사르시니라.

240:5 오비이락. 1935년 경 일본 미쯔비시(三菱) 회사에서 채금선(採金船) 두 척을 가져와 김제 봉남면 접주(接舟) 마을에 본거지를 정하고, 원평천을 타고 올라가면서 그 일대를 모조리 파헤쳐 채금을 했다. 그런데 채금선이 원평 바로 밑에 다다르자 해방이 되었다.

241:1 28수. 하늘의 천구(天球)를 동서남북 사궁(四宮)으로 나누고 각 궁을 다시 7등분하여 28

상제님의 천지공사 연대표

| 중통인의(中通人義)의 대도통을 이루시고 삼계대권을 주재하심

천지대신문을 여시고 천지공사를 준비하심

후천음개벽에 소녀 호연을 천지제물로 삼으심 | 김형렬의 집에 식주인을 정하시고 도문(道門)을 여심

삼계우주 통일의 조화정부를 여심

명부정리 공사

단주해원 도수

선천종교의 기운 거두시고 종장을 교체하심

만고역신 해원 공사를 집행하심

지운과 지방신을 통일하심 | 후천선경 설날 공사

조선 대신명을 서양으로 보내 대역사를 시키심

일본을 서양제국 몰아내는 일꾼으로 세우심

일러전쟁 발주 공사

모악산 청련암에서 용봉 도수를 보심

제주도 바다 개벽 대공사

제주도 세계 관광지화 공사

백두산 대공사

생활문명 공사

토지 측량 공사

군산 바닷가 공사

한강다리 축조 공사

문명이기 공사

서울 안암동 대공사

49일 동남풍 공사 | 십무극과 일태극의 십일성도 인사 공사

황극 말(馬) 공사

태전 근교 산에서 공사 보심

전국 명산에 제를 지내심

수중 신명세계 공사

일진회 공사

문수보살 도수를 보심 | 산운 발음 대공사

마이산 공사

정음정양의 남녀동권 세계를 개벽하심

선천 부유 개벽 공사

호연을 수도 시키심

남조선배 도수 공사

민영환을 순절하게 하신 명부 공사 |

공사

| 도기 31 | 도기 32 | 도기 33 | 도기 34 | 도기 35 |
| 1901 | 1902 | 1903 | 1904 | 1905 |

한국사

| | | 러시아 용암포 점령 | 제1차 한일협약 | 경부선 개통
제2차 한일협약(을사조약) |

| 1901 | 1902 | 1903 | 1904 | 1905 |

| 헤이그 국제 중재 재판소 설치 | 영일동맹 | 라이트형제, 비행기 발명 | 일·러전쟁
영·불협상 | 제1차 모로코사건
피의 일요일 사건
중국혁명동맹회 결성 |

세계사

한민국 국호 도수	관운장에게 세계 대전쟁의 천명을 내리심	진주노름의 독조사 도수	한족 주권 회복 대공사	의통병세문 공사
자부해상 공사	난법 기운을 거두는 추수 일꾼 출세 공사	화둔 공사	황극 종통 공사	도통판의 진주 도수
조선 국운을 수습하시고 천하대운을 전하심	일월의 정음정양 대개벽 공사	산하대운을 거두어들이는 공사	살막이 공사	도세 만회의 새울 도수
종로에서 상씨름 대공사를 보심	오선위기 진주 도수	오선위기도 공사	세계일가 통일정권 대공사	의통집행 공사 (숙구지 도수)
9일 대공사	●조선국운 심판 공사	의통성업의 약방 공사	무신납월 공사	천하통일의 사마소 도수
제님 대행자 20년 두둔 도수	●전봉준 해원공사	●만국의원 공사	●의통구호대 육임 군령 받드는 대공사	천지공사 마무리 49일 대공사
천선경 건설의 푯 패를 태전에 꽂으심	●장군 도수	만국대장을 임명하심	●서울 대공사	주문 포교의 천명을 내리심
익현 의병 기운을 거 심	●초패왕 도수	28장에 붙인 의통 공사	●육임도꾼 지도자 출세 공사	입도식 예법 공사
일본국운 심판 공사	●이윤 도수	천지에 수기 돌리는 대공사	●과학문명 공사	김호연 성도를 천지에 제 지내심
법 거두신 대공사	천지대도의 수부 공사	태을주 전수 공사	●일등무당 도수	후천 개벽문을 여는 칠성 도수
금강 하구둑 공사	●수부님께 천지대업의 종통대권을 전하심	지구촌 인구 조사 공사	●상제님 어진 봉안 공사	세운·도운의 상씨름 공사
아산 연 공사	●음합합덕의 지천태 공사	현대의학 개벽 공사	●난법자 심판 공사	태전 태봉산에 깃대를 세우심
병자 정축 공사	금강산 겁기 제거 공사	후천 선경 낙원의 복록소·수명소·대학교 공사	●팔봉 맡기는 공사	천지일월 사체(四體) 공사
남조선 배말뚝 공사	후천 음양 도수	도통맥 전수 대공사		조선천지의 사명당 발음 공사
호소신 공사	진주천자 도수	칠성 도수		상제님 말씀 성편 공사
후천선경 어획 공사	●선기옥형 도수	세계구원의 육임 의통 구호대 조직 공사		제3변 추수도운의 용둔 공사
	●지구촌 상씨름 대전쟁 공사	태전콩밭 도수		중국의 사회주의 국운 공사
	●비인 복종 북 도수	●추수도운의 진주 공사		천지대업을 이루는 거백옥 도수
	●동학 역신 해원 공사	●군산 전쟁 공사		초립동이 대운 공사
	●정음정양 도수	●임피 술산 대공사		천지공사 마치심
		●태전 도공전수 공사		●선천성인 심판 공사(22일)
		●장암 금(金) 도수		●대두목 출세와 후비소 공사(23일)
				●의통을 전수하심

공사

어천하심(6월 24일)

도기 36	도기 37	도기 38	도기 39
06	1907	1908	1909

헤이그에 밀사 파견
고종 퇴위
한일신협약
(정미7조약)
군대해산

전국적인 의병봉기
의병, 서울 진공 작전
동양척식회사 설립

사법권·경찰권 일본 이양(기유각서)
안중근의사, 이등박문 저격

의선 개통
감부 설치

	1907	1908	1909
06			

영·러협상
(3국협상 성립)

광서제 사망
오스트리아, 보스니아와 헤르체고비나 합병

구(區)로 구분한 황도대의 별자리.

242:1 준상의 아내. 청풍(清風) 김 씨(1882~1941). 이 때 27세였다.

후천 대개벽 심판 의통성업의 약방 공사

김준상 아내의 종창을 고쳐 주심

242 하루는 김준상의 집에 계실 때 준상의 아내가 양쪽 발바닥에 종창(腫瘡)이 나서 모든 약에 효험을 보지 못하고 마침내 사경에 이르거늘

2 준상이 상제님께 와서 아뢰기를 "저의 처가 발이 아픈 지 일 년이 되었는데 발이 점점 썩어 냄새가 나서 살 수가 없습니다.

3 발은 영영 버렸으나 사람이 차마 볼 수 없는지라 약국 의원에게 보이니

4 '그 종창 난 곳이 용천혈(湧泉穴)이라 다스리기 어려우나 돈 백닷 냥만 있으면 발은 버려도 사람은 살리겠다.' 하기로

5 달리는 할 수 없고 집문서를 잡혀 돈을 얻고자 하오니 계약서를 써 주옵소서." 하니라.

6 상제님께서 들으시고 말씀하시기를 "준상아, 네가 아내의 발을 낫게 해 주려고 집을 잡히려 하는구나." 하시니 준상이 "예, 그렇습니다." 하거늘

7 "그렇다면 집을 나에게 잡혀라. 너는 네 아내의 병만 고치면 그만 아니냐." 하시매

8 준상이 흔쾌히 대답하고 **집문서**를 올리니 상제님께서 받으시어 불사르신 뒤에

9 "준상아, 이 집을 잘 지켜라. 그러면 한평생 밥은 굶지 않으리라." 하시니라.

242:9 김준상 성도는 상제님의 당부에도 불구하고 상제님 어천 후에 약방을 최 금봉이라는 사람에게 팔았다. 그 뒤 집안 가세가 크게 기울고, 며느리 한 명이 허령 들었다고 한다.

만법 중에 의통법이 제일

10 이어 준상과 갑칠에게 명하시기를 "오늘밤에 서로 교대하여 병자 곁에 있으면서 **병자를 자지 못하게 하고** 밤을 새우라.

11 **명부사자**(冥府使者)와 내 사자를 비교하여 누가 강한지 보리라." 하시니라.

12 이에 준상과 갑칠이 명을 좇아 그대로 행하거늘 병자가 정신을 잃고 매우 위독하더니 날이 밝아 오매 차츰 정신을 차리는지라

13 상제님께서 말씀하시기를 "이제는 근심을 놓을지어다." 하시고 손가락으로 쌀뜨물을 찍어 종창 난 곳에 바르시며

14 "내일부터 병을 낫게 하리니 그리 알라." 하시더니

15 과연 일 년이 넘도록 낫지 않고 다 썩었던 발이 보름 만에 완쾌되

거늘 준상의 아내가 상제님 전에 백배사례하니라.

16 상제님께서 웃으며 말씀하시기를 "세상은 저렇도다. 몰라서 욕을 하지 알고 보면 누구를 물론하고 저토록 좋아할지라.

17 병이 들어 죽게 된 놈 병만 낫게 해 주면 그만이지.

18 만법 가운데 의통법이 제일이로구나!" 하시니라.

19 이후에 그 집은 준상으로 하여금 전과 같이 살게 하시고 다만 머릿방 한 칸을 수리하여 약방을 차리시니라.

김준상의 집에 약방을 차리심

243 4월 11일에 공신의 집 상량보에 오선위기도(五仙圍碁圖)를 그려 붙이시고 공신에게 말씀하시기를

2 "그 안에 도깨비가 꽉 찼느니라. 도깨비로 인해 너희 집이 하루아침에 망할 것이니 일절 뜯어 볼 생각을 하지 말라." 하시며 엄중히 단속하시니라.

3 그 후 구릿골로 돌아오신 뒤에 백남신에게서 돈 천 냥을 가져오시어 준상의 집 방 한 칸에 약방을 꾸미시니라.

4 이 때 공신으로 하여금 고부장에 가서 장판을 사 오게 하시어 약방

242:18 의통법.
의통은 의(醫)를 통(通)한다는 뜻과 전 세계 3년 병겁 심판에 인간 역사를 통일(統)한다는 두 가지 의미가 있다. 상제님은 이 두 가지 의통법을 통합해서 만국의원 도수를 말씀하고 계신다. 즉, 만국의원 도수는 도공 도수와 나나니 도수를 통해 먼저 펼쳐지고, 나아가 천지

구릿골 약방. 무신년 봄에 상제님께서 김준상 성도 아내의 병을 고쳐 주시고 방 한 칸을 얻어 약방을 여셨다. 맨 오른쪽 방이 '만국의원'이라 명명하신 약방이다.

의 추살 기운으로 전 인류가 처넘어가는 대병겁 심판기에 '의통(醫統)'을 통해 전 인류의 선천 문화를 통일하여 실현한다.

243:5 선인포전. 신선이 자리를 펴고 있는 형국. 고부의 두승산 밑 덕안리 강선동(降仙洞)에 선인이 자리를 까는 선인포전의 형국이 있다. 상제님께서 그런 좋은 기운을 거두어 쓰셨다.

243:6 이경문(李京文, 1874~?). 본관 전주. 김제시 금산면 용산리에서 출생. 슬하에 3남 3녀를 두었다.

243:7 부레풀. 아교나 화학 접착제가 일반화되기 전에 많이 쓰이던 접착제. 접착력이 뛰어나 주로 목공예품, 나무를 덧붙일 때, 나전(螺鈿)의 화각(畵角) 등을 붙일 때 쓴다.

244장 김자현 성도의 후손이 소장하고 있는 자료에 그 상황이 상세히 그려져 있어 초기 기록에서 누락된 내용을 보완하였다.

바닥에 깔며 말씀하시기를

5 "이는 고부의 선인포전(仙人鋪氈) 기운을 씀이로다." 하시니라.

6 상제님께서 목수 이경문(李京文)을 불러 약방 마루에서 약장과 궤를 짜게 하시니

7 향나무와 오동나무, 대추나무로 짜되 이음새는 못을 쓰지 않고 부레풀을 사용해서 붙이게 하시니라.

8 상제님께서 그 크기와 짜는 방법을 세세히 일러 주시며 "몇 날이면 약장 원목을 완치하고 몇 날이면 약장을 다 짜겠느냐?" 하고 물으시거늘

9 경문이 아뢰기를 "예, 몇 날이면 다 완공하겠습니다." 하고 약속을 정하더니 정한 날에 이르러 마치지 못하니라.

약장 늦게 짠 이경문에게 내리신 천벌

244 하루는 상제님께서 자현과 형렬을 데리고 구릿골로 돌아오시는 길에 문득 성을 내시며

2 "이놈아, 천지공사(天地公事)를 몰라! 이제는 죽지 못 살리라." 하시더니

3 구릿골 약방에 이르시어 이경문에게 물으시기를 "편목(便木)이 완비되었느냐?" 하시니 경문이 "완비가 못 되었습니다." 하매

4 크게 꾸짖어 말씀하시기를 "천지조화를 약장에 장치하려 하는데 너는 태연하니 무의무도(無義無道)한 자라." 하시니라.

5 이어 판자를 잘라 포개 놓은 목재를 발로 무너뜨리시고 한 조각을 발로 밟으며 말씀하시기를

6 "잣대 갖다가 재어 보아라." 하시니 그 순간 경문이 기절하는지라

7 급히 업어다 눕히니 잠시 후 깨어나거늘 "너는 오늘 저녁에 불칼로 죽을 것이다." 하시니라.

8 상제님께서 저녁 진지를 드신 뒤에 다시 경문을 부르시어 천둥 같은 소리로 꾸짖어 말씀하시기를

9 "네가 천명(天命)을 알지 못하여 오늘 천벌로 너를 죽일 것이니 원통히 생각지 말라." 하시니 경문이 살려 주시기를 간절히 애원하거늘

10 "천지의 불칼로 죽이는 일을 내가 어찌 살릴 수 있겠느냐." 하시니라.

11 이에 경문이 대경실색하여 약방 뜰 앞에 엎드려 "선생님 살려 주십시오." 하고 애걸하는데

12 문득 맑게 갠 푸른 하늘에 뇌성이 진동하고 번개칼이 경문의 온몸을 둘둘 두르매 경문이 거꾸러져서 순식간에 사경에 이른지라

오선위기도(五仙圍碁圖)

최초로 공개된 상제님 친필 오선위기도 진본
(문공신 성도 후손 소장)

오선위기도(五仙圍碁圖)

진본을 알아보기 쉽게 필사한 그림

■ 오선위기도란?

육임 의통구호대 조직을 완결하여 오선위기를 매듭지어 **의통성업으로 천하를 통일하는 일꾼의 정신을 상징하는 그림**이다. 초판에는 『대순전경』에서 이상호가 붙인 이름대로 정의도라 하였다. 그러나 증언자 나승렬과 1921년에 처음으로 그 그림을 베껴간 장기준의 차인(差人), 김석정도 '오선위기도'로 알았다 하므로 바로잡는다.

■ 오선위기도의 내용

① 천지지주장(天地之主張) 이것은 '우리 일꾼은 천지의 주장을 하는 사람이다. 천지의 뜻을 이루는 사람이다.'라는 뜻이다. 의통성업에 동참하는 모든 일꾼은 '내 주장은 내 개인의 생각이 아니라, 천지의 주장이다.' 이런 대경대법한 의식을 갖고 임해야 한다. 이 천지지주장에 신앙관, 일꾼관의 모든 문제가 들어 있다.

② 사물지수창(事物之首倡) 사물이란 세상 만사와 만물을 말한다. 그리고 수창은 머리 수 자에 창은 광대하다는 뜻도 있지만 부르짖는다는 뜻이다. '사물지수창'은 이 현실세계에서 이루어야 하는 첫머리가 되는 일, 가장 으뜸 되는 일, 무엇보다 먼저 해야 하는 일을 부르짖는다는 뜻이다. 가장 먼저 해야 하는 일, 그것은 상제님의 **의통성업**이다. 곧 선천 봄여름의 성장기를 종지부 찍고 인간 씨 종자를 추려서 성숙된 가을 세상을 여는 것이 세상에서 가장 먼저 해야 하는 일이다.

③ 음양지발각(陰陽之發覺) 이 우주 안에 있는 신도와 인사 문제가 됐든, 천지와 일월과 인간 정사 문제가 됐든 그 모든 문제는 음양론으로 푼다. 진리의 근본 틀, 그 뿌리, 바탕이 음양론이기 때문이다. 지구촌의 인간역사를 바로잡는 천지공사, 즉 상제님이 열어놓으신 개벽천지의 도수 정신도 음양지발각이다. 신앙관부터 종통관, 지도자의 인사 문제까지 여기에 전부 포함된다.

④ 인사각지(人事刻之) 상제님의 육임도꾼들은 이 천지지주장, 사물지수창, 음양지발각의 의식을 자기 마음과 혼과 뼈에다 새겨야 한다. 상제님 대업의 뜻과 목적은 결국 인사로써 이루어지는 것이다. 여기에는 또 상제님께서 "내가 너희들이 가져야 할 모든 정신을 여기다 새겨 놓았다. 그러니 너희들이 알아서 해라. 너희들이 지금 내 일을 한다고 하는데, 그 일이 어떤 일인 줄 아느냐. 이것을 다시 새겨 봐라." 하고 경책하시는 역사의식, 심법 전수의 말씀이 들어있다.

⑤ 홀생홀유(忽生忽有) 그림을 보면 '정의(情誼)'가 종횡으로 기는 놈, 나는 놈, 엎드리는 놈이 있다. 이것은 서로 얽혀서 자기 욕심 가지고 뜯어먹으려고 하다가 자빠지고, 죄짓고, 죽는 것을 뜻한다. 상제님 도의 화신으로 일하지 않으면 상제님 도운의 역사무대에서 천지와 더불어 생명을 지속할 수 없다. 어느 날 갑자기 생겨나 그럴 듯한 탈을 쓰고 잔재주 부리며 거짓말로 명맥을 유지하다가, 결국 그것이 들통나서 가을개벽으로 인간의 명줄이 끊어질 때 홀연히 없어지는 것, 이것이 홀생홀유다.

■ 오선위기도의 의의

상제님께서 무신년 음력 4월 11일에 오선위기 진주 도수의 주인공인 문공신 성도의 집 상량보에 이 오선위기도를 붙이심으로써, 비로소 상제님 도의 실제 진주가 나오고, 또한 마지막 매듭을 짓는 추수 도운의 천지 역사가 시작되었다.

'천지지주장, 사물지수창, 음양지발각'의 판을 보면 모양이 바둑판이다. 오선위기 판을 어떻게 마무리하느냐? 천지지주장하고 사물지수창하고 음양지발각하는, 우주의 도의 정신을 가진 상제님의 일꾼들이 '인사각지'로 마무리 짓는다.

13 성도들이 어찌할 줄 몰라 황급히 상제님 앞으로 달려와 "살려 주사이다." 하고 간곡히 청하니라.

14 이 때 상제님께서 성도들로 하여금 경문을 방으로 끌어들이게 하시니 번개칼이 따라 들어와 방 안에 가득 차거늘

15 상제님께서 "저 자 때문에 다른 사람도 죽겠으니 속히 그치라." 하고 호령하시매

16 옆에 앉아 있던 성도들 네댓 명이 전부 쓰러져서 똥을 싸고 정신을 잃으니라.

하느님, 살려 주옵소서

245 이윽고 번개가 그치자 형렬이 살려 주시기를 애원하니

2 말씀하시기를 "벼락 맞아 죽은 놈은 까마귀도 뜯지 않고 땅에 묻지도 않는다는데 내가 어찌 살리겠느냐." 하시니라.

3 그래도 형렬이 그치지 않고 지성껏 애원하니 "자네 살릴 기술이 있거든 살려 보소." 하시거늘

4 형렬이 그제야 허락하신 줄 알고 재빨리 옆방으로 경문을 옮겨 놓고 숯덩이 같은 몸을 주무르며

5 "하느님, 살려 주옵소서. 하느님, 살려 주옵소서." 하고 쉴 새 없이 애원하니 이윽고 경문이 다시 살아나니라.

6 이에 상제님께서 말씀하시기를 "허허, 저 사람 보소. 벼락 맞은 사람을 살려내는 기술이 있었구만. 내가 몰랐네." 하시며 무수히 칭찬하시고

7 다시 살아난 경문에게 이르시기를 "청수를 모셔 놓고 '천지공사를 어겼사오니 죄를 사하여 주옵소서.' 하고 빌라." 하시니라.

천지사업을 허수히 알기로

8 다음 날 경문을 불러 또 말씀하시기를 "나는 천지사업(天地事業)을 경영하는데 네가 허수히 알기로 천지에서 너를 죽이려다가 하도 불쌍히 애걸하여 살려 주는 것이니 약장 짤 편목을 잘 상고(詳考)하여 보라." 하시거늘

9 경문이 상고하여 보니 편목 한 쪽이 부족한지라 다시 살려 달라고 애걸하매

10 상제님께서 용서하시고 타일러 말씀하시기를 "앞으로는 부디 조심하라.

11 그대를 데려올 적에는 그대가 잘한다고 시킨 것 아닌가. 삼가 조심

하라." 하시고 거듭 명하시기를 "속히 약장을 짜라." 하시니라.

12 이후 경문이 수전증(手顫症)이 나서 한 달이 넘은 뒤에야 비로소 약장을 완성하니라.

약장 재목을 훔쳐간 성배

246 하루는 성배가 약방에 들어가니 다듬어진 약장 재목이 바닥에 놓여 있는데 그 빛깔이 유난히 붉고 고운지라

2 문득 딸아이에게 실꾸리를 만들어 주고 싶은 마음이 생겨 호패 크기만 한 조각 하나를 주머니에 넣으니 돌연 손이 벌벌 떨리다가 방바닥에 붙어 버리거늘

3 아무리 힘껏 당겨도 떼어지지 않으므로 하는 수 없이 "손 좀 떼어 주시오~!" 하고 소리치며 사정하니라.

4 이에 주변 사람들이 몰려와 다 같이 힘을 모아 당겨 보고, 방구들까지 파 보아도 떨어지지 않거늘

5 모두 이구동성으로 "방을 파라 말고 잘못했다고 빌게." 하고 타이르는데

6 성배가 뉘우치기는커녕 오히려 "이놈들, 내가 도둑이냐, 빌게?" 하며 발끈하는지라

7 사람들이 더는 손 쓸 방도를 찾지 못하고 돌아서니 그제야 하는 수 없이 사죄하니라.

8 이에 상제님께서 **뺨**을 몇 대 때리시고는 느닷없이 방구들이 덜덜 울리도록 크게 웃으시니

9 순간 성배의 손이 방바닥에서 떨어지니라.

호연을 천장에 붙여 놓으시고

10 호연이 "기운이 얼마나 세면 방구들이 다 흔들려요?" 하니 상제님께서 "너 한번 웃어 봐라." 하시거늘

11 "어디, 호호!" 하고 웃어 보더니 "에이, 아무렇지도 않네." 하니라.

12 이에 상제님께서 웃으시며 호연을 천장에 붙여 놓으시고 "애들아, 너희들 호연이 좀 봐라." 하고 외치시거늘

13 밖에 있던 성도들이 호연을 돌보라는 것으로 알고 "예!" 하며 뛰어오니

14 상제님께서 손가락으로 천장을 가리키시며 "저기 호연이 좀 쳐다 봐라." 하시고

15 호연에게 "거기서 똥 쌀래, 오줌 쌀래?" 하며 놀리시니라.

약장에 번개가 들어야 하리니

247 약장이 완성되자 상제님께서 경문에게 이르시기를 "약장에 번개가 들어야 하리니

2 너는 반드시 목욕재계하고 의관을 정제한 뒤에 약장 앞에 청수(淸水) 한 그릇을 올리고 정성스런 마음으로 공경히 절하라." 하시니

3 경문이 명하신 대로 하매 즉시 맑은 하늘에 번개가 크게 일어나니라.

약장을 들인 뒤에 제를 지내심

248 약장을 들이신 뒤에 빼닫이를 모두 빼서 약장 앞에 쭉 세워 놓으시고 그 앞에 제물을 차리게 하시어 천지에 제를 지내시니 각지의 여러 종도들이 참예하거늘

2 상제님께서 먼저 절을 하신 다음 형렬과 그 외의 사람들로 하여금 절하게 하시니라.

3 제를 마치신 후에 상제님께서 약방문 앞에 새끼줄을 쳐 21일 동안 출입을 일절 금하시거늘

4 오직 갑칠의 출입만을 허락하시어 이른 아침마다 약방 청소를 시키시니라.

주역을 보면 내 일을 안다

5 21일을 지낸 뒤에 비로소 방(房)을 쓰실 때 통감(通鑑), 서전(書傳), 주역(周易) 각 한 질과 철연자(鐵硏子), 삭도(削刀) 등 모든 약방 기구를 장만하여 두시고

6 말씀하시기를 "주역(周易)은 개벽할 때 쓸 글이니 주역을 보면 내 일을 알리라." 하시니라.

7 하루는 상제님께서 말씀하시기를 "경면주사(鏡面朱砂) 삼천 근(三千斤)이라야 내 일이 다 끝나느니라." 하시니라.

천하 만세의 병을 다스리는 만국의원 공사

249 약장을 설치하고 약재를 구하러 가실 적에 "큰비가 와야 할 텐데 비가 오지 않으니 약탕수가 없노라." 하시고 가지 않으시다가

2 그 뒤에 전주 용머리고개에 가시어 공우에게 말씀하시기를 "천지에서 약 기운이 평양으로 내렸으니 내일 평양에 가서 약재를 사 오라." 하시거늘

3 공우가 행장을 수습하여 다시 명이 있기를 기다리는데

4 이 날 밤에 오랫동안 신명에게 명을 내리시고 글을 써서 불사르시

247:1 번개가 들어야 하리니. 道紀 41년(1911) 9월, 태모님께서 약장을 가져오신 후 차경석 성도가 약장 궤를 열어 보려고 하자 하늘에서 벽력이 내리쳐 감히 열어 볼 엄두를 못 내었다고 한다.

공사

248:5 통감, 서전, 주역.『통감』은 중국 주나라 위열왕 때부터 후주의 세종까지 1362년간의 왕조의 흥망성쇠, 통치 역사를 담은 책이며,『서전』은 역사를 경영하는 성인의 심법을 담은『서경』에 주해를 단 것이다.『주역』은 천지변화의 이치를 담고 있다. 약장 공사에는 이러한 정신이 상호유기적으로 연관되어 있다.

248:6 주역은

며 말씀하시기를

5 "평양서 약 기운이 전주로 왔도다." 하시고 김병욱을 불러 "약 삼백 냥어치를 사 오라." 하시니라.

6 며칠 후에 상제님께서 구릿골로 돌아오시어 밤나무로 약패를 만들어

萬國醫院
만 국 의 원

이라 새기시고 글자 획에 경면주사를 바르신 뒤에

7 공우에게 명하시기를 "이 약패를 원평 길거리에 붙이라." 하시므로 공우가 대답하고 원평으로 가려 하거늘

8 물으시기를 "이 약패를 붙일 때에 경관이 물으면 어떻게 대답하려 하느냐?" 하시니

9 공우가 아뢰기를 "'만국의원을 설립하여 죽은 자를 다시 살리고 눈먼 자를 보게 하며 앉은뱅이를 걷게 하며

10 그밖에 모든 병의 대소를 물론하고 다 낫게 하노라.' 하겠습니다." 하니라.

11 이에 상제님께서 크게 기뻐하시며 말씀하시기를 "네 말이 옳으니 꼭 그대로 하라." 하시고 약패를 불사르시니라.

12 이어 여러 성도들에게 말씀하시기를 "한 지방의 병만을 막아도 아니 될 것이요, 온 세상의 병을 다 고쳐야 하리라.

13 또 한 때의 병만을 막아도 아니 될 것이요, 천하 만세의 병을 다 고쳐야 하리니 이로써 만국의원을 개설하노라." 하시니라.

14 김병욱이 전주로부터 약재를 가져올 때 마침 비가 오거늘

15 말씀하시기를 "이는 약탕수니라." 하시니라.

약장의 구조와 공사 정신

250 약장의 크기는 가로 세로가 각 석 자 세 치, 두 자 반 정도로 맨 아래에 큰 칸 하나가 있고, 바로 그 위에 빼닫이 세 칸이 가로로 놓여 있으며

2 또 그 위에 가로로 다섯, 세로로 셋, 모두 합하여 열다섯 개의 빼닫이 칸이 있는데

3 한가운데 칸에는 목단피(牧丹皮)를 넣고 중앙에

丹朱受命
단 주 수 명

이라 쓰신 후 그 위아래에

실현되어 간다.

250:3 단주수명. '단주가 하나님의 명을 받았다.'는 뜻으로, 구체적으로 '단주가 천상 신도에서 선천 세상을 마무리 지으라는 명을 받았다.'는 의미다.

250:4 열풍뇌우불미. 요임금이 천하를 전할 때 순을 시험한 일에서 유래한 말이다. 요임금이 순으로 하여금 큰 산기슭에 들어가 홍수 피해를 살피게 하였는데, 때마침 바람이 맹렬히 불고 천둥 번개가 크게 치면서 거세게 비가 내렸다. 그러나 순은 조금도 혼미하지 않고 일을 마쳤다. 이는 상제님 일꾼들이 천하사를 할 때, 아무리 가혹한 시련과 역경이 닥쳐도 절대 미혹되거나 흔들리지 말라는 상제님의 경계 말씀이다.

250:4 태을주. 약장 중앙에 '단주수명'과 태을주를 함께 쓰신 것은, '선천 역사를 정리하는 첫걸음은 단주의 해원 도수로 하고, 그 매듭은 태

4　烈風雷雨不迷와
　　열 풍 뇌 우 불 미

　　太乙呪
　　태 을 주

를 쓰시고

5 그 위칸에는 천화분(天花粉), 아래칸에는 금은화(金銀花)를 각각 넣으시니라.

6 또 양지를 오려서 칠성경(七星經)을 외줄로 길게 내려쓰신 다음 그 끝에

7　禹步相催登陽明
　　우 보 상 최 등 양 명

이라 쓰시고

8　陽曆六月二十日　陰曆六月二十日
　　양 력 유 월 이 십 일　음 력 유 월 이 십 일

이라 가로로 써서 약장 위로부터 뒤로 넘겨 붙이시니라.

9 또 궤 안에는

　　八門遁甲
　　팔 문 둔 갑

이라 쓰시고

10 그 위에

　　舌門
　　설 문

두 자를 불지짐하여 쓰신 뒤에 그 주위에 스물넉 점을 붉은 물로 돌려 찍으시니라.

내 일은 판밖에서 성도한다

11 하루는 상제님께서 약장에

　　奉天地道術藥局　在全州銅谷生死判斷
　　봉 천 지 도 술 약 국　재 전 주 동 곡 생 사 판 단

이라 쓰시고 성도들에게 "몇 자인지 세어 보라." 하시거늘

12 성도들이 "열여섯(十六) 자입니다." 하고 아뢰니 말씀하시기를 "진주(眞主)에서 한 곳이 뛰었네." 하시고

13 "내 일은 판밖에서 성도(成道)하느니라." 하시니라.

스물네 가지 약종만 잘 쓰면

251 약재는 이상 세 가지 외에 스물네 가지가 있는데 하루는 응종이 여쭈기를

2 "시속에 인삼이 약중 영장(靈長)이라 하는데 어찌 24종 중에는 인

삼이 들어 있지 않습니까?" 하니

3 말씀하시기를 "삼정(蔘精)은 가는 곳이 있느니라." 하시거늘 응종이
다시 "어디로 가옵니까?" 하니

4 말씀하시기를 "형렬(亨烈)에게로 가느니라." 하시고

5 "스물네 가지 약종(藥種)만 잘 쓰면 만국의원이 되리라." 하시니라.

6 이어 상제님께서 명하시기를 "약방 문 위에

回水氣之藥　上房
회 수 기 지 약　상 방

이라 써서 붙이라." 하시니라.

약방 조직 체계

252 상제님께서 약방을 여시고 성도들의 성정에 따라 각기 다른 역
할을 맡기시니 형렬이 상제님을 보필하여 약방을 운영하니라.

2 형렬의 보좌로는 약방 관리 겸 총서기가 있고, 총서기의 아래로 서
기와 재무가 있어

3 이 세 사람이 자주 상제님과 형렬을 따르며 상제님께서 하시는 일
이나 말씀을 기록하고 명을 집행하니

4 기록은 주로 총서기가 하고, 서기와 재무는 성도들이 가져오는 성
금을 관리하며 약방 살림을 맡아 하니라.

5 처음에는 서기가 방 청소와 잔심부름도 겸해서 하더니 고창 사람
유관수가 약방에 살면서 청소를 도맡아 하고, 또 복남이 이런저런

을 주로 한다.'는
의미가 깃들어
있다.

250:5 천화분.
하눌타리 뿌리로
만든 가루. 성질
은 차며 외과, 소
갈, 담을 다스리
는 데 쓴다.

250:5 금은화.
겨우살이덩굴의
꽃. 창독, 종기
따위의 병에 내
복약으로 씀.

250:7 우보. '우
보상최'는 '바쁜
걸음을 재촉한
다.'는 의미. 우
보의 본래 뜻은
황소처럼 천천히
한 발 한 발 나아
가 칠성을 밟는
천하사 발걸음이
다. 그러나 천하
사를 하는 상제
님의 일꾼들은

약장구조

當歸 川芎	遠志 石菖蒲	天花粉	防風 桔梗	葛根 牧丹皮
白芍藥 熟地黃	獨活 羌活	烈風雷雨不迷 丹朱受命 太乙呪 （牧丹皮）	前胡 白芷	柴胡 枳殼
木果 烏梅	蒼朮 荊芥	金銀花	陳皮 苦練根	良薑 甘草

급격한 시간대에 일을 하기 때문에 차근히 밟아 나가면서도 결과적으로는 빠른 걸음이 된다.

250:8 양력 유월이십일 음력 유월이십일. 양력 6월 20일은 무신(道紀 38, 1908)년에 약장을 짜고 나서 실제로 약방문을 여신 날로 추정된다. 음력 6월 20일은 기유(道紀 39, 1909)년에 천지공사를 마쳤음을 선포하신 날이다. 이 기간에 상제님은 본격적인 의통 공사를 보시는데, 이는 상씨름을 앞두고 본격적으로 도세를 만회하는 시간대를 의미한다.

251:2~5 천지의 묵은 질서를 개벽하여 새 천지의 운수를 열어 주신 상제님의 9년 천지공사에서 김형렬 성도의 불멸의 큰 공덕과 그의 역할을 헤아릴 수 있다.

252:6 "약장 꾸며 갖고 갸들은 약 해 들이는 이들이여. 너이(넷)는 그 산으로 가

심부름을 맡아서 하고부터는 관계치 않으니라.

6 또 몇 명의 종도들은 필요한 약초를 캐어다가 약재를 마련하고

7 각지에서 오는 사람들이 점차 늘어나 일거리가 끊이지 않으매 손을 대접하는 사람도 따로 있더라.

8 이 많은 사람들의 밥 수발은 형렬의 큰머느리인 이정숙이 하고, 비느질은 운봉에서 온 송은주가 하는데

9 서기와 재무, 은주와 복남 등 몇몇은 약방 사랑이나 형렬의 집에서 지내며 명절에도 집에 가지 않고 시중을 드니라.

약방을 여신 후로는

253 상제님께서 약방을 여신 이후로는 주로 약방에서 주무시는데

2 성도들이 많은 날에는 약방을 내어 주고 형렬의 집 바깥 사랑으로 가 주무시니라.

3 또 약방 마당에서 개, 돼지, 소를 잡아 자주 제를 지내시고

4 제를 마치면 성도들과 함께 마당에 둘러앉아 음복을 하시니라.

상제님을 알현하는 의전 절차

254 상제님께서는 누구도 약방에 함부로 들지 못하게 하시고 다만 형렬과 호연만 들게 하시니

2 서기가 매일 아침 상제님과 형렬의 방석을 깔아 두고 나가면

3 상제님께서 형렬을 대접하시어 아랫목을 내어 주시고 윗목에 앉으시니라.

4 서기는 방문 밖에서 무릎 꿇고 기다리다가 성도들이 오면 방문을 열고 누가 왔음을 아뢰는데

5 찾아온 이들이 토방 아래에서 방을 향해 절을 하고 여쭙고자 하는 말씀을 서기에게 전하면

6 서기가 그것을 말씀이나 글로써 형렬을 통해 상제님께 올리니라.

7 그러면 형렬이 상제님의 동정을 살펴서 서기에게 상제님의 의중을 전달하고

8 서기가 다시 그 말씀을 기록하여 성도들로 하여금 돌려가며 읽게 하니라.

9 간혹 상제님께서 성도들을 직접 부르시는 경우에도 마루에서 고개를 숙인 채 말씀을 받들 뿐 방에는 들어가지 못하니라.

10 또 여름에는 방문을 열어 둔 채 발을 치고 계시고, 추운 겨울날에

는 사람이 찾아와 인사를 올릴 때만 잠시 방문을 여시니

11 서기가 쪽지에 글을 써서 올리면 형렬이 다시 글을 써서 내려 주니라.

12 끼니때가 되면 상제님께서 형렬, 호연과 함께 방에서 드시고 다른 사람들은 밖에서 먹는데

13 그중에서도 마루에서 먹는 사람이 있고 마당에서 먹는 사람이 있더라.

14 호연은 평소에 상제님의 양쪽 무릎에 번갈아 가며 앉아 있다가 지루해지면 밖에 나가서 놀고, 다시 들어와 무릎에 앉고 하니라.

약방 차리신 이후의 출행

255 상제님께서 약방을 여신 뒤로는 전보다 외지(外地)에 적게 다니시며 약방에서 공사를 자주 행하시니 각지에서 많은 사람들이 모여드니라.

2 상제님께서 출타하실 때는 형렬에게 약방을 지키게 하시고, 형렬이 밖에 나가 있으면 출타하지 않으시며

3 형렬과 함께 나가실 때는 서기나 재무로 하여금 약방을 지키도록 하시니라.

4 또 외지에 한번 나가시면 보통 열흘이나 보름 만에 오시고 한 달 만에 돌아오기도 하시니

5 주로 형렬과 호연, 서기와 복남이 따르며 상제님을 모시는데

6 때에 따라 하나나 둘을 데려가기도 하시고, 넷을 모두 데려가기도 하시니라.

7 또 형렬과 따로 떠나실 때는 서기를 형렬과 함께 보내시고 형렬에게 통지를 하여 소식을 전하시니

8 일이 있을 때마다 서기로 하여금 세세히 기록하게 하시니라.

대개벽기, 박공우에게 내린 사명

256 여름에 대흥리에 계실 때 28장(將)과 24장(將)을 쓰신 뒤에

2 공우의 손을 잡으시고 마당을 걸으시며 흥을 내어 큰 소리로 명하시기를 "만국대장(萬國大將) 박공우!" 하시니

3 공우가 기쁨을 이기지 못하여 '평생소원이 성취되었다.' 하며 자신도 모르게 어깨를 으쓱거리거늘

4 이 때 옆에 있던 경석의 안색이 문득 변하니라.

5 상제님께서 다시 "신대장(神大將) 박공우!" 하시니

253:2 사랑. 사랑방을 새로 꾸몄는데 약방으로 바로 갈 수 있게 쪽문도 내어 놓았다. 방문이 둘인데 하나는 쪽문쪽으로 나 있고 또 하나는 안채로 갈 수 있도록 나 있었다.(김호연 성도 증언)

254장 상제님에 대한 성도들의 이러한 의전 예법도 대공사로써 도수로 예식화되어 도운과 세운에 인사로 전개된다.

256:5 신대장 박공우. 신명계

에서 박공우 성도의 사명은 지구촌의 인종씨를 추리는 다가오는 대병겁기의 심판대장이다. 이것은 우주일년 가운데 하추교역기에 오직 한 번 집행되는 천지대권으로, 의통성업을 집행할 때 대우주의 개벽장 하느님이신 증산 상제님을 대행하는 일꾼에 의해 인사로 성사된다.

257:4 십오수를 진주 도수. 십오 진주는 천지 동서남북의 본원(본체)으로 작용하는 하도(河圖)의 중앙 15토(十五土) 정신의 덕을 집행하는 상제님의 대행자 일꾼(대두목)을 말씀하신 것.

6 공우가 '혹시 죽어서 대장이 되는 게 아닌가.' 하여 마음속으로 ㅈ정을 하니라.

천자를 꿈꾸는 월곡의 속마음

257 하루는 성도들에게 말씀하시기를 "너희들에게 장차 운수를 열어 주려 하나니 각기 뜻하는 대로 나에게 말하라." 하시거늘

2 경석이 "십오(十五) 주시기를 원하옵니다." 하고 아뢰니

3 상제님께서 문득 표정을 바꾸시며 "도적놈이로다." 하고 꾸짖으시니라.

4 한 성도가 상제님께 여쭈기를 "시속에 십오수를 진주(眞主) 도수라 이르거늘 경석이 제 분수를 모르고 있습니다." 하니

5 탄식하며 말씀하시기를 "내가 마음을 다하여 이끄는데도 끝내 개심(改心)하지 못하면 그 또한 경석의 운이니 어찌할 수 없노라." 하시니라.

박공우와 차경석

258 하루는 상제님께서 성도들과 함께 길을 가시다가 고부 두승산 뒷못방죽에 이르시니

2 갑자기 경석이 새카맣게 타서 퍽 고꾸라지더니 죽은 듯 꼼짝도 하지 않으니라.

3 이에 성도들이 크게 놀라 눈이 휘둥그레져서 아무 말도 못하고 상제님과 경석을 번갈아 보거늘

4 갑자기 공우가 배를 움켜쥐고 깔깔깔 웃으니라.

28장에 붙인 의통 공사

259 대흥리에 계실 때 하루는 성도들에게 이르시기를 "스물여덟 명을 가리라." 하시어 28장(將)을 정하시고

2 각기 주머니 한 개씩을 주시니 주머니 속에는 칙서(勅書)가 들어 있거늘

3 그 가운데 왕량신장(王梁神將)에게 내리는 칙서를 보니 이러하니라.

4
將 令
장 령

入水不溺하고 入火不滅하여
입 수 불 익　　入 화 불 멸

水陸萬里에 去平安 來平安하라
수 륙 만 리　　거 평 안 래 평 안

장령이니라.

물에 들어가도 **빠지지** 말고
불에 들어가도 타지 말 것이며
바다 건너 아무리 먼 곳이라도
가거나 오거나 내내 평안하라.

5 이 외에 다른 주머니에 들어 있는 칙령은 상제님의 명에 의하여 성
도들이 보지 못하니라.

호연을 제비로 만드심

260 하루는 상제님께서 "호연아, ○○에 가서 먹을 것 좀 가져와
라." 하시거늘

2 호연이 "날 어떻게 해서 또 뭘 갖고 오라고 할려구?" 하니 그 말이
끝나자마자 호연을 제비로 만들어 잔칫집에 보내시니라.

3 호연이 음식 그득한 상을 보며 "어떻게 하면 저놈을 갖고 갈꼬…."
하고 궁리하는데

4 상제님께서 그 집 사람들의 눈을 보이지 않게 만드시니 그 틈을 타
음식을 옷에 싸서 돌아오니라.

5 호연이 가져온 음식을 내놓으며 짐짓 의기양양해하거늘

6 상제님께서 "내가 여기 앉아서 조화를 안 부려도 네가 그것 갖고
와?" 하시니

7 호연이 고개를 끄떡이며 "그렇긴 그려. 접시 하나도 못 갖고 와."
하니라.

천하에 맹인을 없애는 공사

261 대흥리에 계실 때 하루는 상제님께서 갑자기 신음하시며 "내가
무슨 죄가 있어 맹인이 되었는고!" 하시거늘

2 성도들이 놀라 용안을 바라보니 백태(白苔)가 눈을 덮어 맹인이 되신
지라

3 성도들이 크게 놀라고 당황하여 어찌할 바를 모르고 있는데 상제
님께서 여러 시간 고통하시며

4 "내가 무슨 죄가 있어 눈이 멀게 되었는가." 하시고 계속 눈물을 흘리
시니라.

5 이에 곁에 있던 한 성도가 상제님의 눈 가까이에 손을 가져가려 하
니 문득 큰 소리로 꾸짖으시기를 "누구 몸에 감히 손을 대려 하느

261장 이 개안
공사도 인류 문
화 성숙의 종합
적 차원에서 전
개됨을 알아야
한다.

냐!" 하시고

6 여러 시간이 지난 후에 간신히 백태를 뽑아 내시니 두께가 한 치가 넘고, 그 떨어지는 소리는 성도들이 소스라치게 놀라더라.

7 상제님께서 말씀하시기를 "내가 천지에 있는데 천하의 백성 중에 일월을 보지 못하는 자가 있다면 내 어찌 차마 보리오.

8 앞세상에는 앞 못 보는 자를 없게 하노라." 하시니라.

천지에 수기 돌리는 대공사

262 무신년 6월에 상제님께서 대흥리에 계실 때 하루는 성도들에게 일러 말씀하시기를 "이제 앞으로 천하에 수기(水氣)가 마를 것이니 수기를 돌려야 하리라." 하시고

2 뒷산 피난동(避難洞) 안(安)씨 재실(齋室)에 가시어 집 앞 동쪽 우물을 댓가지로 한 번 저으시며 말씀하시기를

3 "음양이 고르지 못하니 무슨 연고가 있을지라. 재실에 가서 물어 오라." 하시니라.

4 내성이 명을 받고 가서 사연을 물으니 '사흘 전에 재지기는 죽고 그 아내만 있다.' 하거늘

5 돌아와 아뢰니 말씀하시기를 "다시 행랑에 가 보라. 딴 기운이 떠 있도다." 하시매

6 내성이 행랑에 들어가 보니 봇짐장수 남녀 두 사람이 있거늘 돌아와서 그대로 아뢰니라.

7 이에 상제님께서 재실 대청에 오르시어 여러 사람들로 하여금 "서쪽 하늘을 바라보고 만수(萬修)를 크게 부르라." 하시고

8 말씀하시기를 "이 가운데 수운가사를 가진 자가 있으니 가져오라." 하시니

9 과연 한 사람이 가사를 내어 올리거늘 상제님께서 그 책 중간을 펴시어 한 절을 읽으시니 이러하니라.

10 詩云伐柯伐柯여 其則不遠이로다
시 운 벌 가 벌 가　　기 칙 불 원
도끼자루를 베고 도끼자루를 벰이여.
그 법칙이 멀리 있지 않도다.

11 눈앞에 보는 바는 어길 바 없지마는
이는 도시(都是) 사람이요 부재어근(不在於斤)이라.

12 목전지사(目前之事) 쉽게 알고 심량(深量) 없이 하다가서
말래지사(未來之事) 같잖으면 그 아니 내 한(恨)인가.

공사

262:2 피난동 안씨 재실. 추원재(追遠齋). 정읍시 왕심 마을에 사는 순흥 안씨(順興安氏)의 시조 안극(安劇)의 사당. 왕심 마을은 순흥 안씨의 집성촌으로 태모님께서도 2년 반(道紀 59~62) 동안 머무신 적이 있다.

262:3 음양이 고르지 못하니. 답사시에도 홀로 된 여자가 사랑채에서 살고 있었다. 이 수기 돌리는 새 천지의 대개벽 공사는 제3변 도운에서 인사와 합일되어 성사된다.

262:10 시운벌가벌가. 『시경』 「빈풍(豳風)」에 있는 '벌가(伐柯)'라는 시의 일부. 도끼자루

3 처음에 작은 소리로 한 번 읽으시니 문득 맑은 하늘에 뇌성이 일어
나고

14 다시 큰 소리로 읽으시니 뇌성이 대포 소리와 같이 크게 울리며 화약
냄새가 코를 찌르니라.

15 또 지진이 강하게 일어나 천지를 진동하니 여러 성도들이 정신을 잃
고 마루 위에 엎어지거늘

16 내성에게 명하시어 각기 물을 먹이니 모두 일어나니라.

태을주를 내려 주신 개벽기 인류구원 대공사

263 하루는 상제님께서 말씀하시기를 "염제 신농씨에게 제를 지낸
후에 태을주(太乙呪)를 반포하리라." 하시니라.

2 그 후에 하루는 안내성의 집에 가시어 내성에게 이르시기를 "너, 오
늘 천지에 진지 올려라." 하시고

3 "상 세 개를 차리고 내게 폐백 삼백 냥을 올려라." 하시니라.

4 내성이 워낙 가난하여 모친에게 걱정하며 말하기를 "어머니, 선생
님께서 폐백 삼백 냥을 올리라 하시는데 저는 일 전 한 푼도 없고
어떻게 했으면 좋겠습니까?" 하니

5 모친이 대답하기를 "우리 형편에 삼백 냥이란 거금이 어디 있겠느
냐. 내가 한 닢 두 닢 푼푼이 모아 둔 것이 단지에 있는데 그것이라
도 꺼내 보아라." 하거늘

6 세어 보니 모두 삼백 닢인지라 상제님께 아뢰기를 "엽전 삼백 닢밖
에 없습니다." 하니라.

7 상제님께서 이르시기를 "삼백 닢을 삼백 냥 대신으로 쓰면 될 것이
아니냐. 어서 가져오너라." 하시거늘

8 내성이 가져다 올리매 "삼백 닢어치 술을 사 오라." 하시는지라

9 내성이 지게를 지고 가까운 주막에 가서 술을 사 오니 장정 한 사
람이 바듯이 져야 할 양이더라.

10 내성과 모친이 나물과 보리밥으로 상을 차려 올리매 상제님께서
"술을 세 상에 나누어 올리고 절하며 심고하라." 하시거늘

11 내성이 상을 향해 절을 올리는데 상제님께서 가운데 상에 앉으시
어 진지를 드시니라.

12 이윽고 상제님께서 말씀하시기를 "글 받아라. 천하의 복록과 수명이
이 주문에 들어 있느니라." 하시고

13 친히 태을주를 일곱 번 읽어 주시며 따라 읽게 하시니라.

를 만들기 위해 나무를 베는데, 도끼자루 만드는 법칙은 이미 자기 손에 들린 도끼자루에 들어 있다는 뜻.

262:11~12 「수운가사」「흥비가(興比歌)」

263:1 윤기택 옹이 증산도 본부를 직접 방문하여 여러 일꾼들 앞에서 증언한 내용.

263:12 상제님께서는 대우주가을 개벽기에 인류를 구원하는

의통 공사에서
태을주를 내려
주셨다. 이 공사
내용은 제3변 도
운의 진법 시대에
밝혀지도록 상제
님께서 안내성 성
도에게 함구령을
내리셨기 때문에
그동안 밝혀지지
않은 것이다.

안내성에게 우주의 율려 도수를 붙이심

14 이어서 다시 내성에게 말씀하시기를 "너는 내 도의 아내라. 태을주
은 너에게 전하여 주리니 태을주를 많이 읽으라." 하시고

15 "너는 이 세상에 태을주를 전파하라. 태을주는 우주 율려(律呂)이니라."
하시니라.

16 또 말씀하시기를 "파라, 파라, 깊이 파라. 얕게 파면 죽나니 깊이깊이
파야 하느니라." 하시니라.

17 이로써 내성에게 율려 도수를 맡기시니 그 후 내성이 상제님의 명을
받들어 3년 동안 자리를 뜨지 않고 일심으로 태을주를 읽으니라.

관운장이 되시어 공사 보심

264 하루는 상제님께서 공우를 데리고 태인 새울에서 백암리로 가
실 때

264:2 관운장의
형모와 같으냐.
천지공사의 결론
은 인사다. 도수
의 주인을 누구
에게 맡기느냐에
천지공사의 성패
가 달려 있다. 상
제님께서 사람을
쓰실 때 그 인물
의 기운으로 화
하시어 대사의
감당 여부와 성
패 여부를 엄밀
히 가늠질해 보
시고 사명을 맡
기신다.

2 갑자기 관운장(關雲長)의 형모로 변하시어 돌아보며 물으시기를
"내 얼굴이 관운장의 형모와 같으냐?" 하시거늘

3 공우가 바라보매 용안과 체격이 관운장과 아주 흡사하더라.

4 이에 공우가 놀랍고 의아하여 "감히 알지 못하겠나이다." 하니 그
와 같이 세 번을 물으시거늘

5 공우가 '이 물으심에 반드시 무슨 까닭이 있다.'고 생각하여 아뢰
기를 "관운장과 흡사하옵니다." 하니

6 그제야 본래 모습으로 돌아오시고 경학의 집에 이르러 공사를 행하
시니라.

엽전을 오래 쓰게 하심

265 하루는 상제님께서 약방에 이르시어 경학에게 말씀하시기를
"네 아들 용주(龍胄)가 수(數)를 모르니 수를 가르쳐야 할지라.
속히 보내라." 하시니 경학이 돌아가 용주를 약방으로 보내니라.

2 이 때 당국에서 엽전을 모아 없애려 하거늘 상제님께서 엽전 일흔
냥을 약방에 간수해 두시며 말씀하시기를 "아직 다 없애는 것은 옳지
않다." 하시더니

3 용주가 이르자 엽전 두 푼으로 수를 두시다가 말씀하시기를 "이 방
에 있는 엽전이 도합 백두 냥 두 푼이어야 하리니 여러 사람에게
있는 것까지 다 찾아내어 세어 보라." 하시니라.

4 성도들이 각기 가진 돈을 털어 내고 약방에 간수해 둔 돈까지 합하
여 계산하니 백두 냥밖에 되지 않거늘

5 상제님께서 다시 이르시기를 "맞지 않으면 못쓰리니 잘 찾아 보라." 하시니라.

6 이에 성도들이 주머니를 더듬어 보니 형렬의 부시쌈지에 총전 한 푼이 있고, 약방 궤 속에 또 한 푼이 있더라.

7 이 때 말씀하시기를 "엽전과 되말(升斗)은 원평이 근본이니 오래도록 쓰게 하리라." 하시더니

8 그 뒤에 전국에서 엽전을 다 쓰지 않게 되었으나 원평 부근에서만은 수십 년이 지난 경오, 신미년까지 쓰이니라.

265:6 총전. 총융청(摠戎廳)에서 주조 발행한 돈.

지구촌 인구조사 공사

266 하루는 구릿골에 계실 때 한공숙(韓公淑)이 이르거늘 공숙에게 친히 술을 따라 주시며 말씀하시기를

2 "내 일을 많이 하였으니 술을 마시라." 하시니라.

3 공숙이 대하여 아뢰기를 "당신님의 일을 한 바가 없나이다." 하니 말씀하시기를 "한 일이 있느니라." 하시거늘

4 공숙이 어리둥절하여 술을 받아 등을 돌려 마시고 한참 앉아 있다가 여쭈기를 "간밤 꿈에는 한 일이 있었나이다." 하매

5 말씀하시기를 "꿈에 한 일도 일이니라." 하시니라.

6 여러 사람이 공숙에게 그 꿈을 물으니 말하기를 "선생님께서 우리 집에 오시어 '천하호구(天下戶口)를 성책(成冊)하여 오라.' 명하시므로

7 오방신장(五方神將)을 불러 호구조사를 하여 올리니 선생님께서 받으시는 것을 보았다." 하더라.

266:6 천하호구를 성책. 개벽기에 살아남을 지구촌의 인구를 조사하여 그 수를 놓아 보신 공사.

266:7 오방신장. 동서남북과 중앙의 다섯 방위를 맡아 각 방위의 창조성과 변화성을 다스리는 신장. 우주 공간은 텅빈 것이 아니라, 자연의 변화 원리를 다스리는 신도로 꽉 차 있음을 알아야 한다.

돌아가신 부친을 살려 주심

267 무신년에 하루는 상제님의 부친께서 병이 들어 돌아가신지라

2 응종이 부고(訃告)를 가지고 급히 구릿골로 달려가 상제님 계신 곳을 물으니 "고산 화정리에 계신다." 하거늘

3 구릿골에서 고산은 80리 길이라 황급히 고산에 찾아가 상제님을 뵙고 부고를 전하니

4 상제님께서 술 한 잔을 주신 뒤에 돈 열 냥을 주시며 말씀하시기를

5 "날은 이미 늦었으나 불쾌한 마음을 품지 말고 곧장 돌아가되 청도원 김송환(金松煥)의 집에 들어가 자고

6 내일 아침 구릿골 갑칠에게 들러 내 모시 두루마기 한 벌을 가지고 집에 돌아가 부친에게 입혀 드려라.

267장 「대순전

경』에는 성부님께서 '앓으신' 것으로 왜곡되어 있다. 그러나 상제님의 가족과 김형렬 성도의 가족들은, 이 때 성부님께서 돌아가시어 황응종 성도가 부고를 가지고 상제님을 찾아온 것으로 증언하면서 과거 기록이 잘못되었음을 강력히 주장한 바 있다.

7 그러면 깨어나시리니 이 돈으로 자양물(滋養物)을 사서 잘 공양하라." 하시니라.

해를 잡아매신 상제님

8 날은 이미 저무는데 응종이 감히 명을 어기지 못하고 화정리를 떠나 길을 걸어가매 해가 줄곧 같은 자리에 머물러 있더니

9 한 시간이 채 못 되어 뜻밖에도 길가에 비(碑)가 보이거늘 자세히 살피니 곧 청도원이라.

10 응종이 탄복하며 생각하기를 '지금껏 해가 지지 않은 것도 그렇거니와 팔십 리 길을 이렇게 빨리 당도함은 틀림없이 선생님의 조화로다.' 하니라.

11 이윽고 송환의 집 싸리문 앞에 이르니 해가 툭 떨어져 캄캄해지거늘 곧 송환의 집에 들어가 자고

12 이튿날 아침에 구릿골에 들러 두루마기를 가지고 손바래기로 돌아가 성부께 입혀 드리니 곧 깨어나시니라.

13 이에 자양물을 사서 공양하니 즉시 원기를 회복하시니라.

병자에게 자기 뱃속을 보게 하는 공사

268장 직관(直觀) 의학의 치유 방식이다.

268 상제님께서 병을 고쳐 주실 때는 흔히 병자에게 "가슴과 뱃속을 들여다보라." 하시는데 들여다보면 속이 훤히 다 보이더라.

2 또 혈맥과 장부(臟腑)를 가리키시며 '이곳은 어디이고, 이곳은 어디인데, 어느 장부에서 병이 났노라.' 하시며 낱낱이 가르쳐 주시고

3 이따금 "누릿누릿하게 장부에 끼어 있는 것은 담(痰)이니라." 하시니라.

사람 몸 수술 공사

269 상제님께서 구릿골에 계실 때 하루는 순천에 사는 성도가 손바래기 편에 미역과 오징어를 보내 오거늘

2 손바래기가 밥을 먹고 돌아가며 '갖다 줘야 대가리나 주고 찌끄래기나 줄까, 못 얻어먹는다.' 며 불평을 하니

3 상제님께서 이를 아시고 먹줄을 튕긴 것처럼 손바래기의 몸을 좌우로 쪼개어 길 가운데 세워 놓으시고는

4 기보를 부르시어 짐짓 이르시기를 "손바래기를 남원 ○○네 집에 심부름 보냈더니 오지도 않고 뭐하고 자빠졌는가 모르겠다. 그 집에 좀 가 보아라." 하시니라.

5 이에 기보가 남원으로 털레털레 가다 보니 길 가운데에 손바래기의 몸이 한 뼘 정도의 간격으로 갈라진 채 세워져 있거늘

6 '아이고, 저 사람이 저렇게 생겼으니 못 왔구나!' 하고 벌벌 떨며 돌아와서 "손바래기가, 손바래기가⋯." 하며 말을 잇지 못하니라.

멀쩡한 놈보고 죽었다고 하냐

7 상제님께서 시치미를 떼시며 "그놈 가서 뭣하더냐, 잠자더냐?" 하시니 기보가 "아이고, 말도 못하겠습니다." 하거늘

8 "답답하다, 이놈아! 어떻게 생겼기에 그러냐, 응? 어서 말해라." 하고 재촉하시니

9 "아, 해골이 딱 쪼개져 가지고 다 죽어서는 길 가운데 오똑하니 세워져 있습니다." 하니라.

10 이에 상제님께서 짐짓 놀란 표정을 지으시며 "쪼개진 놈이 어떻게 서 있느냐?" 하시니

11 기보가 "아이고, 몰라요, 어떻게 생겼는지. 보니까 징그러워서⋯." 하며 눈살을 찌푸리거늘

12 상제님께서 "아, 그러면 손바래기인 줄을 네가 어떻게 알았느냐?" 하고 물으시니라.

13 이에 기보가 난감한 기색으로 "얼굴을 보니까 그런 것 같던데요." 하니

14 말씀하시기를 "아, 그럼 ○○네 집에 가서 손바래기가 있는가 없는가 알아보고 와야 할 것 아니냐?

15 그 집에 손바래기가 없으면 그런가 하겠지만 손바래기가 있으면 누구인지 모르는 것 아니냐?

16 심부름 간 놈이나 네놈이나 똑같다! 내가 가 봐야지. 넌 여기 앉았거라, 내 잠깐 갔다 오마." 하며 일어나시거늘

17 기보가 "잠깐만요, 거기를 하루면 가는 줄 아십니까?" 하고 만류하는지라 "허, 이놈! 내가 한걸음에 갔다 오마." 하고 나서시니라.

18 잠시 후 상제님께서 손바래기를 도로 붙여 데리고 들어오시며 기보를 향하여 "멀쩡한 놈보고 죽었다고 했냐, 이놈아!

19 너도 이놈같이 세워 놓을란다." 하고 호통을 치시니 기보가 무서워서 벌벌 떠니라.

20 이후로는 누가 불평하는 소리만 하여도 "너 손바래기 짝 나고 싶어서 그러냐?" 하고 겁을 주시면

21 성도들이 기겁하여 "아이고, 저 남원 안 갈랍니다." 하며 말꼬리를

269:20~21 "아얼른하면 '너 손바래기 짝 나고 싶어 그러냐?',

'아이고, 아니라우, 안 해. 나 남원 안 가라우.' 남원 가다가 그랬거든. 남원 가라고 허면 또 그런 일 당할까 봐 나 남원은 심부름 안 간다."(김호연 성도 증언)

감추니라.

수염을 한 번 쓰다듬으시니

270 하루는 상제님께서 호연과 함께 약방에 앉아 계시다가 어느 결에 나가셨는지 밖에서 호연을 부르시거늘

2 호연이 나가 보니 어느새 지붕 위에 올라앉아 계시더라.

3 호연이 "불렀어요?" 하고 소리치니 상제님께서 "어디 불났어?" 하시거늘

4 다시 "안 불렀어요?" 하니 "멀쩡한 날에 불났다고 하네." 하시니라.

5 이 때 어디선가 "불이야!" 하고 외치는 소리가 들리므로 호연이 달려가 보니 쌓아 둔 낟가리에 불이 붙은지라

6 사람들이 불 끌 엄두도 내지 못하고 주변으로 번질까 두려워 울며 아우성치거늘

7 호연이 "불이 나서 어쩔거나." 하며 걱정스런 눈빛으로 상제님을 바라보매

8 상제님께서 수염을 한 번 쓰다듬으시니 그 즉시 불길이 잡히니라.

9 또 하루는 마당에서 춤을 추듯 허공을 향해 주먹을 지르시니

10 갑자기 이 집 저 집에 불이 붙어 우르르우르르 담이 헐어지거늘

11 사람들이 어느 집부터 불길을 잡아야 할지 몰라 우왕좌왕하다가 달리 수습할 방도가 없어 하염없이 바라만 보는데

12 문득 불이 꺼지며 언제 그랬냐는 듯 불에 탄 흔적이 말끔히 사라지고 담도 멀쩡해지더라.

연금술 공사

271 상제님께서는 밖에 나가시면 종종 소쿠리나 골마리, 또는 저고리 앞자락에 둥글둥글한 고운 돌을 한가득 담아서 가져오시니라.

2 하루는 호연이 "무엇 하려고 그렇게 돌을 주워 와요?" 하고 여쭈니 "내가 금덩이 주워 왔구만 그런 소리 하네.

3 보기 좋은 떡은 먹기도 좋단다. 돌이 좋길래 다 주워 왔다. 이게 다 금이다~!" 하시며 아랫목에 쏟아서 덮어 두시니라.

4 또 어느 날은 호연에게 "너 돈 없냐?" 하고 물으시거늘 호연이 "없어요." 하니

5 "아이구, 야야! 너 돈 없으면 나보고 말해라, 내가 주마. 여기 돈 많

271:3 이게 다 금이다. 상제님께서 무극대도의 경계에서 후천선경의 신소재를 개발하는 극치의 창조의 운수를

다." 하시며 방 안의 돌들을 주시니라.

열어 주신 대공사이다.

개벽 상황에 천지백성을 건져내는 독대 공사

272 하루는 상제님께서 약방에 앉아 계시는데 갑자기 하늘에 구멍이 뚫린 듯 장대비가 억세게 쏟아지거늘

2 상제님께서 "억수가 온다! 대수가 온다! 천하수(天下水)가 온다!" 하시며 낚싯대를 챙겨 들고 부리나케 제비산으로 올라가시니

3 성도들이 영문을 몰라 '행여 이 큰비에 선생님만 사시려고 그러시는가.' 하여 뒤쫓아가니라.

4 상제님께서 제비산 꼭대기에 오르시어 성도들에게 물으시기를 "너희들은 무슨 이치로 산에 오르느냐?

5 나는 이치를 따라 오르거늘 너희들이 천지이치를 아느냐?" 하시며 원평 쪽을 향하여 낚싯대를 드리우시거늘

6 모두 의아히 바라보기만 하는데 호연이 "마른 땅에 고기가 어디 있어서 낚시를 해요?" 하고 여쭈니

7 말씀하시기를 "이것이 낚시가 아니라 천하의 독대다, 독대! 사람을 낚는 것이니 너희는 몰라도 천지백성을 다 건져내는 중이니라." 하시고

8 잠시 후에 낚싯대를 들어올리시며 "어이쿠, 잉어 잡혔다." 하시고는 한동안 낚시질을 계속하시니라.

272:2 제비산. 구릿골 맞은 편에 있는 산(310m). 풍수학적으로는 임금을 감추는 (帝秘) 산이라고도 하며, 정여립 (鄭汝立)이 제비산 치마바위에서 천일 기도를 했다고 한다.

272:7 독대. 반두. 고기 잡는 그물의 한 가지로, 긴 네모꼴 그물 양 끝에 손잡이 막대를 댄 것.

자치기를 시키시며 공사 보심

273 하루는 상제님께서 공우와 갑칠을 불러 자치기를 시키시거늘

2 먼저 공우가 자를 가져다 놓고 막대기로 탁 치니 저만큼 날아가고

3 이어 갑칠이 자를 치니 거리가 공우에 미치지 못하는지라

4 상제님께서 갑칠의 머리를 한 대 때리시며 "이놈아, 그것밖에 못 나가냐?" 하시니라.

5 잠시 후 상제님께서 공우에게 물으시기를 "저 막대기가 어디로 가겠느냐? 서양으로 가느냐, 중국으로 가느냐?" 하시거늘

6 공우가 대답하기를 "이것이 가면 얼마나 가겠습니까? 중국으로나 가지, 서양으로는 못 갑니다." 하니

7 옆에 있던 갑칠이 아뢰기를 "중국으로 갈 것 같으면 그냥 우리 조선에서 살랍니다." 하니라.

8 이에 상제님께서 말씀하시기를 "앞으로 우리나라가 도주국(道主國)이 된다." 하시니라.

272:7 천지백성을 다 건져내는 중. "천하에서 안 되는 사람 없이 다 들어오지 않어? 그러지. 하나가 가서 연줄이 주루룩 되고…." (김호연 성도 증언)

후천 선경 낙원의 복록소 · 수명소 · 대학교 공사

274 하루는 상제님께서 공우에게 글을 써 주시니 이러하니라.

274:2 수명도. '조화설기좌선도'라고도 불리우나 이는 후대에 붙여진 것으로 밝혀졌다.(나승렬 증언).

2
　　　　壽命圖
　　　　수 명 도

天人天地天天
천 인 천 지 천 천

地人地地地天
지 인 지 지 지 천

人人人地人天
인 인 인 지 인 천

3 이어 말씀하시기를 "이것을 신경수(申京守)의 집 벽에 붙이라." 하시고

274:4 수명소. 후천에는 수명소에서 인간의 수명을 주관하여 장수문화를 연다. 이것은 세운의 문명개벽(생명과학과 의학의 발달, 의식주의 풍요)과 더불어 상제님의 도법을 집행하는 일꾼들에 의해 상제님의 도가 성숙되어 대개벽이 성사된 후에 최종적으로 실현된다.

4 "경수의 집에 수명소를 정하나니, 너희들은 모든 사람을 대할 때에 그 장처(長處)만 취하여 호의를 가질 것이요

5 혹 단처(短處)가 보일지라도 잘 용서하여 미워하는 마음을 두지 말라." 하시니라.

6 이 때 공우를 시키심은 공우가 신경수의 집에 함께 사는 까닭이더라.

7 또 형렬에게 물으시기를 "법이 시골에서 만들어져 서울로 가느냐, 서울에서 만들어져 시골로 가느냐?" 하시니

8 형렬이 "법이야 서울에서 만들어져 시골로 내려오지요." 하고 대답하거늘

9 "그러면 그렇지. 무릇 법이란 서울로부터 내려와 만방에 펴내리는 것이니 서울 경(京) 자 이름 가진 사람의 기운을 뽑아 써야 할지라.

10 그러므로 경수(京守)의 집에 수명소(壽命所)를 정하노라." 하시니라.

274:11 대학교. 6편 61장 참조.

11 또 경학(京學)의 집에 대학교(大學校)를 정하시며 말씀하시기를 "경학의 학(學) 자가 배울 학 자이니 대학교를 정하노라." 하시고

12 경원(京元)의 집에 복록소(福祿所)를 정하시니라.

274:12 복록소. 후천의 경제 질서를 다스리는 통제 기구로 대개벽 후 세계일가 통일정권이 들어서면서 발족된다. 복록소에서 지구촌의 녹줄 창출과 분배를 담당함으로써 자

화신 세력을 꺾으심

275 하루는 금산사 돌무지개문에서 개벽 공사를 보신 후에 글 한 수를 읽어 주시니 이러하니라.

2
長安長唱吾笑歌
장 안 장 창 오 소 가

誰識南方埋火家
수 식 남 방 매 화 가

3 이어 '매화(埋火)'라 쓰시어 형렬의 집 대밭에 묻으시고 형렬에게

일러 말씀하시기를 "내가 이제 화둔(火遁)을 하였나니 너의 집에 불을 조심하라.

4 만일 너의 집에 불이 나면 화신(火神)이 세력을 얻어 온 세계에 큰 재앙을 끼치리라." 하시거늘

5 형렬이 놀라 집안사람들을 단속하여 종일토록 불을 조심하니라.

본주의와 사회주의의 궁극 목적을 실현하게 된다.

동쪽 하늘에 별을 나타나게 하심

276 구릿골에서 공사를 행하실 때 하루는 밤중에 양지에 글을 쓰시며 김보경에게 명하시기를 "동쪽 하늘에 별이 나타났는가 보라." 하시므로

2 보경이 밖에 나가 하늘을 보고 들어와 아뢰기를 "검은 구름이 온 하늘을 덮고 있어서 별이 보이지 않나이다." 하거늘

275:3 화둔(火遁)

화둔(火遁)이란 화둔은 선천 역사에서 생겨난 모든 상극의 불기운을 묻는다는 뜻이다. 동시에 그 불기운을 가을 성숙의 조화 기운[火의 승명(升明)·토화]으로 작용하도록 유도하여 후천신천지의 상생의 질서를 연다는 의미를 함축한다.

화둔 공사와 상씨름 천지의 불을 묻는 화둔 공사는 남북 상씨름(세계 상씨름)의 전 과정과 깊은 관련을 맺고 있다. 한국전쟁 후 미국과 구 소련을 중심으로 세계 강대국들은 끝없는 핵무기 개발 경쟁 체제로 돌입한 결과, 이제는 영국, 프랑스, 중국, 그리고 인도와 파키스탄도 핵 보유국이 되었다.

핵무기는 세계를 몇 번이나 파멸시킬 수 있는 위기 상황을 부추기고 있지만, 선천의 마지막 전쟁인 상씨름판의 결전이 핵무기로 종결되지는 않는다. 증산 상제님은 조화권능으로 화신의 세력을 누르고 불기운을 잡아, 모든 핵무기를 폐기하는 화둔 공사를 보셨기 때문이다. 그것이 의통성업이다

9·11 테러 후 달라진 미국의 초강경 태도
2001년 9·11 테러 이후 부시 행정부는 자국의 안보를 위해 전 세계에 선제 공격할 수 있음을 천명하였을 뿐만 아니라 지구촌 테러와의 대전쟁을 선포하였다. 그리고 2002년 1월에는 이란, 이라크와 더불어 북한을 자국의 안보를 위협하는 세계 3대 악의 축으로 지목하였다.

한반도에 감도는 전운 이후 천지공사 100년을 성축하는 2002 한일 월드컵이 끝난 뒤 10월에, 미국의 켈리 특사의 방북을 계기로 북한의 비밀스런 핵무기 개발이 드러나게 되면서, 한반도는 또다시 핵 위기를 맞이하였다(제2차 북핵위기). 이에 북한은 2003년 1월 10일 NPT 탈퇴를 국제사회에 선언하였고, 그로부터 한반도에는 짙은 전운이 감돌고 있다.

화둔 공사는 어떻게 실현되는가 선천 역사 최후의 전쟁인 남북 상씨름은 천지의 불을 묻는 화둔 공사를 실현하기 위한 전쟁이다.

상제님의 천지공사에 따라 일점 일획의 오차도 없이 전개되는 화둔 공사는 선천 상극의 기운이 극도로 압축되어 만들어진 핵무기를 묻는 공사다. 이것은 북한의 핵 문제로 인해 불붙는 남북 상씨름의 과정에서 전 세계의 모든 핵무기를 폐기하는 대공사다.

상제님은 이 공사의 책임을 무극대도의 일꾼들에게 맡기셨으며, 이는 상씨름 상황에서 열리는 '만국재판소'를 통해 현실에서 이루어진다.

3 상제님께서 문을 열고 동쪽 하늘을 향하여 입으로 한 번 부시니 구름이 흩어지고 별이 나타나더라.

천하의 불평줄을 끄르는 공사

277 6월에 광찬에게 물으시기를 "네가 평소에 나를 어떻게 불러 왔느냐?" 하시니

2 광찬이 대답하기를 "촌양반이라고 불렀습니다." 하거늘

3 다시 물으시기를 "촌양반은 너를 어떻게 불렀겠느냐?" 하시매

4 광찬이 아뢰기를 "고을 아전(衙前)이라고 부르셨을 것입니다." 하니라.

5 이에 말씀하시기를 "촌양반은 고을 아전에게 아전놈이라 부르고, 고을 아전은 촌양반에게 양반놈이라 부르나니 이것이 모두 **불평줄**이라.

6 이제 너와 내가 서로 화해하면 모든 신명들과 인간이 본받아 천하가 다 화평하게 되리라." 하시니라.

277:5 아전놈. 김광찬 성도는 16세에 양자로 들어가 성장하였고, 일제 초기에 아전(참봉)을 거쳐 황등면장을 지냈다.

제 지내며 대공사 보실 때

278 상제님께서는 평소 격식에 구애 받지 않고 옷을 입으시는데 제를 지내시며 대공사를 보실 때는 반드시 의관을 정제하시고

2 참관하는 성도들 역시 깨끗한 옷으로 갈아입게 하시니라.

3 또 제는 꼭 특정한 날을 택해 지내시고, 그 때마다 돼지, 소, 개를 여러 마리씩 잡아 제물로 올리시니라.

김형렬의 집 마당에서 보신 도통맥 전수 대공사

279 명절 때가 되면 성도들이 돈이나 쌀, 곡식 등 여러 가지를 가져오는데

2 서기가 상제님께 일일이 말씀드리면 그것을 모두 **형렬의 집으로** 가져다 놓게 하시니라.

3 하루는 형렬의 집 마당에 단을 설치하여 제물을 차리게 하시고, 용과 말을 그린 종이를 한 자 반 높이로 쌓아 놓으시니라.

4 이어 형렬이 구슬 달린 네모반듯한 관에 새 옷을 입고 마당에 나가서 상제님을 기다리니

5 상제님께서 푸르스름한 저고리와 오동꽃색 고의를 입으시고, 그 위에 긴 두루마기와 도복을 걸치신 뒤에

6 뿔이 달린 관을 쓰고 혼례식 할 때 신는 목화를 신고 나오시거늘

7 기다리고 있던 성도들이 양쪽으로 나뉘어 상제님의 뒤를 따르니라.

8 상제님께서 마당에 이르시어 의자에 앉으시매 뒤따르던 성도들이 좌우로 엎드리거늘

9 자리에서 일어나시어 "재배를 하라." 명하시니 먼저 형렬의 옆에 있는 성도들이 일어나 절을 올리고, 이어 다른 성도들도 따라서 절을 올리니라.

279:9 이는 도성덕립 전의 과도기에, 상제님의 대도를 집행하는 사부(師父)에 대한 의전 예법 공사이다.

10 호연이 평소에 공사 보실 때는 항시 사배하는 것을 보았던 터라 상제님께 "네 번 하는데 오늘은 왜 두 번만 해요?" 하고 여쭈니

11 "아이고, 알지도 못하는 소리 말어. 이것 데려다 어디 방에 가두어 놓고 해야지 내놓고 못 하겠다." 하시거늘

12 호연이 "자기들은 옷을 그렇게 해 입고 나는 안 해 주고!" 하며 토라지는지라

13 상제님께서 "해 줄게, 해 줄게. 인제 천지가 네 옷이여, 천지가 네 옷." 하시며 얼러 주시니라.

하늘에도 수많은 나라가 있다

280 상제님께서 제를 지내시는 동안 용과 말을 그린 종이를 일일이 소지하며 고축하시니 마당이 불꽃밭처럼 환하거늘

2 호연이 "하늘이 쳐다보간디? 뭣 하려고 맥없이 종이를 불지를까. 이런 것 하면 하늘이 뜨겁다고 하겠네!" 하니

3 시종 엄숙하게 제를 모시는 중인지라 상제님께서 검지를 조용히 입에 대시며 눈치를 주시니라.

4 호연이 그 모습을 흉내내며 "이게 뭣이랴? 간짓대 가져와?" 하고 시치미를 떼니

5 주먹으로 쥐어박는 시늉을 하시며 "이리 와 앉아라." 하시거늘

6 호연이 다가가 앉으매 상제님께서 백지로 호연의 입을 봉하시며 말씀하시기를

7 "하늘도 수수천 리이고, 수많은 나라가 있어. 이런 평지에서 사는 것하고 똑같다." 하시니라.

8 이에 호연이 "아이고 깜깜햐~, 아이고, 아휴~!" 하고 엄살을 부리니

9 상제님께서 종이를 조금 떠들어 주시며 "아이, 요것 때문에 내가 큰일이여!" 하시니라.

중요한 공사 말씀은 못 듣게 하심

281 상제님께서 몇몇 성도들과 함께 중요한 공사를 행하실 때는 다른 사람의 근접을 일절 금하시니

2 호연이 궁금해서 조금 들으려 해도 곁에 다가오지 못하게 하시니라.

망신당하는 꼴 한번 보게 할 테야

3 하루는 상제님께서 성도들과 말씀을 나누시는데 호연이 자꾸 끼어드니 '똑똑한 체한다.' 하며 나무라시거늘

4 호연이 토라져서 "내가 이제 망신당하는 꼴 한번 보게 할 테야." 하니라.

5 상제님께서 웃으시며 "어떻게 할라냐?" 하시니 호연이 퉁명스럽게 "꾀를 활딱 벗겨 놓지." 하거늘

6 다시 "내 꾀를 네가 어떻게 벗겨?" 하시매 "자면 중의를 활딱 벗겨서 저기 갖다 놓지." 하니라.

7 이에 상제님께서 "아, 굿 보고 웃으면 좋지! 사람 한번 웃기기가 어디라고." 하시며 더욱 크게 웃으시니 방 안이 온통 웃음바다가 되니라.

미륵전 앞을 넓히는 공사

282 하루는 약방 후원에 푸른 대나무 10여 그루를 친히 심으신 뒤에

2 약방에 갖추어 둔 모든 비품 물목을 깨끗한 종이에 차례로 적으시고 글을 쓰시니 이러하니라.

282:3 응수조종 태호복, 하사도인 다불가. 태호 복희씨는 배달국의 5대 태우의(太虞儀) 환웅천황의 막내아들로 성은 풍(風), 이름은 방아(方牙)이다. 복희씨는 성씨(姓氏)의 시조요, 역(易)철학의 시조이며 문자를 만들고 일부일처의 혼인제도를 세우는 등, 인륜도덕의 푯대를 세운 명실상부한 인도문명사(人道

3

世界有而此山出하니　紀運金天藏物華라
세 계 유 이 차 산 출　　기 운 금 천 장 물 화

應須祖宗太昊伏인댄　何事道人多佛歌오
응 수 조 종 태 호 복　　하 사 도 인 다 불 가

세계가 생겨나고 이 산이 나왔으니
후천 (가을)문명을 여는 운수가 이 산에 갊아 있느니라.
마땅히 선천 문명의 조종(祖宗)은 태호 복희씨인데
웬일로 도 닦는 자들이 허다히 부처 타령들이냐!

4 상제님께서 그 글을 공우와 광찬에게 주시며 말씀하시기를

5 "금산사 미륵전 앞에 대장전(大藏殿)이 있어 불편하니 너희 두 사람은 이 물목기(物目記)를 금산사에 가지고 가서

6 대장전 석가불상을 바라보며 마음속으로 '불상을 업어다 마당 서편으로 옮겨 세운다.' 는 생각을 하면서 이 종이를 불사르라." 하시니

7 두 사람이 금산사에 가서 명하신 대로 행하니라.

8 그 뒤에 금산사를 중수할 때 대장전을 마당 서편으로 옮겨 세우니 비로소 미륵전 앞이 넓어지니라.

너희들은 청수를 마시라

283 7월에 하루는 상제님께서 백암리 경학의 집에서 백지를 사지(絲紙) 오리듯 하여 두 기장으로 벽에 붙이시고

2 입에 물을 머금어 종이에 뿜으시니 곧 하늘에서 비가 쏟아지니라.

3 이에 성도들에게 명하시어 "청수 한 동이를 떠 오라." 하시더니 상제님께서 한 그릇을 떠서 반을 드시고

4 나머지 물은 도로 물동이에 부으시며 이르시기를 "너희들도 각기 한 그릇씩 마시라." 하시니라.

文明史)의 첫 개벽자로서 선천 문명의 조종(祖宗)이시다. 상제님께서는, 이러한 사실(史實)도 모른 채 뿌리를 잃어버리고 남의 조상을 꿰다가 믿으며 구원을 달라고 열렬히 노래 부르고 있는 선천 종교인들의 한심한 작태를 나무라신 것이다.

282:3 내장산에 가시어 이 글을 쓰셨다는 말도 전해 온다.

282:8 그 뒤. 1922년에 현 위치로 옮겼다.

283:1 사지. 제사나 잔치에 쓰는 누름적, 산적을 꽂은 꼬챙이 끝에 감아 늘어뜨린 좁고 가늘게 오린 종이.

금산사 대장전. 상제님께서 공사 보실 당시 대장전은 미륵전 바로 앞에 있었으나(사진 위), 상제님의 공사에 의해 1922년에 현 위치로 이전되었다(사진 아래).

그까짓 것 말로 따질라요

284 하루는 경학에게 말씀하시기를 "교(敎)끼리 전쟁을 하면 걷잡을 수 없다." 하시고

2 "앞으로 도전(道戰)이 나면 어쩔란가?" 하고 물으시니 경학이 "그까짓 것 말로 따질라요." 하고 대답하니라.

백암리에서 보신 공사

3 상제님께서 경학의 집에 계실 때 말을 타고 어디를 가시다가도 걸 인을 만나면 말에서 내리시어

4 "너하고 나하고 옷을 바꿔 입자." 하시며 옷을 모두 벗어 주시고

5 걸어서 가실 때는 종종 마을 어귀에서부터 신발을 벗고 버선발로 가시니라.

일본이 몰고 온 천지기운

285 하루는 한 성도가 여쭈기를 "이렇게 어지러운 세상을 당하여 어떻게 하는 것이 화를 피하는 길입니까?" 하니

2 말씀하시기를 "이 때는 일본 사람을 잘 대접하는 것이 곧 피난이니라." 하시니라.

3 이에 그 성도가 다시 여쭈기를 "무슨 연고입니까?" 하니

4 상제님께서 말씀하시기를 "서방 백호(白虎)가 들어오는데 개를 보고 들어온다.

5 일본 사람이 서방 백호 기운을 띠고 왔나니 숙호충비(宿虎衝鼻)하면 상 해를 받느니라.

6 범은 건드리면 해를 끼치고 건드리지 않으면 해를 끼치지 않으며, 또 범이 새끼 친 곳은 그 부근 동리까지 보호하나니

7 사사로운 일로 그들을 너무 거스르지 말라. 이것이 곧 피난하는 길이니라." 하시고

8 "동방의 청룡(靑龍)기운이 동(動)하면 백호는 물러가느니라." 하시니라.

일본의 3대 원한을 해원시켜 주심

286 지난 임진란에 일본 사람이 조선에 와서 성공치 못하여 세 가지 한이 맺혀 삼한당(三恨堂)이 있다 하나니

2 먼저 도성(都城)에 들지 못하였음이 일한(一恨)이요

3 인명을 많이 죽였음이 이한(二恨)이요

4 수종(水種)을 가르쳤음이 삼한(三恨)이라.

285:4 서방 백호. 천지는 신령스러운 영적 대생명체이다. 하늘은 신(神)이고 땅은 귀(鬼)다. 천지의 사정위(四正位) 동서남북을 주장하는 영기(靈氣, 천지 성령의 氣)를 각각 청룡(靑龍), 백호(白虎), 주작(朱雀), 현무(玄武)라 한다.

285:8 동방의 청룡. 동방 청룡은 만물을 생(生)하는 기운으로 역사의 새 질서를 여는 출발점을 상징한다. 여

5 그러므로 이제 해원시대를 당하여 먼저 도성에 들게 됨에 일한이 풀리고

6 인명을 많이 죽이지 않게 됨에 이한이 풀리고

7 3년 가뭄으로 백지(白地) 강산에 백성들이 추수하지 못하게 됨에 삼한이 풀리리라.

일본 사람이 제 선령신을 찾아가게 하심

287 하루는 상제님께서 말씀하시기를 "지금은 천지도수(天地度數)가 정리되어 각 신명의 자리가 잡히는 때라.

2 일본 사람이 효(孝)줄을 띠고 조선에 건너와서 임진란 때에 각 오지(奧地)에 들어가 죽은 저의 선령신들을 찾아가려 하므로

3 이제 조선의 의병들이 그 일을 이루어 주려고 산중 깊숙한 곳까지 그들을 이끌고 들어가느니라." 하시니라.

월경 없애는 공사

288 하루는 태인에 계실 때 "여자를 한 사람 구해 오라. 오늘 내가 함께 자리라." 하시거늘

2 한 성도가 여쭈기를 "마침 매춘부가 있사온데 경도(經度)가 있어 안 되겠습니다." 하니라.

3 이에 말씀하시기를 "내가 바로 그 여자를 찾고 있노라." 하시고는

4 그 여자와 함께 주무시고 다음 날 도포자락 여기저기에 피를 잔뜩 묻힌 채로 길을 떠나시니

5 성도들이 놀라 아뢰기를 "핏자국이 옷에 가득하니 그대로 가실 수 없겠습니다." 하거늘

6 말씀하시기를 "사람들이 나를 욕하면 신명들이 내 말을 들으리라. 앞세상에는 여자에게 경도가 없느니라." 하시고

7 "불편이 막심하니 내 세상에는 없애리라." 하시니라.

개장국은 개정국이니라

289 하루는 상제님께서 말씀하시기를 "선천에는 도가(道家)에서 개장국을 먹지 아니하였으므로 망량신(魍魎神)이 응하지 않아 큰 도통이 없었느니라." 하시고

2 "개장국은 개정(改政)국이니라." 하시니라.

기서는 일본 제 국주의가 물러가고 간태합덕(艮兌 合德)의 원리로 태방(兌方)의 미국이 한국에 들어오는 것을 뜻한다.

286:4 수종. 물 있는 곳에 볍씨를 뿌리는 농법. 임진왜란 전에는 주로 담수직파법을 취하였으나 전란으로 인해 노동력이 크게 부족하게 되자 주된 농법이 이앙법으로 바뀌게 되었다. 수종을 가르쳤다 함은 임란 때 저수지 중심의 일본의 수리 시설이 전해진 것을 말한다. 물론 그 근본을 따진다면 수종과 수리법은 백제의 왕인(王仁) 박사가 일인에게 가르친 것이다.

286:7 백지. 농사가 안 되어 거두어들일 것이 없는 땅.

286:7 삼한이 풀리리라. 이 말씀에서 역사를 보는 인식이 근본적으로 전환되어야 함을 알 수 있다. 신도를 바탕으로 인사를 보아야 한다. 앞으로

상제님의 문명이 더욱 성숙되면 인류사를 인사와 신도의 양 차원에서 보는 새로운 역사 인식의 신도사관(神道史觀)이 나올 것이다.

288:6 이 도수는 의학의 발달과 여성의 몸 개벽으로 실현된다.

290:6 천황봉에 불이 켜지면. 1978년 8월 모악산 정상에 송신탑이 세워졌다.

291:2 손사풍. 손방(巽方)과 사방(巳方)에서 볼

공사

금평제 공사

290 상제님께서 용암리 물방앗간에서 구릿골로 가시며 "여기를 수리재라 하라." 하시거늘

2 한 성도가 "수리재가 무엇입니까?" 하고 여쭈니 "아, 이놈아. 물 넘어가는 고개도 모르냐?" 하시고

3 "이리로 물이 넘어가니 수리재라 불러라." 하시니라.

4 이에 성도들이 "아, 냇물은 멀쩡히 잘 흐르는데 고개가 어디 있어서 물이 넘어오는 수리재라 하십니까?" 하고 여쭈니

5 상제님께서 "그만 알아 두라." 하시니라.

6 또 말씀하시기를 "모악산 천황봉(天皇峰)에 불이 켜지면 때가 가까이 온 줄 알아라." 하시니라.

나의 운수는 더러운 병 속에

291 7월에 제비창골 삼밭에서 공사를 보신 뒤에 성도들을 거느리고 서전재 꼭대기 십자로에서 공사를 행하실 때

2 손사풍(巽巳風)을 불리시며 장질부사 열병을 잠깐 앓으시고 말씀하시기를 "이만하면 사람을 고쳐 쓸 만하도다." 하시고

금평제에서 건너다 본 모악산. 물이 가득 찬 금평제 건너편으로 모악산 정상 천황봉에 설치된 송신탑이 보인다. 왼쪽은 제비산, 오른쪽으로 수양산이 자락을 드리우고 있다.

3 손사풍을 더 강하게 불리신 후에 "손사풍은 봄에 부는 것이나 나는 동지섣달에도 손사풍을 일으켜 병을 내놓느니라.

4 병겁이 처음에는 약하다가 나중에는 강하게 몰아쳐서 살아남기가 어려우리라.

5 나의 운수는 더러운 병(病) 속에 들어 있노라." 하시니라.

병목이 너희들 운수목

6 이에 갑칠이 여쭈기를 "이해를 잘 못하겠습니다. 치병을 하시면서 병 속에 운수가 있다 하심은 무슨 연고입니까?" 하니

7 말씀하시기를 "속담에 '병 주고 약 준다.'는 말을 못 들었느냐. 병목이 없으면 너희들에게 운수가 돌아올 수가 없느니라.

8 병목이 너희들 운수목이니 장차 병으로 사람을 속는다." 하시고

9 "내가 이곳에 무명악질(無名惡疾)을 가진 괴질신장들을 주둔시켰나니

10 신장들이 움직이면 전 세계에 병이 일어나리라.

11 이 뒤에 이름 모를 괴질이 침입할 때는 주검이 논 물꼬에 새비떼 밀리듯 하리라." 하시니라.

12 또 말씀하시기를 "앞으로 세상이 한바탕 크게 시끄러워지는데 병겁이 돌 때 서신사명 깃대 흔들고 들어가면 세계가 너희를 안다.

13 그 때 사람들이 '아, 저 도인들이 진짜로구나.' 하는 것을 깨닫게 되리라." 하시니라.

칠성경 공사

292 하루는 김덕찬(金德燦)에게 양지 한 장을 주시며 "칠성경(七星經)을 쓰라." 하시므로

2 덕찬이 글자의 크기를 여쭈니 "네 마음대로 쓰라." 하시거늘

3 뜻대로 쓰매 글자가 종이 전체에 가득 차고 다만 글자 석 자 쓸 만한 여백이 남는지라

4 이에 말씀하시기를 "그 여백에 칠성경 석 자를 쓰라." 하시고 그 종이를 받아 불사르시니라.

5 상제님께서 말씀하시기를 "칠성경은 재액(災厄)을 물리치고 복을 구하는 큰 경문(經文)이요, 개벽주에는 천하의 큰 권능이 갊아 있느니라." 하시니라.

6 상제님께서 평소 성도들을 공부시키실 때는 먼저 칠성경을 읽히시고 후에 개벽주(開闢呪)를 읽히시니 그 주문은 이러하니라.

291:1 어오는 바람. 동남풍.

291:2 장질부사. 장티푸스.

291:11 새비. '새우'의 방언.

291:12~13 문공신 성도의 제자 박인규 증언.

292:7 칠성경.
후천 선경 문화를 여는 선(仙) 기운과 깨달음의 도기(道氣)를 받아내려 모든 병기(病氣)를 벗는 생명의 힘이 칠성으로부터 온다. 칠성은 인간 생명의 중추적인 기능을 하는 황극의 별이다. 그러므로 칠성경을 많이 읽으면 무병장수하고, 인간의 정신이 내명(內明)해진다. 상제님 일꾼들은 이 칠성 기운을 받아 칠성 도수로써 선천 문화를 문 닫고 새 우주를 여는 천지 대업을 완성한다. 후주 '북두 칠성과 삼태성' 참조.

292:8 개벽주.
개벽기에 신명계 신장들의 위계(位階)를 밝히며 그 음호를 기리는 내용의 주문이다. 각 신장의 이름을 부름으로써 각 신장들의 신력을 얻는 것이다.

7

七星經
칠 성 경

七星如來 大帝君　北斗九辰 中天大神
칠 성 여 래　대 제 군　북 두 구 진　중 천 대 신

上朝金闕 下覆崑崙　調理綱紀 統制乾坤
상 조 금 궐　하 부 곤 륜　조 리 강 기　통 제 건 곤

大魁貪狼 文曲巨門　祿存廉貞 武曲破軍
대 괴 탐 랑　문 곡 거 문　녹 존 염 정　무 곡 파 군

高上玉皇 紫微帝君　大周天際 細入微塵
고 상 옥 황　자 미 제 군　대 주 천 제　세 입 미 진

何災不滅 何福不臻　元皇正氣 來合我身
하 재 불 멸　하 복 부 진　원 황 정 기　내 합 아 신

天罡所指 晝夜相輪
천 강 소 지　주 야 상 륜

俗居小人 ○○生　○○○ 好道求靈
속 거 소 인　○○ 생　○○○ 호 도 구 령

願見尊儀 永保長生　三台虛精 六淳曲生
원 견 존 의　영 보 장 생　삼 태 허 정　육 순 곡 생

生我 養我 護我 形我 許身形
생 아　양 아　호 아　형 아　허 신 형

魁魁魖魖 魖魖魖 尊帝唫唫 如律令
괴 작 관 행　화 보 표　존 제 급 급　여 율 령

8

開闢呪
개 벽 주

天上玉京天尊神將　天上玉京太乙神將
천 상 옥 경 천 존 신 장　천 상 옥 경 태 을 신 장

上下變局雷聲霹靂將軍　白馬元帥大將軍
상 하 변 국 뇌 성 벽 력 장 군　백 마 원 수 대 장 군

雷聲霹惡將軍　惡鬼雜鬼禁亂將軍
뇌 성 벼 락 장 군　악 귀 잡 귀 금 란 장 군

三首三界都元帥　地神霹靂大將軍
삼 수 삼 계 도 원 수　지 신 벽 력 대 장 군

天地造化風雲神將　太極斗破八門神將
천 지 조 화 풍 운 신 장　태 극 두 파 팔 문 신 장

六丁六甲遁甲神將　三台七星諸大神將
육 정 육 갑 둔 갑 신 장　삼 태 칠 성 제 대 신 장

二十八宿諸位神將
이 십 팔 수 제 위 신 장

感我微誠 助我大力　力拔山 吾奉　九天上世君
감 아 미 성　조 아 대 력　역 발 산　오 봉　구 천 상 세 군

勅速勅速　唵唵唫唫 如律令
칙 속 칙 속　엄 엄 급 급　여 율 령

후천개벽 인기어인(人起於寅) 시간 도수

293 하루는 어둠이 내리는 저녁 무렵에 상제님께서 새파란 불덩이로 변하시거늘

2 아침해가 뜬 것처럼 약방 주변이 온통 환해지더니 잠시 후에 집채만한 호랑이가 입을 떡 벌리고 호연에게 성큼성큼 다가오더라.

3 이에 호연이 포대기를 뒤집어쓰며 "아이고~, 누구 죽이려고 이런대요?" 하고 소리치니

4 상제님께서 "그러지 마라. 호랑이가 무섭냐? 내가 무섭지." 하시거늘

5 호연이 연신 진저리를 치며 "아이고, 쫓아내요. 나 무서워 죽겠어. 호랑이는 사람 잡아먹는대요." 하며

6 불덩이로 변해 계신 상제님을 껴안으니 순간 형상만 두고 어디론가 사라지시니라.

7 잠시 후 상제님께서 모습을 드러내시며 "그것이 허물만 호랑이지 속도 호랑이냐?" 하고 웃으시니라.

불의한 순사에게 신벌을 내리심

294 하루는 구릿골 입구 정괴산(丁槐山)의 주점에서 술을 마시고 계시는데 마침 고부화란 때 면분이 있던 이 순사가 이르거늘

2 상제님께서 술을 사서 대접하시니 그가 떠나면서 돈을 요구하며 상제님 조끼 주머니에 손을 넣어 돈 10원을 꺼내 가는지라

3 상제님께서 말씀하시기를 "모든 일을 의로써 하여야 하거늘 어찌 이렇게 무례하뇨." 하시니라.

4 이 순사가 전주에 가서 다시 편지로 40원을 청구하거늘

5 형렬에게 명하여 돈 약간을 구해 보내시며 말씀하시기를 "의롭지 못한 사람이다." 하시더니

6 그 후 8월에 이 순사가 고부로 돌아가다가 정읍 한다리(漢橋)에서 도적들에게 맞아 죽으니라.

7 상제님께서 그 소식을 들으시고 말씀하시기를 "도적을 다스려야 할 순사가 오히려 분수 밖의 재물을 즐기니 도적에게 죽음은 당연치 아니하랴.

8 이것이 다 신명이 행하는 바이니라." 하시니라.

일본의 강렬한 땅기운을 제어해 주심

295 상제님께서 하루는 저녁 어스름 무렵이 다 되어 성도들을 데리

공사

294:1 이 순사. 『대순전경』에는 정 순검이라 하였는데 당시 기록을 확인한 결과 고부경찰서의 한인 순사 이○○으로 밝혀졌다. 이 순사는 1908년 8월 고부군 답내면 상송리에서 정체불명의 폭도 20여 명에 의해 살해되었다. 당시의 기록 문서인 「폭도에 관한 편책」 참조.

295:1 신방죽. 현재 정읍시 감곡면 통석리 순촌 순방죽(蓴池堤).

고 태인(泰仁) 신방죽(神濠) 쇠부리깐에 가시니라.

2 상제님께서 한 성도에게 부를 그려 주시며 명하시기를 "불무간에서 불을 붙여다가 한 방향으로 사르라." 하시거늘

3 그 성도가 명하신 대로 하였더니 상제님께서 "천기를 보라." 하시니라.

4 이에 성도들이 하늘을 보니 산마루에 불빛이 반짝반짝하며 동쪽으로 돌아가거늘

5 상제님께서 큰 소리로 말씀하시기를 "신의 조화가 빠르긴 빠르도다!" 하시니라.

6 며칠 후에 상제님께서 "소식이 이렇게 둔해서야 쓰겠느냐." 하시고 갑칠에게 명하시어 "전주 김병욱에게 가서 세상 소문을 들어 오라." 하시므로

7 갑칠이 병욱의 집에 이르니 때마침 '일본 신호(神戶)에 큰 화재가 일어나서 피해가 많다.' 하거늘

8 갑칠이 돌아와 그대로 아뢰니 말씀하시기를 "일본은 너무 강렬한 지기(地氣)가 모여 있어 그 민족성이 사납고 탐욕이 많으며 침략열이 강한지라

9 조선이 예로부터 그들의 침노(侵撈)를 받아 편한 날이 적었나니

10 그 지기를 뽑아 버려야 조선도 장차 편할 것이요 저희들도 또한 뒷날 안전을 누리리라.

11 그러므로 내가 그 지기를 뽑아 버리기 위해 전날 신방죽 공사를 본 것인데

12 신방죽과 어음(語音)이 같은 신호에서 화재가 일어난 것은 장래에 그 지기가 크게 뽑혀질 징조니라." 하시니라.

회문산에서 보신 추수도운의 진주 공사

296~314장 박공우 성도의 수제자 김일화의 아들 김천수 증언. 김천수 씨는 기존 전거에 기록되지 않은, 상제님께서 무신 가을에 행하신 태전 대공사에 대해 박공우 성

296 무신년 가을에 상제님께서 수부(首婦)님과 김형렬, 김갑칠, 박공우, 문공신, 안내성, 차경석 등 여러 성도들을 데리고 태전 콩밭 도수를 보러 떠나시니라.

2 상제님께서 회문산에 이르시어 공우에게 물으시기를 "공우야, 여기가 어디냐?" 하시니 공우가 "순창 회문산입니다." 하고 아뢰니라.

3 공우가 상제님께 여쭙기를 "여기는 무슨 도수를 보러 오셨습니까?" 하니 말씀하시기를 "오선위기 도수를 보러 왔다." 하시고

4 "밤밭이 어디 있느냐?" 하시거늘 수부님께서 "밤이 익었겠지요." 하

시니라.

5 이에 상제님께서 명하시기를 "가서 밤송이를 주워 와라." 하시니 성도들이 상제님의 말씀을 따라 밤을 주워 오니라.

6 상제님께서 다시 "밤을 까라." 하시고 잠시 후 "밤을 몇 번 깠느냐?" 하고 물으시니 성도들이 "세 번 깠습니다." 하고 아뢰거늘

7 상제님께서 "밤을 한 번 까면 정월이요, 두 번 까면 사월이요, 세 번을 까면 가을 아니냐." 하신 후 치성을 올리시고 오선위기 공사를 보시니라.

8 상제님께서 회문산에서 공사를 마치시고 성도들을 데리고 눈깜짝할 사이에 고창 사창리로 가시니 성도들이 잠깐 사이의 일에 놀라 서로 웅성거리더라.

흥덕에서 보신 투전 공사

297 상제님께서 흥덕(興德) 하오산(下鰲山) 앞의 알미장(卵山場)에 이르시어 성도들을 사방위로 앉게 하시고 가운데로 들어가시어 투전 공사를 보시니라.

2 상제님께서 성도들에게 투전목을 돌리시고 얼마간의 돈을 걸게 하신 뒤에

3 이르시기를 "패를 지어 차례로 내보이라." 하시니 성도들이 말씀을 좇아 한 명씩 패를 보이니라.

4 상제님께서 '너는 무엇이다, 너는 무엇이다.' 하시며 각 성도들의 패를 읽어 주시고

5 상제님의 차례가 되자 띠자리 위로 패를 후려치시니 패 석 장이

도의 참여 내용을 아주 상세히 증언하였다. 상제님 9년 천지공사의 핵을 이루는 주요 공사들이다.

296:4 상제님께서 태전에 자주 오시어 공사를 보셨고 그 때마다 수부님께서 항상 빠지지 않고 공사에 참여하셨다 한다.(김천수 증언)

296:4 밤. 밤(栗)을 풀어 쓰면 서목(西 + 木)이다. 西는 오행으로는 금(金)이며 백색이고 추수하는 가을철의 풍요를 상징한다. 죽은 밤나무를 캐 보면 처음 싹을 틔웠던 밤톨이 그대로 남아 있는데, 이를 본받아 자신의 조상과 근본을 잊

눈 덮인 겨울 회문산. 모악산과 함께 부모산을 이룬다. 상제님께서 이 산에 있는 오선위기 형국의 기운을 취하여 세계의 운로를 정하셨다.

지 말라는 뜻에서 제사상에 밤을 올린다. 또한 송이 안에 세 톨의 밤이 들어 있다 하여 밤을 삼정승에 비유하기도 한다.

298장 "안내성 씨는 봤거든요? 내가 일부러 찾아가서 봤거든요? 안내성 씨한테 들은 건 고씨 부인한테 '한 일' 자를 쓰면서 '이게 뭐 같으냐?'고 … '나는 순이다.'" 박공우 성도 교단에서 평생을 바쳐 신앙한 김일화의 아들 김천수(1927~)가 안내성 성도에게 직접 듣고 전한 내용이다.

298:2 운필법에서 '한 일(一)' 자는 잠두마제(蠶頭馬蹄)로 써야 한다고 가르친다. '한 일(一)' 자는 염제 신농을 뜻하는 '하나님 신(丨) 자'가 옆으로 누운 것으로 누에의 신으로 받들어지는 신농의 딸 '뉘조'이며 누에, 땅, 그리고 음인 '여자'를 상징한다. 누에가 없으면 용과 봉황은 태어날

'짝' 하고 펼쳐지거늘

6 "나는 순이다!" 하시고 판돈을 모두 거두어들이시니라.

7 상제님께서 이어 말씀하시기를 "지혜 있는 장수가 복 있는 장수를 못 당하느니라." 하시니라.

순이 옥황상제다

298 상제님께서 유소시에 하오산 알미장에서 '한 일(一)' 자를 쓰신 바 있더니

2 이 때 다시 알미장에 이르시어 종이 위에 '한 일(一)' 자를 쓰시고 수부님께 "이것이 무엇 같으냐?" 하고 물으시니라.

3 이에 수부님께서 "누에 같습니다." 하고 대답하시니 상제님께서 한 일 자를 입으로 후 하고 부시고 천지가 울리도록 크게 외치시기를

4 "나는 순이다. 순이 옥황상제다." 하시니 순간 글자가 살아나 마치 누에처럼 기어가느니라.

5 장꾼들이 탄성을 지르며 이 광경을 지켜보는데 상제님 일행 모두가 사람들 눈앞에서 홀연히 사라지시거늘

6 모두 놀라 '어디로 갔냐.'며 상제님을 찾느라 소란을 떠니라.

7 이 때 한 풍물(風物) 장수가 큰 소리로 "저기로 갔다!" 하며 한 쪽을 가리키니 장꾼들이 소리치며 풍물 장수가 말한 쪽으로 몰려가나 아무런 흔적도 찾을 수 없거늘

8 사람들이 경탄하여 이르기를 "큰 귀신이 다녀가셨다." 하니라.

추수도운의 텃밭

299 상제님께서 서산(西山)에 이르시어 공우에게 물으시기를 "공우야, 내가 텃밭을 찾아가는데 내 텃밭이 어디로 가야 있겠느냐?" 하시거늘

2 수부님께서 불쑥 대답하시기를 "당신 마음먹고 가시는 길이 텃밭 아닙니까?" 하시니라.

3 이어 공우가 상제님께 여쭙기를 "어디로 가시렵니까?" 하니 상제님께서 "임피로 해서 태전 간다." 하시니라.

선운사와 연기동에서 공사 보심

300 상제님께서 고창 선운사(禪雲寺)에 들러 공사를 보신 후 부안 줄포(扶安 茁浦)로 향하시다가 연기동(煙起洞)을 앞에 두고 인천

강(仁川江)을 만나니라.

2 이 때는 마침 밀물이라 조수가 들어와 다리를 찾을 수가 없거늘

3 공우가 옆에 계신 상제님을 믿고 '물 위를 걸어 보리라.' 하여 강으로 발을 내딛으니

4 순간 강한 조수에 휩쓸려 공우의 몸이 손쓸 틈도 없이 강물로 빨려 들어 가니라.

5 상제님께서 물속에서 허우적거리는 공우를 건져 주시니 간신히 물 밖으로 나오거늘 모두들 크게 웃으니라.

6 공우가 정신을 차리고 옷이 젖었음을 걱정하니 순식간에 옷이 말라 새로 빤 것처럼 빳빳해지니라.

7 이어 상제님께서 성도들의 손을 잡고 강을 건너 줄포로 향하시니라.

바다를 가르심

301 줄포로 가시는 중에 비가 내리거늘 상제님께서 가시는 길은 비가 내리지 않으니라.

2 한참을 걸어 곰소만을 만나니 줄포로 가려면 길을 멀리 돌아가야 할 상황이 된지라

3 상제님께서 발걸음을 멈추시고 담뱃대를 꺼내 바닷물을 향해 내리치시거늘

4 순간 바닷물이 양옆으로 솟구치고 줄포까지 일자로 갈라져 맨땅이 그대로 드러나니라.

5 이에 성도들이 탄성을 연발하며 갈라진 바닷길을 걷는데 바닥에 물기가 하나도 없어 마치 들길을 걷는 듯하더라.

줄포에서 뱃노래를 부르심

6 바다를 건너 줄포에 다다르니 새끼를 까고 빈껍질만 남은 우렁이가 빗물에 둥둥 떠내려가거늘

7 상제님께서 "저게 무엇 같으냐?" 하시니 한 성도가 "배 같습니다." 하고 아뢰니라.

8 이 때 수부님께서 비 내리는 바다를 바라보시며 노래하시기를

9 "배 떠나간다. 배 떠나간다. 우렁이 껍질 떠내려가듯 배 떠나간다." 하시니라.

변산에서 산신제를 지내심

302 상제님께서 다시 길을 떠나 변산에 이르시어 말씀하시기를 "여

수도 없는데 누에가 용의 기원임을 알 수 있는 고대의 문양이 아직도 다수 남아 있다.(김대성, 『금문의 비밀』)

299:1 서산. 고창군 부안면 사창리(社倉里) 서쪽에 있는 화실봉 일대를 말한다.

300:1 연기동. 전북 고창군 부안면 용산리(龍山里) 연기동.

301:2 곰소만. 전북 고창군과 부안군 사이에 있는 만(灣).

301:6 우렁이. 국문학계에서는 우렁이를 여성성의 상징으로 보고 있다.

기가 영천구미혈(泳川龜尾穴)이다.” 하시고

2 또 말씀하시기를 “거북은 꼬리에 묘를 써야 재주가 난다.” 하시니라.

3 공우가 상제님의 말씀을 듣고 입맛을 쩝쩝 다시거늘 상제님께서 공우에게 이르시기를 “당치 않은 욕심은 내지도 말아라.” 하시니라.

4 상제님께서 변산에서 산신제(山神祭)를 지내신 후 군산으로 향하시니라.

장암에서 금 도수를 보심

303 상제님께서 군산 바닷가에 이르시어 내성을 옆구리에 끼시고 바다 위를 걸어 서천 장암(長嵓)으로 건너 가시거늘

2 수부님과 성도들은 일렬로 상제님의 발자국을 밟으며 뒤를 따르니라.

3 상제님께서 장암에 이르시어 금 도수(金度數)를 보시니라.

군산에서 보신 전쟁 공사

4 금 도수를 보신 다음 상제님께서 담뱃대에 불을 붙여 몇 모금을 빨아 ‘푸우, 푸우’ 하고 연기를 내 뿜으신 뒤에

5 공우에게 물으시기를 “이 연기가 무엇과 같으냐?” 하시거늘 “산불이 난 것 같습니다.” 하고 아뢰니라.

6 상제님께서 이번에는 불씨가 담긴 담뱃대로 허공을 후려치시니 담배 불똥이 흩어지거늘

7 성도들에게 대통을 가리키시며 “이것은 무엇 같으냐?” 하고 물으시니라.

8 이에 누구는 ‘수박덩이 같다.’ 하고 또 누구는 ‘포탄(砲彈) 같다.’ 하거늘

9 상제님께서 담뱃대를 재떨이에 탕탕 털며 말씀하시기를 “이것이 파탄(破綻)이 나가는 연기다.” 하시고

10 노래하듯 말씀하시기를 “파탄이 나간다. 파탄이 나간다.” 하시니라.

11 장암에서 공사를 마치신 뒤에 임피로 향하시는데 성도들 모두 기분이 들떠 서로 웃고 떠들며 가니라.

임피 술산에서 대공사를 보심

304 상제님께서 공주산(公主山)과 입마산(立馬山), 어래산(御來山)을 지나 임피 술산(戌山)에 이르시어

2 성도들에게 명하시기를 “망량신 대접을 하리니 개를 잡으라.” 하시고

3 크게 제를 지내신 후에 말씀하시기를 “인신합덕(人神合德)을 술래(戌

303:1 “지금 고생을 해도 좋은 때가 오니까 말이여 잘 믿으라고. (상제님께서) 조화를 해 가지고 거시기서 배도 안 타고 막 육로로 걷듯이 옆구리에다가 끼고 가셨다고 안내성 성도가 그래요.” (김천수 씨가 안내성 성도를 직접 만나 전해 들은 내용)

303:1 장암. 현재의 충남 서천군 장항읍(長項邑) 장암리.

303:7 대통. 담뱃대에서 담배를 담는 부분.

304:1 공주산, 입마산, 어래산. 군산시 나포면에 있는 산들로 입마산은 말이 서 있는 형국이라는

來)로 하느니라." 하시니라.

4 상제님께서 임피에서 태전으로 향하시니라.

말이 콩밭으로 들어가는구나

305 상제님 일행이 태전에 거의 다다르니 두 사람이 서로 판을 대하여 머리를 맞대고 앉아 있거늘

2 상제님께서 "저 사람들 무엇 하고 있느냐?" 하고 물으시니 공우가 "장기를 둡니다." 하고 아뢰니라.

3 이 때 성도들이 장기 두는 사람들 옆으로 다가가 장기판을 구경하는데 공우가 큰 소리로 "저 차(車), 저 차, 저 차! 차가 죽게 생겼다." 하니

4 장기 두던 사람들이 버럭 화를 내며 "왜 훈수를 두느냐" 하며 싫은 소리를 하니라.

5 이 때 상제님께서 말씀하시기를 "아, 말(馬)이 콩밭에 들어가는구나! 여봐, 말이 콩밭으로 들어가는데 안 쫓아?" 하시니라.

참으로 무서운 건 졸(卒)이다

6 상제님께서 또 말씀하시기를 "사(土) 두 개는 좌우에서 왕을 보호하여 제 목숨을 아끼지 않는 것이요

뜻이며 어래산은 임금님이 오시는 산이라는 뜻이다. 공주산은 충남 공주에서 떠내려 왔다는 전설이 있어 부래산(浮來山)이라고도 한다.

304:1 임피 술산. 우리 나라에서 가장 큰 개(戌) 혈자리가 있다고 전해지는 곳이다.

305장 김천수 씨가 증산도 본부를 직접 방문하여 증언한 내용.

군둔리와 술산리 일대

7 차(車)는 선이 그어진 자리면 아무 데나 휘젓고 다니니 무서우니라.

8 차도 무섭고 포(包)도 무서우나 **참으로 무서운 건 졸(卒)**이니 졸은 후 퇴하는 법 없이 오직 전진만 하느니라." 하시고

9 또 말씀하시기를 "알들은 서로 친하고 비켜 주고 보호하느니라." 하시니라.

10 잠시 후에 상제님께서 태전으로 들어가시며 말씀하시기를 "우리 일에 말이 들어야 한다." 하시니라.

305:10 말. 장기에서 말(馬)은 날 일(日) 자로 행마(行馬)하며 어복(魚腹)이 주무대이다.

이곳이 제왕지지니라

306 상제님께서 얼마를 더 가시다가 문득 한 자리에 멈추어 서시더니 오른발로 땅을 힘껏 세 번을 구르시며 큰 소리로 외치시기를

2 "이곳이 제왕지지(帝王之地)니라! 여기서 왕이 나온다! 장차 여기에서 **전무지후무지법**(前無知後無知法)이 나오리라.

3 태전을 집을 삼고 인신합덕을 하리니 태전이 새 서울이 된다." 하시고

4 또 말씀하시기를 "오로봉전이십일(五老峰前二十一)이 아니라 **오로봉전태전**이니라." 하시니라.

5 이 때 상제님께서 글 한 수를 읽어 주시니 이러하니라.

6

萬國活計南朝鮮이요　淸風明月金山寺라
만 국 활 계 남 조 선　　청 풍 명 월 금 산 사

文明開化三千國이요　道術運通九萬里라
문 명 개 화 삼 천 국　　도 술 운 통 구 만 리

만국을 살려낼 활방은 오직 남쪽 조선에 있고
맑은 바람 밝은 달의 금산사로다.
가을의 새 문명은 삼천 나라로 열려 꽃피고
도술 문명의 대운은 우주 저 끝까지 통하리라.

7 이후 상제님께서 틈만 나면 이 노래를 부르시니 성도들도 따라서 종종 읊조리니라.

306:2 제왕지지. 김천수 씨 외에 박공우 성도의 3대 제자 중 한 명인 전이진의 아들 전수재(1917~)도 부친과 함께 박공우 성도에게 직접 듣고 이구동성으로 증언하고 있다.

306:2 여기서 왕이 나온다. 차경석 성도의 재종 차봉수(1930~)의 증언. 차봉수는 이 공사에 참여했던 차순옥의 딸이다.

306:3 태전이 새 서울. 박공우 성도 교단에서 평생을 바쳐 신앙한 아버지를 따라 일심신앙을 한 전수재 증언.

306:6 남조선. 일찍이 한반도가 남북으로 갈리기 이전에 상제님께

태전에서 도공(道功)전수 공사를 행하심

307 태전에 도착하시어 처소를 정하신 뒤 저녁 어스름 무렵부터 성도들과 함께 띠자리를 깔아 놓고 주문을 읽으시니라.

2 상제님께서 성도들에게 **태을주**를 시작으로 **시천주주**와 **개벽주** 등 주문을 읽게 하시니 좌중에 점점 흥이 더해 가고

3 신이 내리매 모두들 몸을 들썩들썩하며 크게 웃기도 하고 문답을 받아서 스스로 떠드니 왁자지껄하여 크게 소란하여지니라.

4 한참 그렇게 기운을 받아 몸을 흔들며 떠드는 중에 상제님께서 종이에 점을 찍으시며 벼락같이 외치시기를

5 "마신이 하는 얘기냐! 참신이 하는 얘기냐!" 하시니

6 공우가 부지간(不知間)에 오른팔을 하늘 높이 들고 큰 소리로 "이것은 참신(眞神)이오!" 하고

7 왼 주먹으로 방바닥을 쾅 내리치며 "이것은 마신(魔神)이오!" 하고 소리치니라.

8 이 때 상제님께서 말씀하시기를 "참신은 오른쪽에 있고, 마신은 왼쪽에 있다." 하시니라.

9 이윽고 상제님과 수부님께서 시천주주(侍天主呪)를 읽으시며 "나나 나나~" 하고 몸을 격렬히 흔드시다가 갑자기 앉으신 채 공중으로 뛰어오르시거늘

10 성도들도 따라서 "시천주 조화정 영세불망만사지, 응아야 응아야~" 하다가 기운이 솟구쳐 펄쩍펄쩍 뛰어 오르는데

11 그 때마다 수부님의 치마가 머리 위까지 뒤집혀 펄럭펄럭하고

12 상제님의 동곳이 상량보에 부딪혀 상툿고가 바서질 정도이더라.

강강술래로 태극을 돌리신 공사

308 한참을 그리 하다가 더욱 신명이 오르니 모든 사람들이 일어나 서로서로 손을 잡고 원을 그리며 흥겹게 '강강술래놀이'를 하거늘

2 가락이 자진모리로 들어가매 상제님께서 원을 끊고 머리가 되시어 성도들의 손을 잡고 태극 문양(紋樣)으로 도신 후 중앙에 들어와 앉으시고

3 이어 수부님께서 머리가 되시어 태극 문양으로 도신 후 상제님 옆으로 앉으니라.

4 이런 식으로 한 사람씩 차례로 가운데로 들어와 뛰는데

5 상제님께서는 "술래야, 술래야, 강강술래야. 네가 좋으면 내가 좋고, 내가 좋으면 네가 좋고!" 라 노래하시고

6 수부님께서는 크게 뛰시며 "오만 년 대동 세계 개벽선경이 온다. 지천태(地天泰) 운으로 여자 세상이 돌아온다!" 하시며 흥을 돋우시니라.

7 상제님께서 다 뛰고 난 사람의 머리 위를 손으로 훑어 주시니라.

8 초저녁부터 시작된 공부가 늦은 밤까지 계속되니 온 동네가 괴이한 소리에 떠들썩하니라.

서 이미 남조선 도수로 갈라놓으시고 '남조선'이란 말을 즐겨 쓰셨다. 남조선을 바르게 이해하기 위해서는 '환국-배달-조선-북부여-고구려·백제·신라·가야-대진국·후(통일)신라-고려-조선-임시정부-대한민국(남북분단 시대)'으로 전개되어 온 국통의 맥을 인류사의 시각에서 보는 총체적인 역사의식이 필요하다.

306:6 청풍명월 금산사. 세운과 도운의 귀결처인 태전에서 의통구호대 공사를 보며 내려 주신 시이다. 남조선 도수가 충청도 땅에서 매듭지어진다는 뜻이다. 박공우 성도를 아버지처럼 모신 김일화의 아들 김천수가 여러 차례 증언하였고 문공신 성도의 아들 문복환도 문공신 성도가 이 구절을 평생 노래하였음을 증언한 바 있다.

306:6 증산도 안운산 종도사님은 해방 후 제2변 개창 당시 '건

곤일실(乾坤一
室)에 평화낙원
(平和樂園)이라.'
하시며 우주촌
일가 문명 건설
의 운수를 말씀
하신 바 있다.

307:4 박공우
성도는 이 때 상
제님께서 점 찍
으신 종이가 탐
이 나 공사가 끝
나고 이곳 저곳
을 찾아보았으나
허사였다고 한
다.(김천수 증언)

너희들은 살릴 공부를 하라

9 상제님께서 주신(呪神) 공부를 시키신 후 말씀하시기를 "내 일은 나
나니같이 되느니라. 너희는 죽일 공부를 하지 말고 살릴 공부를 하
라." 하시고

10 또 말씀하시기를 "훔치는 소울음 훔 자이니라. 나는 소체니라. 장차
소가 나와서 좋은 세상을 만들 것이니라.

11 소가 하도낙서(河圖洛書)를 지고 나오리라." 하시니라.

12 이후 틈만 나면 하루가 멀다 하고 이런 공부를 하시니라.

일본 헌병의 출동

309 상제님께서 태전에 오시어 무수한 기행이적을 보이시니 누군
가 "신들린 강증산이 요술을 부린다." 하며 일본 헌병대로 신
고를 하거늘

2 일본 헌병들이 출동하여 총검을 들이대고 상제님을 찾으나 방금
전까지 계시던 상제님께서 보이시지 않으니라.

3 일병들이 집 안팎을 샅샅이 뒤져도 찾을 수가 없으매 포기하고 돌
아가거늘

4 문득 상제님께서 상량 위에서 홀연히 몸을 드러내 내려오시니라.

어디에도 계시지 않더라

5 하루는 일본 헌병들이 '요술쟁이를 잡는다.' 하여 약방을 포위하고
숨어서 상제님을 기다리고 있더니

308:10 소체.

한마디로 상제님은 진술축미 4토(土)의 덕성
을 근본으로 하여 당신님의 도통 맥을 전수하
셨다. 축미는 무극의 축으로서 미(未)는 10무극
인 상제님의 도의 정신을 나타내며, 진술은 태
극의 축으로서 상제님으로부터 직접 도통을 받
아 도문을 개창하신 경진생 태모님과, 상제님
태모님의 대업을 인사로 실현하는 추수관인 임
술생 대두목을 상징한다.

또 소체라 하신 것은 상제님께서 무극(未)의
자리에 계시지만 축과 미가 일체로 작용하여
당신님의 용안(龍顔)이 '소'의 형모(形貌)를 하
고 계시는 것이며, 인사로 매듭짓는 대두목이
소체의 기운을 갖고 온다는 뜻이다.

이에 대한 가장 생동감 있는 말씀은, 상제님
께서 금강산 일만이천 봉의 영기에 응하여 일
만이천 도통군자가 나오게 하는 공사를 보실
때 김갑칠 성도에게 "염소 한 마리를 사오라."
명하시고, 그가 염소를 지고 오자 "소 한 마리
를 메고 오느라 욕봤다."(5편 185장 1~2절)고
하신 것이다. 곧 상제님께서는 천지대업의 마
무리 도수를 맡은 김갑칠 성도에게 소체를 상
징하여 '염소를 사오라.'고 명하셨다.

따라서 '소가 나오리라.' 하신 말씀은 천지도
업을 마무리 짓는 성사재인의 지도자가 축생
(丑生)으로 온다는 뜻이 아니라, '축(丑)'의 기
운을 갖고 온다는 뜻이다.

6 상제님께서 돌아오시어 약방 안으로 들어가시매 포위망을 좁혀 방
  문을 열어 젖히고 안으로 뛰어드니라.

7 허나 분명히 방으로 들어가신 상제님이 어디에도 계시지 않거늘 사
  방을 뒤지며 난리를 피우다가 어리둥절하여 돌아가니라.

개벽주를 읽다가 혼쭐난 박공우

310 하루는 상제님께서 주신도공(呪神道功) 공부를 시키시며 말씀
     하시기를 "오늘은 개벽주를 읽지 말아라." 하시니라.

2 성도들이 도공을 하며 한참 신명이 나서 주문을 읽으며 뛰고 솟구
  치고 소리치는데

3 공우는 일전에 상제님께서 개벽주로 천지신장들을 부르심을 보고
  '한번 해 보리라.' 고 마음먹은 터라 혼자서 개벽주를 읽거늘

4 문득 하늘로부터 기치창검을 한 신장들이 쏟아져 나와 공우의 머
  리 위로 진을 치니라.

5 공우가 화들짝 놀라 몸을 숨기려 하나 어느 틈엔지 상투가 처마에
  붙고 몸이 대롱대롱 매달려 꼼짝도 할 수 없거늘

6 공우가 상제님을 부르며 비명을 지르니 좌중이 웃음바다가 되니라.

7 한참을 그리하고 있으니 수부님께서 상제님께 "이제 그만 내려 주시
  지요." 하시거늘 그제야 공우의 상투가 처마에서 떨어지니라.

봉무산에서 산신제를 지내심

311 상제님께서 성도들을 데리고 태전에서 여러 날을 머무시거늘
     하루는 봉무산(鳳舞山)에 가시어 산신제를 지내시니라.

2 이 때 시집 안 간 처녀들을 뽑아 입을 봉하고 예를 갖추어 지극정성
  으로 치성 음식을 준비하게 하신 뒤

3 상제님과 수부님께서도 정성을 다하여 제를 지내시니 그 법도가
  엄중하여 성도들도 저절로 엄숙하여지니라.

주무시는 법이 없더라

4 상제님께서 태전에 머무르시며 공사를 보실 때는 누워서 잠을 주
  무시는 법이 없고 간혹 자리에 앉으신 채 눈을 감고 계실 뿐이거늘

5 이에 성도들도 잠을 잘 수가 없어 밤을 새기 일쑤요, 행여 아침에
  잠깐이라도 눈을 붙이면 불호령이 떨어져 정신을 차릴 수 없더라.

311:1 봉무산. 보
문산(寶文山). 정
상은 시루봉이며,
조선시대 문신인
송준길(宋浚吉,
1606~1672)이
지은 『동춘당집
(同春堂集)』을 보
면 '보문산은 봉
황새가 춤을 추는
모습을 한 봉무산
(鳳舞山)이다.' 라
고 적혀 있다.

철기신장을 불러 진을 치심

312 하루는 상제님께서 "군병을 부르리라." 하시고 천지신장들을 부르시어 보법(步法)을 행하게 하시니라.

2 이 때 상제님께서 엄지손가락으로 어찌하시니 수없이 많은 철기신장들이 들어서는데

3 상제님의 손짓에 따라 어찌하면 나타나고 또 어찌하면 사라지거늘

4 신장들이 보법을 행할 때마다 무엇이 번쩍번쩍하고 그 기강과 위엄이 지극한지라

5 성도들이 두려워 몸을 떨고 공우도 며칠 전에 놀란 바가 있어 기가 팍 죽으니라.

태전에서 머무르실 때

313 공우는 양판이라 평소 남의 눈을 개의치 않고 행동하거늘

2 수부님께서 공우를 아끼시어 누룽지를 주시면 그 자리에서 와드득 와드득 씹어 먹기도 하고

3 상제님께서 계신 자리에서도 눈치 없이 나서는 때가 많아 형렬로부터 자주 핀잔을 들으니라.

4 상제님을 모시고 태전에 머무를 때도 공우가 분별 없이 나서매 형렬이 상제님 몰래 공우의 엉덩이를 꼬집으니

5 공우가 "아야! 아, 형님 왜 꼬집소?" 하며 크게 소리치거늘 방 안이 온통 웃음바다가 되니라.

6 이 때 갑칠이 근처에 사는 처녀를 탐내어 그 집 울타리를 넘다가 상제님께 꾸중을 들으니라.

상씨름 공사

314 일찍이 상제님께서 구릿골에 계실 때 성도들을 약방 울타리 밖으로 불러내시어 씨름을 시키시더니

2 태전에 오시어 상씨름의 결판을 짓게 하시니라.

3 이 때 동서남북 사방에 방주를 두고 여덟 명이 힘을 겨루는데

4 끝판으로 공우와 경석이 시합을 하여 공우가 일등을 하거늘

5 상제님께서 공우에게 상으로 태극 문양이 들어간 한 돈짜리 금구슬을 주시니라.

6 상제님께서 보름 동안의 태전 콩밭 공사를 마치고 구릿골로 돌아오시니라.

장기 이식 공사

315 하루는 상제님께서 한 농가에 들어가시어 소의 간을 꺼내시니 소가 풀썩 주저앉거늘 영문을 모르는 집안사람들이 이를 보고 크게 걱정을 하매

2 상제님께서 개의 간을 꺼내어 소에게 넣어 주시니 그제야 일어나 움직이니라.

3 이에 머슴이 논을 갈기 위해 소를 끌고 가려는데 아무리 코뚜레를 잡아당겨도 자꾸 뒷간으로만 가려 하는지라

4 주인에게 달려가 "소가 일은 안 하고 개처럼 똥만 먹으려고 합니다. 어쩌면 좋을까요?" 하니

5 집안사람들이 모두 나와 소가 하는 양을 근심스럽게 바라보다가

6 그중 한 사람이 상제님께 와서 여쭈기를 "어르신, 논을 갈아야 하는데 소가 저러니 어찌해야 좋겠습니까?" 하거늘

7 상제님께서 말씀하시기를 "논에 보리를 갈아야 헛것이더라. 나는 보리 안 먹을란다." 하시니라.

8 이에 그 사람이 "그러하면 소라도 살려 주십시오." 하고 간청하니

9 "아, 살아 있으니 뒷간에 가서 똥이라도 먹는 것 아니냐. 어쩔거나, **네 창자라도 빼서 저놈 살릴 거나?**" 하시거늘

10 모여 있는 사람들이 정말로 그리하실까 두려워 멀찌감치 물러서니라.

11 잠시 후 상제님께서 구럭을 메고 나가시니 집주인이 "소를 살려 달라 했더니 남 일처럼 그냥 가네." 하며 뒷말을 하거늘

12 상제님께서 다시 들어오시어 냅다 뺨을 치시고는 "네놈 간을 내야겠다. 이놈, 요절을 낸다." 하시며 우물에 빠뜨리시고 다시 구럭을 메고 나가시더니

13 한참 만에 돌아오시어 소의 간을 도로 넣어 주시니라.

몸이 약한 홍수를 고쳐 주시며 보신 공사

316 본래 몸이 약한 홍수가 하루는 입가에 피를 흘리고 있거늘

2 호연이 놀라 "어머나, 저 사람 왜 저래요? 피가 너무 많이 나면 못 쓴다던데, 왜 저렇게 피를 흘린대?" 하니

3 상제님께서 홍수에게 다가가시어 "밥은 먹었느냐?" 하고 물으시니라.

4 이에 홍수가 "예, 먹었습니다." 하고 대답하니 다시 "웬 피가 그렇

315장 이 공사는 최근의 현대의학에서 현실화되어 가고 있음을 알 수 있다.

315:11 구럭. 새끼로 그물같이 눈을 드물게 떠서 오쟁이처럼 사용하는 물건.

게 나오냐?" 하고 물으시거늘

5 홍수가 "코에서 나오는지 입에서 나오는지 모르겠습니다." 하매 상제님께서 "이놈아, 그것도 몰라?" 하고 나무라시는지라

6 홍수가 얼떨결에 "왼쪽 코에서 나오는가 봐요." 하고 대답하니라.

7 상제님께서 피지를 주시며 "닦아 봐라." 하시므로 콧구멍을 닦아 보았으나 피가 묻지 않거늘

8 고개를 갸웃거리며 "아무것도 안 묻었는데 피는 나왔어요." 하고 아뢰니

9 상제님께서 "네 코빼기에서 나오는 것도 몰라?" 하시며 홍수의 코를 위로 잡아 올리시매 살집이 들어올려져 그 안의 뼈가 환히 보이더라.

10 상제님께서 말씀하시기를 "코가 요렇게 뚫어져 있으니 코에서 나오는 것이 입으로 나오는 것이다." 하며 이치를 설명해 주시고

316:11 "아이구 눈 빼놓는 놈 없는가. 눈도 이 힘줄이, 죄다 가는 힘줄이 다 얽어 가지고 있지. 나갖은 것 다 봤어. 그이(상제님) 때문에." (김호연 성도 증언)

11 "제 콧구멍도 모르는 놈이 밥 먹고 사느냐?" 하시며 홍수의 눈을 콕 찌르시니 이번에는 눈알이 빠져 대롱거리거늘

12 상제님께서 "홍수야, 너 나 좀 쳐다보아라." 하시매 "아이고, 아무것도 안 보여요~!" 하고 우는 소리를 하니라.

13 이에 상제님께서 "이놈아! 눈구녕으로 바로 봐!" 하시매 홍수가 "눈구녕이 빠졌는가 아무것도 안 보여요.

14 아이고, 선생님! 다른 것은 장난하실망정 눈구녕일랑은 그냥 두셔요!" 하고 사정하거늘

15 상제님께서 "흥, 이놈 봐. 눈구녕이 바로 박혀야 살어. 눈구녕을 어만 곳에 두면 죽기가 쉬우니 바로 떠야 하는 것이다." 하시니

16 "아, 눈구녕 좀 박아 주셔요. 캄캄해서 죽겠습니다." 하며 울며 애원하는지라

17 상제님께서 뺨을 한 번 툭 치시자 눈이 쏙 들어가더라.

내 손이 약손이다

18 상제님께서 기뻐하는 홍수에게 "네가 뺨 한번 때려 봐라." 하시니

19 홍수가 "제 뺨을 제가 친들 안 들어가요. 선생님 손이나 닿아야 들어가지요." 하거늘

20 상제님께서 웃으시며 "그러니 내 손이 약손이다. 누구든지 내가 만지면 미운 것도 고와지고 아픈 것도 다 낫는다." 하시니라.

316:21 도용이. 상제님께서 병오

21 홍수가 "그러면 도용이 애기씨 좀 예뻐지게 만져 주시지요." 하니

22 "이쁘면 누가 가져가라고. 안 이뻐야 안 가져가지." 하시거늘 머리

를 긁적이며 "그런가요?" 하매

23 상제님께서 크게 웃으시며 "병을 고쳐 줬더니 네가 나하고 재담을 하는구나." 하시니라.

호연을 선(仙) 체질로 바꿔 주심

317 상제님께서는 뒷간을 보통 사흘이나 닷새 만에도 가시고, 열흘 만에도 가시는데 그 때마다 날이 밝기 전에만 가시니

2 하루는 호연이 "어쩌면 추운 새벽에만 가는가 모르겠네?" 하거늘

3 말씀하시기를 "크게 될 사람은 새벽이라야 똥을 누는 것이지 결의없이 싸는 것이 아니여. 너도 나마냥으로 그렇게 싸." 하시니라.

4 호연이 장성한 이후로 상제님 말씀과 같이 뒷간을 닷새 만에도 가고 열흘 만에도 가며 항상 이른 아침에만 가니라.

불로장생의 선경세계를 여는 칠성 도수

318 9월에 상제님께서 양지 일곱 장에 좌서(左書)하시니 이러하니라.

2 　病은 自己而發하나니
　　병　　자 기 이 발

3 　葬死病衰旺冠帶浴生養胎胞니라
　　장 사 병 쇠 왕 관 대 욕 생 양 태 포

4 이 글을 봉하여 형렬에게 주시며 '전주에 가서 아는 사람을 만나거든 한 장씩 내어 주고 날 저물기 전에 돌아오라.' 하시니라.

5 이에 성도들이 그 글의 뜻을 여쭈니 말씀하시기를 "지금은 말하여도 모를 것이요, 성편(成編)한 뒤에 스스로 알게 되리라." 하시니라.

아는 사람이 일곱 명도 없느냐

6 형렬이 명을 받고 전주에 이르러 김낙범, 김병욱, 김광찬, 김준찬 (金俊燦), 김윤근(金允根) 등 다섯 사람에게 나누어 주고

7 해지기 전에 돌아오라는 명을 어기지 않으려고 서둘러 돌아와 남은 두 장을 상제님께 올리니

8 상제님께서 "이 땅에 사는 사람으로서 아는 사람이 일곱 명도 없느냐!" 하고 꾸짖으시며

9 "마당에 멍석을 펴고 청수 한 동이를 길어다가 자리 가운데 모신 후 남은 두 장을 소지하여 올리라." 하시매 형렬이 명하시는 대로 일일이 거행하니라.

10 그 후 형렬이 공사 내용을 여쭈니 말씀하시기를 "**칠성 도수를 보았노라.**" 하시니라.

쓰는 것. 상제님께서 『현무경』에 이 서법(書法)을 주로 쓰셨다.

319:2 노인. 노인의 이름은 확인되지 않았으나 그 아우를 통하여 노기만이라는 사람에게 이 칠성도가 전해졌다고 한다. (나승렬 증언)

후천선경 무병장수의 칠성도 공사

319 상제님께서 모악산 밤티재 너머 구이(九耳) 양생동(養生洞)에 가끔 가시는데 그곳은 깊은 산골이라.

2 그 마을에 사는 한 노인이 상제님께서 오시면 먼 길도 마다 않고 술을 받아다 드리며 극진히 대접하더니

3 하루는 상제님께서 찾아오시어 그림 한 장을 주시며 말씀하시기를

4 "이것은 칠성도(七星圖)니라. 잘 간직해 두면 네 집안에 아무 우환이 없을 것이다." 하시니라.

5 이에 받아서 펴 보니 경면주사로 북두칠성이 그려져 있고 각 별의 이름에 따라 글과 부(符)가 쓰여져 있거늘

6 노인이 소중히 보관하매 과연 그 후로는 가족 모두가 감기 한 번 걸리지 않고 아무 탈 없이 잘 지내니라.

320장 이 공사는 상제님께서 십천(十天)의 지구에 강세하시어 대우주의 신명 통일 정부인 조화정부를 결성하여 신도(神道)를 통일하심을 의미한다.

이제 구천을 맞추었노라

320 10월에 구릿골에 계실 때 하루는 공우에게 명하시기를 "고부에 가서 돈을 주선하여 오라." 하시어 그 돈으로 약방을 수리하신 뒤에

2 갑칠에게 명하시어 "활 한 개와 화살 아홉 개를 만들어 오라." 하시고

3 공우로 하여금 그 활로 천장을 쏘아 맞히게 하신 뒤에

4 말씀하시기를 "이제 구천(九天)을 맞혔노라." 하시니라.

5 또 말씀하시기를 "고부 돈으로 약방을 수리한 것은 선인포전(仙人鋪氈) 기운을 씀이로다." 하시니라.

321장 이는 난법 해원시대가 끝나고 들이닥치는 대개벽기에 지구촌의 인종 씨를 추리는 공사이다.

남북 상씨름 49일 의통집행 공사

321 하루는 상제님께서 남쪽을 향해 누우시며 덕겸에게 이르시기를 "내 몸에 파리가 앉지 못하게 잘 살피라." 하시고 잠드시니라.

2 반 시간쯤 지난 뒤에 덕찬이 덕겸을 부르며 "점심을 먹으라." 하거늘 덕겸이 상제님의 명이 계심을 말하고 가지 않으니

3 덕찬이 누차 말하기를 "주무시니 관계없다." 하므로 덕겸이 주위의 파리를 멀리 쫓고 발을 옮기려 하매

4 상제님께서 갑자기 일어나 앉으시며 말씀하시기를 "네가 밥 얻어먹으러 다니느냐. 공사 보는 중에 그런 법은 없나니 차례로 돌아가며 먹으라." 하시니라.

5 상제님께서 덕겸과 겸상하여 점심을 드신 후 양지에 수십 개의 태극을 그려 놓으시고

6 그 네 귀퉁이에 다른 글자를 쓰신 뒤 덕찬에게 "동도지(東桃枝)를 꺾어 오라." 하시어

7 덕겸에게 이르시기를 "태극을 세는데 열 번째에 가서는 동도지를 물고 세라." 하시므로 다 세어 보니 모두 마흔아홉 개더라.

8 그대로 아뢰니 말씀하시기를 "맞았다. 만일 잘못 세었으면 큰일이 나느니라." 하시며

9 동도지를 손에 들고 큰 소리로 무어라 외치신 뒤에 태극을 그린 양지 두루마리를 약방으로 가져가 불사르시니라.

10 그 후 양지에 '용(龍)' 자 한 자를 써 주시며 "약방 우물에 넣으라." 하시매 그대로 하니 그 종이가 우물 속으로 들어가니라.

한족 주권 회복 대공사

322 하루는 신원일과 최덕겸에게 명하시기를 "오늘은 청국 공사(淸國公事)를 행하려 하노니

2 너희 두 사람은 덕찬의 모방을 치우고 이레 동안을 한 도수(度數)로 하여 문밖에 나가지 말고 **중국 일을 가장 공평하게 재판하라.**

3 이 재판으로 중국 일이 결정되리라." 하시니라.

4 두 사람이 명하신 대로 이레 동안 전심으로 연구하더니

5 이레가 지난 뒤에 상제님께서 원일을 불러 물으시기를 "중국 재판을 어떻게 하였느냐?" 하시니

6 원일이 대답하기를 "청조가 실정(失政)하고 열국(列國)의 침략을 당하여 백성이 의지할 곳이 없사오니

7 이는 하늘이 주는 기회라 당신님의 무상한 권능으로 이를 평정하시고 제위(帝位)에 오르시옵소서.

8 옛말에

'天與不取면 反受其殃이라
 천 여 불 취   반 수 기 앙
하늘이 주는 것을 받지 않으면
도리어 재앙을 받는다.' 하였습니다." 하니라.

청나라 국운을 거두심

9 상제님께서 대답지 않으시고 덕겸에게 물으시기를 "너는 어떻게 재판하였느냐?" 하시니

322:2 모방. 안방의 모퉁이에 붙어 있는 작은 방.

322:8 천여불취면 반수기앙이라. 괴통이 한신에게, 유방에게서 독립할 것을 권할 때 한 말이다. "대개 듣건대, 하늘이 주는 것을 취하지 않으면 도리어 그 허물을 받고, 때가

되었는데도 행하지 않으면 도리어 그 재앙을 받는다고 합니다. 원컨대 당신이 이를 깊이 생각하시기 바랍니다(蓋聞 '天與不受, 反受其咎, 時至不行, 反受其殃.' 願足下孰慮之)." 〈『사기(史記)』「회음후열전(淮陰侯列傳)」〉

322:14 중국이 회복하게 되리라. 상제님은 가을개벽의 생명성숙 원리인 원시반본의 구원 정신에 따라 청국의 국운을 거두시어, 한족 스스로 중화인민공화국을 수립하도록 하셨다.

322:17 중국 인민이 부흥하여야. 한국과 중국이 1992년 8월 24일 수교와 관련된 6개항의 공동 코뮈니케를 발표하여 오선위기 세계 질서에 새로운 전기를 마련함으로써 이 말씀이 현실화되어 가고 있다. 세계 최대의 인구와 경제 성장의 잠재력을 가진 중국의 부흥은 세계 경제와 문화의 중심이 다시 동북아로 옮

10 덕겸은 이레 동안 연구하여도 요령을 얻지 못하다가 묻는 말씀에 문득 생각이 나서 대답하기를

11 "물중지대(物重地大)하기 천하에 짝이 없고 예악문물(禮樂文物)이 크게 발달하였던 명나라의 국토와 백성이

12 오랑캐의 칭호를 받던 청국에게 정복되었으니 어찌 원한이 맺히지 않겠습니까.

13 이제 그 국토와 주권을 회복하게 함이 옳을까 하옵니다." 하니라.

14 상제님께서 무릎을 치시며 칭찬하여 말씀하시기를 "네가 재판을 잘 하였다! 이 재판으로 인하여 중국이 회복하게 되리라." 하시니라.

한국과 중국의 상생 공사

15 또 원일에게 말씀하시기를 "벼슬은 넘나들지라도 왕은 제 나라 사람이 하여야 호원(呼冤)이 없느니라." 하시니

16 원일이 불평하여 아뢰기를 "이제 명나라 백성의 해원 공사로 돌리면 우리 나라 일은 어떻게 하려 하십니까?" 하거늘

17 상제님께서 일러 말씀하시기를 "순망즉치한(脣亡則齒寒)이라, 입술이 없으면 이가 시리나니 중국 인민이 부흥하여야 우리도 이어서 부흥하게 되리라.

18 중국이 오랫동안 조선의 조공을 받아 왔으니 이 뒤로 25년 만이면 중국으로부터 보은신(報恩神)이 넘어오리라." 하시니라.

어렵게 빠져 나오는구나

323 하루는 처마에 등불을 달고 공사를 행하시며 말씀하시기를

2 "오랜만에 어렵게 빠져나오는구나." 하시고 시를 쓰시니 이러하니라.

3
面分雖舊心生新하고　只願急死速亡亡이라
면 분 수 구 심 생 신　　지 원 급 사 속 망 망

虛面虛笑去來間에　　不吐心情見汝矣라
허 면 허 소 거 래 간　　불 토 심 정 견 여 의

너와 내가 비록 면분은 오래지만
만날 때마다 마음은 새로워지고
다만 빨리 죽고 속히 망하기를 원하노라.
공연히 만나 헛웃음 짓고 오고 가는 사이에
그대를 보고도 내 심정 토로하지 못하노라.

4
歲月汝遊劒戟中이나　往劫忘在十年乎아
세 월 여 유 검 극 중　　왕 겁 망 재 십 년 호

不知而知知不知하고　嚴霜寒雪大鴻爐라
부 지 이 지 지 부 지　　엄 상 한 설 대 홍 로

세월아! 너는 전쟁의 겁액 속에서 흘러가는데
가는 겁액이 십년 세월에 있음을 잊었느냐!
내 일은 모르면서도 알 것이요 알면서도 모르리니
이 끔찍한 겁액의 고난도 큰 화로에 상설이 녹듯 하리라.

묵은하늘이 두 사람의 살을 쓰려 하거늘

324 운산리 신경수의 집에 계실 때 하루는 공우에게 물으시기를 "너의 살과 나의 살을 떼어서 쓸 곳이 있으니 네 뜻은 어떠하냐?" 하시니

2 공우가 "쓸 곳이 있으면 쓰시옵소서." 하고 대답하니라.

3 그 뒤로 직접 살을 떼어 쓰신 일은 없으나 다음 날부터 상제님과 공우의 용모가 심히 수척해지는지라

4 공우가 여쭈기를 "살을 떼어 쓴다는 말씀만 하시고 행하지는 않으셨는데 그 뒤로 선생님과 저의 용모가 함께 수척하여짐은 무슨 연고입니까?" 하니

5 말씀하시기를 "살은 이미 떼어 썼느니라." 하시고

6 "묵은하늘이 두 사람의 살을 쓰려 하거늘 만일 허락하지 않으면 배은(背恩)이 되는 고로 이를 허락한 것이니라." 하시니라.

계룡산 살막이 공사

7 하루는 상제님께서 공신과 여러 성도들을 데리고 고부군 벌미면 살막에 가시어 "충청도 계룡산에 살(煞)이 있다." 하시고

8 "계룡산의 살을 막는다." 하시며 살막이 공사를 보시니라.

세계일가 통일정권 대공사

325 무신년 10월에 고부 와룡리 문공신의 집에 머무르시며 대공사를 행하실 때

2 성도들에게 말씀하시기를 "이제 천하의 난국을 당하여 장차 만세(萬世)의 대도정사(大道政事)를 세우려면 황극신(皇極神)을 옮겨 와야 하리니

3 황극신은 청국 광서제(光緖帝)에게 응기되어 있느니라." 하시니라.

4 또 말씀하시기를 "황극신이 이 땅으로 옮겨 오게 된 인연은 송우암이 만동묘(萬東廟)를 세움으로부터 비롯되었느니라." 하시고

5 친히 곡조를 붙여 시천주주를 읽어 주시며 성도들로 하여금 밤마다 읽게 하시니라.

경」을 쓸 때 문공신 성도에게 여러 차례 찾아왔는데 후일 『대순전경』을 본 문공신 성도는 웃으며 "허허 어떻게 생겼는가, 그거 잘못되었어. 뭔 자가 또 보냈어." 하였다고 한다.

325:2 황극신. 황극신은 선후천 변화의 실질적인 핵심 자리로, 인사로는 세계 통일의 후천문명을 여는 지도자 출세 도수와 직결된다.

325:8 이 공사를 보신 道紀 38

선천세계의 제왕기운을 거두심

6 며칠이 지난 뒤에 말씀하시기를 "이 소리가 운상하는 소리와 같도다." 하시며

7 "운상하는 소리를 어로(御路)라 하나니 어로는 곧 임금의 길이라.

8 이제 황극신의 길을 틔웠노라." 하시고

9 문득 "상씨름이 넘어간다!" 하고 외치시니 이 때 청국 광서제가 죽으니라.

10 이로써 세계일가(世界一家) 통일정권(統一政權) 공사를 행하시니

11 성도들을 앞에 엎드리게 하시며 말씀하시기를 "이제 만국 제왕의 기운을 걷어 버리노라." 하시고 성도들에게 "하늘을 보라." 하시매

12 하늘을 보니 문득 구름과 같은 이상한 기운이 제왕의 장엄한 거동처럼 허공에 벌여져 있다가 곧 사라지니라.

중국을 여러 나라로 나누심

13 한 성도가 여쭈기를 "황극신이 이 동토(東土)에 넘어오면 천하의 대중화(大中華)는 조선이 된다 하였사온데 그렇게 되면 청나라는 어떻게 됩니까?" 하니

14 "내가 거처하는 곳이 천하의 대중화가 되나니 청나라는 장차 여러 나라로 나뉠 것이니라." 하시니라.

만동묘. 조선 숙종 29년(1703)에 송시열의 유지로 그 제자들이 지은 사당. 임진왜란 때 구원병을 보낸 명나라 신종(神宗)과 마지막 황제인 의종(毅宗)을 제사지내기 위해 지금의 충북 괴산군 청천면 화양리에 세웠다. 만동묘에서 '만동(萬東)'은 만절필동(萬折必東)의 약자로 '만 번을 굽이치고 꺾어져도 반드시 동으로 간다.'는 의미다. 이는 '성언호간'의 간(艮) 도수가 실현되는 한반도의 새 역사 정신을 상징한다.

인존시대의 짐승 제어 공사

326 태인 백암리에 계실 때 하루는 경학이 아뢰기를 "요즘 이 지방에 호랑이로 인한 피해가 빈번하여 사람들이 자못 두려워하고 있나이다." 하니

2 상제님께서 말씀하시기를 "만물의 영장인 **사람**이 **짐승**을 제어함이 옳거늘 이 짐승은 사람을 잡아먹으니 어찌 변괴가 아니리오.

3 그 악기(惡氣)가 눈에 있으니 악기를 제하리라." 하시고

4 호담요를 가져오게 하시어 호랑이의 눈에 먹으로 점을 찍으시며 신명들에게 명을 내리시니 이후로 호랑이의 폐해가 없어지니라.

단발 공사를 행하심

327 하루는 태인 새울 최창조의 집에 계실 때 성도들에게 명하시어 짚 인형 두 개를 만들게 하시니

2 하나는 상투가 있고 하나는 상투가 없는 것이라.

3 상제님께서 이르시기를 "머리를 깎으리니 가위를 가져오라." 하시고

4 성도들에게 물으시기를 "상투 있는 것과 없는 것 중에 어느 것이 더 좋으냐?" 하시니 누구도 성도들이 감히 대답하지 못하는지라

5 말씀하시기를 "단발(斷髮)한 것이 보기에 좋으니라." 하시고 글을 써서 불사르신 뒤에 짚 인형을 땅에 묻으시니라.

천지 일꾼의 심법 전수 : 백만 명은 당적해야

328 11월에 하루는 경학을 바라보시며 "오늘 두문동(杜門洞) 성수(星數) 72인 공사를 보려는데 나를 잘 믿겠느냐?" 하고 물으시거늘

2 경학이 "예, 잘 믿겠습니다." 하고 대답하니 이와 같이 세 번을 다짐 받으신 뒤에 물으시기를

3 "자네, 사람 하나에 얼마나 당적했으면 하겠는가?" 하시니라.

4 이에 경학이 "백(百) 명을 당적하면 안 하겠습니까." 하거늘

5 상제님께서 "아니지." 하시니 경학이 다시 "천(千) 명 당적이면 적다 하겠습니까?" 하는지라

6 상제님께서 거듭 "아니지." 하시니 "만(萬) 명 당적이면 적당하겠습니까?" 하매 "그것도 아니지." 하시니라.

7 이에 경학이 "사람 한 명이 만 명 이상을 당적한다는 말씀이십니까?" 하고 여쭈니

8 말씀하시기를 "사람 하나가 백만 명은 당적해야 하느니라." 하시니라.

년(1908)부터 세계 질서는 동북아의 조선이 지구촌의 천자국이 되어 가는 방향으로 전개된다. 그 최종 관건이 가을대개벽의 인종씨 추리는 천지 심판의 의통 성업이다.

325:9 광서제가 죽으니라. 이는 세계일가 통일 정권 공사이자 동시에 청국의 국운을 매듭지으신 공사이다. 광서제는 道紀 38년(1908) 10월 21일에 갑자기 죽었는데 지금까지도 그 사인이 수수께끼로 남아 있으며 그 다음 날 서태후도 의문의 죽음을 맞이하였다. 이후 1911년 신해혁명이 일어나 청 왕조가 몰락하고 공화제가 수립되었으며 이로부터 한족의 해원 공사가 실현되어 동북아 근대 국가 건설에 박차를 가하게 되었다.

325:11 만국 제왕의 기운을 걷어 버리노라. 제1차 세계대전으로 여러 나라의 왕정이 붕괴하였다. 우선 대전 중인

두문동 성수 공사

329 이 달에 태인 신경원의 집에 머무르실 때 천지대신문을 열고 벽 위에 두문동(杜門洞) 성수도(星數圖)를 써 붙이시니라.

2 그 글을 쓰실 때 옆에서 지켜보던 경원이 상제님께 여쭈기를 "신농패(神農牌)가 무엇입니까?" 하니 "귀신이 차는 것이다." 하시고

3 경원이 다시 "그러면 유사표(有司標)는 무엇입니까?" 하고 여쭈니 "너희들이 찬다." 하시니라.

4 또 말씀하시기를 "일후에 누가 찾으러 올 사람이 있으리니 이것을 뜯어 주어라.

5 혹 먼저 떼는 자가 있으면 멸문지화를 당하리라." 하시매 경원이 그 옆에 가는 것도 두려워하더니

6 상제님께서 어천하신 후에 김경학이 찾아와 떼어가니라.

천하에 기차 기운 돌리는 대공사

330 겨울에 하루는 구릿골 약방에서 천지대신문을 열고 대공사를 행하시니라.

2 이 때 백지 한 권을 가늘고 길게 잘라 풀로 이어 붙이신 뒤에 한쪽 끝은 사립문에, 다른 쪽 끝은 집 앞 감나무에 맞추어 자르시고

3 그 한 끝을 약방 문구멍으로 꿰어 방 안에서 말아 감으시며 원일로 하여금 아궁이에 청솔가지로 불을 때면서 부채로 부치게 하시니

4 문득 연기가 일며 집이 크게 흔들리므로 성도들이 모두 놀라 문밖으로 뛰쳐나가니라.

5 종이를 다 감으신 뒤에 말씀하시기를 "이것을 뒷간 보꾹에 달아매고 불을 피우라." 하시고

6 경학에게 명하시어 빗자루로 부치게 하시니 뒷간이 다 타 버리니라.

7 이에 말씀하시기를 "종이가 덜 탔는가 보라." 하시매 자세히 살피니 과연 한 조각이 뒷간 옆 대나무 가지에 걸려 있거늘

8 그대로 아뢰니 "속히 태우라." 하시므로 명하신 대로 행하니라.

9 상제님께서 하늘을 쳐다보며 "빠르다." 하시매 모두 올려다보니

10 햇무리가 지는데 한 쪽이 끊어져 있다가 남은 종이쪽이 탐에 따라 완전히 잇대어지더라.

11 상제님께서 말씀하시기를 "이것은 천하에 기차 기운을 돌리는 공사니라." 하시니라.

두문동 성수도

상제님께서 이성계의 역성혁명을 반대하여 두문동에 은거하며 지조를 지키다 몰살당한 고려의 유신 72현의 충절 정신을 높이 기려 후천선경 창업 공사에 취해 쓰셨다. 이 성수도는 김경학 성도가 보관해 오다 그 사본을 신유(辛酉 : 道紀 51, 1921)년 음력 8월 15일 경 장기준에게 전하여 세상에 알려지게 되었다.

사철 채소 자라게 하신 공사

331 상제님께서는 겨울에도 푸성귀를 돋아나게 하시어 생것으로 드시니라.

2 어느 눈 내린 겨울날 내성이 상제님을 모시고 하운동의 한 집에 들르니 그 안주인이 보리밥과 된장국을 정성껏 차려 올리매

3 상제님께서 진짓상을 받으시며 말씀하시기를 "아, 이 사람아. 내가 좋아하는 채소는 없는가?" 하시거늘

4 주인이 송구스러워하며 "이 겨울에 채소가 어디 있겠습니까?" 하고 대답하니라.

5 상제님께서 진지를 다 드시고 주인에게 "배추씨를 가져오라." 하시더니 눈이 수북이 쌓인 마당 텃밭에 가시어 그 씨를 휙 뿌리시니라.

6 며칠 후 그 집에 다시 들르시어 진지를 드시면서 내성에게 "텃밭 눈 속을 헤쳐 보라." 하시거늘

7 가 보니 씨 뿌리신 곳마다 월동추가 먹기 좋게 자라 있는지라

8 상제님께서 그것을 무침으로 해서 드시는데 내성이 먹어 보니 여름에 먹는 채소보다 더 맛나더라.

9 하루는 상제님께서 구릿골 약방에 계실 때 김익수의 아내에게 "대밭에 가면 포기 찬 배추가 있으리니 그놈을 뽑아다가 생지래기를 해 오라." 하시거늘

10 익수의 아내가 의아히 여기며 '동지섣달에 배추가 다 얼어 죽었지 있겠는가.' 하고 대밭에 가 보니

11 과연 배추가 얼어 죽지 않고 새파랗게 나 있는지라

12 이를 겉절이로 만들어 올리매 상제님께서 맛있게 드시니라.

무신납월(戊申臘月) 공사가 천지의 대공사

앞세상에는 족속에 따라 나라를 세우리라

332 무신년 겨울 대흥리에 머무르시며 대공사를 행하시니라.

2 하루는 방 안에 홀로 앉아 계시며 사람들의 출입을 금하시더니 얼마 후 하늘에서 행군하는 말발굽소리가 크게 들리거늘

3 말씀하시기를 "○○나라 신명들이 왔도다." 하시며 그 신명들에게 여러 시간 동안 분부하시고

4 다시 공중에서 말발굽 소리가 들리니 "○○나라 신명들이 오는구

나.” 하시며 그 신명들에게 오랫동안 칙령을 내리시니라.

5 상제님께서 이와 같은 공사를 여러 날 동안 행하시는데 각 나라 신명들이 올 때마다 쓰시는 언어가 다 다르거늘 성도들은 하나도 알아듣지 못하니라.

6 한 성도가 여쭈기를 “이번 공사는 만국신명(萬國神明)을 차례로 불러 무슨 일을 분부하시니 그 뜻을 가르쳐 주옵소서.” 하거늘

7 말씀하시기를 “때가 오면 알게 되리라.” 하시니라.

8 한 성도가 다시 여쭈기를 “나라 이름이 어찌 그리 많습니까?” 하니

9 “앞세상에는 족속에 따라 나라를 세우리라.” 하시고

10 다시 여쭈기를 “저희들이 성도(成道)하는 날에는 만국언어에 능통하게 됩니까?” 하니

11 말씀하시기를 “어찌 능통하지 못하겠느냐.” 하시니라.

천만 신병을 불러 진 치신 대공사

333 겨울에 대흥리에 계실 때 하루는 들에 나가시어 성도들을 열(列) 지어 세우신 뒤에

2 “너희들은 오늘 진(陣)을 보리니 이제부터 천만 신병(神兵)을 모아 진을 치리라.” 하시고

3 한 곳을 정하여 엄숙한 모습으로 앉으시며 성도들에게 “정심(正心)하고 기다리라.” 하시니라.

4 잠시 후 성도들이 문득 신안이 열려서 보니 깃발과 창검으로 무장한 수많은 병사들이 산과 들을 가득 메우며 달려와서

5 상제님 앞에 이르러 앉았다 섰다 나아갔다 물러섰다 하며 보법(步法)을 행하는데

6 그 위의(威儀)와 법도(法度)가 이루 말할 수 없이 장엄하더라.

7 이에 성도들이 담이 떨어지고 혼이 빠져나가는 듯 망연자실하더니

8 진 치기를 행하신 지 여러 시간이 지난 뒤에 상제님께서 명하여 물리시니라.

의통구호대 육임군령 받드는 대공사

334 대흥리에 계실 때 하루는 상제님께서 “오늘밤에는 너희들을 거느리고 행군을 하리라.” 하시고

2 성도들에게 군대에서 쓰는 물건을 준비하게 하시고 열을 지어 진군하도록 명하시니라.

332:9 족속에 따라 나라를 세우리라. 냉전체제 붕괴 후 지구촌에 민족주의 바람이 태풍처럼 불어와 2003년 현재 UN 가입국 수만 해도 200여 개가 넘는다. '10만인 적(1인 적=10명)이면 왕을 세우고, 또 벼슬은 넘나들지라도 왕은 제 나라 사람이 하여야 한다.' 는 공사 정신에 입각하여, 후천에는 상제님의 원시반본의 통치 도법에 따라 각 민족별로 나라를 세우게 된다.

334:1~4 이 공사에서는 상제님께서 직접 사령관이 되시고 성도들로 하여금 군인이 되어 전

쟁 상황에 들어
가도록 하셨다.
이 말씀에서 상
씨름을 마무리짓
는 육임 의통구
호대의 사명과
조직 기강이 어
떠해야 하는지를
철저히 깨달아야
한다.

3 성도들이 명을 좇아 군량과 그릇을 메고 행군 구령 소리를 내어 위세를 떨치고

4 장령(將令)을 복창하며 군율(軍律)을 집행하니 행진하는 모습이 지엄하여 한밤중이 소란하니라.

5 천원에 이르러 일본군 병참 앞을 지나는데 당시의 시국이 의병으로 여겨지면 옳고 그름을 가리지 않고 발포하고

6 민간인이라도 의심스러운 것이 있으면 총살하는 일이 사방에서 행해지므로 성도들이 모두 두려워하니라.

7 그러나 구령 소리를 내며 병참을 통과하여도 일병이 알지 못할 뿐 아니라 다시 군사를 돌이켜 돌아올 때도 일병은 물론이요 근처의 민가에서도 알지 못하더라.

8 행군을 마친 뒤에 준비하신 돈으로 밥을 짓고 국을 끓여 마을 사람들에게 나누어 주시고 "오늘밤에 행군을 잘 하였도다." 하시니라.

무신납월의 대공사를 보러 떠나심

335 무신년 섣달에 상제님께서 수부님과 함께 서울에 가시어 공사를 행하시니

335~337장 김
일화 선생이 아
들 김천수에게
전한 내용이다.

335:2 문정삼(文
正三, ?~?). 보
천교의 중진 간
부 신도로 알려
져 있으나 그는
상제님 공사시
참여한 성도였음
이 차봉수와 유
남에 의해 밝혀
졌다.

2 이 때 김형렬, 김호연, 김갑칠, 안내성, 박공우, 문공신, 차경석 등 성도들 대부분과 문정삼, 차윤칠, 차윤덕, 차순옥, 차평국 등이 따르니라.

3 상제님께서 대흥리를 떠나시며 성도 여덟 명으로 하여금 상제님의 앞뒤로 네 명씩 서서 걷게 하시니 나머지 성도들은 몇 걸음을 떨어져 따르니라.

4 상제님께서 길을 떠나시며 말씀하시기를 "조선이 팔도(八道)니라." 하시니라.

공주를 지나 서울로 가심

335:4 조선이
팔도니라. 차순
옥의 딸 차봉수
증언.

5 상제님께서 태전을 지나 계룡산을 거쳐 공주에 이르시니 이 때부터 큰길을 두고 험한 솔밭길을 택해 가시거늘

6 성도들이 눈 녹은 진창에 발이 빠져 걸음을 옮기지 못하매 "선생님, 땅이 질어 더 이상 못 가겠습니다." 하니라

7 이에 상제님께서 "모두들 그 자리에 서 있으라." 하시고 잠시 주문을 읽으시더니

8 풍운신장을 부르시어 어떤 법을 행하시매 이내 서풍이 불어와 질던 길이 금세 마르니라.

내 도수는 바둑판과 같으니라

336 상제님 일행이 서울에 도착하니 때마침 큰 눈이 내려 걷기조차 쉽지 않더라.

2 상제님께서 덕수궁 대한문(大漢門)과 원구단(圓丘壇) 사이의 광장에 가시어 성도들 중 네 명을 뽑아 사방위로 둘러앉히시고 그 한가운데에 앉으시어 말씀하시기를

3 "이곳이 중앙 오십토(中央五十土) 바둑판이니라." 하시니라.

4 이 때 상제님께서 공우에게 물으시기를 "공우야 쌀이 솥을 따르느냐, 솥이 쌀을 따르느냐?" 하시니 공우가 "쌀이 솥을 따르지요." 하고 아뢰거늘

5 말씀하시기를 "네 말이 옳도다. 쌀은 미국이고 솥은 조선이니 밥을 하려면 쌀이 솥으로 올 것 아니냐." 하시고

6 "장차 일본이 나가고 서양이 들어온 연후에 지천태 운이 열리느니라." 하시니라.

7 또 말씀하시기를 "내 도수는 바둑판과 같으니라. 바둑판 흑백 잔치니라. 두 신선은 바둑을 두고 두 신선은 훈수를 하나니

8 해가 저물면 판과 바둑은 주인에게 돌아가느니라." 하시고

9 "난리가 나간다, 난리가 나간다. 난리가 나가고 병이 들어오리라." 하시니라.

새 부처가 오시네

10 이어 말씀하시기를 "불은 새 불이 나와야 천지공사가 되느니라." 하시고 "내가 너희들에게 듣기 좋은 소리 한번 해야겠다." 하시더니

11 佛○佛○四月來 至氣今至四月來
불 이 불 이 사 월 래 지 기 금 지 사 월 래

12 天增歲月人增壽요 春滿乾坤福滿家라
천 증 세 월 인 증 수   춘 만 건 곤 복 만 가
하늘은 세월을 늘려가고 사람은 수를 늘려간다.
봄은 천지에 가득하고 복은 집안에 가득하구나.

하고 노래 부르시니라.

육임도꾼 지도자 출세 공사

337 이 때 문득 공우가 여쭈기를 "누구를 큰아들로 세우시렵니까?" 하매

2 상제님께서 잠시 머뭇거리시다가 말씀하시기를 "형렬이니라." 하시니라.

336장 상제님이 서울에서 대공사를 보신 시간대는 순종황제가 이등박문을 대동하고 지방 순행 (12월 16~22일)을 떠나기 직전으로 추정된다.

336:2 대한문. 덕수궁의 정문으로 원래 이름은 대안문(大安門)이다. 1903년 어느 젊은 무녀가 대안문 용마루에 연결시킨 밧줄을 타고 내려와 '대안대왕(大安大王) 강천(降天)이시다.' 하고 외치며 임금을 대령시키라고 호통 친 일(1903. 「코리아 리뷰」지)이 있는데, 이를 불길한 징조로 여겨 대한문으로 바꾸었다는 설이 있다.

336:2 원구단. 천자가 옥황상제께 천제를 지내는 천단. 조선은 제후국을 자처했기 때문에 원구단이 없었으나 고종이 국호를 대한제국으로 선포하고 황제로 즉위하면서 원구단을 설치하였다.

336:4 쌀이 솥

을…. 솥(鼎)은 왕권의 상징이자 주역 64괘 중 50번째 괘로 변혁의 상징이다. 여기서 쌀은 미국을 의미.

336:6 "아버님이 그러더라구 그 저 중형님 보고… 아따 아버지는 일본이 시방 만주를 다 먹고 전 세계를 다 집어 먹을라고 하고 있는디 무슨 말씀을 하냐고 말이여. 허허. 긍게 '야 이놈아, 봐라, 인제 봐라. 삼팔선도 생기고 인자 별의별 일이 다 있다.'"(김천수 증언)

336:11 불이불이사월래. 불이불이사월래. '불○불○'의 한자 표기에 대하여는 좀더 검토가 필요하다. '이'는 '二'나 '移'로 보아야 한다는 설이 있다. 어느 경우든 상씨름 시운을 타고 역사의 전면에 나서서 새 문명의 지평을 여는 용봉도수와 깊은 관계가 있다.

336:12 천증세월인증수 춘만건곤복만가. 동방삭(東方朔) 같은

3 이에 공우가 형렬에게 빈정대듯 농을 던지기를 "형님이요, 아우요?" 하니 상제님께서 "공우야, 너는 왜 그러냐?" 하시니라.

4 공우가 "저는 막고 품는 것을 좋아허요!" 하더니 다시 여쭈기를 "그럼 막내아들은 누구입니까?" 하니 말씀하시기를

5 "갑칠(甲七)이니라. 갑칠이가 갑오갑자(甲午甲子)꼬리니라." 하시니라.

6 공우가 잠시 후에 "그럼 큰아들 주신(主神)은 누구입니까?" 하니 상제님께서 "진묵(震默)이니라." 하시거늘

7 이에 공우가 "막내아들 주신은 누구입니까?" 하니 말씀하시기를 "강감찬(姜邯贊)이니라." 하시니라.

8 상제님께서 말씀을 모두 마치신 후 글을 써서 불사르시고 치성을 준비케 하시되 모두 입을 봉하게 하시고

9 모든 제수는 날것으로 올리되 칼을 쓰지 못하게 하시니라.

10 이후 수부님께서 막내 도수를 붙인 갑칠에게 스스럼없이 자주 심부름을 시키시니라.

창경궁에 머무시며 공사 보심

11 공사를 마치신 뒤에 성도들을 데리고 창경궁으로 가시니 수십 명이 궁 안에 드는데도 수문장들이 전혀 제지하지 않더라.

12 이곳에서 여러 날 머무시며 공사를 행하시니 이 때 필요한 물품은 관원들이 직접 내어주고

13 밖으로 출입하실 때는 쌍두마차를 마음대로 타고 다니시는데

14 때는 한겨울이라 음식을 구하기가 쉽지 않거늘 상제님께서 월동추를 가져오라 하시어 잡숫곤 하시니라.

삼기산 미륵사지에서 공사 보심

338 상제님께서 서울에서 장광 팔십 리를 다니시며 공사를 마치시고 익산 금마면(金馬面) 미륵사지(彌勒寺址)에 이르시어 성도들에게 물으시기를

2 "미륵세존이냐? 미륵신이냐?" 하시니 성도들이 대답하기를 "미륵신이지요." 하니라.

3 상제님께서 다시 물으시기를 "천상천하 유아독존(天上天下 唯我獨尊)으로 불러야 하느냐, 유아독신(唯我獨身)으로 불러야 하느냐?" 하시니

4 공우가 "유아독신으로 불러야 합니다." 하고 대답하거늘

5 상제님께서 다시 "그럼 거기에다 대(大) 자를 붙여야 하느냐, 콩 태

(太) 자를 붙여야 하느냐?" 하고 물으시니라.

6 이에 공우와 다른 성도들 모두 머뭇거리기만 할 뿐 대답하지 못하거늘

7 상제님께서 말씀하시기를 "큰 대(大) 자에 점 하나 찍으면 콩 태(太) 자니라." 하시고

8 익산 용안(龍安)과 태인을 들러 대흥리로 돌아오시어 돼지를 잡아 천지에 제를 지내시니라.

동서양의 창업군주와 만고명장을 받드는 공사

339 하루는 성도들에게 명하시어 "과거의 모든 명장(名將)을 써 들이라." 하시니

2 경석이 여쭈기를 "창업군주(創業君主)도 명장의 열에 들겠나이까?" 하니 대답하여 말씀하시기를 "그러하니라." 하시니라.

3 경석이 자고이래 모든 창업군주와 명장들을 차례로 기록하고 맨 끝에 전명숙(全明淑)을 써서 올리니

4 상제님께서 물으시기를 "왜 전명숙을 맨 끝에 썼느냐?" 하시거늘

5 경석이 아뢰기를 "왼편으로부터 보시면 전명숙이 첫머리가 됩니다." 하니라.

6 이에 상제님께서 말씀하시기를 "네 말이 옳도다. 전명숙은 진실로 만고명장이라.

7 백의한사(白衣寒士)로 일어나서 능히 천하를 움직였느니라." 하시니라.

천상 과학문명 지상 이식 공사

340 이 때 경석에게 말씀하시기를 "전날에는 네가 나의 말을 좇았거니와 이 공사에는 내가 네 말을 좇으리니 모든 일을 묻는 대로 잘 생각하여 대답하라." 하시고

2 "서양 사람이 발명한 모든 문명이기(文明利器)를 그대로 두어야 옳겠느냐, 거두어 버려야 옳겠느냐?" 하시니

3 경석이 대답하기를 "그대로 두는 것이 인간 생활에 이로울 듯합니다." 하니라.

4 이에 상제님께서 말씀하시기를 "네 말이 옳으니 그들의 문명이기는 하늘로부터 내려온 것이니라." 하시고

5 "옛것을 그대로 지키고 있으면 몸을 망치고 새 기운을 취하면 몸도 영화롭게 되나니 나의 운은 새롭게 바꾸는 데 있느니라." 하시니라.

조선에서 청일전쟁이 발발하는 계기가 되었다. 청일전쟁에서 승리한 일본은 그 대가로 요동반도를 차지하였으나 러시아, 프랑스, 독일 등 삼국이 이의 반환을 요구하였다. 이후 남하하는 러시아와, 조선을 거쳐 대륙으로 진출하려는 일본 사이에 일러전쟁이 발발하게 된다.

340:2 서양 사람이 발명한 모든 문명이기. 중세의 어둠을 거두고 근세 시민의식의 태동과 더불어 전개된 서양의 과학 혁명은 인류의 삶에 지대한 공덕을 끼쳤다. 과학은 그 발전 과정에 많은 문제점도 드러났으나 대세로 볼 때 인류의 복지를 증진하고 지구촌 일가(一家) 문명 시대를 여는 역할을 해왔다.

340:4 그들의 문명이기는 하늘로부터 내려온 것. 이 말씀은 현대의 비약적인 문명 발전이 지상의 인간들의 노력에 의해서만 이루어진 것이 아니라 천상 신

6 이어 경석에게 여러 가지를 물으신 뒤에 공사로써 결정하시니라.

천지의 일등일꾼 출세 공사

341 무신년 겨울 상제님께서 대흥리에 계실 때 하루는 청수를 모시고 마루에 쪼그려 앉으시어 내성에게 명하시기를 "내 몸을 결박하라." 하시니

2 내성이 겁에 질려 아뢰기를 "차라리 죽을지언정 어찌 감히 당신님의 몸을 묶을 수 있겠습니까?" 하매

3 말씀하시기를 "내가 명하거늘 어찌 망설이느냐! 단단히 결박하라." 하시니라.

4 내성이 마침내 눈물을 흘리며 명을 받들어 옥체를 꼭 묶으니

5 상제님께서 다시 명하시기를 "내성아, 큰 몽둥이로 내 몸을 세게 치며 '일등방문(一等方文)이 제일이냐, 이등방문이 제일이냐? 일등방문이다!' 하고 소리쳐라. 도수이니 빨리 쳐라!

6 만일 이행치 않으면 신명들에 의해 큰 해를 당하리니 사정없이 쳐라!" 하고 호령하시니라.

7 이에 내성이 어쩔 수 없이 상제님의 몸을 치는데 차마 세게 치지 못하고 때리는 시늉만 하거늘

8 상제님께서 큰 소리로 호통치시며 "너 이놈 죽을 테냐! 뒤꿈치를 딸싹딸싹하며 쳐라. 그렇지 않으면 천지에서 너를 죽일 것이니라." 하시니라.

9 내성이 엄명에 눌려 "일등방문이 제일이냐, 이등방문이 제일이냐? 일등방문이 제일이다!" 하고 크게 소리치며 있는 힘껏 옥체를 세 번 내리치니

10 상제님께서 떼굴떼굴 구르시며 "아이고, 이놈이 나를 죽이네! 이룰 성(成) 자로 이름을 고쳐 줬더니 나를 죽이네!" 하고 비명을 지르시니라.

11 잠시 후에 상제님께서 껄껄 웃으시며 "이제 되었다. 이등방문이 넘어가니 일등방문인 네가 낫다." 하시니라.

이등박문을 폐하심

12 다시 내성에게 명하시기를 "담뱃대를 들고 나를 향해 총 쏘는 흉내를 내며 꼭 죽인다는 마음으로 '탕탕' 소리를 내라." 하시니 내성이 명에 따라 총 쏘는 흉내를 내거늘

13 이에 한 성도가 여쭈기를 "이제 이등박문을 폐하시는데 어찌 내성을 쓰셨습니까?" 하니

14 말씀하시기를 "안성(安姓)을 썼노라." 하시니라.

15 이 공사를 행하신 뒤에 수부님에게 무당 도수를 붙이시니라.

운상을 하리라

342 하루는 대흥리에 계실 때 성도들에게 "멍석을 크게 만들라." 하신 뒤

2 그 위에 모래를 수북이 담게 하시고 멍석에다 긴 새끼줄을 여러 개 달아 멍석을 끌 수 있게 하시니라.

3 이어 상제님께서 말씀하시기를 "내가 오늘 너희들과 함께 운상(運喪)을 하리라." 하시고

4 성도들에게 상여(喪輿) 나가는 소리를 내며 멍석을 앞 개울까지 끌고 가 모래를 버리게 하시니라.

십일전 상량 공사

343 하루는 성도들에게 일러 말씀하시기를 "있는 기운 그대로 풀어 버릴 수밖에 없다." 하시고

2 경석에게 백목(白木)을 가져오라 하시어 **상량 공사(上樑公事)**를 행하시다가

3 "백목이 부족하다." 하시며 경석으로 하여금 더 가져오게 하시어 공사를 마저 마치시니라.

4 이어 경석에게 이르시기를 "너는 천자 소리를 듣기는 듣는다만 집을 지으면 죽으리라." 하시니라.

5 상제님께서는 이따금 경석의 이름을 부르지 않고 '주인' 이라 부르시니라.

이 공사가 천지의 대공사니라

344 무신년 섣달에 상제님께서 대흥리에 계시며 천지대신문을 열고 대공사를 행하시는데

2 밤과 낮을 쉬지 않고 여러 날 동안 글을 쓰시니 그 종이가 산더미같이 쌓이니라.

3 공사를 마치고 말씀하시기를 "이번 공사는 **무신납월 공사(戊申臘月公事)**니 무신납월 공사가 천지의 대공사니라." 하시되 자세히 말씀치 않으시니라.

천·지·인 삼계의 틀이 바뀌는 대개벽기

4 이어 경석에게 글을 써 주시니 이러하니라.

도세계의 선행된 노력, 즉 구체적으로는 리치 신부를 비롯한 뭇 문명신들의 지고한 노력에 의하여 이루어진 것임을 지적하신 말씀이다.

341장 이 공사의 근본정신을 깨치기 위해서는 인류사의 운명을 잡아 돌리시는 상제님의 천지대권 집행 스타일을 볼 줄 알아야한다. 안내성 성도의 아들 안정남, 황준재 훈장의 후손 황공규, 문공신 성도 교단의 신앙인 양치곤 공동 증언.

341:5, 13 이등방문과 이등박문. 이등방문(二等方文)은 선천 각 종교와 문화, 여러 방면에서 내로라하는 인물들로, 결국 인류를 구원할 수 없는 작은 국량의 소유자라는 말씀이며, 이등박문(伊藤博文)은 이토 히로부미를 말씀하신 것이다. 즉, 상제님께서는 '박문' 과 '방문'의 음가(音價, punning)를 취하여 두가지 공사를 동시에 보신 것이다.

343:2 백목. 무명.

343:5 주인. 차경석 성도의 아들 차용남 증언. 도운 개척사를 이해할 수 있는 중요한 열쇠가 되는 말씀이다. 기존 기록에는 차경석 성도를 폄하하여 기술함으로써 그 역할을 제대로 알 수 없었으나 상제님께서는 그를 월곡(月谷)이란 호의 뜻 그대로 제3변 추수도운의 지도자에게 다리를 놓아 주는 도운공사의 큰 기둥으로 쓰셨다.

344장 무신납월 공사. '납(臘)'은 주(周)나라 때 모든 신에게 지내던 12월 제사의 명칭이다. 나중에 12월의 이칭(異稱)이 되었다. 무신납월 공사는 수부님과 더불어 보신 포정소 공사와 종통 및 인사대권 도수, 일등무당 도수, 육임도꾼 지도자 출세공사, 오선위기 대공사 등을 포함하여 실로 9년 천지공사의 핵심을 이룬다.

346:1 안내성의 집. 1929년에 나

5 北玄武는 謝亥去하고 東靑龍은 自子來라
북현무 사해거 동청룡 자자래

默然坐하여 通古今하니 天地人이 進退時라
묵연좌 통고금 천지인 진퇴시

片片雪은 棋一局이요 家家燈은 天下花라
편편설 기일국 가가등 천하화

去歲去하고 來歲來하리니 有限時하여 萬方春이라
거세거 내세래 유한시 만방춘

북방의 현무는 해(亥)에서 물러가고
동방의 청룡은 자(子)로부터 오는구나.
고요히 앉아 고금을 꿰뚫어 보니
하늘과 땅과 사람이 나아가고 물러가는 때로다.
흩날리는 눈은 한 판의 바둑이요
집집마다 밝힌 등불 천하에 핀 꽃이라.
선천세상 가고 후천세상 들어오리니
정한 그 때 이르면 온 누리에 봄이 찾아오리라.

기유(己酉 : 道紀 39, 1909)년

이것이 곧 절사니라

345 기유(己酉 : 道紀 39, 1909)년 설날에 경석이 선령에게 차례를 지내려 하거늘

2 상제님께서 "장만한 찬수를 가져오라." 하시어 여러 성도들과 나누어 잡수시며

3 말씀하시기를 "이것이 곧 절사(節祀)니라." 하시니라.

안내성의 집에서 현무경을 쓰심

346 이어 안내성의 집에 가시어 사시(巳時)에 현무경(玄武經)을 쓰시고 말씀하시기를

2 "현무경에 천지이치와 조화의 오묘함을 다 뽑아 놓았느니라." 하시니라.

3 이 때 양지 두 장에 글을 쓰시어 심지처럼 돌돌 말아 작은 흰 병 두 개에 한 장씩 나누어 넣으시고

4 병 입을 종이 마개로 막아 방 한쪽에 세워 놓으신 뒤 그 앞에 백지를 깔고 현무경과 작은 칼을 놓아 두시니라.

5 상제님께서 어천하신 후 내성이 태을주 수련을 하기 위해 셋집을 얻어 들어가면서 수부님을 찾아뵙고 현무경과 흰 병 두 개와 칼을 올리니라.

6 이후 경석이 그 사실을 알고 수부님께 억지를 쓰며 '내성이 맡겨 놓은 물건을 달라.' 하므로 수부님께서 어쩔 수 없이 내어 주시거늘

7 경석이 병 하나를 들어 그 속에 든 작은 심지를 **빼어** 보니 '**흉화개흉실(凶花開凶實)**' 이라 적혀 있고

8 다른 병에서는 '길화개길실(吉花開吉實)' 이라 적힌 종이 심지가 나오니라.

인류가 앓고 있는 병의 대세

347 경석이 현무경을 펴 보매 부(符)와 여러 글이 써 있으니 이러하니라.

2 病有大勢하고 病有小勢하니
　병유대세　　　병유소세

　병에는 큰 병세가 있고 작은 병세가 있나니

3 大病은 無藥하고 小病은 或有藥이라
　대병　무약　　　소병　혹유약

　然이나 **大病之藥**은 **安心安身**이요
　연　　대병지약　　안심안신

　小病之藥은 四物湯八十貼이라
　소병지약　　사물탕팔십첩

　큰 병은 약이 없고 작은 병은 혹 약이 있으나
　대병을 고치는 약은
　마음과 몸을 편히 하는 데 있고
　작은 병의 약은 사물탕 팔십 첩이니라.

4 祈禱
　기도

　侍天主造化定永世不忘萬事知 至氣今至願爲大降이라
　시천주조화정영세불망만사지　지기금지원위대강

5 大病도 出於無道하고 小病도 出於無道하니
　대병　출어무도　　　소병　출어무도

　得其有道면 則大病도 勿藥自效하고 小病도 勿藥自效니라
　득기유도　즉대병　물약자효　　　소병　물약자효

　큰 병도 무도에서 비롯하고
　작은 병도 무도에서 생기나니
　도를 얻으면 큰 병도 약 없이 스스로 낫고
　작은 병도 약 없이 스스로 낫느니라.

6 至氣今至　四月來　禮章
　지기금지　사월래　예장
　願爲大降
　원위대강

온 『대순전경』 초판을 제외한 모든 판본(2판에는 쓰신 장소 삭제됨)에는 차경석 성도의 집에서 현무경을 쓰신 것으로 되어 있으나, 이것은 이상호가 심증적으로 유추하여 기록한 것이다. 안내성 성도의 가족과 제자들을 답사 확인한 결과 태을주를 전수하신 안내성 성도의 집에서 현무경을 쓰신 것이 틀림없는 역사의 진실이다.

공사

346:1 현무경. 현무(玄武)는 천지조화의 근원인 북방 1·6수(水)를 맡은 천지조화의 기령(氣靈)이다. 현무경은 인사대권자가 도성덕립 후에 명(命)을 내려 천지신명을 부리는 부(符)로서 학문의 대상으로 연구될 성질의 것이 아니다. 이를 자의적으로 해석하여 왜곡하는 자는 모두 난법자다.

346:5 수부님을 찾아뵙고. 안내성 성도가 태을주 수행을 하러 가기 전 수부님께 현무경을 맡

긴 이 사건은 제1변 도운 개창사를 바로 보는 중요한 열쇠가 된다.

347:3 대병. 태시 이래 인류가 앓아 온 병이다. 대개벽기에 처한 오늘의 지구촌 상황이야말로 이 '천하대병'의 참뜻을 크게 깨달을 수 있는 오메가 포인트다.

347:9 상제님께서 삼위일체 신관을 말씀하신 것은 그것이 서교 문화의 인간관, 신관, 우주론의 결론적 명제이기 때문이다. 삼위일체 신관의 가장 큰 문제는 신도의 음양적 논리 구조가 결여되어 아버지의 실상을 이중적으로 인식하지 못한다는 점이다. 즉, 원신·법신적인 아버지와 신명계의 우주 살림의 주관자이며 동시에 대우주의 주재자로서 상제님을 전혀 인식하지 못하는 것이다. 이것이 2천 년 기독교 신앙사에서 예수가 그토록 외친

왜 의통성업으로 세상을 끝막는가

7 醫 統
의 통

忘其君者無道하고 忘其父者無道하고 忘其師者無道하니
망 기 군 자 무 도 　　망 기 부 자 무 도 　　망 기 사 자 무 도

世無忠 世無孝 世無烈이라 是故로 天下가 皆病이니라
세 무 충 세 무 효 세 무 열 　　시 고 　 천 하 　 개 병

임금에게 입은 은덕을 잊은 자도 도리에 어긋난 자요

어버이에게 입은 은덕을 잊은 자도 도리에 어긋난 자요

스승에게 입은 은덕을 잊고 배반하는 자도 도리에 어긋난 자이니

세상에 충(忠)도 없고 효(孝)도 없고 열(烈)도 없는 고로

천하가 모두 병들어 있느니라.

8 病 勢
병 세

有天下之病者는 用天下之藥이라야 厥病이 乃癒니라
유 천 하 지 병 자 　 용 천 하 지 약 　　　 궐 병 　 내 유

천하의 병을 가진 사람은 천하의 약을 써야 그 병이 낫느니라.

9 聖父
성 부

聖子　元亨利貞奉天地道術藥局　在全州銅谷生死判斷
성 자 　 원 형 이 정 봉 천 지 도 술 약 국 　 재 전 주 동 곡 생 사 판 단

聖神
성 신

성부

성자　천지의 정신인 원형이정의 도를 바탕으로

성신　천지를 받드는 도술약국이라

　　　전주 동곡에서 천하 사람의 생사 판단을 하느니라.

무병의 길

10 大仁大義는 無病이니라
대 인 대 의 　 무 병

대인대의하면 병이 없느니라.

11 三界伏魔大帝神位는 遠鎮天尊關聖帝君이라
삼 계 복 마 대 제 신 위 　 원 진 천 존 관 성 제 군

오직 대세에 눈떠야 산다

12 知天下之勢者는 有天下之生氣하고
지 천 하 지 세 자 　 유 천 하 지 생 기

暗天下之勢者는 有天下之死氣니라
암 천 하 지 세 자 　 유 천 하 지 사 기

천하대세를 아는 자에게는 살 기운(生氣)이 붙어 있고

천하대세에 어두운 자에게는

천하의 죽을 기운(死氣)밖에는 없느니라.

13 東有大聖人하니 曰東學이요
    동 유 대 성 인   왈 동 학
    西有大聖人하니 曰西學이라 都是敎民化民이니라
    서 유 대 성 인   왈 서 학   도 시 교 민 화 민
    동방에 대성인이 있으니 곧 동학이요
    서방에 대성인이 있으니 곧 서학이라.
    이는 모두 창생을 교화하는 데 그 사명이 있느니라.

> 하느님 아버지의 실상을 제대로 못 보게 하는 문제의 핵심이다.

14 孔子는 魯之大司寇요 孟子는 善說齊梁之君이라
    공 자   노 지 대 사 구   맹 자   선 세 제 량 지 군
    공자는 노나라에서 대사구 벼슬을 하였고
    맹자는 제나라와 양나라의 군주에게 유세를 잘 하였느니라.

> 347:14 대사구. 형조판서에 해당하는 고대의 벼슬 이름.

15 近日日本國文神武神이 竝務道統이니라
    근 일 일 본 국 문 신 무 신   병 무 도 통
    근일 일본의 문신과 무신들이
    모두 도를 받아 문명을 여는 데 힘쓰고 있느니라.

> 347:14 제량지군. 제선왕(齊宣王)과 양혜왕(梁惠王)을 말한다.

제 뿌리를 못 찾고 환부역조하는 조선인을 경계하심

16 朝鮮國 上計神 中計神 下計神이 無依無托하니
    조 선 국 상 계 신 중 계 신 하 계 신   무 의 무 탁
    不可不 文字戒於人이니라
    불 가 불 문 자 계 어 인
    조선국 상계신(환인) 중계신(환웅) 하계신(단군)이
    몸 붙여 의탁할 곳이 없나니
    환부역조하지 말고 잘 받들 것을
    글로써 너희들에게 경계하지 않을 수 없노라.

> 347:16 이 때의 삼신은 인격신임을 알 수 있다. 모든 인격신은 인간으로 다녀간 실존 역사의 인물이다. 상제님께서 한민족사의 뿌리문화 시대를 개창하신 환인과 환웅과 단군의 역사 시대를 실존사로 인정해 주신 것이다.

성인의 직업은 의통

17 宮商角徵羽는 聖人이 乃作이라
    궁 상 각 치 우   성 인   내 작
    先天下之職하고 先天下之業하니
    선 천 하 지 직   선 천 하 지 업
    職者는 醫也요 業者는 統也니
    직 자   의 야   업 자   통 야
    聖之職이요 聖之業이니라
    성 지 직   성 지 업
    궁상각치우의 오음은
    자연의 소리(율려)를 듣는 성인이 지은 것이라
    성인은 천하의 직책과 천하의 업무를 우선으로 삼나니
    천하의 직은 병들어 죽어 가는 삼계를 살리는 일(醫)이요
    천하의 업은 삼계문명을 통일하는 일(統)이니라.
    성스러운 직이요 성스러운 업이니라.

배례와 제법의 절차를 가르치심

348 정월 초이튿날 경석의 집에서 제물을 많이 준비하여 차리게
하시고

2 백로지 한 장 전폭에 인형을 그리신 뒤에 경석과 광찬 두 사람으로
하여금 그 아래에 24절후를 쓰게 하시며 말씀하시기를

3 "번갈아 가며 글을 쓰되 붓을 땅에 놓지 말고 한 사람이 동지(冬至)
를 쓰고 나면 또 한 사람이 동지를 덧붙여 쓰라." 하시매

4 그대로 쓰다 보니 지면 하단이 부족할 듯하여 글자를 점점 작게 쓰
니 맨 끝은 작은 글씨로 마치니라.

5 평소에 상제님께서 짚고 다니시는 모과나무 단장이 위는 굵고 아
래는 가늘거늘

6 그 단장을 글씨 쓴 곳에 놓으니 대소장단이 일호의 차이도 없이 꼭
같은지라

7 그 종이를 벽에 설위(設位)하시고 경석에게 **반천무지(攀天撫地) 배례
법**과 **제법(祭法)**의 절차를 일일이 가르치시니라.

한 시대가 끝날 때

349 이어서 종이 한 장을 가져오라 하시어 우리나라 형상의 지도
를 그리시고 각처로 철도선을 그리신 다음 선마다 점을 쳐서
역을 표시하시니라.

2 또 한 점에 '정읍'이라 쓰시고 그 남쪽에 점을 찍어 '사거리'라 쓰신
뒤에 두 점 중앙에 점을 찍으려다 그치기를 여러 번 하시더니

3 대흥리를 떠나실 때 점을 찍으시며 말씀하시기를 "이 **점**이 되는 때
에 세상일이 바로잡히게 되리라." 하시니라.

4 또 지도 한가운데에 선 하나를 가로로 그으시되 그 선에는 점을 찍
지 않으시니라.

349:3 바로잡히
게 되리라. 이는
일본이 물러가는
것을 말씀하신
것이다. 이 공사
는 해방되던 해
인 1945년 6월 1
일 천원역 개통
으로 실현되었
다.

경석의 기국을 시험하심

350 초이튿날 모든 일을 마치고 경석에게 이르시기를 "초사흗날
천지신명에게 **고사치성제(告祀致誠祭)**를 거행하리라." 하시더니

2 이 때 차문경이 술에 취하여 골목으로 돌아다니면서 "경석의 집에
서 강 모(姜某)가 역모한다!"고 큰 소리로 외치거늘

3 이 말이 천원 병참(兵站)에까지 들어가 헌병이 출동하려 하니라.

4 상제님께서 이를 아시고 수부님과 경석에게 이르시기를 "너희는

집을 지키면서 나를 대신하여 치성을 드리되 내일 자정에 문틈을 봉하고

5 모든 제수(祭需)를 화로에 구우며 술병은 마개만 빼고 지성으로 심고 하라. 이것이 곧 고사니라." 하시고

6 양지 64장으로 책 한 권을 매어 주시며 "한 장씩 연속하여 태우고 제를 지내라." 하신 뒤 곧 비룡촌(飛龍村) 차윤경의 집으로 가시니라.

7 초사흘날 새벽에 수부님과 경석이 명하신 대로 행하고 나니 곧 날이 밝아오거늘

8 무장한 일본 헌병 수십 명이 들이닥쳐 경석을 위협하며 상제님이 계신 곳을 캐묻는지라

9 경석이 말하기를 "그분은 의술로 행세하시는 분인데 수삼 일 전에 우리 집에 오셨다가 떠나시어 어디로 가셨는지 모르겠소이다." 하고 둘러대니라.

10 이에 경석이 일병들에게 맞아서 상처를 약간 입었으나 마침내 일이 매듭지어지니라.

350:6 비룡촌. 현재 정읍시 입암면 마석리 신마석 마을.

350:6 차윤경(車輪京, 1882~1957). 차경석 성도의 4형제 중 둘째로 이복동생이다.

김경학을 이부에 명하심

351 초사흘날 상제님께서 관재(官災)를 피하여 백암리 김경학의 집에 가 계실 때

2 경학에게 '이부(吏部)'라 써 주시며 집 벽에 붙이게 하시고

3 경학으로 하여금 그 글을 향해 사배(四拜)하게 하신 뒤에

4 말씀하시기를 "너를 이부에 명하노라." 하시니라.

경학을 시험하심

352 이 때 태인 읍내에서 경학의 형이 사람을 보내어 경학을 부르거늘

2 상제님께서 이를 아시고 발을 만지며 말씀하시기를 "상말에 발복이라 하나니 모르는 길에 잘 가면 다행이요, 못 가면 불행이라는 말이니라." 하시고

3 곧 홀로 떠나시어 최창조의 집에 가셨다가 다시 그 앞 솔밭길을 통하여 최덕겸의 집으로 가서 머무르시니 아무도 상제님이 계신 곳을 알지 못하더라.

4 평소에 경학의 형은 경학이 이상한 술객에게 홀려 살림을 돌보지 않음을 심히 염려하던 차에

351:2 이부. 상서이부의 준말. 고려 때 벼슬아치를 뽑고 임명하며 봉작(封爵), 증직(贈職), 봉급 따위를 사정하는 등의 일을 관장하는 부서.

352:1 김경학 성도의 맏형 경순(景淳)은 태인 칠천 석 벼농사 중 이천 석을 경영하는 태인 최고의 부농이고 셋째형 경은(景恩)도 삼백 석 정도를 경영하고 있었다. 경학은 동

학에 종사할 때 재산을 다 떨어 먹고 상제님을 만나 다시 삼백 석을 다 바쳤으므로 형들의 시선이 곱지 않았다.(김경학 성도 둘째 형 경도(景道)의 손자 김완수(1933~) 증언)

5 마침 관청에서 그 술객과 경학을 잡으러 간다 하거늘 따로 아우만 불러다가 몰래 숨기려 함이었는데

6 이 때 경학이 태인 읍내로 가는 도중에 순검에게 붙잡혀 집으로 되돌아오니라.

7 이에 순검들이 경학을 협박하며 상제님을 잡으려고 사방을 수색하거늘

8 그 계신 곳을 알 수 없으매 창조의 집까지 갔다가 결국 찾지 못하고 돌아가니라.

9 한편 응종과 공신은 상제님께 세배를 드리려고 창조의 집에 갔다가 순검에게 구타를 당하니라.

무사히 겪어 내니 다행이로다

10 이 날 경석이 정읍으로부터 공우와 윤경을 상제님께 보내어 일이 무사히 된 경과를 아뢰니

11 말씀하시기를 "내가 공사를 마친 뒤에 경석을 시험함이었는데 무사히 겪어 내니 다행이로다." 하시니라.

천주님을 모시고 행세하는데

353 5일에 상제님께서 백암리로부터 구릿골로 돌아와 머무르시더니

2 며칠 후에 공우에게 일러 말씀하시기를 "공우야, 너는 태인에 가서 아무 일도 없는가 살피고 오라.

3 삼가고 또 삼가 마을 근처에 가서 몸을 숨기고 사람을 시켜 알아보도록 하라." 하시니라.

4 공우가 태인으로부터 돌아와 일이 무사히 된 전말을 아뢰니

5 상제님께서 "공우야, 너는 내가 시킨 대로 하였느냐?" 하시거늘

6 공우가 대답하기를 "바로 두 집에 가서 안부를 물었습니다." 하니라.

7 이에 상제님께서 "너는 겁도 없느냐?" 하시니 공우가 아뢰기를 "천주님을 모시고 행세하는데 무슨 겁이 나겠습니까?" 하거늘

8 상제님께서 들으시고 기쁘게 웃으시니라.

경석이 경학보다 낫다

9 상제님께서 말씀하시기를 "정읍 일은 하루 공사인데 경석에게 맡겼더니 하루아침에 끄르고

10 태인 일은 하루아침 공사인데 경학에게 맡기매 하루가 걸렸으니 경석이 경학보다 낫다." 하시고

11 또 말씀하시기를 "경석은 병판감이요, 경학은 사람됨이 직장(直腸)이

라 돌리기 어려우나 만일 돌리기만 하면 좋은 사람이 되리라." 하시니라.

인간으로 오신 하느님이 부활하신 날

354 하루는 공사를 보실 때 글을 써서 불사르시니 이러하니라.

2 佛之形體 仙之造化 儒之凡節
불 지 형 체　선 지 조 화　유 지 범 절

3 無奈八字 至氣今至願爲大降
무 내 팔 자　지 기 금 지 원 위 대 강

4 欲速不達 侍天主造化定永世不忘萬事知
욕 속 부 달　시 천 주 조 화 정 영 세 불 망 만 사 지

5 九年洪水 七年大旱 千秋萬歲歲盡
구 년 홍 수　칠 년 대 한　천 추 만 세 세 진

6 佛仙儒
불 선 유

7 一元數 六十三合爲吉凶度數
일 원 수　육 십 삼 합 위 길 흉 도 수

8 十二月二十六日 再生身姜一淳
십 이 월 이 십 육 일　재 생 신 강 일 순

선지후각, 포교 오십년 공부

355 하루는 공사를 보시며 글을 쓰시니 이러하니라.

2 聖師 醫統 无極神
성 사　의 통　무 극 신

3 慶州龍潭
경 주 용 담

4 大道德奉天命奉神敎
대 도 덕 봉 천 명 봉 신 교

　大先生前如律令
　대 선 생 전 여 율 령

　審行先知後覺元亨利貞
　심 행 선 지 후 각 원 형 이 정

　布敎五十年工夫
　포 교 오 십 년 공 부

천하통일의 사마소 도수

356 상제님께서 구릿골 약방에 계실 때 하루는 여러 성도들을 벌여 앉히시고 큰 소리로 글을 읽히시니 이러하니라.

2 三國時節이 誰知止於司馬昭리오
삼 국 시 절　　수 지 지 어 사 마 소
삼국시절이 사마소에서 대세가 그칠 줄을
그 누가 알았으리오.

354:3 무내팔자 지기금지원위대강. 선천에는 태어난 연월일시가 그 사람의 팔자다. 이를 잘 타고 나면 세상을 그런대로 뜻대로 살 수 있었다. 그러나 앞으로는 상제님께서 열어 주신 지기금지원위대강이 팔자다. 새 천지 기운인 지기를 얼마나 크게 받느냐에 따라 인생의 모든 문제가 결정되는 것이다.

354:7 일원수. 하도(55수)와 낙서(45수)의 상생과 상극의 음양의 도를 합한 100수. 천지에서 만물을 길러내는 데 기본이 되는 천지 대정수.

354:8 십이월이십육일. 후천선경 건설의 진주천자 도수를 집행하신 첫 날이다. 이 공사를 통하여 일꾼들이 겪을 고난을 몸소 처절하게 대

3 또 말씀하시기를 "술수(術數)가 삼국시절에 나와서 해원하지 못하고 이제야 비로소 해원하게 되었느니라." 하시고

4 "내 일은 삼변성도(三變成道)니라." 하시니라.

도운(道運)을 추수하는 매듭 일꾼

357 이어 말씀하시기를 "삼국시절이 돌아갈 곳을 안 사람은 사마소 한 사람뿐이었느니라." 하시거늘

2 한 성도가 "앞으로 천하사의 장래를 아는 사람이 한 사람 있사옵니까?" 하고 여쭈니

3 "너희들이 성도(成道)하기 전에 한 사람이 먼저 천명(天命)과 신교(神敎)를 받들어 천지에 보은할 것이니라." 하시니라.

같은 끗수에 말수가 먹느니라

4 또 말씀하시기를 "현하대세가 가구(假九)판 노름과 같으니 같은 끗수에 말수가 먹느니라." 하시고

5 "그 때는 무위이화로 내 일이 이루어지리니 갑오갑자(甲午甲子)꼬리니라.

6 갑자꼬리로 종장(終章)을 짓느니라." 하시니라.

공신에게 석 달간 진액주 수련을 시키심

358 상제님께서 문공신의 집에 계실 때 친히 법사(法師)가 되시어 공신에게 진액주 수련을 시키시니라.

2 상제님께서 공신으로 하여금 아랫방에 청수를 모시게 하시고 명하시기를 "잠도 자지 말고 석 달간 일심으로 주문을 읽으라." 하시거늘

3 먼저 상제님의 무극대도를 받아 천지로부터 인증(認證) 받는 공부인 의통(醫通) 공부를 5일 도수로 하게 하시고

4 허령(虛靈), 지각(智覺), 신명(神明) 공부를 각각 7일, 21일, 21일 도수로 시키신 후

5 마지막으로 옥추통부(玉樞統符) 공부를 시키시니라.

6 이 때 상제님께서 종종 출타를 하시나 순간순간 꼭 그 자리를 지키시니

7 공신이 주문을 읽다 깜박 졸거나 딴생각에 빠지려 하면 윗방에서 상제님의 불벼락 같은 호통이 들려오므로 잠시도 방심하지 못하거늘

8 후에 공신이 말하기를 "그 때는 잠 한숨만 잤으면 살겠다 싶더라." 하니라.

나중에 큰 스승이 나와서 공부시킨다

9 상제님께서 어천하신 뒤에는 공신이 법사가 되어 자신의 제자들에게 이와 같이 공부를 시키는데 신명 공부는 시키지 않으니라.

0 공신이 자주 말하기를 "내가 하는 것은 그저 대강일 뿐이요, 나중에 큰 스승이 나와서 따로 공부시키신다." 하니라.

수행법의 기본 틀과 시간의 음양 정신

359 하루는 상제님께서 공사를 행하시며 글을 쓰시니 이러하니라.

2　道傳於夜 天開於子
　　도 전 어 야　천 개 어 자

　　轍環天下 **虛靈**
　　철 환 천 하　허 령

　　도는 밤에 전하라.
　　하늘은 자시(子時)에 열리느니라.
　　공자는 천하를 두루 돌아다녔느니라. 허령(虛靈)

3　教奉於晨 地闢於丑
　　교 봉 어 신　지 벽 어 축

　　不信看我足 **智覺**
　　불 신 간 아 족　지 각

　　교는 새벽에 받들라.
　　땅은 축시(丑時)에 열리느니라.
　　석가는 세상을 떠날 때 믿지 못하겠으면
　　내 발을 보고 생사의 도를 깨우치라 하였느니라. 지각(智覺)

4　德布於世 人起於寅
　　덕 포 어 세　인 기 어 인

　　腹中八十年 **神明**
　　복 중 팔 십 년　신 명

　　덕을 세상에 펴라.
　　사람은 인시(寅時)에 일어나느니라.
　　노자는 제 어미 뱃속에서 80년을 살다 태어났느니라. 신명(神明)

칠성 도수, 태을주로 포교하라

360 하루는 성도들에게 물으시기를 "최수운은 시천주주로 포교해달라 하고, 김경수는 50년 공부 태을주로 포교하여 달라 하니 어떤 주문으로 포교함이 좋겠느냐?" 하시거늘

2 광찬이 대답하기를 "당신님 처분대로 하옵소서." 하니라.

3 이에 말씀하시기를 "시천주주는 갑오동학란을 일으켰으니 전하지못할 것이요, 태을주로 포교하라. 포교는 매인이 천 명씩 하라." 하시니

359장 이 공사 내용은 현토를 붙이면 오히려 뜻을 제한시키므로 원본 말씀을 그대로 둔다.

359:3 불신간아족. 사라쌍수(沙羅雙樹)의 곽시쌍부(槨示雙趺) 고사를 말씀하신 것.

4 성도들이 모두 전하지 못하겠다 하였으나 형렬과 자현 두 사람₩
은 "전하겠습니다." 하고 대답하매

5 말씀하시기를 "전하기 쉬우니라. 먼저 7인에게 전한 후에 매인이 7₩
씩 전하면 천 명이 많은 것 같아도 시작하면 쉬우니라." 하시니라.

6 상제님께서 말씀하시기를 "태을주라야 포덕천하(布德天下) 광제창₩
(廣濟蒼生) 하느니라.

7 태을주 공부가 치천하(治天下) 공부니라." 하시니라.

밤을 새워 송주하라

361 하루는 태인 새울에 계시며 공사를 행하실 때 성도들에게 ₩
저로 장단을 맞추어 주문을 외우게 하시며 말씀하시기를

2 "밤을 새워 송주(誦呪)하라. 밤새도록 주문을 읽는데 읽다가 그치면 ₩
으리라." 하시니

3 성도들이 명을 받들어 밤을 지새며 주문을 외우니라.

4 다음 날 아침에 상제님께서 마당에서 빨리 뛰어다니시며 말씀하시₩
기를

5 "피난(避難)하는 걸음걸이가 이러하니라." 하시니라.

후천대개벽의 여명

362 하루는 김병선(金炳善)에게 글 한 장을 써 주시니 이러하니라.

2
日入酉配 亥子難分
일 입 유 배　해 자 난 분

日出寅卯辰 事不知
일 출 인 묘 진　사 부 지

日正巳午未 開明
일 정 사 오 미　개 명

日中爲市交易退 帝出震
일 중 위 시 교 역 퇴　제 출 진

해는 유시에 들어가는데
해시와 자시의 변별하기 어려움에 필적하고
해가 인시, 묘시, 진시에 나오는데 아직 세상일을 알지 못하며
해가 사시, 오시, 미시에 남중하는 때
나의 도(道)와 세상일이 환히 드러나느니라.
해가 정중하여 문명의 장이 서고 교역이 끝나 장이 파하면
태조가 진방에서 나오시느니라.

3 또 말씀하시기를 "닭이 울면 새벽이요 개가 짖으면 사람이 다니게

362:2 일입유배. 김병선 성도가 전한 원문에는 '일입유배(日入 酉配)'라 되어 있다. 그런데 이 상호는 道紀 77 년(丁亥, 1947) 에 『대순전경』 3 판에서 '배(配)' 를 삭제하였다가 6판에서 다시 넣 은 바 있었다. 이 상호는, 김병선 성도가 일입유 (日入酉)를 일본 이 입유(入酉)한 다는 뜻으로 오 해하고서 일본을

되느니라.

4 금년 운수가 명년 4월까지 가느니라." 하시고

5 "진사(辰巳)에 성인출(聖人出)하고 오미(午未)에 낙당당(樂堂堂)이라." 하시니라.

6 상제님께서 말씀하시기를 "개명장 나는 날엔 일체 개심(開心)하느니라." 하시니라.

삼계 복마를 물리치는 운장주를 내려 주심

363 기유년 봄에 와룡리에 사는 황응종이 누런 암탉 한 마리를 가지고 와서 상제님께 올리니

2 말씀하시기를 "황계(黃鷄)가 동하니 필시 적벽대전(赤壁大戰)의 조짐이라. 어서 관운장을 불러 화용도(華容道)의 목을 단단히 지키게 하리라." 하시고

3 일어서시어 멀리 청도원 쪽을 바라보며 손을 흔드시니 문득 동남풍(東南風)이 일어나니라.

4 이에 글을 써서 불사르시고 형렬에게 그 닭을 삶아 오게 하시어 성도들과 나누어 잡수신 뒤에

5 운장주(雲長呪)를 써 주시니 이러하니라.

6

雲長呪
운 장 주

天下英雄關雲長 依幕處 謹請 天地八位諸將
천 하 영 웅 관 운 장 의 막 처 근 청 천 지 팔 위 제 장

六丁六甲 六丙六乙 所率諸將 一別屛營邪鬼
육 정 육 갑 육 병 육 을 소 솔 제 장 일 별 병 영 사 귀

唵唵唥唥 如律令 娑婆訶
엄 엄 급 급 여 율 령 사 파 하

7 또 말씀하시기를 "이 글이 대차력주(大借力呪)니라." 하시고 성도들로 하여금 한 번 보아 외우게 하시니

8 이 때 참석한 사람은 형렬, 공숙, 찬명, 자현, 갑칠, 송환, 광찬, 응종 등이더라.

9 하루는 상제님께서 공우에게 말씀하시기를 "너는 운장주를 많이 읽으라." 하시니라.

대원사 칠성각에서 보신 49일 대공사

364 기유년 봄에 상제님께서 내성과 형렬 등 여러 성도들을 데리고

모독한다는 혐의를 받지 않기 위해 배(配) 자를 임의로 써넣은 것이라고 잘못 생각했다.

362:6 일체 개심하느니라. 가을 개벽 전 상제님과 수부님의 말씀과 성적을 집대성한 증산도 통일경전 『도전』의 완결판이라 할 수 있는 『도전』 개정판 출간 이후 진리의 눈이 개안되어 본질적으로 의식 개벽이 될 것을 말씀하신 것이다.

363:3 청도원 쪽. 청도원 주위에는 화용도와 비슷한 지형이 있다.

363:6 여율령(如律令). '급급 여율령(唥唥如律令)'의 준말. 원래 한대(漢代)에 공문서의 끝에 첨부하는 말로서 조속히 법률과 명령에 따르지 않으면 안 된다는 뜻으로 사용하였다.

364장 안내성 성도의 넷째 아

들 안정남(1929 ~) 증언. 도통 문을 여신 신축 년 6월의 수행 사건을 착각한 것이 아닌가 하 는 의문이 들어 10회 이상 재문 답을 하였으나 분명히 부친 안 내성 성도로부터 직접 들었다고 증언하였다.

대원사에 들어가시어 대공사를 행하시거늘

2 이 때 성도들에게 여러 가지 명을 내리시니 내성과 성도들이 아랫 마을 등지로 출입하며 심부름을 하니라.

3 하루는 금곡과 성도들을 불러 말씀하시기를 "내가 이제 **칠성각**에 들어가리니 밖에서 종이를 발라 방문을 밀봉하고

4 내가 부를 때까지 칠성각 근처에는 얼씬도 하지 말라." 하시고

5 칠성각 안으로 들어가시어 **남쪽**에 **청수** 한 그릇을 모신 후 방문을 잠그시니

6 금곡과 성도들이 명을 좇아 출입문을 완전히 봉하니라.

7 이에 성도들이 말하는 것도 삼가는데 금곡 또한 일체 불공을 올리지 않으며 내성이 칠성각 주위를 돌면서 **보초**를 서니라.

8 그 후 수십 일이 지나도록 간간이 기침 소리만 내실 뿐 물 한 모금 잡숫지 않고 공부에만 전념하시거늘 금곡과 성도들이 심히 걱정하더니

9 **49일째** 되는 날 상제님께서 방을 나오시어 기지개를 크게 켜시며 "다 끝났다. 가자." 하시는데 용안에서 환하게 빛이 나는지라

10 금곡이 순간 탄복하여 말하기를 "이 어른이 하느님이네! 어떻게 사람으로서 49일 동안 물 한 모금 안 마시고 도를 구하겠는가!" 하니라.

11 이 때 상제님께서 내성에게 오른쪽 버선 한 짝을 건네시거늘 내성이 보니 담(痰)이 가득 담겨 있더라.

너의 신세를 많이 지고 가는구나

12 이어 상제님께서 금곡에게 물으시기를 "며칠이나 되었는고?" 하시니 금곡이 "49일 되었습니다." 하고 아뢰거늘 "그러하냐." 하시고

13 곧바로 대원사를 떠나시며 "금곡아, 내가 너의 신세를 많이 지고 가는구나." 하시매

14 금곡이 몸둘 바를 몰라하며 "선생님 말씀이 석가의 도수는 삼천 년밖에 안 된다 하셨사온데 제가 **선생님**을 믿지 누구를 믿겠습니까?" 하니

15 크게 웃으며 말씀하시기를 "이 다음에 자네하고 나하고 다시 만나세." 하시니라.

16 이후로 금곡은 상제님이 마지막으로 다녀가신 그 방을 금쪽같이 아끼며 "미륵님이 여기 계시는데 석가모니가 무슨 필요 있는가." 하고 죽는 날까지 일체 불공을 올리지 않으니라.

안문환
(1917~1990)

364:17 내성의 큰아들 문환. 안 문환(安文煥, 1917~1990).

17 훗날 내성의 큰아들 문환(文煥)이 칠성각에 들어가 보니 상제님께서 앉으셨던 자리만 마치 불을 땐 것처럼 따뜻하였다 하니라.

이등박문을 만나심

365 이등박문(伊藤博文)은 명치를 도와 일본의 근대화에 앞장서고, 조선에 통감부를 세워 한일합방을 주도한 인물이라.

2 그가 일찍부터 상제님의 성예(聲譽)를 접하고 여러 번 뵙기를 청하거늘

3 기유년 봄에 상제님께서 형렬을 데리고 친히 통감부를 찾으시니라.

4 상제님께서 형렬과 함께 안내를 받아 통감의 집무실에 드시니 이등박문이 상제님의 용안을 뵙자마자 정신을 잃고 고꾸라지니라.

5 잠시 후 그가 깨어나매 형렬이 "대왕인 그대가 어찌 천자를 보고 쓰러지느냐!" 하니 이등박문이 놀라며 "천자라니 무슨 천자인가?" 하거늘

6 형렬이 "조선의 천자다." 하고 다시 "○○이 있느냐? 그것이 있어야 우리 선생님과 대면하지 없으면 상대를 못 한다." 하니 이등박문이 기세에 눌려 말을 더듬는지라

7 형렬이 "네가 어디서 벼슬을 사 왔든지 훔쳐 온 게로구나! 진짜가 아니니 말을 더듬는 것 아니냐?

8 대왕치고 어찌 그것이 없냐? 가짜도 있고, 참짜도 있냐? 뿌리 없는 대왕이 어디 있느냐?" 하니

9 이등박문이 "그대는 통변을 하면서 어찌 증산 선생만 위하고 나는 쳐서 말하는가?" 하니라.

10 이에 형렬이 "나는 평평하게 공도로써 바로 말하지 사사로이 하지 않는다. 그런 걸로 조조 간신이 있지 않느냐? 어째서 우리 선생님과 대면하려 했느냐?" 하거늘

11 이등박문이 "내가 전부터 증산 선생의 명성을 익히 들어 혜안(慧眼)을 얻고자 상우(相遇)를 청하였다." 하거늘

12 형렬이 "그런다고 하늘에서 정하여 준 재주가 늘겠느냐? 신명 탓이지. 네가 아무리 올라가고 싶어도 신명 위로는 못 올라가는 것이다.

13 네가 글을 배워도 헛것을 배웠구나. 대왕은 당치도 않다." 하니라.

14 이 때 상제님께서 자리에서 일어나시며 형렬에게 이르시기를 "말도 알아들을 만한 것보고 해야지, 말 못 알아듣는 건 사람도 아니니 가리지 말고 우리가 돌아서자." 하시니

15 이등박문이 상제님께 달려들며 "제 편이 되어 저를 도와 주시오!" 하고 사정하거늘

16 상제님께서 "나는 누가 말해도 안 듣는다. 나는 너희와는 상종(相從)이

365:1 이등박문(伊藤博文, 1841~1909). 이토 히로부미. 조선 초대 통감으로 취임하여 조선에 을사조약과 고종 퇴위, 군대해산을 강요·주도하였다. 일본 근대화의 주역이며 현대 일본의 기초를 쌓는 데 크게 공헌한 인물이다.

365장 상제님께서 이등박문을 만나신 이 놀라운 사건은 김형렬 성도가 아내인 김호연 성도에게 직접 들려준 내용이다. 본래의 증언은 이보다 더 구체적이지만, 공사의 대의만을 드러내는 선에서 축약하였다.

365:4 정신을 잃고 고꾸라지니라. 이등박문은 한반도를 식민지화하는 과정에서 수많은 인명을 살상하고 악척을 많이 지었으므로 상제님의 대경대법한 심법에 눌려서 거꾸러진 것이다.

못 되니 이만 가노라." 하시고 곧장 밖으로 나오시니라.

17 상제님께서 안암동(安岩洞)으로 돌아 다음 날 구릿골로 돌아오시니라.

18 이 해 10월 26일, 이등박문이 의사(義士) 안중근(安重根)의 저격을 받아 하얼빈 역에서 죽음을 당하니라.

부안에서 공사를 행하심

19 기유년 윤 2월에 상제님께서 부안에 가시어 이치복(李致福)을 데리고 공사를 행하시니라.

선천우주를 문 닫고 신천지 조화선경을 여는 칠성 도수

366 상제님께서 형렬과 호연에게 신안을 열어 주시어 신명의 모이고 흩어짐과 공사 과정을 참관케 하시니라.

2 하루는 상제님께서 백로지 한 장에 무엇을 쓰시어 불사르시고 그 재를 물에 풀어 밖으로 뿌리시며 "계룡산 금옥아!" 하고 소리치시니 이는 신명을 부르심이라.

3 상제님의 명이 떨어지자 곧 새가 지저귀는 듯한 소리가 나며 상제님께서 문 쪽으로 내미신 손 위에 무엇이 내려와 앉거늘

4 말씀하시기를 "내려서거라." 하시고 명하시기를 "너 가서 너희 어른을 불러 박적 몇 개 가져오너라." 하시니라.

5 이에 금옥 신명이 아뢰기를 "칠성에서 아니 심어서 박이 없답니다." 하니 "아니 요런 놈이 있나!" 하고 추상같이 호통을 치시며

6 금옥의 뺨을 냅다 때리시니 사람들의 눈에는 아무것도 보이지 않는데 허공에서 '짝' 소리가 나더라.

7 이어 말씀하시기를 "네 이년! 몇 대 더 맞으려느냐? 어서 가거라." 하시니라.

8 이어 상제님께서 붓으로 종이에 점을 찍으시고 형렬은 말을 그리며 앉아 있으니 호연이 옆에서 "나도 한번 해 볼게요." 하거늘

9 말씀하시기를 "내가 천지신명에게 오라 가라 얘기를 하는데, 네가 알 수가 있냐? 그러니 넌 천천히 가르쳐 주마, 응." 하시며 달래시니라.

신장들의 힘을 겨루어 볼 터이니

10 얼마가 지난 후 금옥이 바가지를 큰 것, 작은 것으로 세 개를 가지고 와서 상제님께 올리며 "가져오라고 하시어 가져왔지만 어떻게 하실 건가요?" 하고 여쭈니

11 말씀하시기를 "이것이 그냥 박적이 아니라 내가 씀으로 인하여 조화박적이 되는 것이니라." 하시니라.

12 상제님께서 잠시 후에 방문을 여시더니 공중에 대고 한 신명을 불러 말씀하시기를

13 "내가 날을 잡아 신장들의 기운을 보기 위하여 힘을 겨루어 볼 터이니 준비해라. 시원찮게 하면 못쓰느니라. 새겨들어라." 하시니라.

14 이에 그 신명이 여쭈기를 "그리하소서. 날은 삼월 삼짇날로 받을까요?" 하니 "그래라." 하시고

15 또 말씀하시기를 "장소는 여기까지 올 것 없이 옥거리 사정으로 오너라." 하시니 그 신명이 그곳을 알지 못함을 아뢰거늘

16 상제님께서 꾸짖어 말씀하시기를 "너는 신명이 되어서 그것도 모르느냐. 그래 가지고 어떻게 천지 일을 할 것이냐, 이놈아!

17 신명이라도 똑똑해야 된다. 바삐 가서 서둘러라." 하시매 절을 하고 물러가더라.

수십 개의 깃대를 준비하심

367 상제님께서 성도들에게 삼월 삼짇날에 쓰실 깃발을 준비하게 하시되 그 크기를 세 가지로 만들게 하시니

2 큰 깃발 하나와 그보다 조금 작은 것 네 개를 만들고, 그보다 더 작은 크기로 삼십여 개의 깃발을 만들게 하시니라.

육임도꾼 조직 공사

3 이윽고 삼월 삼짇날이 되매 상제님께서 박적과 활을 준비하시어 성도들에게는 깃발을, 복남에게는 화살통을 지우시고

4 비루먹은 말 네 필을 준비하여 형렬과 복남 등이 각기 한 필씩 타고 상제님께서는 흰말에 술이 달린 붉은 천을 두르고 나가시는데

5 호연이 "나는 어쩌고, 나는 어쩌고~." 하고 보채므로 한 성도로 하여금 업고 따르게 하시니라.

6 옥거리 사정에 이르시니 이미 수많은 신장들이 말을 타고 기다리고 있거늘

7 그 신명들이 상제님 일행을 보니 자기들보다 숫자도 적거니와 모두들 비루먹은 말을 타고 박 하나씩만 덜렁덜렁 차고 오는지라 '한 손으로도 이기겠다.' 고 쉽게 생각하니라.

8 상제님께서 성도들에게 명하시어 활터의 한가운데 지점에 제일 큰 깃발을 꽂으라 하시고, 동서남북 사방에 중간 깃발을 하나씩 꽂게 하신 뒤에

9 그 바깥쪽으로 나머지 깃발들을 빙 둘러서 꽂게 하시니라.

극복한다. 칠성 도수는 신축년 7월 7일 상제님 성도(成道)로부터 시작되어 대세몰이 과정에서 의통구호대를 짜는 도수로 마무리된다. 즉, 새 우주를 여는 개벽공사가 모두 칠성 공사를 바탕에 깔고 이루어지는 것이다.

366:8 말을 그리며. 칠성 도수의 주인공인 일꾼 말을 얻는 공사이다. 김형렬 성도는 임술생으로 대두목을 상징한다. 이 한 구절에서 수화일체의 용봉(龍鳳) 도수를 실현하기까지 때를 기다리며 천지에 지극한 정성을 들이는 대두목의 면모를 엿볼 수 있다.

10 이어 상제님께서 박을 가운데에 놓고 주문을 외우시니

11 한 박에서는 투구를 쓰고 기치창검을 한 아주 작은 사람들이 헤아릴 수 없이 나오고

367:12 고자리.
구더기의 전라·
충청도 방언.

12 또 다른 박에서는 무장된 말들이 고자리처럼 꼬작꼬작 나오더라.

13 이에 상제님께서 그 작은 사람과 말들을 현무지(玄武池)의 물속에 넣으시니

14 실제의 사람과 말 크기가 되어 검은 옷을 입고 말을 타고 기치창검을 한 채 줄지어 늘어서매 그 숫자가 저쪽의 세 배도 넘더라.

나와 똑같이 입어야 한다.

15 상제님께서 붉고 푸른 색이 섞인 옷으로 갈아입으시더니 형렬은 검은 옷으로, 복남은 상제님과 같은 옷으로 입게 하시거늘

16 형렬이 "복남은 왜 그렇게 입히십니까?" 하고 여쭈니

17 말씀하시기를 "이 아이는 나와 똑같이 입어야 한다." 하시니라.

18 이 때 저쪽 신장들의 우두머리가 상제님께 와서 "언제나 왕림을 하시겠습니까?" 하고 여쭈니

19 말씀하시기를 "곧 가리라. 가는 날이 되어야 가지. 너 뱃속에 애기 나오라고 하면 나오더냐?

20 그것도 시간이 되어야 한다." 하시니라.

21 이에 그 신명이 "알겠사옵니다. 그럼 이만 물러가겠습니다." 하고 대답하거늘

22 상제님께서 "아니 씨름도 안 하고 물러가냐, 이놈아?" 하시니 "그러면 하겠습니다." 하니라.

세운과 도운의 상씨름 공사

368 이어 상제님께서 형렬에게 "오른쪽으로 서라." 하시고 상제님은 왼쪽에 서시어 양쪽으로 대열을 정리하시니

2 청수정(淸水亭)에서 쳐다보고 있던 호연이 "이겨라, 이겨라!" 하고 소리치거늘 말 위에서 손을 흔들며 웃어 보이시니라.

3 상제님께서 형렬에게 "먼저 나서 보아라." 하시니 형렬이 말을 몰아 나서서 저쪽 장수와 맞붙어 겨루다가 말에서 떨어지거늘

4 어느 틈에 신명들이 형렬을 공중에서 받아 진북정(鎭北亭)에 내려 놓으니라.

5 이에 상제님께서 나서시며 손을 한 번 내두르시니 저쪽 편의 장수가 말과 함께 쓰러져 땅에 뒹굴거늘

북문(北門)

옥거리 사정(鎭北亭)

서문(西門)

동문(東門)

남문(南門)

◀ 전주부성도(全州府城圖)

▼ 옥거리 사정. 당시 전주 부성 안에 있던 유일한 사정(射亭)으로 옥사가 있어서 '옥거리 사정'이라 불렸다. 오늘날 전주시 완산구 경원동으로 도청 2청사가 있다.

북문(北門)

박록

현무지(玄武池)

청수정(淸水亭)

과녁

활터

과녁

진북정

옥

동문(東門)

자료제공:국립전주박물관

6 좌우로 정렬한 신병들이 **상제님**의 명을 받아 일제히 나서매 저쪽 신장들은 모두 삼대 쓰러지듯 하는지라

7 **상제님**께서 말씀하시기를 "기운 좋~다!" 하시니라.

모든 일꾼 장수에게 기운을 돋우려고

8 또 말씀하시기를 "다리 아프다고 꼭 오그리고 앉아 있으면 못쓰고 자꾸 걸어봐야 하며, 일은 해 봐야 하고, 무서워서 못 하는 것은 장부가 작아서 그러느니라.

9 내 목숨을 생각지 않아야 큰일을 하는 것이며 큰일을 하는 사람이 작은 일을 생각하면 뜻을 이루지 못하느니라." 하시니라.

10 이윽고 신명들이 모두 물러가거늘 **상제님**께서 형렬에게 말씀하시기를

11 "하늘에도 나라가 있고 나라마다 각 고을마다 다 장수가 있느니라." 하시고

368:12 모든 장수. 천지의 상제님 일꾼들을 내포한다.

12 또 말씀하시기를 "모든 장수에게 기운을 돋우려고 칡뿌리를 썼느니라. 약장을 그래서 만들었느니라." 하시니라.

이 같은 공사를 세 번 행하라

368:13 세 번. 백복남 성도는 주요 공사 내용이 추수일꾼에게 반드시 전해지도록, 항상 아들 복식에게 많은 이야기를 해 주었다. "그 말 들은 것은 내가 여섯 살 가을치성 치르고 나서 들었네. (중략) 어머니의 친정 어머니를 데리고 가서 그 일을 봤다고 하더라고. (외할머니) 이름이 진보배요. 깃발이랑, 명주랑 막 많이 가지고 가서. (중략) 푸른색하고 빨간 옷 저기하고 섞인 옷을 입고 (중략)

13 공사를 마치고 **상제님**께서 복남에게 명하시기를 "나중에 이곳에 와서 깃발을 꽂고 이 같은 공사를 세 번 행하라." 하시거늘

14 복남이 **상제님**께서 어천하신 이후 명하신 대로 옥거리 사정에서 500명이 넘는 제자들을 데리고 이와 같이 공사를 세 번 행하니라.

서양에 가서 보신 지구촌 세계화 공사

369 **상제님**께서 기유년 봄에 형렬과 호연을 데리고 국외의 여러 나라에 다니며 공사를 행하실 때

2 "윗물이 맑아야 아랫물이 맑다 하나니 위에서부터 잡아야 하느니라." 하시고

3 어느 나라에 가시든지 매양 그곳의 우두머리 격인 사람을 만나시지 소소한 사람은 잘 찾지 않으시니라.

4 하루는 형렬이 **상제님**을 따르며 여쭈기를 "아직 저희 나라의 공사도 다 마치지 못하였는데 어찌 남의 나라까지 다니시며 공사를 보십니까?" 하니

5 말씀하시기를 "이것이 한 나라의 일이라면 더딜 것이 있겠느냐?

6 내 나라 일만 같으면 천하에 쉬울 것이나 수수 나라가 다 같이 손을 잡아야만 한 나라가 되겠으므로 이렇게 다니는 것이거늘 네 어찌 내

나라만 생각하느냐?

7 그리 소견이 좁고 갑갑해서 어찌할꼬. 사람이란 많을수록 휘어잡기가 어려운 법이니라." 하시며 나무라시니라.

어찌 하느님을 모를 리가 있겠습니까

370 하루는 어느 나라의 큰 문 앞에 이르러 상제님께서 양팔을 벌리고 서 계시니

2 안에서 사람 둘이 나와 상제님은 왼쪽으로, 형렬은 오른쪽으로 인도하여 들어가는데

3 이 때 호연은 아무도 알아보지 못하게 거미가 되어 상제님의 등에 붙어 있었으므로 다만 구경만 하니라.

4 상제님께서 안으로 드시매 오색 옷에 빨간 관을 쓰고, 어깨에는 번쩍이는 금장띠를 두른 사람이 의자에 앉아 있다가 벌떡 일어나 거수례를 하거늘

5 상제님께서 눈살을 찌푸리시니 얼른 손을 내리고 차려 자세로 꼿꼿하게 서니라.

6 이에 상제님께서 "그렇게 하는 것이냐?" 하고 물으시니 "어찌 하느님을 모를 리 있겠습니까?" 하거늘

7 "내가 하늘이냐? 사람이지!" 하시고 그 사람의 자리에 앉으시며 "앉거라." 하시매 모두 무릎을 꿇고 앉으니라.

일하는 기국을 보러 왔노라

8 그 사람이 "무슨 일로 왕림을 하셨습니까?" 하고 여쭈니 "너희들 일하는 기국을 보러 왔노라.

9 우리가 늘 이렇게 하고 말 것이냐? 이래 가지고 세상을 뒤집겠느냐?" 하시거늘

10 답하여 아뢰기를 "그것도 좋지마는 점차로 할 일이지 금방이야 잡을 수 있습니까?" 하니라.

11 이에 상제님께서 "대체 너희들 무엇을 하고 사느냐?" 하시니 "제 나라 사람들을 가르치며 삽니다." 하거늘

12 꾸짖어 말씀하시기를 "너는 네 앞의 밥만 알지 저쪽에 있는 밥을 당겨서 먹을 줄은 모르는구나. 네 밥만 먹으면 제일이냐?

13 또 네 밥도 먹으려면 곡식을 심어서 몇 번을 손대야 먹지 않느냐. 그렇듯이 백성들이 어떻게 하면 잘사는지 알고 있느냐?" 하시니 "잘 모르옵니다." 하고 대답하니라.

우리 아버지도 그 옷을 입고 같이 그 저기 했다. 그 상제님하고 똑같은 옷을 입고…. 저기(옥거리 사정) 가서는 세 번 다 그렇게 깃발을 크게 꽂고 보고, 이쪽 풍남문에서는 깃발은 안 꽂고 그렇게 두 번 공사를 봤다." (백복식 증언)

369장 해외 포교의 시운. 차경석 성도의 아들 차용남은 부친이 보천교를 이끌며 일제의 눈을 피해 중국, 인도, 몽고 등 아시아뿐만 아니라 미국에까지도 포교 활동을 전개했다고 증언한 바 있다. 이것은 도사(道史) 차원에서 정밀히 연구 검토해야 할 과제이다.

14 이에 상제님께서 "네가 그것도 모르면서 무엇을 가르치며 백성의 어른 노릇을 한단 말이냐?

15 천지이치로 신하와 백성들을 데리고 어떻게 해야 하는지 모르느냐?" 하시니

16 "제 나라나 쉬울까 남의 나라까지는 제가 해 볼 수가 없습니다." 하거늘

17 다시 "그럼 너의 나라는 어떻게 하는 것이냐?" 하고 물으시니 "신하들이 뜻을 합하여 올리면 저는 '이리해라, 저리해라.' 하고 판단만 해 주지 어쩌지는 못합니다." 하니라.

세계가 하나로, 동서통일 공사

371 상제님께서 말씀하시기를 "네가 그래 가지고 어떻게 왕 노릇을 하겠느냐? 그러지 말고 내 손에 잡혀라." 하시니 "어떻게 그 손에 잡히겠습니까?" 하거늘

2 타이르시기를 "나라라고 다 나라가 아니고, 천자라고 다 천자가 아니니 한 나라 백성의 주인 노릇을 하는 법은 그런 것이 아니니라.

3 그러니 네 나라 내 나라를 합치는 것이 어떻겠느냐? 장수는 장수대로 둔다 해도 왕은 한 사람이 해야지, 여러 사람이 되면 시끄럽지 않겠느냐?

4 그러니 우리가 하나로, 한 나라로 만들자." 하시매 선뜻 대답을 하지 않는지라

5 상제님께서 "이놈아, 잠들었느냐? 어찌 어른이 말하는데 대답이 없을꼬!" 하시니

6 그제야 "그렇다고 대답 드릴 수는 없습니다." 하고 대답하니라.

한맘 한뜻으로 싹 나서서 한 손 잡자

7 상제님께서 다시 물으시기를 "너희 나라를 숙이지 못할 것 같아 합친다는 말을 못 하는 것이냐?" 하시니 "그렇습니다." 하거늘

8 "그러면 내가 시키는 대로 해라. 그래야 네 나라 내 나라 없이 편해지느니라.

9 백성들이 편해야지, 백성들이 편치 못하면 우리도 편하지 못할 것이니 어떻게든 우리 백성들이 다 평평하게 좋게 나아가야 하느니라.

10 또 우리 맘이 시끄러우면 백성인들 좋을 것이냐! 그러니 아무 때 내가 부르거든 우리 한맘 한뜻으로 싹 나서서 한 손 잡자." 하시니라.

11 이에 그 사람이 "그 때 가서는 몰라도 지금 당장은 대답을 못 하겠

습니다." 하니

12 상제님께서 "어찌하여 대답을 못 하느냐?" 하고 호령하시며 뺨을 때리시매 한 쪽 이가 쏙 빠져 달아나거늘

13 그 사람이 조심스레 빠진 이를 줍더니 눈치를 보며 "일을 하시러 북쪽으로 가시옵니까?" 하고 여쭈는지라

14 상제님께서 "서쪽은 모르고 북쪽만 아냐, 이놈아!" 하시며 반대쪽 뺨을 때리시매 이번에는 다른 쪽 송곳니가 쏙 빠지니라.

15 그 사람이 다시 여쭈기를 "그럼 서쪽으로 행하시렵니까?" 하니 "흥, 이제 조금 뚫어지냐? 나 간다." 하시며 일어서시거늘

16 황급히 따라나서며 "한 말씀 더 해 주고 가시지요." 하매

17 "남은 이마저 빼고 싶으냐? 네가 하라는 대로 안 하고 옆길로만 가니 내 좋게 하겠느냐?" 하시는지라

18 그제야 "말씀대로 기울어지겠습니다." 하고 대답하니라.

19 이에 상제님께서 흐뭇하신 듯 바라보시며 "그렇지! 그러면 당장에 네 부하들을 구주(歐洲)로 보내겠느냐?" 하시니 "그리 가면 되겠습니까?" 하거늘

20 이르시기를 "네 부하들이 거기에서 합수(合手)가 되면 다시 ○○로 가거라.

21 내가 아무데로 돌아서 그리로 행하마." 하시매 "그리하옵소서." 하며 절을 올리니 그곳에서 나오시니라.

남방의 나라에 가심

372 호연이 상제님을 따라 여러 나라를 다니면서 보니 붉은 옷을 입은 나라, 푸른 옷을 입은 나라, 소매 없는 살색 옷을 입은 나라 등 나라마다 그 모습이 각양각색이더라.

2 하루는 남방의 어느 나라에 가시니 사람들이 저마다 얼굴에 검은 줄로 대나무 잎 모양을 그렸거늘 눈동자의 색이 동양인과는 다르더라.

3 그들이 상제님을 뵙고 모두 두려워 떠는데 한쪽에서는 대접을 한다고 서둘러 음식을 차려 오거늘

4 호연이 뼈다귀같이 생긴 낯선 음식에 얼굴을 찌푸리며 "이것이 무엇이래요?" 하고 여쭈니 상제님께서는 그저 웃기만 하시니라.

5 잠시 후에 저녁을 대접한다고 염소를 잡아서 구워 올리거늘

6 상제님께서 슬며시 코를 막으시며 한 점도 들지 않으시는지라 형렬이 여쭈기를 "생각해서 해 왔는데 왜 안 드십니까?" 하니

7 상제님께서 "나는 안 먹네. 형렬이 먹으려는가?" 하시매 형렬이 "선생님께서 안 드시는데 제가 어떻게 먹겠습니까?" 하니라.

8 이에 "내가 안 먹는다고 어찌 안 먹는가." 하시니 형렬이 "저도 안 먹던 것이라 생각이 없습니다." 하거늘

9 상제님께서 "저 사람들이 만들어 준 정성은 생각지 않고 모두 안 먹어서야 쓰나…." 하시고

10 그 사람들에게 "음식을 다 차려다 줬거든 그만 나가서 밥들 먹어라." 하시더니

11 그들이 모두 나가매 밥과 고기를 종이에 싸서 온 그릇을 비우시니라.

12 상제님께서 공사를 마치고 나오시는 길에 종이를 풀어 염소고기를 물에 띄우시며

13 "저희는 생각해서 해 준 것을 안 먹고 그냥 가면 기운 상할 테고, 먹은 체하느라고 음식을 싸 오기는 했으나 버릴 수도 없고 어찌할 수 없으니 고기 밥이나 주노라." 하시니

14 호연이 "그럼 굶을 거예요?" 하고 볼멘소리를 하는지라

15 상제님께서 "나는 며칠쯤 굶어도 참을 수 있어. 너는 배고프지?" 하시고 밥에 소금을 쳐 주시거늘

16 호연이 "써서 못 먹겠어요." 하며 먹지 않으니 장을 발라 주시어 먹게 하시니라.

여러 나라를 다니시며 세계일가 공사 보심

373 ○○나라에 가셨을 때 하루는 길을 가시다가 갑자기 어느 집으로 들어가시어 "먹을 가져오라." 하고 명하시니라.

2 이에 먹을 올리매 종이에 말을 그려 불사르시거늘 종이가 타면서 한 필의 말로 변하니 형렬, 호연과 함께 그 말을 타고 길을 나서시니라.

3 이윽고 어느 나라에 도착해서 잠시 앉아 있는데 상제님께서 벌떡 일어나시며 "○○산 수문장수가 나를 부르니 나는 떠나련다." 하시고 성큼성큼 걸어 나가시거늘

4 호연이 뒤따라 나가며 "어째 금방 가요?" 하니 "나는 간다. 형렬이는 호연을 데리고 두리봉으로 오거라." 하시고 공중으로 훌쩍 날아가시니라.

5 순식간에 따로 남겨진 형렬과 호연이 힘없이 앉아 상제님께서 사라지신 쪽만 멍하게 바라보는데 어느 결에 이미 두리봉에 올라 있거늘

공사

372:15 너는 배고프지? "내가 소금하고 안 먹는다고 하면 장 발라 줘. 장도 어찌 이런 장같이 맛이 있간디? 아, 배고파서도 못 살겠어. 그분들은 굶고들 잘 지내는디."(김호연 성도 증언)

373장 이 공사는 지구촌을 한 집안으로 만들어 후천선경 세계를 여시는 세계일가 통일정권 공사를 몸소 지구촌 여러 나라에 다니시며 집행하신 것이다.

6 꼼짝 않고 앉아서 상제님이 오시기만을 기다려도 상제님은 오시지 않고 해질 무렵이 되니 갑자기 뇌성벽력이 일며 소나기가 쏟아지니라.

7 이에 주변을 둘러보는데 아무리 살펴도 마땅히 비를 피할 곳이 없는지라 그저 수건으로 얼굴을 가린 채 비를 맞으며 기다리니

8 빗줄기가 어찌나 굵고 강하던지 뺨이 아파 도저히 견딜 수가 없더라.

9 이 때 갑자기 등 뒤에서 누가 목덜미를 툭 치므로 호연이 깜짝 놀라 돌아다보니 상제님께서 웃고 계시거늘

10 호연이 "아이고, 어쩌면 그러세요? 나 깜짝 놀랐어요." 하니

11 "어린것이 뭘 깜짝 놀랬냐! 너 주려고 내가 오다가 사탕 사 가지고 왔다." 하며 사탕을 내미시니라.

12 호연이 별 반갑지 않은 기색으로 사탕을 받으니 "고맙다고 절하고 먹어야지!" 하시거늘

13 호연이 "미운데 절해요?" 하고 퉁명스럽게 말하매 상제님께서 "내가 무엇이 미워? 이런 것이랑 사다 주는데." 하며 싱긋이 웃으시니라.

지구촌의 여러 나라를 다니며 공사 보실 때

374 하루는 ○○나라에 가시어 어떤 사람과 무엇을 주고받으시는데

2 그 사람이 상제님께 한 줌을 드리니 그것을 일일이 세어 보시고 말씀하시기를

3 "너희는 너희 나라라고 이러지만 이는 내 마음의 반의반 쪽에도 미치지 못하니 이것을 채우도록 하여라." 하시매 "채우겠습니다." 하고 대답하니라.

4 또 하루는 어느 나라의 성문 입구에 이르시니 문이 저절로 열리며 구레나룻이 덥수룩하게 난 문지기들이 손에 방망이를 들고 양쪽 입구로 나와 서거늘

5 위에는 불그스레한 옷을, 밑에는 푸르스름한 옷을 입고, 머리에는 패랭이 같은 모자를 썼더라.

6 상제님께서 그들을 거들떠보지도 않으시고 곧장 안으로 드시니

7 안에 있던 사람들이 서둘러 나와 양쪽으로 서며 "어서 왕림하옵소서." 하고 인사를 올리니라.

8 상제님께서 사람들을 향하여 "들어가자." 하시고 안으로 들어가 의자에 앉으시니 온갖 진귀한 안주로 술상을 소담스럽게 차려 오거늘

9 형렬과 호연에게 술을 따라 주시매 평소에는 술 냄새조차 못 맡던

형렬도 한 잔을 마시고, 호연도 맛있다고 다 마시니라.

10 이 때 상제님께서 "나는 어설피 이런 것 가지고는 안 되느니라." 하시니

11 사람들이 곧 커다란 나무독에 찰랑찰랑하게 술을 한가득 담아 오거늘

12 곁에 있는 사람에게 "갖다 대라." 하고 명하시어 단숨에 모두 마시니라.

모든 나라가 다 손을 잡아야

375 상제님께서 말씀하시기를 "모든 나라가 다 손을 잡아야 조화되느니라.

2 손을 하나만 내두르면 소리가 없고, 두 손을 마주쳐야 소리가 나듯이

3 어떻게 하든지 서로 화목이 되어 합심을 해야 한 손을 잡느니라.

4 내 집안의 하루 일도 모르는데 천하의 일이 어디 그리 쉽겠느냐? 조급한 자들이 일이 더디다고 날로 야단이구나." 하시며

5 "모르는 것을 스스로 알 수 있도록 귀도 밝고 눈도 밝아야지, 귀는 어둡고 눈만 떠서도 안 되느니라." 하시니라.

6 상제님께서 여러 나라를 다니시며 그 때마다 "너희들이 머리를 한군데로 모을 것이냐, 안 모을 것이냐?" 하고 다짐을 받으시니라.

하느님께서 오시려고 산이 울었다

376 또 하루는 형렬과 호연을 데리고 공중으로 떠다니며 여러 산을 다니시니

2 이 산에서 저 산으로 푹 들어갔다가 쑥 나오시고, 또 다른 산으로 푹 들어갔다 나오시고 하더라.

3 이렇게 깊은 산도 지나고, 둠벙도 지나고, 얕은 산도 지나고, 한참을 가시다가 산림이 울창한 어느 산꼭대기에서 멈추시거늘

4 호연이 밑을 내려다보니 강과 마주 닿은 산기슭에 원두막처럼 생긴 집들이 모여 마을을 이루고 있더라.

5 상제님께서 산마루에 올라앉으시어 ○○을 하시니 산밑에서부터 코끼리, 사슴, 기린, 메뚜기, 방아깨비 등 갖가지 크고 작은 짐승들이 수없이 몰려와 줄을 서듯 상제님 주변을 에워싸거늘

6 상제님께서 돌아다니시며 그것들의 머리 수를 일일이 세어 보시니라.

376:2~3 "저 산도 저렇게 생겼을 성싶어도 들어가 보면 요상스러워. 깊고 얕고, 깊고 얕고."(김호연 성도 증언)

376:4 모든 정황이 인디언의 나라에 가신 것으로 보인다.

7 이 때 사람들이 웅성거리는 소리가 들려 호연이 바라보니

8 피부는 붉고, 옷은 배자 비슷한 짙푸른 색 상의에 짧은 바지를 입었는데

9 얼굴에는 검은 무늬를 그렸으며 머리 가운데는 민머리를 하였고 양쪽 귀 뒷부분에는 깃털 같은 것을 꽂은 사람들이 모두 집 밖으로 나와 상제님께 연거푸 절을 하며 무어라 중얼거리거늘

10 상제님께서 호연에게 기운을 열어 주시어 호연이 들어보니 그들이 서로 말하기를 "며칠 전부터 산이 울더니 하느님께서 오시려고 그랬는가 보다.

11 산이 하느님을 받아들이려고 '윙~윙~' 쇳소리를 내며 울었다." 하더라.

12 이 공사를 마치시고 평양을 거쳐 전주로 돌아오시니라.

동양의 운명을 뒤집는 세계 상씨름 매듭 공사

377 하루는 구릿골 입구 삼거리 주막 앞 둑에 올라가시며 돌연 큰 소리로 외치시기를

2 "동양 기운이 떠내려간다, 빨리 당겨라! 동양이 서양으로 떠밀려 가느니라." 하시고

3 두 손으로 땅을 움켜잡으신 채 바닥이 옴쏙옴쏙 패이도록 몸부림을 하시다가 문득 혼도하시거늘

4 형렬과 자현 두 사람은 감히 옥체에 손을 대지 못하고 자현의 아들 태준이 상제님의 옥체를 붙들고 우니라.

5 잠시 후 깨어나시매 형렬과 자현이 일으켜 드리고자 하니

6 말씀하시기를 "세계씨름 상씨름을 이겼는데 그냥 일으키면 되는가. 상씨름꾼은 지렛대로 양쪽에서 드는 법이네." 하시니라.

7 이에 형렬과 자현이 갑작스레 지렛대를 구하지 못하고 '팔뚝을 지렛대로 이용하자.'고 꾀를 내어

8 "지렛대질이오!" 하고 소리치며 양쪽에서 지레질하는 식으로 일으켜 세우니 이 때 태준은 상제님의 허리를 양팔로 끼고 일으켜 드리니라.

9 상제님께서 일어나시어 말씀하시기를 "하마터면 동양 기운을 떨굴 뻔했구나." 하시고

10 "등의 땀을 닦으라." 하시며 태준을 무수히 칭찬하시니라.

한강을 건네주심

378 기유년 봄에 상제님께서 수부님과 성도들을 데리고 구릿골을 378~384장 김

천수 증언. 박공
우 성도의 치병
으로 죽음의 경
계에서 목숨을
건지고 일생동안
변치 않고 박공
우 성도를 따른
아버지 김일화로
부터 수차례 들
은 내용을 증언
한 것.

378:2 용인. 지
금의 경기도 용
인시.

떠나시니라.

2 상제님께서 일행을 거느리시고 용인(龍仁)을 들러 서울 한강에 이르
시더니 순식간에 강을 건너시거늘

3 성도들이 강 건너 마포나루에 계신 상제님을 보니 너무 작아 분별
할 수도 없는 지경이더라.

4 이 때 상제님께서 성도들을 향해 "배꼽을 떼고 유리창을 붙일 놈들아!
빨리 건너와라!" 하고 외치시며 성도들을 향해 담뱃대를 두르시거늘

5 성도들이 보니 순간 상제님께서 찬란한 빛을 발하며 거대한 미륵불의
모습으로 서 계시더라.

6 이에 수부님께서 앞장을 서시어 강물 위를 걸어서 성큼성큼 건너가
시거늘

7 공우가 시퍼런 강물을 보니 일전에 인천강에 빠져 죽을 뻔한 일이
떠올라 덜컥 겁이 나 주저하다가 생각하기를

8 '죽어도 선생님에서 죽이는 것이요, 살아도 선생님에서 살려 주심이다.'
하며

9 눈을 질끈 감고 강물로 발을 내딛으니 마치 맨땅을 밟듯이 발이 물
위에 뜨니라.

10 성도들이 일렬로 강을 건너며 미륵불로 서 계신 상제님을 다시 뵈니
가슴에 밝은 별이 칠성처럼 찬연하게 빛나거늘

11 공우가 강을 건넌 뒤 상제님께 여쭈기를 "둔갑을 하신 겁니까? 어
떻게 하신 겁니까?" 하니

12 상제님께서 말씀하시기를 "사람이 환형탈태, 환골탈태를 할 때는 다
크고 변화를 한다." 하시니라.

13 이 때 강가에 있던 다른 사람들은 전혀 상제님과 성도들을 보지 못
하니라.

연백평야를 가심

14 상제님께서 서울을 떠나 황해도 연백평야에 가시어 한 곳을 지나
시다 말씀하시기를 "대하혈이다." 하시고

15 또 말씀하시기를 "대하는 제 새끼를 잡아먹으니 손이 없는 혈이
다." 하시니라.

개성 송악산에서 태봉기를 만드신 공사

379~383장
문) 제일 마무리
공사, 후천선경

379 황해도(黃海道) 개성(開城)에 있는 송악산(松嶽山)은 동서로 솟
은 용호산(龍虎山)과 진봉산(進鳳山)을 청룡(靑龍)과 백호(白虎)

로 삼은 명산이라.

2 상제님께서 수부님과 성도들을 데리고 서울과 연백평야를 들르신 뒤 송악산으로 가시어 공사를 보시니 인근 마을 사람들이 따라 올라와 수종을 드니라.

3 상제님께서 갑칠에게 명하시기를 "명주베 스물한 자를 구해 오라." 하시고 공우에게는 "경면주사(鏡面朱砂)를 구해 오라." 하시거늘

4 공우와 갑칠이 상제님의 말씀을 좇아 각기 명주베와 경면주사를 구해 오니라.

5 상제님께서 성도들로 하여금 명주베 스물한 자를 바닥에 펼쳐 사방을 꿰매게 하시고 다른 성도들에게는 "고를 만들라." 하신 뒤에

6 공우에게 명하시기를 "근처에서 가장 큰 대(竹)를 구해 오되 나무가 상하지 않게 뿌리째 뽑아 오라." 하시니라.

7 이 때 수부님께서 장정 여럿이서도 들기 어려울 만큼 큰 아름드리 벽조목(霹棗木)을 구하여 치마폭에 싸서 안고 오시거늘

8 상제님께서 그 벽조목에 크게 글자를 새겨 도장을 만드시니라.

9 이 때 성도들은 모두 "얼싸 절싸 얼럴럴 상사디야~." 라 소리하며 흥에 겨워 춤을 추고

10 태을주(太乙呪)와 진액주(津液呪)를 읽으며 몸을 흔들다가 구르기도 하니라.

11 이윽고 상제님께서 벽조목 도장에 경면주사를 바르신 후 번쩍 드시어 명주베 한가운데에 도장을 찍으시거늘

太
鳳

이라는 두 글자가 뚜렷하더라.

12 이어 깃발 네 귀퉁이에 차례로 '一', '二', '三', '四'를 쓰시고 각수 아래에 세계 여러 나라의 이름을 그 나라 말로 쓰신 후에

13 성도들로 하여금 태봉기를 대나무 깃대에 묶게 하시니라.

14 이때 문득 공우가 상제님께서 시키신 바도 없는데 으쓱으쓱 어깨춤을 추며 깃대를 세워 드니

15 마을 사람들도 입을 맞춰 창을 하며 고를 메는데 대부분이 나이 어린 초립동이더라.

태전 가는 길놀이 공사

380 공우가 기(旗)를 들고 신명나게 춤을 추며 앞으로 나아가매 상

건설의 푯대를 태전에 꽂으신 공사 증언이 왜 이렇게 늦게 나왔나?

답) (대전서) 밤에 차를 타고 가는데 그저께 비가 솔찬히 왔잖아. … 산세를 말이여, 요리 더듬고, 조리 더듬고 이제 가는데 뚱하니 그 생각이…이 산이 말이야, 저리보고 요리보고 그렇게 실제로 무식영혼이요, …무식해 가지고 이것을 다 어떻게, …그 다음날 장어를 먹으러 광주를 갔다 오다가 그 생각을 했어. 팔당으로 해서 가는데…먹고 오다가 이제 그 생각이 났어요. …어디로 지나가면 그 절이 있거든, 아, 그 밑에가 아버님 묘가 있다니까…그것 때문에. 그거 이제 생각이 나 가지고 그러다가 그 옆에 가서 이 새마을 기라고 모다 있어요, 깃발이. 그래서 그 기를 보고 생각이 났다고(후략) (2003년 12월 2일 증산도 교육문화회관에서의 김천수 증언).

379:5 고. 고싸움의 도구로 짚을 주재료로 하여 만든다.

379:15 초립동. 제3변 도운의 대세몰이 전위대(前衛隊) 역할을 하는 것이 간태합덕의 주역 초립동들이다.

제님과 수부님께서 나아가시고 성도들과 고가 뒤따르니라.

2 상제님 수부님과 모든 성도들이 신명나게 춤을 추더니

3 　흠치 흠치 태을천 상원군 흠리치야도래 흠리함리사파하
　시천주 조화정 영세불망만사지

를 노래부르듯 읽으며 몸을 흔들고 흥을 돋우다가

4 얼마후 여기저기서 신도를 내려받아 공중으로 펄쩍펄쩍 뛰고 공우도 신명이 나 깃대를 휘젓고 주문을 외우며 신명나게 개성장터로 향하니라.

5 이 날은 마침 장날이라 장터 사람들이 멀리서 거대한 깃발이 펄럭이며 사람들이 허공으로 훌쩍훌쩍 솟았다 떨어지는 모습을 보고 크게 놀라 "저 봐라! 저 봐라! 저것 봐라!" 하며 웅성거리는데

6 어른들은 깃발에 쓰인 글을 읽고자 애쓰고 아이들은 환호성을 지르며 깃발을 향해 모여드니라.

7 이에 상제님께서 혼잣말처럼 말씀하시기를 "해원을 할 것이다." 하시고 수부님께서는 아이들을 보시고 말없이 웃으시니라.

8 상제님 일행이 드디어 개성장 안으로 들어오니 사람들이 순식간에 구름같이 모여들어 발 디딜 틈 없이 북새통을 이루거늘 갑칠이 앞으로 나서서 구경꾼들의 질서를 잡으니라.

9 이 때 행렬의 뒤에는 주로 아이들이 따르며 성도들을 흉내내어 주문도 따라해 보고 깡충깡충 뛰어 보기도 하는데

10 갑칠이 아이들에게 주문도 일러 주고 인파에 휩쓸리지 않도록 보호하니

11 아이들이 갑칠의 얼굴을 올려다보며 갑칠의 손등을 조그만 손으로 톡톡 건드리고 만져 보기도 하더라.

12 이 때 송악산에서부터 상제님 일행을 따라 온 아리따운 색시 하나가 남몰래 갑칠을 훔쳐보니라.

조화권으로 순식간에 사천강을 건너심

381:1 사천강. 판문점 옆 군사분계선을 따라 흐르는 강. 이곳엔 남한과 북한에 걸쳐 있는 '돌아오지 않는 다리'가 있다.

381 어느덧 일행이 큰 무리가 되어 개성장을 벗어나 사천강(沙川江)으로 향하니 개성 전체가 크게 떠들썩하거늘

2 공우가 오른쪽 어깨에 깃대를 걸치고 왼손으로 고의 용(龍) 머리를 잡은채 "얼럴럴 상사디야~." 하며 선소리를 하기도 하더니

3 상제님께서 사천강에 이르시어 고를 강 양편에 걸치게 하시니라.

4 이 때 순사들이 군중을 해산시키고 '수상한 자들'을 잡으려고 상제님 계신 곳까지 이르거늘

5 상제님께서 조화권을 쓰시어 순식간에 성도들을 데리고 강을 건너 그들의 눈앞에서 차츰 사라지시니라.

6 이에 흥에 겨워 춤을 추며 사천강까지 따라온 개성 사람들이 그저 멍하니 바라보고

7 갑칠을 훔쳐보던 색시도 말을 잃고 갑칠의 뒷모습만 보니라.

태봉산으로 가자

382 상제님께서 수부님과 성도들을 데리고 강을 건너신 후 산맥을 짚으시며 동해 쪽으로 나오시더니

2 울릉도 성인봉(鬱陵島 聖人峰)으로 가시어 점심을 드시고 다시 경기도 검단산(黔丹山)으로 가시니라.

3 검단산에 이르시어 산신제를 지내시니 공우가 함박웃음을 지으며 깃대를 들고 덩실덩실 춤을 추니라.

4 산신제가 끝난 후 성도들이 여기저기에서 웃고 떠들고 있으려니

5 상제님께서 갑자기 자리에서 일어서시어 크게 소리치시기를 "태봉산(太鳳山)으로 가자!" 하시니라.

태봉산에 깃대를 세우심

383 상제님과 수부님께서 태전에 도착하시어 태봉산을 오르시는데 공우는 주문을 읽으며 그 박자에 맞춰 태봉기(太鳳旗)를 신나게 흔들고

2 성도들도 상제님의 별다른 명이 없음에도 끊임없이 주문을 외우니라.

3 상제님께서 정상에 도착하시자 공우에게 "깃대를 가져오라." 명하시어 깃대로 삼은 대나무를 뿌리째로 산 정상에 꽂으시고

4 이어 성도들에게 큰 옹기 항아리를 가져오게 하시어 태봉기 앞에 청수를 모셔 놓으신 후

5 상제님과 수부님께서 대나무를 향해 읍배를 하시니라.

6 이에 성도들도 읍배를 올리면서 보니 스물한 자나 되는 큰 깃발이 태전 어디에서도 선명히 보일 듯 바람에 펄럭이더라.

이 물이 어디로 가는 물인지 아느냐

384 상제님께서 태봉산에서 내려오시어 성도들과 함께 태전을 흐르는 내(川)를 따라 다니시며 태을주와 진액주를 읽으시니라.

382:2 성인봉. 울릉도의 중앙에 우뚝 솟은 산(983.6m)으로 주위엔 미륵산, 천두산, 두리봉 등이 둘러싸고 있다. 울릉도는 질 좋은 향나무 자생지로 유명한데 예로부터 매향의식(埋香儀式)은 미륵신앙과 깊은 관련이 있다.

382:2 검단산. 경기 하남시 창우동과 광주군 동부읍에 걸쳐 있는 산으로『동국여지승람(東國與地勝覽)』에서 광주목의 진산(鎭山)이라고 일컬을 정도로 산세가 특이하다.

383장 문) 그럼 지금 이 깃대 공사는 아버님이 낮에 말씀하신 거여? 밤에 말씀하신 거여?

답) 밤에 말씀을 하시더라고, 조

2 이 때 산골짜기의 작은 내에서부터 큰 내까지 성도들과 오르내리시는데

3 성도들은 주문을 읽고 신도(神道)를 받아 산골짜기의 큰 바위들을 만나도 전혀 힘든 줄을 모르고

4 평지를 걸을 때도 저절로 몸이 들썩거려 공중으로 뛰어오르니라.

5 이 때 문득 상제님께서 성도들에게 물으시기를 "이 물이 어디로 가는 물인지 아느냐?" 하시거늘

6 성도들이 머뭇거리기만 할 뿐 아무도 대답하지 못하니라.

7 상제님께서 이번에는 태전 외곽을 따라 둥그렇게 원을 그리며 도시니라.

영산과 초산, 단산

385 하루는 상제님께서 낙수동(洛水洞) 오경재의 물방앗간 집에 방을 빌려 성도들에게 태을주 수련을 시키시니라.

2 이 때 상제님께서 마당에 멍석을 깔고 그 가운데에 반듯하게 누우시어

3 한쪽에는 영산을, 한쪽에는 초산과 단산을 앉혀 놓고 인사를 시키시거늘

4 사람들이 영산과 초산(楚山), 단산(丹山)을 일컬어 삼산(三山)이라 이르니 초산은 오씨(吳氏)로 중국 사람이요, 단산은 이씨(李氏)로 충

태전 지역

청도 사람이라.

5 이는 상제님께서 초산과 단산을 화권으로 순식간에 불러 영산과 서로 만나게 하심이더라.

천지일월 사체(四體) 공사

6 이 날 황새머리에 사는 송원도(宋元道)가 함께 참석하니라.

7 으스름한 황혼 무렵에 공신을 비롯한 성도들이 방 안에서 태을주를 읽고 있는데

8 상제님께서 공신을 데리고 슬그머니 마당으로 나가시더니 잠시 후에 밖에서 도란도란 이야기하는 소리가 들리거늘

9 방문 가에 앉아 있던 송원도가 호기심이 나서 손끝으로 창호지를 뚫고 내다보니

10 상제님과 세 사람이 서 있는데 발은 땅을 딛고 있으되 머리는 구름을 뚫고 하늘까지 닿아 있더라.

11 이를 보고 깜짝 놀란 송원도는 죽는 날까지 "하느님이 넷이다."라고 이르니라.

단산의 운명을 일러 주심

12 하루는 상제님께서 단산에게 말씀하시기를 "너는 술이나 먹고 기생 끼고 놀면서 그렇게 지내라." 하시거늘

13 그 후에 단산이 얼마 살지 못하고 세상을 떠나니라.

사람보다 더 무서운 사람

386 기유년 봄에 형렬의 집 살구(殺狗)나무에 유난히 살구가 많이 열리니라.

2 하루는 상제님께서 살구나무 앞으로 가시어 동서남북으로 뻗은 가지의 열매 수를 말씀하시며 "동쪽 ○○군! 서쪽 ○○군! 남쪽 ○○군! 북쪽 ○○군!" 하고 군대(軍隊) 이름을 부르시거늘

3 호연이 "살구가 사람이간디 쳐다보고 그래요?" 하니 "사람보다 더 무서운 사람." 하시니라.

4 잠시 후 상제님께서 "너 가서 하나 따 갖고 와라." 하시며 호연을 살구나무 쪽으로 훌쩍 던지시거늘

5 호연이 날아가다가 살구나무 앞에서 멈추더니 공중에 뜬 채로 떨어지지 않는지라

6 상제님께서 말씀하시기를 "이제 어리고 시원찮은 사람에 의해 일이 되고 말 것이니 '시원찮은, 애그애그 저런 것이' 그런 놈이 설도(說

여 사산(四山)이라 칭하기도 한다.

385:6 송원도(宋元道, 1881~1961). 본관 여산. 부인은 밀양 박씨이며 절손되었다. 문문신 성도 집안의 선산지기로 작은 키에 호리호리한 체격이며 대쪽 같은 성격이었다고 한다. 문공신 성도가 살아 있을 때까지 문공신 성도의 교단에 다녔다.

공사

道)를 한다.

7 앞으로 시원찮은 사람이 너를 구완하러 나선다." 하시니라.

북학주에게 벌을 내리심

387:1 김자현 성도의 손자 김택식(1914~)은 이날이 김자현 성도의 조모가 사망한 기유(1909)년 3월 21일이라고 증언하였다.

387 하루는 백남신과 함께 전주 남문 누각에 오르시어 글 한 장을 써서 불사르신 뒤에

2 한동안 누군가를 기다리시다가 다시 글을 써서 불사르시고 잠시 후 또 한 장의 글을 써서 불사르시니

3 옥골선풍의 한 아름다운 청년이 상제님 앞에 이르러 고개를 숙인 채 눈물을 흘리며 살려 주시기를 빌거늘

4 상제님께서 벼락같이 호통치시며 "한 번 부르면 올 것이지 어찌 세 번 만에 오느냐!" 하시고

387:5 붓. 숯으로 칠했다는 증언도 있다.

5 붓에 먹을 묻혀 양미간에 점을 찍으시니 그 청년이 곧 물러가니라.

6 그 뒤에 김갑칠이 전주 서천교(西川橋) 다릿목을 지나면서 보니 한 옥골선풍 청년이 죽어 있는지라 상제님께 와서 그 사실을 아뢰니 말씀하시기를

7 "그는 북학주(北學主)로서 무고한 창생을 무수히 살해할 자라. 그러므로 천도(天道)에서 벌을 받음이니라." 하시니라.

남조선 국운 도수

388 하루는 약방에 성도 여덟 사람을 벌여 앉히신 뒤 사물탕 한 첩을 지으시어 그 봉지에 사람을 그리시고

2 두 손으로 약봉지를 받쳐 드시며 시천주주를 세 번 읽으시니라.

3 이어 여덟 사람으로 하여금 차례로 돌려서 그와 똑같이 하게 하신 후에

4 "남조선배가 범피중류(汎彼中流)로다." 하고 노래하시며 말씀하시기를

388:5 후천선경을 건설하는 남조선배의 운로가 곧 참동학을 성취하는 것임을 의미한다.

5 "갑오년(甲午年)에는 상륙을 못 하여 풍파를 당하였으나 이제는 상륙하였으니 풍파는 없으리라.

6 장차 조선이 제일로 좋으니라." 하시니라.

388:5 상륙하였으니. 이는 남북 상씨름이 종결되기까지의 대세를

후천선경 종주국 공사

389 상제님께서 매양 뱃소리를 내시매 성도들이 그 뜻을 여쭈니

2 "조선을 세계 상등국으로 만들려면 서양 신명을 불러와야 할진대 이제 그 신명이 배에 실려 오는 화물표를 따라 넘어오게 되므로 그리하

노라.” 하시고

3 “해동조선 사람들은 장차 세계의 조물(兆物)을 받아먹고 사느니라.

4 앞으로 세계 각국에서 다 다닐 길이 난다.” 하시니라.

읽어 주신 것이다.

금 생산 공사

390 상제님께서는 종종 약방 앞 개울에 나가시어 모래를 일어 호박씨만 한 금을 캐기도 하시니

2 하루는 호연이 금가락지를 해 달라고 조르거늘 상제님께서 “그러마.” 하고 대답하시니라.

3 또 하루는 말씀하시기를 “앞으로 금 생산이 전고에 유례없이 늘어날 터인데

4 이는 다 내가 장차 걷어 쓰기 위함이로다.” 하시니라.

390장 금구·금산 일대에 사금이 많이 산출되어 전국 각지에서 금을 캐러 사람들이 몰려들었다. “구릿골이라는 데가 맨 금 천지여. 그런 걸로 금 캐느라고들.” (김호연 성도 증언)

국가와 사가의 큰 불덩어리를 묻어 주심

391 하루는 밤중에 약방에서 ‘삼십육만신(三十六萬神)’이라 쓰시고 또 운장주를 쓰시어 성도들로 하여금 “7백 번씩 외우라.” 하시며

2 말씀하시기를 “이제 국가(國家)나 사가(私家)나 화둔을 하였는데

3 날마다 바람이 불다가 그치고 학담으로 넘어가니 사람이 많이 상할까 하여 그리하노라.” 하시니라.

때를 아는 사람은 실수가 없다

392 하루는 상제님께서 정괴산의 주점에서 때도 없이 술을 잡수시는데 자현이 아뢰기를 “그만 가소서.” 하니

2 “가만있어 보아라. 때를 아는 사람은 실수가 없나니, 걱정 말라.” 하시니라.

3 이윽고 어디서 닭 우는 소리가 들리거늘 상제님께서 “이것 잘 되었다. 속히 가자.” 하시고 하촌(下村)에 당도하시니

4 자현이 집으로 가려 하매 못 가게 하시고 이르시기를 “나와 같이 상촌(上村)까지 가자.” 하시니라.

5 이에 자현이 모시고 가는데 상촌 앞 다리 한가운데 왔을 때 닭이 또 울거늘

6 다리(橋)를 탁 구르시면서 “그러면 그렇지! 어길 리가 있겠느냐. 이렇게 맞아야지 안 맞으면 안 되느니라.” 하시니라.

7 이어 말씀하시기를 “나는 알고 너는 모르니 맹인 잔치란 말이다. 아

는 사람은 알지마는 누가 가르쳐 주나, 제가 알아야 하지." 하시고

8 "술집을 함부로 다니면 패가망신근본(敗家亡身根本)이요, 주막집 입 소리가 총부리 같으니 내가 없더라도 조심하라." 하시니라.

기유년 4월 대공사

약명 기운 공사

393 4월에 전주 용머리고개 김주보(金周甫)의 주막집에 머무르시 며 대공사를 행하시니라.

2 하루는 광찬에게 명하시어 **방약합편**(方藥合編)을 사 오게 하신 뒤에

3 광찬에게 이르시기를 "김병욱의 집에 가서 이 책에 있는 약 이름에 주묵(朱墨)으로 비점(批點)을 쳐 오라." 하시거늘

4 광찬이 명하신 대로 행하여 올리니 상제님께서 보시고 그 책을 불 사르시니라.

천지 동과혈에 수기를 돌리심

394 상제님께서 김주보의 집에 계실 때 **이치복**과 채사윤(蔡士允)이 이르거늘

2 말씀하시기를 "금년에는 비가 없나니 만일 오늘 비가 오지 않으면 천지의 동과혈(冬瓜穴)이 말라 죽을 것이니라.

3 그러므로 서양으로부터 우사(雨師)를 불러들여 비를 주리라." 하시 고 주보에게 술상을 차리게 하신 후에

4 "치복은 술을 받으라." 하시며 치복에게 친히 술 두 잔을 주시고 다 시 술 한 잔을 따라 요강에 부으시니 요강에는 피가 좀 있더라.

5 또 사윤에게는 "바둑판을 그려 오되 장점(將點)을 꽃 모양으로 그려 넣으라." 하시매 사윤이 곧 그려 올리니라.

조선천지의 사명당 발음 공사

395 이어 양지 석 장을 펴 놓으시고 귀마다 '천곡(泉谷)'이라 쓰시 거늘

2 치복이 "어떠한 사람입니까?" 하고 여쭈니 "임진왜란 때 동래부사 (東萊府使)로 가서 절사(節死)한 사람이니라." 하시고

3 치복과 송환에게 명하시어 양지를 마주 들게 하시며 말씀하시기를 "그 모양이 상여(喪輿)에 호방산(護防傘)과 같도다." 하시니라.

4 이어 양지를 땅에 놓게 하시고 갑칠에게 이르시기를 "밖에 나가서 하늘에 구름이 있는가 보라." 하시매

5 갑칠이 나가 보니 서쪽 하늘에 구름 한 점이 떠 있거늘 들어와 아뢰니라.

6 이에 또 말씀하시기를 "구름이 하늘을 덮었는가 보라." 하시므로 다시 나가 보니 삽시간에 구름이 하늘을 덮은지라

7 그대로 아뢰니 양지 중앙에

胡僧禮佛 群臣奉朝 五仙圍碁 仙女織錦
호 승 예 불 군 신 봉 조 오 선 위 기 선 녀 직 금

이라 쓰시며

8 치복에게 일러 말씀하시기를 "세상에서 궁을가(弓乙歌)의 '사명당이 갱생'이란 말을 중 사명당(四溟堂)으로 잘못 알아 왔으나

9 이는 본래 이 '사명당(四明堂)'을 이르는 말이니라.

10 조화(造化)는 불법에 있으니 호승예불의 기운을 걷어 조화를 쓰고

11 무병장수는 선술(仙術)에 있으니 오선위기 기운을 걷어 무병장수케 하고

12 군신봉조는 장상(將相)이 왕명을 받는 것이니 그 기운을 걷어 나라를 태평케 할 것이요

13 선녀직금은 선녀가 비단을 짜는 것이므로 그 기운을 걷어 창생에게 비단옷을 입히리니

14 6월 보름날 신농씨(神農氏) 제사를 지낸 뒤에 일을 행하리라.

15 올해는 천지의 한문(閈門)이라. 이제 일을 하지 못하면 일을 이루지 못하리라." 하시니라.

16 하루는 새울 최창조의 집에 '사명당(四明堂)'이라 쓴 종이를 종처럼 매달아 놓으시고 "이 사명당 기운으로 사람 하나가 나오느니라." 하시니라.

난법 도운(道運)의 27년 헛도수

396 또 양지에 '이십칠년(二十七年)'이라 쓰시므로 치복이 그 뜻을 여쭈니 말씀하시기를

2 "홍성문(洪成文)이 회문산에서 27년 동안 헛공부를 하였다 하니 이로부터 27년 동안의 헛도수가 있노라." 하시니라.

3 이어서 양지 한 장을 열두 조각 내어 조각마다 글을 쓰신 뒤에 한 조각은 친히 불사르시고 열한 조각은 치복에게 명하여 불사르게 하시니

을인 천곡에서 태어났다. 1591년에 동래부사로 부임, 임진왜란 때 동래성에서 장렬히 싸우다 전사하였다.

395:3 호방산. 상여 위에 치는 차일.

395:9 사명당. 호남의 결실처인 사명당은 지구의 지기가 최종 응축된 천지대혈처이다. 상제님께서 정교(政敎) 합일의 이상을 간직하고 있는 이 사명당을 발음시켜 천하문명을 통일하신다. 동서양 4대 종교의 이상이 바로 이 사대 명당 기운, 천지기운이 발동되어 건설되는 것이다. 일찍이 정북창은 궁을가를 통하여 사명당과 후천선경을 건설하는 주역과의 관계를 노래한 바 있다.

395:16 회문산에 전해 내려오는 상제님의 말씀이다.

396:2 홍성문(洪成文, ?~?). 300

여 년 전 임실에서 서자로 태어났다. 승려이며 풍수지리에도 능한 사람으로 알려져 있다.

396:2 27년 동안의 헛도수. 27년에는 두 가지 의미가 있다. 먼저 이 공사를 보신 1909년 4월부터 1936년 윤3월까지 차경석 성도에게 붙인 27년 난법 도수와, 대순진리회의 박한경이 1969년 4월 서울 중곡동에 태극진리회를 설립하고 1972년에 대순진리회로 바꾼 뒤 1996년 1월 사망함으로써 막을 내린 27년 헛도수가 있다. 헛도수는 실체가 없는, 열매 맺지 못하는 것을 뜻한다.

397:4 초미. 초미금(蕉尾琴)을 말한다. 후한 때 오회(吳會) 지방 사람이 오동나무를 태워 밥을 짓고 있었다. 지나던 채옹(蔡邕)이 그 타는 소리를 듣고 훌륭한 재목임을 알아보고는 타다 남은 것을 얻어 거문고를 만들었는데, 과연 아름다운 소리가 났다. 거

4 갑자기 비가 크게 내려 그로 인해 보리가 잘 자라게 되니라.

불가지 기운을 거두어 창생을 건지리라

397 이 뒤에 치복과 여러 성도들에게 이르시기를 "불가지(佛可止)는 '부처가 가히 그칠 곳'이란 말이요

2 예로부터 그곳을 '가활만인지지(可活萬人之地)'라 일러 왔나니 이제 그 기운을 걷어 창생을 건지리라." 하시고

3 가마를 타고 불가지로 가시며 옛글 한 수를 외우시니 이러하니라.

4
金屋瓊房視逆旅하고　石門苔壁儉爲師라
금 옥 경 방 시 역 려　　　석 문 태 벽 검 위 사
絲桐蕉尾誰能解오　　竹管絃心自不離라
사 동 초 미 수 능 해　　　죽 관 현 심 자 불 리
금집과 구슬방을 역려처럼 보고
돌문과 이끼 낀 벽의 검소한 삶을 본받으라.
사동과 초미(거문고)의 음을 누가 능히 해석하련마는
피리와 거문고 소리는 자연히 어우러지는구나.

5
匏落曉星霜可履오　土墻春柳日相隨라
포 락 효 성 상 가 리　　　토 장 춘 류 일 상 수
革援瓮畢有何益고　木耜耕牛宜養頤라
혁 원 옹 필 유 하 익　　　목 사 경 우 의 양 이
별이 지고 샛별이 뜨면 서리를 밟고
흙담장에 늘어진 봄버들은 날로 서로 가까워지네.
마원과 필탁의 일이 무슨 이익이 있겠는가.
나무 보습과 밭갈이 소로 마땅히 기를 것을 기르리라.

제3변 추수도운의 용둔 공사

398 그 길로 불가지 김성국(金成國)의 집에 이르시어 "용둔(龍遁)을 하리라." 하시니라.

2 이어 양지 이십 장을 가로 세로 각 사절과 팔절로 잘라 책을 만드신 다음

3 보시기에 실로 '미(米)'표와 같이 둘러 매시어 그 실올을 오색(五色)으로 물들이시고

4 그릇 가장자리에 푸른 물을 발라 책장마다 돌려 찍으신 뒤에

5 책장을 모두 떼어 사절로 꺾어 접은 후 풀로 이어 붙여 시렁에 걸어 놓으시니

6 오색찬란한 문채(文彩)가 용의 형체 같더라.

7 이에 그 종이를 걷어서 가마를 내려놓았던 자리에서 불사르시니라.

이마두와 최수운을 장사지내 주심

399 이어 상제님께서 비에 물을 적셔 그 집 방벽에 사람 형상을 그리시고

2 그 앞에 청수를 놓고 꿇어앉으시어 상여 소리를 내며 말씀하시기를

3 "이마두를 초혼(招魂)하여 광주 무등산(無等山) 상제봉조(上帝奉朝)에 장사지내고

4 최수운을 초혼하여 순창 회문산 오선위기에 장사하노라." 하시니라.

5 이어 성도들에게 24절을 읽히시며 "그 때도 이 때와 같아 천지에서 혼란한 시국을 바로잡으려고 당 태종(唐太宗)을 내고

문고 끝이 불에 탔기에 초미금이라 한다.

397:5 포락. 포(炮)는 바가지란 뜻도 있으나 여기서는 견우성좌의 별 이름.

397:5 혁원.『후한서(後漢書)』「마원전(馬援傳)」에 의하면, 후한 광무제 때의 명장인 마원(서기전

397:4~5 시에 나오는 괘명 풀이.

려(旅, 火山旅 ䷷ 괘). 56번째 괘. 천지만물과 인생은 상제님의 천지공사 도수를 따라가는 나그네(旅)이다. 떠도는 나그네는 대처하기가 어려운데, 때(時)와 의(義)를 잘 지키는 것이 무엇보다 중요하다는 뜻이 있다. 큰 뜻을 품고 목적지를 향해 일심으로 바른 이상을 지켜 나가면 모든 일이 조금씩 트이게 된다.

사(師, 地水師 ䷆ 괘). 7번째 괘. 군대를 통솔하는 장수, 무리를 거느리는 지도자의 왕노릇하는 도를 설명하고 있다. 인망을 얻고 마음이 곧으면(貞) 무리가 모두 바르게 되고, 아무리 험난한 일을 겪더라도 그 의로움에 순종할 것이니 결국은 길하다.

해(解, 雷水解 ䷧ 괘). 40번째 괘. 험한 상황(坎)을 능동적으로 과감히 행동(震)하여 극복해내니, 우레와 비가 일어나자 과실의 껍질이 터지듯 모든 곤란함이 풀어지는 때이다. 지금까지 괴롭고 어려웠던 문제가 풀어져 정리(正理)를 회복할 새 출발의 시기(계절적으로 春分)가 온 것이다.

리(離, 離爲火 ䷝ 괘). 30번째 괘. 위와 아래가 합심하여 천하를 문명하게 한다. 건괘(乾卦) 구이(九二)의 대인이 구오(九五) 대인의 밝음을 잇는 뜻이다. 해와 달이 서로 이어 천하를 밝히듯이, 인군과 신하가 밝은 덕으로 정도(正道)에 순종하여 천하를 교화하니 마침내 문명을 밝히는 것이다.

리(履, 天澤履 ䷖ 괘). 10번째 괘. 리(履)는 밟는다, 실천한다는 뜻이 있다. 기뻐하고 화합하는 마음으로 건(乾)의 중정(中正)한 덕을 베푸니, 제위(帝位)에 올라 만백성을 교화하고 하늘의 도를 실천하여 온 세상에 광명이 비치게 한다. 때문에 지극히 위험한 곳을 지나더라도 해를 받지 않는다.

수(隨, 澤雷隨 ䷐ 괘). 17번째 괘. 수(隨)란 따른다는 뜻으로 주체성 있는 결단으로 올바른 도(道)를 따르니 크게 형통한다는 뜻이 있다. 윗사람이 아랫사람에게 낮추고 귀한 이가 천한 이에게 도(道)로 낮추니, 천하만민이 기뻐하며 순종하여 마침내 천하의 때(時)를 따른다.

익(益, 風雷益 ䷩ 괘). 42번째 괘. 위에서 덜어 아래를 더하며 위로부터 아래로 도(道)가 내려옴으로, 창생이 기뻐하고 도가 크게 빛난다는 괘이다. 여름에 나무가 무수한 가지를 뻗어나가는 괘로서, 시명(時命)에 따라 적극적으로 상극의 정신을 극복하고 상생을 바르게 실천하는 일꾼에게는 대길(大吉)한 괘이다. 천하 창생을 이롭게 하는 일이기에 아무리 험난한 일이라도 반드시 성공할 것이기 때문이다.

이(頤, 山雷頤 ䷚ 괘). 27번째 괘. 이(頤)는 턱을 말하는데, 사람은 턱을 움직여서 음식물을 씹어 먹고 자기 몸의 생명을 기른다.『주역』「단사(彖辭)」에 "천지는 만물을 기르고 성인은 현인을 길러서 만민에게 미치니 기르는 때가 큼이라."하였다. 성인이 바른 도로 만물을 때에 맞게 길러 주는 형상이다.

14~서기49)이 변방의 난을 평정한 공으로 후(侯)에 봉해지자 다시 국경으로 나가면서 "대장부는 마땅히 싸움터에서 죽어 말가죽으로 시체를 싸 가지고 돌아와 장사를 지낼 뿐이다."라 하였던 데서 '마혁과시(馬革裹屍)'란 고사가 생겼으며 마원은 어느 곳에 있든지 자기 직분에 충실하다는 명성을 남겼다.

397:5 옹필. 진(晉)나라 때 필탁(畢卓)은 밤에 자기 관할의 양조장에서 독째로 술을 훔쳐먹었다는 야사를 남길 정도로 술과 풍류에 관한 이름을 남겼다.

398:1 불가지. 불가지에 살던 송기안(宋基安)은 상제님께서 이곳에 오셔서 공사 보시는 것을 직접 목격했다고 증언했다. 마을사람들은 상제님을 기인으로 알았다 한다.

399:3 광주 무등산 상제봉조. 이마두 대성사는 천지간에 불멸의

6 다시 24절에 응하여 24장을 내어 천하를 평정하였나니 너희들도 장차 그들에 못지않은 대접을 받으리라." 하시니라.

7 이 공사를 마치신 후에 덕찬을 데리고 싸리재를 넘어오시다가 고사리 캐는 노파가 지나가는 것을 보시고

8 "중이 동냥을 비노라." 하시니 노파가 말하기를 "없습니다." 하니라.

9 상제님께서 다시 청하시니 대답하여 말하기를 "쌀 두 되만 있나이다." 하는지라

10 이에 말씀하시기를 "그 중에서 한 홉만 베풀기를 원하노라." 하시니 노파가 허락하거늘

11 그 쌀을 받으시며 덕찬에게 이르시기를 "중은 본래 걸식하는 것이니 이 땅을 불가지(佛可止)라 함이 옳도다." 하시니라.

유(儒)로써 폐해를 당한다

400 상제님께서 불가지에 계실 때 하루는 유(儒), 불(佛), 선(仙), 석 자를 써 놓으시고 성도들에게 "각기 뜻 가는 대로 한 자씩 짚으라." 하시니

2 김낙범(金洛範)의 아들 석(碩)이 불(佛) 자를 짚으려 하매 때마침 불목하니가 와서 무슨 일을 하는지 묻거늘 성도들이 그 방자함을 꾸짖어 쫓으니라.

3 상제님께서 말씀하시기를 "그도 또한 인생이거늘 어찌 쫓아내느냐?" 하시고

4 그 불목하니를 불러 말씀하시기를 "우리가 교(敎)를 세우려 하는데 무슨 교가 좋을지 의논 중이니 너도 이 석 자 중에서 한 자를 짚어 보아라." 하시니

5 그 아이가 유(儒) 자를 짚거늘 말씀하시기를 "이 일로 인하여 훗날 너희들이 유로써 폐해를 당하게 되리라.

6 유는 부유(腐儒)니라." 하시니라.

7 상제님께서 불가지에 머무르실 때 류찬명, 김송환, 김덕찬, 김낙범 등이 모시고 이치복도 내왕하니라.

관운장의 서양 대전쟁 공사

401 전주 김준찬의 집에 계실 때 김덕찬과 김낙범 등이 모시니라.

2 하루는 낙범에게 물으시기를 "관왕묘에 치성이 있느냐?" 하시니 낙

범이 "있나이다." 하고 대답하거늘

3 말씀하시기를 "관운장이 지금 이 지방에 있지 않고 서양에 가서 큰 난리를 일으키고 있나니 치성은 헛된 일이니라." 하시니라.

중국의 사회주의 국운 공사

402 하루는 성도들에게 일러 말씀하시기를 "이제 청국 일을 볼 터인데 청국에 가려면 길이 멀고

2 청주 만동묘(萬東廟)에 가서 천지신문(天地神門)을 열고자 하나 또한 가기가 불편하니

3 다만 음동(音同)을 취하여 청도원(清道院)에 그 기운을 붙여 일을 보려 하노라." 하시니라.

4 이어 김형렬, 김자현, 박공우, 안내성, 안필성, 박금곡을 데리고 청도원으로 가실 때 청도원고개에 이르시어 성황묘(城隍廟) 마루에 누우시며 "좀 쉬었다 가자." 하시고

5 잠시 조시더니 일어나시어 말씀하시기를 "아라사 군사가 내 군사니라.

6 청국은 아라사 군사에게 맡길 수밖에 없노라." 하시니라.

조선의 조공을 받은 중국의 죄

7 또 말씀하시기를 "중국은 동서양의 오가는 발길에 채여 그 상흔(傷痕)이 심하니 장차 망하리라.

8 이는 오랫동안 조선에서 조공 받은 죄로 인함이니라." 하시고

9 김송환의 집에 이르시어 글을 써서 불사르시니라.

10 그 날 밤 류찬명의 집에 머무르시어 대신문(大神門)을 열고 공사를 행하시며 무수히 글을 써서 불사르시니라.

청국 기우제 공사

403 기유년 여름에 하루는 구릿골에 계시며 대공사를 행하실 때 "청국 기우제(祈雨祭)를 지내리라." 하시고

2 돼지 한 마리를 잡아 찜을 하게 하시어 소주를 사서 성도들과 더불어 잡수시니라.

3 하루는 성도들에게 말씀하시기를 "오늘은 청국 만리창신명(萬里蒼神明)이 이르리니 대접하여야 하리라." 하시고 술을 사서 성도들과 함께 드시니라.

공덕을 쌓은 분이다. 십천(十天) 무극상제님이신 증산 상제님께서는 이를 치하하시며 리치 신부를 구천(九天)상제에 봉하여 광주 무등산 상제봉조에 장사지내 주셨다.

400:2 김석(金碩, 1892~1941) 병오(1906)년에 상제님께서 폐병을 고쳐 주셨으며 기유(1909)년 봄 입도식 예법 공사로 도문에 들어왔다. 3편 161장, 6편 113장 참조.

400:5 이는 유불선과 서교(기독교)를 내고 거두시는 천지의 주재자 하느님, 보좌에 계신 상제님이 무엇을 편애해서 하신 말씀이 아니다. 조선의 역사가 부유로 망했기 때문에 유를 특히 미워하신 것이며 그 묵은 기운이 여전히 꿈틀거림을 보시고 크게 경계하신 것이다.

400:6 유는 부유. 이는 시대감각이 뒤떨어지고 새 시대를 여는 개혁 정신과 포용력이 결여된

선천 판안의 지식인들과 세속의 지도자들을 포괄적으로 꾸짖으신 말씀이다. 이처럼 유교가 타락하게 된 가장 큰 원인은 바로 천(天)의 주재자이신 상제님을 섬기고 받드는 상제 문화를 잃어버렸기 때문이다.

401:2 관왕묘. 전주 남고산 관왕묘.

402:4 기존 기록에는 이 때 김형렬, 박공우 두 성도가 공사에 참여한 것으로 되어 있으나 김자현 성도의 손자 김택식은 당시 김자현, 안내성, 안필성과 금곡 주지도 함께 있었다고 증언하였다.

402:8 조선에서 조공 받은 죄. 인류문명의 뿌리와 중국 한족 문화의 뿌리는 고대 동방의 신교문화다. 따라서 중국이 문화의 뿌리요 대스승인 조선으로부터 오랫동안 조공을 받은 것은 배사율을 범하는 대죄이다.

402:10 류찬명(柳贊明, 1866~1931).

호연의 천지 마음에 붙인 일본 내모는 대공사

404 기유년 어천하실 무렵에 상제님께서 호연에게 "공부해야지, 저 놈들을 싹 쓸어 보내야지!" 하시거늘

2 호연이 "어떤 놈?" 하니 "아, 까만 놈 말여." 하시고

3 "호연아! 이제부터는 앉으나 누우나 붓으로 점을 찍으며 '일본놈 씨도 없이 해 주십시오. 이 땅에서 개가 핥은 듯이 없애 주십시오.

4 우리 조선을 찾게 해 주십시오.' 하고 항시 입에 달고 다녀라." 하시니라.

5 이후로 호연이 틈만 나면 먹을 갈아 가르침대로 행하니

6 불을 때면서도 부지깽이로 땅에 점을 찍으며 읽고, 뒷간에 가서도 막대기로 두드리며 외우는데

7 기유년 섣달까지는 구릿골에서 머무르며 행하고

8 그 이듬해인 경술(庚戌 : 道紀 40, 1910)년부터는 전주 본집으로 돌아가 명하신 대로 하거늘

9 을유(乙酉 : 道紀 75, 1945)년에 해방이 되매 과연 일본 사람들이 모두 개가 핥은 듯이 깨끗하게 물러가니라.

오선위기 세계질서의 대세

405 하루는 상제님께서 말씀하시기를 "장차 일청전쟁이 두 번 일어나리니 첫 번째에는 청국이 패하고 말 것이요

2 두 번째 일어나는 싸움이 10년을 가리니 그 끝에 일본은 패하여 쫓겨 들어가고 호병(胡兵)이 침노하리라. 그러나 한강 이남은 범치 못하리라." 하시고

3 사발에 물을 떠 오라 명하시어 손가락으로 물을 튕기시며 "서양은 어족이라 '시~시~' 소리가 나면 한 손가락을 튕기지 않아도 쉬이 들어가리라." 하시니라.

4 이 말씀을 마치신 뒤에 "동래울산(東萊蔚山)이 흐느적흐느적 사국(四國) 강산이 콩 튀듯 한다." 하고 노래 부르시니라.

상씨름 종결 대전쟁 공사

406 하루는 상제님께서 말씀하시기를 "장차 난리가 난다. 우리나라에서 난리가 나간다." 하시고

2 문득 크게 호통치시기를 "불칼로 쳐도 안 들을거나!" 하시니라.

3 이어 말씀하시기를 "대란지하(大亂之下)에 대병(大病)이 오느니라. 아동방(我東方) 삼일 전쟁은 있어도 동적강(銅赤江)은 못 넘으리라.

4 서울은 사문방(死門方)이요, 충청도는 생문방(生門方)이요, 전라도는 둔문방(遁門方)이니 태전으로 내려서야 살리라.

5 ○○은 불바다요 무인지경(無人之境)이 되리라.” 하시니라.

6 또 말씀하시기를 “무명악질이 돌면 미국은 가지 말라고 해도 돌아가느니라.

7 이마두가 선경을 건설하기 위해 도통신과 문명신을 거느리고 화물표를 따라 동방 조선으로 들어오리니

8 신이 떠난 미국 땅은 물방죽이 되리라.” 하시고

9 “일본은 불로 치리니 종자도 못 찾는다.” 하시니라.

이 글은 세상 비결이라

407 하루는 성도들에게 “이 글은 세상 비결이니 잘 기억하여 두라.” 하시며 옛글 한 수를 외워 주시니 이러하니라.

2　三人同行七十里요　五老峰前二十一이라
　　삼 인 동 행 칠 십 리　　오 로 봉 전 이 십 일

　　七月七夕三五夜요　　冬至寒食百五除라
　　칠 월 칠 석 삼 오 야　　동 지 한 식 백 오 제

도전 간행과 후천개벽 날 새는 시간 도수

408 하루는 공사를 행하시며 성도들에게 옛글을 외워 주시니 이러하니라.

2　七八年間古國城은　畫中天地一餅成이요
　　칠 팔 년 간 고 국 성　화 중 천 지 일 병 성

　　黑衣飜北風千里하고　白日頃西夜五更이라
　　흑 의 번 북 풍 천 리　　백 일 경 서 야 오 경

　칠팔 년 동안에 고국성은
　그림 속의 세상, 한 조각의 떡과 같네.
　검은 옷이 북쪽으로 나부끼니 바람은 천 리에 이르고
　환한 해가 서쪽으로 기우니 밤이 벌써 깊었구나.

3　東起靑雲空有影하고　南來赤豹忽無聲이라
　　동 기 청 운 공 유 영　　남 래 적 표 홀 무 성

　　虎兔龍蛇相會日에　無辜人民萬一生이니라
　　호 토 용 사 상 회 일　　무 고 인 민 만 일 생

　동쪽에서 일어난 푸른 구름은 허공에 그림자만 드리우고
　남쪽에서 온 붉은 표범 홀연히 소리를 죽이는구나.
　호랑이(寅), 토끼(卯), 용(辰), 뱀(巳)이 서로 만나는 날에
　아무 죄 없는 창생들이 무수히도 죽겠구나.

류찬명 성도의 집이 넓었으므로, 상제님께서 자주 성도들을 데리고 오시어 방에 빽빽이 들어 앉히고 공부를 시키셨다. 이때 류찬명 성도의 아내는 상제님의 시중을 들면서 고생한 것이 한이 되어 류찬명 성도 작고 후 남편이 남긴 글과 기록을 모두 불태워 버렸다고 한다.

404장 일본 제국주의 기운을 몰아내는 대공사. 어린 호연의 순수함을 취하시어 자나깨나 집중해서 공사를 한마음으로 집행하게 하심으로써 동양의 몇 나라를 일본의 압제로부터 해방시키셨다.

405:1 첫 번째. 1931년 9월 18일 일본 관동군(關東軍)의 의도적 도발로 시작된 중국 동북 지방에 대한 침략전쟁. 일명 만주사변. 일본은 만주국을 세워 만주를 식민지화하였으며 이로부터 중국에 대한 침략전쟁이 시작되었다.

405:2 10년을 가리니. 1937년 7월 7일 베이징 교외의 노구교(蘆溝橋) 사건으로 시작된 중일전쟁으로부터 1941년 진주만 공습으로 발발한 태평양전쟁, 그리고 1945년 일본의 원폭 패망으로 막을 내리는 전쟁 도수를 말씀하신 것이다.

405:2 호병이 침노. 중공군의 한국전쟁 참전.

405:2 한강 이남은 범치 못하리라. 50만 중공군은 소련 공군의 지원 하에 파죽지세로 남하했고 미군은 서울을 내주고 안성~평택 방어선까지 무기력하게 후퇴했다. 그러나 병사들에게 정비 기간이 필요하다는 팽덕회(彭德懷)의 주장을 받아들여 중공군은 한강 선에서 진격을 멈췄고, 북한군은 단독으로 남진, 남한강 이북인 원주까지 밀고 내려왔으나 미군의 저항을 받고 퇴각하였다.

405:3 시~시~. 나승렬에 의하면

동서양 통일과 언어 통일

409 하루는 어떤 사람이 계룡산 건국의 비결을 여쭈니 말씀하시기를

2 "동서양이 통일하게 될 터인데 계룡산에 건국하여 무슨 일을 하리오." 하시니라.

3 그 사람이 다시 여쭈기를 "언어가 같지 않으니 어찌하옵니까?" 하니

4 말씀하시기를 "언어도 장차 통일케 되리라.

5 개벽선경 오만년 대동 세계에서 읽는 글은 다시 고안해서 나오리라." 하시니라.

어찌 방심하느냐

410 하루는 약방 마루에 앉으시어 류찬명을 마루 밑에 앉히시고

2

淳昌 순창	回文山 회문산	五仙圍碁 오 선 위 기
長城 장성	巽龍 손룡	玉女織錦 옥 녀 직 금
務安 무안	僧達山 승달산	胡僧禮佛 호 승 예 불
泰仁 태인	拜禮田 배례밭	群臣奉朝 군 신 봉 조
清州 청주	萬東廟 만 동 묘	

라 쓰게 하시어 불사르시니라.

3 이 때 찬명이 좀 방심(放心)하였더니 상제님께서 꾸짖으시기를 "신명이 먹줄을 잡고 섰는데 어찌 방심하느냐." 하시니라.

묵은하늘의 말세 재앙 기운

411 하루는 성도들에게 이르시기를 "묵은하늘이 사람 죽이는 공사만 보고 있도다.

2 이 뒤에 생활용품이 모두 핍절(乏絶)하여 살아 나갈 수 없게 되리니 이제 뜯어고치지 않을 수 없노라." 하시고

3 사흘 동안 공사를 보신 뒤에 말씀하시기를 "간신히 연명하게는 하였으나 장정의 배는 채워 주지 못하리니

4 배고프다는 소리가 구천(九天)에 사무치리라." 하시니라.

의통을 알아 두라

412 하루는 상제님께서 말씀하시기를 "선천에는 위무(威武)를 보배로 삼아 복과 영화를 이 길에서 구하였나니 이것이 상극의

유전이라.

2 아무리 좋은 것이라도 쓸 곳이 없으면 버린 바 되고, 비록 천한 것이라도 쓸 곳이 있으면 취한 바 되나니

3 이제 서양에서 건너온 무기의 폭위(暴威)에는 짝이 틀려 겨루어 낼 것이 없으리니 전쟁은 장차 끝을 막으리라.” 하시고

4 “그러므로 모든 무술과 병법을 멀리하고 비록 비열한 것이라도 의통(醫統)을 알아두라.

5 사람을 많이 살리면 보은줄이 찾아들어 영원한 복을 얻으리라.” 하시니라.

난은 병란이 제일 무서우니라

6 또 말씀하시기를 “내가 이 동토에 삼재팔난(三災八難)의 극심함을 모두 없이하고 오직 병겁만은 그대로 남겨 두었나니

7 앞으로의 난은 병란(病亂)이니라.

8 난은 병란이 제일 무서우니라.” 하시고

9 “앞으로 환장 도수(換腸度數)가 열리고 괴병이 온 천하에 퍼져 ‘아이고 배야!’ 하며 죽어 넘어가리니

10 그 때에 너희들로 하여금 포덕천하(布德天下)하고 광구창생(廣救蒼生)하게 하리라.” 하시니라.

수십 일씩 굶주리며 대속하심

413 상제님께서 가끔 수십 일씩 굶으시며 말씀하시기를 “뒷날 박복한 중생들에게 식록(食祿)을 붙여 주기 위함이니라.” 하시니라.

2 또 여름에 솜옷을 입기도 하시고, 겨울에 홑옷을 입기도 하시니 성도들이 그 뜻을 여쭈면

3 “뒷날 빈궁에 빠진 중생으로 하여금 옷을 얻게 함이로다.” 하시니라.

천지대업을 이루는 거백옥 도수

414 상제님께서 천지공사를 마치신 뒤에

布教五十年工夫終筆
포 교 오 십 년 공 부 종 필

이라 써서 불사르시고

2 여러 성도들에게 이르시기를 “옛 사람 거백옥(蘧伯玉)이 50세에 49년 동안의 그름을 깨달았다 하나니 이제 그 도수를 썼노라.

3 내가 천지운로(天地運路)를 뜯어고쳐 물샐틈없이 도수를 굳게 짜 놓았으니 제 도수에 돌아 닿는 대로 새 기틀이 열리리라.

여기서 ‘시’는 시천주의 ‘시(侍)’ 자의 의미로, 물고기를 몰 때 ‘시~ 시~’ 소리를 내듯 미군들이 이 소리에 철수하게 될 것이라고 해석한다.

406:3 동적강. 동작강. 한강의 여러 이름 중 하나. 동작동 앞의 한강을 말한다.

408장 이 시는 대환란의 상황을 담고 있는 전래 비결로, 본래 내용과 한두 구절 차이가 있다. 상제님께서는 이 글을 통해, 증산도 통일경전 『도전』 간행을 계기로 본격적인 진법도운으로 들어서서 육임구호대 발동 등으로 전개되는 도운의 대세를 읽어 주시고, 또한 이 시간 도수에 맞추어 세운의 상씨름이 종결되면서 펼쳐질 인류의 비극적 운명을 예시하고 계신다. 일꾼들의 성숙된 역사의식과 근본적인 신앙혁명을 촉구하시는 말씀이다.

408:2 고국성. 오랜 역사를 갖고 있는 유서 깊은 문화국가를 말한다.

409:3 상제님의 도법으로 지구촌 인종씨를 추리는 대개벽 후에는 종주나라의 모국 어인 한국말로 통일된다.

410:2 장성 손룡. 전남 장성군 북하면 대악리 장군봉(558m)으로부터 단전리 옥녀봉(玉女峰)에 이르기까지 대손룡, 중손룡, 소손룡으로 펼쳐져 있다. 삼손룡은 천장지비지혈(天藏地秘之穴)로 음양의 순환이 무궁무진한 대혈이며, 옥녀봉의 옥녀직금은 선녀가 비단을 짜는 형국이다.

410:2 무안 승달산. 전남 무안군 청계면, 몽탄면에 걸쳐 있는 산(318m). 호승예불의 대혈을 비롯하여 비룡귀소혈(飛龍歸巢穴), 노승진념혈(老僧眞念穴), 운중반월혈(雲中半月穴) 등이 있다.

410:2 태인 배례밭. 정읍시 산내면 예덕리(禮德里)에 있는 마을. 보리밭이라고도 한다. 위, 가운데, 아래의 세 마을로 나뉘어 있으며 신하가 왕

4 너희들은 삼가 타락치 말고 오직 일심으로 믿어 나가라.

5 일심이면 천하를 도모하느니라.

6 이제 9년 동안 보아 온 개벽 공사(開闢公事)의 확증을 천지에 질정(質定)하리니

7 너희들도 참관하여 믿음을 굳게 하라.

8 천지는 말이 없으되 오직 뇌성과 지진으로 표징하리라." 하시고

9 글을 써서 불사르시니 갑자기 천둥과 지진이 아울러 크게 일어나니라.

오선위기 도수의 총결론

415 상제님께서 천지공사를 마치시고 말씀하시기를 "상씨름으로 종어간(終於艮)이니라.

2 전쟁으로 세상 끝을 맺나니 개벽시대에 어찌 전쟁이 없으리오." 하시니라.

상씨름 대전(大戰)의 대세

3 또 말씀하시기를 "아무리 세상이 꽉 찼다 하더라도 북쪽에서 넘어와야 끝판이 난다.

4 난의 시작은 삼팔선에 있으나 큰 전쟁은 중국에서 일어나리니 중국은 세계의 오고 가는 발길에 채여 녹으리라." 하시고

5 "장차 병란(兵亂)과 병란(病亂)이 동시에 터지느니라.

6 전쟁이 일어나면서 바로 병이 온다. 전쟁은 병이라야 막아 내느니라.

7 그 때는 모든 것이 뒤죽박죽이 되어 이기고 지는 쪽 없이 멸망하리라.

8 그 때가 되면 천하대세가 너희들에게 돌아가리니 내 일이 일시에 이루어지느니라." 하시니라.

판과 바둑은 주인에게 돌아간다

9 하루는 상제님께서 말씀하시기를 "매사에 주인 없는 공사가 있느냐.

10 각국에서 와서 오선위기 도수로 바둑을 두다가 갈 적에는 판과 바둑은 주인에게 도로 주고 가느니라." 하시니라.

이제 물샐틈없이 도수를 굳게 짜 놓았으니

416 이제 하늘도 뜯어고치고 땅도 뜯어고쳐 물샐틈없이 도수를 굳게 짜 놓았으니

2 제 한도(限度)에 돌아 닿는 대로 새 기틀이 열리리라.

공사

묵은 기운이 채워져 있는 곳에서는

3 오직 어리석고 가난하고 천하고 약한 것을 편히 하여

4 마음과 입과 뜻으로부터 일어나는 죄를 조심하고 남에게 척을 짓지 말라.

5 부하고 귀하고 지혜롭고 강권을 가진 자는 모든 척에 걸려 콩나물 뽑히듯 하리니

6 이는 묵은 기운이 채워져 있는 곳에서는 큰 운수를 감당키 어려운 까닭이니라.

만사의 분수가 이미 정해져 있다

417 하루는 성도들에게 옛 시를 외워 주시니 이러하니라.

2 　道通天地無形外하고 思入風雲變態中이라
　　도 통 천 지 무 형 외　　　사 입 풍 운 변 태 중

　　萬事分已定이어늘 浮生이 空自忙이니라
　　만 사 분 이 정　　　　부 생　　공 자 망

　　도는 천지 무형의 밖까지 통하고
　　생각은 풍운의 변화 속에 드는구나.
　　모든 일은 분수가 이미 정해졌거늘
　　덧없는 인생은 부질없이 스스로 바쁘구나.

천하사인 고로 더디노라

418 상제님께서 말씀하시기를 "내가 보는 일이 한 나라의 일에 그칠진대 어렵지 않지마는 천하사(天下事)인 고로 이렇듯 더디노라." 하시니라.

유치한 종말 신앙을 경계하심

2 하루는 호연에게 말씀하시기를 "일이 아무리 금방 된다 된다 해도 그렇게 쉽게 되는 것이냐.

3 인간이 나 사는 하루 일도 제대로 모르는데 이 세상 이치가 그렇게 쉬운 줄 아냐? 좁은 소견이지.

4 지금 한쪽에서는 신명들이 싸움을 하여 이기고 죽고 야단인데, 철 모르는 것들은 날마다 기다리고 앉아서 '언제나 나를 살리려고, 언제나 나를 살리려고.' 하며 신세타령만 하는구나." 하시고

5 다시 이르시기를 "남자도 많은데 너를 데리고 다니는 것은 천지도수를 맞춘 것으로

6 어린것을 데려다 쓴 내정(內情)을 생각해서 내 너를 잊지 않는다.

7 그러니 어린것이라도 밤낮 나만 쳐다보며 '언제나 돼?' 하고 조르

명을 받드는 형국의 군신봉조혈이 있다. 이 배례밭 앞에 왕자산이 있고 그 옆으로 성주산(聖主山)이 있다.

412:3 전쟁. 이는 남북 상씨름을 지적하신 것이다. 인류의 미래는 상씨름에 달려 있다. 상씨름의 주역인 남·북과 그 훈수꾼인 미·중·일·러 간의 전쟁의 불기운을 묻는 (埋火) 인사 문제가 인류의 미래를 보장하는 제1의 관건이다. 이것이 후천개벽공사의 핵심 문제인 것이다.

414:1 포교오십년공부종필. 50수는 천지일원수인 100수가 음양으로 나뉘어 운행하는 천지대정수로서, 상제님은 이중 후반 50수를 진법 신앙 문화를 창출하는 포교 공부의 역사 도수로 인사의 주인에게 붙이셨다.

414:2 거백옥(蘧伯玉, ?~?). 이름은 원(瑗), 백옥은 자(字)이다. 전국시대 위나라의 대부. 공자는 거백옥을

'군자 정치가이며 난세의 치자로서 시중(時中)에 맞게 행장(行藏)과 진퇴(進退)를 분명히 하는 인물'이라고 찬양하였다.

414:2 49년 동안의 그름을 깨달았다 하나니. 『회남자(淮南子)』「원도훈(原道訓)」에 나오는 구절로 원문은 '연오십이지사십구년비(年五十而知四十九年非)'이다. 상제님께서는 군자 거백옥의 부단한 자기개혁의 정신을 마무리 도운 50년 과정에 붙이셨다. 50년 공부의 첫해로부터 49년까지는 진법 도운을 여는 준비 과정으로 쓰시고, 마지막 한 해에 철저한 역사 반성과 신앙개혁을 통해 대세몰이 도수로 들어가게 하신 것이다.

417:2 북송 정호(程顥, 1032~1085)의 '추일우성(秋日偶成)'이란 시와 『명심보감』「순명(順命)」편의 일부. 원래 '추일우성'에는 '유형외(有形外)'로 되어 있

면서 그렇게 어두운 생각을 먹지 말고

8 너 고생한 것만큼은 다 돌아갈 터이니 가만있거라.

9 우리 일은 절로 된다." 하시니라.

천지에서 호연을 보호하게 하심

419 하루는 상제님께서 호연을 안쓰럽게 바라보시며 말씀하시기를

2 "내가 너를 그냥 두고 가면 어느 사람이 주워 가도 주워 갈 터이니 네가 살는지 죽을는지도 몰라.

3 그러나 천지에 네 피를 뿌렸는데 어찌 죽을 수가 있냐?

4 내가 누구라도 너를 못 건드리게 할 것이니 내게서 배운 재주만 싹 걷어 가면 괜찮아." 하시거늘

5 호연이 "또 어떻게 해서 싹 걷어 간대?" 하고 여쭈니 "너 금방 밥 먹은 것도 내가 없애려면 없애." 하시니라.

첫발은 항상 동쪽으로

420 상제님께서는 어디를 가실 때 항상 머리를 동쪽으로 먼저 두르시고, 동쪽으로 한 발을 내딛으신 뒤에야 비로소 다른 곳으로 향하시니라.

2 상제님께서 날씨가 좋을 때는 주로 삿갓을 쓰시고, 날이 궂을 때는 삿갓을 벗고 다니시는데

3 항라옷을 입으신 채 아무리 소나기 속을 다니셔도 옷이 젖지 않으시니라.

어디를 가시려면 옥단소를 부시니라

421 상제님께서 어디를 가실 때는 항상 오른쪽 주머니에 무명 천을 넣고 다니시며

2 호연을 냇물에 씻겨 물기를 닦아 주기도 하시고, 물에 적셔 얼굴을 씻겨 주기도 하시며, 천을 길게 찢어 발감개로 쓰기도 하시니라.

3 또 종이를 수첩같이 만들어 무명 천과 함께 오른쪽 주머니에 넣으시고, 왼쪽 주머니에는 터럭끝을 거미줄로 감아 뺄기처럼 만든 작은 붓과 먹을 넣고 다니시는데

4 대개는 먹을 도막 내어 가지고 다니시고, 간혹 통째로 갖고 다니기도 하시니

5 어디에서든지 먹은 돌에 갈고, 붓끝은 침으로 잘 다듬어서 글을 쓰시니라.

6 상제님의 옷에는 홑옷이든 겹옷이든 전부 속주머니가 전대처럼 달려 있는데

7 평소에는 아무것도 넣지 않으시다가 호연을 집에 두고 어디를 다녀오실 때면 그 안에 먹을 것을 넣어 오시어 호연에게 주시니라.

8 또 저고리의 앞섶을 살짝 터서 그 속에 항시 옥단소를 넣고 다니시며

9 어디 좋은 데를 가실 때면 그것을 내어 부시고, 돌아오시다가도 앉아서 불곤 하시니라.

공사 보러 다니실 때 주무시려면

422 상제님께서 각지를 다니며 공사 보실 때 미처 주무실 곳을 정하지 못한 채 날이 저물면 장소를 가리지 않고 아무데서나 주무시니

2 추운 겨울날에는 남의 집 헛청이나 방앗간에서 추위를 피하시고, 큰 바위 밑에서 바람을 피하기도 하시니라.

3 또 공동묘지에 가서 주무시는 때도 많으니 하루는 초빈을 해 놓은 나래 몇 장을 떠들어 호연을 눕히시고, 상제님께서는 널 반대쪽에 누우시거늘

4 호연이 "냄새나면…." 하고 막 말하려는데 "그런 소리 마라. 냄새난다고 하면 참말로 냄새난다. 아무 소리 마라." 하시니라.

5 이에 호연이 잠시 아무 말 못하다가 이내 "아이고, 나 무서워~!" 하며 몸을 움츠리니

6 상제님께서 널 위로 호연의 손을 꼭 잡아 주시며 호연과 함께 널 쪽으로 고개를 둔 채 잠을 청하시니라.

멍청해서 그랬냐

423 하루는 상제님께서 호연에게, 배고파 냇가에 쓰러져 있다가 물새우 한 마리를 서로 입에 넣어 주던 부녀의 이야기를 해 주시니

2 호연이 "아이구, 얼마나 배고프면 그랬을까." 하거늘

3 상제님께서 "그 때 너하고 나하고 동문(東門)에 가서 무 하나 주워 갖고 먹을 때

4 네가 더럽다고 안 먹어서 껍데기는 내가 베어먹고 알맹이만 주니까 너 먹었지?" 하고 물으시니라.

5 이에 호연이 "응, 그랬지." 하니 "그 때 둘이 먹자고 안 하고 너 혼자 다 먹었지? 나는 껍데기만 먹고." 하시거늘

으나 『정역』에서는 '무형외(無形外)'라고 인용하였다.

419:3 천지에 네 피를 뿌렸는데. 상제님은 가을개벽의 간태합덕(艮兌合德) 원리를 인사에 이화시켜 호연을 천지의 제단에 가을 소녀(兌少女)로 바치셨다. 상제님 곁에서 보고 들은 천지공사 내용과 상제님 말씀을 후대의 일꾼들에게 생생한 언어로 전하는 절대적인 사명을 호연에게 맡기신 것이다.

419:4 싹 걷어가면 괜찮아. 호연으로 하여금 때가 되기 전에는 천지의 큰 비밀을 누설하지 못하게 하신 공사이다.

421:3 거미줄로 감아 뺄기처럼 만든 작은 붓. 「문」이만한 붓을 갖고 다닌 게 아니고요? 답) 안 갖고 다녀. 이 속에다가 넣으니까 까딱하면 빠지고 찌르고 그런다고 조깐하게 혀. 그게 터럭도 아니고 이를테면 아이들이 뻘기를 안 뽑아 먹어?

그런 것같이 맹 글었대. 그런 것 을 거미줄로 이 렇게 다 감아." (김호연 성도 증 언)

421:7 먹을 것을 넣어 오시어. "어 디서 제사를 지 냈다고 떡도 갖 다주고 과실을 갖고 와. 그러고 는 그것 내가 없 으면 언제까지나 둬. 나 줄려고." (김호연 성도 증 언)

423:3 동문. 옛 전주시의 4대 성 문(동·서·남· 북문) 중 하나.

423:4 더럽다고 안 먹어서. 당시 는 성문 앞에 자 연스럽게 장터가 형성되었는데, 동문에는 한약재 와 특용약물이 많이 거래되던 9 일장이 열렸다. 상제님께서 주우 신 이 무는 장터 바닥에 떨어져 뒹굴던 것이었 다.

423:6 멍청해서 그랬냐. 상제님 은 선천 인간 싸 가지를 보러 다 니시는 분이다. 상제님께서는 어 린 호연의 본성 에서 나온 이 한 마디를 통해 선 천 말 상극의 극

6 "그려. 그렇게 내가 멍청했어." 하니 빙긋이 웃으시며 "멍청해서 그 랬냐?" 하시니라.

7 호연이 고개를 끄떡이며 "그랬지. 우선 주니까 먹을 줄만 알았지." 하니

8 말씀하시기를 "너는 봐~, 참말로 좋은 세상이 돌아와." 하시니라.

상제님께서 주무실 때

424 상제님께서는 주무시는 시간이 일정치 않으니 성도들조차 언 제 주무시는지 잘 알지 못하는데

2 어떤 때는 모두 자는 시간에 일어나시어 마당도 쓸고, 무언가를 하 시며 분주히 들락날락하시다가 성도들이 일어나면 그제야 주무시 니 아무도 그 뜻을 알지 못하더라.

3 또 상제님께서는 이부자리를 깔지 않고 맨바닥에서 주무시고, 아 무리 추운 겨울에도 이불을 덮지 않으시며

4 베개 대신 목침, 사발 등을 눈에 보이는 대로 베고 주무시니

5 형렬을 비롯한 여러 성도들은 편안함을 구하지 않으시는 상제님을 본 받아 아무런 불평없이 그와 같이 지내니라.

6 추운 겨울날이면 어린 호연이 추위를 이기지 못하여 몸을 웅크린 채 덜덜 떨며 잠을 이루지 못하므로

7 상제님께서 옷을 벗어 덮어 주시며 옷이 들뜨지 않도록 다리로 감 싸고 다독거려 주시니라.

여름과 겨울의 옷차림

425 상제님께서는 겨울에도 솜을 넣지 않은 광목 겹저고리와 겹바 지 한 벌로 추위를 견디시고

2 여름에는 그것을 뜯어 홑저고리, 홑바지로 만들어 입으시며

3 아무리 추운 날에도 춥다고 하지 않으시고, 아무리 더운 날에도 덥 다고 불평하지 않으시니라.

4 하루는 날씨가 추워서 거울에 성에가 낀 것을 보고 호연이 "선생 님, 색경에 얼음이 있어요. 너무 추워~!" 하며 호들갑을 떠니 상제 님께서 이를 꾸짖으시니라.

오직 공사에만 일심하시니

426 상제님께서 공사를 행하실 때는 어떤 일로도 중지하지 않으시

고 오직 공사에만 일심하시며 반드시 공사를 마친 뒤에 다른 일을 보시니라.

2 하루는 더운 여름날에 진지도 거르신 채 자리를 한시도 떠나지 않고 공사에만 전념하시니

3 공우가 민망하여 젖은 수건을 가져다 용안을 닦아 드리니라.

4 또 때로는 진지를 드실 새도 없이 공사를 보러 떠나시는데

5 이 때 서둘러 진지를 준비해 올리면 손에 물을 묻히시고 밥을 세 덩이로 뭉쳐서 눈 깜짝할 새에 드시고 떠나시니라.

즐겨드신 음식

6 상제님께서는 가물치회를 좋아하시고, 논에서 잡히는 우렁이와 미꾸라지를 좋아하시니

7 우렁이는 '토삼(土蔘)'이라 하시며 잘 드시고 미꾸라지는 탕으로 즐겨 드시니라.

8 또 배추나 월동추 같은 채소 겉절이를 무척 좋아하시니라.

문명은 뒷날에 나리라

427 상제님께서 공사를 보실 때는 항상 글이나 물형을 써서 불사르시는데

2 성도들은 물형의 뜻을 알 수 없고 다만 글을 알아볼 뿐이므로

3 성도들이 그 글이라도 기록해 두려 하면 상제님께서 금하시며 말씀하시기를

4 "들을 때에 명심하였다가 구전심수(口傳心授)하라. 문명(文明)은 뒷날에 나리라." 하시니라.

5 어천하실 무렵에 하루는 형렬의 집 마당에 글 쓰신 것과 책을 쌓아 놓으시고 형렬에게 명하시기를

6 "이것을 모두 태우라. 그래야 난법 기운을 일찍 거두느니라." 하시니라.

셋도수를 맞추심

428 상제님께서 셋도수를 맞추시기 위해 임인년 이래로 8년 동안 형렬과 호연을 함께 데리고 다니시고, 공사로써 두 사람이 부부의 연을 맺게 하시니

2 형렬의 자식들은 늙은 아버지가 어린 호연을 첩으로 얻은 것으로만 생각하여 호연을 대접하지 아니하므로 호연이 갖은 고초를 겪으니라.

3 더욱이 형렬이 작고한 뒤로는 생활이 이루 말할 수 없이 곤궁해지
니 신세를 한탄하며 상제님을 원망하는 일이 많거늘

4 하루는 상제님께서 호연을 찾아오시어 위로하여 말씀하시기를

5 "천하에서 할아버지 같은 사람들도 다 무릎 꿇을 것이요, 네가 정녕
하늘로 올라갈 터인데 이런 좋은 일을 어찌 마다하느냐!

6 네 위에 사람 없다. 네가 부릴 사람이 천지다." 하시며 기운을 북돋워
주시니라.

중요한 공사 내용은 쉽게 깨닫지 못하게 하심

429 상제님께서 공사 보실 때 중요한 공사 내용은 부(符)나 칙령(勅
令)으로써 영을 내리시니 성도들이 그 내용을 쉽게 깨닫지 못
하니라.

2 하루는 호연이 "쉽게 가르쳐 주지 않고, 꼭 문자로만 가르치니 어
떻게 알아요? 못 알게 할려고 그렇게 가르치지!" 하고 따지듯 말하니

3 말씀하시기를 "네가 다 알아 봐라. 네 신명(神明)이 있는가.

4 이 천지 사람이 다 그려. 모르고 사는 사람이 많지 알고 사는 사람
은 드물어." 하시니라.

5 또 말씀하시기를 "내 도수(度數)는 참빗과 같아서 앞이 뒤가 되고, 뒤
가 앞이 되는 일이니라." 하시니라.

부를 보지 못하게 하심

6 상제님께서 평소 성도들에게 공부를 시키실 때는 아무 것도 적지
못하게 하시고

7 공사를 행하시며 부(符)를 쓰실 때는 성도들이 보지 못하게 가리고
쓰시니라.

8 광찬이 본래 총명하여 뒤에서 붓대 끝 돌아가는 것만 봐도 무엇을
쓰시는지 훤히 알거늘

9 하루는 상제님께서 부를 그리시니 살며시 어깨 너머로 보려 하매

10 상제님께서 갑자기 "네 이놈!" 하고 호통을 치시며 보지 못하게 하
시니라.

여러 말씨를 사용하심

430 상제님께서는 여러 말씨를 자유자재로 사용하시니 평소 호연과
형렬에게는 전라도 말씨로 격의 없이 대하시고

2 그 외의 성도들에게는 보통 사투리를 쓰지 않으시는데 간혹 전라

도 말씨를 쓰기도 하시니라.

3 또 상제님께서 몸소 타관에 가시거나 타지에서 사람이 찾아오면 그 지역의 말씨로 응대하시고

4 외국에 나가 공사 보실 때는 그 나랏말로 말씀하시니라.

5 그러나 공사를 보시거나 성도들에게 명을 내리시고, 신장들에게 칙령을 내리실 때는 사투리를 전혀 쓰지 않으시니라.

글은 나 같은 글이 없었다

6 하루는 글씨를 빨리 쓰시며 이르시기를 "바쁠 때에는 완만을 허락하지 않나니 글을 쓰되 말 위에서 격서(檄書) 쓰듯이 빨리 쓰기를 공부하라." 하시고

7 "세상에 잘 쓰는 글씨도 많이 있지만 글은 나 같은 글이 없었다." 하시니라.

항상 공사 보시는 데 몰두하심

431 상제님께서는 길을 가시다가 잠시 앉아 쉬실 때도 땅에 막대기로 동그라미를 그리거나 점을 찍고 글씨를 쓰시며 공사에 몰두하시니라.

2 또 공사를 보신 후에는 왼손에 먹을 묻혀 부(符)나 글을 쓴 종이 위에 찍기도 하시고, 무를 잘라 무엇을 새겨서 찍기도 하시니

3 그 모습이 마치 도장 찍는 것과 흡사하더라.

4 상제님께서는 작은 종이라도 있으면 반드시 글을 쓰시고 짧은 시간이라도 옥(玉)같이 여기시니라.

갑칠아, 먹 갈아라

432 하루는 상제님께서 갑칠을 데리고 산골 깊숙한 곳에 가시어 문득 "갑칠아, 먹 갈아라." 하시거늘

2 갑칠이 당황하여 여쭈기를 "무슨 물이 있어야 먹을 갈지요. 침 뱉을까요?" 하니 "침은 안 된다." 하시니라.

3 갑칠이 생각다 못해 "그럼 제 오줌이라도 쌀까요?" 하니

4 상제님께서 웃으시며 "그래라, 네 오줌에다 갈아라." 하시거늘

5 갑칠이 그대로 하여 올리니 그 먹물로 글을 쓰시어 공사를 보시니라.

국내외 여러 곳을 자주 다니심

433 상제님께서 함열(咸悅)에 자주 가시니 성도들이 그 뜻을 여쭈면 "이는 만인함열(萬人咸悅)의 뜻을 취함이라." 하시니라.

2 천지공사를 행하심으로부터 국내외의 여러 곳을 두루 다니시는데

3 그 가운데 전라도에서 자주 다니신 곳은 전주, 태인, 정읍, 고부, 부안, 순창, 함열, 익산, 만경, 진안 등이더라.

이 일은 곧 천지의 대순

4 공우가 상제님을 종유(從遊)한 이후로 3년 동안 천지공사에 자주 수종하는데

5 공사 뒤에는 항상 공우로 하여금 각처 성도들에게 순회연포(巡廻演布)하라고 명하시며

6 "이 일은 곧 천지의 대순(大巡)이니라." 하시니라.

천하사는 직접 뛰어다녀야 한다

434 한 성도가 "선생님께서는 왜 항상 풀대님으로 다니시는지요?" 하고 여쭈니

2 "천지공사는 대님 차고는 못 하는 것이다." 하시며

3 "천하사는 글만 가지고 안 되나니 직접 뛰어다녀야 하느니라." 하시니라.

4 또 말씀하시기를 "모사(謀事)는 내가 하리니 성사(成事)는 너희들이 하라." 하시고

5 "공부는 입 공부가 가장 크니라." 하시니라.

9년 동안 인간 생활의 모든 질서를 결정하심

435 상제님께서 9년 동안 공사를 행하시어 선천 말대의 천지운로(天地運路)를 뜯어고치시고 후천세계 인간 생활의 모든 질서를 결정하시니

2 세간(世間)의 만사만물이 상제님의 붓끝을 거쳐가지 않은 것이 없더라.

3 이에 공사를 행하신 횟수가 무한하고 실로 그 양이 방대하나

4 모든 것을 신도(神道)로써 행하시니 성도들이 그 뜻을 알지 못할 뿐만 아니라

5 공사 보실 때에 성도들을 일정하게 참관시키지 않으시고 기록 또한 남기지 못하게 하시거늘

6 이는 성편될 일부만 허락하시고 일체의 기운을 거두심이라.

7 상제님께서는 우주 내에 운행하는 기운을 걷어잡으시어

8 천리(天理)와 지의(地義)와 신도(神道)와 인사(人事)에 가장 합리적인 도수를 짜 놓으시고

9 모든 것이 제 도수에 맞추어 인사로 실현되도록 신도의 기틀을 굳게 질정하시니라.

434:5 입 공부. 진리를 제대로 말할 수 있는 공부, 주문 잘 읽는 공부를 말한다. 선천의 인류 역사를 마무리짓고, 후천 대개벽기에 세계창생을 건져 열매 맺는 큰 일꾼이 되려면, 상제님의 진리를 참되게 전할 수 있는 법의 입(法口), 진리의 입을 갖추어야 한다.

북두칠성과 삼태성

破軍　紫微帝君　高上玉皇　武曲　文曲　廉貞　貪狼　祿存　巨門　下台　中台　上台

1. 북두칠성

* 북두칠성은 이른바 "선기옥형(璿璣玉衡)을 살펴 칠정(七政)을 바로잡는다."는 별이다. … 칠성은 천제(상제)가 타는 수레(마차)로 하늘의 정중앙을 운행하면서 사방을 직접 통제(臨制)한다. 음양을 나누고 사계절을 정하고 오행을 조절하며 절기를 바꾸고 제기(諸紀: 歲, 日, 月, 星辰, 曆數 등)를 확정 짓는 것이 모두 북두칠성에 연계된다.(北斗七星, 所謂 璇璣玉衡, 以齊七政 … 斗爲帝車, 運于中央, 臨制四鄕, 分陰陽, 建四時, 均五行, 移節度, 定諸紀, 皆繫於斗. 『史記』「天官書」)

* 경에 이르기를 "무릇 인간의 생명은 모두 정북방의 천기(天炁)에서 비롯된다. 중앙의 일기(一炁)가 물(水)을 낳고, 만물은 모두 물로 인하여 생겨난다. 그러므로 북두(北斗)는 중천(中天)에 있으면서 사방을 선회하며, 일체 인간의 생사화복을 주관한다."(經云凡人之生, 皆是天炁居中一炁生水, 萬物皆因水而生, 故北斗居中天, 而旋回四方, 主一切人民生死禍福. 『道藏』17권 「太上玄令北斗本命延生經注」)

* 첫 번째인 정성은 양덕을 주관하며 천자를 상징한다. 두 번째인 법성은 음형을 주관하며 여왕을 상징한다. 세 번째인 영성은 재앙을 주관한다. 네 번째인 벌성은 하늘의 이치를 주관하며 무도한 자를 징벌한다. 다섯 번째인 살성은 중앙을 주관하며 널리 주변을 돕고 죄인을 죽인다. 여섯 번째인 위성은 하늘의 창고이며 오곡을 주관한다. 일곱 번째인 부성 또는 응성은 군사를 주관한다. 또한 첫 번째는 하늘(天)을 주관하고, 두 번째는 땅(地)을 주관하고, 세 번째는 화(火)를 주관하고, 네 번째는 수(水)를 주관하고, 다섯 번째는 토(土)를 주관하고, 여섯 번째는 목(木)을 주관하고, 일곱 번째는 금(金)을 주관한다.(石氏云 "第一曰 正星, 主陽德, 天子之象也. 二曰法星, 主陰刑, 女主之位也. 三曰令星, 主中禍. 四曰伐星, 主天理, 伐無道. 五曰殺星, 主中央, 助四旁, 殺有罪. 六曰危星, 主天倉五穀. 七曰部星, 亦曰應星, 主兵." 又云 "一主天, 二主地, 三主火, 四主水, 五主土, 六主木, 七主金." 『晉書』「天文志 上」)

* 북두칠성은 칠정(七政)의 축(樞機)이 되고 음양의 본원이다. 그러므로 하늘의 한가운데를 운행하여 사방을 직접 통제(臨制)하고 사시와 때를 세우고 오행을 균일하게 한다. 또 말하기를 임금의 상이니 호령하는 주체이다. 또한 천제(상제)의 수레가 되니 운동하는 뜻을 취한 것이다.(七政之樞機, 陰陽之本元也. 故運乎天中, 而臨制四方, 以建四時, 而均五行也. 又曰人君之象, 號令之主也. 又爲帝車, 取乎運行之義也. 『天文類抄』)

북두칠성	이 름		오행(五行)	절후(節候)
북두제일양명탐랑태성군 (北斗第一陽明貪狼太星君) 성(姓): 상령(上靈) 휘(諱): 요천퇴(搖天槌)	괴(魁) 탐랑(貪狼) 천추(天樞) 정성(正星)	태일법원 (太一法垣)	天 身 子生人 太陽眞君 身星 室壁奎婁	陽明春生萬物
북두제이음정거문원성군 (北斗第二陰精巨門元星君) 성(姓): 육영(育嬰) 휘(諱): 격명광(激明光)	작(魁) 거문(巨門) 천선(天璇) 법성(法星)	태일삼옹 (太一三瓮)	地 命 丑亥生人 太陰星君 命星 胃昴畢觜	陰精秋成萬物
북두제삼진인녹존진성군 (北斗第三眞人祿存眞星君) 성(姓): 귀병(歸幷) 휘(諱): 처중답(處仲踏)	관(魁) 녹존(祿存) 천기(天璣) 영성(令星)	태일허이 (太一虛夷)	火 日 福 寅戌生人 水星眞君 福星 參鬼井柳	眞人
북두제사현명문곡유성군 (北斗第四玄冥文曲紐星君) 성(姓): 영추(靈樞) 휘(諱): 요천주(搖天柱)	행(魁) 문곡(文曲) 천권(天權) 벌성(伐星)	태일칠열 (太一七烈)	水 月 祿 卯酉生人 火星眞君 祿星 張星翼軫	玄冥
북두제오단원렴정강성군 (北斗第五丹元廉貞綱星君) 성(姓): 상개(上開) 휘(諱): 오도(五道)	화(魁) 염정(廉貞) 옥형(玉衡) 살성(殺星)	태일울창 (太一鬱昌)	土 江 官職 辰申生人 木星眞君 官職 角亢氐房	丹元夏以長養萬物
북두제육북극무곡기성군 (北斗第六北極武曲紀星君) 성(姓):명령(明靈) 휘(諱): 창상원(昌上元)	보(魁) 무곡(武曲) 개양(闓陽) 위성(危星)	태일기정 (太一炁精)	木 河 壽 巳未生人 土星眞君 壽星 心尾斗箕	北極三冬以收藏萬物
북두제칠천충파군관성군 (北斗第七天衝破軍關星君) 성(姓): 현추(玄樞) 휘(諱): 개천도(開天徒)	표(魁) 파군(破軍) 요광(瑤光) 부성(部星)/응성(應星)	태일욱묵 (太一郁墨)	金 海 妻妾 午生人 金星眞君 妻妾 牛女虛危	天關

역할과 기능

*양덕을 주관하며 천자를 상징한다(陽德七陰). 태상궁의 청성옥루에 산다.(居太上宮, 靑城玉樓。) 하늘의 태위(太尉)로서 정치를 담당하여 그릇된 일들을 주관한다. 구천(九天)의 상진(上眞)을 총괄(總)하며, 중간으로는 오악비선(五嶽飛仙)을 감찰(監)하고, 아래로는 후학(後學)과 진인(眞人)을 영도(領)하는데, 천지신령(天地神靈)과 공과(功過)의 경중(輕重)이 여기에 매이지 않은 것이 없다.(爲天之太尉司政, 主非。總九天上眞, 中監五嶽飛仙, 下領後學眞人, 天地神靈功過輕重, 莫不隸焉。)

*음형을 주관하며 여왕을 상징한다(陰刑). 중원궁의 오색옥루의 가운데에 산다.(居中元宮, 五色玉樓之中。) 하늘의 주재자가 되어(天之主宰) 녹봉과 벼슬을 관장하며, 위로 하늘을 별들(天宿)과 아래로 모든 신명(萬靈)과 선(仙)을 배우는 사람을 관장하기 때문에 무릇 도를 배우는 이와 만백성의 숙명이 여기에 매이지 않은 것이 없다.(爲天之主宰, 主祿位, 上總天宿, 下領萬靈及學仙之人, 諸以學道及兆民, 宿命莫不隸焉。)

*재앙을 주관한다(中禍). 진원궁의 황대옥루의 가운데에 산다.(居眞元宮, 黃臺玉樓之中。) 하늘의 사공(天之司空)이 되어 신선들을 주재한다. 위로 구천의 고진(高眞)을 총괄하고, 중간으로 오악령선(五嶽靈仙)을 감찰(監)하고, 아래로 도를 배우는 사람과 진선지관(眞仙之官)을 이끄는데, 여기에 매이지 않은 것이 없다.(爲天之司空, 主神仙, 上總九天高眞, 中監五嶽靈仙, 下領學道之人眞仙之官, 莫不隸焉。)

*하늘의 이치를 주관하며 무도한 자를 징벌한다(天理伐無道). 유유궁의 주대옥루의 가운데에 산다.(居紐幽宮, 朱臺玉樓中。) 하늘의 유계(天地遊繫)가 되어 하늘의 이치를 거스르는 자에게 벌을 주는 일을 주관한다. 위로 구천의 귀신을 총괄하고, 중간으로 북제삼관(北帝三官)을 이끌고, 아래로 하늘의 이치에 거슬리는 이를 징벌하고 불충한 신하를 감찰하는 일을 하는데 모든 흉패(凶悖)가 여기에 매이지 않은 일이 없다.(爲天之遊繫, 主伐逆, 上總九天鬼神, 中領北帝三官, 下監萬兆伐逆不臣, 諸以凶悖, 莫不隸焉。)

*중앙을 주관하며 널리 주변을 돕고 죄인을 죽인다(殺有罪). 망신궁의 소대옥루의 가운데에 산다.(居網神宮, 素臺玉樓之中。) 하늘의 두군(天之斗君)이 되어 목숨과 녹봉 장부를 책임지며, 중간으로 귀신 장부와 그 세목과, 아래로 진인되기를 배우는 사람과 만백성을 영도한다. 하늘과 땅의 기록을 담은 장부를 책임지며, 모든 것이 총괄되지 않은 것이 없다.(爲天之斗君, 主命祿籍, 中統鬼神簿目, 下領學眞兆民命籍, 諸天諸地莫不總統。)

*하늘의 창고이며 오곡을 주관한다(天倉五穀). 기명궁의 현대옥루의 가운데에 산다.(居紀明宮, 玄臺玉樓之中。) 하늘의 태상(天之太常)이며 승진(昇進)을 주관하며, 위로는 구천의 상진(上眞)을 총괄하고, 중간으로 오악(五嶽)과 비선(飛仙)을 감찰하고, 아래로 학자의 몸을 영도한다. 무릇 공근(功勤)하여 계급(階級)의 윤전(輪轉:보직의 순환) 등을 여기서 총괄하지 않음이 없다.(爲天之太常, 主升進, 上總九天上眞, 中統五嶽飛仙, 下領學道之身, 凡功勤得輪輔階級者總之焉。)

*국방을 주관한다(兵). 파군성군은 관회궁의 구색옥루 가운데에 산다.(破軍星君, 居關會宮, 九色玉樓之中。) 하늘의 상제(天之上帝)가 되어 천지기운을 주관하는데, 사시장단과 천지비태와 겁회의 수리가 여기에 매이지 않음이 없다.(爲天之上帝, 主天地機運, 四時長短, 天地否泰, 劫會之數, 莫不隸焉。)

북두칠성	이 름		오행(五行)	절후(節候)
북두제팔통명외보성군 (北斗第八洞明外輔星君) 성(姓): 정상(精常) 휘(諱): 상개(上開)	존(尊) 정연(正延) 옥황제존원신군 (玉皇帝尊元晨君) 제태상황 (帝太常皇)	태일석계주 (太一石啓珠)		
북두제구은광내필성군 (北斗第九隱光內弼星君) 성(姓): 유공(幽空) 휘(諱): 명양휘(冥陽暉)	제(帝) 유요(幽寥) 옥황제진원신군 (玉皇帝眞元晨君) 변영상황 (變靈上皇)	태일조일조 (太一條一條)		

2. 삼태성

* 삼태를 태계(泰階)라고도 하며,… 이른바 음양을 조화롭게 하고 만물을 다스리는 것이다.
  (一曰泰階,… 所以和陰陽而理萬物也. 『道藏』 17권 「太上玄舍北斗本命延生經注」)
* 삼태성은 중천(中天)의 지극한 덕화(大化)이며, 북두칠성의 화개(華蓋)이다.
  (三台者乃中天之大化, 北斗之華蓋也. 『道藏』 17권 「太上玄舍北斗本命延生經注」)

삼태육성(三台六星)	휘(諱)	직책	관직	호(號)
상태허정개덕성군 (上台虛精開德星君)	허정 (虛精)	사명 (司命)	태위 (太尉)	통묘현도천존생생주자 (通妙玄道天尊生生主者)
중태육순사공성군 (中台六淳司空星君)	육순 (六淳)	사중 (司中)	사도 (司徒)	인화소덕연복천존양양대신 (仁化昭德延福天尊養養大神)
하태곡생사록성군 (下台曲生司祿星君)	곡생 (曲生)	사록 (司祿)	사공 (司空)	영원묘유공통천존호호천옹 (靈源妙有空洞天尊護護天翁)

역할과 기능

*이 성군은 하늘의 옥제(玉帝)의 별을 가리킨다.(天之玉帝之星。) 위로는 구천(九天)을 총괄하고, 아래로 구지(九地)와 오악(五嶽)과 사독(四瀆)을 다스리는 선관(仙官)을 영도한다. 제석궁 안에 있는 자기옥루의 중앙에서 산다.(上總九天, 下領九地, 五嶽, 四瀆之仙官。居帝席宮內, 紫炁玉樓之中。) 외보(外補)는 온갖 일을 맡아 총괄하고, 천하만국의 구주(九州)를 사찰(司察)하는 임무와 대신들의 죄(罪)와 복(福)과 공과(功過)를 책임지는 권한을 지닌다. … 외보성(外輔星)이 개양성(開陽星)에 의지하여 북두칠성이 성공하도록 돕는 까닭으로 승상(丞相)을 상징한다. (斗中外補, 總承衆事, 司察天下萬國九州, 執政大臣罪福功過。… 此輔星倚乎開陽, 所以佐斗成功, 丞相之象也。)

*고상옥황은 북두칠성 중 존성(尊星)이다. (斗中尊星也。) 구진의 체(體)로서 더이상 설명할 수 없을 정도로 존귀하고 지극히 보배롭고 위대한 존칭이다. (故九辰體乎高上之大玉皇之尊也。)

*이 성군은 하늘의 대제(大帝)의 별을 가리킨다.(天之大帝之星。) 대제(大帝)는 변화를 주재하는데, 무엇에도 구애받지 않고 선인(仙人)과 진인(眞人)과 공과(功過)를 가리지 않는다. 상존궁 안에 있는 자관옥루에서 산다.(主變化, 無方, 仙眞功過。居上尊宮內, 紫館玉樓之中。) 내필성(內弼星)은 온갖 일을 맡아 총괄하고, 천하만국의 구주(九州)를 주찰(主察)하는 임무와 대신들의 죄와 복과 공과를 책임지는 권한을 지닌다.(斗中內弼, 總承衆事, 主察天下萬國九州, 執政大臣罪福功過。)

*자미제군(紫微帝君)은 북두(北斗)의 제성(帝星)이며, 또한 태미제군(太微帝君)이라 부른다. (斗中帝星也。又號太微帝君。)

*자미제군은 북두의 주재이고, 뭇 별의 임금(君父)이다.(紫微帝君者, 乃北斗之主宰, 衆星之君父也。) 따라서 자미제군은 북두구진과 삼태성의 수장(首)이다.(所以引紫微爲九辰三台之首也。)

역할과 기능

*수명을 관장한다(司命, 主壽).
*상태의 윗별은 천자를 보호하고 도와주며, 아랫별은 황후가 된다.
  (太尉, 上台上星護助天子, 下星爲女后。)

*종실을 관장한다(司中, 主宗室).
*중태의 윗별은 제후가 되고, 아랫별은 경과 대부가 된다.
  (司徒, 中台上星爲諸侯, 下星爲卿大夫。)

*국방을 관장한다(司祿, 主兵).
*하태의 윗별은 선비가 되고, 아랫별은 서민이다.
  (司空, 下台上星主士, 下星主庶人。)

공사

제6편

도통(道統)과 진주(眞主)

도통(道統)과 진주(眞主)

도
통

도체(道體 : 四體)를 바로잡으심

1 천지의 이치는 삼원(三元)이니 곧 무극(無極)과 태극(太極)과 황극(皇極)이라.

2 무극은 도의 본원(本源)이니 십토(十土)요, 태극은 도의 본체로 일수(一水)니라.

3 황극은 만물을 낳아 기르는 생장(生長) 운동의 본체니 오토(五土)를 체(體)로 삼고 칠화(七火)를 용(用)으로 삼느니라.

4 우주는 일태극수(一太極水)가 동(動)하여 오황극(五皇極)의 생장 운동을 거쳐 십무극(十無極)에서 가을개벽의 성숙운을 맞이하니라.

5 상제님께서 "나는 천지일월(天地日月)이니라." 하시고 건곤감리 사체(四體)를 바탕으로 도체(道體)를 바로잡으시니

6 건곤(乾坤:天地)은 도의 체로 무극이요, 감리(坎離:日月)는 도의 용이 되매 태극(水)을 체로 하고 황극(火)을 용으로 삼나니 이로써 삼원이 합일하니라.

7 그러므로 도통(道統)은 삼원합일(三元合一)의 이치에 따라 인사화(人事化)되니라.

신천지 진법 도운의 종통맥

2 상제님께서 선천 억음존양의 건곤을 바로잡아 음양동덕(陰陽同德)의 후천세계를 개벽하시니라.

2 이에 수부(首婦)님께 도통(道統)을 전하시어 무극대도를 뿌리내리시고

3 그 열매를 수화(水火:坎離)의 조화 기운을 열어 주는 태극과 황극의 일월용봉 도수(日月龍鳳度數)에 붙이시어

4 신천지(新天地) 도정(道政)의 진법 도운을 여시니라.

5 상제님의 도권(道權) 계승의 뿌리는 수부 도수(首婦度數)에 있나니

6 수부는 선천 세상에 맺히고 쌓인 여자의 원(冤)과 한(恨)을 풀어 정음정양의 새 천지를 여시기 위해 세우신 뭇 여성의 머리요 인간과 신명의 어

우주 생명의 순환도

역」의 후천개벽 우주론에서 이뤄 낸 위대한 공덕 가운데 하나이 다.

1:5 건곤감리 사 체. 만물을 낳아 기르는 바탕은 천지일월(天地日月)이다. 천지는 생명의 근본이고 그 천지를 대행 하여 음양 변화 를 일으켜 만물 을 낳아 기르는 것은 일월이다. 따라서 상제님 도법의 종통맥도 모사재천하는 두 체(體)와 성사재 인하는 두 체, 곧 사체(四體)로 구 성되어 현실 역사 속에서 인사로 전 개된다.

2:2 도통. 증산 상제님 무극대도 의 종통(宗統).

2:7 대두목. 글자 그대로 '큰 우두 머리, 최고 지도 자, 위대한 지도 자' 란 뜻이다. 상제님과 음양의 일체 관계에 있 는 분이며 진법 을 드러내어 상 제님의 뜻을 집 행하는 상제님의 대행자이자 구원 의 실현자요, 후 천선경 건설의 인사 문제를 매듭 짓는 분이다. 우 주 원리적으로 살 펴보면, 무극제이

머니시니라.

7 대두목(大頭目)은 상제님의 대행자요, 대개벽기 광구창생의 추수자이시 니

8 상제님의 계승자인 고수부님께서 개척하신 무극대도 창업의 추수운을 열 어 선천 인류문화를 결실하고 후천 선경세계를 건설하시는 대사부(大師 父)이시니라.

마음을 깊이 파라

3 파고 또 깊이 파라.

2 마음 얕은 것이 가장 큰 한(恨)이 되리라.

3 나의 마음은 한결같으니라.

4 내가 마음을 한결같이 먹어야 백성들이 본받아 한마음을 가질 것이 로되 내 마음이 그렇지 않고 남보고만 그렇게 하라고 하면 쓰겠느 냐?

5 나를 믿고 마음을 정직히 하면 하늘도 오히려 떠느니라.

일이 되면 내가 관을 쓴다

4 임인(壬寅 : 道紀 32, 1902)년 여름에 상제님께서 호연을 데리고 무 주(茂朱)에 행차하시어 "일이 되고 보면 내가 관(冠)을 쓴다." 하시니

2 호연은 그것이 죽어서 쓰는 관인 줄 알고 "뭣하게 관을 짜?" 하고 여쭙는지라

3 상제님께서 웃으시며 말씀하시기를 "머리에 쓰는 관이다. 이제 일이 되면 그것을 얻는다.

4 세상이 다 화목이 되면 각 사람들의 혼이 하나가 되어 나를 옹위하여 모든 백성들에게 덕을 베푸느니라." 하시니라.

온 세상이 나를 찾을 때가 있다

5 하루는 형렬에게 이르시기를 "너희는 한 점 잠이나 자지 나는 세상 이치를 맞추고 뜻을 맞추려면 제대로 잠도 한숨 못 자느니라." 하시니

2 형렬이 "무엇 때문에 잠을 못 주무십니까?" 하고 여쭈거늘

3 말씀하시기를 "세상을 들어갔다 나왔다, 문 열고 다니기도 힘든 법 이니라.

4 너는 문을 한 번 열고 나와서 다시 들어가면 그만이지만

5 나는 천 가지 만 가지 조화를 부리고 앉아 있으려니 힘이 드는구나."

하시니라.

6 또 이르시기를 "너는 내 생전에 나를 수종 든 제자라 해서 잊지 않을 것이니 걱정 말고 기다리면 세상에서 내 말을 할 것이니라.

7 온 세상이 나를 찾을 때가 있으리라." 하시니

8 형렬이 "어떻게 그럴 수 있습니까? 지금은 사람들이 제 말을 듣는 시늉도 하지 않습니다." 하거늘

9 말씀하시기를 "지금은 그렇게 시늉을 안 해도, 흘러가는 물도 막힐 때가 있나니 그렇게 알라." 하시니라.

천지가 다 내 자식

6 하루는 호연이 "왜 우리 선생님은 아들이 없어요?" 하고 여쭈니

2 말씀하시기를 "네가 몰라서 그렇지 아들이 왜 없어? 천지가 내 아들딸이요, 다 나를 받드는데.

3 아래로 살피면 아랫자식이요 위로 뜨면 큰자식들이 빙빙 도는데, 내가 자식을 둘 필요가 있겠느냐?" 하시니라.

나의 마음은 한 가지

4 하루는 형렬에게 말씀하시기를 "큰일을 할 사람은 아내와 멀어져야지 가깝게 해서는 못쓰느니라.

5 가지가 여럿이면 마음도 여러 가지로 갈라지나니 부모를 위해 장가는 갔을지언정 나는 애초에 가지를 벌리지 않노라.

6 나는 독불이다. 그러므로 나의 마음은 한 가지니라." 하시니라.

나는 마상에서 득천하

7 나는 옥황상제(玉皇上帝)니라.

2 나는 미륵(彌勒)이니라.

3 나는 남방 삼리화(三離火)로다.

4 나는 칠성(七星)이니라.

5 나는 천지일월(天地日月)이니라.

6 내가 장차 불로 오리라.

7 나는 마상(馬上)에서 득천하(得天下)하느니라.

용봉 도수

8 계묘(癸卯 : 道紀 33, 1903)년 4월에 상제님께서 모악산 안양동(安養洞) 청련암(靑蓮庵)에 머무르시며 공사를 보시니 이 때 박금곡이 수

무라야마 지준 (村山智順)과의 대화에서 '옥황상제와 강증산의 관계는 어떠합니까?' 라는 질문에 '그 자리가 상제입니다. 생존시에 내가 옥황상제다 하는 말씀도 계셨습니다.' 라 밝힌 바 있다. 《『차교주와 촌산지순(村山智順)과의 문답기』》

7:6 불. 여기서의 '불'은 '오화(午火), 삼리화(三離火), 불(佛)' 등으로 해석할 수 있다.

7:7 마상. 상제님의 말씀은 우주원리에 기초를 두고 있다. 육기론(六氣論)에서 말하는 불(午火, 馬)은 방위로는 천지의 광명방인 남방(南方)을 상징하며 팔괘로 삼리화(三離火)라 한다. 이 삼리화의 덕을 받아 실질적으로 상제님 대도문명을 여는 일꾼 자리를 역동적으로 비유하신 말씀이다. 11편 153장 참조.

8:2 계묘년 4월 11일은 24절후로 입하(立夏)이다.

8:2 용봉 두 글

종 드니라.

2 상제님께서 11일 해 돋기 전에 공사를 마치시고 아침해가 솟아오를 때에 '용봉(龍鳳)' 두 글자를 상하(上下)로 대응시켜 크게 쓰신 뒤에

3 그 왼편에 작은 글씨로 '독존석가불(獨尊釋迦佛)' 이라 써서 금곡에게 주시니

4 금곡이 상제님의 친필을 공손히 받아 먼저 깨끗한 종이로 싸고 다시 비단으로 고이 감아 보물처럼 보관해 두니라.

태공의 도술은 이 때에 나온다

9 상제님께서 말씀하시기를 "문왕(文王)은 유리(羑里)에서 384효(爻)를 해석하였고

2 태공(太公)은 위수(渭水)에서 3,600개의 낚시를 벌였는데

3 문왕의 도술은 먼저 나타났거니와 태공의 도술은 이 때에 나오느니라." 하시고 또 말씀하시니 이러하니라.

4 　天地無日月空殼이요 日月無至人虛影이니라
　　천 지 무 일 월 공 각　　　일 월 무 지 인 허 영
　　천지는 일월이 없으면 빈 껍데기요
　　일월은 지인(至人)이 없으면 빈 그림자니라.

현세의 복희가 갓 쓴 사람

5 가장 두려운 것은 박람박식(博覽博識)이니라.

6 현세의 복희(伏羲)가 갓 쓴 사람 아래 있으니 박람박식이 천하무적이니라.

내주평에서 말 타고 활 쏘시며 보신 공사

10 상제님께서 종종 내주평에 가시어 말타기와 활쏘기를 하시는데

2 백지를 한쪽은 검게, 한쪽은 붉게 칠해서 막대기에 매달아 깃대처럼 드시고 말을 타고 나가시면 성도들은 마부가 되어 활을 들고 따르니라.

3 상제님께서 "막대기에 실을 묶어 엽전을 매달아 놓으라." 하시면 성도들이 엽전 구멍이 과녁판 중앙에 오도록 매달아 놓거늘

4 활을 쏘실 때마다 화살이 모두 엽전 구멍으로 들어가니 성도들이 좋아라 하니라.

5 하루는 상제님께서 성도들에게 활을 주시며 "쏘아 보라." 하시므로 모두 활시위를 당겨 보거늘

6 과녁판만 맞힐 뿐 그 누구도 엽전 구멍은 맞히지 못하니라.

7 상제님께서는 말을 타시면 말이 앞발을 치켜들고 경중거려도 말 위에 딱 붙어서 떨어지지 않으시는데

8 말과 대화를 나누시는 듯 뭐라 말씀을 하시며 말에게 "입 벌리라." 하시어 달걀을 한 줄씩 목구멍에 넣어 주기도 하시니라.

9 상제님께서 타신 말은 좀처럼 넘어지지 않으나 하루는 넘어져서 상제님과 함께 뒹굴거늘

10 상제님께서 "왜 자빠지게 했냐?" 하시며 말의 볼기를 탁탁 때리시니

11 말이 무릎을 꿇고 고개를 깐닥깐닥하매 상제님께서 "경례하냐, 경례?" 하며 용서해 주시니라.

똑똑히 들어 두어라

11 하루는 형렬이 상제님께서 출세하실 때를 여쭈니 "응." 하시고 "나의 말을 듣기가 어렵다." 하시며

2 "잦히고 눕히고 엎치고 뒤치고 들어치고 내치고 좌(左)로 돌리고 우(右)로 돌리고…, 알겠느냐? 똑똑히 들어 두어라.

3 내가 도솔천궁에 있다가 서양 대법국 천개탑으로 내려와 모악산 금산사 삼층전에 머물며 경주용담 구경하고

4 고부 객망리 강씨 문중에 탄생하여 기해년에 포(胞)하고 경자년에 득천문(得天文)하고 신축년에 대원사에서 도통하고

5 임인년에 너와 상봉하고 계묘년 봄에 동곡에 들었노라.

6 나의 말은 쌀에서 뉘 가리기와 같으니라. 알아듣겠느냐?

7 알기 쉽고 알기 어렵고 두 가지다. 알아듣겠느냐?

8 우리 일은 쉽고도 어려운지라, 알고도 어렵고 모르고도 쉬우니라.

9 똑똑한 것이 병통이니 식자우환(識字憂患)이라. 아는 것도 병이 되느니라." 하시니라.

눈을 좋아하시는 무극 상제님의 태극 공사

12 상제님께서는 눈이 많이 내릴수록 좋아하시니라.

2 갑진(甲辰 : 道紀 34, 1904)년 정월에 하루는 눈이 크게 내리니 상제님께서 눈을 뭉쳐 방문에 던지시거늘

3 방안에 있던 성도들이 문을 열고 내다보매 미리 뭉쳐 놓으신 눈덩이를 던지시고 눈을 퍼서 뒤집어씌우기도 하시니

4 마루며 방이 온통 눈으로 뒤범벅이 되고 성도들은 눈도 바로 뜨지

자. 용은 천지의 물의 조화 신성(神性)을, 봉은 불의 조화 신성을 상징하며 인사의 두 추수자가 수화일체(水火一體)로 용사하여 도성덕립을 이루는 것을 의미한다. 이 친필 글씨는 갑술(道紀 64, 1934)년 9월에 이중성에게 전해졌다가 다시 김종용(金宗用, 1900~1975)에게 전달되었다.

8:3 독존석가불. 음양 짝으로 이루어진 용봉이란 글자 옆에 이 글을 써 놓으심으로써 '천상천하유아독존'인 석가모니와 극명한 대비를 보여 주셨다. 석가는 음양을 부정하여 결과적으로 윤기(倫氣)를 끊는 과오를 범하였다. 상제님의 도를 뿌리내리고 인사화하여 매듭짓는 모든 것은 천지조화의 바탕인 음과 양의 조화를 바탕으로 이루어진다.

9:3 문왕의 도술. 낙서를 체(體)로 하는 문왕팔괘는 역철학의 근간이 되었다. 역철학은 태호 복희씨

이래 '문왕 -주
공-공자-김일
부'로 계승되어
약 5,600년의 장
구한 동방 문화
의 역사 속에서
집대성된, 우주
와 인생의 근본
도리(道理)를 보
는 투시경이다.

9:4 지인. 초기
기록은 지인(知
人)으로 되어 있
었으나 『정역』
원문대로 지인
(至人)으로 바로
잡는다. 천지일
월의 뜻을 완성
하는 도의 지극
한 주인이 없으
면 우주는 한갓
빈 그림자라는
말씀이다.〈『정
역』「일세주천율
려도수(一歲周天
律呂度數)」〉

10:2 한쪽은 검
게, 한쪽은 붉게.
수(水)와 화(火)
를 상징. 곧 무극
인 상제님을 대
행하는 태극 자
리를 말함.

10:4 화살이 과
녁의 한가운데를
맞히는 것을 관
중(貫中)이라 하
는데, 말(馬) 도
수에 의해 도정
을 집행하는 인
사 지도자가 상
제님 도에 관통
하여 성사재인함
을 의미한다.

11:3 도솔천궁.

못하더라.

5 이에 형렬이 나와 솔방울과 짚에 눈을 똘똘 뭉쳐 상제님께 던지거늘

6 상제님께서 피하시며 다시 던지시고 하여 눈싸움이 시작되니라.

7 잠시 후에 다른 성도들도 따라 나와서 눈을 뭉쳐 형렬에게 건네니

8 상제님께서 "저, 알쌍할 놈들이 나 때리라고 눈을 싸 줘?" 하시며 눈을 뭉쳐 주는 성도들에게도 눈을 던지시거늘

9 모든 이들이 서로서로 눈을 던지며 한때를 즐겁게 보내니라.

십무극과 일태극의 십일성도(十一成道) 인사 도맥 공사

13 이 달에 하루는 상제님께서 형렬과 함께 솔방울 여러 개를 실로 묶어서 주먹 정도의 크기로 만드신 뒤에 손으로 둥글둥글 굴리시니 큰 눈덩이가 되거늘

2 이렇게 두 개를 만드시어 서로 한 덩어리처럼 눈으로 덧발라 눈사람을 만드시니라.

3 이어 형렬에게 숯을 구해 오게 하시어 눈, 코, 입을 만드시니 언뜻 보면 꼭 사람 같거늘

4 상제님께서 눈사람을 고샅 여기저기에 세워 놓으시고 다른 동네에도 세워 놓으시매 지나는 사람마다 절을 하고 가더라.

5 상제님께서 절하고 있는 사람의 곁에 서시며 넌지시 "왜 그렇게 절을 하냐?" 하고 물으시니 "아, 그 증산 어른 아녀요?" 하거늘

6 "아이고, 미친놈! 내가 여기 있는데 그게 사람으로 뵈냐? 눈구녕이 개 눈구녕만도 못하구나!" 하시며 크게 웃으시니라.

설경 놀이 공사

7 상제님께서는 눈이 오는 날이면 항상 음식을 많이 해 드시며 "설경 놀음 안 할래, 설경 놀음?" 하고 노래를 부르시니라.

8 하루는 성도들에게 명하시어 새끼를 굵게 꼬아 줄을 만들고 그 가운데에 눈을 크게 뭉치게 하신 다음

9 일곱 명의 성도들을 두 편으로 나누고 상제님께서도 한 편으로 들어가시어 "양쪽에서 잡아당기자." 하시니 성도들이 힘껏 잡아당기거늘

10 이 때 갑자기 "줄을 놓으라." 하시어 맞은편 사람들을 모두 쓰러지게 만드시니라.

11 또 송판으로 썰매를 만들어 타기도 하시고 가마니를 깔고 미끄럼을 타기도 하시며

12 누가 초례(醮禮)를 치르는 날이면 신방을 차린 문에 눈벼락을 치기
도 하시고

13 눈이 많이 오는 날에는 형렬과 함께 언덕에 오르시어 서로 부둥켜안
고 데굴데굴 굴러 언덕 아래까지 내려오기도 하시니라.

14 호연이 이를 보고 "눈 오면 왜 그렇게 좋아하는지 몰라." 하니라.

무극과 태극과 황극말(馬) 공사

14 상제님께서 때로는 담 위에 올라앉으시어 마치 말을 타신 듯이
"이랴~, 이 말! 마차!" 하시며 손수 엉덩이를 때리기도 하시는데

2 다른 사람이 보면 마치 담이 앞으로 가는 것처럼 보이더라.

나는 말 하나 탔다

3 하루는 상제님께서 형렬과 호연을 데리고 길을 가시던 중 느닷없
이 막대기 하나를 가랑이 사이에 넣고 끌고 가시며 "아이들마냥으
로 말 탄다." 하시거늘

4 호연이 "뭔 말을 타요? 막대기 하나 주워서 찔러 가지고 찍찍 그시
면서." 하고 코웃음을 치는데

5 이 때 "나는 말 하나 탔다!" 하고 외치시는 소리에 쳐다보니 어느새
저만치 가 계시더라.

6 이에 호연이 "아이구, 어떻게 저러고 간대?" 하며 의아해하니 뒤를
돌아보시며 "너도 이렇게 와라." 하시거늘

7 호연이 "하이고, 나는 죽었다 깨나도 못 따라가." 하니라.

말순과 다툰 호연

15 갑진년 단오에 상제님께서 호연을 데리고 형렬의 집에 가시니
이 날은 마침 형렬의 생일이더라.

2 호연과 형렬의 셋째 딸 말순(末順)이 사랑에서 노는데 말순이 호연
을 때리거늘

3 호연이 질세라 "네가 뭣이라고 나를 때리냐?" 하며 손으로 이마를
쿡 찔으니 구멍이 뚫려 피가 나더라.

4 말순이 울음을 터뜨리니 형렬이 놀라 "어째 그러냐?" 하고 다그치
거늘

5 "호연이 그랬어요." 하매 조심스레 상처를 닦아 주며 "뭘로 그랬기
에 피까지 나냐?" 하고 물으니

6 말순이 "그 가시내가 손으로 찔었어요." 하니라.

미륵불이 머무시는 천상의 정토로 외원·내원으로 나누어져 있는데, 내원궁은 보살들이 중생 교화를 위해 하생을 준비하는 곳이다. 상계의 하늘들은 너무나 고요하여 대개 다시 태어나 자비를 내려 하지 않으나 중생을 끝까지 교화하려는 보살들은 굳이 도솔천에 강생하여 법을 받으려 한다.

11:4~5 '天開於子-地闢於丑-人起於寅-物生於卯' 하는 천지의 개벽 시간대 원리에 맞추어 하신 말씀이다.

14:5 나는 말 하나 탔다. 상제님의 문명을 전 인류에게 실어 나르는 일꾼 말(馬)을 타신 것이다.

15장 이 때 김호연 성도는 8세, 말순은 15세이다. 이 해 여름에 상제님께서 말순을 수부로 책봉하신다.

7 이에 형렬이 경계하여 이르기를 "어린애 손이 너에게 갔다고 구멍이 날 것이냐?

8 그것도 선생님 조화니라. 선생님 따라다니더니 손에 조화가 붙었구나!

9 너보다 더한 사람도 그 아이가 건드리면 표가 나. 그러니 어리다고 때리지 말고 근처에 얼쩡거리지도 말아라." 하거늘

10 말순이 눈을 흘기며 "어디서 가시내 하나 데려와서는 금이야 옥이야 해요?" 하며 심통을 부리니라.

호연이 좀 달래라

11 호연이 이를 듣고 씩씩거리며 상제님께 달려가 그대로 전하니

12 상제님께서 호연의 얼굴에 용안을 가까이 하시며 "그래, 그 소리가 좋으냐, 나쁘냐?" 하고 물으시거늘

13 호연이 "나쁘지 그럼 좋아요? 내가 엄마가 없는 것도 아닌데 왜 여기 와서 이런 창피한 소리를 들어?" 하고 서럽게 말하는지라

14 상제님께서 호연의 등을 다독여 주시며 "탓 말어, 탓 말어. 너는 그 아이보다 솟은 사람인게." 하고 달래 주시니라.

15 호연이 여전히 분이 풀리지 않아 구석에 쪼그리고 앉아 있거늘

16 상제님께서 안쓰러워하시며 "그리 마라." 하시고 성도들에게 "우리 호연이 좀 데리고 나가서 달래라." 하시니라.

각시 삼아야겠다

17 호연이 이도 못마땅하여 "다른 사람은 나를 부르지도 못하게 하면서 저 사람은 무엇이간디 날 데려가라 해? 안 가!" 하며 꼼짝도 하지 않으니

18 상제님께서 호연의 기분을 풀어 주시기 위해 "다친 아이 나오라고 해라." 하시거늘

19 말순이 나와서는 무어라 하시기도 전에 "죄송합니다." 하며 사죄하니라.

20 이에 호연이 들은 바가 있어 "각시 삼으려고 사정 두느만요." 하니

21 상제님께서 껄껄 웃으시며 "어디서 그런 소리 들었냐? 네가 그러니 할 수 없이 내가 각시 삼아야겠다." 하시니라.

천지 사도문화(師道文化)의 기강을 잡으심

16 호연이 구릿골 글방 앞을 지날 때마다 "하늘 천, 따 지." 하며 글 읽는 소리를 따라 하더니

2 하루는 "나도 글 배울래요." 하며 서당에 보내 달라고 조르거늘

3 상제님께서 "저거 말이 선생이지, 저런 것이 무슨 선생 노릇을 하냐?" 하시며 가지 못하게 하시니라.

4 하루는 책거리를 한다고 아이들이 팥죽과 다른 먹을거리를 가지고 글방에 가니

5 훈장이 "혼자 먹을 수는 없고, 가서 증산 어른을 모셔오든지 태운장을 모셔오든지 해라." 하며 한 아이를 보내온지라

6 상제님께서 "어린애 글 가르치느라고 욕봤다 해서 '선생이 똥을 싸면 개도 안 먹는다.' 하는데

7 저 먹을 것을 나를 주려고 오라 하는 것은 고마우나, 나는 생각이 없으니 많이 먹으라고 전해라." 하시거늘

8 아이가 돌아가 그대로 전하니 훈장이 못마땅해하며 "생각해서 오라고 하니 오지도 않고서 콩이야 팥이야 하네." 하고 중얼거리니라.

죽어 마땅하리라

9 상제님께서 이를 아시고 이튿날 훈장을 부르시어 "가서 저릅을 가져오너라." 하시니 훈장이 밀대를 가지고 오거늘

10 "저릅을 가져오랬더니 왜 밀대를 가지고 왔느냐?" 하고 물으시니

11 "무엇을 보고 저릅이라고 하는 것입니까?" 하며 난감해하니라.

12 이에 상제님께서 "저릅도 모르냐, 이놈! 이놈을 어떻게 할까? 살려, 죽여?" 하시거늘

13 훈장이 "사람을 마음대로 살리고 죽이고 하는가 봅니다?" 하며 말대꾸를 하니

14 그 순간 훈장의 몸이 섭다리골 길목의 정자나무 아래에 가 있더라.

15 상제님께서 훈장에게 호통치시기를 "네가 어제 저녁에 뭐라고 했더냐?

16 가르치지도 못하는 것이 가르친다고 건방지게 주둥이만 놀리고 앉아서 남의 돈만 먹고 있으니 너는 죽어 마땅하리라." 하시거늘

17 순간 어디선가 알 수 없는 무엇이 달려들어 훈장을 구덩이에 파묻으니라.

제일 큰 도둑놈

18 상제님께서 말씀하시기를 "도둑놈이 따로 없나니 글 배운 사람이 도둑놈이니라.

19 붓대 가진 놈이 앉아서 이리저리 다 만드니, 그들이 제일 큰 도둑놈

16:9 저릅. 겨릅(겨릅대)의 방언. 껍질을 벗긴 삼대.

16:16 교육 문화의 혁명은 사도(師道)를 바로잡음에 있다. 선생으로서 자질이 없는 자는 철저히 응징·퇴출하신다는 상제님의 강력한 의지가 담겨 있다.

이니라." 하시니라.

손병희가 선진주

17 하루는 어떤 사람이 여쭈기를 "조선 말에 이란(吏亂)이 있으리라 하니 정녕 그러합니까?" 하거늘

2 상제님께서 말씀하시기를 "손병희(孫秉熙)가 영웅이라. 장차 나라를 위하여 일을 일으키므로 분란될 것을 이름이니라.

3 손병희가 선진주(先眞主)이나 박절하게 성(城)돌 밑에 가까이 앉아 거의(擧義)하므로 성사는 못 되리라." 하시니라.

도성덕립의 득도시(得道詩)를 내려 주심

18 구릿골 김창여(金昌汝)가 여러 해 된 적체(積滯)로 음식을 먹지 못하여 심히 고통스러워하거늘

2 상제님께서 불쌍히 여기시어 평상 위에 눕히시고 배를 어루만지시며 형렬에게 명하시어 시 한 수를 외우게 하시니 그 뒤로 창여의 체증이 곧 나으니라.

3
調來天下八字曲하니　淚流人間三月雨라
조 래 천 하 팔 자 곡　　누 류 인 간 삼 월 우
葵花細忱能補衰이나　萍水浮踵頻泣玦이라
규 화 세 침 능 보 곤　　평 수 부 종 빈 읍 결

천하 사람의 팔자타령을 읊조려 보노라니
인간 세상에 흐르는 눈물 춘삼월의 비와 같도다.
해바라기의 님향한 마음 천자를 보필할 수 있으나
부평초 같이 떠도는 이 내 신세 자주 눈물 흘리네.

4
一年月明壬戌秋요　萬里雲迷太乙宮이라
일 년 월 명 임 술 추　만 리 운 미 태 을 궁
清音蛟舞二客簫요　往刧烏飛三國塵이라
청 음 교 무 이 객 소　왕 겁 오 비 삼 국 진

한 해 밝은 달은 임술년의 가을이요
만리에 뻗은 구름 태을궁을 가리네.
두 나그네의 맑은 퉁소소리에 교룡이 춤을 추고
가는 겁액(刧厄) 기운 까마귀 나니 삼국에 풍진이 이는구나.

수부를 천거하라

19 갑진년에 하루는 상제님께서 김형렬에게 명하시기를 "나의 일은 수부(首婦)가 있어야 되는 일이니 수부를 천거하라." 하시므로

17:3 이 말씀을 통해 세운과 도운을 마무리짓고 후천선경 건설의 대업을 완수하는 참주인(眞主)의 자질이 어떠해야 하는지를 알 수 있다. 진주는 자손 대대로 생명을 다 바쳐 온갖 형극의 길을 극복하고 새 시대를 여는 개척자다. 아무도 알아주지 않는 역사의 처녀지에서 쓰라린 고난과 매도 속에 외로이 투쟁하며 고난 받는 분이다. 또한 인류 역사의 가장 큰 봉사자이며 불의하고 부도덕한 인물과는 결코 타협하지 않는 정의의 화신이다.

18:1 김창여(金昌汝, 1873~1943). 본관 안동. 족보명 재경(在慶), 창여(昌汝)는 자(字). 부인 전주 최씨와의 사이에서 2남 2녀를 두었다.

2 형렬이 셋째 딸 말순을 수부로 내세워 상제님을 시봉케 하되 사람들의 비난을 꺼려 예식을 올리지 아니하고 뒷날로 미루기만 하더니

3 상제님께서 "정식으로 수부의 예(禮)를 갖추어 식을 거행하라." 하고 누차 엄명하시는데도

4 형렬이 끝내 말씀을 따르지 아니하니라.

오성산 은둔 공사

20 을사(乙巳 : 道紀 35, 1905)년에 하루는 상제님께서 임피 오성산(五聖山)에 가시어 "세상이 칭찬할 만한 곳이라." 하시니라.

2 또 임피 읍내 강장한(康壯翰)의 집에 종종 오가시는데 한번은 늦은 밤중에 어디를 가셨다가 자정 이후에 이르신지라

3 장한이 "밤중에 어디를 갔다 오십니까?" 하고 여쭈니

4 말씀하시기를 "오성산에 가서 큰 말뚝을 박고 온다." 하시니라.

난법자 멸망 공사

21 하루는 말씀하시기를 "나의 도(道)를 열어 갈 때에 난도자(亂道者)들이 나타나리니 많이도 죽을 것이니라." 하시고 가르침을 내리시니 이러하니라.

2 　不知赤子入暴井하니 九十家眷總沒死라
　　부 지 적 자 입 폭 정　　　구 십 가 권 총 몰 사
　　알지 못하는 갓난아이가 깊은 우물에 빠지니
　　구십 가솔들이 모두 떼죽음을 당하는구나.

3 또 말씀하시기를 "난법난도하는 사람 날 볼 낯이 무엇이며, 남을 속인 그 죄악 자손까지 멸망이라." 하시니라.

상제님 대행자의 20년 은둔 도수

22 병오(丙午 : 道紀 36, 1906)년 3월에 상제님께서 광찬을 데리고 말도(末島)에 들어가실 때

2 갑칠과 형렬을 만경 남포로 부르시어 말씀하시기를 "내가 이제 섬으로 들어가는 것은 천지공사로 인하여 귀양 감이라.

3 20일 만에 돌아오리니 너희들은 지방을 잘 지키라." 하시니라.

4 이 때 상제님께서는 대삿갓에 풀대님 차림으로 섬에 들어가시어 20일 동안 차마 겪기 어려운 고생을 하시니라.

21:3 난법난도하는 사람. 『용담유사』「도수사(道修詞)」에 있는 말. 난법은 판안과 판밖의 이중 구조를 갖고 있다. 상제님의 도운 공사에 의해 차경석을 필두로 우후죽순처럼 일어났던 판안의 난법과, 개인 신앙으로 출발한 인물들이 판안의 난법 세력과 도적(道的) 연원 관

계를 맺고 가지 쳐 나간 판밖의 난법 세력이 있 다. 8편 13장 2 절 측주 참조.

22:1 병오년 3 월. 이 공사는 초 기 기록들에서 병오년 혹은 정 미년으로 시간대 오착을 보이고 있다. 그러나 병 오년에 보신 종 이등 만드는 공 사(5편 135장)는 '서울에서 돌아 오신 뒤에', 종 이등 불태우는 공사는 '섬에서 돌아오신 후'라 는 기록이 있는 만큼 이 공사는 천자부해상 공사 에 연이어 보신 것이 분명하다. 다만 초기 기록 자가 병오년에 윤달이 있는 것 을 알지 못하여 정미년에 배치한 것이므로 시간대 를 바로잡는다.

22:1 말도. 전북 군산시 고군산군 도(古群山群島) 의 서단에 있어 끝섬이라고도 하 며 명도, 방축도 와 함께 지난날 의 유배였다. 당시 김광찬 성 도의 재종이 이 곳에서 어업에 종사하고 있었 다. '귀양간다' 는 뜻은 상제님

김도일에게 베푸신 의술

23 구릿골 근처에 사는 김도일(金道一)이 상제님께 매우 거만하더니 한번은 배앓이를 얻어서 여러 날 동안 고생하거늘

2 상제님께서 도일을 찾아가 보시고 손으로 가슴에서부터 배꼽 위까 지 만져 내리고 돌아오시니라.

3 그 뒤로 배꼽 위로는 아픈 증세가 없어졌으나 배꼽 밑으로는 통증 이 전과 같은지라

4 도일이 사람을 보내어 상제님께 다시 만져 주시기를 청하니 상제 님께서 도일을 부르시어 방 한가운데 눕히시고 문밖을 거닐다 들 어오시며

5 느닷없이 꾸짖어 말씀하시기를 "이 무례한 놈아, 감히 네가 어찌 어른 앞에 누웠느냐!" 하시고 성도들에게 명하여 일으켜 쫓아내시 므로

6 도일이 크게 성내며 돌아가니 그 때부터 병이 곧 낫거늘 도일이 비 로소 그 꾸지람이 약이었음을 깨달으니라.

이것이 의술이니라

7 성도들이 꾸지람으로 병을 고치시는 까닭을 여쭈니 말씀하시기를 "그 병은 회충의 장난으로 인함이니라.

8 내가 한 번 만지매 회충이 배꼽 밑으로 내려가서 감히 올라오지 못 하는데, 만일 다시 만진다면 회충은 녹아서 죽겠지만 사람의 생명 까지 위태롭게 될지라

9 그러므로 병인의 분노를 일으켜 회충이 그 기운을 타고 올라와서 본처로 돌아가 안정을 얻도록 한 것이니 이것이 의술(醫術)이니라." 하시니라.

모악산 금산의 땅을 도모하는 자를 경계하심

24 도일이 병이 나은 뒤에도 요통이 풀리지 아니하여 지팡이를 짚 고 다시 와 뵙거늘

2 상제님께서 말씀하시기를 "병이 나은 뒤에 오히려 지팡이를 짚고 다님은 웬일이냐?" 하시니

3 도일이 대답하기를 "요통이 나서 그러하나이다." 하는지라

4 상제님께서 광찬에게 명하시어 그 지팡이를 꺾어 버리게 하시매 이로부터 요통이 곧 나으니라.

5 상제님께서 다시 도일에게 명하시어 "서쪽 하늘에 붉은 구름이 떠

있는가 보라." 하시니

6 도일이 나가서 보고 아뢰기를 "붉은 구름이 떠 있나이다." 하거늘

7 말씀하시기를 "금산을 얻기가 심히 어려운 일이니라." 하시니라.

살구가 나를 이긴다

25 형렬의 집 외양간 옆에는 커다란 살구나무가 있는데 매년 살구가 흐드러지게 열려도 누구든지 살구를 따려고만 하면 어깨가 빠질 듯이 아파 손을 대지 못하니라.

2 정미(丁未 : 道紀 37, 1907)년 봄에 호연이 탐스럽게 열린 살구를 보며 "저 살구 떨어지겠네. 살구 조금 따 먹지." 하니

3 상제님께서 "그래라." 하시며 바지랑대를 가지고 가서 살구를 따려 하시거늘

4 장대가 가지에 딱 들러붙어 떨어지지 아니하매 그냥 빈손으로 오시는지라

5 호연이 "살구를 따 오라니까 왜 장대만 거기 달아 놓고 와요?" 하매 말씀하시기를 "살구가 나를 이긴다." 하시니라.

6 호연이 의아한 얼굴로 "왜 살구한테 못 이겨요? 잡아땡기지!" 하니 "내버려 둬라. 내가 지고 말지." 하시거늘

7 호연이 형렬에게 "왜 살구한테도 못 이기고 바지랑대를 달아 놓고 저렇게 온대요? 우리 따 먹을까봐 그런대요?

8 살구가 사람마냥으로 기운이 있어서 장대를 잡고 안 놔? 어째 그래요?" 하고 물으니

9 형렬이 "네가 모르니 그러지 이치가 있어서 그려. 살구한테 선생님이 졌어야." 하니라.

시원찮은 것이 설도를 한다

10 호연이 더욱 궁금하여 "무슨 이치요? 그 이치 좀 나 가르쳐 줘요. 아무리 생각해도 모르겠어요." 하고 조르니

11 형렬이 "말이 그렇지, 쬐깐한 살구한테 지시겠냐? 천지에서 지금 잡아당기니 그러지. 살구가 그냥 살구가 아녀." 하거늘

12 호연이 더욱 알 수가 없어 "나는 그냥 살구인데?" 하매

13 형렬이 "그게 살구가 아니라 신명이여. 시원찮은 놈이 일어나면 설도(說道)를 한다. 인제 아차차 하는 사람이 돼. 그러니 선생님께서 살구를 안 따신 것이여.

14 그게 매달려 있어도 땅을 내려다보며 선생님을 가르치는 것이다."

대도의 우주관과 세운(世運) 공사 역사관의 관점에서 살펴보아야 한다.

22:2 만경 남포. 현재 김제시 성덕면(聖德面) 남포리(南浦里).

24:7 금산을 얻기가. 금산(金山)은 본래 모악산의 옛이름으로 모악산 일대를 말한다. 이는 모악산 아래나 상제님께서 공사 보신 구릿골 등지에서 일이 될 것으로 믿고 천하를 꿈꾸는 자들을 경계하신 말씀으로 일찍이 도운의 제2부흥 시대에 이상호가 이 성구를 오해하여 이곳에 신도들을 집단 이주시키려다 논쟁이 벌어지기도 했다.

25:1 살구. 살구는 본래 죽일 살(殺), 개 구(狗) 자로 쓴다. 살구는 대두목(戌: 水)과 상반된 천지기운을 갖고 오는 도운의 핵심 일꾼(火)을 상징하는 것으로 용봉 도수와 연관지어 이해할 수 있다.

하니라.

15 호연이 "살구가 어떻게 가르쳐? 입으로 들어가면 똥 되는데?" 하니 "그게 선생님 ○○이다." 하니라.

북녘 하늘에서 오는 천하사 일꾼 도수

26:1 삼산교. 전북 정읍시 삼산동(三山洞)에 있는 다리.

26 하루는 상제님께서 정읍 삼산교(三山橋)를 지나시는데, 한 젊은이가 다 떨어진 옷에 맨발로 길가에 앉아 있거늘

2 비록 차림새는 남루하나 기골이 장대하고 면모가 풍후(豊厚)하여 누가 보아도 부귀한 가문의 자제 같더라.

3 상제님께서 그 젊은이 앞을 지나시면서 말씀하시기를 "내 뒤를 따르라." 하시니

4 그 젊은이가 아무런 대꾸도 하지 않고 일어나서 상제님의 뒤를 따르니라.

5 상제님께서 대흥리(大興里)에 도착하시어 밤새 그 젊은이를 안고 주무시고 낮에도 함께 계시며 한마디 말씀도 하지 않으시거늘

6 성도들이 이를 매우 이상히 여기던 차에 마침 상제님께서 외출을 하시매 그 틈을 타서 젊은이에게 인사를 청하니

7 젊은이가 아무 표정 없이 거절하면서 "인사는 무슨 인사요?" 하므로

8 성도들이 묻기를 "총각은 풍모와 기상(氣像)이 완연히 부귀한 가문

정읍 삼산교. 상제님께서 북녘 하늘에서 온 젊은이를 만나신 곳으로, 이곳에서 대흥리까지는 십리 길이다. 오른쪽으로부터 국사봉, 비룡산, 방장산이 보인다.

의 자제이거늘 어찌 장가들어 살림은 아니하고 이와 같이 남루한 차림으로 걸식을 하는가?" 하니라.

9 이에 그 젊은이가 천연스럽게 대답하기를 "대장부가 당당히 천하사(天下事)를 하여야 하리니 이 세상에 한 집안이나 다스리려고 온 것이 아니오." 하거늘

10 성도들이 그 말을 듣고 더 자세히 물어보려 하는데 상제님께서 돌아오시어 젊은이에게 "가거라." 하고 이르시니

11 그 젊은이가 아무 대답도 하지 않고 몸을 일으키니라.

12 상제님께서 그 젊은이와 함께 나서시니 성도들이 모시고 가기를 청하거늘, 허락지 아니하시고 몇 마장을 동행하다가 떠나보내시니라.

13 성도들이 여쭈기를 "그 총각은 누구입니까?" 하니

14 말씀하시기를 "북녘 하늘의 먼 곳에서 천하사를 하고자 하는 사람이니라." 하시니라.

15 성도들이 다시 여쭈기를 "그 총각의 이름은 무엇입니까?" 하니

16 상제님께서 말씀하시기를 "때가 오면 한집안 사람이 되리라." 하시니라.

내가 지고 가련다

27 상제님께서 출행하실 때는 무슨 짐이든지 항상 안내성(安乃成)에게 지우시니라.

2 하루는 여러 성도들을 데리고 길을 떠나시는데 또 내성에게만 쌀 닷 말을 지게 하시거늘

3 내성이 은근히 부아가 나서 '젊은 사람들은 그냥 가라고 하시면서 나보고만 짐을 지라고 하시네.' 하며 마음으로 불평을 품으니

4 문득 상제님께서 내성을 돌아보시며 "네 이놈! 못 지고 가겠으면 그냥 내려놓지 '나만 지고 가란다.' 고 하나, 이놈아!

5 무거우면 거기 내려놔라. 내가 지고 갈란다." 하시며 벼락처럼 호통을 치시니라.

6 이에 내성이 크게 놀라 상제님께 엎드려 사죄하고, 이후로는 어떤 궂은 일도 시키시는 대로 불평 없이 따르니 아무리 무거운 짐도 오히려 가벼워지니라.

가는 곳마다 네가 따라와야 한다

7 하루는 내성에게 짐을 지우시고 길을 떠나며 말씀하시기를 "내성아! 너는 내가 가는 곳마다 가야 한다. 네가 따라와야 한다." 하시고

27:1~6, 28:1~5 안내성 성도의 제자 윤창주(1885 ~1968)의 아들 윤기택 증언. 청도리 백운동에 거주하는 윤기택 은 부친과 함께 백운동 교단에 들어가 십수 년 동안 안내성 성도를 모셨다.

윤기택(1927~)

27:7~8 안내성 성도의 4남 안정남(1929~)과 손자 안정홍 증언.

27:8 풍물이나 가르쳐라. 안내성 성도에게 붙이신 무당 도수의 연관성 속에서 이해해야 하는 말씀이다. "선생을 데려다 배웠어요. 저 진안 내아만이라고 하는디서 선생을 데려다가 저희 집에서 날이면 날마다 먹고 똥땅거리고." (김택식 증언)

도통

8 "너는 아들을 많이 낳아라. 아들을 많이 낳거든 풍물이나 가르쳐라." 하시니라.

내성을 시험하심

28 하루는 상제님께서 성도들을 데리고 산길을 가시다가 고갯마루에서 쉬시고 다시 길을 가시던 중에

2 내성을 돌아보시며 말씀하시기를 "저 위에 담뱃대를 놓고 왔으니 네놈이 가서 좀 가져오너라." 하시니라.

3 이에 내성이 고갯마루로 되돌아가니 큰 호랑이 한 마리가 바위 우에 앉았는데 바로 그 앞에 담뱃대가 놓여 있거늘

4 속으로 '네가 나를 잡아먹으려면 잡아먹어라.' 하며 눈을 질끈 감고 담뱃대를 가져다 올리니

5 상제님께서 다만 "응, 갖고 왔냐." 하시며 담뱃대를 받으시고는 계속 길을 가시니라.

나도 미친놈, 저놈도 미친놈

6 상제님께서 성도들과 함께 어디를 가시면 내성은 방에 같이 들지 못하게 하시고 잠도 꼭 밖에서 재우시니라.

7 또 심부름을 도맡기시면서도 밥을 굶기시니 성도들이 내성을 불쌍히 여겨 몰래 먹을 것을 가져다주면

8 상제님께서 이미 아시고 "너 이놈! 왜 갖다 주느냐, 응? 저놈이 아직도 배가 불러서 저 지랄을 하는데 왜 갖다 주느냐?" 하고 호되게 꾸짖으시며 누구도 간섭을 못 하게 하시니라.

9 또 하루는 성도들에게 내성을 가리키시며 "나도 미친놈이지만 저놈도 미친놈이다." 하시니라.

난법 기운을 거두는 추수 일꾼 출세 공사

29 하루는 상제님께서 태인 하마거리에 있는 한 주막의 마루에 단정히 앉아 계시는데

2 한 사람이 베망건을 쓰고 바지를 걷어올린 채 한 손에 채찍을 들고 들어와 이리저리 휘두르면서 마당을 왔다갔다하며

29:3 천하의 도적놈. 진리를 왜곡시키는 것이 가장 큰 도적질이다. 가엾은 창생들을 광신과

3 큰 소리로 "천하의 도적놈을 모조리 잡아들여라!" 하고 같은 말을 되풀이하여 외쳐대니라.

4 박공우(朴公又)가 생각하되 지존(至尊)하신 분 앞에서 그 행동이 무례한 것 같아 꾸짖으려 하니

5 상제님께서 눈에 위엄을 띠시고 엄히 경계하시거늘 공우가 비로소 무슨 까닭이 있음을 깨달아 삼가 명을 기다리는데

6 오랜 시간이 지난 뒤 말씀하시기를 "공우야, 네가 가진 돈을 저 자에게 주어라." 하시니라.

7 공우가 명하신 대로 가진 돈을 그에게 주니 그 사람이 아무 말도 없이 돈을 받고 상제님께 묵묵히 절하고 물러가는지라

8 성도들이 "그 사람이 어떤 사람입니까?" 하고 여쭈니

9 말씀하시기를 "북녘 하늘의 먼 곳에서 천하사를 하고자 하는 사람이니라." 하시니라.

10 다시 여쭈기를 "그 사람이 천하의 도적들을 다 잡사옵니까?" 하니

11 말씀하시기를 "천하의 도적들을 다 잡느니라." 하시니라.

12 성도들이 다시 "그 사람의 성명이 무엇입니까?" 하고 여쭈니

13 "때가 오면 너희들과 한집안 사람이 되어 서로 기뻐하리라." 하시니라.

나는 말로 보인다

30 정미년 여름에 크게 홍수가 져서 논과 밭이 모두 잠기고, 냇물이 불어 사람의 키를 넘기니 인명이 많이 상해 크게 어수선하니라.

2 이 때 상제님께서 호연을 데리고 전주 남천교(南川橋)에 가시니 물이 크게 불어 물살이 매우 거세거늘

3 상제님께서 급류를 거꾸로 거슬러 오르시며 "말도 거꾸로 타냐? 말도 거꾸로 타냐?" 하고 호연에게 물으시는지라

4 호연이 "아이고, 그게 물이지 말이에요?" 하니 상제님께서 "나는 말로 보인다." 하시고

5 연신 "이러~이 끌끌! 이러~이 끌끌!" 하고 외치시며 말을 타시듯 하시니라.

경석아, 너의 운수가 부족하니

31 하루는 대흥리에 계실 때에 경석에게 물으시기를 "경석아, 너의 평생 소망이 무엇이냐?" 하시니

2 경석이 아뢰기를 "저의 평생 소원은 돈을 물 쓰듯이 써 보는 것입니다." 하니라.

3 잠시 후 상제님께서 대들보에 긴 베를 걸게 하신 뒤에 공우로 하여금 북을 치게 하시고 경석에게 춤을 추게 하시며

4 말씀하시기를 "너는 성(姓) 중에서 가장 좋은 성을 가지고 있구나."

맹신의 불구자로 만들어 생명의 광명을 보지 못하게 하고 죽음의 길로 유혹하는 영혼의 도적질인 것이다.

30장 "저 설령주(전신주)를 넘겼어. 아 그이는 큰 물 지고 적은물 지고 상관 혀? 다른 사람 다 죽어도 그 사람은 동동 뜨고 댕긴게. 그래야 버선에 물도 안 묻어. 암면, 보라고 동동 떠서 댕겨. (중략) 물로 다 죽는다고 하는디, 마룽도 떠내려가고…." (김호연 성도 증언)

30:2 남천교. 전주시 동서학동 북쪽에서 교동으로 넘어가는 다리. 새다리, 천석교, 남천석교라고도 한다.

30:4 상제님 천

지공사에 등장하는 말(馬)은 오화(午火), 곧 불(七火)을 상징한다. 생명 조화의 본원인 태극수(水)의 생명력을 말(火)의 동력으로 쓰시는 이 공사도 수화(水火)의 덕을 합하는 인사(人事) 차원에서 이해하여야 한다.

31:4 좋은 성. 류씨와 차씨는 뿌리가 같다. 차경석의 선조 류차달은 후백제를 토벌하려는 왕건에게 사재(私財)로 수레(車) 일천 량을 제작하여 군량미를 보급한 공로로 대승상에 오른 고려의 개국공신이다. 그의 맏아들은 차(車)씨를, 둘째 아들은 류(柳)씨 성을 계승하였는데 상제님은 이러한 차씨 선조의 내력을 들어 도운개창 과정에서 그의 역할을 일러주신 것이다.

31:5 구월산. 황해도 은율군(殷栗郡)과 안악군(安岳郡)의 경계에 있는 산(954m). 북한의 5대 명산 가운데 하나로 손꼽히며, '궁홀

하시고

5 "경석아, 너의 운수가 부족하니 이제 네 선조의 묘가 있는 구월산(九月山) 금반사치혈(金盤死雉穴)의 기운을 옮겨 와야 하리라." 하시니라.

6 잠시 후 다시 말씀하시기를 "이 혈음은 반드시 장풍(長風)을 받아야 발(發)하리라." 하시니

7 이 때 마침 이도삼(李道三)의 아우 장풍(長豊)이 들어오거늘 공우가 북채를 잠깐 멈추고 "장풍이 오느냐." 하고 인사하매

8 상제님께서 그만 그치게 하시고 경석에게 말씀하시기를

9 "너의 소원을 허락하여 장차 돈을 물 쓰듯 하게 해 주리니 덕(德)이 근본이요 재물은 말단(末端)이니라." 하시니라.

강령을 받아야 하느니라

32 하루는 경석에게 말씀하시기를 "너는 강령(降靈)을 받아야 하느니라." 하시고

2 '元皇正氣 來合我身'을 읽히시며 방문을 여시니
　　원 황 정 기　　내 합 아 신

3 경석이 갑자기 소리를 내며 통곡하다가 이윽고 그치거늘

4 상제님께서 말씀하시기를 "그 울음은 신명에게 벌 받는 소리니라." 하시니라.

너는 국량이나 키워라

33 하루는 상제님께서 공사를 보시다가 일꾼이 없음을 한탄하시며 "사람이 없다. 사람이 없다." 하시더니

2 내성을 보시고 "갈보야, 칠보야! 짧달막한 네가 있구나!" 하시니라.

3 상제님께서는 소나 돼지를 잡아도 내성에게는 "저놈은 뼈다귀만 줘라." 하시며 고기 맛을 못 보게 하시고

4 국물만 큰 그릇에 하나 가득 주시며 "너는 국량이나 키워라." 하시더니

5 하루는 한 성도를 불러 말씀하시기를 "저 장닭 큰 놈 한 마리 잡아 푹 삶아서 내성에게 주고 깃털과 뼈다귀 하나 남기지 말고 다 먹으라고 해라. 안 먹으면 큰일 나니 다 먹으라고 해라." 하시니라.

6 그 성도가 명하신 대로 닭을 삶아 내성에게 주며 상제님의 말씀을 전하니

7 굶주린 내성이 털째로 삶은 장닭을 정신없이 다 먹은 뒤에 입맛을 다시며 상제님께 와서 "다 먹었습니다. 털 하나 안 남겼습니다." 하고 아뢰거늘

8 상제님께서 웃으시며 "아따 그놈, 계룡산 도둑놈이로구나!" 하시니라.

내 일은 수부가 들어야 되는 일

34 정미년 10월에 상제님께서 순창 농바우에서 대흥리로 가실 때 태인 행단에 이르시어

2 차경석에게 일러 말씀하시기를 "천지에 독음독양(獨陰獨陽)은 만사불성이니라. 내 일은 수부(首婦)가 들어야 되는 일이니, 네가 참으로 일을 하려거든 수부를 들여세우라." 하시니라.

수부 택정의 특명

3 또 말씀하시기를 "천지공사에 수부가 있어야 순서대로 진행할 터인데 수부가 없으므로 도중에 지체되는 공사가 많으니라." 하시고

4 "수부의 책임하에 있는 중요한 공사가 산더미같이 쌓여 있으니 속히 수부를 택정(擇定)하라." 하고 특명을 내리시니라.

5 이 때에 마침 경석의 이종누님 고부인(高夫人)께서 홀로 사시는 중이므로 경석이 그 사정을 말씀드리니

6 상제님께서 재촉하시며 "속히 주선하라. 공사가 지연이로다." 하시니라.

상제님의 붉은 손수건

35 상제님께서 그 길로 대흥리에 오시어 경석의 집에 머무르시니

2 경석은 동학을 추종하다 가산을 탕진하여 상제님을 만났을 때는 집만 클 뿐 안살림은 곤란하더라.

3 상제님을 집으로 모셨으나 깔아 드릴 자리조차 없으므로 비룡촌에 있는 이종누님의 집에 가서 누님의 혼석자리를 빌려다 깔아 드리고 감주를 지어 올리거늘

4 상제님께서 손에 들고 잡수시다가 사발이 미끄러져 감주가 엎질러진지라

5 경석이 걸레를 가지러 밖으로 나간 사이에 상제님께서 **붉은 손수건**으로 닦으시니 혼석자리에 붉은 얼룩이 지니라.

6 상제님께서 가신 후에 경석이 닦아 보아도 얼룩이 빠지지 않거늘 그 자리를 가지고 누님에게 가서 미안하다고 사과하니라.

산' 또는 '증산'이라고도 한다. 이곳에 금반사치혈(金盤死雉穴: 금으로 만든 소반에 놓인 죽은 꿩의 형상)이 있다.

31:7 이장풍(李長豐, 1885~?). 본관 전주(全州). 본명 기조(基朝), 장풍은 다른 이름. 이 때 나이 23세로 태인 하증산리(下甑山里)에서 종형(4촌)인 이도삼과 함께 살았다.

31:9 덕이 근본. 『대학』 전10장의 구절.

32:2 원황정기 내합아신. 칠성경의 한 구절로, '원원한 천지의 지극한 정기(精氣)가 내려 내 몸(身)에 감응하기를 축원하나이다.'라는 의미.

33장 윤기택 증언.

34:2 수부. 상제님께서는 정음정양의 새 우주를 열고, 개벽 진리를 역사 속에 씨뿌리는 머리로서 수부(首婦)를 말씀하셨다. 수부는 선천 억음존양(抑陰尊陽)의 질서를 깨고 후

천 음존(陰尊)시대를 여는 여성 구원의 선봉장이자 하느님의 반려자로서 상제님의 종통대권을 계승하여 인류를 후천 신천지에 새로 태어나게 하시는 '생명의 어머니(太母)'이시다.

36:2 다섯 달. 제적부 확인 결과 태모님께서 28세 되시던 道紀 37년(丁未, 1907) 6월 20일 신씨와 사별했다. 차경석 성도 천거로 상제님을 만나신 것은 그로부터 5개월 후의 일이다.

도통

수부님을 처음 만나시던 날

36 며칠 후에 상제님께서 다시 오시어 경석에게 '수부를 천거한다.' 한 일을 물으시거늘

2 그 동안 경석은 이종누님이 혼자된 지 불과 다섯 달이라 쉬이 말을 꺼내지 못하고 있다가

3 그 길로 고부인께 가서 변통으로 꾸며 말하기를 "제가 내일 새벽에 서울을 가는데 도복 준비가 안 되어 그러니 누님이 와서 도복을 손질해 주십시오." 하고 재촉하므로

4 고부인께서 경석을 따라 대흥리 경석의 집으로 오시니라.

수부감을 지척에 두고 못 정했구나

5 고부인께서 대문으로 드시니 문득 광명이 열리며 달덩이가 환하게 행랑방 문지도리에 솟아 있거늘

6 그 달을 바라보니 둥근 달 속에 한 선관(仙官)이 좌정(坐定)해 계시는 지라

7 고부인께서 정신을 가다듬어 다시 바라보시매 여전히 달 가운데에 선관이 좌정하여 계시거늘

8 한참을 바라보시다가 아녀자의 체면에 미안한 생각이 들어 이내 안채로 들어가시니라.

9 이로부터 바느질을 하시는데 훤하게 달 속 선관만 눈에 어리어 황홀한 생각 속에 계실 뿐이요, 바느질이 손에 잡히지 않으시니라.

10 경석이 상제님께 여쭈어 말하기를 "지금 안채로 들어간 분이 저의 이종누님입니다. 수부로서 어떠하옵니까?" 하니

11 상제님께서 말씀하시기를 "수부감을 지척에 두고 못 정했구나." 하시니라.

수부 공사 사명을 흔쾌히 승낙하심

12 이어서 이르시기를 "공사 시간이 촉박하다." 하시고 "속히 주선하라." 하시므로

13 경석이 당황하여 어떻게 말문을 열지 모르다가 누님에게 가서 말하기를

14 "우리 선생님께서 지금 천지공사를 보고 계시는데 그 가운데 수부 공사라는 것이 있으나 수부가 없으므로 못 보고 계신다 하니 누님이 그 수부공사를 맡아봄이 어떻겠습니까?" 하고 여쭈거늘

15 고부인께서 뜻밖에 흔쾌히 승낙하시니라.

고수부님께 천지대업의 종통대권을 전하심

37 동짓달 초사흗날 대흥리 차경석의 집 두 칸 장방(長房)에 30여 명
을 둘러 앉히시고 수부 책봉 예식을 거행하시니라.

2 상제님께서 말씀하시기를 "내가 진주(眞主) 도수를 천한 데 가서 가져
온다." 하시고

3 "정읍은 왕자포정지지(王者布政之地)요, 정(井) 자는 새암 정 자 아니
냐." 하시니라.

4 이어 경석에게 명하여 "수부 나오라 해라." 하시고 부인께 이르시기
를

5 "내가 너를 만나려고 15년 동안 정력을 들였나니 이로부터 천지대업을
네게 맡기리라." 하시며

6 수부님을 옆에 끼시고 붉은 책과 누런 책 각 한 권씩을 앞으로 번갈
아 깔게 하시며 그 책을 밟고 방에서 마당까지 나가시어

7 "남쪽 하늘의 별을 바라보고 네 번 절하라." 하신 뒤에 다시 그 책을
번갈아 깔게 하시며 밟으면서 방으로 들어오시니라.

천지대업에 중도불변 하겠느냐

8 이어 수부님께 "웃통을 벗고 누우라." 하시고 배 위에 걸터앉으시
어 "경석아, 장도칼 가져오너라." 하고 명하시니라.

9 상제님께서 장도칼을 수부님의 목에 대고 말씀하시기를 "죽어도 나
를 섬기겠느냐, 천지대업에 중도불변(中途不變) 하겠느냐?" 하고 다짐
을 받으시니

10 수부님께서 "변할 리가 있으리까." 하매 상제님께서 "그러면 그렇
지." 하고 기뻐하시니라.

11 이번에는 상제님께서 친히 누우시어 수부님께 말씀하시기를 "내
배 위에 앉아서 그와 같이 다짐을 받으라." 하시거늘

12 수부님께서 하는 수 없이 그와 같이 하시며 "나를 일등(一等)으로 정
하여 모든 일을 맡겨 주시렵니까?" 하니

13 상제님께서 "변할 리가 있으리까, 의혹하지 마소." 하시고 부(符)를
써서 불사르시며 천지에 고축(告祝)하시니라.

14 상제님께서 말씀하시기를 "대인의 말은 천지에 쩡쩡 울려 나가나니
오늘의 이 다짐은 털끝만큼도 어김이 없으리라." 하시고

15 이도삼(李道三), 임정준(林正俊), 차경석(車京石) 세 사람으로 하여
금 증인을 세우시니라.

37:3 왕자포정지지. 상제님께서 이곳의 지운을 취해 차경석 성도에게 왕자포덕 도수를 붙이신다. 이 도수는 초패왕 도수와 직접 연계된다.

37:5 천지대업을 네게 맡기리라. 상제님께서 누구에게 후계 사명을 내리시고, 종통대권을 전하셨느냐 하는 도운 공사의 핵심을 깰 수 있는 말씀이다.

37:6 붉은 책과 누런 책. 대학경과 부도(符圖)책이라 전한다.

38:2 만백성의
부모. 인존시대
를 맞이하여, 하
늘이 아닌 인간
세상에 상제님과
함께 오셔서 부
부(陰陽同德)로
천륜을 맺고 도
적(道的) 차원에
서 천지의 아버지
와 어머니의 자리
(正陰正陽)에 앉
으시는 것이다.

38:3 우리 내외
하나 되자. 선천
의 천지를 음양
동덕(同德)의 기
운으로 성도(成
道)시키는 이 공
사는 실제로는
극히 노골적인
언사로써 이루어
졌다.

39:4 수부의 치
마 그늘 밖에 벗
어나면. 이 말씀
은 상제님의 종
통 전수는 물론
우리 자신과 가
족, 조상과 자손
만대를 포함한
전 인류의 생사
심판과 직결되는
중요한 말씀이
다. 또한 이것은
종통을 조작, 날
조한 난법자들로
부터 종통을 굳
게 지키고, 도맥
을 바르게 보려

만백성의 부모가 되려면

38 두 분이 번갈아 다짐을 받는 예식을 행하신 뒤에 말씀하시기를 "이것이 천지대도의 수부 공사(首婦公事)니라."

2 만백성의 부모가 되려면 이렇게 공사를 맡아야 하느니라." 하시고

3 잠시 후에 "우리 내외 하나 되자!" 하시며 천지가 무너지도록 소리를 지르시니 엄숙히 앉아 있던 방안의 성도들이 모두 크게 놀라니라.

4 이어 말씀하시기를 "세상 사람이 내가 누군지만 알려 해도 지각이 있어야 하느니라." 하시니라.

5 이로부터 수부님께 일일이 모든 일을 가르치시니, 문명(文命)을 쓰실 때도 반드시 수부님의 손에 붓을 쥐게 하시고

6 상제님께서 등 뒤에 겹쳐 앉으시어 수부님의 손목을 붙들고 쓰게 하시니라.

7 또 경석의 집에 수부님의 처소를 정하여 머물게 하시고 '수부소(首婦所)'라 부르게 하시니라.

수부를 부정하는 자는

39 상제님께서 수부님께 수부의 법도를 정하시고 말씀하시기를 "나는 서신(西神)이니라.

2 서신이 용사(用事)는 하나, 수부가 불응(不應)하면 서신도 임의로 못 하느니라." 하시고

3 여러 가지 공사를 처결하실 때 수부님께 일일이 물으신 뒤에 행하시니라.

4 상제님께서 말씀하시기를 "수부의 치마 그늘 밖에 벗어나면 다 죽는다." 하시니라.

새 천지를 만들리니

40 상제님께서 수부님께 말씀하시기를 "신축년 이후로는 세상일을 내가 친히 맡았나니

2 이제 사절기(四節氣)는 수부가 맡고 24방위는 내가 맡으리라.

3 동서남북에서 욱여들어 새 천지를 만들리니 혼백(魂魄) 동서남북이라.

4 이 일은 판밖에서 이루어져 들어오는 일인즉 그리 알라." 하시니라.

물과 불만 가지면

41 초나흗날 대흥리에서 백미 한 섬을 방에 두시고 백지로 만든 고

깔 20여 개를 쌀 위에 놓으신 후에

2 엽전 아흔 냥과 메주콩 한 자배기와 성냥 아홉 통과 청수 아홉 그릇을 놓으시고

3 수부님으로 하여금 종이에 글을 쓰게 하시어 불사르시고 말씀하시기를

4 "물과 불만 가지면 비록 석산(石山) 바위 위에 있을지라도 먹고사느니라." 하시며

5 그 백미로 밥을 지어 이 날 모인 사람들을 배불리 먹이시니라.

청수를 올리고 공사를 보시니

6 상제님께서 수부님을 맞아들이시니 동네 사람들이 서로 수군대는지라 경석의 집안사람들이 신씨(申氏) 집안의 눈치를 살피거늘

7 상제님께서 경석의 집 마당 한가운데 청수를 올리고 무어라 말씀하시며 공사를 보시니 이후로 동리에서 수군거리는 일이 없어지니라.

수부님과 합덕하여 삼계를 개조하심

42 하루는 상제님께서 남을 등지고 북을 향하여 서시고 수부님으로 하여금 북을 등지고 남을 향하여 서게 하신 뒤에

2 그 가운데에 술상을 차려 놓게 하시고 수많은 글을 써서 술상 위에 놓으시고는 수부님과 함께 서로 절하시니라.

3 이어 상제님께서 말씀하시기를 "그대와 나의 합덕으로 삼계(三界)를 개조하느니라." 하시니라.

음양합덕의 지천태 공사를 보심

43 하루는 수부님께 문명(文命)으로 말씀하시니 이러하니라.

2 驅情萬里山河友요 供德千門日月妻라
구 정 만 리 산 하 우   공 덕 천 문 일 월 처
明月千江心共照요 長風八隅氣同驅라
명 월 천 강 심 공 조   장 풍 팔 우 기 동 구
정을 만리에 모니 산하가 내 벗이 되고
덕을 온 천하에 베푸니 일월이 내 짝이 되는구나.
강마다 밝은 달은 내 마음을 함께 비추고
온 천지에 큰 바람은 내 기운을 함께 모으는구나.

차경석에게 내려 주신 인권(人權)

44 하루는 상제님께서 경석을 불러 말씀하시기를 "경석아, 너는 접

는 상제님의 구도자들에게 빛을 주는 생명의 말씀이기도 하다.

41:4 물과 불만 가지면. 물(水: 陰)과 불(火: 陽)은 생성과 조화의 근본이자 후천 생명 개벽의 관건인 칠성 도수의 근간이 된다. 모든 생명의 탄생과 변화 작용은 일월(日月)로 상징되는 음과 양, 곧 물과 불의 조화와 주관으로 가능하게 됨을 절실히 깨달아야 한다.

41:6~7 고수부님께서 신씨를 사별하신 지 다섯 달밖에 지나지 않은 상황인데다 당시 신씨들은 대흥리에서 어느 정도 위세가 있었다.

44:1 접사. 동학

주(接主)가 되라. 나는 접사(接司)가 되리라." 하시고

2 "이 뒤로는 출입을 폐하고 집을 지키라. 이것은 자옥 도수(自獄度數)니라." 하시니라.

서전서문을 많이 읽으라

45 상제님께서 경석을 남달리 사랑하시어 "허물을 깨닫고 덕을 닦으라." 하고 거듭 당부하시니라.

2 하루는 경석에게 말씀하시기를 "나의 조정(朝廷)에 설 사람은 서전서문(書傳序文)을 많이 읽어야 하느니라.

3 너는 만 번을 읽으라. 대운(大運)이 그에 있느니라." 하시니라.

4 이에 경석이 상제님의 명을 좇아 바깥출입을 일절 금하고 조용히 앉아 밤낮으로 서전서문을 읽으니

5 상제님께서 친히 밥상을 가져다주시고 궂은 일을 손수 하시며 어린 자식을 품에 안고 기르듯 정성을 쏟으시니라.

6 하루는 성도들에게 말씀하시기를 "서전서문이 나의 비결(秘訣)이니라." 하시니라.

내가 너 되고 네가 나 되는 일

46 무신(戊申 : 道紀 38, 1908)년 2월에 하루는 상제님께서 성도 10여 명을 뜰 아래에 늘여 세우신 뒤에 수부님과 더불어 마루에 앉으시어

2 경석에게 망치를 들리시고 상제님과 수부님을 치며 동상례(東床禮)를 받게 하시니

3 수부님께서 방으로 뛰어 들어가며 말씀하시기를 "죽으면 한 번 죽을 것이요, 두 번 죽지는 못하리라." 하시니라.

4 상제님께서 크게 칭찬하시고 다시 안내성에게 망치를 들리시어 경석을 치며 "무엇을 하려느냐?" 하고 묻게 하시니

5 경석이 "역모(逆謀)를 하겠다." 하고 대답하니라.

6 이어 수부님께 일러 말씀하시기를 "네 나이는 스물아홉이요, 내 나이는 서른여덟이라.

7 내 나이에서 아홉 살을 **빼면** 내가 너 될 것이요, 네 나이에 아홉 살을 더하면 네가 나 될 것이니

8 곧 내가 너 되고, 네가 나 되는 일이니라." 하시니라.

모든 일을 수부님과 의논하심

47 이 달에 상제님께서 태인 새울에 계실 때 하루는 공우를 보내어 경석을 부르시므로 경석이 가서 뵈니

2 상제님께서 돈을 주시며 "돌아가서 쌀을 팔아 놓으라." 하시거늘 경석이 그 돈을 사사로이 써 버리니라.

3 그 뒤에 상제님께서 오시어 수부님께 물으시기를 "쌀을 많이 팔았 느냐?" 하시니 수부님께서 "알지 못하옵니다." 하시니라.

4 이에 상제님께서 경석을 불러 물으시기를 "일전에 새울에서 네게 돈을 주며 쌀을 팔라 하였는데 네 매씨(妹氏)에게 그 말을 알리지 않았느냐?" 하시니

5 경석이 "알리지 않았습니다." 하고 대답하거늘

6 이 뒤로는 상제님께서 모든 일을 경석에게 부탁하지 않으시고 바로 수부님과 의논하여 조처하시니라.

치마 밑에서 대도통 난다

7 상제님께서 하루는 성도들을 데리고 태인 성황산(城隍山)에 올라 치마바위에서 여러 공사를 행하시고

8 말씀하시기를 "치마 밑에서 대도통(大道通) 난다." 하시니라.

도운의 천맥 도수

48 정읍 대흥리에 계실 때 하루는 성도들에게 "정읍에 천맥(阡陌) 도 수를 붙인다." 하시고

2 공사를 행하신 후에 말씀하시기를 "여기가 못자리니 이것이 천하파 종(天下播種) 공사니라." 하시니라.

차경석을 경계하심

49 하루는 경석을 부르시니 경석이 방 안에 들어와 서서 명을 기다 리는데 상제님께서 종일 주무시기만 하고 아무런 말씀이 없으신 지라

2 경석이 감히 움직이지 못하고 선 채로 모친이 쑤어 준 미음(米飮)을 먹고 저녁때까지 서서 기다리니라.

3 이윽고 상제님께서 깨어나시어 말씀하시기를 "왜 불러 깨우지 않 고 오랫동안 고생하고 있었느냐?" 하시고 물러가게 하시니 경석이 다리가 조금 부어 올랐더라.

4 한 성도가 여쭈기를 "오늘 경석을 부르시어 종일 서 있게 하시니 무

네 청년이나 친 척들이 신랑을 다루는 풍습. 통 상 첫날밤을 지 낸 이튿날 점심 때를 전후하여 행한다. 상제님 과 수부님께서 받으신 동상례는 공사 차원의 의 식이므로 전통 예식과는 차이가 있고 수부책봉 예식을 행하신 날과 일치하지 않을 수도 있다.

47:7 치마바위. 정읍시 태인면 성황산에 있는 바위. 장군바위 라고도 불린다.

47:7~8 후일 이 공사를 전해 들 은 조철제는 상 제님의 누이동생 인 선돌부인을 내세워 태인 치 마바위 옆 도창 현(돌창이고개) 에 무극도의 도 솔궁을 세우고 난법교단을 형성 했다.

48:1 천맥. 논밭 사이에 가로 세 로로 난 길. 남북 으로 난 것을 천 (阡), 동서로 난 것을 맥(陌)이라 한다. 곧 상제님 진리가 거미줄처 럼 전후좌우 막

힘 없이 사방으로 길을 내고 서로 연결하여 지구촌을 석권하는 규모 있는 포교 도수이자 대규모의 인사조직을 뜻한다.

슨 까닭입니까?" 하니

5 말씀하시기를 "경석을 크게 경계함이니라." 하시니라.

상제님 성령을 친견하기까지 닦으라

50 하루는 상제님께서 성도들과 함께 구릿골 앞길을 가시다가 땅에 한 발을 툭 내딛다가 멈추시며 "아차, 나는 여기가 물이라고." 하시고 신을 고쳐 신으시며

2 말씀하시기를 "나의 일은 한 걸음 한 발짝도 하늘에서 흉내를 내는 법인데, 조금도 어김이 없나니 하늘을 보라." 하시니라.

3 이에 형렬이 하늘을 쳐다보니 구름이 상제님같이 생겼는데 한 발을 내렸다가 들어올리는 형상이 완연한지라

4 형렬이 자연히 허리가 굽혀져서 푸른 하늘을 향하여 절을 하니 상제님께서 보시고 말씀하시기를

5 "나를 옆에 두고 구름을 보고 절을 하느냐? 이 뒤에 나의 코도 보지 못한 사람이 나의 모양을 만들어 놓고 얼마나 절을 할지.

6 나를 본 자는 나 같으니 절을 하지만 나를 보지 못한 사람은 형렬이 구름보고 절하는 것 같으리라." 하시고

7 또 말씀하시기를 "네가 오늘 큰 도수를 쳤다. 공사를 잘 넘겼다.

8 나를 옆에 두고 구름을 보고 나라고 절을 했으니, 네가 생각해 보아도 우습겠구나." 하시니 형렬이 부끄러워하거늘

9 "그 일이 참으로 신통한 공사라고 생각하니 부끄러워 말라. 너의 마음으로 한 일이 아니어든 어찌 그리 부끄러워하는고?" 하시니라.

50:6 나를 본 자는. 9년 천지공사 동안 상제님 품안에서 자랐던 김호연 성도는 신명을 환히 보는 심령으로 용화동, 구릿골 약방, 대순진리회 등에 모셔진 영정을 직접 보고 고개를 절레절레 흔들며 전혀 다른 모습이라 하였고 증산도에서 모신 상제님 어진이 가장 흡사하게 잘 그려졌다고 막내딸의 집에서 증언한 바 있다.

후천선경을 여는 도운(道運) 개창 도수 : 음이 먼저

51 하루는 상제님께서 약방 벽 위에

士農工商 陰陽 氣東北而固守 理西南而交通
사 농 공 상 음 양 기 동 북 이 고 수 이 서 남 이 교 통

과 그밖에 여러 글을 써 붙이시고

2 형렬에게 명하시어 "그 위에 흰 종이로 포개어 붙이라." 하신 뒤에 말씀하시기를 "오늘은 천지대공판을 떼는 날이니 자네들 그렇게 아소." 하시니라.

3 이어 김준상(金俊相)에게 명하여 "보시기 한 개를 가져오라." 하시고

4 자현에게 이르시기를 "마음 가는 대로 보시기를 종이 바른 곳에 대고 도려 떼라." 하시므로

51:1 기동북이고수 이서남이교통. 하도와 낙서를 비교해 보면, 동(木, 봄)과 북

5 자현이 명하신 대로 하니 그 속에서 '음(陰)' 자가 나오는지라

6 상제님께서 무릎을 탁 치시며 "옳다! 천지도수가 맞아 들어간다." 하시니라.

도운 개창의 출발점

7 이어 말씀하시기를 "음과 양을 말할 때에 음(陰) 자를 먼저 읽나니 이는 지천태(地天泰)니라. 너의 재주가 참으로 쓸 만하구나. 옳게 떼었느니라.

8 그러나 음 자의 이치를 아느냐? 사람은 여자가 낳는 법이므로 옳게 되었느니라." 하시고

9 "후천에는 음(陰) 도수가 뜬다." 하시니라.

10 또 말씀하시기를 "약장(藥欌)은 곧 안장롱(安葬籠)이며 신주독(神主櫝)이니라.

11 약방 벽지를 뜯을 날이 속히 이르러야 하리라." 하시니라

12 이 뒤에 대흥리에 가시어 수부님께 일러 말씀하시기를 "약장은 곧 네 농바리가 되리라." 하시니라.

개벽기의 의통구호대 육임 조직 공사

52 무신년 6월에 천원(川原)에서 새 붓으로 경면주사(鏡面朱砂)를 찍어 28장(將)과 24장(將)을 써서 벽에 붙이시고 겉육임을 정하신 뒤에

2 성도들에게 "각기 마음에 드는 대로 장수의 이름을 짚으라." 하시고

3 경면주사로 써서 비단으로 만든 주머니에 넣어 채우시더니 그 뒤에 불사르시니라.

4 이 때 어떤 사람이 참외를 가져와 올리매 상제님께서 잡숫지 않고 두시거늘

5 공우가 한 개를 먹었더니 설사가 나서 낫지 않는지라

6 상제님께 아뢰니 말씀하시기를 "본래 그 아내가 주기 싫어하였으므로 살기(煞氣)가 붙어 있었나니 네가 그 살기를 맞았도다." 하시고

7 "닭국을 먹으라." 하시므로 공우가 명하신 대로 하매 곧 나으니라.

새벽에 한 시간씩 자고 공부하라

53 6월에 대흥리에 계실 때 공우로 하여금 각처 성도들에게 "순회하여 전하라." 하시며 명하시기를

(水, 겨울)만은 바뀌지 않고(固守), 서(金, 가을)와 남(火, 여름)은 서로 맞바뀌어(交通) 있다. 이를 『정역』에서는, 선천 개벽이 시작되는 봄에는 생명이 태어나기 때문에 기(氣)를 중심으로 말하고, 후천 개벽이 시작되는 가을에는 생명이 성숙되는 질적 변화를 하기 때문에 리(理)로 말하였다.

51:12 약장은 곧 네 농바리. 농바리는 신부가 시집갈 때 가지고 가는 예물인 장롱이 소나 말 위에 얹혀 있는 상태를 말한다. 여기서 농바리는 약장이 상제님 어천 후에 대흥리 수부소로 이동하게 될 것을 예시한다. 이는 태모님께서 상제님으로부터 도통을 받으시고 종통 계승자의 첫 사명으로서 세 살림의 첫 발을 떼는 상징적인 사건이다. 11편 24, 27장 참조.

51장 초기 기록을 토대로, 김자현 성도의 손자 김택식(1914~)

이 할아버지로부터 직접 듣고 증언한 내용을 보완하였다.

2 "21일 동안 잠자지 말고 새벽에 한 시간씩만 자고 공부하며 수마를 극복하라. 큰 힘을 얻으리라." 하시니라.

네가 무슨 천자냐

3 기한이 다 차매 모두 심히 피로해 하는데 경석이 가장 심하더니

4 밖에 나갔다가 들어오는 길에 문 앞 모시밭 가에 이르러 정신을 잃고 쓰러지거늘

5 상제님께서 말씀하시기를 "네가 무슨 천자냐!" 하시고 "천자(天子)를 도모하는 자는 다 죽으리라." 하시니라.

큰 이무기를 잡았노라

54 대흥리에서 하루는 차경석, 안내성, 박공우를 데리고 앞내에 나가 목욕하실 때

2 경석에게 명하시어 소금 한 줌을 가져다 물 위에 뿌리게 하시고

3 물에 들어서시며 "고기잡이를 하리라." 하시더니 느닷없이 경석의 다리를 잡고 "큰 이무기를 잡았다." 하시거늘

54:3 큰 이무기. 이는 월곡 차경석이 야심을 펴면서 상제님을 배반하여 성공하지 못할 것을 내다보시고 하신 말씀이다.

4 경석이 아뢰기를 "제 다리입니다." 하니 "그렇게 되었느냐?" 하시고 놓으시니라.

5 이후에 경석과 공우를 데리고 어디를 가실 때 경석을 돌아보며 말씀하시기를

6 "이무기가 용(龍)이 되려다가 되지 못하고 땅에 떨어지면 30리 안이 쏘가 되나니 이 말을 잘 기억하라." 하시니라.

54:6 쏘. 소(沼). 땅바닥이 둘러빠지고 물이 깊게 된 곳.

천지대업의 배반자를 경계하심

55 대흥리 경석의 집에 계실 때 하루는 경석을 마당에 꿇어앉히시고

2 공우에게 망치를, 윤경에게 칼을 들리신 뒤에 대청마루에 올라 정좌하시더니

3 경석을 향해 큰 소리로 말씀하시기를 "네가 이후에도 지금 나를 모시고 있을 때와 같이 마음이 변하지 않겠느냐?

4 일후에 만일 마음이 변개함이 있으면 이 망치로 더수기를 칠 것이요, 이 칼로 배를 가르리라.

55:4 변개함이 있으면. 상제님 신앙은 한마디로 전무후무한 천하사 신앙이다. 대우주의 통치자 하느님을 모시고 '상제님의 천하사

5 꼭 변함이 없겠느냐?" 하고 다짐을 받으시니라.

6 또 말씀하시기를 "나를 따르는 자는 창성하고, 나를 배반하는 자는 멸망하느니라." 하시니라.

상씨름은 상두쟁이가

56 상제님께서 공우를 데리고 김제 봉황산(鳳凰山)을 지나시다가 말씀하시기를

2 "저기 저 산이 황우산(黃牛山)이니라. 애기씨름, 총각씨름 다 지내고 비교씨름 상씨름에는 황우를 거는데

3 봉황산 와우(臥牛)로 씨름판 소를 걸어 놓았느니라.

4 상씨름 하는 자는 콩밭 이슬을 맞으며 판밖에서 술 고기 많이 먹고 있다가 '아우' 소리 한 번에 똑 한 사람 지우고 황우를 몰아가느니라." 하시니라.

상두는 칠성

5 상제님께서 또 말씀하시기를 "상씨름은 상두쟁이가 하네." 하시거늘

6 공우가 상두의 뜻을 여쭈니 "상두(上斗)는 북두(北斗)니 칠성(七星)이니라." 하시니라.

칠성이 응했느니라

57 하루는 자현의 아들 태준(泰俊)에게 일러 말씀하시기를 "상두가 무엇인 줄 아느냐?

2 앞으로 네 번 돌리고 뒤로 세 번 돌리니 칠성이 응했느니라.

3 또 사람마다 칠성을 얼굴에 붙이고 다니느니라. 눈 둘, 콧구멍 둘, 귓구멍 둘, 입 하나, 칠성 아니냐!

4 그리고 두 구멍은 감추고 다니느니라. 그러고도 이용을 잘 못하는 구나.

5 중국 사람은 앞이마를 깎고 우리 사람은 가운데 배코를 치니 중이 다 되었구나." 하시며 머리카락을 한 줌 뽑으시니라.

6 또 말씀하시기를 "뾰족한 수란 상투의 덕을 이름이니 판밖에서 일을 지을 때에 한번 크게 쓸 것이니라.

7 담뱃대와 상투는 시세에 따라 이미 버린 바 되었으나

8 사람들이 버린 것을 내가 취하여 세상을 건지는 대업(大業)에 쓰노라." 하시니라.

천지대업의 개척 일꾼은 젊은이들

58 상제님께서 말씀하시기를 "지금은 포태(胞胎)의 운이니 어린아이의 세상이니라. 그러므로 치성을 드릴 때에는 두루마기를 벗고 절을 하라." 하시니라.

를 하겠다.'고 맹세했다가 배반하는 자는 어떤 이유가 되었든 반드시 천지의 대신명들이 응징할 것임을 경계하신 심법전수 공사이다.

56:2 비교씨름. 몸무게에는 관계없이 정해진 수만큼 이기면 비교에 올라가 등수를 결정하게 하는 씨름. 상씨름의 북한말.

56:5~6 선천세상을 마무리 짓는 상씨름 개벽은 칠성 도수로써 이루어진다는 말씀. 상제님의 모든 일꾼들은 인사의 지도자로부터 상제님이 열어 주시는 칠성 기운을 받아 천지대업을 완성한다.

58:1 어린아이의 세상. 이는 여름의 성장 도수에서 추수하는 가

을의 성숙 도수로 들어서는 천지의 대운을 맞아, 소남(少男) 소녀(少女)의 간태합덕(艮兌合德) 원리에 의해 젊은이를 주축으로 새 역사를 개척하게 하신 것이다.

58:3 초립동. 여기서 초립동은 제3변 도운 개창의 핵심 일꾼을 말씀하신 것이다. 『천지개벽경』의 저자인 이중성도 '판밖에서 일이 된다. 나중에 젊은 사람이 일을 한다.'고 했다.(이중성의 딸 이옥수 증언)

59:1~3 『용화전경』 저자 김락원의 손자 김상용과 오동정 교단에서 2대에 걸쳐 신앙한 황공규 증언.

김상용(1941~)

59:4 문공신 성도의 제자 박인규 증언.

2 대흥리에 계실 때 하루는 한 성도에게 "초립(草笠)을 사다가 간수하여 두라." 명하시고

3 말씀하시기를 "나의 도를 천하에 펼 일꾼은 이제 초립동(草笠童)이니라." 하시니라.

4 상제님께서는 평소 청년들을 무척 사랑하시니라.

구월산에서 아기장수 난다

5 하루는 한 성도가 여쭈기를 "예로부터 '애기장수가 난다.'는 말이 있사온데 그 장수들은 지금 어디서 무엇을 하고 있습니까?" 하거늘

6 상제님께서 담배를 피우시다가 "구월산!" 하시고는 아무 말씀이 없으시니라.

막둥이 도수

59 상제님께서 내성에게 일러 말씀하시기를 "초복, 중복 다 제끼고 말복 운을 타라." 하시고

2 또 말씀하시기를 "말복 운이 가장 크니라.

3 늦게 들어온 사람이 크게 받나니 '막둥이 놀음'이니라." 하시고 내성에게 막둥이 도수를 붙이시니라.

4 하루는 문공신에게 말씀하시기를 "나의 일은 결인(結咽) 도수로 되느니라." 하시니라.

돌아서면 네가 일등이 아니냐

5 하루는 상제님께서 공사를 보시는데 제일 끝에 선 성도 하나가 "제가 왜 맨 끝입니까?" 하고 볼멘소리를 하니

6 상제님께서 말씀하시기를 "돌아서면 네가 일등 아니냐." 하시거늘

7 그 성도가 생각해 보니 과연 그러한지라 마음을 눅이고 공사에 수종드니라.

인류 구원의 남은 조선 사람

60 7월 어느 날 성도들을 거느리고 제비창골 입구를 지나실 때 건너편 삼밭에서 사람들이 삼을 치거늘

2 상제님께서 "삼대 석 다발을 가져오라." 하시므로 갑칠이 잘 골라서 안아다 올리니라.

3 이에 삼대 석 다발을 한데 섞으신 뒤에 먼저 상(上)대를 추려 뽑아 버리시고 다시 중(中)대를 추려 버리시니 가장 가늘어 쓸모없는 하(下)대만 한 줌 남는지라

4 그 하대를 한 손으로 들고 이리저리 재시더니 끈으로 묶고 한 발로
탁 차시며 말씀하시기를

5 "이것들이 내 자식이니라. 가장 못나고 모자란 사람, 이리 가지도 않
고 저리 가지도 않는 사람이 내 사람이다." 하시고

6 또 말씀하시기를 "동남풍이 불면 살 수 없는 병이 오느니라." 하시니
라.

7 이후에 성도들에게 이르시기를 "시속에 남조선(南朝鮮) 사람이라 이
르나니, 이는 남은 조선 사람이란 말이라.

8 동서 각 교파에 빼앗기고 남은 못난 사람에게 길운(吉運)이 있음을 이르
는 말이니 그들을 잘 가르치라." 하시니라.

천지 일꾼 기르는 상제님 대학교 도수

61 무신년 가을에 태인 백암리 김경학(金京學)의 집에 계실 때 천지
대신문을 여시고 글을 써서 벽에 붙이시니 이러하니라.

2 　一身收拾重千金이니　頃刻安危在處心이라
　　일신 수습 중천금　　　경각 안위 재처심
　　多有曲岐橫易入이나　非無坦道正難尋이라
　　다유 곡기 횡이입　　　비무 탄도 정난심
　　내 한 몸 잘 가짐이 천금보다 중하니
　　순간의 평안함과 위태로움이
　　마음가짐에 달려 있느니라.
　　굽은 길과 갈림길이 많아
　　죽는 길로 쉽게 빠져드는데
　　탄탄한 대도의 살 길이 없는 게 아니요
　　바로 찾기가 어려울 뿐이니라.

3 　奇珍落地泥沙混하고　仙鶴移巢野鵠侵하니
　　기진 낙지 니사 혼　　　선학 이소 야곡 침
　　行止莫輕跬步內요　　出門氷薄又淵深이라
　　행지 막경 규보 내　　　출문 빙박 우연심
　　기이한 보배가 땅에 떨어지면 진흙 속에 묻히고
　　선학이 둥지를 옮기면 들고니가 침노하나니
　　가고 그침은 반걸음 이내라도 가벼이 말라.
　　문을 나서면 살얼음판 위요 또 심연과도 같으니라.

4 이 때 상제님께서 신명에게 칙령을 내리시며 말씀하시기를 "경학
(京學)의 학(學) 자가 '배울 학' 자이니

5 경학의 집에 대학교(大學校)를 정하노라." 하시고

60:7 남은 조선 사람. 선천 동서 문화권의 어떤 종교나 이념, 세계관을 광신, 맹신하는 자는 천지의 새 질서를 열어 가는 대개벽의 대시(大時)에도 정신이 근본적으로 크게 깨지지 않는다. 선천의 묵은 진리에 찌들지 않은 한민족의 남조선 사람이야말로 인류 문화를 추수하는 새 생명의 싹인 것이다.

61장 대학교 도수. 상제님 대학교의 가장 중요한 사명은 성웅(聖雄) 겸비의 일꾼을 길러내어 육임 의통구호대를 조직하고, 앞으로 오는 대개벽 상황을 극복하여 인류 구원의 사명을 완수하는 데 있다. 곧 상제님의 대학교는 선천세상을 마무리 짓고 후천 조화선경 세계를 건설할 수 있는 일꾼을 길러내는 문명의

심장부인 것이다. 상제님의 대학교 공사는 인사적으로는 道紀 114년(甲子, 1984)에 실현되어 지금에 이르고 있다. 상제님 대학교 정신은 태을주와 더불어 시작되고, 태을주와 더불어 끝난다.

61:2 신응조(申應朝, 1804~1899)의 '계자시(戒子詩)'. '일신수습(一身收拾)'의 원문은 '일신동정(一身動靜)'이지만 상제님께서 더 큰 의미로 고쳐 써 주셨다. 진리를 조작하고 왜곡하는 난법자의 삿된 정신에 꾀여 멸망당하는 도생들을 걱정하시어 도통맥을 찾아 진리를 알고 신앙하라 경계하신 글이다.

62:1 무당 여섯 명. 무당은 천지로부터 영(靈)을 받는 사람이다. 상제님의 대학교는 천지부모의 천명(天命)을 받아 태을주 신도 조화권으로 명화(明化)되어 대개벽기에 천지를 대행하여 사람 살리는 일꾼을 양육하는 데 그 목적이 있다.

6 또 "학교는 장차 이 학교가 크리라." 하시며

7 "내 세상에는 새 학교를 세울 것이니라." 하시니라.

후천선경의 대학교 사명, 육임 조직

62 백암리에 계실 때 하루는 경학에게 "무당 여섯 명을 불러오라." 하시어

2 경학으로 하여금 두건과 두루마기를 벗기고 각기 청수 한 그릇씩 모시게 한 뒤에 여섯 사람에게 "청수 그릇을 향하여 사배(四拜)하라." 하시니라.

3 이어 상제님께서 먼저 시천주주(侍天主呪)를 세 번 읽으시고 여섯 명에게 따라 읽게 하신 뒤에

4 거주성명을 물으시고 "세상에서 사람들이 다 아는 이름이냐?" 하시니 모두가 "그러하옵니다." 하고 대답하니라.

5 상제님께서 다시 "청수를 마시라." 하시매 여섯 사람이 명하신 대로 하니 말씀하시기를 "이것이 복록이니라." 하시고

6 "이제 여섯 사람에게 도(道)를 전하였으니 이는 천하의 대학(大學)이니라.

7 이 때는 해원시대라. 도를 전하는 것을 빈천한 사람으로부터 시작하느니라." 하시니라.

8 또 말씀하시기를 "내가 비로소 '육기초(六基礎)'를 놓고 신명 공부를 시켰느니라." 하시니라.

반드시 스승이 있어야

63 하루는 상제님께서 토방 아래에 깊이 구덩이를 파게 하시고 한 사람에게 명하시어 "안에 들어가라." 하시니

2 그 사람이 '어떤 연유로 여기를 들어가라 하실꼬? 들어갈까 말까?' 하고 망설이며 눈치를 보거늘

3 상제님께서 "흥, 이 못난 놈아! '소도 언덕이 있어야 비빈다.'는 말이 있지 않느냐?" 하시니라.

4 그래도 그 사람이 "어른은 어디 믿는 데가 있어서 그러시지만…." 하며 주저하니

5 말씀하시기를 "아, 내가 서 있어도 못 들어가냐? 들어가라! 이놈이 의지가 없구나!" 하시고

6 "너, 내가 어떻게 들어갔다 나오는가 봐라!" 하시며 구덩이에 들어

가셨다가 꼿꼿이 서서 나오시니라.

7 그 사람이 그제야 안심하고 들어갔으나 막상 나오려고 보니 무엇을 잡지 않고는 도저히 구덩이에서 나올 수가 없거늘

8 빙빙 돌며 잡을 것을 찾아보는데 아무것도 보이지 않는지라

9 상제님께 "아이고, 살려 주십시오. 안 잡고는 못 나가겠습니다." 하며 꺼내 주시기를 애원하더라.

10 이에 상제님께서 말씀하시기를 "그러니 어른 없이는 못 사는 것이니라. 어른을 잘 받들어라." 하시니

11 그 사람이 "이런 걸로 양반, 상놈이 따로 있나 봅니다. 어찌한들 제가 선생님을 따를 수 있겠습니까?" 하거늘

12 상제님께서 "그만하면 됐다. 그렇게 차차로 어른을 받들어야 하느니라.

13 네가 꾀를 내어 여러 사람을 살리겠는가 그 의지를 보려 함인데, 네가 그것도 못 나오면서 누구를 살리겠느냐?" 하시고

14 손을 잡아 꺼내 주시며 말씀하시기를 "그른 놈을 깨우칠 적에는 반드시 스승이 있어야 한다." 하시니라.

내 일을 할 사람은 다시 나온다

64 하루는 구릿골 약방에서 말씀하시기를 "지금은 나하고 일할 사람이 없느니라.

2 내 일을 할 사람은 뒤에 다시 나오느니라.

3 이제 나와 같은 사람이 나온다. 뛰어나는 사람이 있다.

4 알려고 힘쓰지 말고 시대가 돌아가며 가르치는 시기를 봐라. 이제 곧 돌아오느니라.

5 썩은 고목에서 새순이 돋아나서 내 일을 이루느니라." 하시니라.

6 또 하루는 형렬을 부르시더니 "늦게 오는 자를 상등 손님으로 삼으리라." 하시니라.

도운 개척기 대사부(大師父)의 고난 도수

7 상제님께서 말씀하시기를 "이제 초막(草幕)에서 성인이 나오느니라.

8 삼천(三遷)이라야 내 일이 이루어지느니라." 하시니라.

대두목이 새판을 열어 매듭짓는다

65 상제님께서 말씀하시기를 "사람이 낳기는 제 어미가 낳았어도 맥을 전해 주는 사람이 있어야 산다.

62:8 육기초. 『현무경』의 술어인데 포덕으로 보면 육임 포교가 기초가 된다는 말씀.

63:10 어른 없이는 못 사는 것. 구덩이를 파고 보신 이 공사는 인간사의 사도(師道)의 기강을 바로잡으신, 정신이 번뜩 깨지는 말씀이다. 인생은 유아독존(唯我獨尊)할 수 없다. 반드시 스승과 부모가 있어야 인간으로서 제 노릇을 하며 기개를 펼칠 수 있다.

64:2 김형렬, 김호연 성도가 상제님으로부터 여러 차례 직접 전해 들은 말씀이다.

64:5 새순이 돋아나서. 이 말씀은 도운의 전 과정을 고목나무에 비유하신 것이다. 제1변 난법 시대가 끝나고 썩은 고목이 되어 버린 도목(道木)에서, 때가 되면 새순이 돋듯 새 일꾼이 나와 제2변, 제3변의

새 역사의 도운 시대를 열어 상제님 천지대업을 성취한다는 말씀이다.

64:8 삼천. 증산 상제님의 천지대업은 삼변성도(三變成道)의 원리로 크게 3회의 개척기(부흥기)를 거쳐 도성덕립 된다. 제1기는 고수부님께서 도통 후 교단을 여시고, 차경석이 이를 확산시킨 도운의 파종(播種)과 이종(移種)의 시기이며, 제2·3기는 추수 사명을 맡은 대사부가 새롭게 판을 개척하여 매듭짓는 도운의 추수 시기이다.

65:2 맥 떨어지면 죽느니라. 믿지 않는 사람은 참 하느님이신 상제님을 만나야 살고, 난법에 매달린 사람은 종통맥을 찾아야 산다는 말씀.

65:3 곧이. 맥, 흔적, 자취 등으로 해석될 수 있다.

66:1 용화도장. 해방 후 증산도 안운산(安雲山) 종도사님께서 이 상호와 손을 잡고 용화동에서

2 사람이 아프면 맥을 먼저 짚어 보지 않느냐? 맥 떨어지면 죽느니라.

3 사람이 다 죽고 나면 어떻게 해서 나간 곧이를 알 것이냐?

4 가만히 있어도 세상의 이치가 일을 성사시키는 우두머리를 불러낸다.

5 내 이름은 죽으나 사나 떠 있느니라." 하시니라.

6 성도들이 '일을 이루는 사람은 뒤에 나온다.'는 말씀에 속으로 애만 태우거늘

7 하루는 호연이 상제님께 "여기 있는 이렇게 많은 사람들 애터지게 하지 말아요." 하니

8 말씀하시기를 "저것들 다 하루살이다, 하루살이! 문을 열면 불을 보고 깔따구와 하루살이가 막 달려드는 것과 같은 이치니라." 하시고

9 또 말씀하시기를 "내 일은 고목에서 움이 돋고, 움 속에서 새끼를 낳아 꽃이 피고(枯木生花) 열매가 되어 세상에 풀어지느니라." 하시니라.

큰스승은 따로 있다

10 하루는 상제님께서 성도들에게 이르시기를 "너희들이 아무리 별스러워도 나를 따르는 자들의 선생밖에는 못 되느니라.

11 나의 일은 판밖에 있나니 뒤에 큰스승이 나와 천하창생을 가르치리라." 하시니라.

12 이어 말씀하시기를 "내 일은 꼭 된다. 물샐틈없이 꼭 된다." 하시니라.

대사부는 개척의 첫발을 용화동에서

66 하루는 공우를 데리고 용화동(龍華洞)을 지나며 이르시기를 "이곳이 곧 용화도장이라.

2 이 뒤에 이곳에서 사람이 나서거든 부디 정분을 두고 지내라." 하시니라.

3 하루는 용화동 뒤의 계룡봉(鷄龍峯)을 가리키며 말씀하시기를 "이곳이 불무 발판이니 불무는 두 발판을 부지런히 밟아야 바람이 나는 것이라.

4 그러니 이곳을 자주 밟아야 바람이 나게 되리라." 하시니라.

5 또 하루는 안필성(安弼成)을 데리고 계룡봉에 올라가시어 말씀하시기를 "앞을 보아라, 참 좋구나. 노승(老僧)이 팔대장삼을 입고 있는 형국이로구나.

6 또한 용이 누워 있는 형국이니 용은 뿔이 나야 되느니라." 하시고

7 계룡봉을 내려오시다가 한 곳을 가리키시며 "필성아, 여기가 네가 들어갈 자리다." 하시니라.

천지의 도정(道政)을 집행하는 대사부

8 하루는 공우에게 말씀하시기를 "공우야, 때가 이르러 한 사람이 허락하지 아니하면 너희들도 내가 있는 곳에 들어오지 못하게 되느니라." 하시고

9 또 말씀하시기를 "공우야, 비록 나이가 너보다 적은 사람이라도 너보다 높은 자리에 있고 덕이 너보다 높으면 그를 만났을 때에 반드시 공경하여라." 하시니라.

도운(道運) 개창 도수

67 하루는 상제님께서 수부님께 "금구(金溝)로 가자." 하고 성화같이 재촉하시므로 수부님께서 행구(行具)를 수습하시니 다시 말씀치 아니하시고

2 수일 후에 이경문(李京文)에게 "천원에서 일등 교자와 일등 하인을 구하여 오라." 하시어 마당에 꾸며 놓게 하시니라.

3 이어 수부님과 나란히 앉으시어 다시 "금구로 가자." 하시며 길을 재촉하시다가

4 말씀하시기를 "밥 한 그릇 가지면 둘이 먹고 남는데 창피 볼 것 없다." 하시고

5 잠시 후에 다시 말씀하시기를 "이만하면 간 셈이라." 하시니라.

금구로 가면 네 몸이 부서진다

6 8월 18일 저녁에 상제님께서 말을 타고 대흥리에 가시어 곧바로 안중선(安中善), 차윤경(車輪京)을 불러 명하시기를

7 "이 길로 구릿골에 가서 일등 교자와 일등 하인을 구하여 날 밝기 전에 오라.

8 내일 수부를 데리고 구릿골로 이사하리라." 하시니 두 사람이 명을 받고 곧 떠나니라.

9 이튿날 아침에 상제님께서 수부님께 이르시기를 "네가 금구로 가면 네 몸이 부서질 것이요

10 이곳에 있으면 네 몸이 크니 이곳에 있는 것이 옳으니라." 하시고

11 홀로 떠나시어 살포정이에 이르러 교자를 만나시매 말을 버리고 교자로 바꾸어 타시고 구릿골로 가시니라.

천하 만백성의 생명의 어머니 수부님

68 상제님께서 구릿골에 계실 때 차윤칠(車輪七)이 찾아와 뵈니 상

제2변 도운을 일으키셨다. 그러나 상제님과 태모님께서 경계하신 이상호의 불의와 한국전쟁으로 인해 20년의 대휴계기(大休契期)를 선포하시고 태전에서 제3변 마무리 도운을 준비하셨다.

66:2 이곳에서 사람이 나서거든. 태모님께서 세 살림 도수를 끝내실 때 이 일을 다시 당부하셨다. 11편 365장 참조.

66:8 한 사람. 인간으로 오신 상제님께서는 9년 천지공사로 새 천지의 기틀을 모사재천(謀事在天) 하셨다. 여기서 '한 사람'은 증산 상제님을 대행하여 성사재인(成事在人) 하는 인사의 대권자요 천지의 도정을 집행하시는 대사부이시다.

67:9 금구로 가면 네 몸이 부서질 것이요. 금구는 태모님 셋째 살림의 터전인 용화동을 말씀하신 것으로 그곳에서 자신의 욕심만 채우려는

난법자들을 만나 크게 고통 받으실 것을 경계하신 것이다. 태모님 말씀에 의하면 상제님께서 여러 차례 이 말씀을 하신 것으로 보인다.

제님께서 이르시기를

2 "네 매씨를 잘 공양하라. 네 매씨가 굶으면 천하 사람이 모두 굶을 것이요, 먹으면 천하 사람이 다 먹을 것이라.

3 눈물을 흘리면 천하 사람이 다 눈물을 흘릴 것이요, 한숨을 쉬면 천하 사람이 다 한숨을 쉴 것이요

4 기뻐하면 천하 사람이 다 기뻐하리라." 하시니라.

5 상제님께서 성도들에게 말씀하시기를 "수부 대우를 잘하면 수명도 연장될 수 있느니라." 하시고

6 또 이르시기를 "두목(頭目)은 사람의 복중(腹中) 출입을 마음대로 한다." 하시니라.

종통 후계자 수부님이 도통 받는 때

69 상제님께서 매양 수부님의 등을 어루만지시며 말씀하시기를

2 "너는 복동이로다. 장차 천하 사람의 두목이 되리니 속히 도통하리라." 하시니라.

3 또 형렬에게 말씀하시기를 "대상(大祥)이란 상(祥) 자는 상서(祥瑞)라는 상 자니라." 하시니라.

69:3 대상. 소상(小祥)은 죽은 뒤 한 돌 만에, 대상(大祥)은 두 돌 만에 지내는 제사다. 이 말씀에는 도운 개척사의 첫발을 떼는 주요 도수에 대한 시간대의 비밀이 들어 있다. 즉 상제님 어천 후 2년 만에 종통대권의 전수자이신 고수부님께서 전 우주의 축복 속에 도통 받으실 일을 말씀하신 것이다.

천정연분의 상제님과 수부님

70 10월에 상제님께서 구릿골에서 대흥리로 가시어 성도들과 함께 밖에 나가 무를 뽑아 잡수시며 다음날 수부님을 구릿골로 데려가실 일을 의논하고 들어오시니라.

2 이어 수부님께 일러 말씀하시기를 "내 털토시와 남바위를 네가 쓰고 우리 둘이 함께 걸어가자.

3 우리가 그렇게 걸어서 곳곳을 구경하며 가면 사람들이 우리를 보고 부러워하여 말하기를 '저 양주(兩主)는 둘이 똑같아서 천정연분(天定緣分)이로다.' 하리니

4 세상 사람들은 우리를 구경하고, 우리는 세상 사람들을 구경하며 천천히 걸어가는 것이 좋으리라." 하시더니

5 그 이튿날 다시 말씀치 않으시니라.

후천대개벽의 추수운, 갑자꼬리 도수

71 구릿골에 계실 때 하루는 말씀하시기를 "나의 일은 상씨름 씨름판과 같으니라.

2 상씨름 딸 사람은 술이나 먹고 잠이나 자면서 누워서 시치렁코 있다가 '상씨름이 나온다.'고 야단들을 칠 때, 그제야 일어나서 판 안에 들어온다.

3 다리를 둥둥 걷고 징검징검 들어가니 판 안의 씨름꾼들 여기저기 쑤군쑤군.

4 들은 체도 아니하고 샅바 잡고 한 번 돌더니, '상씨름 구경하라. 끝내기 여기 있다.

5 갑을청룡(甲乙靑龍) 뉘 아닌가. 갑자(甲子)꼬리 여기 있다.

6 두 활개 쭉 펴면서 누런 장닭 두 홰 운다. 상씨름꾼 들어오라.' 벽력같이 고래장 치니 어느 누가 당적할까?

7 허허, 헛참봉이로고. 소 딸 놈은 거기 있었건만 밤새도록 헛춤만 추었구나.

8 육각(六角) 소리 높이 뜨니 상씨름이 끝이 났다." 하시니라.

상씨름이 넘어가는 상황

9 하루는 상제님께서 옛 시 한 수를 외워 주시니 이러하니라.

10
胡來不覺潼關隘요 龍起猶聞晉水淸이라
호 래 불 각 동 관 애   용 기 유 문 진 수 청
오랑캐는 동관의 험함을 모른 채 쳐들어오고
용이 일어나자 진수(晉水)는 오히려 맑아졌다 하네.

판밖 도운 개창의 중심지

72 하루는 상제님께서 말씀하시기를 "바둑도 한 수만 높으면 이기나니 '남모르는 공부'를 하고 기다리라." 하시니라.

2 또 "나의 일은 상씨름판에서 주인이 결정되나니 상씨름꾼은 술, 고기 많이 먹고 콩밭(太田)에서 잠을 자며 끝판을 넘어다보는 법이니라." 하시고

3 "상씨름에 뜻하는 자 끝판에 나아가 한 판으로 상씨름판을 매듭짓느니라." 하시니라.

내 일은 판밖의 일

73 하루는 사요(史要) 일편을 천지에 고축(告祝)하신 뒤에 불사르시고 말씀하시기를

2 "판안 사람 둘러보니 많고 많은 저 사람들, 어떤 사람 이러하고 어떤 사람 저러한가.

김일화
(1886~1958)

71:2 시치렁코. 냉정히 지켜보며 관여하지 않고.

71:5 갑자꼬리. 박공우 성도의 제자인 김일화의 아들 김천수(1927~)와 황공규의 증언. 갑자년은 상제님께서 최수운 대신사에게 내리셨던 천명과 신교를 거두시고 친히 인간 역사에 등장하신 해이다. 황현(黃玹, 1855~1910)의 『오하기문(梧下記聞)』에 "마조패(馬弔牌)라는 놀이가 있어 (중략) 놀이꾼은 아홉을 얻으면 큰 소리로 '갑오갑자미(甲午甲子尾)'라고 외쳤다.(중략) 이는 갑오가 갑자의 꼬리가 되는 것이다."라는 말이 있다. 5편 357장 참조.

71:6 두 홰. 새벽에 첫닭이 울고

71:6 상씨름꾼 들
어오라. 상씨름
꾼은 추수 일꾼
이다. 이는 제3
변 도운의 추수
운 개척 시대의
대세몰이를 말씀
하신 것이다.

71:7 헛참봉, 헛
춤. 난법판에 묵
은 기운을 가진
자, 기회주의자,
자기중심주의자,
속물의식을 가진
자들의 말로를
경계하신 것이
다.

71:8 육각. 북,
장구, 해금, 대
금, 피리 한 쌍을
통틀어 일컫는
말.

71:10 두보(杜
甫)의 '제장오수
(諸將五首)'(『杜
少陵詩集』 권16)
라는 시의 둘째
수 일부분이다.

72:2 콩밭에서
잠을 자며. 제2변
부흥시대 이후
증산도 안운산
종도사님께서 태
전에서 20년의
대휴계기를 보내
실 것을 내다보
고 하신 말씀이
다.

73:5 판밖의 일.
상제님께서는 오

나서 한두 시간 후에 또 한 차례 우는 것.

3 판안 사람 판안 공부 할 수 없어 허리끈 졸라매고 뒷문 열고 내다 보니 봉황이 지저귄다.

4 황계성이 죽지 털면 판밖 소식 이르리라." 하시니라.

5 또 말씀하시기를 "내 일은 판밖의 일이니라. 가르쳐도 모를 것이요, 직접 되어 보아야 아느니라." 하시니라.

도운의 매듭 공사, 도통판의 진주 도수

74 상제님께서 평소 성도들과 노실 적에 종종 '가구(假九) 진주(眞主) 치기 노름'을 하시니라.

2 하루는 상제님께서 "다 터라." 하시고 투전을 들고 탁 치시며 "ㅇ씨가 판을 쳤다!" 하시고 다 거두어들이시며

3 "파라, 파라, 깊이 파라. 얕게 파면 다 죽는다. 잘못하다가는 십년공부 도로아미타불이란 말이니라. 알겠느냐?

4 도로 본자리에 떨어진단 말이다. 나는 알고 너는 모르니 봉사 잔치란 말이다.

5 아는 사람은 알지만 누가 가르쳐 주랴. 제가 알아야 하느니라." 하시고

6 또 말씀하시기를 "끝판에 ㅇ씨가 있는 줄 몰랐지. 판 안 끗수 소용 있나. 끝판에 ㅇ씨가 나오니 그만이로구나.

7 나의 일은 알다가도 모르는 일이라. 나의 일은 판밖에 있단 말이다. 붉은 닭 소리치고 판밖 소식 들어와야 도통판을 알게 되고, 도통판이 들어와야 나의 일이 될 것이다." 하시니라.

8 경학이 여쭈어 말하기를 "도통판은 어디 있습니까?" 하니

9 말씀하시기를 "가르쳐 주어도 모르리라. 똑똑히 들어 봐라.

10 전라도 백운산으로 지리산으로 장수 팔공산으로 진안 운장산으로 광주 무등산으로 제주 한라산으로 강원도 금강산으로, 이처럼 가르쳐 주니 알겠느냐?

11 알기 쉽고 알기 어렵고 두 가지라. 장차 자연히 알게 되리라. 내가 가르치니 알게 된다는 말이니라." 하시니라.

숙구지 공사로 일을 돌리리라

75 하루는 상제님께서 개의 창자를 빼내신 후 그 가죽을 둘러쓰시고 사람들에게 달려드시니 모두 크게 놀라니라.

2 어느 날 공신에게 일러 말씀하시기를 "'잠자던 개가 일어나면 산 호

랑이를 잡는다.' 는 말이 있나니

3 태인 숙구지(宿狗地) 공사로 일을 돌리리라." 하시니라.

4 또 하루는 공신에게 글 한 수를 읽어 주시니 이러하니라.

5 孤忠一代無雙士니 獻納三更獨啓人이라
고 충 일 대 무 쌍 사　헌 납 삼 경 독 계 인

　평생의 외로운 충절은 필적할 선비가 없으니
　삼경까지 충언을 올리는 사람 오직 그 혼자뿐이네.

남은 7년 공사

6 하루는 상제님께서 공신에게 말씀하시기를 "남은 7년의 공사를 너에게 맡기노라." 하시니라.

안내성에게 전하신 후천선경의 태을주 선맥(仙脈)

76 하루는 상제님께서 안내성(安乃成)에게 이르시기를 "내성아! 너는 내 도(道)의 아내요, 나는 너의 남편이니라." 하시고

2 이어 말씀하시기를 "너는 내 도의 어머니 노릇을 해야 하느니라. 모악산이 포해지형(胞孩之形) 아니더냐!

3 아기는 어미젖으로 사는 법이니 너는 창생들에게 태을주를 잘 가르치라.

4 태을주를 읽는 것은 천지 어머니 젖을 빠는 것과 같아서 태을주를 읽지 않으면 그 누구도 개벽기에 살아남지 못하느니라.

5 어머니가 있어 자식을 길러내듯 내성이 네가 먼저 태을주를 읽어 내 도의 어머니 노릇을 해야 하느니라." 하시며

6 "너는 나중에 어머니 산인 모악산(母岳山)에 가서 내 도를 펴라." 하시니라.

7 하루는 상제님께서 내성에게 말씀하시기를 "온갖 것은 다 주어도 감 하나는 안이 주네." 하시니라.

무신납월 공사를 시작하심

77 동짓달에 수부님께서 안질을 앓으시매 윤경이 구릿골에 와서 상제님께 고하니

2 27일 밤에 상제님께서 성도들을 데리고 대흥리에 가시어 수저를 돌려가며 저녁을 함께 잡수시고

3 성도들에게 명하시어

慶州龍潭 大道德 奉天命 奉神教 大先生前 如律令 審行
경 주 용 담　대 도 덕　봉 천 명　봉 신 교　대 선 생 전　여 율 령　심 행

선위기도(五仙圍碁圖)에 진법과 난법의 정신을 구분하셨다. 홀생홀유(忽生忽有) 하는 선천의 묵은 판안 정신으로는 상제님의 도업을 이룰 수 없기 때문에 판 밖의 남모르는 법으로 천지공사를 집행하신 것이다. 상제님의 천지대업은 고수부님께서 세 살림을 개척하시고, 제3변 도운의 판밖 시대에 대사부께서 새 판을 열어 실현하신다.

74:6 O씨. 이중성의 딸 이옥수(박공우 성도 며느리)는 '우리 일은 여자 성씨가 나와 상제님의 도운을 새로 개척한다.'고 몇 차례 증언한 바 있다.

74:7 붉은 닭 소리치고. 정유(丁酉)생 호연의 증언으로 임신(壬申: 道紀 122, 1992)년에 『도전』이 출간되어 상제님 도법의 전체 틀을 볼 수 있는 문명이 열리고, 이로써 도통판이 나와 진법 도운이 매듭 단계로 들어감을 의미한다.

75:3 숙구지. 현재 정읍시 신태인읍 화호리(禾湖里). '개가 밥 먹고 잠 자는 곳'이라 하여 '숙구지(宿狗地)', 또는 '성숙한 말 구(駒)' 자를 써서 '숙구지(宿駒地)'라 한다. 조선 말기에 어떤 도인이 부안과 변산, 고부 두승산 근처의 지형을 살펴보고 '개 구(狗)' 자가 들어가는 지명 아홉 개(배양구지, 흙구지, 진구지, 돌구지, 거멍구지, 역구지, 숙구지, 각(서)구지, 미륵구지)를 지었는데, 예로부터 구구지(九狗地)는 가활만인(可活萬人)의 길지(吉地)라는 말이 전한다.

75:5 이 시는 상제님께서 당신의 큰 일꾼에 대해 읊어 주신 것으로, 충절과 의로움으로 민족의 정기를 올바로 세우려는 곧은 선비의 외로운 일편단심을 치하하신 것이다.

76장 안내성 성도의 4남 안정남과, 제자 윤창주의 아들 윤기택 증언.

先知後覺 元亨利貞 布教 五十年工夫
선지후각 원형이정 포교 오십년공부

를 읽게 하시고 수부님을 팔에 안아 재우시거늘

4 날이 밝으려 할 때에 수부님께서 잠을 깨어 눈을 뜨시니 눈에서 뜨거운 눈물이 많이 흘러내리고 곧 안질이 나으니라.

5 그 후로 수일 동안 수부님의 시력을 검사하실 때 기(旗) 수십 개를 세우시고 그 아래에 한 사람씩 세우신 뒤에 그들의 이름을 낱낱이 물어 알게 하시고

6 또 깃발에 글자를 써 놓고 낱낱이 물어 알게 하시며 밤에는 등불을 향하여 불 모양을 물어 분명히 알게 하시니라.

7 하루는 상제님께서 입으신 색저고리를 수부님께 입히시어 "밖으로 나가서 집을 돌아 뒷문으로 들어오라." 하시고

8 수부님께서 막 들어오실 때 미리 엎어 두었던 양푼을 들라 하시거늘

9 수부님께서 들어 보니 그 밑에 머리카락 한 올이 있는지라

10 그 머리카락을 들고 아뢰시매 상제님께서 말씀하시기를 "이제는 염려 없다." 하시니라.

정읍에 포정소 도수를 정하심

78 무신년 겨울에 정읍 대흥리에 계시며 대공사를 행하실 때

2 경석과 성도 수십 명을 부르시어 상제님께서 수부님과 함께 앞서 가시고 성도들은 뒤따르게 하여 대흥리 주변을 한 바퀴 도신 뒤에

3 집으로 돌아오시어 백지에 글을 써서 불사르시고 말씀하시기를

4 "이는 포정 공사(布政公事)라. 정읍에 포정소(布政所)를 정하노라." 하시며

5 "장차 크게 흥하리라." 하시니라.

왕대 뿌리에서 왕대 난다

79 하루는 수부님께서 모친이 단독(丹毒)을 앓는다는 기별을 들으시고 근친을 가려 하시거늘

2 상제님께서 "좀 기다려서 함께 가자." 하시므로 마음으로 기뻐하며 기다리시는데

3 얼마 지나지 않아 마침 모친께서 오시어 아랫방에 들어와 앉으시는지라

4 상제님께서 말씀하시기를 "왕대 뿌리에 왕대 나고 시누대 뿌리에 시
　누대 나나니 딸이 잘 되도록 축수하십시오." 하고 부탁하시니
5 이로부터 모친의 단독이 곧 나으시니라.

말을 엎어 놓고 공사를 행하심

80 하루는 상제님께서 마당에 말(斗)을 엎어 놓으시고 그 위에 요를
　깔고 왼손에는 칼을, 오른손에는 망치를 들고 앉으시어
2 수부님으로 하여금 땅에 앉아 손으로 말을 가리키게 하시니라.
3 다음에는 수부님께 칼과 망치를 들리시어 말 위에 앉게 하시고
4 상제님께서 땅에 앉으시어 말을 가리키시니라.

지천태가 크다

81 상제님께서 수부님께 글을 써 주시니 이러하니라.

2　天反低而地高하고　中央備而五十이라
　천 반 저 이 지 고　중 앙 비 이 오 십
　하늘은 도리어 낮은데 땅은 높고
　천지조화의 중앙은 오십토(五十土)를 갖추어
　만물을 생성하느니라.

3 이어서 말씀하시기를 "이후로는 지천태(地天泰)가 크다." 하시니라.

'옥황상제' 라 명정을 써 주심

82 무신년 겨울에 대흥리에 계실 때 어느 날 수부님께

2　玉皇上帝
　옥 황 상 제
　라 써서 붉은 주머니에 넣어 주시며
3 "잘 간직해 두라. 내가 옥황상제니라." 하시니라.
도운 개척의 세 살림 도수
4 또 수부님께 이르시기를 "내가 없으면 그 크나큰 세 살림을 어떻게
　홀로 맡아서 처리하리오." 하시니
5 수부님께서는 다만 상제님께서 어느 외처에 출입하시겠다는 말씀
　으로 아시니라.

천하사 일꾼의 심법 전수 공사

83 상제님께서 정읍 대흥리 경석의 집에 포정소를 정하시고 공사를

76:7 백운동 교단에서 포교사를 지낸 장영달이 상제님 도를 전할 때 맨 처음에 하던 얘기로, 안내성 성도로부터 직접 들었다 한다.(윤기택 증언)

78장 포정소 도수. 포정소는 상제님 진리를 펴는 도정(道政)의 본부가 자리잡는 곳으로 제1번 파종 도수는 정읍 대흥리, 제3번 도운의 추수 도수는 미래의 수도인 태전(太田)에 붙이셨다. 제1번과 제3번 도운의 중심지는 모두 태극의 시종(始終) 도수에 의해 대(大) 자로 시작하는 곳이다.

79:4 시누대. 화살 만드는데 쓰는 가는 대나무

81:2 오십토. 무기는 중앙 오십토(五十土)로 음양 토이다. 천지의 만물생성의 원리도 음양의 조화로 일어나듯 조직의 근본정신도 중앙의 지도자를 중심으로 상호 일체의 상생정신으로 살아 움직일 때 천지의 큰 덕성과 함께 길이 창성할 수 있다.

행하시는데

2 양지에 24방위 글자를 돌려 쓰시고 중앙에

血食千秋 道德君子
혈 식 천 추　도 덕 군 자

라 쓰신 후에 말씀하시기를

3 "'천지가 간방(艮方)으로부터 시작되었다.' 하나 그것은 그릇된 말 이요, 24방위에서 한꺼번에 이루어진 것이니라." 하시고

4 또 말씀하시기를 "이 일은 남조선 배질이라. 혈식천추 도덕군자의 신 명이 배질을 하고 전명숙(全明淑)이 도사공이 되었느니라.

5 이제 그 신명들에게 '어떻게 하여 만인으로부터 추앙을 받으며 천 추에 혈식을 끊임없이 받아 오게 되었는가.'를 물은즉 모두 '일심에 있다.'고 대답하니

6 그러므로 일심을 가진 자가 아니면 이 배를 타지 못하리라." 하시고 모 든 법을 행하신 후에 불사르시니라.

시간이 바쁘다

84 무신년 어느 날 경석의 집 남쪽 벽에다 '천하지대아방궁(天下之 大阿房宮)'이라 쓰시고

2 그 밑에 태을주(太乙呪), 절후주(節候呪), 진액주(津液呪), 칠성주(七 星呪), 이십사장주(二十四將呪), 이십팔장주(二十八將呪), 진법주(眞 法呪), 운장주(雲長呪), 개벽주(開闢呪), 예고주(曳鼓呪) 등을 종이에 써서 붙이시니라.

3 이어 그 벽 앞에 성도들을 태좌법으로 앉히시고 상제님께서 성도 들의 뒤에 서시어 명하시기를 "유식한 자는 보고 외우고 무식한 자 는 손을 모으고 생각하여 외우라." 하시고

4 "시간이 바쁘다." 하시며 외우기를 재촉하시니 무식한 사람들이 먼 저 큰 소리로 읽는지라

5 상제님께서 무릎을 치시면서 말씀하시기를 "그러면 그렇지, 무식도 통 났구나!" 하시니라.

도운 개척의 병권 공사

85 하루는 상제님께서 황극수(皇極數)를 돌리시며 여러 성도들에게 각각 소원을 물으시고

2 다시 차경석에게 소원을 물으시니 경석이 **열지(裂地)**를 원하거늘

3 상제님께서 말씀하시기를 "너는 병부(兵部)가 마땅하리라." 하시니 경석이 불쾌히 여기는지라

4 이에 말씀하시기를 "직신(直臣)이 아니면 병권을 맡기기 어려우므로 이제 특히 너에게 맡기노라." 하시니라.

전쟁의 무용함을 읊으심

86 하루는 경석에게 글을 읽어 주시니 이러하니라.

2
吟兵戈無用
음 병 과 무 용

兵以爲名卽害人이니
병 이 위 명 즉 해 인

自古帝王不己事라
자 고 제 왕 불 이 사

聊憐種德千尋樹하여
요 련 종 덕 천 심 수

枝枝葉葉一般春하라
지 지 엽 엽 일 반 춘

전쟁의 무용함을 읊음

전쟁이란 이름 그대로 사람을 해하는 행위이니
예로부터 제왕들이 끊임없이 일삼아 온 일이니라.
애오라지 불쌍히 여겨
상생의 덕 심기를 천 길 생명의 나무 심듯 하여
가지마다 풍성한 사시장춘의 후천선경 맞이하길 바라노라.

천지 귀신 축문

87 무신년 12월 7일 대흥리에서 공사를 보실 때에 글을 써서 불사르시며 "이는 천지 귀신 축문(天地鬼神祝文)이니라." 하시니 이러하니라.

2
天地鬼神祝文
천 지 귀 신 축 문

所願人道는
소 원 인 도

願君 不君하고 願父 不父하고 願師 不師라
원 군 불 군 　 　 원 부 불 부 　 　 원 사 불 사

천지귀신에게 내리는 축문이라

인도가 원하는 바는
인군다운 인군이길 원하나 인군답질 못하고
아비다운 아비이길 원하나 아비답질 못하고

우주 조화정신의 본성(自性)으로부터 '문득 열린 것'이다. 즉 개벽된 것이다. 이 말씀을 통해 우주에는 자연 질서의 창조주 하느님이 아니라 우주 질서의 통치자 하느님, 개벽장 하느님이 계시다는 것을 확인할 수 있다.

85:2 열지를 원하거늘. 차경석 성도는 천하를 쥐고 통솔할 만한 기국과 뱃심이 있었다. 상제님께서는 그 영웅적인 기질을 도운 개척의 역사에 쓰시어 난법 도수의 시간대에 인사 대권을 맡는 사역자로 내세우셨다.

86:2 나무를 잘 심으면 봄에 가지마다 잎사귀가 번성하듯, 전쟁을 하지 말고 상생의 덕을 심어 자손들을 번창하게 하라는 상제님의 훈계시다.

87:2 군사부(君師父)가 군사부답기를 원하는 마음은 군사부 된 입장이나 아랫사람이 모두 같다. 그러나 아랫사람이 자기 명분에 충실하지

못하고 바라기만 한다면 군사부다운 군사부로 올바로 설 수 없다는 말씀이다.

스승다운 스승이길 원하나 스승답질 못하니라.

3 有君無臣이면　其君何효이며
　유군 무신　　　기 군 하 립
有父無子면　其父何효이며
유부 무자　　　기 부 하 립
有師無學이면　其師何효이리오
유사 무학　　　기 사 하 립
大大細細를　天地鬼神은　垂察하라
대 대 세 세　천 지 귀 신　　수 찰

인군다운 인군이 있어도 신하다운 신하가 없다면
그 인군이 어찌 인군 노릇을 하며
아비다운 아비가 있어도 아들다운 아들이 없다면
그 아비가 어찌 아비 노릇을 하며
스승다운 스승이 있어도 제자다운 제자가 없다면
그 스승이 어찌 스승 노릇 하리오.
이제 천지간의 크고 작은 모든 일들을
천지 귀신은 고개를 드리우고 세세히 살펴야 할지니라.

난법 거두는 공사

88 대흥리에 계실 때 하루는 성도들에게 짚인형 한 개를 만들게 하시어 그 머리에 무수히 침을 꽂으시고

2 박공우에게 명하시어 "이것을 버드나무 앞 도랑에 묻으라." 하시니 공우가 명하신 대로 행하니라.

옥황상제라 자칭하는 난법자 심판 공사

3 대흥리에 계실 때 하루는 양지 몇 조각에 각기 '옥황상제' 라 쓰시고 측간에 가시어 후지(后紙)로 사용하시니라.

4 이에 한 성도가 여쭈기를 "지금 옥황상제라 쓰시어 후지로 쓰시니 어인 연고입니까?" 하니

5 말씀하시기를 "천지에 감히 누가 이와 같이 할 수 있겠느냐?

6 만일 옥황상제라 자칭하는 자가 나타나면 천지신명이 그 목을 베고 몸을 찢어 죽일 것이니라.

7 이 뒤에 대도(大道)를 거스르고 패역하는 자가 있어 세상을 그르치며 백성을 상하게 할 것을 경계하는 것이니라." 하시니라.

88:6 옥황상제라 자칭하는 자. 조철제가 자기보다 스무 살이나 나이가 많은, 상제님의 누이동생 선돌부인을 꾀어 따로 교단을 열고서 후에 '음양합덕' 의 논지로 자신이 '옥황상

수부님께 경석을 경계하게 하심

89 하루는 상제님께서 경석에게 "세숫물을 가져오라." 명하시므로

경석이 세숫물을 가져다 올리고 나가거늘

2 상제님께서 손가락으로 경석을 가리키시며 수부님께 이르시기를

3 "저 살기(殺氣)를 보라. 경석은 만고대적(萬古大賊)이라.

4 자칫하면 내 일이 낭패 되리니 극히 조심하라." 하시니라.

5 대흥리에 계실 때 하루는 수부님을 돌아보시며 말씀하시기를 "그대 세 식구 먹은 밥값을 후히 갚아야 하리라." 하시니라.

네가 나를 꼭 믿겠느냐

90 하루는 상제님께서 한참 바쁘게 공사를 보시다가 느닷없이 "경석아! 네가 나를 꼭 믿겠느냐?" 하시니 경석이 "예! 꼭 믿겠습니다." 하고 대답하거늘

2 이와 같이 세 번을 다짐받으신 후에 다시 물으시기를 "그렇다면 내가 두겁을 써도 믿겠느냐?" 하시니 "예! 그대로 믿겠습니다." 하고 대답하니라.

3 상제님께서 말씀하시기를 "너희 집안은 전주 이씨(全州李氏) 때문에 망하게 되리라." 하시고

4 다시 이르시기를 "내 일은 셋만 있어도 하고, 셋이 없으면 둘만 있어도 하고, 둘이 없으면 하나만 있어도 하느니라.

5 그 하나도 없으면, 말뚝에다 기운만 붙이면 천하사를 하느니라." 하시고 붓대를 던지시니라.

대도의 험난함을 한탄하심

91 하루는 대흥리에 계실 때 경석이 뜰 앞을 지나가거늘 바라보시고 탄식하여 말씀하시기를

2 "숙살지기(肅殺之氣)가 온몸에서 뚝뚝 떨어지니 백성들이 많이 상하겠구나." 하시고

3 "내 도(道)가 험난하겠구나." 하시니라.

4 상제님께서 경석에게 말씀하시기를 "동학(東學)은 차정(車鄭)으로 망하느니라." 하시고

5 또 하루는 성도들에게 말씀하시기를 "잠시 시운(時運)으로 경석을 쓰려 하는 것이니라." 하시니라.

장군이 제지하라

92 12월 20일에 성도들에게 24절후를 읽히신 후 밤중에 경석의 집

제'이고 증산 상제님은 '구천상제'라 날조하더니, 근래에 대순진리회에서는 박한경 사후 '삼위상제'의 논지로 '박성상제'라 날조했다.

90:3 전주 이씨 때문에. 차경석 성도는 18세 때 담양의 전주 이씨 가문에 장가들었다. 그의 장인은 동학혁명 때 황룡강 싸움에서 전사한 세칭 '이장태'로 알려진 이용길(李龍吉)이다. 차경석 성도가 道紀58년(戊辰, 1928)에 이르러 아내 이씨로부터, '영안을 통하여 보니 상제님의 자리에 삼황오제신이 들어서고 상제님께서 풀대님에 삿갓을 쓰고 보좌를 떠나시더라.'는 말과 '삼황오제신은 곧 경석의 아버지 차치구'라는 말을 듣고 혹

하여 차치구를
신앙 대상으로
받들고 교리도
유교식으로 바꾸
었다.

92:2 방장산. 정
읍시 입암면과
고창군, 장성군
에 걸쳐 있는 산
(해발 743m).

92:3 곤이외는
장군이 제지. 삼
국시대에 오나라
의 손권(孫權)이
백면서생 육손
(陸遜)을 대장군
으로 임명할 때
그의 손을 들고
외친 말. 이는 증
산 상제님께서
영웅의 정신을
가진 차경석 성
도를 내세워 난
법도운의 개척
시대를 열도록
명하신 공사이
다.

92:3 장군. 상제
님께서는 선천의
역사적인 창업
시조들의 천하사
군대정신을 그대
로 공사에 이화
하시어 제1변 도
운 개척과 제3변
도운 마무리 실
무책임자에게 각
기 장군 도수를
붙이셨다.

93:5 무당 집.
세속의 무당이
아니라 일등 무
당 도수의 태모님
으로부터 시작하
는 종통맥을 찾아

앞 버드나무 밑에 벌여 세우시고

2 북쪽을 향하여 휘파람을 부시니 난데없이 방장산(方丈山)으로부터 한 줄기 실구름이 일어나서 사방을 둘러 문턱 모양을 이루거늘

3 상제님께서 큰 소리로 외쳐 말씀하시기를 "곤이내(閫以內)는 짐(朕)이 제지(制之)하리니 곤이외(閫以外)는 장군이 제지하라!" 하시니라.

수부님께 내리신 일등 무당 도수

93 대흥리에서 공사를 행하실 때 하루는 "유생(儒生)들을 부르라." 하시어 경석의 집 두 칸 장방에 가득 앉히시고

2 재인(才人) 여섯 명을 불러오게 하시어 풍악을 연주하게 하시니라.

3 이어 "수부 나오라 해라." 하시니 수부님께서 춤을 우쭐우쭐 추며 나오시는지라

4 상제님께서 친히 장고를 치시며 말씀하시기를 "이것이 천지굿이라. 나는 천하 일등 재인(才人)이요, 너는 천하 일등 무당(巫堂)이니 우리 굿 한 석 해 보세.

5 이 당(黨) 저 당(黨) 다 버리고 무당 집에 가서 빌어야 살리라." 하시고 장고를 두둥 울리실 때

6 수부님께서 장단에 맞춰 노래하시니 이러하니라.

세상 나온 굿 한 석에
세계 원한 다 끄르고
세계 해원 다 된다네.

7 상제님께서 칭찬하시고 장고를 끌러 수부님께 주시며 "그대가 굿 한 석 하였으니 나도 굿 한 석 해 보세." 하시거늘

8 수부님께서 장고를 받아 메시고 두둥둥 울리시니 상제님께서 소리 높여 노래하시기를

9 "단주수명(丹朱受命)이라.
단주를 머리로 하여
세계 원한 다 끄르니
세계 해원 다 되었다네." 하시고

10 수부님께 일등 무당 도수를 붙이시니라.

후천선경의 후비택정 공사

94 하루는 수부소(首婦所)에 차경석의 모든 권솔과 성도 수십여 명을 벌여 앉히시고

2 양지에 부서(符書)를 쓰시어 북쪽을 향해 불사르시고 말씀하시기를

3 "이 공사는 수부에게 후비임직(后妃任職)을 정하는 공사니라." 하시고

4 將相 方伯 守令 蒼生 后妃所 點考
  장 상 방 백 수 령 창 생 후 비 소 점 고

  라 써서 불사르시며

5 "잘 받들고 공경하라." 하시니라.

수부님께 종통대권을 전수하심

95 무신년 섣달에 하루는 상제님께서 자리에 누우시더니 식칼을 내놓으시고 수부님께 이르시기를

2 "나에게 올라타서 멱살을 잡으라." 하시고 다시 "그 칼을 잡으라." 하시며

3 "나를 찌를 듯이 하여 '꼭 전수(傳授)하겠느냐?' 하고 다짐을 받으라." 하시니라.

4 수부님께서 차마 말이 나오지 않아 머뭇거리시니 상제님께서 역정을 내시며 "시간이 지나간다." 하시거늘

5 수부님께서 하는 수 없이 목안 소리로 "반드시 꼭 전하겠느냐?" 하시니

6 상제님께서 "예, 전하지요." 하시고 "이왕이면 천지가 알아듣게 크게 다시 하라." 하시므로

7 수부님께서 좀더 큰 소리로 "꼭 전하겠느냐?" 하시니 "꼭 전하지요." 하시며

8 이렇게 세 차례에 걸쳐 다짐을 받게 하시니라.

수부는 천지대업의 생명의 어머니

96 이로부터 상제님께서 "침식(寢食) 절차와 모든 일들을 네가 먼저 하라." 하시고

2 모든 공사를 수부님께 말씀하시어 그 가부를 물으시고 응낙을 받은 후에야 행하시니라.

3 진지를 드실 때면 수부님께 수저를 드리고 먼저 드시기를 권하시며

4 담배를 피우실 때도 담뱃대에 담배를 넣고 불을 붙여 '먼저 피우시라.' 고 주신 뒤에 담배를 피우시니라.

5 상제님께서 일러 말씀하시기를 "나의 수부, 너희들의 어머니를 잘 받들라. 내 일은 수부가 없이는 안 되느니라." 하시고

신앙하라는 것.

93:10 일등 무당 도수. 선천 시원 문화인 신교의 실체는 우주적 영성을 가진 무당문화라 할 수 있다. 태고의 황금시대에 화이트 샤만(White Shaman, 천지 조화의 광명을 받는 태초의 무당)이라 불린 존재들은 몸을 가지고 대우주를 날아다닐 정도로 우주적인 영성을 가진 대무(大巫)로서 문명의 창시자였다. 〈Shambala, 『Shamans Healers, and Medicine men』참조〉 상제님께서는 이 같은 원시의 신성 문화를 회복하는 문을 열어 놓으셨으며 그것을 성취하신 분이 천지 무당 도수를 맡으신 태모님이시다.

94:2 부서. 뒷날에 나타날 일을 미리 알아서 남 모르게 적어 놓은 글.

94:4 후비소. 후천에는 원시반본되어 제왕 문화가 다시 나온다. 상제님의 뜻을 그대로 집행하는

대행자가 제왕이 되어 후천 오만 년을 통치해 나가는데 그 반려자인 후비를 간택하는 부서가 후비소이다. 신도 세계에서는 태모님께서 후비 간택의 대권을 맡고 계신다.

6 또 말씀하시기를 "수부의 치마폭을 벗어나는 자는 다 죽으리라." 하시니라.

수부님께 인사대권을 전하는 예식

97 하루는 대흥리에 계실 때 상제님께서 수부님께 큰절을 하시니 수부님께서 그 사유를 몰라 당황하시거늘

2 상제님께서 어렸을 때부터 있었던 일들을 낱낱이 말씀하시며 착했던가 모질었던가를 일일이 물으시고

3 "옳지 못한 일에는 용서를 하십시오." 하며 간절히 비시니라.

스스로 죽음의 무리를 짓는구나

98 기유(己酉 : 道紀 39, 1909)년에 하루는 공사를 보시며 글을 쓰시니 이러하니라.

2 天下紛紜하여 自作死黨하니
천하분운   자작사당

以不安聖上之心하고
이불안성상지심

以不安聖父之心하고
이불안성부지심

以不安敎師之心하니라
이불안교사지심

세상이 어지러운데 스스로 죽음의 무리를 지으니
성상(聖上)의 마음을 불안케 하고
성부(聖父)의 마음을 불안케 하고
스승(敎師)의 마음을 불안케 하느니라.

난법자에 대한 경계

99 하루는 공사를 보시며 글을 쓰시니 이러하니라.

2 非人情이면 不可近하고
비인정   불가근

非情義면 不可近하고
비정의   불가근

非義會면 不可近하고
비의회   불가근

非會運이면 不可近하라
비회운   불가근

인간다운 정이 아니거든 가까이 말고
그 정이 의롭지 않거든 가까이 말며
의로워도 모일 만하지 않거든 가까이 말고

모일 만해도 운에 맞지 않거든 가까이 말지라.

궁극의 사는 길 : 종통 도맥을 찾는 참신앙

3 非運通이면 不可近하고
비 운 통　　불 가 근

非通靈이면 不可近하고
비 통 령　　불 가 근

非靈泰면　不可近하고
비 영 태　　불 가 근

非泰統이면 不可近하라
비 태 통　　불 가 근

운수가 맞아도 **형통**하지 않거든 가까이 말고
형통해도 신령하지 않거든 가까이 말 것이며
신령함이 크고 평안치 않거든 가까이 말고
크고 평안해도 종통(宗統)이 아니거든 가까이하지 말지어다.

난법자의 종말

100 상제님께서 말씀하시기를 "나의 일은 실제의 말을 해야지 거짓말로 하였다가는 여지없이 부서지리라." 하시니라.

2 하루는 안내성과 성도들을 데리고 태인 하마거리를 지나시다가 붓한 자루를 주워 드시고 "천하에 대적(大賊) 놈이라." 하시니라.

3 하루는 상제님께서 필성에게 말씀하시기를 "용화동은 사룡(死龍)이 되리라." 하시니라.

100:3 안필성의 손자 안형완(1932~)과 안일완(1940~)이 할아버지로부터 직접 듣고 전한 내용.

저 양반은 사람 없어 어찌하랴

101 하루는 상제님께서 수부님을 보시고 말씀하시기를 "저기 앉은 저 양반은 사람 없어 어찌하랴." 하시니

2 경석이 아뢰기를 "제가 도와 한 가지를 하려 합니다." 하거늘

3 말씀하시기를 "혼자 할 일은 못 되느니라." 하시니라.

상제님 어진(御眞) 봉안 공사

102 경석의 집에 계실 때 양지 전면(全面)에 사람을 그려 벽에 붙이시고 제사 절차와 같이 설위(設位)하신 뒤에

2 성도들에게 명하시어 그곳을 향해 "반천무지(攀天撫地)식으로 사배(四拜)하고 마음으로 소원을 고하라." 하시며 사람을 그려 붙이신 곳에 친히 서시더니

3 식을 마친 뒤에 물으시기를 "누구에게 심고(心告)하였느냐?" 하시

102장 어진 봉안 공사. 상제님의 어진을 본연의 어용(御容) 그대로 그려 가는 과정은 진법을 드러내는 주요 과제의 하나이다. 11편 184장 참조.

거늘

4 성도들이 대답하기를 "선생님께 소원을 고하였습니다." 하니라.

5 상제님께서 웃으시며 말씀하시기를 "내가 산 제사를 받았으니 ○ 뒤에까지 미치리라.

6 사배를 받았으니 내가 한 번 절하리라." 하시고 단배(單拜)하시며

7 "자리는 띠자리가 정(淨)한 것이니라." 하시니라.

후천선경 건설의 대문명신, 진묵대사 귀국 공사

103 기유년 정월 초이튿날 대흥리에서 제수를 준비하여 성대하게 차리시고

2 성도들로 하여금 목욕재계하고 정성을 다하여 고축(告祝)하게 하시니 이러하니라.

3
祝 文
축 문

維歲次己酉正月二日昭告
유 세 차 기 유 정 월 이 일 소 고

化被草木賴及萬方
화 피 초 목 뢰 급 만 방

魂返本國勿施睚眦伏祝
혼 반 본 국 물 시 애 자 복 축

南無阿彌陀佛
나 무 아 미 타 불

축문

기유년 정월 이일에 밝게 고하노라.
덕화는 초목에 이르기까지 입지 않음이 없고
이로움은 온누리에 미치었도다.
혼(魂)이 본국에 되돌아오니
조금도 원망치 말기를 엎드려 축원하노라.
나무아미타불

4 상제님께서 말씀하시기를 "진묵이 봉곡에게 죽음을 당하고 동방의 도통신(道統神)을 거느리고 서양으로 건너가 서양의 문명을 열었나니

5 이제 다시 진묵을 동토로 불러와서 선경을 건설하는 데 역사하게 하리라." 하시니라.

6 또 말씀하시기를 "내 세상에 진묵의 소임이 막중하니 장차 천하 사람들의 공경을 받으리라." 하시고 진묵대사 초혼(招魂) 공사를 처결하시니라.

103:3 이 축문은 『현무경』에 좌서(左書)로 기록되어 있다.

103:3 조금도 원망치 말기를. 예로부터 흔히 하는 말로 '애자지원(睚眦之怨)도 짓지 말라.'는 말이 있다. 원래 '애자'는 흘겨본다는 뜻이지만 전(轉)하여 '썩작은 원망'이란 뜻으로 쓰인다.

도통

7 이 때 여러 성도들에게 말씀하시기를 "진묵의 혼이 도통신을 데리고 넘어온다." 하시며 하늘을 바라보시는데

8 구름이 무수히 많은 사람 모양을 이루어 하늘 서쪽에서 동으로 이동하는 모습이 완연하더라.

나는 독불이다

104 하루는 상제님께서 형렬과 격의없이 이야기를 나누시며 말씀하시기를 "나는 독불이다.

2 너하고 나하고는 참말로 맞수로구나.

3 너도 독신, 나도 독신. 독신이 독신을 만났는데 어찌 이렇게 더디 나갈까!" 하시거늘

4 형렬이 말하기를 "좁은 길을 넓게 내려면 집도 여러 집이 안 헐어지는가요." 하니

5 상제님께서 말씀하시기를 "그러니 우리가 타고나기를 그렇게 타고난 것이다." 하시니라.

지구촌 곳곳에 열어 가는 상제님 도운 개척 과정

105 하루는 상제님께서 말씀하시기를 "처음에는 길을 논두렁같이 좁게 만들어도 그것이 점점 넓혀져 대로가 되고, 천 가지 만 가지로 벌어져 나가듯이

2 비록 나는 혼자이나 장차 나의 일도 그렇게 벌어져 나갈 것이다." 하시거늘

3 호연이 "길이 천 가지면 뭐하고 만 가지면 뭐해요?" 하고 여쭈니

4 말씀하시기를 "어허, 철모르는 것이로고…. 우리가 길을 내려니 그러지." 하시니라.

도운의 개창자와 추수자

106 상제님께서 구릿골 약방에서 천지대신문을 여시고 대공사를 행하실 때

2 성도 아홉 사람을 벌여 앉히신 뒤에 이르시기를 "이제 도운(道運)을 전하리라." 하시고

3 성도들에게 물으시기를 "일 년 중에 가장 빨리 자라나는 것이 무엇이냐?" 하시니 모두 "대나무입니다." 하고 대답하거늘

4 말씀하시기를 "대(竹)의 기운이 만물 중에 제일 크니 그 기운을 덜

어 쓰리라." 하시니라.

5 이어 갑칠(甲七)에게 "푸른 대 하나를 뜻대로 잘라 오라." 하시어 그
마디 수를 헤아리니 모두 열한 마디이거늘

6 한 마디를 끊게 하시어 무릎 밑에 넣으시고 남은 열 마디 중 끝으
한 마디를 잡으시며

7 말씀하시기를 "이 한 마디는 두목(頭目)이라. 왕래와 순회를 마음대
로 할 것이요

8 남은 아홉 마디는 구궁 도수(九宮度數)로 교(敎) 받는 자의 수효와 맞는
도다." 하시고

9 갑칠에게 "뜰에 나가 하늘에 별이 몇 개나 나타났는가 보라." 하시
니라.

10 갑칠이 밖에 나가 살펴본즉 검은 구름이 온 하늘을 덮었는데

11 다만 하늘 복판이 열려서 별 아홉 개가 나타났거늘 그대로 아뢰니

12 말씀하시기를 "이는 교 받는 자의 수효에 응함이니라." 하시고

13 또 말씀하시기를 "도운(道運)의 개시(開始)가 초장봉기지세(楚將蜂起之
勢)를 이루리라." 하시니라.

14 이 해에 대가 크게 흉년이 드니라.

106:8 구궁. 율려(律呂)는 운동을 할 때 여덟 방위로 작용하는 본성이 있다. 구궁(九宮)은 이 여덟 방위에 변화의 주재처인 중앙의 토궁(土宮)을 합한 것을 말한다.

106:13 초장봉기지세. 진나라 말기에 진시황(秦始皇)의 포학을 타도하기 위해 우후죽순(雨後竹筍)처럼 봉기한 항우(項羽)와 초나라 장수들의 기세와 같이, 각 성도들이 판을 이루어 뿌리 분열시대의 도운판이 열릴 것을 말씀하신 것이다.

천지를 뒤집어야 하는데

107 상제님께서는 구릿골 냇가의 나무 밑에 가시어 자주 씻으시는데

2 하루는 씻으시다 말고 넋을 잃은 듯이 한참을 앉아 계시더니 문득
'휴우!' 하고 한숨을 쉬시는지라

3 호연이 "왜 그러고 앉았어요? 뭣 생각해?" 하고 여쭈니

4 말씀하시기를 "내가 무엇을 생각하겠냐, '언제나 세상을 뒤집어 버릴
까.' 그 생각이지.

5 그래야만 내가 괜찮을 터인데, 이놈의 것이 뒤집어쓰려니 무거워서
안 뒤집어진다." 하시니라.

6 호연이 다시 "어디가 무거워요? 얘기 좀 해 봐요! 오른팔이 무거
워, 왼팔이 무거워?" 하고 여쭈니 상제님께서 "천지가 다 무거워야
~." 하시거늘

7 "선생님이 천지가 그렇게 다 무거울 적엔 다른 사람도 무거워서 죽
을 테고, 새로 이루려는 사람도 죽고, 몇 번 죽어야 해?

8 그러니 선생님은 몇 번 죽을 참이야?" 하고 여쭈는지라

9 상제님께서 말씀하시기를 "나는 손마디 하나, 머리카락 하나만 있

어도 천지신명이 옹호를 해서 그것으로 살지, 죽는 사람이 아니여!"하
시니라.

골패와 장기, 바둑 공사

108 여러 성도들이 약방에 모이면 종종 방이며 마루에 몇 사람씩
둘러앉아 골패를 놀거나 바둑과 장기를 즐겨 두니라.

2 하루는 상제님께서 형렬과 조 참봉 등을 데리고 골패와 바둑알로
쌓기 내기를 하시는데

3 상제님께서는 골패로 굴도 만드시고, 첩첩이 집도 만드시고 성도
쌓으시거늘

4 바둑알 쌓는 성도들이 상제님 쪽을 쳐다보며 연신 따라해 보아도
번번이 허물어지니 상제님께서 크게 호통을 치시니라.

5 상제님께서 이번에는 장기를 두는 쪽으로 가시어 **"장이다!"**하고 소
리치시며 말씀하시기를

6 **"야, 이놈아! 살려면 요리로 들어가야지 여기다 왜 붙였냐? 이런
놈이 무슨 장기를 두느냐!"**하시며 **뺨**을 한 대 때리시고 길을 가르
쳐 주시니라.

108:1 골패. 손
가락 한 마디만
한 네모진 검은
나무 바탕에 흰
뼈를 붙여 여러
가지 수효의 구
멍을 판 것으로
서른두 짝이 한
벌이다.

도운의 시작과 종결, 분열과 대통일

109 하루는 세수를 하신 뒤에 **"도운(道運)을 보리라."**하시고 세숫물
을 가리키시며 성도들에게 **"눈을 감고 보라."**하시거늘

2 모두 명하신 대로 보니 문득 넓은 바다에 뱀의 머리와 용의 꼬리가
굽이치는지라

3 그대로 아뢰니 말씀하시기를 **"나의 형체가 사두용미(蛇頭龍尾)와 같
으니라.**

4 **용은 한 잔의 물만 있어도 능히 천하의 비를 지어내느니라."**하시
니라.

5 또 말씀하시기를 **"이 운수는 천지에 가득 찬 원원한 천지대운(天地
大運)이므로**

6 **갑을(甲乙)로서 머리를 들 것이요, 무기(戊己)로서 굽이치리니**

7 **무기는 천지의 한문(閂門)인 까닭이니라."**하시니라.

육임구호대 조직과 도세 만회의 새울 도수

110 1월 14일 밤에 덕두리(德斗里) 최덕겸(崔德兼)의 집에 계실 때 '새

울' 이라 써서 불사르시고

2 덕겸에게 명하시어 "새울 최창조(崔昌祚)에게 가서 전도하라." 하시므로 덕겸이 그 방법을 여쭈니

3 말씀하시기를 "창조의 집 조용한 방을 치운 뒤에 청수 한 동이를 길어다 놓고

4 수도자들을 모아서 수저 마흔아홉 개를 동이 앞에 놓고 시천주주(侍天主呪)를 일곱 번 읽은 뒤에

5 다시 수저를 모아 잡고 쇳소리를 내며 닭 울기까지 시천주주를 읽으라. 만일 닭 울기 전에 잠든 자는 죽으리라." 하시니

6 덕겸이 창조의 집에 가서 명하신 대로 낱낱이 행하니라.

7 보름날 상제님께서 신원일(辛元一)을 데리고 백암리로부터 새울에 이르시어

8 원일에게 백암리에서 가져온 당성냥과 두루마리를 덕겸에게 전하게 하시니

9 두루마리는 태을주(太乙呪)와

天文地理 風雲造化 八門遁甲 六丁六甲 智慧勇力
천문지리 풍운조화 팔문둔갑 육정육갑 지혜용력

이라 쓰신 것이더라.

10 또 창조에게 명하시어 "밖에 나가서 살피라." 하시니

11 창조가 나갔다가 다시 들어와서 아뢰기를 "태인 순검이 선생님을 체포하려고 백암리로 나갔다는 말이 있습니다." 하니라.

12 이에 상제님께서 일어나시며 창조에게 일러 말씀하시기를 "너도 피하라." 하시고

13 또 덕겸에게 이르시기를 "일 분 동안의 일이니 빨리 집으로 돌아가라." 하시고 창조에게 "돈 두 냥을 가져오라." 하시어

14 새울에 사는 이공삼(李公三)에게 간직하게 하시고 통머릿골로 향하여 비틀걸음으로 가시며 말씀하시기를

15 "도망하려면 이렇게 걸어야 하리라." 하시고 그 길로 구릿골로 가시니라.

후천 대개벽 구원의 의통 집행 공사 : 숙구지 도수

111 태인 화호리(禾湖里) 숙구지(宿狗地)에 사는 전태일(全泰一)이 운산리(雲山里)에 머물고 있는 공우에게 찾아와 말하기를

2 "시천주(侍天主) 주문을 읽었더니 하루는 한 노인이 와서 '살고 잘 될

곳을 가려면 남쪽으로 20리를 가라.' 하므로 찾아왔노라." 하니라.

3 공우가 태일을 데리고 와서 아뢰니 상제님께서 글 한 장을 써서 태일에게 주시거늘

4 태일이 집에 돌아와서 펴 보니 곧 태을주(太乙呪)라.

5 이에 하룻저녁을 읽으니 온 마을 남녀노소가 다 따라 읽는지라

6 이튿날 태일이 와서 상제님께 그 사실을 아뢰니 말씀하시기를

7 "이는 문공신(文公信)의 소위라. 숙구지는 곧 수(數) 꾸지라. 장래 일을 수놓아 보았노라.

8 아직 시기가 이르니 그 기운을 거두리라." 하시고

9 약방 벽에

氣東北而固守 理西南而交通
기 동 북 이 고 수   이 서 남 이 교 통

이라 쓰시고 문밖 반석(盤石) 위에 물형(物形)을 그려 점(點)을 치신 다음

10 종이에 태을주(太乙呪)와 '김경수'를 써 붙이시고 일어나 절하신 뒤에 말씀하시기를 "내가 김경수에게서 받았노라." 하시니라.

김경수를 명부시왕전에 앉히심

11 이후 상제님께서 성도들을 데리고 비인(庇仁)에 가시어 복종(覆鍾) 도수를 보시며 말씀하시기를

12 "김경수를 천상의 명부시왕전(冥府十王殿)에 앉혀 해원시키리라." 하시니라.

태을주를 쓰라

112 또 칼 한 개와 붓 한 자루와 먹 한 개와 부채 한 개를 반석 위에 벌여 놓으시고 성도들로 하여금 뜻 가는 대로 들게 하시니

2 찬명(贊明)은 칼을 들고, 형렬(亨烈)은 부채를 들고, 자현(自賢)은 먹을 들고, 한공숙(韓公淑)은 붓을 드니라.

3 이어 성도들을 약방 네 구석에 갈라 앉히시고 상제님께서 방 한가운데 서서 '이칠륙(二七六) 구오일(九五一) 사삼팔(四三八)'을 한 번 외우신 뒤에

4 성도 세 사람으로 하여금 종이를 지화(紙貨)와 같이 끊어서 벼룻집 속에 채워 넣게 하시고

5 한 사람이 한 조각을 집어내어 '등우(鄧禹)'를 부르고 다른 한 사람에게 전하며

111:1 전태일(全泰一, 1861~?). 본관 천안. 자(字) 행중. 현재의 정읍시 신태인읍 화호리(新泰仁邑 禾湖里) 숙구지 마을에서 부친 전영호와 모친 윤씨의 장남으로 태어났다. 원래 동학을 열성으로 신봉했고 서당과 대장간을 하면서 생계를 유지했다고 한다.

도
통

6 그 종이 조각을 받은 사람도 또 등우를 부르고 다른 한 사람에게 전하며

7 다른 사람도 그와 같이 한 뒤에 세 사람이 함께 '청국지면(淸國知面)' 이라 부르게 하시니라.

8 또 이와 같이 하여 '마성(馬成)' 을 부른 뒤에 세 사람이 '일본지면(日本知面)' 이라 부르고

9 다시 그와 같이 하여 '오한(吳漢)' 을 부른 뒤에 세 사람이 '조선지면(朝鮮知面)' 이라 부르게 하시거늘

10 이와 같이 28장(將)과 24장(將)을 다 맡기기까지 종이 조각을 집으니 그 종이 조각 수효가 꼭 들어맞으니라.

11 태일이 집에 돌아갔다가 며칠 후에 다시 와서 '그 뒤로는 마을에서 태을주를 읽지 않는다.' 고 아뢰더라.

112:12 기존의 기록은 이 말씀이 어천하실 무렵에 하신 것으로 되어 있으나, 태을주와 관련하여 어천 이전에 하신 말씀들과 모순되어 바로잡는다.

12 이후에 하루는 상제님께서 성도들에게 "태을주를 쓰라." 하시며

13 일러 말씀하시기를 "태을주를 문 위에 붙이면 신병(神兵)이 지나다가 도가(道家)라 하여 침범하지 않고 물러가리라." 하시니라.

주문 포교의 천명

113 기유년 봄에 구릿골에 계실 때 하루는 성도들을 둘러앉히시고 진액주(津液呪)를 써서 한 사람에게 주시어 읽게 하시고

2 "만 명에게 전하라." 하시며 다짐을 받으신 뒤에

3 그 사람으로 하여금 다시 그와 같이 다른 사람에게 차례차례로 돌려서 서로 전하여 읽게 하시니라.

입도식 예법 공사

113:4 김석(金碩, 1892~1943). 김낙범 성도의 아들. 본명 영조(英祚). 입도식에 대한 내용은 김영조의 장녀 김덕손(1914~ , 전주 거주)의 증언이다.

4 전주에서 김석(金碩)을 입도(入道)시키실 때 광찬과 형렬을 좌우에 세우시고

5 그 앞에 청수(淸水)를 놓고 청수를 향하여 사배(四拜)하게 하신 뒤에

6 두 사람에게 태을주(太乙呪)를 중이 염불하듯이 스물한 번 읽게 하시고

7 이어서 김석으로 하여금 읽게 하시니라.

개벽 상황에 광제 나갈 때

114:1~7 "광제 나갈 때 광제 광고를 붙인다구요. 뭐라고 붙이

114 하루는 상제님께서 공우를 불러 말씀하시기를 "일후에 광제(廣濟)하러 나갈 때에는 용봉기(龍鳳旗)와 장군기(將軍旗)를 원평에 꽂아라.

2 원평이 이제 장상기지(將相基址)니라." 하시고

3 또 말씀하시기를 "그 때에는 광제표(廣濟票)와 천표(天票)를 들고 나가야 하리라." 하시니라.

4 이에 공우가 여쭙기를 "광제표를 들고 나가는 것은 무슨 연유입니까?" 하니

5 말씀하시기를 "신명을 위로하기 위함이니라." 하시니라.

6 그 뒤에 상제님께서 공우를 불러 말씀하시기를 "병겁으로 다 죽어나갈 그 때

7 광고판을 길거리에 붙여 광제 나가는 것을 세상 사람들에게 알려라." 하시니라.

8 이어 말씀하시기를 "앞으로 때가 되면 나의 대행자가 나와서 광제를 나가느니라." 하시니라.

육임군 발동으로 난법 도운을 종결하심

115 상제님께서 공우에게 일러 말씀하시기를 "육임은 군대와 같으니라." 하시고

2 '육임노래' 라 하시며 매양 노래를 부르시니 이러하니라.

3 　큰 놀음판이 생겼구나.
　육임군(六任軍)이 들어가면 그 판이 깨어지네.
　육임군 뒤에는 건달이 따르네.
　건달도 한 짓 먹네.

이것이 포덕천하

116 하루는 상제님께서 공우를 데리고 금구 수류면(水流面) 거야(巨野) 마을을 지나실 때

2 어느 집에서 갓난아이가 죽어 그 부모가 땅을 치며 대성통곡을 하고 있거늘

3 상제님께서 죽은 아이를 잠시 살피시다가 갑자기 아이의 부모에게 "나를 따르겠느냐?" 하시니

4 그 부모가 "따르고 말고요. 아이를 살릴 수만 있다면 무슨 일이든 하겠습니다." 하고 아뢰니라.

5 이에 상제님께서 "그러면 닭 한 마리를 잡아 오너라." 하시니 아이의 부모가 즉시 술과 닭을 준비하여 올리거늘

6 상제님께서 다 잡수시고 상을 물리시니 순간 죽은 아이가 깨어나

도통

울음을 터뜨리는지라

7 놀란 부모가 살아난 아이를 끌어안고 기뻐하며 상제님께 연신 절을 올리니라.

8 이에 상제님께서 웃으시며 그 부모에게 이르시기를 "아이가 새로운 생명을 받았으니 반듯하게 키워라." 하시고 집을 나서시거늘

9 공우가 여쭈기를 "대뜸 아이의 부모에게 선생님을 따르겠냐고 물으시니 무슨 까닭입니까?" 하니

10 상제님께서 말씀하시기를 "이것이 포덕천하(布德天下)니라." 하시니라.

공신을 원시천존들께 인사시키심

김일빈
(1926~2001)

117 상제님께서 구릿골에 계실 때 하루는 한밤중이 되어 여러 성도들 틈에서 잠을 자는 공신을 툭 치시며 따라 나오라고 손짓을 하시거늘

2 공신이 밖으로 나오니 상제님께서 "내 등에 업혀라." 하시고 "업혀 있는 동안은 눈을 뜨지 말아라." 하시니라.

3 공신이 상제님의 등에 업히며 눈을 감으니 붕 떠서 어디론가 올라가는데

4 공신의 귀에는 바람 스치는 소리만 맹렬히 들리거늘 이는 상제님께서 축천(縮天)을 하심이라.

5 이윽고 바람소리가 그치더니 상제님께서 한 곳에 공신을 내려놓으시며 "눈을 떠라." 하시므로

6 공신이 눈을 뜨니 요운전이라는 현판이 걸린 장대한 궁궐 앞에 와 있더라.

7 상제님께서 공신을 데리고 궁 안으로 드시더니 여러 천존(天尊)들께 공신을 인사시키시거늘

8 선관들이 "그려~." 하고 대답하시고는 아무 말씀도 하지 않으시니라.

9 이어 상제님께서 보좌에 오르시어 만조백관에게 명을 내리시니라.

10 공신이 궁 안의 여러 곳을 구경하고 다시 상제님을 따라 내려와 잠자리에 드니 다른 성도들은 눈치 채지 못하니라.

도운의 추수운은 판밖에

118 하루는 상제님께서 말씀하시기를 "일을 해야 되니 불가지(佛可止) 김성국(金成國)을 데리고 오라.

2 천지공사를 결정하리라.

3 우리끼리 일했으나 나의 일은 판밖에 있느니라.” 하시고

4 또 손을 오므리시고 말씀하시기를 “이 손 안에 무엇이 있는 줄 아느냐?

5 방 안에 일을 두고 마당에서 야단친단 말이니라.” 하시니라.

젊은 일꾼이 나와서 일한다

119 상제님께서는 매양 ‘일이 곧 된다.’, ‘좋은 세상을 본다.’ 하실 뿐 그 때가 언제라고 분명하게 가르쳐 주지 않으시니라.

2 하루는 말씀하시기를 “고목에 움이 나서 그놈이 또 고목이 되어 다시 움이 돋아 거기서 새끼를 친다.” 하시니라.

3 또 호연에게 종종 이르시기를 “고목에서 움이 나서 난데없는 도인이 나선다.

4 그 도인이 너를 만나러 와. 앞으로 네 목숨 살려 낼 사람이 다시 생기니 넌 안 죽느니라. 이제 네 생활이 나온다.” 하시니라.

천지에서 현무가 쌀을 부르니

120 구릿골에 계실 때 하루는 경석의 아우 윤경(輪京)이 찾아와 뵈니

2 상제님께서 이르시기를 “천지에서 현무(玄武)가 쌀을 부르니 네 형의 기운을 써야 할지라.

3 돌아가서 네 형에게 ‘혀와 입술을 움직이지 말고 시천주주를 읽으라.’ 하라.” 하시고

4 “앉고 섬에 잠시도 쉬지 말고 읽게 하라.” 하시니라.

대문명을 여는 젊은 일꾼

121 하루는 공사를 보시며 김송환(金松煥)에게 옛 글을 읽어 주시니 이러하니라.

2
少年才氣拔天摩하니 手把龍泉幾歲磨오
소년 재 기 발 천 마　　수 파 용 천 기 세 마
石上梧桐知發響하니 音中律呂有餘和라
석 상 오 동 지 발 향　　음 중 율 려 유 여 화
소년의 재기는 하늘을 쓰다듬을 듯 빼어나니
손에 잡은 용천검 몇 해를 갈아 왔던가.
돌 위의 거문고는 울릴 줄 아니
소리 속의 율려에는 화기(和氣)가 넉넉하구나.

118:3 이는 상제님의 일을 성사재인(成事在人)하여 ‘일을 되게 만드는’ 일꾼의 격(格)을 상제님과의 관계에서 말씀하신 것이다. 역사의식이 빈곤하여 단순히 ‘판밖’이라는 언어에만 빠지면 도성덕립의 일꾼 지도자가 홀연히 나타날 것이라는 난법자들의 환상에 빠지는 우를 범하게 된다.

121:1 김송환(金松煥, 1889~1931). 무신(1908)년 입문 당시 약관(20세)의 젊은 나이였다. 풍채 좋고 인물이 훤칠해서 도포 입고 갓을 쓰고 나서면 지나가는 사람들이 한번씩은 쳐다볼 정도였다고 한다.

도통

121:2~3 한충(韓忠, 1486~1521)의 회문시(回文詩).

121:3 시서(詩書). 보통 시서라 하면 『시경』과 『서경』을 말하나, 상제님의 천지공사 본래의 뜻으로 환원시켜 해석해야 한다. 즉 상제님의 도를 3대에 걸쳐 닦는다는 뜻으로 받아들여야 한다.

121:3 피폐(皮幣). 고대에 예의를 갖출 때 쓰는 귀중한 예물.

121:3 가생(賈生). 전한(前漢) 문제(文帝) 때의 유명한 학자 가의(賈誼, 서기전 200~서기전 168)의 별칭. 스무 살에 박사(博士)가 될 만큼 수재로서 정치론으로 유명하다. 대신들의 시기로 장사 땅에 좌천되어 33세에 요절하였다.

122:3 탕(湯, ?~?). 중국 고대 상(商)나라를 세운 왕. 성탕(成湯)이라고도 부른다. 당시 하(夏) 왕조의 걸왕(桀王)이 학정을 하였으므로 제후들 대부분이 성탕에게 복종하게 되었다. 어진

도통

3 口傳三代詩書敎하고 文起千秋道德波라
구 전 삼 대 시 서 교　　문 기 천 추 도 덕 파
皮幣已成賢士價하니 賈生何事怨長沙오
피 폐 이 성 현 사 가　　가 생 하 사 원 장 사

입으로는 삼대에 걸쳐 시서(詩書)의 가르침을 전하고
글로는 천추에 도덕의 물결을 일으켰도다.
폐백은 이미 어진 선비를 값있게 하였는데
가생(賈生)은 무슨 일로 장사(長沙)에 있음을 원망하느냐!

천하사 성공의 이윤(伊尹) 도수

122 하루는 류찬명이 모실 때 공사를 보시며 글을 쓰시니 이러하니라.

2 正心
정 심
修身齊家治國平天下라
수 신 제 가 치 국 평 천 하
爲天下者는 不顧家事니라
위 천 하 자　　불 고 가 사

마음을 바로 하여야
몸을 닦을 수 있고
집안을 다스릴 수 있으며
나라를 다스릴 수 있고
천하를 평안케 할 수 있느니라.
천하사를 하는 자는
집안일을 돌볼 수가 없느니라.

3 桀은 惡其時也요 湯은 善其時也니라
걸　　악 기 시 야　　탕　　선 기 시 야
걸(桀)은 그 때를 악으로 다스리고
탕(湯)은 그 때를 선으로 다스렸느니라.

4 天道 敎桀於惡하고 天道 敎湯於善하니
천 도　교 걸 어 악　　천 도　교 탕 어 선
桀之亡과 湯之興이 在伊尹이니라
걸 지 망　　탕 지 흥　　재 이 윤
천도가 걸에게는 악을 가르치고
천도가 탕에게는 선을 가르쳤나니
걸이 망하고 탕이 흥한 것이
모두 이윤(伊尹)에게 달려 있었느니라.

대두목이 강세하는 때

123 하루는 성도들에게 말씀하시기를 "대인의 행차에 삼초(三招)가 있느니라.

2 갑오(甲午 : 道紀 24, 1894)년에 일초가 되었고, 갑진(甲辰 : 道紀 34, 1904)년에 이초가 되었고, 손병희(孫秉熙)는 삼초를 맡았나니

3 삼초 끝에는 대인이 나오리라." 하시고 손병희의 만사(輓詞)를 지어 불사르시니 이러하니라.

4 　知忠知義君事君하니 一魔無藏四海民이라
　　지 충 지 의 군 사 군　　일 마 무 장 사 해 민
　　孟平春信倍名聲하니 先生大羽振日新이라
　　맹 평 춘 신 배 명 성　　선 생 대 우 진 일 신
　　충을 알고 의를 아는 그대가 임금을 섬기더니
　　일본놈의 마수에 사해 백성을 숨겨 주지 못하는구나.
　　전국시대 사군자인 맹상군(齊) 평원군(趙)
　　춘신군(楚) 신릉군(魏)의 명성보다도 훨씬 뛰어나니
　　선생이 큰 날갯짓을 떨치매 민족의 정기가 새로워지리라.

상제님 말씀 성편 공사

124 기유년 4월에 용머리고개에 머무르실 때 하루는 광찬(光贊)에게 명하시기를

2 "너는 김병욱의 집에 있으면서 내가 전하는 글을 낱낱이 정서(淨書)하여 오라." 하시고 형렬로 하여금 광찬에게 글을 전하여 정서

재상인 이윤(伊尹)의 도움을 받아 걸왕을 치고 상, 즉 은(殷) 왕조를 세워 13년간 재위했다.

123:2 일초, 이초, 삼초. '일초, 이초, 삼초'는 과거 걸군굿에서 나발(나팔)을 불어 상황의 진행 단계를 알리던 일이다. 상제님 말씀에서 삼초는 상제님 도업을 마무리짓는 대행자가 오는 과정을 말한다.

용머리고개. 육교 아래의 오른쪽 도로 지점에 김주보의 주막이 있었다.

하여 오게 하신 뒤에

3 광찬에게 "이 글을 세상에 전함이 옳으냐?" 하고 물으시니

4 광찬이 "감히 알지 못하겠으니 뜻대로 하옵소서." 하고 아뢰니라.

5 상제님께서 그 글을 불태우시며 말씀하시기를 "정읍에 한 책을 두었으니 그 책이 세상에 나오면 천하가 내 일을 알게 되리라." 하시고

6 모두 불사르신 뒤에 구릿골로 돌아오시니라.

7 그 책 속에 있는 글이 많으나 전하지 못하고 다만 광찬이 한 절을 기억하여 전하니 이러하니라.

124:8 여기서 '지(之)'는 접속사로서 '여(與)'에 상당하며, '~와'로 해석된다.

8 士之商은 職也요 農之工은 業也이니
　사 지 상　　직 야　　농 지 공　　업 야

士之商과 農之工이 職業也니라
사 지 상　　농 지 공　　직 업 야

선비와 상인은 직(職)이요 농부와 공인은 업(業)이니

선비와 상인과 농부와 공인이 직업(職業)이니라.

인간농사 짓는 우주일년 사계절의 변화성

124:9 수치. 하늘을 상징하는 '건괘(乾卦)'의 덕은 만물자시(萬物資始)이며 땅을 상징하는 '곤괘(坤卦)'의 덕은 만물자생(萬物資生)이다. 그런데 선천은 삼양이음(三陽二陰)의 상극 원리이므로 땅의 덕으로 생겨난 만물이 아직은 미성숙하여 하늘의 도를 온전히 이어받지 못한다. 따라서 만물은 부끄러워하는 도덕적 본성을 가지고 있다. 실제로 도의 경계에서 보면 만물은 수줍은 모습으로 황금빛의 은은한 광휘를 발산한다.

9 萬物資生하여 羞恥하나니
　만 물 자 생　　　　수 치

放蕩神道는 統이니라
방 탕 신 도　　통

春之氣는 放也요 夏之氣는 蕩也요
춘 지 기　　방 야　　하 지 기　　탕 야

秋之氣는 神也요 冬之氣는 道也니
추 지 기　　신 야　　동 지 기　　도 야

統은 以氣主張者也라 知心大道術이니라
통　　이 기 주 장 자 야　　지 심 대 도 술

戊申 十二月 二十四日
무 신 십 이 월 이 십 사 일

만물은 어머니 곤덕(坤德 : 땅)에 바탕하여 생겨나

부끄러워하는 본성이 있으니

방(放) 탕(蕩) 신(神) 도(道)는

천지변화의 큰 법도와 기강(統)이니라.

봄기운은 만물을 내어놓는 것(放)이고

여름기운은 만물을 호탕하게 길러내는 것(蕩)이요

가을기운은 조화의 신(神)이며

겨울기운은 근본인 도(道)이니라.

내가 주재하는 천지 사계절 변화의 근본 기강은

기(氣)로 주장하느니라.

마음을 훤히 들여다보는 대도술이니라.

무신 12월 24일.

진법 도운의 도전(道典) 간행 공사

125 하루는 김형렬에게 이르시기를 "도(道)를 전하고자 하는 자는 대학(大學) 경일장(經一章) 장하(章下)를 잘 알아 두어야 하느니라." 하시고

2 글을 외워 주시니 이러하니라.

3
右는 經一章이니 蓋孔子之言을 而曾子述之하고
우   경일장   개공자지언   이증자술지

其傳十章은 則曾子之意를 而門人記之也라
기전십장   즉증자지의   이문인기지야

舊本에 頗有錯簡일새
구본   파유착간

今因程子所定하고 而更考經文하여 別爲序次하니 如左하노라
금인정자소정   이갱고경문   별위서차   여좌

오른쪽 글은 대학경문 일장이니
대개 공자의 말씀을 증자가 기술한 것이요
전문(傳文) 십장은
증자의 뜻을 문인이 기술한 것이니라.
옛 책에는 자못 착간이 있으므로
이제 정자(程子)가 정한 바에 따라
다시 경문을 상고하여
별도로 차례를 만드니 다음과 같노라.

4 하루는 성도들에게 일러 말씀하시기를 "일후에 도수가 실현되어 기록이 나오리라." 하시고

5 "알려고 하지 말라. 너희들은 알려고 해도 알지 못할 것이요, 일러 주어도 알지 못하리라." 하시니라.

진법이 나오리라

126 하루는 성도들에게 말씀하시기를 "이제 천하의 마(魔)를 해원시켜 난신(亂神)들로 하여금 각기 그 소원을 이루게 하여

2 앞으로 오는 후천 오만년에는 다시 망령된 짓을 못 하게 하리라." 하시니라.

3 또 말씀하시기를 "나의 일이 장차 초장봉기지세(楚將蜂起之勢)로 각색이 혼란스럽게 일어나 잡화전 본을 이루리라.

4 그러나 그 후에 다시 진법(眞法)이 나오게 되리라." 하시고

5 "이제 전 세계에 가(假)망량을 배치하였으나 일심자(一心者)에게는 진(眞)망량을 응케 하리라." 하시니라.

125장 「도전」 간행 도수에 대한 말씀이다. 『도전』 간행은 상제님의 말씀 성편 과정에서 오착되고 잘못 기록된 것을 바로잡고, 누락된 상제님과 태모님의 대도세계를 밝혀내는 인류사적인 큰 작업이다.

도통

아(亞) 자를 잘 알아 두라

127 상제님께서 성도들과 용머리고개에 이르시어 공사를 행하실 때 "백지 넉 장을 사 오라." 하시어 네 사람으로 하여금 각기 한 귀씩 들게 하시고

2 성도들에게 물으시기를 "이 형상이 무엇과 같으냐?" 하시니 성도들이 모두 "불삽(黻翣)과 같습니다." 하고 대답하니라.

3 다시 "불삽에 무슨 글자를 쓰느냐?" 하고 물으시니 성도들이 일제히 "버금 아(亞) 자를 씁니다." 하고 아뢰거늘

4 말씀하시기를 "아(亞) 자를 잘 알아 두라." 하시니라.

도통자가 나온다

128 하루는 성도들에게 일러 말씀하시기를 "과거에는 도통이 나지 않았으므로 해를 끼치면 해를 받았지만

2 이 뒤에 도통한 사람이 나오면 해를 끼치다가는 제가 도리어 해를 입으리라.

3 이 뒤에 도통자가 나오면 조심조심하라." 하시니라.

종통맥이 사는 맥

4 사람은 그 사람이 있고, 도는 그 도(道)가 있고, 땅은 그 땅이 있느니라.

5 시속에 '맥 떨어지면 죽는다.' 하나니 연원(淵源)을 잘 바루라.

6 도통천지보은(道通天地報恩)이니라.

신천지 도통줄이 열릴 때는

129 하루는 성도들이 도통에 대해 여쭈니 말씀하시기를 "때가 오면 한 사람이 먼저 도통을 받나니

2 이는 만도(萬道)가 귀일(歸一)하는 천명이니라." 하시니라.

3 또 말씀하시기를 "도통줄은 대두목에게 주어 보내리라.

4 법방(法方)만 일러 주면 되나니 내가 어찌 홀로 맡아 행하리오.

5 도통시킬 때에는 유불선 각 도통신(道通神)들이 모여들어 각기 그 닦은 근기(根機)에 따라서 도를 통케 하리라." 하시니라.

참일꾼이 받는 도통

130 박공우가 여쭈어 말하기를 "동학주(東學呪)를 읽고 강(降)을 받는 자가 많이 있으되

2 저는 아무리 열심히 읽어도 강을 받지 못하였으니 무슨 까닭입니

옆 단 주석:

127:2 불삽. 본래 『용화전경』에는 '방제'라 기록돼 있는데, 방제란 신주 좌측 하단에 쓰는 상주의 이름으로 내용상 불삽(黻翣)의 오기로 보인다. 불삽은 발인할 때 대여의 앞뒤에서 들고 가는 치장 제구다. 반흑반청(半黑半靑) 빛으로 '己' 자 두 개를 대칭이 되게 한 모양(亞)을 넣고 가선에는 자주색 구름(雲)을 그린다. 이는 귀신의 보호 아래 죽은 이의 넋이 명부로 무사히 인도되기를 염원하는 뜻을 담고 있다.

128장 도통과 종통. 도통맥은 바른 종통맥으로부터 부여받는 것. 종통(宗統)의 종(宗)이란 마루 종, 곧 '더 이상이 없는 최상'을 의미한다. 그러므로 종통맥이라 하면 도조(道祖)로부터 뻗어 내리는 도의 정통맥, 도조의 심법 계승을 의미한다.

까?" 하니

3 상제님께서 웃으며 말씀하시기를 "동학주에 내가 들었으므로 읽는 자가 다 두려워하여 떠는 것이요 강령은 아니니라.

4 이는 다 제우강(濟愚降)이요 천강(天降)은 아니니

5 천강을 받는 자는 병든 자를 한 번 만져도 낫고 건너보기만 하여도 낫느니라." 하시니라.

6 또 공우가 여쭈기를 "동학에 강필(降筆)로 부(符)를 그려서 병자를 먹이면 낫는 자도 있고 죽는 자도 있어 일치하지 않으니 무슨 까닭입니까?" 하니

7 대답하여 말씀하시기를 "부를 먹이면 비위(脾胃)를 상하게 하여 해가 될지언정 이롭지는 못하니라. 혹 차효를 보았다는 자는 본시 나을 사람이니라.

8 강에는 허강(虛降)과 진강(眞降)이 있나니 진인(眞人)은 허강이 없느니라.

9 도통시킨 뒤에 강을 내려 주리니 진강을 받은 자는 병자를 건너다 보기만 하여도 낫고, 말만 하여도 낫고, 만지기만 하여도 낫느니라." 하시니라.

쓸 때에 열어 주리라

131 하루는 한 성도가 도술(道術)을 가르쳐 주시기를 청하니 말씀하시기를

2 "지금은 가르쳐 주어도 들어가지 않고 밖으로 흘러 바위에 물주기와 같으니 쓸 때에 열어 주리라." 하시니라.

3 또 이르시기를 "옛날에 제갈공명이 동남풍을 불렀다 하나 이는 제단을 쌓고 여러 날 빌어서 이루어진 것이니

4 때가 오면 너희들은 명(命)으로써 그 자리에서 바람을 불리리라." 하시니라.

5 하루는 성도들에게 말씀하시기를 "내가 너희에게 용기(龍氣)만 주면 너희는 비를 마음대로 오게 할 수 있고

6 병든 사람을 말로써 고치며, 죽은 사람을 다시 살려 내느니라." 하시니라.

상제님의 공부법 : 체를 잡고 광명을 얻어야

132 하루는 구릿골에서 공사를 보실 때 글을 쓰시니 이러하니라.

2　一三五七九
　　일 삼 오 칠 구

　　二四六八十
　　이 사 륙 팔 십

　　成器局 塚墓天地神 基址天地人
　　성 기 국 총 묘 천 지 신 기 지 천 지 인

　　運靈臺四海泊 得體 得化 得明
　　운 영 대 사 해 박 득 체 득 화 득 명

　　선천의 일삼오칠구, 후천의 이사륙팔십.

　　기국을 이루나니

　　선천의 총묘(陰宅)천지신, 후천의 기지(陽宅)천지인.

　　마음은 사해에 뻗어서 머무느니라.

　　체를 잡고, 변화를 얻고, 광명을 얻어야 하느니라.

각기 기국에 맞추어 주리라

133 하루는 글을 쓰시니 이러하니라.

2　充者는 慾也라
　　충 자 욕 야

　　以惡充者도 成功하고 以善充者도 成功하니라
　　이 악 충 자 성 공 이 선 충 자 성 공

　　채운다는 것은 욕심이라.

　　악으로 채우는 자도 성공(자기 충족)하고

　　선으로 채우는 자도 성공(자기 충족)하느니라.

3 양이 적은 자에게 지나치게 많이 주면 배 터져 죽고, 양이 큰 자에게 너무 적게 주면 곯아 죽나니

4 각기 기국(器局)에 맞추어 주리라.

나의 도통 공부는 삼등이 있나니

134 나의 공부는 삼등이 있나니

2 상재(上才)는 만사를 심단(心端)으로 용사하고

3 중재(中才)는 언단(言端)으로 용사하고

4 하재(下才)는 알기는 하나 필단(筆端)으로 용사를 하리라.

닦은 바에 따라 도통을 주리라

135 하루는 공우가 여쭈기를 "도통을 주옵소서!" 하니

2 상제님께서 꾸짖으시며 "그 무슨 말이냐. 도통을 네가 하겠느냐? 판밖에서 도통하는 이 시간에 생식가루 먹고 만학천봉 돌구멍 속에, 죽었는지 살았는지 내 가슴이 답답하다.

3 들으라. 각 성(姓)의 선령신(先靈神) 한 명씩 천상공정(天上公庭)에 참
　여하여 제 집안 자손 도통시킨다고 눈에 불을 켜고 앉았는데

4 이제 만일 한 사람에게 도통을 주면 모든 선령신들이 모여들어 내
　집 자손은 어쩌느냐고 야단칠 참이니 그 일을 누가 감당하리오.

5 그러므로 나는 사정(私情)을 쓰지 못하노라.

6 이 뒤에 일제히 그 닦은 바를 따라서 도통이 한 번에 열리리라.

7 그런 고로 판밖에 도통종자(道通種子)를 하나 두노니

8 장차 그 종자가 커서 천하를 덮으리라.” 하시니라.

도통을 할 때는

9 하루는 상제님께서 말씀하시기를 “도통은 우레와 같이 하리라.

10 도통은 비 쏟아지듯 하리라.” 하시니라.

천지공사에는 인정도 사정도 없다

136 하루는 말씀하시기를 “천지공사에는 인정도 사정도 없느니라.”
　하시니

2 성도들이 “어찌 그렇습니까?” 하고 여쭈거늘

3 말씀하시기를 “허허~, 각기 하고 싶은 일을 하니 어찌 그 뜻을 다
　받아 줄까.” 하시니라.

도운 추수자의 고난과 도성덕립의 심법

137 상제님께서 하루는 성도들에게 글을 써 주시니 이러하니라.

2　鍾鼓一聲에 天下號令하고
　　종고일성　　천하호령
　　鳳鳴一唱에 天下鷄鳴이라
　　봉명일창　　천하계명
　　八方失頭나 黃土通明이로다
　　팔방실두　　황토통명
　　성인이 종고소리 한 번 울려 천하를 호령하고
　　봉황이 한 번 울면 천하의 닭이 우느니라.
　　온 세상이 머리(君師父)를 잃고 헤매고 있으나
　　중앙(五皇極)은 세상사를 훤히 꿰뚫고 있도다.

3　前後風霜에 年年多苦나
　　전후풍상　　연년다고
　　醫世之心이요 功名之情이로다
　　의세지심　　공명지정
　　外有氣和하고 內有神靈하니
　　외유기화　　내유신령

137:2 황토통명.
『주역』‘곤괘’에
‘황중통리(黃中
通理)’란 구절이
있는데, ‘황(黃)’
은 곧 ‘황(皇)’이
고 ‘중(中)’은
‘토(土)’이다. 여
기서 황중(黃中)
은 5황극의 정신
을 상징한다. 이
시에서 말하는
토는 육기(六氣)
로 따져볼 때 진
(辰)과 술(戌)에
해당한다. 진과
술은 속 바탕은
토이지만 현상적

으로는 수(水)로
드러나는데 이
두 자리에서 생
성과 온갖 변화
가 이루어진다.

搖之不動이요 激之不濁이요
요 지 부 동　　격 지 불 탁
一片丹心으로 以待其時라
일 편 단 심　　　이 대 기 시
한평생 온갖 시련 해마다 더 괴로우나
병든 세상 건지려는 마음 공명을 세우고픈 심정이로다.
외양은 화평한 기운 넘쳐나고 안은 신령스러우니
흔들어도 움직이지 아니하고
격류에도 흐려지지 아니하며
일편단심으로 그 때를 기다리는구나.

4　瞻彼南山한대 惟石巖巖이로다
　　첨 피 남 산　　유 석 암 암
正冠天下하니 有何虛妄고
정 관 천 하　　유 하 허 망
緩則稍急이요 急則稍緩이라
완 즉 초 급　　급 즉 초 완
風風雨雨에 忍耐其心이라
풍 풍 우 우　　인 내 기 심
저 남산 바라보니 암석이 우뚝우뚝하도다.
천하를 바로잡아 으뜸이 되니 어찌 허망함이 있으리오.
더디면 조금 급하게, 급하면 조금 더디게 하라.
몰아치는 비바람에도 마음을 잘 참고 견디는도다.

5　出入必敬하고 有望有心이라
　　출 입 필 경　　유 망 유 심
扶植綱紀는 明公其誰오
부 식 강 기　　명 공 기 수
億兆欽望이 允則允矣로다
억 조 흠 망　　윤 즉 윤 의
나와서나 들어가서나 반드시 만사에 공경히 하고
세상 건지려는 소망과 참된 마음 있도다.
세상의 기강 바로잡으려는 밝은 어른 그 누구신가.
억조창생이 우러러 바라는 사람 진실로 그 사람이로다.

6　朝東暮西에 曰是曰非하니
　　조 동 모 서　　왈 시 왈 비
生我者誰오 粒粒難望이로다
생 아 자 수　　입 립 난 망
아침에는 동쪽으로 저녁에는 서쪽으로
옳다 그르다 말들도 많은데
진정 나를 살릴 자 그 누구신가.
하나하나를 다 바라기는 진실로 어렵도다.

7 生生氣氣요 望望효효이라
　 생생기기　 망망입입

　 世事風潮는 修德可知요
　 세사풍조　 수덕가지

　 神出鬼沒은 淸濁五音이로다
　 신출귀몰　 청탁오음

　 끊임없이 솟구치는 기백이여!

　 살리고 살리기를 소망하고 또 소망하도다.

　 세상사 돌아가는 세태는 덕을 닦아야 알 수 있고

　 신출귀몰한 신도(神道) 조화는 청탁 오음의 주문소리에 응하도다!

만국 통일의 심법과 행동

138 惟靈惟氣여 錫我鴻福이로다
　　　 유령유기　 석아홍복

　 英雄才氣는 處處飛騰이나
　 영웅재기　 처처비등

　 桑田碧海는 自在其時라
　 상전벽해　 자재기시

　 回首江山하니 更起精神이로다
　 회수강산　　 갱기정신

　 충만한 기와 영이여! 나에게 주어진 홍복이로다.

　 선천 영웅들의 재기는 곳곳마다 날뛰는데

　 상전벽해의 개벽천지는 스스로 정해진 때가 있느니라.

　 강산을 되돌아보니 다시금 새 정신이 용솟음치는도다.

2 楚歌環悲하니 自醒其心이라
　 초가환비　　 자성기심

　 金聲振之는 良有以也로다
　 금성진지　 양유이야

　 鼓動萬物에 和氣自發하고
　 고동만물　 화기자발

　 開閉樞機하고 出入門戶하니
　 개폐추기　　 출입문호

　 帶道日月에 聖靈其旺이라
　 대도일월　 성령기왕

　 사면초가(四面楚歌)의 고난과 비통함에 둘러싸이니

　 이 마음 스스로 깨어지는구나.

　 가을 소식 퍼뜨리고 거둠에는 진실로 까닭이 있음이로다.

　 만물을 고동시키니 화기가 절로 일고

　 문지도리요 문호인 내 마음을 천지신명이 여닫고 출입하니

　 변화의 도를 그려가는 일월이 성령을 왕성케 하는구나.

도통

138:2 금성진지.
『맹자』「만장(萬
章)」에 "金聲而
玉振之也(金으로
소리를 조리 있
게 퍼뜨리고 玉
으로 소리를 조리
있게 거둔다.)"
란 구절이 있다.
여기서 금은 편
종(編鐘: 金部)
등의 악기로 위
에 용을 얹었고, 옥
은 편경(編磬:
石部) 등의 악기
로 위에는 봉황
을 얹는다. 팔음
중 이 두 음(金,
石)은 특별히 음
의 강령이 되는

데, 두 음으로 조
리 있게 시작하
고 끝을 맺어 맥
락이 관통되어야
조화로운 율려가
된다. 『한서』「예
관전(倪寬傳)」에
는 '오직 천자라
야 중화(中和)의
표준(極)을 세우
고 조리(條理)를
총괄하여, 종을
쳐 소리를 퍼뜨
리고 경을 쳐 거
둔다.'고 하였다.

138:3 삼산. 영
산, 초산, 단산을
말한다. 5편 385
장 참조.

139:1 봉황래의.
『서경』「익직(益
稷)」에 "簫韶九
成, 鳳凰來儀(순
임금의 음악인
簫韶를 아홉 번
연주하자 봉황이
와서 춤을 춘
다.)"란 말이 있
다. 성인이 인극
(人極)을 세워 천
하가 안정되면
만유가 화평하여
율려가 조화로우
니 그 덕에 감동
하여 봉황이 날
아와 춤을 추는
것이다.

3

仁慈其心이요 措縱其聲이라
인 자 기 심　　조 종 기 성

萬國統合이 實由此矣리니
만 국 통 합　　실 유 차 의

萬人之誠이요 萬世之寶라
만 인 지 성　　만 세 지 보

千機萬機요 萬化千化니
천 기 만 기　　만 화 천 화

三山神靈이 舞哉舞哉로다
삼 산 신 령　　무 재 무 재

마음은 어질고 자비로우며
진리의 말씀 베풀어 새 세상을 열어가는도다.
만국의 통합이 실로 이러한 심법과 행동으로 말미암으니
모든 일꾼의 정성이요 만세의 보배로다.
인자한 그 마음 천 가지 만 가지 기틀이요 온갖 조화 일으키니
삼산의 신령들이 춤을 추며 기뻐하는구나.

도덕천지 요순세계 되는구나

139 梧桐明月에 鳳凰來儀로다
오 동 명 월　　봉 황 래 의

靜則正體요 動則正聲이라
정 즉 정 체　　동 즉 정 성

오동나무에 보름달이 걸리니 봉황이 날아와 춤을 추도다.
고요하면 바른 몸짓이요 움직이면 정법의 말씀 노래하네.

2

萬目所照하고 萬耳所通하니
만 목 소 조　　만 이 소 통

道德乾坤에 堯舜世界로다
도 덕 건 곤　　요 순 세 계

만백성의 눈이 열리고
만백성의 귀가 소통되니
도통 열린 도덕천지 요순세계 되는구나.

3

天必有志하면 地必有應하나니
천 필 유 지　　지 필 유 응

世世承承하여 千世萬世로다
세 세 승 승　　천 세 만 세

하늘이 반드시 뜻을 두면 땅이 꼭 받아 응하나니
세세로 이어받아 천 년 만 년 이어가리.

도
통

계묘(癸卯: 道紀 33, 1903)년에 상제님께서
대원사 주지 박금곡에게 써 주신 글

제7편

후천개벽(後天開闢)과
조화선경(造化仙境)

후천개벽(後天開闢)과 조화선경(造化仙境)

우주일가의 선경낙원을 열어 주심

1 증산 상제님께서는 천지가 성공하는 가을 대개벽기를 맞아 인간으로 강세하신 개벽장(開闢長) 하느님이시니라.

2 삼계대권의 무궁한 조화권으로 천지공사(天地公事)를 집행하시어 그 릇된 천지도수를 바로잡으시니

3 상씨름과 추살(秋殺)의 병겁(病劫) 심판으로 선천 상극 세상을 마감 하시고

4 의통(醫統) 대권으로 천하창생을 건져 우주일가(宇宙一家)의 조화선 경을 열어 주시니라.

5 후천 선경세계는 가가도장(家家道場)이요, 인신합덕(人神合德)으로 인 인(人人)이 성신(聖神) 되어 만백성이 성숙하고 불로장생하는 무궁한 조화낙원이라.

6 상제님은 당신의 도꾼들이 건설하는 신천지(新天地)의 후천 조화선경 에 성령으로 강세하실 것을 언약하시니

7 후천선경은 만사지(萬事知) 문화 속에서 상제님 일꾼이 천지의 도정(道 政)을 주관하는 인존(人尊)의 새 역사니라.

후천선경 세계 건설

2 상제님께서 9년 천지공사를 행하시며 항상 이르시기를 "천하의 백 성들이 한마음 한뜻으로 살 수 있는 후천 오만년 선경세계를 건설하리 라." 하시니라.

2 호연이 때때로 "언제나 개벽이 될까요?" 하고 여쭈면 매양 "곧 된다." 고만 하시니 호연이 늘 궁금해하거늘

3 하루는 상제님께서 말씀하시기를 "여러 나라를 한목에 잡으려면 핑계 없는 나라 없다고 쉬운 일은 아니니라.

4 한 나라의 나라님이 편하고 아니 편하고는 신하들이 하기에 달렸 느니라.

후천

1:7 만사지 문화. 인류문화의 열매 가 바로 만사지 문화다. 선천 문 화는 타인의 지 식과 문명의 이 기에 의존해야 알 수 있는 문화 였다. 그러나 후 천에는 사람과 신명이 합일되어 개개인이 과거 · 현재 · 미래를 모 두 알고, 천하 사 람과 마음까지 터놓아 상생과 보은이 원천적으 로 가능해지는

상제님의 만사지 문화가 열린다.

5 신하가 잘해야 나라님도 편한 것이지 나라님 혼자 잘한다고 편한 것은 아니니라. 그 뜻을 알겠냐?

6 내가 이렇게 앉아 있다고 편한 줄 알아도, 여러 나라를 서로 손잡게 하려니 힘이 드는구나!

7 한집안 식구간의 대수롭지 않은 언약이라도 틀어지는 수가 있는데

8 어찌 이 천지에서 한마음이 그렇게 쉽게 되겠느냐?

9 그러니 마음을 급하게 먹지 말라.

10 이 구멍, 저 구멍 중에 한 구멍이 제일 크니 천하에 입구멍이 제일로 큰 것이니라.

11 나중에 너희가 해석을 하고 살아보면 알 것이다. 말을 해서 아는 것이 아니라 때가 너희를 가르쳐 주느니라." 하시니라.

개벽이 될 때는

3 상제님께서 말씀하시기를 "개벽 시간은 도통군자도 모르게 하느니라.

2 너희가 그토록 애태우며 기다리나 눈 한 번 깜짝하는 때에 개벽이 되느니라. 되느라면 그렇게 바짝 되느니라." 하시고

3 또 말씀하시기를 "천지에서 위해야 날이 닥치고 시간이 되어야 날이 닥치느니라.

4 아무리 배가 고파도 풋나락은 못 먹는 법이니라.

5 아기가 열 달을 별러 나오는 것과 같이 때가 되어야 천지개벽이 되느니라.

6 앞으로 오는 세월이 연(年)으로 다투다가, 달(月)로 다투다가, 날(日)로 다투다가, 시간(時)으로 다투다가, 분(分)으로 다투게 되리니 대세를 잘 살피라." 하시니라.

도(道)를 잘 닦고 정의롭게 살아야

7 한 성도가 여쭈기를 "세간에 '도하지(道下止)'라는 말이 있사온데 과연 그러합니까?" 하니

8 말씀하시기를 "이제 하늘과 땅이 대비겁(大否劫)에 처하였으니 천지대도에 머물지 않는다면 어떻게 살겠느냐?" 하시니라.

9 또 이르시기를 "성경신(誠敬信) 주장하여 원형이정(元亨利貞)으로 행한다면 도하지가 예 아닌가!

10 원형이정으로 살아야 한다. 그러면 정의가 승리한다." 하시고

11 "앞세상은 가가운장(家家雲長)이니라." 하시니라.

3:3 위해야. '위하다'에는 '소중히 여기다, 이롭게 하다, 이루려고 생각하다.'는 뜻이 있다. 천지에서 기운을 몰아 주고 잘 되도록 관계해 주어야 한다는 의미.

3:6 오동정 교단 김락원의 손자인 김상용(1941~) 증언.

3:7 도하지. 모든 삶은 최종적으로 인간으로 오신 상제님의 도(道)에 머물러야 한다는 뜻으로 옛 비결서에 나오는 말.

지구촌이 한집안 되는 후천선경

4 후천에는 천하가 한집안이 되리니 모든 언어동정을 통일하여 조금도 편색(偏塞)함이 없게 하리라.

2 위무(威武)와 형벌을 쓰지 않고 조화로써 창생을 다스리되 자기의 잘못을 스스로 깨닫게 하며

3 벼슬아치는 직품(職品)에 따라 화권(化權)이 열리므로 분의에 넘치는 폐단이 없고

4 모든 백성의 쇠병사장(衰病死葬)을 물리쳐 불로장생(不老長生)으로 영락을 누리게 하리니

5 너희들은 환골탈태(換骨奪胎) 되어 키와 몸집이 커지고 옥골풍채(玉骨風采)가 되느니라.

6 후천에는 덕을 근본으로 삼아 이 길에서 모든 복록과 영화를 찾게 되느니라.

선경세계의 생활 문화

5 후천에는 만국이 화평하여 백성들이 모두 원통과 한(恨)과 상극과 사나움과 탐심과 음탕과 노여움과 번뇌가 그치므로 말소리와 웃는 얼굴에 화기(和氣)가 무르녹고

2 동정어묵(動靜語默)이 도덕에 합하며, 사시장춘(四時長春)에 자화자청(自和自晴)하고, 욕대관왕(浴帶冠旺)에 인생이 불로장생하고

3 빈부의 차별이 철폐되며, 맛있는 음식과 좋은 옷이 바라는 대로 빼달이 칸에 나타나며

4 운거(雲車)를 타고 공중을 날아 먼 데와 험한 데를 다니고 땅을 주름잡고 다니며 가고 싶은 곳을 경각에 왕래하리라.

5 하늘이 나직하여 오르내림을 뜻대로 하고, 지혜가 열려 과거 현재 미래와 시방세계(十方世界)의 모든 일에 통달하며

6 수화풍(水火風) 삼재(三災)가 없어지고 상서가 무르녹아 청화명려(淸和明麗)한 낙원의 선세계(仙世界)가 되리라.

신명이 수종 드는 세계

7 선천에는 사람이 신명을 받들어 섬겼으나 앞으로는 신명이 사람을 받드느니라.

8 후천은 언청계용신(言聽計用神)의 때니

9 모든 일은 자유 욕구에 응하여 신명이 수종 드느니라.

김형렬에게 열어 주신 도통의 경지

6 하루는 상제님께서 김형렬(金亨烈)을 불러 "너의 천백번 소청이 도통하는 것이었으니 오늘은 너에게 도통을 내려 주리라." 하시니

2 그 즉시 형렬의 눈앞에 삼계가 환히 트이며 **삼생**(三生)이 밝게 비치고

3 일원세계(一元世界)가 눈앞에 있고 사해중생(四海衆生)이 마음에 나타나며, 모든 이치가 뚜렷이 드러나고 만상(萬象)이 펼쳐지며

4 서양에도 마음대로 가고 하늘 끝으로 새처럼 날아오르기도 하며, 풍운조화(風雲造化)가 마음대로 되고 둔갑장신(遁甲藏身)이 하고자 하는 대로 이루어지며

5 천지가 내 마음과 일체가 되고 삼교(三敎)를 두루 쓰며, 모르는 것이 없고 못하는 바가 없게 되니라.

6 이에 형렬이 기쁨을 이기지 못하고 있는데, 며칠 지나지 않아 상제님께서 "이제 그만 거두리라." 하시니

7 그 말씀이 떨어지자 바로 밝은 기운이 모두 사라져 겨우 신명의 출입을 보고 신명과 문답만 조금 할 수 있게 되니라.

하늘을 나직하게 한다

7 하루는 성도들을 데리고 구릿골 앞을 지나시다가 말씀하시기를 "하늘은 공각(空殼)이니라.

2 선천에는 빈껍데기인 하늘이 부질없이 높기만 하였으나 후천에는 하늘을 나직하게 하여 사람들의 키에 알맞게 하리라.

3 장차 하늘에 배가 뜨고, 옷도 툭툭 털어서 입는 잠자리 속날개 같은 옷이 나오느니라.

4 축지술(縮地術)을 배우지 말라.

5 운거를 타고 바람을 어거(馭車)하여 만릿길을 경각에 대리라.

6 용력술(用力術)을 배우지 말라.

7 기차와 윤선으로 백만 근을 운반하리라." 하시니라.

8 이어 말씀하시기를 "장차 쇠꼬챙이에서 불이 나와 방안에서 세상을 다 볼 수 있게 되느니라.

9 또 멀리 있어도 옆에 있는 것처럼 서로 얼굴을 보면서 얘기하는 좋은 세상이 오리라." 하시니라.

7:5 운거. 앞으로 개발되는 최첨단 이동 수단을 말씀하신 것.

선천의 문명이기는 도술로 평정

8 하루는 상제님께서 성도들에게 말씀하시기를 "앞으로 세계 여러 나라들이 일어나 각기 재주 자랑을 하리니 큰 재주가 나올수록 때가 가까이 온 것이니라.

2 재주 자랑이 다 끝난 후엔 도술로 세상을 평정하리니 도술정부(道術政府)가 수립되어 우주일가를 이루리라." 하시니라.

3 또 말씀하시기를 "선천은 기계선경(機械仙境)이요, 후천은 조화선경(造化仙境)이니라." 하시니라.

8:2 도술정부. 천상조화정부의 조직과 통치 방식이 인사화될 것을 말씀하신 것이다.

8:3 기계선경. 박공우 성도의 3대 제자 중 한 명인 이동술의 아들 이판규(1930~2004)는 제조선경이라는 용어를 썼다.

9장 객망리에 거주하던 김귀녀, 유봉에 증언.

9:1 초강리. 현재 정읍시 정우면(淨雨面) 초강리 초강 마을.

요술쟁이라 놀리는 자들을 벌하심

9 상제님께서 초강리(楚江里) 주막에 이르시니 평소에 지면이 있던 동년배들이 "요술쟁이가 왔다." 하며

2 "야! 요술 한번 해 봐라, 요술 한번 해 봐!" 하고 반말로 놀려대거늘

3 상제님께서 "야, 이놈들아. 어서 술이나 먹어라." 하며 농을 받는 척하시니, "아이고, 요술도 못하는 것이 젠체한다." 하며 비웃으니라.

4 이에 상제님께서 "어여 술이나 먹어라." 하고 타이르신 후에 태연히 앉아 술을 드시니 계속 비웃으며 '요술을 한번 해 보라.' 하거늘

5 상제님께서 술을 다 드시고 나서 주모에게 물 한 그릇을 떠 오라 하시어

6 그 사람들이 앉아 있는 방 앞에 놓았다가 이내 방에다 확 쏟아 부으시니라.

7 그 순간 문이 닫히며 방안이 갑자기 물바다로 변하여 소용돌이가 일고 파도가 치는지라

8 방안에 있던 사람들이 물살에 휘말려 허우적거리다가 방문을 열면 될 듯싶어 문 쪽으로 다가가려 하는데 아무리 발버둥을 쳐도 허사이거늘

9 마침내 그 사람들이 용서를 빌며 살려 달라고 애원하니라.

10 한참 후에야 상제님께서 방문을 열어 주시니 마치 아무 일도 없었던 듯 물건들이 모두 제자리에 있으나 사람들은 물에 흠뻑 젖어 덜덜 떨고 앉아 있거늘

11 상제님께서 웃으시며 "멀쩡하구만 소리들을 지른다." 하시니라.

후천

공주에서 보신 의통 집행 공사

10 임인(壬寅 : 道紀 32, 1902)년 초가을에 하루는 공주(公州)에 사는 한 사람이 찾아와 '부친이 죽게 생겼다.'며 살려 주시기를 애원하거늘

2 상제님께서 형렬과 호연을 데리고 공주로 가시니라.

3 그 집에 이르시어 바가지에 물을 떠다가 문턱 가운데에 놓게 하시고 호연에게 명하시어 약지에 물을 묻혀 방의 네 구석에 튕기게 하신 뒤에

4 그 손가락에 경면주사(鏡面朱砂)를 묻혀 인당(印堂)을 찍으며 "어(御)!"하고, 명치를 쿡 찌르며 "명(命)!" 하게 하시니

5 병자가 진저리를 치며 깜짝 놀라 깨어나거늘 이로부터 병이 완쾌되니라.

10장 "근디 태운장은 그걸 안 해서, 강증산이 나를 가르쳐 줘서 내가 했어."(김호연 성도 증언)

죽음에 대한 선(仙)문화 개벽 공사

11 계묘(癸卯 : 道紀 33, 1903)년 어느 날 상제님께서 황해도(黃海道)에 가시니라.

2 이 때 마침 운상 행렬이 지나가는데 요령잡이가 "이 길을 한번 가면 언제 다시 올거나~!" 하고 구슬프게 만가(輓歌)를 부르거늘

3 뒤따르던 상인(喪人)들이 모두 눈물을 흘리며 돈을 줄에다 꿰어 상여에 걸어 주니라.

4 이윽고 상여꾼들이 장지(葬地)에 도착하여 관을 내리고 뚜껑을 여니 죽은 자의 시신은 간데없고 상제님께서 관 속에 태연히 누워 계시거늘

5 난데없는 일에 사람들이 모두 말문이 막혀 하늘만 쳐다보더라.

송장 찾았냐, 이놈아!

6 이 때 상제님께서 관에서 자리를 털고 일어나시며 "먹을 것 갖고 왔으면 모두 가져오너라, 먹자꾸나." 하시니

7 모두들 어안이 막히어 엉뚱한 곳을 바라보며 헛웃음을 짓거늘

8 상제님께서 한 사람을 가리키시며 "이놈아! 왜 헛간 데를 보고 웃어, 사람을 보고 웃지!

9 먹을 것 가지고 왔을 테니 이제 먹자. 죽은 놈 줄라고 했냐, 너희가 먹으려고 가져왔지. 그러니 함께 먹게 갖고 오너라." 하시니라.

10 이에 그 사람이 너무 놀라고 경황이 없어 "아이구, 가슴이 뛰어서 갖고 오지도 못하겠습니다." 하니

11 "하이, 요놈 봐라. 주기가 아까워서 그러냐? 어서 처먹고 집에 가서 송장이나 다시 떠메고 와라." 하시거늘

12 그 사람이 허탈하기도 하고 우습기도 하여 "서글프다가도 참 우스운 꼴도 다 보겠네." 하며 울지도 웃지도 못하더라.

13 이에 상제님께서 "야, 이놈아! 내가 춤을 추간디 우스워? 어찌 우습냐!" 하시고 상여를 화닥닥 뜯으시며 "송장 찾았냐, 이놈아! 여그 없냐?" 하시니

14 그 사람이 "아까 관에서 일어나시더니 송장을 어찌했길래…." 하며 좌우를 두리번대거늘

15 이 때 상제님께서 "내가 보듬고 있어도 모르냐?" 하시므로 관 속을 보니 시신이 그대로 있더라.

16 이를 지켜보던 사람들이 "귀신도 속을 일이네!" 하며 모두 경탄하니

17 상제님께서 "귀신을 속여 봐라, 이놈들아!" 하시거늘 모두가 어안이 벙벙하여 할 말을 잃으니라.

기운만 붙이면 소생하느니라

12 계묘년 가을에 구릿골 김성천(金聲天)의 채소밭에 진딧물과 석음이 일어 채소가 죄다 죽게 되었거늘

2 상제님께서 보시고 말씀하시기를 "죽을 사람에게 기운을 붙여 회생케 함이 이 남새를 소생케 함과 같으니라." 하시고 곧 비를 내리시니라.

3 그 뒤에 출타하셨다가 돌아오시어 김자현(金自賢)에게 물으시기를 "전날에 진딧물과 석음으로 전멸케 되었던 김성천의 남새밭이 어떻게 되었느냐?" 하시니

4 자현이 대답하기를 "지난번 비가 온 뒤로 다시 소생하여 이 부근에서 으뜸이 되었습니다." 하거늘

5 일러 말씀하시기를 "사람의 일도 이와 같아서 **병든 자와 죽는 자도 기운만 붙이면 일어나느니라.**" 하시니라.

이 집, 저 집 담을 차시니

13 상제님께서 구릿골 형렬의 집에서 공사를 보실 때 하루는 어떤 집 담을 발로 슬쩍 차시니

2 담이 허물어지며 담 밑에 있던 장독들이 깨져서 장이 흘러나오는

12:1 구릿골. 구릿골은 원래 그릇을 굽는 도기촌이었다고 하며 마을 앞에는 선사시대 유적인 지석묘가 있다.

12:1 김성천(金聲天, 1860~?). 본관 안동(安東). 족보명 대회(大會), 자(字) 성천(聲天). 부 기연과 모 최씨의 장남. 김형렬 성도의 종형이며 부인 삭녕(朔寧) 최씨 사이에 2남을 두었다.

12:1 석음. 짓무르는 병.

지라

3 집주인이 달려와 장을 떠 담으며 "아이구, 장이 이래서 어쩔거나!" 하며 안타까워하거늘

4 상제님께서 "너희 집에 무슨 장이 섰느냐? 아, 어디가 장 섰어?" 하고 놀리시니

5 집주인이 부아가 나서 "아, 장이 흐른다는 말이지 누가 장 섰다고 해요?" 하며 불평하니라.

6 이 뒤에도 종종 상제님께서 허공에 대고 주먹을 내두르시니 그 때마다 이 집, 저 집에서 '와그르르' 하고 담 무너지는 소리가 들리니라.

하늘을 오르내리며 보신 선경의 진주 황극 공사

14 갑진(甲辰 : 道紀 34, 1904)년에 상제님께서 종종 구릿골 장텃날 앞 언덕에 가시어 하늘을 뱅뱅 돌며 오르내리시는데

2 호연이 상제님께서 담 위에 올라가 장난치시는 것으로 알고 "담 헐어져, 담 헐어져!" 하고 외치니

3 상제님께서 긴 탱자 가시를 가지고 오시어 "이놈으로 입을 꼬매 놓는다." 하시거늘

4 호연이 무서워 옷으로 입을 가린 채 죽는다고 소리를 지르는지라

5 이 소리에 놀라 사람들이 몰려오거늘 상제님께서 "요놈의 자식들, 뭣 하러 오느냐? 어린애 우는 것도 흉이냐?" 하고 꾸짖으시니라.

6 상제님께서 하늘을 오르내리실 때 매번 옷 색깔이 달라지는데

7 올라가실 때는 흰옷으로 보이다가 내려오실 때는 **빨간색**으로, 아주 내려오시면 또 다른 색으로 보이더라.

8 하루는 상제님께서 하늘 높이 오르시거늘 호연이 겁이 나서 "아이고, 떨어져요. 이리 와, 이리 와!" 하고 소리치니

9 오히려 상제님께서 호연을 향해 '이리 오라' 는 손짓을 하시는지라

10 호연이 "아이고, 나는 못 올라가~. 잡어 가, 잡어 가~!" 하며 소리를 지르거늘

11 다른 성도들도 이 소리를 듣고 하늘에 오르신 상제님을 보고 싶어 안달이더라.

12 호연이 고개를 뒤로 젖히고 오르내리시는 광경을 지켜보다가 "아이고, 어지러워. 어지러워~!" 하고 소리치니

13 상제님께서 "누워라. 누워서 보아라." 하시므로 호연이 누워서 쳐

다보는데

14 푸르고 **붉은** 빛깔의 한복 같은 옷을 입고, 오색 구슬 끈이 달린 방갓 모양의 곱게 짠 관을 쓴 선녀들이 줄을 내려 주고 있더라.

15 그 줄은 마치 주머니 끈처럼 **붉고** 가늘며, 줄 끝에 말안장처럼 생긴 **황금빛 발판**이 달려 있는데

16 상제님께서 줄을 잡고 발판에 올라서시면 선녀들이 줄을 끌어올리고 잠시 후에 다시 내리고 하더라.

17 호연이 이를 보고 "그 끄나풀 좀 나 주머니 끈 하게 끊어 갖고 지." 하고 청을 하니 "그것이 끊는 줄이간디?" 하시며 웃으시니라.

씨나락 뿌리는 공사

15 하루는 안필성(安弼成)이 못자리하려고 씨나락을 찰벼와 메벼로 갈라 각기 오쟁이에 담아서 지게에 짊어지고 팔정이 주막 앞을 지나는데

2 상제님께서 홀로 주막에 앉아 개고기를 안주로 술을 드시다가 필성을 보고 반가워하시며 술을 권하시거늘

3 필성이 개고기를 보고 질겁하여 "씨나락을 뿌려야 하니 바빠서 못들어가네." 하며 그냥 지나치려 하는지라

4 상제님께서 길을 막아서시며 "필성아, 바람도 불고 하니 나하고 술이나 마시고 쉬었다 가자." 하고 재차 권하시니라.

5 이에 필성이 "시간 지나면 바람이 더욱 거세어져 지금 뿌려야 하니 다음에나 사게." 하고 사양하는데

6 상제님께서 "이리 들어와라. 씨나락은 내가 대신 쳐 주마." 하며 지겟다리를 잡아당기시니

7 오쟁이가 땅에 나동그라지며 찰벼 씨나락과 메벼 씨나락이 뒤범벅되어 흩어지거늘

8 전혀 개의치 않으시고 필성의 손목을 잡아끌며 막무가내로 술을 권하시므로 하는 수 없이 개고기를 안주 삼아 대취하도록 마시니라.

9 해 질 무렵이 되어 필성이 씨나락 오쟁이도 내버려 둔 채 비틀비틀 집으로 향하며 "금년 농사는 이제 다 지었다." 하고 한숨을 쉬는데

10 상제님께서 뒤에 대고 말씀하시기를 "못자리 물 말리면 농사 그르친다. 내일 아침 일찍 가서 물이나 봐라." 하시니라.

11 필성이 이튿날 아침 일찍 잠에서 깨어 생각하니 참으로 낭패인지라

15:1 오쟁이. 짚으로 엮어 만든 작은 섬.

15장 "씨나락 뿌려 준 그 해 농사가 조부님 생전 처음으로 그렇게 잘 되었다고 해요." 〈안필성의 손자 안일완(1940~) 증언〉

12 서둘러 주막거리로 나가 보니 어찌된 영문인지 길바닥에 엎질렀던 씨나락이 한 톨도 보이지 않고 오쟁이와 지게도 없어졌거늘

13 낙심하여 못자리판에 가 보매 뜻밖에도 씨나락이 뿌려져 있는데 그 간격이 놀랍도록 일정하더라.

14 필성이 그제야 안심하고 집에 돌아와 곰곰이 생각해 보니 메벼와 찰벼 씨나락이 분명 섞인 채 뿌려졌을 터라

15 '금년은 찹쌀이 섞인 밥을 먹겠구나.' 하며 술 마신 일을 크게 후회하더니

16 얼마 후 모가 자라는 것을 보매 찰벼만 모판 한쪽에 따로 뿌려져 있더라.

17 그 후 가을이 되어 추수를 해 보니 예년보다 수확량이 월등히 많거늘

18 필성이 그 쌀로 지은 밥을 먹을 때마다 '내가 과연 쌀밥을 먹는 것인가, 모래를 먹으면서 증산에게 홀린 것인가?' 하고 생각하니라.

생활용품 공사

16 하루는 상제님께서 잇꽃을 따다가 막대기에 노란 물과 빨간 물을 들여 호연에게 보여 주시며

2 "앞으로 요렇게 너희들 쓸 게 나온다. 지금 우리는 이래도 앞으로는 좋은 것이 다 나와." 하시고

3 다시 종이로 버선과 고무신 모양을 만드시고 이제껏 보지 못한 갖가지 새로운 물건의 모양을 만들어 물들이시니라.

배, 비행기, 자동차 공사

4 또 하루는 배를 타고 가실 때에 종이로 배와 비행기 모형을 만드시고

5 심지처럼 비벼서 바퀴를 만들어 온갖 탈것을 만드시니라.

6 상제님께서 "세상이 인제 이렇게 되어 간다." 하시며 밤에도 주무시지 않고 만드시니

7 보는 이마다 '애들 장난한다.' 하며 '미친놈'이라 수군거리나 상제님께서는 전혀 개의치 않으시니라.

목 넘기기를 잘 하라

17 운수는 가까워 오고 도(道)는 멀리 가리니 마음을 굳게 가져 목 넘기기를 잘 하라.

16:1 잇꽃. 홍화(紅花). 전통적으로 붉은색을 내는 염료로 쓰였다.

2 부하고 귀하고 강권을 가진 자는 모든 척(隻)에 걸려 콩나물 뽑히듯 하리라.

3 지금은 원시반본(原始返本)하는 시대니 혈통줄을 바르게 하라.

4 환부역조(換父易祖)하는 자는 다 죽으리라.

대개벽의 전주곡

5 가마(釜)가 끓고 인후(咽喉)가 타고 창자(魚腹)가 썩으면 세상일을 가히 알리라.

6 고기는 꼬리(魚尾)가 병들면 힘을 못 써 죽느니라.

7 천하에 지진이 자주 일어나면 일이 다 된 줄 알아라.

우리가 살 땅이 새로 나오리라

18 하루는 한 성도가 여쭈기를 "세상이 땅은 좁고 사람은 많아서 살 수가 없사오니 속히 개벽을 하시어 수효를 덜게 하옵소서." 하니

2 상제님께서 말씀하시기를 "예로부터 남통만리(南通萬里)라 하였나니, 장차 우리가 살 땅이 새로 나오리니 안심하라.

3 부명(符命) 하나로 산을 옮길 것이니, 이 뒤에는 산을 옮겨서 서해(西海)를 개척할 것이니라." 하시니라.

4 하루는 말씀하시기를 "앞으로 중국과 우리나라가 하나로 붙어 버린다." 하시고

5 "장차 동양삼국이 육지가 되리라." 하시니라.

자손에게 선령은 곧 하느님

19 만성 선령신(萬姓 先靈神)들이 모두 나에게 봉공(奉公)하여 덕을 쌓음으로써 자손을 타 내리고 살길을 얻게 되나니 너희에게는 선령(先靈)이 하느님이니라.

2 너희는 선령을 찾은 연후에 나를 찾으라. 선령을 찾기 전에 나를 찾으면 욕급선령(辱及先靈)이 되느니라.

3 사람들이 천지만 섬기면 살 줄 알지마는 먼저 저희 선령에게 잘 빌어야 하고, 또 그 선령이 나에게 빌어야 비로소 살게 되느니라.

4 이제 모든 선령신들이 발동(發動)하여 그 선자선손(善子善孫)을 척신(隻神)의 손에서 건져 내어 새 운수의 길로 인도하려고 분주히 서두르나니

5 너희는 선령신의 음덕(蔭德)을 중히 여기라.

6 선령신은 그 자손줄을 타고 다시 태어나느니라.

하늘 땅 밝히는 꽃등 공사

20 상제님께서 말씀하시기를 "앞으로 오는 좋은 세상에는 도인(道人)의 집마다 선등(仙燈) 한 개씩 세우는데 온 고을이 크게 밝아 햇빛이 비치는 듯하리니

2 지금의 전등은 그 표본에 지나지 못한 것이니라.

3 기차는 화통 없이 몇만 리를 삽시간에 통행하며 저 하늘에 배가 떠다니게 되리라.

4 또 문고리와 옷걸이는 황금으로 만들며 신도 금당혜(金唐鞋)를 신으리라." 하시니라.

5 하루는 상제님께서 난초와 지초, 박꽃과 호박꽃 등 온갖 꽃을 다 그리시거늘

6 호연이 "그거 무엇 하려고 그려요?" 하고 여쭈니 말씀하시기를 "천지 불이다." 하시니라.

공덕에 따라 복록을 받는다

21 후천에는 공덕(功德)에 따라 사는 집도 등급을 둘 것이니

2 공덕이 아래 등급인 자가 제 등급보다 상급의 집에 살면 신명이 쇠채찍으로 쳐서 쫓아내고

3 아래 등급인 자가 윗사람을 헐뜯으면 그 자리에서 입이 비뚤어지느니라.

4 그러나 식록(食祿)은 고르게 하리니 만일 급이 낮고 먹기까지 고르지 못하면 원통(冤痛)치 않겠느냐!

앞으로 더 썩을 것이다

22 하루는 상제님께서 거적에다 썩은 개머리를 둘둘 말아 걸머지고 어느 군청에 가시어 큰 소리로 "군수를 찾아왔노라!" 하고 외치시니

2 안에서 사람이 나와 "무슨 일로 그러시오?" 하고 묻거늘 "내가 볼일이 있어서 왔노라." 하시니라.

3 이 때 문득 썩는 냄새가 진동하니 그 사람이 코를 싸쥐고 "이게 뭐요?" 하고 묻거늘

4 상제님께서 "군수에게 줄 것이니라." 하시니 그 사람이 더 이상 묻지 아니하고 군수를 만나게 해 드리니라.

5 상제님께서 군수 앞에 거적을 탁 놓으시며 큰 소리로 "내가 이걸

황으로 인해 '개벽이 아니고는 안 된다.'는 대세를 깨치게 된다는 말씀이다. 곧 미래를 새로 밝혀 줄 인류의 새로운 세계관과 보편 문화의 새 진리가 나와야 됨을 깨닫게 된다는 말씀.

18:3 부명. 신명에게 부(符)로 명을 내림.

20:3 강석환 증언.

20:4 금당혜. 울이 썩 깊고 코가 작으며, 코와 뒤에 꼬부라진 눈을 새겨 붙인 가죽신을 당혜(唐鞋)라 하는데, 여기서 금당혜는 '화려하고 좋은 앞세상의 온갖 신'을 상징적으로 말씀하신 것.

22장 마이산(馬耳山) 은수사(銀水寺) 주지 혜수(1941~2002)의 증언. 출가 전 보천교 신앙을 했다고 한다.

가지고 왔으니 펴 보라." 하시므로

6 군수가 자신에게 주는 봉물로 알고 거적을 들추니 그 속에 구더기가 꾸물꾸물 기어다니고 악취가 코를 찌르는 썩은 개머리가 하나 들어 있거늘

7 상제님께서 큰 소리로 말씀하시기를 "너희 놈들이 이 지경으로 썩어서 그 냄새가 천지에 진동하고 있구나." 하시고

8 "앞으로 더 썩을 것이다!" 하시며 호통을 치시니라.

후천대개벽의 심판 모습

23 하루는 상제님께서 어린 호연에게 말씀하시기를 **"앞으로 개벽이 될 때에는 산이 뒤집어지고 땅이 쩍쩍 벌어져서 푹푹 빠지고 무섭다.**

2 산이 뒤집혀 깔리는 사람, 땅 벌어져 들어가는 사람, 갈데없는 난리 속이니

3 어제 왔다가 오늘 다시 와 보면 산더미만 있지 그 집이 없느니라." 하시고

4 "정신을 똑바로 차리고 다녀야 한다. 먼 데 보지 말고 앞을 보고 다녀라.

5 하늘에서 옥단소를 불 적에는 귀가 밝아야 하느니라." 하시니라.

동서남북이 바뀔 때

24 앞으로 저녁에 본 사람 아침에 못 보고, 아침에 본 사람 낮에 못 보는 때가 있느니라.

2 동서남북이 바뀔 때는 천동지동(天動地動) 일어나고 송장이 거꾸로 서며 불도 켜지지 않으리니 놀라지 말고 마음을 키우라.

3 오장(五臟)이 바르지 못한 자는 수숫대 꼬이듯 하여 죽고, 거짓말하는 자는 쓸개가 터져서 죽으리라.

4 죄가 없어도 있는 듯이 잠시라도 방심하지 말고 조심하라.

내 자식도 복이 있어야 산다

5 앞으로는 적선적덕(積善積德)한 사람이라야 십 리 가다 하나씩 살 동 말 동 하느니라.

6 내 집안, 내 동기간, 내 자식이라고 다 사는 것이 아니요, 내 자식도 복이 있어야 사느니라.

7 천하에서 개벽이 되어야 서로 상봉이 되느니라.

8 그러면 이제 태평시대가 오느니라.

23장 김호연 성도의 증언. 초기 기록에는 개벽 상황에 대해 이처럼 구체적인 증언이 없었다. 개벽기에는 어린 이도 정신을 차려야 한다.

23:5 옥단소. 상제님의 옥단소 소리는 대개벽의 때를 알리는 우주의 시명(時命), 곧 우주 통치자의 어명으로써 가을 대개벽을 선언하시는 신호이다.

후천

황공규
(1916~2001)

24:2 오동정 교단에서 2대에 걸쳐 일심으로 상

상제님 옥단소의 조화

25 상제님께서는 저고리 앞섶을 살짝 터서 그 속에 항시 옥단소를 넣고 다니시는데

2 그 색은 백지처럼 뽀얗고 길이는 한 뼘 정도이며 구멍이 여섯 개가 나 있더라.

3 상제님께서는 옥단소를 구성지게 잘 부시니 그 곡조에 따라 천지가 소란해지기도 하고 비가 오거나 개며, 멀쩡한 날에 공중에서 잉어가 툭툭 떨어지기도 하더라.

4 또 어떤 때는 "선녀가 비 오게 한다." 하시며 옥단소로 선녀를 부르시니라.

제님을 신앙하며 『용화전경』 편집 위원을 지낸 황 공규 증언.

24:5 김호연 성 도의 중신으로 혼인한 김천리마 의 큰딸 김옥희 (1929~)가, 아 버지와 호연 성 도로부터 전해 들은 내용이다.

신명들이 불칼을 휘두를 때

26 이 때는 신명시대(神明時代)라.

2 삼가 죄(罪)를 짓지 말라.

3 새 기운이 돌 때에 신명들이 불칼을 번뜩이며 죄지은 것을 내놓으라 할 때에는 정신을 놓으리라.

살 기운을 얻는 길

4 이 어지럽고 악한 세상을 당하여 마음을 바르게 하고 기운을 가다듬어 도를 잘 닦고 몸을 편안히 하는 것이 곧 살 기운을 얻는 길이니라.

5 오욕(五慾)으로 뒤섞여 번뇌에서 벗어나지 못하는 자는 옥추문(玉樞門)을 열 때에 뼈마디가 뒤틀려 살아남기 어려우리라.

26:5 옥추문. 증 산 상제님의 어 명을 집행하여 천지간의 선악을 심판하는 사령 탑.

성주(聖主)를 모시는 후천 조화선경

27 하루는 글을 쓰시니 이러하니라.

2 三尺輕琴에 萬國和朝하고
　삼 척 경 금　　만 국 화 조

　千仞重劒에 四海湯裂이라
　천 인 중 검　　사 해 탕 렬

　석 자 가벼운 거문고 소리에 만국이 화합하고
　천 길 무거운 창검에 온 천하가 분열되느니라.

3 天地大氣는 務在好生하고
　천 지 대 기　　무 재 호 생

　陰陽正氣는 自由合和라
　음 양 정 기　　자 유 합 화

　천지의 큰 기운은 호생(好生)에 힘을 쓰고
　음양의 바른 기운은 자유로이 어울려 화합하네.

4 　古樹新枝에　來樓鳳鳥하고
　　고 수 신 지　　　내 루 봉 조
　　大地春林에　出生麟子라
　　대 지 춘 림　　　출 생 인 자
　　고목의 새 가지에는 봉황(鳳凰)이 깃들고
　　대지(大地)의 춘림(春林)에는 기린이 태어나는구나.

5 　光明日月에　瞽者還見하고
　　광 명 일 월　　　고 자 환 견
　　制克五行에　病者可癒라
　　제 극 오 행　　　병 자 가 유
　　밝고 환한 일월에 장님이 눈을 뜨고
　　상극이 제어된 오행으로 병자가 낫느니라.

6 　暮日還明하니　更見堯舜世하고
　　모 일 환 명　　　갱 현 요 순 세
　　長春無時하니　何見霜雪寒고
　　장 춘 무 시　　　하 견 상 설 한
　　저문 해가 밝아오니 요순 세상이 다시 나타나고
　　긴 봄은 정해진 때가 없이 계속 되니
　　어찌 서리와 눈 내리는 겨울을 보겠는가.

유전공학 공사

28:1~6 김형렬 성도의 손자 김 현식(1918~) 증 언.

후 천

28 병오(丙午 : 道紀 36, 1906)년 여름에 상제님께서 김갑칠(金甲七) 을 데리고 군산(群山)에서 바다를 건너신 뒤에

2 갑칠에게 "배고프냐? 참외 하나 먹으려느냐?" 하고 물으시니

3 보따리를 짊어지고 가던 갑칠이 "예, 먹고 싶습니다." 하고 대답하 니라.

4 이에 상제님께서 금세 어디서 났는지 참외씨를 땅에 심으시거늘

5 순식간에 싹이 돋아 줄기가 뻗고 먹음직스런 참외가 탐스럽게 열 리면서 금방 익는지라

6 갑칠이 참외를 따서 상제님께 드리고 자기도 실컷 먹으니 상제님 께서 "배부르냐? 가자." 하시고 다시 길을 떠나시니라.

7 하루는 충남 장항(獐項)에 가시어 짜가사리를 잉어로 만드시고 말 씀하시기를 "고기도 다 이름이 있느니라.

8 장래에는 이런 것도 크고 작은 것이 있어서 내가 이렇게 하는 것이 다." 하시니라.

9 또 말씀하시기를 "앞으로는 소가 짝 없이도 새끼를 낳는 수가 있을 것이요, 사람도 또한 그러하니라." 하시니라.

각종 과일 재배 공사

29 어느 해 겨울에 상제님께서 필성에게 "너 수박 맛 좀 볼 테냐?" 하시니 필성이 "그러세!" 하며 기뻐하거늘

2 상제님께서 수박씨를 손으로 비비시며 무슨 주문을 외우시니 순식 간에 씨에서 싹이 돋아 잎사귀가 무성해지며 수박이 주렁주렁 열 리니라.

3 상제님께서 같은 방법으로 참외와 오이 등도 열리게 하시거늘 필 성이 배가 불러 다 먹지도 못할 지경이더라.

4 상제님께서 이렇듯 숱한 이적을 보이시니 후에 필성이 이를 두고 말하기를

5 "증산이는 저 하고 싶은 대로 다 했다." 하니라.

29장 안일완 증 언.

해인을 전하여 주리라

30 정미(丁未 : 道紀 37, 1907)년 11월에 하루는 구릿골에서 형렬에 게 명하시어 종이에 64괘를 점(點) 치고 24방위 글자를 둘러 쓰 게 하신 뒤에

2 그 종이를 가지고 문밖에 나가시어 태양을 향하여 불사르시며 "나 와 더불어 함께 살자." 하시고

3 형렬을 돌아보시며 "잘 믿는 자에게는 해인(海印)을 전하여 주리라." 하시니라.

4 이어 말씀하시기를 "세상 사람들이 해인사에 해인이 있는 것으로 알고 또 정씨의 것이라 하나, 실물은 없고 기운만 있는 것을 내가 가지고 왔으니

5 일심자(一心者)에게 전하여 주리라." 하시니라.

인류 구원의 의통구호대 육임조직 공사

31 무신(戊申 : 道紀 38, 1908)년 여름에 고부 와룡리(古阜 臥龍里)에 계실 때

2 하루는 상제님께서 박공우(朴公又)에게 "마음으로 속 육임(六任)을 정 하라." 하시거늘

3 공우가 마음으로 육임을 생각하여 정할 때 한 사람을 생각하니 문 득 "불가하다." 하시므로 다른 사람으로 바꾸어 정하니라.

4 이 날 저녁에 그 여섯 사람을 부르시어 밤이 깊은 뒤에 등불을 끄 고 방안을 돌아다니면서 시천주주(侍天主呪)를 읽게 하시니 문득 한

31:2 후주 '육 임' 참조.

후 천

사람이 거꾸러지거늘

5 여러 사람이 놀라 주문 읽기를 그치니 말씀하시기를 "놀라지 말고 계속하여 읽으라." 하시니라.

6 이에 계속하여 읽다가 한 식경을 지낸 뒤에 그치고 불을 밝히니 손병욱(孫秉旭)이 거꾸러져 죽어 있는지라

7 말씀하시기를 "이는 몸이 부정한 연고라." 하시고 "병욱에게 손병희(孫秉熙)의 기운을 붙여 보았더니 이기지 못한다." 하시며

8 물을 머금어서 얼굴에 뿜으시니 병욱이 겨우 정신을 돌리거늘

9 병욱에게 "나를 부르라." 하시므로 병욱이 목안 소리로 겨우 상제님을 부르니 곧 기운이 회복되니라.

나를 부르면 살리라

10 이에 말씀하시기를 "시천주주에 큰 기운이 박혀 있도다." 하시고

11 또 말씀하시기를 "너를 그대로 두었더라면 밭두둑 사이에 엎어져서 우마(牛馬)에게 밟혀 오작(烏鵲)의 밥이 될 것이므로 이제 이같이 하였노라.

12 이 뒤에 괴질병(怪疾病)이 엄습하여 온 세계를 덮으리니

13 자던 사람은 누운 자리에서 일어나지 못하고 죽고, 앉은 자는 그 자리를 옮기지 못하고 죽고, 행인은 길 위에 엎어져 죽을 때가 있을지니 지척이 곧 천리니라.

14 이와 같이 몸 돌이킬 틈이 없이 사람을 죽이는 위급한 때에 나를 부르면 다 살리라." 하시니라.

15 속 육임을 정할 때 불가하다고 말씀하신 사람은 며칠 후에 죽으니라.

장차 병겁이 들어오는데

32 장차 세계 각국이 있는 재주를 다 내어 싸우리니 재주가 가장 뛰어난 나라가 상등국이 되리라.

2 당래에는 병겁(病劫)이 들어와 천하를 진탕으로 만들 것인데 뉘라서 활방(活方)을 얻어 멸망하는 인종을 살리리오.

3 이제 서양에서 넘어오는 무기에는 대항할 자가 없으니 전쟁을 멀리하고 의통(醫統)을 알아 두라.

4 동서양의 전쟁은 병으로 판을 고르리라.

5 장차 온 세상 사람들이 조선에서 개벽 기운을 받아 가 저희 나라에 퍼뜨리게 되리니

6 그 때에 너희들이 천하를 추수하리라.

7 사람을 많이 살리면 보은줄이 찾아들어 영원한 복을 얻으리라.

괴질병이 전 지구를 엄습한다

33 바둑도 한 수만 높으면 이기나니 남모르는 공부를 하여 두라.

2 이제 비록 장량(張良), 제갈(諸葛)이 두름으로 날지라도 어느 틈에 끼인지 모르리라.

3 선천개벽 이후로 홍수와 가뭄과 전쟁의 겁재(劫災)가 서로 번갈아서 그칠 새 없이 세상을 진탕하였으나 아직 큰 병겁은 없었나니

4 이 뒤에는 병겁이 전 세계를 엄습하여 인류를 전멸케 하되 살아날 방법을 얻지 못할 것이라.

5 그러므로 모든 기사묘법(奇事妙法)을 다 버리고 오직 비열한 듯한 의통(醫統)을 알아 두라.

6 내가 천지공사를 맡아봄으로부터 이 땅의 모든 큰 겁재를 물리쳤으나

7 오직 병겁만은 그대로 두고 너희들에게 의통을 붙여 주리라.

8 멀리 있는 진귀한 약품을 중히 여기지 말고 순전한 마음으로 의통을 알아 두라. 몸 돌이킬 겨를이 없고 홍수 밀리듯 하리라.

병란(兵亂)과 병란(病亂)이 함께 온다

34 상제님께서 말씀하시기를 "병란(兵亂)과 병란(病亂)이 함께 오느니라.

2 동서양 싸움을 붙여 기울어진 판을 바로잡으려 하였으나 워낙 짝이 틀려 겨루기 어려우므로 병(病)으로써 판을 고르게 되느니라.

3 전쟁이 나면 무명악질(無名惡疾)이 발생하리니 수화병침(水火竝侵)이니라." 하시니라.

4 또 말씀하시기를 "난은 병란(病亂)이 크니라.

5 병겁이 일어나면 두더지가 땅을 뒤지지 못하고 제비가 하늘을 날지 못하리라." 하시니라.

6 상제님께서 말씀하시기를 "앞으로 무법(無法) 삼 년이 있다.

7 그 때는 사람들이 아무 집이나 들이닥쳐 같이 먹고살자고 달려들리니 내 것이라도 혼자 먹지 못하리라." 하시니라.

세계전쟁이 붙으리라

35 상제님께서 말씀하시기를 "때가 되면 세계전쟁이 붙으리라. 전쟁은 내가 일으키고 내가 말리느니라.

35:2 김락원의 손자 김상용 증언.

2 난의 시작은 삼팔선에 있으나 큰 전쟁은 중국에서 일어나리니 중국은 세계의 오고가는 발길에 채여 녹으리라." 하시고

3 "병이 돌면 미국은 불벌자퇴(不伐自退)하리라." 하시니라.

전쟁은 병으로 판을 막는다

4 이에 성도들이 "전쟁은 어떻게 말리려 하십니까?" 하고 여쭈거늘

5 말씀하시기를 "병으로써 말리느니라. 장차 전쟁은 병으로써 판을 막으리라.

6 앞으로 싸움 날 만하면 병란이 날 것이니 병란(兵亂)이 곧 병란(病亂)이니라." 하시니라.

7 또 말씀하시기를 "괴병이 온 천하에 퍼질 때에는 뒤꼭지가 발뒤꿈치에 닿을 듯이 활처럼 휘어 죽어 넘어가리라.

8 그 다음에는 하늘에서 천둥 나고 땅에서 지진 나서 물이 몰랑몰랑해져 송장을 다 치워 버리게 되리니

9 그쯤 되면 높은 데 가야 살 것이니라." 하시니라.

괴병이 돌 때의 상황

36 이 뒤에 괴병이 돌 때는 자다가도 죽고 먹다가도 죽고 왕래하다가도 죽어

2 묶어 낼 자가 없어 쇠스랑으로 찍어 내되 신 돌려 신을 정신도 차리지 못하리라.

3 병이 여기저기서 정신없이 몰아 올 적에는 '골치 아프다.', '배 아프다.' 하면서 쓰러지나니

4 여기서 죽고 나면 저기서 죽고, 태풍에 삼대 쓰러지듯 척척 쌓여 죽는단 말이니라.

5 그 때는 문중에 한 사람만 살아도 그 집에 운 터졌다 하리라.

6 산 사람은 꿈에서 깬 것같이 될 것이다.

병겁이 들어올 때는

37 상제님께서 말씀하시기를 "병겁이 들어올 때는 약방과 병원에 먼저 침입하여 전 인류가 진멸지경(盡滅之境)에 이르거늘 이 때에 무엇으로 살아나기를 바라겠느냐.

2 귀중한 약품을 구하지 말고 오직 성경신으로 의통을 알아 두라.” 하시
　니라.

3 한 성도가 “수운이 ‘아동방 삼 년 괴질 죽을 염려 있을쏘냐.’ 하고

4 또 ‘십이제국(十二諸國) 괴질운수 다시 개벽 아닐런가.’ 하고 말하였
　는데 과연 그러합니까?” 하고 여쭈니

5 말씀하시기를 “그 괴질의 형세가 큰 것을 말함이니 천하가 다 그렇게
　되리라.

6 병겁의 때가 되면 홍수 넘치듯 할 것이니 누운 자는 일어날 겨를이 없
　고 밥 먹던 자는 국 떠먹을 틈도 없으리라.” 하시니라.

37:3~4 『용담유
사』 「권학가(勸學
歌)」, 「몽중노소
문답가(夢中老少
問答歌)」

가을개벽의 대병겁 심판

38 한 성도가 “세상에 백조일손(百祖一孫)이라는 말이 있고, 또 병란
　(兵亂)도 아니고 기근(饑饉)도 아닌데 시체가 길에 쌓인다는 말이
　있사오니 이것을 말씀하시는 것입니까?” 하고 여쭈니

2 말씀하시기를 “선천의 모든 악업(惡業)과 신명들의 원한과 보복이 천하
　의 병을 빚어내어 괴질이 되느니라.

3 봄과 여름에는 큰 병이 없다가 가을에 접어드는 환절기(換節期)가 되
　면 봄여름의 죄업에 대한 인과응보가 큰 병세(病勢)를 불러일으키느니
　라.” 하시고

4 또 말씀하시기를 “천지대운이 이제서야 큰 가을의 때를 맞이하였느니
　라.

5 천지의 만물 농사가 가을 운수를 맞이하여, 선천의 모든 악업이 추운
　(秋運) 아래에서 큰 병을 일으키고 천하의 큰 난리를 빚어내는 것이니

6 큰 난리가 있은 뒤에 큰 병이 일어나서 전 세계를 휩쓸게 되면 피할 방
　도가 없고 어떤 약으로도 고칠 수가 없느니라.” 하시니라.

7 상제님께서 말씀하시기를 “병겁이 휩쓸면 자리를 말아 치우는 줄 초상을 치른다.” 하시고

8 또 말씀하시기를 “병겁으로 사람을 솎아야 사(私)가 없다.” 하시니라.

38:1 백조일손.
백 명의 조상 가
운데 단 한 명의
자손만이 살아
남을 정도로 구
원의 확률이 희
박하다는 뜻으
로, 가을 대개벽
기 구원의 정신
을 상징하는 말.

후
천

38:5 큰 병. 추
수운 아래 터지
는 병겁은 세계
인류의 모든 의
식의 벽, 문화의
장벽, 기존 관념
의 장벽을 무너
뜨리는 대사건이
다. 의통목은 상
극의 선천문명이
상생의 후천문명
으로 전환하는데
필요한 창조적
진통이며, 새 생
명으로 재탄생하
는 필수불가결한
통과의례로서 선
천 오만년 동안

나를 따르는 자는 대비겁에서 살아나리라

39 한 성도가 여쭈기를 “병겁이 이와 같은데 이 병을 다스릴 약이
　천하에 없다는 말씀입니까?” 하니

2 말씀하시기를 “이는 구원의 법방이 판밖에 있는 까닭이라. 만약 약
　을 가진 자는 병겁이 휩쓸 때 먼저 죽을 것이니라.

찌들었던 묵은기
운을 씻어내는 과
정이다.

39:2 구원의 법
방. 자연 이법적
으로 신도에서
무조건적인 숙살
을 진행하는 가
을 추수 대개벽
기의 구원의 법
방은 무형의 신권
(神權)인 태을주
와 유형의 도권
(道權)인 의통뿐
이다.

41:1 어육지경.
물고기와 짐승의
고기라는 뜻으로
'남에게 짓밟히
거나 무참한 죽
음을 당함'을 비
유하여 이르는
말.

41:2 광라주. 광
주와 나주.

41:4 시발처. '해
안가 또는 개정
(開井), 개복(開
福)'이라고 증언
하기도 한다. 그
러나 상제님께서
는 대경대법의
기틀만 말씀하시
는 분이지 소소
한 잔소리식의
말씀을 하시는

3 병겁이 돌 때는 세상의 모든 의술은 무용지물(無用之物)이 되느니라.
4 그러나 하늘에는 다 죽이는 이치는 없는 것이니 그러므로 하늘에 있는 신선과 부처와 성신(聖神)들이 나에게 탄원하여
5 '세상에 내려가셔서 억조창생의 병사(病死)를 건져 주옵소서.' 하고 간곡히 하소연해 오므로 내가 이 세상에 내려왔느니라.
6 내가 이제 억조창생을 죽음에서 건져 만세(萬世)의 선경을 열려 하나니, 나를 따르는 자는 이 대비겁에서 살아나리로다." 하시니라.

대병겁의 첫 심판은 동방에서

40 한 성도가 여쭈기를 "괴병이 온 세계를 휩쓸게 되면 어느 나라에서 먼저 발생하게 됩니까?" 하니
2 말씀하시기를 "처음 발병하는 곳은 조선이니라. 이는 병겁에서 살리는 구원의 도(道)가 조선에 있기 때문이니라." 하시니라.
3 한 성도가 여쭈기를 "세간에 '광라지지(光羅之地)를 밟지 못하리라.' 하는 말이 있사온데 무슨 연고입니까?" 하니
4 "광라(光羅)의 땅은 패운(敗運)에 들어서 있느니라." 하시니라.

지구촌 대병겁의 전개 상황

41 또 말씀하시기를 "이 뒤에 병겁이 군창(群倉)에서 시발하면 전라북도가 어육지경(魚肉之境)이요
2 광라주(光羅州)에서 발생하면 전라남도가 어육지경이요
3 인천(仁川)에서 발생하면 온 세계가 어육지경이 되리라.
4 이 후에 병겁이 나돌 때 군창에서 발생하여 시발처로부터 이레 동안을 빙빙 돌다가 서북으로 펄쩍 뛰면 급하기 이를 데 없으리라.
5 조선을 49일 동안 쓸고 외국으로 건너가서 전 세계를 3년 동안 쓸어 버릴 것이니라.
6 군창에서 병이 나면 세상이 다 된 줄 알아라. 나주에서 병이 돌면 밥 먹을 틈이 있겠느냐." 하시고
7 또 말씀하시기를 "그러면 천시(天時)인 줄 아소." 하시니라.

가을개벽의 대급살병

42 시속에 부녀자들이 비위만 거슬리면 '급살 맞아 죽으라.' 고 이르나니 이는 곧 급살병(急煞病)을 이름이라.
2 하룻밤 하루낮을 잠도 못 자고 쉬지도 못하고 짚신 세 켤레씩 떨어

뜨리며 주검을 밟고 넘어 병자를 건지게 되리니

3 이렇듯 급박할 때에 나를 믿으라 하여 안 믿을 자가 있으리오.

4 시장이나 집회 중에 가더라도 '저 사람들이 나를 믿으면 살고 잘되련만.' 하는 생각을 두게 되면, 그 사람들은 모를지라도 덕은 너희들에게 있느니라.

5 '시루 증(甑)'자, '뫼 산(山)'자만 똑똑히 알면 살리라.

인개벽을 당하리라

43 불(火)개벽은 일본에서 날 것이요, 물(水)개벽은 서양에서 날 것이니라.

2 인천에서 병이 나면 전 세계가 인(人)개벽을 당하리니 세상을 병으로 쓸어 버리리라.

피난은 콩밭에서

3 피란은 콩밭(太田) 두둑에서 하느니라.

4 태전(太田)이 문턱이니라.

광제창생 나가는 때

44 하루는 상제님께서 말씀하시기를 "초광제(初廣濟)는 못 하느니라." 하시고 글을 쓰시니 이러하니라.

2
急則用獨活湯하고 緩則用濟衆丸하라
급 즉 용 독 활 탕   완 즉 용 제 중 환
위급하면 독활탕을 쓰고 완만하면 제중환을 쓰라.

3 이에 성도들이 무슨 뜻인지 몰라 상제님께 여쭈니 일러 말씀하시기를

4 "독활은 혼자서라도 산다는 뜻이니 병이 막 생겨 급할 때는 먼저 너희들 살 방법을 구하고

5 병이 퍼져서 세상에 널리 유행할 때는 광제창생을 하라는 말이니라." 하시니라.

6 이어 말씀하시기를 "그 때는 아무리 내 자식을 살리고 싶어도 내 자식은 놔두고 남 살리러 나가느니라." 하시니라.

구원 받는 사람 수를 놓아 보심

45 상제님께서 전주(全州)에서 성도 수십 명을 모아 놓고 공사를 행하시며 말씀하시기를

면은 누구든지 넘을 살리겠소, 내 자식을 살리지? 글지만 그 때 가서는 남을 살리러 가지 내 자식을 못 살릴 것이구먼. 내 자식은 놔두고 남 살리러 간다고 그랬어요."(배은실 증언)

2 "이 공사는 병겁이 닥치는 말세에 각 나라와 민족마다 살고 죽는 숫자를 헤아려 보는 공사니라." 하시고

3 마당에 나와 하늘을 바라보시니 검은 구름이 하늘을 가렸더라.

4 상제님께서 일러 말씀하시기를 "천상의 별의 수(數)가 사람의 수와 서로 응하나니, 내가 이제 하늘을 열어 개벽기에 살아남는 사람 수를 천상 성수(星宿)에 붙여 그 수를 보리라." 하시고

5 남쪽 하늘을 향하여 "일본과 중국의 수를 보자." 하시고 발을 구르시니 남쪽 하늘에서부터 검은 구름이 걷히며 별들이 나타나거늘

6 말씀하시기를 "일본과 중국은 그 수가 ○○이로구나." 하시니 검은 구름이 다시 하늘을 가리더라.

7 또 "이번에는 서양을 보자." 하시고 발을 구르시니 검은 구름이 걷히며 별들이 보이다가 도로 가려지거늘

8 말씀하시기를 "서양의 수는 ○○이로구나." 하시니라.

9 상제님께서 "이번에는 조선의 숫자를 보자." 하시고 발을 구르시니 다시 검은 구름이 걷히며 별들이 나타나는지라

10 말씀하시기를 "그 수를 알았노라. 조선의 수가 그중 낫구나!" 하시니라.

이 고개를 몇 사람이나 넘으리오

46 하루는 상제님께서 전주에서 공사를 마치시고 용머리고개에 이르시어

2 갑자기 두 주먹을 불끈 쥐고 뛰어 올라가시니 성도들은 영문도 모른 채 뒤를 쫓아 뛰어가니라.

3 상제님께서 한참을 올라가시다가 고개를 돌려 전주 쪽을 힐끔 보시고, 또 한참을 올라가시다가 힐끔 돌아보시고

4 이렇게 몇 차례 행하신 후에 말씀하시기를 "이 고개를 몇 사람이나 넘을 수 있으리오." 하며 깊이 탄식하시니라.

흐느껴 우신 상제님

47 하루는 상제님께서 벽을 향하여 돌아누워 계시더니 문득 크게 슬퍼하시며

2 "전 인류가 진멸지경에 이르렀는데 아무리 하여도 전부 다 건져 살리기는 어려우니 어찌 원통하지 않으리오." 하시고 흐느껴 우시니라.

일심자가 하나라도 있어야

3 상제님께서 말씀하시기를 "일심자(一心者)가 하나라도 있어야 한다. 하나도 없으면 내 일은 오만년 공각(空殼)이 되느니라." 하시고

4 "너희들은 일심으로 빌어라. 너희가 비는 대로 천하를 만들어 주리라." 하시니라.

47:3~4 나승렬 증언.

인류의 운명을 생각하며 통곡하심

48 하루는 어디를 가시다가 흐르는 도랑물에 호연을 씻겨 주시고 나서 감발을 풀고 발을 씻으시던 중에

2 문득 "아차차! 아차차!" 하시며 큰 소리로 목 놓아 슬피 우시거늘

3 호연이 상제님의 발을 닦아 드리며 "누가 도망가는데 못 잡아서 '아차차' 해요? 누가 어쩌간디 발 씻다 말고 울어요?" 하고 여쭈니 "저 물을 들여다봐라." 하시는지라

4 호연이 보니 맑은 도랑물에 송사리들이 먹이를 먹으려고 사방에서 모여들거늘

5 호연이 "고기 새끼구먼!" 하니 말씀하시기를 "아서라, 너는 뒤로 가 있거라.

6 천하창생이 모두 저 송사리떼와 같이 먹고살려고 껄떡거리다가 허망하게 다 죽을 일을 생각하니 안타깝고 불쌍해서 그런다." 하시고

7 "허망한 세상! 허망하다, 허망하다!" 하시며 혀를 차시니라.

8 이에 호연이 "아이고, 노래나 하나 하세요. 나 노래 듣고 배울라요." 하니

9 상제님께서 "세상만사 덧없이 넘어간다. 세상만사 헛되고 허망하다!" 하고 구슬피 읊조리시니라.

48:6 허망하게 다 죽을 일. 하추교역기에는 단 한 사람도 예외없이 명줄이 끊어지는 개벽을 당한다. 이것이 이번 가을개벽기에 지구촌 70억 인류에게 닥칠 운명이다. 오늘의 인류는 선천개벽 이래 봄여름철을 살아왔다. 인생의 궁극 목적은 우주의 봄에 태어나서 여름에 자라 가을에 열매 맺는 것(永生)이다. 상제님께서 천지공사로 기본 틀은 짜 놓으셨으나 인류사의 근원적인 문제들

고을떨이가 천하떨이

49 하루는 상제님께서 용머리고개를 지나시다 전주를 바라보시며 말씀하시기를

2 "방안떨이가 동네떨이요, 동네떨이가 고을떨이요, 고을떨이가 천하떨이니라.

3 너희들, 도시 송장 어찌할 것이냐. 송장, 송장 말이다! 코도 못 들겠다. 시골 송장은 오히려 가소롭다." 하시니라

4 이에 한 성도가 "그러면 도시 송장은 어떻게 됩니까?" 하고 여쭈니

5 말씀하시기를 "아이고 냄새야, 아이고 냄새야! 오뉴월 삼복지지(三伏之

은 결국 인종 대개벽으로 끌려낼 수밖에 없다. 이것은 춘생추살(春生秋殺)하는 우주의 원원(元元)한 창조의 근본정신 때문이다. 오늘날 인류는 꿈의 문명인 후천선경을 향해 힘차게 뛰어가고 있으나 사실은 일격에 넘어지기 위해 뛰는 것이다. 그 넘어짐이 천지의 숙살기운과 원 맺힌 천지 신명의 저주 속에서 일어나는 대병겁의 죽음이다. 이것은 영원히 허공 속에 사라져 버리는 진짜 죽음인 것이다. 바로 여기에 상제님 도법의 구원정신, 깊고 깊은 개벽 섭리의 큰 의미가 있다.

후천

50:1~2 개벽기의 병겁은 상제님의 천상 도꾼인 괴질신장들이 신도 차원에서 집행한다. 이 때 인종 씨를 추리는 일은 지상의 육임 의통구호대가 맡게 된다. 즉 상제님의 천군(天軍)인 천상의 도꾼들과 땅의 도꾼들이 각각 사(死)와 생(生)의 질서를 집행

地)에 송장 썩는 냄새야!" 하시고

6 고개를 돌리며 말씀하시기를 "오뉴월 송장 썩는 냄새에 코를 못 튼다." 하시고

7 또 말씀하시기를 "망량신 시켜서 하룻저녁에 서해 바다로 긁어 내려 버린다." 하시니라.

객망리는 초빈터

8 하루는 상제님께서 태인(泰仁) 근처의 산을 넘어 가시는데 아래로 몇 동네가 보이거늘

9 한 성도가 "선생님, 저 아래 동네 사람들은 몇이나 살겠습니까?" 하니

10 상제님께서 한 손으로 약지와 새끼손가락을 펴 보이시며 "일곱!" 하시니라.

11 한 성도가 또 여쭈기를 "그러면 ○○에서는 몇이나 살겠습니까?" 하니 "○○는 녹줄이 비어서 공각이니라. 남문 밖에 부엌데기 하나 살겠다." 하시거늘

12 다시 "그러면 선생님의 고향 객망리(客望里)는 몇이나 살겠습니까?" 하니 말씀하시기를 "객망리는 초빈터니라." 하시니라.

너희들이 천하창생을 건지느니라

50 하루는 한 성도가 여쭈기를 "큰 병이 선생님을 받드는 도인(道人)들에게는 범하지 못하는 이유가 무엇입니까?" 하니

2 말씀하시기를 "괴질신장(怪疾神將)이 천명(天命)을 받고 세상에 내려오는 고로 괴병이 감히 범하지 못하는 것이니라.

3 병겁이 밀어닥치면 너희들이 천하의 창생을 건지게 되느니라.

4 그리하면 천하의 억조창생이 너희들의 가르침을 받들고 너희들에게 의지하게 되리니

5 통일천하가 그 가운데 있고 천지대도가 그 가운데서 행하여지며 만세의 영락(榮樂)이 그 가운데서 이루어지느니라." 하시니라.

한국은 온 인류 구원의 나라

51 상제님께서 또 말씀하시기를 "병겁이 닥쳐오면 달리 방도가 있나니

2 너희들에게 명하여 때를 기다리게 하였다가 때가 오면 천하에 쓰도록 할 것이니라.

3 세상 모든 나라들이 차마 눈뜨고 볼 수 없는 진멸의 지경이 되었다가 너희들로 인하여 구원을 얻을 것이니

4 이후에 세계의 만백성들이 너희들을 맞아다가 진수성찬(珍羞盛饌)을 차려 놓고 한바탕 풍류를 펼쳐 크게 환대하리라.

5 그 때 너희들의 영락이 지금 내 눈에 선연하니라." 하시니라.

하여 신인일체로 천명(天命)을 완수하는 것이다.

후천세계의 장례법

52 일찍이 상제님께서 금산사 청련암(靑蓮庵)의 중 김현찬(金玄贊)에게 "명당 쓰기를 원하느냐?" 하고 물으시니

2 현찬이 "평생 소원입니다." 하매 다만 "믿고 있으라." 하시니라.

3 그 뒤에 김병욱(金秉旭)에게 물으시기를 "명당을 쓰려 하느냐?" 하시니

4 병욱이 대답하되 "진실로 소원입니다." 하거늘 상제님께서 그저 "믿고만 있으라." 하시더니

5 그 뒤로 수 년이 지나도록 다시 말씀하지 않으시므로 두 사람은 다만 상제님의 뜻만 바라고 있다가

6 하루는 병욱이 여쭈기를 "전에 말씀하신 명당은 언제 주시렵니까?" 하니

7 말씀하시기를 "그것이 무슨 말이냐? 내가 명당을 내려 준 지 이미 오래되었느니라." 하시거늘

8 병욱이 까닭을 여쭈니 말씀하시기를 "네가 아들을 원하므로 그 때에 명당을 썼나니 이미 발음되었느니라." 하시니라.

9 이는 원래 병욱이 자식 없음을 한탄하다가 명당을 허락받은 뒤에 소실을 얻어서 아들을 낳게 된 것을 이르심이니

10 병욱이 심히 허탄하게 여기매 말씀하시기를 "선천에는 백골을 묻어서 장사지냈으나, 후천에는 백골을 묻지 않고 장사지내게 되느니라." 하시니라.

11 그 뒤에 또 현찬이 여쭈니 말씀하시기를 "너는 퇴속하여 아내를 얻어서 가정을 이루고 아들을 낳았으니 이미 명당이 발복한 것이니라." 하시거늘

12 대저 현찬도 명당을 허락 받은 뒤에 환속하여 장가들어 아들을 낳았으므로 그 일을 이르심이더라.

52:9 아들. 김병욱 성도의 아들 규태는 정미(道紀 37, 1907)년 11월 9일생이다.

후천

그들이 상등 사람

53 하루는 공우에게 이르시기를 "죽을 사람을 가려내라." 하시니

2 공우가 한참 생각하다가 아뢰기를 "도인(道人)으로서 표리가 같지 않은 자가 먼저 죽어야 옳겠나이다." 하거늘

3 상제님께서 대답하지 않으시고 또 물으시기를 "살 사람은 누구이겠느냐?" 하시니

4 대답하기를 "들판에서 농사짓는 사람과 산중에서 화전 파는 사람과 남에게 맞고도 대항치 못하는 사람이 살아야 하겠나이다." 하므로

5 말씀하시기를 "네 말이 옳으니 그들이 상등 사람이니라." 하시니라.

농민을 상등 사람으로

54 후천에는 농민도 상등 사람이니라. 농사는 천하의 대본(大本)이요, 백성은 먹는 것을 하늘처럼 여기느니라.

2 오랫동안 천대 받아 온 농민의 원한을 풀어야 할지니 이제 농민을 해원시켜 상등 사람으로 삼으리라.

3 앞으로 아랫목에서 밥 먹고 윗목에서 똥 싸는 세상이 오느니라.

4 그 때가 오면 솥에다 불 안 때고도 방에 가만히 앉아서 밥해 먹게 되느니라.

5 손에 흙을 묻히지 않고 농사지으며 소와 말이 일하던 것은 기계가 대신하도록 할 것이니라.

6 곡식 종자도 한 번 심어서 거두어들인 후에 해마다 그 뿌리에 움을 길러서 거두어들이는 것이 생겨 지금처럼 심고 거두는 데 큰 힘이 들지 않으며

7 또 아무리 박전(薄田)이라도 옥토가 되게 하리니, 이는 땅을 석 자 세 치로 태운 까닭이니라.

후천선경의 통치 조직

55 하루는 상제님께서 말씀하시기를 "선천에는 삼상(三相)으로 인하여 음양이 고르지 못하다." 하시고

2 居住姓名 西神司命
거 주 성 명 서 신 사 명

左相 右相 八判 十二伯 縣令 縣監 皇極 后妃所
좌 상 우 상 팔 판 십 이 백 현 령 현 감 황 극 후 비 소

라 쓰신 뒤에

54:1 농민도 상등 사람. 기존에는 '농부가 상등 사람'이라 해석하기도 하였으나 이는 농민 중심의 사고 때문에 왜곡된 것이다. 농민만 상등 사람이란 뜻이 아니다.

54:5~7 후천의 농사법. 이미 현실화되어 가고 있는 미래 선경 문명의 농사법을 말씀하신 것. 이에 대해서는 김형렬 성도의 후손들로부터 귀가 솔도록 들을 수 있었다.

55:2 황극(皇極). 우주의 변화원리에서 황극은 무극·태극과 일체되어 삼극(三極) 운동을 하는 우

3 김광찬(金光贊)에게 명하시어 "약방 문지방에 맞추어 보라." 하시
  매 "맞지 않습니다." 하고 아뢰니

4 말씀하시기를 "일이 헛일이라." 하시므로 김경학(金京學)이 아뢰기
  를 "여백을 오려 버리고 글자 쓴 곳만 대어 보면 맞겠나이다." 하여
  그대로 하니 꼭 맞더라.

주운동의 본체이
다. 인사에서 황
극은 통치자, 즉
천자의 지존한 보
좌와 그 위격(位
格)을 말한다.

대개벽 후 국가 건설의 단위

56 상제님께서 경학에게 물으시기를 "십 인 적(敵)이면 왕이 되겠느
  냐?" 하시니 경학이 "적의 뜻을 모르겠습니다." 하거늘

2 말씀하시기를 "일 적이 열 사람이니라." 하시니 경학이 아뢰기를
  "십 인 적이면 왕이 되지 못하겠나이다." 하니라.

3 또 물으시기를 "백 인 적이면 어떠하겠느냐?" 하시니 대답하기를
  "그도 불가합니다." 하거늘

4 "천 인 적이면 어떠하냐?" 물으시니 "그도 불가합니다." 하고

5 "만 인 적이면 어떠하냐?" 하시니 "그도 불가합니다." 하고 아뢰니
  라.

6 상제님께서 다시 "십만 인 적이면 어떠하냐?" 하시니 경학이 비로
  소 "십만 인 적이면 가하겠습니다." 하고 대답하거늘 상제님께서 글
  을 써서 불사르시니라.

7 하루는 상제님께서 말씀하시기를 "사람이 얼마나 살겠냐고 해도
  똥 눈 자리에 고자리 사는 이치다." 하시니라.

56:1 적. '무리
(輩也)'의 뜻이
있다.

56:1~6 개벽 후
한 나라의 평균
국민 수에 대한
공사이다. 후천
에는 원시반본에
의해 각 민족이
제 뿌리를 찾아
민족 단위로 나라
가 구성되어, 지
구촌의 각 민족
들이 고유한 문
화를 발전시키면
서 아버지 나라
인 한국과 일체
관계를 맺으며
새 우주 세계를
창조하게 된다.

앞으로 천지가 뒤집어진다

57 상제님께서 호연이 세 살 되는 해부터 최상문의 집에 자주 드나
  드시며 재롱을 받으시다가

2 호연이 일곱 살 되는 해에 아버지가 죽은 이후로는 사내아이 옷을
  입혀 아주 데리고 다니시니라.

3 하루는 명절 때가 되어 같은 또래의 여자아이들이 꽃무늬 자주 고
  름을 단 각색 치마저고리를 입은 것을 보고

4 "저 애들은 좋게 입었고만…, 나는 언제나 저러고 다닐꼬?" 하며
  부러워하거늘

5 말씀하시기를 "너는 인제 옷 속에 파묻혀 죽을 테니 걱정 말아라."
  하시니라.

6 호연이 그래도 "아이고, 저런 사람은 저렇게 옷 입고…, 나는 이게

명절 때여, 명절 때?" 하고 투정을 부리니

7 상제님께서 말씀하시기를 "이제 그렇게 입을 때가 와. 너는 비단 속에 파묻히고, 할애비 같은 놈들이 네게 절하고 그래. 그까짓 것 소용없어." 하며 달래시니라.

8 이에 호연이 "아이고, 내게다 할아버지가 절을 해요?" 하니

9 말씀하시기를 "그런 사람이 다 생겨. 인제 옷 속에 푹 파묻히고 돈 속에 가 앉아 있어." 하시거늘

10 호연이 더욱 궁금하여 "그러면 왜 지금은 이래요?" 하고 여쭈매 "다 때가 있고 시가 있지." 하시니라.

11 이에 호연이 "어디에 때가 있고 시가 있을까?" 하니 말씀하시기를 "앞으로 천지가 뒤집어져." 하시거늘

12 호연이 다시 "어떻게 하늘이 뒤집어질까?" 하니 이르시기를

13 "이제 그려. 농사지어서 백성들 먹고살라고 하늘에서 비 오고, 바람 불고, 구름 들듯이 나는 너희들을 가르쳤다 뿐이여.

14 인제 너같이 호강 받을 사람이 없어. 천지에서 너를 그렇게 해 주어." 하시니라.

후천선경의 황극종통 공사

58 무신년 10월에 하루는 상제님께서 양지(洋紙) 책에 무수히 글을 써서 한 장씩 떼신 뒤에

2 성도들로 하여금 마음대로 찢게 하시어 한 조각씩 세어서 불사르시니 모두 삼백여든 세 조각이라.

3 상제님께서 말씀하시기를 "한 조각이 부족하니 자세히 찾으라." 하시므로 두루 찾으니 사람을 그린 한 조각이 요 밑에 들어 있거늘

4 마저 불사르시며 말씀하시기를 "이것이 곧 황극수(皇極數)라. 당요(唐堯) 때에 나타났던 수(數)가 이제 다시 나타난다." 하시니라.

환골탈태로 선풍도골이 된다

59 상제님께서 태인 새울 최창조(崔昌祚)의 집에 계실 때 하루는 양치와 세수를 하신 뒤에

2 그 물을 버리지 않고 공우를 불러 명하시기를 "공우야, 이 물로 세수하고 이를 닦으라." 하시니라.

3 공우가 명을 받들고 나서 종일 정읍(井邑)을 갔다 왔는데 이르는 곳마다 모든 사람들이 상제님으로 대접을 하거늘

57:11 천지가 뒤집어져. 지금은 우주의 여름철 말기로, 앞으로 도래하는 가을개벽 상황을 표현하신 것이다. 선천 봄·여름 시대에는 지구의 자전축이 기울어진 채로 타원궤도로 공전하므로 1년에 5¼일의 윤도수(閏度數)가 붙어 혹한극서(酷寒極暑)가 일어난다. 그러나 후천 가을 시대로 들어서면 지축이 정립되고 정원궤도로 공전하는 1년 360일 역수(曆數)시대, 곧 정도(正道), 정역(正易) 변화가 되는데 바로 이 충격적인 지축정립 사건을 말씀하신 것이다.

59:1 최창조(崔昌祚, 1865~1935). 정미(道紀 37, 1907)년에 상제

4 이 때 공우의 얼굴 모습과 풍채며 말소리와 행동거지가 상제님과 하나도 다름이 없더라.

5 상제님께서 말씀하시기를 "때가 오면 너희들은 모두 환골탈태(換骨奪胎)하여 선풍도골(仙風道骨)이 되느니라." 하시니라.

천지대세 사오미 개명 도수

60 하루는 안내성(安乃成)이 "때는 언제 오나이까?" 하고 여쭈거늘

2 손가락을 하나씩 꼽았다가 새끼손가락을 펴 여섯을 세어 보이시며 "이것이 조화봉(造化棒)이다. 새끼손가락이 조화 낸다." 하시고 시 한 수를 읽어 주시니 이러하니라.

3 　나도 가네 나도 가네
　임을 따라서 나도 가네
　저 임을 따라서 나도 가네

4 　십리사장(十里沙場) 너른 들에
　오색포장(五色布帳) 둘러치고
　일이삼사오륙(一二三四五六) 중에
　고장(鼓杖) 소리만 둥둥 난다

5 　인묘진(寅卯辰) 사부지(事不知)
　사오미(巳午未) 개명(開明).

6 이에 내성이 "잘 모르겠습니다." 하니 상제님께서 다시 노래를 부르시니 이러하니라.

7 　난(難)이라 난이라 사난(四難)이로구나
　저 건너 갈미봉에 비 몰아온다
　우장을 허리에 두르고 논에 지심이나 매러 가자
　어렵다 어렵다 네 가지가 어렵구나
　부자 걸뱅이 되는 것 똑똑한 놈 병신 되는 것
　유식한 놈 무식 되는 것 양반 상놈 되는 것.

살릴 사람은 나 하나뿐

61 상제님께서 하루는 달이 휘영청 밝은 밤에 내성과 함께 어디를 가시다가 탄식하시기를

2 "사람들 다 죽었네, 다 죽었어. 살릴 사람, 건질 사람이라고는 나 하나네." 하시며 눈물을 떨구시거늘

님 도문에 들어왔다. 180cm 이상의 큰 키에 풍채가 좋고 힘이 장사였다. 꼭 할 말만 하는 점잖은 성품으로 명치까지 수염을 길렀다 한다.

60:4 고장. 북과 장고.

후천

61장 배은실 증언.

3 갑자기 바람이 불며 먼지가 뿌옇게 일어나더니 후둑후둑 비가 떨어지니라.

누가 신선의 길을 찾으리오

62 하루는 공사를 보시며 옛글 한 수를 읽어 주시니 이러하니라.

2 　青龍皇道大開年에　　王氣浮來太乙船이라
　　청 룡 황 도 대 개 년　　왕 기 부 래 태 을 선
　　誰能勇退尋仙路리오　富不謀身歿貨泉이라
　　수 능 용 퇴 심 선 로　　부 불 모 신 몰 화 천
　　청룡의 황도가 크게 열리는 해에
　　왕도(王道)의 운기 태을선을 띄워 오네.
　　누가 용감히 부귀영화 물리치고 신선의 길을 찾을 수 있으리오.
　　부로는 네 몸 사는 길을 꾀할 수 없나니 재물에 빠져 죽느니라.

가을개벽 전 시두가 대발한다

63 하루는 최창조의 집에서 성도 수십 명을 둘러앉히시고 "각기 글석 자씩을 부르라." 하시므로

2 천자문의 처음부터 부르기 시작하여 최덕겸(崔德兼)이 '일(日) 자'까지 부르니

3 상제님께서 말씀하시기를 "덕겸은 일본 왕도 좋아 보이는가 보다." 하시며 "남을 따라 부르지 말고 각기 제 생각대로 부르라." 하시니라.

4 그 다음 날 밤에 담뱃대 진을 쑤셔 내시며 덕겸에게 "한 번 만에 잡아서 놓치지 말고 뽑아내어 문밖으로 내버리라." 하시거늘

5 덕겸이 명하신 대로 하니 온 마을의 개가 일시에 짖어대는지라, 덕겸이 여쭈기를 "어찌 이렇듯 개가 짖나이까?" 하니

6 말씀하시기를 "대신명(大神明)이 오는 까닭이니라." 하시거늘 또 여쭈기를 "무슨 신명입니까?" 하매

7 말씀하시기를 "시두손님인데 천자국(天子國)이라야 이 신명이 들어오느니라.

8 내 세상이 되기 전에 손님이 먼저 오느니라.

9 앞으로 시두(時痘)가 없다가 때가 되면 대발할 참이니 만일 시두가 대발하거든 병겁이 날 줄 알아라.

10 그 때가 되면 잘난 놈은 콩나물 뽑히듯 하리니 너희들은 마음을 순전히 하여 나의 때를 기다리라." 하시니라.

63:7 시두손님. 천연두(天然痘). 두신(痘神), 객성(客星), 별성(別星)마마, 손님마마, 마마라고도 한다.

63:7 천자국. 천자가 다스리는 나라. 천자는 천

한탄한들 무엇하리

64 만인경(萬人鏡)에 비추어 보면 제 지은 죄를 제가 알게 되니 한탄한들 무엇하리.

2 48장(將) 늘여 세우고 옥추문(玉樞門)을 열 때는 정신 차리기 어려우리라.

3
四十八將
사 십 팔 장

九天應元雷聲普化天尊　上淸靈寶天尊　太淸道德天尊
구 천 응 원 뢰 성 보 화 천 존　상 청 영 보 천 존　태 청 도 덕 천 존

萬法敎主　東華敎主　大法天師　神功妙濟許眞君
만 법 교 주　동 화 교 주　대 법 천 사　신 공 묘 제 허 진 군

弘濟丘天師　許靜張天師　旌陽許眞君　海瓊白眞人
홍 제 구 천 사　허 정 장 천 사　정 양 허 진 군　해 경 백 진 인

洛陽薩眞人　主雷鄧天君　判府辛天君　飛捷張天君
낙 양 살 진 인　주 뢰 등 천 군　판 부 신 천 군　비 첩 장 천 군

月孛朱天君　洞玄敎主辛祖師
월 패 주 천 군　통 현 교 주 신 조 사

淸微敎主祖元君　淸微敎主魏元君
청 미 교 주 조 원 군　청 미 교 주 위 원 군

洞玄傳敎馬元君　混元敎主路眞君　混元敎主葛眞君
통 현 전 교 마 원 군　혼 원 교 주 노 진 군　혼 원 교 주 갈 진 군

神霄傳敎鐘呂眞仙　火德謝天君　玉府劉天君
신 소 전 교 종 려 진 선　화 덕 사 천 군　옥 부 유 천 군

寗任二大天君　雷門苟元帥　雷門畢元帥
영 임 이 대 천 군　뇌 문 구 원 수　뇌 문 필 원 수

靈官馬元帥　都督趙元帥　虎丘王高二元帥
영 관 마 원 수　도 독 조 원 수　호 구 왕 고 이 원 수

混元龐元帥　仁聖康元帥　太歲殷元帥　先鋒李元帥
혼 원 방 원 수　인 성 강 원 수　태 세 은 원 수　선 봉 이 원 수

猛烈鐵元帥　風輪周元帥　地祇楊元帥　朗靈關元帥
맹 렬 철 원 수　풍 륜 주 원 수　지 기 양 원 수　낭 령 관 원 수

忠翊張元帥　洞神劉元帥　豁落王元帥　神雷石元帥
충 익 장 원 수　통 신 유 원 수　활 락 왕 원 수　신 뢰 석 원 수

監生高元帥　素車白馬大將軍
감 생 고 원 수　소 거 백 마 대 장 군

마음을 잘 닦아 새 세상을 맞으라

4 사람마다 각기 주도신(晝睹神), 야도신(夜睹神)을 하나씩 붙여 밤낮으로 그 일거일동을 치부(置簿)케 하리니

5 신명들이 공심판(公審判), 사심판(私審判)을 할 때에 무슨 수로 거짓 증언을 하리오.

제(上帝)의 아들로서, 상제님을 대신해서 천하를 다스리는 땅의 통치자이다. 우리 민족은 '고조선-북부여' 이후 '고구려-발해'에 이르기까지 건원칭제(建元稱帝)를 하였다. 중화사관(中毒)과 식민사관(日毒) 및 서구 실증주의 사관(洋毒)의 지배 아래 한민족의 고대사는 너무도 추악하게 왜곡 조작되었다.

63:9 시두가 대발하거든. 천연두는 인류가 퇴치에 성공한 유일한 질병으로, 1980년 5월 세계보건기구(WHO)는 천연두가 지구상에서 완전히 박멸되었음을 선언하였다. 질병의 역사상 가장 혹독하게 인간을 괴롭혔던 죽음의 사자인 '마마여신'에게 인류의 이름으로 사망 선고를 내린 것이다. 그러나 상제님의 이 말씀을 통해 병겁이 터지기 전 개벽의 신호탄으로 천연두가 다시 창궐할 것임을 알 수 있다. 시두는 곧 의통목의

전주곡인 것이다.

64:4 주도신, 야도신. 인간의 행적을 일일 단위로 기록하는 신명들.

65장 천지의 대공사인 무신납월공사의 일부이다. 도리로 따지자면 오늘날의 인간들은 죄업이 워낙 커서 죽음의 굴레에서 결코 벗어날 수가 없기에 천지신명에게 대자대비한 마음을 가져 달라고 천지의 아버지이신 상제님께서 그 죄업을 대속하신 것이다.

66:2~5 순서대로 '은혜를 저버리고 덕을 망각하는 자는 만 번 죽을 몸이요', '한결같이 분명할 지니라. 일양이 처음 생겨나는 때(冬至)니라.', '천지대업을 지어가며 결코 멈추지 않으니 세상을 고치

6 너희들은 오직 마음을 잘 닦아 앞으로 오는 좋은 세상을 맞으라.

7 시속에 '병신이 육갑(六甲)한다.' 하나니 서투른 글자나 안다고 손가락을 곱작거리며 아는 체하는 자는 죽음을 면치 못하리라.

이것이 체면장이니라

65 무신년 12월에 대흥리(大興里)에 머무르시며 대공사를 행하실 때

2 "이것은 체면장(體面章)이니라." 하시며 글을 써서 불사르시니 이러하니라.

3 維歲次戊申十二月七日
유 세 차 무 신 십 이 월 칠 일
道術 ﹅﹅﹅ 敢昭告于
도 술　　　　　감 소 고 우
惶恐伏地 問安 氣體候
황 공 복 지　문 안　기 체 후
万死不忠不孝無序身 泣祝於君於父於師
만 사 불 충 불 효 무 서 신　읍 축 어 군 어 부 어 사
氣體候大安 千萬伏望伏望
기 체 후 대 안　천 만 복 망 복 망

무신년 십이월 칠일
도술 ﹅﹅﹅ 삼가 밝게 고하노라.
황공히 엎드려 기체후 문안드리오니
불충하고 불효하고 두서가 없는 몸은 만 번 죽을 것이나
군(君)과 부(父)와 사(師)에게 눈물로 축원하노라.
기체후 대안하기를 천 번 만 번 거듭 엎드려 바라노라.

인류의 생사 심판 : 의통공사

66 이 달에 대흥리 차경석(車京石)의 집에 계실 때 하루는 종이 서른 장 되는 양지 책에

2 앞 열다섯 장에는 면마다 옆으로
背恩忘德萬死身
배 은 망 덕 만 사 신
이라 쓰시고

3 또 그 면마다 가운데에는 세로로
一分明 一陽始生
일 분 명　일 양 시 생
이라 쓰시고

4 뒤 열다섯 장에는 면마다 옆으로

作之不止聖醫雄藥
작 지 부 지 성 의 웅 약

이라 쓰시고

5 또 그 면마다 가운데에는 세로로

一陰始生
일 음 시 생

이라 쓰신 뒤에

6 경면주사 가루와 보시기 한 개를 놓고 광찬에게 이르시기를 "이 일은 살 길과 죽을 길을 결정하는 것이니 잘 생각하여 말하라." 하시니

7 광찬이 아뢰기를 "선령신을 부인하거나 박대하는 놈은 살 기운을 받기 어려울까 하옵니다." 하거늘

8 상제님께서 한참 생각하시다가 말씀하시기를 "너의 말이 옳다." 하시고

9 보시기를 종이로 싸서 경면주사 가루를 묻혀 각 장마다 앞뒤로 도장 찍듯이 찍어 넘기시며 말씀하시기를

10 "이것이 마패(馬牌)니라." 하시니라.

11 이 때 양지 책 한 권을 묶어

醫藥卜筮種樹之文
의 약 복 서 종 수 지 문

이라 쓰시니라.

팔봉(八封)을 맡기는 공사

67 대흥리에 계실 때 하루는 차윤경(車輪京)에게 이르시기를 "저녁 식사 후를 기하여 여덟 사람을 구해 너의 집에 모아 놓고 나에게 알리라." 하시거늘

2 윤경이 명하신 대로 여덟 사람과 약속하여 해가 진 뒤에 집에 모이게 하였더니 뜻밖에도 아홉 사람이 모이게 된지라

3 윤경이 어찌할 바를 몰라 상제님께 와 사유를 아뢰니 말씀하시기를 "무방하니 한 사람은 나의 시종으로 쓰리라." 하시니라.

4 이어 비룡촌(飛龍村) 윤경의 집에 이르시어 등불을 끄신 뒤에

5 상제님께서 차공숙(車公淑)을 데리고 중앙에 서시고 여덟 사람을 팔방으로 벌여 세우신 다음 '건감간진손이곤태(乾坎艮震巽離坤兌)'를 외우게 하시고

6 또 곁에서 이를 지켜보던 성도 20여 명으로 하여금 각기 정좌케 하여 따라 외우게 하시니라.

는 성스런 의술이요, 세상을 살리는 웅대한 약이라.', '일음이 처음 생겨나는 때(夏至)를 알지니라.' 라는 뜻.

66:4 작지부지성의웅약. 병든 천지를 뜯어고치고 인간 역사의 새 시대를 여는 창업자는 어떤 어려움에 직면하더라도 멈추지 않고 비범한 의지와 열정과 지혜로써 그것을 극복해야 한다는 말씀. 의통성업을 준비하는 일꾼의 심법을 전수하신 것이다.

66:10 마패. 육임구호대의 천명을 집행하는 의통 인패, 곧 해인을 말함.

후천

67:5 건감간진손이곤태. 역(易) 64괘의 근간이 되는 여덟 가지 괘(八卦).

7 이윽고 밤이 깊어 읽기를 그치게 하시고 불을 켜신 후에 둘러선 여덟 사람에게 각기 분부를 내리시고

8 다시 한쪽 눈이 먼 차공숙에게 이르시기를 "다른 사람은 두 눈으로 한 달이면 30일을 보는데 너는 눈이 한쪽밖에 없으니 한 달이면 보름밖에 못 보지 않느냐." 하시며

9 "너는 **통제사**(統制使)라. 연중(年中) 360일을 맡았나니 돌아가서 360명을 구하여 오라.

10 이 일은 곧 팔봉(八封)을 맡기는 공사니라." 하시니라.

11 이에 공숙이 명을 받들고 돌아가서 며칠 후에 한 사람을 데리고 오거늘

12 상제님께서 그의 직업을 물으시매 그 사람이 "농사에 전력하여 다른 출입은 없고, 다만 추수 후에 한 번 시장 출입이 있을 따름입니다." 하고 아뢰니

13 말씀하시기를 "참으로 순민(順民)이로다." 하시고 "정좌하여 잡념을 두지 말라." 하신 뒤에

14 윤경에게 "밖에 나가 구름이 어느 곳에 있는가 보라." 하시므로

15 윤경이 나가 살핀즉 하늘이 맑은데 오직 상제님 계신 위에 돈닢만 한 구름 한 점이 떠 있을 뿐이라.

16 윤경이 그대로 아뢰니 말씀하시기를 "다시 나가서 그 구름이 어디를 향해 펼쳐지는가 보라." 하시매

17 윤경이 다시 나가 보니 벌써 구름이 온 하늘을 덮고 다만 북쪽 하늘만 조금 터져 있는지라

18 그대로 아뢰니 말씀하시기를 "그곳이 조금 터졌다고 안 될 리 없으리라." 하시고 두어 시간 후에 그 사람을 돌려보내시니라.

인절미를 허공에 던지심

68 무신년 겨울에 대흥리에 계실 때 하루는 신 재인(申才人)이 와서 "집에 인절미를 하였으니 오셔서 좀 드시지요." 하는지라

2 상제님께서 그 집에 가시어 토방 아래 서서 말씀하시기를 "인절미를 그릇째 다 가져오라." 하시니라.

3 이에 그 아내가 함지에 담은 인절미를 가져오니 "토방 위에 놓으라." 하시고

4 양손으로 번갈아 인절미를 잡고 어깨 너머로 연신 던지시거늘

5 신 재인이 깜짝 놀라 인절미를 받으려고 두 손을 모으고 뛰어다니

67:8 아버지 윤창주(1885~1968)와 함께 10대부터 안내성 성도를 일심으로 모신 윤기택(1927~) 증언.

67:9 통제사. 삼도수군통제사의 준말. 이 공사에서 말씀하신 통제사는 1년 360일을 맡은 순수한 의미의 통제사다. 여기에는 광구천하의 대업을 실현하는 중요한 사명이 담겨 있다.

67:10 팔봉. 8수는 음양 질서의 기본 틀이며 이에 따라 천지만물의 생명이 생성 변화해 간다. 진액주에도 선(仙)의 조화 정신을 상징하는 팔음팔양이 있다. 그러므로 육임 의통구호대 조직을 가장 강력하게 재생산할 수 있는 기본 틀을 팔봉 도수로 말씀하신 것이다.

는데 허공에 던지신 인절미는 어디로 갔는지 하나도 떨어지지 않더라.

천지의 화(禍)와 복(福)이 닥친다

69 기유(己酉 : 道紀 39, 1909)년 정월에 하루는 공사를 보시며 글을 쓰시니 이러하니라.

2 至曰天地禍福至요
　지 왈 천 지 화 복 지

氣曰天地禍福氣요
기 왈 천 지 화 복 기

今日至無忘이요
금 왈 지 무 망

降曰天地禍福降이니라
강 왈 천 지 화 복 강

지(至)는 천지의 화복이 지극하다는 말이요

기(氣)는 천지의 화와 복의 기운이라는 말이요

금(今)은 지극하여 잊을 수 없다는 말이요

강(降)은 천지의 화복이 내린다는 의미니라.

장래 일을 구슬로 수 놓아 보심

70 이 해 봄에 상제님께서 호연에게 말씀하시기를 "내가 세상을 떠서 어디로 가서 무엇을 한다." 하시며 끈에 꿴 구슬들을 보여 주시니라.

2 호연이 보니 마치 밀화(蜜花)와 같은 노란 구슬, 파란 구슬, 빨간 구슬들인데, 그 구슬은 맑으면서도 속에 아른아른한 무엇이 들어 있거늘

3 상제님께서 구슬을 흔드시니 그 안에 아른거리던 것이 온갖 나비와 짐승 모양으로 변하더라.

4 상제님께서 그 구슬들을 만지며 이르시기를 "이제 가서 몇십 년간의 일을 꾸미는데, 이 구슬의 끝에 와야 내 일이 된다." 하시니라.

개벽이 실제로 이루어질 때는

5 하루는 제비산(帝妃山)을 바라보시며 "제비산에 배가 올라와야 일이 되느니라. 나갔던 제비가 다시 들어오리라." 하시고

6 말씀하시기를 "개벽은 기둥 하나 안고 도는 동안에 된다." 하시니라.

7 하루는 상제님께서 "제비산에 대어 본다." 하시며 성도들을 간짓대처럼 이어서 높이 세워 놓으시니라.

70:2 밀화. 밀랍 같은 누른빛이 나고 젖송이 같은 무늬가 있는 호박(琥珀)의 일종.

후천선경의 선매승자 공사

71 하루는 호연에게 말씀하시기를 "천하 사람이 제 어미가 낳아서 생겨났지만 맥은 네가 붙인다. 맥 떨어지면 죽느니라." 하시고

2 천지신명이 다 모인 자리에서 너를 천지에다 제(祭)지냈는데, 어린 사람으로 선매승자 쓴 것을 우리들이나 알지 그 누가 알 것이냐?" 하시니라.

3 또 말씀하시기를 "귀신은 먹어서가 아니라 기운으로 응감한다." 하시니라.

개벽기에는 태을주를 쓰라

72 하루는 성도들에게 물으시기를 "최수운의 시천주주에는 포교 50년 공부가 들어 있고

2 김경수는 50년 공부로 태을주(太乙呪)를 얻었나니

72:2 50년 공부로 태을주를 얻었나니. 전남 함평에 살던 김경수가 구축병마주(驅逐病魔呪: 병마를 몰아내는 주문) '훔리치야도래 훔리함리 사파하'를 읽어 50년 만에 비로소 공부가 열렸다. 상제님께서는 지구촌의 인종씨를 추리는 대우주의 가을개벽기에 인류를 구원하는 의통 공사에서 태을주를 내려 주셨다. 태을주의 뿌리 역사를 알고 있는 유일한 인물, 김락원 성도의 후손이 김경수 대성사의 고향을 직접 답사하고 증거를 확인한 후 증언한 내용.

3 경수가 그 주문을 받을 때 신명이 이르기를 '이 주문으로 사람을 많이 살리게 되리라.' 하였느니라.

4 이제는 신명시대라. 같은 50년 공부에 어느 주문을 해원시킴이 옳으냐?" 하시니 광찬이 대답하기를 "당신님의 처분대로 하옵소서." 하니라.

5 이에 상제님께서 말씀하시기를 "시천주주는 이미 행세되었으니 태을주를 쓰라." 하시고

6 "나는 옛것을 고쳐서 쓰나니 훔치(吽哆) 훔치(吽哆)를 덧붙여 읽으라." 하시며 술잎같이 '훔치' 두 줄을 붙이시니 이러하니라.

태을주(太乙呪)

吽哆
훔치

吽哆
훔치

太乙天 上元君 吽哩哆哪都 來 吽哩喊哩娑婆訶
태 을 천 상 원 군 훔 리 치 야 도 래 훔 리 함 리 사 파 하

태을주는 새 생명을 구하는 녹표

73 하루는 공사를 행하실 때 태을주를 써 놓으시고 성도들에게 "이 형상이 무엇 같으냐?" 하시니 갑칠이 "밥숟가락 같습니다." 하거늘

2 말씀하시기를 "내가 동서양을 밥 비비듯 할 터이니 너희들은 이 숟가락으로 먹으라.

3 태을주는 후천 밥숟가락이니라.

4 태을주는 오만년 운수 탄 사람이나 읽느니라." 하시니라.

5 이어서 말씀하시기를 "이 모양이 숟가락 같으니 이것이 곧 녹표(祿票)니라.

6 이 녹을 붙이면 괴질신명이 도가(道家)임을 알고 들어오지 않느니라." 하시니라.

7 하루는 성도들에게 태을주를 읽히시고 말씀하시기를 "태을주는 천지 어머니 젖줄이니 천지 젖줄을 놓지 말아라." 하시고

8 "나무가 땅에다 뿌리를 박지 않으면 하늘이 우로(雨露)를 내린들 그 나무가 어찌 기름지게 자라며

9 그 어미의 젖을 마다하고 먹지 아니하면 그 자식이 어찌 삶을 구하리오." 하시니라.

'훔치' 는 천지부모를 부르는 소리

74 '훔치' 는 천지부모를 부르는 소리니라.

2 송아지가 어미를 부르듯이 창생이 한울님을 부르는 소리요

3 낙반사유(落盤四乳)는 '이 네 젖꼭지를 잘 빨아야 산다.' 는 말이니

4 '천주님을 떠나면 살 수 없다.' 는 말이니라.

5 태을주를 읽어야 뿌리를 찾느니라.

6 태을주는 수기(水氣) 받아 내리는 주문이니라.

태을주 소리가 천지에 으근으근하다

7 내가 인간 일을 하러 지상에 내려오므로 천상 선녀들이 인간들보다 나중에 태을주를 받았느니라.

8 선녀들이 꽃밭에 물을 주며 태을주 읽는 소리가 천지에 으근으근하다.

9 너희들은 읽고 또 읽어 태을주가 입에서 흘러넘치도록 하라.

오는 잠 적게 자고 태을주를 읽으라

75 오는 잠 적게 자고 태을주를 많이 읽으라.

2 태을천(太乙天) 상원군(上元君)은 하늘 으뜸가는 임금이니 오만년 동안 동리동리 각 학교에서 외우리라.

3 태을주에는 율려(律呂) 도수가 붙어 있느니라.

4 태을주 공부는 신선(神仙) 공부니라.

74:4 천주님. 이 때의 천주님은 인간으로 강세하여 인존시대를 여신 '인존천주님', 증산 상제님을 말한다.

75장 태을천(太乙天)은 우주의 영적 세계 중에서 도(道)와 생명의 근원이 되는 궁극의 하늘이다. 태을천의 상원군님은 만유 생명을 근원으로 인도하는 영적 절대

자이시다. 예로부터 '생불생선지조(生佛生仙之祖)'라 했는데 이는 상원군님을 통해 원신(元神)을 열 수 있기 때문이다. 따라서 태을주를 읽으면 천지조화의 근원이 열려 신도를 통하고 대우주의 천지조화신을 받게 된다. 우주의 가을(후천)에는 태을주를 읽어 생명의 본향인 태을천으로 원시반본해야 인간 생명의 열매를 맺을 수 있다.

75:3~4 윤기택 증언. 그는 평생 동안 가족과 함께 안내성 교단에서 신앙을 해왔다.

75:3 율려 도수. 만물을 동정하게 하는 천지 음양 조화의 구조적 원동력인 순수음양을 율려라 한다. 율려에는 천지 자연의 순수 율려가 있고, 그것을 만물에 매개해 주는 신도 율려가 있다. 신도율려를 주재하는 하늘인 태을천을 통해서 인간과 만물에 자연율려의 조화 기운이 흘러 들어오게 되는데, 이 역할을 하는

태을주는 여의주

5 **만사무기 태을주**(萬事無忌 太乙呪)
  만병통치 태을주(萬病通治 太乙呪)
  소원성취 태을주(所願成就 太乙呪)
  포덕천하 태을주(布德天下 太乙呪)
  광제창생 태을주(廣濟蒼生 太乙呪)
  만사여의 태을주(萬事如意 太乙呪)
  무궁무궁 태을주(無窮無窮 太乙呪)

6 태을주는 여의주(如意珠), 여의주는 태을주니라.

세계 구원의 대세

76 기유년 여름에 용머리고개에 계실 때 하루는 마당에 촛불을 밝히고 대공사를 행하시며 글을 쓰시니 이러하니라.

2 天有日月之明이요 地有草木之爲라
  천유일월지명   지유초목지위
  天道在明故로 人行於日月하고
  천도재명고   인행어일월
  地道在爲故로 人生於草木이라
  지도재위고   인생어초목
  하늘에는 일월의 광명이 있고
  땅에는 초목의 생성이 있느니라.
  하늘의 도는 일월의 광명에 있는 고로
  사람은 일월의 운행 도수를 따라 살아가고
  땅의 도는 만물을 낳아 기르는 조화에 있는 고로
  사람은 초목을 먹고 살아가느니라.

3 이 글을 써서 불사르시니 갑자기 검은 구름이 하늘을 덮고 강풍이 불며 비가 내리되 오히려 촛불은 꺼지지 아니하더라.

4 이 때 상제님께서 류찬명(柳贊明)에게 명하시어 "서북쪽 하늘에 별이 나타났는가 보라." 하시매

5 찬명이 살펴보니 구름이 온 하늘을 덮었거늘 "캄캄합니다." 하고 아뢰니 아무 말씀이 없으신지라

6 찬명이 상제님께서 듣지 못하신 줄 알고 큰 소리로 다시 아뢰기를 "별이 하나도 안 보입니다." 하니

7 이번에는 "동남쪽 하늘을 보라." 하시므로 바라보니 동쪽 하늘에는 엷은 구름이 간간이 열려 사이사이로 별들이 보이고 남쪽 하늘은

구름이 없이 푸르러서 수많은 별들이 밝게 빛나더라.

8 그대로 아뢰니 말씀하시기를 "서북은 살아날 사람이 없고, 동남은 살아날 사람이 많으리라." 하시니라.

서양 기운이 조선에 들어오리라

9 공사를 행하신 후에 다시 찬명에게 명하시어 "하늘을 보라." 하시니 찬명이 보매 어느새 구름이 하늘을 덮고 다만 큰 별 하나가 보이거늘

10 그대로 아뢰니 말씀하시기를 "서양 기운이 왔구나." 하시고

11 "장차 서양 기운이 조선에 들어오리라." 하시니라.

개벽 후 금산 일대는 아무도 살지 못하는 참배 성지

77 상제님께서 말씀하시기를 "금산사 황금대맥은 천지의 대용맥(大龍脈)이니 누구든지 가히 범접치 못하리라." 하시니라.

2 상제님께서 구릿골 앞 큰 정자나무 밑에서 소풍하실 때 항상 금산 안과 용화동(龍華洞)을 가리키시며 말씀하시기를

3 "이곳이 나의 기지(基址)라. 장차 꽃밭이 될 것이요, 이곳에 인성(人城)이 쌓이리라." 하시고 "수양산 그늘이 강동 팔십 리니라." 하시니라.

4 또 말씀하시기를 "천황지황인황후(天皇地皇人皇後)에 천하지대금산사(天下之大金山寺)라." 하시니라.

5 하루는 성도들이 여쭈기를 "금산 산골짜기가 좁은 것 같사옵니다." 하니

6 말씀하시기를 "장차 부(符) 한 장만 그려 신명에게 명하면 힘들이지 않고 산을 옮기고 땅을 개척하리라." 하시고

7 산을 향해 막대기로 내리그으시며 "장차 제비산과 송장산을 세 번 불칼로 깎아야 하리니

8 제비산과 비재와 송장산은 발 한번 구르면 서해 바다로 나가느니라." 하시니라.

9 하루는 구릿골 약방에서 동구를 가리키며 말씀하시기를 "저곳에 물이 차서 못이 되리라.

10 내가 출세할 때는 금산사로부터 물 찬 방죽 사이에는 너희들이 살지 못할 것이니라." 하시니라.

이곳이 금암문이니라

11 또 하루는 구릿골 앞 금난바위(金生巖)를 가리키며 말씀하시기를

것이 태을주다. 인간은 천지에 비해 율려수가 부족하여 생명에 본질적인 한계가 있는데, 이는 오직 태을주 율려 기운을 받음으로써만 극복할 수 있다. 율려는 현상적으로 천지 팔방위에서 작용하며, 태을천 상원군님도 팔음팔양의 16신을 거느리신다.

75:6 태을주. "이 주문은 태을신주(太乙神呪) 또는 여의주(如意珠)라고 불렸다." 〈조선의 유사종교〉

76:8 『대순전경』에는 '살아날 사람이 적다.'로 기록되어 있으나 『대순전경』의 편집위원이었던 송문섭의 증언에 의하면, 이상호가 '살아날 사람이 없다.' 하면 너무 잔인하다 하여 '적다.'로 고쳤다고 한다.

77:7~8 박공우 성도의 수제자 중 한 사람인 이동술의 아들 이판규 증언.

이동술
(1884~1964)

이판규
(1930~2004)

78:1 강감찬(姜邯
贊, 948~1031).
본관 금주(衿州).
초명 은천(殷川).
고려시대의 명장
으로 귀주대첩
(龜州大捷)으로
유명하다. 그 기
이한 행적은 우
리나라 선맥(仙
脈)을 인물별로
정리한 『해동이
적(海東異蹟)』에
도 나온다.

79장 박공우 성
도 집안에 전해
내려오는 일화.

12 "이곳이 **금암문(金巖門)**이니라. 이곳에서부터 금산사까지는 문(門) 안이요, 이곳에서 원평 쪽으로는 문 밖이 되느니라." 하시니라.

강감찬의 벼락칼 공사

78 상제님께서 하루는 구릿골 약방 마루에서 남쪽을 향해 앉으시어 형렬에게 말씀하시기를 "강감찬(姜邯贊)이 벼락칼을 잇느라 욕보는 구나. 어디 시험하여 보리라." 하시며

2 오른손을 들어 왼 무릎을 치시고 왼손을 들어서 오른 무릎을 치시 는데

3 오른손을 드실 때 소리개봉 머리에서 번개가 일어나 왼 무릎을 치 실 때 제비산 밑에 벼락이 치고

4 왼손을 드실 때 제비산 머리에서 번개가 일어나 오른 무릎을 치실 때 소리개봉 밑에 벼락이 치더라.

5 이와 같이 무수히 벼락을 쓰실 때에 "좋다! 좋다!" 하며 무릎을 치시 니, 천지가 자지러지고 산악이 무너지는 듯하여 성도들은 모두 넋 이 빠졌더라.

6 한참이 지난 후에 그치시니 한 사람이 가만히 말하기를 "우리가 요 술에 속은 듯하니 가서 확인해 보자." 하거늘

7 이에 두 패로 갈라져서 한 패는 소리개봉 밑에 가 보고 또 한 패는 제비산 밑에 가 보니 수목들이 벼락에 타고 찢기어 그 참상이 험하 더라.

별자리 돌리는 법을 가르쳐 주리라

79 공우가 상제님을 모시고 다닐 때 여러 차례 "도통하는 법을 가르 쳐 주옵소서." 하고 애원하거늘

2 하루는 상제님께서 공우를 바라보시며 "네가 그토록 원하니 하늘 의 별자리 돌리는 법을 가르쳐 주리라." 하시고

3 밤하늘을 가리키며 말씀하시기를 "제일 맘에 드는 별을 하나 골라 라." 하시니 공우가 명을 좇아 별 하나를 고르니라.

4 이에 상제님께서 그 별을 향하여 손을 두르시니 그 별을 중심으로 다른 모든 별들이 원을 그리며 돌아가거늘

5 상제님께서 "공우야, 따라 해라." 하시므로 공우가 상제님을 따라 별을 향하여 손을 두르니

6 잠시 후 상제님께서 손을 내리시되 별들은 공우가 손을 두르는 대로 계속하여 돌아가더라.

사흘 동안 도통 기운을 열어 주심

80 성도들이 매양 '언제나 도통을 할거나.' 하며 도통 내려 주시기를 간청하거늘

2 상제님께서 하루는 성도들에게 도통 기운을 열어 주시니라.

3 이 때 한 성도가 산 사람의 혼을 불러 "돈 얼마를 가져오라." 하니 그 사람이 마치 무엇에 홀린 듯 돈을 가져오거늘

4 상제님께서 이를 아시고 크게 노하시어 사흘 만에 도통을 거두시니라.

80장 안내성 성도의 제자 배학범의 딸 배은실 증언.

대두목의 도통줄

81 하루는 한 성도가 도통을 원하거늘 "때가 오면 도통을 먼저 대두목(大頭目)에게 주리니

2 그가 천하의 도통신(道通神)을 거느리고 각기 공덕의 크고 작음에 따라 모두 도통을 시키느니라." 하시니라.

직품에 따라 열리는 도술

3 또 말씀하시기를 "앞세상에는 도술이 직품(職品)에 따라서 열리느니라.

4 성경신으로 믿어 잘 닦으면 상재(上才)는 병자를 바라만 보아도 낫고

5 중재(中才)는 손으로 만져야 낫고

6 하재(下才)는 주문을 읽어 낫게 하느니라." 하시니라.

온 인류의 마음을 밝혀 주리라

82 하루는 성도들에게 이르시기를 "'공자는 72인을 도통케 하고 석가모니는 500인을 도통케 하였다.' 하나

2 나는 차등은 있을지라도 백성까지 마음을 밝혀 주어 제 일은 제가 알게 하며

3 남자는 남의 여자에게 탐심을 내지 않고, 여자는 남의 남자에게 탐심을 내지 않으며

4 길에 흘린 것을 줍는 자가 없게 하고, 산에는 도적이 없게 하리라." 하시니라.

한국이 세계의 일등국

83 하루는 말씀하시기를 "조선이 중국을 대국이라 칭한 고로 중국 인종이 조선 사람보다 큰 것이니라.

2 또 대국의 위에 특대국이 있으니 이는 곧 서양이라. 그러므로 서양 인종이 제일 크니라.

3 그러나 앞으로는 조선이 세계의 **일등국**이 되리니 선생국의 인종이 서양 사람보다 작아서야 쓰겠느냐.

4 내가 너희들의 키를 여섯 자 여섯 치로 쭉 늘여 뽑으리라." 하시니라.

83:5~6 문공신 성도의 셋째 아들 문복환(1919~) 증언.

5 이 때 한 성도가 여쭙기를 "일등국이 되려면 전쟁으로 세계 각국을 다 이겨야 되지 않습니까?" 하거늘

6 상제님께서 말씀하시기를 "넌 왜 그리 멍청하냐? 세계 사람들이 '선생님'이라 하면 일등국이 될 것 아니냐." 하시니라.

조선이 천하의 도주국

83:7~8 안내성 성도의 넷째 아들 안정남(1929~) 증언.

7 상제님께서 안내성에게 말씀하시기를 "내가 이곳 해동조선에 지상천국을 만들리니 지상천국은 천상천하가 따로 없느니라." 하시며

8 "장차 조선이 천하의 도주국(道主國)이 되리라." 하시니라.

내 일은 여동빈의 일과 같나니

84 천지 안에 있는 말은 하나도 헛된 것이 없느니라.

2 세간에 '짚으로 만든 계룡'이라는 말이 있나니 그대로 말해 주는 것을 사람들이 모르느니라.

3 또 나의 일은 여동빈(呂洞賓)의 일과 같으니

4 동빈이 사람들 중에서 인연 있는 자를 가려 장생술(長生術)을 전하려고 빗 장수로 변장하여 거리에서 외치기를

5 '이 빗으로 빗으면 흰머리가 검어지고, 빠진 이가 다시 나고, 굽은 허리가 펴지고, 쇠한 기력이 왕성하여지고

6 늙은 얼굴이 다시 젊어져 불로장생하나니 이 빗 값이 천 냥이오.' 하며 오랫동안 외쳐도

7 듣는 사람들이 모두 '미쳤다.'고 허탄하게 생각하여 믿지 아니하더라.

8 이에 동빈이 그중 한 노파에게 시험하니 과연 흰머리가 검어지고 빠진 이가 다시 나는지라

9 그제야 모든 사람이 다투어 사려고 모여드니 동빈이 그 때에 오색

84:2 대세의 바탕을 일러 주어도 세상 인간들이 묵은 기운과 무지와 죄업 때문에 자기중심적 사고에 빠져 상제님의 대도세계를 알아듣지 못하므로 허수아비나 산송장에 불과하다는 말씀이다. 증산 상제님의 말씀을 깊이 짚어 보면, 상제님은 창생을 지극히 생각하시면서도 대도의 근본자리에서는 인간으로 인정하지

후전

구름을 타고 홀연히 승천하였느니라.

10 간 뒤에 탄식한들 무슨 소용 있겠느냐!

최 풍헌의 큰 지혜 : 변국을 꿰뚫어 본다

85 상제님께서 하루는 성도들에게 최 풍헌(崔風憲)의 옛일을 말씀해 주시니 이러하니라.

2 최 풍헌은 지난 임진란(壬辰亂) 때 전라도 고흥(高興) 사람이라.

3 풍헌이 밤낮 술에 취해서 비틀거리며 동리 사람들에게 욕설을 하고 툭하면 지나가는 행인에게 시비를 거니 모두 미친 사람으로 취급하니라.

4 그러나 류 훈장(柳訓長)은 그런 풍헌을 그 때마다 타이를 뿐이니, 이는 풍헌이 일에 임하면 명민하고 지혜가 뛰어나므로 일찍부터 범상치 않게 보아 온 까닭이라.

5 한번은 고을 현령이 풍헌을 못마땅히 여겨 파면할 구실을 찾으려고 고을 호구대장과 토지대장을 주며 몇 달이 걸릴 일을 "보름 안에 조사해 오라." 하고 명하니

6 풍헌이 아랑곳하지 않고 여전히 술에 취해 돌아다니다가 기한이 차매 뜻밖에 한 사람도 빠트리지 않고 정확히 조사하여 올리거늘

7 조사한 날이 모두 한날한시인데다 수결(手決)까지 쓰여 있어 현령이 크게 놀라 아무 말도 하지 못하니라.

8 몇 달 후에 '왜병이 침입하리라.' 는 풍설이 널리 퍼져 민심이 크게 소동하거늘 류 훈장이 풍헌에게 피난할 일을 부탁하되 풍헌은 '알지 못한다.' 며 수차 사양할 뿐이더니

9 하루는 술에 취하여 말하기를 "그대의 가산과 전답을 다 팔아서 나에게 맡기라." 하매 훈장이 풍헌을 믿고 그대로 따르거늘

10 풍헌이 그 돈으로 날마다 술을 마시며 방탕히 지내다가 갑자기 한 달 동안 사라져 보이지 않으니라.

11 훈장은 믿는 바가 있어 모르는 체하며 지내는데 하루는 '풍헌이 사망하였다.' 는 부고가 이르거늘

12 훈장이 크게 놀라 풍헌의 집에 찾아간즉 풍헌의 막내아들이 건을 쓰고 곡하며 훈장을 맞으매

13 "어떻게 돌아가셨냐?" 하고 물으니 "술에 취해 넘어지면서 구정물통에 머리가 박혀서 돌아가셨다." 하므로 시신을 살펴보니 과연 최 풍헌이라.

않으셨다.

84:3 여동빈(呂洞賓, ?~?). 이름은 암(嵓), 동빈은 자, 호는 순양자(純陽子). 당 팔선(唐八仙) 중 한 사람. 당나라 천보(天寶, 742~755) 연간에 태어났다. 여조(呂祖)로 널리 알려져 있다. 팔선의 수장격인 종리권(鐘離權)으로부터 도를 전수받아 신선이 되었다 한다.

85:1 최 풍헌. 자세한 신상은 알 수 없다. 평양으로 피난 간 선조 앞에 나아가 '병권을 3일만 허락하면 왜병을 3일 내에 전멸하겠다.' 고 하였으나 왕이 허락하지 않았다고 한다. 그러자 다시 '그러면 최 풍헌 네가 병권없이 왜병들을 없애라.' 고, 한 말씀만 내려 달라고 청하였으나 이 역시 허락되지 않아서 조화권을 쓰지 못하고 통탄했다는 전설이 내려온다. 풍헌(風憲)은 조선시대 대민 행정 실무를 담당하던 향임(鄕任)의 하나로서 오늘날 면이

나 동의 직원에 해당한다.

85:15 지래산. 전남 고흥군 동강면 매곡리(梅谷里) 당곡(棠谷: 땅골) 마을 뒤에 있는 병풍산(461m). 비조암(飛鳥岩, 장군바위)이 있으며 지리산이라고도 한다.

85:17 굴건제복. 굴건(屈巾)과 제복(祭服)을 아우르는 말로, 상복 차림에 두건을 쓰고 그 위에 건을 덧쓴 차림.

14 훈장이 상제(喪制)를 위로하고 나서 "유언이 있느냐?" 하고 물으니

15 대답하기를 "류 훈장에게 통지하여 그 가솔과 더불어 상복을 입고 상여 뒤를 따르게 하여 지래산(智萊山) 아무 골짜기에 장사지내라 하였습니다." 하는지라

16 훈장이 집에 돌아와 가족들과 의논하니 모두 곧이듣지 않고 막내아들 하나만 뜻을 따르거늘

17 사흘 후에 굴건제복(屈巾祭服)하고 운상하여 지래산 속으로 들어가니 골짜기 위에서 '상여를 버리고 이곳으로 오라.'는 소리가 들리므로 바라보니 곧 풍헌이라.

18 이에 상여를 버리고 올라가니 그곳에 가옥을 지어 놓고 양식을 풍부히 마련해 두었더라.

19 얼마 후 밤이 되어 살던 마을 쪽을 바라보니 불빛이 환하거늘 풍헌이 말하기를 '이는 왜병이 침입하여 온 마을에 불을 지른 것이라.' 하매 훈장이 더욱 탄복하니라.

20 그런데 그 골짜기 위에서 본 최 풍헌의 얼굴이 본래 모습과는 조금 달랐다 하니라.

큰 도적놈이로구나

86 형렬이 상제님을 모시면서 얼마 안 되는 살림마저 거의 없어질 지경에 이르거늘

2 하루는 상제님께서 형렬을 부르시어 임인년 추석에 솥단지 판 일을 말씀하시며 "식주인의 조력이 없었다면 나의 일을 어떻게 감당하였겠느냐." 하시고

3 "네 정성은 칠년가뭄에 단비 얻기보다 어렵고 구년홍수에 나무 한 묶음 얻기보다 어려우니 너의 지극한 정성이 천지에 차고 남느니라.

4 내가 네 신세를 못 잊겠구나. 이제 너의 소원 한 가지 들어주마." 하시니라.

5 이에 형렬이 곰곰이 생각하다가 선천 말대의 대개벽에 대한 상제님의 말씀을 떠올리며 "그러면 '때가 되면 괴질로 다 죽는다.' 하셨으니, 천지에 병겁이 돌 때 저희 자식이나 다 살려 주십시오." 하거늘

6 상제님께서 갑자기 노기 띤 음성으로 "에이, 대적(大賊)놈 같으니! 그건 내 마음대로 못 한다." 하시고

후천

7 타일러 말씀하시기를 "형렬아, 식구 살리려 하지 마라. 오만년 너하나 시조(始祖) 되면 되지 않겠느냐." 하시니라.

8 이어 말씀하시기를 "내가 출세할 때는 대두목이라도 다섯 사람 데리고 따르기가 어려우리니 부디 마음을 잘 가지라.

9 희귀하다는 희(稀) 자가 '드물 희' 자니라.

10 때가 되어 내가 부르면 참여할 사람이 별로 없으리라." 하시니라.

86:7 식구 살리려 하지 마라. 내 가족에게만 연연해서 대세를 놓치면 안된다는 경계 말씀이다.

굶어 죽는 폐단을 없애심

87 내가 천지공사를 맡아봄으로부터 모든 연사(年事)를 맡아 일체의 아표신(餓莩神)을 천상으로 올려 보냈나니

2 앞세상에는 굶어 죽는 폐단이 없으리라.

87:1 아표신. 굶어 죽은 사람의 신명.

선경세계의 복록 분배

3 후천에는 자식 못 두는 자가 없으리라.

4 또 부자는 각 도에 하나씩 두고 그 나머지는 다 고르게 하여 가난한 자가 없게 하리라.

5 후천 백성살이가 선천 제왕보다 나으리라.

사람을 해롭게 하는 것을 없애심

88 하루는 이도삼(李道三)에게 명하시기를 "사람을 해롭게 하는 물건을 낱낱이 헤아려 보라." 하시니

2 도삼이 범과 사자와 이리로부터 모기와 이와 벼룩과 빈대에 이르기까지 자세히 헤아려 아뢰거늘

3 상제님께서 말씀하시기를 "후천에는 사람을 해롭게 하는 것은 모두 **없애리라.**" 하시니라.

호랑이 기운을 거두고 종자만 남기심

4 하루는 성도들에게 말씀하시기를 "범의 성질이 너무 사납다 하므로 내가 그 성질을 알아보려고

5 일찍이 손바래기 뒷산에서 호둔하여 보았더니 모든 사람이 개나 돼지와 같이 보이는지라

6 범을 그대로 두면 인간에 해를 끼침이 많겠으므로 종자만 남겨 두고 없애 버렸노라." 하시니라.

지구촌의 세계 통일정부 건설

89 내가 출세할 때에는 주루보각(朱樓寶閣) 삼십육만 칸을 지어

89:1 삼십육만 칸을 지어. 이 말

씀은 한 지역에
건물 하나씩을
짓는다는 것이
아니다. 새 건축
양식에 의한 후
천선경의 지구촌
통치 본부와 핵
심 일꾼들의 거
주 지역을 말씀
하신 것이다.

89:4~6 이 말
씀은 인사(人事)
를 신도 차원에
서 하신 말씀이
다.

89:8~9 이는
도통문이 열려
증산 상제님의
성령을 뵐 수 있
는 신도 문명(神
道文明)의 개막
을 말씀하신 것
이다.

90:1 짚을 빨고
계시니. 상제님
께서 김호연 성
도에게 "(애들)
병나면은 짚을
꼭꼭 빨아서 대
려(달여) 먹여 봐
라. 그러면 그냥
낫는다."라고 일
러 주셨다 한다.

90:2 천백 개벽.
세계가 통일되는
가을 대개벽을
향하여 지구촌
문명이 천 번, 백
번 대변화의 개
벽 물결을 탄다
는 말씀이다.

2 각기 닦은 공력(功力)에 따라 앉을 자리에 들어앉혀 신명들로 하여금 옷과 밥을 받들게 하리니

3 만일 못 앉을 자리에 앉은 자가 있으면 신명들이 그 목을 끌어 내칠 것이니라.

잘못 닦은 자의 심판

4 하루는 우레와 번개를 크게 일으키며 말씀하시기를 "뒷날 출세할 때에는 어찌 이러할 뿐이리오. 천지가 진동하고 뇌성이 대작하리라.

5 잘못 닦은 자는 죽지는 아니하나 앉을 자리가 없어서 참석하지 못할 것이요

6 갈 때에 따라오지 못하고 엎어지리라.

7 부디 마음을 부지런히 닦고 내 생각을 많이 하라." 하시니라.

8 또 이르시기를 "나의 얼굴을 잘 익혀 두라. 후일에 출세할 때에는 눈이 부시어 보기 어려우리라.

9 예로부터 신선이란 말은 전설로만 내려왔고 본 사람은 없었으나 오직 너희들은 신선을 보리라." 하시니라.

10 또 말씀하시기를 "내가 참으로 일하려고 들어앉으면 너희들이 아무리 나를 보려 하여도 못 볼 것이요, 내가 찾아야 보게 되리라." 하시니라.

이제 세상이 다 됐다

90 하루는 상제님께서 돌멩이로 짚을 빨고 계시니 호연이 "왜 그렇게 빨아요? 손 안 아파요?" 하거늘

2 말씀하시기를 "이제 천백 개벽을 하리라." 하시니라.

3 이에 호연이 "천백 개벽이라니 그게 무슨 소리예요?" 하고 여쭈니

4 "거, 덥적거리지 말고 가만히 생각을 좀 해 보아라.

5 이제 천이 천 말 하고, 만이 만 말 하는 세상이 오느니라. 그렇다 해도 네 마음 하나만 꿋꿋이 지키면 괜찮으니라.

6 이 뒤로는 누워서 밥 먹는 세상이 오리니 나는 그런 세상을 못 보고 가지만 너는 본다." 하시니라.

7 이에 호연이 "세상이 어떻게 그럴까?" 하고 의아한 듯 여쭈니

8 말씀하시기를 "앞으로 밖에 나가지 않고도 방에 앉아서 바위 같은 기구로 밥해 먹고 사는 이치가 돌아온다. 이제 세상이 다 됐다. 다 됐어!" 하시니라.

9 호연이 더욱 궁금하여 "어떻게, 어떻게?" 하며 보채니 말씀하시기를 "이제 이 세상 이치가 아침 다르고 저녁 다르니라.

10 세상이 아침저녁으로 두 번 가르치리니 무슨 말이 소용 있겠느냐? 날로 다르고 참으로 편할 것이다.

11 복 없는 놈은 고생하고 배고플 테지만, 눈이 바로 박힌 놈은 제가 먹고도 남으리니

12 좋은 세상이 돌아와 좋은 꼴을 볼 것이다." 하시니라.

지구촌 언어 통일의 계기

91 천지에 수기(水氣)가 돌면 만병이 모두 물러갈 것이요, 만국 사람이 배우지 않고도 말을 통하게 되나니

2 수기가 돌 때에는 와지끈 소리가 나리라.

세계 창생을 가르치는 교도시(敎都市) 건설

92 하루는 상제님께서 형렬에게 말씀하시기를 "장차 ○○○에다 동대문 달고, ○○ ○○에다 남대문 달고

2 ○○○에다 서대문 달고, ○○○에다 북대문 달아 세계 사람들을 가르치는 큰 도시를 만들 것이니라.

3 후천선경에는 판이 이렇게 크리라.

4 세계 창생이 모여 내 도를 공부하리니 너희는 잘 닦아 그들을 가르치라." 하시니라.

91:1 수기가 돌면. 천지만물은 모두 생명의 근원이 되는 태극수(太極水)의 조화 기운을 받아 화생(化生)한다. 선천 봄여름의 생장기를 지나 수렴·통일하는 가을의 시간대로 들어서는 극한의 분열기에서, 결실하기 위해서는 반드시 생명의 근원자리로 원시반본해야 한다는 말씀이다.

92:2 가르치는 큰 도시를. 김형렬 성도와 그 아들들이 평소 이환구 성도 집에 와서 이 말을 자주 했다.

육임(六任)

육임(六任)의 뜻 문자적으로는 여섯 육, 맡길 임으로 여섯 사람이 각기 임무를 맡는다는 뜻이다. 증산 상제님의 도(道)를 받은 사람(상제님께 치성을 모시고 입도한 자)은 누구나 한 사람이 여섯 사람에게 도(道)를 전하여 사람을 살리는 상생(相生)을 온몸으로 실천하여 자신의 도권(道權)을 열어나가는 것이다. 상제님 천지대업의 공덕을 평가하는 제1조가 이 육임조직 도수이다.

1·6수의 의미 천지의 상수(象數) 정신을 계시하는 하도(河圖)의 북방 1·6수(水)에서 육임 조직의 근본정신을 알 수 있다. 1은 1태극수(太極水)로 본체(體)이다. 우주가 태어나는, 우주 통일의 정신이 1수(一水)이다. 그 생수(生數) 1이 실제로 변화 작용(用)을 하는 것이 성수(成數)인 6이다. 6은 북방 1수에다 중앙 5토(五土), 즉 5황극(五皇極)을 더해서 6수(六水)가 된 것이다. 물의 근원은 술해자(戌亥子)인데, 그 중에서도 해자(亥子) 1·6수의 근원이 술(戌)이다. 때문에 육임조직을 총체적으로 이끄는 대두목(大頭目)은 술생(戌生)의 태극자리에서 온다.

육임조직은 우주의 가을철에 수기(水氣)를 돌리는 궁극적인 의통조직이다. 육임조직으로서 이 세계를 상제님 문화권으로 통일하는 바로 그 때에 천지의 수기가 돈다. 수기라는 것은 북방 1·6수, 현무로 상징되며 천지조화의 근원이다.

우주변화원리에서 수·화·금·목·토에 상화(相火)라고 하는 불이 하나 더 붙으면 6기(六氣)가 된다. 육기를 쉽게는 풍한(風寒), 서습(暑濕), 조화(燥火)로도 얘기하고 육갑(六甲)이라고도 한다. 육정신, 육갑신, 육병신, 육을신은 천상 신도(神道)의 조화 신장(神將) 세계인데 6수로 이루어졌다.

육임 조직의 근본 정신 예수의 12제자 가운데 믿음의 심성이 가장 고도로 깨진 사도 요한이 2천 년 전에 천상으로부터 받은 계시를 통해 육임조직을 '구원의 일곱 천사'로 묘사했다. 북방 1·6수에서 포감 한 사람과 육임조직의 구성원을 합한 일곱 명이 실제 지상에서 사람을 살리는 상제님의 구원의 천사란 것이다. 결국 육임조직의 근본정신은 새 생명을 구원하는 가을 개벽의 구원이다.

6수의 실례 6은 조직생명의 가장 이상적인 수이다. 6수로 조직이나 정신을 묶는 구성원리에는 대단히 심오한 우주의 창조섭리가 깃들어 있다.

6에 대한 몇 가지 예를 들어 보면, 오운육기(五運六氣) 기운을 우리 몸에서 받은 오장육부(五臟六腑)가 있고, 증산도의 육임과는 좀 다르지만 동학에 상제님의 계시에 근거를 둔 육임(六壬)이 있다. 유교에서는 육경(六經), 육신(六神), 육종(六宗), 육천설(六天說)이 있고, 불가에는 육경(六境), 육계(六界), 육관법(六觀法), 육관음(六觀音), 육근(六根), 육식(六識), 육념(六念), 육대연기(六大緣起), 육신(六身=육식)이 있으며, 도가에 육합(六合), 육의(六儀) 등이 있다.

육임 일꾼의 사명 우주의 근본정신으로 볼 때, 우주가 생명을 낳아서 기르는 궁극 목적은 우주의 가을개벽 추수기 때 쓰려는 것이다. 천지에서 인간을 쓰는 궁극 목적이 바로 천하사 육임조직이다. 선천 5만년이 끝나고 후천 인존시대의 인존문화권을 여는 개벽기에 우주의 통치자 상제님께서 일꾼들을 예비시키셨다. 가을 인종 추수기에 창생을 구하는 신앙인들을 상제님께서는 한마디로 일꾼, '꾼'이라고 하셨다. 천지의 일을 하는 사람, 하늘과 땅에서 쓰려는 사람을 잡아들이는 깨어진 상제님의 사람이다. 상제님의 일을 창조적으로 실현시킬 수 있는 사람, 이것이 바로 일꾼이다. 일꾼은 프로의 경지에 사는 사람, 즉 천하사의 전문가(Professional)이다.

육임조직은 상제님 9년 천지공사의 결론이요, 이 우주 조직사의 최종 결론이다. 우리나라에 신교의 환국, 배달, 고조선, 북부여, 사국시대, 남북국시대, 고려, 조선, 대한민국의 9천 년 민족사에 이르기까지 증산도에서 육임조직으로 인류사의 새 문명을 대개벽하여 결실, 통일하게 된다. 인류조직사에 우주원리에 정합하는, 하늘과 땅의 천지정신에 합덕하는 개벽세계의 가장 이상적인 조직이 상제님이 명령해서 이루어진 육임조직이다.

우주를 통치하시는 하느님께서 이 생명 개벽의 추수기에 쓰려고 하시는 천하사의 살림 조직이 육임조직이다. 앞으로 억조창생을 건질 개벽을 대비하라는 명령을 받은 상제님의 특수부대이다. 육임조직에는 상제님 도를 만나 이번 가을 개벽에 열매를 맺음으로써 선천의 삶의 목적을 실현하는 의미가 있다.

상제님의 도판에서 육임조직이 아닌 인위적인 조직은 모두 사도(邪道)이며 사기꾼으로 몰아쳐도 전혀 지나침이 없다.

제8편

천하사(天下事) 일꾼

천하사(天下事) 일꾼

일꾼의 대도

광구천하의 대업을 실현하는 자

1 일꾼은 천명(天命)을 받아 천지사업에 종신하여 광구천하의 대업을 실현하는 자니라.

2 모사재천(謀事在天)하고 성사재인(成事在人)하는 후천 인존(人尊)시대를 맞이하여

3 천지부모이신 증산 상제님과 태모 고수부님께서 인간과 신명이 하나되어 나아갈 새 역사를 천지에 질정(質定)하시고

4 일월(日月)의 대사부(大師父)께서 천지도수에 맞추어 이를 인사(人事)로 집행하시니

5 일꾼은 천지일월(天地日月) 사체(四體)의 도맥과 정신을 이어받아 천지대업을 개척하여 후천 선경세계를 건설하는 자이니라.

선경 건설의 천지 녹지사

6 상제님께서 말씀하시기를 "모사재천은 내가 하리니 성사재인은 너희들이 하라. 치천하 50년(五十年) 공부니라." 하시니라.

7 하루는 성도들에게 말씀하시기를 "시속에 전명숙(全明淑)의 결(訣)이라 하여 '전주 고부 녹두새' 라 이르나 이는 '전주 고부 녹지사(祿持士)' 라는 말이니

8 장차 천지 녹지사가 모여들어 선경(仙境)을 건설하게 되리라." 하시니라.

꽃 중에 제일 좋은 꽃

2 상제님께서는 사람이 많이 있을수록 좋아하시니라.

2 임인(壬寅 : 道紀 32, 1902)년에 하루는 상제님께서 아랫목에 앉으시어 윗목에 모인 성도들을 바라보시며 "너희들, 심심하면 심심풀이 좀 해 봐라." 하시거늘

3 성도들이 꽃타령을 부르니 "너희들은 꽃 중에 무슨 꽃이 좋으냐?" 하고 물으시니라.

1:1 일꾼. 가을 개벽기에 상제님 태모님의 진리를 선포하여 많은 사람을 살리고 후천선경의 천지 도업을 완성하는 자, 즉 자연과 인간 역사의 최종 결론을 내는 천지의 위대한 사역자를 말한다. 따라서 일꾼은 유형과 무형을 다 바쳐 생사를 초월하는 정신으로 반드시 천하사를 이루어 내야 한다.

일
꾼

1:8 천지 녹지사. 천지의 녹을 쥐고 다니는 일꾼이다. 녹이란 의식주를 해결할 수 있는 유형적인 화폐뿐만 아니라 천지로부터 타고 나오는 녹 창출의 잠재능력까지도 포괄한다. 곧 유형적인 것뿐 아니라 안

4 이에 누구는 '나락꽃이 좋다.' 하고, 누구는 '목화꽃이 좋다.' 하고, 또 누구는 '담배꽃이 좋다.' 하거늘

5 상제님께서 말씀하시기를 "방안꽃이 제일이니라. 다른 것은 한 번 보고, 두 번 보고 하면 사랑이 멀어지는 법이나

6 사람은 볼수록 정이 드는 것이니 참으로 꽃 중에는 인간꽃이 제일이니라." 하시니라.

7 또 말씀하시기를 "자식을 낳아 보아라, 볼수록 새 사랑이지.

8 나무가 외줄로만 크는 놈은 윗동을 쳐야 가지를 뻗듯이

9 사람이 자식을 낳으면 그것이 곧 가지를 뻗는 셈이니라." 하시니라.

사람이 천층만층 구만층

3 하루는 상제님께서 저잣거리를 지나시며 말씀하시기를 "사람이란 지혜가 있고 눈치가 빨라야 하느니라.

2 꾀 많은 놈은 재치가 있고 미련한 놈은 천천히 자기 죽을 꾀만 내느니라.

3 사람이라는 것은 사람 속에서 살아야 귀를 얻는 것인데 몹쓸 놈들은 사람을 피해서 사니 말을 들어도 무슨 소리인 줄을 모르느니라.

4 사람이 귀를 얻어야 좋은 소리, 낮은 소리를 알아들을 수 있나니 사람이란 사람이 많은 곳으로 뻗쳐야 하느니라." 하시고

5 또 말씀하시기를 "사람이라고 다 같은 사람이 아니라 크고 작고 깊고 얕음이 천층만층 구만층이니라.

6 사람이 아무리 많아도 그 가운데 사람 맘 하나 추려 내기가 어려우니라." 하시니라.

대인을 배우는 자는

4 무릇 대인을 배우는 자는

取天下之長하고 **捨天下之短**하라
취 천 하 지 장   사 천 하 지 단

천하 사람의 장점을 취하고 천하 사람의 단점을 버리라.

2 광인(狂人)의 한마디 말에도 취할 것이 있느니라.

3 대인을 배우는 자는 고금의 흥망에 밝고 세상 사람과 동고동락(同苦同樂)해야 하느니라.

4 두루 놀아야 신선(神仙)이니라.

5 음양을 겸전(兼全)해야 하느니라.

될 일을 되게 하여 상제님 신천지를 건설할 무궁한 녹을 창출해 내는 것까지 포함한다.

2:6 인간꽃. 인생의 궁극 목적은 진리를 깨달아 천지부모가 주신 생명의 꽃을 피워 우주의 열매가 되는 것이다.

내 한 몸 잘 닦는 일

5 상제님께서 공사를 보시며 글을 쓰시니 이러하니라.

5:2 신응조(申應朝, 1804~1899)가 지은 '계자시(戒子詩)'의 첫 구절. 전문은 6편 61장 2~3절 참조. 신응조는 조선 고종 때의 문신. 후에 흥선대원군에 의해 좌의정을 지냈다.

2 一身收拾重千金이니
　一身收拾重千金
　　　일 신 수 습 중 천 금
頃刻安危在處心이라
　경 각 안 위 재 처 심
　내 한 몸 잘 가짐이 천금보다 중하니
　순간의 평안함과 위태로움이
　마음가짐에 달려 있느니라.

5:3 명(明)의 이천(李梴)이 찬(撰)한 『의학입문(醫學入門)』에 있는 글.

5:3 잠심. 원래 '잠심(潛心)'은 마음을 고요히 가라앉힌다는 뜻이다. 그러나 도적(道的) 경지에서 보면 곧 '무심(無心)'의 경지에 해당한다. 무심은 물욕(物慾)에 팔리는 마음이 없고, 옳고 그르거나 좋고 나쁜 것에 대한 동요가 없어진 경계다.

3 潛心之下에 道德存焉이요
　　잠 심 지 하　　도 덕 존 언
反掌之間에 兵法在焉이라
　　반 장 지 간　　병 법 재 언
　무심한 사이에 도덕이 존재하고
　손바닥 뒤집는 사이에도 병법이 있느니라.

송죽처럼 한마음을 잘 가지라

6 마음 지키기가 죽기보다 어려우니라.

2 사람 마음이 열두 가지로 변하나니, 오직 송죽(松竹)처럼 한마음을 잘 가지라.

3 口重崑崙山하고 心深黃河水하라
　구 중 곤 륜 산　　심 심 황 하 수
　입 무겁기를 곤륜산같이 하고
　마음 깊기를 황하수같이 하라.

부단히 공부하라

7 생각에서 생각이 나오느니라.

2 무엇을 하나 배워도 끝이 나도록 배워라.

3 세상에 생이지지(生而知之)란 없느니라.

7:3 생이지지. '나면서부터 안다.'는 뜻으로 『중용(中庸)』과 『논어(論語)』「술이(述而)」편에 나오는 말.

4 천지에서 바람과 비를 짓는 데도 무한한 공력을 들이느니라.

5 너희들 공부는 성경신(誠敬信) 석 자 공부니라.

말을 앞세우지 말라

6 말을 듣고도 실행치 않으면 바위에 물주기와 같고 알고도 행하지 않으면 모르는 것만 같지 못하니라.

7 줄을 쳐야 빨래를 너는 것 아니냐? 조그만 거미도 줄을 치면 새도 잡아먹고 뭣도 잡아먹는데, 그 작은 거미만도 못한 놈도 많으니라.

8 말부터 앞서면 일이 안 되나니 일을 도모할 때에는 뒷감당을 해 놓고 말해야 하느니라.

나의 도가 얼마나 괴로울까

8 하루는 상제님께서 김형렬(金亨烈)에게 "너는 무엇이 장기더냐?" 하고 물으시니 형렬이 "아무것도 장기가 없나이다." 하고 대답하는지라

2 상제님께서 이르시기를 "그러면 너는 이 세상에 무용지물이로구나. 네가 무용지물이면 나는 무엇이 될거나." 하시고

3 이어 말씀하시기를 "세상 사람들은 저 사람 못살면 내가 못사는 법을 모르니 세상이 모두 망하고 마는 것이며

4 제자가 못쓰면 선생이 못쓰게 되는 법을 모르다가 저놈도 죽고 이놈도 죽는 것이니

5 도시 제 마음 잘못 먹어 제가 죽는 줄 모르는구나.

6 그러니 나의 도가 얼마나 괴로울까." 하시고 무엇을 속으로 읽으시며 한없이 슬퍼하시니라.

씨종자는 어찌할 수 없다

9 상제님께서 이따금 김준상(金俊相)의 집 뒤쪽 대밭에 가시어 죽순을 가꾸시니

2 하루는 호연이 "그 죽순은 뭣 하러 가꿔요?" 하고 여쭈거늘

3 상제님께서 말씀하시기를 "대라고 다 같은 대가 아니니라." 하시니라.

4 이에 호연이 "대는 한가지지, 어찌 대가 다른 것이 또 있어요?" 하니

5 말씀하시기를 "대도 잔대가 있고 왕대가 있느니라. 이것은 큰 대이니 왕대니라.

6 씨종자는 어찌할 수 없느니라." 하시니라.

사람은 타고나느니라

7 또 말씀하시기를 "사람이 다 쓸데가 있나니 천황(天皇)에서 짚자리 뚝 떨어질 때 '너는 천하를 위해 뭐 돼라. 너는 뭐 돼라.' 하고 타고나느니라.

8 팔도 사람 모이는 것도 다 이치가 있어서 되는 것이니라." 하시니라.

가난은 사람 가난이 크다

10 상제님께서 무엇을 가르치실 때는 바로 일러 주지 않으시고, 항상, 조화로써 어려움을 겪게 하고 그 끝에 일러 주시어 **스스로 깊이 깨우치도록** 하시니라.

2 상제님께서 말씀하시기를 "사람은 본을 받아서 깨쳐야 한다.

3 천지간에는 작은 검불만도 못한 놈도 많으니라.

4 모르는 놈은 손에 쥐어 줘도 모르느니라.

5 사람 못난 것은 쓸데가 없나니, 가난은 사람 가난이 가장 크니라." 하시니라.

도판을 더럽히는 자

11 임인년 가을에 하루는 어떤 사람이 상제님을 뵈러 왔다가 밖에 나가서 남의 밭 무를 뽑아 먹은지라

2 상제님께서 "저 도둑놈! 남의 무를 뽑아 먹고 다녀서 흉잡히게 한다. 저놈 아가리를 찢어라." 하시며 불같이 꾸짖으시니라.

3 하루는 성도들에게 이르시기를 "외식(外飾)을 버리고 실지(實地)에 힘쓰라.

4 안으로 불량하고 겉으로만 꾸며대면 수숫대 꼬이듯 하고 쓸개가 터지리라." 하시고

5 또 말씀하시기를 "도(道) 밖의 사람은 써도 법(法) 밖의 사람은 못 쓰느니라." 하시니라.

6 상제님께서 말씀하시기를 "수운가사에 '인물 보고 가사(家舍) 보고 모몰염치(冒沒廉恥) 추존(推尊) 말라.' 하였으며

7 또 그 시에

善不處下名不秀라
선 불 처 변 명 불 수

잘 처사하지 못하면 이름을 드날리지 못하리라.

하였나니 잘 알아 두라." 하시니라.

하늘의 기밀을 누설하면

12 상제님께서 말씀하시기를 "도를 이루면 속으로만 알고 마음에 감춰두어 있어도 없는 것같이 하여야 하나니

2 남들에게 뽐내어 비밀을 많이 누설하면 하늘이 도로 밝음을 거두어들이느니라." 하시고

3 또 말씀하시기를 "안다고 하여 망령되이 움직여 말로 세상일의 기밀을 많이 누설하고 행동으로 천리를 범하면, 그것이 작을 때는 신벌(神罰)을 받고 크면 천벌(天罰)을 받게 되느니라." 하시니라.

4 하루는 한 성도가 아뢰기를 "고창(高敞) 선운사(禪雲寺)에 이인(異人)으로 이름난 처사 한 사람이 있사온데

5 그가 앞으로 다가올 일을 불 보듯 훤히 알아서 '세상을 구원하는 분이 지금 이 세상에 내려와 계신데 그분은 강성(姜姓)이시다.' 하고 말하였다 합니다." 하니

6 말씀하시기를 "그러하냐?" 하시니라.

7 그 후 며칠이 지나지 않아 다른 성도가 찾아와서 아뢰기를 "선운사의 그 처사가 병도 없이 무척 건강하였는데 며칠 전에 비명횡사하였다 하옵니다." 하니

8 상제님께서 말씀하시기를 "하늘의 기밀을 누설하면 살 수가 없느니라." 하시니라.

난법자의 종말

13 남을 지도하는 자가 알고도 죄를 범하여 천도(天道)에 벗어나는 자는 더욱 벌이 크니라.

2 내 도(道)에 없는 법으로 제멋대로 행동하고 난법난도(亂法亂道)하는 자는 이후에 날 볼 낯이 없으리라.

3 안다는 자는 죽으리니 아는 것도 모르는 체하여 어리석은 자와 같이 하라.

4 남이야 어떻게 알든 실속만 있으면 되느니라.

5 길가에 좋은 꽃을 심어 두면 아이도 꺾고 어른도 꺾느니라.

현세에 안다는 자는

14 이 시대가 장차 길에는 두 사람이 뭉쳐 가기 어렵고, 방에는 다섯 사람이 모여 앉기 어려우리니

2 아는 것도 모르는 체하고 엄벙덤벙하여 폭 잡기 어렵게 지낼지어다.

3 현세에 안다는 것은 다 때 찐 소리니라.

내 일은 감나무 접붙이듯이 된다

15 임인년 가을에 하운동 형렬의 집 앞 감나무에 가지가 휘도록 감이 풍성하게 열리니라.

11:6 모몰염치 추존 말라. 다른 사람의 지체와 가세, 능력 등이 자신보다 뛰어남을 대단하게 여겨 몰염치하게 무조건 추종하지 말라는 뜻.

11:7 선불처변명불수. '雲捲西山諸益會 (구름은 서산에 걷히고 모든 벗은 모이리니)'와 대구를 이루는 구절. 《동경대전》「우음(偶吟)」〉

12:4 선운사. 전북 고창군 아산면(雅山面) 삼인리(三仁里) 선운산 중턱에 있는 절. 신라 진흥왕이 창건하고 백제의 승려 검단(檢旦)이 중건했다고 전한다.

13:2 난법난도. 난법난도자들의 대표적인 유형으로는 첫째, 상제님의 종통을 계승한 고수부님을 부정하고 둘째, 자신들의 정통성을 확보하기 위해 종통 및 역사를 왜곡·날조하며 셋째, 보편적·객관적인 진리 체계를 갖추지 못하고 넷째, 때가 되면 갑자기 한 사람이 나타난다는 등의 논

리로 성사재인의 인사적 섭리를 부정한다.

15장 감은 씨가 모두 여덟 개로 팔방위를 형상하고 있다. 또한 감나무는, 그 잎이 넓어 글씨 쓰기에 좋으므로 문(文)이 있고, 단단하여 화살촉의 재료가 되므로 무(武)가 있으며, 그 열매의 겉과 속이 똑같이 붉으므로 충(忠)이 있고, 서리 내리는 늦가을까지 열매가 달려 있으므로 절(節)이 있으며, 치아가 없는 노인도 홍시를 먹을 수 있으니 효(孝)가 있다 하여 문무충절효(文武忠節孝)의 오절을 예로부터 예찬하였다.

일꾼

2 하루는 상제님께서 감나무 밑에 앉아 감을 쳐다보며 노래하시기를

3 "감아, 감아. 열거든 떨어지지 말고 떨어지려면 열지를 말거라." 하시니라.

4 하루는 상제님께서 말씀하시기를 "내 일은 고욤나무에 좋은 감나무 접붙이듯이 된다." 하시니라.

마음씨 고약한 부자의 버릇을 고치심

16 계묘(癸卯 : 道紀 33, 1903)년 봄에 하루는 상제님께서 함열 어느 마을에 가시니 고을의 한 부자(富者)가 농사를 짓지 못하고 있는지라

2 상제님께서 마을 사람에게 그 연유를 물으시니 대답하기를 "그 집에 일을 가서 끼니때가 되면

3 반찬이 많으면 밥이 적어서 못 먹고, 밥이 많으면 반찬이 없어서 못 먹고 하니 그 집에 일을 가라 하면 다 마다합니다." 하더라.

4 그리하여 온 고을에서 인심을 잃어 아들 셋을 모두 장가보내지 못했거늘

5 상제님께서 그 부자에게 가시어 "내가 아들을 장가보내 줄거나?" 하고 물으시니 "아이고, 그러면 얼마나 좋겠습니까." 하는지라

6 상제님께서 "너, 저 물에 가 물고기 잡겠냐?" 하시니 "무엇을 놓고 잡아야지요." 하거늘

7 "아, 그냥 한번 잡아 봐라." 하시니 "어떻게 잡아요?" 하고 반문하니라.

8 이에 상제님께서 "내가 잡을게 너 봐라." 하시고 개울가로 데리고 가시어 "저 송사리들이 내 입으로 들어가는가 안 들어가는가 봐라!" 하시며 자리에 서신 채로 훅 빨아들이시거늘

9 물이 기둥처럼 빨려 들어오면서 송사리들까지도 함께 따라 들어오더라.

10 이어 상제님께서 "그대로 해 봐라." 하시매 그 부자가 따라 해 보는데 아무리 해도 아니 되거늘

11 상제님께서 "그것도 못하는 주제에 네가 잘산다고 교만하게 굴면 일이 되겠느냐?

12 이 동네에서 내가 며느리 하나 생기게 해 주랴?" 하시니 과연 얼마 뒤에 한 처녀가 느닷없이 그 집 며느리가 되기를 자청하여 큰아들과 혼인을 하니라.

집안을 일으키는 며느리

17 며느리가 집안에 들어온 지 며칠이 지나 시어머니에게 '열쇠꾸 러미를 달라.' 하거늘

2 시어머니가 "엊그제 들어온 것이 무엇을 안다고 열쇠를 달라 하느 냐!" 하고

3 그 남편에게 이르기를 "열쇠를 맡기고 나면 주관을 뺏겨서 이제 큰 소리도 못 칠 것 아니오?" 하며 주려하지 않는지라

4 시아버지가 "다 같은 자식인데 왜 큰소리를 못 치겠소?" 하며 열쇠 를 맡기니 이로부터 집안 살림을 며느리가 맡게 되거늘 마침 이날 은 모내기를 하는 날이더라.

5 식사 때가 되어 일꾼들 밥을 하는데 시어머니가 쌀 한 말을 내놓거 늘 며느리가 사람 수를 세어 보고는 한 말은 당치도 않다며 두 말 을 내어 밥을 지으니 모두 배불리 먹으니라.

6 하루는 집안 제삿날이 되어 시어머니가 장을 보아다 주거늘

7 며느리와 새서방이 목욕재계를 한 후 나락 한 되를 가져다가 무릎 을 꿇고 손톱으로 일일이 다 까더니

8 그 쌀을 절구통에 넣어 일곱 번 찧은 후에 메를 지어 정화수 한 그릇 과 함께 제삿상을 차려 놓으니라.

9 시어머니가 이를 보고 "장을 보아다 주었더니 어찌 네 마음대로 하 느냐?" 하고 꾸중하거늘

10 며느리가 답하여 말하기를 "정화수는 깨끗하게 솟는 물이고, 쌀은 손 톱으로 깠으니 그것이 정성입니다.

11 저 음식들은 무엇을 뜯어먹고 사는 깨끗하지 못한 것들이니 저 하 는 대로 하세요, 어머님." 하더라.

12 이 뒤로 그 부자는 동네에서 다시 인심을 얻어 남은 두 아들을 장 가보내고, 농사도 잘 되어 더 큰 부호가 되니라.

저놈들 어찌 근심이 없을까

18 하루는 비가 내리니 성도들이 앉아 있다가 졸음을 참지 못하고 낮잠을 자거늘

2 상제님께서 이를 보시고 호연에게 "저놈들, 잠을 자게 할까, 어쩔 까?" 하시니

3 호연이 "아이고, 왜 그래요? 내버려 두세요!" 하고 만류하니라.

4 상제님께서 "저놈들 어찌 근심이 없을까?" 하시니 호연이 "근심은 무

일꾼

18:4 어찌 근심 이 없을까. 이는

철저한 문제의식과 소명의식을 가지고 도에 임해야 한다는 말씀이다. 천지부모의 뜻을 성취하는 천하사 일꾼으로서 나태하고 무책임한 태도로 도업에 임하는 묵은 정신과 허상에 빠진 종말신앙을 경계하신 것이다.

슨 근심이요?" 하거늘

5 말씀하시기를 "여기를 오려면 노자도 있어야 하고, 또 제 집에 돌아가 먹고살려고 해도 돈이 있어야 할 터인데, 그 일을 생각하면 무슨 연구를 한들 저렇게 잠이 와?

6 가만둬서는 못쓴다, 가서 눈구녕에 불을 질러야지." 하시며

7 성냥불을 콧구멍에 갖다 대시고 또 눈썹도 그스시니 곤히 자던 성도들이 화들짝 놀라 일어나니라.

먼저 할 일과 나중 할 일

19 대학(大學)에

物有本末하고 事有終始하니
물 유 본 말　　　 사 유 종 시

知所先後면 則近道矣리라
지 소 선 후　　 즉 근 도 의

其本이 亂而末治者否矣며
기 본　 난 이 말 치 자 부 의

其所厚者에 薄이오
기 소 후 자　 박

而其所薄者에 厚하리 未之有也니라
이 기 소 박 자　 후　　 미 지 유 야

만물에는 본말(本末)이 있고

일에는 시종(始終)이 있으니

먼저 할 일과 나중 할 일을 가릴 줄 알면 도에 가까우니라.

그 근본이 어지럽고서 끝이 다스려지는 자는 없으며

후하게 할 것에 박하게 하고

박하게 할 것에 후하게 할 자는 없느니라.

2 하였나니 '인도(人道)의 규범'이니라.

일은 때가 있다

19:3 천지 변화의 마디는 일정한 시간성을 갖고 이루어진다. 천하사의 도정 역시 정해진 시간 속에서 이루는 일이기에 '그 도수에 맞는 그 때'를 놓치면 일을 이루기가 어렵다는 뜻이다.

3 今日之事는 今日爲之하고
금 일 지 사　 금 일 위 지

明日之事는 明日爲之하라
명 일 지 사　 명 일 위 지

오늘 할 일은 오늘 하고

내일 할 일은 내일 해야 하느니라.

기회는 잠시뿐인 천지대사

20 지금은 하늘이 세상에서 천심(天心) 가진 자를 구하는 때니라.

2 수운가사에 '제 소위 추리(推理)한다고 생각나니 그뿐이라.' 하였

나니

3 너희들이 이곳을 떠나지 않음은 의혹이 더하는 연고라. 이곳이 곧 선방(仙房)이니라.

4 수운가사에 '운수는 길어지고 조같은 잠시로다.' 하였나니 이는 도(道)에 뜻하는 자의 거울이니라.

천하창생의 생사가 너희들 손에

21 내 밥을 먹는 자라야 내 일을 하여 주느니라.

2 장차 천지에서 십 리에 사람 하나 볼 듯 말 듯하게 다 죽일 때에도 씨종자는 있어야 하지 않겠느냐.

3 천하창생의 생사가 다만 너희들 손에 매여 있느니라.

4 다 죽고 너희만 살면 무슨 낙이 있겠느냐.

장차 탄식줄이 나오리라

5 너희들이 지금은 이렇듯 친숙하되 뒷날에는 눈을 바로 뜨지 못하리니 마음을 바로 갖고 덕 닦기에 힘쓰라.

6 수운가사에 '많고 많은 사람 중에 어떤 사람 이러하고 어떤 사람 저러한가.' 라 함과 같이 탄식줄이 나오리라.

7 나를 잘 믿으면 양약(良藥)이요, 잘못 믿으면 사약(死藥)이니라.

천하사 일꾼의 길

22 천하사를 하는 자는 먼저 망한 뒤에야 흥하고, 죽음에 들어가야 살길을 얻게 되느니라.

2 대장부 일을 도모함에 마땅히 마음을 크고 정대히 가져 '내가 죽어도 한 번 해 보리라.' 하고 목숨을 생각지 말아야 할지니

3 작은 일에 연연하면 큰일을 이루지 못하느니라.

4 일꾼이 일을 도모함에 무서워서 못하는 것은 의기(義氣)가 부족한 연고니라.

5 내 일을 하다가 곤란은 있을지언정 그릇 죽지는 아니하리라.

6 천하사 하려다가 좀 갇히는 것이야 무서울 것이 있느냐.

7 爲天下者는 不顧家事니
위 천 하 자 불 고 가 사
천하사를 하는 자는
집안일을 돌볼 수가 없나니

8 제갈량(諸葛亮)이 성공치 못한 것은 유상팔백주(有桑八百株)로 인함

한마디로 때의 중요성을 말씀하신 것이다.

20:2, 4 수운가사. 『용담유사(龍潭遺詞)』「흥비가(興比歌)」

20:4 『서경』의 '구인공휴일궤(九仞功虧一簣)' 고사와 의미가 상통한다. 흙을 쌓아 산을 만들 때 한 삼태기의 흙만 보태면 되는 것을 마지막 한 삼태기의 흙을 운반하는 데 게을리 하여 그 동안의 수고가 수포로 돌아간다는 뜻.

20:4 다가오는 대개벽은 우주 1년 12만 9,600년의 시간대에서 오직 한 번 맞는 일이다. 기회는 잠시뿐인 천지대 사이며 전무후무한 천지대업이다.

21:6 수운가사. 『용담유사』「흥비가」

21:7 오동정 교단 김락원의 손자 김상용(1941~) 증언.

22장 천하사 일꾼의 길. 증산 상제님께서 성도들에게 귀가 솔도

록 하신 말씀을 그대로 기록한 것이다.

22:8 유상팔백 주. 공명이 출세 할 때 가족의 생 계를 위해서 뽕 나무 800주를 둔 일을 말한다. 공명이 출사표에 서 밝힌 원래 뜻 은 최소한의 재 물을 뜻하였으나 상제님께서는 이 일화를 들어 인 류구원의 차원에 서 일을 하는 큰 일꾼은 그 이상 의 자기희생을 감내해야 함을 역설하고 계신 다.

22:9 『용담유사』 「흥비가」

이니라.

9 수운가사에 '연포(連抱)한 좋은 남기 두어 자 썩었은들 양공(良工) 은 불기(不棄)라도 그 말이 민망하다. 장인(匠人)이 불급(不及)하여 아니 보면 어찌하리.' 라 하였나니 잘 알아 두라.

기운 센 놈 나서라

23 하루는 상제님께서 "기운 센 놈 나서라." 하시며 성도 몇 명에게 활과 화살을 지우시고 어디로 향하시는데

2 한참을 가다가 한 성도가 "선생님은 말을 타고 가시니 발이 안 아 프시지만, 저는 발에 이렇게 물집이 잡혔고만요~!" 하며 앓는 소 리를 하거늘

3 상제님께서 "그럼 내 말에 네가 타라." 하시며 그 성도를 태우신 뒤 에 말의 고삐를 잡고 걸어가시니라.

4 다시 한참을 가다가 그 성도가 "어디로 가시는 길입니까?" 하고 여 쭈니 "옥거리에 과녁이 있으니 그리로 가자." 하시니라.

이렇게도 해 보고 저렇게도 해 봐야지

5 이윽고 옥거리 사정(射亭)에 당도하매 상제님께서 형렬과 함께 과 녁 중앙에 둥근 종이를 붙여 정곡(正鵠)을 표시하시고

6 말씀하시기를 "활이 이놈에 맞아야 이기는 것이다. 이렇게도 해 보 고 저렇게도 해 봐야지, 재주를 한 가지만 부리면 쓰겠느냐?" 하시고 활쏘기 내기를 하시는데

7 상제님께서는 활을 쏘기만 하시면 정가운데를 맞히시나, 형렬은 매번 과녁의 가장자리만 맞히는지라

8 상제님께서 "내 재주만 못하구나!" 하시며 누각으로 가시어 벌떡 누우시니라.

9 상제님께서 호연에게 "금강산도 식후경이라고, 먹어야지 안 먹으 면 기력이 있나!

10 내가 배고플 적에 넌들 안 고프겠냐. 너도 배고프지?" 하고 물으시니

11 호연이 "나는 부아나고 울고만 싶어. 나 우리 집에 갈래." 하거늘

12 상제님께서 "네 집은 멀찍이 가. 여기서 너희 마을이 어디만치 있 냐?" 하시매 호연이 우물쭈물하며 대답하지 못하니라.

13 상제님께서 성도들을 데리고 마을로 가시어 허리끈을 풀러 매듭을 세 번 묶으시거늘

14 호연이 "꽉꽉 홀맺히면 끄르기 귀찮구먼 왜 그래요?" 하니 "너더러

끄르라냐? 저절로 끌러지지." 하시니라.

15 이에 호연이 "허리띠를 가지고 열십자로 하네? 요리, 요리!" 하며 흉내를 내는데

16 상제님께서 "오른편으로 들어갈까, 왼편으로 들어갈까? 저~쪽 쳐다봐라!" 하시거늘

17 호연이 상제님께서 가리키는 쪽을 바라보니 어떤 아낙이 머리에 밥을 이고 오더라.

가장 큰 공덕은

24 가장 큰 공부는 입 공부니라.

2 세 번은 권하여 보아라. 공은 포덕(布德)보다 더 큰 공이 없느니라.

3 선배는 반드시 몸에 지필묵(紙筆墨)을 지녀야 하느니라.

모든 사람이 알기 쉬운 말을 하라

4 하루는 말씀하시기를 "말할 때에 남이 알아듣지 못하는 어려운 문자를 써서 유식함을 자랑하고자 하나 알아듣지 못하는 말을 해서 무엇하리오.

5 남이 모르는 어려운 문자를 써서 말하지 말라. 모든 사람이 알기 쉬운 말을 하라." 하시니라.

6 또 말씀하시기를 "남이 모르는 전자(篆字)나 초서(草書)를 쓰지 말라.

7 문자는 다른 사람에게 그 뜻을 알리고자 함이거늘 남이 모르는 글을 써서 무엇하리오. 꼭 정자(正字)를 쓰라." 하시니라.

기본 지식은 있어야 한다

8 윗사람이 되어서는 영지(令旨) 한 장은 쓸 줄 알아야 할 것이요, 아랫사람이 되어서는 계목(啓目) 한 장은 쓸 줄 알아야 하느니라.

일꾼 된 자, 색·기·영을 알아야

25 상제님께서 하루는 글을 쓰시니 이러하니라.

2
文則天文이니 文有色하고 色有氣하고 氣有靈하니라
문 즉 천 문　　문 유 색　　　색 유 기　　　기 유 령

氣靈不昧하여 以具衆理而應万事라
기 령 불 매　　이 구 중 리 이 응 만 사

문(文)은 곧 천문이니
문에는 색(色)이 있고
색에는 기(氣)가 있고
기에는 영(靈)이 있느니라.

24:2 포덕. 상제님 무극대도의 덕을 세상에 펴서 뿌리내리는 천지대사업을 말한다. 여름과 가을이 바뀌는 이때는, 상제님 진리를 전해서 생명을 살리고 선천문화를 마무리하여 새 문명을 여는 공덕이 가장 크다.

24:5 알기 쉬운 말을 하라. 많이 배워서 지식이 많고 껍질 벗어질수록 언어를 더 쉽고 간단명료하게 쓰라는 말씀이다.

24:6 전자나 초서. 전자는 가장 오래된 한자 서체. 초서는 점획(點劃)을 줄여 흘려 쓴 글씨체다.

24:8 계목. 조선시대 중앙 관청에서 임금에게

직접 써서 올리
던 문서 양식의
하나.

25:3 색 · 기 · 영.
색(色, color)의
본성은 천문의
성신(星辰)에서
유래한다. 또한
색은 눈으로 보
이는 형상의 세
계, 즉 물질 세계
를 대표하는데,
색은 기(氣)의 전
달이며 기는 곧
신(神)이다. 한마
디로 기는 신(神,
靈)의 집임과 동
시에 신이 태어
나는 생명의 바
탕이며 기틀이자
밑자리인 것이
다.

기의 신령함(기 속의 영)은 어둡지 않아
　　모든 이치를 갖추어 만사에 응하느니라.

3 이어 말씀하시기를 "색(色) · 기(氣) · 영(靈)을 모르면 선배가 아니니
라." 하시고

4 "보고도 모르고 쥐어 주어도 모르고, 일러 주어도 모르는 것이 글
이니

5 호박(浩博)한 이 세상에 자작도통(自作道通) 언제 하여 광제창생(廣
濟蒼生) 한단 말가!" 하시니라.

스스로 당해야 한다

26 상제님께서 평소 홀로 어디를 가실 때나 형렬과 호연을 데리고
가실 때는 아무리 먼 길이라도 날아서 순식간에 가시는데

2 다른 성도들과 함께 가실 때는 여느 사람들처럼 걸어서 가시니 시
간이 많이 소요되니라.

3 하루는 상제님께서 호연과 여러 성도들을 데리고 산에 오르시니
성도들이 뒤쫓아오느라 안간힘을 쓰거늘

4 호연이 뒤처진 성도들을 돌아보며 "저 사람들 빨리 기운 나게 해
주세요." 하니 "그러는 것 아니여." 하시니라.

5 이에 호연이 "그러는 것 아니면 어떻게 하는 것이여?" 하고 여쭈거늘

6 말씀하시기를 "그럴 것 같으면 힘들 것이 뭐 있냐! 머리가 아파도 내
가 당해야 하는 것이지." 하시고

7 성도들이 올라오니 짐짓 "어휴, 어휴!" 하고 숨을 몰아쉬시며 땀이
난 것처럼 침을 바르시니라.

8 하루는 절벽을 평지처럼 걸어 오르시어 절벽 위에 핀 꽃을 한아름
꺾어다가 호연에게 주시니라.

제 일은 제가 하라

27 제 일은 제가 스스로 하여야 하느니라.

2 하루는 한 성도에게 '무엇을 사 오라.' 명하시거늘 그 성도가 다른
사람을 대신 시켰더니

3 일러 말씀하시기를 "그 노고(勞苦)의 대가는 그 사람이 받을 것이
니라." 하시니라.

남에게 의지하는 자는

4 선천은 남에게 기대고 의지하는 바람에 망하나니 너희들은 하다못해

방 벽에도 기대지 말라.

5 남의 덕 보기를 바라지 말라. 남의 은혜를 많이 입으면 보은줄에 걸려 행동하기가 어려우니라.

6 낭패(狼狽)란 짐승이 외발이기 때문에 두 마리가 서로 의지하여야 행보(行步)하게 되나니 남에게 의지하면 낭패를 당하리라.

오직 언덕을 잘 가지라

28 한 고조(漢高祖)는 소하(蕭何)의 덕으로 천하를 얻었으나

2 너희들은 베풀 것이 없으니 오직 언덕(言德)을 잘 가지라. 덕 중에는 언덕이 제일이니라.

3 남의 말을 좋게 하면 그에게 덕이 되어 잘되고, 그 남은 덕이 밀려서 점점 큰 복이 되어 내 몸에 이르고

4 남의 말을 나쁘게 하면 그에게 해가 되어 망치고, 그 남은 해가 밀려서 점점 큰 재앙이 되어 내 몸에 이르느니라.

5 뱀도 인표(人票)를 얻어야 용이 되나니, 남의 말을 좋게 하면 덕이 되느니라.

6 평생 선(善)을 행하다가도 한마디 말로써 부서지나니 부디 말조심하라.

7 너희들의 말과 행동은 천지에 그려지고 울려 퍼지느니라.

8 식불언(食不言)이라 하였으니 남의 먹는 일을 말하지 말며, **침불언** (寢不言)이라 하였으니 남의 누행(陋行)을 말하지 말라.

말끝이라도 토가 다르니라

29 누가 찾아왔을 때 '나가셨다고 여쭈어라.' 하는 것은 제집의 사람만 높이고 찾아온 사람은 아랫사람으로 깎아서 하는 말이니

2 '나가셨다고 사뢰어라.' 고 해야 그 사람도 위하고 이 사람도 위하는 것이니라.

3 말끝이라도 토가 다르니라. 글씨를 써도 점의 숫자, 획수가 다 다르니 점 하나 더 찍고 덜 찍는 차이가 큰 것이니라.

인간이 베푸는 은혜가 신보다 더 크다

30 신보(神報)가 인보(人報)만 같지 못하니라.

2 인망(人望)을 얻어야 신망(神望)에 오르느니라.

덕은 음덕이 크니라

3 크게 덕을 베풀고도 베풀었다는 생각을 하지 말라.

28:1 한 고조. 유방(劉邦, 서기전 247~서기전195). 강소성(江蘇省)의 농민 출신으로 진나라 말 진승의 난 때 군사를 일으켜 소하, 한신, 장량 등의 보좌를 받아 항우를 꺾고 서기전 202년에 전한의 황제가 되었다.

28:1 소하. 중국 전한(前漢) 고조(高祖) 때의 재상. 강소성 패군(沛郡) 풍현(豊縣) 출생. 한신(韓信)·장량(張良)·조참(曹參)과 함께 한나라의 개국 공신이다.

28:8 식불언 침불언. 「논어」「향당(鄕黨)」에 나오는 말로 성인은 마음을 한 곳으로 집중하여 그에 적합한 행동만을 한다는 뜻이다. 곧 자신이 맡은 일에나 집중할 것이지 남이 하는 일에

4 외식(外飾)을 버리고 음덕에 힘쓰라. 덕은 음덕이 크니라.

모든 일은 정도(正道)대로

31 하루는 성도들에게 말씀하시기를 "너희들은 어디를 가든지 누구를 해코지하지 말고, 남의 험담을 하지 말고, 매사에 원형이정(元亨利貞)으로 나아가거라.

2 모든 일을 천도이성(天道理性)으로 해야지 남의 것을 탐내면 못쓰나니 마음을 잘 먹어야 하느니라." 하시고

3 또 말씀하시기를 "새끼줄도 거칠게 꼬는 놈, 곱게 꼬는 놈이 있듯이 마음도 다 좋은 것이 아니니 한결같이 고른 놈도 있고 그른 놈도 있느니라.

4 그 이치를 생각하면 다 다르게 타고나는 것이니라." 하시니라.

5 상제님께서 호연에게 말씀하시기를 "나무도 잘 자란 놈은 서까래도 하고 기둥도 하지만

6 조그만해서 더덕더덕 자란 놈은 연재(椽材)로도 못 쓰이고 불로 들어가느니라.

7 그렇듯이 내 마음대로 쭉 뻗어나가야 하나니, 너는 아직 어리니 지금부터라도 마음을 굳게 먹지 말고 곧게 먹어라." 하시니라.

8 이에 호연이 "어떻게 하면 곧게 먹는 거여?" 하고 여쭈니

9 말씀하시기를 "네가 지금도 '이럴까 저럴까, 저놈을 어떻게 할꼬.' 하는 고민이 있어." 하시거늘

10 호연이 "응, 나 그려. 누가 와서 좋게 말하면 '그런가 보다.' 하고 좋게 들어도

11 누가 '강증산 따라다닌 지가 몇 해인데 아직도 좋은 꼴을 못 본다.'고 나쁜 소리 하면 듣기가 싫어." 하니라.

12 이에 상제님께서 이르시기를 "네 마음이나 내 마음이나, 너 그렇다고 하면 내가 좋으냐, 나 못났다고 하면 네가 좋으냐? 그렇듯이 그 이치가 같아.

13 그러나 죽을 데로 가는 놈을 좋은 데로 보내 줘야지, 죽으러 간다고 아주 죽여서는 못쓰느니라." 하시고

14 또 말씀하시기를 "사람이 옳고 그름을 알아야 하나니 경위(涇渭) 밖에 나면 못쓰고, 귀신도 경문(經文) 밖에 나면 못 사느니라." 하시니라.

이치 없는 법은 없다

32 하루는 상제님께서 어느 마을을 지나시는데 한 집에서 제사를 지내고 있거늘

2 정작 제사 받는 신명은 마당을 겉돌고 다른 신명이 들어가 제사상을 받고 있는지라

3 상제님께서 그 신명을 부르시어 "저 사람의 날인데 어찌 네가 먹느냐?" 하시니

4 그가 답하기를 "저 사람이 살아생전에 저의 재산을 모두 탕진시킨 채 갚지 못하였는데

5 죽어서도 그 은혜를 갚지 아니하니 오늘은 비록 자기 날이라고 하나 저의 것이나 진배없습니다." 하니라.

6 후에 상제님께서 이 이야기를 들려주시며 말씀하시기를 "세상에 이치 없는 법은 없느니라." 하시니라.

천하사의 대인 공부

33 상제님께서 말씀하시기를 "천하사를 하는 자는 넘어오는 간을 잘 삭여 넘겨야 하느니라.

2 대인의 공부는 참는 데 있느니라.

3 자고로 선지선각(先知先覺)은 훼방을 많이 받나니 천하사를 하는 데 비방과 조소를 많이 받으라.

4 남의 비방과 조소를 잘 이기어 받으면 내 세상에 복 탈 것이 크리라." 하시니라.

비소와 조소를 많이 받으라

5 어떤 사람이 상제님을 모심으로부터 남이 비소하는 것을 괴로워하므로 말씀하시기를

6 "남의 비소(誹笑)를 비수(匕首)로 알며, 남의 조소(嘲笑)를 조수(潮水)로 알라.

7 대장이 비수를 얻어야 적진을 헤치며, 용이 조수를 얻어야 천문(天門)에 오르느니라.

8 남의 비소를 잘 받아 쌓으면 내어 쓸 때에 비수 내어 쓰듯 하리라." 하시니라.

서슴지 말고 내어 쓰라

9 또 말씀하시기를 "나의 말은 한마디라도 땅에 떨어지지 않으리니, 들을 때에 익히 들어 두어 내어 쓸 때에 서슴지 말고 내어 쓰라." 하시고

보아야 한다. 속담에 "귀신은 경문에 막히고 사람은 인정에 막힌다."는 말이 있다.

10 "이치에 부합되는 지극한 말은 능히 만세토록 행해지느니라." 하시
니라.

참 믿음의 길

34 하루는 성도들에게 말씀하시기를

"春無仁이면　秋無義라
춘 무 인　　　추 무 의

봄에 씨(仁)를 뿌리지 않으면
가을에 결실(義)할 것이 없느니라.

2 농가에서 추수한 뒤에 곡식 종자를 가려두는 것은 오직 토지를 믿
는 연고니 이것이 곧 믿음의 길(信路)이니라." 하시니라.

닦지 않고 때를 기다리는 자

35 공부를 잘해야 하느니라.

2 모든 것은 너희들 자신이 닦은 바에 따라서 되느니라.

3 평소에 도를 닦지 않고 때를 기다리고 있다가 정작 성도(成道)의 때를
당하게 되면 뼈마디가 뒤틀리느니라.

4 사람이 높고 높지마는 마음 새로 추스르기가 어려운 것이니라.

5 죽은 사람 갖고는 내 마음대로 해도 산 사람 마음은 내 마음대로 못
한다.

6 사람 마음은 일일시시(日日時時)로 변하기 때문이니라.

항상 평화를 주장하라

36 너희들은 항상 평화를 주장하라. 너희들끼리 서로 싸우면 밖에서는
난리가 일어나느니라.

2 남에게 척을 짓지 말고 천하 사람을 한집안 식구로 여기라.

3 너희들은 말을 삼가라. 너희들 세 사람이 입을 모아 죽는다고 말하면
그 사람이 정말 죽느니라.

4 시속에 길성소조(吉星所照)를 찾으나 길성소조가 따로 있는 것이
아니요

5 덕을 닦고 사람 잘 대우하는 데에 길성(吉星)이 비치나니 이 일이 곧 피
난하는 길이니라.

6 德懋耳鳴하고　過懲鼻息하라
덕 무 이 명　　　과 징 비 식

덕을 힘쓰기는 귀울림같이 하고

35:5~6 이 말씀을 통해 인사(人事)의 지난함을 절감할 수 있다. 인간이 죽어 신명이 되면 생명의 정수만 남아 상제님의 명을 즉각 알아듣고 복종한다. 그러나 선천 삼양이음(三陽二陰)의 천지 기운을 받고 태어난 인간은 육체뿐만 아니라 정신까지도 영향을 받아서 균형을 잡지 못하고 천층만층 구만층으로 분열한다. 그래서 인간을 다루기가 우주에서 가장

허물 다스리기를 코로 숨쉬듯 하라.

남 용서하기를 힘쓰라

7 너희들은 남 용서하기를 힘쓰라. 한량없는 덕이 있느니라.

8 참는 덕이 크고 용서하는 덕이 크니라.

9 원수를 풀어 은인과 같이 사랑하면 덕이 되어 복을 이루느니라.

10 악을 악으로 갚으면 피로 피를 씻기와 같으니라.

때리는 자의 손을 만져 위로하라

37 상제님께서는 새해가 되면 항상 호연에게 덕담을 해 주시니라.

2 하루는 상제님께서 "이쪽은 스물이요 저쪽은 서른인데, 양쪽으로 버티면 많은 놈이 쓰러지겠냐, 적은 놈이 쓰러지겠냐? 너는 어디로 갈래?" 하고 물으시거늘

3 호연이 "사람이 많으면 기운이 세니까 그리 갈래요." 하니

4 말씀하시기를 "이겼다고 좋은 것이 아니라 진 놈이 이긴 것이다. 때린 놈이 이긴 줄 알아도 진 놈이 이긴 것이니라.

5 그러니 내 말을 헤프게 알지 말고 그대로 행하면 이제 복을 받을 것이다.

6 시비 끝에 혹 맞았다고 해서 원수스럽게 생각지 말고 때리는 손을 만져 용서해 주어라." 하시니라.

죄를 짓고는 못 사는 것

38 사람이 죄를 짓고는 못 사느니라.

2 선천에는 죄를 지어도 삼대(三代)가 물러나면 받았으나 현세에는 그 당대로 받느니라.

3 죄악이 소멸되는 곳에 행복이 이르나니

4 너희는 모든 죄를 나에게 충심으로 고하라.

5 내가 일일이 사하여 주리라.

6 개과(改過)는 무과(無過)니라.

7 너희가 어느 때 어디서든지 내게 지성으로 심고하면 내가 받으리라.

8 다급할 때 나를 세 번 부르라.

믿음과 정성 가늠질

39 너희들이 믿음을 주어야 나의 믿음을 받으리라.

2 사람마다 성의를 말하나 무물(無物)이면 불성(不成)이니, 마음을 알아

어렵다고 하신 것이다.

36:4 길성소조. 길성이 비치는 곳. 난리를 피해 살 수 있는 땅.

일꾼

보려면 돈을 불러 보아야 하느니라.

제 살림만 하려는 자는

3 주머니에 한 냥이 있든지 닷 돈이 있든지 서 돈이 있든지

4 어디를 가다가 맛 좋은 음식을 보고 사 먹지 않고 집에 가 살 일만 생각하는 자는 천하사를 못 하느니라.

돈은 활기 있게 써야

40 돈은 활기 있게 써야 하느니라.

2 돈을 활기 있게 쓰면 천지 천황에서 생기는 복이 있나니

3 그 돈이 미처 떨어지기도 전에 자연히 도로 생겨 주머니로 들어가나

4 속이 좁은 놈은 돈을 주머니에 넣어 두고도 '지금 이 돈을 다 쓰면 나중에 어디서 나리.' 하고 뒷셈하다가 꼭 쓸 곳에 못쓰나니 돈줄이 안 도느니라.

5 고기도 먹어본 놈이 먹고 돈도 써본 놈이 쓰느니라.

굵게 먹고 굵게 써야

6 어려서부터 가난에 졸아진 사람은 후에 잘살아도 남에게 곡식을 푹 떠 주면서 먹으라고 하지 못하느니라.

7 대를 사려고 해도 왕대를 찾아야지 시누대를 찾으면 못쓰는 것이니

8 사람은 굵게 먹고 굵게 써야 하느니라.

9 큰 대들보가 되려면 배짱이 커야 하고, 일꾼은 제 몸에 만 석 값을 지녀야 하느니라.

패기 있는 일꾼을 좋아하심

41 하루는 한 성도가 여쭈기를 "세간에 있는 '영판 좋다.'는 말을 흥을 돋우어 가르치시니 무슨 뜻입니까?" 하니

2 상제님께서 말씀하시기를 "영남(嶺南)판이라는 말이니라." 하시니라.

3 이어 말씀하시기를 "풍신 좋고 재주 있는 자를 보고 기운을 잃어 생각하되 '저런 사람이 일을 이룰 것이요, 나와 같이 졸(拙)한 자가 어찌 큰일을 감당하리오.' 하여 낙심하는 소리를 내면

4 이는 스스로 일을 깨뜨리는 것이니 아무 일도 못 이룰 것이요, 아무리 잘되려 하여도 못 될지라.

40:1 돈은 활기 있게 써야. 돈을 어떻게 활용하는가, 어떻게 창조적으로 생명력 있게 쓰느냐 하는 일의 중요성을 깨 주시는 말씀이다. 돈 쓰는 정신을 보면 마음보가 터졌는지 그 뱃속을 환히 들여다 볼 수 있다.

일꾼

41:2 영남판. 상제님의 이 말씀은 제1변 도운 보천교 시절부터 여러 사람들에게 구전되어 내려온 상제님의 말씀이다. '영판 좋다.'는 영제시조(嶺制時調)에서 유래한 말이다.

5 그러므로 그를 호위한 신명(神明)들이 의구심을 내어 '저런 나약한 자에게 붙어 있다가는 우리 일까지 그르치게 되리라.' 하여 서로 이끌고 떠나느니라." 하시니라.

상제님이 사람 쓰시는 기준

6 상제님께서 말씀하시기를 "내가 사람을 쓰되 향리(鄕里)에 있어 농판의 정평을 듣고

7 외론(外論)으로 군자와 천진(天眞)이라는 정평을 듣는 자를 택하노라." 하시니라.

8 상제님께서는 젊은 사람들을 보시면 무척 좋아하시니라.

언제나 활달한 기백을 가지라

42 상제님께서는 항상 성도들에게 "걸음을 걸어도 활달하게 걸어라." 하시고

2 평소에 '슬픈 기운이 든다.' 하시며 상가(喪家)에 잘 가지 않으시니라.

3 상제님께서 말씀하시기를 "아무리 빈궁하여 상에 올릴 것이 없을지라도 장은 빠뜨리지 말며

4 장도 준비하지 못하게 되면 소금물 장이라도 지어 올릴지니 이는 걸인의 상에 장이 없는 까닭이니라.

5 또 아무리 추워도 팔짱을 끼지 말고 불도 쬐지 말라.

6 천하사를 하는 자는 항상 활달한 의표를 가져야 하는 까닭이니라." 하시니라.

7 하루는 날이 몹시 추운지라 한 성도가 호주머니에 손을 넣고 다니거늘

8 상제님께서 이를 보고 꾸짖으시기를 "저놈 창새기가 터져서 손에 쥐고 다니는구나." 하시고

9 성도들의 주머니를 가리키며 말씀하시기를 "모두 꿰매 버려라." 하시니라.

일꾼은 잘 먹어야

43 상제님께서 주막에서 술을 드실 때는 항상 말술을 드시고 안주는 돼지고기든 개고기든 다리째 통으로 들고 잡수시며 그 주막의 술이 바닥나야 일어나시니라.

2 누구든지 상제님과 같이 있으면 언제나 실컷 얻어먹게 되는데

3 항상 "일꾼은 잘 먹어야 한다. 잘 먹어야 일을 잘한다." 하시며 술값을 아끼지 않으시고

4 또한 "신명들 대접한다. 신명도 먹지 않고는 일을 못 한다." 하시며 주막을 지나는 사람이 있으면 종종 데려다가 술, 고기를 한껏 먹여 보내시니라.

43:5~8 김자현 성도의 손자 김택식(1914~) 증언.

5 하루는 어느 주막에 가시어 술상을 준비하려는 주모에게 "상 차릴 것 없이 술을 동이째 가져오라." 하시므로

6 주모가 술 한 동이를 가져와서 상제님께 공손히 따라 올리니 "자네도 한 잔, 나도 한 잔." 하시며 주모가 따라 주는 술을 드시다가

7 갑자기 "주모도 필요 없다. 천지공사 보기도 바쁜데 언제 주모가 따라 주는 걸 받아먹겠냐. 우리가 그러게 생겼냐?" 하시며 주모를 물리치시고

8 성도들과 술을 마저 드신 뒤에 급히 떠나시니라.

동방 한민족의 인류사 개벽의 심법 전수

44 을사(乙巳 : 道紀 35, 1905)년 8월에 하루는 성도들을 줄지어 앉히시고 어렸을 때 지은 글이라 하시며

2 "정심(正心)으로 삼가라." 하시고 글을 외워 주시니 이러하니라.

3 運來重石何山遠이오 粧得尺椎古木秋라
　운래중석하산원　　　장득척추고목추
　무거운 돌을 운반하여 옴에 어찌 산이 멀다 하리오.
　잘 깎은 방망이로 세상을 다듬질하니 고목 된 가을이구나!

4 "이는 선생문명(先生文明) 아닐런가." 하시고 "이 글을 심고하고 받으라." 명하시므로 모든 성도들이 심고하고 받으니라.

44:5 현포(玄圃). 곤륜산 정상에 있는 신선이 산다는 곳.

5 이어서 말씀하시기를

霜心玄圃淸寒菊이여 石骨靑山瘦落秋라
상심현포청한국　　　석골청산수락추
서리 내린 현포(玄圃)에 핀 맑은 국화여
바위가 드러난 청산은 낙엽 진 가을이구나!

6 "이는 선령문명(先靈文明) 아닐런가." 하시고 "이 글을 심고하고 받으라." 명하시므로 모든 성도들이 심고하고 받으니라.

44:7 한민족의 머나먼 고난의 여정과 역사 정신을 깨 주신 것이다.

7 또 말씀하시기를

千里湖程孤棹遠이오 萬邦春氣一筐圓이라
천리호정고도원　　　만방춘기일광원
천리나 되는 호수길 외로운 배질 아득하고

온 천하의 봄기운 한 광주리에 가득하도다!

8 "이는 선왕문명(先王文明) 아닐런가." 하시고 "이 글을 심고하고 받으라." 명하시므로 모든 성도들이 심고하고 받으니라.

9 다시 말씀하시기를

時節花明三月雨요 風流酒洗百年塵이라
시 절 화 명 삼 월 우   풍 류 주 세 백 년 진

철 꽃은 내 도덕의 삼월 비에 밝게 피고
온 세상의 백년 티끌 내 무극대도의 풍류주로 씻노라.

10 "이는 선생선령선왕(先生先靈先王) 합덕문명(合德文明) 아닐런가." 하시고 "이 글을 심고하고 받으라." 명하시므로 모든 성도들이 심고하고 받으니라.

11 다시 말씀하시기를

風霜閱歷誰知己요 湖海浮遊我得顔이라
풍 상 열 력 수 지 기   호 해 부 유 아 득 안

驅情萬里山河友요 供德千門日月妻라
구 정 만 리 산 하 우   공 덕 천 문 일 월 처

만고풍상의 고난을 다 겪은 나를 누가 능히 알리오.
저 우주의 조화 바다에 떠서 노니
내 얼굴이 드러나는구나.
정을 만리에 모니 산하가 내 벗이 되고
덕을 천지에 베푸니 일월이 내 짝이 되는구나.

12 "이는 우리들의 득의지추(得意之秋)가 아닐런가." 하시고 "이 글을 심고하고 받으라." 하시므로 모든 성도들이 심고하고 받으니라.

벼슬도 공명도 얻지 못하였으니

45 상제님께서 하루는 "내가 일곱 살에 지은 글이다." 하시며 성도들에게 글을 읽어 주시니 이러하니라.

2 **四五世에 無顯官하니 先靈은 生幼學이요 死學生이라**
사 오 세   무 현 관   선 령   생 유 학   사 학 생

二三十에 不功名하니 子孫은 入書房이요 出碩士라
이 삼 십   불 공 명   자 손   입 서 방   출 석 사

사오대 동안 뚜렷한 벼슬이 없었으니
선령들이 살아서는 유학(幼學)이요
죽어서도 학생(學生)일 뿐이라.
이삼십 세에 공명을 얻지 못하였으니
자손들이 집에서는 서방(書房)이요
나와서도 석사(碩士)일 뿐이라.

44:9 시절화명삼월우. '시절화'는 지구촌의 모든 철꽃을 말한다. '삼월우'는 개벽의 땅인 조선 천지의 삼월 비를 말씀하신 것으로, '지구촌에 있는 모든 제철 꽃이 개벽의 땅 조선 천지의 삼월 비를 받아 활짝 피었다(大明).'는 뜻이다. 곧 천지공사 보신 100주년 되는 해(道紀 132, 서기 2002년) 봄에 열린 국제 안면도 꽃 박람회를 말씀하신 것.

44:9 풍류주세백년진. 풍류는 '신바람, 상제님의 조화신권'을 상징한 것. 백 년은 천지공사 보신 해로부터 백 년간의 해원의 여정을 말한다. 즉 지난 백 년의 시간 동안 상제님의 도(道)로 일체의 묵은 기운(묵은 제도와 난법, 잘못된 신앙의식 등)을 씻어 내어 선천 역사를 마무리 짓고, 새 우주를 개벽하는 실제 개벽의 시간대로 들어가는 것이다.

도생(道生)이라 부르라

46 하루는 김자현(金自賢)에게 이르시기를 "학생이라 부르지 말라. 죽은 놈을 보고 학생이라 하지 산 놈을 학생이라 하느냐.

2 너희들끼리는 도생(道生)이라 불러라." 하시니

3 훗날 자현이 이 말씀을 생각하여 자손들을 학교에 보내지 않으니라.

진정한 통정을 하라

47 너희는 진정한 통정을 한번 해 보라.

2 한신(韓信)이, 한 고조(漢高祖)가 자기 밥을 밀어 주어 먹이고(推食食之) 자기 옷을 벗어 입혀 준(脫衣衣之) 은혜에 감격하여 괴통(蒯通)의 말을 듣지 않았나니

3 한신이 한 고조를 저버린 것이 아니요, 한 고조가 한신을 저버렸느니라.

사람이란 깊어야

4 사람이란 크고 작고 간에 틀이 있나니 큰 틀이 되어야지, 작으면 내두르기 쉽고 바람만 불어도 날아가기 쉬우니라.

5 사람은 무거운 사람, 가벼운 사람이 있느니라.

6 사람이란 깊어야 하나니 크게 될 사람은 벌써 마음이 두루 깊어서 널리 생각하고 소소한 일은 개의치 않느니라.

7 그러니 너희들은 돌아오는 일에 힘쓸 것이요, 지나간 일은 힘쓰지 말라.

부부지간에도 통정을 못 하는 것

48 하루는 호연이 '언제나 일이 될는지 통정을 한번 해 보자.'고 조르거늘

2 상제님께서 말씀하시기를 "부부지간에도 통정을 못 하는 것인데 한번 생각해 봐라, 이 소견아!

3 내가 물에 빠지라면 너 빠질래?" 하시고

4 이어 말씀하시기를 "그 이치만 해독을 하면 내 가르쳐 주마. 이미 가르쳐 준 것이나 진배없다." 하시니라.

참다운 친구를 사귀는 대도

49 하루는 상제님께서 호연에게 지혜로운 한 사람이 자신의 절친한 친구를 가난으로부터 구제하고 나라의 인재로 만든 옛 이야기를 들려주신 후에

2 말씀하시기를 "친구를 잘 두면 보배요, 못 두면 수난이라.

3 친구를 삼으려면 아주 삼아야 하고 같이 죽고 같이 살기로 삼아야 하느니라.

4 골이 깊으면 마음도 깊더라고, 음성싶고 농이 있어야 하느니라.

5 속이 넓어서 이리저리 시비를 가릴 줄 알아야 밝고 어두운 것을 알지

6 아무것도 모르면서 똑똑한 척 어른 노릇만 하면 필한에는 인심을 잃어 지기(知己)가 없게 되느니라." 하시니라.

사람의 마음을 꿰뚫어 보심

7 상제님께서는 평소 "친구를 둬도 사생결단을 같이 할 다정한 놈을 두어야지, 친구라고 다 좋은 것은 아니니라." 하시고

8 같은 친구 사이라 할지라도 마음보를 보시고 그 마음이 틀어진 사람과는 '한물이 든다.' 며 어울리지 못하게 하시니

9 혹 마음을 잘못 쓰는 사람이 상제님을 뵙고 돌아갈 때는 그 사람과 함께 온 사람까지 고생을 시키시니라.

마음을 눅여 지는 사람이

50 상제님께서 말씀하시기를 "남과 시비하지 말라. 하늘이 싫어하느니라.

2 나를 모르는 자가 나를 헐뜯나니 내가 같이 헐뜯음으로 갚으면 나는 더욱 어리석은 자가 되느니라." 하시니라.

3 어떤 사람이 남의 일을 비방하니 일러 말씀하시기를 "각기 제 노릇 제가 하는데 어찌 남의 시비를 말하느냐.

4 남이 트집을 잡아 싸우려 할지라도 마음을 눅여 지는 사람이 상등 사람이라 복을 받을 것이요

5 분을 참지 못하고 어울려 싸우는 자는 하등 사람이라 신명(神明)의 도움을 받지 못하나니 어찌 잘되기를 바라리오." 하시니라.

6 또 말씀하시기를 "만일 남과 시비가 붙어 그가 옳고 너희가 그를 때에는 스스로 뉘우치면 화(禍)가 저절로 풀리느니라." 하시니라.

사람이란 마음이 넓고 두름성이 있어야

7 하루는 어떤 두 사람이 서로 상투를 잡고 심하게 싸우는지라

8 상제님께서 이를 보시고 "저런 흉악한 놈들, 가서 상투를 베어 버려라!

9 사람이란 마음을 넓게 먹고, 둘러 생각하는 두름성이 있어야 하고, 진득하니 참을성이 많아야 하는 법이거늘

가 한신에게 모반할 것을 권했다고 말하여 한고조가 풀어 주었다는 말이 있다.

47:2 추식사지, 탈의의지. 「사기」 「회음후열전(淮陰侯列傳)」에 나오는 한신의 말.

49:4 음성싶고 농이 있어야. 겉으로 드러내지 않는 깊음과 짙고 두터움이 있어야 한다는 말씀.

49:6 필한. 마침내, 결국.

일꾼

10 조잔한 놈들, 그런 걸 가지고 싸움을 해?" 하고 호통치시니라.

천지의 근본은 나의 도심주

51 하루는 성도 여러 명을 둘러앉히시고 말씀하시기를 "천지집을 지으려면 기둥이 튼튼해야 하겠는데 무슨 기둥이 제일 단단하겠는가, 잘 생각해서 말들 해 보아라." 하시니

2 성도들이 저마다 "소나무 기둥입니다.", "참나무 기둥입니다.", "대추나무 기둥입니다.", "돌기둥입니다.", "쇠기둥입니다." 하고 아뢰거늘

3 상제님께서는 그 때마다 "그것 참 좋지.", "참나무가 참 단단할 거여.", "그것 참 잘 생각했다.", "옳지, 그렇겠다.", "그럴 일이다. 쇠기둥이 오죽 단단하겠느냐." 하시니라.

4 이 때 김태준이 느닷없이 "도심주(道心柱)도 기둥입니까?" 하고 여쭈니

5 상제님께서 물어 말씀하시기를 "너는 어찌 도심주 생각이 나느냐?" 하시고 "그렇지 그럴 일이여, 그렇고 말고.

6 심주(心柱)라는 기둥이 허망하면 분각에 이리 자빠지고 저리 자빠지고 하지마는

7 도심주를 복중(腹中)에서 턱밑에까지 단단히 받쳐 놓으면 아무리 요동해도 꿈쩍도 아니하며

8 도끼로도 못 찍고 짜구로도 못 깎고, 끌로도 못 쪼으며 톱으로도 못 자르고

9 썩지도 않고 불로도 못 태우고 벼락이라도 못 때릴 터이니 부디 영구장생(永久長生) 하는 도심주를 잘 가지라.

10 천지집을 지으려면 기둥이 완전히 서야 천지공사가 무궁하리라." 하시니라.

성공은 오직 일심뿐

52 상제님께서 말씀하시기를 "이제 모든 일에 성공이 없는 것은 일심(一心) 가진 자가 없는 연고라.

2 만일 일심만 가지면 못 될 일이 없나니 그러므로 무슨 일을 대하든지 일심 못함을 한할 것이요

3 못 되리라는 생각은 품지 말라.

4 혈심자(血心者)가 한 사람만 있어도 내 일은 성사되느니라.

51:4 도심주. 도심주의 문자적인 뜻은, 상제님의 도를 참되게 체득하여 선천 세상을 문닫고 가을 천지의 새 역사 문명을 구축하는 일꾼의 심법을 말한다. 상제님께서는 일심을 혈심, 성심, 정심으로도 말씀하셨는데, 이를 이법적으로 말하면 천지일심이다. 따라서 상제님의 도심은 선천 불가의 원론적인 일심세계를 넘어선다. 천지와 하나 되어 그 무엇으로도 파괴할 수 없는 사무친 일편단심! 이것이야말로 하늘과 땅과 인간과 신명이 진정으로 하나된, 완전한 대통일의 후천 조화문명을 건설

5 복마(伏魔)를 물리치는 것이 다른 데 있지 않고 일심을 잘 갖는 데 있
나니, 일심만 가지면 항마(降魔)가 저절로 되느니라.” 하시니라.

일심의 힘

53 병오(丙午 : 道紀 36, 1906)년에 하루는 최익현(崔益鉉)이 순창에
서 잡히거늘

2 상제님께서 말씀하시기를 “일심의 힘이 크니라. 같은 탄우(彈雨) 속
에서 정시해(鄭時海)는 죽었으되 최익현은 살았으니 이는 일심의 힘
으로 인하여 탄환이 범치 못함이라.

3 일심을 가진 자는 한 손가락을 튕겨 능히 만리 밖에 있는 군함을
깨뜨리느니라.” 하시니라.

천지신명이 감동한 왕발의 일심

54 하루는 상제님께서 말씀하시기를 “우리 일은 왕발(王勃)의 일과
꼭 같으니라.” 하시고

2 이어 말씀하시기를 “하루는 왕발의 꿈에 한 노인이 나타나 ‘등왕각
(騰王閣) 낙성식에 서문(序文)을 지으라.’ 하므로

3 왕발이 의연히 배를 타고 등왕각을 향하니 때마침 순풍이 불어 놀
랍게도 칠백 리 먼 길을 하루 만에 당도하였느니라.

4 왕발이 얼마나 애를 쓰고 공부를 하였으면 천지신명이 감동하여 하
루에 칠백 리 길을 보내어 등왕각 서문을 쓰게 하고

5 마침내 그 이름을 만고천추(萬古千秋)에 떨치게 하였겠는가

6 그 지극한 마음을 잘 생각해 볼지어다.” 하시니라.

천하사 경영의 심법 전수 공사

55 구릿골에 계실 때 하루는 상제님께서 김병선(金炳善)에게 콩 약간
을 주시며

2 “삼략(三略)의 머릿장(首章)을 하루 밤낮으로 읽되 콩으로 그 횟수를 세
어라.” 하시는지라

3 병선이 벽을 향하여 앉아 콩으로 횟수를 세며 삼략 머릿장을 읽는
데 어느덧 콩이 다하거늘

4 상제님께서 “다 읽었느냐?” 하시고 콩을 세어 보게 하시므로

5 병선이 세어 보니 꼭 일천 개더라.

할 수 있는 성숙
된 일꾼의 심법이
다. 가을철에 천
지의 대이상인 상
제님의 지상 선경
낙원을 건설하여
통치할 수 있는
통치자의 안목에
서 요구하는 인류
역사 경영자의 심
법이 바로 도심주
이며, 상제님은
이것을 치천하
50년 공부로도
말씀하셨다.

52:5 복마. 도를
닦고 수행을 할
때 실제로 이를
방해하는 어떤
영적인 힘이 있
다. 그 부정적인
힘을 마(魔)라고
하는데 방해하고
공격하기 위해
항시 기회를 엿
보고 있으므로
엎드릴 복(伏) 자
를 앞에 붙여 복
마라 한다.

53:2 정시해(鄭時
海, 1874~1906).
자는 낙언(樂彦),
호는 일광(一狂).
병오년 윤 4월
20일, 최익현이
이끄는 의병이
순창 객사에 모
여 진을 쳤을 때
진위대가 쏜 총
탄에 맞아 사망
하였다.

54:1 왕발(王勃,
647~674). 자
는 자안(子安). 6
세에 글을 짓기
시작하였고 성년

이 되기 전에 조산랑(朝散郎)이 되었다. '등왕각서'를 지은 것은 부친이 영관(令官)으로 있던 교지(交趾)로 가는 도중이었는데 이 때 그의 나이 14세였다. 당시 당나라의 도독(都督)인 염백서(閻伯嶼)가 등왕각의 낙성연에서 사위의 글 솜씨를 드러나게 하려고 참석자들에게 서문을 부탁했는데, 왕발의 글은 염백서를 무색케 하였을 뿐 아니라 천하의 명문으로 길이 회자되었다.

55:2 삼략. 『삼략』은 강태공이 찬한 것으로 비밀리에 전수되다가 황석공(黃石公)이 장량(張良)에게 전하였다. 병법을 다루는 자세와 도의(道義)에 근본한 정치의 요체를 논하고 있다.

55:2 천하사를 해 나감에 이러한 심법과 전략으로 정성을 들여야 한다고 일꾼들에게 내리시는 상제님의 가르침이다.

58장 보천교에 전해 오는 상제님 말씀.

천하사의 심법, 항상 깨어 있으라

56 상제님께서 구릿골에 계실 때 하루는 밤이 삼경(三更)에 이르러 성도들에게 명하시기를 "모두 잠을 자라." 하시므로

2 성도들이 모두 옷을 벗고 곤히 자거늘 사경(四更)이 되자 상제님께서 갑자기 서두르시며 "빨리빨리 일어나 밥을 지으라." 하시니라.

3 이에 성도들이 황급히 일어나 밥을 지으려고 겨우 불을 지폈는데

4 다시 명하시기를 "어서 밥상을 차려 오라." 하시는지라

5 한 성도가 주저하며 "이제 겨우 물 붓고 불을 지펴서 아직 익지 않았습니다." 하고 아뢰니

6 경계하여 말씀하시기를 "천하사를 하는 자는 항상 생각이 멀고 깊어야 하고, 불시의 일에 대비하여야 하며, 경계함을 게을리 하지 말아야 하느니라." 하시니라.

일심으로 믿는 자

57 상제님께서 말씀하시기를 "너희는 매사에 일심하라.

2 일심하면 안 되는 일이 없느니라.

3 일심으로 믿는 자라야 새 생명을 얻으리라.

4 일심으로 믿는 자는 물속인들 못 찾으며 불속인들 못 찾을쏘냐.

5 내가 비록 서촉(西蜀)에 있을지라도 일심하는 자는 다 찾으리라." 하시니라.

6 상제님께서 성도들에게 무슨 일을 명하심에 혹 '힘이 미치지 못하여 거행하기 어렵다.' 하는 자가 있으면

7 즉시 꾸짖어 말씀하시기를 "무슨 일이든지 '하리라.' 고 결심하면 안 되는 일이 없나니

8 만일 겁을 내어 '못하겠다.' 는 말을 하면 이루지 못하는 기운이 따라드느니라." 하시고 반드시 다짐을 받으시며

9 또 무슨 일을 경영하실 때에 곁에서 '못 되리라.' 하는 자가 있으면 곧 '방정맞은 말이라.' 하시며 꾸짖으시니라.

일심으로 나를 찾으면

58 반딧불은 반드시 제 몸으로 빛을 내나니 너희는 일심으로 고하라.

2 일심이 없으면 너도 없고 나도 없느니라.

3 가난하고 병들고 약한 자와 신음하는 자가 일심으로 나를 찾으면 나는 그의 곁을 떠나지 못하느니라.

일심하면 이루지 못할 바가 없나니

4 모든 일에 일심하면 이루지 못할 바가 없나니

5 천지만물과 천지만사가 일심이 없으면 불성(不成)이니라.

6 나를 찾으며 일심하지 않으면 내 그늘로 들어오는 문을 스스로 닫는 것이니라.

네 말 한마디에 있느니라

59 정미(丁未 : 道紀 37, 1907)년에 구릿골 박순여(朴順汝)가 부종(浮腫)으로 다리가 큰 기둥같이 되어 조금도 움직이지 못하더니

2 마침내 반신불수가 되어 사경에 이르거늘 상제님께 사람을 보내어 고쳐 주시기를 간청하니라.

3 상제님께서 자현에게 물으시기를 "순여의 병을 다스려 살게 함이 옳으냐, 그대로 두어 죽게 함이 옳으냐? 네 말 한마디에 있느니라." 하시니

4 자현이 이상히 여기며 아뢰기를 "살려 주심이 옳겠습니다." 하매

5 말씀하시기를 "순여는 불량한 사람이라. 순여가 네게 불평을 끼친 일이 많으니 너와 함께 가서 다스리리라." 하시고

6 자현을 데리고 순여의 집에 이르시어 휘파람을 한 번 부시고 병들어 부은 다리를 주물러 내리시며 끓인 물 한 그릇을 먹이시니 그 병이 곧 나으니라.

7 이는 본래 순여가 자현보다 나이가 많다 하여 항상 무례하므로 자현이 말은 아니하였으나 속으로 몹시 불평을 하였더니

8 상제님께서 그 일이 척이 되어 병이 들었음을 아시고 물으심이더라.

59:1 박순여(朴順汝, 1872~1943). 본관 밀양(密陽). 부 춘오(春五)와 모 김씨의 장남으로 청도리에서 출생. 부인 이씨와의 사이에 2남 1녀를 두었다.

주장(主將)의 일하는 법

60 10월에 순창 농바우 박장근(朴壯根)의 집에서 차경석에게 장군도수를 붙이시고 대흥리로 돌아오시는 길에

2 태인 고현내 행단(古縣內 杏壇)에 이르시어 경석에게 말씀하시기를

3 "공자가 행단(杏壇)에서 도를 가르쳤다 하나니 여기서 네게 한 글을 전하리라." 하시고 옛글 한 장을 외워 주시니 이러하니라.

4 　夫 主將 之 法은 務攬英雄之心하고
　　부 주 장 지 법　　무 람 영 웅 지 심

　　賞祿有功하고 通志于衆이라
　　상 록 유 공　　통 지 우 중

60:3 행단. 공자가 제자들에게 가르침을 베풀던 곳으로 현재 곡부현(曲阜縣) 대성전(大成殿) 앞에 있다.

60:4 『삼략』「상략」에 나오는 구절.

故로 與衆同好靡不成이요 與衆同惡靡不傾이니
고　　여중동호미불성　　　여중동오미불경

治國安家는 得人也요 亡國破家는 失人也라
치국안가　　득인야　　망국파가　　실인야

含氣之類는 咸願得其志니라
함기지류　　함원득기지

60:4 주장. 여러 장수를 지휘 통솔하는 으뜸이 되는 장수. 상제님께서 큰 일꾼의 귀감으로 내려 주신 말씀이다.

무릇 주장(主將)의 일하는 법은

영웅의 마음을 사로잡을 수 있도록 힘쓰고

공 있는 자는 상과 녹을 주고

뭇 사람과 한마음으로 뜻을 통하는 데 있느니라.

그러므로 여러 사람과 좋아하는 것을 함께 하면

이루지 못할 것이 없고

여러 사람과 미워하는 것을 함께 하면

기울어지지 않는 것이 없나니

나라를 잘 다스리고 집안을 평안케 함은 사람을 얻는 데 달려 있고

나라가 망하고 집안을 망침은 사람을 잃는 데 있느니라.

생명을 가진 만물은 모두 그 뜻을 이루기 원하느니라.

60:5 대감. 한 권만으로 그 부문에 관한 전체의 지식을 얻을 수 있게 엮은 책.

5 이어 말씀하시기를 "이 글은 장수(將帥)가 될 자의 대감(大鑑)이니라." 하시니라.

일꾼을 쓰는 대도

61 구릿골에 계실 때 하루는 형렬에게 옛글을 외워 주시며 "이 글을 잘 기억하라." 하시니 이러하니라.

61:2 『삼략』「상략」에 있는 글. 원문은 '禮崇則智士至 祿重則義士輕死', '不踰時則下可幷'이나 상제님께서 고쳐 외워 주셨다.

2 夫用兵之要는 在崇禮而重祿하니
　부용병지요　　재숭례이중록

禮崇則義士至하고 祿重則志士輕死니라
예숭즉의사지　　　녹중즉지사경사

故로 祿賢에 不愛財하고 賞功에 不踰時하면
고　　녹현　　불애재　　　상공　　불유시

則士卒竝하여 敵國削이니라
즉사졸병　　　　적국삭

무릇 용병의 요체는

예를 숭상하고 녹을 중히 여김에 있나니

예를 숭상하면 의로운 일꾼이 들어오고

녹을 중히 여기면 뜻 있는 일꾼은 죽음을 가볍게 여기느니라.

그러므로 현자(賢者)에게 녹을 주되 재물을 아끼지 않고

공 있는 자에게 상을 줌에 때를 넘기지 않으면

큰 일꾼과 작은 일꾼이 다 함께 적을 무찌르느니라.

3 이어 말씀하시기를 "사람을 쓸 때에는 남녀의 구별이 없나니, 옛날에 진평(陳平)은 '야출동문(夜出東門) 여자 이천인(女子二千人)' 하였느니라." 하시고

4 "대장부가 여자 대장부니라." 하시니라.

심법을 쓰는 대도

62 상제님께서 옛사람을 평론하실 때는 매양 강태공, 석가모니, 관운장, 이마두를 칭찬하시니라.

2 상제님께서 말씀하시기를 "일꾼된 자 강유(剛柔)를 겸비하여 한편이라도 기울지 아니하여야 할지니

3 천지의 대덕(大德)이라도 춘생추살(春生秋殺)의 은위(恩威)로써 이루어지느니라." 하시니라.

4 또 말씀하시기를 "의로움(義)이 있는 곳에 도(道)가 머물고, 도가 머무는 곳에 덕(德)이 생기느니라." 하시니라.

5 하루는 말씀하시기를 "사람이란 벌처럼 톡 쏘는 맛이 있어야 하느니라." 하시니라.

마음 쓰는 법

63 하루는 형렬에게 서전(書傳)의 진서장(秦誓章)을 외워 주시며 "잘 기억하라." 하시니 이러하니라.

2
如有一介臣이 斷斷猗無他技나
여 유 일 개 신   단 단 의 무 타 기

其心이 休休焉한대 其如有容이라
기 심   휴 휴 언   기 여 유 용

人之有技를 若己有之하며
인 지 유 기   약 기 유 지

人之彦聖을 其心好之하되
인 지 언 성   기 심 호 지

不啻如自其口出하면 是能容之라
불 시 여 자 기 구 출   시 능 용 지

以保我子孫黎民이니 亦職有利哉인저
이 보 아 자 손 여 민   역 직 유 리 재

만일 한 신하가 오직 정성스럽고 한결같을 뿐
다른 재주는 없으나
그 마음이 착하고 아름다워 포용함이 있는 듯하여
남이 가진 재주를 자기가 가진 것처럼 아끼고
남의 훌륭함과 통달함을 마음으로 좋아하되
비단 말뿐이 아니라면

61:3 진평(陳平, ?~서기전 179). 중국 한(漢)나라 초의 공신. 유방이 어려움에 처할 때 뛰어난 재능으로 기책(奇策)을 내어 위기에서 구했다.

61:3 야출동문. 항우에게 형양성이 함락될 위기에 처하자, 유방으로 위장한 기신(紀信)과 갑옷 입은 군사로 꾸민 여자 2천 명을 동문으로 내보내 거짓으로 항복하게 했다. 유방 일행은 항우의 군사들이 방심한 틈을 타 서문으로 탈출했다.

63:1 진서장. 『서경(書經)』의 마지막 편장. 이 구절은 『대학』 전 10장에도 인용돼 있다.

일꾼

이는 남을 포용하는 것이니라.
나의 자손과 백성을 보전할 것이니
또한 이롭다 할 것이니라.

3 人之有技를 冒疾而惡之하며
　인지유기　　모질이오지
人之彦聖을 而違之하여 俾不達하면 是不能容이라
　인지언성　이위지　　　비부달　　　　시불능용
以不能保我子孫黎民이니 亦曰殆哉인저
　이불능보아자손여민　　　역왈태재
남이 가진 재주를 시기하고 미워하여
남의 훌륭함과 통달함을 드러내지 못하게 한다면
이는 포용하지 못하는 것이니라.
나의 자손과 백성을 보전하지 못하리니
또한 위태롭다 할 것이니라.

4 상제님께서 이르시기를 "나라의 흥망(興亡)이 이 두 마음에 달려 있고
5 신하로서 충성하느냐 반역하느냐가 이 두 마음에 달렸느니라." 하시고
6 또 말씀하시기를 "천하사의 성패가 또한 이 두 마음에 매여 있느니라."
하시니라.

주문을 읽을 때 : 주문 소리는 속마음

64 정미년 겨울에 하루는 운산리에서 진액주를 읽히실 때

64:2 소리를 중히 여기라. 주문 읽는 소리가 듣기 좋아야 한다는 말씀이다. 인간이 가장 즉각적으로 강력하게 감동 받는 것이 바로 소리의 세계다. 시각적인 것보다 청각적인 것이 우리 몸의 건강과 생명에 더 강한 영향을 준다.

2 성도들에게 이르시기를 "너희들의 속마음이 곧 성(聲)이니 주문을 읽을 때는 그 소리를 중히 여기라." 하시니라.
3 성도들에게 주문을 읽게 하실 때는 항상 "음절과 고저장단을 맞추어 읽으라." 하시고
4 여러 성도들의 주문 소리를 일치하게 하시며 이르시기를 "주문을 읽을 때 소리가 맞지 않으면 신명(神明)들이 불쾌하게 여기느니라." 하시니라.

다가오는 대개벽기를 준비하라

65 무신(戊申 : 道紀 38, 1908)년에 하루는 성도들에게 이르시기를 "한 농부가 이른 봄 농한기에 쉬지 않고 논에 똘을 깊이 파서 수원지(水源地)에 이르게 하니
2 여러 사람들이 비웃어 말하기를 '이 논은 예로부터 천수(天水)만 받아도 흉작이 없었는데 쓸데없는 힘을 그렇게 들이느냐.' 하더니
3 마침내 농사철이 되어 크게 가물어서 온 들이 적지(赤地)가 되었으나

4 그 농부는 파 놓았던 똘로 물을 끌어대어 가뭄을 면해 농사를 잘 지었나니 이 일을 알아 두라." 하시니라.

5 하루는 상제님께서 모심기하는 곳을 지나시며 "저 농군들 손 빠르게 해 주소!" 하시고

6 성도들에게 말씀하시기를 "흐르는 땀이 오뉴월에 가면 열매가 되어 먹는다." 하시니라.

포교는 세계 구원의 대도

66 상제님께서 말씀하시기를 "도적 잡는 자를 포교(捕校)라고 부르나니 도를 전할 때에 포교(布敎)라고 일컬으라.

2 우리 일은 세상의 모든 불의를 밝히려는 일이니

3 세상에서 영웅이란 칭호를 듣는 자는 다 잡히리라." 하시니라.

사람이 많은 곳으로 뻗어야

4 상제님께서 호연에게 말씀하시기를 "사람이란 사람이 많이 모인 곳으로 뻗어야 하느니라.

5 큰마음을 먹으려거든 사람이 모인 곳으로 다녀야 귀로 듣고 눈으로 보고 하는 것이지

6 없는 곳으로 좇으면 가지도 적은 법이니 자존심 있고 잘난 체하는 놈이 혼자 있기를 바라느니라." 하시거늘

7 호연이 "선생님은 혼자인데 어째 이렇게 따르는 사람이 많아요?" 하고 여쭈니

8 말씀하시기를 "나는 혼자라도 나뭇가지 벌듯 한다." 하시니라.

9 상제님께서는 어느 지역을 가시든 맨 처음 들어가실 때는 반드시 그 마을의 큰사람을 먼저 찾으시니라.

꼭 성사시키자

67 상제님께서는 외국에도 자주 다니시며 공사를 보시는데

2 한번은 호연을 데리고 길을 나서시며 "○○에 가자!" 하시니 발이 공중에 떠서 가더라.

3 호연이 "뭣 하러 이렇게 다녀요?" 하고 여쭈니 "이 사람들 싹수를 좀 보고, 그 귀추(歸趨)를 보려고 그런다." 하시니라.

4 또 가시는 곳마다 그 사람의 성(姓)을 물으시고 "○○는 나를 만났으니 꼭 성사(成事)시키자!" 하고 다짐을 받으시며

5 종이에 기(旗)를 그리고 점을 찍어 증표로 주시니라.

66:2 세상의 모든 불의를 밝히려는 일. 증산 상제님의 도법을 전하는 포교 행위는 선천문화의 낡은 세계관과 관념에 세뇌된 창생을 건져내어 새 생명의 길로 끌어들이는 인류역사상 총체적인 '마지막 대혁명'의 과업이다.

일꾼

천지신명이 가정의 기국을 시험하나니

68 상제님께서 말씀하시기를 "부부간에 다투지 말라. 신명들이 가정 기국을 시험하느니라." 하시니라.

2 하루는 박공우(朴公又)가 아내와 다투고 와 뵈니 상제님께서 문득 꾸짖으시며

3 "나는 독(毒)함도 천하의 독을 다 가졌고 선(善)함도 천하의 선을 다 가졌나니, 네가 어찌 내 앞에서 그런 일을 행하느냐.

4 이제 천지신명들이 운수 자리를 찾으려고 각 사람의 가정에 들어가서 기국(器局)을 시험하느니라.

5 만일 가정에서 솔성(率性)이 용착(庸窄)하여 화기(和氣)를 잃으면 신명들이 웃고 손가락질하며

6 '기국이 하잘것없으니 어찌 큰일을 맡기리오.' 하고 서로 이끌고 떠나가나니

7 일에 뜻하는 자 어찌 한시라도 소홀하리오." 하시니라.

천하사의 성패, 아내의 덕성

69 하루는 성도들에게 말씀하시기를 "천하사의 성패가 지덕(地德)의 후(厚)하고 박(薄)함에 있나니

2 성인의 심법과 영웅의 도략이 있더라도 지덕(地德)이 박하면 성공하기 어려우니라." 하시니라.

3 무신년에 대흥리에 계실 때 하루는 상제님께서 경석 부부가 정성껏 지어 올린 새 옷을 갈아입고 외출하시더니

4 저녁 무렵에는 의복에 진흙을 잔뜩 묻히고 돌아오시어 말씀하시기를 "이 옷이 더러워져서 입을 수가 없으니 밤에 급히 빨아 놓아라. 내일 아침에 일이 있느니라." 하시니라.

5 이에 경석이 여쭈기를 "새로 지은 옷이 있으니 새 옷으로 갈아입고 가시면 어떠하겠습니까?" 하거늘

6 상제님께서 "불가하니라." 하시므로 경석이 아내를 독촉하여 밤새 자지 않고 깨끗이 빨아서 올리니 그대로 두고 입지 않으시니라.

도가에서는 제가를 잘해야

70 최창조(崔昌祚)의 아내가 매양 상제님께서 오시는 것을 싫어하더니

2 하루는 상제님께서 끼니때가 지나서 이르시매 밥 짓기가 싫어 마음에 불평을 품은지라

3 상제님께서 창조에게 이르시기를 "도가(道家)에서는 반드시 아내의 뜻을 잘 돌려서 아무리 괴로운 일이라도 어기지 않고 순종하여야 복이 이르느니라." 하시니

4 이때 창조의 아내가 방문 앞을 지나다가 이 말씀을 듣고는 보이지 않는 사람의 속마음까지 살피심에 놀라 이로부터 마음을 고치니라.

5 하루는 성도들에게 말씀하시기를 "제가(齊家)를 못 하면 신명에게 미움을 받느니라." 하시니라.

손병욱 아내의 불평줄

71 고부 벌미면 괴동(伐未面 槐洞)의 손병욱(孫秉旭)이 지성으로 상제님을 믿으나 그 아내가 불쾌히 생각하여 항상 병욱의 믿음을 방해하되 박공우에게는 심히 후대하더니

2 그 뒤에 병욱의 아내가 병이 들어 골절이 쑤시고 아파 입맛을 잃으매 마침내 식음을 전폐하여 사경에 이르니라.

3 공우가 이를 불쌍히 여겨 상제님께 아뢰어 고쳐 주려고 생각하던 차에 하루는 정읍으로부터 상제님을 모시고 와룡리(臥龍里) 네거리에 이르거늘

4 동북으로 가면 공우가 더불어 살고 있는 운산리(雲山里) 신경수(申京守)의 집이 있고, 남으로 가면 와룡리 황응종(黃應鐘)의 집이 있는데

5 상제님께서 네거리 한복판에 서시어 공우에게 물으시기를 "어디로 가는 것이 마땅하냐?" 하시니 공우가 대답하기를 "황응종의 집으로 가사이다." 하니라.

6 상제님께서 허락지 않으시고 이윽히 서 계시다가 다시 물으시는지라 공우가 또 응종의 집으로 가시기를 청하거늘 세 번을 거듭 물으시매 한결같이 대답하니

7 부득이하여 응종의 집으로 가시는데 응종이 상제님께 병욱의 아내가 사경에 이르렀음을 아뢰니라.

8 이에 상제님께서 응종과 공우를 데리고 병욱의 집에 가시어 병자가 누워 있는 안방에 들어가 앉으시며

9 병욱에게 물으시기를 "돈 서 돈이 있느냐?" 하시니 병욱이 "있습니다." 하며 세어 올리거늘 공우에게 간직하게 하시고

10 또 병욱에게 "돈 두 냥이 있느냐?" 하시므로 병욱이 "있습니다." 하고 다시 세어 올리니 이번에도 공우로 하여금 간직하게 하시니라.

71:1 괴동. 현재 정읍시 정우면 회룡리 괴동 마을.

71:4 640쪽 운산리·와룡리·괴동 일대 지도 참조.

일꾼

신명들이 없애려는 것을 살려 주심

72:1~9, 73:1~8 "그런 말은 뺐지. 너무 심하니까, 내가 듣는 얘기는 실지 그 광경을 본 양반한테 들어서 알지. '저런 죽일 놈이 있냐고.' 그 광경을 우리 아버지(문공신 성도)가 다 봤어."〈손병욱 성도 옆집에 살던 문공신 성도의 아들 문복환(1919~) 증언〉

72 이윽고 상제님께서 응종에게 "와병(臥病)에 인사절(人事絕)이니 병인을 붙들어 일으키라." 하시므로

2 응종이 병욱의 아내를 부축하여 일으키매 상제님께서 갑자기 '이년, 저년' 하며 욕을 하시더니

3 "부부 일심동체라고, 남편 몸이 네 몸이고 네 몸이 남편 몸이거늘 남편을 그렇게 하시(下視)해서 쓰겠느냐!" 하시고 "왜 그리하였느냐?" 하시며 세 번을 꾸짖으신 뒤에

4 고개를 한쪽으로 돌리시며 혼잣말씀으로 "다른 죽을 사람에게 가라." 하시니라.

5 병욱이 상제님께 공양할 술을 준비하려 하니 말씀하시기를 "나 먹을 술은 있으니 준비하지 말라." 하시거늘

6 과연 한동네에 사는 병욱의 장모 배(裵)씨가 상제님께서 오셨음을 알고 술과 안주를 가져오니라.

7 술을 잡수신 뒤에 병욱에게 물으시기를 "병욱아, 너 자식 더 두고 싶으냐?" 하시니 병욱이 아뢰기를 "아들 둘이 있어 만족합니다." 하거늘

8 말씀하시기를 "꼭 죽어야 하는 병이니 대신 한 사람을 보내야겠다." 하시니라.

9 이 때 배씨의 집안에 사람 노릇을 못 하는 딸이 있었는데 일을 하다가 아무 이유도 없이 갑자기 숨을 거두니라.

10 상제님께서 병욱의 집에서 응종의 집으로 가셨다가 주무시지 않고 새벽에 구릿골로 떠나실 때 길에서 공우에게 이르시기를

11 "사나이가 잘되려고 하는데 아내가 방해하니 제 연분이 아니라 신명들이 없이하려 하는 것을 구하여 주었노라.

12 이제 병은 나았으나 이 뒤로 잉태는 못하리라." 하시더니 과연 그 뒤로 병욱의 아내가 잉태하지 못하니라.

성부님을 도와준 병욱을 꾸짖으심

73 이후에 병욱이 상제님께서 아내를 살려 주심에 깊이 감사하여 본댁의 성부께서 빈궁하심을 알고 쌀을 갖다 드리니

2 상제님께서 이를 아시고 크게 노하시어 "저런 죽일 놈이 있나!" 하시며 심한 언사로 꾸짖으시거늘

3 병욱이 뜻밖에 꾸중을 듣고 분한 마음이 들어 어쩔 줄 몰라하는지라

4 이에 상제님께서 타이르시기를 "이 세상에서 자기 부모에게 잘하는데 자식으로 어느 누가 나쁘다고 하겠느냐? 내 얘기를 들어 보아라." 하시고

5 말씀하시기를 "내가 부친께 신발을 삼는 고채를 채워 그 죄를 더실 수 있도록 하였는데 너로 인하여 그 기간을 연장하게 되었느니라.

6 네 마음은 그게 아니나 결국 부친의 고생을 더하게 했으니, 내가 화가 나지 않겠느냐?" 하시니라.

7 이에 병욱이 "참으로 몰랐습니다. 저는 먹고 남는 쌀이고 해서 가져다 드렸는데 말씀을 듣고 보니 역정이 나시겠습니다." 하며 백배 사죄하거늘

8 상제님께서 말씀하시기를 "내가 심히 괴로워서 그러하노라." 하시니라.

마음 변하면 죽으리라

9 병욱이 상제님을 처음 좇을 때는 열심이더니 차차 진력이 나서 마음이 풀어지고 명하시는 일을 등한히 하거늘

10 상제님께서 경계하여 말씀하시기를 "이놈아, 방심하지 마라. 마음 변하면 너는 죽느니라." 하시니라.

마음을 정대히 하여 그칠 곳을 알아야

74 하루는 김영서(金永西)와 정남기(鄭湳綺)가 상제님께 와 뵙고 난 뒤에 서로 사담을 하는데

2 남기가 일본말 배운 사람을 부러워하며 말하기를 "요사이 일본말을 아는 사람은 출세하기도 쉽고 돈벌이도 잘 하더라." 하거늘

3 영서는 배우를 부러워하며 말하기를 "요사이는 연극을 잘 하여도 돈벌이가 잘 되더라." 하며

4 서로 그런 일에 등한히 하였음을 후회하니 느닷없이 남기는 손을 흔들며 유창한 어조로 일본말을 지껄이고

5 영서는 마치 상자(喪者)가 된 듯 수건을 흔들며 일어서서, 소매로 북 치는 흉내를 내면서 춤추고 노래하여 등이 젖도록 땀을 흘리니 좌중이 크게 웃으니라.

6 상제님께서도 웃으시며 "너희는 속히도 소원을 이루었구나." 하시고

7 "남기의 말은 일본인과 틀림이 없고 영서의 재주는 배우 중에 독보(獨步)가 되겠구나." 하시니 두 사람이 비로소 정신을 차리고 부끄러워하거늘

73:10 "방심하지 말라는 말이 마음 변하지 말라는 말이지. 그런디 인자 그것을 못 알아듣고 끝내 방심허다가 옳게 안 죽었나 보대."〈문공신 교단에서 평생을 일심 신앙한 김성섭(1910~) 증언〉

8 상제님께서 이르시기를 "대인(大人)을 배우는 자 마땅히 마음을 정대히 하여 그칠 곳을 알아야 할 것이요

9 한 가지라도 분수 밖의 생각을 가져 실없는 말을 해서는 안 되느니라." 하시니라.

10 또 말씀하시기를 "안으로는 불량하고 겉으로만 꾸며대면 누가 능히 분별하리오.

11 사람이 몸가짐과 처사와 어습(語習)을 제 본성대로 할 것이요, 억지로 꾸며서 점잔과 교식을 내는 것은 삿된 일이니라." 하시니라.

천지일은 언제 됩니까

75~76장 김택식 옹이 한국전쟁 때 숙구지로 피란 갔다가 그곳에서 약방을 운영하던 오경관을 만나 직접 들은 얘기이다.

75 상제님께서 동령리에 계실 때 하루는 한 성도가 "선생님, 천지일은 언제 됩니까?" 하고 여쭈니

2 말씀하시기를 "네가 기다리나 안 기다리나 오기는 오느니라." 하시니라.

3 이에 그 성도가 조급증이 나서 "언제 옵니까, 곧 옵니까?" 하며 채근하듯 여쭈더니 마침내는 "선생님의 권능으로 속히 천지를 개벽하소서." 하거늘

4 상제님께서 꾸짖으시기를 "그건 역천(逆天) 아니냐! 네가 하늘을 이기느냐?" 하시고

5 "나도 역천은 못 하느니라." 하시며 "그러다가 정말 큰일 내겠구나." 하고 걱정하시니라.

6 평소에 그 성도는 '내가 자리를 비운 사이에 개벽이 와서 세상이 바뀌면 어떡하나.

7 나를 빼고 다른 사람들만 도통을 주시면 어떡하나.' 하여 오랫동안 집에도 가지 않더니

8 이제 상제님의 말씀을 듣고 일이 금방 되지는 않겠다고 생각하여 상제님께 아뢰기를 "집에 다녀온 지도 오래고 하니 이참에 한 번 다녀오렵니다." 하거늘

9 말씀하시기를 "그러면 미루지 말고 얼른 다녀와라." 하시고 "돌아올 때는 돌창이 주막으로 오라." 하시니라.

너는 천벌을 받았노라

76 그 성도는 다른 농사는 없고 다만 그 아내가 돌창이고개에서 담배 농사 세 마지기를 지어 살림이 가난한지라

2 앞으로 살아갈 일을 걱정하며 맥없이 태인 집을 향해 가는데, 돌연

거센 바람이 불며 멀쩡하던 하늘에 먹구름이 시커멓게 몰려들더니

3 솟튼재 못 미쳐서 뇌성벽력과 함께 폭우가 쏟아져 내리거늘 비를 피할 도리가 없어 고스란히 비를 맞으니라.

4 한편 다른 성도들은 상제님을 모시고 동령리에 머물고 있는데 갑자기 폭우가 억수로 쏟아지매 한 성도가 아뢰기를 "선생님, 그 사람 가다가 비 많이 맞겠습니다." 하니

5 상제님께서 한숨을 쉬시며 "하늘이 이렇게 생겼으니 많이 맞을 테지." 하시니라.

6 오후가 되어 비가 잦아드니 상제님께서 성도들을 데리고 돌창이 주막으로 가서 술을 드시는데

7 집으로 갔던 그 성도가 온몸이 흠뻑 젖은 채로 허겁지겁 달려와 상제님께 울며 하소연하기를

8 "아이고 선생님, 천지공사 봐서 좋은 천지를 본다 하시더니 집에 가 보니 비가 얼마나 왔는지 산 밑에 있는 집하고 담배밭이 다 떠내려가고 없습니다.

9 세상에 천지를 믿는 사람에게 어떻게 이럴 수가 있습니까." 하니라.

10 이에 상제님께서 큰 소리로 "그러니 천지개벽을 자꾸 바라지 말라.

11 어찌 그리 조급하게 굴며 하늘을 이기려 하느냐. 너는 천벌을 받았노라." 하고 꾸짖으시니

12 그 성도가 "다시는 안 그럴 테니 용서해 주옵소서." 하며 크게 사죄하거늘

13 상제님께서 "장차 네게 식록을 붙여 줄 것이니 앞으로는 그리하지 마소." 하시며 잘 타이르시니라.

마음에 응하는 신도(神道)

77 모든 일에 마음을 바로 하여 정리(正理)대로 행하여야 큰일을 이루나니

2 만일 사곡(邪曲)한 마음을 가지면 사신(邪神)이 들어 일을 망치고

3 믿음이 없이 일에 처하면 농신(弄神)이 들어 일을 번롱(飜弄)케 하며

4 탐심을 두는 자는 적신(賊神)이 들어 일을 더럽히느니라.

신명의 음호를 받지 못하는 것은

78 하루는 공우를 데리고 어디를 가실 때 공우로 하여금 우산을 사서 들고 가게 하시거늘

2 상제님께서 평소에 우산을 받으시는 일이 없고 비록 비 오는 날에 길을 가실지라도 비에 옥체가 젖으시는 일이 없었으므로 공우가 이상히 여기는데 마침 비가 오는지라

3 상제님께서 공우에게 "우산을 받으라." 하시니 공우는 상제님께 받으시기를 청하여 서로 사양하다가 함께 비를 맞아 옷이 흠뻑 젖으니라.

4 상제님께서 말씀하시기를 "이 뒤로는 우산을 들지 말라. **의뢰심과 두 마음을 품으면 신명의 음호(陰護)를 받지 못하느니라.**" 하시니라.

경석과 공우의 순명

79 상제님께서 고부 살포정이에 있는 김선달 주막에서 지내시다가 하루는 그 주막 부엌데기를 보시고

2 경석과 공우에게 명하시어 "저 여인이 오늘밤 나를 모시도록 허락을 받으라." 하시니

3 경석과 공우가 의아히 여기면서도 그 여인에게 사정을 말하고 성의로 설득하여 승낙을 받으니라.

4 두 성도가 사실을 아뢰니 상제님께서 웃으시며 "그 여자가 3년간을 이곳에서 부엌데기로 있어 그것이 덕이 되었으니 좋은 데로 보내 편히 있게 하려는 것이로다." 하시고 잠시 후에 살포정이를 떠나시거늘

5 과연 얼마 지나지 않아 그 동네의 부자 한 사람이 상처하고 그 여자를 데려가니 그 후로는 편히 살게 되니라.

못난쟁이가 내 차지로구나

80 상제님께서 정읍 동면(東面) 버들리 이무홍(李茂洪)의 집에 자주 가시는데

2 버들리는 온 마을 사람들이 모시 농사를 많이 지어 마을 전체가 거의 모시밭이라.

3 하루는 무홍이 한참 모시를 찌고 있는데 대나무 삿갓을 쓰신 상제님께서 오시어 "어이, 낫 좀 주게나." 하시는지라

4 무홍이 '뭣 하시려고 그러시는가.' 하고 의아하게 여기면서도 공손히 낫을 드리니

5 한바탕 쪄 널어놓은 모시를 얼마간 모아 묶으시고 위아래를 낫으로 고르게 쳐서 세워 놓으시고는

일꾼

80장 고창 사람 문홍기(1926~) 증언.

80:1 이무홍(李茂洪, 1862~1933). 본관 경주(慶州). 부 성우(成雨)와 모 성산(星山) 이씨의 장남. 재종간인 이천일(李天日), 아들 화삼(化三, 1881~1948)과 함께 상제님을 수종했다.

6 제일 길고 살진 상(上)치를 가려 뽑아 이리저리 재 보시며 "좋구나." 하시더니 갑자기 낫으로 착착 쳐서 못 쓰게 만들어 버리시니라.

7 무홍은 버린 모시가 심히 아까우나 감히 말은 못하고 다만 지켜볼 뿐인데

8 상제님께서 이번에는 모시 다발에서 중(中)치를 뽑아 재 보시고는 역시 낫으로 쳐서 못 쓰게 만드시니

9 결국 옷감 짜는 데는 쓰지 못하고 피모시 재료로나 쓰는 하(下)치만 남았거늘

10 상제님께서 그 남은 하치를 추려서 꽉 묶어 어깨에 턱 짊어지시고

11 "허허, 이 못난쟁이가 내 것이다. 못난 것이 내 차지로구나." 하시며 길을 떠나시니라.

일심이면 천하를 돌린다

81 도(道)라는 것이 따로 없나니 제 마음속에 도가 있느니라.

2 일찍 들어왔다고 뽐내지 말고 늦게 들어왔다고 주눅들지 말며 돈 많다고 뽐내지 말라.

3 일심이면 천하를 돌리는데 다른 무엇이 필요하겠느냐? 나중 난 뿔이 우뚝할 수 있느니라.

4 오로지 일심으로 닦고 혈심으로 일하는 자가 큰 복을 받으리로다.

분수에 맞게 원형이정으로 살라

5 돈 욕심 내지 말아라. 가난한 사람이 나의 제자니라.

6 나의 도문에 부자가 못 들어오게 차돌을 깎아 방천(防川)하였노라.

7 그러나 부자라도 나를 알아보고 따르기를 원하면 할 수 없이 허락하노라.

8 내 도를 믿어서 혹 가난해지는 것을 괴로워 말고 분수에 맞게 원형이정으로 살라.

일심이라야 궁궁이라

82 하루는 상제님께서 주막에서 술을 드시며 안내성(安乃成)에게 이르시기를

2 "매관매작 세도자(勢道者)도 일심(一心)이면 궁궁(弓弓)이요

3 전곡(錢穀) 쌓은 부첨지(富僉知)도 일심이면 궁궁이요

4 유리걸식 패가자(敗家者)도 일심이면 궁궁이니라." 하시니라.

82:2~4 안내성 성도는 어느 주막에서 상제님께 이 말씀을 직접

일꾼

일심으로 하는 자만이 내가 기운 붙여 쓴다

5 또 말씀하시기를 "나를 믿으라 고생스러워도 애통히 여기지 말라. 고생 끝에 성공이 있느니라.

6 조금만 더 참으면 좋은 운수가 돌아오느니라.

7 나에게 엎어지려면 마른땅에 코가 쏙 빠지도록 엎어지고, 나를 믿으려면 사대삭신이 노골노골하게 믿어야 하느니라." 하시니라.

8 상제님께서 말씀하시기를 "나는 일심으로 하는 자만을 기운 붙여 쓴다.

9 나를 제대로 믿으면 기운을 아낌없이 내어 주리라." 하시니라.

제 힘으로 하라

83 상제님께서 약방을 여신 이후로 필요한 약재들은 모두 성도들에게 직접 구해 오게 하시니 몇몇 성도들이 전담하여 약재를 캐어 오니라.

2 하루는 성도들이 상제님께서 일러 주신 약초를 분별하지 못하여 산을 헤매다가 "선생님은 어찌 다 아시는가 모르겠네그려.

3 우리는 캔다고 왔어도 무엇이 무엇인지를 모르는데 어떻게 방에 앉으셔서 뭐 캐 와라, 뭐 캐 와라 하실꼬?" 하며 푸념을 하거늘

4 갑자기 성도들의 몸이 벌벌 떨리더니 순식간에 약방 토방 앞으로 옮겨져 있더라.

5 이에 상제님께서 "야, 이놈들아! 약 캐 오라 했더니 왜 거기 가 서 있냐?" 하고 물으시거늘

6 한 성도가 "저도 모르게 갑자기 여기에 서 있습니다." 하고 아뢰니

7 문득 안색을 바꾸시며 크게 꾸짖으시기를 "요놈의 자식들 봐라! 산에 가 무어라 했길래 여기 서 있느냐?" 하시고 다시 산으로 돌려보내시니라.

8 이에 성도들이 산에 올라 만나는 이마다 물어 가며 약재를 찾아보나 날이 저물도록 찾지 못하거늘

9 "그냥 가면 다시 캐 오라 하실 테고, 해는 져서 가야 하고, 어떻게 해야 하나?" 하며 울상을 짓고 있는데

10 이 때 산에 나무하러 온 형렬의 종 으렁이를 우연히 만나게 되니라.

11 으렁이가 "그, 왜들 울상이시오?" 하니 성도들이 반가운 마음에 넙죽 인사를 하고는 약초가 있는 곳을 묻거늘

12 으렁이가 본시 무식하나 마음이 천심이고 실물 보는 눈이 밝아 약종을 잘 알고 있으므로 성도들에게 일일이 약재를 일러 주는데

13 "저것은 ○○이고, ○○는 저기에, 그리고 ○○은 여기에 있소. 그게 다 약방으로 들어가나 보오?" 하매

14 성도들이 "머슴도 이런 재주를 배웠구려!" 하며 감탄하니라.

너희들이 나보다 더 고생하는 줄 아느냐

84 이튿날 상제님께서 다시 약재들을 일러 주시며 캐어 오라고 명하시니

2 성도들이 '오늘은 또 어떻게 할꼬.' 하며 걱정하는데 한 성도가 제비산 산제당 뒤에서 나무하고 있는 으렁이를 찾아가 사정하거늘

3 으렁이가 "찾는 약초는 물론이고 여기에 다른 약재들도 꽉 찼으니 아무 것이나 캐어 가도 약이오." 하며 다른 약재들까지 자세히 일러 주니라.

4 이에 그 성도가 많은 약재들을 캐어서 우쭐한 마음으로 약방에 돌아오니

5 문득 상제님께서 "으렁이가 밤낮 너만 가르쳐 주려고 서 있다더냐?" 하시며 크게 호통치시고

6 으렁이를 부르시어 "너, 가르쳐 주지 말아라. 애를 좀 씌우려고 그러는데 왜 가르쳐 주느냐?" 하시거늘

7 으렁이가 "선생님을 뵈려고 그 멀리에서 여기까지 왔는데, 불쌍해서…." 하며 고개를 숙이더라.

8 이에 상제님께서 "흥, 부처 믿으러 절에 다니면서 산을 깨작깨작 올라가는 것도 다 제 죄를 감하고 덕을 쌓으려는 것인데, 이런 대수롭지 않은 일도 제 힘으로 못 하느냐?

9 내가 그냥 이러고 앉아 있는 줄 알아도 사방천지를 다 찾아 다니건만, 너희들이 나보다 더 고생하는 줄 아느냐?" 하고 꾸짖으시니

10 으렁이가 "아이고, 저는 그런 것도 모르고…. 용서하십시오!" 하며 사죄하거늘 성도들도 죄스럽고 민망하여 몸둘 바를 모르더라.

천하의 부귀영화가 이르리라

85 하루는 공사를 보신 후에 성도들에게 물으시기를 "너희들이 부귀영화를 바라느냐?" 하시니

2 성도들이 일제히 "갈망하나이다!" 하고 대답하는지라

3 상제님께서 웃으며 말씀하시기를 "나를 믿고 일심을 다하면 천하의 부귀영화가 너희에게 이르리라." 하시고

4 또 말씀하시기를 "내가 온 천하에 부귀를 비 뿌리듯 해 놓았노라." 하시니라.

5 하루는 김광찬(金光贊)이 장래의 일을 걱정하니 말씀하시기를 "땅을 파면 물이 나고, 못을 파면 고기가 나오느니라." 하시니라.

6 하루는 성도들에게 글 한 수를 외워 주시니 이러하니라.

7 　飛鳥不壟斷大空이요
　　비 조 불 농 단 대 공
　遊魚不獨占大海니라
　　유 어 부 독 점 대 해
　故로 能自由自生하니라
　　고　　능 자 유 자 생
　나는 새는 창공을 농단치 않고
　노니는 물고기는 대해를 독점치 않으니
　그러므로 능히 자유롭고 자생하느니라.

오죽이나 좋겠느냐!

86 상제님께서 내성에게 이르시기를 "내성아, 너는 오래 살 것이다. 화초병풍 둘러친 방에서 잠자리 날개 같은 좋은 옷을 입고

2 천하 각국의 말을 앉아서도 다 들을 수 있고, 아들도 많이 낳고 할 것이니 오죽이나 좋겠느냐!

3 좋은 때가 올 것이니 너는 걱정하지 말거라. 너는 참 좋겠다." 하시니라.

안내성에게 주신 경계의 말씀

4 또 경계하여 말씀하시기를 "너는 장차 농사도 많이 짓고 풍족하게 살 것이니

5 부지런히 농사짓고, 밖으로 봉공(奉公) 의무와 안으로 선령 제사와 제가 양육(齊家養育)에 힘써 몸을 잘 닦을지어다.

6 남의 재물을 탐하지 말고 남의 자녀를 그릇 유인하지 말며 간음하지 말고 남과 서로 싸우지 말며 매사에 진실을 지키도록 하라.

7 너같이 배우지 못하여 무식한 백성이야말로 진실로 내 사람이니, 서민과 상민을 천대하지 말고 도한(屠漢)과 무당에게 경대하라.

8 무릇 사람의 높고 낮음이 따로 있지 않나니 내 집에 오는 손님이야 문둥이가 되었든지 거지가 되었든지 절대 괄시하지 말고 잘 대접하라.

9 네가 죄를 짓지 않고 나의 명을 기다리면 내 세상에는 너 또한 영화를 누리리라." 하시니라.

86:4~9 안내성 성도는 상제님 어천 후에도 검소하게 살았다. 집안도 꾸미지 않고 좋은 그릇도 안 썼으며, 무엇이든지 사치를 못 하게 했다. 쑥죽을 자주 끓여 먹였는데 안내성 성도의 아들들은 '죽이라도 한번 실컷 먹어봤으면' 했다고 한다.

일꾼

하늘이 내리는 고난의 깊은 섭리

87 하루는 성도들에게 말씀하시기를 "이 글을 잘 보아 두면 이 책에
서는 더 볼 것이 없느니라." 하시고

2 맹자(孟子) 한 절을 외워 주시니 이러하니라.

3
天將降大任於斯人也인대
천 장 강 대 임 어 사 인 야

必先勞其心志하고 苦其筋骨하고 餓其體膚하고
필 선 노 기 심 지   고 기 근 골   아 기 체 부

窮乏其身行하여 拂亂其所爲하나니
궁 핍 기 신 행   불 란 기 소 위

是故는 動心忍性하여 增益其所不能이니라
시 고   동 심 인 성   증 익 기 소 불 능

하늘이 장차 이 사람에게
큰 임무를 내리려 할 때에는
반드시 먼저 그 심지를 지치게 하고
뼈마디가 꺾어지는 고난을 당하게 하며
그 몸을 굶주리게 하고
그 생활은 빈궁에 빠뜨려
하는 일마다 어지럽게 하느니라.
이는 그의 마음을 두들겨서 참을성을 길러 주어
지금까지 할 수 없었던 일도
할 수 있게 하기 위함이니라.

일꾼을 돌보는 자의 음덕

88 하루는 성도들에게 옛 이야기를 들려주시니 이러하니라.

2 한 대인이 가사를 돌보지 않고 천하를 위해 먼 길을 떠나매 그 부
모처자가 의탁할 곳이 없게 된지라

3 그 따르는 무리 중에 한 사람이 그 일을 근심하여 구호할 길을 백
방으로 생각해 보았으나 빈궁하여 어찌할 방도를 찾지 못하더니

4 마침 장에 가서 고기전을 지나다가 다시 그 일이 생각나서 '어찌하
면 저 고기를 얻어 그 어른의 부모를 공양할 것인가.' 하여 차마 떠
나지 못하고 머뭇거리는데

5 고기전 주인이 이상히 여겨 물으니 그 사람이 사실대로 사정을 말
하거늘

6 고기전 주인이 감동하여 함께 대인의 집에 가 보니 과연 말한 바와
같은지라

7 스스로 구호를 담당하여 양미(糧米)와 찬용(饌用)을 계속하여 공급

87:3 『맹자』「고
자장(告子章)」의
글로 상제님께서
고쳐 쓰셨다. 뒤
의 문장은 다음
과 같다. '人恒
過然後能改 困於
心衡於慮 然後作
徵於色 發於聲而
後喩 (중략) 然後
知生於憂患 而死
於安樂也'[사람
은 항상 과실을
저지른 뒤에 고
치나니, 마음에
막히고 생각에
걸린 뒤에야 분
발하며, 얼굴빛
으로 나타나고
말로 나온 뒤에
야 깨닫는 것이
다. (중략) 그런
뒤에야 사람은
우환 속에서 살
고 온전하며, 안
락에 안주함으로
말미암아 죽게
됨을 알 수 있
다.]

하니라.

8 그 뒤에 대인이 일을 마치고 돌아와 보니 부모와 처자가 모두 무사할 뿐 아니라 그 부모는 전날 자기가 받들 때보다 오히려 건강해졌거늘

9 그 연고를 물어 알아내고는 두 사람에게 후히 갚았다 하니라.

교만한 자는 반드시 패한다

89 하루는 대흥리 장성원(張成遠)에게 "잘 간직하였다가 뒷날 보라." 하시며 글 한 절을 써 주시니 이러하니라.

2 將驕者는 敗니 見機而作하라
장 교 자　　패　　견 기 이 작
장수된 자 교만하면 패하리니
기틀을 보고 일을 지으라.

89:2 출전인『사기』전후의 내용을 살려 의역하였다.

자리 탐을 내는 자는

3 상제님께서 말씀하시기를 "앉을 자리를 탐내어 당치 않은 자리에 앉으면 신명(神明)들이 등을 쳐서 물리칠 것이요

4 자리 탐을 내지 않고 덕 닦기에 힘쓰며 마음을 잘 가지면 신명들이 자리를 정하여 서로 받들어 앉히느니라." 하시니라.

남 속이지 않는 공부

5 성도들에게 늘 남 속이지 않는 공부를 시키시며 말씀하시기를

6 "없는 말을 거짓으로 꾸며 대면 부서질 때는 여지없나니

7 비록 성냥이라도 다 쓴 뒤에는 그 빈 갑을 깨어서 버리라." 하시니라.

황응종의 믿음

90 응종의 아들이 병들어 위독하거늘 응종이 청수를 떠 놓고 상제님 계신 곳을 향하여 낫게 해 주시기를 기원하니 그 병이 곧 낫는지라

2 이튿날 구릿골에 와서 상제님을 뵈니 상제님께서 물으시기를 "어제 구름을 타고 내려다본즉 네가 손을 비비고 있었으니 무슨 일이 있었느냐?" 하시거늘

3 응종이 그 일을 아뢰니 상제님께서 웃으시니라.

개벽타령하는 김광찬의 불의

91 광찬이 천지개벽(天地開闢)이 더딤을 불평하여 언제나 좌석을 시

끄럽게 하거늘

2 상제님께서 이르시기를 "모든 일이 욕속부달(欲速不達)이라.

3 마음을 평안케 하여 유치함을 버리라." 하시니라.

일꾼은 뒷구멍이 넓어야

4 하루는 호연에게 물으시기를 "고기는 설고 꼬챙이는 타 버린 것을 어이할꼬?" 하시니 "불이 없으니까 고기가 설었지." 하거늘

5 상제님께서 다시 "그러면 꼬챙이는 왜 탔지? 그것은 무슨 이치로 그러냐?" 하고 물으시니라.

6 이에 호연이 선뜻 대답을 하지 못하니 말씀하시기를 "그것과 같이 일이 금방 된다고 해도 천지일심으로 하나가 되어야 일이 되지, 한 곳에서만 되어도 안 되느니라.

7 손뼉을 쳐도 한 손만 내두르면 소리가 없고, 두 손을 탁 쳐야 소리가 나는 것 아니냐?

8 그러니 일꾼은 뒷구멍이 넓어야 한다." 하시니라.

9 이에 성도들이 모두 궁금해하거늘 한 성도가 나서며 "무엇을 보고 뒷구멍이라 하는 것입니까?" 하고 여쭈니

10 말씀하시기를 "저런 멍청이, 그러니 깔따구밖에 못 돼, 저놈들." 하시며 일러 주시기는커녕 꾸중만 하시니 성도들이 더는 여쭈지 못하니라.

운수에 맞추지 못한 자는

92 기유(己酉 : 道紀 39, 1909)년에 하루는 어떤 사람이

'有天下之病者는 用天下之藥이라야 厥病이 乃癒라'
유 천 하 지 병 자　　용 천 하 지 약　　　궐 병　　 내 유

하는 구절의 뜻을 여쭈니

2 말씀하시기를 "천하사에 뜻하는 자 일을 이루지 못하여 병을 이루어 골수에 들어서 백약이 무효하다가

3 어디서 좋은 소식이 들리면 약을 쓰지 않고도 저절로 병이 낫나니(勿藥自效) 이 일을 이름이라.

4 운수에 맞추지 못한 자는 내종(內腫)을 이루리라." 하시니라.

오직 창생을 생각하라

93 주색으로 방탕히 지내지 말고 본성대로 행하며 마음을 잘 지키라.

2 사람이 하는 일은 밤하늘의 별과 같아서 세상에 알려질 때에는 여

일꾼

92:2 천하사에 뜻하는 자. 전 생애에 걸쳐 오직 상제님의 천지대업을 이루기 위해 모든 것을 바치며 몸부림치는 정성어린 일꾼을 말씀하신 것이다. 최소한 10년 이상의 개척 과정을 거쳐 일심 신앙을 해 본 자

만이, 깊이 응어리진 한(恨)과 천하사 일꾼의 심정을 체험할 수 있다. 예수 믿는 자는 예수의 정신을 가져야 하고, 부처 믿는 자는 부처의 심법을 가져야 하듯 증산 상제님의 개벽공사 세계를 깨려면 증산 상제님의 정신을 가져야 한다. 그 때 비로소 일꾼으로서 한 소식을 들을 수 있다.

실히 드러나느니라.

3 사람들은 제 자손만 잘되어 부귀하기를 바라나 너희는 부디 그러지 말라.

4 우리 일은 천하창생이 함께 잘되자는 일이니 사욕을 버리고 오직 창생을 생각하라.

5 형제가 환란이 있는데 어찌 구하지 않을 수 있으랴. 사해(四海) 내에는 다 형제니라.

사람은 행실로 이름을 얻는다

6 천하를 공평하게 하려는 생각을 가져야 신명의 감화를 받고 모든 일에 성공이 있느니라.

7 사람이 아무리 하고 싶어도 못하고 천지신명이 들어야 되느니라.

8 주인 없는 나무 위의 저 열매도 달린 대로 그 이름이 있나니

9 나무는 그 열매로써 이름을 얻고 사람은 그 행실로써 이름을 얻느니라.

인도(人道)의 5대 덕성 : 인의예지신의 참뜻

94 하루는 공사를 보시며 글을 쓰시니 이러하니라.

94:2 기존의 추상적인 인의예지신의 관념을 깨주신 혁명적인 정의이다. 상제님께서는 현실 속에서 개개인이 가늠하여 실천해 갈 수 있는 구체적 행동으로서 인의예지신을 깨우쳐 주신 것이다.

2 不受偏愛偏惡曰仁이요
불 수 편 애 편 오 왈 인

不受全是全非曰義요
불 수 전 시 전 비 왈 의

不受專强專便曰禮요
불 수 전 강 전 편 왈 예

不受恣聰恣明曰智요
불 수 자 총 자 명 왈 지

不受濫物濫欲曰信이라
불 수 남 물 남 욕 왈 신

치우치게 사랑하고 미워한다 평(評) 받지 않음이

참된 어짊(仁)이요

모두 옳다거나 그르다 평 받지 않음이

바른 의(義)이며

너무 뻣뻣하거나 편의를 따른다 평 받지 않음이

옳은 예(禮)이고

방자히 총명을 뽐낸다 평 받지 않음이

성숙한 지혜로움(智)이며

함부로 낭비하고 욕심부린다 평 받지 않음이

진정한 믿음(信)이니라.

재판을 해도 양쪽을 다 들어 봐야겠다

95 하루는 호연이 동무들과 함께 놀고 있는데 상제님께서 호연에게 다가오시어 "너하고 쟤하고 친하냐?" 하시니 호연이 "응, 친해." 하거늘

2 이번에는 호연의 친구에게 가시어 "쟤가 너보고 욕하지?" 하시니 "예, 그래서 안 놀려고 그 동안 안 왔어요." 하고 대답하니라.

3 상제님께서 다시 호연에게 오시어 "너는 쟤랑 안 놀래?" 하시니

4 호연이 "내가 욕했어도 자기가 달려들어 함께 놀자고 하면 놀지만, 내가 밤낮 선생님하고만 다니니까 놀 새가 있어요?

5 내가 남자를 좋아해서 따라다니는 것도 아닌데, 제가 무얼 안다고 '저 가시내는 왜 동무를 마다하고 남자만 따라 다니냐.'고 하니 내가 욕을 할밖에요." 하거늘

6 상제님께서 다 들으시고는 "그렇겠다. 그러니 재판을 해도 양쪽을 다 들어 봐야지 한쪽만 들어서는 공사가 안 되겠다이?

7 코에 걸면 코걸이 귀에 걸면 귀걸이니, 그 애 말만 들어서는 네가 나쁘고 네 말을 들으면 그도 그럴 성싶다.

8 내가 내일은 재판을 해야겠다." 하시니라.

사람이 와야 하느니라

96 형렬이 양식이 떨어져서 손님 오는 것을 괴롭게 여기거늘

2 "**開門納客**에 **其數其然**이라
개 문 납 객   기 수 기 연
문을 열고 손님을 맞이함에는
수가 그 정도는 되어야 하느니라.

3 하였나니 사람이 와야 하느니라." 하시니라.

4 하루는 형렬에게 어려운 살림살이를 위로하시며 옛글 한 구절을 읽어 주시니 이러하니라.

5 **弊衣多垢勝金甲**이요 **頹屋無垣似鐵城**이라
폐 의 다 구 승 금 갑   퇴 옥 무 원 사 철 성
내 일을 잘 하면 때 묻고 해진 옷도
금으로 장식한 갑옷보다 낫고
찌그러진 오두막에 담이 없어도 철성과 같으니라.

96:2 『동경대전』「수덕문(修德文)」에 나오는 글.

세상을 사는 처세의 도(道)

97 하루는 형렬에게 말씀하시기를 "너는 광(狂)이 되지 못하였으니 농판으로 행세함이 옳으니라." 하시고

2 옛 글을 외워 주시며 "잘 기억하라." 하시니 이러하니라.

97:3 조선시대 기호학파의 대학자 노사 기정진(蘆沙 奇正鎭, 1798~1876)의 시.

3
處世柔爲貴요	剛强是禍基라
처 세 유 위 귀	강 강 시 화 기
發言常欲訥하고	臨事當如癡하라
발 언 상 욕 눌	임 사 당 여 치
急地常思緩하고	安時不忘危하라
급 지 상 사 완	안 시 불 망 위
一生從此計면	眞個好男兒리라
일 생 종 차 계	진 개 호 남 아

세상을 사는 데는 부드러움을 귀히 여기라.
굳세고 강하기만 한 것이 재앙의 근원이니라.
말을 할 때는 언제나 천천히 하려 하고
매사에 임할 때는 마땅히 어리석은 듯이 하라.
급한 지경을 당하면 항상 천천히 생각해 보고
평안할 때에도 위태롭던 때를 잊지 말지어다.
한평생 이러한 인생의 계략을 잘 실행해 나간다면
진실로 호남아라 하리라.

대세가 넘어갈 때에는

98 하루는 구릿골에 계실 때 성도들에게 말씀하시니 이러하니라.

98:2 『통감』1권. 주기(周紀) 19년 '신미조(辛未條)'에 나오는 구절.

2
束手之地는	葛公謀計라도	不能善事요
속 수 지 지	갈 공 모 계	불 능 선 사
瓦解之餘는	韓信兵仙이라도	亦無奈何니라
와 해 지 여	한 신 병 선	역 무 내 하

속수무책의 지경에는
제갈공명의 모계(謀計)로도 능히 풀 수가 없고
대세가 넘어가 와르르 무너져 내린 뒤에는
한신과 같은 병선(兵仙)도 어찌할 수 없느니라.

능소능대한 일꾼이 되어야

99 안 될 일을 되게 하고 될 일을 못 되게 하는 것이 일꾼이니라.

2 모든 일을 알기만 하고 변통(變通)을 못 하면 모르는 것만 같지 못하느니라.

3 공명(孔明)은 능히 조조(曹操)로 하여금 화용도(華容道)로 오게 하였고

4 손빈(孫臏)은 방연(龐涓)으로 하여금 해 질 무렵에 마릉(馬陵) 땅에 이르게 하였느니라.

5 너희들은 폭 잡히면 일을 못 하느니라.

6 내가 하는 일은 세상에서 폭 잡히지 않느니라.

7 강태공이 52둔을 하였으나 죽고 사는 것은 뜻대로 못하였나니

8 나는 너희들 마음을 뺐다 넣었다 하고, 죽고 사는 것을 마음대로 하느니라.

경위가 많아야

9 공우에게 이르시기를 "내가 너를 데리고 다니는 것은 네 뱃속에 경위(涇渭)가 많은 연고라.

10 여인도 경위가 많아야 아이를 많이 낳느니라." 하시니라.

99:4 손빈. 전국 시대 제(齊)나라의 병법가.

99:4 방연. 전국 시대 위(魏)나라의 전술가.

99:9 경위. 사리의 옳고 그름이나, 이러하고 저러함의 분별. 중국의 경수는 항상 흐리고, 위수는 항상 맑아 구별이 분명한데서 나온 말이다.

지금은 천지에서 사람을 쓰는 때

100 하루는 성도들에게 말씀하시니 이러하니라.

2 事之當旺은 在於天地요 必不在於人이라
사 지 당 왕　　재 어 천 지　　필 부 재 어 인

然이나 無人이면 無天地故로
연　　　무 인　　　무 천 지 고

天地生人하여 用人하나니
천 지 생 인　　　용 인

以人生으로 不參於天地用人之時면
이 인 생　　　불 참 어 천 지 용 인 지 시

何可曰人生乎아
하 가 왈 인 생 호

일이 흥왕하게 됨은 천지에 달려 있는 것이요

반드시 사람에게 달린 것은 아니니라.

그러나 사람이 없으면

천지도 또한 없는 것과 같으므로

천지가 사람을 낳아 사람을 쓰나니

사람으로 태어나

천지에서 사람을 쓰는 이 때에 참예하지 못하면

어찌 그것을 인생이라 할 수 있겠느냐!

포교의 도(道), 육임조직의 연맥 도수

101 나를 믿는 자는 매인(每人)이 6인씩 전하라.

2 포교의 도(道)가 먼저 육임(六任)을 정하고 차례로 전하여 천하에 미치게 되나니 이것이 연맥(連脈)이니라.

육임조직의 천명을 내리심

3 하루는 류찬명(柳贊明)과 김자현(金自賢)에게 이르시기를 "각기 10만 명에게 포교하라." 하시니

4 찬명은 대답하고 자현은 대답지 않거늘 재촉하시어 대답을 받으신 뒤에 말씀하시기를

101:5 치천하 50년 공부. '치천하'란 결론적으로 상제님 도를 전하는 것을 말한다. 3년 개벽 상황에서 창생들을 건질 씨 알받이 일꾼을 길러서, 선천을 마무리짓고 새 세상을 여는 데 50년이 걸린다는 말씀.

5 "평천하(平天下)는 내가 하리니 치천하(治天下)는 너희들이 하라. 치천하 50년 공부니라." 하시니라.

태을주로 천명을 이룬다

6 하루는 상제님께서 말씀하시기를 "천하생명을 태을주(太乙呪)로 살린다. 태을주로 천명(天命)을 이루느니라." 하시니라.

태을주를 읽으라

102 하루는 상제님께서 말씀하시기를

"呪誦은 神之路也요 符는 神之宅也라
주송 신지로야 부 신지택야

2 주송을 해야 신이 내 마음에 출입을 하며 부는 신명의 집이니라." 하시니라.

3 또 말씀하시기를 "신장들로 하여금 매일 밤마다 도생들의 집을 찾아 돌며 태을주 읽는 것을 조사하게 하리니 태을주를 꼭 읽어야 하느니라." 하시고

4 "나의 일을 하려거든 깊이 파야 하느니라." 하시니라.

천하사의 대의(大義)

103 하루는 상제님께서 공사를 보시며 글을 쓰시니 이러하니라.

103:2 원천지지약. 원(元)은 '으뜸, ~에 근원하다.'는 뜻이다. 천지 부모의 사업을 하겠다는 맹세는 곧 천지 부모와의 약속이므로 모든 약속 중 으뜸이 된다. 그러한 서약을 어기면 아무리 올바른 일을 해도 근본이 삐뚤

2 誓者는 元天地之約이니
서자 원천지지약

有其誓하고 背天地之約하면
유기서 배천지지약

則雖元物이나 其物이 難成이니라
즉수원물 기물 난성

맹세한다는 것은 원원한 천지에 대한 으뜸가는 서약이니

그런 맹세를 하고서도 천지와의 약속을 저버리면

비록 그 하고자 하는 일이 아무리 바르고 큰일이라 할지라도

그 일은 이루어지기 어려우니라.

3 상제님께서 말씀하시기를 "믿는 자를 가려 손을 꼽는데, 만일 배신하는 행위가 있어 꼽혔던 손이 펴지는 때에는 살아남지 못하리로다.

일꾼

4 귀신도 정문(精門)이 막히면 죽는 법이니 사람도 언약을 어기면 못
쓰는 것이니라.

5 '도지근원(道之根源) 안다 해도 행(行)할 길이 최난(最難)이라.'하였나
니

6 구슬이 서 말이어도 꿰어야 보배지 꿰지 못하면 보배가 되지 못하느니
라." 하시니라.

어져 있기에, 처음에는 천지가 그 일을 내버려 두지만 결국은 꺼꾸러뜨린다는, 『현무경』에 있는 상제님 말씀이다.

한 번 뜻을 세우면 평생을 일관해야

104 하루는 상제님께서 성도들에게 말씀하시기를 "속담(俗談)이
모두 성담(聖談)이요, 인생의 비결이니라." 하시고

2 이르시기를 "유지자사경성(有志者事竟成)이라. 뜻 있는 자는 한 번 뜻
을 세우면 평생을 한결같이 일관하여 필경에는 성취한다는 말이요

3 지성이면 감천이라고, 말로는 쉽지마는 어찌 쉽게 행하리오." 하시니
라.

도장(道場) 개척의 공덕

105 하루는 성도들에게 이르시기를 "나의 일은 어떤 부랑자의 일
과 같으니, 옛적에 한 사람이 지조가 견실치 못하여 방탕히 지
내다가

2 하루는 홀로 생각하기를 '내 일생에 이룬 것이 없고 세월은 덧없이 흘
러가서 이제 한갓 늙게 되었으니 어찌 한할 바 아니리오.

3 이제부터 마음을 고치고 선인(仙人)을 찾아서 선학(仙學)을 배우리
라.' 하고

4 그로부터 맑고 깨끗한 곳에 단(壇)을 쌓고 지성으로 하늘에 기원하였
더니

5 하루는 갑자기 심신(心神)이 날아서 하늘에 올라가 한 신선을 만나
게 되거늘

6 그 신선이 말하기를 '네가 이제 방탕을 뉘우치고 선학을 배우려 하
니 그 뜻이 가상하구나.

7 내가 너에게 선학을 가르쳐 주리니 조촐한 땅에 도장(道場)을 세우고
동지를 많이 모아 기다리고 있으면 장차 너를 찾아 신선의 도를 일러 주
리라.' 하였느니라.

8 그 사람이 이 날부터 조촐한 땅을 찾아 동무를 구하거늘 그의 방탕
하던 버릇에 의심을 두어 듣는 자가 적고, 다만 평소에 기미가 맞

던 자 몇 명이 모여서 도장을 열었더니

9 별안간 하늘로부터 오색 구름이 찬란하고 선악(仙樂) 소리가 유량히 들리는 가운데 이윽고 그 신선이 내려와 일제히 선학을 가르쳐 주었느니라." 하시니라.

구도자의 길

106 상제님께서 성도들에게 말씀하시기를 "옛적에 어떤 사람이 선술(仙術)을 배우기 위하여 스승을 찾으려고 돌아다니더니

2 어떤 사람이 선술 가르쳐 주기를 허락하며 '십 년 동안의 성의를 보이라.' 하므로

3 그 사람이 머슴살이로 진심갈력(盡心竭力)하여 그 집 농사에 힘썼느니라.

4 10년이 찬 뒤에 주인이 그 성의를 칭찬하며 '선술을 가르쳐 주리라.' 하고

5 그 부근에 있는 연못에 데리고 가서 이르기를 '물 위로 뻗은 버들가지에 올라가서 물로 뛰어내리면 선술을 통하게 되리라.' 하거늘

6 머슴이 그 말을 믿고 나뭇가지에 올라가 물로 뛰어내리니

7 미처 떨어지기 전에 뜻밖에도 오색 구름이 모여들고 선악 소리가 들리며, 찬란한 보련(寶輦)이 나타나서 그 몸을 태우고 천상으로 올라갔다 하였나니

8 이것이 그 주인의 도술로 인함이랴, 학인(學人)의 성의로 인함이랴.

9 이 일을 잘 해석하여 보라." 하시니라.

106:3 머슴. 절대순명의 정신으로 모든 것을 다 바쳐서 일하는 상제님 일꾼을 상징한다.

예를 아는 일꾼

107 하루는 상제님께서 현무경 공사를 보시며 글을 쓰시니 이러하니라.

2 動於禮者라야 靜於禮하나니
동 어 예 자　　　정 어 예

曰道理요
왈 도 리

靜於無禮하면　則曰無道理니라
정 어 무 례　　　즉 왈 무 도 리

예에 맞게 동(動)하는 자라야 예에 맞게 정(靜)하나니

이것이 세상에서 말하는 도리(道理)요

무례를 보고도 정(靜)하면

도리가 아니라고 하느니라.

107:2 문자적인 뜻은 '예에 맞게 움직이는 자가 예에 맞게 그침을 도리(道理)라 하고 예에 맞지 않게 그치면 도리가 없다고 함'이다. 『주역』에 "動靜不失其正者 唯聖人乎"라

천하사는 운수노름

108 상제님께서 말씀하시기를 "우리 일은 부자 형제 간이라도 운수가 각각이니라.

2 운수를 열어 주어도 이기어 받지 못하면 그 운수가 본처로 돌아가기도 하고, 또 남에게 그 운수를 빼앗기기도 하느니라." 하시니라.

3 하루는 성도들이 앉아 다가오는 대개벽기를 걱정하여 말하기를 "그 때를 당하여 일꾼들이 없으면 어찌합니까?" 하니

4 말씀하시기를 "원평 장꾼도 없다더냐." 하시니라.

사람 발길에 승패가 달려 있다

109 하루는 성도들에게 말씀하시기를 "사람이 천층만층 구만층이라 해도 이제 어린 시원찮은 사람에 의해 일이 되고 말 것이다." 하시고

2 또 이르시기를 "사람은 발길 돌리는 대로 일이 허사가 되기도 하고 이(利)가 되기도 하니 발이 부모와 같은 것이니라.

3 발을 잘 돌리면 그 날 재수가 있어 좋은 일이 생기고 발을 잘못 돌리면 큰 낭패를 당하기도 하나니

4 일의 승패가 발 떼는 것에 달려 있느니라." 하시니라.

한 방죽에 든다

5 상제님께서 말씀하시기를 "하나가 잘못하면 열 방죽이 글러진다.

6 전부 한 방죽에 드느니라.

7 그러니 어쨌든지 마음따구를 잘 먹어라." 하시니라.

대개벽기에 게으른 자는

110 하루는 공우로 하여금 각처 성도들에게 "순회하며 전하라." 하시고 말씀하시기를

2 "해가 떠오르도록 이불 덮고 아침 늦게까지 자는 자는 내 눈에 송장으로 보인다 하라." 하시니라.

부지런히 움직여라

3 또 말씀하시기를 "수운가사에 '원처(遠處)에 일이 있어 가게 되면 이(利)가 되고 아니 가면 해(害)가 된다.' 하였으며

4 또 '네가 무슨 복력(福力)으로 불로자득(不勞自得)하단 말가.' 라 하였나니 알아 두라." 하시니라.

5 하루는 공우에게 말씀하시기를 "사람이 아무리 무식할지라도 물목

는 글이 있다. 상제님께서 말씀하시는 일꾼의 진정한 예(禮)는 천지의 대도를 바르게 깨달아 상제님 말씀을 진정으로 느끼고 체득하여, 용기 있고 지혜로운 일꾼의 안목에서 과감하게 실천하는 것이 무엇보다 중요하다.

일꾼

110:3 『용담유사』「흥비가」

110:4 『용담유사』「교훈가(敎訓歌)」에 나오는 구절. 세속에서

기(物目記)는 기록할 수 있어야 하고 거주성명은 쓸 줄 알아야 하느니라." 하시니라.

서전서문 심법 공부의 역사의식

111 하루는 상제님께서 말씀하시기를 "큰 운수를 받으려는 자는 서전서문(書傳序文)을 많이 읽으라." 하시고

2 "서전서문 가운데 이 구절은 천지에 청수를 떠 놓고 읽을 만한 글이니라." 하시니 이러하니라.

3 **且生於數千載之下**하여
차 생 어 수 천 재 지 하

而欲講明於數千載之前하니 **亦已難矣**라
이 욕 강 명 어 수 천 재 지 전 　　　역 이 난 의

더구나 수천 년 뒤에 태어나
수천 년 전의 것을 밝히려 하니
또한 심히 어려운 일이로다.

믿음의 정도(正道)

112 하루는 상제님께서 말씀하시기를 "때만 기다리지 말아라." 하시고

2 "믿기를 활 다리듯 하라. 활 다리는 법이 너무 성급하면 꺾어지나니 진득이 다려야 하느니라.

3 나의 일은 운수(運數) 돌아 닿는 대로 될지니 욕심부리지 말라. 욕심이 앞서면 정성이 사무치지 못하느니라." 하시니라.

4 또 말씀하시기를 "믿으려면 크게 믿어라. 믿음이 없으면 신명들이 흔드느니라.

5 여기가 맞나 저기가 맞나 기웃거리는 자와 방안에 발 하나 들여놓고 들어갈까 말까 하는 자는 가랑이가 찢어지느니라.

6 물샐틈없이 짜 놓은 도수이니 죽자 사자 따라가라.

7 나를 잘 믿으려면 죽기보다 어려우리라." 하시니라.

상제님의 천명을 완수하지 못하면

113 하루는 형렬에게 이르시기를 "모든 일에 삼가 조심하여

無恨有司之不明하라.
무 한 유 사 지 불 명

맡은 바 일을 바르게 처리하지 못해
한(恨)을 남기지 마라.

2 마속(馬謖)은 공명의 친구 아우로되 처사를 잘못하였으므로 휘루참지(揮淚斬之)하였느니라.” 하시니라.

조아시와 묘시를 외워 주심

114 상제님께서 하루는 조아시(鳥兒詩)와 묘시(猫詩)를 외워 주시니 이러하니라.

2 　　　　조아시(鳥兒詩)

嘴力未穩全信母하고 卵心常在不驚人이라
취 력 미 온 전 신 모　　난 심 상 재 불 경 인

부리 힘이 약한 어린 새는 어미만을 믿고
알 속에 있을 때의 마음이 항상 있어 사람을 경계하지 않느니라.

3 　　　　묘시(猫詩)

身來城國三千里로되 眼辨西天十二時라
신 래 성 국 삼 천 리　　안 변 서 천 십 이 시

몸은 삼천리 금수강산에 왔으되
눈은 서천 십이시까지 변별하느니라.

마음을 넉넉하게 먹어야

115 하루는 성도들이 “어찌 일이 이렇게 더디 가는가.” 하며 불평하는 소리를 하니

2 상제님께서 말씀하시기를 “어떤 사람이든지 조그만 터를 늘리고 싶어지 오므라들게 하겠느냐?” 하시고

3 이어 말씀하기를 “마음을 널리 잡아야 할진대 급하게 마음먹고는 쫄아져서 ‘어서어서’ 하니 그렇게 해서 무엇이 되겠느냐?

4 무슨 일이든지 작은 일도 크게 잡아야 하고 마음을 넉넉하게 먹어야 살지

5 쫄아진 마음에 그냥 어서 거머잡으려고만 하면 잡지도 못하고 도리어 죽느니라.

6 바삐 먹은 밥에 목 막히고, 물에 체한 놈은 약도 없느니라.” 하시니라.

7 또 말씀하시기를 “이제 세상이 다 됐느니라. 이제 판을 굳게 짜 놓았으니 목만 잘 넘기면 좋은 세상을 보게 되리라.

8 장차 오만년 대동세계(大同世界)가 오느니라.” 하시니라.

천하사 일꾼이 죽어 천상에 올라가면

116 이제 천하사(天下事)에 뜻한 자 어려움을 헤치고 괴로움을 무릅

‘너 자신이 학업에 정통하지 못하고 덕행을 이룰 수 없음을 근심할 것이지, 담당자(有司)가 명료치 못하고 공정치 못함을 한하지 말라.’는 내용이다. 상제님께서 이 글을 인용하시어 김형렬 성도에게 경계하셨으나 결국 그는 수부 도수의 문제로 깊은 한을 남겼다.

113:2 휘루참지. 마속이 가정(街亭)에서 제멋대로 싸우다 패하자 제갈량이 전날의 공과 두터운 친분에도 불구하고 군법에 따라 울면서 목을 베었다는 ‘읍참마속(泣斬馬謖)’의 고사를 말씀하신 것. 천지대업의 조직 기강을 잡기 위해서는 그 누구도 예외일 수 없다는 경고의 말씀이다.

115:8 대동세계. 상제님께서 말씀하시는 대동세계는 유가(儒家)에서 말하는 대동세계와는 본질적으로 다르다. 모

일꾼

든 인간과 천지 신명까지 다 아우르는 대동세계인 것이다.

쓰며 정성과 힘을 다하여 뜻을 이루려 하다가 설혹 성공치 못하더라도

2 죽어서 천상에 올라가면, 예로부터 몸을 던져 천하사에 종사하다가 시세(時勢)가 이롭지 못하여 성공치 못하고

3 죽어서 잘된 신명(神明)들이 서로 반겨 맞아 상좌에 앉히고 '고생 많이 하였다.' 하여 극진히 위로하며

4 여러 가지 진귀한 것으로 즐겁게 하여 천상의 모든 영화를 누리게 하리니 무슨 한(恨)이 있으리오.

인류의 생사를 쥐고 다니는 너희 일꾼

117 너희들은 손에 살릴 생(生) 자를 쥐고 다니니 득의지추(得意之秋)가 아니냐.

2 삼천(三遷)이라야 일이 이루어지느니라.

3 천하사는 생사양도(生死兩道)에서 그치나니 우리의 부단한 노력은 하루에 밥 세 때 벌이 하는 일이니라.

4 나의 일은 남 죽을 때에 살자는 일이요, 남 사는 때에는 영화(榮華)와 복록(福祿)을 누리자는 일이로다.

일꾼 된 자 끝판을 잘 꼬느라

5 일꾼 된 자 씨름판을 본받을지니

6 씨름판에 뜻하는 자는 판밖에서 보양물(補陽物)을 많이 먹고 기운을 잘 길러 끝판을 꼬느고 있느니라.

7 시속에서 씨름판에 소를 상금으로 거나니 나를 잘 믿어 일을 잘하는 자에게 익산(益山) 삼기산(三箕山) 와우(臥牛)를 주리라.

117:7 익산 삼기산 와우. 익산에 와우혈(臥牛穴)이라는 명당자리가 있는데, 예전부터 이곳에 묘자리를 쓰면 3대에 걸쳐 장상의 재목이 나온다는 전설이 있다.

대개벽 후 일꾼들이 지구촌을 누빈다

118 공자는 3천 명 제자 중에 72인을 통예(通藝)케 하고, 석가모니는 500인에게 도를 통하게 하였으나

2 나는 비록 차별은 있을지라도 일만 이천 명을 통케 하여 모든 창생에게 혜택을 열어 주리라.

3 너희들이 장차 세계 창생을 널리 건지리니 어찌 영귀(榮貴)가 되지 아니하며

4 창생을 살린 후에는 천하 만국을 돌아다니며 그들을 가르치리니 어찌 큰 대우를 받지 아니하리오.

서전서문(書傳序文)

慶元己未冬에 先生文公이 令沈으로 作書集傳케 하시고

明年에 先生이 歿커시늘

又十年에 始克成編하니 總若干萬言이라

경원(慶元: 南宋 寧帝의 연호) 기미(1199)년 겨울에

선생 주문공(朱文公)께서 침으로 하여금 『서집전(書集傳)』을 짓게 하시고

이듬해에 선생이 별세하시거늘 십 년 만에

비로소 책을 완성하니 모두 몇만 자라.

嗚呼라 書豈易言哉리오

二帝三王의 治天下之大經大法이 皆載此書로되

而淺見薄識으로 豈足以盡發蘊奧며

且生於數千載之下하여 而欲講明於數千載之前하니

亦已難矣라

아! 서경을 어찌 쉽게 말할 수 있으리오.

이제삼왕(二帝三王)의 천하를 다스리는

대경대법(大經大法)이 이 책에 다 실렸으되

나의 얕은 식견과 학식으로

어찌 족히 그 심오한 이치를 다 드러낼 수 있겠는가.

더구나 수천 년 뒤에 태어나 수천 년 전의 것을 밝히려 하니

또한 심히 어려운 일이로다.

然이나 二帝三王之治는 本於道하고

二帝三王之道는 本於心하니

得其心이면 則道與治를 固可得而言矣리라

그러나 이제삼왕의 다스림은 도(道)에 근본하였고

이제삼왕의 도는 마음에 근본하였으니

바로 그 마음을 깨면 도와 다스림을 진실로 말할 수 있으리라.

<ruby>何<rt>하</rt></ruby><ruby>者<rt>자</rt></ruby>오

<ruby>精<rt>정</rt></ruby><ruby>一<rt>일</rt></ruby><ruby>執<rt>집</rt></ruby><ruby>中<rt>중</rt></ruby>은 <ruby>堯<rt>요</rt></ruby><ruby>舜<rt>순</rt></ruby><ruby>禹<rt>우</rt></ruby><ruby>相<rt>상</rt></ruby><ruby>授<rt>수</rt></ruby><ruby>之<rt>지</rt></ruby><ruby>心<rt>심</rt></ruby><ruby>法<rt>법</rt></ruby><ruby>也<rt>야</rt></ruby>요

<ruby>建<rt>건</rt></ruby><ruby>中<rt>중</rt></ruby><ruby>建<rt>건</rt></ruby><ruby>極<rt>극</rt></ruby>은 <ruby>商<rt>상</rt></ruby><ruby>湯<rt>탕</rt></ruby><ruby>周<rt>주</rt></ruby><ruby>武<rt>무</rt></ruby><ruby>相<rt>상</rt></ruby><ruby>傳<rt>전</rt></ruby><ruby>之<rt>지</rt></ruby><ruby>心<rt>심</rt></ruby><ruby>法<rt>법</rt></ruby><ruby>也<rt>야</rt></ruby>요

<ruby>曰<rt>왈</rt></ruby><ruby>德<rt>덕</rt></ruby> <ruby>曰<rt>왈</rt></ruby><ruby>仁<rt>인</rt></ruby> <ruby>曰<rt>왈</rt></ruby><ruby>敬<rt>경</rt></ruby> <ruby>曰<rt>왈</rt></ruby><ruby>誠<rt>성</rt></ruby>은 <ruby>言<rt>언</rt></ruby><ruby>雖<rt>수</rt></ruby><ruby>殊<rt>수</rt></ruby><ruby>而<rt>이</rt></ruby><ruby>理<rt>리</rt></ruby><ruby>則<rt>즉</rt></ruby><ruby>一<rt>일</rt></ruby>이니

<ruby>無<rt>무</rt></ruby><ruby>非<rt>비</rt></ruby><ruby>所<rt>소</rt></ruby><ruby>以<rt>이</rt></ruby><ruby>明<rt>명</rt></ruby><ruby>此<rt>차</rt></ruby><ruby>心<rt>심</rt></ruby><ruby>之<rt>지</rt></ruby><ruby>妙<rt>묘</rt></ruby><ruby>也<rt>야</rt></ruby>라

무슨 까닭인가?

오직 일심을 갖고 중용의 도를 잃지 않음은

요(堯)·순(舜)·우(禹)가 서로 전한 심법이요

중용의 도(中)를 세우고 만민의 삶의 푯대(極)를 세움은

상(商)의 탕(湯)과 주(周)의 무왕(武王)이 서로 전한 심법이니

덕(德)과 인(仁)과 경(敬)과 성(誠)이 말은 비록 다르나 이치는 곧 하나이니

다 이 마음의 오묘함을 밝힌 것 아님이 없느니라.

<ruby>至<rt>지</rt></ruby><ruby>於<rt>어</rt></ruby><ruby>言<rt>언</rt></ruby><ruby>天<rt>천</rt></ruby><ruby>則<rt>즉</rt></ruby> <ruby>嚴<rt>엄</rt></ruby><ruby>其<rt>기</rt></ruby><ruby>心<rt>심</rt></ruby><ruby>之<rt>지</rt></ruby><ruby>所<rt>소</rt></ruby><ruby>自<rt>자</rt></ruby><ruby>出<rt>출</rt></ruby>이요

<ruby>言<rt>언</rt></ruby><ruby>民<rt>민</rt></ruby><ruby>則<rt>즉</rt></ruby> <ruby>謹<rt>근</rt></ruby><ruby>其<rt>기</rt></ruby><ruby>心<rt>심</rt></ruby><ruby>之<rt>지</rt></ruby><ruby>所<rt>소</rt></ruby><ruby>由<rt>유</rt></ruby><ruby>施<rt>시</rt></ruby>니*

<ruby>禮<rt>예</rt></ruby><ruby>樂<rt>악</rt></ruby><ruby>敎<rt>교</rt></ruby><ruby>化<rt>화</rt></ruby>는 <ruby>心<rt>심</rt></ruby><ruby>之<rt>지</rt></ruby><ruby>發<rt>발</rt></ruby><ruby>也<rt>야</rt></ruby>요

<ruby>典<rt>전</rt></ruby><ruby>章<rt>장</rt></ruby><ruby>文<rt>문</rt></ruby><ruby>物<rt>물</rt></ruby>은 <ruby>心<rt>심</rt></ruby><ruby>之<rt>지</rt></ruby><ruby>著<rt>저</rt></ruby><ruby>也<rt>야</rt></ruby>요

<ruby>家<rt>가</rt></ruby><ruby>齊<rt>제</rt></ruby><ruby>國<rt>국</rt></ruby><ruby>治<rt>치</rt></ruby><ruby>而<rt>이</rt></ruby><ruby>天<rt>천</rt></ruby><ruby>下<rt>하</rt></ruby><ruby>平<rt>평</rt></ruby>은 <ruby>心<rt>심</rt></ruby><ruby>之<rt>지</rt></ruby><ruby>推<rt>추</rt></ruby><ruby>也<rt>야</rt></ruby>니

<ruby>心<rt>심</rt></ruby><ruby>之<rt>지</rt></ruby><ruby>德<rt>덕</rt></ruby>이 <ruby>其<rt>기</rt></ruby><ruby>盛<rt>성</rt></ruby><ruby>矣<rt>의</rt></ruby><ruby>乎<rt>호</rt></ruby>인저

하늘을 말함에 이르러서는 마음이 유래한 바를 엄히 하였고

백성을 말함에 이르러서는 마음에 말미암아서 베풀어지는 바를 삼갔으니

예악과 교화는 마음의 발현이요

전장(典章)과 문물(文物)은 이 마음의 드러남이요

집안을 가지런히 하고 나라를 다스리고 천하를 평안히 함은

이 마음을 미루어 확장한 것이니

마음의 덕이 성대하도다.

---

* 至於言天則 嚴其心之所自出이요 言民則 謹其心之所由施니. 하늘에 대해 말할 때는, 마음의 근원처인 하늘(天, 上帝)을 엄히 하여 공경하고 외경(畏敬)하게 함으로써 천명(天命)을 보존하게 하였다. 또 백성에 대해 말할 때는, 마음의 덕에 말미암아 일상 현실에서 베풀어지는 것(道律政規)을 신중히 하여 덕화(德化)를 펼치도록 하였다.

이 제 삼 왕　　존 차 심 자 야
二帝三王은 存此心者也요

하 걸 상 수　　망 차 심 자 야
夏桀商受는 亡此心者也요

태 갑 성 왕　　곤 이 존 차 심 자 야
太甲成王은 困而存此心者也라

존 즉 치　　망 즉 란
存則治하고 亡則亂하나니

치 란 지 분　　고 기 심 지 존 부 존 여 하 이
治亂之分이 顧其心之存不存如何耳라

이제삼왕은 이 마음을 간직한 자요

하(夏)의 걸(桀)과 상(商)의 수(受: 紂)는 이 마음을 잃은 자요

태갑(太甲)과 성왕(成王)은 애써 이 마음을 간직한 자라.

간직하면 다스려지고 잃으면 어지러워지나니

다스려짐과 어지러워지는 것의 나누임이

마음을 간직하느냐 못 하느냐의 여하에 달려 있을 따름이니라.

후 세 인 주　유 지 어 이 제 삼 왕 지 치　　불 가 불 구 기 도
後世人主 有志於二帝三王之治인대 不可不求其道요

유 지 어 이 제 삼 왕 지 도　　불 가 불 구 기 심
有志於二帝三王之道인대 不可不求其心이니

구 심 지 요　　사 시 서　　하 이 재
求心之要는 舍是書하고 何以哉리오

후세의 군주가 이제삼왕의 다스림에 뜻이 있을진대 그 도를 구하지 않을 수 없고

이제삼왕의 도에 뜻이 있을진대 그 마음을 구하지 않을 수 없을 것이니

마음을 구하는 요체는 이 책을 버리고 무엇으로 얻을 수 있으리오.

일
꾼

침　　자 수 독 이 래　　침 잠 기 의
沈이 自受讀以來로 沈潛其義하고

참 고 중 설　　융 회 관 통
參考衆說하여 融會貫通일새

내 감 절 충　　미 사 오 지　　다 술 구 문
迺敢折衷이나 微辭奧旨는 多述舊聞이요

이 전 우 모　　선 생　　개 상 시 정
二典禹謨는 先生이 蓋嘗是正하사

수 택　　상 신　　오 호 석 재
手澤이 尙新하시니 嗚呼惜哉라

침이 『서경』을 배워 읽은 이래로 그 뜻을 깊이 침잠하고

여러 학설을 참고하여 자세히 이해하고 관통하고서야

이에 감히 절충하되 은미한 말과 깊은 뜻은 옛날에 들은 것을 기술함이 많고

이전(二典: 「堯典」, 「舜典」)과 「대우모(大禹謨)」는 선생이 일찍이 바로잡으시어

손때 묻은 흔적이 아직 새로우니 아! 애석하도다.

集傳은 本先生의 所命故로
凡引用師說은 不復識別하고
四代之書를 分爲六卷하니
文以時異나 治以道同이라

집전은 본래 선생의 명인 까닭에
인용한 모든 선생님의 설은 다시 별도로 표지하여 구별하지 아니하고
사대(四代: 虞夏殷周)의 글을 여섯 권으로 나누니
글은 시대에 따라 다르나 천하를 다스리는 도는 모두 같으니라.

聖人之心이 見於書는 猶化工之妙가 著於物하니
非精深이면 不能識也라

성인의 마음이 『서경』에 드러남은
화공(化工: 하늘의 조화)의 묘한 재주가 물건에 드러나는 것과 같으니
깊이 궁구하지 않으면 능히 알 수 없느니라.

是傳也 於堯舜禹湯文武周公之心에
雖未必能造其微나
於堯舜禹湯文武周公之書에 因是訓詁하면
亦可得其指意之大略矣리라
嘉定 己巳 三月 旣望에 武夷 蔡沈*은 序하노라

이 집전은 요순우탕문무주공의 마음에 대해서는
비록 반드시 그 은미한 경지에 나아가지는 못하였지만
요순우탕문무주공의 글에 있어서는 이에 말미암아 훈고(訓詁)하면
또한 그 뜻의 대략을 얻을 수 있으리라.
가정 기사 삼월 기망(16일)에 무이 채침이 서문을 쓰노라.

---

* 채침(蔡沈, 1176~1230). 남송(南宋)의 성리학자. 자는 중묵(仲默). 주자의 친구이자 수제자인 채원정의 아들. 주자에게 수업하고 주자의 위촉을 받아 주자가 미처 완성치 못한 『서경(書經)』에 주석을 수십 년의 연구 끝에 달아 『서집전(書集傳)』을 지었다.

제9편

복록(福祿)과 수명(壽命)

복록(福祿)과 수명(壽命)

인간의 복록은 내가 맡았노라

1 1 인간의 복은 녹줄에 있고 오래 삶은 명줄에 있으니

2 증산 상제님과 태모 고수부님은 뭇 생명의 부모 되시어 녹(祿)과 명(命)을 다스리시니라.

녹 떨어지면 죽느니라

3 상제님께서 성도들에게 이르시기를 "신축(辛丑)년 이후로는 연사(年事)를 내가 맡았느니라.

4 세상에서 '수명(壽命) 복록(福祿)이라.' 하여 복록보다 수명을 중히 여기나

5 복록이 적고 수명만 긴 것보다 욕된 것이 없느니라.

6 그러므로 나는 수명보다 복록을 중히 여기나니 녹(祿)이 떨어지면 죽느니라." 하시고

7 또 말씀하시기를 "인간의 복록을 내가 맡았느니라.

8 그러나 태워 줄 곳이 적음을 한하노니 이는 일심 가진 자가 적은 까닭이라.

9 만일 일심 자리만 나타나면 빠짐없이 베풀어 주리라." 하시니라.

해마를 주장하시는 상제님

2 1 상제님께서 말씀하시기를 "나는 해마(解魔)를 주장하는 고로 나를 따르는 자는 모든 복마(伏魔)가 발동하나니

2 복마의 발동을 잘 받아 이겨야 복이 이어서 이르느니라.

3 시속에 '화복(禍福)'이라 이르나니, 이는 복보다 화가 먼저 이름을 말함이로다.

4 이르는 화를 잘 견디어 받아야 복이 이어서 이르느니라.

5 좋은 복을 내려 주어도 이기어 받지 못하면 그 복이 다른 곳으로 돌아가느니라." 하시니라.

1:1 줄. 맥(脈)의 옛말로서 내가 있는 현실이 과거로부터 이어져 다시 미래로 연결된다는 개념. 나와 조상, 천지 신명, 상제님이 상하좌우로 거미줄처럼 연결 되는 네트워크와 같다.

1:2 녹과 명. 녹(祿)은 인간의 생명을 유지하는 일체의 모든 것을 말하며 명(命)은 목숨, 생명을 말한다. 인간은 녹을 바탕으로 명(命)이 창출되어 생명을 영위해 나간다. 즉, 녹과 명은 진리와 인간 역사의 근본 주제로서 생명을 창조하고 유지하는 음양의 두 축이며 궁극적으로 성경신(誠敬信)에 의해 확보된다.

2:1 해마를 주장. 진리에 다가설수록 오히려 큰 마가 온다. 그러나

바르게 사는 길

3 하루는 한 성도가 여쭈기를 "어떤 것이 삿된 것을 버리고 바르게 사는 길입니까?" 하니

2 상제님께서 말씀하시기를 "성경신(誠敬信)이라 하지 않더냐. 마음을 속이지 말고 생명을 해하지 말라.

3 인륜(人倫)을 상(傷)하게 하지 말고 사람들을 그릇 인도하지 말지라.

4 또 간음하지 말며 재물을 탐하지 말라." 하시니라.

5 이어 말씀하시기를 "스스로 분수를 지켜 즐거워할 줄 알고 마음 닦는 공부를 잘하라.

6 정성스러운 마음이 잠시라도 끊어지지 않게 하며 날마다 더 널리 덕을 베풀기에 힘쓰라." 하시니라.

복과 참된 마음

4 상제님께서 말씀하시기를 "수운시(水雲詩)에 '도기장존사불입(道氣長存邪不入)'이라 하였으나

2 나는 '진심견수복선래(眞心堅守福先來)'라 하노라." 하시고

3 또 이르시기를 "마음을 깨끗이 하여야 복(福)이 이르나니 남의 것을 탐내는 자는 도적의 기운이 따라들어 복을 이루지 못하느니라." 하시니라.

상제님께서 거처하시는 곳의 하늘 기운

5 임인(壬寅 : 道紀 32, 1902)년 겨울에 김형렬(金亨烈)이 상제님을 모시는데 마침 큰 눈이 오거늘

2 형렬이 아뢰기를 "전설에 '송우암(宋尤庵)이 거처하는 지붕에는 눈이 쌓이지 않고 녹았다.' 하니 진실로 천지의 지령지기(至靈之氣)를 타고난 사람인가 합니다." 하니

3 상제님께서 말씀하시기를 "천지의 정기가 몸에 충만하면 그러하니라. 이제 나 있는 곳을 살펴보라." 하시므로

4 형렬이 밖에 나가 보니 날이 차고 눈이 많이 내려 쌓였으되 오직 그 지붕에는 눈 한 점 없고 맑은 기운이 구름을 뚫고 하늘에 뻗쳐 푸른 상공이 보이더라.

5 이 뒤로 형렬이 항상 유의하여 살피니 언제든지 상제님께서 머무시는 곳에는 반드시 맑은 기운이 푸른 하늘에 통하여 구름이 가리지 못하며 비록 큰비가 올지라도 그러하더라.

불꽃에 파리가 앉지 못하듯이 정신이 성성이 깨어 있으면 마가 달려들지 못한다. 또한 삼계의 복마를 끌러내는 지존(至尊)은 바로 인간으로 오신 증산 상제님이심을 명심해야 한다.

2:1 복마. 복마는 두 가지가 있다. 첫째, 사람의 마음에서 나타나는 것인데 스스로 복마를 불러들이는 경우이다. 이 때의 마는 꼭 인격을 가지고 실존하는 영은 아니다. 이러한 종류의 복마가 발동하는 근본적인 이유는 선천우주가 상극(相克)을 생장 원리로 하여 인간과 천지만물을 기르기 때문이다. 둘째, 인격신 가운데 사악한 신명, 또는 조상이나 자신이 저지른 죄로 피해를 입은 척신의 원기(寃氣)가 복마로 작용하는 경우이다.

4:1 도기장존사불입. 수운은 대도를 깨닫고 말겠다는 굳은 결심의 뜻으로 '도기장존사불입(道

氣長存邪不入), 세간중인부동귀(世間衆人不同歸)'란 입춘시(立春詩)를 문에 붙이고 수도하였다.

5:2 송우암(宋時烈, 1607~1689). 본명 시열, 호는 우암(尤庵). 조선 후기의 유학자이며 노론의 영수. 한때 효종 임금과 북벌을 추진했다. 동시대 인물인 허미수와 정치적으로 대립하였지만 개인적으로는 친분을 유지하였다. 만년에 화양동에 은거하여 명나라 사람들의 생활을 본떠 생활하였으며, 그곳에 그의 유언으로 만동묘가 세워졌다.

7:2~4 『용화전경』의 저자인 김락원의 손자 김상용(1941~) 증언.

8:2 욕에도 덕을. '알성급제(謁聖及第)할 놈'은 곧 알성시에 합격할 놈이란 뜻. '알쌍할 놈'은 알성(謁聖)할 놈, 즉 성인을 만날 만큼 학덕이 높은 사람을 뜻하는데, 보다 근원적으로는 참 성인이신 상제님을

이경오의 아들을 살려 주심

6 이경오(李京五)의 어린 아들이 배앓이를 하여 여러 날 동안 대소변을 보지 못하더니 얼마 후 생명이 위독하게 된지라

2 경오가 아이를 안고 와서 고쳐 주시기를 청하거늘 상제님께서 아이를 앞에 뉘시고 손으로 배를 만져 내리시니 곧 소변이 통하니라.

3 그릇에 소변을 받아 두었다가 내어본즉 그릇 바닥에 무슨 가루가 가라앉아 있거늘

4 상제님께서 여러 성도들에게 일러 말씀하시기를 "이것은 사탕가루라. 어린아이가 사탕을 많이 먹으면 한문(汗門)이 막히고 이러한 병이 나기 쉬우니 주의하라." 하시니라.

어린이를 사랑하시는 상제님

7 상제님께서는 평소 어린이를 무척 사랑하시니라.

2 하운동(夏雲洞)에 계실 때 동네 아이들에게 옷소매에서 종종 장난감과 먹을 것을 꺼내 주시니 아이들이 상제님을 잘 따르거늘

3 하루는 난데없이 비둘기를 꺼내 보여 주시매 아이들이 신기해하며 서로 만져 보려고 야단이더라.

4 이 때 한 아이가 손을 대니 비둘기가 '푸드덕' 하고 하늘로 날아가더라.

아이들을 괄시하지 말라

8 상제님께서는 평소 아이들에 대해 함부로 말하는 것을 엄히 경계하시니

2 혹 아이들을 꾸짖으실 때에도 '알쌍할 놈.', '네 이 급제할 놈.', '데끼 이놈.' 또는 '알성급제할 놈.' 이라 하시어 욕에도 덕을 붙이시니라.

3 하루는 어떤 사람이 지나가는 아이를 보고 "저 바보놈! 저놈은 배지만 생겼다." 하며 비아냥대거늘

4 상제님께서 이를 들으시고 꾸짖으시기를 "흥, 그놈도 어찌 될지 누가 아느냐?

5 아이들은 괄시하지 않는 것이다. 윗목에 가서 똥 싸고 아랫목에 가서 밥 먹던 놈도 때가 있어서 잘 사나니

6 천하에 가진 것 없는 사람이라고 괄시하지 말고, 또 있다고 해서 남을 조소하지 말라.

9 복록과 수명 985

배알할 놈이라는 뜻. '뎨끼'는 '대기(大器)'를 이름.

7 이제 어린아이인데 장차 어찌될 줄 알아서 큰소리를 치느냐?" 하시고

8 또 활발하고 영리한 아이를 보고 '잘났다.'고 일컬으면 말씀하시기를 "아이는 먼저 오래 사는 것이 잘난 것이니라. 수명을 모르고 어찌 잘났다 이르느냐." 하고 꾸중하시니라.

어린아이들의 심성을 살피심

9 상제님께서 금구 내주평에 계실 때 평사리(平沙里)에 자주 다니시며 어린아이들의 심성을 살피시거늘

10 아이들을 보실 때마다 "너 커서 뭐 되고 싶냐? 너는 뭐 되고 싶냐?" 하고 물으시니라.

이 일은 신명공사에서 결정된 일

9 임인년 9월에 농가에서 보리갈이로 분주하매 상제님께서 한숨지으시며 말씀하시기를 "이렇게 힘을 들여도 수확을 얻지 못하리니 어찌 애석하지 아니하리오." 하시거늘

2 형렬이 이 말씀을 듣고 보리농사를 폐하였더니, 계묘년 봄에 이르러 기후가 순조로워 보리가 크게 풍등(豊登)할 조짐이 보이더라.

3 이에 김보경(金甫京)과 장흥해(張興海)를 비롯한 여러 성도들과 이웃 사람들이 모두 형렬을 비웃거늘

4 상제님께서 말씀하시기를 "이 일은 **신명공사(神明公事)**에서 결정된 일인데 아직 결실기에도 이르지 못하여 어찌 풍작이라고 장담하느냐." 하시더니

5 과연 5월 5일에 내린 큰비로 보리 이삭이 다 말라서 수확이 아주 없게 되고 이로 인해 쌀값이 한 말에 일곱 냥으로 오르는지라

6 이로부터 모든 사람이 더욱더 상제님을 믿고 따르니라.

천지의 농사에 농비를 붙이심

10 하루는 상제님께서 이도삼(李道三)에게 이르시기를 "금년에 농사를 지으리니 농비(農費)를 준비하여 오라." 하시거늘

2 도삼이 아뢰기를 "제가 가진 돈이 없어 준비하기 어렵겠습니다." 하니

3 말씀하시기를 "네가 한 말 서 되지기 논이 있어 팔면 백서른 냥이 되리니 그만하면 넉넉하리라." 하시니라.

4 도삼이 이에 논을 팔아 백서른 냥을 장만하여 올리니

복록

10:5 만물대선록. 아주 큰 선(善)을 쌓으면 천지의 큰 녹을 붙여 주신다는 뜻. 복은 스스로 만들어야 한다. 진취적 기상이 있어야 한다.

5 상제님께서 종이에 한 일 자를 길게 그어 놓으시고 그 획에 걸쳐서 '만물대선록(萬物大善祿)'이라 써서 불사르신 뒤에

6 그 돈을 도삼에게 들리시고 주막에 가시어 길 가는 사람들에게 술을 받아 주어 다 쓰시니라.

복은 위로부터 내려온다

11 하루는 상제님께서 어디를 가시다가 장익모(張益模)가 그의 어린 아들을 심히 사랑하는 것을 보시고

2 가르쳐 말씀하시기를 "복(福)은 위로부터 내리는 것이요, 아래에서 치오르지 아니하나니 부모를 잘 공경하라." 하시니라.

3 또 말씀하시기를 "자식을 낳아 아무리 예쁘다 해도 '가서 할아버지 때려 줘라, 아버지 때려 줘라.' 하지 않는 것이다." 하시니라.

시아버지를 때리는 며느리

12장 한국은 최근, 노인들 10명 중 4명이 1회 이상 주변으로부터 학대를 경험했고 가해자로는 아들과 맏며느리가 압도적으로 많은 것으로 나타났다.〈「문화일보」, 2003년 2월 6일〉

12 하루는 상제님께서 호연에게 옛이야기를 들려주시니 이러하니라.

2 어느 가난한 집 며느리가 시아버지를 때리는 일이 잦더니 아이들도 그 본을 받아 할아버지를 때리더라.

3 하루는 한마을에 사는 시아버지의 친구가 찾아와 "내일이 내 생일이니 자네도 오소." 하고 청하매

4 차마 거절할 수 없어 마지못해 "내 가지." 하고 대답하거늘

5 다음날이 되어 막상 가려고 하니 마땅히 입고 갈 옷이 없는지라

6 홀로 앉아서 '아이, 속없는 놈 봐라. 세상에 내가 옷도 없는데 무엇을 입고 남의 생일에 간다고 주전없이 그리 답했을꼬!' 하며 자책하는데

7 때마침 며느리가 냇가로 **빨래**를 하러 나가므로 몰래 아들의 옷을 입고 집을 나서니라.

8 시아버지가 며느리를 살피며 냇가를 조심조심 지나는데 그만 며느리에게 들키고 말거늘

9 며느리가 하던 **빨래**를 제쳐두고 방망이를 들고 쫓아오니 두려운 마음에 친구집까지 한달음에 달려가 대문 안으로 쑥 들어가니라.

이런 효부가 어디 있느냐

10 방망이를 손에 들고 대문 앞까지 쫓아온 며느리가 마당에 꽉 들어찬 손님을 보고는 멈칫하며 들어서지 못하니

11 친구가 이를 알고 "자네 뒤에 서 있는 게 누군가?" 하고 묻거늘

12 시아버지가 면목이 없어 둘러대기를 "아, 이 사람아. 내가 오랜만
에 걸음을 걸으니 넘어질까 걱정이 되어 며느리가 빨래를 하다 말
고 여기까지 좇아왔네그려." 하고 허허 웃으니라.

13 이에 친구가 '저렇게 군자 같은 시아버지를, 저런 못된 것이 그러는
구나!' 하여 더욱 괘씸한 생각이 들거늘

14 방에 상을 크게 차리도록 이른 뒤에 그 며느리에게 안으로 들기를
청하니 극구 사양하는지라 그의 가족들이 거의 떠메다시피 하여
방에 앉히니라.

15 시아버지의 친구가 그 며느리를 가리키며 자식들에게 이르기를

16 "너희들 좀 들어 보거라. 내 친구가 여기를 오는데 넘어질까 걱정
이 되어 빨래를 하다 말고 여기까지 좇아왔구나! 이런 효부가 어디
있느냐?" 하며 짐짓 칭찬을 하니

17 시아버지는 이 틈을 타서 옷을 벗어 두기 위해 집으로 돌아가고

18 며느리는 부끄럽고 염치가 없어 음식을 전혀 먹지 못하고 낯만 붉
히며 앉아 있거늘

19 친구가 다시 "아이고, 이 효부는 시아버지가 음식을 안 자시고 그
냥 가니 못 먹고 있구나!" 하며 가서 시아버지와 함께 들라고 음식
을 싸 주니라.

사람은 본을 떠서 깨우쳐야

13 며느리가 하는 수 없이 음식을 받아들고 엉거주춤 일어서서 나
오며 곁눈으로 보니

2 자식들이 "아버님, 아버님!" 하고 절을 하며 지극히 위하거늘

3 며느리가 이에 감화되어 '이 못된 년은 남편 옷 입고 간다고 잡으
려고 막 뛰어왔는데

4 그것을 넘어질까 걱정이 되어 좇아왔다고 말씀해 주시는 아버님께
그렇게 죄를 져서 쓰겠는가.' 하며 뉘우치고

5 그 후로는 마음을 돌이켜 시아버지를 진실로 공경하고 극진히 받드는
효부가 되었다 하더라.

6 상제님께서 이야기를 다 들려주신 후에 이르시기를 "사람 못된 것은
쓸데가 없나니 될 사람은 이렇듯 본을 떠서 깨우쳐 주어야 하느니라."
하시고

7 또 말씀하시기를 "아무리 죽을 사람이라도 제 마음씨 하나만 고우면
일등이니라." 하시니라.

재덕이 정성을 가늠하는 표준

14 상제님께서 말씀하시기를 "너희들이 나에게 하나의 정성을 바치면 나는 만(萬)으로 갚노라.

2 나를 따르는 자가 나에게 정성스런 말을 하거든 재물로써 그의 정성을 시험하여 보라.

3 재덕(財德)이 정성을 가늠하는 표준이 되느니라." 하시니라.

4 또 말씀하시기를 "겉보리 서 말이라도 있어야 운수를 받느니라." 하시니라.

성금 바치는 마음가짐

15 상제님께서 말씀하시기를 "제 마음이 동하여 스스로 가져온 것을 취할 뿐 내가 청하지는 않느니라." 하시니라.

부부의 정성에 은혜를 내려 주심

2 하루는 어떤 사람이 모시 적삼을 지어 올리거늘 상제님께서 입어 보시며 "네 안사람이 눈물깨나 흘렸겠구나!" 하시고

3 몇 살이나 먹었고 무엇을 하는지 등 그의 신상을 세세하게 물으시니라.

4 이에 호연이 "물어서 뭐하게요? 뭐 줄라구요?" 하니

5 말씀하시기를 "제가 내 덕을 봐야지, 내가 제 덕을 봐서야 쓰겠느냐. 내가 저 공을 갚아야지.

6 신이나 한 켤레 삼아 줄거나?" 하시고는 한나절이 넘도록 신을 곱게 삼아서 주시니라.

인색한 색시

16 계묘(癸卯 : 道紀 33, 1903)년 늦여름에 군산(群山)의 어느 우물가를 지나시는데 한 여인이 무를 씻고 있거늘

2 상제님께서 "애기씨, 애기씨!" 하고 부르시니 "애기씨 아니어요." 하고 수줍은 듯 말하니라.

3 이에 상제님께서 "어~ 낭군이 있구만! 그 무 가운데 하나를 내게 부조하면 어떨꼬?" 하시니

4 여인이 못 들은 척하고 그냥 일어서서 무를 이고 가거늘 얼마 가지 못해 미나리꽝에 엎어져 무를 다 버리게 되니라.

5 이를 본 호연이 "그까짓 것 먹지도 안 할 거면서…." 하니

6 말씀하시기를 "무 퍽 맛날 때다. 주고 갔으면 그리 안 되었지. 무 하

나 청했는데 그냥 갖고 가니 미워서 내가 둥글려 버렸지." 하시거늘

7 호연이 "더러운 미나리꽝에 둥글렸으니 먹지도 못하고 어쩐대!" 하며 아까워하니라.

재물을 풍족하게 하는 길

17 하루는 말씀하시기를 "대학(大學)에

生財有大道하니
생 재 유 대 도

生之者衆하고 食之者寡하며
생 지 자 중　　　식 지 자 과

爲之者疾하고 用之者舒하면
위 지 자 질　　　용 지 자 서

則財恒足矣리라
즉 재 항 족 의

　재물을 생산하는 데 큰 도가 있으니
　생산하는 자가 많고 먹는 자가 적으며
　생산하기를 빨리 하고 쓰기를 느리게 하면
　재물이 항상 풍족하리라.

2 하였나니 이 말이 지언(至言)이니라." 하시니라.

직업에는 녹줄이 달려 있나니

18 상제님께서 말씀하시기를 "직업에는 귀천이 없고 녹줄이 달려 있나니 성의를 다하여 직업을 따르는 것이 옳거늘

2 조금 고달프면 이기지 못하여 '이 직업을 언제나 모면할꼬.' 하며 괴로워하는 말을 하니 이는 제 녹을 제가 끊는 것이라.

3 그러므로 모든 일이 뜻대로 되지 않느니라." 하시고

4 "사람이 제 일에 만족하지 못하고 바꾸려고만 하다가는 평생을 그르치느니라." 하시니라.

이렇게 먹고사는 것도 천지조화

5 또 말씀하시기를 "바깥에 나가지 않고 방에서 밥해 먹는 세상이 돌아와도 제가 노력을 안 하면 굶어 죽느니라.

6 이 세상 돌아가는 것이 날로 다르나니 이렇게 먹고사는 것도 천지조화니라." 하시니라.

돈 계산은 분명히 하라

19 상제님께서 하루는 성도들에게 말씀하시기를 "글도 않고 일도 않는 자는 사농공상(土農工商)에서 벗어난 자니 쓸데가 없느니라.

16:6 내가 둥글려 버렸지. 상제님께 불경하고 옹색한 여인을 신명들이 용서치 않아 크게 벌할 것이므로 상제님께서 막아 주신 것이다.

17:1 『대학』 전(傳) 10장에 나오는 구절.

복록

2 일하지 않고 품삯을 말하지 못하며, 하루 품에 이틀 삯을 받지 못하느니라.

3 '재상분명(財上分明)이 대장부(大丈夫)라.' 이르나니 이 말이 지언이니라." 하시고

4 "어떤 대신이 민정(民情)을 알기 위해 그 첫 공사로 장안에 있는 청루(靑樓)의 물정을 물었나니 이것이 옳은 공사니라." 하시니라.

19:3 원문은 '酒中不語는 眞君子요, 財上分明이 大丈夫라.' 이다.

19:4 어떤 대신. 조선 선조~인조 때의 문신인 오리 이원익(梧里 李元益, 1547~1634).

19:5 돈 전(錢). 파자하면 쇠 금(金)에 창 과(戈)가 둘이다.

19:7 백년탐물이 일조진. 「초발심자경문(初發心自警文)」에 나오는 둘째 경계문. '삼 일 동안 닦은 마음 천 년의 보배요, 백 년 동안 탐해 온 물건 하루아침 티끌이라(三日修心千載寶 百年貪物一朝塵).'

돈은 순환지리로 돌려쓰는 것

5 또 말씀하시기를 "돈 전(錢) 자에는 쇠끝 창이 두 개니라.

6 돈이란 것은 순환지리(循環之理)로 생겨 쓰는 것이요, 구하여 쓸 것은 못 되나니

7 '백년탐물(百年貪物)이 일조진(一朝塵)이라.' 하느니라." 하시니라.

제가 노력해서 먹어야 탈이 없느니라

20 하루는 상제님께서 호연과 함께 방에 누워 계시는데 제비가 날아가다 거미줄에 걸려 움직이지 못하거늘

2 호연이 "아이고, 어쩔거나? 날개로 탁 쳐 버리면 될 텐데, 저기 붙어서 가지를 못하네." 하며 의아히 여기니라.

3 이에 상제님께서 이르시기를 "보아라! 잠자리고 나비고 저런 새고, 걸리기만 하면 다 거미의 밥이 되어 뜯어 먹히느니라.

4 사람도 못된 곳에 걸리면 저 모양이 되느니라." 하시고

5 또 말씀하시기를 "거미도 제 밥은 제 재주를 부려서 먹느니라. 남이 쳐 놓은 데 걸린 것을 먹으려다가는 죽기가 쉬우니, 세상 이치가 그러한 것이니라.

6 사람도 제가 노력을 해서 먹어야 아무 탈이 없지, 남이 해 놓은 것을 먹는 것은 도둑질하기와 같은 것이니라." 하시니라.

불사약과 불로초

21 하루는 한 성도가 여쭈기를 "세상에 불사약과 불로초가 있습니까?" 하니 상제님께서 "있느니라." 하시고

2 일러 말씀하시기를 "불사약은 밥이요, 불로초는 채소니라." 하시니라.

3 이에 한 성도가 "시속에 배추김치는 담(痰)이 성한다 합니다." 하고 여쭈니

4 말씀하시기를 "풀려 나오는 담을 그르게 알고 성한다 이르는 것이니라." 하시니라.

21:2 불사약. 인간이 생명을 유지하며 살아가기 위해서는 하루 세 때 먹는 '밥'이 영원의 불사약이다. 이것은

5 또 하루는 이르시기를 "가래(痰)는 불덩이니 삼키지 마라. 가래는 구름이 하늘을 가리는 이치와 같으니라." 하시니라.

약을 가까이 하지 않으심

6 상제님께서는 평소 약을 가까이 하지 않으시고 술도 약주(藥酒)라 하면 드시지 않거늘

7 한 성도가 그 연유를 여쭈니 말씀하시기를 "내가 병들어서 약술 먹어야? 천지의원이 무슨 약을 먹느냐." 하시니라.

천하사는 살고 죽는 두 길에 그치나니

22 어떤 사람이 생식(生食)과 벽곡(辟穀)의 편리함을 말하니

2 상제님께서 놀라며 말씀하시기를 "천하사는 살고 죽는 두 길에 그치나니 우리가 쉴 새 없이 서두르는 것도 하루에 밥 세 때 벌이로 잘 먹고 살려는 일이니라.

3 이제 먹지 않기를 꾀하는 자 무슨 영위(營爲)가 있으리오." 하시니라.

4 하루는 김병욱(金秉旭)이 차력약(借力藥)을 먹고자 하여 아뢰니

5 말씀하시기를 "네가 약 먹고 차력하여 태전(駄錢) 짐을 지겠느냐, 길품을 팔겠느냐, 난리를 치겠느냐? 그것은 사약이니라." 하시니라.

배고픈 놈들은 다 오너라

23 하루는 형렬의 큰며느리가 밥을 하는데 사람이 워낙 많아 밥이 부족한지라

2 상제님께서 며느리에게 집안 식솔들의 밥을 먼저 푸게 하신 후에 "나머지는 모두 너러기에 퍼라." 하시거늘

3 며느리가 자배기에 밥을 퍼 담으며 "아이구, 밥그릇에다 밥을 퍼도 모자라겠고만 어찌 너러기에 푸라고 하시는고?" 하며 군말을 하니라.

4 이를 들은 호연이 "어른이 하라면 시키는 대로 하지 무슨 잔소리예요?" 하고 면박을 주매

5 며느리가 호연을 흘겨보며 밥그릇에 담긴 밥을 윗동에서 조금씩 덜어내어 자배기에 보태어 올리거늘

6 상제님께서 밥에 반찬을 가지가지 넣으시고 손으로 주물러 주먹밥을 만드신 후에

7 "너희들, 내 손으로 주물렀다고 안 먹으려면 먹지 말고, 먹으려면 먹어라. 배고픈 놈들은 다 오너라." 하시니 성도들이 앞다투어 모

인간의 몸과 만물의 생명을 태어나게 하는 흙이 둘이 아닌 일체관계(身土不二)임을 재인식하게 해 준다. 죽음의 질서를 넘어 신명이 되어서도 밥을 먹어야 살 수 있다(永生不死)는 상제님의 말씀에서 인간과 신명에 대한 생명의 진실을 대각(大覺)하게 된다.

21:3 담. 담(痰)은 화기(火氣) 덩어리다. 구름이 하늘을 가리는 이치와 같이 몸속의 화기는 자신의 본성을 보지 못하게 하고 만병의 근원이 된다. 천지의 수기(水氣)를 저장하고 있는 태을주를 읽게 되면 수승화강(水昇火降) 현상이 일어나면서 저절로 담이 나오는데 상제님께서는 대원사에서 공부하실 때 아예 방구들까지 들어내고 담을 토해 내셨다.

22:1 벽곡. 곡식은 먹지 않고 대추, 솔잎, 밤 등을 날로 먹고사는 일.

22:5 태전 짐. 심부름 삯을 받

고 나르는 짐, 또
는 그 짐삯.

이니라.

8 이에 상제님께서 사람마다 골고루 나눠 주시니 주먹밥이 금세 동이 난지라 호연이 "내 건 없네." 하고 이내 울상을 짓거늘

9 상제님께서 "안에 들어가 누가 남겼으면 좀 얻어먹어라." 하시매

10 호연이 "남기기는커녕 거기도 사발째 깨물려고 할 테고만!" 하며 퉁명스럽게 대꾸하니라.

이제 밥을 벌어들여야겠다

11 상제님께서 형렬을 바라보시며 "우리도 굶었다, 잉?" 하고 웃으시니

12 호연이 빈 너러기만 바라보며 "어른의 밥도 남기지 않고 저희들만 다 먹었네." 하거늘

13 형렬도 "이제 저희들이 굶고 안 굶고는 선생님께 매여 있습니다." 하며 말을 거드니라.

14 상제님께서 "그나저나 호연이가 배고파서 못쓰겠다. 이제 밥을 벌어 들여야겠구나." 하시고

15 성도들에게 "너희들, 내가 밥 먹으면 쳐다볼 테냐, 안 쳐다볼 테 냐?" 하고 물으시거늘

16 성도들이 모두 송구스럽고 민망해서 어쩔 줄을 모르는데 한 성도 가 나서며 "아이구, 못 드려서 한인데 쳐다볼 까닭이 있겠습니까?" 하니

17 상제님께서 꽃대님을 밖으로 휙 내던지시고는 그 성도에게 "저 꽃 댕기 주워 올래, 안 주워 올래?" 하고 물으시니라.

18 이에 그 성도가 대님 던지신 쪽으로 가 찾아보나 보이지 않거늘 "어디다가 던지셨습니까?" 하고 여쭈니

19 "이리 갔는지, 저리 갔는지, 동서남북을 다 찾아보아라." 하며 일러 주지 않으시니라.

20 그 성도가 하는 수 없이 마당 곳곳을 다시 살피는데 아무리 하여도 찾지 못하겠거늘

21 "동서남북을 다 훑어봐도 없습니다." 하고 아뢰니 상제님께서 "네 눈에 없지, 어찌 없느냐?" 하고 나무라시니라.

22 호연이 이를 지켜보다가 "내가 갖고 올까요?" 하고 나서려 하니 "가만 두어라. 이제 댕기가 들어오면서 밥이 올 것이다." 하시거늘

23 앉아서 얼마를 기다리니 잠시 후에 과연 어떤 여인이 원평에서 밥 을 이고 오니라.

먹고 싶은 사람은 또 오너라

24 상제님께서 여인이 가져온 밥을 형렬, 호연과 함께 드시며 말씀하시기를

2 "밥을 남겨서 저놈들 조금 더 줬으면 하지만 버릇돼서 못쓰니, 남겨서 안식구들 줘야겠다." 하시거늘

3 형렬이 "안사람들은 배고프면 무엇이라도 해 먹을 테니 내버려 두시고 저 사람들이나 더 주시지요." 하매 "그러자꾸나." 하고 응해 주시니라.

4 잠시 후 형렬과 호연이 밥을 다 먹고 나니 상제님께서 성도들을 바라보시며 "너희들 밥 조금 더 주랴?" 하시거늘

5 성도들이 "주시면 먹고 안 주시면 말지요." 하고 대답하니라.

6 이에 상제님께서 "손 씻고 와서 손바닥들 벌려라!" 하시니 성도들이 모두 손을 씻고 오는데

7 그중 한 성도가 그릇에 물을 떠서 가져오는지라 상제님께서 물으시기를 "내가 물 달라고 하였느냐?" 하시니

8 그 성도가 "아닙니다. 손을 씻고 왔는데 '안 씻고 와서 씻었다고 한다.' 하실까 싶어 떠 온 것입니다." 하고 아뢰거늘

9 상제님과 그 자리에 있던 모든 성도들이 크게 웃으니라.

10 상제님께서 그 성도에게 밥을 더 주시며 "먹고 싶은 사람 있으면 또 오너라." 하시니 또 한 성도가 오거늘

11 상제님께서 유심히 바라보시며 "이놈은 물도 안 떠 오고, 손도 안 씻고 오는구나." 하시니

12 "저는 아가리로 바로 들어갈 테니 그냥 주십시오." 하매 상제님께서 "오냐, 그래라." 하시고 크게 웃으시며 밥을 주시니라.

똘똘한 놈은 안 굶는다

13 하루는 상제님께서 성도들로부터 '여우의 둔갑과 소금장수의 이야기'를 들으시고

14 말씀하시기를 "꾀 많은 놈이다. 똘똘한 놈은 그렇게 돌아다녀도 안 굶지만 멍청한 놈은 굶느니라." 하시니라.

동물로 둔갑하여 공사를 보심

25 상제님께서 공사를 보실 때 때로는 여러 가지 크고 작은 짐승으로 둔갑하기도 하시니, 갑자기 세상에 없는 짐승들로 나타나곤 하시니라.

2 하루는 성도들과 함께 방안에 계시던 상제님께서 홀연 어디를 가셨는지 보이지 않으시고, 큰 황소만 한 호랑이가 시뻘건 입을 벌리고 앉아 있거늘

3 배는 숨을 쉴 때마다 불뚝불뚝 불거지고, 눈은 누렇다가 빨개지고 검어지고 하며 여러 가지 색깔로 변하니 그 모습에 모두 질겁하여 밖으로 도망하니라.

4 이에 호둔(虎遁)하신 상제님께서 꼬리를 한 번 흔드시니 나갔던 사람들이 바람에 날리듯 다시 방으로 들어오거늘

5 호연이 꼬리를 잡는다고 가까이 다가갔다가 내두르는 꼬리에 맞고 벌러덩 나자빠지니라.

6 이 때 호랑이가 형렬과 호연을 번갈아 보며 무슨 소리를 내니 형렬이 "호연이 오란다." 하고 이르거늘

7 호연이 놀라서 "하, 뭣 할려고 오래요?" 하며 멈칫하는지라

8 형렬이 호연을 놀려 주려는 마음에 "잡아먹으려고 그러지." 하니

9 호연이 울상을 지으며 "내가 결국은 호랭이 굴로 들어가? 그러면 선생님은 어디로 갔어?" 하며 상제님을 애타게 찾으니라.

10 이를 지켜보시던 상제님께서 "허허허허!" 하고 크게 웃으시니 그 소리에 방구들이 덜컥덜컥 울리거늘

11 호연이 "아이고 잡상스러워라! 호랑이가 웃는데 왜 방둑이 다 떨어?

12 아이고, 나 무서워서 안 봐." 하며 두 손으로 얼굴을 가리고 빼꼼이 쳐다보니 호랑이는 금세 어디로 가고 없더라.

13 성도들이 밖에서 '호랑이가 나왔다.' 며 수군거리고 있는데, 이번에는 몸통은 영낙없는 말이나 머리에 나뭇가지처럼 뿔이 돌려 난 짐승이 방으로 들어오거늘

14 호연이 "아이고, 저것은 또 무엇이래? 저 뿔 좀 싹 끊지, 어디 걸릴까 무섭네." 하니 둔갑하신 채 밖으로 나가시니라.

15 이 때 상제님을 아는 사람이 멀뚱멀뚱 쳐다보며 그 앞을 그냥 지나가면 뿔로 받으시니라.

부모 없는 아이를 기르시는 공사

26 하루는 상제님께서 사내아이를 하나 데리고 오시며 "호연아! 나 손자 하나 주웠다.

2 네 동생으로 알고 딱 데리고 댕겨라, 잉? 그럴래? 그럴래?" 하시거늘

3 호연이 "그 아이를 어디서 데려와요?" 하니 "저 도마다리에서 데리고 온다." 하시니라.

4 본디 이 아이는 어릴 적에 엄마를 잃은 후로 아버지와 함께 살았더니

5 하루는 아버지가 국수 한 그릇을 먹고 돌아와 갑자기 복통을 호소하며 마루를 뒹굴다가 죽거늘

6 전주 박 서방의 집에서 이를 애처롭게 여겨 거두어 주었더라.

7 이 아이의 이름은 석두이고 나이는 호연보다 한 살이 적은데

8 어린 석두가 아버지를 그리워하여 다리에서 눈물 흘리기가 수차례더니 이 날도 "아버지, 아버지!" 하며 슬피 울고 있거늘

9 상제님께서 그곳을 지나시다가 딱한 사정을 들으시고 "내가 아버지를 찾아 주마!" 하시며 석두의 손을 잡고 데려오신 것이더라.

10 호연이 동생이 생겼다고 좋아서 "석두야, 석두야!" 하고 큰 소리로 부르니

11 상제님께서 "석두 귀 안 먹었어, 가만가만히 말혀!" 하고 꾸중하시니라.

12 이후로는 석두가 상제님을 쫓아 구릿골에 자주 드나들며 심부름도 하고 청소도 거드니

13 상제님께서 멀리 가고 안 계실 때는 동네 사람들이 돌봐 주니라.

호연을 잘 따른 석두

27 호연이 석두를 무척 귀애하여 먹을 것이 생기면 꼭 챙겨 두었다가 주니 석두가 진종일 호연의 뒤만 졸졸 따라다니니라.

2 하루는 호연이 석두의 손을 잡고 "너하고 나하고 아버지 꼭 보자, 잉?" 하고 새끼손가락을 걸며 "요것도 다 이치가 있는 것이여." 하니

3 석두가 눈을 동그랗게 뜨며 "무슨 이치가 있어?" 하고 묻는지라

4 호연이 "새끼손가락을 한번 걸면 변치 못하는 것이니 이게 맹세여." 하고 일러 주니

5 석두가 고개를 끄덕이며 "아, 어쨌든지 나는 누나라고 하고 따라댕길게!" 하니라.

아버지를 그리워하는 석두

6 하루는 석두가 "언제나 아버지를 뵐까?" 하고 물으니 호연이 "네가 커야 하고, 나도 좀더 커야지.

7 우리 둘이 이렇게 쪼그만하니 보여 주시겠냐? 그러니 더 있어야지." 하고 달래니라.

26:3 도마다리. 지금의 전주시 인후교(鱗後橋). 현재 하천(건산천)의 복개로 도로화되었다.

복록

8 그러나 석두가 아버지 만날 날만을 애타게 기다리며 호연에게 자꾸만 물어대니

9 호연이 더 이상 대답하기도 곤란하고 한편으로는 궁금하기도 하여 "석두가 제 아버지를 보여 달라고 하는데, 언제나 보여 주실래요? 우리 아버지도 보여 주실래요?" 하고 여러 차례 여쭈거늘

10 상제님께서는 매번 "곧 봬 주지." 하실 뿐 다른 말씀은 하지 않으시니라.

거의 맞아 간다

28 하루는 호연이 답답한 마음에 "거짓말하지 말고 말 좀 해 봐요!" 하고 조르니

2 상제님께서 "야! 죽은 사람이 어떻게 찾아온다고 제 아버지를 본다냐?" 하시는지라

3 호연이 "그럼 왜 거짓말로 봬 준대요?" 하고 따지듯 여쭈니 "그렇게 생긴 사람이 인제 저를 찾지." 하시니라.

4 이에 호연이 "아휴! 어쩌면 거짓말을, 저런 명관들도 거짓말을 잘 하네." 하며 빈정거리니

5 상제님께서 "내가 명관이냐, 내가?" 하시거늘 호연이 말꼬리를 낮추며 "그럼 뭣이라고 할까?" 하매

6 상제님께서 "내가 가르쳐 주랴? 내가 명관이 아니라…. 에이, 안 가르쳐 줄란다. 쪼그만 것이 주둥이 놀리고 댕기니 안 가르쳐 줘." 하시니라.

7 이에 호연이 "신선밖에 더 될까?" 하니 상제님께서 "아, 거의 맞아 간다.

8 해가 지면 구석부터 그늘이 지는데, 그것 참으로 묘한 일 아니냐?" 하시거늘

9 호연이 "신선이 되면은 바람이 너무 심하지 않아요?" 하고 여쭈니 상제님께서 "그러면 나무 잎사귀가 엎어지냐, 뒤집어지냐?" 하고 되물으시니라.

10 호연이 "비가 올려면 잎이 엎어지고, 마파람이 불면 흔들리기만 하지 안 엎어져요." 하니

11 상제님께서 "아따, 나보고 명관이라 하더니, 그런 이치를 아는 것이 네가 명관이 되겠다!" 하며 칭찬해 주시니라.

어린 시절의 바른 공부법

29 하루는 상제님께서 석두에게 한자를 가르쳐 주시며 "하늘 천은 무엇이고, 따 지는 무엇이냐?" 하고 물으시니

2 호연이 옆에서 보고 있다가 "아이구, 어린애가 뭔 해독을 하리라고 그래요?" 하거늘

3 상제님께서 말씀하시기를 "뜻을 알고 해야 글이 느는 것이지, 해독을 못 하고 글을 하면 쓰겠느냐?" 하시니라.

4 이에 호연이 얼른 "그러면 어린애를 가르쳐 줘야지! 하늘 천은 하늘이고, 따 지는 땅 아녀요?" 하고 말하니

5 상제님께서 "너더러 누가 그 소리 하라더냐?" 하고 면박을 주시거늘

6 호연이 토라져서 석두를 잡아끌며 "야! 선생님보고 가르쳐 달라 말고 이리 와라, 내가 가르쳐 줄게." 하고는

7 "일천 천(千)! 글자 자(字)!" 하고 글을 일러 주니 상제님께서 웃으시며 "너희들, 잘들 만났다!" 하시니라.

감기 걸린 아이를 고쳐 주심

30 어느 추운 겨울날 전주 서천교(西川橋)에서 공사를 행하실 때 감기에 걸린 아이 하나가 심하게 기침을 하며 다리를 지나가거늘

2 상제님께서 보시고 한 성도에게 물 한 동이를 길어 오라 하시어 아이에게 찬물을 확 쏟아 부으시니라.

3 이에 함께 가던 아이의 부모가 크게 놀라 미친 사람이라고 화를 내며 급히 집으로 돌아가니 어느새 아이의 기침이 멎고 감기도 깨끗이 나았거늘

4 아이의 부모가 상제님께 가서 사죄하고 그 후로 상제님을 극진히 모시며 따르니라.

갑칠 아우의 종기를 고쳐 주심

31 김갑칠(金甲七)의 아우 정회(正會)가 정강이에 종기가 생겼는데 그럭저럭 견딜 만하여 아무 내색 않고 3년을 앓더니

2 급기야는 정강이에서 진물이 흘러내리고 도저히 고통을 참을 수 없는지라

3 하루는 상제님께 찾아와 "선생님, 다리에 종기가 난 지 삼 년이나 되었는데 낫지도 않고 어찌해야 좋을지 모르겠습니다." 하고 하소연하매

30장 청도원에 살았던 이극서(李極瑞, 1886~1968)의 증손 이태주(1946~, 군산 거주) 증언.

김태규
(1924~1999)

31장 김정회(金正會, 1893~?)의 아들 김태규(1924~1999) 증언.

복록

4 상제님께서 혀를 차시며 "미친놈!" 하시고 이르시기를 "사흘 뒤 그 믐날에 세 집에 들러 시룻번을 얻어 오너라." 하시니라.

5 이에 정회가 사흘 뒤에 명하신 대로 시룻번을 구해 올리니

6 상제님께서 시룻번을 물에 이겨서 종처(腫處)에 발라 주시며 "사흘 지나서 떼어 봐라." 하시거늘

7 정회가 사흘이 지나서 떼어 보니 종기가 깨끗이 나았더라.

박복한 창생에게 녹을 붙여 주심

32 뭇 생명의 아버지이신 증산 상제님께서는 종종 가난에 헐벗고 굶주린 창생들에게 녹(祿) 붙여 주는 공사를 행하시니

2 동냥아치들의 얼굴과 머리를 씻겨 주시고, 가지고 계신 돈을 탈탈 털어 주시며

3 입고 계신 옷을 동냥아치와 문둥병 환자들에게 벗어 주시고 가난한 사람들에게 쌀을 주시는 등 살길을 열어 주시니라.

그들이 곧 내 사람

4 하루는 상제님께서 누가 배고파 하는 것을 보시고 "가서 콩나물국사 먹고 오라." 하시며 돈을 주신 뒤에

5 성도들에게 말씀하시기를 "부귀한 자는 빈천함을 즐기지 않으며, 강한 자는 잔약(孱弱)함을 즐기지 않으며, 지혜로운 자는 어리석음을 즐기지 않느니라.

6 그러므로 나는 그들을 멀리하고 오직 빈천하고 병들고 어리석은 자를 가까이하나니 그들이 곧 내 사람이니라." 하시니라.

헐벗은 사람에게 옷을 벗어 주심

33 갑진(甲辰 : 道紀 34, 1904)년 봄부터 운봉(雲峰)에서 온 송은주가 상제님을 모시는데 종종 저고리와 바지 등 옷을 지어서 올리니라.

2 하루는 상제님께서 새 옷을 입으시매 호연이 "아이구, 참말로 좋아요!" 하며 빙그레 웃거늘

3 상제님께서도 기분이 좋으신 듯 옷을 이리저리 아래위로 훑어보시더니 밖으로 나가시니라.

4 잠시 후 상제님께서 옷을 모두 벗으신 채 수건으로 옥경(玉莖)만 감아서 양손으로 잡고 들어서시며 "어서 가서 옷 가져오너라." 하시거늘

5 호연이 "아까 옷 입고 갔는데 왜 그러고 들어와요? 아이구, 거기

다쳤어요?" 하며 수건을 떠들어 보려 하니

6 상제님께서 "만지지 말아라, 야아~ 나 시방 죽겠다." 하시니라.

7 이에 호연이 "무엇 때문에 죽어요, 부끄러워 죽어요?" 하고 여쭈니

8 "부끄러우면 내가 벗어 주고 와? 얼른 거적때기 하나 챙겨 오너라." 하시거늘

9 호연이 "저기 헛청에 가면 거적때기 있고만, 가서 그놈 둘러써요. 아니, 소가 썼던 놈 내가 가져다가 씌워 줄 테니 엎드리세요." 하니라.

10 상제님께서 "내가 저것 때문에 웃어!" 하시며 허공을 향하여 웃으시다가

11 다시 호연을 바라보시며 "얼른 가서 옷 내 오지, 건너다보면 십 리라고…, 그래야 옳겠느냐?

12 너 내 연장 보고 웃으려고 그러냐?" 하고 재촉하시니 호연이 그제야 서둘러서 옷을 내어다 드리니라.

13 상제님께서 옷을 다 입으신 후에 "아따, 내 상전 모시고 오느라고 욕봤다." 하시며 한숨을 돌리시니

14 호연이 "이것이 상전이여?" 하며 상제님의 허리춤을 들추거늘

15 상제님께서 "야야, 떨어질라." 하고 호연의 손을 잡으시며 말씀하시기를

16 "배고픈 사람에게 밥 잘 줘야 하고, 옷 없는 사람에게 옷 잘 줘야 한다." 하시니라.

맨발 벗은 사람 주려고 한다

17 상제님께서는 밖에 나가실 때면 늘 짚신 한 켤레를 허리 뒤춤에 차고 나가시거늘

18 하루는 호연이 "그건 뭣 하러 달고 가요?" 하니 말씀하시기를 "맨발 벗은 사람 있으면 줄려고 한다." 하시니라.

19 또 상제님께서 신고 계신 신마저 벗어 주시고 맨발로 들어오시는 일도 잦으니

20 어디를 가시다가도 좋은 짚을 보시면 "저놈 신 삼으면 좋겠다." 하시며 짚을 추려 오시어 시간이 날 때마다 짚신을 삼아 걸어 두시니라.

너나 나나 똑같다

34 평소 상제님께서 헐벗은 사람에게 옷 벗어 주시는 모습을 자주 본 호연이 하루는 형렬의 앞집 마루에 옷을 벗어 두고 알몸으로 들어오거늘

2 상제님께서 "너 옷 어디다 두고 왔냐?" 하시니 "선생님도 옷 벗어서 누구 주대요! 나도 누구 주고 왔어. 얼른 옷 줘요." 하는지라

3 상제님께서 "아이고, 어찌해야 좋을꼬?" 하시니 "저 사람들이 쳐다보고 웃어요. 얼른 옷 줘." 하며 재촉하니라.

4 이에 상제님께서 안으로 들어가 "호연이 옷 어쨌냐?" 하고 물으시니 "아직 빨지 못해서 저기 그냥 있어요." 하거늘

5 "옷을 벗어 놓으면 당장에 빨아야지, 그냥 두었느냐?" 하고 꾸중하시며 빨지 않은 호연의 옷을 챙겨 밖으로 나오시니 호연이 옷을 입은 채 웃고 서 있는지라

6 상제님께서 "엇, 이것 봐라. 요 옷을 누구 주었다가 도로 벗겨 왔냐?" 하시거늘

7 호연이 "으응, 저기 가는 아이 벗어 주었다가 도로 벗겨 왔어. 옷이 없는데 어쩌? 꾀 벗고 댕기니까 부끄럽." 하니라.

8 상제님께서 "아, 부끄러운 줄을 아냐? 그럼 어째서 그랬을꼬?" 하시니 "그러면 선생님은 왜 꾀 벗고 와서 거적때기 달랬어요?" 하거늘

9 상제님께서 웃음을 터뜨리시며 "피차 똑같으니 너나 내나 할 것 없다이!" 하시니라.

우렁이를 잡으심

35 상제님께서 용궁 공사를 마치고 밖으로 나오시어 어느 논배미를 지나시는데 논바닥에 구멍이 숭숭 뚫렸거늘

2 구멍마다 손가락으로 쑤시시며 "우렁이 나오고, 우렁이 나오고." 하시니 손을 잡아 빼실 때마다 우렁이가 나오더라.

3 상제님께서 껴입으신 중의를 벗으시어 두 가랑이를 서로 묶고 한 가득 우렁이를 주워 담으신 후에

4 한 손으로는 호연을 받쳐 업으시고 한쪽 어깨에는 우렁이를 걸쳐 메고 돌아오시다가

5 전주에 이르시어 호연에게 "야, 이거 네가 좀 갖고 가거라." 하시니 호연이 정색하며 "내가 어떻게 들고 가?" 하거늘

6 "이것 참 귀찮구나." 하시며 호연을 등에서 내려 목마를 태우시고 우렁이도 고쳐 메시니라.

7 호연이 "어디로 갈 거예요?" 하니 "너희 집으로 갈거나? 이것을 애써서 잡았으니 너희 집으로 갖다 줘야겠다." 하시거늘

8 호연이 "상문 아저씨 집으로 갖다 주지. 아니, 신 주사네 집으로!" 하니

9 상제님께서 "그 계집은 요망스러워 못써. 우리들 가면 심술이나 놓고 맘보가 못쓰겠더라. 저 신가는 계집 잘못 얻어서 아깝다.

10 너희 집하고 상문네 집에 나눠 주자." 하시고 두 집에 들러 한쪽 가랑이씩 쏟아 주고 돌아오시려는데

11 상문이 막 집밖으로 뛰어나오며 "선생님, 들어오셨다 가십시오!" 하고 청하니라.

친히 우렁탕을 끓여 주심

36 상제님께서 방안으로 드시니 잠시 후 상문의 아내가 무엇을 내오며 "우렁이를 데쳤습니다. 드셔 보십시오." 하거늘

2 상제님께서 "이것밖에 못 해 먹느냐? 우렁탕을 한번 해 봐라." 하시니

3 상문의 아내가 "우렁탕은 또 어떻게 하는 것입니까?" 하고 여쭈니라.

4 상제님께서 의아하신 듯 "그 나이 먹도록 우렁탕도 못 해 먹느냐?" 하시고

5 몸소 우렁탕을 끓여 한 그릇씩 떠 주시며 "이것을 못 한다 말이냐?" 하고 재차 물으시니

6 상문의 아내가 멋쩍은 얼굴로 "눈으로 봐야 하는 것이지, 안 보고도 하는 것입니까?

7 거짓말도 어디가 조금이라도 같아야 하는 것이지, 전부 다 모르고서야 어떻게 거짓말을 하겠습니까?" 하거늘

8 상제님께서 "아따, 그년 해설은 좋다!" 하시며 무릎을 치시니라.

9 이에 상문의 아내가 "공연히 '년' 소리만 듣네." 하고 혼잣말을 하니

10 상제님께서 "그렇겠다, 그렇겠다! 그 말도 근사하다! 그건 내가 잘 못했으니 용서를 빌어야겠다." 하시거늘

11 상문의 아내가 "죄송합니다. 선생님께서 애써 잡아 오셨길래 제 나름대로는 잘 잡수시라고 한 것이 그리 되어 참지 못해 그렇게 말한 것이니 용서해 주십시오." 하고 뉘우치매

12 상제님께서 흔쾌히 "내가 열 번이라도 용서하마." 하시니라.

중들에게 녹줄을 붙여 주심

37 갑진년 삼월 삼짇날에 상제님께서 형렬과 많은 성도들을 데리고 금산사에 가시니라.

2 이 때 상제님의 명을 받아 한 성도가 궤짝 하나를 지고 따르니

3 미륵전으로 가시어 미륵불상 앞에 있는 탁자 위에 놓게 하시고 용이 그려진 자물쇠를 채우신 뒤에

4 "미륵존불, 미륵존불." 하고 절을 하며 제를 지내도록 하시니라.

5 호연이 "궤짝을 여기다 놓고 가면 누가 돈 넣어도 우리가 못 가져가는데, 어쩌라고 놓고 가요?" 하니

6 말씀하시기를 "팔도에서 나를 보러 와서 이 궤짝에 돈을 넣으면 주지도 쓰고 중도 좀 가져야 먹고살 것 아니냐." 하시니라.

미륵불 앞에서 공사 보심

7 하루는 상제님께서 금산사에 가시어 "야, 이놈들아! 야, 까까야!" 하고 부르시니 중들이 모두 고개를 숙이고 나오며 "예." 하고 대답하니라.

8 상제님께서 중들을 향하여 "여기 불공 안 모시느냐?" 하고 호통을 치시니

9 중들이 주욱 서서 목탁을 치며 "지장보살, 지장보살." 하고 불공을 드리거늘

10 호연이 "아, 왜 지장을 찾아싼대요?" 하고 여쭈니 "따라다니며 체통 빠진 벌마냥으로 실없는 소리만 퉁퉁 한다." 하시며 일러 주지 않으시니라.

용마 내려졌다

38 하루는 상제님께서 금산사 천왕문(天王門)의 상량을 커다란 구렁이로 만드시니 중들이 무섭고 징그러워 근접을 못하는지라

2 호연이 "아이고, 왜 그런대요?" 하고 여쭈니 말씀하시기를 "구렁이라고 이 상량을 짐승으로 알지 말아라." 하시고 간짓대 끝에 구렁이를 올려 기둥처럼 세워 놓으시거늘

3 다른 사람들은 이를 알지 못하고 여느 때와 같이 자유로이 왕래하더라.

4 잠시 후 상제님께서 간짓대 앞에 서시어 구렁이 흉내를 내며 춤을 추시니 구렁이가 바닥으로 떨어져 함께 춤을 추거늘

5 상제님께서 "용마(龍馬) 내려졌다!" 하고 소리치시니라.

죄지은 자를 경계하심

39 4월 초파일에 상제님께서 공사를 행하시기 위해 다시 여러 성도들을 데리고 금산사에 가시니라.

2 많은 사람들이 예불을 드리려고 모여드는데 갑자기 사천왕상 꼭대기에서 커다란 먹구렁이가 기어 나와 혀를 내두르며

3 "남의 것 훔쳤거나 훔쳐 먹은 사람들, 죄지은 사람들은 다 나와라." 하고 사천왕문을 가로막거늘

4 죄 있는 사람들이 두려워 사천왕문을 지나지 못하고 다른 이의 등뒤에 숨어서 주춤거리니

5 중들이 나와서 주춤거리는 사람들을 밀쳐 내며 출입을 금하니라.

6 이 때 구렁이가 한 여인의 옷을 벗기며 말하기를 "남의 길쌈해 주고 실꾸리 도둑질해서 옷 해 입고 온 사람은 비켜서라." 하니

7 사람들이 크게 두려워하며 "아이고, 참말로 맘씨 옳은 사람이나 다닐까, 맘씨 궂은 사람은 여기 못 오겠네." 하고 수군거리니라.

8 이 때 어디선가 "형렬아, 형렬아!" 하고 부르시는 소리가 들리거늘 형렬과 성도들이 돌아다보니

9 상제님께서 어느새 미륵전 꼭대기에 올라앉아 계시더라.

10 이후로는 '사천왕님이 죄 있는 사람은 못 들어가게 한다.' 하여 죄 있는 사람들은 금산사에 불공을 드리러 가지 못하니라.

땅 탐하는 외공장을 징벌하심

40 상제님께서 금산사에서 여러 날 동안 머무르시며 공사를 행하시니라.

2 이 때 낙수동(洛水洞)의 한 외공장(外工匠)이 땅 탐을 많이 하더니 무슨 일로 자기 땅을 남에게 빼앗기게 생겼거늘

3 상제님께 찾아와 자초지종을 말씀드리며 도움을 청하니 "이놈아! 내가 네 얘기 해 주려고 생긴 사람이냐?" 하고 꾸짖으시니라.

4 외공장이 그래도 말씀을 기다리며 "선생님은 다 아시니 어찌하면 좋을지 좀 일러 주십시오." 하니

5 "네 땅 가지고 네가 말하지 왜 날더러 말하라냐, 내 땅이간디?" 하시거늘

6 형렬이 옆에 있다가 말하기를 "내 땅이라도 빼앗기게 되면 빼앗기는 것이니, 주고 싶으면 주지 물어볼 것 없소.

7 더 물어 보려 했다가는 당신 턱이 없어질 테니 그렇게 아시오." 하

40:2 외공장. 조선시대에 지방 관아에 소속되어 필요시 무상으로 공역에 종사하여 지방 특산물이나 진상품을 납품하고, 나머지 시간에는 공장세를 물고 자유롭게 수공업을 했던 장인.

니라.

8 이에 외공장이 형렬에게 눈을 흘기며 "내가 뭔 죄를 졌다고 당신 앞에서 굴복을 해야 하나?" 하니

9 상제님께서 이를 아시고 "야, 이놈아! 너는 늙었고 저이는 젊다고 그렇게 말하느냐? 네놈이 그렇게 말해서는 안 되느니라." 하고 호통치시거늘

10 순간 외공장의 목이 뚝 떨어져 금산사 문지기의 머리 위에 가서 붙는지라

11 문지기가 목이 아파서 죽는다고 고함을 지르니 상제님께서 "문지기가 막대기인 줄 알았더니 사람이더냐?" 하시고

12 외공장의 목을 작대기에 꿰어 금산사 입구에 세워 놓으시니라.

네 땅, 내 땅이 어디 있느냐

41 외공장이 목만 동그마니 꿰여서 말은 못 하고 눈물을 뚝뚝 흘리거늘

2 상제님께서 "그래도 네 죄를 모르느냐?" 하고 물으시니 대답을 하지 못하더라.

3 이 때 김기보가 와서 "아이고, 살려 주십시오, 살려 주십시오!" 하고 애원하니

4 상제님께서 "이놈아, 내가 너를 어쨌간디 살려 달라느냐?" 하시며 아랑곳하지 않으시니라.

5 기보가 다시 "보기가 딱합니다. 죄도 없는 놈을…." 하며 간곡히 사정하거늘

6 상제님께서는 "죄 없으면 왜 그러겠느냐, 그냥 내버려 두어라." 하시고

7 점심때가 되어 어디서 음식이 오니 외공장의 머리 앞에서 진지를 드시니라.

8 점심 식사를 마치고 일행이 떠날 채비를 하니 상제님께서 비로소 외공장에게 말씀하시기를

9 "이놈아! 네 땅, 내 땅이 어디 있느냐? 너 사는 곳이 네 땅이니라. 남의 땅을 욕심 내지 말아라.

10 없는 사람들이 있으니 네놈이 부자가 된 것이지, 네가 부자라고 하늘에서 떨어졌느냐 땅에서 솟았느냐?

11 없는 놈이 네 돈을 키워 주는데 없는 놈의 가웃 땅마저 네가 빼앗으려 하면 되겠느냐, 이 도적놈아!" 하시고

41:11 가웃. '가웃지기'를 말함. 논밭의 넓이에

12 그제야 목에 꽂힌 작대기를 **빼** 주시며 "너는 네 것 먹고살지, 그 없는 백성들을 그렇게 우려먹고 살지 말아라." 하시고 길을 떠나시니라.

13 이후 외공장의 목에는 작대기에 꿰인 자국이 그대로 남아 지워지지 아니하더라.

서, 마지기로 세고 남는 반 마지기의 단위.

도적떼를 꾸짖고 수월을 구하심

42 갑진년에 하루는 상제님께서 형렬을 데리고 모악산(母岳山)을 넘으시다가

2 홀연히 걸음을 멈추시고 말씀하시기를 "나는 볼일이 있으니 너는 먼저 가라." 하시고 헤어지시니라.

3 얼마 후 그곳에 무뢰한 몇 명이 다 죽어 가는 젊은 여인 한 명을 강제로 끌고 오는데 그 여인은 십여 년 전 청수암(淸水庵)에서 불공드리던 기생 수월(水月)이라.

4 상제님께서 미리 아시고 앞질러 모악산 상봉 근처에 있는 활빈당의 소굴 금강대(金剛臺) 뜰 안으로 들어가시어 추상같이 호통치시기를

5 "천하에 이 고약한 놈들아! 훌륭한 교리를 도적질하여 백주에 사기를 치고, 밤에는 약탈을 일삼으며 부녀자를 희롱하는 네놈들의 소굴을 없애 버리리라." 하시고

6 뜰 앞에 있는 큰 나무를 한 손으로 잡아당기시니 몇백 년 묵은 나무가 뿌리째 뽑혀 나오고, 집 기둥을 미시니 집이 와르르 무너져 버리니라.

7 이에 괴수 서동팔(徐東八)과 그 무리들이 사색이 되어 벌벌 떨며 백배사죄하거늘

8 말씀하시기를 "백성을 괴롭히고 인명을 해하는 너희들은 죽어 마땅하다." 하시고

9 하늘을 향해 두어 번 손으로 지휘하시니 맑은 하늘에 뇌성벽력이 요란히 일어나더라.

10 상제님께서 다시 "하늘을 잘 보아라." 하시며 오른발을 위아래로 한 번 들었다 놓으시니

11 하늘이 아득히 어두워지며 뇌성이 더욱 커지고 장대 같은 비가 퍼붓는지라 도적떼들이 너무 놀라 정신을 잃고 땅에 엎어지거늘

12 상제님께서 두 손을 번쩍 들어 공중을 향해 몇 번 내흔드시니 순간 장대비와 뇌성벽력이 뚝 그치니라.

13 상제님께서 엄히 꾸짖어 말씀하시기를 "하늘의 힘은 이렇게 무서운

복록

것이니라.

14 너희들의 죄는 마땅히 목숨을 보전키 어려운 것이로되 인생이 불쌍하여 살려 주는 것이니 이후로는 일체 패악을 금하라." 하시니

15 서동팔 무리가 상제님께 넙죽넙죽 절을 하며 각기 흩어지니라.

16 상제님께서 수월을 일으키시니 곧 정신을 차리거늘 수월이 지난날의 사모의 정으로 흐느껴 울며 간절히 소원하기를 "생명의 은인이신 선생님이시여, 이 미천한 소첩을 거두어 주십시오." 하니

17 이 때 수월은 오래 전부터 친정에서 살고 있는 중이라, 상제님께서 타일러 말씀하시기를 "금년 팔월 보름이면 좋은 배필을 만날 것이다." 하시니라.

수월과 치창의 인연을 맺어 주심

42:19 윤치창.
본래 비교적 넉넉한 살림의 집안에서 셋째 아들로 태어나 3남매를 둔 가장이었다.

18 이 해 8월 보름 상제님께서 전주 서원규(徐元奎)의 약방에 계시다가

19 한벽당 산기슭에서 노숙하며 깊은 절망에 빠져 신음하는 남원(南原) 사람 윤치창(尹致昌)을 찾아가시니

20 치창은 본시 착한 성품이나 맏형의 난봉으로 재산을 탕진하고 병으로 처자를 잃은 후에 패가(敗家)하여 떠돌아다니는 사람이라.

21 상제님께서 치창에게 "너의 사정이 너무 딱하여 내가 살길을 열어 주려고 찾아왔노라." 하시고

22 치창을 수월의 집으로 보내 인연을 맺어 주시니라.

나도 사람이네

43 하루는 어디를 가시다가 어느 누추한 집에 들어가시니 노파가 막 저녁밥을 지으려 하는지라

2 상제님께서 "이 집에서 좀 유하고 가면 어떨까요, 할멈?" 하시니

3 노파가 아뢰기를 "아이고, 집이 어찌나 누추한지 황송해서 어떻게 주무시라는 말도 못하겠습니다." 하니라.

4 상제님께서 "아, 자네들도 자는데 나라고 해서 못 자겠는가? 그냥 머무르세." 하시니

5 노파가 치마를 벗어 아랫목에 깔아 드리며 "더러워서 죄송스럽지만 그대로 앉고 앉으십시오." 하니라.

6 상제님께서 다시 "이러고 앉아 있으면 밥은 못 해 주겠소?" 하시니

7 노파가 "밥이야 해 드린다고 하지마는 음식이 추해서 잡수실까 싶지 않네요." 하거늘

8 말씀하시기를 "나도 사람이네. 자네도 눈이 있고 나도 눈이 있고, 자

네도 귀가 달리고 나도 귀가 달리고. 어서, 할멈!" 하시니라.

9 이에 노파가 밥을 지으러 부엌에 들어가더니 연신 무엇을 담았다,
도로 부었다 하는 소리가 나거늘

10 호연이 "무엇을 저런대요?" 하고 여쭈니 말씀하시기를 "밥을 해 주
면 내일 아침 양식이 없고

11 저녁에 죽을 끓여 먹으면 내일 아침까지는 먹겠는데 우리 때문에
그럴 수도 없으니 어쩌지도 못하고 그러는구나." 하시니라.

12 이어 호연에게 "아, 먹어야 옳을거나?" 하고 물으시니 호연이 "먹
지 말고 다른 데로 가지, 그런 양식을 먹고 앉았어?" 하거늘

13 말씀하시기를 "배고파서 그런 게 아니라, 이런 데로 들어왔으니 남
좋은 일이나 한번 해 주고 가야지 그냥 갈 수가 있냐?" 하시니라.

먹는 대로만 주면 나 먹소

14 상제님께서 "할멈! 자네 밥하려고 그러는가?" 하시니 "아이고, 해
는 뉘엿뉘엿 지고 얼른 해 드려야 할 텐데, 찬이 없어 그러네요."
하거늘

15 다시 이르시기를 "찬 없는 대로, 자네 먹는 대로만 주면 나 먹소!" 하
시니라.

16 노파가 그제야 있는 쌀을 모두 쏟아서 밥을 하고, 있는 대로 찬을
준비해 상을 올리거늘

17 호연이 숟가락을 든 채 상제님의 눈만 쳐다보며 먹지 않는지라

18 상제님께서 호연의 밥을 된장으로 비벼 주시며 "먹어라." 하시니
겨우 몇 술을 뜨고 숟가락을 내려놓으니

19 상제님께서 호연의 남은 밥까지 가져다가 드시니라.

노파의 아들을 장가보내 주심

44 이 때 마당 안으로 더벅머리 총각 하나가 숯 짐을 지고 들어오는
지라

2 상제님께서 "자네 아들인가?" 하시니 노파가 "예." 하고 대답하며
청년에게 이르기를 "애야, 참 큰 신선께서 들어와 계신데 방이 누추해
서 내가 치마를 깔아 드렸다." 하거늘

3 총각이 밖에 나가 얼굴과 머리를 말끔히 씻고 상제님 계신 방으로
들어와 절을 하니라.

4 상제님께서 "네가 나무를 베어서 숯을 굽고 사는구나. 나이는 몇
살이나 먹었느냐?" 하시니 스물일곱이라고 아뢰거늘

5 "장하구나, 이 동네에 과부가 한 명 있느냐?" 하고 다시 물으시니 있다고 아뢰는지라

6 상제님께서 "그 과부를 불러오너라." 하고 명하시니라.

7 이에 그 총각이 과붓집으로 향하며 생각하기를 '부잣집에서 하인을 부리고 사는 사람이 오란다고 오겠는가?' 하며 미심쩍어하더니

8 과붓집에 이르러 연유를 말하매 뜻밖에도 과부가 순순히 총각의 집까지 따라와서는 "누가 부르셨소?" 하고 묻거늘

9 상제님께서 "내가 불렀느니라. 애비 같은 사람이 괜한 말 한다고 서운하게 알지 말고

10 내 말대로만 하면 평생 좋을 것이니 이후로는 이 총각과 다정히 지내도록 해라.

11 있다고 뽐내고 없다고 괄시하면 못쓰는 것이니라. 천석꾼이 하루아침인 사람도 있느니라." 하시니라.

12 이에 과부가 "하루아침이라니 그게 무슨 뜻인지요?" 하니 "하루아침에 천석이 다 무너지는 수가 있다는 말이니 이제 돌아가거라." 하시고

13 청년을 돌아보시며 "집에 쌀이 없어 네 어미가 쌀을 들었다 부었다 하니 나는 내일 아침에 떠나련다." 하시거늘

14 청년이 "제가 어디서 구해서라도 해 드릴 것이니 그리 마십시오." 하니라.

15 상제님께서 웃으시며 "허어, 말은 고맙다마는 내가 안 가고 있다 한들 무엇하겠느냐!" 하시고

16 다시 "네 아비의 묘를 어디다 썼느냐?" 하고 물으시거늘 '저기 아무 곳에 모셨다.' 고 답하니

17 말씀하시기를 "너를 생각하면 이왕 끝이 나게 해 줘야지, 중동만 부려 놓고 가면 아무것도 안 될 테지…." 하시니라.

44:17 중동. 사물의 중간이 되는 부분이나 가운데 토막.

빈대 있다고 칭얼대는 호연이

45 상제님께서 잠을 주무시는데 호연이 자꾸 몸을 긁으며 "아이고, 가려워서 못 자. 여기 뭐 있어." 하니

2 상제님께서 저고리를 벗어 바닥에 깔아 주시니라.

3 호연이 그래도 잠을 자지 못하며 "이것 깐다고 안 옮간디? 빈대 있구만." 하고 투정을 부리니

4 "아, 그러면 어쩔거나? 어떻게 하면 좋냐?" 하시거늘 호연이 "나

어떻게 잘꼬? 바깥에 가서 자지!" 하는지라

5 상제님께서 "바깥에서는 무서워서 못 자, 호랑이 나와!" 하시니라.

6 이에 호연이 "호랑이도 제 밥이라야 잡아가지." 하며 그래도 나가
자고 자꾸 조르거늘

7 상제님께서 "참 딱한 노릇이다. 어떻게 할까?" 하고 생각하시다가
한쪽 무릎을 내 주시며 "요리 와서 자거라, 잉?" 하시니 호연이 무
릎 위로 올라오는지라

8 상제님께서 호연을 한 대 쥐어박으시며 "무르팍으로 올라오라고
하니 참말로 기영기영 올라오는구먼?" 하시매

9 "그럼 자야겠는데 어쩌? 따라댕기면서 잠 못 자서 죽겠네!" 하니라.

10 상제님께서 노파를 부르시어 "우리 애기 조금 업고 날 샐라는가?"
하시니 "그러지요." 하며 호연을 업으려 하거늘

11 호연이 싫다 하므로 상제님께서 발감개를 풀어서 업어 주시니 곧 잠
이 드니라.

명당을 내려 주심

46 이튿날 새벽이 되자 상제님께서 "내가 자리를 내려 줄 터이니 괭
이와 삼태기를 가지고 가자!" 하시며 청년과 함께 그 아버지의
묘가 있는 산으로 가시니라.

2 산에 이르시어 한 곳을 정해 주시며 "여기에 새 구덩이를 파라." 하
시므로 광중(壙中)을 다 파니 벌써 아침때가 되었거늘

3 "아침을 준비해서 다시 오라." 하시매 청년이 생각하기를 '집에는
양식이 없으니 과붓집에 가서 구하는 수밖에 없다.' 하여 과붓집으
로 가니

4 어찌 된 영문인지 이미 아침밥을 해 놓았더라.

5 이에 그 청년이 과부와 함께 하인들에게 음식을 지우고 산으로 와
서 어서 하관하기를 청하니

6 상제님께서 "아직 시(時)가 안 되어 못 들어가느니라. 조금 기다리
라." 하시거늘

7 잠시 기다리매 이내 "이제 하관을 하라." 하시므로 그제야 체백(體
魄)을 묻고 봉분하니라.

욕심을 부리지 말라

8 이어 아침진지를 드시고 과부에게 일러 말씀하시기를 "이 묘를 쓰
고 아들 형제를 낳을 것이니 둘째 아들을 낳으면 이 총각이 부자가

46:2 광중. 시체
가 놓이는 무덤
의 구덩이 부분.

복록

46:7 체백. 죽은
지 오래 된 송장.
또는 땅속에 묻
은 송장.

되느니라.

9 그러다가 아들 하나가 죽거든 달음박질해 와서 이 묘를 파 버려라. 그러면 아들 둘이 다 잘 살고, 너도 늙어서 잘 사느니라." 하시니라.

10 이후 두 사람이 연을 맺어 아들 둘을 낳고 부자가 되어 잘 사는데 과연 아들 하나가 먼저 죽거늘

11 내외가 장사를 지내고 돌아오며 생각하기를 '그 묘를 쓰고서 이렇게 잘 되었는데 어떻게 파내리오?' 하고 묘를 파지 않으니 남은 아들마저 죽고 도로 가난해지니라.

12 후에 상제님께서 이를 일러 말씀하시기를 "사람 욕심이 이러하니, 욕심을 부리지 말라." 하시니라.

담배를 즐겨 피우시는 상제님

47 상제님께서 담배를 즐겨 피우시니 성도들이 뵈러 올 때면 종종 담배를 가지고 오거늘

2 평소에는 담뱃대로 피우시나 때에 따라 종이와 온갖 나무 잎사귀에 말아 피우시고

3 수리취를 말려서 담배 대신 말아 피우기도 하시니라.

4 상제님의 담뱃대는 물부리가 옥으로 되어 있고 그 길이가 넉 자도 더 되는 장죽이라.

5 담배를 잘게 썰어 대통으로 하나 가득 담아 드리면 한나절을 피우시는데

6 그렇게 두 번을 피우시면 방안이 온통 연기로 자욱해지므로 성도들이 성주구멍을 열어 환기시키니라.

7 또 성도들을 나무라실 때면 종종 담뱃대로 머리를 때리시니

8 담뱃대에 불이 있건 없건 맞은 부분이 대통 모양대로 움푹 들어갔다가 시간이 지나면 자연 괜찮아지더라.

9 하루는 호연이 몰래 상제님 담배를 빼어다가 성도들에게 조금씩 나누어 주니 상제님께서 문득 "너 왜 빼 줬냐?" 하시거늘

10 호연이 "한 푼이라도 가져오느라 돈이 없을 테니, 눈 이렇게 감고 줬다 말 마세요." 하매 그저 웃고 마시니라.

11 또 하루는 상제님께서 담배를 피우시다가 호연에게 "너, 빨아 봐라." 하시거늘

12 호연이 한 모금을 빨고는 계속 헛기침을 하며 괴로워하니 기운을 붙여 주시어 기침을 가라앉히시니라.

남과 같이하여야 좋으니라

48 상제님께서 어느 주막을 들르시든지 항상 사처를 정하지 않으시고 반드시 봉놋방으로 들어가시므로 성도들이 그 이유를 여쭈니

2 말씀하시기를 "봉놋방은 '복으로 늙은 방(福老房)'이니 진실로 좋은 방이라." 하시고

3 또 "모든 것을 남과 같이하여야 좋으니라." 하시니라.

4 하루는 말씀하시기를 "성인도 여세출(如世出)이니라." 하시니라.

입은 다 같다

49 상제님께서 구릿골에 계실 때 하루는 동네 아낙 한 명이 죽을 쑤어 올리니 먼저 몇 술을 드시고 성도들에게 건네주시니라.

2 이 때 수저가 세 개뿐인지라 성도들이 수저를 돌려가며 죽을 먹는데 한 성도가 자기 차례가 되자 옷섶으로 수저를 닦고 먹으려 하거늘

3 상제님께서 큰 소리로 "이놈아! 네 주둥이는 별 주둥이냐? 입은 다 같은데 별 주둥이라고 닦아서 먹냐?" 하고 꾸짖으시니라.

함께 먹는 식사 공사

4 상제님께서 성도들과 함께 공사를 행하실 때면 쌀이 부족하여 종종 무밥과 콩나물밥, 당근밥과 감자밥을 해서 비벼 드시니라.

5 하루는 성도들의 밥을 각기 푸지는 못하고 상제님의 진지만 따로 퍼서 올리거늘

6 상제님께서 "나 조금 먹으라고 그러냐?" 하시며 성도들의 밥이 담긴 자배기에 밥을 부으시니라.

7 상제님께서 두 손을 걷어붙이시고 반찬과 양념장을 넣고 밥을 비비시며

8 한 성도에게 "너 조금 먹어 봐라. 어떠냐? 짜냐, 싱겁냐?" 하고 물으시니 그 성도가 맛을 보고는 "모르겠습니다." 하거늘

9 "이놈이 한 번이라도 더 먹고 싶어서 처먹고는 모른다고 하는구나!" 하시고 직접 간을 보시며 비비시니라.

그래야 더 먹지

10 성도들이 이를 지켜보며 기다리는데 상제님의 얼굴이며 팔에 온통 밥풀이 붙었거늘

11 호연이 "왜 그런대요?" 하고 인상을 찌푸리니 상제님께서 "그래야 더 먹지." 하고 환하게 웃으시며 비빔밥을 내놓으시니라.

12 이에 성도들이 서로 더 먹겠다며 소매를 걷어붙이고 달려들거늘

48:1 사처. 손님이 길을 가다가 묵음. 또는 묵고 있는 그 집.

48:1 봉놋방. 대문 가까이 있어서 나그네들이 한데 모여 자는 주막집의 가장 큰 방.

49:1~3 용화동에 거주하는 안필성의 손자 안일완(1940~) 증언.

49:4 김형렬 성도는 부유한 집에서 귀하게 자라 보리밥을 먹지 않았고, 냄새조차 안 맡았다고 한다. 반면 우주개벽 공사를 집행하시기 위해 9년 동안 이 집 저 집을 드나드시는 우주 절대자 상제님께서는 쌀이 부족해 보리밥과 콩이나 야채를 넣어 지은 밥을 주로 드시고, 어디를 가실 때면 누룽지를 주머니에 넣고 다니며 끼니를 때우셨다. 때로는 반찬 대용으로 소금에 고춧가루와 기름

친 것을 이겨서
싸 가지고 다니
셨다고 한다.(김
호연 성도 증언)

13 이는 상제님께서 임의롭게 대하시어 성도들로 하여금 체면을 생각지 않고 배불리 먹게 하심이더라.

배고픈 자에게 식록 붙이신 공사

50 상제님께서 감자밥을 드실 때면 감자를 으깨어 밥과 함께 들기도 하시고 때로는 감자밥을 절구에 쳐서 떡처럼 만들어 드시니라.

2 하루는 감자밥을 드시다 말고 부엌에서 바가지를 가져다가 남은 밥을 모조리 한데 부으시고 이내 호연의 밥까지 부으려 하시거늘

3 호연이 "나는 먹어!" 하니 "그만 먹어라." 하고 뺏어다가 마저 부으시니라.

4 상제님께서 다 모은 밥에 반찬을 골고루 넣고 고추장으로 잘 비비신 후에

5 "너 이리 오니라." 하고 길가는 사람을 부르시어 다짜고짜 "아가리 벌려라. 크게 벌려라." 하시거늘

6 그 사람이 당황하여 멈칫하니 "혓바닥을 뺀다, 아~" 하며 억지로 입을 벌리시니라.

7 이에 그 사람이 "대체 이것이 무엇이길래 주려고 하십니까?" 하니 "너 지나가는 것을 보니 배고파서 준다." 하시고 실컷 먹이시거늘

8 그 사람이 의아한 듯 "제 배가 고픈지 안 고픈지 어떻게 아십니까?" 하고 여쭈니라.

9 이에 상제님께서 "나는 안다. 너는 몰라도 나는 안다." 하시며 돌아서시거늘

10 그 사람이 뜻을 알지 못하여 상제님의 뒷모습만 물끄러미 바라보더라.

문둥병자를 고쳐 주심

복
록

51:1 김갑진(金甲
辰, 1892~?).
본관 안동. 족보
명 태욱(泰旭),
갑진(甲辰)은 자
(字). 부 자선과
모 최씨 사이에
서 차남으로 출
생. 형이 공진(共
辰)이다.

51 갑진년 12월에 구릿골에 계실 때 김자선(金子善)의 아들 갑진(甲辰)이 문둥병으로 얼굴과 손발에 부종이 나고 눈썹이 다 빠지거늘

2 자선이 갑진을 데리고 상제님께 와서 아들의 병을 고쳐 주시기를 울며 간청하니라.

3 이에 상제님께서 갑진으로 하여금 정문 밖에서 방을 향해 서게 하시고

4 형렬과 두서너 사람에게 "대학 머릿장(首章)을 소리내어 읽으라." 하시고 잠시 후에 병인을 돌려보내시니

5 이로부터 갑진의 병이 차도가 있어 얼마 후에 완쾌하니라.

전순일의 병을 고쳐 주심

52 구릿골 앞에서 술장사하는 전순일이 신병(身病)을 오랫동안 앓다
가 상제님께서 한번 보아 주시기를 간절히 원하거늘

2 하루는 상제님께서 한공숙(韓公淑)을 데리고 그 집에 가시어 순일
을 보시고 죽 한 그릇을 먹게 하신 후에

3 공숙에게 이르시기를 "이 병에는 은영자(銀纓子)가 있어야 치료하
리라." 하시니

4 공숙이 "마침 저에게 있나이다." 하고 주머니 속에서 은영자 한 개
를 내어 드리니라.

5 이에 상제님께서 방 가운데 있는 깨진 거울 한 조각을 가져다 그
위에 은영자를 얹어 구석에 두시고

6 순일에게 이르시기를 "병이 낫거든 나 있는 곳에 술 한 상을 차려
오라." 하시니라.

7 상제님께서 십여 분간 방에 머무신 뒤에 일어나시며 "의원이 떠나
니 병인은 문밖에 나와 송별하라." 하시매

8 순일이 억지로 기운을 내어 사람을 붙들고 일어나서 문밖에 나와
상제님을 전송하니 병이 곧 나으니라.

9 그 뒤에 순일이 상제님께 술상을 차려 오지 않거늘 말씀하시기를
"그 사람이 입맛을 회복하지 못하여 신고(辛苦)하리라." 하시더니

10 과연 순일이 구미가 돌지 않아 두어 달을 고생하니라.

내가 신약을 가르쳐 주리라

53 태인 감산면(泰仁 甘山面)에 사는 한 병자가 아침밥을 먹으면 낮
에 토하고, 저녁밥을 먹으면 새벽녘에 토하는 증세로 고생하다
가 상제님께 와 뵙고 치료를 청하거늘

2 상제님께서 그에게 이르시기를 "집에 돌아가서 술과 안주와 떡을
많이 장만하여 이곳으로 가져오라. 약을 가르쳐 주리라." 하시니

3 그 사람이 명을 좇아 집에 돌아가서 술과 안주와 떡을 많이 장만하
여 가져오니라.

4 상제님께서 흔연히 받으시어 성도들과 함께 드시려 하시다가 별안
간 성을 내시며 음식을 도로 주어 보내시거늘

5 그 사람이 분을 품고 돌아갔으나 이내 자기의 허물이 없는지 스스

52:3 은영자. 구영자(鉤纓子). 조선시대에, 벼슬아치의 갓끈을 다는 데에 쓰던 고리. 모양은 두 끝이 길고 고부라져서 'S' 자와 비슷하며 위의 갈고리는 갓에 달고 아래의 갈고리는 갓끈의 고를 꿰는데, 보통은 은으로 만들었으며 종2품 이상은 도금한 것을 사용하였다.

53:1 태인 감산면. 현재 정읍시 감곡면.

로 반성하니라.

6 며칠 후에 상제님께서 그 병자를 찾아가시니 심사가 다 풀리지 않아 무심히 대하는지라

7 상제님께서 병자를 타이르시며 "내가 신약(神藥)을 가르쳐 주리라." 하시고

8 "옹이를 쪼개어 달여 먹으라." 하시며 손으로 배를 어루만져 주시고 돌아오시니

9 그 사람이 곧 명하심을 좇아 옹이 조각을 달여 마시고 쾌차하니라.

10 대저 상제님께서 그 음식을 돌려보내며 성내심은 병인으로 하여금 분노케 하여 폐부를 뒤집어서 병을 낫게 하려 하심이더라.

약을 땅에 써야 하리라

54 구릿골 박순여(朴順汝)의 모친이 나이 60여 세에 병이 들었는데 매우 위독하여 회복될 가망이 없으므로

2 순여가 초상 치를 제구를 준비하고 장사에 쓸 술까지 빚어 놓으니라.

3 상제님께서 들으시고 순여의 집에 가시어 순여에게 이르시기를 "장에 가서 초종(初終)에 쓰는 모든 물건에 대하여 쓰이지 않게 해 달라는 심고(心告)를 정성껏 하고 돌아오라." 하시고

4 사물탕(四物湯) 한 첩을 달이신 뒤에 그 병실의 정문 밖 뜰 밑에서 열두 걸음을 걸으시어 땅을 장방형으로 파고 그 약을 부으시며

5 "병이 이미 장기(葬期)에 이르렀으니 약을 땅에 써야 하리라." 하시고 돌아오시니 병인이 이로부터 곧 회생하니라.

6 이 때 순여가 장에서 돌아오거늘 상제님께서 물으시기를 "장에서 누구에게 심고하였느냐?" 하시니

7 순여가 대답하기를 "선생님께 심고하였습니다." 하매

8 상제님께서 웃으시고 "그 빚어 놓았던 술을 가져오라." 하시어 이웃 사람들을 불러서 나누어 먹이시니라.

병을 다스리시는 법

55 상제님께서 병자를 치료하실 때는 **말씀**으로 그 자리에서 낫게도 하시고 병자의 심정에 **충격**을 주어 불쾌하게 하여 고치기도 하시며 **손**으로 어루만져 낫게도 하시니라.

2 또한 병자를 천거하거나 인도한 사람에게 묘법의 **신술(神術)**을 붙여서 고쳐 주시거나 인도한 사람의 말을 들으시고 그 기운을 끌어다

54:4 사물탕. 아이들과 여자의 보혈을 위한 탕약의 한 종류. 숙지황, 백작약, 천궁, 당귀를 달여서 만듦. 사물탕은 보혈제인데 화기(火氣)를 끌어내리고 수기(水氣: 津液)를 끌어올리는 약이다. 실제로 대부분의 소병들은 이 화(火)를 어떻게 다스리느냐의 문제에 속한다.

54:5 장기. 상을 당한 날로부터 장례를 치르는 기간.

쓰시어 쾌유케도 하시니라.

3 이와 같이 치병에 대해 일정한 법칙이 없으시고 그때그때 형편에 따라 사(邪)를 제하고 마(魔)를 없애시어 즉시 쾌유케 하시며 죽은 자도 회생케 하시니라.

잣을 올리려고 왔다가 입이 돌아간 판동

56 을사(乙巳 : 道紀 35, 1905)년 봄에 함열(咸悅)에 사는 조판동이 상제님의 신성하심을 듣고 잣 두 되를 까 백지로 세 겹을 싸서 가져오거늘

2 상제님께서 판동에게 "네 부친은 있느냐?" 하고 물으시니 판동이 '부친? 부친이 무엇인가?' 하고 생각하다가

3 대답이 궁색하여 말하기를 "뒷간에 가면 똥 치우는 것은 있어요." 하니라.

4 상제님께서 "야, 이놈아! 뒷간의 부추리가 네 아버지냐? 내가 네 아비를 물었지. 어디 뒷간에 가서 네 아비 좀 데려오너라. 어디 있느냐?

5 에이, 이놈. 네가 나이를 먹었어도 헛나이를 먹었으니 나를 섬기겠느냐!" 하고 호통치시며 **뺨을 한 대 때리시니** 판동의 입이 돌아가서 귀에 가 붙는지라

6 판동이 당황하여 수건으로 입을 가리며 "아이고, 집을 어찌 갈까! 나를 보고 내가 아니라고 하면 어쩔꼬?" 하고 울먹이거늘

7 호연이 안쓰러워 "저 사람 입 좀 바로잡아 주세요." 하니 "돌아간 걸 어떻게 바로잡느냐?" 하시며 들어주지 않으시니라.

이 배워 먹지 못한 놈아

8 이에 호연이 판동에게 다가가 "가져온 잣을 내드리세요." 하고 넌지시 일러 주니

9 판동이 손을 여러 번 씻은 후에 양손을 조롱박 모양으로 벌리고 잣을 가져다가 올리며 "이놈 좀 잡수어 보십시오." 하거늘

10 상제님께서 "네 손을 베어 먹으랴, 이 **배워 먹지 못한 놈아!**" 하고 꾸중하시니라.

11 판동이 계속되는 상제님의 꾸중에 어찌할 바를 몰라 그저 우두커니 서 있는데

12 호연이 뒷춤에 종발을 숨기고 다가가 살며시 건네며 "어른께 드리는데 어떻게 손에다 갖다 드리는 수가 있어요?" 하고 속삭이니

56:4 부추리. 전라도에서 사용하는 말로, 헛간에서 뒷일을 본 뒤에 재를 뿌리고 똥을 치우던 큰 주걱 모양의 나무.

복록

13 판동이 정신을 가다듬고 잣을 종발에 담아서 올리거늘

14 상제님께서 이를 받으시며 "우리 호연이가 가르쳐 줘서 네가 그릇에 담아 왔지, 이 배우지 못한 놈아!" 하시니 순간 판동의 입이 감쪽같이 제자리로 돌아오니라.

판동에게 부를 그려 주심

57 잠시 후 판동은 돌아가고 상제님께서 판동이 올린 잣을 잡숫고 계시니

2 호연이 옆에 와서 "그 사람 입은 비틀더니 먹기는 잘 먹네. 나도 좀 주세요." 하거늘

3 상제님께서 "내 입에서 냄새나 맡어라. 하~" 하며 호연을 향해 입김을 부시니라.

4 호연이 "아이고, 입내!" 하며 손으로 코를 막으니 상제님께서 "나 담배 안 먹어." 하시거늘

5 "담배 먹는다고 그래요? 뭐 먹으면 잇새에서 냄새 나니까 그러지." 하고 뾰로통하게 말하니라.

6 이에 상제님께서 호연에게 와락 달려드시며 "아이고, 냄새 나냐?" 하시니

7 호연이 밀쳐 내며 "그 사람 돈도 없고만 노자나 좀 주세요." 하거늘 "있는지 없는지 네가 어찌 아냐?" 하고 물으시니라.

8 호연이 "내가 보니까 하나도 없어. 얼마를 걸어가야 하는데 배고파서 쓰겠어요?

9 그렇지 않으면 가다가 밥 좀 생기게 해 주든지. 내가 가서 어찌하라고 시키게." 하니 상제님께서 부(符)를 하나 그려 주시거늘

10 의아한 얼굴로 "이것이 어떻게 밥이 돼요?" 하매 "주기만 해라." 하시니라.

어떻게 하는지 보려고 그런다

11 호연이 저만치 가고 있는 판동을 뒤쫓아가며 "여보시오!" 하고 이리 오라는 손짓을 하니 판동이 막 뛰어오거늘

12 상제님께서 그려 주신 부를 전하며 말하기를 "선생님이 이것을 주시면서 '판동이 가다가 밥도 먹을 수 없고 배고파서 못 가니, 가다가 밥 생기면 먹으라.' 고 하셨어요." 하니라.

13 판동이 부를 이리저리 살펴보더니 "이것이 무슨 밥이 될까?" 하며 별 반가운 기색 없이 그냥 돌아서서 가거늘

14 상제님께서 종이를 대롱처럼 말아서 이 광경을 보시다가 호연이 방에 들어서매 "에이, 저놈 뺏어 버릴까나!

15 '그 어른이 주더냐.'고 반갑게 안 여기고, 빌어먹을 놈! 그놈 없애 버릴까나, 어쩔까나!" 하시니라.

16 이에 호연이 "어찌 멍청한 것을 눈을 틔워 주지 못하고 그래요?" 하니

17 말씀하시기를 "그놈 말 본새가 못써. 말 한마디에 천냥 빚도 가리는 것인데 말을 정떨어지게 한다." 하시거늘

18 호연이 "그것을 뭣하러 엿봐요? 쥐 놓고서 뭐라고 하는가 엿보는 것도 큰 죄예요." 하매

19 말씀하시기를 "내가 엿봤간디? 그놈이 어떻게 하는지 보니라고 그러지." 하시니라.

이것 참말로 잘 두어야겠다

58 저녁이 되어 상제님께서 "저놈 봐라, 저놈!" 하시니 호연이 "왜? 뭣을 그래요? 나 좀 보여 줘!" 하고 조르거늘

2 상제님께서 호연에게 종이말이의 맞은편을 들여다보게 하시며 "내 눈하고 네 눈하고 똑같이 보여라, 잉!" 하시니 눈앞에 판동이 길 가는 광경이 펼쳐지니라.

3 날이 저물어 길은 보이지 않고, 배가 고파 더 이상 갈 수도 없는데 집은 아직도 멀어 막막하기만 하므로

4 판동이 "밥 생긴다고 하더니 밥도 안 생기고 어쩔까?" 하고 탄식하며 울고 있거늘

5 상제님께서는 재미있다고 계속 웃기만 하시는지라 호연이 보다 못해 "아이고, 좀 살려 주세요!" 하고 부탁을 드리니 순간 초가집과 김이 모락모락 나는 밥이 생기더라.

6 이에 판동이 맨손으로 밥을 허겁지겁 먹으며 '어찌 된 영문인가?' 하고 연신 두리번거리거늘

7 이 모습을 지켜보시던 상제님께서 "저놈, 난데없는 밥 생겨서 먹는 것 좀 봐." 하고 빙그레 웃으시니라.

8 판동이 밥을 다 먹으매 문득 길이 훤하게 밝아 오거늘 그제야 부를 꺼내어 보며

9 "이것 참말로 잘 두어야겠다. 가다가 밥도 생기고 한다더니, 아이고 좋아라! 감사합니다, 참말로 감사합니다." 하며 여러 차례 절을

한 후에

10 소매에 넣어 보고 앞섶에도 넣어 보고, 또 골마리에도 넣어 보고, 연신 더듬어가며 즐거워 어쩔 줄을 모르더라.

11 상제님께서 이를 지켜보시다가 신명에게 명하시어 "그 부를 빼 오라." 하시니 금세 가져오거늘

12 호연은 판동이 그토록 진귀하게 여기던 부가 없어져 얼마나 애타게 찾을까를 생각하니 자꾸만 웃음이 나더라.

논에서 물고기를 낚아 드심

59 어느 해 봄에 필성이 '증산에게 항상 술을 많이 얻어먹었으니 이번에 만나면 내가 술을 대접하리라.' 하고 마음먹으니 뜻밖에 상제님을 만나게 되거늘

2 필성이 "오늘은 내가 술을 사리니 팥정이 주막으로 가세." 하니라.

3 이에 상제님께서 말씀하시기를 "네가 술을 사겠다면 안주는 내가 장만하마." 하시고

4 장대에 새끼를 매신 다음 못을 뽑아 새끼에 매달고 필성의 논으로 가시어 그 옆 둠벙에 못을 담그시거늘

5 조금 후에 장대를 낚아채시며 "어이, 이놈 크다." 하시므로 필성이 보니 큰 붕어가 물렸더라.

6 필성이 붕어를 받아 꿰미를 만들며 바라보니 상제님께서 못을 살짝 둠벙에 담그셨다가 장대를 들면 큰 붕어와 뱀장어, 메기, 잉어가 연신 물려 나오거늘

7 상제님께서 고기를 낚으시며 필성에게 말씀하시기를 "낚는 것보다 꿰는 것이 더디더냐?" 하시니라.

8 필성이 술을 대접하며 붕어회를 먹어 보니 진짜 붕어 맛이므로

9 넌지시 말하기를 "이것이 진짜 붕어회인가?" 하니 상제님께서 "허허, 네 입은 고기 맛도 모르냐?" 하시며

10 잡은 고기는 회를 쳐서 술안주로 다 드시고 그 뼈와 껍질을 물가에 놓아두시니 어느새 물고기가 다시 살아나서 펄떡펄떡 물속으로 들어가더라.

11 그 뒤에 어느 날은 담뱃대로 날피리를 낚아서 물속에 도로 놓아주기도 하시니라.

59:11 날피리. 급히 쫓길 때에 물 위로 뛰어오르며 달음질하는 피라미를 이르는 말.

요리법 공사

60 상제님께서 때로는 성도들에게 **직접 요리를 해 주시고** 요리하는 법을 가르쳐 주기도 하시니라.

2 상제님께서 옥단소를 부시면 난데없이 물고기가 펄쩍펄쩍 뛰어 들어오고 간혹 공중에서 잉어가 떨어지는데

3 그것을 끓여 성도들과 함께 드시기도 하고 잘 씻어서 꼬챙이에 꿰어 기름을 치고 마늘, 깨소금 등 양념을 발라 구워 주시기도 하니 그 맛이 일품이더라.

4 또 그 때마다 상제님께서 "가시 먹고 내 애 잦힌다." 하시며 일일이 가시를 발라 호연의 밥 위에 놓아 주시니 어린 호연도 잘 먹으니라.

5 하루는 누가 고기를 마구 두들겨서 국을 끓여 올리니 말씀하시기를 "이게 곰국이지…. 이렇게 끓이면 맛이 없느니라.

6 국 하나도 제대로 못 끓이는 것이 국 끓인다고 했구나." 하고 나무라시거늘

7 호연이 "고기가 많아야 그렇게 끓이지 조금인데 어떻게 그래요?" 하니

8 "그러냐? 어린것이 그런 것을 아냐?" 하시며 머리를 쓰다듬어 주시니라.

제를 지내실 때

61 상제님께서 매양 제를 지내실 때는 방에 설단(設壇)을 하지 않으시고 마당에 설단하신 후에 제를 모시니라.

2 호연이 하루는 치성 제수 차리는 것을 보고 상제님께 여쭈기를 "치성에 장만할 것 다 갖다 놔야지 왜 머리만 갖다 놔요?" 하니

3 대답하시기를 "머리가 **첫째니라.** 머리를 쓰면 한 마리 통으로 쓰는 것과 같으니라. 귀신도 대가리라야 첫째로 삼느니라." 하시니라.

4 상제님께서 천제를 지내실 때는 치성의 제수로 주로 머리와 술과 밥 그리고 청수를 쓰시는데

5 머리는 소머리, 돼지머리, 개머리 등을 쓰시며 술은 조롱박을 띄워 동이째 갖다 놓으시고 밥은 너러기에 퍼서 놓으시니라.

금(禁)줄을 걸어 놓으심

6 치성을 준비할 때는 주위에 줄을 쳐 솔가지를 꽂고 종이에 글을 써서 달아 놓으시어 부정한 사람들과 여인의 출입을 금하시거늘

7 제수를 준비할 때면 백지로 입을 봉하게 하시고 떡방아도 남자들이

복록

61:6 부정한 사람들과 여인. 인간으로 오신 하느님께서는 우주

의 대성신을 거
느리고 새 천지
의 역사를 심판
하는 천지공정에
부정한 몸과 의
식을 가진 사람
의 출입을 일절
금하셨다. 또 여
인들의 출입을
금하신 것은 여
성을 차별해서가
아니라 경도 중
인 여인들을 경
계하신 것이다.
천제에 참여하기
전에는 몸과 마
음을 바르게 하
여 보고 듣고 말
하고 행동하는
것을 삼가고, 음
양 관계 등 부정
한 일을 삼가며
기타 어떠한 이
유로도 정기를
훼손해서는 안
된다. 오직 한 생
각과 뜻으로 정
성스럽게 기도하
여 신명을 맑혀
야 천지에서 열
어 주는 지극한
기운을 받을 수
있다.

62장 고수레. 고
수레(高矢禮)는
신교의 민간신앙
풍속 중 하나로
단군 때에 농사
법을 가르쳐 준
고시(高矢)씨의
큰 은덕을 기리
기 위해 그에게
먼저 음식을 바
치고 먹는 데서
유래하였다.

63:7 성조(成造,
?~?). 초대 단군

8 이 때 치성 제수는 상을 차리지 않고 짚을 깔고 병풍을 둘러치신 후에 너러기에 담으시고 칼을 잘 갈아 머리에 꽂아 놓으시니라.

9 제수를 차리시면 상제님께서 그 앞에 앉으시어 술을 두 잔씩 떠서 동서남북 사방에 흩뿌리시고 친히 음복을 하시는데

10 먼저 소머리를 얼마간 썰어 드신 다음 그것을 동서남북으로 한 점씩 던지시니라.

11 이 때 몇몇 성도들이 병풍 뒤로 가 엎드려 고개를 숙이고 있다가

12 신명들이 오는 소리며 고기 써는 소리와 '쪼로록쪼로록' 하고 술 뜨는 소리가 들리면 모두 "드신다." 하며 기뻐하니라.

13 치성이 끝난 후에는 온 마을 사람들을 불러서 함께 드시니라.

땅 어머니에게 고축하심, 고수레

62 상제님께서 성도들과 함께 들에서 진지 드실 때는 항상 음식을 드시기 전에

2 "어머니, 어머니! 제가 여기 도량 구경을 왔는데, 여기 데리고 온 일 꾼들 모두 충실하게 해 주십시오." 하고 고축(告祝)하시며 밥을 세 번 떠 놓고 드시니라.

집 없는 상제님의 명절 차례

63 상제님께서 추석과 설에 차례를 지내실 때는 마당에 설단을 하지 않으시고 형렬의 집 마루에서 지내시니라.

2 섣달 그믐날 저녁에는 항상 떡국제를 지내시고, 정월 초하루 아침에는 떡국과 식혜를 올리고 평제를 지내신 뒤에 과일과 밥을 올려 놓고 다시 제를 지내시니

3 형렬의 집은 명절 때면 늘 방과 마루에서 각기 두 집 차례를 지내느라 몹시 바쁘더라.

4 하루는 호연이 이상히 여겨 상제님께 여쭈기를 "천지조화를 쓰시면서 왜 그렇게만 해요? 아, 내가 다 알았어." 하니

5 상제님께서 이르시기를 "그래, 네가 알았거든 말을 해 봐라." 하시거늘

6 호연이 "조상 제사를 자기 집에서 안 지내니까 남의 집 방 안에서 안 지내는 거지." 하니라.

7 이에 상제님께서 말씀하시기를 "그럴 성도 싶다. 남의 귀신이 그

집 성조하고 인사도 안 하고 들어와 밥 먹겠냐. 네가 어린것이라도 이치가 있다." 하고 칭찬하시며

8 또 이르시기를 "제 집에서는 방 안에서 지내지만 내가 천지를 떠돌며 일하는데 어찌 내 조상을 챙길 수 있겠느냐." 하시니라.

성부님의 죄를 끌러 주심

64 상제님께서 어느 날 부친께 "일생을 살아오시는 중에 잘못한 일을 빠짐없이 기록하십시오." 하시므로

2 성부께서 낱낱이 기록하여 유칠룡(俞七龍)을 시켜 올리니 상제님께서 일일이 보신 뒤에 불사르시고

3 "이제 잘못된 과거는 다 풀렸으나 신을 더 삼아야 합니다." 하시니라.

4 이에 성부께서 임자(壬子 : 道紀 42, 1912)년까지 8년간을 더 미투리를 삼으시니

5 상제님께서 어천하신 후에도 유덕안(俞德安)의 협실에 살면서 영달리 주막에 나와 짚신을 삼아 팔기도 하시고

6 장날이 되면 성모께서 다리를 저는 정씨 부인 대신 장에 나가 팔기도 하시니라.

정씨 부인과 딸 이순의 앞날을 경계하심

65 하루는 상제님께서 고부 본댁에 가시어 성모님과 정씨 부인, 딸 이순(二順)을 가마에 태우시고 태인 동진강 징검다리를 건너시니라.

2 상제님과 성모님의 가마가 먼저 건너고 이어 정씨 부인과 이순이 탄 가마가 징검다리를 건너는데

3 가마 멘 사람이 실수하여 정씨 부인과 이순이 물에 빠져 허우적대니 그 모양이 우습게 된지라

4 상제님께서 보시고 "에잇, 저 ○○○○!" 하시며 길가는 사람들을 향하여 "저것들 보라! 저기 ○○○○ 지나간다." 하고 소리치시니라.

5 상제님께서 어천하신 후에 정씨 부인과 이순은 허령이 들리니라.

제사 음식상을 가져오는 신명은

66 상제님께서 형렬과 함께 앉아 계실 때면 종종 꽃대님을 끌러 장난하시듯이 이리 젖히고 저리 젖히고 하시다가 마당으로 휙 던지시는데

(왕검)의 신하로서 궁실(宮室)을 지은 건축 책임자이다. 〈『삼성기』상, 『단군세기』〉 신교의 한 갈래인 민간신앙(무속)에서는 수천 년 동안 그를 '성조대군', '성주신(成造神)'으로 받들고 집안의 수호신으로 모셔 왔다. 지금도 새 집을 짓거나 이사한 뒤에는 성주굿 또는 성주풀이(입주고사)를 지내 성주신을 비롯한 터주신, 조왕신 등 가신(家神)을 받아 내리고 복을 비는 풍속이 전해 오고 있다.

64:5 "거기서 어떻게 옹색한지 신도 삼고 뭐 하고, 그렇게 해서 파는 것을 사람들이 보았대. 강증산 어른의 아버지가 그 앞에 가서 보면 신발 삼고 있다고. 그 아버지가 돌아가시기 전까지 신발 삼으셨어. 생계를 유지하기 위해서…."〈성모 권씨의 일가로 서산리에 살았던 권영채(1910~2003) 증언〉

65장 객망리에 거주했던 강석환 증언.

65:2 강이순(姜二順, 1904~1959). 갑진(道紀 34, 1904)년에 전주 이경오의 집에서 태어났다. 이순은 상제님께서 친히 지어 주신 이름이며(김경도 증언) 후일 사용한 순임(舜任)이란 이름은 남편 김병철(1905~1970)이 순임금의 아내라는 뜻으로 지어준 것이다.

2 그 때마다 꽃대님은 어느새 방으로 들어와 있고, 잠시 후에는 먹을 것이 들어오거늘

3 때에 따라 사람이 직접 가져오기도 하고, 신명이 가져오기도 하니라.

4 하루는 형렬과 호연이 함께 있는데 순간 바람이 훅 불며 눈 깜짝할 사이에 제사상이 통째로 들어오고 밥도 솥째로 들어오거늘

5 호연이 "저 상이 걸어왔대요, 누가 들고 왔대요?" 하니 대답하시기를 "제사 받는 사람의 혼이 가지고 온다.

6 너희가 밥을 임의로 먹는 줄 알아도, 이게 누구의 밥이다." 하시며 제사 받는 사람의 이름을 일러 주시고

7 다시 말씀하시기를 "훗날 우리 일이 되면 인제 이것을 다 풀어서 먹이느니라." 하시니라.

8 상제님께서 손을 씻으신 다음 모든 음식을 솥에 넣고 비비시어 형렬과 함께 마주앉아 드시니

9 호연이 그 모습을 보며 "아이고 상투가 싸움하네, 상투가 상투잡고 싸움하네." 하며 놀리니라.

10 이후 호연이 수도 공부를 마치고 제사상이 들어오는 것을 신안으로 보니

11 때로는 여인들이 가져오기도 하고, 남자들이 가져오기도 하는데

12 아무리 잘 차려진 큰 상일지라도 항상 둘이 마주잡고 가져오며, 순식간에 방이나 마루에 놓고는 사라지더라.

배례는 반천무지법으로

67 상제님께서 말씀하시기를 "치성 때에는 배례(拜禮)하되 하늘을 받들고 땅을 어루만지는 반천무지법(攀天撫地法)으로 행하라.

2 이는 하늘과 땅과 사람이 합덕(合德)하는 이치니라." 하시니라.

나는 예의상 둘째가 될 수 없다

3 한 성도가 여쭈기를 "음식을 잘 차려 놓고 여럿이서 식사를 할 때에 어떤 사람이 먼저 수저를 들면 진지를 들지 않고 물리시니 무슨 까닭입니까?" 하니

4 상제님께서 이르시기를 "나는 천하에 예의상 둘째가 될 수 없느니라." 하시니라.

5 상제님께서 도통문을 여신 뒤에는 고향에 잘 가지 않으시니라.

6 이는 상제님께서 문중의 종손이시나 항렬이 낮은 까닭에 일가 어른들이 으레 "해라." 하고 말을 하니

7 상제님께서는 개의치 않으시되 수행하는 천지의 대신장들이 대로
  하여 그 사람을 벌하려 하므로 그들을 보호하려 하심이더라.

손댄 음식을 드시지 않고 물리심

68 하루는 해가 지고 날이 어둑해질 때 상제님께서 청도원 귀신사
  (歸信寺)에 들르시어 저녁상을 청하시니

2 그 절에 공양주로 있는 여인이 상을 차려 올리매 "그냥 내가거라."
  하시거늘

3 이는 그 여인이 음식에 이미 손대었음을 아시고 상을 물리신 것이
  더라.

호연이 받을 신벌을 면해 주심

69 하루는 누가 전복을 가져다 올리니 한 성도가 호연에게 '전복을
  조금 달라.'고 청하거늘

2 호연이 생각하기를 '같은 제자이고 전복이 많으니 조금 줘도 괜찮
  겠지.' 하여 "갖고 가 먹으세요." 하며 전복을 주니라.

3 상제님께서 이를 아시고 "손모가지를 끊을란다!" 하고 크게 호통치
  시며 호연의 오른손을 무엇으로 찌르시니

4 엄지손톱의 왼쪽 절반 가량이 떨어져 나가고, 새끼손가락은 뻗쳐
  져서 잘 구부러지지 않게 되거늘

5 이는 호연이 신벌 받을 것을 면케 해 주시기 위함이더라.

6 잠시 후 상제님께서 호연을 타이르시며 말씀하시기를 "왜 주책없
  이 내 말도 듣지 않고 주었느냐?" 하시거늘

7 호연이 울먹이며 "줄거냐 어쩔거냐, 대수롭지 않은 것도 물어야
  해?" 하더니

8 이후로 호연이 누구에게 음식을 주고자 할 때는 반드시 상제님께 먼
  저 여쭈니라.

69:4 이 때 생긴 흉터가 답사 당시에도 뚜렷이 남아 있었다.

불결하고 정성 없는 음식은

70 상제님께서는 성도들이 깨끗하지 않은 손으로 과일 등 음식을
  올리면 미리 아시고 들지 않으시니

2 아낙들이 물을 떠서 올릴 때에도 두 손으로 그릇을 받치고 드려야
  지 한 손으로 그릇 어귀를 잡고 드리면

3 "손가락이 물에 빠져서 손톱 때가 불어 나온다." 하시며 드시지 않

70:3 당시는 위

복록

생 관념이 철저하지 못하고 남녀를 막론해 논밭일을 하던 시대이므로 늘상 손발톱에 때가 끼어 있었다고 한다.(김호연 성도 증언)

으니라.

4 하루는 진짓상을 올리니 파리가 날아와 앉거늘 상제님께서 "네가 먼저 숫밥을 먹으니 나보다 더 높구나." 하시고

5 성도들을 바라보시며 "세상에 파리같이 더러운 것이 없느니라." 하시고 드시지 않으니라.

6 이후로 상제님께서 진지를 드실 때면 성도들이 주변에서 부채질을 하여 파리를 쫓는데

7 하루는 연신 부채질을 하는 성도에게 "야, 이놈아! 부채질을 너무 심히 하는구나. 자그마치 해라." 하시며 자리에 앉게 하시니라.

입 냄새를 경계하심

71 하루는 공사를 보시기 전에 성도들에게 "양치질을 깨끗이 하고 오라." 하시니 성도들이 이를 닦고 다시 모이거늘

71:2 질고. 병고. 전 인류의 생사를 주관하시는 상제님께서는 신명들로 하여금 인간의 몸속에 드나들게 하여 모든 병고로부터 구원해 주신다.

2 경계하여 말씀하시기를 "신명들로 하여금 너희들의 몸속에 드나들게 하여 병든 뼈와 오장으로부터 질고(疾苦)를 긁어내리니 항상 양치질을 잘해 두라." 하시고

3 이어 말씀하시기를 "신명들은 사람의 입 냄새를 싫어하느니라." 하시니라.

아이구, 우리 호연이

72 상제님께서 평소 밤참을 즐겨 드시고 형렬도 밤참을 매우 좋아하거늘

2 호연이 당신께서 좋아하시는 모습을 보려고 낮에 밥 한 그릇씩을 감춰 두었다가 밤에 안 주무시고 계실 때 무 비빔밥을 해서 내드리면

3 호연을 기특하게 바라보시며 "아이구, 우리 호연이, 우리 호연이!" 하고 토닥여 주시니라.

4 하루는 누가 박적에 밥을 비벼 밤참으로 올리매 상제님께서 형렬과 함께 드시거늘

5 호연이 보다가 "나도 먹게 쪼깨 줘요." 하니 "너는 똥싸고 밑 닦았응게 안 준다." 하시니라.

6 이에 호연이 "누구는 똥싸고 밑 안 닦간디? 다 똥싸고 밑 닦지. 나는 그래도 손 깨끗이 씻어서 괜찮아." 하고 조르거늘

7 상제님께서 "요것한테 맥없이 밑지는 소리했네, 또." 하시며 비빔밥을 나누어 주시니라.

살구씨로 죽을 쑤어 드림

73 하루는 호연이 살구씨를 주워다가 일일이 껍질을 까서 절구에 넣고 빻은 다음, 물에 우렸다가 죽을 쑤어 상제님께 드리거늘

2 "이게 무엇이냐?" 하고 물으시니 호연이 "저기…, 그냥 드셔 보세요." 하니라.

3 상제님께서 죽을 맛보시고는 "꼬숩고 맛나다잉! 이게 무엇이냐, 또 해 줄 테냐?" 하시거늘

4 호연이 "요놈 해 주면 돈 얼마나 줄 건데?" 하니 "내가 돈은 많이 줄 테니 또 해 쥐라, 응?" 하시니라.

5 상제님께서 죽을 다 드시고 나서 호연에게 돈 얼마를 주시니

6 그 돈으로 달떡 두 개를 사 가지고 와서 하나를 상제님께 드리거늘

7 상제님께서 "너나 먹어라." 하시며 마다하시니라.

8 이에 호연이 "다 같이 먹어야지 나만 먹어서 쓰나요?" 하며 떡 하나를 둘로 쪼개어 상제님과 형렬에게 나누어 드리고 나머지 하나는 혼자서 다 먹거늘

9 상제님께서 "어른은 조금 주고, 애는 통째로 먹어? 그것이 옳냐?" 하시니

10 호연이 "아이, 그놈도 안 주고 다 먹으려다가 껄쩍지근해서 주는 것인데, 어른이 남겨 줘야지 애가 남겨 줘요?

11 주어도 트집을 잡네. 인제 몰래 먹지, 알게는 안 먹을래요." 하니라.

12 이에 상제님께서 웃으시며 "알게 먹어도 내가 알고, 모르게 먹어도 내가 알고." 하시니

13 호연이 "그럼 아무 말도 하지 말지, 그런 것까지 싫은 소리를 해요?" 하거늘

14 상제님께서 "저것, 장래에 시집가서 시어미가 뭘 말하면 '볶아 먹는다.'고 저렇게 할 것이다." 하고 나무라시니라.

15 이후로도 호연이 종종 살구씨를 주워다가 죽을 쑤어 드리니라.

부잣집의 척신 재앙

74 한 성도가 여쭈기를 "간혹 부호(富豪) 집에서 각별히 마음을 써서 진수성찬을 차려 놓고 모시면 세 술도 뜨지 않으시고 물리시니 무슨 까닭입니까?" 하니

2 말씀하시기를 "그 부호의 마음이나 힘들인 정성을 모르는 바는 아니나 부잣집에는 원귀(怨鬼)가 많아서 쌀 한 톨까지 원귀가 붙어

복록

있나니 먹을 수가 없느니라." 하시니라.

3 또 말씀하시기를 "부호 중에 천심(天心) 가진 자가 드무니라. 부잣집 창고에는 원귀가 가득하여 때가 되면 폭발하게 되느니라." 하시니라.

4 하루는 상제님께서 말씀하시기를 "때가 오면 선악(善惡)을 가려냄이 콩나물 뽑는 것과 같으리라." 하시고

5 "보화(寶貨)라는 글자에 낭패(狼狽)라는 패(貝) 자가 붙어 있느니라." 하시니라.

사람은 크게 먹어야

75 상제님께서 말씀하시기를 "사람은 크게 먹어야 된다." 하시고

2 "어려서부터 남 주는 것도 모르고 제 앞에다가만 갖다 놓는 놈이 있고

3 또 남 줄 줄만 알았지 제 입에다 안 넣는 놈이 있느니라.

4 베푸는 것은 모두 장래에 제가 쟁여 놓고 살 것이라.

5 근본이 쫄아진 놈은 어려서부터 제 입만 알지 동무는 모르느니라.

6 그러니 동기간이나 친구간에 우애 있고 없음도 모두 부모에게 매여 있는 것이니라." 하시니라.

자식에게 눈을 틔워 주어라

7 상제님께서 말씀하시기를 "자식에게 전답을 전해 주려고 하지 말고 눈을 틔워 주어라.

8 눈을 틔워 놓으면 세상만사를 다 알지만, 눈을 틔워 놓지 않으면 저를 욕해도 모르고 저를 죽여도 모르느니라.

9 사람이란 귀가 밝아야 하고 눈치가 빨라야 하나니, 많은 사람 속에서도 잘되고 못됨은 내 행실에 매여 있느니라." 하시니라.

도를 닦은 자와 닦지 않은 자

76 상제님께서 말씀하시기를 "도(道)를 잘 닦는 자는 그 정혼(精魂)이 굳게 뭉쳐서 죽어서 천상에 올라가 영원히 흩어지지 아니하나

2 도를 닦지 않는 자는 정혼이 흩어져서 연기와 같이 사라지느니라." 하시니라.

상제님 성령의 천수

3 한 성도가 여쭈기를 "저의 수한(壽限)은 얼마나 됩니까?" 하매 말씀하시기를 "너는 일만 년 동안 살게 되리라." 하시니

4 그 성도가 다시 여쭈기를 "선생님의 수한은 얼마나 되시옵니까?"

76:1 정혼이 굳게 뭉쳐서. 인간의 생명 속에는 천지가 생장염장하는 이치에 따라 정기신혈(精氣神血)의 4대 생명이 깃들어 있다. 기(氣)와 혈(血), 정(精)과 신(神)은 각각 음양 일체의 관

하거늘

5 상제님께서 말씀하시기를 "나는 천지와 더불어 동행하노라." 하시니라.

공부하다 타락하면 죽는다

77 상제님께서 말씀하시기를 "공부하다가 낭에 떨어지면 죽느니라." 하시니라.

수행 공부와 보호성신

2 또 이르시기를 "내가 부안(扶安) 신명을 불러도 응하지 않으므로 살펴보니

3 신원일(辛元一)이 공부할 때에 그 지방신들이 호위하여 떠나지 못한 까닭이라. 이 일을 볼진대 공부를 어찌 등한히 알겠느냐.

4 공부가 그렇게 소중한 것이니 참공부는 지성으로 해야 하느니라." 하시니라.

5 상제님께서 말씀하시기를 "공부를 제대로 한번 해 보아라. 그 재미에 똥구멍이 옴쏙옴쏙 하느니라." 하시니라.

공부는 쉬지 않고 꾸준히 하는 것

78 하루는 성도들에게 이르시기를 "옛 사람이 삼 년 동안 공부하고

인간 몸의 생명과 정신(精神)의 기본 구조

계로 작용한다. 기는 혈을 끌고 다니는 생명력으로 혈과 더불어 사람의 몸과 정신을 길러 내고, 정은 생명이 통일되어 물질화된 진액으로 신장에서 생성되며 그 정이 화(化)하여 신이 된다. 신은 정기신혈 순환 생성 운동의 핵심으로서 생명의 총수이다. 몸이 늙어 죽으면 신은 몸에서 이탈하여 신명으로 태어나게 된다. 인간이 죽어서 태어난 인격신은 살아서 도를 닦은 만큼 정기가 뭉쳐 있다. 즉 도를 잘 닦은 자는 정혼이 굳게 뭉쳐 죽어서 신명이 되어 천지와 더불어 영원할 수 있지만, 그렇지 않은 자는 정혼이 흩어져 연기와 같이 사라지게 되는 것이다.

77:1 낭. 낭떠러지.

77:5 청도리 백운동 거주 윤기택(1927~) 증언.

집에 돌아갈 때 길에서 사람을 대하면 그 성명이 알아지므로 낱낱이 말하였더니

2 집에 돌아간 뒤에는 지각이 막히어 도로 어두워졌다 하니라." 하시니라.

3 또 말씀하시기를 "시속에 어린 학동들에게 통감(通鑑)을 가르치나니 이는 첫 공부를 시비(是非)로써 들여 넣는 것이라. 어찌 마땅하리오." 하시니라.

78:3 통감. 본래 이름은 『자치통감(資治通鑑)』이다. 중국 북송(北宋)의 사마광(司馬光, 1019~1086)이 전국시대에서 송나라 전까지 약 1,400년 역사를 기록한 역사서. '자치통감'은 치도(治道)에 자료가 되고 역대를 통하여 거울이 된다는 뜻으로, 곧 역대 사실(史實)을 밝혀 정치의 규범으로 삼으며 또한 왕조 흥망의 원인과 대의명분을 밝히려 한 데 그 뜻이 있었다.

복록

빼놓지 말고 심고하라

79 상제님께서 말씀하시기를 "나를 믿는 자가 나에게 기도할 때에는 심고(心告)로 하라.

2 사람마다 저의 속사정이 있어서 남에게는 말할 수 없고 남이 듣게 할 수 없는 일이 있음이니라.

3 그러므로 하나도 숨기거나 빼놓지 말고 심고하되 일심으로 하라." 하시니라.

필성이 소원을 고하니

80 어느 날 필성이 함열에 사는 채 참봉을 만나고 집으로 돌아오는 길에

2 금구(金溝)에 이르러 주막에서 술 한 잔을 마시며 잠시 쉬었다가 싸리재 마루에 다다라 담배를 피우려 하는데, 생각해 보니 담배쌈지와 담뱃대를 깜빡 잊고 주막에다 두고 온지라

3 하는 수 없이 그냥 집에 돌아와 앉아 있으려니 20리 밖에 두고 온 담뱃대 생각이 나서 아무 일도 못 하겠더라.

4 이 때 문득 상제님께서 평소 필성에게 "네가 나에게 특별히 청할 일이 있으면 윗목에 볏짚이나 백지 한 장을 깔고 청수 한 그릇을 떠다 모신 후에

5 내 이름을 세 번 부르며 일심으로 고하면 그 소원이 이루어질 것이다." 하신 말씀이 떠오르거늘

6 필성이 청수를 모시고 상제님께 정성껏 고하고 나니 금구 주막에 두고 온 담배쌈지와 담뱃대가 문갑 위에 가지런히 놓여 있더라.

7 이후로도 필성이 상제님을 뵙고자 하거나 원하는 바가 있으면 이처럼 청수를 모셔 놓고 상제님을 세 번 부르거늘 그 때마다 원대로 이루어지더라.

물에 빠져 죽은 자의 영혼을 천도해 주심

81 하루는 상제님께서 형렬과 호연을 데리고 금산사 용소(龍沼)에 이르시어 호연에게 "내 손 잡아라." 하고 손을 내미시거늘

2 호연이 손가락을 잡자마자 상제님께서 용소 안으로 쑥 들어가시니라.

3 호연이 상제님을 놓치면 홀로 떨어져 길을 잃을 듯싶어 꼭 잡고 따라가는데 난데없이 급류가 나타나거늘

4 상제님께서 손을 둥그렇게 한 번 내저으시니 순간 물속 나라로 들어가지더라.

5 잠시 후 어디선가 "오빠, 오빠~" 하고 애타게 부르는 소리가 들리거늘

6 형렬이 "대체 어떤 놈의 오빠를 거기서 부르냐?" 하고 소리치니

7 호연이 "오빠가 물에 빠졌는데 행여나 살았는가, 여기 없던 사람이 있으면 대답하라고 그러나 봐요." 하니라.

8 이에 상제님께서 "그렇지 않어." 하시니 호연이 "그럼 저 사람은 누구예요?" 하거늘

9 말씀하시기를 "여기에 거꾸로 빠져서 죽은 사람인데 자기 오빠를 슬프게 부르고 있구나." 하시고

10 용소 밖으로 나오시어 제물을 차리고 친히 제를 지내 주시며 신도에 칙령을 내려 그 여인의 영혼을 데려가라고 명하시니라.

죽는 것도 제 팔자다

82 하루는 상제님께서 호연을 데리고 섭다리골을 지나시다가 냇가에 있는 넓은 바위에 돌로 금을 그으시며

2 "호연아, 이게 장화홍련인데 요건 성이고, 요건 동생이다." 하시거늘

3 호연이 "장화홍련이 왜 여기에 깔려 갖고 있어?" 하고 여쭈니

4 상제님께서 장화홍련전에 곡조를 매겨서 구수하게 읊어 주시는지라

5 호연이 내내 귀를 기울이고 듣다가 장화와 홍련이 억울하게 죽는 대목이 나오니 "아이고, 그걸 가만두었어요?

6 왜 죽게 만들어, 살리지!" 하며 안타까운 얼굴로 바라보거늘

7 상제님께서 말씀하시기를 "신세가 그렇게 생겼으니 그러지. 우연히 죽는 것도, 억지로 죽는 것도 다 제 팔자다.

8 그렇게 죽으라는 팔자이니 그러지, 안 씌워 대면 못 죽어. 아무리 죽고 싶어도 못 죽는다." 하시니라.

81장 정상적으로 죽음을 맞지 못해 원한이 맺혀서 중량감 없는 신명이 되었을 때는 반드시 그 영혼을 건져내는 천도식 등으로 원한을 달래 주어야 한다.

81:2 (문) 그러면 쑥 들어가면은 물밑에 다른 나라가 있어요? 답) 그럼, 그럼. 문) 그러면 물속을 정말로 그렇게 들어가신 거예요? 답) 아무렴. 우리는 물 안 묻어. 한 방울도 안 묻지. 문) 물속에 들어가면 답답하지 않아요? 답) 여기(목) 닿으면 답답하지. 물이 여기 닿으면 어떻게 생각하면 답답하지 안 혀." (김호연 성도 증언)

복록

용소 메우는 공사

83 하루는 상제님께서 금산사에 가셨을 때, 어디를 가셨다가 호박꽃을 들고 오시거늘 호연이 "호박꽃은 어디서 땄어요?" 하니

2 말씀하시기를 "누가 그 귀추를 보려고 넣은 것인데, 내가 부처님 똥구녕에서 나오는 것을 용소에서 건져 왔다. 용소를 메워야 한다." 하시니라.

3 이에 호연이 "용소를 왜요?" 하니 말씀하시기를 "까딱하면 사람 빠져 죽기가 쉽고, 중놈들이 꾀를 부려 사람들을 속여먹으니 그려." 하시니라.

곱사등이를 고쳐 주심

84 상제님께서 하루는 고창(高敞)을 가시는 길에 힘겹게 걸어가는 한 곱사등이를 만나시거늘

2 그가 스스로 신세를 한탄하기를 "먹을 양식도 재산도 없는데 의지할 친족마저 없이 곱추가 되었으니

3 하늘이시여! 어찌 저의 팔자를 이처럼 기구하게 지어 주셨나이까?" 하고 울먹이니 그 모습이 참으로 애절하더라.

4 상제님께서 말씀하시기를 "하늘이 어찌 너 한 사람을 미워하여 곱사등이로 만들었겠느냐." 하시고

5 불룩 튀어나온 등을 막대기로 살살 치시니 그 등이 점점 똑바로 펴져서 온전하게 되거늘

6 이에 곱사등이가 기뻐 춤추며 외치기를 "하느님께서 이 가련한 인생에게 천은(天恩)을 내려 주시어 재생의 광영을 누리게 하셨도다." 하고 은혜에 감읍하니라.

7 이에 구경하던 사람들과 지나는 사람들이 모두 놀라 등이 바로 펴진 곱사등이를 우두커니 바라보고 서 있는데

8 삽시간에 소문이 퍼져 장이 선 것처럼 사람들이 모여들더니 앞다투어 상제님께 아픈 곳을 보이며 고쳐 달라고 애원하니라.

정성껏 잘 차려야 하느니라

9 이에 상제님께서 한동안 고창에 머무시며 찾아오는 수많은 병자들을 고쳐 주시거늘

10 한번 만지시면 다리를 절뚝거리는 사람도 다리가 낫고

11 정신이 나가 거리에서 날뛰는 사람도 특별한 치료법 없이 "네 이놈!" 하시면 벌벌 떨며 그 자리에 주저앉았다가 정신을 차리니라.

83:2 부처님 똥구녕에서 나오는 것. "물 위에다가 솥을 걸었거든. 솥 위에가 부처님이 있어. 있은 게 여기서(용소) 볼라고 꽂이고, 뭐고 태 나는 걸 끊어서 거기다 넣어. 넣고 용소로 담박질 가면 용소에서 나와, 그게 떠 내려와서." (김호연 성도 증언)

83:2 용소. 금산사 입구에 있는 소(沼). 당시에는 폭이 넓고 무척 깊었다. 11편 328장 2~4절 참조.

복록

12 때로는 주문을 읽히시어 병자를 고치시고 난치병에는 크게 치성을 모시 도록 하시는데

13 이 때마다 상제님께서 이르시기를 "신명의 눈에 들게 하려면 정성껏 잘 차려야 하느니라." 하시니라.

아이의 부스럼을 낫게 해 주심

85 하루는 어떤 여인이, 머리에 온통 부스럼이 나서 살가죽이 심하 게 헌 아이를 데려와 '선생님을 뵙게 해 달라.'며 하소연하거늘

2 방안에서 이를 듣고 있던 호연이 "아이고, 더럽게 파리가 앉으면 어쩔꼬. 좀 낫게 해 주세요!" 하니

3 상제님께서 "내가 어찌 낫게 하느냐, 칼로 깎으랴?" 하시니라.

4 이에 호연이 "칼로 깎으면 죽으라고요? 아이, 조금만 가르쳐 주세 요!" 하니

5 상제님께서 마당에 있는 아이를 향해 핥는 시늉을 하시거늘

6 호연이 "용하다고 해서 왔는데 낫게 해 주라니까 왜 그래요?" 하며 눈살을 찌푸리니라.

7 상제님께서 "내가 용하기는 뭣이 용하다냐, 데리고 가래라!" 하시 거늘

8 여인이 상제님을 뵙지 못하고 힘없이 돌아가는데 가는 길에 무심 코 보니 어느새 아이의 부스럼이 감쪽같이 나았더라.

내가 시키는 대로 하면 나으리라

86 상제님께서 임피 강장한(康壯翰)의 집에 가시니 장한이 안질로 눈이 멀 지경인지라

2 상제님께서 장한에게 물으시기를 "어찌 그러고 있느냐?" 하시니

3 "안질로 수십 일 동안 앓다가 이젠 봉사가 될 지경에 이르렀습니 다. 어찌하면 좋겠습니까?" 하고 아뢰거늘

4 상제님께서 "내가 시키는 대로 하면 곧 나으리라." 하시니라.

5 이에 장한이 간청하며 "더욱이 일군(一郡)의 중책을 맡고 있사오니 속히 낫게 하여 주시기를 갈망하옵니다." 하거늘

6 상제님께서 일러 말씀하시기를 "일신 중에서 눈은 천지에 일월(日月)과 같다." 하시고 "술과 닭고기를 먹어야 곧 쾌차하리라." 하시 니라.

7 장한이 생각하되 '선생님께서 드시려고 그러시나?' 하여 아뢰기를

"집에 닭도 있고 술도 있으니…." 하며 하인을 불러 지시하려 하거늘

8 상제님께서 "집에 있는 것은 소용이 없다. 사서 먹어야 한다." 하시니라.

9 이에 장한이 "그러면 사다가 듭시다." 하니 상제님께서 "가서 먹어야 한다." 하시거늘

10 장한이 아뢰기를 "눈이 이와 같은데 어떻게 갈 수 있겠습니까?" 하매 상제님께서 "부축을 하고 가자." 하시니라.

배불리 먹어야 낫는다

11 이에 하인의 부축을 받아 관청노비의 집으로 간 장한이 "주안을 차려 들이라." 하여 상제님께 올리고 자신은 먹지 않는지라

12 상제님께서 보시고 "그러면 나도 먹지 않겠다." 하시니 하는 수 없이 먹는 체하거늘

13 상제님께서 다시 장한에게 말씀하시기를 "배불리 먹어야 낫는다." 하시고 "닭국에 고춧가루를 많이 타서 먹으라." 하시니라.

14 장한이 어쩔 수 없이 국과 술을 많이 먹고 집으로 돌아오니 눈이 더욱 아파서 견딜 수가 없거늘

15 상제님께서 일러 말씀하시기를 "조용히 자고 내일 이른 아침에 동쪽을 향하여 떠오르는 해를 보라. 그러면 알리라." 하시더니

16 말씀하신 후로 졸음이 쏟아지므로 잠이 들었다가 다음날 이른 아침에 일어나 상제님께서 당부하신 대로 해를 바라보니

17 양쪽 눈이 회복되어 다시 또렷하게 보이고 통증도 깨끗이 없어지니라.

모든 병의 근원

87 한 성도가 여쭈기를 "매양 병자를 보시면 차마 그 아픔을 보지 못하시어 몸소 대속하시니 무슨 까닭입니까?" 하니

2 상제님께서 말씀하시기를 "모든 병은 척(隻)이 있어 생기고 수(數)가 있어 앓는 것이니라.

3 그러므로 척을 풀어 주지 않으면 척으로 돌아가고 수를 제거하여 주지 않으면 화액(禍厄)으로 돌아가나니

4 내가 병고(病苦)를 대신 앓게 되면 척은 스스로 풀리고 수는 자연히 소멸되느니라.

5 내가 천하의 모든 병을 대속하리니 그러므로 후천에는 억조창생에게 병고가 없느니라." 하시니라.

87:2 척. 인간이나 원한을 맺고 죽은 신명(神明)이 뿌리는 살기로서, 삶의 길을 막고 생명을 파괴하여, 도를 닦는 자나 세상을 살아가는 한 인생의 길을 막고 불행에 빠지게

염색이 질 때 네 아내의 병도 나으리라

88 병오(丙午 : 道紀 36, 1906)년 5월에 임피 읍내 이봉현(李鳳鉉)의 집에 머무르실 때

2 그 이웃 사람이 아내가 폐병을 앓은 지 오래되어 나을 가망이 없으므로 상제님께 찾아와 살려 주시기를 애걸하거늘

3 상제님께서 그 집에 가시어 파란색, 빨간색 염색약을 물에 풀어 그 사람에게 손으로 젓게 하시니 손에 청홍색 물이 드니라.

4 이에 웃으시며 말씀하시기를 "손을 씻지 말고 염색이 저절로 지게 둘지어다. 그 염색이 질 때에 네 아내의 병도 나으리라." 하시니 과연 그러하더라.

저 별의 정기를 네 눈에 옮겼노라

5 또 이웃 사람 이명택(李命澤)이 안질로 고생하다가 상제님께 와서 고쳐 주시기를 청하거늘

6 상제님께서 명택으로 하여금 술을 마시게 하시고 백지에 글을 쓰신 다음 비벼서 심지를 만들어 눈에 대어 주시니 눈물이 흐르고 곧 나으니라.

7 상제님께서 동쪽 하늘을 가리키시며 "우러러보라." 하시매 모두 바라보니 대낮임에도 밝은 별이 나타나 있거늘

8 말씀하시기를 "저 별의 정(精)을 네 눈에 옮겼느니라." 하시니라.

봉현의 노모에게 무병장수의 은혜를 베푸심

9 상제님께서 봉현의 집에서 여러 날 머무르시다가 떠나실 때

10 봉현에게 이르시기를 "네 집에 폐를 많이 끼쳤으나 갚을 것이 없으니 너의 병쇠한 노모나마 건강하게 하여 세상 떠날 때까지 무병케 하여 주리라." 하시며

11 "푸른 대 한 개를 가져오라." 하시어 당신의 발에 맞추어 끊으시고 종이에 글을 써서 그 대에 감아 정문 앞에 가로놓고 모래로 양 끝을 덮으신 후에

12 봉현에게 이르시기를 "오늘밤에 보이는 것이 있으리라." 하시니라.

13 그 날 밤에 그곳으로부터 서기(瑞氣)가 일어나 하늘에 뻗치는데 마치 밝은 달빛과 같더니

14 이로부터 봉현의 노모가 기력이 성하여져 팔십이 넘어 세상을 떠날 때까지 병 없이 지내니라.

하는 근원적 힘의 하나.

88:5 이명택(李命澤, 1879~1934). 본관 전주. 부 석홍(錫洪), 모 장씨. 부인 진씨(陳氏)와의 사이에 3남 2녀를 두었다.

복록

죽을 자의 명줄을 이어 주심

89:1 김성화(金聖化, 1858~1931). 본관 김해. 부 창영(昌永)과 모 광주(廣州) 이씨의 장남. 부인 전주 이씨 사이에 아들 윤칠(允七), 윤직(允直), 금동(金童)을 두었는데, 이들과 함께 상제님을 따랐다.

89 병오년 6월 초에 임피 군둔리(軍屯里) 김성화(金聖化)의 집에 가시어 김광찬과 함께 머무르실 때

2 이웃 사람 김 모가 급병으로 사경에 이르매 그 병자의 늙은 어머니가 상제님께 와서 살려 주시기를 애원하거늘

3 상제님께서 말씀하시기를 "그대의 자식은 본래 명(命)이 짧아 어찌할 수 없노라." 하시니

4 늙은 어머니가 울며 "이 몸이 대신 죽고 자식을 살려 주시면 안 되겠습니까?" 하고 더욱 간절히 하소연하니라.

5 상제님께서 문득 광찬에게 물으시기를 "젊은 자의 명과 늙은 자의 명 중에 어떤 것이 중하냐?" 하시니 "젊은 자의 명이 중하나이다." 하고 대답하거늘

6 다시 물으시기를 "그러면 늙은 자로 하여금 젊은 자의 명을 대신하여 죽게 함이 어떠할꼬?" 하시니

7 광찬이 "그렇게만 된다면 다행이 될 것으로 압니다." 하고 아뢰니라.

89:8 함열 숭림사. 전북 익산시 웅포면 송천리(松川里) 동북쪽에 있는 절. 달마대사가 중국에 들어와 숭산(崇山) 소림사에서 면벽구년(面壁九年)을 행한 후 선법을 천하에 선양한 것을 기려 숭림사라 이름을 지었다.

8 이에 상제님께서 병자의 노모에게 말씀하시기를 "그 병은 그대로 치료하기 어려우므로 함열 숭림사(崇林寺)의 노승에게 옮겼으니 그 노승은 내일 죽으리라.

9 병인은 내일 그 절에 가서 노승을 조문하고 돌아오라." 하시니

10 이로부터 김 모가 완쾌되어 이튿날 그 절에 간즉 과연 한 노승이 죽었으므로 조문하고 돌아오니라.

이놈들아, 송장도 안 가지고 와서

90 하루는 어느 동네에 이르시니 구슬픈 만가를 부르며 운상 행렬이 지나가거늘

2 상제님께서 어느 결에 들어가셨는지 상여 안에서 고개를 내밀며 "너희들 뭐하냐?" 하시니

90:3 장강채. 상여의 기본틀로 사람들이 메는 부분이다. 쟁강이라고도 부른다.

3 장강채 위에 서 있던 선소리꾼이 상제님을 보고는 기겁하여 땅으로 떨어지니라.

4 이에 모두 크게 놀라 운상 행렬을 멈추고 주위를 두리번거리며 "아, 왜 그러시오?" 하고 묻거늘

5 선소리꾼이 두려움에 벌벌 떨며 "저기를 보시오." 하고 상여를 가리키매 모두 쳐다보는데

6 순간 상제님께서 상여 속으로 쏙 들어가시어 노래를 흐드러지게 부르시니 모두 혼비백산하니라.

7 이 때 상제님께서 다시 고개를 내미시며 "이놈들아, 송장도 안 가지고 오고 나를 데리고 와서 그러느냐? 너희 집에 가 봐라." 하시거늘

8 사람들이 서둘러 집으로 가 보니 말씀하신 대로 망자의 시신이 방 아랫목에 그대로 있더라.

9 또 하루는 상제님께서 운상하는 상여 위에 오르시어 만가를 부르시니 상여꾼들이 모두 멈추어 서서 듣고만 있거늘

10 상제님께서 "왜 안 가고 그러고 서 있느냐?" 하고 야단을 치시므로 그제야 정신을 차리고 장지를 향해 가는데

11 아무리 가고 또 가도 그 집 문 앞을 벗어날 수가 없더라.

사금 캐는 사람을 도와주심

91 모악산 일대는 본래 사금(砂金)이 많이 나는 곳이라, 하루는 원평 사는 한 광부가 주저앉아 크게 한숨만 쉬고 있거늘

91장 구릿골 일대에 생생하게 전해 오는 이야기이다.

2 상제님께서 지나시다가 사유를 물으시매 그 광부가 아뢰기를 "저는 사금을 캐서 먹고사는데 비는 오지 않고 물도 바싹 말라 사금을 캐어 놓고도 일지를 못하고 있습니다.

3 벌써 며칠째 양식이 없어서 식솔들은 모두 굶고 있는데 비는 올 가망이 없으니 답답하고 한스러워 그럽니다." 하니라.

4 이에 상제님께서 "비를 내려 주리니 술 좀 받아 오고, 명태 한 마리 삶아 오너라." 하시매 광부가 반신반의하며 술과 명태를 간신히 구해다 올리거늘

5 상제님께서 "명태를 앞에 놓고 술을 따른 다음에 절을 하라." 하시므로 광부가 명하신 대로 정성껏 절을 하고 일어나니

6 이내 구름 한 점 없이 쨍쨍하던 하늘에 먹구름이 몰려들어 사금을 채취하려는 모래 위로 소나기가 쏟아지는지라

7 광부가 재빨리 금을 일어서 사금을 많이 채취하매 이후로 잘살게 되니라.

함께 사는 상생 정신을 일깨우심

92 하루는 오랜 가뭄 끝에 비가 오거늘 윗논은 물이 없어 그대로 말라 있고 아랫논은 물이 넘쳐흐르는지라

복록

2 호연이 이를 보고 이상히 여겨 "어째 위에서 내려오는 물이 아래에는 있고 위에는 없대?" 하고 여쭈니

3 상제님께서 고갯짓을 하시며 "네가 몰라~, 네가 몰라!" 하고 호연을 놀리시다가

4 말씀하시기를 "나는 그렇다. 윗논 부치는 놈은 심보가 나빠서 아랫논 사람이 배고플수록 좋아라 하니

5 이 사람 잘되게 하느라고 여기만 물을 주었다. 내 심보도 못쓰냐?" 하시니라.

6 이어 말씀하시기를 "배고픈 놈은 물을 줘야 밥 먹고 살어. 밝은 대낮에 불을 쓰면 밝은 줄을 모르지만 캄캄한 밤에 불을 쓰면 밝고 좋은 줄을 알지?

7 그와 같이 배고픈 사람에게 밥을 줘야 감사하게 알지, 배부른 놈은 줘도 고마운 줄을 몰라.

8 가난한 사람이니 물을 줘서 살려야 안 하겠냐? 저놈은 줘도 그만 안 줘도 그만!" 하시고 손에 입을 대시며 아무 말 말라는 눈짓을 하시거늘

9 이 때 윗논 주인이 상제님께 찾아와 "아이고, 아무개 논에는 물이 있는데, 우리는 물이 없습니다!" 하고 하소연하니

10 상제님께서 "야, 이놈아! 물이 없는 것을 뉘 집에 와서 탄을 허냐!" 하고 꾸짖어 돌려보내시니라.

마음보 궂은 놈은 못쓴다

93 구릿골에 사는 어떤 사람이 상을 당하여 남의 산에 몰래 묘를 썼거늘

2 상제님께서 "마음보 궂은 놈은 못쓴다." 하시고 밤에 그 송장을 그 사람의 집 방문 앞에 도로 가 있게 하시니라.

극락이 내 마음속에

3 상제님께서 하루는 말씀하시기를 "땅 탐을 하면 구렁이가 되나니 탐을 말아라. 극락이 다 내 마음속에 있느니라.

4 배고픈 사람 밥 주고, 옷 없는 사람 옷 주는 내 마음을 바르게 하고, 그 바른 마음을 일상으로 유지해야 극락을 가는 것이지

5 줘 놓고도 흠구덕을 하고 '나는 아무것을 줬다, 어쨌다.' 하고 자랑하면 안 준 것만 못하니라.

6 사람이 마음을 잘 먹으면 되는 것이지, 극락이 따로 있느냐? 다 내 마음

93:5 흠구덕. 남의 흠을 헐뜯어 험상궂게 말함. 또는 그런 말.

에 있는 것이니라." 하시니라.

독한 놈이 산단다

94 하루는 상제님께서 어느 냇가를 지나시는데 두 노인이 번갈아 가며 냇물에 빠지려 하거늘

2 상제님께서 그 연유를 물으시니 그 중 한 노인이 "제가 빚을 졌는데 오늘 안으로 갚지 못하면 죽인다고 하니 차라리 스스로 죽고자 합니다." 하니라.

3 이번에는 그 옆 노인에게 물으시니 아뢰기를 "마누라가 길쌈하고 남은 꽁댕이를 하나 둘씩 이어 간신히 베 두 필을 짜 주면서 '이것을 팔아 양식을 해 오라.' 하였는데

4 베 판 돈을 내어 주면 이 사람이 빚을 갚을 수는 있겠으나 이 사람을 살리고 보면 집에서 솥 씻어놓고 기다리는 식구들이 헛일이요

5 그렇다고 저희가 살자면 이 사람이 죽을 것이니 어찌하면 좋을지 모르겠습니다." 하거늘

6 상제님께서 말씀하시기를 "마음이 훈한 놈이 죽어라. 독한 놈이 산단다." 하시니라.

그냥 돌아서 가자

95 하루는 성도들을 데리고 길을 가시는데 어떤 사람이 인적이 드문 길에서 똥을 누고 있는지라

2 상제님께서 성도들에게 "저기 저 놈이 길 가운데서 똥을 누는데 한마디 하고 가랴, 그냥 가랴?" 하고 물으시더니

3 성도들이 미처 대답하기도 전에 "길가에서 똥을 누는 놈은 훈계를 들을 것이나 길 가운데서 똥 누는 놈은 곧 죽어도 반박할지니 그냥 돌아서 가자." 하시고 산길로 돌아서 가시니라.

장가 못 간 노총각의 한을 풀어 주심

96 구릿골 앞 동네에 사는 노병권이라는 사람이 어려서부터 남의 집 머슴으로 살다가 마흔이 다 되도록 장가를 못 간 채 허연 머리를 길게 땋고 다니거늘

2 하루는 상제님께서 "야! 그 머리 끊어 버려라. 보기 싫지 않으냐?" 하시니

3 병권이 "어머니가 절 낳을 적부터 이 머리를 갖고 나왔는데 저 혼

복록

96장 이 말씀은 상제님께서 시속의 이야기를 응험시켜 노총각의 한을 풀어 주시고, 신도세계를 확증시켜 주신 것이다.

자 끊기가 난망하옵니다." 하고 아뢰니라.

96:4 건상투. 나이가 많아도 혼인하지 못하면 남에게 늘 하댓말을 받으므로 혼인한 것처럼 보이려고 상투를 트는 것.

4 이에 상제님께서 "이놈아, 건상투라도 꼽지, 어디 늙은 놈이 머리를 갈치 꼬랑이마냥 길게 늘이고 다니느냐?" 하시니

5 병권이 "장가도 안 간 놈이 머리를 올리는 수가 있나요." 하거늘

6 "어째서 장가를 못 갔느냐?" 하고 물으시매 "제가 죄를 많이 졌는지 부모 덕을 못 입어 조실부모하고 남의 집에 살면서 어찌하다 보니 이렇게 다 늙었습니다." 하니라.

선령 봉제사도 못 하는 놈이 사람이냐

7 상제님께서 병권의 나이와 이름을 물으신 후에 "그럼 어찌 그 집에서 마냥 늙느냐? 무슨 연유가 있어 그 집과 같이 늙는구나!" 하시거늘

8 병권이 "어찌하면 좋겠습니까?" 하고 여쭈니 "어허~ 이놈, 세상에 나와서 부모 대를 못 잇는 놈은 자식이 아니니라.

96:9 선령 봉제사도 못 하고. 상제님께서는 선령 봉공의 의무를 도외시하여 제사를 지내지 않는 자손은 인간금수로 취급하셨다. 서구의 유일신 문화에 오염되어 인간의 사후세계를 올바르게 알지 못하는 사람이 적지 않은데, 우리가 '귀(鬼)'와 '신(神)' 두 글자를 완전하게 이해하면 우주의 창조문제와 시간의 비밀, 천지 뭇 생명 생성의 근본문제에 도통할 수 있다.

9 대를 이어서 그 집안을 퍼뜨리는 것이 장가의 원 뜻일진대 선령 봉제사도 못 하고 죽는 놈이 사람이냐, 이놈아!" 하고 병권의 뺨을 때리시며

10 "너 내 말 들을 테냐? 그러면 너 한번 좋은 꼴 볼 것이다. 늦복이나 터지게 가르쳐 줄거나?

11 내가 너 장가가게 해 주랴? 어떻게 하는가 가르쳐 줘?" 하시거늘

12 병권이 일어나 절을 하며 "복 없는 놈이 무슨 복으로 좋은 꼴을 보겠습니까? 그렇게만 해 주신다면 원이 없겠습니다." 하니라.

내가 살게끔 해 주마

13 이에 상제님께서 "네 인생이 불쌍해 내가 살게끔 해 주마.

14 저 깊은 산중에 칡이 이리 넝쿨지고 저리 넝쿨지고 서로 어우러져서 더 이상 뚫고 나갈 수 없는 곳이 나오거든 그곳에서 하루가 저물도록 앉아 있거라.

15 밤이 되어 앉아 있는 땅이 들썩들썩하거든 옆으로 옮겨 앉아라.

16 그러면 거기서 사람이 나올 것이니 그 사람을 바짝 따라가면 장가도 가고 네 분도 풀게 될 것이다." 하시니라.

17 병권이 이를 믿지 못하여 망설이다가 또 한편으로 생각하기를 '여차가 실차 된다고, 죽느니 한번 가서 해 볼거나?

18 내가 이렇게 살아서 무엇할꼬. 하라시는 대로 한번 해 보자!' 하며 가르쳐 주신 곳을 찾아가니라.

19 병권이 밤이 깊도록 한참을 자리에 앉아서 지키니 과연 엉덩이가

들썩들썩하거늘

20 '옳거니.' 하고 옮겨 앉아 그곳을 가만히 지켜보니 한 노인이 나오고 조금 후에 말이 뒤따라 나오더라.

21 병권이 일러 주신 대로 노인의 뒤를 바짝 따라가니 말을 타고 한참을 가다가 어느 부잣집으로 들어가거늘

22 문 안으로 들어서니 마당에는 모깃불을 피운 채 많은 사람들이 모여 앉아 있는데

23 노인이 마구간에 말을 매어 두고는 제삿상을 차려 둔 방으로 들어가 병풍 뒤에 앉더라.

그 노인의 제삿날이라

97 연전에 그 노인에게 이런 일이 있었으니, 서로 내 것 네 것 없이 지내던 친구와 동업으로 장사를 하다가

2 욕심 많은 친구가 노인을 죽여 버리고 깊은 산 칡 덩굴진 곳에 말과 함께 묻은 뒤에 돈을 챙겨 혼자 집으로 돌아왔더라.

3 노인의 집에서는 아무리 기다려도 돌아오지 않으므로 노인이 집을 떠난 날을 기일(忌日)로 삼아 제사를 지내 오더니 이 날이 바로 그 노인의 제삿날이라.

4 참석한 사람들이 많아 모두 방에 들지는 못하고 일부는 마당에 모여 제사를 지내는데

5 자식들이 차례로 술을 올리고 이어 노인의 친구가 술을 올리니 갑자기 잔이 툭 떨어지며 술이 엎질러지거늘

6 병권이 마당에서 그 광경을 지켜보다가 '옳다, 저놈이구나! 무슨 사정이 있어 술을 주니 그러는구나.' 하며 돌아앉아 물을 마시고는

7 잠시 후 노인의 아들을 불러 "부친의 시신을 찾았소, 못 찾았소?" 하고 물으니

8 "나가신 지 삼 년이 되었는데 아직도 찾지 못하여 집 떠나신 날로 제사를 지냅니다." 하고 대답하니라.

죽을 놈도 배고픈 놈도 살려 주어야

9 병권이 "내가 당신의 아버님 시신을 찾아 주면 어찌하겠소?" 하니

10 그 아들이 "내 재산을 반분해 줄 터이니 우리 아버지 묻힌 곳만 가르쳐 주시오." 하며 간청하는지라

11 병권이 이를 수락하며 "조금 전에 와서 술잔을 올린 게 누구요?" 하고 물으니

12 "아버님이 저 친구 분과 함께 나가셨는데 저분은 돌아오시고, 아버님은 어디를 가신 줄 모릅니다." 하니라.

13 이에 병권이 "바로 저 사람이 당신 아버지를 죽였소. 내일 나와 함께 갑시다." 하고 이튿날 가족들을 데리고 가서 노인이 묻힌 곳을 찾아 주거늘

14 이 일로 약속했던 많은 재산을 얻고 그 집 딸과 혼인하여 큰 복을 누리게 되므로 상제님께 찾아와 연거푸 절을 하니

15 상제님께서 말씀하시기를 "죽을 말년에도 한때를 보려면 보느니라." 하시니라.

16 하루는 동무들과 싸우고 돌아온 호연에게 타일러 말씀하시기를 "죽을 놈도 살려 주고, 배고픈 놈도 살려 주고 해야 덕을 짓는 것이다." 하시니라.

김갑칠에게 내려 주신 은혜

98 하루는 갑칠이 급히 돈 쓸 일이 있어서 사방으로 구하거늘

2 상제님께서 아시고 갑칠에게 명하여 "돈 삼백 냥을 구하여 오라." 하시매 갑칠이 달리 구할 길이 없으므로 논밭 여섯 두락을 급히 팔아서 올리니

3 상제님께서 돈을 방바닥에 깔고 공사를 보신 뒤에 도로 돌려주시니라.

4 갑칠이 이 돈을 급히 쓸 곳에 써서 없앴더니 김제 부자 윤휘영이 그 논밭을 사서 갑칠에게 위토답(位土畓)으로 맡기니라.

98:4 위토답. 위토로서의 논. 산소에서 제사를 지내는 데 드는 비용을 마련하기 위하여 경작하는 논.

동기간에 우애 있고 일가간에 화목해야

99 상제님께서는 부모에게 불효하거나 동기간에 못할 짓 하는 사람을 보시면

2 "요런 것은 사람이 아니다." 하시며 그 자리에서 바로 뺨이나 목을 때리시는데

3 상제님께 맞으면 뺨과 목이 그대로 떨어져 나가니라.

4 상제님께서 말씀하시기를 "동기간에 우애 있고 일가간에 화목해야지, 어찌 세상에 나와서 부모도 모르고 동기간도 모르느냐?

5 나 잘살기를 원하지 말고 형제가 잘살기를 원해야 하느니라." 하시니

6 호연이 여쭈기를 "어찌 그리해야 옳아요?" 하거늘

7 다시 말씀하시기를 "죽은 선령 봉제사를 해도 형이 하니 형이 잘살

아야 아우도 살지 형이 못살면 아우도 못산다.

8 그러니 어쨌든지 동기간에는 우애가 있어야 하고 부모에게는 **효자** 동이 해야 한다." 하시니라.

알고 짓는 죄가 크다

100 상제님께서 말씀하시기를 "사람이 남 잘사는 것을 부러워 말고, 남을 해치려고 하지 말아야 할지라.

2 무엇을 믿는다고 해서 내 죄가 감해지는 것이 아니니라.

3 믿으면서도 내 마음이 궂으면 오히려 알고 짓는 죄가 더 큰 것이니 내 마음 하나만 닦으면 그만이니라." 하시니라.

불효하는 사람의 코를 꿰어 조리를 돌리심

101 하루는 상제님께서 어떤 사람의 코를 뚫어 끈으로 묶고 조리를 돌리시니

2 호연이 "코를 왜 그래요?" 하거늘 말씀하시기를 "저놈이 제 부모에게 못된 짓을 했으니 그런다." 하시니라.

3 이에 호연이 "어떤 잘못을 했는데 코를 뚫어?" 하고 여쭈니

4 "어린것보고 할 소리가 아니다, 어른보고나 하는 거지." 하시며 웃기만 하시니라.

5 호연이 더욱 궁금하여 상제님의 귀에 대고 "왜 그려? 나만 가르쳐 줘. 나만 알고 안 가르쳐 줄게." 하는지라

6 상제님께서 "어린것보고 말하면 의젓지 못해서 안 해. 또 다른 사람들이 '뭐라고 하더냐?' 하며 너를 성가시게 할 테니 그만두고 저리 가라." 하시고

7 사람들을 향하여 말씀하시기를 "전부터 나쁜 짓을 하고 집안에 궂은 일을 내면 샘에 여물을 썰어 넣고 코를 뚫어 조리를 돌렸나니

8 그리해야 본을 뜨고 다시는 그리 않는다고 그러는 것이다." 하시니라.

101:1 조리를 돌리시니. 죄지은 사람을 벌하기 위해 끌고 돌아다니며 망신을 시키는 것.

복록

큰 죄와 작은 죄

102 상제님께서 말씀하시기를 "창생이 큰 죄를 지으면 천벌(天罰)을 받고, 작은 죄를 지으면 신벌(神罰) 혹은 인벌(人罰)을 받느니라." 하시니라.

천벌 받아 구렁이로 태어난 인간

2 구릿골에 계실 때 하루는 성도들이 아뢰기를 "지금 마당에 큰 구렁

이가 있는데 어디서 왔는지 모르겠으나 이 왕뱀이 몸을 구부려 움 츠리고 눈물을 흘리고 있습니다.

3 몸집과 길이가 세상에서 보기 드물게 큰 뱀으로 그 모습이 무엇인 가 애원하는 듯합니다." 하거늘

4 상제님께서 친히 밖으로 나가시어 구렁이를 한동안 바라보시더니 "빨리도 되었구나." 하시니라.

5 성도들이 아뢰기를 "저 구렁이가 무슨 죄를 지었는지, 이토록 애원 하니 그 죄를 풀어 구하여 주소서." 하니 상제님께서 들으시고 "너 희들의 말이 가상하도다." 하시고

6 말씀하시기를 "죄는 제 스스로 짓고 내가 구해 주어야 하니 괴로운 일이로구나. 남의 천륜(天倫)을 상하게 하는 일이 가장 큰 죄니라." 하 시거늘

7 이 말씀이 떨어지자마자 그 구렁이가 기운을 얻은 듯이 즐거운 빛 을 띠고 사라지더라.

8 한 성도가 여쭈기를 "사람이 큰 죄를 지으면 죽어서 구렁이가 됩니 까?" 하니

9 상제님께서 이르시기를 "하늘에 이러한 벌(罰)이 있느니라." 하시니라.

천륜을 끊는 죄

103 상제님께서 말씀하시기를 "죄는 남의 천륜(天倫)을 끊는 것보다 더 큰 것이 없느니라.

2 최익현(崔益鉉)이 고종 부자의 천륜을 해하였으므로 죽어서 죄가 되 어 나에게 하소연하는 것을 볼지어다.

3 유부녀를 범하는 것은 천지의 근원을 떼는 것과 같아 워낙 죄가 크므로 내가 간여치 아니하노라." 하시니라.

씨도둑은 못 속인다

4 어떤 여인이 간부(姦夫)를 보아 자식을 낳았으나 본부(本夫)는 알지 못하거늘

5 하루는 상제님께서 그 여인에게 이르시기를 "저 아이가 혈통이 바르 지 못한데도 어찌 모호하게 하여 큰 죄를 짓느냐?" 하시니

6 그 여인이 마침내 모든 사실을 자백하니라.

오던 길을 되돌아가게 하라

104 상제님께서 하루는 전주 서천교를 지나실 때 거지들이 떼를 지

103:2 고종 부자 의 천륜을 해하였 으므로. 최익현 은 대원군과 치 열한 정쟁을 벌 이던 명성황후의 후원을 얻어 잦 은 상소로 대원 군을 탄핵했다. 1873년 '계유상 소(癸酉上疏)'는 대원군 실각의 결정적 계기가 되었으며 대원군 은 운현궁에 유 폐되고 10여 년 동안 아들인 고 종과 상면하지 못하였다.

복록

어 전주성 쪽으로부터 다리를 건너오려 하거늘

2 상제님께서 다리를 막아서시며 성도들에게 이르시기를 "너희들이 이 다리를 먼저 건너가 저들에게 돈을 주어 오던 길을 되돌아가게 하라." 하시므로

3 김병선(金炳善)이 다리를 건너가서 고루 돈을 나누어 주며 "오던 길을 되돌아가겠느냐?" 하니 그들이 반가워하며 돈을 받아 들고 되돌아가니라.

4 이에 상제님께서 그들이 보이지 않을 때까지 기다리시다가 다리를 건너시니라.

어려서 잘 가르쳐야

105 형렬의 막내아들 천리마는 태어나는 날 상제님께서 그 이름을 지어 주셨는데, 영리하여 글을 가르치면 잘 이해하고 뜀박질도 잘 하니라.

2 천리마가 어려서 채 걸음을 걷지 못할 때도 상제님께서 "천 리를 뛰어라, 천리마야! 만 리를 뛰어라, 만리마야! 어디 뛰어 봐라!" 하시면

3 상제님의 기운으로 말씀에 따라 걷고 뛰고 하니라.

4 정미(丁未 : 道紀 37, 1907)년 정월을 맞아 여자들이 짚단 위에 송판을 얹어 놓고 널을 뛰거늘

5 상제님께서 짚다발을 더 높이 쌓게 하신 뒤에 천리마에게 "저놈을 뛰어서 넘어라." 하시니

6 천리마가 거짓말처럼 훌쩍 뛰어 넘으니라.

7 또 하루는 천리마에게 "저 지붕을 넘겨라." 하시며 형렬에게 이르시기를 "아이들은 어려서 가르쳐야 한다." 하시니라.

김천리마
(1902~1957)

이제 두고 보라

8 하루는 호연이 궁금하여 "어디가 천 리를 뛰어, 만 리를 뛰어? 뭐, 어디를 뛰어서 천리마예요?" 하고 여쭈니 상제님께서 "인제 두고 봐라." 하시니라.

남은 복을 구하라

106 어떤 사람이 연사(年事)를 여쭈니 말씀하시기를

2 "칠산(七山) 바다에 조기잡이도 먹을 사람을 정하여 놓고 잡히나니, 농사도 또한 그와 같아서 먹을 사람을 정하고 될지니 그러므로 굶어 죽지는 아니하리라." 하시니라.

106:3 도선. 한갓 착하기만 하여 마음이 굳지 못하고 주변성이 없음을 뜻함. '도선(徒善)은 불여악(不如惡)'이라는 말이 있다.

106:6 천지공사 뿌리장사. 우주 문제를 본질적으로 보면 하늘과 땅은 본래 궁극의 이상과 창조의 목적성을 가지고 있다. 지금은 천지가 그 이상과 목적을 이루는 때다. 따라서 만물의 영장인 인간은 천지사업을 해야만 된다. 그 천지사업이 바로 천지공사다. 천지공사는 모든 우주만물의 죽고 사는 생사 판단의 근원이 되고 모든 인간 삶을 최종 마무리짓는 천하사다. 그리하여 상제님께서는 천지공사를 뿌리장사라고 하셨다. 장사 중에는 천지사업 뿌리장사가 가장 보람되고 크게 성공하는 장사인 것이다.

107:2 문치도(文致道, 1879~1950). 본관 남평. 부용과 모 동래 정씨의 장남. 부인 강

복록

3 또 하루는 형렬에게 이르시기를 "너는 도선(徒善)이라. 오히려 복(福) 마련하기 어렵도다." 하시고

4 "남 잘되는 것을 부러워 말고 남은 복이 많으니 남은 복을 구하라.

5 호한(呼寒)도 신천(信天)이니 유불사(猶不死)니라." 하시니라.

세계 구원의 뿌리장사

6 하루는 성도들에게 일러 말씀하시기를 "세상 사람들이 물건 장사할 줄만 알지, 천지공사 뿌리장사 할 줄은 모르는구나." 하시고

7 또 말씀하시기를 "너희들 배고프다는 소리 마라. 호한이라는 새도 사느니라." 하시니라.

병이란 제 믿음과 정성으로 낫느니라

107 정미년 봄에 전주 불가지(佛可止) 김성국(金成國)의 집에 계실 때

2 황새골(黃鳥洞)에 사는 문치도(文致道)가 상제님을 뵈러 오면서 이성동(伊城洞)의 송대수(宋大綏)에게 들러 함께 오려 하였더니

3 대수는 마침 일이 있어 같이 오지 못하고 그 사촌 아우를 딸려 보내며 말하기를 "내 종제(從弟)가 폐병으로 고생한 지 여러 해라.

4 이제 위기에 이르렀으니 선생님께 말씀을 잘 드려 좋은 약을 얻어 주기 바라노라." 하고

5 돈 이 원을 그 사촌 아우에게 주며 "비록 약소하나 가지고 가서 술이나 한잔 공양하게. 갚을 때에 이자는 받지 않겠네." 하니

6 병자가 돈을 받았다가 갚으라는 말을 듣고 일 원을 되돌려주며 말하기를 "일 원이면 넉넉합니다." 하고 치도를 따라와 상제님을 뵈니라.

7 치도가 상제님께 그의 병세를 아뢰고 고쳐 주시기를 청하니 말씀하시기를 "인색한 자는 병을 고치지 못하느니라." 하시니라.

8 치도가 말씀드리기를 "이 사람이 본래 가난하여 인색할 거리가 없나이다." 하니

9 말씀하시기를 "주는 것을 받아 가지고 오지 않았으니 어찌 인색이 아니리오. 병이란 제 믿음과 정성으로 낫느니라." 하시거늘

10 치도가 이 말씀을 듣고 상제님의 신성하심에 놀라고 병자는 부끄러워하며 돌아가니라.

보리밥을 먹게 하라

11 이 날 치도가 돈 일 원을 내어 성국에게 부탁하여 약간의 술과 안주를 준비하여 올리니

12 상제님께서 "이것이 어디서 난 것이냐?" 하고 물으시므로 성국이 치도가 올렸음을 아뢰거늘

13 말씀하시기를 "그 돈이 오늘 저녁에 많이 불어날 것인데 부질없이 소비하는도다." 하시니라.

14 대저 그 돈은 그 날 저녁에 노름 밑천을 하려고 준비해 둔 것이라, 치도가 더욱 놀라며 천신(天神)이 강세하신 줄로 믿으니라.

15 치도가 물러감을 아뢰니 상제님께서 말씀하시기를 "병자는 오늘 저녁부터 보리밥을 먹게 하라." 하시거늘

16 치도가 돌아와서 병자에게 그대로 이르니 과연 보리밥을 먹으매 얼마 안 있어 병이 나으니라.

정괴산에게 주신 복솥

108 구릿골 앞에서 술장사하는 정괴산(丁槐山)이 가난하여 겨우 연명하되 항상 상제님을 지성으로 공대하니라.

2 하루는 상제님께서 그 집에 가시니 괴산이 상제님께 대접하려고 질솥에 개장국을 끓이다가 갑자기 질솥이 깨어지매 괴산의 아내가 낙담하여 울고 서 있거늘

3 상제님께서 불쌍히 여기시고 신경원(辛京元)에게 명하시어 그가 경영하는 솥점에서 철솥 한 개를 가져다주시며 말씀하시기를

4 "이 솥을 잘 간수하라. 그러면 집안 살림이 일어나리라." 하시더니

5 이로부터 그 부부가 돈을 많이 벌어 가세가 점점 넉넉하여지니라.

6 그 뒤에 괴산이 태인 방아다리(芳橋)로 이사할 때에 그 철솥을 환평에 사는 정동조(鄭東朝)에게 팔았더니

7 괴산은 도로 가난하여지고, 동조는 넉넉하게 되거늘 사람들이 그 철솥을 복솥이라 일컬으니라.

참 잘 먹었다

109 상제님께서 하루는 끼니때가 지나 어느 누추한 집에 들어가시어 "아침밥을 내오라." 하시니

2 주인 내외가 "밥이 하나도 없습니다." 하매 상제님께서 "그러면 밥 해 먹은 솥에 물이라도 부어서 긁어 오너라." 하시거늘

3 내외가 아뢰기를 "아침에 메밀죽을 묽게 끓여 먹고 솥을 닦아 버려서 남은 게 아무것도 없습니다." 하니라.

4 이에 상제님께서 "그럼 그 솥에다 물 한 그릇 부었다가 가져오너

치숙과의 사이에 4남 2녀를 두었다. 이복동생이 문정삼이다.

107:2 송대수(宋大緌, 1871~?). 본관 여산. 부중원(仲元)과 모 전주 류씨(全州柳氏)의 장남. 이성동과 황새골(黃鳥洞)은 여산 송씨 집성촌이다. 불가지와 이웃한 마을로 김성국, 문치도, 그의 사촌동생 송기완이 상제님을 따랐다.

108:1 정괴산. 충북 괴산으로부터 이거(移居)한 까닭에 정괴산이라고 했다.

복록

라.” 하시니 안주인이 명하신 대로 물을 떠다 올리매

5 상제님께서 단숨에 다 드시고 “참 잘 먹었다.” 하시며 길을 떠나시니라.

6 이후로 그 집 내외가 전과 달리 돈을 잘 벌게 되어 가세가 점점 넉넉해지니라.

사람이 만들 탓이지 먹을 것 없다 말아라

110 이 해 봄에 호연이 “선생님, 먹을 게 아무것도 없어요. 소금이라도 있으면 넣어서 간을 맞추겠는데 소금도 없고 어쩌면 좋아요?” 하고 걱정하더니

2 잠시 후에 소쿠리를 들고 밭에 나가 보리를 베어 오니라.

3 상제님께서 이를 보시고 “아이구 어쩔거나, 보리를 베다가 임자에게 들켜서 물어내라고 하면 어쩌려고 그렇게 베어 먹어?” 하고 겁을 주시거늘

4 호연이 뾰로통해져서 “시켰다고 그러지.” 하니 상제님께서 호연을 타이르시며 “사방 천지에 풀도 많더라. 그런 놈도 베어다가 먹게 해 놓으면 다 먹어져.” 하시니라.

5 이에 호연이 “좀 조용히 해요.” 하고 사방을 둘레둘레 살피며 “어쩔까….” 하고 망설이거늘

6 상제님께서 “야야, 소쿠리 줘 봐라. 내가 가서 쑥이나 좀 캐 와야겠다.” 하시니

7 호연이 소쿠리를 내어 드리며 “쑥은 써서 못 먹어요.” 하는지라

8 상제님께서 “쑥이라는 것은 뱃속에 들어가면 속을 따뜻하게 하는 것이니, 그놈도 시퍼런 물 쏙 빼고 채에다 조로록 받쳐서 씻으면 괜찮아.

9 다 사람이 만들 탓이지 먹을 것 없다 말아라.” 하시거늘 호연이 그제야 “그려.” 하고 대답하니라.

10 이후로 상제님께서 종종 쑥을 캐 오시니 그 때마다 호연이 상제님께서 일러 주신 대로 쑥물을 빼고 쑥개떡을 만들어 드리니라.

11 또 상제님께서 어디를 가실 때면 호연이 이따금씩 쑥떡을 싸서 드리는데

12 하루는 상제님께서 쑥떡을 가지고 밖에 나가셨다가 돌아오시어 말씀하시기를

13 “아, 이놈을 물가에 가지고 가서 먹으니 참 맛나더라. 이런데 내가 호연

이를 잊어버리겠냐? 아이구, 손 얼었겠다!" 하시며 손을 잡고 호호 불어 주시니라.

송피로 떡을 만든 호연

111 하루는 상제님께서 밖에 나가시어 송피를 한 망태기 해 오시거늘

2 호연이 "이걸 무엇 하려고요?" 하고 여쭈니 "너 송피떡 하라고." 하시니라.

3 이에 호연이 "할 줄 알면 하세요. 나는 안 먹어 봐서 몰라요." 하니

4 "너는 할 줄 알아서 좀 얻어먹나 했더니, 할 줄 몰라? 모르면 내버려라." 하시거늘

5 호연이 그런다고 대답은 했으나 일일이 손으로 송피를 벗기신 상제님의 노고를 생각하니 아까운 마음이 드는지라

6 송피를 몰래 가져다가 빨래를 하려고 받아 둔 콩대 잿물에 푹 삶은 후 냇가에 가서 잘 빨아 물에 담가 두니라.

7 얼마가 지난 후 다시 개울가에 나가 송피가 뭉그러지도록 체에 받쳐 여러 번 빤 다음

8 쌀과 서숙 등 곡식을 찧은 가루와 잘 버무려 찌니 송피 개떡이 되거늘

9 이를 상제님께 올리매 맛있게 드시며 말씀하시기를 "내버렸다더니 언제 이렇게 했느냐? 이렇게 맛있는 것을 내버릴 뻔했다." 하시고

10 "아이구, 우리 호연이! 이런 걸 어떻게 만들 줄 알꼬? 누가 가르쳤을까!" 하시며 머리를 쓰다듬어 주시니라.

11 또 가을에 하루는 상제님께서 "시월이 덧없다." 하시며 언덕 밑으로 가시어 수리취를 뜯어 오시거늘 호연이 "그걸 뭣 하려고 그래요?" 하니

12 말씀하시기를 "이것으로 떡을 하면 쫄깃쫄깃하니 동네 사람들에게 갖다 주려고 그런다." 하시며 줄기를 추려내어 볕에다 널어놓으시니라.

김 주사 딸의 병을 고쳐 주심

112 하루는 구릿골로 시집와 살고 있는 신암(新岩) 김 주사의 딸이 다리에 병이 들어 사경에 이르거늘

2 그 시아버지 김명우(金明佑)와 남편 향철(香哲)이 상제님께 찾아와 살려 주시기를 간청하니

3 상제님께서 말씀하시기를 "흰 장닭 한 마리를 사다가 털 뽑고 창자

111:1 송피. 소나무의 속껍질. 소나무는 부위마다 다른 약효를 지니고 있어 예로부터 불로장생의 선약(仙藥)으로 여겼다. 염제 신농씨가 지은 『신농본초경』에는 사람의 수명을 늘리는 120가지의 상약(上藥) 가운데 솔을 제일 첫머리에 놓을 정도로, 가장 흔하면서도 귀한 약재로 쓰였다.

111:11 시월. 우리 민족은 10월을 가장 으뜸의 달로 여겼다. 한 해의 기운이 다시 본체로 환원되어 새해를 여는 기운이 깊아 드는 달이란 뜻에서 수릿달, 상달(上月)이라 하고, 1년의 머리(歲首)로 삼았다. 그래서 매년 10월에는 삼신 상제님께 감사·보본의 천제, 농공제를 올렸다.

111:11 수리취.
수리치. 국화과
의 여러해살이풀
로 어린잎을 식
용한다. 단오에
는 절식으로 수
리취 절편을 먹
는다.

112:1 김 주사.
본관 언양(彦陽).
천석지기였으며
후에 백운동 안
내성 교단에서
신앙했다. 김자
현 성도의 손자
김택식(1914~)
증언.

112:1 딸. 경인
(1890)년에 김제
시 금산면 성계
리 신암 마을에
서 출생. 남편은
계사(1893)생으
로 자(字)는 향철
(香哲), 족보명
동회(東會)이다.
동곡에 살면서 3
남 2녀를 두었
다.

112:2 김명우(金
明佑, 1858~?).
본관 안동(安東).
족보명 재운(在
運). 동곡에서 태
어났으며 부인
전의 이씨(全義
李氏)와의 사이
에 1남(향철) 1녀
를 두었다.

113:1 연주나력.
목 언저리에 멍
울이 생기는 병.
연주창이라고도
한다.

를 긁어내어 푹 삶아 고기는 먹고 뼈다귀와 털은 삼거리에 갖다 묻
으라." 하시거늘

4 돌아가서 그대로 행하니 병이 곧 나으니라.

주모의 연주나력을 고쳐 주심

113 용암리 앞 주막의 주모가 연주나력(連珠瘰癧)으로 목의 힘줄과
살이 곪아 여러 해 동안 몹시 고생하다가 말경에 이르거늘

2 하루는 상제님께서 그 주막 앞을 지나시므로 주모가 병을 고쳐 주
시기를 애걸하니라.

3 이에 상제님께서 글을 써서 그 집 개에게 던지시니 그 순간 개는
엎어져 죽고 주모의 병이 곧 나으니라.

남에게 욕설을 많이 하면

114 구릿골 이재헌(李載憲)의 아내가 병들어서 수년 동안 앓으매
수척하여 뼈만 남았거늘 재헌이 상제님께 와서 고쳐 주시기를
간청하니

2 말씀하시기를 "그 병은 병자가 평소에 남에게 욕설을 많이 하여 그
보응(報應)으로 난 것이니 날마다 회개하면 병이 저절로 나으리라." 하
시니라.

3 재헌이 명하신 대로 그 아내를 잘 달래어 날마다 허물을 뉘우치게 하
니 그 뒤로 곧 나으니라.

무례한 노인들을 경계하심

115 어느 무더운 여름날 상제님께서 태인 감산면 기름재(油峙)를
지나시는데

2 모정에서 피서하던 노인들이 대뜸 반말로 "어이 증산, 재주나 한번
부리고 가소." 하거늘

3 상제님께서 "내가 뭔 재주가 있다고 그러는지 모르겠소." 하시며
그냥 지나려고 하시니

4 노인들이 서로 "빼지 말고 재주 한번 부려 보소." 하고 조롱하니라.

5 이에 상제님께서 하늘을 향해 손짓을 하시매 어느새 시커먼 구름
하나가 둥둥 떠 와서 하늘을 덮더니 갑자기 광풍이 휘몰아치며 소
나기가 퍼붓기 시작하거늘

6 바람이 어찌나 세찬지 빗줄기가 모정 안으로 곧장 들이쳐서 노인

들의 온몸이 그대로 흠뻑 젖으니라.

7 달리 피할 곳도 없는 터라 노인들이 그 자리에서 한참을 덜덜 떨고 있는데 비바람은 잦아들 기미가 없고 시간이 흐를수록 오히려 그 기세가 더하거늘

8 마침내 누가 먼저랄 것도 없이 상제님을 향해 "좀 살려 주소. 제발 그만 오게 해 주소." 하며 애걸을 하니라.

9 이에 상제님께서 느린 걸음으로 정자 주위를 몇 차례 도시다가

10 노인들을 측은히 바라보시며 말씀하시기를 "언제는 나보고 재주 한번 보여 달라 하더니 이제는 살려 달라고 애걸을 하요?" 하시고

11 하늘을 향해 손짓을 하시니 순간 사납게 몰아치던 비바람이 딱 그치니라.

12 이에 노인들이 민망해하며 슬쩍 상제님을 바라보니 의관에 물방울 하나 묻지 않으셨더라.

114:1 이재헌(李載憲, 1846~1930). 김제시 금산면 금산리 출생. 부인 이씨와의 사이에 3남을 두었다.

115:2 당시에 상제님의 명성이 자자했으나 유교적 사고와 행습에 젖은 사람들이 상제님을 단순한 술객(術客)으로 아는 경우가 많았다. 평소에 의관도 제대로 갖추지 않고 풀대님으로 다니시므로 양반 대접을 받지 못하셨다고 한다.(나승렬 증언)

내가 팔아 줄 테니 가만있거라

116 상제님께서 구례(求禮)에 가시니 한 농부가 원두막에서 수박밭과 참외밭을 지키고 있거늘

2 상제님께서 "내가 지켜 주겠노라." 하시고 농부를 보내신 후에 수박과 참외를 다 따서 줄에 달아 그물 모양으로 쭉 걸어 놓으시니

3 그 모습이 마치 사월 초파일에 등을 달아 놓은 것 같더라.

4 잠시 후 밭주인이 와서 이를 보고는 "아이고, 참외를 지킨다더니 당신이 여기를 망쳐 놨소." 하며 울상을 짓거늘

5 상제님께서 "어디가 망했느냐?" 하고 물으시니 그가 참외를 팽개치며 "아, 밭을 지켜 준다더니 익은 것이나 설익은 것이나 다 따서 이렇게 줄에다 달아 놨으니 내 밭은 망한 것 아니오?

6 이제는 팔아먹지도 못하고, 나는 목숨 다 떨어졌소." 하며 울먹이니라.

7 이에 상제님께서 "이놈아, 사람들이 사러 오면 하나씩 뚝뚝 따 줘라." 하시니

8 밭주인이 "저렇게 다 땄는데 참외가 어디에 있소?" 하며 툴툴대거늘

9 상제님께서 "망했는가, 안 망했는가 어디 두고 봐라. 내가 다 팔아 줄 테니 가만 앉아 있거라." 하시니라.

내게 욕하니 허신이 그랬는가 보구나

10 호연이 매달아 놓은 수박과 참외를 보니 그 모습 그대로도 밭처럼

복록

보이거늘

11 사람들이 수박과 참외를 사기 위해 이따금 찾아오면 그 때마다 줄에서 쏙쏙 빼 주시니라.

12 잠시 후에 상제님께서 밭주인을 바라보시며 "이래도 망했냐? 절반씩 나누자!" 하시니 주인이 여전히 불평을 하거늘

13 상제님께서 "너, 대가리 두 조각 나고 싶으면 그리하고, 그리 안 하고 좋게 사귀려면 가만히 저 막에 가 있어라. 가는 길에 밥이나 갖고 오너라." 하시니라.

14 이에 밭주인이 돌아서며 "이쁘지도 않은 가오리가 뭣 한다." 하고 중얼거리니 순간 입이 열십자로 쭉 찢어져 버리거늘

15 주인의 아내가 크게 놀라 황급히 밥을 챙겨 와서는 "아이구, 째보가 됐으니 어떻게 밥을 먹고 살아요? 참외고 뭐고 우선 살려 주십시오!" 하며 간청하니라.

16 상제님께서 "내가 그랬느냐? 내게 욕하니 허신(虛神)이 그랬는가 보다!" 하시며 딴전을 부리시거늘

17 그의 아내가 더욱 매달리며 살려 주시기를 애원하니 못마땅해하시며 "내가 안 했다 하지 않더냐! 내가 너한테 '그랬다, 안 그랬다.' 하고 빌어야 하느냐?

18 잔말 말고 밥이나 이리 가져오고, 저기 가서 우리 호연이도 좀 데려오너라." 하시니라.

19 이에 하는 수 없이 그의 아내가 호연을 찾아 나서며 "호연아, 호연아~" 하고 부르는데 상제님께서 "'호연아' 말고 '호연씨' 그래라." 하시거늘

20 다시 "호연씨~ 호연씨~!" 하고 부르니 호연이 참외를 먹으러 오라는가 하여 얼른 달려오니라.

21 상제님께서 호연에게 "밥 먹어라. 찬문이 집에서는 밥을 해 놓고 기다리면 파리가 먼저 앉지?" 하시니

22 호연이 "아이, 이제 파리 안 먹게 덮어 놨던데요." 하거늘 "파리 밥 먹지 말고 우리 이놈 먹자." 하시니라.

23 이어 상제님께서 호연과 함께 진지를 드시는데 누가 수박을 사러 오거늘

24 헐값에 파시니 입소문이 번져 순식간에 참외와 수박이 동이 나니라.

네가 가서 낫게 해 주어라

117 상제님께서 밭주인을 향하여 말씀하시기를 "째보야, 째보야! 이 수박, 참외 다 팔았다." 하시니

2 "아이구, 얼마를 받으셨든지 이 입이나 고쳐 주십시오!" 하며 간곡히 청하거늘

3 상제님께서 "그러면 이 돈은 내가 먹고, 입만 고쳐 주랴?" 하고 떠보시는데

4 밭주인이 "마음대로 하십시오." 하고 대답하매 그저 웃기만 하시니라.

5 이에 호연이 "남을 그렇게 하면 못쓰니 고쳐 주세요." 하고 청하니

6 상제님께서 귓속말로 이르시기를 "네가 가서 낫게 해 줘라. 씨아똥풀을 끊으면 젖 같은 물이 나오니 그 물을 발라 준 후에 밤나무 잎사귀로 닦아 주어라." 하시는지라

7 호연이 일러 주신 대로 하니 밭주인의 입이 예전과 같이 돌아오거늘

8 상제님께서 수박과 참외 판 값을 내어 주시매 좋아서 어쩔 줄을 모르더라.

9 상제님께서 이르시기를 "야, 이놈아. 내가 팔아 준 값 내놔라." 하시니

10 밭주인이 한껏 기분이 좋아 "얼마를 드려야 할지 가늠할 수 없으니, 요량해서 저를 주십시오." 하거늘

11 상제님께서 "에라, 너 다 가져라. 나는 이제 떠난다." 하시며 호연을 데리고 길을 떠나시니라.

천지에 거름 주는 공사

118 상제님께서는 종종 담 밑에 검불이나 마분지를 깔고 용변을 보신 다음 둘둘 말아서 남의 집 텃밭이나 남새밭에 홀떡 던지시는데

2 매번 새벽에 일을 보시니 호연만 알 뿐 동네 사람들은 알지 못하니라.

3 하루는 아침이 밝자 "어떤 놈이 똥을 싸서 여기다 집어 던졌어?" 하고 불평하는 이웃집 아낙의 소리가 들리거늘

4 호연이 "저 집에서 똥 싸서 내버렸다고 욕해요." 하고 여쭈니

5 상제님께서 도리어 역정을 내시며 "내가 거름을 주었는데 나쁘다고 해? 거름 줘서 나쁘다는 년은 그년이다." 하고 호통을 치시니라.

117:6 씨아똥풀. 애기똥풀. 양귀비과에 딸린 두해살이 풀. 줄기는 비어 있고 흰색을 띠며, 상처를 내면 젖 같은 액즙이 나온다. 마취와 진정 작용이 있어 약용한다.

복록

극심한 가뭄에 비를 내려 주심

119 하루는 상제님께서 차경석(車京石), 차순옥(車順玉) 등 성도들과 함께 모악산 부근을 지나시는데 날이 가물어 논에 벼가 뻘 겋게 타들어 가거늘

2 성도들이 탄식하며 아뢰기를 "흉년이 들면 인심이 사나워질 텐데 소작하는 농민들만 안됐습니다." 하니라.

3 상제님께서 이 말을 들으시고 문득 "너희들 내 삿갓 옆으로 바짝 오면 비 안 맞고 멀리 가면 비 맞는다." 하시니

4 말씀이 끝나자마자 돌연 산 밑으로 돌풍이 불면서 굵은 소나기가 퍼붓거늘 순식간에 너른 들판에 물이 넘쳐나니라.

닦지는 않고 죄만 지으면

120 상제님께서 말씀하시기를 "닦지는 않고 죄만 지으면 도가니 속에 무쇠 녹듯 하리라.

2 어리석고 약하고 빈하고 천한 것을 편히 생각하고 모든 죄를 짓지 말라." 하시니라.

3 또 말씀하시기를 "날마다 새로워지도록 덕(德) 닦기에 힘쓰라." 하시니라.

4 하루는 성도들에게 이르시기를 "공(功)은 포덕(布德)보다 더 큰 것이 없고, 죄(罪)는 남의 윤리를 상하게 하는 것보다 더 큰 것이 없느니라." 하시니라.

끌러 버린 허물은 생각지 말라

5 차경석이 지난날의 허물을 생각하여 근심하거늘 상제님께서 일러 말씀하시기를

6 "일찍이 '내 앞에 낱낱이 생각하여 풀어 버리라.' 하였거늘 어찌 지금까지 남겨 두었느냐. 이 뒤로는 다시 생각하지 말라." 하시니라.

7 이어 성도들에게 말씀하시기를 "과실(過失)이 있거든 다 풀어 버리라. 만일 하나라도 남아 있으면 신명(身命)을 그르치느니라." 하시니라.

나는 대효를 행하고 있느니라

121 하루는 상제님께서 채사용(蔡士用)과 성도 여러 명을 데리고 천원리에 이르시어 한 집으로 들어가시니라.

2 이에 성도들이 따라 들어가 보니 한 노인이 신을 삼고 있는데 상제님께서 삿갓을 들고 그 옆에서 한참을 바라보시다가 나오시거늘

차봉수(1930~)

3 성도들이 "그 노인은 누구십니까?" 하고 여쭈니 말씀하시기를 "나의 부친이니라." 하시니라.

4 사용이 황송한 마음에 즉시 백미 한 말을 져다 드리고 오니

5 상제님께서 이미 아시고 "나의 부친이 죄가 많으므로 신틀로써 그 죄를 감하게 하였거늘 너로 인하여 나의 부친은 3년을 더 신을 삼아야 하리라." 하시니라.

6 상제님께서는 성도들이 간혹 부친의 빈궁함을 보고 돈이나 곡식을 드리는 자가 있으면 크게 꾸짖으시고 도로 거두시어 가난한 사람들에게 나누어 주시거늘

7 성도들이 그 연고를 여쭈니 말씀하시기를 "하늘의 복(福)이 다시 시작되는 그 처음의 때를 당하여 내가 모범을 보이나니 나는 대효(大孝)를 행하고 있느니라." 하시니라.

8 하루는 문공신(文公信)에게 말씀하시기를 "나의 부친도 나중에 잘 살아야 되지 않겠느냐." 하시니라.

경석 성도의 아들 차용남(1922~2003) 증언)

네 부친의 가슴을 헤아려 보라

122 하루는 상제님께서 정남기(鄭湳綺)의 집에 이르시니

2 남기의 아우가 무슨 일로 부친에게 꾸지람을 듣고 불손한 말로 대답하고는 밖으로 나가다가 다시 안으로 들어오더니

3 갑자기 문 앞에 우뚝 서서 움직이지 못하고 계속 소리를 지르면서 땀을 흘리며 괴로워하거늘

4 온 집안 사람들이 크게 놀라 어찌할 바를 모르더라.

5 이윽고 상제님께서 돌아보시며 "어찌 그렇게 고통스러워하느냐?" 하시니 그제야 움직이며 정신을 차리거늘

6 집안 사람들이 그 까닭을 물으니 대답하기를 "갑자기 정신이 혼미해지고 숨이 막혀 호흡이 잘 되지 못하며 뼈마디가 굳어져 옴짝달싹도 못했습니다." 하니라.

7 상제님께서 물으시기를 "그 때에 네 가슴이 답답하더냐?" 하시니 아뢰기를 "심히 답답하여 견딜 수가 없었습니다." 하거늘

8 상제님께서 크게 꾸짖어 말씀하시기를 "네가 당한 바로써 네 부친의 가슴을 헤아려 보라.

9 네 부친에게 그렇게 불경한 말을 하였으니 부친 가슴이 어떠하였겠느냐.

10 효는 만복의 근원이요 만행의 근본이니 이 뒤로는 허물을 뉘우쳐 다

시는 그리하지 말지어다." 하시니라.

만복의 근원, 부부의 도(道)

123 상제님께서 하루는 성도들에게 말씀하시기를 "부부란 인도(人道)의 시작이요 만복(萬福)의 근원이니라.

2 그러므로 한 남편과 아내가 복으로써 일가를 이룸이 천하에 미치는 영향이 막대하고

3 화(禍)로써 한 가정을 이룸이 천하에 미치는 영향이 막대하니라.

4 얼굴도 모르고 마음도 모른 채 부모의 명에 따라야 하는 것이 선천의 혼인이었나니 이로 인해 온갖 악폐가 함께 생겨났느니라.

5 앞 세상에는 여자도 제 짝은 제가 골라 시집가게 하리라.

6 남녀가 마음이 맞으면 부모에게 허락을 청하고 부모가 승낙하거든 나에게 공경을 다해 고하여 두 사람의 마음을 맹세하고 소망을 기원하며

7 그 부모에게 효도를 다해 낳아서 길러 준 공덕에 보답할 것을 서약하여 부부가 되나니 그 부부는 종신토록 변치 않느니라." 하시니라.

지성에 움직이지 않는 마음은 없다

8 하루는 한 성도가 여쭈기를 "아내 된 자가 완강하여 순종하지 않고 끝내 남편을 따르지 아니하면 어떻게 하옵니까?" 하니

9 말씀하시기를 "사리에 맞게 이야기하고 따뜻한 정으로 권하여 정성을 다해 타이르면 반드시 마음을 합하게 되느니라.

10 온화한 마음으로 잘 달래어 정성을 보이라. 지성(至誠)에 움직이지 않는 마음은 없느니라." 하시니라.

삼신 들어가니 아기 받으라

124 상제님께서 하운동의 어느 집을 자주 찾으시는데 하루는 그 집 내외가 "아들 하나 점지해 주옵소서." 하고 간청하거늘

2 웃으며 말씀하시기를 "이 사람들아, 자네들은 팔자에 아들이 없어." 하시니라.

3 얼마 후에 그 집을 다시 찾으시어 문밖에서부터 '아무개댁, 아무개댁.' 하고 택호를 부르시며

4 "삼신(三神) 들어가니 아기 받으라." 하시는지라

5 그 집 내외가 태기(胎氣)가 전혀 없는데 상제님께서 그리 말씀하시니 이상하게 생각하면서도 "예." 하고 대답하였더니

6 과연 며칠 후부터 태기가 있어 열 달 뒤에는 고대하던 아들을 낳으

123:5 제 짝은 제가 골라. 박공우 성도의 아내 능내댁을 한평생 수종 들며 한집 살이를 한 최장례 할머니 증언.

니라.

7 이에 그 내외가 아들을 안고 상제님을 찾아와 정성껏 폐백을 올리며 은혜에 감사하니라.

전통 의례의 칠성 기운

125 하루는 상제님께서 성도들에게 물으시기를 "너희들이 **상투의** 이치를 아느냐?" 하시니 성도들이 대답하지 못하거늘

2 상제님께서 말씀하시기를 "상투가 앞으로는 네 번 돌고, 뒤로는 세 번 돌아 칠성(七星)이 응하였나니

3 너희들 각자가 칠성을 짊어지고 다니느니라." 하시니라.

4 상제님 어천 후에 성도들은 이 말씀을 상기하여 각기 상투를 보전하니

5 김자현(金自賢), 차경석, 안내성(安乃成) 등 많은 성도들이 상제님의 말씀을 중히 여겨 죽을 때까지 머리를 깎지 않으니라.

125장 김택식이 조부 김자현 성도로부터 직접 전해 듣고 증언한 내용.

전생의 보복을 받은 것

126 하루는 신경수(申京守)가 돼지 한 마리를 기르다가 도둑 맞고 와서 아뢰기를

2 "내성이 본시 가난하여 돼지 구할 돈이 없을 터인데, 제 집에서 기르는 돼지를 훔쳐 온 것이 틀림없습니다." 하니

3 상제님께서 말씀하시기를 "이놈아! 내가 시켰다. 그 돼지를 찾지 말라.

4 네가 전생에 남의 눈을 속여서 손해를 끼쳤으므로 이제 금세(今世)에 그 보복을 받은 것이니 분해하지도 말고 아까워하지도 말라." 하시니라.

126~127장 아버지 안내성 성도에게 상제님 천지공사의 성언을 어린 시절부터 무릎에서 직접 전해 들은 안정남(1929~) 증언.

복록

부모가 잘못해서 죽었다

127 정미년 초겨울에 상제님께서 내성을 데리고 전주 난전면(亂田面) 도덕골을 지나시는데

2 어느 집에서 곡소리가 들리므로 내성이 서둘러 들어가 보니 그 집 외아들이 방금 죽었더라.

3 상제님께서 내성에게 말씀하시기를 "저 부모가 잘못해서 죽었다." 하시며

4 "어허, 저놈이 어거지로 죽었으니 아직 영(靈)이 있어. 살려 줘야겠

127:1 도덕골. 전주시 중인동 황소 마을 위에 있는 골짜기. 예전에는 이곳에 서너 가구가 살았다.

다.” 하시고 방에 들어가시더니

5 내성에게 “말라붙어 있는 피마자 잎사귀 몇 개 따 오라.” 하시어 죽은 아이 가슴을 피마자 잎으로 덮으시고

6 다시 아이를 이불로 싸서 반듯하게 뉘어 놓으신 뒤에 집주인에게 “방이 뜨끈뜨끈하도록 불을 때라.” 하시니라.

7 이어 내성에게 “우리도 좀 쉬었다 가자.” 하시고 한두 시간쯤 지나자 집주인에게 “이제 방에 가 보라.” 하시매

8 집주인이 방문을 여니 아들이 멀쩡히 깨어나 놀고 있거늘

9 상제님께서 아이의 몸을 가리키시며 “잘 살펴보라.” 하시므로 집주인 내외가 보니 아이의 땀구멍에 꿀이 땀처럼 배어 나왔더라.

10 이는 단것을 좋아하는 아이에게 그 내외가 꿀을 너무 많이 먹인 까닭이더라.

고기 반찬에 잘 먹어야 하리라

128 11월에 상제님께서 정읍을 떠나시며 내성에게 명하시기를 “내가 돌아올 때까지 모든 일을 전폐하고 절곡(絶穀)하며 문밖 출입도 삼가라.” 하시고

2 구릿골로 가셨다가 7일 뒤에 박공우(朴公又)를 데리고 다시 대흥리 경석의 집에 가시니 내성이 기운을 못 차리고 기어와 방에 엎드려 울고 있더라.

3 상제님께서 말씀하시기를 “어찌 그러느냐?” 하시니 대답하기를 “여러 때 굶어서 그렇습니다. 굶주려서 더 이상 살 수가 없습니다.” 하매

4 불쌍히 여겨 눈물을 흘리시며 “네가 심히 굶주렸구나.” 하시고 무른 감 한 개를 먹이시니 기운이 곧 소생하거늘

5 상제님께서 측은히 바라보시며 말씀하시기를 “내성아, 네 몸에 후히 녹(祿)을 붙여 주리니 이 뒤로는 의식을 풍족히 누리리라. 고기 반찬에 잘 먹어야 하리라.” 하시니라.

죽었을 때는 안 울더니 살아나니 우는구나

129 이 해 겨울에 공신의 집에 머무르실 때 하루는 상제님께서 어둑새벽에 일어나 아무 말씀도 없이 짚신을 신고 급히 길을 나서시거늘

2 성도들이 모두 무슨 일인가 하여 뒤를 따르니 상제님께서 한 시오

문복환(1919~)

129장 문공신 성도의 아들 문복환(1919~) 증언.

복록

리 남짓을 걸어 새울에 사는 사음 박씨의 집으로 가시니라.

3 이 때 평소에는 상제님께서 오시면 버선발로 문 앞까지 뛰어나와 반기던 박씨가 웬일인지 밖에서 인기척을 하여도 내다보지 않거늘

4 상제님께서 "이 사람, 집에 있는가?" 하시고 성도들과 더불어 안으로 들어가시니

5 그제야 박씨가 방문을 열고 상제님을 맞이하는데 눈가에 눈물이 번진 채 넋이 나간 얼굴로 아뢰기를 "복래라는 놈이 엊저녁에 죽었습니다." 하고 털썩 주저앉더라.

6 이에 상제님께서 성도들과 더불어 방안에 드시어 박씨의 죽은 아들 복래의 옷을 벗겨 방 한가운데다 옮겨 누이시고는 성도들로 하여금 빙 둘러앉게 하시더니

7 박씨에게 처방을 일러 주시며 급히 약을 달여 오게 하시어 숟가락으로 죽은 아이의 입에다 조금씩 떠 넣으시니라.

8 이 때 공신은 상제님께서 죽은 사람 살리시는 것을 처음 보는지라

9 내심 의혹을 품고 '만약 저 아이를 살리지 못하면 뒤꼭지가 부끄러워 어떻게 이 집을 나설꼬.' 하고 생각하니라.

막걸리가 심장에 올라붙어서

10 그 후 한나절이 지나도록 소생의 기미가 없거늘 성도들 모두 은근히 조바심이 나서 애써 눈길을 돌리는데

11 이윽고 상제님께서 "저놈 손가락 까딱거리지 않는가?" 하시는지라

12 모두 죽은 아이를 유심히 살피니 순간 아이의 발가락이 까딱거리거늘

13 상제님께서 다시 "저놈 발가락 까딱거리지 않는가?" 하시니 모두 반갑게 "예!" 하고 대답하니라.

14 얼마 후에 죽은 아이가 눈까풀을 파르르 떨더니 "앙!" 하고 울음을 터뜨리며 깨어나 눈을 뜨거늘 눈알이 충혈되어 좀 빨갛더라.

15 이 때 윗방에서 창호지에 구멍을 뚫고 가슴 졸이며 지켜보던 복래의 어머니가 너무 기뻐서 울음을 터뜨리니

16 상제님께서 말씀하시기를 "죽었을 때는 안 울더니만 살아나니까 우는구나. 죽은 자식 살려놨으니 술도 가져오고 안주도 가져와야지." 하시니라.

17 이어 박씨에게 이르시기를 "애가 조금 있다가 오줌 마렵다고 할 테니 그 오줌을 받아서 나에게 가져오라." 하시어 오줌을 보시니 그 색깔이 뿌옇거늘

18 상제님께서 성도들에게 "이것이 무엇 같으냐?" 하고 물으시니 저

마다 "쌀뜨물 같다.", "구정물 같다." 하는데

19 "이것이 막걸리 빛 안 같으냐? 이 아이가 어제 막걸리를 부모 몰래 먹었는데 그것이 그만 심장(心臟)에 올라붙어서 그 지경이 되었느니라." 하시니라.

20 이에 박씨가 '영영 놓칠 뻔한 아들을 살려 주시니 이 은혜를 어찌 갚을꼬.' 하며 기쁜 마음으로 주안상을 차려 올리니 상제님께서 성도들과 더불어 즐겁게 드시니라.

이제는 복록을 먼저 하라

130 하루는 성도 서른세 명을 모아 주문을 지어 읽히시니 이러하니라.

2
新天地家家長世 日月日月萬事知
신 천 지 가 가 장 세 일 월 일 월 만 사 지

新天地造化定 永世不忘萬事知
신 천 지 조 화 정 영 세 불 망 만 사 지

侍天主造化定 永世不忘萬事知
시 천 주 조 화 정 영 세 불 망 만 사 지

侍爲天主顧我情 永世不忘萬事宜
시 위 천 주 고 아 정 영 세 불 망 만 사 의

壽命誠敬信 至氣今至願爲大降
수 명 성 경 신 지 기 금 지 원 위 대 강

福祿誠敬信 至氣今至願爲大降
복 록 성 경 신 지 기 금 지 원 위 대 강

明德 觀音 八陰八陽 至氣今至願爲大降
명 덕 관 음 팔 음 팔 양 지 기 금 지 원 위 대 강

三界解魔大帝神位 願趁天尊關 聖帝君
삼 계 해 마 대 제 신 위 원 진 천 존 관 성 제 군

3 상제님께서 말씀하시기를 "동학은 드는 날로부터 녹(祿)이 떨어지나니

4 대저 녹이란 것은 곤(坤)에 붙어 있는 것이거늘 동학은 '시천주조화정(侍天主造化定)'이라 하여 하늘에만 편중하는 까닭이요

5 또 '수명복록(壽命福祿)'이라 하지마는 수명만 길고 복록이 없으면 죽는 것만 같지 못하거늘 수명을 먼저 하고 복록을 뒤로 하는 까닭이니라.

6 그러므로 이제는 복록을 먼저 하라." 하시며 소리 높여 외우게 하시니라.

선천의 고루한 체면 문화를 개벽하심

131 상제님께서는 항상 성도들에게 그릇된 양반의 체면에 조금이라

도 얽매이는 것을 경계하시니

2 길을 가시다가도 쓰러져 가는 누추한 집을 보시면 지붕을 이어 주시고

3 벼 베는 머슴들의 수고를 안쓰럽게 여기시어 손수 나락을 베어 주기도 하시거늘

4 상제님께서 들어가시는 곳에서는 저마다 '횡재 만났다.'며 좋아하더라.

누추한 집을 몸소 청소해 주심

132 무신(戊申 : 道紀 38, 1908)년에 하루는 상제님께서 안양동(安養洞)을 지나시다가 누추한 집을 보시고 몸소 팔을 걷어붙이신 채 맨발로 청소를 해 주시거늘

2 호연이 "아이구, 이 마을에서도 흉잡히겠어요, '저기 저 양반이 구릿골 강증산이 아니냐.'고 그래요." 하고 속삭이니 상제님께서 "누가 그러더냐?" 하고 물으시니라.

3 이에 호연이 "저기 노광범이란 사람이." 하고 대답하니 문득 노기를 띠시며 "노광범이라는 놈 잡아 오너라! 그놈이 나를 어떻게 알고!" 하고 호통치시거늘

4 광범이 이를 전해 듣더니 버럭 화를 내며 "어쩐 주전없는 사람이 나를 언제 봤다고 '이놈 저놈' 하는가, 대체 얼마나 잘나서 그런가 따져 봐야겠다." 하고는

5 소매를 걷어붙이고 싸울 기세로 달려와 "어이~ 여기 왔다!" 하며 거드름을 피우니라.

양반의 체면 문화를 꾸짖으심

6 상제님께서 "네가 노광범이냐?" 하고 물으시니 광범이 "그렇다. 나 노광범이를 불러서 무엇 할 것이냐?" 하고 대들거늘

7 상제님께서 "네가 얼마나 똑똑하고 잘나서 이놈아, 나를 어떻게 생겼는지 본다고 따지러 와? 요놈의 자식, 어디 해 봐라." 하시며 **뺨**을 한 대 때리시고

8 "어떠냐, 고치겠느냐?" 하고 물으시나 광범이 전혀 아랑곳하지 않더라.

9 이에 **뺨**을 한 대 더 때리시며 "이놈아, 고치겠느냐? 네 **혓바닥** 좀 짧은가 긴가 내놔 봐라." 하시거늘

10 광범이 여전히 기세를 피우며 "짧으면 어쩌고 길면 어쩔 것이오?"

132:3 노광범(盧光凡, 1874~?). 김제시 금산면 금산리에서 부친 노이자와 모친 손씨 사이에서 장남으로 출생.

132:7 얼마나 똑똑하고 잘나서. 일하지 않고 헛기침만 하는 고루한 선천 양반의 혼백을 찢는 말씀이다.

복록

하고 말대꾸를 하는지라

11 상제님께서 더욱 노하신 음성으로 "짧은 놈은 상놈이요, 긴 놈은 양반이니라.

12 감히 나를 네게다 대느냐? 구릿골 무엇이? 얼마나 똑똑한가 네가 봐?" 하며 한 말씀을 하실 때마다 이리 치고 저리 치고 하시니

13 광범이 팽이 돌아가듯 이쪽 저쪽으로 정신없이 넘어지며 코피를 줄줄 흘리더라.

14 광범이 그제야 "제가 잘못했습니다. 제가 몰라서 그런 것이니 용서해 주십시오." 하며 사죄하거늘

15 상제님께서 "그래야지. 진작에 그리했으면 내가 용서하고 말 터인데 누가 그러라더냐!" 하고 타이르시며

16 "가서 탁배기나 한 그릇 받아 먹어라." 하시고 엽전 열 닢을 던져 주시니

17 이를 지켜보던 호연이 "실컷 맞고는 탁배기 한 그릇 얻어 먹네." 하며 웃더라.

살려면 무엇이라도 해야 하는 법

133 하루는 상제님께서 밖에 나가고 안 계시는 사이 호연이 자랑하고 싶은 마음에 구릿골 입구에 있는 고추밭을 몰래 매어 놓고 돌아오니라.

2 상제님께서 저녁을 드시며 말씀하시기를 "누가 고추밭을 매어 놨는데 죄다 똥구멍을 들쑤셔 가지고 다 죽여 놨더라." 하시거늘

3 호연이 눈치를 살피며 "아이고, 그럼 어쩔까나, 내가 그랬는데." 하고 조심스럽게 말하니라.

4 이에 상제님께서 "할 줄도 모르는 것이 왜 주전없이 나섰어!" 하고 나무라시니

5 호연이 나름대로는 잘한 줄로 생각하던 터라 "정자나무 밑에 있는 거기를 내가 맸는데….

6 잘 봤는가 잘못 봤는가, 한번 가 볼래요." 하거늘 상제님께서 "바로 그놈이여, 그놈!" 하시니라.

7 호연이 그래도 믿을 수가 없어 상제님과 함께 밭으로 가 보니 말씀대로 고추들이 다 쓰러져서 시들어 있거늘

8 상제님께서 뿌리를 발로 꼭꼭 밟으시며 일일이 일으켜 세우시니라.

9 호연이 아무 말도 하지 못하고 몸을 배배틀며 지켜만 보다가

10 "사람만 살리는 줄 알았더니 고추나무도 살려 놨네?" 하며 빈정거리듯 말하거늘

11 상제님께서 "네가 나를 그렇게 아냐?" 하시며 그저 웃기만 하실 뿐 전혀 개의치 않으시니

12 호연이 약이 올라 말하기를 "그런데 저 앞집에서 '선비가 지붕에 가 섰더라.'고 흉보대요." 하는지라

13 상제님께서 "후레아들놈들! 사람이 살리면 무엇이라도 해야 하는 법인데 그런다고 흉을 봐?

14 누가 그러더냐? 그것들 미워서라도 오늘 저녁에 짚 한번 이어 봐야겠다." 하시니라.

재앙을 면케 하리니 근심을 풀라

134 태인 백암리에 사는 김명칠(金明七)이 산 속 비탈진 땅을 개간하여 담배를 심었는데 거름을 주고 북돋아 놓았더니 별안간 소나기가 쏟아지거늘

2 명칠이 가슴을 치면서 "내 농사는 담배 농사뿐인데 애써 거름 주고 북돋운 뒤에 이렇게 소나기가 퍼부으니 필시 사태(沙汰)에 밀려 다 버리게 되리라.

3 이제 나는 어찌 살아가리오. 딸린 식솔들은 많고 살 가망이 없구나." 하고 울부짖으니 그 곡성이 애절하여 구천(九天)에 사무치는 듯 하더라.

4 상제님께서 들으시고 불쌍히 여겨 말씀하시기를 "근심을 풀라. 그 재앙을 면케 하여 주리라." 하시므로

5 비가 그친 뒤에 명칠이 가 보니 다른 사람의 담배 밭은 모조리 사태의 해를 입었는데 자신의 담배 밭은 멀쩡하더라.

6 명칠이 기운이 나서 상제님께 돌아와 땅에 엎드려 아뢰기를 "하느님의 돌보심으로 진실로 재생의 은혜를 입었습니다." 하고 지극히 감사하니

7 상제님께서 말씀하시기를 "돌아가서 가족들을 잘 돌보라." 하시니라.

8 한편 다른 사람의 담배밭은 모조리 사태의 해를 입어 이 해에 담배 농사가 큰 흉작을 이루니라.

아궁이와 입은 한가지니라

135 상제님께서 말씀하시기를 "아궁이와 입은 한가지니라.

134:1 김명칠(金明七, 1862~1924). 본관 광산. 정읍시 칠보면 백암리에서 부 영태와 모 김씨 사이에서 장남으로 출생.

복록

2 천지에서 농사를 지어 입으로 다 들어가나니 천하에 여러 구멍이 많다 해도 **입구멍이 제일 크니라.**

3 산이 높아 나무가 아무리 많다 해도 아궁이로 다 들어가는 것과 같은 이치니라.

4 사람이 태어날 적에 빈주먹으로 오고, 죽을 적에도 빈주먹으로 가나니

5 살아생전에 먹을 것을 두고도 못 먹는 것은 제가 어리석은 탓이니라.” 하시니라.

덕만 붙이면

6 최내경(崔乃敬)의 아들이 가난하여 헌병 보조원으로 들어가 생계를 얻고자 하여 상제님께 아뢰니

7 이르시기를 “총끝이나 칼끝이나 **덕(德)만 붙이면 관계없느니라.**” 하시니라.

8 또 말씀하시기를 “도둑질하는 자도 나누어 먹은 것이 덕이 되어 혹 살아남는 자도 있느니라.” 하시니라.

사람의 근본은 어려서부터

136 어려서부터 근본이 굵게 큰 놈은 커서도 마음이 넓어서 너그럽고, 적은 돈을 가지고도 가치 있게 쓸 줄 아나

2 어려서부터 마음이 작아 들락날락하는 놈은 커서도 쫄아져서 아무리 잘산다해도 벌벌 떨면서 저도 먹지 못하고, 남에게 가치 있게 술 한 잔을 못 사느니라.

3 적은 돈도 크게 쓰려면 크게 쓰고, 많은 돈도 좀스러운 놈은 태 있게 쓰지 못하느니라.

4 선천에는 돈의 눈이 어두워 불의(不義)한 사람을 따랐으나 이 뒤로는 그 눈을 틔워서 선(善)한 사람을 따르게 하리라.

윷판의 잡기꾼들을 감복시키심

137 상제님께서 하루는 전주 용머리고개 어느 주막에서 공사를 마치신 후에 김덕찬(金德燦)과 김준찬(金俊贊) 등 성도들을 거느리고 출발하려 하실 때

2 밖에 윷 치는 잡기꾼들이 모여들어 윷판을 벌여 놓고 유인하려 하거늘

3 상제님께서 말씀하시기를 “저 사람들이 우리 일행 중에 돈 있음을

알고 잡기로 **빼앗으려** 함이니 저들이 원하는 바를 성취하게 하여
줌도 또한 해원이라." 하시고

4 돈 50냥을 놓고 윷을 치시니 말씀하시는 대로 윷이 놓아지거늘 잠
깐 새에 잡기꾼들의 돈 여든 냥을 다 따시니라.

5 이어 "이것이 품삯이라." 하시며 닷 돈(五錢)을 남기고 일흔아홉 냥
닷 돈을 돌려주시며 이르시기를

6 "이는 불의한 짓이니 버리고 각기 집으로 돌아가 직업을 구하여 안
정을 구하라." 하시니 그들이 크게 감복하여 돌아가니라.

7 이 때에 성도들이 윷 치는 법을 여쭈니 말씀하시기를 "던지는 법을
일정히 하여 변경치 아니하면 그와 같이 되나니 이것도 또한 일심
의 법(法)이니라." 하시니라.

식록을 붙였느니라

8 또 일러 말씀하시기를 "현금 조선의 정세가 직업 없는 자들이 점점
늘어나 도박으로 업을 삼는 자가 계속 나오리니 일후에 그 법이 엄
정하여지면 저들은 굶어 죽을 수밖에 없으리라.

9 그러므로 이제 저들에게 살 수 있는 식록을 붙였느니라." 하시니라.

돈을 씻어서 놓게 하심

138 하루는 어떤 성도가 돈을 가져다 올리니 상제님께서 쳐다보지
도 않고 고개를 돌리시거늘

2 문득 깨닫는 바가 있어 냇가에 가서 돈을 깨끗이 씻어다 올리매 상제
님께서 살피며 웃으시니라.

3 이에 그 사람이 따라 웃으니 상제님께서 말씀하시기를 "돈이 더러
운 것이다.

4 뭇 사람들의 손에 뒹굴고 사방 천지 놈들이 다 주무르고 난 것이
니, 돈같이 더러운 것이 없느니라." 하시거늘

5 형렬은 벌써부터 이를 알고 상제님께 돈을 드릴 때마다 물에 씻어
서 드렸더라.

처음 생긴 음식은 상제님께 먼저 드리는 형렬

6 하루는 어디서 감 하나가 생기매 형렬이 종이에 잘 싸서 두거늘

7 호연이 "그것 뭐 하려고 싸서 두어요?" 하고 물으니 "아, 어른이 계
시니 그러지." 하고 대답하니라.

8 형렬은 이렇듯 처음 생기는 것은 무엇이든지 반드시 상제님께 먼저
드리고 나서야 먹으니라.

138:2 돈을 깨끗이 씻어다. 녹표인 화폐는 생명줄이다. 돈을 깨끗이, 바르게 쓰는 심법이 필요하다. 성금을 올려도 깨끗한 돈으로 반듯이 펴서 올리는 정성이 있어야 한다.

그놈 맘보가 못써

139 하루는 나주에 사는 한 성도가 앵두를 따 가지고 와서 올리거늘 상제님께서 전혀 들지 않으시니

2 호연이 "드시는가 보고 있는데, 가져온 성의로 하나라도 드세요. 그래야 기분이 좋지 않겠어요?" 하며 앵두 하나를 집어서 상제님의 입에다 넣어 드리는지라

3 상제님께서 마지못해 드시며 "호연이 너 때문에 먹었다." 하시니 "왜 안 드세요?" 하고 여쭈거늘

4 말씀하시기를 "발가락 만지던 놈이 그것을 따 가지고 와서는 물에다 씻어서 놓지, 눈으로 안 보면 다 깨끗하다고 그냥 놓는 그놈 맘보가 못써." 하시니라.

몸이 불결한 자는

5 하루는 성도들에게 말씀하시기를 "몸이 불결하면 나에게 절도 하지 말라." 하시니라.

예법 가르치는 공사

140 하루는 상제님께서 성도들과 함께 진지를 드시다가 자리가 어수선해지니 남은 밥을 숟가락으로 잘 다독거리시며

2 경계하여 말씀하시기를 "제석신(帝釋神)이 들여다보고 있으니 아무 소리 말고 먹어라. 무슨 잔소리를 하는고." 하시니라.

3 또 하루는 성도들과 진지를 드실 때 누가 잔소리를 하니 "밥 먹으면서 얘기하는 놈은 못쓴다." 하시며 밥도 주지 못하게 하시거늘

4 호연이 "어째서 그래요?" 하고 여쭈니 말씀하시기를 "음식을 보면 먹는 것에 골을 써야지 잔소리하면서 먹으면 배도 안 부르니라." 하시니라.

5 한번은 호연이 양반 다리를 하고 밥을 먹으니 상제님께서 호연의 무릎을 탁 치시며 "제대로 앉아서 밥 먹을 줄도 모르는구나!" 하고 나무라시거늘

6 호연이 한쪽 다리는 무릎을 꿇고 한쪽 다리는 무릎을 세우고 앉으니

7 "어른 앞에서는 그렇게 앉아야 하는 것이지, 어른 옆에 가서 발 딱 개고 앉는 것은 못쓰느니라." 하고 일러 주시니라.

8 또 호연에게 종종 절을 시키시며 "나이 많은 사람 앞에서는 두 손을 맞잡고 인사를 하는 것이고, 그것도 다 칭호를 봐 가면서 하는 것이다." 하시며 절하는 예법을 가르치시고

140:2 제석신. 한집안 사람들의 수명, 곡물, 의류 및 화복에 관한 일을 맡아보는 신.

복록

9 '시집가면 이리해라, 저리해라.' 하고 필요한 모든 예법을 일일이 가르치시니라.

어린 시절 교육의 중요성

141 하루는 호연에게 이르시기를 "목마르다고 물을 대번에 벌컥벌컥 먹으면 물도 체하는 것이다.

2 처음 먹을 적에 조금씩 목을 축인 다음에 벌컥벌컥 먹어야지, 물에 체하면 약도 없는 것이여. 너 그런 것 아냐?

3 어른이 그렇게 무서운 줄을 알아라." 하시니라.

4 또 하루는 한 성도가 호연을 인력거에 태우거늘 상제님께서 이르시기를

5 "인력거를 타면 앞의 인력거꾼이 엉덩이를 삐쭉삐쭉 흔들며 가는 것이 방정맞다." 하시며 타지 못하게 하시니라.

얼굴 못난 자의 깊은 한

142 무신(戊申 : 道紀 38, 1908)년 5월에 하루는 구미란(龜尾卵)에 사는 최운익(崔運益)의 아들 영학(泳學)이 병들어서 사경에 이르거늘

2 운익이 아침 일찍 구릿골 약방에 찾아와서 살려 주시기를 간절히 애원하니라.

3 이에 상제님께서 "좀 기다리라." 하시고 늦게 온 사람들은 돌보아 주시면서 운익에게는 종시 약을 지어 주지 않으시더니

4 해질녘이 되어서야 말씀하시기를 "병자의 얼굴이 심히 못나서 일생에 한을 품었으므로 그 영혼이 이제 청국 심양(瀋陽)에 가서 돌아오기를 싫어하니 어찌할 수 없노라." 하시거늘

5 운익이 곰보로 심히 얽은 자기 아들의 얼굴을 본 듯이 말씀하심을 신기하게 여기며 살지 못하리라는 말씀에 더욱 슬퍼하며 굳이 약을 청하니라.

6 이에 상제님께서 마치 난(蘭)을 치듯 회(蛔) 모양으로 부(符)를 그리시어 약포지처럼 약을 싸 주시며

7 "뱃속에 회가 살면 병자도 살고, 회가 죽으면 아들도 죽으리라." 하시고 다시 그 종이에 '구월음(九月飮)'이라 써서 주시거늘

8 운익이 그것을 가지고 집에 돌아가 대문을 열고 마당에 막 들어서려 하니 해가 뚝 떨어지면서 가족들의 곡성이 들리므로 방으로 들

142:1 최운익(崔運益, 1865~?). 본관 전주(全州). 원평 구미란에 살았다. 부 기방(基邦)과 모 김씨의 차남.

142:1 최영학(崔泳學, 1888~1908). 최운익의 맏아들. 20세에 결혼하고 이듬해 5월에 사망. 영학의 아우 영직(泳稷)은 이날 형의 죽음과 부친이 새벽에 구릿골 약방으로 달려가 형을 살리려고 한 일, 당시 약방 안에 상제님을 모시고 있던 성도들, 그리고 찾아온 사람들의 분위기까지, 바로 얼마 전에 일

어난 일처럼 생생하게 전해 주었다.

142:4 심양. 중국 요동성(遼東省)의 도시. 성경(盛京)이라 하기도 한다. 청나라의 제3대 황제 순치제(順治帝)가 북경으로 천도하기 전까지 청나라의 수도였다.

142:6~7 김형렬 성도의 손자 김현식과 최운익의 아들 최영직의 증언 내용이 일치한다.

142:10 여산. 중국 섬서성(陝西省) 임동현(臨潼縣) 동남쪽에 있는 산.

142장 김형렬 성도의 손자 김현식 증언.

김현식(1918~)

어가니 아들이 이미 숨졌더라.

위로하기 위해 약을 주었노라

9 운익이 돌아간 뒤에 성도들이 구월음의 뜻을 여쭈니 말씀하시기를

10 "九月에 葬始皇於驪山下라
　　　구 월　　장 시 황 어 여 산 하
　　구월에 진시황을 여산 아래에 장사하였다.

하였으니 살지 못할 뜻을 표시함이로다.

11 만일 굳이 약을 청하여 얻지 못하면 한을 품을 것이므로 그 마음을 위로하기 위하여 약을 주었노라.

12 그 아들이 워낙 복이 없는 자이므로 복을 주자면 들에 익은 곡식이라도 돌려줘야 하는데 그러면 날짐승이 다 굶어 죽을 테고….

13 죽어서 다시 태어나야 하느니라." 하시니라.

복록을 고르게 하리라

143 상제님께서 하루는 원평에서 천지대신명을 불러 모으시고 대공사를 행하실 때

2 구석에 앉은 한 박복한 신명에게 이르시기를 "네 소원이 무엇인가 말해 보라." 하시니

3 그 신명이 아뢰기를 "자손을 둔 사람은 살아서도 대우를 잘 받고 죽어서도 대우를 잘 받아 왔는데

142장 이 성구를 기존의 기록(『대순전경』)과 비교했을 때 다음과 같은 차이점을 발견하게 된다.

　① 연대에 있어서 『대순전경』에는 갑진(甲辰, 1904)년으로 나온다.
　② 최운익(崔運益)의 '운(運)' 자를 『대순전경』에는 '구름 운(雲)' 자로 적고 있다.
　③ 처방에 있어서도 차이가 있으니, 증언자들의 말로는 "난(蘭)을 치듯 회(蛔) 모양으로 부(符)를 그려 약포지처럼 싸 주셨다."고 했는데, 『대순전경』에는 "사물탕 한 첩을 지으사 약 폭지에 구월음이라 써서 주시니 …."라 기록되어 있다.
　④ 지명(地名)에 있어서, 중국 심양(瀋陽)을 번양(藩陽)으로 적고 있다.
　⑤ 또 '구미란(龜尾卵)'을 '구밀안'이라 기록하고 있다.

이와 같이 한 성구 내에서 다섯 가지나 차이가 나는 것을 볼 때, 결국 사건의 당사자들에게서 이야기를 듣고 기록한 것이 아니라 제3자를 통해 귀넘어들은 기록이라는 결론을 내렸다. 이 성구는 기존의 모든 기록을 근본적으로 바로잡아야 한다는 사명감을 절감케 한 성구 가운데 하나이다.

4 자손이 없는 사람은 온갖 설움을 받아 왔으니 앞으로는 고루 낳아 이러한 일이 없도록 해 주옵소서." 하거늘

5 상제님께서 허락하시고 말씀하시기를 "앞으로는 중천신에게 복록을 맡겨 고루 나누어 주게 하리라." 하시니라.

6 또 말씀하시기를 "앞세상에는 공덕(功德)에 따라서 그 사람의 복록이 정하여지나니 치우침과 사(私)가 없느니라." 하시니라.

식록 균등 공사

144 상제님께서 성도들과 함께 공사를 행하시는데 식사 때가 되어 진지를 따로 차려서 올리니

2 말씀하시기를 "쇠스랑은 세 가랑이일지라도 입은 한가지니 함께 차려라.

3 음식으로 사람을 층하(層下) 두는 것처럼 얄미운 것이 없나니 어른이라고 해서 잘 주고 아랫사람이라고 해서 덜 주고 하지 말라." 하시며

4 커다란 상에 밥과 반찬을 모두 차려 놓고 한자리에서 들도록 하시니라.

5 상제님께서는 항상 소탈하게 상을 차리게 하시고 무슨 음식이든지 남기지 않으시거늘

6 하루는 성도들에게 경계하여 말씀하시기를 "밥 한 톨이라도 버리지 말라. 밥알 하나라도 새 짐승이 먹기까지 신명이 지켜보느니라." 하시니라.

알 수 없는 식록 공사

7 하루는 상제님께서 성도들과 함께 진지를 드시다가 느닷없이 밥그릇을 들고 일어서시어 성도들의 뒤를 뱅뱅 돌면서 드시더니

8 난데없이 뒤통수를 손가락으로 튕기시며 "빨리 먹어라!" 하고 호통을 치시거늘

9 주변의 성도들이 놀라 쳐다보니 이번에는 "왜 쳐다만 보고 있느냐." 하시며 손가락으로 튕기시니라.

10 또 사람마다 '밉다' 고도 튕기시고, '이쁘다' 고도 튕기시는데 한 번 튕기시면 금방 혹이 불어나므로 상제님께서 다가오시면 서로 앞다투어 자리를 피하니라.

11 또 한번은 진지를 드시고 난 빈 그릇을 한 성도의 정수리에 씌우시며 "삿갓 썼다." 하시고

12 별안간 "이놈이 내 밥 먹었다! 이놈, 내 밥 안 내놓을 테냐?" 하고 호통치시며 때리시니

143:5 상제님께서 신경수, 신경원 성도에게 수명소와 복록소를 주관하게 하신 것은 그들이 적임자이기도 하겠으나 무엇보다도 그들이 절손된 중천신이기 때문이다.

144:3 층하. 낮잡아 홀대함.

복록

13 아무도 이 공사의 참뜻을 알지 못하더라.

나 하는 일에 간섭 마라

145 하루는 상제님께서 밥에 김치와 콩나물 등 이것저것을 넣어 비비시고 숟가락을 꽂은 채로 방에 그냥 두시니

2 호연이 "어쩌려고 저렇게 놨는지 모르겠네. 저걸 누가 먹어요?" 하고 여쭈거늘

3 아무런 대꾸도 하지 않으시고 잠시 후에 그것을 울타리 밑으로 가져가시어 홀로 드시니라.

4 또 어떤 때는 밥을 비벼서 구석에 앉아 드시고, 길에 가지고 다니시며 들기도 하시니

5 호연이 "왜 그래요?" 하고 이유를 여쭈면 매양 "나 하는 일에 간섭 마라." 하시며 일러 주지 않으시니라.

아무 음식이나 잘 드시는 상제님

146 상제님께서는 음식을 가리시지 않고 아무것이나 잘 드시니 그 중에서도 갖은 나물과 야채를 좋아하시고 특히 부추와 콩나물을 좋아하시니라.

2 여름이면 "아침저녁으로 이게 제일이다." 하시며 상제님께서 몸소 부추를 뜯어 오시어 무쳐 달라 하시고

3 또 간혹 끼니 때가 지나서 돌아오시면 몸소 냇물에 부추를 씻다가 고추장에 무쳐 드시는데

4 밥이 없으면 그냥 부추 무침만 드시니 호연이 다음 끼니에 먹으려고 따로 담아 둔 밥을 몰래 가져다 드리니라.

5 하루는 상제님께서 "너 꾸중 들으면 어쩔래?" 하고 물으시니 호연이 "소리는 왜 들어? 선생님이 드셨다고 그러지." 하거늘

6 상제님께서 "저희가 먹을 놈을 내가 먹었다고 그러면 눈치 먹는다. 우리가 밥을 해서 먹자!" 하시며 무밥을 해서 드시니라.

7 또 상제님께서는 나물을 좋아하시니 밖에 나가시면 고사리, 수리취, 곰취, 머위, 호박잎 등을 뜯어 오시고

8 오이를 좋아하시어 울타리 밑과 텃밭에 심어 놓은 오이를 따다가 부추와 함께 무쳐 드시며

9 어디를 가실 때는 오이를 따서 갖고 가시다가 생으로 깨물어 드시기도 하니라.

146:6 눈치 먹는다. 상제님의 한 생애는 실로 형용 못할 고난과 배고픔과 외로움의 시간이다. 동방 땅 한국에 오시어 9년 동안 집을 떠돌며 눈칫밥을 얻어 잡수신 증산 상제

음식은 큰 그릇에 수북하게

님의 생애를 통 정신이 나오도록 느껴야 한다.

147 하루는 어떤 사람이 접시에 음식을 담아서 상제님께 올리니 "장가가고 시집가는가, 어째서 뽐낸다고 음식을 다 깔아 놓았 느냐!" 하고 꾸중하시거늘

2 호연이 "그럼 어떻게 해요?" 하고 여쭈니 이르시기를 "주발과 대접 에 수북수북하게 놔야 하느니라." 하시니라.

3 상제님께서는 밥을 절반쯤 드시면 바가지를 가져다 남은 밥과 반 찬을 모두 넣고 비벼 드시는 때가 많거늘

4 사람이 많을 때는 상에서 드시지 않고 돌아다니면서 드시니라.

밥을 한 움큼씩 드심

5 하루는 호박이 반찬으로 나오니 바가지에다 시큼하게 익은 김치를 한 사발 부으시고 호박과 함께 손으로 주물주물해서 밥을 한 움큼 씩 드시거늘

6 호연이 "아이고, 무엇을 그렇게 먹어요?" 하고 여쭈니

7 "밥 먹는다. 쪼그만 아이들마냥 숟가락으로 야금야금 처먹고 앉았 어? 막 퍼먹어 버려야지!" 하시니라.

8 이에 호연이 "밥 정수리를 탁 엎었는가 보구만." 하니 상제님께서 "오냐, 안 먹으려면 네 밥도 내놔라." 하시거늘

9 호연이 "아직 먹지도 않았는데 뺏어 갈려고 하네." 하며 주지 않으 려 해도 그냥 가져가시는지라

10 호연이 빈 숟가락만 들고 우는데 상제님께서는 도리어 "남 먹을 때 너는 뭐했냐? 멍청하게 주는 것도 못 먹고 그러는구나." 하고 꾸중 하시니라.

상제님의 밥그릇

11 상제님께서 진지 드시는 밥그릇은 놋쇠로 만든 것으로 흡사 향로와 같이 양쪽에 고리가 달려 있고, 밑에는 다리, 위에는 뚜껑이 있으 며 크기는 보통 밥그릇보다 조금 더 크니라.

신도(神道)의 밥 먹는 공사

148 하루는 상제님께 진지를 올리니 숟가락으로 밥을 꼭꼭 눌러 두세 술 만에 다 드시고 언제 밥을 주었냐는 듯 태연히 앉아 계시거늘

2 성도들이 '선생님께서 배가 많이 고프셨나 보다.' 하여 각기 밥을 덜어 드리려고 하니

복록

3 상제님께서 "내가 왜 네 몫을 먹냐, 이놈아!" 하고 받지 않으시니라.

4 이에 호연이 "밥을 어디에 두고 그래요?" 하고 여쭈나 아무 말씀도 없으시거늘

5 형렬이 "아, 그러면 밥을 더 가져오라고 하시지 그냥 앉아 계십니까?" 하니

6 말씀하시기를 "내가 밥 먹은 줄 알아도 아까 신명이 와서 다 먹어 버리고 나는 헛침지만 찾고 앉았네." 하시니라.

7 이에 형렬이 아이를 불러 "밥을 더 가져오라." 하니 금방 한 그릇을 더 올리거늘 이번에도 두세 술 만에 다 드시니라.

나는 정배기로 먹는다

8 한 성도가 이를 신묘하게 여겨 그 방법을 여쭈니 상제님께서 "이놈이 밥 먹을 줄도 모르냐?

9 나는 정배기로 먹는다, 정배기! 여기가 정배기다." 하시며 정수리를 가리키시거늘

10 그 성도가 말씀을 그대로 믿고 밥그릇을 자기 머리 위에 엎어 버리니라.

11 상제님께서 이를 보시고 "이놈은 밥 먹을 줄도 모른다." 하시며 얼굴을 한 대 치시니 이가 밥그릇으로 모조리 쏟아지거늘

12 놀라서 황급히 밖으로 나가 침을 뱉으려고 보니 이가 감쪽같이 그대로 있더라.

13 그 성도가 너무도 의아스러워 고개를 갸웃하며 들어오거늘

14 상제님께서 "이놈아, 이 빠졌다고 침 뱉으러 가더니 주둥이 벌려 봐라." 하시며 턱을 한 대 치시니 이가 도로 다 빠지는지라

15 주변에서 이를 지켜보던 성도들이 모두 웃으며 재미있어 하더라.

나를 한번 찾아오너라

149장 나승렬 (1923~) 증언.

149 무신년 여름에 하루는 상제님께서 구릿골 근처 냇가에서 목욕을 하실 때 가까이에서 한 소년이 열심히 몸을 씻고 있는지라

2 상제님께서 "야 이놈아, 이리 와서 등물 좀 해 다오." 하시니 그 소년이 다가와 상제님의 등을 밀어 드리는데

3 겉으로 보이는 모습과는 달리 등이 풍후하시므로 소년이 무심결에 "보기 안 같고 통통하요, 잉." 하거늘

4 상제님께서 웃으시며 "에이 고얀 놈 같으니라구, 괘씸하게 어른한테 주둥이를 함부로 내두르는구나." 하시고

복록

5 다시 이르시기를 "약방으로 한번 오너라." 하시니라.

6 얼마 후에 그 소년이 약방에 찾아와 뵈니 상제님께서 팔송산(八松散) 한 첩을 지어 주시며 "너, 이놈 먹어라. 이놈 먹으면 괜찮을 것이다." 하시거늘

7 소년이 집에 돌아가 약을 달여 먹으니 그 뒤로 감기 한 번 앓지 않고 건강하게 지내며 장수하니라.

내성의 마음을 시험하심

150 안내성의 모친이 병아리 한 마리를 얻어 잘 키우더니 알을 낳고 새끼를 까서 일 년 후에는 아홉 마리로 불어나니라.

2 하루는 내성이 '선생님 오시면 전부 잡아 드려야겠다.' 고 마음을 먹으니 마침 상제님께서 내성의 집에 이르시거늘

3 이 때 사방에 흩어져 있던 닭 아홉 마리가 마치 어미를 따르듯 상제님 뒤를 쫓아가더라.

4 내성이 닭을 잡으려 하니 모친이 조심스레 "두 마리만 잡자." 하거늘 한동안 고민하다가 우선 두 마리만 잡아 올리니 드시지 않는지라

5 다시 한 마리를 더 잡아 올렸으나 여전히 드시지 않으매 내성이 문득 크게 뉘우치고 남은 여섯 마리를 다 삶아 올리니

6 그제야 상제님께서 드시는데 아홉 마리를 한 자리에서 다 드시니라.

150장 『용화전경』의 편찬위원이었던 황공규(1914~2001) 증언.

내성의 아버지 신명을 만나게 해 주심

151 상제님께서 구릿골 약방에 계실 때 하루는 내성을 불러 물으시기를 "내성아, 네 아버지가 보고 싶으냐?" 하시니

2 내성이 "제 평생 소원입니다." 하고 아뢰거늘

3 상제님께서 이르시기를 "내가 네 아버지를 불러 왔으니 문을 열고 보아라. 만지지 말고, 말도 하지 말고, 보기만 하여라." 하시니라.

4 이에 내성이 기쁨을 감추지 못하고 명하신 대로 문을 열고 보니 부친이 토방에 서 있거늘

5 상제님께서 "마당에 내려가서 절을 하라." 하시매 내성이 버선발로 토방 아래로 내려가 절을 하니라.

151장 안내성 성도의 무릎에 앉아 상제님 말씀을 전해 들으며 성장한 아들 안정남 증언.

복록

하느님임을 알게 된 교만한 자

152 상제님께서 피난동 안씨 재실에서 공사를 보실 때

2 명사(名師)로 이름난 한 사람이 상제님의 재주와 학문을 시험하고

152장 이 성구를 통해 증산 상제님은 복록을 주

자 찾아와 인사를 청하는데 그 태도가 심히 교만한지라

3 상제님께서 응하지 않으시고 공사를 행하시니 그 사람이 보고 있다가 혼비백산하여 정신을 잃고 땅바닥을 기면서

4 "하느님, 하느님이시여! 제 한 목숨을 구해 주소서." 하고 한 식경이나 연이어 소리치는데 그 모습이 심히 가련하더라.

5 상제님께서 천천히 말씀하시기를 "내가 여기 있으니 너는 놀라지 말라. 네가 세상에 살면서 지극한 소원이 있도다." 하시니

6 그가 아뢰기를 "아들 하나를 얻기 어려워 자나깨나 대가 끊길까 근심하고 있으니 천은(天恩)을 내려 주시어 불효의 대죄를 풀어 주옵소서." 하니라.

자손줄을 내려 주심

7 상제님께서 말씀하시기를 "네가 아들을 얻으면 삼천 금(三千金)을 헌성하겠느냐?" 하시니

8 그 사람이 아뢰기를 "비록 집안 재산을 다 드리더라도 아까울 것이 없습니다." 하거늘

9 말씀하시기를 "네 뜻이 독실하니 아들 둘을 내려 주리라." 하시니라.

10 그 후에 한 성도가 여쭈기를 "그 사람이 아들을 구하니 삼천 금을 바치라 하신 후에 허락하시고 그 돈을 받지 않으시니 무슨 까닭입니까?" 하니

11 말씀하시기를 "이 뒤에 구하여 쓸 사람이 있느니라." 하시니라.

12 그 사람이 후에 과연 두 아들을 얻고 항상 말하기를 "하느님의 은혜를 잊기 어렵다."고 이르더니 경석이 그 돈을 받아 쓰니라.

천하 대술객 기운을 거두심

153 이 해에 상제님께서 흑석골에 머무르실 때 하루는 내성을 데리고 서천교를 지나시다가

2 다리 중간에 서시어 "예끼 이놈!" 하고 크게 소리를 지르시며 담뱃대를 내저으시니라.

3 다음 날 아침에 상제님께서 "다리에 나가 보자." 하시므로 내성이 따라가 보니

4 청의 도복을 입고 방립을 쓴 선풍도골의 오십 대 남자가 서천교 위에 무릎을 꿇고 얼굴빛이 파래져서 사죄하는 모습으로 앉아 있더라.

5 내성이 상제님께 그 사람을 데리고 오니 그가 상제님을 뵙자마자 무릎에서 피가 나도록 엎드려 빌거늘

6 상제님께서 돌아앉으시어 묵묵부답으로 계시더니 한 시간쯤 지나
  서 "다시는 그러지 마라." 하시고 돌려보내시니라.

7 열흘 뒤에 상제님께서 다시 그 사람을 불러오게 하시어 "네 이놈,
  안된 일이지만 도저히 어찌할 수 없다. 다시는 너를 용서 못 한다."
  하고 꾸짖으시며

8 소매에서 붓을 꺼내시어 먹물을 찍어 그 사람에게 가까이 가시매
  그가 새카맣게 사색이 되어 사시나무 떨듯 하더니

9 상제님께서 양미간에 점을 찍으시자 이내 대성통곡을 하며 돌아가
  니라.

10 다음 날 아침에 상제님께서 "다리에 가 보라." 하시므로 내성이 나
   가 보니 그 사람이 죽어 있는지라

11 내성이 돌아와 그대로 말씀드리고 그 사람이 누구인지를 여쭈니

12 말씀하시기를 "천하 대술객인데, 아무리 그러지 못하게 해도 계속
   그런다." 하시며

13 "불쌍한 놈이다. 그런 공부를 좋은 데 쓰면 오죽이나 좋겠느냐. 참 안
   타까운 일이다." 하시고 "따뜻한 곳에 묻어 주어라." 하시거늘

14 내성이 곤지산(坤止山) 기슭 양지바른 곳에 묻어 주니라.

모두 음양의 죄가 있으니

154 하루는 상제님께서 '음양(陰陽)' 두 자를 써서 약장 벽에 붙이
  신 다음 그 위에 백지를 덧붙이게 하시고 말씀하시기를

2 "김광찬(金光贊), 김병욱, 최창조(崔昌祚)는 다 벼슬아치들이라. 모
  두 음양의 죄가 있으리니 누가 걸리는지 보리라." 하시더니

3 창조가 뜻밖에 실토하여 그 허물을 자백하거늘 "웬 유약한 자가 걸
  렸도다." 하시니라.

출입을 전폐하고 짚신을 삼으라

155 한 종도가 젊어서 어떤 여인을 탐내어 그 남편을 동학당으로
  몰아 해를 입힌 뒤에 그 여자와 동거한 일이 있거늘

2 하루는 상제님께서 그에게 명하시기를 "오늘부터 출입을 전폐하고
  짚신을 삼아 생활하라. 신들은 곧 옥중에서 쓰는 고채니라." 하시고

3 김경학(金京學)에게 따로 이르시기를 "그가 지은 죄는 이렇게 풀지
  않으면 영원히 풀리지 아니하리라." 하시니라.

4 한편 그 종도가 상제님께서 명하신 대로 출입을 폐하고 신을 삼아

생활하는데

5 하루는 친구에게 이끌려 어디로 출행하려다가 갑자기 크게 놀라며 "신도(神道)의 꾸짖음이 있다." 하고 급히 집으로 들어가더니

6 그 후로 생을 마칠 때까지 출입을 자유로이 못 하니라.

개서방을 둔 여인

156 하루는 상제님께서 주사 신봉기의 집에 가시니 마침 봉기가 상문과 이야기를 나누고 있거늘

2 상제님께서 들어보시매 개를 서방으로 삼은 여인의 재판 이야기더라.

3 한 여인이 남편을 군대에 보내고 외로움을 견디지 못하여 개를 서방 삼아 지내더니

4 남편이 말미를 얻어 집에 다니러 왔다가 며칠 동안 아내가 하는 양을 보매

5 고깃국을 끓여서는 고깃덩어리를 먼저 개에게 퍼 주고, 언제든 개를 먼저 위하더라.

6 또 아내와 함께 방에 있으면 개가 방문 밖을 서성거리다 때로 창호지를 찢어 문을 열기도 하고, 자신을 보면 당장 물기라도 할 듯 으르렁대거늘

7 그 때마다 부인이 몹시 당황하여 "주인 어른이 와 계시니 저리 가라!" 하며 남편의 눈치를 살피더라.

8 이에 남편이 이상한 기미를 눈치채고 군(軍)으로 돌아가며 누이에게 아내를 살펴보라고 부탁하거늘

9 그 누이가 어머니와 함께 몰래 장롱 속을 뒤져 보니 과연 상자에 하나 가득 개 버선이 들어 있는지라

10 시어머니가 며느리에게 그 사실을 추궁하니 전혀 뉘우치는 기색 없이 '그런 일이 없다.' 며 완강히 부인하더라.

어찌 알 것이냐

11 이에 시비를 가릴 길 없어 관부(官府)에 고하여 진상을 밝히고자 하였으나

12 쉽게 믿을 수 없는 일이거니와 딱히 이렇다 할 단서도 없는지라 그저 시간만 흐를 뿐 도저히 해결될 기미가 보이지 않거늘

13 판사가 주야로 골몰하며 애를 태우니 하루는 그 부인이 "어째서 그렇게 시름을 해요?" 하고 물으니라.

14 이에 정황을 설명하매 부인이 말하기를 "내일 재판을 하거든 옷고름을 끌러 보라고 하세요." 하거늘

15 이튿날 부인의 말대로 하니 그 여인의 양쪽 어깨 밑이 헐어 있는지라 그것을 증거로 사실을 밝혔다 하더라.

16 상제님께서 이야기를 들으신 후에 상문에게 말씀하시기를 "나는 그럴 수가 없으니, 네 아내한테 판사의 부인도 끌러 보라고 해라. 자기가 하지 않았다면 어찌 알 것이냐?" 하시거늘

17 상문의 처가 명하신 대로 하니 과연 판사의 부인도 그러했다 하더라.

마음에 두지 말라

157 박공우가 상제님을 모시고 태인을 지날 때 한 젊은 여자가 지나가거늘

2 공우가 체면상 바로 보지 못하고 그 아름다운 자태를 사모하여 잊지 못하니

3 상제님께서 아시고 이르시기를 "색(色)은 사람의 정기(精氣)를 모손(耗損)케 하는 것이니 이 뒤로는 어떤 여자를 만나든지 볼 때에 익히 보고 마음에 두지 말라." 하시니라.

4 공우가 깨닫고 그 뒤로는 여자를 대할 때에 언제나 명하신 대로 하니 마음에 탐욕이 일어나지 않더라.

5 하루는 말씀하시기를 "천지에서 사람 눈의 정기를 빼어 쓰려고 불을 내나니 불나는 곳을 보지 말라." 하시니라.

복은 웬만큼 지녀야

158 공우가 상제님을 모시고 태인 은기동면 산직촌(山直村) 앞을 지날 때

2 상제님께서 공우에게 "복을 얼마나 지니면 쓰겠느냐?" 하고 물으시니 "많이 지녀야 하겠습니다." 하고 아뢰거늘

3 또 물으시기를 "어디다 쓰겠느냐?" 하시니 "빈핍하여 옷과 밥이 없는 사람을 먹이고 입혀야 하겠습니다." 하고 대답하니라.

4 이에 상제님께서 말씀하시기를 "복이 너무 많으면 귀치 않으니 웬만큼 지녀야 하느니라." 하시니라.

5 하루는 은기동면을 지나시다가 길가의 한 주막에 가시니 병들어 크게 신음하는 사람이 있거늘

6 상제님께서 그 자리에서 병자를 고쳐 주시고 주모에게 "돼지다리

158:1 산직촌. 현재 정읍시 감곡면 진흥리(眞興里) 산지(山芝) 마을.

하나 큰 놈으로 가져오라." 하시어 술 한 동이를 드시고 길을 떠나시니라.

네 복이 아니다

159 하루는 상제님께서 구릿골을 떠나 태인 창골에 이르시어 말씀하시기를 "금반옥호혈(金盤玉壺穴)이구나." 하시니 공우가 대뜸 "저에게 주옵소서!" 하니라.

2 상제님께서 이를 허락하시매 공우가 기쁨에 겨워 상제님을 앞질러 발길을 재촉하는데

3 도랑 하나를 건너니 갑자기 입이 붙어 버린 듯 아무 말도 할 수가 없거늘

4 상제님께서 웃으시며 공우에게 "네 복이 아니다." 하시고 다시 길을 떠나시니라.

5 그 후에 하루는 상제님께서 공우를 데리고 임피 술산(戌山)을 지나시다가 "공우야, 여기에 큰 혈이 있는데 너 주랴?" 하시니

6 공우가 또 벙어리가 될까 두려워 손사래를 치며 "아이고, 싫습니다." 하니라.

식록을 떼리라

160 상제님께서 구릿골에 계실 때 하루는 신명들에게 칙명을 내리시고

2 성도들에게 말씀하시기를 "김병욱이 남의 나라 일만 힘쓰니 그 식록(食祿)을 떼리라." 하시니라.

160:3 사립. 명주실로 싸개를 하여 만든 갓.

3 그 뒤에 공우에게 명하시어 "너는 지금 전주에 가서 병욱에게서 사립(絲笠) 한 개를 구하여 오라." 하시거늘

4 공우가 전주에 가서 병욱을 만나 상제님의 명을 전하니

5 병욱이 생계가 궁핍하여 가구를 전당 잡혀 지내며 탄식하여 말하기를 "내 신세가 이렇게 될 줄을 누가 알았으리오.

6 수십 명의 식솔이 아궁이에 불을 때지 못해 조석(朝夕) 끼니를 잇기 어렵게 되었으니 누가 곧이듣겠는가." 하고

7 곧 공우와 함께 사립을 구하러 가게에 가니 좋은 사립이 많이 쌓였더라.

8 병욱이 외상으로 사립 하나를 사려 하나 아무도 응해 주지 않거늘

9 병욱이 길게 한숨을 쉬며 말하기를 "전에는 외상은 말할 것도 없고

사립 백 개라도 어렵지 않게 구할 수가 있었는데 내 신세가 어찌하
여 이 지경에 이르렀는고." 하니라.

어떻게 그와 같이 될 수 있으리오

10 공우가 구릿골로 돌아와 사실대로 아뢰니 상제님께서 웃으며 말씀
하시기를 "절록(絶祿)을 오래 할 수 없겠구나." 하시고 글을 써서 불
사르시니라.

11 그 뒤에 공우가 상제님의 명을 받들어 다시 전주에 가서 병욱을 만
나니

12 집안 형세가 풍성해진 병욱이 환대하여 말하기를 "오늘은 무엇을
구하러 왔는가? 무엇이든지 다 받들어 행하리라." 하거늘

13 공우가 일전에 상제님께서 행하신 공사를 들려주며 "선생님께서
그대의 절록을 신명에게 명하셨노라." 하매

14 병욱이 웃으면서 말하기를 "그렇지 않으면 어떻게 그와 같이 될 수
있으리오." 하니라.

회개의 예법을 가르치심

161 하루는 공우에게 이르시기를 "평소에 잡되게 다니며 행하던 일과
부정한 뜻을 품었던 일을 낱낱이 생각하여 거둬들이라." 하시는지라

2 공우가 일찍이 서울에서 왕의 거동과 장상의 출입을 보고 마음으
로 부러워하여 '대장부 마땅히 이와 같으리라.' 하였던 일을 낱낱이
아뢰니

3 물어 말씀하시기를 "네가 그런 생각을 죄로 알았느냐, 선으로 알았
느냐?" 하시거늘

4 공우가 대답하기를 "죄가 될지언정 선은 되지 못할까 합니다." 하
니라.

5 이에 상제님께서 말씀하시기를 "그러면 내게 사배(四拜)하고 다시는
그러지 않기를 심고하라." 하시니

6 공우가 명하신 대로 하매 사흘 후에 무슨 굳은 덩이가 대변에 싸여
나오거늘 헤쳐 보니 무수한 회(蛔)의 뭉치더라.

장 이식 공사를 보시며 불평자의 버릇을 고치심

162 제주 사람 김인두(金因斗)가 '선생님께서는 바로 일러 주시지
않고 알지 못하도록 부를 그려서 비결로만 말씀하신다.' 고 불
평하며 다니니

162:1 김인두(金
因斗,?~?). 『조
선의 유사종교』
에는 순천 사람으

2 하루는 상제님께서 인두를 부르시어 "네 창자 있는가 만져 봐라." 하시거늘

3 인두가 뜬금없는 말씀에 당황하여 "내 창자? 창자가 어디로 가? 내 창자가 어떻기에…." 하고 중얼거리니라.

4 잠시 후 상제님께서 "이놈아, 저 마당에 있구나!" 하시므로 바라보니 벌써 개가 콩콩대며 냄새를 맡고 있거늘

5 "네 창자를 개가 먹으려고 하는구나." 하시매 인두가 발만 동동 구르며 애를 태우는데

6 어느 결에 개는 사라지고 개미가 떼로 모여들고 있더라.

7 상제님께서 "아이고, 개미가 저렇게 달려드는데 너 군시러워서 어쩌냐?" 하시니

8 인두가 연신 배를 주물러 보며 "내 창자? 배만 꺼졌지 아무렇지도 않은데. 아, 여기가 비었구나!" 하며 울상을 짓거늘

9 이를 지켜보던 한 성도가 "창자가 나왔으니 어쩔꼬…. 한번 움직여 보시오." 하고 걱정스레 말하니

10 "창자가 없으니 말도 못하겠소. 힘아리가 하나도 없고, 숨을 쉬어도 가슴에서 헛바람만 나는 것 같소." 하며 금방이라도 쓰러질 듯 힘없이 대답하니라.

11 이 때 상제님께서 "저것 가져다가 냇물에 띄워 버려라." 하시니 한 사람이 쇠스랑으로 긁어 삼태기에 담거늘

12 상제님께서 다시 "아, 그러다가 꿰어질라~. 잘 갖다 버려라." 하시니

13 그 사람이 "내버리는 것인데 꿰어지면 어때요? 갖다 버리면 어차피 짐승이 뜯어먹을 텐데." 하고 담아서 가져가니라.

14 그가 냇가에 가서 막상 버리려고 보니 삼태기가 텅 비었거늘

15 '내버리라고 하셨는데 어디로 가 버렸나.' 하고 상제님께 달려가 "어디로 달아났는지 가지고 가니 없습니다. 무엇이 물어갔는가? 아이고, 모르겠습니다." 하고 아뢰니

16 상제님께서 인두를 바라보시며 "배 한번 눌러 봐라." 하시므로 배를 눌러 보매 창자가 다시 들어와 있더라.

17 이에 인두가 "아, 여기 왔어요~, 여기 왔어! 하하하!" 하며 기뻐하니

18 상제님께서 "제 창자가 나가도 모르고 들어가도 모르고, 네놈이 그러고도 밥을 먹느냐?" 하고 나무라시거늘

19 인두가 아랑곳하지 않고 마냥 기뻐하며 '아이, 창자가 들어왔구나. 이놈이 들어왔어!

20 어디로 빠져나갔던고? 이리 봐도 흔적이 없고 저리 봐도 흔적이 없는데…. 아이고 별일이다. 창자도 내었다 들여놓는 수가 있구나.' 하며 배만 주물러대는지라

21 상제님께서 이르시기를 "이놈아! 어서 돌아가서 이제 오지 말아라.

22 사리분별 못 하는 놈보고 '창자도 없는 놈'이라 이르나니 제 창자가 나가고 드는 것도 모르는 너를 내가 상대하겠느냐." 하시니라.

너 혼자 가더니 꼴 좋다

163 대흥리에 계실 때 하루는 한 성도가 볼일이 있어 구릿골 약방으로 가려 하는데 상제님께서 "잠깐 기다려라. 나하고 같이 가자." 하시므로

163장 구릿골 지소 마을에 거주하는 윤필례(1925~) 증언.

2 그 성도가 한참을 기다리다가 다시 말씀이 없어 혼자 출발하였더니 도중에 갑자기 폭우가 쏟아지매 흠뻑 젖은 채로 약방에 도착하니라.

3 잠시 후에 상제님께서 약방으로 들어오시는데 그 성도가 보니 폭우 속에서도 의관에 물 한 방울 묻지 않았더라.

4 상제님께서 그 성도를 보시고 "흥! 같이 가자 했건만 너 혼자 가더니 꼴 좋다." 하시거늘

5 그 성도가 송구하여 고개를 떨구니 큰 구렁이가 자기 다리를 감고 입을 쩍 벌리고 있는지라

6 깜짝 놀라 뒤로 벌러덩 나자빠지매 상제님께서 웃으시며 "왜 그리 놀라느냐. 자세히 보아라." 하시므로

7 이에 정신을 수습하여 다시 보니 다리에 묶었던 대님이 풀어져 있더라.

소년 광부의 다리를 펴 주심

164 수류면 회평(會坪)에 사는 18, 9세 된 소년 광부가 큰 돌에 맞아 다리가 부러지고 힘줄이 떨어져 마침내 그대로 굳어서 다리가 오그라져 굴신을 못 하는지라

164:1 회평. 현재 김제시 금산면 쌍룡리 회평 마을.

2 상제님께 와서 고쳐 주시기를 애걸하거늘 말씀하시기를 "남의 눈에 눈물을 흘리게 하면 내 눈에는 피가 흐르느니라." 하시고

3 "몸을 뛰어서 뼈마디와 혈맥에 충격을 주라." 하시니

4 그 소년이 몸을 한 번 솟구치매 오그라진 다리가 펴지며 곧 굴신을 마음대로 하게 되나라.

앉은뱅이 아이를 고쳐 주심

165 구릿골 앞거리 주막에서 술장사하는 과부 평양네의 다섯 살
난 아들이 앉은뱅이가 되어 일어서지 못하거늘

2 하루는 약방에 와서 상제님께 아들을 고쳐 주시기를 간청하니 말
씀하시기를 "육회를 쳐서 먹이고 참기름을 한 깍쟁이 먹여서 데리
고 와라." 하시니라.

3 평양네가 돈이 없어 육회는 못 먹이고 참기름만 한 종지 먹이고 와
서 약방에 들어가 아뢰니

4 상제님께서 아랫목 벽을 향해 돌아누우시어 쳐다보지도 않으시거늘

5 평양네가 성질을 내며 아이의 궁둥이를 걷어차고 "나가 죽으라!"
하매

6 그 발길질에 아이가 벌떡 일어나며 문을 열고 뛰쳐나가더라.

7 평양댁이 그 광경을 보고 심히 기뻐하며 상제님께 감사를 드리니
아무 말씀도 하지 않으시니라.

나는 천 냥 만 냥으로 갚노라

166 용머리고개에서 젊은 봉사 한 사람이 항상 길가에 앉아 피리
를 불어 돈을 벌고 있거늘

2 하루는 상제님께서 갑칠을 데리고 지나시다가 그 애처로운 모습을
한참 동안 바라보시며 "네 돈 두 돈 닷 푼으로 술 한 잔을 사 먹어
도 되겠느냐?" 하고 물으시니라.

3 이에 그 봉사가 "다 가져다가 몇 잔이든지 사 드시옵소서." 하거늘

4 상제님께서 웃으시며 한 돈을 집어서 술 한 잔을 사 잡수시고 말씀
하시기를 "불쌍하니 편히 먹게 하리라." 하시고

5 그 길로 전주 남문 밖의 서른다섯 살 먹은 과부 부호집으로 가시니
라.

6 이 때에 며칠 전부터 과부의 두 남매가 병들어 각지의 명의를 데려
다 치료해도 아무 효험이 없으매 심히 근심하거늘

7 상제님께서 종이에 '마귀출(魔鬼出)'이라 쓰시어 뜰로 나가 불에 태
우시니 곧 남매가 회복되니라.

8 이에 과부가 탄복하여 극진히 대접하려 하니 사양하시며 봉사를
중매하시고 곧 떠나시거늘

9 그 과부가 상제님의 신성하심에 신념을 얻어 급히 사인교를 보내
니라.

10 상제님께서 다시 용머리고개에 가시어 주문을 외우시니 그 봉사가 눈을 떠서 광명을 얻은지라

11 그 사람이 기뻐 어찌할 줄 모르며 과부가 보내 온 사인교를 타고 전주로 가니라.

12 상제님께서 말씀하시기를 "너희들이 나를 위해서 한 냥을 쓰면 나는 천 냥, 만 냥으로 갚아 주노라." 하시니라.

뭇 중생을 사랑하시는 상제님

167 상제님께서는 말을 타고 어디를 가시다가도 종종 "아무개가 약방에서 나를 애타게 기다리고 있으니 약을 지어 주고 와야겠다." 하시며

2 급히 말을 돌려 구릿골로 돌아가 약을 지어 주시고 다시 길을 떠나시니라.

3 또 새로 지어 올린 좋은 옷을 입고 가시다가 걸인이나 옷차림이 남루한 사람을 보시면

4 "너하고 나하고 옷을 바꿔 입자." 하시고 두루마기든 갓이든 모두 벗어 주시며

5 말을 타고 가시다가 걸인을 만나면 친히 말에서 내려 옷을 바꿔 입으시니 하루에 한 번 꼴로 옷을 바꿔 입으시니라.

음도를 보내고 양도를 오게 하리라

6 하루는 걸인과 옷을 바꿔 입고 들어오시어 말씀하시기를 "음도(陰道)를 보내고 양도(陽道)를 오게 하여 다 같이 잘 사는 세상을 만들려 하노라." 하시니라.

7 또 치성을 지내실 때 개를 잡아 많이 드시므로 성도들이 "어찌하여 개고기를 즐기십니까?" 하고 여쭈면

8 "음도를 보내기 위해 먹느니라." 하시거늘 성도들이 "무슨 뜻인지 모르겠습니다." 하니

9 말씀하시기를 "개고기는 농민들이 먹는 고기이니 그들을 상등 사람으로 만들기 위함이라." 하시니라.

병고를 아뢰면 저절로 나음

168 성도들이 무슨 병고가 있어서 찾아와 아뢰면 상제님께서 그 증세를 물으신 뒤에 특별히 어떤 법(法)을 베풀지 않으셔도 저절로 나으니라.

167장 "어디 목적지에 가다가도 중간에서 만나면 '너하고 나하고 옷을 바꿔 입자.' 그래서 두루마기랑 갓이랑 싹 벗어 줘 버려.", "말 타고 가다가 '아무개가 문 앞에서 기다리는구나.' 말을 돌려. 그래서 약을 지어 주고 가."(김택식 증언)

167:6 양도를 오게 하여. 세계 문화가 한국으로 들어와 지구촌 통일 문화 시대를 열어가는 과정을 말씀하신 것. 선천 상극의 원한 서린 어두운 세상(陰道)을 보내고, 대광명의 새 세상(陽道)을 오게 하신다는 뜻.

2 위경(危境)에 이른 사람은 상제님께서 친히 그 병의 증세를 대신하여 앓으시어 곧 낫게 하시니

3 배 앓는 사람이면 문득 '배가 아프다.'고 한 번 말씀하시고, 머리 앓는 사람이면 '머리가 아프다.'고 한 번 말씀하실 뿐이더라.

나의 할 일만 할 따름이라

4 형렬이 여쭈기를 "병을 고쳐 주시고도 병자에게 알리지 않으시고 자식을 태워 주시고도 알리지 않으시니 무슨 연고입니까?" 하니

5 말씀하시기를 "나의 할 일만 할 따름이니 남이 알고 모름이 무슨 관계가 있으리오.

6 남이 알기를 힘씀은 소인의 일이니라." 하시니라.

사람 고쳐 주고 돈 받지 말아라

169 하루는 공우가 어디를 가니 평소 안면이 있는 사람이 고통을 호소하며 치료해 주기를 부탁하거늘

2 공우가 환부에 손을 대고 쓸어 주니 금세 병이 말끔히 나아 고통이 사라진지라

3 그 사람이 크게 감동하여 사례로 공우에게 돈 두 냥을 주매 공우가 상제님께 가다가 그 돈으로 엿을 사먹으니라.

4 상제님께서 사립문으로 들어오는 공우를 보고 물으시기를 "너 사람 고쳐 주고 돈 받아서 어찌했느냐?" 하시니 공우가 "엿 사먹었습니다." 하니라.

5 이에 상제님께서 "맛있대?" 하고 물으시니 공우가 "맛있습디다." 하고 대답하거늘

6 상제님께서 "에이, 고얀놈. 그런 돈으로 엿 사먹냐?" 하고 호통을 치시고

7 이어 말씀하시기를 "사람 고쳐 주고 돈 받지 말아라." 하시니라.

정성이니 먹어야겠다

170 하루는 상제님께서 공사를 행하시다가 저녁 무렵이 되어 심하게 끙끙 앓으시거늘 호연이 "왜 그래요?" 하고 여쭈니

2 "맥없이 머리가 아프고 만신이 아프구나." 하시는지라

3 호연이 혼잣말로 "또 누구를 얼마나 괴롭혔으면 저럴꼬?" 하매

4 상제님께서 "아니, 쪼그만 것이 억장 무너질 소리만 통통 하네." 하시니라.

5 평소에 병을 앓지 않으시는 상제님께서 누워 계시는 모습을 보매 호연이 걱정이 되어 어찌할 바를 모르더니

6 문득 어려서 한축(寒縮)을 앓을 때마다 상제님께서 머위 뿌리로 생즙을 내어 주시던 생각이 나거늘

7 머위 뿌리를 캐어다가 절구에 꼭꼭 찧어서 즙을 종지에 담아 가져다 드리니라.

8 호연이 "이것 마시면 금방 나아요." 하고 바라보니 상제님께서 호연의 손을 덥석 잡으시며 "어떻게 요것 생각이 나서 나를 해다 주냐?" 하며 대견해하시거늘

9 호연이 "내가 돈이 없으니 약 지으러도 못 가고, 무엇을 해 줄래도 해다 줄 것이 없길래, 이게 약 될까 싶어서 했으니 먹어 보세요." 하니라.

10 이에 상제님께서 "어린 손으로 해다 주는 정성이니 먹어야겠다." 하시며 머위즙을 드시고는

11 "나를 꼭 눌러라." 하시므로 호연이 상제님의 허리를 꼭 안고 엎드리니

12 얼마 동안을 그렇게 계시다가 "네가 약 해 주어서 다 나았다. 이제 일어나거라." 하시며 자리에서 일어나시어

13 성도들에게 "우리 꼬마가 약 해 줘서 금방 나았다이! 너희들도 그렇게 해 먹어라." 하고 자랑하시니라.

아이들을 무척 사랑하신 상제님

171 상제님께서는 길을 가시다가 코 흘리는 아이를 보시면 보듬어서 손이나 옷자락으로 코를 닦아 주시거늘

2 하루는 호연이 "왜 더럽게 옷자락으로 닦아 주고 그래요?" 하니 "코 먹게 생겼으니 어쩌냐?" 하시니라.

3 또 상제님께서 길을 가실 때 무엇을 바라는 듯 쳐다보거나 참외 껍질을 주워 먹는 아이들이 있으면

4 참외를 사서 쪼개 주시며 "그 껍데기 주워 먹지 말아라, 잉?" 하시고 쓰다듬어 주시니라.

5 상제님께서 구릿골에 사는 김익수(金益壽)의 셋째 아들 홍진을 '이쁜둥이' 라 부르며 귀여워하시는데

6 하루는 이쁜둥이가 상제님의 옷자락을 잡아당기며 "왜 할아버지는 가시 찔리는 솔잎만 따 와? 칡 좀 캐 오지." 하거늘

170:6 한축. 추워서 기운을 펴지 못하고 오그라듦.

171:5 이쁜둥이. 족보명 홍회(洪會), 자(字) 홍진(洪辰). 김홍진(金洪辰, 1906~1954)이 네 살

복록

때 상제님께서 직접 별명으로 지어 주셨다. 부친은 재구(在龜, 혹은 益壽), 모친은 통사동댁으로, 바깥 구릿골에 살았다.

171:5~8 김홍진의 아내 이금용(1917~) 증언 (족보명은 이금례, 계룡 마을 거주).

이금용(1917~)

173~174장 마음 속임을 경계하시는 공사이며 후천 양심법 공사이다.

복록

7 홍진의 머리를 쓰다듬으시며 "오늘은 칡 캐 올란다. 놓아라." 하시고 산에 가시어 칡을 캐다가 주시니라.

8 상제님께서는 종종 솔잎을 말려서 손수 가루를 내어 드시고, 생으로 그냥 드시기도 하며, 잘 빻아서 즙을 내어 드시기도 하니라.

누구 먹으라고 남기냐

172 하루는 형렬의 큰아들이 처갓집에 갔다가 밤늦게 밤을 갖고 돌아온지라

2 형렬이 상제님께 올리려고 보니 밤이 부족할 듯하여 성도들이 몇이나 안 자고 있는지 살피려고 약방으로 오거늘

3 상제님께서 호연에게 집게손가락을 구부렸다 폈다 하시며 밤을 가져오라고 신호를 하시니라.

4 이에 호연이 형렬의 집에 가서 그릇에 담긴 밤을 통째로 가져와 상제님 앞에 내려놓으니 형렬이 눈을 흘기거늘

5 상제님께서 장난스레 웃으시며 "대신 애가 가져오니 안 먹냐?" 하시니라.

6 형렬이 여전히 눈치를 주며 "조금 남기고 가져오지 다 가져왔냐?" 하니

7 상제님께서 "누구 먹으라고 남겨 놓고 오냐?" 하시고 혼자서 밤을 드시다가

8 사랑방의 성도들을 향하여 "나는 이것 먹는다, 이놈들아! 잠만 자냐? 저놈, 먹고 싶어서 목구멍에 애 잦힌다." 하고 놀리시거늘

9 호연이 "아이 참! 주면서나 그러세요." 하매 "그래, 조금 줘라. 요만치 줘라." 하시며 조금 떼어서 호연에게 주시니라.

선천의 도둑놈 심법 뿌리뽑는 공사

173 약방을 여신 이후로 유관수가 약방 청소를 담당하여 아침저녁으로 두 차례씩 청소를 하는데

2 하루는 청소를 하다가 방바닥에 떨어진 돈을 주머니에 집어넣고 걸레를 빨러 나오니

3 상제님께서 마당에 있는 대나무 평상에 앉아 계시다가 관수를 보며 배시시 웃으시니라.

4 성도들이 그 이유를 몰라 두리번거리는데 곧이어 관수가 걸레를 빨아서 돌아오거늘

5 상제님께서 "야, 너 방바닥에서 뭐 주운 것 없냐?" 하고 물으시니 관수가 "예, 여기 있어요." 하며 바로 돈을 내드리니라.

6 상제님께서 다시 물으시기를 "어째서 벼루 앞에다 놓지 거기다 넣었냐? 네 것 삼으려구 그랬냐?" 하시니

7 관수가 얼른 고개를 저으며 "아니에요. 제가 어두워서 거기다 놓아야 되는 줄을 모르고 주머니에 간수했다가 드리려고 그랬어요." 하거늘

8 상제님께서 "그러냐?" 하시고 별다른 말씀은 하지 않으시니라.

옷을 벗겨서 직접 곤장을 치심

174 상제님께서 종종 성도들의 버릇을 고쳐 주시기 위해 약방에 물건을 늘어놓고 여러 사람으로 하여금 번갈아 가며 청소하게 하시니라.

2 하루는 상제님께서 "방 청소를 하라." 하시매 유찬식이 청소를 하는데 붓이 놓여 있거늘

3 평소 상제님께서 그 붓으로 온갖 조화를 행하시던 모습을 보아 온지라 문득 갖고 싶은 마음에 글씨를 써 보니 참으로 좋더라.

4 이에 찬식이 붓을 만지작거리며 주변을 살피다가 주머니에 살며시 넣으려고 하니 갑자기 손이 파르르 떨리거늘

5 화들짝 놀라 붓을 도로 내려놓으니 곧바로 괜찮아지더라.

6 이렇듯 주머니에 넣으려고 하면 손이 떨리고, 도로 내려놓으면 괜찮거늘

7 한참을 머뭇거리다가 이내 '에이, 죽을란다.' 하고 주머니에 집어넣으니

8 순간 마당에 있는 평상에서 주무시는 줄로 알았던 상제님께서 벌떡 일어나시어

9 "너, 죽는다고 했으니 죽어 봐라." 하시며 옷을 벗겨 마루에 엎어 놓고 곤장을 치시니라.

10 평소 상제님께서는 나무를 납작하게 엇깎아서 항시 문 옆에 세워 두셨다가

11 누가 잘못을 하면 **뺨**을 올려붙이기도 하시고 곤장을 때리기도 하시니

12 모두 두려워하여 아무리 사소한 것이라도 약방에 있는 물건은 가져가지 못하고, 돈이 쌓여 있어도 한 푼 건드리지 못하니라.

174:7 에이, 죽을란다. 이는 단순히 유찬식 한 사람이 진실과 양심 속임의 경계자리에서 내뱉은 탄식이 아니다. 찬식은 선천 도둑놈 세상의 모델로서 세속 인간의 전형적인 도둑놈 심보를 보여주고 있다. 양심결핍증에 걸린 선천 인간들은 곧 죽게 되더라도 '일단 하고

13 상제님께서는 비록 다른 곳을 보고 계실 때라도 앞에서 보듯이 다 아시므로 털끝 하나 속일 수가 없더라.

상제님께 바치는 성금 기록 공사

175 하루는 나주에 사는 한 성도가 철궤를 바치니 그 크기는 가로 한 자 반, 높이 한 자 정도이더라.

2 상제님께서 서기에게 명하시어 약장 앞에 놓아 두고, 성도들이 성금을 올리면 장부에 먼저 기록한 후

3 돈에 이름 쓴 종이를 붙여 철궤에 넣어 보관하게 하시니라.

4 치성 때가 되면 서기가 궤짝에서 돈을 꺼내어 장부와 함께 보여 드리며 "이것은 아무개가 가져온 것입니다." 하고 일일이 아뢰는데

5 상제님께서 고개를 끄덕이시며 "갖고 가거라." 하시면 그제야 비로소 돈을 지출하니라.

6 간혹 서기가 없을 때 성도들이 성금을 가지고 오면 호연이 그 많고 적음에 따라서, 길이와 수를 다르게 금을 그어 표시해 두거늘

7 한번은 상제님께서 "언문(諺文)을 배운다더니 진서(眞書)로 써 놓았구나." 하고 칭찬해 주시니라.

8 하루는 장 생원이 거만하게 굴며 성도들이 가져온 돈을 상제님께 고하지 않고 쓰거늘

9 상제님께서 "어른 행세하며 나를 속여 먹는구나. 호연이만도 못하다." 하시며 크게 호통치시니 장 생원의 눈알이 쏙 빠져 버리더라.

천지 돈이니 손 못 댄다

176 상제님의 늙으신 부친께서 집안 살림이 어려워 이따금 약방으로 아들을 만나기 위해 찾아오시니라.

2 하루는 성부께서 어린 이순의 손을 잡고 약방에 오시어 살림의 어려움을 말씀하시므로 성도들이 돈을 내어 드리려 하거늘

3 상제님께서 괴로운 표정을 지으시며 언성을 높여 말씀하시기를 "아, 나보고 어쩌라고 그러느냐! 그 돈은 천지 돈이니 손 못 댄다." 하시니라.

정씨 부인이 찾아왔을 때

177 상제님께서 본댁에 전혀 발길을 대지 않으시니 정씨 부인이 한 달이면 한두 번씩 상제님을 뵈려고 약방으로 찾아오거늘

2 상제님께서는 좀처럼 말씀도 건네지 않으시고, 눈길도 한번 주지 않으시니라.

3 이에 형렬이 민망하여 사랑채로 모시면 며칠씩 묵고 가시는데 돌아갈 때면 형렬이 이따금씩 노자를 빌려서 드리니라.

4 하루는 정씨 부인이 찾아와 상제님을 뵙고는 어려워서 안절부절못하거늘

5 호연이 상제님께 "아, 아씨 왔어요." 하며 눈치를 주니 "왜 그러냐? 왔는데 어쩌라고!" 하시니라.

6 이에 호연이 "각시니까 '왔냐.' 고 해야지." 하니 "나보러 왔간디?" 하시거늘

7 "그럼 누구 보러 여길 와? 아씨 왔다니까 딴소리를 그렇게 해 싸!" 하니라.

8 상제님께서 다시 "어쩌면 아씨랴?" 하시니 "장가갔으니 아씨지. 둘이 절이랑 했다면서?" 하거늘

9 "그려." 하고 대답하시니 "청실홍실 내린 조강지처는 하늘이 내려다 본댔어요." 하니라.

10 이에 상제님께서 "아이고, 쪼그맣다고 얕봤더니 그런 것을 다 아네!

11 내가 그런 걸로 내쫓지 못하고 저 사모님이라는 사람의 꼴을 본다." 하시거늘

12 호연이 "어서 방으로 들어가서 '오시었소.' 그려요. 천지문을 열어 갖고 바라를 치면은 다 들어온다면서?

13 어찌 조강지처가 왔는데 보는 둥 마는 둥 사람 마음을 슬프게 해요!

14 신랑이라고 찾아왔는데 남 보듯이 하고 돌아서서 가려면 얼마나 서러울까." 하니

15 상제님께서 "어린 너를 데리고 무슨 얘기를 하겠냐." 하시며 더 이상 아무 말씀도 하지 않으시니라.

신명이 내려다본다

178 상제님께서는 돈이 생기면 그 때마다 호연에게 맡기시며 "신명이 양어깨에 서서 네 속이 검은지 흰지를 다 본다." 하시니

2 호연이 눈앞에 돈이 쌓여 있어도 바라보기만 할 뿐 한 닢도 건드리지 못하니라.

천지에서 네 옷과 밥을 받들어 줄 텐데

3 하루는 호연이 통 안에 든 돈을 보며 "저놈을 집어다 주고 옷 해 입 을래요." 하니

4 상제님께서 저고리를 던져 주시며 "이것을 뜯어서 네 옷 해 입어 라." 하시거늘

5 호연이 "남들은 모두 옷도 잘 해 입고 그러더구만, 나는 맨날 옷 없 어서 이렇게 거지 같네." 하며 투정을 하는지라

6 상제님께서 호연을 어루만지시며 "이제 천지가 다 네 옷이요 네 밥이 될 텐데, 왜 그리 투정을 하느냐." 하고 달래 주시니라.

가난 면할 길을 가르쳐 주옵소서

179 구릿골 이장 정성원(鄭成元)이 하루는 상제님께 여쭈기를 "제 가 집이 가난하여 살 수가 없사오니 청컨대 가난 면할 길을 가 르쳐 주옵소서." 하니

2 상제님께서 웃으며 말씀하시기를 "금년에 그대가 받는 마을의 세 금을 상납하지 말고 다 쓰라. 뒷일은 내가 끌러 주리라." 하시거늘

3 성원이 여쭈기를 "너무 심한 말씀입니다. 국세를 받아 쓰고 어찌 생명을 보전하겠습니까." 하고 물러가니라.

4 그 뒤에 고의는 아니나 세금 수천 냥을 사사로이 써 버리매 기유년 봄에 이르러 관청에서 독촉이 심하거늘

5 성원이 술에 취하여 고샅으로 돌아다니며 외치기를 "내가 국세를 받아 썼으니 누구든지 칼로 내 배를 가르라!" 하는지라

6 상제님께서 불러 위로하시며 "염려하지 말라. 무사하게 하여 주리 라." 하시니

7 그 뒤에 과연 무신, 기유년의 세금이 면제되므로 성원의 일이 무사 히 풀리니라.

언습을 삼가라

180 하루는 성도들에게 이르시기를 "언습(言習)을 삼가라. 시속에 먹고살려고 좋은 반찬에 잘 먹고 나서는 문득 '배불러 죽겠 다.'고 말하며

2 일하여 잘 살려고 땀흘리며 일한 뒤에는 문득 '되어 죽겠다.'고 말 하나니

3 이제는 말대로 되는 때라. 병이 돌 때에 어찌 죽기를 면하리오." 하시

니라.

4 또 말씀하시기를 "너희는 '배불러 죽겠다, 좋아 죽겠다.'는 말을 하지 말라." 하시니라.

5 하루는 한 성도가 무슨 일이 있었는지 "에이, 이놈의 세상. 몹쓸 놈의 세상." 하며 세상을 원망하니

6 상제님께서 갑자기 천둥 같은 음성으로 "야 이놈아, 이 세상이 네 세상이냐?

7 이 세상이 뉘 세상이라고 함부로 이놈 저놈 하느냐. 이놈이면 그게 누구냐?" 하시며 크게 꾸중하다가

8 잠시 후에 다시 온화한 목소리로 "세상살이가 고달프다고 그러면 쓰냐. 앞으로는 그런 언습을 버리라." 하시니라.

180:5~8 나승렬 증언.

무슨 복이 찾아들겠느냐

9 하루는 한 시골 아낙이 그의 자식을 나무라며 온갖 욕설을 퍼붓거늘

10 상제님께서 이를 듣고 말씀하시기를 "자식을 기르는데 스스로 빌고 바라는 바가 저와 같으니 욕하는 대로 이루어질 것이니라." 하시며

11 "구덕(口德)의 박함이 이와 같으니 무슨 복이 찾아들겠느냐." 하고 경계하시니라.

천지에는 한량없는 큰 복이 있나니

181 상제님께서 약방 기둥에다 호한(呼寒)이란 새를 그려 붙이시고 말씀하시기를

2 "이 새는 털이 하나도 없이 맨몸으로 하늘만 믿고 사는 새라. 바람결에 날려 입으로 들어온 것만 먹고 사는 새니라." 하시니라.

3 또 말씀하시기를 "천지에는 한량없는 큰 복이 있나니 세상 사람들의 작은 복을 부러워 말고 천복(天福)을 얻도록 힘쓰라." 하시니라.

누구 도둑놈 만들려고 하느냐

182 어느 날 한 성도가 여쭈기를 "병든 사람을 낫게 하시고 죽은 사람도 살리시며

2 가난한 사람에게 복(福)을 마련하여 잘 되게 하시고 자식 없는 사람에게는 자식을 낳게 해 주시면서

3 어찌하여 선생님 스스로는 슬하(膝下)에 자손을 두지 않으십니까?" 하니

4 상제님께서 그 사람을 등지고 돌아앉아서 무엇을 하고 계시다가

고개를 돌려 흘겨보시며 말씀하시기를 "누구를 도둑놈 만들려고 하느냐." 하시니라.

후천의 장수 문화를 개벽하심

183장 제1변 도운시대 보천교에 전해 내려오는 유명한 이야기.

183 하루는 약방에서 공사를 보시며 말씀하시기를 "병 고치는 약이 귀한 것이 아니요 **병들지 않는 몸이 귀한 것**이니 **스스로 몸을** 잘 지켜 달리 약을 구하지 말라." 하시니라.

2 하루는 성도들과 길을 가실 때 한 백발 노인이 힘겹게 걸어가는 모습을 보시고 말씀하시기를 "사람이 저와 같이 장수함이 옳으냐?" 하시니

3 성도들이 "오래도록 사는 것이 옳을 듯하나이다." 하고 대답하니라.

4 이에 상제님께서 말씀하시기를 "사람이 오래 살아도 무병장수라야 하겠거늘 저와 같이 괴로워서야 쓰겠느냐?

5 앞세상에는 지지리 못나도 병 없이 오백 세는 사느니라." 하시고

6 "후천에는 빠진 이도 살살 긁으면 다시 나느니라." 하시니라.

수명 늘이는 공사

184 하루는 약방에 계실 때 삶은 국수를 채반에 담아서 올리니 상제님께서 성도들에게 "너희들 내 재주 한번 볼라냐?" 하시거늘

2 성도들이 일제히 "예, 예. 보렵니다." 하고 좋아하매 상제님께서 채반에 담긴 국수를 모두 한 가닥으로 길게 이으시는지라

3 호연이 "아, 이어 봐야 떨어지는구만 먹는 걸 뭣 하러 그래요?" 하니

184:4 "아, 말이 그렇지, 국수를 이었다고 들면 축 처지지, 삶은 것이 이서(이어) 지겠는가? 그렇지마는 선생님 조화지."(김호연 성도 증언)

4 상제님께서 웃으시며 길게 이은 국수를 들어올리시는데 신기하게도 국수 가닥이 끊어지지 않더라.

5 이어 상제님께서 마당에 국수를 빨랫줄처럼 거시니 밑으로 처지지도 않고 팽팽하거늘

6 새와 나비들이 날아와 그 위에 앉을 때마다 국수 줄이 바르르 떨릴 뿐 끊어지지 않더라.

갱생주를 읽게 하심

185장 『용화전경』의 저자 김락원 전언.

185 상제님께서 어느 날 저녁에 갑칠을 불러 갱생주(更生呪)를 읽어 주시며 "용화동(龍華洞)에 가서 사람을 만나거든 읽어 주고 오라." 하시니

2 갑칠이 명을 받고 용화동에 갔으나 어찌된 일인지 밤늦도록 아무도

만나지 못하거늘 하는 수 없이 하늘을 바라보고 갱생주를 읽으니라.

3 갑칠이 돌아와 상제님께 사실대로 아뢰니 "잘 하였다." 하시며 칭찬하시니라.

4
更生呪
갱생주

天更生 地更生 人更生 更生 更生 更生
천갱생 지갱생 인갱생 갱생 갱생 갱생
天人天地天天 地人地地地天 人人人地人天
천인천지천천 지인지지지천 인인인지인천

새사람이 되지 않겠느냐

186 하루는 성도들을 데리고 어디를 가시다가 한 주막에 드시니 그 주인이 창증(脹症)으로 사경을 헤매거늘

2 성도들에게 이르시기를 "너희가 저 병을 치료하여 주라." 하시며

大學之道는 在明明德하며 在新民하며 在止於至善이니라
대학지도   재명명덕   재신민   재지어지선

3 라는 글을 읽게 하시니 금시에 아래로 물이 흘러내리고 부기가 빠지는지라

4 상제님께서 웃으며 말씀하시기를 "너희들의 재주가 묘하도다." 하시고 떠나시니라.

5 성도들이 대학(大學) 머릿장(章)의 글 한 절로 병을 치료한 이유를 여쭈니

6 말씀하시기를 "재신민(在新民)이라 하였으니 새사람이 되지 않겠느냐." 하시니라.

7 하루는 구릿골 이정삼(李正三)이 발찌(髮底腫)가 나서 크게 고통스러워하거늘

8 상제님께서 보시고 광찬에게 명하여 배코를 쳐 주시니 그 병이 곧 나으니라.

186:7 발찌. 목 뒤 머리털이 난 가장자리에 생기는 부스럼.

친히 약을 달여 병자를 고치심

187 상제님께서 성도들을 데리고 정읍(井邑)으로 가시는데 어느 마을에서 한 사람이 길을 막아서며 사경에 이른 아내를 살려 달라고 간청하거늘

2 이에 허락하시고 그 사람의 집에 당도하여 병자를 보시더니 한 성도에게 "약 지어 온 것을 가져오라." 하고 명하시니라.

3 상제님께서 손수 약탕관에 약을 넣고 물을 부어 봉지로 봉하신 후에 왼손으로는 약탕관을 싸 쥐시고 오른손으로 부채를 부쳐 화롯불에 약을 달이시니

4 곧 약이 끓어 손가락 사이로 뜨거운 김이 솟아오르는데 전혀 뜨거워하는 기색이 없으시니라.

5 잠시 후에 약을 직접 짜 주시며 "병자에게 먹이라." 하시므로 집주인이 약을 받아 명하신대로 행하니 즉시 회생하니라.

6 한 성도가 혹 상제님께서 손을 데시지 않았을까 걱정하여 상제님의 손을 보니 조금도 이상이 없더라.

신 재인 아들의 흉복통을 고쳐 주심

188 대흥리 신 재인(申才人)의 아들이 흉복통으로 사경에 이르매 재인 신씨가 상제님께 찾아와 고쳐 주시기를 청하거늘

2 말씀하시기를 "돼지 한 마리를 잡아서 삶아 오라." 하시므로 신씨가 명하신 대로 하려 하니

3 문득 다시 말씀하시기를 "좀 있으면 돼지고기 석 점이 이르리니 돼지를 잡지 말라." 하시니라.

4 이윽고 차윤경이 제사지낸 집에서 술상을 가져오니 과연 술상에 돼지고기 석 점이 있는지라

5 신 재인에게 주시어 그 아들에게 먹이게 하시니 흉복통이 곧 나으니라.

뼈가 나와 약이 소용없다

189 하루는 호연이 상제님께 여쭈기를 "저기 살던 박을비가 시집을 갔는데 못 살고 도로 온대요. 예쁘더니만 왜 그러는가 몰라." 하니

2 상제님께서 "그럴 만도 하지야! 여편네가 아무리 해도 남자 노리개 된 세상인데, 얼굴만 예뻤지 사랑받는 것이 없으니 그럴 것이다." 하시니라.

3 이에 호연이 "어디가 어쩌길래? 그럼 약 좀 가르쳐 주세요." 하니

4 말씀하시기를 "그건 뼈가 나왔으니 약이 소용없다. 뼈를 빼면 제가 죽을 것이니 어떻게 고쳐 주겠느냐." 하시며 그 여자를 보신 듯 훤히 아시니라.

5 훗날 이야기를 들은즉 본시 그 여인은 하초(下焦)에 뼈가 나와 남편

과 잠자리를 할 수 없는데 그 어머니가 그 사실을 미처 모르고 시
집보낸 것이더니

6 동네 사람들은 영문도 모른 채 '저런 예쁜 각시를 내쳤다.'며 신랑
만 욕하더라.

지천태 세상이 온다

190 하루는 상제님께서 여러 성도들에게 이르시기를 "앞으로 여자
가 위에서 합궁(合宮)하는 때가 오느니라." 하시니

2 내성이 "무슨 뜻인지 잘 모르겠습니다." 하거늘

3 말씀하시기를 "사람은 맷돌과 같다. 맷돌 돌아가는 이치와 같으니
라." 하시니라.

190장 안내성
성도로부터 직접
전해 들은 아들
안정남의 증언.

미친 여인을 고쳐 주심

191 하루는 청도원 류찬명(柳贊明)의 집에 계실 때 한 미친 여인이
머리를 풀고 들어오는지라

2 상제님께서 불쌍히 여기시어 방에서 하룻밤을 자고 가게 하시거늘
이튿날 그 여인이 떠날 때 보니 완전히 성한 사람이 되어 있더라.

3 며칠 후에 그 여인이 머리를 곱게 빗고 와서 상제님께 큰절을 올리
며 은혜에 감사하니라.

상제님께 욕을 많이 했더니

192 류찬명의 집에 머무르실 때 하루는 평소 상제님께 욕을 잘하
는 그 마을의 젊은이가 머리가 깨질 듯이 아프다고 하소연하며
살려 주시기를 무릎 꿇고 애원하니

2 상제님께서 말씀하시기를 "앞으로는 그러지 말라. 집에 가서 얼굴
닦고 한숨 푹 자거라. 그리하면 나을 것이니라." 하시므로

3 돌아가서 명하신 대로 하매 과연 씻은 듯이 낫거늘 이후로 상제님
께 심히 공대하니라.

병자가 찾아오면

193 상제님께서는 병을 아뢰는 자가 있으면 세 손가락으로 담뱃대
를 짚어 진맥하기도 하시고, 혹 방바닥을 짚어 진맥하기도 하시
거늘

2 병자와의 관계를 물으시어 일가나 척분(戚分)이 되지 않는다 하면

복
록

그 부형과의 관계를 물으시고

3 그래도 아무 관계가 없다고 하면 "어찌 무관계한 사람이 왔느냐." 하시며 곧 물리쳐 보내시되 그 병은 낫게 하시니라.

약 제조하는 공사

194 상제님께서는 평소 말씀과 신권의 조화로 병든 자를 살려 주시는데 때로 약을 써서 고쳐 주기도 하시니

2 저울에 약재를 올려놓으려 하시면 병의 깊고 얕음에 따라 필요한 만큼 저절로 저울이 기울어져 자연 가늠이 되더라.

3 평소 상제님께서 "백 가지 풀이 약이다." 하시며 성도들로 하여금 갖은 약초를 캐어 오라 하시어

4 경우에 따라 약초를 말려서 탕제(湯劑)로 만들거나 식초를 넣고 환(丸)을 지어 쓰기도 하시는데 **사물탕(四物湯)**과 하풍단 등을 자주 쓰시니라.

5 이 때 사용한 약재들 가운데 그 이름이 전해지는 것은 약장에 쓰신 **약재와 바위손, 지초, 엉겅퀴, 산모초, 딱지꽃, 할미꽃, 꾸지뽕나무, 산해박, 골담초, 접시꽃, 생지황, 하늘수박, 진두찰, 가시오갈피, 엄나무, 쇠무릎, 제피나무, 아그배, 개암나무, 반하, 선모, 머위뿌리, 상수리, 삼(麻), 초오, 뱀딸기, 느릅나무** 등이더라.

산삼을 들고 나타나심

6 하루는 가파른 절벽 아래 난 산삼을 캐려고 사람들이 허리끈을 끌러 단단히 묶은 다음 한 사람에게 그것을 잡고 내려가게 하거늘

7 그 사람이 조심조심 내려가 삼을 뽑으려고 손을 뻗치니 삼이 순식간에 없어져 당황하는데

8 잠시 후에 상제님께서 손에 산삼을 들고 나타나시니라.

제사의 참뜻

195 무신년 12월에 차경석의 집에 계실 때 경석이 그 부친 치구(致九)의 기일(忌日)을 맞아 제를 올리고자 하니

2 상제님께서 말씀하시기를 "그 상을 내 앞으로 들여라." 하시고

3 경석의 형제와 성도들에게 "**반천무지(攀天撫地)**로 사배하고 심고를 하라." 하시니라.

4 이에 성도들이 정성스레 사배를 마치니 상제님께서 "누구에게 심고하였느냐?" 하고 물으시거늘

195장 동방 동이족은 제사 문화의 뿌리가 되는 민족이다. 천제나 민족 시조신 및 조상에게 제사를 지내는 예식과 범절은 인류 문화의 새 시대를 여는 밑거름이 된

복록

5 모든 성도들이 "저의 선령신을 해원시켜 달라고 선생님께 심고하였습니다." 하니

6 상제님께서 기쁘게 웃으시며 "일이관지(一以貫之)니 이것이 곧 기제(忌祭)니라." 하시고

7 음식을 맛보신 다음 "진평(陳平)이 분육(分肉)하듯 균일하게 나누어 먹으라." 하시니라.

8 또 말씀하시기를 "사람이 조상에게서 몸을 받은 은혜로 조상 제사를 지내는 것은 천지의 덕에 합하느니라.

9 지금 너희가 행하는 제사 범절은 묵은하늘이 그릇 지은 것이니 이제 진법(眞法)이 다시 나오리라." 하시니라.

조상 제향을 지낼 때

10 하루는 말씀하시기를 "앞으로 때가 되어 너희들이 조상 제향(祭享)을 지낼 때 나를 맨 위쪽에 모시고

11 너희들의 부모가 나를 모시는 영화와 즐거움을 누리게 하여 나에게 맑은 술을 올리고 공경하여 절하면

12 너희 조상의 영광과 행복 그리고 너희들 마음속의 기쁨을 말로써 다하지 못하리라." 하시니라.

말이 앞서면 못쓰는 것

196 상제님께서 제사에 올리는 메는, 쌀을 일곱 번 찧고 일곱 번 씻어서 짓도록 가르치시니

2 기유(己酉 : 道紀 39, 1909)년에 하루는 호연이 "왜 제사도 안 지내면서 남 제사지내는 데 관여를 해요?" 하고 나서거늘

3 상제님께서 버릇을 고쳐 주시기 위해 "내가 요것을 한번!" 하고 호연의 엉덩이를 힘껏 꼬집으시는지라

4 호연이 "아이, 따가워라!" 하고 울며 상제님을 안고 뒤로 돌아가니라.

5 이에 상제님께서 웃으시며 "너는 아프다고 울면서 저리 가지, 왜 나를 안고 그리 가냐?" 하시거늘

6 호연이 "천리를 가도 만리를 가도 내가 안아야만 떨어지지 않지." 하며 상제님을 더욱 꼭 안으니라.

7 또 상제님께서 까불고 아는 체하는 호연을 꾸짖어 이르시기를 "아는 체하면 내가 혼을 쏙 빼 갈 테니 너 아는 체하지 마라!

8 어느 귀신이 집어가는 줄 모르게 네 신명이 없어지니 본 것도 못 본

다. 제사는 근원(뿌리)을 그리는 인간 본연의 심성을 담아내고 신명을 대접하는 가장 기본이 되는 예(禮)이기 때문이다.

195:1 차례가 아니라 제향이라고 하였으므로 초기 기록인 『대순전경』의 기유년 설날은 잘못된 기록이다. 경석의 부친 차치구의 제일(祭日)은 12월 29일이다.

195:7 진평이 분육하듯. 한나라 개국 초의 재상. 『사기』「진승상세가(陳丞相世家)」에 이르길, 진평이 재(宰)가 되자 그 마을 사제(社祭)때 고기 나누는 것이 매우 공평해졌다고 한다.

복록

듯이 하고, 들은 것도 못 들은 듯이 하여라.

9 일이 앞서야지 말이 앞서면 못쓰는 것이니라." 하시니라.

제사를 모시는 마음

197 하루는 한 성도가 여쭈기를 "오늘이 모친의 기일인데 기르던 개가 새끼를 낳았으니 제사를 지내지 말아야겠지요?" 하니

2 상제님께서 말씀하시기를 "그래, 지내지 마라." 하시니라.

3 다음날 아침에 또 한 성도가 여쭈기를 "오늘이 제 부친의 기일인데 아침에 아내가 출산을 하였습니다. 그래도 제사를 지내야겠지요?" 하거늘

4 상제님께서 말씀하시기를 "그래, 지내라." 하시니라.

5 이에 한 성도가 여쭈기를 "앞의 사람은 개가 새끼를 낳아도 제사를 지내지 마라 하시고, 좀 전의 그 사람은 부인이 출산을 해서 피가 방안에 있는데도 제사를 지내라 하십니까?" 하니

6 상제님께서 말씀하시기를 "앞의 놈은 '제사를 지내지 말아야겠지요?' 하니 지내지 말라 한 것이고, 뒤에 온 놈은 '아비의 제사를 지내야겠죠?' 하니 지내라 한 것이니라." 하시니라.

오주(五呪)와 도통천지보은

198 하루는 공사를 보실 때 오주를 가르치며 말씀하시기를 "후천선 경의 조화가 이 주문 속에 있느니라." 하시고 글을 쓰시니 이러하니라.

2
五 呪
오 주

天文地理 風雲造化 八門遁甲 六丁六甲 智慧勇力
천 문 지 리 　풍 운 조 화 　팔 문 둔 갑 　육 정 육 갑 　지 혜 용 력

3 道通天地報恩
도 통 천 지 보 은

태을주와 운장주의 신권(神權)

199 하루는 성도들에게 이르시기를 "태을주(太乙呪)와 운장주(雲長 呪)를 내가 시험하였나니 너희들은 많이 읽으라.

2 일찍이 김병욱(金秉旭)의 화는 태을주로 풀었고, 장효순(張孝淳)의 난은 운장주로 끌렀노라.

3 태을주는 역률(逆律)을 범하였을지라도 옥문이 스스로 열리고

199:2 김병욱의 화. 5편 46~50 장 참조.

4 운장주는 살인죄에 걸렸을지라도 옥문이 스스로 열리느니라." 하시니라.

199:3 역률. 역적을 다스리는 법률.

여의주 도수는 태을주

5 만사무기(萬事無忌), 만사여의(萬事如意)하니 여의주(如意珠) 도수는 태을주니라.

6 '훔치'는 아버지, 어머니 부르는 소리니 율려(律呂) 도수는 태을주니라.

7 태을주는 뿌리 찾는 주문이요 선령 해원 주문이니라.

수도 공부의 정법(正法)

200 하루는 상제님께서 성도들에게 말씀하시기를 "주문을 읽는 방법은 마음을 바르게 갖고 단정하게 앉아 성경신을 다하면 되는 것이니라." 하시니라.

2 또 말씀하시기를 "공부할 때 몸을 떨고 허령(虛靈)에 빠지는 것은 마음속에 부정한 생각이 있고 척을 많이 지어 그러하니라." 하시고

3 "올바른 공부 방법을 모르고 시작하면 난법의 구렁에 빠지게 되느니라." 하시니라.

일심 정성으로 천지 기운이 열린다

201 하루는 상제님께서 "주문은 무슨 주문이든지 믿고만 읽으면 좋으니라." 하시고

2 말씀하시기를 "혼기를 잃어 한(恨)이 된 어떤 처녀가 도나 닦으려고 이웃에 수도하는 노부처(老夫妻)를 찾아가 주문을 물으니

3 때마침 노부부는 서로 다툰 뒤라 심사가 불안하여 귀찮은 마음에 '아무것도 싫다.'고 대답하였더니

4 처녀가 이를 주문으로 알고 앉으나 누우나 쉬지 않고 열성으로 읽으니 온 식구가 싫어하였느니라.

5 하루는 그 말을 외우면서 물동이를 이고 오는데 그 아버지가 보리타작하던 도리깨로 물동이를 쳐서 돌 위에 넘어졌으나

6 동이도 성하고 물도 쏟아지지 않았느니라." 하시니라.

복록

일심 공부

202 상제님께서 하루는 김경학에게 말씀하시기를 "일심(一心) 공부가 죽기보다 어려우니라." 하시니

2 경학이 "그러면 공부를 어떻게 해야 하는 것입니까?" 하고 여쭈거늘

202:1~3 태모님의 신도였던 백윤화 성도의 제자 김추광(1912~1986) 증언.

3 대답하여 말씀하시기를 "일기가 청명(淸明)하고 바람 없이 고요한 날, 깊은 물에 돌을 넣으면 소르르 들어가는 그러한 마음으로 한 시간만 나아가도 공부가 되느니라." 하시니라.

49일 수행 공부를 하라

4 하루는 말씀하시기를 "나를 따르는 자는 49일 수행 공부를 하라." 하시고

5 "너희들 공부하려면 욕볼 것이다. 코에다 마늘씨를 박아야 하리라." 하시니라.

도통은 천지망량이 응해야

203 성도들 중에 개고기를 추육(醜肉)이라 생각하여 먹지 않는 사람들이 있으므로

2 하루는 상제님께서 일러 말씀하시기를 "야, 이놈들아! 개고기 안 먹으면 너희들 도통 못 한다." 하시니라.

3 이에 한 성도가 "개고기 안 먹는다고 도통 못 합니까?" 하고 여쭈니

4 말씀하시기를 "야, 이놈아. 후천은 천지망량신(天地魍魎神)이 들어서 도통을 줘.

5 망량신이 개고기를 좋아하는데 너희가 싫어하면 망량신이 미워해서 응하질 않느니라." 하시니라.

203장 상제님 어천 후 구릿골에 살면서 상제님 성도 12명에게 종유하며 천지공사 성언을 수집한 이종선의 제자 나승렬 증언.

나승렬(1923~)

그놈 쓸 만한 줄 알았더니

204 열여섯 살 난 김병계(金炳啓)가 손바래기 앞에 있는 초강(楚江)의 들판길을 지나다가 진창에 빠져 오도가도 못하거늘

2 마침 상제님께서 손바래기로 오시다가 이를 보시고 뛰어들어 병계를 팔에 꼭 끼시고 쏜살같이 들을 건너 손바래기 본댁에 이르시니라.

3 상제님께서 성모님을 뵙고 새 버선을 갈아 신으려 하시는데 버선이 쭉 찢어지므로 다른 새것을 한 손으로 신으시니라.

4 이어 부엌에 걸려 있는 쇠고기를 모두 회로 만들어 잡수신 뒤에

5 병계를 보시며 "그놈 쓸 만한 줄 알았더니." 하시고 돌려보내시니 병계가 허둥지둥 돌아가니라.

호연에게 선매숭자의 명을 내리심

205 상제님께서 호연에게 말씀하시기를 "내가 선매숭자로 명을 빌어

서 너의 명을 이어 주었으니, 네가 오래 살아야 진인(眞人)이다." 하시 거늘

2 호연이 "내가 오래 살면 누가 나를 보살펴 주고 먹여 줘요? 선생님 은 세상 이치를 다 아니 가르쳐 주세요.

3 내 얘기를 가르쳐 줘야 내가 때를 기다릴 것 아니에요?

4 그러면 얻어먹고 다니더라도 '아무 때에는 이러저러할 테니 두고 보자.' 하고 살지만

5 아무것도 몰라서 고생만 하다가 죽을 거면 그렇게 오래 살 사람이 누가 있어요?" 하니라.

6 이에 상제님께서 "너 가르쳐 주면, 요 혓바닥으로 내두른게 안 가 르쳐 준다. 너는 몰라도 혼은 다 안다." 하시니

7 호연이 "뭔 혼이 다 알아요? 내 혼이요, 선생님 혼이요?" 하고 여 쭈거늘

8 걱정스런 표정으로 말씀하시기를 "어린것을 데려다가 '맥을 전한 다.'고 공을 들여 선매숭자로 천지에 제(祭)를 지내 놓았는데

9 저것을 죽이자는 말도 못하고, 놓아 두면 어떤 놈이 죽일 것이고, 저 것을 어찌해야 좋을꼬…." 하시니라.

네 마음이 열두 가지로 된다

206 하루는 상제님께서 "호연이 너도 열두 가지로 된다." 하시니

2 호연이 "사람 하나가 어떻게 그렇게 되어요?" 하고 여쭈거늘

3 빙그레 웃으시며 "네 마음이." 하시고 다시 "흠, 너하고 대면해서 말하는 사람이 우습지, 나 안 할란다." 하시니라.

4 이에 호연이 "아, 좀 해 봐요. 나도 알게." 하고 조르니 상제님께서 "모르는 놈은 손에 쥐어 줘도 모르는 것이다." 하고 가르쳐 주지 않 으시거늘

5 호연이 "알아야 면장을 살지. 어떻게 하면 그렇게 돼요?" 하며 연 신 조르니라.

6 상제님께서 웃으시며 "아이고, 면장을 또 어떻게 알까, 인제 크면 가르쳐 줄게.

7 세상이 그렇게 된다는 말이여. 나는 못 봐도 너는 오래 살면 다 봐." 하고 달래어 넘어가시려는데

8 호연이 "천지를 다 본다면서 왜 못 봐?" 하며 말꼬리를 잡거늘

9 말씀하시기를 "이 땅에 있을 때와 떠서 있을 때와는 다른 것이다."

하시니라.

너를 구완할 사람이 생긴다

10 이에 호연이 "그럼 가끔 나 불러야지." 하니 "너는 한번 올라오면 이 세상이 그만이 되어져. 그러니 너는 내가 부를 때 와야지." 하시거늘

11 호연이 점점 더 궁금하여 "귀신이간디, 부르면 가게? 선생님이 어디로 가 버리고 귀신이 돼요?" 하고 여쭈니라.

12 상제님께서 말씀하시기를 "너, 날씨를 봐라. 금방 구름이 끼어도 비가 올지 눈이 올지 네가 알 수 있느냐? 나는 그런 조화가 있지만 너는 없으니 그려." 하시니

13 호연이 "아이고, 별꼴을 다 보네! 다 같은 눈, 다 같은 사람인데 어찌 선생님은 죽으면 그렇고 나는 죽으면 영 못 살아날까? 나도 그렇게 좀 만들지, 다시 살아나게." 하니라.

14 이에 상제님께서 "나는 그런 재주 없어. 그나저나 커 나가는 것을 움츠리게 한 이치가 되어서 내가 너에게 죄졌다." 하고 다독거리시니

15 호연이 "그런 줄은 아는가 보네. 그럼 살면서 고생 안 하게 해 주면 되지." 하거늘

16 상제님께서 타이르시기를 "너는 오르막을 오르면 평지가 나올 줄 알지만 더 무서운 오르막이 나올 것이다.

17 그것을 면하지 못하면 네가 고생한 보람이 없어.

18 그러니 송죽의 이치를 생각하며 언제든지 마음을 꿋꿋하게 지켜라. 그러면 너를 구완할 사람이 생긴다." 하시니라.

작은 둠벙이 강이 되어 천지백성을 먹인다

207 상제님께서 이어 말씀하시기를 "네 가슴의 둠벙을 퍼 줄 사람이 생겨." 하시니 호연이 "아, 가슴에 무슨 둠벙이 있대요?" 하거늘

2 말씀하시기를 "물이 있으니까 살지, 물 없어 봐라, 죽지. 네가 가만히 있어도 시절이 저절로 가르친다." 하시니라.

3 호연이 다시 "아이고, 내 둠벙을 누가 품어 내?" 하고 여쭈니

4 말씀하시기를 "논에 이끼가 끼면 그 이끼가 벗겨져야 곡식을 먹는 것이니, 자연히 너한테 베풀 사람이 생겨. 때가 있으니 서러워 마라, 잉!" 하시고

5 잠시 아무 말씀도 없으시다가 "이 산만 넘으면 평지가 나올 알

206:18 송죽의 이치. 송죽의 절개는 엄동설한에야 안다는 속언이 있다. 사람의 절개가 변함없이 깨끗하고 굳센 것을 여느 때에는 잘 알 수 없고 어렵고 힘든 때라야 알 수 있음을 비유적으로 이르는 말.

고 넘으나, 넘고 나면 또 악산이 나오니 어찌하면 좋을꼬….” 하시며 한숨을 지으시고

6 다시 한동안 바라보시더니 “네가 장차 형렬이하고 살 터인데 형렬이 때를 못 보고 가더라도 그것을 원통하게 생각하지 말고 살다 보면 천지에서 너를 돌아다보느니라. 너는 원이 없다.

7 작은 둠벙이 강이 되어 천지백성을 다 먹이느니라.” 하시니라.

치자 떡을 해 놓고 나를 불러라

8 상제님께서 하루는 치자나무를 캐어다가 약방 마당에 심으시며

9 호연에게 말씀하시기를 “치자가 열거든 치자 떡을 해 놓고 나를 불러라.” 하시니라.

세상 기운을 이겨야

208 상제님께서는 평소에 말씀이 적으시고 성도들에게도 쓸데없는 잡담을 금하시니라.

2 성도들이 길을 가다가 무엇이 눈에 띄어 칭찬을 하면 상제님께서 문득 꾸짖으시며

3 “남의 것을 칭찬하는 것은 도적의 마음이 발동한 것이니 이것이 세속의 소행이라.

4 마음을 잘 닦아 세상 기운을 이겨야 대인의 반열에 오르느니라.” 하시니라.

5 또 하루는 성도들에게 일러 말씀하시기를 “선천 관습 고치기가 죽기보다 어려우니라.” 하시니라.

노름꾼 잡는 공사

209 하루는 상제님께서 말씀하시기를 “씨름으로 남을 이기는 것도 죄가 되나니, 이는 곧 성한 사람을 병들게 하는 까닭이니라.

2 죄 중에 노름죄가 크나니 다른 죄는 홀로 짓는 것이로되 노름은 남까지 끌고 들어가는 까닭이요

3 또 서로 속이지 않고는 목적을 이루지 못하기 때문이니라.” 하시니라.

4 구릿골 약방 옆집에 사는 김공진(金共辰)이 노름을 자주 하더니 하루는 돈을 크게 잃거늘

5 상제님께서 공진의 아내를 부르시어 “내가 오늘 돈을 줄 터이니 남편 대신 노름을 해서 잃은 돈을 찾아오너라.” 하시며

6 바둑돌처럼 작고 고운 돌을 빼곡하게 넣은 전대를 허리에 동여매

209:4 김공진(金
共辰, 1884~?).
족보명 태응(泰
應), 공진(共辰)
은 자(字). 김자
선(金子善) 성도
의 아들. 동곡(銅

솜)에서 출생하
여 부인 김해 김
씨(1887년생)와
의 사이에 3남 3
녀를 두었다. 이
때 공진은 26세,
그의 아내는 23
세였다.

어 주시고

7 "여기 돈 있으니 네 돈 다 따먹거라. 갑(甲)을 빼야 네가 이기느니라." 하시니라.

8 이에 공진의 아내가 "어떻게 해서 갑을 뺄까요?" 하고 여쭈니 "네 돈을 보면 그들의 눈이 헛보일 것이다.

9 내가 갑 끄트머리에다 푸른 물을 조금씩 뿌려 놓을 것이니 패를 빼라고 갖다 대면 고것을 쏙 빼어라. 그러면 서방 돈을 다 찾을 것이다." 하시니라.

10 저녁이 되어 공진의 아내가 노름판에 가니 자리에 있던 사람들이 전대에 든 것이 모두 엽전인 줄로 알고

11 '저놈을 어떻게 하면 다 따먹을꼬.' 하며 새벽녘까지 자리를 뜨지 않거늘

12 욕심에 눈이 가려진 탓인지 패가 헛보여 자꾸만 다른 패를 뽑으니 공진의 아내가 돈을 몽땅 따 오니라.

공진의 불알을 발라 버릇 고치며 보신 공사

210 상제님께서 공진을 불러 노름한 것을 크게 꾸짖으시며 불알은 불알대로, 자지는 자지대로 빼 놓으시고

2 호연에게 보여 주시며 "이게 동골동골하니 풀 찧는 돌 같으냐, 무엇 같으냐?" 하시거늘

3 호연이 깜짝 놀라며 "아이고, 몰라! 눈알이래요?" 하고 묻는지라 형렬이 "그게 공진이 불알이다." 하고 일러 주니

4 호연이 "공진이가 죽었대요? 그 사람이 우리 모시를 한 필 가져갔는데, 죽었으면 영 못 받겠네?" 하며 걱정을 하니라.

5 상제님께서 공진에게 "너 노름할 적에 돈을 따면 불알이 올라가더냐, 내려가더냐?

6 이것을 쪄서 먹을까, 구워 먹을까? 공진아, 네 연장을 내가 어쩔까나?" 하고 놀리시니

7 공진이 "아이고, 아이고! 부모님이 만들어 줘서 가지고 나온 것을 증산 어른께서 구워 드신다고 하네." 하며 울먹이거늘

8 상제님께서 "어서 꼬챙이 하나 갖고 오너라. 꿰어서 구워 먹어야겠다. 네 것이니 너 하나 먹고 나 하나 먹자." 하시며 오히려 더 놀리시니라.

9 공진이가 땅을 두드리며 애원하다가 "태운장 어른, 살려 주시오.

살려 주시오!" 하며 이내 형렬에게 매달리니

10 상제님께서 나서시며 "어라, 이놈아! 살려줄 것 같으면 네 불알을 발랐겠느냐?

11 애초에 네놈의 행실이 못쓰게 생겼으니 불알을 발랐지." 하시니라.

12 이 때 서중옥이 나서며 "아이고, 어르신! 절에서 뜨물이나 얻어먹고 사는 불쌍한 놈인데…. 불알을 뺏으니 살겠습니까, 살려 주십시오!" 하며 사정하거늘

13 상제님께서 "네놈도 빠지고 싶어서 그러냐? 어떤 놈이든지 다 오너라!" 하며 도리어 역정을 내시니 그 누구도 두려워서 나서지 못하더라.

밀주 장사하던 정동원의 불알도 함께 바르심

211 이 때 마침 진안(鎭安)에 사는 정동원이 밀주(密酒)를 팔다가 발각이 되어 형렬의 집까지 쫓겨서 도망오거늘

2 상제님께서 동원의 불알도 바르시어 "요놈이 크냐, 저놈이 크냐? 어디 저울에 달아 보자." 하시며 저울에 달아 보시고는

3 "이것도 나이 먹은 대로 가는구나. 아까 그놈은 젊다고 무겁더니, 요놈은 가볍구나. 그럼 이놈은 누가 먹을래?" 하고 성도들을 바라보시니라.

4 이에 모두 고개를 흔들며 먹지 않겠다고 하니 이번에는 "물을 팔팔 끓여 끓는 물에 넣어야겠다." 하시거늘

5 공진과 동원이 발을 동동 구르며 뒤에서 잡아당기고 야단을 치는데

6 느닷없이 상제님께서 "아이구, 도둑놈 어디로 갔냐?" 하며 불알을 찾으시매 이미 공진과 동원의 불알이 원래대로 붙어 있더라.

명부에서도 어쩔 수 없노라

212 기유년 3월 그믐에 상제님께서 김형렬, 김자현과 그 아들 태준을 데리고 대원사(大願寺)의 명부전(冥府殿)에 이르러 말씀하시기를

2 "너희들은 명부 내력을 잘 알아 두어라. 속담에 부녀자들이 '살고 죽기는 시왕전(十王殿)에 달렸다.'고 하니

3 명부를 잘 받들도록 하여라. 명부사자(冥府使者)에게도 권한이 있어서 명부의 명을 받고 잡으러 왔다가

4 명부를 잘 위하는 사람을 만나게 되어 간곡한 사정을 들으면 어쩔 수

복록

212:2 시왕. 명부에서 망자를 재판하는 열 명의 왕.

212:3 명부사자. 죽음의 질서로

인도하는 명부사자는 반드시 셋이 온다. 그래서 초상이 나면 먼저 문 앞에 사자밥을 세 그릇 준비한다. 그러나 왕이나 지존의 인물은 일곱 사자가 와서 가마에 태워서 간다고 한다. 이것은 모두 삼신 사상과 칠성 신앙의 신교 문화 우주관과 깊은 연관성이 있다.

213:2~3 "저승 사자가 다 따로 있다. 사자 이름이 뭐라고 했는디 잊어버렸어. 이름이 있다고 그러대. 우리 아들 죽을 적에 사자 셋이 들어오드랑게…."(김호연 성도 증언)

214장 나승렬 증언.

없이 돌아가느니라.

5 명부사자가 돌아가서 사실대로 명부전에 고하면 명부에서도 어쩔 수 없느니라." 하시니라.

사람은 죽어서도 공부를 계속한다

213 하루는 상제님께서 말씀하시기를 "죽는 것도 때가 있나니 그 도수를 넘겨도 못쓰는 것이요, 너무 일러도 못쓰는 것이니라.

2 나의 명으로 명부에서 데려오라고 해야 명부사자가 데려오는 것이니

3 각기 닦은 공덕에 따라 방망이로 뒷덜미를 쳐서 끌고 오는 사람도 있고, 가마에 태워서 모셔 오는 사람도 있느니라.

4 또 하늘에 가면 그 사람의 조상 가운데에서도 웃어른이 있어서 철부지 아이들에게 천자문을 가르치듯 새로 가르치나니

5 사람은 죽어 신명(神明)이 되어서도 공부를 계속하느니라.

6 죽었다고 당장 무엇이 되는 것은 아니니라." 하시니라.

소원하는 바를 이루려면

7 상제님께서 말씀하시기를 "무엇이든지 소원하는 바를 이루려면 천지에만 빌어도 안 되나니

8 먼저 조상에게 빌고 그 조상이 나에게 와서 빌어야 뜻을 이루느니라." 하시니라.

사냥꾼의 일심

214 하루는 상제님께서 옛 이야기를 들려주시며 "잘 알아 두라." 하시니 이러하니라.

2 옛날 어느 절의 중 세 사람이 '10년 동안 나무아미타불을 읽고 절벽으로 뛰어내리면 신선(神仙)이 되어 승천한다.'는 전설을 믿고 매일같이 바위에 앉아 수행을 하는데

3 한 사냥꾼이 얼마간 그 옆을 지나며 보매 참으로 우습기 짝이 없거늘 "저 땡중들은 무얼 하려고 날마다 '나무아미타불'만 읽고 있나." 하며 비웃더니

4 그 후 10년간을 지나며 보니 항상 그 자리에 그 세 사람이 수행을 하고 있는지라

5 자신도 모르게 '10년 동안 저렇게 하니 무얼 해도 안 될 리가 없다.'고 생각하여 그들의 성심에 진심으로 감동하니라.

6 하루는 사냥꾼이 문득 궁금증이 들어 "대사님들! 제가 늘 사냥하러

다니면서 보니 올해가 10년째인 것 같은데 언제나 성공할 것입니까?" 하고 물으니

7 한 중이 "이제 사흘밖에 안 남았다." 하거늘 사냥꾼이 저도 모르게 "길을 가르쳐 주십시오." 하며 공손히 절을 올리니라.

8 이에 세 중이 이구동성으로 "지금이라도 안 늦었으니 남은 사흘 간 일심으로 나무아미타불을 읽고 절벽으로 떨어지면 신선이 된다." 하거늘

9 사냥꾼이 그 말을 크게 믿고 그 자리에 앉아서 나무아미타불을 일심으로 읽기 시작하여 사흘 뒤에 세 중과 함께 절벽 아래로 뛰어내리니

10 사냥꾼이 미처 바닥에 닿기 전에 오색 채운이 일어나며 신선이 되어 하늘로 올라갔다 하더라.

수승화강의 몸 개벽이 되어야

215 상제님께서 말씀하시기를 "아기가 뱃속에 있을 때나 막 태어났을 때에는 세상일을 다 아느니라.

2 그러다가 곡기(穀氣)가 나서 죽도 먹고, 밥도 먹고 하면서 잊어버리는 것이니

3 화(火)한 것을 입에 넣으면 세상 이치를 모르느니라." 하시니라.

태교의 중요성을 가르치심

4 하루는 상제님께서 태교하는 법을 가르쳐 말씀하시기를 "아이가 복중에 있을 때는 반듯하게 앉고, 반듯한 것을 먹고, 마음도 반듯하게 먹어야 하느니라.

5 그래야 뱃속에 있는 자식이 산모의 조화로 바르게 크는 법이니, 큰 자식을 보려거든 마음을 곧게 먹어야 하느니라." 하시니라.

215:5 무엇이든 자신의 마음, 일심정성이 근본이 된다는 말씀이다.

인간이 태어날 때

216 하루는 상제님께서 복남에게 말씀하시기를 "천상에서 사람을 내보낼 때는 유리로 얼굴을 씌우느니라.

2 그래야 자기가 무슨 혼으로 있다가 태어난 줄을 모른다. 그것을 알고 나오면 뭔 일을 저지르느니라." 하시니라.

3 상제님께서 말씀하시기를 "어머니가 뱃속에서 열 달 동안 아이를 기르면서 온갖 선을 다하다가

4 날 때에 이르러서는 일 분간의 악을 쓰나니 이로써 악이 생기느니라." 하시니라.

복록

217:2 복장에 음식이 걸림과 같으니라. 동양의학에서 말하는 인간 병리의 총결론은 체증(滯症)이다. 만병은 체해서 오는 것이다. 오장육부에 생기는 병뿐만 아니라 심리적, 정신적, 영적 문제로 생기는 모든 병을 체증이라 한다. 마치 복장에 음식이 걸림과 같이 사물의 보고 들음이 마음에 걸려 있으면 반드시 문제가 되기 때문에 절대 마음에 두지 말라는 말씀이다.

218:2 우주에서 인간으로 태어나 그 생명을 영원히 보존할 수 있는 길(永生의 道)은 결국 천지의 생명의 질서를 다스리시는 상제님의 도(道)를 만나서 닦는 것이며 그것의 결론은 천지와 하나 되는 성경신뿐이다.

복록

마음을 닦는 정법

217 상제님께서 말씀하시기를 "보고자 하는 것은 반드시 볼 것이요, 익히 본 후에는 마음에 걸어 두지 말라.

2 사물의 보고 들음이 마음에 걸려 있으면 복장(腹臟)에 음식이 걸림과 같으니라." 하시니라.

영원히 생명을 늘여 감이 옳은 일

3 상제님께서 성도들에게 말씀하시기를 "비록 고생은 따를지라도 영원히 생명을 늘여 감이 옳은 일이요

4 일시의 쾌락으로 길이 생명을 잃는 것은 옳지 않으니라." 하시니라.

가을 우주의 새 생명을 구하라

5 하루는 성도들에게 글 한 수를 외워 주시니 이러하니라.

6 　天是天非修道道요 不求俗地得長生이라
　　천 시 천 비 수 도 도　　불 구 속 지 득 장 생
　하늘이 옳다 그르다 하지 말고 도를 닦겠다고 말하라.
　세속의 욕망을 버리고 영원한 삶의 길을 구하라.

천지의 기도와 조화의 도

218 하루는 상제님께서 글을 쓰시니 이러하니라.

2　**宙宇詠歌**
　주 우 영 가

　侍天主造化定永世不忘萬事知
　시 천 주 조 화 정 영 세 불 망 만 사 지

　至氣今至願爲大降
　지 기 금 지 원 위 대 강

3　**宙宇壽命**
　주 우 수 명

　至氣今至願爲大降
　지 기 금 지 원 위 대 강

4　**天地誠敬信**
　천 지 성 경 신

제10편

어천(御天)

어천 (御天)

내가 장차 떠나려 하니

어천을 예고하심

1:1 삼계의 모든 일. 상제님께서 주재하시는 천도, 지도, 인도의 모든 일.

1 상제님께서 하루는 수부(首婦)님께 일러 말씀하시기를 "내가 이 세상에 있으면 삼계의 모든 일이 지연되리라.

2 이제 천상에 가서 공사를 펴내어 빨리 진행케 하고 오리니 기다리지 말라. 공사를 마치면 돌아오리라." 하시니라.

천상으로 돌아가실 날을 기약하고 강세하심

2 무신(戊申 : 道紀 38, 1908)년 어느 날 상제님께서 형렬과 호연을 데리고 계룡산에 오르시어 대공사를 행하시는데

2 하늘에서 옥동자가 내려와 상제님께 엎드려 인사를 드리며 "언제 왕림하시려는지요?" 하고 여쭈거늘

3 호연이 '왕림'을 먹는 것인 줄로 알고 "무얼 먹으라고 그런대요?" 하니

4 "너 못 볼 데로 간단다, 너 못 볼 데로." 하시며 머리를 쓰다듬어 주시니라.

5 호연이 대수롭지 않게 "어디로?" 하고 여쭈니 말씀하시기를 "저 천상으로 간다." 하시는지라

6 호연이 "아이고, 그러면 나도 올라갈까?" 하니 "흥, 너는 올라가려면 아직 멀었어. 너는 끝끝내 있어야 해.

2:7 서숙. 조.

7 이제 날 만난 것이 원수를 만났다고 그럴 것이다." 하시고 옥동자를 돌아보시며 "수수가 서숙이 되겠느냐?

8 내가 애초에 이 세상에 내려올 적에 '내가 천지 일을 마치고 어느 때 돌아오리라.' 하고 내려와 한 치의 빈틈없이 공사를 행하고 있으나

2:9 천지의 수천 나라를 화목하게 만드신다는 말씀을 통해, 상제님께서 행하신 천

9 천지에 나라가 한 나라만 있는 것이 아니요, 몇천 나라인데 내가 손을 잡고 화목하게 만들어야 비로소 서로 잘 살 수 있는 세상이 오겠으므로

10 이제 하나하나 살리기 위해 사방천지를 다니며 조화를 부리고 있거늘

11 유독 너희들만이 천상에서 조급히 서두르며 딴 생각을 품느냐!" 하

며 호되게 꾸짖으시고

12 다시 호령하시기를 "내가 천하에서 일을 마쳤으면 지금 여기에 있지 않고 오늘이라도 올라가느니라.

13 곧 너희들과 함께 천상에서 일을 행하리니 돌아가서 내 명을 기다리라.

14 날이 되어야 가지, 지금 내가 '아무 날 간다.'고 할 수가 있겠느냐." 하시며 크게 호통치시니 하늘과 땅이 뒤흔들리더라.

지공사가 지구적 차원을 뛰어넘어 대우주적 차원까지 망라하는 우주촌 통일 공사임을 알 수 있다. 이 지구에 열리는 후천 가을 문명은 우주의 종합 문명이다.

이별을 노래하심

3 겨울에 문공신(文公信)의 집에 가시어 쉬시다가 정읍(井邑)으로 출발하실 즈음에 공신에게 옛 시조 한 수를 읊어 주시니 이러하니라.

2 대천일해(大天一海)에 무근목(無根木)이 떠 있고

3 가지는 열두 가지 잎은 삼백 예순 잎이 피었으니
   뚜렷이 일월이 희도다.

4 구시월 세단풍(細丹楓) 바람 잡아 탄금(彈琴)하니

5 슬프다! 저 새소리 귀촉도 불여귀(不如歸)를 일삼더라.

3:5 귀촉도. 두견이. 두견과의 새.

이 길이 길행이라

4 겨울에 형렬에게 말씀하시기를 "내가 정읍으로 가리니 이 길이 길행(吉行)이라. 이 뒤에 네게 알리리라." 하시고 정읍 차경석(車京石)의 집으로 떠나시니라.

2 대흥리(大興里)에 계실 때 하루는 상제님께서 고수부님의 무릎을 베고 누워 말씀하시기를

3 "내가 죽으면 네가 머리를 풀겠느냐, 아니 풀겠느냐?" 하시니

4 수부님께서 "어찌 머리를 풀지 않겠습니까. 그러한 일은 염려 마소서." 하시거늘

5 이 때 옆방에서 이 모습을 지켜보던 성도들이 서로 바라보며 웃더라.

6 또 수부님께 "영변(寧邊) 수심가(愁心歌)를 부르라." 하시고 음성을 가다듬어 선창하시기를

7 "소슬 동풍(東風)에 궂은 비는 오는데
   울퉁불퉁 저기 저 남산(南山) 보아라.
   우리도 죽어지면 저기 저 모양 되리라." 하시니

8 수부님도 따라 부르시니라.

4:2~5 문공신 성도가 전한 내용.

5:1 이 즈음에 상제님께서는 김광찬의 자살 소동 때문에 진노하여 계셨다. 3편 283장 참조.

5:3 정기. 정(精)이란 몸의 동력의 근원이다. 신장에서 생성되며 생명이 통일되어 물질화 되어 나타난 것으로 심신 활동의 근본이 되는 힘이다. 사람은 정이 고갈되면 죽게 되고, 죽어서 신명으로 태어나도 살아서 도를 닦은 만큼만 정기가 뭉쳐 있게 된다.

경석에게 재삼 다짐을 받으심

5 상제님께서 경석의 집에 머무르실 때 경석에게 이르시기를 "모든 일이 뜻에 맞지 아니하니 내가 이 세상을 버릴 수밖에 없구나.

2 세상을 떠나기는 극히 쉬운 일이니라.

3 몸에 있는 정기(精氣)를 흩으면 불티 사라지듯 하느니라." 하시고 바로 베개를 베고 누우시니

4 경석이 놀라 여쭈기를 "어인 말씀이십니까? 제가 비록 불초하오나 모든 일에 명하심을 좇아 물불이라도 피하지 않겠나이다. 걱정을 거두소서." 하거늘

5 말씀하시기를 "네가 능히 내 명을 좇을 수 있겠느냐?" 하시고 재삼 다짐을 받으신 뒤에 일어나 공사를 행하시니라.

세 식구가 하나 되어도 나를 믿겠느냐

6 상제님께서 하루는 경석과 내성을 불러 앉히시고 먼저 경석에게 "네 열세 식구가 한 몸이 되어도 나를 믿겠느냐?" 하고 물으시니

2 경석이 "저는 열세 식구가 다 살아야겠습니다." 하고 아뢰거늘 상제님께서 말씀하시기를 "대적놈이라." 하시니라.

3 이어 내성에게 물으시기를 "내성이 너는 세 식구가 한 몸이 되어도 나를 믿겠느냐?" 하시니

4 내성이 "예, 세 식구가 한 몸이 되어도 믿겠습니다." 하고 아뢰거늘 상제님께서 "그러면 그렇지! 그래야지." 하시며 크게 기뻐하시니라.

내성에게 붙이신 천지성경신 도수

5 일찍이 상제님께서 내성을 평하시기를

천지성경신 안내성(天地誠敬信 安乃成)
천지불변심 안내성(天地不變心 安乃成)
천지공경신 안내성(天地恭敬信 安乃成)

이라 하시더니

6 상제님께서 어천하신 후에도 내성은 어디를 가든지 상제님께서 잠시 앉으셨던 곳이라도 보면 멈추어 인사를 올리고

7 어머니와 동생을 먼저 떠나보내고도 종신토록 마음을 변치 않고 상제님의 명을 일심으로 지키니라.

마음을 변치 않겠느냐

7 상제님께서 하루는 수부님께 물으시기를 "내가 비록 죽을지라도 마

음을 변치 않겠느냐?" 하시니

2 수부님께서 대답하여 말씀하시기를 "어찌 변할 수가 있겠습니까." 하시매

3 상제님께서 글 한 수를 외워 주시니 이러하니라.

4 無語別時情若月이언마는 有期來處信通潮라
   무 어 별 시 정 약 월   유 기 래 처 신 통 조

   말없이 이별할 때의 정은
   으스름 달빛처럼 애련한 것이언만
   다시 올 기약 있어 믿는 마음은
   조수처럼 어김이 없을진저.

5 또 말씀하시기를 "네게 세 가지 큰 병이 있으니 그중 악한 병이 단독(丹毒)이라." 하시고

6 이어서 "내가 천상에서 신씨(申氏)보고 잘 맡아 보라 하였더니 병 두 가지를 붙여서 보냈구나." 하시더니

7 "독기(毒氣)를 뺀다." 하시며 수부님의 손등을 이빨로 한참 동안 물어 피멍이 지게 하시고 말씀하시기를 "이제 단독은 염려 없다." 하시니라.

8 이에 수부님께서 "나머지 병도 없애 주소서." 하시니 말씀하시기를 "모든 일에 한도가 있고 책임이 있다." 하시고

9 "나머지는 이후에 치유(治癒)할 사람이 있다." 하시니라.

내가 찾아오리라

8 하루는 성도 수십 명을 불러 모으신 다음 대학(大學)과 여러 주문(呪文)과 부서(符書)를 수습하여 수부님 앞에 놓게 하시고

2 수부님으로 하여금 동쪽을 향해 앉아서 시천주주(侍天主呪) 21독을 하게 하신 뒤에 두 분이 서로 마주보고 절을 하시고 천지에 고축(告祝)하시니라.

3 이어 상제님께서 글 한 수를 읽어 주시니 이러하니라.

4 吾君誓約重十山하니 踏盡高高太乙壇이라
   오 군 서 약 중 십 산   답 진 고 고 태 을 단

   나와 그대가 맹세한 언약 온 세상 산보다 무겁고
   높고 높은 태을궁으로 인도하여 천하창생을 건지느니라.

5 상제님께서 수부님께 물으시기를 "내가 수만 리 밖에 가 있으면 어찌하겠느냐?" 하시니

7:5 단독. 헌데나 다친 곳에 연쇄상구균이 들어가 생기는 전염병. 피부가 붉게 붓고 열이 나며 쑤시고 아픈 병.

7:6 신씨. 신여옥(申汝玉, ?~1907). 본관 평산(平山), 부 영오(永五)의 장남. 고수부님의 사별(死別)한 남편. 정미(道紀 37, 1907)년 6월 20일에 작고했다.

8:3~4 이는 지구촌의 인종씨를 추리는 가을 대개벽기에 상제님과 수부님께서 열어 주시는 인류구원의 도법 경계를 말씀하신 것이다.

8:4 '태을단(太乙壇)'은 곧 '태을천단(太乙天壇)'이며 '태을궁(太乙宮)'이다. 태을궁은 조화의 근원인 태을천 상원군님이 임어해 계신 천상의 높고 높은 율려천의 조화 세계를 말한다. 개벽기 구원의 법방인 의통의 주제가 곧 태을주인데, 천지 생명의 근원이자 도의 뿌리인 태을천의 조화 기운을 받아 내리는 주문이다. 이를 상제님과 태모님께서 일꾼들에게 전해 주심으로써 천하 창생을 생명과 광명의 길로 건져 주시는 것이다.

9:5 임옥. 임피와 옥구를 함께 이른 말.

9:5 임옥에서 땅 빠진다. 태모님께서 오성산 도장에서 선화하실 것을 말씀하신 것.

6 수부님께서 대답하시기를 "어디든지 찾아가겠습니다." 하시거늘

7 상제님께서 "오지 못하리라." 하시며 "내가 찾아오리니 기다리고 있으라." 하시니라.

임옥에서 땅 빠진다

9 하루는 상제님께서 수부님께 말씀하시기를 "내가 없으면 크나큰 세살림을 어떻게 감당하겠느냐?" 하시니

2 수부님께서 "어디로 가시는지 저도 따라가겠습니다." 하고 간곡히 청하시니라.

3 이에 상제님께서 슬픈 표정으로 고개를 저으시며 "너는 갈 곳이 못 되노라." 하시거늘

4 수부님께서 "그러면 언제 오시렵니까?" 하고 여쭈니 "곧 돌아오리라." 하시고

5 "임옥(臨沃)에서 땅 빠진다." 하시니라.

수부님께 다짐을 받으심

6 또 상제님께서 "네가 나를 꼭 믿느냐?" 하고 다짐을 받으시니

7 수부님께서 "꼭 믿습니다." 하시며 굳게 맹세하시니라.

이 길이 나의 마지막 길

10 기유(己酉 : 道紀 39, 1909)년 2월 9일에 김자현(金自賢)을 데리고 금구 내주평(金溝 內注坪) 정남기(鄭湳綺)의 집에 가시어 말씀하시기를

2 "이 길이 나의 마지막 길이니 처족(妻族)들을 일일이 찾으리라." 하시며 등불을 들리시고 밤새도록 여러 집을 찾으시니라.

3 이튿날 새벽에 수각리(水閣里) 임상옥(林相玉)의 집에 가시어 양지에 글을 쓰시고 그 종이를 잘게 잘라 서로 이은 다음 집의 뒷담에서 앞대문까지 연결하시니 그 길이가 꼭 들어맞더라.

4 공사를 마치시고 그 동리에 사는 김문거(金文巨)의 집에 가셨다가 다시 만경(萬頃) 삼거리에 이르시어 술을 드시며 쉬실 때

5 마침 한 중이 지나가매 상제님께서 불러 돈 3전을 주시고 자현에게 일러 말씀하시기를

6 "오늘 오후에 흰 무지개가 해를 꿰뚫으리니 내가 잊어버리더라도 네가 잘 살펴보라." 하시거늘

7 오후가 되어 자현이 보니 과연 흰 무지개(白虹)가 해를 꿰뚫으니라.

가족을 당부하심

11 고부(古阜) 본댁에 계실 때 하루는 상제님께서 내촌(內村)에 가셨다가 쌍정리(雙丁里)를 거쳐 손바래기로 돌아오시니라.

2 오시는 길에 나뭇가지로 회초리를 만들어서 좌우로 휘저으며 걸으시니 마치 무엇을 몰고 가시는 듯하더라.

3 이와 같이 회초리를 저으시며 강성회(姜聖會)의 집에 가시어 영탁(永鐸)에게 말씀하시기를

4 "장차 네가 나를 대신하여 내 집안을 돌보자면 수고가 많으리라. 고목(枯木)에 장차 꽃이 피리라." 하시니라.

5 그 길로 본댁에 돌아오시니 가족들이 모두 모이거늘 말씀하시기를

6 "每事不待自然來라." 하시니라.
매사부대자연래

선매승자 공사를 명하심

12 하루는 상제님께서 종이에 제비를 그리신 후에 형렬에게 말씀하시기를 "선매승자를 써야 나갔던 제비가 다시 들어온다." 하시고

2 호연을 가리켜 말씀하시기를 "낳기는 제 어미가 낳았어도 맥은 얘가 붙인다.

3 이 도수를 맞추려면 삼색(三色) 실과 제물이 있어야 하고, 첫 몸을 받아야 천지에 공을 드릴 수 있나니

4 이 애를 잘 돌봐서 선매승자를 받아라. 선매승자를 지녀야 표적이니라." 하시고

5 호연의 첫 경도(經度)를 받아서 공사를 행하도록 그 방법을 세세히 일러 주시니라.

내가 죽더라도 이렇게 해라

13 이 해 봄에 상제님께서 형렬에게 "내가 죽고 없더라도 이렇게 해라." 하고 무엇을 가르쳐 주시니

2 자현이 이를 보고 시새워서 "저도 좀 가르쳐 주십시오." 하고 간청하거늘

3 상제님께서 꾸짖으시며 "그럼 네 조상을 내게 다 주겠느냐?" 하고 물으시니라.

4 자현이 선뜻 대답을 할 수가 없어 "조상을 다 드리다니요…." 하며 대답을 얼버무리니

11:1 내촌. 손바래기 남쪽에 있는 마을.

11:3 강성회. 강석환의 친할아버지이며 아들은 영탁(永鐸)이다.

11:5~6 강석환의 증언. 『동경대전』「탄도유심급(歎道儒心急)」에 나오는 구절이다.

강석환
(1920~1993)

5 그 말이 떨어지자마자 어느새 자현이 모악산 꼭대기의 바위 위에 앉아 있거늘

6 아무리 내려오려고 사방을 둘러보아도 주위가 온통 강이 되어 도저히 나올 길이 없는지라

7 자현이 막막한 마음에 그저 빙빙 돌기만 하니라.

13:8 김형렬 성도와 김자현 성도는 사종(四從)간이다.

8 상제님께서 형렬에게 이를 보여 주시며 물으시기를 "어쩌냐, 너하고 형제간이라 마음이 안타까우냐, 서운하냐? 놓아주랴, 건네주랴?" 하시니

9 형렬이 대답하기를 "아이고, 모르겠습니다. 건네주려면 주시고 마음대로 하시지 저는 이러시라 저러시라 못 하겠습니다." 하니라.

자식이 뭔 죄인고

10 이에 상제님께서 웃으시며 "어째서 그러냐?" 하고 다시 물으시니 형렬이 "저도 그놈 괘씸하니 살려 주시라 마시라 그런 소리 하지 않겠습니다." 하고

11 돌아서며 혼잣말로 "자식이 뭔 죄인고. 애비 죄를 자식이 대신할 게 아닌데…." 하거늘

12 상제님께서 고개를 끄덕이시며 "그래도 깡다구는 있구나." 하시니 말씀이 떨어지자마자 어느 결에 자현이 돌아와 앉아 있더라.

13 상제님께서 어리둥절해하는 자현에게 타일러 말씀하시기를 "네가 뉘 덕으로 곁에 와 있는 줄 아느냐?

14 형렬이 '애비 죄로 자식이 뭔 고생이냐.'고 그러길래 내가 너를 건네주었느니라.

15 그렇지 않았으면 너는 강만 뱅뱅 돌다 말 참이었느니라." 하시니라.

내가 장차 죽으리라

14 3월에 하루는 상제님께서 하루 밤낮으로 계속하여 코피를 흘리시거늘

2 김갑칠(金甲七)에게 명하여 관을 짜게 하시고 감주 한 그릇을 드시니 코피가 그치고 원기가 곧 회복되시니라.

3 이 달에 상제님께서 형렬과 자현을 데리고 전주(全州)에 가시려고 청도원(淸道院) 뒷재를 넘어가실 때

14:4 조모. 남양 홍씨(南陽洪氏). 기유(道紀 39, 1909)년 3월 21

4 자현이 아뢰기를 "저의 조모가 오늘로 학질이 세 직이온데 어떻게 될는지 모르겠습니다." 하니

5 "학질이 세 직이면 거적 갖고 달려든다는 것 아닌가!" 하시니라.

6 상제님께서 백남신(白南信)의 집에 이르시어 남신을 데리고 전주 남문 누각에 올라 북학주(北學主) 공사를 보시고 남신의 집으로 돌아와 점심을 드시니라.

7 이때 한 사람이 급히 달려 들어오며 자현에게 '조모께서 돌아가셨다.'는 부고를 전하는지라

8 일행이 구릿골로 돌아오니 장례 준비가 한창이거늘 상제님께서 말씀하시기를 "'학질로 상한다.'함이 옳도다." 하시니라.

9 며칠 후 친히 잡아 주신 장지(葬地)에 이르러 의관을 벗으신 다음 칠성판을 등에 대시고 널 안에 누우시더니

10 말씀하시기를 "죽어서나 누울까 살아서는 못 눕겠다." 하시고 다시 "내 몸에 맞기는 맞는다." 하시니라.

11 그 뒤에 자현을 불러 이르시기를 "널 한 벌을 만들어야 하겠으니 박춘경(朴春京)의 집에서 파는 관재(棺材) 중 잘 맞는 것으로 가져오라.

12 내가 장차 죽으리라." 하시고

13 다시 혼잣말로 말씀하시기를 "이 살이 어서 썩어야 할 텐데…." 하시니

14 자현이 놀랍고도 민망하여 "선생님이시여, 어찌 그런 상서롭지 못한 말씀을 하십니까?" 하고 여쭈거늘 "네가 내 말을 믿지 않는구나." 하시니라.

나의 묘지라고 하리라

15 하루는 상제님께서 연자봉(燕子峰)을 가리키시며 물으시기를 "저 봉우리를 사람들이 뭐라고 부르느냐?" 하시니

2 "연자봉이라 합니다." 하고 아뢰거늘 "연자봉이 아니라 제비봉(帝妃峰)이니라." 하시니라.

3 또 하루는 구릿골 앞 오리알터를 가리키며 말씀하시기를 "저곳을 세상 사람이 나의 묘지라고 하리라.

4 그러나 개뼈가 묻힌지 소뼈가 묻힌지 누가 알겠느냐?" 하시니라.

두 달 뒤에 죽으리라

5 이 해 4월에 상제님께서 청도원 이극서의 집에 종종 찾아와 말씀하시기를 "내가 이제 두 달 뒤에 죽으리라." 하시니

6 극서는 '돈 사람이 미친 소리 한다.'고 생각하니라.

일에 동곡(銅谷)에서 81세로 작고.

14:4 직. 학질 등의 병이 발작했다 수그러들었다 하는 주기적인 차례.

14:11 박춘경(朴春京, 1857~1924). 본관 밀양(密陽). 부 근성(根盛)과 모 황씨(黃氏)의 장남. 김제시 금산면 청도원에서 평생을 살았다.

15:1 연자봉. 제비산의 봉우리.

15:2 이 말씀은 수부로 세운 바 있는 김형렬 성도 셋째 딸의 운명을 읽어 주신 것이다. 11편 25장 참조.

15:3 오리알터. 금평제 앞 오리알터는 장차 오리가 알을 낳는 곳이 될 것이라 해서 붙여진 이

름이라 한다. 실제로 상제님의 공사에 의해 1961년에 금평 저수지가 만들어져 겨울이면 많은 물오리가 날아들어 오리알을 낳고 있다.

15:3~4 이후 상제님의 성골을 되찾느라 태전형무소에서 7년을 복역한 문공신 성도는 오리알터를 쳐다보지도 않았다고 전한다. 또 상제님께서 앉으셨던 자리만 보아도 꼭 인사를 드리던 안내성 성도도 제자들에게 '그곳은 쳐다보지도 말라.'고 했다 한다.

15:5~6 이극서의 증손으로 군산에 거주하는 이태주(1946~) 증언.

16:3 손이 한 마디만 있어도. 이는 증산 상제님의 도법 경계를 헤아릴 수 있는 지극히 중요한 말씀이다. 단순한 조화 술수로 알아서는 안 된다.

16:4 장탯날. 약방 뒷산 왼쪽에 있는 장태산의 산자락.

죽고 살기를 뜻대로 하노라

16 상제님께서 말씀하시기를 "사람의 죽음길이 먼 곳이 아니라 문턱 밖이 곧 저승이니

2 나는 죽고 사는 것을 뜻대로 하노라." 하시고

3 또 말씀하시기를 "나는 손이 한 마디만 있어도 일어나고, 머리카락 하나만 있어도 거기 붙어서 나오느니라." 하시니라.

죽은 몸을 묶지 마라

4 하루는 장탯날 풀밭에 누워 말씀하시기를 "이곳이 나중에 내 몸을 위한 땅이니라." 하시니라.

5 또 말씀하시기를 "내가 죽은 후에 천개(天蓋)에다 못질을 하지 말라." 하시고

6 "죽은 자의 시신을 묶는 것은 선천의 악법이니라." 하시니라.

네 부모처럼 섬기라

17 하루는 상제님께서 박공우(朴公又)에게 물으시기를 "네가 일찍 부모를 잃었느냐?" 하시니 공우가 "예, 그렇습니다." 하거늘

2 말씀하시기를 "이 뒤로는 나의 부모를 네 부모와 같이 섬기라." 하시니라.

3 또 이르시기를 "공우야, 내가 천하사를 하기 위해 떠나리니 내가 돌아오기까지 죽으로 연명하라.

4 너희들은 오직 식난(食難)이 있으리라." 하시니라.

5 하루는 성도들에게 말씀하시기를 "울타리 없는 집에서 살라. 찌그러진 오막살이에서 살아도 진심으로 나를 믿고 공부하라." 하시니라.

수발 든 형렬의 큰며느리

18 형렬의 큰며느리인 이정숙(李貞淑)이 상제님을 정성스럽게 수발 들며 시아버지처럼 잘 섬기거늘

2 상제님께서 손수 은비녀도 사다 주시고 신발도 꽃신, 진신, 마른신을 다 사다 주시며

3 또 "없는 데 시집와서 불쌍하다." 하시며 돈을 주기도 하시니 정숙이 더욱더 지성으로 모시니라.

본댁을 찾으시고 성묘하심

19 5월에 상제님께서 객망리에 가시어 각 선령(先靈)의 묘소에 성묘하

시고 시루산에 오르시어 조모님의 산소를 찾으시니라.

2 성묘하신 후에 서산리(書山里) 외가를 찾으시고 다시 객망리 수십 호 문중을 찾으시니 문중 노인들이 '집안을 망쳐 놓은 증산이라.'고 욕하며 반기지 않으니라.

3 며칠 후에 상제님께서 부모님께 이별의 예를 올리시면서 "지금 떠나면 언제 올지 모르오니 몸을 안보(安保)하십시오." 하시고 밖으로 나오시니 정씨 부인이 뒤따라 나오는지라

4 상제님께서 이르시기를 "그 어떤 고생스런 일을 당할지라도 잘 인내하라. 나는 이제 다시 오기 어려울 것이라." 하시니

5 정씨 부인이 한탄하는 소리로 "잘난 자식 다 죽이고 또 못 오신다 하십니까?" 하며 이런저런 푸념을 늘어놓거늘

6 상제님께서 크게 노하여 추상같이 꾸짖으시니 정씨 부인이 슬피 울며 돌아서니라.

무엇으로 그 마음을 달래 주리오

20 이 달에 갑칠에게 장령(將令)을 붙여 서양으로부터 우사(雨師)를 넘겨 오시니

2 류찬명(柳贊明)이 여쭈기를 "이러한 묘한 법을 세상 사람이 다 알지 못하오니 원컨대 세상 사람으로 하여금 널리 알게 하옵소서." 하거늘

3 상제님께서 말씀하시기를 "너는 내가 길게 살기를 바라는구나." 하시고 옛글을 외워 주시니 이러하니라.

4 稚兒哭問母何之하니 爲道靑山採菜遲라
　치 아 곡 문 모 하 지　　위 도 청 산 채 채 지
　日落西山人不見한대 更將何説答啼兒오
　일 락 서 산 인 불 견　　갱 장 하 설 답 제 아
　어린아이가 울면서 어머니 간 곳을 물으니
　저 청산에 약초 캐러 간 발걸음이 더디다고 이르더라.
　해는 서산에 지고 사람의 그림자는 보이지 않는데
　장차 무슨 말로 저 우는 아이의 마음을 달래 주리오.

5 또 남원(南原) 양봉래(楊蓬萊)의 '자만시(自輓詩)'를 외워 주시니 이러하니라.

6 詩中李白酒中伶인대 一去靑山盡寂寥라
　시 중 이 백 주 중 령　　일 거 청 산 진 적 요
　又去江南楊進士하니 鷓鴣芳草雨蕭蕭라
　우 거 강 남 양 진 사　　자 고 방 초 우 소 소

16:5 천개에다 못질을 하지 말라. 상제님 어천 시 그 자리에 있었던 차순옥 성도가 전한 말로, 그의 딸 차봉수 (1930~)가 일관되게 증언하고 있다. 천개는 관의 뚜껑이다.

18:2 진신. 물이 배지 않게 들기름에 결은 가죽으로 만든 신.

20:4~6 상제님 어천 후 애통해하는 성도들의 모습을 보시고 하시는 말씀이다.

20:5 양봉래(楊蓬萊, 1517~1584). 본명 사언(士彦), 자는 응빙(應聘). 조선 전기의 4대 서예가 중 한 사람.

어천

안일완(1940~)

시로 말하면 이태백이요 술 잘 마시기로는 유령이 뛰어난데
한 번 죽어 청산에 들어가니 모두 소식이 없네.
이제 또 강남의 양 진사도 가 버리니
자고새는 방초 위에 슬피 울고 고적한 비바람만 뿌리는구나.

초립동이에게 기운 붙이신 대공사

21 6월 초열흘께에 상제님께서 윗상나무쟁이 바위에서 장기를 두시니라.

2 이 때 한 초립동이가 금난바위 쪽에서 조랑말을 타고 오다가 상제님께서 장기 두시는 모습을 보고 "나하고 한판 둡시다!" 하매 허락하시거늘

3 뜻밖에 상제님께서 내리 세 판을 져 버리시니 돌연 크게 노하시어 "야, 이놈아! 네가 나를 속여?" 하시며 벌떡 일어나 초립동이를 치려 하시는데

4 초립동이가 먼저 상제님의 샅을 냅다 걷어차매 "어이쿠!" 하시며 부자지를 움켜쥐고 바닥을 뒹구시니라.

5 이에 상제님께서 노기를 띠신 채 초립동이에게 '모일 모시에 지소(紙所)로 오라.' 하시어 약조를 받으시니라.

성도들을 소집하심

6 상제님께서 심기가 불편하시어 구릿골로 돌아오실 때 청도원 김송환(金松煥)의 집에 이르시니

7 마침 신경원(辛京元)이 오거늘 말씀하시기를 "네가 올 줄 알았노라." 하시고

8 양지 한 장을 주어 '유(儒) 불(佛) 선(仙)' 석 자를 쓰게 하신 뒤에

9 상제님께서
'유(儒)' 자 옆에 '니구(尼丘)'라 쓰시고
'선(仙)' 자 옆에 '고현(苦縣)'이라 쓰시고
'불(佛)' 자 옆에 '서역(西域)'이라 쓰시어 불사르시고

10 그 길로 약방에 돌아오시어 각처 성도들에게 "유월 스무날 구릿골 약방으로 모이라."는 통지를 띄우시니라.

초립동이 대운 공사를 보심

22 상제님께서 초립동이와 장기를 두신 지 이레 후에 친히 술을 들고 안필성(安弼成)의 집에 이르시니

2 필성이 상제님께서 '초립동이에게 망신을 당했다.'는 소문에 무척 의아하던 터라 상제님의 안색부터 살피니라.

3 상제님께서 술을 드시며 말씀하시기를 "필성아, 오늘은 내가 너에게 긴히 부탁할 일이 있어 왔다." 하시고

4 이어 말씀하시기를 "사흘 뒤 오시(午時)에 지소로 와라. 지소 움막에 오면 내가 누구와 싸우는 소리가 날 것인데

5 그 때는 문을 열려 해도 열리지 않으리니 어떠한 소리가 나더라도 문을 열어 보지 말고

6 소리가 그치고 조용해지면 문을 향해 나를 세 번 부르고 '필성이 왔다.' 하면 문이 열릴 것이다." 하시니라.

7 이윽고 상제님께서 필성을 바라보시며 유언처럼 말씀하시기를 "필성아, 내가 그날 죽는다. 네 손으로 꼭 나를 장사지내 다오." 하시고

8 또 이르시기를 "너에게 내 수명을 떼어 주마. 우리는 오십 년 후에나 다시 만날 것이다.

9 소가 소꼬랑지 무는 해에 다시 만나자." 하시니라.

상제님을 장사지낸 필성

23 필성이 의혹 속에서 며칠을 보내다가 상제님께서 말씀하신 날이

윗상나무쟁이. 상제님께서 초립동이와 장기를 두신 곳으로 구릿골에서 금산사로 가는 오른쪽 길목에 있으며, 계룡봉을 마주보고 있다.

21:5 지소. 구릿골에서 섭다리골을 따라 올라가면 나오는 마을로, 종이를 만드는 움막이 있어 지소촌이라 했다.

21~22장 인류의 새 시대를 여는 천하사를 위해서는 무에서 유를 개척하고 미래를 지향하며 정의를 사랑하는 젊은이의 순정과 기백이 필요하다. 상제님께서 천지대업을 이루는 주축을 젊은 '초립동이'들에게 맡기시고 기운을 붙이시기 위해 져 주셨으니, 이는 초립동이들에게 하늘도 떠는 패기로 천하사에 임할 것을 명하신 것이다.

어천

되어 장정 서넛을 거느리고 지소 움막에 당도하니

2 과연 대나무 빗살문 안에서 **상제님**의 비명이 들리며 고함치는 소리와 몸싸움하는 소리가 요란하게 들리거늘

3 필성이 초급한 마음에 장정들과 함께 빗살문을 당겨 보고 주먹으로 쳐 보기도 하나 철벽인 양 꿈쩍도 하지 않더라.

4 얼마 후 움막 안이 쥐 죽은 듯 고요해지매 필성이 정신을 수습하여 "증산이, 증산이, 증산이! 나 필성이가 왔네." 하고 **상제님**을 세 번 찾고서 문을 당기니 그제야 열리는지라

5 필성이 황급히 들어가 보니 초립동이는 보이지 않고 **상제님**만 홀로 쓰러져 계시거늘

6 깜짝 놀라 가슴에 귀를 대 보며 맥을 짚어 보고 행여나 하여 옥체를 흔들어 보는데 숨이 끊어지심이 확연하더라.

7 필성이 눈앞에서 친구를 잃고 황당하여 정신이 아득해지더니

23:8 염포. 이 때 안필성은 '상제 님이 또 무슨 요 술을 부리려나.' 하고 못 미더워 하면서도 염포를 준비해 갔다.

8 잠시 후 정신을 수습하여 준비해 간 염포(殮布)를 꺼내고 **상제님**의 의복을 벗기매 온몸에 회초리 자국 같은 시퍼런 피멍이 들어 차마 눈 뜨고 볼 수 없는 지경이거늘

9 필성이 '나 같은 통골도 꼼짝 못하게 하는 증산이 그런 꼬맹이한테 이 모양이 된 걸 보면 잡술(雜術)하다가 정도(正道)한테 맞아 죽은 것이라.' 고 생각하니라.

10 이에 필성이 **상제님**의 성체(聖體)를 수습하여 내동곡에 장사하고 돌아오니라.

부디 마음을 잘 닦으라

24 하루는 **상제님**께서 말씀하시기를 "내가 장차 천하사를 하러 떠나리니 돌아올 때에 48장(將) 늘여 세우고 옥추문(玉樞門)을 열면 정신 차리기 어려우리라.

2 부디 마음을 잘 닦으라." 하시니라.

열석 자의 성령으로 감응하심

어 천 24:3 수원 나그 네. 생명의 본원 이자 태극인 물 (水)은 술(戌五 空)로 표현된다. 상제님 천지대업 이 인사로는 술 (戌)의 기운으로

3 또 말씀하시기를 "상말에 '이제 보니 수원(水原) 나그네'라 하나니 '누구인지 모르고 대하다가 다시 보니 낯이 익고 아는 사람이라.'는 말이니 낯을 잘 익혀 두라.

4 내가 장차 열석 자로 다시 오리라." 하시고

5 "수운가사에 '발동(發動) 말고 수도(修道)하소. 때 있으면 다시 오리.'라 하였나니 알아 두라." 하시니라.

6 또 하루는 성도들에게 옛글 한 수를 읽어 주시니 이러하니라.

7 乾坤不老月長在하고 寂寞江山今百年이라
건 곤 불 노 월 장 재　　적 막 강 산 금 백 년
천지는 쇠하지 않아 달이 항상 떠 있고
적막한 강산은 이제 백 년이로다.

내가 항상 너희들의 등 뒤에 있건마는

25 상제님께서 성도들에게 약방으로 모이라는 통지를 띄우시고 형
렬에게 "의복 한 벌을 새로 지으라." 명하신 뒤에

2 이로부터 곡기를 끊으시고 소주만 잡수시니 이 때 형렬의 큰며느
리가 수종 드니라.

3 20일에 각처 성도들이 구릿골에 모이니 김형렬, 김갑칠, 김자현,
김덕찬, 문공신과 그의 큰아들 광옥, 박공우, 김경학, 신원일, 이치
복, 이공삼, 최덕겸, 채사윤, 류찬명과 그의 큰아들 재옥 등이라.

4 상제님께서 성도들에게 이르시기를 "내가 이제 몸을 피하려 하나
니 너희들이 능히 나를 찾겠느냐?" 하시니

5 모두 큰 소리로 "찾겠습니다." 하고 대답하거늘

6 상제님께서 말씀하시기를 "너희들이 때가 되면 다 한 마당에 들어선
다." 하시니라.

7 다시 안타까운 표정으로 말씀하시기를 "이후에 너희들이 나를 보
지 못하여 애통해하며 이곳에서 왔다갔다하는 모습이 내 눈에 삼
삼하니라.

8 나는 항상 너희들의 등 뒤에 있건마는 너희들은 나를 찾지 못할 것이
요

9 내가 너희들을 찾아야만 나를 만나 보게 되리라." 하시니라.

너희들이 나를 믿느냐

26 이 날 상제님께서 여러 성도들을 한 줄로 꿇어앉히시고 말씀하
시기를 "이제 너희들에게 다 각기 운수를 정하였나니 잘 받아 누릴
지어다.

2 만일 받지 못하는 자가 있으면 그것은 성심(誠心)이 없는 까닭이니
라." 하시고

3 다시 "너희들이 나를 믿느냐?" 하고 물으시니 모두 큰 소리로 "믿습
니다." 하고 대답하니라.

성사되는데 인간 씨종자를 추리는 성자가 사람 중에 있으나 알아보지 못한다는 말씀이다.

24:4 열석 자. '시천주 조화정 영세불망 만사지'의 열석 자의 기운을 취해 오실 것을 말씀하신 것. 13은 서방 가을(4·9 金)의 창조 상수(象數)이다.

24:7 이재(李縡, 1680~1746)의 '도암과시(陶菴科詩)'의 일부. 『용화전경』에는 '건곤부지월장재 적막강산근백년(乾坤不知月長在 寂寞江山近百年)'으로 되어 있으나 바로잡는다.

25:2 김형렬 성도의 큰며느리인 어머니(이정숙)로부터 수없이 들어 온 김현식(1918~)의 증언.

25:3 『대순전경』을 쓴 이상호가 증언을 듣고자 문공신 성도를 여러 번 찾았으나 문공신 성도가 자세한 증언을 해 주지 않았다 한다. 때문에 상제님 어천

4 또 물으시기를 "죽어도 믿겠느냐?" 하시니 모두 대답하기를 "죽어도 믿겠습니다." 하고 맹세하거늘

5 이와 같이 세 번 다짐을 받으신 뒤에 말씀하시기를 "한 사람만 있어도 나의 일은 이루어지느니라." 하시니

6 다만 성도들은 '천하사를 도모하는데 위지(危地)에 들어가서 죽게 될지라도 믿겠느냐.' 는 뜻으로 알더라.

7 또 잠시 후에 성도들에게 말씀하시기를 "내가 천지신명 공판에서 정읍 차경석을 잘 선정하여 실수가 없으니 내가 사람을 잘 알아서 썼다." 하시니라.

이 뒤에 사람 둘이 더 나온다

27 상제님께서 형렬이 새로 지어 올린 옷으로 갈아입으시고 천지공사(天地公事)를 마쳤음을 성도들에게 선포하시니

2 김경학(金京學)이 여쭈기를 "공사를 마치셨으면 나서시기를 바라옵니다." 하는지라

3 말씀하시기를 "사람 둘이 없으므로 나서지 못하노라." 하시거늘

4 경학이 재촉하여 말하기를 "제가 비록 무능하지만 몸이 닳도록 두 사람의 일을 대행하겠습니다." 하니

5 상제님께서 "그렇게 되지 못하느니라." 하시니라.

6 경학이 서운히 여겨 말하기를 "그러면 우리는 모두 쓸데없는 사람이니 선생님을 따른들 무슨 소용이 있겠습니까?" 하고

7 여러 성도들에게 이르기를 "우리는 다 복 없는 사람이니 함께 손잡고 물러감이 옳다." 하며 일어서서 문밖으로 나가니

8 상제님께서 만류하시며 말씀하시기를 "좀 기다리라." 하시니라.

모든 병을 대속하시고 영원한 강녕을 내려 주심

28 경학이 말씀을 거역하지 못하고 다시 들어오니 상제님께서 자리에 누우시며 말씀하시기를

2 "내가 이제 천하의 모든 병을 대속(代贖)하여 세계 창생으로 하여금 영원한 강녕(康寧)을 얻게 하리라." 하시니라.

3 이로부터 각종 병을 번갈아 앓으시되, 한두 시간씩 고통스러워하시며 병을 앓으신 뒤에는 갑자기 일어나 앉으시어 "약을 알았다." 하시고

4 거울을 들어 용안을 이윽히 보시면 그 수척하고 열기가 떠올랐던

기색이 씻은 듯이 사라지고 곧 원기를 회복하시니라.

5 앓으신 병은 대략 운기(運氣), 상한(傷寒), 황달(黃疸), 내종(內腫), 호열자(虎列刺) 등이더라.

6 병을 다 앓으신 뒤에 말씀하시기를 "세상에 있는 모든 병을 다 대속하였으나

7 오직 괴병은 그대로 남겨 두고 너희들에게 의통(醫統)을 전하리라." 하시니라.

괴질을 대속하심

29 이 때 청주(淸州)에서 괴질이 창궐하고, 나주(羅州)에서도 크게 성하여 민심이 들끓는지라

2 상제님께서 말씀하시기를 "남북에서 마주 터지니 장차 수많은 생명이 죽으리라." 하시고

3 勅令怪疾神將이라
칙 령 괴 질 신 장
胡不犯帝王將相之家하고
호 불 범 제 왕 장 상 지 가
犯此無辜蒼生之家乎아
범 차 무 고 창 생 지 가 호
괴질신장에게 내리는 칙령이라.
어찌 제왕과 장상의 집은 범하지 않고
이같이 무고한 창생들의 집을 범하느냐!

라 써서 불사르시며 말씀하시기를

4 "내가 이것을 대속하리라." 하시고 형렬에게 명하시어 새 옷 다섯 벌을 급히 지어 올리게 하신 다음 한 벌씩 갈아입으시고 설사하여 버리신 뒤에

5 다시 말씀하시기를 "병이 독하여 약한 자가 걸리면 다 죽겠도다." 하시니 이 뒤로 괴질이 곧 그치니라.

광찬의 일로 탄식하심

30 21일에 상제님께서 김광찬(金光贊)의 일로 염려하시니 형렬이 아뢰기를 "공우를 정읍에 보내어 광찬을 데려오겠습니다." 하매 대답하지 않으시니라.

2 공우가 정읍으로 가서 상제님께서 광찬을 염려하심과 모든 사람이 광찬을 좋아하지 않음을 경석에게 말하니

을 자신들로 착각하여 『대순전경』 2판에서 5판까지 빠짐없이 수록하나 이상호가 1960년에 와병하여 회생할 수 없는 지경이 되자 1965년에 나온 대순전경 6판에서 이성영이 '사람 둘'을 '사람들'로 비틀어 기록함으로써 종통맥의 근거를 왜곡하였다.

29:1 괴질. 콜레라를 통속적으로 일컫던 말.

30:4 섬피. 곡식
따위를 담기 위
하여 짚으로 엮
어 만든 것.

30:5 이는 차경
석 성도에게 진
주 도수의 양(陽)
도수를 붙이시는
예식이다.

3 경석은 광찬이 구릿골로 가는 것이 불길할까 생각하여 광찬을 속여 정읍에 머물게 하고

4 공우와 함께 길을 떠나 해질 무렵에 구릿골에 당도하니 상제님께서 마당에 섬피를 깔고 누워 계시더라.

5 이 때 상제님께서 경석을 불러 곁에 눕게 하시니라.

잘못된 믿음을 경계하심

31 이 날 상제님께서 약방으로 들어오는 한 성도를 가리키시며 "저 놈은 밤낮 거짓말이나 하고 여기 온다." 하시니 호연이 "뭐라고 거짓말을 해요?" 하고 여쭈거늘

2 말씀하시기를 "제 마누라에게는 '일이 금방 되어서 우리가 큰 부자 된다.' 하고

3 여기 올 때는 제 일가집에 간다고 와서는 저렇게 가지도 않고 있으니 저놈은 거짓말 잘하는 놈이다." 하시니라.

4 이에 호연이 "왜 그런대요?" 하니 말씀하시기를 "아, 세상일이 금방 된다고 그런단다." 하시니라.

치상비를 마련해 두심

32 이 날 신원일(辛元一), 이치복(李致福)이 채사윤(蔡士允)과 그의 처남으로부터 금전 약간을 받아 상제님께 올리니

2 상제님께서 형렬에게 그 돈을 궤에 넣게 하시고 원일에게 명하시어 금전을 낸 사람의 성명을 써서 불사르게 하시니라.

3 상제님께서 다시 형렬에게 명하시어 궤 속에 보관한 돈 가운데 40원을 남겨 두고 다른 곳에 쓰지 못하게 하시며

4 나머지 돈은 여러 사람의 식비에 보태어 쓰게 하시니라.

8월 1일에 환궁하리라

5 이 날 저녁에 성도들에게 말씀하시기를 "이곳에서 일을 꾸미기가 구차하여 이제 떠나려 하노라.

6 갔다 오는 사이에 서양의 여러 나라에서 일이 있으면 내가 하는 것으로 알아라.

7 다른 곳에서 일을 하면 내가 짓는 일이 호호탕탕(浩浩蕩蕩)하리라." 하시고

32:8 환궁하리
라. 하느님의 보
좌로 다시 돌아

8 이어 말씀하시기를 "내가 팔월 초하루에 환궁(還宮)하리라." 하시니라.

나를 보고 싶거든

33 하루는 성도들에게 말씀하시기를 "세상이 너무 악하여 몸둘 곳이 없으므로 장차 깊이 숨으려 하니 어디가 좋겠느냐?" 하시니

2 채사윤은 "내장사(內藏寺)로 가심이 좋겠습니다." 하고

3 신원일은 "부안 변산(扶安 邊山)의 내소사(來蘇寺)로 가심이 좋겠습니다." 하거늘

4 상제님께서 들은 체도 하지 않으시더니 잠시 후에 "나는 금산사에 가서 불양답(佛糧畓)이나 차지하리라." 하시니라.

5 또 하루는 말씀하시기를 "내가 미륵이니라. 금산사 미륵은 여의주를 손에 들었거니와 나는 입에 물었노라." 하시고

6 "내가 금산사로 들어가리니 나를 보고 싶거든 금산 미륵불을 보라.

7 금산사 미륵불은 육장(六丈)이나 나는 육장 반으로 오리라." 하시니라.

천하사를 도모하려 떠나리니

34 이 때 신원일이 여쭈기를 "천하는 어느 때 정하려 하시옵니까? 천하를 속히 평정하시기를 바라나이다." 하니

2 말씀하시기를 "내내 하고 난 것이 동학(東學)이라. 이제 천하를 도모하려 떠나리니 일을 다 본 뒤에 돌아오리라." 하시고

3 원일에게 경계하여 말씀하시기를 "손가락을 곱작거리며 아는 체하는 자와 그 뒤를 좇는 자는 죽음을 면치 못하리라." 하시니라.

4 이후에 원일이 중국 천문학자들을 찾아 중국으로 가다가 압록강도 건너지 못하고 신의주에서 객사하니라.

천하사는 어떻게 되옵니까

35 상제님께서 성도들에게 "장차 도통(道通)은 건감간진손이곤태(乾坎艮震巽離坤兌)에 있느니라." 하시거늘

2 류찬명이 앉아 있다가 큰 소리로 '건감간진손이곤태'를 한 번 읽고 밖으로 나가니라.

3 이 때 최덕겸(崔德兼)이 "천하사는 어떻게 되옵니까?" 하고 여쭈니

4 상제님께서

'子丑寅卯辰巳午未申酉戌亥'
자 축 인 묘 진 사 오 미 신 유 술 해

5 라 가로로 쓰신 후에 말씀하시기를 "이러하니라." 하시니라.

가실 것을 말씀하심.

33:2 내장사. 전북 정읍시 내장산에 있으며 백제 무왕 37년(636)에 영은조사(靈隱祖師)가 창건하여 영은사(靈隱寺)라 칭했다. 그간 여러 차례의 수난으로 정확한 연혁을 알기가 어렵다.

33:3 내소사. 전북 부안군 변산반도 남단에 있는 절. 백제 무왕 33년(633) 혜구두타(惠丘頭陀)가 지었다. 본래이름은 소래사(蘇來寺)이며 내소사라 불리운 것은 19세기 이후로 추정된다.

33:4 불양답. 절에 딸린 논밭.

33:7 육장 반. 1장(一丈)은 여섯자(六尺). 태모님께서 미륵전에 가시어 요강의 오줌을 부은 지 6년 6개월이 지난 갑술(1934)년 3월 9일 밤에 미륵전에 원인 모를 불이 나 미륵불이 타 버리고 무인(1938)년 9월 3일 지금의 미륵불상을 39

척 높이로 다시 조성했다. 11편 375장 참조.

34:2 동학. 상제님의 동학은 '원동학'이며 '참동학'이다.

35:2 류찬명(柳贊明, 1866~1931). 김제시 금산면 청도리에서 부 경술과 모 박씨 사이에서 장남으로 태어남. 키는 약간 크고 구레나룻을 길렀다.

6 이에 자현이 여쭈기를 "그 뜻을 해석하기 어렵습니다. 십이지(十二支)로 천하사가 장차 어느 때에 이루어질지를 어떻게 알 수 있습니까?" 하니

7 상제님께서 다시 그 위에

'甲乙丙丁戊己庚辛壬癸'
갑 을 병 정 무 기 경 신 임 계

8 라 쓰시고 경석에게 "네가 알겠느냐?" 하고 물으시니 경석이 "알 수 없습니다." 하고 대답하거늘

9 상제님께서 "대나무같이 속이 통통 비어 있는 도통자라야 안단 말이다." 하시고

10 또 말씀하시기를 "베 짜는 바디와 머리 빗는 빗과 같으니 알겠느냐?" 하시니 경석이 "알 수 없습니다." 하고 대답하니라.

11 이에 상제님께서 말씀하시기를 "선천의 판안 공부로는 알 수 없을 것이요, 나의 판밖 공부라야 알게 되느니라." 하시니라.

12 이 때 덕겸이 더 자세히 가르쳐 주시기를 청하니 상제님께서 지필묵과 당성냥을 주시며 "공부하고 싶으면 이 지필묵으로 하라." 하시니라.

나는 올라가서도 난리 속에서 산다

36 상제님께서 떠나신다는 말씀을 믿지 못하여 성도들이 여쭈기를 "선생님께서 돌아가시다니 그게 어인 말씀이십니까? 진정 가시고 싶어 그러십니까?" 하니

2 상제님께서 자리에 누우시며 "내가 죽으면 아주 죽느냐? 매미가 허물 벗듯이 옷 벗어 놓는 이치니라." 하시니라.

3 이에 형렬이 안타까운 심정을 가누지 못하여 "어찌하여 가려 하십니까?" 하니

4 말씀하시기를 "내가 지금 일 때문에 급히 가려 하니 간다고 서운하게 생각지 말라.

5 이 다음에 다 만나게 되느니라.

6 나는 이제 올라가도 아사리 난리 속에서 사느니라.

7 지금 전쟁을 하려고 정신을 차리지 못하는데 너희들은 편한 밥 먹는 줄 알아라.

8 이제 배고픈 꼴도 보고 기막힌 꼴도 보게 될 것이다." 하시니라.

태운장이 네 연분이다

37 하루는 상제님께서 "호연아, 호연아!" 하고 부르시매 호연이 곁으로 가니 느닷없이 "호연아, 인제 태운장이 네 연분이다." 하시거늘

2 호연이 쑥스러워 "연분이 뭐여, 염불?" 하고 여쭈니 상제님께서 "아니, 네 배필." 하고 대답하시니라.

3 이에 호연이 "배필은 또 무엇이래?" 하고 여쭈니

4 상제님께서 "네가 철이 없어서 그렇지, 시집가면 남자보고 '새서방'이라고 안 하더냐? 인제 그렇게 돼." 하시거늘

5 호연이 눈을 동그랗게 뜨고 "저렇게 늙었는데 새서방이라고 해요?" 하니 "인제 봐." 하시며 웃음을 지으시니라.

내 녹줄이 떨어졌구나

38 상제님께서 이 달 10일부터 곡기를 끊고 소주만 드시더니 22일에 형렬에게 명하시어 "보리밥을 지어 오라." 하시거늘

2 형렬이 곧 지어 올리매 상제님께서 보시고 "가져다 두라." 하시므로 도로 내가니라.

3 이로부터 한나절을 지낸 뒤에 형렬에게 명하시어 "다시 가져오라." 하시니 밥이 쉬었거늘

4 상제님께서 말씀하시기를 "내 녹줄이 떨어졌구나. 내가 이제 죽으리라." 하시니라.

금산사를 굳게 지켜라

39 이 날 형렬을 불러 말씀하시기를 "저 건너 산에 소나무가 몇 짐이나 되겠느냐?" 하시거늘

2 형렬이 대답하지 못하고 묵묵히 있으니 말씀하시기를 "저렇게 보이는 것도 알 수가 없거늘 보이지 않는 나의 법을 네가 어찌 알겠느냐." 하시니라.

3 또 물으시기를 "네가 알기로 금산사의 주지가 몇 번이나 갈렸느냐?" 하시니 형렬이 "몇이 갈렸습니다." 하고 아뢰거늘

4 상제님께서 다시 "주지는 갈려도 미륵은 그대로 있느냐?" 하고 물으시매 형렬이 "미륵이야 그대로 있지요." 하고 대답하니라.

꼭 지키겠느냐

5 이에 말씀하시기를 "그래야지. 그것까지 없으면 야단이로구나. 돌

은 뜨고 금은 가라앉는다더니 법은 그대로 밝아 있건만 뉘라서 금산사를 굳게 지켜, 죽어서 금산사 지키는 귀신이라도 될까.

6 견디기가 어지간하면 쉽지마는 근본고(根本苦)가 크고 보면 견디기가 어렵지.

7 참으로 알고 보면 하늘이 내려앉고 땅이 꺼져도 견디겠지마는 참으로 어렵지. 참으로 어려워서 견딜 놈 여간해서 없느니라.” 하시고

8 형렬에게 물으시기를 “너는 알면 금산사를 굳게 지키겠느냐?” 하시니 형렬이 “지키겠습니다.” 하거늘

9 또 물으시기를 “꼭 지키겠느냐?” 하시니 형렬이 대답하기를 “꼭 지켜야 할 것 같으면 죽어도 지키겠습니다.” 하니라.

10 상제님께서 말씀하시기를 “너 아니라도 그렇다면 너뿐일까.” 하시거늘 형렬이 꿇어앉아 “꼭 지키겠습니다.” 하니

11 그 말은 들은 체도 아니하시고 “금산사(金山寺) 얻기가 그렇게 어려워.” 하시고

12 “나의 일은 불지형체(佛之形體) 선지조화(仙之造化) 유지범절(儒之凡節)이라야 옳게 가느니라.” 하시니라.

선천 성인 심판 공사

40 이 날 오후에 약방 마당에 멍석을 깔고 상제님께서 그 위에 반듯이 누우시어 치복에게 “새 자리를 그 앞에 펴라.” 하시거늘

2 치복이 명하신 대로 멍석을 가져다 펴니 상제님께서 허공을 향해 준엄한 음성으로 말씀하시기를 “꼼짝 마라. 오늘은 참 성인을 판단하리라.” 하시고

3 문 앞에 세워 두었던 기(旗)를 가져다 불사르게 하시니 뜻밖에 벽력이 일어나니라.

4 이 때 상제님께서 큰 소리로 명하시기를 “공자(孔子) 부르라.” 하시니 성도들이 어쩔 줄 몰라 머뭇거리거늘

5 다시 “어서 공자를 부르지 못할까!” 하고 호통치시매 성도들이 놀라서 엉겁결에 “공자 잡아 왔습니다.” 하는지라

6 상제님께서 “불러 오라 하였지 잡아 오라 안 했는데 너무했다.” 하시고 “너희들은 눈을 감고 보라.” 하시므로

7 성도들이 눈을 감고 보니 뜻밖에 펼쳐 놓은 자리에 공자가 무릎을 꿇고 “공자 대령했습니다.” 하고 아뢰더라.

8 상제님께서 꾸짖으시기를 “공자야, 네가 소정묘(少正卯)를 죽였으니

어찌 인(仁)을 행하였다 하며, 삼대(三代) 출처(黜妻)를 하였으니 어찌 제가(齊家)하였다 하리오.

9 또한 내 도(道)를 펴라고 내려 보냈거늘 어찌 제자들을 도적질 해먹게 가르쳤느냐. 그 중생의 원억(冤抑)을 어찌할까. 그러고도 성인이라 할 수 있느냐!

10 너는 이곳에서 쓸데없으니 딴 세상으로 가거라." 하시고 큰 소리로 "저리 물리쳐라." 하시니라.

11 이어 "석가(釋迦)를 부르라." 하고 명하시니 즉시 석가모니가 "대령했습니다." 하고 꿇어앉아 아뢰거늘

12 상제님께서 꾸짖으시기를 "석가야, 너는 수음(樹陰) 속에 깊이 앉아 남의 자질(子姪)을 유인하여 부모의 윤기(倫氣)와 음양을 끊게 하니

13 너의 도가 천하에 퍼진다면 사람의 종자나 남겠느냐. 종자 없애는 성인이냐?

14 네가 국가를 아느냐, 선령을 아느냐, 중생을 아느냐. 이런 너를 어찌 성인이라 할 수 있겠느냐. 너도 이곳에서 쓸데없으니 딴 세상으로 가거라." 하시고 "이 자도 물리쳐라." 하시니라.

15 상제님께서 다시 명하시기를 "야소(耶蘇) 부르라." 하시니 즉시 예수가 꿇어앉아 "대령했습니다." 하고 아뢰거늘

16 상제님께서 꾸짖으시기를 "야소야, 너를 천상에서 내려 보낼 적에 내 도를 펴라 하였거늘 선령을 박대하는 도를 폈으니 너를 어찌 성인이라 할 수 있겠느냐!

17 네가 천륜을 아느냐 인륜을 아느냐. 너는 이곳에서 쓸데없으니 딴 세상으로 가거라." 하시고 큰 소리로 "이 자를 물리쳐라." 하시니라.

너희들 모두 나의 도덕 안에서 살라

18 이어서 "노자(老子)를 부르라." 하시니 즉시 노자가 "대령했습니다." 하매

19 상제님께서 꾸짖으시기를 "노자야, 세속에 산모가 열 달이 차면 신 벗고 침실에 들어앉을 때마다 신을 다시 신게 될까 하여 사지(死地)에 들어가는 생각이 든다 하거늘

20 '여든한 해를 어미 뱃속에 머리가 희도록 들어앉아 있었다.' 하니 그 어미가 어찌 될 것이냐.

21 그런 불효가 없나니 너는 천하에 다시없는 죄인이니라.

22 또한 네가 '이단(異端) 팔십 권을 지었다.' 하나 세상에서 본 자가 없고, 나 또한 못 보았노라.

고, 겁에 질려서. '너 이놈, 도를 평창하라고 했더니, 너 선령도 몰라보는 놈이, 종교가 종교냐?' 고…. 발발 떨고 막, 말 한마디도 못 하더라고 그러더만."(안내성 성도의 아들 안정남 증언)

40:8 소정묘(少正卯, ?~서기전 496). '소정'은 관직명, 이름은 묘(卯). 정치를 어지럽힌다고 공자에게 죽임을 당한 노나라의 대부(大夫).

40:8 출처. 제사상에 육포(肉脯)를 올리지 않았다는 이유로 공자가 출처하고, 그 아들 백어(伯魚)와 손자 자사(子思)도 역시 출처했다.

40:15 야소. 예수의 음역어(音譯語)다. 예수교는 유일신 신관으로, 오늘의 후천 가을 대개벽기에는 선령의 음덕에 의해서만 살아남는다. 선령신을 박대하는 큰 폐해를 인류에게 끼쳤다.

23 그래도 네가 신선(神仙)이냐! 너도 이 세상에서 쓸데없으니 딴 세상으로 가거라." 하시며 큰 소리로 "당장 물리쳐라." 하시니라.

24 잠시 후에 상제님께서 또 명하시기를 "공자, 석가, 야소, 노자를 다시 부르라." 하시니 그들이 모두 대령하거늘

25 말씀하시기를 "들어라. 너희들이 인간으로서는 상 대우를 받을 만하나 너희들의 도덕만 가지고는 천하사를 할 수가 없느니라.

26 너희들의 도덕이 전혀 못쓴다는 말은 아니니 앞으로 나의 도덕이 세상에 나오거든 너희들 모두 그 안에서 잘 살도록 하라.

27 나의 말이 옳으냐? 옳으면 옳다고 대답하라." 하시며 소리치시니 천지가 진동하여 문지방이 덜덜 떨리더라.

28 상제님께서 다시 말씀하시기를 "수천 년 밀려 오던 공사를 금일에야 판결하니 일체의 원억이 오늘로부터 고가 풀리느니라." 하시니라.

오직 나의 말을 믿으라

41 이 날 저녁에 상제님께서 형렬을 불러 물으시기를 "네가 나를 믿느냐?" 하시므로 형렬이 대답하여 아뢰기를 "믿습니다." 하니

2 말씀하시기를 "성인의 말은 한마디도 땅에 떨어지지 아니하나니

3 옛적에 자사(子思)가 위후(衛侯)에게 말하되 '약차불이(若此不已)면 국무유의(國無遺矣)라.' 하였으나

4 위후가 그 말을 듣지 않았으므로 위국(衛國)이 참혹히 망하였느니라.

5 나의 말도 또한 땅에 떨어지지 않으리니 너는 오직 나의 말을 믿으라." 하시고

6 또 말씀하시기를 "믿는 자가 한 사람만 있어도 나의 일은 되리니 너는 알아서 하라." 하시니라.

당국하면 할 수 있느니라

42 상제님께서 다시 형렬에게 물으시기를 "네가 내 일을 대신 보겠느냐?" 하시니

2 형렬이 "재질이 둔하고 배운 바 없으니 어찌 능히 감당하겠습니까." 하고 대답하거늘

3 상제님께서 꾸짖어 말씀하시기를

"未有學養子而後에 嫁者也라
미 유 학 양 자 이 후　　가 자 야
자식 기르는 법을 배우고서 시집가는 여자는 없느니라.

41:3 자사(子思, 서기전 483?~402). 공자의 손자이며 『중용(中庸)』의 저자.

41:3 약차불이면 국무유의라. 『통감』 1권 갑진년조(甲辰年條)에 나오는 기록.

41:4 위국. 주대(周代) 희성(姬姓) 후작(侯爵)의 나라. 서기전 209년 진(秦)의 2세 황제 때 멸망하였다.

42:3 『대학』 전9장에 있는 말.

4 우순(虞舜)이 역산(歷山)에서 밭 갈고 뇌택(雷澤)에서 고기 잡고 하빈(河濱)에서 질그릇 빚을 때에는 선기옥형(璿璣玉衡)을 알지 못하였나니 당국하면 아느니라.” 하시니라.

5 이 날 밤에 상제님께서 누워 하늘의 별들을 바라보시며 말씀하시기를 “삼태성(三台星)에서 허정(虛精)의 ‘허’ 자 정기가 나온다.” 하시니라.

후천선경 도성덕립(道成德立) 공사

43 23일 오전에 누워 계신 머리맡 벽에

湖南西神司命
호 남 서 신 사 명

이라 써 붙이시고

2 여러 성도들에게 이르시기를 “이제 때가 바쁜지라 일이 절박하니 너희들 중에 임술생(壬戌生)으로 누이나 딸이 있거든 수부(首婦)로 내세우라.” 하시니

3 형렬이 아뢰기를 “수부는 염려 마시고 사업만 추진하옵소서. 수부는 저의 딸로 들여세우겠습니다.” 하니라.

4 이에 말씀하시기를 “세수시키고 깨끗한 옷으로 갈아입혀서 데려오라.” 하시니 형렬이 명하신 대로 하여 셋째 딸을 약방으로 데려오거늘

5 상제님께서 성도들로 하여금 약장을 방 한가운데로 옮겨 놓게 하시고

6 형렬의 딸에게 명하시어 약장 주위를 세 번 돌게 하신 다음 그 옆에 서게 하시고 말씀하시기를 “네 몸에 천하의 재물을 둘러 주리라.” 하시니라.

7 이어 경석에게 명하시어

大時太祖 出世 帝王 將相 方伯 守令 蒼生點考 后妃所
대 시 태 조 출 세 제 왕 장 상 방 백 수 령 창 생 점 고 후 비 소

라는 글을 쓰게 하시니

8 경석이 후비소(后妃所)를 후비소(后妣所)라 썼거늘 “잘못 썼다.” 하시며 불사르시고 다시 써서 약장에 붙이게 하신 뒤에

9 말씀하시기를 “이것이 예식이니 너희들이 증인이 되라.” 하시고 형렬의 딸을 돌려보내신 후에 경석으로 하여금 그 글을 거두어 불사르게 하시니라.

42:4 역산. 중국 산동성 복현에서 동남쪽으로 70리에 있는 산. 수(隋)나라 때 천불사(千佛寺)가 들어서면서 천불산(千佛山)이라 불리게 되었다. 순은 역산에서 밭을 갈다가 30세에 등용되었다.

42:4 뇌택. 중국 산동성 복현 남동쪽에 있는 연못.

42:4 하빈. 중국 수원(綏遠) 탁극(托克) 탁현(托縣) 강의 서쪽.

42:4 선기옥형. 『서경』「요전」에 처음 나오는데, 순이 제위에 올라 제일 먼저 한 일이 선기옥형의 혼천의(渾天儀)를 살펴서 7정(七政)을 가지런히 한 것이다. 5편 196장 참조.

42:5 ‘허’ 자 정기가 나온다. 자미원 밑 태미원에 있는 삼태성의 각 이름이 허정, 육순, 곡생이다. 허정에서 인간 생명의 근본이 되는 정기가 나온다는 말씀이다. 5편 후주 ‘북두칠성과 삼태성’ 참조.

어천

43:7 대시. 여름
철을 종결짓고
가을로 넘어가는
마무리 과정의
가장 큰 때.

43:10~13 이치
복 성도를 만났
었던 허완(1908
~1999) 증언.

서전서문 심법 공부

10 다시 경석에게 명하시어 **"치복을 부르라."** 하시니 치복이 약방 안
으로 들어가 문 옆에 서서 명을 기다리거늘

11 상제님께서 아무 말씀도 없이 벽을 향해 누우신 채로 다만 왼쪽 손
바닥을 펴 보이시는데

12 **書傳序文 萬讀 致福**
　　서전서문　만독　치복

이라 쓰여 있는지라

13 치복이 그 글을 마음에 새기니 상제님께서 나가라는 손짓을 하시
거늘 곧 밖으로 물러나니라.

선천 상극천지의 원과 한을 대속하심

44 증산 상제님께서 9년 천지공사를 종결하시고 **보름 동안 곡기를
끊으시어**

2 굶주림과 무더위 속에서 선천 상극천지의 모든 깊은 한과 원을 거두
어 대속하시니

44:3 생청. 꿀.

3 이 때 소주를 동이째 가져다 놓으시고 큰 대접에 생청(生淸)을 타서
하루에도 몇 차례씩 잡수시어 사흘 만에 동이를 비우시니라.

44:4 항라. 명주,
모시, 무명실 따
위로 짠 피륙의
한 가지.

4 이 때 피가 위아래로 걷잡을 수 없이 솟구치고 쏟아지매 성도들이
닦아 드리려 하되 닦지 못하게 하시거늘 입으신 명주 항라가 온통
피로 젖으니라.

5 상제님께서 계속 선연한 피를 쏟으시어 옷을 버리시니 형렬의 큰며
느리 정숙이 여러 번 옷을 빨아 입혀 드리니라.

김현식(1918~)

45:3 김형렬 성
도의 며느리 이
정숙이 아들 김
현식에게 전한
내용.

어천하실 것을 천지신명에게 선언하심

45 이 날 오후에 상제님께서 몹시 고통스러워하시거늘 약방 마루에
누우셨다가 다시 뜰에 누우시고

2 마당에 나가 뒹굴며 신음하시고 사립문 밖에까지 나가 누워 괴로
워하시더니

3 한참 뒤에 형렬을 불러 이르시기를 "나를 떠메고 너의 집으로 가
자." 하시어 형렬의 집에 가서 누우셨다가 다시 약방으로 돌아오시
니라.

4 이렇게 네댓 번 왕복하시니 형렬이 심히 지치거늘 경석이 대신하
여 두어 번을 더 왕복하니라.

5 잠시 후 상제님께서 일곱 사람에게 양쪽 팔다리와 허리와 머리를 떠받치게 하시고

6 "이리 가자." 하시어 가리키신 곳으로 가면 잠시 뒤에 다시 "저리 가자." 하시는데

7 이러기를 여러 차례 하시더니 다시 약방으로 가 누우시니라.

8 이 때 갑자기 상제님께서 누우신 채 천장으로 일곱 번을 튀어 오르시니라.

생사의 도는 몸의 정기(精氣)에

9 상제님께서 말씀하시기를 "죽고 살기는 쉬우니 몸에 있는 정기(精氣)를 흩으면 죽고 모으면 사느니라." 하시고

10 경석으로 하여금 양지에

全羅北道 古阜郡 優德面 客望里 姜一淳 西神司命
전 라 북 도 고 부 군 우 덕 면 객 망 리 강 일 순 서 신 사 명

이라 써서 불사르게 하시니라.

종통을 바로잡으라

11 또 공신에게 말씀하시기를 "맥 떨어지면 죽으리니 연원(淵源)을 바로잡으라." 하시니라.

내 그늘을 벗어나면 죽으리라

46 밤이 되어 상제님께서 송환으로 하여금 급히 자현을 불러오게 하시거늘

2 자현이 대령하니 방 가운데에 짚자리를 펴고 청수 한 동이를 올리게 하신 다음 "네가 나를 믿느냐?" 하고 물으시니라.

3 이에 자현이 대답하기를 "지성으로 믿나이다. 제가 만일 믿음이 부족하였다면 고부화란 끝에 배반하였을 것입니다." 하니

4 상제님께서 말씀하시기를 "네 말이 옳도다. 내가 이제 일이 있어서 내일 어디로 떠나려 하니 돌아오도록 음(陰) 자라도 받들고 약방을 자주 다니며 잘 믿고 있으라.

5 만일 내 그늘을 벗어나면 죽으리라." 하시니라.

6 자현이 간청하여 아뢰기를 "제가 모시고 따라가려 하오니 허락하여 주옵소서." 하니

7 말씀하시기를 "자현아, 네가 갈 곳이 못 되느니라. 나 혼자 갔다가 다시 오리니 안심하고 있으라." 하시니라.

45:8 류찬명과 그의 아들 재옥 (1893~1956)이 직접 보고 전한 내용.

류재옥
(1893~1956)

45:11 상제님께서 진주 도수의 주인공인 문공신 성도에게 붙이신 도체(道體) 바로잡는 공사이다.

46:1 밤. 『대순전경』에는 21일 밤의 일로 기록하였으나 김자현 성도의 후손들이 소장하고 있는 자료에 따라 23일 밤으로 바로잡는다.

46:3 고부화란. 후천선경 건설의 진주천자 도수를 말한다.

어천

47:2 아내. 김형렬 성도의 부인 황성녀(黃姓女, 1858~1927). 본래부터 나이 차이와 양반 체면 때문에 셋째 딸 김말순(金末順, 1890~1911)을 수부로 들이는 공사에 반대하였다.

47:4 개가. 김말순은 결국 시집을 갔다가 병에 걸려 곧 죽는다. 이후에 김태준이 김말순을 기려 돌부처를 조성한다. "우리 작은 아버지(태준)하고 우리 집안 형수(김종엽)되는 사람하고 둘이 '음이 높으다.'고, '음양 도수 본다.'고 우대해서 묘를 파다가 관을 짜 가지고 그 양반 백골을 거기다가 비단으로 감아서 뒷동산에다 조그만하게 송판으로 집을 지었어. 또 다른 데로 옮겨서 저 안동네 뒷산, 거기다가 묘를 또 썼어요. 거기다가 인제 미륵불이라고 조성을 시방도 해놨어요. 그렇게 해서

너희 집안은 쑥대밭이 되리라

47 이 날 밤 형렬에게 말씀하시기를 "내가 이제 죽으려 하는데 후비(后妃)가 와서 수족이라도 걷어 줘야 할 것 아니냐." 하시니

2 형렬이 집에 가서 사정을 말했다가 도리어 아내에게 핀잔만 듣고 그냥 돌아오니라.

3 이에 상제님께서 노하여 꾸짖으시기를 "안동 김씨가 너 하나뿐이라서 내가 너를 찾은 것이더냐?

4 만일 개가시키면 너희 집안은 쑥대밭이 되어 망하리라." 하시니라.

인류 구원의 의통을 전수하심

48 이 날 밤 성도들을 모두 물리시고 공우만 부르시어 같이 주무실 때, 밤이 깊기를 기다려 이르시기를 "이리 가까이 오라." 하시거늘

2 경석이 상제님께서 공우에게 비명(秘命)을 내리실 줄 알고 엿듣고자 마루 귀퉁이에 숨어 있었으나 공우는 이를 알지 못하니라.

3 상제님께서 물으시기를 "공우야, 앞으로 병겁이 휩쓸게 될 터인데 그 때에 너는 어떻게 목숨을 보존하겠느냐?" 하시거늘

4 공우가 아뢰기를 "가르침이 아니 계시면 제가 무슨 능력으로 목숨을 건지겠습니까." 하니

5 말씀하시기를 "의통(醫統)을 지니고 있으면 어떠한 병도 침범하지 못하리니 녹표(祿票)니라." 하시니라.

6 이 때 경석이 더 오래 엿듣다가는 들킬까 두려워 여기까지 듣고 물러가니라.

7 상제님께서 다시 이르시기를 "공우야, 네 입술에 곤륜산을 매어 달라.

8 내가 천하사를 하기 위하여 곧 떠나려 하노라." 하시니

9 공우가 간청하여 아뢰기를 "하루라도 선생님을 모시지 아니하면 하루의 사는 보람이 없으니 바라건대 저를 따라가게 하여 주옵소서." 하거늘

10 상제님께서 간곡한 음성으로 말씀하시기를 "공우야, 네가 갈 곳이 아니니라.

11 여기에서 천하사를 하기에는 불편한 것이 많으므로 그곳에 가서 할 것이니라." 하시니라.

천하가 모두 같으니라

49 상제님께서 이어 말씀하시기를 "장차 괴질이 대발(大發)하면 홍수가 넘쳐흐르듯이 인간 세상을 휩쓸 것이니 천하 만방의 억조창생 가운데 살아남을 자가 없느니라." 하시고

2 또 말씀하시기를 "공우야, 무진(戊辰)년 동짓날에 기두(起頭)하여 묻는 자가 있으리니 의통인패(醫統印牌) 한 벌을 전하라.

3 좋고 나머지가 너희들의 차지가 되리라." 하시니라.

4 공우가 여쭈기를 "때가 되어 병겁이 몰려오면 서양 사람들도 역시 이것으로 건질 수 있습니까?" 하니

5 말씀하시기를 "천하가 모두 같으니라." 하시니라.

아침에 호연을 부르시니

50 24일 아침 상제님께서 약방에 누워 계시니 형렬을 비롯한 성도 몇 사람은 상제님의 곁을 지키고 있고

2 나머지 성도들은 마루와 마당, 그리고 형렬의 집과 고샅에 흩어져 명을 기다리는데

3 한참 후에 형렬이 "선생님 정녕 돌아가십니까?" 하고 염려하며 여쭈니 상제님께서 형렬의 손을 잡고 빙긋이 웃으시며 "**호연이 좀 부르소.**" 하고 이르시니라.

4 이에 한 성도가 밥 먹으러 간 호연을 데리러 형렬의 집으로 가서 "호연 애기씨 찾아요." 하고 부르니

5 호연이 "누가 오래요?" 하고 묻거늘 그가 벌써 경외하는 마음을 잃고 "아, 증산이 찾지 누가 찾어?" 하며 함부로 말하더라.

6 이 때 호연이 나오려고 신발을 찾아도 보이지 않으니 급한 마음에 형렬의 신을 질질 끌고 약방으로 들어서는데

7 상제님께서 별안간 호연을 데려온 성도에게 "시러베아들놈! 내가 무슨 증산이냐, 이놈아!" 하고 호통치시거늘

8 그 성도가 벌벌 떨며 상제님 앞으로 와서 무릎을 꿇고 앉아 머리를 조아리니라.

9 상제님께서 그의 머리를 처박으시니 머리가 바닥에 부딪혀 이마에 주먹만 한 혹이 생기거늘

10 그 성도가 호연이 일러바친 것으로 여겨 '또 그런 소리 했다.'며 눈치를 주더라.

해원시킨다고 그랬어. 집에서는 미륵이라고 했고 그 돌부처가 사람 키보단 크지."(김택식 증언)

48:5 녹표. 인간의 생명을 유지하는 일체의 것이 녹이다. 그러므로 녹표란 가을 천지의 추살 기운으로 오는 서신의 병겁으로 인간 생명이 사라지는 상황에서 삶을 보장하는 표다. 천하의 복록과 수명이 태을주에 들어 있다.

어천

네 버릇을 고치려 그런다

51 상제님께서 호연에게 이르시기를 "가까이 와 앉아라." 하시니 호
연이 다가와 앉거늘

2 말씀하시기를 "넘어지는데 커다란 신을 신고, 그 의젓잖은 짓 좀
말아라." 하시는지라

3 호연이 "내가 뭘?" 하고 말대꾸를 하니 상제님께서 타일러 말씀하
시기를 "어른의 신을 그렇게 신는 게 아니다.

4 이 다음에 시집을 가도 어른의 신을 신으면 '버릇없고 배운 것 없
다.' 고

5 네가 욕먹는 게 아니라 네 엄마, 아버지가 그렇게 가르쳤다고 욕먹
어. 그러니 네 버릇을 고치려고 내 그런다. 알어?" 하시니라.

6 이에 호연이 "누가 봤다고 해요?" 하고 쏘아붙이듯 여쭈니 상제님
께서 "너 또 맞아 볼래?" 하시거늘

7 호연이 "또 맞을 줄 알고? 내가 도망가지." 하는지라

8 상제님께서 웃으시며 "도망은 어디로 도망을 가? 네가 나 없는 데
몇천 리를 가 봐라, 내가 모르는가." 하시니라.

내가 아무리 먼 데 가 있어도

52 상제님께서 호연에게 "너 나 없으면 찾을래, 어쩔래?" 하고 물으
시니

2 호연이 "지금도 없으면 찾아지고 기다려지는데, 함께 안 가고 어디
갈라고 그래요?" 하니라.

3 상제님께서 눈을 지긋이 감으시며 "너하고 갈 데가 못 돼." 하시니
호연이 의아한 눈빛으로 "그럼 나 어쩌고?" 하고 여쭈거늘

4 상제님께서 몸을 일으켜 호연을 덥석 안으시며 "아이고 세상에, 네
가 나를 그렇게 생각하냐?" 하시니라.

5 호연이 다시 "나는 어쩌라고 혼자 어디 가? 함께 가야지. 나 혼자 이
집에 있는 거 싫어, 안 있을 거야." 하고 떼를 쓰며 품안으로 파고들
거늘

6 상제님께서 호연을 어루만져 주시며 "그러면 네 집에 가 있어라."
하시니

7 호연이 고개를 가로저으며 "집에 가면 먹을 것도 없고, 싫어! 나보
고 '또 거기 갈려냐.' 고 때리기만 하고. 그러니 안 가." 하니라.

8 이에 상제님께서 "그리 안 해. 그리 안 하게 내가 할게." 하시니

9 호연이 뾰로통해져서 "멀리 가는 사람이 어떻게 그리 안 하게 해?"
하거늘

10 상제님께서 호연의 두 손을 꼭 잡으시며 "그리할 수가 있어. 내가
아무리 먼 데 가 있어도 지척에 있는 것이나 진배없어." 하시니라.

11 호연이 고개를 갸웃하며 "별일이네. 어디를 가면 나를 꼭 챙기더니
어째 또 떼어 놓고 가려고 그럴까?" 하니

12 말씀하시기를 "나는 수천 리 먼 데로 올라가." 하시거늘 "그러면 나도
따라가야지." 하며 달라붙는지라

13 상제님께서 다시 자리에 누우시며 "너는 따라오려면 아직 멀었어.

14 그러나 저러나 형렬이 말 잘 듣고 있어. 그러면 내가 와서 인제 너 잡
을게, 응?" 하며 달래 주시고

15 호연을 한동안 물끄러미 바라보시더니 "어린것에다 내가 죄를 많
이 졌네." 하고 힘없이 말씀하시니라.

16 호연이 의아해하며 "무슨 죄? 무엇을 혼자 먹었길래 죄졌어?" 하
고 대꾸하니 상제님께서 웃으시거늘 곁에 있던 성도들도 따라서
웃으니라.

어디 손 좀 잡아 보자꾸나

53 상제님께서 다시 눈을 감고 아무 말씀 없이 누워 계시는데 누가
말씀을 여쭈면 눈을 조금 뜨고 보시다가 도로 감고 하시는지라

2 호연이 한참을 앉아서 기다리다가 "아, 나 부르더니 무엇 하려고
그래요?" 하고 보채거늘

3 상제님께서 숨을 길게 쉬시더니 "내가 가기는 가도 널 못 잊어서 불
렀어." 하시니라.

4 호연이 더욱 궁금하여 "대체 어디를 가려는데 나하고 함께 안 가?"
하고 여쭈니

5 상제님께서 고개를 저으시며 "함께 못 가. 내가 지금은 여기 이러
고 앉아 있지만 구름같이 천리 만리를 댕겨.

6 하늘을 여기서 보면 간짓대로 쑤시것지? 하지만 이게 몇천 리가 되
는지 몰라야.

7 너를 데리고 저리 올라가면 못써서 너를 두고 가려 하니 내가 죄졌다
그 말이여.

8 잘 있어, 잉? 악수하자." 하시며 호연의 손을 꼭 잡으시더니 손을 끌
어다가 손등에 입을 맞추시니라.

참을성이 많아야 한다

9 이어 큰 한숨을 쉬시더니 눈을 떠서 방을 한 번 둘러보시고 "호연이는 밖으로 나가거라." 하시거늘

10 호연이 "어디로 가는가 봐야지. 가는 것 봐야 안 오면 내가 쫓아가지." 하니

11 상제님께서 "그러는 거 아녀. 인제 모든 일을 형렬에게 물어. 그러면 내가 형렬에게서 다 들을게." 하시고

12 다시 "그쯤만 알고 함봉(緘封)을 혀. 봉사가 되어야 하고 벙어리가 되어야 하니 어쨌든지 참을성이 많아야 한다." 하고 당부하신 후에 호연을 내보내시니라.

다 나가거라

54 아침에 약방에 계시던 상제님께서 사시(巳時) 경에는 형렬의 사랑방에 누워 계시니

2 몇몇 성도들은 방안에 있고 나머지 사람들은 마당에 무릎을 꿇고 엎드려 있더라.

3 이윽고 상제님께서 방안의 성도들에게 "다 나가거라." 하고 이르시거늘

4 방안에 있던 성도들이 모두 토방 아래로 가서 무릎을 꿇고 엎드리니라.

이것이 여의주다

55 이 때 호연이 방으로 들어가려 하니 누군가 "들어가지 마라." 하므로 머뭇거리고 있는데

2 상제님께서 "들어와, 들어오너라." 하시매 그제야 안으로 들어가니라.

3 호연이 상제님 곁에 앉으며 "저 사람이 못 들어오게 했어." 하니

4 "그 사람들은 그래도 나 다시 봐. 이 다음에 나 찾으려거든 여기를 봐라, 잉?

5 이것이 여의주다. 내 얼굴을 잊으면 여의주를 생각해라." 하시며 아랫입술 속의 붉은 점을 보여 주시니라.

송죽같이 마음을 굳게 먹어라

6 상제님께서 호연을 이리 한 번 보고, 저리 한 번 보고 하시며 한숨만 지으시는데

7 이 때 형렬이 들어오니 상제님께서 당부하여 말씀하시기를 "잘못

한다고 때리지 말고 일을 생각하라.

8 일을 생각해서라도 호연이 집을 잘 돌봐 주고, 무슨 말을 하더라도 흘리고 말지, 그걸 담지 말아라." 하시니라.

9 이에 호연이 "그게 무슨 말이에요?" 하고 여쭈니 말씀하시기를 "우리가 일을 하다가 그만둬 버리면 네 가족들이 욕을 하고 우리보고 야단을 할 때 형렬이 뭐라고 할까 봐서 하는 소리다.

10 그런 것은 그냥 귀먹은 듯이 흘려야지 잘난 체할 필요가 없다." 하시고

11 또 이르시기를 "어쩌든지 송죽같이 마음을 굳게 먹어라, 응." 하시니라.

12 호연이 그 의중을 깨닫지 못해 "송죽 같은 것은 무엇이고, 굳은 마음은 뭐래요?

13 난 몰라. 어떻게 하면 그렇게 돼? 내가 소나무가 돼요?" 하고 여쭈니

14 상제님께서 "그런 것이 아니라, 너는 인제 허신이라도 살아 있으면 공중에서 네 혼을 빼 가." 하시거늘

15 호연이 놀라서 "내 혼을 빼 가면 난 정신없으라고?" 하매 상제님께서 "내가 있으니 괜찮어." 하시며 호연을 다독여 주시니라.

16 이에 호연이 눈물을 글썽이며 "죽는다면서 있으니 괜찮다고?" 하고 토라지거늘

17 호연의 손을 꼭 잡아 주시며 "호연아, 내가 너에게 큰 죄졌다." 하고 달래 주시니라.

18 호연이 시무룩한 얼굴로 "왜 자꾸 큰 죄를 졌다고 해요?" 하니

19 말씀하시기를 "천지에 제를 지냈다마는 죄는 죄대로 짓고 간다.

20 아이구, 어디 보자! 손으로 찌른 눈 흉터를 보자. 눈 다쳤으면 어쩔 뻔했던고…." 하시며 눈물을 글썽이시거늘

21 호연이 왈칵 울음을 터뜨리며 "나는 선생님하고 떨어지면 누굴 믿고 댕길거나!" 하며 상제님을 부둥켜안으니라.

맥은 네가 붙인다

56 상제님께서 눈물로 얼룩진 호연의 얼굴을 쓰다듬어 주시며 이르시기를 "호연아, 너는 천지에 제를 지내고 고축(告祝)을 해 놔서 버릴래야 버릴 수가 없을 것이다.

2 나를 믿는 사람들이 여러 대를 물러나야 하는데, 움이 피면 거기서 싹이 올라오고 움이 피면 또 싹이 올라오고 그러듯이, 자연히 너 구완할 사람이 생겨." 하시니라.

3 이어 말씀하시기를 "낳기는 제 부모가 낳았지만 맥은 네가 붙인다.

4 맥 모르는 놈은 죽는 것이니 난데없는 도인이 나선다. 천지에서 너를 돌아다보느니라.

5 네 목숨 살려낼 사람이 생겨. 아무튼 잘 있고 잘해라, 잉?" 하고 다정스레 말씀하시니라.

복남을 불러 호연을 당부하심

6 이어 상제님께서 호연에게 "느그 오빠 빨리 불러라." 하시거늘

7 잠시 후에 복남이 이르니 말씀하시기를 "네 동생 좀 잘 살펴 줘라." 하시며 한동안 무슨 말씀을 내려 주시니라.

나 금방 올라간다

57 이 때 밖에는 통지를 받은 성도들과 소문을 들은 사람들이 연이어 도착하거늘

2 서기가 사랑으로 안내를 하면 형렬이 상제님께 아뢰어 몇몇 사람만 들게 하고

3 그 외의 사람들은 서기가 따로 받아서 일일이 거주성명을 물어 적으니라.

상제님 말씀 왜곡자들을 경계하심

4 상제님께서 문득 밖에 모인 여러 성도들에게 꾸짖듯이 말씀하시기를

5 "글 배우는 사람이 도둑놈이지 도둑놈이 따로 없나니 붓대 가진 놈이 제일 큰 도둑놈이니라. 잡부자작(雜敷自作)하지 말라.

6 나의 도가 씨가 되어 싹이 나고, 또 싹이 나서 연(連)하게 될 때 그놈들이 앉아서 요리조리 다 만드니

7 앞으로는 해를 돌아가면서 속고 사는 세상이니라." 하시니라.

8 이에 형렬이 '나가자.'고 눈짓을 하니 호연이 밖으로 나가려고 막 일어서는데

9 갑자기 앞뒷문이 벌컥 열리면서 바람이 휘몰아 들어오고 장대비가 마구 쏟아지며 시퍼런 번갯불이 천둥소리와 함께 방안으로 들어오거늘

10 상제님께서 오른손으로 번갯불을 탁 잡으시며 크게 호령하시기를

11 "어떤 놈이냐? 내가 시간을 저울질하고 있는데 네가 잘난 체하여 마음대로 불칼을 내두르느냐! 나 금방 올라간다." 하시니라.

57:5 붓대 가진 놈이 제일 큰 도둑놈. 상제님의 도법과 행적이 왜곡되어 난법 시대가 열릴 것을 경계하신 말씀이다. 상제님의 진실한 정체를 왜곡하고 수부님을 비롯한 종통전수 도수를 부정, 말살하는 패역자들이 속출하고, 선천 학문의 틀에 갇힌 학자들이 전공바보가 되어 문자놀음으로 상제님의 무극대도의 무궁한 조

형렬에게 기대어 태을주를 읽으심

58 이 때 호연이 신안으로 보니 장수옷을 입은 헤아릴 수 없이 많은 신장들이 말을 타고 기치창검으로 무장한 채 문밖과 집 주위를 에워싸고 있더라.

2 신장들이 상제님께 각기 인사를 드리며 '저는 아무개입니다, 아무개입니다.' 하고 일일이 보고를 드린 다음 한 신장이 앞으로 나서서 "모시러 왔습니다." 하거늘

3 상제님께서 크게 호통 치시기를 "시간이 아직 안 되었는데 뭣 하러 그새 발동을 했느냐!

4 때가 되기도 전에 갈 수 없느니라." 하시니 신장들이 일제히 양쪽으로 갈라서서 하명을 기다리더라.

5 형렬이 호연에게 나가 있으라는 눈짓을 보내니 호연이 "비가 저렇게 쏟아지는데 나가다가 넘어지면 어떻게 해?" 하며 가려 하지 않거늘

6 상제님께서 "안아다가 놓아 줘라." 하고 명하시매 누가 뒤에서 덥석 보듬어다 찬문의 방에 내려놓고는 문을 닫고 가 버리는지라

7 호연이 홀로 방에 앉아서 보는데 양쪽으로 늘어선 신장들 가운데 한 신명이 손바닥에 무엇을 올려놓고 다른 손으로 탁 쳐 보더니

8 신장들을 향하여 "아직도 시간이 멀었구나." 하고 이르더라.

9 이에 줄의 맨 앞에 선 신장 하나가 줄의 가운데로 걸어나오니 양쪽 신장들이 그 뒤를 줄줄이 따르거늘

10 그렇게 얼마를 걸어나와 다시 양쪽으로 갈라져서 되돌아가더니 이내 처음과 같이 정렬하니라.

11 신장들이 두 줄로 서서 명을 기다리는데 상제님께서 "나○○ 왔느냐?" 하고 물으시거늘

12 그 신장이 아직 당도하지 않았기로 다른 신장이 나서며 "오시(午時) 지났습니다." 하고 아뢰니

13 상제님께서 "이놈아, 네가 시기를 아느냐?" 하고 꾸짖으시니라.

14 이어 형렬에게 "꿀물 한 그릇을 가져오라." 하여 드시고 "날은 덥고 머나먼 길을 어찌 갈꺼나." 하시며 형렬에게 몸을 기대신 채 작은 소리로 태을주(太乙呪)를 읽으시니

15 방안에는 김형렬과 최상문, 그 외 두 명의 성도가 무릎을 꿇고 앉아 있더라.

16 이 때 경석이 방으로 들어오니 흘겨보며 말씀하시기를 "정가(鄭哥),

어천

정가(鄭哥)! 글도 무식하고 똑똑하지도 못한 것이 무슨 정가냐!"하시고 다시 누우시니라.

하늘 보좌에 오르실 때

59 이 때 문득 하늘문이 열리며 선녀들이 황금빛 발판이 달린 **빨간 줄**을 좌우에서 내려 주고

2 마당과 고샅을 가득 메운 신명들은 노래하듯 일제히 어떤 글을 읽는데

3 마치 벌들이 모여서 웅웅거리는 듯한 소리가 온 하늘에 울려퍼지니 그 광경이 아주 웅장하더라.

4 상제님께서 다급하게 "형렬아!"하고 부르시며 "잘들 있거라. 잘 있거라, 간다."하시고 하늘로 오르시는데

5 어느새 옥색 도포에 관을 쓰시고 붉은 띠를 두루마기 끝까지 길게 늘이시고 홍포선(紅布扇)으로 얼굴을 가리신 모습이 마치 장가드는 새신랑 같더라.

6 선녀들은 하늘에서 줄을 끌어올리고 말을 탄 신장들은 양옆에서 상제님을 호위하며 공중을 떠가거늘 그 광경이 참으로 위엄 있고 웅대하며

7 눈부신 대광명 속에 열려 있는 하늘길이 이루 형용할 수 없이 찬연하고 황홀하더라.

8 상제님께서 "나중에 또 이와 같이 내려오리라."하시고 하늘문에 드시니 순간 문이 닫히거늘

9 먹구름이 온 대지를 흑암으로 물들이는 가운데, 기세를 더하여 거칠게 휘몰아치는 바람과 세차게 떨어지는 장대비와

10 번쩍번쩍 대지를 훤히 밝히는 번개와 방포성과도 같은 천둥소리에 온 천지가 소요하더라.

너는 올 곳이 못 된다

60 사방에 잠시 흑암이 깃드는가 싶더니 갑자기 호연이 있는 방으로 번갯불이 쑥쑥 들어오며 문이 저절로 열리거늘

2 호연이 버선발로 뛰어나와 "올라가지 마요. 떨어지면 어째요? 나랑 가요!"하고 동동거리며 울다가 그대로 주저앉아 버리니라.

3 상제님께서 이를 애처로이 여기시어 "너는 올 곳이 못 된다. 나도 이제 몇 번을 둔갑할지 모르고, 나라고 안 늙고 이렇게 생겼간디?"하시니

4 호연이 천만 뜻밖에 상제님께서 대답해 주심에 반갑고 또 안심이

59:5 관. 증언 내용으로 보아 통천관(通天冠)과 유사한 것으로 보인다. "머리에다가는 바구니, 채반 같은 것을 썼는디, 꼭 채반 같여. 근디 여기도 불뚝 여기도 불뚝, 그리고 홍선을 받쳤다." (김호연 성도 증언)

통천관

되어 "둔갑은? 또 호랑이 가죽 둘러써요?" 하고 대꾸하거늘

5 상제님께서 "아니, 내가 천하를 갖고 내두르니 너 같은 녀석은 후우 불면 날아가." 하시니라.

하늘길만 쳐다보며 울더라

6 이에 호연이 아직도 상제님께서 곁에 살아 계신 것처럼 느껴지므로 "어디 해 봐, 내가 날아가는가. 안 날아가네!" 하며 장난을 치는데

7 상제님께서 "호연아, 잘 있거라. 이 다음에 또 만나자!" 하시며 마지막 인사말을 하시더니 더 이상 대답하지 않으시거늘

8 마당과 고샅에서 엎드린 채 비를 맞으며 흐느끼던 성도들이 모두 일어서서 오색 서기가 비치는 하늘길만 쳐다보며 울더라.

9 이 날은 환기(桓紀) 9108년, 신시개천(神市開天) 5807년, 단군기원(檀君紀元) 4242년, 조선 순종(純宗) 융희(隆熙) 3년, 기유(己酉 : 道紀 39, 1909)년 6월 24일(양력 8월 9일)이요

10 상제님의 성수(聖壽)는 39세이시더라.

영신이 뜨셨다

61 호연이 상제님을 뵈려고 바깥사랑으로 들어가니 형렬이 "벌써 떠나셨다." 하고 이르거늘

2 그래도 가까이 가서 주물러 보며 '여기 있는데, 참말일까?' 하고 용안에 얼굴을 가져다 대니 찬바람만 홀홀 나오더라.

3 이를 지켜보던 형렬이 안쓰러워 "영신(靈身)이 뜨셨다." 하고 재차 이르거늘

4 상제님께서 조화로 하늘에 오르시고 몸만 계시는 줄로 믿었던 호연이 그제야 상제님께서 어천하셨음을 실감하니라.

5 이 때 공우가 크게 울며 말하기를 "허망한 일이로다. 대인(大人)의 죽음이 어찌 이렇게 아무 이상이 없이 잠자는 것과 같으리오." 하고

6 덕찬, 준찬 형제는 "허망하다, 허망하다." 하며 슬피 울부짖으니라.

7 상제님께서 어천하시고 나자 잠시 후에 언제 그랬냐는 듯이 해가 뜨고 날이 청명하게 개며 오색 구름이 뜨더니

8 지붕으로부터 하늘까지 뻗친 영롱한 서기가 이레 동안 계속되니라.

흩어져 돌아간 성도들

62 증산 상제님께서 어천하실 즈음에 성도들에게 몇 차례 깨우쳐 말

61장 상제님 어천 장소. 『대순전경』을 비롯한 초기 기록은 모두 어천 정황이 상세하지 못하며 약방에서 어천하신 것으로 되어 있다. 그러나 김호연 성도만은 어천 직전부터 어천, 그리고 상제님의 대여가 나가 초빈하기까지, 어천에 대한 전반적인 상황을 아주 또렷이, 상세하게 기억하고 있었다. 김호연 성도의 생생한 증언에 의해 비로소 상제님께서 어천하신 장소가 김형렬 성도의

집 바깥사랑이었음이 밝혀진 것이다.

61:6 김덕찬 성도는 종종 후손들에게 "너희들이 뵈었으면 못 믿을 사람들이 많았을 것이다." 라고 하였다.

61:8 이레 동안. 상제님께서 탄강하실 때에도 상서로운 기운이 온 집안을 밝게 둘러싸고 하늘에 통하여 이레 동안 계속되었다.

쓸하시기를 "너희들이 큰 복을 구하거든 일심(一心)으로 나를 믿고 마음을 잘 닦아 도를 펴는 데 공을 세우고

2 오직 의로운 마음으로 두 마음을 두지 말고 덕 닦기에 힘써 내가 돌아오기를 기다리라." 하시더니

3 천만 뜻밖에도 상제님께서 어천하시매 몇몇 성도들이 크게 낙심하여 흩어져 돌아가니라.

상제님의 성체를 모심

63 이 때 형렬이 새로 장만한 옷을 입혀 드리고 성체를 아랫목에 동쪽으로 향하도록 문과 나란히 모신 후에

2 앞뒷문을 열어 두고 주렴을 치니 모두 밖에서 바라보기만 할 뿐 함부로 떠들어 보지 못하거늘

3 일부 성도들과 상제님께 평소 은혜를 받은 이들이 상제님의 모습을 단 한 번이라도 더 보고 싶어 야단이더라.

통곡하시는 성부님

4 형렬이 손바래기 본댁에 부고하여 성부님을 모셔오니 성부께서 통곡하시며 슬픔으로 날을 보내시다가

5 상제님께서 어천하신 지 사흘 만에 실성하신 듯 소란을 피우시므로

6 형렬이 아무데도 가시지 못하도록 붙들고 정신이 드실 때까지 지키게 하며 성부님의 마음을 위로해 드리니라.

슬피 우는 종도들

64 상제님께서 살아 계실 때에는 꾸중듣는 것을 염려하여 그 누구도 호연에게 함부로 말을 하지 못하더니

2 상제님께서 어천하시자 '선생님께서는 호연이 역성만 드신다.' 하여 평소 호연을 시샘하던 이들이 "아이구 호연이, 아이구 호연이~." 하며 놀려대더라.

3 또 마음보가 불량하고 불경스러워 상제님께 혼쭐이 났던 몇몇 종도들은

4 평소 상제님을 바로 쳐다보지도 못하고 무서워서 벌벌 떨기만 하더니

5 상제님께서 어천하심에 '이제는 살았다.' 며 춤을 추기도 하고 고개를 흔들며 좋아하거늘

6 호연이 그 모습에 심사가 나서 "어른이 없어도 좋아서 웃네? 저것들, 좋아서 꽁지 피네~" 하며 비아냥거리니라.

7 그러나 처음에는 좋아하던 종도들도 시간이 지날수록 상제님이 그리워지니 나중에는 온통 우는 사람뿐이더라.

8 그 중에도 목포 사람 장서방은 "그 재주를 다 어떻게 하고 가셨습니까?" 하고 땅을 치며 통곡하다가

9 이내 돌을 주워 땅이 패이도록 두드리며 섧게 우니 그 모습이 참으로 애절하더라.

일을 하려고 가셨는데 어이 우느냐

65 상제님께서 갑작스럽게 떠나시매 이렇듯 종도들이 모두 '허망하고 비통하다.'고 이르며 슬피 통곡하니

2 형렬이 이를 꾸짖어 말하기를 "당신께서는 일을 하려고 가셨는데 어이 못 잊어서 우느냐?

3 '나라가 한 나라가 아니요 몇천 나라일진대 그 나라들이 합심을 해서 서로 손을 잡아야 일이 된다.'고 하신 말씀을 잊었느냐?

4 선생님은 팔도강산을 주름잡고 다니실 분이니, 당장 오늘부터도 구름을 타고 다니시며 바쁜 일을 하고 계실 것이거늘

5 달음박질을 한다 해도 시(時)가 바쁜 터에 너희는 편히 방에 앉아 무엇하고 있느냐?

6 울지 말아라, 우는 소리가 시끄러워서 가지 못하신다." 하니라.

24일에 땅 꺼진다

66 6월에 하루는 평소 상제님을 뵙고자 간절히 원하던 한 사람이 상제님께 찾아와 딱한 사연을 아뢰거늘

2 상제님께서 말씀하시기를 "네 소원을 들어 줄 터이니, 내가 시키는 일부터 먼저 하라." 하시니라.

3 그 사람이 반기며 "어떻게 하면 되겠습니까?" 하고 여쭈니

4 말씀하시기를 "이 달 스무나흗날 원평장에 가서 장꾼이 많이 모이거든 '오늘 지함(地陷) 된다.'고 크게 외치라." 하시니라.

5 이윽고 24일이 되자 그 사람이 원평장에 가서 많은 장꾼들 틈새에 끼인 채 갑자기 "오늘 지함(地陷)된다~!" 하고 크게 소리를 질러대니

6 사람들이 혹 놀라기도 하고, 혹 미치광이가 아닌가 하며 장터가 술렁이거늘

7 날이 저물고 시간이 다 지나도록 땅이 꺼지는 기미가 좀처럼 보이지 않으매 사람들이 코웃음치며 흩어지니라.

어천하시던 날 심부름 간 안내성

66:8~15 안내성 성도의 아들들과 며느리가 일관되게 주장하는 내용이다. 안정남도 아버지로부터 직접 들은 말씀이라 하며 여러 차례 한결같이 증언하였다.

8 한편 이 날 새벽에 상제님께서 안내성을 따로 불러 정읍으로 심부름을 보내시거늘

9 내성이 정읍에 가서 일을 보고 수일 후에 돌아오는데 상제님께서 주막에 앉아 술을 드시다가

10 내성을 부르시어 "이리 와서 내 술 한잔 먹고 가라." 하시더니 목을 축이고 나매 "먼저 가 있으라." 하시니라.

11 이에 내성이 홀로 구릿골에 들어서니 곡하는 소리가 진동하거늘 의아하여 연고를 물으니 '선생님께서 돌아가셨다.'고 하는지라

12 내성이 황당하여 "방금 전에 선생님께 술을 받아 먹고 왔는데 그 무슨 소린가?" 하며

13 사람들을 밀치고 급히 방으로 들어가 보니 상제님의 옥체에 흰 천이 덮여 있더라.

66:14 관여도 하지 마라. 이는 상제님께서 안내성 성도로 하여금 3년 태을주 수도 공부에 전념하게 하신 조치이다. 이 말씀이 없으셨다면 안내성 성도의 기질상 조철제의 성골 도굴 소식을 듣고 가만히 있지 않았을 것이고, 결국 3년 태을주 율려도수의 수행이 제대로 이루어지지 않았을 것이다.

14 이에 내성이 깜짝 놀라 어쩔 줄 몰라하다가 문득 "내성아! 너는 내 몸을 쳐다보지도 말고 손도 대지 말고 일절 관여도 하지 마라." 하신 상제님의 말씀이 떠오르는지라

15 크게 깨달아지는 바가 있어 정신을 수습하고 미련 없이 집으로 돌아가니라.

형렬이 황포를 입혀 드림

67 상제님께서 생시에 "나는 죽고 살기를 뜻대로 하느니라." 하셨으므로

2 성도들이 '상제님께서 다시 살아나시리라.'는 것을 굳게 믿고 성체를 서로 모시고자 각기 지어 온 옷을 입혀 드리려고 아우성인지라

67:2 각기 지어 온 옷. 차경석 성도는 원평장에서 외상으로 수의를 얻어서 가져왔다고 한다.

3 형렬이 이르기를 "시끄럽다. 조용히 하고 호연이만 들라." 하여 몇 사람만 남기고 모두 밖으로 내보낸 뒤에

4 방문을 잠그고 성도들이 밀치고 들어오지 못하도록 서중옥, 김기보 등으로 하여금 문을 지키게 하며 직접 준비한 의관을 상제님께 갖추어 드리도록 지휘하니라.

5 본시 사람이 죽으면 얼굴이 창백해지는 법이나 상제님의 용안은 오히려 뽀얗고 환하게 광채가 나며 빙긋이 웃으시는 것 같거늘

6 모두들 "당신께서 저렇게 웃으시는 것을 보니 안 돌아가셨다! 아니라면

어찌 저리도 광채가 나겠는가?" 하며

7 상제님의 성체에 손을 대려다가도 '내 손이 떨어지면 어쩔꼬?' 하는 두려움에 선뜻 손을 대지 못하니라.

금방이라도 다시 일어나실 것만 같더라

8 이에 형렬과 호연이 자세히 들여다보니 정말로 환히 웃고 계시거늘

9 호연이 더욱 보고 싶어지고 당장 무슨 말씀이라도 하실 것 같아 천으로 용안을 덮어 드리며

10 "아, 죽었다고 아무 말도 안 할래요? 민막서 쓰네~, 숨막히게 입막네~!" 하고 자꾸만 말을 시켜 보나 아무 말씀도 없으시니라.

11 이어 형렬이 상제님의 성체에 황포(黃袍)를 입혀 드리고 관(冠)을 씌워 드린 후에 상제님의 옷에서 빼어 간직해 두었던 옥단소를 꺼내어

12 "하늘에 올라가셔도 이것을 쓰셔야 한다." 하며 앞섶에 넣어 드리니 상제님께서 금방이라도 다시 일어나실 것만 같더라.

67:10 민막서. '면모악수(面帽幄手)'의 사투리 표현. 면모악수란 겉은 자주빛, 안은 검은빛이 나는 네모진 천으로 망자의 얼굴을 싸고, 손을 싸는 것.

사방에서 몰려드는 은혜 받은 이들

68 상제님께서 어천하시매 차차로 돌아서서 가는 사람들도 많으나

2 평소 은혜 받은 이들이 사방에서 끊이지 않고 모여드니 사람이 워낙 많아 누가 가고 누가 오는지도 모르겠더라.

3 식사 때가 되면 큰 솥을 마당에 걸어 놓고 한 끼에 두어 가마니씩 밥을 하는데

4 그릇에 일일이 밥을 풀 수가 없어 큰 너러기에 퍼서 놓으면 모두 손을 씻고 와서 빙 둘러앉아 주먹밥을 만들어 먹으니라.

5 또 상제님께서 평소 개고기를 좋아하셨으므로 마을에서 개도 여러 번 잡아서 올리거늘

6 대여(大輿)가 나가는 9일 동안 온 동네가 떠들썩하니

7 이렇듯 북적거리는 상객들 대접으로 잠 한숨 제대로 자지 못한 아낙들은 아궁이에 앞자락을 태우는 일도 허다하더라.

살아 계신 것같이 조화를 부리시니

69 이윽고 출상 전날이 되자 종도들이 형렬의 집 대문 앞에서 대여를 꾸며 댓도리를 하거늘

2 일부 종도들은 빈 상여를 메고 나머지 종도들은 지팡이를 짚고 울면서 고샅을 지나는데

3 홀연 상여 속에서 장구 소리가 나며 상제님을 모신 사랑방으로부

어천

69:1 댓도리. 상여놀이. 호상이거나 여유 있는 집의 상일 때, 출상 전날이 되면 저녁에 상두꾼들이 모여 소리와

발을 맞춰 본다
는 구실로 빈 상
여를 메고 이 놀
이를 벌인다. 지
역에 따라 다시
래기, 대돋음, 대
드름 등으로 부
른다.

69:2 상여. 김자
현 성도의 노모
장례식 때 사용
했던 상여이다.

69:3 만가. 상여
소리. 죽은 이를
애도하는 시가
(詩歌).

69:9 어이. 세간
에서 상주는 부
친상일 때 '애고
(哀孤)' 하고, 모
친상에는 '아이
고' 하며 곡을
한다. 복인이나
조문객은 호상
(好喪)일 경우
'어이어이' 하고
운다. 상제님께
서 '어이, 어이
해라.' 하고 명
하신 것은 곡성
의 음을 취해
'제(帝)'가 이동
한다(移).'는 뜻
을 드러내어 당
신의 신원을 다
시 한 번 밝혀 주
신 것이다. 5편
325장 6~7절 참
조.

70:8 재궁. 임금
이나 왕후 등의
관.

터 만가(輓歌) 소리가 들리더라.

4 이에 종도들이 모두 놀라고 무섭기도 하여 상여를 내려놓고 방으로 뛰어가 보니 상제님께서는 변함없이 고요하게 누워 계시거늘

5 다시 돌아와 각기 상여를 메고 지팡이를 짚고 동네를 도는데, 또렷한 상제님의 음성에 아직도 살아 계신 것만 같아 선뜻 울음이 나오지 아니하더라.

6 이 때 어디선가 "왜 울지 않느냐? 눈구녕을 모두 잡아 뺄란다!" 하고 크게 꾸짖으시는 상제님의 음성이 들리니 종도들이 '어쩐 일이냐?'며 술렁이기 시작하거늘

7 상제님께서 공중으로 날아오시어 "나 여기 있다, 이놈아!" 하시며 '흔적 뺀다.'고 종도들의 머리를 한 번 잡아 내두르고 가시니라.

8 이에 종도들이 "아이고, 아이고." 하며 곡을 하니 다시 "야, 이놈들아! 네 어미 죽었냐, '아이고, 아이고' 하게? 울음도 몇천 가지인 것이다." 하시거늘

9 한 종도가 "그러면 어떻게 울어야 옳습니까?" 하고 여쭈니 "어이(御移), 어이(御移) 해라." 하시므로 모두 명하신 대로 하니라.

이놈들 일어나거라

70 다음날 아침, 어천하신 지 이레 만에 출상을 하려는데 형렬이 상여꾼을 얻지 못하게 하고 종도들로 하여금 상여를 메게 하거늘

2 종도들이 한 번이라도 더 상제님을 가까이 하고 싶어서 대여를 서로 메겠다고 나서니라.

3 대여 준비를 마치니 형렬이 한 종도에게 "호연이 불러오라." 하여 호연을 천구(遷柩)하는 과정부터 참관토록 하고

4 종도 네 사람으로 하여금 상제님의 성체를 대여에 모시도록 지휘하니라.

5 이에 네 사람이 사랑방으로 가는데 문앞에 이르니 방문이 벌컥 열리며 상제님께서 수의(壽衣)를 입으신 채 걸어 나오시거늘

6 종도들이 모두 질겁하여 땅바닥에 그대로 엎어져 버리니 상제님께서 "야, 이놈들! 일어나거라." 하시고 다시 방으로 들어가시니라.

7 종도들이 의아해하며 살며시 안에 들어가 재궁(梓宮) 속을 들여다보니 상제님께서는 여전히 누워 계시거늘

8 가까스로 정신을 수습하여 재궁을 들고 밖으로 나서는데 돌연 재궁 속에서 "무겁다고 마라. 무겁다고 마라, 잉?" 하는 상제님의 음성이

들리는지라

9 종도들이 "야, 선생님이 안 돌아가셨다! 살아 계신데 이래서 어쩔거나. 태운장 어른, 나오시오~!" 하며 재궁을 들고 우왕좌왕하매

10 형렬이 사랑방에서 급히 따라 나오며 "개의치 말고 어서 모셔라." 하고 이르니라.

11 이에 어찌할 수 없이 성체를 대여에 모신 뒤에 종도 열여섯 사람이 대여를 메고 발인을 하려고 하니

12 느닷없이 "나 간다~. 아이고, 내가 또 언제 여길 와서 이럴거나~." 하는 구슬픈 만가 소리가 울리거늘

13 처음에는 모두 요령잡이가 하는 소리로 알았더니 자세히 들어 본즉 상제님께서 부르시는 노랫소리더라.

14 종도들이 마음을 졸이며 '정작 안 돌아가신 것을 이러는가?' 하여 그저 서서 머뭇거리다가

15 이내 재궁을 내려서 확인해 보니 고요하신 모습 그대로이거늘

16 마음을 다잡고 다시 대여를 메고 가려는데 또 "무겁다고 마라. 내가 무겁게 하려면 무겁고, 가볍게 하려면 가벼우니 무겁다고 마라." 하는 노랫소리가 들리는지라

17 종도들이 다시 대여를 멈추고 확인을 해 보나 역시 그대로이더라.

18 이렇듯 대여를 메고 가려고만 하면 살아 계신 듯 조화를 부리시니

19 출상을 하려다가 멈추기가 수차례요, 아침에 시작한 것이 점심때가 지나서야 겨우 나가게 되니라.

하늘도 변하냐

71 마침내 형렬의 집에서 대여가 출발하여 그 뒤를 수많은 종도들이 따르는데

2 상여 안에서 상제님의 노랫소리가 들리면 그 소리에 장단을 맞춰 한바탕씩 신명나게 놀며 가니

3 용화동을 지나 제비창골을 거쳐서 섭다리골을 돌아 구릿골로 오매 벌써 해가 뉘엿뉘엿하더라.

4 그러나 종도들이 마지막까지 상제님의 음성을 한 번이라도 더 듣고 싶어서 고샅을 뱅뱅 돌 뿐 대여를 내려놓지 않거늘

5 느닷없이 상제님께서 용안을 상여 밖으로 내보이시며 "이놈들아! 너희들 뭣 하러 헛상여를 메고 가느냐?" 하시니라.

6 이에 모두 어리둥절하고 의아한 마음에 상여를 메고 급히 형렬의

집으로 가 보니

7 방안에 재궁이 있기는 하나 어찌된 영문인지 네 쪽으로 쪼개어져 있거늘

8 형렬이 호연을 데리고 문밖에 서서 "제자들을 두고 떠나기가 안쓰러워 그러십니까? 가실 데로 가시옵소서." 하며 마치 글을 읽듯이 말씀을 여쭈니라.

9 잠시 후 형렬이 방문을 조심스레 열어 보니 재궁이 저절로 오므라져서 들고 갈 수 있게끔 묶여 있거늘

10 형렬이 다른 종도들은 근접하지 못하게 하고 호연과 함께 방으로 들어가 아뢰기를

11 "서로 손잡고 언약할 적에는 뭐라고 하셨습니까. 선생님 마음이 제 마음이요, 제 마음이 선생님 마음이라 하지 않으셨습니까.

12 여기 일은 바라시는 대로 제가 알아서 다 할 테니 걱정하지 마시고 속히 오르소서.

13 일을 다 마치시면 후에 이와 같이 다시 내려오신다는 약조만 지켜 주십시오. 호연이를 생각하소서." 하니

14 재궁 속에서 "하늘도 변하냐?" 하는 상제님의 말씀이 들려오더라.

15 이미 날은 저물고 하여 상제님의 성체를 사랑에 모신 채 다시 하룻밤을 보내게 되니라.

대여가 고향 객망리를 찾아가니

72 날이 밝으매 재궁을 다시 대여에 모시고 고부로 향하려는데

2 형렬이 다가가 재궁을 어루만지며 작은 소리로 아뢰기를 "서운하지만 할 수 있겠습니까." 하고

3 이어 "도용이 '도(道)' 자를 쓰려니 도용이 이리 오너라." 하고 호령하니라.

4 이에 호연이 나오니 대여 앞 장강채 위에 앉히며 "어디 가지 말고 꼭 이 근처에 있어라." 하고 단단히 이른 후에 대여를 출발시키거늘

5 전날과 같이 종도 열여섯 명이 대여를 메고, 서른두 명이 그 뒤를 따르며 번갈아 메니라.

6 대여의 맨 앞에는

湖南西神司命
호 남 서 신 사 명

이라 쓴 명정(銘旌)을 세우고

72:6 호남서신사명. 전북 지방에는 오늘날까지도 신부가 신행길에 '서신사명(西神司命)'이라 쓴

7 이어서 만장, 공포, 불삽, 운삽이 따르며 그 뒤를 수없이 많은 종도들이 '수(壽)'와 '복(福)'이 새겨진 기를 들고 따르거늘

8 수많은 깃대들이 길게 이어지는 모습이 마치 물결치는 듯 장관을 이루더라.

9 대여가 구릿골을 출발해 내주평을 거쳐 고부로 가니 운상 행렬이 지나는 마을마다 평소 상제님께 은혜를 받았던 이들과 풍문으로라도 그 신이하심을 들었던 이들이 모두 나와서 절을 하고

10 서로 '이 세상 뜨신 것이 참으로 아깝다.'고 이르며 술을 동이째로 내놓거늘 행렬을 따르던 사람들이 모두 목을 축이면서 가니라.

11 또 상여 속에서 "무겁다고 마라, 무겁다고 하면 어깨가 미어지니 무겁다고 마라." 하는 상제님의 노랫소리가 들리므로 종도들이 무거운 줄도 모르고 가는데

12 대여가 내주평에 다다르니 길 양쪽으로 아름드리 큰 나무들이 즐비하게 서 있거늘

13 "내가 죽어 나가는데 너는 장승마냥 서 있냐?" 하고 호통치시는 상제님의 음성에 나무들이 저절로 뚝뚝 부러져 나가는지라

14 이를 본 모든 사람들이 비록 어천은 하셨을지언정 여전히 신이하신 그 조화권능에 감복하여

15 "어찌 멀쩡하던 나무들이 저렇게 뚝뚝 부러지는고?" 하며 입을 다물지 못하더라.

16 대여가 고부 객망리에 이르니 마을 사람들이 모두 나와 맞이하거늘

17 개를 잡아서 칼을 꽂아 올리고, 술도 동이째로 올린 후에 모두 대여를 향해 절을 올리며 상제님의 어천하심을 슬퍼하니라.

18 이윽고 대여 행렬이 본댁 앞에 이르매 대여가 앉았다 일어났다 하거늘

19 호연이 "왜 앉았다, 섰다 해요?" 하고 물으니 형렬이 대답하기를 "하직하시느라 그런다." 하니라.

20 선산과 본댁을 향해 하직 인사를 마치고 대여를 돌려 구릿골로 돌아오니 이미 해가 기울었더라.

대밭 끝에 초빈하니라

73 이튿날 형렬의 집 뒤 모시밭을 지나 대밭 끝에 상제님의 성체를 초빈(草殯)하니

2 성도들이 서글프고 허망한 마음을 가누지 못하여 힘없이 돌아오는데

3 갑자기 뒤에서 방성대곡하는 소리가 들리므로 되돌아가 보니 경석

72:7 기를 꽂고 가는 관습이 전해 온다. 그와 같이 하면 모든 액이 없어지고 행복한 시집살이를 하게 된다고 믿고 있다.

72:7 공포. 관을 묻을 때, 관을 닦는데 쓰는 삼베 헝겊.

72:7 불삽. 6편 127장 2절 측주 참조.

72:7 운삽. 화삽(畵翣). 발인할 때 상여의 앞뒤에 세우고 가는 부채 모양의 널빤지. 운삽에 하늘을 뜻하는 구름무늬를 그리는데 이는 망자의 혼이 하늘로 잘 인도되기를 염원하는 것이다.

72:20 이미 해가 기울었더라. 구릿골에서 고부 객망리까지의 왕복 거리는 120여 리이다. 장정이 왕복한다 해도 꼬박 하루가 걸리는 거리를, 무거운 상여를 메고 그 많은 사람들

이 목을 축이며 갔음에도 불구하고 하루 만에 다녀온 것은 상제님의 조화임을 알 수 있다. "송장을 넣어 가지고 부모한테 하직하고 다시 왔지. 고닥에 갔다 고닥에 오드만, 걸어서도."(김호연 성도 증언)

73:1 대밭 끝에… 초빈하니. 『대순전경』에는 곧바로 장탯날에 초빈한 것으로 기록되어 있으나 김형렬 성도의 후손들은 "장사를 했어도 멀리 가야 한단 말이지. 우리집 바로 뒤 모시밭 지나서 대밭 끝 저기에다 초빈했어. 시방이 집이지 상제님 계셨을 적에는 여기 우리집 뒤편이 모시밭이었어. 그리고 한참 뒤에 저기 장탯날에다 묻었는데 그 후에 조철제한테 성체를 도둑맞았지." 라고 증언했다.

74:1 용마름. 초가의 용마루나 담 위에 덮는, 짚으로 길게 틀어 엮은 이엉.

75장 안필성의

이 홀로 남아 초빈을 부둥켜안은 채 울고 있거늘

4 몇몇 성도들이 가까스로 만류하여 경석과 함께 내려오니라.

5 이후 여러 날이 지나도록 성부님께서 구릿골을 떠나지 못하시니

6 경석이 그 마음을 위로하여 고부 본댁까지 모셔다 드리고, 크게 상심하신 성모님을 안심시켜 드리니라.

7 장례 경비는 일전에 상제님께서 궤 속에 넣어 두라 하신 돈으로 하고 남은 돈은 본댁으로 보내니라.

상제님의 성체를 지킴

74 초빈을 마친 뒤에 재궁을 이엉으로 덮고 그 가운데를 용마름으로 덮어 초가집 모양으로 만들고

2 그 주변에 커다란 돌 네 개를 놓고 앉아 성도들이 상제님의 성체를 지키니

3 날이 궂거나 비가 오면 가마 형태의 들것으로 성체를 형렬의 집 뒤 안으로 모셨다가 날이 맑게 개면 다시 대밭으로 모시니라.

4 이 때 여덟 명의 성도들이 한 달 동안 구릿골을 떠나지 않고 번갈아 가며 지키는데

5 성도들이 '혹 살아 계시는가?' 하여 이따금씩 재궁에 귀를 대어 보면 아무 소리도 들리지 아니하나

6 호연이 다가가 상제님을 부르면 재궁이 들썩들썩하며 덜그럭거리는 소리가 나곤 하니라.

7 이에 하루는 성도들이 "들어가 봐라, 그 껍데기 쓴 것 속에 들어가 봐라." 하며 호연을 떠미는지라

8 호연이 이엉 엮은 것을 떠들어 보니 재궁도 그대로이고 더 이상 아무 소리도 나지 않거늘

9 호연이 허탈하여 터덜터덜 걸어 나오니 이를 지켜보던 성도들이 허탈한 웃음을 지으니라.

10 그 후 장탯날에 장사지내기까지 주로 김형렬, 백복남, 김자현, 김갑칠, 박공우가 초빈을 지키니라.

선(仙)의 부활의 도를 보여 주신 상제님

75 한편 안필성이 상제님을 장사한 지 얼마 후 구릿골 약방으로부터 상제님께서 어천하셨다는 부고가 오거늘

2 필성이 생각하기를 '미친놈들, 내가 얼마 전에 장사를 지냈는데 뭔

놈의 부고냐.' 하니라.

손자 안일완 증언.

3 그 즈음 삼거리 정자나무 아래에서 청도원에 사는 이 모(李某)를 만나니 "원평 장터에서 증산 선생을 뵙고 같이 술 마시고 얘기했네." 하고

4 또 상제님을 장사한 지 이레 후에는 함열(咸悅)에 사는 절친한 친구 채 참봉이 필성의 집에 이르러 말하기를 "아까 금구 주막에서 증산 선생님하고 술 마시면서 자네 얘기를 듣고 웃었네." 하는지라

5 필성이 놀라서 말하기를 "증산이 죽어서 내 손으로 직접 묻었는데 그게 뭔 소린가?

6 내가 자네한테만 들은 것이 아니라 여러 사람한테 들었으니 무덤에 같이 가 보세." 하며

7 채 참봉과 함께 득달같이 상제님을 모신 곳으로 달려가 보니 무덤의 봉분(封墳)이 원래 모신 모습 그대로이더라.

8 이에 필성이 정신없이 무덤을 파헤쳐 보니 그저 빈 흙무덤일 뿐이거늘

9 혼잣말처럼 중얼거리기를 "제자놈들이 서로 찢어 갔을 것이다." 하면서

10 한편으로는 '증산이 또 무슨 요술을 부렸나.' 하고 의아해하니라.

제비산에서 바라본 구릿골(동곡) 전경　① 약방　② 김갑칠 성도 생가　③ 김형렬 성도 집　④ 김형렬 성도 집 사랑채　⑤ 초빈이 있던 곳　⑥ 장태봉　⑦ 장탯날　⑧ 소리개봉　⑨ 김호연 성도 묘소　⑩ 금평제　⑪ 섭다리골, 지소촌 가는 길

원평장에서 상제님을 만난 필성

11 그러다가 29일 장날이 되어 필성이 원평장에 가니 뜻밖에도 그곳에서 상제님을 만나게 된지라

12 필성이 깜짝 놀라서 묻기를 "자네가 죽어서 분명히 내 손으로 묻었는데 멀쩡히 살아서 다니네?" 하매

13 상제님께서 웃으시며 필성을 데리고 주막으로 가시어 술을 사 주시거늘

14 필성이 술을 마시며 연유를 물으니 상제님께서 말씀하시기를 "나는 살아도 살고, 죽어도 산다네." 하시니라.

15 필성이 상제님과 술을 마시며 지난 얘기로 정다운 시간을 보내고 집으로 돌아오니라.

수제자가 되기를 권유하심

76 안필성은 인존천주이신 상제님의 둘도 없는 친구라.

2 종도들은 이를 두고 말하기를 "하느님이 천상에서 친구를 하나 데리고 내려오셨다." 하고

3 존귀하신 상제님께 "이놈! 저놈!" 하고 상욕을 해도 모두 받아 주시므로 '욕친구' 라고도 하는데

4 상제님께서 수차례 "마음을 고쳐 나를 따르라." 하셔도 필성은 오히려 "네가 나를 따르라." 하며 농으로 받으니라.

대개벽기에 사는 길 : 안필성에게 주신 화두

5 상제님께서 항상 경계하시기를 "필성아, 네가 나를 따르면 환갑은 못 넘기지만 자자손손이 영화를 누릴 것이요

6 그렇지 않고 계속 예수교를 신봉하면 너는 백수를 누릴 것이나 네 후손에 큰 재앙이 미치리라.

7 나 죽은 후에 예수교도 버리게 되리니 지금 마음을 고쳐 나를 따르라." 하시나 듣지 않으니라.

8 상제님께서 어천하신 뒤 필성의 손자 다섯이 6.25 전란에 모두 비명으로 죽으니 필성이 "내가 한 해에 벼락을 맞았다." 하더니

9 남은 자손들에게도 화가 끊이지 않거늘 말년에야 탄식하기를 "내 그놈 말을 들을걸…" 하며 크게 후회하니라.

앞으로 병으로 다 죽는다

10 또 상제님 어천 후에 모악산 아래 각색 교단으로부터 큰 치성이 있을 때마다 초대를 받아 가게 되니

76:1 안필성은 경오(庚午)생 말띠로 상제님보다 한 살이 많았다.

76:6 기유년 9월, 필성의 아내가 막내아들을 출산할 때 난산으로 미국인 선교사가 와서 안수기도를 하고 찬송을 해도 이레 동안이나 나오지 않다가 무당의 푸닥거리 한 번으로 나오자 "예수 믿을 필요 없다. 다 거짓말이다." 하여 기독교도 그만두

11 치성석에서 필성이 말하기를 "나는 보고도 못 믿었지만 당신들은 안 보고도 믿으니 복 받은 사람들이네." 하니라.

12 필성이 종종 "앞으로 병으로 다 죽는다."고 말하더니 신축(辛丑 : 道 紀 91, 1961)년 정월 초오일에 숨을 거두니라.

어천하신 후

77 하늘의 해와 달처럼 언제까지나 함께 계실 줄 알았던 상제님께서 뜻밖에 어천하시니

2 성도들은 경황없이 장례를 치르고 오장에 사무치는 슬픔을 안고 각기 집으로 돌아가니라.

3 이 때 몇몇 성도들이 원평으로 가는 도중에 원평에서 오는 구릿골 사람을 만나 상제님께서 어천하셨다는 소식을 전하니

4 그 사람이 이르기를 "그게 무슨 말이오? 그대들의 선생께서 방금 장승백이에서 술 잡수시는 것을 내가 보고 왔는데." 하며 믿지 않는지라

5 성도들이 모두 이상히 여기는데 한 성도가 짚이는 바가 있어 다시 구릿골로 돌아가 남의 이목을 피해 초빈을 헤쳐 보니 과연 빈 관만 남아 있더라.

6 또 다른 한 성도가 전주에 가서 자기의 친구에게 "선생님께서 돌아가셨네." 하고 말하니

7 그 친구가 "자네의 선생님이 지금 용머리고개에서 술을 잡숫고 계시는 것을 보고 왔네." 하며 의아해하더라.

약방과 이곳저곳에서

78 상제님께서 어천하시고 나서도 약방과 그 주변에서 계속 살아 계신 듯 이적이 일어나니라.

2 어천하시고 한 달 동안은 형렬만 약방 출입을 하며 끼니마다 **상식** (上食)을 올려 드리는데

3 물을 떠다 올리면 물이 엎질러지고, 혹 다른 이가 약방 문을 열면 "이놈!" 하는 고함 소리가 들리니 두려워서 그 누구도 근접하지 못하거늘

4 동네에서도 큰 소리가 나면 으레 상제님의 음성인 줄로 아니라.

5 또 마당에서 삭망제(朔望祭)를 지내기 위해 술동이에 표주박을 띄워 놓고 개를 잡아서 칼을 꽂아 상을 차린 다음

게 된다. 이 때 출생한 막내아들이 안일완의 아버지인 안병직 (安秉直, 1909년 9월 22일 생)이다.(안필성의 손자 안일완 증언)

76:12 안필성은 평소 자손들에게 "내가 정월 아니면 7월에 죽는다."는 소리를 자주 했다 한다. 그는 죽기 하루 전까지 건강하게 살다가 단 하루를 앓고 숨을 거두었다.(안일완 증언)

78:2 상식. 상가에서 아침저녁으로 영위(靈位)를 모신 빈소 궤연(几筵) 앞에 차려 올리는 음식.

78:5 삭망제. 망자를 위해 매달 초하루와 보름에

지내는 제사.

6 조용히 무릎을 꿇고 고개를 숙인 채 앉아 있으면 칼 소리와 고기 드시는 소리가 나고

7 '쪼로롱 쪼로롱' 하고 술을 떠 드시는 소리와 표주박이 동이에 부딪히는 소리도 나더라.

8 또 누가 떡을 치고 있으면 느닷없이 "야, 이놈아! 다른 신명도 좀 주워 먹게 헤치면서 쳐라. 잡신이 좀 주워 먹게!" 하시고

9 호박씨를 넣어놓으면 호박씨를 가져다가 까 드시며 "아이구 꼬숩다, 꼬숩다. 나 먹으라고 두었냐?" 하시니

10 이곳저곳에서 "증산 어른이 여기 계시다." 하고 소리치거늘

11 이에 종도들이 '선생님께서 다시 살아나신다.'고 더욱 굳게 믿으며 어천하신 지 3년이 지나도록 살아 계실 때와 마찬가지로 약방을 자주 찾고

12 상제님께서 생시에 "나는 머리카락 하나, 손톱 하나만 있어도 천지신명이 옹호해서 살지 죽는 사람이 아니다." 하신 말씀을 떠올리며

13 '행여 머리카락 하나라도 나올까.' 하여 약방 주위를 맴도는 이도 많더라.

경석이 약장을 가져가니

79 상제님께서 마치 살아계신 듯이 성도들의 이야기도 들으시고 말씀도 하시니

2 혹 누가 약방에 앉아 '배고프다.'고 말하면 "배고프면 뭣 하러 왔느냐?" 하고 꾸중하시니라.

3 하루는 누가 약방에 와서 '배부르다.'고 말하니 상제님께서 "배고픈 사람하고 나누어 먹지, 왜 너만 배때기 터지도록 먹었냐?" 하고 꾸중하시거늘

4 그 사람의 몸이 마치 바람에 날리듯 아랫목에서 윗목 구석으로 훌쩍 옮겨지더라.

5 또 방에 아무도 없다 하여 물건에 함부로 손을 대면 그 자리에 손이 딱 들러붙어 떨어지지 않으니

6 아무리 하찮은 물건일지라도 건드리지 못하니라.

7 이렇듯 기이한 일들이 자꾸 벌어지니 감히 누구도 상제님께서 돌아가셨다는 말을 함부로 하지 못하고

8 약방에 오면 '혹 선생님께 혼나지 않을까?' 하여 상제님께서 보고 계신 듯 조심스럽게 말하고 행동하거늘

9 종도들이 구릿골에 오면 제일 먼저 약방 문앞으로 가서 **"진지 드셨습니까?"** 하며 예를 갖추고

10 방문을 열 때에도 마루에서 먼저 말씀을 여쭌 후에 조심스레 열지 바로 열지 아니하더라.

11 약방에 상제님의 음성이 들린다는 풍문이 돌자 각지에서 문도를 비롯하여 많은 사람들이 찾아오거늘

12 어떤 이들은 '혹 숨어 계신가?' 하여 방벽도 찔러 보고 종이도 찢어 보더라.

13 훗날 차경석이 약장을 가져가니 그 후로는 더 이상 상제님의 음성이 들리지 아니하니라.

79:13 11편 23~25장 참조.

형렬의 허탈한 심정과 호연의 그리움

80 상제님께서 하늘 보좌로 떠나시매 가장 허전하고 쓸쓸해하는 사람은 형렬과 호연이더라.

2 형렬이 도무지 마음을 추스리지 못하고 넋이 나간 듯 멍하니 땅만 쳐다보며 앉아 있는 때가 잦거늘

3 호연이 보다못해 하루는 **"땅을 천 번 쳐다본들 어째요, 뚫어져요? 왜 그러고만 앉았어요?"** 하니

4 형렬이 **"내 속의 돌을 보면 돌이 뵈느냐? 그렇지만 선생님께서 내게 별 인지(認知) 없이 가셨으니 그것을 알기 위해 골똘하느라고 그런다."** 하니라.

80:4 인지. 어떤 사실을 알고 확실히 그러하다고 인정함.

5 한편 호연 또한 상제님께서 살아 생전에 다니시던 길을 하염없이 바라보다가

6 사람이 사람들로 수선스러우면 '행여 계실까.' 하여 달려가기가 일쑤요

7 약방에서 상제님을 그리워하며 '어디를 갔길래 나를 안 데리고 혼자 가서 안 오는고…. 허송세월을 보내고 이제 나는 무엇이 될거나.' 하며 울기도 수차례이거늘

8 그 때마다 방안에서 **"우지 마라, 우지 마라."** 하는 소리가 뱅뱅 울리더라.

9 하루는 상제님의 음성이 들리매 호연이 **"언제 봐, 언제 봐? 언제 와서 나를 안고 갈라는데, 언제 안고 가?"** 하며 애타게 부르니

10 말씀하시기를 **"인제 태운장이 안아 준다. 날 찾지 말고 태운장하고 인연을 맺어라."** 하시니라.

11 이후 호연이 마음을 의지할 곳 없어 서운하고 허전한 마음에 상제님을 원망하면서도

12 항상 다시 오시기만을 바라며 여러 해 동안 호주머니에 상제님의 머리카락을 넣고 다니고

13 또 상제님께서 생전에 "흰구름이 뜨거든 나인 줄 알라." 하신 말씀을 떠올리며 밤낮 하늘만 쳐다보며 지내니라.

너희들을 살리려고 갔는데

81 하루는 형렬이 힘없이 방에 앉아 울며 탄식하기를 "세상에서 우리 선생님은 광인(狂人)이라는 말만 들으셨고, 우리는 미친 사람을 따라다니다가 결국 김(金)씨 문중을 망쳤다는 소리를 들으니

2 이제 당신께서 어천하신 이후로 이것이 제일 원통하니 어찌 살꼬." 하며 남부끄러워 크게 울지는 못하고 소리 죽여 울고 있는데

3 뜻밖에 방 밖에서 큰기침 소리가 나며 "형렬아, 너는 그만하면 대략 알 줄 알았더니 그다지 무식하냐?

4 너희들을 살리려고 내가 갔는데 탄식이 웬 일이냐." 하는 상제님의 음성이 들리므로 형렬이 깜짝 놀라 일어나니 상제님께서 방으로 들어오시니라.

5 형렬이 눈물을 흘리며 배례하고 옆으로 서니 말씀하시기를 "그래, 형렬아. 너는 너희 선생 미쳤다는 것이 그토록 원통하더냐.

6 수운가사에 '여광여취(如狂如醉) 저 양반을 따르기만 따르고 보면 만단설화(萬端說話)한 연후에 소원성취(所願成就) 하련마는 알고 따르기 어려워라.

7 따르는 자 만복동(萬福童)이요, 못 따르는 자 깜부기 된다.'는 말을 못 들었느냐." 하시니라.

8 또 일러 말씀하시기를 "판안 사람 둘러보니 많고 많은 저 사람들 어떤 사람 저러하고 어떤 사람 이러하니, 판안 사람 판안 공부 소용 없어 허리띠 졸라매고 뒷문 열고 내다보니 봉황(鳳凰)이 지저귄다.

9 판안에 그 문서(文書)로 아무리 돌려 보아도 할 수 없어 판밖의 것을 가르치자고 허튼 마음 거머잡고 죽기로 찾았으니 조금도 걱정 마라.

10 누런 닭이 소리치며 날개 털면 판밖 소식 알리로다. 네가 그렇게 서러워하니 판밖에 있더라도 소식을 전해 주마." 하시니라.

11 그 뒤로 얼마간 상제님께서 밤마다 오시어 생존시와 다름없이 여러

81:10 판밖 소식. 갑을(甲乙)로 기두(起頭)한다는 말씀 그대로 지

가지를 일러 주시니라.

어천 후에도 자주 나타나신 상제님

82 하루는 전주 종도 최 모(崔某)가 김 무역차 남도(南道)로 가는 길에 광주군 송정(光州郡 松汀)을 지나는데 길가 주막에서 상제님께서 약재를 걸고 계시거늘

2 한걸음에 달려가 절을 드리고 주안(酒案)을 마련해 올리며 여러 가지 말씀을 여쭌 뒤에 "돌아오는 길에 다시 찾아뵙겠습니다." 하고 아뢰니라.

3 그 종도가 일을 서둘러 끝내고 다시 그곳에 가 보니 상제님께서 계시지 않거늘

4 주막 주인에게 물으니 "며칠 전에 강선생님께서 약포(藥包)와 여러 기구를 운반하여 이 안동네로 옮겨 가셨소." 하고 말하는지라

5 급히 그 마을에 가서 물어보니 사람들이 한결같이 말하기를 "그런 일이 없었다."고 하더라.

6 또 전주에 사는 종도 이도성(李道成)이 구례(求禮), 곡성(谷城)으로 마포(麻布) 무역을 위해 가다가

7 남원부(南原府) 근처의 큰길가 주막에서 상제님을 뵙고 큰절을 드린 후 주안을 준비하여 올리고 출발하였는데

8 무역을 끝내고 돌아오는 길에 상제님을 다시 뵙고자 그 주막을 찾았으나 상제님께서는 계시지 아니하더라.

9 이렇듯 어천하신 이후로도 수년 동안 많은 사람들이 상제님을 뵈었거늘

10 어떤 사람은 '선생님과 더불어 영달리(永達里) 주막에서 술을 마셨다.' 하고 남원에서는 김병선(金炳善)이 만나 뵈었다 하며

11 또 갈재 너머 사거리에서 약을 걸고 계신 상제님을 뵈었다는 사람도 있고 심지어는 전남 영광(靈光) 땅에서 뵙고 왔다는 사람도 있더라.

어천 후 상제님을 뵌 차경석

83 상제님께서 어천하신 뒤 차경석은 천지가 무너진 것 같은 비통함에 어찌할 바를 모르고

2 한편으로는 상제님께서 돌아가신 것을 의심하나 의논할 곳도 없는지라

3 차마 처자 형제에게도 말하지 못하고 다만 상제님을 뵙고 싶으면

난 갑인(道紀 114, 1974), 을묘(道紀 115, 1975)년에 발동한 제3변 추수 도운의 태전 공사를 말씀하신다.

82:1 광주군 송정. 현재 광주광역시 광산구 송정동.

82:10 영달리 주막. 손바래기 앞 영달재에 있던 주막. 방이 세 칸인데, 상제님께서 가운데 큰방에서 술을 드셨다고 한다. 지금 그 주막터는 도로가 되었다.

83:1 상제님 어천 후 차경석 성도가 삼년복을 입었다는 증언이 있다.

구릿골 약방에 가서 약장 앞에 배례를 드리며 그리움을 달래느니라.

4 상제님께서 어천하시고 달포가 지났을 무렵에 경석이 여전히 허망한 심사를 이기지 못하여 대흥리를 서성거리는데

5 홀연 태인(泰仁) 쪽을 향하여 가시는 상제님의 모습이 보이므로 기쁜 마음에 부지런히 뒤쫓다가

6 태인 김경학의 집 부근에서 종적을 놓쳐 버리거늘

7 경석이 경학의 집에 들러서 자초지종을 말하니 경학이 "정말 그러하냐." 하며 경석을 따라나서니라.

8 두 사람이 걸음을 재촉하니 마침 태인 돌창이고개를 넘어가시는 상제님의 모습이 보이거늘

9 한달음에 원평에 당도하여 상제님께서 생시에 자주 다니시던 젓통네 주막으로 들어가니

10 젓통네가 말하기를 "증산 어른께서 방금 술 석 잔을 잡숫고 '전주로 간다.' 하시며 떠나셨습니다." 하니라.

11 이에 두 사람이 부지런히 전주쪽으로 가다가 흔들네 주막에 이르러 주모에게 물으니 "그 어른이 조금 전에 술 석 잔을 드시고 전주로 가셨소." 하거늘

12 문득 경석과 경학이 서로 말하기를 "선생님께서 우리를 이렇게 오도록 하신 것은 우리로 하여금 무언가 깨닫게 하시기 위함이라." 하며

13 성도들에게 연락하여 7월 그믐께 구릿골 형렬의 집에 모이기로 약조하고 각기 집으로 돌아가니라.

금산사로 찾아간 성도들

84 7월 그믐께 차경석, 김경학, 김광찬, 박공우가 김형렬을 방문하고 장래 일을 의논할 때

2 경석이 말하기를 "선생님께서 당신이 곧 미륵불이라 말씀하셨고, 또 어천하실 때 '금산사로 들어가리라.' 하셨으니

3 우리가 이제 미륵전(彌勒殿)에 참배하여 당신을 대한 듯이 정성을 들여 취할 길을 생각하면 반드시 선생님의 감화를 받아 깨달음이 있으리라." 하며 미륵전 치성을 주창하거늘

4 성도들이 모두 이를 옳게 여겨 치성을 모시기로 하니라.

5 경학이 소 한 마리를 준비하고 나머지 치성 제물은 다른 성도들이 준비하여 금산사에 들어가니

6 이 때 한 늙은 신중이 돌무지개문 밖에서 기다리고 있다가 환영하

84장 당시 상제님을 추종했던 주요 성도 대부분이 동학을 추종하여 시천주 신앙을 했다. 김형렬, 차경석, 박공우, 김경학, 문공신 성도와 태모님께서도 동학을 신앙했다. 그렇기에 상제님께서 동학에서 말하는 한울님임을 확신했고 믿음도

어천

며 말하기를 "어젯밤에 금산사 여러 불타와 오백 나한과 호위신장들이 일제히 돌무지개문 밖에 나와서 거룩한 행차를 맞아들이는데

7 그 행차 뒤에 그대들이 따라오는 꿈을 꾸었으므로 이제 나와서 기다리는데 그대들이 오는 것을 보게 되니 어찌 기이한 일이 아니리오." 하더니

8 다시 경학을 가리키며 말하기를 "그대들의 앞에 서서 수염이 복스럽게 난 도인이 걸어 왔는데 바로 이분이오." 하니라.

9 일행이 미륵전에 들어가 참배하고 종이에 '옥황상제지위(玉皇上帝之位)'라고 써서 미륵불상 몸에 붙이고 경학의 진행으로 치성을 올린 뒤에

10 그 종이 위패를 떼어 안고 금산사 경내의 사실(私室)에 들어가 벽에 모시고 각기 정심하여 상제님을 사모하며 기도하니라.

11 이 때 형렬이 문득 신안이 열리거늘 대장전(大藏殿)에 들어가 석가불에게 장래일을 물으니

12 석가불이 책을 들고 입을 열어 가르치려 할 즈음에 상제님께서 완연한 미륵불의 형상으로 들어오시어 책을 빼앗고 입을 막으시더라.

13 이에 형렬이 목이 메어 "스승과 제자된 사이에 알면서도 이렇게 무심할 수 있습니까?" 하니

14 상제님께서 시 한 수를 보여 주시고 홀연히 사라지시니 이러하니라.

깊었다. 또 상제님 어천 후 성도들이 금산사 미륵전에 가서 '옥황상제지위'를 써 붙이고 치성 올린 것을 보면 성도들은 상제님께서 곧 미륵불이심을 굳게 믿고 있었음을 알 수 있다.

84:6 신중. 여승을 통속적으로 일컫는 말. 김경학 성도 삼종 형제의 아내가 과부가 되어 중이 되었다.

84:11 대장전. 미륵전 앞 뜰 건너편에 미륵전을 마주보고 있다. 상제님께서 공사 보신 당시

1910년대의 금산사 미륵전(위)
1934년에 실화로 소실되기 전의 미륵전 소조삼존불(오른쪽)

에는 미륵전 바로 앞에 있었으나 1922년에 현 위치로 옮겼다.

15 魚糧水積三千界요 雁路雲開九萬天이라
어 량 수 적 삼 천 계   안 로 운 개 구 만 천

無語別時情若月이언마는 有期來處信通潮라
무 어 별 시 정 약 월   유 기 래 처 신 통 조

어량(魚糧)은 물 속 삼천 세계에 쌓여 있고
기러기 길은 구름 개어 하늘 구만리로다.
말없이 이별할 때의 정은 으스름 달빛처럼 애련한 것이언만
다시 올 기약 있어 믿는 마음은 조수처럼 어김이 없을진저.

16 형렬이 할 수 없이 물러나와 일행에게 사유를 말한 후에 공부를 파하고 돌아와 생각해 보니

17 이 날이 바로 상제님께서 '환궁하리라.' 하신 8월 초하루이더라.

김경학의 개심의 계기

85 이 날 경학은 치성을 드려도 아무런 응험이 없으므로 착잡한 마음에 음복할 생각도 않고 미륵전을 나와

2 서쪽 하늘을 바라보며 마음속으로 부르짖기를 '이제 집에 가면 죽어 버릴랍니다.' 하니

3 문득 상제님께서 대장전 앞에 나타나시어 "못 죽는다." 하시는지라

4 경학이 느껴지는 바가 있어 그 길로 집에 돌아와 청수를 올리고 기도와 수행에 일심하니라.

5 하루는 경학이 자신과 심기가 상통하는 공우를 만나 금산사 치성 이후에 있었던 일을 말하고 "나는 소원 성취했네." 하니

6 이에 공우도 집에 돌아와 동쪽에 청수를 올리고 자기에게도 기운을 크게 내려 주시기를 기원하며 수도에 정진하니라.

나도 공부를 해 보리라

86 경석은 금산사 치성을 모시기 전부터 '조용한 방이 있으면 공부를 해 보리라.' 하고 작정하였더니

2 8월 1일 치성 후에 경비가 없어 집에 돌아가 한동안 먹을 끼닛거리를 변통하여 마련하고

3 구릿골에 가서 형렬을 설득하여 함께 금산사로 들어가니라.

4 이로부터 14일간 '언제까지나 이 세상에 계실 것으로 알았던 상제님께서 떠나신 이치가 무엇인가.' 하는 의혹을 풀고자 정진하고

5 집에 돌아온 뒤로도 가사를 돌보지 않고 밤낮으로 사색에 잠기니라.

6 밤이면 상제님께서 공사를 보시던 집 앞 버드나무 아래에서 날이

어천

86:4 1934년 10월 10일 조선총독부 관방문서과의 일본인 촉탁 무라야마 지쥰(村山智順)과 월곡 차경

새도록 골몰하고

7 낮이면 일찍이 상제님과 함께 올랐던 대흥리 서쪽 비룡산 상봉에 올라 하늘을 우러러 "옥황상제님, 옥황상제님!" 하고 부르짖으며 대성통곡을 하더니

8 하루는 비룡산 상봉에 올랐을 때 뜻밖에 등 뒤에서 "경석아!" 하고 부르는 소리가 들리거늘 급히 돌아보니 꿈에도 그리는 상제님이신지라

9 경석이 깜짝 놀라 엎드려 절을 하니 말씀하시기를 "내가 죽지 아니하였노라." 하시고

10 "내려가서 모든 일을 잘 처리하여라. 이후에 올 날이 있으리라." 하시더니 홀연히 보이지 않으시니라.

11 이로부터 경석이 상제님의 어천을 의심하지 않고 앞일을 어떻게 조치해야 할지를 생각하니라.

석 성도가 나눈 대화를 토대로 저술된 『차교주와 촌산지순(村山智順)과의 문답기』에는, 김형렬, 차경석 성도가 금산사에서 조용한 방 한 칸을 빌어 14일간 정진했으나 얻은 바가 전혀 없었다고 전한다.

천시로 자연히 그렇게 된다

87 하루는 몇몇 성도가 모여 앞일을 의논하던 중에 "선생님께서 '최창조(崔昌祚)가 두 어깨 훨훨 치고 금산사로 이사 가면 내 일은 다 된다.' 하셨으니 우리가 창조를 이사시키세.

2 인작(人作)도 천작(天作) 아닌가. 우리 한번 해 보세." 하며 뜻을 모으니라.

3 성도들이 그 길로 창조를 찾아가 자초지종을 말하니 창조가 혀를 차며 "에이, 미친 사람들 같으니. 내가 이 살림 벌여 놓고 어디를 가나?

4 천시(天時)로 자연히 그렇게 된다는 말씀이지, 이사 가서 될 것 같으면 왜 아니 가겠는가." 하며 단호히 거절하거늘

5 성도들이 궁리 끝에 금산사 밑에 방 하나를 얻어 놓고 다시 찾아가 "제발 하룻밤만 자고 오세." 하며 간곡히 사정하니

6 창조가 허망한 일이라 생각하면서도 "죽은 사람 원(寃)도 푸는데 산 사람 소원을 못 풀란가. 그래 보세." 하며 마지못해 승낙하니라.

7 이에 성도들이 부푼 가슴으로 이사하여 솥단지를 걸고 창조와 함께 하룻밤을 지내고 돌아왔으나 세상은 여전히 변함이 없는지라

8 크게 실망하고 다시 모여 의논하는데 갑자기 한 성도가 무릎을 치며 말하기를

9 "우리가 한 가지를 빼먹었네. 두 어깨를 훨훨 치며 가지 않고 억지

87장 상제님 성도들로부터 성언을 수집했던 이종선의 제자 나승렬 증언.

87:1 상제님께서 최창조 성도에게 삼신 도수를 맡기신 것과 연관지어 생각할 수 있다.

로 갔으니 어찌 일이 되겠는가? 이번에는 두 어깨 훨훨 치면서 가게 하세." 하며 다시 창조를 찾아가 매달리니

10 창조가 처음에는 '말도 안 되는 소리' 라며 거절하다가 성도들이 또다시 찾아와 사정하매 "자네들 체면이 있으니 한 번만 더 감세. 한 번 뿐이네." 하고 허락하며 며칠 후를 기약하니라.

11 약속한 날에 금산사 일주문 앞에 이르러 두 사람이 창조의 양편에 서서 팔목을 각기 한 쪽씩 잡고

12 마치 새가 훨훨 날갯짓하듯 흔들면서 "자, 이제 간다. 훨훨 이렇게 치고 간다." 하며 일주문을 통과하니라.

13 이렇게 이사하여 또 하룻밤을 자고 돌아왔으나 성도들이 그토록 기다리는 개벽과 선경이 올 기미는 여전히 보이지 않더라.

승암사에 오신 상제님

88 어천하신 지 여섯 달 만인 12월에 상제님께서 전주 승암사(僧巖寺)에 오시어 전부터 익히 아시는 최 처사(崔處士)와 단란히 노시다가 떠나려 하시므로

2 최 처사가 대접이 소홀했음을 송구히 여겨 다시 한번 찾아 주시기를 청하며 기일을 정하여 올리고 김병욱에게 이 소식을 전하니

3 병욱이 김형렬에게 통지하고 형렬은 경석과 경학에게 통지하여 한자리에 모이니라.

4 네 성도가 상의하여 의복 한 벌을 새로 짓고 상제님께서 오시기로

88:1 승암사. 전주시 교동 승암산 기슭에 있는 절. 신라 헌강왕 2년 도선국사가 창건한 고찰이며 진묵대사와 그 제자 원응선사가 수도한 곳이다. 원응선사가 북편 진묵굴에서 수행하면서 마시던 물이 약수라 하여 한때 약수암(藥水庵), 천수암(天水庵)이라고도 불렸다.

승암사. 상제님께서 어천 후에 다녀가신 절로 일찍이 진묵대사가 이곳에서 수도했다.

한 날에 모여 승암사로 가서

5 일찍부터 오시기를 기다렸으나 해가 지도록 아무 소식이 없으므로 하릴없이 산을 내려오니라.

다시 깨어진 김경학의 믿음

89 금산사 치성 후로도 성도들은 마음을 가누지 못하고 상제님과 같은 다른 스승을 찾아보려고 사방으로 돌아다니니라.

2 경학 또한 스승을 찾아 방황하다가 **경술**(庚戌 : 道紀 40, 1910)년 2월에 집에 돌아오니

3 늙은 어머니가 급병으로 죽고 가족들은 초종(初終)에 쓸 제구 준비에 바쁘거늘

4 "내가 만고의 대신인(大神人)을 따르다가 늙으신 어머니의 임종도 지키지 못하였구나." 하며 대성통곡하다가

5 '태을주로 사람을 많이 살리리라.' 하신 상제님의 말씀을 떠올리고

6 일시에 마음을 돌려 방에 들어가 가족을 물리친 다음 상제님께 기도를 올리고 지성으로 태을주(太乙呪)를 외우니 문득 노모가 살아나니라.

7 이로부터 병자가 생기면 자청하여 찾아가 태을주를 읽어 고쳐 주니 '경학이 신의(神醫)가 되었다.'는 소문이 사방으로 퍼지기 시작하니라.

후천 대학교 도수의 포교운 발동

90 그 즈음 인근 놋점리 류의경(柳義卿)이 장질부사로 사경에 이르매 그 집안사람이 경학을 찾아와 살려 주기를 간청하거늘

2 경학이 저녁에 찾아가 청수를 올린 뒤 상제님께 기도하고 태을주를 외우니 의경의 병세가 돌려져서 수일 만에 완쾌되더라.

3 이에 의경이 경학에게 주문을 읽어서 큰 병이 치료되는 이치를 물으니

4 경학이 상제님의 신성하심과 상제님께서 천지를 개벽하시는 조화주이심을 설명하여 의경을 신앙의 길로 인도하니라.

5 그 길로 의경을 데리고 금산사 미륵전에 가서 치성을 드린 뒤에 구릿골 약방에 이르러 상제님의 유적을 참관하며 며칠 동안 머무를 때

6 하루는 문득 약방 아랫목 벽에 칼끝으로 그은 **십자형**(十字形) 자국이 눈에 뜨이므로

7 이상히 여겨 그 오려진 네 각(角)을 떼어 보니 한 자 길이나 되는 큰 날 일(日) 자가 씌어 있더라.

89장 김경학 성도는 상제님 어천 후 '황황상제(皇皇上帝)'의 위패를 모시고 신앙하며 외처에서 찾아오는 신도들에게 상제님 말씀을 많이 전하였다. 장남 대곤(大坤)과 함께 상제님을 신앙하였다.

89:3 늙은 어머니. 광산(光山) 김 씨(1824∼1915). 이 때 살아난 뒤로도 5년을 더 살았다.

90:1 놋점리. 현재 정읍시 북면 보림리 하유 마을. 예전에 놋그릇점이 있었다고 하며, 상유 마을은 윗놋점, 하유 마을은 아래놋점이라 했다.

90:1 류의경(柳義卿, 1878∼1961). 본관 진주(晉州). 부 명원(明源)과 모 청주 한씨(韓氏)의 1남 3녀 중 장남.

90:6∼10 류의경을 직접 만나

이 과정을 생생
하게 전해들은
채주봉(1923~)
의 증언.

십봉명개훈

8 며칠 후 다시 약방을 방문하여 둘러보는데 약방 동편 문 상인방(上寅方) 위 벽지에도 십자형 칼끝 흔적이 나 있거늘

9 또 떼어 보니 그 이면(裏面)에 '십봉명개훈(十奉命開訓)' 다섯 자가 가로로 씌어 있더라.

10 의경이 집에 돌아와 저녁에 청수를 올리고 태을주를 외우니 문득 신안이 열리고 이어서 무수한 기적이 나타나거늘

11 마침내 '태을주를 읽으면 신의 감화가 내린다.'는 소문이 널리 퍼지므로 성도들도 이로부터 태을주를 읽는 것으로 수련을 행하기 시작하니라.

12 이로써 일찍이 상제님께서 "경학의 집에 대학교(大學校)를 설치한다." 하시고 "학교는 이 학교가 크리라." 하신 말씀이 응험되니라.

집에서 나오지 말고 수련하라

91 경술년 봄에 하루는 상제님께서 내성에게 찾아오시어 명하시기를 "너는 집에서 나오지 말고 봉두난발(蓬頭亂髮)로 지내며 수련하라." 하시거늘

2 내성이 명을 받들어 머리를 풀어 내린 채 방에 들어앉아 태을주 공부에만 전념하니라.

3 얼마 후에 상제님께서 다시 찾아오시어 말씀하시기를 "오늘은 네 두발을 성례(成禮)시키리라." 하시고 "머리 감고 오라." 하시거늘 그대로 하였더니

4 친히 내성의 머리를 올려 상투를 틀어 주시며 말씀하시기를 "세상 상투가 다 잘려도 네 상투만은 남으리라.

5 네 상투는 천지일월이 비치는 상투니라." 하시니라.

6 상제님께서 어천하신 후에 하루는 일본 순사들이 내성의 머리를 자르려 들이닥치니

7 내성이 크게 소리치기를 "내 상투는 하느님이 매 주신 상투여!" 하니라.

91:4 네 상투만
은 남으리라. "일
정 때 원평 주재
소, 지금 원평지
서, 김제 형사 부
장 하는 유도 몇
단 하는 놈하고,
순경 두어 명하
고 상투 자르려
고 하다가 한번
에 세 명이…,
'네 이놈. 이 머
리가 어떤 머리
인 줄 알고 네가
깎어. 이것은 옛
날 우리 단군의
거시기를 받아온

안내성의 생사를 건 3년 태을주 수행

92 이 해에 내성이 상제님의 명을 좇아 3년 태을주 수행을 시작하니 온 동네에 밤새도록 이상한 소리가 울리거늘

2 마치 천둥소리 같기도 하고 군중들이 웅성거리는 소리 같기도 하고, 우웅 하는 벌떼 소리 같기도 하고 거세게 몰아치는 큰바람 소

리 같기도 하고, 황소가 우는 소리 같기도 하더라.

3 이렇듯 이상한 소리가 나는 데다가 주인집에 병자가 생겨 주인이 점을 쳐보니 인(人) 동티가 났다고 하는지라

4 이에 내성 모자가 쫓겨 이사하거늘 가는 집마다 항상 병자가 생겨 매번 얼마 살지도 못하고 내쫓기니

5 여기저기로 이사를 다니다가 가까스로 수통목(水桶木)에 방을 얻었으나 얼마 지나지 않아 그 집에도 병자가 생기매 주인이 나가라 하거늘

6 내성이 '더 이상 이사할 곳도 없다.' 싶어 들은 체도 하지 않고 공부에만 전념하니라.

7 하루는 내성이 점심을 먹고 들어와 보니 주인 내외가 보따리를 밖으로 모두 내다놓고 방구들을 파 버렸거늘

8 내성이 아랑곳하지 않고 방에 앉아 태을주만 읽으니

9 문득 하늘에서 "아이구, 징글징글한 놈. 아이구, 징글징글한 놈." 하시는 상제님의 음성이 들리니라.

내성이 신안으로 보니

10 이후에도 집주인이 밤낮 없이 주문만 읽는 가난한 셋방 사람이 미워서 수차 '나가라.' 하였으나 듣지 않거늘

11 이번에는 내성을 쫓아낼 요량으로 금가락지와 은비녀를 숨기고 '내성의 모친이 패물을 훔쳐 갔다.' 고 소문을 내니라.

12 이에 내성이 신안(神眼)으로 보니 금가락지와 은비녀가 주인집 며느리 장롱 속에 들어 있거늘

13 집주인에게 "며느리 농 속을 살펴보시오. 장롱 바닥에 있을 것이오." 하니

14 집주인이 장롱 속까지 훤히 보는 내성의 신통력에 자신의 소행이 들통날까 두려워 더 이상 '방을 비워 달라.' 는 말을 하지 못하니라.

갖은 욕을 당한 내성

93 이즈음 '내성이 공부하더니 이적이 생긴다.' 는 소문이 널리 퍼지거늘

2 이를 시기한 경석이 하루는 내성의 공부를 방해하려고 이 마을 박씨 청년을 사주하니

3 박씨 청년이 건달들을 이끌고 내성이 공부하는 방으로 쳐들어와 내성에게 '나가라.' 며 갖은 욕을 보이되

그 머리인디. 누가 내 머리를 깎어 이놈아. 깎아봐라 이놈들아.' 하시니까 상투를 자르지도 못하고, 우리가 그것은 옆에서 봤거든.(중략)"(안정남 증언) 이때 강제로 단발 집행을 하려고 찾아온 순사들을 잘 무마하여 큰아들인 안문환 외 여러 신도들의 상투를 자르게 하고 자신의 상투는 보존했다 한다.(안내성 성도 교단에서 북방방주를 맡았던 아버지 윤창주를 따라 평생을 신앙한 윤기택의 증언)

안정남(1929~)

92장 공부도 아무곳에서나 하는 것이 아니다. 상제님께서 안내성 성도에게 율려도수를 붙이시어 태을주를 잉태케 하시고, 올바른 장소를 찾아 공부하도록 몰아가

신 것으로 고난을 통한 심법전수의 의미도 담고 있다.

92:5 수통목. 현재 정읍시 부전동 부무천(富武川) 다리 서편에 있는 마을. 부무천의 시냇물을 수관을 통해 빼어다 농사를 지었다 하여 수통목이라 불렸다.

93장 안내성 성도의 아들 안정남, 안복춘과 윤기택 공동 증언.

93:5 신장. 그 키가 4~5m 정도로 사천왕 만큼이나 컸다고 한다. 상제님의 명을 받고 그 도수를 지키기 위해 호법신장들이 안내성을 호위하고 있었던 것이다.

4 내성이 꼼짝도 하지 않으매 궁리 끝에 내성이 앉은 자리만 남기고 방구들을 전부 파 놓고 돌아가니라.

그만 살려 주어라

5 이 날 밤, 내성이 수도를 하는데 큰 키에 눈이 부리부리한 신장(神將) 둘이 찾아왔거늘

6 한 신장은 시퍼렇게 날이 선 칼을 들고 또 한 신장은 한 손에는 큰 도끼를, 다른 손에는 '박씨 청년'을 백회에서 항문까지 창으로 꿰어 거꾸로 들고 있더라.

7 신장들이 내성에게 절을 하고는 "이놈을 동해로 보낼까요, 서해로 보낼까요?" 하며 명을 기다리니

8 내성이 꾸짖으며 "무슨 짓이냐. 몰라서 한 것인데 무슨 죄가 되느냐. 당최 그러지 말라." 하고 만류하니라.

9 한편 청년의 집에서는 멀쩡하던 아들이 갑자기 실신하여 새카맣게 타들어 가며 숨이 넘어갈 듯 경련을 일으키는지라

10 그 아버지가 짚이는 데가 있어 한밤중에 내성을 찾아와 "선생님, 제 아들놈이 금방 죽게 생겼습니다.

11 선생님 공부하시는데 방구들을 파더니만 급살을 맞았는지 저렇게 새카맣게 타 죽게 생겼습니다. 부디 용서하시고 제발 살려 주십시오." 하고 울부짖으며 애원하거늘

12 내성이 "살려 줄 테니 걱정 마시오." 하고 안심시키니 그 아버지가 재차 확답을 받고 집으로 뛰어가니라.

13 이에 내성이 "그만 살려 주어라." 하니 그제야 신장들이 청년의 몸에서 창을 뽑고 절하고 돌아가거늘

14 다음날 아침 박씨 부자가 찾아와 백배사죄하고 방구들을 복구하니라.

15 그 뒤로는 누구도 불평을 하지 않고 내성과 모친에게 친절하더라.

성도들의 태을주수행 도수 발동

16 이 소문이 회자되어 어천 후에 의지할 데 없던 여러 성도들이 내성의 집을 찾아와 같이 태을주를 읽기 시작하니

17 이로부터 성도들 사이에 태을주 수행이 널리 퍼져 나가니라.

첫 어천절 치성에 나타나신 상제님

94 상제님께서 하늘 보좌로 떠나신 어천 1주기 치성절을 맞이하여 많은 종도들이 구릿골로 찾아오니라.

2 종도들이 모여 "아이고, 우리 제자들이 수십 날을 육로로 천 리, 물로 천 리 그렇게 왔는데 선생님은 가뭇없이 안 계시니…." 하며 탄식하더니

3 하늘을 우러러 큰 소리로 "저희들이 다 모였는데 어찌 모르십니까? 진정 모르십니까?" 하며 부르짖거늘

4 갑자기 벼락이 치고 하늘이 우그르르 울리며 오색 찬란한 구름이 수를 놓더니

5 하늘로부터 상제님께서 어천하실 때 누워 계셨던 자리로 오색 서기가 박히더라.

6 그제야 종도들이 기뻐하며 탄성을 지르거늘 호연이 그 모습을 보고 더욱 안타까운 마음이 들어 "얘기 좀 하세요." 하고 애원하니

7 상제님께서 "뭔 얘기를 하느냐? 시시하니 일부러는 얘기를 못 한다.

8 네가 하도 원을 하니까 너를 생각해서 이렇게라도 가다오다 해 주지, 내가 누구라고 나타나겠느냐." 하시고

9 종도들에게 이르시기를 "신명이 안 들고는 일을 못하는 것이니 너희들이 제를 지내면 천지신명들도 먹고 좋다마는

10 내가 천하일을 하러 다니는데 그것 먹으려고 내려오겠느냐?

11 번거롭게 그러지 말고 마음을 진정으로 잘 먹어라." 하시니라.

94:5 "그 이듬해 돌아가신 날도 뻘겋, 노랑, 푸렇 그렇게 서기(瑞氣)를 놓대. 서기 줄을 놔. 그렇게 무지개 뜨는 것처럼 그러니 동네에서 저 집에 누가 죽을라고 서기가 뻗쳤다고 그랬어. 참말로 좋더랑게."(김호연 성도 증언)

안내성을 시험하심

95 내성이 상제님의 명을 받들어 태을주를 읽은 지 1년 반쯤 되는 어느 날 저녁에 상제님께서 찾아오시어 "내성아, 공부 다 되었으니 나오너라." 하시거늘

2 내성이 의심하여 믿지 않으며 생각하기를 '하느님께서 거짓말을 하실 리가 없다.

3 농신(弄神)이 와서 장난하는 것이지. 선생님께서 나를 시험하시는 것이지.' 하며 아무 흔들림 없이 공부에 전념하니

4 상제님께서 무릎을 탁 치시며 "그러면 그렇지. 네가 경만(敬萬)이다. 세상 존경을 받을 만하구나." 하시니라.

5 이에 내성이 태을주 수행에 더욱 정진하니라.

95~97장 안정남, 윤기택 공동 증언.

복마들이 내성의 수행을 방해함

96 내성이 태을주 공부를 할 때, 방에 불도 때지 못하고 바닥엔 깔 것이 없어 짚을 깔고 공부하는데

96장 "통증이 올 때 참는 것이 이것이 공부여. 무

류 아프고 엉덩이
아프고 어깨 아프
고, 목 아프고 한
것을 참는 것이
공부다 이거지.
'그 아픈 목을 넘
어야 지각이 온
다.' 그런 말씀하
셨어."(백운동 거
주 윤기택 증언)

2 하루는 옥골선풍(玉骨仙風)의 선남선녀 신명들이 무리 지어 몰려와
말하기를 "이제 공부가 다 되었으니 그만 일어나시게. 이제 세상에
나가 출세를 해야 하지 않겠는가?

3 우리가 그대를 모시고 가서 받들 터이니 이제 그만 자리를 털고 일
어나 출세하시게." 하며 이구동성으로 유혹하거늘

4 내성이 일언반구도 응대하지 않고 계속 태을주 공부에 전념하니 어
느 순간 모두 사라지더라.

빈대와 벼룩과 이가 차례로 달려듦

5 또 얼마 후에는 구경도 못한 빈대들이 어디선가 잔뜩 몰려 들어와
온몸에 새까맣게 들어붙거늘

6 내성이 전혀 개의치 않고 오직 공부에 전념하니 그 많은 빈대가 언
제인지도 모르게 사라지니라.

7 다음으로 벼룩이 떼로 나타나 내성의 온몸을 물어뜯으며 공부를 방
해하니 그 고통이 이루 형언하기 어렵더라.

8 벼룩이 물러간 다음에는 이가 새카맣게 몰려와 길게 자란 수염과
머리에 송글송글 매달리고, 옷 속 깊이 파고들어 밤낮으로 물어 대
는지라

9 보다 못한 내성의 모친이 머리와 수염을 일일이 빗겨 주며 이를 잡
아 없애려 하거늘

10 내성이 잡은 이를 죽이지 못하게 하매 모친이 땅을 파서 한데 묻으
니라.

그 얼굴과 모습이 바뀌었더라

97:1 구멍이 나기
를 수차례. "우리
아버지가 삼베옷
을 입고 들어갔
는데 옷이 썩었
어. 엉덩이가 썩
으니까 옷이 썩
을 것 아니여. 시
커멓게…, 문둥
이 살 썩을 적처
럼 진물 나고 또
진물 나고 고름
이 또 나고 그래
도 그냥 일어나
시지도 않고 한
자리에 앉아서

97 내성이 이렇듯 태을주 공부에 일심하니 엉덩이가 짓물러 구멍이 나
기를 수차례이더니 마침내 움푹 패이고, 입은 옷은 닳고 해져서 혼
솔만 남을 지경이더라.

2 내성이 수행하는 동안 늙은 어머니가 날품을 팔아 내성을 바라지하는
데

3 혹 일거리가 없어 끼닛거리가 떨어지면 동네 우물터에서 콩나물과 쌀알
등을 주워다가 죽을 끓이고 때로는 동냥으로 연명하기도 하니라.

4 또 추운 겨울날에는 이불이 없어, 단벌 치마를 벗어 냉방에서 공부하는
아들의 어깨를 덮어 주니

5 노모의 고생이 이루 말할 수 없이 험하고 그 살림이 매우 비참하더라.

6 내성이 3년의 공부 기한을 다 마치고 방을 나오던 날, 내성의 모친

이 아들을 보니 전과 다르게 이목구비가 커지고 가슴도 여자 젖가슴처럼 부풀어 있더라.

상제님을 만난 개벽대장 박공우

98 상제님께서 어천하신 후 박공우는 허망함과 애통함을 이기지 못하더니

2 신해(辛亥 : 道紀 41, 1911)년 봄 산기도를 가는 길에 전주장에 들러 경황없이 장터를 돌아다니는데

3 누가 등뒤에서 "공우, 자네 왔는가!" 하고 등을 치매 돌아보니 천만뜻밖에도 상제님이시더라.

4 공우가 반가운 나머지 주저앉아 상제님의 다리를 부여잡고 한없는 서러움에 목놓아 우니 상제님께서 "공우야, 그렇게 울지 말고 저기 가서 술이나 한 잔 하자." 하시고

5 주점으로 가시어 술을 사 주시니 공우가 목이 메어 술을 마시지 못하다가 여쭈기를 "무심하게 저희를 버리고 어디를 가셨습니까." 하니

6 말씀하시기를 "하, 이 사람 별소릴 다 하네. 내가 나중에 올 터인데 무슨 그런 소리를 하는가." 하시니라.

7 상제님께서 거듭 술 석 잔을 권하시고 일어서시며 "자네, 어서 볼일 보러 가소. 나는 내 볼일 보러 가야겠네." 하시거늘

8 공우가 여쭈기를 "볼일이 다 무엇이옵니까? 장보기를 작파하겠사오니 함께 가시기를 바라나이다." 하니 "자네하고 같이 가지 못하네." 하시니라.

9 이에 공우가 상제님을 놓치지 않으려고 옷자락을 꽉 붙잡으니 어느새 바람처럼 장꾼들 사이로 빠져나가시거늘

10 공우가 온 장을 찾아 헤매다가 문득 상제님의 뒷모습이 보여 급히 쫓아갔으나 끝내 상제님의 종적을 놓쳐 버리니라.

11 이에 공우가 구릿골에 가서 초빈을 들춰 보니 성체도 없고 늘 있던 온기도 없거늘

12 공우가 사람들에게 말하기를 "선생님은 우리들의 눈앞에 숨으셨을 뿐이요 별세하셨다 함은 당치 않다." 하니라.

13 이후 박공우 교단에서는 상제님께서 어천하신 날을 '둔일(遁日)'이라 부르니라.

공부를 하셨는데, 나중에 막 파여서 움푹줌푹 움특우특 문둥이 낯바닥 같이 썩어서 내려 가지고 흉터로 남았지, 엉덩이가. 여름에 목욕하실 적에 우리가 봤어. 시커멓게 다 썩었어."(안내성 성도 3남 안복춘, 4남 안정남 증언)

97:1 혼솔. 홈질로 꿰맨 옷의 솔기.

97:6 "대선생님의 태을주 받고 우리 아버지 오행(얼굴)이 다 변해 버렸당게. 3년 동안 읽는 과정에서…, 옛날 얼굴은 꼭 요만밖에(주먹을 쥐어 보이며) 안 했다네! 3년간 태을주를 읽고 난 다음에 얼굴이 그렇게 딱 바뀌었다고…."(안정남 증언)

97:6 여자 젖가슴. 모양만이 아니라 실제 젖이 나와서 손주에게 먹이기도 했다 한다.(안정남 증언)

김택식(1914~)

김자현의 의통 포교의 삶

99 상제님 어천 후 자현은 "절대 돈 받지 말고 병을 고쳐 주라." 하신 상제님의 명을 받들어

2 전국 각지를 다니며 아무 대가를 받지 않고 의원 노릇을 하는데 주로 경상도에 가서 치병하니라.

3 치병 시에는 청수를 모시고 부(符)를 그린 다음 '지기금지원위대강(至氣今至願爲大降)'을 쓴 뒤에

4 천지와 같은 한 마음으로 '지기금지원위대강'을 속으로 읽으며 소원하는 글자 수만큼 점을 찍으니라.

5 이어 환자의 몸에 손을 대고 '지기금지원위대강'이라 외치며 태을주를 읽으니라.

6 하루는 자현이 경상도 통영(統營)에 머물고 있을 때 꿈자리가 불길한 것이 모친이 돌아가실 듯하거늘

7 새벽같이 서둘러 구릿골로 돌아와 보니 모친의 목숨이 경각에 달렸는지라

8 마당 한가운데에 정갈히 짚을 깔고 그 위에 손수 샘물을 길어 청수를 모신 다음 지극 정성으로 상제님께 사배하고 기도를 올린 연후에

9 부(符)를 그려 모친의 머리맡에 놓아 두었더니 이튿날이 되자 모친이 언제 아팠냐는 듯 자리에서 일어나더라.

10 이에 자현이 모친께 큰절을 올리고 "어머니, 죄송합니다. 저는 환자가 있어 다시 가 봐야겠습니다." 하고 길을 떠나니라.

명부사자를 물리친 김자현

100 하루는 자현이 집에 돌아와 있는데 한밤중에 팥정이 주막 주모가 찾아와 삼대독자를 살려 달라고 울며 애원하거늘

2 급히 주막에 가 보니 명부사자 셋이 지키고 앉았고 아이는 곧 죽게 생겼는지라

3 자현이 방에 청수를 모시고 상제님께 기도를 올린 다음 그 아이를 안고 정성껏 주문을 읽으니라.

4 잠시 후 주모에게 닭을 산 채로 붙잡아 오게 하여 손수 목을 비틀어 문밖으로 휙 집어 던지며 명부사자들에게 "당장 나가라!" 하고 벽력같이 소리치니

5 명부사자들이 아이를 빼앗으려고 달려들며 자현의 양 어깨를 물어 뜯거늘

6 자현이 아랑곳 않고 계속 주문을 읽다가 날이 밝을 무렵 다시 한 번 큰 소리로 "썩 물러가라." 하고 호통을 치매

7 그제야 명부사자들이 돌아가고 주막집 아이가 멀쩡하게 깨어나더라.

8 이 때 자현의 양어깨에 피멍이 들었거늘 이는 명부사자의 이빨 자국이더라.

100:8 피멍. 김자현 성도의 손자 김택식은 이를 명부사자가 김자현 성도의 어깨를 깨물어서 난 이빨 자국이라고 증언하였다.

복남의 천상 명부 공사

101 상제님께서 어천하신 후 복남이 한동안 구릿골에 머물다 집으로 돌아오거늘

2 그 이듬해 하루는 아내에게 친정으로 일주일간 근친(覲親)을 다녀오게 하니라.

3 친정에 간 부인이 닷새째 되던 날 밤에 꿈을 꾸니 죽어 있는 남편의 모습이 뚜렷이 보이거늘

4 화들짝 놀라 깨어 날이 밝는 대로 집으로 달려와 보니 방에 자물쇠가 채워져 있고 시어머니가 들어가지 못하도록 막으니라.

5 부인이 문틈으로 보니 남편이 이불 위에 반듯하게 누워 있는 모습이 보이거늘

6 시어머니에게 문을 열어 주시기를 눈물로써 간곡히 애원하니 시어머니도 며느리의 부탁을 거절하지 못하니라.

7 이 때 복남은 명부의 부름으로 울산군 두서면(斗西面) 서기와 함께 일주일을 기약하고 엿새째 명부전에서 명부책을 정리하며 일을 하던 중인데

101:7 두서면. 현재 울산광역시 울주군 두서면.

8 갑자기 상제님께서 오시어 "너 집에 큰일 났다. 빨리 돌아가야겠다." 하시며 왼쪽 눈 위를 찌르시거늘

9 부인이 울며 방으로 들어서는 순간 복남이 자리에서 일어나니라.

10 이로부터 복남의 왼쪽 눈위로 멍자국이 생기니라.

복남이 면장에게 죽을 날을 알려 줌

11 이후 복남과 명부에 같이 갔던 면서기가 면장에게 명부에 올라갔던 일을 발설하니 면장이 이를 신기하게 여겨 하루는 복남을 찾아와 자신의 죽을 날을 물어 보니라.

12 이에 복남이 대답을 해 주니 면장이 크게 두려워하여 죽음을 면해 보려고 사흘 밤낮으로 잔치를 베풀며 복남을 극진히 대접하였으나

13 복남이 말한 그 날이 되자 별 소용없이 명을 다하여 죽으니라.

상제님을 배신한 김광찬의 말로

102 상제님 어천 후에 하루는 김갑칠이 남원에서 교단을 열고 있는 김광찬을 찾아가니라.

2 광찬이 갑칠을 반갑게 맞아 지난날을 떠올리며 도담을 나누다가 시간이 흘러 갑칠이 돌아가려 하매

3 광찬이 갑칠에게 여비로 얼마간의 돈을 쥐어 주며 "증산은 누구이고, 나는 누군가. 죽은 증산 믿지 말고 나를 믿게." 하거늘

102:4 산벼락.
죽지 않을 정도
로 맞는 벼락. 호
되게 당하는 재
난을 이르는 말.

4 순간 갑칠이 안색이 달라지며 "에이, 산벼락 맞아 죽을 놈!" 하며 광찬의 얼굴에 그 돈을 집어던지고는 돌아와 버리니라.

5 이후 광찬이 실제로 벼락을 맞아 죽었다는 소문이 전해 오니라.

마음을 잘 지키라

103 고창(高敞)에 사는 무부(巫夫)인 재인(才人) 김씨가 상제님을 지성으로 공대한 일이 있더니

2 기유년 봄에 무슨 일로 죄를 짓고 대구에서 복역하다가 신해년 여름에 출옥하였으나 의복도 남루하고 여비도 없어 돌아갈 길이 막연한지라

3 어찌할 바를 몰라 탄식하고 있는데 누가 와서 등을 두드리거늘

4 고개를 돌려 보니 상제님께서 다정하게 웃으며 서 계시더라.

5 김씨가 북받치는 설움에 하염없이 눈물을 흘리니 위로하여 말씀하시기를 "마음을 잘 지키면 앞일이 열리리라." 하시고

6 음식을 사 주시며 옷도 사서 입히시고 여비까지 주어 돌아가게 하시니라.

7 달포가 지난 후에 그 사람이 대흥리에 와서 상제님을 뵈려고 계신 곳을 물으니 "어천하신 지 수 년이 되었다." 하거늘

8 그 사람이 믿지 않고 말하기를 "반드시 은혜를 갚아야겠다." 하며 계시는 곳을 알려 달라고 조르니라.

9 이렇듯 어천하신 지 몇 년이 흐른 뒤에도 각처에서 지면 있는 이들이 직접 상제님을 상봉한 사실이 드물지 않으니

10 고부 살포정이 주점에서 상제님께 술을 대접한 사람이 있는가 하면

11 임피 군둔리(軍屯里) 김성화(金聖化)의 아들 윤칠(允七)은 상제님께서 자기 집에 친히 다녀가셨다 하고

12 또 전주 감옥에서 출옥하여 집으로 돌아오던 정읍에 사는 재인(才

ㅅ) 신(申)씨에게는 상제님께서 술과 개장국을 사 주신 일도 있다
하며
13 모악산 대원사의 박금곡(朴錦谷) 주지에게도 십여 차례나 찾아오셨
다 하니라.

장탯날에 장사지냄

104 상제님께서 금방이라도 다시 살아나실 줄로 믿었던 성도들의
믿음과는 달리 그저 시간만 흐를 뿐 아무런 기미도 보이지 않
으니
2 대밭에 초빈했던 성체를 형렬의 집 뒤안 감나무 밑으로 옮겨 모셨
다가
3 어천하신 지 3년이 지난 뒤에 비로소 장탯날에 고이 장사지내니라.

어천하신 후 호연의 선매승자 공사

호연이 첫 몸하기를 기다려

105 호연이 상제님께서 어천하신 후로도 계속 구릿골에 머물다가
이 해 섣달 그믐경에야 흑석골 오두막집으로 돌아가니라.
2 이후 16세 되는 임자(壬子 : 道紀 42, 1912)년 초에 형렬이 선매승자
공사를 보기 위해 호연의 집으로 가거늘
3 호연의 어머니가 방 하나를 깨끗이 치워서 내주므로 그곳에서 기
거하며
4 상제님께서 명하신 대로 가로 세 치, 세로 다섯 치 남짓한 종이를
한 자 반 높이가 될 정도로 준비하고
5 각 종이마다 글을 써서 공사 준비를 마친 후에 호연이 첫 몸 하기만
을 기다리니 그 글은 이러하니라.

선·후천 문명 접속과 혈맥관통의 신인합일

106
基礎棟樑
기 초 동 량

天地人神有巢文하니 文理接續하고 血脈貫通이라
천 지 인 신 유 소 문　　문 리 접 속　　혈 맥 관 통
治天下之大經大法이 皆在此書로되
치 천 하 지 대 경 대 법　개 재 차 서

104:2 감나무 밑. 김형렬 성도의 집 뒤안에는 큰 감나무와 석류나무가 있었는데, 그 사이에 초빈을 모셨다. "(담에서) 조금 내려가서 감나무가 있고, 바로 석류나무 곁에 담이 있었는디, 거기다 울타리 했었는디, 거기다 모셨지."(김현식 증언)

105장 선매승자. 문자적으로는 후천선경으로 매개, 인도하는 근원이 되는 으뜸의 씨앗(仙媒崇子)이란 뜻이다. 후천은 수행을 통해 인간의 심법과 영성이 완전 개벽되고, 이를 바탕으로 의학·언어·예술·정치 등 인류 문화의 전 영역이 총체적으로 개혁된다. 상제님께서는 호연이 아홉

살 되던 해 125일 간 수도를 시키시고, 후천인간 영성 개벽의 모델로 삼으셨다. 또한 '맥은 네가 잇는다.' 하시며 상제님 진리의 증언 사명을 맡기셨다. 이것이 호연에게 붙이신 선매숭자 도수의 일차적 내용이다. 이를 보다 쉽게 이해하려면 상제님의 성언이 담긴 『도전』을 깊이 깨우쳐서 후천 선경의 실상을 생생하게 그려 볼 수 있어야 한다.

106:1 소문. 둥짓글이란 뜻. 이는 곧 천지인신(天地人神)이 바

文以時異나 治以道同이라
문 이 시 이　　치 이 도 동

기초동량

천지인신(天地人神)에 바탕으로 삼는 글(巢文)이 있으니
문리(文理)가 이어지고 혈맥이 관통되느니라.
천하를 다스리는 대경대법이 모두 이 책에 실려 있으니
글은 시대에 따라 다르나 천하를 다스리는 도는 모두 같으니라.

2　文則天文이니 文有色하고 色有氣하고 氣有靈하니라
　　문 즉 천 문　　문 유 색　　색 유 기　　기 유 령

氣靈不昧하여 以具衆理而應万事라
기 령 불 매　　이 구 중 리 이 응 만 사

事之當旺은　在於天地요　不必在人이라
사 지 당 왕　　재 어 천 지　　불 필 재 인

天地生人하여 用人하나니
천 지 생 인　　용 인

天地之用은　胞胎養生浴帶冠旺衰病死葬이니라
천 지 지 용　　포 태 양 생 욕 대 관 왕 쇠 병 사 장

문(文)은 곧 천문이니
문에는 색(色)이 있고
색에는 기(氣)가 있고
기에는 영(靈)이 있느니라.
기의 신령함(기 속의 영)은 어둡지 않아
모든 이치를 갖추어 만사에 응하느니라.

106:1 문리접속 혈맥관통.

『대학』경일장 말미에 주자가 단 주석에 이 구절이 보인다. 전후의 내용은 다음과 같다.

"凡傳文 雜引經傳 若無統紀 然文理接續 血脈貫通 深淺始終至爲精密 熟讀詳味 久當見之 今不盡釋也(모든 전문은 경전을 섞어 인용하여 통기(統紀)가 없는 듯하나, 문리(文理)가 이어지고 혈맥(血脈)이 관통하여, 깊고 얕음과 시(始)와 종(終)이 지극히 정밀하니, 익숙히 읽고 자세히 음미함이 오래되면 마땅히 볼 수 있을 것이다. 그러므로 이제 다 해석하지 않는다.)"

상제님과 태모님의 행적을 담은 여러 전거들과 산만했던 증언들이, 십여 년 이상의 검토 작업과 현장 답사 및 수백 회의 증언 채록을 통해 올바른 정체(正體)를 바로잡게 되었다. 상제님께서 물샐틈없이 짜 놓으신 천지 공사의 도수(프로그램, 시간표, 이정표)가 인사의 대행자와 천하사 일꾼의 심혈이 경주하는 일심에 의해 역사 시간 속에서 실현된 것이다. 이로써 속인들의 사심(邪心) 속에 감춰졌던 올바른 법통이 드러나 비로소 문리가 이어지고, 숨겨져 있던 김호연 성도의 선매숭자의 맥을 이어 혈맥이 관통되었다. 곧 『도전』은 여러 전거와 증언이 섞여 일견 조리가 없는 듯하나 실은 본말과 시종이 정밀하여 선·후천의 문명의 맥이 여기서 이어진다는 것을 주자 주석에 빗대어서 말씀해 주고 계신 것이다.

일이 흥왕하게 됨은 천지에 달려 있는 것이요
반드시 사람에게 달린 것은 아니니라.
천지가 사람을 낳아 사람을 쓰나니
천지의 작용(用)은 '포태 양생 욕대 관왕 쇠병 사장'이니라.

도솔천의 가을문명 관왕 도수

3 元亨利貞이니 奉天地道術하여 敬授人時하라
　　원형이정　　　봉천지도술　　　경수인시
佛之形體요 仙之造化요 儒之凡節이라
불지형체　　　선지조화　　유지범절

천지의 정신은 원형이정이니 천지도술을 받들어
공경히 사람들에게 때(人時)를 알려 주라.
불(佛)은 형체를 주장하고
선(仙)은 조화를 주장하고
유(儒)는 범절을 주장하느니라.

4 　　　　　天文陰陽政事
　　　　　천 문 음 양 정 사

受天地虛無하여 仙之胞胎하고
수 천 지 허 무　　　선 지 포 태
受天地寂滅하여 佛之養生하고
수 천 지 적 멸　　　불 지 양 생
受天地以詔하여 儒之浴帶라
수 천 지 이 조　　　유 지 욕 대
冠旺은 兜率 虛無寂滅以詔니라
관 왕　　　도 솔 허 무 적 멸 이 조

천문 음양 정사
천지의 허무한 기운을 받아 선도가 포태하고
천지의 적멸한 기운을 받아 불도가 양생하고
천지의 이조하는 기운을 받아 유도가 욕대하나니
이제 (인류사가 맞이한) 성숙의 관왕(冠旺) 도수는
도솔천의 천주가 허무(仙) 적멸(佛) 이조(儒)를 모두 통솔하느니라.

여자의 첫 월경 피로 쓴 가을의 인간 몸개벽 공사

107 이내 호연이 첫 월경(月經)을 시작하매 준비한 종이를 쌓고 그
위에 호연을 앉히거늘

2 첫날은 책 한 권 분량이 조금 못 되게 젖고 다음날은 책 두 권 분량
이 흠뻑 젖으니

3 너무 흥건하게 젖은 것은 짜서 사용하는데, 짜고 모인 피만도 두어
사발이나 되는지라

107:4 감결. 상급 관아에서 하급 관아에 내리는 공문, 또는 하달된 명을 그대로 집행하겠다고 관청에 내는 서약서. '감(甘)'자에는 만일 어기거나 거짓이 있으면 처벌을 달게 받겠다는 뜻이 들어 있다. 암행어사가 임무 수행을 위해 지방 수령에게 내리는 문서도 감결(甘結)이라 했다.

4 그것으로 남은 종이에 제비를 그려 넣기도 하고, 점도 찍고, '감결(甘結)'이라 서(書)하여 완성하니라.

5 이 공사에 참여한 사람은 김형렬과 서중옥, 김기보, 장기동으로

6 공사를 마친 후에 종이째로 묻은 것을 조그맣게 잘라서 하나씩 가지고, 월경수(月經水)로 점을 찍고 글씨 쓴 종이도 각기 한 장씩 가져가니라.

7 이후 호연이 상제님의 성적(聖蹟)을 증거하기까지 이루 말할 수 없는 인고의 나날을 보내며 깊은 회한과 원망으로 한탄을 하니

8 하루는 상제님께서 오시어 "네게서 나간 이슬을 모르냐? 네 육신에서 우러난 피를 내서 선매승자를 써 준 맥이 있는데 어찌 몰라야.

상제님 어천 후, 선매승자 도수에 따라 김호연 성도의 첫 월경을 받아 공사 본 것 가운데 김형렬 성도의 집안에 전해 오는 것이다. 피로 쓴 '감결(甘結)'이란 글씨가 뚜렷하다. (김충식 소장본)

9 너 그것 잊어버리지 마라. 증명 없이 사는 놈 없다. 죽어도 증명이 있어야 한다.

10 아는 놈은 너를 건질 테니 걱정 말아라." 하고 위로해 주시니라.

부부의 연을 맺은 형렬과 호연

108 선매승자 공사를 마친 후에 상제님께서 인연 맺어 주신 대로 형렬과 호연이 부부의 연을 맺으니

2 전주 인봉리(麟峰里)에 방 하나를 얻어 새살림을 마련하고 이 해 겨울에 첫아들을 낳으니라.

영안으로 아이를 찾아 준 호연

109 호연이 17세 되는 계축(癸丑 : 道紀 43, 1913)년에 전주 새청금머리에 새 집을 사서 이사하니

2 형렬이 흑석골 오두막집을 아주 송은주에게 주니라.

3 이른 봄에 하루는 호연의 앞집에 사는 여인이 찾아와 "언니집에 다녀오겠다고 나간 우리 딸이 오늘 온다더니 아직 안 오네요." 하며 걱정하거늘

4 호연이 영안(靈眼)으로 보니 문둥병자가 잡아간 것이더라.

5 이에 호연이 "문둥이가 아무 굴속에 데려다 놨으니 속히 인부를 데리고 쫓아가시오." 하고 일러 주매 그 어머니가 서둘러 가서 딸아이를 찾아오니라.

6 또 한번은 이 동네의 젊은 새댁이 갓난아이를 시아버지에게 맡기고 들로 일을 나갔는데

7 시아버지가 잠깐 밖에 나갔다 온 사이에 아이가 없어진지라 호연을 찾아와 '살려 달라.'고 울며 애원하거늘

8 호연이 "지금 호랑이가 물어다 놨어도 죽지 않으니 칼을 가지고 담박질해서 가시오.

9 호랑이가 바로 들어오지 않고 뒷걸음질로 들어올 테니, 굴속에 들어가 앉아 있다가 칼로 찌르고 데려오면 그만 아니오?" 하고 일러 주매 아이를 무사히 찾아오니라.

호연이 세상에 나서지 못하도록 엄히 경계하심

110 이 때 하루는 상제님께서 오시어 문득 호연을 크게 꾸짖으시기를 "아는 체하면 네 신명이 없어진다고 했건만 그걸 못 참아서 나

109:1 "처음에 태운장 만날 적에 흑석골 오두막집에서 만났다고 내가 전에 했지? 거기서 인봉리라고 하는 데로 방을 얻어 갔는데 늙어도 강짜를 하느라고, 거기 남자들 들어댕긴 게 나를 거기다 못 두어서 집을 부리나케 새청금머리에다 사대."(김호연 성도 증언)

109:2 "그 집을 줘 버렸어 우리가. 우리가 애초에 거기서 공부하고 오두막집이 우리 집인디, 갸를 주고 우리가 전주 새청금머리라고 허는 디(데에다) 큰 집을 샀지. 사랑채 하나 있고 안채가 둘이 있고, 샘 옆에 감나무 하나 서

김복임(1932~)

하는 시늉을 해?

2 네가 그렇게 하면 살지도 못할 터인데 그것을 짐작 못 하느냐?" 하시고

3 이어 형렬에게 "너는 그걸 못 하게 잡아야지 가만 두느냐? 그렇게 만들면 나중에 후끝이 좋겠느냐?" 하시고는

4 형렬의 얼굴과 코를 무엇으로 동여매신 뒤 우물에 처넣으시니라.

5 이에 호연이 놀라서 형렬을 구하려고 달려드니 상제님께서 엄지와 검지를 벌려 그 사이에 호연의 턱을 거시거늘

6 호연이 가슴이 답답하고 말문이 막혀 더 이상 어찌해 볼 도리가 없는지라 그저 애타는 마음으로 지켜만 보니라.

7 상제님께서 이튿날이 되어도 형렬을 우물에서 꺼내 주지 않으시매

8 호연이 참다 못해 "밥 먹은 지가 며칠인데 그렇게 굶길 작정이에요? 사람을 죽일 적에도 먹여서 죽인다는구만." 하니

9 상제님께서 "건방지게 밥을 먹으려고 그러냐?" 하시니라.

10 이에 호연이 "아, 그렇지 않아요? 사전에 아무 말도 없이 저이랑 나랑 부부를 정해 놓고서는 그렇게 인정머리 없이 그래요?" 하고 따지니

11 말씀하시기를 "나는 근본이 독한 사람으로, 우리 집안도 모르고, 동기간도 없다.

12 너 아는 체하고 쏙쏙 나서는 것을 내가 그렇게 타일렀는데도 그걸 못 참아서 네가 하고 싶은 대로 하니, 내 말이 실언(失言)이 되니 그런다." 하시거늘

13 호연이 "그나저나 어서 밥이나 먹이게 꺼내 주세요. 대체 밥 먹은 지가 언제예요?" 하매

14 상제님께서 "흥, 그래도 안타까워서 그러냐? 안 죽어, 안 죽어!" 하고 단호하게 말씀하시니라.

호연의 기운을 거두심

111 형렬이 우물에 갇힌 지 사흘째 되는 날에 상제님께서 호연의 앞에 무슨 글을 펴 보이시며 일러 말씀하시기를 "호연아, 생각을 해 봐라.

2 사람이란 크고 작고 간에 틀이 있는 것이니, 큰 틀이 되어야지 작으면 내두르기 쉽고 바람만 불어도 날아가기 쉬운 것이다.

3 그런데 너는 어찌 큰 틀이 될 사람이 작은 사람처럼 자꾸 그러느냐!"

하시거늘

4 한참 후에야 호연이 "생각해 보니 그러네요. 잘못했어요." 하고 뉘우치니

5 상제님께서 재차 확답을 받으신 뒤에 "아무개야, 어서 밥 차려라." 하고 명하시니라.

6 이에 호연이 "이제 다시는 안 해요." 하고 다짐하니 상제님께서 "누가 하게 한다니?" 하고 홀연히 사라지시거늘

7 호연의 목에 진 피멍이 한동안 지워지지 아니하더라.

8 이후로 호연의 신령한 지각문(知覺門)이 닫히어 전과 같이 만사(萬事)를 훤히 알지는 못하고 다만 신명이 오고가는 것만 보고 들을 정도가 되니라.

9 또 상제님의 말씀을 명간(銘肝)하여 누가 청탁을 해 와도 함부로 나서지 않으니라.

내 공부 시간만 뺏긴다

112 상제님 어천 후에도 이갑룡이 마이산에서 탑을 쌓는 고행을 계속하며 하루도 거르지 않고 미륵부처님께 억조창생의 구제를 일심으로 기원하니라.

2 이 때 갑룡의 기행이 널리 알려져 시국을 물으러 오는 사람들이 줄을 잇거늘

3 마치 실성한 사람처럼 동문서답을 하여 돌려보내므로 가족과 제자들이 "대답을 좀 해 주시지 그러셨습니까?" 하니

4 그 때마다 퉁명스레 "예끼, 이놈들아! 그런 소리 말아라. 내가 내 속에 있는 얘기를 하면 공부 시간 뺏긴다. 내 기도 시간 뺏긴다." 하니라.

인류에게 닥칠 큰 재앙을 예고함

5 하루는 한 제자가 정감록에 대해 물으니 "그거 다 쓸데없는 소리다. 허사다." 하니라.

6 갑룡이 그 가족과 제자들에게 종종 말하기를 "앞으로 엄청난 재앙이 온다. 사람들이 삼대 쓰러지듯 한다. 십릿길에 사람 하나 볼 듯 말 듯하게 그렇게 인종이 귀해진다." 하고

7 이어 "그 때는 천심 가진 사람만이 살아남는다. 선(仙)의 씨앗만 남아 요순세계가 온다. 용화세계, 미륵 세상이 온다." 하니라.

8 또 자주 후손들에게 치악산과 월출산에 쌓은 돌탑 이야기를 하며 "너희들도 한번 가 봐라." 하고

112:1 백운기(백복남) 성도의 부인 강야모 여사도 백운기 성도가 이따금 집을 나서며 "나 마이산에 갔다 온다." 하였다고 한다. 자기 남편은 이갑룡 처사와 교분이 깊었고 그에 대한 얘기도 자주 했다고 한다.

강야모(1915~)

9 후손들을 데리고 전주 관왕묘에 다니면서 천고문을 읽고 기도하며 상제님 성도들과 친분을 두고 지내다가 98세를 일기로 천명을 다 하니라.

김락원에게 전해진 태을주의 내력

113 김락원(金洛元)은 조상 대대로 함평(咸平)에 터를 잡고 살다가 부친이 무안군 해제면 삼봉리(三峰里)로 이주하매

113:1 삼봉리. 현재 무안군 해제면 송석리(松石里) 삼봉 마을.

2 무안에서 성장하여 배 열다섯 척을 가지고 어업에 종사하는 사람이라.

3 하루는 락원이 목포(木浦)에서 고기잡이를 나가는데 배가 부두를 뜨자마자 당숙인 **김태수**가 뛰어와 호미를 들고 손짓하며 소리치기를

4 "너 이놈아, 오늘 저녁에 배 나가면 다 죽는다! 다 죽으니 당장 배를 돌려라!" 하니라.

5 이에 락원이 '필시 무슨 연고가 있겠구나.' 하여 항구로 배를 돌려 "왜 그러십니까?" 하고 물으니

6 태수가 말하기를 "오늘밤에 태풍이 온다. 태풍이 오면 아무리 큰 배라도 다 뒤집어져서 죽으니 모두 갖다 매어라." 하니라.

7 당숙인 태수는 도인(道人)이라, 락원이 그 말을 거역하지 못하고 나가 있는 배들도 모두 불러들여 부두에 단단히 매어 놓거늘

8 과연 자시(子時)가 지나자 큰 태풍이 불어 고기잡이 나간 사람들이 대부분 돌아오지 못하니라.

9 이 일로 충격을 받은 락원이 수일 후 태수를 찾아가 "당숙이 하는

함평 군유산. 태을주의 못자리인 함평의 주산으로 예로부터 산세가 군자의 위풍을 닮았다 하여 군자산으로 불렸다.

도를 저도 닦고 싶습니다." 하거늘

10 태수가 말하기를 "나한테 와서 공부하려 하지 마라." 하며 태을주를 받아내린 집안의 도의 내력을 전하니라.

11 태수가 집안 어른 김경수의 일화를 들려주며 그가 남긴 '증산 하느님을 잘 모시라.'는 유언을 전한 후 "그 분을 모신 도인들을 찾아가라." 하거늘

12 이후 김락원은 이웃에 사는 윤창주, 유영주와 더불어 안내성 교단에 들어가 상제님을 섬기게 되니 이 때 락원의 나이 스물세 살이더라.

상제님의 인도로 혼인한 내성

114 내성이 태을주 공부에 들어가기 전 고수부님을 찾아 뵙고 현무경을 올려 드렸으나

2 수행을 하면서 '손가락 깝작거리는 놈은 다 죽으리라.' 하신 상제님의 말씀이 떠올라 현무경을 찾아갈 생각을 아예 버리고 공부에 일심하니라.

3 내성이 수통목에서 일심으로 태을주를 읽어 율려 도수를 실현하고 대흥리에 가서 고수부님께 인사를 올린 뒤에

4 그 길로 각지를 돌며 태을주를 읽어 병자를 잘 고치니 포교가 급속하게 이루어지니라.

5 이 때 상제님께서 오시어 이르시기를 "순천(順天)으로 가면 너의 처될 여자가 기다리고 있느니라." 하시므로 내성이 이 말씀을 좇아 순천으로 향하니라.

6 한편 순천 양률(良栗)에 사는 최말순의 모친이 이름 모를 병에 걸려 약을 써도 아무런 소용이 없는지라

7 동네 무당에게 병점을 보니 그 무당이 말하기를 "어젯밤에 선관이 나타나 당신이 오면 전하라 하며

8 '며칠 후에 한 남자가 찾아와 딸을 달라고 할 테니 딸을 그 사람과 혼인시키라.' 하고는 얼굴까지 일러 주었으니 명심하시오." 하거늘

9 이를 매우 기이하게 여기며 집에 돌아오니 병이 곧 씻은 듯이 나으니라.

10 이에 말순의 모친이 '선관께서 일러 주신 사람이 나타나면 딸과 혼인시키리라.' 마음먹었더니

11 며칠 후에 과연 그와 같은 사람이 찾아와 사위가 되기를 원하거늘 흔쾌히 허락하고 사위로 맞으니라.

114장 그동안 안내성 성도가 쉰 살(1916년)에 장가들었다는 증언과, 안내성 성도의 큰아들(안문환)의 호적 생년이 1913년인 점이 맞지 않았다. 윤기택의 증언에 의하면 실제 큰아들은 1917년생으로 일제시대에 면사무소 화재로 호적이 소실되어 다시 만들면서 징용을 피하기 위해 일부러 나이를 올려 기록한 것이라고 한다.

114:6 양률. 현재 전남 순천시 교량동 양률 마을.

114:6 최말순(崔末旬, 1897~1953). 본관 경주(慶州). 부 쾌삼(快三)과 모 김수월(金水月)의 3남 1녀 중 외동딸.

12 이 때 내성의 나이 쉰이더니 이로부터 내성의 처가를 비롯한 온 집안 이 상제님을 신앙하게 되니라.

복남이의 배필, 강야모

115 상제님께서 복남에게 "순창에 네 배필이 있으니 거기 가서 일을 봐야 된다." 하신 일이 있더니

2 갑자(甲子 : 道紀 54, 1924)년에 복남이 상제님 말씀을 따라 몇몇 사 람들과 함께 순창 방아실에 가서 치성을 크게 올리거늘

3 이 때 인근에 살던 열 살 난 강야모가 동무들과 구경을 온지라

4 이것이 연이 되어 6년 후에 강야모와 혼인을 하니라.

5 이후 강야모는 평생토록 지극한 정성으로 남편을 도와 천지사업에 동참하니라.

천 년 묵은 곤륜산 두 여우 제어 공사

116 상제님께서 생존 시에 하루는 말린 피문어 하나를 내성에게 전 하시며 말씀하시기를 "앞으로 천 년 묵은 여우가 너에게 찾아올 것이다.

2 이 여우는 본래 곤륜산에서 천 년간 수도한 영물로 암수 한쌍이거늘 암놈은 서양으로 가고 수놈은 동양으로 온 것이라.

3 그 여우가 세상에 나오면 천하가 어지러워지니 제지시켜야 하느니 라." 하시니라.

116:4 해제. 전 남 무안군 해제 면.

4 상제님 어천 후 내성이 무안 해제(海際)에 있을 때 마을 사람들이 병 색이 완연한 예닐곱 살 먹은 아이를 내성의 집으로 업고 오거늘

5 그 아이가 종종 해괴한 일을 저지르는데 밤이면 쿵쿵거리며 자는 사람의 냄새를 맡고 다니기도 하고 또 어떤 사람을 보고 "죽어라." 하면 그 사람이 곧 죽곤 하니라.

6 내성이 영으로 보니 그 아이가 바로 연전에 상제님께서 경계하신 '여우'로, 좌우에 호위신(護衛神)이 붙어 있고 인도신(引導神)이 머리 위에 있거늘

7 호위신이 재주를 부려 세상을 뒤엎으려 하매 인도신이 그것을 막 으려고 여우를 내성에게 인도해 온 것이더라.

8 이에 내성이 그 호위신을 떼어 내려고 여우를 꽉 끌어안고 자는데 번번이 품을 벗어나 집 밖으로 도망가려 하거늘

9 아예 죽일 작정으로 이불에 둘둘 말아 뜨거운 방에 한참을 가두었

으나 죽지 않는지라

10 다시 끈으로 꽉 묶어 우물에 빠뜨리고 하루가 지난 다음 꺼내 보니 여전히 죽지 않고 '캥캥' 하고 여우 소리를 내며 물을 토하더라.

11 이 때 내성이 문득 상제님께서 주신 말린 피문어 생각이 나서 여우에게 먹이려 하매 여우가 눈물을 뚝뚝 흘리며 먹지 않거늘

12 강제로 먹이고 한 달 동안 방에 가두어 두니 허물이 벗겨지고 몸에서 썩은 물이 나오더니 마침내 온전한 사람으로 변화하니라.

13 내성이 그 아이에게 '김양진' 이라는 이름을 지어 주고, 장성한 뒤에는 혼인까지 시켜서 백운동에 살게 하니

14 양진이 내성의 가르침에 따라 상제님을 신앙하다가 내성이 세상을 떠나매 진안(鎭安)의 어느 산에 들어가 곤륜산에서 공부하던 주문을 읽는데

15 주문 가운데 단 두 글자가 끝내 기억나지 않는 데다가 하늘에서는 공부하는 곳에 억수같이 비를 퍼붓는지라

16 결국 성공하지 못하고 일 년 뒤에 백운동으로 돌아오더니, 이듬해에 자식 하나 남기지 못하고 쓸쓸히 죽으니라.

17 한편 서양으로 건너갔던 암여우는 사오미 개명 도수를 흔들기 위해 제3변 추수 도운의 포교 오십년 공부 종필 도수 해의 동지 전야로 발동하니라.

116:13 김양진 (1916~1960). 안내성 성도가 키워서 나중에 벙어리와 혼인시켰으나 절손되었다.

태운 김형렬의 죽음

117 임신(壬申 : 道紀 62, 1932)년 11월 중순에 형렬이 화병으로 몸져눕거늘

2 이 때 호연은 넷째 딸 복임(福任)을 해산하고 몸도 추스르지 못한 채 형렬을 간호하니

3 가세가 기울어 미음조차 끓여 주지 못할 지경인지라 이를 보다 못한 형렬이 11월 25일에 셋째 아들인 천리마의 집으로 가니라.

4 이후 사흘 만에 형렬이 갑작스레 세상을 떠나거늘 호연과 다섯 자식들이 출상을 마치고 닷새 만에 집으로 돌아오니

5 이미 김씨 일가에서 밥해 먹을 솥 하나 남기지 않고 살림을 전부 가져가 버렸더라.

천지에서 호연의 수명을 관장함

6 이에 호연이 어린 자식들을 언제까지나 굶길 수도 없는 터라 이날 저녁부터 치마 속에 그릇을 감춰서 밥을 얻어다가 먹이는데

117:3 천리마의 집으로 가니라. 이 때 상황을 김호연 성도는 다음과 같이 증언했다. "어린애를 품고 내가 아랫목에 가 누워 있고, 즈(제) 아버지 데려가면서 인저 나에게 시켜. '아부지 이불 달라, 요 달

라. 또 아부지가
먹던 꼬창(고추
장) 가져오란
다.' 고. 돌아갈
라고 하는 이가
꼬창 달라고 할
것이여? 핑계에
모두 달라고 해
서 가져가려고
하지."

117:4 김형렬 성
도와 김호연 성
도는 3남 4녀를
두었다.

117:6 그 때의
정황에 대해 김
호연 성도는 "배
고픈 세상…. 어
린것들은 너이나
쭉 드러누웠고,
아이고, 조석 세
때에 뗄 것이 있
어, 먹을 것이 있
어? 아이고, 내
고생 말도 마."
하고 회고하였
다.

117:9 무엇이 끌
어당기는 듯하여.
"죽을라고 씌어
야지, 안 죽어져.
물로 들어가도
여기 차니까, 안
죽어질라고 도로
나와져. 어떻게
그 말을 다해.",
"요상햐. 무엇이
불러내는가. 요
렇게 고상하고
살란게 안 죽어
져."(김호연 성
도 증언)

119장 상제님께
서는 어천 이후
로도 호연을 자

7 이 해 섣달에 큰아들이 치질을 잘못 치료하여 연이어 세상을 떠나거늘

8 호연이 한량없는 괴로움과 허탈한 마음에 급기야 죽음을 결심하고 치마에 돌을 가득 끌어안은 채 물속으로 들어가니

9 마치 뒤에서 무엇이 끌어당기는 듯하여 물속 깊이 빠져지지 않더라.

송광사에서 팔대장삼과 고깔을 구해옴

118 계유(癸酉 : 道紀 63, 1933)년에 호연이 궁핍한 생활을 이기지 못하여 아홉살 된 둘째 아들 복수를 전주 송광사(松廣寺)로 보내니

2 이로부터 복수가 송광사의 행자로 있다가 2년이 지난 을해(乙亥 : 道紀 65, 1935)년 삼월삼짇날에 비로소 사미계(沙彌戒)를 받고 상좌가 되거늘

3 호연이 기별을 받고 송광사에 가서 예식에 참관하니라.

4 모든 예식이 끝난 뒤에 호연이 팔대장삼과 고깔을 구하여 집으로 돌아오니라.

팔대장삼을 입고 나서라

119 하루는 호연이 방에 앉아 있는데 비가 억수같이 쏟아지며 난데없이 "고깔을 쓰고 팔대장삼을 입고 마당에 나서라.

2 뇌성벽력을 하고 번갯불이 나면은 올라올 줄 알아라." 하시는 상제님의 음성이 들리거늘

3 호연이 서둘러 송광사에서 가져온 팔대장삼과 고깔을 챙겨 입고 마당에 서서 비를 맞는데

4 어찌 된 영문인지 뇌성벽력이 일지 않는지라 힘없이 돌아와 옷을 벗어 두고 마루에서 비 내리는 것만 우두커니 바라보니라.

5 이윽고 저녁때가 되어 갑자기 천지가 진동하듯 뇌성벽력이 치거늘

6 호연이 정신없이 방으로 들어가 팔대장삼과 고깔을 입고 다시 마당으로 나오니라.

이제 곧 날 받는다

7 호연이 장대비를 맞으며 애타는 마음으로 상제님 오시기만을 기다리거늘

8 시간이 갈수록 '올라오라고 했는데 올라갈 기구가 없으니 어쩔까….' 하는 생각에 점점 조급해지는데

9 하염없이 시간만 흐를 뿐이요, 아무런 기미도 보이지 않는지라 허탈한 심정으로 돌아서며 상제님을 원망하니

10 순간 상제님께서 무어라 대답하시는 듯 천둥소리가 연이어 울리더라.

11 이에 호연이 "아이고, 내등 이렇게 팔대장삼을 입으면 내가 중이나 되지, 선녀가 되겠어요?" 하며 못마땅한 듯 여쭈니

12 상제님께서 말씀하시기를 "그놈을 써야 선녀가 된다고 안 했냐? 이제 곧 날 받는다." 하시니라.

13 이 후 뇌성벽력이 일고 비가 크게 내리는 날이면 호연이 마당에 앉아 비를 맞으며 '선생님이 오시려나.' 하고 하늘만 쳐다보니라.

상제님과 함께 선천 성자들의 고향을 순회함

120 안내성이 모악산 백운동(白雲洞)에 있을 때 하루는 새벽에 치성실에서 남방을 향해 정성껏 청수를 모시고 공부를 마친 뒤에

2 부엌으로 내려오다 미끄러져서 한 길 가량 되는 밑으로 떨어지매 숨도 제대로 쉬지 못하다가 혼절하거늘

3 가족들은 혹 생명이 위태로울까 걱정하여 내성을 방으로 옮기는 등 법석을 떠는데

4 내성이 문득 "경만아! 이리 나오너라." 하는 소리에 깨어나 마당에 나가 보니

5 환한 대낮에 상제님께서 구름을 타고 오시어 공중에 떠 계시더라.

6 내성이 반가운 마음에 얼른 인사를 올리니 상제님께서 빙긋이 웃으시며 "내가 너 때문에 왔다. 나를 따라가자." 하시고

7 구름을 내성 가까이 대시며 "여기에 타라." 하시거늘

8 내성이 구름을 타니 어디론가 날아가 순식간에 한 낯선 곳에 이르니라.

9 상제님께서 말씀하시기를 "여기가 유대의 예수가 태어난 곳이다." 하시고

10 "그 제자들이 선령을 심히 박대하니 무슨 복을 바랄 수 있으리오." 하시며 이곳저곳을 둘러보시니라.

11 다시 구름을 타고 어떤 곳에 당도하매 "여기는 석가가 태어난 곳으로 본시 왕국이 있었나니 잘 보아 두어라." 하시고

12 "석가를 그대로 두었다가는 사람들의 천륜을 끊게 하고 인종씨를 말려 모두 멸망당하게 하였을 것이라." 하시니라.

13 잠시 후에 다시 어떤 곳에 도착하거늘 "여기가 바로 공자가 태어난

주 찾아오시어 말씀을 나누셨다. 심지어 김호연 성도가 상제님의 성적을 증언하는 순간에도 상제님께서 미리 옛일을 회상시켜 주심으로써 보다 생생하고 정확한 증언이 이루어지게 하셨고, 다른 신명을 통해 기억을 재생시키도록 도와 주기도 하셨다. 김호연 성도의 딸들은 김호연 성도가 평소 신명들과 대화 나누는 모습을 보고 잠꼬대나 꿈을 꾸는 것쯤으로 알았다고 한다. "딸이 나보고 '잘려면 신들린 사람같이 무엇이라고 하느냐.' 고 하지만, 자면서 내가 고축을 혀." (김호연 성도 증언)

119:13 "나는 새 옷을 갈아입고, 소나기 비만 와도 마당에 가 앉아서 하늘에서 내려오는가매 쳐다보고 앉았으니.", "그렇게 나보고 미쳤다고 하지. 비가 오면은 그 비를 맞고 마당에 가 섰은 게. 그런디 아편쟁이마냥으로 한번 중독이 되었는가 시방도 그

생각이 들어간단
말여. 비가 오고
뇌성을 하면 '한
이나(행여나)…,
한이나….' 다른
사람은 무서워서
들어온다는디 나
는 나가서 하늘
만 쳐다본게.
'한이나 무슨 통
하련가?'"(김호
연 성도 증언)

120:14 도둑놈이
되었다. 유교 경
전은 일상적인
교훈들로 이루
어져 있으나, 유
교의 정교하지
못한 논리적 문
제를 해소하기
위해 등장한 성
리학이 후기에
이르면 지나치게
형이상학화 되어
사회적으로 병폐
를 끼치게 되었
다. 곧 공소(空
疎)한 관념론으
로 인한 지나친
명분주의나 편협
논리에 빠지게
되었고, 후기에
는 남존여비 등
의 폐단이 관습
화되면서 사회적
으로 심각한 폐
해를 낳기에 이
르렀다.

121:2 안제암. 상
제님께서 도통
하실 때 곁기운
으로 도통 받은
다섯 사람 가운
데 한 사람.

곡부(曲阜)니라."하시고

14 "그 제자들이 도둑놈이 되었다." 하시며 여기저기 둘러보시더니

15 "이제 그만 가자." 하시고 내성의 집으로 돌아오시니 어느덧 수 시간이 흘러 해 넘어가는 저녁때가 되었더라.

16 상제님께서 떠나시며 내성에게 이르시기를 "깨어나거든 마초(馬草)를 달여 먹으라." 하고 약을 가르쳐 주시므로 명하신 대로 하니 몸이 차츰 회복되니라.

안내성에게 9년 역사의 천명을 맡기심

121 상제님께서 을미(乙未 : 道紀 25, 1895)년에 계룡산에서 백복남과 송기숙을 인사시키시며 "너희 둘이 천지역사를 해라." 하고 명하시더니

2 후에 송기숙이 모시던 안제암이 기숙에게 유언하기를 "한 집안에 호랑이가 둘이면 못 쓴다. 나는 이제 죽으니 너는 이후에 백복남과 함께 안내성 선생을 찾아가 천지역사를 해라." 하니라.

3 후에 내성이 무안(務安)에서 시목동(柿木洞)을 거쳐 모악산 백운동에 들어와 있을 때 기숙이 내성에게로 와 인사한 뒤

4 서너 해 만에 전주에서 눈 위에 난 명자욱을 징표로 복남을 찾아 내성에게 데리고 오거늘

5 이로부터 상제님께서 내성에게 명하신 9년 천지대역사가 시작되니라.

6 이 때 복남이 영을 받아 이름을 '백운기(白雲起)'로 고치니라.

백운기가 천지영사를 받음

122 천지대역사는 백운기가 상제님께 받은 천지영사(天地靈辭)에 따라 그때 그때 도수가 정해지거늘

2 운기가 치성대에 앉아 가만히 눈을 감고 있다가 '무슨 영사가 내렸습니다. 어찌어찌 하라고 하십니다.' 하고 전하면

3 내성과 모든 제자들이 "예." 하고 합장하며 심고하고 받으니라.

백가와 인연을 두라

4 후일 내성의 제자들 중에서 '운기가 받는 상제님의 말씀'을 믿지 않는 사람들로 인해 백운동이 시끄러워지거늘

5 하루는 내성이 그의 제자들에게 말하기를 "생전에 선생님께서 백가와 인연을 두라고 말씀하신 바 있으니 날 믿고 다 같이 이 사람을

대동하고 천지역사를 하자." 하니라.

무조건 따라가라

6 한번은 운기가 영사를 받고 송기숙에게 전하기를 "남해에 가면 윤찬삼이라는 사람이 있는데, 그 사람에게 안제암 선생의 청려장(靑藜杖)이 있다 하니 가서 찾아오라." 하거늘

7 이에 기숙이 남해로 찬삼을 찾아가 묻기를 "안제암 선생님의 말이 청려장을 맡겼다는데 가지고 계십니까?" 하니

8 그 말이 떨어지기가 무섭게 찬삼이 기숙에게 절을 하고 말하기를 "안 선생님께서 이것을 찾으러 오는 사람이 있으면 묻지도 말고 무조건 따라가라 하셨습니다." 하니라.

내성이 중앙방주가 되어 도수를 봄

123 운기가 받은 천지영사에 의해 내성이 중앙방주가 되어 동서남북 사방으로 각 방주를 두고, 3년을 한 마디로 하여 촌촌(村村) 도수와 명산제사(名山祭祀) 도수, 주문수행(呪文修行) 도수를 보니라.

2 촌촌 도수는 처음 3년 도수로 경만(敬萬)의 전 신도가 전국 팔도 곳곳을 돌아다니며 음식을 얻어 청수를 모시고 앉은 채로 좌배(坐拜)하고 심고를 드린 후 먹는 것이요

3 그 다음 3년은 명산제사 도수로 전국의 명산과 사찰(寺刹)을 찾아다니며 대웅전(大雄殿)에 개를 잡아놓고 반천무지(攀天撫地)한 후 제를 지내 망량신 대접을 하는 것이라.

4 이 때 매번 중들이 기겁을 해 "천벌을 받아 죽으리라!" 하고 크게 소리치며 방해하거늘

5 그럴 때마다 "죽어도 우리가 죽을 테니 상관없지 않냐!" 하며 태연히 제를 올리니라.

6 내성의 교단에서 제를 올릴 때는 천지인(天地人)으로 세 상을 놓는데 상과 고기 머리는 반드시 남방으로 놓고 미역국과 머리째 찐 닭을 올리거늘

7 어머니가 아기를 낳으면 미역국을 먹으니 미역국은 '태을주의 잉태'를 뜻함이요, 찐닭은 '닭이 봉황(鳳凰) 되어 올라가는 이치'라.

8 마지막 3년은 주문수행 도수이니 복배(伏拜)하고 태을주, 진액주, 칠성경, 개벽주, 운장주 등을 공부하는데

9 시천주주만은 '차후에 읽을 주문이라.'고 하여 읽지 않으니라.

123장 "이 9년 역사, 천지 역사를 하실 때 그것을 죄다 좌중의 사람들은 그냥 얘기로만 이렇게 듣는디 실제 실감은 우리 같은 사람은 표현할 수가 없당게. 표현할 수가 없이 지금 그런, 그런 깊이가 들어있고 또 못할 말이 많어." (윤기택 증언)

123:1 이 때 북방방주는 윤기택의 부친인 윤창주였고, 남방방주는 김재규, 동방방주는 송기숙, 서방방주는 윤기택의 장인인 박기정이었다.

123:8 복배. 3년 이후에야 서서 반천무지로 사배했다고 한다.

123:8 주문수행 도수 3년 이후에는 태을주만을 읽었다고 한다.

선관댁 도수

124 상제님께서 내성에게 팔음팔양(八陰八陽)의 팔선녀(八仙女) 도수를 붙이시어 후천 선(仙) 문화를 여는 맥(脈)을 잇게 하시더니

2 이후 내성이 백운기의 천지영사로 중앙에 수부댁과 사방위로 선관댁(仙官宅)을 들여세우는 선관댁 도수를 보니라.

124:3 고부댁. 상제님의 아내 수부를 상징한다.

3 이 때 내성은 제자들 딸 중에서 처녀를 골라 뽑는데 중앙에는 수부로 고부댁을 들여 사모님으로 공경하게 하고 동서남북으로 각기 한 명의 선관댁을 정하거늘

4 내성과 제자들이 모두 고부댁과 선관댁들을 극히 공대하여 맞절로 인사를 하고 길에서 만나면 합장하니라.

5 이후 서방방주인 운기가 서방 선관댁과 혼인하여 백운동에 살림을 차리니라.

우리 둘이는 서로 의지하네

125 상제님께서 내성과 복남에게 말씀하시기를 "복남이는 바깥 일을 하고 내성이는 안 일을 하라." 하시더니

2 하루는 내성이 운기의 가족에게 말하기를 "나는 운기를 믿고 운기는 나를 믿고 우리 둘이는 서로 의지하네." 하니라.

3 이후 운기가 내성에게 "남들에게 제가 대허령이 들렸다고 소문을 좀 내 주십시오." 하거늘 내성이 묵묵히 고개를 끄덕이니라.

4 내성이 9년 역사를 하는 동안 제자들에게 부모가 돌아가셔도 절대 가지 못하게 하더니

125:5 윷. 조선 선조 때의 문인 김문표는 「사도설(柶圖說)」(『중경지(中京誌)』 권10 부록)에서 윷판을 다음과 같이 설명했다. '윷판의 바깥 둥근 것은 하늘을 본뜬 것이고, 안이 모진 것은 땅을 본뜬 것이니, 즉 하늘이 땅바닥까지 둘러싼 것이요, 별이 가운데에 있는 것

5 9년이 다할 무렵 봄부터 여름까지 석 달간 윷 도수를, 여름부터 가을까지 석 달간 씨름 도수를 보니라.

백운기가 대허령이 들렸다

6 하루는 내성이 제자 배학서에게 말하기를 "백운기가 대허령이 들렸다. 대허령이라 다 안다." 하니

7 학서가 의아해하며 "왜 그런 사람을 쓰셨습니까?" 하고 묻거늘

8 내성이 "그 때는 그 사람을 써야 한다." 하니라.

호연과의 재회

126 운기가 어려서 상제님을 모시고 객망리에서 함께 산 탓에 이순(二順)이 운기를 친오빠처럼 알고 따르거늘

2 이즈음 이순이 오리알터에 교단을 형성하고 운기를 볼 때마다 "오

빠 한번 와요." 하니라.

3 이에 운기가 상제님 어천치성절을 맞아 아내와 함께 오리알터를 찾거늘 거기에서 뜻밖에 호연을 다시 만나게 되니라.

4 운기가 크게 반가워하며 "각각에 있어서 보기가 그렇게 드무냐." 하고 인사를 건네니

5 호연은 운기에게 "오빠, 오빠!" 하면서도 "아이고 내가 오빠라고 따라댕긴 것이 다 선생님이 시켜서 그런 것이지, 날 누님이라고 그려!" 하며 농을 하거늘

6 운기가 "동생도 한참 동생이 뭐 그런 소리를 하고 그러냐. 너보고 뭐 누님이라고 그려!" 하매

7 이순이 운기에게 "오빠, 내가 상으로 꼬마리네잉." 하고 호연에게도 "언니, 언니!" 하고 부르더라.

8 이순이 다시 운기의 아내에게 말하기를 "우리 아버지는 나는 이뻐라고 안 해도 복남이 오빠만 업어 주고 이뻐라 했어." 하며 서로 어린 시절의 얘기로 즐거운 한때를 보내니라.

남상기의 불의

127 해방되기 서너 해 전 북방방주 윤창주(尹昌周)의 아들 기택(琪宅)이 징용을 피하고자 자주 선관댁들이 모여 사는 집에 몸을 숨기더니

2 하루는 선관댁들의 집에서 잠을 자고 일어나매 농문이 열려 있고 고부댁과 선관댁들이 모두 사라졌거늘

3 이는 내성의 제자 남상기가 그를 추종하는 선관댁의 부친들과 짜고 선관댁들을 유인함이더라.

4 이때 상기가 자신을 따르는 옥관도사들의 말에 현혹되어 자기를 옥황상제라 믿고 고부댁을 아내로 삼더니

5 얼마 후 신벌을 받고 실성하여 배추 찌꺼기를 주워 먹으며 연명하다가 비참하게 죽으니라.

뒷일을 할 분은 후에 나온다

128 내성이 윷 도수와 씨름 도수를 끝으로 9년의 역사를 마친 후 신도들을 모아놓고 '교단 해산령'을 내리며 이르기를 "앞으로 백운동은 쑥대밭이 된다." 하니라.

2 이에 제자들이 "여기가 쑥대밭이 되면 뒷일은 어떻게 할 것입니

은 28수(宿)를 본뜬 것이니, 즉 북진(北辰)이 그 자리에 있으매 뭇별이 둘러싼 것이다.'

125:6 배학서. 본명은 학범, 학서는 도명이다. 백운동에 거주하는 증언자 배은실(1935~)의 부(父)

126장 백운기 성도의 부인인 강야모 여사가 시집온 지 얼마 안 되어서의 일로 김호연 성도의 사진을 보자 당시를 생생하게 기억하며 전한 내용이다.

128장 윤기택의 증언에 의하면 문공신 성도가 백운동 교단에 자주 들러 안내성 성도와 대화

어천

를 나누었고 백
운동 교단의 해
산령 후 많은 신
도들이 문공신
성도의 교단으로
옮겨갔다고 한
다.

128:2 윤기택의
부인 박양금이
어렸을 때 안내
성 성도의 귀여
움을 많이 받았
는데 그 때 안내
성 성도가 "앞으
로 여기(백운동)
는 쑥대밭이 된
다."는 말을 여
러 번 했다고 한
다.

129:2 번암 장
수. 전북 장수군
번암면.

129:2 큰불재.
전북 임실군 신
덕면 신덕리에서
완주군 구이면
덕천리로 넘어가
는 고개.

129:2 고달산.
전주시 대성동과
완주군 구이면,
상관면에 걸쳐
있는 산(603.2m).

129:2 방아날.
김제시 금산면
청도원 동쪽에
있는 골짜기.

129:3 유각. 김
제시 금산면 청
도리 유각.

130:8 서방방주.
초기에는 백운기

까?" 하고 물으니

3 내성이 이르기를 "뒷일을 할 분은 후에 나온다. 우리 일은 뒤에 다른 분이 오시어 이루게 된다." 하고

4 또 이르기를 "선생님이 오실 때는 청진 홍진 다리 놓고 '만수도인 우리 아들들이라.' 하시리라." 하니라.

9년 역사 이후

129 백운동의 9년 천지역사가 끝난 후에도 운기는 영사를 받아 내리며 천지역사를 계속하니

2 번암 장수와 임실 큰불재, 전주 고달산, 방아날 등에서 각기 3년씩 상제님의 말씀을 받들어 천지에 공을 드리고 천지 명령을 내성에게 전달하니라.

3 이후 유각(柳閣)으로 이거하여 살 때 운기의 아내와 아들 복식이 안양동에 잠시 따로 거주하다가 아들 복식이 눈을 다치게 되거늘

4 이 때 안필성의 도움으로 다시 유각으로 돌아와 사니라.

일심이면 궁궁이다

130 내성이 9년 역사가 끝난 뒤에는 제자들에게 주문 수련에 일심하게 하니

2 주문수행 도수 때와는 달리 먼저 절후주와 진액주를 일독한 후 태을주를 계속 읽으니라.

3 무자(戊子 : 道紀 78, 1948)년에 이르러 하루는 내성이 제자들에게 말하기를

4 "허령(虛靈), 지각(智覺), 신명(神明) 공부면 끝이다." 하니라.

5 이즈음 백운동 교단 신도들 사이에 비결(秘訣) 공부가 유행하거늘

6 내성이 비결에 매달린 신도들에게 말하기를 "일심(一心)이면 궁궁(弓弓)이다. 궁궁은 태을주 아닌가." 하니라.

금방 때가 된다

7 이 때 신도들 사이에서 "금방 때가 된다." 하여 서로 손가락을 짚으며 날을 꼽느라 항상 소란하더라.

8 하루는 서방방주 박기정의 아내가 감나무를 심고 있는 내성을 보고 "아니 선생님, 금방 때 된다고 한 양반이 무슨 감나무를 다 심으세요?" 하며 의아해하거늘

9 내성이 "아, 심어 놓고 볼라고 그러지." 하고 대답하니라.

사람이 없다

131 내성은 평소 누구와 도담하는 일이 거의 없더니 언제부터인가 종종 말하기를 "사람이 없다. 사람이 없다." 하니라.

2 이에 내성의 아내가 "누구도 있고 누구도 있는데 왜 사람이 없다고 그러십니까?" 하거늘

3 내성이 대답하기를 "그것들이 사람이다냐?" 하니라.

경만 안내성의 죽음

4 기축(己丑 : 도기 79, 1949)년에 생일을 하루 앞두고 내성이 제자들에게 명하기를 "올해는 너희 성의껏 해라. 천지만물 도수다." 하거늘

5 제자들은 내성이 한 번도 그런 말씀을 한 적이 없으므로 이상하게 생각하면서도 정성을 다해 생일상을 준비하니라.

6 다음 날 새벽참부터 내성이 목욕을 하고 손톱과 발톱을 깎고 새 옷으로 갈아입은 뒤에 심고를 올리러 치성실로 가다가 쓰러져 천명을 다하거늘

7 이 날은 내성의 82회 생일인 10월 25일이더라.

콩밭에서 큰 도인이 나온다

132 하루는 김락원의 제자 노진구(魯鎭玖)가 락원에게 불쑥 묻기를 "콩밭의 뜻이 무엇입니까?" 하거늘

2 락원이 "자네 그것도 해석 못 하는가?" 하니 진구가 "성인이 해 놓으신 것을 제가 어떻게 해석을 합니까? 말씀을 한번 해 주시죠." 하매

3 락원이 "거기에서 큰 도인이 나오네. 도가 일어나네." 하니라.

4 이에 진구가 가만히 생각을 하다가 말하기를 "그러면 우리가 가지요!" 하니

5 락원이 정색을 하며 꾸짖기를 "데끼! 때가 있는 것이네. 다 정해 놓고 나오는 것이네." 하니라.

송기숙과 백운기의 등에 박혀 있는 칠성

133 경인(庚寅 : 道紀 80, 1950)년 늦은 봄에 백운기와 송기숙이 9년 역사를 같이 한 연비 예닐곱 명과 함께 사랑채에서 담소를 나누는데

2 백운기가 송기숙에게 불쑥 묻기를 "형님, 이제 발표할 때가 되었지 않습니까?" 하니 기숙이 되묻기를 "이제 되었는가?" 하니라.

였으나, 사임하고부터 박기정(1890~1948)이 맡아서 하였다.

132:4 증언자 곁에서 이 대화를 직접 들은 손자 김상용(1941~)의 생생한 증언 내용.

133장 당시 방안에 있던 사람들 가운데 유일한 젊은이였던 윤기택 증언.

어천

3 이에 운기가 "발표할 때가 되었습니다." 하고 대답하더니 둘이 윗 옷을 벗거늘

4 운기의 등에는 짙은 자색(紫色)을 띤 칠성이, 기숙의 등에는 검은 칠성이 하나 하나가 손톱 반만 한 크기로 박혀 있더라.

5 이 때 운기와 기숙이 사람들에게 말하기를 "우리는 이렇게 인연이 맺어진 사람이다. 우리가 이런 인연이다." 하니라.

여름날 밤에 아들에게 들려준 별 이야기

134~135장 백운기 성도의 아들인 백복식 증언.

백복식(1945~)

134 어느 여름날 밤에 운기가 아들 복식과 함께 마당에 자리를 깔고 나란히 누워 칠성을 가리키며 말하기를 "저 별을 한번 봐라." 하니라.

2 이에 복식이 "아버지, 북두칠성 같네? 일곱 개 별이 저기 딱 있네?" 하니

3 운기가 말하기를 "높으신 양반은 저 별이다. 높은 양반이 태어날 때는 저 기운을 다 가지고 온다." 하고

4 별 하나 하나를 가리키며 "저건 누구 대통령 별이다. 누구 임금 별이다. 저건 이순신 장군 별이다." 하고 일러주니라.

5 다시 복식에게 "삼대(三代) 박첨지(朴僉知) 세 김씨(金氏)가 나오고

6 홍도령(洪道令)은 휘적휘적하고 나중에 우리 도에 정도령(正道令)이 나와서 마감짓는다." 하니라.

7 운기가 이어 말하기를 "사람이 태어나면 별이 하나씩 생기고 죽을 때마다 별이 하나씩 사라진다.

8 별이 변동이 있을 때는 천지에서 그 사람을 데려간다. 그 별만 보면 다 안다." 하고

9 아들에게 묻기를 "니 아버지 별은 어떤 건지 아냐?" 하니

10 복식이 "아버지 별은 몰라요." 하매 운기가 말하기를 "나중에 안다." 하니라.

운기가 천지 영사를 받을 때는

11 백운기는 자시(子時)가 되면 하루도 거르지 않고 성전으로 가 영사를 받거늘

12 아들인 복식이 보니 운기가 영사를 받을 때는 가만히 자리에 앉아 머리를 조아리고 "예, 예, 알았습니다." 하고 때로는 "예, 아버지, 꼭 그러겠습니다." 하는데

13 중요한 일일 때는 날이 밝자마자 백운동으로 달려가 내성에게 영

134:11 백복남 성도가 증언자 사명을 맡기기 위해 항상 무릎에 앉혀서 키운 아들 복식의 증언에 의하면, 백복남 성도는 한

사를 전달하고 가끔씩은 한밤중이라도 백운동으로 바삐 달려가기도 하니라.

내 이름이 열두 가지다

135 하루는 복식이 아버지에게 묻기를 "아버지 진짜 이름이 뭐예요?" 하니

2 운기가 대답하기를 "인수라고도 하고, 복남이라고도 하고 아버지 이름이 열두 가지다. 열두 가지를 너는 다 못 외운다." 하니라.

3 운기는 평소 부인과 가족들에게 말하기를 "귀먹고 벙어리여야 산다." 하며 자신에 관한 흔적을 남기지 않으려 애쓰더니

4 하루는 부인에게 말하기를 "앞으로 시절이 막 차면, 상제님을 조금이라도 알았다 하면, 그 모시고 다닌 각처 사람들을 다 찾아다니며 조사해서 발표를 한다." 하니라.

못다 본 명부 공사를 보러 감

5 을미(乙未 : 道紀 85, 1955)년 음력 9월 7일에 운기가 그의 아내에게 "사흘 후에 간다." 하고 자신의 죽음을 예고하거늘

6 그의 아내가 "자식들 두고 그렇게 갈거냐!" 하고 울며 소리치니 운기가 아무 말도 못하고 묵묵히 듣고만 있더라.

7 사흘 후 운기가 아들 복식을 데리고 유각 앞 개울에서 목욕을 하는데 복식이 보니 아버지의 등에 칠성이 뚜렷하게 박혀 있거늘

8 그날 밤 복식이 아버지와 마당에 누운 채 별을 보며 말하기를 "아버지 등에 별이 저 하늘의 별하고 어떻게 같으네?" 하니라.

9 이에 운기가 "그런 소리 하는 거 아니다." 하더니 자시(子時)가 되자 가족들을 불러 놓고 말하기를

10 "내가 젊어서 칠일을 작정하고 명부전에 올라가 일을 보다가 육일 만에 돌아오게 되어 일을 끝내지 못했으니 이제 돌아가야 한다." 하고

11 또 이르기를 "이제 하느님 전에서 올라오라고 한다." 하니라.

12 이어 복식에게 말하기를 "어머니 잘 모셔라." 하고는 아내의 무릎을 베고 잠을 자듯 반듯하게 누워 천명을 다하니

13 이 때 백운기의 나이 68세이더라.

문공신의 7년 공사

136 상제님께서는 양도(陽道)로써 차경석을 내세워 동학 역신 해원 공사를 보시고

평생 눕지 않았다 한다. "그렇게 저희 아버지는 드러눕질 않으셨어요. 아버님 무릎 베고 언제나 저는 자고 그랬죠. (아버님은) 앉아 계셔 가지구."

135장 "이 하느님 모시고 댕긴 사람들 집에 인쟈 다 찾아 인쟈. 그 하느님 모시고 댕긴 사람들 집에 각처 다 조사하고 시절이 막 차면 인제 그럴 것이라고… 내가 여태 생전에 말 한마디를 했어, 어쨌어. 이렇고 믿는 사람한테도 귀먹고 벙어리해야 산다고 헝게, 참말로 내 손자한테도 내가 입 안 열고 내가 입 딱 닫고, 오늘날까지." (백운기 성도의 부인 강야모(1915~) 증언)

어천

2 진주 도수와 문왕 도수와 이윤 도수를 맡은 문공신을 음도(陰道)로 내세워 7년 공사를 맡기시니라.

3 상제님께서 어천하시기 전 공신에게 일러 말씀하시기를 "남은 7 의 공사를 너에게 맡긴다." 하시고

4 "은두장미(隱頭藏尾)를 해야 살아 남으리라." 하시니라.

5 이에 공신이 상제님께서 어천하신 후 7년 동안 혼자서 오쟁이에 릿가루를 담아 지고 주로 충청도 지방을 다니며 상제님의 말씀아 공사를 보는데

6 대개는 해안을 따라 오르내리며 공사를 보고 명산을 찾아 글과 (符)를 써서 제를 올리기도 하니라.

7 두승산에 가서 산제(山祭)를 모시고, 부안 줄포(扶安 茁浦) 해변에 수륙제(水陸祭)를 올리고

8 안면도(安眠島)에 가서는 '북을 울린다.' 하며 북 도수를 보니라.

9 이후 공신은 단산(丹山), 수산(水山)과 함께 군산 미두장에서 복록 균등케 하는 전곡신(錢穀神) 공사를 보니라.

문공신의 교단 형성

137 7년 공사를 마친 뒤부터 공신을 따르는 제자들이 생겨 7, 80 호(戶)의 교단을 형성하게 되거늘

2 공신이 15호를 한 반으로 하여 각 반마다 통솔할 수 있는 육임을 나씩 두고

3 제자들에게 이르기를 "이것이 진주(眞主) 도수니라. 진주를 상기하 잊지 마라." 하니라.

4 이 때 제자들이 자연스레 공신을 '선생님'이라 부르니 하루는 공이 이르기를

5 "선생님이라는 호칭은 합당치 않으니 나를 주인(主人)이라 불러라 하니라.

6 한편 박인규가 공신을 자주 찾으매 그 때마다 인규를 배웅하여 사리 재까지 따라 올라가 칠성바위를 바라보며 이르기를

7 "앞으로 오실 분은 저리 오시니 착실히 잘하라." 하니라.

조철제의 상제님 성골 도굴 만행

138 신유(辛酉 : 道紀 51, 1921)년 삼월 삼짇날에 이르러 조철제 '상제님의 성골(聖骨)을 모시고 수도하면 큰 기운이 붙어 도

136:5 문공신 성 도가 가장 아끼 는 제자 박인규, 오채문, 양치곤 과 그의 아들 문 복환 등이 일관 되게 증언한 내 용.

136:5 오쟁이. 이 뒤에 문공신 성도 가 모악산 고소 재에 왕래하며 다닐 때에도 계 속 오쟁이를 메 고 다녀 사람들 이 '문오쟁이'라 는 별명으로 불 렀다.

136:7 부안 줄 포. 칠산바다 입 구에 있는 포구 로 원래는 주을 포(主乙浦)였던 것이 줄포로 굳 어졌다. 고려 때 이 곳에 12창 중 에 하나인 안흥 창(安興倉)을 두 었다.

136:9 수산. 김 용범 (金容範, 1886~1962). 본 관 김해. 자(字)

어천

하고 교단이 크게 번창한다.' 는 소문에 현혹되어

2 그의 심복 권태로(權泰魯), 손진방(孫進邦) 등 장정 여덟 사람을 시켜 밤을 타서 구릿골 장탯날에 모신 상제님 성골을 도굴하니라.

3 이 때 형렬은 서울에 가고 그 아내 김호연이 딸을 출산한 지 갓 사흘이 되어 사랑방에 누워 있는데

4 고요한 밤에 갑자기 비가 쏟아지고 번갯불이 방안으로 들어오며 몸을 휘감는지라

5 호연이 놀라 일어나 정신을 차리니 "내 몸을 도둑질해 가고 있는데 뭣들 하고 자빠졌느냐!" 하는 상제님 성령의 불호령이 떨어지거늘

6 방문을 열고 형렬의 큰아들 찬문을 불러 이르기를 "불칼이 방안으로 들어와 대니 어쩐 일인지 선생님의 묘소에 좀 가 보고 오소." 하므로

7 찬문이 서둘러 장탯날에 가 보니 과연 묘소가 다 파헤쳐져 있고 도굴범들은 횃불을 들고 멀리 도망하는 중이라 쫓기를 포기하고 집으로 돌아오니라.

이는 조철제의 짓이라

8 이 때 서울에 있는 형렬에게도 "내 몸이 이렇게 흔들리는데 너희들은 잠만 자고 있느냐!" 하시는 상제님의 호령이 들리거늘

9 형렬이 즉시 김덕찬(金德燦)과 몇 명을 데리고 출발하여 이튿날 동이 틀 무렵에 집에 당도하니라.

10 형렬이 대문에 들어서며 다급한 목소리로 "어젯저녁에 무슨 일이 있었느냐?" 하고 물으니

11 호연이 간밤에 있었던 일을 말하매 형렬이 곧장 묘소로 달려가 구덩이를 보더니 "이는 조철제의 짓이라." 하니라.

조철제의 사기 행각과 영모재 점거

139 김형렬이 조철제의 성골 도굴 만행을 김제 경찰서에 고발하니

2 경찰은 전라북도 각 경찰서에 통지하여 수사를 진행하되 이 사건을 계기로 증산계(甑山系) 교단이 와해되기를 바라며 소극적으로 수사를 진행할 뿐이더라.

3 한편 철제는 기미년 여름에 대흥리 도장에서 훔쳐 온 궤(櫃)를 숨겨 두고 상제님의 친동생 선돌부인을 이용하여 '상제님의 의자(義子)로 유명(遺命)을 얻어 교통(敎統)을 받았다.' 며 교단 창립을 꾀하더니

4 이어 성골을 도굴하여 통사동 영모재 골방에 감춰 두고 '모월 모일에 상제님의 뼈에 살이 붙어 나와 상제님이 다시 출세하신다.' 고

손전등 불빛이 장탯날 쪽으로 움직이는 것을 직접 목격하였다고 한다.(김현식 증언)

138:2 삼월 삼짇날 저녁에 비가 좀 왔어. 그날 허연산이 저녁에 놀러 왔는디, 도둑등(기역자 후레쉬)이 그리 가. 그 아래 저수지 가생이 거가, 감나무 있는 데가 그 전에는 상여집 자리여. 고리 들어가는 길이여. 근디 거기서 불이 그렇게 가. 그래서 별일이다, 하고 인저 우리집에 와서 인자 저녁에 그 말을 안하고, 식전에 그 말을 해서 가 보니께 파 가 버렸어.(김현식 증언)

138:3 딸. 이 때 태어난 딸이 첫째 딸 소지다.

140:2~10 문공신 성도의 제자 박인규, 오채문과 아들 문복환 증언.

140:12 서대전에서의 쟁탈전. 조철제는 서대전역을 거쳐 경상도

하며 신도들의 금전을 갈취하니라.

5 그러나 약속한 날이 되어도 상제님께서 오시지 않으매 다시 상제님 성탄절인 9월 19일로 연기하였으나 역시 허사가 되니라.

성골을 찾기 위한 공신의 노력

140 조철제의 허무맹랑한 만행을 탐지한 문공신은 김정우(金定雨)로 하여금 철제를 거짓 추종하여 신임을 받게 하면서 사태의 추이를 지켜보니라.

2 하루는 철제를 따르던 경상도 사람 둘이 공신에게 와서 공부를 청하매 공신이 흔쾌히 받아들여 공부를 시키거늘

3 그중 한 명이 느닷없이 피를 쏟더니 혼수상태에 이른지라 공신이 정신을 차리게 하고 그 연유를 물으니 거짓으로 남의 집에서 돈을 가져와 신벌을 받은 것이더라.

4 공신이 그들을 다시 돌려보내니 그들이 그 동안 베풀어 준 공신의 은혜에 감복하여 아쉬움을 남기고 다시 조철제에게 돌아가니라.

5 임술(壬戌 : 道紀 52, 1922)년 정월 23일에 그 두 사람이 다시 공신을 찾아와 "조철제가 상제님의 성골을 도굴하여 영모재에 숨겨 두었는데 내일 새벽에 북간도로 모셔 간다." 하거늘

6 일찍이 공신이 고부경찰서에 갇혀 있을 때 '공신아, 내 몸이 조선을 떠나면 안 되느니라.' 하신 상제님 말씀이 불현듯 되살아나는지라

7 법적 절차를 밟아 성체를 모셔오려고 하니, 공신의 제자 양주선, 민영두, 박노규, 이기선 등이 서둘러 영모재를 습격하자고 강력히 주장하매

8 20여 명을 거느리고 석 자가 넘는 각목을 챙겨 통사동으로 찾아가니라.

9 영모재에 도착하여 문지기 넷을 때려눕히고 방으로 들어가니 조철제는 이미 도망하고 피우던 담뱃불이 채 꺼지지 않았거늘

10 공신이 이중벽 속에 숨겨 둔 성골을 찾아 집으로 모시고 와 보니 뜻하지 않게 현금 만여 원이 들어 있더라.

11 공신이 현금은 경찰서에 가져다 주고 찾아온 성골을 천장 위에 은밀히 모시다가 운산리 신경수의 집으로 옮겨 용마루 속에 모시거늘

12 이 과정에서 성골 가운데 왼팔 뼈가 없음을 확인한 공신이 정우 등으로 하여금 다시 철제를 추격하게 하여 서대전역에서 그 일행을 붙잡으니

13 철제가 왼팔 뼈를 심복 김윤진에게 주어 도망치게 하매 정우 등은 철제가 가진 현금을 빼앗으니라.

14 이에 철제가 대전 경찰서에 정우 일행을 강도로 고소하매 경찰이 철제와 정우 일행을 취조하니 성골 도굴 사실이 모두 드러나는지라

15 공신과 장남 광옥(光玉)을 비롯한 정우와 철제 등 20여 명이 검거되어 공신은 7년 징역에 처해지고 철제는 되찾은 돈으로 뇌물을 주어 곧 풀려나니라.

16 이 때 수산도 독립 자금 후원의 죄로 공신과 함께 대전 형무소에서 7년을 복역하니라.

보천교에서 성골을 인도 받아 모심

141 3월에 이르러 성골이 정읍 경찰서에 보관되어 있다는 소식을 들은 성모 권씨께서 대로하시어

2 경찰서에 가서 "내 아들 유골을 내놓으라." 하며 고함을 치시니 일본 순사들이 성모님의 범상치 않은 행동에 두려워 모두 자리를 피하니라.

3 계해(癸亥 : 道紀 53, 1923)년 삼월삼짇날 경찰에서는 성모님의 강력한 요구에도 불구하고 성골을 보천교(普天敎)로 인도하니

4 보천교에서는 정읍군 입암면 신면리(新綿里) 진등 마을에 빈소(殯所)를 마련하여 안치하고 묘각(墓閣)을 세워 모시니라.

5 이에 철제가 다시 100여 명을 동원하여 진등 마을 빈소에 모셔 둔 성골을 도굴해 가거늘

6 보천교에서 200여 명이 도굴범들을 추격하여 태인과 정읍 중간 지점에서 다시 되찾아 오니라.

7 정묘(丁卯 : 道紀 57, 1927)년 가을에 철제가 상제님의 친딸 이순(二順)을 앞세워 보천교를 상대로 성골 인도 청구 소송을 제기하니

8 경석이 패소(敗訴)와 성골 도굴을 우려하여 차윤경(車輪京), 김정곤(金正坤) 등으로 하여금 대흥리 비룡산 중턱에 성골을 평장(平葬)하게 하고 빈소에는 김정곤의 머슴 뼈를 대신 묻어 두니라.

차경석의 신로 변경과 알 수 없는 성골의 행방

142 무진(戊辰 : 道紀 58, 1928)년 정월 초사흘날에 경석이 이씨 부인의 허령 체험에 현혹되어 신로(信路)를 변경하더니

2 차천자(車天子)를 참칭(僭稱)하며 '상제님의 체백(體魄)을 없애리라.'

로 가려고 하였는데 서대전 가서 늘 쉬는 시간이 많으니까 쫓아와서 기차 안과 광장에서 싸움이 났었다. 그러다 일경한테 전부 폭력집단으로 붙잡혀 갔다. 그러니까 조철제 쪽에서 사람을 패고 돈을 뺏어 갔다고 신고를 하니 문공신은 거기에는 가지 않았는데도 주모자로 끌려 갔다.(이우인 증언)

문광옥
(1902~1983)

140:15 문광옥 (文光玉, 1902~ 1983). 본명 기남(奇男). 문공신 성도의 장남. 광옥은 이 사건으로 1년 동안 감옥살이를 했다.

140:16 7년을 복역. 문왕이 유리(羑里)에 7년간 유배된 것처럼 문왕 도수를 맡

하고

3 윤경으로 하여금 비룡산에 암장한 옥골을 파 오게 하니 윤경이 다른 유골을 갖다 주니라.

4 조종리 도장 성도들은 경석이 상제님의 성골을 가지고 불측한 짓을 한다는 소문을 듣고 크게 분개하여

5 보천교와 투쟁할 각오를 하고 성골을 모셔 오고자 상여(喪輿)를 만들어 출발하려 하니

6 태모님께서 만류하여 말씀하시기를 "그만들 두어라. 누구의 뼈다귀인지 아느냐." 하시므로 할 수 없이 그만두니라.

7 그 뒤 또 다시 철제가 진등 마을 빈소에 묻어 둔 머슴의 뼈를 상제님의 성골로 알고 도굴해 가거늘

8 천지가 경악할 철제의 불의와 패륜적인 만행으로 우주의 주재자이신 상제님의 성골이 온갖 수난을 당하더니 마침내 그 행방을 알 수 없게 되니라.

통사동 재실에 붙인 허부 공사

143 상제님께서 일찍이 정읍 통사동 전의 이씨 재실에 행차하여 말씀하시기를 "내가 이제 허부(虛符) 공사를 보노라." 하시고

2 부(符)를 많이 그리신 후에 불사르시며 일체의 도통 기운을 거두시니

3 이곳에서 상제님의 도법 정신에 벗어난 난법 헛도수 기운이 태동하니라.

고소재에서의 10년 철야 수행

144 공신이 태전 형무소에서 출옥한 뒤 모악산 고소재(姑蘇峙)로 들어가 10년 수행을 시작하니라.

2 하루 한두 시간밖에 잠을 자지 않고 수행을 하여 49일 만에 득도하고 이후로도 10년 동안 수행하니

3 이 때 호랑이 한 마리가 마치 개처럼 따라다니며 공신을 지키거늘 공신은 그 호랑이를 '바둑이' 라 부르니라.

4 하루는 모두들 시장기를 이기지 못하니 공신이 제자들에게 묻기를 "자네들 용봉탕 한번 먹어보지 않을 텐가?" 하거늘

5 제자들이 한숨을 쉬며 "준비한 것도 없이 먹겠습니까?" 하고 물으니

6 공신이 돌아앉아 심고를 한 뒤에 말하기를 "뒤편 굴뚝에 가 보게." 하니라.

7 이에 한 사람이 굴뚝에 가 보니 국수와 계란이 놓여 있는지라 가져
다 삶으니 인원에 딱 맞는 양이거늘

8 공신이 제자들에게 이르기를 "국수는 길으니 용이요, 계란은 닭이
니 봉황이네." 하매 모두들 크게 웃으니라.

파방 도수

145 공신이 독배고개에 제자들을 모아놓고 공부를 시키니 이 때 모
인 사람들은 채청송, 양인산, 정판진, 김찬숙, 신의균 등이더라.

2 하루는 공신이 "자네들 선초(仙草) 맛 봤는가?" 하니 제자들이 "애
기로도 못 들었습니다." 하고 대답하거늘

3 공신이 웃으며 말하기를 "그러면 선초 한 대씩 하세." 하는데

4 갑자기 한 사람이 문을 열고 방으로 쑥 들어오니 그는 도꾼을 가장
한 밀정 유화숙이라

5 화숙의 밀고로 공신과 제자들이 '민심을 어지럽힌다.' 하여 전주형
무소에 갇혔다가 3년 후 해방을 맞아 석방되니라.

6 형무소에 있는 동안 공신과 제자들 모두 제대로 먹지 못해 피골이
상접하고 몇몇은 주림을 이기지 못해 죽기도 하거늘

7 이는 독조사가 새벽녘에 개평을 얻어 판을 모두 걷고 후천 상생 세상을
열게 하는 파방(破放) 도수라.

8 이후에 공신이 제자들에게 말하기를 "독조사 도수를 내가 받았노라."
하니라.

도술약국을 열다

146 계사(癸巳 : 道紀 83, 1953)년 양력 7월 27일에 이르러 휴전협
정이 조인되니 남북 상씨름의 시작인 6·25전쟁이 긴 휴게기
(休憩期)에 들어가니라.

2 그 해 가을 공신이 제자들에게 수차례 "신태인에 도술약국(道術藥
局)을 열어야 한다." 하고 강조하매

3 제자들이 공신의 명에 따라 부랴부랴 신태인 남동에 집 한 채를 마련
하고, 이완식의 집에서 서류함을 가져다 약장으로 개조하여 쓰니라.

4 이 때 다른 약은 전혀 짓지 않고 사물탕(四物湯)만 지어 주는데 많
은 사람들이 아우성치며 몰려드니라.

약방의 조직과 치성

5 약방 조직은 공신을 제일 상좌로 하고 그 밑에 육임이 있고 육임 밑

145:5 당시 문공
신 성도의 아내
가 면회하고 돌
아갈 때면 항상
산 쪽에서 커다
란 불이 문공신
성도의 아내를
쫓아다니며 밤길
을 비춰 주었다
고 한다.(아들 문
복환 증언)

145:6 이 때 문
공신 성도는 배
가 고파 바닥에
깔아 놓은 명석
을 뜯어먹으며
목숨을 부지했는
데, 출옥 후 간신
히 발걸음을 뗄
정도로 극도로
나빠진 건강을
개구리탕으로 회
복했다고 한다.

145:8 독조사 도
수. "독조사란 것
이 그게 노름 문
잔디 초저녁에는
자기 것을 가지

에 마을 단위로 각 15반을 두어 차례대로 치성을 모시니라.

6 치성은 이삼 일간 올리는데 치성이 끝나면 공신이 강훈을 하고 저녁에는 공신이 법사(法師)와 강사(講師)가 되어 직접 수도 공부를 시키니라.

공부법을 말하지 말라

147 공부는 보통 5일, 7일, 21일, 21일 도수로 하는데 일반 신도는 이를 축약하여 5일, 7일 도수로 하고

2 공부할 때는 누구든지 절대 잠을 자지 못하게 하니라.

3 의통 공부에 앞서서는 개를 잡아 천지에 제를 올리니라.

4 이 때 공신이 수차 명하기를 "우리 도는 음도(陰道)이니 가족들에게도 공부하는 법을 말하지 말라." 하니라.

작가법 도수

5 또 33천(天) 28수(宿)의 작가법(作家法) 도수로 네 반의 제자들을 모아 놓고 공부를 시키니라.

의주주(意主呪)와 소원주(所願呪)

148 평소 공부를 할 때 십이주문을 사흘간 읽은 뒤에 의주주(意主呪)를 읽게 하거늘 그 내용은 이러하니라.

2
意主誠信仁降和
의 주 성 신 인 강 화

吾敬安保一終正
오 경 안 보 일 종 정

상제님 천지사업의 주인을 참된 뜻으로 정하매

성신(誠信)으로 잘 모시면

어진 마음이 내려와 화기가 감돌고

우리가 공경히 안보(安保)하면

한결같이 끝끝내 마음이 바르리라.

3 또 주문을 다 읽고 나면 끝에 항상 소원주(所願呪)를 읽히니 이와 같으니라.

4
천무진살(天無盡殺)하시고

지무진살(地無盡殺)하시고

인무진살(人無盡殺)하시니

상제님 도덕(道德)으로

포덕천하(布德天下) 광제중생(廣濟衆生)케 해 주옵소서.

고 그냥 싹 잃어 부러. 하나도 없이 다 잃어버리고 새벽 물결에 개평하나 뜯어 가지고 함박 잡아 인자. 함박 딱 잡아 가꼬 기냥 판안의 것을 싹 다 독차지 해뿐 거이 그기 독조산디…." (김일빈 (1926~2001) 증언)

145:8 "그렇게 다른 사람들한테는 그런 말씀 헌 일도 없고 이 어른한테만 특별히 내린 도수여 그건." (양치곤 증언)

146:2 도술약국. "상제님의 법통을 그대로 옮겨서 밑에 제자들에게 정신을 심은 거여." (양치곤 증언)

147:1 공부. 의통 공부 5일, 허령공부 7일, 지각·신명 공부를 각 21일씩 하였다.

147:1~2 "닷새인지 사흘이나 나흘 읽으면 기운이 돌아와. 나흘째가 되면 오늘밤이나 내일 새벽이나 기운이… 어떤 사람은 막 웃기도 허고 울기도 허고 마음에서 그냥

선생님은 후에 오시리니

149 하루는 공신이 이르기를 "남자가 아무리 잘한다고 해야 둘이 하는 사람의 절반도 못 따른다." 하고

2 "세상을 잘 살피고 잴 줄 알아야 살아남는다. 늘 지혜를 모아서 세상 판이 어떻게 돌아가는지를 잣대질하라." 하니라.

3 이즈음 공신이 제자들에게 거듭 말하기를 "그분 말씀은 끝까지 하나도 틀림이 없네. 앞으로 때가 되면 자네들 마음 시키는 대로 되는 세상이 오니 일심으로들 해야 하네.

4 큰 스승은 후에 청운교(靑雲橋), 낙수교(洛水橋)를 타고 오시리니 주위가 어쨌든 끝까지 잘 마치게." 하니라.

5 하루는 공신이 이르기를 "우리 일은 삼대(三代)밖에 없다." 하니라.

영산 문공신의 죽음

6 도술약국을 연 지 몇 달 후 공신이 주변을 정리하고 이것저것을 소각하더니

7 그로부터 사흘 후 자리에 누워 제자들에게 이르기를 "각자 소원대로 글을 써서 내 몸에 넣어라.

8 내 손으로 못 쓰는 사람은 무엇이 한(恨)인지 말로 하라. 대신 써서 넣어 준다." 하고

9 잠시 거친 호흡을 쉬더니 잠이 든 듯 천명을 다하거늘

10 이 날은 갑오(甲午 : 道紀 84, 1954)년 음력 5월 7일이더라.

신태인 도술약국 터. 문공신 성도가 1953년에 약국을 열어 육임 조직을 두고, 스스로 법사로서 제자들에게 수도 공부를 시킨 곳이다. 당시에는 기와집이었다.

씌여져서 나와."
(문복환 증언)

147:2 공부할 때. 마당 가운데에 모래를 쌓고 소나무를 캐다 세워 놓은 다음 붉은 장닭 한 마리를 꽉 묶어 놓고 일주일을 밤낮없이 그 주위를 빙빙 돌고 하늘을 쳐다보며 주문을 읽기도 했다 한다.

147:5 이 때 '천지각(天地角) 소를 한 마리 써야 한다.' 고 해서 뿔이 하나는 위로, 하나는 아래로 뻗은 천지각 소를 잡아 제를 크게 올리고 공부를 시켰다.(박인규 증언)

149:1 가족신앙의 중요성을 말한 것이다.

149:8 이 때 제자들이 수의를 들추고 가슴에 소원을 쓴 종이를 넣었다고 전한다.

어천

11 공신이 죽던 날 밤 하얀 꽃상여가 하늘에 떠서 창(唱)을 하듯이 웅웅 소리가 나며 천천히 떠 가니라.

태을주의 뿌리

150 김락원이 평소에 과묵하여 9년 천지역사를 하는 동안에도 가문에 내려오는 도의 역사를 누구에게도 말하지 않더니

2 임자(壬子:道紀 102, 1972)년이 되어 노환으로 자리에 눕게 되매 후손을 불러놓고 태을주의 내력을 전하며 도(道) 공부를 할 것을 눈물로 호소하니라.

3 락원이 제자들을 모두 물리고 그의 후손에게 말하기를 "개벽할 때 자손줄이 다 떨어지는데, 내가 죽어서 천상에 올라가 선관이 된들 뭣하냐? 네가 꼭 상제님의 도를 받들어야 한다." 하고

4 또 이르기를 "나는 좋은 일을 생전에 못 보고 간다만 너는 앞으로 좋은 세상을 볼 것이다.

5 네가 진실로 잘 믿으면 함평(咸平)에 가서 태을주 뿌리를 알게 될 것이다.

6 함평이 태을주 못자리다." 하니라.

네 둠벙 품는 사람이 생긴다

151 호연이 지난한 외로움과 깊은 서러움으로 고된 하루하루를 보내면서도

2 상제님께서 생시에 "자연히 너 구완할 사람이 생긴다. 네 목숨 살려 낼 사람이 생겨." 하신 말씀만을 되새기며 실낱 같은 희망으로 살아가더니

3 하루는 처량하고 서글픈 마음을 가누지 못하여 상제님을 부르며 "세상에, 어쩌면 어린것을 데려다가 이렇게 고생을 시켜요?

4 아무리 방죽에 물이 많은들 임자가 있어야 푸는 것인데, 임자가 없어서 못 품으니 내 둠벙을 누가 품을까…." 하며 애처롭게 하소연하거늘

5 상제님께서 말씀하시기를 "너를 버렸다고 그렇게 원을 해도 버린 것이 아니다.

6 자연히 생긴다. 네 둠벙 품는 사람이 자연히 생기니 걱정 말아라.

7 저 물이 제비산에 닿겠냐? 땅이 뒤집어질 적에는 물이 거기에 닿을지 누가 아느냐?" 하고 위로해 주시니라.

151장 김호연 성도는 상제님 9년 천지공사의 일동일정(一動一靜)을 영혼에 아로새기고, 온 우주에 그 발자취를 증거하는 증보자(仲保者) 사명을 완수하기 위해, 고단하고 한스러운 근 백 년의 시간을 기다려 제3변 추수 도운의 인사대권자에게 상제님 고유의 말씀과 성적(聖蹟)을 마치 그림 그리듯 고스란히 투영시켜 주었다. 또한, 진법맥(眞法脈)을 드러내어 전 인류의 명(命)을 선천에서 후천으로 넘겨주는 선매숭자 도수를 실현하고, 그 직후인 1992년 10월, 96세를 일기로 작고하여 천명(天命)의 숭고함을 새삼 되새기게 하였다.

어천

안내성 성도 연보

연도(道紀, 서기)	나이	주요 행적
道紀前 4(丁卯)년 1867. 10. 25	1세	경상남도 함안군 가야면 도음실(咸安郡 伽倻面 道陰實)에서 출생.
道紀 4(甲戌)년 1874	8세	8세에 조부 별세. 9세 때부터 집을 나간 부친을 찾아 돌아다니기 시작.
道紀 37(丁未)년 1907. 6. 22	41세	정읍 새재에서 상제님을 만남.
道紀 39(己酉)년 1909. 1	43세	상제님께서 내성에게 현무경을 전해 주심.
道紀 40(庚戌)~43(癸丑)년 1910. 4~1913. 3	44~47세	현무경을 태모님께 맡기고 수통목에서 3년간 태을주 수행을 함.
道紀 43(癸丑)~44(甲寅)년 1913. 봄~1914	47~48세	대흥리로 태모님을 찾아 뵙고 대흥리에서 포교 활동을 하다 여수로 내려가 교단을 열고 활동.
道紀 45(乙卯)~46(丙辰)년 1915~1916	49~50세	순천으로 교단을 옮기고 50세 나이에 최씨와 혼인.
道紀 46(丙辰)~48(戊午)년 1916~1918	50~52세	일경의 탄압으로 만주로 1년여 간 피신해 있다가 무안 해제로 가서 포교 활동을 하여 김락원, 윤창주, 류영주 등을 포교.
道紀 48(戊午)~57(丁卯)년 1918~1927	52~61세	전북 김제시 금산면 장승백이, 시목동, 소룡동으로 몇 차례 이사함.
道紀 57(丁卯)년~ 1927~	61세~	전북 김제시 금산면 청도리 백운동으로 이주하여 수백 명의 교인촌을 형성.
道紀 59(己巳)~67(丁丑)년 1929~1937	65~73세	백운기, 송기숙과 더불어 9년 천지역사를 행하고 이후 교단 해체령을 내림.
道紀 79(己丑)년 1949. 10. 25	83세	작고.

문공신 성도 연보

연도(道紀, 서기)	나이	주요 행적
道紀 9(己卯)년 1879. 7. 13	1세	전라북도 정읍시 태인면 궁사리(弓四里) 강삼(江三) 마을에서 출생한 후 와룡리로 이사.
道紀 23(癸巳)년 1893. 9	15세	15세에 무성서원(칠보면 무성리 소재)의 색장(色掌)으로 임명됨.
道紀 24(甲午)년 1894. 3. 20	16세	접주인 중형 문선명을 따라 황토현 전투에 참가하여 당시 생불이라 불리던 오세동이를 만남.
道紀 37(丁未)년 1907. 가을	29세	순창 농바우에서 상제님을 만남. 상제님께서 공신과 여러 성도들을 데리고 고부 살막에 가시어 계룡산 살막이 공사를 보심.
道紀 38(戊申)년 1908. 4. 11	30세	상제님께서 공신의 집 상량보에 오선위기도를 그려 붙이심.
道紀 40(庚戌)~47(丁巳)년 1910~1917	32~39세	7년 동안 혼자서 오쟁이에 보릿가루를 지고 서해안을 따라 주로 충청도 지방을 다니며 공사를 보고, 안면도에서 북 도수를 봄.
道紀 47(丁巳)~52(壬戌)년 1917~1922	39~44세	공신을 따르는 사람들이 생겨 70~80호의 교단이 형성됨.
道紀 52(壬戌)~59(己巳)년 1922~1929	44~51세	조철제의 상제님 성골 도굴 사건으로 대전 형무소에서 7년간 감옥살이를 함.
道紀 60(庚午)~70(庚辰)년 1930~1940	52~62세	모악산 고소재에 들어가 10년 수행을 시작하는데 49일 만에 득도함.
道紀 71(辛巳)~74(甲申)년 1941~1944	63세~66세	국제간첩 혐의로 전주 검찰국에 송치되어 7년 징역에 처해졌으나, 1944년 영양실조로 인해 병보석으로 출감.
道紀 83(癸巳)~84(甲午)년 1953. 가을~1954. 3	75~76세	신태인 남동에 도술약국을 엶.
道紀 84(甲午)년 1954. 5. 7	76세	작고.

제11편

태모(太母) 고수부(高首婦)님

태모(太母) 고수부(高首婦)님

태모님의 종통대권 전수

만유 생명의 어머니

1 태모(太母) 고수부(高首婦)님은 억조창생의 생명의 어머니이시니라.

2 수부님께서 후천 음도(陰道) 운을 맞아 만유 생명의 아버지이신 증산 상제님과 합덕(合德)하시어

3 음양동덕(陰陽同德)으로 정음정양의 새 천지인 후천 오만년 조화 선경을 여시니라.

종통을 이어받아 도운의 첫 씨를 뿌리심

4 무극은 건곤(천지)이요 도(道)의 본원(本源)이라.

5 태모님께서 당신을 수부(首婦)로 내세우신 상제님으로부터 무극대도의 종통(宗統)을 이어받아 대도통을 하시고

6 세 살림 도수를 맡아 포정소(布政所) 문을 여심으로써 이 땅에 도운의 첫 씨를 뿌리시니라.

7 태모님께서는 수부로서 10년 천지공사를 행하시어 온 인류의 원한과 죄업을 대속(代贖)하시고 억조창생을 새 생명의 길로 인도하시니라.

태모 고수부님의 탄강

2 태모님의 존성(尊姓)은 고씨(高氏)요 본관(本貫)은 장택(長澤)이요, 성휘(聖諱)는 판(判) 자 례(禮) 자이시니라.

2 동방 배달국의 신시개천(神市開天) 5778년, 단군기원 4213년, 조선 고종 17년 경진(庚辰 : 道紀 10, 1880)년 음력 3월 26일 축시(丑時)에 전라도 담양도호부 무이동면 도리(潭陽都護府 無伊洞面 道里) 고비산(高飛山) 아래에서 탄강하시니라.

3 부친의 존휘(尊諱)는 덕(德) 자 삼(三) 자요, 모친의 성은 밀양 박씨(密陽朴氏)이시니

1:1 태모 고수부님. 하늘땅과 억조창생의 머릿여자(수부)이시며, 가을 개벽천지의 정음정양 도수를 인사로 실현하시는 천지 만물과 온 인류의 생명의 어머니(태모 : Great Mother)이시다.

1:6 세 살림 도수. 태모님께서 상제님으로부터 도통맥을 계승하시고 도장을 개창하여 세계 통일의 대업을 완수하시기 위해 상제님 대도의 씨를 뿌리신 과정. 즉, 대흥리 첫째 살림 교단, 조종리 둘째 살림 교단, 용화동 셋째 살림 교단이다.

2:2 고비산. 담양의 주산(462.3m). 비봉산(飛鳳山)이라고도 한다.

태모

4 태모님의 부친을 성부(聖父)로, 모친을 성모(聖母)로 추존(推尊)하니라.

5 성모님께서 기묘(己卯 : 道紀 9, 1879)년 5월에 어느 절에서 기도하실 때

6 하루는 꿈에 높은 산에 올라 웅장한 집으로 들어가시니 한 선관(仙官)이 붉은 책과 누런 책을 한 권씩 주거늘

7 성모님께서 받으시고 놀라 깨어나시매 이로부터 잉태하여 태모님을 낳으시니라.

태모님의 유소 시절

3 판례께서 여섯 살에 부친상을 당하시고 이로부터 모친을 따라 외외가(外外家) 송씨의 승문(僧門)에 귀의하여 수행하시니라.

2 아홉 살 되는 무자(戊子 : 道紀 18, 1888)년에 모친과 함께 정읍현 남이면 대흥리(井邑縣 南二面 大興里)에 사는 이숙(姨叔) 차치구(車致九)의 집으로 이사하시니

3 이로부터 이모부를 좇아 동학을 믿으시며 시천주주(侍天主呪) 수련을 하시니라.

4 그 후 열다섯 살에 이모의 권유로 같은 동네에 사는 동학 신도 신씨(申氏)에게 출가하셨으나 13년 만에 사별하고 홀로 사시니라.

담양군 무이동면 도리. 현재 담양군 무정면 성도리(武貞面 成道里). 경진(庚辰 : 道紀 10, 880)년 3월 26일에 태모님께서 탄강하신 성지이다.

2:4 성부님과 성모님. 두 분은 임술(道紀前 9, 1862)년 3월 15일에 혼인하셨다. 성부님의 출생일은 미상이며 을유(道紀 15, 1885)년 9월 27일에 작고하셨다. 성모님은 을사(道紀前 26, 1845)년 8월 17일에 박춘화(朴春化)와 송세녀(宋世女)의 장녀로 태어나 18세에 출가, 18년 만에 태모님을 낳으셨다. 태모님은 제적부에 장녀로 기록되어 있다.

3:4 이모. 성모님과 차경석 성도의 모친은 자매간이다. 성모님은 장녀이시고, 차경석 성도의 모친은 셋째 딸이다.

3:4 신씨. 본관 평산(平山). 본명 여옥(汝玉). 태모님과 혼인하여 딸 태종(太宗)을 남긴 채 정미(道紀 37, 1907)년 6월 20일에 작고하였다.

3장 불우한 유년 시절과 불행한 결혼 생활 등 태모님의 전 생애는 한(恨)으로 점

철된 비극적인
삶이었다.

내 일은 수부가 들어야 되는 일

4 정미(丁未 : 道紀 37, 1907)년 10월에 상제님께서 차경석(車京石)에
게 일러 말씀하시기를

2 "천지에 독음독양이면 만사불성이니라." 하시고 "내 일은 수부(首婦)가
들어야 되는 일이니, 네가 참으로 일을 하려거든 수부를 들여세우
라." 하시므로

3 경석이 마침 홀로 사시는 이종누님 고부인(高夫人)을 천거하니라.

천지 대업을 네게 맡기리라

5 동짓달 초사흗날에 상제님께서 대흥리 경석의 집에서 수부 책봉의
예식을 거행하실 때 고부인께 일러 말씀하시기를

2 "내가 너를 만나려고 15년 동안 정력을 들였나니 이로부터 천지대업을
네게 맡기리라." 하시고

3 경석의 집에 수부님의 처소를 정하시어 '수부소(首婦所)'라 하시니라.

4 상제님께서 항상 수부님의 등을 어루만지며 말씀하시기를 "너는
복동(福童)이라. 장차 천하 사람의 두목(頭目)이 되리니 속히 도통(道
通)하리라." 하시고

5:1 수부 책봉의
예식. 세속적인
혼례식 차원이
아니라 상제님과
수부님께서 우주
만유의 어버이이
심을 천지에 선
포하신 것이다.
또한 정음정양의
후천을 여는 천
지대도의 수부공
사(首婦公事)이
며 상제님 대도의
종통을 전수하시
는 예식이다. 6
편 37~38장 참
조.

5:2 천지대업. 종
통(宗統). 곧 상
제님께서 전하신
후천선경 건설의
도통맥(道統脈).

서암산(瑞巖山)
안평리(安平里)
봉황리
봉황산(鳳凰山)
고비산(高飛山)
금산(錦山)
봉안리(鳳安里)
오계리(五桂里)
오룡리(五龍里)
도리
중리 성도리(成道里)
서정
매봉
반용리(盤龍里)
영천산(靈泉山)
무정면(武貞面)
봉서(鳳棲)
담양군(潭陽郡)
오례천(五禮川)
창평면(昌平面)

태모님께서 탄강하신 담양 성도리 일대

5 "이후로는 지천태(地天泰)가 크다." 하시니라.

내가 너 되고 네가 나 되는 일

6 무신(戊申 : 道紀 38, 1908)년에 하루는 상제님께서 성도 10여 명을 뜰 아래 늘여 세우신 뒤에 수부님과 더불어 마루에 앉으시어

2 수부님께 말씀하시기를 "네 나이는 스물아홉이요, 내 나이는 서른 여덟이라.

3 내 나이에서 아홉 살을 빼면 내가 너 될 것이요, 네 나이에 아홉 살을 더하면 네가 나 될지니

4 곧 내가 너 되고 네가 나 되는 일이니라." 하시니라.

5 또 말씀하시기를 "그대와 나의 합덕으로 삼계(三界)를 개조하느니라." 하시니라.

수부 대우를 잘하면

7 이 해 8월에 하루는 상제님께서 차윤칠(車輪七)에게 일러 말씀하시기를

2 "너의 매씨(妹氏)를 잘 공양하라. 네 매씨가 굶으면 천하 사람이 모두 굶을 것이요, 먹으면 천하 사람이 다 먹을 것이요

3 눈물을 흘리면 천하 사람이 다 눈물을 흘릴 것이요, 한숨을 쉬면 천하 사람이 다 한숨을 쉴 것이요, 기뻐하면 천하 사람이 다 기뻐하리라." 하시니라.

4 또 말씀하시기를 "수부의 치마 그늘을 벗어나면 다 죽으리라." 하시고

5 "수부 대우를 잘하면 수명도 연장될 수 있느니라." 하시니라.

금구로 가면 네 몸이 부서지리라

8 하루는 상제님께서 세숫물을 올리고 나가는 경석을 손가락으로 가리키시며

2 수부님께 일러 말씀하시기를 "저 살기(殺氣)를 보라. 경석은 만고대적(萬古大賊)이라.

3 자칫하면 내 일이 낭패되리니 극히 조심하라." 하시니라.

4 또 말씀하시기를 "네가 금구(金溝)로 가면 네 몸이 부서질 것이요, 이곳에 있으면 네 몸이 크리니 이곳에 있는 것이 옳으니라." 하시고

5 "앞으로 내가 없으면 크나큰 세 살림을 네가 어찌 홀로 맡아 처리하리오." 하시니라.

6:5 이는 상제님과 수부님의 관계, 그리고 도통 전수와 상제님의 지고한 종통대권에 대해 하늘땅과 인류에게 선언하신 말씀이다. 이제까지 난법자들이 온갖 사곡한 말로 고수부님을 부정하고, 계시 및 유물 전수 등을 내세워 종통을 조작하여 심령을 마비시키는 터무니없는 소리를 하고 있으나, 그 모두가 예외 없이 상제님의 도권과 신권을 강도질하는 난법 사기꾼, 패역자들임을 잊어서는 안 된다. 수많은 고귀한 영혼을 농락하고 타락시켜 죽이기 때문이다.

7:2~3 이 말씀은 천지공사의 차원에서 천지신명과 온 인류에

게 엄명하신 것이다.

상제님께서 어천하신 후

수부님께서 안질을 앓으심

9 기유(己酉 : 道紀 39, 1909)년 6월 24일에 상제님께서 김형렬(金亨烈)의 사랑방에서 어천하시니 이 때 수부님의 성수(聖壽) 30세이시니라.

2 그 10여 일 후에 성도들이 대흥리로 돌아와 수부님께 문후를 드리매

3 수부님께서 물으시기를 "선생님께서는 지금 어디에 계시냐?" 하시니

4 경석이 "청국 공사를 보시려고 멀리 남경(南京)에 가 계십니다." 하고 대답하는지라

5 수부님께서 언제쯤 돌아오실지를 물으시거늘 경석이 "자세히는 알 수 없으나 공사를 다 보시면 오실 것이 아니리까." 하니라.

6 그 후 두세 달이 지나도록 소식이 없으므로 경석에게 다시 물으시니 그 때마다 공사를 내세워 둘러대니라.

7 이 때 수부님께서 안질(眼疾)이 도져 심히 고통스러워하시거늘

8 경석과 윤칠이 크게 근심하며 어찌할 바를 모르고 다만 일심으로 주문(呪文)을 외울 뿐이더니

9 얼마 지나지 않아 수부님의 안질이 저절로 나으니라.

성도들이 안내성의 집에서 태을주 수련을 함

10 하루는 경석이 형렬과 함께 어디를 다녀와서는 사랑방에서 서로 무엇을 의논하거늘

2 수부님께서 조용히 들어 보시니 곧 다른 스승을 구하러 부안 변산에 갔다가 헛걸음하고 온 이야기더라.

3 그 후 두 사람이 그 일을 후회하고 안내성(安乃成)의 집에 수련방을 차린 후 태을주(太乙呪)를 읽는지라

4 수부님께서 성도들의 이런 거동을 보시고 매우 이상히 여기시니라.

수부님을 찾아오신 상제님

11 경술(庚戌 : 道紀 40, 1910)년 6월 그믐께부터 수부님께서 태을주를 읽으시면 항상 정기가 모아져서 신안(神眼)이 열려 상여가 들어와 보이기도 하고 들것이 들어와 보이기도 하니

2 불길한 징조라 여겨 불안을 느끼시고 경석과 다른 성도들의 말을

믿지 않으시니라.

3 한번은 상제님께서 오시어 수부님의 이마를 어루만지시며 "어찌하여 나를 한 번도 찾지 않느냐." 하시니라.

4 때로 저녁이면 상제님께서 평소와 같이 의관을 갖추어 집으로 들어오시고

5 혹은 집에 계실 때 자주 입으시던 중의(中衣) 적삼에 풀대님 바람으로 들어오시는 모습이 보이기도 하더라.

6 어느 날 밤에는 상제님께서 홑바지에 풀대님으로 문을 열고 들어와 앉으시거늘

7 수부님께서 일어나 손으로 어루만지시며 누구인지를 물으시니 상제님의 음성으로 대답하시는지라

8 수부님께서 딸 태종(太宗)을 불러 "불을 켜라." 하시니 태종이 아랫방에서 올라와 성냥을 그으매

9 상제님께서 불어서 꺼 버리시고 다시 그으면 또 꺼 버리시어 성냥 두 갑을 다 그어 버리니라.

10 이 때 상제님께서 태종에게 가만히 이르시기를 "나는 너의 아버지이니 아랫방에 내가 왔다는 말을 하지 마라." 하시고

11 수부님 곁에 누우시며 입고 계신 마고자에서 찬란하게 빛나는 호박(琥珀) 단추 세 개 중 두 개를 떼어 주시거늘 수부님께서 받아 손에 쥐고 주무셨는데

12 날이 밝아 깨시고 보니 상제님도 계시지 않고 손에 쥐었던 호박 단추도 보이지 않더라.

11:8 신태종(申太宗, 1900~1930). 『선정원경』에는 태종(胎種), 제적부에는 야무(野茂)로 나온다. 태종은 주로 성모 박씨께서 키우셨다고 한다.

네가 종기로 얼마나 고통하느냐

12 7월에 수부님께서 오른발 용천혈(湧泉穴)에 독종(毒腫)이 나서 다리가 심하게 부어 쑤시고 아프거늘

2 백약이 무효하여 수십 일 동안 정신없이 크게 앓으시니라.

3 그 후 어느 날 저녁에 갑자기 상제님께서 삿갓을 마루에 벗어 놓고 들어오시며 "네가 종기로 얼마나 고통하느냐?" 하시고

4 친히 발에 싸맨 것을 푸시어 종처(腫處)를 혀로 핥아 주시니 즉시 통증이 없어지니라.

5 이에 수부님께서 곤히 잠드셨다가 이튿날 아침에 일어나시니 종기는 나았으나 곁에서 주무신 줄로 믿었던 상제님께서 계시지 않는지라

태모

6 경석과 집 안에 있는 여러 사람들에게 상제님 계신 곳을 물으니 아는 사람이 없고 모두 이상히 여기더라.

성령의 인도로 상제님의 초빈을 찾으심

13 9월 초 어느 날 저녁에 수부님께서 앉아 주문을 읽으시니 문득 신안이 열리며

2 문 앞으로부터 무지개 줄기와 같은 푸르고 **붉은** 색의 서기(瑞氣)가 대흥리에서 구릿골로 가는 길을 따라 뻗쳐 있고

13:3 대밭 끝. 『도전』 초판에는 장탯날로 기록하였으나 당시 상황을 잘 아는 김호연 성도의 증언 내용을 바탕으로 바로잡았다.

3 그 상서로운 기운이 끝나는 구릿골 대밭 끝에 초빈(草殯)이 보이는데

4 이엉 얹은 모습과 그 날개 끝에 추깃물 묻은 것까지 보여 매우 이상하게 여기시니라.

5 이튿날 저녁에 갑자기 상제님께서 들어오시어 말씀하시기를 "내가 죽었는데 네가 어찌 나의 묻힌 곳을 찾아보지 않느냐?" 하시거늘

6 수부님께서 말씀하시기를 "어찌 상서롭지 못한 말씀으로 희롱하시옵니까?" 하시니

7 상제님께서 "내가 참으로 죽었노라." 하시고 수부님의 등을 어루만지며 손을 잡으시고는 이별가 한 곡조를 크게 부르신 뒤에 일어나 문밖으로 나가시더니 보이지 아니하시니라.

붉은 염낭을 지니시고 구릿골로 향하심

8 수부님께서 크게 의혹하시고 차윤경(車輪京)을 안내성의 집에 보내 경석을 불러오시어 상제님의 종적(踪跡)을 다그쳐 물으시며 "찾아가자." 하시니

9 경석이 말하기를 "선생님께서 며칠 전에 남경에서 구릿골로 돌아오시어 큰 공사를 보시는데

10 다만 한 사람만 출입하며 수종 들게 하시고 다른 사람은 누구든지 출입을 금하시므로 가서 뵙지 못합니다." 하니라.

13:11 붉은 염낭. 6편 82장 참조.

11 수부님께서 하는 수 없이 고민으로 밤을 새우시고 이튿날 새벽에 분(粉) 한 갑과 독약 한 봉과 예전에 상제님께서 주신 **붉은 염낭**을 지니시고 아무도 모르게 사립문을 나서시니

12 새벽 으스름 적막한 천지에 북쪽으로 터진 빈 들에는 찬 기운만 감돌 뿐이더라.

13 난생 처음 찾아가는 구릿골이라 방향을 알 수가 없고, 오직 전날 밤 광명 속에 나타났던 큰길을 따라 초빈한 곳을 향해 가시니라.

수부님을 뒤따라온 경석 형제

14 경석이 수부님께서 계시지 않음을 알고 놀라 이웃집에 물어 보니 아는 사람이 없거늘

2 마침 뒷들에서 새벽일 하던 한 농부가 말하기를 "이른 새벽에 고부인께서 정읍 쪽으로 난 길로 급히 가시는 것을 보았노라." 하므로

3 경석이 아우 윤칠과 함께 급히 뒤를 쫓아 태인 도창현(泰仁 道昌峴) 밑에 이르러 수부님을 만나게 되니라.

4 이에 경석이 수부님의 몸을 뒤져 독약을 빼앗고 여쭈어 말하기를

5 "누님이 어찌하여 이런 일을 행하십니까? 선생님이 지금 중대한 공사를 보시는 중인데 명(命)이 없이는 절대로 오지 말라는 기별이 있어 저도 이제까지 가 뵙지 못하고 부르시는 명을 고대하는 중이거늘

6 이제 갑자기 가 뵈면 누님은 고사하고 저에게도 큰 꾸지람이 있으리니 어떻게 감당하려 하십니까? 바라건대 이 길로 돌아가서 이후에 명이 있기를 기다리시지요." 하며 간청하되

7 수부님께서 전혀 듣지 않으시고 계속 걷기만 하시니 경석 형제도 할 수 없이 뒤를 따르는데

8 수부님의 걸음이 빨라져서 80리나 되는 먼길을 한나절 만에 당도하시니라.

상제님의 초빈에 당도하시어

15 원평(院坪)에 이르러 수부님께서 윤칠에게 명하시어 약간의 주과포를 준비케 하여 들리시고

2 길을 버리고 논두렁과 밭두둑으로 걸어서 구릿골 형렬의 집 뒤 대밭 끝에 있는 초빈 앞에 당도하시니라.

3 이어 태모님께서 윤칠에게 명하시어 "이엉을 헤치라." 하시니

4 경석이 "남의 초빈을 헤치다가 초빈 임자가 보고 달려와서 시비를 붙이면 어찌하려고 그러십니까? 그만두시고 속히 돌아가십시다." 하며 간곡히 만류하거늘

5 수부님께서 들은 체도 않으시고 몸소 초빈을 헤치기 시작하시니라.

'옥황상제' 라 쓴 명정을 덮어 드림

6 경석이 할 수 없이 윤칠로 하여금 초빈을 헤치고 재궁(梓宮)의 천개(天蓋)를 떼어내게 하니 과연 상제님이시거늘, 어용(御容)이 살아 계실 때와 조금도 다르지 아니하시더라.

7 수부님께서 염낭을 열고 엽전 칠 푼을 꺼내 재궁 속에 넣으신 뒤에

8 상제님께서 일찍이 '장차 내가 죽거든 꼭 입에 넣어 달라.' 하신 진주 한 개를 꺼내 입안에 넣어 드리니라.

9 또 쌀 세 알과 흰 바둑알 세 개를 넣어 드리니 바둑알은 뱉어 내시므로 염낭에 도로 넣으시고

10 한삼(汗衫)을 가슴에 덮어 드린 다음, 그 위에 '옥황상제(玉皇上帝)'라 쓴 명정(銘旌)을 덮고 천개를 닫으신 뒤에

11 준비해 온 주과포로 전(奠)을 올리고 흐느끼시며 재배(再拜)를 드리신 후 초빈을 다시 봉하게 하시니라.

12 이 때 김형렬이 집에서 이 광경을 보고 김자현(金自賢), 김갑칠(金甲七) 등 성도 10여 명과 함께 나와서 수부님을 모시고 들어가니라.

13 수부님께서 형렬의 집에서 이틀 동안 머무르시고 경석, 윤칠과 함께 대흥리로 돌아오시니라.

신경수의 집에 가심

16 그 뒤 수부님께서 온갖 상념 속에서 쓸쓸한 나날을 보내시던 중에 딸 태종이 갑자기 시두(時痘)를 앓더니

2 하루는 자꾸 '객망리에 가자.'고 조르므로 수부님께서 태종을 데리고 길을 나서시니라.

3 객망리로 가시는 도중에 갈림길에서 태종이 '옆길로 가자.'고 하매 그 길을 따라서 운산리(雲山里)에 이르시니

4 태종이 문득 한 집을 가리키며 '이 집으로 들어가자.'고 보채는지라 들어가 보니 곧 신경수(申京守)의 집이라.

5 마침 경수가 마당에 있다가 수부님께서 들어서시는 것을 보고 인사를 올리거늘

6 수부님께서 "이 집이 그대의 집인가?" 하시니 경수가 "그렇습니다." 하며 안방으로 모시는데, 이번에는 태종이 '윗방으로 들어가자.'고 하는지라

7 수부님께서 할 수 없이 태종을 데리고 윗방에 들어가 앉으시어 방을 둘러보시니

8 일찍이 상제님께서 그 방에서 공사를 행하실 때 방 벽 사면에 써 붙이신 '도술(道術)'이라는 글이 남아 있더라.

9 그 방에 들어가자 태종이 잘 놀며 며칠을 지내더니 이로부터 시두가 자연히 나으니라.

태모

10 이 때 경석이 와서 수부님께 문안 인사를 드리고는 사방 벽에 '도술'이라 쓴 글을 보더니 크게 미혹하여 이 다음에 그 방에 와서 공부할 욕심을 품고 돌아가니라.

11 수부님께서 경수의 집에 머무르실 때 마침 시아버지께서 오시거늘 며칠을 더 계시다가 태종을 데리고 대흥리로 돌아오시니라.

상제님의 성령과 혼례식을 올리심

17 신해(辛亥 : 道紀 41, 1911)년 4월에 수부님께서 경석과 류응화(柳應化)와 응화의 둘째 아들 석남(錫湳)을 데리고 대원사(大願寺)에 들어가시어

2 대례복(大禮服)을 갖추어 입으시고 상제님의 성령(聖靈)과 혼례식을 올리시니라.

3 이 때 만고장상(萬古將相)의 이름을 적어 차례로 크게 부르시고 칠성각(七星閣)에서 49일 동안 진법주 수련을 하시니라.

4
眞 法 呪
진 법 주

九天下鑑之位 甑山上帝下鑑之位 衆宗祖下鑑之位
구 천 하 감 지 위 　증 산 상 제 하 감 지 위 　중 종 조 하 감 지 위

冥府十王應感之位 五岳山王應感之位
명 부 시 왕 응 감 지 위 　오 악 산 왕 응 감 지 위

四海龍王應感之位 四時土王應感之位
사 해 용 왕 응 감 지 위 　사 시 토 왕 응 감 지 위

直先祖下鑑之位 外先祖應感之位
직 선 조 하 감 지 위 　외 선 조 응 감 지 위

妻先祖應感之位 妻外先祖應感之位
처 선 조 응 감 지 위 　처 외 선 조 응 감 지 위

七星使者來待之位
칠 성 사 자 래 대 지 위

左側使者來待之位 右側使者來待之位
좌 측 사 자 래 대 지 위 　우 측 사 자 래 대 지 위

冥府使者來待之位
명 부 사 자 래 대 지 위

天藏吉方하사 以賜眞人하시니
천 장 길 방 　　　이 사 진 인

勿秘昭示하시고 所願成就케 하옵소서.
물 비 소 시 　　　소 원 성 취

신경수의 집에서 100일 동안 수도하심

5 그 뒤에 수부님께서 말없이 운산리 신경수의 집에 행차하시어 그 집

미있게 살아 보지도 못하시고 심지어 상제님께서 어천하신 줄도 몰랐다. 태모님께서 수행 중에 신도(神道)가 열려 직접 초빈을 찾아보시고 알게 되신 것이다.

16:3 운산리. 현재 정읍시 정우면 회룡리(淨雨面 回龍里). 이곳에 운산(雲山, 원명 구르멧산)이 있는데 그 앞으로 동진강이 흐른다.

16:11 시아버지. 이 때 성부님께서 수부님을 며느리로 맞이해 주셨다. 〈객망리 강씨 문중의 강석환(1920~1993) 증언〉

17:1 류응화(柳應化, 1847~1927). 본관 진주(晉州). 족보명 기봉(冀琫). 정읍군 감곡면 화봉리 출생. 첫째 부인 최한동(崔漢洞, 1846~1880)과의 사이에 1남을 낳았고, 둘째 부인 박한수(朴漢水, 1859~?)와의 사이에 1남(錫湳 1884~1963)을 낳았다.

윗방에서 100일 동안 힘써 수도하시니 딸 태종이 수종 드니라.

6 수부님께서 공부를 마치시매 이로부터 활연대각(豁然大覺)하시어 삼계(三界)의 모든 이치를 통하지 않으심이 없더라.

상제님 성탄치성을 처음으로 봉행하심

18 정미년 동짓달에 상제님께서 경석에게 자옥 도수(自獄度數)를 붙이시고 문밖 출입을 금하시니 생계가 말할 수 없이 궁핍해지거늘

2 신해년 7월에 이르러서는 식량을 구하지 못하여 가족이 10여 일 동안이나 굶어 부황(浮黃)이 나서 일어나지 못하는지라

3 이 때 마침 김경학(金京學)이 지나는 길에 들러 그 광경을 보고 크게 놀라 돌아가서 벼 두 섬을 보내거늘 이것으로 위기를 면하니라.

4 8월 어느 날 정읍 부호 박기철(朴基喆)이 경석에게 와서 "생계를 너무 등한히 하지 말라." 하고 무곡(貿穀)을 권고하며 자금을 융통해 줄 의사를 표하거늘

18:5 왕심리. 순흥 안씨(順興安氏) 집성촌으로, 태모님께서 기사(道紀 59, 1929) 년 9월 21일에 조종리를 떠나 이곳으로 가셨다. 11편 248장 2절 측주, 11편 271장 6절 측주 참조.

5 경석이 이웃 마을 왕심리(旺尋里)에 사는 안도심(安道心)에게 그 사유를 말하고

6 논 스물여덟 마지기의 증서를 빌려 박기철에게 저당잡힌 뒤 돈 600원을 빚내어 추곡 무역을 시작하려 하니라.

7 9월 중순에 수부님께서 경수의 집에서 대흥리로 돌아오시어 경석에게 상제님 성탄치성을 올릴 것을 명하시니

8 경석이 장사하려던 자금에서 치성비를 조달하여 제수(祭需)를 마련하고 치성을 준비하니라.

9 이에 수부님께서 19일 새벽에 치성을 봉행하시니 이로부터 상제님 성탄치성이 시작되니라.

태모님께서 대도통하신 이후

성령을 받으시고 대도통을 하심

19 9월 20일 아침에 수부님께서 마당을 거니시다가 정신을 잃고 넘어지시니

2 집안사람들이 방안으로 떠메어다 눕히고 사지를 주무르되 소생하실 가망이 없으매 모두 둘러앉아 통곡하니라.

3 수부님께서 이렇게 네댓 시간을 혼절해 계시는 중에 문득 정신이 어

지럽고 황홀한 가운데 큰 저울 같은 것이 공중으로부터 내려오는지라

4 자세히 보시니 오색 찬란한 과실이 높이 괴어 있는데 가까이 내려
와서는 갑자기 헐어져 쏟아지거늘

5 순간 놀라 깨어나시니 들어앉아 애통해하던 집안사람들이 모두 기
뻐하니라.

후천 오만년 종통맥과 추수할 사람

6 이 때 수부님께서 일어나 앉으시어 갑자기 상제님의 음성으로 경석에
게 "누구냐?" 하고 물으시니 경석이 놀라며 "경석입니다." 하거늘

7 또 "무슨 생이냐?" 하고 물으시니 경석이 "경진생(庚辰生)입니다."
하고 대답하니라.

8 이에 말씀하시기를 "나도 경진생이라. 속담에 동갑 장사 이(利) 남는
다 하나니 우리 두 사람이 동갑 장사 하자." 하시고

9 다시 생일을 물으시니 경석이 "유월 초하루입니다." 하고 대답하거
늘

10 말씀하시기를 "내 생일은 삼월 스무엿새라. 나는 낙종(落種) 물을 맡
으리니 그대는 이종(移種) 물을 맡으라. 추수(秋收)할 사람은 다시 있느
니라." 하시니라.

11 이로부터 수부님께서 성령에 감응(感應)되시어 수부로서의 신권(神
權)을 얻으시고 대권능을 자유로 쓰시며 신이(神異)한 기적과 명철(明
哲)한 지혜를 나타내시니

12 천하창생의 태모(太母)로서 상제님 대도의 생명의 길을 열어 주시니
라.

13 이로써 일찍이 상제님께서 "장차 천하 사람의 두목이 되리니 속히 도
통하리라." 하신 말씀과 "대상(大祥)의 '상(祥)'자는 상서(祥瑞)라는
상 자니라." 하신 말씀이 응험(應驗)되니라.

태모님은 내원궁 법륜보살

20 태모님께서 말씀하시기를 "금산사 미륵전 남쪽 보처불(補處佛)은
삼십삼천(三十三天) 내원궁 법륜보살(內院宮 法輪菩薩)이니, 이 세상
에 고씨(高氏)인 나로 왔느니라.

2 내가 법륜보살로 있을 때 상제님과 정(定)한 인연으로 후천 오만년
선경세계를 창건하기로 굳게 서약하고

3 세상의 운로에 맞춰 이 세상과 억조창생을 구제할 목적으로 상제님을
따라 인간 세상에 내려왔느니라." 하시니라.

19:10 삼변성도
(三變成道)의 원
리로 가을 대개
벽 시대에 상제
님 대도의 첫 씨
앗을 태모님께서
뿌리시고 [파종
도수], 동생 차경
석 성도가 27년
난법 도수로 옮
겨 심고 [이종 도
수], 이를 매듭짓
는 추수 사업 [추
수 도수]이 대사
부의 출세에 의
해 이루어질 것
을 천지에 선포
하신 것이다.

20:1 남쪽 보처
불에 대해서는
공통되게 태모님
으로 나오는데
북쪽 보처불에
대해서는 많은
이견이 있어 기
록하지 않았다.

수부, 잘 만났구나

4 이어 말씀하시기를 "내가 이 세상에 오려고 모악산 산신으로 내려와 있던 중에, 상제님께서 오시기에 금산 미륵불로 인도하고 시종하다가

5 상제님께서 개 구(狗) 자 아홉 드는 구구지(九狗地)의 중앙인 시루산 아래 객망리 강씨 문중에 태어나시기로

6 나는 9년 만에 담양땅 고씨문(高氏門)에 태어나서 신씨와 인연타가 상부(喪夫)를 당한 후에

7 수부공사(首婦公事)로 상제님과 만났을 적에 상제님께서 말씀하시기를

8 '나는 제주 번개를 잡아 쓰노라. 수부, 잘 만났구나. 만날 사람 만났으니 오죽이나 좋을쏘냐.' 하셨느니라." 하시니라.

9 또 말씀하시기를 "뇌성(雷聲)은 백 리를 가고, 지동(地動)은 천 리를 가고, 번개는 천하를 비치느니라." 하시니라.

상제님을 원망하는 차경석

21 태모님께서 21일부터 날마다 마당에 청수를 떠 놓고 물형부(物形符)를 받아서 불사르실 때

2 경석이 상제님을 원망하여 말하기를 "부인만 알고 제자는 알지 못한다." 하거늘

3 이에 태모님께서 경석에게 명하시어 "부(符)를 받으라." 하시니

4 경석이 붓을 들고 엎드려 있으나 아무리 기다려도 끝내 부가 내리지 아니하더라.

5 이 때 문득 천지에서 신도(神道)가 내리매 태모님께서 상제님의 음성으로 말씀하시기를

6 "박공우(朴公又)에게 사람을 보내 내가 담아 놓은 술을 가져오라." 하시거늘

7 일찍이 기유년 봄에 공우가 상제님의 명으로 술 서 말을 빚었다가 상제님께서 다시 찾지 않으시고 어천하시므로 그대로 봉하여 두었더니

8 이제 태모님의 기별을 들으매 기이하기도 하고 한편으로 기쁘기도 하여 경수로 하여금 그 술을 지고 가게 하니라.

약방 기물을 가지러 원평으로 가심

22 이 달 24일에 태모님께서 경석에게 명하시어 "구릿골에 일이 있어 가리니 사인교(四人轎)와 백마 한 필을 구하여 오라." 하시고

2 이튿날 차윤덕(車輪德)으로 하여금 "침방(寢房)을 깨끗이 쓸고 방을 지키고 있으라." 하시니라.

3 이어 경석에게 '어명(御命)'이라 쓴 한삼을 입히시고 갓을 주물러 씌우신 뒤에 어사 도수(御史度數)를 정하며 말씀하시기를

4 "너는 암행어사라. 암행어사는 폐의파립(弊衣破笠)으로 행동하여야 하느니라." 하시고

5 경석을 백마에 태워 앞세우시고 태모님께서는 사인교에 오르시어 차윤칠, 임정준(林正俊), 주낙범(朱洛範)을 데리고 원평으로 행차하시니라.

약방의 먼지까지 쓸어 오라

23 이 날 태모님께서 원평에 이르시어 송찬오(宋贊五)의 주막에 처소를 정하시고 점심을 드실 때

2 경석에게 '반찬은 이러이러한 것을 차려 오라.'고 일일이 지시하시되 경석이 그대로 실행치 않으매 크게 꾸짖으시니라.

3 태모님께서 진지를 드시고 주모를 불러 밥값을 물으시니 얼마라 아뢰거늘

4 지폐를 밥상 위에 놓고 맨 위의 한 장을 집어 드시니 지폐가 구슬을 꿴 듯이 주르르 따라 올라가다가 그 금액에서 딱 멈추는지라

5 옆에서 이 모습을 지켜보던 수십 명의 사람들이 그 기이함을 찬탄하더라.

6 이어 윤칠에게 명하시어 "약방에 가서 약장(藥欌)과 궤(櫃)를 굳게 지키고 있으라." 하시고

7 다시 경석에게 명하시기를 "짐꾼 세 사람을 데리고 가서 약장과 궤 등 약방 기구 일체와 벽에 붙인 글과 벽 바른 종이를 모조리 떼고 방바닥의 먼지까지 쓸어서 가져오라." 하시니라.

하늘의 뜻이니 마음대로 가져가라

24 경석이 태모님의 명을 받고 구릿골에 가서 형렬에게 찾아온 뜻을 고하니

2 형렬이 말하기를 "내 딸이 사경에 임박하였노라. 이러한 우환 중에 무

고 할 정도로 수부 도수를 이해하지 못했다.

23:1 송찬오(宋贊五, 1849~1934). 송찬오는 지금의 원평 새마을 금고 근처에서 엿방을 하며 상제님을 독실하게 신앙했으나 결국 등을 돌리고 박중빈 교단에 들어가 추종하다가 박중빈이 불교 일색으로 나가자 결별을 했다. 그후 원평 안암리(安岩里)로 들어가 벽지 바르는 일을 하다가 자손 없이 죽었다.

태모

24:2 내 딸. 김형렬 성도의 셋

엇을 달라 함이 심히 경우가 아닐 뿐 아니라 본래 선생님 재세 당시
부터 나에게 보관케 하신 물건이니 그리할 수 없노라." 하니라.

3 이에 경석이 "천지공사에서 결정된 일을 좇지 아니하면 화(禍)가
있을 것입니다." 하니

4 형렬이 말하기를 "만일 천지공사에서 결정된 일이라면 신도(神道)에
서 어떤 징조를 나타낼 것이니, 징조가 나타나지 않으면 나는 그대
의 말을 믿지 못하겠노라." 하니라.

5 이 때 태모님께서 '형렬이 명을 듣지 아니한다.'는 기별을 들으시
고 양지에 해와 달을 그려 놓으시고 두 손 식지(食指)로 하늘을 향하
여 지휘하시니

6 갑자기 맑은 하늘에 벽력이 일어나고 소나기가 쏟아지며 번개가
약방에 들어오더니 온 집을 두르는지라

7 형렬이 징조를 요구하다가 크게 놀라며 문득 '망하는 세간살이는
아낌없이 버리고 새 배포를 꾸미라. 만일 아껴서 놓지 않고 붙들고
있으면 몸까지 따라서 망하느니라.' 하신 상제님의 말씀이 생각나
고

8 또한 셋째 딸이 나와서 "아버지, 내어 주시오. 내 주셔도 괜찮습니
다." 하고 말하기도 하니

9 형렬이 경석에게 이르기를 "진실로 하늘의 뜻이니 마음대로 가져가
라." 하며

10 후일 포교가 안 되면 반환하기로 약속을 받고 내어 주니라.

김형렬 셋째 딸의 죽음

25 경석이 약장과 궤와 철연자와 삭도와 횟대와 부벽시(付壁詩)와
액자 등 모든 기구와 방바닥의 먼지까지 쓸어서 짐꾼에게 지우고

2 마침내 도배지를 떼니 일찍이 상제님께서 "이 종이를 뜯을 날이 속
히 이르러야 하리라." 하신 말씀이 응험되니라.

3 경석이 형렬에게 돈 20원을 주며 말하기를 "따님의 병이 위중하다
하니 약소하나마 약값에 보태어 쓰십시오." 하고 인사한 뒤

4 비바람을 무릅쓰고 마을 앞 정문(旌門) 거리에 이르니 풍우와 뇌성
이 그치고 형렬의 집에서 곡성(哭聲)이 들리더라.

약장은 곧 안장롱

5 잠시 후 형렬의 집에서 한 사람이 달려와 '김 부인이 돌아가셨다.'는
부고(訃告)를 전하거늘

6 이로써 일찍이 상제님께서 형렬에게 "약장은 곧 안장롱(安葬籠)이니라." 하신 말씀이 이루어지니라.

7 이 때 경석은 상제님 어천 직전에 자신이 왕비 비(妃) 자를 죽은 어미 비(妣) 자로 그릇 쓴 것이 '김 부인의 운명에 대한 상제님의 예시'였음을 깨닫게 되니라.

장례비를 후히 내려 주심

8 경석이 약장을 지고 원평에 당도하니 태모님께서 "약장 지고 올 적에 무슨 소리가 난 일이 있더냐?" 하시거늘

9 경석이 "예, 곡성이 있었습니다." 하고 김 부인이 사망한 사실을 아뢰니

10 태모님께서 "불쌍하다." 하시고 치상비를 후히 주시며 "장사(葬事)에 보태어 쓰게 갖다 주어라." 하시니라.

경석의 불평줄을 경계하심

26 약방에서 가지고 온 모든 물건을 송찬오의 집에 들여놓을 때 경석이 불평하므로 태모님께서 발길로 차시니 눈알이 튀어나온지라

2 경석이 끙끙 앓으며 고쳐 주시기를 애걸하니 태모님께서 뒷일을 경계하시고

3 청수에 눈알을 씻어 넣으신 뒤에 거울을 청수에 담근 다음 그 물을 경석에게 먹이시니 원래 대로 회복되니라.

4 이 때 찬오가 상제님의 성물을 탐내어 그 중에서 목침을 몰래 **빼돌리니라.**

약장은 네 농바리

27 29일 아침에 형렬이 원평에 와서 태모님께 딸 죽은 일을 아뢰니 태모님께서 위로하시니라.

2 이어 태인 도솔실 류응화에게서 원삼(圓衫)과 족두리를 빌려다가 새롭게 단장하신 뒤에 사인교를 타시고

3 경석에게는 철연자를 전대(纏帶)에 넣어 메게 하시며 약장과 나머지 모든 물건을 짐꾼에게 지워 앞세우시고 대흥리로 돌아오시니

4 마치 신부가 농(籠)바리를 앞세우고 신행(新行)길을 가는 것과 같은지라

5 이로써 상제님께서 "약장은 네 농바리가 되리라." 하신 말씀이 이루어지니라.

26:4 송찬오는 훔친 목침을 보관하다가 10년 뒤에 원불교의 개창자 박중빈에게 신표로 바쳤다. 그는 목침을 바치면서 "묘한 인연으로 제 손에 들어왔습니다." 하고 유품 절도 행위를 얼버무렸다.

27:2 도솔실. 현재 정읍시 감곡면 화봉리 천곡(天谷) 마을.

약장은 네 신주독

6 태모님께서 대흥리에 돌아오시어 약장과 모든 기물을 침방(寢房)에 봉안하고 부벽시는 벽에 붙이고

7 벽 발랐던 종이는 뭉쳐서 천장 속에 간수하시니 온 집안사람들이 모두 의아히 여기니라.

8 이어 약장 앞에서 치성을 올리시니 상제님께서 "약장은 네 신주독(神主櫝)이 되리라." 하신 말씀이 이루어지니라.

도운의 첫째 살림, 정읍 대흥리 도장

도장 개창을 선언하심

28 신해년 10월에 태모님께서 모든 일을 안돈(安頓)하신 뒤에 상제님을 직접 모신 성도들을 불러모으시니

2 성도들이 찾아와 태모님의 신통력을 보고 모두 놀라며 이상히 여기더라.

3 이 때 태모님께서 신도(神道)로써 포정소(布政所) 문을 여시고 도장 개창을 선언하시매

4 상제님 어천 이후에 어찌할 바를 몰라 방황하던 성도들이 다시 크게 발심(發心)하여 태모님을 모시거늘

5 태모님께서 대흥리 차경석의 집을 본소(本所)로 정하시고 각기 사방으로 돌아다니며 포교에 힘쓰게 하시니라.

태을주 소리가 끊이지 않고 울려 퍼짐

6 이로부터 우리나라에 비로소 상제님 무극대도의 포교 운동이 조직적으로 전개되어 신도들이 구름 일듯이 모여들기 시작하더니

7 그 후 3년 만에 전라남북도와 충청남도와 경상남도와 서남해의 모든 섬에 태을주 소리가 끊이지 않고 울려 퍼지게 되니라.

천하를 통일하는 도(道)

29 하루는 성도들이 태모님께 여쭈기를 "교 이름(教名)을 무엇으로 정하시렵니까?" 하니

2 말씀하시기를 "천하를 통일하는 도(道)인데 아직은 때가 이르니 '선도(仙道)'라고 하라. 후일에 다시 진법(眞法)이 나오면 알게 되리라." 하시니라.

28:2 상제님께서 태모님께 도통(道統)을 전수하신다는 직접적인 말씀 없이 훌쩍 떠나셨기 때문에 성도들은 태모님께서 종통을 이어받으셨다는 것을 전혀 몰랐다. 특히 여자를 우습게 아는 유교적인 남존여비 사상에 찌들어 더욱 그러했다.

28:3 포정소. 6편 78장 참조.

28:6 포교 운동. 당시 태모님께서 전국적으로 수만 명을 포교하셨다. 그 때는 무슨 병이든지 앉아서 태을주를 일주일만 읽으면 다 나

3 이 때 태모님께서 신경원(辛京元)과 김병욱(金秉旭)으로 하여금 태인
  장에서 흑우(黑牛) 한 마리를 사 오게 하시어 그 소를 기르시며 도
  정(道政)을 집행하시고
4 백남신(白南信)에게 이르시기를 "상제님께서 맡겨 두신 돈 10만 냥
  을 들여와서 도장 운영비로 쓰게 하라." 하시되 남신이 듣지 않으니
  라.

거울 앞에서 주문을 읽으라

30 하루는 태모님께서 궤 위에 거울을 세워 놓고 다시 작은 거울을
  그 면에 붙이신 다음
2 경석에게 명하여 "그 앞에 앉아서 주문을 읽으라." 하시니 경석이
  주문을 읽다가 불평을 하거늘
3 갑자기 붙였던 거울이 떨어지므로 놀라 거울을 주워 다시 붙이려 하
  나 붙지 않는지라
4 경석이 태모님께 고하니 다시 붙여 놓으시고 계속 주문을 읽게 하
  시매
5 문득 폭우가 내려 큰물이 져서 경석의 집도 침수(浸水)되니라.

앉다. 이러한 태
을주의 신이한
권능에 힘입어
급속도로 포교가
이루어졌다.

29:4 백남신(白南
信, 1858~1920).
상제님께서 백남
신 성도를 '용두
사미(龍頭蛇尾)'
라고 평하셨는
데, 말년에 큰며
느리에게 경제권
을 다 빼앗기고
익산에서 살다가
생을 마쳤다.

대흥리 첫째 살림 도장. 태모님께서 신해(辛亥 : 道紀 41, 1911)년에 포정소 문을 여시고 도장 개창을 선언하신 곳
이다.

태
모

굽은 등이 곧아지니라

6 경석이 어려서부터 등이 굽어서 보기가 싫거늘

7 하루는 태모님께서 주먹으로 경석의 굽은 등을 치시며 "보기 싫다." 하시고 뒷덜미를 잡아 일으켜 세우시니

8 경석의 척추에서 '뚝' 소리가 나면서 굽은 등이 곧아지니라.

청주 만동묘에 가심

31:1 만동묘. 724쪽 사진 및 설명 참조.

31 임자(壬子 : 道紀 42, 1912)년 7월 3일에 태모님께서 경석을 데리고 걸어서 청주 만동묘(萬東廟)에 가시어 9월 2일까지 날마다 치성을 봉행하시니라.

2 하루는 경석이 냇가 바위 위에 앉아서 주문을 읽다가 낙상(落傷)하여 여러 날 동안 정신을 잃고 누워 앓거늘

3 태모님께서 주먹으로 경석의 등을 치시며 꾸짖어 말씀하시기를 "일을 다 보았는데 너는 어찌 정신을 차리지 않느냐?" 하시니 경석이 곧 나아 일어나니라.

4 이 때 여비(旅費)가 떨어지매 경석이 먼저 돌아와서 여비를 마련하여 태모님을 모셔 오니라.

이용기를 아들 삼고 명줄을 늘여 주심

32 익산군 춘포면 용연리(春浦面 龍淵里) 장연(長淵) 마을에 사는 이용기(李用己)는 어려서부터 수명이 짧다고들 하므로

2 열 살 이후에 전주 우동면(紆東面)에 있는 만덕사(萬德寺)에 들어가 칠성경을 읽으며 생활하더니

3 계축(癸丑 : 道紀 43, 1913)년에 김제군 백구면 부용리(白鷗面 芙蓉里) 가전(佳田) 마을에 사는 유일태(劉一太)의 인도로 대흥리 도장 시절부터 신앙을 시작하니라.

4 이 해에 하루는 태모님께서 한 성도에게 명하시어 방에 짚을 깔아 출산할 준비를 하게 하시고 옷을 다 벗으신 채 누우신 다음

5 용기로 하여금 태모님의 팔을 베고 눕게 하시더니 갑자기 땀을 뻘뻘 흘리시며 산통(産痛)을 겪으시고 하혈(下血)을 하시거늘

6 어느새 용기가 자기도 모르게 옷이 홀딱 벗긴 채 온 몸이 피투성이가 되어 태모님의 하초(下焦) 밑에서 아기처럼 "응애응애!" 하며 울고 있더라.

7 이어 태모님께서 여신도에게 명하시기를 "미역국과 밥을 한 솥 하

이용기
(1899~1980)

32:1 이용기(李用己, 1899~1980). 본관 봉산(鳳山), 호는 호암(湖巖). 태모님으로부터 의통(醫通)을 전수 받아 많은 사람을 치병하였고 해방 이후 삼례에 교단

태모

라." 하시어 솥째로 다 드시며 몸조리를 하시고

8 용기에게 말씀하시기를 "용기 너는 내 **아들**이니 내가 하자는 대로 하자." 하시고 모든 일에 수종 들게 하시거늘

9 용기가 어머니를 모시듯 한결같은 마음으로 태모님을 시봉하니라.

10 이 날 태모님께서 용기에게 새 생명을 내려 주시매 용기가 건강하게 오래 사니라.

도세가 날로 흥왕하니라

33 이 해 9월 상제님 성탄치성에 순천 사람 장기동(張基東)이 대흥리에 와서 태모님을 뵙고

2 도장이 너무 좁아 운영에 불편하시리라 여겨 경석에게 건물 한 채를 새로 지을 것을 권하며 이듬해 정월 보름 이후에 건축비를 가져오기로 약속하고 돌아가니라.

3 갑인(甲寅 : 道紀 44, 1914)년 정월 20일 경에 약속한 대로 장기동이 도장에 와서 돈 천 원을 헌성하매 이로써 건축 공사를 시작하거늘

4 그 해 봄에 비로소 성전(聖殿)을 지어 도장의 면목을 세우니 이로부터 도세(道勢)가 날로 흥왕하니라.

시천주주로 풀어 주어라

34 10월 30일에 전주군 초포면 전당리(草浦面 金堂里) 진기(陳機) 마을에 사는 77세 된 이태우(李台雨)가 등에 큰 혹이 있어 고통으로 지내다가

2 유일태에게 혹을 없애 달라고 애걸하니 일태가 태모님께 이 사실을 아뢰니라.

3 이에 태모님께서 물으시기를 "혹이 얼마나 크더냐?" 하시므로 일태가 "큰 주먹만 합니다." 하니

4 이르시기를 "네가 가서 청수 모시고 기도한 후에 시천주주를 읽으면서 혹을 문질러 풀어 주어라." 하시는지라

5 일태가 태우의 집에 가서 태모님께서 일러 주신 대로 하니 곧바로 태우의 혹이 터져 약을 쓰지 않고도 완쾌되니라.

문둥병자를 고치고 눈썹을 나게 하심

6 하루는 문둥병을 앓아 눈썹이 하나도 없는 사람이 도장에 찾아온지라

7 태모님께서 불쌍히 여기시어 그 자리에서 병을 낫게 하시니 곧바

을 크게 형성하였으며 태모님의 성적(聖蹟)을 수집하여 『고사모신정기(高師母神政記)』를 집필하였다. 태모님께서 '호암(湖巖)'이란 도호를 내려 주셨다.

32장 이용기 성도의 제자 임예환(1926~)과 그의 딸 조정수(1951~)의 증언. 임예환 씨는 신도가 밝아 이용기 성도가 수제자를 삼고 싶어했던 사람으로, 이용기 성도가 그녀의 집을 자주 찾았으며 20여 년을 함께 치병하러 다녔다.

33:1 장기동(張基東, 1868~1952). 본관 목천(木川). 순천도(順天道)를 세운 장기준(張基準)의 재종형. 집안 형편이 부유하였으며 김형렬 성도와 사돈간이다.

34:2 유일태(劉一太, 1878~1954). 본관 강릉(江陵). 족보명 한용(翰溶). 전선필, 고찬홍, 김수열, 이용기, 전대윤 성도 등과 함께 대흥리 도장 시절부터 신앙했으며

부인 김도성화
(金道成華) 성도
와 더불어 태모
님께서 선화하실
때까지 독실하게
신앙하였다.

유일태
(1878~1954)

34:6~7 당시 이
상황을 직접 목
격한 차경석 성
도의 당질부 손
승례가 자신의
딸 차봉수(1930
~, 전북 부안 거
주)에게 전한 내
용.

35:2 영모재. 현
재 정읍시 감곡
면 통석리 통사
동에 있는 전의
이씨(全義李氏)
재실.

35:6 문공신(文公
信, 1878~1954).
문공신 성도는 외
곬 성품 그대로
상제님의 운수를
참되게 받으려고
애쓴 인물이다.
10편 140장 참
조.

36:1 박중빈(朴重
彬, 1891~1943).

로 눈썹이 다시 생겨나니라.

도통 공부하러 모인 성도들

35 을묘(乙卯 : 道紀 45, 1915)년에 김형렬이 신안이 열려 신명을 부리고 풍운조화를 짓거늘

2 상제님을 모시던 다른 성도들도 신력(神力)을 통하고 싶은 마음이 일어나 통사동(通司洞)에 있는 영모재(永慕齋)에 모여 도통 공부에 들어가니

3 이 때 참석한 사람은 박공우, 김경학(金京學), 김광찬(金光贊), 문공신(文公信) 등 20여 명이더라.

4 원래 광찬은 성품이 호탕하고 성격이 급한지라 공부하는 도중에 돌연 광기(狂氣)가 발동하여 주먹을 휘두르니

5 성도들이 이 일을 계기로 도통 공부에 회의를 품고 모두 흩어져 돌아가니라.

6 이 때 처음부터 끝까지 이를 지켜본 인물이 있었으니, 곧 상제님께서 문왕(文王) 도수를 붙이신 **문공신**이니라.

박중빈의 상제님 신앙과 도통 공부

36 성도들이 영모재에서 도통 공부를 시작한 지 얼마 후 박중빈(朴重彬)도 그 자리에 참석하거늘

2 중빈은 일찍이 태인과 정읍 등지를 돌아다니며 엿장수 생활을 하다가 당숙(堂叔)인 박공우로부터 상제님의 말씀을 여러 차례 전해 듣고

3 태모님의 대흥리 도장 시절부터 상제님을 돈독하게 신앙하고 금산사 미륵전을 오가며 참배하니라.

4 이 때 중빈이 문득 교단을 차려야겠다는 생각이 들어 도통 공부를 하기로 작정하고 방법을 찾던 중

5 하루는 '상제님을 모시던 성도 몇 사람이 통사동 재실에 모여 수도 공부를 한다.'는 소식을 듣고 공우에게 간절히 청하여 그 자리에 참석한 것이더라.

6 그러나 뜻밖에 광찬의 광기로 인하여 성도들이 모두 흩어져 돌아가매 중빈도 뜻을 이루지 못하고 돌아가니라.

차경석의 욕심과 성도들과의 불화

37 차경석은 상제님의 명에 따라 태모님을 자기 집에 모시고 있어
도장의 안팎일을 통틀어 살피며 찾아오는 신도들을 응접하더니

2 태모님께서 경석과 수뇌급 간부들에게 교리(敎理)와 도무 진행 방침
을 정하여 주시고

3 도덕적 진리와 인도상의 정리(正理)와 수행 시 지녀야 할 계율에 대한
조항 등을 일일이 말씀하시거늘

4 경석이 겉으로는 태모님 말씀에 응하는 듯하나 속으로는 받아들이지
아니하더라.

5 또한 경석은 기국이 워낙 커서 다른 성도들과 품은 뜻이 다르더니
마침내 교세를 움켜쥘 욕심을 갖게 되니라.

6 이에 경석의 야심을 간파한 성도들이 모두 분개하여 더러는 도문
(道門)을 하직하고 지방 신도들과 연락하여 따로 문호(門戶)를 세우
기도 하며

7 일부는 경석을 따돌리고 본소를 다른 곳으로 옮기려는 운동을 벌
이기도 하니라.

이치복의 본소 이전 운동

38 이 해 봄에 이치복(李致福)이 채사윤(蔡士允)과 함께 장성 필암(長
城 筆岩)에 사는 김형국(金炯國)을 만나

2 필암에 집 한 채를 신축하고 태모님을 모시어 본소를 옮기고자 뜻
을 모았으나

3 태모님께서 허락하지 않으시므로 결국 그 뜻을 이루지 못하니라.

4 병진(丙辰 : 道紀 46, 1916)년 가을에 치복이 다시 경북 신도들과 의
논하여 원평에 집 한 채를 사 놓고 태모님께 본소 이전을 청하니

5 태모님께서 경석의 전횡을 불쾌히 여기고 계시던 터라 본소 이전을
허락하시니라.

이치복의 도문 하직

6 이에 동지 전날인 15일에 치복과 사윤이 차윤경의 집에서 각 지방
신도 대표들과 의논한 끝에 동지 다음날에 본소를 원평으로 옮기
고자 하였더니

7 이튿날 동지절에 경석의 부탁을 받은 이윤수(李胤洙)가 태모님께
간(諫)하고 강사성(姜四星)이 태모님 앞에서 치복의 과실을 들어 공
격하니라.

원불교(圓佛敎)
의 창시자. 소태
산 박중빈은 태
모님의 대흥리
도장 시절에 신
앙한 지방 조직
의 조직원이었고
(원광대 원로 교
수의 증언), 그
후 보천교 간부
임경호의 12임
중의 한 사람이
었다.(전북대 이
강오 교수의 증
언)

37:5 태모님께
서는 상제님께서
차경석 성도에게
동학혁명의 역신
(逆神) 해원 도수
를 붙이신 것을
알고 계셨기 때
문에 크게 시비
를 가리지 않으
셨다.

38:7 경석의 부
탁. 차경석 성도
는 상제님께서
"너희 집안은 전

주 이씨 때문에 망하게 되리라." 고 하신 말씀에 대해 그 전주 이씨가 자신의 아내 이정숙(李貞淑, 본관 전주, 광주에서 시집옴)인 줄 모르고 이치복 성도로 잘못 알고 크게 경계하였다. 6편 90장 참조.

강사성
(1885~1961)

38:7 강사성(姜四星, 1885~1961). 호는 석봉(石蜂), 족보명은 휘건(彙建). 한문 공부를 많이 하여 한때 서당 훈장을 하기도 했으며 성격이 드세어 쉽게 말을 붙일 수가 없었다 한다. 태모님을 조종리로 모시고 간 핵심 인물로 초기에는 다 바쳐 신앙하였으나 말기에는 태모님을 배반하였다. 강사성의 추종 시기에 대해 '상제님 천지공사에 수종을 들었다'는 주장도 있다.

8 이 때 사성이 여쭈기를 "듣건대 사모님께서 원평으로 이사하신다 하는데 누구를 데리고 가시려 하나이까?" 하니

9 태모님께서 "치복을 데리고 가려 하노라." 하시거늘

10 사성이 "이사하는 일의 가부는 사모님께서 알아서 하실 일이오나 치복이 사모님께 불명예스러운 말을 유포하여 항간에서 떠드니 그런 사람을 신임하다가는 뒷날 크게 후회할 일이 있을까 하나이다." 하니라.

11 이에 태모님께서 치복을 크게 염려하시는 한편 성도들의 분란을 우려하시어 "본소 이전을 작파하노라." 하고 선언하시거늘

12 이로써 본소 이전은 실패로 돌아가고 치복과 사윤은 어쩔 수 없이 도문을 하직하고 물러가니라.

차경석의 교권 장악

39 치복의 본소 이전 운동을 저지한 경석은 이 해 동지절에 통교권(統敎權)을 장악한 다음

2 김형규(金炯奎), 문정삼(文正三) 등 심복 신도 스물네 사람을 24방주(方主)로 임명한 뒤에

3 각 지방으로 파견하여 신도들을 수습하고 교권(敎權)을 집중시키니라.

주렴을 걸고 신도들의 알현을 막음

4 이 때부터 경석은 태모님께서 옆에 계시는 것이 불편할 뿐 아니라

5 태모님께서 날마다 "네 이놈, 경석아!" 하시니 다른 사람이 들으면 자기의 체면이 손상될까 두려워

6 먼저 태모님과 신도들 사이를 이간하여 인맥을 끊게 하고

7 다음으로 태모님께서 거처하시는 방을 '영실(靈室)'이라 칭하며 방문에 주렴(珠簾)을 걸어 놓고는

8 '예문(禮門)'이라 하여 자신의 허락 없이는 누구도 출입을 금한 채 그 아내 이씨(李氏)에게만 태모님의 수발을 들게 하니

9 이는 겉으로는 태모님을 높이는 체하면서 실제로는 신도들이 태모님을 알현(謁見)하는 길을 막기 위함이더라.

10 이로 인해 도장에는 신도들의 자취가 끊어지고 오직 경석이 그의 아우들과 더불어 태모님을 모시니라.

도운의 뿌리 분열 시대

40 각 지방으로 흩어져 돌아간 성도들이 지방 신도들과 연락하여
따로 문호(門戶)를 세우니 이러하니라.

2 안내성은 순천 양율(順天 良栗)에서, 이치복은 원평에서, 박공우는 태
인에서 교단을 세우고

3 또 김형렬, 김광찬, 문공신, 김병선(金炳善) 등이 각기 문호를 여니

4 이로부터 각 교파가 분립하여 도운의 뿌리 분열 시대가 열리니라.

전선필의 상제님 신앙

41 옥구군 구읍면 수산리(沃溝郡 舊邑面 壽山里)에 사는 전선필(田先
必)은 일찍이 부친이 황달에 걸렸으나 집안이 가난하여 약을 구
하지 못하다가

2 하루는 어디서 '증산 상제님의 도를 믿고 주문을 읽으면 모든 병이 다
낫는다.' 는 소문을 듣고 정성을 다해 주문을 읽으니 부친의 병이 낫는
지라

3 이로부터 선필의 가족이 모두 신앙하게 되고, 선필은 배우지 않고
도 자연히 침술(鍼術)을 통하게 되니라.

4 동네 사람들이 이 소식을 전해 듣고 집안에 환자가 생기면 밤낮을
가리지 않고 찾아오매 선필이 오직 침 하나로 그 많은 병을 다 치
유하거늘

5 이후로 선필은 명의(名醫)로 이름을 떨치고 많은 사람들의 경애를
받게 되니라.

태모님을 찾아온 송규

42 정사(丁巳 : 道紀 47, 1917)년 4월에 송규(宋奎)가 태모님을 뵙기
위해 찾아왔으나 경석의 반대로 물러가니라.

2 10월에 이르러 경석이 일본 경찰의 주목을 피하는 한편 도사 술객
을 찾기 위해 유람을 떠나니

3 송규가 그 틈을 타서 태모님을 모시려고 다시 대흥리 도장에 찾아
오거늘

4 태모님께서 그 기운을 한 번 보시고 더 이상 대면치 아니하시며 도
문에 들이지 않으시니라.

39:2 24방주로
임명. 병진(道紀
46, 1916)년 11월
16일 동지에 24
명을 선출하여
천지에 이름을
고하고 각기 인
장(印章)을 주어
24방주로 임명
하였다. 이로써
유가의 학통(學
統) 체계와 연원
(淵源)을 바탕으
로 교체(敎體)를
조직하였다. 『보
천교 연혁사』
上, 3~4쪽 참조.

전선필
(1892~1973)

41:1 전선필(田先
必, 1892~1973).
본관 담양(潭陽).
본명 영택(永宅),
호는 수제(首濟).
부인 고순덕(高
順德)과 함께 신
앙하였다. 키가
175cm 정도로
컸으며 태모님께
서 '학체(鶴體)'
라 평하셨다. 기
억력이 뛰어나고
달변가였으며 노
래를 잘 불렀다.
대흥리 도장 시
절에 상제님 신
앙을 시작하였고
전준엽 성도의

태
모

오장이 곯도록 썩어야

43 태모님께서 여러 달 동안 신도들을 상대하지 못하시고 답답한 심정으로 세월을 보내시더니

2 무오(戊午 : 道紀 48, 1918)년 정월 9일에 유일태가 대흥리 경석의 집에서 하룻밤을 지내고 이튿날 태모님을 찾아뵙거늘

3 태모님께서 물으시기를 "간밤 꿈에 일이 없었느냐?" 하시매

4 일태가 아뢰기를 "상제님께서 새우젓 세 단지를 주시며 '한 단지는 천종서(千宗瑞)를 주고, 한 단지는 강사성을 주어라.' 하셨습니다." 하니

5 말씀하시기를 "새우젓과 같이 오장(五臟)이 곯도록 썩어야 하느니라." 하시니라.

송산 마을 천종서의 집으로 가심

44 6월 20일에 태모님께서 딸 태종을 정읍군 우순면 초강리(雨順面 楚江里) 연지평(蓮池坪) 마을 박노일(朴魯一)에게 시집보내시고

2 9월 19일에 상제님 성탄치성을 봉행하신 다음 대흥리에서의 모든 일을 정리하신 후

3 21일 새벽에 대흥리를 떠나 김제군 공덕면 공덕리(孔德里) 송산(松山) 마을 천종서의 집으로 옮겨가시니라.

김제 공덕리 천종서 성도의 집. 태모님께서 대흥리를 떠나시어 이곳에서 한 달 정도 머무르시다가 조종리로 가셨다.

대흥리를 떠나 부용역에 내리심

45 태모님께서 담뱃대 하나만 들고 걸어서 정읍역에 이르시니 채규일(蔡奎壹), 채규철(蔡奎喆), 채경대(蔡京大)가 쫓아와 돌아가실 것을 간절히 청하거늘

2 태모님께서 듣지 아니하시고 기차를 타고 부용역(芙蓉驛)에 내리시니 규철과 경대가 그곳까지 따라왔다가 그냥 돌아가니라.

3 이 날 새벽 종서의 꿈에 태모님께서 부용역에 계시는 것이 생생히 보이거늘

4 즉시 나가 보니 과연 태모님께서 새벽 공기가 차가운데 역에서 홀로 떨고 계시는지라

5 종서가 태모님을 업고 집으로 돌아와 머무르시게 하고 각처 성도들에게 연락하매 여러 성도들이 내왕하니라.

6 이 때 태모님께서는 단지 치성을 올리실 뿐이거늘 종서의 장남 병원(柄元)이 미신타파를 운운하며 매우 싫어하더라.

성씨 하나 보고 가노라

46 10월 중순에 김제군 백산면 조종리(金堤郡 白山面 祖宗里)에 사는 강응칠(姜應七), 강사성(姜四星), 강원섭(姜元聶) 등 강씨 신도들이 종서의 집에 찾아와 태모님께 여쭈기를

2 "상제님께서는 저희들과 동종간(同宗)이며 수부님께서는 저희들의 사모님이시니 저희들이 모실 것입니다." 하고 여러 차례 청하니

3 태모님께서 "그러면 종서하고 상의해 보아라." 하시므로 강씨 신도들이 종서와 상의하여 태모님의 거처를 옮기기로 합의하니라.

4 이에 태모님께서 말씀하시기를 "다른 것은 없고 다만 성씨(姓氏) 하나 보고 가노라." 하시며 허락하시니라.

도운의 둘째 살림, 김제 조종리 도장

오두막집에 한 달간 머무르심

47 조종리는 강씨가 150호 정도 사는 집성촌(集姓村)이요, 그 가운데 대여섯 명이 신도라.

2 이들이 중조(中祖) 마을에 있는 오두막집에 임시 거처를 정하여 한 달간 태모님을 모시다가 이어 하조(下祖) 마을 응칠의 집으로 옮겨 모

천종서
(1876~1956)

본명 기욱(錤旭). 키가 180cm 정도로 풍채가 좋았고 성격은 결곡하였다. 집안이 부유하여 머슴 두서너 명을 두었고 일본인 농장에서 사음(舍音)을 하였다. 대흥리 도장 시절부터 신앙했으며 후에 강사성, 강응칠 등이 태모님을 배반하고 소작답 스물네 마지기를 떼어버릴 때 동조하였다.

45:1 채규일(蔡奎壹, ?~?). 전남 무안군 비금면 출신으로 아우 채경대와 함께 갑인(道紀 44, 1914)년에 대흥리 교단에 입교하였다. 24방주 중 첫머리에 오른 인물로 후에 보천교 사정방의 화방주(火方主)로 임명되었다.

45:1 채경대(蔡京大, 1890~1940). 보천교 사정방의

소한주(小寒主)로 활동하다가 계해(道紀 53, 1923)년 11월에 보천교를 탈퇴하여 객망리에 상제님의 사당을 세우고 포교하였다.

46:1 강응칠(姜應七, 1871~1941). 본관 진주(晉州). 족보명은 휘태(彙台), 응칠은 자(字). 대흥리 도장 때부터 신앙했으며 조종리 강씨 집안의 종손으로 권세가 가장 높았다. 200석지기의 부농으로 한때는 조종리에서 한약방을 경영하였다. 조종리 도장 초기에는 태모님을 모시고 독실하게 신앙했으나 말기에 이르러서는 태모님을 배신하였다. 강휘만 성도의 종형이자 강사성 성도의 재종형이다.

46:4 태모님께서 조종리로 가실 때 강응칠, 강사성, 강원섭, 천종서 성도 등 모두 일곱 명이 모셔 갔다고 한다.

47장 강씨 집성촌. 강응칠 성도의 19대조인 강

시기늘

3 태모님께서 9개월 동안 응칠의 집에 머무르시며 한 달에 두 번씩 소와 돼지를 잡아 치성을 올리시니라.

4 하루는 사성과 응칠 등이 태모님께 여쭈기를 "이제 사모님께서 본소를 옮기셨으니 새로 포교 운동을 크게 일으킴이 옳을까 하나이다." 하거늘

5 말씀하시기를 "모든 일이 정한 도수가 있느니라. 농자는 천하지대본이니 마땅히 농업에 힘쓸 것이요

6 포교 운동은 오직 천명을 좇아 시기가 이르기를 기다릴 것이며, 오는 자는 오고 가는 자는 가게 하여 그들의 뜻에 맡김이 옳으니라." 하시니라.

수화중이라도 나를 따르겠느냐

48 동짓달 22일에 태모님께서 성도들에게 물으시기를 "너희들이 수화중(水火中)이라도 나를 따르겠느냐?" 하시며 다짐을 받으시고

2 25일 새벽에 치성을 올릴 때 태모님께서 잔을 올리시다가 성도들에게 "제상(祭床)에 술방울이 몇 점이나 떨어졌느냐?" 하시거늘

3 성도들이 세어 보고 아뢰기를 "스물두 점입니다." 하니 들은 척도 않으시고 다시 물으시니라.

4 이에 "스물석 점입니다." 하고 대답하매 또 물으시므로 자세히 세

조종리 중조 마을. 태모님께서 둘째 살림을 여신 곳으로, 10년 천지공사를 이곳에서 시작하셨다.

어 보니 스물넉 점인지라

5 그대로 아뢰니 말씀하시기를 "그러하리라." 하시니라.

대속하시어 목포 경찰서에 구속되심

49 정사년에 경석이 유람을 떠난 후 대흥리 차경석의 교단에서 연이어 불미스런 일이 일어나므로 관할 경찰서에서 밤낮을 가리지 않고 감시하는데

2 무오년 동짓달에 제주 신도 문인택(文仁宅)이 성금 10만여 원을 면화 포대 속에 감추어 가지고 나오다가 목포항에서 발각되매

3 차윤칠을 비롯한 방주 18명이 체포되어 목포 경찰서에서 혹독한 고문을 당하거늘

4 이 때 경석의 교단에서 이상호(李祥昊)가 사건 해결의 담당자로 나서서 모든 책임을 태모님께 떠넘기니라.

5 이에 25일 정오쯤에 순사들이 태모님을 체포하려고 조종리로 찾아와 사성에게 태모님 계신 곳을 물으니

6 응칠이 태모님께 달려와 이 사실을 아뢰며 걱정하여 말하기를 "반드시 화(禍)가 있을 듯하오니 잠깐 피하시옵소서." 하매

7 태모님께서 말씀하시기를 "내가 이미 알고 있노라. 그러나 이번에 내가 순하게 받아야 뒷일이 없을지니 피하는 것이 불가하니라." 하시고

8 즉시 소멸음해부(消滅陰害符)에 해마주(解魔呪)를 적어 불사르신 다음 태연히 앉아 계시니라.

9 얼마 후 순사들이 응칠의 집으로 들어와 태모님의 행방을 찾으므로 태모님께서 순사들을 불러오게 하시어 몇 마디 말씀을 나누신 뒤에 응칠과 함께 경찰서로 연행되시니라.

'무오년 옥화' 이후

10 태모님께서 응칠과 함께 정읍 경찰서에서 하룻밤을 지내시고 이튿날 목포 경찰서에 이송되어 심문을 받으시되 별다른 증거가 없는지라

11 응칠은 섣달 12일에 석방되고, 태모님께서는 38일 만인 그 이듬해 기미(己未 : 道紀 49, 1919)년 정월 초사흗날에 석방되시니

12 세인들은 이를 일러 '무오년 옥화(獄禍)'라 하니라.

13 이로부터 태모님께서 농사에 마음을 두시고 몇 년 동안 한가로이 지내실 뿐이더라.

충언(姜忠諺)이 이곳에 자리를 잡으면서부터 집성촌을 이루게 되었다. 후주 '조종리 강씨 계보' 참조.

47:2 오두막집. 조종리 도장 바로 밑에 있던 집. 방 한 칸에 부엌 한 칸으로 아주 작은 초가집이었다.

47:5~6 당시 상황에 해당하는 이 말씀의 참뜻을 오해하여 앉은뱅이 신앙을 하는 자는 일꾼의 사명을 망각한 자다. 지금은 제3부흥시대로 인종 추수 개벽의 급박한 시간대에 들어서 있다. 때의 정신을 철저히 각성하고 도전적인 마음가짐으로 상제님의 대도를 전해야 한다.

49:1 불미스런 일. 차경석 성도가 유람을 떠난 후 김형규가 멋대로 명령을 내리며 금전을 남용하여 문정삼과 간간이 충돌한 일 등을 말한다.

49:4 사건 해결의 담당자. 이상호의 사촌이 총독부 서기로 근무하고 있어서

보천교에서 일을 처리할 때 총독부와 관련된 일은 이상호가 전담하였다 한다.

49:8 소멸음해부를 불사르심. 일본 경찰은 면화 포대 사건을 계기로 '차경석 교단'의 신도 대검거령을 내렸는데 태모님께서 소멸음해부를 불사르신 후 기미년에 3·1운동이 일어나자 대경실색하여 이 사건을 더 확대하지 않고 흐지부지하게 취조를 한 뒤 5월 5일에 목포 일본 검사국에서 불기소로 석방하였다.

49:13 한가로이 지내실 뿐. 태모님께서 목포 경찰서에서 고초를 당하고 나오신 직후이고, 또 일제 강점기라 더 이상 도정을 집행하실 수 없는 상황이었다.

50:3 겹집 전퇴. 한 개의 종마루 밑에 여러 칸의 방이 밭 전(田)자 모양으로 겹치고 전면에 툇마루가 설치된 구조.

50:3 상량문(上樑文)의 내용. 鳳

조종리 도장 성전 건축

50 무오년에 강응칠과 강사성이 주도하여 강원섭, 천종서, 이용기, 강운서(姜雲瑞), 양문경(梁文敬), 김재윤(金在允), 김봉우(金奉宇), 백용기(白龍基), 박종화(朴鍾華), 서문백(徐文伯) 등

2 열두 사람이 성전을 짓기로 뜻을 모으고 각기 성의껏 성금을 내어 700원을 마련하거늘

3 동짓달 11일에 건축을 시작하여 기미년 윤7월 18일에 여섯 칸 겹집 전퇴의 성전을 낙성(落成)하고 태모님을 모시니라.

도장 건축 후 태모님의 생활

4 이로부터 태모님께서 성도 두어 사람과 더불어 도장에 계시며 소작답 스물네 마지기를 부쳐 농사나 감독하시고 한 달에 한두 번 치성을 올리시며 한가로이 수행하실 뿐이더니

5 항상 새벽닭이 울고 난 뒤에 주문을 읽으시매 그 소리가 낭랑하면서도 쩌렁쩌렁하여 수백 미터 떨어진 원조(元祖) 마을까지 들리더라.

수석 성도 고민환의 입도

51 이 해 8월에 옥구 근처에 괴질이 크게 유행하여 사람이 많이 죽으매 태모님을 찾아와 의지하는 신도가 점차 많아지니라.

태모님께서 둘째 살림을 여신 김제 조종리 일대

2 이 때 옥구에 사는 고민환(高旻煥)과 이근우(李根宇)가 조종리를 찾아와 태모님을 뵙거늘

3 민환은 일찍이 승려 생활을 하면서 불교는 물론이고 유교와 신학문까지 두루 공부하였더라.

4 태모님께서 두 사람을 보시고 "어디에 사느냐?"고 물으시니 민환이 "옥구군 성산면 성덕리(聖山面 聖德里)에 삽니다." 하고 아뢰거늘

5 "좋은 곳에 산다." 하시고 "그곳을 떠나지 말라." 하시며 세 번을 다짐받으시니라.

6 또 물으시기를 "그곳에 오성산(五聖山)이 있느냐?" 하시므로 민환이 "있나이다." 하고 대답하니

7 다시 "그러면 그곳에 수천 칸이라도 지을 만한 집터가 있느냐?" 하시거늘 "수만 칸이라도 지을 수 있나이다." 하고 아뢴즉

8 태모님께서 말씀하시기를 "그러면 좋은 곳이라." 하시니라.

통사동 재실에 들러 난법자를 꾸짖으심

52 무오년에 조철제(趙哲濟)가 도통할 욕심으로 김형렬의 교단에 들어가 추종하다가 뜻을 이루지 못하니

2 기미년에 심복 여러 명을 데리고 통사동 영모재에 찾아가 '도통 공부'를 시작하니라.

3 철제는 일찍이 경석이 태모님을 모시고 포교하여 그 교세가 날로 커지는 것을 보고

4 자신도 태모님을 모시면 도통을 하고 신도들이 구름처럼 모여들 것이라 생각하여 조종리로 사람을 보내 시봉하기를 소원하더니

5 하루는 태모님께서 연지평 박노일의 집에 가시는 길에 영모재에 들러 철제를 보시고 크게 노하여 꾸짖으시기를

6 "저 개만도 못한 놈! 내가 개 죽은 자리에 앉을지언정 저놈이 저기 앉았는데 여기서 하룻밤인들 쉬어갈 수 있나." 하시며 담뱃대로 이마를 때리시니

7 철제가 이를 참지 못하고 밖으로 뛰쳐나가며 "차경석 같은 사람이나 감당할까, 우리 같은 사람은 감당하지 못하겠다." 하고 모시기를 포기하더라.

8 그 뒤 신유(辛酉 : 道紀 51, 1921)년 삼월 삼짇날에 조철제가 다시 도통할 욕심으로 심복 여덟 사람을 시켜 상제님 성골을 도굴해 가니라.

舞歲在戊午十一月十一日巳時開基 同月十五日定楚 同月十六日午時立柱上樑未坐丑向鶴戲.

50:4 소작답. 강사성 성도가 백남신 성도의 장남 백인기(白寅基)가 설립한 화성(華星)농장 김제 관리소의 마름으로 있을 때 도장에 주선해 준 것으로, 백산면 수록리(水祿里)로 넘어가는 곳에 있었다.

50:5 당시 원조 마을에 살던 강원섭 성도의 조카 강순기 증언.

고민환
(1887~1966)

51:2 고민환(高旻煥, 1887~1966). 본관 제주(濟州). 호는 성포(聖圃). 500석지기의 부호가로 군산 은적사에서 승려 생활을 했었다. 사욕이 없고 남과 시비하는 것을 싫어했는데 마치 김형렬 성

도와 성품이 비슷했다 한다. 태모님께서 칠성용정 공사 이후에 도장의 모든 일을 위임하셨으며 '성포(聖圃)'라는 도호를 내려주셨다. 훗날 상제님과 태모님의 성적을 수집하여 『선정원경』을 집필했다.

51:3 당시 선교사들이 세운 군산 영명학교에서 영어를 공부할 정도로 배움에 대한 열성이 높았다. 〈고민환 성도의 손자 고석곤(1951 ~) 증언〉

52:1 조철제(趙哲濟, 1895~1958). 본관 함안(咸安). 본명 철순(哲順), 호는 정산(鼎山). 경남 함안 출생. 만주 유하현에 이주하여 살다가 '차경석 교단'의 신도 김혁을 만나 상제님 진리를 접하고 귀국하여 보천교에 입교했다. 1918년에 김형렬 교단에 가입하였다가 그 후 도통과 도판을 석권할 욕심이 발동하여 상제님의 성골을 파헤쳐 도굴까지 범하고, 1925년 4월에 태인에서 독자적으로 무극대도교를 설립하

장차 사람 바다를 이루리라

53 기미년에 이르러 각 지방에서 많은 신도들이 왕래하니 성도들이 구획을 정하여 치성 경비를 분담키로 하거늘

2 태모님께서 허락하지 않으시며 "내가 농사를 지어서 여유가 있으니 내가 먹는 대로 치성을 봉행하라. 가난한 신도들에게 부담되게 할 수는 없으니 그리 알라." 하시니라.

3 이어 고민환과 여러 성도들에게 말씀하시기를 "지금 인원이 적고 그로 인해 도무(道務) 진행이 어려움을 한(恨)하지 말라." 하시고

4 또 말씀하시기를 "판밖에서 성도(成道)하여 들일 때에는 사람 바다를 이루는 가운데 너희들의 노고가 크리라." 하시니라.

대두목이 나오리라

54 하루는 성도들이 여쭈기를 "어머니, 우리 도판이 언제나 발전해서 사람도 많이 생기고 재력도 풍족하게 될는지요?" 하니

2 말씀하시기를 "내 일은 셋, 둘, 하나면 되나니 한 사람만 있으면 다 따라 하느니라." 하시고

3 "세상이 바뀔 때에는 대두목(大頭目)이 나오리라. 그래야 우리 일이 되느니라." 하시니라.

못난 놈이 내 차지

4 하루는 태모님께서 "똑똑한 놈들은 다 서교(西敎)한테 빼앗기고 못난 놈들이 내 차지니라." 하시거늘

5 성도들이 그 연유를 여쭈니 말씀하시기를 "그나마 그것도 다행으로 알아야지." 하시고

6 또 말씀하시기를 "무식도통이라야 써먹지, 유식한 놈은 늙은 당나귀 같아서 가르쳐 써먹을 수가 없느니라." 하시니라.

포교는 몸 닦음을 근본으로

55 옥구군 임피면 읍내리(臨陂面 邑內里) 안흥(安興) 마을에 사는 고찬홍(高贊弘)이 태모님께 포교 운동을 크게 일으키기를 청하니

2 말씀하시기를 "장차 너희들에게 찾아오는 자만 거두어 가르치기도 바쁘리라.

3 이제 새로 포교할 바가 아니요 먼저 몸 닦음(修身)을 근본으로 삼아 부모를 잘 섬기고 형제간에 우애하며 남에게 척(隻)짓지 말고 농사에 힘써 때를 기다리라." 하시니라.

4 또 말씀하시기를 "포덕천하(布德天下) 광제창생(廣濟蒼生) 하자니까 전하지, 알고 보면 전하기가 아까우니라.

5 앞으로 좋은 세상 나오리니 너희들은 좋은 때를 타고났느니라." 하시니라.

인망을 얻으려면

56 경신(庚申 : 道紀 50, 1920)년 8월에 고찬홍이 여쭈기를 "'신망(神望)이 불여인망(不如人望)이라.' 하온데 인망을 얻으려면 어찌 해야 합니까?" 하니

2 태모님께서 말씀하시기를 "서쪽으로 가면 알 일이 있으리라." 하시니라.

3 이에 찬홍이 옥구 서쪽으로 돌다가 미면 산북리(米面 山北里)에 사는 박종오(朴鍾五)를 만나 함께 포교에 종사하니

4 이로부터 그 지방에 도세가 크게 일어나니라.

자손 줄을 내려 주심

57 옥구에 사는 고권필(高權必)이 마흔이 넘도록 자식을 두지 못한 지라

2 신유(辛酉 : 道紀 51, 1921)년에 하루는 태모님께서 권필에게 말씀하시기를 "너는 총각이니 이로부터 총각을 면하라." 하시더니

3 그 달로 권필의 아내가 잉태하여 아들을 낳으니라.

자손은 칠성 기운으로

4 조종리에 사는 강칠성(姜七星)이 아들이 없음을 늘 한탄하며 지내거늘

5 하루는 태모님께서 칠성에게 말씀하시기를 "나를 믿고 정성껏 심고(心告)하라." 하시고

6 사흘 밤을 칠성의 집에 왕래하시며 칠성경(七星經)을 읽어 주시니 그 뒤에 칠성의 아내가 잉태하여 아들을 낳으니라.

7 태모님께서 성도들에게 말씀하시기를 "칠성 기운은 사람의 생명이니 자손은 칠성 기운으로 생기느니라." 하시니라.

삼신경을 읽어 자손줄을 태워 주심

58 하루는 태모님께서 이용기에게 말씀하시기를 "야, 용기야! 오늘 자식 달라고 오는 사람이 있다." 하시더니

였다.

52:6 저 개만도 못한 놈. 조철제가 상제님의 성골을 강도질하여 대역무도한 짓을 일삼을 것을 내다보시고 하신 말씀이다.

54:1 어머니. 성도들은 평소 태모님을 '어머니' 혹은 '사모님' 이라 불렀고, 동네 사람들은 '정읍 새댁' 또는 '정읍 아씨' 라고 불렀으며, 강휘만 성도는 '수부 사모님' 이라 불렀다.

54:2~3 상제님 대업은 사람이 많다고 해서 되는 것이 아니라, 천지일심을 가진 지도자만 있으면 성사될 수 있다는 말씀이다. 상제님께서도 '일심자가 한 사람만 있어도 내 일은 성사된다.' 고 하셨다.

55:1 고찬홍(高贊弘, 1875~1951). 본관 제주(濟州). 호 규봉(奎鳳), 족보명 세진(世鎭), 찬홍은 자. 대흥리 도장에서부터 신앙하였으며, 입도 전에는 참선을 했다. 인품과 풍채가 좋

고 똑똑하며 말을 잘했다고 한다. 천석꾼의 부호가로 항상 점잖게 정장을 하고 다녔다. 첫째 부인 전(田)씨와의 사이에 딸 하나를 낳고 백윤화(白潤華) 성도와 재혼하여 1남 1녀를 낳았다.

56:2 태모님께서 고찬홍 성도에게 포교 기운을 붙여서 보내신 것이다. 고찬홍 성도는 포교를 많이 하여 따르는 사람들이 많았다.〈고찬홍 성도의 장남 고병조(1934~) 증언〉

박종오
(1879~1945)

56:3 박종오(朴鍾五, 1879~1945). 본관 밀양(密陽). 본명 장경(長景), 족보명 종래(琮來), 종오는 자. 오성산 도장 시절에는 부인 김종명(金鍾鳴) 성도와 함께 도장에 상주하며 태모님을 모셨다.

2 잠시 후 아들이 없어 한(恨)이 된 어떤 사람이 찾아와 태모님께 아들을 내려 주실 것을 애원하거늘

3 태모님께서 삼신경(三神經)을 읽어 자손줄을 태워 주시니라.

4 이 때 용기가 신도(神道)가 열려 보니 삼신 일을 보고 칠성 일을 보면 두 기운이 합해져서 생명이 잉태되더라.

구역 조직으로 치성을 모심

59 이 해 상제님 성탄절이 다가오자 전준엽(田俊燁)이 왕래하는 신도들을 수습하여 도장 유지의 원칙을 세울 뜻을 아뢰니 태모님께서 허락하시거늘

2 이에 준엽이 고찬홍, 이근목(李根睦)과 의논하여 회의를 소집하기로 하고, 준엽과 근목은 충청남도 일대를 돌고 찬홍은 임피와 옥구 근처를 돌며 이를 통지하니라.

3 9월 5일에 지역 대표들이 도장에 모여 의논한 끝에 각 지방을 열다섯 구역으로 조직하여 일 년에 열네 번씩 올리는 치성을 나누어 맡게 하며

4 치성 경비는 대치성에는 120원, 소치성에는 80원씩 각 구역이 순차적으로 담당하기로 하고 이 뜻을 아뢰니

5 태모님께서 "정히 그렇다면 할 수 없다." 하고 허락하시므로 다가오는 19일 상제님 성탄절부터 시행하기로 하니라.

속히 돌아가라

60 상제님 성탄치성을 봉행하기 위해 그 전날에 모인 신도수가 100여 명이 넘거늘

2 태모님께서 초저녁부터 제수(祭需) 준비를 서두르게 하시며 시종 바쁜 기색을 띠시고

3 치성을 마친 뒤에는 신도들에게 "속히 돌아가라."고 재촉하시므로 신도들이 정신없이 흩어져 돌아가더니

4 19일 아침 일찍 김제 경찰서 순사대가 와서 온 집 안을 수색하고 돌아가니라.

5 이 때는 조선총독부에서 증산계(甑山系) 교단을 '음모결사(陰謀結社)'라고 지목하여 크게 탄압하는 중인지라

6 많은 신도가 모여 있으면 검속(檢束)을 면치 못할 것이므로 태모님께서 그 기미를 아시고 미리 해산하게 하심이더라.

안개로 덮어 분별치 못하게 하심

7 10월 보름날 밤에 치성을 올릴 때 참석한 신도가 300여 명이라 또 당국의 주목을 받게 되거늘

8 태모님께서 천지를 안개로 덮어서 지척을 분별치 못하게 하시니 신도들이 모두 무사히 돌아가니라.

참사람이 없구나

61 하루는 태모님께서 전선필에게 물으시기를 "너 오다가 사람 봤느냐?" 하시니

2 선필이 영문을 몰라 "무슨 사람 말씀입니까?" 하고 여쭈거늘

3 태모님께서 그냥 "야, 이놈아! 사람 말이다." 하시니 선필이 "좀 자세히 일러 주십시오." 하니라.

4 태모님께서 여전히 "야, 이놈아! 사람 말이다, 사람!" 하고 거듭 말씀하시니 그제야 선필이 알아듣고 웃거늘

5 말씀하시기를 "사람, 사람, 사람 없다! 눈을 씻고 찾아봐도 참으로 사람이 없구나." 하시며 크게 탄식하시니라.

법사(法師)의 길

62 옥구에 사는 전선필의 모친 두오복(杜五卜)이 수년간 복통(腹痛)으로 고생하다가

2 마침내 온몸이 부어 올라 어찌할 수 없게 되매 선필이 태모님께 병의 증세를 아뢰니 말씀하시기를

3 "네 아내로 하여금 청수를 지극히 올리고 지성으로 심고하게 하며 사물탕(四物湯)을 청수에 달여 드리도록 하라." 하시므로

4 선필의 아내가 그와 같이 하였더니 수일 내로 모친의 병이 씻은 듯이 나으니라.

5 그 후 태모님께서 선필에게 말씀하시기를 "일심(一心)을 갖고 마음을 속이지 아니하면 법사(法師)가 되느니라." 하시니라.

타종교 신도를 깨우쳐 신앙케 하심

63 하루는 전주에 사는 한 부자(富者)가 다른 종교를 신앙하다가 태모님의 명성을 듣고 조종리 도장에 찾아오니라.

2 그 사람이 성도들에게 말하기를 "어떻게 여자의 몸으로 교주를 하고 있냐." 하며 비아냥거리거늘

57:6 아들. 이 때 낳은 아들의 이름은 휘련(彙練)으로, 1921년 11월 25일생이다.

58:3 삼신경. 자손줄 태워 주기를 기원할 때, 자손의 복록과 수명을 기원할 때 읽는 주문. 삼신제왕경(三神帝王經)이라고도 함.

58:4 삼신 일과 칠성 일. 삼신과 칠성신을 받아내리기 위해 행하는 모든 의식(儀式). 천지의 도(道)의 발원이 십무극(十無極)이다. 이 십무극이 용(用)을 할 때는 삼신과 칠성으로 분화되어 작용하지만 사람이 태어날 때는 다시 그 기운이 합해져서 생명을 낳고 기른다.

58:4 이용기 성도의 제자 임예환 증언. 임예환 씨는 이용기 성도의 제자들 중에 신도를 가장 강력하고 크게 받았던 사람이다. 신도가 내릴 때는 머리 위에서 빨갛고 파란 기운이 날아다녔다고 한다.

59:1 전준엽(田俊燁, 1891~1945).

태모

본관 담양. 본명 봉균(鳳均). 조종리 도장 때부터 핵심 간부로서 대외적인 포교에 큰 공덕을 쌓았다. 포교하러 나가면 한두 달 만에 한 번 집에 들를 정도로 열성적이었다. 인물이 잘나고 똑똑하였으며 인척이자 친구처럼 지내던 전선필 성도를 조종리 도장으로 인도하였다. 전장필 성도의 재종숙이 된다. '변산 도(道) 공부 사건'으로 검거되어 전주 형무소에서 복역하다가 해방되기 한 달 전에 순도했다.

전준엽
(1891~1945)

59:2 이근목(李根睦, ?~?). 옥구에 살았으며 작은 키에 목소리가 걸걸하였다.〈이근목 성도를 직접 만난 이용기 성도의 제자 이교승(李敎承, 1923~2001) 증언〉

태모님

3 성도들이 태모님께 아뢰지 않고 대면조차 시켜 주지 않으니 그 사람이 더욱 호기(豪氣)를 부리니라.

4 성도들이 할 수 없이 그 사람을 데리고 가서 아뢰니 태모님께서 대수롭지 않게 "응, 그놈!" 하시며 "들어오라." 하시거늘

5 이에 그 사람이 들어가 태모님께 절을 하는데 갑자기 방바닥에 엎드려 고개를 푹 숙인 채 몸을 사시나무 떨듯 하는지라

6 태모님께서 "아이고, 못난 놈! 저기 대추나 하나 갖다 넣어 줘라." 하시매 한 성도가 명하신 대로 하니

7 그제야 그 사람이 벌떡 일어나 태모님께 "큰 죄를 지었습니다." 하며 사죄한 뒤에 입도하여 열성적으로 신앙하니라.

아이들을 사랑하신 태모님

64 임술(壬戌 : 道紀 52, 1922)년 정월 초하루에 조종리에 사는 여섯 살 난 강용(姜容)이 학생 모자를 쓰고 세배를 오니

2 태모님께서 따뜻이 맞으시며 "이놈, 개떡모자 썼구나. 개떡모자 벗어라." 하시고

3 손수 벗기신 후에 머리를 쓰다듬어 주시며 "장난을 좀 치게 생겼구나." 하시니라.

4 이듬해 설날에 강용이 동네 친구들과 함께 세배를 드리려고 다시 태모님을 찾아뵈니

5 태모님께서 방석에 앉아 계시다가 "세배 왔느냐? 그럼 해야지." 하시며 세배를 받으시고

6 한 성도를 불러 이르시기를 "이놈들을 잘 먹여야겠는데 뭘 좀 내오너라." 하시니라.

7 이에 그 성도가 먹을 것을 가져오니 태모님께서 보시고 시원찮다고 여기셨는지 친히 먹을 것을 더 챙겨 오시어

8 "천천히 잘 먹어라. 잘 커서 훌륭한 사람이 되어라." 하시며 머리를 쓰다듬어 주시니라.

태모님의 용모와 옷차림

65 태모님께서는 이목구비가 반듯하시고 용모가 아름다우시며 키가 크시고 서 계신 모습이 바르고 꼿꼿하시니라.

2 또 말씀은 점잖게 잘 하시고 목소리는 보통 여자와 달리 우렁차시어 호령하시면 주위가 우렁우렁 울리니

3 동네 사람들이 태모님의 모습을 뵙고 싶어 일부러 찾아오기도 하니라.

4 태모님께서는 주로 비단으로 만든 한복을 입으시고 여름에는 모시옷을 입으시는데 항상 흰 저고리에 붉은 고름을 길게 달아 입으시며

5 치마는 푸른색이나 치자 물을 들인 노르스름한 색깔의 옷을 길게 늘어뜨려 입으시니라.

6 태모님께서 도장에 계실 때 날씨가 춥지 않으면 항상 방문을 열어 놓고 계시고

7 하루 종일 아무 말씀 없이 지내실 때가 많으시며 대문 밖에 잘 나오지 않으시거늘

8 종종 문 앞에 서서 먼 곳을 바라보시며 담배를 피우시면 그 모습이 마치 한 폭의 그림과 같더라.

10년을 더 앓아야 하리라

66 일찍이 유일태가 정미년부터 치통(齒痛)을 얻어 고생하더니

2 하루는 어느 의원의 말을 듣고 오래된 무덤 속 해골을 불살라 그 재를 발랐으나 차도는 없고 고통이 더욱 심해지거늘

3 그 뒤 계축년 봄에 입도하여 열심히 주문을 읽으니 두어 달 동안 나았다가 재발하므로 대흥리에 가서 태모님을 뵙고 고쳐 주시기를 애걸하매

4 태모님께서 말씀하시기를 "네가 일찍이 백골적악(白骨積惡)한 죄가 있으니 7년은 고사하고 앞으로 10년을 더 앓아야 하리라." 하시니라.

5 이에 일태가 죄를 뉘우치고 일심으로 수행하며 10년을 기다렸으나 여전히 낫지 않는지라

6 임술년 겨울에 조종리에 와서 태모님을 뵙고 다시 고쳐 주시기를 간청하니

7 태모님께서 독한 술 한 대접과 소갈비 다섯 대를 주시며 한꺼번에 모두 먹게 하시매 이로부터 일태의 치통이 완치되니라.

마음은 천하 만사의 원줄기

67 계해(癸亥 : 道紀 53, 1923)년에 하루는 태모님께서 강사성에게 명하시어 "마음 심(心) 자를 써 놓으라." 하시고

2 "이 '심' 자가 천하 만사의 원줄기니라." 하시며 "누구든지 이 글

60:5 차경석 성도의 교단이 커지자 총독부에서는 '독립당을 꾸며 모반할 기미가 보인다.' 하여 증산계열 단체를 극도로 경계하였다. 또 상해 임시정부와의 연계설이 나돌고 교금을 독립자금으로 유용한다는 혐의가 짙자 신도들을 처벌하기 위한 특별법까지 만들어 전국적인 검거선풍을 일으켰다.

61:5 사람 없다. 천지대도의 정신에서 보면 사람 같은 사람이 없고 전부 죽일 놈뿐이라는 말씀이다. 또한 말세의 황무지를 상제님의 도밭으로 삼아 상제님과 태모님의 천지 대업을 개척하는 마음에 드는 일꾼이 없다는 한탄어린 말씀이기도 하다. 그저 개벽 때나 기다리고 도통이나 꿈꾸며 장마철의 개구리처럼 주문이나 읽어대는 유치한 철부지 신앙을 후려치신 것이다.

62:1 두오복(杜五卜, 1864~1922). 남편 전명숙(田明淑)과의 사이에 장남 전선필

성도를 비롯하여 3남을 두었다.

강용(1917~)

자의 생김새에 대해 깊이 생각하여 말해 보라." 하시되 아무도 대답을 못하는지라

3 태모님께서 말씀하시기를 "마음 심 자의 아래 모양은 땅의 형상이요, 위의 점 세 개는 불선유(佛仙儒)라." 하시고

4 "부귀영달(富貴榮達)과 생사(生死)의 있고 없음도 이 마음 심 자에 있느니라." 하시니라.

5 또 하루는 태모님께서 유학자인 신도 백용기(白龍基)를 불러 앉히시고 "마음 심 자를 써 보라." 하시니 용기가 마음 심 자를 써 놓으매

6 말씀하시기를 "그것이 마음 심 자라는 것은 세상이 다 알지만 어째서 그렇게 되었는지 그 이유를 설명해 보라." 하시니

7 용기가 한참을 생각하다 아뢰기를 "거기까지는 알지 못합니다." 하거늘

8 태모님께서 꾸짖으시기를 "그러고도 학자라고 자부하며 안하무인(眼下無人) 하느냐. 내가 일러 줄 테니 배우라." 하시고

9 이어 말씀하시기를 "아래의 활은 천지 반월용(天地半月用)이요, 세 점은 불선유니라." 하시니라.

일만 이천 속에 빠지지나 말아라

68 하루는 태모님께서 전선필에게 30원을 주시며 "네 집에 다녀서 바로 돌아오너라." 하시는지라

2 선필이 급히 집에 가 보니 가족들이 굶주려 누워 있는데 아사(餓死) 직전이거늘

3 태모님께서 주신 돈으로 양식을 사서 미음을 끓여 먹이고 며칠을 간호하니

4 온 가족이 다시 생기가 돌거늘 그제야 선필이 마음을 놓으니라.

5 이 때 장기준(張基準)의 현무경(玄武經) 공부가 널리 퍼져서 많은 사람들이 현무경을 공부하니

6 선필 또한 현무경 공부가 부럽게 보이므로 기준을 추종하여 공부하다가 두 달이 지나도록 도장에 돌아가지 못했더니

7 급기야 태모님께서 사람을 보내 '돌아오라.' 고 하시는지라

8 선필이 곧바로 돌아가 뵈니 태모님께서 "너는 그 동안 무엇을 했느냐?" 하고 물으시므로 사실 대로 아뢰니

9 갑자기 다그치시며 "너 가지고 있는 게 무엇이냐? 내놓아라." 하시거늘 선필이 품안에 몰래 지니고 있던 현무경을 꺼내 올리니라.

10 태모님께서 그 책을 받으시어 휙 집어던지시며 "이것이 사람 다 죽인다." 하고 호통을 치시더니

11 이윽고 깨우쳐 말씀하시기를 "현무경은 네가 할 공부가 아니니라. 집이나 잘 보고 있다가 일만 이천 속에 빠지지나 말아라." 하시니라.

12 또 말씀하시기를 "일후에 누가 나든지 사람이 나리니 그 때 기념각(記念閣) 하나 잘 지어 줄 것이니라." 하시니라.

자신을 못 믿으면 상제님도 못 믿느니라

69 하루는 고찬홍이 집으로 돌아가고자 태모님께 인사를 드리고 마당에 내려서는데

2 태모님께서 물으시기를 "찬홍이 너는 누구를 믿느냐?" 하시니 찬홍이 "제가 저를 믿지요." 하고 대답하니라.

3 이에 "꼭 그런가?" 하시니 "꼭 그렇지요." 하매 다시 물으시기를 "꼭 그런가?" 하시니 또 "꼭 그렇지요." 하더라.

4 태모님께서 "그 다음에는?" 하고 물으시니 찬홍이 "다음은 증산 상제님을 믿지요." 하고 대답하거늘

5 말씀하시기를 "꼭 그렇게 하라. 저를 못 믿으면 상제님 또한 못 믿느니라." 하시니라.

나를 찾아라

6 태모님께서 말씀하시기를 "나한테 내가 있다, 나를 찾아라.

7 내가 나를 못 찾으면 이 천지를 못 찾느니라." 하시니라.

일심으로 심통하라

70 하루는 성도들에게 말씀하시기를 "너희들은 삼통(三桶)에 싸이지 말라. 오직 일심(一心)으로 심통(心通)하라." 하시고

2 "삼통에 휘말리면 살아날 길이 없느니라." 하시니라.

3 또 말씀하시기를 "올바른 줄 하나 치켜들면 다 오느니라.

4 평천하(平天下)는 너희 아버지와 내가 하리니 너희들은 치천하(治天下) 줄이나 꼭 잡고 있으라." 하시고

5 "도(道) 살림도 그침없이 제 살림도 그침없이, 끈 떨어지지 말고 나아가거라." 하시니라.

70:1 삼통. 고민환 성도는 『선정원경』에 기록하기를, 성도들은 이 삼통을 '당통(黨桶), 병통(病桶), 공당통(共黨桶)'으로 생각했다 한다.

70:3 올바른 줄 하나. 상제님과 태모님께서 집행

하신 천지공사를
인사로 집행하여
선천 난법시대를
문닫고 후천 진
법시대를 개벽하
실 대사부의 출세
를 말씀하신 것이
다.

70:4 너희 아버
지. 태모님께서
는 성도들 앞에
서 상제님을 칭
하실 때 주로 '너
희 아버지'라 하
셨다.

71:7 아들. 유병
구(劉秉玖, 1924
~1999). 태모님
의 공사로 낳은
장남 병구는 김
제 백구면 외가
전 마을에서 살
다가 76세로 작
고하였다.

저 죽을 짓만 하는 창생들

6 자리다툼하지 말고 잘 닦으라.

7 제 오장(五臟) 제 난리에 제 신세를 망쳐 내니

8 보고 배운 것 없이 쓸데없는 오장난리
쓸데없는 거짓지기, 쓸데없는 허망치기로다.

9 잘못된 그 날에 제 복장 제가 찔고 죽을 적에 앞거리 돌멩이가 모자라
리라.

자손줄을 태워 주심

71 유일태는 딸만 여섯을 낳고 마흔여섯 살이 되도록 아들을 두지
못하여 한(恨)이 되더니

2 이 해 봄에 하루는 태모님께서 일태를 불러 지내는 형편을 물으시
며 "아들 없음이 한이냐?" 하시거늘

3 일태가 하소연하기를 "재산도 없고 아들도 없으니 죽고만 싶사옵
니다." 하니라.

4 태모님께서 꾸짖으시기를 "아들 없고 재산 없다고 죽어, 이 못난
놈아!" 하시고

5 일러 말씀하시기를 "이 길로 돌아가 미륵불에게 지성으로 심고하라."
하시니라.

6 일태가 그 자리에서 사죄하고 다음날에 귀가하여 명하신 대로 하니
몇 달 후 꿈속에 익산 미륵산이 보이거늘

7 이로부터 일태의 아내가 잉태하여 이듬해 3월에 아들을 낳으니라.

혈통줄을 바로잡아 주심

72 하루는 장연 마을에 사는 정봉삼(鄭鳳三)이 태모님께 문안차 오
거늘

2 성전에 들어가려 하니 뜻밖에 못 들어오게 하시고 뜰 앞에 똑바로
서 있게 하신 뒤에

3 강원섭에게 명하시어 "망건(網巾) 한 개를 구하여 오라." 하시니라.

4 이에 원섭이 망건을 구해다 올리니 태모님께서 봉삼 앞에 던져 주
시며 "망건 뼈를 찾으라." 하시거늘

5 이 때 봉삼은 물론 옆에서 지켜보던 성도들도 그 말씀의 뜻을 이해
하지 못하더니

6 얼마 후에 하루는 봉삼이 사람들이 모여 집안 뼈대가 있느니 없느

니 하며 담론하는 것을 듣고 그제야 그 뜻을 깨달으니라.

7 이에 자기의 근본을 알아보니 그 어미가 강가(姜哥)와 사통(私通)하여 출생한지라 이로부터 봉삼이 강가로 행세하니라.

대지진으로부터 수남을 살려 주심

73 7월 20일에 옥구군 미면(米面)에 사는 전대윤(田大潤)이 아들 김수응(金壽應)과 함께 태모님께 찾아와 문안을 여쭈니

2 태모님께서 두 사람을 보시고 "그 동안 편하게 지내지 못했구나." 하시고 수응에게 물으시기를 "네 동생 수남(壽南)이는 지금 어디에 있느냐?" 하시거늘

3 수응이 대답하기를 "5년 전에 일본에 간 뒤로 이제까지 소식이 없습니다." 하니

4 태모님께서 "주안을 들이라." 명하시어 술을 드시다가 갑자기 마루에 나가시어 동쪽을 향하여 큰 소리로 "수남아!" 하고 세 번을 부르시니라.

5 대저 수남은 기미년 가을에 일본 동경으로 건너가 은행에서 근무하다가 일본 여자와 결혼한 뒤로 생활이 풍족해지매 집에 편지도 끊고 귀국할 의사가 전혀 없더니

6 하루는 은행에서 사무를 보는 중에 어디선가 자신의 이름을 부르는 소리가 들리거늘 가만히 들어 보니 귀에 익은 태모님의 음성인지라

7 깜짝 놀라서 밖으로 뛰어 나가 은행 주변을 둘러보았으나 태모님은 보이지 않으시더라.

8 이 때 문득 수남이 이상한 생각이 들면서 귀국하고픈 마음이 간절해지거늘

9 모친의 병보(病報)가 왔다는 핑계로 2주간의 휴가를 얻어 그날로 동경발(東京發) 오후 6시 15분 열차로 출발하여 이튿날 저녁에 하관역(下關驛)에 내리니

10 그날 신문에, 낮에 일어난 관동대지진(關東大地震)에 대한 기사가 실려 있는데 수남의 집과 근무처 일대가 큰 피해를 입었다 하더라.

11 고향집에 돌아와 모친과 형의 말을 듣고 헤아려 보니 수남이 태모님의 목소리를 들은 때가 곧 태모님께서 동쪽을 향하여 수남을 세 번 부르신 시각이더라.

12 수남이 재생의 은혜에 감사드리고자 모친 대윤과 함께 태모님을 찾아뵈니

72:7 강봉삼(姜鳳三, 1894~1961). 본관 진주(晉州). 본래 그 어머니 김씨가 강씨와 사통하여 낳았다 한다.

강봉삼
(1894~1961)

73:1 전대윤(田大潤, 1861~1933). 본관 담양. 대흥리 도장 시절부터 신앙했으며 용화동 도장에서 태모님의 내수(內嫂) 시종을 들었다. 길을 갈 때도 항상 주문을 읽고 다녔으며 신도가 열려 외국어를 자유자재로 구사하고 죽은 사람도 살려냈다고 한다. 태모님께서 애기 치병 도수를 붙이신 이후에는 아이들을 많이 치병했다.

73:2 김수남(金壽南, 1900~1932). 본관 선산(善山). 전대윤 성도의 차남. 귀국한 후로 태모님의 신성에

탄복하여 열심히 신앙하였다. 정읍군 회계담당으로 일했으며 인망이 두터웠다. 〈김수남 성도의 장녀 김순자(1920~1996) 증언〉

73:9 하관. 시모 노세키. 을사(道紀 35, 1905)년 9월부터 을유(道紀 75, 1945)년 8월까지 부산과 하관을 오가던 부관 연락선이 있었다.

73:10 관동대지진. 계해(道紀 53, 1923)년 7월 21일(양력 9월 1일) 오전 11시 58분 일본 관동 지방 남부에 일어난 대지진. 최대 진도 7에 대화재가 일어났다. 지진으로 인한 이재민은 약 340만 명, 사망자는 9만여 명, 피해액은 약 55억 엔에 달했다.

74:2 김내원(金乃元, 1879~1957). 본관 김해(金海). 부인 강(姜)씨와의 사이에 3남 1녀를 두었다.

13 태모님께서는 그저 태연하게 앉으시어 "응, 수남이 왔냐?" 하실 뿐이더라.

고민환의 종기를 낫게 하심

74 을축(乙丑 : 道紀 55, 1925)년 9월에 고민환이 큰 종기를 앓아 위독하거늘

2 이 때 마침 옥구군 대야면 보덕리(大野面 寶德里) 초산(草山) 마을에 사는 김내원(金乃元)이 태모님을 뵈러 오니

3 태모님께서 내원에게 물으시기를 "민환이 종기로 고생하느냐?" 하시매 내원이 "알지 못하옵니다." 하고 아뢰니라.

4 태모님께서 돈 3원을 내원에게 주시며 이르시기를 "네 손이 큰 약손이라.

5 이 길로 돌아가서 네 손으로 민환의 종기 난 곳을 만져 주고 이 돈으로 개 한 마리를 사서 회복케 하라." 하시는지라

6 내원이 명하신 대로 행하니 사흘 만에 민환의 종기가 깨끗이 나으니라.

절사(節祀) 의미와 때의 중요성을 깨우쳐 주심

75 병인(丙寅 : 道紀 56, 1926)년 정월 초하루에 태모님께서 이용기(李用己)에게 말씀하시기를 "정월 초하루는 인간의 명절이요, 정월 초사흘은 인간의 고사(告祀)일이니라.

2 정월 보름날은 신농씨(神農氏)의 날이요, 팔월 보름날은 각 인간 선령신의 명절이요

3 동지는 '일양(一陽)이 시생(始生)이라.' 하니 용기 네가 워낙 무식한 고로 전하는 말이로다." 하시니라.

동지설을 잘 쇠야

4 태모님께서 동짓날이 되면 항상 성도들에게 이르시기를 "설을 잘 쇠야 하느니라." 하시니

5 성도들은 돌아오는 정월 초하루 설날을 잘 쇠라는 말씀으로 알아들었으나

6 그 후로도 꼭 동짓날이 되면 "설을 잘 쇠야 하느니라." 하시므로 그 까닭을 알지 못하더라.

7 태모님께서 성도들에게 일러 말씀하시기를 "동지치성을 지성으로 잘 모셔라." 하시니라.

조종리 도장의 중기

태모님의 10년 천지공사

76 3월 5일에 태모님께서 여러 성도들을 도장에 불러 모으시고 선언하시기를

2 "이제부터는 천지가 다 알게 내치는 도수인 고로 천지공사(天地公事)를 시행하겠노라. 신도행정(神道行政)에 있어 하는 수 없다." 하시니라.

3 이어 말씀하시기를 "건(乾) 십수(十數)의 증산 상제님께서는 9년 공사요, 곤(坤) 구수(九數)의 나는 10년 공사이니

4 내가 너희 아버지보다 한 도수가 더 있느니라." 하시니라.

후천 선도 문명의 운로를 여심

5 상제님과 수부님은 억조창생의 부모로서 음양동덕이시니, 상제님께서는 건도(乾道)를 바탕으로 9년 천지공사를 행하시고

6 수부님께서는 곤도(坤道)를 바탕으로 10년 천지공사를 행하시거늘 인기어인(人起於寅) 도수에 맞춰 시작하시니라.

7 이에 상생(相生)의 도로써 지난 선천 세상의 원한과 악척이 맺힌 신명을 해원(解冤)하고

8 만백성을 조화(調和)하여 후천 오만년 지상 선경(地上仙境)의 성스런 운로를 밝게 열어 주시니라.

천지조화가 자차진이라

77 이 날 공사를 행하실 때 태모님께서 '궁궁을을(弓弓乙乙)'을 부르시고 말씀하시기를

2 "조종산하(祖宗山下)에 기영걸(幾英傑)이냐.

3 천지조화(天地造化)가 자차진(自此進)이라.

4 천만 겁으로 싸인 법을 돌려 잡을 수 있느냐. 천지에 비는 책임밖에 없다." 하시니라.

5 하루는 태모님께서 공사를 보시며 글을 쓰게 하시니 이러하니라.

6 日月聖神造化定
일 월 성 신 조 화 정
太乙神君造化定
태 을 신 군 조 화 정
八陰八陽造化定
팔 음 팔 양 조 화 정
至氣今至願爲大降
지 기 금 지 원 위 대 강

76장 태모님 천지공사의 시점. 태모님께서 "상제님의 천지공사는 낳는 일이요, 나의 천지공사는 기르는 일이니라."(11:99:3) 하신 말씀은 부생모육(父生母育)의 뜻으로 볼 수 있다. 태모님의 10년 천지공사는 마치 어머니가 아이를 뱃속에서 열 달 동안 기르는 과정에 비유될 수 있는데, 그 기간이 약 9개월 10일(280일)이다. 따라서 태모님의 천지공사 기간이 9년 10개월이 아닌가 하는 추정도 가능하다. 『선정원경』은 태모님의 공사 시점을 3월 5일로, 『고사모신기』는 1월 1일로 각각 기록하였는데, 만일 공사 기간이 9년 10개월이라면 공사의 시점이 1월 1일이 된다. 태모님의 천지공사 시점에 대해서는 추후 재조사가 필요하다.

77:1 궁궁을을. 궁을(弓乙)은 인

간의 생명을 관장하는 삼태극(三神 : 무극, 태극, 황극)을 일컫는 말이다. 이번 대개벽기에 모두 인간으로 강세하여 세상을 구하는 구세주이시며 후천의 가을 세상을 열어 주시는 창업주들이다. 11편 251장 2절 측주 참조.

천지 음양굿이라야 하나니

78 태모님께서 말씀하시기를 "천지공사나 기도 시에는 천지 음양굿이라야 하나니, 남녀가 함께 참석하여야 음양굿이 되느니라.

2 남자만으로는 하늘굿이며 여자만으로는 땅굿이니 이는 외짝굿이라. 외짝굿은 원신(冤神)과 척신(隻神)의 해원이 더디느니라." 하시고

3 이후로는 공사를 행하실 때 남녀 성도들을 함께 참석시키시니라.

공사 시 성도들의 의관 형태

4 또 성도들에게 의관을 갖추게 하시니 남자는 짧고 긴 머리에 관계없이 정자관을 쓰고 두루마기 위에 행례복을 입게 하시며

5 여자는 족두리에 원삼을 입고 공사에 참여케 하시니라.

천지공사의 위엄과 기강

79 태모님께서 공사를 행하실 때 하늘과 땅이 떨 정도로 엄하게 하시고 신장(神將)들을 자주 부르시거늘

2 하늘을 향해 "백마! 백마! 백마!"라 외치시며 백마원수대장군(白馬元帥大將軍)을 부르시고

3 어느 때는 "벽력! 벽력! 벽력!"이라 소리치시며 벽력장군(霹靂將軍)을 부르기도 하시니라.

79:4 금란장군. 개벽주의 '악귀잡귀금란장군(惡鬼雜鬼禁亂將軍)'을 말함.

4 또 악귀나 잡귀가 범접하면 하늘을 향해 "금란아! 금란아! 금란아!" 하고 금란장군(禁亂將軍)을 불러 쫓으시니라.

신농씨 도수를 붙여 비를 내려 주심

80:1 강휘만(姜彙萬, 1889~1970). 본관 진주. 속명 삼만(三萬), 자 응천(應天). 부지런하여 잠시도 앉아 있지 않았다. 새벽 세 시면 일어나서 청수 올리고 주문을 읽었는데 그 소리가 워낙 커서 가족이 제대로 잠을 잘 수가 없었다 한다. 평생 신앙 하나로 살았으며 작고하는

80 5일에 신도 대여섯 명이 모인 가운데 태모님께서 강휘만(姜彙萬)에게 말씀하시기를 "금년에는 이종(移種) 때 쓸 물이 부족할지라.

2 그러므로 너에게 신농씨 도수를 붙여 비를 빌겠노라." 하시며 휘만의 머리 위에 수건을 얹으시니

3 휘만이 갑자기 신도가 내려 큰 소리로 농부가를 부르며 모내기하는 흉내를 내거늘

4 뜻밖에 검은 구름이 사방에서 일어나 해질 무렵부터 큰비가 내리기 시작하더니 이튿날까지 계속되니라.

5 다음날 아침 일찍 태모님께서 말씀하시기를 "밤새의 큰비는 금년 이종 비라. 바로 귀가하여 물 단속을 잘 하라." 하시니

6 이로써 이종할 수 있는 물이 사방에 풍족하게 되매 이 해에 큰 풍년이 드니라.

신농씨의 공덕을 잊지 말라

7 하루는 태모님께서 일러 말씀하시기를 "신농씨의 공덕을 잊지 말고 잘 받들어라." 하시니라.

천지조화를 뜻대로 쓰심

81 태모님께서는 천지의 신도(神道)를 받으시어 신의 조화와 권능을 다 쓰시는 생명의 어머니이시니

2 공사를 행하실 때는 바람과 이슬과 서리와 눈과 우레와 비를 일으키시고

3 일월성신(日月星辰)도 감추었다가 다시 나타나게 하시며 천지조화를 뜻대로 쓰시니라.

4 가뭄이 심할 때는 청수로 비를 풍족케 하시어 기아(飢餓)를 면하게 하시고

5 창생들의 화액(禍厄)을 끄르실 때는 상제님께 몇 마디 말씀을 아뢰거나 혹은 치성을 드리시며

6 병고(病苦)에는 손으로 환부를 어루만지시고 마(魔)를 다스려 완쾌되게 하시니라.

네 이름이 가장 좋구나

82 이 달 8일에 태모님께서 콩씨를 가리시는데 강운서(姜雲瑞)가 들어오거늘

2 "네 이름이 무엇이냐?" 하고 물으시니 "운서(雲瑞)입니다." 하고 대답하는지라

3 다시 물으시매 이번에는 "도석(道碩)입니다." 하거늘

4 태모님께서 말씀하시기를 "네 이름이 가장 좋구나." 하시니라.

천하창생의 죄를 대속하심

83 9일에 태모님께서 고찬홍과 전준엽 등 여러 성도들에게 일러 말씀하시기를

2 "세상 사람이 죄 없는 자가 없어 모두 제 죄에 제가 죽게 되었으니 내가 이제 천하 사람의 죄를 대신하여 건지리라." 하시고

3 청수 한 그릇을 떠 놓고 그 앞에 바둑판을 놓으신 뒤에 담뱃대로 바둑판을 치시며 성도들에게 태을주를 읽게 하시더니

4 잠시 후 태모님께서 문득 정신을 잃고 쓰러지시니라.

순간까지 주문을 읽었다. (강휘만 성도의 차남 강송용과 강사성 성도의 자부 전복추 증언)

강휘만
(1889~1970)

81:1 태모님은 천지무당 도수를 맡으신 분으로 천지의 조화신을 받아 내리시는 천하 일등 무당이시다. 6편 93장 참조.

82:1 강운서(姜雲瑞, 1869~1938). 족보명 낙구(洛求). 운서는 자. 보통 키에 말을 잘 했으며, 60세에 가까운 나이로 도장에서 잔심부름을 많이 했다. 조종리 도장 말기에는 북방주로 활약했다. 11편 207장 참조.

태모

5 한나절 동안이나 기절하셨다가 깨어나시어 성도들에게 명하시기를
"밖에 나가 하늘을 보라." 하시므로

6 모두 나가 보니 한 자 너비나 되는 검은 구름이 하늘 남쪽으로부터
북쪽까지 길게 뻗쳐 있더라.

나에게 죄를 빌어라

7 하루는 태모님께서 성도들에게 말씀하시기를 "죄가 없어도 있는 것
같이 좀 빌어라, 이놈들아!" 하시고

8 "천지에 죄를 빌려면 빌 곳이 워낙 멀어서 힘이 드니 가까이 있는 나에
게 빌어라." 하시니라.

시천주주 위주로 공사를 행하심

84 태모님께서 평소 태을주를 위주로 하여 신도와 인사를 처리해
나가시더니

2 하루는 성도들을 불러 방안에 줄지어 앉히시고 말씀하시기를

3 "너희 아버지가 신도 여러 명이 있는 가운데 내 귀에 입을 대시고
'자네는 시천주주(侍天主呪)를 읽으소.' 하셨느니라." 하시니라.

4 이어 태모님께서 친히 시천주주를 읽으시며 "시천주주가 근본이니
이제부터는 시천주주를 읽어라." 하시니

5 성도들이 이 때부터 시천주주를 위주로 하여 공사에 시봉하니라.

6 태모님께서 시천주주를 읽으실 때 종종 자리에서 일어나시어 춤을
덩실덩실 추시면서 흥겹게 읽으시니라.

시천주주는 의통 주문

7 하루는 태모님께서 의통 공사를 보시며 말씀하시기를 "시천주주가
의통 주문이니 너희는 많이 읽어 의통 준비를 잘 해 두라." 하시고

8 "상씨름꾼은 곧 시천주꾼이니, 시천주주를 착실히 잘 읽으면 상씨름
판에 가서 황소도 따느니라." 하시니라.

너희 두 사람은 갇혀야 하리라

85 22일에 태모님께서 강원섭과 강사성에게 명하시어 고찬홍을 부
축하여 데려오게 하신 뒤에

2 찬홍과 사성으로 하여금 바둑을 두게 하시고 잠시 후에 승부를 물으
시니 사성이 "소자가 졌습니다." 하고 아뢰니라.

3 태모님께서 말씀하시기를 "너희 두 사람은 갇혀야 하리라." 하시며

4 찬홍과 사성을 방안에 가두셨다가 이튿날 아침에 다시 두 사람으

로 하여금 바둑을 두게 하신 뒤에 승부를 물으시니 사성이 또 졌다고 아뢰거늘

5 말씀하시기를 "그리하여야 일이 되리라." 하시고 내보내시니라.

조왕 공사로 여성 포교 기운을 돌리심

86 24일에 태모님께서 전준엽에게 말씀하시기를 "이제 조왕(竈王) 일을 보아야 할 터인데 네가 아니면 감당치 못하리라." 하시고

2 준엽의 무릎을 베고 누우시어 두어 시간을 우신 뒤에 준엽의 몸을 검사하시고

3 부엌으로 데리고 들어가시어 이르시기를 "조왕의 솥을 말리지 말고 일육수(一六水) 물을 훌훌 둘러 두어라." 하시니라.

4 또 준엽을 솥 앞에 세우시고 담뱃대 두 개를 십자형으로 머리에 이게 하시며

5 성도들로 하여금 마당에 늘어서서 농부가를 부르게 하신 뒤에 "하늘을 보라." 하시므로 모두 바라보니 구름 수십 조각이 어지러이 날려 들어오는지라

6 태모님께서 말씀하시기를 "이렇게 하여야 먹고사느니라." 하시고 준엽으로 하여금 재정을 관리하게 하시니

7 이로부터 여자 신도가 크게 늘어나고 성금이 많이 들어와 도장의 재정이 넉넉해지니라.

부인들은 천지의 보지 단지

87 하루는 태모님께서 말씀하시기를 "천지가 생긴 이래로 네 어미 밑구멍이 제일 거니라." 하시고

2 이어 말씀하시기를 "부인들은 천지의 보지 단지니 너희들 보지가 무엇인지 아느냐?

3 보배 보(寶) 자, 땅 지(地) 자니라.

4 밥 지어 바쳐 주니 좋고, 의복 지어 바쳐 주니 좋고, 아들딸 낳아 선령 봉제사(奉祭祀) 하여 주고 대(代) 이어 주어 좋으니

5 그러므로 보지(寶地) 앞에 절해 주어야 하거늘

6 너희들이 어찌 보지를 괄시하느냐, 이놈들아!" 하시고 담뱃대로 성도들의 머리를 딱딱 때리시니라.

7 또 말씀하시기를 "가도(家道)를 바로잡으려면 부인에게 공손공대(恭遜恭待)하며 잘 해 주어야 하느니라." 하시니라.

85:1 강원섭(姜元燮, 1887~1937). 본관 진주. 족보명 백용(栢容), 원섭은 자. 학식이 있었고 수염을 길렀으며 키가 180cm 정도 되었다. 원조 마을에 살았고 검소한 생활에 성격이 순했다. 걸음이 빨라 도장의 잔심부름을 많이 했으며 태모님 행차가 있을 때는 가마를 메었다.

86:1 조왕 일. 조왕(竈王)은 신교(神敎)에서 예로부터 믿어 온 부엌과 길흉화복을 맡아보는 신이다. 여기서 '조왕 일'은 '조왕 공사'를 말한다.

태모님의 혈적증

88 3월 하순부터 민환이 태모님을 모시고 공사에 수종 드는데 태모님께서 종종 복통이 나서 도중에 공사를 그치시는지라

2 그 증세를 여쭈니 "태종(太宗)을 낳은 후부터 복통이 심하다." 하시거늘 민환이 보니 혈적증(血積症)이더라.

3 이에 민환이 산약(散藥)을 써서 혈괴(血塊)가 녹아 나오게 하니 그 후로는 통증이 아주 없어지니라.

태모님의 풍운조화

89 25일에 태모님께서 박종오로 하여금 놋대야에 물을 가득 붓고 물속에 김치 주발을 넣은 다음 그 위에 담뱃대를 가로놓아 머리에 이고 서 있게 하시니라.

2 이어 태모님께서 김치 조각을 집어서 성전 서까래 끝 네 곳에 붙이시고 말씀하시기를

3 "풍운(風雲)이라야 조화(造化)가 있겠거늘 어찌 풍운이 없느냐." 하시고 허공을 향해 "풍운! 풍운! 풍운!" 하고 외치시며 담뱃대를 두르시니

4 별안간 남풍이 크게 일어나고 흰 구름이 사방에서 피어오르는지라

5 태모님께서 다시 "검은 구름이라야 조화가 있겠거늘 흰 구름을 무엇에 쓰리오." 하시매

6 과연 검은 구름이 일어나서 하늘을 가리고 이내 비가 내리더라.

서늘하게 하여 주리라

90 4월 5일에 고찬홍, 유일태, 이근목, 고권필 등 네 사람이 성전 문을 바를 때, 마침 날이 심히 더워서 땀이 많이 흐르는지라

2 태모님께서 보시고 말씀하시기를 "너희들이 그렇게 땀을 흘리니 서늘하게 하여 주리라." 하시고

3 "냉수 한 대야를 가져오라." 하시어 수건을 물에 적셔 네 사람의 낯을 향해 뿌리시니

4 갑자기 땅으로부터 서늘한 기운이 일어나 온몸이 시원해지매 문을 다 바르도록 더위를 잊어버리니라.

흰데기 하나 없구나

91 태모님께서 치성 때가 되면 항상 "사람이 없어서…, 사람이 없어서…." 하시니

2 성도들은 '어머니께서 신도들 수가 적어서 저러시나 보다.' 하고 생각하니라.

3 이에 4월 초파일치성이 다가오자 성도들이 모여 의논하기를 "이번 치성에는 신도들을 많이 동원하여 어머니 마음을 흡족하게 해 드리자." 하고

4 여러 가지 방법으로 정성을 다해 초파일치성에 참례케 하니 치성 전날에 모인 신도가 무려 800여 명이나 되더라.

5 성도들이 기쁨에 넘쳐 자신하기를 '이번만은 어머님께서 낙담치 않으시리라.' 하더니

6 태모님께서 치성석에 나오시어 한번 휘 둘러보시고 혀를 끌끌 차시며 "야아~ 우리 집에 검불 참 많이 모아다 놨구나! 아무리 눈 씻고 찾아봐도 흰데기 하나 없구나!" 하시고

7 한탄하며 말씀하시기를 "박혀 있는 놈이나 온 놈이나 똑같다. 흰데기 하나 가릴 수 없구나. 너희들 중에서는 종자 하나 건지기 힘들다." 하시니라.

마음 보따리를 고치라

8 이어 신도들을 향해 꾸짖으시기를 "야, 이놈들아! 마음 보따리를 고쳐야 한다. 너희들 마음 보따리를 내놓아라." 하시고

9 "이 길을 가는 사람은 심보재기부터 뜯어고쳐야 한다." 하시니라.

10 또 말씀하시기를 "잣대 잡을 놈이 있어야 쓰지, 잣대 잡을 놈이 없구나." 하며 탄식하시니라.

수열의 성경신을 치하하심

92 이 치성을 준비할 때 태모님께서 "이번 치성에는 소를 한 마리 잡았으면 좋겠다." 하시니

2 평소 성품이 조용하고 말이 없는 김수열(金壽烈)이 곧바로 100여 리가 넘는 옥구 미룡리(米龍里) 고향으로 돌아가

3 집에도 들르지 않은 채 머슴이 논을 가느라 한참 부리고 있는 검은 황소를 끌고 와서 태모님께 올리며 "이 소를 잡아서 치성에 쓰십시오." 하니

4 태모님께서 수열의 성경신(誠敬信)을 크게 치하하시니라.

오주는 너희들의 비결이니라

5 이날 태모님께서 수열의 등을 탁 치시며 "신천지 가가장세…." 라 하시고

91:6 흰데기 하나 없구나. 흰데기는 나락을 재벌 훑을 때 나오는 알곡을 말하는데, 이는 태모님을 모시고 신앙하던 신도들 중에 후천을 넘어갈 만한 정신을 가진 자가 하나도 없다는 냉혹한 말씀이다. 결국 성도들을 일꾼으로 인정하지 않으신 것인데, 당시 이 말씀의 뜻을 이해하는 사람이 거의 없었다. 대부분의 성도들이 개벽의 때나 기다리고 신앙의 목적을 도통이나 주역 풀이, 현무경 부적 풀이 등에 두고 있었으므로 '어서 마음보를 고치라.' 고 경책하신 것이다.

92:2 김수열(金壽烈, 1897~1978). 본관 선산(善山). 물려받은 재산이

많아 옥구 미룡리에서 둘째가는 재산가였다. 대흥리 도장 시절부터 태모님께서 선화하실 때까지 60년이 넘는 기간 동안 한결같은 마음으로 신앙했다. 김수열 성도의 부인 전정자 성도는 전장필 성도의 누나이다. 후주 '성도들의 인척 관계' 참조.

김수열
(1897~1978)

92:6 오주. 진액주(津液呪)를 말한다.

93장 이우인 씨가 당시 이 공사에 참여했던 전선필, 김수열 성도로부터 전해 듣고 많은 사람들에게 증언했으나 누구도 이 공사 내용을 싣지 않았으므로 개탄한 바 있다.

93:12 상제님의 대업을 계승하시어 후천선경 세

6 보천교에서 읽는 오주(五呪)의 '시천지(時天地)'를 '신천지(新天地)'로 고쳐 읽게 하시니라.

7 이어 성도들에게 말씀하시기를 "오주를 많이 읽으라. 오주는 너희들의 비결이니라." 하시니라.

온 인류의 어머니로 부르도록 공사를 보심

93 태모님께서 치성 전날 저녁에 공사를 보실 때, 마당 중앙에 단(壇)을 쌓고 청수를 한 동이 길어다 놓게 하신 다음

2 중앙과 사방에는 각 방위에 해당하는 오색깃발을 세우게 하시니라.

3 이어 물 한 그릇을 떠 오게 하시어 입에 머금어 뿜으시고, 담배를 피워 연기 몇 모금을 허공을 향해 부시니

4 갑자기 안개가 뿌옇게 끼어 지척을 분간하기 어려울 정도가 되더니 이어 안개비가 내리매 태모님과 성도들의 옷이 모두 축축히 젖으니라.

5 이 때 태모님께서 담뱃대로 지휘하시어 풍운조화를 일으키시니 신도들이 도취되어 옷이 젖는 줄도 모르고 넋을 잃고 바라보거늘

6 태모님께서 문득 세루 두루마기를 입고 점잖게 서 있는 고찬홍에게 손짓을 하시며 "찬홍아, 찬홍아!" 하고 부르시니라.

7 이에 찬홍이 대령하니 태모님께서 명하시기를 "찬홍아, 내 옷 좀 갈아입혀라." 하시는지라

8 찬홍이 깜짝 놀라 선비 체면에 감히 벗기지 못하고 어찌할 바를 모르다가 명이 지엄하시므로 조심스럽게 벗기려 하니

9 태모님께서 꾸짖어 말씀하시기를 "야, 이놈아! 네 에미 옷 좀 벗기라는데 그렇게도 걱정이냐." 하시고

10 찬홍의 갓을 확 잡아당기시니 갓이 태모님의 하초(下焦)에 부딪혀 바싹 부서지는지라

11 이 때 태모님께서 찬홍을 양다리에 끼신 채 여러 성도들을 향해 말씀하시기를

12 "야~ 이놈들아! 너희놈들이 전부 내 보지 속에서 나왔다." 하시니라.

13 찬홍이 할 수 없이 옷을 벗기다 보니 태모님께서 뜻밖에 월경(月經) 중이시라 고쟁이에 월경수가 묻어 옷이 빨갛게 젖었거늘

14 찬홍이 옷을 벗기다 말고 더욱 민망하여 몸둘 바를 몰라 고개를 돌리니

15 태모님께서 찬홍의 갓을 탁 잡아 고개를 똑바로 돌려놓으시고 따

귀를 치며 말씀하시기를

16 "아이고, 못난 자식! 이놈아, 네가 나온 구멍이 무엇이 그렇게도 쑥스 럽냐. 뭐가 그렇게 싫으냐." 하고 꾸짖으시니

17 찬홍이 '점잖은 사람이 도(道)도 좋지만 이렇게 여자 거시기로 잡 아당겨졌으니 이런 쑥스러울 데가 어디 있는가.' 하며 무안함을 금 치 못하니라.

천하가 다 내 밑구녕에서 나왔다

18 태모님께서 다시 찬홍에게 이르시기를 "수건으로 다 닦으라." 하시 고 알몸이 되시어 대중을 향해 큰 소리로 말씀하시기를

19 "야~ 이놈들아! 너희가 다 내 밑구녕에서 나왔다. 천하가 다 내 밑구녕 에서 나왔다, 이놈들아!" 하시고

20 "너희들이 땅에서 나온 것 아니면 어떻게 먹고사느냐. 네 어미 보지 속에서 나왔으니 다 먹고살지." 하시니라.

21 이 때 참관한 수많은 갓 쓴 신도들은 양반 체면에 차마 볼 수가 없 어서 전부 고개를 돌리고 망연히 서 있을 뿐이더라.

신도들을 서둘러 돌아가게 하심

94 태모님께서 공사를 마치시고 치성 준비를 재촉하시더니 이날 밤 중에 서둘러 치성을 마치시니라.

2 이어 치성에 참석한 신도들의 방명록(芳名錄)을 가져오게 하시어 모두 찢어 버리시고

3 재촉하여 말씀하시기를 "어서 바삐 서둘러라. 농사철이니 어서 이 밤길로 나서서 돌아가라." 하시니라.

4 이에 성도들이 영문도 모르고 엉겁결에 도장 밖으로 나서니 캄캄 한 밤중에 갈 길이 수백 리요

5 더군다나 안개가 짙게 낀 데다 수백 명이 한꺼번에 몰려나오니 방 향을 분간하기 어려워 우왕좌왕하더라.

6 또 때는 4월이라 마침 모내기를 하려고 논에 물을 한창 가두어 놓 았거늘

7 일부는 짚신 발이 논에 빠져 질척거리며 가고, 일부는 논길로 가로 질러 각기 바삐 서둘러 돌아가니

8 얼마나 많은 사람들이 한꺼번에 움직였던지 길이 아주 새로 났더라.

김제 경찰서 순사대의 급습

9 한편 '4월 초파일을 맞아 조종리 도장에서 대규모 인원이 모여 공

계로 가는 구원 의 길을 열어 주 신 인류의 어머니 자리에서 하신 정신을 깨는 육 두문자식 말씀이 다. 대우주 개벽 기에 처한 세상 인간들이 선천의 묵은 기운에 워 낙 찌들어 있으 므로 그 정신을 깨 주시기 위해 일부러 이런 언 어를 쓰신 것이 다.

사를 본다.'는 소문이 나자 그 정보가 김제 경찰서에까지 들어가니

10 이튿날 이른 아침에 서장이 말을 타고 기마대 여덟 명을 진두지휘하여 도장에 들이닥치거늘

11 이 때 도장에 상주하며 태모님을 모시는 성도들 20여 명이 모두 두려워서 말을 제대로 못하더라.

12 서장이 성도들에게 "너희 두목을 만나야겠다." 하면서 한편으로 부하들을 시켜 온 집 안을 수색하게 하니

13 도장에는 전날 잡은 소의 가죽과 미처 치우지 못한 그릇과 음식들이 그대로 널려 있는지라

14 성도들이 '이제는 꼼짝없이 잡혀가게 되었구나.' 하고 마음을 졸이는데

15 어찌 된 영문인지 일본 순사들이 뒤꼍에 널려 있는 소가죽을 밟고 다니면서도 그것이 소가죽인 줄을 모르더라.

서장이 벌벌 떨며 일어날 줄 모르더라

95 평소 누가 태모님을 찾아오면 항상 고민환이 나서서 안내하는데 이 날도 민환이 나서서 서장과 몇 마디 얘기를 나눈 후에 데리고 들어오니

2 태모님께서는 밖에서 벌어지고 있는 분잡한 소리에 전혀 동요치 않으시고 방문을 열어 놓으신 채 한가히 앉아 계시니라.

3 민환이 문 앞에 와서 아뢰기를 "어머님, 서장이 좀 뵙자고 합니다." 하니 태모님께서 "들어오라고 해라." 하시거늘

4 이에 서장이 군화를 신은 채 덜컥 마루에 올라서서 태모님을 한 번 쳐다보더니

5 순간 그 자리에 엎어져서 마치 학질에 걸린 사람처럼 발발 떨며 말을 못하는지라

6 태모님께서 태연히 말씀하시기를 "야들아, 쟈 왜 저런다냐?" 하시고

7 서장에게 이르시기를 "왜 그러느냐? 초악이 붙기라도 했느냐?" 하시며

8 "그대가 나를 찾았다 하니 무슨 용무인가?" 하고 물으시거늘 서장이 더욱 무서워 아무 말도 못하더라.

9 잠시 후에 태모님께서 말씀하시기를 "그대가 대답하지 않는 걸 보니

용무가 없는 바라. 그러니 이제 그만 돌아가도록 하라." 하시거늘

10 그 말씀이 떨어지자마자 서장이 고개도 들지 못하고 뒤로 엉금엉금 기어서 마당에 내려서더니

11 부하들에게 "가자! 아무것도 없다." 하며 서둘러 철수하니라.

12 이 때 서장이 성도들에게 말하기를 "당신네들은 저렇게 무서운 사람하고 어떻게 같이 사느냐?" 하더라.

고민환은 돌아갈 생각을 말라

96 태모님께서 초파일치성 이후에 도장에 상주하는 성도들에게 명하시기를

2 "농번기가 되었으니 각자 집으로 돌아가서 농업에 힘쓰라. 농자(農者)는 천하지대본(天下之大本)이니라." 하시고

3 "이후에 일이 있으면 다시 부르리라." 하시니라.

4 이에 성도들이 귀가할 때 고민환 역시 여장(旅裝)을 꾸려 출발하려 하니

5 태모님께서 강대용(姜大容)에게 전하여 말씀하시기를 "고민환은 돌아갈 생각을 말라. 이곳에 일이 있느니라." 하시니라.

대흥리에 찾아가심

97 10일에 태모님께서 강원섭, 강사성, 서인권, 서화임, 이근목 등 여러 성도를 데리고 연지평 박노일의 집에서 하루를 쉬신 후에

2 이튿날 대흥리에 이르시어 차경석의 집 옆 버드나무 아래에서 가마를 멈추시고 차윤경을 크게 부르시니 윤경이 이르거늘

3 태모님께서 "가마 안으로 들어오라."고 명하시되 윤경이 듣지 않으니라.

4 이어 대흥리 신대원(申大元)의 집에 처소를 정하신 다음 그 이튿날 남자 옷차림으로 가마를 타시고 경석의 집에 이르시매

5 경석이 대문을 굳게 닫고 모셔들이지 않더니 급기야 여방주(女方主) 이달영(李達榮)이 나와서 손으로 태모님을 치려 하거늘

6 태모님께서 꾸짖어 말씀하시기를 "일 년도 살지 못할 년이 감히 이렇듯 무례하냐." 하시더니

7 이듬해 정월에 과연 달영이 음독 자살하니라.

(조종리에 살면서 태모님의 성적을 지켜본 강용 증언)

95:7 초악. 말라리아의 일종. 학질(瘧疾) 또는 하루거리라고도 한다. 한여름에도 추워서 벌벌 떨고 이불을 덮어야 하는 한증.

97:7 음독 자살. 정묘(道紀 57, 1927)년 정월에 이달영이 서울에

있는 오빠 이달호를 찾아갔을 때 이달호가 "본소를 습격할 것이니 몸을 피해 있으라."고 했다. 이 때 달영이 거짓으로 응락하고 즉시 정읍으로 돌아와 차경석 성도에게 밀고하였다. 얼마 후 임경호, 임치삼 등이 본소 습격 때 무차별 난타를 당하여 입원하자 달영이 병원에 문병을 갔다가 크게 꾸지람을 듣고 자신의 행동을 후회하고 비관한 나머지 그 길로 시집에 돌아가 독약을 마시고 자살하였다.

98:1 칠성용정 공사. 상제님께서 "육임군이 나가면 판이 깨진다."고 말씀하셨듯이 선천을 마무리 짓고 후천을 열어갈 인사 도수의 실현 공사로 제3변 도운의 추수 일꾼을 내는 공사이다.

98:8 청년 일곱 사람. 태모님께서 앞으로 젊은 일꾼들이 나서서 상제님 일판을 짊어지고 나갈 것을 내다보시고 행하신 공사이다.

수석 성도 고민환과 칠성용정 공사

98 하루는 태모님께서 고민환을 수석 성도로 세우시어 **칠성용정 공사**(七星用政公事)를 보시니라.

2 태모님께서 강응칠(姜應七)에게 명하여 "네가 입는 갓과 도포를 가지고 오라." 하시어 남장(男裝)을 하시더니

3 다시 민환에게 "네가 입는 의관을 가져오라." 하시어 그 옷으로 갈아입으시고

4 민환에게는 태모님의 의복을 입히시어 여장(女裝)을 시키신 뒤에 내실(內室)에 있게 하시니라.

5 이윽고 태모님께서 밖으로 나오시어 말씀하시기를 "내가 증산(甑山)이니라." 하시고

6 "민환의 나이 마흔에 일곱을 더하면 내 나이 마흔일곱이 되고, 내 나이 마흔일곱에서 일곱을 빼면 민환의 나이 마흔이 되니

7 민환이 곧 나의 대리(代理)요, 증산의 대리도 되느니라." 하시니라.

청년 일곱 사람과 칠성 도수

8 또 청년 일곱 사람을 선출하시어 **칠성 도수**를 정하시니, 의복을 새로 지어 입히시고 공사에 수종 들게 하시며

9 말씀하시기를 "신인합일(神人合一)이라야 모든 조화의 기틀을 정한다." 하시니라.

10 이어 민환을 바둑판 위에 앉히시고 저울을 걸어 놓으신 뒤에 이르시기를 "너는 저울만 맡아 보라." 하시며

11 성도들에게 일러 말씀하시기를 "앞으로 모든 일을 민환에게 맡긴다." 하시니라.

12 공사를 마치시고 태모님께서 남장을 하신 채 사랑에 가시어 사흘 동안 술만 드시고 진지를 드시지 않으시니라.

13 그 후로 태모님께서 모든 도정을 민환과 상의하여 처리하시매 성도들은 민환을 태모님의 정통 후계자로 인식하거늘

14 조종리 강씨 신도들은 태모님께서 응칠의 옷을 입지 않으신 것과 민환에게 도수를 붙이신 것에 불만을 품고 **공사를 보신 날 저녁부터 술렁이기 시작**하니라.

칠성 공사는 후천 인간을 내는 공사

99 태모님께서 말씀하시기를 "**칠성 공사는 후천 인간을 내는 공사요, 낳아서 키우는 공사니라.**" 하시고

태모

2 "후천 기운은 사람을 키우는 칠성 도수(七星度數)이니, 앞세상은 칠성으로 돌아가느니라." 하시니라.

3 또 말씀하시기를 "상제님의 천지공사는 낳는 일이요, 나의 천지공사는 키우는 일이니라." 하시니라.

칠성 공사가 잘 풀려야

100 하루는 태모님께서 말씀하시기를 "칠성이라야 사람을 가꿀 수 있느니라." 하시고

2 "칠성 공사가 잘 풀려야 너희가 다 먹고살기가 요족(饒足)하게 되느니라." 하시니라.

마음 비움이 근본이 되어야

3 성도들이 칠성경을 읽을 때 '삼태 허정(三台虛精)' 대목에 이르면 태모님께서 큰 소리로 "이놈들아, 허정! 허정!" 하시니라.

난법자들의 도전(道戰)을 경계하심

101 태모님께서 민환을 대리로 정하여 칠성용정 공사를 행하신 것은 태모님의 수(壽)가 민환과 일곱 살 차이라 칠 도수(七度數)를 취하심이요

2 또 민환이 심지(心志)가 바르고 사욕이 없으며 성품이 온순하여 남과 시비하는 것을 싫어하니 그 심법을 보시고 도수를 정하심이거늘

3 조종리 강씨 신도들은 이 도수를 이해하지 못하고 민환을 시기하더니

4 얼마 후 강사성을 비롯한 신도 여러 명이 친목단을 조직하여 "민환이 그놈을 몰아내야 한다." 하며 분란을 일으키니라.

5 이에 민환이 일찍이 상제님께서 "집안 분란이 세계 전쟁이 된다." 하시고 "장차 앞길에 도전(道戰)이 있다." 하신 말씀을 생각하여 앞으로 벌어질 대내외적인 큰 분란을 염려하니라.

인화하기가 제일 어려우니라

102 사람끼리 말을 하면서도 서로 속을 모르느니라.

2 사람이 사람 속을 모르니 인화(人和)하기가 제일 어려우니라.

3 상통천문(上通天文)은 음양순환 사시(四時)를 알아야 하고

4 하찰지리(下察地理)는 백곡(百穀)을 풍등(豊登)시키는 이치를 알아야 하고

5 중통인의(中通人義)는 만유가 생성하는 이치를 알아야 하느니라.

101:3~4 태모님께서 고민환 성도에게 도장 운영권과 제반 대권을 넘겨 주시자 강씨 신도들이 불만을 품고 '우리가 모셔다가 욕봐서 교문을 창건해 놨는데 왜 엉뚱하게 고민환에게 모든 것을 일임하느냐.' 하며 반발하기 시작하였다. 거기다가 태모님께서 고민환 성도만 처소를 출입하게 하시며 모든 일을

6 무성무취(無聲無臭) 신부지(神不知)니라.

7 하늘은 말이 없지만 상제님께서 조화로써 다스리시느니라.

일이 터져서 큰 강을 건너갈 적에도

103 하루는 태모님께서 바둑을 두시다가 바둑알을 한 움큼 쥐고 팔을 뻗치시더니

2 한참 후에 말씀하시기를 "저리 가는구만. 모두가 같이 내를 건너는구나." 하시고

3 이어 말씀하시기를 "일이 터져서 큰 강을 건너갈 적에도 의복을 벗어 머리에 이고 강을 건넌 사람은 계속 길을 가지만

4 옷을 벗어 놓고 온 사람은 의복이 없어 못 가고 도로 건너가서 그 의복을 가져와야 입고 길을 가게 되느니라." 하시니라.

열두 개의 해가 되더라

104 5월 3일 석양(夕陽)에 태모님께서 성도들에게 명하시어 마당을 깨끗이 쓸게 하시고 공사를 행하시니라.

2 태모님께서 겉은 붉고 안은 푸른 저고리를 입으시고 마당에 나와 서시어 성도 3, 40명을 서쪽을 향해 벌여 세우시고 시천주주를 읽게 하신 뒤에

3 성도들에게 명하여 "해를 보라." 하시므로 모두 해를 바라보니 해 둘레에 붉은 기운이 어리었다가 곧 띠 모양으로 길게 뻗치거늘

4 모두 이상히 여겨 태모님을 바라보니 태모님께서 오른손에 붉은 옷고름을 들고 계시더라.

5 이어 붉은색 고름을 손으로 들어 드리우시니 햇무리가 붉은색을 띠고, 푸른색 고름을 손으로 들어 드리우시니 햇무리가 푸른색을 띠거늘

6 태모님께서 말씀하시기를 "이것이 표적(標的)이니라." 하시니라.

7 잠시 후 마당에 멍석을 펴게 하시고 그 위에 누워 뒹구시거늘

8 태모님의 몸이 한 번씩 뒹구시는 대로 본래의 해에서 또 다른 해가 하나씩 빠져 나오는데

9 뒹구실 때마다 저고리를 번갈아 뒤집어 입으시니 저고리 빛이 붉을 때에는 붉은 해가 나오고 푸를 때에는 푸른 해가 나오더라.

10 이렇게 열한 번을 뒹구시니 모두 열두 개의 해가 연주형(連珠形)으로 하늘에 늘어서거늘

11 태모님께서 말씀하시기를 "이 일은 십이제국(十二諸國)의 운도(運度)

를 뽑아 쓰는 공사로다." 하시니라.

금강산에서 찾아온 승려

105 태모님께서 이 공사를 행하신 지 6, 7일 후에 중 한 사람이 조 종리 도장에 찾아와 시주를 청하며 말하기를

2 "강원도 금강산에 저의 스승이 계시는데 며칠 전에 열두 개의 해가 나타남을 보시고 '이것은 큰 변괴라.' 하시며

3 '각처에 순회하여 시주를 청하고 금산사 미륵전에 고축(告祝)하여 재 앙을 면케 하라.' 하시므로 왔나이다." 하니라.

4 한 성도가 이 사실을 태모님께 아뢰니 말씀하시기를 "이곳에서 한 일을 금강산에서 알고 있었구나." 하시며

5 "창생을 위하여 미륵불께 축원한다고 하니 얼마간 행장(行裝)을 보태 길을 보내라." 하시므로 한 성도가 30원을 내어 주니

6 그 승려가 "누구의 이름으로 하리까?" 하고 묻거늘

7 태모님께서 "그저 보통 중생을 위하여 축원(祝願)하라." 하시니라.

대사업을 하자면

106 태모님께서 성도들이 밖에서 억울한 일이나 창피한 일을 당하 고 돌아와 불평하는 말을 하면 항상 경계하여 말씀하시기를

2 "먼저 너희들의 마음을 돌이켜 허물을 반성하라. 척을 지어서는 안 되느 니라. 뒷일은 신명(神明)이 하도록 내버려 두라." 하시니라.

3 하루는 태모님께서 성도들에게 말씀하시기를 "무슨 일을 막론하고 남과 대항을 말라." 하고 누누이 당부하시더니

4 7, 8일 후 저녁 무렵에 사회주의를 신봉하는 정을(鄭乙)과 그를 따 르는 천종서의 큰아들 병원(柄元) 등 50여 명이 조종리에 몰려와

5 현수막을 내걸고 큰 소리로 외치기를 "미신을 타파하라! 교주는 이 마을에서 물러가라!" 하며 두어 시간 동안 험구난설(險口亂說)을 퍼 붓고 무례한 행동으로 소란을 피우거늘

6 태모님께서 일체 대항을 않으시며 성도들도 명에 따라 대문을 굳 게 닫고 아무런 반응을 보이지 않으매 난동자들이 마침내 제 풀에 지쳐 돌아가니라.

7 그 후 일 년에 두 차례씩 3년 동안 계속해서 몰려와 현수막을 걸어 놓고 소리를 지르며 극성스럽게 시위를 벌이거늘

8 태모님께서 그 때마다 성도들에게 대항하지 못하게 엄명을 내리시

태모

니라.

9 3년 째 되는 날 그 날도 태모님께서는 방안에 앉으시어 방문만 하나 열어 놓으신 채 태연히 바라보고만 계시더니

10 그 이튿날 성도들에게 이르시기를 "대사업을 하자면 덕(德)과 유(柔) 만 가지고는 할 수 없다." 하시며 "지필묵을 가져오라." 하신 후에

11 말씀하시기를 "이러한 무리들을 그냥 두면 인류에게 피해가 많다." 하시고

12 이근목을 녹사(錄使)로 정하여 "그 무리들의 성명을 기록하라." 하시므로 백지 한 장이 다 차게 기록하여 올리니 북향하여 불사르시니라.

불찰은 네게 있느니라

13 이로부터 10여 일 후 총독부에서 소탕령을 내리매 그 기세가 수그러지고 마침내 일당이 모두 체포되거늘

14 이 때 천종서의 큰아들도 잡혀가 징역을 살게 된지라 종서가 태모님께 찾아와 원망하여 말하기를 "사모님, 왜 제 아들도 잡혀가게 내버려 두셨습니까?" 하니

15 태모님께서 "네 아들을 풀어 주랴?" 하시고 "불찰은 네게 있거늘 왜 나를 원망하느냐. 그것은 부모의 책임이니라." 하시니라.

태모님께서 행차하실 때

107 태모님께서 조종리에 계실 때 출행하시는 일이 많지 않으나 혹 대흥리나 먼 곳으로 행차하실 때는 **사인교를 타고 부용역까** 지 가시어 기차를 타시거늘

2 가마의 앞쪽을 마루에 올려놓으면 태모님께서 방에서 나오시어 버선발로 가마에 오르시고 성도들이 가마 안에 신발을 넣어 드리니라.

3 가마는 네 사람이 메고 항상 교대할 가마꾼들 네 명이 그 뒤를 따르니

4 태모님께서 돌아오실 때는 가마꾼들이 미리 부용역에 나가 대기하다가 모시고 오는데

5 조종리에 당도하시면 당산(堂山) 마을에 있는 당산나무를 한 바퀴 돌고 도장으로 들어가시니라.

6 이렇듯 항상 수십 명의 성도들이 태모님을 모시고 길게 뒤를 따르니

7 그 모습을 구경하러 나온 인파와 함께 온 마을을 하얗게 덮어 마치 신관 사또의 부임 행차 같더라.

107장 조종리에 살면서 이 상황을 여러 차례 직접 목격한 강용 증언.

107:5 당산나무. 지금도 어른 팔로 서너 명이 둘러야 할 정도로 큰 당산나무가 암수로 두 그루가 있다.

태모

이렇게 하여야 일이 되리라

108 5월 17일에 태모님께서 가마를 타시고 박종오, 고민환, 김수열, 김수응, 고찬홍, 이용기, 김재윤, 강원섭, 강사성, 전준엽, 서인권, 김종기(金鍾基), 주종한(朱鍾翰), 문인원(文仁元), 백종수(白宗洙), 송사일(宋士日), 박남규(朴南奎), 진희만(陳喜萬), 이석봉(李碩奉) 등 열아홉 사람을 데리고

2 정읍 수성리 구미동(水城里 龜尾洞)에 이르러 김수남의 집에서 공사를 행하시니라.

3 이 때 가마솥에 물을 가득 채우게 하신 뒤에 준엽을 그 앞에 세우시고 말씀하시기를

4 "누구도 감당치 못하고 준엽이나 감당하리라." 하시며 무엇인가 써서 불사르시더니

5 대야에 물을 떠 오게 하시어 시래기 하나를 담갔다가 꺼내어 위로 올리시매 갑자기 소나기가 쏟아지더라.

6 공사를 마치신 뒤에 고민환, 주종한, 백종수, 김종기, 김수응, 문인원, 김재윤 등 일곱 사람은 수남의 집에 머물러 있게 하시고

7 나머지 **열두** 사람을 데리고 대흥리에 가시어 신대원의 집에 처소를 정하시니라.

108:1 김재윤(金在允, 1891~1933). 본관 김해(金海). 부 김치오(金致五)와 모 최씨의 장남으로 태어나 부인 임씨(林氏)와의 사이에 5남을 두었다. 이용기 성도와 같은 마을에 살았다.

108:2 구미동. 현재 정읍시 수성동(水城洞) 구미동.

조종리 당산 마을 당산나무. 태모님께서 인마(人馬)를 타시고 이 나무 주위를 자주 도셨는데, 출행하셨다가 돌아오실 때는 반드시 당산나무를 돌아서 도장으로 들어가셨다.

태모

8 이 날 저녁에 준엽에게 명하시어 마당에 멍석을 펴게 하신 다음 태모님께서 누런 저고리 위에 은색 저고리를 겹쳐 입으시고 마당에 나오시어

108:9 담뱃대. 태모님께서 조화를 부리실 때 담뱃대를 많이 사용하셨다. 이 담뱃대는 상제님의 옥단소와 같이 천지조화를 쓰는 매개체이다.

9 준엽에게 이르시기를 "달을 보라." 하시며 담뱃대로 하늘을 향하여 지휘하시니

10 서북쪽에서 채색(彩色) 구름이 떠서 달을 에워싸다가 다 싸지 못하고 한편이 틔워진 채 동쪽으로 떠나가고

11 또 담뱃대를 두르시니 그와 같은 구름이 다시 와서 달을 싸려다가 싸지 못하고 떠나가더니 세 번 만에 비로소 달을 다 에워싸거늘

12 태모님께서 말씀하시기를 "이렇게 하여야 일이 되리라." 하시니라.

하늘을 보라

109장 전선필 성도는 자손들에게 '앞으로 좋은 세상이 돌아오는데 그 때는 모두 좋은 집으로 새로 짓는다. 좋은 옷만 입고 자손도 많이 안 두고 사람의 수한(壽限)이 늘어나 쉽게 죽지도 않는다.'고 했다. (전선필 성도의 자부 김정녀 증언)

109 18일 오전에 태모님께서 갑자기 '나무아미타불(南無阿彌陀佛)'을 읽으시니

2 검은 구름이 신대원의 집을 한 식경(食頃)이나 에워쌌다가 걷히는지라

3 태모님께서 성도들에게 명하여 "하늘을 보라." 하시므로 모두 하늘을 바라보니

4 서쪽 하늘에서 검은 구름 두 가닥이 일어나 한 가닥은 무수한 사람의 형상을 이루어 남쪽에서 동쪽까지 둘러서 상제님의 묘각(墓閣) 상공에 멈추고

5 또 한 가닥은 무수한 화분(花盆) 형상을 이루어 북쪽에서 동쪽까지 둘러서 묘각 상공에 멈추니라.

6 그 두 가닥 구름의 머리 사이에 구름들이 또 형상을 이루는데 큰 고목(古木)이 서 있고 그 곁에 큰 눈사람이 서 있으며

7 사람의 배 위에 부인이 걸터앉은 모양을 이루고 그 곁에 작은 사람이 수종하고 서 있더라.

8 이렇게 두어 시간을 그대로 있거늘 태모님께서 박종오에게 물으시기를 "저것이 무엇이냐?" 하시니

9 종오가 대답하기를 "눈사람의 형상은 상제님이요, 또 부인의 형상은 어머님이요, 수종 드는 사람의 형상은 고민환이요, 그 나머지는 모두 신도들이로소이다." 하고 아뢰니

10 태모님께서 말씀하시기를 "그러하다." 하시니라.

선경 구경이나 하여 보자

110 19일에 태모님께서 성도들에게 말씀하시기를 "오늘은 선경(仙境) 구경이나 하여 보자." 하시고 성도들에게 '나무아미타불'을 읽게 하시니

2 하늘 동남쪽에 갑자기 깨끗한 구름 무더기가 나타나서 인간 세상에서 보지 못한 선경의 형상을 이루거늘

3 기이한 경치와 아름다운 화초와 훌륭한 건축물과 이상한 모양의 짐승과 날아다니는 새들이 생생하게 보이더라.

4 이 때 신대원의 사위가 앞으로 지나가므로 태모님께서 그에게 성명을 물으시니 대답하지 않고 그냥 가는지라

5 태모님께서 탄식하여 말씀하시기를 "양반이 집안을 망친다 하더니 과연이로다." 하시거늘 모두 다시 하늘을 보니 그 구름이 없어졌더라.

6 잠시 후에 태모님께서 "심심하니 선경 구경이나 다시 하자." 하시고 성도들로 하여금 다시 '나무아미타불'을 읽게 하시니

7 구름 무더기가 또 나타나서 이전보다 더욱 기묘한 형상을 이루거늘 이 구경으로 하루를 지내시니라.

110:4 신대원의 사위. 재적부의 기록으로 볼 때, 신대원 성도의 맏사위 임판성(林判成)이다.

사람과 신명이 함께 사는 후천 세상

111 개벽하고 난 뒤에는 좋은 세상이 나오리니, 후천 오만년 운수니라.

2 그 때는 사람과 신명이 함께 섞여 사는 선경세계가 되느니라.

귀신이 밥해 주는 세상이 된다

3 지금은 전주에서 서울을 가려면 빙빙 돌아서 가지만 앞으로는 반듯하게 큰길이 새로 나서 조반 먹고 갔다가 전주에 내려와 점심 먹게 되느니라.

4 지붕도 담도 지푸락 하나 안 올라가고 집이 다 궁궐이 될 것이요, 문명이 발전하여 귀신이 밥해 주는 세상이 되느니라.

111:3~4 이용기 성도의 제자 임예환과 그의 딸 조정수 증언.

달나라도 오가는 세상이 온다

5 너희들은 앞으로 아랫목에 앉아서 세계 각국을 다 볼 것이요, 외국말도 다 알 것이니라.

6 또 발에 흙을 안 묻히고 다닐 것이며 달나라도 오가는 그런 세상을 당할 것이니라.

111:5~6 차경석 성도의 당질부인 손승례의 딸 차봉수 증언.

태모

네가 헛천자니라

112 20일 오후에 태모님께서 차경석의 집에 들어가시니 경석이 맞아들여 교자상(交子床)을 차려 올리는지라

2 태모님께서 경석의 이름을 크게 부르시매 경석이 말하기를 "내가 전날의 경석이 아니요, 이제는 만인의 두목이니 전날과 같이 경홀(輕忽)한 말을 버리사이다." 하니라.

3 이에 태모님께서 꾸짖어 말씀하시기를 "네가 천자라 하나 헛천자(虛天子)니라." 하시고 밥상에 놓인 큰 배를 들어 경석의 목덜미를 치시니

4 경석은 피하여 문밖으로 나가고 여방주(女方主)들이 달려들어 태모님을 끌어내거늘

5 태모님께서 성도들을 데리고 조종리로 돌아오시니라.

일본 순사 주재소를 통과하실 때

113 하루는 태모님께서 김제 부용역 앞 어느 식당에서 점심을 드시고 조종리로 향하실 때

2 갑자기 "내 머리를 땋고 댕기를 달아라." 하시니 시종하는 여자 신도가 붉은 댕기를 드려 놓으매 영락없는 노처녀이시더라.

3 태모님께서 성도들을 이끌고 맨 앞에 서시어 담뱃대를 휘두르시며 큰 소리로 "시천주 조화정 영세불망 만사지" 하고 노래하시면서

4 치마를 들었다 놨다 하시고 갈 지(之) 자 걸음으로 주재소(駐在所) 쪽으로 다가가시니

5 일본 순사들이 바짝 긴장하여 가로막고 서서 "너희들 뭐냐?" 하며 신분을 밝히라고 요구하니라.

6 이에 태모님께서 행렬을 멈추게 하시고 잠시 앉아 계시니 검문을 하는 일본 순사대 대장이 다가와 태모님께 손을 대려 하거늘

7 태모님께서 아무 말씀도 않으시고 담뱃대로 무례한 순사 대장의 손을 딱 치고 일어서시더니

8 더 큰 소리로 "신천지 가가장세 일월일월 만사지"라 노래하시니라.

9 이에 일본 순사들이 당황하여 뒤로 물러서서 태모님을 향해 손가락질하며 "아노~ 기찌가이! 기찌가이!(あの~ きちがい! きちがい! : 저~ 미치광이! 미치광이!)"라 말하고

10 또 성도들을 향해 "미친년을 따라가니 저놈들도 한심한 놈들이라." 하며 비웃을 뿐 더 이상 조사를 못하니라.

113:4 주재소. 일제시대에 순사(巡査) 등이 주재하여 사무를 취급하던 곳. 송산 마을로 가는 길에 백구면, 공덕면, 용지면의 합동 주재소가 부용역 바로 앞 100m쯤에 있었다.

11 일행이 무사히 검문소를 통과하여 공덕면 황산리(黃山里)쯤 왔을 때 태모님께서 "가마를 대령하라." 하시어 타시고

12 "어서 가자."고 재촉하시며 조종리 도장으로 돌아오시니라.

인류의 구원과 행복을 기도하심

114 태모님께서 항상 말씀하시기를 "천지를 믿고 따라야 너희가 살 수 있으니 천지 알기를 너희 부모 알듯이 하라." 하시니라.

2 5월 25일에 온 세계 인류의 죄업을 풀고 새로운 행복을 빌기 위하여 천지에 크게 기도하실 때

3 마당 동서남북에 각기 단(壇)을 쌓고 푸른 기(旗)와 흰 기와 붉은 기와 검은 기를 제 방위 대로 세우게 하시고

4 한가운데에는 3층 단을 쌓고 푸른 용(龍)과 누른 용을 그린 큰 황색 기를 세우게 하신 뒤에

5 사정방(四正方)을 정하시어 강응칠을 주부(主簿)로, 전준엽을 동방(東方)으로, 강원섭을 서방(西方)으로, 이근목을 남방(南方)으로, 고찬홍을 북방(北方)으로 각각 임명하시니라.

6 이어 동방 청기(靑旗)는 전준엽(田俊燁)을 비롯하여

양문경(梁文敬)	김재윤(金在允)	김봉우(金奉宇)	백용기(白龍基)
천종서(千宗瑞)	박종화(朴鍾華)	서화임(徐化任)	유일태(劉一太)
남상돈(南相敦)	김형대(金炯大)	이용기(李用己)	이용운(李龍雲)
박준달(朴準達)	강봉삼(姜鳳三) 등		

열다섯 사람으로 하여금 지키게 하시고

7 서방 백기(白旗)는 강원섭(姜元聶)을 비롯하여

서인권(徐寅權)	이중진(李仲振)	이진묵(李眞默)	김원숙(金元淑)
백창섭(白昌燮)	이근우(李根宇)	이석봉(李碩奉)	채유중(蔡有中)
이재현(李在賢)	한재천(韓在千)	한응석(韓應錫)	김내원(金乃元)
심정순(沈貞淳)	전상모(田相模) 등		

열다섯 사람으로 하여금 지키게 하시고

8 남방 적기(赤旗)는 이근목(李根睦)을 비롯하여

강성중(姜成仲)	임성범(任成範)	김영두(金永斗)	류경천(柳敬天)
김원명(金元明)	손경환(孫敬煥)	김공오(金公五)	김동식(金東植)
김동근(金東根)	이정훈(李正勳)	류내옥(柳乃玉)	류병을(柳丙乙)
이상식(李尙植)	김원백(金元伯) 등		

열다섯 사람으로 하여금 지키게 하시고

9 북방 흑기(黑旗)는 고찬홍(高贊弘)을 비롯하여

김태호(金泰浩)	이공렬(李公烈)	김상윤(金相允)	김종일(金鍾一)
박종민(朴鍾旻)	강재숙(姜在淑)	두운철(杜雲喆)	두재천(杜在千)
문영희(文榮喜)	문희원(文希元)	고권필(高權必)	문종택(文鍾澤)
박종운(朴鍾云)	이명전(李明全) 등		

열다섯 사람으로 하여금 지키게 하시고

114:10 박노일(朴魯一, 1901~?). 태모님의 사위. 태모님의 천지공사에 참여한 성도였다.

10 중앙 황기(黃旗)는 고민환(高旻煥)을 비롯하여

강응칠(姜應七)	강사성(姜四星)	강운서(姜雲瑞)	박종오(朴鍾五)
김수열(金壽烈)	전영춘(田永春)	전태풍(田泰豊)	김수택(金壽澤)
김원방(金元邦)	김영록(金永錄)	김수암(金壽岩)	김수봉(金壽鳳)
김준길(金準吉)	김억록(金億祿)	김영한(金永翰)	이시우(李時雨)
전창준(田昌俊)	김판목(金判睦)	전장필(田章弼)	전원석(田元錫)
전기찬(田基贊)	전선필(田先必)	전승철(田承喆)	전여옥(田汝玉)
전두영(田斗榮)	전덕빈(田德彬)	전형명(田亨明)	김희숙(金熙淑)
두치운(杜致雲)	강기업(姜基業)	두판렬(杜判烈)	박치서(朴致瑞)
송병룡(宋丙龍)	이보일(李寶日)	강기상(姜基祥)	전갑석(田甲錫)
전태숙(田泰淑)	강봉택(姜鳳澤)	강휘만(姜彙萬)	이관숙(李官叔)
류운직(柳雲直)	이명좌(李明左)	윤치오(尹治五)	박노일(朴魯一)
강상숙(姜相淑)	최동환(崔東煥)	이명언(李明彦)	김윤명(金允明)
김일수(金日守)	전평수(田平秀) 등		

쉰다섯 사람으로 하여금 지키게 하시니라.

11 이어 중앙 단(壇) 위에 큰 등(燈) 하나와 작은 등 열네 개를 달게 하시고 네 방위에는 각기 작은 등 열다섯 개씩을 달게 하시며

12 중앙과 네 방위에 각기 제물을 진설케 하신 다음 태모님께서 여러 사람을 지휘하여 중앙과 사방에 돌려 절하게 하시고

13 시천주주를 크게 읽히시며 '만민의 죄업을 풀어 주실 것과 온 세계에 새로운 행복을 내려 주실 것'을 상제님께 일심으로 기도하시니라.

14 이 때 바람이 한 점도 없어 네 방위의 깃발이 조금도 흔들리지 않거늘

15 오직 중앙 황기는 사방으로 나붓거리며 그 기(旗)에서 누런 물이 나와 마치 비 오듯 사방으로 뿌려지매 성도들의 옷이 모두 누렇게 젖으니라.

미륵이 갱생함이라

115 이 달 27일에 태모님께서 여러 성도들에게 명하시기를 "금산사(金山寺)에 일이 있어 가려 하니 준비하라." 하시고

2 고민환, 박종오, 고찬홍, 강사성 등 열다섯 사람을 데리고 금산사에 들어가실 때

3 금산동문(金山洞門)을 지나시다가 문득 돌부처 앞에 이르시어 "귀신도 안 붙은 것을 여기다 무엇하러 세워 놓았냐." 하시며 담뱃대로 머리를 딱 때리시니 돌부처의 머리가 뚝 떨어져 나가니라.

4 이어 돌무지개문을 지나 미륵전에 당도하시어 치성을 올리고 말씀하시기를 "이는 미륵(彌勒)이 갱생(更生)함이라." 하시니라.

이 부처는 혼이 나갔으니

5 다시 대적광전(大寂光殿)으로 가시어 제물을 진설하시고 공사를 보실 때

6 비로자나불을 가리키시며 "이 부처는 혼(魂)이 나갔으니 밥을 주지 못하리라." 하시고

7 담뱃대로 불단(佛壇)에 금을 그어 동서(東西)로 가르신 후에 동편불 앞에 있던 제물을 서편불 앞으로 옮기게 하시더니

8 담뱃대를 들어 천장을 가리키며 말씀하시기를 "법전(法殿)이 퇴락하였으니 이 집은 중수하여야 하리라." 하시니라.

금산에 두 번 더 와야 하리라

9 공사를 마치시고 제물을 걷어서 돌아오실 때 성도들에게 일러 말씀하시기를 "이 뒤로 내가 금산(金山)에 두 번 더 와야 하리라." 하시거늘

10 며칠 후에 대들보가 부러져 대적광전이 무너지매 비로자나불이 부서지니라.

산을 불러 공사 보심

116 6월 10일에 태모님께서 문밖에 나가시더니 성도들을 불러내어 동북쪽을 가리키시며 "보라." 하시므로

2 모두 바라보니 바로 두어 마장 앞에 계룡산(鷄龍山)과 미륵산(彌勒山)과 고달산(高達山)이 다가와 있거늘

3 산 모양과 골짜기까지 선명하게 보이고 바위와 푸른 나무까지 낱낱이 구별되는지라

4 모두 기이하게 여기며 구경하는데 두어 시간이 지나자 세 산이 점점 멀어지다가 결국 보이지 않으니라.

5 태모님께서 산을 불러 공사를 보실 때는 산이 구름 모양으로 다가오기도 하니라.

115:3 돌부처. 금산사 입구 금산교(金山橋)를 건너기 전 좌측에 있으며 이곳에 돌을 던지면 아들을 낳는다는 전설이 있다. 태모님 공사 후 머리가 떨어져 나간 것을 지금은 시멘트로 붙여 놓았다.

금산동문 돌부처

115:5 대적광전. 금산사 경내의 제일 뒤편 가운데에 자리잡고 있으며 사찰의 중심이 되는 불전이다. 정면 7칸, 측면 4칸의 팔작지붕 건물로 금산사 내의 단층 건물로는 가장 웅장하다.

116:2 계룡산. 김제시 금산면 금산리 용화동 동북쪽에 있는 산(239m).

116:2 미륵산. 익산시 금마면, 삼기면, 낭산면에

걸쳐 있는 산 (430m). 삼국시대에는 이곳에 미륵사가 있었는데 미륵사찰 가운데 동양 최대 규모였다.

116:2 고달산. 전주시 대성동과 완주군 구이면, 상관면에 걸쳐 있는 산(603.2m).

일심혈심으로 수련하라

117 하루는 태모님께서 이경(二更) 초에 성도 대여섯 명과 함께 손방(巽方)을 향하여 좌정하신 뒤에 입으로 바람을 한 번 부시니

2 갑자기 손방에 큰 바가지만 한 별이 나타나거늘 그 밝은 빛이 달과 같더라.

3 이 때 태모님께서 그 별을 향하여 담배 연기를 뿜으시니 검은 구름이 일어나 별을 가리고

4 다시 입으로 바람을 부시니 구름이 흩어져 별이 나타나거늘 이와 같이 세 번을 행하시니라.

5 이어 말씀하시기를 "이것을 일러 선불권술(仙佛權術)이라 하느니라." 하시고

6 "쓸 때가 되면 바람과 구름, 비와 이슬, 서리와 눈을 뜻대로 쓰게 되리니 일심혈심(一心血心)으로 수련하라. 누구나 할 수 있느니라." 하시니라.

인생의 근본 원리를 모르고 있도다

118 하루는 태모님께서 여러 성도들을 데리고 공사를 보시며 말씀하시기를

2 "억조창생이 '인생의 근본 원리'를 모르고 있도다." 하시며 고민환에게 명하여 "내가 설법(說法)하는 공사 내용을 적어라." 하시고

3 다시 "그 이치를 상세히 기술하여 온 인류에게 알리도록 하라." 하시니 이러하니라.

4 인생을 위해 천지가 원시 개벽하고

5 인생을 위해 일월이 순환 광명하고

6 인생을 위해 음양이 생성되고

7 인생을 위해 사시(四時) 질서가 조정(調定)되고

8 인생을 위해 만물이 화생(化生)하고

9 창생을 제도(濟度)하기 위해 성현이 탄생하느니라.

10 인생이 없으면 천지가 전혀 열매 맺지 못하나니 천지에서 사람과 만물을 고르게 내느니라.

진실로 여자 성인이로다

11 이어 민환에게 명하여 "기록한 공사의 설법 내용을 낭독하라." 하시므로 낭독하니

12 태모님께서 그 글을 받아 불사르시며 하늘에 고하신 다음 동쪽을

향하여 단정히 앉아 조용히 기도하시니라.

13 이 때 성덕면장 강필문(姜弼文)이 참석하여 공사를 지켜보다가 놀라 말하기를 "이 분은 진실로 여자 성인이로다!" 하고 찬탄하며 돌아가니라.

오성산에 은둔하실 뜻을 보이심

119 이 달 17일에 태모님께서 고민환에게 "너의 집 근처에 오성산이 있느냐?" 하시니 민환이 "있나이다." 하거늘

2 일러 말씀하시기를 "거미가 집을 지을 때는 이십사방(二十四方)으로 줄을 늘여서 짓고, 다 지은 뒤에는 남이 알지 못하게 한 편 구석에 숨어 있는 법이니 너는 그곳을 떠나지 말라." 하시니라.

3 이튿날 성도들을 데리고 오성산에 가실 때 성도들이 하늘을 보니 흰 구름 줄기가 도장 상공으로부터 오성산을 향하여 길처럼 뻗쳐 있고

4 그 위에 구름 무더기가 사인교 모양을 이루어 태모님의 길을 따르더니 돌아오실 때에도 가마 모양을 이룬 구름이 공중에 떠서 따르더라.

너희들의 믿음이 이러하여야

120 이 달 그믐에 박종오, 고찬홍, 이근목, 전준엽, 강응칠, 강사성, 강원섭, 이석봉 등을 벌여 앉히신 뒤에 고민환을 그 앞에 앉히시고

2 태모님께서 남자 의관으로 단(壇)에 올라앉으시어 찬홍에게 말씀하시기를 "나는 강증산이요 고민환은 나니라." 하시고 "절을 하라." 하시니

3 찬홍이 아뢰기를 "저는 상제님께서 육신으로 출세하시기를 원할 뿐이요, 성령으로 출세하시기를 바라지 않나이다." 하며 절을 하지 않는지라

4 태모님께서 여러 번 동의하기를 명하시되 찬홍이 계속하여 불복하거늘

5 크게 노하시어 담뱃대와 지팡이로 찬홍을 무수히 때리시니 매 자국이 낭자하고 몸을 수습할 수 없게 되었으나 찬홍이 고집하며 끝까지 불복하니라.

6 이윽고 태모님께서 노여움을 그치시고 찬홍과 여러 성도들에게 말

118:13 강필문(姜弼文, 1893~?). 본관 진주. 옥구군 성산면 고봉리에서 출생. 고민환 성도와 서당을 같이 다닌 죽마고우라 이 날 고민환 성도를 찾아왔다가 태모님 공사를 참관하였다. 이후로 신앙은 하지 않았지만 마음속으로 항상 태모님을 존경하였다 한다. 11편 420장 9절 측주 참조.

120:3 육신으로 출세. 고찬홍 성도와 같이 잘못된 환상을 품고 신앙하는 사람들이 있다. 상제님께서는 새 천지의 기본틀을 다 짜시고 하늘 보좌로 돌아가시어 오직 상제님의 심법을 그대로 집행하는 일꾼들

태
모

이 나와 대업을 이루기만을 지켜보고 계신다.

120:4~6 태모님께서 고찬홍 성도의 생각은 잘못되었으나 그 고집 하나만은 쓸 만하다고 인정해 주신 것이다. 상제님 일꾼은 지조가 있어야 생애를 바쳐 개척자 신앙을 할 수 있다.

씀하시기를 "너희들의 믿음이 이러하여야 상제님께서 출세하시리라." 하시고

7 찬홍을 처소로 보내어 조리하게 하신 뒤에 종오에게 "밖에 나가 하늘을 보라." 하시니

8 종오가 나가 보고 아뢰기를 "구름이 꿇어앉아 사죄하는 사람의 모양을 이루고 있나이다." 하거늘

9 태모님께서 말씀하시기를 "그것이 곧 찬홍이니 머지않아 변하리라." 하시니라.

10 잠시 후에 종오가 다시 보고 아뢰기를 "소 모양으로 변하였나이다." 하니

11 말씀하시기를 "다시 변하리니 자세히 보라." 하시므로 종오가 보니 개 모양으로 변하더라.

성주(聖主)와 현인 군자를 모셔 오는 공사

121 하루는 태모님께서 조종리에 계실 때 "오늘은 남조선(南朝鮮) 배 공사가 들어온다." 하시며

2 고민환에게 명하시어 "노랫말을 써 들이라." 하시고 "한 번 읽으라." 하시므로

3 민환이 큰 소리로 읽으니 이러하니라.

121:4 백운. 상제님의 기운을 상징한다. 3편 107장 2절 참조.

121:4 자운. 상제님의 뜻을 성취하는 인사의 지도자를 상징한다. 예로부터 제왕이나 신선에 관한 단어에 종종 자(紫) 자를 붙여 그 상서로움을 표현했다. 천자의 주성을 자미성(紫微星)이라 하고, 중국에서는 천자가 거하던 지상 궁전을 자금성(紫

4 石泉試茗하고 白雲可耕타가
　석 천 시 명　　백 운 가 경
祥風瑞湖에 紫雲白帆으로
상 풍 서 호　자 운 백 범
武夷九曲을 謝別하고 桃花流水渺然去라
무 이 구 곡　사 별　　도 화 유 수 묘 연 거
석간수에 차를 맛보고 흰 구름에 밭 갈다가
상서로운 바람이 이는 호수
자줏빛 구름에 흰 돛배를 몰아
무이구곡을 뒤로하고
복숭아꽃 흐르는 물에 아득히 떠나오시도다.

5 龍華彌勒과 太乙仙官께서
　용 화 미 륵　태 을 선 관
至德至道로 廣濟蒼生하시려고
지 덕 지 도　광 제 창 생
이 배 타고 오시도다

용화미륵과 태을선관께서

지극한 도와 덕으로 광제창생 하시려고

이 배 타고 오시도다.

6 태모님께서 "잘 되었다." 하시고 신도 수십 명을 불러오게 하시어

7 익산군 용안면 대조리(龍安面 大鳥里) 행정(杏亭) 마을에 사는 김원명(金元明)과 옥구에 사는 전내언(田乃彦)을 도사공으로 정하시어 뱃노래를 선창하게 하시며

8 나머지 수십 명에게 여러 시간 동안 한데 어우러져 뱃노래를 부르게 하시니라.

9 이어 말씀하시기를 "이는 남조선 배질이니 성주(聖主)와 현인군자(賢人君子)를 모셔 오는 일이로다." 하시고

10 "무슨 일이든지 선통(先通)이 있는 법이라." 하시며 공사를 마치신 후에 술과 안주를 내려 주시니라.

선천과 후천에 각기 개벽이 있느니라

122 선천에도 개벽이 있고 후천에도 개벽이 있나니

2 옛적 일(上古之事)을 더듬어 보면 다가올 일(來到之事)을 알고

3 다가올 일을 알면 나의 일을 아느니라.

4 우주의 순환 이치를 알아야 이 길을 찾을 수 있느니라.

5 일왈(一曰) 통(通)이요, 이왈(二曰) 개안(開眼)이요, 삼왈(三曰) 포교(布教)니라.

제가 제 일을 해야 하느니라

123 삼제갈(三諸葛), 팔한신(八韓信), 관우, 장비, 조자룡, 진묵대사, 사명당이 때가 때인 만큼 일제히 나서나니

2 만고의 성인 오시는데 오방신장(五方神將) 이하로 신명맞이 어서 하소.

3 나 살고 남 살리는 공부니 사람 잘되기를 바라소.

4 지난 일은 생각 말고 오는 일을 되게 하라.

5 제가 제 마음을 찾아야 되고 제가 제 일을 해야만 되느니라.

이마두 대성사를 치하하심

124 태모님께서 성도들로 하여금 마당에 단을 설치하고 치성 절차와 같이 제수(祭需)를 진설하게 하시니라.

2 이어 계란과 양주(洋酒)를 그 위에 놓게 하시고 쌀밥과 계란을 잘

禁城)이라 하였다.

121:5 이 배. 후천개벽을 성취하는 인류 구원의 남조선배.

121:9 성주와 현인군자. 상제님과 태모님의 대업을 성사시키는 주인공을 말씀하신 것이다. 성주(聖主)는 상제님 천지공사의 결론인 진주(眞主) 도수로 출세한다.

122:5 이 말씀은 순차적이 아닌, 동시적으로 일어나는 일꾼 성숙의 과정임을 알아야 한다.

태모

비벼서 놓으시며 "많이 드시라." 하고 권하신 다음

3 성도들에게 말씀하시기를 "이는 이마두(利瑪竇)의 선술묘법(仙術妙法)을 칭찬하는 공사이며

4 후천선경 세계 건설에 역사(役事)함을 치하하는 공사니라." 하시고 성도들에게 시천주주를 읽게 하시니라.

124:5~6 이우인 씨가 태모님을 모신 전선필, 김수열 성도로부터 직접 듣고 증언한 내용.

5 태모님께서 공사를 마치신 뒤에 말씀하시기를 "이마두를 잘 대접해야 하느니라." 하시고

6 "이마두는 서양 명부대왕이니라." 하시니라.

상제님의 묘각을 찾아가심

125 7월 25일에 태모님께서 고찬홍, 박종오, 강원섭, 강사성, 전준엽, 이근목, 서인권, 고권필, 김재윤 등을 데리고 자동차로 대흥리에 가시어

2 신대원의 집에 머무르시며 날마다 성도들로 하여금 '나무아미타불'을 외우게 하시니라.

3 28일 저녁에 태모님께서 원섭과 더불어 누런 수건을 한 끝씩 잡으시고 하늘을 향하여 '영세불망(永世不忘)'을 외우신 뒤에

4 여러 성도들로 하여금 '영세불망'을 외우면서 뒤따르게 하시고 걸어서 상제님의 묘각(墓閣)에 이르시니라.

5 이어 큰 소리로 상제님을 세 번 부르며 말씀하시기를 "왜 이렇듯 깊이 주무시나이까." 하고 통곡하시니 문득 비가 내리는지라

6 이에 대원의 집에서 하루를 더 쉬시고 이튿날 조종리로 돌아오실 때

125:7 상제님의 명정. 우주의 주재자이신 상제님의 공식 호칭인 '옥황상제'라는 글귀가 씌어 있었다.

7 차(車) 안에서 사성에게 명하여 상제님 명정(銘旌)을 읽게 하신 뒤에 태모님께서 '만수(萬修)'를 크게 부르시니라.

육임 구호대 도체 조직 공사

126 하루는 태모님께서 치성을 봉행하신 뒤에 "육임(六任) 도수를 보리라." 하시고 도체(道體) 조직 공사를 행하시니 이러하니라.

126:2 깃발. 상제님께서 공사를 보실 때 깃발에 대해 "기(氣)가 발동(發)을 해야 한다. 이것이 다 쓰이는 기(旗)

2 동서남북 네 방위에 인원을 정하시어 동쪽은 청색, 서쪽은 백색, 남쪽은 적색, 북쪽은 흑색으로 큰 깃발을 세우게 하시고 깃대 앞에는 책임자를 맡겨 세우시며

3 중앙에는 황룡기(黃龍旗)를 세우신 뒤에 그 앞에 층으로 단을 높게 설치하신 다음

4 태모님께서 윷판을 그려 놓으시고 그 위에 정좌하며 말씀하시기를 "사방 60리 지령 기운(地靈氣運)이라." 하시고

5 "지령 기운이 다 돌면 사람 추린다. 선자(善者)는 사지(師之)하고 악자(惡者)는 개지(改之)하라." 하시니라.

6 이어 성도 50명을 선출하여 사정방(四正方)을 임명하시고, 각각 육임(六任), 팔봉(八奉), 십이임(十二任), 이십사임(二十四任)을 선정하시어

7 동쪽 기(旗)에 육임, 서쪽 기(旗)에 팔봉, 남쪽 기(旗)에 십이임, 북쪽 기(旗)에 이십사임을 일렬로 세우신 다음

8 그 나머지 인원은 육임 아래에 여섯 명씩 배정하니 36명이요

9 팔봉 아래에 여덟 명씩 배정하니 64명이요

10 십이임 아래에 열두 명씩 배정하니 144명이요

11 이십사임 아래에 스물네 명씩 배정하니 576명이요

12 고민환(高旻煥)과 강원섭(姜元聶)은 태모님을 모시고 중앙에 서니라.

13 태모님께서 말씀하시기를 "이 다음에 수백만의 인원이면, 그 본줄기 되는 인원만 일정한 규칙을 정하여 나아갈진대 세계 민족을 포섭하리라." 하시고

14 이로부터 사정방의 육임, 팔봉, 십이임, 이십사임과 그 하단 조직으로 포교 운동을 일으키시니 도세가 크게 일어나기 시작하니라.

15 이 때 참석한 성도들은 아래와 같으니라.

강응칠(姜應七)	강운서(姜雲瑞)	강사성(姜四星)	전선필(田先必)
이공렬(李公烈)	김수열(金壽烈)	박종오(朴鍾五)	고찬홍(高贊弘)
전준엽(田俊燁)	이근목(李根睦)	김내원(金乃元)	김형대(金炯大)
김재윤(金在允)	박치서(朴致瑞)	유일태(劉一太)	김수응(金壽應)
남상돈(南相敦)	손경환(孫敬煥)	김원명(金元明)	송사일(宋士日)
백종수(白宗洙)	김수남(金壽南)	김판묵(金判默)	전태풍(田泰豊)
김원백(金元伯)	송병용(宋炳用)	전내언(田乃彦)	전여옥(田汝玉)
전봉성(田鳳成)	전장필(田章弼)	전장학(田章學)	고권필(高權必)
문희원(文希元)	문인원(文仁元)	문상원(文尙元)	문종택(文鐘澤)
문해동(文海東)	강춘택(姜春澤)	강휘만(姜彙萬)	강재룡(姜在龍)
김준태(金俊太)	강공삼(姜公三)	문준성(文俊成)	소은섭(蘇銀燮)
박남규(朴南奎)	진희만(陳喜萬)	한재교(韓在敎)	김태우(金太佑)
이장식(李長植)	오용수(吳庸洙)	오화수(吳華洙)	박종화(朴鍾華)
서인권(徐寅權)	서화임(徐化任)	오수엽(吳守燁)	천종서(千宗瑞)
백용기(白龍基)	문선일(文先日)	강대용(姜大容)	박종민(朴鐘旻)

니라." 하셨다. 깃발은 '기(氣)의 모음'이고 '신명의 해원'과 '동서남북의 시공(時空)의 정신'과도 깊은 관련이 있다.

126:15 참석한 성도들. 이 공사를 보실 당시 신도들이 워낙 많고 한참 공사가 진행 중이라 미처 참석한 신도들의 명단을 다 기록할 수 없었다 한다.

126:15 윤치오(尹治五, ?~?). 충청도 사람으로, 부인과 아들이 하나 있었으나 고향에 남겨두고 조종리 도장에 와 상주하면서 허드렛일을 도맡아했다. 이

태모

후 후처를 얻어 아들 하나를 낳았는데, 목수가 되어 서울로 이사했다.

전원석(田元錫)	고채익(高彩益)	김대유(金大有)	전창운(田昌云)
전승철(田承喆)	이석봉(李碩奉)	이근우(李根宇)	이재현(李在賢)
채유중(蔡有中)	서문백(徐文伯)	이정훈(李正勳)	문영희(文榮喜)
강상숙(姜相淑)	고종남(高宗南)	조동희(曺東熙)	김봉우(金奉宇)
강봉삼(姜鳳三)	주원일(朱元日)	이용기(李用己)	양문경(梁文敬)
박달수(朴達守)	최용섭(崔龍爕)	박수완(朴守完)	최동환(崔東煥)
박준달(朴準達)	윤치오(尹治五)	김윤명(金允明)	이중진(李仲振)
이진묵(李眞默)	두치운(杜致雲)	두재천(杜在千)	이명권(李明權)
박종운(朴宗云)	문명수(文明洙)	문기수(文己洙)	원치상(元致常)
박서옥(朴瑞玉)	전기찬(田基贊)	이준경(李俊京)	전광만(田光萬)
한세교(韓世教)	김철성(金哲成)	조상화(趙相化)	전창준(田昌俊)
이철우(李哲宇)	강태운(康太云)	김상윤(金相允)	전영춘(田永春)
김수암(金壽岩)	김영록(金永錄)	김판렬(金判烈)	두철우(杜哲宇)

이 밖에 수백 명이 더 있으나 이름이 알려지지 않으니라.

전영숙에게 녹줄을 붙여 주심

127:1 전영숙(田永淑, 1891~1968). 본관 남양(南陽). 전북 익산군 춘포면 용연리 출생. 부인 김금순(金今順, 1894~?)과의 사이에 5남 1녀를 두었다.

127 9월에 상제님 성탄치성을 맞아 장연 마을에 사는 강봉삼, 김재윤, 이용기, 김봉우, 김형대, 박준달, 강성중, 박일중(朴日中), 양문경(梁文敬), 전영숙(田永淑) 등 열 사람이 자금을 모아

2 익산 시장에서 92원에 황소 한 마리를 사서 조종리 도장으로 올 때 전영숙이 소를 몰고 오더니

3 다른 성도가 소를 몰아 보려 하나 영숙이 고집하여 끝까지 혼자서 몰고 오니라.

4 조종리에 도착하여 영숙이 황소를 올리니 태모님께서 주소와 성명을 물으시거늘

5 영숙이 삼가 아뢴 후에 황소는 장연 마을 성도들이 합동으로 올린 것임을 말씀드리니 태모님께서 "애들 썼구나." 하시니라.

6 그 후 영숙이 우연히 소 장사에 뜻이 있어 장사를 시작하매 자연히 이득을 보아 집안을 돌보게 되니라.

엄월법을 써서 순사들을 돌려보내심

128 18일에 장연 마을 성도들이 올린 황소 한 마리와 여러 가지 제수를 갖추어 상제님 성탄치성을 성대히 준비하는데

2 태모님께서 재촉하며 말씀하시기를 "이번 치성은 자정 안으로 집행하되 신도들 음복도 새벽이 되기 전에 끝내고

3 날이 밝기 전에 서둘러 귀가케 하라." 하시므로 모두 그와 같이 하니라.

4 이에 치성 음식과 소가죽이며 여러 기구가 집 안 여기저기에 널려 있더니

5 아침 일찍 갑자기 순사 7, 8명이 들어와 조사를 하되 아무런 증거도 찾지 못하고 허탈하게 돌아가거늘

6 이는 태모님께서 **엄월법**(掩月法)을 쓰심이더라.

너희들도 알지 않느냐

129 태모님께서 성탄치성을 봉행하신 후에 성도들에게 명하시기를 "12방위의 열두 동물을 구하여 오라." 하시어 각 방위에 세우시고

2 동물을 구하지 못한 인진사오신(寅辰巳午申) 방위에는 백지에 그림을 그려 대치하게 하신 뒤 공사를 행하시니라.

3 이어 성도들에게 물으시기를 "서양 신명들은 어떻게 먹는다냐?" 하시니

4 성도들이 "밥은 먹지 않고 닭과 계란을 잘 먹는다고 합니다." 하매 이르시기를 "그러면 너희들이 알아서 준비하라." 하시거늘

5 성도들이 동쪽으로 10리 되는 부용장(芙蓉場)으로, 남쪽으로 20리 되는 김제장(金堤場)으로, 북쪽으로 30리 되는 익산장(益山場)으로 나가 닭과 계란을 사서 올리니라.

6 이에 동서남북과 중앙에 오색기(五色旗)를 세워 놓고 다시 공사를 행하실 때 바람이 잔잔하거늘

7 태모님께서 12방위를 맡은 열두 동물에게 "너희들도 알지 않느냐?" 하시고 담뱃대를 흔들며 춤을 추시니

8 그 동물들이 다 각기 소리를 내는 가운데 바람이 일어나 사방에서 중앙으로 불어오매 중앙 기가 나부끼며 태모님의 전신을 둘러 감더라.

이것이 진짜니라

130 이 때 태모님께서 성도들에게 시천주주를 읽게 하시고 **동방 청색과 중앙 황색의 기폭(旗幅)을 잡으시고 춤을 추며 말씀하시기를**

2 "너희들 잘 들어라. 모두 일심(一心)들이냐?" 하시니 각기 "예!" 하고 대답하니라.

3 태모님께서 명하시기를 "그러면 짚 한 다발 들여라." 하시거늘 한 성도가 짚을 갖다 놓으니 "추려 내어라." 하시는지라

128:5 박귀녀 (1891~?) 성도의 제자 김정녀 (1925~)의 증언에 의하면 그 당시 일제가 태을주를 읽으며 신앙하는 증산계열의 종교를 '훔치교'로 규정하고 탄압했기 때문에 성도들이 태을주는 읽지 못하고 시천주주만 마음속으로 읽었다고 한다.

130:1~7 상제님의 천지대업을 이루는 가장 큰 관건은 일꾼들의 천지일심에 있다는 말씀이다.

4 이에 그 성도가 추려 내니 "더 추려 내어라." 하시므로 그대로 행하니라.

5 이 때 그 성도가 여쭈기를 "어머니, 어쩌려고 자꾸 이렇게 추려 내십니까?" 하니

6 태모님께서 호통치시며 "더 추려 내어라." 하시므로 계속하여 여러 번을 더 추려 내니 한 움큼 가량밖에 안 남거늘

7 태모님께서 보시고 "검부적 많구나!" 하시며 추리고 남은 짚을 움켜잡고 말씀하시기를 "이것이 진짜니라." 하시니라.

말로 할진대 부디 조심하여라

8 이어 태모님께서 그 짚과 신척(新尺)을 함께 묶어 문지방 위에 올려 놓고 말씀하시기를

9 "자찬 옷과 되찬 밥을 먹여 이만큼 길러 보았으니 이생에서 잘 닦으면 전생과 후생까지 장히 좋다." 하시니라.

10 또 말씀하시기를 "후일에 어떤 신도가 찾아오면 문지방 위에 올려 놓은 잣대가 저절로 떨어질 것이니라." 하시더니

11 뒷날 과연 그런 일이 있거늘 태모님께서 그 성도에게 "저 잣대가 저절로 떨어진 줄 아느냐?" 하시며 잣대를 들어 말씀하시기를

12 "말로 할진대 부디 조심하여라." 하시고 "음양(陰陽)이 그렇게나 좋더냐." 하시니라.

조종리 도장에서 치성을 모실 때

131 태모님께서 조종리에 계실 때 큰 치성이 있으면 경상도, 전라도, 충청도 등 전국 각지에서 많은 신도들이 모여들거늘

2 건넛마을 원조(元祖)에서 보면 흰 도포에 큰 갓을 쓰고 길을 따라 일렬로 걸어오는 신도들의 모습이 마치 **빨랫줄에 흰 빨래**를 나란히 걸어 놓은 듯하더라.

3 이렇게 치성에 참석한 신도가 많을 때는 수백 명이나 되니 임시 변소를 수십 개씩 짓고

4 신도들은 도장 뒷산에 가마니를 깔고 앉아 치성을 기다리니 조종리 일대를 하얗게 덮을 정도더라.

5 이 때 주로 경상도에서 오는 신도들이 치성에 바칠 황소를 몰고 오거늘

6 쇠짚신을 신은 소가 먼길을 걸어서 오느라 다리를 절뚝거리더라.

7 소가 들어오면 도장 뒷산의 소나무에 매어 두었다가 잡아서 제수

130:8 신척. 금으로 만든 자. 강응칠 성도의 손자 강기섭은 치성 때 태모님께서 이 자를 내두르고 흔들고 하시는 것을 자주 보았다고 한다.

130:9 자찬 옷과 되찬 밥. 자(尺)가 차는 큰 옷과 되(升)가 차는 많은 밥. 즉 어른의 옷과 밥을 말함.

131:1, 3~15 치성을 모실 때면 앞마당 뒷마당 할 것 없이 사람들로 꽉 찼으며 잠잘 데가 없어서 마당에 덕석을 깔고 잤다. 밥도 그릇에 제대로 받쳐 먹는 사람은 아주 잘 먹는 사람이었다. 이 때 성도들은 태모님께서 이름을 한 번 불러 주시기만 하여도 큰 영광으로 알았다. 치성은 주

(祭需)로 쓰는데

8 어느 때는 이것도 모자라 조종리 근방에서 개, 닭, 돼지도 여러 마리씩 사들이니라.

9 또 치성을 준비할 때는 대문 입구에 금(禁)줄을 치고 마당에 차일(遮日)을 친 다음 자리를 깔아 그 위에 제단을 쌓고 병풍을 세워 신위를 모시며

10 대문 양쪽에는 등(燈) 두 개를 달고 장정 두 사람이 대문을 지키며 출입을 금하니

11 아무나 함부로 출입하지 못하고 고민환만이 자유로 출입하면서 태모님의 명을 받들어 치성 준비를 감독하니라.

12 이렇게 하여 치성이 시작되면 시종 엄숙한 가운데 진행하거늘 시천주주와 태을주를 비롯하여 여러 주문을 읽는데

13 태모님께서는 신도(神道)가 내리매 주송은 하지 않으시고 묵송을 하시니라.

14 신도들이 치성을 마치고 돌아갈 때는 마당에 깔아 놓은 멍석에서 지역별로 수십 명씩 모여 한꺼번에 절을 하고 물러나거늘

15 태모님께서 노고를 치하하시며 손을 들어 답례하시니 신도들은 이것을 영광으로 알고 돌아가니라.

그 정성이 기가 막히더라

132 태모님께서 치성을 모실 때는 베를 떠다 옷을 새로 해 입으시고 주요 간부들도 새 옷을 해 입히시니라.

2 또 치성 음식은 사람을 따로 정하여 준비케 하시는데 "침 들어간다." 하시며 입을 천으로 가리고 말도 함부로 못하게 하시니

3 이를 보는 사람마다 "그 정성이 기가 막히다." 이르니라.

4 이 때 신안이 열린 신도들이 보니 삿된 귀신이 어른거리면 태모님께서 성령으로 보시고 쫓아내시더라.

저희들끼리 음식 맛을 다 본다

5 하루는 여자 신도들이 부엌에서 태모님의 진지를 준비하는데 이야기를 하면서 침을 튀기거늘

6 태모님께서 방안에 앉아 계시면서도 다 아시고 담뱃대를 탁탁 떨며 말씀하시기를

7 "저희들끼리 벌써 음식 맛을 다 본다." 하시고 차려 온 음식을 드시지 않으시니라.

로 하절기에는 오전 7시 30분, 동절기에는 오후 7시 30분 경에 올렸다.(당시 상황을 여러 차례 지켜본 강용과 전복추 증언)

131:2 당시 원조마을에 살던 강원섭 성도의 조카 강순기(姜順基, 1915~) 증언. 강순기 씨는 18세에 천종서 성도의 셋째 아들 병권(炳權)과 혼인하여 현재 서울에 살고 있다.

132:1 치성을 모실 때. 치성을 당하면 큰 돼지를 두 마리씩 잡고 어떤 때는 소를 한 마리 잡기도 했는데, 돼지는 주로 강사성 성도의 집에서 삶아 도장으로 가져갔다. 간부 몇 명은 일광단이나 모시를 떠다가 새 옷을 해 입었으며 치성 하루 전날 아침 일곱 시쯤에 강응칠 성도의 며느리와 그의 삼종동서, 강사성 성도의

찰방에 똥단지나 될는지

133 21일에 유일태가 태모님께 여쭈기를 "세상 사람들이 '차경석은 천자(天子)가 되어 등극(登極)한다.'고 하는데 정말 그렇게 될는지요?" 하니

2 말씀하시기를 "단지 찰방(察訪)에 똥단지나 될는지 나는 모르는 일이로다." 하시니라.

나갈 것 없도다

3 이어 각 지방의 인심을 살펴보실 계획으로 성도 몇 사람을 골라 공사를 행하실 때

4 태모님께서 자리에 누우며 이르시기를 "내가 일어날 때까지는 출발하지 말라." 하시더니

5 다음날 오후에야 일어나 말씀하시기를 "나갈 것 없도다." 하시니라.

6 이 때 각 지역별로 선임된 성도는 함경도에 김재윤, 평안도에 박서옥(朴瑞玉), 황해도에 김 모(金某), 강원도에 현 모(玄某), 서울에 이석봉과 김정렬(金貞烈), 충남에 박치서(朴致瑞) 내외, 충북에 김원명과 조상화(趙相化), 경상도에 양문경(梁文敬)과 박일중(朴日中), 전라도에 유일태 등이더라.

임경호 일행을 위로하심

134 정묘(丁卯 : 道紀 57, 1927)년 정월에 '보천교 혁신회' 소속 운동원 임경호(林敬鎬), 이달호(李達濠), 임치삼(林致三) 등 수십 명이 서울로부터 대흥리에 이르니

2 차경석이 신도 수백 명으로 하여금 임경호 일행을 구타하여 중상을 입힌지라

3 태모님께서 이 소식을 들으시고 고민환, 고찬홍, 전준엽, 강사성, 문영희, 김수응, 이근목 등 여러 성도들을 데리고 정읍에 가시어 경호 일행을 위로하시고 치료비를 주시니라.

4 이 때 태모님께서 손으로 경호의 상처를 어루만져 주시니 속히 회복되니라.

전선필을 공사의 증인으로 내세우심

135 전선필은 글을 전혀 모르나 기억력이 매우 비범하고, 대흥리 도장 시절부터 상제님을 신앙하여 한결같은 마음으로 태모님을 모시니

2 태모님께서 선필의 심법을 보시고 그를 모든 공사의 증인으로 내세우시니라.

3 이에 매양 당부하여 이르시기를 "너는 듣고 본 것을 잊지 말라. 전할 때가 있으리라." 하시고

4 또 말씀하시기를 "수제(首濟) 너는 천지공사의 증인으로 세웠고

5 성포(聖圃)에게는 나의 집을 지키는 도수를 붙였느니라." 하시니라.

네 마음속에 철주 하나 꼭 세우라

136 하루는 선필이 하소연하며 아뢰기를 "제가 돈 없고 무식하여 유식하고 돈 많은 도우(道友)들에게 괄시당하는 설움이 크니 저는 어머니 곁에 못 있겠습니다." 하거늘

2 태모님께서 타일러 말씀하시기를 "너한테 만약 글과 재산을 주면 네가 내 일을 못 하느니라." 하시니라.

3 이어 말씀하시기를 "내 마음을 네가 알고 네 마음을 내가 아노니 너는 마음속에 철주(鐵柱) 하나 꼭 세우고 가만히 섰거라.

4 평천하는 내가 하리라." 하시니라.

전선필의 세상 탄식, 가련한 창생들아

137 하루는 전선필이 조종리에 와서 태모님을 뵙고 난 뒤에 창(唱)하기를

2 "방방곡곡을 다 찾아다녀도 모두가 빈통이고 모두가 헛통일세.

3 사람 노릇 하려거든 어머니 방을 찾아들어 평생 길흉화복을 찾아보세.

4 동서객(東西客)을 하면서 세상사를 둘러보니

5 할 수 없이 제 것 자랑하느라고 장돌님이 되어 갖고 평생 직업 하는구나.

6 가련한 창생들아!" 하며 탄식하니라.

도통 전수의 도맥 공사

138 하루는 태모님께서 성도들을 앉히신 후에 전선필에게 명하시어 중앙에 황룡기(黃龍旗)를 세우고 그 아래에 청수 한 동이를 떠다 놓게 하시니라.

2 이어 "말뚝을 박아라." 하시고 일곱 고랑으로 된 우산을 펴서 말뚝에 잡아매게 하시며 다시 "청수를 우산 위에 부어라." 하시거늘

두 마지기가 있었지만 생활이 어려워 가족은 늘 가마니를 쳐서 먹고살았다. 심덕이 좋았고 주야로 주문을 읽어 주문 소리가 입에서 떨어지지 않았다. 도장에 가면 1년에 한두 달 정도만 집에 머무를 정도로 성심을 다해 신앙했다.(전선필 성도의 자부 김정녀, 딸 전심통, 손녀 전행자 증언)

137:3 어머니 방. 만유 생명의 뿌리이자 어머니이신 태모님의 도맥을 볼 줄 알아야 한다. 상제님께서도 "수부의 치마폭을 벗어나면 다 죽는다."고 말씀하셨다.

137:5 장돌님. 천지대세를 보지 못하는 눈뜬장님을 말한다.

138장 상제님에서 태모님으로, 다시 인사 대권

3 그대로 행하매 태모님께서 "우산의 몇 고랑이나 물이 내려갔느냐?" 하고 물으시는지라

4 선필이 아뢰기를 "우산의 여섯 고랑만 물이 흐르고 한 고랑은 흐르지 않았습니다." 하니

5 말씀하시기를 "마저 내려가야 할걸." 하시며 "더 부어라." 하시므로 더 부은 후에 "다 흘렀습니다." 하고 아뢰니라.

6 이에 태모님께서 기뻐하시며 "세상을 다 추려 잡을 수는 없으니 이만하여도 종자(種子)는 하겠다." 하시고

7 "대도통은 육(六)으로 되느니라." 하시니라.

일심으로 신봉하라

139 2월 3일 경칩(驚蟄)치성에 신도 4, 50명이 모이니 태모님께서 일러 말씀하시기를

2 "일심으로 신봉(信奉)하라. 너희들 신세를 그르치지는 않으리라." 하시고

3 "증산 상제님과 내가 합덕(合德)하여 여는 일이니 너희들은 팔 짚고 헤엄치기니라." 하시니라.

일심만 가지면 안 될 일이 없다

4 하루는 말씀하시기를 "천지공사와 후천 도수는 너희들의 아버지께서 말(斗) 짜듯 틈이 없이 짜 놓았으니

5 부귀영달(富貴榮達)과 복록수명(福祿壽命)이 다 믿음에 있는 고로 일심만 가지면 안 될 일이 없느니라." 하시니라.

6 또 말씀하시기를 "우리 일은 후천 오만년 도수니라." 하시니라.

액과 척을 먼저 끄르심

140 태모님께서 항상 말씀하시기를 "척(隻)이 없어야 한다. 척을 풀어야 하느니라." 하시더니

2 성도들을 거두어 쓰실 때 반드시 먼저 그 액(厄)을 제거하시고 몸에 붙어 있는 척신(隻神)을 물리쳐 주시며

3 혹 몸에 병이 있으면 그 병을 낫게 하시고 또 앞길의 모든 장애를 없애어 새롭게 하신 뒤에 비로소 따르게 하시니

4 성도들이 태모님의 은혜에 황공하여 몸둘 바를 모르더라.

해소병 환자를 치료해 주심

141 태모님께서 조종리에 계실 때 해소병(咳嗽病)을 앓는 성도가 한 명 있더니

2 하루는 그 성도가 도장에 와서 기침을 심하게 하면서도 담배를 계속 피우거늘

3 이에 다른 성도들이 걱정이 되어 "아, 이 사람아! 담배 좀 그만 피소. 그래야 기침을 덜할 것이 아닌가." 하고 만류하나

4 그 성도는 워낙 골초인지라 들은 체도 하지 않고 담배를 계속 피우는지라

5 이 때 방에 계신 태모님께서 성도들이 하는 얘기를 다 들으시고 밖으로 나오시어

6 담뱃대로 그 성도의 머리를 딱 때리시며 "야, 이놈아! 가지고 있는 담배를 이 자리에서 몽땅 피워라." 하시매

7 그 성도가 아파서 눈물을 찔끔거리면서도 오기가 발동하여 가지고 있는 담배를 다 피우고 났더니

8 잠시 후에 신기하게도 기침이 멎고 해소병이 씻은 듯이 나으니라.

141장 이우인 증언.

일본인 쿠라오까의 주달을 고쳐 주심

142 3월에 장연 마을에 사는 일본인 쿠라오까(倉岡)가 병을 얻어 고통하거늘

2 병원에서 체증(滯症)이라 하여 약을 썼으나 아무 효과가 없는지라

3 이용기가 태모님께 이 사실을 아뢰니 말씀하시기를 "그 병은 체증이 아니라 주달(酒疸)이라." 하시며

4 "일본 사람이 탕약(湯藥)을 먹을는지 모르겠다. 갈근(葛根)을 써 보아라." 하시므로

5 용기가 돌아와 상제님과 수부님 양위(兩位) 전에 심고하고 갈근을 달여 먹이니 다음날에 완치되니라.

142:3 주달. 술 중독으로 인해 소변 불통, 발열 등의 증세를 일으키는 황달.

142:5 양위. 천지 건곤(天地乾坤)이신 상제님과 수부님은 천지신명과 억조창생의 부모님이시니 같은 위격으로 동등하게 받들어 모셔야 한다.

형편 대로 대접하여 해원시켜 주어라

143 3월 하순 경에 간질병 환자 김 모(金某)가 당도하니 태모님께서 담뱃대를 내두르며 꾸짖으시기를

2 "너 왜 지랄하느냐? 지랄 마라!" 하시고 성도들에게 "빨리 나가 대문 닫아라." 하며 재촉하시니 최 모(崔某)가 대문을 잠그니라.

3 이에 김 모가 집으로 돌아가지 않고 방문 앞에 쓰러져 누워 있으니

143:2 지랄 마라. 태모님의 이 말

태
모

쓸이 곧 약이다.

4 태모님께서 최 모에게 이르시기를 "갈 날짜가 지났음에도 가지 않고 따라다니니 내일 너희 집에 데리고 가서 너의 형편 대로 대접하여 해원시켜 주어라." 하시므로

5 최 모가 그대로 행하니 그 후 김 모의 간질병이 자연히 완치되니라.

치병의 권능을 내려 주심

144 26일 오후에 장연 마을에 사는 김봉우, 김재윤, 이용기 등 세 사람이 태모님을 찾아뵈니라.

144:1 김봉우(金奉宇, 1882~?). 본관 부안(扶安). 익산군 춘포면 용연리 출생. 공사에 수차례 참여하였다.

2 이 때 태모님께서 봉우의 생계를 물으시거늘 봉우가 "가도(家道)가 심히 곤란합니다." 하고 아뢰니 "그래서야 쓰겠느냐." 하시며

3 봉우의 손을 잡고 다시 물으시기를 "내 손이 따스운고?" 하시매 봉우가 "따습습니다." 하고 아뢰니

4 이르시기를 "너는 이 길로 돌아가서 치병(治病)이나 하여 보아라." 하시니라.

5 봉우가 집에 돌아오니 마침 이웃 마을 석탄리(石灘里)에 사는 박서옥의 아내 조씨(曺氏)가 급병이 들어서 사경에 이른지라

144:6 일반 신도들의 수행. 당시 성도들은 방 하나를 깨끗이 청소하고 꼭 아침 저녁으로 사기그릇에 청수를 올리고 주문을 읽었다. 그 때 성도들은 정성이 지극하여 귀신 경계를 다 봤다.(전복추 증언)

6 그 집에 가서 청수를 모시고 일심으로 심고(心告)한 후 주문을 읽으니 병이 곧 낫거늘

7 이 소문을 듣고 많은 환자들이 봉우를 찾아오매 이로부터 봉우의 가도가 훨씬 나아지니라.

양위 전에 심고하고 사물탕 두 첩을 쓰니

145 장연 마을에 사는 일본인 후꾸다(福田)가 장질부사에 걸려 백약이 무효하더니 마침내 사경에 이른지라

2 27일에 이용기와 김재윤 두 사람이 상의하여 양위 전에 심고하고 사물탕 두 첩을 쓰니 완치되니라.

양위께서 하라시면 하겠나이다

3 또 후꾸다의 아내가 학질(瘧疾)로 수일간 앓으며 고통스러워하매

4 29일에 용기가 상제님과 수부님께 심고하고 시천주와 오주를 각 7독씩 송주하여 학질을 떼어 준 뒤에 태모님을 찾아뵈니

5 태모님께서 웃으시며 "너 요사이 무엇하다가 왔느냐?" 하고 물으시거늘

6 용기가 "일본인 후꾸다 부부의 병을 양위 전에 심고하고 치병하여 완치됨을 보았나이다." 하고 아뢰니라.

7 태모님께서 또 물으시기를 "그러면 이후로도 일본인들의 병을 잘 고치겠느냐?" 하시므로

8 용기가 대답하기를 "양위께서 하라시면 하겠나이다." 하니 태모님께서 허락하시거늘

9 이로부터 용기가 일본인의 병을 맡아 치병하면 크게 효력을 보니라.

태모님의 노래, 상제님이 오셨네

146 하루는 태모님께서 노래를 부르시니 이러하니라.

2 오셨네, 오셨네, 상제(上帝)님이 오셨네.

3 주조(主祖)님이 오셨네, 열석 자로 오셨네.

4 苦海蒼生疾濟來요 萬障千碍壁破來라
   고 해 창 생 질 제 래   만 장 천 애 벽 파 래
   世間種罪容赦來요 至利長樂方便來라
   세 간 종 죄 용 사 래   지 리 장 락 방 편 래
   고해에 빠진 창생 질병에서 구제하러 오셨네.
   천길 만길 가로막힌 장벽 허물러 오셨네.
   세상의 온갖 죄업 용서하러 오셨네.
   지극한 평화와 기나긴 영락으로 인도하러 오셨네.

세계 창생의 복록을 비심

147 태모님께서 말씀하시기를 "남이 차지하고 남은 복이 많으나 그냥 가져오는 것이 아니라 빌고 가져오는 것이니 이 글을 잘 외우라." 하시고

2 세계 창생의 복록을 비는 공사를 보시며 송주하시니 이러하니라.

3 天德月德地德合德
   천 덕 월 덕 지 덕 합 덕
   福祿壽命誠敬信我
   복 록 수 명 성 경 신 아
   至氣今至願爲大降
   지 기 금 지 원 위 대 강

일본 지령 거두신 공사와 망량신 도수

148 하루는 태모님께서 김수남에게 명하시기를 "네가 일본에 가서 일본 지령(地靈)을 거두어 오너라." 하시고

2 김수응에게는 머리에 오색수건을 두르게 하시고 말씀하시기를 "천지는 망량(魍魎)이 주장하니 잘 받들어 창생의 복록을 열게 하라."

148:2 김수응(金壽應,1889~1936). 본관 선산. 본명 수

태모

록(壽祿). 전대윤
성도의 장남이자
김수남 성도의
형. 태인면장을
지냈으며, 태모
님께서 오성산
도장으로 가실
때 모시고 갔다.
작고할 때 목욕
을 하고 깨끗한
옷으로 갈아입은
뒤 누워 코를 골
며 잠든 상태로
편안하게 눈을
감았다. (김수응
성도의 조카 김
순자 증언)

149:1 전태풍(田泰
豐, 1899~1978).
본관 담양, 자 준
천(埈天), 호 신
헌(愼軒). 태모님
공사에 수차례
참여하였다.

149:4 만창. 창
병(瘡病)이 심한
상태.

하시며 **망량신 도수**를 정하시니라.

만민의 선악을 감찰토록 명하심

3 하루는 **채유중**(蔡有中)을 불러 말씀하시기를 "너에게 세계 순리(巡理)의 책임을 붙이나니 각처에 순회하여 만민의 선악을 감찰(監察)하라." 하시니라.

전태풍의 눈을 고쳐 주심

149 4월 초파일치성에 전태풍(田泰豐)이 참석하니 태풍은 나면서부터 왼쪽 눈이 붉고 눈꺼풀이 부은지라

2 태모님께서 손으로 그 눈을 치시며 "보기 싫다." 하고 꾸짖으시거늘

3 태풍이 매우 불평스럽게 여기더니 며칠 후에 그 눈이 자연히 나으니라.

고재우의 습종을 고쳐 주심

4 고민환의 둘째 아들 재우(在愚)가 습종(濕腫)을 앓아 두 다리가 만창(滿瘡)이 된지라

5 민환이 데리고 와서 태모님께 보이니 애처로이 여기시어 앞에 앉히고 손으로 어루만지신 뒤에 청수로 씻기시니

6 이틀 만에 완쾌되어 그 후로 재발하지 않으니라.

내가 비를 주어야 되리라

150 초파일치성 후에 태모님께서 "금년은 비가 없어 큰 흉년이 되리니 내가 비를 주어야 농사를 짓게 되리라." 하시고

2 "풍물(風物)을 가져오라." 하시어 굿을 치게 하며 말씀하시기를 "수농부(首農夫)가 있어야 농부가를 부르리라." 하시니 문득 강휘만(姜彙萬)이 들어오거늘

3 태모님께서 휘만의 머리에 수건을 씌우시고 시천주주를 세 번 읽히시매 휘만이 주문을 외우다가 갑자기 신도가 내려 농부가를 부르니라.

4 태모님께서 다시 "농부는 비를 맞아야 하느니라." 하시고 휘만과 여러 사람에게 물을 뿌려 옷을 젖게 하신 뒤에

5 각기 집으로 돌려보내며 말씀하시기를 "너희들은 곧 돌아가서 논 물꼬를 막으라. 이번 비에 이종(移種)을 못하면 논이 묵으리라." 하시므로

6 모두 바삐 돌아가서 물꼬를 막았더니 그 이튿날 비가 많이 내려 무

사히 이종을 하게 되나라.

7 그 뒤로 가뭄이 심할 때마다 태모님께서 공사를 행하여 비를 오게 하시니 7월까지 무려 일곱 번을 행하시니라.

일본인 오구라를 치병케 하심

151 4월에 익산에 있는 일본 천리교(天理敎) 선교소(宣敎所)의 오구라(小倉)가 병을 얻어 고통으로 지내거늘

2 다른 사람들이 폐병이라 하매 오구라가 고심하고 있는지라 이용기가 태모님께 이 사실을 아뢰니

3 말씀하시기를 "그 병은 폐병이 아니다. 그 사람으로 하여금 땀을 내게 하면 병이 사라질 것이니 네가 알아서 처리하여라." 하시므로

4 용기가 가서 상제님과 수부님 전에 기도하고 모과(木瓜) 닷 돈쭝을 달여 먹인 뒤 땀을 내게 하니 즉시 완치되니라.

성모님의 장의(葬儀)

152 5월에 성모 권씨께서 손바래기 본댁에서 돌아가시니 태모님께서 조문을 하고 오시니라.

2 이 때 채규일이 호상(護喪)을 맡아 각처에 부고를 보내니 김형렬, 김경학, 박공우 등 상제님을 직접 모시던 성도들과 각 교파 대표들이 모이니라.

3 이튿날 치상 준비 과정에서 무극대도교와 보천교 사이에 논쟁이 크게 일어나더니

4 그 다음날 아침에 발인제(發靷祭)를 지낸 뒤에 갑자기 난동이 일어나 일대 수라장이 되어 버리거늘

5 장례에 참석했던 성도들과 각 교파 대표들이 모두 흩어지고 정읍 경찰서 순사대가 난동을 진압하고 폭행자들을 검거하니라.

태모님의 인마 공사

153 태모님께서 매양 치성 때가 되면 많은 신도들이 지켜보는 가운데 인마(人馬)를 타고 다니시거늘

2 여러 성도들이 번갈아가며 인마를 짓되 주로 강원섭이 인마 역할을 하니 그의 호(號)는 백호(白虎)라.

3 태모님께서 인마를 타시려고 할 때는 큰 소리로 동네를 향하여 "백호야, 백호야!" 하고 부르시니

151:1 천리교. 일본의 나카야마 미키(中山美伎)가 1838년에 창시한 슈고신도계(習合神道系)의 종교. 한국에는 1901년에 처음 소개되어 1917년 포교 관리소가 설립되었다.

153장 인마 공사. 강응칠 성도의 3남 강정용 성도와 손자 강기섭의 생생한 증언. 삼극사상(三極思想)으로 보면 무극, 태극, 황극은

태
모

일체다. 무극의 진기가 통일, 완성된 자리가 태극이며 무극과 태극을 매개하여 십일성도(十一成道)를 실현하는 것이 황극이다. 이것을 인사화(人事化)하는 공사가 바로 인마 공사이다. 즉 무극은 상제님(未土)이고, 태극은 종통맥을 전수하신 두목으로서의 태모님(辰土)과 3변 도운의 추수자이신 대두목(戌土)이며 황극은 모든 선천 문명을 마무리 짓고 후천 선(仙)문명을 여는 광명의 정신(午火)을 가진 지도자를 말한다.

강대용
(1892~1964)

154:1 강대용(姜大容, 1892~1964). 자 효백(孝伯). 강응칠 성도의 장남. 태모님께서 조종리로 오실 때 양자 삼아 오셨다. 강대용 성도는 조종리 도

4 원섭이 그 소리를 알아듣고 달려와서 대령하면 "인마를 지어라."고 명하시거늘

5 원섭이 무릎을 꿇고 엎드려 태모님을 등에 오르시게 한 뒤에 달려갈 채비를 끝내면

6 태모님께서 말채찍으로 치듯이 원섭의 허리께를 손으로 철썩철썩 때리시며 큰 소리로 "백호야, 달려라! 이랴, 어서 가자!" 하시고 마당을 도시니라.

7 어떤 때는 강대용에게 인마를 짓게 하시어 그의 등에 타시고 원섭을 마부로 정하여 인마를 끌게 하시니라.

8 또 종종 인마를 타시고 당산 마을 한가운데에 있는 큰 당산나무 주위를 강강술래 하듯 빙빙 도시니

9 성도들은 태모님께서 공사를 마치실 때까지 계속하여 주문을 읽으니라.

강대용에게 태자 도수를 붙이심

154 태모님께서 조종리에 계실 때 강응칠의 큰아들 대용(大容)을 양자로 삼아 귀여워하시더니

2 하루는 대용을 방으로 불러 들여 사배(四拜)를 받으시고 '태자(太子)'라 부르시며 태자 도수를 붙이시니라.

3 또 대용에게 짙푸른 색의 예복을 지어 입히시고 대용의 등에 업혀 방에서 나오시더니 마당을 몇 바퀴 도시며 공사를 행하시고

4 이어 성도들에게 명하시어 인마를 짓게 하신 다음 대용을 태워 마당을 돌게 하시니라.

5 이 날 이후로 성도들뿐만 아니라 동네 사람들도 모두 대용을 태자라 부르거늘

6 대용이 항상 푸른색이 짙은 예복만 입고 팔을 휘휘 저으며 팔자걸음으로 다니더라.

잘 닦아 보아라

155 6월 5일에 김제군 백구면 도덕리(道德里) 곡천(曲川) 마을에 사는 소은섭(蘇銀燮)이 장연 마을 김재윤과 함께 태모님을 찾아 뵈니라.

2 이 때 태모님께서 은섭에게 물으시기를 "너는 무사하냐?" 하시고 "네가 평생을 수도하겠느냐?" 하시는지라

3 은섭이 아뢰기를 "제가 평생을 수도하기로 결심하였으나 수년 된 적체(積滯)로 고통받고 있나이다." 하니

4 태모님께서 말씀하시기를 "응, 아노라. 잘이나 닦아 보아라." 하시거늘

5 은섭이 집에 돌아가 일심으로 수도하니 수일 내로 체증이 씻은 듯이 나으니라.

장 초기에 부인 안씨와 함께 도장에 기거하며 태모님을 모셨다.

인망에 따라 그리하겠나이다

156 옥구군 회현면 금광리(澮縣面 金光里) 원당(院堂) 마을에 사는 두철우(杜哲宇)가 태모님을 뵈러 오니

2 태모님께서 철우를 불러 앞에 앉히시고 "너의 자식이 지금 몇 살이냐?" 하시거늘

3 철우가 "열네 살입니다." 하고 대답하니 이르시기를 "이번에 돌아가거든 속히 장가들게 하라." 하시니라.

4 철우의 생각에는 자식이 아직 장가들 만한 나이가 아닌지라 "제 자식은 아직 어립니다." 하고 아뢰니

5 태모님께서 "그렇지만 곧 아내를 얻게 하라." 하시며 거듭 당부하시니라.

6 이어 민환에게 명하시어 "철우의 수명을 이어 주라." 하시며 재삼(再三) 말씀하시니

7 민환이 "인망(人望)에 따라 그리하겠나이다." 하고 대답하거늘 태모님께서 민환의 잔에 술을 부어 주시니라.

8 잠시 후 철우가 밖으로 나간 뒤에 태모님께서 탄식조로 말씀하시기를 "하는 수 없도다." 하시더니

9 철우가 집으로 돌아간 지 얼마 안 되어 사망하니라.

강태공 성군 만나는 공사

157 24일 상제님 어천치성에 태모님께서 공사를 보시며 "태공, 태공, 강태공이라." 하시고

2 강대용에게 명하시기를 "집에서 만든 명주 실꾸리와 낚싯대 한 개를 구하여 오라." 하시어

3 방 네 칸의 천장에 그 명주실을 은밀히 걸고 베로 가리게 하시니라.

4 이어 고민환에게 "바둑판을 방 가운데에 놓고 바둑판 위에 올라앉아 고기 잡는 형상으로 낚싯대를 들라." 하시며 말씀하시기를

5 "이는 강태공 성군(聖君) 만나는 공사이니 우리도 상제님께서 명시하신 것을 기다려야 할지라." 하시니라.

6 이 때 성도들을 살피시다가 말씀하시기를 "개인 일이 아니니 조용히들 하라." 하시거늘

7 조종리 강씨들이 불만을 품고 "강태공의 일이 강씨(姜氏)가 해당인가, 고씨(高氏)가 해당인가." 하며 각기 집으로 돌아가니라.

민환을 대장기에 올라가게 하심

158 태모님께서 치성 때가 되면 종종 긴 장대에 붉은색 대장기(大將旗)를 달아 마당에 세우게 하시고

2 고민환을 비롯한 주요 성도들에게 "올라가라."고 명하시니 성도들이 장대를 붙잡고 신들린 듯 폴짝폴짝 뛰어서 끝까지 올라가니라.

3 한번은 민환이 장대에 올라가다 떨어져 기절을 하매 태모님께서 고함을 쳐서 소생시키시니라.

성도들의 순교 뒤에 마무리 일판이 벌어짐

159 태모님께서 항상 말씀하시기를 "내 새끼들 중에서는 안 되고 판 밖에서 성도하여 들어오리라." 하시니

2 성도들은 너무나 충격적인 말씀이나 감히 그 연유를 여쭈지 못하니라.

3 하루는 태모님께서 또 그 말씀을 하시므로 민환이 여쭈기를 "늘 그와 같이 말씀하시는데 오늘은 왜 판밖에서 성도하여 들어오는지 그 이유를 가르쳐 주십시오." 하니

4 태모님께서 아무 대답도 않으시고 다만 "흥!" 하실 뿐이더라.

한 지경을 넘어야 하리니

5 하루는 성도들이 태모님께 간절히 청하기를 "어머니, 하루 속히 개벽이 되어 좋은 세상이 이루어지게 하옵소서." 하니

6 말씀하시기를 "너희들 검은머리가 흰 파뿌리 되도록 기다려도 어림없다." 하시고 "기다리지 마라." 하시니라.

7 또 말씀하시기를 "천지에는 정해진 도수가 있나니 때 오기를 걱정하지 말고 너희 마음 심(心) 자나 고쳐 놓아라." 하시고

8 "너희들이 앞으로 한 지경을 넘어야 하리니 나는 그것을 걱정하노라." 하시니라.

여러 가지 유형의 믿는 마음이 더 깊어져야

160 하루는 태모님께서 말씀하시기를 "믿는 사람 중에는 타고난 마음 그대로 믿는 원심자(原心者)가 있고

2 착한 마음으로 믿는 선심자(善心者), 마음을 굳게 다져 믿는 결심자(決心者)가 있으며

3 또 뜨거운 열정으로 믿는 혈심자(血心者)가 있고 한결같은 마음으로 믿는 일심자(一心者)가 있느니라." 하시고

4 이어 말씀하시기를 "이런 사람들을 추리고 또 추려 내면 마침내 마음 심(心) 자 하나가 남나니

5 오직 마음을 잘 닦아야 하느니라." 하시니라.

씀을 하지 않으신 것이다.

옳고 그름이 나오느니라

161 하루는 태모님께서 공사를 행하며 말씀하시기를 "수운가사는 내 일을 노래한 내 비결이요, 오주는 너희들의 비결이니라." 하시고

2 "마소, 마소, 그리 마소. 옳고 그름이 나오느니라." 하시며 바둑알을 들어 일일이 바둑판에 내리치시니 바둑알이 다 깨지거늘

3 바둑알을 사 오게 하시어 또 바둑판에 내리치시매 이번에도 모두 깨지는지라

4 이에 다시 사다 올리니 그제야 바둑판 위에 놓으시고 큰 소리로 "치호(治平)야, 치호(治平)야!" 하고 외치시니라.

5 이어서 "종자(種子) 뭉치를 가져오라." 하시어 각종 씨앗 뭉치를 펴 놓으시고 일일이 살펴보신 후에 도로 싸서 두시니라.

임옥조종파의 불의한 행동

162 임옥(臨沃) 신도 중에 몇몇 사람이 주동이 되어 친목계(親睦契)를 조직하고 각처로 돌아다니며 신도들을 포섭하여 계원으로 끌어들이려 하거늘

2 성도들이 태모님께 찾아와 이 사실을 아뢰니 말씀하시기를 "모르는 일이로다. 언제는 너희들이 돈을 모아 묶어 놓고 했느냐?" 하시고

3 "연전(年前)의 일을 잊었느냐? 생각하면 기가 막히는 일이로다. 너희들은 잘 된 일로 아느냐?" 하시며

4 성도들에게 이르시기를 "어서 가서 주동자들에게 내 마음이 편치 못하니 계를 그만두는 것이 좋겠다고 하여라." 하시니라.

162:1 임옥. 임피(臨陂)와 옥구(沃溝)를 말함.

태모

5 이에 성도들이 주동자들을 만나 태모님의 말씀을 그대로 전하니, 그들이 이번에는 민환을 시켜 태모님께 아뢰거늘

6 태모님께서 민환에게 "네가 계의 내용을 아느냐?" 하시고 "너 죽을 줄 모르고 그러느냐." 하시며 꾸짖으시는지라

7 민환이 돌아가서 주동자들을 만나 말하기를 "나는 다시 말을 않겠네." 하니 주동자들이 "민환과 상의하는 우리들이 그르다." 하고 작별을 하니라.

8 그 후 이들이 평소 태모님과 민환에게 불만을 품고 있던 강씨 신도들과 의합(意合)하여 "민환이 본소에 오면 생사(生死)를 가리지 않겠다." 하며 잔뜩 벼르거늘

9 여러 성도들이 강씨 신도들과 주동자들을 만나 간곡히 만류함에도 불구하고 태모님께 차마 하지 못할 욕설을 해 대더라.

10 이로부터 임옥조종파(臨沃祖宗派)가 생기매 임옥의 신도들이 갈라지게 되니라.

도업에 대한 서약서를 작성하라

163 하루는 태모님께서 공사를 행하실 때 순사 박형철(朴亨哲)이 참석하거늘

2 태모님께서 지필묵을 가져오게 하시어 민환에게 "도업(道業)에 대한 서약서를 작성하라." 명하시니

3 민환이 여쭈기를 "어떠한 서약서이옵니까?" 하매 태모님께서 말씀하시기를 "'천지사업에 불변하리라.'고 서약하라." 하시니라.

4 이에 민환이 서약서를 작성하여 올리니 태모님께서 뜻밖에도 박형철을 시켜 읽게 하시고

5 형철에게 물으시기를 "그 글이 잘 지어졌느냐?" 하시니 "잘 되었습니다." 하고 대답하거늘

6 태모님께서 서약서를 태우시어 그 재를 청수에 잘 비벼 환(丸)으로 만드신 다음 흰 바둑돌 합(盒) 속에 넣고 굳게 봉하여 바둑판 위에 두시니라.

7 이튿날 그것을 그대로 가져오게 하시어 신도 수십 명을 불러 참관케 하시며 "누구든지 이 바둑돌 합을 열어 보라." 하시매

8 성도들이 열려 하나 아무리 해도 열리지 않더니 태모님께서 손을 대시자 즉시 열리거늘

9 다시 바둑돌 합을 덮으시고 "열어 보라." 하시되 이번에도 역시 열리지 않더라.

10 이와 같이 대여섯 번을 행하시고 다음날 다시 시험하시니 또한 마찬가지이거늘

11 태모님께서 말씀하시기를 "도술(道術)이라 함이 이렇도다." 하시고

12 "흰 바둑알은 우리 창생의 도수라. 앞으로는 창생들을 이와 같이 포섭하게 될지라." 하시니라.

도통문을 닫아서 통이 없나니

164 고민환이 도통하고픈 욕망이 간절하여 항상 태모님께 심고하기를 '어머니, 저에게 도통을 좀 주십시오.' 하니

2 태모님께서 그 심법을 다 들여다보시고 하루는 이용기에게 말씀하시기를 "야, 민환이가 나에게 도통 달란다." 하시며

3 민환을 보고 꾸짖으시기를 "야, 이놈아! 도통이 어디 있다냐. 하늘에서 별 따기보다 어려운 것이 도통이다." 하시며 헛된 도통 욕심을 경계하시니라.

4 그러나 민환이 쉽게 그 욕망을 떨쳐 버리지 못하더니 하루는 집에 돌아와 있는데 문득 도통해 볼 생각이 크게 일어나거늘

5 산에 들어가서 공부하려고 돈을 많이 가지고 입산하는 길에 태모님을 뵈러 들르니

6 태모님께서 그 속내를 다 아시고 물으시기를 "너 지금 어디 가느냐?" 하시고

7 "너희 아버지가 도통문을 닫아서 통(通)이 없으니, 너는 내 곁을 떠나지 말고 가만히 앉아서 네 공부만 하라.

8 공부는 마음 닦는 공부보다 더 큰 공부가 없나니 때가 되면 같이 통케 되느니라. 너는 집만 잘 보면 되느니라." 하시니라.

164:2 민환이가 도통 달란다. 고민환 성도는 학자풍으로 잔꾀가 없고 순수하게 신앙의 길을 따르려 했던 사람이다. 그러나 그때는 도통이 신앙의 목적이다시피 했던 때라 중간에 도통을 해 보려고 한 적이 있었다.

도통이 두통이다

165 태모님께서 성도들에게 말씀하시기를 "도통(道通)이 두통(頭痛)이다, 이놈들아! 어른거려서 못 사느니라." 하시고

2 "내 일은 판밖에서 성도(成道)해 가지고 들어오나니 너희들은 잘 닦으라." 하시거늘

3 성도들이 그래도 깨닫지 못하고 여전히 도통해 볼 욕심을 품고 도통 소리만 하면

165:1 어른거려서. 상제님 대업에 일심을 가질 때 이 말씀의 경계를 잘 느낄 수 있다. 일심으로 취정(聚精)이 되면 마치 도깨비

쌍안경을 눈에 달아 놓은 것처럼 아른거려 처음에는 잠들기조차 어렵다. 그러므로 "대저 모르는 것이 편할지라." 하신 상제님 말씀 대로 순수하고 의롭게 양심껏 사는 삶의 자세가 가장 중요한 것이다.

4 태모님께서 "아나, 도통 여기 있다!" 하시고 담뱃대로 사정없이 때리시니라.

멀고 가까움이 없이 밝으시어

166 하루는 옥구에 사는 이명권(李明權)이 태모님을 뵈러 도장에 오니

2 태모님께서 물으시기를 "너는 어찌하여 집에서 눈칫밥을 먹느냐?" 하시는지라

3 명권이 아뢰기를 "그렇지 않나이다." 하니 이르시기를 "너의 처(妻)에게 물어 보라." 하시고

4 명권이 물러나올 때 작은 소리로 말씀하시기를 "빈 등짐을 진 자라." 하시니라.

5 명권이 집에 돌아와 아내에게 태모님을 뵙고 온 일을 말하며 "무슨 말씀인지 알 수가 없다." 하더니

6 뒷날 세밀히 알아본즉 자신의 아내가 신도 강 모(姜某)와 사통(私通)하여 왔거늘

7 그 후 두 사람이 비밀이 탄로날까 두려워 서로 발길을 끊으니 자연히 뒷걱정이 없어지니라.

8 이렇듯 태모님께서는 만사를 통찰하시어 무위이화(無爲以化)로 모든 일을 끄르시니

9 남녀의 품행에 관한 일이며, 수요장단(壽夭長短)과 풍요빈곤에 관한 것이며, 수행의 퇴보진전에 관한 것이며

10 인간사의 모든 것에 멀고 가까움이 없이 일월(日月)과 같이 밝으시니라.

신도들의 신앙심을 꿰뚫어 보심

167장 이용기 성도의 제자 이교승 증언.

167 태모님께서는 누가 신앙하고자 도장에 찾아오면 그 사람의 신앙심이 얼마나 오래 갈지 다 아시니라.

2 하루는 어떤 사람이 태모님께 찾아와 신앙을 다짐하고 돌아가매 이용기가 태모님께 그 사람의 신앙이 어떠할지를 여쭈니

3 말씀하시기를 "야, 별것 없다. 너무 기대하지 마라. 오래 못 간다." 하시거늘

4 이에 용기가 지켜보니 과연 얼마 지나지 않아 그 사람이 도장에 발길을 끊고 신앙을 그만두더라.

태모

이용기를 일본에 보내 치병케 하심

168 하루는 태모님께서 이용기에게 명하시어 "너는 일본에 가서 치병을 하라." 하시거늘

2 용기가 부산항에서 배를 타고 일본에 건너가 머무르며 많은 병자를 고치고 포교하더니

3 수년 후 태모님께서 기별하시어 "이제 그만 들어오너라." 하시므로 용기가 바로 귀국하니라.

4 그 뒤에 용기가 말하기를 "시천주주를 읽는 사람이 일본에 더 많다." 하더라.

168장 이용기 성도의 제자 임예환, 조정수 증언. 임예환 씨는 이용기 성도가 일본에 가서 3년 동안 머물렀다고 증언하였으나 여러 정황으로 볼 때 3년이 안 될 가능성도 있다.

바람피운 두 신도의 기운을 거두심

169 태모님께서 조종리에 계실 때 두 남녀 신도가 어울려 다니면서 치병을 하다가 도장에 오니

2 태모님께서 물으시기를 "너희들, 요새 무엇하러 다니냐?" 하시는지라

3 이에 두 사람이 그 동안 치병했던 일들을 고하는데 태모님께서 갑자기 호통치시며 "너희들, 왜 치병하러 다니면서 바람을 피우냐." 하시거늘

4 이로부터 두 사람이 신도(神道)가 닫혀 더 이상 치병을 할 수 없게 되니라.

어느 여인의 불륜을 꾸짖으심

170 한 여인이 간통하여 아이를 낳았는데 하루는 그 아이가 제 어머니를 따라 도장에 왔거늘

2 태모님께서 배치작배치작 걸어다니는 아이를 보시고 "야, 이놈아! 너는 왜 옷을 헛것을 입고 왔느냐?" 하시고

3 머리를 홱 잡아 돌리시며 "야, 네 아비 어디 갔느냐?" 하고 소리치시니 그 아이의 어머니가 놀라 달려오니라.

4 태모님께서 그 여인을 앞에 세우시고 "저 아이의 아비가 누구냐?" 하고 추궁하시니 죽을상이 되어 아무 말도 못하거늘

5 이에 다만 "죽일 년!" 하시며 그 여인의 불륜을 꾸짖으시니라.

170:5 죽일 년. 천지에서 이 세계의 근본을 바로잡고자 하면 살아날 자가 별로 없다는 말씀이다.

신도로써 가르치는 후천의 교육법

171 하루는 태모님께서 여러 성도들에게 말씀하시니 이러하니라.

2　先天은 文字로 戒於人이요
　　선천　　문자　　계어인

　　後天은 神字로 戒於人이니라
　　후천　　신자　　계어인

선천은 문자로 사람을 훈계(訓戒)하였으나

후천은 신도(神道)로 경계(警戒)하여 사람을 가르치느니라.

도술조화의 후천선경

171:3 천황씨. 하늘의 조화 정신을 인격화하여 지존으로 부르는 말로, 상제님에 대한 또 다른 호칭이다. 1편 81장 측주 참조.

3　三十三天 内院宮 龍華教主 慈氏婦人
　　삼십삼천 내원궁 용화교주 자씨부인

　　天地定位하신 首婦손님 天地報恩이요
　　천지정위　　　수부　　　천지보은

　　天皇氏 後裔로 道術造化라
　　천황씨 후예　 도술조화

삼십삼천 내원궁의 용화교주 자씨의 부인

천지가 정(定)한 위의 수부손님이니

대도통하여 천지에 보은하고

후천을 여는 천황씨의 후예로 도술조화를 내노라.

제일강산에 조화선경 건설

172 하루는 태모님께서 기쁜 표정으로 노래하시니 이러하니라.

2 대명천지(大明天地) 밝은 날 살고 제일강산에 조화선경을 건설하니

3 조선국 상계신, 중계신, 하계신 지혜로 집을 찾아드소서.

4 대도 대법 정리되니 해원 상생 아닐런가.

5 수궁성군(水宮聖君) 모시어 탈겁중생(脫劫衆生) 이 아니냐.

6 상통천문, 하찰지리, 중통인의의 천황씨 후예로 도솔천궁 조화라.

7 천지가 벌어져 천지도술 나오고

　천지가 벌어져 조화정치 되는구나.

8 씨구씨구 좋을씨구 지기금지 원위대강.

얼마나 더 컸느냐

173 하루는 장연 마을에 사는 박준달(朴準達)이 태모님을 찾아와 뵈니

2 태모님께서 키가 육척(六尺)이나 되는 준달에게 "너는 어서 더 크거라." 하시거늘

3 준달이 노기(怒氣)를 품고 귀가한 후 수일 만에 갑자기 아들이 죽으니라.

4 이에 준달이 이상한 일이라 생각하여 며칠 전 말씀을 떠올리며 다

태모

시 태모님을 찾아뵈니

5 태모님께서 준달을 바라보고 말씀하시기를 "더 크라는데 얼마나 더 컸느냐?" 하시고

6 "죽은 자식은 생각지 말라. 앞으로 자식 두엇을 더 둘 것이니 안심 안도(安心安堵)하여라." 하시므로

7 준달이 돌아와 일심으로 기도하매 그 후에 과연 아들 둘을 더 두게 되니라.

약방문을 지어 약을 쓰게 하심

174 하루는 장연 마을에 사는 김재윤이 도장을 찾아와 고민환에게 간청하여 말하기를

2 "우리 집 근처에 병자가 있는데 우리들 몇 명이 병을 치료하였으나 차도가 없어 낙명(落名)할 지경에 이르렀노라.

3 함께 치료하여 쾌차하면 포교도 진전되겠으니 진찰도 해 줄 겸 같이 가세." 하는지라

4 민환이 "나도 내 마음대로 출입할 수 없으니 어머님께 말씀드려 승낙을 얻어야 할지라." 하니라.

5 이에 재윤이 이 뜻을 태모님께 아뢰고 허락을 구하니 태모님께서 "체면상 할 수 없다." 하시고

6 "증세를 듣고 약방문을 지어 약은 쓸지라도 나의 대리로서 병자의 집에 출입하는 것은 온당치 못하다." 하시며 왕래는 허락하지 않으시니라.

7 이에 민환이 그 증세에 맞게 약방문을 지어 약을 쓰게 하니 병자가 쾌차하여 일어나거늘

8 이로부터 그 지방에 포교가 잘 되어 따르는 사람이 점차 많아지니라.

9 얼마 후에 병자가 폐백(幣帛)을 가지고 찾아와 태모님께 올리며 백배사례하니라.

통정신 공사, 고민환의 죄를 사하여 주심

175 어느 해 여름에 태모님께서 고민환, 전선필, 김수열 등 여러 성도들을 벌여 앉히고 "오늘은 통정신(通情神) 공사를 보겠노라." 하시며

2 민환에게 이르시기를 "어렸을 때부터 있었던 옳고 그른 일과 처신해 온 일을 낱낱이 생각하여 말하라." 하시니

174:7 약방문을 지어. 고민환 성도는 종종 태모님의 명으로 약방문을 지어 환자를 치병하였으나 신도(神道)를 받아 치병한 것은 아니었다. 또 지리에 밝아 태모님의 성묘 자리를 정해 드렸고 유일태, 문명수 성도의 묘자리를 잡아 주었다.

175장 고민환 성도는 이 내용을 작고하기 6년 전인 경자(道紀 90, 1960)년에 『선정원경』에 솔직하게 기록했다.

3 민환이 아뢰기를 "소자는 별다르게 옳고 그른 일을 행한 적이 없나이다." 하는지라

4 태모님께서 경계하여 말씀하시기를 "사람이 세상을 살아가면서 어찌 선악의 행동이 없으리오.

5 상제님 같은 지위에 계신 분도 스스로 어릴 적부터 행한 모든 일을 숨기지 않고 말씀하시며 불미스러운 일에는 일일이 용서를 비셨노라. 잘 생각하여 말하라." 하시니라.

6 이에 민환이 주저하며 차마 말씀드리지 못하매 태모님께서 갑자기 민환의 상투를 잡고 마룻바닥에 부딪뜨리시며 "야, 이놈아! 네 죄를 내놓아라." 하시거늘

7 민환이 부딪친 이마가 아픈데다 태모님의 갑작스런 꾸지람에 매우 당황하여 어쩔 줄 몰라하니

175:8 산호 동곳. 태모님께서 기생이 사 준 물건임을 아시고 뽑아 보이시며 다그치신 것이다.

8 이번에는 민환의 상투에서 산호(珊瑚) 동곳을 빼 놓으시며 다그쳐 물으시기를 "이 일을 모르느냐?" 하시는지라

9 민환이 그 동곳을 보니 군산(群山)에서 사귀던 산옥(珊玉)과 선옥(璇玉)이 생각나거늘

10 대저 두 여인은 군산 여자인데 민환이 유인하여 간통하다가 군산 경찰서에 불려간 일이 있었더라.

175:11 춘자. 고민환 성도는 박춘자(朴春子, 1898~?)와의 사이에 2남 1녀를 두었는데, 큰아들과 딸은 일찍 죽고 둘째 아들 재혁(在爀, 1920~?)은 결혼한 후에 월북하였다.

11 또한 남편과 불화하여 별거 중이던 춘자(春子)라는 여자를 유인하여 사통하다가 결국 탈취하여 소실로 입적(入籍)시킨 일이 있었거늘

12 그 외에도 수 차례의 음란했던 일을 낱낱이 들추어내시며 말씀하시기를

13 "모든 과실(過失)을 나에게 고하고 용서를 받으라. 그렇지 않으면 용서받을 곳이 없느니라." 하시니라.

14 이렇듯 태모님께서 밝은 빛과 같은 성감(聖鑑)과 한량없이 큰 법으로 만상을 통찰하시니 성도들은 놀랍고 두려울 따름이더라.

혹을 없애 주심

176 9월 5일에 전영춘(田永春)이 태모님께 와 뵈니 영춘은 나면서부터 이마에 밤과 같은 붉은 혹이 있는지라

2 태모님께서 보시고 "네 이마에 있는 것이 무엇이냐?" 하시므로 영춘이 "혹이옵니다." 하고 아뢰거늘

176:3 솔버섯. 피부병의 한 가지. 처음에는 좁

3 말씀하시기를 "그것은 혹이 아니라 솔버섯이니라." 하시니 이로부터 그 혹이 말라붙어 없어지니라.

4 또 여신도 김덕화가 나면서부터 귀밑에 주먹만 한 붉은 혹이 있거늘

5 태모님께서 손으로 어루만지시니 이로부터 그 혹이 곧 없어지니라.

약장과 법궤의 운수를 뽑아 쓰심

177 19일 상제님 성탄치성을 봉행하신 후에 태모님께서 성도들에게 명하시기를 "정읍 대흥리에 공사가 있어 가리니 준비하라." 하시고

2 다음날 출발하시어 대흥리 네거리에 이르러 공사를 행하시니라.

3 이 때 성도들에게 진액주(津液呪)를 읽게 하시고 큰 소리로 '만수'를 세 번 부르며 말씀하시기를

4 "이 공사는 약장(藥欌)과 법궤(法櫃)의 운수를 뽑아 쓰는 공사라." 하시고 서인권(徐寅權)에게 석가여래 도수를 정하신 뒤에

5 약장과 법궤의 기운을 뽑으시어 보자기에 싸서 인권에게 짊어지게 하시고 인솔하여 돌아오시니라.

6 본래 인권이 의술에 대해 아는 바가 전혀 없더니 이로부터 의술을 통하여 명의(名醫)로 알려지거늘

7 이후에 만경(萬頃)에서 약방을 차리고 영업을 하니라.

상제님의 성령이 미륵전을 떠나셨느니라

178 21일에 태모님께서 성도들에게 명하여 "가마를 대령하라." 하시고 "요강을 실으라." 하신 다음

2 고찬홍, 전준엽, 이근목 등 성도 10여 명을 데리고 금산사로 행차하시니라.

3 금산사에 당도하여 미륵전에서 치성을 올리신 뒤에 대중을 향해 큰 소리로 선언하시기를 "상제님의 성령이 이제 미륵전을 떠나셨느니라." 하시고

4 성도들에게 "요강 가져오너라." 하시니 금산사 중들이 거세게 만류하는지라

5 이에 크게 호통치시니 중들이 꼼짝을 못하거늘, 많은 사람들이 지켜보는 가운데 미륵전 법당 안에서 요강에 오줌을 누시어

6 근목에게 그 요강을 주시며 이르시기를 "저 미륵에게 끼얹어라. 헛것이니라." 하시니라.

7 근목이 깜짝 놀라 당황하며 감히 행하지 못하거늘 태모님께서 성화같이 독촉을 하시는지라

서인권
(1891~1970)

쌀 같은 것이 돋고 나중에는 커져서 그 속에 물이 생김. 솔방울버섯이라고도 한다.

177:4 서인권(徐寅權, 1891~1970). 본명 상채(相采), 인권은 자. 부인 문가일(文可一, 1893~) 성도와 함께 신앙하였다. 대흥리 도장에서부터 신앙한 것으로 추정되며, 오성산 도장에는 참여하지 않았다. 서화임 성도의 재종동생이다.

8 근목이 할 수 없이 요강을 들고 다가가다가 짐짓 넘어지는 체하며 미륵전 마룻바닥에 오줌을 엎질러 버리니라.

178:9 이 공사를 보신 후 갑술(道紀 64, 1934)년에 미륵불상이 화재로 소실되어 다시 조성되었다. 11편 375장 참조.

9 태모님께서 일러 말씀하시기를 "앞으로 너희는 여기다 절도 하지 말고 오지도 마라. 허상이니라." 하시고

10 대적광전으로 가시어 석가불에게 이르시기를 "너 어찌 여지껏 있느냐. 빨리 가거라." 하시며 담뱃대로 석가불상의 머리를 때리시니라.

후천선경의 '개벽 달' 을 보여 주심

179 하루는 이경(二更) 초에 성도 6, 7명이 태모님을 모시고 앉아 있는데

2 강응칠이 아뢰기를 "태양은 날마다 있으되 달은 보름 경에만 밝으니 그믐과 초하루에는 갑갑한 때가 많습니다." 하거늘

3 태모님께서 말씀하시기를 "선천에는 천지도수와 음양이 고르지 못하기 때문이라." 하시고

4 "후천에는 항상 낮에는 해가 뜨고 밤에는 달이 뜨니 편음편양(偏陰偏陽)이 없느니라." 하시며

5 "지금이라도 달이 나오게 할 수 있으나 아직 시기가 아니므로 그렇게 할 수 없노라." 하시니라.

6 이에 한 성도가 "지금 달빛을 한번 보았으면 좋겠습니다." 하고 아뢰거늘

7 태모님께서 "그리할 수 없으나 너희들이 원하니 월색을 한번 보자." 하시고 밖으로 나오게 하신 다음

179:8 월광변조보살. 약사여래를 오른편에서 모시는 보살. 일광변조보살과 함께 보살 중 상수(上首)에 있음.

8 성도들에게 명하시어 "'월광변조보살(月光遍照菩薩)'을 마음속으로 읽으면서 동쪽 하늘을 바라보라." 하시므로 모두 그와 같이 하니

9 과연 동쪽 산 위로 커다란 수레바퀴 같은 밝은 달이 나타나더라.

10 태모님께서 말씀하시기를 "다 보았느냐?" 하시므로 "보았습니다." 하고 아뢰니 "너희들의 재주가 좋다." 하시고

11 "이는 임시 선법도술이나 후천에는 항상 해가 지면 달이 뜨고 달이 지면 해가 뜨느니라." 하시거늘 그 말씀을 마치시니 금세 다시 캄캄해지니라.

천지조화로 다스리는 후천선경

12 하루는 태모님께서 말씀하시기를 "선천에는 음양이 고르지 못하여 원한의 역사가 되었으나 이제 후천을 개벽하여 새 천지를 짓나니

13 天文陰陽政事요 魂魄東西南北이요 天地造化政治로다." 하시니라.
천문음양정사 혼백동서남북 천지조화정치

태모

주문의 근본 정신을 알고 읽어야

180 하루는 태모님께서 성도들에게 말씀하시기를 "신도들이 각 주문의 근본 정신이나 알고 읽는지 모르겠다." 하시고

2 고민환에게 명하여 "각 주문의 근본 정신을 알고 읽어야 주력(呪力)이 확고히 서나니 각 주문의 정신을 생각하여 기록하라." 하시므로

3 민환이 기록하여 올리매 "잘하였구나." 하시며 "알지 못하는 신도들에게 설명하여 알도록 하라." 명하시니 그 글은 이러하니라.

4 태을주(太乙呪)는 심령(心靈)과 혼백(魂魄)을 안정케 하여 성령을 접하게 하고 신도(神道)를 통하게 하며 천하창생을 건지는 주문이니라.

5 시천주주(侍天主呪)는 천명을 받는 무극대도(無極大道)의 본원주(本源呪)이니 상제님을 지극히 공경하고 내 부모와 같이 모시라는 주문이라.

6 진액주(津液呪)는 세계창생으로 하여금 천지의 영원한 복록과 수명을 받아 내리게 하는 주문이라.

7 관성주(關聖呪)는 삿됨을 제하고 모든 마(魔)를 끌러 안정케 하는 주문이라.

8 칠성경(七星經)은 복을 이끌고 재앙을 없애 주며 영원한 생명과 건강한 몸을 얻게 하는 신령스런 주문이라.

9 지신주(地神呪)는 각 지방의 가택(家宅)을 수호하는 신명을 안정케 하는 주문이라.

10 대학우경장(大學右經章)은 나라를 다스리고 집안을 거느리며 몸과 마음, 의지와 지혜를 수련하는 데 요법(要法)이 되는 경문(經文)이라.

11 서전서문(書傳序文)은 도(道)와 다스림(政)의 정신을 조화롭게 다스려 나갈 수 있는 심법을 닦는 데 좋은 글이라.

12 주역서문(周易序文)은 천지일월, 음양, 사시(四時)와 귀신(鬼神)과 합덕(合德)하여 그 길흉함을 정하여 이를 판명하는 좋은 글이라.

13 태모님께서 주역 공부하는 사람을 보시면 "병신 육갑한다." 하시고

14 성도들에게 일러 말씀하시기를 "64괘(卦)가 중요하나 괘명(卦名)이나 알아 두라. 그것만 보다가는 신세를 그르치느니라." 하시니라.

성도들에게 읽을 주문을 정해 주심

181 하루는 태모님께서 성도들에게 명하시기를 "너희들은 주문을 많이 읽으라." 하시고

2 ○○○에게는 태을주를, ○○○에게는 칠성경을, ○○○에게는 진액주를 각기 정해 주시며

180:5 시천주주. 시천주주의 천주(天主)는 상제님이시다. 증산 상제님께서 "동학 주문의 시천주조 화정은 나의 일을 이름이라."고 하셨다.

180:7 관성주. 운장주(雲長呪)를 말함.

180:8, 12 칠성경과 주역서문. 칠성경과 주역서문을 많이 읽고 체험한 김정녀는 이 두 주문이 신도를 트는 데 큰 도움이 되었다고 한다. 또 전선필 성도를 비롯하여 많은 성도들이 "복을 받으려면 칠성경을 많이 읽어야 한다." 하며 칠성경을 열심히 읽었다고 한다.

태모

181:3 내 아들.
11편 32장 참조.

3 이용기에게 말씀하시기를 "내 아들은 시천주주를 읽어라." 하시니라.

삼도합일의 운도를 새롭게 하는 공사

182 동짓달 11일에 태모님께서 동지치성을 봉행하시고 신도 120여 명을 소집하여 공사를 행하시니 이러하니라.

2 24방위에 각기 다섯 사람씩 세우시고 중앙에는 단(壇)을 높이 설치하게 하신 다음

3 태모님께서 단 위에 올라앉아 말씀하시기를 "이 공사는 후천 오만년 선불유(仙佛儒) 삼도합일의 운도(運度)를 다시 살펴 새롭게 하는 공사니라." 하시고

4 고민환에게 명하여 현무경을 처음부터 끝까지 읽게 하신 뒤에 담뱃대를 좌우로 두르시니

5 서기(瑞氣) 어린 노을이 일어나 도장 건물을 계속하여 둘러싸더라.

6 이어 태모님께서 창(唱)하시기를 "선지조화(仙之造化)요, 불지양생(佛之養生)이요, 유지범절(儒之凡節)이라." 하시고 단에서 내려오시니 상서로운 노을이 흩어지니라.

제 몸 하나 새롭게 할 줄 알아야

7 태모님께서 말씀하시기를 "제 오장육부 통제 공부로 제 몸 하나 새롭게 할 줄 알아야 하느니라." 하시고

8 "후천 천지사업이 지심대도술(知心大道術)이니라.

9 각자 제게 있으니 알았거든 잘 하라." 하시니라.

상제님의 어진 첫 봉안식

183 무진(戊辰 : 道紀 58, 1928)년 정월 초사흗날 태모님께서 치성을 봉행하신 뒤에 갑자기 정신을 잃고 쓰러지셨다가

2 서너 시간 후에 깨어나시어 아무 말씀도 없이 손을 들어 당신의 얼굴을 가리키며 두르시므로

3 고민환과 박종오 등이 뜻을 알지 못하여 어찌할 바를 모르다가 문득 한 성도가 아뢰기를

4 "상제님의 영정(影幀)을 그리라 하십니까?" 하니 태모님께서 머리를 끄덕이시며 성화같이 재촉하시니라

5 이에 가전 마을에 사는 화백(畵伯) 김옥현(金玉鉉)을 불러 어진(御眞)을 그리게 하니 옥현이 화법(畵法)이 졸렬하여 잘 그리지 못하는지라

태모
183:5 김옥현(金玉鉉, 1878~1960).
본관 청도(淸道).
김제군 백구면 부

6 태모님께서 말씀하시기를 "우선 그대로 봉안(奉安)하고 이 뒤에 다시 그리는 것이 무방하리라." 하시므로 그대로 봉안하니라.

채용신에게 어진을 다시 그리게 하심

184 2월에 태모님께서 주요 간부들을 소집하시어 "상제님 영정을 다시 그려 봉안하라." 명하시거늘

2 간부들이 의논하여 이름난 화백에게 의뢰하고자 조동희(曺東熙)로 하여금 뛰어난 화백을 물색하게 하니

3 당시 조선에서 유명한 화백은 정산(定山) 채용신(蔡龍臣)이라.

4 정산이 사는 곳을 알아보니 정읍군 용북면 육리(龍北面 六里)라 하므로

5 동희가 곧바로 정산을 만나 상제님 어진에 관한 일을 논의한 후 그 길로 동행하여 3월 1일에 조종리 도장에 도착하니라.

6 이에 정산으로 하여금 목욕재계하고 어진을 그리게 하니 정산이 상제님을 친견한 일이 없어 어떻게 그릴 것인지 여쭈거늘

용리 가전 마을에 살았으며, 그가 그렸던 첫 번째 어진은 같은 동네에 살던 유일태 성도가 보관하였다고 한다.

184:3 채용신(蔡龍臣, 1850~1941). 초명은 동근(東根), 호는 정산·석지(石芝). 조선말기의 화가. 화법의 특징은 극세필을 사용하고 얼굴에 백광(白光)을 주는 점이다. 고종

증산 상제님 어진 봉안 과정

1. 첫 번째 봉안 – 무진(戊辰 : 道紀 58, 1928)년
   1월 3일 : 태모님께서 혼도하셨다 깨어나시어 어진 봉안을 지시하심.
   1월 하순경 : 김옥현(金玉鉉) 화백으로 하여금 어진 초본을 그리게 하여 봉안하심.

2. 두 번째 봉안 – 무진(戊辰 : 道紀 58, 1928)년
   2월 : 어진을 다시 그려 봉안할 것을 지시하심.
   3월 1일 : 채정산(蔡定山) 화백을 데려다가 다시 그리게 하심.
   3월 24일 : 세 번 감정하신 끝에 허락하심.
   3월 26일 : 태모님 성탄절에 봉안하심.

3. 세 번째 봉안 – 무자(戊子 : 道紀 78, 1948)년
   11월 22일(동짓날) : 해방 후 제2변 부흥시대를 여신 안운산 종도사님께서 서산 사람 김양재(金良在) 화백으로 하여금 어진을 그리게 하여 무자(1948)년 동짓날에 봉안하심.

4. 네 번째 봉안 – 병진(丙辰 : 道紀 106, 1976)년
   20년의 대휴계기를 끝내고 제3변 부흥시대를 여신 종도사님께서 2변 때 모신 어진을 이은택(李殷宅) 화백으로 하여금 개사케 하여 봉안하심.

5. 다섯 번째 봉안 – 경오(庚午 : 道紀 120, 1990)년
   10월 9일 : 서울 권오창 화백으로 하여금 황색 곤룡포를 입으신 모습의 어진으로 개사케 하여 봉안하심.(종도사님의 뜻대로 그려지지 못함)

6. 여섯 번째 봉안 – 신미(辛未 : 道紀 121, 1991)년
   9월 20일 : 태전의 이은택 화백으로 하여금 붉은색 곤룡포를 입으신 모습으로 개사케 하여 봉안하심.

7. 일곱 번째 봉안 – 정축(丁丑 : 道紀 127, 1997)년
   6월 24일(어천치성) : 이은택 화백으로 하여금 상제님의 어용과 거의 같도록 개사케 하여 봉안하심.

* 상제님 어진의 진본이 나오기까지 속श은 사연만 정리해도 책 한 권 분량이 넘을 것이다.

황제의 영정을 잘 그려 정산 군수에 제수되었다 하여 채정산(蔡定山)이라 불렸다. 고종의 영정 외에 흥선대원군, 최익현, 최치원, 김영상 등의 초상화를 그렸다.

7 태모님께서 상제님 재세 시의 모습을 일일이 가르쳐 주시고 정산에게 당부하시기를 "돈은 얼마든지 줄 터이니 영정을 잘 모셔라." 하시니라.

8 이 날부터 정산이 어진을 그리기 시작하여 거의 다 그려갈 무렵 태모님께서 오시어 그림을 보시더니 담뱃대로 휙 걷어 젖히시고

9 이어 담뱃대로 정산의 등을 내려치시며 "이놈아! 증산(甑山)을 그리라 했거늘…." 하고 나가시니

10 정산이 기가 막혀 말을 못하고 있으므로 고민환을 비롯한 간부들이 잘 달래어 어진을 다시 그리게 하니라.

세 번을 그려서 어진을 봉안함

185 수일이 지나 어진을 거의 다 그려 갈 무렵, 태모님께서 또 들어오시더니 대번에 정산의 등을 담뱃대로 내려치며 호통하시기를

2 "증산을 그리라 했지, 누가 미륵을 그리라 했더냐!" 하시고 담뱃대로 휙 걷어 젖혀 휘두르시니 이번에도 그림이 못쓰게 되니라.

3 정산이 심한 모욕감에 화를 내며 그림 그리는 도구 일체를 수습하여 돌아가려 하니

4 고민환이 만류하여 말하기를 "저분은 보통 사람이 아닌 신인(神人)이시라. 큰 기운을 내려 잘 그리도록 하심이니 참으면 복이 있을 것이오." 하며 겨우 진정시키니라.

5 정산이 다시 그리기 시작하여 24일까지 세 번째로 그리기를 마치매 민환이 여쭈기를 "이 정도면 되겠습니까?" 하니

6 태모님께서 말씀하시기를 "그만하면 너희 아버지와 비슷하다." 하시니라.

7 정산이 상제님의 용안(龍顔)은 흡사하게 얻었으나 의관범절(衣冠凡節)을 어떤 식으로 갖추어 그려야 할지 난감한지라

185:8 나는 옥황상제니라. 대순진리회에서는 상제님의 일개 신도였던 조철제를 옥황상제라고 하며 천권(天權)을 조작하여 증산상제님의 신권과 종통맥을 날조해

8 태모님께 그 형식을 여쭈니 말씀하시기를 "상제님께서 나에게 말씀하시기를 '나는 옥황상제(玉皇上帝)니라.' 하셨으니 황제식(皇帝式)이 옳다." 하시거늘

9 정성껏 그려서 올리매 3월 26일 태모님 성탄절에 어진을 봉안하니라.

문둥병자를 고쳐 주심

186 3월 20일에 유일태가 태모님께 와 뵙고 아뢰기를 "김제군 봉

태
모

남면 용산리(鳳南面 龍山里) 용반(龍盤) 마을에 사는 홍종백(洪宗伯)이 일심으로 신앙하나

2 대풍창(大風瘡)으로 10여 년을 고생하고 있는데 백약이 무효하여 제가 치병을 하여도 아무런 진전이 없습니다. 어머니께서 불쌍히 여기시어 고쳐 주시옵소서." 하니라.

3 태모님께서 웃으며 말씀하시기를 "그런 병을 뭣하러 손을 댔느냐?" 하시고 "천지에 대치성을 올리고 성심으로 기도하라." 하시므로

4 일태가 돌아가서 말씀 대로 행하고 환자 역시 일심으로 기도하며 주문을 읽으니 그 병이 자연히 완쾌되니라.

거지에게 밥상을 밀어 주심

187 태모님께서 조종리에 계실 때 치성 때가 되면 종종 한 거지가 동냥을 와서 서성거리다가 먼발치에서 태모님께 절을 올리고 가곤 하니라.

2 하루는 치성에 그 거지가 또 와서 밥을 얻어먹고자 맨 뒤에 줄을 서서 차례를 기다리고 있는지라

3 태모님께서 보시고 성도들에게 이르시기를 "야야, 저기 저 뒤에 있는 저놈 오라고 해라." 하시거늘

4 성도들이 그 거지를 데리고 오니 태모님께서 측은히 여기시며 "아이고, 이놈 불쌍하다!" 하시고 "내가 너를 좋은 곳으로 보내 주마." 하시니라.

5 이어 성도들에게 명하여 "이놈 밥 좀 줘라." 하시니 성도들은 태모님께서 수저를 드시기 전이므로 밥 퍼 줄 생각을 않고 있으매

6 태모님께서 친히 당신의 진짓상을 밀어 주시며 "너 요놈 먹어라." 하시거늘

7 그 동안 태모님께서는 누구에게 당신의 진짓상을 내어 주신 일이 없었는데 이 날 따라 거지에게 진짓상을 밀어 주시니 성도들이 모두 부러워하니라.

불쌍한 사람을 잘되게 해 주어야

188 태모님께서 평소 성도들에게 이르시기를 "너희들은 모두 동기간이니 우애 있게 지내거라." 하시더니

2 거지가 돌아간 지 며칠 후에 갑자기 자리에서 일어나며 말씀하시기를 "야, 너희들! 형제간에 우애가 그래서야 쓰겠느냐?" 하시거늘

왔다. 삼계대권의 주재자이신 증산 상제님을 48장(將)의 첫 번째 신장인 '구천응원뇌성보화천존'으로 전락시킨 이 사건은 하늘땅이 열린 이래 동서 인류 문화사에 있어 상제님에 대한 가장 큰 모욕이며, 환부역조요 배사율이 아닐 수 없다.

186:1 홍종백(洪宗伯, ?~?) 유일태 성도의 둘째 딸 화삼(花三, 1907~?)과 혼인하였다.

187~188장 전선필, 김수열 성도로부터 직접 전해들은 이우인의 증언에 의하면, 태모님께서 거지의 타고난 운명을 안타까워 하시고 좋은 세상에 다시 태어날 수 있도록 은혜를 베풀어 주셨다 한다.

태모

3 성도들이 영문을 몰라 '우애 있게 지내려고 신도들 간에 서로 형님 아우하며 지내왔는데 어째서 저러실까?' 하고 어리둥절해하니

4 일러 말씀하시기를 "만경 삼거리 솔밭에 가면 너희 형제란 놈이 거기에 있을 것이니 너희들이 좀 보고 오너라." 하시니라.

5 이에 성도들이 그곳에 가 보니 치성 때 왔던 거지가 얼어죽어 있는지라

6 서로 말하기를 "아이고, 미리 준비를 하라고 하셨으면 좋았을 텐데…." 하며 묻어준 뒤에

7 도장에 돌아와 그 사실을 아뢰니 태모님께서 "그놈, 참 잘되었다." 하시고

8 성도들에게 칭찬하여 말씀하시기를 "너희들이 참 좋은 일 하고 왔다. 그런 사람을 잘되게 해 주어야 후천이 오리라." 하시니라.

진실하게 사람 대접을 하라

189 하루는 태모님께서 성도들에게 명하시기를 "내일 큰손님이 오니 대청소를 하라." 하시거늘

2 성도들이 영문도 모르고 분주히 서둘러 도장 청소를 깨끗하게 마치니라.

3 이튿날 삼베옷을 입은 누추한 차림의 한 노파가 태모님께 찾아오거늘

4 성도들이 실망하여 말하기를 "저런 사람 때문에 어머니께서 야박하게 우리들에게 대청소를 시키셨는가." 하며 두덜대거늘

5 태모님께서 일러 말씀하시기를 "없는 사람을 더 끔찍이 알라." 하시니라.

하늘 아래 사는 자는 다 내 자손

6 하루는 태모님께서 일러 말씀하시기를 "사람은 잘나든 못나든 모두 천지 자손이니라." 하시고

7 "하늘 아래 사는 놈은 다 내 자손이니 사람 대접을 잘하라." 하시니라.

학생이라 하지 마라

190 태모님께서 평소 유가(儒家)의 그릇된 상복(喪服) 제도를 미워하시더니

2 하루는 성도들에게 일러 말씀하시기를 "상복 입지 마라. 제 몸에 염(殮)을 자기가 하고 다니는 것이니라." 하시고

3 또 이르시기를 "학생(學生)이라 마라. 사후(死後) 학생 아니더냐." 하시니라.

가진 자의 교만함을 미워하심

191 태모님께서 조종리에 계실 때 하루는 돈 많은 부자들이 호화스러운 옷을 차려입고 세배를 드리려고 찾아오니

2 태모님께서 미리 아시고 성도들에게 이르시기를 "야, 척(隻) 들어온다. 대문 닫아라." 하시므로 성도들이 영문도 모르고 대문을 닫으니라.

3 잠시 후에 부자들이 당도하여 태모님을 뵙고자 하나 허락하지 않으시다가 부자들이 재차 간청을 올리매 그제야 만나 주시거늘

4 부자들이 태모님을 뵙고 집안의 누가 아프다고 하며 자신들의 어려운 사정을 말씀드리니

5 태모님께서 귀담아 듣지 않으시고 "아픈 사람이 있으면 약 지어 먹으면 되지 않느냐?" 하실 뿐 더 이상 말씀치 않으시니라.

6 또 한번은 어떤 부자 한 사람이 신앙하고자 찾아오니 태모님께서 만나지 않으시고 그냥 돌려보내시거늘

7 성도들이 여쭈기를 "어머니, 그 사람을 왜 그냥 돌려보내셨습니까?" 하니

8 태모님께서 말씀하시기를 "아, 그 사람 받자 하면 너희들을 괄시혀." 하시니라.

없이 사는 사람 괄시하지 마라

9 태모님께서 치성을 맞아 신도들이 현물이나 성금을 가지고 오면 절대로 기록하지 못하게 하시거늘

10 성도들이 그 이유를 여쭈니 말씀하시기를 "없이 사는 사람 괄시할 일 있냐." 하시니라.

네가 나쁜 놈이다

192 태모님께서 평소 성도들이 남을 미워하는 것을 매우 싫어하시거늘

2 하루는 한 성도가 어떤 사람의 지난 허물을 들추며 "저 사람은 나쁜 놈입니다." 하니

3 태모님께서 도리어 그 성도에게 꾸짖어 말씀하시기를 "네가 나쁜 놈이다." 하시니라.

태모 고수부님의 생애

태모님의 탄강

단기 4213년, 경진(庚辰 : 道紀 10, 1880)년 음력 3월 26일 전라도 담양도호부 무이동면 도리에서 탄강하심. 2:2

유소시 이후
9.27. 성부 고덕삼 돌아가심. 3:1
외외가 송씨 승문에서 어린 시절 보내심. 3:1

대흥리 이숙 차치구의 집으로 가심. 3:2

11. 신씨와 결혼. 3:4

3. 태종 출생.

6.20. 신씨 사망. 3:4

만백성의 어머니

상제님 만나심
10. 경석에게 '수부를 들여세우라.' 하심. 4:2
11.3. 수부 책봉 예식을 행하심. 5:1

6.24. 상제님 어천. 9:1

6.30.~7. 상제님께서 성령으로 찾아오심. 11:3~
9. 수행 중 상여와 초빈을 보시고 구릿골에 찾아가 상제님 가슴에 '옥황상제' 명정을 덮어 드림. 15:10

4. 상제님의 성령과 혼례식을 올리심. 17:2
대원사 칠성각에서 진법주 수련을 하심.
9. 신경수의 집에서 활연대각하심. 17:5~6

대도통과 대흥리 첫째 살림
9.20. 대도통과 첫 말씀 : "추수할 사람은 다시 있느니라." 19:10
9.25. 구릿골 약방의 약장과 궤를 가져 오심. 27:3
10. 상제님의 성도들을 소집, 교단 창립을 선포하심. 28:3

도기 10	도기 15	도기 18	도기 24	도기 30	도기 37	도기 41
1880	1885	1888	1894	1900	1907 1909 1910	1911
1세	6세	9세	15세	21세	28세 30세 31세	32세

태모님 성수

한국사

임오군란

갑오경장
동학혁명

을사조약

일제의 조선 강점
조선총독부 설치

토지조사 시작

1882 · 1894 · 1904 · 1905 · 1910 1911 · 1914

1차 세계대전(~1918)

청·일 전쟁 (~1895)

러·일 전쟁 (~1905)

1차 세계대전 (~1918)

중국 신해혁명

세계사

10년 천지공사(1926~1935)

본소 이전 운동 실패와
경석의 교권 장악. 38~39

고민환을 수석 성도로 세우시어 칠성용정 공사를 보심. 98

9.21. 김제군 공덕면 공덕리
천종서의 집으로 가심.
44:3

조종리 둘째 살림
10. 조종리 중조 마을로
가심. 47:2
11.26. 대속하시어 목포
경찰서에 구속되심.
49:10

1~3. 상제님 어진 봉안. 183~185
5. 조직개편을 단행하심. 207:3~4
9. 숙구지 대공사. 215

9.21. 정읍 왕심리 도장으로 옮기심. 271:6

용화동 셋째 살림
11.15. 용화동 셋째 살림 시작. 313

1.3. 석방 후 농사일에
마음을 두시고 한
가로이 지내심.
49:11~13
윤7. 성전 완공 후
수행에 집중하심.
50:3~5
8. 고민환의 입도. 51:2

11. '일후에 사람이 나면
꼭 용봉기를 꽂아 놓고
맞이하라.' 고 당부하심. 365:3
11.5. 오성산 도장에 은거. 367

10.6 선화하심. 416

46	도기 49		도기 56	도기 59		도기 61	도기 63	도기 65
6	1918	1919	1926	1928	1929	1931	1933	1935
세	39세	40세	47세	49세	50세	52세	54세	56세

3·1 독립운동
상해 임시정부 수립

을축년
대홍수

중국 공산당
결성

6·10 만세사건

윤봉길 의거

1921

1926

1932

| 1917 | 1919 | 1920 | 1923 | 1925 | 1927 | 1929 | 1931 | 1934 | 1937 |

러시아
10월혁명

중국
국민당
결성

소비에트
연방 결성

경성 방송국
방송개시

일본, 만주사변
일으킴

중일전쟁

소련 스탈린 집권

세계 공황이
일어남

모택동
대장정 개시

국제연맹 성립
간디 비폭력 운동

태모

시천주주나 많이 읽으라

193 전주군 삼례면 해전리(參禮面 海田里)에 사는 황공선(黃公先)의 아내 이씨(李氏)가 복통으로 2년간 고통받다가

2 3월 29일에 김재윤과 동행하여 태모님을 찾아와 뵈니 태모님께서 물으시기를 "네 배가 왜 그렇게 부르냐?" 하시거늘 "적병(積病)으로 고통 중입니다." 하고 아뢰니라.

3 다시 물으시기를 "약 먹을 돈이 넉넉히 있느냐?" 하시거늘 "가세가 빈한하여 약 먹을 도리가 없나이다." 하니

4 태모님께서 일러 말씀하시기를 "그러면 시천주주나 많이 읽어라." 하시는지라

5 공선의 아내가 돌아가서 일심으로 시천주주를 읽으니 얼마 지나지 않아 그 병이 완치되니라.

조화는 시천주주 속에 있다

6 성도들이 병자를 고칠 때 주로 시천주주를 읽어 치병을 하는데 못 고치는 병이 없거늘

7 하루는 태모님께서 말씀하시기를 "조화는 시천주주 속에 다 있느니라." 하시니라.

양위 전에 심고하고 오주를 읽으니

194 4월 2일에 태모님께서 이용기를 불러 이르시기를 "네 집에 다녀오너라." 하시므로

2 용기가 집에 가 보니 부친이 해소병으로 사경에 이른지라

3 급히 사성음(四聖飮) 두 첩을 달여 입에 흘려 넣으니 반시간 후에 회생하니라.

4 다음날 용기가 도장에 돌아와 태모님께 이 사실을 아뢰니 "바로 또 가거라." 하시거늘

5 즉시 집으로 돌아가 보니 이번에는 부친이 절명(絕命)한지라

6 용기가 양위 전에 심고하고 오주를 일곱 번 읽으니 반시간 후에 회생하고 해소병도 완치되니라.

의통의 신비한 묘력을 붙여 보내심

195 익산군 용안면 중신리(龍安面 中新里)에 사는 여신도 김순화(金順華)가 40세에 중풍이 들어 9년 동안 자리에 누워 있더니

2 백방으로 치료해 보았으나 별다른 효과가 없는지라

194:1 이용기(李用己, 1899~1980). 이용기 성도는 키가 크고 걸걸한 목소리에 하고 싶은 말을 당당하게 하는 활달한 성격의 소유자였다. 성품이 인자하여 남에게 피해 주는 일을 하지 않았다. 신도가 밝아 신명과 문답까지 하였으며 앞일을 많이 예견했다. 신도가 열리면서 한의학에도 밝아 약방문을 지어 약을 조제하여 환자에게 먹이면

태모

3 하루는 순화가 고찬홍을 통하여 태모님께 이 사실을 아뢰니 태모님께서 명하시기를

4 "찬홍이 네가 가서 지성으로 치성을 드리고 나에게 심고하라." 하시니라.

5 이에 찬홍이 순화의 집에 당도하여 태모님께서 명하신 대로 시행하고자 하니 그 순간 병자가 자리를 털고 일어나 스스로 치성 준비를 하니라.

6 이는 태모님께서 찬홍에게 의통(醫通)의 신비한 묘력(妙力)을 붙여 보내심이니

7 그 후 순화가 의통이 열려 신묘하게 치병을 잘하매 많은 사람을 포교하게 되니라.

수왕 공사로 기근을 면케 하심

196 하루는 태모님께서 말씀하시기를 "정묘, 무진 두 해의 한재(旱災)로 굶주림을 면치 못한다." 하시고 수왕(水旺) 공사를 행하시거늘

2 동네 풍물패를 불러오시어 마당에서 크게 한판 놀게 하시고

3 동서남북과 중앙에 청수를 한 동이씩 놓고 술과 안주를 많이 준비하여 후히 대접하신 뒤에

4 말씀하시기를 "이제 창생의 기근은 면하였다." 하시니라.

강사성의 집에 가심

197 강사성이 장남 종용(宗容)의 아내를 옥구에서 들여오니 전내언의 딸 전복추(田福秋)라.

2 태모님께서 4월 3일 복추의 생일에 사성의 집에 가시어 복추에게 말씀하시기를

3 "가난한 집에 시집와서 뒷바라지하느라고 고생한다." 하시며 위로하시니

4 복추는 태모님을 어려워하여 감히 쳐다보지 못하니라.

원형이정의 두 길

198 4월 초파일치성을 봉행하신 후에 태모님께서 성도들에게 물으시기를 "원형이정(元亨利貞)을 아느냐?" 하시니

2 김원명이 아뢰기를 "모든 일에 원리정칙(原理正則) 대로 하는 것입

다 나았다. 삼례교당을 옮기는 과정에서 그 제자들이 신앙하지 않는 신도들의 조상신위를 소각하여 그 신벌로 중풍에 걸려 작고하였다. (이용기 성도의 제자 임예환과 그 딸 조정수 증언)

197:1 당시 신앙인들은 도(道)를 해야 살고, 안 하면 죽는다는 신앙관을 가지고 있어서 신도들끼리 서로 사돈을 맺었다. (전복추 증언), 후주 '성도들의 인척 관계' 참조.

198:1 원형이정. 『주역』에서 말하는 천도의 네 원리. 곧 '원'은 봄

태모

으로 만물의 시초, '형'은 여름으로 만물의 자람, '이'는 가을로 만물의 결실, '정'은 겨울로 만물을 거두어 쉼을 말한다.

니다." 하니라.

3 태모님께서 말씀하시기를 "원형이정에 두 길이 있으니 공(功)은 닦은 데로 가고 죄(罪)는 지은 데로 가느니라." 하시고

4 "너희들은 잊어도 나는 아느니라. 남 모르는 공부를 많이 해 두라.

5 시시(時時)로 지은 죄는 하늘이 벗기려 해도 못 벗기고, 시시로 닦은 공은 하늘이 뺏으려 해도 못 뺏느니라." 하시니라.

앞으로는 미륵 운 : 불교 기운을 거두심

6 이어 말씀하시기를 "4월 초파일 행사는 석가불의 탄신일이니 불가(佛家)에서나 할 일이지 우리와는 아무런 관계가 없다." 하시고

198:7 절후. 24절기를 말함. 태모님께서 조종리에 계실 때 24절후 치성을 봉행하시다가 병인(道紀 56, 1926)년 상제님 성탄절 이후에 폐지하셨다. 도장 살림이 어려워서 치성을 줄이신 것이다.

7 "세상 돌아가는 철을 찾아야 하나니 앞으로 초파일 치성은 절후(節候)를 찾아 봉행함이 옳으니라.

8 이것은 곧 본래의 뿌리를 찾는 일이니라." 하시니라.

9 또 말씀하시기를 " '하사도인다불가(何事道人多佛歌)'라 하니 뜻이나 알고 부르는가?" 하시고

10 "앞으로는 미륵 운이니라. 선천 종교는 씨가 다 말라죽었느니라." 하시니라.

신선 세계를 보여 주심

199 이 날 태모님께서 공사를 행하며 말씀하시기를 "오늘은 천상 신선 세계에 사는 선관선녀의 제도와 풍경을 보여 주리니

2 모두 동북 하늘을 바라보라." 하시므로 성도들이 모두 동북쪽 하늘을 바라보고 서니라.

199:2 동북 하늘. 장차 세계통일의 질서를 여는 구심점으로 지구촌의 동북 간방인 한국땅을 상징하여 말씀하신 것이다.

3 이어 태모님께서 담배 연기를 입으로 내뿜으시니 즉시 오색 채운이 일어나 사람 형상으로 변하며 선관선녀의 모습을 이루거늘

4 고운 옷을 입고 머리에 화관(花冠)을 쓴 선관선녀들이 춤추며 기뻐하고 온갖 기화이초(奇花異草)가 만발한 가운데 붉은 봉황과 백학이 춤추듯 창공을 날아가더라.

5 태모님께서 말씀하시기를 "다가오는 후천선경 세계가 저러한 형국이 될지니라." 하시니

6 이 때 고민환, 박종오, 강원섭, 강사성, 유일태, 오수엽, 강춘택, 강대용이 참관하니라.

내가 하는 일은 신선이 하는 일

7 하루는 태모님께서 말씀하시기를 "내가 하는 일은 다 신선(神仙)이 하는 일이니 우리 도는 선도(仙道)니라." 하시고

태모

8 "너희들은 앞으로 신선을 직접 볼 것이요, 잘 닦으면 너희가 모두 신선이 되느니라." 하시니라.

9 또 말씀하시기를 "신선이 되어야 너희 아버지를 알아볼 수 있느니라." 하시니라.

후천선경의 주불(主佛), 미륵불 봉영 공사

200 이 날 태모님께서 또 공사를 행하시니, 어진을 모신 방문 앞에 단(壇)을 설치하여 향촉(香燭)을 밝히시고 치성 음식을 성대히 준비하여 진설케 하시니라.

2 이어 강진용(姜鎭容)의 논 아홉 두락에 '금산사 불양답(金山寺佛糧畓)'이라 쓴 푯말을 세우시고

3 고민환에게 가사와 법복을 입히신 뒤에 명하시기를 "단 앞에서 24일간 천수경(千手經)과 칠성경을 송주하라." 하시니라.

4 이어 말씀하시기를 "이 공사는 선천의 주불(主佛)인 석가모니의 운이 이미 갔으니 이제 후천 용화세계의 주불이신 미륵불을 봉영(奉迎)하는 공사니라." 하시며

5 "天更生 地更生 人更生 彌勒更生"
　　천 갱 생　지 갱 생　인 갱 생　미 륵 갱 생

이라 삼창(三唱)하신 후에 방에 드시니라.

6 후일에 공사를 마치고 단을 거두어 치우려 할 때 태모님께서 치하하시기를 "미륵불 공양에 수고하였노라." 하시니라.

200:2 강진용(姜鎭容, 1890~1951). 본관 진주. 자 응숙(應淑). 조종리 농토의 3분의 2에 해당하는 땅을 상속받아 호강하고 살았으며, 신앙은 하지 않았다.

도통은 건곤일월의 도체로

201 나의 근본이 일월수부(日月首婦)라.

2 천지음양(天地陰陽) 있었으니 건곤일월(乾坤日月) 없을쏘냐.

3 일월일월(日月日月) 만사지(萬事知)라.

상제님의 조화로 열리는 후천선경

4 이제부터는 자씨보살과 일월수부가 일을 맡았느니라.

5 조화 조화 내 조화, 한울님의 조화로다.

6 인륜(人倫)을 밝혀야 천륜(天倫)을 밝히느니라.

만세동락하여 보세

202 하루는 태모님께서 노래하시니 이러하니라.

2 은혜가 높기는 하늘과 같고 덕이 두텁기는 땅과 같네.

태모

3 천신 지신 인신합발(天神地神人神合發)이니

4 소원성취(所願成就) 이 아닌가
유리법당(琉璃法堂) 이 아닌가
천지도술(天地道術) 이 아닌가
조화정치(造化政治) 이 아닌가.

5 동방 일월 대명시(大明時)에 만세동락(萬歲同樂)하여 보세.

6 안다 안다 네가 안다, 천지가 안다.

7 네가 알고 내가 알았으니 별말이 있겠느냐.

8 재생신 재생신 조화 조화 만사지.

회생할 수 있으리라

203 김제군 용지면 구암리(龍池面 龜岩里) 평고(平皐) 마을에 사는 황 모(黃某)의 다섯 살 된 아이가 경풍증(驚風症)으로 4, 5일째 누워 앓거늘

2 백구면 가전 마을에 사는 김도성화(金道成華)가 찾아가 치료하기 위해 애썼으나 끝내 절명한지라

3 도성화가 즉시 태모님께 이 일을 아뢰며 "저의 잘못으로 아이가 죽게 생겼으니 방책(方策)을 주시옵소서!" 하매

4 태모님께서 물으시기를 "죽은 지 얼마나 되느냐?" 하시거늘 "오늘까지 사흘째입니다." 하고 아뢰니라.

5 이에 태모님께서 명하시기를 "즉시 돌아가서 밥을 정갈하게 지어 그 집 마당에 한 상을 차려 놓고 또 대문 앞에 세 상을 차려 놓은 다음

6 마당에서 예고신주(曳鼓神呪)를 삼칠독(三七讀) 한 뒤에 갱생주(更生呪)를 삼칠독하고, 대문 앞에서 운장주(雲長呪)를 삼칠독하라. 그러면 회생할 수 있으리라." 하시니라.

7 도성화가 즉시 그 집으로 돌아가 말씀 대로 하니 과연 아이가 다시 살아나거늘

8 얼마 후에 그 모자가 찾아와 태모님께 지성으로 절을 올리니라.

성도들의 고루한 신앙 자세를 꾸짖으심

204 하루는 치성을 맞아 성도들이 도장에 모여 반가운 마음에 서로 인사를 나누고 둘러앉아 시절과 시국에 대한 사담을 늘어놓으니

203:2 김도성화(金道成華, 1883~1962). 본관 청도. 남편 유일태 성도와 함께 일심 정성으로 신앙하였고 신도가 열려 많은 사람을 치병하였다.

김도성화
(1883~1962)

204장 벌 주실 때의 일화. 태모님께서 호령하시고 담뱃대로 두

태모

2 태모님께서 꾸짖으시기를 "이놈들, 글은 안 읽고 또 그놈의 헛소리들을 하고 있느냐!" 하시며

3 젊은 사람이고 늙은 사람이고 할 것 없이 담뱃대로 머리를 내리치시거늘

4 순간 성도들은 머리가 벼락맞은 것처럼 아프고 찢어질 듯하여 눈앞에 아무것도 보이지 않더라.

5 그러나 아무리 세게 맞아도 상처가 나지 않으며 맞고 나면 오히려 정신이 번쩍 들고 기분이 매우 상쾌해지니

6 이는 성도들에게 기운을 붙여 주시는 것이거늘 성도들은 그저 맞는 것이 두려워 태모님을 피해 다니려고만 하더라.

이놈들아, 마음보는 안 고치고

7 이렇듯 태모님께서 수시로 담뱃대로 이마를 치시며 "사담 말고 공부를 하라." 하시므로

8 하루는 성도들이 한참 주문을 읽는데 태모님께서 들어오시니 모두 담뱃대가 무서워 땀을 뻘뻘 흘리며 더욱 큰 소리로 읽으니라.

9 이 때 태모님께서 성도들 옆으로 다가오시어 "이놈들아! 마음보는 안 고치고 아가리 벌리고 개구리마냥 소리만 빽빽 질러대면 뭐 하느냐!" 하고 꾸짖으시며 담뱃대로 또 때리시니 성도들이 어찌할 줄을 모르더라.

10 태모님께서 매양 말씀하시기를 "저놈, 속은 검고 밖은 희게 입었다." 하시고 "너희 같은 놈들이 다 도둑놈이다." 하시니

11 이는 성도들의 신앙 자세와 목적이 그릇됨을 안타까워하시며 앞으로 후천선경이 어떻게 올 것인가를 생각하여 먼저 뜻을 바로 세우고 공부하기를 바라심이더라.

12 하루는 태모님께서 말씀하시기를 "야! 당나귀 늙은 놈하고 도(道)에 늙은 놈은 쓸데가 없느니라." 하시니라.

새사람이 될지니라

205 재생신 재생신, 이 몸 사업 재생신.

2 재생신 재생신이요, 조화 조화 만사지라.

3 지심대도술(知心大道術)이니
깊은 마음의 문을 열어 하나같이 새사람이 될지니라.

4 천갱생 지갱생은 다 끝났으니 이제는 인갱생(人更生)이 크니라.

5 단주수명 우주수명(丹朱受命 宇宙壽命).

드려 패도 성도들은 엎드려 '예 예' 하며 물러나왔다. 태모님께서 벌주실 때 종종 웃옷을 벗겨 놓고 담뱃대로 때리셨는데, 가장 많이 맞은 사람이 고민환 성도였다. (전복추, 이우인 증언)

204:9 마음보는 안 고치고. 태모님께서 종종 '서전서문(書傳序文)'의 문구를 인용하시면서 심법 닦을 것을 강조하셨다.

열 항목의 계율을 내려 주심

206 5월에 하루는 태모님께서 간부들을 불러 모으신 뒤에 열 항목 (項目)의 계율(戒律)을 내려 주시니 이러하니라.

206:2 투도. 도 적질.

206:2 망언. 망 령된 말.

206:2 기어. 교 묘하게 꾸며대는 말.

2 (1) 투도(偸盜)하지 말라.

(2) 간음(姦淫)하지 말라.

(3) 척(隻)짓지 말라.

(4) 시기(猜忌)하지 말라.

(5) 망언(妄言)하지 말라.

(6) 기어(綺語)하지 말라.

(7) 자만심(自慢心)을 갖지 말라.

(8) 도박(賭博)하지 말라.

(9) 무고히 살생(殺生)하지 말라.

(10) 과음(過飮)하지 말라.

조직 개편과 조종리 강씨 신도들의 배신

207 태모님을 조종리로 모시고 온 강씨 신도들은 대부분 감투욕과 권력욕에 젖어들어 자신의 공로를 내세우며 도통 욕심에 사로잡 히거늘

2 태모님께서 몇 차례 주의를 주시고 잘못된 점을 바로잡게 하시되 개심(改心)의 기미가 보이지 않더라.

3 5월에 이르러 도장의 기운이 묵어 가는 것을 안타까워하신 태모님 께서 간부 조직을 개편하시니

4 고민환을 내무(內務)로, 고찬홍을 외무(外務)로, 전준엽을 동방주로, 이근 목을 남방주로, 강원섭을 서방주로, 강운서를 북방주로 임명하시니라.

5 이에 초창기 조종리 강씨 신도 중 강원섭과 강운서만이 사정방(四正 方) 조직에 등용되매

6 강응칠과 강사성 등이 크게 불만을 품고 돌아가더니 그 후로 응칠은 아예 도장에 발길을 끊어 버리니라.

7 이로부터 강씨 신도들이 태모님께 불평을 늘어놓으며 고민환을 제 거할 음모를 꾸미거늘

8 태모님께서 그 기미를 아시고 공사 보러 어디를 가실 때면 민환을 병 풍 뒤에 숨겨 두고 나가시더니

9 그 뒤에 하루는 태모님께서 민환에게 이르시기를 "너는 여기 있지 말고 몸을 피하라." 하시는지라

태
모

10 이에 민환이 밤을 틈타 고향 옥구로 돌아가니라.

기도하고 개정국을 먹이라

208 이 달에 김제군 백구면 도도리(道道里)에 사는 일본인 나까지마(中島)가 병을 얻어 익산과 군산 등 여러 병원을 돌아다녀도 모두 불치병이라 하거늘

2 일본 천리교(天理教) 간부인 오구라(小倉)를 만나 이야기를 듣고 이 용기에게 찾아와 치병을 간곡히 부탁하는지라

3 용기가 태모님께 이 사실을 아뢰니 말씀하시기를 "일본 천리교 선생이라 하니 개정(改正)할 일이라." 하시며

4 "이 길로 돌아가서 3일간 기도하고 병자에게 개정국을 먹이라." 하시므로

5 용기가 병자의 집에 찾아가 명하신 대로 하니 나까지마의 병이 완쾌되니라.

이용기에게 천록(天祿)을 내려 주심

209 이용기가 도장에서 태모님을 모실 때 집안 형편이 매우 어렵거늘

2 아내 정아옥(鄭阿玉)이 방앗간에서 쌀겨를 얻어다가 겨우 아궁이에 불을 지피더라.

3 하루는 용기에게 편지가 한 장 왔는데 큰돈이 들어 있으나 보낸 사람의 주소와 이름이 적혀 있지 않은지라

4 용기가 어쩔 줄 모르다가 태모님께 여쭈어 보고자 그 봉투를 가지고 태모님을 찾아뵈니

5 태모님께서 느닷없이 "그 정도면 넉넉하냐?" 하시매 용기가 내심 크게 놀라니라.

6 이 때 용기가 여쭈기를 "어머니, 어떻게 할까요?" 하니 태모님께서 "네가 하고 싶은 대로 해라." 하시는지라

7 용기가 그 돈으로 논 두 필지를 사서 농사를 짓고 추수 후에 태모님을 뵈니 물으시기를 "이제는 배부르냐?" 하시거늘

8 용기가 비로소 태모님께서 그 돈을 내려 주신 것이라 확신하니라.

칠보산에서 보신 태자봉 공사

210 하루는 태모님께서 정읍 칠보산(七寶山) 상봉에 이르시어 태자

208:4 개정국. 개장국을 말씀하신 것. 상제님께서도 개장국을 개정(改正)국이라고 하셨다.

209장 이용기 성도가 아끼던 제자로 20여 년을 함께 신앙했던 임예환 증언.

임예환(1926~)

209:2 정아옥(鄭阿玉, 1909~1972). 전주군 삼례면 해리 출생. 정만길, 정덕근 성도의 동생. 용화동 도장에서 남편 이용기 성도와 함께 태모님 수발을 들었다. 태

봉(太子峯) 공사를 보시니 이러하니라.

2 태모님께서 머리에 삿갓을 쓰시고 양손을 불끈불끈 쥐시면서 세 차례에·걸쳐 크게 외치시기를

3 "호천금궐 상제님을 네가 어찌 알겠느냐!

4 천상 여동빈 선관(仙官)의 조화권능으로 머리 빗겨 갱소년(更少年)시켜 주옵소서." 하시고

5 이어 말씀하시기를 "이 다음에 누가 나든지 정각(亭閣) 하나 잘 지을 것이네." 하시니라.

6 또 행단 앞에 있는 산을 가리키시며 "장차 저 산에 콧구멍이 뚫려서 숨구멍이 터지리라." 하시니라.

모님께서 평소 '아가마' 라 부르셨다.

210:1 칠보산. 정읍시 칠보면에 있는 산. 3편 174장 3절 측주 참조.

210:1 태자봉. 초판에는 태조봉(太祖峯)으로 되어 있으나 답사 결과 태자봉으로 밝혀져 바로잡는다.

칠보면 원백암 마을에 있는 비문

백만억 불 출세 축원 대공사

211 태모님께서 옥구 선연리(仙緣里) 옥녀봉 앞 자천대(紫泉臺)에서 공사를 행하실 때

2 큰 소리로 "백호(百戶), 백호(百戶), 백만억(百萬億)!"이라 십여 번을 외치시고

3 "미륵존불께서는 속히 백만억 불(佛)을 환생 출세케 하옵소서.

4 조선을 회복시켜 주옵소서." 하시니라.

천지사업은 용(用)공부를 잘해야

212 우리 공부는 용(用)공부니 제 몸 하나 단속할 줄 알아야 하느니라.

2 천지의 음덕(蔭德)이요, 선령의 음덕이요, 신군(神君)의 음덕이라.

3 도(都)부처가 들어앉으니 집은 선가(仙家)가 아닐런가.

4 지기금지 원위대강(至氣今至 願爲大降).

210:6 상제님과 태모님께서 공사 보신 대로 이곳에 칠보 수력발전소가 생겼다.

211:1 자천대. 옥구군 구읍면 선연리(仙緣里) 하제(下梯) 마을에 있던 누대. 신라시대에 최치원(崔致遠)이 이곳에서 독서했다하여 독서대라고도 한다. 일제 때 군용 비행장 기지로 편입되자 향교 경내로 옮겼다.

일심으로 9일간 기도하라

213 6월 20일에 익산군 용안면 용성리(龍安面 龍城里) 당하(堂下) 마을에 사는 조상화(趙相化)가 태모님을 찾아와 뵈니

2 태모님께서 물으시기를 "너의 형편이 어떠하냐?" 하시므로

3 상화가 아뢰기를 "자식도 없고 재산도 없고 아내마저 병들어 죽게 되었나이다." 하니라.

4 이에 태모님께서 말씀하시기를 "자식은 지금만 낳아야 되는 것이냐?" 하시고

5 "네 아내는 무슨 병이냐?" 하시니 "30년 적체(積滯)로 이제 죽게

태모

되었나이다.” 하고 아뢰거늘

6 말씀하시기를 “삼삼(三三)은 구(九)이니 돌아가서 일심으로 9일간 기도하라.” 하시므로

7 상화가 집에 돌아가 9일 동안 기도하매 그 아내의 병이 완치되니라.

자식을 두면 되지 무슨 한이냐

214 8월에 해전리에 사는 정만길(鄭萬吉), 정덕근(鄭德根) 형제가 이용기와 함께 태모님을 찾아와 뵈니

2 태모님께서 만길에게 물으시기를 “너는 무엇이 한이더냐?” 하시므로 만길이 아뢰기를 “집안의 장남으로서 자식은 고사하고 아내조차 없습니다.” 하거늘

3 말씀하시기를 “지금 8월이 아니냐. 속히 구혼(求婚)해서 자식을 많이 두면 되지 무슨 한이냐.” 하시니라.

4 그 후 만길이 혼인을 하게 되니 3개월 만에 아내가 잉태하여 아들을 낳고 계속해서 자식을 낳아 모두 5남 2녀를 두니라.

조종리 도장의 말기

대사부는 숙구지 공사로 출세한다

215 태모님께서 종종 성도들에게 말씀하시기를 “자던 개가 일어나면 산 호랑이를 쫓느니라.” 하시고

2 여러 차례 절실히 말씀하시기를 “내가 숙구지(宿狗地) 공사를 보아야 하느니라.” 하시더니

3 9월에 이르러 “이제 때가 멀지 않으니 자는 개를 깨워야겠다.” 하시며 성도 수십 명을 거느리고 태인 숙구지로 행차하시어 공사를 행하시니라.

4 이 때 마포(麻布)로 일꾼들 여름살이 30벌을 지어 동네 머슴사는 사람들에게 입히신 후에

5 통(桶) 하나에 고깃국을 담고 밥을 잘 말아 뜰 앞에 놓으며 말씀하시기를 “많이 먹으라.” 하시고

6 “이제 잠든 개를 깨웠으니 염려는 없다.” 하시니라.

7 이후로 태모님을 모신 성도들은 다음과 같으니라.

211장 강원도 출신의 안보광(安保光. ?~?) 성도가 이 공사에 참여하여 목격한 것을 전선필 성도에게 전하였다.

212:1 용공부. 직접 겪어 보고 느끼는 공부로, 생활에 직접적으로 쓰임이 되는 공부를 말함.

214:1 정만길, 정덕근 형제. 이용기 성도의 인도로 조종리 도장 시절부터 신앙했다. 여동생 정아옥 성도가 이용기 성도의 부인이다. 정덕근 성도는 태모님의 명으로 대흥리에서 싸전을 운영하였다. 후주 ‘성도들의 인척 관계’ 참조.

215:2 숙구지 공사. 상제님 천지공사의 이법에 따라 난법시대를 문닫고 후천개벽을 통해 세계 통일 문화 시대의 천명을 집행하는 핵심 공사로 ‘대사부(大師父)의 출세’에 대한 인사(人事) 도수이다. 상제님께서 천지공사로 정해 놓으신 매듭 도

태모

수의 문을 태모님께서 열어 주신 것이다. 6편 111장 참조.

215:3 자는 개. 오운육기론에서는 휴식을 상징하는 장(藏)의 단계를 임(壬)으로, 개는 술(戌)로 설명한다. 임(壬)은 1태극수를 상징하고 술(戌)은 무극이 통일 완성되는 자리다. 즉 상제님의 도맥이 태모님의 세 살림 도수에 의해 씨뿌려지고, 차경석 성도의 보천교에 의해 옮겨진 다음, 천지 태극수(壬水)의 덕성을 가진 임술생이신 대두목에 의해 제2변과 제3변이 열리면서 마지막 추수 도수로 전개된다.

216:1 윷놀이. 나무를 두 쪽(陰陽) 내서 네 개(四象)를 가지고, 주로 네 사람이 두 사람씩 짝을 지어 노는 놀이로, 그 이면에는 천지의 이치가 담겨 있다.

216:1 윷판. 조선시대의 문인 김문표(金文豹, 1568~1608)의 사도설(柶圖說)

고찬홍(高贊弘)	전준엽(田俊燁)	전선필(田先必)	김내원(金乃元)
천종서(千宗瑞)	강사성(姜四星)	강원섭(姜元矗)	백용기(白龍基)
이공렬(李公烈)	박종오(朴鍾五)	김수열(金壽烈)	서인권(徐寅權)
문인원(文仁元)	문희원(文希元)	문명수(文明洙)	문기수(文己洙)
전기찬(田基贊)	김형대(金炯大)	김재윤(金在允)	박문원(朴文遠)
김봉우(金奉宇)	전내언(田乃彦)	전여옥(田汝玉)	남상돈(南相敦)
김원백(金元伯)	이석봉(李碩奉)	이근목(李根睦)	이재현(李在賢)

가을 대개벽기의 구원은 오직 한 길

216 태모님께서 평소 윷놀이를 즐기시더니 하루는 웃옷을 벗어 젖을 늘어뜨리시고 속곳만 입으신 채 "윷판 가져오너라." 하시니라.

2 이에 한 성도가 윷판을 대령하니 태모님께서 윷판의 출구를 항문(肛門) 쪽으로 놓으시고 말씀하시기를

3 "들어가기는 어느 구멍으로나 다 들어가 서로 잡아먹다가 나올 적

숙구지 마을의 정자. 숙구지는 잠자는 개의 형상을 한 땅으로 상제님께서 이곳에서 공사 보신 것처럼 태모님께서도 추수 도운과 관련된 중요 공사를 보셨다.

에는 한 구멍밖에는 나오는 데가 없으니 꼭 그리 알라.

4 윷놀이는 천지놀음이니라." 하시니라.

말수가 먹느니라

5 또 말씀하시기를 "나는 바닥에 일(一) 붙은 줄 알고 빼려 드니 누구든지 일 자, 삼 자를 잡아야만 임자네." 하시고

6 "같은 끗수면 말수가 먹느니라." 하시니라.

윷판과 바둑판은 내가 맡으리니

217 하루는 태모님께서 전선필에게 말씀하시기를 "윷판은 나요, 저울은 성포요, 잣대는 수제 너니라.

2 저울은 성포한테 주고 잣대는 너를 주리니 윷판과 바둑판은 맡을 사람이 없어서 내가 가지고 간다." 하시고

3 또 말씀하시기를 "너는 목숨이나 건져 주어라. 전하기만 잘 하여라." 하시니라.

잣대 도수의 선필과 저울 도수의 민환

4 이 날 이후로 선필이 늘 성도들에게 말하기를 "길고 짧은 것은 대어보아야 안다." 하고

5 민환은 "내가 일을 공평하게 보니 어머니께서 나에게 저울 도수를 맡기셨다." 하니라.

몸이나 성하여야 먹고살리라

218 이 달에 태모님께서 고민환, 박종오, 전대윤을 데리고 연지평 박노일의 집을 다녀오시는 길에

2 부용역에 있는 어느 식당에서 점심을 드실 때 식당에서 일하는 여자가 한쪽 팔이 불편하여 잘 쓰지 못함을 보시고 그 여자를 불러 물으시기를

3 "언제부터 팔이 불편해졌느냐?" 하시니 "7년 전부터 우연히 이렇게 되었습니다." 하고 아뢰거늘

4 태모님께서 그 여자를 앞에 앉히시고 그 팔을 어루만지시며 "불쌍하구나. 몸이나 성하여야 먹고살리라." 하시매 곧 팔이 나아서 밥상을 들고 나가게 되니라.

5 3일 후에 그 여자가 술과 안주를 준비하여 도장에 찾아와 태모님께 문안을 드린 후 주안상을 올리니라.

에 의하면, 윷판의 바깥 둥근 것은 하늘을 본뜬 것이고 안의 모진 것은 땅을 본뜬 것이라 한다. 또 가운데 있는 것은 북극성을, 옆의 스물여덟 점은 28수(宿)를 본뜬 것이며, 말이 윷판을 돌아서 빠져나가는 길고 짧고 중간이 되는 4행로는 동지, 하지, 춘분, 추분의 4계절에 비유한 것이라 한다. 이는 우주 천체도(天體圖)를 축소시킨 것이다.

태모

아이의 산증을 고쳐 주심

219 9월 상제님 성탄치성에 은진(恩津)에 사는 김기성(金基成)의 아내 이씨(李氏)가 어린아이를 데리고 와서 아뢰기를 "이 아이가 산증(疝症)으로 심히 고통스러워하나이다." 하니

2 태모님께서 손으로 그 아이의 불알을 어루만지시매 이로부터 아이의 병이 나으니라.

상제님과 수부님께 심고하고 치병함

3 전주군 삼례면 삼례리 만경동(參禮里 萬頃洞)에 사는 배한주(裵漢柱)의 아내가 뱃속의 적병(積病)으로 수개월간 고생하거늘

4 그 친정 아버지가 자신이 경영하는 한약방에서 약을 지어 먹이나 백약(百藥)이 무효하더라.

5 이 때에 익산군 북일면 영등리(北一面 永登里)에 사는 김성녀(金姓女)가 배한주의 아내를 찾아가 양위 전에 심고한 뒤에

6 허수아비를 만들어 옷을 입히고 환자의 이름을 써서 허수아비 가슴에 넣어 사자풀이를 한 다음

7 환자에게 이르기를 "오늘밤 자시(子時)에 공동묘지에 묻으라." 하매 그대로 행하니 다음날에 바로 완쾌되니라.

천지의 대운수를 만났다

220 상제님 성탄치성을 마치고 태모님께서 가곡조(歌曲調)로 온화하게 창하시기를

2 "복희(伏羲), 신농(神農), 황제(黃帝), 요순(堯舜), 우탕(禹湯), 문무(文武), 주공(周公) 같은 만고성현(萬古聖賢)도 때 아니면 될 수 있나.

3 전무후무 천지운도(天地運度) 우리 시절 당한 운수 성경신이 결실이니

4 삼도합일(三道合一) 태화세(太和世)를 그 누가 알쏘냐.

5 달은 가고 해는 오네. 지천(地天)의 운수로다.

6 운이 오고 때가 되어 만물이 해원이라." 하시니라.

7 또 말씀하시기를 "공자의 안빈낙도(安貧樂道)란 인간이 못할 일이니, 나는 만물을 해원시키노라." 하시니라.

보천교 난법 기운을 거두심

221 21일에 태모님께서 성도 10여 명을 데리고 대흥리에 행차하시어

2 보천교 새 건물 주위를 돌아다니시며 담뱃대로 건물을 겨누시고 총

쏘듯이 탕탕 소리를 내시니라.

3 이어 상제님께서 수부소로 정하신 보천교 본소에 가시어 춤을 추시면서 "흥강가, 흥강가." 하고 노래하시더니

4 다시 보천교에서 상제님을 모신다 하여 호천금궐(昊天金闕)이라 부르는 십일전(十一殿)에 가시니라.

5 태모님께서 사다리를 타고 지붕 위로 풀쩍풀쩍 뛰어 올라가 외치시기를

6 "도솔천궁(兜率天宮) 조화(造化)라
나무(南無) 미륵존불(彌勒尊佛)
조화(造化)임아 천개탑(天蓋塔)
나무(南無) 미륵존불(彌勒尊佛)."
이라 하시고

경 세계이므로 이를 부정하신 것이다.

221:2 27년 난법 헷도수의 종국을 고하시는 사형 선고이다.

221:3 흥강가. 흥강(興姜)은 강증산 상제님을 믿어야 흥한다는 의미.

보천교(普天敎) 십일전(十一殿)의 규모

1. 본체 건물

십일전은 가로 30m, 세로 16.8m로 단일 규모로는 우리나라 건축사상 가장 컸다고 한다. 본소의 전체 넓이는 2만 평이며, 그 중앙에 선 십일전은 건평 136평, 높이가 87척으로 총 공사 비용은 50만 원이었고 완공하기까지 7년(1922~1929)이 걸렸다. 전내에 제탑(祭塔)을 설치하고 주위에는 용두용신(龍頭龍身)을 조각하여 금을 도금하였는데 높이가 30여 척, 주위가 80여 척이며, 그곳으로 오르는 27~28개의 층계가 있었다. 조각은 그 수려함이 동양 최고였다. 대들보는 만주(滿洲) 혼춘현(琿春縣) 노령(露嶺) 지방의 재목을 사용하였는데 그 길이만도 14.4m에 달했으며 높이가 6미터였다. 경복궁 근정전이 7보 5칸인데 비해 십일전은 9보 7칸의 2층이었다. 보통은 8척을 한 칸으로 잡는데 비해 십일전은 16척을 한 칸으로 잡았으므로 실제 규모는 근정전의 두 배에 해당하였다. 또한 방위는 오좌자향(午坐子向)으로 후천의 운수를 상징했고, 방의 칸수는 총 186칸으로 아흔아홉 칸 궁궐보다 더 크게 지어 역사상 유례가 없는 어마어마한 건물로서 그야말로 '아방궁'과 '동작대'를 연출했다. 우리나라에서는 역사상 처음으로 어느 왕조에서도 건축양식상 한 번도 쓴 일이 없는 누른 기와를 올린 것은 중국의 천자궁(天子宮)을 본뜬 것이며 중국인 기술자들이 건물을 지었다. 부속건물도 45동이나 있었다.

2. 대들보

대들보의 재목은 도편수들이 직접 가서 선정했으며 재목을 압록강으로 하상시켜 신의주까지 물에 띄우고 다시 신의주에서 기차로 수송했다. 정읍역에서부터 대흥리까지 15리를 끌고 왔는데 재목이 얼마나 굵었던지 반대편에 서 있는 갓 쓴 사람이 보이지 않았다.(차윤덕 성도의 5남 차용운 증언)

3. 종각

보신각 종보다 더 큰 1만 8천 근 짜리 종을 주조해서 정오와 자정에 쳤는데 종소리가 10km 밖에까지 들렸다. 마을 길은 서울의 종로를 본 떠 종로라고 명명하였다. 당시 정자나무(버드나무) 맞은 편에 종각이 있었다.

태모

221:7 절밖에 못 된다. 차경석 성도 사망 이후 모든 건물이 뜯겨서 십일전은 서울 태고사(현재의 조계사), 정화당은 전주 역사, 보화문은 내장사 대웅전을 짓는 데 쓰였다.

7 말씀하시기를 "이 집은 지어도 절밖에 못 된다." 하시니라.

8 이 때 경석이 태모님을 손가락질하며 "누님이 미쳤다." 하고 "집 지어 놓으니까 재수 없이 여자가 올라가서 저런다." 하더니

9 이 공사 이후로 보천교가 교단을 유지하지 못하고 점차 쇠퇴의 길을 걷게 되니라.

천하의 난법자들이 서로 먼저 나오려 하니

222 하루는 태모님께서 담뱃대를 좌우로 휘저으며 말씀하시기를

2 "천하의 뭇 무리들이 서로 내가 낫노라고 다투어 고개를 쳐들고 먼저 나오려 하니 이것이 천하에 끼치는 병폐의 하나로다.

3 이제 그대로 두면 분란이 가중되고 혼란이 자심하리니 이 담뱃대를 휘둘러 그 쳐드는 꼭뒤를 치면

4 그 머리가 본처로 쏙 들어가리라." 하시니라.

대업 공부를 하려면

223 대업 공부를 하자면 수마(睡魔), 마신(魔神), 척신(隻神)을 먼저 물리쳐야 하느니라.

2 또 생문방(生門方)부터 알아 두라.

3 사문(死門)은 입구멍이요, 생문(生門)은 똥구멍이니라.

4 입은 사문이기 때문에 함부로 말을 못 하느니라.

223:5 '병종구입 화종구출'은 진(晉)의 부현(傅玄, 서기전 217 ~278)이 한 말이고, '구시화지문 설시참신도'는 오대(五代)의 정치가 풍도(馮道, 서기전 882 ~954)의 '설시(舌詩)'에 나오는 구절이다. 태모님께서는 심법 교육 차원에서 이 글을 인용하신 것이다.

5
病從口入이요 禍從口出이니라
　병 종 구 입　　　　화 종 구 출

口是禍之門이요 舌是斬身刀니라
　구 시 화 지 문　　설 시 참 신 도

병(病)은 입으로부터 들어가고
화(禍)는 입으로부터 나오느니라.
입은 화를 부르는 문이요
혀는 몸을 베는 칼이니라.

6 천지 아구를 아느냐. 천지 입망을 찾으려면 생사문(生死門)을 알고서 공부해야 하느니라.

7 목구멍 똥구멍이요, 먹고 똥싸는 것이니라.

이 공부가 제일 큰 도도통이니라

224 우리 공부는 오장육부 통제 공부니, 곧 선각(仙覺) 지각(智覺)이니라.

224:1 선각. 김호연 성도에게

태모

2 이 공부가 도도통(都道統)이니라.

3 제 몸에 있는 것도 못 찾고 무슨 천하사란 말이냐!

4 소천지(小天地)가 대천지(大天地)니라.

5 느닷없이 생각나서 읽는 글이 도수(度數) 맡아 오는 글이니 명심하여 감격(感激)하라.

붙이신 선매승자 도수를 말한다. 3편 25장 1절 측주, 4편 125장 2절 측주 참조.

감옥문을 열어 주심

225 하루는 김제 경찰서 순사들이 이용기를 잡아가려고 도장에 들이닥치거늘

2 태모님께서 용기에게 이르시기를 "도망가지 말고 그냥 따라가거라." 하시니라.

3 이에 용기가 조금도 대항하지 않고 경찰서로 끌려가 유치장에 갇히니

4 그날 밤에 갑자기 감옥문이 딸깍 하고 열리는지라 용기가 태연하게 걸어 나오는데 이상하게도 옥문을 지키는 순검들이 전혀 알아채지 못하더라.

5 다음날 아침에서야 경찰에서 용기의 탈옥 사실을 알아차리고 다시 잡으러 오거늘

6 태모님께서 이르시기를 "용기야, 너는 나가지 말고 문 뒤에 섰거라." 하시니

7 순검들이 도장 내부를 샅샅이 뒤지고도 문 뒤에 서 있는 용기를 찾지 못하고 그냥 돌아가니라.

8 얼마 후 순검들이 또 용기를 잡으러 오니 이 날도 그냥 따라가라고 말씀하시매 그대로 따랐더니

9 이번에도 지난번과 마찬가지로 감옥문이 저절로 열리므로 무사히 도장으로 돌아오니라.

10 이후로 다시는 경찰에서 용기를 잡으러 오지 않으니라.

225장 이용기 성도에게서 직접 전해 들은 조정수 증언.

조정수(1951~)

신도(神道)와 인도(人道)의 천지 어머니 공사

226 하루는 태모님께서 젖을 배꼽까지 늘어뜨리시고 성도들에게 젖을 훑어 뿌리시며 말씀하시기를

2 "야, 이놈들아! 내 젖 먹어라. 너희들은 다 내 새끼들이니 내 젖을 먹어야 산다." 하시니라.

3 또 속옷을 벗으시고 두 다리를 벌리고 서서 "이놈들아, 네놈들이 전

226장 태모님께서 억조창생의 생명의 어머니이심을 천지에 선포하신 것이다.

부 내 밑구녕에서 나왔다. 내 보지 밑으로 나가거라. 어서 오너라, 어서 와." 하시니

4 성도들은 그리로 지나가지 않으면 죽는 줄 알고 서로 머리를 들이 밀고 먼저 들어가려고 야단이니

5 태모님께서 "야, 이놈들아! 한 놈씩 들어오너라." 하시니라.

6 이 때 호호백발(晧晧白髮)의 노인들까지 갓 벗을 겨를도 없이 뿔뿔 기어서 통과하려고 하니

7 태모님께서 갓을 뜯어 버리시고 지나가게 하시며, 여자 신도들도 모두 기어서 지나가게 하시니라.

치성을 올리고 7일 도수로 수련하게 하심

227 정읍군 정토면 수금리(淨土面 水金里)에 사는 한 여인이 태모님을 찾아와 아뢰기를

2 "정토면 면장의 아내가 문둥병으로 10여 년 동안 고통받고 있사오니 고쳐 주시기를 바라나이다." 하는지라

3 태모님께서 병세를 물으신 후에 전대윤에게 명하시기를 "네가 가서 크게 치성을 올리고 이레 동안 수련을 시키고 돌아오라." 하시니

4 대윤이 가서 그대로 행하매 7일 뒤에 돌아올 때에는 병세가 크게 호전되니라.

전대윤이 받아 내린 의통

5 대윤이 돌아와 태모님께 아뢰기를 "병세가 십분지 구(十分之九)나 경감되었나이다." 하니

6 태모님께서 크게 칭찬하시고 이르시기를 "이레 뒤에 다시 가서 완쾌되도록 치료해 주어라." 하시니라.

7 대윤이 7일 뒤에 다시 가서 며칠 동안 수련을 시키니 그 병이 완쾌되거늘

8 그 후 면장이 태모님께 찾아와 폐백을 올리고 제물을 성대히 준비하여 상제님 어진 앞에서 치성을 극진히 봉행하니라.

9 이 때부터 대윤이 의통(醫通)이 열려 가는 곳마다 치병을 잘하게 되니라.

227:9 대윤이 의통이 열려. 태모님께서 의통을 열어 주신 이후로 암, 문둥병 등 중병을 잘 고쳤고 앞 못 보는 사람의 눈을 뜨게

태모

남상돈 아들의 병을 고쳐 주심

228 이 해 10월 2일에 익산군 낭산면 삼담리(朗山面 三潭里) 죽산(竹山) 마을에 사는 남상돈(南相敦)이 와 뵈니

2 태모님께서 말씀하시기를 "상돈아, 너희 집에 가 봄 직하다." 하시고 "곧 네 집으로 돌아가되 길에서 지렁이를 보거든 잡아 가지고 가라." 하시니라.

3 이에 상돈이 즉시 집으로 가다가 길에서 지렁이 세 마리를 잡아 집에 이르니

4 간밤에 도둑이 들어 집 안의 물건이 없어지고 둘째 아들 병우(炳祐)가 급복통(急腹痛)으로 심히 고통스러워하거늘

5 그 지렁이를 달여 먹이매 곧 회복되니라.

대사업의 근본, 조직 기강 확립

229 기사(己巳 : 道紀 59, 1929)년 정월 초사흘날 치성에 태모님께서 초헌(初獻)을 하시고 이어 성도들이 절을 드리고 나니

2 태모님께서 성도들을 향하여 큰 소리로 "천지정리 무기토(天地定理戊己土)"라고 세 번을 읽으시니라.

3 이 때 제단(祭壇) 바로 위 천장에 큰 거미가 매달려 있음을 보시고 태모님께서 강재숙(姜在淑)에게 "거미의 이치를 알면 말하라." 하시거늘

4 재숙이 "알지 못합니다." 하고 아뢰니 태모님께서 일러 말씀하시기를 "이 또한 특별히 연구해야 할 이치라." 하시고

5 "거미가 집을 지을 때 24방위로 줄을 늘이나니 집을 다 지은 뒤에는 보이지 않는 곳에 가서 숨어 있느니라." 하시니라.

6 하루는 한 성도가 여쭈기를 "본래 천지가 어찌 된 것입니까?" 하니

7 태모님께서 말씀하시기를 "동서남북에서 욱여들어 천지가 된 것이니라." 하시니라.

도통맥 전수 예식과 태모님의 눈물

230 정월에 하루는 태모님께서 말씀하시기를 "너희 아버지가 9년 천지공사 끝지는 해 어느 날 자리에 누워 식칼을 내놓으시며

2 '올라타라.' 하셔서 올라탔더니 또 '멱살을 잡아라.' 하셔서 멱살을 잡았었구나.

3 다시 내게 식칼을 들게 하시고 당신을 찌를 듯이 하여 '꼭 전수(傳授)하겠느냐.' 하라 하시는데

4 말이 나오지 않아 가만히 있으니 역정을 내시며 '시간이 지나간다.' 하시기에

하였으며 죽은 사람까지 살려냈다. 암 환자를 치병할 때 암 뿌리 뽑는 소리가 문 밖까지 들렸으며, 죽은 사람은 주문을 읽어 그 혼을 불러 살려냈다. (전대윤 성도의 손녀 김순자 증언)

228:1 남상돈(南相敦, 1887~1945). 본관 의령(宜寧). 성품이 온화하고 침술에 능해 아픈 사람을 무료로 낫게 해 주었다. 부인 김상례(金相禮) 성도는 작고할 때까지 첫새벽 물을 받아 청수를 모셨다.

229:2 무기토. 하늘 기(氣)의 움직임 중에서 하도와 낙서의 중앙에 위치하여 천지만물의 생성 변화를 일으키는 동력원이 되는 조화의 토(土). 6편 81장 2절 측주 참조.

십간 오행도
무기(戊己)는
중앙 5·10토

229:3 강재숙(姜在淑, 1879~1945). 본관 진주. 옥구군 회현면 원우리 출생. 슬하에 자녀가 없어 조카를 양자로 삼았다. '변산 도공부 사건'으로 구속되어 전준엽 성도와 함께 옥사하였다.

230:1 끝지는 해. 태모님께서 동지를 한 해의 시작인 설날로 말씀하셨기 때문에 기유년이 아니라 무신년 동지 이후일 가능성이 있다.

230:7 먼저 하라. 상제님의 이 공사는 아버지 상제님에서 어머니 수부님으로 넘어가는 인사의 종통대권 전수 의식이다. 6편 96장 참조.

231:1 성모 박씨. 태모님께서 조종리에 계실 때 어머니를 모시고 계셨는데, 성모님께서는 도장의 부엌방에서 기거하셨다. (이우인 증언)

5 마지못해 목안 소리로 '반드시 꼭 전하겠느냐?' 하였더니 '예, 전하지요.' 하시며

6 '이왕이면 천지가 알아듣게 크게 다시 하라.' 하시므로 조금 크게 '꼭 전하겠느냐?' 하였더니 '꼭 전하지요.' 하시더라.

7 이렇게 또 한 번 하여 세 차례를 마치니 이후부터는 침식 절차(寢食節次)와 제반일체(諸般一切)를 나더러 먼저 하라 하셔서 내가 먼저 하고 너희 아버지는 내 뒤를 따랐던 바

8 오늘날 나를 이런 자리에 이런 일을 맡기고…, 내가 밥을 제대로 먹느냐, 잠을 제대로 자느냐. 너희들이 잘 알지 않느냐!

9 너희 아버지는 친구와 어울려 어디로 놀러 간 것밖에 안 되느니라." 하시고

10 대성통곡하시며 "너희들 모두 듣거라. 내가 갔다 다시 올지 모르겠다." 하시니 성도들도 모두 통곡하니라.

11 이어 태모님께서 어진을 모신 방문을 열어젖히고 상제님의 어진을 향하여 "가려면 갑시다. 어서 갑시다." 하시니

12 성도들이 태모님께서 어진을 모시고 어디로 가실까 싶어 문을 막으며 만류하니 "그것이 아니다." 하시고 방에 들어가시더니 눕자마자 코를 골며 주무시는데

13 성도들은 태모님께서 어디론가 떠나실까 싶어 며칠 동안 밤낮으로 염려하니라.

성모님의 이질을 고쳐 주심

231 태모님께서 조종리에 계실 때 한동안 성모 박씨께서 와 계시더니

2 이 해 정월에 이르러 성모께서 이질(痢疾)을 앓다가 마침내 부종(浮腫)을 이루어 심히 위독하신지라

3 태모님께서 박종오에게 명하여 "사물탕 한 첩을 지어 오라." 하시고 모과 세 돈을 함께 넣어 모친의 머리맡에 두시니 그 병이 곧 나으니라.

성모님의 앞길을 닦아 주심

4 하루는 태모님께서 성도들이 보는 앞에서 성모님의 머리채를 잡고 "이년의 가시내, 이년의 가시내!" 하시며 마구 흔들어 내두르시니

5 이는 전생과 현생에서 지은 성모님의 죄업을 벗기고 척신을 물리치시어 앞길을 닦아 주심이더라.

너희들은 모를 일이로다

232 3월에 장연 마을 강봉삼의 아내와 김형대의 아내가 이용기와 함께 태모님을 찾아와 뵈니

2 태모님께서 두 여인에게 "글 좀 읽어라." 하시거늘 두 여인이 한참 글을 읽다가 갑자기 서로 부둥켜안고 뒹굴며 싸움을 하는지라

3 태모님께서 "그리들 말지라." 하고 말리시니 두 사람이 싸움을 멈추고 심히 부끄러워하거늘

4 봉삼의 아내에게 물으시기를 "무슨 일로 그리하였는고?" 하시니 "모르겠사옵니다." 하고 대답하니라.

5 이에 말씀하시기를 "너희들은 모를 일이로다." 하시고 "지성으로 수행하면 너희 가장의 신병(身病)이 나을 것이니라." 하시므로

6 두 사람이 그제야 깨닫고 집에 돌아와 지성으로 수행하니 과연 남편의 병이 완쾌되니라.

충청도 계룡산 기운 : 도백지지도 멀다

233 3월 초순 경에 하루는 태모님께서 성도들에게 말씀하시기를 "심심하다. 너희들 중에서 누가 이야기라도 하나 하려무나." 하시니

2 남상돈이 아뢰기를 "충청도 계룡산에 정씨(鄭氏)가 도읍을 정하여 등극한다는 말이 있습니다." 하니라.

3 태모님께서 듣고 웃으시며 "조왕신들은 모두 물러가라." 하시어 여신도들을 내보내신 후에

4 상돈에게 명하시어 "중의와 적삼을 벗어라." 하시고 이르시기를 "미친 사람은 옷을 벗고 다니는 것이니라. 상돈아, 바깥으로 나서라." 하시므로 상돈이 뒷마루에 나가 서 있으니

5 다시 명하시기를 "야, 미친놈아! 보기도 싫으니 너희 집으로 가거라." 하고 내쫓으시거늘 상돈이 옷을 벗은 상태라 가기를 주저하니라.

6 이에 태모님께서 매를 들고 내쫓으시니 상돈이 나가서 도장을 서너 바퀴 돌다가 다시 방으로 들어와 상제님 어진 앞에 엎드려 빌거늘

7 태모님께서 매를 놓으시고 이르시기를 "어디 계룡산을 구경하여 보자." 하시고 뒷마루에서 동북간(東北間)을 향하여 앉으시더니

8 담배를 피우시며 성도들에게 물으시기를 "저 산이 무슨 산인고?" 하시는지라 성도들이 보매 충청도 계룡산이더라.

9 그대로 말씀드리니 태모님께서 "어디 보자." 하시므로 여러 성도들

태모

233:10 이 때 어떤 성도는 마술이 아닌가 하고 의심했다 한다.

233:11 도백지지. 감사(監司)가 머무르며 정사를 보는 감영(監營)이 있던 곳으로, 지금의 도청 소재지를 말함.

이 태모님을 따라 다시 쳐다보니

10 계룡산이 5리쯤으로도 보이고 10리쯤으로도 보이며 그렇게 여러 번 반복하여 보이거늘

11 태모님께서 다 보신 뒤에 말씀하시기를 "잘 누르면 도백지지(道伯之地)도 장차 멀다." 하시니라.

치병에 부채를 사용하라

234 이 달 15일에 김제군 청하면 장산리(靑蝦面 壯山里)에 사는 유병선(劉秉善)이 스물한 살 때부터 복통을 앓다가 마침내 사경에 이르거늘

2 가전 마을 김도성화와 조승기(趙承基)의 모친 정실생화(鄭實生花)가 태모님께 이 사실을 아뢰니

3 태모님께서 말씀하시기를 "너희들이 치병을 하되 부채를 사용하라." 하시므로

4 두 사람이 치성을 올리고 기도할 때에 부채를 들고 시행하였더니 그 병이 자연히 완치되니라.

젖줄을 통하게 하고 독종을 고쳐 주심

235:1 문명수(文明洙, 1896~1974). 본관 남평(南平). 족보명 기석(己石), 본명 판금(判金), 명수는 자(字). 부인 이순금, 아우 문기수 내외와 함께 신앙하였다. 조석으로 물 길어다 청수 올리고 주문을 읽었다. 오성산 도장을 완공하는 데 많은 기여를 하였다.(문명수 성도의 장녀 문양례 증언)

235:1 이순금(李順金, 1897~1974). 본관 전주(全州),

235 옥구군 임피면 술산리(臨陂面 戌山里)에 사는 문명수의 아내 이순금(李順金)이 딸 화순(化順)을 낳으면서부터 젖이 나오지 않으매

2 그 딸이 피골이 상접하고 또 배에 독종(毒腫)이 나서 죽게 된지라 순금이 아이를 데리고 태모님께 와 뵈니

3 물으시기를 "어찌하여 이렇게 말랐느냐?" 하시거늘 순금이 "젖이 없어서 그러합니다." 하고 아뢰니라.

4 태모님께서 "그러면 데리고 가거라." 하시고 "매암, 매암." 하시며 아이를 업혀 주신 다음 "독종에는 개 쓸개를 먹이라." 하시더니

5 순금이 집으로 돌아가는 도중에 젖줄이 통하여 젖이 넉넉하여지고 또 딸에게 개 쓸개를 먹이매 독종도 즉시 완치되니라.

복록과 수명을 고르게 베풀어 주심

236 3월 25일에 태모님께서 치성을 봉행하신 후 남녀 신도 수십 명을 소집하여 말씀하시기를

2 "모든 것이 칠성에게 매여 있으니 중천 공사(中天公事)를 조정(調定)하

리라.” 하시고

3 “선천에는 창생의 수명(壽命)을 명부(冥府)에서 결정하였으나 후천에는 중천신계(中天神界)에서 책임을 맡아 균일하게 결정할 것이요

4 복록은 천지에서 평등하고 넉넉하게 정하여 후천 오만년 동안 끊이지 않고 베풀게 할지라.” 하시며

5 하늘을 향해 “중천신! 중천신! 중천신!” 하고 중천신을 부르시니

6 구름이 마치 머리를 숙이고 영(令)을 받드는 사람의 형상을 하고 있더라.

살고 죽는 판단은 중천신이 하니

7 하루는 태모님께서 말씀하시기를 “칠성경을 많이 읽어라.” 하시고

8 “살고 죽는 판단은 중천신이 하니, 중천신에게 빌어야 조상길이 열리느니라.” 하시니라.

9 또 말씀하시기를 “상제님께서 임인년에 명부 공사(冥府公事)를 보실 때 선천 명부 물리치고 후천 명부를 다시 정했느니라.” 하시니라.

일심으로 수련을 행하니

237 26일 태모님 성탄절에 이용기가 익산군 왕궁면 쌍제리 오룡동(王宮面 雙提里 五龍洞)에 사는 김도봉의 모친 박오용(朴五用)과 해전리에 사는 정덕근의 모친 조씨(曺氏)와

2 또 이판성(李判聲)의 모친 하씨(河氏)와 박정옥(朴正玉)의 아내 전춘옥(全春玉)과 동행하여 태모님을 찾아뵈니라.

3 이 때 태모님께서 박오용에게 “의복을 벗어라.” 하시고 가슴에 있는 검누른 점을 보시며 이르시기를 “잘 닦아 보아라.” 하시므로

4 오용이 집으로 돌아가서 일심으로 수련을 행하니 얼마 지나지 않아 여러 해 된 가슴앓이가 완치되니라.

자식이나 많이 낳아야겠구나

5 이어 태모님께서 전춘옥에게 남편의 성명을 물으시고 “가장이 몇 형제나 되느냐?” 하시니 춘옥이 대답하기를 “삼대 독신입니다.” 하거늘

6 태모님께서 “그럴 수 있느냐?” 하시고 “너는 자식이나 많이 낳아야겠구나.” 하시더니

7 이 뒤에 춘옥이 계속하여 아들 4형제와 딸 하나를 더 낳아 모두 6남 2녀를 두게 되니라.

임피 출생. 1911년에 혼인하여 6남 4녀를 낳았다.

236:5 중천신. 칠성경에 있는 중천대신을 말씀하신 것이다.

236:9 명부 공사. 4편 4장 참조.

237:1 태모님 성탄절. 태모님 재세 시에는 보통 사람들의 생일과 같이 성탄절을 지내시고 성도들도 많이 모이지 않았다. 선화하신 이후에 비로소 치성의 형태로 성탄치성을 봉행했다. (이우인, 김순자 증언)

237:2 박정옥(朴正玉, 1890~1953). 본관 밀양. 완주군 삼례읍 해전리 출생. 태모님의 공사로 아내 전춘옥(全春玉) 성도와의 사이에 6남 2녀를 두었다.

지성이라야 하느니라

8 또 이판성의 모친 하씨에게 성명과 자식의 유무를 물으시매 "아들 하나뿐입니다." 하고 아뢰니

9 태모님께서 이르시기를 "지성(至誠)이라야 자식을 두고 볼 것이다." 하시거늘

10 하씨가 집으로 돌아가 지극 정성으로 음식을 마련하여 치성을 올리고 수행하니 그 후로 1남 1녀를 더 두니라.

헛된 도통 공부를 경계하심

238 27일에 태모님께서 남상돈에게 말씀하시기를 "너는 도통을 지극히 원하느냐?" 하시며 "원치 말라!" 하시고

2 "지성으로 신심(信心)만 가지면 자연히 열리나니 허황(虛荒)한 마음을 갖지 말라." 하시거늘

3 그 후 상돈이 어떤 사람의 유인으로 용담(龍潭) 산중의 한 술객에게 속아 '신통(神通)을 하리라.' 마음먹고 그곳에 가서 공부하더니 돈만 많이 잃고 돌아와 크게 후회하니라.

4 후에 상돈이 태모님을 찾아뵈니 꾸짖어 말씀하시기를 "일전에 내가 말하였는데 깨닫지 못하고 그랬느냐." 하시며 "할 수 없다." 하시고

5 성도들에게 이르시기를 "야, 꼭 두고 보아라. 신출귀몰(神出鬼沒)한 사람이 많이 나와 재주들을 부릴 것이니 돌리지 말라." 하시니라.

마음을 잘 닦고 상제님을 섬겨야

239 태모님께서 성도들에게 말씀하시기를 "마음을 잘 닦으라." 하시고

2 "마음 불량한 놈은 병으로 솎으리니 오방신장 늘어서서 신명맞이할 때 너희들 정신차리기 어려우리라." 하시니라.

3 또 말씀하시기를 "장차 후천을 당하여 닦지 않은 자는 죽이지는 않으나 신명들이 다 알고 목덜미를 잡아 끌어내느니라.

4 평소에 거짓말하지 말고 본심을 잘 지켜라. 태을주를 열심히 읽고 상제님을 잘 섬겨야 좋은 세상을 보게 되느니라." 하시니라.

5 태모님께서 종종 성도들에게 일러 말씀하시기를 "후천을 가려면 먼저 나를 버리라." 하시니라.

삼신을 옮겨 자손줄을 내려 주심

240 조종리 강재용(姜再容)이 나욱녀(羅旭女)와 혼인하여 5남매를

240:1 강재용(姜再容, 1900~1973).

두었으나 이질로 모두 잃고, 그 후 금실이 **좋지 못하여** 자식 생산을 폐하였더니

2 4월 경에 태모님께서 재용의 집에 이르시어 마당에 누워 있는 수캐의 꼬리를 밟으시니 개가 태모님의 다리를 물어 피가 흐르는지라

3 태모님께서 돌아오시어 다리를 물에 담그고 독혈(毒血)을 **빼며** 말씀하시기를 "내가 독기(毒氣)를 대신 빼어서 재용 부부의 불화를 풀어 주리라." 하시고

4 박서욱(朴瑞旭)을 불러 이르시기를 "너는 이미 아들을 두었고 또 늙었으니 아들을 그만 낳고 삼신(三神)을 재용에게 옮겨 주라." 하시니라.

5 이에 서욱이 "그리하겠습니다." 하니 태모님께서 재용을 안방에 들게 하시고

6 또 한편으로는 강원섭으로 하여금 서욱을 데리고 재용에게 가서 "내 삼신을 그대가 받아서 귀한 아들을 낳으라." 하고 말하게 하시니

7 이로부터 부부가 화락하여 이듬해 2월에 재용의 아내가 아들을 낳으니라.

난산중인 산모를 순산하게 하심

8 한번은 한 산모가 난산으로 심한 고통을 겪다가 아이를 낳지 못하고 죽게 생겼거늘

9 태모님께서 그 산모의 배를 어루만지시니 순간 고통이 멎고 순산을 하니라.

10 하루는 태모님께서 말씀하시기를 "삼신은 낳고 칠성은 기르느니라." 하시니라.

김시용 아내의 부증을 치유케 하심

241 익산군 왕궁면 온수리 온수동(溫水洞)에 사는 김시용(金時用)의 아내가 부종(浮腫)으로 2년을 고통 속에 지내거늘

2 하루는 이용기가 태모님의 명을 받고 가서 밥과 쌀겨와 엿기름을 이겨 환부에 붙이고 **치성**을 모시니 그 병이 완치되니라.

치병할 수 있도록 신도를 열어 주심

3 또 쌍제리 오룡동에 사는 김도봉의 부친 김경칠(金京七)이 우연히 병을 얻어 백약이 무효하여 사경에 이르거늘

4 용기가 이 사실을 아뢰니 태모님께서 "네 의사 대로 처리하여 보아라." 하시니라.

5 이에 해전리에 사는 정덕근과 함께 환자의 집에 찾아가 주문을 읽

본관 진주. 강휘만 성도의 조카(형 강휘찬의 차남). 강재용 성도의 외도로 인하여 나숙녀(1902~1980)와 금실이 좋지 못하다가 태모님의 공사로 아들 둘을 두었다.

강재용
(1900~1973)

240:4 삼신. 자손줄을 태워 주는 신명. 태모님께서 말씀하신 삼신을 체험한다면 천지생명의 조화 기틀을 깰 수 있다.

241:3 김도봉(金道鳳, 1907~1976). 본관 경주(慶州). 모친 박오용(朴五用)과 함께 신앙하였으며 태모님의 명으로 대

홍리에서 싸전을 운영하였다. 11편 294장 참조.

김도봉
(1907~1976)

242:1 의통 기운을 붙여. 이용기 성도는 태모님께서 의통을 열어 주신 이후로 치병 능력이 뛰어나 많은 병자를 고쳤다. 또 신도가 크게 내리면 다른 사람에게 신도를 넘겨주어 치병케도 했다. 길을 가다가도 "이 집으로 들어가자." 하여 들어가면 반드시 병자가 있었다고 한다. 태모님 선화 후에는 여러 지방을 돌아다니며 치병을 했는데 충남 안면도, 경남 거창, 함안까지도 갔다고 한다.

243:1 두풍. 중풍 증세가 머리에 나타난 현상.

어 주니 약을 쓰지 않고도 자연히 완쾌되거늘

6 이것은 태모님께서 용기로 하여금 뜻하는 대로 치병할 수 있도록 신도(神道)를 열어 주심이더라.

용기에게 의통 기운을 붙여 주심

242 이후로 태모님께서 신도를 다스려 치병할 일이 있으면 주로 용기를 찾으시고 의통 기운을 붙여 주시며 "너, ○○에 가 봐라." 하시거늘

2 용기가 태모님께서 명하신 곳에 가 보면 반드시 그 집에 치병할 환자가 있더라.

3 이 때 용기가 신도가 열려 병자의 조상 선령신을 다 보고 또 어떤 신명 조화로 병을 앓게 되었는지 환히 알게 되거늘

4 상제님과 수부님 전에 치성을 올린 후 환부에 손을 대고 주문을 읽으면 모든 병자들이 즉시 나아 일어나므로 사람들이 용기를 '신인' 이라 부르니라.

용기가 치병하러 다닐 때

5 용기는 아픈 사람이 있다는 말을 들으면 밤낮을 가리지 않고 어디든지 달려가거늘

6 병자의 집에 도착하면 치병하기 전에 반드시 먼저 병자로 하여금 음식을 마련하여 치성을 올리게 하는데

7 혹 병자가 가난하여 제수를 마련하기 어려우면 자기 주머니를 털어 치성비를 대 주고

8 누구에게도 일절 사례금을 받지 않으며 없는 사람들 병 고치는 데 열성을 다하니라.

부모가 이르는 말을 잊지 말라

243 익산 행정 마을에 사는 김원명이 두풍(頭風)으로 인하여 한쪽 눈은 보이지 않고 다른 한쪽 눈은 씰룩거리거늘

2 6월 5일에 도장에 찾아오니 태모님께서 보시고 물으시기를 "어찌 눈 하나는 감고 있는고?" 하시매

3 원명이 대답하기를 "두풍으로 인하여 감겨졌나이다." 하니라.

4 이에 태모님께서 "눈을 떠 보라." 하시니 원명이 손으로 눈을 벌려 겨우 뜨거늘

5 태모님께서 "한 눈으로 볼 때와 어떠하냐?" 하시매 원명이 대답하

기를 "손을 떼니 다시 눈이 덮여져 보이지 않습니다." 하니라.

6 태모님께서 말씀하시기를 "눈을 떴으면 감지 마라." 하시고 "부모가 이르는 말을 잊지 말라." 하시니 이로부터 원명의 눈이 자연히 완치되니라.

대순전경의 종통 왜곡 사실을 아심

244 6월 24일에 이상호가 대순전경(大巡典經)을 간행하니 7월에 고찬홍이 책을 가져다 태모님께 올리거늘

2 태모님께서 아무 말씀도 하지 않으시고 담뱃대로 바닥에 놓인 책을 옆으로 휙 밀쳐 버리시니라.

3 이에 성도들이 의아해하며 그 책을 집어다 한쪽 구석에 천으로 덮어 놓으니라.

하늘에서는 진묵밖에 없느니라

4 태모님께서 말씀하시기를 "운장(雲長)과 진묵(震默)은 나의 보필이니

5 상제님과 나의 사략(史略)을 편찬할 사람은 진묵밖에 없느니라.

6 상제님의 응기신(應氣神)은 만수(萬修)요, 나의 응기신은 진숙보(秦叔寶)니라." 하시니라.

염려 말고 다녀오라

245 만경에 사는 서화임(徐化任)의 여섯 살 먹은 손자 재봉이 어느 여름날 담장에 매어 놓은 손수레에 올라가 놀더니

2 갑자기 새끼줄이 끊어지면서 낙상하매 고관절(股關節)이 부러져 다리가 흔들거리는지라

3 병원에 데려 가지도 못하고 버드나무 껍질로 다리를 묶은 후 접골약으로 좋다는 구리와 산골을 갈아 먹였으나

4 한 달이 지나도록 차도가 없고 설상가상으로 경풍까지 일으켜 잠을 자다가도 놀라서 깨어나 울거늘

5 화임이 태모님께 와 뵙고 아뢰기를 "제 손자아이가 다리가 부러져 심히 고통받고 있나이다." 하니라.

6 태모님께서 박종오에게 일러 말씀하시기를 "네가 가서 보고 오너라." 하시니

7 종오가 아뢰기를 "제가 의술을 알지 못하여 가 보아도 별 도움이 못 될까 하나이다." 하니 "염려 말고 다녀오라." 하시니라.

8 이에 종오가 하는 수 없이 한 성도와 함께 화임을 따라가 손으로

244:1 『대순전경』을 간행. 이상호가 수집한 성적을 동생 성영이 정리, 편집하였는데 태모님에 대한 종통 전수 내용은 단 한 마디도 없다. 부록 '기존 기록의 한계와 문제점' 참조.

244:2 당시 성도들은 이상호 형제와의 마찰이 두려워 그날 일을 돌려서 말하곤 했다.(이우인 씨가 고민환 성도의 장남, 재정으로부터 직접 듣고 증언한 내용)

244:3 성도들이 태모님께, 『대순전경』을 왜 안 갖고 계신가를 여쭈니 태모님께서 두 손을 쩔쩔 내두르시고, 공사를 보실 때 "이 책에 부정이 들었다."고 경계하셨다. 태모님을 모시던 성도들도 이상호 형제가 태모님께로 가는 도의

서화임
(1878~1947)

그 아이의 다친 다리를 어루만지니 곧 나으니라.

상제님과 수부님께 심고하고 운장주를 읽으니

246 하루는 화임의 아들이 학질에 걸려 한기(寒氣)를 느끼며 오들오들 떨고 있거늘

2 화임의 아내 강씨(康氏)가 신안으로 보니 학질 귀신이 아들 곁에 앉아서 열심히 부채질을 하고 있는지라

3 강씨가 상제님과 수부님께 심고하고 운장주를 읽으니 그 귀신이 주문 기운을 못 이겨 이쪽저쪽으로 펄쩍펄쩍 뛰며 고통스러워하다가

4 마침내 아들의 입술을 쥐어뜯고 도망을 가매 입술이 부르트면서 학질이 나으니라.

오성과 오성산신을 치하하심

247 태모님께서 해마다 7월 칠석(七夕)치성을 성대히 봉행하시니 보통 3,400명의 성도들이 참석하니라.

2 이 해 칠석절에 태모님께서 치성을 봉행하신 후 성도들에게 명하시기를 "오성산에 공사가 있어 가리니 행장(行裝)을 준비하라." 하시고

3 다음날 이근목, 강사성, 전준엽, 강원섭, 김내원, 고찬홍 등 성도 10여 명을 거느리고 출발하시어 옥구 고민환의 집에 거처를 정하시니라.

4 그 날 밤 마당에 자리를 마련하여 동서남북과 중앙에 각기 등(燈)을 밝히시고 오성위(五聖位)와 산신위(山神位)를 설위하여 술상을 성대히 차리게 하신 다음

5 성도들로 하여금 진법주 삼칠독과 진액주 49독을 송주케 하시니라.

6 이어 태모님께서 술을 부어 산신에게 권하며 말씀하시기를 "천지의 무궁한 무극대도(無極大道)를 창건하는 역사(役事)에 협력하여 주니 고맙다." 하시고

7 두어 시간 후에 전송하는 예(禮)를 행하시니라.

나의 자취를 남기고 가리라

8 이 때 그 마을 사람 강만덕(姜萬德)이 참관하니, 만덕이 왼쪽 다리를 다쳐 건각증(蹇脚症)으로 보행이 힘들거늘

9 태모님께서 만덕을 불러 앞에 세우시고 그 연고를 물으시니 "몇 년 전에 큰 돌을 운반하다가 뼈가 부러져 다리를 절게 되었나이다." 하고 아뢰니라.

10 이에 태모님께서 말씀하시기를 "내가 이곳에 와서 아무런 증거도 없이 그냥 갈 수 있나." 하시며 "이것으로나 표(表)를 하리라." 하시고

11 만덕의 상한 다리를 위아래로 어루만지시며 "이로부터 나으리라." 하시니 며칠 후에 그 다리가 깨끗이 나으니라.

12 태모님께서 다음날 9일에 출발하시어 군산을 거쳐 조종리로 돌아오시니라.

정읍 왕심리로 가실 준비

앞세상 종자가 되려거든

248 8월 한가위치성을 모신 후에 성도들에게 명하시기를 "내가 이제 정읍에 공사가 있어 가면 장구한 세월이 되겠으니 미리 가서 집 한 채를 사 놓으라." 하시므로

오성산 정상에 모셔진 오성인의 묘. 상제님께서 이 곳 오성산에 대해 "세상이 칭찬할 만한 곳이라." 하시고 남조선배가 잘 정박할 수 있도록 배말뚝 박는 공사를 행하셨다.

247장 오성산에 얽힌 일화. 백제 의자왕 20년(서기 660) 당나라 소정방이 사비성을 공략하기 위해 금강 하구언에 상륙하여 오성산 정상에 오르니 다섯 노인이 장기를 두고 있었다. 소정방이 사비성으로 가는 길을 묻자 다섯 노인이 "내 나라를 침공하려는 적장에게 어찌 길을 일러 주겠는가!" 하고 꾸짖으니 장검으로 다섯 노인의 목을 베었다. 그후 소정방이 뉘우치고 이들의 시신을 거두어 이 산에 장사지내 주었는데 후일 백제인들이 다섯 노인의 뜻을 기리기 위해 묘를 나란히 쓰고 오성인묘(五聖人墓)라 칭하면서 산 이름을 오성산이라고 불렀다.

태모

248:2 왕심리.
현재 정읍시 입
암면 단곡리(丹
谷里) 왕심 마을.
원래는 성신리
(誠信里)였는데
1914년 행정구역
개편 때 왕심리
로 바뀌었다.

2 성도 여러 명이 정읍군 입암면 왕심리(旺尋里)에 가서 다섯 칸짜리 주택을 사 놓으니라.

3 태모님께서 성도들에게 말씀하시기를 "내가 어디를 가더라도 원형이정으로 성경신(誠敬信) 석 자를 일심으로 잘 지켜 수행하라. 찾을 때가 있으리라." 하시고

4 또 말씀하시기를 "수심(修心), 수도(修道)하야 앞세상 종자가 되려거든 충신(忠信)과 진실(眞實)이 제일이라." 하시니라.

도통천지 해원상생

249:1 장점. 배
꼽점 또는 천원
(天元)이라고도
한다. 우리나라
고유의 순장 바
둑은 첫 점을 장
점에 둠으로써
시작한다.

249 21일 추분(秋分)치성에 태모님께서 바둑판을 가져오게 하시어 방 한가운데 놓으시고 장점(丈點)을 두신 후에

2 마당에 자리를 마련하여 제구(祭具)와 청수동이를 놓게 하시고 청수동이 앞에는 술과 포, 감, 매실, 삼씨, 밤, 대추 등을 진설케 하시니라.

3 이어 태모님께서 큰 소리로 외쳐 말씀하시기를

　　天動 地動 人動 萬物合動 所願成就
　　천 동　지 동　인 동　만 물 합 동　소 원 성 취

라 하시며 성도 10여 명으로 하여금 따라 읽게 하시고

4 달을 향하여 담뱃대를 좌에서 우로 두르시니 달무리가 일어나 담뱃대를 따라 돌아가더라.

5 다시 성도들에게 '춘분(春分) 추분(秋分) 하지(夏至) 동지(冬至)'라 읽게 하시니 갑자기 지동(地動)과 천동(天動)이 크게 일어나거늘

6 이에 성도들로 하여금

　　道通天地 解寃相生
　　도 통 천 지　해 원 상 생

이라 읽게 하시니라.

참종자 외에는 모르느니라

250 너희 아버지께서 하시는 일은 이 세상에서 누구하나 알게 하시는 줄 아느냐.

2 천부지(天不知) 신부지(神不知) 인부지(人不知), 삼부지(三不知)이니 참종자 외에는 모르느니라.

3 선천 운수 궁팔십(窮八十) 달팔십(達八十)이요

4 지금 운수 동지(冬至) 한식(寒食) 백오제(百五除)니라.

5 후천 창생 되기도 어려우니 살아 잘되기를 바랄지라.

6 내 일은 되어 놓고 봐야 아느니라.

7 일은 딴 사람이 하느니 조화 조화 개조화(改造化)라.

심통 공부 어서 하라

8 선천에서 지금까지는 금수대도술(禽獸大道術)이요 지금부터 후천은 지심대도술(知心大道術)이니라.

9 피차 마음을 알아야 인화(人和) 극락 아닐쏘냐.

10 마음 닦는 공부이니 심통(心通) 공부 어서 하라. 제가 제 심통도 못하고 무엇을 한단 말이더냐.

11 불(佛)은 선(仙)의 밑자리니라.

도통맥은 사진주로

251 잘 되었네 잘 되었네, 천지 일이 잘 되었네.

2 바다 해(海) 자 열 개(開) 자 사진주(四眞主)가 오신다네.

3 쓸 사람 몇 사람만 있으면 그만이라네.

4 '훔치(吽哆) 훔치(吽哆)'는 신농씨 찾는 도수니라.

서양 신명과 영어로 말씀하심

252 하루는 성도 6, 7명이 태모님을 모시고 주안(酒案)을 마련하여 올리니 태모님께서 잔을 드신 채 갑자기 영어(英語)로 말씀을 하시는지라

2 성도들이 무슨 뜻인지 몰라 망연히 쳐다볼 뿐이더니 태모님께서 몇 시간이 지난 후에 문밖으로 나가 전송하는 예(禮)를 하시고 들어오시어 말씀하시기를

3 "서양 신명이 와서 우호 친선(友好親善)을 하자고 하며 장차 앞날의 애호(愛護)를 간청하므로 승낙하여 보냈노라." 하시니라.

4 이 날 용화동 교단의 임경호가 와 있다가 이 공사를 참관하고 가니라.

구원의 활방, 조선 신명과 통해야 산다

5 태모님께서 말씀하시기를 "장차 세상이 열려 러시아 사람이 조선 사람이 될 판이다." 하시고

6 "앞으로는 외국 신명도 조선 신명과 통(通)해야 일이 되고 조선 신명을 잘 대접해야 하느니라." 하시니라.

251:2 사진주. 상제님 도법의 종통맥을 이루는 도체(道體)로서 천지일월(건곤감리) 사체(四體)를 말한다. 6편 1장 5절 측주 참조.

251:4 이번 가을 대개벽기에 살아날 수 있는 유일한 약은 태을주이기 때문에 백초를 맛보아 구제 창생한 의약의 시조 신농씨를 찾는 도수라고 말씀하신 것이다.

252:5~6 태모님을 모신 박귀녀 성도의 제자 김정녀 씨가 수차례에 걸쳐 구체적으로 증언한 내용.("외국 신명이 안 왔는데

너희들은 공부만 하라

253 천지기술(天地技術)이 깨 쏟아지듯 할 때 너희들은 문 딱 닫고 앉아서 공부만 하라.

2 제 지방 일 제가 하고 앉았으면 신명이 끌려 갈 때 각기 군(郡)과 도(道)와 나라(國)의 경계로 구분되어 나갈 것이라.

3 장막과 경계가 없는 물속의 물고기도 제 노는 곳을 스스로 넘지 못하나니

4 신명도 인사(人事)도 그러하여 사람이 출타하면 지방신(地方神)이 호위하여 가다가 그 경계에 이르면 다른 지방신에게 인계하고 자기 지방으로 돌아가느니라.

지방 산신이 지방신

5 각 지방의 산신(山神)이 그 지방을 맡나니 곧 지방신이요

6 지방 기지(基址)를 맡은 신은 기지신(基址神)이니라.

7 또 지방법(地方法)을 맡은 신은 집법신(執法神)이요, 가옥을 맡은 신은 가보신(家保神)이니라.

묻기만 하면 네 일은 언제 하려느냐

254 태모님께서 하시는 말씀과 공사 내용은 마음속으로 깊이 생각하여 그 뜻을 스스로 깨달아야지

2 만약 그 이유를 자꾸 여쭈면 "너, 알아서 뭐 할래?" 하시며 상세히 일러 주지 않으실 뿐더러

3 담뱃대로 사정없이 치시며 꾸짖으시기를 "너희들이 깨치라. 무슨 일이든지 네 스스로 깨쳐 알아야 할 것이거늘

4 사사건건 남에게 묻는 것을 언습으로 삼으면 네 일은 언제 하려 하느냐." 하시며 의뢰심을 경계하시니

5 어느 누구도 감히 쉽게 여쭈어 볼 생각을 못하니라.

일심만 가지면 자연히 열리나니

255 하루는 김내원이 찾아와 태모님께 문안을 드리고 나서 의통(醫通)을 여쭈니

2 태모님께서 일러 말씀하시기를 "일심만 가지면 자연히 열리나니 너희도 다 기운을 받을 수 있느니라." 하시니라.

의통이 열려 치병에 신통을 얻으니라

3 내원이 다시 여쭈기를 "지금이라도 일을 하는 데는 의통을 가져야

하겠나이다." 하니

4 태모님께서 "그러하리라." 하시며 "일심으로 나에게 심고하라." 하시니라.

5 이로부터 내원이 의통이 열려 치병에 신통(神通)을 얻으니라.

한숨 쉬는 버릇을 고쳐 주심

256 백구면 가전 마을에 사는 오수엽(吳守燁)의 장남 흥률(興律)이 어린 나이에도 자꾸만 한숨을 쉬는데 고쳐질 기미가 전혀 보이지 않더라.

2 하루는 흥률이 그의 부모를 따라 도장에 와서 유일태의 아들 병구(秉玖)와 함께 장난을 치면서 뛰어놀다가 또 한숨을 쉬거늘

3 태모님께서 흥률을 보시고 "저게 누구 자식이냐?" 하며 호통을 치시니

4 수엽 내외가 흥률이 큰 잘못을 저질렀는가 싶어 태모님께 달려와 무릎을 꿇고 "제 자식입니다." 하고 아뢰니라.

5 이 날 태모님께서 호통치신 이후로 흥률의 한숨 쉬는 버릇이 자연히 고쳐지니라.

단명할 아이의 수명줄을 늘여 주심

6 만경에 사는 서화임 내외가 어린 딸 금녀의 사주(四柱)를 알아보니 단명할 운이라 하므로 내심 크게 걱정하거늘

7 하루는 치성을 맞아 금녀를 데리고 도장에 오니 태모님께서 금녀를 방으로 불러들여 머리를 쓰다듬어 주시고

8 들고 계시던 긴 담뱃대에 불을 붙여 손에 쥐어 주시며 한참 동안 앉아 있게 하신 후에

9 갑사(甲紗)로 붉은 저고리와 검은 치마를 지어 입혀 주시니 금녀가 건강하게 오래 사니라.

덕은 음덕이 크니라

257 다른 사람에게 공덕(功德)을 베풀었을지라도 그 대가를 받으려고 생각하면 덕(德)이 되지 못하며

2 번거로운 소리를 내면 그 또한 덕이 사라지나니 덕은 음덕(陰德)이 크니라.

3 너희 아버지가 이 세상에 오시어 인간사업 하고 가셨느니라.

4 이 덕 저 덕 다 버리고 음덕 하나 보내노니

5 너희가 아버지를 따라야 할진댄 음덕을 주장하라.

오수엽
(1894~1962)

256:1 오수엽(吳守燁, 1894~1962). 본관 해주(海州). 족보명 진엽(眞燁). 유일태 성도와 같은 마을에 살았으며, 조종리 도장에서부터 부인 김철순(金哲順) 성도와 함께 신앙하였다.

256:1~5 오흥률(1924~ , 서울 거주) 씨가 직접 증언한 내용.

서금녀(1920~)

256:6~9 서화임 성도는 막내딸의 명줄이 짧다고 하여 '금

녀'를 수대(壽 大)로 개명하여 족보에 올렸 다.(서금녀 증언)

256:8 담뱃대. 태모님께서 "담 뱃대에는 칠성 (七星) 기운이 붙 어 있다."고 하 신 말씀처럼 그 기운을 취하시어 수명줄을 늘여 주신 것이다. 11 편 409장 참조.

256:9 붉은 저고 리와 검은 치마. 붉은 색은 불(火) 기운을, 검은 색 은 물(水) 기운을 상징한다. 즉 천 지 생명의 원천 인 수화 기운이 다.

6 남이 좋고 나머지 차지가 많으니라.

상제님 세상이 가깝구나

258 하루는 태모님께서 성도 수십 명을 거느리고 공사를 행하시다 가

2 갑자기 성도들에게 물으시기를 "미륵불이 보이느냐, 안 보이느 냐?" 하시니 성도들이 "보이지 않습니다." 하고 대답하니라.

3 잠시 후 태모님께서 다시 "저 산이 무슨 산이냐?" 하고 물으시므로 모두 바라보니 익산 미륵산(彌勒山)이 조종산(祖宗山) 옆에 와 보이 거늘

4 자세히 보니 암석뿐만 아니라 수목의 가지와 잎사귀까지 완연히 보이더라.

5 이에 성도들이 "미륵산입니다." 하고 아뢰니 말씀하시기를 "도술 (道術)이란 이런 것이로다." 하시고

6 "미륵불의 시대가 가을 운도(運度)라. 상제님 오실 때가 가까웠구나!" 하시니라.

일꾼을 많이 기르라

259 증산(增産)하여야 산다.

2 증산(甑山)이 증산(增産)이니라.

3 법은 서울로부터 퍼지나니 증산하여야 산다.

4 백대일손(百代一孫)이 백대일순(百代一淳)이니

5 신농씨부터 백대일순이니라.

사람은 천지의 동량

6 하루는 태모님께서 녹사를 시켜 기록하게 하시니 이러하니라.

7 棟樑　天人　天天地
　　동량　천인　천천지

　　地人　地天地
　　지인　지천지

　　人人　人天地
　　인인　인천지

언제쯤이나 균형이 잡힐꼬

260 하루는 태모님께서 성도 수십 명을 거느리고 공사를 행하실 때

2 담뱃대 여러 개를 한군데에 모아 새끼줄로 묶어서 출입문에 매달

아 놓으시고

3 그 한쪽 끝에 저고리와 치마를 걸어 놓으시니 한쪽으로 기우는지라

4 태모님께서 손으로 저고리와 치마를 때리며 말씀하시기를 "언제쯤이나 균형이 잡힐꼬!" 하시니 수삼 일이 지나자 비로소 고르게 되니라.

5 태모님께서 "이제 되었다." 하시고 "이는 세계 평정(世界平正) 공사라." 하시니라.

동서양 운세가 서로 바뀌리라

261 태모님께서 말씀하시기를 "지금은 서양이 잘살지만 나중에는 동양이 잘살게 되느니라." 하시고

2 "조선과 미국은 운세가 서로 바뀌리라." 하시니라.

옥구 일부와 김제 만경은 육지 된다

3 하루는 태모님께서 말씀하시기를 "옥구 앞을 흐르는 만경강이 막혀서 농토로 바뀔 것이다." 하시고

4 또 만경 쪽을 가리키며 말씀하시기를 "옥구 일부와 김제 만경은 덮평이 공사가 있어 저쪽은 앞으로 다 육지가 된다." 하시니라.

261:4 덮평이 공사. 태모님께서 말씀하신 대로 1960년도부터 이곳은 간척 사업이 활발하게 이루어졌고 지금은 새만금 간척 사업이 진행 중이다.

운수 보소, 질병목의 운수로다

262 자웅을 누가 알랴, 오지자웅(烏之雌雄)을 누가 알랴.

2 희고 검은 것을 어이 알리오.

3 아는 자는 알고 모르는 자는 모르느니라.

4 삼팔목(三八木)이 들어 삼팔선이 웬일인고!

5 삼일(三一)이 문을 열어 북사도(北四道)가 전란(戰亂)이라.

6 '어후' 하니 '후닥닥', '번쩍' 하니 '와그락', 천하가 동변(動變)이라.

7 운수 보소, 운수 봐. 질병목의 운수로다.

8 천지조화가 이 아닌가.

9 단주수명 우주수명.

앞으로 대개벽이 올 때는

263 태모님께서 여러 성도들에게 말씀하시기를 "앞으로 천지개벽을 한다." 하시고

2 "이 뒤에 상씨름판이 넘어오리니 그 때는 삼팔선이 무너질 것이요, 살 사람이 별로 없으리라." 하시니라.

3 또 말씀하시기를 "장차 바다가 육지 되고, 육지가 바다 되는 세상을 당

263장 박 귀녀 성도의 제자 김정녀 증언. 김정녀 씨는 13세 때 횟배를 앓은 적이 있었는데 박 귀녀 성도가 주

김정녀(1925~)

263:5 장이 썩고.
병겁으로 인해
수많은 사람이
죽어 그 송장이
썩는다는 말씀.

하리라.

4 인종씨를 추릴 때는 병으로 다 쓸어 버릴 것이니 십 리 안에 사람 하나 볼 듯 말 듯하게 되느니라.” 하시고

5 이어 말씀하시기를 “개벽이 되면 군산은 모지라진 빗자루가 석 자루 서고, 인천(仁川)은 장이 썩고, 부산(釜山)은 백지(白紙) 석 장이 뜨느니라.

6 또 서울은 피가 석 동이요, 전주(全州)는 콩나물이 석 동이니라.” 하시니라.

태을주가 항상 입에서 뱅뱅 돌아야

7 태모님께서 성도들에게 말씀하시기를 “인종씨를 추릴 때 여간 마음 먹고 닦아서야 살아날 수 있겠느냐?” 하시고

8 “태을주를 많이 읽어라. 밤이나 낮이나 밥 먹을 때나 일할 때나 항상 태을주가 입에서 뱅뱅 돌아야 하느니라.” 하시니라.

장차 병란을 당하면 태을주로 살려라

264 하루는 태모님께서 말씀하시기를 “앞으로 세상이 병란(病亂)으로 한번 뒤집어지느니라.” 하시고

2 “장차 이름 모를 온갖 병이 다 들어오는데, 병겁(病劫)이 돌기 전에 단독(丹毒)과 시두(時痘)가 먼저 들어오느니라.

3 시두의 때를 당하면 태을주를 읽어야 살 수 있느니라.” 하시니라.

4 또 말씀하시기를 “병겁이 들어오면 시체를 쇠스랑으로 찍어내게 되리니

5 그 때는 송장을 밟고 다니며 태을주를 읽어 죽은 자를 살리느니라.” 하시고

6 “앞으로 만병이 들어오면 조선의 세상이 되느니라.” 하시니라.

새 천지가 다시 나오네

265 무공선(無空船)이란 지구의 별칭이니라.

2 남만리(南萬里) 서만리(西萬里) 북만리(北萬里), 삼만리(三萬里) 지구가 삼백 길 위로 솟아

3 조선(朝鮮) 동갑 되는 땅덩이가 둥둥 떠오네.

4 동서양 인종이 다 살아도 터가 남는구나.

5 도(道)는 도 대로 되고, 군(郡)은 군 대로 되고, 면(面)은 면 대로 되고

6 새 천지(天地)가 다시 나오네. 재개차사(再改此事) 하소.

265:6 재개차사.
자신의 묵은 기

대신명이 오고 가니

266 태모님께서 평소 도장의 앞마당에는 어느 누구도 얼씬거리지 못하게 하시니

2 성도들이 대문 안에 들어서면 정면 마루로 들어가지 않고 돌아서 뒷문으로 출입하니라.

3 이는 대신명(大神明)이 오고 가는데 방해가 되기 때문이거늘

4 만일 누가 그 앞으로 지나가면 보시지 않고도 "그 앞에 어떤 놈이 지나가느냐!" 하고 호통을 치시니

5 간혹 앞마당을 그냥 지나간 신도는 집에 돌아가서 크게 앓으니라.

음모 꾸미는 청국 신명을 추방하심

6 하루는 태모님께서 갑자기 허공을 향하여 **중국말**을 하시므로 성도들은 그 사정을 몰라 어리둥절하여 앉아 있더니

7 잠시 후에 말씀하시기를 "청국 신명(淸國神明)이 와서 국정(國政)에 대한 음모를 꾸미므로 내가 추방하였노라." 하시니라.

운과 죄업을 씻고 다시 태어나 천하사에 임하라는 말씀.

천지공사를 대행케 하심

267 하루는 태모님께서 옥구군 서수면 서수리(瑞穗面 瑞穗里) 용전(龍田) 마을에 사는 이진묵의 아내 고춘자(高春子)에게 말씀하시기를

2 "신도(神道)로써 천지공사를 행하자니 노고스러울 때가 많다." 하시고 "이제는 네가 내 대신 공사를 행하여 나의 노고를 덜라." 하시니

3 이로부터 춘자가 문득 신도를 통하여 천지공사를 대행하는데 신도와 인사(人事)를 일일이 법도에 부합하게 처결하는지라

4 태모님께서 크게 칭찬하시며 말씀하시기를 "신술묘법(神術妙法)이 시대를 따라 응함이 이와 같으니라." 하시니라.

잘 닦으면 그 신명 그대로 오느니라

5 태모님께서 말씀하시기를 "너희들의 아버지는 문장을 쓸 때 문장신(文章神)을 불러 쓰시고

6 영웅을 쓸 때 영웅신(英雄神)을 불러 쓰시어 사람이 일을 행하게 하셨으니

7 우리 후생(後生)도 잘 닦으면 그 신명(神明) 그대로 오느니라." 하시니라.

태모

태모님의 천지공사 연대표

천지공사 시작

| 신농씨 도수를 붙여 비 내리게 하신 공사 |
| 천하 창생의 죄를 대속하심 |
| 조왕 공사 (여성 포교 공사) |
| 온 인류의 어머니로 부르게 하심 |
| 칠성용정 공사 |
| 십이제국의 운도를 뽑아 쓰는 공사 |
| 인류의 구원과 행복을 기도하심 |
| 미륵불 갱생 공사 |

| 산을 불러 공사 보심 |
| 오성산 은둔 공사 |
| 남조선배 공사 (성주와 현인군자를 모셔오는 일) |
| 이마두 대성사를 치하하심 |
| 상제님의 묘각에 가시어 보신 공사 |
| 육임 구호대 도체 조직 공사 |
| 참일꾼 추리는 공사 |

| 도통 전수의 맥 공사 |
| 세계 창생의 복록을 비심 |
| 일본 지령 걷는 공사 |
| 망량신 도수 |
| 만민의 선악 감찰 공사 |
| 수농부 도수를 붙여 비를 내려 주심 |
| 태자(太子) 도수 |
| 인마(人馬) 공사 |
| 강태공 성군 만나는 공사 |
| 통정신 공사 |
| 약장과 법궤의 기운을 뽑아 쓰신 공사 |
| 삼도합일의 운도를 새롭게 하는 공사 |

| 상제님 어진 봉안 공사 |
| 수왕(水旺) 공사 |
| 미륵불 봉영 공사 |
| 태자봉 공사 |
| 백만억 불 출세 축원 대공사 |
| 숙구지 공사 |
| 가을 대개벽의 구원 종통 공사 |
| 보천교의 난법 기운을 걷는 공사 |
| 신도와 인도의 어머니 공사 |
| 천하의 난법 기운을 제어하신 공사 |

| 대사업의 근본 조직 기강 확립 공사 |
| 계룡산 정씨 기운 걷는 공사 |
| 중천 공사를 조정하심 |
| 오성과 오성산신을 치하하신 공사 |
| 세계 평정 공사 |
| 덮펑이 공사 |
| 왕심리 도장 이후 |
| 모든 원혼신 해원 공사 |

	도기 56	도기 57	도기 58	도기 59
	1926	1927	1928	1929
	47세	48세	49세	50세

한국사

	6·10 만세 운동(6월)		구월산 단군사당 강제 철거(6월)	광주 학생운동
	1926	1927	1928	1929
	일본 히로히토천황 즉위(12월)	모택동 공산 혁명의 둥지를 틈(10월)	영·중 조약 체결(12월)	세계 경제 공황(10월)

태모

세계사

보천교 순교자 해원
공사

후천 창생 갱소년
공사

인간 세상의 선악
판별 공사

만인의 부모 공사

용화동 도장 이후

도전 성편 공사

인류의 죄업을 대속
하심

보천교의 종국을 고
하는 공사

억조창생의 어머니
로서 대속하심

용화동 계룡산에서
공사 보심

이종할 비를 내려
주심

후천 음양 공사

외국 신명 대접 공사

제2변 도운의 대사
부를 내는 공사

후천 대불 도수와
선천 불교 막장 공사

용봉 종통 도맥 공사

오성산 도장 이후

삼불산 장상 집결
공사

일본 제국주의 하의
한국 백성 구제 공사

개벽기에 억조창생
을 살려내는 공사

태모님 선화 치성
공사

전선필에게 말씀 증
언과 포교의 사명을
내리심

선화하심

60	도기 61	도기 62	도기 63	도기 64	도기 65
0	1931	1932	1933	1934	1935
세	52세	53세	54세	55세	56세

김구 한인 애국
단 조직(10월)

윤봉길 의거(4월)

조선 농지령 공포(4월)
구 한국 특무 독립군 조직(12월)

일본 신사
참배 요구

0	1931	1932	1933	1934	1935

트남 공산당
설성(2월)

만주사변(9월)

만주국 건국(3월)

나치스 일당 독재 확립(7월)

히틀러 총리가 됨(8월)
중국 공산당
대장정(10월)

필리핀
연방공화국성립
(11월)

태
모

신도가 열린 고춘자의 조화

268 고춘자는 태모님께서 신도(神道)를 열어 주신 이후 치병 능력이 뛰어나 많은 사람을 고치니라.
2 하루는 춘자가 소나기가 오는 바깥 샘터에서 옷을 다 벗고 남편 진묵에게 말하기를 "물이나 지어 오라." 하니
3 동네 사람들이 춘자를 미쳤다고 지서에다 고발을 하매 일본 순사들이 찾아오니라.
4 이 때 춘자가 담뱃대를 들고 대나무 밭으로 가서 좌우로 한번 휘두르니 대나무가 마치 칼로 무 자르듯 착착착 넘어가는지라
5 이 모습을 본 순사들이 자지러지게 놀라 도망치더니 다시는 오지 않으니라.
6 이 때부터 호기심이 발동한 동네 사람들이 '잘하면 도통도 할 수 있겠다.' 하고 공부에 매달려 밤새도록 글을 읽으니라.

왕심리로 옮기신 배경

269 태모님께서 병인년에 칠성용정 공사를 보신 이후 고민환을 크게 신임하여 모든 일을 민환에게 위임하시니
2 강응칠과 강사성 등을 주축으로 한 몇몇 조종리 강씨들이 그 동안의 공로와 신앙 경륜을 내세우며 친목단을 조직하여 불만을 토로하다가
3 무진년에 이르러 태모님께서 간부 조직을 새로운 인물로 대폭 개편하시매 노골적으로 반동하며 강응칠은 아예 도문을 떠나니라.
4 그 후 이들은 전혀 개심의 여지가 없이 계속하여 태모님께 불평을 늘어놓고 모략을 하거늘
5 그 동안 태모님을 모시고 '사모님, 사모님' 하며 공사에 수종하던 신앙심은 온데간데없고
6 심지어 태모님께 '이년, 저년' 하며 차마 입에 담지 못할 욕설을 하는데 그 불경함을 말로 다 표현할 수 없더니
7 급기야 도장에서 10여 년 동안 부쳐 오던 소작답 24두락마저 끊어 버리는 등 도장 운영을 하지 못하게 공작을 펴니라.

조종리 도장 재판 사건

8 특히 응칠은 신앙하면서부터 줄어든 가산(家産)이 마침내 바닥나 버리매
9 태모님께 한마디 상의도 드리지 않고 거처하시는 조종리 도장을

자기 명의로 돌려놓고 저당을 잡히거늘

10 성도들이 대신 채무를 갚아 주었으나 끝내는 그 아래 오두막집 주인에게 팔아 버리니라.

11 태모님께서 이런 상황을 모르고 계시다가 오두막집 주인이 와서 집을 내어 달라고 하매

12 그제야 내막을 아시고 대로하시어 "내어 줄 수 없다." 하시니 오두막집 주인이 응칠을 전주 지법에 고소하니라.

13 그러나 도장은 여러 신도들이 공동 모금으로 건축한 것이라 결국 응칠이 패소하여 벌금형(罰金刑)이 내려지니

14 벌금 낼 돈이 없어 그 아들 대용(大容)이 대신 6개월의 형을 살고 나오니라.

15 사람들은 이 재판 사건을 일러 '도집 재판 사건' 이라 하니라.

심문 받으신 태모님

270 얼마 후 응칠이 다시 도장을 팔아 넘길 속셈으로 김제 청년 혁신파와 합세하여 태모님을 경찰서에 밀고하니

2 하루는 경찰서에서 출두하라는 연락이 오므로 한 성도가 가 보니 일본인 서장이 말하기를 "교주(教主)가 여자라며? 내일 교주와 같이 나오라." 하니라.

3 이튿날 김수응이 태모님을 모시고 경찰서에 가니 태모님께서 경찰이 묻는 대로 순순히 대답하시거늘

4 서장이 비아냥거리며 "돈 많은 영감이나 잡고 지내면 좋지 않소." 하는지라

5 태모님께서 이르시기를 "내 몸일지라도 내 마음대로 할 수가 없는 일이다." 하시매

6 서장이 웃으며 말하기를 "후일에 다시 물어볼 일이 있으면 부를 것이니 꼭 나와 주시오." 하더라.

7 그 후 경찰에서는 종종 태인면장으로 근무하는 수응에게 조사를 나오니라.

조종리를 떠나 왕심리로 가심

271 조종리 강씨 신도들의 모략과 방해 공작으로 인해 전국 각지에서 왕래하던 많은 신도들의 발길이 대부분 끊어지거늘

2 태모님께서 심히 불의한 응칠의 행위와 조종리 강씨들의 무도함에

크게 노하시니라.

3 그 뒤 9월 18, 9일 경에 이르러 성도들에게 말씀하시기를 "인간의 원한이나 신명의 원한이 동일하니 할 수 없는 일이로다." 하시고

4 정읍으로 이사하실 뜻을 말씀하시니 어떤 신도는 '신씨 가문의 일을 하러 간다.'고 비웃기도 하니라.

5 태모님께서 19일 상제님 성탄치성을 봉행하신 뒤 21일에 오직 담뱃대 하나만 들고 몇몇 성도들과 함께 어진을 모시고 조종리를 떠나시어

6 순흥 안씨(順興安氏) 집성촌인 정읍 왕심리(旺尋里)로 옮겨 가시니라.

7 이 때 도장에서 곁방살이하던 강휘만에게 말씀하시기를 "네가 이 집을 잘 지키고 있으라." 하시며 도장 살림을 맡기시니

8 이는 휘만이 비록 도문에 늦게 들어왔으나 일심으로 주문을 읽고 다니므로 그 마음자리를 보시고 은혜를 베푸심이거늘

9 휘만이 큰 도장을 그냥 받을 수 없어 약간의 사례금을 올리매 그 돈을 이사하는 비용으로 쓰시니라.

10 이 날 태모님께서 떠나실 때, 몇 년을 따르던 강사성, 강응칠 등 조종리 강씨 신도들은 아예 나와 보지도 않으니라.

271:6 왕심리로 가신 이유. 왕심리는 순흥 안씨(順興安氏) 집성촌으로 이 마을 뒷산인 비룡산에는 상제님께서 천지의 수기(水氣)를 돌리는 공사를 보신 피난동 안씨 재실 추원재(追遠齋)가 있다. 태모님께서 셋째 살림으로 넘어가는 과정에서 이곳을 거쳐 용화동으로 들어가신 것은, 상제님의 대업을 매듭짓는 제3변 추수 지도자가 누구이며 또 어디서 어떤 과정으로 출세하게 되는가를 몸소 보여 주시고 그 앞길을 열어 주신 것이다.

272~273장 당시 태모님을 직접 모시고 갔던 이용기 성도가 쓴 『고사모신정기』에 실려 있는 내용이다.

조종리에서 왕심리로 옮기심

나를 모를 리가 있나

272 태모님께서 대문을 나서시며 이르시기를 "용기야, 등 대거라." 하시니, 용기가 자기도 모르게 태모님을 업을 수 있도록 손이 뒤로 제쳐지는지라

2 용기가 태모님을 업고 성도 7, 8명과 함께 20리나 되는 김제역까지 단숨에 달려가거늘 숨도 차지 않고 힘도 들지 않더라.

3 이 때 정거장에는 이미 정읍행 기차가 도착해 있으므로 용기가 곧장 역(驛)으로 다가가매

4 등에 업히신 태모님께서 갑자기 시천주주를 읽으시며 춤을 추시더니

5 기차를 향해 말씀하시기를 "기차가 나를 모를 리가 있나." 하시고 성도들에게 이르시기를 "밥은 먹어야 산다. 밥 먹지 않고 무엇을 하겠느냐?

6 하루 세 끼 먹으려고 우리가 이렇게 다니는 것이니 점심이나 먹고 가자." 하시며 역에서 한참 떨어져 있는 식당으로 들어가시거늘

태모

7 몇몇 성도들은 기차를 놓칠까 염려하여 미리 표를 사 놓으니라.

내가 기차를 멈추게 하였노라

8 성도들이 태모님을 모시고 식당에 들어가 "밥 주시오." 하니 주인
이 "남은 찬밥이 조금 있소." 하는지라

9 성도들이 "찬밥이라도 주시오." 하니 태모님께서 "이놈들아, 이렇
게 다니는데 왜 찬밥 먹고 다니냐." 하시며 주인에게 "밥을 하라."
하시거늘

10 성도들이 지체할 시간이 없음을 아뢰려 하니 "잔소리 말고 빨리 밥
하라." 하고 야단을 치시니라.

11 이에 성도들이 식당 주인을 도와 서둘러 진지를 지어 올리니

12 태모님께서 다 드시고 나서 이번에는 "술 가지고 오라." 하시어 술
을 드신 다음 담배를 태워 무시고는 "밥 먹었으니까 가자." 하시므로

13 용기가 다시 태모님을 업고 역으로 가니 떠난 줄 알았던 기차가 그
대로 머물러 있더라.

14 성도들이 보매 기관사가 아무리 조작을 해도 기차가 움직이지 않
거늘

15 분주하게 오르락내리락하면서 고장난 곳을 찾느라 애를 먹고 있더
라.

16 태모님께서 기차를 타신 후에 담뱃대를 거꾸로 물고 기적 소리를
내시니 그제야 기차가 '칙' 하면서 출발하거늘

17 말씀하시기를 "내가 이 기차를 타려고 멈추게 하였노라." 하시니라.

정읍 왕심리. 왕심리는 순흥 안(安)씨 집성촌으로 태모님께서 이곳에 2년 7개월 동안 머무르시며 공사를 보셨다. 왕심리의 오른쪽에 대흥리가 있다.

하늘 할머니 감사합니다

273 태모님께서 승차하시니 객실이 만원(滿員)이라 좌석이 없는데 팔이 아파 걸머멘 한 여인이 일어나 자리를 양보하거늘

2 태모님께서 앉으시며 팔을 걸멘 연유를 물으시니 "아무 이유 없이 힘이 없고 아파서 그러하옵니다." 하고 대답하니라.

3 이에 태모님께서 "어디 보자." 하시며 아픈 팔을 어루만지시고 걸멘 끈을 풀어 주시며 "팔을 펴서 내둘러 보아라." 하시매 그 여인이 명하신 대로 하니 팔이 훨훨 내둘리는지라

4 그 여인이 기뻐 어쩔 줄 몰라 말하기를 "하늘 할머니, 감사합니다." 하며 "어디에 계시는지요?" 하고 여쭈거늘

5 한 성도가 일러 주니 그 후로 가끔 도장에 왕래하니라.

6 이 때 태모님을 모신 성도는 박종오, 김재윤, 전준엽, 김수열, 전선필, 이용기, 전대윤, 박서옥(朴瑞玉)의 아내 조씨(曺氏) 등이더라.

273:6 박서옥의 아내 조씨. 태모님께서 조씨를 '너부(나비)'라 부르셨다.

보천교 신도들을 건져 주심

274 무진, 기사년 사이에 각 지방 보천교 신도들이 대흥리와 그 부근 마을로 이사하여 신앙촌을 이루거늘

2 갑자기 수천 가구가 이주해 오니 신도들과 그 가족이 대부분 직업이 없어 마침내 생계가 곤란하게 된지라

274장 보천교가 한창 부흥할 때는 신도들이 가져오는 돈의 액수에 따라 그에

태모님의 세 살림 교단 개창사 연표

1. 첫째 살림 교단(대흥리)

정읍 대흥리	: 道紀 41년(1911) 10월초~道紀 48년(1918) 9월 21일(7년 2개월)
김제 송산 마을	: 道紀 48년(1918) 9월 21일~道紀 48년(1918) 10월 중순(1개월)

2. 둘째 살림 교단(조종리)

중조 마을 오두막집	: 道紀 48년(1918) 10월 중순~道紀 49년(1918) 11월 중순(1개월)
하조 마을 강응칠 집	: 道紀 48년(1918) 11월 중순~道紀 49년(1919) 윤7월 18일(9개월)
중조 마을 도장	: 道紀 49년(1919) 윤7월 18일~道紀 59년(1929) 9월 21일(10년 5개월)

3. 정읍 왕심리 도장

정읍 왕심리	: 道紀 59년(1929) 9월 21일~道紀 61년(1931) 11월 14일(2년 3개월)

4. 셋째 살림 교단(용화동)

김제 용화동	: 道紀 61년(1931) 11월 14일~道紀 63년(1933) 11월 5일(2년 1개월)
정읍 왕심리	: 道紀 61년(1931) 11월 15일~道紀 62년(1932) 3월 20일(4개월)

5. 옥구 오성산 도장

오성산 은거	: 道紀 63년(1933) 11월 5일~道紀 65년(1935) 10월 6일(1년 11개월)

* 태모님께서는 신해(辛亥, 1911)년에 포정소를 여신 이후 고난과 역경의 세 살림 도수를 맡아 24년 동안 교단을 운영하시며 도정을 집행하셨다.

3 차경석이 구제 방편으로 벽곡방문(辟穀方文)을 공포하고 벽곡을 장려하나 그로 인한 독(毒)과 기아(飢餓)로 죽는 자가 속출하고 남은 사람들도 모두 굶주림에 시달리니라.

4 이 때 태모님께서 왕심리에 우거(寓居)하시매 보천교 신도들이 매일 수십 명씩 와 뵙고 굶주림을 호소하니 왕래하는 자가 무려 만여 명이 되거늘

5 태모님께서는 한 사람도 빠짐없이 그들을 거두어 구제하시니라.

6 이로 인해 도장 운영에 지장이 많더니 마침 경찰로 있는 강재룡(姜在龍)의 도움으로 수일을 지내고

7 또 박종오와 김수열이 임옥 지방을, 이용기 등이 전주, 익산, 김제 지방을 순회하여 경비를 조달하매 간신히 충당이 되니라.

조종리 강씨들의 비극과 체포령

275 태모님께서 조종리를 떠나실 무렵 17, 8세 된 응칠의 둘째 아들과 맏손자가 별다른 이유 없이 시름시름 앓다가 숨이 끊어지거늘

2 응칠의 집안에서는 죽은 사람도 살려 내는 권능을 가지신 태모님께서 살려 주시지 않는다고 원성이 높더라.

3 또 태모님께서 조종리를 떠나신 지 얼마 후에 10여 명의 순검대가 출동하여 조종리에 일대 검거 선풍이 불어닥치니

4 이 해에 응칠은 이미 일경을 피해 김제군 진봉면 상궐리(進鳳面 上蕨里) 초전(草田) 마을로 이사하고 없거늘

5 그 후 순검대가 중풍으로 누워 있는 사성을 두목으로 몰아 잡아들이려 하매

6 마침 일본인 농장에서 감독으로 일하는 넷째 아들 무용(武容)의 유창한 일본말 덕에 가까스로 위기를 모면하니라.

모든 원혼신의 해원 공사

276 고민환이 일찍이 고향 옥구로 돌아가서 본가에 머무르고 있을 때

2 섣달에 어떤 사람이 와서 전하기를 "사모님께서 종독(腫毒)으로 신고(辛苦)하시다가 이제는 증세가 위중하여 '속히 오라.'고 명하셨다." 하므로

3 민환이 곧바로 정읍 왕심리로 찾아가 뵈니 과연 태모님의 어깨에 종기가 나서 커다란 박만 한지라

맞는 감투를 주었다. 이렇게 하여 전국의 작은 고을 수령까지 내정되었는데, 후천이 오면 장상과 고을 수령까지 해먹겠다는 계산이었다. 이는 상제님께서 '각기 왕후, 장상을 꿈꾸다 그릇 죽은 동학 역신들을 해원시키리라.' 하신 말씀과 깊은 관련이 있다. 5편 205장 참조.

274:3 그 때는 곡식이 없어 소나무 껍질, 솔잎, 시래기 등을 먹고살았으며 굶어 죽은 사람이 수천 명이었다.(보천교 방주의 아들 한학규 증언)

275:4 강응칠. 강응칠 성도는 이사한 후에도 조석으로 청수 올리고 시천주주 수련을 하였다. 매월 두 차례씩 20여 명이 모여서, 금줄 치고 시루떡 찌고 개 잡아서 치성을 모셨다. 후손들에게 당부하기를 "이 도를 믿어야 이 사회 속에서 살아 나오지, 그렇지 않으면 다 죽는다."고 했다.〈강응칠 성도

의 자부 임복례
(1920~?) 증언〉

4 즉시 종기를 터뜨리고 약을 쓰니 사나흘 만에 완쾌되시거늘

5 이는 모든 원혼신(寃魂神)을 해원하는 공사로 인함이더라.

6 이 때 태모님을 모신 성도는 박종오, 김수열, 이용기, 신기선 등이니라.

참사람을 만나는 길

277 경오(庚午 : 道紀 60, 1930)년 정월 초사흗날에 태모님께서 고사(告祀)치성을 마치시고

277:2 이중진(李仲振, 1894~1954). 옥구군 서수면 서수리 용전 마을에서 출생. 이길수 성도의 숙부이다.

2 유일태, 이근목, 이진묵, 문명수, 채유중, 이중진 등 10여 명에게 일러 말씀하시기를

3 "참사람이 어디 있느냐. 참사람을 만나야 하리니 춘하추동 사시절에 일시라도 변치 말고

277:3 참사람. 아버지 상제님과 어머니 태모님의 종통맥을 계승한 제3변 진법 도운의 추수 일꾼을 말한다.

4 성경신 석 자로 닦으면서 진심으로 고대하면 참사람을 만나리라." 하시니라.

우리 공부는 용(用)공부니라

278 우리 공부는 용(用)공부니 남모르는 공부를 많이 해 두라.

2 마음은 성인의 바탕을 갖고 일은 영웅의 수단을 가지라.

3 되는 일 안 되게 하고 안 되는 일 되게 할 줄 알아야 하느니라.

4 우리 공부는 남 편할 적에 고생하자는 공부요

5 남 죽을 적에 살자는 공부요

6 남 살 적에는 영화를 누리자는 공부니라.

278:7 태모님께서 일꾼들에게 말씀하신 공부는 혼자 알고 만족하는 학문 중심의 공부가 아니라 이 세상을 위해 쓰임이 되는 용공부, 즉 천하창생을 살리는 공부다.

7 '대학(大學) 공부 성공이라.' 하나 저만 알고 마는 것이니라.

그만 앓고 일어나라

279 정월에 박종오가 열병을 앓아 위독하므로 태모님께서 그의 방문을 열어 보시고

2 종오에게 일러 말씀하시기를 "그만 앓고 일어나라." 하시니 종오의 병이 곧 나으니라.

김상윤 딸의 독종을 고쳐 주심

3 옥구군 미면 산북리에 사는 김상윤(金相允)의 딸이 어깨뼈 부위에 독종(毒腫)이 나서 고통스러워하거늘

4 상윤의 아내가 딸을 데리고 와 고쳐 주시기를 청하니 태모님께서 손으로 어루만지시매 자연히 나으니라.

전춘옥의 병을 고쳐 주심

280 3월에 해전리에 사는 전춘옥이 병을 얻어 고통이 심하되 백약이 무효한지라

2 이용기가 태모님의 명에 따라 양위 전에 청수 올리고 치성을 봉행한 후에 지성으로 기도하니 곧 완치되니라.

유일태의 노증을 고쳐 주심

3 이 달에 유일태가 노증(怒症)이 있어 그의 아내 김도성화가 태모님께 찾아와 치료해 주시기를 간청하니

4 태모님께서 갑자기 역정을 내시며 "네 집 병을 네가 고치지." 하시고 쫓아내시니라.

5 도성화가 생각하기를 '사모님께서 역정을 내시며 쫓아내신 것은 의통을 주심이라.' 여기고

6 그 길로 돌아가 삼칠일간 치료하매 일태의 노증이 모두 사라지거늘

7 그 후 내외가 태모님께 찾아와 폐백을 올리고 치성을 성대히 봉행하니라.

태을주와 기도의 신묘한 힘

281 하루는 이근목의 아들이 호열자(虎列刺)에 걸려 신음하거늘

2 근목의 아내가 태모님께 심고한 뒤에 두 손을 포개어 단전에 받쳐 모으고 일심으로 태을주를 읽으니

3 한참 뒤에 약 냄새가 나므로 눈을 뜨고 손을 내려다보니 신기하게도 받쳐 든 손안에 약이 소복하게 놓여 있는지라

4 그 약을 달여 아들에게 먹이니 바로 나아 일어나니라.

태을주의 신권(神權)과 대도력(大道力)

282 태모님께서 종종 성도들에게 말씀하시기를 "태을주를 많이 읽어라." 하시고

2 "태을주는 본심 닦는 주문이니 태을주를 읽으면 읽을수록 마음이 깊어지느니라." 하시니라.

3 또 말씀하시기를 "태을주를 읽어야 신도(神道)가 나고 조화가 나느니라." 하시니라.

강원섭에게 자손줄을 태워 주심

283 조종리 강원섭이 마흔이 넘도록 아들이 없어 항상 한이더니

김순자
(1920~1996)

281장 전대윤
성도의 손녀 김
순자 증언.

282:1 태을주.
조종리 도장에
서 태모님을 밤
낮으로 수발 든
박귀녀 성도의
제자 김정녀 증
언.

태
모

2 4월에 하루는 태모님께서 원섭을 불러 물으시기를 "원섭아, 네가 아들 없음이 한이냐?" 하시니 원섭이 "한이로소이다." 하고 대답하거늘

3 "그러면 네 안사람을 내게 보내라." 하시므로 원섭이 그 길로 아내 고씨(高氏)를 데리고 오니라.

4 이에 태모님께서 원섭에게 이르시기를 "네 아내는 나에게 뺏겼도다." 하시며 원섭을 내보내신 뒤

5 그 아내에게 말씀하시기를 "나와 침식을 같이 하자." 하시니라.

6 사흘 후에 원섭을 다시 불러 "이제 데리고 가라." 하시므로 원섭이 아내를 데리고 돌아가더니

7 석 달 뒤 그 아내가 임신하여 이듬해 5월에 아들을 낳거늘

8 원섭 내외가 술과 음식을 성대히 준비하여 태모님께 올리니라.

283:7 아들. 강원섭 성도는 아내 고임피(高臨陂)와의 사이에 딸만 하나 있었으나, 이 공사로 신미(道紀 61, 1931)년 5월 18일에 아들 재철(在喆)을 낳았다.

격물이 도통, 먼저 이통과 심통을 해야

284 하루는 태모님께서 여러 성도들에게 물으시기를 "너희들, 도통(道通)을 지극히 원하느냐?" 하시니

2 성도들이 대답하기를 "원이옵니다." 하매 말씀하시기를 "격물(格物)이 곧 도통이니라." 하시니라.

3 또 말씀하시기를 "격물은 사물의 이치를 관통(貫通)하는 것이니, 관통을 하려면 먼저 마음을 닦아 심통(心通)을 해야 하느니라." 하시고

4 "도통을 원치 말라. 모르고 짓는 죄는 천지에서 용서를 하되 알고 짓는 죄는 천지에서 용서하지 않나니 도통을 가지면 굶어죽을 수밖에 없느니라." 하시니라.

5 다시 말씀하시기를 "도통과 조화와 법술을 가졌다 하나 시대를 만나지 못하면 쓸모가 없나니 다 허망한 것이니라.

6 그 동안 도통을 해서 한 번이라도 써먹은 놈이 있더냐. 도리어 자신에게 해(害)가 미치느니라." 하시니라.

마음을 고쳐야 한다

285 성도들이 평소 의통을 원하니 태모님께서 꾸짖으시기를 "마음을 고쳐야 의통이 오지, 너희 아버지가 의통 준다고 다 줄 것 같으냐." 하시고

2 이어 말씀하시기를 "의통, 신통, 관통을 해야 하나니 그것도 때가 있느니라." 하시니라.

3 태모님께서 항상 말씀하시기를 "마음을 고쳐야 한다. 마음을 고치면 안 되는 일이 없느니라." 하시고

4 "마음을 고치려면 선덕(善德)이 있어야 하고 선덕이 있어야 활연관통 (豁然貫通)이 되느니라." 하시니라.

도통의 정법, 활연관통에 있다

286 태모님께서 말씀하시기를 "신인합발(神人合發)이라야 하나니 신 통해서 신명 기운을 받아야 의통이 열리느니라." 하시고

2 "의통을 하려면 활연관통을 해야 하고, 활연관통에 신통을 해야 도통 이 되느니라.

3 도도통이 활연관통에 있느니라." 하시니라.

4 또 말씀하시기를 "도통을 하려면 진묵(震默)과 같은 도통을 해야 하 느니라." 하시니라.

이제 나으리라

287 하루는 부여군 양화면 내성리 황동(良化面 內城里 黃洞)에 사는 박치서가 태모님께 와 문안을 드리거늘

2 태모님께서 보시고 물으시기를 "너의 모습이 어찌 그리 초췌하뇨?" 하시니 치서가 "수년 전부터 견비통(肩臂痛)으로 그러하나이다." 하고 아뢰니라.

3 이에 태모님께서 손으로 환부를 어루만지시고 담배 연기를 그곳에 6, 7회 뿜으시며 "이제는 나으리라." 하시니

4 이로부터 치서의 견비통이 완전히 나으니라.

심지(心志)를 고치라

288 옥구군 옥산면 당북리(玉山面 堂北里) 백석(白石) 마을에 사는 최성녀(崔姓女)가 도장의 식모로 있던 중 안질로 눈이 멀 지경 에 이른지라

2 태모님께서 보시고 말씀하시기를 "심장이 그르다. 심지(心志)를 고치 라." 하시니라.

심고를 지성으로 하라

3 이어 말씀하시기를 "그대로 두면 눈을 버리겠으니 낫우어야 하겠 다." 하시며 병자를 동쪽으로 향하여 앉게 하시고

4 청수를 입에 머금어 성녀의 양쪽 눈에 뿜으시니라.

287:1 박치서(朴致瑞, 1871~1943). 본관 밀양(密陽). 족보명 영식(永植). 조종리 도장 시절 많은 공사에 수종하였고 부인 이씨와 함께 신앙하였다. 재산이 많았고 학식이 있어 서당에서 한문을 가르쳤다. 현재 부여 양화면에 후손들이 살고 있다.

287:2 견비통. 어깨 부위가 아파 팔을 잘 움직이지 못하는 신경통.

태모

5 또 병자로 하여금 심고를 지성으로 드리게 하시고 청수에 사물탕을 달여 먹게 하시니 수일 내로 완치되니라.

내가 그 죄를 대신 받아 없애리라

289 하루는 태모님께서 성도들에게 말씀하시기를 "이 세상 인류가 죄 없는 사람이 없나니

2 대죄(大罪)는 천지에서도 용서치 않으므로 불원간 제 몸으로 받으나 소소한 죄는 차차로 전하여져 그 과보(果報)가 자손에게까지 미치느니라.

3 그러므로 내가 그 죄를 대신하여 받아 없애리라." 하시고 바둑판 위에 청수를 올려놓으신 다음 성도들에게 오주를 읽게 하시니라.

4 잠시 후에 태모님께서 문득 혼몽(昏懜)하시어 호흡을 통치 못하시다가 반나절이 지나서야 깨어나시어 말씀하시기를

5 "세상일이 이와 같이 복잡하도다." 하시니라.

죽는 자식을 살리겠노라

290 옥구 수산리에 사는 전기찬(田基贊)이 말을 타다 떨어지매 허리를 다쳐 몇 년 동안 허리가 굽은 상태로 앓다가 사경에 이르니라.

2 하루는 전선필과 전준엽이 태모님께 와 뵈니 태모님께서 기찬의 소식을 물으시는지라

3 선필이 그 사실을 아뢰니 태모님께서 일찍 기별하지 않았음을 꾸짖으시고 말씀하시기를

4 "죽는 자식을 살려야겠다." 하시며 선필로 하여금 흰 바둑알 세 개를 손에 쥐고 또 검은 바둑알 세 개를 입에 머금은 채 상제님 어진 앞에 청수를 올리고 엎드려 심고하게 하신 뒤에

5 이르시기를 "이 길로 곧 돌아가서 손으로 기찬의 허리를 어루만지며 해원주(解冤呪)를 읽은 다음 말에서 떨어진 곳에 가 기도하라." 하시니

6 선필이 돌아가 그대로 행하매 7일 만에 기찬의 병이 나으니라.

성령으로 약을 일러 주심

291 옥구 옥산면 옥산리(玉山面 玉山里)에 사는 김일수(金日守)의 모친이 연주창(連珠瘡)으로 30여 년을 고생하더니 마침내 사경에 이른지라

290:1 전기찬(田基贊, 1894~1973). 족보명 갑경(甲慶), 자는 정풍(正豊). 부친에게 물려받은 재산이 많아 늘 말을 타고 다녔으며, 한문 공부를 많이 하여 서당을 운영했다. 형 오풍(五豊, 1892~1948)과 함께 독실하게 신앙했다. 태모님 선화 이후 '변산 도 공부 사건'으로 구속되어 1년을 복역하였다.

290:5 해원주. 시천주주를 말한다. 김정녀, 조정수 씨의 증언에 의하면, 시천주주를 읽을 때 대개 몸을 흔들면

태
모

2 이에 전선필과 고권필 두 사람이 치병에 임하여 태모님께 심고를 드리니

3 태모님께서 성령으로 약을 일러 주시기를 "모과를 달여 목욕시키고 그 가루를 상처에 붙이라." 하시므로

4 명하신 대로 시행하며 지성으로 기도하니 삼칠일 만에 그 병이 완쾌되니라.

용화동 이상호의 접근

292 경오년에는 태모님께서 별다른 공사를 행하시지 않고 지내시니라.

2 이 때 금산면 용화동 이상호 교단에서 태모님을 시봉하기를 간절히 원하여 연락이 끊이지 않거늘

3 태모님께서 허락하지 않으시며 말씀하시기를 "상제님 말씀에도 '네가 정읍에 있으면 몸이 클 것이요, 금구로 가면 몸이 부서진다.' 하셨느니라." 하시니라.

물 아래 박서방이라 부르게 하심

293 하루는 태모님께서 공사를 행하시며 김수열을 불러 명하시기를 "너는 지금 내려가 마당 한가운데에 서라." 하시니

2 수열이 마당 중앙에 서 있으매 태모님께서 "물 아래 박서방(朴書房), 물 아래 박서방!" 하고 부르신 다음

3 수열에게도 이와 같이 시키시니 수열이 명하신 대로 "물 아래 박서방, 물 아래 박서방!" 하고 외치니라.

보천교 순교자의 해원 공사

294 신미(辛未 : 道紀 61, 1931)년 정월 18일에 보천교 신도 10여 명이 태모님께 와 굶주림을 호소하거늘

2 태모님께서 이용기에게 이르시기를 "보천교 신도가 저렇듯 굶주리니 어찌하면 좋을지 생각하여 보라." 하시고 또 **보천교 순교자의 해원(解冤)**에 대해 말씀하시니라.

3 이에 용기가 오룡동에 사는 김도봉과 해전리에 사는 정덕근과 광암리에 사는 송병우를 만나 태모님의 말씀을 전하며 자금 형편을 걱정하니

4 세 사람이 협조할 것을 약속하고 백미 두 석과 현금 70원을 자금으

서 읽는데 한참 읽다가 보면 흥이 나고 신도가 나며 신명의 원한이 풀린다고 한다.

291:1 연주창. 목에 생긴 여러 개의 멍울이 헐어 터져서 생긴 부스럼.

292:2 이상호의 의도. 이상호는 『대순전경』을 편찬하기 위해 자료를 수집하는 과정에서 세 살림 도수를 인식하게 되었고 기반이 취약한 상태에서 교단을 세운데다, 타 교단에서 이미 상제님 친족들을 모셨기 때문에 정통성을 확보하기 위한 방편으로 태모님을 모시려고 했다.(태모님 성도들의 주장)

292:3 금구로 가면. 태모님께서 상제님의 이 말씀을 마음에 두시고 안 가시려 했다. 결국 제3변 추수 지도자의 기반을 닦으시기 위해 용동으로 가셨는데, 실제로 그곳에서 몸과 마음이 부서질 정도

293장 과거 민간에서 감기 기운이 들어 재채기가 나면 "물 아래 박서방네 집으로 확 가거라." 하고 감기 기운을 쫓아 버리는 의식을 행했다. 호남 지방에는 지금도 어민들이 뱃고사를 지낼 때 물도깨비를 대접하는 풍습이 있는데, 도깨비를 향해 "물 위의 김서방, 물 아래 김서방!" 하고 도깨비를 높여 부른다.

294:1 굶주림을 호소. 차경석 성도는 생활이 곤란한 보천교 신도들을 먹여 살리기 위해 직조(織造) 공장을 운영했다. 대흥리에서만 1,500여 가구가 살았는데 교세가 번창했을 때는 저녁이면 집집마다 태을주 소리가 들렸으나 보천교가 없어진 뒤로 태을주 소리 대신 '독닥독닥' 하고 베 짜는 소리만 들렸다 한다. 지금은 직조 공장 자리에 대흥 초등학교가 들어서 있다.

294:4 싸전을 벌

로 많은 고초를 겪으셨다.

로 삼아 대흥리에 싸전을 벌여서 굶주린 신도들의 일상용품을 대주고 끼니를 잇게 하며

5 또 일부는 보천교 순교자의 해원 공사에 사용하니 3월에 이르러 세 사람의 싸전 자금이 전부 소모되니라.

6 얼마 후 태모님께서 세 사람을 불러 칭찬하시기를 "너희들이 참 장한 일 했다." 하시니라.

치성을 올리며 일심으로 기도하니

295 정월 28일에 해전리에 사는 조종남(趙鍾南)의 아내가 두통으로 고생하다가 급기야 온몸이 아파 사경에 이른지라

2 김재윤이 이를 보고 태모님께 아뢰니 말씀하시기를 "그 병은 측신(廁神)으로 인해 그렇다." 하시며

3 전대윤에게 이르시기를 "네가 가서 처리하여라." 하시므로

4 대윤이 명을 받고 즉시 가서 **치성**을 올리며 **일심으로 기도**하니 자연히 완치되니라.

대치성을 올리고 성심으로 기도하니

296 3월 26일에 가전 마을에 사는 김재규(金在圭)의 두 살배기 둘째 아들이 급병으로 사경에 이른지라

2 같은 마을에 사는 유일태 내외와 오수엽 내외, 옥구군 대야면 산월리(大野面 山月里)에 사는 이석봉 등이 기도하며 치병을 시작하였으나

3 아무리 하여도 효과가 없으므로 일태가 도장에 와서 대치성을 올린 뒤 귀가하여 성심으로 기도하니 그 병이 완치되니라.

중병을 분산시켜 낫게 하심

297 태모님께서 누가 중병을 앓아 치병 치성을 올릴 때면 반드시 시루떡을 준비하게 하시고

2 치성이 끝난 뒤에는 시루째 들고 많은 사람들이 오가는 큰길에 나가시어 지나가는 사람들에게 그 떡을 조금씩 떼어 전부 나누어 주시니라.

3 이에 떡을 받아먹은 사람들이 집에 돌아가 모두 가벼운 감기 정도로 병을 앓으매 치성을 모신 사람은 자연히 병이 낫거늘

4 이는 한 사람이 감당해야 할 **중병**을 여러 사람에게 조금씩 **분산시켜서 낫게** 하심이더라.

세계 창생들로 하여금 갱소년 되게 하라

298 4월에 하루는 태모님께서 치성을 봉행하신 뒤에 문득 노자(老子)를 불러 꾸짖으시기를

2 "복중팔십년(腹中八十年)에 부모의 공덕을 아느냐, 모르느냐!" 하시고 하늘을 바라보시니 무지개 선과 같은 청홍색의 구름이 십(十) 자로 걸려 있더라.

3 이어 태모님께서 여동빈을 부르시고 잠시 후에 "하늘을 보라." 하시므로 모두 하늘을 바라보니 구름이 선관의 모양을 이루고 서 있거늘

4 성도들에게 물으시기를 "보이느냐?" 하시매 모두 "뵈나이다." 하고 아뢰니라.

5 태모님께서 선관 모양의 구름을 향하여 명하시기를 "세계 창생들로 하여금 모두 갱소년 되게 하라." 하시니

6 그 구름이 머리를 숙여 명(命)을 받드는 형상을 하며 동쪽 하늘로 물러가더라.

7 태모님께서 말씀하시기를 "앞세상에는 흰머리가 나지 않게 할 것이며 허리도 굽지 않게 하리라." 하시니라.

두 아이의 안질을 고쳐 주심

8 이 때 박상철(朴相哲)이 아들 형제를 데리고 와 뵙거늘 두 아이가 모두 안질을 앓고 있는지라

9 태모님께서 두 아이에게 엿을 사 먹이신 후에 청수로 눈을 씻기고 해를 바라보게 하시니 안질이 곧 나으니라.

후천에는 모두 선관이 된다

299 하루는 성도들이 태모님께 여쭈기를 "저희들은 얼마나 오래 살 수 있습니까?" 하니

2 말씀하시기를 "후천 가면 너희들이 모두 선관이 되는데, 선관도 죽는다데?" 하시니라.

후천선경에는 장수 시대가 열린다

3 태모님께서 말씀하시기를 "후천선경에는 수(壽)가 상등은 1200세요, 중등은 900세요, 하등은 700세니라." 하시고

4 "그 때에는 장수 시대가 열려 백 리 안에 할아버지가 셋이면 손자는 하나인 세상이 되느니라." 하시니라.

여. 당시 싸전을 운영한 사람들이 많았는데, 차경석 성도의 조카 차순옥도 싸전을 크게 운영하다가 외상값을 받지 못하고 완전히 망하고 말았다.(차순옥의 딸 차봉수 증언)

295:2 측신. 변소를 지키는 신. 민간 풍속에 정월 대보름날이 되면 지신밟기를 하는데, 이 때 측간을 돌면서 측신에게 "측간 속에 빠지면 백약이 소용없네. 애비부터 손자까지 빠지는 일이 없도록 비나이다, 비나이다, 측간 지신께 비나이다." 하고 덕담을 한다. 또 어떤 지방 풍속에는 측간에 빠지면 측신을 대접하기 위해 시루떡을 해 먹는다.

296:2 이석봉(李碩奉, 1900~1976). 본관 전주(全州). 부인 백씨(白氏, 1906~?)와의 사이에 3남 3녀를 두었다.

298:3 여동빈(呂洞賓, ?~?). 당 팔선(唐八仙) 중 한 사람. 7편 84장 3절 측주 참조.

299장 후천 장수 문화를 열어가기 위한 현대 생명 과학의 노력과 발전은 분초를 다툰다. 한 예로, 영국의 에딘버러 대학팀과 일본 연구소가 합작해서 마스터 유전자를 찾아냈는데, 이 유전자의 명령에 따라 줄기세포에서 특정세포로 나눠지는 만큼 그 기능과 작동법만 파악하면 건강한 장기는 물론 근육과 새 피부도 만들 수 있다고 한다. 후천선경 문명의 비전을 보여 주는 희소식이다. 앞으로 열리는 문화는 바이오 소사이어티(Bio-Society)로 간다. 상제님의 후천 선매승자 도수로 이를 실현하는 것이다.

인간 세상의 선악을 판별하라

300 6월 초에 태모님께서 옥구 신도 문명수, 이중진, 김수열 등을 불러 명하시기를 "동서남북 사방을 순회하라." 하시고

2 "다 각기 책임을 지켜 15일 내로 당도하라." 하시며

3 "이 길과 같이 세계 대순의 장신(將神)을 붙여 인신합발(人神合發)로 인간 세상의 선악을 판별하라." 하시니라.

성경신을 다해 수행하라

301 이 달에 충남 연산(連山)에 사는 이장식(李長植)이 찾아와 문안을 드린 뒤 태모님께 여쭈기를

2 "저의 마을에 사는 배춘화(裵春花)가 적병으로 10여 년 동안 앓다가 복통이 극심하여 이제 사경에 이르렀나이다.

3 제가 치병을 하여도 점점 더 심해지기만 하니 어찌하면 좋겠습니까?" 하매

4 태모님께서 춘화의 나이를 물으시거늘 장식이 "서른아홉 살입니다." 하고 대답하니 태모님께서 "춘화를 데리고 오라." 명하시니라.

5 며칠 후에 장식이 춘화를 데리고 오니 태모님께서 앞에 앉히시고 손으로 배를 어루만지며 말씀하시기를 "병도 없다." 하시고

6 "술상을 가져오라." 하시어 술을 드시다가 한 잔을 춘화에게 주시며 "성경신을 다해 수행하라." 하시니

7 춘화가 한 잔 술에 크게 취하여 두어 시간을 자고 일어나매 이로부터 적(積)이 녹아 내리고 완치되니라.

8 그 후 춘화가 여러 차례 도장을 내왕하며 태모님께 극진히 폐백을 올리니라.

전대윤에게 애기 치병 도수를 붙이심

302 임피 술산에 사는 문기수(文己洙)의 셋째 아들 봉현(鳳鉉)이 담종(痰腫)으로 석 달을 앓다가 사경에 이른지라

2 기수의 아내가 태모님께 찾아와 이 사실을 아뢰니 태모님께서 전대윤을 불러 밤과 대추를 주며 이르시기를

3 "네가 가서 이 과실을 먹이고 병든 곳을 만지며 시천주주를 읽으라." 하시므로

4 대윤이 가서 그대로 행하매 3일 만에 그 아이의 병이 나으니라.

302:1 문기수(文己洙, 1900~1962). 족보명 기완(己完), 기수는 자. 부인 김별염(金別艶) 성도, 형 문명수 성도와 함께 신앙하였다. 셋째 아들 봉현이 현재 임피

5 이는 태모님께서 대윤에게 애기 **치병** 도수를 붙이심이니 이후로 어린아이가 아프면 대윤으로 하여금 치병하게 하시니라.

진액주를 읽고 기도하라

6 또 같은 마을에 사는 여신도 김기화(金基華)가 이름을 알 수 없는 병이 들어 20여 일을 앓다가 마침내 숨을 거둔지라

7 문명수가 달려와서 이 사실을 아뢰니 태모님께서 이르시기를

8 "청주(淸酒)를 조금씩 입에 흘려 넣으며 진액주를 읽고 기도하라." 하시므로

9 명수가 돌아가서 명하신 대로 행하매 기화가 곧 회생하니라.

치성 준비를 왼손으로만 하라

303 전대윤이 정읍 구미동에 있을 때 여덟 살 먹은 그 동네 사내아이가 갑자기 눈이 어두워져서 큰 병원에서도 못 고치거늘 그 부모가 심히 낙심하는지라

2 대윤이 그 부모와 상의하여 그날 저녁에 **치성**을 올리기로 하고 제물을 마련케 하거늘

3 모든 일에 왼손만 쓰고 오른손을 못 쓰게 하니 그 부모가 두레박질도 왼손으로 하고 쌀도 왼손으로 씻어서 떡을 찌며 모든 행위에 왼손만 사용하니라.

4 오직 아들의 눈을 뜨게 하려고 왼팔이 아픈 것을 참고 견디며 정성을 다해 치성 준비를 마치니

5 대윤이 그 노고를 치하하고 치성석에 나아가 태모님께 아이의 눈을 뜨게 해 주실 것을 간절히 기도한 다음

6 그 아이를 불러 앞에 세우고 그 눈에 손을 댄 채 한참 동안 칠성경을 읽으니 아이가 갑자기 "앞이 보인다!" 하며 소리치는지라

7 그 부모가 기뻐서 울음을 터트리며 대윤에게 거듭 감사를 표하니라.

만인의 부모가 지당합니다

304 하루는 신씨(申氏)의 양자(養子)로 입적한 기원(基元)이 태모님께 찾아와 그 사실을 아뢰니

2 태모님께서 공사 도중에 여러 성도들에게 물으시기를 "일인지부모(一人之父母)가 옳으냐, 만인지부모(萬人之父母)가 옳으냐?" 하시거늘

3 여러 성도들이 이구동성으로 "만인지부모가 지당합니다." 하고 대답하매

술산에 살고 있다.

문기수
(1900~1962)

302:8 진액주에 얽힌 일화. 고민환 성도의 조카가 일제시대 때 어떤 일로 일경에 잡혀갔는데 이 때 고민환 성도가 집에서 진액주를 읽으니 고개를 넘어가던 조카가 풀려나서 돌아왔다. (김순자 증언)

304:4 어진 앞.
태모님께서는 공
사 보실 때를 제
외하고는 상제님
어진 앞에서 절
하신 적이 없었
고 묵도만 하셨
다.(전선필 성도
로부터 전해 들
은 이우인 증언)

4 태모님께서 "그러하냐?" 하시며 상제님 어진 앞에 가시어 말씀하
시기를 "자식들을 생각컨대 할 수 없습니다." 하시니라.

5 또 성도들을 향하여 "무릇 큰 줄거리로 보아 너희들 원하는 대로 하
여 보자." 하시고 "조왕신들은 잠깐 피하라." 하시더니

6 "에미가 자식들 앞에서 옷 벗는 것이 무슨 상관이 있겠는고." 하시며 여
러 성도들 앞에서 상하 의복을 모두 벗으시고 공사를 행하시거늘

7 성도들이 태모님께 사배(四拜)의 예로써 인사를 드리고 공사에 수종하
니라.

반천무지의 사배 예법 : 천지를 받들 줄 알아야

305장 고민환
성도도 절을 제
대로 못해 태모
님께 맞았다.(이
우인 증언)

305 하루는 태모님께서 반천무지(攀天撫地)의 사배(四拜)에 대해 말
씀하시기를

2 "이것이 천지 절이다." 하시고 "천지를 받들 줄 알아야 하느니라." 하
시니라.

3 이어 태모님께서 "내가 절하는 것을 잘 보라." 하시며 친히 절을 해
보이면서 말씀하시기를

4 "하늘 기운을 잡아 당겨 내 몸에 싣고, 땅 기운을 잡아 당겨 내 몸에 실
어라." 하시니라.

기회를 보아 본소를 옮기리라

306 조종리에서 왕심리까지 거리가 먼지라 신미년에 이르러 신도
들의 내왕이 점점 줄어들고 도장 형편도 심히 어려워지니라.

2 한편 지난 경오년부터 용화동에서 태모님을 시봉하기를 원하여 여
러 차례 사람을 보내 그 뜻을 밝히더니

306:3 동화교.
무진(道紀 58,
1928)년 12월 22
일 동짓날 새벽
1시에 이상호의
집에서 박공우
성도의 집례(執
禮)로 상제님께
개교치성을 올리
고 교명을 '동화
교(東華敎)' 라
하였다.

306:3 용화동

3 7월 29일에 동화교(東華敎) 통정(統正) 이상호가 간부 조학구(趙鶴
九)와 더불어 찾아오니라.

4 고찬홍이 그들을 데리고 태모님을 뵈니 상호가 태모님께 여쭈기를

5 "제가 듣기로는 천사(天師)께서 사모님께 세 살림에 관하여 말씀을
하시고 또 여러 성도들에게 '용화동이 나의 기지라.' 고 하셨다 하
므로

6 제가 무진년 동지에 여러 교우들과 함께 용화동에서 동화교를 창
건하고

7 그 이듬해 기사년 3월 16일에 대순전경을 편찬하여 진법(眞法)의 기
초를 정하고 때가 돌아오기를 기다렸더니

8 이제 천사의 회갑을 당하매 비로소 사모님께서 세 살림을 차릴 도수가 된 듯하오니

9 청컨대 사모님께서 용화동으로 본소를 옮기심이 옳을까 하옵니다." 하고 간절히 청하니라.

10 고민환이 이 말을 듣고 '이 일은 세 살림 도수의 도국 변천(道局變遷)이라.' 생각하여

11 태모님께 아뢰기를 "용화동 교인들이 저토록 애원하니 해원도 해주실 겸 용화동으로 잠시 거처를 옮기시어 뒷일을 결정함이 옳은 줄 압니다." 하고 여러 차례 간곡히 청하니

12 태모님께서 할 수 없이 허락하시며 말씀하시기를 "먼저 상제님 성탄절에 영정을 모시고 용화동에 가서 회갑치성을 올리고

13 그 뒤에 기회를 보아 본소를 용화동(龍華洞)으로 옮기리라." 하시니라.

용화동에 왕림하심

307 9월 보름날에 이상호가 임경호와 이성영(李成英)을 태모님께 보내거늘

2 17일에 태모님께서 어진을 모시고 경호와 성영의 안내로 고찬홍, 이근목, 박종오, 강재숙, 서인권 등 10여 명을 데리고 용화동으로 가시니라.

내 일은 천지 귀신도 모르는 일

3 이 때 태모님께서 종이에 육임(六任), 팔봉(八奉), 십이임(十二任), 이십사임(二十四任)을 써서 공사를 행하며 말씀하시기를

4 "내가 마음먹고 하는 일은 천지 귀신도 모르는 일이네." 하시니라.

이것이 내 새끼다

308 태모님께서 용화동으로 가시다가 팥정이에 앉으시어 구릿골 입구 돌다리를 겨누며 말씀하시기를

2 "저기가 천지 문턱이니 제비산에서 장광(長廣) 팔십 리가 꼭 차느니라." 하시고

3 "제비산 흙을 쓸 때가 있네. 평사리(坪沙里)는 나의 평상(平床)터네." 하시니라.

4 이어 팥정이 징검다리를 건너시며 "하나, 둘, 셋, 넷!" 하고 담뱃대로 노둣돌을 세우시고

5 네 번째 돌을 담뱃대로 탁 때리시며 **"이것이 내 새끼다."** 하시니라.

교단은 통정(統正) 이상호, 통섭(統攝) 임경호 이하 팔원(八院)을 두어 교무를 담당하였다.

306:5 천사. 증산 상제님은 일개 '천사(天師)'가 아니라 삼계 대권을 주재하시는 우주의 절대자, 조화옹 하느님이시다. 태모님께서 그 동안 숱하게 '상제님'으로 말씀하셨는데도 이상호, 이성영은 태모님의 면전에서조차 상제님을 '천사'라 하였다. 그들의 상제관이 얼마나 잘못되었는지를 잘 알 수 있는 대목이다.

307:1 이성영(李成英, 1895~1968). 본관 연안(延安). 본명 성탁(誠鐸), 자 정립(正立), 호 남주(南舟). 이상호(李祥昊, 1888~1966)의 아우로, 1914년에 태모님의 대흥리 교단에서 신앙을 시작했다. 이 해에 일본으로 건너가 유학하다가 1919년 3월에 귀국하여 '차경석 교단'의 동지방주(冬至方主)로 활동하였다. 1924년 시대일보사 사건으로

보천교에서 교적을 박탈당하고 형 이상호를 따라 중국으로 망명하였다. 이후 귀국하여 1928년에 이상호가 동화교(東華教)를 열자 이에 동참하였고, 1931년부터 태모님 천지공사에 수종하기도 하였다. 상제님과 태모님의 말씀 '남조선 배'에 착안하여 스스로 호를 남주(南舟)라고 하였다.

308:3 평사리. 현재 김제시 봉남면 평사리.

309:8 삼련불성. 건곤감리(乾坤坎離 : 천지일월) 사체(四體)의 용봉(龍鳳) 도수를 말씀하신 것이다. 상제님의 대도를 계승하신 태모님과 상제님께서 천지공사로써 천명하신 추수 도운의 일꾼이 잇달아 후천 대불(大佛)을 이루신다는 뜻이다.

6 잠시 후 태모님께서 성도들을 데리고 용화동에 드시니 이상호가 심히 곤궁하다 하여 성도들을 반기지 않는 기색이거늘

7 말씀하시기를 "걱정 마라. 굶어 죽지 않으리라." 하시니라.

태모님의 도덕가, 우리 시절 좋을씨구

309 19일 새벽에 태모님께서 상제님 회갑치성을 올리시고 노래하시니 이러하니라.

2 만고의 성인도 때 아니면 될 수 있나.

3 천문(天文) 열고 바라보니
만사가 여일(如一)하고

4 앞문 열고 내다보니
소원성취 분명하고

5 팔문 열고 내다보니
만신인민(萬神人民) 해원이라.

6 그 해 그 달 그 날 만나려고
오만년을 수도하여 아승기겁(阿僧祇劫) 벗었다네.

7 전무후무 운수로다
전무후무 천운이요
전무후무 지운(地運)이네
좋을씨구 좋을씨구 우리 시절 좋을씨구.

8 삼련불성(三聯佛成) 되게 되면
천하만사 아련마는 어느 누가 알쏘냐.

9 아동방 창생들아!
천지운수 염려 말고 마음 '심' 자 닦아 보세.

10 마음 심 자 닦고 보면 불로불사 아닐런가.

11 전몰락 되기로서니 신불참(身不參)까지 해서 쓰랴
좋을씨구 좋을씨구 우리 시절 좋을씨구.

12 판결 나고 결재 난 일 세상 사람 어이 알랴
어떤 사람 저러하고 어떤 사람 이러한가.

13 사람이면 사람인가 사람이라야 사람이지
좋을씨구 좋을씨구 우리 시절 좋을씨구.

14 불운한 이 세상에 일편심을 어데 두고
천지 공(功)을 닦을 손가.

15 정심수도(正心修道) 닦아 내세

정심수도 닦고 보면 사람 노릇 분명하지.

16 춘하추동 사시절에 일시라도 변치 말고
성경신 닦아 내서 사람 종자 분명하니
좋을씨구 좋을씨구 우리 시절 좋을씨구.

17 미륵존불 때가 와서 우리 시절 좋을씨구.

왕심리 일을 정리하고 다시 오리라

310 21일에 태모님께서 용화동을 떠나시며 이상호와 여러 성도들에게 말씀하시기를

2 "이 길로 돌아가서 왕심리 일을 정리하고 동지절에 아주 이사하여 오리니 그 동안 준비하라." 하신 뒤에

3 어진을 모시고 여러 성도들과 함께 다시 왕심리로 돌아오시니라.

태모님 성적의 첫 기록

311 10월 2일에 임경호와 이성영이 태모님께 와 뵙고 여쭈기를

2 "천사(天師)의 법언(法言)과 성적(聖蹟)은 이미 대순전경으로 간행되었으나 사모님의 언행(言行)은 아직까지 묻혀 있어 세상에서 알지 못하므로

3 통정 이하 여러 간부들이 의논하여 저희 두 사람으로 하여금 사모님의 언행을 수집하여 편찬하게 하니 이제 그 사명을 띠고 왔나이다." 하니라.

4 그러나 태모님께서 허락하지 않으시니 두 사람이 9일 동안 머물면서 고민환을 비롯한 몇몇 성도들에게 듣고 기록하니라.

311장 이성영은 이 때부터 수집한 내용을 모아 계묘(道紀 93, 1963)년에 『고부인신정기』를 집필하였다. 그러나 그 책은 많은 문제점을 안고 있다. 부록 '기존 기록의 한계와 문제점' 참조.

통일 경전 편찬할 사람이 판밖에서 나온다

312 하루는 고민환이 태모님께서 행하시는 공사 내용을 일기로 기록하려고 하니

2 태모님께서 꾸짖으시기를 "야, 이놈아! 뭘 그렇게 끄적거리냐? 너 책 장사 하려고 적냐?" 하시며 적지 못하게 하시고

3 일러 말씀하시기를 "때가 되면 상제님과 나의 사략(史略)을 편찬할 사람이 판밖에서 나오느니라." 하시니라.

4 또 말씀하시기를 "장차 테밖에서 성공해 들어와야 우리 일이 되리라." 하시니라.

도운의 셋째 살림, 김제 용화동 도장

용화동으로 이사하심

313 동짓달 초엿새에 태모님께서 고찬홍, 이근목, 전준엽, 박종오 등 몇몇 성도를 용화동으로 보내시어 동지 전날에 이사하실 뜻을 알리시니

2 14일에 용화동 교단에서 차(車)를 가지고 태모님을 모시러 오거늘

3 태모님께서 어진을 모시고 고찬홍, 이근목, 전준엽, 박종오, 강재숙, 고민환, 김수열, 이용기, 정아옥 등 10여 명을 데리고 용화동으로 이사하시니라.

4 보름날 새벽에 태모님께서 동지치성을 봉행하신 뒤 성도들에게 일러 말씀하시기를

5 "법은 상제님께서 내셨으되 용사(用事)는 내가 하노라." 하시고 노래하시니 이러하니라.

6 평천하 운수요 평천하 도수로다.

7 전국말세 진시황은 평천하한 연후에
만리장성 높이 쌓고 돌사람을 만드느라 학정이 자심하매
상극사배(相剋司配) 선천 운수 갈수록 극렬했네.

8 상제님의 신성하신 법력으로 제생의세(濟生醫世) 하신 후로
후천 해원 도수 따라 상생 도술이 무궁하리라.

9 이어서 태모님을 모시고 온 성도들과 동화교 간부들에게 명하시어 서로 악수하고 즐기게 하시니라.

용화동 도장의 출범과 조직 구성

314 태모님께서 치성을 마치신 뒤 도장 조직을 새롭게 구성하여 선포하시니

2 태모님 주재(主宰) 아래 대교령(大敎領) 한 사람과 부교령(副敎領) 두 사람을 두어 도장을 운영케 하시고

3 대보(大保) 한 사람과 아보(亞保)와 찬보(贊保) 각 두 사람씩으로 구성된 보화원(保華院)을 두어 도무를 돕게 하시니라.

4 대교령에는 홍원표(洪元杓), 부교령에는 이성영(李成英)과 전준엽, 대보에는 이상호, 아보에는 임경호와 고찬홍, 찬보에는 김환(金丸)과 이근목이 각각 선임되니라.

5 이로써 태모님께서 도장 조직을 새롭게 발족하시니 상제님께서 태모

님께 붙이신 셋째 살림 도수가 비로소 시작되니라.

6 태모님께서 모든 일을 정돈하신 뒤에 "두어 달 동안 일을 보고 돌아오리라." 하시고 다시 왕심리로 가시어 머무시니라.

상제님의 성골이 은닉된 것을 말씀하심

315 섣달 그믐날 밤에 보천교 신도 4, 5명이 도장에 와서 서로 한탄하며 말하기를

2 "해마다 이 날 저녁에 상제님의 묘각에 촛불을 켰는데 오늘은 촛불을 켜지 못하겠구나." 하므로

3 이용기가 그 연고를 물으니 "묘직원이 파면되고 아직 새 직원이 임명되지 않아 책임자가 없다."고 대답하니라.

4 이에 용기가 김수열과 함께 거센 눈보라를 무릅쓰고 묘각에 가서 촛불을 켜 놓고 돌아오니

5 태모님께서 꾸짖어 말씀하시기를 "너, 그곳에 뭐가 있다고…, 개 송장한테 갔다 오냐?" 하시고

6 "누구의 해골인지도 모르는데 헛되이 수고하였도다." 하시며 "어떤 머슴놈 뼈를 갖다 놓고 너희 아버지라 한다." 하시거늘

7 이는 곧 차경석이 극비리에 상제님의 성골(聖骨)을 비룡산에 숨겨 놓고 다른 해골을 바꾸어 넣었음을 알고 계심이더라.

8 이후로 태모님께서 상제님 묘각에 세 차례 가시어 공사를 행하시니라.

셋째 살림 교단으로 들어가신 과정

道紀 59년(1929) 9월 21일	김제 조종리에서 정읍 왕심리로 옮기심.
道紀 60년(1930)	동화교의 이상호가 여러 차례 사람을 보내 모시기를 청함.
道紀 61년(1931) 7월 그믐	동화교 통정 이상호와 간부 조학구 등이 찾아와 용화동으로 가실 것을 간곡히 청함.
道紀 61년(1931) 9월 17일	상제님 어진을 모시고 용화동에 왕림하심.
9월 19일	상제님 회갑 성탄치성을 봉행하심.
9월 21일	어진을 모시고 왕심리로 돌아가심.
道紀 61년(1931) 11월 6일	용화동으로 옮기실 뜻을 전하심.
道紀 61년(1931) 11월 14일	어진을 모시고 용화동으로 이사하심.
11월 15일	동지치성을 봉행하신 후에 조직을 새롭게 구성하심. "왕심리 일을 정리하고 돌아오리라." 하시고 다시 왕심리로 가심.
道紀 62년(1932) 3월 15일	"정읍 일을 다 보았으니 20일에 돌아가리라." 하심.
3월 20일	용화동에 가시어 신축한 집에 거하시며 도장 운영을 주재하심.

수부에게 심고하라

316 임신(壬申 : 道紀 62, 1932)년 정월 8일에 전주군 삼례면 후정리(後亭里)에 사는 세 살배기 아이가 홍역으로 사경에 이르거늘

2 영등리에 사는 김성녀가 태모님께 이 사실을 아뢰니 이르시기를 "수부에게 심고하라." 하시는지라

3 김성녀가 돌아와 음식을 장만하여 치성을 모시고 태모님께 일심으로 심고하니 그 병이 자연히 나으니라.

시천주주와 진액주를 읽으라

4 이 달 28일에 익산군 팔봉면 덕기리(八峯面 德基里) 남산(南山) 마을에 사는 이보일(李寶日)의 모친이 태모님께 와 뵙고 여쭈기를

5 "소녀의 며느리가 우연히 병들어 백약이 무효하고 사경에 이르렀습니다." 하니

6 태모님께서 이르시기를 "네가 급히 돌아가 치성을 올리면서 '소녀가 청춘과부로 독자 내외만 두었사오니

7 이를 불쌍히 여기시어 며느리의 병을 낫게 하여 주시옵소서.' 하고 일심으로 심고한 뒤에

8 시천주주 일곱 번과 진액주 일곱 번을 읽으라." 하시므로

9 보일의 모친이 돌아가서 그대로 행하매 며느리의 병이 곧 낫고 얼마 후 그 며느리가 아들 둘을 차례로 낳으니라.

지난 고생을 큰 복으로 알라

317 장연 마을에 사는 김형대(金炯大)가 수십 년 동안 부쳐 오던 전답(田畓) 20여 두락의 경작권을 하루아침에 다른 사람에게 빼앗기고 10년 동안을 곤궁하게 지내다가

2 2월 18일에 태모님께 와 뵈니 말씀하시기를 "갔구나, 갔구나, 영 갔구나! 고생이 다 갔으니 지난 고생을 큰 복으로 알라." 하시며 "급히 집으로 돌아가라." 재촉하시니라.

3 이에 형대가 지난 고생을 생각하며 비감(悲感)한 심정으로 집에 오니 뜻밖에 군청에서 가마니 수백 개 값을 선금으로 주면서 '가마니를 짜 달라.' 고 부탁하거늘

4 형대가 태모님의 말씀을 떠올리며 '나의 고생길이 다 지나갔구나.' 생각하고 가마니 짜기에 힘쓰며 일심으로 수도하매 이로부터 생계가 열리니라.

316:2 김성녀(金姓女, ?~?). 익산 사람이라 솜리댁으로 불렸으며, 태모님께서 "너는 적선을 많이 해라." 하시며 의통을 열어 주신 이후로 치병을 잘하였다. 여러 곳을 돌아다니며 아픈 사람이 있으면 청수를 떠 놓고 기도하고 주문을 읽어 낫게 하였는데, 나중에는 물질에 정신이 팔려 태모님 말씀을 잊고 치병한 대가로 돈을 받으면서부터 신도가 닫혀 버렸다.

김형대(1889~?)

317:1 김형대(金炯大, 1889~?). 본관 김해. 부인 최씨와 함께 신앙하였으며 슬하에 1남 3녀를 두었다. 김봉우, 강봉삼 성도 등과

5 또 뜻밖에 10여 두락의 소작답을 얻어 농사를 지으매 점차 생활이 풍족해지고 노년에 아들을 얻어 손자 셋까지 보게 되니라.

6 이 때 같은 동네에 사는 최윤문(崔允文)의 셋째 아들이 우연히 병을 얻어 절명한지라

7 형대의 아내가 그 집에 가서 청수를 올리고 상제님과 태모님 전에 일심으로 기도하니

8 약 한 시간쯤 뒤에 회생하고 이어 병도 완치되니라.

용화동에 거주처를 마련케 하심

318 태모님께서 일찍이 대교령 홍원표에게 명하시기를 "거처할 집을 지으라." 하시니

2 원표가 사재(私財)를 내어 정월 20일경부터 용화동에 태모님께서 거주하실 네 칸 전퇴의 기와집을 짓기 시작하여 3월 보름께 낙성(落成)하니라.

선도 오세요 악도 오세니라

319 3월 보름 경에 태모님께서 채유중을 용화동에 보내어 기별하시기를 "정읍 일을 다 보았으니 20일에 돌아가겠노라." 하시니

2 19일에 이성영이 태모님을 모시러 왕심리에 오니라.

3 이 날 저녁에 성영과 용기를 보천교 새 건물을 향해 세우시고 태모님께서 공사를 행하실 때

4 성영에게 물으시기를 "경석이 이제 상제님을 배반하고 수백만 신도의 앞길을 그르치니 어떻게 조처함이 옳겠느냐?" 하시므로

5 성영이 아뢰기를 "'배은망덕만사신(背恩忘德萬死身)'이라 하였사오니 죽어야 마땅할까 합니다." 하니라.

6 또 물으시기를 "수백만 신도의 피를 거두어 지어 놓은 것이 마침내 허사로 돌아가니 어떻게 조처해야 좋겠느냐?" 하시니

7 성영이 대답하기를 "허사로 돌아갈진대 뜯어 버림이 마땅하겠습니다." 하매 태모님께서 세 번씩 물어 다짐을 받으시고

8 다시 말씀하시기를 "선도 오세(五歲)요 악도 오세니라." 하시며 발로 성영의 다리를 차시니 성영이 엎어지니라.

9 이로부터 5년째 되는 병자년에 차경석이 죽고 이어 십일전(十一殿)을 비롯한 보천교의 큰 건물이 모두 뜯겨 버리니라.

교분이 두터웠다.

318:1 홍원표(洪元杓, 1893~1969). 본관 남양(南陽). 본명(족보명) 정원(正原), 원표는 자(字). 보천교 시절 경리 담당을 역임하였다.

318장 태모님께서 거처하시던 집은 이상호의 큰아들이 1980년도에 순천도에 팔아 버렸다.(이우인 증언)

319:5~9 차경석 성도가 신로(信路)를 변경하므로 그 기운을 거두신 것이다.

319:9 뜯겨 버리니라. 보천교의 재산 정리를 위임받은 정읍 경

월곡 차경석의 회한과 죽음

320 병자(丙子 : 道紀 66, 1936)년 윤3월 10일에 차경석이 가족들과 60방주를 비롯한 많은 신도들을 불러 모으고 말하기를

2 "내가 신도들에게 몹쓸 짓을 했다. 600만 교도들, 저 불쌍한 사람들, 내 사람들…. 내가 없어져야 한다." 하더니

3 잇몸을 찔러 피를 내고 마약을 입에 넣은 뒤에 얼마 후 숨을 거두니 시각은 오후 두 시경이라.

4 이 때 곁에서 임종을 지켜 본 사람은 경석의 아내 이씨와 그 아우 윤경과 윤덕, 아들 용남, 봉남, 계남, 봉용, 사위 노영한과 이석래, 당질 순옥, 당질부 손승례, 재종손녀 봉수 등이더라.

5 장례는 9일장을 치르는데 600만 신도들이 모두 상복을 입으니 마치 국장과 같거늘

6 18일 탈상 때는 대흥리에서 삼산리 고직동(三山里 庫直洞)까지 장지(葬地)로 가는 길이 인산인해(人山人海)를 이루니라.

용화동에서 도장 살림을 주재하심

321 3월 20일에 태모님께서 이성영의 안내로 이용기, 김수열, 김재윤, 박진호(朴鎭浩) 등 여러 성도들을 데리고

2 왕심리로부터 용화동으로 가시어 새로 지은 집에 거하시며 공사를 행하시고 도장 살림을 주재하시니라.

3 이 때 후일에 추수 일꾼이 출세할 것을 내다보시고 말씀하시기를 "용화동은 상제님의 기지라." 하시며

4 "경내 오악(境內五岳)의 기령(氣靈)을 배양하리라." 하시니라.

전주로 달아난 이성영

322 이 달 21일에 태모님께서 성영을 불러들이시어 며칠 동안 공사를 행하시니 성영이 심히 피곤하여 공사 도중에 도망할 마음을 먹거늘

2 태모님께서 성영을 불러 곁에 앉히시고 손목을 잡은 채 하루종일 놓아주지 않으시니라.

3 저녁이 되자 설상가상으로 "오늘 저녁에 나하고 같이 있자." 하시니 성영이 지엄하신 명을 거역할 수 없어서 조심스럽게 하룻밤을 자매 그 이튿날 또 자자고 하시는지라

4 연유도 말씀해 주지 않고 그러시니 성영이 더욱 민망해하다가

드디어 24일 새벽에 태모님께서 잠깐 주무시는 틈을 타 전주로 도 망하니라.

5 태모님께서 잠을 깨시어 성영이 달아났음을 아시고 크게 걱정하시 며 이용기에게 말씀하시기를

6 "제 놈이 가봐야 거기서 거기지. 이미 올가미에 옭혔으니 제 아무 리 달아나려 하여도 벗어나지 못하리라." 하시고

7 또 말씀하시기를 "성영은 물오리라. 사면팔방으로 날아다녀도 앉는 곳마다 물이니라." 하시니라.

리고 주무신 것 은 기운을 붙여 주시려 한 것이 었다. 이성영은 태모님 선화 이 후에 그것을 깨 닫고 뼈저리게 후회를 했다고 한다.

이상호의 불의를 꾸짖으심

323 태모님께서 종종 이상호를 가리켜 말씀하시기를 "상호, 저 도 둑놈, 역적놈!" 하시고 "저놈이 내 일을 망쳐 놓는다." 하시니라.

2 어느 날 태모님께서 상호를 보시고 또 "저 도둑놈, 역적놈!" 하시니 상호가 대들며 "제가 무슨 도둑질을 했습니까?" 하거늘

3 태모님께서 신도(神道) 난 음성으로 "네 이놈!" 하고 호령하시며 담 뱃대로 때리시니 상호가 무서워 달아나니라.

4 태모님께서 평소 상호에게 거처하시는 방문 앞을 지나다니지 못하 도록 엄명을 내리시거늘

5 간혹 상호가 그 앞을 지나가면 "저기 어떤 놈이 지나가느냐!" 하고 호통을 치시니라.

323:1 저 도둑 놈, 역적놈. 이상 호가 상제님 대 도의 종통맥을 왜곡, 날조하여 100년 도운사에 수많은 난법, 패 악자 양산의 길 을 열어 놓을 것 을 내다보고 하 신 말씀이다. 이 상호 형제는 상 제님의 말씀을 기록하면서 상제 님께서 자신들에 게 종통을 전하 시고 공사를 보 셨다는 등 없는 말을 지어내어 상제님에서 태모 님으로, 다시 제 3변 도운의 마무 리 인사 대권자 로 이어지는 종 통 도맥을 파괴 하여 흐려 놓았 다.

억조창생의 어머니로서 대속하심

324 하루는 태모님께서 측간에 가시는데 변변치 않은 나무때기로 대강 지어 놓은 것이라 이마를 부딪혀 한 시간 동안 기절하여 깨어나지 못하시더니

2 문득 일어나시며 부르짖어 말씀하시기를 "사람 같은 놈이 있느냐. 저 살기(殺氣), 저놈의 살기!" 하시니라.

3 또 한번은 태모님께서 방문을 열고 부엌을 내다보시다가 갑자기 문턱에 가슴을 찧고 기절하시거늘

4 이 때 정아옥이 당황하여 "어머니가 왜 저러시죠?" 하니 대윤이 신 안으로 보고 말하기를 "아버지가 탁 치시더만." 하니라.

5 태모님께서 잠시 후에 깨어나시어 혼잣말로 말씀하시기를 "이 세상 에 옳은 놈이 어디 있습니까? 그래도 살려야지요." 하시니라.

324:5 그래도 살 려야지요. 이는 신도(神道)로 볼 때 난법 난도자는 다 죽을 죄인이나 태모님께서 감싸 주신 것이다.

성도들에게 내려 주신 주요 사명

성 명	생 존 연 대	본명	호	거주지	사명 도수
강대용 (姜大容)	道紀 22~94 (1892~1964)			김제 조종리	태자(太子) 도수
강원섭 (姜元燮)	道紀 17~67 (1887~1937)	백용 (柏容)	백호 (白虎)	김제 조종리	인마(人馬) 도수 사정방 조직의 서방 도체 조직의 중앙 조종리 도장의 서방주
강휘만 (姜彙萬)	道紀 19~100 (1889~1970)			김제 조종리	신농씨 도수 수농부(首農夫) 도수
고민환 (高旻煥)	道紀 17~96 (1887~1966)		성포 (聖圃)	옥구 성덕리	수석 성도 및 대리 칠성 도수(칠성용정 공사) 저울 도수 사정방 조직의 중앙 도체 조직의 중앙 미륵불 봉영 공사 강태공 성군 만나는 공사 통정신 공사 천지공사의 문명(文命)을 쓰는 사명 조종리 도장의 내무 용화동 도장의 내무 오성산 도장의 내무
고찬홍 (高贊弘)	道紀 5~81 (1875~1951)		규봉 (奎鳳)	옥구 읍내리	사정방 조직의 북방 조종리 도장의 외무 용화동 도장의 아보 오성산 도장의 외무
고춘자 (高春子)	道紀 ?~?			옥구 읍내리	천지공사 대행 도수
김수남 (金壽南)	道紀 30~62 (1900~1932)			옥구 미룡리 ⇩ 정읍 수성리	일본 지령 걷는 공사
김수열 (金壽烈)	道紀 27~108 (1897~1978)			옥구 미룡리	인간 세상의 선악 판별 도수 용화동 도장의 내무
김수응 (金壽應)	道紀 19~66 (1889~1936)	수록 (壽祿)		옥구 미룡리 ⇩ 정읍 태인면	망량신(魍魎神) 도수
김원명 (金元明)	道紀 ?~?			익산 대조리	남조선배 공사 도사공 도수

성 명	생 존 연 대	본명	호	거주지	사명 도수
김재윤 (金在允)	道紀 21~63 (1891~1933)			익산 용연리	육임 구호대 도체 조직 공사 참여
문명수 (文明洙)	道紀 26~104 (1896~1974)	판금 (判金)		옥구 술산리	인간 세상의 선악 판별 도수
박종오 (朴鍾五)	道紀 9~75 (1879~1945)	장경 (長景)		옥구 산북리	오성산 도장의 내무
서인권 (徐寅權)	道紀 21~100 (1891~1970)	상채 (相寀)		김제 만경	석가여래 도수 약장과 법궤의 기운을 뽑아 쓰신 공사
오수엽 (吳守燁)	道紀 24~92 (1894~1962)	수진 (守眞)		김제 부용리	육임 구호대 도체 조직 공사 참여
유일태 (劉一太)	道紀 8~84 (1878~1954)	한용 (翰溶)		김제 부용리	육임 구호대 도체 조직 공사 참여
이근목 (李根睦)	道紀 ?~?			옥구	녹사(錄使) 사정방 조직의 남방 조종리 도장의 남방주 용화동 도장의 찬보
이용기 (李用己)	道紀 29~110 (1899~1980)		호암 (湖巖)	익산 용연리	태모님의 아들 도수 보천교 순교자 해원 공사 치병 도수 용화동 도장의 내무
이중진 (李仲振)	道紀 24~84 (1894~1954)			옥구 서수리	인간 세상의 선악 판별 도수
이진묵 (李眞默)	道紀 ?~?			옥구 서수리 ⇩ 옥구 산북리	대불 도수(선천 불교 막장 공사)
전내언 (田乃彦)	道紀 1~69 (1871~1939)			옥구	남조선배 공사 도사공 도수
전대윤 (田大潤)	道紀前 10~道紀 63 (1861~1933)			옥구 오곡리 ⇩ 정읍 태인면	애기 치병 도수 용화동 도장의 내수(內嬖)
전선필 (田先必)	道紀 22~103 (1892~1973)	영택 (永宅)	수제 (首濟)	옥구 수산리	천지공사의 증언 사명 도통 전수의 도맥 공사 자(尺) 도수
전준엽 (田俊燁)	道紀 21~75 (1891~1945)	봉균 (鳳均)		옥구 오용리	조왕(竈王) 공사 사정방 조직의 동방 조종리 도장의 동방주 용화동 도장의 부교령

325~326장 김 순자, 이우인 씨가 태모님 성묘에 참배를 다녀 오다가 용화동에 들렀을 때 이상호의 아내가 직접 고백한 내용이다.

325:3 진짓상 시중. 진지 준비는 정아옥 성도가 해도 진짓상을 들여가고 내오는 것은 전대윤 성도가 했다.

325:16 김수남의 사망. 김수남은 빚을 갚기 위

전대윤을 몰아낸 이상호의 아내

325 태모님께서 용화동에 계실 때 항상 전대윤이 시중을 드니, 당시 태모님의 성수(聖壽) 53세요 대윤의 나이 72세라.

2 대윤은 태모님을 모신 이후 신도(神道)가 내려 치병에 능할 뿐 아니라 앞일을 예지하는 능력이 뛰어나더니

3 태모님께서 진짓상 시중과 요강 심부름 등 모든 시중을 대윤에게만 들게 하시고

4 대윤을 대할 때마다 "이년, 저년!" 하고 구박을 하시며 별 잘못이 없어도 크게 꾸짖으시니 보는 사람이 민망할 지경이더라.

5 그래도 대윤은 조금도 불평없이 한결같은 마음으로 성경신을 다해 태모님을 모시니라.

6 어느 때는 태모님께서 대윤으로 하여금 하얀 머리를 산발(散髮)한 채 대막대기를 잡고 상주 노릇을 하게 하시고

7 또 태모님께서 다리를 벌리고 앉으시어 대윤의 머리를 조아리게 하며 벌(罰)을 주기도 하시니

8 이를 본 이상호의 아내가 '너무 예의가 아니고 민망스럽다.'고 생각하여

9 종종 대윤에게 말하기를 "대윤 형님! 그렇게 고초를 겪지 말고 아드님한테 도망을 가시오." 하며 부추기니라.

10 이에 대윤이 아랑곳하지 않고 태모님 곁에서 계속 시중을 들거늘

11 하루는 상호의 아내가 태인에 사는 대윤의 큰아들 김수웅에게 사람을 보내 '어머니를 모시고 가라.'고 기별하니

12 수웅은 태모님의 신도 세계를 익히 아는지라 태모님의 깊은 뜻이 계시리라 믿고 모셔가지 않으매

13 상호의 아내가 다시 대윤의 손자 준익(後翊)에게 '할머니가 여기 있으면 꼴이 영 말이 아니니 어서 집으로 모셔 가라.'고 기별하니라.

14 태모님께서 이 사실을 아시고 상호의 아내를 불러 크게 꾸짖으시니라.

집으로 돌아간 후 대윤에게 닥친 불행

15 얼마 후 준익이 용화동으로 대윤을 데리러 오니 그날도 태모님께서 대윤에게 "이년, 저년!" 하시거늘 준익이 불평을 하며 강제로 데려가더니

16 대윤이 태인으로 돌아간 지 얼마 후에 작은아들 김수남이 사망하고, 대윤은 일 년 뒤에 시름시름 앓다가 죽고, 몇 년 후 남편 김두옥

(金斗玉)과 큰아들 수웅도 차례로 죽으매 집안이 쑥대밭이 되니라.

17 대저 태모님께서 대윤을 심하게 구박하심은 그 죄업을 벗기어 목숨을 건져 주시고자 함이거늘

18 상호의 아내가 그 깊은 뜻을 헤아리지 못하여 돌이킬 수 없는 결과를 초래하게 되니

19 뒷날 상호의 아내가 수없이 뉘우쳐 말하기를 "내가 신인(神人)의 세계를 모르고 사모님과 대윤 형님의 천륜(天倫)을 끊었으니 이제 와서 죄가 된다." 하니라.

해 서울에 올라갔다가 여관에서 갑자기 죽었다. 김수남 성도가 죽기 사흘 전에 꿈을 꾸었는데, 물속에서 패랭이 쓴 사람이 와서 '가자'고 하는 것을 '어서 먼저 가라!'고 했다 한다.(김순자 증언)

이상호의 아들을 살려 주심

326 전대윤이 용화동 도장을 떠나 태인 큰아들 집에 머무르고 있을 때

2 이상호의 아들이 갑자기 몸이 불덩이같이 되며 심하게 앓거늘

3 상호의 아내가 아침 밥상을 들이며 말하기를 "아, 이럴 적에 대윤 형님이라도 오시면 얼마나 좋을까." 하고 안타까워하니라.

4 이 때 문득 태모님께서 대윤에게 성령으로 나타나시어 등을 후려치며 명하시기를 "어서 상호의 집에 가 보라." 하시는지라

5 대윤이 길을 나서매 50리 길이 너무도 가깝게 느껴지거늘 상호의 집에 당도해 보니 아직 밥상을 물리지 않았더라.

6 대윤이 앓는 아이를 잠시 쳐다보다가 갑자기 땀을 흘리고 숨을 크게 몰아쉬며 "음~ 음~." 하고 신음하더니

7 아이가 순식간에 열이 내리고 곧 나아 일어나니라.

용화동 도장에서 나온 고민환의 한

327 용화동 도장 초기부터 김수열, 고민환, 이용기가 내무(內務)를 맡고 용기의 아내 정아옥이 식모로 일하며 태모님을 모시고 있더니

2 얼마 후 이상호를 주축으로 한 용화동측 신도들이 사욕과 유교 의식에 빠져 태모님의 가르침을 받들지 않고 제멋대로 행동하기 시작하매

3 김수열과 전선필은 상호를 불량한 사람이라 여기고 용화동을 떠나 각자 집으로 돌아가니라.

4 한편 태모님께서 민환을 옆방에 두시고 모든 일을 상의하여 처리하시니 상호의 시기심이 갈수록 더해져 마침내 민환을 해(害)하려 하거늘

327:6~7 고민
환 성도는 용화
동 도장의 이러
한 정황과 이상
호와의 대립 관
계를 『선정원
경』에 대략 기록
하였는데, 용화
동 이상호 측과
의 마찰이 두려
워 그 책을 세상
에 내놓지 못했
다고 한다.(이우
인 증언)

5 태모님께서 그 기미를 아시고 민환에게 명하시어 당신 곁을 떠나
지 못하도록 하시니라.

6 하루는 민환이 도장의 현실을 생각하며 탄식하기를 "슬프도다! 교
인들이 어머님의 신도(神道)를 이해하지 못하고 하나같이 허례를 일삼
으며

7 또한 생명을 다루는 도업을 앞에 두고 장난 삼아 망동하니 어찌 이것이
사람을 살리는 천하사 일꾼의 자세라 할 수 있으리오." 하고 비통히 여
기더니

8 의분(義憤)을 참지 못해 '용화동 도장 출범 이후 떨어져 나간 신도
들을 모아 다시 세력을 규합하여 다른 방도를 찾으리라.' 생각하고

9 한편으로는 상호 측의 위해(危害)가 있을까 두려워 밤중에 도장을
나와 고향 옥구로 돌아가니라.

10 이로부터 민환이 이전에 신앙하던 신도들을 일일이 방문하며 교단
재건립 운동을 추진하니

11 옥구군 옥산면 남내리(玉山面 南內里) 지재 마을 문영희(文榮喜)의
집에 임시 연락처를 정하고 도체(道體) 조직을 서두르니라.

용화동 계룡산에서 공사 보심

328 9월 20일 자정에 태모님께서 주무시다가 일어나시어 갑자기
이용기에게 "바깥을 나가자!" 하시거늘

328:2 용소. 금
산사 입구에 있
는 소(沼). 태모
님께서 계실 당
시에는 소의 폭
이 넓고 또 무척
깊었다 한다.

2 용기가 태모님을 등에 업고 금산사 가는 길로 올라가던 중 용소(龍
沼) 옆에 다다르니

3 용기의 등에서 내리시어 용소를 이리저리 살피시며 물으시기를
"깊이가 얼마나 된다고 하더냐?" 하시므로

4 용기가 대답하기를 "속설에 명주 실꾸리가 하나 들어가게끔 깊다
고들 합니다." 하매 태모님께서 "그러냐?" 하시고 다시 "제비창골
로 가자." 하시니라.

5 이에 용기가 다시 태모님을 업고 가는데 계룡산(鷄龍山) 정상 바로
아래에 내리시어 "갑갑하구나." 하시거늘

6 문득 달이 차차 높아져서 조금씩 환해지더니 마침내 산천이 밝게
보이니라.

7 태모님께서 물으시기를 "이렇게 되면 앞이 어디가 되냐?" 하시므
로 용기가 "선천은 자좌오향(子坐午向)이요, 후천은 묘좌유향(卯坐
酉向)이라고 합니다." 하고 아뢰니

8 또 물으시기를 "그러고저러고 앞이 막히지나 않느냐?" 하시매 용기가 "부안 변산까지 막 보입니다." 하고 대답하니라.

9 이에 태모님께서 이르시기를 "그러면 너 가서 둘러보아라." 하시므로

10 용기가 지리(地理)에 대해 아는 바가 없으나 태모님의 명을 받들어 계룡산 정상에 올라가 변산 쪽을 둘러보고 있으니

11 잠시 후 태모님께서 그곳에 당도하시는지라 용기가 "이쯤 되면 좋겠습니다." 하고 아뢰니

12 태모님께서 "여기냐, 여기냐?" 하시며 발로 서너 번 구르시고 "물은 어디로 빠지냐?" 하시거늘

13 용기가 "당문파(當門破)로 보입니다." 하고 대답하니라.

이상한 일을 보거든 명심하라

329 10월 보름날에 가전 마을에 사는 오수엽의 장녀 채순(采順)이 세 살인데 급경풍으로 사경에 이른지라

2 수엽이 태모님께 찾아와 그 사정을 아뢰니 이르시기를 "이 길로 곧 돌아가다가 길에서 이상한 일을 보거든 명심하라." 하시니라.

3 이에 수엽이 바삐 집으로 돌아가는데 맑은 하늘에 별안간 공중으로부터 무엇이 모자 위에 떨어지므로 자세히 보니 노루 쓸개라.

4 수엽이 그것을 가지고 가서 지성으로 기도하고 갈아 먹이니 아이의 병이 곧 나으니라.

나도 부국강병이다

330 동짓달 26일 자정에 눈바람이 심하게 부는데 까마귀 떼가 모여들어 시끄럽게 울어대거늘

2 태모님께서 주무시다 일어나시어 "불을 밝혀라." 하시고 "소식도 없이 무슨 난리냐? 주전없는 놈들, 주전없는 놈들!" 하시니라.

3 이어 고라니 울음소리가 들리니 태모님께서 이르시기를 "연산(鳶山)에서 고라니가 운다." 하시고

4 이번에는 소쩍새가 울거늘 태모님께서 들으시고 역정을 내며 말씀하시기를

5 "내 자식 내가 먹이는데 네가 무슨 걱정이냐? 나도 부국강병이다. 나도 부국강병이다." 하시며

6 성도들에게 이르시기를 "개벽주(開闢呪)와 해인주(海印呪)를 읽어

328:13 당문파. 물이 빠지는 수구(水口)를 파(破)라 하는데, 그것이 일직선으로 쭉 빠져 설기(泄氣)되는 형국의 좋지 않은 땅.

329:1 오채순(吳采順, 1930~?). 오수엽 성도의 부인인 김철순 성도가 치병해 준 가전 마을 서해식의 아우 서해주(徐海珠)에게 시집갔다. 11편 396장 참조

330:3 연산. 소리개산.

330:6 개벽주. 신장주(神將呪)라고도 함.

태모

라." 하시니 성도들이 다같이 주문을 읽으니라.

7 다음날 아침에 한 성도가 밖에 나가 보니 까마귀 두 마리가 감나무 밑에 떨어져 죽어 있더라.

꿈속에서 병을 고쳐 주심

331 옥구군 미면 산북리 임사(臨沙) 마을에 사는 이고산(李高山)의 아내가 복통증(腹痛症)으로 수십 년 동안 고생하다가

2 하루는 고춘자에게 치병을 부탁하니 춘자가 이르기를 "본소에 가서 지성으로 기도하면 나으리라." 하거늘

3 고산의 아내가 말하기를 "집이 가난하여 혼자서는 치성을 모시지 못하겠으나 기도 비용으로 2원 50전을 보조해 드릴 테니 나를 대신하여 기도하여 주십시오." 하니라.

4 며칠 후 고산의 아내가 꿈에 도장에 가니 태모님께서 위로하시기를 "애썼다." 하시고 "네 병이 나으리라." 하시더니 그 후에 완쾌되니라.

죽은 아이가 다시 살아남

332 옥구 서수면 서수리에 사는 채사흥(蔡士興)의 손자 규석(奎錫)이 경풍으로 10여 일을 앓다가 마침내 숨을 거둔지라

2 이 때 고춘자가 치병하고 있다가 이런 일을 당하매 태모님께 와 뵙고 이 사실을 아뢰니

3 태모님께서 이르시기를 "네가 돌아가서 그 아이 시체 옆에 앉아 개벽주(開闢呪) 세 번과 칠성경(七星經) 일곱 번과 갱생주(更生呪) 스물한 번을 읽으면 다시 살아나리라." 하시거늘

4 춘자가 돌아가서 그대로 행하니 아이가 곧 회생하니라.

332:1 채사흥(蔡士興, 1871~1941). 본관 평강(平康). 첫째 부인 김씨(金氏, 1872~1912)와의 사이에 2녀를 두었고, 둘째 부인 나정숙(羅貞淑, 1883~?)과의 사이에 2남 1녀를 두었다.

내 자식 내가 입히고 먹이고 할 것이니

333 섣달 23일 해시(亥時)에 이용기, 박종오, 제주의 강응규(姜應圭), 부안의 김성환(金成煥) 등이 앉아 있는데

2 문득 북쪽에 있는 어느 산에서 고라니 울음소리가 들리므로 태모님께 고하니

3 태모님께서 그 산을 향하여 "그만두어라." 하고 두세 번 말씀하시니 고라니 소리는 곧 그치고 다시 소쩍새 소리가 들리는지라

4 말씀하시기를 "솥이 작고 크고 그만두어라. 내 자식 내가 입히고 먹이고 할 것이니 그만 가거라." 하시니 그 소리도 곧 그치니라.

태
모

5 이어 태모님께서 "주안상을 들여라." 하시고 술을 드시며 말씀하시 기를 "속설에 '남의 상에 감 놓아라 배 놓아라.' 하는 격이 아니냐." 하시니라.

중앙에 좌정, 시천주주 읽으시며 보신 공사

334 24일 저녁에 옥구의 박종오, 제주의 한상익(韓相益), 부안의 김성환, 익산의 이용기 등 네 사람이 앉아 있거늘

2 태모님께서 시간을 물으시니 종오가 대답하기를 "유시(酉時)이옵 니다." 하니라.

3 이 때 갑자기 눈바람이 크게 일고 까마귀들이 떼지어 소리를 지르 며 마을을 휩쓸고 나는지라

4 태모님께서 즉시 네 사람을 불러 동방에 이용기, 남방에 한상익, 서 방에 김성환, 북방에 박종오를 세우시고

5 태모님께서는 중앙에 좌정하시어 시천주주 7독을 송주케 하신 후에 종오에게 물으시기를 "바람기가 어떠한고?" 하시니

6 종오가 "금일 오시(午時)와 같사옵니다." 하매 태모님께서 "주안상 을 들여라." 하시어

7 술을 받으며 말씀하시기를 "이사륙팔십(二四六八十)의 이사륙팔은 제 외(除外)라." 하시니라.

너희들에게 치병을 맡기나니

335 계유(癸酉 : 道紀 63, 1933)년 정월 20일에 전주군 조촌면 화전 리(助村面 花田里)에 사는 김석배(金石培)의 모친 정성녀(鄭姓 女)와 조남경(趙南京)의 모친 박경신(朴敬信)과 익산 영등리에 사는 주원일(朱元日)의 아내 김성녀(金姓女)가 태모님을 찾아뵙고

2 영등리에 사는 탁치복(卓致福)의 아내 소씨(蘇氏)가 뱃속 혈적증으 로 고통 중에 있음을 아뢰니

3 태모님께서 이르시기를 "그 병이 대단히 중하도다. 너희들에게 맡 기나니 너희들 의사 대로 처리하여 보아라." 하시므로

4 세 사람이 치성과 기도를 두 차례 올리니 그 병이 자연히 완치되니라.

청수를 올리고 기도하니

336 2월 3일에 삼례에 사는 박재근(朴在根)의 두 살 된 장녀가 장 풍(腸風)으로 사경에 이르거늘

336:1 장풍. 결 핵성 치질로 인 해 대변을 볼 때 피가 나오는 병.

태 모

2 김성녀(金姓女)가 태모님께 이 사실을 아뢰니 "네가 가서 성심으로 치병하라." 하시므로

3 김성녀가 즉시 가서 청수를 올리고 기도하니 병이 완쾌되니라.

말씀이 곧 생명인 태모님

4 이 달 5일에 태모님께서 이용기의 둘째 딸 이순(二順)을 보시고 "이 아이가 어찌 뼈가 없느냐?" 하시니 이순이 대답하기를 "예, 뼈가 없습니다." 하니라.

5 태모님께서 직접 만져 보시고 "뼈가 있구나!" 하시며 용기의 손을 끌어다가 만져 보게 하시니 가냘픈 뼈가 금세 굵어졌더라.

6 태모님께서 다시 이르시기를 "이 아이가 살도 없구나." 하시므로 용기가 "이 애 몸에 살을 붙여 주옵소서." 하니 이후에 점차로 살이 붙기 시작하니라.

예고신주를 읽어 치병케 하심

337 3월에 김형식(金亨植)의 유아가 경풍을 앓거늘 7일이 지나서 평소 알고 지내던 박종오에게 치료를 청하는지라

2 종오가 태모님께 찾아와 이 사실을 아뢰니 일러 말씀하시기를

3 "돌아가서 그 사람에게 예고신주를 지성으로 읽되 아침, 점심, 저녁으로 삼칠독씩 사흘간만 읽으라고 해라." 하시므로

4 종오가 돌아가 말씀을 전하니 형식이 그대로 행하매 아이의 경풍이 곧 나으니라.

문명수에게 자손줄을 내려 주심

338 임피 술산에 사는 문명수가 아들 둘을 잃고 난 후로 마흔이 다 되도록 아들을 두지 못하여 한이 되다가

2 하루는 그 아내 이순금을 데리고 태모님께 와 뵈니 물으시기를 "아들 없음이 한이냐?" 하시고

3 순금에게 청주 한 잔과 통조림 고기 한 점을 주며 말씀하시기를 "잉태 못한 여자가 먹나니 돌아가서 아들을 많이 낳거라." 하시거늘

4 이 뒤에 순금이 계속하여 아들 삼형제를 낳으니라.

천하가 다 내 자손인데

5 태모님께서 만민을 사랑하시어 일일이 자손줄을 내려 주시거늘

6 혹 성도들이 태모님의 혈육에 대해 여쭈면 "천하가 다 내 자손인데 내색할 게 뭐 있느냐?" 하시니라.

336:4 이이순(李二順, 1930~?). 경오(道紀 60, 1930)년 2월 5일 생으로 당시 네 살이었다. 이용기 성도 부부는 도장에 기거하면서 태모님을 모셨기 때문에 가족 모두 용화동에 살았다.

338:4 아들 삼형제. 태모님의 공사로 태현(泰鉉), 길현(吉鉉), 복현(福鉉)을 낳았다. 현재 태현이 익산에 살고 있다.

태모

성영의 기운을 읽어 주심

339 26일 진시(辰時)에 태모님께서 이상호 내외와 이용기 내외를 부르시어

2 용기로 하여금 상제님 어진 앞에 청수와 교적(敎籍)을 올리고 시천주주를 읽게 하신 뒤에

3 "그 교적을 가져오라." 하시고 상호에게 성영이 있는 곳을 물으시니 상호가 "전주에 있습니다." 하고 대답하니라.

4 이에 태모님께서 "성영을 속히 데려오겠느냐?" 하시거늘 상호가 묵묵히 있으매 용기가 대신 "곧 데려오겠나이다." 하고 아뢰니

5 잠시 후에 태모님께서 다시 물으시매 용기가 공사의 뜻이라 생각하고 "이미 데려왔습니다." 하고 대답하니라.

6 태모님께서 교적을 용기에게 주시며 "서너 번 돌리라." 하시므로 용기가 받아서 상호에게 주고, 상호는 다시 용기에게 주고, 또 용기가 상호에게 전하매

7 물으시기를 "이만하면 흡사하냐?" 하시므로 용기가 "적당합니다." 하니 태모님께서 "술상을 가져오라." 하시니라.

8 태모님께서 술 석 잔을 부어 상호와 용기에게 한 잔씩 주시고 "한 잔은 성영에게 준다." 하시며 무명지(無名指)를 넣어 저으시면서

9 "수리수리 마하수리 수수리 사바하. 술에 물 탄 듯, 물에 술 탄 듯." 하시더니

10 이후에 성영이 교단을 차리려고 한 일이 난관에 부딪치자 포교 운동을 중지하고 돌아오니라.

용기의 셋째 딸을 치료해 주심

340 이 달 29일에 박종오, 이용기, 김성환 등 세 사람이 방에 앉아 있는데 태모님께서 문득 "길을 비켜라." 하시거늘

2 모두 살펴보니 별복(鼈腹)을 앓고 있는 용기의 셋째 딸 일례(一禮)가 문밖에 서 있는지라

3 한 성도가 문을 열어 주니 들어와 방을 닦으매 태모님께서 일례를 보고 말씀하시기를

4 "이 아이의 뱃속에 아이가 들었도다." 하시며 손으로 배를 어루만져 주시니 이로부터 별복이 낫고 아무 병 없이 성장하니라.

339:2 청수. 태모님께서 상제님 어진을 모신 도장에서는 아무나 함부로 청수를 올리지 못하게 하시고 주로 여자 신도들에게 올리게 하셨다. (이우인 증언)

340:2 별복. 지라가 부어 뱃속에 자라 모양의 멍울이 생기며 열이 심하게 올랐다 내렸다 하는 어린아이의 병.

340:2 이일례(李一禮, 1931~?). 이 때 일례는 세

살이었는데, 태
모님께서 기운을
붙여 주시어 어
린 나이에도 불
구하고 방을 닦
았다.(이용기 성
도의 제자 이교
승 증언)

341장 이용기 성
도의 제자 임예
환과 그의 딸 조
정수 증언.

342:1 박중오(朴仲
五, 1879~1950).
부인 김춘자(金
春子, 1886~
1970) 성도와 함
께 당시 신앙을
했던 것으로 보
인다. 슬하에 2
남 4녀를 두었
다.

상량을 해야 하니 모를 내지 마라

341 태모님께서 용화동에 계실 때 하루는 한 농부가 모를 내려고
논을 모두 손질해 놓았거늘

2 태모님께서 방에 앉으시어 뒷문으로 내다보시고 말씀하시기를 "저
논에 상량(上樑)을 해야 하니 모를 내지 마라." 하시는지라

3 성도들이 영문을 몰라 어리둥절해하다가 다음날 아침에 논에 나가
보니 이상하게도 모판의 모가 다 말라죽었거늘

4 얼마 후 태모님 말씀 대로 그 논에 집을 짓게 되니라.

지성으로 심고하고 오주를 읽으라

342 5월에 박중오(朴仲五)가 태모님께 찾아와 문안을 드리고 아뢰
기를

2 "저의 손자가 아홉 살인데 갑자기 복통이 나더니 이제 병세가 위중
하여 백방으로 치료해 보았으나 차도가 없사오니 어찌하오리까?"
하매

3 태모님께서 일러 말씀하시기를 "그러면 돌아가서 아이 어미더러
청수를 모시고 지성으로 심고한 후에

4 그 아이의 배를 손으로 어루만지며 그 때마다 오주를 열다섯 번씩
읽되 일곱 차례로 나누어 하루 밤낮만 행하게 하라." 하시거늘

5 중오가 돌아가서 명하신 대로 하니 그 손자의 복통이 씻은 듯이 나
으니라.

원한을 품고 돌아갔더니

343 이 달 보름에 영등리에 사는 주원일의 아내 김성녀가 갓 들어
온 여신도를 데리고 태모님께 와 문안을 드리니

2 태모님께서 그 신도를 보시고 놀라며 방 안으로 들어오지 못하게
하시고

3 "지랄 말고 즉시 돌아가라." 하시며 성녀에게 명하시어 데리고 돌
아가게 하시는지라

4 성도들이 연유를 몰라 당황하더니 알고 본즉 그 여신도가 간질병
환자더라.

5 이 때 그 신도가 원한을 품고 돌아가매 그 후로 간질이 낫거늘

6 그제야 태모님의 은혜임을 깨닫고 성녀와 함께 폐백을 가지고 다
시 찾아와 뵈니

7 태모님께서 따뜻이 맞으시며 "이제는 무병(無病)하냐?" 하시니라.

이만하면 넉넉하겠느냐

344 이 해 4월부터 날이 심히 가물어 이종(移種)을 못 하매 민심이 소란하더니

2 5월 20일에 열두 살 된 이상호의 전처 딸 정남(井南)이 부모의 심부름으로 와 뵙거늘

3 태모님께서 불러 무릎 위에 보듬어 앉히시고 말씀하시기를 "어미 없이 자라니 불쌍하다." 하시고 크게 울며 눈물을 많이 흘리시는지라

4 성도들이 진정하시기를 간청하되 그치지 않으시고 두어 시간을 우시다가

5 문득 성도들에게 물으시기를 "이만하면 넉넉하겠느냐?" 하시니 성도들이 물으신 뜻을 알지 못하고

6 다만 태모님의 울음을 그치게 하려고 "넉넉합니다." 하고 대답하니라.

7 이에 다시 물으시기를 "풍족하냐?" 하시므로 "풍족합니다." 하고 대답하니 태모님께서 울음을 그치시거늘

8 반시간쯤 지난 뒤부터 검은 구름이 일어나 삽시간에 하늘을 덮고 소낙비가 내리기 시작하여 두어 시간 만에 그치는지라

9 사방에서 이 비로 인하여 이종은 하였으나 우량(雨量)이 좀 부족하여 천수답(天水畓)은 심지 못한 곳이 많더라.

서신사명 수부사명

345 6월 24일 어천치성을 올린 후 태모님께서 신도 수십 명을 벌여 앉히시고 진액주를 한 시간 동안 읽게 하신 뒤에 박종오에게 "지필(紙筆)을 들이라."고 명하시어

2 　舊天地 相剋 大寃大恨
　　구 천 지 상 극 　대 원 대 한
　　新天地 相生 大慈大悲
　　신 천 지 상 생 　대 자 대 비

　라 쓰게 하시고

3 성도들로 하여금 뒤를 따르게 하시어 왼쪽으로 열다섯 번을 돌며 '구천지 상극 대원대한' 이라 읽히시고

4 오른쪽으로 열다섯 번 돌며 '신천지 상생 대자대비' 라 읽히신 다음

5 이어 '서신사명(西神司命) 수부사명(首婦司命)' 이라 열여섯 번을 읽히시니라.

344:3 무릎 위에 보듬어 앉히시고. 태모님께서는 어린애들이 근방에서 놀면 머리를 쓰다듬어 주시며 귀여워하셨다.

345:1 『대순전경』 2판 간행. 이 날 어천치성에 이상호, 이성영은 순한글로 된 『대순전경』 2판을 간행하였다. 혹자는 유학을 공부한 두 사람이 한자를 쓰지 않고 한글로만 말씀을 기록한 점(3판부터 다시 한자를 사용함.)과 도장의 핵심 간부인 고찬홍 성도가 출판 비

용을 많이 기부한 점에 착안하여 태모님께서 순한글본 간행을 직접 명하셨다는 주장을 하기도 한다. 그러나 태모님께서 『대순전경』을 인정하지 않으신 사실(11편 244장 참조)과 한자를 병용해야만 말씀의 내용이 더 분명해지므로 태모님께서도 공사를 보실 때 한문식 표현을 많이 사용하신 점을 감안해 볼 때 타당성이 결여된다. 따라서 추후 정확한 재조사가 필요하다.

345:5 열여섯번. 상제님 대도의 종통맥인 '10무극+5황극+1태극'을 상징한다. 5편 250장 참조.

346:3 물. 천지의 수기(水氣)를 말함.

종통대권은 너희들의 어머니에게 맡긴다

6 하루는 태모님께서 성도들에게 말씀하시기를 "상제님께서 천지공사를 통해 평천하를 이루시고

7 '수부 도수(首婦度數)로 천하 만민을 살리는 종통대권(宗統大權)은 나의 수부, 너희들의 어머니에게 맡긴다.'고 말씀하셨느니라." 하시니라.

물을 내려 주옵소서

346 이 날 석양에 태모님께서 상제님 어진 앞에 배례하고 앉으시어 목침으로 마룻장을 치며 말씀하시기를

2 "모든 일을 둘둘 뭉쳐 저 어린것에게 짐 지워 내세우시면서 풀어 주지 아니하시면 장차 어찌하려 하시나이까?

3 집이 있나이까? 처자(妻子)가 있나이까? 물을 내려 주옵소서." 하시니라.

도읍 옮겨 천자국 된다

347 오십토(五十土) 중앙으로 도읍을 옮겨 천자국 되고 상등, 중등, 하등 도통 나오는구나.

2 조화 조화 내 조화요, 상제님의 조화로다.

3 너희들은 살아 잘되기를 바라라.

4 서양교는 죽어 잘되기를 바라지만 우리들은 살아서 잘되기를 바라노라.

5 동서양에 쓸 사람은 십 리에 한 사람씩 드문드문 두었느니라.

후천 오만년 운수, 음양이 근본

348 6월에 대교령 홍원표가 사임하니 부교령 이성영으로 하여금 그 직권을 대행케 하시니라.

2 7월 5일 술해시(戌亥時)에 태모님께서 박종오를 불러 이르시기를 "집이나 잘 보소." 하시고

3 이용기에게 "너는 볼일이 있다. 계룡산(鷄龍山)이 어디냐?" 하시며 "행차 준비를 하라." 하시니 용기가 담뱃대와 담배, 그리고 성냥을 챙기니라.

4 이윽고 태모님께서 용기의 등에 업혀 계룡산에 이르러 말씀하시기를

5 "계룡산은 여기려니와 용소(龍沼)가 없구나." 하시니 용기가 한 쪽

을 가리키며 아뢰기를 "용소는 저기 있사옵니다." 하거늘

6 태모님께서 "담뱃불을 붙이라." 하시어 담배를 피워 무시고 사방을
살펴보시며 산과 누대(樓臺)의 이름을 물으시매

7 용기가 대하여 대금산(大金山), 소금산(小金山), 용안대(龍眼臺), 자
천대(紫泉臺), 악양루(岳陽樓), 고소대(姑蘇臺), 수양산(修養山), 제
비산(帝妃山), 운산(雲山), 구성산(九城山)을 낱낱이 아뢰니라.

8 태모님께서 그제야 "수양산이 어디냐?" 하고 물으시므로 용기가
수양산을 가리키며 "저기입니다." 하고 아뢰거늘

9 태모님께서 수양산을 바라보며 말씀하시기를 "구성(九城) 속에 수
양산이 결실하였도다." 하시고

10 다시 용소로 가시어 "멀지도 않구나." 하시더니 "후천 오만년 운수
는 음양이 근본이니라." 하시며

11 "속설에 '수양산 그늘이 강동 팔십 리' 라는 말이 이곳을 두고 나온
말이니 잘 기억하여 두라." 하시니라.

12 또 모악산을 바라보며 말씀하시기를 "모악산 산신은 둘이니 남자는
여자 되기가 원(願)이요, 여자는 남자 되기가 원이라." 하시니라.

외국 신명을 대접하심

349 7월 칠석절에 태모님께서 치성을 올리신 후에 윗방에 '외국 신
명(外國神明)' 이라 위패를 써 붙이시고

2 큰 자배기에 밥을 많이 담아 그 앞에 놓고 수저를 많이 꽂게 하시
며 찬수(饌需)를 잘 차려 진설하신 다음

3 성도들에게 개벽주(開闢呪)를 읽히시며 위패를 향하여 말씀하시기
를 "배불리 먹고 돌아가라." 하시니라.

이성영에게 다짐을 받으심

350 이 해 4월부터 이성영이 조학구, 박붕식(朴鵬植), 정태환(鄭台
煥)과 여신도 김정렬(金貞烈)을 데리고 전주 완산정(完山町)에
있는 보천교 교당에 머물며 포교 운동을 일으키다가

2 8월 10일 경에 조병관(趙秉觀)의 갑작스런 죽음으로 모든 경영이
실패로 돌아가매 포교 활동을 중지하고 김정렬 등을 데리고 돌아
오니라.

3 이에 태모님께서 담뱃대로 정렬을 때리시며 "어린것을 데리고 가
서 그런 흉한 일을 당하고 오니 무슨 꼴이냐." 하고 꾸짖으시더니

348:11 수양산
그늘이 강동 팔십
리. 수양산의 그
늘진 곳에 강동
의 아름다운 땅
이 이루어졌다는
뜻으로, 어떤 한
사람이 잘되어
기세가 좋으면
친척이나 친구들
까지도 그 덕을
입게 되는 것을
비유한 말이다.

태
모

4 성영에게는 지난 3월에 공사를 끝내지 않고 달아났음을 꾸짖으시며 회초리로 종아리를 때리시고

5 말씀하시기를 "큰 재앙이 네 몸에 미치지 않은 것이 다행이니라." 하시니라.

6 이후 태모님께서 성영을 보실 때마다 자주 회초리를 드시어 종아리를 때리시더니

7 얼마 후 태모님께서 성영을 데리고 사흘 동안 공사를 행하신 뒤에 다짐하여 물으시기를 "이제는 진심으로 받겠느냐?" 하시거늘

8 성영이 대답하기를 "일심으로 받들겠나이다." 하니라.

9 하루는 태모님께서 성영에게 명하시어 "나를 업어라." 하시고 등에 업히신 채 긴 담뱃대로 방향을 가리키시며 "이리 가자 성영아! 저리 가자 성영아!" 하시니

10 성영이 어쩔 줄 몰라 우왕좌왕하매 담뱃대로 머리를 딱딱 때리시니라.

350:9~10 태모님께서 이성영에게 "나를 업어라." 하시고 돌아다니신 곳이 현재 용화동 증산교의 경계가 되었다. 이상호, 이성영 형제의 기국과 신앙 정신에 따라 그렇게 공사를 보신 것이다. (정영규 증언)

물을 먼저 쓰려 함이니라

351 8월 20일에 정태환이 성영의 안내로 와서 뵈니 태모님께서 태환에게 말씀하시기를 "거짓말을 잘하는구나." 하시는지라

2 태환이 아뢰기를 "소자는 태어나서 아직까지 거짓말을 해 본 일이 없나이다." 하니

3 말씀하시기를 "네가 군산에서 거짓말을 하며 살다가 어느 여관에서 밥값도 갚지 않고 보따리를 들고 밤중에 도망한 일이 있지 않더냐?" 하시니 태환이 깜짝 놀라니라.

4 대저 태환은 몇 년 전에 군산 미두장(米豆場)에서 옥관(玉關) 노릇을 하다가 실패하고, 머물던 여관에서 밤중에 도망한 일이 있거늘 태모님께서 이 일을 말씀하심이니

5 태환이 크게 울며 사죄하고 다시는 거짓말을 하지 않기로 맹세하고 돌아가니라.

6 이 날 오후에 태모님께서 이성영, 박종우, 김재윤을 데리고 용화동 뒤 정자나무 북편 동산 밑 작은 길가에 가시어

7 성영에게 일러 말씀하시기를 "너는 이곳에 집을 짓고 살라. 이는 물을 먼저 쓰려 함이니라." 하시니라.

351:7 물을 먼저 쓰려 함. 제2변 도운의 대사부가 출세하실 것을 말씀하신 것이

김이봉의 문둥병을 치료해 주심

352 오룡동에 사는 김이봉(金二鳳)이 문둥병으로 수년 간 고통 중인데 백약이 무효하거늘

2 9월 26일에 그의 형 김도봉이 이용기, 정덕근과 함께 태모님을 뵙고 이 사실을 아뢰니

3 태모님께서 말씀하시기를 "그 병은 천지에서 아는 병이다." 하시고 "네가 알아서 하여라." 하시므로

4 도봉이 그 모친 박오용과 이용기, 정덕근과 함께 지성으로 기도하니 그 병이 곧 완치되니라.

천지가 정한 법

353 천지가 정한 법이 어찌 틀리리오.

2 생각은 안 해 보고 자기 사담(私談)만 하는구나.

3 남방에 불 묻은 것을 누가 알까.

4 변산 같은 불덩이를 그냥 두면 세계 인민 다 죽는다.

5 호남서신(湖南西神) 아니고는 내 일을 누가 알겠느냐.

6 나의 일은 폭을 못 잡느니라.

제 정신을 제가 차려야

354 하루는 치성을 올린 후에 무당 두 사람이 서로 어울려 싸우매 주위 사람들이 아무리 말려도 소용이 없거늘

2 태모님께서 보시고 말씀하시기를 "저런 못난 것들을 보았나. 저것들이 귀신한테 져 가지고 저 모양이구나." 하시며

3 친히 마당으로 내려가시어 담뱃대로 두 사람의 머리를 때리시되 여전히 머리채를 움켜쥔 채 떨어지지 않는지라

4 태모님께서 부엌에 들어가 바가지에 구정물을 퍼 와서 끼얹으시니

5 그제야 싸우던 두 사람이 히히 웃고 떨어지며 아무 일 없었다는 듯 각자 제 할 일을 하니라.

6 태모님께서 일러 말씀하시기를 "귀신에게 끌려 다니지 말고 제 정신을 제가 차려야 하느니라." 하시니라.

마음이 첫째이니 주저 말고 참여하라

355 여신도들이 경도(經度)를 할 때면 조심스러워하며, 특히 치성을 모실 때는 불결하다고 생각하여 참여하지 않으려 하니

다. 그리하여 도운의 발전 과정이 물(水)을 먼저 쓰고(제2변 도운), 불(火)은 나중에 쓰는(제3변 추수 도운) 양상으로 전개되어 나가고 있다.

352:1 김이봉(金二鳳, ?~?). 김도봉 성도의 아우.

김이봉
(?~?)

352:2 이용기 성도와 정덕근 성도, 정덕근 성도와 김도봉 성도는 각각 처남매부간으로, 김도봉 성도의 동생이 정덕근 성도의 부인이고, 정덕근 성도의 동생은 이용기 성도의 부인이다. 후주 '성도들의 인척 관계' 참조.

353:5 호남서신. 서신사명(西神司命)의 상제님을 말씀하신 것이다. 1편 78장 1절 측주 참조.

2 태모님께서 말씀하시기를 "죽은 나무는 이슬을 맞아도 소용이 없지만 산 나무에는 이슬이 필요하듯이 산 나무의 이슬과 같으니 조금도 주저할 것 없느니라." 하시고

3 "마음이 **첫째**이니 목욕재계한 후 조금도 주저 말고 **참여하라.**" 하시니라.

유교의 틀에 매인 상호와 성영을 꾸짖으심

356 이상호와 이성영은 고루한 유교 의식의 틀에 매여 태모님의 신도 세계를 전혀 받아들이지 못하거늘

2 태모님께서 두 사람의 이런 심법을 들여다보시고 신도가 내릴 때마다 종종 "이놈, 저놈" 하시며 담뱃대로 때리시니

3 두 사람은 맞는 것이 두렵고 체면도 손상되매 태모님을 피해 다니려고만 하니라.

4 태모님께서 이상호 형제들의 이러한 행동을 지켜보시고 말씀하시기를 "**못난 놈들이 못난 짓거리 한다.**" 하시니라.

이상호 형제의 불의와 태모님의 고초

5 일찍이 두 사람이 태모님을 모신 의도는 '정통성을 확보하고 태모님의 신권을 바탕으로 교세를 확장하기 위함'이었으나

6 막상 모시고 보니 태모님께서 신도로써 행하시는 천지공사의 진행 방법과 언행이 단순한 무당짓으로만 여겨지거늘

7 두 사람이 '저런 경우가 어디 있냐? 저런 모습이 외부에 알려지면 교단의 품위가 떨어진다.' 하여 태모님께서 거처하실 방을 따로 정하여 모시니

8 이는 겉으로는 태모님을 높이는 척하면서 실제로는 태모님의 행동 반경과 출입을 제한하려는 것이더라.

9 태모님께서 조종리 도장 재판 사건 이후 용화동 신도들의 불의(不義)와 사욕으로 인해 감금에 가까운 생활을 하시면서

10 천하창생의 죄를 대속하시니 날이 갈수록 건강이 매우 쇠약해지시니라.

상제님께서 성령으로 찾아오심

357 태모님께서 용화동에 계실 때 한번은 종기가 나서 약을 써도 차도가 없고 종처가 점점 크게 부어 올라 꼼짝을 못 하시거늘

2 성도들이 근심하던 중에 어느 날 하룻밤을 주무시고 났더니 그 종

기가 감쪽같이 다 나아 버린지라

3 성도들이 그 연유를 여쭈니 말씀하시기를 "너희 아버지가 어젯밤에 오셔서 청수를 발라 주고 가셨느니라." 하시니라.

일본 순사들을 혼내 주심

358 며칠 뒤 태모님께서 마루에 앉아 성도들과 담소를 나누시더니 느닷없이 음률에 맞춰 "온다, 온다, 온다, 온다." 하시거늘 모두 이상하게 여기니라.

2 잠시 후에 칼을 찬 일본 순사 두 명이 태모님을 연행하려고 오는데 태모님의 말씀에 장단을 맞추어 '딱, 딱, 딱, 딱' 군화 소리를 내며 대문 안으로 들어오거늘

3 이 때 태모님께서 두 순사에게 "모자 벗어!" 하시니 두 사람이 동시에 모자를 벗고, "칼 내려 놔!" 하시니 칼을 벗어 내려놓고, "장화 벗어!" 하시니 장화를 벗고, "옷 벗어!" 하시니 옷을 벗는지라

4 태모님께서 "에라, 이놈들! 춤이나 춰라." 하시니 두 사람이 땀을 뻘뻘 흘리며 춤을 추니라.

5 한참 후에 태모님께서 "옷 입어!" 하시니 순사들이 벗어 놓은 옷을 입고, "돌아가!" 하시니 모자와 칼을 들고 허겁지겁 돌아가니라.

6 한편 김제 경찰서에서는 태모님을 연행하러 간 순사나 고등계 형사들이 번번이 그냥 돌아오거늘

7 서장이 "왜 못 잡아 오느냐?" 하고 물어도 부하들이 대답을 못하매 '내가 한번 가 봐야겠다.'고 마음먹고 직접 태모님을 찾아오니라.

8 그러나 서장 역시 대문 안에다 모자와 칼을 벗어 놓은 채 아무 말도 못하고 옷을 벗고 춤을 추다가 돌아가거늘

9 이후로는 순사들이 다시는 용화동 도장에 찾아오지 않으니라.

흑운명월 도수

359 하루는 태모님께서 말씀하시기를 "무신(戊申), 기유(己酉)에 천지개로(天地開路)하였으니 무 뽑다 들킨 격 되느니라." 하시고

2 "임피는 흑운명월(黑雲明月) 도수니 상제님께서 섣달 그믐날 저녁에 달 뜨게 하셨음을 알라." 하시니라.

3 또 말씀하시기를 "세상 사람들이 증산 상제님은 회개자침(悔改自沈)한다 하고, 나는 허허탄식(虛虛歎息)한다 하더라지?" 하시니라.

358장 용화동 교단에서 종령을 지낸 바 있는 송문섭(1929~) 증언.

태모

선천 불교 막장 공사 : 후천 대불을 내는 칠성 공사

360장 이진묵 성도는 대불 도수를 맡고 나서 땅속까지도 환히 들여다보는 신통력을 얻었다 한다.

360 하루는 태모님께서 이진묵(李眞默)에게 진묵대사(震默大師)의 기운을 붙여 대불(大佛) 도수를 정하시며

2 여러 성도들에게 말씀하시기를 "불교 막장 공사는 진묵이니라." 하시고

3 "이 공사는 선천 불교 막장 공사요, 후천 대불을 내는 칠성(七星) 공사니라.

4 칠성 도수는 천지공사를 매듭짓는 도수니라." 하시니라.

후천 성인시대의 복록과 수명

5 이어 진묵에게 '복록성경신(福綠誠敬信) 수명성경신(壽命誠敬信)'을 송주케 하며 말씀하시기를

6 "중생의 복록과 수명을 통찰하여 후천 성인시대에는 복록과 수명을 고르게 할지라." 하시니라.

7 이 공사를 보시고 나서 얼마 후에 치성을 당하매 진묵이 평상시와 마찬가지로 절을 하고자 하니

8 태모님께서 "중이 치성을 보고 무슨 절을 하냐?" 하시며 절을 못하게 하시거늘

9 이후로 진묵은 치성 때에 절을 하지 않고 한쪽에 서서 참관만 하니라.

진인(眞人)이 나와서 포교할 때

361:1 진인. 상제님과 태모님의 도법을 계승하여 대도를 집행하는 용봉(龍鳳, 日月) 도수의 추수자를 말씀하신 것이다.

361 교(教)를 널리 전하라. 옳은 사람, 곧 진인(眞人)이 나와서 포교할 때는 생사판단이 서리라.

2 이제 성인이 나오시는데 도덕군자도 따라 나오느니라.

3 내 일은 판밖에서 성공해 가지고 들어오니 혼백(魂魄) 동서남북(東西南北) 아닌가.

4 동(東)은 일본이요, 서(西)는 미국이요, 남(南)은 중국이요, 북(北)은 소련이라.

5 중앙(中央)은 아동도(我東道) 아닌가.

6 한 고조(漢高祖)는 마상(馬上)에서 득천하(得天下)하였으나 우리는 좌상(坐上)에서 득천하하느니라.

판밖에서 성공해 들어와야

362:1 판밖에서 성공해 들어와야. 제3변 추수 도운의 일꾼 출세를 말씀하신 것이다.

362 태모님께서 항상 말씀하시기를 "너희들 가지고는 안 되느니라. 판밖에서 성공해 들어와야 되느니라." 하시고

2 "진인이 나와야 하느니라. 나의 모든 일을 이룰 사람이 판밖에서 나오느

니라." 하시거늘

3 성도들이 크게 낙심하여 한숨을 쉬며 "그러면 우리는 다 소용이 없습니까?" 하고 여쭈니

4 말씀하시기를 "너희는 울안에 들어 있느니라." 하시니라.

용화동 도장의 분란

363 용화동 도장 초기부터 조종리 도장에서 온 신도들과 동화교 출신 신도들의 의식이 서로 크게 다르거늘

2 조종리에서부터 태모님을 모신 신도들은 태모님께서 행하시는 공사의 신도 원리(神道原理)를 잘 이해하므로

3 공사를 시작하면 '아, 이번에는 어떻게 하려고 저러시는구나.' 하고 다음 일에 대비하는데

4 용화동 측 신도들은 전혀 그 의미를 알지 못하고 단순히 무당짓 하는 것으로 바라볼 뿐이더니

5 갈수록 양측 신도들의 교리 해석과 도장 운영의 규칙이 서로 맞지 않아 틈이 벌어지니라.

6 또 시간이 지남에 따라 용화동 측 신도들이 무례한 언사와 불의한 인사로 분잡을 일으키니 조종리 도장에서 왔던 신도들의 내왕이 점차 뜸해지거늘

7 몇몇 양식 있는 신도들이 탄식하여 말하기를 "조종리에서 온 간부들이 장차 어떻게 감당하리오." 하더니

8 마침내 조종리에서 온 신도들이 다 떠나고 도장이 쇠퇴하여 사람의 그림자마저 볼 수 없는 지경이 되니라.

임옥 자손을 데리고 일을 처리하리라

9 태모님께서 용화동에 계실 때 임옥(臨沃) 신도들이 태모님의 신도 세계를 잘 이해할 뿐 아니라 치성 때면 대소사를 전담하고 공사에 잘 수종하며 뒷일을 다 하니

10 태모님께서 항상 말씀하시기를 "임옥 신도가 내 자손이니, 보리밥일 지경이라도 임옥 자손을 데리고 모든 일을 처리하리라." 하시니라.

오성산 도장을 완공함

364 임신년에 고민환이 옥구로 돌아와 도체를 조직하고 옥구군 성산면 오성산(五聖山)에 기지(基址)를 정한 뒤

2 그 해 가을부터 다섯 칸 겹집 전퇴의 도장을 짓기 시작하니라.

364:3 문명수. 『도전』 초판에는 『선정원경』에 근거하여 문기수로 기록하였으나 당시 용화동 도장에 있었던 이성영이 집필한 『고부인신정기』에는 문명수로 적고 있고, 오성산 성도들이 도장 건축에 관해 문명수의 노고를 많이 칭찬했던 것으로 보아 문명수로 판단되어 바로잡았다.

364:7 자신의 집을 팔아. 조종리 도장 말기에 고민환 성도가 옥구로 피신해 가 있을 때 부종을 앓았다. 이 때 태모님께서 이진묵 성도에게 돈 30원을 주시면서 "개라도 한 마리 사서 먹고 보(補)하게 하라." 하셨는데 이진묵 성도가 살림이 어려워 유용해 버렸다. 그 후로 늘 죄책감을 가지고 있던 중에 마침 경비가 모자라 도장 건립이 중단되었다는 소식을 듣고 자기 집을 팔아 헌성하였다.

365:1~2 송문섭 증언.

3 그러나 재정난에 부딪쳐 미처 마무리를 짓지 못한 가운데 계유년에 문명수와 이중진이 용화동에 와서 태모님을 뵈니

4 태모님께서 말씀하시기를 "동지치성은 오성산에 가서 봉행할 것이니 그리 알라." 하시고

5 "오성산 도장을 속히 완공하라." 하고 재촉하시니라.

6 두 사람이 돌아가 민환과 여러 신도들에게 태모님의 말씀을 전하였으나 경비를 구할 길이 없어 난감하더니

7 이진묵이 자신의 집을 팔아 건축 비용을 담당하니라.

8 이에 공사를 속행하니 동지절까지 시간이 촉박한지라 태모님께서 거처하실 큰 방 하나를 먼저 정리하여 모실 준비를 갖추고

9 이듬해 갑술년에 이르러 비로소 도장 건축을 완공하니라.

용봉을 그려 종통 도맥을 전하심

365 태모님께서 용화동에 계실 때 천지에서 신도가 크게 내리매 여러 차례 용봉(龍鳳)을 그려 깃대에 매달아 놓으시고 공사를 행하시더니

2 용화동을 떠나시기 얼마 전에 다시 용봉기(龍鳳旗)를 꽂아 두시고 이상호에게 이르시기를

3 "일후에 사람이 나면 용봉기를 꽂아 놓고 잘 맞이해야 하느니라." 하시고 "용봉기를 꼭 꽂아 두라." 하시며 다짐을 받으시니라.

4 또 말씀하시기를 "용화동은 동요동(東堯洞)이요, 건곤(乾坤)의 사당(祠堂) 자리이니 미륵이 다시 서느니라.

5 사람들이 많이 오게 되나니 법은 서울로부터 내려오는 것 아니더냐.

6 앞으로 태전(太田)이 서울이 되느니라." 하시고

7 "사람 욕심 내지 마라. 올바른 줄 하나 치켜들면 다 오느니라." 하시니라.

건곤사당을 짓겠느냐

366 태모님께서 용화동을 떠나실 때 거처하시던 집은 이상호에게 주시고 다짐받으며 물으시기를

2 "상호야! 저기다 건곤사당을 짓겠느냐?" 하시니 상호가 대답하지 않거늘

3 담뱃대로 머리통을 후려치시며 "이놈아! 빨리 대답하라." 하고 재

촉하시니라.

4 이에 상호가 엉겁결에 "예, 짓겠습니다." 하고 대답하거늘 태모님께서 "암, 그래야지." 하시니라.

어진을 잘 받들라

5 또 이성영을 방으로 불러들이시어 어진 앞에 꿇어 엎드리게 하시고

6 어진 개사(改寫)와 저술과 도장 건축 등 뒷일에 대하여 낱낱이 세 번씩 다짐을 받으신 뒤에

7 성영에게 물으시기를 "네가 집을 지을 수 있겠느냐?" 하시고 다시 "그것이 무슨 집인지 아느냐?" 하시니라.

8 이어 말씀하시기를 "영정을 잘 받들라, 알겠냐!" 하시고 "단주수명…." 하고 말씀하시는데

9 성영이 태모님의 말씀이 끝난 줄 알고 자세한 뜻도 모르면서 건성으로 "예, 예!" 하고 대답하매

10 태모님께서 역정을 내시며 "이놈이 빠져나갈 궁리만 하고 말뚝마냥 대답만 하는구나." 하시고 담뱃대로 머리를 딱딱 때리시니라.

11 잠시 후 혼잣말씀으로 "영사(靈砂), 주사(朱砂)…." 하시며 두 손가락을 펴 보이시고 용화동을 떠나시니라.

오성산 도장에서의 은거 생활

업혀서 올라가신 태모님

367 계유년 동짓달 5일에 태모님께서 세 살림의 파란곡절을 뒤로하시고 용화동으로부터 오성산 도장으로 옮겨가시니

2 병인년 6월에 공사를 행하시며 거미를 비유로 말씀하신 일이 응험되니라.

3 일찍이 태모님께서 세 살림 도수를 맡아 온갖 고초를 다 겪으시어 건강이 너무도 쇠약해지신지라

4 오성산 도장으로 올라가실 때 한 성도의 등에 업혀서 올라가시니

5 아랫마을 사람들이 태모님께서 죽은 사람도 살리는 권능을 가진 분이라는 소문을 들은 바 있어 면전에서는 말을 못 하고

6 조심하며 수군거리기를 '걸어서 올라가면 서로가 편할 텐데, 다른 사람 힘들게 업혀 간다.' 고 하니라.

이길수
(1918~1978)

7 이 날 용화동에서 태모님을 모시고 와서 다음날 동지치성에 참석한 사람은 김수응과 조학구 등이더라.

오성산 도장의 어려운 살림

368 이로부터 태모님께서 오성산 도장에 은거(隱居)하시니 별다른 공사 없이 늘 도장에만 계시거늘

2 익산, 전주, 임피, 옥구 등지의 신도들이 종종 찾아와 문후 드릴 뿐이요

3 도장에는 고민환, 박종오, 이진묵, 고춘자, 이길수(李吉秀), 박종오의 아내 김종명(金鍾鳴) 등이 상주하며 태모님을 모시니라.

4 도장 살림은 민환과 종오가 내무를, 고찬홍이 외무를 맡아 유지하는데

5 살림이 어려워 어떤 때는 이진묵의 아내 고춘자가 마을을 돌아다니며 밥을 얻어 태모님을 봉양하니라.

용화동에 가신 일을 후회하심

6 하루는 태모님께서 용화동 도장에서 겪으신 고초를 생각하며 말씀하시기를

7 "내가 너희 아버지 말씀을 안 듣고 가서 그랬다." 하시고 길게 탄식하시니라.

삼변이라야 성국이니라

369 태모님께서 오성산으로 이사하신 뒤 하루는 공사를 행하며 말씀하시기를 "삼변(三變)이라야 성국(成局)이니라." 하시고

2 "오성(五聖)의 기령(氣靈)을 배합케 한다." 하시니라.

3 또 말씀하시기를 "오성산은 북방(北方) 일육수(一六水)라야 채울 수 있으리라." 하시니라.

오성산의 형국

4 오성산은 동서양 기계통이니라.

5 오성산은 동서양 전기통이니 번개는 제주 번개를 잡아 쓰리라.

6 오성산은 오선위기(五仙圍碁), 두 신선은 바둑 두고 두 신선은 훈수하고 갈 적에는 바둑판과 바둑은 놓고 간다.

7 오성산에 오성(五聖)이 있고, 성덕리(聖德里)가 있고, 서요동(西堯洞)이 있고, 사옥(沙玉)개가 있느니라.

너희들의 성심을 시험하리라

370 갑술(甲戌 : 道紀 64, 1934)년 정월 초사흗날에 김성녀가 전주 화전리에 사는 김석배의 모친과 함께 태모님을 뵙고 여쭈기를

2 "익산군 왕궁면 광암리(王宮面 光岩里)에 사는 송병우(宋炳雨)의 아내가 혈적증으로 수십 년 동안 고통받다가 이제 사경에 이르렀사오니 고쳐 주옵소서." 하거늘

3 태모님께서 말씀하시기를 "너희 두 사람이 가서 치료하여 보라. 너희들의 성심(誠心)을 이번에 시험하리라." 하시니

4 두 사람이 환자의 집에 가서 정성껏 음식을 마련하여 상제님과 수부님 전에 치성을 모시고 일심으로 기도하매 사흘 만에 그 병이 완치되니라.

네 의사 대로 하여 보아라

5 이 달 13일에 삼례에 사는 박재근이 급병으로 사경에 이르거늘

6 성녀가 태모님께 와 이 사실을 아뢰니 말씀하시기를 "네 의사 대로 하여 보아라." 하시는지라

7 성녀가 재근의 집에 가서 치성을 올리고 기도하니 그 병이 자연히 나으니라.

오성산으로 어진을 모셔 오심

371 이 날 태모님께서 박종오, 김수열, 채유중을 불러 말씀하시기를 "내가 오성산에 온 뒤로 몸이 부대껴서 편치 못한지라

옥구 오성산. 태모님께서 세 살림을 마치시고 54세 되시던 계유(道紀 63, 1933)년 동짓달에 이곳에 은거하셨다.

(日政)의 탄압으로 인해 밥을 시주하다 모실 정도로 도장 살림이 어려웠다. 그래도 태모님께서는 식생활에 대해서 관심을 두지 않으셨다.

368:6~7 상제님 천지공사의 도수를 집행하시기 위해 용화동으로 가셨으나 그곳에서 겪으신 고충이 워낙 심하셔서 인간적으로 한탄하신 말씀이다.

369:6 오성산은 오선위기. 우주는 5수(五數)에 의해 돌아간다. 실제 네 수로 작용하지만 그것을 잡아 돌리는 것이 중앙의 오토(五土)다. 하늘에는 오행이 있고, 땅에는 오선위기가 있고, 천리와 지리의 궁극 목적인 인사에는 황극이 있다. 상제님께서는 오선위기의 혈 기운을 인사에 접목시키시어 지구촌 선천 상극의 모든 시비를 가려 문화적으로 대통일 시대를 여신다. 이번에 남북 상씨름이 넘어가면 오선위기는 종결 지어지고,

2 생각해 보니 영정을 모셔 오지 아니한 까닭이라." 하시고 세 사람을 용화동에 보내어 이성영에게 말씀을 전하시기를

3 "우선 그 영정은 내가 모시리니 너희들은 반드시 영정을 개사하여 모시라." 하시고 어진을 모셔 오게 하시니라.

성심으로 치료하라

372 정월 대보름에 김성녀가 태모님을 찾아와 뵙고 여쭈기를 "삼례에 사는 이삼봉(李三奉)의 아내가 중풍과 주마담(走馬痰)으로 몇 년 동안 고생하오니 고쳐 주시옵소서." 하매

2 태모님께서 말씀하시기를 "가장 중한 병이로다. 네가 가서 성심으로 치료하라." 하시거늘

3 성녀가 환자의 집에 가서 치성을 올리고 일심으로 기도하니 그 병이 곧 나으니라.

너희들 생각 대로 처리하라

4 이 달 25일에 화전리에 사는 김성순(金成淳)의 두 살배기 큰아들이 매일 경풍으로 고통스러워하거늘

5 같은 마을에 사는 박경신과 김석배의 모친이 태모님께 이 사실을 아뢰니 "너희들 생각 대로 처리하라." 하시므로

6 두 사람이 돌아와 일심으로 기도하며 치병을 하니 자연히 완쾌되니라.

청수 올리고 음식을 차려 기도하니

373 2월 5일에 태인에 사는 두 살 된 어린아이가 우연히 병을 얻어 목숨이 경각에 달렸거늘

태모님께서 은거하신 옥구 오성산 일대

태모

2 김성녀가 태모님께 이 사실을 마음으로 아뢰고 청수 한 그릇과 음식을 차려 기도하니 그 병이 씻은 듯이 나으니라.

기도와 치성으로 광사병을 치유케 하심

3 하루는 전주 진기리에 사는 이승서(李承瑞)가 광사병(狂邪病)으로 수일간 고통스러워하거늘

4 성녀가 태모님께 아뢰니 말씀하시기를 "오늘밤에는 잠을 자게 해 줄 것이니 네가 가서 기도하고 치성을 올려라." 하시므로

5 성녀가 돌아가 그대로 시행하니 다음날부터 효력이 있어 곧 완치되니라.

373:3 광사병. 정신착란을 일으켜 미친 증세.

가족에게 포교하라

374 3월 2일에 화전리에 사는 여신도 박경신과 김석배의 모친이 태모님께 와서 여쭈기를

2 "소녀들의 마을에 최금석(崔金石)이란 자가 우연히 이름 모를 급병에 걸려서 사경에 이르렀사오니 고쳐 주옵소서." 하거늘

3 태모님께서 일러 말씀하시기를 "그 사람의 가족에게 포교하라." 하시니라.

4 이에 두 사람이 돌아가 환자의 아내를 입도시킨 후에 시천주주를 읽게 하고

5 세 사람이 함께 일심으로 기도하매 그 병이 곧 나으니라.

시두를 치유케 하심

6 이 날 삼례 만경동에 사는 네 살배기 박연순(朴蓮順)이 시두(時痘)를 앓다가 사경에 이르거늘

7 김성녀가 상제님과 수부님께 심고하고 지극 정성으로 시천주주를 읽으니 그 병이 완전히 나으니라.

금산사 미륵불 화재 사건

375 이 달 9일 밤에 금산사 미륵전에서 불공을 드리던 사람들이 실수하여 육장(六丈)의 미륵불상에 화재가 일어나니라.

2 오금해(吳錦海)가 구릿골에서 그 화광(火光)을 보고 금산사가 모두 불타 없어지는 줄 알았더니

3 좌우에 시립한 보처 보살과 미륵전은 그슬리지 않고, 가운데에 서 있는 미륵불만 불에 타서 왼쪽으로 넘겨졌더라.

4 그 뒤 미륵불을 다시 조성할 때 여러 사람이 말하기를 '금산사 건

375:2 오금해(吳錦海, ?~?). 금산사의 승려로 상제님의 시중을 들었던 인물이다. 2편 14장 본문 및 측주 참조.

태모

375:4 미륵불.
옥내 입불로는
세계에서 가장
큰 39척(11.82m)
이다. 귀의 크기
만 다섯 뼘이나
될 정도로 컸기
때문에 서울에서
만들어 트럭으로
날랐다. 석고로
만든 불상이 거
대하여 청련암에
서 잘라 온 은행
나무를 뼈대로
받치고 불상을
세웠다.

375:6 김복진(金復
鎭, 1901~1940).
한국의 근대 조각
가. 호 정관(井
觀). 충북 청원
출생. 동경미술
학교에서 조각을
전공하였고 최초
로 서양 조각을
한국 화단에 도
입하였다.

너편에 있는 청련암(靑蓮庵)에 큰 은행나무가 있으니 그 나무로 목
불을 조성함이 좋을 것이라.' 하거늘

5 금산사 주지 황성렬(黃成烈)이 청련암에 건너가 살펴보니 그만하면
됨직하여 얼마 후 그 은행나무를 베어 와서 자로 재어 보매 그 길
이가 39척(尺)이더라.

6 이에 장공 김복진(金復鎭)이 조각을 시작한 지 2년 9개월 만에 완
성하여 무인(戊寅 : 道紀 68, 1938)년 9월 3일에 육장 반(六丈半)의
미륵불을 모시거늘

7 이로써 일찍이 상제님께서 "금산사 미륵불은 육장이나 나는 육장
반으로 오리라." 하신 말씀이 응험되니라.

이제 나았으니 돌아가 보라

376 3월 보름께 옥구군 개정면 아산리(開井面 峨山里)에 사는 여신
도 김기화(金基華)가 태모님께 여쭈기를

2 "소녀의 마을에 김기녀(金奇女)라는 여자가 광사병으로 폐인이 되
었사오니 고쳐 주옵소서." 하매

3 태모님께서 청수 그릇 뚜껑을 쳐서 울리며 말씀하시기를 "이제 나았
으니 돌아가 보라." 하시므로

4 기화가 가 보니 과연 그 병이 완치되었더라.

태모님께 기도하니 나으니라

5 하루는 삼례에 사는 어떤 여자아이가 학교에서 귀가하는 도중에
갑자기 귀가 막혀 듣지 못하는지라

6 김성녀가 곧바로 태모님께 기도하며 치병을 시작하니 이틀 후에
자연히 나으니라.

7 또 같은 마을에 사는 임상렬(林相烈)의 열세 살 난 딸이 부종으로
고통 중이거늘

8 성녀가 태모님께 심고하고 시천주주를 읽으며 지성으로 기도하니 그 병
이 수일 내로 완치되니라.

어진 개사를 명하심

377 4월 5일에 이상호가 보낸 조학구가 오성산에 와서 태모님을
뵙고 일전에 명하신 어진 개사에 대해 아뢰니

2 태모님께서 어진 초본(抄本)을 주시며 "잘 그리라." 하고 당부하시
니라.

3 이에 이상호가 김경학, 김영학, 박공우 등 상제님을 직접 모신 성도 세 사람을 초청하여

4 그 입회 하에 화사 채용신으로 하여금 초본을 바탕으로 상제님의 어진을 개사케 하여 봉안하였으나

5 본래의 상제님 어용(御容)과는 그 모습이 많이 다르더라.

연수법을 사용하라

378 19일에 장연 마을 김형대 내외와 김봉우가 태모님께 와서 여쭈기를

2 "저희 마을 양상규(梁常奎)의 아들 석봉(錫奉)이 우연히 급병에 걸려서 사경에 이르렀사오니 고쳐 주시옵소서." 하매

3 태모님께서 말씀하시기를 "너희들 세 사람이 곧 돌아가서 마음을 합하여 **연수법**(延壽法)을 사용하라." 하시니라.

4 세 사람이 명을 받들어 환자의 집에 가니 상규의 아내 김씨(金氏)가 아이를 안고 울면서 살려 달라고 애걸하거늘

5 청수 한 동이를 방 한가운데 모시고 시천주주와 칠성경을 일곱 번씩 읽은 뒤에

6 세 사람이 각기 청수 한 숟갈씩 떠서 환자에게 먹이고 칠성경을 세 시간 동안 읽으니 그 병이 완치되고 연수가 되니라.

7 태모님께서 말씀하시기를 "칠성경에 조화가 많으니라." 하시고 "칠성경은 자손을 위하여 좋은 주문이니 많이 읽으라." 하시니라.

삼불산 장상 집결 공사

379 하루는 태모님께서 옥구 선연리 삼불산(三佛山)에서 **장상**(將相) 집결 공사를 보시며 말씀하시니 이러하니라.

2 사람도 참석해야 할 것 아니냐.

3 장상신이 아니면 들어가지 못하느니라.

4 삼불산 아래에 송촌(松村)이 있고, 송촌 건너편에 선인옥녀봉(仙人玉女峯)이 있으니

5 선인옥녀봉이 자하도, 삼불산의 운수로다.

6 삼산(三山)의 불로초가 이 아니냐.

7 상등, 중등, 하등이 오십토 중앙이요

8 도읍을 다시 옮겨 천자국(天子國)이 이 아니냐.

9 천자신이 월명산(月明山) 천하봉에 임하였느니라.

태
모

초산을 말함. 5편 385장 참조.

379:9 월명산. 군산시 금동, 소룡동, 월명동, 나운동을 끼고 있는 산(105m). 월명산의 은적사는 고민환 성도가 도문에 들어오기 전에 승려로 있던 곳이다.

건각증을 고쳐 주심

380 4월에 하루는 태모님께서 오성산 도장 툇마루에 앉아 계시는데

2 30대쯤의 한 남자가 건각증으로 다리를 절며 죽장(竹杖)을 짚고 오더니 토방에 앉아 쉬는지라

3 태모님께서 "누구냐?" 하고 물으시니 그 사람이 대답하기를 "저는 전라남도 해남에 사는데

4 아우가 열다섯 살에 집을 나간 뒤 행방을 알 수 없어 방방곡곡을 찾아다니나 여태껏 만나지 못하고 혹시 절간에나 있나 하여 이렇게 산중으로 찾아다니고 있습니다." 하니라.

5 태모님께서 칭찬하여 말씀하시기를 "형 된 도리로써 애 많이 쓴다." 하시고 "올라 앉으라." 하시며

6 "다리도 성치 못한 사람이 정처없이 사방으로 돌아다니니 얼마나 고생이 많은가?" 하시니라.

7 이어 물으시기를 "다리는 언제부터 그러한가?" 하시니 "열여덟 살 때에 동무끼리 장난하다가 다쳤나이다." 하고 아뢰거늘

8 태모님께서 말씀하시기를 "다리나 성하여야 먼길을 갈 터인데." 하시더니

9 "일어서라." 하시어 그 다친 다리를 위아래로 어루만지시며 "곧 나으리라." 하시고 "여기 토방 아래에서 한번 걸어 보라." 하시니라.

10 이에 그 사람이 두세 번 오가더니 절뚝거리던 것이 없어지매 땅에 엎드려 수없이 절을 하며 태모님의 은혜에 감사하거늘

11 태모님께서 식모로 일하는 신도에게 명하여 "점심을 가져오라." 하시고 그 사람에게 먹이며 말씀하시기를 "이 죽장을 버리라." 하시니라.

형제의 윤기가 서로 이어져 있음이라

381 이어 그 아우의 성명을 물으시고 말씀하시기를 "그대의 아우는 지금 충청도 부여 무량사(無量寺)에서 머슴살이를 하고 있느니라." 하시거늘

381:2 윤기. 천륜(天倫)상의 기운.

2 그 사람이 여쭈기를 "어떻게 아시나이까?" 하니 태모님께서 말씀하시기를 "형제의 윤기(倫氣)가 서로 이어져 있음이라." 하시고

3 "즉시 그곳에 가 보라." 하시며 "돌아갈 때 이리로 한번 다녀서 가라." 하시니

4 그 사람이 백배사례하고 길을 나서매 죽장을 버리고 완전한 몸으

태모

로 걸어서 가니라.

5 그 후 8, 9일 만에 그 사람이 아우를 데리고 와서 태모님을 찾아뵙고 감사의 절을 올린 후 군산에서 기차를 타고 고향으로 돌아가더니

6 8월에 다시 태모님을 찾아와 폐백을 올리며 감읍(感泣)하더라.

내가 녹줄을 붙여서 내보냈노라

382 이진묵이 자기 집을 팔아 도장을 완공한 뒤에는 거주할 곳이 없어 도장 협실에서 살고 자식들은 아랫마을을 돌아다니며 동냥을 해서 먹고사니라.

2 이 때 태모님께서 진묵 내외를 구박하시며 "너희들 갈 곳으로 가라." 하고 몇 번이나 불쾌히 대하시는지라

3 하는 수 없이 진묵 내외가 도장을 나와 자식들을 데리고 옥구군 미면 산북리 일대를 떠돌아다니며 사는데

4 두어 달이 채 못 되어 뜻밖에 그 동네 부호 김씨 집안에서 진묵의 큰아들에게 청혼을 하거늘

5 진묵이 생계도 잇지 못할 형편일 뿐 아니라 한 칸 토담집에 어렵게 사는 처지라 '할 수 없다.'고 거절하니

6 때마침 그 동네에 일본인 소유의 빈집이 있으므로 김씨 집안에서 그 집을 사 주며 혼인해 줄 것을 재차 청하매 진묵이 응낙하니라.

7 이에 신부측에서 모든 비용을 부담하여 예식을 치르고 또 논 1500평을 대주어 농사를 짓게 하며

8 얼마 후에는 그 동네에 사는 일본인이 청하지도 않은 논 수천 평을 무상으로 대여해 주고 일할 소 한 필과 그 외 모든 기구까지 갖추어 주거늘

9 진묵이 금세 부농이 되어 일 년도 되지 않아 살림이 넉넉해지니라.

10 태모님께서 이 소식을 들으시고 말씀하시기를 "박절하다고 그대로 두면 진묵은 평생 곤궁을 면치 못하겠으므로 내가 녹줄을 붙여서 내보냈노라." 하시니

11 진묵 내외가 태모님의 깊으신 뜻을 깨닫고 은혜에 감읍하니라.

모든 것을 환히 들여다보심

383 하루는 치성을 맞아 충남 부여에 사는 한 성도가 자신이 직접 농사지은 수박 한 통을 가지고 와서 태모님께 올리니라.

2 그 때는 수박이 매우 귀한 때이거늘 태모님께서 뜻밖에도 그 수박

383장 김순자 증언.

383:1 치성. 오성산 도장 치성

태모

에는 대략 200명 정도가 참석했다. 치성 음식은 몇 사람이 맡아 하루 종일 준비했는데, 제물을 신단에 차려 놓으면 칼로 자른 듯이 높이가 똑같을 정도로 정성이 기가 막혔다.(오수엽 성도의 장남 오홍률 증언)

을 마당에다 내던지시니 수박이 쩍 하고 쪼개지는지라

3 성도들이 보니 수박이 전혀 익지 않아 속이 하얗더라.

김경학 성도 등의 수련 공부를 돌봐 주심

384 9월 7일에 김경학(金京學)과 김영학(金永學)이 태모님을 찾아 와 뵙고 여쭈기를

2 "저희들이 모악산 수왕암(水王庵)에서 수련을 행하던 중에 상제님의 성령이 나타나시어 수십 년 동안 사모님과 막혀 지낸 것을 꾸짖으시고

3 '이 길로 가서 너희들의 어머니를 모셔다가 지난 모든 일을 풀고 이전 정의(情誼)를 다시 계속하지 않으면 화(禍)가 있으리라.' 하고 말씀 하시므로

4 저희 두 사람이 일동을 대표하여 왔사오니 저희들의 이전 과실을 깊이 용서하시고 함께 가시어 앞으로 사흘 동안 수련 법석(法席)을 주재하여 주옵소서." 하며 회오(悔悟)의 눈물을 흘리는지라

5 태모님께서 말씀하시기를 "지난 일은 한갓 꿈과 같을 뿐이나 칠십 노인이 멀리 와서 이렇듯 간곡히 말하니 내가 비록 건강이 허락지 않을지라도 멀리할 수 없노라." 하시고 두 사람과 함께 수왕암에 가시니라.

384:6 이중성(李重盛, 1897~1958). 이중성은 도욕이 많은 사람이었다. 이 때 둘째 딸을 낳은 지 3일 만에 아내와 함께 수련 공부에 참석하였다.(이중성의 딸이자 박공우 성도의 자부인 이옥수 증언) 자녀들이 태을주를 하루에 3천 독씩 염주를 돌리면서 안 읽으면 굶겼으며, 자신이 태을주를 읽다가 깜빡 잠이라도 들면 깨어나서 '나 자는 사이에

6 이 때 박공우가 주창(主唱)하여 김경학, 김영학, 이성영, 김수응, 이중성(李重盛) 내외 등이 모여서 수련 공부를 하는데

7 태모님께서 공부를 주재하시매 김수응이 신력을 얻어 풍운조화를 자유자재로 일으키니라.

사람을 잘 맞아들이라

8 사흘 뒤 공부가 파하매 태모님께서 11일에 금산사에 들르셨다가 용화동에 이르시어 이틀 동안 머무르시며

9 상호와 성영을 불러 명하시기를 "개사한 영정이 많이 틀렸으니 다시 개사하라." 하시니라.

10 또 오성산에서 오실 때 가져오신 용봉기(龍鳳旗)를 꺼내어 손수 꽂아 놓으시고 일러 말씀하시기를

11 "이 자리는 용화세존(龍華世尊)의 꽃밭이 되리니 사람을 잘 맞아 들여야 하느니라." 하시고

12 13일에 용화동을 떠나 오성산 도장으로 돌아오시니라.

불쌍한 우리 창생들을 어찌하리

385 태모님께서 9월 상제님 성탄치성 전날에 무수히 개탄하여 말씀하시기를

2 "이 자손들을 어찌하면 좋으리오. 죽게 되면 저희들이나 죽지 애매하고 불쌍한 우리 창생들을 어찌하리." 하시며

3 성도들을 동쪽으로 향하여 벌여 앉히시고 해마주(解魔呪)를 읽게 하시며 이르시기를 "살려 내자, 살려 내자!" 하시니라.

4 이는 장차 일본 제국주의의 칼날에 수없이 죽어갈 이 땅의 백성들을 구제하시기 위한 공사이더라.

대개벽기의 급박한 상황과 사는 길

386 태모님께서 말씀하시기를 "장차 괴질(怪疾)이 군산(群山) 해안가로부터 들어오느니라." 하시고

2 "그 괴질의 기세가 워낙 빨라 약 지어 먹을 틈도 없을 것이요, 풀잎 끝에 이슬이 오히려 더디 떨어진다." 하시니라.

3 또 말씀하시기를 "소병, 대병이 들어오는데 죽는 것은 창생이요, 사는 것은 도인(道人)이니

4 오직 마음을 바르게 갖고 태을주를 잘 읽는 것이 피난하는 길이니라." 하시니라.

태을주를 읽어 천하창생을 살려라

387 태모님께서 말씀하시기를 "태을주는 천지 기도문이요, 개벽기에 천하창생을 건지는 주문이니라." 하시고

2 "이 뒤에 병겁을 당하면 태을주를 많이 읽어 천하창생을 많이 살려라." 하시니라.

3 또 말씀하시기를 "태을주의 '훔치 훔치'는 천지신명에게 살려 달라고 하는 소리니라." 하시니라.

개벽기에 억조창생을 살려 내자

388 하루는 태모님께서 공사를 보실 때 '억조창생'을 부르시며 "불쌍하다! 불쌍한 놈만 죽게 생겼다." 하고 통곡하시더니

2 담뱃대를 좌우로 두르시며 "살려 내자!" 하시고

3 "사람이 없으면 천지도 공각(空殼)이요, 일월도 무용(無用)이라." 하시니라.

김경도
(1914~1979)

주는 인간을 낳아 기르는 천지의 1년 선·후천 농사 시간대에서 인종씨를 추리는 가을개벽기에 인간으로 오신 상제님께서, 천지의 지존의 성령이신 태을천 상원군의 기운을 열 수 있도록 내려 주신 주문이다. 태을주를 읽지 않고는 개벽 사업을 이룰 수 없다.

387:3 대흥리에서 태모님과 한 집에 살며 말씀을 직접 들은 손승례가 그의 딸 차봉수에게 전한 내용.

389:1 두문동 성수. 상제님께서 신경원 성도의 집에서 천지대신문을 열고 공사를 행하실 때, 벽 위에 써 붙이신 글의 일부이다. 이는 후천 조화선경을 건설하는 충혼의 신명과 일꾼을 수 놓으신 것이다. 5편 328, 329장 본문 및 두문동 성수도 참조.

391장 선화치성. 전북대 이강오 교수가 쓴 태모님에 관한 자료(「이강오 필사본」)를 보면, 태

천하강산이 해원이네

389 수(數)가 있네 수가 있네, 천지 수가 정리되어 두문동 성수(杜門洞星數)는 팔팔(八八) 구구(九九).

2 백복신(百伏神)은 그 전에 아전이요, 만사신(萬死神)은 백성이라.

3 신농씨 운수가 나온다네.

4 오곡 백초 가지시고 한울님이 오신다네.

5 조화선경을 건설하고 연화 세상(蓮花世上) 정리하여 천하 강산이 해원이네.

6 단주수명 우주수명 지기금지 원위대강.

글을 써 붙이고 치성을 모심

390 태모님께서 오성산 도장에 계실 때 하루는 신단(神壇)을 만들게 하시거늘

2 서랍은 사상(四象)의 원리에 따라 네 개를 만들어 끼워 넣게 하시고

3 치성을 봉행하실 때는 신단에 글을 써 붙이시니 이러하니라.

4
姜甑山 所有
강 증 산 　소 유

呂洞賓 造化
여 동 빈 　조 화

姜太公 道術
강 태 공 　도 술

神農氏 遺業
신 농 씨 　유 업

丹朱 受命
단 주 　수 명

태모님의 선화(仙化)치성 공사

391 10월 초에 태모님께서 성도들에게 명하시기를 "초엿샛날 치성을 준비하라." 하시거늘

2 성도들이 그 까닭을 몰라 여쭈매 대답지 않으시고 "서둘러 준비하라." 하시므로 정성을 다해 치성 준비를 마치니

3 태모님께서 치성을 봉행하신 뒤에 말씀하시기를 "을해년에 임옥에서 땅 꺼진다." 하시니라.

태모님께 심고하고 시천주주를 읽으니

392 을해(乙亥 : 道紀 65, 1935)년 2월 3일에 김제군 용지면 예촌리(龍池面 禮村里)에 사는 황경수(黃京洙)가 시두를 앓아 위독한지라

2 가전 마을 김도성화와 정실생화 두 사람이 찾아가 보고

3 태모님께 심고한 뒤에 시천주주를 한 시간쯤 읽으니 그 병이 곧 나으니라.

임신 중인 여인의 시두를 치병케 하심

4 13일에 예촌리에 사는 황일봉(黃一奉)의 모친이 임신 중에 시두로 사경에 이르니

5 도성화와 실생화가 태모님께 이 사실을 마음으로 아뢰고 지성으로 기도하니 약을 쓰지 않고도 자연히 치유되니라.

문명수의 장남을 치병하심

393 3월 29일에 이용기가 태모님의 명을 받들어 임피 술산에 사는 문명수에게 가니 명수의 장남이 병을 얻어 백약이 무효한지라

2 용기가 태모님께 이 사실을 아뢰니 말씀하시기를 "양위 전에 청수 올리고 기도하며 해진 옷을 입지 말라고 하라." 하시므로

3 용기가 태모님의 말씀을 전하고 기도하니 그 후로 자연히 나으니라.

너희들 심령 대로 치병하라

4 하루는 도성화와 실생화가 김제 장산리(壯山里)에 사는 유호열(劉鎬烈)과 유남렬(劉南烈) 두 사람이 중병으로 목숨이 경각에 달렸음을 보고

5 태모님께 이 사실을 아뢰니 말씀하시기를 "너희들 심령(心靈) 대로 치병하라." 하시므로

6 두 성도가 성심으로 기도축원(祈禱祝願)하니 사나흘 뒤에 그 병이 완치되니라.

병을 낫게 하고 자손줄을 태워 주심

394 하루는 옥구군 성산면에 사는 차재수(車在守)의 아내가 두창(頭瘡)과 여러 병을 앓는 어린 아들을 데리고 와서 태모님을 뵈려 하매

2 태모님께서 이르시기를 "과일을 사 가지고 오라." 하시므로 바로 과일을 사서 올리고 뵈니

3 태모님께서 아이의 전신을 어루만지며 이르시기를 "속히 키우고 또 생산케 하라." 하시며 과일을 고루 나눠 먹게 하시더니

4 그 후 아들이 완쾌되고 재수의 아내는 곧 잉태하여 또 아들을 낳으니라.

모님께서 오성산 도장에 계실 때 춘분, 추분, 동지, 하지, 상제님 성탄, 상제님 어천, 태모님 성탄, 태모님 선화치성 등 8대치성을 봉행하셨다 한다.

태모

가족에게 치성 올리고 주문을 읽게 하라

395 7월 보름날 전주 삼례에 사는 김성녀가 태모님께 와 뵙고 여쭈기를

2 "옥구군 대야면 죽산리(竹山里) 고척(高尺) 마을에 사는 김완산(金完山)이 폐결핵으로 10여 년을 앓다가 이제 사경에 이르렀사오니 고쳐 주시옵소서." 하니라.

3 이에 태모님께서 말씀하시기를 "네가 돌아가서 환자의 가족들로 하여금 치성을 올리고 시천주주를 읽게 하라." 하시니

4 성녀가 환자의 집에 가서 명하신 대로 하매 그 병이 곧 나으니라.

빨리 가서 치료하여 주라

396 9월 3일에 가전 마을 오수엽의 아내 김철순(金哲順)이 와서 태모님을 뵙고 여쭈어 말하기를

2 "저의 마을에 사는 서해식(徐海植)이라는 아이가 이름 모르는 급병에 걸려서 사경에 있사오니 고쳐 주옵소서." 하매

3 태모님께서 말씀하시기를 "네가 빨리 가서 치료하여 주라." 하시므로

4 수엽의 아내가 환자의 집에 가서 상제님과 수부님 전에 치성을 모시고 기도하니 곧 씻은 듯이 나으니라.

김철순
(1904~1978)

396:1 김철순(金哲順, 1904~1978). 본관 청도. 남편 오수엽 성도와 함께 신앙하였다.

396:2 서해식(徐海植, 1934~). 이 때 두 살이었다. 현재 김제시 백구면 부용리 가전 마을에 살고 있다.

옥돌이 진토에 묻혔음을 누가 알리오

397 이 달 18일에 오수엽이 군산을 다녀오기 위해 도장에 들러 태모님을 뵈니

2 태모님께서 물으시기를 "너 어디를 가려고 하느냐?" 하시므로 "군산에 다녀올까 합니다." 하고 대답하니라.

3 태모님께서 수엽의 등을 어루만지시며 "옥석(玉石)이 진토(塵土) 중에 들었으니 세상에서 누가 알쏘냐." 하시며 두세 번 되풀이하여 말씀하시고 "어서 다녀오너라." 하시거늘

4 수엽이 군산에 다녀온 뒤로 풍수지리(風水地理)를 공부하여 지사(地師)로 이름을 떨치니라.

내 집 빨리 지어라

398 태모님께서 오성산에 오신 이후 고민환에게 늘 말씀하시기를 "내 집 지어라. 내 집을 어서 지어라." 하시므로 마침내 민환이

집을 짓기 시작하니라.

2 하루는 태모님께서 "내 일이 좀 바쁘다." 하시고 "오늘은 내 집을 구경하리라." 하시며 출발하시니 성도들이 모두 따라나서거늘

3 옥녀봉(玉女峯)에 이르렀을 때 민환이 태모님의 건강을 염려하여 "어머님, 여기에서도 다 보입니다. 여기서 보고 돌아가십시다." 하고 아뢰니

4 태모님께서 "그러면 그럴까?" 하시고 걸음을 멈추신 채 산 아래에 짓다 만 집을 한참 동안 바라보시다가

5 잠시 후 발길을 돌리시며 민환에게 이르시기를 "날짜가 급하다. 내 집 빨리 지어라." 하시니라.

398:3 태모님의 건강. 태모님께서는 온갖 고초를 다 겪으시고 육신이 모두 망가지신 상태로 용화동에서 나오시어, 오성산에 가실 때는 업혀서 올라가셨다. 이 때에도 고민환 성도의 집까지 1km도 안 되는 거리를 가시지 못해 옥녀봉에서 내려다 보셨다 한다.

모든 생명을 사랑하시는 태모님

399 하루는 밤에 참새 한 마리가 방에 들어와 태모님의 치마 밑에서 자고 나가니라.

2 또 하루는 뙹벌이 방문 바로 위에 집을 지었는데 마침 큰바람에 떨어졌거늘 태모님께서 그 벌집을 주워서 제자리에 매어 두시더니

3 이로부터 벌이 크게 번식하여 벌집이 큰 박과 같이 되어 태모님께서 선화하실 때까지 달려 있더라.

네가 부정이 있으니 돌아가라

400 10월 어느 날 밤에 태모님께서 공사를 보시는데 제비가 문밖에 와서 재재거리거늘

2 태모님께서 말씀하시기를 "너, 남주작(南朱雀) 왔느냐!" 하시고

3 또 한 마리가 와서 재잘거리니 "오냐! 내가 이미 알고 있느니라." 하시니라.

4 잠시 후 벌이 날아와서 한 여자를 쏘니 말씀하시기를 "네가 부정(不正)이 있으니 돌아가거라." 하시고

5 "벌은 군신지의(君臣之義)로 왔느니라." 하시니라.

치성 음식에 대하여

401 하루는 태모님께서 치성 음식에 대해 말씀하시기를 "상제님 공사 시에 개고기와 돼지고기는 쓰셨으되 양고기를 쓰신 일은 없느니라.

2 개고기는 망량신(魍魎神) 차지요, 돼지고기는 장상신(將相神) 차지요,

실과(實果)는 칠성(七星) 차지요, 떡과 적은 조왕신(竈王神) 차지니라.”
하시고

3 “닭은 너희 아버지가 좋아하시고 나물은 내가 좋아하니, 산신(山神) 수저
는 내 옆에 놓으라.” 하시니라.

4 또 이르시기를 “콩나물, 멸치, 호박 등은 인간의 반찬이니 제수에는
쓰지 말라.” 하시므로 이후로는 치성에 쓰지 않으니라.

5 태모님께서 평소 제물을 진설하실 때 전후좌우(前後左右)의 일정한
위치를 정하지 않으시니라.

치성 음식은 약이 되고 복이 되니

6 태모님께서 치성 후에 말씀하시기를 “치성 음식은 약이 되고 복이 되
니 뚤뚤 뭉쳐 두지 말고 한 명도 **빠**짐없이 고루 나누어 먹으라.” 하시
니라.

아이들을 칠성이라 부르심

402:1 칠성. 태
모님께서 아이들
을 칠성이라 부
르신 것은 후천
의 주인공인 초
립동이들에게 기
운을 붙여 주시
기 위한 것이다.

402 태모님께서 아이들을 부르실 때 “야, 칠성아!” 하시며 ‘칠성’,
‘칠성동자’ 등으로 기운을 붙여 부르시고

2 그 부모에게 일러 말씀하시기를 “저 동자들을 잘 가꾸라” 하시니라.

3 치성을 마치고 나면 성도들에게 이르시기를 “야, 과일은 칠성 아이
들 차지다. 너희들은 먹지 마라.” 하시며 아이들에게 먼저 내려 주시
니라.

천지 장상 공부니

403 하루는 태모님께서 말씀하시기를 “천지 장상 공부(將相工夫)니
육보(肉補)를 해야 하느니라.

2 고기도 큰 대야로 먹고, 술도 동이째 먹고, 밥도 말밥을 먹어야 하
느니라.” 하시니라.

태모님께서 즐겨 드신 음식

3 태모님께서는 평소 회(膾)를 좋아하시고 소의 처녑과 간(肝)을 즐겨
드시며 공사를 보실 때는 신명을 대접하기 위해 고기(肉)를 드시기도 하
니라.

403:4~5 태모
님을 모시고 공
사에 수종했던
전선필 성도가
이우인에게 전한
내용.

4 술은 동이째로 드시는데 순한 술은 입에도 안 대시고 구하기 어려
운 독한 곡주(穀酒)를 앉은자리에서 다 잡수시며

5 때로는 사흘 이상 진지를 안 드시고 술만 드시거늘 독한 소주나 꽃
소주를 큰 놋대접으로 몇 대접씩 드시니라.

6 또 자주 술독에 가마니술을 담아 놓고 드시더니

7 하루는 술을 드시며 말씀하시기를 "이것이 보신탕이다, 이놈들아! 그러나 잘못 먹으면 사약(死藥)이니라." 하시니라.

태모님은 생명의 어머니

404 태모님께서 공사를 보시기 위해 여러 곳을 돌아다니실 때 가시는 곳마다 음식을 지어 올리거늘

2 태모님께서 음식을 잘 드시면 그 집 살림이 점점 흥하여지고

3 드시지 않으면 가세가 점점 기울어지더라.

하늘땅에 꼭 이렇게 식고하라

405 하루는 태모님께서 식고(食告)에 대해 말씀하시기를 "너희들이 천지의 음덕으로 녹(祿)을 먹게 되었으니 식고를 할 때에는 반드시 이와 같이 고(告)하라." 하시고

2 "'천지의 음덕으로 녹을 먹으니 감사하옵나이다. 불초 자손의 식상(食床)이나 선령께서 하감(下鑑)하옵소서! 잘못된 죄를 용서하여 주시옵소서!' 하고 기도하라." 하시니라.

3 또 말씀하시기를 "너희가 먹어도 너희 선령들이 다 응감하느니라." 하시니라.

마음으로 기도하라

4 태모님께서 성도들에게 말씀하시기를 "너희들은 기도할 때 마음으로 하라." 하시며 일절 소리를 내지 못하게 하시니라.

밥상에는 반드시 염장이 있어야

406 하루는 태모님께서 진지를 드시며 말씀하시기를 "**염장(鹽醬)**은 중앙 토(中央土) 자리라." 하시고

2 "사람 뱃속을 오장육부라 하지 않더냐? 간장은 간 맞추는 장이니 밥상에도 치성상에도 꼭 간장을 올려라." 하시니라.

3 태모님께서 평소 반찬은 형편에 맞게 차려 올리는 대로 잡수시되 간장이 없으면 수저를 들지 않으시고 상을 도로 물리시며 "다시 봐 오라." 하시니

4 성도들이 진짓상에 간장을 놓아 다시 올려드리면 그제야 진지를 드시니라.

403:5 꽃소주. 소주를 고아서 맨 먼저 받은 진한 소주. 태모님께서 드신 술은 알콜 도수가 6, 70도 정도 되었다고 한다.

406:1 염장. 소금과 간장. 모든 음식의 간을 맞추는 재료로 대개 밥상 가운데에 놓기 때문에 중앙 토(土) 자리라고 말씀하신 것으로 보인다.

태모

진짓상을 물려 신명을 대접하실 때

407 태모님께서 공사를 보실 때는 며칠 동안 밥 한 술 뜨지 않으시고 술과 청수만 드시기도 하며 당신의 진짓상을 물려 신명을 대접하시는 일도 허다하거늘

2 이 때 신명들에게 종종 말씀하시기를 "나도 이렇게 먹으니 그리 알고 그대로 드시구려." 하시니라.

3 하루는 성도들에게 일러 말씀하시기를 "신명 대접을 잘 하라. 앞으로 신명을 박대하면 살아나기 어려우니라." 하시고

4 또 말씀하시기를 "선령을 박대하면 살 길이 없느니라." 하시니라.

태모님의 오색수건

408:1 손님수건. 상제님께서 "나는 동역객(東亦客) 서역객(西亦客) 천지무가객(天地無家客)이로다." 하셨고 탄강하신 곳이 손바래기이니, 상제님의 성령 기운이 어려있는 수건이란 의미에서 성도들이 '손님수건'이라고 했다 한다.

408 태모님께서는 다섯 자 되는 파란색, 빨간색, 노란색, 하얀색, 검은색의 다섯 가지 명주 수건을 가지고 계시니 성도들은 이를 '손님수건'이라 부르니라.

2 태모님께서 주로 흰색 수건을 목에 걸치시는데 그 수건으로 스쳐만 주셔도 모든 병(病)이 낫고 가난한 자는 식록이 넉넉해지니, 누구라도 손님수건으로 한번 쓸어 주시기를 소원하니라.

3 어떤 때에는 흰색 수건을 대나무에 깃발처럼 매달고 공사를 보시거늘

4 대나무를 잡고 수건을 휘두르시면 갑자기 큰바람이 일어나 성도들을 감싸니 모두가 신도의 조화와 위엄 앞에 엄숙해지니라.

태모님 담뱃대의 조화

5 태모님께서 출행하실 때면 항상 담뱃대를 들고 가시니 혹 처음 모시는 성도가 잘 모르고 대신 들어 드리고자 하면 담뱃대로 때려 경계하시니라.

6 담뱃대에는 학과 소나무가 새겨져 있고 길이는 넉 자가 되는데 아무리 큰 장정이라도 담뱃대로 탁 걸어서 당기면 그대로 끌려오니라.

408:7 담배통. 담뱃대에서 담배를 말아 넣는 통을 말함. 태모님 담뱃대의 물부리와 통은 은(銀)으로 만들어졌다.

7 신도들이 아프다고 할 때 태모님께서 그 아픈 곳을 담배통으로 짚고 주문을 읽으시면 곧 씻은 듯이 낫고

8 또 공사 시에 구름이 잔뜩 끼었다가도 담뱃대를 휘두르시면 구름이 사라지며

9 그믐밤에도 담뱃대를 두르시면 둥근 달이 떴다가 다시 두르시면 싹 감춰지고 또 두르시면 이내 나타나니라.

10 태모님의 담배 서랍은 돌로 만들어졌고, 재떨이는 성도들이 처음

에 놋쇠로 세숫대야만 하게 만들어 올렸더니 재를 떨면 '땡땡' 하고 종소리가 나는데

11 공사를 보시다가 내려치시면 놋쇠 조각이 여지없이 뚝뚝 떨어져 나가거늘

12 다시 두어 번 더 만들어 드렸으나 감당할 수 없는지라 성도들이 나무 재떨이를 만들어 드리니라.

13 이후에 그 재떨이를 강휘만이 보관하더니 얼마나 큰지 휘만이 족보와 고서(古書)를 담는 그릇으로 사용하니라.

담배는 천지 분향이니라

409 하루는 태모님께서 담배와 담뱃대에 대해 말씀하시기를 "담배는 천지 분향(焚香)이니 송동죽(松銅竹)을 가지되 설죽은 다섯 마디나 일곱 마디로 맞추어라.

2 담뱃대에 음양오행(陰陽五行)이 있어 칼로도 쓰고 총으로도 쓰고 마음대로 쓰나니

3 대를 들고 활활 활개치면 신선이니라.

4 담뱃대에는 칠성(七星) 기운이 붙어 있으니 담배는 목(木)이요, 통은 금(金)이요, 불을 붙이니 화(火)요, 대에서 물이 나오니 수(水)요, 재를 떨면 토(土)요, 통은 일(日)이요, 물부리는 월(月)이라." 하시니라.

5 또 말씀하시기를 "사람은 백 살 먹어도 철을 모르는데 담배는 철을 아나니 하지(夏至)만 되면 축축해지느니라." 하시니라.

27년 만에 근본을 찾았다

410 하루는 태모님께서 말씀하시기를 "나의 한(恨)을 다 얘기하자면…, 너희는 모르느니라." 하시고

2 고찬홍의 아내 백윤화(白潤華)에게 말씀하시기를 "27년 만에 근본을 찾았다." 하시니라.

포교의 길이 열리리라

3 어느 날 태모님께서 윤화에게 이르시기를 "너는 선불유(仙佛儒)의 근본을 찾아 잘 수행하여 무극대도의 앞길을 천명(闡明)하라. 이후로는 포교의 길이 열리리라." 하시고

4 또 말씀하시기를 "지금은 여러 교(教)가 있으나 후천에는 한 나무에 한 뿌리가 되느니라." 하시니라.

409:1 송동죽. 담배통과 물부리를 금과 동을 합금하여 만들고 거기에 소나무나 학을 상감하여 만든 담뱃대.

409:1 설죽. 담배 설대를 말함. 담배통과 물부리 사이에 끼워 맞추는 가는대.

409:2 칼로도 쓰고 총으로도 쓰고. 태모님께서는 금산사에 가시어 담뱃대로 불단(佛壇)을 그어 갈라 놓으시고 보천교 새 건물을 담뱃대로 겨누시며 총 쏘듯 탕탕 소리를 내셨다.

410:2 백윤화(白潤華, 1895~1972). 본관 수원(水原). 족보명 치문(致文). 익산군 왕궁면 왕궁리 출생. 남편 고찬홍 성도와 함께 신앙

백윤화
(1895~1972)

이우인(1930~)

태모님의 성적을 전한 전선필

411 성도들이 종종 공사 내용을 기록하고자 하면 태모님께서 허락하지 않으시며 말씀하시기를

2 "천지공사만 옳게 나가제끼면 다 볼 것을, 적을 것 없네." 하시니라.

3 태모님께서 선화하시기 전에 전선필에게 당부하여 말씀하시기를 "책이든 뭐든 증거가 되면 죽으리니 네 머릿속에 담으라." 하시고

4 "너는 어떻게든지 잡히지 말고 내 일을 후세에 전하고 포교하라." 하시니라.

전선필의 증언자 이우인

5 이로부터 40여 년이 지난 어느 날 선필이 태모님의 성적을 따라 찾아온 이우인(李愚仁)을 만나매

6 그에게 말하기를 "내가 우인이 자네를 만나려고, 어머님께서 나한테 말씀을 일러 주셨네.

7 내가 이 말씀을 모두 자네에게 전해 주는 것이니 자네, 잘 듣소." 하며 그 동안 듣고 본 공사 내용을 상세히 전하니라.

자작자배하는 자는 살아남기 어렵다

412 태모님께서 하루는 여러 성도들에게 경계하여 말씀하시기를

2 "차경석, 조철제와 각 교단이 저토록 집을 화려하게 지어 놓은 것을 부러워 말라.

3 그러한 일들은 다 허황하며 기만에 불과하니라." 하시고

4 "추수를 해서 오곡을 종류별로 갚아 두는 이치와 같다." 하시니라.

5 또 말씀하시기를 "천지공사에 없는 법으로 행동하고 자작자배(自作自輩)하는 놈은 살아남기 어려우리라." 하시니라.

장차 매듭짓는 성인이 나온다

413 태모님께서 말씀하시기를 "너희들 큰 데 가지 말아라. 보리밥 한 술에도 도통이 있느니라.

2 장차 초막에서 성현(聖賢)이 나오리라." 하시고

3 다시 "일초(一招), 이초(二招), 삼초(三招) 끝에 대인(大人) 행차하시는구나." 하고 노래하시니라.

4 태모님께서 늘 말씀하시기를 "상씨름판에는 콩밭(太田)에서 엉뚱한 인물이 나온다." 하시니라.

내가 너희 아버지한테 빨리 가야

414 태모님께서 오성산에서 2년 세월을 보내시고 하루는 성도들에게 말씀하시기를

2 "너희들은 집안만 잘 지키고 있으라. 내가 너희 아버지한테 빨리 가야 너희들이 잘될 것이라." 하시고

3 "내가 올 적에는 세상 사람들이 알게 하고 오리라." 하시니라.

4 또 말씀하시기를 "너희들이 죽으면 혼신(魂神)이라도 잘되게 해 주마." 하시니라.

성도들을 생각하며 탄식하심

5 태모님께서 종종 마루에 앉아 말씀하시기를 "너희 놈들이…." 하고 탄식하시거늘 성도들은 그 까닭을 알지 못하더라.

밥티 하나라도 조심하라

415 태모님께서 평소 부엌에서 일하는 김종명에게 말씀하시기를 "잡곡이라도 꼭 넣어서 밥을 해 먹도록 하라." 하시더니

2 한번은 진짓상을 차리는데 부엌에 들어오시어 "내 밥도 따로 담지 말고 콩이라도 섞어서 퍼라." 하시니라.

3 10월 5일 저녁에 태모님께서 부엌에 들어가시어 구정물통을 손으로 저어 살피시고

4 종명에게 일러 말씀하시기를 "밥티 하나라도 조심을 해라. 사람이 먹는 것이란 천지가 아느니라." 하신 후

5 나뭇간으로 가시어 땔나무를 돌아보시며 이길수에게 당부하시기를 "야야, 나무도 아껴서 때라." 하시고 등을 토닥거려 주시니라.

6 또 여러 성도들에게 말씀하시기를 "차후에 형편이 어려우면 너희들끼리 앉아서 너희 아버지와 나를 위해 보리밥 한 그릇에 수저 두 벌만 놓아도 나는 괜찮으니라." 하시니라.

천상으로 떠나신 태모님

416 이어 태모님께서 "목욕물을 데워라." 하시고 홀로 목욕을 하신 뒤에

2 "새 옷을 다 내놓으라." 하시고 일전에 성도들이 해 올린 새 옷으로 갈아입으신 다음 요에 누우시어 고민환을 불러 머리맡에 앉히시니라.

3 두어 시간 후에 문득 성도들에게 말씀하시기를 "너희들이 마음만 잘 고치면 선경세계를 보게 되건만…, 선경세계가 바로 눈앞에 있건

412:2~3 차경석, 조철제, 박한경 등과 같이 건물만 크게 지어 놓고 상제님 진리와 종통 도맥을 조작하여 난법난도하는 자는 모두 성공하지 못하고 때가 되면 진법 도운을 맞아 일시에 너질 것을 내다보시고 하신 말씀이다.

412:4 오곡을 종류별로. 나락은 나락, 팥은 팥, 콩은 콩 대로 종자를 갊아 두는 이치. 즉 진법이든 난법이든 뜻 맞는 사람들끼리 모인다는 말씀이다.

413:4 콩밭(太田). 상제님께서 한밭(태전) 공사를 보시며 "후천 선경 건설의 푯대를 태전에 꽂았다."라고 말씀하셨다. 5편 136장, 6편 72장 참조.

415:1 김종명(金鍾鳴, 1920~1977). 본관 김해. 남편 박종오 성도와 함께 도장에 상주하며 태모님의 진지 수발을 들었다.(당시 오성산 도장에서 지냈던 박종오 성도의 차남 박채봉 증언) 종종 양

태모

김종명
(1880~1977)

만….” 하시고

4 다시 이르시기를 “잘 꾸리고 있으라.” 하시므로 민환이 무슨 뜻인지를 여쭈니 “글쎄 말이네.” 하시니라.

5 또 말씀하시기를 “내 자리 옆에 새 요를 하나 더 깔아라.” 하시고 “증산 상제님이 오시면 나도 올 것이요, 내가 오면 상제님도 오시리라.” 하시더니

6 잠시 후에 “나의 머리에 손을 대라.” 하시고 상제님 어진을 향하여 손을 흔드시며

7 “너희 아버지가 벌써 오실 때가 되었는데.” 하고 세 번 거듭 말씀하신 뒤에 눈을 감으시고 선화(仙化)하시니라.

8 태모님께서는 천지신명과 억조창생의 어머니로서 10년 동안의 천지공사를 통해 창생들의 모든 죄를 대속하시어

9 후천 오만년 선경세계로 나아갈 길을 열어 주시고 한(恨) 많은 세월을 뒤로하신 채 천상으로 떠나시니

10 이 날은 환기(桓紀) 9134년, 신시개천(神市開天) 5833년, 단군기원 4268년, 을해(乙亥 : 道紀 65, 1935)년 10월 6일 축(丑)시요, 서력기원 1935년 11월 1일이니, 이 때 성수(聖壽)는 56세이시니라.

11 이 날 태모님을 곁에서 모신 성도는 고민환, 전선필, 박종오, 이길수 등이니

12 날이 밝아 수의(壽衣)를 수습하매 태모님께서 이미 횃대에 걸어 놓으셨더라.

오성산 북변 봉우재에 장사하다

417 고민환이 각처 성도들에게 부고(訃告)를 보내니 고찬홍, 이진묵, 전선필, 문명수, 문기수, 이중진, 유일태, 오수엽, 조학구, 김수열, 김내언(金乃彦), 이재균(李在均) 등이 달려오니라.

2 9일에 성도들이 태모님의 성체를 입관(入棺)하려 하는데 성체가 방바닥에 붙어 떨어지지 않는지라

3 이 때 민환을 비롯한 모든 성도들이 지난날 태모님과의 사무친 정이 솟구쳐 올라 서럽게 통곡하니 집 안이 온통 울음바다가 되니라.

4 한참 후에 성체를 간신히 떼어 입관을 한 다음 오성산 북변(北邊)에 있는 봉우재에 장사(葬事)하니라.

태모님께서 선화(仙化)하신 후

을해년에 임옥에서 땅 꺼진다

418 태모님께서 선화하시기 2년 전인 계유년부터 종종 말씀하시기를 "을해년에 임옥에서 땅 꺼진다." 하시거늘

2 성도들은 그 말씀을 무심히 듣고 지나치나 전선필은 항상 염두에 두고 임옥 땅이 꺼질까 염려하니라.

3 을해년 어느 날 문득 그 말씀이 떠오르므로 곧 임실(任實)로 도피하여, 날마다 그곳 불재에 올라가 하루 종일 옥구 방면을 바라보며 임옥 땅이 꺼질까 걱정하거늘

4 매번 올라가 해가 넘어갈 때까지 기다려도 옥구 땅이 꺼지지 않으매 하릴없이 집으로 돌아오더니

5 몇 달 후 태모님께서 선화하시고 나서야 비로소 태모님께서 세상 떠나실 일을 두고 하신 말씀임을 깨닫게 되니라.

고민환의 아들 재정을 구해 주심

419 고민환의 큰아들 재정(在廷)이 '일본인에게 잡혀서 징용(徵用) 가기는 싫다.' 며 노무자로 자원하거늘

2 정축(丁丑 : 道紀 67, 1937)년 섣달 초사흗날에 전쟁 지구(戰爭地區)에 배치되니라.

3 그 후 재정이 치질로 고생하게 되고 전쟁 지구인지라 늘 목숨이 위태로움을 느끼매 시천주주를 읽으며 "저 좀 살려 주십시오." 하고 태모님께 간절히 기도하니

4 어느 날 밤 비몽사몽간에 공중에서 태모님의 음성이 들리거늘

5 "어찌하여 이 위험한 곳에 왔느냐?" 하시고 "너무 걱정 마라. 너는 내가 데려가리니 곧 돌아가게 되리라." 하시니라.

6 당시 노무자에 지원한 사람은 제대 규정도 없이 무기한 근무하기로 되어 있는데

7 다음날 아침 일찍 감독관이 재정을 불러 집안 형편과 건강 상태를 묻더니 병원에서 치료를 받게 한 뒤 집으로 돌려보내거늘

8 집을 떠난 지 석 달 만인 이듬해 삼월 삼짇날에 무사히 집으로 돌아오니라.

전하였고, 이재균 성도는 다시 이우인에게 전해 주었다. 이번 개정판에서 사실대로 바로잡는다.

이재균
(?~?)

417:1 이재균(李在均, ?~?). 옥구군 옥산면 당북리 백석 마을에 살았던 성도로 이봉기로도 불렸다. 태모님 선화 후 부인 채씨(蔡氏)도 함께 신앙하였으며 70년대에 작고하였다.

417:2 태모님의 장의(葬儀). 태모님의 장의는 4일장을 지낸 것이 된다. 대개 사망한 날로부터 3, 5일째 되는 날에 장례를 지내는데, 일진(日辰)이 좋지 않으면 4, 6일장을 지내기도 한다. 그러나 성도들은 6일 이른 새벽이 5일 밤중에 해당하므로 5일장에 대한 인식에서 장의를 지낸 것으로 보인다.

417:4 봉우재에 장사. 고민환 성도가 도장 뒤편에 있는 봉우재에 태모님의 성묘 자리를 잡았다 한다.

419:1 고재정(高在廷, 1912~1978). 태모님께서 고재정을 상당히 귀여워하셨다. 당신께 올린 치성 음식을 벽장에다 넣어 두셨다가 재정이 오면 내놓으셨다. 또 치성 상에 올린 대추를 항상 청수에 담가 놓으셨다가 아이들이 오면 꺼내 주시는데 재정이 자주 먹었다. 또 종종 무릎에 앉히시고 독한 소주에 꿀을 타서 먹이셨는데, 그 후로 재정이 약 한 첩 먹지 않고도 병 없이 건강하였다. (고재정의 아내 김순자 증언), 후주 '성도들의 인척 관계' 참조.

420:9 태모님께서 선화하신 후 성덕면 주재소 주임이 오성산 도장으로 찾아와 교단 활동을 금지할 것을 요구하며 어진을 주

재정에게 출산 소식을 알려 주심

9 그 후 11년이 지난 무자(戊子 : 道紀 78, 1948)년에 재정이 가정 형편이 어려워 고민하더니

10 마침 정부에서 노역(勞役)할 사람을 모집하매 재정이 마을에서 쌀 두 가마니를 받기로 하고 노역에 자원하여 인천 부평(富平)에 가니라.

11 이 해 2월 25일 경에 태모님께서 재정의 꿈에 나타나 말씀하시기를 "너, 딸 낳았다." 하시고 "딸이지만 아들 못지않다." 하시거늘

12 이에 재정이 자신의 아내가 딸을 출산했음을 알게 되니라.

성도들의 방황과 도통 공부

420 무인(戊寅 : 道紀 68, 1938)년에 하루는 박공우의 교단에서 신앙하는 홍순문(洪淳文), 홍순옥(洪淳玉), 박인택(朴仁澤), 박인석(朴仁錫) 등이 변산에 모여 도통 공부에 들어가거늘

2 다른 여러 교파에서도 많은 신도들이 의기투합하여 부안 변산으로 모여드니라.

3 이 때 홍순문을 교주로 하고 부안군 산내면 지서리(山內面 知西里)를 본거지로 하여 각자 움막을 짓고 공부에 들어가니

4 오성산 도장에서 태모님을 모시던 전준엽, 강재숙, 전기찬 등 여러 성도들도 허망한 마음을 가눌 길이 없어 방황하다가

5 서로 의논하기를 "우리도 변산 한적한 곳에 움막을 짓고 도통 공부를 위한 기도를 드리자.

6 진표율사와 진묵대사가 변산에서 공부했고 상제님께서도 변산 개암사를 다니셨으니 우리도 도통하려면 변산에 가서 공부를 해야 한다." 하며 변산으로 향하니라.

7 이 때 고민환과 전선필은 그 자리에 참석하지 않으니라.

일제의 검거령과 성도들의 수난

8 당시 일제가 전쟁 준비에 광분하면서 독립운동을 경계하여 전국에 수색령을 발동하고 검거선풍을 일으키니 시국이 매우 어수선한지라

9 도장에서는 상제님 어진조차 제대로 모시지 못하고 은밀히 신앙하는데

10 임오(壬午 : 道紀 72, 1942)년 4월에 이르러 '변산 쪽에서 대규모의 사람들이 움막을 짓고 모여 있다.' 는 정보를 입수한 전주 경찰서에서 수십 명의 형사대를 즉각 출동시켜 모조리 잡아들이니라.

11 이에 혹독한 고문으로 죽는 신도가 속출하고 살아남은 사람들은

죽음이 두려워 '강증산 상제님의 도(道)를 믿고 독립운동을 위한 기도를 하였다.' 하고 거짓 자백을 하니

12 한 사람도 빠짐없이 즉결 처분에 넘겨지고 투옥된 전준엽, 강재숙 등 13명의 신도들이 옥사(獄死)하니라.

위기를 모면한 고민환과 전선필

421 일부 신도들은 고문에 못 이겨 고민환과 전선필 등 주요 성도들이 이 사건에 연루되었다고 거짓 진술을 하니 일경이 오성산 도장으로 조사를 나오거늘

2 이 때 민환이 '변산으로 공부하러 간 사람들이 다 구속되었다.' 는 소식을 듣고 군산에 있는 은적사(隱寂寺)로 피신하매 일경이 그곳까지 찾아와 민환을 끌고 가니라.

3 일경이 묻기를 "네가 강증산의 도를 믿느냐?" 하거늘

4 민환이 대답하기를 "나는 도를 하지 않는 승려입니다." 하매 일경이 "그러면 불경을 한번 외워 봐라." 하는지라

5 민환이 입도하기 전에 절에서 공부한 적이 있어 불경을 줄줄 외우니 더 이상 의심하지 않고 풀어 주니라.

6 한편 선필은 준엽이 잡혀가던 날 그의 집에 함께 있다가 뒷문으로 달아나 집으로 돌아온 뒤

7 자기 집 앞 논 가운데에 쌓아 놓은 볏짚가리 속에 숨어서 우선 위기를 모면하더니

8 그 이후 선필이 몸을 피해 임실을 비롯한 다른 여러 지방을 떠돌며 전전하니라.

선화 후 성도들의 교단 형성

422 태모님께서 선화하신 뒤 일제의 감시와 탄압으로 성도들이 한 곳에 모여 신앙할 수 없게 되거늘

2 일찍이 이용기가 삼례를 중심으로 도문을 연 데 이어 고찬홍과 백윤화는 옥구에서, 그 외 몇몇 성도는 각기 연고지를 중심으로 문호를 여니

3 오성산과 삼례 교단에서는 교당에 모여 치성을 모시고 다른 여러 교단에서는 삼삼오오 짝을 이루어 집집마다 돌아가며 치성을 올리니라.

재소로 압수해 갔다. 이에 고민환 성도가 성덕 면장 강필문을 찾아가 사정을 말하고 상제님 어진 보호를 부탁했다. 그리하여 주재소에 몇 달간 보관하던 어진을 되돌려 받을 수 있었다.

420:12 '변산 도 공부 사건' 으로 재판 받은 신도들 중 성명이 알려진 16명은 다음과 같다. 홍순옥(洪淳玉), 국재준(鞠探準), 김만암(金萬岩), 강재숙(姜在淑), 박승주(朴昇柱), 이내용(李乃龍), 강양원(姜陽元), 이안동(李安童), 박일명(朴日明), 류원상(柳原相), 김종원(金宗願), 서기표(徐錤標), 이득춘(李得春), 김재천(金在天), 전봉균(田鳳均, 전준엽), 전정풍(田正豊, 전기찬).

422:3 삼례 교단. 이용기 성도가 주로 치병을 통해 포교했는데 신도들이 200여 명까지 모였다 한다.

성도들의 일월과 칠성 신앙

422:4~5 김수열 성도의 3남 김기종(1932~)과 전장필 성도의 장남 전길홍 (1931~2001) 증언.

4 성도들이 치성을 올릴 때는 '칠성 본다.'고 하며 신단 벽면에 일월 (日月)을 그려 놓고 밤새도록 주문을 읽는데

5 김수열, 전장필 등 많은 성도들이 주송(呪誦) 중에 신도가 내리면 앉은 채로 공중을 풀쩍풀쩍 뛰곤 하니라.

전선필의 꿈에 나타나신 태모님

423 태모님께서 선화하시고 수십 년이 지난 어느 해 태모님 성탄 절에 8, 9명의 신도들이 참석하여 치성을 올리니라.

2 이 때 한 성도가 교주(敎主)가 될 야망으로, 그 동안 전선필이 성금 을 관리해 오면서 그 중 얼마를 유용하여 막걸리 사 먹은 일을 확대 하여

3 치성을 모신 후에 여러 신도들 앞에서 '전선필이 치성금을 가로채 먹었다.'고 하며 없는 말까지 덧붙여 인신공격을 하니

4 선필은 그의 말솜씨와 행패 앞에 그저 우두커니 앉아 바라보고만 있을 뿐이더라.

5 그날 밤 선필이 꿈 속에서 '어머니, 제가 늙도록 천신만고 쌓은 공덕이 이렇게 되다니요!' 하고 탄식하니

6 태모님께서 홀연히 나타나 이르시기를 "선천에 하던 살림을 붙들 고 나가다가는 남까지 망칠 터이니 새 배포를 꾸미라.

423:7 오고 갈 데 없으니. 오성산 도장이 맡은 도수와 한계를 잘 나타내 주는 말씀이다.

7 나도 여기에 안 올 터이니 너도 여기 오지 마라. 잠이나 자고 내일 아침 에 같이 가자. 오고 갈 데 없으니…." 하시니라.

태모님 성골의 도난

424 태모님께서 선화하신 이후로 고민환이 성도들과 함께 태모님 의 성묘(聖墓)를 관리해 오더니

424:1 고민환 성도는 정성이 매우 지극하여 태모님의 성묘를 벌초할 때 낫으로 하지 않고 주머니칼로 일일이 깎았다.(김순자 증언)

2 신축(辛丑 : 道紀 91, 1961)년 7월 25, 6일 경에 이르러 뜻하지 않게 태모님의 성묘를 도굴당하여 성골을 잃어버린지라

3 이에 민환이 노심초사하여 비밀리에 사방으로 찾아보았으나 그 행 방을 알 길이 없어 번민과 근심으로 지내다가

4 태모님을 직접 모셨던 성도들과 상의하여 일단 법정에 분묘(墳墓) 도난 신고를 하기로 결정하니라.

5 9월 20일 이경(二更) 초에 민환이 홀로 앉아 생각하던 중 비몽사몽 간에 태모님께서 생시와 같이 나타나 말씀하시기를

태모

6 "정읍에 있을 때의 상제님 일을 생각하라." 하시고 "고심치 말라." 하시더니 홀연히 보이지 않으시니라.

7 이후 민환이 도굴한 자를 은밀히 찾는데 서백일(徐白一) 교단의 최정현(崔正玄)이 가장 의심스럽거늘

8 연락처를 알아보니 군산에 사는 서명옥(徐明玉)의 집이라 하매 그 길로 곧장 군산으로 달려가 찾아보았으나 정현의 행방이 묘연한지라

9 이에 오성산 도장에서 함께 신앙하는 신도 전세윤(田世允)에게 연락하여 은밀히 탐색하게 하니라.

10 그 뒤 하루는 세윤이 알려 오기를 "지금 최정현이 군산에 와 있다." 하므로 즉시 그와 함께 서명옥의 집으로 쫓아가 정현과 맞닥뜨리매

11 민환 일행이 그 죄상을 추궁하고 소행을 질책한 뒤 즉시 앞세우고 성골이 암장된 곳으로 달려가니

12 그곳은 김제군 금산면 청도리 하운동 제비창골에 있는 서백일의 교단 용화사(龍華寺) 근처이거늘

13 이 때 성묘에 참배한 사람은 고민환, 전선필, 전세윤이더라.

태모님을 친견한 고민환

425 이 해 8월 17일 초저녁에 고민환이 태모님의 산소 일로 홀로 번민하다가

2 문득 정신이 황홀하고 혼몽한 중에 심신(心神)이 공중으로 날아올라 함열(咸悅)에 사는 연기종(延基宗)의 집에 도착하니

3 태모님께서 생존시와 같이 손에 담뱃대를 들고 그 집 마당에 서 계시는지라

4 민환은 태모님께서 선화하신 후에 어떠한 영적 감화도 주지 않으심에 원망스런 마음을 가지고 있던 터라 불경한 언사로 "어찌하여 여기 와 계시오?" 하니

5 태모님께서 말씀하시기를 "어디를 못 가리오." 하시며 "지명(地名)을 취하여 왔노라." 하시니라.

6 이에 민환이 심사(心思)가 나서 말하기를 "그러면 저는 태전(太田) 갈라오." 하니

7 태모님께서 기뻐하시는 얼굴로 말씀하시기를 "또 올 터인데 무얼." 하시며 보이지 않으시니라.

424:7 서백일은 도통할 욕심으로 최정현을 보내 당시 성흥사(聖興寺) 주지에게 돈을 주고 위치를 알아 내어 성골을 도굴한 후 자신의 교단 용화사 근처에 암장하였다.(이우인 증언)

425:2 연기종(延基宗, 1899~1973). 태모님께서 선화하신 후 성도들로부터 태모님 말씀을 전해 듣고 아내와 함께 신앙하였다.

425:6 태전. 대전의 본래 이름이 한밭 태전이다. 한때 태전에 대한 인식이 있어 "콩밭에 가야 산다."는 말이 돌아 많은 사람들이 무작정 태전으로 이주한 일도 있었다 한다.(태전 지명이 왜곡된 경위는 1편 57장 5절 측주 참조)

조종리 강씨 계보

· 태모님을 모신 성도 □

28世 재충(載忠)

29世 문황(文璜)

30世 순구(純求)

31世

32世

성도들의 인척 관계

고민환 성도(1887~1966)

수석 성도로서 태모님의 대리 역할을 하였으며
주요 도수를 맡아 많은 공사에 참여하였다.

전선필 성도(1892~1973)

기억력이 출중하여 말씀 증언의 사명을 맡았다.
고순덕 성도(1893~?) : 전선필 성도의 부인

이용기 성도(1899~1980)

태모님께서 아들 도수를 붙이셨으며
대흥리 도장 이후로 태모님을 모셨다.

김수열 성도(1897~1978)

성경신이 지극하여 논을 갈고 있는 소를 치성 제물로 올렸다.

김종명 성도(1880~1977)

오성산 도장에서 부엌 살림을 맡아 태모님을 모셨다.

박종오 성도
(1879~1945)

오성산 도장에서 내무를 맡았다.

서인권 성도(1891~1970

태모님께서 석가여래 도 수를 붙이셨다.

유일태 성도(1878~1954)

대흥리 도장에서부터 신앙했 으며 이용기 성도를 도장으로 인도했다.

김도성화 성도
(1883~1962)

유일태 성도의 부인으로 신도 가 뛰어나 많은 사람의 병을 고쳤다.

문가일 성도(1893~?)
서인권 성도의 부인

백윤화 성도(1895~1972)
고찬홍 성도의 부인으로 호탕한 여장부였다.

오수엽 성도(1894~1962)

태모님께서 기운을 붙여 주시어
지사(地師)가 되었다.

이영자 성도(1891~1973)

강휘만 성도의 부인

강휘만 성도(1889~1970)

조종리 도장을 물려받았으며
세상을 떠나는 순간까지 주문
을 읽었다.

김철순 성도(1904~1978)

오수엽 성도의 부인

강대용 성도(1892~1964)

태모님께서 양자로 삼으시고
태자 도수를 붙이셨다.

전 준 엽 성도(1891~1945)

여성 포교 기운을 돌리는
조왕 공사의 사명을 맡았다.

문기수 성도(1900~1962)

형 문명수 성도와 함께 신앙하였다.

김별엽 성도(1902~1960)

문기수 성도의 부인

강재용 성도(1900~1973)

태모님 공사로 아들 둘을 두었다.

나옥녀 성도(1902~1980)

강재용 성도의 부인

김이봉 성도(?~ ?)

김도봉 성도의 아우.
태모님으로부터 치병의 은혜를 받았다.

김도봉 성도(1907~1976)

태모님의 명으로
대흥리에서 싸전을 운영하였다.

이길수 성도(1918~1978)

오성산 도장에서
불목하니로 봉사했다.

서화임 성도(1878~1947)

부인 강(康)씨와 함께 신앙하였으며
서인권 성도와 재종간이다.

이재균 성도(?~?)

조종리 도장에서부터 신앙했으며
이봉기로도 불린다.

강사성 성도(1885~1961)

강응칠 성도와 함께 태모님을
조종리로 모셨다.

고씨(1903~1990)

전장학 성도의 부인

배성덕(1885~1956)

천종서 성도의 부인

천종서 성도(1879~1956)

태모님께서 조종리로 가시기 전에
한 달 동안 모셨다.

강봉삼 성도(1894~1961)

정봉삼이었으나
태모님께서 강(姜)씨라고 밝혀 주셨다.

김형대 성도(1889~?)

태모님께서 녹줄을 붙여 주셨다.

증산도 종통맥

1변

파 종 도 수 ———▶ 이

제1번 개척

甑山 上帝님

종통전수
(道紀 37, 1907.11)

도통전수
(道紀 41, 1911.9.20)

선도(仙道)
조종리(1918.10)
둘째 살림: 고수부님

① **선도(仙道)**
대흥리(1911.9)
첫째 살림: 고수부님

② **보천교**
(대흥리)
난법의 중핵

판안의 난법
 ···· ③ 미륵불교(김형렬)
 ···· ④ 증산대도교(안내성)
 ···· ⑤ 제화교(이치복)
 ···· ⑥ 태을교(박공우)
 ···· ⑦ 고부파(문공신)
 ···· ⑧ 도리원파(김광찬)
 ···· ⑨ 김병선 교단

판밖의 난법

*권씨 성모님 ─ 불법연구회(영광군 백수면 길룡리→익산)
*선돌 부인 ─ 무극도(조철제)-(천인교-무극대도교) ──
 ─ 순천교(장기준)
*김경학 ─ 동도법종 금강도(강승태)
 ─ 오동정 교단(김락원)
*정씨 부인 ─ 삼덕교(허욱)
 ─ 보화교(김청강)
 ─ 용화사(김근하)
 ─ 모악교(여처자)
 ─ 미륵불교(정수산)
 ─ 증산법종교(강이순)
*강이순 ─ 청도대향원(김삼일)
 ─ 미륵종(김홍원)
 ─ 증산진법회(배용덕)

2변   3변

결 실 도 수

제2변 개척   제3변 개척

安雲山   安雲山·安耕田

수

⑩ 선도(仙道)
용화동(1931.11.15)

셋째 살림: 고수부님

증산교
(용화동)

지도자 준비 과정

난법 역사의 단절

⑪
증산도
(太田)

결실기의 大道場

동화교(용화동)
(이상호)

동도교(東道敎)
(이상호, 이성영)

증산교(용화동)
(이상호, 이성영)

원불교(박중빈·송규)
태극도(부산) – 태극진리회(서울)– 정신회 ┬ 대순진리회

                   ├ 용화일심회
                   ├ 청우일신회
                   └ 용화대법회

부 록

증산 상제님께서 동방의 조선에 강세하신
지리(地理)의 현묘한 기틀

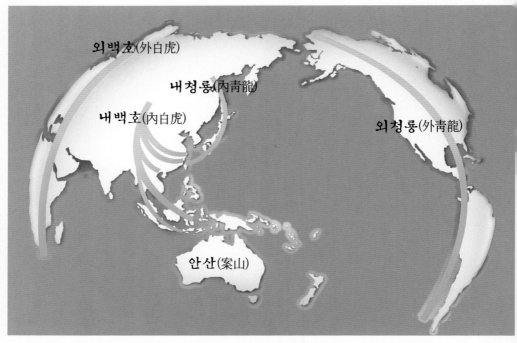

외백호(外白虎)

내청룡(內靑龍)

내백호(內白虎)

외청룡(外靑龍)

안산(案山)

이 지리의 기틀은 안운산 종도사님께서 제3변 도운 초기에 처음 말씀하셨고
이후로 국내외에 널리 전해졌다.

▶ 한반도는 지구의 혈(穴), 지구의 5대양 6대주가 동방의 조선 땅을 옹위하는 형국.
　혈(穴)은 임금에, 좌청룡 우백호는 신하에 비유할 수 있다.
▶ 일본은 내청룡. 한반도의 생명 에너지가 외부로 빠져나가지 못하게 하며
　밖에서 불어오는 바람을 막아 준다(실제로 태풍의 대부분이 일본에 상륙).
▶ 제주도와 대만은 한문(閂門)으로서, 한반도의 기운이 빠져나가지 못하게 하는 구실을 한다.
▶ 아시아는 내백호로서 만첩(萬疊) 백호
▶ 아메리카 대륙 전체가 외청룡
▶ 아프리카는 외백호
▶ 호주는, 주인인 한반도를 응대하는 안산(案山)

선천의 이십팔수 천문도(天文圖)

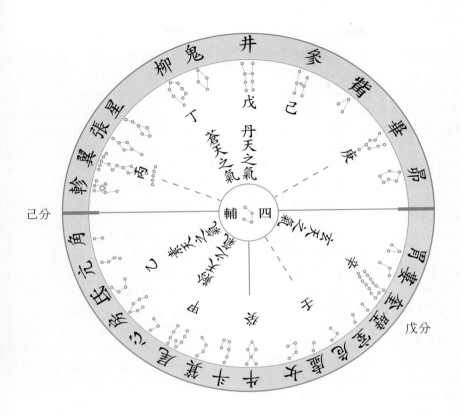

선후천 지축 변화

선천 지축도

후천 지축도

후천말 지축도

기존 기록의 한계와 문제점

증산 상제님과 태모 고수부님의 성적(聖蹟)과 말씀을 전하는 대표적인 기존 기록물은 상제님 관련 4권 [『대순전경(大巡典經)』, 『천지개벽경(天地開闢經)』, 『성화진경(聖化眞經)』, 『용화전경(龍華典經)』], 태모님 관련 4권 [『선정원경(仙政圓經)』, 『고부인신정기(高夫人神政記)』, 『고사모신정기(高師母神政記)』, 『고후불전(高后佛傳)』] 이 있다.

이 기록들은 상제님과 태모님의 성적과 진리를 전하고 밝히는 데 기여한 바 있고 나름대로 도사적(道史的)인 가치도 있다. 그런데 그 편찬자나 집필자에 따라서 행적과 말씀을 기록하는 의식과 시각에 큰 차이가 있다. 여기서 몇 가지 도운 초기의 경전들에 대하여 그 문제점을 밝히려 한다.

1. 『대순전경』 (이상호, 1929)

상제님 진리를 밝히는 첫 기록 문서로서 공력과 도사적 의미가 있다. 그러나 다음과 같은 본질적인 문제점을 안고 있다.

첫째, 철저한 답사를 통한 검증을 거쳐서 기술한 것이 아니다.

둘째, 단순한 사실의 기록에 머물러 유교적 사고 방식에 침식된 역사 의식의 한계 때문에 한민족의 뿌리사에 대한 역사 인식이 결여되었다.

셋째, 한문투로 상제님의 언어를 각색하여, 평이한 일상 언어에 생동하는 혼백을 불어넣어 말씀하신 상제님의 무변광대한 인격과 신격을 드러내지 못하였다. 상제님을 그 위격에 맞지 않게 도교 문화의 '천사(天師)'라는 언어로 지칭하였다.

넷째, 이상호(李祥昊), 이성영(李成英, 일명 正立)의 동화교(東華教)와 용화동을 중심으로 기술하고 상제님께서 매듭 공사로 말씀하신 도운의 추수 도수(마무리 도수), 제3부흥시대를 여는 숙구지 태전(太田) 공사 내용을 의도적으로 모두 빼 버렸다.

다섯째, 상제님께서 어천하실 때 "사람 둘이 없어서 나서지 못하노라." 하신 말씀을 『대순전경』 2판에는 사실 그대로 기록하였으나 6판(1965)에서 '사람 둘'을 '사람들'로 고쳐 놓음으로써 상제님 대업을 마무리 짓는 가장 중요한 인사 대권자 출세, 즉 **추수자 도수 내용을 왜곡 삭제**하였다.

여섯째, 이상호가 김형렬 성도 등과 인간적 갈등이 있었기 때문에 제대로 상제님의 공사 내용과 당시 상황을 구술해 준 성도가 드물었다. 또한 상제님께서 주요 성도들에게 도수를 붙이시고 '입 무겁기를 곤륜산 같이 하고 마음을 황하수처럼 깊게 가지라.'고 경계하심으로써 많은 핵심 말씀이 기록될 수 없었다.

일곱째, 초판에는 수부님에 대한 공사 내용이 여섯 절밖에 나오지 않으며 더욱이 상제님께서 수부님에게 전하신 종통 전수 공사는 한 말씀도 싣지 않았다. 그리하여 도의 뿌리를 왜곡하려는 의도와 문제점을 훤히 다 들여다보신 태모님께서는 "이 책에 부정이 들었다."고 경계하셨고 담뱃대로 『대순전경』을 밀쳐 버리셨다. (이교승, 이우인 증언)

2. 『천지개벽경』 (이중성, 1946)

증산 상제님의 말씀을 보완한 공덕이 있으나 다음과 같은 큰 문제점이 있다.

첫째, 상제님께서 평이하게 말씀하신 내용을 한문으로 옮기는 과정에서 **상제님의 언어를 왜곡한 예가 적지 않다.** 또 비결을 인용하여 말씀의 품격을 떨어뜨리고 상제님 말씀인 것처럼 왜곡한 내용이 많다.

둘째, 『대순전경』의 성구를 자신의 의식에 따라 그 표현을 틀어 놓고 공사 내용 말씀의 중간과 끝에 자기 생각을 **상제님의 말씀인 양 교묘히 윤색하여 부연한 구절이 매우 많다.**

셋째, 『논어』의 문답 형식을 본떠 성도가 묻고 상제님은 언제나 대답만 하시는 식으로 구성함으로써 **주객이 전도된 꼴로 만들어 놓았다.** 마치 서당 훈장이 일장 훈시하듯 연출하고 유교 경전의 가르침을 상제님 말씀인 양 조작하여 대도 세계를 한정시킨 경우가 적지 않다.

넷째, 철저한 답사를 하지 않고 기록하였기 때문에 지명과 인명 등에 오류가 많다. 상제님 성령이 수태된 '서산리(書山里)' 조차 '신월(新月) 서산리(西山里)'로 잘못 기록하였고, 성도들의 이름이 나오지 않는 성구가 반이 넘는다.

다섯째, 이중성(李重盛)은, 증산 상제님은 '후천의 당요(唐堯)', 자신은 '후천의 순(舜)'이 된다는 잘못된 의식으로 책을 편찬하였다.

저자인 이중성의 딸 이옥수는 여러 번이나 "우리 아버지의 글은 상제님의 권위를 해한다고 생각한 내용과 표현은 전부 뺐고, 상제님 진리가 요만하다면 미화시켜 두 배, 세 배로 늘려서 쓰셨다."고 언급한 바 있다.

3. 『고부인신정기』(이정립, 1963)

이성영은 고민환 성도를 비롯한 몇몇 성도들로부터 태모님 성적을 수집하여 집필하였다. 태모님 선화 후에도 형 이상호와 함께 오성산으로 고민환 성도를 여러 차례 찾아가서 태모님의 성적을 물었고, 경오(庚午, 1930)년에 자료 수집을 시작한 이래 무려 33년이 지난 계묘(癸卯, 1963)년 12월에 집필을 완료했다.

그럼에도 불구하고 이성영은, 태모님께서 모든 일을 직접 말씀해 주셨다고 터무니없는 거짓말을 써 놓았다. 또한 고민환 성도가 말해 준 사실과 다르게 기록한 것도 많다. 특히 태모님께서 3번 인사의 추수 지도자께 붙이신 도수 내용을 자신들에게 유리하도록 모두 돌려놓았다.

한때 용화동 교단에서 종령을 지낸 바 있고 『고부인신정기』를 직접 교정하여 자신이 근무하는 초등학교에서 책을 등사한 송문섭(1929~) 씨는, 태모님 성도들로부터 생생한 증언을 전해 들은 이우인 씨가 태모님의 말씀과 성적을 전하자, 『고부인신정기』가 사실과 다르게 많이 조작되었다고 시인하였다. 그래서 고민환 성도는 『선정원경』을 써 놓고도 이상호 형제와의 마찰이 두려워 세상에 내놓지 말라고 자손들에게 신신당부했다고 한다.

4. 『고후불전』(김경도, 1964년부터 집필)

김경도는 갑진(甲辰, 1964)년에 고민환 성도와 사제지의(師弟之義)를 맺고 태모님의 성적을 채록하다가 병오(丙午, 1966)년에 고민환 성도가 작고하자 그해에 전선필 성도와 다시 사제지의를 맺은 후 태모님의 성적과 말씀을 전해 듣고 수년에 걸쳐 책을 집필하였다.

그런데 대두목 의식이 강렬하여 자신의 이름 '경도(京道)'를 '서울 가는 길'이라고 합리화하며, 상제님의 성자(聖字)인 사(士)자, 옥(玉) 자와 음이 같은 군산의 사옥(沙玉)개에 움막을 짓고 수행하였다. 또 태모님 말씀을 들은 대로 기록하지 않고 비결식으로 구성하였으며 많은 내용을 조작, 변형시켜 놓았다.(이우인 증언)

증언 현장

도기 133년 3월 26일 태모님 성탄치성(124주년), 증산도 교육문화회관 태을궁

도기 133년 12월 22일(양력), 동지 치성
증산도 교육문화회관 태을궁

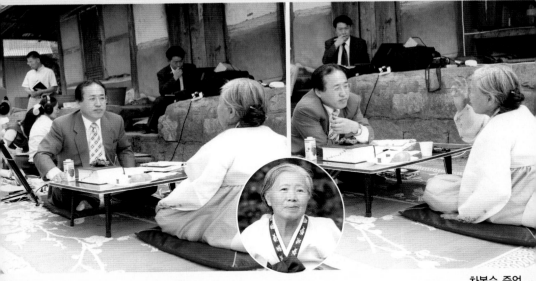

차봉수 증언
도기 133년 9월 26일(양력)
전북 부안군 행안면 자택

김천수 증언
도기 133년 12월 2일(양력)
증산도 교육문화회관

이우인 증언
도기 133년 12월 5일(양력)
증산도 교육문화회관

개벽공사의 비밀을 밝힌 증언자들

상제님 9년 천지공사 전체 증언자

김호연(1897~1992)

네댓 살 때부터 상제님께서 안고 업고 다니시며 김형렬 성도와 함께 상제님 천지공사의 증언자로 세우신 소녀 호연은, 무진(戊辰, 1988)년 가을 우리 일꾼들과의 첫 만남 이후 상제님 천지공사 보시던 모든 상황과 구체적인 내용을 생생하게 전하였다.

상제님과 김형렬 성도 증언자

김현식
(金鉉植, 1918~)
어머니 이정숙이 전해 준 상제님의 성적과 조부인 김형렬 성도에 관해 증언했다.

상제님의 유년 시절 증언자

황공규
(黃貢奎, 1914~2001)
유년 시절의 상제님을 직접 뵌 황준재 훈장의 생생한 증언은 김락원 교단에서 신앙한 그의 후손 황공규 씨를 통해 전해졌다.

안내성 성도 증언자

안정남(安呈南, 1929~)
아버지 안내성 성도의 무릎에 앉아 상제님 이야기를 들으며 자랐다.

윤기택(尹琪宅, 1927~)
안내성 성도의 교단에서 평생 신앙한 윤창주의 아들.

배은실(裵銀實, 1935~)
안내성 성도의 제자 배학범의 딸.

백복남(백운기) 성도 증언자

강야모(1915~)

백복남 성도와 관련된 증언은 그의 부인 강야모와 둘째 아들 복식에 의해 이루어졌다. 이로써 '때가 될 때까지 절대 입을 봉하라.' 는 복남의 당부에 따라 깊이 묻혀 있던 중요한 상제님의 천지공사 내용들이 드디어 세상에 드러나게 되었다.

백복식(白福植, 1945~)

12성도를 만난 증언자

이종선(李鍾善, 1884~1964)

구릿골에 살던 이종선은 상제님 천지공사에 수종 든 12성도들과 교분을 맺으면서 성도들에게서 숱한 말씀을 들었다. 그리고 그가 들은 주요 개벽공사 이야기를 자식처럼 아끼던 도제 나승렬에게 전하였다.

나승렬(羅承烈, 1923~)

문공신 성도 증언자

문공신 성도의 아들 문복환과 문공신 성도를 직접 모신 제자 박인규, 오채문 그리고 박인규를 사사한 김성섭, 오채문에 의해 문공신 성도와 관련된 주요 성구들이 채록되었다.

문복환(文福煥, 1919~)

박인규(朴仁奎, 1912~ 2001)

오채문(吳彩文, 1913~2000)

김성섭(金成燮, 1910~)

안필성 증언자

상제님 친구 도수를 맡은 안필성 성도에 대한 증언은 그의 친손자 안일완에 의해 전해졌다.

김일빈(金日彬, 1926~2001)

안일완(安逸完, 1940~)

박공우 성도 증언자

김일화(金一和, 1886~1958)

김천수(金千洙, 1927~　)

이양휴(李良休, 1914~2002)

전수재(全手才, 1917~　)

박공우 성도를 평생 동안 아버지처럼 모시고 다닌 김일화는 박공우 성도로부터 직접 들은 증산 상제님의 공사 성적을 아들 김천수에게 15년 동안 전했다.

또한 박공우 성도의 제자인 이동술의 아들 이판규, 전이진의 아들 전수재가 아버지로부터 들은 내용을 전하였다. 또한 이양휴도 박공우 성도와 관련된 증언을 전했다.

이동술(李東述, 1893~1971)

이판규(李判奎, 1930~2004)

태을주 주인공 김경수 증언자

김락원(金洛元, 1890~1973)

김상용(金相用, 1941~)

안내성 성도의 도문에 들어가 평생 신앙한 김경수 대성사 집안의 후손 김락원은 손자 김상용에게 태을주의 주인공인 김경수 대성사에 얽힌 이야기와 집안 신앙의 비극의 역사를 전하였다.

차경석 성도 증언자

차봉수(車鳳洙, 1930~)

주판례(朱判禮, 1890~?)

차경석 성도의 재종 손녀로 아버지 차순옥 성도와, 대흥리에서 태모님과 한 집에 살았던 어머니 손승례로부터 직접 들은 많은 이야기를 마치 어제 일인듯 실감나게 증언하였다.

주판례는 차경석 성도의 이복동생인 차윤경의 부인으로 차경석 성도가 상제님을 수발할 당시의 일들을 전해 주었다.

김택식(金宅植, 1914~)
아버지 김태진으로부터 조부 김자현 성도의 행적을 전해 들었다.

이석찬(李錫欑, 1915~2004)
할아버지 이치안 성도와 아버지 이직부 성도의 행적을 증언하였다.

이왕선(李旺善, 1934~)
마이산 공사에 참여한 이갑룡 처사의 손자.

── 태모님 천지공사 전체 증언자 ──

이우인(李愚仁, 1930~)
태모님께서 공사의 유일한 증언자로 선언하신 전선필 성도를 직접 만나, 태모님의 성언과 성적을 총체적으로 전해 들은 이우인은 10년에 걸쳐 태모님의 공사 말씀을 상세히 증언했다.

김정녀(金貞女, 1925~)
태모님을 주야로 곁에서 모신 박귀녀 성도로부터 열세 살 때 도를 받고 평생 어머니로 모시며 태모님의 공사 내용을 전해 들었다.

태모님을 직접 뵌 증언자

강용을 통해 태모님께서 천지공사를 집행하실 당시 천지공사장 주변의 정경, 강씨들과 고민환 성도의 인간 관계를 알 수 있었고, 인마 도수 등에 대한 공사 내용이 밝혀졌다.

태모님께서 수명줄을 늘여 주신 서화임 성도의 막내딸 서금녀 또한 태모님을 여러 차례 친견했으며 태모님의 성적을 증언하였다.

강용(姜容, 1917~)　　　서금녀(1920~)

이용기 성도 증언자

태모님께서 아들로 삼으신 이용기 성도와 관련된 증언은 이용기 성도의 수제자서 20여 년 동안 함께 여러 지역을 다니며 치병 활동을 한 동반자, 삼례의 임환과 그녀의 딸 조정수, 그리고 이용기 성도의 제자 이교승에 의해 이루어졌다.

임예환(林禮煥, 1926~)　　이교승(李敎承, 1923~2001)　　조정수(趙貞秀, 1951~)

고민환 · 전대윤 성도 증언자

상제님 · 태모님의 성언 기록자

김순자
(金純子, 1920~1996)
김수남 성도의 장녀이자 태모님의 수석 성도인 고민환 성도의 큰며느리.

김경도
(金京道, 1914~1979)
고민환, 전선필 성도와 사제지의를 맺은 후, 두 사람이 증언한 상제님과 태모님의 성언, 성적을 수집하여 『대순전경』과 『고후불전』을 집필하였다.

진본이 아닌 것으로 밝혀진 병풍서(屏風書)

상제님께서 재종숙 되는 강성회(姜聖會)에게 친히 써 주셨다는 병풍서를, 소장자인 강석환(姜石幻)의 아들 강희룡(姜喜龍)이 道紀 133년(2003) 어천치성절에 증산도 교육문화회관에 와서 직접 공개하였다. 공개된 글은 『도전』 초판과 기존 전거에 실린 것보다 세 폭 분량이 추가된 것이다.

그러나 병풍 서체를 면밀히 감정해 본 결과 결코 상제님께서 직접 쓰신 글이 아니라는 결론을 내리게 되었다.

우선 여덟 폭 중 앞의 네 폭과 뒤의 네 폭의 필체가 전혀 다르다. 앞의 네 폭은 서필이 졸렬한데 뒤의 네 폭은 유려하여 도저히 같은 필체라 볼 수 없다.

게다가 '龍鳳'이나 '書室' 등 상제님의 다른 친필은 필력이 강하고 방정하여 웅혼한 기상이 느껴지나, 이 병풍서는 글자의 크기와 균형 및 간격이 맞지 않고 세로의 글자 행도 기울어진 곳이 있으며 심지어는 글자자체가 잘못 씌어져 있기도 하다. 그리고 서체 또한 초서(草書)와 행서(行書)가 무분별하게 섞여 있다.

원래 이 병풍서의 내용은 송대(宋代) 범질(范質) 작인 『소학(小學)』 「가언(嘉言)」편의 '광입교(廣立敎)'란 글에서 발췌된 것이다. 그런데 앞의 네 폭은 글자 배치가 잘못되어 마지막 글자들이 대개 누락되어 있다. 옛글을 의도에 따라 한두 글자 가감하여 쓰는 경우는 종종 있으나, 이처럼 불규칙하게 글자를 누락시켜 오언절구의 율격을 깨고 의미를 손상시킨 것은 실수라고밖에 달리 해석할 여지가 없다. 그런데 뒤의 네 폭은 상제님의 다른 친필과 비교해 볼 때, 비록 필력

은 약하지만 유사한 면이 약간 보인다. 이를 보면 소장 과정에서 친필이 훼손되어 후대에 모사(模寫)하였을 가능성을 배제할 수 없다. 만일 모사했다면 이는 강석환 스스로가 상제님의 양자라는 명분을 내세우기 위한 일이라 볼 수도 있다.

강석환은, 상제님께서 어천하신 지 64년이나 지난 道紀 103년(1973)에 강씨 문중에서 입적시킨 '사후양자(死後養子)'이기 때문이다.

실제로 태모님 성도들로부터 직접 성적을 전해 들었던 이우인 씨의 최근 증언에 의하면, 강석환의 부탁으로 그의 집을 청소하러 갔을 때 병풍서를 보관했던 창고에서 쥐똥이 석 섬이나 나왔다 한다. 그는 이러저러한 이유로 강석환의 행동을 불의하게 여겨 그와의 모든 인간관계를 청산했다고 한다.

한편 상제님 성적에 관한 초기 기록인 『대순전경』에서는 병풍서가 틀림없는 상제님의 친필이라고 절대성을 부여했다. 이를 전혀 의심하지 않고 받아들여 『도전』 초판에서 상제님의 친필로 소개한 것이다. 그러나 앞에서도 말했듯이 이제 직접 공개된 병풍서 전체를 면밀히 감정해 본 결과 상제님의 친필이라고 볼 수 없다는 결론을 내리고 『도전』 개정 신판에서는 내용을 모두 삭제하였다.

다만 상제님의 친필을 후대에 모사했을 가능성을 완전히 배제할 수 없다는 점과, 병풍서에 인용한 『소학』의 내용은 상제님께서 일꾼들에게 내려 주시고자 하는 말씀을 대변하는 것이라 보여지기 때문에 여기에 싣는다.

其略曰 戒爾學立身하노니 莫若先孝悌니라
怡怡奉親長하여 不敢生驕[1]니라
그 대략에 말하였다.
너에게 입신(立身)의 배움을 경계하노니
먼저 부모에게 효도하고
형제간에 우애하는 것만 같지 못하니라.
화평하고 기쁜 마음으로 부모와 어른을 잘 받들어
감히 교만하고 함부로 하는 마음을 일으키지 말지어다.

戒爾學干祿하노니 莫若勤道藝라
嘗聞諸格言하니 學而優則[2]이니라
너에게 녹을 구하는 배움을 경계하노니
부지런히 도(道)와 예(藝)를 익히는 것만
같지 못하니라.
일찍이 모든 성현들의 가르침을 들어보아도
배우고 여력이 있으면 벼슬한다 하였느니라.

戒爾遠恥辱하노니 恭則近乎禮라
自卑而尊人하며 先彼而後[3] 하라
너에게 치욕을 멀리하여
교만해짐을 경계하노니
공손하면 예(禮)에 가까우니라.
스스로를 낮추고 남을 높이며
남을 앞세우고 자신을 뒤로 하라.

舉世好承奉하여 昂昂[4]增意氣니
不知承奉者가 以爾爲玩戱리라
온 세상이 받들어 주는 것을 좋아하여
거드럭거리며 의기를 돋구나니
도(道)를 알지 못하고 너를 떠받드는 자들이
너를 노리개로 여김을 알지 못하느니라.

舉世重游俠하여 俗呼爲氣義라
爲人赴急難하여 往往陷囚繫하나니
所以馬援書는 殷勤戒諸子니라
온 세상이 협객을 중시하여

세속에서는 기개와 의리가 있다고들 하느니라.
그러나 남을 위하여
급하고 어려운 일에 뛰어들어
왕왕 감옥에 갇히기도 하나니
그리하여 마원은 글을 써서
간곡하게 자식들을 경계하였느니라.

我本羈旅臣으로 遭逢堯舜理하여
位重才不充이라 戚戚懷憂畏하여
深淵與薄冰을 蹈之唯恐墜하노라
나는 본래 나그네처럼
떠도는 신하로서
요순의 다스림을 만나
지위는 막중하나 재주는 충분하지 못하니
항상 근심하고 두려워하여
깊은 연못과 살얼음을 밟듯이
오직 빠질 것을 두려워하노라.

物盛則必衰요 有隆還有替니
速成不堅牢하고 亟走多顚躓하나니
灼灼園中花는 早發還先萎요
만물은 성하면 반드시 쇠하고
융성함이 있으면 다시 폐함이 있나니
속히 이루면 견고하지 못하고
빨리 달리면 넘어짐이 많으니라.
활짝 핀 정원의 꽃은 일찍 피나 먼저 시들고

遲遲澗畔松은 鬱鬱含晩翠라
賦命有疾徐하니 靑雲難力致라
寄語謝諸郎하노니 躁進徒爲耳니라
더디게 자라는 시냇가의 소나무는 울창하여
늦도록 푸르름을 머금느니라.
타고난 운명에는 빠르고 느림이 있으니
청운에 오르는 것은
사람의 힘으로 하기 어려우니라.
말을 붙여 너희 모든 일꾼(핵랑)들에게 이르노니
조급히 나아감은 부질없는 짓일 뿐이니라.

---

1) 『소학』에는 '不敢生驕' 뒤에 '易(이)' 자가 있으나 병풍에는 이 글자가 없다. '驕'는 '교만함'이고 '易'은 '慢易(不敬)'란 뜻이다.
2) 『소학』에는 '學而優則' 뒤에 '仕' 자가 있으나 병풍에서는 훼손되어 확인할 수 없다. '仕' 자가 있는 것으로 상정하여 해석하였다. 셋째 글자가 훼손되었으나 『소학』에는 '擧'으로 되어 있다.
3) '先彼而後'에서 『소학』에는 맨 뒤에 'ㄹ' 자가 있다(先彼而後己). 그러나 병풍에는 'ㄹ' 자가 없다. 'ㄹ' 자가 있는 것으로 유추하여 해석하였다.
4) 『소학』 원문에는 '昂昂增意氣'인데 '昂昂'은 하나의 의태어이다. 병풍에는 '昻'이 하나 빠졌다.
5) 병풍의 글자 몇 곳이 잘못되었다. 병풍서대로 하면 뜻이 통하지 않는 곳이 있으므로 『소학』 원문을 제시하고 해석을 붙였다.

병풍서

병풍서

색인(索引)

년도/본문색인/인명-상제님편,태모님편/지명

연도 대조표

道紀	干支	檀紀	西紀	도운	세운	연호
30	辛丑	4174	1841			7
29	壬寅	4175	1842			8
28	癸卯	4176	1843			9
27	甲辰	4177	1844			10
26	乙巳	4178	1845			11
25	丙午	4179	1846			12
24	丁未	4180	1847			13
23	戊申	4181	1848			14
22	己酉	4182	1849			15
21	庚戌	4183	1850	금산사 미륵전에 임어하심		哲宗 1
20	辛亥	4184	1851			2
19	壬子	4185	1852			3
18	癸丑	4186	1853			4
17	甲寅	4187	1854			5
16	乙卯	4188	1855			6
15	丙辰	4189	1856			7
14	丁巳	4190	1857			8
13	戊午	4191	1858			9
12	己未	4192	1859			10
11	庚申	4193	1860			11
10	辛酉	4194	1861			12
9	壬戌	4195	1862			13
8	癸亥	4196	1863			14
7	甲子	4197	1864			高宗 1
6	乙丑	4198	1865			2
5	丙寅	4199	1866			3
4	丁卯	4200	1867			4
3	戊辰	4201	1868			5
2	己巳	4202	1869			6
1	庚午	4203	1870			7
道紀前						
1	辛未	4204	1871			8
2	壬申	4205	1872			9
3	癸酉	4206	1873			10
4	甲戌	4207	1874	증산 상제님 강세기		11
5	乙亥	4208	1875			12
6	丙子	4209	1876			13
7	丁丑	4210	1877			14
8	戊寅	4211	1878			15
9	己卯	4212	1879			16
10	庚辰	4213	1880		태모 고수부님 강세기	17
11	辛巳	4214	1881			18
12	壬午	4215	1882			19
13	癸未	4216	1883			20
14	甲申	4217	1884			21
15	乙酉	4218	1885			22
16	丙戌	4219	1886			23
17	丁亥	4220	1887			24

道紀	干支	檀紀	西紀	도운	세운	연호
18	戊子	4221	1888			25
19	己丑	4222	1889			26
20	庚寅	4223	1890	증산 상제님 강세기		27
21	辛卯	4224	1891			28
22	壬辰	4225	1892			29
23	癸巳	4226	1893			30
24	甲午	4227	1894			31
25	乙未	4228	1895			32
26	丙申	4229	1896			建陽 1
27	丁酉	4230	1897			光武 1
28	戊戌	4231	1898			2
29	己亥	4232	1899			3
30	庚子	4233	1900			4
31	辛丑	4234	1901	9년 천지공사		5
32	壬寅	4235	1902			6
33	癸卯	4236	1903			7
34	甲辰	4237	1904		태모 고수부님 강세기	8
35	乙巳	4238	1905			9
36	丙午	4239	1906			10
37	丁未	4240	1907			隆熙 1
38	戊申	4241	1908			2
39	己酉	4242	1909			3
40	庚戌	4243	1910			4
41	辛亥	4244	1911			
42	壬子	4245	1912			
43	癸丑	4246	1913			
44	甲寅	4247	1914			
45	乙卯	4248	1915			
46	丙辰	4249	1916			
47	丁巳	4250	1917			
48	戊午	4251	1918			
49	己未	4252	1919			臨政 1
50	庚申	4253	1920			2
51	辛酉	4254	1921			3
52	壬戌	4255	1922			4
53	癸亥	4256	1923			5
54	甲子	4257	1924			6
55	乙丑	4258	1925			7
56	丙寅	4259	1926	10년 천지공사		8
57	丁卯	4260	1927			9
58	戊辰	4261	1928			10
59	己巳	4262	1929			11
60	庚午	4263	1930			12
61	辛未	4264	1931			13
62	壬申	4265	1932			14
63	癸酉	4266	1933			15
64	甲戌	4267	1934			16
65	乙亥	4268	1935			17

화보로 보는 성지(聖地)

고부군·태인군

고부군·태인군 지역

1. 객망리(현재 신월리 신송 마을) | 상제님께서 하늘 보좌를 떠나 인간의 몸으로 강세하신 온 인류의 성지. 왼쪽이 큰시루봉, 오른쪽이 작은시루봉으로 백두대간의 지기(地氣)가 최종 결실한 곳이다.

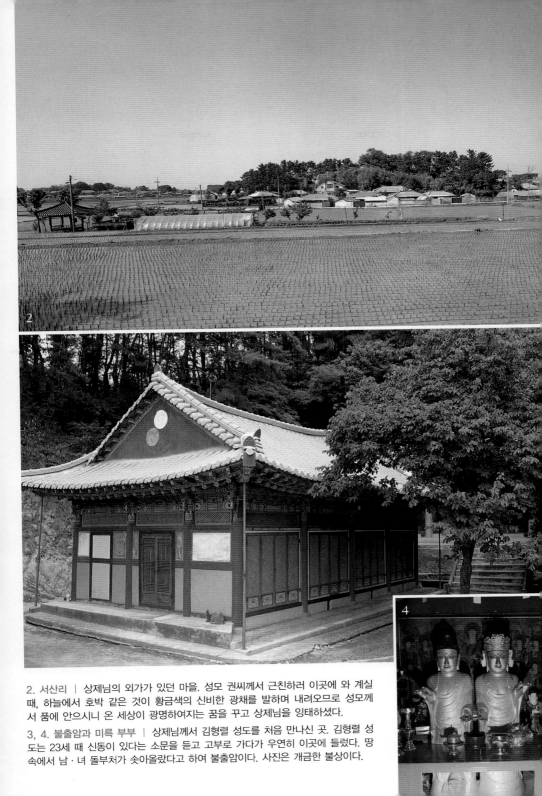

2. 서산리 | 상제님의 외가가 있던 마을. 성모 권씨께서 근친하러 이곳에 와 계실 때, 하늘에서 호박 같은 것이 황금색의 신비한 광채를 발하며 내려오므로 성모께 서 품에 안으시니 온 세상이 광명하여지는 꿈을 꾸고 상제님을 잉태하셨다.

3, 4. 불출암과 미륵 부부 | 상제님께서 김형렬 성도를 처음 만나신 곳. 김형렬 성 도는 23세 때 신동이 있다는 소문을 듣고 고부로 가다가 우연히 이곳에 들렀다. 땅 속에서 남·녀 돌부처가 솟아올랐다고 하여 불출암이다. 사진은 개금한 불상이다.

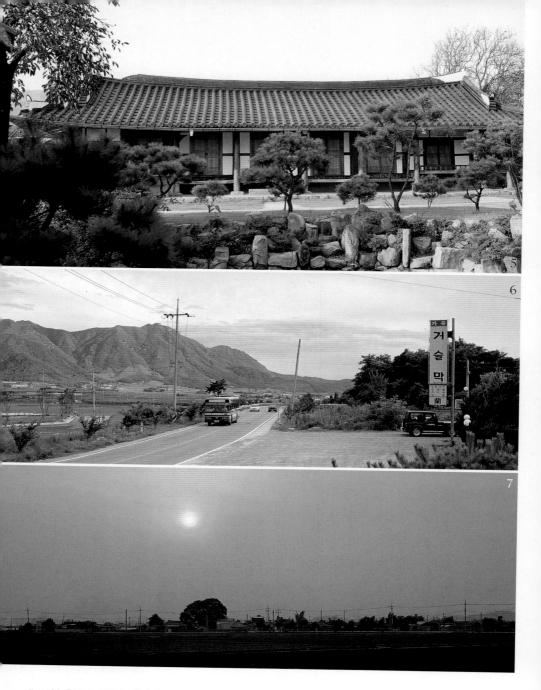

5. **고부 은양덕 생가** | 상제님과 어릴 적부터 친면이 있던 은양덕이 살던 집이다. 은양덕은 김형렬 성도가 상제님을 처음 뵐 당시 불출암에 함께 있었다.

6. **거슬막** | 집안 형편이 어려워 상제님께서 이 부근에서 머슴으로 일하셨다.

7. **내주평** | 상제님께서 스물한 살 되시던 1891년 늦가을에 이 마을에 사는 하동 정씨와 혼인하셨다. 처남 정남기의 집에 서당을 여시어 학동들을 가르치셨다.

8. 숙구지 ┃ 잠자는 개의 형국을 하고 있는 땅. 상제님께서 전태일에게 태을주를 주시어 장래 일을 수놓아 보실 때 이 마을 사람들이 모두 하룻밤 사이에 태을주를 따라 읽었다.

9. 솔안 최씨 재실 ┃ 1907년 6월 4일, 상제님께서 차경석 성도의 인도로 이곳에서 49일 시천주 수행 중이던 박공우를 만나셨다.

10. 태인 치마바위 ┃ 태인읍 바로 뒷산인 성황산에 있는 바위. 상제님께서 이 바위에서 공사를 행하시고 "치마 밑에서 대도통(大道通) 난다."고 말씀하시어 여성인 태모님에게 종통맥을 계승하실 뜻을 예시하셨다.

11

12

11. 와룡리 전경 ┃ 진주 도수와 독조사 도수, 정음정양 도수 등을 맡은 문공신 성도와 추 도수를 맡은 황응종 성도가 살았다. 건너편에 보이는 산이 덕재산이다.

12. 와룡리 칠성바위 ┃ 상제님께서 고부 경찰서로 압송될 때 성도들과 함께 이 바위 옆을 지나 수금을 거쳐 다내로 가셨다.

13. 물맹이 ┃ 장마철만 되면 마을 전체가 물에 잠겨 피해가 컸던 마을이었으나 상제님 공사 이후 물길을 막고 제방을 쌓아 수해가 없어졌다.

13

14. **다내** │ 상제님께서 고부 경찰서로 압송되실 때 이 마을 주막에서 성도, 순검들과 진지를 드신 후 갑자기 하늘을 향해 두 손을 벌리시며 "천지가 다 내 것이다!" 하고 크게 외치셨다.

15. **하늘재** │ 상제님께서 황토현을 지나 이 고개를 넘어 고부 경찰서로 압송되셨다.

16. **고부 경찰서 터** │ 1907년 12월 26일(음), 진주천자 도수를 보시기 위해 친히 일경에 잡히어 이곳에서 죽음을 넘나드는 옥고를 치르며 일본 공주를 해원시키셨다. 사진에 보이는 고부 초등학교 오른쪽편에 경찰서가 있었다.

金구군 지역

황소리
도덕골
전주시
금구면
선암리
독배고개
평사리
용산리(흔들네 주막)
내주평
봉남면
싸리재
구성산
원평천
학선암
귀신사
유각
백운동
김제시
섬다리골
청도원
하운동
제비창골
수왕암
대원사
지소
구릿골
모악산
거야
제비산
계룡봉
서전재
심원암
낙수동
금평제
오리알터
용화동
금산사
돌무지개문
용암리
수양산
안양동
원평
용호리
환평
계룡
청련암
신방죽
금산면
통사동
감곡면
천애산
솟튼재
시목동
정읍시
정읍서
송월
상두산

1. **모악산** | 상제님께서 말씀하신 새 천지의 어머니 산이다. 금평제에서 모악산을 바라보면 왼쪽에 제비산이 있고, 오른쪽으로 수양산 자락이 드리우고 있다.

1

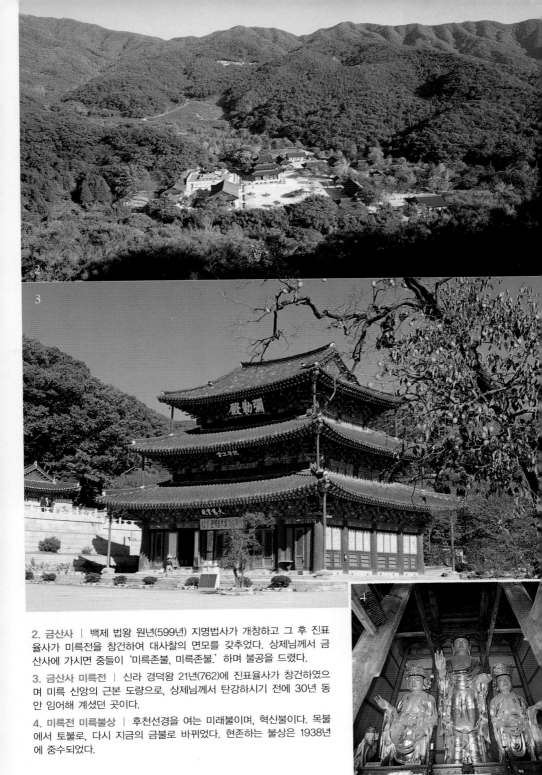

2. 금산사 │ 백제 법왕 원년(599년) 지명법사가 개창하고 그 후 진표 율사가 미륵전을 창건하여 대사찰의 면모를 갖추었다. 상제님께서 금 산사에 가시면 중들이 '미륵존불, 미륵존불.' 하며 불공을 드렸다.

3. 금산사 미륵전 │ 신라 경덕왕 21년(762)에 진표율사가 창건하였으 며 미륵 신앙의 근본 도량으로, 상제님께서 탄강하시기 전에 30년 동 안 임어해 계셨던 곳이다.

4. 미륵전 미륵불상 │ 후천선경을 여는 미래불이며, 혁신불이다. 목불 에서 토불로, 다시 지금의 금불로 바뀌었다. 현존하는 불상은 1938년 에 중수되었다.

5. 대원사 칠성각 | 상제님께서 1901년 7월 7일 천지대신문을 열고 중통인의의 대도통을 하신 곳이다. 당시 퇴락하였던 대원사를 서원규(입도 전)가 주지 박금곡과 상의하여 쌀 백 석 거리로 중수했다.

6. 수왕암 | 상제님께서 대원사에서 수행하실 때 이곳에서 목욕을 하기도 하셨다. 진묵대사를 모신 전각이 있다.

7. 금산사 돌무지개문 | 상제님께서 원평장터에서 김형렬 성도를 만나시고 충청도에 가셨다가 다시 찾아오실 때, 이 돌문 위에 앉으시어 제비창골에 사는 김형렬 성도를 크게 부르셨다.

8. 하운동 김씨 재실, 영사재(永思齋) | 상제님께서 이 곳에 살던 김형렬 성도를 식주인으로 정하시고 천지공 사의 시종(始終)을 선포하셨다.

9. 금평제 | 본래 이곳에는 개울이 흐르고 옆으로 논 과 집들이 있었는데 상제님 공사에 의해 1961년에 저 수지가 되었다.

10. 윗상나무쟁이 | 구릿골에서 용화동으로 가는 도중 에 있다. 상제님께서 이 나무 밑에서 초립동이와 장기 를 두어 내리 세 판을 지시고 지소촌에서 다시 만나 초 립동이 공사를 보셨다.

11

12

11. **구릿골** | 1903년 3월 29일 김형렬 성도가 하운동에서 구릿골로 이사한 이후 9년 천지공사 기간 동안에 가장 많이 머무르신 곳이다.

12. **김형렬 성도의 집** | 상제님께서 약방을 여시기 전에는 우측 사랑채의 오른쪽 방에서 지내셨다. 건물 뒤에 쪽문이 있어 약방을 드나드셨다.

13. **구릿골 약방** | 1908년 여름, 김준상 성도 아내의 병을 고쳐 주시고 오른쪽 방 한 칸을 얻어 약방을 여시고, '만국의원'이라 명명하셨다.

정읍군

정읍군 지역

1. 대흥리 │ 상제님께서 1907년 6월 차경석 성도의 인도로 도통맥의 계승자인 수부님을 만나신 곳이며, '크게 흥한다'는 지명 기운을 취하여 도운의 시발처로 쓰셨다.

2. 피난동 안씨 재실, 추원재(追遠齋) | 비룡산 중턱에 있는 순흥 안씨의 재실이다. 상제님께서 천지의 수기를 돌리는 공사를 행하셨다.

3. 왕심리 | 대흥리 남쪽에 있는 마을로 순흥 안씨 집성촌이다. 태모님께서 2년 7개월을 머무셨다.

4. 정읍 새재 | 정읍 입암면 신정리에서 장성군 북하면으로 넘어가는 고개. 안내성이 금산사에서 천선생님(天先生) 찾기를 기도하고 이곳을 넘다가 상제님의 불벼락 같은 호통에 상제님이 천선생님임을 깨닫고 그 자리에서 따르게 되었다.

6

7

5. 수통목 │ 안내성 성도가 3년 동안 자리를 뜨지 않고 온갖 고난을 겪으며 태을주를 읽은 곳으로 태을주의 기적이 숱하게 어려 있다.

6. 보천교 본소 │ 태모님께서 이곳 차경석 성도의 집에 포정소를 여시고 1918년까지 첫 살림을 하셨다. 그 후 보천교의 본소가 되었다.

7. 군령교 마을 │ 오른쪽 아래에 군령교가 있다. 상제님께서 "양 병방(丙方)이 막혀 뚫어야 유리하다." 하시며 공사를 보신 뒤 마을 앞으로 철로가 나고 왼쪽 산에 굴이 뚫렸다.

순창군

순창군·태인군 지역

1. 농바우 전경 | 농바우, 말바위 등 많은 바위가 늘어서 있어 신비로움을 느끼게 하는 마을이다. 상제님께서 마을 입구 주막에서 문공신 성도를 만나시고 오선위기 진주공사 등 많은 공사를 보셨다.

2. 농바우 | 높이가 4~5m나 되는 농짝처럼 생긴 바위. 이 바위 속에 갑옷과 투구와 칼이 들어 있다는 전설이 전해져 온 그 기운을 상제님께서 차경석 성도에게 붙여 주셨다.

3. 피노리 ｜ 동학혁명을 일으킨 전봉준 장군이 부하의 밀고로 붙잡힌 곳이다. 이곳에서 상제님께서 사명기(司命旗)가 없어 한을 품었던 전봉준의 해원 공사를 보셨다.

4. 태인 행단 ｜ 상제님께서 이곳에 이르러 차경석 성도에게 수부 천거의 대임을 명하셨다. 운암호 물을 김제 만경으로 돌려 전북 칠군의 흉년을 면하게 하신 공사에 따라 세워진 칠보발전소가 마을 뒷산 기슭에 있다.

5. 회문산 정상 ｜ 산군 도수를 붙이신 곳으로 모악산과 함께 부모산이다. 24 혈이 있으며, 그 가운데 오선위기혈의 기운을 취해 세계운로를 결정하셨다.

6. 칠보산 | "봉황새가 나온다."고 말씀하신 산으로 용봉 도수의 큰 기운을 간직한 곳이다.

7. 백암리 | 칠보산 끝자락에 있으며, 이 마을에 사는 김경학 성도에게 대학교 도수를 맡기셨다.

8. 새울 | '새울'에서 '새'는 봉황, '울'은 둥지이니, 봉황새가 둥지를 틀어 알을 품고 있는 형국이다. 3변 결실 도운의 기운을 간직한 곳이다.

부안군

부안군 지역

1. 변산 부사의방장 | 오른쪽에 보이는 반석굴이 부사의방장으로 진표율사가 생사를 걸고 수행한 끝에 미륵부처님을 친견하고 계법을 받은 곳이다. 건물을 지탱했던 쇠말뚝이 지금도 절벽에 박혀 있다.

2. 변산 | 상제님의 조화권으로 성도들이 앉아 있던 약방이 순식간에 이 산 꼭대기로 옮겨져 왔다. 24혈이 있으며, 해왕 도수를 붙이신 곳이다.

3. 변산 개암사 | 신원일 성도의 개벽타령에 상제님께서 큰비를 내리시어 경계하신 곳이다.

옥구군·임피군·익산군

회선동
서천읍 · 숭림사
서천군 · 공주산 ▲ · 함라산
나포면 ▲ 어래산
오성산 군둔리 · 함라면
금강하구둑 · 성산면 ▲ 입마산
장암 · 사옥개 ▲ 취성산 · 서수면 황등
대명산 · 서수리
산북리 · 아산리 · 임피면 ▲ 만중리
군산시 · 개정면 · 술산 리 · 배산
당북리 · 보덕라 · 오산면
옥녀봉 · 옥구읍 · 대야면죽산리 · 익산시
선연리 · 수산리 회현면 · 목천포
●말도 · 만경강 · 공덕면 공덕리
화포 · 공덕리
만경읍 · 조종리
망해사 · 상궐리 · 김제시 · 백산면
진봉면

옥구군 · 임피군 · 익산군 지역

3

1. 오성산 │ 상제님께서 남조선 배말 뚝 박는 공사를 보셨으며, 태모님께서 세 살림을 마치시고 이곳 오성산 도장에서 선화하셨다.

2. 금강 하구둑 │ 상제님께서 김갑칠 성도를 데리고 서천 쪽을 향해 물 위를 걸어가신 자취를 따라 하구둑이 생겼다.

3. 입마산(立馬山) │ 저수지 너머 우측이 말 머리에 해당하며, 좌측으로 말의 몸통으로 산줄기가 굽이쳐 내려온다. 산 너머에 김성화 성도가 살던 군둔리가 있다.

4. 군둔리 │ 예로부터 군사들이 머물렀던 곳이라 한다. 천하창생을 살리는 육임도꾼 양육 도수와 관련이 있다.

5. 술산(戌山) │ 옥구군 임피면 술산리에 있으며 상제님께서 제3변 도운의 지도자에게 그 기운을 붙이셨다.

5

6

7

6. 말도 │ 상제님께서 1906년에 "천지 공사로 인하여 귀양 감이라." 하시고 김 광찬 성도를 데리고 들어가시어 20일간 머무르셨다.

7. 회선동 김보경 성도 생가 │ 상제님께 서 김보경 성도로 하여금 대들보에 큰북 을 매달게 하시고, 북을 치며 '병자 정축' 을 계속하여 외우시며 흥에 겨워 밤새 노 래 부르신 곳이다.

8. 익산 배산 │ 뒤집어 놓은 배모양의 산으로 이곳에서 산하대운을 돌려 남조선 배 도수 공사를 보셨다. 부근의 만중리에 정춘심, 정성백 성도가 살았다.

8

완주군
삼례읍

완주군

▲서방산

봉서사

▲종남산

송광사

소양면

▲건지산

소양천

진안

전주시

완주군
이서면

전주천

두리봉
▲

전용리

인봉리

▲묵방산

김제시

다가산

풍남문

▲기린봉

왜막실

오목대

용머리고개

곤지산

한벽루

승암산

이성동
불가지

완산칠봉

좁은목

완주군
상관면

황새골

▲천잠산

만경대

숙호재

흑석골

전주관왕묘

세내

▲남고산

상관저수지 신흥사

모악산

완주군
구이면

전주 지역

1. **남고산성 만경대** │ 상제
님께서 일러전쟁 공사를 보
실 때 49일 동안 동남풍을
불리신 곳이다.

2. **남고사** │ 남고산성 안에
있는 절로 전주 사고사찰(四
固寺刹)의 하나이다. 산을 넘
으면 전주 관왕묘가 나온다.

3. 흑석골 | 아홉 살 난 어린 호연이 125일 수행을 통해 영성개벽의 선(仙)문화를 열어 놓은 곳이다. 왼쪽 산자락 너머에 수행했던 자리가 있다.

4. 불가지 | '부처가 가히 그친다.'는 이곳 지명의 기운을 취해 천하창생을 건지는 공사에 쓰셨다. 김성국 성도가 살았으며, 지금은 마을의 흔적이 없다.

5. 송광사 대웅전 | 무례하게 대하는 송광사 중들을 경계하시기 위해 상제님께서 이곳 기둥을 잡아당기셨다.

6. 대웅전 기둥 | 기둥이 주춧돌에서 벗어난 모습이 역력하다. 여러 번 수리하여도 바로잡을 수가 없어 마루를 깔았다가, 최근에 건물을 완전히 해체하고 보수하였다.

7

8

7. 풍남문 │ 옛 전주읍성의 남문이다.
대원사 칠성각에서 대도통을 하시고 풍
남문(豊南門)에 오르시어 큰 소리로 "계
명산천이 밝아온다." 하고 큰 소리로 노
래하셨다.

8. 전주 관왕묘 │ 관제묘라고도 하며
관운장을 모신 묘당(廟堂)이다.

9. 관운장 상 │ 관왕묘 내부에 모셨다.

9

태모님 탄강지와 세 살림 성지

1. **담양군 무이동면 도리** | 지금의 담양군 무정면 성도리. 상제님께서 탄강하신 지 9년이 지난 1880년 3월 26일, 태모님께서 인간의 몸으로 이곳에서 탄강하셨다.

2. **성도리 돌미륵상** | 탄강지 뒷산에 모셔진 미륵불이다. 태모님 탄강이 미륵불과 깊은 관련이 있음을 느끼게 한다.

3. **대흥리 포정소** | 상제님께서 정하신 포정소 도수에 따라 태모님께서 첫 살림 교단의 본소로 쓰셨다.

4. 조종리 중조 마을 │ 태모님께서 둘째 살림을 시작하신 곳으로 진주 강씨 집성촌이다.

5. 조종리 당산나무 │ 조종리 당산 마을에 있으며, 신비롭게도 암·수 나무가 마주하고 서 있다. 앞쪽이 암나무이다. 태모님께서 인마(人馬)를 지어 이곳을 빙빙 도셨다.

6. 용화동 │ 용화는 미륵불의 조화 낙원을 상징하며, 태모님께서 셋째 살림을 하신 곳이다.

聖地

태전
진주 도수
관련 지역

1. 태전 | "내가 후천선경 건설의 푯대를 태전(太田)에 꽂았느니라." 하신 말씀대로 상제님의 무극대도가 일월용봉 도수에 의해 열매 맺는 곳, 후천의 수도이다.

2. 증산도 교육문화회관 | 후천선경을 건설할 천하사 일꾼들을 길러내는 상제님의 집이다. 뒤에 보이는 산이 봉황산이다.

3. 보문산 | 태전의 주산으로 '봉황이 춤추는 산'이란 뜻에서 봉무산(鳳舞山)이다. 가운데 보이는 시루봉이 주봉이다.

4. 진안 마이산(馬耳山) | 산봉우리가 말 귀처럼 생겼다 하여 마이산이며, 상제님께서 백마를 타시고 오른쪽에 보이는 암마이봉에 올라 공사를 보셨다.

5. 대한문(大漢門) | 서울 중구 정동(貞洞)에 있는 덕수궁의 정문으로 본래 이름은 대안문(大安門)이다. 대한문과 원구단 사이에서 대공사를 보셨다.

6. 공주 대통교 | 향적산에서 김일부 대성사를 만나고 내려오시다가 이곳 근처에 있는 한 서숙에서 명리를 판단하셨다.